Pourquoi activer mon Code en ligne :

Selon mon édition, l'activation de mon Code me permet d'accéder aux enrichissements suivants, sur ordinateur, tablette et smartphone :

	CODE ÉDITION LIMITÉE*	CODE ÉDITION CLASSIQUE
Lettre d'actualité du Code	✓*	✓*
Accès aux codes officiels secs	✓	✓
Mise à jour en continu		✓
Liens vers la jurisprudence		✓
Accès aux commentaires et textes complémentaires		✓
Accès aux articles des revues Dalloz		✓

www.activation-dalloz.fr

La clé d'activation se trouve sous l'étiquette de couverture

* Disponible pour les titres suivants :
Code civil, Code de procédure civile, Code pénal, Code de procédure pénale, Code de commerce et Code du travail.

6e édition

CODE
DU
DIVORCE
ET DE LA
LIQUIDATION

Annoté et commenté

LES CODES DALLOZ

Lefebvre Dalloz

DALLOZ

6e édition

Commentaires rédigés par

Jérôme CASEY
Avocat au Barreau de Paris
Maître de conférences à l'Université de Bordeaux

Annotations jurisprudentielles et bibliographiques reprises des Codes Dalloz dont les extraits sont ici reproduits, avec le concours, pour la présente édition, de

Jérôme CASEY

Coordination éditoriale par

Pascale GUIOMARD
Rédactrice

Lefebvre Dalloz

DALLOZ

ÉDITIONS DALLOZ
Tour Lefebvre Dalloz - 10, place des Vosges
92072 Paris La Défense Cedex - CS 90358

ISBN 978-2-247-22420-3

Avant-propos

*Le présent **code du divorce et de la liquidation** est né de l'idée que les praticiens devraient avoir sous la main l'ensemble des textes et de la jurisprudence applicables à leur exercice quotidien en droit du divorce, qu'il s'agisse du droit civil, de la procédure civile ou même des textes d'autres matières, telles que le droit pénal, le droit fiscal ou encore le droit international. Ce choix a été dicté par une réalité que les praticiens connaissent tous : les dossiers mélangent ces matières et obligent ceux qui les traitent à avoir une démarche transversale.*

Le présent code a l'ambition de répondre à cette nécessité, dans un ensemble raisonné et réorganisé de droit positif et de jurisprudence qui va de l'autorité parentale au divorce, en passant par la liquidation des régimes matrimoniaux et le droit du partage (sans oublier l'indivision), et ceci tant sous l'angle du droit civil que sous celui de la procédure civile. Des commentaires ont été ajoutés et les annotations de jurisprudence ont été sensiblement augmentées, y compris par la citation d'arrêts de la Cour de cassation non publiés au Bulletin civil, lorsque cela était pertinent, car leurs vertus illustratives sont réelles pour les praticiens.

Cette 6e édition présente les textes du code civil dans leur ordre numérique en début d'ouvrage, les autres matières (par ex., les textes sur la procédure) étant présentées dans un Appendice.

Le praticien habitué au code civil s'y retrouvera donc plus aisément. En outre, les annotations de jurisprudence ont été enrichies de toutes les décisions pertinentes de la Cour de cassation rendues depuis le 1er janvier 2022, que ce soit en droit civil strict touchant au domaine de ce code, ou bien encore sur des questions de procédure ayant un fort impact sur la pratique de la matière. A été intégré aussi, pour les divorces contentieux, un commentaire de l'article 1107 du code de procédure civile tel que modifié par le décret du 23 janvier 2023.

Ce code est donc fidèle à sa vocation, qui est d'être une sorte de palimpseste des temps modernes, lequel ne cesse d'évoluer pour présenter à ses lecteurs, année après année, un état du droit et de la jurisprudence le plus à jour possible en matière de divorce et de liquidation, mais aussi d'autorité parentale et de violences conjugales, le tout sans rien omettre des questions procédurales qui sous-tendent ces questions.

La présente édition fait ainsi une place très importante aux arrêts de cassation, lesquels sont parfois regroupés par thèmes afin de rendre visible au lecteur l'existence de véritables « courants de jurisprudence », que la Cour n'ignore évidemment pas, mais que les praticiens ne peuvent pas toujours discerner seuls.

Le présent code devrait les y aider, et nous avons posé ici les premières pierres d'une présentation le plus systémique possible de la jurisprudence de la Cour de cassation. Ce long et minutieux travail sera repris et poursuivi dans les éditions futures, mais ses premières manifestations sont d'ores et déjà visibles.

Si le lecteur se trouve guidé et rassuré dans les méandres du droit positif, et s'il trouve au gré des pages d'annotations nombre de jurisprudences auxquelles il n'aurait pas forcément pensé, alors ce code aura atteint son objectif.

Bonnes recherches à toutes et à tous,

Jérôme CASEY
Avocat associé au Barreau de Paris
Maître de conférences à l'Université de Bordeaux

A compter du 1er janvier 2020, dans toutes les dispositions législatives et réglementaires en vigueur, les mots : « tribunal de grande instance » sont remplacés par les mots : « tribunal judiciaire », les mots : « tribunaux de grande instance » sont remplacés par les mots : « tribunaux judiciaires », les mots : « tribunal d'instance » sont remplacés par les mots : « tribunal judiciaire », les mots : « tribunaux d'instance » sont remplacés par les mots : « tribunaux judiciaires », les mots : « juge d'instance » sont remplacés par les mots : « juge du tribunal judiciaire », les mots : « juges d'instance » sont remplacés par les mots : « juges du tribunal judiciaire », les mots : « juge du tribunal d'instance » sont remplacés par les mots : « juge du tribunal judiciaire » et les mots : « tribunaux de grande instance et d'instance » sont remplacés par les mots : « tribunaux judiciaires » (Ord. n° 2019-964 du 18 sept. 2019 prise en application de la loi n° 2019-222 du 23 mars 2019 de programmation 2018-2022 et de réforme pour la justice, art. 35 et 36 ; Décr. n° 2019-966 du 18 sept. 2019 portant substitution du tribunal judiciaire au tribunal de grande instance et au tribunal d'instance en application de l'article 95 de la loi n° 2019-222 du 23 mars 2019 de programmation 2018-2022 et de réforme pour la justice et diverses dispositions relatives à l'organisation judiciaire et modifiant l'annexe du décret n° 2019-913 du 30 août 2019 pris en application de l'article 95 de la loi n° 2019-222 du 23 mars 2019 de programmation (2018-2022) et de réforme pour la justice, art. 8, en vigueur le 1er janv. 2020).

Liste des abréviations

	Hyperlien vers la décision intégrale accessible sur le Code en ligne
	Hyperlien vers un article de revue accessible sur le Code en ligne

Actu.	Actualités
Adde	Ajouter
Administrer	Revue Administrer
AJ	Actualité jurisprudentielle du Recueil Dalloz
AJCA	Actualité juridique contrats d'affaires (Dalloz)
AJ contrat	Actualité juridique contrat (Dalloz)
AJDA	Actualité juridique Droit administratif (Dalloz)
AJDI	Actualité juridique Droit immobilier (Dalloz)
AJ fam.	Actualité juridique famille (Dalloz)
Al.	Alinéa
ALD	Actualité législative Dalloz (à partir de 1993)
Anc.	Ancien
Ann. loyers	Annales des loyers
Arr.	Arrêté
Art.	Article
Ass.	Assemblée
Ass. plén.	Assemblée plénière de la Cour de cassation
aud. sol.	Audience solennelle

Banque	Revue Banque
Banque et Dr.	Banque et Droit
BIBL.	Bibliographie
BIBL. GÉN.	Bibliographie générale
BICC	Bulletin d'information de la Cour de cassation
BJS	Bulletin mensuel Joly d'information des sociétés
BLD	Bulletin législatif Dalloz
Bull. ass. plén.	Bulletin des arrêts de l'assemblée plénière de la Cour de cassation
Bull. civ.	Bulletin des arrêts des chambres civiles de la Cour de cassation
Bull. crim.	Bulletin des arrêts de la chambre criminelle de la Cour de cassation

C.	Code
c/	Contre
CAA	Cour administrative d'appel
CASF	Code de l'action sociale et des familles Dalloz
Cass.	Cour de cassation
C. assur.	Code des assurances Dalloz

C. baux	Code des baux Dalloz
CCC	Contrats Concurrence Consommation
CCE	Communication Commerce électronique
CCH	Code de la construction et de l'habitation Dalloz
C. civ.	Code civil Dalloz
C. com.	Code de commerce Dalloz
C. consom.	Code de la consommation Dalloz
CE	Conseil d'État
CEDH	Cour européenne des droits de l'homme
CESEDA	Code de l'entrée et du séjour des étrangers et du droit d'asile Dalloz
C. fam.	Code de la famille et de l'aide sociale
CGCT	Code général des collectivités territoriales Dalloz
CGI	Code général des impôts Dalloz
ch.	Chambre
chap.	Chapitre
Ch. mixte	Chambre mixte de la Cour de cassation
Ch. réun.	Chambres réunies de la Cour de cassation
Chron.	Chronique
Chron. C. cass.	Chronique de jurisprudence de la Cour de cassation du Recueil Dalloz
CIDE	Convention internationale sur les droits de l'enfant
Circ.	Circulaire
Civ.	Chambre civile de la Cour de cassation
CJCE	Cour de justice des Communautés européennes
CJUE	Cour de justice de l'Union européenne
C. mon. fin.	Code monétaire et financier Dalloz
COJ	Code de l'organisation judiciaire
Com.	Chambre commerciale de la Cour de cassation
Comm.	Commentaire
Comm. EDH	Commission européenne des droits de l'homme
Comp.	Comparer
concl.	Conclusions
conf.	Solution conforme
Cons. const.	Conseil constitutionnel
Contra	Solution contraire
Conv. EDH	Convention européenne de sauvegarde des droits de l'homme et des libertés fondamentales
C. patr.	Code du patrimoine Dalloz
C. pén.	Code pénal Dalloz
CPI	Code de la propriété intellectuelle Dalloz
C. pr. civ.	Code de procédure civile Dalloz
C. pr. exéc.	Code des procédures civiles d'exécution Dalloz
C. pr. pén.	Code de procédure pénale Dalloz
CRDP Nancy 2	Centre de recherche de droit privé, Université de Nancy 2
Crim.	Chambre criminelle de la Cour de cassation
C. rur.	Code rural et de la pêche maritime
C. sociétés	Code des sociétés Dalloz
CSP	Code de la santé publique Dalloz

CSS Code de la sécurité sociale Dalloz
C. transp. Code des transports Dalloz
C. trav. Code du travail Dalloz
C. urb. Code de l'urbanisme Dalloz

D. Recueil Dalloz
D. actu. Site d'actualité sur dalloz.fr
D. Affaires Dalloz Affaires
Dalloz jurisprudence Base de jurisprudence sur dalloz.fr
DC Recueil critique de jurisprudence et de législation Dalloz *(années 1941 à 1944)*
Décis. Décision
Décr. Décret
Defrénois Répertoire du notariat Defrénois
DH Recueil hebdomadaire de jurisprudence Dalloz *(années antérieures à 1941)*
DIP Droit international privé
Dir. Directive
Doctr. Doctrine
DP Recueil périodique et critique mensuel Dalloz *(années antérieures à 1941)*
Dr. et patr. Droit et patrimoine
Dr. et pr. Droit et procédures
Dr. fam. Droit de la famille
Droits Droits (Revue française de théorie juridique)
Dr. soc. Droit social
Dr. sociétés Droit des sociétés

EIRL Entreprise individuelle à responsabilité limitée
eod. loc. Au même endroit
*eod. v°, eisd. v^is^* Même(s) mot(s) que celui (ceux) qui vient (viennent) d'être cité(s)
Err. Erratum
esp. Espèce

GADIP Grands arrêts de la jurisprudence française de droit international privé (Dalloz)
GAJC Grands arrêts de la jurisprudence civile (Dalloz)
Gaz. Pal. Gazette du Palais

---

ibid. Au même endroit
infra Ci-dessous
Instr. Instruction
IR Informations rapides du Recueil Dalloz
IVG Interruption volontaire de grossesse

J. Jurisprudence
JAF Juge aux affaires familiales
JAM Juge aux affaires matrimoniales

JCP	Juris-Classeur périodique (Semaine juridique), édition générale
JCP E	Juris-Classeur périodique, édition Entreprise
JCP N	Juris-Classeur périodique, édition Notariale
JCP S	Juris-Classeur périodique, édition Sociale
JDI	Journal de droit international (Clunet)
JEX	Juge de l'exécution
JME	Juge de la mise en état
JO	Journal officiel
JOUE	Journal officiel de l'Union européenne
Journ. not.	Journal des notaires et des avocats
Just. et cass.	Justice et cassation (Dalloz)

L.	Loi
Lebon	Recueil des décisions du Conseil d'État (Dalloz)
Lebon T.	Recueil des décisions du Conseil d'État (Dalloz), Tables
Liv.	Livre
Loyers et copr.	Loyers et copropriété
LPA	Les Petites Affiches
LPF	Livre des procédures fiscales

Mod.	Modifié

NCPC	Nouveau code de procédure civile (devenu Code de procédure civile – L. n° 2007-1787 du 20 déc. 2007, art. 26-III)
ndlr	Note de la rédaction
n°	Numéro
Nouv.	Nouveau

obs.	Observations
Ord.	Ordonnance

P	Arrêt publié au bulletin civil ou au bulletin criminel de la Cour de cassation
p.	Page
PACS	Pacte civil de solidarité
Pan.	Panorama
préc.	Précité
PU	Presses universitaires

QPC	Question prioritaire de constitutionnalité

R.	Rapport de la Cour de cassation
rapp.	Rapport
Rappr.	Rapprocher
RCA	Responsabilité civile et assurances
RDBF	Revue de droit bancaire et financier

RDC Revue des contrats
RDI Revue de droit immobilier (Dalloz)
RDSS Revue de droit sanitaire et social (Dalloz)
Rect. Rectificatif
réd. Rédaction
réf. Référé
Règl. Règlement
Rép. Réponse
RÉP. CIV. Répertoire de droit civil Dalloz
Rép. min. Réponse ministérielle
RÉP. PÉN. Répertoire de droit pénal et de procédure pénale Dalloz
RÉP. PR. CIV. Répertoire de procédure civile Dalloz
Req. Chambre des requêtes de la Cour de cassation
req. Requête
Rev. crit. DIP Revue critique de droit international privé (Dalloz)
Rev. loyers Revue des loyers
Rev. sociétés Revue des sociétés (Dalloz)
RFDA Revue française de droit administratif (Dalloz)
RGAT Revue générale des assurances terrestres *(de 1930 à 1995)* devenue *RGDA* en 1996
RGDA Revue générale du droit des assurances
RGDIP Revue générale de droit international public
RJ com. Revue de jurisprudence commerciale
RJDA Revue de jurisprudence de droit des affaires
RJPF Revue juridique personnes et famille
RJS Revue de jurisprudence sociale
RLDC Revue Lamy droit civil
RRJ Revue de la recherche juridique - Droit prospectif
RSC Revue de science criminelle (Dalloz)
RTD civ. Revue trimestrielle de droit civil (Dalloz)
RTD com. Revue trimestrielle de droit commercial (Dalloz)
RTD eur. Revue trimestrielle de droit européen (Dalloz)

S. Recueil Sirey
s. Et suivants
Sect. Section
Soc. Chambre sociale de la Cour de cassation
sol. impl. Solution implicite
Somm. Sommaires
ss. Sous
supra Ci-dessus

---

t. Tome
TA Tribunal administratif
TASS Tribunal des affaires de sécurité sociale
T. civ. Tribunal, chambre civile
T. confl. Tribunal des conflits
T. corr. Tribunal, chambre correctionnelle
TGI Tribunal de grande instance

TI	Tribunal d'instance
Tit.	Titre
T. pol.	Tribunal de police
Trav. Com. fr. DIP	Travaux du Comité français de droit international privé

V.	Voir
v° ou v[is]	Mot ou mots

TABLE DES MATIÈRES

CODE DU DIVORCE ET DE LA LIQUIDATION

CODE CIVIL (extraits)

LIVRE I
DES PERSONNES

LIVRE III
DES DIFFÉRENTES MANIÈRES DONT ON ACQUIERT LA PROPRIÉTÉ

APPENDICE

XII DROIT INTERNATIONAL

CODE DU DIVORCE ET DE LA LIQUIDATION

Code civil

LIVRE I DES PERSONNES

....

TITRE V DU MARIAGE

....

CHAPITRE VI *DES DEVOIRS ET DES DROITS RESPECTIFS DES ÉPOUX*

(L. 22 sept. 1942, validée par Ord. 9 oct. 1945)

DALLOZ ACTION *Droit de la famille 2023/2024, nos 11.00 s.*

Art. 212 **Les époux se doivent mutuellement** *(L. n° 2006-399 du 4 avr. 2006, art. 2)* **« respect, » fidélité, secours, assistance.**

BIBL. ▶ ROCHE-DAHAN, *RTD civ. 2000. 735* (obligations réciproques ou mutuelles ?). ▶ Fidélité : ANTONINI-COCHIN, *D. 2005. Chron. 23* (paradoxe de la fidélité). – BAZIN, *Gaz. Pal. 2012. 169*. – CHAUVET, *AJ fam. 2016. 148*. – MIGNON-COLOMBET, *LPA 31 janv. 2005*. – MULON, *Gaz. Pal. 2008. 3711* (devoir de secours pendant l'instance en divorce). – C. PHILIPPE, *Dr. fam. 2003. Chron. 16 ; Mél. Wiederkehr, Dalloz, 2009, p. 627*. – VILLA-NYS, *Dr. et patr. 9/2000, p. 88*. ▶ Assistance : LAMARCHE, *ibid., p. 67*.

A. DEVOIR DE FIDÉLITÉ

1. Sur la prise en considération de l'adultère dans le divorce pour faute, V. note 10 ss. art. 242. ♦ L'évolution des mœurs comme celle des conceptions morales ne permettait plus de considérer que l'imputation d'une infidélité conjugale serait à elle seule de nature à porter atteinte à l'honneur ou à la considération. • Civ. 1re, 17 déc. 2015, n° 14-29.549 P : *D. 2016. 277, obs. Dreyer ; AJ fam. 2016. 109, obs. de Boysson ; RTD civ. 2016. 81, obs. Hauser ; JCP 2016, n° 285, note Latil* (dans le cadre de poursuite pour atteinte à l'honneur et à la considération par voie de presse).

Si les époux se doivent mutuellement fidélité et si l'adultère constitue une faute civile, celle-ci ne peut être utilement invoquée que par un époux contre l'autre à l'occasion d'une procédure de divorce. • Civ. 1re, 16 déc. 2020, n° 19-19.387 P : *D. 2021. 453, note Bigot ; ibid. 819, obs. Lemouland et Vigneau ; AJ fam. 2021. 61, obs. Houssier ; RTD civ. 2021. 107, obs. Leroyer ; ibid. 419, obs. Jourdain ; Dr. fam. 2021, n° 14, note Binet* (rejet de l'action d'une confédération familiale contre la publicité faite par un site de rencontres adultères, l'interdiction pouvant constituer une atteinte disproportionnée à la liberté d'expression).

B. DEVOIR DE SECOURS

2. Domaine. Le devoir de secours remédie à l'impécuniosité d'un époux ; il apparaît avec l'état de besoin de l'un des conjoints, à la différence de l'obligation des époux de contribuer aux charges du mariage ; sur cette distinction, V. notes 8 et 9 ss. art. 214.

3. La loi fait des applications spéciales du devoir de secours entre époux : art. 255-6° (mesures provisoires dans l'instance en divorce) ; art. 303 (conséquences de la séparation de corps). – V. ces textes.

4. Exécution sous forme de pension alimentaire. V., sur la compétence de principe du juge aux affaires familiales, COJ, art. L. 213-3. – **C. pr. civ.**

5. Cas de séparation de fait : V. note 3 ss. art. 214.

6. S'il y a lieu à fixation judiciaire du montant de la pension, il doit être tenu compte du niveau d'existence auquel l'époux créancier peut prétendre en raison des facultés de son conjoint. • Civ. 2e, 7 mai 1980 : *Bull. civ. II, n° 97.*

7. Le logement faisant partie des dépenses d'entretien du créancier d'aliments, l'époux débiteur peut être condamné à verser directement aux organismes prêteurs la partie de la pension alimentaire correspondant aux arrérages des emprunts ayant permis l'acquisition de l'immeuble où vit son conjoint. • Civ. 2e, 16 juill. 1976 : *D. 1977. 333, note Chartier.*

8. L'exécution forcée du devoir de secours peut être obtenue par les moyens assurant le recouvrement des pensions alimentaires : V. textes ss. art. 211 et notes 22 s. ss. art. 205.

9. Rattachement au devoir de secours de l'obligation du conjoint survivant, quelle que soit l'option successorale choisie, d'assumer les frais d'obsèques de son conjoint : V. • TGI Maubeuge, 26 févr. 1993 : *Defrénois 1996. 1340, obs. Massip.*

10. Exécution en nature : logement. La mise à disposition gratuite d'un logement en exécution du devoir de secours ne peut être assimilée à un droit réel d'usage et d'habitation mais consiste en l'attribution de la jouissance gratuite du logement constitutive d'un droit personnel. • Civ. 1re, 24 sept. 2008 : *cité note 5 ss. art. 303 anc.*

C. DEVOIR D'ASSISTANCE

11. Le surcroît de travail incombant à une femme devant assistance à son mari frappé d'invalidité à la suite d'un accident est un préjudice dont l'auteur de cet accident doit réparation. • Civ. 2e, 18 mars 1981 : *Bull. civ. II, n° 70.*

12. Sur la rémunération d'un travail accompli au profit du conjoint et excédant les obligations d'assistance et de contribution aux charges du mariage, V. notes 24 et 25 ss. art. 214.

Art. 213 *(L. n° 70-459 du 4 juin 1970)* **Les époux assurent ensemble la direction morale et matérielle de la famille. Ils pourvoient à l'éducation des enfants et préparent leur avenir.**

Art. 214 *(L. n° 65-570 du 13 juill. 1965)* **Si les conventions matrimoniales ne règlent pas la contribution des époux aux charges du mariage, ils y contribuent à proportion de leurs facultés respectives.**

Al. 2 et 3 abrogés par L. n° 75-617 du 11 juill. 1975.

Si l'un des époux ne remplit pas ses obligations, il peut y être contraint par l'autre dans les formes prévues au code de procédure civile.

Les sommes dues en exécution d'une décision judiciaire, d'une convention ou d'un acte mentionnés aux 2° à 5° du I de l'art. 373-2-2 C. civ. ayant force exécutoire au titre des contributions aux charges du mariage prescrites par l'art. 214 peuvent être recouvrées pour le compte du créancier par les comptables publics compétents dans les conditions et selon les modalités prévues par la L. n° 75-618 du 11 juill. 1975 relative au recouvrement public des pensions alimentaires (C. pr. exéc., art. L. 161-3).

Les dispositions de la L. n° 75-618 du 11 juill. 1975 relative au recouvrement public des pensions alimentaires et celles de la L. n° 84-1171 du 22 déc. 1984 relative à l'intervention des organismes débiteurs des prestations familiales pour le recouvrement des créances alimentaires impayées [CSS, art. L. 581-2 s.] sont applicables au recouvrement de la contribution aux charges du mariage prévue par l'art. 214 ci-dessus. — V. App., VII. Recouvrement des pensions alimentaires. — V. aussi C. pr. civ., art. 465-1.

RÉP. CIV. v° *Régimes matrimoniaux,* par REVEL.

BIBL. ▸ **Sur l'ensemble du « régime primaire » (art. 214 à 226) :** CORNU, *JCP 1966. I. 1968.* - PONSARD, *D. 1966. L. 111.* ▸ Incidences de la loi du 23 déc. 1985 : COLOMER, *Defrénois 1986. 481.* ▸ Sur la contribution aux charges du mariage : ABITBOL, *Mél. Raynaud, Dalloz, 1985, p. 1* (contentieux différé). - HAUSER, *RTD civ. 1991. 709*. - SALVAT, *Gaz. Pal. 1985. 1. Doctr. 324.* ▸ Autres thèmes : BERNARD-MENORET, *LPA 15 oct. 2004* (mandats conventionnels entre époux). - BERRY, *Dr. fam. 2021, Étude 6* (redéfinition de la place du financement du logement de la famille au sein des charges du mariage). - BRÉMOND, *JCP N 1998. 435* (époux séparés de biens). - CARRÉ, *LPA 1er sept. 1997* (contrat entre époux). - COTTET, *RTD civ. 2021. 1* (double nature de l'obligation de contribuer aux charges du mariage). - DJOUDI, *AJ fam. 2006. 269* (époux cautions ou emprunteurs). - GODON, *Defrénois 1998. 977 et 1148* (protection d'un époux contre les agissements de l'autre). - LEFRANC-HAMONIAUX, *Dr. fam. 1999. Chron. 13* (entraide entre époux).

▸ **Sur l'ensemble de la notion de charges du mariage :** *AJ fam. juin 2015* (charges du ménage). ▸ **Logement de la famille et contribution aux charges du mariage :** CASEY, *AJ fam. 2015. 324* (étude du fond) ; *ibid. 332* (adaptation du contrat de mariage). - KARM, *JCP N 2014, hors-série août 2014, p. 27* (étude de fond). - THOURET et AVENA-ROBARDET, *AJ fam. 2015. 336* (procédure).

COMMENTAIRE

La jurisprudence de la Cour de cassation a permis de fixer les conditions auxquelles un époux séparé de biens peut espérer être remboursé lorsqu'il a financé de ses deniers personnels un immeuble à usage familial, généralement le logement de la famille. Que ce bien soit indivis, ou la propriété personnelle de son conjoint, il existe désormais un vrai régime juridique encadrant cette action, que l'on peut résumer en 7 points :

(i) La contribution aux charges du mariage ne peut bloquer le remboursement que s'il s'agit du logement de la famille ou d'un immeuble à « usage familial » (Civ. 1re, 3 oct. 2019, n° 18-20.828 P), ou à « l'usage de la famille » (Civ. 1re, 3 oct. 2018, n° 17-25.858), ou « à destination familiale » (Civ. 1re, 5 déc. 2018, n° 17-31.226) ; la résidence secondaire entre dans cette catégorie (Civ. 1re, 20 mars 2019, n° 18-14.571), ce qui a déjà été jugé en 1981 et en 2013.

(ii) Les deniers provenant d'apports personnels sont exclus du domaine de cette jurisprudence et donneront donc lieu à remboursement (Civ. 1re, 3 oct. 2019, n° 18-20.828 P ; Civ. 1re, 17 mars 2021, n° 19-21.463 P). Si l'époux *solvens* n'a aucun revenu et ne peut contribuer qu'en capital, il convient de rechercher si le paiement n'a pas été fait en exécution d'une convention, fût-elle implicite, de contribuer sous cette forme, et, à défaut, d'ordonner le remboursement (Civ. 1re, 9 févr. 2022, n° 20-14.272). Le capital personnel donnant lieu à remboursement peut résulter du paiement d'un solde de compte courant d'associé (Civ. 1re, 9 juin 2022, n° 20-21.277 B : *AJ fam. 2022. 445, obs. Casey*).

(iii) La clause du contrat de mariage relative à la contribution aux charges du mariage interdit de prouver que le conjoint bénéficiant des paiements n'a lui-même pas assez contribué (Civ. 1re, 7 févr. 2018, n° 17-13.276, et Civ. 1re, 17 oct. 2018, n° 17-18.746).

(iv) La clause du contrat de mariage n'interdit pas de prouver la surcontribution, en vue de se faire rembourser (Civ. 1re, 3 oct. 2018, n° 17-25.858, et Civ. 1re, 17 oct. 2018, n° 17-18.746, même si, en l'espèce, la surcontribution ne fut pas retenue).

(v) Celui qui invoque une surcontribution supporte la charge de la preuve de celle-ci (Civ. 1re, 20 mars 2019, n° 18-14.571). Si le demandeur au remboursement n'a pas pensé à invoquer la surcontribution, le juge n'a pas à la rechercher, étant précisé que la nature du logement associée à l'article 214 sont des éléments qui suffiront à rejeter la demande (Civ. 1re, 5 déc. 2018, n° 17-31.226). Mais, symétriquement, si le demandeur a bien invoqué la surcontribution, le juge ne peut rejeter sa demande de remboursement sans vérifier la contribution de chaque époux (Civ. 1re, 16 janv. 2019, n° 18-10.459).

(vi) La surcontribution est établie quand le *solvens* a non seulement payé la part du conjoint dans l'immeuble, mais a, en plus, alimenté les comptes du ménage avec ses revenus (Civ. 1re, 11 avr. 2018, n° 17-14.457, et Civ. 1re, 5 déc. 2018, n° 18-10.488). En conséquence, le juge ne peut retenir une surcontribution sans constater que les revenus du *solvens* alimentaient les comptes de la famille, en plus de payer la part du conjoint (Civ. 1re, 21 nov. 2018, n° 17-26.546).

(vii) Après la date des effets du divorce, le *solvens* n'est plus débiteur de la contribution aux charges du mariage, de sorte que le remboursement des emprunts (après cette date), qui constitue une dépense de conservation du bien, ouvre droit à une créance contre l'indivision sur le fondement de l'article 815-13 du code civil (Civ. 1re, 15 mai 2019, n° 17-16.166).

Il faut souligner que ces précisions n'ont jamais été énoncées de façon aussi nette et catégorique dans les années précédentes. Ces arrêts, quoique non publiés (à l'exception du tout dernier, en date du 3 oct. 2019), possèdent manifestement une portée plus grande que la nomenclature officielle des arrêts de la Cour de cassation pourrait le laisser penser. Leur cohérence d'ensemble est remarquable, et l'on serait très surpris qu'une telle cohérence résulte juste du hasard et de l'empilement de décisions dénuées de portée normative. ❑

1. Caractère d'ordre public. Il résulte de la combinaison des art. 214, 226 et 1388 que les conventions conclues par les époux ne peuvent les dispenser de leur obligation d'ordre public de contribuer aux charges du mariage ; dès lors, en présence d'un contrat de séparation de biens, la clause aux termes de laquelle chacun des époux sera réputé avoir fourni au jour le jour sa part contributive, en sorte qu'aucun compte ne sera fait entre eux à ce sujet et qu'ils n'auront pas de recours l'un contre l'autre pour les dépenses de cette nature, ne fait pas obstacle, pendant la durée du mariage, au droit de l'un d'eux d'agir en justice pour contraindre l'autre à remplir, pour l'avenir, son obligation de contribuer aux charges du mariage. • Civ. 1re, 13 mai 2020, n° 19-11.444 P : *D. 2020. Chron. C. cass. 2190, obs. Azar ; ibid. 2206, obs. Godechot-Patris et Grare-Didier ; ibid. 2021. 499, obs. Douchy-Oudot ; AJ fam. 2020. 362, obs. Casey ; RTD civ. 2021. 189, obs. Vareille ; JCP N 2020, n° 1171, note Bernard ; Dr. fam. 2020, n° 120, note Torricelli-Chrifi.* ♦ V. note 13 quant à la portée d'une telle clause pour le passé.

I. NOTION

A. CARACTÈRE MATRIMONIAL DE L'OBLIGATION

2. Exclusion du concubinage. V. note 6 ss. art. 515-8.

3. Incidence de la séparation de fait. L'action en contribution aux charges du mariage n'implique pas l'existence d'une communauté de vie entre les conjoints, sauf la possibilité pour les juges du fond de tenir compte à cet égard des circonstances de la cause. • Civ. 1re, 6 janv. 1981, n° 79-14.105 P • 16 oct. 1984 : *Bull. civ. I, n° 264* (cassation de l'arrêt qui a déclaré inutile de rechercher le responsable de la séparation). ♦ C'est ainsi qu'a pu être refusée la demande d'une femme entretenant une liaison avec un amant, alors que le comportement du mari était sans reproches. • Civ. 1re, 8 mai 1979 : *Bull. civ. I, n° 135* • 1er juill. 1980 : *ibid. I, n° 206.* ♦ Mais, à lui seul, le refus par l'un des époux de cohabiter avec son conjoint n'exclut pas nécessairement qu'il puisse obtenir de celui-ci une contribution aux charges du mariage, et il peut exister des justifications suffisantes du refus par le demandeur de reprendre la vie commune. • Civ. 1re, 18 déc. 1978, n° 77-14.987 P : *R., p. 33.* – Dans le même sens : • Civ. 1re, 14 mars 1973 : *D. 1974. 453, note Rémy ; JCP 1973. II. 17430, note Lindon* • Rouen, 9 janv. 1974 : *D. 1974. 544, note Larroumet.* ♦ Comp. • Paris, 25 sept. 1986 : *D. 1987. 134, note Meyer et Cale* (mariage simulé). – V. Nerson et Rubellin-Devichi, *RTD civ. 1980. 345.*

4. Incidence de la procédure de divorce. Les mesures provisoires ordonnées dans le cadre d'une procédure de divorce (C. civ., art. 255) se substituent d'office à la contribution aux charges du mariage dès le prononcé de l'ordonnance de non-conciliation. • Civ. 2e, 30 nov. 1994, n° 92-20.656 P.

5. Charge de la preuve : du mariage. Il appartient à celui des époux qui sollicite une contribution aux charges du mariage de rapporter la preuve de l'existence du mariage (en l'espèce, application de l'art. 46 C. civ., en raison de l'impossibilité pour l'épouse d'agir selon la loi étrangère – algérienne – pour obtenir la preuve du mariage). • Paris, 7 mai 1985 : *Defrénois 1986. 260, note Revillard.*

6. ... Des circonstances dispensant de l'obligation. C'est au conjoint tenu par principe du devoir de secours, en application des art. 212 et 214, qu'il appartient de rapporter la preuve des circonstances particulières qui peuvent permettre de le dispenser des obligations qui en découlent. • Civ. 1re, 17 juill. 1985 : *Gaz. Pal. 1986. 1. 127, note J. M.* • 19 nov. 1991 : *Defrénois 1992. 720, obs. Massip.*

B. OBJET DE L'OBLIGATION

7. Caractère global. En statuant sur la fixation de la contribution aux charges du mariage due à l'époux avec lequel réside habituellement l'enfant, le juge se prononce nécessairement sur toutes les charges afférentes à l'entretien et à l'éducation de celui-ci. • Civ. 1re, 28 mars 2006, n° 03-19.264 P : *Dr. fam. 2006, n° 106, note Larribau-Terneyre ; RTD civ. 2006. 548, obs. Hauser.*

8. Indifférence de l'état de besoin. Chacun des époux est tenu de contribuer aux charges du ménage selon ses facultés, même si son conjoint n'est pas dans le besoin. • Civ. 1re, 23 juin 1970 : *D. 1971. 162, note Larroumet ; RTD civ. 1971. 822 obs. Nerson* • 24 oct. 1977 : *Bull. civ. I, n° 383.* ♦ ... Même si l'épouse a regagné le domicile de ses parents. • Douai, 8 janv. 2009 : *JCP 2009. Actu. 81, obs. P. Labbée.*

9. Objet : dépenses d'agrément (oui). La contribution des époux aux charges du mariage est distincte, par son fondement et par son but, de l'obligation alimentaire, et peut inclure des dépenses d'agrément, telle l'acquisition d'une résidence secondaire. • Civ. 1re, 20 mai 1981 : *Bull. civ. I, n° 176 ; JCP 1981. II. 19665, note Jambu-Merlin* • 18 déc. 2013 : *D. 2014. 527, note Viney ; ibid. 1342, obs. Lemouland et Vigneau ; AJ fam. 2014. 129, obs. Hilt ; RTD civ. 2014. 698, obs. B. Vareille ; ibid. 704, obs. B. Vareille ; Defrénois 2014. 752, note Mouly-Guillemaud ; JCP N 2014, n° 1117, obs. Vauvillé ; Dr. fam. 2014, n° 61, obs. Beignier.*

10. ... Acquisition d'un bien immobilier (oui). Le règlement par le mari des échéances de l'emprunt qui a financé l'acquisition d'un immeuble indivis relève de la contribution aux charges du mariage, sauf à prouver que la participation de l'époux excède ses facultés contributives. • Civ. 1re, 24 sept. 2014, n° 13-21.005 P : *cité note 4 ss. art. 4,* ***C. civ.*** ♦ Rappr. : • Civ. 1re, 5 nov. 2014 : *AJ fam. 2015. 61, obs. Casey.*

11. ... Investissement immobilier (non). Le financement, par un époux, d'un investissement locatif destiné à constituer une épargne ne relève pas de la contribution aux charges du mariage. • Civ. 1re, 5 oct. 2016, n° 15-25.944 P : *D. 2017. 470, obs. Douchy-Oudot ; ibid. 1082, obs. Lemouland et Vigneau ; ibid. 2119, obs. Brémond ; AJ fam. 2016. 544, obs. Casey ; RTD* *civ. 2017. 105, obs. Hauser ; ibid. 469, obs. Vareille ; Gaz. Pal. 2016. 3324, note Piedelièvre.*

12. ... Impôt sur le revenu (non). L'impôt sur le revenu constitue la charge directe des revenus personnels d'un époux, étrangère aux besoins de la vie familiale, et ne figure pas au nombre des charges du mariage auxquelles les deux époux doivent contribuer. • Civ. 1re, 22 févr. 1978 : *D. 1978. 602 (1re esp.), note D. Martin ; Defrénois 1979. 1667, obs. Champenois* • 19 mars 2002, no 00-11.238 P : *D. 2002. Somm. 2440, obs. Brémond ; JCP 2002. I. 167, no 15, obs. Storck ; Gaz. Pal. 2003. 408, concl. Sainte-Rose ; RTD civ. 2003. 137, obs. Vareille* • 25 juin 2002, no 98-22.882 P : *JCP 2003. I. 111, no 22, obs. Storck ; Dr. fam. 2002, no 149, note B. B. ; RTD civ. 2002. 790, obs. Hauser* • 4 juill. 2007 : *D. 2008. Pan. 1791, obs. Lemouland et Vigneau ; AJ fam. 2007. 399, obs. Hilt*. – V. R. Savatier, *D. 1979. Chron. 147.* ♦ Comp., sur la responsabilité solidaire des époux à l'égard de l'administration fiscale, art. 1691 *bis* et 1723 *ter*-00 B CGI. – Michaud, *Gaz. Pal. 30-31 janv. 2008, Doctr.*

II. EXÉCUTION

A. PRINCIPES DE RÉPARTITION

13. Portée de la règle. L'engagement librement pris par un époux et accepté par l'autre, en dehors du contrat de mariage, pour déterminer la contribution aux charges du ménage, est valable et, en conséquence, son exécution peut être demandée en justice, sous réserve de la possibilité pour chacun des époux d'en faire modifier le montant à tout moment en considération de la situation des parties. • Civ. 1re, 3 févr. 1987 : *Gaz. Pal. 1987. 2. 384, note J. M. ; JCP N 1988. II. 65, note Simler.* ♦ En présence d'époux mariés sous le régime de la séparation de bien, la convention prévoyant que les époux ne seraient assujettis à aucun compte entre eux, ni à retirer quittance l'un de l'autre, les charges étant réputées avoir été réglées au jour le jour, rejet de la demande du mari tendant au remboursement de dépenses d'amélioration d'un logement. • Civ. 1re, 15 mai 2013 : *cité note 2 ss. art. 1537.* ♦ La clause figurant dans le contrat de mariage des époux stipulant non seulement « que chacun d'eux sera réputé avoir fourni au jour le jour sa part contributive, en sorte qu'aucun compte ne sera fait entre eux à ce sujet », mais également « qu'ils n'auront pas de recours l'un contre l'autre pour les dépenses de cette nature » institue expressément une clause de non-recours entre les parties, ayant la portée d'une fin de non-recevoir. • Civ. 1re, 13 mai 2020, no 19-11.444 P : *D. 2020. Chron. C. cass. 2190, obs. Azar ; ibid. 2206, obs. Godechot-Patris et Grare-Didier ; ibid. 2021. 499, obs. Douchy-Oudot ; AJ fam. 2020. 362, obs. Casey ; RTD civ. 2021. 189, obs. Vareille ; JCP N 2020, no 1171, note Bernard ; Dr. fam. 2020, no 120, note Torricelli-Chrifi.* ♦ Sur la possibilité, en présence de cette même clause, de demander une contribution aux charges du mariage pour l'avenir, compte tenu du caractère d'ordre public de la contribution aux charges du mariage, V. note 1.

14. Prise en compte des facultés respectives des époux. Pour fixer le montant de la contribution d'un époux aux charges du mariage, le juge doit prendre en considération l'ensemble des charges de l'intéressé correspondant à des dépenses utiles ou nécessaires. • Civ. 1re, 15 nov. 1989 : *Bull. civ. I, no 351.* ♦ Sur l'appréciation des facultés respectives des époux, V. Hauser, obs. *RTD civ. 1991. 709.* ♦ V. aussi • Civ. 1re, 27 oct. 1992 : *D. 1993. 422, note Philippe ; RTD civ. 1993. 181, obs. Lucet et Vareille* (nécessité de tenir compte des ressources qu'une gestion utile du capital pourrait procurer) • 26 juin 2013, no 12-13.366 P : *AJ fam. 2013. 517, obs. de Guillenchmidt-Guignot*.

L'époux est présumé avoir participé aux charges du mariage en proportion de ses facultés et il incombe à l'autre époux de rapporter la preuve contraire. • Civ. 1re, 3 mars 2010.

15. Périodes pour lesquelles la contribution est due. Le juge doit apprécier le bien-fondé de la demande de contribution aux charges du mariage au jour où il statue. • Civ. 1re, 18 févr. 1976 : *Bull. civ. I, no 77.* ♦ Mais ce principe, qui s'applique seulement lorsqu'il s'agit de fixer la contribution aux charges du mariage pour l'avenir, n'implique nullement que la juridiction saisie ne puisse statuer sur le montant de cette contribution pour une période antérieure à sa décision. • Civ. 1re, 14 févr. 1984, no 82-16.117 P. – V. aussi • Civ. 1re, 5 juill. 1983 : *Bull. civ. I, no 197.* ♦ V. note 20.

16. Changements intervenus dans les facultés respectives des époux. Les pensions alimentaires peuvent être modifiées en cas de circonstances nouvelles. • Civ. 1re, 19 mars 2002, no 99-14.571 P : *AJ fam. 2002. 178, obs. S. D.-B*. ♦ Si la contribution d'un époux aux charges du mariage telle qu'elle a été fixée par une décision de justice peut être modifiée par le juge à compter du jour où un changement est intervenu dans les facultés respectives des parties, les juges du fond apprécient souverainement cette date. • Civ. 1re, 22 nov. 1989, no 87-14.829 P.

17. Débiteur organisant son insolvabilité. Les juges peuvent maintenir le montant de la pension au versement de laquelle un époux avait été condamné pour sa contribution aux charges du mariage en dépit de la diminution de ressources alléguée par le débiteur, lorsqu'ils constatent que celui-ci s'est mis de façon délibérée dans l'impossibilité de faire face à ses obligations familiales. • Civ. 1re, 12 déc. 1978 : *Bull. civ. I, no 383.* – Même sens : • Civ. 1re, 7 nov. 1984 : *Gaz. Pal. 1985. 1. 387, note J. M.* • Paris, 16 mars 1988 : *D. 1988. 467, note Philippe ; RTD civ. 1989. 78, obs. Mestre.* ♦ Mais la mauvaise gestion du mari, entrepreneur, ne peut suffire à justifier le rejet de sa demande en réduction de sa contribution, à défaut d'intention prouvée de se soustraire à ses engagements familiaux. • Civ. 1re, 19 nov. 1996 : *JCP 1997. I. 4047, n° 1, obs. Wiederkehr ; Dr. fam. 1997, n° 55, note Lécuyer.* ♦ Sur la répression pénale de l'insolvabilité organisée (art. 314-7 s. C. pén. ; art. 404-1 ancien C. pén.), V. Bertin, *Gaz. Pal. 1985. 1. Doctr. 332.*

18. Exclusion des art. 1213 et 1214 anc. C. civ. La contribution des époux aux dettes étant réglée par l'art. 214 à proportion de leurs facultés respectives, le juge n'a pas à faire application des art. 1213 et 1214 anc. • Civ. 1re, 17 juin 2003, n° 01-14.468 P : *D. 2004. 1118, note Lefranc ; Defrénois 2004. 67, obs. Champenois ; CCC 2003, n° 168, note Raymond ; Dr. fam. 2003, n° 97, note Lécuyer.*

B. MODES DE CONTRIBUTION

1° PRESTATION PÉCUNIAIRE À CARACTÈRE ALIMENTAIRE

19. Indexation. Si la contribution aux charges du mariage est distincte, par son fondement et son but, de l'obligation alimentaire, elle n'en doit pas moins être regardée comme une dette d'aliments au sens de l'art. 79-3, al. 1er, de l'Ord. n° 58-1374 du 30 déc. 1958 (C. mon. fin., art. L. 112-2) ; le montant de la contribution en cause peut donc être indexé sur l'indice des prix à la consommation. • Civ. 1re, 16 juill. 1986, n° 85-11.720 P : *R., p. 134* • 31 mai 1988 : *Gaz. Pal. 1989. 2. 632, note J. M.* • Civ. 2e, 13 janv. 1988 : *Bull. civ. II, n° 21.*

20. Non-application de la règle « aliments ne s'arréragent pas ». V. • Civ. 1re, 8 nov. 1989, n° 87-19.768 P : *Defrénois 1990. 296, obs. Massip.* – V. déjà • Civ. 1re, 9 mai 1967 : *Bull. civ. I, n° 160.* – V. aussi • Civ. 1re, 7 juin 1974 : *D. 1975. 461, note R. Savatier ; JCP 1975. II. 17974, note Patarin.*

21. Application de la Conv. de La Haye du 2 oct. 1973. Application de la Conv. de La Haye du 2 oct. 1973 sur la loi applicable aux obligations alimentaires : • Civ. 1re, 6 nov. 1990 : *Gaz. Pal. 1991. 2. 647, note Rémery.*

2° AUTRES MODES

22. Occupation du domicile conjugal. L'occupation par le mari et les enfants du domicile conjugal que la femme a abandonné constitue une modalité d'exécution par celle-ci de son obligation de contribuer aux charges du mariage, une telle contribution étant compatible avec l'absence de ressources personnelles. • Civ. 1re, 6 mars 1990, n° 88-17.555 P. – V. aussi • Civ. 1re, 9 oct. 1990, n° 89-11.425 P • 7 nov. 1995, n° 93-21.276 P : *RTD civ. 1996. 225, obs. Vareille.*

23. Financement de l'achat ou de l'amélioration du domicile familial. Le paiement par le mari d'un emprunt ayant financé partiellement l'acquisition par l'épouse du logement de la famille participe de l'exécution de son obligation de contribuer aux charges du mariage. • Civ. 1re, 14 mars 2006, n° 05-15.980 P : *JCP 2006. I. 193, obs. Wiederkehr ; AJ fam. 2006. 293, obs. Hilt* (séparation de biens, avec clause selon laquelle « chacun des époux est réputé avoir fourni, au jour le jour, sa part contributive, en sorte qu'ils ne seront assujettis à aucun compte entre eux, ni à retirer à ce sujet aucune quittance l'un de l'autre »). ♦ Dans le même sens pour le paiement des dépenses afférentes à l'acquisition et à l'aménagement du logement familial. • Civ. 1re, 15 mai 2013 : *cité note 2 ss. art. 1537* • 12 juin 2013, n° 11-26.748 P : *D. 2014. 1342, obs. Lemouland et Vigneau ; AJ fam. 2013. 448, obs. de Boysson ; RTD civ. 2014. 698, obs. Vareille.*

Comp. : sauf convention matrimoniale contraire, l'apport en capital provenant de la vente de biens personnels, effectué par un époux séparé de biens pour financer la part de son conjoint lors de l'acquisition d'un bien indivis affecté à l'usage familial, ne participe pas de l'exécution de son obligation de contribuer aux charges du mariage. • Civ. 1re, 3 oct. 2019, n° 18-20.828 P : *D. 2020. 60, note Chaffois ; AJ fam. 2019. 604, obs. Casey ; JCP 2019, n° 1151, note Bouchard ; JCP N 2019, n° 1343, note Vassaux ; Dr. fam. 2019, nos 241 et 242, note Torricelli-Chrifi ; Defrénois 2020/3. 26, note Leyrat* • 17 mars 2021, n° 19-21.463 P : *D. 2021. 819, obs. Lemouland et Vigneau ; ibid. Chron. C. cass. 1784, obs. Buat-Ménard ; AJ fam. 2021. 314, obs. Casey ; Dr. fam. 2021, n° 72, obs. Torricelli-Chrifi.* ♦ Dans le même sens pour l'acquisition ou l'amélioration, par voie de construction, d'un bien indivis affecté à l'usage familial : • Civ. 1re, 9 juin 2022, n° 20-21.277 B.

24. Activité au foyer ou collaboration professionnelle bénévole excédant la contribution aux charges du mariage. Les juges du fond apprécient souverainement que l'aide apportée par l'épouse à l'entreprise du mari est allée au-delà de l'obligation de contribuer aux charges du mariage et que cette collaboration non rémunérée constituait la cause des versements du mari à sa femme. • Civ. 1re, 8 févr. 2000, n° 98-10.846 P : *D. 2000. Somm. 428, obs. Nicod ; JCP 2000. I. 245, n° 1, obs. Wiederkehr* • 25 juin 2002 : *préc. note 12* • 4 juill. 2007 : *préc. note 12.* ♦ Lorsqu'un époux a collaboré à l'activité professionnelle de son conjoint, il peut obtenir indemnité dans la mesure où son activité, allant au-delà de son obligation de contribuer aux charges du mariage, a réalisé à la fois un appauvrissement pour lui du travail fourni sans rémunération et un enrichissement corrélatif du conjoint. • Civ. 1re, 9 janv. 1979 : *D. 1981. 241, note Breton ; Defrénois 1980. 44, note Ponsard* • 30 mai 1979 : *ibid.* • 26 oct. 1982, n° 81-14.824 P : *R., p. 44 ; JCP 1983. II. 19992, note Terré.* ♦ V. aussi note 4 ss. art. 270. ♦ Comp. • Civ. 1re, 14 janv. 2003 :

D. 2003. Somm. 1868, obs. Revel (refusant au mari une indemnité pour les travaux réalisés sur le bien propre de sa femme, trop modestes pour avoir excédé sa contribution aux charges du mariage) • Civ. 1re, 3 déc. 2008 : *RJPF 2009-2/28, obs. Vauvillé ; RLDC 2009/58, n° 3348, obs. Pouliquen* (estimant que l'épouse, ayant participé à l'activité de son mari, avait agi dans une intention libérale, en raison des liens d'affection qui l'unissait à son époux). ♦ En régime communautaire, les revenus procurés par l'activité d'un époux sur l'exploitation propre à son conjoint tombant en communauté et profitant à celle-ci, cette activité ne peut donner lieu à indemnité sur le fondement de l'art. 214. • Civ. 1re, 27 mars 2007 : *D. 2007. Pan. 2133, obs. Brémond*. ♦ Contribution en industrie aux charges du mariage et travail dissimulé : V. • Crim. 22 oct. 2002, n° 02-81.859 P : *RTD civ. 2004. 127, obs. Vareille*.

25. Rémunération ou financement d'un époux par son conjoint. Le financement par un époux d'une acquisition faite par son conjoint n'est pas une libéralité quand il rémunère une collaboration professionnelle excédant la contribution aux charges du mariage. • Civ. 1re, 24 oct. 1978 : *JCP 1979. II. 19220, note Patarin ; Gaz. Pal. 1979. 2. 528, note D. de La Marnierre* • 10 juill. 1979 : *Defrénois 1980. 44, note Ponsard* • 25 févr. 1981 : *JCP N 1981. II. 205, note Rémy* • 16 juin 1981 : *Bull. civ. I, n° 217*. – Dans le même sens : • Civ. 1re, 25 juin 2002 : *préc. note 24*. ♦ Il en va de même de la rémunération d'une activité consacrée au foyer en sacrifiant une carrière professionnelle. • Civ. 1re, 20 mai 1981 : *Bull. civ. I, n° 175*. – Dans le même sens : • Versailles, 7 janv. 1980 : *Defrénois 1981. 206, note Breton* • 8 janv. 1980 : *eod. loc.* • 17 mars 1980 : *ibid. 49, note Breton*. ♦ Mais encore faut-il établir que les soins apportés à la direction du foyer ont été au-delà de l'obligation de contribuer aux charges du mariage. • Civ. 1re, 4 mars 1980 : *Bull. civ. I, n° 76*. – V. Nerson et Rubellin-Devichi, *RTD civ. 1980. 345*. – Revel, *D. 1983. Chron. 21*. – Sinay-Cytermann, *D. 1983. Chron. 159*.

26. Incidence de la clause de contribution (pas de dispense de contribution). Il résulte de l'application combinée des art. 214, 226 et 1388 C.civ. que les conventions conclues par les époux ne peuvent les dispenser de leur obligation d'ordre public de contribuer aux charges du mariage ; dès lors, en présence d'un contrat de séparation de biens, la clause aux termes de laquelle « chacun [des époux] sera réputé avoir fourni au jour le jour sa part contributive, en sorte qu'aucun compte ne sera fait entre eux à ce sujet et qu'ils n'auront pas de recours l'un contre l'autre pour les dépenses de cette nature », ne fait pas obstacle, pendant la durée du mariage, au droit de l'un d'eux d'agir en justice pour contraindre l'autre à remplir, pour l'avenir, son obligation de contribuer aux charges du mariage. • Civ. 1re, 13 mai 2020, n° 19-11.444 B : *AJ fam. 2020. 362, obs. Casey ; RTD civ. 2021. 189, obs. Vareille ; Dr. fam. 2020, n° 120, obs. Torricelli-Chrifi*.

III. FISCAL

27. Déductibilité de la contribution aux charges du mariage en cas de séparation de fait. Le 2° du II de l'art. 156 CGI prévoit que cette contribution peut être déduite du revenu de celui qui la verse en exécution d'une décision de justice lorsque les époux font l'objet d'une imposition distincte. Ce faisant, les dispositions contestées instituent une différence de traitement entre les contribuables selon que leur contribution est versée ou non en exécution d'une décision de justice. Or, d'une part, la décision de justice rendue dans ce cadre a pour objet soit de contraindre un des époux à s'acquitter de son obligation de contribuer aux charges du mariage, soit d'homologuer la convention par laquelle les époux se sont accordés sur le montant et les modalités de cette contribution. Ainsi, une telle décision de justice n'a ni pour objet ni nécessairement pour effet de garantir l'absence de toute optimisation fiscale. D'autre part, le simple fait qu'un contribuable s'acquitte spontanément de son obligation légale sans y avoir été contraint par une décision de justice ne permet pas de caractériser une telle optimisation. Dès lors, la différence de traitement contestée n'est justifiée ni par une différence de situation au regard de la lutte contre l'optimisation fiscale ni par une autre différence de situation en rapport avec l'objet de la loi. Elle n'est pas non plus justifiée par un motif d'intérêt général. Par conséquent, les dispositions contestées méconnaissent le principe d'égalité devant la loi et doivent donc, sans qu'il soit besoin d'examiner l'autre grief, être déclarées contraires à la Constitution. La déclaration d'inconstitutionnalité est applicable à toutes les affaires non jugées définitivement à la date de publication de la présente décision. • Cons. const. 28 mai 2020, n° 2020-842 QPC.

Art. 215 *(L. n° 70-459 du 4 juin 1970)* « Les époux s'obligent mutuellement à une communauté de vie. »

(L. n° 75-617 du 11 juill. 1975) « La résidence de la famille est au lieu qu'ils choisissent d'un commun accord. »

(L. n° 65-570 du 13 juill. 1965) Les époux ne peuvent l'un sans l'autre disposer des droits par lesquels est assuré le logement de la famille, ni des meubles meublants dont il est garni. Celui des deux qui n'a pas donné son consentement à l'acte peut en demander l'annulation : l'action en nullité lui est ouverte dans l'année à partir du jour

où il a eu connaissance de l'acte, sans pouvoir jamais être intentée plus d'un an après que le régime matrimonial s'est dissous.

Sur le droit au bail du local servant à l'habitation des époux, V. C. civ., art. 1751.

BIBL. ▸ Devoir de cohabitation : Brunet, *D. 1977. Chron. 191.* – Hénaff, *RTD civ. 1996. 551* (communauté de vie du couple). – Coquema et Barthelet, *Dr. fam. 2010. Étude 10* (mariage sans communauté de vie). – Lacroix-De Sousa et Lisanti, *JCP N 2022, n° 1245.* – Manigne, *JCP 1976. I. 2803.* – Mirabail, *Dr. fam. 2022. Étude 9* (couple et absence de cohabitation). ▸ Devoir conjugal : Bruguière, *D. 2000. Chron. 10* . ▸ Logement familial : Bertrand, *Gaz. Pal. 1973. 2. Doctr. 480.* – Bosse-Patière, *AJ fam. 2008. 375* (libéralités et logement). – Courtois, *ibid. 2023. 219* (florilège de situations et difficultés pratiques). – Crémont, *JCP N 1999. 271.* – Grimaldi, *Trav. Assoc. Capitant, XXXIII-1982, p. 421 ; Defrénois 1983. 1025.* – Guyon, *JCP 1966. I. 2041.* – Langlade, *D. 1986. Chron. 166.* – Nerson, *RTD civ. 1979. 584.* – Rubellin-Devichi, *ibid. 1985. 714 ; ibid. 1991. 245* . – R. Savatier, *Mél. Hébraud, Univ. Toulouse, 1981, p. 799.* – Tisserand-Martin, *Mél. Wiederkehr, Dalloz, 2009, p. 829.* – Vauvillé, *JCP N 1993. I. 79.* – Dossier, *Defrénois 2022/36-37. 16* (logement et couple).

I. LE DEVOIR DE COHABITATION

1. Notion. Pour des motifs d'ordre professionnel, les époux peuvent avoir un domicile distinct, sans qu'il soit pour autant porté atteinte à la communauté de vie. • Civ. 1re, 12 févr. 2014, n° 13-13.873 P : *D. 2014. 482 ; AJ fam. 2014. 192, obs. Hilt* (attribution de la nationalité française par mariage). ♦ Si les époux peuvent avoir temporairement des domiciles distincts, notamment pour des raisons professionnelles, l'intention matrimoniale implique la volonté d'une communauté de vie. • Civ. 1re, 8 juin 1999 : *D. 2000. Somm. 413, obs. Lemouland ; Defrénois 1999. 1256, obs. Massip ; Dr. fam. 1999, n° 110, note Lécuyer.* ♦ V. aussi art. 108.

2. Nationalité, bigamie et polygamie. V. note 4 ss. art. 21-2 C. civ. — **C. civ.**

A. MANQUEMENT AU DEVOIR DE COHABITATION

3. Vie commune – Exclusion des mesures de coercition. Aucune disposition légale ne confère au juge le pouvoir d'enjoindre à l'un des époux de reprendre la vie commune. • TGI Paris, 18 oct. 1977 : *Gaz. Pal. 1978. 1. 24, note J.-G. M. ; JCP 1978. II. 18820, note Lindon.* ♦ Le recours à des mesures de coercition, de même que le prononcé d'une astreinte, sont impossibles. • TGI Brest, 9 juill. 1974 : *D. 1975. 418, note Prévault* • Aix-en-Provence, 22 juin 1978 : *D. 1979. 192, note Prévault.*

4. ... Responsabilité délictuelle. Indépendamment du divorce ou de la séparation de corps et de leurs sanctions propres, l'époux qui invoque un préjudice étranger à celui résultant de la rupture du lien conjugal est recevable à demander réparation à son conjoint dans les conditions du droit commun. • Civ. 1re, 9 nov. 1965 : *D. 1966. 80, note J. Mazeaud ; RTD civ. 1966. 288, obs. Rodière.* ♦ Le refus de cohabiter constitue une faute dont aucun texte n'indique qu'elle serait exclue du champ d'application de l'art. 1382 anc. [1240] C. civ. et il est donc possible d'agir en réparation de ce chef. • Aix-en-Provence, 22 juin 1978 : *préc.* ♦ Mais, en sens opposé, jugé que le manquement au devoir de cohabitation ne peut trouver sa sanction que dans une procédure en divorce ou en séparation de corps, ce qui exclut l'application du droit commun de la responsabilité civile. • TGI Paris, 18 oct. 1977 : *préc.* • TGI Brest, 9 juill. 1974 : *préc.* ♦ Sur la persistance de la contribution aux charges du mariage en cas de défaut de cohabitation, V. notes ss. art. 214.

5. Relations sexuelles. Dommages-intérêts pour abstinence sexuelle préjudiciable à l'épouse : • Aix-en-Provence, 3 mai 2011 : *JCP 201. 1156, obs. Pizarro ; Gaz. Pal. 2011. 3392, note Pierroux.*

B. DISPENSE JUDICIAIRE DE COHABITATION

6. Inapplicabilité de l'art. 258 en dehors de la procédure de divorce. L'art. 258 C. civ., qui permet à la juridiction saisie de l'action en divorce de statuer, même en cas de rejet de la demande, sur la résidence de la famille et la garde des enfants ne saurait servir de base à une action distincte. • TGI Paris, 18 oct. 1977 : *préc. note 3.*

C. DISPENSE CONVENTIONNELLE DE COHABITATION

7. L'accord ayant pour but d'organiser la vie séparée des époux au mépris des dispositions de l'art. 215 ne peut constituer un fondement valable au désistement d'une instance en séparation de corps. • Civ. 2e, 22 avr. 1977 : *D. 1977. IR 359.*

II. LE LOGEMENT DE LA FAMILLE

A. CARACTÈRE FAMILIAL DU LOGEMENT

8. Logement distinct du domicile conjugal. Le logement de la famille ne s'identifie pas nécessairement avec le domicile conjugal et les juges du fond décident souverainement du lieu où se trouve le logement principal des époux. • Civ. 1re, 22 mars 1972, n° 70-14.049 P • Reims, 13 févr. 1978 : *JCP N 1979. II. 108.*

9. Vie séparée des époux. Le logement dans lequel la femme a été installée par son mari, celui-ci désirant recouvrer sa liberté, et où elle mène une vie séparée, mais où le mari continue à avoir accès, doit être considéré comme le logement de la famille au sens de l'art. 215. • Paris, 29 sept. 1972 : *D. 1975. 540, note Foulon-Piganiol ; JCP 1974. II. 17620, note Théry.*

10. Résidence secondaire. Un immeuble qui sert de résidence secondaire aux époux, et non de résidence principale, ne constitue pas le logement de la famille. • Civ. 1re, 19 oct. 1999, n° 97-21.466 P : *D. 1999. IR 259 ; JCP 2000. I. 245, n° 4, obs. Wiederkehr ; Defrénois 2000. 437, obs. Champenois ; Dr. fam. 2000, n° 42, note Beignier (3e esp.)* (autorisation donnée au mari de vendre seul en application de l'art. 217).

11. Logement occupé au titre d'une jouissance gratuite. En cas d'acquisition, puis de vente d'un appartement par une société représentée par le mari, principal actionnaire, la validité de la vente est subordonnée au consentement de l'épouse, même à supposer écarté le caractère fictif de la société, dès lors que l'épouse avait reçu de son mari l'autorisation expresse d'occuper avec les enfants l'appartement en vertu d'un droit d'associé conférant à celui-ci la jouissance des locaux. • Civ. 1re, 11 mars 1986, n° 84-12.489 P : *R., p. 131.* ♦ Dans le même sens, pour le cas du logement hypothéqué par le mari seul, nu-propriétaire, bénéficiant avec son épouse d'un prêt de jouissance de la part de sa mère, usufruitière : • Civ. 1re, 20 janv. 2004, n° 02-12.130 P : *D. 2004. 2178, note Bicheron ; Defrénois 2005. 710, obs. Champenois ; AJ fam. 2004. 105, obs. Deis-Beauquesne.*

12. Logement appartenant à une société civile immobilière. L'art. 215, al. 3, subordonne au consentement des deux époux les actes de disposition portant sur les droits par lesquels ce logement est assuré, à la condition, lorsque ces droits appartiennent à une société civile immobilière dont l'un des époux au moins est associé, que celui-ci soit autorisé à occuper le bien en raison d'un droit d'associé ou d'une décision prise à l'unanimité de ceux-ci, dans les conditions prévues aux art. 1853 et 1854 C. civ. ; faute de bail, droit d'habitation ou convention de mise à disposition de l'appartement litigieux par la SCI au profit de ses associés, la protection accordée par l'art. 215, al. 3, ne peut être revendiquée. • Civ. 1re, 14 mars 2018, n° 17-16.482 P : *D. 2018. 1428, note Sadi ; ibid. 1104, obs. Lemouland et Vigneau ; AJ fam. 2018. 300, obs. Casey ; RTD civ. 2018. 469, obs. Vareille ; Rev. sociétés 2019. 59, note Naudin ; Dr. fam. 2018, n° 152, note Torricelli-Chrifi.*

13. Procédure de divorce ou de séparation de corps. Le logement de la famille ne perd pas cette qualité lorsque sa jouissance a été attribuée, à titre provisoire, à l'un des époux pour la durée de l'instance en divorce. • Civ. 1re, 26 janv. 2011, n° 09-13.138 P : *D. 2011. Pan. 2624, obs. Revel ; ibid. 2012. 971, obs. Lemouland et Vigneau ; JCP 2011, n° 503, obs. Wiederkehr ; AJ fam. 2011. 261, obs. S. David ; RTD civ. 2011. 330, obs. Hauser ; Dr. fam. 2011, n° 52, obs. Larribau-Terneyre ; RLDC 2011/80, n° 4183, obs. Gallois* (nullité de la vente par un époux seul alors que la dissolution du mariage n'était pas encore intervenue). ♦ Les prescriptions de l'art. 215 s'appliquent tant que la séparation de corps ou le divorce ne sont pas prononcés. • Aix-en-Provence, 22 févr. 1982 : *Gaz. Pal. 1982. 1. 314, note Viatte ; JCP N 1983. II. 58, note Rémy.* – Dans le même sens : • Colmar, 11 juin 1974 : *D. 1975. 540, note Foulon-Piganiol ; Gaz. Pal. 1974. 2. 871, note Viatte ; RTD civ. 1975. 293, obs. Nerson.* ♦ Pour la détermination du logement de la famille d'une personne divorcée surendettée dans le cadre des dispositions de l'art. L. 331-7, 4° [L. 733-1], C. consom., V. • Civ. 2e, 14 mai 2009, n° 07-21.599 P : *D. 2009. AJ 1533, obs. Avena-Robardet ; RTD civ. 2009. 510, obs. Hauser.*

B. NATURE DES ACTES NÉCESSITANT OU NON LE CONSENTEMENT DES DEUX ÉPOUX

1° ACTES ENTRE VIFS

14. Bail. Il résulte des termes généraux de l'art. 215, al. 3, que ce texte vise les actes qui anéantissent les droits réels ou les droits personnels de l'un des conjoints sur le logement familial ; tel est le cas du bail consenti par un époux sur la résidence de la famille. • Civ. 1re, 16 mai 2000, n° 98-13.441 P : *D. 2000. IR 192 ; Defrénois 2001. 460, obs. Champenois ; Dr. fam. 2001, n° 2, note Beignier ; Loyers et copr. 2000, n° 264, note Vial-Pedroletti ; RTD civ. 2001. 416 ; ibid. 418, obs. Vareille* (nullité du bail, nonobstant le fait que l'épouse avait, au moment du bail, quitté la résidence familiale et introduit une requête en divorce).

15. Promesse de vente. Seule une promesse synallagmatique a la nature d'un acte de disposition au sens de l'art. 215. • Civ. 1re, 6 avr. 1994 : *JCP 1994. IV. 1540 ; JCP 1995. I. 3821, n° 1, obs. Wiederkehr.* ♦ Une épouse qui a valablement signé un mandat de vente du logement familial conjointement avec son mari est non moins valablement engagée que celui-ci par l'acceptation, par l'acquéreur, de l'offre de vente adressée au public, la vente étant ainsi devenue parfaite, l'acte sous seing privé de vente eût-il été signé par le mari seul. • Civ. 3e, 20 mars 1996 : *JCP 1996. I. 3962, n° 1, obs. Wiederkehr.*

16. Donation avec réserve d'usufruit. La donation avec réserve d'usufruit de l'immeuble constituant le logement familial par le seul mari à ses enfants n'enfreint pas la règle de l'art. 215, al. 3, l'usufruit ne prenant fin qu'à la mort de l'époux et donc à la dissolution du mariage. • Civ. 1re, 22 mai 2019, n° 18-16.666 P : *D. 2019. 1643, note Rousseau ; ibid. 2216, obs. Godechot-Patris et Grare-Didier ; AJ fam. 2019. 413, obs. Levillain ; RTD civ. 2019. 641, obs. Vareille ; JCP 2019, n° 730, note Kilgus ; JCP N 2019, n° 1272,* *note Bouchard ; Defrénois 2019/40. 28, note Soulié ; Dr. fam. 2019. Étude 16, note Sadi.* ♦ Même sens, • Civ. 1re, 22 juin 2022, n° 20-20.387.

17. Vente avec réserve d'usufruit. Dès lors que la vente consentie par le mari réserve à l'épouse la jouissance du logement conjugal, sa vie durant, il n'est pas porté atteinte aux dispositions de l'art. 215. • TGI Paris, 16 déc. 1970 : *Gaz. Pal. 1971. 1. 115.* ♦ Comp. pour le cas de réserve d'usufruit au seul époux propriétaire vendeur, le vendeur ayant agi en pleine connaissance des dispositions de l'art. 215 et de la précarité de l'opération frauduleuse à laquelle il s'associait : • Civ. 1re, 16 juin 1992, n° 89-17.305 P : *Defrénois 1992. 1156, obs. Champenois ; JCP N 1993. II. 109, obs. Wiederkehr ; RTD civ. 1993. 636, obs. Lucet et Vareille.*

18. Partage. L'art. 215, al. 3, ne fait pas obstacle à une demande en partage des biens indivis des époux, dès lors que sont préservés les droits sur le logement de la famille. • Civ. 1re, 19 oct. 2004 : *D. 2005. Pan. 812, obs. Lemouland et Vigneau.* – V. aussi • Civ. 1re, 4 juill. 1978 : *cité note 23.*

19. Cautionnement. L'engagement en qualité de caution d'une femme mariée est valable, aucune fraude n'étant constatée ni alléguée, dès lors que cet engagement est distinct de l'affectation hypothécaire donnée en garantie, laquelle, portant sur l'immeuble servant au logement de la famille, a été annulée pour avoir été accordée sans le consentement de son mari. • Civ. 1re, 17 nov. 1981, n° 80-11.181 P. – V. aussi • Civ. 1re, 18 juin 1985 : *D. 1986. 485, note Mouly.* ♦ La fraude qui peut rendre inopposable à un époux l'acte de cautionnement de son conjoint suppose un concert frauduleux entre celui-ci et le créancier. • Civ. 1re, 1er juill. 1986 : *Bull. civ. I, n° 191.* ♦ Sur l'apport de la L. du 23 déc. 1985, lorsque le logement est un bien commun aux époux, V. art. 1415.

20. Hypothèque conventionnelle. Viole l'art. 215, al. 3, une cour d'appel qui refuse d'annuler la constitution d'une hypothèque consentie par le mari seul sur un immeuble lui appartenant en propre, mais assurant le logement de la famille. • Civ. 1re, 17 déc. 1991, n° 90-11.908 P : *JCP 1992. I. 3614, n° 1, obs. Wiederkehr ; Defrénois 1992. 396 (1re esp.), obs. Champenois.* ♦ Mais, la promesse d'hypothèque ne constituant pas un acte de disposition, est valable la promesse de cautionnement hypothécaire consentie par un époux seul sur le logement de la famille. • Civ. 3e, 29 mai 2002, n° 99-21.018 P : *D. 2003. 1024, note Azavant ; Defrénois 2002. 1317, obs. Champenois ; AJ fam. 2002. 266, obs. F. B. ; RJPF 2002-11/21, obs. Vauvillé.*

21. Assurance. Un époux ne peut résilier sans le consentement de son conjoint le contrat d'assurance garantissant le logement familial. • Civ. 2e, 10 mars 2004, n° 02-20.275 P : *D. 2004. Somm. 2257, obs. Brémond ; ibid. Somm. 2963, obs. Lemouland ; JCP 2004. I. 176, n° 3, obs. Wiederkehr ; Defrénois 2004. 1462, obs. Champenois ; AJ fam. 2004. 188, obs. Bicheron ; Dr. fam. 2004, n° 64, note Larribau-Terneyre ; RTD civ. 2004. 270, obs. Hauser, et 538, obs. Vareille ; RGDA 2004. 350, note Mayaux.* – Même sens : • Civ. 1re, 14 nov. 2006, n° 05-19.402 P : *D. 2007. 349, note Raoul-Cormeil ; ibid. Pan. 1567, obs. Lemouland et Vigneau ; JCP 2007. I. 142, n° 7, obs. Wiederkehr ; AJ fam. 2007. 89, obs. Chénedé ; RJPF 2007-2/15, note Vauvillé ; RGDA 2007. 69, note Mayaux ; LPA 25 juin 2007, note Yildirim ; ibid. 27 août 2007, note Antippas ; RTD civ. 2007. 376 et 378, obs. Vareille* (l'action en nullité ne peut être exercée que dans le délai d'un an prévu par l'art. 215, al. 3).

2° ACTES À CAUSE DE MORT

22. Testament. L'art. 215 qui protège le logement de la famille pendant le mariage ne porte pas atteinte au droit qu'a chaque conjoint de disposer de ses biens à cause de mort. • Civ. 1re, 22 oct. 1974 : *D. 1975. 645, note Foulon-Piganiol ; JCP 1975. II. 18041, note Chartier ; RTD civ. 1975. 296, obs. Nerson.*

3° DROIT DE POURSUITE DES CRÉANCIERS

23. Vente forcée. L'art. 215 n'est pas applicable à une vente forcée poursuivie en vertu de la L. du 13 juill. 1967 sur la liquidation des biens. • Civ. 3e, 12 oct. 1977 : *D. 1978. 333, note Chartier ; RTD civ. 1979. 584, obs. Nerson.* ♦ V. conf., sous l'empire de la L. du 25 janv. 1985 : • Civ. 1re, 21 mai 1997, n° 95-14.102 P : *D. Affaires 1997. 905 ; JCP 1997. I. 4054, n° 14, obs. Pétel ; Dr. fam. 1997, n° 122, note Lécuyer.* – Vauvillé, *Dr. et patr. 4/1998. 53.* ♦ Hors le cas de fraude, les dispositions de l'art. 215 doivent être considérées comme inopposables aux créanciers, sous peine de frapper les biens d'une insaisissabilité contraire à la loi. • Civ. 1re, 4 juill. 1978 : *D. 1979. 479, note Chartier ; JCP 1980. II. 19368, note Labbouz ; RTD civ. 1979. 585, obs. Nerson.* – V. aussi • Paris, 20 nov. 1984 : *JCP 1986. II. 20584, note Dagot.*

24. Hypothèque judiciaire. L'inscription d'hypothèque judiciaire, simple exercice d'une prérogative légale reconnue au titulaire d'une créance, même chirographaire, n'est pas en soi un acte de disposition au sens de l'art. 215, al. 3, et, hors le cas de fraude, cette disposition légale, qui ne rend pas insaisissable le logement de la famille, ne permet pas d'annuler ou de rendre inopposable à la femme l'engagement de caution pris par son mari. • Civ. 1re, 8 janv. 1985, n° 83-15.647 P. – Déjà en ce sens : • Civ. 1re, 4 oct. 1983 : *JCP 1984. II. 20188 (1re esp.), note Chartier ; Gaz. Pal. 1984. 2. 445, note Henry.* – V. aussi • Civ. 1re, 5 févr. 1985 : *JCP N 1986. II. 72, note Simler ; Defrénois 1986. 186, note Théry.*

25. Cas où le logement est indivis. L'art. 215, al. 3, est applicable à une demande en partage d'un bien indivis par lequel est assuré le logement de la famille fondée sur l'art. 815. • Civ. 1re, 3 avr. 2019, n° 18-15.177 P : *AJDI 2019. 815, obs. Cohet ; AJ fam. 2019. 339, obs. Casey ; RTD civ. 2019. 613, obs. Dross ; ibid. 640, obs. Vareille* (cassation de l'arrêt ayant retenu que l'art. 215 n'est pas applicable lorsqu'une vente forcée est poursuivie par le liquidateur judiciaire agissant aux lieu et place d'un des époux, peu important que l'action ait été engagée, sur le fondement de l'art. 815 ou de l'art. 815-17). ♦ Les dispositions protectrices du logement familial de l'art. 215, al. 3, ne peuvent, hors le cas de fraude, être opposées aux créanciers personnels d'un indivisaire usant de la faculté de provoquer le partage au nom de leur débiteur en application de l'art. 815-17, al. 3. • Civ. 1re, 16 sept. 2020, n° 19-15.939 P : *D. 2020. 1837 ; AJ fam. 2020. 598, obs. Casey ; RTD civ. 2021. 187, obs. Vareille ; JCP N 2021, n° 1109, note Torricelli-Chrifi ; Dr. fam. 2020, n° 147, obs. Torricelli-Chrifi.* ♦ Les dispositions de l'art. 215 n'interdisent pas d'accueillir une demande formée par un créancier, sur le fondement de l'art. 815-17, en licitation et partage d'un immeuble indivis entre époux séparés de biens, servant au logement de la famille. • Civ. 1re, 3 déc. 1991 : *Defrénois 1992. 396 (2e esp.), obs. Champenois ; JCP N 1992. II. 373, n° 1, obs. G. W.* • 21 mai 1997 : *préc.* ♦ V. aussi, autorisant le créancier à provoquer le partage par la voie de l'action oblique : • Paris, 8 déc. 1995 : *JCP 1996. I. 3962, n° 2, obs. Wiederkehr.*

C. MODALITÉS D'APPLICATION DE L'ART. 215, AL. 3

26. Consentement du conjoint. L'art. 215 n'exige pas que, pour un acte de nature à priver la famille de son logement, le consentement de chaque conjoint soit constaté par écrit ; il suffit que ce consentement soit certain. • Civ. 1re, 13 avr. 1983 : *Bull. civ. I, n° 120* • 7 avr. 1998 : *Dr. fam. 1998, n° 113, note Lécuyer.* ♦ Le consentement du conjoint, exigé par l'art. 215, al. 3, doit porter non seulement sur le principe de la disposition des droits par lesquels est assuré le logement de la famille, mais aussi sur les conditions de leur cession. • Civ. 1re, 16 juill. 1985 : *JCP N 1986. II. 71, note Simler.* ♦ Ce consentement peut résulter d'un mandat de vente donné à un agent immobilier. • Lyon, 5 nov. 1980 : *JCP N 1983. II. 40.* ♦ ... Du moins, s'il ressort des pièces produites que les deux conjoints ont effectivement consenti à ce mandat. • Civ. 1re, 28 nov. 2006 : *AJDI 2007. 409, note Thioye ; Dr. fam. 2007, n° 16, obs. Beignier (1re esp.) ; RTD civ. 2007. 375, obs. Vareille.* ♦ Sur la théorie de l'apparence (qualité de mandataire apparent d'un époux engageant son conjoint), V. note 12 ss. art. 1424.

27. Intérêt à agir. L'époux dont le consentement n'a pas été donné a seul qualité pour exercer l'action en nullité de l'acte de disposition, par son conjoint, des droits par lesquels est assuré le logement de la famille, mais doit justifier d'un intérêt actuel à demander l'annulation de l'acte. • Civ. 1re, 3 mars 2010, n° 08-13.500 P : *D. 2010. 1608, note Mauger-Vielpeau ; ibid. Pan. 1040, obs. Lemouland et Vigneau ; JCP 2010, n° 487, § 3, obs. Wiederkehr ; AJ fam. 2010. 187, note Chénedé ; Dr. fam. 2010, n° 61, obs. Beignier ; Defrénois 2010. 1466, note Massip ; ibid. 2011. 364, obs. Champenois ; RLDC 71/2010, n° 3810, obs. Ansault ; ibid. n° 3816, obs. Pouliquen ; RDC 2010. 1354, obs. Sérinet ; RTD civ. 2010. 305, obs. Hauser ; ibid. 365, obs. Vareille* (irrecevabilité de la demande présentée alors que l'épouse a quitté le logement familial au cours de l'instance en divorce).

28. Autorisation de justice. Sur la possibilité d'une autorisation de justice suppléant le défaut de consentement d'un époux, V. • Paris, 29 sept. 1972 : *préc. note 9, et note 2 ss. art. 217.* ♦ Sur la représentation, par habilitation judiciaire, du conjoint empêché de manifester sa volonté, V. note 4 ss. art. 219.

29. Prescription de l'action. Caducité de l'assignation. L'assignation dont la caducité a été constatée ne pouvant interrompre le cours de la prescription, l'action est prescrite lorsque après une première assignation devenue caduque, par application de l'art. 757 C. pr. civ., une nouvelle assignation n'a été délivrée qu'après l'expiration du délai imposé par l'art. 215, al. 3. • Cass., ass. plén., 3 avr. 1987, n° 86-11.536 P : *R., p. 231 ; JCP 1987. II. 20792, concl. Cabannes.*

30. ... Point de départ. L'action en nullité étant ouverte au conjoint dans l'année à partir du jour où il a eu connaissance de l'acte, cette action ne peut être déclarée prescrite sans qu'il soit constaté que le conjoint avait depuis plus d'un an connaissance du caractère synallagmatique de la promesse consentie par l'autre époux et par conséquent de sa nature d'acte de disposition au sens de l'art. 215. • Civ. 1re, 6 avr. 1994 : *JCP 1995. I. 3821, n° 1, obs. Wiederkehr.* ♦ Inversement, en présence d'une lettre adressée à la banque et démontrant que l'époux était informé du prêt consenti à son épouse depuis plus d'un an. • Civ. 1re, 28 févr. 2006, n° 02-19.809 P : *D. 2006. Pan. 1414, obs. Lemouland et Vigneau, et 2067, obs. Brémond ; JCP 2006. I. 193, obs. Wiederkehr.*

Prescription de l'action introduite plus d'un an après la dissolution du régime matrimonial. • Civ. 1re, 12 janv. 2011, n° 09-15.631 P : *D. 2011. Pan. 1040, obs. Lemouland et Vigneau ; ibid. Pan. 2624, obs. Revel ; AJ fam. 2011. 271, obs. Hilt ; Dr. fam. 2011, n° 31, obs. Larribau-Terneyre ; JCP N 2012, n° 1155, note Massip ; RLDC 2011/80, n° 4178, obs. Gallois.*

31. ... Domaine d'application du délai de l'art. 215. Dès lors que l'acte portant sur un bien commun n'encourt la nullité que dans la seule mesure où ce bien est affecté au logement de la famille, l'action en nullité est soumise au délai d'un an de l'art. 215, al. 3, et non à celui de deux ans de l'art. 1427, al. 2. • Civ. 1re, 14 nov. 2006 : *préc. note 21.*

32. ... Nullité invoquée par voie d'exception. L'art. 215, al. 3, ne peut avoir pour effet de priver le conjoint du droit d'invoquer la nullité comme moyen de défense contre la demande d'exécution d'un acte irrégulièrement passé par l'autre époux. • Civ. 1re, 8 févr. 2000 : *Dr. fam. 2000, n° 89, note Beignier ; RTD civ. 2000. 888, obs. Vareille.* – V. déjà • Paris, 9 oct. 1997 : *Dr. fam. 1998, n° 73, note Beignier.* ♦ Mais l'exception de nullité ne peut être invoquée par le demandeur agissant par voie d'action. • Civ. 1re, 14 nov. 2006 : *préc. note 21.*

33. Mise en cause de l'acheteur. Faute pour elle d'avoir mis en cause l'acheteur dans la procédure engagée contre son mari, l'épouse doit être déboutée de sa demande en annulation de la vente, consentie par le mari seul, des meubles meublants se trouvant dans le logement familial. Une telle vente, cependant, n'est pas opposable à l'épouse et le mari doit être condamné à rapporter à la masse communautaire la valeur des meubles vendus. • Aix-en-Provence, 22 févr. 1982 : *JCP N 1983. II. 58, note Rémy ; Gaz. Pal. 1982. 1. 314, note Viatte.*

34. Nullité. La nullité de la promesse de vente signée par l'époux sans le consentement de l'épouse prive l'acte de tout effet, y compris dans les rapports du mari avec ses autres cocontractants. • Civ. 1re, 3 mars 2010, n° 08-18.947 P : *D. 2010. AJ 765 ; D. 2011. Pan. 1040, obs. Lemouland et Vigneau ; JCP 2010, n° 487, § 2, obs. Wiederkehr ; ibid., § 24, obs. Storck ; AJ fam. 2010. 189, note Milleville ; Dr. fam. 2010, n° 72, note Larribau-Terneyre ; Defrénois 2011. 368, obs. Champenois ; RLDC 2010/70, n° 3764, obs. Le Gallou ; ibid. n° 3782, obs. Pouliquen ; RDC 2010. 1354, obs. Sérinet* (impossibilité de condamner l'époux au paiement de l'indemnité prévue par la promesse de vente). ♦ L'acte signé par le mari en méconnaissance de l'art. 215, al. 3, étant nul en son entier, ne peut être déclarée valable une promesse de porte-fort incluse dans cet acte. • Civ. 1re, 11 oct. 1989 : *D. 1990. 310, note Le Guidec ; D. 1992. Somm. 219, obs. Lucet ; JCP 1990. II. 21549, note Henry ; JCP N 1990. II. 261, note Venandet ; RTD civ. 1991. 387, obs. Vareille.*

D. ÉVALUATION DES BIENS CONSTITUANT LE LOGEMENT DE LA FAMILLE

35. Droit civil. L'inaliénabilité relative qui, par application de l'art. 215, frappe le logement familial est sans incidence sur l'évaluation du bien telle que la prescrit l'article 1099-1, al. 2, C. civ. • TGI Paris, 5 avr. 1973 : *Gaz. Pal. 1974. 1. 21, note L.B. ; RTD civ. 1974. 437, obs. R. Savatier* ; et, sur appel, • Paris, 7 juin 1974 : *Gaz. Pal. 1974. 2. 504, note Viatte.*

36. Droit fiscal. Le logement familial doit être évalué, au plan de l'ISF, en l'état des circonstances de fait, comme un bien occupé (application d'une décote maximale de 20 % sur la valeur du bien). • Com. 13 févr. 1996 : *JCP N 1996. 789, note Faucher.* ♦ Même solution pour la liquidation des droits de succession. • Com. 16 déc. 1997 : *JCP N 1998. 223, note Faucher ; Dr. fam. 1998, n° 57, note Grillet-Ponton.*

Art. 216 *(L. n° 65-570 du 13 juill. 1965)* **Chaque époux a la pleine capacité de droit ; mais ses droits et pouvoirs peuvent être limités par l'effet du régime matrimonial et des dispositions du présent chapitre.**

Art. 217 *(L. n° 65-570 du 13 juill. 1965)* **Un époux peut être autorisé par justice à passer seul un acte pour lequel le concours ou le consentement de son conjoint serait nécessaire, si celui-ci est hors d'état de manifester sa volonté ou si son refus n'est pas justifié par l'intérêt de la famille.**

L'acte passé dans les conditions fixées par l'autorisation de justice est opposable à l'époux dont le concours ou le consentement a fait défaut, sans qu'il en résulte à sa charge aucune obligation personnelle. — *V. C. pr. civ., art. 1286 s., App., I. Procédure.*

BIBL. ▸ Champenois, *D. 1989. 536* (refus d'un époux et intérêt de la famille). – Couzigou-Suhas et Le Levier, *AJ fam. 2006. 198* (habilitations judiciaires entre époux). – Delbano, *D. 1999. Chron. 408* (principe de subsidiarité dans les régimes de protection des majeurs). – Langé, *RTD civ. 1984. 33* (conjoint de l'aliéné). – Montanier, *ibid. 1984. 1.* – Raoul-Cormeil, *Gaz. Pal. 2010. 3276* (logement de la famille). – Sagaut, *AJ fam. 2003. 124* (empêchement ou impéritie des époux).

1. Protection en mariage seulement. Aux termes de l'art. 217, un époux peut être autorisé par justice à passer seul un acte pour lequel le concours ou le consentement de son conjoint serait nécessaire, si celui-ci est hors d'état de manifester sa volonté ou si son refus n'est pas justifié par l'intérêt de la famille ; il en résulte que cette autorisation ne peut être donnée que si les époux sont encore dans les liens du mariage. • Civ. 1re, 18 nov. 2020, n° 19-20.615.

2. Appréciation souveraine. Les juges du fond apprécient souverainement que la vente projetée apparaît conforme aux intérêts de la famille. • Civ. 1re, 22 nov. 2005, n° 03-13.621 P : *D. 2006. Pan. 1421, obs. Lemouland et Vigneau ; JCP 2006. I. 141, n° 5, obs. Wiederkehr ; Dr. fam. 2006, n° 21,* *note Larribau-Terneyre.* ♦ L'attribution, à titre provisoire, de la jouissance du domicile conjugal à l'un des époux par le juge du divorce ne fait pas obstacle à une autorisation judiciaire de vente du logement familial à la demande de l'autre époux en application de l'art. 217. • Civ. 1re, 30 sept. 2009, n° 08-13.220 P : *D. 2009. AJ 2489, obs. Égéa ; ibid. 2010. Pan. 1243, obs. Serra ; JCP 2010, n° 487, § 4, obs. Wiederkehr ; AJ fam. 2009. 451, obs. David ; Dr. fam. 2009, n° 150, note Larribau-Terneyre ; Defrénois 2010. 865, obs. Massip ; RJPF 2010-2/24, note Vauvillé ; RLDC 2009/65, n° 3613, obs. Pouliquen ; RTD civ. 2009. 703, obs. Hauser.*

3. Actes visés (exemples) : actes de disposition sur le logement familial. Autorisation demandée par le mari de vendre contre le gré de sa femme l'immeuble, dont il est propriétaire, où est situé le logement familial. • Paris, 29 sept. 1972 : *D. 1975. 540, note Foulon-Piganiol ; JCP 1974. II. 17620, note Théry.* – V. aussi • Civ. 1re, 19 oct. 1999, n° 97-21.466. ♦ L'attribution, à titre provisoire, de la jouissance du domicile conjugal à l'un des époux par le juge du divorce ne fait pas obstacle à une autorisation judiciaire de vente du logement familial à la demande de l'autre époux. • Civ. 1re, 30 sept. 2009 : *préc. note 2.*

4. ... Actes de disposition sur un immeuble commun. Autorisation d'affectation hypothécaire d'un immeuble commun demandée par le mari, la femme étant hors d'état de manifester sa volonté. • TGI Nevers, 29 nov. 1972 : *D. 1973. 415, note G. A. ; Defrénois 1973. 937, note Massip.* ♦ Autorisation demandée par le mari de vendre un immeuble commun en vue d'acquitter le passif de la communauté, malgré l'opposition de la femme. • Civ. 1re, 31 janv. 1974, n° 71-14.700 P • Dijon, 16 sept. 1998 : *BICC 1er mai 1999, n° 560 ; RTD com. 1999. 992, obs. Paisant* (époux en instance de divorce et bénéficiant d'un plan de surendettement).

5. ... Actes de disposition sur un fonds de commerce commun. Autorisation demandée par la femme de céder à des tiers la gestion d'un fonds de commerce qui constitue un bien commun qu'elle exploite. • TGI Argentan, 16 mai 1968 : *JCP N 1979. II. 15774 bis, note J. A.* ♦ Autorisation demandée par la femme de vendre seule une officine de pharmacie qu'elle exploite, mais qui fait partie du patrimoine commun. • Grenoble, 7 nov. 1972 : *Gaz. Pal. 1973. 1. 286.* – V. aussi • Civ. 1re, 22 nov. 2005 : *préc. note 2.*

6. ... Perception des capitaux issus de la vente d'un bien soumis à cogestion. Autorisation demandée par le mari de recevoir le prix de vente d'un fonds de commerce commun (en l'espèce, absence d'autorisation car refus de l'épouse justifié par l'intérêt de la famille). • TGI Grenoble, 25 juill. 1989 : *D. 1989. 536, note Champenois.*

Art. 218 *(L. n° 65-570 du 13 juill. 1965)* **Un époux peut donner mandat à l'autre de le représenter dans l'exercice des pouvoirs que le régime matrimonial lui attribue.** *(L. n° 85-1372 du 23 déc. 1985, art. 1er)* **« Il peut, dans tous les cas, révoquer librement ce mandat. »** — *V. notes ss. art. 226.*

Art. 219 *(L. n° 65-570 du 13 juill. 1965)* **Si l'un des époux se trouve hors d'état de manifester sa volonté, l'autre peut se faire habiliter par justice à le représenter, d'une manière générale, ou pour certains actes particuliers, dans l'exercice des pouvoirs résultant du régime matrimonial, les conditions et l'étendue de cette représentation étant fixées par le juge.**

A défaut de pouvoir légal, de mandat ou d'habilitation par justice, les actes faits par un époux en représentation de l'autre ont effet, à l'égard de celui-ci, suivant les règles de la gestion d'affaires. — *V. C. pr. civ., art. 1286 s., App., I. Procédure.*

BIBL. ▸ Couzigou-Suhas et Le Levier, *AJ fam. 2006. 198* (habilitations judiciaires entre époux).

1. Domaine d'application. L'art. 219 est applicable quel que soit le régime matrimonial des époux (en l'espèce : séparation de biens). • Civ. 1re, 18 févr. 1981, n° 80-10.403 P : *JCP N 1981. II. 155, note Rémy ; RTD civ. 1982. 140, obs. Nerson et Rubellin-Devichi ; Defrénois 1981. 964, obs. Champenois* • 1er oct. 1985, n° 84-12.476 P : *JCP N 1986. II. 249, note Simler.*

2. Rapport avec d'autres régimes de protection. L'art. 219 est applicable, même si le conjoint dont la représentation est demandée aurait pu, en raison de son état, être placé sous le régime de la tutelle. • Civ. 1re, 9 nov. 1981 : *JCP 1982. II. 19808, note Prévault ; RTD civ. 1982. 137, obs. Nerson et Rubellin-Devichi ; Defrénois 1982. 423, obs. Champenois* • TGI Paris, 11 oct. 1996 : *D. 1998. 39, note de Béchillon ; Dr. fam. 1998, n° 43, note Beignier.* ♦ Il est encore applicable si le conjoint dont la représentation est demandée est déjà placé sous un des régimes de protection institué par la L. n° 68-5 du 3 janv. 1968 (en l'espèce : la curatelle). • Civ. 1re, 18 févr. 1981 : *préc. note 1.*

3. Rôle du juge. La finalité de la disposition de l'art. 219 conduit à prendre en considération l'intérêt bien compris de l'époux qui doit être représenté et donc personnellement engagé (vente d'une résidence secondaire). • Civ. 1re, 1er oct. 1985 : *préc. note 1.*

4. Vente du logement familial, propriété de l'époux hors d'état de manifester une volonté. Le conjoint du propriétaire du logement familial empêché de manifester sa volonté (maladie d'Alzheimer) peut être autorisé judiciairement à le représenter en vue de disposer des droits par lesquels est assuré le logement de la famille. • Paris, 16 déc. 1999 : *JCP 2001. I. 309, n° 1, obs. Wiederkehr.*

5. Gestion d'affaires. Cassation de l'arrêt annulant un bail portant sur un fonds rural commun consenti par le mari seul, sans rechercher, comme il était demandé, s'il n'avait pas agi en gérant d'affaires. • Civ. 3e, 21 févr. 2001 : *JCP N 2001. 1122, note Casey ; RJPF 2001-6/26, note Vauvillé.*

Art. 220 *(L. n° 65-570 du 13 juill. 1965)* **Chacun des époux a pouvoir pour passer seul les contrats qui ont pour objet l'entretien du ménage ou l'éducation des enfants : toute dette ainsi contractée par l'un oblige l'autre solidairement.**

La solidarité n'a pas lieu, néanmoins, pour des dépenses manifestement excessives, eu égard au train de vie du ménage, à l'utilité ou à l'inutilité de l'opération, à la bonne ou mauvaise foi du tiers contractant.

(L. n° 85-1372 du 23 déc. 1985, art. 2) **« Elle n'a pas lieu non plus, s'ils n'ont été conclus du consentement des deux époux, pour les achats à tempérament ni pour les emprunts à moins que ces derniers ne portent sur des sommes modestes nécessaires aux besoins de la vie courante »** *(L. n° 2014-344 du 17 mars 2014, art. 50)* **« et que le montant cumulé de ces sommes, en cas de pluralité d'emprunts, ne soit pas manifestement excessif eu égard au train de vie du ménage. »** — *V. notes ss. art. 226.*

BIBL. ▶ Alleaume, *Dr. fam. 1999, Chron. 5* (achats à crédit). - Baudin-Maurin, *RRJ 2000/4-1. 1471* (dette ménagère à crédit). - Capdeville et Naudin, *D. 2014. 1606* (modification par L. du 17 mars 2014). - Daviaud, *D. 2003. Chron. 848* (de l'entretien du ménage aux besoins de la vie courante). - Lucet et Vareille, *RTD civ. 1991. 584*. - Rzepecki, *JCP 1999. I. 148* (opérations de crédit et solidarité ménagère). - Souleau-Travers, *Defrénois 2002. 569* (solidarité légale dans le mariage et dans le PACS). - Vareille, *RTD civ. 1994. 924*. - Yamba, *JCP N 1996. I. 1505* (solidarité et séparation). ▶ Dossier, *AJ fam. 2004. 8* (couples et solidarité). - Dossier, *AJ fam. 2015. 316* (charges du ménage).

1. Fonction du texte. La solidarité instituée par l'art. 220 a pour seul objet la protection des créanciers et ne peut donc créer à leur encontre des obligations à l'égard des personnes tenues envers eux. • Lyon, 27 juin 2000 : *Dr. fam. 2001, n° 7, note Beignier.*

L'art. 220 se borne à énoncer une règle d'obligation solidaire des époux aux dettes ménagères et non de contribution entre eux. • Civ. 1re, 17 juin 2003, n° 01-14.468 P : *D. 2004. 1118, note Lefranc ; Defrénois 2004. 67, obs. Champenois ; CCC 2003, n° 168, note Raymond ; Dr. fam. 2003, n° 97, note Lécuyer* • 26 sept. 2007 : *D. 2008. Pan. 1792, obs. Lemouland et Vigneau ; RJPF 2008-1/17, obs. Vauvillé.*

I. RÉGIME GÉNÉRAL (al. 1er)

A. CARACTÈRE MATRIMONIAL DE LA SOLIDARITÉ

2. Exclusion du concubinage. L'art. 220 n'est pas applicable en cas de concubinage : V. note 8 ss. art. 515-8.

3. Incidence de la séparation de fait. La séparation de fait laisse subsister les obligations nées du mariage. • Civ. 1re, 10 mars 1998, n° 96-15.829 P : *Defrénois 1998. 1462, obs. Champenois ; Dr. fam. 1998, n° 71, note Beignier.* ♦ Mais, en cas de séparation de fait, les circonstances dans lesquelles un contrat d'abonnement téléphonique a été souscrit à son seul nom par un époux peuvent exclure la solidarité, étant constaté que la dette n'avait pas pour objet l'intérêt du ménage. • Civ. 1re, 15 nov. 1994 : *Gaz. Pal. 1995. 2. 666, note Mathieu ; JCP N 1995. II. 1465, obs. Wiederkehr ; Defrénois 1995. 434, obs. Champenois ; RTD civ. 1995. 421, obs. Vareille.*

4. Incidence du divorce. L'obligation solidaire des époux dure jusqu'à ce que le divorce soit opposable aux tiers par accomplissement des formalités de mentions en marge prescrites par les règles de l'état civil. • Civ. 1re, 7 juin 1989 : *D. 1990. 21, note Massip* • Civ. 2e, 3 oct. 1990, n° 88-18.453 P : *D. 1992. Somm. 219, obs. Lucet ; JCP N 1991. II. 57 (2e esp.), obs. Simler ; Defrénois 1991. 1126 (1re esp.), obs. Champenois* • Civ. 1re, 13 oct. 1992 : *JCP 1993. II. 22047, note Hauser ; JCP N 1993. II. 110, obs. Wiederkehr ; Defrénois 1993. 380, obs. Champenois, et 708, obs. Massip ; RTD civ. 1993. 180, obs. Lucet et Vareille ; Vial-Pedroletti, JCP N 1993. Prat. 2675.* ♦ Cependant, les juges du fond peuvent considérer que n'est pas destinée à l'entretien du ménage ni à l'éducation de l'enfant commun la dette d'indemnité d'occupation pesant sur un époux qui s'est maintenu dans les lieux loués après résiliation du bail, alors que le divorce était prononcé mais non encore transcrit. • Civ. 1re, 14 févr. 1995 : *JCP 1995. II. 22498, note Djigo ; D. 1995. Somm. 325, obs. Lucet ; RTD civ. 1996. 223, obs. Vareille.*

B. OBJET DES DETTES MÉNAGÈRES

5. Entretien des enfants. Obligent solidairement les deux époux des dettes résultant des factures de soins et d'hospitalisation de l'un des enfants. • Civ. 2e, 10 juill. 1996, n° 94-19.388 P : *JCP 1997. I. 4008, n° 1, obs. Wiederkehr.*

6. Dépenses de santé. Il résulte de l'al. 1er de l'art. 220 que toute dette de santé contractée par un époux engage l'autre solidairement, sauf si les frais litigieux entrent dans les prévisions de l'al. 2 de ce texte. • Civ. 1re, 17 déc. 2014, n° 13-25.117 P : *D. actu. 9 janv. 2015, obs. Mésa ; D. 2015. 1408, obs. Lemouland et Vigneau . ; ibid. 2094, obs. Revel ; AJ fam. 2015. 109, obs. Hilt ; RTD civ. 2015. 116, obs. Hauser ; JCP 2015, n° 253, note Casey ; Dr. fam. 2015, n° 74, obs. Beignier* (frais d'hospitalisation). ♦ Dans le même sens, antérieurement, à propos de l'hospitalisation d'un enfant ; • Civ. 1re, 10 juill. 1996, n° 94-19.388 P. ♦ Les soins dentaires dispensés à un époux constituent des dépenses engagées pour l'entretien du ménage, sauf caractère manifestement excessif. • Civ. 1re, 10 mai 2006, n° 03-16.593 P : *D. 2007. Pan. 1567, obs. Lemouland et Vigneau ; JCP 2006. I. 193, obs. Wiederkehr ; AJ fam. 2006. 292, obs. Chénedé .* ♦ Application de la solidarité ménagère au contrat permettant d'accueillir un époux dépendant dans une maison spécialisée : • Toulouse, 23 avr. 2009 : *JCP 2009. 391, n° 1, obs. Wiederkehr* (absence de caractère excessif des dépenses, la demande d'aide sociale ayant été rejetée par la faute du conjoint).

7. Logement familial : loyers. Les époux, cotitulaires du bail du local servant à leur habitation (art. 1751), sont tenus solidairement du règlement du loyer et des charges. • Civ. 2e, 3 oct. 1990 : *préc. note 4.* ♦ ... Jusqu'à ce qu'en cas de divorce les formalités de publicité prescrites par les règles de l'état civil aient été accomplies. • Même arrêt. • Civ. 1re, 13 oct. 1992 : *préc. note 4* • Civ. 3e, 2 juin 1993, n° 91-14.522 P : *Defrénois 1993. 1443, obs. Champenois* (pour un jugement de séparation de corps) • 27 mai 1998, n° 96-13.543 P : *Dr. fam. 1998, n° 95, note Lécuyer* • 2 févr. 2000, n° 97-18.924 P : *D. 2001. Somm. 168, obs. CRDP Nancy 2 ; JCP 2000. I. 245, n° 8, obs. Wiederkehr ; Defrénois 2000. 1177, obs. Bénabent ; Dr. fam. 2000, n° 41, note Beignier.* ♦ ... Sans qu'un époux puisse, pour échapper à cette obligation, faire état de son départ du domicile conjugal. • Paris, 31 janv. 1980 : *D. 1980. IR 258* • Civ. 2e, 3 oct. 1990 : *préc. note 4* (épouse autorisée à résider séparément) • Civ. 3e, 16 déc. 1998 : *JCP 1999. II. 10105, note Garé (idem).* ♦ ... Et même s'il a fait délivrer congé au bailleur. • Civ. 1re, 13 oct. 1992 : *préc.* • Civ. 3e, 19 juin 2002 : *JCP 2002. IV. 2396.* ♦ ... Ou lorsque le bailleur l'a déchargé de ses obligations, cette convention étant susceptible de nuire à l'épouse au titre de la créance résultant de la contribution à la dette locative. • Civ. 1re, 17 juin 2015, n° 14-17.906 P : *D. 2015. 1756, note Nicolle ; ibid. 2016. 566, obs. Mekki ; ibid. 1334, obs. Lemouland et Vigneau ; RTD civ. 2016. 436, obs. Vareille ; JCP 2015, n° 994, note Casey ; RDC 2015. 919, obs. Goldie-Génicon ; JCP N 2015, n° 1185, note Mauger-Vielpeau ; Defrénois 2016. 471, note Champenois.* ♦ *Contra* : • Civ. 3e, 13 déc. 1989, n° 88-13.266 P.

8. ... Bail conclu après l'ordonnance de résidence séparée. Mais la solidarité ne peut être appliquée à un bail conclu par le mari pour son usage exclusif après l'ordonnance de non-conciliation ayant autorisé les époux à résider séparément, ce bail n'étant pas destiné à l'entretien du ménage. • Civ. 2e, 24 nov. 1999, n° 97-19.079 P : *JCP 2000. II. 10284, note Casey* • Civ. 1re, 27 avr. 2004 : *D. 2005. Pan. 812, obs. Lemouland et Vigneau ; Dr. fam. 2004, n° 94, note Larribau-Terneyre.* – Dans le même sens : • Civ. 1re, 27 avr. 2004 : *RJPF 2004-9/35, obs. Garé ; RTD civ. 2004. 763, obs. Vareille .* ♦ Dès lors que le montant de l'indemnité d'occupation était égal au montant du loyer et des charges et ne constituait pas une dépense manifestement excessive eu égard à la nature de la dette, la cour d'appel en a exactement déduit que le montant de cette indemnité constituait une dette ménagère. • Civ. 1re, 24 sept. 2008, n° 06-21.193.

9. ... Location-attribution. En matière de location-attribution, la clause d'attribution de propriété ne produisant ses effets qu'après paiement de la totalité des mensualités dues, jusqu'à cette date le signataire du contrat a la seule qualité de locataire et ce bail ayant pour objet d'assurer le logement de la famille oblige solidairement les deux époux. • Civ. 1re, 9 oct. 1990, n° 89-10.924 P : *JCP N 1991. II. 57 (1re esp.), obs. Simler ; Defrénois 1991. 1126, obs. Champenois (2e esp.).*

10. ... Indemnité d'occupation après résiliation du bail. La solidarité de l'art. 220 s'applique au règlement de l'indemnité d'occupation due par l'épouse, demeurée seule dans le logement du ménage, dont le bail avait été résilié postérieurement au départ du mari, pour non-paiement des loyers. • Civ. 1re, 7 juin 1989 : *D. 1990. 21, note Massip .* – Dans le même sens : • Rouen, 28 mars 2000 : *JCP 2001. I. 309, n° 2, obs. Wiederkehr.* ♦ *Contra* : • Rouen, 30 janv. 1990 : *Gaz. Pal. 1990. 2. 464, note Pronier.* ♦ Comp. • Civ. 3e, 8 avr. 1992, n° 90-15.047 P. décision refusant la condamnation solidaire à dommages-intérêts, pour dégradations constatées après la fin du bail, de l'épouse qui avait quitté les lieux avant la fin du bail en vertu d'une ordonnance l'autorisant à résider séparément. ♦ V. aussi note 4.

Après résiliation du bail et alors qu'il est informé qu'elle a quitté les lieux, le bailleur ne peut agir sur le fondement de l'indivision contre l'épouse, dont le mari a continué d'occuper les locaux, sans démontrer, ni même alléguer le caractère ménager de la dette. • Civ. 1re, 17 mai 2017, n° 16-16.732 P.

11. ... Charges de copropriété. Doivent être considérées comme des dettes ménagères les charges de copropriété afférentes à un lot propre à l'un des époux, si ce lot est affecté au logement de la famille. • Aix-en-Provence, 30 mars 1995 : *JCP 1995. I. 3908, n° 5, 1re esp., obs. Wiederkehr.* – Dans le même sens : • Civ. 3e, 1er déc. 1999 : *JCP*

2000. I. 245, n° 7, obs. Wiederkehr ; JCP N 2000. 643, étude Djigo.

12. Contrat de travail d'une employée de maison. Une cour d'appel ne peut écarter la solidarité entre époux (en instance de divorce) relativement à diverses sommes dues à une employée de maison sans rechercher si le contrat de travail de celle-ci, occupée au domicile de l'épouse, n'avait pas pour objet l'entretien du ménage ou l'éducation des enfants communs. • Soc. 8 juin 2005, n° 02-47.689 P : *D. 2005. 2509, note J. Mouly ; D. 2006. Pan. 1421, obs. Lemouland et Vigneau ; AJ fam. 2005. 324, obs.Chénedé ; Dr. fam. 2005, n° 233, note Fadeuilhe ; LPA 1er-2 mai 2006, note Yildirim ; RTD civ. 2005. 817, obs. Vareille.* ♦ Rappr. • Soc. 11 mars 2009, n° 07-43.977 P : *D. 2010. 728, obs. Lemouland et Vigneau ; JCP 2009. II. 10098, note Larribau-Terneyre ; ibid. 391, n° 1, obs. Simler ; RLDC 2009/60, n° 3428, obs. Pouliquen ; Dr. fam. 2009. comm. 51, obs. Larribau-Terneyre ; Dr. soc. 2009. 736, obs. Savatier ; RTD civ. 2010. 802, obs. Vareille.*

13. Exclusion des opérations d'investissement. Les opérations d'investissement d'un ménage, et notamment celles qui ont pour objet de lui permettre de se constituer un patrimoine immobilier, n'entrent pas dans la catégorie des actes ménagers d'entretien et d'éducation auxquels l'art. 220 attache la solidarité de plein droit. • Civ. 1re, 11 janv. 1984, n° 82-15.461 P : *Gaz. Pal. 1984. Pan. 206, obs. Grimaldi ; Defrénois 1984. 933, obs. Champenois.* ♦ Comp. avec le caractère ménager des loyers dus en matière de location-attribution, V. note 9.

14. ... Marché portant sur la construction du logement familial. La conclusion d'un marché de travaux portant sur la construction d'une maison individuelle destinée au logement de la famille constitue une opération d'investissement qui n'entre pas dans la catégorie des dépenses ménagères. • Civ. 1re, 4 juill. 2006, n° 03-13.936 P : *D. 2007. Pan. 1567, obs. Lemouland et Vigneau ; JCP 2006. I. 193, obs. Wiederkehr ; AJ fam. 2006. 329, obs. Chénedé ; Dr. fam. 2006, n° 183, note Larribau-Terneyre ; RJPF 2006-11/21, obs. Vauvillé ; LPA 15 oct. 2007, note Antippas ; RTD civ. 2006. 811, obs. Vareille.*

15. Dette de dommages-intérêts. La dette de dommages-intérêts qui tend à réparer le préjudice résultant d'un détournement de fonds commis par le mari n'entre pas dans la catégorie des dépenses ménagères auxquelles est attachée la solidarité de plein droit. • Civ. 1re, 9 janv. 2008 : *D. 2008. Pan. 1792, obs. Lemouland et Vigneau ; Dr. fam. 2008, n° 24, note Larribau-Terneyre ; RJPF 2008-5/19, obs. Vauvillé.*

16. Cas des dépenses de loisir. La solidarité instituée par l'art. 220 est fondée sur la nécessité, sinon sur l'urgence de la dépense ; une épouse n'est donc pas solidairement tenue avec son mari du paiement du prix d'un billet d'avion, dette contractée par le mari seul pour un voyage d'agrément. • Paris, 11 oct. 1989 : *JCP N 1991. II. 57 (6e esp.), obs. Simler.* ♦ En sens inverse, le train de vie du ménage permettant de considérer la dépense comme normale : • Paris, 5 juill. 1996 : *Dr. fam. 1997, n° 50, note Beignier.*

17. Achat d'une automobile. V. note 25.

C. NATURE CONTRACTUELLE OU NON DES DETTES MÉNAGÈRES

18. Principe. L'art. 220 a vocation à s'appliquer à toute dette même non contractuelle ayant pour objet l'entretien du ménage ou l'éducation des enfants. • Civ. 1re, 7 juin 1989 : *D. 1990. 21, note Massip.*

19. Indemnité d'occupation après résiliation du bail. V. note 10.

20. Cotisations afférentes à un régime de prévoyance sociale. BIBL. Lefebvre, *Mél. Colomer, Litec, 1993, p. 235* (assurance et solidarité ménagère). ♦ Obligation solidaire au paiement des cotisations (obligatoires) à la caisse de retraite des médecins français dues du chef d'un époux. • TGI Paris, 10 déc. 1973 : *D. 1975. 265, note D. Martin.* – V. conf. • Bordeaux, 15 oct. 1985 : *Defrénois 1987. 1195, obs. Champenois* • Agen, 13 janv. 1988 : *JCP N 1991. II. 57 (9e esp.), obs. Simler.* ♦ Constituent une dette ménagère des cotisations d'assurance vieillesse dès lors que ce régime institue le principe d'un droit à réversion au profit du conjoint survivant à la date où les cotisations sont dues. • Civ. 1re, 29 juin 2011 : *D. 2012. 971, obs. Lemouland et Vigneau ; JCP 2011. 1697, obs. Zelcevic-Duhamel* (absence d'incidence de la séparation des époux). ♦ Obligation solidaire au paiement des primes afférentes à une police d'assurance contre la maladie, complémentaire des régimes d'assurance maladie obligatoire. • Reims, 7 janv. 1980 : *D. 1980. IR 457.* ♦ Obligation solidaire au paiement des sommes dues à une caisse d'allocations familiales dont la créance a pris naissance au cours du mariage (en l'espèce, remboursement de prestations indues). • Soc. 26 oct. 1972, n° 71-12.863 P • 19 mars 1986 : *JCP N 1988. II. 35, note Simler ; Defrénois 1987. 1195 (1re esp.), obs. Champenois.* ♦ Obligation solidaire au paiement de cotisations d'assurance vieillesse ou d'assurance maladie. • Civ. 1re, 9 oct. 1991, n° 89-16.111 P • 18 févr. 1992, n° 90-17.360 P : *D. 1993. Somm. 217, obs. Lucet ; JCP 1993. II. 22084, note Noguerol* • Soc. 5 mai 1995, n° 91-19.098 P • Civ. 1re, 24 oct. 1995 : *JCP 1995. I. 3908, n° 2, obs. Wiederkehr* • Soc. 4 oct. 2001, n° 99-21.406 P : *R., p. 376 ; D. 2001. IR 3090 ; AJ fam. 2002. 31, et les obs.* • Civ. 1re, 20 nov. 2001, n° 99-17.329 P : *D. 2001. IR 3585 ; Dr. fam. 2002, n° 17, note Lécuyer (1re esp.)* • 28 oct. 2003, n° 01-16.985 P : *D. 2004. IR 189 ; Defrénois 2004. 821, obs. Champenois* • 12 mai 2004, n° 02-30.716 P : *D. 2004. 2886, note Likillimba ; ibid. Somm. 2966, obs. Vigneau ; AJ fam. 2004. 368, obs. Attuel-Mendès ; Dr.*

fam. 2004, n° 116, note Larribau-Terneyre, et n° 165, note Devers • 4 juin 2009, n° 07-13.122 P : *D. 2010. Pan. 728, obs. Lemouland et Vigneau ; JCP 2009, n° 37, p. 54, obs. Billiau ; ibid. 391, n° 1, obs. Simler ; AJ fam. 2009. 303, obs. Chénedé ; Dr. fam. 2009, n° 100, note Larribau-Terneyre ; Defrénois 2009. 2184, obs. Massip ; ibid. 2010. 333, note Champenois ; RJPF 2010-1/23, obs. Vauvillé ; RLDC 2009/63, n° 3542, obs. Pouliquen ; RTD civ. 2010. 800, obs. Vareille .* ♦ ... Ainsi que des majorations de retard, accessoire indissociable des cotisations. • Civ. 1re, 17 mai 1993, n° 91-17.144 P : *Defrénois 1993. 1363, obs. Massip ; JCP N 1994. II. 223, n° 6, obs. Wiederkehr.* ♦ Comp., pour des cotisations ayant pour objet la constitution d'une rente propre au mari, parce que non réversible : • Civ. 1re, 16 avr. 1996, n° 94-13.803 P : *JCP 1996. I. 3962, n° 3, obs. Wiederkehr ; Defrénois 1996. 1443, obs. Champenois ; RTD civ. 1996. 584, obs. Hauser .*

21. Cotisations sociales afférentes aux salaires d'une employée de maison. V. • Soc. 12 mai 1977, n° 75-15.412 P.

II. EXCLUSION DES DETTES MANIFESTEMENT EXCESSIVES (AL. 2)

22. Appréciation de l'excès. Importance manifestement excessive des engagements, eu égard au train de vie du ménage : – achat de mobilier : • Metz, 14 nov. 1978 : *JCP 1979. IV. 278 ; Defrénois 1980. 598, obs. Champenois.* ♦ – achat d'un magnétoscope : • Paris, 21 mai 1982 : *Defrénois 1982. 1647, obs. Champenois.* ♦ – achat d'une voiture de luxe. • Aix-en-Provence, 17 janv. 1994 : *JCP N 1995. II. 689, obs. G. W.* ♦ V., cependant, en sens inverse, pour l'achat d'une automobile : • Paris, 9 mars 1998 : *Gaz. Pal. 1990. 1. 7, note Pronier ; JCP N 1991. II. 57 (6e esp.), obs. Simler.*

III. EXCLUSION DES ACHATS À TEMPÉRAMENT ET DES EMPRUNTS (AL. 3)

A. ACHATS À TEMPÉRAMENT

23. Indifférence de l'importance de la dépense. La dette née d'un contrat d'achat à tempérament conclu par un époux est exclue de la solidarité prévue par l'art. 220, le peu d'importance des achats étant une circonstance indifférente. • Civ. 1re, 12 juill. 1994 : *D. 1996. 117, note Guineret-Brobbel Dorsman ; RTD civ. 1996. 221, obs. Vareille .*

24. Distinction entre emprunts et achats à tempérament. V. Lécuyer, *Dr. fam. 1998, n° 70.* ♦ Sur l'exclusion de la qualification d'achat à tempérament en matière d'ouverture de crédit, V. note 25.

B. EMPRUNTS

1° QUALIFICATION

25. Opérations non concernées : ouverture de crédit. L'exclusion ne concerne pas une ouverture de crédit à caractère ménager. • Nîmes, 21 mars 1996 : *JCP 1996. I. 3962, n° 4, obs. Wiederkehr* • Paris, 2 sept. 1997 : *Dr. fam. 1998, n° 70, obs. B. B.* • Bourges, 30 avr. 1996 : *Dr. fam. 1998, n° 70, obs. B. B.* ♦ Mais une « carte de grand magasin » n'ouvre pas droit à solidarité par principe. • Civ. 1re, 13 nov. 2008, n° 07-19.284.

26. ... Achat en crédit-bail. N'est pas concerné un achat en crédit-bail d'un véhicule à usage familial. • Grenoble, 11 sept. 1996 : *Dr. fam. 1997, n° 51, note Beignier.*

27. Opération concernée : crédit renouvelable. Relève de la solidarité ménagère le contrat de crédit revolving souscrit par un époux avant son mariage, qui s'est renouvelé tous les ans pendant le mariage, l'emprunt ayant été utilisé pour effectuer des achats de petits montants pour les besoins vestimentaires et mobiliers du ménage et notamment pour l'enfant commun, dépenses qui ne sauraient de par leurs objet, montant et utilité, échapper à la solidarité entre époux. • Civ. 1re, 13 nov. 2008 : *D. 2010. Pan. 728, obs. Lemouland et Vigneau ; RJPF 2009-1/27, obs. Vauvillé ; RLDC 2009/56, n° 3273, obs. Evenat.*

2° EXCEPTION : EMPRUNTS SOLIDAIRES

28. Emprunt souscrit par les deux époux. Dès lors que l'emprunt, contracté pour les besoins du ménage et conforme au train de vie de celui-ci, a été conclu du consentement des deux époux (absence de falsification de la signature de l'époux), il n'y a pas lieu de rechercher s'il portait sur des sommes modestes nécessaires aux besoins de la vie courante. • Civ. 1re, 3 juin 2003, n° 00-20.370 P : *D. 2003. IR 1667 ; Defrénois 2003. 1355, obs. Champenois ; AJ fam. 2003. 314, obs. S. D.-B. ; RJPF 2003-11/21, note Vauvillé ; Dr. fam. 2003, n° 148, note Beignier (1re esp.).* ♦ Absence de solidarité de l'emprunt conclu du consentement des deux époux s'il est dépourvu de caractère ménager. • Civ. 1re, 28 nov. 2006 : *JCP 2007. I. 142, n° 5, obs. Wiederkehr.* ♦ Nécessité d'un consentement exprès. • Civ. 1re, 16 janv. 2003 : *JCP 2003. I. 158, n° 5, obs. Wiederkehr.* ♦ V. également note 27 pour un crédit renouvelable.

29. Emprunt souscrit par un époux seul : première condition, exigence du caractère ménager. Caractère reconnu à l'emprunt effectué en vue de l'amélioration du logement principal du ménage. • Bordeaux, 18 sept. 1989 : *JCP N 1991. II. 57, obs. Simler (5e esp.).*

30. ... Emprunt contracté pour les besoins d'une entreprise (non). Un emprunt fait par un époux pour assurer le fonctionnement de son entreprise est hors du domaine de l'art. 220. • Civ.

1re, 10 mai 1995 : *JCP 1996. I. 3908, n° 3, obs. Wiederkehr* • Poitiers, 22 janv. 2002 : *Dr. fam. 2002, n° 129, obs. Beignier (3e esp.).*

31. ... Solidarité de l'emprunt ménager contracté au cours de l'instance en divorce. Les juges du fond ayant estimé, par une appréciation souveraine, qu'il était prouvé que le prêt contracté par le mari était destiné à l'entretien de la famille, l'épouse est solidairement tenue de la dette et le mari est en droit de demander que son épouse, avec qui il est en instance de divorce, soit tenue de le garantir pour moitié. • Civ. 1re, 12 juin 1990, n° 88-18.808 P.

32. ... Preuve de la destination ménagère des fonds empruntés. Il appartient à celui qui a prêté des fonds à l'un des époux et qui entend bénéficier de la solidarité de l'art. 220 d'établir que le prêt avait pour objet l'entretien du ménage ou l'éducation des enfants. • Civ. 1re, 17 janv. 1990, n° 87-19.462 P : *Defrénois 1990. 553, obs. Champenois.* – V. aussi • Civ. 1re, 28 févr. 2006, n° 03-12.540 P : *JCP 2006. I. 193, obs. Wiederkehr.* ♦ Le simple fait que les fonds empruntés par le mari aient fait l'objet d'un chèque établi à l'ordre de la femme et encaissé par elle ne suffit pas à démontrer que l'engagement a été contracté pour l'entretien du ménage et l'éducation des enfants. • Versailles, 22 avr. 1988 : *JCP N 1991. II. 57, obs. Simler (4e esp.).*

33. ... Deuxième condition, emprunts portant sur des sommes modestes nécessaires aux besoins de la vie courante. Absence de solidarité pour les dettes résultant du fonctionnement du compte du mari à découvert, faute de constater le consentement de l'épouse ou que ce compte avait uniquement porté sur des sommes modestes nécessaires aux besoins de la vie courante. • Civ. 1re, 5 oct. 2016, n° 15-24.616 P. ♦ Refus de la solidarité d'un emprunt contracté pour l'achat d'une voiture. • Douai, 25 mars 1999 : *JCP 2000. I. 245, n° 6, obs. Wiederkehr* • Pau, 22 févr. 1996 : *JCP 1997. I. 124, obs. Wiederkehr* • Rouen, 25 janv. 2000 : *CCC 2001, n° 78, note Raymond.*

34. ... Pouvoir d'appréciation des juges du fond. Appréciation souveraine des juges du fond. • Civ. 1re, 16 avr. 1996 : *JCP 1997. I. 124, obs. Wiederkehr.* ♦ ... Pour autant qu'ils s'expliquent sur l'importance de l'emprunt. • Civ. 1re, 26 juin 2001 : *RJPF 2001-11/32, obs. Vauvillé ; RTD civ. 2002. 557, obs. Vareille.* ♦ ... Et en même temps sur son caractère nécessaire aux besoins de la vie courante : • Civ. 1re, 27 nov. 2001, n° 99-20.546 P : *D. 2002. 2910, note Baudin-Maurin ; JCP 2002. II. 10138, concl. Petit ; Defrénois 2002. 1017, obs. Champenois ; AJ fam. 2002. 32, et les obs. ; Dr. fam. 2002, n° 17, note Lécuyer (2e esp.) ; RJPF 2002-3/25, note Vauvillé ; RTD civ. 2002. 558, obs. Vareille* • 17 déc. 2002 : *D. 2003. Somm. 1863, obs. Brémond (1re esp.)* • 3 juin 2003, n° 00-21.984 P : *D. eod. loc. (2e esp.) ; AJ fam. 2003. 313, obs. S. D.-B. ; RJPF 2003-11/21, note Vauvillé ; Dr. fam. 2003, n° 148, note Beignier (2e esp.).* – V. aussi • Civ. 1re, 28 sept. 2004 : *Dr. fam. 2004, n° 195 ; RTD civ. 2005. 170, obs. Vareille* • 6 déc. 2005, n° 02-17.819 P : *JCP 2006. I. 141, n° 2, obs. Wiederkehr ; Dr. fam. 2006, n° 13, note Beignier* • 6 déc. 2005, n° 02-18.059 P : *eod. loc.* • 3 janv. 2006, n° 03-14.542 P : *JCP 2006. I. 141, n° 2, obs. Wiederkehr ; Dr. fam. 2006, n° 47, note Larribau-Terneyre* • 4 juin 2007, n° 05-15.351 P : *D. 2007. AJ 1790, obs. P. Guiomard ; ibid. 2008. Pan. 1792, obs. Lemouland et Vigneau ; JCP E 2007. 2377, n° 23, obs. Salgueiro ; AJ fam. 2007. 403, obs. F. C. ; Dr. fam. 2007, n° 139, note Larribau-Terneyre ; RTD civ. 2007. 617, obs. Vareille ; RTD com. 2007. 573, obs. D. Legeais* (non-pertinence du critère tiré de la nécessité de l'emprunt) • 1er juill. 2009 : *JCP 2009. 391, n° 3, obs. Wiederkehr.*

35. ... Imitation de la signature du conjoint. Le fait que l'un des époux ait imité la signature de l'autre est une circonstance indifférente, en ce qu'elle n'empêche pas que le prêt soit reconnu solidaire s'il porte sur des sommes modestes nécessaires aux besoins de la vie courante. • Besançon, 29 mai 2002 : *Dr. fam. 2002, n° 129, obs. Beignier (1re esp.)* • Aix-en-Provence, 7 mars 2002 : *eod. loc. (2e esp.)* • Colmar, 13 mai 2002 : *JCP 2003. I. 158, n° 6, obs. Wiederkehr.*

IV. ÉLÉMENTS DE PROCÉDURE

36. Nécessité de viser expressément l'art. 220. Le bailleur ayant été informé que l'épouse avait quitté l'appartement, et dès lors qu'elle n'était pas saisie d'un moyen fondé sur le caractère ménager de la dette due pour l'occupation des lieux par un seul des époux (le bailleur s'étant borné à soutenir que ceux-ci devaient être tenus solidairement au paiement des loyers jusqu'à la transcription du jugement de divorce en marge des actes de l'état civil), une cour d'appel a légalement justifié sa décision en rejetant la demande de condamnation de l'épouse au paiement de l'indemnité d'occupation. • Civ. 1re, 17 mai 2017, n° 16-16.732 P.

37. Représentation mutuelle et prescription. Selon l'art. 2249 C. civ., l'interpellation faite conformément aux art. 2242 s. à l'un des débiteurs solidaires interrompt la prescription envers tous les autres ; en conséquence, les mises en demeure adressées à un époux par une caisse d'allocations familiales interrompent la prescription à l'égard de cet époux, mais aussi à l'égard de son conjoint. • Civ. 2e, 3 juin 2010, n° 09-11.429.

38. Obligation pour le juge de vérifier l'objet de l'emprunt déclaré solidaire. Viole l'art. 220 la cour d'appel qui retient la solidarité entre les époux pour une dette souscrite antérieurement à l'ordonnance de non-conciliation, mais sans rechercher si les sommes prêtées étaient destinées à l'entretien du ménage. • Civ. 1re, 14 oct. 2009, n° 08-10.084. ♦ Une cour ne peut statuer sans relever le consentement exprès du mari à ces emprunts ni sans rechercher si les fonds empruntés portaient sur des sommes modestes nécessaires aux besoins de la vie courante du ménage. • Civ. 1re, 14 avr. 2010, n° 08-15.930.

Art. 220-1 *(L. n° 65-570 du 13 juill. 1965)* **Si l'un des époux manque gravement à ses devoirs et met ainsi en péril les intérêts de la famille,** *(L. n° 93-22 du 8 janv. 1993)* **« le juge aux affaires familiales » peut prescrire toutes les mesures urgentes que requièrent ces intérêts.**

Il peut notamment interdire à cet époux de faire, sans le consentement de l'autre, des actes de disposition sur ses propres biens ou sur ceux de la communauté, meubles ou immeubles. Il peut aussi interdire le déplacement des meubles, sauf à spécifier ceux dont il attribue l'usage personnel à l'un ou à l'autre des conjoints.

(Abrogé par L. n° 2010-769 du 9 juill. 2010, art. 1er, à compter du 1er oct. 2010) (L. n° 2004-439 du 26 mai 2004, art. 22-I) ***« Lorsque les violences exercées par l'un des époux mettent en danger son conjoint, un ou plusieurs enfants, le juge peut statuer sur la résidence séparée des époux en précisant lequel des deux continuera à résider dans le logement conjugal. Sauf circonstances particulières, la jouissance de ce logement est attribuée au conjoint qui n'est pas l'auteur des violences. Le juge se prononce, s'il y a lieu, sur les modalités d'exercice de l'autorité parentale et sur la contribution aux charges du mariage. Les mesures prises sont caduques si, à l'expiration d'un délai de quatre mois à compter de leur prononcé, aucune requête en divorce ou en séparation de corps n'a été déposée. »***

(L. n° 2004-439 du 26 mai 2004, art. 22-I) **« La durée des** *(Abrogé par L. n° 2010-769 du 9 juill. 2010, art. 1er, à compter du 1er oct. 2010)* ***« autres »*** **mesures prises en application du présent article doit être déterminée par le juge et ne saurait, prolongation éventuellement comprise, dépasser trois ans. »** — *Entrée en vigueur le 1er janv. 2005.*

Sur les mesures de protection contre les violences au sein du couple, V. C. civ., art. 515-9 s.

1. Autonomie de la protection familiale assurée par l'art. 220-1. La demande fondée sur l'art. 220-1 est différente de celle qui tend à faire fixer la contribution aux charges du mariage en cas de séparation de fait ; la prorogation de séquestre de biens communs jusqu'au règlement par un époux des loyers de l'appartement occupé par l'autre n'ajoute pas à la part contributive fixée par le juge des sommes non prévues par les décisions du fond et n'est qu'une mesure urgente destinée à remédier aux difficultés d'un des conjoints. • Civ. 1re, 18 nov. 1970 : *JCP 1971. II. 16780, note Patarin ; RTD civ. 1971. 697, obs. Hébraud.*

2. Concours avec d'autres procédures. Rien n'interdit d'avoir recours à l'art. 220-1 lorsque est en cours une autre procédure relative aux rapports entre époux : divorce. • Nancy, 12 déc. 1968 : *D. 1969. 300, note Cl.-L. Foulon-Piganiol.* ♦ ... Séparation de corps : • TGI Digne-les-Bains, 1er juill. 1972 : *D. 1973. 259, note Cl.-L. Foulon-Piganiol ; JCP 1973. II. 17443, note D. Mayer ; RTD civ. 1974. 391, obs. Nerson.* ♦ ... Séparation de biens judiciaire : • TGI Nevers, 13 juill. 1971 : *D. 1971. 643, note G.A.* • Civ. 1re, 13 nov. 2003, n° 01-16.977 P : *D. 2003. IR 2868 ; Defrénois 2005. 713, obs. Champenois ; AJ fam. 2004. 69, obs. Bicheron.* – V. en ce sens l'art. 257.

3. Domaine de l'intervention judiciaire en vertu de l'art. 220-1. Les dispositions de l'art. 220-1 ne sauraient se limiter aux intérêts patrimoniaux et les mesures prises peuvent porter aussi bien sur le plan extra-patrimonial. • Nancy, 12 déc. 1968 : *préc.* • TGI Saintes, 21 oct. 1969 : *JCP 1970. IV. 223.* ♦ *Contra* : limitation au domaine patrimonial • TGI Pontoise, 23 mars 1966 : *D. 1966. 516 ; RTD civ. 1967. 137, obs. Nerson.*

4. ... Limites. L'art. 220-1 ne permet pas au juge d'établir les modalités d'une séparation de fait. • TGI Saintes, 10 juin 1966 : *D. 1967. 540* (V. cependant Cl.-L. Foulon-Piganiol, *D. 1967. Chron. 207).* ♦ ... Ni d'ordonner des mesures constituant une immixtion dans la gestion d'une société. • TGI Annecy, 13 mai 1966 : *Gaz. Pal. 1966. 2. 87 ; RTD civ. 1967. 379, obs. Nerson.* – Dans le même sens : • Versailles, 25 juin 1995 : *JCP 1996. I. 3962, n° 5, obs. Wiederkehr.* ♦ ... Ni d'autoriser un époux à vendre un bien de la communauté. • TGI Paris JAM, 14 juin 1976 : *JCP 1976. IV. 6641* • Versailles, 29 nov. 1991 : *JCP 1992. I. 3614, n° 2, obs. Wiederkehr ; RTD civ. 1992. 630, obs. Lucet et Vareille.*

5. Exemples de mesures prises en vertu de l'art. 220-1. Interdiction de disposer et de déplacer les meubles : • Nancy, 12 déc. 1968 : *préc. note 2* • TGI Nevers, 13 juill. 1971 : *ibid.* ♦ Mise sous séquestre de biens communs : • Civ. 1re, 18 nov. 1970 : *préc. note 1.* ♦ Immatriculation au nom de l'épouse de la moitié des actions appartenant à la communauté : • TGI Digne-les-Bains, 1er juill. 1972 : *préc. note 2.* ♦ Habilitation de l'épouse à recouvrer des créances de la communauté : • TGI Nevers, 9 nov. 1973 : *JCP 1974. IV. 6420, note J. A.* ♦ Interdiction faite à un époux d'utiliser un véhicule automobile : • TGI Saint-Brieuc, 1er juin 1967 : *Gaz. Pal. 1967. 2. 13.* – V. aussi Prévault, *D. 1968. Chron. 57.* ♦ Nomination d'un administrateur provisoire auquel est confiée l'administration du patrimoine commun. • Civ. 1re, 5 nov. 1996, n° 94-14.160 P : *JCP 1997. I. 4047, n° 11, obs. Wiederkehr ; Defrénois 1997. 814, obs. Champenois ; RTD civ. 1997. 725, obs.*

Vareille . ♦ Nomination d'un administrateur provisoire de la société appartenant aux deux époux. • Bordeaux, 9 déc. 2010, n° 10/00100 : *D. 2012. 971, obs. Lemouland et Vigneau* ; *Dr. fam. 2011, n° 92, obs. Larribau-Terneyre*. – V. déjà • Orléans, 25 mars 1987 : *JCP N 1988. II. 66, obs. Simler.*

6. Caractère provisoire des mesures ordonnées en application de l'art. 220-1. L'obligation faite au juge par l'art. 220-1 de déterminer la durée des mesures de sauvegarde qu'il ordonne n'est pas prévue à peine de nullité de la décision qui a un caractère provisoire et dont les dispositions peuvent à tout moment être rapportées ou modifiées. • Civ. 1re, 25 oct. 1972, n° 71-13.073 P.

7. Violences exercées par un époux contre son conjoint. V. art. 515-9 s. C. civ.

Art. 220-2 *(L. n° 65-570 du 13 juill. 1965)* **Si l'ordonnance porte interdiction de faire des actes de disposition sur des biens dont l'aliénation est sujette à publicité, elle doit être publiée à la diligence de l'époux requérant. Cette publication cesse de produire effet à l'expiration de la période déterminée par l'ordonnance, sauf à la partie intéressée à obtenir dans l'intervalle une ordonnance modificative, qui sera publiée de la même manière.**

Si l'ordonnance porte interdiction de disposer des meubles corporels, ou de les déplacer, elle est signifiée par le requérant à son conjoint, et a pour effet de rendre celui-ci gardien responsable des meubles dans les mêmes conditions qu'un saisi. Signifiée à un tiers, elle le constitue de mauvaise foi.

Art. 220-3 *(L. n° 65-570 du 13 juill. 1965)* **Sont annulables, à la demande du conjoint requérant, tous les actes accomplis en violation de l'ordonnance, s'ils ont été passés avec un tiers de mauvaise foi, ou même, s'agissant d'un bien dont l'aliénation est sujette à publicité, s'ils sont simplement postérieurs à la publication prévue par l'article précédent.**

L'action en nullité est ouverte à l'époux requérant pendant deux années à partir du jour où il a eu connaissance de l'acte, sans pouvoir jamais être intentée, si cet acte est sujet à publicité, plus de deux ans après sa publication.

Art. 221 *(L. n° 65-570 du 13 juill. 1965)* **Chacun des époux peut se faire ouvrir, sans le consentement de l'autre, tout compte de dépôt et tout compte de titres en son nom personnel.**

(L. n° 85-1372 du 23 déc. 1985, art. 3) **« A l'égard du dépositaire, le déposant est toujours réputé, même après la dissolution du mariage, avoir la libre disposition des fonds et des titres en dépôt. »** — *V. notes ss. art. 226.*

BIBL. ▸ Beaubrun, *Defrénois 2010. 913* (autonomie bancaire des époux). - Boucris-Maitral, *D. 2006. Chron. 820* . - Dauchy, *RTD com. 1986. 1.* - Dupuis, *D. 1988. Chron. 39.* - D. Martin, *D. 1989. Chron. 135.* - Rubellin-Devichi, *RTD civ. 1985. 709.* - Watine-Drouin, *Clés pour le siècle, Dalloz, 2000, p. 1479.* - Dossier, *AJ fam. 2006. 273 et 275* .

1. Portée de la présomption. A l'égard de la banque, l'épouse a, par application de l'art. 221, le pouvoir suffisant d'encaisser sur son compte personnel un chèque dont les deux époux sont bénéficiaires et qui a été endossé par chacun d'eux. • Com. 21 nov. 2000, n° 97-18.187 P : *D. 2001. Somm. 2932, obs. Brémond* ; *JCP 2002. I. 103, n° 23, obs. M. Storck ; Defrénois 2001.1127, obs. Champenois ; RJPF 2001-2/28, obs. Vauvillé ; RTD civ. 2001. 941, obs. Vareille* .

2. Exclusion des règles de représentation mutuelle. Les termes de l'art. 221, consacrant l'autonomie bancaire de chacun des époux, excluent, à l'égard du banquier dépositaire, les règles de la représentation mutuelle des époux dans leurs rapports avec les tiers. • Com. 11 mars 2003 : *D. 2004. 1479, note Laugier* .

3. Responsabilité du banquier ou de l'assureur. Engage sa responsabilité le banquier qui, à la demande d'une cliente, transfère sur le compte personnel de celle-ci des titres figurant au compte ouvert au nom de son mari, nonobstant le fait qu'il s'agisse de biens communs sur lesquels chacun des époux a, aux termes de l'art. 1421, un pouvoir d'administration, alors que le banquier dépositaire ne doit, selon l'art. 1937, restituer les fonds déposés qu'à celui au nom duquel le dépôt a été fait ou à celui qui a été indiqué pour les recevoir. • Civ. 1re, 3 juill. 2001, n° 99-19.868 P : *D. 2002. 1102, note Comangès* ; *ibid. Somm. 3262, obs. Hallouin* ; *JCP 2002. I. 103, n° 17, obs. Simler ; JCP N 2002. 1206, note Brémond ; Defrénois 2002. 397, obs. Champenois ; Dr. fam. 2001, n° 120, obs. B. B. ; RTD civ. 2001. 941, obs. Vareille* . – V. aussi • Com. 11 mars 2003 : *préc. note 2.* ♦ Toutefois, le banquier dépositaire, qui se borne à exécuter les ordres de paiement que lui transmet le mandataire du déposant, peut rapporter la preuve par tous moyens du contrat de mandat auquel il n'est pas partie. • Civ. 1re, 3 juin 2015, n° 14-19.825 P. ♦ Pour un exemple de responsabilité d'un assureur, V. • Civ. 2e, 13 janv. 2012, n° 11.11.350.

4. Ratification par l'époux titulaire du compte. Les juges du fond doivent rechercher si l'époux titulaire du compte débité n'a pas ratifié l'opération : • Civ. 1re, 6 mai 2003, n° 00-18.891 P : *D. 2003. Somm. 1865, obs. Brémond ; JCP N 2003. 1608, obs. Casey ; AJ fam. 2003. 274, obs. S. D.-B. ; Dr. fam. 2003, n° 91, note Beignier.*

5. Recours du banquier contre le conjoint. Le banquier dépositaire négligent peut se prévaloir du bénéfice de la subrogation dès lors que l'épouse n'avait pas le pouvoir de disposer des fonds déposés sur le compte ouvert au seul nom du mari. • Civ. 1re, 8 juill. 2009, n° 08-17.300 P : *AJ fam. 2009. 404, obs. Chénedé ; Dr. fam. 2009. Étude 34, par Assimopoulos ; RJPF 2010-1/22, obs. Vauvillé ; RLDC 2009/64, n° 3581, obs. Pouliquen.* ♦ Sur le recours en garantie de la banque contre le conjoint indélicat, V. aussi • Lyon, 20 sept. 2001 : *JCP N 2003. 1008, note Brémond.* ♦ Mais chacun des époux ayant, par application de l'art. 221, le pouvoir d'encaisser sur son compte personnel le montant d'un chèque établi à son ordre et à celui de son conjoint pourvu que celui-ci l'ait endossé, la banque qui a indemnisé l'épouse ne dispose pas d'un recours en répétition de l'indu contre l'époux qui a encaissé un chèque provenant de la vente d'un bien commun sur son compte personnel. • Civ. 1re, 16 mai 2013 : *D. 2013. 2242, obs. Brémond ; AJ fam. 2013. 382, obs. Hilt.* ♦ Même sens : • Com. 21 nov. 2000, n° 97-18.187 : *D. 2001. 2932, obs. Brémond ; RTD civ. 2001. 941, obs. Vareille ; RTD com. 2001. 199, obs. Cabrillac.*

Art. 222 *(L. n° 65-570 du 13 juill. 1965)* **Si l'un des époux se présente seul pour faire un acte d'administration, de jouissance ou de disposition sur un bien meuble qu'il détient individuellement, il est réputé, à l'égard des tiers de bonne foi, avoir le pouvoir de faire seul cet acte.**

Cette disposition n'est pas applicable aux meubles meublants visés à l'article 215, alinéa 3, non plus qu'aux meubles corporels dont la nature fait présumer la propriété de l'autre conjoint conformément à l'article 1404.

BIBL. ▸ Brémond, *Defrénois 1993. 465.* – Simler, *RTD civ. 1970. 478.* – Vauvillé, *Dr. et patr. 9/2000, p. 56.*

Les propriétaires d'un immeuble avec lesquels une femme mariée a conclu un bail avec promesse d'achat, en versant une partie du prix, doivent être réputés avoir cru que cette femme avait bien le pouvoir de disposer des sommes d'argent qu'elle leur a remises et qu'elle détenait. • Lyon, 30 mai 1973 : *D. 1974. 264, note Massip ; JCP 1974. II. 17681, note F. Boulanger ; Gaz. Pal. 1974. 1. 34, note D. Martin ; RTD civ. 1974. 397, obs. Nerson.* ♦ Viole l'art. 222 la cour d'appel qui ordonne la restitution d'un acompte versé par un époux agissant seul, sans rechercher si celui-ci n'était pas réputé avoir la libre disposition des fonds remis. • Civ. 1re, 5 avr. 1993, n° 90-20.491 P : *JCP N 1993. II. 375, note Henry ; Defrénois 1993. 803, obs. Champenois ; RTD civ. 1994. 403, obs. Vareille.*

Art. 223 *(L. n° 85-1372 du 23 déc. 1985, art. 4)* **Chaque époux peut librement exercer une profession, percevoir ses gains et salaires et en disposer après s'être acquitté des charges du mariage.** — *V. notes ss. art. 226.*

BIBL. ▸ Rubellin-Devichi, *RTD civ. 1985. 721.* – Simler, *JCP 1989. I. 3398 ; JCP N 1990. I. 258.*

1. Application générale. L'art. 223 s'applique à des époux mariés sous le régime légal antérieur à la L. du 13 juill. 1965 (application de l'art. 9, al. 2, de ladite loi). • Civ. 1re, 25 janv. 2005, n° 96-19.878 P : *JCP 2005. I. 163, n° 11, obs. Simler ; Gaz. Pal. 2005. 3464, note Deharo ; AJ fam. 2005. 280, obs. Hilt ; Dr. fam. 2005, n° 95, note Larribau-Terneyre.*

2. Revendication de la qualité d'associé par le conjoint d'un époux exerçant son activité professionnelle au sein d'une société. Les art. 223 et 1421, al. 2, ayant pour seul objet de protéger les intérêts de l'époux exerçant une profession séparée, la société dont l'épouse est associée n'est pas recevable à se prévaloir de l'atteinte que la revendication de la qualité d'associé par son conjoint serait susceptible de porter au droit de l'épouse d'exercer une telle profession. • Com. 21 sept. 2022, n° 19-26.203 B.

3. Nature de biens communs des gains et salaires dans le régime de communauté. V. • Civ. 1re, 8 févr. 1978, n° 75-15.731 P : *R., p. 32 ; Gaz. Pal. 1978. 2. 361, note Viatte ; JCP N 1981. II. 114, note Thuillier ; RTD civ. 1979. 592, obs. Nerson et Rubellin-Devichi.* ♦ Sur la qualification des indemnités proches du salaire, V. note 38 ss. art. 1401. ♦ Sur la limitation des droits des créanciers concernant la saisie des gains et salaires des époux dans le régime de communauté, V. art. 1414 et notes 31 s. ss. art. 1415.

4. Gains au jeu. Sur le sort des gains au Loto en régime de communauté, V. • TGI Créteil, 19 janv. 1988 : *D. 1989. 37, note Champenois ; JCP 1989. II. 21385, note Simler.*

5. Pouvoirs des époux : disposition à titre gratuit. L'art. 224 (ancien) donne à chaque époux le pouvoir de disposer librement de ses gains et salaires, sans qu'aucune distinction soit faite suivant le régime matrimonial adopté ou selon que la disposition a eu lieu à titre onéreux ou à titre gratuit. • Paris, 19 nov. 1974 : *D. 1975. 614, concl. Cabannes ; JCP 1976. II. 18412, note Synvet.* ♦ V. aussi • Civ. 1re, 29 févr. 1984, n° 82-15.712 P : *GAJC, 12e éd., n° 89 ; D. 1984.*

601, note D. Martin ; JCP 1985. II. 20443, note Le Guidec ; Defrénois 1984. 1074, obs. Champenois (validité de libéralités consenties par le mari à une concubine) • Toulouse, 29 mars 2000 : *Dr. fam. 2000, n° 100, note Beignier (idem)* • Civ. 1re, 25 janv. 2005 : *préc. note 1 (idem)* • 14 nov. 2007 : *AJ fam. 2008. 88, obs. Hilt (idem).*

6. Limites de la notion de gains et salaires : exclusion des biens acquis avec les gains et salaires. Des bons de caisse acquis avec des fonds provenant du salaire d'un des époux constituent des acquêts de communauté distincts des gains et salaires visés par l'art. 224 (ancien) ; ce texte ne leur étant pas applicable, l'art. 1422 C. civ. régit leur disposition à titre gratuit. • Civ. 1re, 22 oct. 1980 : *JCP 1982. II. 19757, note Le Guidec ; RTD civ. 1982. 132, obs. Nerson et Rubellin-Devichi.*

Art. 224 *(Abrogé par L. n° 85-1372 du 23 déc. 1985, art. 5) (L. n° 65-570 du 13 juill. 1965)* ***Chacun des époux perçoit ses gains et salaires et peut en disposer librement après s'être acquitté des charges du mariage.***

Les biens que la femme acquiert par ses gains et salaires dans l'exercice d'une profession séparée de celle de son mari sont réservés à son administration, à sa jouissance et à sa libre disposition, sauf à observer les limitations apportées par les articles 1425 et 1503 aux pouvoirs respectifs des époux.

L'origine et la consistance des biens réservés sont établies tant à l'égard des tiers que du mari, suivant les règles de l'article 1402. — *V. notes ss. art. 226.*

Art. 225 *(L. n° 85-1372 du 23 déc. 1985, art. 6)* **Chacun des époux administre, oblige et aliène seul ses biens personnels.** — *V. notes ss. art. 226.*

Art. 225-1 *(L. n° 2013-404 du 17 mai 2013, art. 10)* **Chacun des époux peut porter, à titre d'usage, le nom de l'autre époux, par substitution ou adjonction à son propre nom dans l'ordre qu'il choisit** *(L. n° 2022-301 du 2 mars 2022, en vigueur le 1er juill. 2022)* **« , dans la limite d'un nom de famille pour chacun d'eux ».**

BIBL. ▸ Blanquet, *RTD civ. 2022. 59* (le nom d'usage au regard de l'identité de la personne). – Corpart, *Dr. fam. 2013. Étude 13.*

Sur les conditions d'utilisation d'un nom d'usage entre époux, V. art. 4, L. 6 fructidor an II, et la jurisprudence rendue en ce cas pour la femme mariée avant la L. n° 2013-404 du 17 mai 2013. – **C. civ.**

Art. 226 *(L. n° 65-570 du 13 juill. 1965)* **Les dispositions du présent chapitre, en tous les points où elles ne réservent pas l'application des conventions matrimoniales, sont applicables, par le seul effet du mariage, quel que soit le régime matrimonial des époux.**

Les dispositions des art. 214 à 226 nouv. régissent tous les époux, sans qu'il y ait lieu de considérer l'époque à laquelle le mariage a été célébré, ou les conventions matrimoniales passées (L. n° 65-570 du 13 juill. 1965, art. 9).

La L. n° 85-1372 du 23 déc. 1985 est entrée en vigueur le 1er juill. 1986. A compter de cette date, elle est applicable, sans qu'il y ait lieu de considérer l'époque à laquelle le mariage a été célébré. Si les époux avaient fait un contrat de mariage avant cette date, les stipulations de leur contrat non contraires aux dispositions des art. 1er à 6 de ladite loi (modifiant le C. civ., art. 218, 220, 221, 223 à 225) demeureront applicables (L. préc., art. 56 et 60).

Il résulte de la combinaison des art. 214, 226 et 1388 que les conventions conclues par les époux ne peuvent les dispenser de leur obligation d'ordre public de contribuer aux charges du mariage. • Civ. 1re, 13 mai 2020, n° 19-11.444 P : *cité note 1 ss. art. 214.*

TITRE VI **DU DIVORCE**

Ndlr : La loi n° 2004-439 du 26 mai 2004 est entrée en vigueur le ***1er janvier 2005****.*

Les ***dispositions transitoires*** *de la loi du 26 mai 2004 (spécialement art. 33) ont été insérées à la fin du chapitre III, après l'article 286. La version ancienne peut être consultée sur l'édition* ***2012*** *ou antérieure du Code civil Dalloz.*

Les modifications issues des art. 22 et 23 de la L. n° 2019-222 du 23 mars 2019, modifiant la procédure de divorce judiciaire, entrent en vigueur le 1er janv. 2021, après un report de la date d'entrée en vigueur initialement prévue au 1er sept. 2020 (L. préc., art. 109, mod. par L. n° 2020-

734 du 17 juin 2020, art. 25 ; Décr. n° 2020-950 du 30 juill. 2020, art. 4). Lorsque la requête initiale a été présentée avant l'entrée en vigueur du texte, l'action en divorce ou en séparation de corps est poursuivie et jugée conformément aux dispositions du code civil dans leur rédaction antérieure à la même entrée en vigueur. Dans ce cas, le jugement rendu après ladite entrée en vigueur produit les effets prévus par la loi ancienne (L. préc., art. 109 ; Décr. n° 2019-1380 du 17 déc. 2019, art. 15).

RÉP. CIV. v^is *Divorce (Cas de divorce) ; ... (Conséquences),* par N. DISSAUX.

DALLOZ ACTION *Droit de la famille 2023/2024, n°s 13.00 s.*

DALLOZ PRATIQUE[S] *Divorce - Choix du type de divorce.*

DALLOZ RÉFÉRENCE *Droit et pratique du divorce 2022/2023.*

BIBL. GÉN. ▸ **Études d'ensemble :** Colloque Grenoble, nov. 1999, *Dr. fam. 2000, n° 12 bis hors série* (perspectives de réformes en droit de la famille). - BÉNABENT, *D. 1981. Chron. 33.* - BRAZIER, *Gaz. Pal. 1975. 2. Doctr. 751.* - M.-T. CALAIS-AULOY, *RTD civ. 1980. 641.* - CARBONNIER, *D. 1975. Chron. 115.* - DEMARS-SION, *RTD civ. 1980. 231.* - GROSLIÈRE, *Mél. Marty, Univ. Toulouse, 1978, p. 601.* - RAYNAUD, *D. 1976. Chron. 141.* - RUBELLIN-DEVICHI, *RTD civ. 1989. 41.*

▸ **Études spéciales :** ATIAS, *JCP 1984. I. 3151* (convictions religieuses). - BÉNABENT, *D. 1997. Chron. 225* (réformes souhaitables). - BEZ, *JCP N 1976. I. 2784* (pratique notariale). - BRAZIER, *Gaz. Pal. 1977. 2. Doctr. 609 ; 1983. 1. Doctr. 73* (aspect fiscal) ; *1999. 1. Doctr. 705* (projet de réforme). - BRUNET, *D. 1977. Chron. 191* (séparation de fait). - CASEY, *Gaz. Pal. 2008. 3717* (divorce du majeur protégé). - COURCELLE, *Defrénois 1996. 1332* (le juge, le notaire et le divorce). - ÉLIARD, *JCP N 1996. Prat. 3691* (conséquences successorales de la séparation des époux). - GOAZIOU-HURET, *RTD com. 2002. 627* (divorce et procédures collectives). - GROSLIÈRE, *D. 1976. Chron. 73* (rôle du JAM) ; *Mél. Breton/Derrida, Dalloz, 1991, p. 131* (divorce et faillite). - JACQUET, *RTD civ. 1984. 615* (rôle de la cause dans le droit du divorce). - LESBATS, *JCP N 2018, n° 1191* (pratique notariale). - LIENHARD, *D. 1998. Chron. 132* (réforme des procédures de divorce). - PASQUALINI, *D. 1997. Chron. 257* (l'animal et la famille). - POULET, *D. 2005. Chron. 2636* (le pourvoi en cassation en matière de divorce). - ROCHE, *Gaz. Pal. 1979. 2. Doctr. 347* (difficultés en ce qui concerne les majeurs protégés). - ROUSSE, *Gaz. Pal. 1975. 2. Doctr. 783* (capacité pour exercer l'action en divorce). - STURLESE, *JCP 2001. I. 292* (DIP : règlement CE n° 1347/2000). - VIALATTE, *JCP 1977. I. 2846* (rôle du notaire). - Dossier : *AJ fam. 2012. 431* (divorce de l'entrepreneur) ; *AJ fam. 213. 603* (fiscalité du divorce) ; *AJ fam. 2015. 569* et *642* (divorce dans le monde).

▸ **Réforme du 26 mai 2004** : BELLIVIER, *RTD civ. 2004. 565.* - BRUSORIO, *JCP N 2004. 1451.* - GARÉ, *RJPF 2004-6/12 et 2004-7-8/12.* - HAUSER, *Dr. et patr. juill.-août 2004, p. 30.* - JANVILLE, *LPA 30 déc. 2004.* - LARRIBAU-TERNEYRE, *Dr. fam. 2004. Études 13, 16 et 19.* - LEMOULAND, *D. 2004. Chron. 1825* . - *JCP N 2005. 117 à 1189* (numéro spécial).

▸ BRÉMOND, *Dr. et patr. 10/2004, p. 44* (report judiciaire des effets du divorce). - CLAUX, *AJ fam. 2004. 227* (rôle du notaire). - DEL ARCO et LEMOULAND, *Dr. fam. 2005. Étude 5* (séparation et divorce dans la loi du 26 mai 2004). - DEPONDT, *Defrénois 2006. 1815* (rôle du notaire). - FULCHIRON, *Defrénois 2004. 1103* (cas de divorce). - GRANET-LAMBRECHTS, *AJ fam. 2004. 204* (nouveaux cas de divorce). - HAUSER et DELMAS SAINT-HILAIRE, *Defrénois 2005. 357* (volonté et ordre public dans le nouveau divorce). - LAFOND, *JCP 2005. I. 118* (rôle des notaires et avocats). - LEBORGNE et GARÉ, *RJPF 2004-11/25* (incertitudes et incohérences). - C. LIENHARD, *AJ fam. 2004. 208* (nouvelle procédure de divorce). - VASSAUX, *Dr. et patr. 2/2005, p. 26* (rôle du notaire). ▸ Prestation compensatoire : S. DAVID, *AJ fam. 2004. 218.* - POIVEY-LECLERCQ, *Dr. et patr. 4/2005, p. 83.* - PUYGAUTHIER, *JCP N 2005. 1001 et 1007.* ▸ Aspects fiscaux : DOUET, *D. 2004. Chron. 2318* . - DEPONDT, *Dr. et patr. 4/2005, p. 70.* - GONZALEZ-GHARBI, *RJPF 2005-1/11.* ▸ Effets sur le droit patrimonial de la famille, libéralités entre époux : BEIGNIER et NICOD, *Defrénois 2005. 265* (donations déjà réalisées). - BRENNER, *Defrénois 2005. 93.* - CASEY, *RJPF 2004-10/11.* - COMBRET, *RLDC 2004/9, n° 393.* - DEPONDT, *Dr. et patr. 4/2005, p. 70.* - DEVERS, *Dr. et patr. 4/2005, p. 89* (DIP). - GIRAY, *Dr. et patr. 3/2005, p. 30.* - MAHINGA, *JCP 2005. I. 104.* - S. PIEDELIÈVRE, *D. 2004. Chron. 2512* . - PUYGAUTHIER, *JCP N 2004. 1538 et 1548 ; Rect. 2005. 1089 ; JCP N 2005. 1343* (date de la dissolution du régime matrimonial). - SAUVAGE, *Defrénois 2004. 1425.* - VIGNEAU, *D. 2005. Point de vue. 980* (donations déjà réalisées). - Dossier, *AJ fam. 2005. 124 et 168* (liquidation du régime matrimonial dans le cadre du divorce). ▸ Dispositions transitoires : BÉNABENT, *AJ fam. 2004. 232.* - LACOSTE et LARRIBAU-TERNEYRE, *Dr. fam. 2005. Étude 1.* - SAUVAGE, *JCP N 2004. 1505.* - Dossier, *AJ fam. 2013. 603 et 671* (fiscalité du divorce). - Dossier, *AJ fam. 2013. 407* (divorce par consentement mutuel). - Dossier, *AJ fam. 2014. 210* (divorce et SCI). - Dossier, *AJ fam. 2015. 570* (divorce dans le monde).

▸ **Sur le projet de réforme** : Attuel-Mendès, *LPA 10 mai 2004*. - Delecraz, *Defrénois 2004. 641*. - Larribau-Terneyre, *Dr. fam. 2004. Chron. 6*. - Pieratti, *LPA 15 avr. 2004*. ▸ Sur les projets antérieurs : Dossier, *AJ fam. 2001. 80* ; *AJ fam. 2003. 204*. - F. Boulanger, *D. 2002. Chron. 590* (la notion de rupture dans les droits européens). - Brazier, *Gaz. Pal. 2002. Doctr. 300*.
▸ **Projet de divorce sans juge** : Beignier, *Dr. fam. 2008. Étude 12*. - Fulchiron, *D. 2008. Chron. 365*. - Granet-Lambrechts, *Mél. Wiederkehr, Dalloz, 2009, p. 357*. - Philippe, *AJ fam. 2013. 408*. - Williatte-Pellitteri, *D. 2008. Pan. 811*.
▸ **Loi Justice du XXIe siècle du 18 nov. 2016 :** Baillon-Wirtz, *JCP 2016, n° 643* ; Dossier, *AJ fam. 2016. 567* ; *ibid. 2017. 14*. - Consentement mutuel par acte d'avocat : V. Bibl. ss. art. 229-1.
▸ **Loi n° 2019-222 du 23 mars 2019 : Études de fond :** Binet, *Dr. fam. 2019. Étude 10*. - Boisson, *JCP N 2019, n° 1160*. - Casey, *AJ fam. 2019. 239*. - Égéa, *Dr. fam. 2019. Étude 1*. - Lesbats, *JCP N 2020, n° 1179* (la réforme des divorces contentieux en 13 questions). - Mulon, *JCP N 2022, n° 1109* (nouvelles pratiques du divorce). - Robbe et Roman, *JCP N 2022, n° 1158* (regards croisés avocat-notaire sur le divorce par voie électronique). - C. Sadi, *D. 2019. 1779*. - Dossier, *AJ fam. 2020. 11 et 89* (réforme de la procédure de divorce). - Dossier, *AJ fam. 2022. 465* (divorce : l'heure du bilan). - Dossier, *Dr. fam. 2021, dossier 12 s.* ▸ **Aspects de droit international privé :** Boiché, *AJ fam. 2019. 320*. - Devers et Farge, *Dr. fam. 2019. Étude 16*. - Dossier, *AJ fam. 2022. 576* (divorce des Marocains en France).

Art. 228 *Abrogé par L. n° 2009-526 du 12 mai 2009, art. 14-II.*

CHAPITRE I *DES CAS DE DIVORCE*

La loi n° 2004-439 du 26 mai 2004 modifiant le présent chapitre I est entrée en vigueur ***le 1er janvier 2005****. — V. les dispositions transitoires ss. art. 295.*

RÉP. CIV. v° *Divorce (Cas de divorce)*, par N. Dissaux.

DALLOZ PRATIQUE[S] *Divorce - Choix du type de divorce.*

Art. 229 *(L. n° 2016-1547 du 18 nov. 2016, art. 50, en vigueur le 1er janv. 2017)* **« Les époux peuvent consentir mutuellement à leur divorce par acte sous signature privée contresigné par avocats, déposé au rang des minutes d'un notaire. »**
(L. n° 2004-439 du 26 mai 2004, art. 1er) **Le divorce peut être prononcé en cas :**
— soit de consentement mutuel *(L. n° 2016-1547 du 18 nov. 2016, art. 50-I-1°-b, en vigueur le 1er janv. 2017)* **« , dans le cas prévu au 1° de l'article 229-2 » ;**
— soit d'acceptation du principe de la rupture du mariage ;
— soit d'altération définitive du lien conjugal ;
— soit de faute.

L'art. 50 de la L. n° 2016-1547 du 18 nov. 2016 entre en vigueur le 1er janv. 2017. Les dispositions issues b du 1° du I de cet art. ne sont pas applicables aux procédures en cours devant le juge lorsque les requêtes en divorce ont été déposées au greffe avant le 1er janv. 2017 (L. préc., art. 114-V).

Sur les demandes en divorce judiciaire, V. C. pr. civ., art. 1077, App., I. Procédure.

Sur la procédure de divorce par consentement mutuel conventionnel, V. C. pr. civ., art. 1144 s., App., I. Procédure.

DALLOZ ACTION *Droit de la famille 2023/2024, n°s 132.00 s.*

1. Décès en cours de divorce. Le mariage étant dissous par la mort de l'un des époux, l'action en divorce s'éteint par le décès de l'un d'eux survenu avant que le jugement ou l'arrêt prononçant le divorce soit devenu définitif. • Civ. 1re, 31 mai 1978 : *D. 1979. 4, note Breton*. ♦ ... Ou ait acquis force de la chose jugée. • Civ. 2e, 23 nov. 1988 : *Bull. civ. II, n° 226* (non-lieu à statuer) • Civ. 1re, 20 juin 2006, n° 05-16.150 P : *AJ fam. 2006. 418, obs. S. David* ; *RTD civ. 2006. 743, obs. Hauser* • Civ. 2e, 18 déc. 1995 : *D. 1997. 208, note Overstake* ; *RTD civ. 1996. 369, obs. Hauser* (rabat d'arrêt). ♦ V. conf., pour l'action en séparation de corps : • Civ. 2e, 25 mai 1993, n° 91-10.320 P.

2. Décès après divorce. Mais le décès de l'un des ex-époux après que la décision prononçant le divorce est passée en force de chose jugée n'éteint pas les actions relatives à la prestation compensatoire allouée par cette décision. • Civ. 2e, 25 mai 1993, n° 91-21.950 P : *Defrénois 1994. 773, obs. Massip* ; *RTD civ. 1993. 565, obs. Hauser* (poursuite de l'instance à l'encontre des héritiers du mari, décédé après avoir formé un appel limité aux dispositions relatives à la prestation compensatoire, la décision sur le prononcé du divorce étant passée en force de chose jugée). ♦ V. aussi : Massip, *Defrénois 1994. 1089*.

SECTION 1 *Du divorce par consentement mutuel*

BIBL. GÉN. ▶ Barat, *Gaz. Pal. 1976. 2. Doctr. 445* (convention définitive). - Bardet-Blanvillain, *Gaz. Pal. 2003. Doctr. 2649.* - Béhar-Touchais, *Dr. et patr. 4/1999, p. 58* (omission d'un bien dans la convention homologuée). - Choubrac, *AJ fam. 2009. 387*. - Crémont, *Defrénois 1999. 321* (convention définitive). - Giacopelli-Mori, *RTD civ. 2001. 505* (autonomie de la volonté dans les conventions entre époux divorcés). - Guimbellot, *D. 1981. Chron. 277* (convention définitive ; rescision pour lésion). - Lafond, *JCP N 1977. I. 103* (homologation de la convention) ; *ibid. 1980. I. 285* (convention définitive ; rescision pour lésion) ; *ibid. 1984. I. 1* (convention d'indivision). - Lalande Champetier de Ribes, *AJ fam. 2013. 414* (force et faiblesse de la convention de divorce homologuée). - C. Lienhard, *AJ fam. 2008. 330* (procédure) ; *ibid. 2009. 382* (vigilance de l'avocat) ; *ibid. 2013. 428* (enfant majeur et convention de divorce). - Lindon et Bertin, *JCP 1979. I. 2962* (convention définitive) ; *ibid. 1981. I. 3021* (*idem*) ; *ibid. 1982. I. 3082* (homologation de la convention ; recours en révision). - Massip, *D. 1979. Chron. 117 et 125* (pratique des tribunaux). - Philippe, *AJ fam. 2013. 408* (réforme du divorce). - Potentier, *AJ fam. 2008. 328* (procédure). - Revel, *JCP 1982. I. 3055* (conventions entre époux désunis). - Ringel, *RRJ 1989/3. 571* (consentement des époux). - Tendler, *D. 1979. Chron. 263* (pactes de séparation amiable). - Thouret, *AJ fam. 2013. 422* (responsabilité de l'avocat). - Vilani, *D. 1995. Chron. 253* (recours contre l'homologation de la convention). - Dossier, *AJ fam. 2013. 407* (divorce par consentement mutuel).

§ 1 *Du divorce par consentement mutuel par acte sous signature privée contresigné par avocats, déposé au rang des minutes d'un notaire*

(L. nº 2016-1547 du 18 nov. 2016, art. 50, en vigueur le 1er janv. 2017)

Sur la procédure, V. C. pr. civ., art. 1144 s., App., I. Procédure. V. Circ. 26 janv. 2017, ss. C. civ., art. 229-4.

DALLOZ PRATIQUE[S] *Divorce - Divorce par consentement mutuel par acte d'avocats.*

BIBL. ▶ Dossier, *AJ fam. 2017. 145*.

Art. 229-1 Lorsque les époux s'entendent sur la rupture du mariage et ses effets, ils constatent, assistés chacun par un avocat, leur accord dans une convention prenant la forme d'un acte sous signature privée contresigné par leurs avocats et établi dans les conditions prévues à l'article 1374.

Cette convention est déposée au rang des minutes d'un notaire, qui contrôle le respect des exigences formelles prévues aux 1° à 6° de l'article 229-3. Il s'assure également que le projet de convention n'a pas été signé avant l'expiration du délai de réflexion prévu à l'article 229-4.

Ce dépôt donne ses effets à la convention en lui conférant date certaine et force exécutoire.

Le dépôt au rang des minutes d'un notaire de la convention prévue à l'art. 229-1 C. civ. donne lieu au versement d'un émolument de 41,20 € (C. com., art. A. 444-173-1, réd. Arr. du 28 févr. 2020, en vigueur le 1er mars 2020).

Les conventions sous signature privée contresignées par avocats en présence des parties et déposées au rang des minutes d'un notaire selon les modalités prévues aux art. 229-1 à 229-4 ou à l'art. 298 peuvent être établies et conservées par voie électronique (C. civ., art. 1174 et 1175).

V. Circ. 26 janv. 2017, fiche nº 2. — Sur la signature, V. fiche nos 5 s. — Sur le dépôt et les formalités d'enregistrement, V. fiche nº 8, ss. C. civ., art. 229-4.

DALLOZ ACTION *Droit de la famille 2023/2024, nos 132.40 s.*

BIBL. ▶ **Présentation de la réforme :** Aufière, Housty et Schellino, *AJ fam. 2017. 49* (médiation). - Blanchard, *JCP N 2017, nº 1002* (fonction du notaire) ; *ibid., nº 237* (circulaire). - Boisson, *Dr. et patr. 11/2016. 20* (détournement aux fins de changement de régime matrimonial). - Boiché, *AJ fam. 2017. 57* (droit international privé). - Boulanger, *JCP N 2017, nº 263* (extraterritorialité). - Brenner, *JCP 2017, nº 195 ; JCP N 2017, nº 262.* - Cadiou, *AJ fam. 2017. 45* (passerelle). - Casey, *AJ fam. 2017. 14* (présentation générale). - Chénedé, *AJ fam. 2017. 26* (divorce et contrat). - Couzigou-Suhas, *Defrénois 2017. 131.* - Crône, *Defrénois 30 août 2018. 27* (aspects internationaux). - David , *AJ fam. 2018. 149* (la rémunération du notaire « simple dépositaire » dans le cadre du divorce par consentement mutuel extrajudiciaire) ; *ibid. 2022. 480* (rapport du CSN sur le divorce par consentement mutuel). - David et Brunet, *AJ fam. 2017. 31* (rôle du notaire). - Defix, *AJ fam. 2017. 45* (aide juridictionnelle). - Douet, *Dr. fam. 2017, n° 23* (conséquences fiscales). - Fenouillet, *Dr. fam. 2018, n° 25*. - Ferré-André, *Defrénois 2017. 125*. - Filosa, *Defrénois 2016. 1307* (enjeux liquidatifs). - Fricero et Dymarski, *Dr. fam. 2017, n° 3*. - Fulchiron, *JCP 2016, n° 1267*. - C. Lienhard, *AJ fam. 2017. 40* ; *D. 2017. 307*. - Moutardier, *AJ fam. 2017. 54* (procédure participative). - Paillard, *AJ fam. 2017. 31* (fiscal). - Thouret, *AJ fam. 2016. 568* ; *ibid. 2017. 42* (l'après-divorce). - Torricelli-Chrifi, *JCP N 2016, n° 1193* (actes et responsabilité) ; *ibid. 2017, n° 1159* (notaire) ; *Dr. fam. 2017. Étude 12 (idem)* ; *AJ fam. 2017. 13* ; *ibid. 95*. - Dossier, *Dr. fam. 2016. Dossier 23* ; *ibid. 2017. 13*. - Dossier, *Dr. fam. 2017, nos 1 s.* ; *ibid. 2018, nos 21 s.* (le divorce sans juge). - Modèles d'actes, *AJ fam. 2017. 96* s.

▸ **Études spécifiques :** Boidin, *AJ fam. 2018. 149* et *151* (frais notariés, partage verbal). - Casey et David, *AJ fam. 2017. 539* (circuit court). - Ferré-André, *AJ fam. 2018. 81* (circuit long). - Casey, *AJ fam. 2018. 95* (remise en cause de la prestation compensatoire). - de Cayeux, *AJ fam. 2018. 146* (médiation). - El Bahja, *JCP N 2018. Actu. 361* (Maroc). - Filosa, *AJ fam. 2018. 85* (nature contractuelle). - Houssier, *AJ fam. 2018. 72* (1er bilan). - Lamarche, *JCP N 2018. Actu. 360* (difficultés Maghreb). - Lauvergnat, *AJ fam. 2018. 144* (exécution). - Lebel, *AJ fam. 2022. 482* (bilan de la réforme du divorce par consentement mutuel : les avocats aussi avaient leur mot à dire). - Letellier, *JCP N 2018, n° 1152* (notaire et déjudiciarisation). - Roth, *AJ fam. 2018. 148* (difficultés Maghreb).

Code civil

Art. 1374 *(Ord. n° 2016-131 du 10 févr. 2016, art. 4, en vigueur le 1er oct. 2016)* L'acte sous signature privée contresigné par les avocats de chacune des parties ou par l'avocat de toutes les parties fait foi de l'écriture et de la signature des parties, tant à leur égard qu'à celui de leurs héritiers ou ayants cause.

La procédure de faux prévue par le code de procédure civile lui est applicable.

Cet acte est dispensé de toute mention manuscrite exigée par la loi.

Art. 229-2 **Les époux ne peuvent consentir mutuellement à leur divorce par acte sous signature privée contresigné par avocats lorsque :**

1° Le mineur, informé par ses parents de son droit à être entendu par le juge dans les conditions prévues à l'article 388-1, demande son audition par le juge ;

2° L'un des époux se trouve placé sous l'un des régimes de protection prévus au chapitre II du titre XI du présent livre.

Sur les exclusions, V. Circ. 26 janv. 2017, fiche n° 1, ss. C. civ., art. 229-4.

Art. 229-3 **Le consentement au divorce et à ses effets ne se présume pas.**

La convention comporte expressément, à peine de nullité :

1° Les nom, prénoms, profession, résidence, nationalité, date et lieu de naissance de chacun des époux, la date et le lieu de mariage, ainsi que les mêmes indications, le cas échéant, pour chacun de leurs enfants ;

2° Le nom, l'adresse professionnelle et la structure d'exercice professionnel des avocats chargés d'assister les époux ainsi que le barreau auquel ils sont inscrits ;

3° La mention de l'accord des époux sur la rupture du mariage et sur ses effets dans les termes énoncés par la convention ;

4° Les modalités du règlement complet des effets du divorce conformément au chapitre III du présent titre, notamment s'il y a lieu au versement d'une prestation compensatoire ;

5° L'état liquidatif du régime matrimonial, le cas échéant en la forme authentique devant notaire lorsque la liquidation porte sur des biens soumis à publicité foncière, ou la déclaration qu'il n'y a pas lieu à liquidation ;

6° La mention que le mineur a été informé par ses parents de son droit à être entendu par le juge dans les conditions prévues à l'article 388-1 et qu'il ne souhaite pas faire usage de cette faculté.

Sur la procédure, V. C. pr. civ., art. 1144 s., App., I. Procédure.

I. QUESTIONS DE FORME

1. Langue de la convention. V. C. pr. civ., art. 1146, App., *I. Procédure*.

2. Mentions relatives aux enfants. Il semble courant que les avocats, rédacteurs de la convention, n'insèrent pas dans la convention de divorce l'état civil, l'adresse et la profession des enfants majeurs, considérant que l'expression « le cas échéant » laisse le libre-arbitre de porter ou non les indications concernant les enfants. Les notaires n'ont pas la même interprétation et considèrent que « le cas échéant » vise les hypothèses où les époux ont des enfants, exigeant ainsi les mêmes indications pour les enfants majeurs que celles imposées pour chacun des époux. A la lecture du 1° de l'art. 229-3, l'expression "le cas échéant" renvoie à la nécessité de détailler les mentions pertinentes lorsque le couple a des enfants. Les informations relatives, par exemple, à la profession, à la nationalité ou à la date du mariage d'un enfant majeur sont sans conséquences dans le divorce des parents et ne sont donc pas utiles. La mention de l'existence d'enfants majeurs et de leurs dates de naissance permet de s'assurer de la composition de la famille et du caractère complet ou non de la convention. Les informations relatives aux enfants, surtout s'ils sont majeurs, n'ont donc pas à être exhaustives. * Rép. min. n° 4908 : *JO Sénat 20 déc. 2018, p. 6631 ; AJ fam. 2019. 6.*

3. Sur l'appréciation de la nullité d'une convention de divorce, V. • Nîmes, 14 avr. 2020, n° 19/00887 : *JCP 23 oct. 2020, p. 46.*

II. QUESTION DE FOND

4. Pas d'effet obligatoire de la convention à l'égard des tiers (belle-mère). Ne donne pas de base légale au regard des art. 1165 (réd. ante ord. 10 févr. 2016) et 1888 C.civ., la cour d'appel qui rejette les demandes du mari en expulsion de sa belle-mère aux motifs qu'il a clairement, dans sa convention définitive de divorce, son intention de faire coïncider le terme de l'occupation du logement de sa belle-mère à la date de décès de son épouse, de sorte qu'il ne peut mettre fin à ce commodat par la délivrance d'un congé même avec un délai de préavis raisonnable.

En se déterminant ainsi, par des motifs impropres à caractériser un terme convenu entre les parties, la cour d'appel n'a pas donné de base légale à sa décision. • Civ. 1re, 31 août 2022, n° 21-10.899 : *F.-D.*

Art. 229-4 L'avocat adresse à l'époux qu'il assiste, par lettre recommandée avec demande d'avis de réception, un projet de convention, qui ne peut être signé, à peine de nullité, avant l'expiration d'un délai de réflexion d'une durée de quinze jours à compter de la réception.

La convention a force exécutoire au jour où elle acquiert date certaine.

Sur l'accord des parties et l'application de certaines dispositions du droit des contrats, V. Circ. 26 janv. 2017, fiche n° 2. — Sur la procédure, V. fiche nos 4 s.

Envoi de l'état liquidatif. La liquidation du régime matrimonial peut figurer au sein de la convention – en l'absence de bien immobilier – mais doit être réalisée en la forme authentique et donc figurer en annexe de la convention de divorce dès lors qu'elle concerne un bien immobilier ; il est nécessaire que chaque époux ait connaissance du projet d'acte liquidatif avant de consentir au divorce. Celui-ci doit donc être adressé à chacun d'eux au même titre que le projet de convention lui-même, comme d'ailleurs toutes les annexes, en vertu de l'art. 229-3. Ces dispositions n'indiquent pas si le projet d'acte liquidatif doit être adressé aux parties avant l'expiration du délai de réflexion ou s'il peut déjà s'agir de l'acte définitif signé par tous et rédigé sous condition suspensive du dépôt de la convention de divorce et de ses annexes au rang des minutes d'un notaire. Une bonne pratique consiste néanmoins à joindre un projet d'acte plutôt que l'acte signé afin que le délai de réflexion s'applique tant au principe qu'aux conséquences pécuniaires du divorce même si l'acte liquidatif est fait en la forme authentique. Cela permet aux parties d'envisager d'éventuels changements et l'écoulement d'un nouveau délai le cas échéant. Les pratiques locales qui se sont développées pour organiser un rendez-vous commun de signature de la convention et de ses annexes avec les avocats et le notaire sont ainsi tout à fait pertinentes. Une signature en deux temps après l'écoulement du délai de réflexion ne pose cependant aucune difficulté. * Rép. min. n° 19958, *JOAN 24 déc. 2019.*

Circulaire du 26 janvier 2017,

De présentation des dispositions en matière de divorce par consentement mutuel et de succession issues de la loi n° 2016-1547 du 18 novembre 2016 de modernisation de la justice du XXIe siècle et du décret n° 2016-1907 du 28 décembre 2016 relatif au divorce prévu à l'article 229-1 du code civil et à diverses dispositions en matière successorale.

Ndlr : la présente Circ. ne tient pas compte de la réforme du divorce judiciaire et de la séparation de corps telle que prévue par la L. n° 2019-222 du 23 mars 2019 et le Décr. n° 2019-1380 du 17 déc. 2019.

La loi n° 2016-1547 du 18 novembre 2016 de modernisation de la justice du XXIe siècle a eu pour ambition de rendre la justice plus efficace, plus lisible et plus accessible en recentrant notamment les juridictions sur leurs missions essentielles.

A cette fin, son article 50 a introduit dans notre législation une nouvelle procédure de divorce par consentement mutuel sans juge, établi par acte sous signature privée contresigné par avocats et déposé au rang des minutes d'un notaire, afin de permettre un règlement plus simple et plus rapide des divorces non contentieux.

La réforme du divorce par consentement mutuel s'inscrit dans l'évolution législative que connaît la procédure de divorce initiée depuis 1975 et axée sur la volonté constante de simplification et de pacification des relations entre les époux divorçant.

Dans cette optique, la loi n° 2004-439 du 26 mai 2004 réformant la procédure de divorce a profondément modifié l'économie générale du divorce en laissant une large place au divorce d'accord, en facilitant notamment la passerelle entre les divorces contentieux et le divorce gracieux et en incitant les époux à conclure des conventions tout au long de la procédure.

Le droit des régimes matrimoniaux témoigne également de cette prévalence de l'autonomie de la volonté des époux puisque ces derniers peuvent, depuis la loi du 13 juillet 1965, apporter des modifications, voire changer de régime matrimonial, sous la réserve de respecter certaines conditions.

De même, les lois du 4 juin 1970 et du 4 mars 2002, toutes deux relatives à l'autorité parentales, ont favorisé la reconnaissance de la pratique des conventions parentales portant sur l'exercice de l'autorité parentale.

Cette contractualisation progressive du droit de la famille associée aux critiques récurrentes qui sont souvent adressées à l'encontre des procédures judiciaires, quel que soit leur domaine, et qui portent sur la complexité de ces procédures, leur durée ainsi que leur coût, ont amené à s'interroger sur la nécessité d'un recours systématique au juge en matière de divorce lorsque les conjoints s'accordent sur l'ensemble des modalités de leur rupture *[Ce questionnement s'est fait d'autant plus présent, qu'avant la réforme, dans 99 % des cas, le juge homologuait la convention de divorce préparée par le ou les avocats des époux].*

Le législateur de 2016 a répondu à cette question en instituant le divorce par consentement mutuel sans juge. Consacré aux articles 229-1 à 229-4 du code civil, le divorce par consentement mutuel extrajudiciaire se trouve à la croisée des chemins entre les règles d'ordre public en matière de droit de la famille, la liberté contractuelle et les formalités imposées par le recours à l'acte sous signature privé contresigné par avocats déposé au rang des minutes d'un notaire.

Afin de s'assurer de la protection des intérêts de chacun des époux mais aussi des enfants, surtout mineurs, plusieurs garde-fous ont été adoptés.

Il en est ainsi de l'obligation pour chaque époux d'être assisté par son propre avocat pour rédiger et signer la convention ou de la possibilité pour chaque époux de se rétracter dans un délai de quinze jours avant la signature de la convention ou encore du contrôle formel exercé par le notaire au moment du dépôt de l'acte au rang de ses minutes.

Surtout, le mineur capable de discernement devra dans tous les cas être informé de son droit à être entendu par le juge s'il le souhaite.

Enfin, la force exécutoire conférée à la convention de divorce déposée au rang des minutes du notaire permet d'accorder à cette nouvelle forme de divorce extrajudiciaire une force identique à celle des divorces judiciaires.

Ce nouveau divorce extrajudiciaire est entré en vigueur le 1er janvier 2017.

Par ailleurs, en matière de successions *[La L. du 18 nov. 2016 a prévu d'autres modifications en matière successorale. Afin de simplifier les démarches de règlement des successions, les art. 788 et 809-1 C. civ. accordent désormais au notaire chargé de la succession la qualité, concurremment avec le greffier compétent, pour recevoir les déclarations d'acceptation de succession à concurrence de l'actif net ou de renonciation à succession émis par les héritiers. Enfin, le notaire chargé d'une succession vacante est désormais expressément désigné à l'art. 809-1 C. civ. comme personne pouvant saisir le juge aux fins de déclaration de vacance et de désignation d'un curateur]*, la loi n° 2016-1547 du 18 novembre 2016 de modernisation de la justice du XXIe siècle a aménagé, à l'article 1007 du code civil, la saisine de plein droit du bénéficiaire d'un legs universel en l'absence d'héritiers réservataires, sauf opposition d'un tiers intéressé. Le juge n'intervient plus qu'en cas de conflit, pour vérifier l'apparente régularité des testaments mystiques et olographes lors de la procédure dite de l'envoi en possession, précisée aux articles 1378-1 et 1378-2 du code de procédure civile.

Publié au *Journal officiel* du 29 novembre 2016, le décret n° 2016-1907 du 28 décembre 2016 *[Décr. n° 2016-1907 du 28 déc. 2016 relatif au divorce prévu à l'art. 229-1 C. civ. et à diverses dispositions en matière successorale]* a introduit dans le code de procédure civile les dispositions règlementaires régissant la nouvelle procédure de divorce par consentement mutuel et a adapté les dispositions existantes en matière de divorce judiciaire par consentement mutuel afin de délimiter, conformément à la loi, son champ d'application. Il a également prévu des dispositions d'application permettant la coordination du code de procédure civile avec la modification de la procédure d'envoi en possession applicable au légataire universel.

Sont jointes à la présente circulaire des fiches techniques de présentation de ces réformes ainsi que des annexes ....

Vous voudrez bien veiller à la diffusion de la présente circulaire et à m'informer des difficultés susceptibles de résulter de sa mise en œuvre sous le timbre de la direction des affaires civiles et du sceau – sous-direction des affaires civiles, bureau du droit des personnes et de la famille (courriel : dacs-cl@justice.gouv.fr).

Fiche 1

Le champ d'application du divorce par consentement mutuel

Exclusion de la séparation de corps

La nouvelle rédaction de l'article 296 du code civil issue de la loi du 18 novembre 2016 exclut la séparation de corps de la nouvelle procédure prévue à l'article 229-1 du code civil puisque ce texte énonce qu'elle ne peut qu'être prononcée dans les mêmes cas et aux mêmes conditions que *"le divorce judiciaire"*. La demande de séparation de corps devra donc nécessairement être portée devant le juge.

Exclusion des personnes placées sous un régime de protection

L'article 229-2, 2° du code civil exclut de cette procédure les époux dont l'un d'eux au moins est placé sous un régime de protection juridique prévus aux articles 425 et suivants du même code, à savoir les mesures de sauvegarde de justice, de curatelle, de tutelle ou les mesures de représentation légales (mandat de protection et habilitation familiale). Lorsqu'un époux est placé sous un régime de protection, le recours au divorce par consentement mutuel judiciaire est également interdit (article 249-4 du code civil).

Exclusion en cas de demande d'audition formée par un enfant mineur commun

Sont également exclus de cette forme de divorce les époux dont l'un au moins des enfants mineurs, concerné par les conséquences du divorce telles qu'envisagées par ses parents, demande à être entendu par le juge dans les conditions du nouvel article 1148-2 alinéa 1 du code de procédure civile *[Art. 1148-2 : « Dès qu'un enfant mineur manifeste son souhait d'être entendu par le juge dans les conditions prévues à l'article 388-1 du code civil, la juridiction peut être saisie selon les modalités prévues aux articles 1088 à 1092. »]* (V. II, 1, 1.3 de la présente circulaire).

Dans une telle situation, si les époux souhaitent néanmoins poursuivre la voie d'un divorce pacifié, ils peuvent saisir le juge aux affaires familiales par requête conjointe d'une demande en divorce par consentement mutuel selon les modalités prévues aux articles 230 à 232 du code civil et 1088 à 1092 du code de procédure civile. Le juge pourra, si les conditions légales sont remplies, prononcer le divorce et homologuer la convention établie par les parties et leur(s) avocat(s). Il s'agit du seul cas où le divorce par consentement mutuel judiciaire est possible.

Fiche 2

Les conditions du nouveau divorce par consentement mutuel

Les conditions du divorce par consentement mutuel sont prévues à l'article 229-1 du code civil qui dispose que *"lorsque les époux s'entendent sur la rupture du mariage et ses effets, ils constatent, assistés chacun par un avocat, leur accord dans une convention prenant la forme d'un acte sous signature privée contresigné par leurs avocats et établi dans les conditions prévues à l'article 1374. Cette convention est déposée au rang des minutes d'un notaire, qui contrôle le respect des exigences formelles prévues aux 1° à 6° de l'article 229-3. Il s'assure également que le projet de convention n'a pas été signé avant l'expiration du délai de réflexion prévu à l'article 229-4. Ce dépôt donne ses effets à la convention en lui conférant date certaine et force exécutoire"*.

1. *L'accord des parties sur le principe du divorce et sur ses conséquences*

Ce texte permet aux époux, qui s'entendent à la fois sur la rupture du mariage et sur l'ensemble des effets du divorce, de constater leur accord dans une convention prenant la forme d'un acte d'avocat tel que prévu à l'article 1374 du code civil, c'est-à-dire d'un acte sous signature privée, contresigné par l'avocat de chacune des parties.

Ce caractère purement conventionnel du divorce par consentement mutuel rend applicable à celui-ci le sous-titre I du titre III du Livre III du code civil relatif au contrat. Toutefois, s'il emprunte au droit des contrats, il s'en détache en raison de son caractère familial.

En effet, les dispositions qui sont inconciliables par nature avec le divorce sont inapplicables. Ainsi, sous réserve de l'appréciation des juridictions [*Le contentieux de la validité de la convention de divorce relève du tribunal de grande instance, devenu tribunal judiciaire*], une clause résolutoire portant sur le principe du divorce serait déclarée nulle car contraire à l'ordre public. La deuxième hypothèse d'une action en résolution [*Art. 1224. — La résolution résulte soit de l'application d'une clause résolutoire soit, en cas d'inexécution suffisamment grave, d'une notification du créancier au débiteur ou d'une décision de justice*] fondée sur l'inexécution suffisamment grave après une notification du créancier au débiteur ne paraît pas pouvoir être valable dès lors qu'elle remettrait également en cause le principe du divorce.

Au contraire, l'article 1128 du code civil qui prévoit que *"sont nécessaires à la validité du contrat : 1° Le consentement des parties ; 2° Leur capacité de contracter ; 3° Un consentement licite et certain."* est applicable au divorce par consentement mutuel extrajudiciaire.

La convention de divorce peut donc être attaquée en cas de vice du consentement, de défaut de capacité ou encore de contrariété à l'ordre public. A ce titre, l'article 1162 du code civil dispose que *"le contrat ne peut déroger à l'ordre public ni par ses stipulations, ni par son but, que ce dernier ait été connu ou non par toute les parties"*. En matière familiale, la jurisprudence a une appréciation extensive de l'ordre public. Relèvent notamment de l'ordre public familial, l'autorité parentale (il n'est pas possible de renoncer ou de céder ses droits en-dehors des cas prévus par la loi) et l'obligation alimentaire (qui est indisponible et non susceptible de renonciation).

La convention de divorce ne doit donc pas contenir de clauses fantaisistes qui risqueraient d'entraîner la nullité du contrat. Plus encore, l'avocat doit s'assurer que la convention ne comporte pas de clauses qui contreviendraient à l'ordre public.

Une clause qui *"prive[rait] de sa substance l'obligation essentielle"* de l'un des époux pourrait être réputée non écrite sur le fondement de l'article 1170 du code civil. Ainsi une clause par laquelle l'un des époux s'exonérerait de toute responsabilité en cas de non paiement de la pension alimentaire serait réputée non écrite.

En revanche, le divorce par acte d'avocat paraît exclu du champ du contrôle des clauses abusives prévu à l'article 1171 du code civil. En effet la prohibition des clauses qui créent *"un déséquilibre significatif entre les droits et obligations des parties au contrat"* ne sont réputées non écrites que dans les contrats d'adhésion. Le contrat d'adhésion est défini à l'article 1110 du code civil comme étant *"celui dont les conditions générales, soustraites à la négociation, sont déterminées à l'avance par l'une des parties"*. La qualification de contrat d'adhésion suppose donc la prédétermination unilatérale de conditions générales par l'une des parties et l'absence de négociation de ces conditions générales par l'autre partie. Or l'intervention d'un avocat auprès de chacune des parties a pour objet de garantir l'effectivité d'une négociation des clauses de la convention de divorce et de la prise en compte des intérêts de chacun des époux.

2. *La nécessité de deux avocats*

Cette nouvelle procédure suppose l'intervention de deux avocats distincts, chacun choisi personnellement par chaque époux, afin de garantir l'équilibre de la convention et le respect des intérêts de chacune des parties ainsi que de leurs enfants.

Il n'y a donc plus de possibilité pour les époux de divorcer avec un avocat commun.

Les avocats choisis ne peuvent pas exercer au sein de la même structure professionnelle afin de prévenir tout risque de conflit d'intérêts, ce qui résulte de l'article 7 du décret n° 2005-790 du 12 juillet 2005 relatif aux règles de déontologie de la profession d'avocat, repris à l'article 4.1 du Règlement Intérieur National de la profession d'avocat *[L'avocat ne peut être ni le conseil ni le représentant ou le défenseur de plus d'un client dans une même affaire s'il y a conflit entre les intérêts de ses clients ou, sauf accord des parties, s'il existe un risque sérieux d'un tel conflit.*

Sauf accord écrit des parties, il s'abstient de s'occuper des affaires de tous les clients concernés lorsque surgit un conflit d'intérêt, lorsque le secret professionnel risque d'être violé ou lorsque son indépendance risque de ne plus être entière.

Il ne peut accepter l'affaire d'un nouveau client si le secret des informations données par un ancien client risque d'être violé ou lorsque la connaissance par l'avocat des affaires de l'ancien client favoriserait le nouveau client. Lorsque des avocats sont membres d'un groupement d'exercice, les dispositions des alinéas qui précèdent sont applicables à ce groupement dans son ensemble et à tous ses membres. Elles s'appliquent également aux avocats qui exercent leur profession en mettant en commun des moyens, dès lors qu'il existe un risque de violation du secret professionnel.

Les mêmes règles s'appliquent entre l'avocat collaborateur, pour ses dossiers personnels, et l'avocat ou la structure d'exercice avec lequel ou laquelle il collabore.].

Fiche 3

L'articulation du nouveau divorce par consentement mutuel avec les autres formes de divorce

1. *Avec le divorce par consentement mutuel judiciaire*

Le nouveau divorce par consentement mutuel extrajudiciaire n'est pas un divorce optionnel. Si les époux s'accordent sur le principe de la rupture du lien conjugal et l'ensemble des conséquences du divorce, la voie judiciaire du divorce par consentement mutuel ne leur est, sauf exception, désormais plus ouverte.

La voie du divorce par consentement mutuel judiciaire n'est en effet possible qu'en cas de demande d'audition formée par un enfant mineur.

La demande d'audition rouvrira la voie judiciaire du divorce par consentement mutuel quelle que soit la décision du juge sur la demande d'audition.

Si le juge ordonne l'audition du mineur, il doit le faire conformément aux dispositions du titre IX *bis* du livre I du code de procédure civile, c'est-à-dire selon les articles 338-1 et suivants. Ainsi, il peut réaliser lui-même l'audition ou désigner une personne pour y procéder. Le mineur peut être assisté par un avocat, choisi ou spécialement désigné, ou par la personne de son choix. Le compte-rendu de l'audition est soumis au principe du contradictoire.

Tout comme dans les autres procédures, le juge aux affaires familiales peut refuser d'entendre le mineur s'il estime que celui-ci n'est pas capable de discernement. Les motifs du refus doivent être mentionnés dans la décision.

Dans l'hypothèse d'une demande d'audition par le mineur, la situation est régie par l'article 1148-2 du code de procédure civile qui renvoie aux articles 1088 à 1092 du même code s'agissant des modalités de saisine de la juridiction. Les époux pourront ainsi faire le choix, dans le cadre du divorce par consentement mutuel judiciaire, d'être assisté par un seul conseil.

La requête devant le juge aux affaires familiales comprend à peine d'irrecevabilité outre la convention de divorce et l'état liquidatif ou la déclaration qu'il n'y a pas lieu à liquidation.

Les époux sont en conséquence convoqués à l'audience devant le juge aux affaires familiales aux fins d'homologation de leur convention de divorce après l'audition du mineur ou refus d'audition par le juge [*Les nouvelles trames concernant le divorce par consentement mutuel extrajudiciaire sont disponibles sur l'intranet justice Espace Web*].

2. *Avec les divorces judiciaires contentieux*

En vertu de l'article 1148-2 du code de procédure civile, si les époux ne parviennent pas à trouver un accord sur l'ensemble des conséquences du divorce ou si l'un d'eux ne souhaite plus divorcer, le fait d'avoir tenté de régler leur différend par la voie amiable ne les empêche pas de saisir le juge aux fins de divorce contentieux ou de séparation de corps.

A l'inverse, en vertu de l'article 247 nouveau du code civil, les époux qui seraient engagés dans une procédure contentieuse peuvent toujours, à tout moment de la procédure, divorcer par consentement mutuel.

S'il n'y a pas de demande d'audition d'enfant, les parties doivent recourir au divorce par consentement mutuel par acte sous signature privée contresigné par avocats, déposé au rang des minutes d'un notaire. Il appartient aux avocats dans cette hypothèse de solliciter un retrait du rôle ou de se désister de l'instance en cours pour le divorce contentieux.

S'agissant des mesures transitoires, seules les requêtes en divorce par consentement mutuel déposées avant le 1er janvier 2017 ainsi que les requêtes en passerelle fondées sur l'article 247 ancien et enregistrées avant cette date avec une convention datée et signée par chacun des époux et leur(s) avocat(s) portant règlement complet des effets du divorce, conformément à l'article 1091 du code de procédure civile, sont traitées selon les règles en vigueur avant le 1er janvier 2017.

En dehors de ces deux hypothèses, c'est donc uniquement dans le cas prévu à l'article 229-2 du code civil, c'est-à-dire en présence d'une demande d'audition formulée par un enfant du couple, que les époux demandent au juge de constater leur accord pour voir prononcer le divorce par consentement mutuel en lui présentant une convention réglant les conséquences de celui-ci.

Fiche 4

La procédure du divorce par consentement mutuel
La phase d'élaboration de la convention par les avocats

Les époux qui souhaitent divorcer doivent chacun être assistés d'un avocat, dont la mission est de s'assurer de son plein consentement, libre et éclairé tant sur le principe du divorce que sur les termes projetés du règlement des suites du divorce, de conseiller son client, dans l'élaboration de la convention, d'en contrôler l'équilibre et de s'assurer que les enfants ont bien été informés de leur droit à être entendus [*L'avocat pourra également être sollicité pour produire à son client, époux demandeur de logement social, un justificatif attestant de ce que la procédure de divorce par consentement mutuel extrajudiciaire est en cours. Cette pratique vise à ce que les bailleurs sociaux ne prennent en compte que les ressources de l'époux requérant dans la demande de logement*].

1. *La désignation de la loi applicable en présence d'un élément d'extranéité*

Il revient aux époux et à leurs avocats, lorsque la situation présente un élément d'extranéité résultant de la situation familiale (nationalité étrangère d'un des époux, résidence habituelle d'un époux ou de l'enfant à l'étranger, mariage célébré à l'étranger...) ou résultant de la convention (mise en œuvre d'un droit de visite transfrontière par exemple), de vérifier que leur divorce relève bien de la loi française et de le mentionner expressément dans la convention de divorce pour le principe du divorce et pour chacun de ses effets le cas échéant (modalités d'exercice de l'autorité parentale hors pension alimentaire, contribution à l'éducation et à l'entretien des enfants, prestation compensatoire, liquidation du régime matrimonial...) puisque les règles de droit international privé applicables sont différentes selon la matière considérée.

S'agissant du principe du divorce, il convient de rappeler que le règlement (UE) n° 1259/2010 du Conseil du 20 décembre 2010, mettant en œuvre une coopération renforcée dans le domaine de la loi applicable au divorce et à la séparation de corps, dit Rome III, permet aux époux de choisir la loi applicable à leur divorce (article 5 du règlement).

Dans la mesure où les dispositions relatives à son champ d'application ne le restreignent pas aux procédures judiciaires, ce règlement permet aux époux, en choisissant la loi française, de divorcer par consentement mutuel selon les modalités prévues à l'article 229-1 du code civil. Les considérants du règlement manifestent en effet la volonté de lui donner une large portée afin de *"créer un cadre juridique clair et complet dans le domaine de la loi applicable au divorce"* (considérant 9) et offrir aux époux la liberté de désigner une loi applicable avec laquelle ils ont des liens étroits (considérant 14).

Par conséquent, si les époux souhaitent divorcer en utilisant le mécanisme de l'article 229-1 du code civil, il est préférable qu'elles désignent expressément la loi française comme loi applicable à leur divorce, pour autant qu'il s'agisse de :

— la loi de l'État de leur résidence habituelle au moment de la conclusion de la convention ; ou

— la loi de l'État de leur dernière résidence habituelle des époux, pour autant que l'un d'eux y réside encore au moment de la conclusion de la convention ; ou

— la loi de l'État de la nationalité de l'un des époux au moment de la conclusion de la convention.

Pour le règlement des effets du divorce, les époux et leurs avocats doivent également faire application des autres instruments internationaux applicables tels que la Convention de La Haye du 19 octobre 1996 concernant la compétence, la loi applicable, la reconnaissance, l'exécution et la coopération en matière de responsabilité parentale et de mesures de protection des enfants dont l'article 17 prévoit que l'exercice de la responsabilité parentale est régi par la loi de l'État de la résidence habituelle de l'enfant, et de tout autre instrument international, bilatéral ou multilatéral, déterminant le droit applicable en matière d'obligations alimentaires, de liquidation de régimes matrimoniaux ou autres conséquences du divorce.

2. *Les mentions de la convention*

L'article 229-3 du code civil énonce les mentions obligatoires de la convention ainsi que ses annexes, à peine de nullité de la convention, à savoir :

— l'identité des parties ;

— l'identité et les coordonnées des avocats qui ne peuvent exercer dans la même structure (cf. point 3.2) ;

— l'accord des époux sur la rupture du mariage et ses effets dans la mesure où ce consentement ne se présume pas (article 229-3 du code civil) ;

— les modalités de règlement des conséquences du divorce, y compris, le cas échéant, le versement d'une prestation compensatoire ;

— la mention que le mineur a été informé par ses parents de son droit à être entendu par le juge dans les conditions prévues à l'article 388-1 du code civil et qu'il ne souhaite pas faire usage de cette faculté (puisqu'en cas de demande d'audition, la voie du divorce par consentement mutuel prévu à l'article 229-1 du code civil est fermée aux époux).

L'article 1144-1 du code de procédure civile ajoute que les époux doivent mentionner le nom du notaire ou de la personne morale titulaire de l'office notarial chargés du dépôt de la convention au rang de ses minutes. Le cas échéant, rien ne s'oppose à ce que ce notaire soit le même que celui qui aura dressé l'acte liquidatif de partage en la forme authentique.

L'article 1144-2 du code de procédure civile précise que la convention doit mentionner, le cas échéant, que le mineur n'a pas reçu l'information relative à son droit d'être entendu par un juge en raison de son absence de discernement, ce qui facilitera les vérifications formelles du notaire devant procéder au dépôt.

L'article 1144-3 précise que lorsque des biens ou droits, non soumis à la publicité foncière, sont attribués à titre de prestation compensatoire, la convention précise la valeur de ceux-ci. En cas de biens soumis à publicité foncière, un acte authentique devra être rédigé par un notaire.

Compte tenu de l'importance des conséquences de la prévision d'une pension alimentaire ou d'une prestation compensatoire, la convention doit contenir les informations des parties sur les modalités de recouvrement, les règles de révision et les sanctions pénales encourues en cas de défaillance (article 1444-4). En pratique, ces mentions peuvent apparaître dans un paragraphe distinct ou en annexe afin que les informations délivrées soient suffisamment lisibles et identifiables par le créancier (cf. annexe 2 de la présente circulaire).

Il peut, en outre, être prévu un paiement direct entre les mains, par exemple, de l'employeur du débiteur de ladite pension ou prestation. Dans ce cas, le débiteur doit indiquer dans la convention le tiers débiteur saisi chargé du paiement conformément au nouvel article R. 213-9 *bis* du code des procédures civiles d'exécution.

Enfin, l'article 1144-5 du même code prévoit que la convention règle le sort des frais induits par la procédure de divorce par consentement mutuel par acte sous signature privée contresigné par avocat, déposé au rang des minutes d'un notaire, sous réserve des règles spécifiques en matière d'aide juridictionnelle et qu'à défaut, ils sont partagés par moitié.

Ces frais devraient être détaillés pour comprendre, l'ensemble des frais prévisibles (en particulier, les frais de transmission de la convention au notaire et de dépôt, ceux de partage et, le cas échéant, de traduction de la convention).

Conformément à l'article 11.3 du règlement intérieur national de la profession d'avocats, les honoraires sont exclus de ces frais puisque l'avocat ne peut percevoir d'honoraires que de son client ou d'un mandataire de celui-ci.

3. *Le formulaire informant le mineur de son droit à être entendu*

En vertu de l'article 1144 du code de procédure civile, l'information prévue à l'article 229-2-1° du code civil est délivrée au moyen d'un formulaire dont le modèle est fixé par l'arrêté du 28 décembre 2016 *[Arr. du 28 déc. 2016 fixant le modère de l'information délivrée aux enfants mineurs capables de discernement dans le cadre d'une procédure de divorce par consentement mutuel par acte sous signature privée contresigné par avocats, déposé au rang des minutes d'un notaire]*, à destination de chaque enfant mineur commun, dans les conditions de l'article 388-1 du code civil, c'est-à-dire capable de discernement.

Le formulaire d'information a un double objectif : donner aux enfants les informations pratiques pour assurer l'exercice effectif de leur droit et permettre aux avocats ainsi qu'au notaire de vérifier l'effectivité de la mention prévue à l'article 229-3-6° du code civil.

Le choix a été fait de ne pas fixer d'âge minimum pour l'information de l'enfant mineur dans le cadre de cette procédure à l'instar de ce qui existe pour les autres procédures le concernant. Le discernement devra donc faire l'objet d'une appréciation personnelle de la part des parents, prenant en compte plusieurs critères, à savoir, l'âge, la maturité et le degré de compréhension de leur enfant au regard de l'objectif d'information de ce formulaire.

Pour cette raison, le formulaire d'information doit être daté et signé par l'enfant. Outre ces mentions, l'enfant complète le formulaire en cochant une case, afin d'indiquer s'il souhaite, ou non, être entendu par le juge. Les informations relatives à son identité peuvent être remplies par l'enfant lui-même ou par ses parents.

Dès lors, il existe deux hypothèses pour l'enfant capable de discernement :

— soit il sait lire et le formulaire complète alors l'information dispensée par les parents ;

— soit il ne sait pas lire et il revient alors à ses parents de le lui lire et de lui expliquer les mentions en termes compréhensibles, en fonction de sa maturité.

La signature du mineur, qui n'est pas prévue à peine de nullité et dont la valeur est analogue à celle apposée sur les règlements scolaires par exemple, n'aura pas de force probante quant à la capacité de discernement de ce dernier, de sorte que cet élément reste, dans ce nouveau dispositif, soumis à l'appréciation du seul juge en cas de demande d'audition.

En l'absence de discernement, aucun formulaire ne sera remis à l'enfant et l'article 1144-2 du code de procédure civile impose aux parents de mentionner dans la convention que l'information prévue au 1° de l'article 229 du code civil n'a pas été donnée en l'absence de discernement de l'enfant mineur concerné.

En ce qui concerne le cas particulier des mineurs dotés de discernement mais incapables physiquement de signer le formulaire, les deux parents signeront le formulaire en précisant que leur enfant est dans l'incapacité physique de le faire.

Il appartient à l'avocat de s'assurer que l'ensemble des formulaires d'information destinés aux enfants mineurs capables de discernement sont annexés à la convention lors de la transmission au notaire, ce dernier ne pouvant procéder à ce dépôt, ne serait-ce qu'en l'absence d'un seul formulaire dans le cas d'une fratrie.

Afin d'éviter toute pression sur l'enfant qui demande à être entendu, la procédure prévue par l'article 229-1 du code civil n'est plus possible dès que cette demande est faite dans les conditions de l'article 1148-2 du code de procédure civile, ce qui inclut l'hypothèse où l'enfant reviendrait ensuite sur son souhait d'être entendu pour y renoncer.

La demande d'audition du mineur peut être formée à tout moment de la procédure jusqu'au dépôt de la convention de divorce au rang des minutes d'un notaire. Dès qu'une telle demande est formée, le divorce ne peut se poursuivre sur le fondement de l'article 229-1 du code civil.

Les époux pourront alors :

— soit engager une procédure de divorce par consentement mutuel judiciaire dans les conditions visées aux articles 230 à 232 du code civil et 1088 à 1092 du code de procédure civile, la requête devant alors être accompagnée du formulaire de demande d'audition en plus des pièces actuellement exigées à l'article 1091 ;

— soit introduire une requête contentieuse en divorce.

4. *Les autres annexes*

Doivent en outre être annexés à la convention de divorce prévue à l'article 229-1 du code civil :

— à peine de nullité, un état liquidatif, le cas échéant sous la forme d'un acte authentique pour les biens soumis à publicité foncière, conformément à l'article 710-1 du code civil (article 229-3 du code civil) ;

— un acte authentique en cas d'attribution à titre de prestation compensatoire de biens ou droits soumis à la publicité foncière (article 1144-3 du code de procédure civile) ;

— la copie des avis de réception de la convention prévus à l'article 229-4 du code civil permettant au notaire de vérifier le respect du délai de réflexion de quinze jours avant la signature de l'acte ;

— le cas échéant, la traduction de la convention et de ses annexes par un traducteur habilité (article 1146 du code de procédure civile).

L'article 272 du code civil n'a pas été étendu au nouveau dispositif mais les avocats pourront demander à leurs clients respectifs une déclaration certifiant sur l'honneur l'exactitude de leurs ressources, revenus, patrimoine et conditions de vie afin d'établir les vérifications opérées au moment de la rédaction de l'acte, document qui pourra utilement être annexé à la convention de divorce.

Fiche 5

La signature de la convention de divorce et la transmission au notaire

• *Le respect du délai de réflexion*

L'article 229-4 du code civil fixe un délai de réflexion de quinze jours pour chacun des époux, à compter de la réception de la lettre recommandée contenant le projet de convention, pendant lequel les parties ne peuvent signer la convention.

Il appartient donc aux avocats et aux parties de définir une date de rendez-vous de signature qui soit fixée à plus de quinze jours à compter de la réception du dernier courrier recommandé, signé personnellement par chacune des parties. En effet, la signature de l'un des époux ne vaut pas réception de la convention par l'autre ni ne présume celle-ci. Les avocats respectifs des parties doivent donc s'assurer de la signature personnelle de l'époux sur l'avis de réception de la lettre recommandée.

• *La signature et le contreseing*

La convention est établie selon l'acte d'avocat prévu à l'article 1374 du code civil, qui fait foi de l'écriture et de la signature des parties. En contresignant l'acte, les avocats attestent du consentement libre et éclairé de leur client.

L'article 1145 du code de procédure civile précise que la convention doit être signée par les époux et leurs avocats ensemble, ce qui signifie une mise en présence physique des signataires au moment de la signature. En pratique, un rendez-vous commun aux deux époux et aux deux avocats devra être organisé en vue de la signature de la convention.

En effet, l'article 1175-1° du code civil exclut la possibilité d'établir et conserver sous forme électronique les actes sous signature privée relatifs aux droits de la famille de sorte qu'en l'absence de dérogation expressément prévue dans la loi du 18 novembre 2016, la signature par la voie électronique de la convention visée à l'article 229-1 du code civil est impossible.

La convention et ses annexes doivent être signées en trois exemplaires afin que chaque époux dispose d'un original et qu'un exemplaire soit déposé au rang des minutes du notaire désigné.

Lorsque la convention ou ses annexes doivent être soumises à la formalité de l'enregistrement, un quatrième exemplaire original devra être signé pour être transmis aux services fiscaux.

En cas de modification de la convention par rapport au projet initial, un nouveau délai de réflexion de quinze jours doit être laissé aux époux à compter de ces modifications, ce qui suppose, si celles-ci interviennent lors d'un rendez-vous de signature, d'organiser une seconde rencontre au moins quinze jours après.

L'archivage de la convention étant déjà assuré par son dépôt au rang des minutes d'un notaire, il n'est pas nécessaire d'en prévoir un à la charge des avocats.

L'avocat le plus diligent, ou mandaté par les deux parties, transmet la convention de divorce accompagnée de ses annexes au notaire mentionné dans l'acte dans un délai maximum de sept jours suivant la date de la signature de la convention (article 1146 du code de procédure civile). A défaut de respecter ce délai, il engage sa responsabilité professionnelle.

Ce délai est un délai indicatif maximal qui ne constitue pas un délai de rétractation dans la mesure où les époux ont déjà bénéficié d'un délai de réflexion antérieurement à la signature de la convention.

Enfin, l'original de la convention devant être transmis, l'envoi ne peut être dématérialisé.

Fiche 6

L'intervention du notaire en matière de divorce par consentement mutuel

1. *La compétence territoriale des notaires*

Conformément aux termes de l'ordonnance du 2 novembre 1945 relative au statut du notariat, les notaires ne sont pas assujettis à des règles de compétence internes.

En outre, les règles de compétence du règlement CE n° 2201/2003 du 27 novembre 2003 relatif à la compétence, la reconnaissance et l'exécution des décisions en matière matrimoniale et en matière de responsabilité parentale, ne concernent que les juridictions appelées à rendre une décision. Or, dans la nouvelle procédure de divorce par consentement mutuel, les notaires doivent, après un contrôle formel, déposer au rang de leurs minutes la convention constituant l'accord des époux et ils ne rendent de ce fait aucune décision, de sorte qu'ils ne sont pas des juridictions au sens de ce règlement.

Par conséquent, les notaires, qui ne sont pas assujettis à des règles de compétence, ont vocation à recevoir tout acte, émanant de parties françaises comme étrangères, qu'elles soient domiciliées en France ou à l'étranger dès lors que le droit français s'applique à leur divorce, sans préjudice des effets que les règles de droit international privé applicables aux parties, à raison de leur nationalité par exemple, pourraient entraîner dans un autre État, en termes de reconnaissance du divorce et de ses conséquences notamment.

Enfin, l'article 8 du décret du 28 décembre 2016 a expressément exclu les fonctions notariales des agents consulaires du dispositif. Ces derniers ne peuvent donc procéder au dépôt de la convention de divorce.

2. *Le contrôle exercé par le notaire*

Si le notaire n'a pas à contrôler le contenu ou l'équilibre de la convention, il doit, avant de pouvoir effectuer le dépôt de la convention au rang de ses minutes, vérifier la régularité de celle-ci au regard des dispositions légales ou règlementaires. Pour autant, s'il est porté manifestement atteinte à l'ordre public (une clause qui évincerait les règles d'attribution de l'autorité parentale découlant de la filiation ou une clause de non-remariage par exemple), le notaire, en sa qualité d'officier public, pourra alerter les avocats sur la difficulté.

Ni les époux, ni les avocats n'ont en principe à se présenter devant le notaire.

• *Le contrôle du respect du délai de réflexion*

L'article 229-1 du code civil donne expressément au notaire compétence pour s'assurer que le délai de réflexion de quinze jours entre la rédaction de la convention et la signature prévu à l'article 229-4 du même code a bien été respecté.

A cette fin, la convention pourra comporter utilement en annexe la copie des avis de réception des lettres recommandées envoyées à chacune des parties et contenant le projet de convention.

Si le délai de réflexion de quinze jours n'a pas été respecté, le notaire ne peut procéder au dépôt de la convention.

• *Le contrôle des exigences formelles*

Le dernier alinéa de l'article 229-1 du code civil rappelle le rôle du notaire. Celui-ci doit vérifier le respect des exigences prévues aux 1° au 6° de l'article 229-3 du code civil, soit :

1° Les nom, prénoms, profession, résidence, nationalité, date et lieu de naissance de chacun des époux, la date et le lieu de mariage, ainsi que les mêmes indications, le cas échéant, pour chacun de leurs enfants ;

2° Le nom, l'adresse professionnelle et la structure d'exercice professionnel des avocats chargés d'assister les époux ainsi que le barreau auquel ils sont inscrits ;

3° La mention de l'accord des époux sur la rupture du mariage et sur ses effets dans les termes énoncés par la convention ;

4° Les modalités du règlement complet des effets du divorce conformément au chapitre III du présent titre, notamment s'il y a lieu au versement d'une prestation compensatoire ;

5° L'état liquidatif du régime matrimonial, le cas échéant en la forme authentique devant notaire lorsque la liquidation porte sur des biens soumis à publicité foncière, ou la déclaration qu'il n'y a pas lieu à liquidation ;

6° La mention que le mineur a été informé par ses parents de son droit à être entendu par le juge dans les conditions prévues à l'article 388-1 et qu'il ne souhaite pas faire usage de cette faculté.

Le cas échéant, le notaire vérifie que la convention comporte la mention selon laquelle l'information prévue à l'article 229-2, 1°, du code civil n'a pas été donnée en l'absence de discernement de l'enfant (article 1144-2 du code de procédure civile).

Si la convention ne contient pas l'ensemble de ces mentions, le notaire doit refuser de procéder à son dépôt. Les époux devront rédiger une nouvelle convention avec les mentions manquantes et respecter le délai de réflexion de quinze jours avant de pouvoir procéder à la signature de celle-ci et de la transmettre au notaire en vue de son dépôt.

• *Le contrôle des annexes*

— La présence du formulaire d'information du mineur

En présence d'enfants mineurs communs au couple et capables de discernement, le notaire doit s'assurer que chacun d'entre eux a reçu l'information de son droit à être entendu par un juge s'il en fait la demande.

Le notaire n'a pas à apprécier le discernement de l'enfant au moment de la délivrance de l'information par les parents, mais il doit s'assurer de l'effectivité de l'information, matérialisée par le formulaire daté et signé par le mineur qui n'a pas demandé à être entendu. Ce formulaire rempli doit être annexé à la convention et il ne peut être procédé au dépôt en son absence, sauf si la convention comporte la mention selon laquelle l'information n'a pas été donnée au mineur en l'absence de discernement de celui-ci.

Lorsque plusieurs enfants sont concernés, l'absence d'un seul des formulaires requis empêchera le notaire de procéder au dépôt. Il est de la responsabilité de l'avocat de transmettre la convention complète, ce qui inclut les annexes.

— La présence des actes authentiques

En présence de biens soumis à publicité foncière faisant l'objet de la liquidation du régime matrimonial des époux, le notaire ne pourra procéder au dépôt de la convention de divorce en l'absence d'état liquidatif.

De la même manière, si un bien soumis à publicité foncière est attribué à titre de prestation compensatoire, le notaire devra vérifier que cette attribution a été opérée par acte authentique annexé à la convention.

Si le notaire ne contrôle pas le contenu de ces annexes, il ne pourra en revanche procéder au dépôt de la convention au rang de ses minutes si l'une d'elle est manquante.

— La présence d'une traduction

Le notaire devant s'assurer du respect des exigences formelles, une traduction doit être annexée à toute convention rédigée en langue étrangère pour permettre un contrôle effectif de l'officier public.

3. *Le dépôt de la convention au rang des minutes du notaire*

Le notaire dispose d'un délai maximal de quinze jours pour procéder au contrôle susmentionné de la convention et de ses annexes et déposer l'acte au rang de ses minutes (article 1146, alinéa 2 du code de procédure civile). Ce délai ne constituant pas un délai de rétractation, le notaire peut procéder à ce contrôle et au dépôt dès réception des documents. Le dépassement de ce délai ne constitue pas une cause de caducité de la convention mais peut être de nature à engager la responsabilité professionnelle du notaire.

Le dépôt de la convention de divorce au rang des minutes du notaire ne confère pas à la convention de divorce la qualité d'acte authentique mais lui donne date certaine et force exécutoire à l'accord des parties et entraîne la dissolution du mariage à cette date.

Les effets du divorce entre les époux, en ce qui concerne leurs biens, prennent effet à la date du dépôt, à moins que la convention n'en dispose autrement (article 262-1 du code civil).

Le dépôt au rang des minutes du notaire emporte l'obligation d'assurer la conservation de l'acte pendant une durée de 75 ans et le droit d'en délivrer des copies exécutoires et des copies authentiques.

L'article 14 du décret n° 71-942 du 26 novembre 1971 (modifié par décret du 20 mai 2016), prévoit les conditions de conservation en cas de suppression ou de scission d'un office de notaire, à titre provisoire ou définitif, ce qui permet d'assurer la continuité de la conservation.

Le notaire doit délivrer une attestation de dépôt à chacun des époux qui contient, outre ses coordonnées, notamment :

— la mention du divorce,

— l'identité complète des époux, leurs lieu et date de naissance,

— le nom de leurs avocats respectifs et le barreau auquel ils sont inscrits,

— la date de dépôt.

Une attestation est également délivrée, le cas échéant, à l'avocat désigné au titre de l'aide juridictionnelle, à sa demande, afin que celui-ci puisse solliciter le paiement de la contribution de l'État (article 118-3 du décret n° 91-1266 du 19 décembre 1991).

Cette attestation permettra aux ex-conjoints ou à leurs avocats de faire procéder à la mention du divorce sur les actes de l'état civil et de justifier du divorce auprès des tiers.

Dans l'hypothèse où l'un des époux se rétracterait entre la signature de la convention et son dépôt au rang des minutes, le notaire doit quand même procéder à l'enregistrement de la convention.

En effet, la convention de divorce constitue un contrat à terme au sens de l'article 1305 du code civil, qui engage les parties de manière irrévocable, sauf consentement mutuel des parties pour y renoncer ou pour les causes que la loi autorise (article 1193 du code civil), en l'espèce la demande d'audition de l'enfant (article 229-2 du code civil). Seuls les effets de la convention, et donc l'exigibilité des obligations de chacun des époux, sont différés jusqu'au dépôt de l'acte au rang des minutes du notaire mais la force obligatoire de la convention s'impose aux parties dès la signature. En conséquence, il est interdit à un seul des époux de "faire blocage" et de bénéficier de ce fait d'une faculté de rétractation non prévue par la loi.

Les deux époux peuvent néanmoins, d'un commun accord, renoncer au divorce et révoquer la convention jusqu'au dépôt de celle-ci au rang des minutes du notaire en application de l'article 1193 du code civil. Le notaire sera informé de la renonciation au divorce par tous moyens, aucune condition de forme n'étant imposée.

Dans le cas d'un renoncement à cette voie du divorce par consentement conventionnel, l'article 1148-2, alinéa 2, du code de procédure civile, rappelle que la juridiction est saisie dans les conditions des articles 1106 et 1107 du même code.

La convention peut aussi être modifiée entre la signature et le dépôt d'un commun accord entre les époux (article 1193 du code civil). Dans ce cas, une nouvelle convention devra être rédigée et les avocats devront veiller à informer le notaire de ce changement afin que celui-ci ne procède pas au dépôt. Le délai de réflexion de quinze jours courra à nouveau entre la rédaction du projet et la signature de celui-ci par les parties en présence de leurs avocats.

Fiche 7

La mention du divorce par consentement mutuel sur les actes d'état civil

Dès réception de l'attestation de dépôt de la convention de divorce et de ses annexes, les époux ou les avocats doivent en principe transmettre celle-ci à l'officier d'état civil de leur lieu de mariage aux fins de mention du divorce sur l'acte de mariage selon les modalités prévues à l'article 1147 du code de procédure civile. Le mariage est dissous à la date de l'attestation de dépôt qui lui donne force exécutoire.

Conformément aux dispositions de l'article 49 du code civil, l'officier d'état civil qui a apposé la mention du divorce en marge de l'acte de mariage, transmet un avis à l'officier de l'état civil dépositaire de l'acte de naissance de chacun des époux aux fins de mise à jour de ces actes par la mention de divorce.

En pratique, l'officier d'état civil se reportera aux dispositions des articles 229-1 du code civil et 1147 du code de procédure civile afin d'apposer les mentions suivantes :

— sur l'acte de mariage :

> **Mariage dissous.**
> **Convention de divorce déposée au rang des minutes de Maître ...., notaire à ....., office notarial n° ... (cde CRPCEN), le .....** (date de l'attestation de dépôt).
> ... (lieu et date d'apposition de la mention).
> .... (qualité et signature de l'officier de l'état civil).

— sur l'acte de naissance :

> **Divorcé(e) de ....**
> **Convention de divorce déposée au rang des minutes de Maître ...., notaire à ....., office notarial n° ... (cde CRPCEN), le .....** (date de l'attestation de dépôt).
> ... (lieu et date d'apposition de la mention).
> .... (qualité et signature de l'officier de l'état civil).

Si le mariage a été célébré à l'étranger et en l'absence d'acte de mariage conservé par un officier d'état civil français, la mention du divorce sera portée sur les actes de naissance et à défaut, l'attestation de dépôt sera conservée au répertoire civil annexe détenu au service central d'état civil à Nantes. Toutefois, si le mariage a été célébré à l'étranger à compter du 1er mars 2007, sa transcription sur les registres de l'état civil français sera nécessaire avant de pouvoir inscrire la mention du divorce sur l'acte de naissance d'un Français.

Le divorce est opposable aux tiers à partir du jour où les formalités de mention en marge des actes d'état civil ont été effectuées.

Fiche 8

Les formalités d'enregistrement de la convention de divorce et de ses annexes

En dehors des actes soumis à publicité foncière, nécessairement dressés en la forme authentique conformément aux dispositions de l'article 710-1 du code civil, l'article 635 du code général des impôts (CGI) énumère les actes qui doivent être enregistrés *"dans le délai d'un mois à compter de leur date"*.

Il s'agit notamment des actes des notaires, des actes portant transmission de propriété ou d'usufruit de biens immeubles et les actes constatant un partage de biens à quelque titre que ce soit.

Ainsi, en l'absence de biens soumis à publicité foncière, l'enregistrement portera dans ces hypothèses sur la convention elle-même ou ses éventuelles annexes dans les cas où l'enregistrement est obligatoire (notamment en présence de certaines prestations compensatoires *[S'agissant des prestations compensatoires, celles en capital versées au moyen de biens propres ou personnels donnent lieu à la perception d'un droit fixe de 125 € s'il s'agit de biens mobiliers ou d'une imposition proportionnelle de 0,70 % s'il s'agit de biens ou de droits réels immobiliers (art. 1133 ter CGI). Les prestations compensatoires en capital versées au moyen de biens communs ou de biens indivis acquis pendant le mariage par des époux mariés sous un régime séparatiste donnent lieu à la perception du droit de partage de 1,1 % (3) (art. 748 CGI). Enfin, les prestations compensatoires sous forme de rente viagère ou de capital acquitté par versements sur une période supérieure à douze mois ne donnent lieu à aucun droit d'enregistrement (art. 80 quater CGI)]*).

Si les notaires procèdent eux-mêmes aux formalités de l'enregistrement pour les actes authentiques annexés à la convention, tant les avocats que les notaires peuvent y procéder pour la convention elle-même, qui constitue un acte sous signature privée. Dans cette dernière hypothèse, chaque professionnel est responsable des seules formalités d'enregistrement qu'il effectue. Le site internet *http://bofip. impots.gouv.fr/bofip/7555-PGP* peut utilement être consulté.

La convention n'étant exécutoire qu'à compter de son dépôt au rang des minutes d'un notaire, c'est ce dépôt qui doit être retenu comme point de départ du délai d'un mois.

Ainsi :

— lorsqu'elle comporte un état liquidatif du régime matrimonial, la convention doit être présentée par l'avocat ou le notaire à la formalité de l'enregistrement dans le délai d'un mois à compter de la date de l'acte (article 635-1-7° du CGI), soit à compter du dépôt, avec le paiement du droit de partage de 2,5% dû (article 746 du CGI) ;

— en présence d'un acte authentique, c'est-à-dire lorsque la liquidation ou l'attribution de biens à titre de prestation compensatoire porte sur des biens soumis à publicité foncière, la formalité fusionnée doit être requise par le notaire dans le délai d'un mois à compter de la date de l'acte (article 647 du CGI), soit du jour du dépôt de la convention chez le notaire *[Le paiement du droit de partage de 2,5% sera dû en ce qui concerne la liquidation portant sur des biens soumis à publicité foncière.]* ;

— lorsque la convention comporte la déclaration qu'il n'y a pas lieu à liquidation, son enregistrement n'est soumis à aucun délai particulier et ne s'impose qu'en présence d'une prestation compensatoire soumise à un droit d'enregistrement.

L'article 855 du code général des impôts ajoute que l'acte doit comporter la mention de la quittance des droits, par une transcription littérale et entière de cette quittance.

Compte tenu de la spécificité de la procédure de divorce par consentement mutuel par acte sous signature privée contresignée par avocats et déposé au rang des minutes d'un notaire, le dépôt visé à l'article 229-1 du code civil ne donne pas lieu à un acte de notaire au sens du 1° du 1 de l'article 635 du code général des impôts. En conséquence, il n'impose ni enregistrement ni paiement de l'imposition fixe de 125 euros prévue par l'article 680 de ce même code.

Fiche 9

L'après-divorce par consentement mutuel

1. *Les effets du divorce*

La loi du 18 novembre 2016 a ajouté à la liste des titres exécutoires de l'article L. 111-3 du code des procédures civiles d'exécution les accords par lesquels les époux consentent mutuellement à leur divorce par acte sous signature privée contresignée par avocats, déposés au rang des minutes d'un notaire selon les modalités prévues à l'article 229-1 du code civil.

Les époux peuvent donc solliciter l'exécution forcée de la convention dès lors que celle-ci a été déposée au rang des minutes du notaire.

Dès son dépôt, la convention de divorce a des effets identiques à ceux d'un jugement de divorce.

A cette fin, certaines dispositions ont été modifiées par la loi du 18 novembre 2016, le décret du 28 décembre 2016 et l'article 115 de la loi de finances rectificative pour 2016. Tel est le cas de l'article L. 213-1 du code des procédures civiles d'exécution s'agissant de la procédure de paiement direct et de l'article 1er de la loi n° 75-618 du 11 juillet 1975 relative au recouvrement public des pensions alimentaires.

Pour les mêmes raisons, l'article L. 523-1 du code de la sécurité sociale a fait l'objet d'une modification afin de permettre au créancier d'une pension alimentaire fixée par une convention de divorce établie par acte d'avocats ou par un acte authentique de bénéficier de l'allocation de soutien familial ou de l'allocation de soutien familial différentielle. L'article L. 581-2 du même code a en conséquence été modifié afin de permettre à la CAF qui a versé cette allocation, au lieu et place du parent débiteur défaillant, de recouvrer les sommes versées.

Le code général des impôts a été modifié pour que les pensions alimentaires et prestations compensatoires fixées par la convention de divorce bénéficient du même régime fiscal que celles fixées par un jugement de divorce.

Toutefois, la convention ne constitue pas un titre permettant d'obtenir l'expulsion de l'époux qui se maintient illégitimement dans le logement dans la mesure où l'article L. 411-1 du code des procédures civiles d'exécution *[L'article L. 411-1 du code des voies d'exécution prévoit que "sauf disposition spéciale, l'expulsion d'un immeuble ou d'un lieu habité ne peut être poursuivie qu'en vertu d'une décision de justice ou d'un procès-verbal de conciliation exécutoire et après signification d'un commandement d'avoir à libérer les locaux".]* restreint cette possibilité à la production d'une décision de justice ou d'un procès-verbal de conciliation, qui est toujours signé par un juge compte tenu de l'atteinte aux libertés individuelles que constitue cette mesure.

2. *La révision de la convention*

Le droit commun des contrats prévoit de façon générale la révision des conventions par consentement mutuel ou pour les causes que la loi autorise (article 1193 du code civil). Il en résulte que la convention de divorce par acte sous signature privée contresigné par avocat pourra être révisée d'un commun accord des parties, par simple acte sous seing privé ou par acte sous signature privée contresigné par avocat.

L'acte sous seing privé simple ou contresigné par avocat portant révision de la convention n'aura toutefois ni date certaine, ni force exécutoire, sauf à ce que les parties en fassent ultérieurement constater la substance dans un acte authentique pour lui conférer date certaine, en application de l'article 1377 du code civil.

Des tempéraments doivent par ailleurs être apportés : certaines clauses de la convention ne peuvent être révisées selon le droit commun des contrats. Tel est le cas du principe du divorce en raison de l'indisponibilité de l'état des personnes, ou des clauses portant sur la prestation compensatoire, dont la révision fait l'objet de disposition spécifiques prévues à l'article 279 du code civil.

Les parties pourront toujours solliciter l'homologation de leur nouvel accord portant sur les modalités d'exercice de l'autorité parentale et fixant le montant de la contribution à l'entretien et l'éducation de l'enfant devant le juge aux affaires familiales, par requête conjointe, en application des dispositions de l'article 373-2-7 du code civil. Depuis le décret n° 2016-1906 du 28 décembre 2016 *[Décr. n° 2016-1906 du 28 déc. 2016 relatif à la procédure d'homologation judiciaire des conventions parentales prévues à l'art. 373-2-7 C. civ.]*, le juge peut homologuer cette convention sans audience à moins qu'il n'estime nécessaire d'entendre les parties.

Enfin, le juge aux affaires familiales pourra toujours être saisi par les deux parents, ensemble ou séparément sur le fondement de l'article 373-2-13 du code civil, aux fins de statuer sur les modalités d'exercice de l'autorité parentale.

3. *Le contentieux de l'inexécution de la convention par l'un des ex-époux*

En cas d'inexécution par l'un des ex-époux de ses obligations résultant de la convention de divorce ayant force exécutoire, l'autre pourra toujours saisir le tribunal de grande instance *[devenu tribunal judiciaire]* de la difficulté. L'exception d'inexécution prévue à l'article 1209 *[1219]* du code civil ne pourra toutefois être invoquée dès lors qu'elle est contraire à l'intérêt de l'enfant. Ainsi, le débiteur d'une pension alimentaire due pour l'éducation et l'entretien de l'enfant ne pourra refuser de verser cette contribution au motif que l'enfant ne lui est pas représenté.

Fiche 10

La circulation transfrontière des conventions de divorce

1. *En dehors de l'Union européenne*

Les décisions françaises rendues en matière de divorce et d'autorité parentale sont reconnues et exécutées dans un autre État selon les conventions particulières en la matière liant la France et l'État requis ou le droit national applicable.

Le plus souvent, si la décision nécessite des actes d'exécution ou si sa reconnaissance est contestée dans un autre État, elle devra, pour y être reconnue et exécutoire, être revêtue de l'exequatur ou avoir fait l'objet d'une décision de reconnaissance de la force exécutoire.

2. *Au sein de l'Union européenne*

• *S'agissant des dispositions relatives à la rupture du lien matrimonial et à la responsabilité parentale*

Le règlement (CE) n° 2201/203 du Conseil du 27 novembre 2003 relatif à la compétence, la reconnaissance et l'exécution des décisions en matière matrimoniale et en matière de responsabilité parentale, dit Bruxelles II bis prévoit un régime de libre circulation des décisions en rendues en matière matrimoniale et de responsabilité parentale, qui s'applique aux accords entre parties exécutoires dans l'État membre d'origine, lesquels sont reconnus et rendus exécutoires dans les mêmes conditions que des décisions (article 46).

Ainsi, les dispositions de la convention de divorce par consentement mutuel par acte sous signature privée contresigné par avocats entrant dans le champ du règlement susmentionné seront reconnues et exécutoires dans les différents États membres de l'Union Européenne conformément aux dispositions du chapitre IV du règlement.

Dès lors, selon le principe posé par l'article 21, les dispositions de la convention de divorce entrant dans le champ du règlement seront reconnues de plein droit, sans qu'il soit nécessaire de recourir à aucune procédure. Mais pour être mises à exécution dans un autre État membre, elles devront avoir été déclarées exécutoires.

A cette fin, le règlement prévoit une procédure simplifiée aux fins de déclaration de force exécutoire permettant de saisir la juridiction compétente de l'État requis, par requête, sur production de la décision et du certificat délivré par la juridiction ou l'autorité compétente d'origine visé à l'article 39 du règlement.

La procédure française de certification a en conséquence été adaptée aux spécificités du divorce par consentement mutuel établi par acte sous signature privée contresigné par avocats. L'article 509-3 du code de procédure civile prévoit que le certificat de l'article 39 sera délivré par le notaire ou la personne morale titulaire de l'office notariale.

Le notaire français qui aura procédé au dépôt de la convention sera donc compétent, à la demande des intéressés ou de leurs avocats, pour remplir les formulaires figurant aux annexes I (pour la matière matrimoniale) et II (pour la responsabilité parentale) du règlement, qui contient un modèle de certificat en vue de l'exécution à l'étranger de la convention de divorce.

Une fois le certificat délivré, la partie qui sollicite l'exécution de la convention en ce qui concerne les dispositions relatives à la rupture du lien matrimonial ou à la responsabilité parentale (exercice de l'autorité parentale, résidence habituelle, droit de visite), pourra saisir par requête la juridiction de l'État requis compétente, selon le droit national applicable, aux fins de déclaration de force exécutoire de ces points de la convention de divorce.

• *S'agissant du droit de visite spécifiquement*

Le règlement Bruxelles II *bis* prévoit un régime encore plus favorable permettant la circulation des décisions exécutoires rendues en matière de droit de visite présentant un caractère transfrontière, et leur mise à exécution dans un autre État membre, à la seule condition qu'elles soient accompagnées du certificat visé à l'article 41.

Toutefois, la procédure de délivrance de ce certificat ne peut être étendue au divorce par consentement mutuel extrajudiciaire puisque seules sont visées par cette disposition les décisions émanant d'une juridiction. Il est aussi prévu que la certification est effectuée par le juge.

Dès lors, le notaire ne pourra pas délivrer le certificat visé à l'article 41 du règlement du 27 novembre 2003 et devra refuser toute requête en ce sens.

Les parties, si elles souhaitent rendre exécutoire dans un État requis la convention de divorce portant sur l'exercice d'un droit de visite transfrontière, pourront néanmoins saisir l'État requis d'une demande en déclaration de la force exécutoire selon la procédure simplifiée applicable aux actes portant sur la responsabilité parentale.

Elles pourraient également saisir le juge aux affaires familiales d'une demande d'homologation d'une convention portant sur les modalités d'exercice de l'autorité parentale qui pourra statuer sans audience, en application de l'article 1143 du code de procédure civile.

• *S'agissant des obligations alimentaires*

La convention de divorce par consentement mutuel par acte sous signature privée contresigné par avocats n'entre pas dans le champ d'application du règlement (CE) n° 4/2009 du Conseil du 18 décembre 2008 relatif à la compétence, la loi applicable, la reconnaissance et l'exécution des décisions et la coopération en matière d'obligations alimentaires.

En effet, ne peuvent bénéficier des facilités de circulation prévues par le règlement que les décisions, transactions judiciaires (article 48) ou "actes authentiques" (article 2 § 3 et 48) au sens de cet instrument, c'est-à-dire une convention conclue avec des autorités administratives de l'État membre d'origine ou authentifiée par celles-ci, ou un acte dressé ou enregistré formellement en tant qu'acte authentique dans l'État membre d'origine et dont l'authenticité porte sur la signature et le contenu de l'acte et a été établie par une autorité publique ou toute autre autorité habilitée à ce faire.

La convention de divorce par consentement mutuel bien que déposée au rang des minutes du notaire n'acquiert pas pour autant la qualité d'un acte authentique et se trouve donc hors champ du règlement européen du 18 décembre 2008.

Le créancier qui sollicite le recouvrement de l'obligation alimentaire prévue par la convention de divorce devra, à défaut d'accord bilatéral prévoyant une procédure simplifiée d'exequatur portant sur un acte, solliciter l'homologation de la convention par le juge étranger ou de toute autre manière l'incorporation de l'accord à une décision de ce juge, si une telle homologation s'avère impossible en raison des règles de compétence internationale ou parce que le droit national ne prévoit pas de mécanisme d'homologation.

Fiche 11

La nouvelle procédure de l'envoi en possession

(non reproduite)

Fiche 12

L'application des nouvelles dispositions en Outre-mer

1. *Le divorce par consentement mutuel sous signature privée contresigné par avocats*

La loi du 18 novembre 2016 n° 2016-1547 de modernisation de la justice du XXIe et le décret du 28 décembre 2016 pour les dispositions relatives au divorce par consentement mutuel sous signature privée contresigné par avocats s'appliquent directement et de plein droit en Guadeloupe, en Guyane, à Mayotte, à la Martinique, à la Réunion, à Saint-Barthélemy, à Saint-Martin et à Saint-Pierre-et-Miquelon.

S'agissant de Wallis-et-Futuna, l'article 112 de la loi du 18 novembre 2016 de modernisation de la justice du XXIe siècle rend l'article 50 relatif au divorce par consentement mutuel extra-judiciaire applicable à ces territoires et l'article 1575 du code de procédure civile a été modifié par le décret du 28 décembre 2016 pour y rendre applicable toutes les dispositions réglementaires du nouveau divorce par consentement mutuel sous signature privée contresigné par avocats.

Pour les Terres australes et antarctiques françaises, les dispositions de la loi et du décret sont applicables de plein droit (notamment en vertu du 4° de l'article 1-1 de la loi n° 55-1052 du 6 août 1955) y compris pour les dispositions de procédure civiles qui sont indissociables des mesures de fond.

S'agissant de la Polynésie française, les dispositions législatives sont applicables de plein droit et les règles de procédure du décret du 28 décembre 2016, sont aussi applicables de plein droit car elles sont indissociables des règles de fond.

En effet, dans son avis n° 380.799 du 2 octobre 2007 relatif à la répartition des compétences entre l'État et la Polynésie française en matière de procédure civile, le Conseil d'État indique que "certaines règles de procédure civile, en nombre au demeurant limité, sont indissociables des règles de fond applicables à la matière dont elles assurent la protection judiciaire. Participant de la nature de celles-ci, elles en empruntent alors le régime et ne peuvent, par voie de conséquence, qu'être édictées par l'autorité compétente au fond, c'est-à-dire, s'agissant des matières ci-dessus énumérées, par l'État."

En vertu de l'article 14, 1°, de la loi organique n° 2004-192 du 27 février 2014 portant statut d'autonomie de la Polynésie française, le divorce relève d'une compétence appartenant à l'État attaché à l'item "l'état et la capacité des personnes". Les dispositions du décret, qui modifient et intègrent des articles du code de procédure civile précisant les conditions de mise en œuvre du divorce par consentement mutuel par acte sous signature privée contresigné par avocats, déposé au rang des minutes d'un notaire, sont indissociables des règles de fond aux termes de l'avis du Conseil d'État précité. En effet, les règles du code de procédure civile en matière de divorce participent aux règles de fond relatives au divorce.

En conséquence, l'État est compétent pour édicter ces règles de procédure civile, indissociables des règles de fond. Les dispositions relatives au divorce par consentement mutuel, précisées au chapitre I du titre I du décret du 28 décembre 2016 relèvent de la compétence de l'État et sont applicables de plein droit en Polynésie française.

Enfin, les nouvelles dispositions ne s'appliquent pas en Nouvelle-Calédonie.

2. *Les dispositions relatives au droit des successions*

(non reproduit)

ANNEXES

ANNEXE 1

Modèle de l'information délivrée aux enfants mineurs capables de discernement dans le cadre du divorce prévu à l'article 229-1 du code civil *(Arr. du 28 déc. 2016).*

Formulaire d'information des enfants mineurs dans le cadre d'un divorce par consentement mutuel par acte sous signature privée contresigné par avocats, déposé au rang de minutes d'un notaire

Je m'appelle [*prénoms et nom de l'enfant*]

Je suis né(e) le [*date de naissance*]

Je suis informé(e) que j'ai le droit d'être entendu(e) par le juge ou par une personne désignée par lui, pour que mes sentiments soient pris en compte pour l'organisation de mes relations avec mes parents qui souhaitent divorcer.

Je suis informé(e) que j'ai le droit d'être assisté(e) d'un avocat.

Je suis informé(e) que je peux être entendu(e) seul(e), avec un avocat ou une personne de mon choix et qu'il sera rendu compte de cette audition à mes parents.

J'ai compris que, suite à ma demande, un juge sera saisi du divorce de mes parents. Je souhaite être entendu(e) :

☐ **OUI** ☐ **NON**

Date

Signature de l'enfant

ANNEXE 2

ANNEXE RELATIVE AUX MODALITÉS DE RECOUVREMENT DES PENSIONS ALIMENTAIRES OU ASSIMILÉES, AUX RÈGLES DE RÉVISION ET AUX SANCTIONS PÉNALES ENCOURUES

ANNEXE 3

NOUVELLES MENTIONS DU DIVORCE SUR LES ACTES DE L'ÉTAT CIVIL

• Mention sur l'acte de mariage :

Mariage dissous.
Convention de divorce déposée au rang des minutes de Maître ...., notaire à ....., office notarial n° ... (cde CRPCEN), le ..... (date de l'attestation de dépôt).
... (lieu et date d'apposition de la mention).
.... (qualité et signature de l'officier de l'état civil).

• Mention sur l'acte de naissance :

Divorcé(e) de ....
Convention de divorce déposée au rang des minutes de Maître ...., notaire à ....., office notarial n° ... (cde CRPCEN), le ..... (date de l'attestation de dépôt).
... (lieu et date d'apposition de la mention).
.... (qualité et signature de l'officier de l'état civil).

§ 2 *Du divorce par consentement mutuel judiciaire (L. n° 2016-1547 du 18 nov. 2016, art. 50, en vigueur le 1er janv. 2017).*

Sur la procédure de divorce par consentement mutuel judiciaire, V. C. pr. civ., art. 1088 s., App., I. Procédure.

Sur l'articulation avec le divorce par consentement mutuel conventionnel, V. Circ. 26 janv. 2017, fiche n° 3, ss. C. civ., art. 229-4.

DALLOZ ACTION *Droit de la famille 2023/2024, nos 132.90 s.*

DALLOZ PRATIQUE[S] *Divorce - Divorce par consentement mutuel judiciaire.*

Art. 230 *(L. n° 2016-1547 du 18 nov. 2016, art. 50-I-2°-c, en vigueur le 1er janv. 2017)* **« Dans le cas prévu au 1° de l'article 229-2, »** *(L. n° 2004-439 du 26 mai 2004, art. 2-II)* **le divorce peut être demandé conjointement par les époux lorsqu'ils s'entendent sur la rupture du mariage et ses effets en soumettant à l'approbation du juge une convention réglant les conséquences du divorce.**

L'art. 50 de la L. n° 2016-1547 du 18 nov. 2016 est entré en vigueur le 1er janv. 2017. Les dispositions issues c du 2° du I de cet art. ne sont pas applicables aux procédures en cours devant le juge lorsque les requêtes en divorce ont été déposées au greffe avant le 1er janv. 2017 (L. préc., art. 114-V).

Art. 231 *Abrogé par L. n° 2004-439 du 26 mai 2004, art. 23.*

Art. 232 *(L. n° 2004-439 du 26 mai 2004, art. 2-II)* **Le juge homologue la convention et prononce le divorce s'il a acquis la conviction que la volonté de chacun des époux est réelle et que leur consentement est libre et éclairé.**

Il peut refuser l'homologation et ne pas prononcer le divorce s'il constate que la convention préserve insuffisamment les intérêts des enfants ou de l'un des époux.

Sur le contenu de la convention et son homologation, V. C. pr. civ., art. 1090 s., App., I. Procédure.

BIBL. ▸ Convention de divorce : PUYO, *Dr. fam. 2015. Étude 19.* ▸ Omission dans les conventions homologuées : S. CABRILLAC, *Dr. fam. 2000. Chron. 11.*

A. CONTRÔLE JUDICIAIRE ET CONDITIONS DE L'HOMOLOGATION DE LA CONVENTION

1° CONTRÔLE DU JUGE

1. Contrôle de la volonté des époux. Le juge, tenu de s'assurer de la volonté réelle et du libre accord persistant des époux, est fondé à rejeter la demande s'il constate un désaccord entre les époux au cours de l'instance d'homologation. • Civ. 2e, 29 sept. 1982 : *Gaz. Pal. 1983. 2. 558, note Massip.* ♦ En cas d'empêchement avéré de l'un des époux de se déplacer, le juge peut soit délivrer une commission rogatoire, soit se déplacer personnellement. • Paris, 28 juin 1996 : *Gaz. Pal. 1997. 1. 102, note Krief-Chlous* (application de l'art. 232 anc., repris dans sa substance par l'art. 232).

2. Intérêt des enfants ou du conjoint. Le juge ne peut homologuer la convention et prononcer le divorce que s'il constate que cette convention préserve suffisamment l'intérêt des enfants et des époux. • Civ. 2e, 27 mai 1998, n° 96-18.620 P : *RTD civ. 1998. 661, obs. Hauser ; Dr. fam. 1998, n° 170, obs. Lécuyer* • 24 févr. 2000, n° 98-19.177 P : *D. 2000. IR 83 ; Defrénois 2000. 1050, obs. Massip ; Dr. fam. 2000, n° 57, note Lécuyer.*

3. Refus pur et simple d'homologation, les intérêts de la femme étant insuffisamment préservés : V. • Paris, 10 oct. 1990 : *D. 1990. IR 275* (cession à l'épouse, à titre de prestation compensatoire, de parts de société sans valeur) • TGI La Rochelle, 19 oct. 1977 : *Gaz. Pal. 1978. 1. 154, note Brazier* (convention ayant prévu une prestation compensatoire, sous forme de rente, qui devait cesser en cas de remariage ou de concubinage notoire).

2° MODALITÉS

4. Convention portant sur des biens soumis à publicité foncière (art. 232 anc.). Le juge ne peut homologuer la convention réglant les effets du divorce lorsque l'état liquidatif, portant sur un immeuble soumis à publicité foncière, est établi seulement sous seing privé. • Civ. 2e, 28 mars 1979, n° 77-15.598 P : *R., p. 29 ; D. 1980. 297 (1re esp.), note Massip ; JCP 1979. II. 19231, note Lindon.* ♦ C'est au jour de la signature de la convention définitive que se trouve fixée la consistance du patrimoine des époux et c'est à cette date qu'il convient de se placer pour savoir si l'actif à partager comprend ou non des biens soumis à publicité foncière et, partant, si l'état liquidatif annexé à la convention définitive peut ou non être établi sous seing privé. • Dijon, 18 mars 1981 : *Gaz. Pal. 1981. 1. 367, note Brazier.* ♦ Sur l'exigence d'un état liquidatif de l'ensemble de la communauté, V. • Civ. 2e, 11 juill. 1985 : *Bull. civ. II, n° 138.*

5. Homologation conditionnelle (art. 232 anc.). Possibilité pour le juge d'indiquer les conditions auxquelles sera subordonnée l'homologation de la convention définitive : V. • TGI Paris, JAM, 12 févr. 1976 : *JCP 1976. II. 18319, note Lindon ; Gaz. Pal. 1976. 1. 195, note Brazier* • 16 juill. 1976 : *JCP 1976. II. 18470 (1re esp.), note Lindon.*

6. Sursis à statuer (art. 232 anc.). Possibilité de surseoir à statuer, à la demande des époux, sur l'homologation de la convention : V. • TGI Paris, JAM, 29 avr. 1976 : *Gaz. Pal. 1976. 2. 466.*

7. Incidence de l'exécution de la convention temporaire. L'exécution de la convention temporaire (C. civ., art. 253 anc.) n'est pas une condition nécessaire du prononcé du divorce sur demande conjointe et si la convention définitive, complétée en cours d'instance, préserve suffisamment les intérêts des époux, celle-ci doit être homologuée et le divorce prononcé. • Paris, 7 avr. 1978 : *Defrénois 1979. 299.*

8. Généralité de l'homologation (art. 232 anc.). La convention définitive soumise à homologation devant porter règlement complet des effets du divorce, les conventions des parties intéressant directement ou indirectement ce règlement ne sont valables que si elles ont été soumises à homologation. • Civ. 2e, 11 oct. 1989 : *Bull. civ. II, n° 168* • Civ. 1re, 10 mars 1998, n° 95-19.692 P : *D. 1998. 601, note Massip (1re esp.) ; Defrénois 1998. 827, obs. Champenois ; Dr. fam. 1998, n° 74, note Beignier ; ibid. n° 117, note Lécuyer (2e esp.) ; LPA 14 juin 2000, étude Sak ; RTD civ. 1998. 888, obs. Hauser.* ♦ Ainsi, à défaut d'homologation, les actes notariés établis en vue de régler les conséquences du divorce sont dépourvus d'effet. • Versailles, 19 nov. 1980 : *D. 1981. 460, note Massip ; Gaz. Pal. 1981. 1. 49, note Brazier* (confirmation de • TGI Nanterre, 17 oct. 1979 : *D. 1980. 297, 2e esp., note Massip).* ♦ Il en est de même d'un accord occulte relatif à la garde des enfants. • TGI Nanterre, JAM, 24 oct. 1978 : *JCP 1980. II. 19447, note Lindon.* ♦ ... Ou d'une contre-lettre relative aux pensions alimentaires versées pour les enfants. • Paris, 30 avr. 1982 : *Gaz. Pal. 1982. 2. 617, note J. M.*

B. CONTENU DE LA CONVENTION

9. Maintien d'une indivision post-communautaire (art. 232 anc.). Si le divorce met fin à la communauté ayant existé entre les époux, il est toujours possible à ceux-ci de maintenir l'indivision comme le prévoit l'art. 1873-1 C. civ. en se conformant aux règles édictées par les art. 1873-2 s., leur ancienne qualité de mari et de femme ne les excluant pas du bénéfice de ces dispositions d'ordre général qui concernent tous les propriétaires, nus-propriétaires ou usufruitiers. • Nîmes, 9 mars 1983 : *Gaz. Pal. 1983. 2. 410, note Brazier.*

10. Prestation compensatoire (art. 232 anc.). La convention peut prévoir que le versement de la prestation compensatoire commencera à courir antérieurement au prononcé du divorce. • Civ. 2e, 28 janv. 1998, n° 96-13.940 P : *Defrénois 1998. 1389, obs. Massip ; Dr. fam. 1998, n° 135, note Lécuyer (1re esp.) ; RTD civ. 1998. 352, obs. Hauser*. ♦ Convention ayant substitué à la prestation compensatoire une pension alimentaire : V. • Civ. 2e, 25 janv. 1984 : *D. 1984. 442, note Philippe ; JCP 1986. II. 20540, note Batteur.* ♦ Sur une telle pension alimentaire d'origine conventionnelle, V. aussi • Civ. 1re, 25 janv. 2005 : *JCP 2005. II. 10104, concl. Sainte-Rose, note Gaboriau* (possibilité de renonciation).

11. Passif (art. 232 anc.). Convention définitive et charge des impôts : V. • Civ. 2e, 18 juill. 1984 : *Gaz. Pal. 1985. 1. 245, note Massip.* ♦ Convention définitive et paiement d'une soulte financé par un prêt : V. Clergue-Guinet, *JCP N 1994. Prat. 3054.*

12. Donations entre époux. V. notes ss. art. 265.

13. Partage complémentaire. Si la convention définitive homologuée ne peut être remise en cause, un époux divorcé demeure recevable à présenter une demande ultérieure tendant au partage complémentaire de biens communs ou de dettes communes omis dans l'état liquidatif homologué. • Civ. 1re, 13 déc. 2012, n° 11-19.098 P : *D. 2013. 13 ; AJ fam. 2013. 132, obs. Cousin ; RTD civ. 2013. 95, obs. Hauser ; Defrénois 2013. 413, obs. Massip.* ♦ Déjà (art. 232 anc.) lorsque la convention définitive homologuée a omis un bien dans l'état liquidatif, il n'y a pas lieu à interprétation d'un acte dépourvu d'ambiguïté, mais à partage complémentaire concernant ce bien. • Civ. 1re, 3 juill. 1996 : *D. 1997. 164, note Bénabent (2e esp.) ; Defrénois 1996. 1342, obs. Massip ; Dr. fam. 1998. Chron. 9, par Jubault.* – Dans le même sens : • Civ. 1re, 14 juin 2000 : *D. 2001. Somm. 2935, obs. Revel (1re esp.)* • 6 mars 2001, n° 98-15.168 P : *D. 2001. IR 1074 ; JCP 2001. II. 10582, note Massip ; ibid. 2002. I. 103, n° 20, obs. Tisserand ; Dr. fam. 2001, n° 72, note Lécuyer ; RTD civ. 2001. 342, obs. Hauser* (application éventuelle des sanctions du recel et de dommages-intérêts en cas de fraude de l'un des époux) • 22 févr. 2005 : *Dr. fam. 2005, n° 103, note Larribau-Terneyre* • 23 janv. 2008 : *Defrénois 2008. 1117, obs. Massip* (dissimulation par le mari, commerçant, d'une dette de TVA). ♦ Il n'y a pas lieu de renvoyer les parties devant le juge aux affaires familiales pour procéder à la rédaction d'une nouvelle convention. • Civ. 1re, 30 sept. 2009, n° 07-12.592 P. ♦ Comp. note 4 ss. art. 279.

14. Interprétation. Relève du pouvoir souverain des juges du fond l'interprétation des termes imprécis d'une convention définitive de divorce. • Civ. 1re, 5 févr. 2002 : *Defrénois 2002. 688, obs. Massip* • Civ. 1re, 6 oct. 2010, n° 09-12.731 P.

15. Sur la force de la convention, V. notes ss. art. 250-1.

16. Attention aux accords mal réfléchis. En retenant que l'engagement du mari de participer aux frais de logement de son épouse trouvait sa cause dans l'attribution à son profit, par la convention de divorce, de la jouissance exclusive de l'appartement, propriété de la société civile immobilière, et non dans la prise en charge du loyer que celle-ci devait acquitter à la suite de la cessation de la jouissance divise dudit appartement, la cour d'appel a apprécié souverainement la volonté des époux. • Civ. 1re, 6 mars 2019, n° 18-13.317 (N.B. : dans cette affaire, l'ex-mari se retrouve à devoir une sorte d'indemnité d'occupation à la SCI, sauf que les sommes sont versées à son ex-épouse ; nul doute que la convention est bancale, mais elle doit s'appliquer…).

17. Sûretés & garanties. Pour un exemple de gage sur instruments financiers mal constitué, privant l'épouse d'une sûreté pour le paiement de sommes dues, sans responsabilité de la banque, V. • Civ. 1re, 23 janv. 2019, n° 16-20.582 P. ♦ Pour un exemple de responsabilité de l'avocat de l'une des parties, au titre de son devoir de conseil, pour n'avoir pas assez attiré l'attention de sa cliente sur la nécessité de renouveler l'incription hypothécaire, V. • Civ. 1re, 9 janv. 2019, n° 16-21.454.

SECTION 2 ***Du divorce accepté*** *(L. n° 2004-439 du 26 mai 2004, art. 3-I).*

Sur les procédures de divorce autres que par consentement mutuel, V. C. pr. civ., art. 1106 s., App., I. Procédure.

Sur les dispositions particulières au divorce accepté, V. C. pr. civ., art. 1123 à 1125, App., I. Procédure.

DALLOZ ACTION *Droit de la famille 2023/2024, nos 133.231 s.*

DALLOZ PRATIQUE[S] *Divorce - Divorce pour acceptation du principe de la rupture du mariage.*

Art. 233 *(L. n° 2019-222 du 23 mars 2019, art. 22, en vigueur le 1er janv. 2021)* **Le divorce peut être demandé conjointement par les époux lorsqu'ils acceptent le principe de la rupture du mariage sans considération des faits à l'origine de celle-ci.**

Il peut être demandé par l'un ou l'autre des époux ou par les deux lorsque chacun d'eux, assisté d'un avocat, a accepté le principe de la rupture du mariage par acte sous signature privée contresigné par avocats, qui peut être conclu avant l'introduction de l'instance.

Le principe de la rupture du mariage peut aussi être accepté par les époux à tout moment de la procédure.

L'acceptation n'est pas susceptible de rétractation, même par la voie de l'appel.

Les modifications issues des art. 22 et 23 de la L. n° 2019-222 du 23 mars 2019 entrent en vigueur le 1er janv. 2021 (L. préc., art. 109, mod. par L. n° 2020-734 du 17 juin 2020, art. 25 ; Décr. n° 2020-950 du 30 juill. 2020, art. 4). Lorsque la requête initiale a été présentée avant l'entrée en vigueur du texte, l'action en divorce ou en séparation de corps est poursuivie et jugée conformément aux dispositions du code civil dans leur rédaction antérieure à la même entrée en vigueur. Dans ce cas, le jugement rendu après ladite entrée en vigueur produit les effets prévus par la loi ancienne (L. préc., art. 109 ; Décr. n° 2019-1380 du 17 déc. 2019, art. 15).

Ancien art. 233 *(L. n° 2004-439 du 26 mai 2004, art. 3-II)* ***Le divorce peut être demandé par l'un ou l'autre des époux ou par les deux lorsqu'ils acceptent le principe de la rupture du mariage sans considération des faits à l'origine de celle-ci.***

Cette acceptation n'est pas susceptible de rétractation, même par la voie de l'appel.

Sur la procédure d'acceptation du principe de la rupture, V. C. pr. civ., art. 1123, App., I. Procédure.

BIBL. GÉN. ► **Sur le divorce demandé par un époux et accepté par l'autre, antérieurement à la L. du 26 nov. 2004 :** HAUSER, obs. *RTD civ. 1994. 81* ; *RTD civ. 1995. 333*. – LACHIÈZE, *Dr. fam. 1997. Chron. 10.* – LINDON et BERTIN, *JCP 1979. I. 2944.* – PIERRE-FRANÇOIS, *Mél. Béguet, Univ. Toulon, 1985, p. 199* (aveu). – PIGNARRE, *RTD civ. 1980. 690.* – RUBELLIN-DEVICHI, *ibid. 1989. 53.*

1. Rétractation d'un aveu. L'aveu des époux peut être rétracté tant que l'ordonnance du juge qui le constate n'est pas devenue définitive. • Civ. 2e, 16 juill. 1987 : *D. 1987. 582, note Groslière.* ♦ V. conf. • Civ. 2e, 4 oct. 1995, n° 93-12.118 P : *Defrénois 1996. 1344, obs. Massip ; RTD civ. 1996. 368, obs. Hauser* (cassation de l'arrêt qui, pour rejeter l'appel formé par l'épouse contre l'ordonnance ayant constaté le double aveu des époux, retient qu'elle n'établit pas que son aveu était entaché d'un vice du consentement). ♦ Une demande de dommages-intérêts pour rétractation de l'aveu par la voie de l'appel n'est pas fondée. • Paris, 4 mai 2000 : *Dr. fam. 2001, n° 39, note Lécuyer.* ♦ Mais lorsque l'ordonnance rendue par le juge constatant le double aveu des époux n'a pas été frappée d'appel, la cause de divorce se trouve définitivement acquise, et l'un des époux ne peut plus contester la sincérité ou la pertinence de son aveu, ni rétracter son acceptation du divorce. • Civ. 2e, 26 janv. 1984 : *D. 1984. 390, note Groslière ; RTD civ. 1985. 142, obs. Rubellin-Devichi.* ♦ Dans le même sens : • Civ. 2e, 26 janv. 1984 : *Bull. civ. II, n° 17 ; R., p. 50 ; JCP 1984. II. 20310, note Blaisse ; Gaz. Pal. 1984. 2. 499, note Massip* • 18 déc. 1996, n° 93-16.758 P • 15 janv. 1997, n° 95-12.361 P : *Dr. fam. 1997, n° 29, note Lécuyer.*

2. Vice du consentement. Les violences conjugales ne sont pas en tant que telles signes d'un vice du consentement dans le cas d'un divorce amiable. • TGI Lille, 8 juill. 2010 : *AJ fam. 2010. 435, obs. X. Labbée*. ♦ Mais le libre consentement de l'épouse n'est pas caractérisé en présence de difficultés intellectuelles constatées. • Même jugement.

3. Incidence d'un vice du consentement (art. 234 anc., aveu d'un époux). Jugé, par contre, que l'un des époux peut soutenir que le consentement par lui donné au cours de la procédure de première instance a été vicié, ce vice entraînant la nullité de son aveu judiciaire et celle de la procédure subséquente (art. 234 anc.). • Pau, 13 févr. 1979 : *JCP 1981. II. 19606, note Lindon ; D. 1981. IR 69, obs. Breton.*

4. Divorce exécutoire (art. 234 anc.). Caractère exécutoire du divorce sur demande acceptée au jour où le jugement a force de chose jugée et non au jour où l'ordonnance qui constate le double aveu est rendue. • Civ. 1re, 19 mars 2008, n° 06-21.250 P : *D. 2009. Pan. 832, obs. Williatte-Pellitteri ; RTD civ. 2008. 461, obs. Hauser*.

5. Devoir de secours. L'appel général d'un jugement prononçant un divorce sur le fondement des art. 233 et 234, même si l'acceptation du principe de la rupture du mariage ne peut plus être remise en cause, sauf vice du consentement, ne met pas fin au devoir de secours, la décision n'acquérant force de chose jugée qu'après épuisement des voies de recours. • Cass., avis, 9 juin 2008, n° 0080004P P : *BICC 1er oct. 2008, rapp. Trapero et Alt, obs. Domingo ; D. 2008. AJ 1827, obs. Gallmeister ; JCP 2009. I. 102, n° 2, obs. Coutant-Lapalus ; RJPF 2008-10/26, obs. Garé.*

Art. 234 *(L. n° 2004-439 du 26 mai 2004, art. 3-II)* **S'il a acquis la conviction que chacun des époux a donné librement son accord, le juge prononce le divorce et statue sur ses conséquences.**

Art. 235 et 236 *Abrogés par L. n° 2004-439 du 26 mai 2004, art. 23.*

SECTION 3 *Du divorce pour altération définitive du lien conjugal* (*L. n° 2004-439 du 26 mai 2004, art. 4-I*).

DALLOZ PRATIQUE[S] *Divorce - Divorce pour altération définitive du lien conjugal.*

BIBL. GÉN. ▶ HAUSER, *Dr. fam. 2005. Étude 3.* - VALENCIA, *Gaz. Pal. 2005. Doctr. 85.*

▶ **Divorce pour rupture de la vie commune, antérieurement à la L. du 26 nov. 2004 :** CRUÈGE, *Gaz. Pal. 1977. 2. Doctr. 441* (propos critiques). - HAUSER, *RTD civ. 1991. 504* et *712* ; *RTD civ. 1995. 334* (revue de jurisprudence). - MASSIP, *Gaz. Pal. 1978. 2. Doctr. 448* (frais de justice et provision *ad litem*) ; *D. 1978. Chron. 81* (pratique judiciaire). - MONSALLIER, *RTD civ. 1980. 266 et 468.* - RUBELLIN-DEVICHI, *RTD civ. 1989. 48.*

Sur les procédures de divorce autres que par consentement mutuel, V. C. pr. civ., art. 1106 s., App., I. Procédure.

Sur les dispositions particulières au divorce pour altération définitive du lien conjugal, V C. pr. civ., art. 1126 et 1127, App., I. Procédure.

DALLOZ ACTION *Droit de la famille 2020/2021, n°s 133.240 s.*

Art. 237 (*L. n° 2004-439 du 26 mai 2004, art. 4-II*) **Le divorce peut être demandé par l'un des époux lorsque le lien conjugal est définitivement altéré.**

1. Conformité à la Conv. EDH. Le prononcé du divorce pour altération définitive du lien conjugal, qui implique une cessation de la communauté de vie entre des époux séparés depuis deux ans lors de l'assignation en divorce, ne peut être contraire aux dispositions de l'art. 8 Conv. EDH. • Civ. 1re, 15 avr. 2015, n° 13-27.898 P : *D. 2015. 921, obs. Mésa ; AJ fam. 2015. 404, obs. Ferré-André ; RTD civ. 2015. 591, obs. Hauser.* ♦ Déjà, sous l'empire de l'ancien art. 237 : • Civ. 2e, 25 mars 1987, n° 85-12.262 P • Civ. 1re, 30 juin 2004 : *Dr. fam. 2004, n° 145, note Larribau-Terneyre.*

2. Ordre public - Engagement de ne pas demander le divorce (C. civ., art. 237 anc.). Nul ne peut valablement renoncer à un droit d'ordre public avant qu'il ne soit acquis. Dès lors, le divorce pour rupture de la vie commune peut être prononcé en dépit de l'engagement du mari de ne pas demander le divorce avant l'expiration d'un certain délai, souscrit moins de six ans après la séparation de fait des époux. • Civ. 2e, 25 mars 1991, n° 89-21.181 P.

3. Procédure. Le rejet d'une première demande en divorce en raison de la durée insuffisante de la séparation de fait ne peut interdire d'en introduire une seconde lorsque la séparation a atteint la durée de six ans (art. 237 anc. relatif au divorce pour rupture de la vie commune). • Civ. 2e, 12 oct. 1988, n° 87-16.924 P : *R., p. 159.* ♦ Les époux qui se sont vu débouter de leur demande en divorce pour faute ne peuvent solliciter en appel le divorce pour altération définitive du lien conjugal. • Civ. 1re, 19 mars 2014, n° 12-17.646 P : *AJ fam. 2014. 306, obs. Thouret.*

4. L'ordonnance par laquelle le juge statue sur la recevabilité de la requête en divorce est susceptible d'appel (art. 237 anc.). • Civ. 2e, 20 oct. 1977, n° 76-14.649 P : *R. 1976-1977, p. 41 ; D. 1978. 129, note P. J. ; Gaz. Pal. 1978. 1. 131, note Viatte.*

Art. 238 (*L. n° 2004-439 du 26 mai 2004, art. 4-II*) **L'altération définitive du lien conjugal résulte de la cessation de la communauté de vie entre les époux, lorsqu'ils vivent séparés depuis** (*L. n° 2019-222 du 23 mars 2019, art. 23, en vigueur le 1er janv. 2021*) **« un an »** (*L. n° 2019-222 du 23 mars 2019, art. 22, en vigueur le 1er janv. 2021*) **« lors de la demande en divorce.**

« Si le demandeur a introduit l'instance sans indiquer les motifs de sa demande, le délai caractérisant l'altération définitive du lien conjugal est apprécié au prononcé du divorce.

« Toutefois, sans préjudice des dispositions de l'article 246, dès lors qu'une demande sur ce fondement et une autre demande en divorce sont concurremment présentées, le divorce est prononcé pour altération définitive du lien conjugal sans que le délai d'un an ne soit exigé. »

Sur l'entrée en vigueur et l'application dans le temps des modifications issues des art. 22 et 23 de la L. n° 2019-222 du 23 mars 2019, V. ndlr ss. art. 233.

Ancien art. 238 (*L. n° 2004-439 du 26 mai 2004, art. 4-II*) ***L'altération définitive du lien conjugal résulte de la cessation de la communauté de vie entre les époux, lorsqu'ils vivent séparés depuis deux ans lors de l'assignation en divorce.***

Nonobstant ces dispositions, le divorce est prononcé pour altération définitive du lien conjugal dans le cas prévu au second alinéa de l'article 246, dès lors que la demande présentée sur ce fondement est formée à titre reconventionnel.

BIBL. ▸ RAYNAUD, *RTD civ. 1977. 310* (notion de séparation de fait).

I. SÉPARATION DES ÉPOUX (ART. 238, AL. 1er)

1. Nature de la condition de séparation (art. 237 anc.). L'existence d'une séparation de fait de six années entre les époux constituant la cause du divorce, et non une condition de recevabilité de la demande, l'appréciation de la durée de la séparation relève de la seule compétence du juge du fond saisi de la demande en divorce. • Civ. 2e, 18 juin 1981 : *Gaz. Pal. 1982. 1. 14, note Viatte.*

2. Notion de séparation (art. 237 anc.). L'art. 237 n'effectue aucune distinction quant aux circonstances ayant accompagné la séparation des époux et il suffit, pour que les conditions prévues par la loi soient remplies, que la communauté de vie, tant matérielle qu'affective, ait cessé entre les conjoints ; l'ordonnance du magistrat conciliateur autorisant les époux à résider séparément est sans incidence sur l'existence de la séparation. • Civ. 2e, 30 janv. 1980, no 79-12.470 P : *R., p. 35 ; JCP 1981. II. 19521, note Lindon ; Gaz. Pal. 1980. 1. 299, note Viatte.*

Une séparation légale consécutive à un jugement de séparation de corps peut servir de fondement à une demande en divorce pour rupture de la vie commune. • Civ. 2e, 11 oct. 1989 : *Bull. civ. II, no 179 ; Defrénois 1990. 298, obs. Massip.* ♦ ... Même s'il s'agit d'une séparation de corps obtenue par requête conjointe. • Agen, 4 janv. 1989 : *Defrénois 1989. 1336, obs. Massip* • Civ. 2e, 11 déc. 1991, no 90-13.374 P : *Defrénois 1992. 724, obs. Massip.* ♦ Le partage du domicile en deux espaces distincts ne suffit pas à établir la fin de la cohabitation et la cessation de toute communauté de vie. • Versailles, 31 mars 2011, no 10/02387 : *Dr. fam. 2011, no 94, obs. Larribau-Terneyre.*

3. Appréciation souveraine. Les juges du fond apprécient souverainement l'existence d'une séparation. • Civ. 1re, 25 nov. 2009, no 08-17.117 P : *D. 2010. Pan. 1243, obs. Williatte-Pellitteri ; AJ fam. 2010. 135, obs. David ; Defrénois 2010. 863, obs. Massip ; RTD civ. 2010. 88, obs. Hauser.* ♦ L'existence de biens immobiliers ne prouve pas une communauté de vie au sens de l'art. 238. • Civ. 1re, 14 avr. 2010, no 09-14.672.

4. Effet automatique. Un juge qui constate la séparation effective du couple pendant deux ans ne peut qu'en déduire que la demande en divorce est recevable. • Civ. 1re, 25 nov. 2009 : *préc. note 3.*

5. Raccourcissement du délai de deux ans en cas de divorce prononcé pour faute. En présence d'une demande principale en divorce pour faute et d'une demande reconventionnelle en divorce pour altération définitive du lien conjugal, le rejet de la première emporte le prononcé du divorce du chef de la seconde. • Civ. 1re, 5 janv. 2012, no 10-16.359 P : *D. 2012. 150, obs. Marrocchella ; ibid. Chron. C. cass. 635, obs. Vassallo et Creton ; ibid. 2013. 798, obs. Douchy-Oudot ; AJ fam. 2012. 104, obs. David ; RTD civ. 2012. 99, obs. Hauser.*

6. Absence de contrariété. Conv. EDH. Le prononcé du divorce pour altération définitive du lien conjugal, qui implique une cessation de la communauté de vie entre des époux séparés depuis deux ans lors de l'assignation en divorce, ne peut être contraire aux dispositions de l'art. 8 Conv. EDH. • Civ. 1re, 15 avr. 2015, no 13-27.898 P : *D. 2015. 921, obs. Mesa ; AJ fam. 2015. 404, obs. Ferré-André ; RTD civ. 2015. 591, obs. Hauser.*

II. DEMANDE RECONVENTIONNELLE (ART. 238, AL. 2)

7. Demande reconventionnelle. En cas de présentation d'une demande principale en divorce pour faute et d'une demande reconventionnelle en divorce pour altération définitive du lien conjugal, le rejet de la première emporte le prononcé du divorce du chef de la seconde. • Civ. 1re, 5 janv. 2012, no 10-16.359 P : *D. 2012. 150, obs. Marrocchella ; ibid. Chron. C. cass. 635, obs. Vassallo ; AJ fam. 2012. 104, obs. S. David ; RTD civ. 2012. 99, obs. Hauser ; Dr. fam. 2012, no 41, obs. Larribau-Terneyre* (décision admettant implicitement que dans ce cas, la durée de la séparation n'est pas prise en compte).

Art. 239 à 241 *Abrogés par L. no 2004-439 du 26 mai 2004, art. 23.*

SECTION 4 **Du divorce pour faute** *(L. no 2004-439 du 26 mai 2004, art. 5-I).*

Sur les procédures de divorce autres que par consentement mutuel, V. C. pr. civ., art. 1106 s., App., I. Procédure.

Sur les dispositions particulières au divorce pour faute, V. C. pr. civ., art. 1128, App., I. Procédure.

DALLOZ ACTION *Droit de la famille 2020/2021, nos 133.290 s.*

DALLOZ PRATIQUE[S] *Divorce - Divorce pour faute.*

BIBL. GÉN. ▶ Bourgeois, *D. 1986. Chron. 89.* - Dekeuwer-Défossez, *D. 1985. Chron. 219.* - Laouenan, *LPA 25 et 26 août 1999* (suppression ?). - Dossier, *AJ fam. 2011. 71*.

Art. 242 *(L. n° 2004-439 du 26 mai 2004, art. 5-II)* **Le divorce peut être demandé par l'un des époux lorsque des faits constitutifs d'une violation grave ou renouvelée des devoirs et obligations du mariage sont imputables à son conjoint et rendent intolérable le maintien de la vie commune.**

V. C. pr. civ., art. 1106 s., 1128, App., I. Procédure.

BIBL. ▶ B. Ancel, *Dr. fam. 2021, Étude 4* (divorce pour faute et adultère : les stratégies gagnantes. Regard comparatiste France, Angleterre, États-Unis) - Balestriero, *LPA 8 nov. 1995* (le devoir de fidélité pendant la procédure de divorce). - Barbier, *Gaz. Pal. 1969. 2. Doctr. 136* (adhésion à une secte). - Chabault, *Dr. fam. 1998. Chron. 11* (adultère). - Dekeuwer-Défossez, *D. 1985. Chron. 219* (différents types de fautes). - Fortier, *RRJ 1998/3. 961* (justice civile, religions et croyances). - Gouron Mazel, *Dr. fam. 2002. Chron. 1* (le conjoint homosexuel). - Hauser, *RTD civ. 1991. 710* (fautes de l'an 2000). - Koubi, *RRJ 1986/3. 116* (divorce juif et droit civil). - Lécuyer, *Dr. fam. 2001, n° 28* (devoir de fidélité pendant la procédure de divorce). - Matteoli et Reitzer, *AJ fam. 2021. 400* (de la contestation du devoir conjugal, expression d'une évolution de l'ordre public familial). - Mayaud, *RTD civ. 1980. 494* (adultère). - Nerson et Rubellin-Devichi, *ibid. 1980. 333* (violation du devoir de fidélité). - Roche-Dahan, *ibid. 2000. 735* (devoirs nés du mariage). - Rubellin-Devichi, *ibid. 1989. 45 ; JCP 1996. I. 3946, n° 3* (fautes). - Dossier, *AJ fam. 2011* (divorce pour faute).

A. IMPUTABILITÉ DE LA FAUTE

1. Pouvoir du juge. Le juge ne peut relever d'office, pour prononcer le divorce aux torts exclusifs de l'un des époux, une faute commise par celui-ci envers l'autre. • Civ. 2e, 27 janv. 1983 : *JCP 1984. II. 20199, note Lindon ; RTD civ. 1984. 151, obs. Normand* • 24 févr. 1988 : *Bull. civ. II, n° 52* • 24 févr. 1993, n° 91-17.948 P. ♦ En l'absence de demande reconventionnelle de l'époux défendeur, le divorce ne peut être prononcé aux torts exclusifs de l'époux demandeur. • Civ. 2e, 11 juill. 1988, n° 87-15.447 P. ♦ Pour l'hypothèse du prononcé du divorce aux torts partagés, V. notes ss. art. 245. ♦ Pour le cas où les torts d'un époux peuvent être excusés par le comportement de l'autre, V. note 16. ♦ Les juges du fond ne peuvent rejeter la demande reconventionnelle en divorce d'un époux en se bornant à relever qu'il n'apporte aucun élément de preuve à l'appui de ses accusations sans préciser les griefs qui étaient écartés. • Civ. 2e, 20 juin 1996, n° 94-21.993 P. ♦ Sur la notion d'imputabilité de la faute, V. • Bordeaux, 19 nov. 1996 : *D. 1997. 523, note Garé ; Dr. fam. 1997, n° 60, note Lécuyer ; RTD civ. 1997. 403, obs. Hauser* (refus de prononcer le divorce, les violations que chacun des époux reproche à l'autre n'étant pas imputables à l'un ou à l'autre et ne rendant pas intolérable le maintien de la vie commune, mais correspondant au contraire à une organisation conjugale mutuellement consentie) • Toulouse, 29 oct. 1997 : *Dr. fam. 1998, n° 51, note Lécuyer* (rejet de la demande en divorce, les faits reprochés à l'épouse s'expliquant par son état mental).

2. État mental - Comportement non fautif. C'est par une appréciation souveraine que les juges du fond énoncent que le comportement d'un époux trouve son explication dans l'état mental de celui-ci et ne peut lui être imputé à faute. • Civ. 2e, 12 mars 1980 : *D. 1981. IR 76, obs. Breton* • Civ. 1re, 12 nov. 2009 : *D. 2010. Pan. 1243, obs. Williatte-Pellitteri ; Dr. fam. 2010, n° 8, note Maria ; ibid., n° 38, note Larribau-Terneyre ; RLDC 2010/67, n° 3685, obs. Pouliquen ; RTD civ. 2010. 86, obs. Hauser*. ♦ V. cependant, plus mesuré, • Civ. 1re, 16 juin 2011, n° 10-17.566 : *AJ fam. 2011. 374, obs. A.-R*. (ayant relevé que les troubles psychiques mis en évidence par l'expertise psychiatrique diligentée dans le cadre de l'instruction, s'ils peuvent atténuer la responsabilité de l'épouse, ne peuvent néanmoins excuser l'intégralité des manquements commis par cette dernière : la cour d'appel a pu estimer que ceux-ci lui étaient imputables).

B. VIOLATION GRAVE OU RENOUVELÉE DES DEVOIRS ET OBLIGATIONS

3. Gravité ou répétition des faits invoqués. Les juges du fond ne peuvent exiger que les faits invoqués comme cause de divorce présentent à la fois le caractère de gravité et celui de répétition, alors que lesdits caractères sont, aux termes de la loi, alternatifs. • Civ. 2e, 21 janv. 1970 : *JCP 1970. II. 16307.* ♦ Même sens : • Civ. 2e, 25 oct. 1995, n° 93-13.773 P : *RTD civ. 1996. 134, obs. Hauser* • 8 juill. 1999 : *Dr. fam. 1999, n° 113, note Lécuyer* • Civ. 1re, 18 mai 2011, n° 10-12.912 : *Dr. fam. 2011, n° 165, obs. Larribau-Terneyre.*

4. Double condition : recherche nécessaire. Les juges du fond doivent rechercher si les faits invoqués remplissent la double condition imposée par l'art. 242 C. civ., qui exige que ces faits constituent une violation grave ou renouvelée des devoirs et obligations du mariage et rendent intolérable la vie commune. • Civ. 2e, 20 avr. 1989 : *Bull. civ. II, n° 91.* – Jurisprudence constante. – V., par ex. : • Civ. 2e, 25 mai 1994, n° 91-18.350 P : *JCP 1995. I. 3813, n° 6, obs. Ferré-André* • 19 oct. 1994, n° 93-10.137 P • 18 oct. 1995 (1er arrêt), n° 93-20.294 P • 18 oct. 1995 (2e arrêt), n° 93-16.585 P • 20 juin 1996 (1er arrêt), n° 93-13.906 P : *Defrénois 1997. 298, obs. Massip* • 20 juin 1996 (2e arrêt), n° 95-10.357 P : *Defrénois 1997. 298, obs. Massip* • 10 juill. 1996 (1er arrêt), n° 94-20.543 P • 10 juill. 1996 (2e arrêt), n° 95-11.132 P • 4 mars 1998, n° 96-12.933 P.

5. ... Étendue du contrôle de la Cour de cassation. *Contra*, par rapport aux arrêts cités note 4 : • Civ. 2e, 30 nov. 2000, n° 99-12.458 P : *D. 2001. IR 41 ; Defrénois 2001. 598, obs. Massip ; Dr. fam. 2001, n° 16, note Lécuyer ; RTD civ. 2001. 114, obs. Hauser* (il résulte de ce que la cour d'appel a retenu que les faits imputés à l'épouse constituaient des causes de divorce au sens de l'art. 242 C. civ. que la double condition exigée par ce texte est constatée). – Même sens : • Civ. 1re, 11 janv. 2005, n° 03-16.451 : *BICC 15 avr. 2005, n° 676, et la note ; D. 2006. Pan. 337, obs. Williatte-Pellitteri ; Gaz. Pal. 2005. Doctr. 1645, étude Massip ; AJ fam. 2005. 320, obs. S. David ; Dr. fam. 2005, n° 53, note Larribau-Terneyre ; RTD civ. 2005. 370, obs. Hauser* • 11 janv. 2005, n° 02-19.016 : *D. 2005. IR 243 ; AJ fam. ibid.* • 11 janv. 2005, n° 02-20.547 P : *D. 2005. IR 313 ; AJ fam. ibid.* • 6 juill. 2005 : *Dr. fam. 2005, n° 212, note Larribau-Terneyre.* ♦ Sur le contrôle par la Cour de cassation de la motivation des décisions du fond, V. aussi : • Civ. 2e, 13 déc. 2001 : *Dr. fam. 2002, n° 43, obs. H. L.* • 7 mai 2002, n° 01-01.812 P : *AJ fam. 2002. 262, obs. S. D.* • Civ. 1re, 11 janv. 2005, n° 03-12.802 P : *D. 2005. IR 313 ; Dr. fam. 2005, n° 53, note Larribau-Terneyre* (motivation établissant une mésentente avérée sans caractériser une cause de divorce au sens de l'art. 242) • 3 oct. 2006 : *Defrénois 2007. 301, obs. Massip* (même sens) • 5 nov. 2014 : *AJ fam. 2015. 52, obs. Thouret (idem).* ♦ Hauser, *RTD civ. 2002. 491 ; ibid. 2005. 370.*

6. Faits antérieurs au mariage. Sur la prise en considération de faits antérieurs au mariage, V. Guyon, *RTD civ. 1964. 473* • Rennes, 22 févr. 1978 (deux arrêts) : *D. 1979. IR 210, obs. Breton* (dissimulation de troubles mentaux antérieurs au mariage). ♦ Sur la prise en compte de faits en cours de procédure, V. note 16.

7. Faits postérieurs à la demande en divorce. Sur le fait que l'ordonnance de non-conciliation ne confère aucune immunité, V., *infra, Abécédaire*, notes 10 s.

8. Faits engageant la responsabilité civile. Les faits engageant la responsabilité civile du conjoint peuvent aussi constituer une cause de divorce. • Civ. 2e, 14 nov. 2002 : *cité note 18.*

9. Preuve. Preuve de l'adultère et en général des fautes imputables à l'un ou l'autre des époux : V. notes ss. art. 259 à 259-3.

C. APPLICATIONS – ABÉCÉDAIRE

10. Abandon du domicile. Cassation de l'arrêt ayant considéré que l'abandon du domicile conjugal sans autorisation et sans raison justifiée constitue la faute prévue à l'art. 242 C. civ. car cet abandon rend par hypothèse intolérable le maintien du lien conjugal, alors que en se déterminant ainsi, par un motif d'ordre général, sans préciser les circonstances du départ de l'épouse qui faisait valoir qu'elle avait été chassée du domicile par son conjoint, la cour d'appel n'a pas satisfait aux exigences de l'art. 455 C. pr. civ. • Civ. 1re, 12 nov. 2009, n° 08-21.281.

11. Adultère. BIBL. Édon-Lamballe, *RRJ 2002/1. 77.* ♦ Le seul fait pour l'épouse de vivre au domicile de son amant constitue une violation grave et renouvelée des obligations du mariage rendant intolérable le maintien de la vie commune. • Aix-en-Provence, 7 nov. 2006 : *JCP 2007. IV. 1494.* ♦ Si l'adultère constitue une violation suffisamment grave des devoirs et obligations du mariage pour rendre intolérable le maintien de la vie commune (V. • Civ. 2e, 23 avr. 1980 : *Gaz. Pal. 1981. 1. 89, note Massip* • Chambéry, 29 mai 1984 : *JCP 1985. II. 20347, note R. L.* ; V. aussi, pour un cas d'infidélité d'ordre intellectuel, • Paris, 13 févr. 1986 : *Gaz. Pal. 1986. 1. 216, note J.-G. M.),* les circonstances dans lesquelles il a été commis peuvent lui enlever le caractère de gravité qui pourrait en faire une cause de divorce. • Paris, 30 juin 1978 : *Gaz. Pal. 1980. 1. 231, note J. M.* • TGI Foix, 11 août 1983 : *Gaz. Pal. 1984. 1. 167, note Brazier* • Chambéry, 29 mai 1984 : *préc.* • Civ. 2e, 5 févr. 1986 : *Bull. civ. II, n° 9* • Civ. 1re, 28 janv. 2009 : *LPA 20 mai 2009, note Ondo.* ♦ Implicitement en ce sens : • TGI Albertville, 27 nov. 1979 : *D. 1981. 16, note A. B. ; JCP 1981. II. 19609, note R. L. et Ph. B.* ♦ Sur la distinction entre l'adultère et un comportement libertin reconnu relevant d'un choix de vie commun du couple, V. • Pau, 6 févr. 2006 : *Dr. fam. 2006, n° 165, note Larribau-Terneyre.* ♦ Mais les juges du fond ne sont pas tenus, en l'absence de conclusions les y invitant, de rechercher d'office si les torts d'un époux ne sont pas dépouillés de leur caractère fautif du fait du comportement de l'autre époux. • Civ. 2e, 23 avr. 1980 : *préc.* – Déjà en ce sens : • Civ. 2e, 11 juill. 1979, n° 78-11.518 P. ♦ Impossibilité de relever d'office, pour prononcer le divorce aux torts exclusifs de l'un des époux, une faute commise par celui-ci envers l'autre : V. note 1. ♦ Prise en compte de la conclusion d'un contrat de loisirs et de rencontre : • Amiens, 19 mai 2010 : *cité note 16.* ♦ Absence de faute par l'épouse qui a eu un enfant avec un tiers, dès lors que le mari refusait d'avoir un enfant, ceci ne relevant pas d'un choix des époux : • Civ. 1re, 20 nov. 2013 : *Dr. fam. 2014, n° 22, obs. Binet.*

12. Animaux. Le fait de rendre le domicile conjugal inhabitable par la prolifération d'animaux constitue une violation grave ou renouvelée des devoirs ou obligations du mariage rendant intolérable le maintien de la vie commune. • Civ. 1re, 23 févr. 2011 : *AJ fam. 2012. 86, note Briand ; RTD civ. 2011. 328, obs. Hauser*.

13. Argent. Il est fautif de prélever des sommes d'argent sur le compte joint du ménage après le départ du domicile conjugal. • Civ. 1re, 12 nov. 2009, n° 08-20.789.

14. Cohabitation. L'existence d'une séparation de fait de six ans n'interdit pas de faire une demande en divorce pour faute. • Civ. 2e, 25 mars 1991, n° 89-21.199 P. ♦ Une cour d'appel apprécie souverainement que le comportement de l'époux à l'égard de l'épouse ne justifiait pas la décision de celle-ci de quitter le domicile conjugal et que ce départ constituait ainsi une faute de sa part. • Civ. 2e, 30 nov. 2000 : *préc. note 5.* ♦ ... Ou que le refus de l'épouse de rejoindre son mari à l'étranger peut être retenu comme cause de divorce, eu égard aux circonstances particulières de l'espèce. • Civ. 2e, 12 sept. 2002, n° 01-01.377 P : *D. 2002. IR 2654 ; Defrénois 2003. 117, obs. Massip ; RJPF 2002-12/26, note Garé ; Dr. fam. 2003, n° 26, note Lécuyer ; RTD civ. 2002. 784, obs. Hauser* • Civ. 1re, 11 mars 2009 : *RJPF 2009-6/28, obs. Garé.* ♦ Comportement injurieux à l'égard de son mari de l'épouse se faisant héberger au domicile d'un tiers, même si l'adultère n'était pas établi. • Civ. 1re, 1er déc. 2010, n° 09-70.138 : *RLDC 2011/79, n° 4137, obs. Gallois.* ♦ Faute consistant dans le refus de reprendre la vie commune : • Civ. 1re, 11 janv. 2005, n° 02-12.314 P : *D. 2005. IR 313*. ♦ Refus de reprendre la vie commune après rejet d'une première demande en divorce : V. note 7 ss. art. 258 anc.

15. Concurrence. Le comportement gravement déloyal de l'épouse envers son mari, les deux époux exerçant des activités professionnelles concurrentes, constitue une violation des devoirs et obligations du mariage. • Civ. 1re, 17 oct. 2007 : *D. 2008. Pan. 255, obs. Auguet ; ibid. Pan. 807, obs. Williatte-Pellitteri ; ibid. 961, note Blary-Clément ; Dr. fam. 2007, n° 168, note Larribau-Terneyre.*

16. Fautes en cours de procédure. L'introduction de la demande en divorce ne confère pas aux époux, encore dans les liens du mariage, une immunité faisant perdre leurs effets normaux aux torts invoqués. • Civ. 1re, 7 nov. 2016, n° 15-27.968. ♦ Jurisprudence constante. Arrêts publiés : • Civ. 1re, 5 mars 2008, n° 07-15.516 P • Civ. 2e, 23 sept. 1999, n° 98-12.028 P • 6 mars 1996, n° 94-17.596 P • 3 mai 1995, n° 93-13.358 P • 2 oct. 1980, n° 79-12.634 P • 17 juill. 1975, n° 74-14.135 P • 20 avr. 1972, n° 71-10.549 P • 3 févr. 1964 : *Bull. civ. II, n° 551.* ♦ Arrêts non publiés : • Civ. 1re, 1er avr. 2015, n° 14-12.823 • 14 avr. 2010, n° 09-14.006 • 9 juill. 2008, n° 07-19.714 • 5 mars 2008, n° 07-13.790 • 3 nov. 2004, n° 03-13.874 • 8 juin 2004, n° 02-20.446 • 13 déc. 2001, n° 00-11.186. ♦ Même solution pour des injures et propos orduriers tenus après l'ordonnance de non-conciliation : • Civ. 1re, 20 oct. 2010, n° 08-21.913.

17. Fausse rumeur. C'est dans l'exercice de son pouvoir souverain d'appréciation des faits constituant une cause de divorce que la cour d'appel a estimé que le fait pour l'épouse d'avoir, tant avant qu'après la séparation, faussement imputé à son époux une relation homosexuelle avec un tiers et fait courir cette rumeur auprès de sa famille et de ses amis constituait une violation grave ou renouvelée des devoirs ou obligations du mariage rendant intolérable le maintien de la vie commune et justifiant le prononcé du divorce aux torts partagés. • Civ. 1re, 17 mars 2010, n° 09-12.483.

18. Injures graves. L'insistance procédurière de l'épouse devant le juge des tutelles à l'effet de placer son mari sous un régime de protection s'analyse en une injure grave justifiant le prononcé du divorce à ses torts exclusifs. • Civ. 2e, 14 nov. 2002, n° 01-03.217 P : *Defrénois 2003. 615, obs. Massip ; RTD civ. 2003. 66, obs. Hauser*. ♦ Pour des injures graves, V. • Aix-en-Provence, 7 nov. 2006 : *JCP 2007. IV. 1494.*

19. Intempérance. Pour prononcer le divorce des époux aux torts exclusifs de l'épouse, l'arrêt retient qu'il est établi que le comportement de celle-ci, dont l'intempérance est avérée depuis 2005, constitue une violation grave et renouvelée des obligations du mariage rendant intolérable le maintien de la vie commune. En statuant ainsi, sans répondre aux conclusions de l'épouse qui faisait valoir que son mauvais état de santé était de nature à excuser le comportement qui lui était reproché, la cour d'appel n'a pas satisfait aux exigences de l'art. 455 C. pr. civ. • Civ. 1re, 16 juin 2011, n° 10-19.184.

20. Libertins ne veut pas dire libres. Ayant énoncé que l'époux était parti en week-end de la Saint-Valentin avec une autre femme à un moment où les conjoints étaient encore mariés et où, nonobstant les conventions particulières entre époux, la vie au domicile conjugal n'avait pas encore juridiquement pris fin, et relevé que ces faits constituaient une violation grave et renouvelée des obligations du mariage rendant intolérable le maintien du lien conjugal, la cour d'appel, qui n'avait pas à suivre les parties dans le détail de leur argumentation, en a déduit que ces faits constituaient une cause de divorce au sens de l'art. 242 C. civ. • Civ. 1re, 4 mai 2011, n° 10-17.019.

21. Manque de respect mutuel. Des disputes réciproques intenses accompagnées de violences verbales traduisent un manque de respect de chacun des époux envers l'autre et justifient le divorce aux torts partagés. • Civ. 1re, 23 mai 2006, n° 05-17.533 P : *D. 2007. Pan. 608, obs. Williatte-Pellitteri*. ♦ Dans le même sens pour une désaffection réciproque, un manque de respect respectif, une volonté de cesser la vie commune imputable à l'un comme à l'autre des époux, incompatibles avec le maintien du lien conjugal. • Civ. 1re, 9 mars 2011 : *AJ fam. 2011. 258, obs. Mbala Mbala ; Dr. fam. 2011, n° 123, obs. Larribau-Terneyre.*

22. Manquement au devoir de loyauté. Relations financières. Les prélèvements réalisés par l'épouse, à l'insu de son mari lui reprochant son caractère intéressé, sur les comptes communs constituent des manquements graves au devoir de loyauté constitutifs d'une violation grave et renouvelée des obligations du mariage rendant intolérable le maintien de la vie commune. • Civ. 1re, 25 mars 2009 : *RJPF 2009-6/28, obs. Garé.*

23. Relations sexuelles. **BIBL.** Bruguière, *D. 2000. Chron. 10* (devoir conjugal). ♦ Non-consommation du mariage ou limitations dans les rapports intimes imposées par l'un des conjoints à l'autre : V. • Civ. 2e, 5 nov. 1969 : *D. 1970. 223, note Wiederkehr* • 8 oct. 1970 : *Gaz. Pal. 1971. 1. 26* • 10 févr. 1972 : *D. 1972. 379* • Amiens, 3 mars 1975 : *cité note 24* • Civ. 2e, 4 oct. 1978 : *D. 1979. IR 211 (1re esp.), obs. Breton* • Amiens, 28 févr. 1996 : *Gaz. Pal. 1996. 2. 445* • Paris, 16 avr. 2015, n° 13/16028 : *Dr. fam. 2015, n° 141, obs. Binet* (absence de manquement, la limitation des relations sexuelles pouvant avoir une autre cause que la volonté d'en priver le partenaire). ♦ Le refus de l'épouse de se prêter à une fécondation *in vitro* ne constitue pas une cause de divorce. • Bordeaux, 1er oct. 1991 : *JCP 1992. I. 3593, n° 1, obs. Garé ; RTD civ. 1992. 56, obs. Hauser*. ♦ ... Pas plus que le fait de concevoir un enfant contre la volonté du mari. • Caen, 5 janv. 2006 : *Dr. fam. 2006, n° 149, obs. Larribau-Terneyre.* ♦ En sens inverse : la conception d'un enfant à l'insu du mari, dans les circonstances particulières de l'espèce (décès de deux précédents enfants en bas âge), constitue de la part de l'épouse un manquement au devoir de loyauté. • Nîmes, 21 mars 2007 : *D. 2007. 2587, note Lamoureux ; JCP 2007. II. 10149, note Vassaux ; Dr. fam. 2007, n° 189, note Mauger-Vielpeau ; RTD civ. 2008. 91, obs. Hauser*. ♦ Le refus persistant de l'épouse de soigner sa stérilité constitue un comportement fautif et injurieux. • Bordeaux, 7 juin 1994 : *JCP 1996. II. 22590, note Vassaux ; RTD civ. 1994. 836, obs. Hauser*.

24. Religion. Si l'un des époux ne peut, sous peine de porter atteinte à la liberté de conscience de l'autre, interdire à ce dernier de pratiquer la religion qu'il avait délibérément choisie, encore faut-il que ce choix n'ait pas d'incidence grave sur la vie conjugale et familiale ; les juges du fond peuvent donc retenir contre un époux, pour prononcer le divorce, le zèle excessif touchant la pratique de la religion, lorsqu'il est source de perturbation dans la vie familiale. • Civ. 2e, 25 janv. 1978 : *Gaz. Pal. 1978. 2. 505, note Barbier* • Civ. 1re, 19 juin 2007 : *D. 2008. Pan. 808, obs. Williatte-Pellitteri*. – Déjà en ce sens : • Civ. 2e, 19 juin 1975 : *Gaz. Pal. 1975. 2. 721, note Barbier* • Paris, 12 janv. 1972 : *D. 1972. 217, note J. C.* • Nîmes, 10 juin 1967 : *D. 1969. 366, note Carbonnier.* ♦ Peut être retenu contre une épouse convertie aux Témoins de Jéhovah, pour prononcer le divorce, le fait qu'elle s'est refusée à participer aux fêtes de famille et aux fêtes de Noël et de Pâques, dont le caractère est aussi familial que religieux. • Civ. 2e, 9 oct. 1996, n° 95-10.461 P : *RTD civ. 1997. 103, obs. Hauser*, rejetant le pourvoi contre • Montpellier, 7 nov. 1994 : *JCP 1996. II. 22680, note Bruguière.* ♦ Comp. • Amiens, 3 mars 1975 : *D. 1975. 706, note Géraldy ; Gaz. Pal. 1975. 1. 276* (statuant sur renvoi après cassation de • Paris, 5 janv. 1973 : *Gaz. Pal. 1973. 1. 465, note Barbier)* • Grenoble, 4 juin 1991 : *JCP 1991. II. 21744, note Hauser.* ♦ Mais manque de base légale l'arrêt qui, pour accueillir la demande en divorce du mari, se borne à énoncer que l'appartenance de la femme à une secte a eu un effet néfaste sur les relations conjugales, sans apporter la moindre précision sur la détérioration des relations conjugales retenue à la charge de la femme. • Civ. 2e, 8 nov. 1995, n° 94-10.685 P : *Defrénois 1997. 300, obs. Massip ; RTD civ. 1996. 367, obs. Hauser*. ♦ Ne constitue pas une faute en soi l'adhésion aux Témoins de Jéhovah, groupement religieux légal, ni la conversion à ce groupement après un mariage catholique. • Montpellier, 7 nov. 1994 : *préc.* ♦ *Adde*, Nefussy-Venta, *AJ fam. 2011. 39* (convictions religieuses et ruptures familiales).

25. Syndicalisme. Des activités syndicales particulièrement absorbantes, entraînant des absences prolongées, peuvent constituer des violations graves ou renouvelées des obligations résultant du mariage, rendant intolérable le maintien de la vie commune. • Douai, 12 oct. 1984 : *D. 1985. 523, note Blary-Clément.*

26. Troubles mentaux. Sur les troubles mentaux, V. note 2.

27. Transsexualisme – Travestissement. L'acquisition du sexe féminin par le mari, à la suite d'une opération chirurgicale, oblige au prononcé du divorce à ses torts exclusifs. • Nîmes, 7 juin 2000 : *Dr. fam. 2001, n° 4, note Lécuyer ; LPA 12 avr. 2001, note Massip ; RTD civ. 2001. 335, obs. Hauser*. ♦ Comp. • TGI Caen, 28 mai 2001 : *D. 2002. 124, note Mauger-Vielpeau ; Dr. fam. 2002, n° 42, note Lécuyer ; LPA 29 avr. 2002, note Massip ; RTD civ. 2002. 274, obs. Hauser*.

L'attitude tendancieuse du mari ayant des relations extra-conjugales homosexuelles et une tendance au travestissement constitue un motif de divorce pour faute. • Orléans, 24 févr. 2009 : *D. 2010. Pan. 1243, obs. Williatte-Pellitteri*.

Sur la conformité à la Conv. EDH d'une législation obligeant les transsexuels mariés à divorcer pour obtenir le changement juridique de leur sexe, V. note 8 ss. art. 143. – **C. civ.**

Art. 243 *Abrogé par L. n° 2004-439 du 26 mai 2004, art. 23.*

Art. 244 *(L. n° 75-617 du 11 juill. 1975)* **La réconciliation des époux intervenue depuis les faits allégués empêche de les invoquer comme cause de divorce.**

Le juge déclare alors la demande irrecevable. Une nouvelle demande peut cependant être formée en raison de faits survenus ou découverts depuis la réconciliation, les faits anciens pouvant alors être rappelés à l'appui de cette nouvelle demande.

Le maintien ou la reprise temporaire de la vie commune ne sont pas considérés comme une réconciliation s'ils ne résultent que de la nécessité ou d'un effort de conciliation ou des besoins de l'éducation des enfants.

BIBL. ► NERSON, *Études Weill, Dalloz/Litec, 1983, p. 425* (pardon des offenses entre époux).

1. Caractère d'ordre public du moyen tiré de la réconciliation. Étant d'ordre public, un tel moyen peut être invoqué en tout état de cause. • Colmar, 26 oct. 1956 : *D. 1957. 157* (sol. impl.). ♦ ... Et même d'office. • Civ. 2e, 30 nov. 1962 : *Bull. civ. II, n° 765.*

2. Notion de réconciliation. La réconciliation suppose non seulement le maintien ou la reprise de la vie commune, mais encore la volonté chez l'époux offensé de pardonner en pleine connaissance de cause les griefs qu'il peut avoir contre son conjoint, ainsi que l'acceptation par ce dernier de ce pardon. • TGI Seine, 12 mars 1965 : *Gaz. Pal. 1965. 1. 416.* ♦ En ce sens que la continuation ou la simple reprise de la vie commune n'implique pas nécessairement réconciliation : • Civ. 2e, 4 avr. 1962, n° 61-10.956 P • Paris, 13 mars 1974 : *D. 1974. 733, note A. D.* • Paris, 10 févr. 1998 : *Dr. fam. 1998, n° 153, note Lécuyer (2e esp.)* (reprises intermittentes de la vie commune).

3. Incidence de la réconciliation devant le juge pénal. Aucune disposition législative n'interdit au juge pénal de statuer sur la réconciliation des époux, question de pur fait qu'il est parfaitement en mesure de trancher ; la constatation d'une telle réconciliation entraîne la conséquence que le délit d'abandon de famille n'est pas constitué, faute d'une décision judiciaire ayant conservé son caractère exécutoire. • Paris, ch. corr., 9 juin 1964 : *Gaz. Pal. 1964. 2. 446.* ♦ Tant qu'elle n'est pas définitive, la décision du juge civil constatant la réconciliation des époux n'a pas rendu caduque l'ordonnance en vertu de laquelle le prévenu était tenu de payer une pension alimentaire à sa femme et à ses enfants ; il s'ensuit que les juges répressifs ont justifié leur décision de condamnation pour abandon de famille. • Crim. 12 oct. 1971 : *Gaz. Pal. 1972. 1. 19.*

4. Incidence d'un désistement. Le désistement d'une action a pour effet d'éteindre le droit et d'effacer les griefs anciens et il s'oppose à ce que, en l'absence de griefs nouveaux, il soit formé une demande nouvelle motivée par les mêmes faits. • Civ. 2e, 14 mars 1967, n° 66-11.571 P.

5. Autorité du pénal sur le civil. La décision pénale de condamnation ayant constaté qu'il n'y a pas eu réconciliation entre les époux s'impose à la juridiction civile saisie de l'exception de réconciliation opposée à l'action en divorce. • Civ. 2e, 5 mai 1971 : *Gaz. Pal. 1971. 2. 603.*

6. Faits nouveaux. Caractère de gravité de la cause nouvelle survenue ou découverte depuis la réconciliation pour que revivent les griefs anciens : V. • Civ. 2e, 17 déc. 1969 : *D. 1970. 188.*

Art. 245 *(L. n° 75-617 du 11 juill. 1975)* **Les fautes de l'époux qui a pris l'initiative du divorce n'empêchent pas d'examiner sa demande ; elles peuvent, cependant, enlever aux faits qu'il reproche à son conjoint le caractère de gravité qui en aurait fait une cause de divorce.**

Ces fautes peuvent aussi être invoquées par l'autre époux à l'appui d'une demande reconventionnelle en divorce. Si les deux demandes sont accueillies, le divorce est prononcé aux torts partagés.

Même en l'absence de demande reconventionnelle, le divorce peut être prononcé aux torts partagés des deux époux si les débats font apparaître des torts à la charge de l'un et de l'autre.

1. Office du juge : absence de conclusion. Les juges du fond ne sont pas tenus, en l'absence de conclusions les y invitant, de rechercher d'office si les torts d'un époux ne sont pas dépouillés de leur caractère fautif du fait du comportement de l'autre époux. • Civ. 2e, 23 avr. 1980 : *Gaz. Pal. 1981. 1. 89, note Massip.* – Déjà en ce sens : • Civ. 2e, 11 juill. 1979, n° 78-11.518 P. ♦ Pour des applications de la règle posée à l'al. 1er de l'art. 245, V. note 1 ss. art. 252.

2. L'art. 245 ne s'oppose pas à ce que les juges du fond, même en l'absence de conclusions les y invitant, prennent en considération les torts de l'époux demandeur pour apprécier les faits que celui-ci invoque contre son conjoint. • Civ. 2e, 11 déc. 1991, n° 90-13.925 P. ♦ V. conf., en appel : • Civ. 1re, 20 sept. 2006, n° 05-20.001 P. ♦ Mais l'appréciation de l'excuse de la faute d'un époux (abandon de foyer) n'est pas subordonnée à la preuve d'une faute concomitante du conjoint et, en l'espèce, à l'existence d'un état de nécessité. • Civ. 2e, 25 nov. 1999, n° 97-21.929 P : *RTD civ. 2000. 90, obs. Hauser.*

3. ... Existence de conclusions. Les juges du fond ne peuvent prononcer le divorce au profit d'un époux sans examiner les griefs que l'autre conjoint fait valoir par voie de conclusions. • Civ. 2e, 27 avr. 1981 : *Gaz. Pal. 1981. 2. 703, note Viatte* • 29 mars 1989, n° 88-12.514 P. ♦ Mais l'appréciation de l'opportunité d'un sursis à statuer, mesure demandée par l'un des époux pour que les juges soient à même d'apprécier, après résultat de l'enquête, si les griefs qui lui étaient reprochés n'étaient pas dépouillés de leur caractère fautif du fait du comportement de son conjoint, relève du pouvoir discrétionnaire des juges du fond. • Civ. 2e, 15 avr. 1981 : *Gaz. Pal. 1982. 2. 583, note Viatte.*

4. Demande reconventionnelle. Est recevable la demande reconventionnelle en divorce pour faute, formée après que le tribunal se soit prononcé sur l'application de l'art. 242 et ait invité les parties à conclure sur la prestation compensatoire. • Civ. 2e, 24 juin 1999, n° 97-14.107 P : *Dr. fam. 1999, n° 137, note Lécuyer ; RTD civ. 1999. 820, obs. Hauser.*

5. Indivisibilité des demandes principale et reconventionnelle. Les demandes respectives visées par l'art. 245 forment un tout indivisible ; la cassation prononcée sur l'une des demandes annule en son entier la décision rendue sur le fond du divorce. • Civ. 2e, 20 avr. 1988, n° 86-14.125 P : *R., p. 159* • 26 avr. 1990, n° 89-11.137 P. ♦ Les demandes principale et reconventionnelle en divorce sont indivisibles et le juge doit se prononcer sur elles par une même décision. • Civ. 2e, 26 nov. 1997, n° 96-11.640 P : *Defrénois 1998. 1019, obs. Massip ; Dr. fam. 1998, n° 50, note Lécuyer ; RTD civ. 1998. 83, obs. Hauser* (cassation de l'arrêt ayant rejeté la demande principale et sursis à statuer sur l'autre) • 18 mars 1998, n° 95-10.210 P : *R., p. 190* • Civ. 1re, 19 juin 2007 : *Defrénois 2007. 1635, obs. Massip.* ♦ Le juge ne peut examiner la demande reconventionnelle qu'autant qu'est recevable la demande principale. • Civ. 1re, 19 avr. 2005, n° 02-19.881 P : *D. 2006. Pan. 339, obs. Williatte-Pellitteri ; RTD civ. 2005. 578, obs. Hauser.*

6. Divorce aux torts partagés. Il résulte de l'art. 245, al. 3, que si, même en l'absence de demande reconventionnelle, le divorce peut être prononcé aux torts partagés des deux époux lorsque les débats font apparaître des torts à la charge de l'un et de l'autre, c'est seulement si ces torts remplissent respectivement la double condition exprimée à l'art. 242. • Civ. 2e, 21 avr. 1982 : *Bull. civ. II, n° 56.* ♦ V. conf. • Civ. 2e, 22 nov. 1995, n° 93-21.551 P : *D. 2006. Pan. 339, obs. Williatte-Pellitteri ; Defrénois 1997. 298, obs. Massip.*

7. L'application de l'article 245, al. 3, n'est qu'une faculté laissée à l'appréciation discrétionnaire du juge. • Civ. 2e, 16 janv. 1991, n° 89-19.584 P.

8. En l'absence de demande reconventionnelle de l'époux défendeur, le divorce ne peut être prononcé aux torts exclusifs de l'époux demandeur. • Civ. 2e, 11 juill. 1988, n° 87-15.447 P : *Defrénois 1989. 997, obs. Massip.*

9. Observations préalables des parties. Les juges ne peuvent prononcer le divorce aux torts partagés sur la demande d'un seul des époux sans avoir préalablement provoqué les observations des parties sur les conséquences d'un tel divorce. • Civ. 2e, 16 janv. 1991, n° 89-14.413 P • 19 janv. 1994, n° 92-17.436 P • 8 févr. 1995, n° 93-16.122 P • 12 juin 1996, n° 94-20.716 P • 9 juill. 1997, n° 94-14.803 P : *Defrénois 1998. 709, obs. Massip* • 2 oct. 1997, n° 96-10.654 P : *Defrénois 1998. 709, obs. Massip* • 11 févr. 1998, n° 95-17.040 P • 2 avr. 2002 : *Dr. fam. 2002, n° 110, note Lécuyer* (visa de l'art. 16 C. pr. civ.) • Civ. 1re, 3 févr. 2004, n° 02-13.528 P : *D. 2004. IR 469 ; Dr. fam. 2004, n° 49, note Larribau-Terneyre ; RTD civ. 2004. 269, obs. Hauser.* ♦ ... Et notamment sur le versement d'une prestation compensatoire. • Civ. 2e, 21 juill. 1992, n° 91-11.872 P. ♦ Encourt la cassation l'arrêt qui prononce, sur la seule demande d'un époux, le divorce aux torts exclusifs de l'autre sans avoir invité les parties à s'expliquer sur le versement d'une prestation compensatoire, alors que, lorsqu'une partie n'a demandé que le versement d'une pension alimentaire ou une contribution aux charges du mariage, le juge ne peut, aux termes de l'art. 1076-1 C. pr. civ., prononcer le divorce sans avoir invité les parties à s'expliquer sur le versement d'une prestation compensatoire. • Civ. 2e, 20 nov. 1996, n° 94-15.312 P : *Dr. fam. 1997, n° 31, note Lécuyer ; Defrénois 1997. 985, obs. Massip.* – V. aussi • Civ. 2e, 19 févr. 1997, n° 95-11.174 P : *Dr. fam. 1997, n° 105, note Lécuyer* • 26 sept. 2002, n° 01-01.303 P : *AJ fam. 2003. 67, obs. S. D.* • Civ. 1re, 25 avr. 2006, n° 05-17.893 P : *D. 2006. IR 1331, obs. P. Guiomard* • 31 oct. 2007, n° 07-11.432 P : *AJ fam. 2007. 475, obs. S. D. ; Dr. fam. 2007, n° 220, note Larribau-Terneyre.* ♦ Inversement, en l'absence de demande par l'une des parties du versement d'une pension alimentaire ou d'une contribution aux charges du mariage, le divorce des époux peut être prononcé sans qu'ils soient invités à s'expliquer sur le versement d'une prestation compensatoire. • Civ. 1re, 23 janv. 2008, n° 07-11.323 P : *D. 2009. Pan. 832, obs. Serra ; AJ fam. 2008. 208, obs. David ; Dr. fam. 2008, n° 40, obs. Larribau-Terneyre ; RJPF 2008-5/29, obs. Garé ; Procédures 2008. 113, obs. Douchy-Oudot ; Defrénois 2008. 1110, obs. Massip ; RTD civ. 2008. 281, obs. Hauser.*

Art. 245-1 *(L. n° 75-617 du 11 juill. 1975 ; L. n° 2004-439 du 26 mai 2004, art. 6 et 22-III et IV)* **A la demande des conjoints, le juge peut se limiter à constater dans les motifs du jugement qu'il existe des faits constituant une cause de divorce, sans avoir à énoncer les torts et griefs des parties.** – *[Ancien art. 248-1, modifié.]*

BIBL. ▸ BORDIER, *JCP 1987. I. 3302.*

1. Lorsque l'époux sollicite l'application de l'art. 248-1 (anc., repris dans sa substance par l'art. 245-1) dans le cadre d'un divorce aux torts exclusifs de l'épouse, tandis que celle-ci sollicite la confirmation du jugement ayant prononcé le divorce, sans énoncer de griefs, aux torts exclusifs du mari, une cour d'appel, étant ainsi en présence de demandes concordantes, fait à bon droit application de l'art. 248-1. • Civ. 2e, 1er avr. 1998, n° 96-16.888 P : *Dr. fam. 1999, n° 5, note Lécuyer.*

2. L'appel contre une décision ayant prononcé, à la demande des parties, un divorce pour faute sans énoncer leurs torts et griefs est irrecevable, l'appelant qui a obtenu en première instance entière satisfaction sur ses demandes étant sans intérêt à interjeter appel. • Civ. 2e, 20 mars 1991, n° 89-15.297 P. ♦ V. cependant note ss. art. 249-3. ♦ Mais, l'épouse ayant saisi le tribunal d'une demande en divorce pour faute aux torts du mari et le premier juge ayant prononcé le divorce aux torts partagés, il en résulte que l'épouse a intérêt à contester l'attribution des torts, peu important l'existence de conclusions concordantes des époux sur l'application de l'art. 248-1 (anc.). • Civ. 1re, 25 avr. 2007, n° 06-16.380 P : *D. 2007. AJ 1427 ; AJ fam. 2007. 396, obs. S. David ; Dr. fam. 2007, n° 127, note Larribau-Terneyre ; RTD civ. 2007. 552, obs. Hauser.*

Art. 246 *(L. n° 2004-439 du 26 mai 2004, art. 5-III)* **Si une demande pour altération définitive du lien conjugal et une demande pour faute sont concurremment présentées, le juge examine en premier lieu la demande pour faute.**

(Abrogé par L. n° 2019-222 du 23 mars 2019, art. 22, à compter du 1er janv. 2021) ***« S'il rejette celle-ci, le juge statue sur la demande en divorce pour altération définitive du lien conjugal. »***

Sur l'entrée en vigueur et l'application dans le temps des modifications issues de l'art. 22 de la L. n° 2019-222 du 23 mars 2019, V. ndlr ss. art. 233.

1. Application à une demande reconventionnelle subsidiaire. Si une demande en divorce pour altération définitive du lien conjugal et une demande pour faute sont concurremment présentées, l'obligation pour le juge d'examiner en premier lieu la demande pour faute et, s'il rejette celle-ci, de statuer sur la demande pour altération définitive du lien conjugal s'applique même si la demande reconventionnelle en divorce pour faute est présentée à titre subsidiaire. • Civ. 1re, 16 déc. 2015, n° 14-29.322 P : *D. 2016. 69 ; AJ fam. 2016. 103, obs. Thouret ; RTD civ. 2016. 88, obs. Hauser ; Gaz. Pal. 2016. 258, obs. Douville et Mauger-Vielpeau.*

2. V. note ss. art. 247-2 et 297-1.

SECTION 5 *Des modifications du fondement d'une demande en divorce* *(L. n° 2004-439 du 26 mai 2004, art. 7).*

Art. 247 *(L. n° 2016-1547 du 18 nov. 2016, art. 50-I-3°, en vigueur le 1er janv. 2017)* **Les époux peuvent, à tout moment de la procédure :**

1° Divorcer par consentement mutuel par acte sous signature privée contresigné par avocats, déposé au rang des minutes d'un notaire ;

2° Dans le cas prévu au 1° de l'article 229-2, demander au juge de constater leur accord pour voir prononcer le divorce par consentement mutuel en lui présentant une convention réglant les conséquences de celui-ci.

V. Circ. 26 janv. 2017, fiche n° 3, ss. C. civ., art. 229-4.

Ancien art. 247 ***Les époux peuvent, à tout moment de la procédure, demander au juge de constater leur accord pour voir prononcer leur divorce par consentement mutuel en lui présentant une convention réglant les conséquences de celui-ci.***

Sur la demande en divorce, V. C. pr. civ., art. 1077, App., I. Procédure.

DALLOZ PRATIQUE[S] *Divorce - Médiation : mise en œuvre.*

Art. 247-1 **Les époux peuvent également, à tout moment de la procédure, lorsque le divorce aura été demandé pour altération définitive du lien conjugal ou pour faute, demander au juge de constater leur accord pour voir prononcer le divorce pour acceptation du principe de la rupture du mariage.**

Pour les dispositions transitoires, V. L. n° 2004-439 du 26 mai 2004, art. 33-I, ss. art. 295.

Sur l'acceptation du principe de la rupture, V. C. pr. civ., art. 1123, App., I. Procédure.

1. Passerelle. Pour l'application du système de « passerelle » consacré par l'art. 246 anc., V. • TGI Paris, JAM, 13 mai 1976 : *JCP 1976. II. 18400 bis, note Lindon* • TGI Belfort, 8 mars 1977 : *JCP 1977.*

II. 18654, note R. L. • Civ. 2e, 18 déc. 1996, n° 92-15.852 P : *Dr. fam. 1997, n° 73, note Lécuyer.* – V. aussi Lesourd, *Gaz. Pal. 1981. 1. Doctr. 88 ;* Hauser, *RTD civ. 1995. 336.*

2. Exclusion. Les époux qui se sont vu débouter de leur demande en divorce pour faute ne peuvent solliciter en appel le divorce pour altération définitive du lien conjugal. • Civ. 1re, 19 mars 2014, n° 12-17.646 P.

3. Compétence. Incompétence de la cour d'appel pour connaître en cours d'instance d'une requête conjointe en divorce (art. 246 anc., alors applicable au divorce accepté) : • Bordeaux, 26 juin 1997 : *JCP 1998. II. 10039, note Garé ; Dr. fam. 1997, n° 160, note Lécuyer ; RTD civ. 1998. 84, obs. Hauser ; Gaz. Pal. 1997. 2. 686, note Dandine* (compétence exclusive du JAF).

Art. 247-2 *(L. n° 2019-222 du 23 mars 2019, art. 22, en vigueur le 1er janv. 2021)* **Si le demandeur forme une demande en divorce pour altération définitive du lien conjugal et que le défendeur demande reconventionnellement le divorce pour faute, le demandeur peut invoquer les fautes de son conjoint pour modifier le fondement de sa demande.**

Sur l'entrée en vigueur et l'application dans le temps des modifications issues de l'art. 22 de la L. n° 2019-222 du 23 mars 2019, V. ndlr ss. art. 233.

Ancien art. 247-2 ***Si, dans le cadre d'une instance introduite pour altération définitive du lien conjugal, le défendeur demande reconventionnellement le divorce pour faute, le demandeur peut invoquer les fautes de son conjoint pour modifier le fondement de sa demande.***

Pour les dispositions transitoires, V. L. n° 2004-439 du 26 mai 2004, art. 33-I, ss. art. 295.

1. Absence de caractère subsidiaire de la demande. L'art. 247-2 ouvre au demandeur la possibilité de solliciter le prononcé du divorce aux torts partagés pour le cas où la demande reconventionnelle en divorce pour faute de son conjoint serait admise, sans le contraindre à renoncer à sa demande principale en divorce pour altération du lien conjugal, pour le cas où cette demande reconventionnelle serait rejetée ; la demande tendant au prononcé du divorce aux torts partagés ne peut être regardée comme une demande formée à titre subsidiaire au sens de l'art. 1077, al. 1er, C. pr. civ., App. *I. Procédure.* • Civ. 1re, 11 sept. 2013, n° 11-26.751 P : *D. 2013. 2831, note Douville et Mauger-Vielpeau ; AJ fam. 2013. 633, obs. David ; RTD civ. 2013. 824, obs. Hauser ; JCP 2013, n° 1130, note Thouret ; Gaz. Pal. 2013. 3030, obs. Chevalier.*

2. Cassation et instance devant la cour de renvoi. Viole les art. 633 C. pr. civ., ensemble l'art. 247-2 C. civ., la cour d'appel qui, pour déclarer la demande en divorce pour faute du mari irrecevable, retient que la cassation ayant été circonscrite au prononcé du divorce et à la prestation compensatoire, le mari, qui avait initialement assigné son épouse sur le fondement des dispositions des art. 237 et 238 C. civ., ne pouvait plus présenter une demande en divorce pour faute, alors que la recevabilité des prétentions nouvelles est soumise aux règles qui s'appliquent devant la juridiction dont la décision a été cassée et que le mari qui avait introduit l'instance en divorce pour altération définitive du lien conjugal pouvait opposer, devant cette juridiction, à la demande en divorce formée par son épouse sur le fondement de la faute, une demande aux mêmes fins. • Civ. 1re, 19 sept. 2019, n° 18-22.522.

CHAPITRE II ***DE LA PROCÉDURE DU DIVORCE JUDICIAIRE*** *(L. n° 2016-1547 du 18 nov. 2016, art. 50, en vigueur le 1er janv. 2017).*

La loi n° 2004-439 du 26 mai 2004 modifiant le présent chapitre II est entrée en vigueur le 1er janvier 2005. — V. les dispositions transitoires ss. art. 295.

Sur la procédure de divorce judiciaire, V. aussi C. pr. civ., art. 1075 s., App. I. Procédure.

RÉP. CIV. v° *Divorce (Cas de divorce)*, par N. Dissaux.

DALLOZ ACTION *Droit de la famille 2023/2024, nos 133.222 s.*

BIBL. GÉN. ▸ **Étude d'ensemble :** Bertin, *JCP 1976. I. 2751* (Décr. n° 75-1124 du 5 déc. 1975).

▸ **Études spéciales :** Barbier, *Gaz. Pal. 1978. 2. Doctr. 625* (pouvoirs du JAM après divorce). – Bertin, *JCP 1984. I. 3146* (référé à fin de rétractation de l'ordonnance rendue sur requête initiale en divorce). – Brazier, *Gaz. Pal. 1981. 2. Doctr. 415* (commentaire Décr. n° 81-500 du 12 mai 1981). – Claux et David, *Defrénois 2008. 1413* (le notaire nommé expert). – Granet-Lambrechts, *Gaz. Pal. 1983. 1. Doctr. 252* (effet suspensif de l'appel et du pourvoi en cassation au regard des mesures accessoires au divorce). – Groslière, *D. 1976. Chron. 73* (JAM) ; *D. 1990. Somm. 97* (jurisprudence). – Hauser, *RTD civ. 1991. 304* (entre divorce et après-divorce). –

Huet-Weiller, *D. 1984. Chron. 193* (comm. Décr. n° 84-618 du 13 juill. 1984) ; *RTD civ. 1991. 714* (effet suspensif du pourvoi). - Juilliard et Appert, *D. 1976. Chron. 119* (voies de recours en matière de divorce). - Lebel-Cliqueteux, *AJ fam. 2023. 258* (réforme du divorce : ultimes difficultés). - Leclere Vue, *AJ fam. 2023. 213* (spécificités de l'aide juridictionnelle dans les procédures de divorce). - Lienhard, *D. 1985. Chron. 15* (compétence du JAM en tant que juge des référés). - Lindon et Bénabent, *JCP 1984. I. 3166* (commentaire Décr. n° 84-618 du 13 juill. 1984). - Lindon et Bertin, *JCP 1981. I. 3042* (commentaire Décr. n° 81-500 du 12 mai 1981). - J. Maury, *D. 1983. Chron. 27* (compétence territoriale en matière de demande en divorce). - Rousse, *Gaz. Pal. 1978. 2. Doctr. 501* (compétence territoriale dans le divorce demandé par celui des époux avec lequel habitent les enfants mineurs). - Rubellin-Devichi, *RTD civ. 1988. 87* (intimité de la vie privée). - Du Rusquec, *Gaz. Pal. 1978. 1. Doctr. 237* (nature des ordonnances rendues par le JAM). - Sturlese, *JCP 1998. I. 145* (signature de la Convention de « Bruxelles 2 »). - Viatte, *Gaz. Pal. 1980. 2. Doctr. 374* (recevabilité des requêtes initiales). - Zerouki, *Dr. fam. 2002. Chron. 26* (exercice successif de fonctions et impartialité du juge du divorce). - Dossier, *AJ fam. 2008. 414* (divorce et dépens) ; *ibid. 2009. 368* et *420* (divorce et transparence) ; *ibid. 2014. 457* (stratégie procédurale du divorce) ; *ibid. 2015. 80* ; *ibid. 128* (divorce : formules et procédure).

▸ **Réforme du 23 mars 2019 :** Casey, *AJ fam. 2019. 239* (simplifier pour mieux juger, vraiment ?) ; *ibid. 2020. 285* (publication de l'arrêté sur la date de première audience). - Mulon, *Dr. fam. 2020. Étude 6* (la nouvelle procédure de divorce) ; *ibid. 2022. Étude 1* (un an après). - Mulon et Égéa, *ibid. 2020. Étude 8 (idem)*. - Dossier, *AJ fam. 2020. 11 et 89* (réforme de la procédure de divorce). - Dossier, *AJ fam. 2021. 13 et 77* (réforme de la procédure du divorce). - Dossier, *AJ fam. 2022. 465* (divorce : l'heure du bilan).

COMMENTAIRE

La loi du 23 mars 2019, pour ce qui est du divorce, a modifié la procédure des divorces contentieux par le biais de deux articles. L'article 22 de la loi réforme la procédure des divorces contentieux, tandis que l'article 23 touche au fond des règles applicables au divorce, en modifiant le délai du divorce pour altération définitive du lien conjugal. Ces dispositions ont été complétées par des dispositions réglementaires, celles du décret n° 2019-1380 du 17 décembre 2019 *(JO 19 déc.)*. On peut les résumer comme suit, sachant qu'un nombre non négligeable de questions pratiques restent dans l'ombre et qu'il appartiendra à la jurisprudence, ou au pouvoir réglementaire, de les préciser.

Droit transitoire. Le droit transitoire de cette réforme a été d'un accouchement particulièrement difficile et d'une rédaction peu soignée. L'article 109 de la loi du 23 mars 2019 disposait que les articles 22 et 23 devaient entrer en vigueur à une date fixée par décret en Conseil d'État, et au plus tard le 1er septembre 2020. En dépit du souhait initial du pouvoir exécutif d'avancer cette date au 1er janvier 2020, ce qui était clairement irréaliste tant les juridictions et les greffes n'étaient pas prêts, le décret n° 2019-1380 du 17 décembre 2019, en son article 15, a finalement prévu une entrée en vigueur le 1er septembre 2020, sans autre précision, ce qui en faisait une loi d'application immédiate aux procédures en cours, et donc à celles engagées sous l'empire des dispositions « anciennes ». De sérieuses difficultés étaient donc à craindre. Cette erreur a été corrigée par le décret n° 2019-1419 du 20 décembre 2019 relatif à la procédure accélérée au fond devant les juridictions judiciaires, qui, en son article 22, a précisé que *« l'article 15 du décret n° 2019-1380 du 18 décembre 2019 »* (sic, il faut lire 17 déc.) devait être complété par un alinéa ainsi rédigé : *« les requêtes en divorce ou en séparation de corps introduites avant le 1er septembre 2020 sont traitées selon les règles en vigueur avant cette date ».*

Le report du report... Ces ratés législatifs et règlementaires ont encore été aggravés par la crise sanitaire du covid-19, qui, entre confinement et congés d'été 2020, n'a pas permis une mise en œuvre de la réforme à la date voulue, soit le 1er septembre 2020. C'est pourquoi la loi n° 2020-734 du 17 juin 2020, relative à diverses dispositions liées à la crise sanitaire, à d'autres mesures urgentes ainsi qu'au retrait du Royaume-Uni de l'Union européenne *(JO 18 juin)*, a prévu, notamment, le report de l'entrée en vigueur de la réforme de la procédure de divorce. C'est ainsi que l'art. 25-I-1°) de cette loi dispose que : « L'article 109 de la loi n° 2019-222 du 23 mars 2019 de programmation 2018-2022 et de réforme pour la justice est ainsi modifié : 1° A la fin de la première phrase du VII, la date : "1er septembre 2020" est remplacée par la date : "1er janvier 2021" ». C'est donc la loi du 23 mars 2019 qui a été modifiée, de sorte que l'article 109 de cette loi dispose : « Les articles 22 et 23 entrent en vigueur à une date fixée par décret en Conseil d'État, et au plus tard le 1er janvier 2021 ». Cette formulation laissait donc place à une possibilité d'entrée en vigueur avant le 1er janvier 2021, ce qui était fort insécurisant. Il fallait donc prendre un nouveau décret, ce qui fut fait avec le décret n° 2020-950 du 30 juillet 2020 *(JORF 1er août)*, relatif aux conditions de l'élection des bâtonniers du conseil de l'ordre des avocats et au report de la réforme de la saisie conservatoire des comptes bancaires, de l'extension de l'assignation à date et de la réforme de la procédure applicable aux divorces contentieux. L'article 4 de ce décret dispose : « A l'article 15 du décret du 17 décembre 2019 susvisé la date : "1er septembre 2020" est remplacée par la date : "1er janvier 2021" ». Il faut donc lire l'article 15 du décret du 17 décembre 2019 ainsi : « Les dispositions des articles 1er à 7 entrent en vigueur le 1er janvier 2021. Les requêtes en divorce ou en séparation de corps introduites avant le 1er janvier 2021 sont traitées selon les règles en vigueur avant cette date ». Cette rédaction est assez curieuse, car elle vise uniquement (via les art. 1er à 7 du Décr. du 17 déc. 2019) les dispositions du code de procédure civile, et non les articles du code civil (modifiés par les art. 22 et 23 de la loi préc. du 23 mars 2019). Certes, le visa du décret du 30 juillet vise bien la loi du 23 mars 2019 en ses « art. 22 à 25 », mais il n'en demeure pas moins que, *stricto sensu*, la partie réglementaire de la réforme entre désormais en vigueur le 1er janvier 2021 tandis que la partie législative aurait pu entrer en vigueur plus tôt (puisque le Décr. du 30 juill. 2020 vise le Décr. du 17 dec. 2019, et non la loi du 23 mars 2019)... Bien entendu, on peut penser qu'une telle divergence dans la date d'entrée en vigueur de la loi et du règlement ne se produira pas, mais, à tout le moins, ce hiatus montre à quel point le droit transitoire de la réforme du divorce est issu d'une plume incertaine et, pour tout dire, médiocre.

Loi ancienne ou loi nouvelle : le critère. Donc, si l'on résume, il est désormais acquis (enfin, sous le bénéfice de la remarque précédente à propos de la rédaction de l'art. 4 du Décr. du 30 juill. 2020) que, par application de l'article 15 du décret du 17 décembre 2019, tel que modifié par l'article 4 du décret du 30 juillet 2020, les procédures « anciennes », c'est-à-dire celles débutées par requête avant l'entrée en vigueur de la loi (donc le 1er janv. 2021), resteront régies par le droit antérieur à la réforme. Peu importe donc, pour les procédures anciennes, que l'assignation soit délivrée avant ou après le 1er janvier 2021 puisque c'est la date de la requête, par hypothèse déposée avant le 1er janvier 2021, qui fixera la nature du droit applicable, en l'occurrence le droit ancien. Par conséquent, le jugement rendu après ladite entrée en vigueur produit les effets prévus par la loi ancienne. Il en ira de même des arrêts d'appel ou de cassation dès lors que la requête en divorce aura été déposée avant le 1er janvier 2021. Les cabinets JAF et leurs greffes devront donc faire coexister les deux procédures, l'ancienne et la nouvelle, pendant des années, ce qui ne facilitera pas leur tâche.

I. LE SCHÉMA PROCÉDURAL

A. LA VOLONTÉ DE DIVORCER : SON EXPRESSION FORMELLE

Volonté contentieuse ou accords entre époux. Assez logiquement, le divorce contentieux débute avec une demande en divorce, mais la loi, ici prolongée par le décret, fait la part belle aux accords en cours de procédure ou même avant l'engagement du contentieux. Il convient donc de distinguer la demande contentieuse proprement dite (1°) et les accords relatifs au divorce (2°).

1° LA DEMANDE CONTENTIEUSE EN DIVORCE

Une « demande en divorce ». Le divorce contentieux débute avec une « demande » qui sera soit une assignation, soit une requête conjointe (art. 1107 C. pr. civ.). Il résulte de l'article 1106 du code de procédure civile que l'instance est formée, instruite et jugée selon la procédure écrite ordinaire devant le tribunal judiciaire, sauf dispositions dérogatoires contenues aux deux premières sections du chapitre V « La procédure en matière familiale ». Il s'agit donc d'une procédure écrite avec représentation obligatoire, à laquelle il n'est dérogé que pour l'audience d'orientation et sur mesures provisoires (AOMP) où les parties peuvent exposer oralement leurs prétentions, en dépit du caractère écrit de la procédure (V. *infra*).

Indication ou non du fondement de la demande. L'article 251 du code civil, permet l'indication du fondement de la demande en divorce dans l'assignation dans deux cas seulement :

• En cas d'acceptation du principe de la rupture du mariage ;

• En cas d'altération du lien conjugal.

En revanche, à peine d'irrecevabilité, la demande en divorce ne peut faire mention de la faute (lorsqu'elle constitue le fondement de la demande en divorce), et pas davantage des faits à l'origine de cette demande en divorce (art. 1107, al. 3, C. pr. civ.).

2° LES ACCORDS RELATIFS AU DIVORCE

a. La demande acceptée

Divorce sur demande acceptée. L'article 1123 du code de procédure civile complète ici les dispositions de l'article 233 du code civil. L'acceptation du principe de la rupture du mariage sans considération des faits à l'origine de celle-ci peut être constatée de trois façons.

• Avant toute procédure contentieuse, l'accord peut être donné au moyen d'un acte sous signature privée contresigné par avocats (art. 1123-1 C. pr. civ.). Cet acte ne peut être antérieur de plus de 6 mois à la demande en divorce (art. 1123-1, al. 1er, C. pr. civ.). L'acte sera lors annexé à la requête conjointe des parties (art. 1123-1, al. 2, C. pr. civ.).

• Une fois l'instance engagée, l'accord peut se matérialiser de deux façons :
– Lors d'une audience sur mesures provisoires, l'accord sera constaté dans un procès-verbal dressé par le juge et signé par les époux et leurs avocats respectifs (art. 1123, al. 2, C. pr. civ.) ;
– En cours de procédure et en dehors de toute audience sur mesures provisoires, l'accord (toujours sous forme d'acte contresigné par avocat) est transmis au juge de la mise en état (art. 1123-1, al. 2, dernière phrase).

Dans tous les cas, que l'accord soit constaté par un procès-verbal établi par le juge ou par un acte contresigné par avocats, l'acte doit rappeler les dispositions du quatrième alinéa de l'article 233 du code civil, et ceci à peine de nullité (art. 1123, dernier al., C. pr. civ.).

Cette acceptation du principe de la rupture peut intervenir à tout moment de la procédure et ne peut être rétractée par voie d'appel (art. 233, al. 3 et 4, C. civ.).

Enfin, on gardera à l'esprit que l'article 25 de la loi du 23 mars 2019 a modifié l'article 1175 du code civil afin de permettre le recours à l'écrit électronique en matière de divorce par acte sous signature privée contresigné par avocat.

b. L'altération du lien et la faute

Conclusions concordantes. Pour les divorces fondés sur l'altération de lien ou sur la faute, les parties peuvent trouver un accord en cours de procédure, et l'exprimer dans leurs écritures, via ce que la pratique a consacré sous l'appellation de « conclusions concordantes » (art. 247-1 C. civ., et art. 1123 C. pr. civ.). Il faudra donc que chaque partie annexe à ses conclusions une déclaration d'acceptation du principe de la rupture du mariage, ou l'acte d'avocats de l'article 1123-1 du code de procédure civile. La déclaration ou l'acte d'avocats doit rappeler les dispositions du quatrième alinéa de l'article 233 du code civil, et ceci à peine de nullité (art. 1123, dern. al., C. pr. civ.).

B. L'ASSIGNATION : SON CONTENU

1° LE RAPPEL DE DIVERSES DISPOSITIONS

Le sanctionnable et le reste... Selon l'article 252 du code civil, la « demande introductive d'instance » (assignation ou requête conjointe) devra contenir le rappel de diverses dispositions :
– La possibilité de recourir à la médiation familiale et à la procédure participative ; il n'existe pas de sanction spécifique prévue en manquement à cette obligation ;
– La possibilité de faire homologuer des accords partiels ou complets sur les conséquences du divorce et les modalités d'exercice de l'autorité parentale (ou un seul de ces aspects) ; ici aussi, aucune sanction n'a été prévue en cas de non-respect de cette mention de l'assignation ;

– Une proposition de règlement des intérêts pécuniaires et patrimoniaux des époux (PRIPP) ; ici, comme sous l'empire du droit ancien, la sanction du non-respect de cette obligation est l'irrecevabilité de la demande en divorce. Cependant, cette irrecevabilité est possiblement plus dangereuse qu'auparavant, car elle sera encourue dès le début de la procédure de divorce, ce qui la rend d'autant plus visible. Il sera prudent de formuler des « PRIPP » assez détaillées pour éviter tout risque d'irrecevabilité. Cela est d'autant plus à conseiller que l'article 1115 du code de procédure civile est inchangé, de sorte que cette proposition (et les éléments qu'elle contient) ne constitue pas une prétention au sens de la procédure civile.

2º LA STRUCTURE DE L'ASSIGNATION

Double corps ou actes séparés... Le droit positif (art. 1117, al. 1er, C. pr. civ.) laisse au demandeur le choix quant à la façon de présenter ses demandes relatives aux mesures provisoires.

• Soit le demandeur les formule dans son assignation en divorce, laquelle aura donc deux parties distinctes : celle relative au divorce et celle relative aux mesures provisoires (mais la numérotation du bordereau de pièces risque d'être complexe) ;

• Soit le demandeur formule ses demandes relatives aux mesures provisoires dans des conclusions d'incident distinctes de son assignation, mais qu'il fera signifier dès que le JAF sera devenu juge de la mise en état (V., ci-dessous, art. 1108, dern. al. C. pr. civ.).

3º LA DATE DE L'AOMP

Date de l'audience relative aux mesures provisoires. L'article 254 du code civil précise que le juge tient *« dès le début de la procédure »* une audience à l'issue de laquelle il prend, en considération des accords des époux, des mesures *« nécessaires pour assurer l'existence des époux et des enfants de l'introduction de la demande en divorce à la date à laquelle le jugement de divorce passe en force de chose jugée »*. Le décret a précisé plusieurs aspects de ces règles générales :

• L'assignation doit contenir le lieu, jour et heure de l'audience sur orientation et sur mesures provisoires (art. 1107, al. 1er, C. pr. civ., que l'on peut résumer sous l'acronyme « AOMP »). Il faudra donc aller chercher cette date au greffe, ou que ce dernier en donne communication, selon des modalités encore inconnues, le RPVA ne semblant pas encore adapté aux dispositions nouvelles. Il est question de la création d'une « boîte mail structurelle », identique à celle désormais applicable dans le droit commun de la procédure civile, mais les dispositions règlementaires à venir devront préciser cet aspect de la procédure. La sanction encourue pour défaut d'indication, dans l'assignation, des lieu, jour et heure de l'AOMP est énergique puisqu'il s'agit de la nullité de l'assignation ou de la requête conjointe (art. 1107, al. 1er, C. pr. civ.).

• C'est la « juridiction » (art. 1107, al. 2, C. pr. civ.) qui communique cette date. Notons que la date à laquelle la juridiction communique cette date de l'audience sur orientation et sur mesures provisoires est une date très importante dans la procédure de saisine du JAF. Il conviendra donc de s'assurer une preuve de la date à laquelle la juridiction a communiqué au demandeur la date de l'audience d'orientation et sur mesures provisoires. Ces aspects relèvent de l'arrêté du garde des Sceaux cité par l'article 1107, alinéa 2 du code de procédure civile, non encore paru.

• Structurellement, cette audience d'orientation et sur mesures provisoires n'est rien d'autre qu'un incident par rapport à la procédure au fond en divorce. Le JAF y statue d'ailleurs en qualité de juge de la mise en état, et l'appel, ainsi qu'il sera vu plus loin, suit le régime des appels d'incidents sur mesures provisoires en matière de divorce. Au demeurant, dès le dépôt de la requête conjointe, de la constitution du défendeur, ou à l'expiration du délai qu'a le défendeur pour se constituer, le JAF exerce les fonctions de juge de la mise en état (art. 1108, dern. al., C. pr. civ.).

C. LES SUITES PROCÉDURALES DE L'ASSIGNATION

1º LA SIGNIFICATION DE L'ASSIGNATION

Délai pour signifier l'assignation. Le projet de décret prévoyait que l'assignation devait être signifiée dans les quinze jours de la date à laquelle la juridiction a communiqué la date de l'audience d'orientation et sur mesures provisoires. Cette formulation n'a pas été reprise par le décret du 17 décembre 2019, qui lui a préféré celle du nouvel article 1108 du code de procédure civile, lequel dispose en son avant-dernier alinéa que le défendeur doit constituer avocat dans « le délai de quinze jours à compter de l'assignation ». Il n'existe donc pas de délai dans lequel le demandeur doit faire signifier son assignation.

2° LA CONSTITUTION DU DÉFENDEUR

Délai pour se constituer en défense. En revanche, ainsi qu'il vient d'être vu, l'article 1108, avant-dernier alinéa, impose au défendeur de se constituer dans les 15 jours *« à compter de l'assignation »*, ce qui n'est pas une formulation très heureuse. On comprend néanmoins que c'est dans les 15 jours de la signification de l'assignation. Aucune sanction directe n'est cependant prévue. Il semble donc qu'une constitution tardive, comme cela se pratique en droit commun de la procédure, soit possible, y compris après la clôture de l'instruction de l'affaire. Mais dans l'intervalle, le demandeur aura pu solliciter, faute de défendeur constitué, la suppression de l'audience d'orientation et sur mesures provisoires (mais le défendeur peut demander qu'une nouvelle audience soit fixée, V. *infra*).

3° LA SAISINE DU JAF : PROCÉDURE ORDINAIRE

Par qui ? L'article 1108 du code de procédure civile précise en son alinéa premier que le JAF est saisi *« à la diligence de l'une ou l'autre partie »*. La saisine du JAF n'est pas une prérogative exclusive du demandeur. Le défendeur peut aussi saisir la juridiction dès lors que l'assignation en divorce lui a été signifiée.

Comment ? L'article 1108, alinéa 2 du code de procédure civile prévoit qu'une simple *« copie »* de l'acte introductif d'instance doit être remise au JAF. Le demandeur n'est donc pas obligé de remettre le second original de son assignation, une copie suffira (mais la remise du second original sera aussi valable en bonne logique). Le défendeur, lui, ne pourra, dans tous les cas, remettre qu'une copie, ce qui explique sans doute la formulation un brin curieuse du texte.

Quels délais ? Le délai dans lequel le JAF doit être saisi dépend d'un système assez complexe prévu à l'article 1108 du code de procédure civile. Ce texte invite à distinguer deux situations, selon que la date de l'AOMP aura été communiquée de façon électronique, ou non, au demandeur :

(i) Communication électronique. Si la juridiction a communiqué une date pour l'AOMP selon les modalités de l'article 748-1 du code de procédure civile (communication par voie électronique), il faut encore distinguer selon que la date d'AOMP est de plus ou de moins de deux mois par rapport à la date de communication de la date d'AOMP par la juridiction.

▸ Si la juridiction a fixé (par voie électronique) une date d'AOMP **plus de deux mois** après la date de communication de la date d'AOMP par la juridiction, l'assignation devra être remise à la juridiction dans les deux mois de la date de communication de la date d'AOMP par la juridiction (art. 1108, al. 2, C. pr. civ.).

▸ Au contraire, si la juridiction a fixé (par voie électronique) une date d'AOMP **moins de deux mois** après la date de communication de la date d'AOMP, il sera procédé comme au (ii) ci-dessous (art. 1108, al. 5, C. pr. civ.).

(ii) Communication autre qu'électronique. Si la juridiction a communiqué une date d'AOMP par d'autres moyens que ceux de l'article 748-1 du code de procédure civile (communication autre qu'électronique), l'assignation devra être remise à la juridiction au plus tard quinze jours avant la date de l'AOMP (art. 1108, al. 3 et 4, C. pr. civ.).

Remise de l'assignation hors délais. Si les délais indiqués ci-dessus ne sont pas respectés, l'assignation sera caduque (art. 1108, al. 6, C. pr. civ.). La caducité peut être constatée par le JAF, soit d'office, soit à la requête de l'une des parties (art. 1108, al. 6, C. pr. civ.). La nature du délai de deux mois de l'article 1108, alinéa 2 du code de procédure civile n'est pas précisée par les textes, mais tout semble indiquer qu'il s'agit d'un délai de forclusion, qui sera donc insusceptible de suspension ou d'interruption. Il en va de même, en bonne logique, pour les quinze jours de distance entre remise à la juridiction de l'assignation et date de l'AOMP des alinéas 3 et 5 de l'article 1108 du code de procédure civile.

Délais de distance. Le décret ne dit rien de l'application d'éventuels délais de distance pour le cas où une partie résiderait outre-mer ou à l'étranger. On est donc conduit à conclure que les textes nouveaux ne dérogent en rien aux délais de distance des articles 643 et 644 du code de procédure civile. Par conséquent, en application de l'article 645 du code de procédure civile, puisque nulle dérogation n'existe, les délais de distance du droit commun de la procédure civile (un mois pour l'outre-mer et deux mois pour l'étranger) seront automatiquement applicables aux délais précités en matière de divorce.

4° LA SAISINE DU JAF : PROCÉDURE EN URGENCE

Requête aux fins d'assigner à jour fixe. Une procédure d'urgence est prévue (art. 1109 C. pr. civ.), laquelle déroge expressément aux article 1107 et 1108 du code de procédure civile. Le JAF est alors saisi par requête, dans les conditions, d'une part, de l'article 840 du code de procédure civile en ses alinéa 2 et 3, et, d'autre part, de l'article 841 du code de procédure civile. Il résulte du premier texte cité en renvoi (art. 840) que la requête devra exposer les motifs de l'urgence, contenir les conclusions du demandeur et viser les pièces justificatives, et que copie de la requête et des pièces doit être remise au président (au JAF en réalité, même si le terme n'a pas été adapté) pour être versée au dossier du tribunal. Il résulte du second texte visé en renvoi (art. 841) que l'assignation devra indiquer à peine de nullité les jour et heure fixés par le président (JAF) auxquels l'affaire sera appelée ainsi que la chambre à laquelle elle est distribuée, et qu'une copie de la requête sera jointe à l'assignation.

Saisine du JAF. La remise d'une copie de l'assignation (par qui ? L'une ou l'autre des parties comme dans la procédure ordinaire ? Le texte ne le précise pas) doit intervenir au plus tard la veille de l'audience d'AOMP d'urgence. A défaut, l'assignation sera caduque, la caducité étant constatée d'office par une ordonnance du JAF (contrairement à la procédure ordinaire en divorce, il n'est pas prévu qu'une partie sollicite la caducité, ce qui est étrange, car que décider si le JAF « oublie » de relever la caducité ?).

Constitution du défendeur. La constitution du défendeur doit intervenir au plus tard la veille de l'AOMP d'urgence. A défaut, le défendeur ne pourra être entendu lors de l'AOMP, étant inexistant dans la procédure. Les avocats des défendeurs devront donc bien veiller à respecter la règle compte tenu des conséquences procédurales s'attachant à une constitution tardive.

Respect du contradictoire. A l'audience (donc à l'AOMP d'urgence), le JAF devra s'assurer que le défendeur a disposé du temps nécessaire pour assurer la défense de ses intérêts, ce qui laisse donc ouverte la possibilité d'une demande de renvoi dans le cas contraire (système infiniment préférable au projet de décret qui imposait au défendeur de prendre connaissance des pièces au greffe…).

Rejet de l'urgence : retour à la procédure ordinaire. Si le juge ne fait pas droit à la demande de fixation en urgence, il doit communiquer au demandeur une date d'AOMP *« dans les conditions de l'article 1107 »*, donc selon le droit commun de la procédure de divorce. Précisions que, cette date ayant été donnée, par hypothèse, en dehors tout procédé électronique, l'assignation devra être remise à la juridiction non pas dans les deux mois de la date de communication de la date d'AOMP, mais quinze jours minimum avant l'AOMP, ainsi qu'il a été vu ci-dessus.

D. L'AUDIENCE D'ORIENTATION ET SUR MESURES PROVISOIRES (AOMP)

1° UNE AUDIENCE D'INCIDENT « SUI GENERIS »

Une audience d'incident… L'AOMP n'étant rien d'autre qu'une audience d'incident, il convient que le juge de la mise en état soit correctement saisi des demandes relatives aux mesures provisoires. Il existe deux façons concurrentes de saisir le JME de ce type de demandes (V. art. 1117, al. 1er, C. pr. civ.).

• Soit l'assignation contient deux parties, avec les mesures provisoires sollicitées apparaissant dans une partie distincte de l'acte ;

• Soit l'assignation ne dit mot des mesures provisoires, mais alors ces demandes devront être faites par des conclusions distinctes, spécifiquement adressées au juge de la mise en état ;

Dans le second cas, on suppose que les conclusions d'incident ne pourront exister que si l'assignation a été valablement enrôlée, ce qui imposera de ne signifier les conclusions d'incident qu'une fois l'enrôlement de l'assignation acquis.

Ces deux façons de saisir le JME sont sanctionnées d'une irrecevabilité (art. 1117, al. 1er, C. pr. civ.), laquelle ne frappera (si l'on s'en tient au texte) que les demandes relatives aux mesures provisoires, non la demande en divorce elle-même.

Représentation obligatoire... L'article 1117, alinéa 4, du code de procédure civile dispose que lors de l'AOMP, les parties comparaissent assistées par leur avocat ou peuvent être représentées. Il est donc certain que la représentation par avocat est obligatoire pour cette audience. Sans avocat constitué, la partie sera inexistante dans la procédure. Elle ne pourra d'ailleurs même pas avoir accès physiquement à la salle d'audience. En revanche, la présence physique des justiciables n'est pas obligatoire puisque la représentation est prévue.

... Mais procédure orale !. La curiosité de cet article 1117 du code de procédure civile est à rechercher dans son alinéa 5 qui dispose que les parties peuvent présenter oralement des prétentions et des moyens à leur soutien, les dispositions du premier alinéa de l'article 446-1 du code de procédure civile étant alors applicables. C'est curieux, pour ne pas dire bizarre, car voici qu'au beau milieu d'une procédure écrite avec représentation obligatoire (on est devant le JME en procédure d'incident, faut-il le rappeler), l'oralité des débats reprend le dessus. Le visa du premier alinéa de l'article 446-1 du code de procédure civile a d'ailleurs de quoi inquiéter, car il signifie que l'avocat qui conclut par écrit devra bien veiller à récapituler à l'oral le dispositif de ses conclusions, au risque sinon d'être réputé avoir abandonné tout ou partie de ses demandes écrites... Inversement, il sera possible de soutenir à l'audience des demandes et des moyens de dernière minute, ce qui cadre mal (en termes de loyauté des débats) avec une procédure écrite. Nul doute que des renvois pourront être accordés (ou des notes en délibéré autorisées), mais il est dommage que le pouvoir règlementaire n'ait pas saisi l'occasion pour moraliser les débats de l'ONC, ce qui constituait le défaut le plus saillant des mesures provisoires dans la procédure antérieure à la réforme.

Obligation pour le juge de statuer. Si des mesures provisoires sont sollicitées, ne serait-ce de la part d'une seule partie (si l'autre ne constitue pas), le juge est obligé de statuer (art. 1117, al. 4, C. pr. civ.). Cette disposition étonne un peu, tant elle enfonce une porte ouverte : régulièrement saisi d'une demande de fixation des mesures provisoires, le JME ne peut que statuer... Comment pourrait-il ne pas le faire, sauf à encourir les sanctions d'un déni de justice ? Il est donc curieux qu'une disposition du code de procédure civile affirme l'obligation du magistrat de statuer, comme si le contraire avait pu traverser l'esprit du pouvoir règlementaire... Étonnant !

Date d'effet des mesures provisoires. De façon inattendue (cela n'avait jamais figuré dans les projets de décret ayant circulé avant le texte final), le décret du 17 décembre 2019 a inséré un dernier alinéa à l'article 1117 du code de procédure civile, qui dispose que *« le juge décide de la date d'effet des mesures provisoires »*. C'est une innovation majeure car, dans le système antérieur au 1er janvier 2021, le juge ne disposait d'aucun pouvoir pour fixer les mesures provisoires à compter de telle ou telle date qui lui semblait souhaitable. Les mesures provisoires prenaient effet à la date de sa décision (à l'ONC), et le juge ne pouvait rien y changer. Autrement dit, le juge statuait forcément *in futurum* relativement aux mesures provisoires. Désormais les choses sont différentes, puisque le juge décidera seul du point de départ des mesures provisoires. Ceci suggère plusieurs remarques.

D'une part, la légalité même du dernier alinéa de l'article 1117 du code de procédure civile apparaît incertaine. En effet, ce texte permet au juge de la mise en état d'une procédure de divorce de décider du domaine de l'article 214 du code civil, et nul ne voit que des ordonnances d'habilitation aient donné au pouvoir règlementaire la faculté de toucher à la partie législative du code civil. Pourtant, c'est bien ce que fait le dernier alinéa de l'article 1117 du code de procédure civile puisque, pour les procédures ouvertes à compter du 1er janvier 2021, le juge de la mise en état aura entre ses mains la durée maximale de la contribution aux charges du mariage. Tel n'est pas le cas dans le système antérieur, car les mesures provisoires ne courraient qu'à compter de l'ONC. La loi avait donc organisé une succession entre l'article 214 et l'article 255, ce dernier texte prenant le relais du premier, sans aucun pouvoir d'intervention du juge du divorce et sans chevauchement possible, puisque le juge statuait *in futurum*. Au contraire, dans le système nouveau, le juge du divorce (qui plus est un simple juge de la mise en état, et donc un juge qui, en théorie, ne statue pas au fond) peut décider de la durée de la contribution aux charges du mariage, selon qu'il fixe les mesures provisoires, par exemple, à la date de l'assignation, ou, au contraire, à celle de son ordonnance suite à l'AOMP. De sorte que la succession des articles 214 et 255 ne dépend plus, désormais, d'un ordre fixé par la loi, mais d'un ordre fixé par le juge, et ceci en vertu d'un texte, le dernier alinéa de l'article 1117 du code de procédure civile, qui n'a fait l'objet d'aucune discussion parlementaire. On ne peut qu'être réservé sur la légalité du procédé.

D'autre part, la formulation du dernier alinéa de l'article 1117 du code de procédure civile est tellement vague que nul ne sait quelles sont les bornes temporelles possibles. On imagine que le juge ne pourrait fixer la date d'effet des mesures provisoires à une date passée plus lointaine que la date de l'assignation, mais le texte ne disant rien, comment en être sûr ? Pire encore, le juge pourrait-il décider de faire coïncider les mesures provisoires avec la date des effets du divorce (art. 262-1), et donc, potentiellement, faire remonter les mesures provisoires, en cas de séparation de fait, à la date de cessation de la cohabitation ? Cela semblerait très excessif, et une grosse perturbation du domaine de l'article 262-1 du code civil en résulterait, mais qui peut être formel face à un texte aussi vague ?

Enfin, à supposer que la borne temporelle passée maximale soit l'assignation en divorce, bien des degrés et bien des hypothèses sont possibles entre cette date et celle du délibéré de l'AOMP : date fixée à l'assignation, ou deux mois plus tard (par ex.), ou à l'AOMP, ou à la date du délibéré, etc. En outre, le juge peut-il différencier les mesures provisoires selon qu'elles sont « passées » ou « futures » ? Le texte ne semble pas le permettre, donnant à penser que la date des mesures provisoires est moniste. Mais comment en être sûr ? Et si l'on estime que l'on peut différencier les périodes, le juge doit-il tenir compte (pour la partie « passée »), le cas échéant, des versements déjà effectués par le débiteur du devoir de secours et/ou des pensions alimentaires, ou n'est-ce qu'une faculté pour lui ? Enfin, à quelle date le juge se place-t-il pour apprécier les mesures provisoires ? Dans le système ancien, c'était forcément au jour de sa décision et au vu des circonstances (charges et revenus) des époux pour l'avenir. Mais avec une date des mesures provisoires variable, et peut-être consacrant des périodes distinctes (le passé, le futur), le juge ne devra-t-il pas se placer à des dates différentes selon les périodes considérées ? On est pris de vertige devant les conséquences pratiques pour les justiciables de ces questions, et des choix que la jurisprudence devra effectuer entre toutes ces questions. Hélas, ce vertige devient tournis lorsque l'on pense à l'immense variabilité des décisions judiciaires que ces incertitudes vont engendrer. De toute évidence, il faudra des années à la Cour de cassation pour fixer le régime de ce texte, au gré des pourvois.

Il n'est donc pas douteux que le dernier alinéa de l'article 1117 du code de procédure civile va créer de toutes pièces un contentieux non négligeable qui n'existait pas dans le système antérieur.

Appel contre la décision statuant sur les mesures provisoires. Dès lors que les mesures provisoires du divorce sont décidées dans une audience d'incident, c'est le régime de l'appel des ordonnances d'incident qui doit s'appliquer (V. art. 776 et 905 C. pr. civ.). Donc le délai d'appel sera de 15 jours à compter de la signification de l'ordonnance du juge de la mise en état, et par renvoi de l'article 905 du code de procédure civile, l'appel devra se faire en circuit court.

2° L'HYPOTHÈSE DE L'ABSENCE DE MESURES PROVISOIRES

Accord ou défaillance d'une partie... On rappellera qu'en application des dispositions de l'article 254 du code civil, les parties peuvent ensemble décider qu'il n'y aura pas lieu à mesures provisoires, une situation qui peut aussi résulter de la volonté de la seule partie constituée (si l'autre ne constitue pas). L'article 1117 du code de procédure civile précise que ce choix doit être communiqué au JAF avant l'AOMP ou au plus tard au jour de l'audience. Il semble bien, encore que les textes issus du décret du 17 décembre 2019 soient muets sur ce point, que ce choix s'impose au juge. C'est assez baroque pour être souligné, car on aurait pu imaginer, au contraire, que le juge ait l'obligation de s'assurer a minima de la situation des enfants mineurs (lorsqu'il y en a). Il est en effet de leur intérêt de garder des liens avec les deux parents, une évidence que le système actuel permet donc de contourner, alors même que les parents sont dans une procédure contentieuse en divorce.

Un droit « à un coup » à disposer de mesures provisoires ? Cependant, et c'est une curiosité, l'article 1117 du code de procédure civile prévoit en son alinéa 2 que *« chaque partie (...) conserve néanmoins la possibilité de saisir le juge de la mise en état d'une première demande de mesures provisoires jusqu'à la clôture des débats »*. Le texte paraît bien consacrer un droit à « un coup » (*« une première demande »*) à demander des mesures provisoires, sans que la recevabilité de cette demande soit conditionnée à l'existence d'un élément nouveau. On peut donc renoncer à l'AOMP (ou être défaillant car non constitué) puis changer d'avis, unilatéralement, et donc solliciter pour la première fois des mesures provisoires, le tout sans devoir justifier de circonstances nouvelles, ce système s'imposant, apparemment, au juge. Il n'est pas dit que ce privilège simplifie beaucoup la procédure... Heureusement, la partie n'ayant pas sollicité de mesures provisoires (ou qui était défaillante) ne paraît pouvoir utiliser ce « droit » dénué de tout élément nouveau qu'une seule fois, le texte visant, ainsi qu'il a été vu, « une première demande », ce qui semble exclure une deuxième demande du même type.

Distinction d'avec des mesures provisoires fixées. Ce droit *« à un coup »* à faire fixer des mesures provisoires jusque-là inexistantes ne doit pas être confondu avec la modification de mesures provisoires qui ont été fixées par le JME. En effet, si des mesures provisoires ont bel et bien été fixées par le JME, ne serait-ce qu'à la demande d'une seule partie (la seule présente à l'AOMP), la partie défaillante ne pourra solliciter *« une première demande de mesure provisoires »*, puisque, par hypothèse, il existera déjà des mesures provisoires. De sorte que si la partie défaillante n'est pas d'accord avec les mesures provisoires ainsi fixées, seul un appel (sur lequel, V. *infra*) ou une modification des mesures provisoires seront possibles. Or, en cas de demande de modification des mesures provisoires fixées, il faudra que la partie demanderesse à la modification démontre l'existence d'un élément nouveau, le décret du 17 décembre 2019 ayant modifié l'article 1118 mais en laissant cette condition dans sa rédaction nouvelle (il en est de même en cas d'appel avec l'article 1119 C. pr. civ.). C'est donc bien la preuve que la modification de mesures provisoires fixées est conditionnée à la preuve de l'existence d'un élément nouveau, et que cette situation ne doit pas être confondue avec celle, plus particulière, de l'alinéa 2 de l'article 1117 du code de procédure civile, où aucune mesure provisoire n'a encore été fixée, et pour laquelle un droit « à un coup » à faire fixer les mesures provisoires existe, mais dénué de toute exigence de démonstration d'un élément nouveau.

3° AOMP : QUESTIONS DE FOND

Maintien de l'article 255. Les mesures provisoires prises sur le fondement de l'article 255 régiront tant le passé (la période allant de la demande en divorce à l'audience de mesures provisoires) que l'avenir (entre l'audience de mesures provisoires et le jugement de divorce). Cela résulte clairement de la lettre de l'article 254, qui vise la période allant de la demande en divorce au jugement de divorce. Les conclusions des avocats devront donc bien intégrer les deux périodes, ce qui est une nouveauté. Si l'audience de mesures provisoires ne se tient pas, et la date des effets du divorce étant désormais l'assignation (art. 262-1 C. civ. mod.), ou le début de la séparation de fait, est-ce le droit commun de l'indivision qui régira cette période, qui sera en régime de communauté la période de l'indivision post-communautaire ? La question n'est pas sans incidence au regard de l'applicabilité de l'article 214 du code civil et de la notion de charges du mariage. Il nous semble que cette contribution ne disparaît pas pendant la procédure de divorce (puisque l'art. 214 est un effet du mariage et dure jusqu'à la disparition de celui-ci, et donc une fois le divorce prononcé et transcrit), ce qui méritera d'être réfléchi, car les incidences liquidatives peuvent être lourdes. Pour le reste, le contenu des mesures est inchangé, l'article 255 du code civil n'ayant pas été modifié.

4° AOMP ET ORDONNANCE DE PROTECTION

Maintien de l'ordonnance de protection par principe. Le décret du 17 décembre 2019 modifie l'article 1136-13 du code de procédure civile, mais laisse la règle ancienne selon laquelle, dans l'éventualité où une procédure de divorce est introduite avant l'expiration de l'ordonnance de protection, ou encore lorsque l'ordonnance de protection est prononcée alors qu'une procédure de divorce est en cours, les effets de l'ordonnance de protection se poursuivent jusqu'à ce que la décision de divorce (ou de séparation de corps) soit devenue définitive.

Modification possible. Comme avant, le juge ayant prononcé l'ordonnance de protection peut, dans sa décision, décider de ne pas appliquer le maintien de principe de l'ordonnance de protection pendant le divorce. Ce qui est nouveau est que le juge de la mise en état dispose désormais du même pouvoir. Cependant, le changement n'est pas majeur, car ce n'est qu'une adaptation du nouveau schéma procédural aux textes de l'ordonnance de protection. En effet, dans le système ancien, les mesures provisoires du divorce se substituaient (à compter de la notification de l'ONC) à celles prises pour l'ordonnance de protection sur le fondement des 3° et 5° de l'article 515-11 du code civil (respectivement, il s'agit de la résidence séparée, des frais du logement et des modalités d'exercice de l'autorité parentale). Il en va de même dans le nouveau système, sauf que les mesures provisoires du divorce se substitueront sur ces deux fondements, à compter de la notification de l'ordonnance du JME.

II. QUESTIONS DE FOND

Les cas de divorce, leur hiérarchie. La réforme ne touche pas au fond du droit. Chacun retrouvera donc les cas de divorce auquel il est habitué. Comme il a été déjà vu, le demandeur n'a pas le droit d'invoquer la faute d'entrée de jeu dans la demande en divorce. Les mauvaises nouvelles viendront donc avec le premier jeu de conclusions au fond du demandeur (art. 251, *in fine*). Sans surprise, le législateur a maintenu le principe selon lequel la demande en faute doit être examinée avant toute autre demande si les deux sont en concurrence (art. 238, al. 3), de même que l'article 247-2 est réécrit, mais sans changement sur le fond (possibilité, pour le demandeur à l'altération du lien, de modifier le fondement de sa demande (pour une faute) si le défendeur invoque une faute).

L'altération définitive du lien. L'altération définitive du lien est la grande star de cette réforme de la procédure de divorce. Le législateur a modifié le délai pour pouvoir l'utiliser, et tout indique que c'est cette forme de divorce que sera à privilégier si l'on veut aller vite. Le délai a été modifié, et doublement. En effet, il a été ramené de deux ans à un an (art. 238, al. 1er). Mais ce n'est pas tout, car l'alinéa 2 (nouveau) du texte précise que lorsque la demande en divorce ne contient pas d'indication du fondement sur lequel elle s'appuie, le délai d'un an est apprécié au jour où le juge prononce le divorce. Il existe donc deux façons de computer le délai d'un an :
– Soit l'assignation mentionne l'altération du lien comme fondement de la demande en divorce, ce que l'article 251 prévoit expressément. Dans ce cas, il faudra à l'époux demandeur avoir déjà quitté le domicile depuis une année minimum pour pouvoir assigner valablement.
– Soit l'assignation ne mentionne pas l'altération du lien, ce qui la rend parfaitement muette quant au fondement de la demande en divorce. Dans ce cas, il n'est pas nécessaire d'avoir déjà un an de séparation au jour de l'assignation, le tout étant d'avoir un an de séparation de fait au jour où le divorce sera prononcé par le juge.

Il est donc manifeste que le législateur donne une prime au silence dans la demande en divorce, puisque c'est cette forme de divorce qui sera (avec les demandes acceptées sans doute) de loin parmi les plus rapides, le délai étant calculé à l'envers, à compter du jour où le juge statue. Notons cependant que, dans cette hypothèse, le juge ne peut statuer sur le divorce avant l'expiration du délai d'un an (art. 1126-1 C. pr. civ.), sauf si l'altération du lien est examinée après le rejet d'une demande en faute, puisque dans ce cas, le délai d'un an n'existe plus (V. art. 238 C. civ.).

Trois hypothèses pourront se présenter :
– Soit le demandeur n'a pas encore quitté le domicile au jour de l'assignation (qui est muette sur le fondement), mais il le fait en même temps que celle-ci est délivrée. Dans ce cas, il peut espérer être divorcé, au plus tôt, un an après sa demande en divorce.

– Soit le demandeur a déjà quitté le domicile depuis plus d'une année au jour de l'assignation, mais ne mentionne aucun fondement dans celle-ci. Dans ce cas, en théorie, il pourra être divorcé en quelques mois seulement, puisque le délai est d'ores et déjà acquis. Le jugement de divorce pourra donc arriver très vite. On suppose toutefois qu'il faudra laisser le temps à un débat contradictoire serein et loyal, car le défendeur aura probablement des choses à dire, un fois qu'il aura appris, dans les premières conclusions au fond du demandeur, que celui-ci fonde sa demande en divorce sur l'article 238, que le délai d'un an est acquis, et donc que la clôture et la fixation risquent d'intervenir très vite.
– Soit le demandeur a déjà quitté le domicile au jour de l'assignation (muette), mais son départ date de moins d'un an. Dans ce cas, il pourra être divorcé un an, au plus tôt, après la date anniversaire de son départ du domicile, ce qui est moins rapide que dans l'hypothèse précédente, mais bien plus rapide que lorsqu'il n'a pas encore quitté le domicile au jour de sa demande en divorce. Ici aussi, la question du temps de la mise en état et de l'échange loyal des éléments financiers (et relatifs aux enfants) constituera la seule limite réelle à un divorce obtenu moins d'un an après l'assignation.

La mise en état sera donc contraignante pour les juges, qui devront se plonger dans les écritures du demandeur pour ne fixer l'audience de plaidoirie qu'à une date convenable par rapport au délai d'un an. Et encore, l'appréciation de l'acquisition du délai d'un an se fera au jour où le juge statue, et donc après les plaidoiries. Le juge devra-t-il fixer des dates de délibéré lointaines ? C'est assez étonnant.

La date des effets. L'article 262-1 du code civil fixe la date des effets au jour de l'assignation. Le changement est donc important, car le demandeur devient le maître absolu de la date de la fin de la communauté. Il suffit d'assigner pour connaître avec certitude la date où la communauté prendra fin (si le divorce va à son terme, bien sûr). Aucun changement, en revanche, sur le report maximal de la date des effets (au début de la séparation de fait). C'est un peu dommage, car l'occasion était belle de définir légalement le critère de blocage de la remontée des effets, même si celui-ci est connu grâce à la jurisprudence de la Cour de cassation (V. notes ss. art. 262-1). ❑

SECTION 1 *Dispositions générales*

Art. 248 *(L. n° 75-617 du 11 juill. 1975)* **Les débats sur la cause, les conséquences du divorce et les mesures provisoires ne sont pas publics.**

Sur la procédure de divorce judiciaire, V. aussi C. pr. civ., art. 1075 s., App. I. Procédure.

DALLOZ PRATIQUE[S] *Divorce - Mesures provisoires : demande.*

L'art. 248 n'est pas contraire à l'art. 6 Conv. EDH. • Civ. 1re, 28 févr. 2006, n° 05-10.750 P.

Art. 248-1 *Transféré, avec modifications, à l'art. 245-1 par L. n° 2004-439 du 26 mai 2004, art. 6.*

Art. 249 *(L. n° 2019-222 du 23 mars 2019, art. 10)* **Dans l'instance en divorce, le majeur en tutelle est représenté par son tuteur et le majeur en curatelle exerce l'action lui-même, avec l'assistance de son curateur. Toutefois, la personne protégée peut accepter seule le principe de la rupture du mariage sans considération des faits à l'origine de celle-ci.**

BIBL. ▶ S. DAVID, *AJ fam. 2020. 501* (divorce du majeur protégé).

Ancien art. 249 *(L. n° 2004-439 du 26 mai 2004, art. 8)* ***« Si une demande en divorce doit être formée au nom d'un majeur en tutelle, elle est présentée par le tuteur, avec l'autorisation du conseil de famille s'il a été institué ou du juge des tutelles. Elle est formée après avis*** *(L. n° 2007-308 du 5 mars 2007, art. 10, en vigueur le 1er janv. 2009)* ***« médical*** *[ancienne rédaction : du médecin traitant]* ***» et, dans la mesure du possible, après audition de l'intéressé, selon le cas, par le conseil de famille ou le juge. »***
(L. n° 75-617 du 11 juill. 1975) ***Le majeur en curatelle exerce l'action lui-même avec l'assistance du curateur.***

BIBL. ▶ ROCHE, *Gaz. Pal. 1979. 2. Doctr. 347* (difficultés en ce qui concerne les majeurs protégés). – ROUSSE, *Gaz. Pal. 1975. 2. Doctr. 783* (capacité pour exercer l'action en divorce). – SIRE, *LPA 20 févr. 2003* (protection de l'incapable majeur face au divorce). ▶ A propos de la représentation en justice du conjoint dont les facultés mentales sont altérées, V. : LINDON et BERTIN, *JCP 1980. I. 2995* et les décisions divergentes publiées en annexe de cette chronique. – MASSIP, *D. 1981. 266.*

1. Le juge peut autoriser le gérant de tutelle à introduire une action en divorce pour rupture de la vie commune (application de l'art. 249 anc., repris dans sa substance par l'art. 249). • TI Saint-Girons, ord., 23 févr. 1995 : *D. 1996. 299, note Massip* ; *RTD civ. 1995. 602, obs. Hauser.* ♦ Pour le cas d'une demande reconventionnelle et l'application éventuelle de l'art. 501 C. civ. (art. 249 anc.), V. • Rennes, 25 janv. 1978 : *D. 1979. IR 209, obs. Breton.*

2. Refus d'autoriser la rupture du lien conjugal, dans l'intérêt de la majeure protégée (risque de décompression mélancolique et dégradation de la situation financière). • Aix-en-Provence, 19 févr. 2015, n° 13/21340 : *AJ fam. 2015. 412, obs. Peterka.*

Art. 249-1 *(Abrogé par L. n° 2019-222 du 23 mars 2019, art. 10) (L. n° 75-617 du 11 juill. 1975)* ***Si l'époux contre lequel la demande est formée est en tutelle, l'action est exercée contre le tuteur ; s'il est en curatelle, il se défend lui-même, avec l'assistance du curateur.***

Art. 249-2 *(L. n° 75-617 du 11 juill. 1975)* **Un tuteur ou un curateur** *(L. n° 2007-308 du 5 mars 2007, art. 10, en vigueur le 1er janv. 2009)* **« ad hoc** *[ancienne rédaction : spécial]* **» est nommé lorsque la tutelle ou la curatelle avait été confiée au conjoint de** *(L. n° 2007-308 du 5 mars 2007, art. 10, en vigueur le 1er janv. 2009)* **« la personne protégée** *[ancienne rédaction : l'incapable]* **».**

Art. 249-3 *(L. n° 2019-222 du 23 mars 2019, art. 10)* **Si une demande de mesure de protection juridique est déposée ou en cours, la demande en divorce ne peut être examinée qu'après l'intervention du jugement se prononçant sur la mise en place d'une telle mesure de protection. Toutefois, le juge peut prendre les mesures provisoires prévues aux articles 254 et 255.**

Ancien art. 249-3 *(L. n° 75-617 du 11 juill. 1975)* ***Si l'un des époux se trouve placé sous la sauvegarde de justice, la demande en divorce ne peut être examinée qu'après organisation de la tutelle ou de la curatelle.*** *(L. n° 2004-439 du 26 mai 2004, art. 8)* ***« Toutefois, le juge peut prendre les mesures provisoires prévues aux articles 254 et 255 et les mesures urgentes prévues à l'article 257. »***

DALLOZ PRATIQUE[S] *Divorce – Divorce du majeur protégé.*

BIBL. ▸ MASSIP, *D. 1992. 373.*

Cassation de l'arrêt ayant confirmé le jugement de divorce sans énonciation des torts et griefs (art. 248-1), alors que le mari ne contestait pas que sa femme était, en cause d'appel, placée sous sauvegarde de justice. • Civ. 2e, 14 déc. 2000 : *RJPF 2001-2/29, obs. Guerder.*

Art. 249-4 *(L. n° 75-617 du 11 juill. 1975)* **Lorsque l'un des époux se trouve placé sous l'un des régimes de protection prévus** *(L. n° 2007-308 du 5 mars 2007, art. 10, en vigueur le 1er janv. 2009)* **« au chapitre II du titre XI du présent livre** *[ancienne rédaction : à l'article 490 ci-dessous]* **», aucune demande en divorce par consentement mutuel** *(Abrogé par L. n° 2019-222 du 23 mars 2019, art. 10) (L. n° 2004-439 du 26 mai 2004, art. 8)* ***« ou pour acceptation du principe de la rupture du mariage »*** **ne peut être présentée.**

SECTION 2 *De la procédure applicable au divorce par consentement mutuel judiciaire* *(L. n° 2016-1547 du 18 nov. 2016, art. 50, en vigueur le 1er janv. 2017).*

Sur la procédure de divorce par consentement mutuel judiciaire, V. C. pr. civ., art. 1088 s., App., I. Procédure.

DALLOZ PRATIQUE[S] *Divorce – Divorce par consentement mutuel judiciaire.*

DALLOZ RÉFÉRENCE *Droit et pratique du divorce 2022/2023, nos 152.00 s.*

Art. 250 *(L. n° 2004-439 du 26 mai 2004, art. 9-II)* **La demande en divorce est présentée par les avocats respectifs des parties ou par un avocat choisi d'un commun accord.**

Le juge examine la demande avec chacun des époux, puis les réunit. Il appelle ensuite le ou les avocats.

Sur le contenu de la requête et de la convention, V. C. pr. civ., art. 1090 s., App., I. Procédure.

Sur la recevabilité de la requête, V. C. pr. civ., art. 1099, App., I. Procédure.

Qualité pour agir. Seuls les époux ont qualité pour intenter une action en divorce ou y défendre. • Civ. 1re, 4 juin 2007, n° 06-18.515 P : *D. 2007. AJ 1794 ; AJ fam. 2007. 313, obs. S. David ; RTD civ. 2007. 551, obs. Hauser* (irrecevabilité de l'intervention du mandataire liquidateur de la société propriétaire de l'immeuble constituant le domicile conjugal).

Art. 250-1 *(L. n° 2004-439 du 26 mai 2004, art. 9-II)* **Lorsque les conditions prévues à l'article 232 sont réunies, le juge homologue la convention réglant les conséquences du divorce et, par la même décision, prononce celui-ci.**

Sur le rôle du juge et la possibilité de modifier la convention ou de refuser l'homologation, V. C. pr. civ., art. 1099 s., App., I. Procédure.

1° FORCE DE LA CONVENTION – PRINCIPE : CARACTÈRE DÉFINITIF

1. **BIBL.** Peru-Pirotte, *JCP N 2001. 283* (recours des créanciers). – Tisserand, *Mél. Huet-Weiller, PU Strasbourg/LGDJ, 1994, p. 497* (indésirable indivisibilité). ♦ Application de l'ancien art. 232, al. 1er, repris dans son principe par l'art. 250-1.

2. Caractère indissociable du prononcé et de l'homologation. Le prononcé du divorce et l'homologation de la convention définitive ont un caractère indissociable et ne peuvent plus être remis en cause hors des cas limitativement prévus par la loi. • Civ. 2e, 6 mai 1987, n° 86-10.107 P : *GAJC, 12e éd., n° 41 ; D. 1987. 358, note Groslière ; Gaz. Pal. 1988. 1. 3, note Massip* (irrecevabilité d'une action en rescision pour lésion) • Civ. 1re, 18 oct. 1994, n° 92-21.823 P : *RTD civ. 1995. 337, obs. Hauser ; Defrénois 1995. 723, obs. Massip* • 5 nov. 2008, n° 07-14.439 P : *D. 2008. AJ 2939 ; Gaz. Pal. 2008. 4008, avis Legoux ; AJ fam. 2008. 476, obs. David ; Dr. fam. 2008. 170, obs. Larribau-Terneyre ; RLDC 2008/55, n° 3229, obs. Serra ; RJPF 2009-2/21, obs. Garé ; Defrénois 2009. 547, obs. Massip ; RTD civ. 2009. 100, obs. Hauser* (irrecevabilité d'un recours en révision partielle sur les dispositions relatives au partage des biens). ♦ Le jugement prononçant le divorce et homologuant la convention étant devenu irrévocable, la convention ne peut plus être remise en cause. • Civ. 2e, 26 juin 1996 : *Dr. fam. 1997, n° 28, note Lécuyer.*

2° ACTIONS NE PERMETTANT PAS LA RÉVISION

3. Vice du consentement. Un vice du consentement ne permet pas la révision. • Civ. 2e, 13 nov. 1991, n° 90-17.840 P : *Defrénois 1992. 721, obs. Massip.* – V. déjà • Riom, 28 juin 1988 : *D. 1990. Somm. 117, obs. Bénabent .*

4. Lésion. Le prononcé du divorce et l'homologation de la convention définitive ont un caractère indissociable et ne peuvent plus être remis en cause hors des cas limitativement prévus par la loi et parmi lesquels ne figure pas la lésion. • Civ. 2e, 6 mai 1987, n° 86-10.107. ♦ Même sens, • Civ. 1re, 3 mars 2010, n° 08-70.214 (c'est à bon droit que la cour d'appel a déduit que la convention définitive de divorce ne pouvait être remise en cause sans remettre en cause le consentement des époux, et qu'ainsi l'action en rescision pour lésion de plus du quart du compromis de vente passé le jour du prononcé du divorce était irrecevable).

5. Action de in rem verso. Irrecevabilité de l'action *de in rem verso* de l'époux qui, dans la convention définitive homologuée, avait renoncé à solliciter une prestation compensatoire. • Civ. 1re, 10 févr. 1998 : *Dr. fam. 1998, n° 53, note Lécuyer.*

6. Fraude. Après son homologation par le jugement prononçant le divorce, la convention définitive revêt la même force exécutoire que celle d'une décision de justice et ne peut plus être remise en cause hors des cas limitativement prévus par la loi dans lesquels n'entre pas l'action en inopposabilité fondée sur la fraude. • Civ. 1re, 23 nov. 2011, n° 10-26.802 P : *D. 2011. 2933 ; AJ fam. 2012. 47, obs. S. David ; RTD civ. 2012. 98, obs. Hauser ; Dr. fam. 2012, n° 5, obs. Larribau-Terneyre.* ♦ Sur l'hypothèse d'une fraude non pas entre conjoints, mais l'égard des tiers, V. • Civ. 1re, 13 mai 2015, n° 14-10.501 P.

7. Action formée par le ministère public. La décision de divorce prononcée sur la demande conjointe des époux ne peut être annulée, sur demande du ministère public, en raison des mobiles qui avaient pu inspirer le consentement des époux. • Civ. 1re, 17 nov. 1981 : *D. 1982. 573, note Guiho ; JCP 1982. II. 19842, note Gobert ; Gaz. Pal. 1982. 2. 567, note Massip.*

3° ACTIONS POSSIBLES

8. Tierce opposition. Recevabilité de la tierce opposition d'un créancier et de son liquidateur, agissant en inopposabilité de la convention au motif de la fraude de l'épouse contre leurs droits et de la collusion des deux époux. • Civ. 1re, 13 mai 2015, n° 14-10.501 P. ♦ Comp. antérieurement : irrecevabilité de l'action paulienne exercée par un créancier. • Civ. 2e, 25 nov. 1999, n° 97-16.488 P : *D. 2000. IR 4 ; JCP 2000. II. 10338, note Guedj ; Defrénois 2000. 1051, obs. Massip ; Dr. fam. 2000, n° 22, note Lécuyer ; RTD civ. 2000. 89, obs. Hauser.*

9. Instance en cassation. La voie de la cassation est ouverte contre le jugement homologuant la convention des époux et prononçant le divorce, cette décision n'étant pas susceptible d'appel. • Civ. 2e, 28 mars 1979, n° 77-15.598. ♦ Sur le recours en révision, V. note 1 ss. art. 279.

10. Modification. Modification des dispositions de la convention définitive homologuée : V. notes ss. art. 279 et 373-2-13 (exercice de l'autorité parentale). – V. App., *IV. Enfants-Autorité parentale.*

11. Absence d'effet extinctif vis-à-vis des tiers. La convention, même homologuée par le juge, ne peut avoir pour effet, en l'absence d'accord du créancier, d'éteindre la dette d'un des conjoints et n'a de force obligatoire que dans leurs rapports réciproques. • Civ. 1re, 2 juin 1992, n° 90-17.499 P : *D. 1993. Somm. 211, obs. Delebecque ; JCP 1992. I. 3632, n° 5, obs. Billiau ; Defrénois 1992. 1437, obs. Massip ; RTD civ. 1993. 185, obs. Lucet et Vareille* • 10 mai 2006, n° 03-17.675 P : *D. 2006. IR 1483 ; RJPF 2006-10/37, obs. Garé ; RTD civ. 2006. 541, obs. Hauser.*

12. Rapports inter partes, force obligatoire. La convention, même homologuée par le juge, n'a de force obligatoire qu'entre les parties. • Civ. 1re, 2 juin 1992, n° 90-17.499 P.

13. Procédure collective. L'état liquidatif de communauté compris dans la convention définitive de divorce, conclue après la date de cessation des paiements, n'échappe pas aux nullités des actes accomplis pendant la période suspecte, même si cet acte contient des dispositions relatives aux créances alimentaires ou aux prestations compensatoires. • Com. 7 nov. 2006, n° 04-18.650 P : *R., p. 349 ; BICC 1er mars 2007, n° 406, et la note ; D. 2006. AJ 2911, obs. A. Lienhard ; JCP 2007. I. 153, n° 7, obs. Cabrillac ; Defrénois 2007. 870, obs. Gibirila ; RJPF 2007-2/30, note Valory ; Dr. fam. 2007, n° 61, note Larribau-Terneyre ; Dr. et pr. 2007. 94, note Putman ; RTD civ. 2007. 322, obs. Hauser.*

14. Redressement judiciaire civil d'époux divorcés. Sur la possibilité pour le juge, dans le cadre d'une procédure de redressement judiciaire civil concernant des époux divorcés, d'aménager dans leurs rapports entre eux le remboursement des dettes dont ils sont tenus solidairement, cet aménagement n'affectant pas la contribution définitive de chacun au passif de la communauté, telle que fixée par la convention définitive, V. • Civ. 1re, 11 oct. 1994, n° 93-04.045 P : *R., p. 355 ; D. 1995. 402, note Batteur.*

Art. 250-2 *(L. n° 2004-439 du 26 mai 2004, art. 9-II)* **En cas de refus d'homologation de la convention, le juge peut cependant homologuer les mesures provisoires au sens des articles 254 et 255 que les parties s'accordent à prendre jusqu'à la date à laquelle le jugement de divorce passe en force de chose jugée, sous réserve qu'elles soient conformes à l'intérêt du ou des enfants.**

Une nouvelle convention peut alors être présentée par les époux dans un délai maximum de six mois.

Sur le refus d'homologation, V. C. pr. civ., art. 1100. — Sur les conséquences de la présentation ou de l'absence de présentation d'une nouvelle convention, V. C. pr. civ., art. 1101, App., I. Procédure.

DALLOZ PRATIQUE[S] *Divorce - Médiation : mise en œuvre ; Divorce - Mesures provisoires : demande.*

1. L'exécution de la convention temporaire n'est pas une condition nécessaire du prononcé du divorce sur demande conjointe, et si la convention définitive, complétée en cours d'instance, préserve suffisamment les intérêts des époux, celle-ci doit être homologuée et le divorce prononcé (application de l'art. 253 anc. repris dans sa substance par l'art. 250-2). • Paris, 7 avr. 1978 : *Defrénois 1979. 299.*

2. Sur les effets de la convention temporaire, à l'égard de la garde des enfants, malgré le dépôt d'une requête en divorce pour faute (application de l'art. 253 anc. lequel donnait au juge le pouvoir de modifier ou de supprimer les clauses de la convention contraires à l'intérêt des enfants), V. • Poitiers, 31 mai 1979 : *Gaz. Pal. 1979. 2. 574, note Brazier* (délit de non-représentation d'enfant constitué).

3. Homologation d'une convention temporaire prévoyant la dispense mutuelle des époux du devoir de fidélité (application de l'art. 253 anc.). • TGI Lille, JAF, 26 nov. 1999 : *D. 2000. 254, note Labbée ; RTD civ. 2000. 296, obs. Hauser.*

4. L'ordonnance par laquelle le juge ordonne tout ou partie des mesures provisoires est dépourvue de l'autorité de chose jugée au principal (application de l'art. 253 anc.). • Civ. 2e, 4 mars 1998, n° 96-14.230 P : *RTD civ. 1998. 661, obs. Hauser.* ♦ Elle n'est pas susceptible d'un recours en révision (application de l'art. 253 anc.). • Civ. 2e, 3 juin 1999, n° 97-18.754 P : *RTD civ. 2000. 300, obs. Hauser* • 3 oct. 2002, n° 01-00.800 P : *D. 2002. IR 2915 ; Dr. fam. 2003, n° 47, note Lécuyer ; RTD civ. 2003. 66, obs. Hauser.*

Art. 250-3 *(L. n° 2004-439 du 26 mai 2004, art. 9-II)* **A défaut de présentation d'une nouvelle convention dans le délai fixé à l'article 250-2 ou si le juge refuse une nouvelle fois l'homologation, la demande en divorce est caduque.**

SECTION 3 *De la procédure applicable aux autres cas de divorce judiciaires*

(L. n° 2004-439 du 26 mai 2004, art. 10-I ; L. n° 2016-1547 du 18 nov. 2016, art. 50, en vigueur le 1er janv. 2017).

Ndlr : à compter du 1er janv. 2021, la section 3 est profondément modifiée. En effet, le § 1 est remplacé, le § 2 est abrogé, le § 3 devient le § 2, le § 4 est abrogé et le § 5 devient le § 3 (L. n° 2019-222 du 23 mars 2019, art. 22, en vigueur le 1er janv. 2021).

Sur l'entrée en vigueur et l'application dans le temps des modifications issues de l'art. 22 de la L. n° 2019-222 du 23 mars 2019, V. ndlr ss. art. 233.

DALLOZ RÉFÉRENCE *Droit et pratique du divorce 2022/2023, nos 15.00 s.*

§ 1 *De l'introduction de la demande en divorce* *(L. n° 2019-222 du 23 mars 2019, art. 22, en vigueur le 1er janv. 2021).*

Sur la rédaction du § 1 antérieurement à l'art. 22 de la L. n° 2019-222 du 23 mars 2019, en vigueur le 1er janv. 2021, V. § 1 ancien infra.

Sur l'entrée en vigueur et l'application dans le temps des modifications issues de l'art. 22 de la L. n° 2019-222 du 23 mars 2019, V. ndlr ss. art. 233.

DALLOZ RÉFÉRENCE *Droit et pratique du divorce 2022/2023, nos 151.00 s.*

Art. 251 *(L. n° 2019-222 du 23 mars 2019, art. 22, en vigueur le 1er janv. 2021)* **L'époux qui introduit l'instance en divorce peut indiquer les motifs de sa demande si celle-ci est fondée sur l'acceptation du principe de la rupture du mariage ou l'altération définitive du lien conjugal. Hors ces deux cas, le fondement de la demande doit être exposé dans les premières conclusions au fond.**

Sur la rédaction de l'art. 251 antérieurement à l'art. 22 de la L. n° 2019-222 du 23 mars 2019, en vigueur le 1er janv. 2021, V. § 1 ancien infra.

FORM. PR. CIV. *Assignation à fin de divorce (C. civ., art. 251, C. pr. civ., art. 1106 s.).*

Art. 252 *(L. n° 2019-222 du 23 mars 2019, art. 22, en vigueur le 1er janv. 2021)* **La demande introductive d'instance comporte le rappel des dispositions relatives à :**

1° La médiation en matière familiale et à la procédure participative ;

2° L'homologation des accords partiels ou complets des parties sur les modalités d'exercice de l'autorité parentale et les conséquences du divorce.

Elle comporte également, à peine d'irrecevabilité, une proposition de règlement des intérêts pécuniaires et patrimoniaux des époux.

Sur la rédaction de l'art. 252 antérieurement à l'art. 22 de la L. n° 2019-222 du 23 mars 2019, en vigueur le 1er janv. 2021, V. § 2 ancien infra.

Art. 253 *(L. n° 2019-222 du 23 mars 2019, art. 22, en vigueur le 1er janv. 2021)* **Lorsqu'il rejette définitivement la demande en divorce, le juge peut statuer sur la contribution aux charges du mariage, la résidence de la famille et les modalités de l'exercice de l'autorité parentale.**

Sur la rédaction de l'art. 253 antérieurement à l'art. 22 de la L. n° 2019-222 du 23 mars 2019, en vigueur le 1er janv. 2021, V. § 2 ancien infra.

§ 1 *[ANCIEN]* *De la requête initiale* *(L. n° 2004-439 du 26 mai 2004, art. 10-II).*

(Abrogé par L. n° 2019-222 du 23 mars 2019, art. 22, à compter du 1er janv. 2021)

Sur la rédaction du § 1 issue de l'art. 22 de la L. n° 2019-222 du 23 mars 2019, en vigueur le 1er janv. 2021, V. § 1 supra.

Ancien art. 251 *(L. n° 2004-439 du 26 mai 2004, art. 10-II)* ***L'époux qui forme une demande en divorce présente, par avocat, une requête au juge, sans indiquer les motifs du divorce.***

V. C. pr. civ., art. 1106 s., App., I. Procédure.

Sur la rédaction de l'art. 251 issue de l'art. 22 de la L. n° 2019-222 du 23 mars 2019, en vigueur le 1er janv. 2021, V. art. 251 supra.

1. Contenu de la requête. V. notes 1 et 2 ss. art. 252.

2. Exposés des griefs. Viole les art. 251 C. civ. et 1106 anc. C. pr. civ. la cour d'appel qui, pour dire que la requête en divorce est irrecevable, après avoir constaté que celle-ci est conforme aux exigences légales, énonce que les conclusions visées à l'audience de conciliation sont, s'agissant d'une procédure orale, assimilées à la requête en divorce qui en est le support et doivent, en conséquence, obéir aux mêmes principes, et relève que les conclusions du mari mentionnent des griefs qui ne viennent pas au soutien des demandes formulées au titre des mesures provisoires et contreviennent aux exigences légales, alors que la teneur des conclusions ne pouvait affecter la régularité de la requête. • Civ. 1re, 17 oct. 2019, n° 18-20.584 P. ♦ Les art. 251 C. civ. et 1106 C. pr. civ., qui interdisent de faire état, dans la requête en divorce, des motifs du divorce, ne s'appliquent pas aux écritures déposées par les parties à l'appui de leurs observations orales lors de l'audience de conciliation. • Même arrêt.

3. Il résulte des anciens art. 242, 251 et 252-3 C. civ., ainsi que des anciens art. 1110 et 1111 C. pr. civ., que le JAF n'a pas le pouvoir de statuer sur une fin de non-recevoir opposée à une requête initiale en divorce pour faute. • Civ. 2e, 9 janv. 2003, n° 00-19.221 P : *D. 2003. IR 400 ; RJPF 2003-4/29, obs. Garé ; RTD civ. 2003. 274, obs. Hauser*. ♦ Comp., reconnaissant au JAF le pouvoir de se prononcer sur une fin de non-recevoir tirée d'un jugement étranger : • Civ. 1re, 10 mai 2007, n° 06-11.323 P : *D. 2007. Chron. C. cass. 2327, n° 1, obs. Chauvin ; ibid. AJ 1432, obs. Gallmeister ; ibid. Pan. 2695, obs. Douchy-Oudot ; JCP 2007. Actu. 242, obs. Devers ; Defrénois 2007. 1313, obs. Massip ; AJ fam. 2007. 433, obs. Boiché ; LPA 6 nov. 2007, note Mahinga* • 10 mai 2007, n° 06-12.476 P : *eod. loc.* – V. note 3 ss. art. 15. – **C. civ.**

4. Intervention. Sur l'irrecevabilité de l'intervention d'un mandataire liquidateur, V. note ss. art. 250.

§ 2 *[ANCIEN]* *De la conciliation (L. n° 2004-439 du 26 mai 2004, art. 11-I).*

(Abrogé par L. n° 2019-222 du 23 mars 2019, art. 22, à compter du 1er janv. 2021)

A compter du 1er janv. 2021, le § 2 est abrogé et le § 3 devient le § 2 (L. n° 2019-222 du 23 mars 2019, art. 22, en vigueur le 1er janv. 2021).

Sur l'entrée en vigueur et l'application dans le temps des modifications issues de l'art. 22 de la L. n° 2019-222 du 23 mars 2019, V. ndlr ss. art. 233.

BIBL. GÉN. ▶ HAUSER, obs. *RTD civ. 1995. 608* (motivation des ordonnances de non-conciliation).

Ancien art. 252 *(L. n° 75-617 du 11 juill. 1975 ; L. n° 2004-439 du 26 mai 2004, art. 6 et 11-II)* ***Une tentative de conciliation est obligatoire avant l'instance judiciaire. Elle peut être renouvelée pendant l'instance.***

Le juge cherche à concilier les époux tant sur le principe du divorce que sur ses conséquences.

Sur la date de la conciliation, V. C. pr. civ., art. 1107 anc., App., I. Procédure.

Sur la tentative de conciliation, V. C. pr. civ., art. 1108 à 1113 anc., App., I. Procédure.

1. Contenu de la requête initiale. La requête initiale en divorce présentée sur le fondement de l'art. 242 anc. ayant pour seul objet, sous réserve des mesures d'urgence, d'amener le juge à convoquer l'époux défendeur à la tentative de conciliation, il n'est pas nécessaire qu'elle indique les faits invoqués comme cause de divorce. • Civ. 2e, 8 juill. 1999, n° 98-10.283 P : *R., p. 305 ; Defrénois 2000. 651, obs. Massip ; Dr. fam. 1999, n° 138, note Lécuyer ; RTD civ. 1999. 822, obs. Hauser*.

2. Fin de non-recevoir. Il résulte des art. 242 anc., 251 anc., 252-3 anc. C. civ., 1110 et 1111 anc. C. pr. civ., que le JAF n'a pas le pouvoir de statuer sur une fin de non-recevoir opposée à une requête initiale en divorce pour faute. • Civ. 2e, 9 janv. 2003, n° 00-19.221 P : *D. 2003. IR 400 ; RJPF 2003-4/29, obs. Garé ; RTD civ. 2003. 274, obs. Hauser*.

3. Exception de litispendance. L'exception de litispendance ne peut être invoquée que devant le juge aux affaires familiales avant toute tentative de conciliation. La décision rendue de ce chef est revêtue de l'autorité de chose jugée et l'appel est immédiatement recevable, même si l'ordonnance rendue ne met pas fin à l'instance. • Civ. 1re, 15 sept. 2021, n° 20-19.640 B.

4. Absence de tentative de conciliation. Cassation de l'arrêt d'appel qui a statué sur la requête en divorce et fixé les mesures provisoires concernant les époux et les enfants, après avoir relevé qu'aucune tentative de conciliation n'avait été réalisée par le premier juge, en retenant que le contexte exclut qu'une réconciliation puisse intervenir, de sorte que la cour d'appel avait constaté la non-conciliation implicite des époux et leur volonté de divorcer. • Civ. 1re, 16 déc. 2015, n° 14-28.296 P : *D. 2016. 69 ; AJ fam. 2016. 160, obs. Thouret*.

Ancien art. 252-1 *(L. n° 75-617 du 11 juill. 1975 ; L. n° 2004-439 du 26 mai 2004, art. 6)* ***Lorsque le juge cherche à concilier les époux, il doit s'entretenir personnellement avec chacun d'eux séparément avant de les réunir en sa présence.***

(L. n° 2004-439 du 26 mai 2004, art. 11-III) ***« Les avocats sont ensuite appelés à assister et à participer à l'entretien.***

« Dans le cas où l'époux qui n'a pas formé la demande ne se présente pas à l'audience ou se trouve hors d'état de manifester sa volonté, le juge s'entretient avec l'autre conjoint et l'invite à la réflexion. »

Sur la tentative de conciliation, V. C. pr. civ., art. 1110 et 1111 anc., App., I. Procédure.

1. Avocat. L'art. 252 (anc. repris par l'art. 252-1) ne s'oppose pas à ce qu'un avocat représente une partie avant la tentative de conciliation proprement dite, même en l'absence de son client, pour saisir le juge de moyens préalables relatifs à la compétence et à l'impossibilité pour son client de se présenter. • Civ. 1re, 20 mars 1989 : *JCP 1990. II. 21494 (2e esp.), note Blaisse.*

2. Mesure d'instruction et respect de la vie privée. Si le juge peut toujours conseiller aux époux, notamment lors de la tentative de conciliation, de consulter un conseiller conjugal, un psychologue ou un médecin, aucune des dispositions du code civil ne l'autorise à contraindre les conjoints à se soumettre à une expertise psychologique relative à leurs relations conjugales réciproques, une telle mesure d'investigation constituant une immixtion dans la vie privée des époux contraire par là même aux dispositions de l'art. 9 C. civ. (art. 252 anc.) • Paris, 3 mai 1979 : *D. 1979. 504, note Massip.* ♦ Mais lorsque l'un des époux a demandé au juge aux affaires [familiales] d'ordonner une mesure d'instruction consistant notamment en des investigations à caractère psychologique et psychiatrique et que, n'ignorant pas la nature des examens, il s'y est prêté sans opposition, il a par là même accepté des atteintes à sa vie privée dont il n'est plus en droit de se plaindre (art. 252 anc.). • Civ. 1re, 5 mai 1987 : *D. 1988. 77, note Massip.*

Ancien art. 252-2 *(L. n° 75-617 du 11 juill. 1975 ; L. n° 2004-439 du 26 mai 2004, art. 6)* ***La tentative de conciliation peut être suspendue et reprise sans formalité, en ménageant aux époux des temps de réflexion dans une limite de huit jours.***

Si un plus long délai paraît utile, le juge peut décider de suspendre la procédure et de recourir à une nouvelle tentative de conciliation dans les six mois au plus. Il ordonne, s'il y a lieu, les mesures provisoires nécessaires.

Ancien art. 252-3 *(L. n° 2004-439 du 26 mai 2004, art. 6 et 11-IV)* ***Lorsque le juge constate que le demandeur maintient sa demande, il incite les époux à régler les conséquences du divorce à l'amiable.***

Il leur demande de présenter pour l'audience de jugement un projet de règlement des effets du divorce. A cet effet, il peut prendre les mesures provisoires prévues à l'article 255.

Sur la forme notariée des conventions passées entre époux, pendant l'instance en divorce, pour la liquidation et le partage de la communauté, V. • Civ. 1re, 23 oct. 1984, n° 83-14.719 P • 2 mai 1984, n° 83-10.070 P.

Ancien art. 252-4 *(L. n° 75-617 du 11 juill. 1975 ; L. n° 2004-439 du 26 mai 2004, art. 6)* ***Ce qui a été dit ou écrit à l'occasion d'une tentative de conciliation, sous quelque forme qu'elle ait eu lieu, ne pourra pas être invoqué pour ou contre un époux ou un tiers dans la suite de la procédure.***

Sur la tentative de conciliation, V. C. pr. civ., art. 1110 anc., App., I. Procédure.

Ancien art. 253 *(L. n° 2004-439 du 26 mai 2004, art. 11-V)* ***Les époux ne peuvent accepter le principe de la rupture du mariage et le prononcé du divorce sur le fondement de l'article 233 que s'ils sont chacun assistés par un avocat.***

§ 2 *Des mesures provisoires (L. n° 2004-439 du 26 mai 2004, art. 12-I).*

DALLOZ PRATIQUE[S] *Divorce - Mesures provisoires : demande.*

DALLOZ RÉFÉRENCE *Droit et pratique du divorce 2022/2023, nos 153.00 s.*

A compter du 1er janv. 2021, la L. n° 2019-222 du 23 mars 2019 abroge le § 2 ancien et le § 3 devient le présent § 2 (L. préc., art. 22, en vigueur le 1er janv. 2021).

Sur l'entrée en vigueur et l'application dans le temps des modifications issues de l'art. 22 de la L. n° 2019-222 du 23 mars 2019, V. ndlr ss. art. 233.

Art. 254 *(L. nº 2019-222 du 23 mars 2019, art. 22, en vigueur le 1er janv. 2021)* **Le juge tient, dès le début de la procédure, sauf si les parties ou la partie seule constituée y renoncent, une audience à l'issue de laquelle il prend les mesures nécessaires pour assurer l'existence des époux et des enfants de l'introduction de la demande en divorce à la date à laquelle le jugement passe en force de chose jugée, en considération des accords éventuels des époux.**

Sur l'entrée en vigueur et l'application dans le temps des modifications issues de l'art. 22 de la L. nº 2019-222 du 23 mars 2019, V. ndlr ss. art. 233.

BIBL. ▶ MAITRE, *AJ fam. 2019. 238* (la future procédure de divorce et son impact sur les mesures provisoires). – PUYO, *Dr. fam. 2023. Étude 3* (date d'effet des mesures provisoires du divorce).

Ancien art. 254 *(L. nº 2004-439 du 26 mai 2004, art. 12-II)* ***Lors de l'audience prévue à l'article 252, le juge prescrit, en considération des accords éventuels des époux, les mesures nécessaires pour assurer leur existence et celle des enfants jusqu'à la date à laquelle le jugement passe en force de chose jugée.***

COMMENTAIRE

La date d'effet des mesures provisoires est clairement fixée par l'article 254 à compter de l'introduction de la demande en divorce (donc depuis l'assignation dans le cas le plus courant). Cependant, l'article 1117 du code de procédure civile en son dernier alinéa jette un trouble puisqu'il indique que le juge décide de la date des mesures provisoires. Cet ajout par voie réglementaire ne saurait avoir une valeur supérieure à la loi, et donc à l'article 254 du code civil, sauf à ne plus respecter la hiérarchie des textes. Depuis l'entrée en vigueur de la réforme de la procédure des divorces contentieux, la majorité des juges aux affaires familiales a opté, avec raison, pour le primat de l'article 254 du code civil, parfois en motivant explicitement leurs décisions par référence à la hiérarchie des textes, mais pas toujours. Il est vrai que l'article 254 contient une règle qui est un effet de la loi et qu'il n'y aucune raison de motiver l'application de celle-ci. Reste une question qui n'est pas clairement tranchée, celle de l'unicité, ou pas, de la date d'effet des mesures provisoires. Il semble que d'assez nombreux juges y soient favorables, qui jugent, par exemple, que le devoir de secours rétroagira à l'assignation, mais que les mesures relatives aux enfants ne seront applicables qu'*in futurum*. Cette position ne paraît pas encourir de critique légale ou pratique puisqu'elle correspond à une réalité qui est difficilement contestable. On sera plus réservé, en revanche, en cas de fixation du devoir de secours à des montants différents selon les dates considérées, ou encore en cas de jouissance gratuite temporaire du domicile conjugal. La jurisprudence devra se prononcer à l'avenir sur ces questions. ❑

1. Caractère provisoire. Les mesures prescrites par le juge en application de l'art. 254 (anc. repris dans sa substance par l'art. 254) ont un caractère provisoire et doivent être exécutées comme telles sous réserve du règlement définitif des rapports patrimoniaux des époux. • Civ. 1re, 12 janv. 1994, nº 91-15.460 P. ♦ Ainsi un époux ne peut se voir refuser l'attribution préférentielle du logement au motif qu'il ne l'occupe pas au jour de l'assignation alors que cette non-résidence n'est que la conséquence de l'ordonnance de non-conciliation, mesure provisoire ne pouvant préjuger de l'attribution préférentielle du logement. • Civ. 1re, 10 mai 2006, nº 03-19.001 P.

2. Exécution de plein droit. Les mesures provisoires sont exécutoires de droit dès leur prononcé (art. 254 anc.). • Civ. 2e, 8 juill. 1998, nº 96-22.732 P : *RTD civ. 1998. 887, obs. Hauser*. ♦ Les dispositions relatives aux prestations et pensions en matière de divorce ne sont exécutoires de plein droit que lorsqu'elles ont été prononcées au titre des mesures provisoires (art. 254 anc.). • Civ. 2e, 17 mars 1982 : *Gaz. Pal. 1982. 2. 428, note Viatte.* ♦ Les mesures provisoires prescrites par l'ordonnance de non-conciliation étant exécutoires de plein droit, le premier président d'une cour d'appel n'a pas le pouvoir d'en arrêter l'exécution (art. 254 anc.). • Civ. 2e, 19 févr. 1997, nº 95-13.945 P : *Dr. fam. 1997, nº 107, note Lécuyer.*

3. Fin des mesures provisoires. La pension alimentaire allouée pendant la procédure de divorce prend fin à la date à laquelle le divorce devient irrévocable ; elle ne cesse d'être due qu'à l'issue du délai ouvert pour former un pourvoi contre la disposition de l'arrêt confirmant le jugement ayant prononcé le divorce des époux. • Civ. 1re, 15 mai 2013 : *D. 2013. 1209 ; AJ fam. 2013. 441, obs. Elkouby-Salomon ; Dr. fam. 2013, nº 115, note Binet* (art. 254 anc.).

4. ... Irrecevabilité d'un pourvoi en cassation. Sauf dans les cas spécifiés par la loi, les décisions en dernier ressort qui ne mettent pas fin à l'instance ne peuvent être frappées de pourvoi en cassation indépendamment des décisions sur le fond que si elles tranchent dans leur dispositif tout ou partie du principal. L'épouse s'est pourvue en cassation contre l'arrêt d'une cour d'appel qui, statuant sur appel d'une ordonnance de non-conciliation, prescrit diverses mesures provisoires pour la durée de l'instance et, à cette fin, se prononce sur la loi applicable aux obligations alimentaires entre époux. Cette décision, qui ne procède pas d'un excès de pouvoir et qui est dépourvue de l'autorité de la chose jugée au principal, n'a pas mis fin à l'instance. En l'absence de dispositions spéciales de la loi, le pourvoi en cassation formé par l'épouse indépendamment de la décision sur le fond n'est donc pas recevable. • Civ. 1re, 12 oct. 2022, n° 21-11.698 : *AJ fam. 2022. 556, obs. Eudier*. ♦ Jurisprudence constante, V. not., • Civ. 1re, 2 mars 2022, n° 20-23.235 • 3 nov. 2021, n° 20-16.826 • 13 oct. 2021, n° 20-16.248 • 2 sept. 2020, n° 19-12.822 • 7 févr. 2018, n° 17-13.407.

Antérieurement, V. aussi : par l'ordonnance de non-conciliation, le juge prescrit les moyens nécessaires pour assurer l'existence des époux jusqu'à la date à laquelle le jugement de divorce prend force de chose jugée ; a force de chose jugée le jugement qui n'est susceptible d'aucun recours suspensif ; le pourvoi en cassation suspend l'exécution de l'arrêt qui prononce le divorce ; par suite, en cas de pourvoi, la procédure de divorce étant toujours en cours, l'ordonnance du juge conciliateur continue de produire ses effets (art. 254 anc.). • Civ. 2e, 10 avr. 1991, n° 90-12.170 P. ♦ Dans le même sens : • Civ. 2e, 18 déc. 1996, n° 95-11.003 P : *Dr. fam. 1997, n° 61, note Lécuyer* (cassation de l'arrêt qui prononce l'expulsion de la femme du logement du mari dont elle avait la jouissance au titre des mesures provisoires). ♦ Il en est ainsi jusqu'à la date du rejet du pourvoi qui rend le divorce irrévocable (art. 254 anc.). • Civ. 2e, 24 janv. 1990, n° 88-15.555 P • 4 juill. 2002, n° 00-18.092 P : *D. 2002. IR 2381* ; *Defrénois 2002. 1471, obs. Massip ; Dr. fam. 2002, n° 143, note Lécuyer ; RTD civ. 2002. 788, obs. Hauser*. ♦ ... Sauf si le pourvoi est limité aux conséquences du divorce, auquel cas le prononcé du divorce étant devenu irrévocable, la pension allouée par l'ordonnance de non-conciliation cesse d'être due (art. 254 anc.). • Civ. 2e, 10 juill. 1991, n° 89-12.901 P. – Dans le même sens : • Civ. 2e, 18 mai 2000, n° 98-17.801 P : *D. 2000. IR 175* ; *Dr. fam. 2000, n° 143, note Lécuyer ; RTD civ. 2000. 549, obs. Hauser* • 30 nov. 2000 : *Dr. fam. 2001, n° 17.*

Cette irrecevabilité ne porte pas atteinte au droit à un tribunal. • Civ. 1re, 4 mai 2017, n° 16-15.322 P : *D. 2018. 641, obs. Douchy-Oudot* ; *AJ fam. 2017. 413, obs. Casey* ; *RTD civ. 2017. 619, obs. Hauser*.

5. L'obligation alimentaire à laquelle les parents sont tenus ne cesse pas de plein droit avec la majorité des enfants. L'ordonnance de non-conciliation qui ne décide pas du contraire continue donc de produire ses effets après la survenance de la majorité des enfants pendant toute la durée de la procédure de divorce (art. 254 anc.). • Civ. 2e, 8 févr. 1989 : *Bull. civ. II, n° 31.*

Art. 255 *(L. n° 2004-439 du 26 mai 2004, art. 12-III)* **Le juge peut notamment :**

1° Proposer aux époux une mesure de médiation *(L. n° 2020-936 du 30 juill. 2020, art. 5)* **« , sauf si des violences sont alléguées par l'un des époux sur l'autre époux ou sur l'enfant, ou sauf emprise manifeste de l'un des époux sur son conjoint, » et, après avoir recueilli leur accord, désigner un médiateur familial pour y procéder ;**

2° Enjoindre aux époux *(L. n° 2020-936 du 30 juill. 2020, art. 5)* **« , sauf si des violences sont alléguées par l'un des époux sur l'autre époux ou sur l'enfant, ou sauf emprise manifeste de l'un des époux sur son conjoint, » de rencontrer un médiateur familial qui les informera sur l'objet et le déroulement de la médiation ;**

3° Statuer sur les modalités de la résidence séparée des époux ;

4° Attribuer à l'un d'eux la jouissance du logement et du mobilier du ménage ou partager entre eux cette jouissance, en précisant son caractère gratuit ou non et, le cas échéant, en constatant l'accord des époux sur le montant d'une indemnité d'occupation ;

5° Ordonner la remise des vêtements et objets personnels ;

6° Fixer la pension alimentaire et la provision pour frais d'instance que l'un des époux devra verser à son conjoint, désigner celui ou ceux des époux qui devront assurer le règlement provisoire de tout ou partie des dettes ;

7° Accorder à l'un des époux des provisions à valoir sur ses droits dans la liquidation du régime matrimonial si la situation le rend nécessaire ;

8° Statuer sur l'attribution de la jouissance ou de la gestion des biens communs ou indivis autres que ceux visés au 4°, sous réserve des droits de chacun des époux dans la liquidation du régime matrimonial ;

9° Désigner tout professionnel qualifié en vue de dresser un inventaire estimatif ou de faire des propositions quant au règlement des intérêts pécuniaires des époux ;

10° Désigner un notaire en vue d'élaborer un projet de liquidation du régime matrimonial et de formation des lots à partager.

DALLOZ PRATIQUE[S] *Divorce - Médiation : mise en œuvre ; Divorce - Pension alimentaire : évaluation ; Divorce - Pension alimentaire : fiscalité ; Divorce - Pension alimentaire : révision.*

Sur la mission de conciliation du juge aux affaires familiales, V. C. pr. civ., art. 1071, App., I. Procédure.

Sur le caractère exécutoire de droit à titre provisoire des mesures provisoires, V. C. pr. civ., art. 1074-1, App., I. Procédure.

Sur les règles applicables au professionnel désigné au 9°, V. C. pr. civ., art. 1120, App., I. Procédure.

Sur les modalités de désignation ainsi que le déroulement de la mission du notaire désigné, V. C. pr. civ., art. 1121, App., I. Procédure.

BIBL. ▸ Aufière, *AJ fam. 2005. 99* (rencontre du médiateur et du notaire). - Juston et Comba, *AJ fam. 2005. 399* (pratique de la médiation familiale). - V. Leclercq, *Dr. fam. 2004. Étude 23* (médiation familiale). - C. Lienhard, *AJ fam. 2006. 24* (l'avocat spécialiste en droit des personnes, professionnel qualifié au titre de l'art. 255, 9°).
▸ **Indemnité d'occupation privative d'un bien indivis :** Batteur, *Dr. fam. 2001. Chron. 14.* - Massip, *Defrénois 2001. 595.* - Vassaux, *Dr. et patr. 2/2003, p. 24.* ▸ Avance sur communauté : Digard, *JCP N 1993. I. 459.*
▸ **Notaire expert :** Brochard, *JCP N 2005. 1177.* - Casey, *Gaz. Pal. 2013. 1526* (devoir de conseil de l'avocat face à une expertise 255, 10°). - Claux, *AJ fam. 2004. 227*. - Claux et David, *Defrénois 2008. 1413* (le notaire nommé expert). - Cousin et Depondt, *Defrénois 2006. 1815 ; Dr. fam. 2008. Étude 26* (notaire et missions de l'art. 255, 9° et 10°). - Gaudemet et Klaa, *Defrénois 2012. 1130.* - Mury, *D. 2005. Chron. 329* (notaire judiciairement commis). - Dossier, *AJ fam. 2011. 457* ; *ibid. 523* (logement et séparation).

A. POUVOIRS DU JUGE

1. Vente d'un bien commun. Aucun texte ne prévoit que le juge du divorce puisse autoriser l'un des époux à vendre, sans l'accord de son conjoint, un bien dépendant de la communauté, une telle autorisation ne pouvant être donnée que par le tribunal dans les conditions des art. 217 et 1426 C. civ. • TGI Paris, 14 juin 1976 : *Gaz. Pal. 1976. 2. 718, note Brazier.* ♦ Il n'entre pas dans les pouvoirs du juge d'attribuer à l'un des époux la part du prix de vente d'un bien commun ou indivis. • Civ. 1re, 24 févr. 2016, n° 15-14.887 P : *D. 2016. 479 ; AJ fam. 2016. 217, obs. Hilt ; RTD civ. 2016. 326, obs. Hauser.*

2. Détermination du régime matrimonial. Il entre dans les pouvoirs du juge de se prononcer sur le régime matrimonial des époux. • Civ. 1re, 24 févr. 2016, n° 15-14.887 P : *préc. note 1* (cassation de l'arrêt ayant renvoyé les époux devant le juge du divorce).

3. Autorisation d'exploiter. Le juge est habilité à autoriser l'un ou l'autre des époux à exploiter seul des terres cultivées pour le compte de la communauté. • TGI Arras, JAM, 25 mai 1979 : *JCP 1980. II. 19356, note R. L.*

4. Sort des animaux. Hilt, *AJ fam. 2012. 74* (animal de compagnie et séparation). ♦ A propos de la « garde » et de la demande d'un « droit de visite » concernant un chien, V. • TGI Évreux, JAM, 27 juin 1978 : *Gaz. Pal. 1978. 2. 382* • Paris, 11 janv. 1983 : *ibid. 1983. 2. 412, note Dorsner-Dolivet et Scemama.* ♦ Comp., sur la demande en « restitution » d'un chien, • Rouen, 22 nov. 1978 : *D. 1980. IR 75, obs. crit. Bénabent.* – V. aussi Hauser, *RTD civ. 1991. 717*. ♦ En matière de divorce, le juge n'est pas compétent pour déterminer l'intérêt d'un animal de compagnie, eu égard à sa résidence ou ses conditions de vie. • Nancy, 30 nov. 2001 : *BICC 15 mars 2002, n° 285.*

5. Jouissance du logement. Le fait que le logement familial a été érigé sur un terrain propre de la femme ne fait pas obstacle à l'attribution de la jouissance du logement au mari. • Nîmes, 17 mars 1999 : *Dr. fam. 1999, n° 99, note Lécuyer.* ♦ Sur la jouissance privative de l'immeuble indivis, V. note 9 ss. art. 815-9 anc. ♦ Le juge aux affaires familiales peut ordonner, dans l'intérêt des enfants, la jouissance divise entre les parents du domicile familial, les parents venant y demeurer chacun en alternance. • TGI Péronne, 21 nov. 2005 : *BICC 1er déc. 2006, n° 2360.* ♦ Il n'appartient pas au juge conciliateur d'attribuer à titre gratuit à l'un des époux la jouissance de la résidence secondaire du ménage. • Poitiers, 8 nov. 2006 : *Dr. fam. 2007, n° 107, note Murat.* ♦ L'expulsion d'un époux de sa résidence principale conformément à une ordonnance de non-conciliation attribuant la jouissance du logement à l'autre époux n'échappe pas aux textes relatifs à l'expulsion. • Civ. 2e, 4 juill. 2007 : *D. 2007. Pan. 2694, obs. Douchy-Oudot ; Defrénois 2008. 2405, note Randoux.*

6. Occupation d'un immeuble commun. Prise en compte dans la fixation du montant de la pension mise à la charge d'un époux de la jouissance d'un immeuble commun attribuée à l'autre. • Civ. 1re, 28 févr. 1989 : *Bull. civ. I, n° 95* • 7 juin 1989, n° 87-11.905 P • 25 juin 1991, n° 90-10.321 P. – Huet-Weiller, obs. *RTD civ. 1991. 712* (cassation de l'arrêt ayant condamné le conjoint au versement d'une indemnité pour occupation privative du logement sans avoir recherché si cette occupation de l'immeuble commun ne correspondait pas à l'exécution par l'autre époux de son devoir de secours). ♦ Mais l'avantage obtenu par la gratuité d'une telle occupation ne peut constituer une forme d'exécution du devoir de secours qu'à la double condition d'un état de besoin avéré au moment de l'attribution et d'une insuffisance évidente des autres mesures éventuellement prises pour y pourvoir. • Toulouse, 15 mars 1995 : *BICC 1er juin 1995, n° 592 ; RTD civ. 1995. 868, obs. Hauser*. ♦ V. notes 9 s. ss. art. 815-9.

7. Pension alimentaire. Pour fixer le montant de la pension alimentaire allouée à l'un des époux, c'est à bon droit que les juges du fond tiennent compte du niveau d'existence auquel cet époux peut prétendre compte tenu des facultés du conjoint. • Civ. 2e, 7 mai 1980, n° 78-15.739 P : *R., p. 34.*

8. En décidant que la partie de la pension alimentaire correspondant aux arrérages des emprunts contractés pour l'acquisition du logement familial devait être versée directement entre les mains des organismes prêteurs, les juges du fond n'ont fait, dans l'exercice du pouvoir souverain dont ils disposaient en la matière, qu'instituer une modalité de paiement de ladite pension. • Civ. 2e, 16 juill. 1976 : *D. 1977. 333, note Chartier.*

9. Provision sur part de communauté. Les juges du fond apprécient souverainement si la situation rend nécessaire l'octroi à l'un des conjoints d'une provision sur sa part de communauté. • Civ. 1re, 5 janv. 1983 : *Gaz. Pal. 1983. 2. 525, note J. M.* – V. aussi • Civ. 2e, 1er mars 1984, n° 82-16.060 P. ♦ V. également note 16. ♦ Le juge aux affaires familiales n'est pas compétent pour attribuer à l'un des époux les revenus provenant de biens indivis ou la part du prix de vente d'un bien indivis, mesures relevant, en application de l'art. 815-11, de la seule compétence du président du TGI. • Civ. 1re, 17 janv. 2006, n° 04-19.053 P.

10. Désignation d'un professionnel qualifié (art. 255, 9°) : avocat. L'art. 115 du Décr. n° 91-1197 du 27 nov. 1991, organisant la profession d'avocat, n'interdit pas la désignation d'un avocat en qualité de professionnel qualifié, au sens de l'art. 255, 9°, dès lors que l'exercice de ces fonctions, confiées par un juge, ne caractérise pas celui d'une profession. • Civ. 1re, 19 oct. 2016, n° 15-25.879 P.

B. RÉGIME DES MESURES PROVISOIRES

11. Notaire commis. Sur la question de l'impartialité du notaire commis en application de l'art. 255-10°, V. • Civ. 1re, 4 juill. 2006, n° 03-16-971 P : *RTD civ. 2006. 745, obs. Hauser* (inapplicabilité de l'art. 6-1 Conv. EDH).

12. Exécution de droit. Les mesures provisoires de l'art. 255 se substituent d'office à la contribution aux charges du mariage dès le prononcé de l'ordonnance de non-conciliation. • Civ. 2e, 30 nov. 1994, n° 92-20.656 P. ♦ Si elles n'ont d'effet que pour l'avenir, elles sont exécutoires de droit dès leur prononcé. • Civ. 1re, 11 janv. 2005, n° 02-31.011 P.

13. Fait nouveau. C'est seulement en cas de survenance d'un fait nouveau que le juge peut modifier ou compléter les mesures provisoires qui auraient déjà été ordonnées. • Civ. 2e, 11 févr. 1981 : *Gaz. Pal. 1981. 1. 372, note Viatte.* ♦ En cas de survenance d'un fait nouveau, une cour d'appel saisie d'une instance en divorce a le pouvoir de modifier ou supprimer une mesure provisoire. • Civ. 1re, 4 oct. 2005, n° 04-13.463 P : *D. 2006. Pan. 340, obs. Williatte-Pellitteri, et 2437, obs. Douchy-Oudot ; AJ fam. 2005. 447, obs. S. David (2e esp.) ; Dr. fam. 2005, n° 268, note Larribau-Terneyre (2e esp.) ; RTD civ. 2006. 94, obs. Hauser.*

14. Caducité des mesures provisoires (application de l'art. 255 anc.). Si aucun des époux n'a saisi le tribunal à l'expiration du délai de six mois suivant le prononcé de l'ordonnance de non-conciliation, les mesures provisoires sont caduques bien qu'il y ait eu appel en ce qui les concerne ; mais l'autorisation de citer reste valable, tout au moins tant que la péremption n'a pas joué. • Basse-Terre, 24 janv. 1983 : *JCP 1983. II. 20001, note Lindon et Bertin.* ♦ La caducité des mesures provisoires met fin à la suspension du jugement antérieur fixant la contribution aux charges du mariage auquel elles se substituaient d'office, ce jugement reprenant alors son effet. • Cass., ch. mixte, 12 mai 2000, n° 96-80.007 P : *R., p. 326 ; BICC 1er août, concl. Joinet ; D. 2001. Somm. 2348, obs. Mirabail ; Defrénois 2000. 1303, obs. Massip ; Dr. fam. 2000, n° 105, note Lécuyer ; RJPF 2000-10/23, note Guerder ; RTD civ. 2000. 549, obs. Hauser* • Crim. 31 mai 2000, n° 98-85.702 P : *D. 2001. Somm. 2348, obs. Mirabail*.

15. Terme des mesures provisoires : décision devenue irrévocable. Fondée sur le devoir de secours, la pension alimentaire allouée pour la durée de l'instance cesse d'être due lorsque, mettant fin au devoir de secours, la décision qui a prononcé le divorce des époux à leurs torts partagés est devenue irrévocable. • Civ. 2e, 10 oct. 1985, n° 84-13.624 P. ♦ L'époux débiteur ne peut réclamer, lors de la liquidation du régime matrimonial, le remboursement des arrérages de la pension. • Civ. 1re, 30 juin 1998, n° 96-14.157 P : *R., p. 191 ; D. 1998. IR 201 ; JCP 1998. I. 183, n° 5, obs. Tisserand ; JCP N 1999. 393, note Casey ; Defrénois 1999. 180, note Bignon ; ibid. 301, obs. Massip ; Dr. fam. 1998, n° 158, note Beignier ; RTD civ. 1998. 887, obs. Hauser*.

16. Les mesures provisoires que le juge peut prendre, et notamment l'octroi à l'un des conjoints d'une avance sur sa part de communauté, ne peuvent plus être ordonnées lorsque l'instance en divorce a pris fin par une décision devenue irrévocable. • Civ. 2e, 20 avr. 1983 : *Bull. civ. II, n° 95.*

17. Le divorce ayant été irrévocablement prononcé, toute survivance des mesures provisoires est exclue ; une demande de provision n'est, dès lors, plus fondée sur le devoir de secours qui a pris fin avec le divorce ; par application de l'art. 914 C. pr. civ., est irrecevable le déféré contre l'ordonnance ayant accordé cette provision. • Civ. 1re, 2 mars 2004, n° 01-16.239 P : *D. 2005. Pan. 1826, obs. Douchy-Oudot ; Defrénois 2004. 1684, obs. Massip ; Dr. fam. 2004, n° 77, note Larribau-Terneyre ; RTD civ. 2004. 270, et 2005. 109, obs. Hauser.*

18. ... Décision rejetant la demande en divorce. Le pourvoi en cassation ne suspend pas l'exécution de l'arrêt qui rejette la demande en divorce, lequel, dès son prononcé, est exécutoire et entraîne la caducité des mesures prescrites par l'ordonnance de non-conciliation. • Civ. 1re, 25 janv. 2005, n° 03-16.943 P : *D. 2005. IR 388 ; Defrénois 2005. 1350, obs. Massip ; RTD civ. 2005. 371, obs. Hauser.*

C. PROCÉDURE

19. Ordonnance de non-conciliation : pas de pourvoi en cassation possible indépendamment du fond. Les décisions en dernier ressort qui, sans trancher dans leur dispositif une partie du principal, ordonnent une mesure provisoire ne peuvent être frappées de pourvoi en cassation indépendamment des jugements sur le fond que dans les cas spécifiés par la loi, et il n'est dérogé à cette règle qu'en cas d'excès de pouvoir. • Civ. 1re, 11 avr. 2018, n° 17-13.144. ♦ Jurisprudence constante : • Civ. 1re, 24 févr. 2016, n° 15-14.887 P • Civ. 2e, 24 janv. 2004, n° 02-13.439 P. ♦ Outre de nombreux arrêts non publiés, V. not. : • Civ. 1re, 27 janv. 2016, n° 14-29.416 • 27 janv. 2016, n° 14-25.308 • Civ. 2e, 4 nov. 2015, n° 14-23.610 • Civ. 1re, 13 mai 2015, n° 13-24.677 • 13 févr. 2013, n° 12-12.126 • 3 mars 2010, n° 09-10.477 • 28 févr. 2006, n° 04-14.325 • 28 févr. 2006, n° 05-11.740 • 25 janv. 2005, n° 02-16.883 • Civ. 2e, 4 mars 1998, n° 95-21.570. ♦ N'est entachée d'aucun excès de pouvoir la décision d'une cour d'appel, statuant sur les mesures provisoires du divorce, qui refuse d'attribuer le logement à l'un des époux, ce logement étant détenu par une SCI, avec laquelle les époux n'avaient pas conclu, avant le divorce, une convention d'occupation. • Civ. 1re, 6 mars 2019, n° 16-21.264.

20. Durée du devoir de secours en cas d'acquiescement. Si l'épouse, en acquiesçant au jugement le 3 févr. 2006, a renoncé à exercer une voie de recours, la décision n'est passée en force de chose jugée que lorsqu'elle n'était susceptible d'aucun recours suspensif d'exécution ; ayant relevé que le jugement de divorce avait acquis force de chose jugée par l'acquiescement du mari le 24 juin 2006, la cour d'appel en a justement déduit qu'avait pris fin à cette date (et non à la date de l'acquiescement de l'épouse) l'exigibilité de la pension alimentaire due à l'épouse au titre du devoir de secours. • Civ. 1re, 31 mars 2010, n° 09-12.770.

21. Procédure de paiement direct si non-paiement du devoir de secours, même pour « la bonne cause ». Le mari qui minore le devoir de secours pour payer l'emprunt que son épouse ne rembourse plus s'expose à la procédure de paiement direct des pensions alimentaires. • Civ. 1re, 14 avr. 2010, n° 09-12.225.

D. FISCALITÉ

22. Frais pris en charge directement par un parent. A l'exception de celles versées pour un enfant mineur résidant en alternance chez ses parents et pris en compte pour la détermination du quotient familial de chacun d'eux, les pensions alimentaires versées au titre de la contribution à l'entretien et l'éducation des enfants, y compris lorsqu'elles prennent la forme de prestations en nature, doivent être comprises dans les bases de l'impôt sur le revenu dû par le parent qui en bénéficie au titre de l'année au cours de laquelle celui-ci les a perçues, quelle que soit la répartition du quotient familial entre les deux parents. Pour l'attribution des parts supplémentaires du quotient familial pour enfant à charge prévue à l'art. 194 CGI, le versement ou la perception d'une pension alimentaire, qu'elle prenne la forme d'une somme d'argent ou d'une prestation en nature, ne doit pas, en vertu de l'art. 193 *ter* du même code, être pris en compte pour apprécier la charge d'entretien qui est assumée par chaque parent. • CE, 3e et 8e ch. réun., 5 juill. 2021, n° 434517 : *RD fisc. 2021. 381, concl. Merloz, note Chatain.*

23. Emprunt et devoir de secours. Pendant l'instance en divorce, le devoir de secours, qui subsiste intégralement tant que les époux ne sont pas divorcés, est exécuté sous la forme d'une pension alimentaire versée entre époux dont les modalités et le montant sont fixés par le juge dans l'ordonnance de non-conciliation. En application des dispositions du 2° du II de l'art. 156 CGI, les pensions alimentaires versées en vertu d'une décision de justice en cas d'instance en séparation de corps ou en divorce sont admises en déduction du revenu global du débiteur lorsque le conjoint fait l'objet d'une imposition séparée. Les pensions alimentaires sont corrélativement imposables entre les mains du bénéficiaire dans les conditions prévues à l'art. 79 CGI. La prise en charge, ordonnée par un juge dans le cadre d'une ordonnance de non-conciliation, du remboursement par un époux de la quote-part incombant à son conjoint d'un prêt contracté en commun pour l'acquisition du logement conjugal équivaut au paiement d'une pension alimentaire. Ce remboursement est admis en déduction du revenu imposable de l'époux qui acquitte les échéances de l'emprunt à hauteur du seul montant de la quote-part prise en charge pour le compte de l'autre conjoint. Corrélativement, cette somme constitue pour ce dernier un revenu imposable dans la catégorie des pensions en application des dispositions de l'art. 79 CGI. * Rép. min. 3 mai 2022 : *JO 3 mai 2022, p. 2983.*

Art. 256 *(L. n° 2004-439 du 26 mai 2004, art. 22-V)* **« Les mesures provisoires relatives aux »** *(L. n° 75-617 du 11 juill. 1975)* **enfants sont réglées selon les dispositions du chapitre I du titre IX du présent livre.** — *V. C. civ., art. 371 s.*

Art. 257 *(Abrogé par L. n° 2019-222 du 23 mars 2019, art. 22, à compter du 1er janv. 2021) (L. n° 75-617 du 11 juill. 1975)* ***Le juge peut prendre, dès la requête initiale, des mesures d'urgence.***

Il peut, à ce titre, autoriser l'époux demandeur à résider séparément, s'il y a lieu avec ses enfants mineurs.

Il peut aussi, pour la garantie des droits d'un époux, ordonner toutes mesures conservatoires telles que l'apposition de scellés sur les biens communs. Les dispositions de l'article 220-1 *(L. n° 2010-769 du 9 juill. 2010, art. 1er, en vigueur le 1er oct. 2010)* ***« et du titre XIV du présent livre » et les autres sauvegardes instituées par le régime matrimonial demeurent cependant applicables.***

Sur la compétence du juge aux affaires familiales en tant que juge des référés, V. C. pr. civ., art. 1073, App. I. Procédure.

Sur la demande initiale, V. C. pr. civ., art. 1077, App., I. Procédure.

Sur l'entrée en vigueur et l'application dans le temps des modifications issues de l'art. 22 de la L. n° 2019-222 du 23 mars 2019, V. ndlr ss. art. 233.

BIBL. ▸ C. Lienhard, *D. 1985. Chron. 15* (compétence du JAM en tant que juge des référés entre le dépôt de la requête en divorce et la tentative de conciliation). - Rovinski, *Gaz. Pal. 5-7 déc. 1999.*

1. Une cour d'appel qui ordonne son dessaisissement au profit d'une juridiction étrangère également compétente ne peut statuer sur la jouissance du domicile conjugal et le devoir de secours pendant l'instance sans caractériser la nécessité d'obtenir immédiatement en France des mesures urgentes. • Civ. 1re, 6 déc. 2005, n° 03-17.542 P.

2. La compétence du juge aux affaires matrimoniales est limitée, au stade de la présentation de la requête en divorce, aux mesures d'urgence prévues à l'art. 257 et aux référés qui peuvent en découler. • Civ. 2e, 16 avr. 1986, n° 84-17.097 P : *D. 1987. Somm. 273, obs. Groslière.* ♦ Comp. : • TGI Bayonne, JAF, 17 nov. 1995 : *BICC 15 mars 1996, n° 342* (estimant que les al. 2 et 3 de l'art. 257 ne sont que descriptifs et ordonnant en urgence le départ du mari du domicile conjugal).

3. Jugé que les dispositions de l'art. 257 sont inapplicables au divorce sur demande acceptée. • TGI Paris, JAM, 15 nov. 1979 : *JCP 1981. II. 19520, note Lindon.*

4. Si, avant l'ordonnance de non-conciliation, le juge n'a pas à statuer sur la garde des enfants, il peut cependant permettre à l'époux demandeur de résider séparément et d'emmener ses enfants. • TGI Avesnes-sur-Helpe, 11 févr. 1976 : *Gaz. Pal. 1976. 1. 334, note M. B. ; JCP 1976. IV. 6591, note J. A.* ♦ Comp. • Colmar, 18 nov. 1983 et • TGI Strasbourg, ord., 14 juin 1984 : *publiés en annexe de la chronique Lienhard précitée.* – V. aussi • TGI Bayonne, JAF, 17 nov. 1995 : *préc. note 2.*

5. Mise sous administration judiciaire de valeurs mobilières : V. • TGI Paris, JAM, 10 mai 1976 : *D. 1978. 596, note Cl.-I. Foulon-Piganiol ; Gaz. Pal. 1976. 2. 468* (instance en séparation de corps).

§ 4 *[ANCIEN] De l'introduction de l'instance en divorce (L. n° 2004-439 du 26 mai 2004, art. 13-I).*

(Abrogé par L. n° 2019-222 du 23 mars 2019, art. 22, à compter du 1er janv. 2021)

A compter du 1er janv. 2021, la L. n° 2019-222 du 23 mars 2019 abroge le § 4 ancien et le § 5 devient le § 3 (L. préc., art. 22, en vigueur le 1er janv. 2021).

Sur l'entrée en vigueur et l'application dans le temps des modifications issues de l'art. 22 de la L. n° 2019-222 du 23 mars 2019, V. ndlr ss. art. 233.

Pour les dispositions transitoires, V. L. n° 2004-439 du 26 mai 2004, art. 33-I, ss. art. 286.

Ancien art. 257-1 *(L. n° 2004-439 du 26 mai 2004, art. 13-II)* ***Après l'ordonnance de non-conciliation, un époux peut introduire l'instance ou former une demande reconventionnelle pour acceptation du principe de la rupture du mariage, pour altération définitive du lien conjugal ou pour faute.***

Toutefois, lorsqu'à l'audience de conciliation les époux ont déclaré accepter le principe de la rupture du mariage et le prononcé du divorce sur le fondement de l'article 233, l'instance ne peut être engagée que sur ce même fondement.

En raison de son caractère provisoire, l'ordonnance qui statue sur la recevabilité de la demande en divorce à laquelle est opposée une fin de non-recevoir ne lie pas le juge du fond saisi de ce moyen de défense. • Civ. 2e, 4 mars 1998, n° 96-14.230 P : *RTD civ. 1998. 661, obs. Hauser* • Civ. 1re, 10 mai 2007, n° 06-14.178 P : *D. 2007. AJ 1427, obs. Delaporte-Carré ; JCP 2007. Actu. 242, obs. Devers (3e esp.) ; Defrénois 2007. 1316, obs. Massip ; AJ fam. 2007. 352, obs. S. David ; RTD civ. 2007. 552, obs. Hauser.*

Ancien art. 257-2 *(L. n° 2004-439 du 26 mai 2004, art. 13-II)* ***A peine d'irrecevabilité, la demande introductive d'instance comporte une proposition de règlement des intérêts pécuniaires et patrimoniaux des époux.***

Sur la proposition de règlement des intérêts pécuniaires des époux, V. C. pr. civ., art. 1115, App., I. Procédure.

Fin de non-recevoir régularisable. Ayant relevé que le mari avait présenté, par conclusions postérieures à l'acte introductif d'instance, une proposition de règlement des intérêts pécuniaires et patrimoniaux, la cour d'appel a exactement retenu, que, en application de l'art. 126 C. pr. civ., la situation avait été régularisée au moment où le premier juge avait statué. • Civ. 1re, 6 janv. 2012, n° 10-17.824 P : *D. 2012. 218 ; RTD civ. 2012. 299, obs. Hauser.*

Ancien art. 258 *(L. n° 75-617 du 11 juill. 1975)* ***Lorsqu'il rejette définitivement la demande en divorce, le juge peut statuer sur la contribution aux charges du mariage, la résidence de la famille et*** *(L. n° 87-570 du 22 juill. 1987)* ***« les modalités de l'exercice de l'autorité parentale ».***

Sur les compétences du juge aux affaires familiales, V. C. pr. civ., art. 1073, App., I. Procédure.

BIBL. ► ABITBOL, *RTD civ. 1981. 37.* – HAUSER, obs. *RTD civ. 1994. 83*. – NORMAND, *ibid. 1980. 406.*

1. Office et pouvoir du juge. L'application d'office de l'art. 258 n'est qu'une faculté laissée à l'appréciation du juge. • Civ. 2e, 28 oct. 1992, n° 91-12.786 P : *Defrénois 1993. 715, obs. Massip* • 19 janv. 1994, n° 92-17.275 P. ♦ Le juge ne peut statuer que sur les points limitativement énumérés à l'art. 258. • Civ. 1re, 19 juin 2007, n° 06-16.656 P : *D. 2007. AJ 1968 ; ibid. Pan. 2693, obs. Douchy-Oudot ; Dr. fam. 2007, n° 163, note Larribau-Terneyre ; RTD civ. 2007. 760, obs. Hauser.*

2. Les termes de l'art. 258 impliquent que la décision est laissée à l'appréciation du juge et ne sous-entendent nullement que seul l'époux innocent pourrait en faire la demande. Il appartient donc au juge d'apprécier, au vu des éléments de la cause, si une reprise de la vie commune est envisageable et si la séparation doit ou non être organisée. • Dijon, 16 juin 1987 : *Gaz. Pal. 1989. 1. 18, note Brazier.*

3. Les juges du fond ne peuvent, après avoir débouté un époux de sa demande en séparation de corps, fixer d'office le montant de la contribution du mari aux charges du mariage sans inviter au préalable les parties à présenter leurs observations. • Civ. 2e, 20 juin 1984, n° 83-14.517 P. – V. aussi • Civ. 2e, 1er juin 1983 : *D. 1984. 581, note Abitbol ; RTD civ. 1984. 155, obs. Normand.* ♦ *Contra* : • Reims, 21 mars 1996 : *Dr. fam. 1997, n° 13, note Lécuyer* (faute de conclusions l'y invitant, la cour ne peut statuer sur la contribution aux charges du mariage).

4. Désistement de demande. Méconnaît l'étendue des pouvoirs qu'il tient des art. 214 et 258 C. civ. et L. 312-1 (devenu L. 213-3) COJ le juge qui déboute une épouse de sa demande de contribution aux charges du mariage au motif que l'art. 258 ne prévoit la possibilité de la fixer que lorsque la demande en divorce est rejetée et qu'en l'espèce la demande en divorce n'existe plus du fait du désistement du mari. • Civ. 1re, 19 avr. 2005, n° 03-14.664 P : *D. 2005. IR 1304 ; Dr. fam. 2005, n° 125, note Larribau-Terneyre ; RTD civ. 2005. 579, obs. Hauser.*

5. Résidence familiale. S'agissant du logement des époux, la seule mesure pouvant être prononcée par le juge statuant sur le fondement de l'art. 258 est la fixation de la résidence de la famille. • Civ. 1re, 31 mars 1992, n° 90-18.760 P : *RTD civ. 1993. 105, obs. Hauser.* ♦ Saisie par le mari d'une demande tendant à voir fixer la résidence de la famille dans le logement occupé par lui, ayant constitué l'ancien domicile conjugal, la cour d'appel a souverainement estimé qu'il n'y avait pas lieu d'y faire droit dès lors que ni l'épouse ni l'enfant commun n'y résidaient. • Civ. 1re, 19 juin 2007 : *préc. note 1.* ♦ L'art. 258 n'autorisant le juge qu'à prononcer des mesures provisoires, celui-ci ne peut fixer la résidence de l'épouse, sa vie durant, dans un immeuble appartenant au mari. • Civ. 2e, 15 janv. 1997, nº 95-14.549 P : *JCP N 1998. 200, note Yamba ; Dr. fam. 1997, nº 32, note Lécuyer.* ♦ Même sens : • Civ. 1re, 11 juill. 2006, nº 05-21.132 P : *Defrénois 2006. 1773, obs. Massip ; RTD civ. 2006. 743, obs. Hauser.*

6. Exécution provisoire (non). Les mesures ordonnées par les juges en application de l'art. 258 ne pouvant prendre effet que lorsque le rejet du divorce est devenu définitif, elles ne peuvent être assorties de l'exécution provisoire. • Civ. 2e, 25 nov. 1992, nº 91-12.208 P : *RTD civ. 1993. 106, obs. Hauser.* ♦ Non-application de l'art. 258 en cas de rétractation, présentée en appel, de l'aveu donné devant le JAF dans une procédure de divorce sur demande conjointe, celle-ci ne constituant pas un rejet de la demande. • Lyon, 20 janv. 1998 : *RTD civ. 1998. 357, obs. Hauser.*

7. Conséquences des mesures provisoires. Après une décision judiciaire sur la résidence des époux, sur le fondement de l'art. 258, les juges rejettent à bon droit une nouvelle demande de divorce pour faute en considérant que le refus de la femme de reprendre la vie commune ne constitue pas une violation grave des obligations nées du mariage, alors qu'après une mésentente ancienne et profonde, une tentative de reprise de la vie commune ne pouvait se borner, de la part du mari, à une sommation interpellative d'huissier. • Civ. 2e, 20 mars 1989 : *D. 1990. 129, note Batteur.* ♦ Dans le même sens : • Civ. 2e, 16 nov. 1994, nº 93-12.116 P (cassation de l'arrêt qui, pour prononcer le divorce aux torts de l'épouse, retient que le refus de celle-ci de revenir au domicile conjugal constitue une faute grave sans avoir recherché si, dans de pareilles circonstances, la sommation interpellative délivrée par le mari traduisait de sa part une volonté réelle de reprendre la vie commune). ♦ Mais la fixation de la résidence de la famille en vertu de l'art. 258 est une mesure provisoire qui n'a pas pour effet de dispenser définitivement des époux mariés de leur obligation de communauté de vie. • Civ. 2e, 25 nov. 1992, nº 91-12.236 P. ♦ Résidence séparée ordonnée judiciairement et violation de domicile : V. • Crim. 11 oct. 1995 : *D. 1996. 469, note Muller.*

§ 3 *Des preuves (L. nº 2004-439 du 26 mai 2004, art. 14-I).*

A compter du 1er janv. 2021, la L. nº 2019-222 du 23 mars 2019 abroge le § 4 ancien et le § 5 devient le § 3 (L. préc., art. 22, en vigueur le 1er janv. 2021).

Sur l'entrée en vigueur et l'application dans le temps des modifications issues de l'art. 22 de la L. nº 2019-222 du 23 mars 2019, V. ndlr ss. art. 233.

Art. 259 *(L. nº 75-617 du 11 juill. 1975)* **Les faits invoqués en tant que causes de divorce ou comme défenses à une demande peuvent être établis par tout mode de preuve, y compris l'aveu.** *(L. nº 2004-439 du 26 mai 2004, art. 14-II)* **« Toutefois, les descendants ne peuvent jamais être entendus sur les griefs invoqués par les époux. »**

V. aussi C. pr. civ., art. 205, App., IV. Enfants-Autorité parentale, B. Audition de l'enfant.

DALLOZ PRATIQUE[S] *Divorce - Mesure d'enquête sociale ou d'expertise médico-psychologique ou psychiatrique pendant une procédure de divorce.*

A. AUDITION DES DESCENDANTS

1. Personnes concernées. L'interdiction d'entendre, aux enquêtes de divorce, les descendants des époux (art. 205 C. pr. civ., repris par l'art. 259) doit s'entendre en ce sens qu'aucune déclaration, sous quelque forme que ce soit, ne peut être produite au cours de la procédure. • Civ. 2e, 4 janv. 1984 : *D. 1985. IR 149, obs. Groslière ; Gaz. Pal. 1984. 2. Pan. 187, obs. Grimaldi.* ♦ Doit être écartée une attestation émanant de la mère de l'épouse et relatant des propos tenus par ses petits-enfants. • Civ. 1re, 3 nov. 2004, nº 03-19.079 P : *D. 2004. IR 3194 ; RTD civ. 2005. 108, obs. Hauser.* ♦ V. déjà en ce sens : • Civ. 2e, 23 mars 1977 : *D. 1978. 5, note Meerpoel* (exclusion du témoignage indirect). ♦ Aucune distinction n'est à faire à cet égard entre les enfants communs aux deux époux et ceux de l'un d'entre eux. • Civ. 2e, 24 févr. 1983 : *Gaz. Pal. 1983. 2. Pan. 185, obs. Grimaldi.* – Dans le même sens : • Civ. 2e, 5 févr. 1986 : *Bull. civ. II, nº 9.* ♦ La prohibition s'applique au conjoint du descendant. • Civ. 2e, 18 nov. 1987 : *Bull. civ. II, nº 230* • 30 sept. 1998, nº 96-21.110 P : *Dr. fam. 1999, nº 6, note Lécuyer (2e esp.) ; RTD civ. 1999. 71, obs. Hauser.* ♦ ... Même divorcé. • Civ. 1re, 14 févr. 2006, nº 05-14.686 P : *D. 2007. Pan. 609, obs. Williatte-Pillitteri, et 1909, obs. T. Vasseur ; Dr. fam. 2006, nº 90, note Larribau-Terneyre ; AJ fam. 2006. 377, obs. S. David ; RTD civ. 2006. 288, obs. Hauser.* ♦ ... Ou au concubin du descendant. • Civ. 2e, 10 mai 2001, nº 99-13.833 P : *R., p. 343 ; D. 2002. Somm. 611, obs. Lemouland ; Defrénois 2001. 1349, obs. Massip ; Dr. fam. 2001, nº 108, note Lécuyer ; ibid. 2002,* *n° 21, note Griffon ; RJPF 2001-6/27, obs. Guerder ; RTD civ. 2001. 861, obs. Hauser*. ♦ La remise par un descendant d'une lettre d'un parent relative aux torts du divorce équivaut au témoignage prohibé par l'art. 205 C. pr. civ. • Civ. 2e, 5 juill. 2001, n° 99-15.244 P : *R., p. 343 ; D. 2001. IR 2361 ; Defrénois 2001. 1349, obs. Massip ; Dr. fam. 2001, n° 108, note Lécuyer ; ibid. 2002, n° 22, note Gouttenoire-Cornut ; RJPF 2001-9/22, obs. Guerder ; RTD civ. 2001. 861, obs. Hauser* • 23 janv. 2003, n° 01-12.117 P : *D. 2003. IR 603 ; Defrénois 2003. 1082, obs. Massip ; AJ fam. 2003. 144, obs. S. D. ; Dr. fam. 2003, n° 73, note H. L. ; RTD civ. 2003. 274, obs. Hauser*.

2. Instances concernées. La prohibition édictée par l'art. 205 C. pr. civ. (reprise par l'art. 259) s'applique aux déclarations recueillies en dehors de l'instance en divorce. • Civ. 2e, 22 juin 1994, n° 93-11.252 P : *RTD civ. 1994. 838, obs. Hauser* (audition d'un enfant par un service de police dans le cadre d'une procédure pénale portant sur les agissements de l'un des époux à l'égard de l'enfant) • 4 mai 2011, n° 10-30.706 P : *D. 2011. 1348 ; AJ fam. 2011. 322, obs. David ; RTD civ. 2011. 750, obs. Hauser ; Dr. fam. 2011, n° 149, obs. Larribau-Terneyre*. • Civ. 1re, 1er févr. 2012 : *D. 2012. 436 ; AJ fam. 2012. 147, obs. S. David ; JCP N 2012, n° 1150, obs. Rivière* • 9 juill. 2014 : *RTD civ. 2014. 865, obs. Hauser*. ♦ Bien que figurant dans un texte étranger à la procédure pénale, la prohibition formulée par l'art. 205 C. pr. civ. (reprise par l'art. 259) n'est que l'expression d'une règle fondamentale inspirée par un souci de décence et de protection des intérêts moraux de la famille qui ne saurait être tournée, même après le prononcé du divorce, par le recours à une poursuite pénale pour établir un faux témoignage dans le cadre d'une instance en divorce. • Crim. 4 janv. 1985 : *JCP 1985. II. 20521, note Lindon et Bénabent*.

3. Interdiction limitée à la procédure de divorce. Les dispositions de l'art. 205 C. pr. civ., relatives au divorce, ne sont pas applicables devant la juridiction pénale en raison du principe de la liberté de la preuve. • Crim. 2 juin 2015, n° 14-85.130 P : *D. 2016. 674, obs. Douchy-Oudot ; AJ fam. 2015. 403, obs. Thouret ; AJ pénal 2015. 439, obs. Roussel ; JCP 2015, n° 999, obs. Rousseau* (poursuites pour violences conjugales).

B. AUTRES MODES DE PREUVE

4. Aveu d'un époux. Ne peuvent constituer un aveu les conclusions additionnelles de l'épouse par lesquelles, après avoir nié toute faute de sa part, elle sollicite à titre subsidiaire le prononcé du divorce aux torts partagés au cas où la cour d'appel retiendrait des torts à son encontre. • Civ. 2e, 11 févr. 1998, n° 96-19.106 P : *Dr. fam. 1998, n° 136, note Lécuyer*.

5. Enregistrement de communications téléphoniques. V. note 2 ss. art. 259-1.

6. Expertises et enquêtes. Demande d'expertise médicale à l'effet de constater l'état de grossesse de l'épouse : V. note 5 ss. art. 259-2. ♦ Examen médico-psychologique et enquête sociale : V. notes ss. art. 373-2-12. ♦ La preuve en matière de divorce se faisant par tous moyens, une cour d'appel peut admettre comme preuve de l'infidélité de l'épouse, sans remettre en cause la filiation des enfants, des examens sanguins établissant l'impossibilité biologique du mari d'être le père de deux des cinq enfants communs. • Civ. 1re, 28 févr. 2006, n° 04-12.736 P : *D. 2006. 2379, note Mirabail ; D. 2007. Pan. 609, obs. Williatte-Pellitteri , et 1909, obs. T. Vasseur ; JCP 2006. II. 10098, note Lambert ; Dr. fam. 2006, n° 91, note Larribau-Terneyre ; LPA 24 oct. 2006, note Massip ; RTD civ. 2006. 287, obs. Hauser*.

7. Casier judiciaire. Possibilité d'enjoindre au défendeur de produire un extrait de son casier judiciaire : V. • TGI Nanterre, JME, 11 mars 1975 : *D. 1975. 439, note G. T.*

8. Rapports. Un rapport de police privée ne peut constituer la preuve des faits qu'il relate, alors que ses auteurs agissent en vertu d'un mandat salarié donné par l'époux qui le produit et dont les conditions d'exécution, inconnues du tribunal, ne lui permettent pas d'exercer son contrôle sur la force probante qui s'y attacherait. • TGI Lyon, 10 oct. 1972 : *Gaz. Pal. 1972. 2. 880, note R. S.* ♦ Sur la nécessité pour les juges du fond de préciser les faits rapportés dans les attestations sur lesquelles ils se fondent pour prononcer le divorce, V. • Civ. 2e, 5 oct. 1994, n° 93-11.215 P. ♦ Une cour d'appel estime souverainement que les relations injurieuses pour le mari entretenues par la femme avec un tiers sont établies par des courriels et un rapport d'enquête privée. • Civ. 1re, 18 mai 2005, n° 04-13.745 P : *Defrénois 2005. 1342, obs. Massip ; AJ fam. 2005. 403, obs. S. David ; Dr. fam. 2005, n° 185, note Larribau-Terneyre ; CCE 2005, n° 192, note A. Lepage*.

9. Attestations. Pour confirmer le montant de la contribution mise à la charge du père pour l'entretien de l'enfant, l'arrêt retient que le passeport du père établit que son activité professionnelle lui procure un certain train de vie lui permettant de se rendre plusieurs fois à l'île Maurice et en Inde, et que l'attestation d'un de ses amis indiquant prendre en charge l'intégralité du coût de ces voyages doit être écartée des débats, faute de répondre aux exigences des dispositions de l'art. 202 C. pr. civ. En se déterminant ainsi, au seul motif que l'attestation était irrégulière, sans apprécier la valeur probante et la portée de la pièce litigieuse, la cour d'appel a privé sa décision de base légale au regard des dispositions de l'art. 202 C. pr. civ. • Civ. 1re, 8 juill. 2020, n° 19-12.207.

10. Données médicales. Constituent une violation de l'art. 8 Conv. EDH la production et l'utilisation en justice, dans une procédure de divorce, de pièces médicales. • CEDH, sect. II, 10 oct. 2006,

L. L. c/ France, n° 7508/02 : *D. 2006. IR 2692* ; *RTD civ. 2007. 95, obs. Hauser*. ♦ V. cependant, admettant la prise en compte d'un certificat médical attestant que le mari avait été hospitalisé pour sevrage alcoolique, le mari soutenant que ce certificat avait été subtilisé par l'épouse, en vue de prouver son alcoolisme. • Aix-en-Provence, 27 févr. 2008 : *D. 2009. Pan. 832, obs. Williatte-Pellitteri* ; *Dr. fam. 2008, n° 142* (absence de fraude, l'épouse ayant accompagné son époux lors de la visite au praticien ayant délivré le certificat).

11. Courriels. Ayant retenu que les courriels versés aux débats par l'époux se trouvaient sur l'ordinateur personnel de celui-ci et qu'aucune protection n'était mise en place pour minimiser leur accès, la cour d'appel, qui a repris ces éléments contenus dans les conclusions mêmes de l'épouse, en a souverainement déduit qu'ils n'avaient pas été obtenus par fraude. • Civ. 1re, 26 oct. 2011, n° 10-27.872.

Le fait d'avoir profité de l'opportunité d'accéder à la messagerie électronique de l'épouse après son départ du domicile conjugal caractérise un manque de délicatesse mais ne constitue pas une fraude dès lors que le mot de passe n'a pas été obtenu par fraude. • Paris, 17 nov. 2016, n° 14/14483 : *Dr. fam. 2017, n° 2, note Binet.*

C. OFFICE DU JUGE

12. Sans pièces produites, le juge ne peut retenir les montants avancés par un époux. Pour fixer à une certaine somme la prestation compensatoire due par l'époux à l'épouse, l'arrêt retient que l'épouse perçoit actuellement 833 € nets et que le montant de ses pensions de retraite atteindra plus de 18 000 € pour une liquidation de ses droits à 62 ans et plus de 20 000 € en cas de départ à 65 ans ; en se déterminant ainsi, par voie de simples affirmations, alors qu'aucune des pièces produites ne mentionnait de telles sommes, la cour d'appel n'a pas donné de base légale à sa décision. • Civ. 1re, 13 sept. 2017, n° 16-22.872.

13. Le juge ne peut retenir des éléments de preuve qui ne sont pas dans les débats. Pour condamner un mari au paiement d'une prestation compensatoire, l'arrêt retient, parmi les éléments mobiliers du patrimoine de l'époux, le solde d'un compte épargne logement de 15 900 € ; en se déterminant ainsi, alors qu'il ne résulte ni des conclusions, ni de l'arrêt que cet élément de fait était dans le débat, la cour d'appel a violé l'art. 7 C. pr. civ. • Civ. 1re, 18 mars 2018, n° 14-10.976.

Art. 259-1 *(L. n° 2004-439 du 26 mai 2004, art. 14-III)* **Un époux ne peut verser aux débats un élément de preuve qu'il aurait obtenu par violence ou fraude.**

1. Le juge ne peut, pour écarter des débats des lettres de l'épouse à des tiers ainsi que son journal intime, énoncer que leur production porte atteinte à la vie privée de celle-ci sans constater que le mari s'est procuré ces documents par fraude ou violence. • Civ. 2e, 29 janv. 1997 : *D. 1997. 296, note Bénabent* ; *JCP N 1997. II. 774* ; *Dr. fam. 1997, n° 85, note Lécuyer.* ♦ V. conf., pour des courriels : • Civ. 1re, 18 mai 2005, n° 04-13.745. – V. aussi • CEDH 7 sept. 2021, *M.P. c/ Portugal*, n° 27516/14 : bien que le droit au respect de la vie privée implique le droit au secret des correspondances, celui-ci ne saurait contrevenir au droit de bénéficier d'une possibilité raisonnable de présenter sa cause en justice ; c'est la raison pour laquelle, dès lors que des messages électroniques issus de l'ordinateur familial du couple sont produits en justice, cette production ne saurait constituer une violation du droit au respect de la vie privée puisqu'elle n'intervient qu'au cours de procédures civiles dont l'accès public est strictement restreint. ♦ ... Pour des minimessages, dits « SMS », reçus sur le téléphone portable professionnel du conjoint : • Civ. 1re, 17 juin 2009, n° 07-21.796 P : *R., p. 316* ; *D. 2009. AJ 1758, obs. Égéa* ; *ibid. 2010. Pan. 989, obs. Douchy-Oudot* ; *ibid. Pan. 1243, obs. Williatte-Pellitteri* ; *JCP 2010. 34, n° 5, obs. Gouttenoire* ; *Gaz. Pal. 2009. 2816, note Pierroux* ; *LPA 24 sept. 2009, note Dissaux* ; *AJ fam. 2009. 298, obs. David* ; *Dr. fam. 2009, n° 124, obs. Larribau-Terneyre* ; *Defrénois 2010. 864, obs. Massip* ; *RLDC 2009/63, n° 3544, obs. Pouliquen* ; *RTD civ. 2009. 514, obs. Hauser* (en application des art. 259 et 259-1 nouveaux) • 11 mai 2016, n° 15-16.410 : *RTD civ. 2016. 592, obs. J. Hauser*. ♦ Il appartient à l'époux qui invoque les violences ou la fraude visées à l'art. 259-1 d'en rapporter la preuve. • Civ. 2e, 16 févr. 1983 : *Bull. civ. II, n° 38.* ♦ Le seul fait de l'absence de remise volontaire ne saurait faire présumer la fraude. • TGI Versailles, 18 déc. 2000 : *Dr. fam. 2001, n° 57, note Lécuyer.* ♦ ... Et les juges du fond apprécient, en se déterminant d'après les circonstances, le caractère régulier ou non de la production de lettres versées aux débats. • Civ. 2e, 26 nov. 1975 : *D. 1976. 371, note Bénabent.*

2. Caractère illicite des enregistrements de communications téléphoniques : V. • Crim. 3 mars 1982 : *D. 1982. 579, note Lindon* • TGI Lyon, 10 oct. 1972 : *Gaz. Pal. 1972. 2. 880.*

3. Procédure religieuse. Un archevêque ne peut être condamné sous astreinte à remettre, pour les besoins d'une procédure en divorce, les pièces d'une procédure ecclésiastique en annulation du mariage, alors qu'elles se rapportent à des faits concernant la vie privée du mari et que l'autorité religieuse n'en a eu connaissance qu'à raison de la confiance qui lui a été accordée. • Civ. 2e, 29 mars 1989 : *D. 1990. 45, note Robine* ; *JCP 1990. II. 21586, note Bouscau* ; *Gaz. Pal. 1990. 1. 3, note Échappé.*

4. Journal intime. **BIBL.** Zaki, *RTD civ. 1980. 2.* – Moatti-Neuer, *LPA 30 oct. 2000.* ♦ Admission de la production d'un journal intime, V. • Civ. 2e, 6 mai 1999, n° 97-12.437 P : *D. 2000. 557, note Caron* ; *JCP 1999. II. 10201, note Garé* ; *Dr. fam. 1999, n° 79, note Lécuyer* ; *CCE 1999, n° 51, note Desgorges* ; *RTD civ. 1999. 608, obs. Hauser* • Amiens, 3 mars 1975 : *D. 1975. 706, note Géraldy* ; *Gaz. Pal. 1975. 1. 276* • TGI Versailles, 18 déc. 2000 : *préc. note 1* • Paris, 4 avr. 2001 : *Dr. fam. 2001, n° 96, note H. L.* ♦ *Contra* : • Paris, 9 sept. 1999 : *Dr. fam. 2000, n° 24, note Lécuyer* • TGI Caen, JAF, 9 juin 2000 : *Dr. fam. 2000, n° 87, note J. L.* ; *RTD civ. 2000. 812, obs. Hauser*. ♦ V. aussi note 1.

5. Ordinateur personnel. **BIBL.** Larribau-Terneyre, *Dr. fam. 2007, n° 106.* ♦ Admission de la preuve d'un divorce pour faute grâce à l'analyse du disque dur de l'ordinateur qui se trouvait dans la chambre du mari qui avait quitté le domicile conjugal. • Aix-en-Provence, 6 mai 2010 : *Dr. fam. 2010, n° 164, obs. Larribau-Terneyre.*

Art. 259-2 *(L. n° 75-617 du 11 juill. 1975)* **Les constats dressés à la demande d'un époux sont écartés des débats s'il y a eu violation de domicile ou atteinte illicite à l'intimité de la vie privée.**

BIBL. ► Chabault, *Dr. fam. 1998. Chron. 11* (adultère). – Leguevaques et Douysset, *Gaz. Pal. 2000. 1. Doctr. 588* (enregistrement téléphonique). – Nerson, *RTD civ. 1977. 112* (preuve de l'adultère depuis la loi du 11 juill. 1975).

1. Constat d'adultère : possibilité. Le fait que l'adultère ne soit plus une cause péremptoire de divorce doit demeurer sans incidence sur ses modes de preuve, et la possibilité de rejet de l'adultère comme cause de divorce ne doit pas enlever au conjoint qui s'en prévaut la possibilité d'en établir la réalité. • Nancy, 14 mars 1979 : *JCP 1979. II. 19210, note Goubeaux* (constat d'adultère autorisé par justice). – Dans le même sens : • Paris, 5 nov. 1981 : *D. 1982. 342, note Massip.*

2. ... Vie privée. Le président du tribunal de grande instance *[devenu tribunal judiciaire]* est en droit d'autoriser un constat par huissier en vue de préconstituer la preuve de la violation de l'obligation de fidélité par un époux au domicile de la personne coauteur de sa faute ; ce constat ne saurait constituer une atteinte illicite à l'intimité de la vie privée. • Civ. 1re, 6 févr. 1979 : *JCP 1980. II. 19290* ; *Gaz. Pal. 1979. 1. 252, note J. V.* • 18 nov. 1992, n° 90-19.368 P : *Defrénois 1993. 712, obs. Massip.* – V. aussi • Civ. 2e, 5 juin 1985, n° 83-14.268 P • Paris, 14 nov. 1985 : *D. 1986. 296, note Vassaux-Vanoverschelde* ; *JCP 1986. II. 20643, note Lindon* • Versailles, 31 janv. 1989 : *D. 1990. Somm. 97, obs. Groslière* • Paris, 18 nov. 1999 : *D. 2000. IR 11.* ♦ Comp. • TGI Nanterre, 3 mars 1977 : *JCP 1977. II. 18723, note Lindon* • TGI Nanterre, réf., 18 oct. 1978 : *JCP 1979. II. 19116, note R. L.* (constat obtenu par fraude) • Civ. 2e, 6 févr. 1980 : *Gaz. Pal. 1980. 2. 434, note J. V.* (huissier outrepassant sa mission).

3. Dès lors qu'il a été procédé régulièrement à un constat d'adultère dans une instance en divorce pour faute sur autorisation judiciaire, l'atteinte à la vie privée de la complice de l'adultère, partie à une autre procédure en divorce, a été licitement opérée, et cette pièce, régulièrement obtenue et produite dans cette dernière procédure, ne présente donc aucun vice qui justifie qu'elle soit écartée des débats. • Rennes, 9 mars 1998 : *BICC 1er mai 1999, n° 553.*

4. Constat non judiciaire. Le constat dressé sans autorisation de justice à la requête du mari dans un lieu dont il avait la jouissance peut être pris en considération par les juges du fond. • Civ. 2e, 14 déc. 1983, n° 82-11.759 P. ♦ Comp., pour un rapport de police privée, note 8 ss. art. 259.

5. Une décision imposant à la femme de se soumettre à tous examens et analyses destinés à établir un éventuel état de grossesse porterait atteinte au principe de la liberté individuelle. • TGI Corbeil, réf., 5 juill. 1972 : *Gaz. Pal. 1972. 2. 749.*

Art. 259-3 *(L. n° 75-617 du 11 juill. 1975)* **Les époux doivent se communiquer et communiquer au juge ainsi qu'aux experts** *(L. n° 2004-439 du 26 mai 2004, art. 14-IV)* **« et aux autres personnes désignées par lui en application des 9° et 10° de l'article 255, » tous renseignements et documents utiles pour fixer les prestations et pensions et liquider le régime matrimonial.**

Le juge peut faire procéder à toutes recherches utiles auprès des débiteurs ou de ceux qui détiennent des valeurs pour le compte des époux sans que le secret professionnel puisse être opposé.

Sur la production des pièces justificatives, V. C. pr. civ., art. 1075-2, App., I. Procédure.

Art. 259-3, al. 2. L'art. 259-3 doit être interprété strictement et ne recevoir application qu'à l'égard des débiteurs des époux ou des détenteurs de valeurs pour leur compte, et non à l'égard du commissaire aux comptes de la société dont le mari est administrateur. • Aix-en-Provence, 12 juill. 1977 : *D. 1979. IR 168, obs. Groslière.* ♦ ... Ni à l'égard du banquier d'un des débiteurs des époux. • Com. 18 févr. 2004, n° 01-11.728 P : *JCP 2004. I. 176, n° 23, obs. Tisserand-Martin* ; *AJ fam. 2004. 146, obs. Deis-Beauquesne* ; *LPA 27 juill. 2004, note E. C.*

CHAPITRE III *DES CONSÉQUENCES DU DIVORCE*

La loi n° 2004-439 du 26 mai 2004 modifiant le présent chapitre III est entrée en vigueur le ***1er janvier 2005****. — V. les dispositions transitoires ss. art. 286.*

RÉP. CIV. v° *Divorce (Conséquences)*, par N. Dissaux.

DALLOZ ACTION *Droit de la famille 2022/2023, nos 132.131 s.*

SECTION 1 *De la date à laquelle se produisent les effets du divorce*

BIBL. GÉN. ▶ Abry, *JCP N 1996. Prat. 3716.*

Art. 260 *(L. n° 2016-1547 du 18 nov. 2016, art. 50, en vigueur le 1er janv. 2017)* **Le mariage est dissous :**

1° Par la convention de divorce conclue par acte sous signature privée contresigné par avocats, à la date à laquelle elle acquiert force exécutoire ;

2° Par la décision qui prononce le divorce, à la date à laquelle elle prend force de chose jugée.

Ancien art. 260 *(L. n° 75-617 du 11 juill. 1975)* ***La décision qui prononce le divorce dissout le mariage à la date à laquelle elle prend force de chose jugée.***

1. Divorce par consentement mutuel par acte sous seing privé (art. 260, 1°). Sur la force exécutoire de la convention de divorce conclue par acte sous signature privée, V. art. 229-4, al. 2.

2. Divorce judiciaire (art. 260, 2°). Le divorce prononcé par un arrêt dont seules les dispositions relatives aux conséquences financières sont frappées d'un pourvoi principal devient irrévocable à la date d'expiration du délai ouvert pour former pourvoi incident. • Civ. 2e, 15 nov. 2001 : *Dr. fam. 2002, n° 20, note Lécuyer* • Civ. 1re, 30 juin 2004 : *Dr. fam. 2004, n° 171, note Larribau-Terneyre* • 25 oct. 2005, n° 04-15.573 P : *AJ fam. 2006. 111, obs. S. David ; Dr. fam. 2006, n° 4, note Larribau-Terneyre ; RTD civ. 2006. 96, obs. Hauser.* ♦ La prestation compensatoire comme les intérêts qu'elle produit ne sont dus qu'à compter de cette date. • Civ. 1re, 19 avr. 2005 : *Dr. fam. 2005, n° 135, note Larribau-Terneyre.* ♦ Mais lorsque la décision prononçant le divorce passe irrévocablement en force de chose jugée antérieurement à la fixation ou à l'exigibilité de la prestation compensatoire, le capital alloué porte alors intérêts au taux légal à compter du jugement de première instance en cas de confirmation pure et simple par le juge d'appel de la décision allouant la prestation compensatoire et, dans les autres cas, à compter de la décision d'appel. • Civ. 1re, 20 févr. 2007, n° 06-10.763 P : *Defrénois 2007. 783, obs. Massip ; Dr. fam. 2007, n° 83, note Larribau-Terneyre ; RJPF 2007-5/23, obs. Garé ; RTD civ. 2007. 554, obs. Hauser.* ♦ En l'absence de pourvoi principal sur le prononcé du divorce, celui-ci n'était devenu irrévocable qu'à l'expiration du délai ouvert pour former pourvoi incident. • Civ. 1re, 19 déc. 2018, n° 17-26.765.

3. Déchéance de pourvoi. Par suite de l'effet déclaratif de la décision constatant la déchéance d'un pourvoi à défaut de signification du mémoire ampliatif dans le délai imparti, c'est à compter de l'expiration de cette date de signification que se trouve irrévocablement prononcé le divorce. • Civ. 1re, 16 janv. 2007, n° 06-1.120 P.

4. Décès d'un époux en cours de divorce. Le mariage étant dissous par la mort de l'un des époux, l'action en divorce s'éteint par le décès de l'un d'eux survenu avant que le jugement ou l'arrêt prononçant le divorce soit devenu définitif. • Civ. 2e, 23 nov. 1988, n° 87-11.707 P • Civ. 1re, 20 juin 2006, n° 05-16.150 P : *AJ fam. 2006. 418, obs. David.*

5. ... Instance en cassation. Extinction de l'action en divorce en cas de décès de l'un des époux pendant que l'instance en cassation est pendante. • Civ. 1re, 17 oct. 2019, n° 18-23.433 • 15 juin 2017, n° 16-25.536 (décès pendant l'instance en cassation). ♦ Dans le même sens : • Civ. 1re 13 mai 2020, n° 19-13.786.

6. Décès après divorce. Le décès d'un ex-époux après que la décision prononçant le divorce est passée en force de chose jugée n'éteint pas les actions relatives à la prestation compensatoire allouée par cette décision. • Civ. 2e, 25 mai 1993, n° 91-21.950 P : *Defrénois 1994. 773, obs. Massip ; RTD civ. 1993. 565, obs. Hauser.*

Art. 261 à 261-2 *Abrogés par L. n° 2004-439 du 26 mai 2004, art. 23.*

Art. 262 *(L. n° 75-617 du 11 juill. 1975) (L. n° 2016-1547 du 18 nov. 2016, art. 50, en vigueur le 1er janv. 2017)* **« La convention ou le » jugement de divorce est opposable aux tiers, en ce qui concerne les biens des époux, à partir du jour où les formalités de mention en marge prescrites par les règles de l'état civil ont été accomplies.**

Sur l'inopposabilité de la convention homologuée, V. C. pr. civ., art. 1104, App., I. Procédure.

1. Bail – Paiement des loyers. Le bailleur peut réclamer le paiement des loyers à la femme, cotitulaire du bail avec le mari, pour la période antérieure à la transcription du jugement de divorce, alors même qu'elle a été autorisée à résider séparément de son mari, qu'elle a effectivement résidé séparément et que le bailleur ne pouvait ignorer son départ des lieux loués. • Civ. 2e, 3 oct. 1990, n° 88-18.543 P : *D. 1992. Somm. 219, obs. Lucet ; JCP N 1991. II. 57 (2e esp.), obs. Simler ; Defrénois 1991. 1126 (1re esp.), obs. Champenois* • Civ. 1re, 13 oct. 1992 : *JCP 1993. II. 22047, note Hauser ; JCP N 1993. II. 110, obs. Wiederkehr ; Defrénois 1993. 380, obs. Champenois, et 708, obs. Massip* • Civ. 3e, 2 juin 1993, n° 91-14.522 P (pour un jugement de séparation de corps). ♦ Pour le bail conclu après l'ordonnance de non-conciliation, V. note 8 ss. art. 220.

2. Opposabilité aux tiers de conventions entre époux. Est inopposable aux créanciers du mari une convention passée entre les époux au cours de l'instance en divorce et dont les effets sont suspendus au prononcé même du divorce, en application de l'art. 1451, tant que les formalités de mention en marge de l'art. 262 n'ont pas été accomplies. • Com. 9 nov. 1993, n° 91-18.489 P. ♦ Sous l'empire de la L. du 13 juill. 1967 et en vertu de ses art. 29 et 31, le syndic peut agir en inopposabilité à la masse de la convention définitive réglant les effets du divorce sur demande conjointe. • Com. 28 avr. 1998 : *D. 1999. Somm. 20, obs. Revel ; Dr. fam. 1998, n° 98, note Lécuyer* (cassation de l'arrêt ayant rejeté la demande d'inopposabilité au motif que la convention, faisant partie intégrante du jugement d'homologation dont elle est indissociable, ne peut être attaquée par d'autres voies de recours que celles ouvertes contre le jugement). ♦ Sous l'empire de la L. du 25 janv. 1985, dont les dispositions de l'art. 107 (C. com., art. L. 621-107, devenu L. 632-1) sont d'ordre public, et alors que les art. 262 C. civ. et 1104 C. pr. civ. ne concernent que les créanciers individuels de l'un ou l'autre époux, il y a lieu de déclarer recevable l'action du représentant des créanciers de l'époux en liquidation judiciaire en annulation de l'état liquidatif de communauté établi en période suspecte. • Civ. 1re, 25 janv. 2000, n° 97-21.119 P : *D. 2000. AJ 103, obs. A. Lienhard ; ibid. Somm. 333, obs. Revel ; Defrénois 2000. 652, obs. Massip ; Dr. fam. 2000, n° 48, note Lécuyer ; RTD civ. 2000. 553, obs. Hauser ; RTD com. 2000. 460, obs. Martin-Serf*. ♦ Dans le même sens : • Civ. 1re, 3 juin 2003, n° 01-17.971 P : *D. 2003. 2655, note Marly ; AJ fam. 2003. 314, obs. S. D.-B*. (nullité d'un partage de communauté trop favorable à l'époux *in bonis*, sur le fondement des art. L. 621-107-2° et L. 621-108 C. com., devenus L. 632-1-2° et L. 632-2). ♦ Rappr. • Com. 26 avr. 2000, n° 97-10.335 P : *D. 2000. AJ 263, obs. A. Lienhard ; JCP 2000. I. 269, n° 5, obs. Pétel ; LPA 28 févr. 2001, note Paquette-Dessaigne* (inopposabilité à la procédure collective de l'acte de cession consistant, pour le mari en liquidation judiciaire, à abandonner à son ex-épouse, dans la convention définitive de divorce, sa part de l'immeuble commun, à titre de pension alimentaire).

3. Jugement de divorce. Publicité foncière. Le partage de la communauté, contenu dans la convention définitive homologuée par le juge du divorce, est opposable aux tiers à compter de l'accomplissement des formalités de publicité du jugement. • Civ. 1re, 12 avr. 2012 : *D. 2012. 1125 ; RTD civ. 2012. 515, obs. Hauser ; Defrénois 2012. 951, obs. Piedelièvre.*

4. ... Surendettement et instance en divorce. Le juge de l'exécution ne peut déclarer irrecevable une demande de traitement de sa situation de surendettement faite par un époux en instance de divorce au motif qu'il est indispensable d'attendre le partage de la communauté, alors que, le divorce n'étant pas prononcé et opposable aux tiers, l'instance en divorce ne modifie pas le recouvrement de leurs créances par les créanciers. • Civ. 1re, 27 mai 1997 : *Dr. fam. 1997, n° 139, note Lécuyer.*

5. Procédure collective. * *Action en divorce (contentieux).* La demande de l'épouse visant à être relevée et garantie par le débiteur en liquidation de sommes pouvant être mises à sa charge au titre de crédits et emprunts, fondée sur l'engagement pris par le mari lors de son divorce, tend à la condamnation de ce dernier au paiement de sommes d'argent pour une cause antérieure à l'ouverture de la procédure collective, de sorte qu'elle est soumise à l'interdiction des poursuites (C. com., art. L. 622-21 et L. 641-3). • Com. 29 mai 2019, n° 16-26.989 P : *Rev. sociétés 2019. 555, obs. Reille* . ♦ Le dessaisissement ne concernant que l'administration et la disposition des biens du débiteur, ce dernier a qualité pour intenter seul une action en divorce ou y défendre, action attachée à sa personne, qui inclut la fixation de la prestation compensatoire mise à sa charge, sans préjudice de l'exercice par le liquidateur, qui entend rendre inopposable à la procédure collective l'abandon en pleine propriété d'un bien propre appartenant au débiteur décidé par le juge du divorce à titre de prestation compensatoire, d'une tierce opposition contre cette disposition du jugement de divorce. • Civ. 1re, 16 janv. 2019, n° 17-16.334 P : *D. 2019. 980, note Hartman ; JCP E 2019, 1206, n° 7, obs. Pétel.* ♦ En sens contraire, antérieurement : • Com. 7 avr. 2009, n° 08-16.510.

* ***Action en divorce (consentement mutuel judiciaire).*** L'aliénation consentie dans une convention de divorce homologuée par le juge est inopposable à la procédure collective du fait du dessaisissement du débiteur. • Civ. 1re, 26 avr. 2000, n° 97-10.335 P.

* ***Immeuble commun entré en procédure collective avant de devenir indivis.*** Le jugement de divorce n'ayant été rendu opposable aux tiers en ce qui concerne les biens des époux que postérieu-

rement à l'ouverture de la procédure collective, par la retranscription sur les actes d'état civil, l'immeuble dépendant de la communauté est entré dans le gage commun des créanciers de celle-ci avant qu'il ne devienne indivis, de sorte que le liquidateur judiciaire pouvait procéder à sa réalisation dans les conditions prévues par le code de commerce. • Com. 27 sept. 2016, n° 15-10.428 P.

* ***Insaisissabilité de la résidence principale et procédure collective.*** Si le liquidateur ne représente pas le débiteur en ce qui concerne les droits de celui-ci sur l'immeuble qu'il a régulièrement déclaré insaisissable, lequel n'est, dès lors, pas entré dans le gage commun des créanciers, le juge aux affaires familiales, saisi par l'ex-mari d'une demande d'ouverture des opérations de compte, liquidation et partage de l'indivision, peut, en exécution du jugement de divorce et après avoir rejeté la demande d'attribution préférentielle du bien litigieux dont il était également saisi, ordonner sa licitation pour parvenir au partage de l'indivision sans avoir besoin d'une demande à cette fin du liquidateur. • Com. 10 juill. 2019, n° 18-16.867 P.

Art. 262-1 *(L. n° 2004-439 du 26 mai 2004, art. 15) (L. n° 2016-1547 du 18 nov. 2016, art. 50, en vigueur le 1er janv. 2017)* **« La convention ou le » jugement de divorce prend effet dans les rapports entre les époux, en ce qui concerne leurs biens :**

(L. n° 2016-1547 du 18 nov. 2016, art. 50, en vigueur le 1er janv. 2017) **« — lorsqu'il est constaté par consentement mutuel par acte sous signature privée contresigné par avocats déposé au rang des minutes d'un notaire, à la date à laquelle la convention réglant l'ensemble des conséquences du divorce acquiert force exécutoire, à moins que cette convention n'en stipule autrement ; »**

— lorsqu'il est prononcé par consentement mutuel *(L. n° 2016-1547 du 18 nov. 2016, art. 50, en vigueur le 1er janv. 2017)* **« dans le cas prévu au 1° de l'article 229-2 », à la date de l'homologation de la convention réglant l'ensemble des conséquences du divorce, à moins que celle-ci n'en dispose autrement ;**

— lorsqu'il est prononcé pour acceptation du principe de la rupture du mariage, pour altération définitive du lien conjugal ou pour faute, à la date de *(L. n° 2019-222 du 23 mars 2019, art. 22, en vigueur le 1er janv. 2021)* **« la demande en divorce** *[ancienne rédaction : l'ordonnance de non-conciliation]* **».**

A la demande de l'un des époux, le juge peut fixer les effets du jugement à la date à laquelle ils ont cessé de cohabiter et de collaborer. Cette demande ne peut être formée qu'à l'occasion de l'action en divorce. La jouissance du logement conjugal par un seul des époux conserve un caractère gratuit jusqu'à *(L. n° 2019-222 du 23 mars 2019, art. 22, en vigueur le 1er janv. 2021)* **« la demande en divorce** *[ancienne rédaction : l'ordonnance de non-conciliation]* **», sauf décision contraire du juge.**

Sur l'entrée en vigueur et l'application dans le temps des modifications issues de l'art. 22 de la L. n° 2019-222 du 23 mars 2019, V. ndlr ss. art. 233.

BIBL. ▸ BRÉMOND, *D. 2013. 2408* (collaboration conjugale). - MASSIP, *JCP N 2013, n° 1290* (date d'effet des jugements de divorce). - PUYGAUTHIER, *JCP N 2005. 1384.*

COMMENTAIRE

Le report des effets du divorce doit être soigneusement distingué de la date de la jouissance divise (V. C. civ., art. 829), les deux notions étant absolument distinctes. Le report des effets du divorce marque la fin du régime matrimonial. Dans les régimes de type communautariste, la date des effets sera donc la date de fin de la communauté et la date de début de l'indivision postcommunautaire. Cependant cette indivision reste une fiction légale, de sorte qu'elle doit se combiner (et donc être pondérée) avec le maintien des obligations du mariage (notamment celle de contribuer aux charges du mariage de l'art. 214 C. civ., laquelle sera relayée par le devoir de secours une fois les mesures provisoires décidées (sachant que le point de départ, de principe, des mesures provisoires est la demande en justice, sauf remontée à une date antérieure). Du fait du caractère particulier de cette indivision (dont la réalité dépend du prononcé d'un divorce définitif), elle ne saurait servir de fondement à la mise en œuvre de procédures devant le juge de l'indivision tant que le divorce n'est pas devenu définitif.

La date des effets du divorce ne joue que dans les rapports entre époux, elle n'est donc pas opposable aux tiers (pour eux, la date à retenir est celle fixée aux conditions de l'art. 262 C. civ.). La demande de report doit être formée exclusivement pendant l'instance en divorce au fond, et donc dès l'assignation, jusqu'à la clôture. Elle ne peut être demandée après le prononcé du divorce. Elle peut être formée pour la première fois en cause d'appel si le principe du divorce n'est pas devenu définitif.

Le critère permettant au juge de ne pas accorder une remontée des effets a pu paraître flou pendant un temps, il est désormais clarifié depuis 2010 et repose sur deux critères cumulatifs : positivement, il doit s'agir d'une action décidée par les deux époux ensemble, et, négativement, cette action ne doit résulter ni de l'exécution normale des règles du régime matrimonial, ni de l'exécution normale des prévisions du contrat de mariage.

Une fois les conditions du report réunies, celui-ci sera le plus souvent accordé, même s'il est toujours loisible au juge de le refuser, par une décision spécialement motivée. ❑

A. CONDITIONS DU REPORT (DIVORCE CONTENTIEUX (ART. 262-1, AL. 5))

Jurisprudence rendue antérieurement à la L. du 23 mars 2019.

1° GÉNÉRALITÉS

1. *Ordonnance de non-conciliation effective.* L'ordonnance de non-conciliation visée par l'art. 262-1 anc. C. civ. est celle rendue dans la procédure ayant abouti au jugement de divorce. • Civ. 1re, 25 mai 2016, n° 15-18.573 P : *RTD civ. 2016. 595, obs. Hauser* (rejet de la demande de l'époux tendant à voir fixer la date des effets du jugement à la date d'une ordonnance de non-conciliation rendue dans une première demande de divorce dont l'époux s'était ensuite désisté).

2. *Report sous tous les divorces.* Application de l'al. 2 de l'art. 262-1 anc. à tous les cas de divorce, y compris au divorce pour rupture de la vie commune : V. • Montpellier, 10 nov. 1980 : *D. 1982. 203, note Massip* • Civ. 2e, 3 oct. 1990, n° 89-13.891 P. ♦ Pour une application en cas de divorce aux torts partagés, V. • Civ. 1re, 14 mars 1995, n° 93-14.918 P : *D. 1996. Somm. 66, obs. Blary-Clément ; RTD civ. 1996. 136, obs. Hauser ; Defrénois 1995. 1491, obs. Massip.* ♦ Application à la séparation de corps, V. note 2 ss. art. 302.

3. *Application du report à la séparation de corps (oui).* Le juge peut fixer les effets du jugement de séparation de corps à la date à laquelle les époux ont cessé de cohabiter et de collaborer. • Civ. 1re, 12 juin 2014, n° 13-16.044 P : *RTD civ. 2014. 633, obs. Hauser.* ♦ Dans le même sens : • Civ. 1re, 23 oct. 2013, n° 12-17.896 P : *D. 2014. 522, note Brémond ; AJ fam. 2013. 710, obs. Thouret ; RTD civ. 2014. 98, obs. Hauser.*

4. *Indifférence de la faute.* La cessation de la cohabitation et de la collaboration ne s'apprécie pas au regard de critères relatifs à la faute mais au regard de la séparation effective des époux. • Civ. 1re, 12 mai 2010, n° 08-70.274 P : *D. actu. 20 mai 2010, obs. Gallmeister ; D. 2010. Actu. 1418 ; RLDC 2010/73, n° 3888, obs. Serra ; Dr. fam. 2010, n° 111, obs. Larribau-Terneyre.*

2° NOTION DE COLLABORATION

5. *Cessation de la cohabitation.* La cessation de la cohabitation fait présumer la cessation de la collaboration. • Civ. 1re, 5 avr. 2023, n° 21-24.202. ♦ Jurisprudence constante, • Civ. 1re, 17 déc. 2008 : *RTD civ. 2009. 103, obs. Hauser* • 16 juin 2011, n° 10-21.438 P : *D. 2011. Actu. 1759 ; AJ fam. 2011. 373, obs. S. David* • 14 mars 2012, n° 11-13.954 P : *D. 2012. 812 ; RTD civ. 2012. 298, obs. Hauser ; ibid. 573, obs. Perrot.* ♦ Les juges du fond apprécient souverainement que l'intention des époux a été de poursuivre leur collaboration après la cessation de leur cohabitation. • Civ. 1re, 3 nov. 2004 : *JCP N 2005. 1451, note Brémond.* ♦ Le fait que les époux ont souscrit des déclarations de revenus séparées à compter d'une certaine date est insuffisant à caractériser leur collaboration jusqu'à cette date. • Civ. 1re, 28 févr. 2006, n° 04-13.603 P : *JCP N 2006. 1279, note Brémond ; AJ fam. 2007. 35, obs. S. David (1re esp.) ; JCP 2006. I. 193, obs. Tisserand-Martin ; RTD civ. 2006. 290, obs. Hauser.*

6. *Définition de l'élément bloquant le report.* L'existence de relations patrimoniales entre les époux, résultant d'une volonté commune, allant au-delà des obligations découlant du mariage ou du régime matrimonial, caractérise le maintien de la collaboration des époux. • Civ. 1re, 17 nov. 2010, n° 09-68.292 P : *D. 2011. 351, note Bonnet ; ibid. Chron. C. cass. 622, obs. Auroy et Creton ; Defrénois 2011. 828, obs. Massip ; JCP 2011, n° 29, § 6, obs. Coutant-Lapalus ; ibid., n° 503, § 13, obs. Tisserand-Martin ; AJ fam. 2011. 55, obs. Hilt ; Dr. fam. 2011, n° 6, obs. Larribau-Terneyre ; JCP N 2011, n° 1161, note Massip ; RLDC 2011/78, n° 4099, obs. Gallois* (ayant relevé qu'après la séparation, l'épouse s'était portée co-emprunteur, avec son mari, du prêt souscrit pour financer les travaux d'amélioration et d'aménagement de l'appartement que ce dernier venait d'acquérir, une cour d'appel a pu déduire de ce fait la volonté des époux de poursuivre leur collaboration après la cessation de leur cohabitation). ♦ Dans le même sens depuis lors : • Civ. 1re, 24 oct. 2012, n° 11-30.522 P : *D. 2013. 798, obs. Douchy-Oudot ; AJ fam. 2012. 615, obs. Raoul-Cormeil* • 6 mars 2013, n° 12-12.338 • 12 juin 2013, n° 12-13.280 • 26 juin 2013, n° 12-18.517 • 6 nov. 2013, n° 12-23.254 • 2 avr. 2014, n° 13-15.127 • 4 janv. 2017, n° 14-19.978 P : *D. 2017. 2119, obs. Brémond ; ibid. 2018. 641, obs. Douchy-Oudot ; AJ fam. 2017. 141, obs. de Guillenchmidt-Guignot ; RTD civ. 2017. 361, obs. Hauser.*

Comp., antérieurement, sous l'empire de l'art. 262 anc. repris sur ce point par l'art. 262-1 : ne constitue pas un fait de collaboration au sens des art. 262-1 (anc.) et 1442, al. 2, le fait qu'un époux, après le départ du domicile conjugal, ait continué à entretenir son épouse et à régler des dépenses de communauté se rapportant à des acquêts. • Civ. 2e, 10 oct. 2002, n° 00-19.729 P. ♦ Même sens : • Civ. 2e, 28 nov. 2002 : *D. 2003. Somm. 1871, obs. Brémond* (maintien d'un compte commun) • Civ. 1re, 14 mars 2006, n° 05-14.476 P : *D. 2006. IR 1249 ; JCP N 2006. 1279, note Brémond ; AJ fam. 2007. 35, obs. S. David (2e esp.) ; Dr. fam. 2006, n° 145, obs. Larribau-Terneyre ; RTD civ. 2006. 546, obs. Hauser (idem)* • 14 nov. 2006, n° 05-21.013 P : *D. 2007. Pan. 2130, obs. Brémond ; AJ fam. 2007. 35, obs. S. David (4e esp.) ; Dr. fam. 2007, n° 12, obs. Larribau-Terneyre ; RJPF 2007-2/18, obs. Garé ; RTD civ. 2007. 96, obs. Hauser* (mari caution solidaire de son épouse pour le paiement de son loyer). ♦ Le bénéfice du statut de conjoint collaborateur ne suffit pas à exclure la cessation de la collaboration en l'absence d'éléments propres à établir la poursuite effective de cette collaboration. • Civ. 1re, 8 juill. 2010, n° 09-12.238 P : *D. actu. 30 juill. 2010, obs. Perony ; JCP 2011, n° 29, obs. Coutant-Lapalus ; AJ fam. 2010. 436, obs. S. David ; RLDC 2010/75, n° 3971, obs. Pouliquen ; Dr. fam. 2010, n° 147, obs. Larribau-Terneyre ; RTD civ. 2010. 769, obs. Hauser*.

7. *Fait de collaboration retenu.* Ayant constaté que, le 24 janv. 2007, l'époux avait acquis, pour le compte de la communauté, l'usufruit d'un immeuble, les enfants du couple s'étant portés acquéreurs de la nue-propriété au moyen d'une donation de deniers communs consentie par leurs parents, la cour d'appel a pu déduire de ce fait le maintien de la collaboration des époux après la cessation de leur cohabitation, le 1er janv. 2007 et, par ces seuls motifs, a légalement justifié sa décision. • Civ. 1re, 29 janv. 2014, n° 12-29.819.

3° PROCÉDURE

8. *Demande de report en cause d'appel.* La demande de report, accessoire à la demande en divorce, peut être présentée pour la première fois en appel, tant que la décision de divorce n'a pas acquis force de chose jugée. • Civ. 1re, 14 mars 2006, n° 04-20.765 P : *D. 2006. Pan. 2437, obs. Douchy-Oudot ; AJ fam. 2007. 35, obs. S. David (3e esp.) ; RTD civ. 2006. 546, obs. Hauser* • 11 févr. 2015 : *AJ fam. 2015. 222, obs. David*.

9. *Le report est forcément antérieur à l'ONC.* Si le juge peut, à la demande de l'un des époux, fixer les effets du jugement à la date à laquelle ceux-ci ont cessé de cohabiter et de collaborer, cette date ne peut qu'être antérieure à celle de l'ordonnance de non-conciliation. • Civ. 1re, 18 mai 2011, n° 10-17.943 P : *D. 2011. Actu. 1484*.

10. *Demande postérieure au jugement de divorce (dispositions anciennes).* Si le jugement de divorce, même irrévocable, ne contient aucune disposition sur le report de la date de son effet dans les rapports entre époux, en ce qui concerne leurs biens, la demande peut en être faite ultérieurement, au cours des opérations de liquidation, sauf convention contraire. • Civ. 2e, 7 déc. 1994, n° 92-13.465 P : *Defrénois 1995. 1493, obs. Massip*. – V. aussi • Civ. 1re, 19 févr. 2002, n° 99-17.189 P : *D. 2002. Somm. 2445, obs. Brémond ; Defrénois 2002. 686, obs. Massip ; Dr. fam. 2002, n° 69, note H. L. ; RJPF 2002-6/24, note Leborgne* (compétence, en ce cas, du TGI). **N.B. :** cette jurisprudence n'est plus applicable aux instances formées après le 1er janv. 2005, pour lesquelle l'al. 5 du texte impose que les demandes de report soient faites lors de l'instance en divorce, rendant irrecevables toute demande formée à ce titre après le prononcé définitif du divorce.

11. *Rejet par le juge, obligation de motivation.* Les juges du fond ne peuvent rejeter la demande de report sans relever aucun élément justifiant la réalité de la collaboration des époux après la cessation de la cohabitation. • Civ. 2e, 31 mars 1993, n° 91-18.366 P. – V. aussi • Civ. 2e, 9 oct. 1996, n° 94-14.456 P : *Defrénois 1997. 988, obs. Massip ; Dr. fam. 1997, n° 12, note Lécuyer* • 19 févr. 1997 : *Defrénois 1998. 1164, note Brémond ; Dr. fam. 1997, n° 102, note Lécuyer* • 5 juill. 2001, n° 99-19.183. ♦ Cette jurisprudence est applicable même quand les conditions du report sont réunies, à la condition que le juge motive sa décision. • Civ. 1re, 11 févr. 2015, n° 13-26.390 (si les conditions du report sont remplies, le juge ne peut le refuser que par une décision motivée).

12. *Charge de la preuve.* Il incombe à celui qui s'oppose au report de la date de dissolution de la communauté de prouver que des actes de collaboration ont eu lieu postérieurement à la séparation des époux. • Civ. 1re, 31 mars 2010, n° 08-20.729 P : *R., p. 297 ; BICC 15 juill. 2010, n° 1179 et les obs. ; D. 2010. Actu. 962 ; JCP 2010, n° 410, obs. Bosse-Platière ; ibid. 911, note Favier ; AJ fam. 2010. 276, obs. S. David ; Defrénois 2010. 1365, obs. Massip ; RTD civ. 2010. 313, obs. Hauser ; Dr. fam. 2010, n° 74, note Larribau-Terneyre* (jurispr. nouvelle). ♦ En application du principe selon lequel le silence opposé à l'affirmation d'un fait ne vaut pas à lui seul reconnaissance de ce fait, cassation de l'arrêt ayant retenu qu'un époux ne rapportait la preuve de la cessation de cette cohabitation que par une attestation d'une tierce personne n'ayant pas constaté par elle-même la situation, mais que l'autre époux ne l'avait pas contestée. • Civ. 1re, 19 nov. 2014 : *AJ fam. 2015. 52, obs. Thouret*.

13. *Motivation du juge : recherche nécessaire d'un fait de collaboration.* Pour reporter au 1er nov. 2006 la date des effets du divorce entre les époux, l'arrêt retient, par motifs adoptés, qu'aucune collaboration ne peut être démontrée postérieurement au 1er nov. 2006 et que les époux ont effectivement cessé toute cohabitation au 26 oct. 2006, telle qu'en atteste la lettre adressée par le mari à son épouse ; en se déterminant ainsi, sans rechercher, comme elle y était invitée, si le prêt consenti en 2007 par l'épouse à son mari pour lui permettre d'acquérir une pharmacie ne marquait pas la volonté des époux de poursuivre leur collaboration après la fin de la vie commune, la cour d'appel n'a pas donné de base légale à sa décision. • Civ. 1re 12 févr. 2020, n° 19-10.155.

B. EFFETS DU REPORT

14. Prise d'effet du report. Le report du divorce prend effet à la première heure du jour fixé pour la date à laquelle les époux ont cessé de cohabiter et de collaborer. • Civ. 1re, 14 nov. 2006, n° 05-21.629 P : *D. 2007. Pan. 2130, obs. Brémond ; AJ fam. 2007. 35, obs. S. David (5e esp.) ; Dr. fam. 2007, n° 13, obs. Larribau-Terneyre ; RTD civ. 2007. 96, obs. Hauser.*

15. Inopposabilité du report aux tiers. Le report de la date de dissolution de la communauté par le jugement de divorce n'a d'effet qu'entre les époux et ne concerne que la contribution aux dettes ; s'agissant de l'obligation à ces mêmes dettes, le jugement de divorce n'est opposable aux tiers qu'à compter de la date à laquelle les formalités de mention en marge prescrites par les règles de l'état civil ont été accomplies (maintien des mesures conservatoires prises par le créancier de l'un des époux avant cette dernière date). • Civ. 1re, 1er juin 1994 : *D. 1995. 225, note Le Guidec.* ♦ Dans le même sens : • Civ. 1re, 3 déc. 2008, n° 06-20.150.

16. Jouissance gratuite avant l'ordonnance de non-conciliation. La décision par laquelle le juge du divorce reporte ses effets patrimoniaux entre les époux à la date à laquelle ils ont cessé de cohabiter et de collaborer n'a pas pour effet de conférer à l'occupation du logement conjugal par l'un d'eux un caractère onéreux avant la date de l'ordonnance de non-conciliation, sauf disposition en ce sens dans la décision de report. • Civ. 1re, 23 oct. 2013 : *D. 2013. 2517 ; RTD civ. 2014. 95, obs. Hauser ; Gaz. Pal. 2013. 3723, obs. Sarcelet* (cassation de l'arrêt ayant considéré que l'époux est redevable envers l'indivision post-communautaire d'une indemnité d'occupation au titre de sa jouissance privative du logement conjugal à compter de la date de la séparation, antérieure de dix ans à l'ordonnance de non-conciliation).

17. Communauté et pouvoirs pendant la période de remontée des effets : plus de communauté. Après la date des effets, les règles de la communauté ne sont plus applicables, dès lors que le divorce est prononcé (décision rendue à propos de la séparation de corps, mais transposable au divorce par identité de raison). • Civ. 1re, 23 oct. 2013, n° 12-17.896 P.

18. Indifférence de la date des effets sur la qualité d'associé. La circonstance tirée de la prise d'effet du divorce entre les époux, dans leurs rapports en ce qui concerne leurs biens, à la date de l'assignation en divorce, n'a manifestement aucune incidence sur la qualité d'associé et les droits qui y sont attachés. • Com. 14 mai 2013, n° 12-18.103 P.

19. Dispositions anciennes et séparation de biens. En l'absence de dispositions contraires, un époux séparé de biens, qui jouit privativement d'un immeuble indivis, est redevable d'une indemnité d'occupation à compter de la date de l'assignation en divorce, qui fixe le point de départ des effets de la décision de divorce dans les rapports patrimoniaux des époux (application de l'art. 262-1 anc.). • Civ. 1re, 24 sept. 2014, n° 13-21.005 P.

20. Sur le report de la date de dissolution de la communauté, V. aussi notes ss. art. 1442.

Art. 262-2 *(L. n° 75-617 du 11 juill. 1975)* **Toute obligation contractée par l'un des époux à la charge de la communauté, toute aliénation de biens communs faite par l'un d'eux dans la limite de ses pouvoirs, postérieurement à la** *(L. n° 2019-222 du 23 mars 2019, art. 22, en vigueur le 1er janv. 2021)* **« demande en divorce** *[ancienne rédaction : requête initiale]* **», sera déclarée nulle, s'il est prouvé qu'il y a eu fraude aux droits de l'autre conjoint.**

Sur l'entrée en vigueur et l'application dans le temps des modifications issues de l'art. 22 de la L. n° 2019-222 du 23 mars 2019, V. ndlr ss. art. 233.

BIBL. ▸ Chevallier-Dumas, *RTD civ. 1979. 40* (fraude dans les régimes matrimoniaux). ▸ Sur la notion de fraude et sa sanction, V. aussi notes ss. art. 1421.

SECTION 2 *Des conséquences du divorce pour les époux*

BIBL. GÉN. ▸ Baillon-Wirtz, Combret et Gazeau, *Dr. fam. 2011. Étude 15* (rôle du notaire dans la liquidation et le partage) ; *JCP N 2011, n° 1108 (idem).* – Bénabent, *Mél. Huet-Weiller, PU Strasbourg/LGDJ, 1994, p. 19* (assainir l'après-divorce). – Benoît, *D. 1997. Chron. 13* (divorce et prestations sociales). – Bosquet-Denis, *JCP 1981. I. 3010* (distinction de « l'alimentaire » et de « l'indemnitaire »). – Boutiron et Lécuyer, *Dr. et patr. 4/2012, p. 26* (divorce de l'entrepreneur). – Breton, *Mél. Hébraud, Univ. Toulouse, 1981, p. 125* (divorce et partage). –

CASEY, *Dr. fam. 2008. Étude 1* (divorce et liquidation du régime matrimonial). - CHAPPERT, *Defrénois 1998. 1057* (divorce et fiscalité). - CRÉMONT, *Defrénois 1999. 321* (partage amiable). - DEMERVAL, *Gaz. Pal. 1978. 2. Doctr. 591* (pensions de réversion après divorce). - DEPONDT, *Defrénois 1986. 897* (sort des libéralités maintenues après divorce). - DESNOYER, *RRJ 2001/4. 1507* (divorce et procédures collectives). - D'HOERAENE, *Gaz. Pal. 1993. 2. Doctr. 1161* (logement des époux). - ÉLIARD, *JCP N 1996. Prat. 3691* (conséquences successorales de la séparation des époux). - FULCHIRON, *D. 2009. Chron. 1703* (solidarité dans les couples séparés). - GERVAIS, *CCC 1999. Chron. 5* (divorce et surendettement). - KRAEMER-BACH, *Gaz. Pal. 1976. 1. Doctr. 296* (réversion des retraites). - LEFRANC HAMONIAUX, *Dr. fam. 1999. Chron. 13* (entraide entre époux). - LINDON, *JCP 1975. I. 2728* (recouvrement public des pensions alimentaires). - MAIZY et CADARS-BEAUFOUR, *AJ fam. 2011. 74* (incidence patrimoniale de la faute). - MARGUÉNAUD et *alii*, *Defrénois 2003. 1596* (conséquences patrimoniales du divorce au regard de la Conv. EDH). - MULON, *Dr. et patr. 11/2007, p. 45*. - SAUJOT, *Defrénois 1989. 887* (sort des libéralités et avantages matrimoniaux). - VIDAL, *Mél. Raynaud, Dalloz, 1985, p. 805* (conventions de divorce). - VION, *Defrénois 1985. 1185* (conséquences fiscales du divorce). - Dossier, *AJ fam. 2008. 100* (règlement du régime matrimonial après divorce). - Dossier, *AJ fam. 2010. 153* et *205* (liquidation du régime matrimonial). - Dossier, *AJ fam. 2011. 399* (séparation et compte bancaire) ; *ibid. 2012. 431* (divorce de l'entrepreneur). - Dossier, *BICC 1er mai 2010* (liquidation et partage d'un régime matrimonial de communauté légale ou de séparation de biens après divorce). - Dossier, *AJ fam. 2014. 210* (divorce et SCI). - Dossier, *JCP N 2014, nos 1342 s.* (divorce : jurisprudence et pratique notariale). - Dossier, *AJ fam. 2016. 76* et *133* (coût du divorce) ; *ibid. 289* (divorce et liquidation, la réforme) ; *ibid. 2022. 519* (séparation et financement du bien indivis).

§ 1 *Dispositions générales*

Art. 263 *(L. n° 75-617 du 11 juill. 1975)* **Si les époux divorcés veulent contracter entre eux une autre union, une nouvelle célébration du mariage est nécessaire.**

Conséquence d'un second divorce sur la prestation compensatoire. La prestation compensatoire allouée à à l'occasion d'un premier divorce entre les mêmes époux est caduque à compter du remariage, • Civ. 1re, 17 oct. 2007, n° 06-20.451.

Art. 264 *(L. n° 2004-439 du 26 mai 2004, art. 16)* **A la suite du divorce, chacun des époux perd l'usage du nom de son conjoint.**

L'un des époux peut néanmoins conserver l'usage du nom de l'autre, soit avec l'accord de celui-ci, soit avec l'autorisation du juge, s'il justifie d'un intérêt particulier pour lui ou pour les enfants.

BIBL. ▸ BRETON, *Mél. Rodière, Dalloz, 1981, p. 17*. - HAUSER, *RTD civ. 1991. 717*. - LALIGNANT, *RRJ 1986/3. 29*.

1. Accord entre ex-époux. L'usage du nom du mari, consenti par celui-ci à son ex-épouse, s'impose à tous et notamment aux membres de la famille du mari (art. 264 anc.). • TGI Paris, 10 févr. 1981 : *D. 1981. 443, note Lindon ; JCP 1981. II. 19624, note Huet-Weiller.*

2. Le mari ne peut révoquer son consentement que si la femme fait un usage abusif de l'autorisation donnée (art. 264 anc. qui réservait l'autorisation relative au nom au seul mari). • Paris, 9 mars 1979 : *D. 1979. 471, note Massip* • Saint-Denis de la Réunion, 7 juin 2011 : *Dr. fam. 2011, n° 166, obs. Larribau-Terneyre.*

3. L'accord donné par le mari quant à l'usage de son nom par son ex-épouse doit être tenu pour caduc par l'effet du remariage de celle-ci. • TGI Paris, 10 févr. 1981 : *préc. note 1.* ♦ *Contra*, se fondant sur la commune intention des parties : • Paris, 4 mars 2004 : *Gaz. Pal. 2004. 1214, note Massip ; RTD civ. 2004. 271, obs. Hauser.* ♦ L'ex-mari ne saurait se prévaloir de son propre remariage pour justifier une demande de révocation d'une autorisation d'usage donnée sans restriction. • TGI Montbrison, JAF, 8 janv. 2003 : *Gaz. Pal. 2003. 3053, note Massip.*

4. Autorisation de justice. Il appartient aux juges du fond d'apprécier souverainement l'intérêt particulier qui s'attache, pour les enfants, à ce que la femme conserve le nom de son ancien mari ; pour cette appréciation, il ne leur est pas interdit de comparer, notamment, la situation de ces enfants à celle des autres enfants de parents divorcés. • Civ. 1re, 26 mars 1980 : *Bull. civ. I, n° 104.* ♦ Une cour d'appel apprécie souverainement que la femme ne justifie pas, pour elle-même, d'un intérêt particulier à conserver l'usage du nom du mari. • Civ. 2e, 25 mai 1994, n° 93-10.873 P.

5. C'est à bon droit qu'une cour d'appel se place au jour de la demande pour apprécier l'intérêt particulier de la femme à continuer à porter le nom de son mari (art. 264 anc.). • Civ. 2e, 7 juin 1990, n° 89-12.536 P : *Defrénois 1991. 288, obs. Massip.*

6. Intérêt particulier de la femme (art. 264 anc.). Sur la notion d'intérêt particulier auquel se réfère l'art. 264 anc., al. 3, V. • Civ. 2e, 16 juill. 1982, n° 81-11.604 P (cassation de l'arrêt ayant exigé de l'épouse qu'elle justifie avoir acquis une notoriété particulière sous le nom de son mari) • Paris, 31 oct. 1989 : *D. 1990. Somm. 115, obs. Bénabent* (refus opposé à la femme, son engagement politique ne caractérisant pas un intérêt essentiel) • TGI Paris, 3 sept. 1996 : *BICC 15 déc. 1996, n° 1334* (intérêt particulier pour la femme, violoniste, connue sous le seul nom du mari, qu'elle n'a cessé de porter avec l'accord de celui-ci dans sa vie professionnelle, même après son divorce et son récent remariage) • Paris, 10 nov. 2004 : *AJ fam. 2005. 22, obs. S. David* (intérêt particulier de la femme consistant dans la durée de son mariage, son état d'illettrisme et son souhait de porter le même nom que ses dix enfants) • Dijon, 1er sept. 2005 : *Dr. fam. 2006, n° 3, note Larribau-Terneyre* (absence d'intérêt particulier de la femme : activité professionnelle entreprise sous le double nom depuis trop peu de temps pour y avoir acquis une quelconque notoriété) • Reims, 27 févr. 2009 : *D. 2010. Pan. 728, obs. Lemouland et Vigneau ; JCP 2009. 11, note Garé ; RJPF 2009-9/14, obs. Corpart ; RTD civ. 2009. 499, obs. Hauser* (notoriété certaine de l'ex-épouse, sous le nom du mari dans le monde artistique où évoluent également ses enfants, et malgré son remariage) • Pau, 28 avr. 2011 : *Dr. fam. 2011, n° 166, obs. Larribau-Terneyre.*

7. Moment de la demande. L'art. 264 anc. ne fait pas obligation de former la demande de conservation de l'usage du nom du conjoint lors du prononcé du divorce ; recevabilité de la demande formée postérieurement à ce prononcé, en réponse à une demande de l'ex-mari en interdiction de l'usage de son nom. • Rennes, 6 mars 2007 : *Dr. fam. 2008, n° 8, note Larribau-Terneyre.*

8. Titres nobiliaires. Interdiction faite à l'épouse divorcée de continuer à porter le titre de duchesse, la poursuite de l'usage du nom n'entraînant pas automatiquement celle de l'usage du titre, du fait de l'autonomie du droit nobiliaire (art. 264 anc.). • Bourges, 24 févr. 1998 : *JCP 1998. II. 10072, note Ruet ; RTD civ. 1998. 654, obs. Hauser*, réformant • TGI Châteauroux, 26 sept. 1995 : *JCP 1996. II. 22605, note Ruet.*

Art. 264-1 *Abrogé par L. n° 2004-439 du 26 mai 2004, art. 23.*

Art. 265 *(L. n° 2004-439 du 26 mai 2004, art. 16)* **Le divorce est sans incidence sur les avantages matrimoniaux qui prennent effet au cours du mariage et sur les donations de biens présents quelle que soit leur forme.**

Le divorce emporte révocation de plein droit des avantages matrimoniaux qui ne prennent effet qu'à la dissolution du régime matrimonial ou au décès de l'un des époux et des dispositions à cause de mort, accordés par un époux envers son conjoint par contrat de mariage ou pendant l'union, sauf volonté contraire de l'époux qui les a consentis. Cette volonté est constatée *(L. n° 2016-1547 du 18 nov. 2016, art. 50, en vigueur le 1er janv. 2017)* **« dans la convention signée par les époux et contresignée par les avocats ou » par le juge au moment du prononcé du divorce et rend irrévocables l'avantage ou la disposition maintenus.**

(L. n° 2006-728 du 23 juin 2006, art. 43) **« Toutefois, si le contrat de mariage le prévoit, les époux pourront toujours reprendre les biens qu'ils auront apportés à la communauté. »** — *La loi du 23 juin 2006, ajoutant cet alinéa 3, est entrée en vigueur le 1er janv. 2007.*

BIBL. ▸ Beignier, *Mél. Oppetit, Litec, 2009, p. 33* (avantages matrimoniaux). – S. Piedelièvre, *D. 2004. Chron. 2512*. ▸ Delmas Saint-Hilaire, *RJPF 2005-7-8/11* (nouvel art. 265 et réversion d'usufruit entre époux). – Farge, Desbuquois, Naudin, *JCP N 2018, n° 1289* (pour une réécriture de l'article 265, al. 2). – Ferré-André, *AJ fam. 2014. 615* (donations entre époux et conséquences en cas de séparation). – Niel, *Defrénois 2007. 1129* (réforme du divorce et assurance vie). – Simler, *JCP 2005. I. 160* (nouvel art. 265 et clause de liquidation alternative de la communauté universelle). – Valory, *Dr. et patr. 11/2007, p. 62* (évolutions postérieures à la réforme de 2004). – Letellier, *JCP N 2008. 1150* (la clause d'exclusion des biens professionnels sous le régime de la participation aux acquêts à l'épreuve du divorce). – Dossier, *AJ fam. 2021. 207 et 263* (liquidation du régime matrimonial).
▸ V. aussi Bibl. gén. précédant art. 228.

1. Donation de biens présents. Les dispositions impératives de l'art. 265, al. 1er, font obstacle à l'insertion, dans une donation de biens présents prenant effet au cours du mariage, d'une clause résolutoire liée au prononcé du divorce ou à une demande en divorce. • Civ. 1re, 14 mars 2012, n° 11-13.791 P : *R. 395 ; D. 2012. 812, obs. Marrocchella ; ibid. 1386, note Posez ; AJ fam. 2012. 223, obs. S. David ; RTD civ. 2012. 300, obs. Hauser ; ibid. 357, obs. Grimaldi ; JCP 2012, n° 561, § 1, obs. Mekki ; ibid. n° 607, obs. Brenner ; RDC 2012. 891, obs. Goldie-Génicon.*

2. Libéralités avant mariage. La perte de plein droit des avantages matrimoniaux s'applique aux libéralités antérieures au mariage et non comprises dans les conventions matrimoniales lorsque ces libéralités ont été consenties en prévision du mariage (art. 267 anc.). • Civ. 1re,

25 mars 1981 : *Gaz. Pal. 1982. 1. 105, note Massip* (application de l'art. 299 ancien C. civ.).

3. Notion d'avantage matrimonial (art. 267 anc.). L'art. 267, al. 1er (anc., prononçant la perte des donations et avantages matrimoniaux dans le cas du divorce aux torts exclusifs d'un époux), s'applique à tous les avantages que l'un des époux : peut tirer des clauses d'une communauté conventionnelle, et notamment de l'adoption, tant au moment du mariage que postérieurement, du régime de la communauté universelle. • Civ. 1re, 26 janv. 1988 : *Bull. civ. I, n° 24* • 28 oct. 2003 : *AJ fam. 2004. 65, obs. S. David*. ♦ ... Ou qu'il peut tirer de la stipulation, au moment du mariage, d'une clause d'apports. • Civ. 1re, 25 sept. 2013, n° 12-11.967 P : *D. 2013. 2273 ; AJ fam. 2013. 635, obs. Thouret ; RTD civ. 2013. 887, obs. Vareille*. ♦ Mais une donation d'usufruit consentie entre les époux, indépendante du fonctionnement du régime matrimonial, ne peut être assimilée à un avantage matrimonial (inapplicabilité de l'art. 267 anc.). • Civ. 1re, 31 janv. 2006, n° 02-21.121 P : *D. 2006. Pan. 2073, obs. Nicod ; AJ fam. 2006. 209, obs. Hilt ; Dr. fam. 2006, n° 60, note Beignier.*

4. ... Participation aux acquêts, aménagement de la liquidation. Les profits que l'un ou l'autre des époux mariés sous le régime de la participation aux acquêts peut retirer des clauses aménageant le dispositif légal de liquidation de la créance de participation constituent des avantages matrimoniaux prenant effet à la dissolution du régime matrimonial. Ils sont révoqués de plein droit par le divorce des époux, sauf volonté contraire de celui qui les a consentis exprimée au moment du divorce. Il en résulte qu'une clause excluant du calcul de la créance de participation les biens professionnels des époux en cas de dissolution du régime matrimonial pour une autre cause que le décès, qui conduit à avantager celui d'entre eux ayant vu ses actifs nets professionnels croître de manière plus importante en diminuant la valeur de ses acquêts dans une proportion supérieure à celle de son conjoint, constitue un avantage matrimonial en cas de divorce. • Civ. 1re, 18 déc. 2019, n° 18-26.337 P : *D. 2020. 635, note Le Bars et Mauger-Vielpeau ; ibid. Chron. C. cass. 1058, obs. Buat-Ménard ; AJ fam. 2020. 126, obs. Duchange ; RTD civ. 2020. 175, obs. Vareille ; JCP 2020, n° 225, note Binet ; JCP N 2020, n° 1059, note Karm ; Dr. fam. 2020, n° 44, note Torricelli-Chrifi ; Defrénois 2020/9. 23, note Letellier.* ♦ Même sens, • Civ. 1re, 31 mars 2021, n° 19-25.903 • 15 déc. 2021, n° 20-15.623.

5. ... Sort des présents (art. 267 anc.). Sur le régime particulier de certaines libéralités (présents d'usage) et le problème de la restitution de la bague de fiançailles, V. note 3 ss. art. 852.

6. Le divorce est sans incidence sur l'avantage résultant de l'adoption de la communauté universelle. • Civ. 1re, 1er déc. 2010 : *AJ fam. 2011. 48, obs. David ; JCP 2011, n° 1371, § 10, obs. Tisserand-Martin ; Defrénois 2011. 828, obs. Massip ; RLDC 2011/79, n° 4148, obs. Gallois ; RTD civ. 2011. 112, obs. Hauser*. ♦ En vertu de ses dispositions transitoires, la loi nouvelle (L. 26 mai 2004) a vocation à s'appliquer en toutes ses dispositions concernant les conséquences du divorce pour les époux, y compris celles afférentes au sort des avantages matrimoniaux, peu important la date à laquelle ceux-ci ont été stipulés. • Civ. 1re, 18 mai 2011, n° 10-17.943 P : *D. 2011. 1557 ; AJ fam. 2011. 326, obs. Mbala Mbala ; Dr. fam. 2011, n° 107, obs. Larribau-Terneyre* (refus d'appliquer l'art. 267 anc. prévoyant la révocation de plein droit des avantages matrimoniaux).

7. Volonté de maintenir les avantages matrimoniaux. La renonciation tacite et non équivoque de l'époux à user ultérieurement de la faculté de révocation des donations consenties à son épouse est établie dès lors que le jugement de divorce, dont il n'avait pas interjeté appel, constatait qu'il n'entendait pas révoquer les donations consenties à son épouse pendant le mariage, et que, pour l'appréciation de la prestation compensatoire, il avait fait plaider que si les donations étaient révocables, il n'était pas dans son intention d'user de la faculté de révocation de sorte qu'il convenait de prendre en considération le patrimoine de son épouse constitué grâce aux donations qu'il lui avait faites. • Civ. 1re, 26 oct. 2011 : *cité note 9 ss. art. 1096.*

8. ... Solutions rendues en application de l'art. 268 anc. L'art. 268 anc. confiait aux époux le pouvoir de fixer le sort des donations et avantages qu'ils s'étaient consentis. V., pour une application : • Civ. 1re, 16 juin 1993 : *D. 1994. 165, note Massip ; RTD civ. 1994. 88, obs. Hauser*. ♦ Le principe selon lequel les donations faites entre époux pendant le mariage qui sont maintenues de façon expresse dans la convention définitive de divorce deviennent irrévocables s'applique en présence d'une convention stipulant que les époux déclarent « maintenir la pleine et entière application » des donations réciproques consenties. • Civ 1re, 6 févr. 2008, n° 05-18.745 P : *D. 2009. Pan. 832, obs. Serra ; AJ fam. 2008. 120, obs. David ; JCP 2009. I. 109, n° 9, obs. Le Guidec ; JCP N 2008. 1199, note Casey ; Dr. fam. 2008, n° 41, obs. Larribau-Terneyre ; RJPF 2008-5/39, note Valory ; Defrénois 2008. 1113, obs. Massip ; RTD civ. 2008. 282, obs. Hauser ; ibid. 347, obs. Grimaldi*. ♦ Jugé que les donations maintenues faute de décision dans la convention conservent le caractère révocable ou irrévocable qui était le leur avant le divorce. • Lyon, 18 mars 1999 : *Dr. fam. 2000, n° 5, note Lécuyer.* ♦ Comp. : les dons manuels, qui s'analysent comme des donations de biens présents, ayant nécessairement été pris en compte dans la convention définitive homologuée, participent du règlement global des effets du divorce et ne peuvent plus faire l'objet d'une révocation ultérieure, sauf clause contraire de la convention. • Civ. 1re, 28 févr. 2006, n° 03-10.245 P : *D. 2006. 1426, concl. Sainte-Rose ; ibid. Pan. 2074, obs. Revel ; D. 2007. Pan. 612, obs. G. Serra ; AJ fam. 2006. 203, obs. S. David (1re esp.) ; Dr. fam. 2006, n° 110, note Larribau-Terneyre ; LPA 9 oct. 2006, note Pétroni-Maudière ; RTD civ. 2006. 291, obs. Hauser*. ♦ Une donation au dernier vivant, qui porte sur des biens à venir, demeurant révocable en l'absence de clause d'irrévocabilité dans la convention de divorce, la donation ultérieure consentie par l'époux divorcé à sa seconde épouse, portant sur les mêmes biens, constitue un acte non équivoque de révocation de la première. • Civ. 1re, 28 févr. 2006, n° 03-20.150 P : *D. 2006. Pan. 2074, obs. Revel ; Gaz. Pal. 2006. Somm. 3412, obs. Massip ; AJ fam. 2006. 203, obs. S. David (2e esp.) ; Dr. fam. 2006, n° 111, note Larribau-Terneyre ; Defrénois 2006. 1355, obs. Massip.*

9. Application immédiate de la L. du 26 mai 2004. Les époux ayant consenti des avantages matrimoniaux sous l'empire du droit antérieur à la L. du 26 mai 2004 ne pouvaient légitimement s'attendre à ce que ne s'appliquent pas aux divorces prononcés après l'entrée en vigueur de cette loi les nouvelles règles légales relatives à la révocation des avantages en cas de divorce. • Cons. const. 29 janv. 2021, n° 2020-880 QPC : *AJ fam. 2021. 184, obs. Casey ; RTD civ. 2021. 109, obs. Leroyer ; Dr. fam. 2021, n° 41, note Tani* (conformité à la Const. de certaines dispositions de l'art. 33-I, L. 26 mai 2004).

Art. 265-1 *(L. n° 2004-439 du 26 mai 2004, art. 16)* **Le divorce est sans incidence sur les droits que l'un ou l'autre des époux tient de la loi ou des conventions passées avec des tiers.**

BIBL. ► Brazier, *Gaz. Pal. 1979. 1. Doctr. 332* (droit à réversion de retraite du conjoint divorcé).

Art. 265-2 *(L. n° 75-617 du 11 juill. 1975 ; L. n° 2004-439 du 26 mai 2004, art. 6)* **Les époux peuvent, pendant l'instance en divorce, passer toutes conventions pour la liquidation et le partage** *(L. n° 2004-439 du 26 mai 2004, art. 21-III et IV)* **« de leur régime matrimonial.**

« Lorsque la liquidation porte sur des biens soumis à la publicité foncière, la convention doit être passée par acte notarié. » — *[Ancien art. 1450, modifié.]*

V. App., V. Régimes matrimoniaux - Indivision - Partage.

BIBL. ► Abry, *JCP N 1992. Prat. 2285, p. 362.* - Crémont, *Defrénois 1999. 321.* - Gautier, note *D. 1990. 505* (contrat liquidatif de communauté et régime du droit d'auteur). - Hérail, *JCP N 1994. I. 351.* - Lafond, *JCP N 1999. 1777.* - Puyo, *Dr. fam. 2015. Étude 19* (conventions de divorce).

I. DOMAINE D'APPLICATION

1. Application avant l'assignation ou la requête conjointe. Aux termes de l'art. 265-2 C. civ., les époux peuvent, pendant l'instance en divorce, passer toutes conventions pour la liquidation et le partage de leur régime matrimonial ; il s'en déduit qu'une convention comportant, ne serait-ce que pour partie, des stipulations relatives à la liquidation et au partage du régime matrimonial, ne peut être conclue avant l'assignation ou la requête conjointe en divorce. Ayant relevé que la convention conclue entre les parties, avant l'introduction de l'instance, portait tant sur la prestation compensatoire que sur le partage de leur régime matrimonial, la cour d'appel en a exactement déduit qu'elle était nulle. • Civ. 1re, 27 sept. 2017, n° 16-23.531 P : *AJ fam. 2017. 592, obs. Houssier ; RTD civ. 2018. 84, obs. Leroyer ; Dr. fam. 2017, n° 220, obs.. Binet ; ibid., n° 245, obs. Torricelli-Chrifi ; Dr. fam. 2018, n° 22, obs. Égéa.*

2. Non-application aux époux séparés de biens. Pour le règlement de leurs intérêts patrimoniaux, des époux séparés de biens ne sont pas tenus de se conformer aux exigences de l'art. 1450 (anc.), de sorte qu'un époux peut valablement, pendant l'instance en divorce ou séparation de corps, contracter une obligation envers son conjoint tendant à la liquidation de leur régime matrimonial, dès lors que cette obligation n'a pas pour but d'inciter à la séparation. • Civ. 1re, 6 mai 1997, n° 95-15.113 P : *D. 1998. 357, note Ravanas ; JCP 1997. I. 4047, n° 22, obs. Storck, et 1998. I. 101, n° 2, obs. Ferré-André ; Defrénois 1997. 1090 (1re esp.), obs. Champenois.* ♦ Dans le même sens : • Civ. 1re, 30 juin 1998 : *Dr. fam. 1998, n° 117, note Lécuyer (1re esp.)* • 29 janv. 2002, n° 99-19.354 P : *D. 2002. Somm. 2445, obs. Brémond ; Defrénois 2002. 1158, obs. Massip ; AJ fam. 2002. 109, et les ob s.* ♦ Sur les conséquences de la L. du 26 mai 2004, V. M. Storck, *JCP 2004. I. 176, n° 25.*

3. Non-application aux conventions passées avant l'instance en divorce. Les conventions pour la liquidation et le partage de la communauté sont interdites en dehors d'une instance en divorce tant que la communauté n'est pas dissoute. • Civ. 1re, 19 janv. 1982, n° 80-17.149 P : *R., p. 45* • 8 avr. 2009, n° 07-15.945 P : *D. 2009. 1201, obs. Égéa ; ibid. Pan. 2508, obs. Revel ; ibid. 2528, note Pasquier ; JCP N 2009. 1234, note Mahinga ; AJ fam. 2009. 219, obs. David ;*

RLDC 2009/61, n° 3475, obs. Pouliquen ; Defrénois 2009. 1483, obs. Champenois ; RTD civ. 2009. 516, obs. Hauser ; *ibid. 769* et *771, obs. Vareille*.

4. Non-application aux conventions passées après dissolution de la communauté. L'art. 1450 qui soumet à la forme notariée les conventions passées par les époux pour la liquidation et le partage de la communauté ne vise que les actes conclus pendant l'instance en divorce et non le partage amiable postérieur à la dissolution de la communauté. • Civ. 1re, 16 nov. 1983 : *Gaz. Pal. 1984. 2. 495 (2e esp.), note J. M.*

II. FORME NOTARIÉE

5. Renonciation à la communauté. Application de l'art. 250 anc. à la renonciation par un époux à sa part de communauté. • Paris, 12 sept. 2002 : *AJ fam. 2002. 421, obs. S. D.-B*.

6. Caractère temporaire de la cause de nullité et possibilité de renouvellement de l'accord. Si un acte nul de nullité absolue ne peut être rétroactivement confirmé, il est loisible aux parties de renouveler leur accord ou de maintenir leur commune volonté lorsque la cause de nullité a cessé ; il en est ainsi lorsque, après que le divorce est devenu irrévocable, les volontés, même tacites, des parties se sont à nouveau rencontrées pour renouveler l'accord passé hors la présence d'un notaire au cours de l'instance en divorce. • Civ. 1re, 29 nov. 1983 : *Gaz. Pal. 1984. 2. 495 (1re esp.), note J. M.* • 17 déc. 1996, n° 95-12.956 P : *Defrénois 1997. 455, note Bignon* (transaction sur la liquidation de la communauté et la prestation compensatoire après dissolution du mariage).

§ 2 *Des conséquences propres aux divorces autres que par consentement mutuel (L. n° 2004-439 du 26 mai 2004, art. 17-I).*

Art. 266 *(L. n° 2004-439 du 26 mai 2004, art. 17-II)* **Sans préjudice de l'application de l'article 270, des dommages et intérêts peuvent être accordés à un époux en réparation des conséquences d'une particulière gravité qu'il subit du fait de la dissolution du mariage soit lorsqu'il était défendeur à un divorce prononcé pour altération définitive du lien conjugal et qu'il n'avait lui-même formé aucune demande en divorce, soit lorsque le divorce est prononcé aux torts exclusifs de son conjoint.**

Cette demande ne peut être formée qu'à l'occasion de l'action en divorce.

DALLOZ ACTION *Droit de la famille 2023/2024, nos 137.00 s.*

BIBL. ▸ CLAUX, *AJ fam. 2013. 51*. – CASEY, *Dr. fam. 2015, dossier 34* (analyse de 10 ans de jurisprudence, art. 1382 anc. et 266 C. civ.). – GUITON, *D. 1980. Chron. 237 et 247*. – MULON, *Gaz. Pal. 2014. 99* (pour une suppression de l'art. 266). – SADI, *RTD civ. 2018. 591* (pour une réécriture de l'art. 266). – Dossier, *Dr. fam. 2015, nos 33 s.* (dommages et intérêts entre époux).

I. DOMAINE ET CONDITIONS D'APPLICATION DE L'ART. 266

1. Domaine de l'art. 266 : séparation de corps (oui). Les dispositions de l'art. 266 sont applicables à la séparation de corps. • Civ. 2e, 22 mai 1979, n° 78-10.604 P • 7 mai 2002, n° 00-18.026 P : *RTD civ. 2002. 493, obs. Hauser* • Civ. 1re, 9 déc. 2003 : *Defrénois 2004. 588, obs. Massip ; Dr. fam. 2004, n° 34, note Larribau-Terneyre.*

2. ... Divorce aux torts partagés (non). Impossibilité d'accorder des dommages-intérêts sur le fondement de l'art. 266 (anc.) en cas de divorce aux torts partagés. • Civ. 1re, 25 oct. 2005, n° 04-12.234 P : *D. 2005. IR 2899* ; *Dr. fam. 2005, n° 269, note Larribau-Terneyre.*

3. Conséquences d'une particulière gravité (non). Ne caractérise pas des conséquences d'une particulière gravité justifiant la condamnation de l'ex-époux à des dommages-intérêts le fait qu'il ait quitté son épouse après 39 ans de mariage, dans des conditions difficiles et en recherchant une nouvelle compagne. • Civ. 1re, 1er juill. 2009, n° 08-17.825 P : *D. 2009. AJ 1897, obs. Le Douaron* ; *ibid. 2010. Pan. 1243, obs. Serra* ; *LPA 28 janv. 2010, note Massip ; AJ fam. 2009. 347, obs. David* ; *Dr. fam. 2009, n° 103, note Larribau-Terneyre ; RLDC 2009/64, n° 3583, obs. Pouliquen ; RTD civ. 2009. 705, obs. Hauser*. ♦ ... Ou le choc subi par l'épouse consécutif à l'abandon soudain par son époux du domicile conjugal et l'annonce d'une procédure de divorce, accompagné d'un fort sentiment d'humiliation, dû à l'infidélité de son conjoint et à la perte de ses fonctions au sein de la société dirigée par son mari. • Civ. 1re, 15 avr. 2015, n° 14-11.575 P : *D. 2015. 922* ; *ibid. 2016. 674, obs. Douchy-Oudot* ; *RTD civ. 2015. 594, obs. Hauser*. ♦ ... Ou l'attitude de dénigrement adoptée par le mari. • Civ. 1re, 15 mai 2019, n° 18-16.055.

L'exceptionnelle gravité s'entend des conséquences qui excèdent celles habituelles affectant toute personne se trouvant dans la même situation. • Paris, 15 janv. 2009 : *D. 2010. Pan. 1243, obs. Serra* (l'art. 266 anc. ne se référait pas à la réparation des conséquences d'une particulière gravité mais visait la réparation d'un préjudice matériel ou moral).

4. Conséquences d'une particulière gravité (oui). Préjudice moral compte tenu des convictions religieuses de l'épouse, dans le cadre d'un mariage religieux ayant donné lieu à une profession de foi signée des deux époux, le divorce étant prononcé pour adultère du mari. • Bordeaux, 24 nov. 2009 : *Dr. fam. 2010, n° 18, obs. Larribau-Terneyre.* ♦ Le sentiment de trahison de l'épouse, résultant des violences du mari et du fait qu'il ait accédé illégalement à sa messagerie, peut être retenu comme excédant celui affectant toute personne placée dans la même situation en ouvrant droit à réparation au titre de l'art. 266 (et non de l'art. 1240). • Riom, 27 mars 2018, n° 17/00574 : *Dr. fam. 2018, n° 176, note Colliot.*

5. Syndrome anxio-dépressif. Ayant relevé que la vie commune avait duré 24 ans et que l'épouse souffrait, plusieurs années après le départ du mari du domicile conjugal, d'un syndrome anxio-dépressif réactionnel, la cour d'appel a caractérisé les conséquences d'une particulière gravité que l'épouse avait subies du fait de la dissolution du mariage. • Civ. 1re, 22 juin 2022, n° 20-21.201.

6. Préjudice résultant de la dissolution du mariage. Pour accorder des dommages-intérêts sur le fondement de l'art. 266, les juges doivent rechercher en quoi le préjudice indemnisé résulte de la dissolution du mariage (cassation de l'arrêt qui, pour allouer au mari des dommages-intérêts en application de l'art. 266, se borne à relever que la femme a quitté le domicile conjugal en lui laissant l'essentiel des charges du ménage). • Civ. 2e, 31 mai 1995 : *D. 1996. 424, note Puigelier ; RTD civ. 1995. 870, obs. Hauser.* – Rappr. • Civ. 1re, 25 janv. 2005 : *Dr. fam. 2005, n° 104, note Larribau-Terneyre.* ♦ Doit être cassé un arrêt qui, sur le fondement de l'art. 266, indemnise un préjudice ne résultant pas de la dissolution du mariage. • Civ. 2e, 28 sept. 2000 : *Dr. fam. 2001, n° 5, note Lécuyer* (fait que le mari ait eu des enfants avec une autre femme avant le divorce, alors que le couple n'avait pas d'enfant) • 11 avr. 2002 : *Dr. fam. 2002, n° 114, note H. L.* (refus de poursuivre une procédure de divorce par consentement mutuel).

En relevant que la dissolution du mariage est intervenue après une longue période de vie commune, les juges du fond font ressortir que le préjudice subi par l'épouse est un préjudice moral. • Civ. 2e, 27 janv. 2000, n° 96-11.410 P : *D. 2000. IR 96 ; RTD civ. 2000. 303, obs. Hauser.* ♦ Dommages-intérêts attribués au regard des circonstances dans lesquelles l'épouse avait quitté le domicile conjugal et de la charge quotidienne, assumée par l'époux depuis plusieurs années, des deux jeunes enfants du couple, dont l'un présentant des troubles de la personnalité, et des choix professionnels qu'il avait dû faire au détriment de sa carrière pour s'en occuper. • Civ. 1re, 12 sept. 2012 : *D. 2013. 798, obs. Douchy-Oudot ; JCP 2012, n° 1166, note Massip ; Gaz. Pal. 2013. 247, obs. Casey.*

II. FONDEMENTS DE LA DEMANDE

7. Autonomie de l'art. 266. Le prononcé du divorce n'a pas pour objet la réparation d'un préjudice, les dommages-intérêts prévus par l'art. 266 réparent le préjudice causé par la rupture du lien conjugal tandis que ceux prévus par l'art. 1382 anc. [1240] réparent celui résultant de toute autre circonstance. • Civ. 1re, 18 janv. 2012 : *Gaz. Pal. 2012. 789, note Quézel-Ambrunaz.* ♦ Même sens : • Civ. 1re, 9 juin 2022, n° 20-22.746.

Le prononcé du divorce au profit de l'un des époux et l'octroi d'une prestation compensatoire n'ont pas pour objet la réparation d'un préjudice (art. 266 anc. lequel se référait à la réparation d'un préjudice matériel ou moral). • Civ. 2e, 12 juin 1996, n° 94-18.103 P : *RTD civ. 1996. 886, obs. Hauser* (cassation de l'arrêt qui rejette pour de tels motifs la demande de dommages et intérêts de l'épouse). ♦ Cassation de l'arrêt qui déboute l'épouse de sa demande fondée sur l'art. 1382 anc. [1240] au motif qu'elle n'établit pas l'existence d'un préjudice distinct de celui réparé par l'accueil de sa demande en divorce. • Civ. 1re, 6 juill. 2005, n° 04-10.081 P : *D. 2006. Pan. 343, obs. G. Serra ; Dr. fam. 2005, n° 212, note Larribau-Terneyre ; RTD civ. 2005. 767, obs. Hauser.* ♦ Cassation de l'arrêt qui condamne le mari à des dommages-intérêts sur le fondement de l'art. 266 aux motifs que l'épouse a été contrainte de fuir les agressions physiques de son conjoint, qui l'ont obligée à quitter son lieu de vie habituel pour se réfugier dans un foyer d'urgence, source de difficultés matérielles et psychologiques, alors que ces motifs sont impropres à caractériser les conséquences d'une particulière gravité subies par l'épouse du fait de la dissolution du mariage. • Civ. 1re, 9 juin 2022, n° 20-22.746 :*préc.*

III. RESPONSABILITÉ DE DROIT COMMUN

8. Préjudice distinct indemnisable sur le fondement du droit commun. Indépendamment du divorce et de ses sanctions propres, l'époux qui invoque un préjudice étranger à celui résultant de la rupture du lien conjugal peut demander réparation à son conjoint dans les conditions du droit commun. • Civ. 1re, 24 janv. 1990, n° 87-17.785 P • 11 janv. 2005, n° 02-19.016 P : *D. 2005. IR 243 ; RTD civ. 2005. 375, obs. Hauser* • 14 janv. 2009 : *AJ fam. 2009. 259, obs. David* (privation des enfants infligée à l'épouse par l'époux pendant la procédure). ♦ Préjudice distinct résidant dans les circonstances ayant conduit à la rupture du lien matrimonial : • Civ. 1re, 17 févr. 2004 : *RJPF 2004-5/18, obs. Garé* (abandon de l'épouse pour une maîtresse, en lui laissant la charge de l'enfant, jeune adulte handicapée) • 22 mars 2005, n° 04-11.942 P : *D. 2005. IR 1053 ; RTD civ. 2005. 375, obs. Hauser* (rupture injurieuse et brutale, avec liaison adultère publiquement affichée). ♦ V. aussi, pour l'application de l'art. 1382 anc. [1240] en cas de divorce aux torts partagés : • Civ. 2e, 15 oct. 1981 : *Gaz. Pal. 1982. 2. 489, note J.M.* • 5 juin 1991 : *Defrénois 1992. 304, obs. Massip* • 28 févr. 1996, n° 94-12.432 P • 17 déc. 1998 : *RJPF 1999-1/40, note Vassaux.* ♦ Mais il ne peut être reproché à une cour d'appel, saisie d'une demande de dommages-intérêts fondée sur l'art. 266 C. civ., de n'avoir pas examiné d'office les faits invoqués au regard de l'art. 1382 anc. [1240] dudit code. • Civ. 2e, 8 juin 1995, n° 92-21.549 P : *D. 1996. 247, note Eudier ; RTD civ. 1995. 869, obs. Hauser.*

9. Nécessité de préciser le fondement de la condamnation. Les juges du fond ne peuvent condamner un époux à des dommages-intérêts sans préciser le fondement de la condamnation prononcée. • Civ. 2e, 27 févr. 2003 : *AJ fam. 2003. 183, obs. S. D.* • Civ. 1re, 14 déc. 2004, n° 02-20.652 P • 5 nov. 2008 : *LPA 5 févr. 2009, obs. Burgard.* ♦ Mais leur décision est légalement justifiée au regard des art. 266 et 1382 anc. [1240] s'ils ont suffisamment caractérisé le préjudice subi par l'épouse du fait de la séparation de corps et du fait du comportement de l'époux. • Civ. 1re, 9 déc. 2003 : *préc. note 1* • 28 févr. 2006 : *D. 2007. Pan. 616, obs. G. Serra.* ♦ Ayant réparé le préjudice causé par le comportement fautif de l'époux (abandon moral et financier de l'épouse après quinze ans de mariage), la cour d'appel a nécessairement statué sur le fondement de l'art. 1382 anc. [1240]. • Civ. 1re, 23 janv. 2007 : *RLDC 2007/42, n° 2703, obs. G. Serra.* ♦ V. aussi note 7.

10. Exemple de dommages-intérêts de droit commun. Ayant relevé, d'une part, qu'en s'opposant à la signature des mandats de vente de l'immeuble ayant constitué le domicile conjugal, le mari en avait empêché l'aliénation pendant une période favorable du marché, faisant ainsi perdre une chance d'en obtenir un meilleur prix, d'autre part, qu'il avait constamment fait obstruction au partage, notamment par le refus de communiquer au notaire ou aux deux experts l'intégralité des documents utiles et de faire l'avance des frais d'expertise, ce qui avait contraint l'épouse à se substituer à lui, la cour d'appel a pu déduire de ces énonciations et appréciations, que le comportement fautif du mari avait causé à son ex-épouse un préjudice moral et financier, dont elle a souverainement apprécié le montant, en le condamnant à payer à son ex-épouse la somme de 90 000 € à titre de dommages-intérêts. • Civ. 1re, 12 juin 2018, n° 17-17.243.

IV. DÉTERMINATION DES DOMMAGES-INTÉRÊTS

11. Domaine respectif des dommages-intérêts de l'art. 266 (anc.) et de la prestation compensatoire : V. • Paris, 16 févr. 1979 : *D. 1979. 590, note Massip* (réparation du préjudice moral non pris en considération pour l'évaluation de la prestation compensatoire) • Civ. 2e, 5 juin 1984 : *Bull. civ. II, n° 106* (même solution).

12. Fixation des dommages-intérêts. Attribution, à titre de dommages-intérêts, sur le fondement de l'art. 266, de la totalité de la communauté, comprenant notamment un immeuble où l'époux fautif, majeur protégé, habitait avec son épouse : V. • Civ. 1re, 26 janv. 1983 : *D. 1984. 17 (1re esp.), note Massip.* ♦ *Contra* : aucun texte ne prévoit que les dommages-intérêts alloués en vertu de l'art. 266 (anc.) puissent être accordés sous la forme de l'attribution de droits immobiliers appartenant à l'autre époux. • Civ. 2e, 27 janv. 1993 : *D. 1994. 97, note Espesson ; RTD civ. 1993. 336, obs. Hauser.*

13. Une cour d'appel peut fixer à la date de sa décision le point de départ des intérêts de l'indemnité qu'elle alloue, le pourvoi en cassation ayant seulement pour effet de suspendre l'exigibilité de ces dommages-intérêts. • Civ. 2e, 21 févr. 1990, n° 88-18.207 P.

14. Les dommages-intérêts prévus à l'art. 266 (anc.) sont indépendants des ressources des époux. • Civ. 2e, 6 janv. 1993, n° 91-16.672 P. ♦ L'évaluation du dommage doit être faite exclusivement en fonction du préjudice subi et non en considération des ressources du conjoint débiteur. • Civ. 2e, 21 juill. 1982, n° 81-15.236 P : *Defrénois 1983. 771, obs. Massip.*

15. En condamnant le mari à des dommages-intérêts pour préjudice moral sur le fondement de l'art. 266 (anc.) alors que l'épouse demandait la réparation d'un préjudice distinct de celui résultant de la rupture du lien conjugal, la cour d'appel a modifié l'objet du litige et violé l'art. 4 C. pr. civ. • Civ. 1re, 9 janv. 2007, n° 06-10.871 P : *D. 2008. Pan. 814, obs. G. Serra ; AJ fam. 2007. 272, obs. S. David ; Dr. fam. 2007, n° 37, note Larribau-Terneyre ; RLDC 2007/42, n° 2703, obs. G. Serra.*

16. Justifie le versement de dommages-intérêts le « préjudice réel et renforcé » causé par un divorce intervenu dans un pays dont l'épouse n'est pas originaire et où elle n'a pas sa famille. • Paris, 20 févr. 2008 : *Dr. fam. 2008, n° 55, obs. Larribau-Terneyre.*

Art. 267 *(Ord. n° 2015-1288 du 15 oct. 2015, art. 2-I, en vigueur le 1er janv. 2016)* **A défaut d'un règlement conventionnel par les époux, le juge statue sur leurs demandes de maintien dans l'indivision, d'attribution préférentielle et d'avance sur part de communauté ou de biens indivis.**

Il statue sur les demandes de liquidation et de partage des intérêts patrimoniaux, dans les conditions fixées aux articles 1361 à 1378 du code de procédure civile, s'il est justifié par tous moyens des désaccords subsistant entre les parties, notamment en produisant :

– une déclaration commune d'acceptation d'un partage judiciaire, indiquant les points de désaccord entre les époux ;
– le projet établi par le notaire désigné sur le fondement du 10° de l'article 255.
Il peut, même d'office, statuer sur la détermination du régime matrimonial applicable aux époux.

L'art. 2 de l'Ord. n° 2015-1288 du 15 oct. 2015 est applicable aux requêtes en divorce introduites avant son entrée en vigueur qui, au jour de celle-ci, n'ont pas donné lieu à une demande introductive d'instance (Ord. préc., art. 17-II).

Sur l'instance du divorce, V. C. pr. civ., art. 1106 s., App., I. Procédure.

Sur le partage judiciaire, V. C. pr. civ, art. 1361, App., V. Régimes matrimoniaux - Indivision - Partage.

BIBL. ▶ Baillon-Wirtz et Combret, *Dr. fam. 2016. Dossier 2 ; JCP N 2015, n° 1220.* - Chauvin et Couzigou-Suhas, *Defrénois 2015. 1283.* - Douville, *Gaz. Pal. 2015. 3491.* - Mulon, *Gaz. Pal. 2016. 118.* - Puyo, *Dr. fam. 2016. Dossier 3.* - Thouret, *AJ fam. 2015. 598*. - Dossier « Divorce et liquidation : la réforme », *AJ fam. 2016. 289* s.

COMMENTAIRE

Droit transitoire. Les dispositions de l'article 267 du code civil, entrées en vigueur le 1er janvier 2016, s'appliquent à toute assignation en divorce signifiée à compter de cette date (Ord. n° 2015-1288 du 15 oct. 2015, art. 17-II ; C. civ., art. 267). On se souviendra que l'alinéa 2 de l'article 267 n'est cependant pas applicable en Alsace-Lorraine, les dispositions du droit local relatives au partage étant seules applicables. Par ailleurs, les dispositions de l'article 1116 du code de procédure civile s'appliquent aux requêtes en divorce introduites avant le 26 février 2016 qui, à cette date, n'ont pas donné lieu à une demande introductive d'instance (Décr. n° 2016-185 du 23 févr. 2016, art. 18-I et 19-III ; C. pr. civ., art. 1116). La combinaison des articles 267 du code civil et 1116 du code de procédure civile laisse donc apparaître une période courant du 1er janvier 2016 au 26 février 2016 au cours de laquelle l'assignation en divorce relève du régime nouveau de l'article 267, sans que les dispositions réglementaires de l'article 1116 du code de procédure civile ne soient encore applicables. L'article 1116 du code de précédure civile a été légèrement modifié par le décret n° 2019-1380 du 17 décembre 2019, suite à la loi n° 2019-222 du 23 mars 2019, laquelle a modifié la procédure des divorces contentieux.

Architecture d'ensemble du dispositif. L'article 267 du code civil a fait l'objet d'une réforme profonde par l'ordonnance du 15 octobre 2015, laquelle a abrogé l'ancien article 267-1 et fait de l'article 267 le siège de la liaison entre prononcé du divorce et liquidation. Désormais, le juge du divorce ne sera aussi juge de la liquidation, en même temps, qu'à la condition que l'un des trois cas visés à l'article 267 du code civil soit caractérisé. À défaut, le juge du divorce ne sera que juge du divorce.

Au contraire, le juge du divorce sera aussi juge de la liquidation lorsque l'un des trois cas visés à l'article 267 du code civil est établi : la désignation d'un notaire au stade des mesures provisoires, le rapport étant déposé avant le prononcé du divorce (C. civ., art. 255-10°), l'acte contresigné par avocats relatant la liste des points de désaccords liquidatifs, la preuve par tous moyens des désaccords subsistants. En pratique, depuis l'entrée en vigueur des nouvelles dispositions, les deux dernières possibilités semblent ne plus être utilisées. Bien que moins fréquente que dans le passé, l'expertise notariale se rencontre encore (C. civ., art. 255-10°). Toutefois, la modification de la procédure des divorces contentieux rendra plus rare encore son utilisation du fait de l'accélération de la procédure qui en résulte, ce qui est bien peu compatible avec le temps nécessaire à une expertise « 255.10 ».

Il n'en demeure pas moins que lorsqu'une telle expertise existe et que le rapport a été déposé à temps, le juge est ainsi en même temps juge du divorce et juge de la liquidation.

Attention, du fait de la réforme de la procédure des divorces contentieux, l'existence d'un acte d'avocat ou la preuve par tous moyens des points de désaccord n'ont plus à être établis au jour de l'introduction de l'instance, qui se fait désormais par assignation.

L'article 1116 modifié ne dit pas à quel moment l'acte d'avocats ou la preuve des désaccords doit être rapportée, on suppose donc que c'est à tout instant pendant la procédure au fond, et donc avant la clôture.

Quant au rapport notarié, quand il existe, il n'a plus, non plus, à être annexé « ultérieurement » aux conclusions des parties. Il suffira qu'il soit annexé « postérieurement » aux conclusions demandant la liquidation et le partage (lesquelles seront elles-mêmes postérieures à l'audience d'orientation et sur mesures provisoires qui aura décidé de nommer un notaire « 255.10 »).

Lorsque le juge du divorce est aussi juge de la liquidation, le jugement de divorce tranchera également les désaccords existants quant à la liquidation du régime matrimonial, et renverra chez un notaire commis pour l'établissement de l'acte de partage. Les conclusions en divorce des avocats devront comporter une partie relative aux désaccords subsistant entre les parties et former des demandes à ce propos. Il suffit, pour le surplus, de renvoyer aux règles du partage (sur lesquelles, V. note. ss. C. pr. civ., art. 1360, App., *I. Procédure*).

Lorsqu'il n'est pas juge de la liquidation (et n'est donc « que » juge du divorce), le juge videra sa saisine une fois le divorce prononcé. Il n'a donc plus à ordonner la liquidation des intérêts patrimoniaux des époux. Par conséquent, les avocats n'ont plus à lui demander, dans leurs conclusions au fond sur le divorce, d'ordonner la liquidation des intérêts patrimoniaux des époux. Une telle demande serait irrecevable et, en tout état de cause, sans portée. Une fois le divorce prononcé, les parties sont alors divorcées, et doivent se débrouiller elles-mêmes à l'amiable dans la période post-divorce, quitte à assigner en partage judiciaire (post-divorce) s'ils ne trouvent pas d'accord quant à la liquidation de leur régime matrimonial (sur l'ensemble de cette procédure, V., *infra*, Comm. ss. C. pr. civ., art. 1360, App., *I. Procédure*). ❑

Ancien art. 267 *(L. n° 2004-439 du 26 mai 2004, art. 17-II)* ***A défaut d'un règlement conventionnel par les époux, le juge, en prononçant le divorce, ordonne la liquidation et le partage de leurs intérêts patrimoniaux.***

Il statue sur les demandes de maintien dans l'indivision ou d'attribution préférentielle.

Il peut aussi accorder à l'un des époux ou aux deux une avance sur sa part de communauté ou de biens indivis.

Si le projet de liquidation du régime matrimonial établi par le notaire désigné sur le fondement du 10° de l'article 255 contient des informations suffisantes, le juge, à la demande de l'un ou l'autre des époux, statue sur les désaccords persistant entre eux.

BIBL. ▸ CASEY, *Gaz. Pal. 2011. 1399.* – COMBRET et BAILLON-WIRTZ, *Dr. fam. 2013. Étude 6.*

1. Compétence du juge aux affaires familiales. Le juge aux affaires familiales connaît de la liquidation et du partage des intérêts patrimoniaux des époux, des personnes liées par un pacte civil de solidarité et des concubins. • Civ. 1re, 30 janv. 2019, n° 18-14.150 P : *AJ fam. 2019. 216, obs. Casey ; Dr. fam. 2019, n° 80, obs. Torricelli-Chrifi.*

Déjà, en application de l'art. 267 anc. : la liquidation et le partage des intérêts patrimoniaux des époux doivent être ordonnés par le juge qui prononce le divorce. • Civ. 2e, 7 nov. 1988, n° 11-10.449 P • Civ. 1re, 7 nov. 2012, n° 11-10.449 P : *D. 2013. chron. C. cass. 591, obs. Capitaine ; ibid. 798, obs. Douchy-Oudot ; AJ fam. 2013. 57, obs. Buat-Ménard ; RTD civ. 2013. 96, obs. Hauser ; AJ fam. 2012, n° 179, obs. Larribau-Terneyre.* ♦ ... Quel que soit le régime matrimonial adopté par les époux (en l'espèce, séparation de biens adoptée par changement de régime matrimonial antérieurement au divorce et difficultés liées à la liquidation de la communauté). • Civ. 2e, 7 nov. 1988 : *préc.* ♦ Il entre dans les pouvoirs dévolus au juge aux affaires familiales de se prononcer sur le régime matrimonial des époux. • Civ. 1re, 20 mars 2013, n° 11-27.845 P : *D. 2013. 1451, note Le Gac-Pech ; ibid. chron. C. cass. 2050, note Capitaine ; AJ fam. 2013. 388, obs. Boiché .* ♦ Comp. le JAM est incompétent au profit du TGI pour connaître de la détermination du régime matrimonial des époux. • Civ. 1re, 11 juill. 2006, n° 03-19.087 P : *D. 2007. Pan. 2693, obs. Douchy-Oudot ; Dr. fam. 2006, n° 207, note Larribau-Terneyre* (application de l'art. 264-1 anc. repris pour partie, dans sa substance, par l'art. 267).

2. Domaine. La liquidation à laquelle il est procédé en cas de divorce englobe tous les rapports pécuniaires entre les parties et il appartient à l'époux qui se prétend créancier de l'autre de faire valoir sa créance selon les règles applicables à la liquidation de leur régime matrimonial lors de l'établissement des comptes s'y rapportant. • Civ. 1re, 30 janv. 2019, n° 18-14.150 P : *cité note 1* (cassation de l'arrêt ayant considéré que le juge aux affaires familiales n'est pas compétent pour statuer sur l'indivision ayant existé entre les parties avant leur union matrimoniale et ordonne seulement la liquidation de leurs intérêts patrimoniaux, puis retenu que les créances nées avant le mariage n'ont pas vocation à être intégrées dans les comptes de liquidation du régime matrimonial).

3. Créances ante mariage. Le juge aux affaires familiales connaît de la liquidation et du partage des intérêts patrimoniaux des époux, des personnes liées par un pacte civil de solidarité et des concubins. La liquidation à laquelle il est procédé en cas de divorce englobe tous les rapports pécuniaires entre les parties, y compris les créances nées avant le mariage. Il appartient à l'époux qui se prétend créancier de l'autre de faire valoir sa créance selon les règles applicables à la liquidation de leur régime matrimonial lors de l'établissement des comptes s'y rapportant. • Civ. 1re, 2 juill. 2020, n° 18-14.712.

Déjà, en application de l'art. 267 anc. : la liquidation à laquelle il est procédé en cas de divorce englobe tous les rapports pécuniaires entre les parties ; il appartient à l'époux qui se prétend créancier de l'autre de faire valoir sa créance selon les règles applicables à la liquidation de leur régime matrimonial lors de l'établissement des comptes s'y rapportant. • Civ. 1re, 28 nov. 2000, n° 98-13.405 P : *D. 2001. IR 177* (cassation de l'arrêt qui déclare recevable une instance distincte). ♦ ... Et il appartient au juge de statuer selon ces mêmes règles sur les créances invoquées par l'un des époux contre l'autre, quelle que soit la nature de ces créances. • Civ. 1re, 11 déc. 2001 : *Defrénois 2002. 401, obs. Champenois.* ♦ Comp. • Civ. 1re, 22 mai 2007, n° 05-12.017 P : *D. 2007. AJ 1732, obs. Delaporte-Carré ; JCP 2007. I. 208, n° 23, obs. Storck ; Defrénois 2007. 1311, obs. Massip ; AJ fam. 2007. 360, obs. Hilt ; Dr. fam. 2007, n° 149, note Larribau-Terneyre ; RTD civ. 2007. 761, obs. Hauser* (recevabilité d'une instance distincte dès lors qu'au jour où le juge statue, le divorce n'a pas été prononcé par une décision irrévocable).

4. ... Attribution préférentielle. L'attribution préférentielle est de la compétence du juge du divorce. • Civ. 1re, 22 mars 2005, n° 03-20.728 P : *Defrénois 2005. 1346, obs. Massip ; AJ fam. 2005. 232, obs. S. David ; Dr. fam. 2005, n° 106, note Larribau-Terneyre (1re esp.) ; RTD civ. 2005. 374, obs. Hauser*. ♦ La divergence des parties quant à l'évaluation du bien ne saurait avoir d'incidence sur le principe même de son attribution préférentielle, sur laquelle les juges du fond, en application de l'art. 264-1, sont tenus de statuer. • Civ. 2e, 22 janv. 1992 : *JCP 1993. II. 22031, note Hérail* • Civ. 1re, 22 mars 2002 : *Dr. fam. 2005, n° 106, note Larribau-Terneyre (2e esp.).* ♦ Dans le même sens : l'évaluation de l'immeuble est sans incidence sur le principe même de l'attribution préférentielle. • Civ. 1re, 16 mars 2016, n° 15-14.822 P : *D. 2016. 707 ; AJ fam. 2016. 206, obs. Thouret ; RTD civ. 2016. 328, obs. Hauser* (cassation de l'arrêt ayant refusé l'attribution préférentielle, faute d'évaluation récente du bien).

5. Limites (application de l'art. 267 anc.). Les demandes présentées au juge du divorce en restitution d'objets mobiliers et en autorisation de donner à bail un bien indivis ont trait à la liquidation du régime matrimonial et doivent être soumises aux juges chargés de cette liquidation. • Civ. 2e, 11 déc. 1991 : *D. 1992. 385, note Massip*. ♦ ... De même que les demandes tendant à conférer à un conjoint le bénéfice de la jouissance du logement familial. • Civ. 2e, 24 mars 1993, n° 91-17.141 P : *RTD civ. 1993. 565, obs. Hauser* • 6 juin 2002, n° 00-15.232 P : *D. 2002. IR 2380 ; Defrénois 2002. 1472, obs. Massip ; AJ fam. 2003. 30, obs. S. D.* ♦ Hors le cas prévu par l'art. 267, al. 4 (anc.), le juge aux affaires familiales ne peut, lorsqu'il prononce le divorce, statuer sur une demande de contribution aux charges du mariage portant sur la période antérieure à l'ordonnance de non-conciliation. • Civ. 1re, 9 juill. 2014, n° 13-19.130 P : *D. 2014. 1543 ; D. 2014. Chron. C. cass. 1715, note Darret-Courgeon ; ibid. 2015. 649, obs. Douchy-Oudot ; AJ fam. 2014. 498, obs. Robbe ; RTD civ. 2014. 866, obs. J. Hauser ; JCP N 2015, n° 1114, note Le Guidec.*

6. Question des animaux de compagnie. V. note ss. art. 286.

7. Notaire commis. Delecraz, *JCP N 2015, n° 1084.* ♦ Le juge en prononçant le divorce des époux ordonne la liquidation et le partage de leurs intérêts patrimoniaux et, le cas échéant, désigne un notaire. • Civ. 1re, 7 nov. 2012, n° 12-17.394 P : *R. 397 ; D. 2013. chron. C. cass. 591, obs. Capitaine ; ibid. 798, obs. Douchy-Oudot ; AJ fam. 2012. 607, obs. Buat-Ménard ; RTD civ. 2013. 96, obs. Hauser ; JCP 2013, n° 262, note Bazin ; Gaz. Pal. 2012. 3325, avis Casey ; ibid. 3346, note Robbe* (cassation de l'arrêt estimant que la Cour n'a pas le pouvoir de procéder à cette désignation). ♦ Dans le même sens, cassation de l'arrêt qui retient qu'à défaut de partage amiable, il appartient à la partie la plus diligente de saisir le cas échéant le juge aux affaires familiales d'une action en partage judiciaire et qu'il n'y a pas lieu de procéder à ce stade à la désignation d'un notaire. • Civ. 1re, 11 sept. 2013, n° 12-18.512 P : *D. 2014. 689, obs. Douchy-Oudot ; AJ fam. 2013. 585, obs. Hilt*. ♦ V. note 11 ss. art. 255.

8. Désaccord persistant : nécessité d'informations suffisantes dans le projet établi par le notaire (application de l'art. 267, al. 4 anc.). Le juge aux affaires familiales ne statue sur les désaccords persistant entre les époux, à la demande de l'un ou l'autre, que si le projet de liquidation du régime matrimonial établi par le notaire désigné sur le fondement du 10° de l'art. 255 C. civ. contient des informations suffisantes. • Civ. 1re, 23 sept. 2015, n° 14-21.525 P : *D. 2016. 674, obs. Douchy-Oudot ; AJ fam. 2015.*

608, obs. Thouret ; RTD civ. 2015. 859, obs. Hauser ; AJ fam. 2015. 608, obs. Thouret ; Dr. fam. 2015, n° 221, obs. Puyo (cassation de l'arrêt qui fixe la créance d'un époux en prenant en compte la consultation demandée par cet époux à un autre notaire, retenant ainsi implicitement que le projet établi par le notaire désigné ne contenait pas d'informations suffisantes) • 10 févr. 2016, n° 15-14.757 P : *D. 2016. 424 ; AJ fam. 2016. 384, obs. David ; RTD civ. 2016. 328, obs. Hauser .* ♦ Inversement, lorsque le projet contient des informations suffisantes : • Civ. 1re, 7 nov. 2012, n° 11-17.377 P :*D. 2012. 2661 ; AJ fam. 2013. 55, obs. Hilt ; ibid. 2012. 607, obs. Buat-Ménard ; Dr. fam. 2012, n° 179, obs. Larribau-Terneyre.*

9. ... *Conséquences – Pouvoir du juge.* Le JAF, en cas de désaccord persistant, peut fixer l'indemnité d'occupation d'un bien si le projet de liquidation du régime matrimonial et de formation des lots à partager établi par le notaire désigné contient des informations suffisantes. • Civ. 1re, 7 nov. 2012 : *préc. note 7.*

10. Généralité de la liquidation des intérêts pécuniaires. Lorsque la liquidation des intérêts pécuniaires d'époux a été ordonnée par une décision de divorce passée en force de chose jugée, la liquidation à laquelle il est procédé englobe tous les rapports pécuniaires entre les parties, y compris les créances nées avant le mariage ; il appartient dès lors à l'époux qui se prétend créancier de l'autre de faire valoir sa créance contre son conjoint lors de l'établissement des comptes s'y rapportant. • Civ. 1re, 26 mai 2021, n° 19-23.723 P : *AJ fam. 2021. 433, obs. Casey ; RTD civ. 2021. 627, obs. Leroyer* (irrecevabilité de la demande formulée après le partage).

Art. 267-1 *(Abrogé par Ord. n° 2015-1288 du 15 oct. 2015, art. 2-II, à compter du 1er janv. 2016) (L. n° 2009-526 du 12 mai 2009, art. 14-II)* **Les opérations de liquidation et de partage des intérêts patrimoniaux des époux se déroulent suivant les règles fixées par le code de procédure civile.**

Les dispositions issues de l'art. 14-II de la L. n° 2009-526 du 12 mai 2009 sont applicables aux demandes en justice formées à compter du 1er janv. 2010.

L'art. 2 de l'Ord. n° 2015-1288 du 15 oct. 2015 est applicable aux requêtes en divorce introduites avant son entrée en vigueur qui, au jour de celle-ci, n'ont pas donné lieu à une demande introductive d'instance (Ord. préc., art. 17-II).

Cassation d'un arrêt ayant refusé de procéder à la désignation d'un notaire pour procéder au réglement des intérêts patrimoniaux des époux, ce qui rend impossible la mise en œuvre des opérations de liquidation et de partage de ces intérêts. • Civ. 1re, 12 avr. 2012 : *D. 2012. 2011, note Brenner ; AJ fam. 2012. 403, obs. S. David ; ibid. 607, note Buat-Ménard ; RTD civ. 2012. 519, obs. Hauser ; JCP N 2012, n° 1302, note Combret et Baillon-Wirtz ; Gaz. Pal. 2012. 1454, obs. Casey.*

Art. 268 *(L. n° 2004-439 du 26 mai 2004, art. 17-II)* **Les époux peuvent, pendant l'instance, soumettre à l'homologation du juge des conventions réglant tout ou partie des conséquences du divorce.**

Le juge, après avoir vérifié que les intérêts de chacun des époux et des enfants sont préservés, homologue les conventions en prononçant le divorce.

BIBL. ▸ Puyo, *Dr. fam. 2015. Étude 19* (conventions de divorce).

1. Recevabilité de la demande. Si le juge ne peut prononcer l'homologation d'une convention portant règlement de tout ou partie des conséquences du divorce qu'en présence de conclusions concordantes des époux en ce sens, l'absence de conclusions de l'épouse ne rend pas celles du mari irrecevables et il appartient alors au juge de tirer les conséquences de l'absence d'accord de l'autre époux sur cette demande. • Civ. 1re, 12 févr. 2020, n° 19-10.088 P : *D. 2020. Chron. C. cass. 2190, obs. Buat-Ménard ; AJ fam. 2020. 307, obs. Casey ; RTD civ. 2020. 353, obs. Leroyer ; Dr. fam. 2020, n° 68, note Boulanger.*

2. Conclusions concordantes. Le juge ne peut prononcer l'homologation d'une convention portant règlement de tout ou partie des conséquences du divorce qu'en présence de conclusions concordantes des époux, ce qui n'est pas le cas si l'un d'eux fait valoir en cause d'appel que l'acte notarié portant liquidation et partage des intérêts patrimoniaux des époux ne préservait pas suffisamment ses intérêts, ledit acte ne reflétant plus la commune intention des intéressés. • Civ. 1re, 9 juin 2021, n° 19-10.550 P : *D. 2021. 1133 ; AJ fam. 2021. 492, obs. Casey ; RTD civ. 2021. 626, obs. Leroyer .*

3. Persistance de l'accord (nécessité). Il résulte de l'art. 268 que le juge ne peut prononcer l'homologation d'une convention portant règlement de tout ou partie des conséquences du divorce qu'en présence de conclusions concordantes des époux en ce sens. Justifie légalement sa décision de refus d'homologation une cour d'appel qui retient que l'épouse faisant valoir en cause d'appel que l'acte notarié établi le 7 mai 2016 portant liquidation et partage des intérêts patrimoniaux des époux ne préserve pas suffisamment ses intérêts, ledit acte ne reflète plus la commune intention des intéressés. • Civ. 1re, 9 juin 2021, n° 19-10.550 : *AJ fam. 2022. 154, obs. Casey*.

4. Tierce opposition. Recevabilité de la tierce opposition exercée par un créancier contre les effets patrimoniaux d'un jugement de divorce. • Civ. 1re, 5 nov. 2008, n° 06-21.256 P : *Dr. fam. 2009. 2, note Larribau-Terneyre ; JCP 2009, n° 28, Chron. 115, n° 3, obs. Bosse-Platière.*

Art. 268-1 *et* 269 *Abrogés par L. n° 2004-439 du 26 mai 2004, art. 23.*

§ 3 *Des prestations compensatoires*

Pour les dispositions transitoires, V. L. n° 2004-439 du 26 mai 2004, art. 33-VI à XI, ss. art. 286.

DALLOZ ACTION *Droit de la famille 2023/2024, nos 135.00 s. et 136.00 s.*

BIBL. GÉN. ▸ **Étude d'ensemble :** Brazier, *Gaz. Pal. 1985. 2. Doctr. 630.* – Courcelle, *Gaz. Pal. 1998. 1. Doctr. 366.* – Girault et Houtcieff, *LPA 8-9 et 10 mai 2002* (règlement des conséquences pécuniaires du divorce). – Moos, *Gaz. Pal. 1997. 2. Doctr. 1576.* – De Poulpiquet, *JCP 1977. I. 2856.*

▸ **Études spéciales :** Bardout et Lorthios, *AJ fam. 2013. 693* (nouvelle méthode de calcul de la prestation compensatoire). – Berthiau, *Dr. fam. 2000. Chron. 6 et 2002. Chron. 20* (remariage et prestation compensatoire). – Casey, *AJ fam. 2014. 38* (fortune propre et disparité). – Clerget et Dessertenne-Brossard, *JCP N 2014, n° 1126.* – Cogno-Bourdieu et Moos, *Gaz. Pal. 1998. 2. Doctr. 1718* (méthode de calcul). – Depondt, *AJ fam. 2014. 35* (biens non frugifères). – Douet et Labadie, *D. 2014. 2128* (voies de recours civiles et fiscalité de la prestation compensatoire). – Fehrenbach, *LPA 2 févr. 2001* (caractère alimentaire). – Fulchiron et Daubricourt, *D. 2010. Chron. 2170*. – Giron, *D. 1994. Chron. 262* (prestation compensatoire et pension alimentaire). – Goffaux, *Dr. fam. 2001. Chron. 1* (liquidation de la communauté et fixation de la prestation compensatoire). – Hauser, *RTD civ. 1998. 663* (révision conventionnelle). – Huet-Weiller, *D. 1984. Chron. 193* (commentaire Décr. n° 84-618 du 13 juill. 1984). – Kessler, *Dr. fam. 2015, Étude 1* (refus de prestation compensatoire) ; *AJ fam. 2018. 218* (sacrifice professionnel et prestation compensatoire). – Labbée, *D. 2008. Chron. 996* (adultère et prestation compensatoire). – Lécuyer, *Dr. et patr. 4/1999, p. 46 ; Dr. fam. 2003. Chron. 11.* – Lindon et Bénabent, *JCP 1984. I. 3166* (commentaire Décr. n° 84-618 du 13 juill. 1984) ; *ibid. 1986. I. 3234* (commentaire Décr. 17 déc. 1985 : C. pr. civ., art. 1076-1). – Martin Saint-Léon, *Gaz. Pal. 2002. Doctr. 1576* (évaluation). – Michaux, *Gaz. Pal. 1985. 1. Doctr. 221* (maintien en cas de remariage) ; *ibid. 1987. 1. Doctr. 173* (rapport rente-capital). – Rubellin-Devichi, *RTD civ. 1985. 146 ; 1987. 296 ; 1989. 55* (revue de jurisprudence). – Sériaux, *RTD civ. 1997. 53* (nature juridique). – Sigalas et De Poulpiquet, *JCP 1985. I. 3197* (prestation compensatoire et action *de in rem verso*). – Teilliais, *Dr. et patr. 10/1997, p. 23* (prestation compensatoire et partage de la communauté). – Dossier, *AJ fam. 2010. 349* (calcul de la prestation compensatoire) ; *ibid. 2013. 11* (prestation compensatoire) ; *AJ fam. 2014. 524* (nouvelles méthodes de calcul de la prestation compensatoire). – Dossier *Dr. fam. 2015. Études 1 s.*

▸ **Réforme de juin 2000 : Projet de réforme :** Bénabent, *D. 2000, n° 17, p. V.* – Moos, Couzigou-Suhas, Brazier, Lecharny, Peisse et Orain, *Gaz. Pal. 2000. 1. Doctr. 737 s.* – Rovinski, *Gaz. Pal. 1999. 1. Doctr. 714.* ▸ Loi du 30 juin 2000 : Batteur et Raoul-Cormeil, *Dr. et patr. 10/2001, p. 34.* – Brazier, *Gaz. Pal. 2000. 2. Doctr. 1532.* – Chappert, *Defrénois 2000. 1039* (aspect fiscal). – Copper-Royer, *Gaz. Pal. 2000. 2. Doctr. 2206.* – Couzigou-Suhas, *Gaz. Pal. 2000. 2. Doctr. 1926.* – Douet, *Dr. fam. 2000. Chron. 18* (aspect fiscal). – Fin-Langer, *RDSS 2000. 815*. – Lécuyer, *Dr. fam. 2000. Chron. 17.* – Massip, *Defrénois 2000. 1329.* – Mathieu et Pillebout, *JCP N 2000. 1649* (rentes en cours ; formules). – Poivey-Leclercq, *RJPF 2000-9/10 et 2000-10/12.* – Rochfeld, *chron. lég. RTD civ. 2000. 907.* – Seube, *Dr. fam. 2000. Chron. 20.* – Vassaux, *JCP N 2000. 1759.* – *AJ fam. 2001. 7* (dossier, par C. Pelletier, A. Bénabent, C. Lienhard et T. Schmitt). – *Dr. et patr. 12/2002, p. 49* (dossier : bilan d'application).

▸ **Réforme de mai 2004 :** Bosse-Platière, *JCP 2004. I. 167, nos 1 s.* ▸ Dossier, *AJ fam. 2005. 84* (quelles méthodes d'évaluation ?). – Dossier, *AJ fam. 2007. 108.*

Art. 270 *(L. n° 2004-439 du 26 mai 2004, art. 18-I)* **Le divorce met fin au devoir de secours entre époux.**

L'un des époux peut être tenu de verser à l'autre une prestation destinée à compenser, autant qu'il est possible, la disparité que la rupture du mariage crée dans les conditions de vie respectives. Cette prestation a un caractère forfaitaire. Elle prend la forme d'un capital dont le montant est fixé par le juge.

Toutefois, le juge peut refuser d'accorder une telle prestation si l'équité le commande, soit en considération des critères prévus à l'article 271, soit lorsque le divorce

est prononcé aux torts exclusifs de l'époux qui demande le bénéfice de cette prestation, au regard des circonstances particulières de la rupture.

DALLOZ PRATIQUE[S] *Divorce - Pension alimentaire : évaluation ; Divorce - Pension alimentaire : fiscalité ; Divorce - Pension alimentaire : révision ; Divorce - Prestation compensatoire : évaluation ; Divorce - Prestation compensatoire : fiscalité ; Divorce - Prestation compensatoire : révision.*

BIBL. ▶ CASEY, *Gaz. Pal. 2014. 1595* (disparité et causalité). - HAUSER, *RTD civ. 1998. 663* (révision conventionnelle).

A. DOMAINE

1. Pension alimentaire - Obligation naturelle entre époux (art. 270 anc.). Si l'ancienne législation a, pour certains cas de divorce, supprimé le devoir de secours, elle n'a pas eu pour effet de priver de valeur l'obligation naturelle de payer une pension alimentaire au conjoint contractée par l'autre époux dans un acte sous seing privé. • Civ. 2e, 9 mai 1988 : *D. 1989. 289, note Massip* (l'art. 270, al. 1er et 2, reprend, dans sa substance, l'art. 270 anc.).

2. Nullité du mariage. Les art. 270 s. (anc.) sont aussi applicables, en tant que de raison, lorsque la rupture du mariage résulte de la nullité de l'union. • Civ. 1re, 23 oct. 1990 : *D. 1991. 214, note Mascala ; JCP 1991. II. 21774, note F. Monéger ; Gaz. Pal. 1991. 1. 256, note Massip ; RTD civ. 1991, 299, obs. Hauser* • Paris, 14 juin 1995 : *D. 1996. 156, note F. Boulanger.*

3. Absence d'atteinte au droit de propriété (rejet d'une QPC). L'art. 270 régit, en ses 2e et 3e al., la décision judiciaire d'allouer ou non une prestation compensatoire. En ce qu'il tend à la reconnaissance éventuelle d'un droit de créance, il n'entre pas dans le champ d'application de l'art. 17 de la Déclaration de 1789, faute de privation du droit de propriété au sens de cette disposition, mais reste soumis aux exigences de l'art. 2 de la Déclaration de 1789, selon lequel les limites apportées à l'exercice du droit de propriété doivent être justifiées par un motif d'intérêt général et proportionnées à l'objectif poursuivi (• Cons. const. 12 nov. 2010, n° 2010-60 QPC : *§ 3*) ; les limites apportées à la liberté de mettre fin aux liens du mariage, découlant des art. 2 et 4 de la Déclaration de 1789, et justifiées par l'intérêt général doivent également être proportionnées à l'objectif poursuivi (• Cons. const. 29 juill. 2016, n° 2016-557 QPC : *§ 5*) ; or, d'abord, les dispositions critiquées ont pour finalité d'assurer la protection du conjoint dont la situation économique est la moins favorable, objectif dont la valeur a été reconnue par le Conseil constitutionnel dans sa décision n° 2011-151 QPC du 13 juill. 2011 (§ 6) ; ensuite, s'il résulte du 2e al. de l'art. 270 que l'octroi de la prestation compensatoire, en son principe, dépend du constat de la disparité que la rupture du mariage crée dans les conditions de vie respectives des époux, laquelle s'apprécie au moment du divorce et selon l'évolution des ressources, charges et patrimoines des époux dans un avenir prévisible, la prestation est, après un débat contradictoire sur son principe et son montant, décidée par le juge qui en fixe le montant au regard des critères de l'art. 271 et peut, aux termes du 3e al. de l'art. 270, refuser de l'accorder si l'équité le commande, soit en considération des critères prévus à l'art. 271, soit, lorsque le divorce est prononcé aux torts exclusifs de l'époux qui demande le bénéfice de cette prestation, au regard des circonstances particulières de la rupture. Dès lors, compte tenu des conditions et garanties procédurales encadrant l'octroi de la prestation compensatoire, l'atteinte portée à l'exercice du droit de propriété et à la liberté de mettre fin aux liens du mariage par les dispositions contestées apparaît proportionnée à l'objectif poursuivi. En conséquence, il n'y a pas lieu de renvoyer les questions posées au Conseil constitutionnel. • Civ. 1re, 30 nov. 2022, n° 21-12.128 B : *D. 2023. 523, obs. Douchy-Oudot ; ibid. 855, obs. RÉGINE ; AJ fam. 2023. 164, obs. Casey ; RTD civ. 2023. 78, obs. Leroyer.*

4. Collaboration professionnelle. Si en principe l'octroi d'une prestation compensatoire ne rend pas irrecevable l'action de *in rem verso* intentée par l'époux créancier en raison de son appauvrissement résultant de sa collaboration bénévole à l'activité professionnelle de son ancien conjoint, il en va différemment lorsque le jugement de divorce prend en compte cet appauvrissement pour l'évaluation de la prestation compensatoire (art. 270 anc.). • Civ. 1re, 5 avr. 1993, n° 91-15.669 P : *Defrénois 1993. 1365, obs. Massip.*

5. Pour l'indemnisation de la perte d'une chance, pour une épouse, d'obtenir une prestation compensatoire, le mari ayant organisé son insolvabilité (art. 270 anc.), V. • Civ. 2e, 24 juin 1998 : *Dr. fam. 1999, n° 16, note Lécuyer.*

6. Art. 270 anc. Sur l'octroi d'une prestation compensatoire en cas de demande en contribution aux charges du mariage, V. C. pr. civ., art. 1076-1, *App., I. Procédure*. - Normand, *RTD civ. 1986. 793.* ♦ Si l'une des parties n'a demandé que le versement d'une pension alimentaire ou d'une contribution aux charges du mariage, le juge ne peut prononcer le divorce sans avoir invité les parties à s'expliquer sur le versement d'une prestation compensatoire. • Civ. 2e, 30 janv. 1991, n° 89-10.240 P • 19 févr. 1992, n° 90-20.082 P • 22 juin 1994, n° 92-21.412 P.

7. Remariage des ex-époux entre eux. Lorsque des époux ont divorcé l'un de l'autre, leur remariage entre eux rend caduque pour l'avenir la prestation compensatoire judiciairement fixée (art. 270 anc.). • Civ. 1re, 17 oct. 2007, n° 06-20.451 P : *D. 2008. 200, note Raoul-Cormeil ; JCP*

2008. I. 102, n° 1, obs. Bosse-Platière ; JCP N 2009. 1150, obs. Lesbats ; Defrénois 2008. 569, obs. Massip ; AJ fam. 2007. 475, obs. S. D. ; RJPF 2008-2/14, note Leborgne et Garé ; RTD civ. 2008. 88, obs. Hauser .

B. FIXATION

1° ORIGINE DE LA DISPARITÉ ET MOMENT D'APPRÉCIATION

8. Origine de la disparité. C'est dans l'exercice de leur pouvoir souverain que les juges du fond retiennent que la rupture du mariage créera dans les conditions de vie des époux une disparité qu'il convient de compenser par l'attribution d'une prestation. • Civ. 2e, 25 juin 1980 : *Gaz. Pal. 1981. 2. 745, note Massip* • 6 mai 1987 : *Bull. civ. II, n° 101* • 30 nov. 2000, n° 99-10.923 P • 12 oct. 2000 : *D. 2002. Somm. 3055, obs. Willmann* (disparité non établie en l'espèce) • 8 févr. 2001 : *eod. loc. (idem)* • Civ. 1re, 28 févr. 2006, n° 05-10.750 P • 31 mars 2010, n° 09-13.811 P : *AJ fam. 2010. 233, obs. Gallmeister ; RTD civ. 2010. 312 et 535, obs. Hauser* . ♦ Mais encourt la cassation un arrêt qui relève les ressources du mari et le salaire de la femme et en tire pour conséquence que la rupture du mariage va créer une disparité au détriment de celle-ci, sans répondre aux conclusions faisant valoir qu'elle vivait en concubinage avec un homme gagnant très largement sa vie. • Civ. 2e, 10 juill. 1991, n° 90-14.561 P. – V. aussi • Civ. 2e, 16 oct. 1996, n° 94-19.712 P • 2 juill. 1997, n° 96-10.274 P : *Dr. fam. 1997, n° 140, note Lécuyer ; Defrénois 1998. 713, obs. Massip* • Civ. 1re, 25 avr. 2006, n° 05-15.706 P : *D. 2006. IR 1401 ; RJPF 2006-9/28, obs. Garé ; RTD civ. 2006. 545, obs. Hauser* .

9. Date d'appréciation de la disparité. En condamnant l'époux à une prestation compensatoire sous forme d'un capital de 30 000 €, en relevant qu'il percevrait des indemnités chômage à hauteur de 950 €, alors que le mari invoquait expressément une réduction de ses indemnités depuis plusieurs mois, la cour d'appel ne s'est pas placée à la date où elle statuait et l'arrêt est cassé au visa de l'art. 271 C. civ. • Civ. 1re, 3 févr. 2010, n° 09-10.109. ♦ Si la prestation compensatoire n'est due qu'à compter de la date à laquelle la décision prononçant le divorce est devenue irrévocable (V. note 2 ss. art. 260 et note 41), son montant en est fixé au moment du prononcé du divorce. • Civ. 2e, 31 janv. 1990, n° 88-10.268 P. ♦ Viole les art. 270 et 271 la cour d'appel qui se place à une date postérieure à celle du prononcé du divorce pour apprécier l'existence du droit d'un ex-conjoint à une prestation compensatoire et en fixer le montant. • Civ. 2e, 11 déc. 1991, n° 89-20.063 P.

En cas d'**appel général** (loi ancienne), la disparité s'apprécie au jour où la cour statue. • Civ. 1re, 3 mars 2010, n° 09-10.921. ♦ Même solution en cas d'appel général mais dont l'objet est limité dans des conclusions postérieures. • Civ. 1re, 28 févr. 2018, n° 16.28.735 • 8 juill. 2010, n° 09-11.597. ♦ En cas d'appel général, le divorce ne peut être définitif avant le prononcé de l'arrêt, même si le principe du divorce ne peut plus être contesté. • Civ. 1re, 14 mars 2012, n° 11-13.954 P : *RTD civ. 2012, 573, obs. Perrot* .

En cas d'**appel limité**, appréciation de la prestation compensatoire au jour où le jugement prononçant le divorce devient irrévocable. • Civ. 1re, 1er déc. 2010, n° 09-70.757 : *RTD civ. 2011. 112, obs. Hauser* . ♦ Solution constante, V. notamment • Civ. 1re, 4 déc. 1996 : *ibid. II, n° 275* (date à laquelle la cour statue, alors que le divorce était devenu irrévocable en raison de l'appel limité aux mesures accessoires) • 22 mars 2005, n° 02-18.648 P *(idem)* • Civ. 2e, 3 déc. 1997, n° 95-16.246 P : *Dr. fam. 1998, n° 8, note Lécuyer ; Dr. et patr. 1998, n° 1894, obs. Bénabent* • 3 déc. 1997, n° 95-18.461 P : *Dr. fam. 1999, n° 43, note Mandin* • 23 mai 2002 : *Dr. fam. 2002, n° 128, note H. L.* • 10 oct. 2002, n° 01-01.432 P • 27 févr. 2003 : *AJ fam. 2003. 184, obs. S. D.* • Civ. 1re, 2 mars 2004 : *Dr. fam. 2004, n° 75, note Larribau-Terneyre* • 18 mai 2005 : *Dr. fam. 2005, n° 163, note Larribau-Terneyre.* ♦ La prestation compensatoire doit être fixée en tenant compte de la situation des époux au moment du divorce, et non au moment de la séparation de fait. • Civ. 2e, 4 févr. 1987 : *D. 1987. 497 (1re esp.), note Bianco-Brun* • 20 avr. 2000 : *Dr. fam. 2000, n° 76, note Lécuyer.* – Pour une solution inverse, dans le cas d'une séparation de longue durée : • Douai, 27 oct. 2016, n° 15/04918 : *Dr. fam. 2017, n° 7.* ♦ ... Ni au moment où les effets du divorce ont été reportés entre les parties. • Civ. 1re, 21 sept. 2005 : *Dr. fam. 2006, n° 4, note Larribau-Terneyre.* ♦ ... Et en tenant compte de l'évolution de la situation postérieure au jugement. • Civ. 2e, 28 janv. 1987 : *D. 1987. 497 (2e esp.), note Bianco-Brun* (invalidité survenue après le jugement, avant que la décision soit passée en force de chose jugée). ♦ Possibilité d'analyser des ressources pour une période antérieure à la séparation afin de relever une contradiction au regard des prélèvements réalisés pour les besoins personnels de l'époux, dès lors que la fixation de la prestation compensatoire a bien été déterminée en fonction de la situation des époux au moment du divorce et de l'évolution de celle-ci dans un avenir prévisible. • Civ. 1re, 26 sept. 2012, n° 10-10.781 P. ♦ Mais celui qui soutient que le premier juge n'a pas statué à la bonne date doit lui-même être parfaitement transparent sur sa situation, à défaut de quoi la décision qui s'est fondé sur la situation du défendeur à la bonne date n'encourt pas la censure. • Civ. 1re, 20 nov. 2018, n° 18-15.071.

2° ÉLÉMENT D'APPRÉCIATION DE LA DISPARITÉ

10. Indisponibilité partielle de la prestation compensatoire. Aucune procédure de divorce n'étant engagée, les époux ne peuvent valablement transiger sur leur droit futur à une prestation compensatoire. • Civ. 2e, 21 mars 1988 : *Gaz. Pal. 1989. 1. 38, note Massip* • Civ. 1re, 3 févr. 2004, n° 01-17.094 P : *JCP 2004. I. 167, n° 2, obs. Bosse-Platière ; AJ fam. 2004. 101, obs. S. David ; RJPF 2004-4/19, note Garé ; RTD civ. 2004. 272, obs. Hauser*. ♦ Même sens : • Civ. 2e, 10 mai 1991, n° 90-11.008 P (un jugement de séparation de corps ne peut entériner un accord des parties sur une éventuelle prestation compensatoire, puisque n'est alors en cause qu'une pension alimentaire, et qu'aucune procédure de divorce n'étant alors engagée, les parties ne peuvent transiger sur leur droit futur à une telle prestation). ♦ Contrariété à l'ordre public français d'une convention matrimoniale de droit allemand fixant les obligations du mari après le prononcé du divorce. • Paris, 21 mars 2007 : *JCP N 2007. 1257, étude Chalas et Butruille-Cardew*. ♦ La prestation compensatoire ne peut pas être fixée dans une convention de liquidation anticipée de communauté (cas de divorce sur demande acceptée : compétence exclusive du juge pour fixer la prestation compensatoire). • Civ. 1re, 23 mars 1994, n° 92-15.525 P : *Defrénois 1994. 1090, obs. Massip ; JCP 1995. I. 3813, n° 7, obs. Ferré-André*. ♦ Sauf lorsque le divorce est prononcé sur demande conjointe, la prestation compensatoire ne peut être fixée que par le juge ; aucune convention, fût-elle notariée, relative à l'attribution à l'un d'entre eux d'une prestation compensatoire ne peut être conclue par les époux. • Civ. 1re, 14 déc. 2004, n° 02-20.334 P : *D. 2005. 1985, note C. Mathieu ; AJ fam. 2005. 65, obs. S. David ; Dr. fam. 2005, n° 32, note Larribau-Terneyre ; RJPF 2005-3/24, note Garé*. – Même sens : • Civ. 1re, 25 avr. 2006, n° 04-15.347 P : *D. 2006. IR 1331 ; ibid. 2007. Pan. 614, obs. Serra ; RTD civ. 2006. 540, obs. Hauser*. ♦ Mais les époux peuvent renoncer en tout ou partie aux effets d'une prestation compensatoire qui a été judiciairement fixée. • Civ. 1re, 8 févr. 2005, n° 03-17.923 P : *Defrénois 2005. 1841, obs. Massip ; AJ fam. 2005. 232, obs. S. David ; Dr. fam. 2005, n° 75, note Larribau-Terneyre ; RTD civ. 2005. 372, obs. Hauser*.

C. CARACTÈRES

11. Caractère alimentaire. Si la prestation compensatoire présente un caractère indemnitaire, elle présente aussi un caractère alimentaire et c'est à bon droit que les juges du fond déclarent insaisissable la rente allouée à titre de prestation compensatoire. • Civ. 2e, 27 juin 1985, n° 84-14.663 P : *GAJC, 12e éd., n° 39 ; D. 1986. 230, note Philippe ; RTD civ. 1987. 298, obs. Rubellin-Devichi*. ♦ La prestation compensatoire est insaisissable. • Civ. 2e, 10 mars 2005, n° 02-14.268 P : *D. 2005. Pan. 1604, obs. Taormina ; Defrénois 2005. 1844, obs. Massip ; AJ fam. 2005. 143, obs. S. David ; Dr. fam. 2005, n° 73, note Larribau-Terneyre ; RJPF 2005-6/20, note Leborgne et Garé* (cassation de l'arrêt ayant validé une saisie partielle). ♦ La pension alimentaire (C. civ., art. 301, réd. antérieure à la L. 11 juill. 1975) a, outre un caractère alimentaire, un fondement indemnitaire qui la rend transmissible aux héritiers du débiteur décédé, y compris dans l'hypothèse où l'époux avait également obtenu des dommages-intérêts en réparation du préjudice résultant de la faute de l'époux débiteur. • Civ. 1re, 4 juill. 2012, n° 11-14.962 P : *D. 2012. 1886 ; AJ fam. 2012. 512, obs. Levillain ; RTD civ. 2012. 716, obs. Hauser ; Dr. fam. 2012, n° 142, obs. Larribau-Terneyre*.

12. Caractère alimentaire et procédure collective : déclaration de créance (non). La créance née de la prestation compensatoire présente pour partie un caractère alimentaire et n'a pas à être déclarée au passif du débiteur soumis à une procédure collective : V. note 19 ss. art. 371-2. ♦ Conséquence de ce caractère alimentaire en matière de compensation : V. note 7 ss. art. 1347-2. – **C. civ.**

13. ... Demande de provision (liquidation judiciaire). La créance née d'une prestation compensatoire, qui présente, pour partie, un caractère alimentaire, si elle échappe à la règle de l'interdiction des paiements, demeure soumise à celle de l'interdiction des poursuites ; dès lors, en cas de liquidation judiciaire de son débiteur, elle doit, en principe, être payée hors procédure collective, c'est-à-dire sur les revenus dont celui-ci conserve la libre disposition, ou être recouvrée par la voie de la procédure de paiement direct ou de recouvrement public des pensions alimentaires, sans que son règlement puisse intervenir sur les fonds disponibles dans la procédure ; le créancier d'une prestation compensatoire peut cependant, et en outre, être admis aux répartitions, mais à la condition qu'il ait déclaré sa créance, comme il en a la faculté, la participation d'un créancier à la distribution de sommes par le liquidateur étant subordonnée à la déclaration de sa créance, sauf dérogation légale expresse, laquelle ne résulte pas de la simple absence de soumission des créances alimentaires aux dispositions de l'art. L. 622-24 C. com. prévue par le dernier alinéa de ce texte, ce dernier n'ayant ni pour objet ni pour effet de permettre à leur titulaire de concourir aux répartitions sans déclaration de créance ; ayant relevé que l'ex-épouse avait renoncé à la déclaration de sa créance pour saisir le juge-commissaire d'une demande de provision à valoir sur le montant de celle-ci payable sur les fonds détenus par le liquidateur, c'est à bon droit que la cour d'appel a rejeté cette demande. • Com. 13 juin 2019, n° 17-24.587 P : *AJ fam. 2019, 467, obs. Casey*.

14. Caractère personnel. La prestation compensatoire est à la charge personnelle de l'époux qui la doit. Il ne peut donc être décidé qu'il sera tenu compte, dans le partage, de la prestation compensatoire perçue par un époux, alors que cette prestation, étrangère aux opérations de partage, est définitivement acquise à son bénéficiaire. • Civ. 1re, 3 nov. 1988 : *Gaz. Pal. 1989. 2. 629, note Massip.* – V. aussi • Civ. 1re, 23 mars 1994 : *D. 1994. IR 102.*

15. Caractère forfaitaire. La prestation compensatoire, ayant un caractère forfaitaire, ne peut être assortie d'une condition. • Civ. 2e, 25 mai 1993, nº 91-20.247 P : *Defrénois 1994. 1440, obs. Massip* • Civ. 1re, 19 avr. 2005, nº 03-16.140 P : *RTD civ. 2005. 579, obs. Hauser*. ♦ Interprétation par les juges du fond des termes de la convention définitive de divorce à l'effet de déterminer si les époux ont entendu donner à la rente prévue le caractère d'une prestation compensatoire ou d'une pension alimentaire soumise aux dispositions des art. 208 et 209 C. civ. : V. • Civ. 2e, 22 mai 1979 : *D. 1980. 507 (1re esp.), note Massip ; Gaz. Pal. 1979. 2. 608, note Viatte ; RTD civ. 1980. 570, obs. Nerson* (prestation compensatoire qualifiée à tort de pension alimentaire) et • Civ. 2e, 25 janv. 1984 : *D. 1984. 442, note Philippe ; JCP 1986. II. 20540, note Batteur* (engagement du mari de payer une pension alimentaire donnant force civile à ce qu'il considérait comme un devoir moral).

16. Prestation et indemnité exceptionnelle (art. 280-1, al. 2, anc.). Le débiteur d'une indemnité allouée à titre exceptionnel versée sous forme de rente viagère (art. 280-1, al. 2, anc.) et celui de la prestation compensatoire sont dans une situation différente. Conformité à la Constitution de l'art. 280-1, al. 2, anc., notamment en ce qu'il respectait le principe d'égalité en admettant l'attribution d'une indemnité exceptionnelle, malgré son caractère non révisable, celle-ci étant de nature distincte d'une prestation compensatoire. • Cons. const. 7 oct. 2015, nº 2015-488 QPC.

17. Prestation en capital. V. notes ss. art. 274.

D. REFUS D'ACCORDER UNE PRESTATION (AL. 3)

18. Équité. L'équité permet de supprimer la prestation compensatoire, non d'en réduire le montant. Selon l'art. 270, al. 3, C. civ., le juge peut refuser d'accorder une prestation compensatoire si l'équité le commande, soit en considération des critères prévus à l'art. 271, soit lorsque le divorce est prononcé aux torts exclusifs de l'époux qui en demande le bénéfice, au regard des circonstances particulières de la rupture ; viole ce texte la cour d'appel qui décide que la responsabilité de l'épouse aux torts exclusifs de qui le divorce a été prononcé, doit également être prise en compte, alors que le juge ne pouvait que rejeter la demande de prestation compensatoire si l'équité le commandait. • Civ. 1re, 5 déc. 2018, nº 17-28.563. ♦ Une cour d'appel ne peut relever d'office un moyen tiré de l'équté sans inviter au préalable les parties à présenter leurs observations. • Civ. 1re, 6 mars 2019, nº 18-14.499.

19. Équité et torts partagés. Il résulte de l'art. 270 C. civ. que le juge peut refuser d'accorder une prestation compensatoire si l'équité le commande, soit en considération des critères prévus à l'art. 271, soit lorsque le divorce est prononcé aux torts exclusifs de l'époux qui demande le bénéfice de cette prestation, au regard des circonstances particulières de la rupture. L'application littérale de ces dispositions conduit à considérer que, lorsque le divorce est prononcé aux torts partagés des époux, le juge ne peut alors justifier sa décision de rejeter la demande de prestation compensatoire que par des motifs d'équité, en considération des critères prévus à l'art. 271. Doit ainsi être censuré l'arrêt qui, pour rejeter la demande de prestation compensatoire, retient la déloyauté de l'épouse qui, en imitant la signature de son époux, a multiplié les contrats de prêts, utilisé une carte de crédit et ainsi obéré la situation financière de ce dernier, alors qu'ayant prononcé le divorce aux torts partagés des époux, la cour ne pouvait justifier sa décision de rejeter la demande de prestation compensatoire que par des motifs d'équité, en considération des critères prévus à l'art. 271. • Civ. 1re, 28 févr. 2018, nº 17-11.979.

20. Se fonde sur des considérations d'équité, pour refuser d'allouer à l'épouse une prestation compensatoire, la cour d'appel qui relève que la charge des quatre enfants communs était entièrement assumée par l'époux puisque la mère ne versait aucune contribution pour leur entretien et ne leur rendait que de rares visites, que l'épouse n'avait que 33 ans lorsqu'elle a cessé d'avoir la charge des enfants et ne justifiait pas des efforts entrepris pour suivre une formation ou exercer un emploi, se déterminant ainsi au regard des critères posés par l'art. 271 relatifs à l'âge de l'épouse, sa situation au regard de l'emploi, aux choix professionnels faits par les époux et aux charges engendrées par l'entretien et l'éducation des enfants. • Civ. 1re, 8 juill. 2010, nº 09-66.186 P : *D. 2010. 2952, note Mauger-Vielpeau ; AJ fam. 2010. 492, obs. Siffrein-Blanc ; Dr. fam. 2010, nº 161, obs. Douris ; RLDC 2010/75, nº 3973, obs. Serra ; RTD civ. 2010. 770, obs. Hauser*.

E. ÉLÉMENTS DE DROIT JUDICIAIRE

1º DEVOIRS DU JUGE

21. Évaluation même sommaire des patrimoines (nécessité). Cassation de l'arrêt, pour défaut de base légale, qui, pour condamner le mari à payer une somme de 50 000 € à titre de prestation compensatoire, retient que le divorce emporte des conséquences financières pour l'épouse contrainte de procéder à la mise en redressement judiciaire de son entreprise et à sa liquidation, et que la somme de 50 000 € qu'elle réclame correspond à trois années de situation économique très difficile à la suite de l'engagement de la procédure de divorce, alors qu'en se déterminant ainsi, sans procéder, comme il lui incombait, à une évaluation, même sommaire, du patrimoine et des revenus des époux, la cour d'appel n'a pas donné de base légale à sa décision. • Civ. 1re, 27 janv. 2021, n° 19-24.010. ♦ Jurisprudence constante, V. not. • Civ. 1re, 9 nov. 2016, n° 15-27.968 • 25 juin 2014, n° 13-19.564 • 23 oct. 2013, n° 12-24.391 • 11 mai 2012, n° 11-20.339 • 1er juin 2011, n° 10-21.232.

22. Décrire le patrimoine n'est pas le chiffrer, même sommairement. Pour fixer à une certaine somme le montant de la prestation compensatoire due par le mari, une cour d'appel retient que ce dernier, propriétaire d'un immeuble évalué à 550 000 € et de la moitié d'un immeuble en indivision avec son épouse, détient aussi des parts dans trois sociétés civiles immobilières et dans quatre sociétés à responsabilité limitée et que l'épouse dispose notamment de droits en nue-propriété depuis le décès de son père. En se déterminant ainsi, sans procéder à une évaluation, au moins sommaire, de la valeur des participations détenues par l'époux dans ces sociétés, ainsi que des droits en nue-propriété de l'épouse, la cour d'appel n'a pas donné de base légale à sa décision au regard des art. 270 et 271 C. civ. • Civ. 1re, 28 févr. 2018, n° 17-10.529.

23. Nécessité pour le juge de statuer sur le divorce et la disparité. Il appartient au juge du divorce de se prononcer, par une même décision, sur le divorce et sur la disparité que celui-ci pourrait créer dans les conditions de vie respectives des époux. • Civ. 1re, 15 nov. 2017, n° 16-25.700 P : *D. 2018. 641, obs. Douchy-Oudot ; AJ fam. 2017. 650, obs. Munck .* ♦ Jurisprudence constante : • Civ. 2e, 6 févr. 1985, n° 82-13.891 P • 4 mars 1998, n° 95-10.729 P : *RTD civ. 1998. 350, obs. Hauser* • 20 juin 2002, n° 00-21.979 • Civ. 1re, 30 sept. 2003, n° 01-17.462 P : *D. 2003. 2604 ; AJ fam. 2004. 25, obs. S. D. ; RTD civ. 2004. 71, obs. Hauser* • 29 sept. 2004, n° 02-15.723 • 27 mars 2007, n° 06-13.254 • 12 mai 2010, n° 09-11.378 : *D. 2011. 1107, obs. Douchy-Oudot .*

24. Motivation correcte. Ajoutent au texte une condition qu'il ne comporte pas les juges qui, pour débouter l'épouse de sa demande de prestation compensatoire, énoncent que les revenus déclarés par le mari ne caractérisent pas une disparité significative au détriment de la femme. • Civ. 2e, 5 mars 1997, n° 95-13.339 P : *D. 1997. IR 103 ; Dr. fam. 1997, n° 104, note Lécuyer ; RTD civ. 1997. 404, obs. Hauser .* ♦ Il en est de même des juges du fond qui, pour rejeter la demande du mari, se bornent à énoncer qu'une prestation compensatoire à verser par une épouse à son mari « ne peut se concevoir que de manière tout à fait exceptionnelle ». • Civ. 2e, 1er avr. 1999 : *D. 2000. Somm. 356, obs. Willmann .*

25. Motivation impartiale. Toute personne a droit à ce que sa cause soit entendue équitablement, publiquement et dans un délai raisonnable par un tribunal indépendant et impartial (Conv. EDH, art. 6, § 1), et tout jugement doit être motivé (C. pr. civ., art. 455). ♦ Viole ces textes, en exposant les moyens et prétentions des parties, selon des modalités différentes, de nature à faire peser un doute légitime sur l'impartialité de la juridiction, la cour d'appel qui, dans l'exposé du litige, vise, sans commentaire, les dernières écritures déposées par l'épouse, puis celles de l'époux, en qualifiant ces dernières d'« excessivement non synthétiques et inutilement répétitives », puis évoque, dans les motifs, « le fatras de développements de l'appelant ». • Civ. 1re, 1er déc. 2021, n° 20-17.892.

26. Erreur de calcul. Viole les art. 270 et 271, la cour d'appel qui, pour fixer une prestation compensatoire, retient que le mari dispose d'un revenu mensuel de 5776 $ australiens, soit 3 687 €, alors qu'il ressort de ses propres constatations que son revenu mensuel était de 8276 $ australiens. • Civ. 1re, 20 mars 2019, n° 18-11.205.

27. Dénaturation. Pour allouer à l'épouse une prestation compensatoire d'un montant de 20 000 euros, l'arrêt retient qu'en l'absence d'appel sur le prononcé du divorce, celui-ci est devenu définitif dès la production des premières conclusions d'appel et que la situation des époux à prendre en considération est donc celle qui a été présentée au premier juge et non celle qui est soumise à la cour. En statuant ainsi, alors que la déclaration d'appel critiquait expressément le chef du jugement prononçant le divorce, la cour d'appel, qui en a dénaturé les termes clairs et précis, a violé l'obligation qu'a le juge de ne pas dénaturer l'écrit qui lui est soumis. • Civ. 1re, 15 mars 2023, n° 20-20.730. ♦ Pour rejeter la demande de prestation compensatoire de l'épouse, l'arrêt énonce que M. [E] a acquiescé au jugement le 5 avril 2020, date à laquelle, le jugement de divorce étant définitif, doit s'apprécier l'éventuelle disparité entre les conditions de vie respectives des époux. En statuant ainsi, alors que l'acte d'acquiescement de M. [E], figurant en annexe, pièce n° 80, de ses écritures, était daté du 5 avril 2019, la cour d'appel, qui en a dénaturé les termes clairs et précis, a violé l'obligation qu'a le juge de ne pas dénaturer l'écrit qui lui est soumis. • Civ. 1re, 15 févr. 2023, n° 21-22.134 : *AJ fam. 2023. 287, obs. Eudier .* ♦ Viole l'obligation pour le juge de ne pas dénaturer l'écrit qui lui est soumis, la cour d'appel qui, pour rejeter la demande de prestation compensatoire de l'épouse retient que celle-ci a reçu une donation de 190 000 euros de ses parents, alors que l'acte de donation mentionnait la somme de 190 000 F. • Civ. 1re, 19 déc. 2018, n° 17-27.186.

2° SURSIS À STATUER – PRESTATION COMPENSATOIRE PROVISIONNELLE – RÉOUVERTURE DES DÉBATS

28. Prononcé du divorce et sursis à statuer sur la prestation compensatoire (dangereux, rend la demande postérieure irrecevable). Par jugement du 25 oct. 2002, les premiers juges prononcent le divorce des époux mais sursoient à statuer sur la prestation compensatoire sollicitée par l'épouse, et commettent un notaire pour établir un projet de règlement d'une éventuelle prestation compensatoire au profit de l'épouse au vu de la liquidation du régime matrimonial ; par jugement du 5 nov. 2008, statuant suite au procès-verbal de difficultés dressé par le notaire, le juge aux affaires familiales déclare la demande de prestation compensatoire de l'épouse recevable et la fixe à la somme de 30 000 €. La cour d'appel, pour confirmer la décision, retient que si le montant de la prestation compensatoire n'est pas fixé dans le jugement de divorce, son principe n'en a pas moins été admis, la disparité de revenus des parties ayant fait l'objet d'une appréciation par les premiers juges. En statuant ainsi, alors que le jugement du 25 oct. 2002 sur lequel se fonde l'arrêt attaqué n'avait pas, dans son dispositif, tranché la contestation relative à l'existence d'une disparité créée par le divorce dans les conditions de vie respectives des parties, et qu'il doit être statué sur la prestation compensatoire et sur le divorce par une même décision, la cour d'appel a violé les art. 270, 271 et 1351 anc. C. civ., ensemble l'art. 480 C. pr. civ. • Civ. 1re, 6 juill. 2011, n° 10-22.850 : *RTD civ. 2011. 749, obs. Hauser*. ♦ Jurisprudence constante : • Civ. 1re, 23 nov. 2011, n° 10-20.349 • 27 mars 2007, n° 06-13.254 • 17 janv. 2006, n° 04-16.910 • 30 sept. 2003, n° 01-17.462 P : *D. 2003. 2604 ; AJ fam. 2004. 25, obs. S. D. ; RTD civ. 2004. 71, obs. Hauser* • Civ. 2e, 11 oct. 2001, n° 99-21.375.

29. Instance pénale en cours. Sur l'obligation pour le juge civil de surseoir à statuer dès lors qu'une instance pénale en cours est susceptible d'influer sur sa propre décision concernant la prestation compensatoire, V. • Civ. 1re, 6 avr. 2006 : *AJ fam. 2006. 464, obs. Jault* (plainte de l'épouse contre son mari pour organisation frauduleuse d'insolvabilité) • 20 juin 2006 : *eod. loc.* (plainte du mari contre la femme pour faux et usage de faux).

30. Impossibilité d'un sursis à statuer dans l'attente d'un rapport d'expertise. Viole les art. 270 et 271 C. civ. la cour d'appel qui sursoit à statuer sur la demande de prestation compensatoire dans l'attente d'un projet d'état liquidatif du régime matrimonial des époux, aux motifs que les pièces produites ne permettaient pas de porter une appréciation sur le patrimoine estimé et prévisible des époux, tant en capital qu'en revenus, et que le mari était désormais retraité et n'exerçait plus d'activité professionnelle, alors qu'il lui appartenait de se prononcer, par une même décision, sur le divorce et sur la disparité que celui-ci pourrait créer dans les conditions de vie respectives des époux. • Civ. 1re, 13 févr. 2019, n° 18-12.675.

31. Provision-expertise. Dès lors qu'ils ont constaté, dans leur décision, que la disparité des conditions de vie respectives des époux après le divorce est d'ores et déjà établie, les juges du fond peuvent accorder à un époux une prestation provisionnelle avant de fixer, au vu d'une expertise, le montant définitif de la prestation compensatoire. • Civ. 2e, 16 juill. 1987 : *Bull. civ. II, n° 156.* – Même sens : • Civ. 2e, 6 févr. 1985 : *ibid., n° 30* • 16 juill. 1987 : *ibid. n° 155* • 20 juin 1990, n° 88-14.430 P • 4 mars 1998, n° 95-10.729 P : *Defrénois 1999. 303, obs. Massip ; RTD civ. 1998. 350, obs. Hauser* (il appartient au juge de se prononcer par une même décision sur le divorce et sur la disparité que celui-ci peut créer dans les conditions de vie respectives des époux) • Civ. 1re, 30 sept. 2003, n° 01-17.462 P : *Defrénois 2004. 145, obs. Massip ; AJ fam. 2004. 25, obs. S. D. ; Dr. fam. 2004, n° 6, note Terneyre ; RTD civ. 2004. 71, obs. Hauser (idem)* • 19 oct. 2004 : *AJ fam. 2004. 455, obs. S. David (idem)* • 14 déc. 2004, n° 03-18.363 P • 13 déc. 2005, n° 04-16.502 P : *BICC 1er avr. 2006, n° 636, et la note.* ♦ La condamnation au paiement d'une prestation compensatoire provisionnelle est par nature une mesure provisoire, exécutoire de droit (C. pr. civ., art. 514, al. 2), à laquelle l'interdiction d'assortir une prestation compensatoire de l'exécution provisoire ne s'applique pas. • Civ. 1re, 28 mai 2008, n° 07-14.232 P : *D. 2009. Pan. 53, obs. Douchy-Oudot ; RTD civ. 2008. 463, obs. Hauser*. ♦ Il ne peut être fait grief à un arrêt d'avoir prononcé le divorce et ordonné une expertise sur la prestation compensatoire, la rente proposée par le mari ayant été considérée comme non satisfaisante, alors que l'expertise a été ordonnée à la demande de l'épouse, laquelle n'a pas sollicité une prestation compensatoire provisionnelle. • Civ. 2e, 29 janv. 1997, n° 93-13.940 P : *JCP 1997. II. 22839, note Bénabent ; Defrénois 1997. 1329, obs. Massip (2e esp.) ; Dr. fam. 1997, n° 103.* – V. égal. : • Civ. 1re, 11 sept. 2013, n° 12-15.013 P : *AJ fam. 2013. 575, obs. Thouret ; RTD civ. 2013. 824, obs. Hauser*.

32. Réouverture des débats (erreur procédurale non corrigée). Par un premier jugement du 21 juill. 2005, un juge aux affaires familiales a prononcé le divorce des époux pour altération définitive du lien conjugal, et a ordonné la réouverture des débats afin de permettre à l'épouse de conclure sur les conséquences du divorce ; cette décision a été confirmée en toutes ses dispositions par un arrêt du 15 mars 2007, lequel a renvoyé les parties devant le premier juge sur les conséquences du divorce. Par un second jugement du 18 déc. 2009, l'épouse a été déclarée recevable et bien fondée en sa demande de prestation compensatoire. Le mari fait grief à l'arrêt de confirmer ce second jugement aux motifs, d'une part, qu'en vertu du principe de l'indivisibilité entre l'action en divorce et la demande de prestation compensatoire, le juge ne peut statuer pour la première fois sur une demande de prestation compensatoire qu'à la condition que le divorce ne soit pas déjà passé en force de chose jugée, et d'autre part, qu'après avoir relevé qu'un précédent arrêt du

15 mars 2007, dont il était acquis aux débats qu'il était devenu irrévocable, avait notamment prononcé le divorce du couple, la cour d'appel, qui a néanmoins confirmé le jugement postérieur ayant statué pour la première fois sur la demande de prestation compensatoire à un moment où le divorce était déjà irrévocablement prononcé, a violé, par refus d'application, les art. 270 et 271 (dans sa rédaction antérieure à la L. n° 2010-1330 du 9 nov. 2010) C. civ., ainsi que l'art. 1076-1 C. pr. civ. En vain, car l'arrêt du 15 mars 2007 étant devenu irrévocable, et en l'absence de pourvoi formé contre lui, il ne saurait être fait grief à la cour d'appel d'avoir statué en exécution de cet arrêt. • Civ. 1re, 11 sept. 2013, n° 12-15.013 P : *AJ fam. 2013. 175, obs. Thouret, RTD civ. 2013. 577, obs. Hauser ; Procédures 2013, n° 314, obs. Douchy-Oudot* (**N.B. :** cet arrêt s'explique par le fait que l'arrêt du 15 mars 2007 n'a pas été frappé de pourvoi, comme il aurait dû l'être, afin de critiquer la scission opérée entre le prononcé du divorce et la fixation de la prestation compensatoire. De sorte que, cet arrêt n'étant pas critiqué, il n'y avait d'autre choix que de permettre la réouverture des débats pour fixer la prestation compensatoire).

3° APPEL

33. Incidence de la notion de succombance. Aux termes de l'art. 542 C. pr. civ., dans sa rédaction issue du Décr. n° 2017-891 du 6 mai 2017 applicable aux appels formés à compter du 1er sept. 2017, l'appel tend, par la critique du jugement rendu par une juridiction du premier degré, à sa réformation ou à son annulation par la cour d'appel. Il résulte de la combinaison des art. 32, 122 et 546, al. 1er, C. pr. civ. que l'intérêt à interjeter appel a pour mesure la succombance, qui réside dans le fait de ne pas avoir obtenu satisfaction sur un ou plusieurs chefs de demande présentés en première instance. • Civ 2e, 4 mars 2021, n° 19-21.579 P • 9 juin 2021, n° 19-10.550 P. ♦ Aux termes de l'art. 562 C. pr. civ., dans sa rédaction issue du Décr. n° 2017-891 du 6 mai 2017, l'appel défère à la cour la connaissance des chefs de jugement qu'il critique expressément et de ceux qui en dépendent, la dévolution ne s'opérant pour le tout que lorsque l'appel tend à l'annulation du jugement ou si l'objet du litige est indivisible. En conséquence, lorsque l'appel tend à la réformation du jugement, la recevabilité de l'appel doit être appréciée en fonction de l'intérêt à interjeter appel pour chacun des chefs de jugement attaqués et ce, désormais, même si tous les chefs de jugement sont attaqués. Il s'ensuit que, lorsque le divorce a été prononcé conformément à ses prétentions de première instance, l'intérêt d'un époux à former appel de ce chef ne peut s'entendre de l'intérêt à ce que, en vertu de l'effet suspensif de l'appel, le divorce n'acquière force de chose jugée qu'à la date à laquelle les conséquences du divorce acquièrent elles-mêmes force de chose jugée. • Cass., avis, 20 avr. 2022, n° 22-70.001 ; sur demande de • Paris, 14 déc. 2021.

N.B. : L'avis de la Cour de cassation était prévisible, ayant été annoncé par un avis précédent de la 2e chambre civile, statuant sur la notion de succombance (• Civ. 2e, 4 mars 2021, n° 19-21.579), lequel a conduit la 1re chambre civile à en faire application à propos de l'homologation d'un projet de liquidation notarié (• Civ. 1re, 9 juin 2021, n° 19-10.550 P : *AJ fam. 2021. 492, obs. Casey*). ♦ La solution était ainsi hautement probable et elle n'étonnera donc pas. Il n'en demeure pas moins que le présent avis, pour fondé qu'il soit au regard de la structure nouvelle de l'appel, telle que redéfinie par le Décr. n° 2017-891 du 6 mai 2017, pose de redoutables difficultés pratiques. En effet, il revient à anéantir le devoir de secours pendant l'instance d'appel dans la plupart des divorces contentieux (altération, demande acceptée, faute accordée). Cela veut donc dire que, pour ces fondements de divorce, l'appréciation de la prestation compensatoire sera figée en première instance et que le devoir de secours ne sera pas maintenu pendant l'appel. Quand on songe que plus de 90 % des devoirs de secours et des prestations compensatoires ont pour créancier une femme, c'est peu dire que la solution retenue ne favorise pas la cause féminine dans le divorce. On mesure ici combien la réforme de l'appel appliquée à la réforme des procédures de divorce contentieux a conduit à un crash que personne n'a anticipé. Mais le résultat est bien là.

Techniquement, le débiteur du devoir de secours devra donc saisir le conseiller de la mise en état d'une demande visant à faire juger irrecevable le chef de critique de la déclaration d'appel visant le prononcé du divorce (puisque l'appelant n'aura pas succombé de ce chef en 1re instance). Il n'est cependant pas certain que le conseiller de la mise en état dispose du pouvoir d'aller au-delà de l'irrecevabilité et d'ajouter que le devoir de secours ne sera plus dû pour l'avenir. Ainsi, le débiteur, une fois en possession d'une ordonnance du conseiller de la mise en état prononçant l'irrecevabilité, pourra cesser tout règlement du devoir de secours, quitte à s'expliquer devant le JEX, puisque le créancier ne manquera pas de faire pratiquer des voies d'exécution dans la mesure où il disposera toujours d'un titre exécutoire. On voit aisément que cet avis, bien que techniquement juste, conduit à des solutions pratiques aussi injustes que pathogènes, de nature à favoriser excessivement le contentieux. Il est à souhaiter une intervention législative au plus vite.

34. Prestation compensatoire demandée pour la première fois en cause d'appel. La demande de prestation compensatoire, accessoire à la demande en divorce, peut être présentée pour la première fois en appel tant que la décision, en ce qu'elle prononce le divorce, n'a pas acquis force de chose jugée. • Civ. 1re, 14 mars

2018, n° 17-14.874 P : *D. 2018. 614* ; *AJ fam. 2018. 296, obs. Thouret* . ♦ Déjà antérieurement. • Civ. 1re, 10 juill. 2013, n° 12-23.332 : *Procédures 2013. 288, note Douchy-Oudot* • Civ. 2e, 18 sept. 1996, n° 94-12.526 • 11 févr. 1998, n° 96-12.917 P • 31 mai 2000, n° 97-16.589 P : *RTD civ. 2000. 550, obs. Hauser* • 26 sept. 2002, n° 00-17.627P : *AJ fam. 2002. 416, obs. S. David* .

Indifférence de l'art. 564 C. pr. civ. : si la demande de prestation compensatoire, accessoire de la demande en divorce, peut être présentée pour la première fois en appel tant que la décision, en ce qu'elle prononce le divorce, n'a pas acquis la force de chose jugée, encore faut-il qu'un appel, principal ou incident, soit formé sur le prononcé du divorce et que cet appel soit recevable. Pour condamner l'époux à payer à l'épouse une certaine somme à titre de prestation compensatoire, l'arrêt retient que, si aucune prestation compensatoire n'a été réclamée en première instance, la demande à ce titre, accessoire à la demande en divorce, peut toutefois être présentée pour la première fois en appel tant que la décision, en ce qu'elle prononce le divorce, n'a pas acquis force de chose jugée. En statuant ainsi, alors qu'en l'absence d'appel interjeté sur le prononcé du divorce, la demande de prestation compensatoire formée pour la première fois en appel était irrecevable, la cour d'appel a violé les art. 270 et 271 C. civ. et les art. 562 et 566 C. pr. civ. • Civ. 1re, 11 mai 2023, n° 21-17.153 B : *D. 2023. 1008* ; *AJ fam. 2023. 345, obs. Eudier* .

35. Incidence de l'appel. Il résulte des art. 260 et 270 que, pour apprécier la demande de prestation compensatoire, le juge se place à la date à laquelle la décision prononçant le divorce acquiert force de chose jugée ; lorsque ni l'appel principal ni, le cas échéant, l'appel incident ne portent sur le prononcé du divorce, celui-ci acquiert force de chose jugée à la date du dépôt des conclusions de l'intimé mentionnées à l'art. 909 C. pr. civ. • Civ. 1re, 9 juin 2022, n° 20-22.793 B : *D. 2022. 1151* ; *AJ fam. 2022. 389, obs. D'Ambra* ; *RTD civ. 2022. 594, obs. Leroyer* . ♦ Viole les art. 260 et 270 (anc.) la cour d'appel qui énonce, l'appel étant limité à la prestation compensatoire, qu'elle évalue la situation des parties au jour du jugement, alors que le prononcé du divorce n'est passé en force de chose jugée qu'à la date du dépôt des conclusions de l'intimé. • Civ. 1re, 15 déc. 2010, n° 09-15.235 P : *D. 2011. 1107, obs. Douchy-Oudot* ; *AJ fam. 2011. 103, obs. S. David* ; *RTD civ. 2011. 112, obs. Hauser* . ♦ Dès lors qu'un appel général a été interjeté, il importe peu que les parties n'aient critiqué que certains chefs de la décision, une telle limitation dans leurs conclusions ne valant pas acquiescement. • Civ. 2e, 31 janv. 2013, n° 11-29.004 P : *D. 2014. 689, obs. Douchy-Oudot* ; *AJ fam. 2013. 180, obs. Thouret* ; *RTD civ. 2013. 355, obs. Hauser* .

36. Majoration de la prestation compensatoire en appel. Les juges d'appel ne peuvent aggraver le sort de l'appelant sur son appel en l'absence d'appel incident de l'intimé. • Civ. 1re, 30 janv. 2020, n° 18-25.900.

37. Droit d'évocation de la cour d'appel. Droit pour une cour d'appel, saisie d'un jugement ayant ordonné une mesure d'instruction, d'user de son droit d'évocation et de statuer sur la demande de prestation compensatoire, la mesure ordonnée ayant pour objet de fournir les éléments de fait de détermination de la valeur du droit attribué à l'épouse sur l'immeuble commun. • Civ. 1re, 28 oct. 2009, n° 08-20.724 P. ♦ Un arrêt d'appel confirmant un jugement ayant prononcé le divorce et renvoyant les parties devant le premier juge sur les conséquences du divorce est devenu irrévocable, en l'absence de pourvoi formé contre lui, et il ne saurait être fait grief à la cour d'appel d'avoir statué ultérieurement en exécution de cet arrêt. • Civ. 1re, 11 sept. 2013, n° 12-15.013 P : *AJ fam. 2013. 575, obs. Thouret* ; *RTD civ. 2013. 824, obs. Hauser* .

38. Remariage et paiement de pension alimentaire. Le remariage et le paiement de la pension alimentaire due pour les enfants ne valent pas acquiescement au jugement de divorce du chef de la prestation compensatoire. • Civ. 2e, 17 oct. 2002 : *D. 2002. IR 3057* .

4° POURVOI EN CASSATION

39. Effet suspensif. La règle générale de l'effet non suspensif du pourvoi en cassation est seule applicable à l'arrêt qui statue sur la prestation compensatoire. • Civ. 2e, 24 févr. 1993, n° 91-18.213 P : *JCP 1994. I. 3729, n° 10, obs. Ferré-André.* – Dans le même sens : • Civ. 2e, 8 juill. 1999 : *V. note 13 ss. art. 270.*

40. Incidence de l'effet suspensif. Le délai de pourvoi en cassation suspend l'exécution de l'arrêt qui prononce le divorce, de sorte qu'un arrêt ne peut fixer le point de départ de la prestation compensatoire qu'il alloue sous forme de rente à la date de son prononcé, alors qu'à cette date, le divorce n'a pas acquis force de chose jugée. • Civ. 2e, 31 janv. 1990, n° 88-10.268 P. – Dans le même sens : • Civ. 2e, 19 févr. 1992, n° 90-20.628 P • 25 nov. 1992, n° 91-14.946 P • 7 mai 2002 : *Dr. fam. 2002, n° 89, obs. H. L.* ; *RTD civ. 2002. 788, obs. Hauser* • 11 juill. 2002, n° 00-20.639 P : *D. 2002. IR 2516* ; *AJ fam. 2002. 340, obs. S. D.* ; *Dr. fam. 2003, n° 44, note H. L.* (le pourvoi exercé dans le délai de pourvoi est également suspensif). ♦ Dans le cas d'un arrêt statuant sur la seule demande de prestation compensatoire, en l'absence d'effet suspensif du pourvoi et de son délai, l'exigibilité de la prestation compensatoire ne peut être subordonnée au caractère irrévocable de la décision la prononçant. • Civ. 2e, 8 juill. 1999, n° 98-12.398 P : *Dr. fam. 2000, n° 7, note Lécuyer* ; *RTD civ. 1999. 825, obs. Hauser* .

5° EXIGIBILITÉ ET INTÉRÊTS DE LA PRESTATION COMPENSATOIRE

41. Exigibilité de la prestation compensatoire. La prestation compensatoire, comme les intérêts qu'elle produit, n'est due qu'à compter de la date à laquelle la décision prononçant le divorce est devenue irrévocable. • Civ. 1re, 19 avr. 2005, n° 03-13.078 P : *Dr. fam. 2005, n° 135, note Larribau-Terneyre ; RTD civ. 2005. 579, obs. Hauser* . – V. déjà en ce sens : • Civ. 2e, 18 oct. 1984, n° 83-12.850 P • 3 mars 1988 : *Bull. civ. II, n° 54* • Civ. 1re, 3 nov. 2004 : *D. 2004. IR 3114* ; *Dr. fam. 2005, n° 9, note Larribau-Terneyre ; RTD civ. 2005. 110, obs. Hauser* (date de l'acquiescement de l'ex-mari au prononcé du divorce, en cas d'appel limité aux dispositions financières) • 31 mars 2010, n° 09-12.770 P : *Dr. fam. 2010, n° 75, note Larribau-Terneyre* (acquiescement des deux époux).

42. Intérêts (1re instance). La prestation compensatoire comme les intérêts qu'elle produit sont dus à compter de la date à laquelle la décision prononçant le divorce devient irrévocable. • Civ. 1re, 7 févr. 2018, n° 17-14.184 P. ♦ Antérieurement, dans le même sens : • Civ. 1re, 14 déc. 2004, n° 03-16.987 : *AJ fam. 2005. 64, obs. S. David* ; *RTD civ. 2005. 110, obs. Hauser* .

43. Intérêts (appel). La condamnation à une indemnité emporte intérêts à compter du prononcé du jugement, ou à compter de la décision d'appel qui l'a allouée. • Civ. 1re, 7 févr. 2018, n° 17-14.184 P : *D. 2018. 778, note Sadi* ; *AJ fam. 2018. 295, obs. Thouret* . ♦ Par conséquent, si le montant de la prestation compensatoire est modifié, les intérêts seront dus à compter de l'arrêt devenu irrévocable, alors que si l'arrêt est confirmatif (et donc rejette la demande relative à la prestation compensatoire), les intérêts seront dus à compter de la décision de première instance. • Civ. 1re, 20 févr. 2007, n° 06-10.763 P : *RTD civ. 110, obs. Hauser.* ♦ L'arrêt d'appel deviendra irrévocable à la date d'expiration du délai de pourvoi en cassation. • Civ. 1re, 14 déc. 2004, n° 03-16.987 P : *D. 2005. IR 112* ; *Defrénois 2005. 433, obs. Massip ; AJ fam. 2005. 64, obs. S. David* ; *RTD civ. 2005. 110, obs. Hauser* .

44. Délais de paiement. V. notes ss. art. 274 C. civ.

6° RECOURS EN RÉVISION

45. Fraude. Le patrimoine est un élément d'appréciation expressément prévu par la loi dont le juge doit tenir compte pour fixer la prestation compensatoire, de sorte que la dissimulation par l'époux de l'existence de revenus, nécessairement déterminants pour statuer sur la demande de l'épouse, constitue une fraude. • Civ. 2e, 21 févr. 2013, n° 12-14.440 P : *D. 2013. 568* ; *AJ fam. 2013. 236, obs. S. David* ; *RTD civ. 2013. 357, obs. Hauser* (cassation de l'arrêt qui a exclu un recours en révision). ♦ Admission d'un recours en révision contre les dispositions d'un arrêt de divorce relatives à la prestation compensatoire pour fraude de l'épouse. • Civ. 2e, 4 mars 1992 : *D. 1993. 215, note Piotraut* ; *JCP 1993. II. 22092, note R. Martin* (fausse déclaration de chômage) • 12 juin 2008, n° 07-15.962 P : *D. 2008. AJ 1765* ; *AJ fam. 2008. 344, obs. David* ; *RLDC 2008/52, n° 3120, obs. Marraud des Grottes ; Defrénois 2008. 2424, obs. Massip ; RTD civ. 2008. 462, obs. Hauser* (fausse déclaration sur le patrimoine). ♦ Le recours en révision pour fraude n'est pas recevable sur le fondement de l'art. 276-3. • Civ. 1re, 28 févr. 2006, n° 04-12.621 P : *D. 2006. IR 885* ; *AJ fam. 2006. 205, obs. S. David* ; *RTD civ. 2006. 289, obs. Hauser* .

46. Nécessité d'une sommation de communiquer. Après avoir relevé que la déclaration sur l'honneur du mari ne mentionnait aucune épargne commune ou propre, quand bien même l'épouse soutenait dans ses écritures que l'époux possédait une épargne propre, et que celui-ci répondait qu'elle était en réalité commune, la cour d'appel a retenu qu'en l'absence de sommation de communiquer sur les éléments de ladite épargne, le caractère volontaire de la rétention alléguée n'était pas établi et a pu déduire, par ces seuls motifs excluant toute fraude de l'époux, que le recours en révision n'était pas recevable. • Civ. 1re, 5 avr. 2023, n° 21-18.193 : *AJ fam. 2023. 288, obs. Eudier* .

F. APPLICATION DE LA LOI DANS LE TEMPS

47. Application immédiate de la L. du 30 juin 2000. Les dispositions de la L. du 30 juin 2000, et spécialement celles qui modifient les (anc.) art. 274 et 276 C. civ., étant applicables aux instances en cours qui n'ont pas donné lieu à une décision passée en force de chose jugée, doit être annulé l'arrêt qui attribue à titre de prestation compensatoire une rente viagère. • Civ. 2e, 30 nov. 2000, n° 99-10.923 P : *R., p. 325 ; D. 2001. IR 42* ; *JCP 2001. II. 10499, note Garé ; ibid. I. 293, n° 3, obs. Bosse-Platière ; Defrénois 2001. 509, note Massip ; RTD civ. 2001. 113, obs. Hauser* • 10 mai 2001, n° 99-19.898 P. ♦ ... Ou la jouissance gratuite de l'immeuble indivis. • Civ. 2e, 28 nov. 2002, n° 00-20.577 P : *D. 2003. IR 532* ; *Defrénois 2003. 1083, obs. Massip ; AJ fam. 2003. 103, obs. S. D.* ; *RTD civ. 2003. 68, obs. Hauser* . ♦ V. aussi • Civ. 2e, 14 nov. 2002, n° 00-19.819 P (déclaration sur l'honneur) • Paris, 20 sept. 2000 : *Dr. fam. 2001, n° 40, note Lécuyer* (ordonnant la réouverture des débats).

Maintien d'une prestation compensatoire mixte, le jugement de divorce étant passé en force de chose jugée du fait de l'appel limité aux conséquences financières. • Civ. 1re, 17 juin 2003, n° 01-16.262 P : *Dr. fam. 2003, n° 103, note H. L. ; RTD civ. 2003. 689, obs. Hauser* . – Même sens : • Civ. 1re, 22 nov. 2005, n° 04-12.955 P : *RTD civ. 2006. 287, obs. Hauser* .

Art. 271 *(L. n° 75-617 du 11 juill. 1975)* **La prestation compensatoire est fixée selon les besoins de l'époux à qui elle est versée et les ressources de l'autre en tenant compte de la situation au moment du divorce et de l'évolution de celle-ci dans un avenir prévisible.**

(L. n° 2004-439 du 26 mai 2004, art. 6 et 18-II) **« A cet effet, le juge prend en considération notamment :**

« – la durée du mariage ;

« – l'âge et l'état de santé des époux ;

« – leur qualification et leur situation professionnelles ;

« – les conséquences des choix professionnels faits par l'un des époux pendant la vie commune pour l'éducation des enfants et du temps qu'il faudra encore y consacrer ou pour favoriser la carrière de son conjoint au détriment de la sienne ;

« – le patrimoine estimé ou prévisible des époux, tant en capital qu'en revenu, après la liquidation du régime matrimonial ;

« – leurs droits existants et prévisibles ;

« – leur situation respective en matière de pensions de retraite » *(L. n° 2010-1330 du 9 nov. 2010, art. 101)* **« en ayant estimé, autant qu'il est possible, la diminution des droits à retraite qui aura pu être causée, pour l'époux créancier de la prestation compensatoire, par les circonstances visées au sixième alinéa ».**

BIBL. ▶ DEPONDT, *AJ fam. 2010. 529* (droits à retraite).

CONDITIONS D'ATTRIBUTION DE LA PRESTATION COMPENSATOIRE

1. Caractère non limitatif (art. 272 anc. C. civ.). L'énumération de l'art. 272 anc. n'étant pas limitative, les juges peuvent tenir compte, dans la détermination des besoins et des ressources des époux, d'éléments d'appréciation non prévus par ce texte. • Civ. 2e, 1er avr. 1987 : *Bull. civ. II, n° 77* (collaboration de la femme à la profession du mari) • 19 nov. 1997 : *Dr. fam. 1998, n° 9, obs. Lécuyer (idem)* • 29 juin 2000 : *Dr. fam. 2000, n° 113, note Lécuyer* (durée du mariage) • Civ. 1re, 28 févr. 2006, n° 04-19.807 P : *RTD civ. 2006. 290, obs. Hauser* (collaboration de l'épouse à la profession du mari) • 14 mars 2006, n° 04-20.352 P : *Defrénois 2006. 1057, obs. Massip ; AJ fam. 2006. 377, obs. S. David ; RTD civ. 2006. 544, obs. Hauser*. ♦ Pour l'incidence des choix de vie du créancier de la prestation sur son montant, comp. • Civ. 1re, 6 mars 2007 : *RJPF 2007-6/21, obs. Garé ; RTD civ. 2007. 553, obs. Hauser* • Civ. 1re, 6 mars 2007, n° 06-11.364.

2. Équité. V. note 18 ss. art. 270.

A. SITUATION DES ÉPOUX

3. Situation des époux au moment du divorce. Si la prestation compensatoire n'est due qu'à compter de la date à laquelle la décision prononçant le divorce est devenue irrévocable (V. note 2 ss. art. 260 et note 13 ss. art. 270), son montant en est fixé au moment du prononcé du divorce. • Civ. 2e, 31 janv. 1990, n° 88-10.268 P. ♦ Viole les art. 270 et 271 la cour d'appel qui se place à une date postérieure à celle du prononcé du divorce pour apprécier l'existence du droit d'un ex-conjoint à une prestation compensatoire et en fixer le montant. • Civ. 2e, 11 déc. 1991, n° 89-20.063 P • 4 déc. 1996, n° 94-11.181 P (date à laquelle la cour statue, alors que le divorce était devenu irrévocable en raison de l'appel limité aux mesures accessoires) • Civ. 1re, 22 mars 2005, n° 02-18.648 P *(idem)*. – Dans le même sens : • Civ. 2e, 3 déc. 1997, n° 95-16.246 P : *Dr. fam. 1998, n° 8, note Lécuyer ; Dr. et patr. 1998, n° 1894, obs. Bénabent* • 3 déc. 1997, n° 95-18.461 P : *Dr. fam. 1999, n° 43, note Mandin* • 23 mai 2002 : *Dr. fam. 2002, n° 128, note H. L.* • 10 oct. 2002, n° 01-01.432 P • 27 févr. 2003 : *AJ fam. 2003. 184, obs. S. D.* • Civ. 1re, 2 mars 2004 : *Dr. fam. 2004, n° 75, note Larribau-Terneyre* • 18 mai 2005 : *Dr. fam. 2005, n° 163, note Larribau-Terneyre.* ♦ La prestation compensatoire doit être fixée en tenant compte de la situation des époux au moment du divorce, non au moment de la séparation de fait. • Civ. 2e, 4 févr. 1987 : *D. 1987. 497 (1re esp.), note Bianco-Brun* • 20 avr. 2000 : *Dr. fam. 2000, n° 76, note Lécuyer.* ♦ ... Ni au moment où les effets du divorce ont été reportés entre les parties. • Civ. 1re, 21 sept. 2005 : *Dr. fam. 2006, n° 4, note Larribau-Terneyre.* ♦ ... Et en tenant compte de l'évolution de la situation postérieure au jugement. • Civ. 2e, 28 janv. 1987 : *D. 1987. 497 (2e esp.), note Bianco-Brun* (invalidité survenue après le jugement, avant que la décision soit passée en force de chose jugée).

Possibilité d'analyser des ressources pour une période antérieure à la séparation afin de relever une contradiction au regard des prélèvements réalisés pour les besoins personnels de l'époux, dès lors que la fixation de la prestation compensatoire a bien été déterminée en fonction de la situation des époux au moment du divorce et de l'évolution de celle-ci dans un avenir prévisible. • Civ. 1re, 26 sept. 2012, n° 10-10.781.

4. Évolution dans un avenir prévisible. Office du juge dans la prise en compte de l'évolution dans un avenir prévisible : • Civ. 1re, 30 juin 2004 : *Dr. fam. 2004, n° 146, note Larribau-Terneyre (2e esp.).*

5. ... Retraite. Prise en compte de la mise à la retraite de l'époux divorcé au titre de l'évolution de sa situation dans un avenir prévisible : • Civ. 1re, 28 juin 2005, n° 02-16.556 P : *D. 2005. IR 2243 ; RTD civ. 2005. 767, obs. Hauser* (refus, par la suite, d'une demande de révision fondée sur ce changement) • 6 juill. 2005, n° 03-11.685 P : *AJ fam. 2005. 357, obs. S. David ; Dr. fam. 2005, n° 213, note Larribau-Terneyre* (possibilité de décider à l'avance la variation de la rente viagère à compter de l'événement certain que constitue la mise à la retraite du débiteur et de fixer son montant pour chaque période) • 14 mars 2006, n° 05-14.945 P : *D. 2006. IR 947* (prise en compte de la retraite prochaine de l'épouse). ♦ De même, les perspectives de versement d'une pension de réversion en cas de prédécès du mari n'ont pas à être prises en compte. • Civ. 1re, 6 oct. 2010, n° 09-15.346 P : *D. 2010. Actu. 2431, obs. Gallmeister ; Dr. fam. 2011, n° 5, obs. Larribau-Terneyre ; RLDC 2010/77, n° 4054, obs. Chauchat-Rozier.*

6. Vocation successorale. La vocation successorale ne constitue pas un droit prévisible au sens des art. 270, 271 et 272 *[anciens]*. • Civ. 1re, 21 sept. 2005, n° 04-13.977 P : *R., p. 212 ; D. 2006. 47, note Lefranc-Hamoniaux ; JCP 2006. II. 10099, note Zelcevic-Duhamel ; Defrénois 2006. 344, obs. Massip ; AJ fam. 2005. 449, obs. S. David ; Dr. fam. 2006, n° 29, note Larribau-Terneyre ; LPA 3 mai 2006, note Vareille ; RTD civ. 2005. 766, obs. Hauser* • 20 juin 2006 : *AJ fam. 2006. 469, obs. S. D.* ♦ Dans le même sens, appliquant le nouvel art. 271 : • Civ. 1re, 6 oct. 2010, n° 09-10.989 P : *D. 2010. Actu. 2431, obs. Gallmeister ; Dr. fam. 2010, n° 178, obs. Larribau-Terneyre ; JCP 2011, n° 29, obs. Bosse-Platière ; JCP N 2011, n° 1222, obs. Kervella ; RLDC 2010/77, n° 4053, obs. Chauchat-Rozier ; RJPF 2010-12/20, obs. Garé.* ♦ Refus de transmettre une QPC relative à l'absence de prise en compte de la vocation successorale : en effet, les époux dont les parents de l'un sont encore en vie et ceux de l'autre sont décédés sont placés dans des situations objectivement différentes, et la différence de traitement qui en résulte est en rapport direct avec l'objet de la prestation compensatoire qui est de compenser la disparité créée dans les conditions de vie respectives des époux par la rupture du mariage ; il n'existe donc pas d'atteinte au principe d'égalité entre les époux devant la loi. • Civ. 1re, 16 févr. 2022, n° 21-20.362 B : *RTD civ. 2022. 367, obs. Leroyer.*

B. ÉLÉMENTS D'APPRÉCIATION

1° CE QUI EST PRIS EN COMPTE

7. Choix de vie. Il peut être déduit des choix de vie effectués en commun par les époux durant l'union que la disparité ne résulte pas de la rupture du mariage. • Civ. 1re, 24 sept. 2014, n° 13-20.695 P : *D. 2014. 1939 ; ibid. 2015. 649, obs. Douchy-Oudot ; AJ fam. 2014. 630, obs. S. David ; RTD civ. 2014. 867, obs. Hauser ; JCP 2014, n° 1073, note Casey ; Dr. fam. 2014, n° 154, obs. Binet ; JCP N 2015, n° 1107, obs. Roman* (époux séparés de fait depuis vingt ans, ayant adopté la séparation de biens et liquidé leur communauté, exerçant des activités distinctes, sans que l'épouse séparée n'ait demandé de contribution aux charges du mariage ou de pension alimentaire au titre du devoir de secours). ♦ Sur la prise en compte des choix professionnels pendant la vie commune pour fonder une famille et élever un enfant. • Civ. 1re, 4 nov. 2010, n° 09-70.870.

8. Disparité préexistante au mariage et persistante pendant le mariage. L'un des époux ne peut être tenu de verser à l'autre une prestation compensatoire que si la disparité dans leurs conditions de vie respectives est créée par la rupture du mariage. • Civ. 1re, 9 déc. 2009 : *Dr. fam. 2010, n° 17, obs. Larribau-Terneyre.* ♦ Sur le refus de prendre en compte les circonstances antérieures à la célébration du mariage, V. *infra*, note 25.

9. Biens propres ou en nue-propriété. Nécessité de tenir compte de la valeur des biens propres de chacun des époux : V. • Civ. 1re, 30 nov. 2004, n° 03-18.158 P : *AJ fam. 2005. 275, obs. S. David ; Dr. fam. 2005, n° 8, note Larribau-Terneyre.* ♦ Nécessité de tenir compte du patrimoine détenu en nue-propriété. • Civ. 2e, 14 juin 1989 : *Bull. civ. II, n° 128.* ♦ Dans le même sens, • Civ. 2e, 25 nov. 1999, n° 96-14.494 P : *D. 2000. IR 5 ; Dr. fam. 2000, n° 23, note Lécuyer* (prise en compte du produit de la vente d'un bien propre).

10. Pension militaire d'invalidité. Dès lors que la pension militaire d'invalidité comprend l'indemnisation de pertes de gains professionnels et des incidences professionnelles de l'incapacité, et qu'elle ne figure pas au nombre des sommes exclues, par l'art. 272, al. 2, C. civ., des ressources que le juge prend en considération pour fixer la prestation compensatoire, c'est à bon droit que la cour d'appel a fait entrer la pension militaire d'invalidité litigieuse dans le champ desdites ressources. • Civ. 1re, 9 nov. 2011, n° 10-15.381 P : *D. 2011. 2867 ; AJ fam. 2011. 606, obs. S. David ; RTD civ. 2012. 103, obs. Hauser.*

11. Réparation d'un préjudice corporel. L'indemnité versée au titre de la réparation d'un préjudice corporel consécutif à un accident de la circulation ne figure au nombre des sommes exclues, par l'art. 272, al. 2, C. civ., des ressources prises en considération par le juge pour fixer la prestation compensatoire que dans la mesure où l'époux bénéficiaire établit qu'elle a compensé un handicap, et l'épouse n'ayant pas offert de prouver que l'indemnité litigieuse avait en tout ou partie pour objet de compenser le handicap résultant de l'accident dont elle avait été victime, c'est à bon droit que la cour d'appel l'a prise en considération au titre de ses ressources. • Civ. 1re, 18 déc. 2013, n° 12-29.127 P.

12. Charges liées à l'obligation d'entretien des enfants (côté débiteur de la prestation compensatoire). Il résulte de l'art. 270 que l'un des époux peut être tenu de verser à l'autre une prestation destinée à compenser, autant qu'il est possible, la disparité que la rupture du mariage crée dans leurs conditions de vie respectives ; selon l'art. 271 C. civ., la prestation compensatoire est fixée selon les besoins de l'époux à qui elle est versée et les ressources de l'autre, en tenant compte de la situation au moment du divorce et de l'évolution de celle-ci dans un avenir prévisible. Pour condamner le mari à payer à l'épouse une prestation compensatoire d'un certain montant, l'arrêt retient qu'il supporte, outre les charges de la vie courante, un loyer de 613,74 euros par mois, ainsi que le remboursement de deux prêts dont les mensualités s'élèvent à 409,41 euros et 397,04 euros et qu'il a la charge d'un enfant en résidence habituelle. En se déterminant ainsi, sans prendre en considération, comme il le lui était demandé, les sommes versées par l'époux au titre de sa contribution à l'entretien et à l'éducation des trois autres enfants du couple, laquelle, constitutive de charges, devait venir en déduction de ses ressources, la cour d'appel a privé sa décision de base légale. • Civ. 1re, 30 nov. 2022, n° 21-10.404. ♦ Peu importe que les enfants soient de lits différents. • Civ. 1re, 13 juill. 2022, n° 21-12.354 : *AJ fam. 2022. 490 ; RTD civ. 2022. 873, obs. Leroyer*.

Jurisprudence constante, v. not. : Pour condamner l'époux à payer une prestation compensatoire sous la forme d'un capital de 48 000 €, l'arrêt retient, après avoir analysé le patrimoine des parties et leurs droits à retraite, que les revenus de l'époux sont supérieurs à ceux de l'épouse et que celle-ci a interrompu sa carrière pour l'éducation des enfants. En se déterminant ainsi, sans prendre en considération, comme elle y était invitée, les sommes versées par le mari au titre de sa contribution à l'entretien et l'éducation des enfants communs, l'impôt sur le revenu et les échéances d'un emprunt contracté pour financer les études suivies par leur fille, lesquelles, constituant des charges, devaient venir en déduction des ressources, la cour d'appel a privé sa décision de base légale au regard des art. 270 et 271 C. civ. • Civ. 1re, 20 mars 2019, n° 18-12.324.

Pour condamner l'époux à verser une prestation compensatoire à l'épouse, après avoir analysé le patrimoine des parties en capital, l'arrêt relève, d'une part, que cette dernière, âgée de 54 ans, perçoit un salaire mensuel moyen de 1 929 €, ne pourra prétendre qu'à une retraite très limitée dès lors qu'elle a peu travaillé durant la vie commune et qu'elle héberge le plus jeune des enfants communs, et, d'autre part, que les revenus de l'époux se sont élevés à 13 000 € pour l'année 2015, que, vivant au Maroc, il estime ses dépenses courantes à 115 € par mois et qu'il a la charge d'un enfant issu d'une autre union. En statuant ainsi, sans prendre en considération les sommes versées par l'époux au titre de sa contribution à l'entretien et à l'éducation de l'enfant commun, laquelle constitue une charge qui doit venir en déduction des ressources, la cour d'appel a violé les art. 270 et 271. • Civ. 1re, 4 juill. 2018, n° 17-20.281 P. ♦ Jurisprudence constante, V. notamment, récemment : • Civ. 1re, 13 juill. 2022, n° 21-12.354 • 13 févr. 2019, n° 17-27.749 (contribution à l'entretien d'un fils majeur) • 7 nov. 2018, n° 17-26.853 (frais de scolarité exposés pour les enfants nés de la seconde union) • 15 mai 2018, n° 17-16.026 • 11 avr. 2018, n° 17-17.760 • 15 déc. 2017, n° 16-20.643 • 13 sept. 2017, n° 16-22.581 • 4 mai 2017, n° 16-19.064 • 22 mars 2017, n° 16-14.874 • 5 oct. 2016, n° 15-22.809 • 10 juin 2015, n° 13-19.938 • 13 mai 2015, n° 14-17.868. ♦ Arrêts plus anciens : • Civ. 2e, 10 mai 2001, n° 99-17.255 P : *D. 2002. Somm. 1873, note Everaert-Dumont ; JCP 2002. II. 1031, note Gaboriau ; Defrénois 2001. 1351, obs. Massip ; Dr. fam. 2001, n° 98, note H. L. ; ibid., n° 107, note Oudin ; RJPF 2001-7-8/26, obs. Guerder ; RTD civ. 2001. 571, obs. Hauser*. ♦ Dans le même sens pour les parts contributives versées pour l'entretien et l'éducation des deux enfants du couple et d'un enfant issu d'une autre union : • Civ. 1re, 19 oct. 2016, n° 13-11.779 : *Dr. fam. 2017, n° 9, obs. Caro*. ♦ ... Encore faut-il que cette charge (pension alimentaire versée à un enfant) soit invoquée par le débiteur de la prestation compensatoire dans ses conclusions portant sur la prestation compensatoire. • Civ. 1re, 17 oct. 2019, n° 18-22.554 • 3 avr. 2018, n° 18-16.069. ♦ Même sens : • Civ. 1re, 13 juill. 2022, n° 21-12.460.

Encore faut-il invoquer cette charge. Le débiteur de la prestation compensatoire qui n'a pas invoqué la charge constituée des dépenses relatives aux enfants qu'il assume ne saurait reprocher au juge de ne pas en avoir tenu compte pour fixer ladite prestation compensatoire. • Civ. 1re, 13 juill. 2022, n° 21-12.460 : *AJ fam. 2022. 490, obs. Saulier ; RTD civ. 2022. 873, obs. Leroyer*.

13. Concubinage. Le concubinage doit être pris en compte au titre du partage des charges. • Civ. 1re, 26 oct. 2011, n° 10-26.003. ♦ Jurisprudence constante : • Civ. 1re, 21 nov. 2018, n° 17-26.947 • Civ. 1re, 17 nov. 2010, n° 09-17.025 • 6 oct. 2010, n° 09-69.448 • 25 mars 2009, n° 08-10.876 • 3 déc. 2008, n° 07-14.609 P : *D. 2009. 99, obs. Égéa ; AJ fam. 2009. 34, obs. Gallmeister* • 13 mars 2007, n° 06-16.565 • 6 mars 2007, n° 06-12.176 • 23 mai 2006, n° 05-17.374 • 25 avr. 2006, n° 05-15.706 P : *D. 2006. 1401 ; AJ fam. 2006. 246, obs. S. David ; RTD civ. 2006. 545, obs. Hauser* • Civ. 2e, 13 mai 1998, n° 99-19.706 P. ♦ Rappr., en retenant que l'époux reconnaissait être hébergé à titre gratuit, la cour d'appel, qui n'était pas tenue de suivre les parties dans le détail de leur argumentation, a nécessairement pris en compte sa situation de concubinage et l'incidence de celle-ci sur la réduction de ses charges. • Civ. 1re, 17 nov. 2010, n° 09-17.025.

14. Allocations chômage. Prise en compte, au titre des ressources de l'époux débiteur, des allocations chômage. • Civ. 2e, 5 nov. 1986, n° 85-12.860 P.

15. Indemnités (fonctions électives). Prise en compte de l'indemnité de fonctions en tant que maire : • Civ. 2e, 14 janv. 1999, n° 96-22.150 P : *Dr. fam. 1999, n° 66, note Lécuyer ; RTD civ. 1999. 368, obs. Hauser.*

16. Rente compensatoire à la première épouse. Prise en compte justifiée (et appréciée souverainement), pour la détermination des ressources de l'époux débiteur, de la charge résultant, pour lui, de la prestation compensatoire sous forme de rente versée à une précédente épouse. • Civ. 1re, 20 févr. 2007, n° 06-10.763 P.

17. Revenu minimum d'insertion. Prise en compte, pour l'époux demandeur, du revenu minimum d'insertion. • Civ. 1re, 9 mars 2011, n° 10-11.053 P : *D. 2011. Chron. C. cass. 2140, obs. Vassallo ; AJ fam. 2011. 209, obs. S. David ; Dr. fam. 2011, n° 70, obs. Larribau-Terneyre ; RLDC 2011/82, n° 4247, obs. Gallois ; RTD civ. 2011. 332, obs. Hauser.*

18. Durée du mariage. La durée effective du mariage doit être précisément établie pour être prise en compte, les juges du fond ne pouvant se contenter de viser une période de douze années ponctuées de périodes de séparation et de réconciliation. • Civ. 1re, 11 sept. 2013, n° 12-21.638.

2° CE QUI N'EST PAS PRIS EN COMPTE

19. Espérances successorales. La « vocation successorale » n'est pas à prendre en compte pour la détermination de la prestation compensatoire, s'agissant de droits qui ne sont pas des droits prévisibles au sens des art. 270 et 271. • Civ. 1re, 21 sept. 2005, n° 04-13.977 P : *AJ fam. 2005. 449, obs. David ; RTD civ. 2005. 766, obs. Hauser (arrêt de principe).* ♦ V. aussi : • Civ. 1re, 6 oct. 2010, n° 09-10.989 P • 23 oct. 2013, n° 12-24.391. ♦ Rejet d'une QPC visant cette jurisprudence : • Civ. 1re, 16 févr. 2022, n° 21-20.362 B : *AJ fam. 2022. 110, obs. Avena-Robardet* (les époux dont les parents de l'un sont encore en vie et ceux de l'autre sont décédés sont placés dans des situations objectivement différentes. La différence de traitement qui en résulte est en rapport direct avec l'objet de la prestation compensatoire qui est de compenser la disparité créée dans les conditions de vie respectives des époux par la rupture du mariage. Il n'existe donc pas d'atteinte au principe d'égalité entre les époux devant la loi. En conséquence, il n'y a pas lieu de renvoyer la QPC au Cons. const.).

Comp. antérieurement, jurisprudence contraire de la 2e chambre civile de la Cour de cassation, not. ; • Civ. 2e, 11 févr. 1981, n° 79-14.612 P.

20. Jouissance gratuite du logement au titre des mesures provisoires. Pour fixer à une certaine somme le montant de la prestation compensatoire due par M. [N] à Mme [B], l'arrêt retient que celle-ci est sans revenu autre que la pension alimentaire versée par M. [N] au titre du devoir de secours et qu'elle bénéficie de la jouissance du domicile conjugal à titre gratuit depuis l'ordonnance de non-conciliation. En statuant ainsi, alors que la pension alimentaire et la jouissance gratuite du domicile accordées à l'épouse au titre de devoir de secours, pour la durée de l'instance en divorce, ayant un caractère provisoire, elles ne peuvent être prises en considération pour fixer le montant de la prestation compensatoire, la cour d'appel a violé les art. 270 et 271. • Civ. 1re, 5 avr. 2023, n° 21-23.050. ♦ Jurisprudence constante : la cour d'appel, qui a pris en considération l'avantage constitué par la jouissance gratuite du domicile conjugal accordée à l'épouse au titre du devoir de secours pour apprécier l'existence d'une disparité créée par le divorce dans les conditions de vie respectives des époux, a violé les art. 270 et 271. • Civ. 1re, 13 avr. 2022, n° 20-22.807 B. ♦ Même sens : • Civ. 1re, 30 sept. 2020, n° 19-19.114 • 18 nov. 2020, n° 19-20.615 • 30 janv. 2019, n° 18-13.715 • 23 janv. 2008, n° 07-10.571 : *RJPF 2008-5/23, obs. Garé.*

21. Sommes perçues au titre du devoir de secours. Pour fixer à une certaine somme le montant de la prestation compensatoire due par M. [T] à Mme [M], l'arrêt retient que celle-ci perçoit de celui-ci, depuis l'ordonnance de non-conciliation, une pension alimentaire ramenée à la somme mensuelle de 500 euros par mois par une décision du juge aux affaires familiales du 31 oct. 2018 ; en statuant ainsi, alors que la pension fondée sur le devoir de secours, allouée pour la durée de l'instance en divorce, ayant un caractère provisoire, ne peut être prise en considération pour fixer le montant de la prestation compensatoire, la cour d'appel a violé les art. 270 et 271. • Civ. 1re, 12 oct. 2022, n° 20-20.335. ♦ Pour fixer à une certaine somme le montant de la prestation compensatoire due par M. [G] à Mme [K], l'arrêt retient, dans l'appréciation des ressources personnelles de celle-ci, les sommes perçues au titre du devoir de secours depuis l'ordonnance de non-conciliation ; en statuant ainsi, alors que cette obligation, qui a un caractère provisoire, ne peut être prise en considération pour fixer le montant de la prestation compensatoire, la cour d'appel a violé les art. 270 et 271. • Civ. 1re, 21 sept. 2022, n° 21-10.526.

Pour rejeter la demande de prestation compensatoire de l'épouse, l'arrêt d'appel retient qu'elle perçoit une pension alimentaire de 402,56 euros au titre du devoir de secours. Cassation : en statuant ainsi, alors que la pension alimentaire, allouée pour la durée de l'instance en divorce et fondée sur le devoir de secours, cesse d'être due à la date à laquelle le divorce, mettant fin à ce devoir, est irrévocablement prononcé, la cour d'appel a violé les art. 270 et 271. • Civ. 1re, 3 mars 2021, n° 20-11.063. ♦ Pour condamner le mari à verser à l'épouse une prestation compensatoire sous la forme d'un capital de 10 000 €, l'arrêt retient que l'épouse perçoit 300 € par mois au titre du devoir de secours depuis l'ordonnance de non-conciliation. En statuant ainsi, alors que cette obligation, ayant un caractère provisoire, ne peut être prise en compte pour la fixation de la prestation compensatoire, la cour d'appel a violé les art. 270 et 271. • Civ. 1re, 28 févr. 2018, n° 16-29.101 • 5 déc. 2018, n° 17-28.553 • 3 avr. 2019, n° 18-13.631. ♦ Jurisprudence constante, V. notamment : • Civ. 1re, 4 nov. 2015, n° 14-11.903 • 15 févr. 2012, n° 11-14.187 P : *D. 2012. 552 ; AJ fam. 2012. 225 ; RTD civ. 2012. 301, obs. Hauser* • 15 févr. 2012, n° 10-20.018 P : *D. 2012. 552 ; AJ fam. 2012. 225 ; RTD civ. 2012. 301, obs. Hauser*.

Ndlr : Cette jurisprudence s'applique dès lors qu'un avantage a été accordé au titre du devoir de secours ; dès lors, une cour d'appel ne peut rejeter une demande de prestation compensatoire en retenant que l'épouse occupe le domicile conjugal à titre gratuit depuis l'ordonnance de non-conciliation, alors que cet avantage avait été accordé à l'épouse au titre du devoir de secours (violation des art. 270 et 271).

22. Règlement du passif au titre des mesures provisoires. Viole l'art. 271 la cour d'appel qui, pour fixer la prestation compensatoire à une certaine somme, retient que le mari a dû assumer durant une période relativement longue le remboursement des emprunts du couple, alors que la prise en charge des emprunts, qui pouvait ouvrir droit à une créance sur l'indivision post-communautaire à prendre en compte, le cas échéant, au moment du partage, n'était que provisoire. • Civ. 1re, 13 févr. 2019, n° 18-12.763.

23. Allocation enfant handicapé. L'allocation compensatrice tierce personne allouée à un enfant majeur est destinée à couvrir les besoins de l'enfant afin de pallier son défaut d'autonomie et ne peut être considérée comme un salaire de la mère pour apprécier la disparité. • Civ. 1re, 7 déc. 2016, n° 15-28.990 P : *D. 2016. 2570 ; AJ fam. 2017. 201, obs. Casey*.

24. Allocation adulte handicapé. Il ressort des dispositions de l'art. 272, al. 2, C. civ. dans sa rédaction issue de la L. n° 2005-102 du 11 févr. 2005, et applicable aux instances introduites après le 1er janv. 2005, pour la fixation d'une prestation compensatoire et la détermination des besoins et des ressources que le juge ne doit pas prendre en considération les sommes versées au titre de la réparation des accidents du travail et celles versées au titre du droit à compensation du handicap. • Civ. 1re, 28 oct. 2009, n° 08-17.609.

25. Circonstances antérieures au mariage. Différence de revenus et de carrières antérieures au mariage. Pour rejeter la demande de prestation compensatoire, l'arrêt d'appel retient que les situations professionnelles des époux, et donc leur différence de revenus, préexistaient au mariage. En statuant ainsi, en se fondant sur des circonstances antérieures au mariage, la cour d'appel a violé les art. 270 et 271. • Civ. 1re, 8 juill. 2020, n° 18-26.101. ♦ Cassation, pour s'être fondée sur des circonstances antérieures au prononcé du divorce pour apprécier l'existence du droit de l'un des époux à bénéficier d'une prestation compensatoire, de l'arrêt qui rejette une demande de prestation compensatoire au motif que s'il existe entre les époux une différence sensible de revenus, celle-ci préexistait au mariage et qu'en aucune façon elle ne résulte des choix opérés en commun par les conjoints. • Civ. 1re, 18 mai 2011, n° 10-17.445 P. ♦ Cassation, pour s'être fondée sur des circonstances antérieures au mariage, de l'arrêt d'appel qui décide, pour rejeter une demande de prestation compensatoire, que la rupture du mariage n'est pas à l'origine de la disparité, dès lors que, notamment, les époux se sont mariés en ayant alors largement mené leur carrière, si bien que la situation moins rémunératrice invoquée par l'épouse résulte d'un choix qui lui est propre et que le patrimoine du mari est lié en grande partie à l'existence de droits et biens antérieurs au mariage. • Civ 1re, 3 avr. 2019, n° 18-13.544. ♦ Cassation de l'arrêt d'appel qui, pour rejeter la demande de prestation compensatoire, retient que si l'épouse fait état de soins requis par son état de santé qui ne sont pas pris en charge par les organismes sociaux, l'accident de santé à l'origine de son invalidité est antérieur au mariage et qu'il n'est pas établi que les charges paramédicales qu'elle invoque lui soient imposées par la rupture du lien matrimonial, alors que, en statuant ainsi, la cour d'appel, d'une part, s'est fondée sur des circonstances antérieures au prononcé du divorce pour apprécier l'existence du droit de l'un des époux à bénéficier d'une prestation compensatoire et, d'autre part, a ajouté une condition non prévue par la loi. • Civ. 1re, 3 mars 2021, n° 19-24.717. ♦ Même sens : • Civ 1re, 6 nov. 2019, n° 18-23.734 • 11 avr. 2018, n° 17-18.375 • 16 déc. 2014, n° 13-20.159 • 10 oct. 2012, n° 11-10.444.

26. Différence de catégories socio-professionnelles. Est inopérante, pour écarter le droit à prestation compensatoire, la constatation du fait que la différence de rémunération existant ne résulte que de l'appartenance des époux à des catégories socio-professionnelles différentes, situation préexistant au mariage. • Civ. 1re, 12 janv. 2011 : *D. actu. 25 janv. 2011, obs. Guiomard ; Dr. fam. 2011, n° 34, obs. Larribau-Terneyre.*

27. Choix du régime de la séparation de biens. La prestation compensatoire n'a pas pour objet de corriger les effets de l'adoption par les époux du régime de séparation de biens. • Civ. 1re, 8 juill. 2015, n° 14-20.480 P : *D. 2016. 674, obs. Douchy-Oudot ; AJ fam. 2015. 541, obs. S. David ; RTD civ. 2015. 857, obs. Hauser .*

28. Vie commune antérieure ou postérieure au mariage. C'est en se plaçant au jour où elle statuait que la cour d'appel, qui pouvait ne prendre en considération que la durée de la vie commune postérieure au mariage, après avoir constaté que les époux étaient séparés de fait depuis 2003, a souverainement estimé que la disparité dans les conditions de vie respectives des parties, alléguée par le mari, ne résultait pas de la rupture du mariage. • Civ. 1re, 18 déc. 2013, n° 12-26.541 P : *AJ fam. 2014. 243, obs. Thouret ; RTD civ. 2014. 347, obs. Hauser* • 16 avr. 2008 n° 07-17.652 P : *BICC 15 sept. 2008, n° 1306, et la note ; D. 2008. AJ 1271, obs. Avena-Robardet ; ibid. 2009. Pan. 832, obs. Serra ; AJ fam. 2008. 261, obs. S. David .* ♦ Les juges du fond n'ont pas à tenir compte de la vie commune antérieure au mariage pour déterminer les besoins et les ressources des époux en vue de la fixation de la prestation compensatoire. • Civ. 1re, 16 avr. 2008, n° 07-12.814 P : *BICC 15 sept. 2008, n° 1306, et la note ; D. 2008. AJ 1271, obs. Avena-Robardet ; JCP 2009. I. 102, obs. Bosse-Platière, RTD civ. 2008. 464, obs. Hauser* (absence de prise en compte d'un concubinage de plus de 20 ans antérieur au mariage) • 1er juill. 2009, n° 08-18.147 : *AJ fam. 2009. 491, note S. David ; RTD civ. 2009. 706, obs. Hauser* • 6 oct. 2010, n° 09-12.718 P : *D. 2010. 2431 ; AJ fam. 2010. 493 ; RTD civ. 2011. 112, obs. Hauser .* ♦ Dans le même sens : • Civ. 1re, 17 avr. 2019, n° 17-28.301 • 5 déc. 2018, n° 17-28.345 • 8 juin 2016, n° 14-29.630.

29. Allocations familiales. L'aide versée à la famille sous forme d'allocations familiales est destinée à l'entretien des enfants et ne constitue pas un revenu bénéficiant à un époux, de sorte que pour apprécier l'existence d'une disparité créée par la rupture du mariage dans les conditions de vie respectives des époux, le juge n'a pas à prendre en considération cette somme. • Civ. 1re, 15 févr. 2012, n° 11-11.000 P : *D. 2012. 552 ; AJ fam. 2012. 225, obs. S. David ; RTD civ. 2012. 301, obs. Hauser ; Dr. fam. 2012, n° 63, obs. Larribau-Terneyre.* ♦ Jurisprudence constante : • Civ. 1re, 3 nov. 2021, n° 20-16.847 • 6 nov. 2019, n° 18-23.734 • 10 janv. 2018, n° 16-18.478 • 6 oct. 2010, n° 09-12.718 P : *D. 2010. Actu. 2431, obs. Gallmeister ; AJ fam. 2010. 493, obs. David ; Dr. fam. 2010, n° 178, obs. Larribau-Terneyre ; JCP 2011, n° 29, obs. Favier* • 12 mai 2004, n° 03-10.249 P : *Defrénois 2004. 1677, obs. Massip ; Dr. fam. 2004, n° 122, note Larribau-Terneyre* • Civ. 2e, 26 sept. 2002, n° 00-21.914 P : *AJ fam. 2002, 383, obs. David* • 25 nov. 1999, n° 98-10.555 P : *RTD civ. 2000. 94, obs. Hauser* • 3 déc. 1997, n° 94-16.970 P.

30. ... Cas du plaideur qui compte lui-même les allocations familiales dans ses revenus. L'épouse ayant soutenu, dans ses conclusions d'appel, que ses revenus étaient notamment constitués des allocations familiales et de l'allocation de soutien familial, elle n'est pas recevable à présenter devant la Cour de cassation un moyen contraire à ses propres écritures. • Civ. 1re 24 juin 2020, n° 19-10.731.

31. Prestations sociales au titre des enfants. Les prestations sociales reçues au titre des enfants n'ont pas à être prises en compte pour la détermination du droit à prestation compensatoire, puisqu'elles sont destinées aux enfants et ne peuvent donc être vues comme un revenu pour celui qui les reçoit. • Civ. 1re, 4 juill. 2018, n° 17-21.485 • 4 juill. 2018, n° 17-22.599 • 7 nov. 2018, n° 17-28.432.

32. Pension d'invalidité. En vertu de l'art. 272, al. 2, C. civ., dans sa rédaction issue de la L. n° 2005-102 du 11 févr. 2005, le juge ne peut pas prendre en considération, dans la détermination des besoins et des ressources pour fixer une prestation compensatoire, les sommes versées au titre de la réparation des accidents du travail, ni celles versées au titre du droit à compensation d'un handicap. Dès lors, en déboutant l'époux de sa demande de prestation compensatoire en se fondant sur les sommes perçues par lui notamment au titre d'une pension d'invalidité, la cour d'appel a violé le texte susvisé. • Civ. 1re, 31 mars 2010, n° 09-13.060.

33. Rente accident du travail. En vertu de l'art. 272, al. 2, C. civ., dans sa rédaction issue de la L. du 11 févr. 2005, dans la détermination des besoins et des ressources pour fixer une prestation compensatoire, le juge ne prend pas en considération les sommes versées au titre de la réparation des accidents du travail. Pour condamner l'époux à verser à l'épouse un capital de 4 000 € à titre de prestation compensatoire, l'arrêt inclut dans les ressources du mari la somme mensuelle de 417 € versée au titre de la rente servie pour l'accident du travail qui l'a rendu invalide. • Civ. 1re, 16 juin 2011, n° 10-19.537.

34. Sommes perçues au titre de l'entretien des enfants (côté créancier de la prestation compensatoire). Pour apprécier les ressources du conjoint ayant la garde des enfants, le juge ne peut prendre en considération les sommes versées par l'autre conjoint au titre de la contribution à l'entretien des enfants. • Civ. 1re, 25 mai 2004, n° 02-12.922 P : *D. 2004. IR 1709 ; Gaz. Pal. 2004. 2556, concl. Sainte-Rose ; Defrénois 2004. 1677, obs. Massip ; Dr. fam. 2004, n° 122, note Larribau-Terneyre ; RJPF 2004-10/27, obs. Garé ; RTD civ. 2004. 491, obs. Hauser .*

35. Part de communauté. *N.B.* : Il est usuel de considérer que le résultat de la liquidation du régime de communauté est neutre, sauf circonstances particulières, puisque les époux recevront le même montant. Cependant, cette affirmation semble n'être exacte que pour déterminer l'existence d'une disparité donnant droit à prestation compensation. Au contraire, une fois la disparité admise, le résultat de la liquidation peut être pris en compte. C'est en tout cas de ce qui semble ressortir de la comparaison de deux arrêts du 5 sept. 2018, qui paraissent bien faire la distinction entre la disparité pour laquelle la liquidation de la communauté serait neutre, et le chiffrage de la prestation compensatoire (une fois la disparité admise), pour lequel le montant réellement à percevoir dans la liquidation et le partage serait à prendre en compte, et que les arrêts postérieurs paraissent bien confirmer.

36. a) Résultat de la liquidation indifférent dans la détermination de la disparité. Sous le couvert d'un grief non fondé de manque de base légale au regard de l'art. 271 C. civ., le moyen ne tend qu'à remettre en discussion, devant la Cour de cassation, le pouvoir souverain d'appréciation de la cour d'appel qui, après avoir retenu à bon droit que, la liquidation du régime matrimonial des époux étant par définition égalitaire, il n'y avait pas lieu de tenir compte de la part de communauté devant revenir à Mme [U] pour apprécier la disparité créée par la rupture du lien conjugal dans les situations respectives des époux, a pris en considération l'ensemble des éléments qui lui était soumis pour fixer le montant de la prestation compensatoire. Il ne peut donc être accueilli. • Civ. 1re, 21 sept. 2022, n° 21-12.344B : *D. actu., 11 oct. 2022, obs. Guiguet-Schielé ; AJ fam. 2023. 167, obs. Casey ; ibid. 2022. 556, obs. Eudier.* ♦ Jurisprudence constante, v., Cassation, pour violation des art. 270 et 271, de l'arrêt d'appel qui retient que, les époux étant mariés sous le régime de la communauté, l'épouse disposera de droits lors de la liquidation du régime matrimonial, alors que la liquidation du régime matrimonial des époux étant égalitaire, il n'y a pas lieu, en l'absence de circonstances particulières, de tenir compte, pour apprécier la disparité créée par la rupture du lien conjugal, de la part de communauté devant revenir à chacun d'eux. • Civ. 1re, 3 mars 2021, n° 20-11.063. ♦ Pour apprécier la disparité résultant de la rupture du lien conjugal – en vue de l'appréciation du droit à prestation compensatoire –, il n'y a pas lieu de tenir compte de la part de communauté devant revenir à l'épouse ainsi que de l'origine des biens composant l'actif de la communauté ; doit ainsi être censurée la décision qui, pour rejeter la demande de l'épouse en paiement d'une prestation compensatoire, retient qu'à la suite de la liquidation de la communauté, celle-ci bénéficiera d'une fortune personnelle substantielle, constituée majoritairement par son époux, de sorte que le divorce ne crée pas de disparité dans les conditions de vie respectives des époux. • Civ. 1re, 5 sept. 2018, n° 17-20.174. • 7 nov. 2018, n° 17-28.376 • 28 juin 2019, n° 18-11.354. ♦ Antérieurement, dans le même sens quant à l'appréciation de la disparité, V. : Pour rejeter la demande de prestation compensatoire présentée par l'épouse, l'arrêt retient qu'elle va pouvoir prétendre à la moitié de la valeur du patrimoine commun, financé par les revenus de son époux. En statuant ainsi, alors que, la liquidation du régime matrimonial des époux étant égalitaire, il n'y avait pas lieu, en l'absence de circonstances particulières, de tenir compte, pour apprécier la disparité créée par la rupture du lien conjugal, de la part de communauté devant revenir à l'épouse, la cour d'appel a violé les art. 270 et 271. • Civ. 1re, 21 sept. 2016, n° 15-14.986. ♦ Jurisprudence contante, notamment : • Civ. 1re, 31 mars 2016, n° 15-18.065 • 13 mai 2015, n° 14-17.534 • 11 sept. 2013, n° 12-21.195 • 1er juill. 2009, n° 08-18.486 P : *D. 2010. Pan. 1243, obs. Serra ; AJ fam. 2009. 400, obs. S. David ; Dr. fam. 2009, n° 125, obs. Larribau-Terneyre* • Civ. 2e, 17 mars 1993, n° 91-19.018 P • 24 mai 1991, n° 90-12.224 P • 14 janv. 1998, n° 95-22.059 P : *RTD civ. 1999, 172, obs. Vareille* • Civ. 1re, 31 mars 2010, n° 09-13.811 P. ♦ Doit être cassé l'arrêt qui condamne un époux à verser une prestation compensatoire à son ex-femme en retenant qu'il exploite une pharmacie, qui constitue un bien commun, sans rechercher si la nature de bien commun de l'officine n'aurait pas dans un avenir prévisible une incidence sur la situation financière de l'époux du fait de la liquidation de la communauté. • Civ. 2e, 17 mars 1993, n° 91-19.018 P : *D. 1993. IR 87.* – Dans le même sens : • Civ. 2e, 20 mars 1996, n° 94-12.371 P : *Defrénois 1997. 712, obs. Massip (1re esp.).*

b) Résultat de la liquidation pas indifférent dans le chiffrage de la prestation compensatoire (une fois la disparité admise). Après avoir relevé que les droits de l'épouse sur le bien immobilier indivis étaient limités à 30 % de sa valeur, que l'époux avait continué à acquitter les deux emprunts à charge de créance lors de la liquidation des intérêts patrimoniaux des époux et que l'épouse avait bénéficié de la jouissance gratuite du domicile conjugal jusqu'au 31 août 2013 mais n'avait libéré les lieux qu'après avoir pris à bail, le 16 juill. 2015, une maison pour un loyer mensuel de 1 690 €, ce dont il ressortait qu'elle serait débitrice d'une indemnité d'occupation, la cour d'appel, qui a fixé le montant de la prestation compensatoire notamment en considération du patrimoine prévisible des époux après la liquidation du régime matrimonial compte tenu de la part de propriété de chacun d'eux et des comptes à faire, a légalement justifié sa décision. • Civ. 1re, 5 sept. 2018, n° 17-24.133. ♦ Même sens : • Civ. 1re, 17 oct. 2019, n° 18-19.261 : prive sa décision de base légale (au regard des art. 270 et 271) la cour d'appel, qui, pour limiter à la somme de 20 000 € le montant de la prestation compensatoire allouée à l'épouse, retient que la valeur du patrimoine commun des époux n'est pas contestée, chacun d'eux devant en recevoir la moitié, alors qu'elle devait prendre en considération, comme elle y était invitée, la dette d'indemnité d'occupation mise à la charge de l'épouse par l'ordonnance de non-conciliation, qui était de nature à influer sur son patrimoine prévisible en capital après la liquidation du régime matrimonial.

37. Revenus locatifs. Les revenus locatifs procurés par les biens dépendant de la communauté n'ont pas à être pris en compte pour apprécier la disparité car, pendant la durée du régime, ces revenus entrent en communauté et, après sa dissolution, ils accroissent à l'indivision. • Civ. 1re, 15 févr. 2012, n° 10-20.018 P : *D. 2012. 552 ; AJ fam. 2012. 225, obs. S. David ; RTD civ. 2012. 301, obs. Hauser*. ♦ Cassation de l'arrêt prenant en considération l'avantage constitué par le loyer perçu au titre du devoir de secours, pendant la durée de l'instance. • Civ. 1re, 15 févr. 2012, n° 11-14.187 P : *D. 2012. 552 ; AJ fam. 2012. 225, obs. S. David ; RTD civ. 2012. 301, obs. Hauser*. ♦ Sur la prise en compte d'un bien dont l'un des époux a tacitement renoncé au caractère propre lors des opérations de liquidation du régime matrimonial, V. • Civ. 1re, 23 sept. 2015, n° 14-20.168.

38. Promesse de donation non authentique. Ayant exactement énoncé que l'engagement de signer un acte de donation est, comme la libéralité elle-même, soumis à la forme authentique en application de l'art. 931 C. civ., la cour d'appel ne pouvait qu'écarter la demande d'une épouse en constatation d'une obligation naturelle transformée en obligation civile à la suite du donné acte contenu dans le jugement de divorce. • Civ. 1re, 17 oct. 2018, n° 17-22.021.

3° INCIDENCE DE LA FRAUDE

39. Créance admise puis contestée. Après avoir énoncé que la fraude suppose que soit rapportée la preuve d'un comportement volontairement déloyal, l'arrêt retient que si l'épouse a admis le principe d'une créance du mari devant le juge du divorce, il n'est pas établi qu'elle était, à cette époque, animée par l'intention de la contester au cours des opérations de liquidation et de partage du régime matrimonial ni qu'elle ait agi ainsi pour abuser la juridiction saisie de la demande de prestation compensatoire, de sorte que la cour d'appel en a souverainement déduit qu'aucune fraude ne pouvait lui être imputée. • Civ. 1re, 7 nov. 2018, n° 17-26.545.

C. OFFICE DU JUGE

40. Respect du contradictoire. Cassation d'un arrêt d'appel qui, pour condamner le mari à payer une certaine somme à titre de prestation compensatoire, retient que celui-ci n'a pas fourni les éléments qui auraient permis de connaître avec certitude sa situation financière : avis d'imposition, déclaration de succession, bilans comptables, mais sans avoir invité les parties à s'expliquer sur l'absence au dossier de la déclaration de succession du père de l'intéressé, qui figurait au n° 49 du bordereau de pièces annexé aux dernières conclusions de l'époux et dont la communication n'avait pas été contestée. • Civ. 1re, 13 févr. 2021, n° 19-15.647. ♦ Viole l'art. 16 C. pr. civ. la cour d'appel qui, pour condamner le mari à payer une certaine somme à titre de prestation compensatoire, retient que celui-ci ne produit aucun élément actualisé sur la situation financière de la société dont il est le gérant, et que seuls sont versés aux débats les comptes pour les exercices des années 2010 et 2011, alors qu'il convenait d'inviter les parties à s'expliquer sur l'absence au dossier des comptes pour les exercices des années 2015 et 2016, qui figuraient sur le bordereau de pièces annexé aux dernières conclusions du mari et dont la communication n'avait pas été contestée. • Civ. 1re, 3 oct. 2019, n° 18-18.574.

41. Appel et majoration de la prestation compensatoire. Les juges d'appel ne peuvent aggraver le sort de l'appelant sur son appel en l'absence d'appel incident de l'intimé. • Civ. 2e, 30 janv. 2020, n° 18-25.900.

42. Dénaturation des demandes. Pour déclarer irrecevables les demandes nouvelles de l'épouse articulées dans le dispositif de ses écritures en réplique et tendant à se voir octroyer une prestation compensatoire dans d'autres circonstances qu'un prononcé du divorce aux torts exclusifs de l'époux, l'arrêt, après avoir confirmé le jugement en ce qu'il a prononcé le divorce aux torts partagés des époux et rappelé les dispositions de l'art. 910-4,-C. pr. civ., retient que, dans le dispositif de ses premières conclusions notifiées le 18 sept. 2018 qui devait formuler l'ensemble de ses prétentions, l'épouse n'a pas formé de demande de prestation compensatoire dans l'hypothèse d'un divorce prononcé aux torts partagés des époux par la cour d'appel. En statuant ainsi, alors qu'aux termes de ses conclusions, l'épouse avait présenté sa demande de condamnation de son mari au paiement d'une prestation compensatoire après celle relative au divorce et de façon indépendante de celle-ci, la cour d'appel a dénaturé les termes clair et précis de ces écritures. • Civ. 1re, 30 nov. 2022, n° 21-11.334 : *AJ fam. 2023. 55, obs. Eudier*.

Art. 272 *(L. n° 2000-596 du 30 juin 2000 ; L. n° 2004-439 du 26 mai 2004, art. 6 et 14-V)* **Dans le cadre de la fixation d'une prestation compensatoire, par le juge ou par les parties, ou à l'occasion d'une demande de révision, les parties fournissent au juge une déclaration certifiant sur l'honneur l'exactitude de leurs ressources, revenus, patrimoine et conditions de vie.** — *[Ancien art. 271, al. 2, modifié.]*

(Abrogé par Cons. const. n° 2014-398 QPC du 2 juin 2014) (L. n° 2005-102 du 11 févr. 2005, art. 15) ***« Dans la détermination des besoins et des ressources, le juge ne prend pas en considération les sommes versées au titre de la réparation des accidents du travail et les sommes versées au titre du droit à compensation d'un handicap. »***

L'abrogation du second alinéa de l'art. 272 C. civ. prend effet à compter du 4 juin 2014 ; elle est applicable à toutes les affaires non jugées définitivement à cette date ; les prestations compensatoires fixées par des décisions définitives en application des dispositions déclarées contraires à la Constitution ne peuvent être remises en cause sur le fondement de cette inconstitutionnalité (Cons. const. 2 juin 2014, n° 2014-398 QPC).

Sur la déclaration sur l'honneur, V. C. pr. civ., art. 1075-1, App., I. Procédure.

BIBL. ▸ Déclaration sur l'honneur : GARÉ, *RJPF 2003-3/23.* – LÉCUYER, *Dr. fam. 2003. Chron. 6 et 11.* – C. LIENHARD, *D. 2000, n° 32, Point de vue, p. V ; AJ fam. 2003. 62.*

I. DÉCLARATION SUR L'HONNEUR

1. Forme. Une cour d'appel apprécie souverainement la valeur et la portée d'une déclaration sur l'honneur, pour laquelle la loi n'impose aucune forme spécifique. • Civ. 1re, 22 mars 2005, n° 02-13.214 P : *D. 2005. IR 1050.* ♦ Déjà en ce sens : • Civ. 2e, 23 janv. 2003, n° 01-02.682 P : *Dr. fam. 2003, n° 72, note H. L. ; RTD civ. 2003. 273, obs. Hauser* (validité de la déclaration renvoyant aux écritures du déclarant).

2. Condition de recevabilité de la prestation compensatoire (non). L'art. 271, al. 2, C. civ. ne fait pas de la fourniture de la déclaration sur l'honneur une condition de recevabilité de la demande de prestation compensatoire. • Civ. 1re, 11 janv. 2005, n° 02-19.016 P : *D. 2005. IR 243 ; AJ fam. 2005. 144, obs. S. David ; Dr. fam. 2005, n° 55, note Larribau-Terneyre ; RTD civ. 2005. 375, obs. Hauser.* ♦ Dans le même sens. • Civ. 1re, 4 juill. 2018, n° 17-13.611 • 14 avr. 2010, n° 09-12.459. – Rappr. • Civ. 1re, 23 mai 2006, n° 05-17.533 P : *D. 2006. IR 1562 ; Dr. fam. 2006, n° 146, obs. Larribau-Terneyre ; RJPF 2006-10/36, obs. Garé.*

3. Ni attestation, ni certificat. La déclaration établie par l'épouse dans le cadre de l'art. 272 C. civ., dans son intérêt, ne constitue pas une attestation ou un certificat au sens de l'art. L. 411-3 COJ. • Crim, 7 mars 2012, n° 11-82.153 P : *D. 2012. 815 ; AJ pénal 2012. 287, obs. Gallois.*

4. Appel. Intérêt à agir de l'épouse pour former appel à l'encontre du jugement de divorce lui ayant accordé une prestation compensatoire conformément à ses demandes, compte tenu du fait que postérieurement aux débats, la publication des comptes annuels de la société dont l'époux était le gérant avait révélé que celui-ci avait perçu des revenus d'un montant supérieur à celui qu'il avait mentionné dans l'attestation sur l'honneur qu'il avait souscrite, l'ignorance d'une telle information étant de nature à affecter la teneur des prétentions de l'épouse et l'appréciation de celles-ci par le premier juge. • Civ. 1re, 23 nov. 2011 : *D. 2012. 244, obs. Fricero.*

5. Contrôle de la Cour de cassation. Une cour d'appel n'a pas à faire spécialement mention, dans son arrêt, de ce que la déclaration sur l'honneur a été ou non produite. • Civ. 1re, 8 juill. 2003, n° 01-15.829 P : *D. 2003. IR 2123 ; Defrénois 2003. 1487, obs. Massip ; AJ fam. 2003. 425, obs. S. D. ; RJPF 2003-10/23, note Garé ; Dr. fam. 2003, n° 119, note Lécuyer ; RTD civ. 2003. 687, obs. Hauser* • 6 juill. 2005 : *Dr. fam. 2005, n° 214, note Larribau-Terneyre.* ♦ Une partie qui s'est abstenue de produire une pièce ou d'en réclamer la production ne peut ériger sa propre carence en grief ; rejet du pourvoi contre l'arrêt qui a statué sur la prestation compensatoire sans avoir disposé des déclarations sur l'honneur et sans même avoir invité les parties à les fournir. • Civ. 1re, 8 juill. 2003, n° 02-11.641 P : *Defrénois 2003. 1487, obs. Massip ; AJ fam. 2003. 425, obs. S. D. ; RJPF 2003-10/23, note Garé ; Dr. fam. 2003, n° 119, note Lécuyer ; RTD civ. 2003. 687, obs. Hauser* • 12 mai 2004, n° 02-16.574 P : *AJ fam. 2004. 325, obs. S. David* • 12 mai 2004 : *Dr. fam. 2004, n° 121, note Larribau-Terneyre* • 22 mars 2005 : *préc. note 1.*

6. Incidence d'une absence de récompense cochée dans un régime séparatiste. La cour d'appel a constaté que le mari avait rempli, au cours de la procédure de divorce, une déclaration sur l'honneur où il avait inscrit la mention "non" dans la rubrique afférente à une éventuelle récompense due par la communauté ou le conjoint, alors que les époux n'étaient pas soumis à un régime communautaire ; c'est dans l'exercice de son pouvoir souverain d'appréciation des éléments qui lui étaient soumis qu'elle en a déduit que cette mention, renseignant une question relative à un régime matrimonial dont ne relevaient pas les époux, ne pouvait être tenue pour un aveu judiciaire faisant foi contre son auteur. • Civ. 1re, 13 mai 2020, n° 19-11.290.

II. RENTES ET INDEMNITÉS

A. ABROGATION DE L'ART. 272, AL. 2

7. Art. 272, al. 2, inconstitutionnalité. Le second alinéa de l'art. 272 est contraire à la Constitution. • Cons. const. 2 juin 2014, n° 2014-398 QPC : *JO 4 juin ; D. 2014. 1202 ; AJ fam. 2014. 427, obs. Thouret ; RDSS 2014. 677, note Gerry-Vernières ; RTD civ. 2014. 628, obs.*

Hauser . ♦ En premier lieu, en excluant des éléments retenus pour le calcul de la prestation compensatoire les sommes versées au titre de la réparation des accidents du travail, ces dispositions empêchent de prendre en compte des ressources destinées à compenser, au moins en partie, une perte de revenu alors que, par ailleurs, toutes les autres prestations sont prises en considération dès lors qu'elles assurent un revenu de substitution ; en second lieu, en application de l'art. 271, il incombe au juge, pour fixer la prestation compensatoire selon les besoins et ressources des époux, de tenir compte notamment de leur état de santé ; si les sommes versées à une personne au titre de la compensation de son handicap ne sauraient être détournées de leur objet pour être affectées au versement de la prestation compensatoire dont cette personne est débitrice, en excluant la prise en considération des sommes versées au titre de la compensation du handicap dans la détermination des besoins et ressources, l'art. 272 a pour effet d'empêcher le juge d'apprécier l'ensemble des besoins des époux, et notamment des charges liées à leur état de santé. • Même décision. ♦ L'interdiction de prendre en considération, pour fixer le montant de la prestation compensatoire, les sommes versées à l'un des époux au titre de la réparation d'un accident du travail ou au titre de la compensation d'un handicap institue entre les époux des différences de traitement qui ne sont pas en rapport avec l'objet de la prestation compensatoire qui est de compenser la disparité que la rupture du mariage crée dans leurs conditions de vie respectives ; cette interdiction méconnaît l'égalité devant la loi. • Même décision.

8. ... Conséquence. La décision n° 2014-398 QPC du 2 juin 2014 déclarant l'art. 272, al. 2, contraire à la Constitution prend effet à compter de la publication de la décision et est applicable à toutes les affaires non jugées définitivement à cette date. • Civ. 1re, 22 oct. 2014, n° 13-24.802 P : *D. 2015. 649, obs. Douchy-Oudot ; AJ fam. 2014. 698, obs. David ; RTD civ. 2015. 109, obs. Hauser ; JCP 2014, n° 1136, pnote Casey ; Dr. fam. 2014, n° 175, note Binet.*

B. JURISPRUDENCE ANTÉRIEURE

9. Application dans le temps. L'art. 272, al. 2, dans sa rédaction issue de la L. du 11 févr. 2005 est applicable aux instances introduites après le 1er janv. 2005. • Civ. 1re, 28 oct. 2009, n° 08-17.609 P : *D. 2009. AJ 2744, obs. Égéa ; ibid. 2010. Chron. C. cass. 522, n° 2, obs. Auroy ; ibid. 2010. Pan. 1243, obs. Serra ; JCP 2010, n° 151, note Dagorne-Labbe ; AJ fam. 2010. 39, obs. Gallmeister ; JCP 2009. 451, obs. Devers ; ibid. 2010. 34, n° 7, obs. Bosse-Platière ; LPA 11 mars 2010. 12, note Massip ; Dr. fam. 2009, n° 151, note Larribau-Terneyre ; RLDC 2009/66, n° 3655, obs. Pouliquen ; RTD civ. 2010. 91, obs. Hauser .* ♦ Sur l'application dans le temps de l'abrogation de l'art. 272, V. note ss. cet art.

10. ... Rente accident du travail. La rente accident du travail perçue par l'un des époux doit être exclue lors de la détermination de ses ressources. • Civ. 1re, 28 oct. 2009 : *préc. note 7 (Jurisprudence antérieure à la déclaration d'inconstitutionnalité du 2 juin 2014).*

11. ... Handicap. L'allocation aux adultes handicapés doit être prise en considération dans la détermination des ressources, car à la différence de la prestation de compensation, elle est destinée à garantir un minimum de revenus à l'allocataire et non à compenser son handicap. • Civ. 1re, 28 oct. 2009 : *préc. note 7 (Jurisprudence antérieure à la déclaration d'inconstitutionnalité du 2 juin 2014).*

12. ... Pension d'invalidité. La pension militaire d'invalidité comprend l'indemnisation de pertes de gains professionnels et des incidences professionnelles de l'incapacité, et ne figure pas au nombre des sommes exclues, par l'art. 272, al. 2, des ressources que le juge prend en considération pour fixer la prestation compensatoire. • Civ. 1re, 9 nov. 2011 : *D. 2011. 2867 ; AJ fam. 2011. 606, obs. S. David ; RTD civ. 2012. 103, obs. Hauser ; Dr. fam. 2012, n° 7, obs. Larribau-Terneyre.* ♦ Dans le même sens pour une pension d'invalidité d'un agriculteur : • Civ. 1re, 26 sept. 2012, n° 10-10.781 P : *D. 2012. 2308 ; AJ fam. 2012. 552, obs. Raoul-Cormeil ; RTD civ. 2012. 717, obs. Hauser ; Dr. fam. 2012, n° 165, obs. Larribau-Terneyre (Jurisprudence antérieure à la déclaration d'inconstitutionnalité du 2 juin 2014).*

13. ... Somme réparant un préjudice corporel. L'indemnité versée au titre de la réparation d'un préjudice corporel consécutif à un accident de la circulation ne figure au nombre des sommes exclues, par l'art. 272, al. 2, des ressources prises en considération par le juge pour fixer la prestation compensatoire que dans la mesure où l'époux bénéficiaire établit qu'elle a compensé un handicap. • Civ. 1re, 18 déc. 2013, n° 12-29.127 P : *R., p. 529 ; D. 2014. Chron. C. cass. 563, obs. Capitaine ; AJ fam. 2014. 183, obs. David ; RTD civ. 2014. 96, obs. J. Hauser ; RDSS 2014. 195, obs. Monéger ; JCP 2014, n° 162, note Coutant-Lapalus ; Gaz. Pal. 2014. 281, obs. Le Gac-Pech ; Dr. fam. 2014, n° 53, obs. Nicod (Jurisprudence antérieure à la déclaration d'inconstitutionnalité du 2 juin 2014).*

C. PRISE EN COMPTE DES RENTES ET INDEMNITÉS

14. V. note 10 ss. art. 271.

Art. 273 *Abrogé par L. n° 2004-439 du 26 mai 2004, art. 23.*

Art. 274 *(L. n° 2004-439 du 26 mai 2004, art. 18-III)* **Le juge décide des modalités selon lesquelles s'exécutera la prestation compensatoire en capital parmi les formes suivantes :**

1° Versement d'une somme d'argent, le prononcé du divorce pouvant être subordonné à la constitution des garanties prévues à l'article 277 ;

2° Attribution de biens en propriété ou d'un droit temporaire ou viager d'usage, d'habitation ou d'usufruit, le jugement opérant cession forcée en faveur du créancier. Toutefois, l'accord de l'époux débiteur est exigé pour l'attribution en propriété de biens qu'il a reçus par succession ou donation.

Sur l'attribution d'un bien prévue par l'art. 274, al. 2, V. C. pr. civ., art. 1080, App., I. Procédure.

BIBL. ▸ BÉNABENT, *D. 2001. Point de vue 1036* (abandon de biens en propriété). – S. DAVID, *AJ fam. 2004. 166* (prestation compensatoire et droits démembrés de propriété).

1. Art. 275 anc., al. 1er. (L'art. 274 reprend dans leur substance les dispositions de l'art. 275 anc., al. 1 et 2.) Il appartient aux juges de préciser dans le dispositif de leur décision le montant de la prestation compensatoire, la valeur et la quotité des droits attribués à ce titre. • Civ. 1re, 16 avr. 2008, n° 07-12.814.

2. Attribution d'usufruit (art. 275 anc.). L'art. 275 anc. (repris par l'art. 274, al. 2) n'établit aucune distinction entre les biens immobiliers, propres ou communs, dont l'usufruit peut être attribué à titre de prestation compensatoire. • Civ. 2e, 1er avr. 1992, n° 90-15.816 P. ♦ Il résulte de l'art. 275 que, lorsqu'il est limité à l'usufruit, l'abandon d'un bien en nature attribué ou affecté à l'époux créancier n'est pas subordonné à l'acceptation de l'époux débiteur. • Civ. 2e, 29 sept. 1982 : *Gaz. Pal. 1983. 2. 561, note J. M.* ♦ Si la durée de l'usufruit accordé au titre de la prestation compensatoire n'a pas été expressément précisée, cet usufruit a nécessairement été attribué pour la durée de la vie du bénéficiaire. • Civ. 2e, 23 nov. 1994, n° 93-12.704 P. ♦ L'usufruit d'un immeuble attribué à l'épouse à titre de prestation compensatoire lui permet, soit de jouir personnellement du bien, soit de le donner à bail. • Civ. 1re, 8 déc. 1998 : *Defrénois 1999. 935, obs. Massip.* ♦ Un jugement de divorce attribuant à l'épouse non une créance, mais l'usufruit de l'immeuble appartenant à son ex-époux à titre de prestation compensatoire, droit réel susceptible de publication, l'inscription hypothécaire qu'elle avait prise tendant à garantir la valeur de son usufruit alors que la prestation compensatoire n'avait pas été révisée, doit être radiée. • Civ. 1re, 18 déc. 2013 : *D. 2014. 77 ; AJ fam. 2014. 240, obs. Thouret ; RTD civ. 2014. 149, obs. Dross.*

3. Valeur (art. 275 anc.). Il résulte des art. 274 et 275 que le juge qui attribue l'usufruit d'un bien commun à titre de prestation compensatoire doit en fixer le montant. • Civ. 1re, 22 mars 2005, n° 02-18.648 P : *Defrénois 2005. 1343, obs. Massip ; AJ fam. 2005. 194, obs. S. David ; Dr. fam. 2005, n° 105, note Larribau-Terneyre ; RTD civ. 2005. 373, obs. Hauser.* ♦ Dans le même sens, pour une pension alimentaire accordée sous forme d'usufruit d'un bien commun (art. 285 ancien) : • Civ. 1re, 19 mars 2008, n° 07-11.267 P : *D. 2008. AJ 988 ; RLDC 2008/5, n° 2995, obs. Marraud des Grottes.* ♦ V. aussi • Civ. 1re, 19 avr. 2005, n° 03-19.691 P : *D. 2005. IR 1304* (rejet d'une demande de prestation compensatoire en usufruit dont la valeur n'est pas chiffrée). ♦ De même, lorsque la prestation compensatoire prend la forme d'une attribution de biens en pleine propriété, sa valeur doit être précisée dans le jugement qui la fixe. • Civ. 1re, 28 juin 2005, n° 04-12.817 P : *AJ fam. 2005. 359, obs. S. David* • 14 nov. 2006, n° 04-16.997 P : *RTD civ. 2007. 97, obs. Hauser.* ♦ Si les juges du fond doivent évaluer le montant d'une prestation compensatoire, l'omission matérielle de cette mention peut toujours être réparée par la juridiction qui a rendu la décision ou par celle à laquelle elle est déférée si cette rectification ne modifie pas les droits et obligations reconnues aux parties. • Civ. 1re, 20 févr. 2008 : *Defrénois 2008. 1113, obs. Massip.*

4. Attribution forcée d'un usufruit à titre de prestation compensatoire : subsidiarité. Pour imposer au mari le règlement d'une prestation compensatoire par attribution de l'usufruit viager d'une valeur de 111 750 € sur un immeuble donné en nue-propriété à leurs deux enfants et le versement d'une rente viagère d'un montant mensuel indexé de 800 €, l'arrêt retient l'âge, la santé précaire et les très faibles ressources de l'épouse ne lui permettant pas de subvenir à ses besoins ainsi que l'absence d'argument sérieux opposé par le mari à cette attribution en nature. En se déterminant ainsi, sans constater que les modalités prévues à l'art. 274, al. 1er, C. civ. n'étaient pas suffisantes pour garantir le versement de cette prestation, la cour d'appel a privé sa décision de base légale au regard de l'art. 274, al. 1er. • Civ. 1re, 4 juill. 2018, n° 17-22.645.

5. Intérêts (anatocisme, compétence du JAF). Aux termes de l'art. 1343-2 C. civ., les intérêts échus, dus au moins pour une année entière, produisent intérêt si le contrat l'a prévu ou si une décision de justice le précise. Pour rejeter la demande de l'épouse tendant à ce que la condamnation de l'époux à lui payer la prestation compensatoire soit assortie de la capitalisation des intérêts, une cour d'appel retient que cette demande relève du juge de l'exécution, en cas de défaut de paiement. En statuant ainsi, alors que les seules conditions pour que les intérêts échus des capitaux produisent des intérêts étant que la demande en ait été judiciairement formée et qu'il s'agisse d'intérêts dus au moins pour une année entière, la cour d'appel a violé l'art. 1343-2 C. civ. • Civ. 1re, 5 avr. 2023, n° 21-23.050. **N.B.** : Décision conforme au droit commun des obligations, où l'anatocisme ordonné *in futurum* est accepté sans nécessité d'attendre « un défaut de paiement ». • Civ. 2e, 1er juin 2011, n° 10-18.829 : *RGDA 2011. 964, ob. Schultz* • Com. 3 oct. 2000, n° 97-21.316 • Civ. 3e, 2 févr. 2000, n° 97-21.840 • 4 janv. 1995, n° 93-12.550 • 18 févr. 1998, n° 96-12.221 : *Bull. civ. III, n° 42* • 8 mars 1995, n° 93-13.912 : *Bull. civ. III, n° 77* • 26 févr. 1974, n° 72-14.515 : *Bull. civ. III, n° 91.* ♦ En outre, une fois accordé, l'anatocisme produit un effet continu, de sorte qu'il se produira pour toutes les échéances annuelles futures une fois celles-ci échues. • Com. 29 avr. 1997, n° 94-20.486 : *Bull. civ. IV, n° 114* • Civ. 2e, 28 févr. 1996, n° 94-10.860 P. • Com. 20 oct. 1982, n° 81-10.203 : *Bull. civ. IV, n° 323.*

6. Intérêts (art. 275 anc.). La faculté ouverte par le jugement de divorce à l'époux débiteur de la prestation compensatoire de régler sa dette dans le cadre des opérations de liquidation de la communauté ne retire pas à cette dette son caractère exigible et ne l'empêche donc pas de porter intérêts à compter du jour où ceux-ci sont demandés. • Civ. 1re, 4 mars 1986 : *JCP N 1986. II. 241, note Simler* • Civ. 1re, 8 juill. 2010, n° 09-14.230 P : *D. 2010. 1941 ; JCP 2010, n° 1220, obs Simler ; AJ fam. 2010. 436, obs. David ; ibid. 443, obs. Hilt ; Defrénois 2010. 2024, obs. Massip ; RLDC 2010/75, n° 3972, obs. Serra ; Dr. fam. 2010, n° 145, obs. Larribau-Terneyre.*

7. Autres modalités. Le juge ne peut déroger aux modalités d'exécution de la prestation compensatoire prévues par la loi qu'avec l'accord des parties. • Civ. 2e, 25 mai 1993, n° 91-20.247 P : *Defrénois 1994. 1440, obs. Massip* • Civ. 1re, 19 avr. 2005, n° 03-16.140 P : *RTD civ. 2005. 579, obs. Hauser* (art. 275 anc.) • 23 juin 2010 : *Dr. fam. 2010, n° 128, obs. Larribau-Terneyre.*

8. Attribution en pleine propriété. Subsidiarité. L'atteinte au droit de propriété qui résulte de l'attribution forcée prévue par le 2° de l'art. 274 ne peut être regardée comme une mesure proportionnée au but d'intérêt général poursuivi que si elle constitue une modalité subsidiaire d'exécution de la prestation compensatoire en capital ; par conséquent, elle ne saurait être ordonnée par le juge que dans le cas où, au regard des circonstances de l'espèce, les modalités prévues au 1° n'apparaissent pas suffisantes pour garantir le versement de cette prestation. • Cons. const. 13 juill. 2011, n° 2011-151 QPC : *AJ fam. 2011. 426, obs. Régis ; RTD civ. 2011. 565, obs. Revet ; ibid. 750, obs. Hauser ; Dr. fam. 2011, n° 148, obs. Larribau-Terneyre* (conformité à la Constitution sous réserve de subsidiarité). ♦ Pour la saisine du Conseil constitutionnel : • Civ. 1re, 17 mai 2011 : *AJ fam. 2011. 323, obs. Borzeix ; RTD civ. 2011. 521, obs. Hauser.* ♦ Compte tenu de cette réserve d'interprétation, les juges doivent constater, avant d'octroyer la prestation compensatoire sous forme de capital, que les modalités prévues au 1° de l'art. 274 ne sont pas suffisantes pour garantir le versement de cette prestation. • Civ. 1re, 28 mai 2014, n° 13-15.760 P : *D. 2015. 649, obs. Douchy-Oudot ; AJ fam. 2014. 558, obs. Thouret ; RTD civ. 2014. 630, obs. Hauser ; ibid. 688, obs. Dross ; JCP 2014, n° 953, note Bosse-Platière* • 15 avr. 2015, n° 14-11.575 P : *D. 2015. 922.* ♦ Dans le même sens, pour la CEDH : • CEDH 10 juill. 2014, *Milhau c/ France,* n° 4944/11 : *D. actu. 11 sept. 2014, obs. Mésa ; AJDA 2014. 1763, note Burgorgue-Larsen ; AJ fam. 2014. 497, obs. Régis ; RTD civ. 2014. 841, obs. Marguénaud ; ibid. 869, obs. Hauser.*

9. Valeur du bien attribué. Obligation pour le juge qui attribue le bien en pleine propriété, au titre de l'art. 274, d'en indiquer la valeur retenue. • Civ. 1re, 15 avr. 2015, n° 14-11.575 P : *préc. note 8.*

10. L'abandon en pleine propriété d'un bien qui appartenait à l'autre époux avant le mariage ne requiert pas l'accord de ce dernier, hors le cas où le bien a été reçu par le débiteur de la prestation compensatoire par succession ou donation. • Civ. 1re, 12 nov. 2009, n° 08-19.166 P : *JCP 2010. 34, n° 6, obs. Bosse-Platière ; AJ fam. 2010. 83, obs. David ; Dr. fam. 2010, n° 15, note Larribau-Terneyre ; Defrénois 2010. 866, obs. Massip ; RLDC 2010/67, n° 3686, obs. Pouliquen ; RTD civ. 2010. 90, obs. Hauser.*

11. Défaut de références cadastrales. Pour rejeter la demande de prestation compensatoire de l'épouse, l'arrêt retient que si la rupture du mariage crée une disparité dans les conditions de vie respective des époux, la demande de l'épouse ne peut cependant qu'être rejetée, dès lors qu'elle tend à l'attribution d'un bien immobilier sans préciser les références cadastrales de l'immeuble, sa valeur et la quotité des droits attribués. En statuant ainsi, alors qu'une demande en justice non chiffrée n'est pas de ce seul chef dépourvue de fondement, la cour d'appel a violé l'art. 274 C. civ. • Civ. 1re, 28 mars 2018, n° 17-15.421. ***Ndlr :*** Il manquait en l'espèce les mentions requises par l'art. 1080, al. 2, C. pr. civ. (mentions cadastrales en vue de la publication du jugement à la publicité foncière), de sorte qu'une telle publication était impossible. Mais cela ne voulait pas dire que la demande de prestation compensatoire était sans fondement, quand bien même la demande serait, en outre, non chiffrée.

12. Conv. EDH. Le jugement qui contraint le débiteur d'une prestation compensatoire à céder un de ses biens personnels à son ex-conjoint en paiement de cette prestation, alors que ce débiteur dispose de liquidités suffisantes pour régler sa dette, est contraire au droit de propriété reconnu par l'art. 1er, du Protocole n° 1, Conv. EDH. • CEDH 10 juill. 2014, *Milhau c/ France,* n° 4944/11 : *D. actu. 11 sept. 2014, obs. Mésa.* ♦ Relève du pouvoir souverain du juge du fond, en conformité avec l'art. 1er du Protocole additionnel n° 1 de la Conv. EDH, l'attribution d'un immeuble propre d'un époux à un autre à titre de prestation compensatoire. • Civ. 1re, 31 mars 2010, n° 09-13.811 P : *D. 2010. 2392, obs. Brémond, Nicod et Revel ; AJ fam. 2010. 231, obs. Gallmeister ; RTD civ. 2010. 312* et *535, obs. Hauser*.

13. ... Art. 275 anc., al. 2. L'art. 275 (anc.), al. 2, qui permet de différer provisoirement certains effets de la décision de divorce, n'instaure pas un empêchement au remariage et n'est pas contraire à l'art. 12 Conv. EDH. • Civ. 1re, 13 mars 2007, n° 06-12.419 P : *D. 2008. Pan. 814, obs. G. Serra ; ibid. 2008. Pan. 1787, obs. Lemouland et Vigneau ; Dr. fam. 2007, n° 82, note Larribau-Terneyre ; RJPF 2007-6/19, note Garé ; RTD civ. 2007. 320, obs. Hauser* • 30 mai 2009 : *D. 2010. Pan. 1243, obs. Serra ; RJPF 2009-9/21, obs. Garé.* ♦ Cassation de l'arrêt qui subordonne la transcription du divorce, et non son prononcé, au versement effectif du capital. • Civ. 1re, 5 mars 2008, n° 07-10.937 P : *RJPF 2008-6/25, obs. Garé.*

14. Divorce sous condition (non). Le prononcé du divorce ne peut être subordonné au versement effectif du capital alloué au titre de la prestation compensatoire, lorsque le débiteur n'est pas en mesure de verser ce capital dans les conditions prévues par l'art. 275 (anc.) et que des délais lui ont été accordés. • Civ. 1re, 3 déc. 2008, n° 07-14.609 P : *D. 2009. AJ 99, obs. Égéa ; AJ fam. 2009. 34, obs. Gallmeister ; Dr. fam. 2009, n° 1, obs. Larribau-Terneyre ; RJPF 2009-2/23, obs. Garé.*

15. Garanties. Les mots « le prononcé du divorce pouvant être subordonné à la constitution des garanties prévues à l'article 277 » figurant au 1° de l'art. 274 sont conformes à la Constitution. • Cons. const. 29 juill. 2016, n° 2016-557 QPC.

Art. 275 *(L. n° 2000-596 du 30 juin 2000 ; L. n° 2004-439 du 26 mai 2004, art. 6 et 18-IV)* **Lorsque le débiteur n'est pas en mesure de verser le capital dans les conditions prévues par l'article 274, le juge fixe les modalités de paiement du capital, dans la limite de huit années, sous forme de versements périodiques indexés selon les règles applicables aux pensions alimentaires.**

Le débiteur peut demander la révision de ces modalités de paiement en cas de changement important de sa situation. A titre exceptionnel, le juge peut alors, par décision spéciale et motivée, autoriser le versement du capital sur une durée totale supérieure à huit ans.

Le débiteur peut se libérer à tout moment du solde du capital indexé.

Après la liquidation du régime matrimonial, le créancier de la prestation compensatoire peut saisir le juge d'une demande en paiement du solde du capital indexé. – *[Ancien art. 275-1, modifié.]*

Pour les dispositions transitoires, V. L. n° 2004-439 du 26 mai 2004, art. 33-VIII, ss. art. 286.

1. Office et pouvoir du juge. Aux termes de l'art. 275, al. 1er, lorsque le débiteur n'est pas en mesure de verser le capital dans les conditions prévues par l'art. 274, le juge fixe les modalités de paiement du capital, dans la limite de huit années, sous forme de versements périodiques indexés selon les règles applicables aux pensions alimentaires. En condamnant l'époux à payer à l'épouse une somme de 160 000 euros à titre de prestation compensatoire, en prévoyant qu'il pourra s'acquitter par versements mensuels sur une durée maximum de quatre ans, sans fixer le montant des versements mensuels, la cour d'appel a méconnu l'étendue de ses pouvoirs et violé le texte susvisé. • Civ. 1re, 1er juin 2023, n° 21-22.951 : *AJ fam. 2023. 463, obs. Kimmel-Alcover*. ♦ Comp. sous l'empire de l'anc. art. 275-1 C. civ. : les juges du fond ne sont pas tenus de fixer d'office des modalités pour le versement en capital. • Civ. 1re, 12 mai 2004, n° 02-16.574 P : *Defrénois 2004. 1679, obs. Massip.* ♦ Ils ne peuvent autoriser le versement d'un capital par versements mensuels sans inviter les parties à présenter leurs observations, alors que, dans ses conclusions d'appel, l'époux, opposé au versement d'une prestation compensatoire, n'a sollicité aucune modalité pour le paiement d'un capital. • Civ. 1re, 20 sept. 2006, n° 04-17.743 P : *RJPF 2006-12/25, obs. Garé ; RTD civ. 2007. 176, obs. Perrot*.

2. Versements périodiques sur huit ans. V., par ex., • Paris, 14 mars 2001 : *Dr. fam. 2001, n° 74, note Lécuyer (1re esp.).*

3. Nécessité d'un terme. Impossibilité de fixer une rente payable pendant l'activité professionnelle du débiteur, jusqu'à ce qu'il soit admis à faire valoir ses droits à retraite, la rente ayant ainsi un terme incertain ne permettant ni d'évaluer le montant du capital correspondant, ni de déterminer la durée des versements. • Civ. 1re, 14 oct. 2009 : *AJ fam. 2010. 37, obs. S. David*.

4. Modalités exclues (différées de la première échéance). Selon l'art. 275, lorsque le débiteur de la prestation compensatoire n'est pas en mesure de verser le capital dans les conditions prévues, le juge en fixe les modalités de paiement dans la limite de huit années sous forme de versements périodiques. Le juge qui fait application de ce texte ne peut accorder un délai pour verser la première fraction. Viole les art. 274 et 275 la cour d'appel qui en condamnant l'époux à payer à l'épouse, au titre de la prestation compensatoire, une somme d'un certain montant, à régler, soit en capital, soit en moins-prenant sur la part lui revenant au moment de la liquidation du régime matrimonial, a différé le versement du capital alloué sans satisfaire aux exigences sus rappelées. • Civ. 1re, 5 avr. 2023, n° 21-18.201. ♦ Jurisprudence constante : selon l'art. 275 C. civ., lorsque le débiteur de la prestation compensatoire n'est pas en mesure de verser le capital dans les conditions prévues à l'al. 1er, le juge fixe les modalités de paiement dans la limite de huit années sous la forme de versements périodiques. Le juge qui fait application de ce texte ne peut accorder un délai pour la première fraction. • Civ. 1re, 7 déc. 2016, n° 15-27.900 P : *D. 2017. 470, obs. Douchy-Oudot ; AJ fam. 2017. 66, obs. Casey ; RTD civ. 2017. 110, obs. Hauser .* ♦ V. déjà sous l'empire de l'ancien art. 275-1 (repris par l'art. 275 C. civ.), • Civ. 2e, 18 mars 1998, n° 94-16.910 P : *JCP 1999. I. 101, n° 3, obs. Ferré-André ; Dr. fam. 1999, n° 15, note Lécuyer ; RTD civ. 1998. 353, obs. Hauser* • Civ. 1re, 31 mai 2005 : *AJ fam. 2005. 404, obs. S. David ; Dr. fam. 2005, n° 183, note Larribau-Terneyre ; RTD civ. 2005. 765, obs. Hauser* • 6 juill. 2005, n° 03-18.038 P : *Defrénois 2006. 346, obs. Massip ; AJ fam. 2005. 404, obs. S. David ; Dr. fam. 2005, n° 214, note Larribau-Terneyre ; RTD civ. 2005. 765, obs. Hauser .* ♦ Le juge ne peut donc différer le versement à la liquidation de la communauté (art. 275-1 anc.). • Civ. 2e, 16 avr. 1996, n° 94-15.754 P : *Defrénois 1997. 712, obs. Massip (2e esp.) ; RTD civ. 1996. 588, obs. Hauser* • 29 avr. 1998 : *Dr. fam. 1999, n° 15, note Lécuyer.*

5. Modalités permises. La loi ne s'oppose pas à ce que le capital alloué soit versé pour partie immédiatement et pour partie par versements échelonnés, dans la limite de huit années. • Civ. 1re, 22 mars 2005, n° 03-13.842 P : *Defrénois 2005. 1839, obs. Massip ; AJ fam. 2005. 233, obs. S. David ; RTD civ. 2005. 373, obs. Hauser .*

6. Motivation. Les juges du fond, qui décident de fixer la prestation compensatoire sous forme d'un capital payable par versements mensuels pendant huit ans, ont nécessairement estimé que l'époux débiteur n'était pas en mesure de verser ce capital immédiatement. • Civ. 1re, 4 juin 2009 : *Defrénois 2009. 1854, obs. Massip.*

7. Motivation (bis) : affirmer que le débiteur de la prestation compensatoire peut emprunter est inopérant. Statue par un motif inopérant, privant sa décision de base légale au regard de l'art. 275, la cour d'appel qui, pour rejeter la demande de l'époux tendant au paiement, par des versements périodiques, du capital dû à son épouse, à titre de prestation compensatoire, retient que le débiteur peut recourir à un emprunt. • Civ. 1re, 5 déc. 2018, n° 17-27.746.

8. Paiement du solde. Pour calculer l'indexation du solde du capital, il convient de déterminer le solde du capital restant dû puis de lui appliquer l'indexation ayant couru entre la date de début du paiement fractionné et la date de détermination du solde. • Pau, 7 mars 2009 : *Dr. fam. 2009, n° 126, obs. Larribau-Terneyre* (exclusion de l'application de l'art. 276-4).

9. Capital-renté et rente viagère, distinction nécessaire. Dénature le jugement ayant alloué à l'épouse non pas une rente viagère de 200 €/mois, mais des versements mensuels de ce montant pendant une période limitée à huit années, l'arrêt d'appel qui rejette la demande de l'épouse tendant à la condamnation du mari à lui payer une rente viagère indexée de 200 €/mois et, subsidiairement, un capital de 36 480 € payable en 96 mensualités de 380 €, au motif que cette demande est sans objet au regard de ce qui a été accordé par le jugement. • Civ. 1re, 23 mars 2022, n° 20-22.850.

10. Situation du créancier. Encourt le grief de défaut de réponse à conclusions, équivalent à un défaut de motifs, l'arrêt qui fixe la prestation compensatoire sous forme de capital-renté sans répondre aux conclusions de l'épouse qui soutenait que la fixation de la prestation compensatoire sous forme de rente aurait pour effet d'amoindrir le montant de son allocation adulte handicapé. • Civ. 1re, 2 mars 2022, n° 21-10.026.

N.B. : La portée de cet arrêt ne doit pas être mal comprise. Il ne s'agit que d'une cassation pour un vice de motivation. En aucun cas cet arrêt ne doit être compris comme un retour sur l'abrogation de l'ancien al. 2 de l'art. 272, déclaré non conforme à la Const. (• Cons. const. 2 juin 2014, n° 2014-398 QPC : *JORF n° 0128 du 4 juin 2014*). Il est impossible de prendre en considération la situation personnelle du créancier pour accorder ou non un capital-renté, sauf à ajouter une condition à l'art. 275, ce que la loi n'a pas prévu.

Art. 275-1 *(L. n° 2004-439 du 26 mai 2004, art. 18-V)* Les modalités de versement prévues au premier alinéa de l'article 275 ne sont pas exclusives du versement d'une partie du capital dans les formes prévues par l'article 274.

Art. 276 *(L. n° 2004-439 du 26 mai 2004, art. 18-VI)* A titre exceptionnel, le juge peut, par décision spécialement motivée, lorsque l'âge ou l'état de santé du créancier ne lui permet pas de subvenir à ses besoins, fixer la prestation compensatoire sous forme de rente viagère. Il prend en considération les éléments d'appréciation prévus à l'article 271.

Le montant de la rente peut être minoré, lorsque les circonstances l'imposent, par l'attribution d'une fraction en capital parmi les formes prévues à l'article 274.

Pour les dispositions transitoires, V. L. n° 2004-439 du 26 mai 2004, art. 33-VI et IX, ss. art. 286.

Les sommes dues en exécution d'une décision judiciaire au titre des rentes prévues par l'art. 276 peuvent être recouvrées pour le compte du créancier par les comptables publics compétents dans les conditions et selon les modalités prévues par la L. n° 75-618 du 11 juill. 1975 relative au recouvrement public des pensions alimentaires (C. pr. exéc., art. L. 161-3). — V. App., VII. Recouvrement des pensions alimentaires.

BIBL. ▸ Depondt, *AJ fam. 2013. 672* (fiscalité des prestations compensatoires sous forme de rente viagère).

1. Titulaire de l'option entre rente et capital. Seul le créancier peut demander l'allocation de la prestation compensatoire sous forme de rente viagère. • Civ. 1re, 23 oct. 2013 : *D. 2013. 2517 ; AJ fam. 2013. 707, obs. David ; RTD civ. 2014. 97, obs. Hauser ; Gaz. Pal. 2013. 3695, obs. Sarcelet* (cassation de l'arrêt qui alloue, à la demande de l'époux débiteur et contre la volonté de l'épouse créancière, une prestation compensatoire sous forme de rente au motif que l'époux serait privé de ses biens et ne pouvait emprunter pour payer un capital élevé).

2. Pouvoir du juge. L'attribution de la prestation sous forme de rente viagère n'est pour le juge qu'une simple faculté dont l'exercice est laissé à son pouvoir discrétionnaire. • Civ. 1re, 3 févr. 2004, n° 02-11.917 P : *Defrénois 2004. 586, obs. Massip ; AJ fam. 2004. 239, obs. S. David ; Dr. fam. 2004, n° 51, note V. L.-T.*

3. Les juges qui donnent la forme d'une rente à la prestation compensatoire n'ont pas à en évaluer préalablement le montant en capital. • Civ. 2e, 11 févr. 1981 : *Bull. civ. II, n° 29.*

4. Le juge, saisi d'une demande de prestation compensatoire sous forme de rente, ne peut décider d'allouer une somme en capital sans inviter les parties à présenter leurs observations (application de l'ancien art. 276 dont l'al. 1er est repris par l'art. 276). • Civ. 2e, 29 avr. 1998, n° 95-17.613 P : *Dr. fam. 1998, n° 100, note Lécuyer* • 7 oct. 1999, n° 98-10.329 P : *Dr. fam. 2000, n° 9, note Lécuyer.*

5. N'est pas conforme aux dispositions de la loi l'attribution d'une rente mensuelle d'une durée de dix ans. • Civ. 2e, 13 déc. 2001 : *Dr. fam. 2002, n° 32, obs. H. L.* • 14 mars 2002, n° 99-21.639 P (rente temporaire) • 27 févr. 2003 : *AJ fam. 2003. 228, obs. S. D. (idem)* • Civ. 1re, 18 janv. 2015 : *Dr. fam. 2015, n° 65, note Binet.*

6. Motivation spéciale. Sur le contrôle par la Cour de cassation des conditions d'attribution d'une rente viagère, V. • Civ. 2e, 13 déc. 2001 : *Dr. fam. 2002, n° 32, obs. H. L.* • 23 janv. 2003, n° 01-01.072 P : *D. 2003. IR 666 ; Defrénois 2003. 1085, obs. Massip ; RJPF 2003-5/19, note Garé ; Dr. fam. 2003, n° 71, note Lécuyer ; RTD civ. 2003. 275, obs. Hauser* (motivation insuffisante au regard de l'âge et de l'état de santé du créancier) • Civ. 1re, 23 avr. 2003, n° 01-11.108 P : *D. 2003. IR 1263 ; Dr. fam. 2003, n° 71, note Lécuyer ; RTD civ. 2003. 485, obs. Hauser* (motifs incompatibles avec les exigences de la loi nouvelle : cassation). – V. aussi • Civ. 1re, 28 oct. 2003 : *AJ fam. 2004. 64, obs. S. David* • 9 déc. 2003 : *eod. loc. ; Dr. fam. 2004, n° 21, note Larribau-Terneyre* • 30 juin 2004 : *Dr. fam. 2004, n° 223, note Larribau-Terneyre.*

7. Prestation mixte (application des art. 274 et 276 anc.). Les art. 274 anc. (repris dans l'art. 270, al. 2) et 276 anc. (repris dans l'art. 276, al. 1er) n'interdisent pas qu'une prestation compensatoire puisse être allouée sous forme d'un capital et d'une rente, à la double condition que cette allocation soit exceptionnelle et qu'elle soit spécialement motivée. • Civ. 1re, 16 mars 2004, n° 01-17.757 P : *D. 2004. 2254, note Mirabail ; Defrénois 2004. 1233, obs. Massip ; AJ fam. 2004. 184, obs. S. David ; RJPF 2004-5/22, obs. Garé ; Dr. fam. 2004, n° 74, note Larribau-Terneyre ; LPA 22 nov. 2004, note Raby ; RTD civ. 2004. 273, obs. Hauser* (condition-s non remplies en l'espèce).

8. Insaisissabilité de la rente. V. note 19 ss. art. 270.

9. Prestation compensatoire et action de in rem verso. V. note 6 ss. art. 1303-3 C. civ. – **C. civ.**

10. Application de la L. du 30 juin 2000 (art. 276 anc.). Application immédiate de la L. du 30 juin 2000 : V. note 26 ss. art. 270. ♦ Premières applications de l'art. 276 : V. • Nîmes, 30 août 2000 : *LPA 6 avr. 2001, note (crit.) Massip* • Paris, 15 nov. 2000 : *eod. loc.* • Rennes, 30 oct. 2000 : *Dr. fam. 2001, n° 81, obs. Lécuyer* • Rennes, 29 janv. 2001 : *eod. loc.* • Nîmes, 7 mars 2001 : *eod. loc.* – Hauser, *RTD civ. 2002. 79.* ♦ V. aussi • Civ. 2e, 23 mai 2002, n° 00-20.387 P : *Dr. fam. 2002, n° 88, obs. H. L.* (conformité à la L. du 30 juin 2000 d'une décision antérieure attribuant une prestation compensatoire sous forme de rente, lorsqu'elle est spécialement motivée au regard des critères posés par la loi nouvelle) • Civ. 1re, 23 avr. 2003 : *préc. note 6.*

Le 1er al. du VI de l'art. 33 de la L. n° 2004-439 du 26 mai 2004 relative au divorce, dans sa rédaction résultant de la L. n° 2015-177 du 16 févr. 2015 est conforme à la Const. • Cons. const. 15 janv. 2021, n° 2020-871 QPC : *D. 2021. 499, obs. Douchy-Oudot ; Dr. fam. 2021, n° 34, note Dumas-Lavenac.* ♦ En effet les créanciers de rentes viagères fixées sous l'empire du droit antérieur à la L. du 30 juin 2000 ne pouvaient légitimement s'attendre à ce que ne s'appliquent pas à eux, pour l'avenir, les nouvelles règles de révision des prestations compensatoires destinées à remédier à de tels déséquilibres. • Même décision. ♦ Transmission de la QPC : • Civ. 1re, 15 oct. 2020, n° 20-14.584 P : *D. 2021. 499, obs. Douchy-Oudot ; RTD civ. 2021. 109, obs. Leroyer ; Dr. fam. 2020, n° 158, note Dumas-Lavenac.*

Art. 276-1 *(L. n° 75-617 du 11 juill. 1975 ; L. n° 2000-596 du 30 juin 2000)* **La rente est indexée ; l'indice est déterminé comme en matière de pension alimentaire.**

Le montant de la rente avant indexation est fixé de façon uniforme pour toute sa durée ou peut varier par périodes successives suivant l'évolution probable des ressources et des besoins.

DALLOZ PRATIQUE[S] *Divorce - Pension alimentaire : évaluation ; Divorce - Pension alimentaire : fiscalité ; Divorce - Pension alimentaire : révision.*

BIBL. ▸ LÉCUYER, *Dr. fam. 1996. Chron. 1.*

A. POINT DE DÉPART ET DURÉE

1. Revalorisation de la rente. Si la prestation compensatoire n'est due qu'à compter de la date à laquelle la décision prononçant le divorce est devenue irrévocable, son montant en est fixé au moment du prononcé du divorce. Un arrêt a donc pu fixer la revalorisation de la rente à une date antérieure à celle à laquelle elle serait due. • Civ. 2e, 31 janv. 1990, n° 88-10.268 P. ♦ Un arrêt peut fixer le montant d'une prestation compensatoire à la date où il prononce le divorce et son indexation à une période postérieure. • Civ. 2e, 4 juill. 1990, n° 89-10.779 P : *Defrénois 1991. 671, obs. Massip.* ♦ Mais la date d'effet de la première revalorisation résultant de l'indexation d'une rente ne peut être antérieure au prononcé du divorce. • Civ. 2e, 16 mai 1990, n° 88-12.572 P. ♦ La revalorisation de la rente a lieu, sauf disposition contraire, dès la première variation de l'indice, postérieure au prononcé du divorce. • Civ. 2e, 16 févr. 1994, n° 92-19.650 P. ♦ Sur le cas d'une rente payable avant la date du jugement définitif : • Civ. 2e, 28 janv. 1998, n° 96-13.940.

2. Rente variable. Si le juge, lorsqu'il alloue la prestation compensatoire sous forme de rente, peut faire varier celle-ci par périodes successives suivant l'évolution probable des ressources et des besoins, c'est à la condition de fixer pour chaque période le montant de ladite rente (application de l'ancien art. 276-1) • Civ. 2e, 2 mai 1984, n° 83-11.556 P : *R., p. 51 ; D. 1984. 579 (2e esp.), note Lindon et Bénabent* (cassation de la décision ayant prévu que la rente pourrait être réduite à la prise de retraite du débiteur). – Dans le même sens : • Civ. 2e, 18 mai 2000, n° 98-21.028 P : *D. 2000. IR 163 ; Dr. fam. 2000, n° 75, note Lécuyer ; RJPF 2000-7-8/26, obs. Guerder ; RTD civ. 2000. 551, obs. Hauser.*

B. INDEXATION

3. Indice. La rente allouée à titre de prestation compensatoire devant être indexée, l'omission par les juges du fond de déterminer l'indice applicable ne donne pas ouverture à cassation mais à l'application des dispositions de l'art. 462 C. pr. civ. • Civ. 2e, 8 oct. 1980 : *Gaz. Pal. 1981. 2. 422, note J. M.* • 14 nov. 1984 : *Gaz. Pal. 1985. 2. Pan. 153, obs. Grimaldi.* ♦ Si rien ne s'oppose au remplacement de l'indice initialement retenu par une autre échelle mobile licite, encore faut-il que soit intervenu dans la situation des parties ou dans la situation économique générale un fait nouveau susceptible d'avoir une incidence sur le choix de l'indice. • Civ. 2e, 16 janv. 1985, n° 83-16.381 P. ♦ Pour une application : • Civ. 1re, 30 sept. 2009 : *Gaz. Pal. 23 janv. 2010, p. 28, note Lécuyer ; RTD civ. 2009. 704, obs. Hauser.* ♦ Le juge ne peut soumettre le jeu de l'indexation à la condition d'une variation annuelle de l'indice retenu égale ou supérieure à un certain taux. • Civ. 2e, 18 janv. 1989 : *Bull. civ. II, n° 15 ; D. 1990. Somm. 117, obs. Bénabent.* ♦ Sur la possibilité de prendre comme indice de référence l'indice antérieur au dernier publié, V. • Civ. 2e, 15 juin 1994, n° 92-21.950 P.

4. Sauf disposition contraire, la revalorisation de la rente prévue a lieu dès la première variation de l'indice postérieure au prononcé du divorce. • Civ. 2e, 16 févr. 1994, n° 92-19.650 P. ♦ En décidant que la prestation compensatoire serait révisée à la date anniversaire de sa décision une cour d'appel a nécessairement dit que l'indice de base serait le dernier indice publié à la date de sa décision. • Civ. 2e, 4 juin 1997, n° 95-17.854 P.

5. Absence de caractère impératif de l'indexation pour la prestation compensatoire fixée par les époux dans la convention définitive de divorce (demande conjointe) : V. note 1 ss. art. 278.

C. RECOUVREMENT

6. Sur l'application des procédures de paiement direct en matière de prestation compensatoire, V. • Paris, 21 avr. 1983 : *D. 1984. 73, note Prévault* • Civ. 2e, 24 oct. 1984, n° 83-12.553 P : *R., p. 51 ; RTD civ. 1985. 624, obs. Perrot.*

7. Renonciation. L'abstention prolongée de toute réclamation amiable ou contentieuse de la crédirentière d'une prestation compensatoire disposant d'un titre exécutoire ne vaut pas renonciation à son droit, celle-ci ne pouvant résulter que d'actes manifestant sans équivoque la volonté de renoncer. • Civ. 2e, 20 juin 2002, n° 99-15.135 P : *LPA 31 déc. 2002, note Massip ; RTD civ. 2002. 789, obs. Hauser.*

Art. 276-2 *Transféré, avec modifications, à l'art. 280-2 par L. n° 2004-439 du 26 mai 2004, art. 6.*

Art. 276-3 *(L. n° 2004-439 du 26 mai 2004, art. 22-VI)* **« La prestation compensatoire fixée sous forme de rente peut être révisée, suspendue ou supprimée en cas de changement important dans les ressources ou les besoins de l'une ou l'autre des parties. »**

(L. n° 2000-596 du 30 juin 2000) **« La révision ne peut avoir pour effet de porter la rente à un montant supérieur à celui fixé initialement par le juge. »**

Al. 3 abrogé par L. n° 2004-439 du 26 mai 2004, art. 23.

Pour les dispositions transitoires, V. L. n° 2004-439 du 26 mai 2004, art. 33-VI et IX, ss. art. 286.

1° HYPOTHÈSES DE MODIFICATION DE LA RENTE

1. Étendue de la révision. L'art. 276-3 (anc. dont les al. 1 et 2 sont repris par l'art. 276-3) ne distingue pas entre la rente fixée par convention des époux homologuée et la rente fixée par le juge ; il n'autorise la révision que pour l'avenir ; dès lors, la demande en révision d'une prestation compensatoire fixée, sans clause de révision, par convention définitive de divorce par consentement mutuel est recevable pour la révision de la rente viagère, mais est irrecevable en ce qui concerne les échéances échues et impayées ainsi que les modalités de paiement du capital. • Chambéry, 21 janv. 2002 : *BICC 15 déc. 2002, n° 1282.*

2. D'une demande de suppression à une réduction. Saisis d'une demande de suppression de la rente, les juges du fond peuvent, dans l'exercice de leur pouvoir souverain d'appréciation de la situation des parties, décider d'en réduire le montant. • Civ. 1re, 11 janv. 2005, n° 03-16.085 P.

3. Réduction et suppression des demandes distinctes. Pour déclarer irrecevable la demande formée par l'époux de réduction de la prestation compensatoire qu'il avait été condamné à payer, sous forme de rente viagère mensuelle, à son ex-épouse, l'arrêt retient que cette demande est identique à celle dont il avait été débouté antérieurement et par laquelle il sollicitait la suppression de cette rente, et qu'elle se heurte donc à l'autorité de la chose jugée attachée à cette décision. En statuant ainsi, alors que la demande de suppression de la prestation compensatoire et celle de sa réduction n'avaient pas le même objet, la cour d'appel a violé les art. 1351 anc. et 276-3, al. 1er, C. civ. • Civ. 1re, 20 mai 2010, n° 09-67.662 P : *AJ fam. 2010. 277 ; Dr. fam. 2010, n° 146, obs. Larribau-Terneyre.*

4. Demande de révision et de conversion. Saisi d'une double demande de révision d'une prestation compensatoire sous forme de rente viagère et de substitution d'un capital à celle-ci, le juge doit d'abord statuer sur la révision avant de convertir la rente en capital sur la base des tables de conversion. • Civ. 1re, 30 sept. 2009, n° 08-18.430.

5. ... D'une rente à un capital. Suppression de la rente et substitution d'un capital à la rente : V. • Civ. 1re, 11 janv. 2005, n° 03-12.805 P : *Dr. fam. 2005, n° 54, note Larribau-Terneyre* (les al. 1er et 2 de l'art. 276-3 anc. sont repris par l'art. 276-3, et l'art. 276-4 anc. est repris dans sa substance par l'art. 276-4).

6. Suspension forcément temporaire de la rente. La suspension de la rente, qui est une des formes de la révision, ne peut être prononcée que pour une durée déterminée. • Civ. 2e, 31 mars 1993 : *JCP 1994. II. 22208, note Boulanger ; Defrénois 1994. 326, obs. Massip ; RTD civ. 1994. 86, obs. Hauser .*

7. Suspension temporaire, réduction et indexation. La cour d'appel, en raison d'un changement important dans la situation des parties, et sans avoir à retenir l'existence d'un avantage manifestement excessif au bénéfice du créancier, a pu suspendre, sur le fondement de l'art. 276-3 C. civ., le versement de la rente pendant quatre années, puis réduire les mensualités en fixant un nouveau montant nominal. Par ailleurs, le jugement de divorce n'ayant pas prévu que la rente varierait à la demande du débiteur mais qu'elle varierait à son initiative le 1er janv. de chaque année, ce dont il résultait que le débiteur était tenu de procéder tous les ans, sans demande préalable du créancier, à la revalorisation de la rente, la cour d'appel a pu prévoir une indexation « de plein droit, sans formalité, automatiquement », sans méconnaître l'autorité de la chose jugée du jugement antérieur. • Civ. 1re, 30 sept. 2009, n° 08-11.952.

8. Révision et recours en révision (distinction). Ayant relevé qu'au soutien de sa demande de suppression de la prestation compensatoire, l'époux invoquait la dissimulation par l'épouse de ses revenus lors de la précédente instance modificative, la cour d'appel a justement décidé que cette demande relevait du recours en révision ouvert par l'art. 595 C. pr. civ. et que seuls les changements importants, survenus dans les ressources ou les besoins des parties depuis la dernière décision, pouvaient justifier une nouvelle demande sur le fondement de l'art. 276-3 C. civ. • Civ. 1re, 4 nov. 2010, n° 09-14.712 P : *RTD civ. 2011. 111, obs. Hauser .*

2° NOTION DE CHANGEMENT IMPORTANT

9. Sous l'empire de la L. du 30 juin 2000. • Paris, 27 févr. 2002 : *AJ fam. 2002. 224, obs. S. D.* (suppression de la rente viagère) • Reims, 16 janv. 2003 : *Dr. fam. 2003, n° 89, note Lécuyer (idem).* ♦ La réalité du changement important relève de l'appréciation souveraine des juges du fond. • Civ. 1re, 19 avr. 2005, n° 03-15.511 P : *R., p. 211* • 28 juin 2005, n° 02-16.556 P : *D. 2005. IR 2243* • 11 juill. 2006, n° 05-19.862 P : *Defrénois 2006. 1771, obs. Massip.* ♦ Une demande de révision ne peut être fondée sur un changement connu au moment du divorce et pris en compte dans la fixation initiale. • Civ. 1re, 3 nov. 2004, n° 02-18.509 P : *D. 2004. IR 3037 ; Defrénois 2005. 434, obs. Massip (2e esp.) ; RTD civ. 2005. 112, obs. Hauser* • 30 nov. 2004 : *Defrénois 2005. 434, obs. Massip (3e esp.)* • 28 juin 2005 : *préc.* (mise à la retraite). – V. aussi • Rennes, 3 mars 2003 : *BICC 15 sept. 2003, n° 1106.* ♦ Mais la mise à la retraite anticipée du débiteur, non prise en considération lors de la fixation du montant de la prestation compensatoire, entraîne un changement important dans ses ressources, justifiant la révision. • Civ. 1re, 19 juin 2007, n° 05-21.970 P : *D. 2007. AJ 1967, obs. Delaporte-Carré ; Defrénois 2007. 1633, obs. Massip ; Dr. fam. 2007, n° 164, note Larribau-Terneyre ; RTD civ. 2007. 759, obs. Hauser.* ♦ Cassation de l'arrêt qui rejette une demande de révision de rente au motif qu'il n'y a pas lieu de prendre en compte le remariage du débiteur et la naissance d'un nouvel enfant. • Civ. 1re, 28 juin 2005 : *Dr. fam. 2005, n° 184, note Larribau-Terneyre.* ♦ ... Ou sans rechercher si le fait que l'ex-épouse créancière ait un compagnon ne constituait pas un changement important dans sa situation. • Civ. 1re, 25 avr. 2006, n° 05-16.345 P : *D. 2006. IR 1402 ; RJPF 2006-9/28, obs. Garé ; RTD civ. 2006. 545, obs. Hauser.* ♦ Caducité de la prestation compensatoire et répétition des sommes versées à compter du remariage de sa créancière avec le débiteur de cette prestation. • Civ. 2e, 22 sept. 2016, n° 15-17.041 P. ♦ Pour le refus de supprimer la prestation compensatoire d'une ex-épouse, V. • Civ. 1re, 11 juill. 2006 : *préc.*

10. Éléments d'appréciation à prendre en compte. Pour accueillir la demande de suppression de la rente formée par le mari, l'arrêt relève que celui-ci justifie d'un changement important dans ses ressources et retient que la rente, versée depuis plus de vingt-quatre ans pour une somme d'environ 500 000 €, alors que le mariage a duré douze ans et que l'épouse était âgée de quarante ans au moment de la séparation, a procuré à celle-ci un avantage manifestement excessif. En statuant ainsi, sans examiner la situation actuelle de l'ex-épouse qui invoquait, pièces à l'appui, de faibles revenus et des problèmes de santé l'ayant empêchée d'occuper un emploi depuis le divorce, la cour d'appel a violé les art. 271 et 276 C. civ. • Civ. 1re, 6 mars 2019, n° 18-11.326. ♦ L'avantage manifestement excessif s'apprécie aussi au regard de la durée du versement de la rente et du montant déjà versé, et au regard du patrimoine du créancier. • Civ. 1re, 20 mars 2019, n° 18-10.356. ♦ La prestation compensatoire fixée sous forme de rente viagère peut être révisée en cas de changement important dans les ressources ou les besoins des parties ; prive sa décision de base légale au regard des disposition de l'art. 276-3, la cour d'appel qui, pour rejeter la demande de révision formée par le mari, retient que les revenus de ce dernier ont augmenté entre 2015 et 2016, alors qu'il convenait de rechercher, comme elle y était invitée, si la diminution de revenus invoquée par le débiteur, depuis la décision ayant fixé le montant de la rente, constituait un changement important dans sa situation. • Civ. 1re 19 sept. 2019, n° 18-19.850.

11. Délai non raisonnable de liquidation de l'actif de la communauté. L'absence de liquidation dans un délai raisonnable de l'actif de communauté, dont le montant devait permettre à chacun des époux de disposer d'un patrimoine conséquent, en raison d'un conflit depuis plus de vingt ans, constitue un changement important dans les ressources de l'ex-époux justifiant la suspension de la rente viagère. • Civ. 1re, 25 juin 2008, n° 07-14.209 P : *D. 2009. Pan. 832, obs. Serra ; AJ fam. 2008. 345, obs. David ; RJPF 2008-10/24, note Garé ; RLDC 2008/52, n° 3119, obs. Marraud des Grottes ; RTD civ. 2008. 663, obs. Hauser.*

3° RÉGIME DE LA DEMANDE DE RÉVISION

12. Exclusion de la révision pour fraude. Le recours en révision pour fraude n'est pas recevable sur le fondement de l'art. 276-3 C. civ. • Civ. 1re, 28 févr. 2006, n° 04-12.621 P : *D. 2006. IR 885 ; AJ fam. 2006. 205, obs. S. David ; RTD civ. 2006. 289, obs. Hauser.* ♦ La demande de suppression de la prestation compensatoire fondée sur la dissimulation des revenus par l'épouse, lors de la précédente instance, relève du recours en révision ouvert par l'art. 595 C. pr. civ., seuls les changements importants, survenus dans les ressources ou les besoins des parties depuis la dernière décision, pouvant justifier une nouvelle demande sur le fondement de l'art. 276-3. • Civ. 1re, 4 nov. 2010, n° 09-14.712 P : *RTD civ. 2011. 111, obs. Hauser ; Dr. fam. 2011, n° 4, obs. Larribau-Terneyre ; RJPF 2011-1/13, obs. Garé ; RLDC 2011/78, n° 4100, obs. Gallois.*

13. Date d'effet de la révision. La prestation compensatoire judiciairement suspendue, en fonction du changement important dans les ressources du débiteur, prend effet à la date de la demande de suspension. Une juridiction ne peut suspendre le versement de la prestation compensatoire sous forme de rente viagère, à compter du mois de mars alors que la demande en avait été faite en juin. • Civ. 1re, 15 juin 2017, n° 15-28.076 P :

D. 2018. 641, obs. Douchy-Oudot ; AJ fam. 2017. 481, obs. Legrand . ♦ Jurisprudence constante, V. antérieurement, • Civ. 1re, 19 avr. 2005, n° 02-19.898 P : *D. 2005. 1249 , et les obs. ; AJ fam. 2005. 319, obs. S. David ; ibid. 358, obs. S. David ; RTD civ. 2005. 580, obs. J. Hauser* • 19 avr. 2005, n° 03-15.511 P : *R., p. 211 ; D. 2005. IR 1249 ; Defrénois 2005. 1352, obs. Massip ; AJ fam. 2005. 358, obs. S. David (3 arrêts) ; RJPF 2005-7-8/23, note Garé ; Dr. fam. 2005, n° 133, note Larribau-Terneyre (Err. n° 164)* • 19 avr. 2005, n° 03-16.604 P : *R., p. 211* • 19 juin 2007, n° 06-13.086 P : *D. 2007. AJ 1967, obs. Delaporte-Carré ; AJ fam. 2007. 439, obs. S. D. ; RTD civ. 2007. 759, obs. Hauser .* – V. aussi • Civ. 1re, 31 mai 2005, n° 04-12.758 (déduction de pensions de réversion).

14. Exécution provisoire. Jugé que la décision du JAF révisant une prestation compensatoire (conversion d'une rente viagère en capital, en l'espèce) n'est pas exécutoire par provision. • TI Rochefort-sur-Mer, 9 janv. 2003 : *Gaz. Pal. 2003. 3120, note crit. Massip.*

15. Office du juge. Le juge doit, dès lors qu'il y est invité, rechercher si la diminution de revenus invoquée par le débiteur, depuis la décision ayant fixé le montant de la rente, constituait un changement important dans la situation de ce dernier. • Civ. 1re, 19 sept. 2019, n° 18-19.850.

16. Conséquences du décès du débiteur. L'action en révision n'est plus ouverte aux héritiers lorsque la prestation compensatoire sous forme de rente est capitalisée en raison du décès du débiteur en application de l'art. 280. • Civ. 1re, 4 nov. 2015, n° 14-20.383 P : *AJ fam. 2016. 51, obs. Casey ; RTD civ. 2016. 89, obs. Hauser ; Dr. fam. 2016, n° 2, obs. Beignier.*

4° L. DU 30 JUIN 2000 : APPLICATION AUX PRESTATIONS COMPENSATOIRES ATTRIBUÉES AVANT SON ENTRÉE EN VIGUEUR

17. Art. 20 et 21-1 de la L. 30 juin 2000. Il résulte de ces textes que la révision des rentes viagères attribuées avant l'entrée en vigueur de la L. du 30 juin 2000 peut être demandée en cas de changement important dans les ressources ou les besoins des parties, que ces rentes aient été fixées par le juge ou par la convention des époux, que ceux-ci aient ou non fait usage de la faculté prévue au dernier al. de l'art. 279 (anc.). • Civ. 1re, 19 avr. 2005, n° 03-16.604 P. ♦ Déjà en ce sens : • Civ. 1re, 19 oct. 2004, n° 02-17.682 P : *D. 2004. IR 2834 ; Defrénois 2005. 434, obs. Massip (1re esp.) ; AJ fam. 2004. 454, obs. S. David ; Dr. fam. 2005, n° 31, note Larribau-Terneyre ; RTD civ. 2005. 107, obs. Hauser* • 11 janv. 2005, n° 02-14.490 P : *AJ fam. 2005. 104, obs. S. David ; Dr. fam. 2005, n° 31, note Larribau-Terneyre.* ♦ Cassation de l'arrêt qui rejette une demande de diminution de rente au motif que l'époux débiteur ne justifie pas d'un changement imprévu dans sa situation, comme le prévoit la convention homologuée, sans rechercher si un changement important était intervenu dans ses ressources. • Civ. 1re, 22 mars 2005, n° 04-10.976 P : *D. 2005. IR 1112 ; RTD civ. 2005. 374, obs. Hauser .* ♦ Il résulte de l'art. 20 de la L. du 30 juin 2000 que seules les prestations compensatoires sous forme de rente peuvent être révisées, à l'exclusion de toute prestation en capital, quelle qu'en soit la forme, et nonobstant la qualification erronée de « rente viagère » retenue par la convention homologuée entre les époux. • Paris, 5 déc. 2002 : *BICC 1er août 2003, n° 1012.*

18. Application du critère de la « gestion utile ». Rejet du pourvoi contre la décision d'une cour d'appel, qui a examiné l'évolution de la situation financière des parties et pris en considération, à juste titre, les revenus que pourrait procurer à l'épouse une gestion utile de son patrimoine et en a souverainement déduit que le maintien de la rente en l'état lui procurerait un avantage manifestement excessif au regard des critères de l'art. 276. • Civ. 1re, 27 juin 2018, n° 17-20.181 P.

19. Accord des héritiers pour le maintien de la rente et révision ultérieure. La rente ayant été fixée avant l'entrée en vigueur de la L. du 30 juin 2000, la cour d'appel a appliqué à bon droit les dispositions transitoires prévues au VI de l'art. 33, bien que les héritières du débiteur aient décidé ensemble de maintenir les formes et modalités de règlement de la prestation compensatoire par un acte notarié du 3 avr. 2008, situation que le législateur n'a pas exclue. • Civ. 1re, 28 mars 2018, n° 17-14.389 P.

Art. 276-4 *(L. n° 2004-439 du 26 mai 2004, art. 18-VII)* **« Le débiteur d'une prestation compensatoire sous forme de rente peut, à tout moment, saisir le juge d'une demande de substitution d'un capital à tout ou partie de la rente. La substitution s'effectue selon des modalités fixées par décret en Conseil d'État. »** – *V. Décr. n° 2004-1157 du 29 oct. 2004, ss. art. 309.*

(L. n° 2000-596 du 30 juin 2000) **Le créancier de la prestation compensatoire peut former la même demande s'il établit qu'une modification de la situation du débiteur permet cette substitution, notamment lors de la liquidation du régime matrimonial.**

(L. n° 2004-439 du 26 mai 2004, art. 18-VII) **« Les modalités d'exécution prévues aux articles 274, 275 et 275-1 sont applicables. Le refus du juge de substituer un capital à tout ou partie de la rente doit être spécialement motivé. »**

Pour les dispositions transitoires, V. L. n° 2004-439 du 26 mai 2004, art. 33-VI et IX, ss. art. 286.

BIBL ▸ DEPONDT, *AJ fam. 2013. 674* (fiscalité de la conversion d'une rente en capital, et inversement). - DOUET, *Defrénois 2001. 881* (conséquences fiscales). - HUGOT, *JCP N 2000. 1644.*

1. Domaine de l'art. 276-4. La demande de paiement du solde d'un capital échelonné dans le temps n'est pas soumise à l'art. 276-4 comme la demande de substitution d'un capital à une rente, mais à l'art. 275 qui prévoit que la demande doit intervenir après la liquidation du régime matrimonial. • Pau, 7 mars 2009 : *Dr. fam. 2009, n° 126, obs. Larribau-Terneyre.*

2. Droit à la substitution. Sauf décision de refus spécialement motivée, le juge substitue à la rente un capital total ou partiel, lorsque le débiteur le demande, pourvu que celui-ci justifie être en mesure de le régler et que l'âge ou l'état de santé du créancier ne fasse pas obstacle à une telle substitution. • Civ. 1re, 10 juill. 2013, n° 12-13.239 P : *D. 2013. 1834 ; D. actu. 9 sept. 2013, obs. Mésa ; AJ fam. 2013. 577, obs. David ; RTD civ. 2013. 826, obs. Hauser* (l'absence de modification de la situation des époux ou les aléas du placement du capital ne sont pas de nature à justifier un refus).

3. Refus de substitution. Circonstances non retenues. Le juge peut, par décision spécialement motivée, refuser de faire droit à une demande de conversion (L. 30 juin 2000, art. 20, al. 3). • Besançon, 28 mars 2003 : *AJ fam. 2003. 423, obs. S. D.* ♦ Le changement important dans les ressources ou les besoins des parties n'est pas une condition de la substitution d'un capital à une rente viagère à la demande du débiteur. • Civ. 1re, 31 mai 2005, n° 03-12.217 P : *Defrénois 2005. 1846, obs. Massip ; AJ fam. 2005. 405, obs. S. David ; Dr. fam. 2005, n° 161, note Larribau-Terneyre ; RTD civ. 2005. 580, obs. Hauser.* ♦ V. aussi notes 11 et 13 ss. art. 276-3. ♦ Des difficultés éprouvées par le créancier pour obtenir le paiement de la rente ne caractérisent pas la modification de la situation du débiteur permettant la substitution à la demande du créancier. • Civ. 1re, 12 déc. 2006, n° 05-11.945 P : *D. 2007. AJ 158 ; AJ fam. 2007. 87, obs. S. David ; Dr. fam. 2007, n° 62, note Larribau-Terneyre.* ♦ Le juge n'est pas obligé de faire droit à une demande de capitalisation d'une rente viagère si le débiteur ne justifie pas de son impossibilité de verser le capital en une seule fois, l'échelonnement ne permettant pas à la créancière de bénéficier de ressources suffisantes. • Dijon, 17 déc. 2009 : *Dr. fam. 2010, n° 57, obs. Larribau-Terneyre.*

4. Origine de la rente. Il résulte des art. 276-4 C. civ., et de l'art. 1er du Décr. n° 2004-1157 du 29 oct. 2004, que le débiteur d'une prestation compensatoire, fixée par le juge ou par convention, sous forme de rente, peut, à tout moment, saisir le juge d'une demande de substitution d'un capital à tout ou partie de cette rente, sans qu'il y ait lieu, pour en apprécier le bien-fondé, de distinguer selon la nature viagère ou temporaire de la rente. • Civ. 1re, 20 mars 2019, n° 18-13.663 P. ♦ Antérieurement, dans le même sens, V., • Paris, 2 avr. 2003 : *AJ fam. 2003. 269, obs. S. D. ; Dr. fam. 2003, n° 146, note Lécuyer ; RTD civ. 2003. 690, obs. Hauser.*

5. Arrérages concernés. La substitution ne peut viser que les arrérages à venir de la rente, et non consister en une capitalisation des arrérages versés. • Bordeaux, 29 oct. 2003 : *AJ fam. 2004. 185, obs. S. David.*

6. Méthode de substitution. La loi n'impose aucune méthode pour la substitution d'un capital à une rente. • Civ. 1re, 3 nov. 2004, n° 03-12.508 P : *D. 2004. IR 3114 ; JCP 2005. I. 116, n° 2, obs. Bosse-Platière ; AJ fam. 2005. 21, obs. S. David ; Dr. fam. 2005, n° 7, note Larribau-Terneyre.* ♦ V. aussi • Civ. 1re, 11 janv. 2005, n° 03-12.805 P : *Dr. fam. 2005, n° 54, note Larribau-Terneyre* (pouvoir souverain des juges du fond). ♦ La loi n'indique pas que la substitution d'un capital à une rente viagère soit une capitalisation. • Paris, 2 avr. 2003 : *préc. note 4.* ♦ ... Ce qui exclut l'application de règles de conversion préétablies. • Rouen, 7 nov. 2002 : *Dr. fam. 2003, n° 146, note Lécuyer.* ♦ Comp., optant pour la méthode mathématique de conversion : • Versailles, 25 mars 2004 : *AJ fam. 2004. 362, obs. S. David ; RTD civ. 2004. 493, obs. Hauser.*

Art. 277 *(L. n° 2000-596 du 30 juin 2000)* **Indépendamment de l'hypothèque légale ou judiciaire, le juge peut imposer à l'époux débiteur de constituer un gage, de donner caution ou de souscrire un contrat garantissant le paiement de la rente ou du capital.**

BIBL. ▸ PIETTE, *Dr. et patr. 5/2003, p. 54.* - RODOLPHE, *Gaz. Pal. 2000. 2. Doctr. 1937.*

1. Pouvoir du juge. Le fait d'imposer une garantie au débiteur de la prestation compensatoire est une faculté laissée à l'appréciation souveraine des juges du fond. • Civ. 2e, 25 mai 1994, n° 92-21.782 P. ♦ Une cour d'appel estime souverainement que rien ne justifie de faire droit à la demande de l'épouse d'assortir le capital alloué à titre de prestation compensatoire de garanties particulières ou de subordonner le jugement de divorce au versement effectif de ce capital. • Civ. 1re, 28 nov. 2006, n° 05-14.035 P.

2. Suppression de garantie. La demande de suppression d'une garantie (assurance-décès) imposée au débiteur de la rente constitue une demande de révision de la prestation compensatoire au sens de l'art. 273 ancien. • Civ. 2e, 20 nov. 1996, n° 94-15.131 P : *JCP 1997. II. 22947, note Casey ; Defrénois 1997. 989, obs. Massip ; RTD civ. 1997. 107, obs. Hauser*.

Art. 278 *(L. n° 75-617 du 11 juill. 1975)* **En cas de** *(L. n° 2004-439 du 26 mai 2004, art. 22-VII)* **« divorce par consentement mutuel », les époux fixent le montant et les modalités de la prestation compensatoire** *(L. n° 2016-1547 du 18 nov. 2016, art. 50, en vigueur le 1er janv. 2017)* **« dans la convention établie par acte sous signature privée contresigné par avocats ou » dans la convention qu'ils soumettent à l'homologation du juge.** *(L. n° 2000-596 du 30 juin 2000)* **« Ils peuvent prévoir que le versement de la prestation cessera à compter de la réalisation d'un événement déterminé. La prestation peut prendre la forme d'une rente attribuée pour une durée limitée. »**

Le juge, toutefois, refuse d'homologuer la convention si elle fixe inéquitablement les droits et obligations des époux.

Pour les dispositions transitoires, V. L. n° 2004-439 du 26 mai 2004, art. 33-VII, ss. art. 286.

1. Divorce par décision de justice. La rente allouée à titre de prestation compensatoire n'est obligatoirement indexée que lorsqu'elle est fixée par le juge, en application de l'art. 276-1, non en cas de demande conjointe. • Civ. 2e, 26 mai 1992, n° 90-21.016 P : *Defrénois 1993. 983, obs. Massip ; RTD civ. 1992. 746, obs. Hauser*.

2. Refus d'homologation de la convention : V. note 3 ss. art. 232.

Art. 279 *(L. n° 75-617 du 11 juill. 1975)* **La convention homologuée a la même force exécutoire qu'une décision de justice.**

Elle ne peut être modifiée que par une nouvelle convention entre les époux, également soumise à homologation.

Les époux ont néanmoins la faculté de prévoir dans leur convention que chacun d'eux pourra, en cas de changement *(L. n° 2000-596 du 30 juin 2000)* **« important dans les ressources »** *(L. n° 2004-439 du 26 mai 2004, art. 22-VIII)* **« ou les besoins de l'une ou l'autre des parties », demander au juge de réviser la prestation compensatoire.** *(L. n° 2004-439 du 26 mai 2004, art. 22-VIII)* **« Les dispositions prévues aux deuxième et troisième alinéas de l'article 275 ainsi qu'aux articles 276-3 et 276-4 sont également applicables, selon que la prestation compensatoire prend la forme d'un capital ou d'une rente temporaire ou viagère.**

« Sauf disposition particulière de la convention, les articles 280 à 280-2 sont applicables. »

(L. n° 2016-1547 du 18 nov. 2016, art. 50, en vigueur le 1er janv. 2017) **« Les troisième et avant-dernier alinéas du présent article s'appliquent à la convention de divorce établie par acte sous signature privée contresigné par avocats, déposé au rang des minutes d'un notaire. »**

Sur la modification des mesures accessoires, V. C. pr. civ., art. 1084, App., I. Procédure.

BIBL. ▸ Omission dans les conventions homologuées : S. Cabrillac, *Dr. fam. 2000. Chron. 11.*

A. ART. 279, AL. 1er et 2 – DIVORCE JUDICIAIRE

1. Force exécutoire de la convention. Assimilation de la convention homologuée à une décision de justice (questions de l'action en rescision pour lésion et en nullité pour vice du consentement) : V. notes 1 s. ss. art. 250-1. ♦ V. aussi • Civ. 2e, 19 févr. 1986 : *D. 1987. 441, note Théry ; RTD civ. 1987. 292, obs. Rubellin-Devichi* (la stipulation faisant corps avec le jugement qui homologue la convention définitive ne peut être attaquée que par les voies de recours prévues à l'encontre des décisions de justice) • Civ. 2e, 2 avr. 1997, n° 93-16.995 P : *Defrénois 1998. 302, obs. Massip* • Civ. 1re, 21 mai 1997 : *Dr. fam. 1997, n° 120, note Lécuyer ; Gaz. Pal. 1998. 2. Somm. 529, obs. Massip* • Paris, 19 mars 1997 : *Dr. fam. 1998. Chron. 3, par Lécuyer* (irrecevabilité de l'action paulienne, le créancier disposant de la tierce opposition pour contester la convention). – Pourvoi rejeté par • Civ. 2e, 25 nov. 1999, n° 97-16.488. ♦ Sur le principe du caractère indissociable de la convention et du jugement de divorce, V. note 1 ss. art. 250-1. ♦ Toutefois, si la convention homologuée est indivisible du jugement de divorce auquel elle est annexée, et dont l'art. 279, al. 1er, C. civ. lui confère la force exécutoire, les dispositions de l'art. 602 C. pr. civ. autorisent la révision partielle de la décision. Une demande de révision limitée aux dispositions patrimoniales qui seraient viciées par la fraude doit être déclarée recevable sur le fondement de l'art. 595, 1°, C. pr. civ. • Aix-en-Provence, 19 mai 1987 : *Gaz. Pal. 1987. 2. 652, note Latil.*

2. Modification conventionnelle – Homologation. La modification conventionnelle d'une convention homologuée doit être soumise à homologation. • Civ. 1re, 11 janv. 2005, n° 03-16.719 P : *Defrénois 2005. 1050, obs. Massip ; AJ fam. 2005. 104, obs. S. David* (en l'espèce, convention fixant la pension alimentaire due à l'épouse au titre du devoir de secours) • 10 mai 2006, n° 04-19.883 P : *Defrénois 2006. 1319, obs. Massip ; Dr. fam. 2006, n° 129, note Larribau-Terneyre ; RTD civ. 2006. 541, obs. Hauser*. ♦ Viole les art. 232 et 279 (anc.) le juge qui refuse l'homologation de la convention modificative pour défaut de consentement de l'épouse au jour où il statue, sans rechercher si, au moment où elle a été établie puis exécutée, la convention modificative préservait les intérêts des parties. • Même arrêt.

3. ... Exigence d'une convention (art. 279 anc.). Viole l'art. 279 (anc., repris dans sa substance par l'art. 279) l'arrêt qui, alors que la convention homologuée ne faisait pas état d'un immeuble dans l'actif commun, a fait entrer postérieurement cet immeuble dans le patrimoine commun. • Civ. 2e, 18 mars 1992, n° 90-20.711 P : *Defrénois 1993. 644, note Forgeard* • 29 nov. 1995 : *D. 1997. 164, note Bénabent (1re esp.) ; Defrénois 1997. 301, obs. Massip.* ♦ V. aussi • Civ. 2e, 24 juin 1998, n° 96-19.463 P : *D. 1998. 601, note Massip (2e esp.) ; JCP 1998. I. 183, n° 8, obs. Tisserand ; Dr. fam. 1998, n° 115, note Lécuyer ; RTD civ. 1998. 888, obs. Hauser* (la convention homologuée ne peut être modifiée que par une nouvelle convention) • 6 févr. 2003 : *D. 2003. Somm. 1870, obs. Revel (2e esp.) (idem).* ♦ ... Ou qui admet la novation, en l'absence de convention modificative écrite. • Civ. 2e, 5 janv. 1994, n° 92-14.730 P : *Defrénois 1994. 943, note Forgeard.* ♦ V. aussi, lorsque le sort d'un immeuble n'a pas été réglé par la convention définitive homologuée, • Civ. 2e, 27 janv. 2000, n° 97-14.657 P : *D. 2001. Somm. 2935, obs. Revel (2e esp.) ; Defrénois 2000. 1305, obs. Massip ; Dr. fam. 2000, n° 86, note Lécuyer ; RJPF 2000-4/31, note Guerder ; RTD civ. 2000. 299 et 553, obs. Hauser* (absence de référence à la convention provisoire caduque et application d'un accord séparé) • Civ. 1re, 14 janv. 2003 : *D. 2003. Somm. 1870, obs. Revel (1re esp.),* (rejet de la demande de révision, la convention ayant exclu toute réclamation ultérieure pour des biens prétendument omis).

4. Partage complémentaire. Si la convention définitive homologuée ne peut être remise en cause, un époux divorcé demeure recevable à présenter une demande ultérieure tendant au partage complémentaire de biens communs ou de dettes communes omis dans l'état liquidatif homologué. • Civ. 1re, 13 déc. 2012, n° 11-19.098.

B. ART. 279, AL. 3 ET 4 – DIVORCE JUDICIAIRE OU DIVORCE PAR ACTE SOUS SIGNATURE PRIVÉE

5. Clause de révision. Pour une application de la clause de révision incluse dans la convention définitive, V. • TGI Nanterre, 17 déc. 1980 : *D. 1981. 504 (1re esp.), note Massip.* ♦ A propos d'une clause « implicite » de révision, V. • TGI Saumur, 27 juin 1980 : *Gaz. Pal. 1981. 1. 52, note Brazier.* ♦ Une clause de révision du montant de la prestation n'autorise pas la modification de ses modalités de paiement (substitution d'un capital à une rente). • Civ. 2e, 5 juill. 2001 : *Dr. fam. 2002, n° 30, note Lécuyer.*

6. Assurance supplémentaire. Cassation de l'arrêt qui condamne, sous astreinte, le débiteur qui ne s'est pas acquitté en totalité, dans les délais impartis par la convention de divorce, du versement du capital en numéraire de la prestation compensatoire, à souscrire un contrat garantissant le paiement du capital restant dû alors que, sauf nouvelle convention modifiant la convention de divorce homologuée lors de son prononcé, seule la révision des modalités de paiement de la prestation compensatoire en capital peut être ordonnée. • Civ. 1re, 11 sept. 2013, n° 12-25.753 P : *AJ fam. 2013. 637, obs. Thouret ; RTD civ. 2013. 822, obs. Hauser*.

7. Autorité parentale – Entretien et éducation des enfants. Modification de la convention fixant la contribution à l'entretien et à l'éducation des enfants : V. notes 3 s. ss. art. 373-2-13.

Art. 279-1 *(L. n° 2004-439 du 26 mai 2004, art. 18-VIII)* **Lorsqu'en application de l'article 268, les époux soumettent à l'homologation du juge une convention relative à la prestation compensatoire, les dispositions des articles 278 et 279 sont applicables.**

Art. 280 *(L. n° 2004-439 du 26 mai 2004, art. 18-IX)* **A la mort de l'époux débiteur, le paiement de la prestation compensatoire, quelle que soit sa forme, est prélevé sur la succession. Le paiement est supporté par tous les héritiers, qui n'y sont pas tenus personnellement, dans la limite de l'actif successoral et, en cas d'insuffisance, par tous les légataires particuliers, proportionnellement à leur émolument, sous réserve de l'application de l'article 927.**

Lorsque la prestation compensatoire a été fixée sous forme d'un capital payable dans les conditions de l'article 275, le solde de ce capital indexé devient immédiatement exigible.

Lorsqu'elle a été fixée sous forme de rente, il lui est substitué un capital immédiatement exigible. La substitution s'effectue selon des modalités fixées par décret en Conseil d'État. – *V. Décr. n° 2004-1157 du 29 oct. 2004, ss. art. 309.*

Pour les dispositions transitoires, V. L. n° 2004-439 du 26 mai 2004, art. 33-X, ss. art. 286.

BIBL. ▸ Transmission de la charge de la prestation compensatoire : VAUVILLÉ, *Dr. et patr. 2/2005. 42.*

1. Transmissibilité d'une pension alimentaire (ancienne législation). Le fondement indemnitaire de la pension alimentaire (C. civ., art. 301, réd. antérieure à la L. 11 juill. 1975) la rend transmissible aux héritiers du débiteur décédé, y compris dans l'hypothèse où l'époux avait également obtenu des dommages-intérêts en réparation du préjudice résultant de la faute de l'époux débiteur. • Civ. 1re, 4 juill. 2012, n° 11-14.962.

2. Capitalisation de la rente en cas de décès. En l'absence d'accord des héritiers pour maintenir les modalités de règlement de la prestation compensatoire sous forme de rente, comme le leur permet l'art. 280-1, les héritiers ne peuvent procéder à une révision unilatérale de la rente et il doit lui être substitué un capital immédiatement exigible. • Civ. 1re, 4 nov. 2015, n° 14-20.383 P.

Art. 280-1 *(L. n° 2004-439 du 26 mai 2004, art. 18-X)* **Par dérogation à l'article 280, les héritiers peuvent décider ensemble de maintenir les formes et modalités de règlement de la prestation compensatoire qui incombaient à l'époux débiteur, en s'obligeant personnellement au paiement de cette prestation. A peine de nullité, l'accord est constaté par un acte notarié. Il est opposable aux tiers à compter de sa notification à l'époux créancier lorsque celui-ci n'est pas intervenu à l'acte.**

Lorsque les modalités de règlement de la prestation compensatoire ont été maintenues, les actions prévues au deuxième alinéa de l'article 275 et aux articles 276-3 et 276-4, selon que la prestation compensatoire prend la forme d'un capital ou d'une rente temporaire ou viagère, sont ouvertes aux héritiers du débiteur. Ceux-ci peuvent également se libérer à tout moment du solde du capital indexé lorsque la prestation compensatoire prend la forme prévue au premier alinéa de l'article 275.

Pour les dispositions transitoires, V. L. n° 2004-439 du 26 mai 2004, art. 33-X, ss. art. 286.

Code de commerce

Art. A. 444-71 *(Arr. du 26 févr. 2016, art. 2)* L'option par les héritiers pour le maintien des formes et modalités de règlement de la prestation compensatoire qui incombait à l'époux débiteur décédé (numéro 25 du tableau 5 *[mentionné à l'article A. 444-53]*) donne lieu à la perception d'un émolument proportionnel, selon le barème suivant :

[réd. Arr. du 28 févr. 2020, en vigueur le 1er mars 2020]

TRANCHES D'ASSIETTE	TAUX APPLICABLE
De 0 à 6 500 €	0,967 %
De 6 500 € à 17 000 €	0,532 %
De 17 000 € à 30 000 €	0,363 %
Plus de 30 000 €	0,266 %

Art. 280-2 *(L. n° 2000-596 du 30 juin 2000 ; L. n° 2004-439 du 26 mai 2004, art. 6 et 22-IX)* **Les pensions de réversion éventuellement versées du chef du conjoint décédé sont déduites de plein droit du montant de la prestation compensatoire, lorsque celle-ci, au jour du décès, prenait la forme d'une rente. Si les héritiers usent de la faculté prévue à l'article 280-1 et sauf décision contraire du juge, une déduction du même montant continue à être opérée si le créancier perd son droit ou subit une variation de son droit à pension de réversion.** – *[Ancien art. 276-2, modifié.]*

Pour les dispositions transitoires, V. L. n° 2004-439 du 26 mai 2004, art. 33-X et XI, ss. art. 286.

1. Pension de réversion (dispositions transitoires : L. du 30 juin 2000, art. 22 anc.). Les juges du fond apprécient souverainement, au vu des besoins et des ressources en présence, qu'il y a lieu de déduire la pension de réversion, versée à l'ex-épouse du chef du défunt, de la rente de prestation compensatoire à la charge de ses héritiers (art. 276-2 anc., repris sur ce point dans sa substance par l'art. 280-2). • Civ. 1re, 31 mai 2005, n° 04-12.758 P : *JCP N 2005. 1423, note Tétard ; Dr. fam. 2005, n° 162, note Larribau-Terneyre.*

2. Déduction du montant brut de la pension de réversion. Lorsqu'une pension de réversion du chef du débiteur décédé est versée au créancier de la prestation compensatoire, le montant brut de cette pension est déduit du capital substitué à la rente. Viole l'art. 280-2, la cour d'appel qui, pour fixer ce capital à un certain montant, retient que la pension de réversion versée à l'épouse doit être déduite du montant de la prestation compensatoire après retranchement de la contribution sociale généralisée et de la contribution au remboursement de la dette sociale. • Civ. 1re, 5 déc. 2018, n° 17-27.518 P.

3. Conjoint survivant (art. 276-2 anc.). L'époux survivant, marié sous le régime de la communauté universelle et bénéficiaire de la clause d'attribution intégrale, est tenu du service de la prestation compensatoire entrée en communauté du chef de son conjoint. • Civ. 1re, 15 oct. 1996, n° 94-19.418 P : *R., p. 240 ; D. 1997. 205, note Yamba ; JCP 1997. I. 4008, n° 13, obs. Simler ; Defrénois 1997. 417, obs. Champenois ; RTD civ. 1997. 106, obs. Hauser ; ibid. 1998. 455, obs. Vareille.*

Art. 281 *(L. n° 75-617 du 11 juill. 1975 ; L. n° 2004-439 du 26 mai 2004, art. 6)* **Les transferts et abandons prévus au présent paragraphe sont** *(L. n° 2004-439 du 26 mai 2004, art. 22-X)* **« , quelles que soient leurs modalités de versement, » considérés comme participant du régime matrimonial. Ils ne sont pas assimilés à des donations.** – *[Ancien art. 280, modifié.]*

1. En vertu de l'art. 757-A CGI, les versements en capital entre ex-époux effectués en conséquence du divorce sont soumis aux droits de mutation à titre gratuit lorsqu'ils proviennent des biens propres de l'un d'eux ; en décidant que, si le versement d'un capital se différencie d'une rente, il est assimilable dans sa finalité à celle-ci, et qu'il résulte de l'art. 280 C. civ. que les transferts et abandons visés par ce texte ne sont pas assimilés à des donations, les juges du fond ont violé le texte susvisé. • Com. 6 déc. 1984 : *D. 1986. 68, note Roux ; JCP 1985. II. 20437, note C. David.* ♦ Également en ce sens que l'art. 757-A CGI déroge, en ce qui concerne la perception des droits d'enregistrement, aux dispositions de l'art. 280 (anc.) C. civ. : • Com. 8 juill. 1986 (2 arrêts), n° 84-14.367 P : *R., p. 174 ; D. 1987. 183, note J. M. ; Gaz. Pal. 1986. 2. 714, note Hatoux* • 10 juin 1997, n° 95-14.026 P : *Defrénois 1998. 715, obs. Massip ; Dr. fam. 1997, n° 151, note Ponton-Grillet ; RTD civ. 1997. 914, obs. Hauser.*

2. Incidence fiscale du versement sous forme de rente : V. • TGI Paris, 11 juin 1982 : *Gaz. Pal. 1982. 2. 442, note Brazier.*

Art. 282 à 285 *Abrogés par L. n° 2004-439 du 26 mai 2004, art. 23.*

§ 4 *Du logement (L. n° 2004-439 du 26 mai 2004, art. 19).*

Art. 285-1 *(L. n° 2004-439 du 26 mai 2004, art. 19)* **Si le local servant de logement à la famille appartient en propre ou personnellement à l'un des époux, le juge peut le concéder à bail au conjoint qui exerce seul ou en commun l'autorité parentale sur un ou plusieurs de leurs enfants lorsque ceux-ci résident habituellement dans ce logement et que leur intérêt le commande.**

Le juge fixe la durée du bail et peut le renouveler jusqu'à la majorité du plus jeune des enfants.

Le juge peut résilier le bail si des circonstances nouvelles le justifient.

BIBL. ► BEAUCHARD, *JCP N 1982. I. 63.* - COUTANT-LAPALUS, *AJ fam. 2008. 364.* - CRÉMONT, *JCP N 1999. 271.* - GRIMALDI, *Defrénois 1983. 1025 et 1105 (spécialement n° 46).* - D'HORAENE, *Gaz. Pal. 1993. 2. Doctr. 1161.* - Dossier, *AJ fam. 2011. 457 et 523* (logement et séparation).

1. Pouvoir souverain du juge. Les juges du fond apprécient souverainement si un local sert de logement de la famille au sens de l'art. 285-1. • Civ. 2e, 8 juill. 1981 : *Bull. civ. II, n° 149* (rejet du pourvoi formé contre • Paris, 4 mai 1979 : *cité note 2*).

2. Sur la condition de résidence effective lors du prononcé du divorce, V. • Paris, 4 mai 1979 : *D. 1980. IR 437, obs. Bénabent.*

3. Date de la demande. La demande de concession de bail fondée sur l'art. 285-1 ne peut être formée après le prononcé du divorce. • Civ. 2e, 28 mars 2002, n° 00-18.050 P : *R., p. 339 ; Defrénois 2002. 1161, obs. Massip ; Dr. fam. 2002, n° 113, note H. L. ; RTD civ. 2002. 492, obs. Hauser.*

4. Bien indivis (non). La possibilité de bail forcé suppose que le local dont s'agit soit un bien personnel à l'époux et non indivis aux époux. • Civ. 1re, 25 janv. 2005 : *Defrénois 2005. 1052, obs. Massip.*

5. Bail rural. Le juge ne peut imposer à l'un des ex-époux de consentir à l'autre un bail rural sur un bien qui lui est propre. • Civ. 1re, 4 janv. 1995, n° 93-13.614 P.

6. Pour la prise en compte de liens émotionnels forts pour qualifier un logement de domicile : • CEDH 3 oct. 2013, n° 46726/11 : *RTD civ. 2013. 810, obs. Marguénaud*.

SECTION 3 *Des conséquences du divorce pour les enfants*

Art. 286 *(L. n° 2002-305 du 4 mars 2002)* **Les conséquences du divorce pour les enfants sont réglées selon les dispositions du chapitre I du titre IX du présent livre.**

BIBL. ▶ Combret et Baillon-Wirtz, *JCP N 2015, n° 1220* (liquidation et partage après l'Ord. du 15 oct. 2015).

Garde d'animaux. Hilt, *AJ fam. 2012. 74* (animal de compagnie et séparation). ♦ Les juges n'ont pas à réglementer, s'agissant d'un chien, des « droits de visite et d'hébergement » imaginés par une référence abusive à la législation sur l'enfance. • Paris, 11 janv. 1983 : *Gaz. Pal. 1983. 2. 412, note Dorsner-Dolivet et Scemama.* ♦ Comp. • TGI Évreux, JAM, 27 juin 1978 : *Gaz. Pal. 1978. 2. 382* • Rouen, 22 nov. 1978 : *D. 1980. IR 75, obs. Bénabent.* ♦ V. aussi Hauser, *RTD civ. 1991. 717.*

Art. 287 à 295 *Abrogés par L. n° 2002-305 du 4 mars 2002.*

Loi n° 2004-439 du 26 mai 2004,

Relative au divorce (JO 27 mai).

TITRE I. DISPOSITIONS MODIFIANT LE CODE CIVIL

Art. 1er *V. C. civ., art. 229.*

CHAPITRES I *à* III

Art. 2 à 19 *(Modifications du titre VI du livre I du code civil, relatif au divorce : V. art. 228 à 285-1).*

Aux termes de l'art. 6 de la loi, « les articles 247, 248-1, 251, 252, 252-1, 252-2, 252-3, le second alinéa de l'article 271, les articles 275-1, 276-2, 280 et 1450 du code civil deviennent respectivement les articles 228, 245-1, 252, 252-1, 252-2, 252-3, 252-4, 272, 275, 280-2, 281 et 265-2 ».

CHAPITRE IV. *DE LA SÉPARATION DE CORPS*

Art. 20 *V. C. civ., art. 297, 297-1, 300 et 303.*

CHAPITRE V. *DES BIENS DES ÉPOUX*

Art. 21 *V. C. civ., art. 265-2, et art. 1096, 1442, 1451, 1477 et 1518.*

CHAPITRE VI. *DISPOSITIONS DIVERSES*

Art. 22 *V. C. civ., art. 220-1, 228, 245-1, 256, 276-3, 278, 279, 280-2, 281, et 298, 301, 306, 307 et 1397-1.*

Art. 23 *(Abrogations).*

TITRE II. DISPOSITIONS DIVERSES ET TRANSITOIRES

Art. 24 *(Modifie art. L. 262-35 CASF).*

Art. 25 à 28 *(Dispositions fiscales).*

Art. 29 *(Modifie L. n° 91-647 du 10 juill. 1991 relative à l'aide juridique, art. 9-3).*

Art. 30 *V. note ss. art. 220-1 C. civ.*

Art. 31 *(L. n° 2009-526 du 12 mai 2009, art. 14-III)* Dans les départements du Bas-Rhin, du Haut-Rhin et de la Moselle, la procédure de partage judiciaire est soumise aux dispositions du titre VI de la loi du 1er juin 1924 mettant en vigueur la législation civile française dans les départements du Bas-Rhin, du Haut-Rhin et de la Moselle.

BIBL. ▶ Sander, *JCP N 2005. 1324 ; ibid. 2007. 1009.*

Art. 32 I. — La présente loi est applicable en Nouvelle-Calédonie, en Polynésie française, à Wallis-et-Futuna et à Mayotte.

[…]

III. — *V. C. civ., art. 2496.* – ***C. civ.***

Art. 33 I. — La présente loi entrera en vigueur le 1er janvier 2005.

II. — Elle s'appliquera aux procédures en divorce introduites avant son entrée en vigueur sous les exceptions qui suivent :

a) Lorsque la convention temporaire a été homologuée avant l'entrée en vigueur de la présente loi, l'action en divorce est poursuivie et jugée conformément à la loi ancienne ;

b) Lorsque l'assignation a été délivrée avant l'entrée en vigueur de la présente loi, l'action en divorce est poursuivie et jugée conformément à la loi ancienne.

Par dérogation au *b,* les époux peuvent se prévaloir des dispositions des articles 247 et 247-1 du code civil ; le divorce peut également être prononcé pour altération définitive du lien conjugal si les conditions de l'article 238 sont réunies et dans le respect des dispositions de l'article 246.

III. — Les dispositions du II sont applicables aux procédures en séparation de corps.

IV. — L'appel et le pourvoi en cassation sont formés, instruits et jugés selon les règles applicables lors du prononcé de la décision de première instance.

V. — Les demandes de conversion sont formées, instruites et jugées conformément aux règles applicables lors du prononcé de la séparation de corps.

VI. — Les rentes viagères fixées par le juge ou par convention avant l'entrée en vigueur de la loi n° 2000-596 du 30 juin 2000 relative à la prestation compensatoire en matière de divorce peuvent être révisées, suspendues ou supprimées à la demande du débiteur ou de ses héritiers lorsque leur maintien en l'état procurerait au créancier un avantage manifestement excessif au regard des critères posés à l'article 276 du code civil. *(L. n° 2015-177 du 16 févr. 2015, art. 7)* « A ce titre, il est tenu compte de la durée du versement de la rente et du montant déjà versé. »

L'article 276-3 de ce code est applicable à la révision, à la suspension ou la suppression des rentes viagères fixées par le juge ou par convention avant l'entrée en vigueur de la présente loi.

La substitution d'un capital aux rentes viagères fixées par le juge ou par convention avant l'entrée en vigueur de la présente loi peut être demandée dans les conditions fixées à l'article 276-4 du même code.

VII. — Les rentes temporaires fixées par le juge ou par convention avant l'entrée en vigueur de la présente loi peuvent être révisées, suspendues ou supprimées en cas de changement important dans les ressources ou les besoins de l'une ou l'autre des parties. Leur révision ne peut conduire à proroger leur durée initiale, sauf accord des parties. La révision ne peut avoir pour effet de porter la rente à un montant supérieur à celui fixé initialement par le juge.

La substitution d'un capital aux rentes temporaires fixées par le juge ou par convention avant l'entrée en vigueur de la présente loi peut être demandée dans les conditions prévues à l'article 276-4 du code civil.

VIII. — Les prestations compensatoires fixées par le juge ou par convention avant l'entrée en vigueur de la présente loi sous la forme prévue au premier alinéa de l'article 275 du code civil, tel qu'il résulte de l'article 6, peuvent être révisées dans les conditions prévues par le deuxième alinéa de ce même article.

IX. — Les VI et VII sont applicables aux instances en cours qui n'ont pas donné lieu à une décision passée en force de chose jugée.

X. — Les dispositions des articles 280 à 280-2 du code civil, tel qu'il résulte de l'article 6, sont applicables aux prestations compensatoires allouées avant l'entrée en vigueur de la présente loi sauf lorsque la succession du débiteur a donné lieu à partage définitif à cette date. Dans ce dernier cas, les dispositions prévues aux deuxième et troisième alinéas du VI, au VII et au VIII sont applicables aux héritiers du débiteur. Ceux-ci peuvent également se libérer à tout moment du solde du capital indexé lorsque la prestation compensatoire prend la forme prévue au premier alinéa de l'article 275 du code civil, tel qu'il résulte de l'article 6.

XI. — Les pensions de réversion versées du chef du conjoint décédé avant la date d'entrée en vigueur de la loi n° 2000-596 du 30 juin 2000 précitée peuvent être, sur décision du juge saisi par les héritiers du débiteur de la prestation compensatoire, déduites du montant des rentes en cours.

Les dispositions de l'art. 7 de la L. n° 2015-177 du 16 févr. 2015 sont applicables en Polynésie française et dans les îles Wallis-et-Futuna (L. préc., art. 25).

BIBL. ▸ Dispositions transitoires : BÉNABENT, *AJ fam. 2004. 232.* – LACOSTE et LARRIBAU-TERNEYRE, *Dr. fam. 2005. Étude 1.* – SAUVAGE, *JCP N 2004. 1505.*

1. Art. 33-I. Révocation des avantages matrimoniaux. Sur l'application aux divorces prononcés après l'entrée en vigueur de la L. du 26 mai 2004 des nouvelles règles légales relatives à la révocation des avantages matrimoniaux en cas de divorce, V. note 9 ss. art. 265.

2. Art. 33-II. En l'état d'une assignation délivrée le 28 avr. 2003 et d'une première décision rendue le 2 mars 2004 et appliquant les dispositions antérieures à la L. du 26 mai 2004, seules en vigueur à cette date, l'action doit être poursuivie selon la loi ancienne. • Civ. 1re, 25 avr. 2007, n° 06-14.858 P : *D. 2007. AJ 1427 ; Defrénois 2007. 1318, obs. Massip ; AJ fam. 2007. 271, obs. S. David ; RJPF 2007-7-8/25, obs. Garé ; RTD civ. 2007. 551, obs. Hauser* (inapplication des dispositions de l'art. 272 dans sa rédaction issue de la L. du 26 mai 2004).

En vertu de ses dispositions transitoires, la loi nouvelle a vocation à s'appliquer en toutes ses dispositions concernant les conséquences du divorce pour les époux, y compris celles afférentes au sort des avantages matrimoniaux, peu important la date à laquelle ceux-ci ont été stipulés. • Civ. 1re, 18 mai 2011 : *cité note 6 ss. art. 265* (refus d'appliquer l'art. 267 anc. prévoyant la révocation de plein droit des avantages matrimoniaux).

3. Art. 33-IV. L'art. 33-IV ne signifie nullement que la loi nouvelle s'appliquerait aux instances en appel ou en cassation par le seul effet de la date à laquelle la décision attaquée a été rendue en première instance. • Dijon, 29 sept. 2005 : *Gaz. Pal. 2005. 3481, note Gerbay.* – V. aussi • Civ. 1re, 6 déc. 2005 : *AJ fam. 2006. 202, obs. S. David ; RTD civ. 2006. 287, obs. Hauser.* ♦ Cassation de l'arrêt qui, alors qu'un divorce pour rupture de la vie commune avait été prononcé avant l'entrée en vigueur de la loi nouvelle, prononce, en appel, le divorce pour altération définitive du lien conjugal au motif que les conditions de l'art. 238 étaient réunies. • Civ. 1re, 14 nov. 2006, n° 05-20.798 P : *D. 2006. IR 3011 ; Defrénois 2007. 298, obs. Massip ; Dr. fam. 2007, n° 8, note Larribau-Terneyre ; RTD civ. 2007. 94, obs. Hauser.* ♦ Application de l'art. 33-IV (procédure d'appel) : • Paris, 10 avr. 2008 : *JCP 2008. IV. 1902.*

4. ... Modification du fondement de la demande de divorce en cause d'appel (non). Selon l'art. 33-IV, l'appel et le pourvoi en cassation sont formés, instruits et jugés selon les règles applicables lors du prononcé de la décision de divorce de première instance ; ceci interdit de faire usage de l'art. 33-II-b quant au motif du divorce. • Civ. 1re, 5 mars 2008 : *préc. note 7 ss. art. 242.* ♦ Dans le même sens, • Paris, 25 mai 2005 : *Dr. fam. 2005, n° 245, note Larribau-Terneyre* • Aix-en-Provence, 5 juill. 2005 : *RTD civ. 2006. 742, obs. Hauser*, et, en sens inverse, • Pau, 24 oct. 2005 : *Dr. fam. 2006, n° 54, note Larribau-Terneyre* • Toulouse, 22 nov. 2005 : *ibid., n° 55.*

5. Art. 33-V. Les dispositions de la L. n° 2004-439 du 26 mai 2004 concernant les demandes de conversion de la séparation de corps en divorce, et notamment l'art. 33 V, ne sont pas applicables aux actions en conversion lorsque le jugement de conversion a été prononcé antérieurement au 1er janv. 2005. • Civ. 1re, 17 déc. 2008, n° 06-19.125 P : *D. 2010. Pan. 1243, obs. Williatte-Pellitteri ; AJ fam. 2009. 79, obs. David ; Dr. fam. 2009, n° 13, obs. Larribau-Terneyre.*

6. Art. 33-VI. Le 1er al. du VI de l'art. 33 de la L. n° 2004-439 du 26 mai 2004 relative au divorce, dans sa rédaction résultant de la L. n° 2015-177 du 16 févr. 2015 relative à la modernisation et à la simplification du droit et des procédures dans les domaines de la justice et des affaires intérieures, est conforme à la Const. • Cons. const. 15 janv. 2021, n° 2020-871 QPC : *D. 2021. 499, obs. Douchy-Oudot ; Dr. fam. 2021, n° 34, note Dumas-Lavenac.* ♦ En effet les créanciers de rentes viagères fixées sous l'empire du droit antérieur à la L. du 30 juin 2000 ne pouvaient légitimement s'attendre à ce que ne s'appliquent pas à eux, pour l'avenir, les nouvelles règles de révision des prestations compensatoires destinées à remédier à de tels déséquilibres. • Même décision. ♦ Transmission de la QPC : • Civ. 1re, 15 oct. 2020, n° 20-14.584 P : *D. 2021. 499, obs. Douchy-Oudot ; RTD civ. 2021. 109, obs. Leroyer ; Dr. fam. 2020, n° 158, note Dumas-Lavenac.*

Application de l'art. 33-VI : V. • Bordeaux, 31 janv. 2006 : *Dr. fam. 2006, n° 92, note Larribau-Terneyre* (réduction de la rente) • Toulouse, 7 févr. 2006 : *Dr. fam. 2007. Étude 10, par Ben Hadj Yahia (idem).* ♦ Refus de diminuer une prestation compensatoire, l'avantage manifestement excessif n'étant pas caractérisé : • Civ. 1re, 11 juill. 2006, n° 05-19.862 P : *Defrénois 2006. 1771, obs. Massip ; RTD civ. 2006. 746, obs. Hauser.* ♦ L'équivalence des revenus entre débiteur et créancier n'est pas un avantage manifestement excessif. • Civ. 1re, 30 sept. 2009 : *Dr. fam. 2009, n° 138, obs. Larribau-Terneyre.* ♦ L'art. 33-VI, al. 2, est applicable à une prestation compensatoire mixte. • Civ. 1re, 19 juin 2007, n° 05-21.970 P : *D. 2007. AJ 1967, obs. Delaporte-Carré ; Defrénois 2007. 1633, obs. Massip ; Dr. fam. 2007, n° 164, note Larribau-Terneyre.* ♦ Il appartient au débiteur de la prestation de démontrer de façon alternative et non cumulative soit un changement important dans les ressources ou les besoins des parties, soit que le maintien en l'état de la rente procurerait au créancier un avantage manifestement excessif. • Civ. 1re, 19 sept. 2007, n° 06-20.193 P : *D. 2007. AJ 2540 ; AJ fam. 2007. 395, obs. S. David ; Dr. fam. 2007, n° 206, note Larribau-Terneyre ; RTD civ. 2007. 759, obs. Hauser*. ♦ Rappr. : • Civ. 1re, 6 mai 2009 : *Dr. fam. 2009, n° 85, obs. Larribau-Terneyre*. ♦ Prise en considération des revenus que pourrait procurer à la bénéficiaire une gestion utile de son patrimoine, en l'espèce la possibilité de location de tout ou partie d'un bien immobilier dès lors qu'elle a choisi de ne pas y résider, gestion de nature à alléger, voire compenser, totalement ses charges et à accroître ainsi son revenu disponible dans de notables proportions. • Civ. 1re, 27 juin 2018, n° 17-20.181 P : *AJ fam. 2018. 467, obs. Thouret*.

Application des dispositions transitoires prévues au VI de l'art. 33 bien que les héritières du débiteur aient décidé de maintenir les formes et modalités de règlement de la prestation compensatoire par un acte notarié postérieur à 2004, situation que le législateur n'a pas exclue. • Civ. 1re, 28 mars 2018, n° 17-14.389 P : *D. 2018. 720 ; AJ fam. 2018. 395, obs. Thouret ; Dr. fam. 2018, n° 148, note Colliot*. ♦ La demande de révision est recevable dès lors qu'existent des circonstances de fait nouvelles résultant notamment de la durée de la rente et du montant déjà versé depuis un jugement antérieur. L'autorité de chose jugée ne peut donc s'opposer à porter devant le juge la question déjà posée de la révision de la prestation, dès lors que des circonstances nouvelles peuvent être invoquées, sur le fondement des dispositions de la loi du 16 févr. 2015. • Civ. 1re, 29 mai 2019, n° 18-17.377 P *D. 2020. 267, note Legendre ; RTD civ. 2019, 560, note Leroyer ; AJ fam. 2019. 406, note Trinquet ; D. actu. 24 juin 2019, note Maugain*.

Art. 34 et 35 *(Modifient L. n° 2001-616 du 11 juill. 2001 relative à Mayotte).*

CHAPITRE IV *DE LA SÉPARATION DE CORPS*

RÉP. CIV. v° *Séparation de corps*, par DISSAUX, BRETON, BOUTON et FORTIS.

DALLOZ ACTION *Droit de la famille 2023/2024, nos 121.00 s.*

DALLOZ PRATIQUE[S] *Divorce – Séparation de corps : conversion ; Divorce – Séparation de corps : mise en œuvre.*

FORM. PR. CIV. *Séparation de corps.*

BIBL. ▸ MIRABAIL, *JCP 2018, n° 843.*

SECTION 1 *Des cas et de la procédure de la séparation de corps*

Art. 296 La séparation de corps peut être prononcée *(L. n° 2019-222 du 23 mars 2019, art. 24)* **« ou constatée** *[ancienne rédaction : à la demande de l'un des époux]* **» dans les mêmes cas et aux mêmes conditions que le divorce** *(Abrogé par L. n° 2019-222 du 23 mars 2019, art. 24) (L. n° 2016-1547 du 18 nov. 2016, art. 50, en vigueur le 1er janv. 2017)* **« *judiciaire* ».**

1. Devoir de secours. L'époux qui a demandé, en se conformant aux dispositions de l'art. 239, la séparation de corps pour rupture de la vie commune peut prétendre, au titre du devoir de secours maintenu par l'art. 303, à une pension alimentaire. • Civ. 2e, 5 mars 1997, n° 93-16.063 P : *D. 1997. IR 112 ; JCP 1997. II. 22853, note Garé ; Defrénois 1997. 1330, obs. Massip ; Dr. fam. 1997, n° 86, note Lécuyer ; RTD civ. 1997. 400, obs. Hauser*.

2. Clause de dureté (application de l'art. 240 anc.). Sur le jeu de la clause d'exceptionnelle dureté en cas de demande en séparation de corps, V. • TGI Paris, 10 mai 1978 : *JCP 1979. II. 19040, note Lindon* • TGI Toulouse, 14 oct. 1976 : *JCP 1977. II. 18680.*

Art. 297 L'époux contre lequel est présentée une demande en divorce peut former une demande reconventionnelle en séparation de corps. *(L. n° 2004-439 du 26 mai 2004, art. 20-I, en vigueur le 1er janv. 2005)* **« Toutefois, lorsque la demande principale en divorce est fondée sur l'altération définitive du lien conjugal, la demande reconventionnelle ne peut tendre qu'au divorce. » L'époux contre lequel est présentée une demande en séparation de corps peut former une demande reconventionnelle en divorce.**

Al. 2 abrogé par L. n° 2004-439 du 26 mai 2004, art. 23, à compter du 1er janv. 2005.

Pour les dispositions transitoires, V. L. n° 2004-439 du 26 mai 2004, art. 33-III, ss. art. 286.

DALLOZ PRATIQUE[S] *Divorce – Séparation de corps : conversion.*

L'époux qui a formé une demande en séparation de corps ne peut lui substituer une demande en divorce (art. 1076 C. pr. civ.). • Civ. 1re, 16 avr. 2008, n° 07-14.891 P : *D. 2008. AJ 1346, obs. Le Douaron ; ibid. 2009. Pan. 53, obs. Douchy-Oudot ; RJPF 2008-7-8/20, obs. Garé ; RLDC 2008/50, n° 3031, obs. Marraud des Grottes ; Defrénois 2008. 1833, obs. Massip.* ♦ Mais, en vertu du même texte, l'époux qui a formé une demande en divorce peut lui substituer, même en appel, une demande en séparation de corps. • Civ. 1re, 25 sept. 2013, n° 12-22.362 P : *D. 2014. 689, obs. Douchy-Oudot ; AJ fam. 2013. 636, obs. Thouret ; RTD civ. 2013. 825, obs. Hauser ; Dr. fam. 2013, n° 150, obs. Binet.*

Ancien art. 297 *L'époux contre lequel est présentée une demande en divorce peut former une demande reconventionnelle en séparation de corps. L'époux contre lequel est présentée une demande en séparation de corps peut former une demande reconventionnelle en divorce.*

Si une demande en divorce et une demande en séparation de corps sont simultanément accueillies, le juge prononce à l'égard des deux conjoints le divorce aux torts partagés.

En rapprochant les art. 1113 anc. C. pr. civ. et 297 C. civ., on doit admettre qu'à défaut par un époux demandeur en séparation de corps de saisir le tribunal dans le délai imparti par le juge conciliateur, son conjoint est en droit d'assigner lui-même en divorce. • TGI Albertville, 31 mai 1988 : *Gaz. Pal. 1989. 1. Somm. 119, obs. Massip ; Defrénois 1988. 1293, obs. Massip.*

Art. 297-1 *(L. n° 2004-439 du 26 mai 2004, art. 20-II)* **Lorsqu'une demande en divorce et une demande en séparation de corps sont concurremment présentées, le juge examine en premier lieu la demande en divorce. Il prononce celui-ci dès lors que les conditions en sont réunies. A défaut, il statue sur la demande en séparation de corps.**

Toutefois, lorsque ces demandes sont fondées sur la faute, le juge les examine simultanément et, s'il les accueille, prononce à l'égard des deux conjoints le divorce aux torts partagés. — *Entrée en vigueur le 1er janv. 2005.*

1. Demandes concurrentes, priorité au divorce. L'arrêt énonce exactement qu'aux termes de l'art. 297-1, al. 1er, C. civ., lorsqu'une demande en divorce et une demande en séparation de corps sont concurremment présentées, le juge examine en premier lieu la demande en divorce et prononce celui-ci dès lors que les conditions en sont réunies et que, selon l'art. 238, al. 1er, du même code, l'altération définitive du lien conjugal résulte de la cessation de la communauté de vie entre les époux lorsqu'ils vivent séparés depuis deux ans lors de l'assignation en divorce ; après avoir relevé que l'épouse avait assigné son mari en séparation de corps pour faute, c'est à bon droit que, pour apprécier la durée de la cessation de communauté de vie, la cour d'appel s'est placée à la date de la demande reconventionnelle en divorce du mari. • Civ. 1re, 28 mai 2015, n° 14-10.865. ♦ Lorsqu'une demande en séparation de corps pour faute a été formée avant l'entrée en vigueur de la L. du 26 mai 2004 et qu'une demande reconventionnelle en divorce pour altération définitive du lien conjugal est formée sur le fondement de ladite loi, il y a lieu d'examiner en premier lieu la demande en divorce, en application de l'art. 297-1, al. 1er. • Cass., avis, 3 avr. 2006, n° 00600002P P : *R., p. 507 ; BICC 1er août 2006, rapp. Trapero ; D. 2007. Pan. 611, obs. Williatte-Pellitteri ; Dr. fam. 2006, n° 109, note Larribau-Terneyre ; RTD civ. 2006. 539, obs. Hauser.*

2. Lorsqu'une demande en divorce pour altération définitive du lien conjugal et une demande en séparation de corps sont concurremment présentées, le juge se place, au sens de l'art. 238 C. civ., à la date de la demande reconventionnelle en divorce du mari pour apprécier la durée de la cessation de communauté de vie conjugale lorsque les époux vivent séparés depuis deux ans lors de l'assignation en divorce. • Civ. 1re, 28 mai 2015, n° 14-10.868 P : *D. 2016. 674, obs. Douchy-Oudot ; AJ fam. 2015. 491, obs. Thouret ; RTD civ. 2015. 593, obs. Hauser ; Gaz. Pal. 2015. 2165, obs. Douville ; JCP 2015, n° 857, note Hauser ; Dr. fam. 2015, n° 160, obs. Binet.*

Art. 298 **En outre, les règles contenues** *(L. n° 2019-222 du 23 mars 2019, art. 24)* **« aux articles 229-1 à 229-4** *[ancienne rédaction : à l'article 228]* **»** *(L. n° 2004-439 du 26 mai 2004, art. 22-XI, en vigueur le 1er janv. 2005)* **« ainsi qu' » au chapitre II ci-dessus sont applicables à la procédure de la séparation de corps.**

1. Règles de la procédure de divorce. La procédure de la séparation de corps obéit aux règles prévues pour la procédure de divorce ; l'art. 1104 C. pr. civ. est applicable à la tierce opposition formée contre la décision d'homologation de la convention conclue par les époux lors de leur séparation de corps par consentement mutuel. • Civ. 1re, 13 janv. 2016, n° 14-29.631 P : *AJ fam. 2016. 158, obs. David ; RTD civ. 2016. 325, obs. Hauser.*

2. Mesures conservatoires. Prise de mesures conservatoires en cas d'instance en séparation de corps : V. • TGI Paris JAM, 10 mai 1976 : *D. 1978. 596, note Cl.-I. Foulon-Piganiol* (mise sous administration judiciaire de valeurs mobilières).

SECTION 2 *Des conséquences de la séparation de corps*

Art. 299 La séparation de corps ne dissout pas le mariage mais elle met fin au devoir de cohabitation.

Art. 300 *(L. n° 2004-439 du 26 mai 2004, art. 20-III)* Chacun des époux séparés conserve l'usage du nom de l'autre. Toutefois, *(L. n° 2019-222 du 23 mars 2019, art. 24)* « la convention de séparation de corps par acte sous signature privée contresigné par avocats déposé au rang des minutes d'un notaire, » le jugement de séparation de corps ou un jugement postérieur peut, compte tenu des intérêts respectifs des époux, le leur interdire. — *Entrée en vigueur le 1er janv. 2005.*

Ancien art. 300 *La femme séparée conserve l'usage du nom du mari. Toutefois, le jugement de séparation de corps, ou un jugement postérieur, peut le lui interdire. Dans le cas où le mari aurait joint à son nom le nom de la femme, celle-ci pourra également demander qu'il soit interdit au mari de le porter.*

Art. 301 En cas de décès de l'un des époux séparés de corps, l'autre époux conserve les droits que la loi accorde au conjoint survivant. *(Abrogé par L. n° 2004-439 du 26 mai 2004, art. 22-XII, à compter du 1er janv. 2005)* ***« Il en est toutefois privé si la séparation de corps est prononcée contre lui suivant les distinctions faites à l'article 265. »*** *(L. n° 2019-222 du 23 mars 2019, art. 24)* « En cas de séparation de corps par consentement mutuel », les époux peuvent inclure dans leur convention une renonciation aux droits successoraux qui leur sont conférés par les articles *(L. n° 2001-1135 du 3 déc. 2001, art. 15)* « **756** à **757-3** et **764** à **766** *[ancienne rédaction : 765 à 767]* ». — *Entrée en vigueur le 1er juill. 2002.*

Art. 302 La séparation de corps entraîne toujours séparation de biens.

En ce qui concerne les biens, la date à laquelle la séparation de corps produit ses effets est déterminée conformément aux dispositions des articles **262** à **262-2**.

1. Prise d'effet. Il résulte des art. 262-1 (rédaction antérieure à la L. du 26 mai 2004) et 302 que dans les rapports entre époux, le jugement de séparation de corps qui emporte dissolution de la communauté prend effet au jour de l'assignation, de sorte que la consistance de la communauté est fixée à cette date ; il en résulte que les actes accomplis sur les biens communs postérieurement à celle-ci par un seul des époux ne sont pas opposables à l'autre. • Civ. 1re, 23 oct. 2013 : *D. 2014. 522, note Brémond ; AJ fam. 2013. 710, obs. Thouret ; RTD civ. 2014. 98, obs. Hauser ; Gaz. Pal. 2014. 241, obs. Casey.*

2. ... Report. Il résulte du renvoi de l'art. 302 à l'art. 262-1 que le juge peut fixer les effets du jugement de séparation de corps lorsqu'elle est prenoncée pour altération défensive du lien conjugal à la date à laquelle les époux ont cessé de cohabiter et de collaborer. • Civ. 1re, 12 juin 2014, n° 13-16.044 P : *Dr. fam. 2014, n° 176, note Binet RTD civ. 2014. 633, obs. Hauser.*

Art. 303 La séparation de corps laisse subsister le devoir de secours ; le jugement qui la prononce ou un jugement postérieur fixe la pension alimentaire qui est due à l'époux dans le besoin. *(L. n° 2019-222 du 23 mars 2019, art. 24)* « La pension alimentaire peut aussi être prévue par la convention de séparation de corps par consentement mutuel. »

Cette pension est attribuée sans considération des torts. L'époux débiteur peut néanmoins invoquer, s'il y a lieu, les dispositions de l'article 207, alinéa 2.

(L. n° 2004-439 du 26 mai 2004, art. 20-IV) « Cette pension est soumise aux règles des obligations alimentaires.

« Toutefois, lorsque la consistance des biens de l'époux débiteur s'y prête, la pension alimentaire est remplacée, en tout ou partie, par la constitution d'un capital, selon les règles des articles **274** à **275-1**, **277** et **281**. Si ce capital devient insuffisant pour couvrir les besoins du créancier, celui-ci peut demander un complément sous forme de pension alimentaire. » — *Entrée en vigueur le 1er janv. 2005.*

Ancien art. 303 (al. 3) *Cette pension est soumise aux règles des obligations alimentaires ; les dispositions de l'article 285 lui sont toutefois applicables.*

DALLOZ PRATIQUE[S] *Divorce - Pension alimentaire : évaluation ; Divorce - Pension alimentaire : fiscalité ; Divorce - Pension alimentaire : révision.*

1. Faute de l'époux. C'est dans l'exercice de leur pouvoir souverain qu'après avoir constaté l'état de besoin de l'épouse et évalué le montant maximum de la pension alimentaire que, compte tenu de ses facultés, le mari pouvait verser, les juges du fond ont, au vu des manquements graves de la femme à ses obligations envers son mari, du fait de nombreux abandons de foyer, déchargé pour partie ce dernier de sa dette alimentaire. • Civ. 2e, 11 févr. 1981 : *Gaz. Pal. 1982. 1. 105, note Massip.* ♦ V. aussi note 1 ss. art. 296.

2. Prestation compensatoire. Jugé antérieurement au Décr. n° 85-1330 du 17 déc. 1985 (C. pr. civ., art. 1076-1) que, saisis uniquement d'une demande de pension alimentaire en application de l'art. 303, les juges du fond qui, sur la demande principale en divorce du mari et la demande reconventionnelle de la femme en séparation de corps, prononcent le divorce aux torts partagés des époux ne peuvent, sans modifier l'objet du litige, accorder une prestation compensatoire qui n'avait pas été sollicitée. • Civ. 2e, 7 mars 1985 : *JCP 1986. II. 20589 (1er arrêt), note Lindon et Bénabent.* ♦ Comp., sur la possibilité de requalification de la demande de pension alimentaire, • Civ. 2e, 7 mars 1985 : *ibid. (2e arrêt), note Lindon et Bénabent.* ♦ Sur l'ensemble de la question, V. obs. Normand, *RTD civ. 1986. 793.*

3. Divorce. L'introduction d'une demande en divorce par l'époux séparé de corps laisse subsister la décision antérieure devenue irrévocable prononçant la séparation de corps et statuant notamment sur le devoir de secours • Civ. 2e, 2 déc. 1998, n° 96-10.145 P : *RTD civ. 1999. 367, obs. Hauser.*

4. Attribution d'un capital. Par application de l'art. 285 auquel renvoie l'art. 303 anc., faculté pour le juge d'ordonner que le devoir de secours s'exécutera par la constitution d'un capital qui peut être réalisée sous la forme d'un abandon de biens en usufruit, lorsque la consistance des biens de l'époux débiteur de l'obligation de secours s'y prête. • Civ. 1re, 18 déc. 2013 : *AJ fam. 2014. 242, obs. Thouret.*

5. Logement. La mise à disposition gratuite d'un logement en exécution du devoir de secours ne peut être assimilée à un droit réel d'usage et d'habitation mais consiste en l'attribution de la jouissance gratuite du logement constitutive d'un droit personnel. • Civ. 1re, 24 sept. 2008, n° 06-21.198 P : *D. 2008. AJ 2504 ; AJ fam. 2008. 433, obs. Gallmeister ; RTD civ. 2009. 104, obs. Hauser.*

Art. 304 **Sous réserve des dispositions de la présente section, les conséquences de la séparation de corps obéissent aux mêmes règles que les conséquences du divorce énoncées au chapitre III ci-dessus.**

Dommages-intérêts. Les dispositions de l'art. 266 sont applicables à la séparation de corps. • Civ. 2e, 22 mai 1979, n° 78-10.604 P • 7 mai 2002, n° 00-15.318 P : *RTD civ. 2002. 493, obs. Hauser.*

SECTION 3 *De la fin de la séparation de corps*

Art. 305 **La reprise volontaire de la vie commune met fin à la séparation de corps.**

Pour être opposable aux tiers, celle-ci doit, soit être constatée par acte notarié, soit faire l'objet d'une déclaration à l'officier d'état civil. Mention en est faite en marge de l'acte de mariage *(L. n° 85-1372 du 23 déc. 1985, art. 45)* **« des époux, ainsi qu'en marge de leurs actes de naissance ».** — *Entrée en vigueur le 1er juill. 1986.*

La séparation de biens subsiste sauf si les époux adoptent un nouveau régime matrimonial suivant les règles de l'article 1397.

BIBL. ▶ NERSON, *Études Weill, Dalloz/Litec, 1983, p. 425* (pardon des offenses entre époux).

Nécessité de respecter les règles de publicité de l'art. 305 pour pouvoir opposer au bailleur la qualité d'occupant de bonne foi de l'époux qui ne s'était pas vu attribuer la jouissance des lieux par le jugement de séparation de corps. • Civ. 3e, 4 juill. 2001, n° 99-12.327 P : *JCP N 2002. 1308, note Brémond ; Defrénois 2002. 186, obs. Massip ; RTD civ. 2002. 275, obs. Hauser.*

Art. 306 **A la demande de l'un des époux, le jugement de séparation de corps est converti de plein droit en jugement de divorce quand la séparation de corps a duré** *(L. n° 2004-439 du 26 mai 2004, art. 22-XIII, en vigueur le 1er janv. 2005)* **« deux ans** *[ancienne rédaction : trois ans]* **».**

V. C. pr. civ., art. 1141 s., App., I. Procédure.

1. Demande en divorce et conversion. La demande en divorce d'un époux n'interdit pas à l'autre de solliciter la conversion de la séparation de corps en divorce. • Civ. 2e, 24 févr. 1993, n° 91-11.837 P. ♦ Et le mari est sans intérêt à critiquer l'arrêt qui a écarté sa demande principale en divorce, dès lors qu'en convertissant la séparation de corps en divorce, la cour a retenu les torts des deux époux, une seconde reconnaissance des torts de l'épouse ne pouvant modifier la nature du prononcé du divorce aux torts partagés. • Même arrêt.

2. L'instance en conversion de séparation de corps en divorce intentée par le mari étant restée pendante par suite du refus opposé par la femme au désistement de cette instance, la demande principale en divorce du mari est irrecevable. • Civ. 2e, 4 mai 2000, n° 98-20.030 P : *D. 2000. IR 151 ; RTD civ. 2000. 548, obs. Hauser*.

3. Loi applicable. La loi applicable à la conversion de la séparation de corps en divorce est celle en vigueur lors de la requête initiale en séparation de corps : V. • Civ. 2e, 27 avr. 1979 : *Bull. civ. II, n° 123 ; RTD civ. 1979. 650, obs. Normand.* – V. aussi obs. Normand, *RTD civ. 1980. 595* • Civ. 2e, 27 nov. 1980 : *Bull. civ. II, n° 248.*

Art. 307 **Dans tous les cas de séparation de corps, celle-ci peut être convertie en divorce** *(L. n° 2004-439 du 26 mai 2004, art. 22-XIV, en vigueur le 1er janv. 2005)* **« par consentement mutuel** *[ancienne rédaction : par demande conjointe]* **».**

(L. n° 2019-222 du 23 mars 2019, art. 24) **« En cas de séparation de corps par consentement mutuel, la conversion en divorce ne peut intervenir que par consentement mutuel** *[ancienne rédaction : Quand la séparation de corps a été prononcée par consentement mutuel, elle ne peut être convertie en divorce que par une nouvelle demande conjointe]* **».**

Pour les dispositions transitoires, V. L. n° 2004-439 du 26 mai 2004, art. 33-V, ss. art. 286.

1. Demande principale en divorce. Les art. 306 et 307 n'excluent pas la possibilité d'une demande principale en divorce formée pour d'autres causes après le jugement de séparation de corps. • Civ. 2e, 11 oct. 1989 : *Bull. civ. II, n° 179 ; Defrénois 1990. 298, obs. Massip* • 11 déc. 1991, n° 90-13.374 P : *Defrénois 1992. 724, obs. Massip.* ♦ Sauf requête conjointe en conversion en divorce d'une séparation de corps prononcée sur demande conjointe, une demande en divorce pour faute ne peut être fondée que sur des faits postérieurs au jugement de séparation de corps. • Civ. 2e, 26 juin 1996, n° 94-14.331 P : *RTD civ. 1996. 883, obs. Hauser*. ♦ Sur le cas d'une demande en divorce pour rupture de la vie commune et la prise en compte de la séparation légale résultant d'une séparation de corps antérieure, V. note 2 ss. art. 238. ♦ Mais dès lors que le mari avait assigné la femme en conversion de la séparation de corps antérieurement à l'assignation en divorce pour faute, la demande de l'épouse constitue une demande reconventionnelle prohibée par l'art. 1142 C. pr. civ. • Civ. 2e, 24 nov. 1993, n° 92-10.362 P.

2. Conversion. Demande conjointe de conversion d'une séparation de corps prononcée antérieurement à la L. du 11 juill. 1975 : V. • TGI Rennes, 10 mars 1976 : *D. 1976. 592.*

Art. 308 **Du fait de la conversion, la cause de la séparation de corps devient la cause du divorce ; l'attribution des torts n'est pas modifiée.**

Le juge fixe les conséquences du divorce. Les prestations et pensions entre époux sont déterminées selon les règles propres au divorce.

1. Le juge ne peut prononcer la conversion de la séparation de corps en divorce sans avoir invité les parties à s'expliquer sur le versement d'une prestation compensatoire. • Civ. 2e, 3 juill. 1997, n° 95-17.457 P : *RTD civ. 1997. 912, obs. Hauser* • Civ. 1re, 25 mai 2004, n° 02-10.424 P : *D. 2004. IR 1770 ; Gaz. Pal. 2004. 2554, concl. Sainte-Rose ; Defrénois 2004. 1685, obs. Massip ; RTD civ. 2004. 491, obs. Hauser*.

2. L'épouse qui bénéficiait d'une pension alimentaire a intérêt à interjeter appel du jugement de conversion en divorce dès lors que le juge, méconnaissant son office, n'a pas invité les parties à s'expliquer sur le versement d'une prestation compensatoire. • Civ. 1re, 25 mai 2004 : *préc. note 1.*

CHAPITRE V *DU CONFLIT DES LOIS RELATIVES AU DIVORCE ET À LA SÉPARATION DE CORPS*

Art. 309 **Le divorce et la séparation de corps sont régis par la loi française :**

— lorsque l'un et l'autre époux sont de nationalité française ;

— lorsque les époux ont, l'un et l'autre, leur domicile sur le territoire français ;

— lorsque aucune loi étrangère ne se reconnaît compétence, alors que les tribunaux français sont compétents pour connaître du divorce ou de la séparation de corps.

Aux termes de l'art. 2 de l'Ord. n° 2005-759 du 4 juill. 2005 réformant la filiation (V. titre VII ci-après), l'ancien art. 310 est devenu le nouvel art. 309.

Le Règl. (UE) n° 1259/2010 du Conseil du 20 déc. 2010 (JOUE 29 déc.) mettant en œuvre une coopération renforcée dans le domaine de la loi applicable au divorce et à la séparation de corps entre en vigueur, pour certains pays de l'Union européenne, le 21 juin 2012, V., App. XII, Droit international.

Sur la loi applicable au divorce par consentement mutuel conventionnel, V. Circ. 26 janv. 2017, fiche n° 4, ss. C. civ., art. 229-4.

DALLOZ PRATIQUE[S] *Divorce - Divorce international.*

BIBL. ▸ ALEXANDRE, *Rev. crit. DIP 1983. 597.* - BERNARD, *Trav. Com. fr. DIP 1977-1979. 59.* - BOICHÉ, *AJ fam. 2008. 270* ; *ibid. 349* (divorce et conventions bilatérales). - CORNEC, *Gaz. Pal. 1976. 2. Doctr. 612.* - COURBE, *Trav. Com. fr. DIP 1989-1990. 123* ; *Mél. Holleaux, Litec, 1990, p. 69.* - Jacques FOYER, *Mél. Jean Foyer, PUF, 1997, p. 391.* - Jean FOYER, *JCP 1976. I. 2762.* - FRANCESCAKIS, *Rev. crit. DIP 1975. 553.* - FULCHIRON, *LPA 28 mars 2001* (séparation du couple en DIP). - GAUDEMET-TALLON, *Rec. Acad. La Haye 1991. I. 9.* - HARMAND et CHIFFAUT-MOLIARD, *Gaz. Pal. 1982. 1. Doctr. 270.* - MABRU, ROEDERER et SCHAFFNER, *JCP N 1994. Prat. 3183* (aspects juridiques et fiscaux en DIP). - MONÉGER, *JDI 1992. 347* ; *JDI 1994. 345.* - SIMON-DEPITRE, *JDI 1976. 823.* - Dossier, *Dr. fam. 2015. Études 9 s.* (le divorce en Europe). - Dossier, *AJ fam. 2015. 569 et 642* (divorce dans le monde).

▸ **Règl. (UE) n° 1259/2010 du 20 déc. 2010 (Rome III) :** BIDAUD-GARON, *Dr. et patr. 5/2013, p. 20* (conventions de désignation de la loi applicable). - BOQUET, *JCP 2014, n° 812.* - BRIDGE, *RLDC 2013/101, n° 4980.* - CRÔNE, *JCP N 2012, n° 1269.* - DEVERS et FARGE, *JCP 2012, n° 778.* - DOUCHY-OUDOT, *RTD eur. 2011. 478* . - FONGARO, *JCP N 2012, n° 1274* (conséquences patrimoniales). - GUÉDÉ et LETTELLIER, *JCP N 2015, n° 1109* (désignation de la loi applicable au divorce). - HAMMJE, *Rev. crit. DIP 2011. 291* . - LARDEUX, *D. 2011. Chron. 1835* . - SALORD, *AJ fam. 2011. 97* . - PÉROZ, *JCP 2012, n° 727.* - REVILLARD, *Defrénois 2011. 445.* - REVILLARD et CRÔNE, *Defrénois 2012. 560* (analyse et formules sur le choix de la loi applicable). - SAGAUT, *JCP N 2012, n° 1275* (formules). - VELLETTI, CALO et BOULANGER, *JCP N 2011, n° 1160.* - VIGANOTTI, *Gaz. Pal. 2011. 1469.* - Dossier, *AJ fam. 2012. 369* (choisir la loi du divorce) ; *ibid. 2015. 570 et 642* (divorce dans le monde).

A. DÉTERMINATION DE LA LOI APPLICABLE AU DIVORCE

1. Époux de nationalité française. Principe de compétence exclusive d'application de la loi française au divorce de deux époux français. • Civ. 1re, 22 avr. 1986 : *D. 1986. 270 ; Rev. crit. DIP 1987. 374, note Courbe ; JDI 1987. 629, note Kahn.*

Le demandeur, d'origine marocaine, ayant acquis la nationalité française et les époux demeurant en France lors de la présentation de la demande en divorce, leur mariage ne pouvait être dissous que par application de la loi française. • Civ. 1re, 14 mars 2002 : *D. 2002. IR 1177 ; AJ fam. 2002. 179, obs. S. D.-B* . (refus de la répudiation).

2. Les nationalités respectives des époux sont déterminées à la date de la requête en divorce. • Civ. 1re, 12 janv. 2011, n° 10-10.216 P : *D. 2011. 304 ; JCP 2011, n° 449, note Abadie ; AJ fam. 2011. 212, obs. Boiché ; Dr. fam. 2011, n° 48, obs. Farge* (application de la convention franco-marocaine).

3. Époux domiciliés en France. Nécessité pour les juges du fond de rechercher si, au jour de l'introduction de la demande en divorce, les époux avaient l'un et l'autre leur domicile sur le territoire français. • Civ. 1re, 17 juill. 1980 : *JCP 1982. II. 19717, note Courbe ; JDI 1981. 75, note Simon-Depitre* • 21 janv. 1992, n° 90-10.628 P : *Gaz. Pal. 1992. 2. Somm. 456, obs. Massip* • 8 juill. 2010, n° 09-66.658 P : *D. 2010. Actu. 1786 ; AJ fam. 2010. 397, obs. Boiché ; RLDC 2010/76, n° 4009, obs. Chauchat-Rozier ; Dr. fam. 2010, n° 157, obs. Farge* (appréciation au jour de la requête en divorce). ♦ V. aussi, sur la détermination du domicile des époux, • Civ. 1re, 11 janv. 1983 : *JCP 1983. II. 19939, concl. Gulphe.* ♦ Le domicile correspond à un établissement effectif révélant une intégration au milieu local. • Civ. 1re, 15 mai 1961 : *D. 1961. 437, 3e esp., note Holleaux* • Metz, 28 janv. 1992 : *Rev. crit. DIP 1993. 29, note Muir Watt.*

4. Sur l'application de l'art. 310 (devenu 309), al. 2, soumettant le divorce de deux époux ayant leur domicile en France à la loi française : • Civ. 1re, 17 mai 1993 : *D. 1993. Somm. 349, obs. Audit ; Rev. crit. DIP 1993. 684, note Courbe ; JDI 1994. 115, 1re esp., note Lequette.* ♦ Pour une application de l'art. 310 (309), al. 2, en conformité avec la convention franco-marocaine du 10 août 1981, V. • Civ. 1re, 1er juill. 1997, n° 95-17.925 P : *D. 1997. IR 174 ; Defrénois 1998. 711, obs. Massip.*

5. Il apparaît évident que le législateur n'a pas voulu soustraire deux époux étrangers de même nationalité à leur loi nationale en leur imposant la loi française en raison de leur domicile en France et que l'art. 310 (devenu 309), al. 2, est destiné à permettre essentiellement le règlement de difficultés pratiques pouvant se poser à des époux étrangers résidant en France, mais n'a pas pour objet de résoudre des conflits de lois. • TGI Orléans, 17 mai 1984 : *Rev. crit. DIP 1986. 307, note F. Monéger.* ♦ V. conf. • Douai, 9 mars 1989 :

JCP 1989. II. 21388, note X. L. (à propos de la convention franco-marocaine du 10 août 1981). – Également : • Civ. 1re, 14 mai 1996, n° 94-10.946 P. ♦ Sur la nécessité de distinguer la détermination de la juridiction internationalement compétente de la détermination de la loi applicable au litige : • Civ. 1re, 24 nov. 1993, n° 91-21.368 P : *Defrénois 1994. 323, obs. Massip.* ♦ V. aussi • Civ. 1re, 15 juin 1994, n° 92-22.111 P : *Rev. crit. DIP 1996. 127, note Ancel ; D. 1994. Somm. 352, obs. Audit* (époux domiciliés en France, dont la nationalité caractérise un rattachement à un État étranger suffisant pour justifier la compétence du juge de cet État ayant prononcé le divorce).

6. Compétence de la loi étrangère. Dans le cas d'époux de nationalité étrangère domiciliés en France, le divorce peut être prononcé selon leur loi nationale pourvu qu'elle se reconnaisse compétente. V. déjà : • Civ. 1re, 3 nov. 1983 : *Rev. crit. DIP 1984. 325, 1re esp., note Fadlallah ; JCP 1984. 2. 20131, concl. Gulphe ; JDI 1984. 329, note Kahn* • 25 févr. 1986 : *Rev. crit. DIP 1987. 103, note F. Monéger ; GADIP, 5e éd., n° 63.* ♦ Il résulte de l'art. 310 (devenu 309) que lorsque deux époux sont étrangers, dont un seul est domicilié en France, leur divorce est régi par la loi étrangère qui se reconnaît compétence ; il résulte de l'art. 12 C. pr. civ. que le juge français, lorsqu'il est compétent, doit appliquer cette loi à la demande formée devant lui. • Civ. 1re, 25 mai 1987, n° 87-16.578 P : *R., p. 260 ; JCP 1988. II. 20976, note Courbe ; Rev. crit. DIP 1988. 60, note Lequette ; JDI 1987. 927, note Gaudemet-Tallon.*

7. ... Recherche. Nécessité de rechercher si la loi étrangère est compétente, les deux époux étant de nationalité portugaise et l'un d'entre eux étant domicilié au Portugal : • Civ. 1re, 3 mars 2010, n° 09-13.723 P : *D. 2011. Pan. 1374, obs. Jault-Seseke ; AJ fam. 2010. 232, obs. Boiché ; RLDC 2010/70, n° 3784, obs. Pouliquen.* • Civ. 1re, 23 nov. 2011 : *cité note 1 ss. art. 3* (époux de nationalité américaine, épouse de nationalité anglaise, domiciliée en Angleterre) • 28 mars 2018, n° 17-14.596 : *AJ fam. 2018. 297, obs. Roth* (époux n'étant pas de nationalité française et mari domicilié en Espagne).

8. Autre cas. Est applicable à un divorce la loi belge qui se déclare applicable dès que l'un des époux est belge, en l'absence de domicile en France. Le juge aux affaires *matrimoniales* est compétent pour déterminer la loi applicable au divorce. • Versailles, 18 janv. 1982 : *Rev. crit. DIP 1983. 442, note Gaudemet-Tallon.*

9. Les époux, dont l'un est étranger, n'étant pas tous deux domiciliés en France, le juge devait rechercher, comme il lui était demandé, si la loi étrangère se reconnaissait compétente et, dans l'affirmative, en faire application. • Civ. 1re, 1er juin 1994 : *Rev. crit. DIP 1995. 117, note Gaudemet-Tallon* • 4 juin 2009, n° 08-11.872 P : *D. 2009. AJ 1695, obs. Égéa ; Dr. fam. 2009, n° 96, note Farge ; Defrénois 2009. 2193, obs. Massip ; Rev. crit. DIP 2010. 353, note Muir Watt .* ♦ En l'absence de tout renseignement sur le contenu de la loi étrangère compétente pour régir le divorce d'époux étrangers, les juges du fond peuvent faire application de la loi interne française. • Civ. 1re, 22 oct. 1980, n° 79-14.169 P : *Rev. crit. DIP 1981. 95, note Lagarde.*

10. Application de la loi française, en vertu de l'art. 310 (devenu 309), al. 3, au divorce d'une Française domiciliée en France et d'un Espagnol domicilié en Espagne. • TGI Paris, 24 oct. 1977 : *Gaz. Pal. 1978. 1. 236, note Sarraute ; Rev. crit. DIP 1978. 681, note P. L.* ♦ V. aussi, pour l'application de la loi française lorsque la loi espagnole, normalement compétente, prohibe le divorce : • Paris, 16 févr. 1979 : *Gaz. Pal. 1979. 2. 385, note R. S. ; Rev. crit. DIP 1980. 568, 1re esp., note Lequette.*

11. Double nationalité. Dans le cas de deux époux étrangers dont l'un a acquis la nationalité française tout en conservant sa nationalité d'origine, cette nationalité française peut seule être prise en compte par le juge français saisi directement d'une demande en divorce. • Civ. 1re, 13 oct. 1992 : *D. 1993. 85, note Courbe ; D. 1993. Somm. 351, obs. Audit ; JCP 1993. II. 22036, note Béhar-Touchais ; Rev. crit. DIP 1993. 41, note Lagarde ; JDI 1993. 97, note Lequette* • 17 mai 1993, n° 91-12.750 P. ♦ Application de la loi étrangère à deux époux ayant la double nationalité française et israélienne lorsque, sur les mesures accessoires au divorce, elle présente une équivalence substantielle avec le droit français applicable. • Civ. 1re, 28 janv. 2003, n° 00-15.344 P : *Defrénois 2003. 1086, obs. Massip ; JCP N 2003. 1543, note L. François ; Dr. et patr. 10/2003. 96, obs. F. Monéger ; Rev. crit. DIP 2004. 398, note Muir Watt .*

B. DROIT EUROPÉEN

12. Loi applicable – Règl. Rome III (UE) n° 1259/2010. L'art. 1er du Règl. UE 1259/2010 du Conseil, du 20 déc. 2010, mettant en œuvre une coopération renforcée dans le domaine de la loi applicable au divorce et à la séparation de corps, doit être interprété en ce sens qu'un divorce résultant d'une déclaration unilatérale d'un des époux devant un tribunal religieux, tel que celui en cause au principal, ne relève pas du champ d'application matériel de ce règlement ; celui-ci s'applique aux situations dans lesquelles le divorce est prononcé soit par une juridiction étatique, soit par une autorité publique ou sous son contrôle. • CJUE 20 déc. 2017, n° C-372/16 : *D. 2018. 966, obs. Clavel et Jault-Seseke ; AJ fam. 2018. 119, note Boiché ; RTD eur. 2018. 841, obs. Égéa ; Rev. crit. DIP 2018. 899, note Hammje ; Gaz. Pal. 2018. 235, note Viganotti ; ibid. 859, note Niboyet et Rein-Lescastereyres.*

13. Rome III – Choix par les époux de la loi applicable. Lorsque des époux, dont la situation présente un élément d'extranéité, désignent, dans une convention de choix de la loi applicable au divorce, la loi d'un État déterminé, qui n'est pas l'une de celles qu'énumèrent les points *a)* à *c)*, ce choix est valide, au titre du point *d)*, lorsqu'elle est celle du juge qui a été ultérieurement saisi de la demande en divorce. • Civ. 1re, 26 janv. 2022, n° 20-21.542 B : *D. actu. 8 févr. 2022, obs. Mélin ; D. 2022. 915, obs. Clavel et Jault-Seseke ; AJ fam. 2022. 217, obs. Nord ; JCP 2022, n° 419, note Fongaro ; Dr. fam. 2022, n° 63, obs. Farge.*

14. Compétence – Règl. 2201/2003. Lorsque les époux possèdent chacun la nationalité de deux mêmes États membres, l'art. 3, § 1, sous b), du Règl. n° 2201/2003 s'oppose à ce que la compétence des juridictions de l'un de ces États membres soit écartée au motif que le demandeur ne présente pas d'autres liens de rattachement avec cet État ; les juridictions des États membres dont les époux possèdent la nationalité sont compétentes en vertu de cette disposition, ces derniers pouvant saisir, selon leur choix, la juridiction de l'État membre devant laquelle le litige sera porté. • CJCE 16 juill. 2009 : *D. 2009. AJ 2107, obs. Égéa ; ibid. 2010. Pan. 1243, obs. Williatte-Pellitteri ; AJ fam. 2009. 349, obs. Boiché ; RJPF 2009-11/22, note Meyzeaud-Garaud ; Rev. crit. DIP 2010. 184, note Brière* • Civ. 1re, 17 févr. 2010, n° 07-11.648 P : *AJ fam. 2010. 183, obs. Boiché ; RLDC 2010/70, n° 3785, obs. Pouliquen,* et sur la question préjudicielle : • Civ. 1re, 16 avr. 2008 : *AJ fam. 2008. 296, obs. Boiché ; D. 2009. Pan. 832, obs. Serra et Williatte-Pellitteri .*

15. ... Cassation de l'arrêt ayant considéré, au visa de l'art. 3 du Règl. (CE) n° 2201/2003 du 27 nov. 2003 (Bruxelles II *bis*), que le critère de la résidence prime sur celui de la nationalité pour déclarer que le divorce de deux époux de nationalité française résidant au Portugal relevait des juridictions portugaises, alors que l'art. 2 b) du Règl. Bruxelles II permet à l'époux demandeur d'opter pour le tribunal de l'État membre de la nationalité commune. • Civ. 1re, 24 sept. 2008 : *D. 2009. AJ 2438 ; AJ fam. 2008. 432, obs. Boiché .*

16. ... Résidence. Aux termes de l'art. 3, § 1, sous a), premier tiret, du Règl. (CE) n° 2201/2003, sont compétentes pour statuer sur les questions relatives au divorce les juridictions de l'État membre sur le territoire duquel se trouve la résidence habituelle des époux ; il résulte de la jurisprudence de la CJUE (CJUE 25 nov. 2021, IB/FA, n° C-289/20) que la notion de résidence habituelle est caractérisée, en principe, par deux éléments, à savoir, d'une part, la volonté de l'intéressé de fixer le centre habituel de ses intérêts dans un lieu déterminé et, d'autre part, une présence revêtant un degré suffisant de stabilité sur le territoire de l'État membre concerné (pt 57), l'environnement d'un adulte étant de nature variée, composé d'un vaste spectre d'activités et d'intérêts, notamment professionnels, socioculturels, patrimoniaux ainsi que d'ordre privé et familial, diversifiés (pt 56) ; en l'espèce, prise en compte de divers éléments et de la volonté des époux de fixer en France le centre habituel de leurs intérêts en y menant une vie sociale suffisamment stable. • Civ. 1re, 30 nov. 2022, n° 21-15.988 B.

17. ... Règl. (CE) n° 44/2001. Les dispositions du Règl. n° 44/2001 du 22 déc. 2000 ne sont applicables qu'aux actions judiciaires intentées et aux actes authentiques reçus postérieurement à son entrée en vigueur. Inapplication à une demande de prestation compensatoire présentée à l'occasion d'une action en justice engagée devant les juridictions hongroises avant l'adhésion de la Hongrie à l'Union européenne. • Civ. 1re, 12 mai 2021, n° 19-19.531 P : *D. 2021. 968 ; AJ fam. 2021. 367, obs. Boiché .*

C. FONCTIONNEMENT DE LA RÈGLE DE CONFLIT DE L'ART. 310 [309]

18. Ordre public. L'ordre public s'oppose en principe à l'effet en France d'un divorce prononcé à l'étranger par un tribunal rabbinique car un tel divorce est assimilable à une répudiation pure et simple. • Aix-en-Provence, 21 janv. 1981 : *Rev. crit. DIP 1982. 297, note Légier et Mestre.* ♦ L'ordre public n'impose pas en principe la faculté de divorcer. • Civ. 1re, 8 nov. 1977 : *Rev. crit. DIP 1979. 395, 1re esp., note Loussouarn ; JDI 1978. 587, note Alexandre* • 10 juill. 1979 : *Rev. crit. DIP 1980. 91, note Gaudemet-Tallon ; JDI 1980. 310, note Audit* • Paris, 16 févr. 1979 : *Gaz. Pal. 1979. 2. 385, note R.S. ; Rev. crit. DIP 1980. 568, 1re esp., note Lequette.* ♦ Le jugement étranger qui énumère un certain nombre d'injonctions pour le père, interdisant notamment que sa maîtresse se trouve en présence des enfants sauf s'il se marie avec elle, ou interdisant à toute personne du sexe opposé de passer la nuit à son domicile lorsqu'il reçoit les enfants, et qui met à néant l'exercice conjoint de l'autorité parentale par le droit donné à la mère de prendre seule, les décisions les concernant et de consentir à leur engagement dans les forces armées du pays, porte atteinte à des principes essentiels du droit français fondés sur l'égalité des parents dans l'exercice de l'autorité parentale et sur le respect de la vie privée et familiale. • Civ. 1re, 4 nov. 2010, n° 09-15.302 P : *D. actu. 18 oct. 2010, obs. Gallmeister ; AJ fam. 2011. 46, obs. Boiché ; Dr. fam. 2011, n° 47, obs. Viganotti ; RLDC 2011/78, n° 4098, obs. Gallois ; RJPF 2011-1/21, obs. Meyzaud-Garaud ; RTD civ. 2011. 116, obs. Hauser*

19. Traités. Les conventions internationales qui écartent le jeu des dispositions de l'art. 310 (devenu 309) font cependant généralement réserve de l'ordre public international. Le juge français peut donc déclarer contraire à l'ordre public français un jugement de divorce prononcé à l'étranger sur le fondement de l'art. 232 C. civ. en l'absence de consentement de l'épouse, par référence à l'art. 16 d de la convention franco-marocaine du 5 oct. 1957. • Civ. 1re, 20 janv. 1987 : *Bull. civ. I, n° 17.* ♦ Deux époux marocains, dont le divorce est soumis à la loi marocaine par application de la convention précitée, n'ayant pas la libre disposition de leurs droits, ne peuvent renoncer à l'application de ce traité ratifié par la France. • Civ. 1re, 10 mai 1995, n° 93-16.467 P : *Gaz. Pal. 1995. 2. Pan. 247.* ♦ Contrariété à l'ordre public d'un acte de répudiation remis à l'épouse en l'absence de tout débat contradictoire et qui ne peut, malgré la convention franco-marocaine susvisée, être reconnu en France. • Civ. 1re, 19 déc. 1995, n° 93-19.950 P. ♦ Il résulte de la convention franco-marocaine du 10 août 1981, reconnue applicable en application de la règle de conflit de lois, que la dissolution du mariage est prononcée selon la loi de celui des deux États dont les époux ont tous les deux la nationalité. • Civ. 1re, 9 janv. 2008, n° 06-19.659 P : *D. 2009. Pan. 1557, obs. Courbe ; AJ fam. 2008. 125, obs. Boiché ; LPA 16 mai 2008, note Malaurie ; RLDC 2008/52, n° 3116, note Meyzeaud-Garaud* • 19 nov. 2008, n° 07-21.263 P : *AJ fam. 2009. 34, obs. Boiché ; RLDC 2009/56, n° 3270, obs. Evenat ; RJPF 2009-2/22, obs. Garé.* ♦ Règles conventionnelles, V. ci-dessous, le Règl. n° 1259/10 du 20 déc. 2010 mettant en place, à compter du 21 juin 2012, une coopération renforcée dans le domaine de la loi applicable au divorce et à la séparation de corps.

20. Conflit mobile ; fraude à la loi. Sur le refus d'autorité de chose jugée d'un jugement étranger de divorce constituant une fraude au jugement dans le but de faire échec à l'exécution d'une décision française devant intervenir : • Civ. 1re, 20 juin 2012 : *cité note 13 ss. art. 1355.* (demande en divorce du mari à l'étranger pour échapper à une condamnation au versement d'une contribution aux charges du mariage pouvant intervenir suite à la requête en France par son épouse). ♦ La convention franco-marocaine du 10 août 1981 donne, lorsque les époux ont tous deux la même nationalité, compétence aux juridictions de leur État pour prononcer la dissolution du mariage mais fait réserve de la fraude. Sur le contrôle de répudiations opposées à un divorce demandé en France : • Civ. 1re, 6 juin 1990 : *D. 1990. Somm. 263, obs. Audit.*

21. Compétence du juge de l'exequatur. Il n'appartient pas au juge de l'exequatur, mais au seul juge compétent au fond, de se prononcer en ajoutant à la décision étrangère de divorce, déjà déclarée exécutoire en France, des dispositions concernant les intérêts patrimoniaux des ex-époux sur leurs biens situés en France. • Civ. 1re, 28 mars 2013, n° 11-19.279 P : *D. 2013. 929 ; AJ fam. 2013. 389, obs. Boiché ; JCP N 2013, n° 1199, obs. Bidaud-Garon.*

22. Effets du divorce ; loi applicable. Possibilité pour le juge du fond de statuer, selon la loi du divorce, par une appréciation souveraine, sur les limites à apporter au droit d'hébergement du père, lorsque, en l'absence de convention d'entraide avec l'État du mari, il existe un risque que l'enfant confié à la mère soit définitivement soustrait par le père. • Civ. 3 févr. 1982 : *Rev. crit. DIP 1982. 558, note P. L.* ♦ Rappr. : • TGI Dunkerque, 28 oct. 1987 : *JDI 1988. 766, note Mezghani.*

23. ... Autorité parentale. Aucune disposition du droit français n'imposant au juge français, saisi du divorce, de statuer en matière d'autorité parentale. • Civ. 1re, 3 déc. 2008, n° 07-19.657 P : *D. 2009. Pan. 1557, obs. Jault-Seseke ; AJ fam. 2009. 78, obs. Boiché ; RJPF 2009-2/37, note Meyzeaud-Garaud ; Dr. fam. 2009, n° 71, note Larribau-Terneyre ; Rev. crit. DIP 2009. 537, obs. Gallant* (désignation du juge belge « mieux placé pour statuer »).

24. Dispositions transitoires. Les règles de conflits de lois édictées par l'art. 310 (devenu 309) sont, selon les principes généraux, d'application immédiate ; cette solution n'est pas modifiée par l'art. 24-1 de la L. du 11 juill. 1975 qui n'édicte que des règles transitoires spéciales de la loi interne (à savoir la poursuite des instances introduites avant l'entrée en vigueur de cette loi selon la loi ancienne). • Civ. 1re, 13 janv. 1982 : *Bull. civ. I, n° 22 ; R., p. 84 ; GADIP, 5e éd., n° 62 ; Rev. crit. DIP 1982. 551, note Batiffol ; JCP 1982. IV. 113* • Paris, 23 févr. 1987 : *D. 1987. Somm. 348, obs. Audit.*

Décret n° 2004-1157 du 29 octobre 2004,

Pris en application des articles 276-4 et 280 du code civil et fixant les modalités de substitution d'un capital à une rente allouée au titre de la prestation compensatoire (JO 31 oct.).

BIBL. ► THOURET, *JCP 2004. Actu. 597.*

Art. 1er Lors de la substitution totale ou partielle, en application des articles 276-4 et 280 du code civil, d'un capital à une rente fixée par le juge ou par convention à titre de prestation compensatoire, le capital alloué au crédirentier est égal à un montant équivalant à la valeur actuelle probable de l'ensemble des arrérages de la rente, à la date, selon le cas, de la décision du juge opérant cette substitution ou du décès du débiteur.

La valeur mentionnée au premier alinéa résulte d'un taux de capitalisation de 4 % et des probabilités de décès du crédirentier, selon son âge et son sexe, établies par les tables de mortalité INSEE 98-2000.

Les tables de conversion annexées au présent décret (annexe I pour les rentes viagères, annexe II pour les rentes temporaires) fixent le montant du capital équivalant à 1 € de rente annuelle.

Art. 2 Le présent décret est applicable en Nouvelle-Calédonie, en Polynésie française, à Wallis-et-Futuna et à Mayotte.

Rente viagère femme

ÂGE (1)	COÛT D'UN EURO de rente viagère annuelle
30	20,658
31	20,488
32	20,313
33	20,131
34	19,943
35	19,749
36	19,549
37	19,344
38	19,132
39	18,916
40	18,693
41	18,466
42	18,235
43	18,000
44	17,761
45	17,517
46	17,268
47	17,014
48	16,754
49	16,489
50	16,218
51	15,942
52	15,660
53	15,371
54	15,076
55	14,776
56	14,471
57	14,158
58	13,838
59	13,512
60	13,180
61	12,848
62	12,510

63	12,166
64	11,823
65	11,476
66	11,126
67	10,774
68	10,421
69	10,066
70	9,709
71	9,356
72	9,000
73	8,645
74	8,286
75	7,923
76	7,564
77	7,207
78	6,854
79	6,505
80	6,153
81	5,812
82	5,482
83	5,170
84	4,879
85	4,592
86	4,315
87	4,055
88	3,806
89	3,579
90	3,368
91	3,178
92	3,013
93	2,866
94	2,728
95	2,619
96	2,518
97	2,398
98	2,236
99	2,000
100	1,744

(1) Au jour du décès du débiteur ou à la date de la décision du juge opérant la substitution.

Rente viagère homme

ÂGE (1)	COÛT D'UN EURO de rente viagère annuelle
30	21,920
31	21,786
32	21,648
33	21,504
34	21,356
35	21,203
36	21,046
37	20,883
38	20,715
39	20,542
40	20,364
41	20,181
42	19,993
43	19,799
44	19,600
45	19,394
46	19,183
47	18,965
48	18,742
49	18,511
50	18,275
51	18,031
52	17,778
53	17,520
54	17,253
55	16,980
56	16,698
57	16,406
58	16,105
59	15,796
60	15,478
61	15,153
62	14,816
63	14,471
64	14,116

65	13,753
66	13,381
67	13,002
68	12,615
69	12,218
70	11,815
71	11,408
72	10,993
73	10,573
74	10,147
75	9,716
76	9,283
77	8,850
78	8,419
79	7,990
80	7,563
81	7,143
82	6,729
83	6,330
84	5,947
85	5,576
86	5,220
87	4,881
88	4,559
89	4,254
90	3,972
91	3,704
92	3,462
93	3,241
94	3,039
95	2,850
96	2,681
97	2,503
98	2,316
99	2,118
100	1,903

(1) Au jour du décès du débiteur ou à la date de la décision du juge opérant la substitution.

Rente temporaire (femme)
Coût d'un euro de rente

ÂGE (*)	DURÉE DE LA RENTE RESTANT A PAYER																			
	1 an	2 ans	3 ans	4 ans	5 ans	6 ans	7 ans	8 ans	9 ans	10 ans	11 ans	12 ans	13 ans	14 ans	15 ans	16 ans	17 ans	18 ans	19 ans	20 ans
20	0,982	1,926	2,834	3,706	4,544	5,350	6,125	6,869	7,584	8,272	8,933	9,568	10,179	10,765	11,329	11,871	12,391	12,891	13,371	13,833
21	0,982	1,926	2,834	3,706	4,544	5,350	6,124	6,869	7,584	8,272	8,933	9,568	10,178	10,764	11,328	11,869	12,389	12,889	13,369	13,830
22	0,982	1,926	2,834	3,706	4,544	5,350	6,124	6,869	7,584	8,272	8,932	9,567	10,177	10,764	11,327	11,868	12,388	12,887	13,367	13,828
23	0,982	1,926	2,834	3,706	4,544	5,350	6,124	6,869	7,584	8,271	8,932	9,567	10,177	10,763	11,326	11,867	12,386	12,885	13,365	13,825
24	0,982	1,926	2,834	3,706	4,544	5,350	6,142	6,868	7,584	8,271	8,931	9,566	10,176	10,761	11,324	11,865	12,384	12,883	13,361	13,821
25	0,982	1,926	2,834	3,706	4,544	5,350	6,124	6,868	7,583	8,270	8,930	9,565	10,174	10,760	11,322	11,862	12,381	12,879	13,357	13,817
26	0,982	1,926	2,834	3,706	4,544	5,349	6,124	6,867	7,582	8,269	8,929	9,563	10,172	10,757	11,319	11,859	12,377	12,875	13,353	13,811
27	0,982	1,926	2,834	3,706	4,544	5,349	6,123	6,867	7,582	8,268	8,928	9,562	10,170	10,755	11,317	11,856	12,373	12,870	13,348	13,806
28	0,982	1,926	2,834	3,706	4,544	5,349	6,123	6,866	7,581	8,267	8,926	9,560	10,168	10,752	11,313	11,852	12,369	12,342	13,335	13,799
29	0,982	1,926	2,833	3,705	4,543	5,348	6,122	6,865	7,579	8,265	8,924	9,557	10,165	10,748	11,309	11,847	12,363	12,859	13,335	13,791
30	0,982	1,926	2,833	3,705	4,543	5,347	6,121	6,864	7,577	8,263	8,921	9,554	10,161	10,744	11,304	11,841	12,357	12,852	13,327	13,782
31	0,982	1,926	2,833	3,705	4,542	5,347	6,120	6,862	7,576	8,261	8,919	9,551	10,157	10,740	11,299	11,835	12,350	12,844	13,318	13,773
32	0,982	1,926	2,833	3,704	4,541	5,346	6,119	6,861	7,574	8,258	8,916	9,547	10,153	10,735	11,293	11,829	12,343	12,837	13,310	13,763
33	0,982	1,926	2,833	3,704	4,541	5,345	6,117	6,859	7,572	8,256	8,913	9,543	10,149	10,730	11,287	11,822	12,336	12,828	13,300	13,753
34	0,982	1,926	2,832	3,703	4,540	5,344	6,116	6,857	7,569	8,253	8,909	9,539	10,144	10,724	11,281	11,815	12,327	12,819	13,290	13,714
35	0,982	1,926	2,832	3,703	4,539	5,343	6,114	6,855	7,567	8,250	8,905	9,535	10,139	10,718	11,274	11,807	12,318	12,809	13,279	13,729
36	0,982	1,925	2,832	3,702	4,539	5,342	3,113	6,853	7,564	8,247	8,901	9,530	10,133	10,712	11,266	11,799	12,309	12,798	13,267	13,716
37	0,982	1,925	2,832	3,702	4,538	5,340	6,111	6,851	7,561	8,243	8,897	9,525	10,127	10,704	11,258	11,789	12,999	12,787	13,254	13,702
38	0,982	1,925	2,831	3,701	4,537	5,339	6,109	6,848	7,558	8,239	8,892	9,519	10,120	10,697	11,249	11,780	12,288	12,774	13,241	13,688
39	0,982	1,925	2,831	3,700	4,536	5,337	6,107	6,845	7,554	8,234	8,887	9,513	10,113	10,688	11,240	11,769	12,276	12,761	13,226	13,672
40	0,982	1,925	2,830	3,700	4,534	5,335	6,104	6,842	7,550	8,230	8,881	9,506	10,105	10,680	11,230	11,758	12,263	12,748	13,211	13,655
41	0,982	1,924	2,830	3,699	4,533	5,334	6,102	6,839	7,546	8,225	8,876	9,499	10,097	10,671	11,220	11,746	12,251	12,733	13,196	13,638
42	0,982	1,924	2,829	3,698	4,532	5,332	6,100	6,836	7,543	8,220	8,870	9,493	10,090	10,662	11,210	11,735	12,238	12,719	13,180	13,620
43	0,982	1,924	2,829	3,697	4,531	5,330	6,097	6,833	7,538	8,215	8,864	9,485	10,081	10,652	11,199	11,722	12,224	12,703	13,162	13,601

44	0,982	1,924	2,828	3,696	4,529	5,328	6,094	6,829	7,534	8,210	8,857	9,478	10,072	10,642	11,187	11,709	12,209	12,687	13,144	13,581
45	0,982	1,924	2,828	3,695	4,528	5,326	6,091	6,826	7,529	8,204	8,850	9,470	10,063	10,631	11,175	11,695	12,193	12,670	13,125	13,560
46	0,982	1,923	2,827	3,694	4,526	5,323	6,088	6,821	7,524	8,198	8,843	9,461	10,053	10,619	11,162	11,681	12,177	12,651	13,104	13,537
47	0,981	1,923	2,827	3,693	4,524	5,321	6,085	6,817	7,519	8,191	8,836	9,452	10,043	10,608	11,148	11,665	12,160	12,632	13,083	13,513
48	0,981	1,923	2,826	3,692	4,523	5,319	6,082	6,813	7,514	8,185	8,828	9,443	10,032	10,595	11,134	11,649	12,141	12,611	13,060	13,487
49	0,981	1,923	2,825	3,691	4,521	5,316	6,078	6,809	7,508	8,178	8,819	9,433	10,020	10,582	11,119	11,632	12,122	12,589	13,035	13,459
50	0,981	1,922	2,825	3,690	4,519	5,314	6,075	6,804	7,503	8,171	8,811	9,423	10,009	10,568	11,103	11,614	12,101	12,566	13,009	13,589
51	0,981	1,922	2,824	3,689	4,517	5,311	6,071	6,799	7,496	8,163	8,802	9,412	9,996	10,553	11,085	11,594	12,078	12,540	13,979	13,397
52	0,981	1,922	2,823	3,687	4,515	5,307	6,067	6,794	7,489	8,155	8,791	9,400	9,981	10,536	11,066	11,571	12,052	12,511	12,946	13,360
53	0,981	1,921	2,822	3,686	4,513	5,304	6,063	6,788	7,482	8,146	8,781	9,387	9,966	10,519	11,046	11,548	12,026	12,480	12,911	13,321
54	0,981	1,921	2,821	3,684	4,510	5,301	6,058	6,782	7,475	8,137	8,769	9,373	9,950	10,500	11,023	11,522	11,996	12,446	12,873	13,277
55	0,981	1,921	2,821	3,683	4,508	5,298	6,053	6,776	7,467	8,127	8,757	9,359	9,932	10,479	10,999	11,494	11,963	12,409	12,830	13,229
56	0,981	1,920	2,820	3,681	4,506	5,294	6,048	6,769	7,458	8,116	8,744	9,342	9,913	10,456	10,972	11,462	11,927	12,367	12,783	13,175
57	0,981	1,920	2,819	3,679	4,502	5,290	6,042	6,761	7,448	8,103	8,728	9,323	9,890	10,429	10,941	11,426	11,885	12,319	12,729	13,114
58	0,981	1,919	2,818	3,677	4,499	5,285	6,035	6,752	7,437	8,089	8,711	9,302	9,865	10,399	10,906	11,385	11,838	12,266	12,668	13,045
59	0,980	1,919	2,816	3,675	4,495	5,279	6,028	6,743	7,424	8,073	8,691	9,279	9,837	10,366	10,867	11,340	11,786	12,206	12,600	12,968
60	0,980	1,918	2,815	3,672	4,491	5,274	6,020	6,732	7,410	8,056	8,670	9,252	9,805	10,328	10823	11,289	11,728	12,139	12,524	12,881
61	0,980	1,917	2,813	3,670	4,487	5,267	6,011	6,720	7,395	8,037	8,646	9,223	9,770	10,287	10,774	11,233	11,663	12,064	12,438	12,785
62	0,980	1,917	2,812	3,666	4,482	5,260	6,001	6,706	7,377	8,014	8,618	9,189	9,730	10,239	10,719	11,168	11,588	11,979	12,341	12,674
63	0,980	1,916	2,810	3,663	4,476	5,251	5,989	6,690	7,357	7,988	8,586	9,151	9,684	10,185	10,655	11,094	11,503	11,882	12,231	12,550
64	0,979	1,915	2,807	3,658	4,469	5,241	5,975	6,672	7,333	7,959	8,550	9,107	9,632	10,124	10,583	11,011	11,407	11,772	12,106	12,410
65	0,979	1,914	2,805	3,654	4,462	5,230	5,960	6,651	7,306	7,925	8,509	9,058	9,573	10,054	10,502	10,917	11,299	11,649	11,966	12,252
66	0,979	1,912	2,801	3,648	4,453	5,217	5,942	6,628	7,276	7,888	8,463	9,002	9,506	9,975	10,410	10,810	11,177	11,510	11,809	12,076
67	0,979	1,911	2,798	3,642	4,444	5,203	5,923	6,602	7,243	7,847	8,412	8,940	9,432	9,888	10,307	10,692	11,040	11,355	11,635	11,882
68	0,978	1,909	2,795	3,635	4,432	5,187	5,900	6,573	7,206	7,799	8,353	8,869	9,347	9,787	10,190	10,556	10,886	11,180	11,439	11,665
69	0,978	1,907	2,790	3,627	4,419	5,168	5,874	6,539	7,162	7,744	8,285	8,787	9,249	9,673	10,057	10,403	10,712	10,984	11,221	11,425
70	0,977	1,905	2,785	3,618	4,405	5,147	5,845	6,500	7,112	7,681	8,209	8,695	9,140	9,544	9,907	10,232	10,518	10,767	10,982	11,163
71	0,977	1,903	2,779	3,608	4,389	5,124	5,813	6,457	7,056	7,612	8,123	8,592	9,017	9,400	9,741	10,042	10,305	10,530	10,721	10,880
72	0,976	1,900	2,773	3,596	4,371	5,097	5,776	6,407	6,992	7,531	8,025	8,473	8,877	9,236	9,554	9,830	10,068	10,269	10,437	10,574

73	0,975	1,897	2,766	3,584	4,350	5,066	5,733	6,351	6,920	7,441	7,914	8,340	8,719	9,054	9,346	9,597	9,810	9,986	10,131	10,246
74	0,974	1,893	2,758	3,568	4,325	5,030	5,683	6,285	6,835	7,336	7,786	8,187	8,541	8,850	9,115	9,340	9,527	9,679	9,802	9,897
75	0,973	1,889	2,747	3,549	4,296	4,988	5,625	6,208	6,738	7,215	7,640	8,015	8,342	8,623	8,861	9,059	9,221	9,350	9,451	9,529
76	0,972	1,884	2,735	3,528	4,262	4,939	5,558	6,121	6,627	7,079	7,477	7,824	8,123	8,375	8,595	8,757	8,894	9,002	9,084	9,145
77	0,971	1,878	2,722	3,504	4,224	4,884	5,483	6,022	6,503	6,927	7,297	7,614	7,883	8,107	8,290	8,436	8,550	8,638	8,703	8,751
78	0,969	1,871	2,706	3,476	4,181	4,821	5,397	5,911	6,364	6,759	7,098	7,386	7,625	7,820	7,977	8,099	8,192	8,262	8,313	8,350
79	0,967	1,863	2,689	3,445	4,131	4,749	5,300	5,786	6,210	6,574	6,882	7,138	7,348	7,515	7,646	7,747	7,822	7,876	7,916	7,943
80	0,965	1,854	2,668	3,407	4,073	4,666	5,190	5,646	6,038	6,370	6,646	6,872	7,052	7,193	7,301	7,382	7,441	7,483	7,513	7,533
81	0,963	1,844	2,644	3,365	4,007	4,574	5,068	5,492	5,852	6,151	6,395	6,590	6,743	6,860	6,947	7,011	7,057	7,089	7,111	7,125
82	0,959	1,831	2,615	3,314	3,931	4,469	4,931	5,322	5,648	5,914	6,127	6,293	6,420	6,515	6,585	6,635	6,670	6,693	6,709	6,718
83	0,956	1,816	2,584	3,261	3,850	4,357	4,787	5,144	5,436	5,669	5,851	5,991	6,095	6,172	6,226	6,265	6,291	6,308	6,318	6,325
84	0,952	1,801	2,551	3,203	3,764	4,329	4,635	4,957	5,216	5,418	5,572	5,688	5,772	5,832	5,875	5,904	5,922	5,934	5,941	5,945
85	0,948	1,784	2,513	3,139	3,670	4,111	4,471	4,760	4,985	5,158	5,287	5,381	5,448	5,496	5,528	5,549	5,562	5,570	5,574	5,576
86	0,943	1,765	2,472	3,070	3,567	3,974	4,299	4,553	4,748	4,893	5,000	5,076	5,129	5,165	5,189	5,204	5,213	5,218	5,220	5,220
87	0,938	1,744	2,427	2,995	3,459	3,830	4,120	4,343	4,509	4,630	4,717	4,778	4,819	4,846	4,863	4,873	4,879	4,881	4,881	4,881
88	0,932	1,722	2,378	2,915	3,344	3,680	3,937	4,129	4,269	4,369	4,440	4,487	4,519	4,538	4,550	4,557	4,559	4,559	4,559	4,559
89	0,926	1,696	2,326	2,829	3,223	3,524	3,749	3,914	4,031	4,114	4,170	4,207	4,230	4,243	4,251	4,254	4,254	4,254	4,254	4,254
90	0,919	1,670	2,271	2,741	3,100	3,369	3,565	3,706	3,804	3,871	3,915	3,942	3,958	3,968	3,972	3,972	3,972	3,972	3,972	3,972
91	0,911	1,640	2,211	2,647	2,973	3,211	3,382	3,501	3,583	3,636	3,669	3,689	3,700	3,704	3,705	3,705	3,705	3,705	3,705	3,705
92	0,903	1,610	2,151	2,555	2,851	3,062	3,210	3,311	3,377	3,418	3,442	3,457	3,462	3,462	3,462	3,462	3,462	3,462	3,462	3,462
93	0,895	1,581	2,093	2,467	2,735	2,922	3,050	3,134	3,186	3,217	3,234	3,241	3,242	3,242	3,241	3,241	3,241	3,241	3,241	3,241
94	0,888	1,551	2,036	2,383	2,626	2,791	2,899	2,967	3,007	3,030	3,039	3,039	3,039	3,309	3,309	3,309	3,309	3,309	3,309	3,309
95	0,879	1,520	1,980	2,302	2,521	2,665	2,754	2,807	2,838	2,850	2,850	2,850	2,850	2,850	2,850	2,850	2,850	2,850	2,850	2,850
96	0,873	1,498	1,936	2,234	2,429	2,550	2,623	2,664	2,681	2,681	2,681	2,681	2,681	2,681	2,681	2,681	2,681	2,681	2,681	2,681
97	0,866	1,472	1,884	2,155	2,323	2,422	2,480	2,503	2,503	2,503	2,503	2,503	2,503	2,503	2,503	2,503	2,503	2,503	2,503	2,503
98	0,857	1,441	1,823	2,061	2,202	2,284	2,316	2,316	2,316	2,316	2,316	2,316	2,316	2,316	2,316	2,316	2,316	2,316	2,316	2,316
99	0,848	1,403	1,748	1,952	2,072	2,118	2,118	2,118	2,118	2,118	2,118	2,118	2,118	2,118	2,118	2,118	2,118	2,118	2,118	2,118
100	0,832	1,348	1,655	1,833	1,903	1,903	1,903	1,903	1,903	1,903	1,903	1,903	1,903	1,903	1,903	1,903	1,903	1,903	1,903	1,903

(*) Au jour du décès du débiteur ou de la décision du juge opérant la substitution

Rente temporaire (homme)
Coût d'un euro de rente

ÂGE (*)	DURÉE DE LA RENTE RESTANT A PAYER (en années)																			
	1	**2**	**3**	**4**	**5**	**6**	**7**	**8**	**9**	**10**	**11**	**12**	**13**	**14**	**15**	**16**	**17**	**18**	**19**	**20**
20	0,982	1,925	2,831	3,701	4,536	5,339	6,110	6,850	7,561	8,244	8,900	9,530	10,134	10,715	11,273	11,808	12,322	12,815	13,289	13,743
21	0,982	1,925	2,831	3,701	4,536	5,339	6,109	6,850	7,561	8,243	8,899	9,529	10,133	10,714	11,271	11,806	12,320	12,813	13,285	13,739
22	0,982	1,925	2,831	3,701	4,536	5,339	6,109	6,850	7,561	8,243	8,899	9,528	10,133	10,713	11,270	11,805	12,318	12,810	13,282	13,735
23	0,982	1,925	2,831	3,701	4,536	5,339	6,109	6,849	7,560	8,243	8,898	9,528	10,132	10,712	11,268	11,803	12,315	12,807	13,278	13,731
24	0,982	1,925	2,831	3,701	4,536	5,338	6,109	6,849	7,560	8,242	8,897	9,526	10,130	10,710	11,266	11,800	12,312	12,803	13,273	13,725
25	0,982	1,925	2,831	3,701	4,536	5,338	6,109	6,849	7,559	8,241	8,896	9,525	10,129	10,708	11,263	11,796	12,308	12,798	13,267	13,717
26	0,982	1,925	2,831	3,700	4,536	5,338	6,109	6,848	7,559	8,240	8,895	9,523	10,126	10,705	11,260	11,792	12,302	12,791	13,260	13,709
27	0,982	1,925	2,831	3,700	4,536	5,338	6,108	6,848	7,558	8,239	8,893	9,521	10,123	10,701	11,255	11,787	12,296	12,784	13,251	13,699
28	0,982	1,925	2,830	3,700	4,535	5,337	6,107	6,846	7,556	8,237	8,891	9,518	10,120	10,697	11,250	11,780	12,288	12,774	13,240	13,686
29	0,982	1,925	2,830	3,700	4,535	5,337	6,106	6,845	7,554	8,235	8,888	9,514	10,115	10,691	11,243	11,772	12,279	12,764	13,228	13,672
30	0,982	1,925	2,830	3,700	4,534	5,336	6,105	6,844	7,552	8,232	8,884	9,510	10,110	10,685	11,235	11,763	12,268	12,751	13,214	13,656
31	0,982	1,925	2,830	3,699	4,534	5,335	6,104	6,842	7,550	8,229	8,880	9,505	10,103	10,677	11,226	11,752	12,255	12,737	13,198	13,638
32	0,982	1,925	2,830	3,699	4,533	5,334	6,102	6,839	7,547	8,225	8,875	9,499	10,096	10,668	11,215	11,739	12,241	12,721	13,179	13,618
33	0,982	1,924	2,829	3,698	4,532	5,332	6,100	6,837	7,543	8,220	8,869	9,491	10,087	10,657	11,203	11,725	12,225	12,702	13,159	13,595
34	0,982	1,924	2,829	3,697	4,531	5,330	6,097	6,833	7,538	8,214	8,862	9,482	10,076	10,645	11,189	11,709	12,206	12,682	13,136	13,570
35	0,982	1,924	2,828	3,696	4,529	5,328	6,094	6,829	7,533	8,207	8,854	9,472	10,064	10,631	11,173	11,691	12,186	12,659	13,110	13,542
36	0,982	1,924	2,828	3,695	4,528	5,326	6,091	6,824	7,527	8,200	8,844	9,461	10,051	10,616	11,155	11,671	12,164	12,634	13,083	13,512
37	0,982	1,924	2,827	3,694	4,526	5,323	6,087	6,819	7,520	8,191	8,834	9,449	10,037	10,599	11,137	11,650	12,140	12,608	13,054	13,479
38	0,981	1,923	2,827	3,693	4,524	5,320	6,082	6,813	7,512	8,182	8,822	9,435	10,021	10,581	11,116	11,626	12,114	12,579	13,022	13,444
39	0,981	1,923	2,826	3,691	4,521	5,316	6,077	6,806	7,504	8,172	8,810	9,421	10,004	10,562	11,094	11,602	12,086	12,548	12,988	13,407
40	0,981	1,922	2,825	3,689	4,518	5,311	6,071	6,799	7,494	8,160	8,796	9,404	9,985	10,540	11,070	11,575	12,056	12,514	12,951	13,367
41	0,981	1,922	2,823	3,687	4,514	5,307	6,065	6,790	7,484	8,148	8,782	9,387	9,966	10,517	11,044	11,546	12,024	12,479	12,912	13,324
42	0,981	1,921	2,822	3,685	4,511	5,302	6,058	6,782	7,474	8,135	8,767	9,370	9,945	10,494	11,018	11,516	11,991	12,443	12,872	13,280
43	0,9981	1,921	2,821	3,682	4,507	5,297	6,052	6,773	7,463	8,122	8,751	9,352	9,925	10,471	10,991	11,486	11,957	12,405	12,831	13,234

44	0,981	1,920	2,819	3,680	4,504	5,292	6,045	6,765	7,453	8,110	8,736	9,334	9,904	10,447	10,964	11,455	11,923	12,367	12,788	13,186
45	0,981	1,919	2,818	3,678	4,501	5,287	6,038	6,756	7,442	8,096	8,720	9,315	9,881	10,421	10,934	11,422	11,886	12,325	12,741	13,135
46	0,980	1,919	2,817	3,676	4,497	5,282	6,031	6,747	7,430	8,082	8,703	9,295	9,858	10,394	10,904	11,387	11,846	12,281	12,692	13,081
47	0,980	1,918	2,815	3,673	4,493	5,276	6,024	6,737	7,418	8,067	8,685	9,273	9,833	10,366	10,871	11,350	11,804	12,234	12,640	13,022
48	0,980	1,918	2,814	3,670	4,489	5,270	6,016	6,727	7,405	8,051	8,666	9,251	9,807	10,335	10,836	11,311	11,760	12,184	12,583	12,960
49	0,980	1,917	2,812	3,668	4,484	5,264	6,007	6,716	7,391	8,034	8,646	9,227	9,779	10,303	10,799	11,268	11,711	12,129	12,523	12,893
50	0,980	1,916	2,811	3,665	4,480	5,257	5,998	6,704	7,377	8,016	8,624	9,201	9,749	10,268	10,758	11,222	11,659	12,071	12,457	12,820
51	0,980	1,915	2,809	3,662	4,475	5,250	5,989	6,692	7,362	7,998	8,602	9,174	9,717	10,230	10,715	11,173	11,603	12,008	12,887	12,742
52	0,979	1,915	2,807	3,658	4,470	5,243	5,979	6,679	7,345	7,977	8,577	9,145	9,682	10,189	10,668	11,119	11,542	11,939	12,311	12,658
53	0,979	1,914	2,805	3,655	4,464	5,235	5,968	6,665	7,327	7,955	8,550	9,112	9,643	10,145	10,617	11,060	11,476	11,865	12,228	12,566
54	0,979	1,913	2,803	3,651	4,458	5,226	5,956	6,650	7,307	7,930	8,519	9,076	9,601	10,095	10,560	10,995	11,403	11,783	12,137	12,466
55	0,979	1,912	2,800	3,647	4,552	5,217	5,944	6,633	7,286	7,903	8,487	9,037	9,555	10,042	10,499	10,926	11,325	11,696	12,0420	12,359
56	0,978	1,911	2,798	3,643	4,445	5,208	5,930	6,615	7,263	7,875	8,452	8,996	9,506	9,985	10,433	10,851	11,241	11,602	11,936	12,244
57	0,978	1,910	2,796	3,638	4,438	5,196	5,915	6,594	7,237	7,842	8,412	8,948	9,451	9,921	10,360	10,768	11,147	11,498	11,821	12,118
58	0,978	1,908	2,793	3,632	4,429	5,183	5,897	6,571	7,207	7,805	8,368	8,896	9,389	9,850	10,279	10,677	11,045	11,384	11,696	11,981
59	0,978	1,907	2,789	3,626	4,418	5,168	5,877	6,545	7,174	7,765	8,319	8,838	9,322	9,772	10,190	10,577	10,934	11,262	11,561	11,834
60	0,977	1,905	2,785	3,618	4,407	5,151	5,854	6,515	7,137	7,720	8,265	8,774	9,248	9,688	10,094	10,470	10,814	11,129	11,416	11,675
61	0,977	1,903	2,780	3,611	4,395	5,135	5,831	6,485	7,099	7,673	8,209	8,708	9,171	9,599	9,994	10,357	10,688	10,990	11,263	11,508
62	0,976	1,901	2,776	3,602	4,381	5,115	5,805	6,452	7,057	7,621	8,147	8,635	9,086	9,502	9,884	10,234	10,552	10,839	11,098	11,328
63	0,975	1,898	2,770	3,592	4,366	5,094	5,776	6,414	7,010	7,564	8,079	8,555	8,994	9,397	9,766	10,101	10,404	10,677	10,920	11,135
64	0,975	1,896	2,765	3,582	4,351	5,072	5,746	6,375	6,961	7,505	8,008	8,472	8,898	9,287	9,641	9,962	10,249	10,506	10,733	10,931
65	0,974	1,893	2,758	3,571	4,334	5,047	5,713	6,333	6,908	7,440	7,930	8,381	8,793	9,168	9,507	9,811	10,083	10,323	10,532	10,713
66	0,974	1,890	2,752	3,559	4,315	5,020	5,677	6,286	6,850	7,370	7,847	8,284	8,680	9,039	9,362	9,650	9,904	10,126	10,318	10,480
67	0,973	1,887	2,744	3,546	4,295	4,991	5,638	6,236	6,788	7,294	7,758	8,179	8,560	8,902	9,208	9,477	9,713	9,916	10,090	10,237
68	0,972	1,883	2,736	3,532	4,272	4,960	5,596	6,183	6,721	7,214	7,662	8,067	8,431	8,756	9,042	9,293	9,509	9,694	9,850	9,979
69	0,971	1,879	2,727	3,516	4,248	4,926	5,551	6,125	6,649	7,127	7,558	7,946	8,292	8,597	8,864	9,095	9,291	9,457	9,595	9,708
70	0,970	1,875	2,717	3,499	4,222	4,889	5,502	6,062	6,571	7,032	7,446	7,815	8,141	8,426	8,672	8,882	9,059	9,207	9,327	9,424
71	0,969	1,870	2,707	3,482	4,196	4,852	5,452	5,997	6,490	6,933	7,329	7,678	7,983	8,246	8,471	8,661	8,818	8,947	9,051	9,132
72	0,968	1,866	2,697	3,463	4,167	4,810	5,396	5,925	6,401	6,825	7,199	7,527	7,809	8,050	8,254	8,423	8,562	8,673	8,760	8,827

73	0,966	1,861	2,686	3,443	4,136	4,765	5,335	5,847	6,304	6,707	7,059	7,363	7,623	7,842	8,024	8,173	8,292	8,386	8,459	8,513
74	0,965	1,855	2,673	3,420	4,099	4,714	5,267	5,759	6,194	6,574	6,902	7,183	7,419	7,615	7,776	7,905	8,007	8,085	8,144	8,187
75	0,963	1,848	2,657	3,392	4,057	4,655	5,189	5,659	6,071	6,426	6,729	6,985	7,198	7,371	7,511	7,621	7,705	7,769	7,816	7,850
76	0, 962	1,841	2,640	3,363	4,013	4,592	5,104	5,551	5,937	6,267	6,545	6,776	6,965	7,117	7,236	7,328	7,397	7,448	7,485	7,511
77	0,959	1,832	2,621	3,331	3,963	4,522	5,010	5,431	5,791	6,095	6,347	6,553	6,719	6,849	6,949	7,025	7,081	7,121	7,149	7,169
78	0,957	1,823	2,601	3,295	3,908	4,443	4,905	5,300	5,633	5,910	6,136	6,317	6,460	6,571	6,653	6,715	6,759	6,790	6,812	6,827
79	0,955	1,814	2,579	3,255	3,845	4,355	4,791	5,158	5,464	5,713	5,914	6,071	6,193	6,284	6,352	6,400	6,435	6,459	6,475	6,487
80	0,952	1,801	2,550	3,205	3,770	4,253	4,660	4,999	5,275	5,498	5,672	5,807	5,908	5,983	6,037	6,076	6,102	6,120	6,133	6,142
81	0,948	1,786	2,517	3,149	3,688	4,144	4,522	4,831	5,079	5,275	5,425	5,538	5,622	5,682	5,725	5,755	5,775	5,789	5,799	5,805
82	0,944	1,768	2,480	3,088	3,601	4,028	4,376	4,656	4,876	5,046	5,174	5,268	5,336	5,384	5,417	5,440	5,456	5,467	5,474	5,478
83	0,939	1,750	2,443	3,028	3,514	3,911	4,229	4,480	4,673	4,819	4,926	5,004	5,059	5,097	5,123	5,141	5,154	5,161	5,166	5,169
84	0,935	1,734	2,408	2,968	3,426	3,794	4,083	4,306	4,474	4,598	4,687	4,750	4,794	4,824	4,845	4,860	4,869	4,874	4,877	4,878
85	0,931	1,715	2,367	2,901	3,329	3,665	3,925	4,120	4,264	4,369	4,442	4,493	4,529	4,553	4,569	4,580	4,586	4,590	4,591	4,592
86	0,925	1,693	2,322	2,826	3,223	3,529	3,759	3,929	4,052	4,138	4,199	4,240	4,269	4,288	4,301	4,308	4,312	4,314	4,315	4,315
87	0,919	1,671	2,274	2,749	3,115	3,390	3,594	3,740	3,844	3,916	3,966	4,000	4,023	4,038	4,047	4,052	4,054	4,055	4,055	4,055
88	0,912	1,644	2,221	2,665	2,999	3,246	3,424	3,550	3,637	3,698	3,739	3,768	3,786	3,796	3,802	3,805	3,806	3,806	3,806	3,806
89	0,905	1,618	2,167	2,581	2,886	3,106	3,262	3,370	3,445	3,496	3,531	3,554	3,567	3,574	3,578	3,579	3,579	3,579	3,579	3,579
90	0,898	1,590	2,110	2,495	2,772	2,968	3,105	3,199	3,264	3,308	3,336	3,353	3,362	3,366	3,368	3,368	3,368	3,368	3,368	3,368
91	0,890	1,560	2,054	2,412	2,664	2,839	2,960	3,044	3,100	3,137	3,158	3,169	3,175	3,178	3,178	3,178	3,178	3,178	3,178	3,178
92	0,882	1,534	2,004	2,336	2,567	2,726	2,836	2,911	2,959	2,987	3,002	3,010	3,013	3,013	3,013	3,013	3,013	3,013	3,013	3,013
93	0,876	1,509	1,955	2,266	2,480	2,628	2,729	2,793	2,831	2,851	2,862	2,866	2,866	2,866	2,866	2,866	2,866	2,866	2,866	2,866
94	0,867	1,480	1,906	2,200	2,402	2,540	2,629	2,680	2,708	2,722	2,728	2,728	2,728	2,728	2,728	2,728	2,728	2,728	2,728	2,728
95	0,862	1,461	1,875	2,160	2,354	2,478	2,551	2,590	2,610	2,619	2,619	2,619	2,619	2,619	2,619	2,619	2,619	2,619	2,619	2,619
96	0,859	1,452	1,861	2,138	2,317	2,421	2,476	2,506	2,518	2,518	2,518	2,518	2,518	2,518	2,518	2,518	2,518	2,518	2,518	2,518
97	0,857	1,448	1,850	2,108	2,259	2,339	2,382	2,399	2,399	2,399	2,399	2,399	2,399	2,399	2,399	2,399	2,399	2,399	2,399	2,399
98	0,858	1,440	1,814	2,033	2,150	2,212	2,237	2,237	2,237	2,237	2,237	2,237	2,237	2,237	2,237	2,237	2,237	2,237	2,237	2,237
99	0,845	1,388	1,706	1,875	1,965	2,001	2,002	2,002	2,001	2,001	2,001	2,001	2,001	2,001	2,001	2,001	2,001	2,001	2,001	2,001
100	0,820	1,299	1,554	1,690	1,745	1,746	1,746	1,745	1,745	1,745	1,745	1,745	1,745	1,745	1,745	1,745	1,745	1,745	1,745	1,745

(*) Au jour du décès du débiteur ou de la décision du juge opérant la substitution

TITRE IX DE L'AUTORITÉ PARENTALE

(L. n° 70-459 du 4 juin 1970)

RÉP. CIV. v° *Autorité parentale,* par Gouttenoire.

DALLOZ ACTION *Droit de la famille 2023/2024, n°s 232.00 s.*

DALLOZ PRATIQUE[S] *Divorce - Effets extrapatrimoniaux du divorce ; Divorce - Révision des modalités d'exercice de l'autorité parentale.*

BIBL. GÉN. ► Allaer, *JCP 1975. I. 2735.* - Boisseau-Sowinski, *RLDC 2010/74, n° 3937* (protection juridique de la parenté sociale). - Bonnard, *RTD civ. 1991. 49* (la garde du mineur et son sentiment personnel). - Bosse-Platière, *JCP 1997. I. 4030* (présence des grands-parents dans le contentieux familial). - F. Boulanger, *D. 2005. Chron. 2245* (autorité parentale et responsabilité parentale). - Carbonnier, *JCP 1998. I. 184* (projet de réforme). - Catala, *1804-2004 Le code civil, Dalloz, 2004, p. 341* (métamorphose du droit de la famille). - Celeyron-Bouillot, *AJ fam. 2008. 279* (litige international d'autorité parentale). - Dekeuwer-Défossez, *RLDC 2009/60, n° 3439* (droits des tiers). - Depadt-Sebag, *D. 2011. 2494* (tiers beaux-parents). - Dionisi-Peyrusse et Pichard, *AJ fam. 2014. 174* (autorité parentale et stéréotypes de genre). - Éoche-Duval, *D. 2013. 786* (valeur constitutionnelle du droit de l'enfant à être nourri, entretenu et élevé par sa mère et par son père). - Eschylle, *AJ fam. 2010. 70* (responsabilité civile des parents séparés). - Fasquelle et Brunetti-Pons, *Dr. fam. 2014. Étude 5* (protection de l'enfance et de l'adolescence). - Fulchiron, *D. 2019. 709* (constitutionnalisation de l'intérêt supérieur de l'enfant). - Garé, *AJ fam. 2002. 84* (place des grands-parents). - Gebler, *AJ fam. 2007. 390* (l'enfant et ses juges). - Gobert, *BICC 15 déc. 2007* (le droit de la famille dans la jurisprudence de la Cour de cassation). - Gomy, *JCP N 1999. 310* (devoir de visite et d'hébergement). - Gouttenoire, *AJ fam. 2010. 13* (décision des parents séparés) ; *Dr. fam. 2011. Étude 10* (famille et CEDH). - Gouttenoire et Sudre, *Dr. fam. 2019, Étude 1* (CEDH et intérêt de l'enfant). - Juston, *Gaz. Pal. 2006. Doctr. 2398* (de la puissance paternelle aux droits de l'enfant). - G. Kessler, *AJ fam. 2021. 292* (la divulgation par les parents de la vie privée de leurs enfants sur les réseaux sociaux : quel encadrement pour la pratique du *sharenting* ?). - Lacoste, *RRJ 1997/3. 957* (théorie générale du droit de visite). - Lapérou-Scheneider et Philippe, *AJ fam. 2013. 571* (parents, enfants et maltraitance). - Legeais, *D. 1978. Chron. 43.* - Lemouland, *Études Lapoyade-Deschamps, Univ. Montesquieu-Bordeaux IV, 2003* (étude comparée France-Espagne). - Marraud des Grottes, *RLDC 2007/43, n° 2743* (pour un statut des beaux-parents). - Mbala Mbala, *AJ fam. 2011. 89* (divorce pour faute et autorité parentale). - Meier-Bourdeau, *AJ fam. 2014. 344* (l'enfant et les conventions bilatérales). - Mirkovic, *D. 2008. Chron. 1709* (statut du beau-parent) ; *JCP 2009. 345* (droits des tiers) ; *Dr. fam. 2009. Étude 28* (statut du beau-parent). - Murat, *Dr. fam. 2006. Chron. 31* (participation de l'enfant). - Nicolau, *Études Lapoyade-Deschamps, préc.* (l'autorité parentale à l'épreuve). - Rein-Lescastereyres et Travade-Lannoy, *RJPF 2008-5/12* (conflits parentaux et pratique). - Sauvage, *AJ fam. 2008. 15* (preuve de l'obligation parentale d'entretien du jeune majeur). - Thierry, *LPA 7 janv. 2008* (autorité parentale et responsabilité des parents du fait de leurs enfants mineurs) ; *LPA 1er et 8 oct. 1997, n^os spéciaux.* - Dossier, *AJ. fam. 2005. 212* (châtiments corporels). - Dossier, *ibid. 2006. 382* (l'homoparentalité). - Dossier, *ibid. 2007. 288* (les familles recomposées). - Dossier, *ibid. 2009. 148* (coparentalité). - Dossier, *Dr. fam. 2011. Étude 18* (droits des parents d'enfants en âge scolaire). - Dossier, *AJ fam. 2013. 264* (enfant et conflit conjugal). - Dossier, *AJ fam. 2015. 253* (santé et protection de l'enfant). - Dossier, *AJ fam. 2015. 520* (espaces de rencontre).

► Loi du 4 mars 2002 : Dossier, *AJ fam. 2002. 124.* - Dossier, *ibid. 2003. 288* (premier bilan). - F. Boulanger, *D. 2002. Chron. 1571.* - Brière, *RDSS 2002. 567* (coparentalité). - Fossier, *Dr. fam. 2005. Étude 15* (quarante mois d'application). - Fulchiron, *Defrénois 2002. 959.* - Gouttenoire-Cornut, *AJ fam. 2002. 124* ; *Dr. fam. 2002. Chron. 24* (coparentalité). - Mulon-Montéran, *RJPF 2002-4/12.* - Rebourg, *JCP 2002, n° 15, Aperçu rapide, p. 701.* - Rochfeld, *RTD civ. 2002. 377.* - Vauvillé, *LPA 18 oct. 2002* (principe de coparentalité). - Warein-Vermeulin, *Mél. Gobert, Economica, 2004, p. 337* (terminologie imprécise). - Dossier, Dr. fam. 2020. Etude 18 (Autorité parentale et covid).

► Loi du 14 mars 2016 : Favier, *JCP N 2016, n° 1235.*

CHAPITRE I *DE L'AUTORITÉ PARENTALE RELATIVEMENT À LA PERSONNE DE L'ENFANT*

(L. n° 70-459 du 4 juin 1970)

Art. 371 **L'enfant, à tout âge, doit honneur et respect à ses père et mère.**

BIBL. ► SÉRIAUX, *RTD civ. 1986. 265.*

1. Maintien de relations. Rejet, sur le fondement de l'art. 371, de la demande de la mère, appuyée par son enfant, tendant à faire supprimer le droit de visite et d'hébergement reconnu au père, au seul motif, non établi, que celui-ci ne serait pas le père biologique de l'enfant. • Paris, 14 févr. 2002 : *AJ fam. 2002. 145, et les obs.*

2. Prise en charge des frais d'obsèques. V. note 7 ss. art. 205. – **C. civ.**

3. Indemnisation de l'assistance fournie. Sur la mesure des exigences de la piété filiale, V. • Civ. 1re, 12 juill. 1994, n° 92-18.639 P : *R., p. 272 ; D. 1995. 623, note Tchendjou ; JCP 1995. II. 22425, note Sériaux ; Defrénois 1994. 1511, note X. Savatier ; RTD civ. 1995. 373, obs. Mestre et 407, obs. Patarin* (demande d'indemnité, sur le fondement de l'enrichissement sans cause, pour l'aide et l'assistance apportées par l'un des enfants à ses parents dans les dernières années de leur existence). ♦ Gélot, *Defrénois 1996. 842* (règlement de la créance compensatrice d'assistance aux parents âgés). – Gouttenoire-Cornut, *Dr. fam. 1999. Chron. 19* (collaboration familiale et enrichissement sans cause).

4. Exception d'indignité en matière d'aliments. V. • Civ. 1re, 18 janv. 2007, n° 06-10.833 P.

Art. 371-1 *(L. n° 2002-305 du 4 mars 2002)* **L'autorité parentale est un ensemble de droits et de devoirs ayant pour finalité l'intérêt de l'enfant.**

Elle appartient aux *(L. n° 2013-404 du 17 mai 2013, art. 13)* **« parents » jusqu'à la majorité ou l'émancipation de l'enfant pour le protéger dans sa sécurité, sa santé et sa moralité, pour assurer son éducation et permettre son développement, dans le respect dû à sa personne.**

(L. n° 2019-721 du 10 juill. 2019) **« L'autorité parentale s'exerce sans violences physiques ou psychologiques. »**

Les parents associent l'enfant aux décisions qui le concernent, selon son âge et son degré de maturité.

En ce qui concerne l'admission des mineurs dans les centres hospitaliers généraux et les hôpitaux locaux et les autorisations de pratiquer des actes, V. CSP, art. R. 1112-34 à R. 1112-36. — ***CSP.***

Sur l'information des personnes mineures usagers du système de santé et l'expression de leur volonté, V. CSP, art. L. 1111-1 s., spécialement art. L. 1111-2, L. 1111-4, L. 1111-5, L. 1111-5-1. — ***CSP.***

Sur l'interdiction de la stérilisation à visée contraceptive sur les personnes mineurs, V. CSP, art. L. 2123-1 et L. 2123-2. — ***CSP.***

Sur la prescription, la délivrance ou l'administration de contraceptifs aux personnes mineures, V. CSP, art. L. 2311-4 et L. 5134-1. — ***CSP.***

Sur le dépistage de maladies infectieuses sans solliciter l'autorisation des titulaires de l'autorité parentale, V. CSP, art. L. 6211-3-1. — ***CSP.***

Sur l'interruption volontaire de grossesse des mineures, V. CSP, art. L. 2212-4 s., L. 2212-7. — ***CSP.***

En ce qui concerne le prélèvement d'organe sur un mineur, V. CSP, art. L. 1231-2 s., L. 1232-2, R. 1232-6. — ***CSP*** *; ... le prélèvement de sang sur un mineur en vue d'une utilisation thérapeutique pour autrui, V. CSP, art. L. 1221-5. —* ***CSP.***

En ce qui concerne la recherche biomédicale effectuée sur un mineur, V. CSP, art. L. 1121-7 et L. 1122-2. — ***CSP.***

La décision de placement sous surveillance électronique d'un mineur non émancipé ne peut être prise qu'avec l'accord des titulaires de l'exercice de l'autorité parentale (C. pén., art. 132-26-1). — ***C. pén.***

Sur la responsabilité pénale des personnes exerçant l'autorité parentale, ou une autorité de fait de façon continue, en matière d'instruction obligatoire de l'enfant, V. C. pén., art. 227-17-1 et 227-17-2. — ***C. pén.***

Sur le contrat de responsabilité parentale, V. CASF, art. L. 222-4-1, issu de L. n° 2006-396 du 31 mars 2006, art. 48. — ***CASF.***

BIBL. ▶ Santé du mineur : DUVAL-ARNOULD, *D. 1999. Chron. 471* (minorité et IVG). - FOSSIER, *JCP 2003. I. 135* (démocratie sanitaire et personnes vulnérables). - KIMMEL-ALCOVER, *RDSS 2005. 265* (autorité parentale et santé du mineur). - REDON, *D. 2001. Chron. 1194* (minorité et IVG). - TOUZALIN, *JCP 1974. I. 2672* (refus de consentement des parents à un traitement du mineur en danger de mort). ▶ Éducation religieuse de l'enfant : BARBIER, *Gaz. Pal. 1971. 1. Doctr. 268* ; note *Gaz. Pal. 1974. 1. 299.* - BREDIN, *D. 1960. Chron. 73.* - FORTIER, *RRJ 1998/3. 961.* - GARAY et GONI, note *Gaz. Pal. 1993. 2. 547.* - HAUSER, *D. 1994. 326.* - HUYETTE, *D. 1996. Chron. 271* (sectes et protection judiciaire des mineurs). - MICHELET, *D. 1971. Chron. 233.* ▶ Autorité parentale et divorce : FULCHIRON, *Mél. Huet-Weiller, PU Strasbourg/LGDJ, 1994, p. 141* (familles recomposées).

1. Conv. EDH. Autorité parentale et vie familiale : V. de façon générale, ss. art. 371-3.

2. Domaine : embryon (non). Jugé que les dispositions législatives sur l'enfance et la parenté ne créent pas de droits ou d'obligations des géniteurs sur l'embryon. • TGI Rennes, 30 juin 1993 : *JCP 1994. II. 22250, note Neirinck.* ♦ V. aussi, pour un enfant à naître (application des mesures à compter de la naissance de l'enfant) : • TGI Lille, JAF, 13 févr. 1998 : *D. 1999. 177, note Labbée ; RTD civ. 1999. 356, obs. Hauser.*

1° PRINCIPES

3. Autorité parentale : droit parental protégé. Le parent dont l'autorisation n'a pas été sollicitée pour publier les photographies de son enfant peut obtenir l'indemnisation de son propre préjudice moral tiré de la méconnaissance de ses prérogatives d'autorité parentale. • Civ. 1re, 27 févr. 2007, n° 06-14.273 P : *CCE 2007, n° 63, note A. Lepage ; Dr. fam. 2007, n° 124, note Murat ; RTD civ. 2007. 327, obs. Hauser, et 571, obs. Jourdain.*

4. ... Parent lui-même mineur. Un parent mineur peut exercer l'autorité parentale sur son enfant, et faute d'opposition d'intérêts il n'y a pas lieu de désigner un administrateur *ad hoc* pour l'enfant de ce mineur. • Dijon, 4 juill. 2012 : *D. 2013. 2073, obs. Bonfils et A. Gouttenoire ; RTD civ. 2013. 818, obs. Hauser.*

5. ... Devoir de respect mutuel entre parents. Pour atteindre les objectifs définis à l'art. 371-1, les parents doivent se respecter mutuellement et accomplir chacun les efforts nécessaires pour traduire leurs responsabilités de façon positive dans la vie de leur enfant, notamment en respectant la place de l'autre parent et en maintenant un nécessaire dialogue entre eux. • Paris, 11 sept. 2002 : *D. 2002. IR 3241.*

6. Limites : intérêt de l'enfant. La mère, à qui le jugement de divorce a attribué la garde de l'enfant, est fondée à obtenir que celui-ci, confié initialement à une nourrice, lui soit rendu ; cette remise peut cependant, si tel est l'intérêt de l'enfant, être différée, et les juges peuvent inviter les parties à se mettre d'accord sur les conditions dans lesquelles elle interviendra. • Civ. 1re, 11 mai 1976 : *D. 1976. 521, note Hovasse.* ♦ Prise en compte du seul intérêt supérieur de l'enfant pour trancher un conflit relatif à un baptême : • Civ. 1re, 23 sept. 2015, n° 14-23.724 P : *D. 2016. 674, obs. Douchy-Oudot ; AJ fam. 2015. 607, obs. Thouret ; RTD civ. 2015. 861, obs. Hauser.*

7. ... Contrôle étatique de l'éducation. Les parents ne peuvent invoquer leurs convictions pour refuser à un enfant le droit à l'instruction. Absence de violation de l'art. 2 du protocole n° 1, compte tenu de la marge d'appréciation des États, dans le refus des autorités allemandes d'autoriser des parents à ne pas inscrire leur enfant dans une école privée ou publique et à lui dispenser uniquement une éducation à domicile. • CEDH, sect. V, 11 sept. 2006, *Konrad c/ Allemagne,* n° 35504/03 (parents appartenant à une communauté chrétienne refusant les cours d'éducation sexuelle, l'étude des contes de fée et la violence physique et psychologique croissante entre élèves). ♦ V. aussi : • CEDH, sect. V, 13 sept. 2011, *Dojan c/ Allemagne,* n° 319/08 (absence de violation de l'art. 2 Prot. n° 1 dans les sanctions financières appliquées à des parents refusant des cours d'éducation sexuelle et un atelier théâtre visant à alerter les enfants contre les abus sexuels, la Cour ne remettant pas non plus en cause l'emprisonnement pour non-paiement de l'amende). ♦ Absence de violation de l'art. 14 combiné avec l'art. 2 du protocole n° 1 pour l'organisation d'écoles spécialisées destinées aux enfants rencontrant des difficultés scolaires, régulièrement appréciées par des professionnels, sans que l'affectation soit irréversible et sans preuve que ce système soit fondé sur une distinction ethnique, en l'occurrence l'appartenance à la communauté rom. • CEDH, sect. II, 7 févr. 2006, *D. H. c/ Rép. tchèque,* n° 57325/00. ♦ Les dispositions d'une circulaire ayant pour but de définir les orientations, le contenu et les modalités générales de l'enseignement portant sur l'éducation à la sexualité et la prévention du SIDA, dans le cadre de l'enseignement obligatoire, n'ont ni pour objet, ni pour effet de porter atteinte à l'exercice de l'autorité parentale et à l'action éducative des familles garanties notamment par les dispositions de l'art. 371-2 C. civ. et de la L. du 11 juill. 1975 relative à l'éducation. • CE 18 oct. 2000, n° 213303 : *Lebon 425*. ♦ V. aussi note 10.

8. ... Hospitalisations psychiatriques. L'art. L. 3211-10 CSP, qui ne prévoit que l'admission en soins psychiatriques libres à la demande des titulaires de l'exercice de l'autorité parentale ou du tuteur et, par renvoi au seul chapitre III du titre I, l'admission en soins psychiatriques contraints sur décision du représentant de l'État, exclut par conséquent l'admission en soins psychiatriques contraints sur décision du directeur d'établissement à la demande d'un tiers ou des titulaires de l'exercice de l'autorité parentale. • Civ. 1re, 18 mai 2022, n° 22-70.003 B.

2° ILLUSTRATIONS

9. Nom. Adjonction d'un nom d'usage : V. ss. art. 43 de la L. du 23 déc. 1985, ss. art. 57 – **C. civ.** ♦ Eu égard à la nature particulière de la procédure de changement de nom, l'exercice exclusif de l'autorité parentale ne peut à lui seul, alors que l'autre parent ne s'est pas vu retirer cette autorité, permettre à son titulaire de solliciter seul le changement de nom des enfants mineurs, sans l'accord de l'autre parent. • CE 27 juill. 2005 : *Lebon 346 ; D. 2005. IR 2244 ; RFDA 2005. 1076*. ♦ En cas de désaccord, il appartient au parent qui souhaite engager la procédure de saisir le juge aux affaires familiales. • Même arrêt. ♦ Il en va en revanche différemment lorsque l'autre parent s'est vu retirer l'autorité parentale par une décision juridictionnelle ayant acquis un caractère définitif. • CE 4 déc. 2009, n° 309004. ♦ Dans ce cas, en l'absence de disposition législative ou réglementaire imposant la notification de la demande de changement de nom au parent qui avait donné son nom à l'enfant, ni son accord ni ses observations n'ont à être sollicités. • Même arrêt.

10. Religion. Boulanger, *Dr. fam. 2013. Étude 14* (essai comparatif). – Courtin, *AJ fam. 2010. 29* (religion de l'enfant en cas de séparation des parents). – Nefussy-Venta, *AJ fam. 2011. 39* (convictions religieuses et ruptures familiales). ♦ Prise en compte, pour trancher le conflit d'autorité parentale relatif au baptême des enfants, du seul intérêt supérieur de ces derniers : • Civ. 1re, 23 sept. 2015, n° 14-23.724 P (enfants ne souhaitant ni être baptisés, ni revoir leur père dont les droits de visite avaient été suspendus en raison de son comportement menaçant et violent). ♦ Violation de l'art. 2 du protocole n° 1 par une législation accordant une place prépondérante au christianisme dans un cours ayant normalement pour objectif une formation pluraliste, l'organisation des dispenses de cours s'avérant concrètement difficile à mettre en œuvre et risquant de porter atteinte à la vie privé des parents. • CEDH, gr. ch., 29 juin 2007, *Folgero c/ Norvège*, n° 15472/02. ♦ La Conv. EDH n'impose pas aux États l'obligation d'autoriser l'enseignement religieux dans les écoles et les jardins d'enfants publics mais, dès lors que l'État est allé au-delà de ses obligations et a créé des droits supplémentaires, il ne peut, dans l'application de ces droits, adopter de mesures discriminatoires au regard de l'art. 14. • CEDH, sect. I, 9 déc. 2010, *S. et a. c/ Croatie*, n° 7798/08 (refus de conclure un accord avec une église réformiste lui permettant de donner des enseignements religieux, alors que les motifs objectifs invoqués, concernant la durée d'établissement et le nombre de membres, n'ont pas été respectés pour d'autres églises). ♦ Sur l'intervention du juge en matière d'éducation et de pratique religieuses, V. • Paris, 6 avr. 1967 : *D. 1967. 473 ; JCP 1967. II. 15100, concl. Nepveu* • Civ. 1re, 7 avr. 1965 : *D. 1965. 704, note J. C.* • TI Sarrebourg, 12 nov. 1988 : *JCP N 1989. II. 213, note Fossier* • Civ. 1re, 11 juin 1991 : *D. 1991. 521, note Malaurie* • TGI Périgueux, 8 févr. 1995 : *RTD civ. 1995. 617, obs. Hauser* • Nancy, 20 mai 1996 : *JCP 1997. IV. 1175* (interdiction au père d'amener ses enfants dans une communauté religieuse catholique à l'occasion de l'exercice de son droit de visite et d'hébergement) • Douai, 8 janv. 2013 : *Dr. fam. 2013, n° 69, obs. Neirinck* (impossibilité pour le juge de s'opposer au baptême d'un enfant placé en assistance éducative, sauf à démontrer un danger). ♦ L'intérêt de l'enfant est d'être scolarisé dans des conditions ne faisant pas primer les convictions religieuses de l'un des parents sur celles de l'autre ; l'école publique et laïque offre à cet égard les gages de la neutralité religieuse. • Douai, 28 août 2014, n° 14/05205 : *AJ fam. 2014. 556, obs. Bazin*.

Dès lors que les représentants légaux du demandeur ont pris l'initiative de le faire baptiser et, par là même, donné leur consentement à la relation de cet événement sur le registre des baptêmes, il en résulte que, dès le jour de son administration et en dépit de son reniement, le baptême constitue un fait dont la réalité historique ne peut être contestée. • Civ. 1re, 19 nov. 2014, n° 13-25.156 P (refus de faire droit à une demande d'effacement total des registres de baptême qui, par ailleurs, ne porte pas atteinte à la vie privée, compte tenu des modes d'accès limités à ces registres).

11. Circoncision. Responsabilité du père qui a profité de l'exercice de son droit d'hébergement pour prendre la grave décision de faire procéder, à des fins rituelles, à la circoncision de l'enfant, sans nécessité médicale et sans l'accord de la mère. • Paris, 29 sept. 2000 : *D. 2001. 1585, note Duvert*. ♦ Nécessité de l'accord des parents et de l'enfant, en l'occurrence âgé de 11 ans. • Lyon, 25 juill. 2007 : *RTD civ. 2008. 99, obs. Hauser*.

12. Soins médicaux. Choix d'un traitement médical : V. art. L. 1111-4 s. CSP. – *Adde* note 14 ss. art. 375.

13. Scolarité, méthodes éducatives. Nécessité de prendre en considération l'intérêt supérieur de l'enfant (art. 3-1 CIDE), et non l'intérêt du père, dans le choix de la langue de scolarisation, s'agissant d'un enfant résidant au Luxembourg avec sa mère et ayant la double nationalité, alors que le père, Français d'origine libanaise, ne parle pas l'allemand. • Civ. 1re, 8 nov. 2005, n° 02-18.360 P : *D. 2006. 554, note F. Boulanger ; D. 2007. Pan. 2192, obs. Gouttenoire ; Dr. fam. 2006, n° 28, note Gouttenoire* (cassation de l'arrêt ayant ordonné l'inscription dans une école francophone). ♦ Prise en compte de la demande de l'enfant de rester dans le même établissement scolaire : • Versailles, 27 oct. 2016, n° 15/05533 : *Dr. fam. 2017, n° 38, note Slimani.* ♦ Résidence de l'enfant fixée chez le père après sa déscolarisation décidée par la mère sans concertation : • Paris, 13 déc. 2012 : *Dr. fam. 2013, n° 41, obs. Neirinck.* ♦ Sur les châtiments corporels, V. • TI Châteaudun, j. tutelles, 27 avr. 1972 : *Gaz. Pal. 1972. 2. 561, note L. B.*

14. Choix de la sépulture. Le choix du lieu et des modalités d'inhumation d'un enfant mineur, qui constitue l'un des attributs de l'autorité parentale, n'a pas à être conditionné par la décision judiciaire ayant déterminé le lieu de résidence dans le cadre de la séparation des parents et doit intervenir en fonction de considérations exclusivement relatives à l'intérêt de l'enfant, après accords des parents ou, à défaut, après une décision de justice. • Limoges, 24 janv. 1997 : *BICC 15 juill. 1997, n° 933.*

15. Médias. En annulant la décision d'indemnisation des premiers juges au motif que la liberté journalistique et l'intérêt public devaient prévaloir et que la société en question ne devait pas être tenue pour responsable du comportement des membres du milieu scolaire, les juridictions d'appel n'ont que superficiellement mis en balance le droit de la requérante à la vie privée et le droit du diffuseur à la liberté d'expression. Elles n'ont pas dûment tenu compte du fait que la requérante était mineure, manquant ainsi à leur obligation de protéger son droit à la vie privée, en violation de l'art. 8 Conv. EDH. • CEDH 1er mars 2022, *IVT c/ Roumanie,* n° 35582/15.

Art. 371-2 *(L. n° 2002-305 du 4 mars 2002)* **Chacun des parents contribue à l'entretien et à l'éducation des enfants à proportion de ses ressources, de celles de l'autre parent, ainsi que des besoins de l'enfant.**

Cette obligation ne cesse *(L. n° 2019-1480 du 28 déc. 2019, art. 8)* **« de plein droit ni lorsque l'autorité parentale ou son exercice est retiré, ni » lorsque l'enfant est majeur.**

BIBL. ▸ Table de référence pour fixer le montant de la contribution à l'entretien et à l'éducation des enfants : BARDOUT, BOURREAU-DUBOIS et SAYN, *Dr. fam. 2010. Étude 7.* – BARDOUT-LORTHIOS, *Dr. fam. 2010. Étude 24.* – RÉGLIER, *Dr. fam. 2015, dossier, n° 55* (analyse économique). – Dossier *AJ fam. 2010. 457.*

A. DÉTERMINATION DES CRÉANCIERS ET DÉBITEURS

1. Conv. EDH. La vie familiale, au sens de l'art. 8, englobe aussi des éléments matériels comme les obligations alimentaires. • CEDH, sect. V, 23 févr. 2010, *Hofmann c/ Allemagne,* n° 1289/09.

2. Enfant à la filiation contestée (non). Disparition rétroactive de l'obligation d'entretien en cas de contestation de paternité judiciairement accueillie : V. • Civ. 1re, 13 févr. 1985, n° 83-15.112 P. – Même sens : • Civ. 1re, 1er févr. 1984 : *D. 1984. 388, note Massip ; ibid. IR 315, obs. Huet-Weiller ; RTD civ. 1984. 700, obs. Nerson et Rubellin-Devichi* • 16 sept. 2020, n° 18-25.429 P : *D. 2021. 499, obs. Douchy-Oudot ; AJ fam. 2020. 596, obs. Houssier.*

Sur l'action en répétition de l'indu, V. note 22 ss. art. 1302-1 C. civ. – **C. civ.**

3. Enfant conçu (non). Fixation, dans le cadre d'un divorce, de la pension alimentaire à compter de la naissance seulement. • TGI Lille, JAF, 13 févr. 1998 : *D. 1999. 177, note Labbée ; RTD civ. 1999. 356, obs. Hauser.*

4. Enfant abandonné. La demande de pension alimentaire de l'enfant majeur à l'encontre de ses parents est recevable, bien que ceux-ci l'aient abandonné à la naissance, dès lors que l'abandon seul, non suivi d'un jugement d'adoption plénière, ne rompt pas le lien de filiation. • Besançon, 5 juin 2007 : *JCP 2008. IV. 1129.*

5. Intransmissibilité successorale. Sur l'affirmation du principe de l'intransmissibilité successorale, V. • Civ. 29 mars 1950 : *D. 1950. 593, note Carbonnier* • Civ. 1re, 10 mai 1955 : *D. 1955. 484.* ♦ L'obligation alimentaire est un rapport de droit auquel ne succèdent pas les héritiers du débiteur et la mort de celui-ci met fin à sa dette ; les héritiers ne peuvent donc être condamnés à verser une pension alimentaire que s'ils sont eux-mêmes tenus du devoir alimentaire, indépendamment de leur qualité d'héritier du débiteur ancien. • TGI Bayonne, 2 oct. 1973 : *JCP 1974. II. 17604, note R. B.*

6. Subsidiarité de l'obligation des autres ascendants. L'obligation que l'art. 203 met à la charge des père et mère de nourrir, entretenir et élever leurs enfants n'exclut celle que les art. 205 et 207 imposent en leur faveur aux autres ascendants que dans la mesure où les parents peuvent faire face en totalité à leurs propres obligations. • Civ. 1re, 6 mars 1990 : *JCP 1991. II. 21664 (2e esp.), note Garé ; Defrénois 1990. 944, obs. Massip*

• Versailles, 29 sept. 1989 (2 arrêts) : *D. 1992. 67, note Garé ; RTD civ. 1991. 729, obs. Huet-Weiller.*

B. MESURE DE L'OBLIGATION

7. Besoins de l'enfant. Obligation de prendre en compte les besoins des enfants, eu égard à leur âge et à leurs habitudes de vie. • Civ. 1re, 22 mars 2005 : *D. 2005. IR 1112.* ♦ Pour l'enfant majeur, V. ss. art. 373-2-5. ♦ Mais absence de prise en compte de leur patrimoine, provenant d'une donation des grands-parents et qui n'est pas destinée à pallier les carences du père dans l'exécution de ses propres obligations. • Versailles, 17 févr. 2011 : *JCP 2011, n° 328, obs. G. Kessler.*

Prise en compte de l'autonomie financière des enfants, résidant au domicile de leur mère, pour estimer qu'ils ne sont plus dans le besoin et que leur mère n'assume pas la charge de ses enfants majeurs. • Civ. 1re, 15 mai 2018, n° 17-15.271 : *AJ fam. 2018. 461, obs. Saulier.*

8. … Enfant majeur (non-lieu à QPC). L'obligation de chaque parent de contribuer à l'entretien d'un enfant devenu majeur prévue à l'al. 2 de l'art. 371-2 reste soumise aux conditions de l'al. 1er de ce texte, qui précise qu'elle est déterminée à proportion de ses ressources, de celles de l'autre parent, ainsi que des besoins de l'enfant ; ce texte, en soi, ne crée aucune rupture d'égalité entre les parents ; lorsque l'enfant majeur réside avec l'un d'eux, l'obligation qui pèse sur le débiteur, tenu au paiement d'une contribution en vertu d'une décision de justice, de saisir un juge et de rapporter la preuve des circonstances permettant de l'en décharger, repose sur une différence de situation en rapport avec l'objet de la loi ; le second alinéa de l'art. 371-2, qui ne définit aucune incrimination et n'instaure aucune sanction, ne porte pas atteinte au principe à valeur constitutionnelle de légalité des délits et des peines, et ce texte, qui assure le maintien de l'obligation d'entretien des parents après la majorité de l'enfant, ne méconnaît pas le principe de responsabilité, qui ne vaut qu'en matière de responsabilité pour faute ; enfin, la persistance de cette obligation n'a pas pour effet d'empêcher les membres d'une même famille de vivre ensemble. • Civ. 1re, 18 sept. 2019, n° 19-40.022 P : *D. 2019. 1834 ; AJ fam. 2019. 587, obs. Saulier.*

9. Impossibilité matérielle d'exécution. L'obligation d'entretenir et d'élever les enfants résulte d'une obligation légale à laquelle les parents ne peuvent échapper qu'en démontrant qu'ils sont dans l'impossibilité matérielle de le faire ; dès lors qu'il n'est pas dépourvu de ressources, le père doit contribuer à l'entretien de l'enfant commun ; mais pour fixer le montant de la pension alimentaire, les juges du fond ne peuvent se borner à énoncer que ce dernier n'est pas dépourvu de ressources, sans rechercher quelles étaient les ressources des parties. • Civ. 2e, 17 oct. 1985, n° 84-15.135 P : *R., p. 82.* ♦ Même principe : • Civ. 2e, 4 mars 1987, n° 86-10.453 P • Civ. 2e, 18 mars 1992, n° 90-20.535 P • Civ. 1re, 21 nov. 2018, n° 17-27.054 P : *D. 2018. 2306 ; AJ fam. 2019. 35, obs. Saulier.* ♦ N'est pas en mesure « actuellement » de verser une pension alimentaire le père qui est en congé parental et ne perçoit à ce titre que de faibles ressources. • Civ. 1re, 8 oct. 2008, n° 07-16.646 P : *D. 2008. AJ 2668 ; RJPF 2008-12/31, obs. Valory ; RLDC 2008/55, n° 3230, obs. Serra ; RTD civ. 2009. 111, obs. Hauser.* ♦ En revanche, un père ne saurait se prévaloir de son licenciement en cours d'instance, pour demander la réduction du montant initial de la pension alimentaire. • Civ. 1re, 8 oct. 2008, n° 06-21.912 P : *D. 2008. AJ 2669 ; RLDC 2008/55, n° 3230, obs. Serra ; RJPF 2008-12/31, obs. Valory ; RTD civ. 2009. 111, obs. Hauser.*

10. Appréciation des besoins et ressources : date. Pour fixer la contribution à l'entretien et à l'éducation des enfants, le juge doit se placer au jour où il statue pour apprécier les ressources des parents. • Civ. 1re, 7 oct. 2015, n° 14-23.237 P : *AJ fam. 2015. 676, obs. Thouret* (prise en compte des changements intervenus dans la situation des parents lors d'une demande de révision de la contribution).

11. … Office du juge. Cassation de la décision qui s'est appuyée sur la table de référence annexée à la circulaire du 12 avr. 2010 alors que le montant de la contribution doit être fixé en considération des seules facultés contributives des parents de l'enfant et des besoins de celui-ci. • Civ. 1re, 23 oct. 2013 : *D. 2014. Chron. C. cass. 563, obs. Capitaine ; AJ fam. 2013. 703, obs. Thouret ; RTD civ. 2014. 77, obs. Deumier ; ibid. 105, obs. J. Hauser ; JCP 2013, n° 1269, note Bazin ; Gaz. Pal. 2013. 3779, obs. Sayn ; Dr. fam. 2013, n° 162, obs. Bardout ; RLDC 2014/113, obs. Douris.*

12. … Éléments d'appréciation. Prise en considération de la situation de concubinage du débiteur de la contribution à l'entretien des enfants pour l'appréciation de ses ressources : V. • Civ. 2e, 8 nov. 1989 : *D. 1990. Somm. 118, obs. Bénabent.* ♦ Nécessité de prendre en compte les revenus de la nouvelle épouse du père de l'enfant. • Civ. 1re, 22 mars 2005, n° 02-10.153 P : *D. 2005. IR 1112 ; RTD civ. 2005. 379, obs. Hauser.* ♦ Mais si le parent est sans ressources personnelles, une cour d'appel ne peut juger qu'il appartient à ce parent de prélever une somme sur les revenus de son nouveau conjoint, la dette d'aliment lui étant personnelle, et son montant devant être fixé en considération de ses ressources. • Civ. 1re, 1er déc. 2021, n° 19-24.172. ♦ Prise en compte dans le calcul des ressources d'une allocation d'handicapé : • Civ. 2e, 7 juin 1990 : *Gaz. Pal. 1991. 1. 178, note Dagorne-Labbe ; Defrénois 1991. 944, obs. Massip.* ♦ Prise en compte, dans les ressources du parent qui a la charge effective de l'enfant handicapé, de l'allocation d'éducation spéciale. • Civ. 2e, 9 déc. 1999, n° 97-15.133 P : *D. 2000. 451, note Dagorne-Labbe*. ♦ Sur la modification des pensions, V. ss. art. 373-2-2.

Pour la détermination de la contribution de chacun des parents à l'entretien et à l'éducation des enfants, les allocations familiales peuvent être prises en compte au titre des ressources dont chacun d'eux dispose. • Civ. 1re, 17 nov. 2010, n° 09-12.621 P : *D. 2010. 2910 ; JCP 2011, n° 29, obs. Favier ; AJ fam. 2010. 534, obs. Briand ; RTD civ. 2011. 117, obs. Hauser*. ♦ Comp., à défaut de dispositions contraires du jugement, le montant des allocations familiales ne s'impute pas sur le montant de la contribution à l'entretien des enfants. • Civ. 2e, 3 déc. 1997, n° 94-16.970 P : *D. 1998. 441, note Everaert-Dumont ; JCP 1998. II. 10077, note Garé ; Defrénois 1998. 1388, obs. Massip ; Dr. fam. 1998, n° 65, note Lécuyer* • 15 avr. 1999 : *Dr. fam. 2000, n° 38, note Oudin (2e esp.).*

13. Absence d'éléments sur les ressources. Faute d'éléments sur les ressources, le montant de la contribution du père à l'entretien et à l'éducation de son fils est souverainement déterminé par les juges du fond en considération des besoins d'un enfant selon son âge. • Civ. 1re, 12 juin 2013, n° 12-19.569 P : *AJ fam. 2013. 442, obs. Vial* (en l'espèce 300 € pour un enfant de 15 ans).

14. Ressources et charges non prises en compte. La prestation compensatoire versée par l'un des époux à l'autre n'a pas à être incluse dans l'appréciation des ressources et des besoins de l'époux à qui elle est versée. • Civ. 2e, 3 déc. 1997 : *préc.* – V. aussi • Civ. 2e, 11 juill. 2002 : *RJPF 2002-11/22, obs. Garé* • Civ. 1re, 19 nov. 2014, n° 13-23.732 P : *D. 2014. 2408 ; AJ fam. 2015. 47, obs. Thouret ; RTD civ. 2015. 115, obs. Hauser ; Dr. fam. 2015, n° 26.* ♦ Absence de prise en compte des charges résultant de la constitution d'un patrimoine immobilier qui ne peuvent être opposées à une créance alimentaire. • Civ. 1re, 8 oct. 2008 : *préc. note 9.*

C. RECOURS DE L'UN DES PARENTS CONTRE L'AUTRE

15. Principe du recours. Si chacun des père et mère, naturels comme légitimes, est tenu pour le tout de l'obligation de nourrir, entretenir et élever les enfants communs, cette obligation, unique au regard des enfants, qui en sont les créanciers en dehors de toute décision judiciaire consacrant leurs droits, ne s'en divise pas moins entre les parents, qui, dans leurs rapports entre eux, doivent en supporter le poids proportionnellement à leurs ressources ; il suit de là que si l'un d'eux s'est soustrait à l'exécution de ce devoir, à la fois légal et moral, vis-à-vis des enfants hors d'état de se protéger eux-mêmes, celui qui en a forcément assumé la charge a un recours contre le défaillant ; toutefois ledit recours serait sans cause si, à raison de son insolvabilité complète, l'obligation de ce dernier se trouvait à disparaître. • Civ. 27 nov. 1935, *Épx Gibeaux : GAJC, 12e éd., n° 56-57 (II) ; DP 1936. 25, note Rouast* • Paris, 3 nov. 1960 : *D. 1961. 32.*

16. Montant du recours. La personne tenue en vertu de l'art. 203 à une obligation alimentaire dispose d'un recours contre son coobligé pour les sommes qu'elle a payées excédant sa part contributive, compte tenu des facultés respectives des débiteurs. • Civ. 2e, 28 avr. 1980, n° 78-15.716 P • 6 mars 2003, n° 01-14.664 P : *D. 2003. IR 862 ; Defrénois 2003. 1081, obs. Massip ; AJ fam. 2003. 182, obs. F. B. ; Dr. fam. 2003, n° 142, note Murat.* ♦ ... Celles-ci devant être appréciées compte tenu des seules ressources dont disposait le débiteur à l'époque de la créance d'aliments. • Civ. 1re, 17 mai 1993, n° 91-15.658 P. ♦ ... Les modifications qui ont pu affecter la situation des parties devant être prises en considération pour l'avenir. • Civ. 1re, 12 juill. 1994, n° 92-21.444 P. ♦ En statuant sur la fixation de la contribution aux charges du mariage due à l'époux avec lequel réside habituellement l'enfant, le juge se prononce nécessairement sur toutes les charges afférentes à l'entretien et à l'éducation de celui-ci. • Civ. 1re, 28 mars 2006 : *cité note 7 ss. art. 214.*

17. Nullité de la renonciation. Une mère ne peut renoncer au droit de réclamer des aliments pour l'entretien de son enfant. • Civ. 1re, 11 juill. 2006, n° 04-14.185 P : *D. 2006. IR 2123 ; AJ fam. 2006. 425, obs. Chénedé ; Dr. fam. 2006, n° 203, note Murat ; RJPF 2006-10/55, obs. Valory ; RLDC 2007/37, n° 2495, note Bas ; LPA 10 déc. 2007, obs. Everaert-Dumont.* ♦ L'obligation pour chacun des époux divorcés de contribuer, dans la proportion de ses facultés, aux frais d'entretien et d'éducation de ses enfants, dérive de la loi, et nul ne peut s'en affranchir ; il s'ensuit que la renonciation consentie par l'époux créancier est nulle, de même que la garantie personnelle dont elle était assortie, et ne l'empêche donc pas d'exercer un recours contre l'autre époux. • Req. 26 juill. 1928 : *DP 1929. 1. 9 (2e esp.), note R. Savatier* • Civ. 1re, 29 mai 1985, n° 84-11.626 P. ♦ Comp. la solution donnée en matière de droit international privé, note 4 ss. art. 373-2-2. ♦ Le recours de la mère ne peut être rejeté au motif qu'elle n'a fait aucune demande devant la cour d'appel qui, dans son arrêt, a fixé chez la mère la résidence habituelle des enfants. • Civ. 2e, 6 mars 2003 : *préc. note 16.* ♦ V. aussi ss. art. 373-2-2, pour les conventions entre parents.

18. Transaction. L'action par laquelle la mère demande au père le remboursement des sommes dont elle a dû faire l'avance poursuivant le recouvrement d'une créance personnelle est susceptible de transaction. • Civ. 1re, 29 mai 1985 : *préc. note 17.*

D. RÉGIME DE LA CONTRIBUTION

19. Soins médicaux assurés par un parent. Sur la question du droit au remboursement par la sécurité sociale des soins dispensés à leur enfant par un père ou une mère dans le cadre de leur compétence médicale : • Cass., ass. plén., 20 déc. 1991, n° 88-16.301 P : *R., p. 283 ; Gaz. Pal. 1992. 1. 220, rapp. Chartier* (arrêt décidant qu'est justifiée la prise en charge par une caisse primaire d'assurance maladie des soins qu'en tant qu'infirmier libéral un père a pratiqués, conformément aux prescriptions médicales, sur ses enfants mineurs atteints d'une maladie héréditaire grave).

20. Procédure collective du débiteur. BIBL. Boysson, *RTD com. 2013. 191* (faculté de déclarer la créance alimentaire). ♦ La créance née d'une prestation compensatoire, qui présente, pour partie, un caractère alimentaire, si elle échappe à la règle de l'interdiction des paiements, demeure soumise à celle de l'interdiction des poursuites ; dès lors, en cas de liquidation judiciaire de son débiteur, elle doit, en principe, être payée hors procédure collective. • Com. 13 juin 2019, n° 17-24.587 P : *cité note 19 ss. art. 270.* ♦ La créance née de la pension alimentaire peut être payée sans avoir été déclarée au passif du débiteur soumis à la procédure collective. • Com. 8 oct. 2003, n° 00-14.760 P : *R., p. 376 ; D. 2003. AJ 2637, obs. A. Lienhard (2e esp.) ; D. 2004. Somm. 54, obs. F.-X. Lucas (2e esp.) ; ibid. 1965, obs. Danis-Fatôme ; JCP 2004. II. 10012, note Becqué-Ickowicz (2e esp.) ; ibid. I. 109, n° 1, obs. Bosse-Platière ; ibid. I. 115, n° 12, obs. Cabrillac et Pétel ; JCP N 2004. 1243, note Fosset-Lefebvre ; Gaz. Pal. 2003. 3756, note Le Corre ; Defrénois 2004. 151, obs. Massip ; AJ fam. 2003. 422, obs. F. B. ; Dr. fam. 2003, n° 132, note Lécuyer (2e esp.) ; RJPF 2003-12/34, note Valory ; LPA 17 févr. 2004, note A.-F. Z. ; ibid. 7 juill. 2004, note Flasaquier ; RTD com. 2004. 368, obs. Martin-Serf* • 1er févr. 2005, n° 01-13.943 P : *D. 2005. 2196, note Revel ; ibid. AJ 489, obs. A. Lienhard ; ibid. 2006. Pan. 1381, obs. Danis-Fatôme ; JCP N 2005. 1292, étude Raby ; RTD civ. 2005. 375, obs. Hauser* • 4 avr. 2006 : *D. 2006. AJ 1166, obs. A. Lienhard ; RTD civ. 2006. 546, obs. Hauser ; RTD com. 2006. 663, obs. Martin-Serf.* – V. conf. • Crim. 7 janv. 2004, n° 03-82.337 P : *D. 2004. AJ 419, obs. A. Lienhard ; JCP 2004. II. 10060, note Pomart* • 9 juin 2004, n° 03-84.029 P : *D. 2004. AJ 2157 ; AJ fam. 2004. 326, obs. S. David ; LPA 12 avr. 2005, note Zattara ; RTD civ. 2004. 721, obs. Hauser.* ♦ Étant une dette personnelle de ce débiteur, elle doit être payée sur les revenus dont il conserve la disposition, ou bien être recouvrée par la voie de la procédure de paiement direct ou de recouvrement public des pensions alimentaires. • Com. 8 oct. 2003 : *préc.* • 1er févr. 2005 : *préc.* ♦ Limitation de cette dispense de déclaration aux seules créances nées de la prestation compensatoire ou de la pension alimentaire. • Civ. 1re, 23 mai 2006, n° 03-16.300 P : *D. 2006. AJ 1684, obs. A. Lienhard.* ♦ Pour le cas où la créance d'aliments a néanmoins été déclarée, V. • Com. 13 juin 2006, n° 05-17.081 P : *D. 2006. 1969, note C. Vincent ; ibid. AJ 1681, obs. A. Lienhard ; D. 2007. Pan. 45, obs. Le Corre ; Defrénois 2006. 1914, obs. Gibirila ; Dr. fam. 2006, n° 163, note Larribau-Terneyre ; RJPF 2006-10/49, obs. Valory ; RTD civ. 2006. 747, obs. Hauser.*

Créances alimentaires comprises dans l'état liquidatif de communauté et nullités de la période suspecte : V. note 7 ss. art. 250-1.

21. Surendettement du débiteur. Au sens de l'art. L. 333-1 [L. 711-4] C. consom., qui exclut les dettes alimentaires du débiteur surendetté de toute remise, échelonnement ou effacement, ne constituent pas des dettes alimentaires les dettes à l'égard d'une collectivité publique pour des créances portant sur des frais de restauration scolaire, d'accueil périscolaire ou de centre de loisirs. • Cass., avis, 8 oct. 2007, n° 07-00.013 P : *BICC 1er févr. 2008, rapp. Leroy-Gissinger, avis Magliano ; D. 2007. AJ 2669, obs. Rondey ; JCP 2007. II. 10203, note Dagorne-Labbe ; CCC 2007, n° 313, note Raymond ; Dr. et pr. 2008. 45, obs. Bazin ; RTD civ. 2008. 97, obs. Hauser ; RTD com. 2008. 193, obs. Paisant* • Civ. 2e, 3 juill. 2008, n° 07-15.223 P : *D. 2008. AJ 2070 ; AJDA 2008. 2296.*

22. Exclusion d'« aliments ne s'arréragent pas ». La règle « aliments ne s'arréragent pas », fondée sur l'absence de besoin ou sur la présomption selon laquelle le créancier a renoncé à la pension alimentaire, est sans application lorsque cette pension a été accordée au titre de la contribution de l'autre époux à l'entretien et à l'éducation des enfants mineurs issus du mariage. • Civ. 2e, 29 oct. 1980 : *JCP 1981. II. 19665, note Jambu-Merlin ; Gaz. Pal. 1981. 1. 125, note Viatte.* ♦ V. aussi note 11 ss. art. 208.

23. Application de l'art. L. 313-3 C. mon. fin. La faculté accordée au juge de l'exécution d'exonérer le débiteur, au vu de sa situation, de la majoration de cinq points du taux de l'intérêt légal prévue pour les condamnations pécuniaires à l'expiration d'un délai de deux mois à compter du jour où la décision de justice est devenue exécutoire s'applique aux dettes d'aliments ; à défaut d'exclusion expresse le juge de l'exécution peut donc exonérer le débiteur de la majoration du taux de l'intérêt légal ou en réduire le montant. • Civ. 2e, 22 mars 2012, n° 11-13.915 P.

24. Prescription. Si la règle « aliments ne s'arréragent pas » ne s'applique pas à l'obligation d'entretien, l'action en paiement d'une contribution à l'entretien et à l'éducation de l'enfant est soumise à la prescription quinquennale. • Civ. 1re, 25 mai 2016, n° 15-17.993 P : *D. 2016. 1200, note Gallmeister ; RTD civ. 2016. 601, obs. Hauser* • 9 nov. 2016, n° 15-27.246 P : *AJ fam. 2016. 602, obs. Houssier* • 18 mai 2022, n° 21-11.743.

25. Recours des hôpitaux ou cantines. En assurant des soins à l'enfant de la bénéficiaire des allocations familiales, l'hôpital s'est substitué à cette dernière dans l'acquittement au moins partiel de l'obligation alimentaire lui incombant en vertu de l'art. 203 C. civ., en sorte qu'étaient saisissables les prestations familiales allouées du chef de l'enfant en cause pendant la durée de son hospitalisation. • Soc. 4 juill. 1983 : *Bull. civ. V, n° 390* • 12 mars 1998, n° 96-16.591 P. ♦ Même sens, pour le recouvrement par une commune des frais de cantine de l'enfant : • Civ. 2e, 25 mai 1987 : *Bull. civ. II, n° 118.* ♦ Rappr. note 19.

Art. 371-3 **L'enfant ne peut, sans permission des père et mère, quitter la maison familiale et il ne peut en être retiré que dans les cas de nécessité que détermine la loi.**

L'adresse d'une personne mineure ou majeure protégée déclarée disparue ne peut être communiquée à son représentant légal qu'avec l'autorisation du juge des enfants ou du juge des tutelles, lequel apprécie, au regard des éléments du dossier, si cette communication présenterait un danger pour le mineur ou le majeur protégé (L. n° 95-73 du 21 janv. 1995, art. 26, D. et ALD 1995. 90).

V. Arrangement conclu le 17 juill. 1925 entre la France et la Belgique en vue du rapatriement des mineurs qui se sont soustraits à l'autorité parentale ou tutélaire (BLD 1925. 530) ; ... Convention franco-algérienne du 21 juin 1988 relative aux enfants issus de couples mixtes séparés franco-algériens, publiée par Décr. n° 88-879 du 17 août 1988 (D. et ALD 1988. 407). – V. ce texte, App., XII. Droit international.

BIBL. ▸ Rapatriement des mineurs (aspects pratiques) : KRAEMER-BACH, *Gaz. Pal. 1981. 1. Doctr. 11.* ▸ Domiciliation des enfants mineurs non émancipés : BARBIER, *Gaz. Pal. 1976. 1. Doctr. 260.* ▸ Enlèvements internationaux d'enfants : V. Bibl. ss. art. 373-2-1.

1° PROTECTION DE LA VIE FAMILIALE (ART. 8 CONV. EDH)

1. Principe. Le fait d'être ensemble, pour un parent et son enfant, est un élément fondamental de la vie familiale et des mesures internes qui y mettent obstacle constituent une ingérence dans le droit au respect de la vie familiale protégé par l'art. 8 conv. EDH. Jurisprudence constante. V. par exemple : • CEDH 13 juill. 2000, *Elshotz c/ Allemagne*, n° 25735/94 : *JCP 2001. 1. 291, n° 32, obs. Sudre* • CEDH, sect. IV, 27 avr. 2000, *L. c/ Finlande*, n° 25651/94 (placement des enfants et limitation du droit de visite). ♦ La notion de « droit de visite », visée à l'art. 1er, § 2, ss. a), ainsi qu'à l'art. 2, pts 7 et 10, du Règl. (CE) n° 2201/2003 du 27 nov. 2003 relatif à la compétence, la reconnaissance et l'exécution des décisions en matière matrimoniale et en matière de responsabilité parentale, doit être interprétée en ce sens qu'elle comprend le droit de visite des grands-parents à l'égard de leurs petits-enfants. • CJUE 31 mai 2018, n° C-335/17 : *D. 2018. 1212 ; AJ fam. 2018. 394, obs. Viganotti.* ♦ Mais l'art. 8 Conv. EDH ne garantit pas le droit pour une famille de choisir l'endroit qui lui convient le mieux pour y vivre. • CEDH, sect. II, 13 mai 2003, *Chandra c/ Pays-Bas*, n° 53102/99 (absence de violation dans le refus d'accorder un titre de séjour aux enfants étrangers d'une mère naturalisée, les enfants étant majeurs ou adolescents, ayant été longtemps séparés de leur mère, qui n'a pas les moyens de les accueillir, et rien n'empêchant les parties de vivre ensemble ailleurs). ♦ Le père d'un enfant né hors mariage doit pouvoir agir en justice afin d'obtenir l'exercice conjoint de l'autorité parentale. • CEDH 3 déc. 2009, n° 22028/04, *Zaunegger c/ Allemagne : RJPF 2010-4/28, obs. Eudier ; RTD civ. 2010. 773, obs. Hauser.* ♦ Le droit de mener une vie familiale normale résulte du dixième alinéa du Préambule de la Constitution de 1946 qui dispose que « la Nation assure à l'individu et à la famille les conditions nécessaires à leur développement ». • Cons. const. 17 mai 2013, n° 2013-669 DC (consid. n° 16).

2. Obligations positives. Si l'art. 8 tend pour l'essentiel à prémunir l'individu contre des ingérences arbitraires des pouvoirs publics, il met de surcroît à la charge de l'État des obligations positives inhérentes au « respect » effectif de la vie familiale. Lorsque l'existence d'un lien familial est établie, l'État doit en principe agir de manière à permettre à ce lien de se développer et prendre les mesures propres à réunir le parent et l'enfant concernés. • CEDH, sect. IV, 26 févr. 2002, *Kutzner c/ Allemagne*, n° 46544/99 (existence d'une marge d'appréciation). ♦ Même sens : • CEDH 25 janv. 2000, *Ignaccolo-Zenide : JCP 2001. I. 291, n° 32, obs. Sudre* • 13 oct. 2009, *Costrele c/ Roumanie : AJ fam. 2009. 451, obs. Chénedé.* ♦ L'obligation pour les autorités nationales de prendre des mesures visant à faciliter la réunion d'un parent avec son enfant n'est pas absolue et doit être examinée à la lumière des intérêts supérieurs de l'enfant. • CEDH, sect. IV, 23 sept. 2003, *Hansen c/ Turquie*, n° 36141/97. ♦ Les États ont l'obligation de prendre des mesures propres à empêcher que les personnes relevant de leur juridiction ne soient soumises à des traitements inhumains ou dégradants, même administrés par des particuliers. Violation de ces principes et de l'art. 3 Conv. EDH lorsque les autorités ont mis plus de quatre ans pour protéger des enfants gravement maltraités, y compris, au besoin, en les retirant à leurs parents. • CEDH, gr. ch., 10 mai 2001, *Z. c/ Royaume-Uni*, n° 29392/95. ♦ Condamnation pour ne pas avoir vérifié la véracité de prétendues allégations de maltraitance de la part d'enfants à l'encontre de leurs parents compte tenu des graves conséquences du retrait total de l'autorité parentale à l'égard des requérants : • CEDH 14 mars 2013, *Allemagne : AJ fam. 2013. 233, obs. Rouillard*. ♦ Interprété à la lumière de la Conv. de La Haye, l'art. 8 ne met pas à la charge des autorités nationales d'obligations positives tendant au retour de l'enfant si l'intéressé ne détient qu'un droit de visite. • CEDH, sect. III, 10 nov. 2009, *R.R. c/ Roumanie*, n° 1188/05.

3. Bénéficiaires. La notion de famille au sens de l'art. 8 Conv. EDH ne se borne pas aux relations fondées sur le mariage et peut englober d'autres liens « familiaux » factuels lorsque les parties cohabitent en dehors du mariage. Un enfant issu d'une telle relation s'insère de plein droit dans cette cellule dès sa naissance et par le fait même de celle-ci. • CEDH 13 juill. 2000, *Elshotz c/ Allemagne : préc. note 1*. ♦ V. aussi : • CEDH, sect. I, 3 oct. 2000, *Camp et Bourimi*, n° 28369/95. ♦ Sur le contrôle des discriminations entre parents légitimes et parents naturels dans l'attribution des droits de visite, V., sanctionnant les décisions ayant fait peser une charge plus lourde sur un père naturel que sur un père divorcé, sans pour autant remettre en cause la législation concernée : • CEDH, gr. ch., 8 juill. 2003, *Sommerfeld c/ Allemagne*, n° 31871/96 • CEDH, gr. ch., 8 juill. 2003, *Sahin c/ Allemagne*, n° 30943/06. ♦ V. déjà • CEDH, sect. IV, 11 oct. 2001, *Sahin, Sommerfeld, Hoffmann c/ Allemagne : JCP 2002. I. 105, n° 19, obs. Sudre.*

Un simple lien biologique, sans autres éléments juridiques ou factuels indiquant l'existence de rapports personnels étroits entre un parent et un enfant, n'est pas suffisant pour qu'entre en jeu la protection de l'art. 8. • CEDH, sect. II, 1er juin 2004, *L. c/ Pays-Bas*, n° 45582/99 : *RTD civ. 2005. 339, obs. Marguénaud*. ♦ V. aussi • CEDH, sect. III, 21 oct. 2004, *L. et U. c/ Norvège*, n° 75531/01 (doute sur l'existence d'une vie familiale entre des enfants de mêmes parents biologiques mais qui ne se connaissent pas) • CEDH, sect. II, 15 mai 2007, *Giusto c/ Italie*, n° 38972/06 (le séjour d'un orphelin à l'étranger, pour une durée de dix huit mois, dans le cadre d'un programme organisé par une association et sans objectif de créer une nouvelle famille, ne correspond pas à une vie familiale). ♦ Comp. : une adoption légalement décidée par une décision judiciaire, non exécutée, même sans lien effectif autre qu'épistolaire, n'exclut pas l'existence d'une vie familale. • CEDH, sect. II, 22 juin 2004, n° 78028/01 (l'intérêt des adoptants est toutefois dans ce cas plus faible que celui des adoptées, qui refusaient en l'occurrence le départ de leur établissement où elles se sentaient bien et qui ne souhaitaient pas partir à l'étranger). ♦ V. aussi : • CEDH, sect. V, 15 sept. 2011, *Schneider c/ Allemagne*, n° 17080/07 (admission de l'applicabilité de l'art. 8 Conv. EDH au père biologique de fait, ayant eu une liaison de plus d'un an avec la mère ce qui était plus qu'une simple aventure, dès lors que c'est l'opposition des parents légitimes qui a empêché le requérant d'établir une relation familiale avec l'enfant). ♦ Sur les conséquences des obligations positives des États lorsque l'enfant a la nationalité du pays mais que le parent est un étranger en situation irrégulière : • CEDH, sect. II, 31 janv. 2006, *R. D. S. et H. c/ Pays-Bas*, n° 50435/99.

4. S'agissant d'un enfant né dans le mariage, le lien constitutif d'une vie familiale n'est pas rompu lorsqu'à la suite de la séparation des conjoints, l'enfant ne vit plus avec l'un des parents. • CEDH, sect. I, 11 juill. 2000, *Ciliz c/ Pays-Bas*, n° 29192/95.

5. Le droit au respect de la vie familiale peut être invoqué par les grands-parents. • CEDH, sect. IV, 27 avr. 2000 : *préc. note 1*. ♦ ... Par un couple ayant servi de famille d'accueil d'une enfant âgée d'un mois, pendant dix-neuf mois. • CEDH, sect. II, 27 avr. 2010, *M. et B. c/ Italie*, n° 16318/07.

2° CONTRÔLE DES INGÉRENCES

6. Principe. Les ingérences dans la vie familiale violent l'art. 8 Conv. EDH sauf si elles sont prévues par la loi, si elles poursuivent un but légitime et si elles sont nécessaires dans une société démocratique. • CEDH 13 juill. 2000, *Elshotz c/ Allemagne : préc. note 1* • CEDH, sect. IV, 27 avr. 2000 : *préc. note 1* • CEDH, sect. IV, 25 janv. 2001, *M. C. c/ Finlande*, n° 28460/95.

7. Mesure prévue par la loi. Respectent notamment cette condition les décisions prises en application de la Conv. de La Haye du 25 oct. 1980. • CEDH, sect. IV, 27 avr. 2000, *T. c/ France et Allemagne*, nos 47457/99 et 47458/99 (fixation de la résidence). ♦ Les obligations de l'art. 8 Conv. EDH doivent s'interpréter à la lumière de la Convention du 25 oct. 1980. • CEDH 25 janv. 2000, *Ignaccolo-Zenide : préc. note 2* • CEDH, sect. IV, 29 avr. 2003, *Iglesias Gil c/ Espagne*, n° 56673/00 (violation lorsque après la constatation du caractère illicite de la soustraction de l'enfant, les autorités n'ont pas adopté les mesures appropriées prévues par la Convention de La Haye) • CEDH, sect. V, 22 juin 2006, *Bianchi c/ Suisse*, n° 7548/04 : *D. 2007. Pan. 2195, obs. Gouttenoire*. ♦ Comp., pour un pays non signataire de la convention : • CEDH, sect. IV, 12 déc. 2006, *B. c/ Albanie*, n° 35853/04 (obligation de prendre toute mesure pour réunir parent et enfant).

8. Mesure poursuivant un but légitime. Respecte cette condition la législation qui vise à protéger la santé et la morale ainsi que les droits et libertés des enfants. • CEDH 13 juill. 2000, *Elshotz c/ Allemagne : préc.* • CEDH, sect. IV, 27 avr. 2000 : *préc. note 1* ♦ ... La législation qui vise à préserver le bien-être économique du pays. • CEDH, sect. I, 11 juill. 2000, *Ciliz c/ Pays-Bas : préc. note 4* (permis de séjour lié au mariage et prenant fin à sa dissolution). ♦ Mais ne respecte pas cette condition la législation qui prévoit de façon automatique, à titre accessoire d'une condamnation pénale pour emprisonnement, la privation des droits parentaux, sans prendre en compte la nature de l'infraction et l'intérêt de l'enfant. • CEDH, sect. II, 28 sept. 2004, *Sabou et Pircalab c/ Roumanie,* n° 46572/99.

9. Mesure nécessaire dans une société démocratique. Si les autorités nationales disposent d'une marge d'appréciation en ce domaine, leurs mesures ne doivent pas être disproportionnées par rapport au but légitime poursuivi. • CEDH, sect. IV, 27 avr. 2000, *T. c/ France et Allemagne : préc. note 1* (admission par la Cour du fait que les juges nationaux sont mieux placés que les juges européens pour réaliser un équilibre entre les intérêts en présence). ♦ Sur l'existence d'un processus permanent d'appréciation de l'intérêt supérieur de l'enfant : • CEDH, sect. I, 27 juin 2000, *Nuutinen c/ Finlande,* n° 32842/96. ♦ Sur la nécessité d'apprécier la situation de l'enfant *in concreto* et non au regard de motifs généraux tirés de l'appartenance religieuse d'un parent : • CEDH 16 déc. 2003 : *D. 2004. 1261, note F. Boulanger ; JCP 2004. II. 10122, note Gouttenoire ; ibid. I. 107, n° 19, obs. Sudre ; AJ fam. 2004. 62, obs. Plana ; Dr. fam. 2004, n° 30, note de Lamy ; RJPF 2004-5/29, obs. Meyzeaud-Garaud* • CEDH 12 févr. 2013 : *AJ fam. 2013. 179, obs. Gallmeister ; RTD civ. 2013. 365, obs. Hauser* (dans le cadre d'une demande de retrait de droit de visite). ♦ Sur l'appréciation du juste équilibre entre l'intérêt des enfants, manifestant le désir de rester avec la compagne de leur mère après le décès de celle-ci et celui de leur père : si l'intérêt de l'enfant peut primer celui du parent, violent l'art. 8 Conv. EDH les autorités finlandaises qui accordent de fait un droit de veto absolu aux enfants, âgés de plus de douze ans, en se contentant d'examiner exclusivement leurs souhaits. • CEDH, sect. IV, 9 mai 2006, *C. c/ Finlande,* n° 18249/02.

Les art. L. 512-2 et D. 512-2 CSS, qui subordonnent le versement des prestations familiales à la production d'un document attestant d'une entrée régulière des enfants étrangers en France et, en particulier pour les enfants entrés au titre du regroupement familial, du certificat médical délivré par l'Office français de l'intégration et de l'immigration, revêtent un caractère objectif justifié par la nécessité dans un État démocratique d'exercer un contrôle des conditions d'accueil des enfants, et ne portent pas une atteinte disproportionnée au droit à la vie familiale garanti par les art. 8 et 14 Conv. EDH, ni ne méconnaissent les dispositions de la CIDE. • Cass., ass. plén., 5 avr. 2013, n° 11-17.520 P : *R., p. 494 ; D. 2013. 1298, chron. Bouvier ; AJ fam. 2013. 305, obs. Slama ; RDSS 2013. 527, note Monéger ; Rev. crit. DIP 2014. 370, note Joubert ; RTD eur. 2014. 472, obs. Matringe et Lunca-Muller.* ♦ ... Sous réserve que leur application ne crée pas une discrimination selon la nationalité, en présence d'accords internationaux particuliers. • Cass., ass. plén., 5 avr. 2013, n° 11-18.947 P : *R., p. 495.*

10. Le placement d'un enfant doit en principe être vu comme une mesure temporaire qui doit être levée dès que les circonstances le permettent. • CEDH, sect. IV, 27 avr. 2000 : *préc. note 1.* ♦ Le but ultime de cette mesure doit être de favoriser la réunion du parent et de l'enfant. • CEDH 7 août 1996, *Johansen : JCP 1997. I. 4000, n° 35, obs. Sudre.* ♦ V. aussi • CEDH 24 mars 1988, *Olsson c/ Suède : Série A, n° 156* • CEDH, sect. III, 30 avr. 2002, *Kleuver c/ Norvège,* n° 45837/99 (séparation d'une mère en détention provisoire et de son nouveau-né : absence de violation en l'espèce). ♦ En cas de carence matérielle de la famille, les autorités peuvent prendre en charge temporairement l'enfant, mais elles doivent porter au préalable une assistance à celle-ci, en vue de réunir l'enfant à ses parents, avant d'envisager des mesures plus radicales telles qu'un abandon suivi d'une adoption. • CEDH, sect. III, 18 juin 2013, *R.M.S. c/ Espagne,* n° 28775/12. ♦ Violation de l'art. 8 Conv. EDH en raison de l'absence de limitation dans le temps d'une mesure de placement au sein d'une communauté, dont certains dirigeants actifs avaient été condamnés pour abus sexuels, et pour l'absence de renforcement de la surveillance par le tribunal alors que les enfants placés avaient eu à subir ces sévices et que les condamnés avaient réussi à exercer une influence particulière sur eux. • CEDH 13 juill. 2000, *Scozzari et Giunta c/ Italie,* n° 39221/98 et n° 41963/98 : *JCP 2001. 1. 291, n° 33, obs. Sudre ; RTD civ. 2001. 451, obs. Marguénaud.* ♦ A violé l'art. 8 Conv. EDH la juridiction qui a considéré qu'il n'était pas de l'intérêt de l'enfant de conférer l'autorité parentale à son père biologique en raison des profonds liens affectifs et sociaux noués avec la famille d'accueil. • CEDH 26 févr. 2004, *Görgülü c/ Allemagne : Dr. fam. 2004, n° 48, note Murat.* ♦ Absence de violation pour des placements prolongés, dont l'opportunité a été régulièrement appréciée à partir d'expertises et discutée lors d'instances judiciaires ayant donné lieu à des décisions soigneusement motivées et détaillées. • CEDH, sect. I, 1er juill. 2004, *C. M. c/ France,* n° 64796/01. ♦ ... Pour des mesures justifiées en fonction des informations disponibles au moment de la décision, même si rétrospectivement, le danger n'existait pas. • CEDH, sect. IV, 12 févr. 2008, *D. c/ Royaume-Uni,* n° 38000/05 (inscription de l'enfant sur un registre des enfants à risque, ultérieurement rapportée sans que d'autres mesures soient prises) • CEDH, sect. IV, 30 sept. 2008, *R. K. et A. K. c/ Royaume-Uni,* n° 38000(1)/05 (enfant souffrant d'une maladie rare et n'ayant pas été maltraitée par ses parents) • CEDH, sect. II, 21 oct. 2008, *C. c/ Italie,* n° 19537/03 (éloignement justifié en raison des soupçons d'attouchements pesant sur le père ; violation établie en revanche pour la rupture complète avec les autres membres de la famille pendant la procédure pénale, et pour la rupture totale et définitive qui en a découlé, du fait de l'adoptabilité de l'enfant, décidée sans attendre l'issue finale du procès qui a conduit à un acquittement).

11. Lorsqu'une période de temps considérable s'est écoulée depuis le placement, l'intérêt de l'enfant à ne pas voir sa situation familiale *de facto* changer de nouveau peut l'emporter sur l'intérêt des parents au regroupement de leur famille. • CEDH, sect. IV, 26 févr. 2002, *Kutzner c/ Allemagne : préc. note 2.* ♦ ... Ou la réunion peut requérir certains préparatifs. • CEDH 25 janv. 2000, *Ignaccolo-Zenide : préc. note 2* • CEDH, sect. I, 24 avr. 2003, *Sylvester c/ Autriche : JCP 2003. I. 160, n° 12, obs. Sudre.* ♦ Mais le respect effectif de la vie familiale demande que ce ne soit pas le seul passage du temps qui détermine les relations futures entre un parent et son enfant. • CEDH, sect. I, 24 avr. 2003 : *préc.* (Convention de La Haye). ♦ V. aussi : • CEDH, sect. IV, 23 sept. 2003, *Hansen c/ Turquie,* n° 36141/97 (l'adéquation d'une mesure se juge à la rapidité de sa mise en œuvre, le passage du temps pouvant avoir des conséquences irrémédiables). • CEDH, sect. III, 26 mai 2009, *A. c/ Roumanie,* n° 4023/04 (enfant non restitué par les grands-parents maternels, à la suite du décès de sa mère) • CEDH, sect. III, 1er déc. 2009, *Eberhard c/ Slovénie,* nos 8673/05 et 9733/05 (non-respect d'un droit de visite) • CEDH, sect. V, 22 avr. 2010, *Macready c/ Rép. tchèque,* nos 4824/06 et 15512/08 (appréciation des dangers pour l'enfant d'un retour dans le pays d'origine).

12. Constituent des mesures nécessaires les décisions : refusant un droit de visite à un grand-père soupçonné de s'être livré à des abus sexuels. • CEDH, sect. IV, 27 avr. 2000 : *préc. note 1* (opposition au surplus des enfants). ♦ ... Décidant la prise en charge de l'enfant d'une personne, poursuivie puis condamnée pour un homicide de la mère de celle-ci. • CEDH, sect. IV, 25 janv. 2001 : *préc.* (appréciation globale de la participation au processus décisionnel). ♦ ... Décidant un éloignement d'urgence en cas de fortes présomptions d'abus sexuels de la part de la famille et de doutes sur la capacité de protection des parents. • CEDH, sect. I, 9 mai 2003, *Covezzi et Morselli c/ Italie : JCP 2003. I. 160, n° 11, obs. Sudre.* ♦ Possibilité de distinguer entre la période précédant l'issue du procès pénal, où l'intérêt de l'enfant justifie l'ingérence, et celle suivant l'acquittement qui impose la restauration de la vie familiale. • CEDH, sect. IV, 18 févr. 2003, *Schaal c/ Luxembourg,* n° 51773/99. ♦ S'il faut éviter de prendre des mesures coercitives à l'égard d'enfants, leur usage ne saurait être exclu lorsqu'un parent se conduit de manière illicite. • CEDH, sect. III, 15 mai 2003, *Paradis c/ Allemagne,* n° 4783/03 (Convention de La Haye) • CEDH, sect. IV, 23 sept. 2003, *Hansen c/ Turquie : préc. note 2.* ♦ Le souci de protéger l'enfant peut amener les autorités à prendre des décisions immédiates, constituant des ingérences dans la vie familiale, mais les informations complémentaires nécessaires pour confirmer ou infirmer les soupçons doivent être recherchées très rapidement. V. en ce sens : • CEDH, sect. IV, 23 mars 2010, *M.A.K. et R. K. c/ Royaume-Uni,* nos 45901/05 et 40146/06 (soupçons d'abus sexuels) • 16 mars 2010, *A.D. et O. D. c/ Royaume-Uni,* n° 28680/06 (maladie des os de verre difficile à identifier dès le signalement).

13. Ingérence disproportionnée dans la vie familiale d'un retrait immédiat dès l'accouchement, en raison des troubles mentaux de la mère, alors que cette situation était connue et pouvait être prise en compte par des mesures moins extrêmes, seules des raisons extraordinairement impérieuses pouvant justifier une telle mesure, prise de surcroît sans que les parents y soient associés. • CEDH, gr. ch., 12 juill. 2001, *K. et T. c/ Finlande,* n° 25702/94 : *JCP 2002. I. 105, n° 11, obs. Sudre.* ♦ V. déjà dans la même affaire : • CEDH, sect. IV, 27 avr. 2000, *K. et T. c/ Finlande,* n° 25702/94. ♦ V. aussi • CEDH, sect. II, 16 juill. 2002, *P. C. et S. c/ Royaume-Uni,* n° 56547/00 (décision admettant qu'une procédure d'urgence visant à retirer l'enfant dès sa naissance peut être nécessaire, compte tenu des risques que la mère fait courir à l'enfant, mais estimant la mise en œuvre excessive, le maintien temporaire de l'enfant près de la mère à l'hôpital avec une surveillance adaptée étant en l'espèce réalisable) • CEDH, sect. V, 26 oct. 2006, *W. et W. c/ Rép. tchèque,* n° 2348/04 (placement uniquement fondé sur les conditions matérielles de logement, sans soutien dans les démarches permettant aux parents d'utiliser la législation sociale pour remédier à cette situation) • CEDH, sect. V, 18 déc. 2008, *Saviny c/ Ukraine,* n° 39948/06 (placement des sept enfants de parents aveugles, en se contentant des affirmations des autorités invoquant un manque de moyens financiers et des qualités personnelles mettant en péril les enfants, sans rechercher si les aides sociales avaient été offertes et si un soutien ne pouvait être apporté aux parents, avant de retenir la mesure la plus radicale). ♦ Ingérence disproportionnée d'une mesure de placement ayant séparé les enfants dans plusieurs familles d'accueil. • CEDH, sect. IV, 26 févr. 2002, *Kutzner c/ Allemagne : préc. note 2* • CEDH, sect. V, 18 déc. 2008 : *préc.*

14. Violation de l'art. 8 lorsque les services sociaux ont joué un rôle excessivement autonome et adopté une attitude négative à l'égard du requérant. • CEDH 13 juill. 2000, *Scozzari : préc. note 10.*

15. ... Conditions procédurales. Violation de l'art. 8 Conv. EDH lorsque le processus de décision concernant le droit de visite n'a pas accordé aux intérêts du requérant la protection voulue. • CEDH, sect. I, 11 juill. 2000, *Ciliz c/ Pays-Bas : préc. note 4.* ♦ ... Lorsque le requérant n'a pas pu jouer un rôle suffisamment important dans le processus décisionnel. • CEDH 13 juill. 2000, *Elshotz c/ Allemagne : préc. note 1* (refus d'ordonner une expertise psychologique indépendante et absence d'audience) • CEDH, sect. I, 9 mai 2003, *Covezzi et Morselli c/ Italie : préc. note 12* (décision admettant toutefois l'exclusion initiale des parents compte tenu de l'urgence et du risque d'une information préalable) • CEDH, sect. II, 17 déc. 2002,

Venema c/ Pays-Bas, n° 35731/97 *(idem)* • CEDH, sect. III, 8 avr. 2004, *H. c/ Allemagne,* n° 11057/02 (décision rapide sans audition des intéressés) • CEDH, sect. V, 7 déc. 2006, *Hunt c/ Ukraine,* n° 31111/04 (retrait d'autorité parentale sans participation du père interdit de séjour). ♦ Les tribunaux internes ne sont pas toujours tenus d'entendre un enfant en audience au sujet du droit de visite, tout dépendant de circonstances propres à l'affaire telles que l'âge ou la maturité. • CEDH, gr. ch., 8 juill. 2003, *Sahin c/ Allemagne,* n° 30943/06 (enfant de cinq ans) • CEDH, sect. III, 6 déc. 2007 : *V. note 28 ss. art. 373-2-1* (absence de violation dans le fait de ne pas avoir auditionné un enfant de quatre ans) • CEDH, sect. II, 31 janv. 2012, *A. C. c/ Portugal,* n° 61226/08 (violation de l'art. 6, § 1, en cas d'absence d'information claire sur les voies de recours) • CEDH, sect. V, 14 mars 2013, *B. B. et F. B. c/ Allemagne,* n°s 18734/09 et 9424/11 (décision de retrait fondée uniquement sur les affirmations de sévices par les enfants, sans aucune preuve objective). ♦ ... Ni de procéder de façon systématique à une expertise psychologique. • CEDH, gr. ch., 8 juill. 2003, *Sommerfeld c/ Allemagne,* n° 31871/96 (enfant de treize ans auditionné et refusant le droit de visite). ♦ Comp. reprochant l'absence de toute sollicitation des enfants avant leur placement. • CEDH, sect. V, 18 déc. 2008 : *préc. note 13.*

16. Même si la mère a été privée de l'autorité parentale (mesure justement en débat), sa qualité de mère biologique suffit pour lui donner le pouvoir d'ester devant la cour également au nom de ses enfants afin de protéger leurs propres intérêts. • CEDH 13 juill. 2000, *Scozzari : préc. note 10.* ♦ Un mineur peut saisir la cour. • Même arrêt.

17. Compatibilité avec l'art. 6 Conv. EDH de la soustraction de principe à un procès public des affaires concernant la garde d'enfants, afin de protéger la vie privée des parties et les intérêts des mineurs. • CEDH, sect. III, 24 avr. 2001, *B. et P. c/ Royaume-Uni,* n° 36337/97 et n° 35974/97 (législation permettant au juge de revenir à un procès public en fonction des circonstances de l'affaire).

3° DROIT INTERNATIONAL PRIVÉ

18. Rejet de la demande de retour : danger grave encouru par l'enfant. Il ne peut être fait exception au retour immédiat de l'enfant que s'il existe un risque de danger grave ou de création d'une situation intolérable, et ces circonstances doivent être appréciées en considération primordiale de l'intérêt supérieur de l'enfant. • Civ. 1re, 16 févr. 2022, n° 21-19.061 B. ♦ L'absence de danger est une notion qui relève du pouvoir souverain d'appréciation des juges du fond. • Civ. 1re, 16 janv. 2022, n° 21-21.079. ♦ Même sens : • Civ. 1re, 6 juill. 2022, n° 22-11.435.

19. Obligations alimentaires et déplacement illicite d'enfant. L'art. 3 du Prot. de La Haye du 23 nov. 2007, sur la loi applicable aux obligations alimentaires, approuvé, au nom de la Communauté européenne, par la Décis. 2009/941/CE du Conseil, du 30 nov. 2009, doit être interprété en ce sens que, aux fins de la détermination de la loi applicable à la créance alimentaire d'un enfant mineur déplacé par l'un de ses parents sur le territoire d'un État membre, la circonstance qu'une juridiction de cet État membre a ordonné, dans le cadre d'une procédure distincte, le retour de cet enfant dans l'État où il résidait habituellement avec ses parents immédiatement avant son déplacement, ne suffit pas à empêcher que ledit enfant puisse acquérir une résidence habituelle sur le territoire de cet État membre. • CJUE, 4e ch., 12 mai 2022, n° C-644/20.

20. Transfert licite de résidence de l'enfant en cours de procédure (compétence juridictionnelle). La Cour conclut que l'art. 8, § 1, du Règl. « Bruxelles II *bis* », lu en combinaison avec son art. 61, ss. a), doit être interprété en ce sens qu'une juridiction d'un État membre, saisie d'un litige en matière de responsabilité parentale, ne conserve pas la compétence pour statuer sur ce litige au titre de cet art. 8, § 1, lorsque la résidence habituelle de l'enfant en cause a été transférée légalement, en cours d'instance, sur le territoire d'un État tiers qui est partie à la Conv. de La Haye de 1996. • CJUE, 4e ch., 14 juill. 2022, n° C-572/21.

Art. 371-4 *(L. n° 2002-305 du 4 mars 2002)* **L'enfant a le droit d'entretenir des relations personnelles avec ses ascendants.** *(L. n° 2007-293 du 5 mars 2007, art. 8)* **« Seul l'intérêt de l'enfant peut faire obstacle à l'exercice de ce droit** *[ancienne rédaction : Seuls des motifs graves peuvent faire obstacle à ce droit]***. »**

Si tel est l'intérêt de l'enfant, le juge aux affaires familiales fixe les modalités des relations entre l'enfant et un tiers, parent ou non *(L. n° 2013-404 du 17 mai 2013, art. 9)* **« , en particulier lorsque ce tiers a résidé de manière stable avec lui et l'un de ses parents, a pourvu à son éducation, à son entretien ou à son installation, et a noué avec lui des liens affectifs durables ».**

BIBL. ▸ Berdeaux, *AJ fam. 2017. 182* (options procédurales du parent social). – Berdeaux-Gacogne, *AJ fam. 2013. 346* (la discrète reconnaissance du « parent social » par la loi du 17 mai 2013). – Cordier, *Dr. fam. 2007. Pan. 1* (panorama de jurisprudence récente). – Mulon, *Gaz. Pal. 2014. 2902.* – Norguin, *BICC 15 janv. 2009, p. 65* (répartition des compétences : synthèse de jurisprudence). – Rexand-Pourias, *JCP 2003. I. 100* (relations entre grands-parents et petits-enfants, depuis la loi du 4 mars 2002). – Dossier, *AJ fam. 2008. 138* (place des grands-parents).

Ancien art. 371-4 *Les père et mère ne peuvent, sauf motifs graves, faire obstacle aux relations personnelles de l'enfant avec ses grands-parents. A défaut d'accord entre les parties, les modalités de ces relations sont réglées par le* (L. n° 93-22 du 8 janv. 1993) *« juge aux affaires familiales ».*

En considération de situations exceptionnelles, le (L. n° 93-22 du 8 janv. 1993) *« juge aux affaires familiales » peut accorder un droit de correspondance ou de visite à d'autres personnes, parents ou non.*

BIBL. ▶ Bourgault-Coudevylle, *Dr. et patr. 9/2000, p. 71.* - Gobert, *JCP 1971. I. 2421.* ▶ Droit des grands-parents aux relations avec leurs petits-enfants : Bosse-Platière, *JCP 1997. I. 4030.* - Digard, *JCP N 1990. I. 128.* - Silguy, *RLDC 2014/114, n° 5400.* - Sutton, *JCP 1972. I. 2504.* ▶ Droits de visite : Kamden, *Gaz. Pal. 1996. 2. Doctr. 886.* - Rubellin-Devichi, *RTD civ. 1988. 319.* - Intérêt de l'enfant : Fermaud, *RDSS 2011. 1351* (critère d'intervention des personnes publiques en matière de protection des mineurs).

1. Ordre public. Les règles relatives à l'autorité parentale sont d'ordre public et excluent la passation d'un contrat judiciaire par lequel les parties s'attribueraient la libre disposition du droit reconnu à l'enfant par l'art. 371-4 de manière à le soustraire à tout contrôle. • Douai, 23 mars 2006 : *BICC 15 déc. 2006, n° 2443.*

2. Conv. EDH. Le droit au respect de la vie familiale peut être invoqué par les grands-parents : • CEDH, sect. IV, 27 avr. 2000, *L. c/ Finlande*, n° 25651/94. ♦ Sur la conformité à la Conv. EDH du refus d'un droit de visite (appréciation de la nécessité de la mesure), V. note 12 ss. art. 371-3.

A. ASCENDANTS

Jurisprudence rendue sur le fondement de l'ancien art. 371-4.

3. Domaine : arrière-grands-parents. Dans le sens d'une application de l'art. 371-4, ancien, aux arrière-grands-parents. • TGI Paris, 3 juin 1976 : *D. 1977. 303, note Cazals.*

4. Qualité pour agir. La mère divorcée n'a pas qualité pour demander que les grands-parents maternels aient un droit de visite sur leurs petits-enfants ; en cas de difficulté il appartient aux grands-parents de saisir la juridiction compétente. • Civ. 2e, 20 juill. 1983, n° 82-12.444 P.

5. Conditions d'octroi d'un droit de visite : principes. L'art. 371-4 anc. présume qu'il est de l'intérêt des enfants d'entretenir des relations personnelles avec leurs grands-parents, à moins qu'il ne soit justifié de motifs graves de nature à y faire obstacle. • Civ. 1re, 1er déc. 1982, n° 81-14.627 P : *GAJC, 12e éd., n° 60-61 (II)*. ♦ Désormais : pour faire obstacle à l'exercice du droit d'un enfant à entretenir des relations personnelles avec ses ascendants, seul l'intérêt de l'enfant doit être pris en considération. • Civ. 1re, 14 janv. 2009, n° 08-11.035 P : *D. 2009. AJ 372, obs. Égéa ; ibid. Pan. 1918, obs. Gouttenoire ; JCP 2009, n° 28, p. 46, obs. Favier ; AJ fam. 2009. 128, obs. Brusorio-Aillaud ; Dr. fam. 2009, n° 41, obs. Murat ; RJPF 2009-5/25, note Eudier ; RLDC 2009/58, n° 3345, obs. Pouliquen.* ♦ Illustration : • Civ. 1re, 27 mai 2010 : *D. 2010. Pan. 1906, obs. Gouttenoire ; RTD civ. 2010. 548, obs. Hauser*. ♦ Ces dispositions ne peuvent s'interpréter comme attribuant le droit aux relations personnelles exclusivement à l'enfant, et non aux ascendants, ce qui reviendrait à nier en fait tout droit à ces derniers. • Lyon, 20 sept. 2004 : *BICC 15 déc. 2006, n° 2442.* ♦ Les juges du fond ne peuvent prescrire que le droit de visite du père s'exercera hors la présence des grands-parents paternels alors que seul le comportement du grand-père motive une telle décision. • Civ. 2e, 7 juin 2001 : *Dr. fam. 2001, n° 94, note Murat.*

La préservation du lien familial entre les grands-parents et leur petite-fille relève du droit des intéressés au respect de leur vie familiale garanti par l'art. 8 Conv. EDH. • CEDH 20 janv. 2015, n° 107/10, *Manuello et Nevi c/ Italie : AJ fam. 2015. 101, obs. Viganotti*.

6. ... Pouvoir souverain. Les juges du fond apprécient souverainement s'il y a lieu ou non d'accorder un droit de visite aux grands-parents. • Civ. 1re, 13 déc. 1989, n° 87-20.205 P : *Defrénois 1990. 304, obs. Massip* • 14 janv. 2009, n° 08-11.035.

7. ... Illustrations. Pour des cas de refus pour motif grave, V. • Lyon, 14 mars 2000 : *Dr. fam. 2000, n° 126, note Berthet* (passé familial troublé) • Rennes, 5 juin 2003 : *BICC 15 oct. 2003, n° 1264* (conflit ancien et violent entre la grand-mère et les parents de l'enfant). ♦ Comp. • Douai, 15 mars 2001 : *BICC 15 déc. 2006, n° 2441* (la seule mésentente évidente entre les grands-parents et leurs fille et gendre ne caractérise pas le motif grave) • Civ. 1re, 2 mars 2022, n° 20-18.833 (grands-parents auteurs de dénonciations de faits imaginaires à l'encontre du père et ne se conformant pas à une décision antérieure).

8. Procédure. Le JAF ayant refusé aux grands-parents des relations avec l'enfant en première instance ne peut siéger dans la formation de la cour d'appel ayant à connaître de la décision dont appel. • Civ. 2e, 1er oct. 2020, n° 19-17.922 P.

Jurisprudence rendue sur le fondement de la version actuelle de l'art. 371-4.

9. Modalités d'exercice du droit de visite et d'hébergement des grands-parents. L'art. 371 C. civ. ne précise pas les modalités selon lesquelles le droit de visite et d'hébergement des grands-parents peut s'exercer ; si l'art. 1180-5 C. pr. civ. dispose que, lorsque le juge décide que le droit de visite de l'un des parents s'exercera dans un espace de rencontre, en application des art. 373-2-1 ou 373-2-9, il fixe la durée de la mesure et détermine la périodicité et la durée des rencontres, ce texte n'est pas applicable aux relations entre les enfants et leurs grands-parents. Dès lors, la cour d'appel ayant fixé la durée de la mesure, le lieu et la périodicité des rencontres, n'a pas méconnu l'étendue de ses pouvoirs. • Civ. 1re, 13 juin 2019, n° 18-12.389 P.

B. TIERS

Jurisprudence rendue dans le cadre de l'ancien art. 371-4 exigeant une situation exceptionnelle.

10. Octroi d'un droit de visite : simple faculté. L'octroi du droit de visite prévu au second al. de l'art. 371-4 ancien ne constitue qu'une simple faculté pour le juge ; même en présence d'une situation exceptionnelle, le droit de visite peut être refusé si tel est l'intérêt de l'enfant et l'appréciation, dûment motivée, des juges du fond sur ce point est souveraine. • Civ. 1re, 10 mai 1977, n° 76-12.038 P. ♦ Dans le même sens : • Civ. 1re, 16 juill. 1997 : *Dr. fam. 1997, n° 173, note Murat ; Defrénois 1998. 720, obs. Massip* (droit de visite refusé à la grand-mère par le sang). ♦ Octroi d'un droit de visite à un transsexuel, ex-concubine de la mère : • Aix-en-Provence, 12 mars 2002 : *D. 2003. 1528, note Cadou ; ibid. Somm. 2121, obs. Granet-Lambrechts ; Dr. fam. 2003, n° 100, note P. M.* ; pourvoi rejeté par • Civ. 1re, 18 mai 2005 : *ibid.*

11. … Modalités. Un droit d'hébergement, qui ne constitue qu'une des modalités du droit de visite, peut, en considération de situations exceptionnelles, être accordé par le juge à des personnes autres que les grands-parents de l'enfant, sur le fondement de l'art. 371-4, al. 2, ancien. • Civ. 1re, 5 mai 1986, n° 84-16.901 P : *R., p. 129 ; D. 1986. 496, note Massip ; RTD civ. 1986. 736, obs. Rubellin-Devichi.* ♦ Pour la prise en compte spécifique des tiers ayant partagé la vie du parent, V. désormais la nouvelle rédaction du texte résultant de la L. n° 2013-404 du 17 mai 2013.

Jurisprudence nouvelle.

12. Ex-compagne de la mère biologique : principe. Aucune disposition ne confère un droit de principe pour le parent d'intention de maintenir des liens avec l'enfant qu'il a élevé, et en cela ce texte est compatible avec les principes issus des art. 8 et 14 Conv. EDH et 3, § 1, CIDE. • 24 juin 2020, n° 19-15.198 P. ♦ Comp., antérieurement, octroyant un droit de visite à l'ex-compagne de la mère biologique, dans l'intérêt supérieur de l'enfant, apprécié souverainement par la cour d'appel, au regard notamment d'un projet parental commun au moment de la conception, et en dépit de relations conflictuelles. • Civ. 1re, 13 juill. 2017, n° 16-24.084 P : *D. 2017. 1528 ; AJ fam. 2017. 478, obs. Saulier* (application de l'art. 371-4 et de la Conv. de New York du 20 nov. 1989). ♦ Rappr., dans l'hypothèse d'un projet parental à trois, refusant, au nom de l'intérêt de l'enfant, le partage égalitaire de la résidence entre les trois parents : • Paris, 15 févr. 2022, n° 20/18798 : *Dr. fam. 2022, n° 49, obs. Saulier.* ♦ Un juste équilibre doit être ménagé entre, d'une part, l'intérêt de la requérante ayant partagé la vie de l'enfant avant la séparation du couple à la préservation de sa vie privée et familiale et, d'autre part, l'intérêt supérieur de l'enfant. • CEDH 7 avr. 2022, *Callamand c/ France*, n° 2338/20 : *AJ fam. 2022. 338, obs. Saulier ; RTD civ. 2022. 349, obs. Marguénaud.*

Déjà, pour un droit de visite et d'hébergement accordé à l'ex-compagne de la mère biologique d'un enfant dont il est de l'intérêt que soit préservée une stabilité dans ses relations affectives et sociales avec ceux qui ont décidé, dès avant sa conception, d'être ses parents et qui en ont assumé les obligations et la responsabilité depuis sa naissance : • TGI Briey, 21 oct. 2010, n° 09/00482 : *D. 2010. Actu. 2649, obs. Gallmeister ; ibid. 2011. 1060, note Bonnet ; ibid. Pan. 1585, obs. Granet-Lambrechts ; AJ fam. 2010. 540, obs. Miloudi ; RTD civ. 2011. 118, obs. Hauser.* ♦ Droit de visite et d'hébergement de l'enfant issu d'un projet familial commun du couple : • TGI Créteil, 24 déc. 2013, n° 13/00875 : *AJ fam. 2014. 118, obs. Berdeaux-Gacogne.* ♦ Pour un refus, l'ex-compagne étant devenue une étrangère pour l'enfant : • Civ. 1re, 23 oct. 2013 : *AJ fam. 2013. 705, obs. Vial ; RTD civ. 2014. 106, obs. Hauser ; Dr. fam. 2014, n° 36, obs. Neirinck.* ♦ … Ou compte tenu du climat passionnel et déraisonnable existant entre les ex-compagnes. • Paris, 5 juin 2014 : *JCP 2014, n° 931, obs. Kessler.* ♦ Refus de supprimer une mesure de délégation d'autorité parentale malgré la séparation : • TGI Nanterre, 14 déc. 2010 : *AJ fam. 2011. 426, obs. Siffrein-Blanc.* ♦ Mise en place d'une délégation partielle postérieurement à la séparation : • Paris 1er déc. 2011 : *AJ fam. 2012. 146, obs. Siffrein-Blanc.*

13. Conv. EDH : équilibre nécessaire entre l'intérêt de l'enfant et celui de la requérante. Après avoir relevé qu'il existait entre la requérante et l'enfant des liens personnels effectifs bénéficiant de la protection de l'art. 8 Conv. EDH, la Cour a noté que la requérante ne demandait ni d'établir un lien de filiation ni d'obtenir le partage de l'autorité parentale, mais seulement la possibilité de continuer à voir, de temps en temps, un enfant à l'égard duquel elle avait agi en se considérant comme un co-parent pendant plus de deux ans depuis sa naissance. La Cour souligne, d'une part, qu'il est difficile de déceler dans le raisonnement de la cour d'appel de Bordeaux [dont l'arrêt a été confirmé par la Cour de cassation : • Civ. 1re, 26 juin 2019, n° 18-17.767], qui n'avait pas estimé nécessaire de procéder à une évaluation psychologique de l'enfant, la raison pour laquelle elle s'est séparée de l'appréciation du tribunal de grande instance de Bordeaux et du ministère public quant à l'issue à réserver à la demande de la requérante. Elle note, d'autre part, que les motifs de l'arrêt de la cour d'appel ne démontrent pas qu'un juste équilibre ait été ménagé entre l'intérêt de la requérante à la préservation de sa vie privée et familiale et l'intérêt supérieur de l'enfant. Elle conclut donc à une violation de l'art. 8 Conv. EDH. En ce qui concerne le grief de discrimination fondée sur l'orientation sexuelle, présenté par la requérante, la Cour, après avoir relevé qu'il n'avait pas été soulevé devant le juge interne, conclut que l'exigence d'épuisement des voies de recours internes n'est pas remplie. • CEDH 7 avr. 2022, *Callamand c/ France*, n° 2338/20.

C. PROCÉDURE

Jurisprudence rendue dans le cadre de l'ancien art. 371-4.

14. Médiation. Sur la désignation d'un médiateur chargé de rechercher les modalités d'une reprise des relations entre l'enfant et ses grands-parents : • TGI La Rochelle, 17 févr. 1988 : *D. 1991. 411 (2e esp.), note Lienhard ; RTD civ. 1990. 450, obs. Rubellin-Devichi*.

15. Communication au ministère public. En vertu des art. 425, al. 3, et 1180 C. pr. civ., le ministère public doit avoir communication des demandes formées en application de l'art. 371-4 C. civ. *ancien* et cette règle est d'ordre public. • Civ. 1re, 17 juin 1986, n° 84-16.014 P • 5 juill. 1988, n° 87-11.562 P • 13 déc. 1988, n° 87-13.897 P.

16. Mise en cause du père. Le père de l'enfant doit être attrait dans la procédure. • Nancy, 24 janv. 1996 : *Dr. fam. 1997, n° 137, note Murat.*

17. Compétence. Si le juge aux affaires familiales est en principe compétent pour fixer, dans l'intérêt de l'enfant, les modalités des relations entre l'enfant et un tiers, parent ou non, le juge des enfants est seul compétent, en cas de placement, pour statuer sur ces modalités. • Civ. 1re, 9 juin 2010, n° 09-13.390 P : *BICC 1er nov. 2010, n° 1631, et les obs. ; D. 2010. Chron. C. cass. 2092, obs. Auroy ; ibid. 2343, note Huyette ; ibid. 2011. Pan. 1995, obs. Gouttenoire ; JCP 2010, n° 911, note Gouttenoire ; AJ fam. 2010. 325, obs. Durand ; RLDC 2010/74, n° 3940, obs. Pouliquen ; RTD civ. 2010. 546, obs. Hauser*.

Compétence exclusive du JAF en matière de droit de visite des grands-parents : V. • Agen, 24 juill. 1996 : *D. 1997. 578, note Nicoleau et Talbert*. ♦ Admission devant le JAF d'une procédure en la forme des référés. • Même arrêt. ♦ ... Sans représentation obligatoire par avocat. • Même arrêt. ♦ Pour la possibilité d'agir en référé en cas d'urgence, V. aussi : • Civ. 1re, 1er févr. 1983, n° 86-16.815 P • Dijon, 12 janv. 1999 : *BICC 1er juin 1999, n° 704.*

Art. 371-5 *(L. n° 96-1238 du 30 déc. 1996)* **L'enfant ne doit pas être séparé de ses frères et sœurs, sauf si cela n'est pas possible ou si son intérêt commande une autre solution. S'il y a lieu, le juge statue sur les relations personnelles entre les frères et sœurs.**

BIBL. ▸ Loi 30 déc. 1996 : CHARPENTIER, *RDSS 1998. 19*. – MASSIP, *Defrénois 1997. 897*. – MURAT, *Dr. fam. 1997. Chron. 4*. – REVET, *RTD civ. 1997. 229*.

▸ Fratries : CHARLOT, *RRJ 2001/2. 551*. – CORNU, *Études J. Savatier, PUF, 1992, p. 129*. – DAVID-BALESTRIERO, *Mél. Goubeaux, Dalloz-LGDJ, 2009, p. 71*. – TARDY, *LPA, 2 nov. 1999*.

1. Appréciation souveraine de l'intérêt de l'enfant. L'intérêt de l'enfant visé à l'art. 371-5 est souverainement apprécié par les juges du fond. • Civ. 2e, 19 nov. 1998 : *Defrénois 1999. 684, obs. Massip ; Dr. fam. 1999, n° 26, note Murat* (jeune âge rendant préférable la résidence chez la mère). ♦ V. aussi • Paris, 16 juin 1998 : *eod. loc.* (nécessaire stabilité de la situation de l'enfant) • Paris, 27 mars 2003 : *AJ fam. 2003. 267, obs. F. B.* (décision séparant les deux enfants dans l'intérêt de chacun d'eux) • Agen, 27 juill. 2005 : *BICC 15 févr. 2007, n° 355 (idem).* ♦ Comp. antérieurement : aucune disposition légale n'oblige le juge à confier la garde des enfants au même parent. • Civ. 2e, 2 juill. 1981, n° 80-16.344 P.

2. Le besoin des deux enfants, à leur stade de développement, de se construire sur des bases stables et sécurisantes constituées par leur repères familiaux, psychologiques, affectifs, sociaux et culturels actuels, justifie que leur résidence habituelle soit fixée chez leur père, même si la perspective de séparer la fratrie est à déplorer. • Civ. 1re, 19 nov. 2009 : *D. 2010. Pan. 1904, obs. Gouttenoire ; Dr. fam. 2010, n° 24, note Murat.* ♦ Applicabilité de l'art. 371-5 aux demi-frères et sœurs : V. • Paris, 7 mai 2003 : *AJ fam. 2003. 267, obs. F. B. ; Dr. fam. 2003, n° 144, note Murat (2 arrêts) ; RTD civ. 2003. 494, obs. Hauser*.

3. Conv. EDH. Ingérence disproportionnée d'une mesure de placement ayant séparé les enfants dans plusieurs familles d'accueil. • CEDH, sect. IV, 26 févr. 2002, *Kutzner c/ Allemagne*, n° 46544/99. ♦ Comp., admettant un placement séparé compte tenu des circonstances : • CEDH, sect. I, 9 mai 2003, *Covezzi et Morselli c/ Italie*, n° 52763/99. ♦ Atteinte à la vie familiale d'un enfant qui, compte tenu d'un placement séparé chez chacun des parents, n'a jamais eu la possibilité de passer du temps avec sa sœur. • CEDH, sect. II, 6 avr. 2010, *Akin c/ Turquie*, n° 4694/03 (violation également des droits du père qui n'a pas pu profiter de la compagnie de ses deux enfants en même temps). ♦ Absence d'ingérence injustifiée dans le refus d'établir des liens entre une enfant et ses deux sœurs, dans le cas où les deux parents sont atteints de maladie mentale, où l'enfant a été rapidement retirée à ses parents et où elle n'a entretenu aucun lien avec ses sœurs. • CEDH, sect. III, 21 oct. 2004, *L. et U. c/ Norvège*, n° 75531/01 (la cour émet des doutes, à titre préalable, sur l'existence d'une vie familiale entre les enfants, en l'absence de rencontre entre ceux-ci).

Art. 371-6 *(L. n° 2016-731 du 3 juin 2016, art. 49)* **L'enfant quittant le territoire national sans être accompagné d'un titulaire de l'autorité parentale est muni d'une autorisation de sortie du territoire signée d'un titulaire de l'autorité parentale.**

Un décret en Conseil d'État détermine les conditions d'application du présent article. *— V. Décr. n° 2016-1483 du 2 nov. 2016 (JO 4 nov.).*

BIBL. ▸ CADIOU et DIOT, *AJ fam. 2017. 164*. - LAMARCHE, *Dr. fam. 2017. Focus 10.* - Dossier, *Dr. fam. 2017, nos 13 s.*

Décret n° 2016-1483 du 2 novembre 2016,

Relatif à l'autorisation de sortie du territoire d'un mineur non accompagné par un titulaire de l'autorité parentale.

Le présent décret est entré en vigueur le 15 janv. 2017 et est applicable en Polynésie française et à Wallis-et-Futuna (Décr. préc., art. 3 et 4).

Art. 1er L'autorisation de sortie du territoire par un titulaire de l'autorité parentale prévue à l'article 371-6 du code civil est rédigée au moyen d'un formulaire dont le modèle est fixé par un arrêté conjoint du ministre de l'intérieur, du garde des sceaux, ministre de la justice, et du ministre des outre-mer. *— V. Arr. du 13 déc. 2016 (JO 16 déc.).*

Ce formulaire comporte les mentions suivantes :

1° Les nom, prénoms, date et lieu de naissance de l'enfant mineur autorisé à quitter le territoire ;

2° Les nom, prénoms, date et lieu de naissance du titulaire de l'autorité parentale signataire de l'autorisation, la qualité au titre de laquelle il exerce cette autorité, son domicile, sa signature ainsi que, le cas échéant, ses coordonnées téléphoniques et son adresse électronique ;

3° La durée de l'autorisation, qui ne peut excéder un an à compter de la date de signature.

Art. 2 Le formulaire mentionné à l'article 1er, dûment renseigné et signé, est accompagné de la photocopie lisible d'un document officiel justifiant de l'identité du signataire. La liste des documents admis pour justifier de l'identité du signataire est fixée par l'arrêté mentionné à l'article 1er.

SECTION 1 *De l'exercice de l'autorité parentale*

§ 1 *Principes généraux (L. n° 2002-305 du 4 mars 2002).*

Art. 372 *(L. n° 2002-305 du 4 mars 2002)* **Les père et mère exercent en commun l'autorité parentale.** *(L. n° 2021-1017 du 2 août 2021, art. 6)* **« L'autorité parentale est exercée conjointement dans le cas prévu à l'article 342-11. »**

Toutefois, lorsque la filiation est établie à l'égard de l'un d'entre eux plus d'un an après la naissance d'un enfant dont la filiation est déjà établie à l'égard de l'autre, celui-ci reste seul investi de l'exercice de l'autorité parentale. Il en est de même lorsque la filiation est judiciairement déclarée à l'égard du second parent de l'enfant *(L. n° 2021-1017 du 2 août 2021, art. 6)* **« ou, dans le cas d'un établissement de la filiation dans les conditions prévues au chapitre V du titre VII du présent livre, lorsque la mention de la reconnaissance conjointe est apposée à la demande du procureur de la République ».**

L'autorité parentale pourra néanmoins être exercée en commun en cas de déclaration conjointe des père et mère *(L. n° 2011-1862 du 13 déc. 2011, art. 21)* **« adressée au »** *(L. n° 2016-1547 du 18 nov. 2016, art. 16-I)* **« directeur des services de greffe judiciaires » du tribunal judiciaire ou sur décision du juge aux affaires familiales.**

Le 1er al. de l'art. 372, dans sa rédaction issue de la L. n° 2002-305 du 4 mars 2002 est applicable aux enfants nés antérieurement à l'entrée en vigueur de la L. du 4 mars 2002 [JO 5 mars], dès lors qu'ils ont été reconnus par leurs père et mère dans l'année de leur naissance (L. préc., art. 11-II).

BIBL. ▶ Exercice en commun de l'autorité parentale : NICOLAS-MAGUIN, *D. 1988. Chron. 307* (loi du 22 juill. 1987). - FULCHIRON et GOUTTENOIRE-CORNUT, *D. 1997. Chron. 363* (loi du 8 janv. 1993). - I. ROUJOU DE BOUBÉE, *RRJ 1999/2. 319* (accord parental). ▶ Autorité parentale et divorce : FULCHIRON, *Mél. Huet-Weiller, PU Strasbourg/LGDJ, 1994, p. 141* (familles recomposées). ▶ Autorité parentale dans la famille naturelle : FORGIT, *LPA 2 avr. 1997 ; Dr. fam. 1997. Chron. 6* (exercice conjoint). - FULCHIRON, *Mél. Huet-Weiller, PU Strasbourg/LGDJ, 1994, p. 141* (familles recomposées). - GOURON-MAZEL, *Dr. fam. 2002. Chron. 1* (parent homosexuel). - HOCQUET-BERG, *LPA 10 mai 2000* (condition juridique de l'enfant naturel). - MASSIP, *Defrénois 1974. 254 ; Gaz. Pal. 1979. 2. Doctr. 536.* - RUBELLIN-DEVICHI, *RTD civ. 1990. 445* . - TROISVALETS, *LPA 11 mai 2000* (familles recomposées). - VITSE, *Dr. fam. 1997. Chron. 3* (l'enfant des concubins). ▶ Personne vulnérable : MORACCHINI-ZEIDENBERG, *Dr. fam. 2012. Étude 17* (la personne vulnérable et son enfant).

1. Principe. Le jugement étranger qui donne à la mère le droit de prendre seule les décisions concernant les enfants et de consentir à leur engagement dans les forces armées des États-Unis met à néant l'exercice conjoint de l'autorité parentale et porte atteinte à des principes essentiels du droit français fondés sur l'égalité des parents dans l'exercice de l'autorité parentale. • Civ. 1re, 4 nov. 2010 : *cité note 16 s. art. 309.*

2. Lien avec la filiation. L'autorité parentale sur l'enfant naturel découle de la filiation établie par la reconnaissance, laquelle a un effet absolu, sauf aux intéressés à la contester ; le père adultérin de l'enfant ayant reconnu celui-ci au cours de l'instance d'appel qu'il avait engagée à l'effet d'obtenir un droit de visite et d'hébergement, sa demande est devenue sans objet car, par l'effet de cette reconnaissance, il s'est trouvé investi de l'autorité parentale relativement à la personne de l'enfant dont la mère était décédée. • Civ. 1re, 9 juill. 1975, n° 73-10.586 P : *R., p. 17 ; Gaz. Pal. 1975. 2. 705, note Viatte ; RTD civ. 1976. 130, obs. Nerson.* ♦ V. aussi : • Civ. 1re, 9 mars 1994 : *D. 1995. 197, note Monteiro ; Gridel, D. 1995. Chron. 275* (absence de contestation de la reconnaissance par le père d'un enfant né d'une insémination artificielle).

L'art. 331 C. civ. permet au tribunal saisi d'une action aux fins d'établissement de la filiation de statuer, s'il y a lieu, sur l'exercice de l'autorité parentale : absence de méconnaissance de l'art. 372 par la cour d'appel qui établit la filiation d'un enfant à l'égard du père et statue sur sa demande tendant à ce que l'autorité parentale soit exercée conjointement avec la mère). • Civ. 1re, 3 oct. 2018, n° 17-23.627 P : *D. 2018. 1968 ; AJ fam. 2018. 605, obs. Houssier ; Dr. fam. 2019, n° 8, note Molière.*

3. Absence d'effet du mariage. En présence d'une filiation établie à l'égard de l'un des parents plus d'un an après la naissance de l'enfant alors que la filiation est déjà établie à l'égard de l'autre, l'exercice en commun de l'autorité parentale par les deux parents ne peut résulter que d'une déclaration conjointe adressée au directeur des services de greffe judiciaires ou d'une décision du juge aux affaires familiales, sans que le mariage des parents, après la naissance de l'enfant, puisse emporter de plein droit un exercice en commun de l'autorité parentale. • Cass., avis, 23 sept. 2020, n° 20-70.002 P : *D. 2020. 1888 ; AJ fam. 2020. 592, obs. Saulier ; JCP 2020, n° 1449, note Siffrein-Blanc ; Dr. fam. 2020, n° 161, note Egea.*

4. Conv. EDH. Non-conformité de la législation allemande prévoyant que l'autorité parentale conjointe ne peut résulter que d'un accord des parents d'un enfant né hors mariage et ne peut être imposée à la mère par le juge. • CEDH, sect. IV, 3 déc. 2009, *Zaunegger c/ Allemagne*, n° 22018/04. ♦ L'impossibilité pour un père naturel de demander en justice l'attribution de l'autorité parentale sur son enfant est discriminatoire. • CEDH 3 févr. 2011, n° 35637/03 : *AJ fam. 2011. 208, obs. Siffrein-Blanc* (Autriche).

Art. 372-1 et 372-1-1 *Abrogés par L. n° 2002-305 du 4 mars 2002.*

Art. 372-2 A l'égard des tiers de bonne foi, chacun des *(L. n° 93-22 du 8 janv. 1993)* **« parents » est réputé agir avec l'accord de l'autre, quand il fait seul un acte usuel de l'autorité parentale relativement à la personne de l'enfant.**

BIBL. ▶ GUINERET-BROBBEL, DORSMAN et SIRE, *LPA 31 mars 2003* (présomption d'accord).

Actes usuels : illustrations. Application de la présomption d'accord en cas d'intervention chirurgicale relativement bénigne (circoncision médicalement nécessaire) pratiquée à la demande de la mère seule : V. • TGI Paris, 6 nov. 1973 : *Gaz. Pal. 1974. 1. 299, note Barbier.* ♦ ... En cas de demande d'inscription, par la mère seule, de ses enfants mineurs sur son passeport : V. • CE 8 févr. 1999 : *D. 2000. Somm. 161, obs. Vauvillé ; Dr. fam. 1999, n° 40, note Murat ; Defrénois 1999. 944, obs. Massip ; RTD civ. 1999. 360, obs. Hauser* • CE, réf., 4 déc. 2002 : *Defrénois 2003. 620, obs. Massip ; AJ fam. 2003. 103, obs. F. B. ; Dr. fam. 2003, n° 12, note Murat ; RTD civ. 2003. 59,* *obs. Hauser*. ♦ En cas de changement d'établissement scolaire : • CE 13 avr. 2018, n° 392949 P : *AJ fam. 2018. 347, obs. Avena-Robardet* ; *RTD civ. 2018. 633, obs. Leroyer*. ♦ Rappr. art. 373-2-6. ♦ Mais le passage à la télévision d'un enfant dans un documentaire consacré aux familles de divorcés ne constitue pas un acte usuel et exige l'accord des deux parents. • Versailles, 11 sept. 2003 : *AJ fam. 2003. 383, obs. F. B.* ; *RJPF 2003-12/30, note Eudier.* ♦ Inversement pour la participation à un film amateur d'une association municipale à la diffusion très limitée. • Orléans, 14 mars 2011 : *RTD civ. 2012. 91, obs. Hauser* ; *Dr. fam. 2011, n° 171, obs. Neirinck.*

Art. 373 *(L. n° 2002-305 du 4 mars 2002)* **Est privé de l'exercice de l'autorité parentale le père ou la mère qui est hors d'état de manifester sa volonté, en raison de son incapacité, de son absence ou de toute autre cause.**

1. Parents sous tutelle. Lorsque les deux parents ont été placés sous tutelle, ils ne peuvent être administrateurs légaux et il y a lieu d'ouvrir la tutelle de leur enfant, mais seule la tutelle aux biens doit être immédiatement organisée, sans que les parents perdent automatiquement les prérogatives liées à leurs droits d'autorité parentale quant à la personne de l'enfant. • TI Saint-Omer, 3 mai 1989 : *JCP N 1990. II. 89, note Fossier.*

2. Parents sous curatelle. Malgré la mesure de curatelle renforcée prise à son endroit, une mère n'est pas privée de l'exercice de l'autorité parentale au sens de l'art. 373. • Caen, 2 févr. 2006 : *D. 2006. 2016, note Raoul-Cormeil* (mère civilement responsable du délit commis par son fils mineur).

Art. 373-1 *(L. n° 2002-305 du 4 mars 2002)* **Si l'un des père et mère décède ou se trouve privé de l'exercice de l'autorité parentale, l'autre exerce seul cette autorité** *(L. n° 2022-140 du 7 févr. 2022, art. 4)* **« , à moins qu'il en ait été privé par une décision judiciaire antérieure ».**

§ 2 *De l'exercice de l'autorité parentale par les parents séparés*

(L. n° 2002-305 du 4 mars 2002)

Art. 373-2 **La séparation des parents est sans incidence sur les règles de dévolution de l'exercice de l'autorité parentale.**

Chacun des père et mère doit maintenir des relations personnelles avec l'enfant et respecter les liens de celui-ci avec l'autre parent.

(L. n° 2019-222 du 23 mars 2019, art. 31) **« A cette fin, à titre exceptionnel, à la demande de la personne directement intéressée ou du juge aux affaires familiales, le procureur de la République peut requérir le concours de la force publique pour faire exécuter une décision du juge aux affaires familiales, une convention de divorce par consentement mutuel prenant la forme d'un acte sous signature privée contresigné par avocats déposé au rang des minutes d'un notaire ou une convention homologuée fixant les modalités d'exercice de l'autorité parentale. »**

Tout changement de résidence de l'un des parents, dès lors qu'il modifie les modalités d'exercice de l'autorité parentale, doit faire l'objet d'une information préalable et en temps utile de l'autre parent. En cas de désaccord, le parent le plus diligent saisit le juge aux affaires familiales qui statue selon ce qu'exige l'intérêt de l'enfant. Le juge répartit les frais de déplacement et ajuste en conséquence le montant de la contribution à l'entretien et à l'éducation de l'enfant.

DALLOZ PRATIQUE[S] *Divorce – Non-représentation d'enfant.*

BIBL. ► Dossier, *Dr. fam. 2016. Dossier 10* (déménagement d'un parent, incidence sur la résidence de l'enfant).

1. L'absence de possibilité d'accorder la garde conjointe après un divorce relève de la marge d'appréciation dont disposent les États pour évaluer quelles mesures sont nécessaires dans l'intérêt de l'enfant. • CEDH 22 nov. 2001, *R. W. c/ Autriche*, n° 36222/97 (absence de remise en cause de la décision d'une juridiction autrichienne ayant refusé d'approuver une convention d'un divorce par requête conjointe prévoyant une clause de garde en commun non prévue par les textes). ♦ Dans le même sens : • CEDH, sect. III, 11 juill. 2000, *Cerneki c/ Autriche*, n° 31061/96.

2. L'exercice en commun de l'autorité parentale par les deux parents, même séparés, est le principe, l'exercice unilatéral étant l'exception résultant de motifs graves tirés de l'intérêt de l'enfant et s'opposant à l'exercice conjoint de l'autorité parentale. • Civ. 1re, 20 févr. 2007, n° 06-14.643 P : *AJ fam. 2007. 189, obs. F. C.* ; *Dr. fam. 2007, n° 103, note Murat* ; *RJPF 2007-6/38, note Mulon.*

Le partage de l'autorité parentale entre les parents n'est pas un concept déconnecté de toute réalité, imaginé pour satisfaire les revendications égalitaires des adultes, mais la traduction juridique de l'intérêt pour les enfants d'être élevés par leurs deux parents. • Paris, 18 juin 2015, n° 15/00864 : *Dr. fam. 2015, n° 216, obs. Binet* (contexte de coparentalité).

3. Intérêt de l'enfant. Le parent, qui exerce conjointement l'autorité parentale, ne peut se voir refuser le droit de maintenir des relations personnelles avec l'enfant que pour des motifs graves tenant à l'intérêt de celui-ci ; cassation de l'arrêt qui met fin à la périodicité des appels téléphoniques de la mère, afin de dégager l'enfant de tout comportement maternel débordant et inadapté, statuant ainsi par des motifs impropres à caractériser la gravité de la situation à laquelle l'enfant était exposé. • Civ. 1re, 28 mai 2015, n° 14-16.511 P.

4. Référé. V. note 6 ss. art. 373-2-6.

5. Frais de transport. Méconnaît l'autorité de la chose jugée de l'arrêt ayant décidé que les frais de transport de l'enfant lors de l'exercice du droit de visite et d'hébergement du père seraient partagés par moitié entre les parents le jugement qui considère que ces frais doivent aussi inclure ceux exposés par le père pour aller le chercher, le ramener chez sa mère et retourner chez lui, compte tenu de l'âge de l'enfant, incapable de voyager seul. • Civ. 1re, 7 oct. 2015, n° 14-19.906 P.

6. Relations personnelles et nouvelles technologies. Refus d'ordonner des contacts hebdomadaires à horaires précis par liaison Skype, dans la mesure où les parents résident tous les deux sur le territoire métropolitain. • Riom, 2 mars 2015, n° 14/00329 : *Dr. fam. 2015, n° 144, obs. Neirinck.* ♦ Inversement, l'un des parents résidant au Japon : • Toulouse, 11 mai 2015, n° 14/03146 : *eod. loc.* ♦ Pour un arrêt prévoyant un recours à Skype selon des horaires très encadrés : • Chambéry, 6 oct. 2015, n° 13/02187 : *Dr. fam. 2015, n° 218, obs. A.-C. R.*

Toute personne qui transfère son domicile en un autre lieu, alors que ses enfants résident habituellement chez elle, doit notifier tout changement de son domicile et tout changement de la résidence des enfants à ceux qui peuvent exercer, à l'égard des enfants, un droit de visite ou d'hébergement en vertu d'un jugement ou d'une convention judiciairement homologuée. — V. C. pén., art. 227-6. — Sur le délit de non-représentation ou d'enlèvement d'enfant, V. C. pén., art. 227-5 s. — ***C. pén.***

V. C. pr. civ., art. 1210-4 à 1210-6 (déplacement illicite international d'enfants), App., IV. Enfants.

Sur les dispositions relatives à l'exécution des décisions rendues en matière de déplacement illicite international d'enfants, V. L. n° 95-125 du 8 févr. 1995, art. 34-1, ss. C. pr. exéc., art. L. 121-6. — ***C. pr. exéc.***

V. Convention européenne de Luxembourg du 20 mai 1980 sur la reconnaissance et l'exécution des décisions en matière de garde des enfants et le rétablissement de la garde des enfants, publiée par Décr. n° 83-724 du 27 juill. 1983 (D. et ALD 1983. 432). — Sur la levée d'une réserve française, V. Décr. n° 88-299 du 24 mars 1988 (D. et ALD 1988. 231). — V. App., XII. Droit international.

V. Convention de La Haye du 25 oct. 1980 sur les aspects civils de l'enlèvement international d'enfants, publiée par Décr. n° 83-1021 du 29 nov. 1983 (D. et ALD 1983. 538). — V. App., XII. Droit international ; V. notes ss. art. 373-2-1.

V. Convention franco-algérienne du 21 juin 1988 relative aux enfants issus de couples mixtes séparés franco-algériens, publiée par Décr. n° 88-879 du 17 août 1988 (D. et ALD 1988. 407). — V. App., XII. Droit international.

Art. 373-2-1 **Si l'intérêt de l'enfant le commande, le juge peut confier l'exercice de l'autorité parentale à l'un des deux parents.**

L'exercice du droit de visite et d'hébergement ne peut être refusé à l'autre parent que pour des motifs graves.

(L. n° 2007-293 du 5 mars 2007, art. 22-II ; L. n° 2010-769 du 9 juill. 2010, art. 7) **« Lorsque, conformément à l'intérêt de l'enfant, la continuité et l'effectivité des liens de l'enfant avec le parent qui n'a pas l'exercice de l'autorité parentale l'exigent, le juge aux affaires familiales peut organiser le droit de visite dans un espace de rencontre désigné à cet effet. »**

(L. n° 2010-769 du 9 juill. 2010, art. 7) **« Lorsque l'intérêt de l'enfant le commande ou lorsque la remise directe de l'enfant à l'autre parent présente un danger pour l'un d'eux, le juge en organise les modalités pour qu'elle présente toutes les garanties nécessaires. Il peut prévoir qu'elle s'effectue dans un espace de rencontre qu'il désigne, ou avec l'assistance d'un tiers de confiance ou du représentant d'une personne morale qualifiée.**

« Le parent qui n'a pas l'exercice de l'autorité parentale » conserve le droit et le devoir de surveiller l'entretien et l'éducation de l'enfant. Il doit être informé des choix

importants relatifs à la vie de ce dernier. Il doit respecter l'obligation qui lui incombe en vertu de l'article 371-2.

Sur la fixation par le juge de l'exercice du droit de visite dans un espace de rencontre, V. C. pr. civ., art. 1180-5. — Sur la désignation d'un tiers de confiance, V. C. pr. civ., art. 1180-5-1. — ***C. pr. civ.***

BIBL. ▸ **Droit de visite et d'hébergement :** GOMY, *JCP N 1999. 310* (devoir de visite). - JUSTON, *Dr. fam. 2012. Étude 19* (espaces de rencontre). - KAMDEN, *Gaz. Pal. 1996. 2. Doctr. 886* (réclamation ou opposition de l'enfant). - LACOSTE, *RRJ 1997/3. 957* (théorie générale du droit de visite). - MOINE DUPUIS, *D. 1999. Chron. 251* (droit de visite du parent incarcéré). - NEIRINCK, *RDSS 2009. 941* (médiatisation du droit de visite) ; *Dr. fam. 2012. Étude 18* (*idem*) ; *ibid. 20* (espaces de rencontre). - NORGUIN, *BICC 15 janv. 2009. Étude 65* (répartition des compétences : synthèse de jurisprudence). - ROVINSKI, *Gaz. Pal. 23-25 janv. 2000* (mise en œuvre). - RUBELLIN-DEVICHI, *RTD civ. 1988. 319*. - SALAMÉ et KESSLER, *Rev. crit. DIP 2021. 563* (séparation parentale et déménagement international de l'enfant - perspectives comparatives). - YALAZ, *AJ fam. 2014. 351* (déplacements illicites d'enfants et conventions bilatérales franco-algériennes et franco-tunisiennes). - Dossier, *AJ fam. 2015. 517* (espaces de rencontre).
▸ **Déplacements et enlèvements internationaux d'enfants :** *AJ fam. 2002. 318* (dossier) ; *ibid. 2018. 499* (*idem*). - AMAR, *AJ fam. 2021. 550* (rétrospective sur 40 ans d'application de la Convention de La Haye sur l'enlèvement international d'enfants). - BODARD-HERMANT, *Gaz. Pal. 2000. 1. Doctr. 194* (Convention de La Haye) ; *Gaz. Pal. 2000. 2. Doctr. 2199* (le droit de visite à l'épreuve des frontières). - BRIAND, *AJ fam. 2012. 391* (exceptions au retour des enfants déplacés). - CHALAS, *Rev. crit. DIP 2020. 111* (raison et sentiments en matière d'enlèvement international d'enfant : quel équilibre dans les jurisprudences de la Cour européenne des droits de l'homme, de la Cour de justice de l'Union européenne et de la Cour de cassation ?) ; *ibid. 2021. 799* (la convention de La Haye du 25 octobre 1980 à l'épreuve de l'enlèvement international d'enfants franco-japonais). - CHATIN, *Gaz. Pal. 1982. 1. Doctr. 342*. - CORNEC, *Gaz. Pal. 1997. 2. Doctr. 1582*. - CORNELOUP, *Rev. crit. DIP 2021. 773* (demande de retour d'un enfant enlevé et principe de non-refoulement des réfugiés : lorsque la Convention de La Haye de 1980 rencontre la Convention de Genève de 1951). - FULCHIRON et GOUTTENOIRE, *Dr. fam. 2003. Chron. 26* (actualité de la Convention de La Haye). - GARÉ, *Mél. Mouly, Litec, 1998, t. 1, p. 299* (efficacité de la Convention de La Haye) ; *LPA 28 mars 2001*. - GRATALOUP, *Dr. fam. 2000. Chron. 15* (recours contre la décision d'une autorité centrale en matière d'enlèvement international d'enfant) ; *Dr. fam. 2002. Chron. 2* (interprétation de la Conv. EDH à la lumière de la Convention de La Haye). - JAULT-SESEKE et PIGACHE, *D. 2006. Chron. 1778* (contribution procédurale à l'efficacité de la Convention de La Haye). - KIÉFÉ, *Gaz. Pal. 1980. 2. Doctr. 376 ; ibid. 1987. 2. Doctr. 638*. - F. MONÉGER, *JCP 1992. I. 3605*. - YOKOMIZO, *Rev. crit. DIP 2012. 799* (Convention de La Haye et Japon). - Dossier *AJ fam. 2006. 178*.

DALLOZ PRATIQUE[S] *Divorce - Enlèvement d'enfants ; Divorce - Non-représentation d'enfant.*

1. Conv. EDH. Les dispositions de l'art. 374 anc., qui déterminent, dans le seul intérêt de l'enfant, lequel de ses parents exercera à son égard l'autorité parentale, ne sont pas incompatibles avec les stipulations des art. 3-1 et 16 de la Convention du 26 janv. 1990 relative aux droits de l'enfant et son droit à la protection de la loi. • CE 30 juin 1999 : *D. 2000. 1, note F. Boulanger ; ibid. Somm. 163, obs. Desnoyer*. ♦ V. plus généralement ss. art. 371-3. ♦ Il est souhaitable que la notion d'intérêt supérieur de l'enfant soit constamment interprétée de manière cohérente, quelle que soit la convention internationale de l'enfant. • CEDH, sect. III, 6 déc. 2007 : *cité note 30.* ♦ L'intérêt supérieur de l'enfant consacré par la CIDE n'appartient pas aux droits et libertés garantis par la Constitution. • Soc. 25 janv. 2012, n° 11-40.090 P.

I. ASPECTS INTERNES

A. EXERCICE DE L'AUTORITÉ PARENTALE PAR UN SEUL PARENT

Jurisprudence antérieure à la L. du 4 mars 2002, fondée sur les anciens art. 287 et 374 C. civ., sauf indication contraire.

2. Appréciation souveraine. Pouvoir souverain des juges du fond pour apprécier l'intérêt de l'enfant (art. 287 anc.). • Civ. 2e, 28 mars 1977 : *Gaz. Pal. 1977. 2. 602, note J. V.* • Civ. 2e, 15 avr. 1981 : *Gaz. Pal. 1982. 2. 583, note Viatte*. – Dans le même sens, pour un enfant naturel, dans le cadre de l'art. 374 anc. : • Civ. 1re, 20 juin 1995, n° 93-19.196 P • 16 juill. 1993, n° 92-19.618 P : *Rev. crit. DIP 1993. 650 (3e esp.), note B. Ancel ; JDI 1994. 133 (3e esp.), note Gaudemet-Tallon.* ♦ Les juges du fond apprécient souverainement que la mère ne démontre pas l'existence de motifs graves s'opposant à l'exercice conjoint de l'autorité parentale. • Civ. 1re, 20 févr. 2007 : *V. note 2 ss. art. 373-2.*

3. Office et pouvoir du juge (art. 287 anc.). Le juge doit relever en quoi l'intérêt de l'enfant commande l'attribution de l'autorité parentale à un seul des deux parents (cassation de l'arrêt qui confie l'autorité parentale à la mère, au seul motif que celle-ci était davantage disponible que le père pour s'occuper de l'enfant et que ses capacités éducatives étaient largement équivalentes, sinon supérieures à celles du père). • Civ. 2e, 31 mai 1995, n° 93-19.139 P • 2 avr. 1996 : *D. 1997.*

146, note Massip ; LPA 2 mai 1997, note Yamba (cassation de l'arrêt qui maintient l'autorité parentale à la mère en application d'un accord passé entre les époux au moment du divorce) • 18 juin 1997, n° 95-20.545 P. ♦ Le juge ne peut se borner à reconduire les mesures prises dans l'ordonnance de non-conciliation sans donner aucun motif relatif à la recherche de l'intérêt des enfants mineurs. • Civ. 2e, 24 févr. 1993, n° 96-11.410 P. ♦ Le juge doit rechercher de manière concrète quel est en fait l'intérêt de l'enfant compte tenu des circonstances de la cause. • Civ. 1re, 13 oct. 1993, n° 92-10.700 P (enfant naturel, art. 374 anc.).

4. Illustrations. Transfert justifié à la mère seule, dans l'intérêt des enfants, de l'exercice de l'autorité parentale, jusque-là exercée en commun par les deux parents (art. 373-2-1, al. 1er). • Civ. 1re, 17 janv. 2006, n° 03-14.421 P : *JCP 2006. II. 10177, note Boulanger.* ♦ *Jurisprudence nouvelle :* décision justifiée compte tenu du défaut d'investissement affectif du père à l'égard de son fils et de l'absence de prise de conscience effective qu'implique la fonction parentale paternelle, compte tenu de la nécessité de la continuité de celle-ci dans le temps pour le bien-être et le devenir de l'enfant. • Civ. 1re, 4 nov. 2010 : *D. 2011. 1995, obs. Gouttenoire* . ♦ … Compte tenu du conflit parental. • Lyon, 19 déc. 2011 : *AJ fam. 2012. 144, obs. Mbala Mbala* . ♦ … Compte tenu des difficultés du père à prendre en considération des impératifs légitimes autres que les siens. • Civ. 1re, 26 juin 2013, n° 12-17.275 P : *Dr. fam. 2013, n° 118, avis Petit et note Neirinck* • Rouen, 6 avr. 2017, n° 15/01747 : *Dr. fam. 2017, n° 161* (radicalisation religieuse, faute de solution alternative). ♦ Condamnation par la CEDH d'un arrêt ayant refusé de confier l'autorité parentale sur sa fille à un père au seul motif de son homosexualité. • CEDH 21 déc. 1999, *Salgueiro Da Silva Mouta c/ Portugal : Dr. fam. 2000, n° 45, note Gouttenoire-Cornut ; RTD civ. 2000. 313, obs. Hauser ; ibid. 433, obs. Marguénaud* . ♦ Mais restriction du droit de visite pour une transsexuelle, cette restriction reposant non sur des motifs d'orientation sexuelle mais sur l'intérêt de l'enfant. • CEDH 30 nov. 2010, n° n° 35159/09 : *D. 2011. 1995, obs. Gouttenoire ; RLDC 2011/79, n° 4140, obs. Gallois.*

Sur l'appréciation concrète de l'intérêt de l'enfant, V. les très nombreuses hypothèses décrites dans le Mégacode civil 2014.

B. CHOIX DE LA RÉSIDENCE

5. Appréciation souveraine. La résidence de l'enfant est déterminée par le juge aux affaires familiales qui apprécie souverainement les éléments versés aux débats, les résultats de l'enquête sociale contradictoirement débattus, au regard de la stabilité de la situation des parents, de l'équilibre actuel de l'enfant et de la nécessité de ne pas modifier une nouvelle fois les conditions de vie de l'enfant. • Civ. 1re, 6 févr. 2008 : *AJ fam. 2008. 208, obs. F. C. ; RJPF 2008-5/34, note Corpart* (maintien de la résidence au domicile du père).

6. Illustrations. En cas de désaccord des parents lorsque le changement de résidence de l'un d'eux modifie les modalités d'exercice de l'autorité parentale, le juge aux affaires familiales statue selon ce qu'exige l'intérêt de l'enfant ; cassation d'un arrêt ayant fixé la résidence de l'enfant chez sa mère, autorisée à résider au Canada, en retenant des motifs sans rapport avec l'intérêt de l'enfant. • Civ. 1re, 13 mars 2007, n° 06-17.869 P : *D. 2007. AJ 1083 ; ibid. Pan. 2192, obs. Gouttenoire ; JCP 2008. I. 102, n° 5, obs. Favier ; Dr. fam. 2007, n° 125, note Murat ; RTD civ. 2007. 330, obs. Hauser ; Rev. crit. DIP 2007. 603, note Gallant* . ♦ Cassation d'un arrêt ayant fixé la résidence habituelle des enfants chez leur mère, en Nouvelle-Calédonie, sans rechercher si le départ de la mère avec les enfants, à l'insu du père et sans laisser d'adresse, ne traduisait pas son refus de respecter le droit des enfants à entretenir des relations régulières avec leur père. • Civ. 1re, 4 juill. 2006, n° 05-17.883 P : *D. 2007. Pan. 1466, obs. Granet-Lambrechts ; Dr. fam. 2006, n° 188, note Murat ; RJPF 2006-11/42, obs. Eudier ; LPA 5 déc. 2006, note Massip ; RTD civ. 2006. 751, obs. Hauser* . ♦ L'intérêt des enfants exige d'examiner leur éloignement en veillant notamment à la sauvegarde de leur équilibre : prise en compte, pour refuser d'autoriser le déménagement des enfants avec leur mère en Californie, du fait que les enfants, âgés de 6 et 9 ans, ont tous leurs repères matériels et affectifs en France où ils sont entourés de leur famille, grands-parents paternels, maternels et oncles et que leur père s'implique particulièrement dans l'éducation de ses fils et administre la preuve de sa disponibilité à les assumer pleinement. • Civ. 1re, 19 nov. 2009 : *Dr. fam. 2010, n° 24, note Murat.* ♦ Pour une prise en compte du projet de vie de la mère : • Paris, 2 déc. 2009 : *AJ fam. 2010. 130, note Mbala Mbala* .

7. Illustrations (art. 287 anc.). Approbation de la modification, par la cour d'appel, de la résidence habituelle de l'enfant, qu'elle fixe chez le père en raison des convictions religieuses de la mère, témoin de Jéhovah. • Civ. 2e, 13 juill. 2000 : *RJPF 2000-10/33, note Valory ; RTD civ. 2000. 822, obs. Hauser* . ♦ Rappr. : • CEDH 29 nov. 2007, n° 37614/02 : *D. 2008. 2843, note Muzny* . ♦ *Contra* : l'arrêt de la cour d'appel, fondé sur une appréciation générale et abstraite de la situation résultant de l'appartenance de la mère aux Témoins de Jéhovah, caractérise une différence de traitement discriminatoire entre les deux parents et constitue une atteinte au droit de la mère au respect de sa vie familiale. • CEDH 16 déc. 2003, n° 64927/01 : *D. 2004. 1261, note F. Boulanger ; JCP 2004. II. 10122, note Gouttenoire ; ibid. I. 107, n° 19, obs. Sudre ; AJ fam. 2004. 62, obs. Plana ; Dr. fam. 2004, n° 30, note de Lamy ; RJPF 2004-5/29, obs. Meyzeaud-Garaud.* ♦ Rappr. :

• CEDH 12 févr. 2013 : *AJ fam. 2013. 179, obs. Gallmeister ; Dr. fam. 2013, n° 70, note Garcia.*

Pour la fixation de la résidence habituelle de deux des enfants chez le père et du troisième chez la mère, conformément à un accord intervenu entre les parents, avec fixation des droits de visite et d'hébergement respectifs de telle façon que les trois enfants soient réunis, V. • Toulouse, 28 nov. 1995 : *JCP 1997. II. 22759, note Garé.* ♦ V., pour la fixation de la résidence des enfants au domicile du père, alors que ce dernier exerçait illégalement l'autorité parentale attribuée à la femme par une ordonnance de non-conciliation : • Aix-en-Provence, 30 mai 1995 : *JCP 1996. II. 22566, note Garé ; RTD civ. 1996. 141, obs. Hauser.*

C. DROIT DE VISITE ET D'HÉBERGEMENT

Jurisprudence antérieure à la L. du 4 mars 2002, fondée sur les anciens art. 288 et 374 C. civ., sauf indication contraire.

8. Non-exercice : faute. Le droit de visite et d'hébergement s'analyse aussi comme un devoir pour le parent à qui il a été reconnu et son non-exercice est constitutif d'une faute sur le fondement de l'art. 1382 anc. [1240] C. civ. • TGI Poitiers, 15 nov. 1999 : *BICC 15 nov. 2000, n° 1294.*

1° FIXATION DU DROIT DE VISITE

9. Rôle de l'enfant. Prise en considération de l'attitude de l'enfant pour aménager l'exercice du droit de visite et d'hébergement : V. • Civ. 2e, 23 mai 1984 : *Gaz. Pal. 1985. 1. Pan. 69, obs. Grimaldi.* ♦ Toutefois, les juges, fixant les modalités d'exercice du droit de visite, ne peuvent déléguer leurs pouvoirs en subordonnant l'exécution de leurs décisions à la discrétion des enfants. • Civ. 2e, 7 oct. 1987 : *Bull. civ. II, n° 190* • 11 oct. 1995, n° 93-15.415 P : *RTD civ. 1996. 141, obs. Hauser* • 22 oct. 1997, n° 96-12.011 P : *D. 1998. Somm. 293, obs. Descamps-Dubaele ; Defrénois 1998. 1029, obs. Massip ; JCP 1998. II. 10014, note Garé ; RTD civ. 1998. 95, obs. Hauser* • Civ. 1re, 3 déc. 2008, n° 07-19.767 P : *D. 2009. AJ 20, obs. Égéa ; ibid. Chron. C. cass. 747, obs. Chauvin ; JCP 2008. Actu. 740, obs. Favier ; ibid. 2009. II. 10032, note Rousset ; AJ fam. 2009. 31, obs. Chénedé ; Dr. fam. 2009, n° 17, obs. Murat ; RJPF 2009-2/39, obs. Eudier.* ♦ Pour une prise en compte de la poursuite de l'allaitement maternel dans la fixation du droit de visite et d'hébergement, V. • TGI Dax, 26 avr. 2006 : *AJ fam. 2006. 287, obs. Herzog-Evans.*

10. Rôle du juge : modalités d'exercice du droit de visite. Les juges, fixant les modalités d'exercice du droit de visite, ne peuvent déléguer leurs pouvoirs en précisant qu'il s'exercera selon accord entre les parties et selon des modalités à définir avec l'administration pénitentiaire, le père étant incarcéré. • Civ. 1re, 6 déc. 2005, n° 04-19.180 P : *D. 2006. 2149, note Herzog-Evans ; Defrénois 2006. 1066, obs. Massip ; Dr. fam. 2006, n° 27, note Murat ; RTD civ. 2006. 105, obs. Hauser.* ♦ Pour une illustration : • Paris, 19 mars 2009 : *AJ fam. 2009. 218, obs. Herzog-Evans.* ♦ De même, le droit de visite du père ne peut être prévu « librement sous réserve de l'accord des enfants ». • Civ. 1re, 3 déc. 2008 : *préc. note 10.* ♦ Rappr. : • Civ. 1re, 28 mai 2015, n° 14-16.511 P : *cité note 7 ss. art. 373-2-9.* ♦ Une cour d'appel, qui dispose d'un pouvoir souverain pour décider des conditions d'exercice du droit de visite, n'est nullement tenue de suivre la proposition de l'une des parties. • Civ. 1re, 6 juill. 2005, n° 03-13.357 P : *D. 2005. IR 2177.* ♦ N'a pas délégué ses pouvoirs la cour qui a seulement défini les conditions d'une reprise éventuelle du droit de visite de la mère, sans les subordonner au consentement des enfants. • Civ. 1re, 28 févr. 2006, n° 05-12.824 P : *D. 2006. IR 744 ; Dr. fam. 2006, n° 159, note Murat.* ♦ ... Ou qui a accordé un droit de visite et d'hébergement dont elle a déterminé la périodicité, selon des modalités à définir avec le service d'aide sociale à l'enfance, gardien des enfants, en prévoyant en outre un recours au juge des enfants en cas de difficulté. • Civ. 1re, 10 mai 2006 : *Dr. fam. 2006, n° 189, obs. Murat.* ♦ V. aussi note 10 ss. art. 373-2-9.

11. ... Droit de visite médiatisé. L'art. 1180-5 C. pr. civ. impose au juge, qui décide qu'un droit de visite s'exercera dans un espace de rencontre, de déterminer la périodicité et la durée des rencontres. • Civ. 1re, 4 mai 2017, n° 16-16.709 P : *AJ fam. 2017. 351, obs. Saulier ; RTD civ. 2017. 625, obs. Hauser.* ♦ Cassation de l'arrêt : fixant un droit de visite médiatisé pour une durée maximale de six mois, sans préciser la périodicité et la durée des rencontres. • Même arrêt. ♦ ... Ou de celui fixant un droit de visite pour douze mois dans les locaux d'un espace de rencontre « selon les modalités en vigueur dans le service », alors qu'il incombait au juge d'en fixer la périodicité. • Civ. 1re, 10 juin 2015, n° 14-12.592 P : *AJ fam. 2015. 398, obs. Thouret ; RTD civ. 2015. 600, obs. Hauser ; Dr. fam. 2015, n° 164, obs. Neirinck.*

12. ... Astreinte. Possibilité d'assortir le droit de visite, afin d'en assurer l'effectivité, d'une astreinte contre le parent gardien : V. • Rennes, 18 mars 1982 : *D. 1983. IR 449, obs. Bénabent.*

13. ... Mesures préventives. Pour la prévention des risques de non-représentation de l'enfant lorsque le droit d'hébergement doit s'exercer à l'étranger, V. • TGI Paris, 25 juin 1982 : *Gaz. Pal. 1982. 2. 396* (autorisation d'hébergement à l'étranger assortie d'une astreinte de 5 000 F par jour de retard en cas de non-représentation de l'enfant à la fin de la période d'hébergement). ♦ Comp. • Civ. 1re, 3 févr. 1982 : *Gaz. Pal. 1982. 1. 342* (droit de visite et d'hébergement limité au territoire métropolitain français). ♦ V. aussi • Dijon, ch. corr., 19 déc. 1984 : *Gaz. Pal. 1985. 1. 256* (opposition à l'exercice du droit de visite non punissable en raison de la contrainte morale résultant de la crainte de voir l'enfant emmené à l'étranger). ♦ Sur l'apposition d'une mention sur le passeport, V. art. 373-2-6.

14. Sanction pénale : non-représentation d'enfant. Les décisions statuant sur le droit de visite et d'hébergement de l'un des parents entrent dans les prévisions de l'art. 132-45, 17°, C. pén. • Crim. 23 mars 2022, n° 21-80.885 B. ♦ Pour caractériser le délit de non-représentation d'enfant, les juges doivent rechercher si les obligations mises à la charge du bénéficiaire pour l'exercice de son droit de visite ont bien été respectées. • Crim. 3 oct. 2012, n° 12-80.569 (en l'espèce, obligation pour le père de prévenir à l'avance la mère du nom du tiers de confiance devant être présent au moment de l'exercice de son droit).

2° REFUS DU DROIT DE VISITE

15. Gravité des motifs de refus : art. 288 anc. Pour refuser un droit de visite ou d'hébergement, le juge doit constater l'existence de motifs graves. • Civ. 2e, 29 avr. 1998, n° 96-18.460 P : *LPA 1er juill. 1999, note Meyrat ; RTD civ. 1998. 896, obs. Hauser* (est insuffisant le fait que les enfants ne souhaitent pas revoir leur père) • 14 mars 2006, n° 04-19.527 P : *BICC 15 juin 2006, n° 1254, et la note ; D. 2006. IR 881, obs. Gallmeister ; AJ fam. 2006. 202, obs. Chénedé ; Dr. fam. 2006, n° 157, note Murat ; RTD civ. 2006. 549, obs. Hauser* (est insuffisante une simple référence au risque de perturbation de l'équilibre psychologique de l'enfant) • 25 mars 2009 : *RJPF 2009-9/42, obs. Eudier* (père n'ayant ni revenus ni domicile et ayant enlevé sa fille en Tunisie). ♦ Sur l'appréciation de la gravité des motifs justifiant le refus d'un droit d'hébergement, V. • Civ. 1re, 24 oct. 2000, n° 98-14.386 P : *RDSS 2001. 151, obs. F. Monéger ; RTD civ. 2001. 126, obs. Hauser* (suspension du droit de visite et d'hébergement du père en raison de pressions morales et psychologiques liées à ses convictions religieuses – exigence du port du voile islamique –, sans qu'il y ait là atteinte à l'art. 9 Conv. EDH) • TGI Paris, JAM, 16 juill. 1976 : *JCP 1976. II. 18502, note R. L.* (brutalité du mari, qui sollicitait une telle mesure).

16. ... Art. 374 anc. Refus d'un droit de visite et d'hébergement pour motif grave : • Civ. 1re, 26 janv. 1994 : *D. 1995. 226, note Choain* (risque de voir les enfants soustraits à l'autorité de leur mère, après que le père, de nationalité algérienne, leur ait imposé la circoncision dans des conditions menaçant leur équilibre) • 25 mars 1997 : *D. 1998. Somm. 291, obs. Dumont ; Dr. fam. 1997, n° 99, note Murat* (nourrisson) • 2 mars 2004, n° 03-17.768 P (comportement fusionnel de la mère et propos dévalorisants envers le père, ayant conduit au refus de l'enfant de la rencontrer).

17. ... Art. 373-2-1. L'appréciation des motifs graves justifiant la limitation du droit de visite et la suppression de son droit d'hébergement s'apprécie à la date à laquelle le juge statue. • Civ. 1re, 28 janv. 2015, n° 13-27.983 P : *AJ fam. 2015. 162, obs. Thouret ; Dr. fam. 2015, n° 71, obs. Neirinck.* ♦ Refus d'un droit de visite et d'hébergement pour motif grave : • Civ. 1re, 17 janv. 2006 : *préc. note 4* (refus du père de se conformer aux décisions de justice et de laisser rentrer l'enfant en France à l'issue de ses vacances). • 9 févr. 2011 : *D. 2011. Pan. 1995, obs. Gouttenoire ; AJ fam. 2011. 207, obs. Siffrein-Blanc ; RLDC 2011/81, n° 4215, obs. Gallois* (motifs tenant à l'intérêt supérieur de l'enfant).

18. Suspension du droit de visite pour un père incarcéré, dont sont relevées la fragilité et l'absence de collaboration pour permettre une visite en parloir et pour que les retrouvailles avec l'enfant se passent bien : • Rennes, 2 juin 2015, n° 14/00317 : *D. 2015. 401, obs. Saulier.*

D. DROIT DE SURVEILLANCE

19. Droit de surveillance du père lorsque l'autorité parentale est exercée par la mère (art. 374 anc.) : • TGI Toulouse, 7 juin 1984 : *D. 1986. 41, note Philippe* • 25 avr. 1985 : *Gaz. Pal. 1985. 2. 470, note Grandbarbe.*

II. ASPECTS INTERNATIONAUX

A. CONVENTION DE LA HAYE DU 25 OCT. 1980

20. Application. Conformément à son art. 4, la Convention de La Haye du 25 oct. 1980 n'est applicable qu'entre États contractants. • Civ. 1re, 17 janv. 2019, n° 18-23.849 P : *D. 2019. 1016, obs. Clavel et Jault-Seseke ; AJ fam. 2019. 294, obs. Boiché* (inapplication à des enfants qui résident habituellement en République démocratique du Congo).

21. Principes. La Convention de La Haye du 25 oct. 1980 a pour objet d'assurer le retour immédiat dans l'État de leur résidence habituelle des enfants retenus illicitement dans tout autre État contractant. • Civ. 1re, 15 mai 2002 : *Dr. fam. 2003, n° 21, note Farge (2e esp.).* ♦ La juridiction saisie selon le mécanisme d'entraide internationale instituée par la convention du 25 oct. 1980 n'est pas juge de la régularité ou du bien-fondé de la décision prise dans l'État de la résidence habituelle des enfants et doit ordonner leur retour pour faire respecter cette décision, qui n'affecte pas le fond du droit de garde, ainsi qu'en dispose l'art. 19 de la Convention. • Civ. 1re, 7 juin 1995, n° 94-15.860 P : *D. 1996. 393, note Massip.* ♦ Pour les conséquences sur le plan procédural. • Civ. 1re, 20 janv. 2010, n° 08-19.267 P : *D. 2010. Chron. C. cass. 522, obs. Auroy et Creton ; AJ fam. 2010. 181, obs. Boiché* (inapplicabilité de l'art. 1074-1 C. pr. civ.). ♦ Il n'appartient pas au juge de l'État requis, saisi d'une demande de retour immédiat, de statuer au fond sur la garde de l'enfant. • Civ. 1re, 17 déc. 2008, n° 07-15.393 P : *AJ fam. 2009. n° 176, obs. Boiché*. ♦ Caractère inopérant du moyen tiré d'une décision du juge étranger, postérieure au déplacement, et fixant provisoirement la résidence chez le parent ayant déplacé l'enfant. • Civ. 1re, 8 juill. 2021, n° 21-13.556 B : *D. 2021. 1382 ; AJ fam. 2021. 498, obs. Boiché* (mère restée en France après les vacances malgré l'opposition du père, la décision étrangère étant au surplus l'objet d'un recours du père). ♦ Il ne peut être statué sur la garde de l'enfant tant que la décision ordonnant son retour n'a pas été exécutée. • Civ. 1re, 25 janv. 2005, n° 02-17.411 P : *D. 2005. 2790, note F. Boulanger ; Dr. et patr. 4/2005. 104, obs. F. Monéger ; RJPF 2005-4/36, note Meyzeaud-Garaud ; Rev. crit. DIP 2006. 127, note Gallant ; JDI 2006. 141, note Gaudemet-Tallon.* ♦ Dès lors qu'elles ont été informées du déplacement illicite d'un enfant, les autorités judiciaires ou administratives de l'État contractant où l'enfant a été déplacé ou retenu ne pourront statuer sur le fond du droit de garde jusqu'à ce qu'il soit établi que les conditions pour un retour de l'enfant ne sont pas réunies ou jusqu'à ce qu'une période raisonnable ne se soit écoulée sans qu'une demande en application de la Convention n'ait été faite. • Civ. 1re, 9 juill. 2008, n° 06-22.090 P : *D. 2008. AJ 1998, obs. Egea ; D. 2009. Pan. 1557, obs. Jault-Seseke ; AJ fam. 2008. 349, obs. Boiché ; RJPF 2008-11/25, note Meyzeaud-Garaud* (cassation de l'arrêt ayant sursis à statuer faute de retour de l'enfant, alors que celui-ci avait sa résidence habituelle en France et avait été déplacé au Canada). ♦ Violation de l'art. 16 de la Convention de La Haye et de l'art. 8 Conv. EDH par la décision qui joint la procédure de retour à celle, au fond, sur le droit de garde. • CEDH, sect. I, 6 nov. 2008, *Carlson c/ Suisse*, n° 49492/06. ♦ … En raison de l'absence de suite donnée à une plainte pour non-représentation d'enfant après l'échec d'une solution concertée. • CEDH, sect. V, 7 mars 2013, *Raw et a. c/ France*, n° 10131/11 : *D. 2013. 708 ; Gaz. Pal. 2013. 980, obs. Viganotti.*

22. Relations avec d'autres instruments internationaux. Sur l'articulation de la Convention de La Haye du 25 oct. 1980 relative aux aspects civils de l'enlèvement international d'enfant avec la Conv. EDH, V. notes 6 s. ss. art. 371-3. ♦ V. aussi • CEDH 6 déc. 2005, n° 14600/05 : *Dr. fam. 2006, n° 44, note Sudre* (respect des exigences de l'art. 6, § 1, Conv. EDH dans la mise en œuvre des mesures découlant de la Convention de La Haye). ♦ Sur la prise en considération de l'intérêt supérieur de l'enfant (art. 3-1 CIDE) dans l'application de la Convention de La Haye, V. • Civ. 1re, 14 juin 2005 : *cité note 13 ss. art. 388-1* • 13 juill. 2005 : *ibid.* ♦ Sur les règles de compétence (Règl. n° 2201/2003). • CJCE 11 juill. 2008, n° C-195/08 • CJUE 23 déc. 2009, n° C-403/09 • 1er juill. 2010, n° C 211/10 : *BICC 1er nov. 2010, n° 1518 ; D. 2010. 1798 ; AJ fam. 2010. 482, obs. Boiché ; RTD civ. 2010. 748, obs. Rémy-Corlay* • CEDH, sect. I, 18 juin 2013, *Povse c/ Autriche*, n° 3890/11 (respect strict de la compétence des juridictions de l'État d'origine) • Civ. 1re, 5 mars 2014, n° 12-24.780 P : *D. 2014. 667 ; AJ fam. 2014. 319, obs. Boiché ; JCP 2014, n° 555, obs. Farge.*

23. Relation avec les juridictions nationales. Il n'appartient pas aux juges nationaux de se livrer à un examen approfondi de l'ensemble de la situation familiale pour apprécier le droit de retour ; les éléments susceptibles de constituer une exception au retour immédiat de l'enfant en application des art. 12, 13 et 20 de la convention de La Haye doivent avoir été réellement pris en compte par le juge requis dans une décision suffisamment motivée. Ils doivent être appréciés à la lumière de l'art. 8 de la Conv. EDH. • CEDH 26 nov. 2013, n° 27853/09 : *D. 2014. 1059, obs. Gaudemet-Tallon et Jault-Seseke ; AJ fam. 2014. 58, obs. Boiché.*

L'art. 11, § 7 et 8, du Règl. (CE) n° 2201/2003 du Conseil du 27 nov. 2003 doit être interprété en ce sens qu'il ne s'oppose pas, en principe, à ce qu'un État membre attribue à une juridiction spécialisée la compétence pour examiner les questions du retour ou de la garde de l'enfant dans le cadre de la procédure prévue par ces dispositions, même lorsqu'une cour ou un tribunal est déjà, par ailleurs, saisi d'une procédure au fond relative à la responsabilité parentale à l'égard de l'enfant. • CJUE 9 janv. 2015, n° C-498/14 : *AJ fam. 2015. 107, obs. Boiché.*

24. Prise en compte de la décision d'un tribunal rabbinique israélien. V. • Civ. 1re, 4 mai 2017, n° 17-110.31.

25. Loyauté procédurale. En refusant de communiquer son adresse réelle, le parent qui a déplacé l'enfant porte atteinte aux principes d'un procès équitable, rompt l'égalité des armes en empêchant toute investigation sur les conditions de vie et l'état de l'enfant, comportement qui, en outre, se heurte à l'intérêt supérieur de celui-ci, puisqu'en l'absence d'investigation utile, il l'expose à ce qu'une décision soit prise sans que soient portés à la connaissance du juge tous les éléments d'appréciation de son intérêt. • Civ. 1re, 9 nov. 2014, n° 13-18.902 P : *D. 2014. 2407.*

26. Formalisme excessif. Cassation de l'arrêt ayant fait prévaloir, dans la procédure de retour immédiat engagée sur le fondement de la Conv. de La Haye du 25 oct. 1980, le principe de l'obligation, pour le ministère public, qui avait un rôle central et particulier en la matière, de remettre sa déclaration d'appel par voie électronique, ce qui a eu pour effet de rendre irrecevables les prétentions tendant au retour des enfants, formées par le père en qualité d'appelant incident, faisant ainsi preuve d'un formalisme excessif. • Civ. 1re, 5 avr. 2023, n° 22-21.863 B.

1° CONDITIONS DU DROIT DE RETOUR (ART. 3)

27. Résidence habituelle de l'enfant. La résidence habituelle de l'enfant, au sens du Règl. n° 2201/2003, correspond au lieu où se situe, dans les faits, le centre de sa vie et il appartient à la juridiction nationale de déterminer où se situe ce centre sur la base d'un faisceau d'éléments de fait concordants (• CJUE 28 juin 2018, *HR*, n° C-512/17). • Civ. 1re, 12 juin 2020, n° 19-24.108 P : *D. 2020. Chron. C. cass. 2190, obs. Le Cotty ; AJ fam. 2020. 423, obs. Boiché .*

La résidence habituelle doit être interprétée au regard des objectifs du Règl. n° 2201/2003, notamment celui ressortant de son consid. 12, selon lequel les règles de compétence qu'il établit sont conçues en fonction de l'intérêt supérieur de l'enfant et, en particulier, du critère de proximité. • Même arrêt.

La résidence de l'enfant doit être déterminée à la lumière de l'ensemble des circonstances de fait particulières dont la commune intention des parents de transférer cette résidence ainsi que les décisions prises en vue de l'intégration de l'enfant. • Civ. 1re, 4 mars 2015, n° 14-19.015 P : *D. 2015. chron. C. cass. 1783, obs. Guyon-Renard ; AJ fam. 2015. 283, obs. Boiché* (cassation de l'arrêt qui n'a pris en compte la seule durée du séjour de la mère et de sa fille alors que les enfants avaient été inscrits à l'école et en crèche). ♦ Comp. : Appréciation souveraine par les juges du fond de la résidence habituelle de l'enfant. • Civ. 1re, 15 mai 2002 : *préc. note 22* et, pour un nourrisson : • Civ. 1re, 12 juin 2020, n° 19-24.108 P. ♦ Comp., pour un enfant d'un an, • Civ. 1re, 8 juill. 2021, n° 21-13.556 P : *AJ fam. 2021. 498, obs. Boiché.* ♦ Sur l'appréciation d'un changement licite de résidence en vue de déterminer la juridiction compétente par application de la Conv. de La Haye du 19 oct. 1996 : • Civ. 1re, 30 sept. 2020, n° 19-14.761 P : *D. 2020. 1960 ; AJ fam. 2020. 668, obs. Boiché ; JCP 2021, n° 11, note Gallant.*

28. Existence d'un droit de garde. L'existence du droit de garde doit être antérieure au déplacement mais elle peut résulter d'une attribution de plein droit. • Civ. 1re, 23 oct. 1990, n° 87-16.873 P : *R., p. 254 ; D. 1991. 233, note Massip .* ♦ Condition remplie pour un père qui restait investi de ses prérogatives paternelles selon la loi étrangère compétente – *patria potestad* –, alors que la mère avait été assujettie à une interdiction de sortie du territoire mexicain de l'enfant, le déplacement ayant été effectué au mépris du droit du père à participer à la fixation de la résidence de l'enfant. • Civ. 1re, 24 juin 2015, n° 14-14.909 P : *D. 2015. 1437, obs. Gallmeister ; ibid. chron. C. cass. 1783, obs. Guyon-Renard ; Rev. crit. DIP 2016. 165, note Alouane ; JCP 2015, n° 933, note Gallant.* ♦ Rappr., pour la détermination commune et implicite d'une installation licite de la mère à l'étranger : • Civ. 1re, 14 nov. 2006, n° 05-15.692 P : *RJPF 2007-3/39, obs. Eudier.* ♦ Droit de garde résultant d'une décision ukrainienne, une autre décision accordant à chacun des parents le droit de circuler seul avec l'enfant sans l'autorisation de l'autre, mais non de s'installer définitivement dans un pays tiers sans l'accord de l'autre parent. • Civ. 1re, 13 juill. 2017, n° 17-11.927 P : *D. 2017. 1528 ; AJ fam. 2017. 492, obs. Boiché .* ♦ Absence de caractère illicite du non-retour lorsqu'une décision modificative de la résidence de l'enfant est intervenue avant la date où le maintien de l'enfant aurait été irrégulier. • Civ. 1re, 19 mars 2002, n° 00-17.692 P : *JCP 2003. II. 10155, note Cashin-Ritaine ; RJPF 2002-6/36, note Meyzeaud-Garaud ; Dr. fam. 2002, n° 137, note Farge ; LPA 4 déc. 2002, note Brière.* ♦ Comp. : • Civ. 1re, 16 juill. 1993, n° 92-19.618 P : *Rev. crit. DIP 1993. 650 (3e esp.), note B. Ancel ; JDI 1994. 133 (3e esp.), note Gaudemet-Tallon.* ♦ Pour une décision relative aux conditions d'application du règlement Bruxelles II bis du 27 nov. 2003 quant à l'exigence d'un droit de garde pour apprécier l'existence d'un déplacement illicite : • CJUE 5 oct. 2010, n° C-400/10 : *D. 2010. Actu. 2516, obs. Gallmeister ; JCP 2010, n° 1327, note Boulanger ; AJ fam. 2010. 482, obs. Boiché ; Dr. fam. 2011, n° 50, obs. Farge ; RTD. civ. 2010. 748, obs. Rémy-Corlay ; ibid. 2011. 115, obs. Hauser.*

Sur la preuve des droits des parents : les requêtes aux fins de certification des titres exécutoires français, en vue de leur reconnaissance et de leur exécution à l'étranger (art. 41 Règl. CE n° 2201/2003 du Conseil du 27 nov. 2003), sont présentées au juge qui a rendu la décision ; cassation de la décision estimant que la certification d'un arrêt devait être demandée au greffe, alors qu'une telle demande, en tant qu'elle portait sur un droit de visite, relevait de sa compétence. • Civ. 1re, 4 nov. 2015, n° 14-20.050 P.

29. Violation du droit de garde. Le juge de l'État requis doit, pour vérifier le caractère illicite du déplacement, se borner à rechercher si le parent avait le droit de modifier seul le lieu de résidence de l'enfant pour le fixer dans un autre État. • Civ. 1re, 7 déc. 2016, n° 16-21.760 P : *D. 2017. Chron. C. cass. 599, note Guyon-Renard ; AJ fam. 2017. 73, obs. Boiché ; JCP 2017, n° 137, note Farge* (cassation de l'arrêt examinant, dans le cadre d'une telle demande, la conformité de l'attribution par le droit marocain de l'autorité parentale à la mère seule, en l'absence de disposition du jugement de divorce sur ce point).

En cas d'autorité parentale conjointe : le déplacement de l'enfant sans le consentement des deux parents est illicite. • Civ. 1re, 14 déc. 2005, n° 05-12.934 P : *D. 2006. IR 251 ; Rev. crit. DIP 2006. 619, note Gallant .* ♦ ... La résidence de l'enfant ne peut être modifiée unilatéralement par la mère avant qu'il ne soit statué au fond. • Civ. 1re, 17 déc. 2008 : *préc. note 22.* ♦ ... Et, dans ce cas, l'intérêt de l'enfant est de regagner l'État de sa résidence habituelle. • Civ. 1re, 10 juill. 2007, n° 07-10.190 P : *Gaz. Pal. 16-17 janv. 2008, Somm., obs. Massip ; AJ fam. 2007. 481, obs. Boiché*. – V. aussi • CEDH 6 déc. 2007, n° 39388/05 : *BICC 15 janv. 2008 ; D. 2008. Pan. 1855, obs. Gouttenoire ; AJ fam. 2008. 83, obs. Boiché*. ♦ Existence d'un non-retour illicite dès lors que les deux parents disposaient du plein et entier exercice de la responsabilité parentale, qu'ils avaient leur résidence habituelle aux États-Unis et que le père n'avait pas autorisé son épouse à s'installer avec ses enfants sur le territoire français mais avait seulement consenti à un déplacement ponctuel limité dans le temps. • Civ. 1re, 26 oct. 2011, n° 10-19.905 P : *D. 2011. 2656 ; AJ fam. 2011. 616, obs. Boiché ; Rev. crit. DIP 2012. 599, note Gallant ; RTD eur. 2012. 524, obs. Panet et Corso* (application à un enfant né en France, qui n'est jamais allé aux États-Unis). ♦ Inversement, absence de non-retour illicite dans une situation où l'enfant est né et a séjourné avec sa mère dans un pays, conformément à la volonté commune des parents, l'intention initiale des parents quant au retour ultérieur de l'enfant dans leur pays de résidence ne pouvant permettre de considérer que l'enfant y a sa résidence habituelle. • CJUE 8 juin 2017, n° C-111/17 : *D. 2018. 966, obs. Clavel et Jault-Seseke ; ibid. 2017. 1250 ; AJ fam. 2017. 493, obs. Boiché ; Rev. crit. DIP 2018. 115, note Chalas*. ♦ Constitue une violation du droit de garde, au sens de la convention, le fait pour une mère de ne pas respecter l'accord conclu avec le père qui lui permettait de conserver la garde de l'enfant mais avec obligation de continuer à résider dans l'État du père, sauf pour de courtes périodes de vacances. • Civ. 1re, 22 avr. 1997, n° 95-11.999 P : *D. 1998. 289, note Massip* (absence de retour de la mère à la suite des vacances).

2° LIMITES DU DROIT DE RETOUR

30. Déplacement de plus d'un an (art. 12). Le délai d'un an court du jour du déplacement ou du non-retour de l'enfant au jour où la juridiction de l'État requis est saisie, et non à partir du jour où le parent a eu connaissance du lieu où se trouvent ses enfants. • Civ. 1re, 9 juill. 2008, n° 07-15.402 P : *D. 2008. AJ 2078, obs. Egea ; ibid. 2009. Pan. 1557, obs. Jault-Seseke ; AJ fam. 2008. 401, obs. Boiché ; RJPF 2008-11/30, obs. Eudier.* ♦ Appréciation souveraine, après audition de l'enfant, de la qualité de son intégration dans son nouveau milieu. • Civ. 1re, 12 déc. 2006, n° 06-13.177 P : *D. 2007. AJ 88 ; AJ fam. 2007. 317, obs. Boiché ; RJPF 2007-3/38, obs. Eudier.*

31. Acquiescement du parent gardien (art. 13, a). L'acquiescement du parent gardien au déplacement de l'enfant ne peut résulter d'un simple accord provisoire à une suspension du droit de retour dans l'attente d'une solution amiable. • Civ. 1re, 16 juill. 1992, n° 91-18.117 P : *D. 1993. 570, note Massip (2e esp.)*. ♦ Il appartient au parent qui a déplacé l'enfant de rapporter la preuve du consentement de l'autre parent. • CEDH, sect. I, 6 nov. 2008 : *préc. note 22* (violation de l'art. 13 de la Convention de La Haye et de l'art. 8 Conv. EDH de la décision qui impose au demandeur de rapporter la preuve qu'il n'a pas consenti à l'éloignement).

32. Danger pour l'enfant (art. 13, b) : principes. Le danger ou la situation intolérable au sens de l'art. 13 résulte aussi bien du nouveau changement des conditions de vie actuelles de l'enfant déplacé que des conditions nouvelles ou retrouvées dans l'État de sa résidence habituelle. • Civ. 1re, 12 juill. 1994, n° 93-15.495 P : *Rev. crit. DIP 1995. 98, note Muir Watt ; Defrénois 1995. 323, obs. Massip* • 21 nov. 1995, n° 93-20.140 P : *D. 1996. 468, note Massip*. ♦ Sur la nécessité d'une réaction rapide, pour éviter que le rétablissement de la situation initiale ne devienne *de facto* irréalisable. • CEDH, sect. V, 22 avr. 2010, *Macready c/ Rép. tchèque*, nos 4824/06 et 15512/08 • CEDH, sect. IV, 22 sept. 2009, *Stochlak c/ Pologne*, n° 38273/02. ♦ La CEDH peut apprécier le risque couru par l'enfant en s'inspirant des critères qu'elle a dégagés pour apprécier la conventionnalité des mesures d'éloignement des étrangers. • CEDH, gr. ch., 6 juill. 2010, *X. c/ Suisse*, n° 41615/07 : *BICC 1er nov. 2010, n° 1513 ; D. 2010. 2062, obs. Gallmeister ; AJ fam. 2010. 482, obs. Boiché ; RTD civ. 2010. 735, obs. Marguénaud ; RTD eur. 2010. 927, chron. Douchy-Oudot et Guinchard* (violation de l'art. 8 Conv. EDH si la décision de retour était exécutée). ♦ Elle peut tenir compte de l'évolution de la situation depuis la décision exigeant le retour de l'enfant. • Même arrêt. ♦ Rappr. sous l'angle de la compétence : • CJUE 1er juill. 2010 : *préc. note 23.* ♦ Exclusion du danger du retour, mais reconnaissance au contraire du fait que la mère qui a refusé le retour des enfants dans leur pays de résidence les a, de son fait, placés en danger affectif et moral en les éloignant de leur père. • Civ. 1re, 26 oct. 2011 : *préc. note 30.* ♦ Absence de danger, les autorités anglaises ayant pris les dispositions adéquates pour assurer la protection des enfants après leur retour en Angleterre et prévenir tout danger physique, et absence de conditions d'une situation intolérable consécutive à une absence de logement et de ressources, la mère étant susceptible de bénéficier d'une aide, son séjour étant imposé par une décision de justice britannique : • Civ. 1re, 20 mars 2013 : *D. 2013. 1515, avis J.-P. Jean ; ibid. 1520, note Boiché*. ♦ Violation de l'art. 8 Conv. EDH si la décision ordonnant le retour était exécutée faute pour le juge d'avoir pu déterminer de manière éclairée s'il existait un risque au sens de l'art. 13 *b)* de la Conv. de La Haye. • CEDH 10 juill. 2012, n° 4320/11 : *AJ fam. 2012. 562, obs. Viganotti*. ♦ Absence de droit de retour, faute de dispositions adéquates prises pour assurer la protection de l'enfant, victime de violences commises par son père, alors que les conditions d'accueil par ce dernier n'étaient pas connues et que celui-ci n'était plus en contact avec aucun service portugais depuis presque un an. • Civ. 1re, 14 oct. 2021, n° 21-15.811 B.

33. ... Illustrations. Appréciation souveraine par les juges du fond de l'existence d'un danger : • Civ. 1re, 16 déc. 1992, n° 91-13.119 P : *D. 1993. 570, note Massip (1re esp.)* ; *ibid. Somm. 352, obs. Audit* • 12 juill. 1994 : *préc. note 33* • 21 nov. 1995 : *préc. note 33* • 22 juin 1999, n° 98-17.902 P • 25 janv. 2005 : *préc. note 22* • 14 déc. 2005 : *préc. note 30* • 12 déc. 2006, n° 05-22.119 P : *D. 2007. AJ 89* ; *RJPF 2007-3/37, note Eudier.* ♦ Prise en compte de mesures adéquates prises par les autorités du pays de retour pour assurer la protection des enfants : • Civ. 1re, 20 oct. 2010, n° 08-21.161 P : *D. actu. 4 nov. 2010, obs. Gallmeister ; AJ fam. 2010. 546, obs. Boiché* .

Absence de danger : • Civ. 1re, 23 oct. 1990 : *préc. note 29* (primauté accordée à la situation actuelle équilibrée des enfants et non à des faits passés reprochés au parent gardien) • 25 janv. 2005 : *préc. note 22* (violence du père à l'égard de la mère) • 14 nov. 2006 : *préc. note 29* (griefs insuffisamment caractérisés pour justifier le non-retour). • 13 févr. 2013, n° 11-28.424 P : *D. 2013. 498, obs. Gallmeister* ; *AJ fam. 2013. 185, obs. Boiché* (absence de preuve des carences éducatives du père, la mère se contentant d'invoquer le fait qu'il serait dommageable pour l'enfant, compte tenu de son très jeune âge, de remettre en cause son nouvel équilibre et que son retour auprès de son père créerait des problèmes pour l'organisation de ses relations avec elle, compte tenu de sa grossesse). • Civ. 1re, 7 déc. 2016, n° 16-20.858 P (cassation de l'arrêt refusant le retour d'un enfant dont la mère était venue accoucher en France, puis avait refusé de retourner au Canada, au motif que le retour immédiat de l'enfant au Canada l'exposerait à un danger psychique ou la placerait, compte tenu de son très jeune âge, dans une situation intolérable) • Civ. 1re, 4 mai 2017, n° 17-11.031 P : *AJ fam. 2017. 490, obs. Boiché* ; *Dr. fam. 2017, n° 160, note Fulchiron* (rejet de l'argument selon lequel la séropositivité de l'enfant serait mieux prise en charge en France qu'en Israël).

Existence d'un danger : • Civ. 1re, 12 juill. 1994 : *préc. note 33* (enfant très jeune ayant vécu un an avec sa mère) • 21 nov. 1995 : *préc. note 33* (retour brutal d'enfants jeunes ayant vécu quatre ans avec leur mère) • 22 juin 1999 : *préc.* (enfant de trois ans et rupture de la fratrie) • 12 déc. 2006 : *préc. note 31* (manque de disponibilité et prodigalité du père, risques quant au suivi médical) • 17 oct. 2007, n° 07-11.449 P : *D. 2008. Pan. 1857, obs. Gouttenoire* ; *JCP 2008. II. 10001, note F. Boulanger ; ibid. I. 102, n° 6, obs. Bideau ; Dr. fam. 2007, n° 204, note Murat ; RJPF 2008-1/41, obs. Eudier* (enfant vivant depuis plus de deux ans avec ses parents biologiques et sa sœur et souhaitant continuer à le faire) • 27 juin 2019, n° 19-14.464 P (rapports sur l'état psychologique alarmant de l'enfant à l'idée de retourner chez son père).

34. Volonté de l'enfant. En l'absence de danger futur avéré, la seule opposition de l'enfant ne peut justifier le rejet de la demande de retour. • Civ. 1re, 14 févr. 2006, n° 05-14.646 P : *D. 2007. Pan. 2198, obs. Gouttenoire* ; *Rev. crit. DIP 2007. 96, note Gallant* • 8 juill. 2010, n° 09-66.406 P : *D. 2010. 1798* ; *AJ fam. 2010. 482, obs. Boiché* . ♦ Rappr. • CEDH 7 mars 2013, n° 10131/11 : *D. 2013. 708* ; *Dr. fam. 2013, n° 55, obs. Creux-Thomas.*

La convention de La Haye ne confère pas à l'enfant la possibilité de librement choisir l'endroit où il veut vivre ; les motifs de la préférence exprimée par l'enfant ne rentrent pas dans les exceptions au retour prévues par l'art. 13 de la convention de La Haye, ces exceptions devant être d'interprétation stricte. • CEDH 22 juill. 2014, *Rouiller c/ Suisse*, n° 3592/08 : *D. 2015. 1919, obs. Bonfils et Gouttenoire* ; *AJ fam. 2014. 507* .

35. Intérêt de l'enfant. Selon l'art. 3, § 1, de la Conv. de New York du 20 nov. 1989, les circonstances caractérisant un risque de danger grave ou de création d'une situation intolérable, au sens de l'art. 13, *b*, Conv. La Haye, doivent être appréciées en considération primordiale de l'intérêt supérieur de l'enfant. • Civ. 1re, 27 juin 2019, n° 19-14.464 P. ♦ L'intérêt supérieur de l'enfant ne se confond pas avec celui de son père ou de sa mère, outre qu'il renvoie nécessairement à des éléments d'appréciation divers liés au profil individuel et à la situation spécifique de l'enfant ; il ne saurait être appréhendé d'une manière identique selon que le juge est saisi d'une demande de retour en application de la Convention de La Haye ou d'une demande de statuer au fond sur la garde ou l'autorité parentale, cette dernière relevant d'une procédure en principe étrangère à l'objet de la Convention de La Haye. • CEDH 26 nov. 2013, n° 27853/09 : *D. 2014. 1059, obs. Gaudemet-Tallon et Jault-Seseke* ; *AJ fam. 2014. 58, obs. Boiché* . ♦ Appréciation des circonstances en considération primordiale de l'intérêt supérieur de l'enfant qui en l'occurrence ne s'opposaient pas à son retour immédiat en Afrique du Sud, compte tenu du fait que l'enfant y avait vécu, que le père avait des compétences éducatives et que la mère ne démontrait pas être dans l'impossibilité d'y retourner et séjourner. • Civ. 1re, 19 nov. 2014, n° 14-17.493 P : *D. 2015. 766, obs. Gaumont-Prat* ; *AJ fam. 2014. 703, obs. Boiché* ; *Dr. fam. 2015, n° 31, obs. Neirinck.* ♦ Pour une décision admettant qu'il n'est pas dans l'intérêt de l'enfant déplacé de retourner auprès de son père : • CEDH 6 juill. 2010, n° 41615/07 : *D. 2010. Actu. 2062, obs. Gallmeister* . ♦ ... Qui impose au juge de se prononcer au regard de l'intérêt supérieur de l'enfant : • CEDH 13 déc. 2011, *X. c/ Lettonie : Dr. fam. 2012, n° 31, obs. Bruggeman,* et pour l'issue de l'affaire • CEDH, gr. ch., 26 nov. 2013 : *préc.* (pour parvenir à une interprétation harmonieuse de la CIDE, les éléments susceptibles de constituer une exception au retour immédiat de l'enfant doivent faire l'objet d'un examen effectif et d'une décision motivée). ♦ V. dans la même affaire, précisant l'appréciation par le juge de l'intérêt supérieur de l'enfant : • CEDH 26 nov. 2013, n° 27853/09 : *préc.* ♦ V. aussi : • CEDH, gr. ch., 6 juill. 2010, *N. et S. c/ Suisse,* n° 41615/07 (père risquant d'appliquer à l'enfant une éducation religieuse ultra-orthodoxe ; le retour forcé emporterait violation) • CEDH, sect. II, 12 juill. 2011, *Š. et K. c/ Italie,* n° 14737/09 (absence de prise en compte suffisante des conséquences du retour, notamment des conditions d'hébergement et des incidences de la rupture avec la mère) • CEDH, sect. III, 21 févr. 2012, *Karrer c/ Roumanie,* n° 16965/10 (enquête sociale n'analysant pas les conséquences du retour de l'enfant et décision prise sans audition de toutes les parties) • CEDH, sect. II, 10 juill. 2012, *B. c/ Belgique,* n° 4320/11 (recherches insuffisantes des juges internes, notamment quant à l'influence du facteur « temps »).

36. ... Nourrisson. Lorsque l'enfant est un nourrisson, son environnement est essentiellement familial, déterminé par la personne ou les personnes de référence avec lesquelles il vit, qui le gardent effectivement et prennent soin de lui, et il partage nécessairement l'environnement social et familial de cette personne ou de ces personnes. En conséquence, lorsqu'un nourrisson est effectivement gardé par sa mère, dans un État membre différent de celui où réside habituellement le père, il convient de prendre en compte notamment, d'une part, la durée, la régularité, les conditions et les raisons du séjour de celle-ci sur le territoire du premier État membre, d'autre part, les origines géographiques et familiales de la mère ainsi que les rapports familiaux et sociaux entretenus par celle-ci et l'enfant dans le même État membre. • Civ. 1re, 12 juin 2020, n° 19-24.108 P : *D. 2020. Chron. C. cass. 2190, obs. Le Cotty ; AJ fam. 2020. 423, obs. Boiché.* ♦ Lorsque dans les mêmes circonstances, un nourrisson est effectivement gardé par sa mère, l'intention initialement exprimée par les parents quant au retour de celle-ci accompagnée de l'enfant dans un autre État membre, qui était celui de leur résidence habituelle avant la naissance de l'enfant, ne saurait être à elle seule décisive pour déterminer la résidence habituelle de l'enfant, cette intention ne constituant qu'un indice de nature à compléter un faisceau d'autres éléments concordants. Cette intention initiale ne saurait être la considération prépondérante, en application d'une règle générale et abstraite selon laquelle la résidence habituelle d'un nourrisson serait nécessairement celle de ses parents. De même, le consentement ou l'absence de consentement du père, dans l'exercice de son droit de garde, pour que l'enfant s'établisse en un lieu ne saurait être une considération décisive pour déterminer la résidence habituelle de cet enfant. • Même arrêt. ♦ Cassation de l'arrêt qui a ordonné le retour de l'enfant au regard de l'intention préalable des parents, sans rechercher si, au regard du très jeune âge de l'enfant et de la circonstance qu'il était arrivé à l'âge d'un mois en France et y avait séjourné de manière ininterrompue depuis lors avec sa mère, son environnement social et familial et, par suite, le centre de sa vie, ne s'y trouvait pas, nonobstant l'intention initiale des parents quant au retour de la mère, accompagnée de l'enfant, en Grèce après son séjour en France. • Même arrêt.

37. Intégration. L'appréciation sur l'intégration de l'enfant dans son nouveau milieu se fait au regard de la situation de l'enfant, et non de celle de sa mère. • Civ. 1re, 13 juill. 2017, n° 17-11.927 P : *D. 2017. 1528 ; AJ fam. 2017. 492, obs. Boiché* (cassation de l'arrêt qui exclut l'intégration de l'enfant en tenant compte du fait que sa mère ne s'exprime pas en français, est en demande d'asile en France où elle ne peut travailler, et réside chez un tiers).

B. CONVENTION DE LA HAYE DU 15 OCT. 1996

38. Application dans le temps. Aux termes de son art. 53, § 1, la Conv. ne s'applique qu'aux mesures prises dans un État après son entrée en vigueur. • Civ. 1re, 20 mars 2013, n° 11-24.388 P : *D. 2013. 837 ; AJ fam. 2013. 298, obs. Boiché ; Rev. crit. DIP 2014. 100, note Bonnet* (convention inapplicable lorsque le premier juge a pris des mesures avant le1er février 2011, date d'entrée en vigueur de la Conv. en France). ♦ V. aussi • Civ. 1re, 20 mars 2013, n° 11-28.025 P : *D. 2013. 837 ; AJ fam. 2013. 298, note Boiché ; Rev. crit. DIP 2014. 100, note Bonnet* (solution inverse lorsqu'aucun acte n'a été réalisé avant cette date).

C. AUTRES CONVENTIONS

39. Convention franco-algérienne du 21 juin 1988. Sur la nécessité de caractériser les circonstances exceptionnelles mettant directement en danger la santé physique ou morale de l'enfant pour limiter le droit de visite et d'hébergement transfrontière, en vertu de la Convention franco-algérienne du 21 juin 1988 : • Civ. 1re, 16 avr. 1991 : *D. 1992. 25, note F. Monéger ; D. 1992. Somm. 67, obs. Choain ; JCP 1992. II. 21928, note Gebler ; Defrénois 1991. 951, obs. Massip.*

40. Convention franco-marocaine du 10 août 1981. Pour une mesure conservatoire de remise immédiate d'enfant illicitement déplacé (application de l'art. 25 de la convention), V. • Civ. 1re, 9 juill. 2002, n° 01-13.336 P : *RJPF 2002-*

12/38, note Blanc ; Dr. et patr. 11/2002. 113, obs. F. Monéger ; Rev. crit. DIP 2003. 466, note Gallant. ♦ Pour une autre application de l'art. 25 : • Civ. 1re, 22 mai 2007, n° 06-12.687 P : *D. 2007. AJ 1733 ; AJ fam. 2007. 356, obs. Boiché (2e esp.) ; Dr. fam. 2007, n° 155, note Farge (1re esp.) ; RJPF 2007-10/26, note Meyzeaud-Garaud* (appréciation souveraine, par les juges du fond, du risque grave que le retour au Maroc de l'enfant illicitement déplacé aurait entraîné pour sa sécurité) • Civ. 1re, 12 juill. 2017, n° 17-11.840 P : *AJ fam. 2017. 551, obs. Boiché (idem)*. ♦ V. aussi • Civ. 1re, 7 oct. 2003, n° 02-16.665 P : *LPA 23 févr. 2005, note Brière* (obligation pour le juge de surseoir à statuer lorsque la décision statuant sur la remise de l'enfant a fait l'objet d'un pourvoi en cassation).

Art. 373-2-2 *(L. n° 2019-1446 du 24 déc. 2019, art. 72-I-1°)* « I. — » En cas de séparation entre les parents, ou entre ceux-ci et l'enfant, la contribution à son entretien et à son éducation prend la forme d'une pension alimentaire versée, selon le cas, par l'un des parents à l'autre, ou à la personne à laquelle l'enfant a été confié.

(L. n° 2019-1446 du 24 déc. 2019, art. 72-I-1°) « Les modalités et les garanties de cette pension alimentaire sont fixées par :

« 1° Une décision judiciaire ;

« 2° Une convention homologuée par le juge ;

« 3° Une convention de divorce ou de séparation de corps par consentement mutuel selon les modalités prévues à l'article 229-1 ;

« 4° Un acte reçu en la forme authentique par un notaire ;

« 5° Une convention à laquelle l'organisme débiteur des prestations familiales a donné force exécutoire en application de l'article L. 582-2 du code de la sécurité sociale ; »

(L. n° 2021-1754 du 23 déc. 2021, art. 100-I) « 6° Une transaction ou un acte constatant un accord issu d'une médiation, d'une conciliation ou d'une procédure participative, lorsqu'ils sont contresignés par les avocats de chacune des parties et revêtus de la formule exécutoire par le greffe de la juridiction compétente en application du 7° de l'article L. 111-3 du code des procédures civiles d'exécution. »

(L. n° 2019-1446 du 24 déc. 2019, art. 72-I-1°) « Il peut être notamment prévu le versement de la pension alimentaire par virement bancaire ou par tout autre moyen de paiement.

« Cette pension peut en tout ou partie prendre la forme d'une prise en charge directe de frais exposés au profit de l'enfant ou être, en tout ou partie, servie sous forme d'un droit d'usage et d'habitation. »

(L. n° 2021-1754 du 23 déc. 2021, art. 100-I) « II. — Lorsque la pension est fixée en tout ou partie en numéraire par un des titres mentionnés aux 1° à 6° du I, son versement par l'intermédiaire de l'organisme débiteur des prestations familiales au parent créancier est mis en place, pour la part en numéraire, dans les conditions et selon les modalités prévues au chapitre II du titre VIII du livre V du code de la sécurité sociale et par le code de procédure civile.

« Toutefois, l'intermédiation n'est pas mise en place dans les cas suivants :

« 1° En cas de refus des deux parents, ce refus devant être mentionné dans les titres mentionnés au I du présent article et pouvant, lorsque la pension est fixée dans un titre mentionné au 1° du même I, être exprimé à tout moment de la procédure ;

« 2° A titre exceptionnel, lorsque le juge estime, par décision spécialement motivée, le cas échéant d'office, que la situation de l'une des parties ou les modalités d'exécution de la contribution à l'entretien et à l'éducation de l'enfant sont incompatibles avec sa mise en place.

« Lorsqu'elle est mise en place, il est mis fin à l'intermédiation sur demande de l'un des parents, adressée à l'organisme débiteur des prestations familiales, sous réserve du consentement de l'autre parent.

« Le deuxième alinéa, le 1° et l'avant-dernier alinéa du présent II ne sont pas applicables lorsque l'une des parties fait état, dans le cadre de la procédure conduisant à l'émission d'un des titres mentionnés au I, de ce que le parent débiteur a fait l'objet d'une plainte ou d'une condamnation pour des faits de menaces ou de violences volontaires sur le parent créancier ou l'enfant ou lorsque l'une des parties produit, dans les mêmes conditions, une décision de justice concernant le parent débiteur mentionnant de telles menaces ou violences dans ses motifs ou son dispositif.

« III. — Lorsque le versement de la pension par l'intermédiaire de l'organisme débiteur des prestations familiales au parent créancier n'a pas été mis en place ou lorsqu'il y a été mis fin, l'intermédiation financière est mise en œuvre à la demande d'au moins l'un des deux parents auprès de l'organisme débiteur des prestations familiales, selon les modalités prévues à l'article L. 582-1 du code de la sécurité sociale, sous réserve que la pension soit fixée en tout ou partie en numéraire par un des titres mentionnés aux 1° à 6° du I du présent article.

« Lorsque l'intermédiation financière a été écartée en application du 2° du II, son rétablissement est demandé devant le juge, qui apprécie l'existence d'un élément nouveau.

« IV. — » *(L. n° 2019-1446 du 24 déc. 2019, art. 72-I-1°)* **« Dans les cas mentionnés aux 3° à** *(L. n° 2021-1754 du 23 déc. 2021, art. 100-I)* **« 6° » du I, la date de paiement et les modalités de revalorisation annuelle du montant de la pension versée par l'intermédiaire de l'organisme débiteur des prestations familiales respectent des conditions fixées par décret en Conseil d'État. Il en est de même dans le cas mentionné au 2° du même I, sauf lorsque la convention homologuée comporte des stipulations relatives au paiement de la pension ou à sa revalorisation ou a expressément exclu cette dernière.**

« Un décret en Conseil d'État précise également les éléments strictement nécessaires, » *(L. n° 2020-1576 du 14 déc. 2020, art. 74)* **« incluant le cas échéant le fait que »** *(L. n° 2021-1754 du 23 déc. 2021, art. 100-I)* **« l'une des parties a fait état ou a produit les informations et éléments mentionnés au dernier alinéa du II », au regard de la nécessité de protéger la vie privée des membres de la famille, au versement de la pension par l'intermédiaire de l'organisme débiteur des prestations familiales que les greffes, les avocats et les notaires sont tenus de transmettre aux organismes débiteurs des prestations familiales en sus des extraits exécutoires des décisions mentionnées au 1° du I ou des copies exécutoires des conventions et actes mentionnés aux 2° à 4°** *(L. n° 2021-1754 du 23 déc. 2021, art. 100-I)* **« et 6° » du même I, ainsi que les modalités de leur transmission. »**

Le II, le 2e al. du III et le IV de l'art. 373-2-2, dans leur rédaction résultant du I de l'art. 100 de la L. n° 2021-1754 du 23 déc. 2021, entrent en vigueur le 1er mars 2022. Ils s'appliquent à l'exécution des décisions judiciaires de divorce rendues à compter de cette date et, à compter du 1er janv. 2023, à l'exécution des autres décisions judiciaires rendues à compter de cette même date ainsi que des titres mentionnés aux 2° à 6° du I de l'art. 373-2-2 émis à compter de cette même date. Le 1er al. du III, dans sa rédaction résultant du I du même art., s'applique aux demandes reçues à compter du 1er janv. 2022 (L. préc., art. 100-X).

Ancien art. 373-2-2 *(L. n° 2019-1446 du 24 déc. 2019, art. 72-I-1°)* ***« I. — » En cas de séparation entre les parents, ou entre ceux-ci et l'enfant, la contribution à son entretien et à son éducation prend la forme d'une pension alimentaire versée, selon le cas, par l'un des parents à l'autre, ou à la personne à laquelle l'enfant a été confié.***

(L. n° 2019-1446 du 24 déc. 2019, art. 72-I-1°) ***« Les modalités et les garanties de cette pension alimentaire sont fixées par :***

« 1° Une décision judiciaire ;

« 2° Une convention homologuée par le juge ;

« 3° Une convention de divorce ou de séparation de corps par consentement mutuel selon les modalités prévues à l'article 229-1 ;

« 4° Un acte reçu en la forme authentique par un notaire ;

« 5° Une convention à laquelle l'organisme débiteur des prestations familiales a donné force exécutoire en application de l'article L. 582-2 du code de la sécurité sociale.

« Il peut être notamment prévu le versement de la pension alimentaire par virement bancaire ou par tout autre moyen de paiement.

« Cette pension peut en tout ou partie prendre la forme d'une prise en charge directe de frais exposés au profit de l'enfant ou être, en tout ou partie, servie sous forme d'un droit d'usage et d'habitation.

« II. — Lorsque la pension est fixée en tout ou partie en numéraire, son versement par l'intermédiaire de l'organisme débiteur des prestations familiales au parent créancier peut être prévu pour la part en numéraire, dans les conditions et selon les modalités prévues au chapitre II du titre VIII du livre V du code de la sécurité sociale et par le code de procédure civile, dans les cas suivants :

« 1° Sur décision du juge, même d'office, lorsque le parent débiteur a fait l'objet d'une plainte ou d'une condamnation pour des faits de menaces ou de violences volontaires sur le parent créancier ou l'enfant, ou lorsque de telles menaces ou violences sont mentionnées dans une décision de justice concernant le parent débiteur ;

« 2° Sur décision du juge, lorsqu'au moins un des parents en fait la demande ;

« 3° Sur accord des parents mentionné dans l'un des titres mentionnés aux 2° à 5° du I.

« Sauf lorsque l'intermédiation a été ordonnée dans les conditions du 1° du présent II, il peut être mis fin à l'intermédiation sur demande de l'un des parents adressée à l'organisme débiteur des prestations familiales, sous réserve du consentement de l'autre parent.

« Dans les cas mentionnés aux 3° à 5° du I, la date de paiement et les modalités de revalorisation annuelle du montant de la pension versée par l'intermédiaire de l'organisme débiteur des prestations familiales respectent des conditions fixées par décret en Conseil d'État. Il en est de même dans le cas mentionné au 2° du même I, sauf lorsque la convention homologuée comporte des stipulations relatives au paiement de la pension ou à sa revalorisation ou a expressément exclu cette dernière.

« Un décret en Conseil d'État précise également les éléments strictement nécessaires, (L. n° 2020-1576 du 14 déc. 2020, art. 74) *« incluant le cas échéant le fait que l'intermédiation est ordonnée dans le cas prévu au 1° du présent II, » au regard de la nécessité de protéger la vie privée des membres de la famille, au versement de la pension par l'intermédiaire de l'organisme débiteur des prestations familiales que les greffes, les avocats et les notaires sont tenus de transmettre aux organismes débiteurs des prestations familiales en sus des extraits exécutoires des décisions mentionnées au 1° du I ou des copies exécutoires des conventions et actes mentionnés aux 2° à 4° du même I, ainsi que les modalités de leur transmission. »*

Les 2° et 3° ainsi que les trois derniers al. du II de l'art. 373-2-2 dans sa rédaction résultant du I de l'art. 72 de la L. n° 2019-1446 du 24 déc. 2019 sont applicables à compter du 1er janv. 2021 (L. préc., art. 72-VIII, mod. par L. n° 2020-734 du 17 juin 2020, art. 35 ; Décr. n° 2020-1201 du 30 sept. 2020, art. 5).

Le notaire transmet la copie exécutoire de l'acte reçu en la forme authentique qui prévoit l'intermédiation financière mentionné au 4° du I de l'art. 373-2-2 à l'organisme mentionné au premier al. du II du même article. Il lui transmet également, dans le délai et selon les modalités prévues à l'art. 1146-1 C. pr. civ., les informations prévues au même art. (Décr. n° 2020-1201 du 30 sept. 2020, art. 4, en vigueur le 1er janv. 2021).

BIBL. ▶ Dossier, *AJ fam. 2021. 551* (pensions alimentaires).

Jurisprudence pour partie antérieure à la L. du 4 mars 2002 (art. 288 et 293 anc.).

1. Lien avec l'art. 210. L'art. 210 C. civ. (entretien en nature et en la demeure du débiteur d'aliments lorsque ce dernier justifie ne pouvoir payer la pension alimentaire) est inapplicable lorsque la garde des enfants mineurs est confiée en vertu de l'art. 287 C. civ. ancien. • Civ. 2e, 26 nov. 1980, n° 79-16.014 P.

2. Fixation amiable des modalités : principe. Il est permis aux père et mère de fixer amiablement le montant de la part contributive à l'entretien de l'enfant commun de celui qui n'en a pas la garde, mais avec cette réserve que l'aménagement de ces modalités soit, en cas de conflit, arbitré par les tribunaux, qui peuvent soit les maintenir soit les révoquer conformément à l'équité. • Rouen, 8 juin 1971 : *D. 1971. 736, note D. Huet-Weiller.* ♦ Il n'est pas prohibé de convenir conventionnellement des modalités par lesquelles le père entend assurer son obligation d'entretien. • Versailles, 6 avr. 1995 : *RTD civ. 1995. 874, obs. Hauser*.

3. ... Limites. Nullité d'une convention entre concubins pour contrariété aux dispositions d'ordre public régissant l'obligation alimentaire. • Civ. 1re, 20 juin 2006, n° 05-17.475 P : *D. 2006. Pan. 2433, obs. Douchy-Oudot ; JCP 2006. I. 199, n° 6, obs. Bosse-Platière ; AJ fam. 2006. 324, obs. Chénedé ; Dr. fam. 2006, n° 155, note Larribau-Terneyre ; RJPF 2006-9/49, obs. Valory ; RTD civ. 2006. 740, obs. Hauser*. ♦ Nullité des renonciations : V. note 16 ss. art. 371-2.

4. ... DIP. Dès lors que la convention conclue entre les époux au sujet de la contribution aux frais d'entretien de leur enfant est valable au regard de la loi étrangère qui la régit, et qu'elle ne peut avoir pour conséquence de priver le mineur de la possibilité d'exiger de son père le service d'une pension alimentaire, rien ne s'oppose à l'exécution en France de cet engagement ; se fondant sur l'effet atténué de l'ordre public à l'égard de droits acquis à l'étranger, les juges du fond ont donc pu, sans avoir à s'attacher aux besoins et ressources des parties, condamner l'épouse à exécuter cette convention. • Civ. 1re, 7 nov. 1972 : *D. 1973. 384.*

5. Fixation judiciaire : office du juge. En l'absence d'accord des parents séparés sur la contribution, il appartient au juge du fond d'en fixer souverainement les modalités. • Civ. 1re, 22 mars 2005 : *D. 2005. IR 1112*. ♦ Pour fixer le montant de la pension alimentaire due au titre de la contribution à l'entretien de l'enfant commun, les juges du fond ne peuvent se borner à énoncer que le père n'est pas dépourvu de ressources, sans rechercher quelles étaient les ressources des parties. • Civ. 2e, 17 oct. 1985, n° 84-15.135 P : *RTD civ. 1987. 303, obs. Rubellin-Devichi.* – V. aussi • Civ. 2e, 27 mars 2003, n° 01-14.503 P.

L'obligation alimentaire est une obligation légale qui n'existe qu'à la compter de la naissance de l'enfant • TGI Lille, 6 déc. 2012 : *Dr. fam. 2013, n° 39, obs. Labbée* (refus d'une fixation antérieure à la naissance). ♦ V. note 13 ss. art. 371-2.

6. ... Modification du montant : recevabilité (élément nouveau). Viole les art. 371-2 et 373-2-2 C. civ., ensemble, les art. 1355 C. civ. et 480 C. pr. civ. la cour d'appel qui, pour déclarer irrecevable la demande du père en modification de la pension alimentaire mise à sa charge par une décision antérieure, retient que son mariage comme la naissance d'un nouvel enfant en 2016, ainsi que l'évolution récente de la situation financière de la mère, associée d'une société civile immobilière créée après la première décision ayant fixé la pension alimentaire, sont des circonstances indifférentes à la recevabilité de la requête, s'agissant de faits survenus postérieurement à celle-ci, alors que pour apprécier la survenance de circonstances nouvelles depuis la précédente décision, la cour d'appel devait se prononcer en considération des éléments dont elle disposait au jour où elle statuait. • Civ. 1re, 6 nov. 2019, n° 18-19.128 P.

7. ... Modification du montant : appréciation. La pension alimentaire due pour l'entretien des enfants, qu'elle soit fixée par jugement ou, en cas de divorce sur demande conjointe, par la convention des époux homologuée par le juge, peut toujours être modifiée en fonction des besoins des enfants et des ressources respectives des parties. • Paris, 30 juin 1982 : *Gaz. Pal. 1982. 2. 440, note Brazier.* – Dans le même sens : • Civ. 2e, 29 mai 1996, n° 94-20.916 P : *RTD civ. 1996. 601, obs. Hauser*. ♦ Absence de droit à restitution en l'absence d'une décision diminuant le montant, V. note 7 ss. art. 373-2-9.

8. ... Portée du jugement. La condamnation à une contribution pour l'entretien d'un enfant est liée à la décision judiciaire attribuant la garde de cet enfant ; en conséquence, jusqu'à la signification de la décision modifiant l'attribution de la garde au profit du père et supprimant la pension qui avait été mise à sa charge, la mère, restant responsable et redevable de la garde et de l'entretien de son fils, peut obtenir le versement de la pension initialement prévue, alors même que l'enfant aurait été, avant la date de la signification, entièrement entretenu par son père, cette situation de fait n'étant pas légitime. • Civ. 2e, 26 oct. 1972, n° 71-14.676 P : *Gaz. Pal. 1973. 1. 394.*

Mais, si la pension alimentaire visée par les art. 203 s. ne cesse pas de plein droit avec sa cause, rien ne s'oppose à ce que sa suppression soit ordonnée en justice à dater de l'événement qui justifie cette suppression (en l'espèce, l'enfant ayant rejoint son père, et celui-ci ayant seul assuré son entretien à compter de ce moment, les juges ont pu décider à bon droit que le mari était déchargé à partir de cette date de la pension alimentaire qu'il devait à sa femme pour l'entretien de leur enfant mineur). • Civ. 1re, 14 janv. 1969 : *Bull. civ. I, n° 22 ; D. 1969. 217.* – V. aussi • Civ. 2e, 2 déc. 1987, n° 86-17.248 P : *D. 1990. Somm. 115, obs. Bénabent* • 17 mars 1993, n° 91-19.665 P : *Defrénois 1994. 325, obs. Massip.* ♦ Si la pension alimentaire peut être supprimée à compter de l'événement qui justifie sa suppression, aucun texte ne contraint le juge à choisir cette date. • Civ. 2e, 23 juin 1993, n° 92-11.174 P : *RTD civ. 1993. 816, obs. Hauser*.

9. C'est au parent qui demande la suppression de sa contribution de rapporter la preuve des circonstances permettant de l'en décharger. • Civ. 2e, 29 mai 1996, n° 94-10.520 P • 2 avr. 1997, n° 95-18.749 P • Civ. 1re, 22 févr. 2005, n° 03-17.135 P : *D. 2005. IR 664 ; RJPF 2005-5/44, obs. Valory ; RTD civ. 2005. 379, obs. Hauser* • 14 févr. 2006, n° 05-11.001 P : *D. 2006. IR 670 ; Dr. fam. 2006, n° 88, note Murat* • 9 janv. 2008, n° 06-19.581 P : *D. 2008. AJ 353 ; JCP 2008. II. 10064, note Bazin ; Dr. fam. 2008, n° 35, obs. Murat ; Defrénois 2008. 1122, obs. Massip.*

10. Procédure de paiement direct. La demande de paiement direct ne peut produire effet que pour le recouvrement des termes à échoir de la pension alimentaire et, le cas échéant, des termes échus pour les seuls six derniers mois avant la notification de cette demande. • Civ. 2e, 22 oct. 2009, n° 08-19.559 P. ♦ Rappr. note 10 ss. art. 373-2-5.

Art. 373-2-3 **Lorsque la consistance des biens du débiteur s'y prête, la pension alimentaire peut être remplacée, en tout ou partie,** *(Abrogé par L. n° 2019-1446 du 24 déc. 2019, art. 72-I-2°)* ***« sous les modalités et garanties prévues par la convention homologuée ou par le juge, »*** **par le versement d'une somme d'argent entre les mains d'un organisme accrédité chargé d'accorder en contrepartie à l'enfant une rente indexée, l'abandon de biens en usufruit ou l'affectation de biens productifs de revenus** *(L. n° 2019-1446 du 24 déc. 2019, art. 72-I-2°)* **« , sous les modalités et garanties prévues par la décision, l'acte ou la convention mentionnés aux 1° à** *(L. n° 2021-1754 du 23 déc. 2021, art. 100)* **« 6° » du I de l'article 373-2-2 ».**

Sur les différentes modalités de constitution d'une « maintenance » au profit des enfants, V. obs. Massip, *Defrénois 1986. 1030 ; ibid. 1992. 1055.*

Art. 373-2-4 **L'attribution d'un complément, notamment sous forme de pension alimentaire, peut, s'il y a lieu, être demandé ultérieurement.**

Art. 373-2-5 **Le parent qui assume à titre principal la charge d'un enfant majeur qui ne peut lui-même subvenir à ses besoins peut demander à l'autre parent de lui verser une contribution à son entretien et à son éducation. Le juge peut décider ou les parents convenir que cette contribution sera versée en tout ou partie entre les mains de l'enfant.**

BIBL. ▶ HAUSER, obs. *RTD civ. 1995. 350* (revue de jurisprudence relative à l'art. 295 ancien). - SAUVAGE, *AJ fam. 2013. 220* (incidence du travail du jeune majeur sur le devoir d'entretien et d'éducation).

Ancien art. 295 ***Le parent qui assume à titre principal la charge d'enfants majeurs qui ne peuvent eux-mêmes subvenir à leurs besoins peut demander à son conjoint de lui verser une contribution à leur entretien et à leur éducation.***

BIBL. Attias, *AJ fam. 2010. 62* (prise en charge financière de l'enfant). – Chabaut, *Dr. fam. 1999. Chron. 12* (financement des études par les parents). – Vine, *RRJ 2001/3. 1289* (nature de l'obligation d'entretien des enfants majeurs).

1° DURÉE DE L'OBLIGATION D'ENTRETIEN

1. Enfant émancipé. L'obligation des père et mère de contribuer, à proportion de leurs facultés, à l'entretien et à l'éducation de leurs enfants, survit à leur émancipation ; elle s'analyse non seulement en une obligation envers l'enfant qui, émancipé, pourrait en invoquer seul le bénéfice, mais également en une obligation réciproque entre époux, permettant à celui qui assume la charge entière de l'enfant commun de recourir contre l'autre, pour la part lui incombant, compte tenu de ses ressources. • Civ. 2e, 9 juill. 1973, n° 72-13.147 P.

2. Enfant majeur : principe. Pour l'affirmation du maintien de l'obligation d'entretien au-delà de la majorité, V., avant la L. du 4 mars 2002 : aucune disposition légale ne limite à la minorité l'obligation des père et mère de contribuer à proportion de leurs facultés, à l'entretien et à l'éducation de leurs enfants ; ceux-ci, devenus majeurs, ou le parent qui en assume la charge entière, peuvent donc demander l'exécution de cette obligation. • Civ. 2e, 12 juill. 1971, n° 69-14.601 P : *R. 1971-1972, p. 11 ; D. 1971. 689* • 29 mai 1996, n° 94-20.511 P : *D. 1997. 455, note Bourgault-Coudevylle (1re esp.) ; RTD civ. 1996. 602, obs. Hauser* (pour un enfant majeur à la recherche d'un emploi et à la charge de sa mère). ♦ Il en est particulièrement ainsi lorsque les enfants, à leur majorité, n'ont pas terminé leurs études. • Civ. 2e, 29 mai 1963 : *JCP 1964. II. 13651, note R. Savatier* • Civ. 1re, 18 mai 1972 : *D. 1972. 672* • Civ. 2e, 22 oct. 1980, n° 79-10.545 P • 6 févr. 1985, n° 83-14.786 P. ♦ Toutefois, sur la nécessité de rapporter la preuve de l'intérêt professionnel des études envisagées : • Agen, 19 avr. 2012 : *Dr. fam. 2012, n° 144, obs. Neirinck.*

3. Sauf disposition contraire du jugement qui, après divorce, condamne l'un des époux à servir une pension alimentaire à titre de contribution à l'entretien des enfants mineurs dont l'autre a la garde, les effets de la condamnation ne cessent pas de plein droit à la majorité de l'enfant. • Civ. 2e, 8 févr. 1989, n° 87-17.771 P : *R., p. 248 ; D. 1990. Somm. 115, obs. Bénabent* • Crim. 9 juin 1993, n° 91-81.272 P : *R., p. 397 ; JCP 1994. I. 3738, n° 7, obs. Véron* • Crim. 7 févr. 2007 : *D. 2007. AJ 1022*. ♦ Même solution lorsque la contribution est due en vertu d'une convention homologuée ne précisant pas que cette contribution cesserait à la majorité de l'enfant. • Civ. 2e, 17 déc. 1997, n° 96-15.384 P : *RTD civ. 1998. 360, obs. Hauser*.

4. Suites du devoir d'entretien : obligation naturelle. Ne procède pas de l'exécution d'une obligation naturelle le paiement d'une pension alimentaire poursuivi après extinction du devoir d'entretien à l'égard de l'enfant, si le caractère volontaire de ce paiement n'est pas établi (procédure de paiement direct non arrêtée). • Civ. 1re, 12 juill. 1994, n° 92-13.375 P : *RTD civ. 1994. 847, obs. Hauser*. – V. aussi • Civ. 1re, 22 mai 2007 : *JCP 2007. IV. 2291.*

2° CONDITIONS DU MAINTIEN APRÈS LA MAJORITÉ

5. Cohabitation avec l'enfant (non). Les enfants majeurs qui poursuivent leurs études étant libres de choisir leur résidence, la contribution du père à leur entretien ne peut être subordonnée à la condition qu'ils viennent vivre avec lui. • Civ. 2e, 28 janv. 1981, n° 79-13.209 P. ♦ L'art. 295 ancien n'exige pas que le parent qui a la charge de l'enfant fasse la preuve, pour obtenir le versement de la contribution, que l'enfant vit avec lui. • Civ. 2e, 22 janv. 1992, n° 90-18.512 P : *D. 1993. Somm. 127, obs. Blary-Clément ; RTD civ. 1992. 379, obs. Hauser*.

6. Impécuniosité volontaire. Les père et mère ne sont pas tenus de secourir leurs enfants majeurs qui, par leur faute, se sont mis dans une situation d'impécuniosité. • Civ. 1re, 25 juin 1996 : *D. 1997. 455, note Bourgault-Coudevylle (2e esp.)*. ♦ Dans le même sens : • Versailles, 27 nov. 1992 : *Gaz. Pal. 1993. 1. Somm. 164* (enfant majeur incarcéré).

7. Disparition des besoins : charge de la preuve. Lorsqu'un parent a été condamné à contribuer à l'entretien de son enfant, il lui incombe, s'il demande la suppression de cette contribution, de rapporter la preuve des circonstances permettant de l'en décharger. • Civ. 2e, 29 mai 1996, n° 94-10.520 P (enfant devenu majeur) • Civ. 1re, 22 févr. 2005, n° 03-17.135 P : *AJ fam. 2005. 243, obs. F. C.* ; *RJPF 2005-5/44, obs. Valory ; RTD civ. 2005. 379, obs. Hauser* • 14 févr. 2006, n° 05-11.001 P : *D. 2006. IR 670* ; *Dr. fam. 2006, n° 88, note Murat* • 20 juin 2006, n° 05-17.475 P : *D. 2006. Pan. 2433, obs. Douchy-Oudot* ; *AJ fam. 2006. 324, obs. Chénedé* ; *Dr. fam. 2006, n° 155, note Larribau-Terneyre ; RJPF 2006-9/49, obs. Valory ; RLDC 2007/41, n° 2680, note Bridge* • 12 déc. 2006, n° 05-11.945 P : *D. 2007. AJ 158* ; *AJ fam. 2007. 87, obs. S. David* ; *Dr. fam. 2007, n° 62, note Larribau-Terneyre* • 9 janv. 2008, n° 06-19.581. ♦ Comp., pour une action en contribution formée après la majorité de l'enfant : la contribution du parent débiteur peut être supprimée si l'autre parent ne produit aucun justificatif de la situation de l'enfant majeur établissant que celui-ci demeure à sa charge principale. • Civ. 2e, 26 sept. 2002, n° 00-21.234 P : *D. 2002. IR 2775* ; *JCP 2003. II. 10039, note Hocquet-Berg ; Defrénois 2003. 613, obs. Massip (1re esp.) ; AJ fam. 2002. 379, obs. F. B.* ; *RJPF 2002-12/51, obs. Valory ; RTD civ. 2003. 74, obs. Hauser* (art. 295 anc.). ♦ Rappr. : l'enfant majeur a la charge de la preuve de la persistance de son état de besoin. • Civ. 1re, 8 avr. 2009 : *Dr. fam. 2009, n° 92, note Murat ; LPA 11 sept. 2009, note Massip.*

8. ... Illustrations. Une cour d'appel estime souverainement que le père, débiteur de la contribution, ne rapporte pas la preuve que sa fille occupe un emploi régulier lui permettant de subvenir seule à ses besoins. • Civ. 2e, 27 janv. 2000 : *Dr. fam. 2000, n° 73, note Chabault ; RJPF 2000-4/53, note Valory* (art. 295 anc.). ♦ Prolongement de la contribution du père à l'entretien de l'enfant majeur après la fin de ses études, jusqu'à ce qu'il ait trouvé un emploi. Cassation de l'arrêt ayant refusé d'ordonner le maintien d'une pension alimentaire au motif que l'enfant avait terminé ses études et recherchait un emploi, alors qu'il était sans ressources et demeurait à la charge de sa mère. • Civ. 1re, 9 févr. 2011 : *RTD civ. 2011. 342, obs. Hauser*.

3° RÉGIME DE LA CONTRIBUTION

9. Versement de la contribution à l'enfant. La contribution peut être versée en tout ou en partie entre les mains de l'enfant. • Civ. 1re, 22 mars 2005, n° 03-13.842 P : *RTD civ. 2005. 582, obs. Hauser* . ♦ Cette faculté n'est pas subordonnée à une demande de l'enfant. • Civ. 1re, 11 févr. 2009, n° 08-11.769 P : *D. 2009. AJ 610, obs. Égéa* ; *AJ fam. 2009. 171, obs. Milleville* ; *Dr. fam. 2009, n° 42, obs. Murat ; Defrénois 2009. 1154, obs. Massip ; RLDC 2009/59, n° 3396, obs. Pouliquen ; RTD civ. 2009. 313, obs. Hauser*. ♦ Mais pour la prise en compte du refus de l'enfant de recevoir directement la contribution : • Civ. 1re, 4 juin 2009, n° 08-17.106 P : *AJ fam. 2009. 297, obs. Milleville* ; *Dr. fam. 2009, n° 107, note Murat ; RLDC 2009/63, n° 3546, obs. Pouliquen ; RTD civ. 2009. 522, obs. Hauser* (appréciation souveraine de l'opportunité de ce versement). ♦ Preuve : V. note 11.

10. Procédure de paiement direct. La procédure de paiement direct peut être maintenue après la majorité de l'enfant. • Civ. 2e, 8 févr. 1989, n° 87-16.940 P : *R., p. 248 ; D. 1990. Somm. 98, obs. Groslière* .

11. Preuve du paiement. Il appartient au débiteur de la contribution de rapporter la preuve de sa libération. • Civ. 1re, 20 juin 2006 : *préc. note 7.*

12. Preuve de la décharge. Il appartient au débiteur de la contribution de rapporter la preuve des circonstances permettant de l'en décharger. • Civ. 1re, 7 nov. 2012, n° 12-17.394 P.

§ 3 *De l'intervention du juge aux affaires familiales*

(L. n° 2002-305 du 4 mars 2002)

BIBL. GÉN. ▶ C. Lienhard, *AJ fam. 2002. 128* . – Salvage-Gerest, *Dr. fam. 2003. Chron. 12* (le JAF).

Art. 373-2-6 **Le juge du tribunal judiciaire délégué aux affaires familiales règle les questions qui lui sont soumises dans le cadre du présent chapitre en veillant spécialement à la sauvegarde des intérêts des enfants mineurs.**

Le juge peut prendre les mesures permettant de garantir la continuité et l'effectivité du maintien des liens de l'enfant avec chacun de ses parents.

(L. n° 2010-769 du 9 juill. 2010, art. 3) **« Il peut notamment ordonner l'interdiction de sortie de l'enfant du territoire français sans l'autorisation des deux parents. Cette interdiction de sortie du territoire sans l'autorisation des deux parents est inscrite au fichier des personnes recherchées par le procureur de la République. »** – *V. C. pr. civ., art. 1180-3 s.* – ***C. pr. civ.***

(L. n° 2019-222 du 23 mars 2019, art. 31) **« Il peut, même d'office, ordonner une astreinte pour assurer l'exécution de sa décision. Si les circonstances en font apparaître la nécessité, il peut assortir d'une astreinte la décision rendue par un autre juge ainsi que l'accord parental constaté dans** *(L. n° 2019-1446 du 24 déc. 2019, art. 72-I-3°)* **« l'un des titres mentionnés aux 1° et 2° du I de l'article 373-2-2 ». Les dispositions des articles L. 131-2 à L. 131-4 du code des procédures civiles d'exécution sont applicables.**

« Il peut également, lorsqu'un parent fait délibérément obstacle de façon grave ou renouvelée à l'exécution *(L. n° 2019-1446 du 24 déc. 2019, art. 72-I-3°)* **« de l'un des titres mentionnés aux 1° à** *(L. n° 2021-1754 du 23 déc. 2021, art. 100-II)* **« 6° » du I de l'article 373-2-2 », le condamner au paiement d'une amende civile d'un montant qui ne peut excéder 10 000 €. »**

V. Circ. du 20 nov. 2012 relative à la décision judiciaire d'interdiction de sortie du territoire et mesure administrative conservatoire d'opposition à la sortie du territoire et Instr. du Gouvernement du 5 mai 2014 relative à la mesure administrative d'opposition à la sortie du territoire d'un mineur sans titulaire de l'autorité parentale.

BIBL. ▶ Interdiction de sortie du territoire : BRIAND, *AJ fam. 2011. 416*. – KESSLER, *Dr. fam. 2017. Étude 15*. – LEROYER, *RTD civ. 2012. 783*. – TALARICO, *Dr. fam. 2011. Étude 11*. – Dossier, *Dr. fam. 2017, nos 13 s.* (interdiction de sortie du territoire du mineur).

1. Protection de l'enfant et droit à la vie familiale. Le respect dû à la vie privée et familiale, au sens de l'art. 8 Conv. EDH, ne fait pas obstacle à ce que le juge intervienne conformément aux pouvoirs que lui donne la loi, pour protéger l'enfant d'un péril. • Civ. 1re, 19 déc. 2000, n° 99-14.620 P : *D. 2001. IR 410* (suppression du droit de visite et d'hébergement d'un père). ♦ V., plus généralement, notes ss. art. 371-3.

La sauvegarde des intérêts de l'enfant peut passer par une mesure tendant à le soustraire au conflit parental (scolarisation en internat). • Versailles, 2 sept. 2004 : *BICC 15 déc. 2004, n° 1906.* ♦ Mais faute d'élément objectif permettant de dire que le père était dans une dépendance vis-à-vis de l'alcool entraînant un comportement inadapté pour l'accueil de l'enfant, l'intérêt de l'enfant commande que soit accueillie la demande de droit de visite et d'hébergement du père. • Civ. 1re, 12 oct. 2011 : *AJ fam. 2012. 102, obs. Douris*.

2. Compétence : rôle du juge des enfants. L'intervention du juge des enfants en matière de droit de visite et d'hébergement n'est en aucune façon justifiée dès lors que le juge du divorce est seul compétent pour statuer sur la garde des enfants ainsi que, d'après une jurisprudence constante, sur le droit de visite et d'hébergement. • Dijon, 23 janv. 1981 : *D. 1981. 342, note Groslière.* ♦ Compétence respective du juge du divorce et du juge de l'assistance éducative : V. notes ss. art. 375-3.

3. ... Rôle du juge des tutelles. Le litige soumis, sur recours, au tribunal de grande instance saisi d'une demande fondée sur l'art. 372-1 (art. 372-1-1) portant sur la garde d'un enfant (époux séparés de fait) n'a pas le même objet que celui soumis au JAM devant qui a été déposée une requête en divorce. Dès lors, le tribunal n'est pas tenu d'accueillir l'exception de connexité dont l'admission n'est jamais qu'une simple faculté. • Civ. 1re, 9 oct. 1991, n° 90-14.415 P. ♦ Les mesures que le juge des tutelles et, sur recours, le tribunal de grande instance ont pu être amenés à prendre en vertu de l'art. 372-1 (art. 372-1-1) ne cessent de produire effet, lorsqu'une procédure de divorce est introduite par un époux, qu'au moment où le juge conciliateur, dont les décisions ne s'appliquent que pour l'avenir, statue sur les mesures provisoires relatives à la garde des enfants mineurs et au droit de visite et d'hébergement. • Civ. 1re, 11 juill. 1988, n° 86-18.200 P.

4. ... Rôle du TASS. Il n'entre pas dans la compétence du JAF de décider au bénéfice de quel parent doit être attribué le droit aux prestations familiales, cette compétence relevant du tribunal des affaires de sécurité sociale en vertu de l'art. L. 142-1 CSS. • Cass., avis, 26 juin 2006, n° 06-00.004 P : *R., p. 509 ; BICC 1er oct. 2006, rapp. Chardonnet et Renault-Malignac, concl. Barrairon ; JCP 2006. I. 199, n° 14, obs. Bosse-Platière ; Dr. fam. 2006, n° 179, note Devers ; RTD civ. 2006. 752, obs. Hauser*.

5. Sortie du territoire. L'interdiction de sortie de l'enfant du territoire sans l'accord des deux parents, prévue à l'art. 373-2-6, al. 3, est nécessaire à la protection des droits et libertés d'autrui en ce qu'elle vise à préserver les liens des enfants avec leurs deux parents et à prévenir les déplacements illicites, conformément aux objectifs poursuivis par le Règl. (CE) n° 2201/2003 du 27 nov. 2003 et la Conv. de La Haye du 25 oct. 1980 ; elle est également proportionnée aux buts poursuivis dès lors que, n'interdisant la sortie du territoire de l'enfant que faute d'accord de l'autre parent, elle n'est pas absolue, et que, pouvant faire l'objet d'un réexamen à tout moment par le juge, elle n'est pas illimitée dans le temps ; une telle mesure ne méconnaît pas le principe de libre circulation. • Civ. 1re, 8 mars 2017, n° 15-26.664 P : *D. 2017. 1727, obs. Bonfils et Gouttenoire ; AJ fam. 2017.*

243, obs. Saulier ; RTD civ. 2017. 370, obs. Hauser ; Dr. fam. 2017. 146, note Devers.

Le juge qui apprécie souverainement le risque que l'un des parents quitte le territoire et la difficulté de mettre en place un droit de visite et d'hébergement pour l'autre parent, prenant en considération la nécessité pour l'enfant de maintenir des relations avec chacun de ses parents et le risque pouvant affecter la continuité et l'effectivité de ces liens, peut prononcer l'inscription sur le passeport des parents de l'interdiction de sortie du territoire français de l'enfant sans leur autorisation. • Civ. 1re, 3 mars 2010 : *AJ fam. 2010. 326, obs. F. Mbala Mbala*. ♦ Comp. : Le juge n'a pas le pouvoir d'exiger la mention d'interdiction de sortie du territoire sur un passeport étranger. • Paris, 3 avr. 2003 : *AJ fam. 2003. 227, obs. F. B.* ♦ Interdiction de sortie du territoire, la mère, de nationalité française, ne justifiant pas du caractère durable et stable de son installation en France et les relations entre les parents n'étant pas assez sécurisées, celles-ci étant très conflictuelles. • Paris, 13 févr. 2014 : *AJ fam. 2014. 306, obs. Viganotti*. ♦ V. aussi, note 14 ss. art. 373-2-1.

Interdiction de sortie du territoire sans l'autorisation des deux parents ordonnée, afin de garantir la continuité et l'effectivité du maintien des liens avec eux, en présence d'un conflit parental très prégnant, et eu égard aux événements qui avaient vu le père décider unilatéralement du lieu de vie et de scolarisation de sa fille. • Civ. 1re, 16 déc. 2015, n° 15-10.442 P.

Interdiction de sortie du territoire alors que la mère, qui réside en Angleterre, avait refusé de restituer les mineurs au père pendant quatre mois en 2012, seule la décision prise par les juges anglais l'ayant contrainte à exécuter le jugement, puisqu'en août 2014, elle ne les avait ramenés que cinq jours après la date convenue. • Civ. 1re, 8 mars 2017, n° 15-26.664 P : *préc.*

6. Référé. Si en cas de désaccord des parents séparés sur le lieu de résidence des enfants, l'un d'eux peut saisir, dans les formes du référé, le juge aux affaires familiales pour qu'il statue comme juge du fond, il peut également saisir ce juge en référé pour qu'il prenne, à titre provisoire, toutes mesures que justifie l'existence d'un différend en cas d'urgence ou qu'il prescrive les mesures conservatoires ou de remise en état qui s'imposent pour prévenir un dommage imminent ou faire cesser un trouble manifestement illicite ; dans tous les cas, le juge aux affaires familiales règle les questions qui lui sont soumises en veillant spécialement à la sauvegarde des intérêts des enfants mineurs. • Civ. 1re, 28 oct. 2009, n° 08-11.245 P : *D. 2010. Pan. 989, obs. Douchy-Oudot ; RJPF 2010-2/34, note Eudier ; RTD civ. 2010. 97, obs. Hauser* (absence d'objet de l'action en référé, le projet de déménagement ayant été abandonné).

7. Exécution provisoire. Sont exécutoires de droit à titre provisoire toutes décisions qui, telle la disposition du jugement de divorce, statuent sur la garde de l'enfant et sur ses conséquences, notamment l'attribution des prestations familiales. • Soc. 16 janv. 1985, n° 83-11.453 P.

8. Responsabilité de l'État. Fonctionnement défectueux du service public de la justice, découlant d'une succession de négligences et constitutif d'une faute lourde engageant la responsabilité de l'État : V. • Paris, 25 oct. 2000 : *D. 2001. 580, note C. Lienhard ; RTD civ. 2001. 125, obs. Hauser* (décision du JAF fixant la résidence de l'enfant au domicile de la mère, souffrant de troubles mentaux qui devaient la conduire au meurtre de l'enfant).

Art. 373-2-7 Les parents peuvent saisir le juge aux affaires familiales afin de faire homologuer la convention par laquelle ils organisent les modalités d'exercice de l'autorité parentale et fixent la contribution à l'entretien et à l'éducation de l'enfant.

Le juge homologue la convention sauf s'il constate qu'elle ne préserve pas suffisamment l'intérêt de l'enfant ou que le consentement des parents n'a pas été donné librement.

Sur la procédure d'homologation, V. C. pr. civ., art. 1143, App., I. Procédure.

BIBL. ▸ Conventions homologuées : Louenan, *JCP 2003. I. 149.* – Rebourg, *Dr. fam. 2004. Étude 17.*

Art. 373-2-8 Le juge peut également être saisi par l'un des parents ou le ministère public, qui peut lui-même être saisi par un tiers, parent ou non, à l'effet de statuer sur les modalités d'exercice de l'autorité parentale et sur la contribution à l'entretien et à l'éducation de l'enfant.

1. Refus de l'intervention de l'enfant : art. 289 et 291 anc. Les dispositions des anciens art. 289 et 291 C. civ. n'incluent pas les enfants parmi les membres de la famille dont l'intervention est recevable dans les instances relatives aux modalités d'exercice de l'autorité parentale. • Civ. 1re, 4 janv. 1995, n° 92-20.682 P.

2. ... Art. 374 anc. L'intervention de l'enfant mineur n'est pas recevable dans les instances relatives aux modalités d'exercice de l'autorité parentale, nonobstant les dispositions de la Convention des Nations unies du 26 janv. 1990 sur les droits de l'enfant, qui ne créent d'obligations qu'à la charge des États parties, de sorte qu'elles ne peuvent pas être invoquées directement devant les juridictions. • Civ. 1re, 4 janv. 1995, n° 92-20.682 P : *Defrénois 1995. 1030, obs. Massip ; RTD civ. 1995. 347, obs. Hauser*. ♦ Sur l'applicabilité directe de la CIDE, V. notes ss. art. 388-1.

3. Conv. EDH. Sur la saisine de la CEDH par un mineur, V. note 15 ss. art. 371-3.

4. Intervention directe d'un tiers (non). Seuls les parents et le ministère public, lui-même éventuellement saisi par un tiers, peuvent saisir le juge aux affaires familiales à l'effet de voir confier un enfant à un tiers. • Civ. 1re, 25 févr. 2009, n° 07-14.849 P : *D. 2009. AJ 811, obs. Égéa ; ibid. Pan. 1918, obs. Gouttenoire ; ibid. 2010. Pan. 989, obs. Douchy-Oudot ; JCP 2009, n° 28, p. 46, obs. Favier ; RTD civ. 2009. 309, obs. Hauser* (rejet de la saisine par le tiers lui-même).

5. ... Saisine du ministère public (oui). Saisine par les grands-parents du procureur de la République, sur le fondement de l'art. 373-2-8 d'une demande visant à obtenir la résidence de leur petite-fille et demandant qu'il soit statué sur les modalités de l'autorité parentale et la pension alimentaire de la mère. • Agen, 11 avr. 2013 : *RTD civ. 2013. 830, obs. Hauser*.

Art. 373-2-9 En application des deux articles précédents, la résidence de l'enfant peut être fixée en alternance au domicile de chacun des parents ou au domicile de l'un d'eux.

A la demande de l'un des parents ou en cas de désaccord entre eux sur le mode de résidence de l'enfant, le juge peut ordonner à titre provisoire une résidence en alternance dont il détermine la durée. Au terme de celle-ci, le juge statue définitivement sur la résidence de l'enfant en alternance au domicile de chacun des parents ou au domicile de l'un d'eux.

(L. n° 2007-293 du 5 mars 2007, art. 22-II) **« Lorsque la résidence de l'enfant est fixée au domicile de l'un des parents, le juge aux affaires familiales statue sur les modalités du droit de visite de l'autre parent. Ce droit de visite, lorsque l'intérêt de l'enfant le commande, peut** *(L. n° 2016-297 du 14 mars 2016, art. 23)* **« , par décision spécialement motivée, » être exercé dans un espace de rencontre désigné par le juge. »**

(L. n° 2010-769 du 9 juill. 2010, art. 7) **« Lorsque l'intérêt de l'enfant le commande ou lorsque la remise directe de l'enfant à l'autre parent présente un danger pour l'un d'eux, le juge en organise les modalités pour qu'elle présente toutes les garanties nécessaires. Il peut prévoir qu'elle s'effectue dans un espace de rencontre qu'il désigne, ou avec l'assistance d'un tiers de confiance ou du représentant d'une personne morale qualifiée. »**

Sur la fixation par le juge des modalités de remise de l'enfant dans un espace de rencontre, V. C. pr. civ., art. 1180-5. — Sur la désignation d'un tiers de confiance, V. C. pr. civ., art. 1180-5-1. — **C. pr. civ.**

BIBL. ▸ **Résidence alternée :** ANCEL, *AJ fam. 2015. 213*. - ANTIPPAS, *D. 2021. 2188* (réflexion à partir de la proposition de loi n° 4557 du 12 oct. 2021). - CARLIER et G. KESSLER, *Dr. fam. 2022. Entretien 3* (le modèle du consensus parental : un changement de paradigme dans la résolution des conflits familiaux). - CHOPIN et CADARS-BEAUFOUR, *AJ fam. 2010. 21*. - CORDIER, *Dr. fam. 2008. Pan. 1* (panorama de jurisprudence). - CORPART, *Dr. fam. 2014. Étude 19*. - DEVERS, *Dr. fam. 2008. Chron. 9* (la résidence alternée en droit international privé). - GABRIEL et STRUGALA, *Gaz. Pal. 2005. Doctr. 2903*. - GAUMONT-PRAT, *Dr. fam. 2012. Étude 15* (France-Belgique). - GUÉDON, *LPA 3 sept. 2004*. - KESSLER, *AJ fam. 2020. 468* (incidence de la consécration de la parenté LGBT sur la détermination de la résidence habituelle de l'enfant après rupture du couple parental). - LEHNISCH et RÉGENT, *AJ fam. 2023. 34* (résidence alternée, contribution alimentaire et frais exceptionnels). - LEHNISCH et SIFFREIN-BLANC, *AJ fam. 2021. 403* (résidence alternée et intérêt de l'enfant : regards croisés des magistrats). - LEMOULAND, *RJPF 2003-9/11* (la résidence alternée dix-huit mois plus tard). - MESTROT, *LPA 13 août 2004*. - MULON, *Gaz. Pal. 2012. 659*. - REYNAUD, *AJ fam. 2002. 132* (responsabilité des père et mère et résidence alternée). - T. SCHMITT, *AJ fam. 2003. 23* (résidence alternée et quotient familial). - THÉVENET-MONTFROND, *RLDC 2008/46, n° 2862* (l'hébergement alterné égalitaire des enfants en cas de crise familiale). - Dossier, *AJ fam. 2011. 569*. - Dossier, *AJ fam. 2015. 516* (espaces de rencontre). - Dossier, *AJ fam. 2018. 263*.

▸ **Avant la loi du 4 mars 2002 :** Dossier, *AJ fam. 2001. 43*. - DEKEUWER, *JCP 1985. II. 20412*. - FULCHIRON, *JCP 1994. II. 22231*. - GARÉ, *JCP 1999. II. 10170*.

1. Résidence de l'enfant et droit des parents au regard de la CEDH. La détermination du lieu de résidence pendant l'instance en divorce est particulièrement importante, car la résidence est difficile à modifier une fois fixée, eu égard à l'importance que la Cour accorde au critère de stabilité de l'enfant. Il importe donc d'examiner de façon approfondie les moyens développés par le père, et ceci dès le début de l'instance, mais aussi de s'assurer qu'il participe au processus décisionnel dans une mesure suffisante pour qu'il bénéficie d'une protection suffisante de ses intérêts. • CEDH 23 juill. 2019, *Sirvinskas c/ Lituanie*, n° 21243/17.

2. Résidence alternée. Le juge n'est pas tenu, en cas de désaccord des parents, d'ordonner la résidence en alternance à titre provisoire. • Civ. 1re, 14 févr. 2006, n° 05-13.202 P : *D. 2006. IR 600 ; JCP 2006. I. 199, n° 13, obs. Bosse-Platière ; Dr. fam. 2006, n° 158, note Murat ; RTD civ. 2006. 300, obs. Hauser* • 19 sept. 2007 : *Dr. fam. 2007, n° 203, note Murat.*

3. L'art. 373-2-9 n'impose pas que le temps passé par l'enfant auprès de son père et de sa mère soit de même durée ; les juges du fond peuvent, si l'intérêt de l'enfant le commande, compte tenu des circonstances de la cause, décider d'une alternance aboutissant à un partage inégal du temps de présence de l'enfant auprès de chacun de ses parents. • Civ. 1re, 25 avr. 2007, n° 06-16.886 P : *D. 2007. AJ 1428 ; ibid. 2008. Pan. 1376, obs. Granet-Lambrechts ; AJ fam. 2007. 276, obs. F. C. ; Dr. fam. 2007, n° 143, note Murat ; RJPF 2007-9/27, note Mulon ; RTD civ. 2007. 560, obs. Hauser .* ♦ Pour la remise en cause d'une résidence alternée compte tenu du jeune âge de l'enfant issu d'un couple parental homosexuel et de symptômes de mal-être constatés : • Lyon, 28 juin 2010 : *AJ fam. 2010. 490, obs. Siffrein-Blanc ; RTD civ. 2011. 118, obs. Hauser .*

4. Une cour d'appel retient souverainement, pour mettre fin à la résidence alternée, que le maintien d'une telle mesure exposerait l'enfant à une tension quasi quotidienne et à des situations douloureuses en raison de l'absence totale de communication entre ses parents. • Civ. 1re, 19 sept. 2007, n° 06-18.379. ♦ ... Ou, inversement, que la mise en place d'un droit de visite élargi a été une source d'instabilité au quotidien pour l'enfant et que le retour à une résidence alternée une semaine sur deux est plus conforme à son intérêt. • Civ. 1re, 19 sept. 2007 : *préc. note 2.*

5. Pour de premières applications, V. • Paris, 28 mars 2002 : *AJ fam. 2002. 221, obs. S. D.-B .* • Lyon, 4 juin 2002 : *Dr. fam. 2003, n° 2, obs. Oudin* • Riom, 25 juin 2002 : *eod. loc.* (refus) • Paris, 4 juill. 2002 : *eod. loc.* • 11 juill. 2002 : *eod. loc.* • Aix-en-Provence, JAF, 23 janv. 2003 : *Dr. fam. 2003, n° 60, note Murat* • Rennes, 10 févr. 2003 : *BICC 15 sept. 2003, n° 1108* • Douai, 10 avr. 2003 : *D. 2004. Somm. 461, obs. Pomart* (refus). ♦ Pour un bilan beaucoup plus complet, V. Mégacode civil, éd. 2014.

Pour une décision qui maintient la résidence des enfants au domicile familial et organise une résidence alternée des parents : • Paris, 26 sept. 2013 : *Dr. fam. 2013, n° 163, obs. Neirinck.*

6. Sur les modalités de calcul des allocations familiales en cas de résidence alternée : • Civ. 2e, 14 janv. 2010, n° 09-13.061 P : *D. 2010. AJ 272 ; JCP 2010, n° 911, note Favier ; Gaz. Pal. 22 mai 2010, p. 37, note Mulon ; RDSS 2010. 385, obs. Tauran ; RTD civ. 2010. 318, obs. Hauser* • 3 juin 2010, n° 09-66.445 P : *Dr. fam. 2010, n° 139, obs. Devers ; RDSS 2010. 974, obs. Tauran .*

7. La restitution de sommes versées au titre d'une contribution à l'entretien et à l'éducation d'un enfant en exécution d'un titre exécutoire ne peut être ordonnée en l'absence d'une décision en prescrivant la diminution, même si les parents ont pratiqué en fait une résidence alternée. • Civ. 1re, 6 juill. 2011, n° 10-22.826 P : *D. 2011. 1911 ; AJ fam. 2011. 496, obs. Ardeef .*

8. Droit de visite : office du juge. Faute de constatation de la teneur d'un accord entre les parents quant aux modalités d'exercice du droit de visite, il appartient au juge de les fixer, après avoir invité les parties à présenter leurs observations ; cassation de l'arrêt qui, ayant fixé la résidence des trois enfants chez leur père, se borne à relever que la mère n'a fait aucune demande tendant à l'organisation de son droit de visite, et à rappeler aux parents que ce droit s'exercerait d'un commun accord entre eux • Civ. 1re, 23 nov. 2011 : *D. 2012. Chron. C. cass. 635, obs. Vassallo ; AJ fam. 2012. 46, obs. Siffrein-Blanc ; RTD civ. 2012. 111, obs. Hauser ; JCP 2012, n° 31, § 8, obs. Rebourg ; Dr. fam. 2012, n° 9, obs. Bazin.* ♦ Dans le même sens, censurant un arrêt ayant affirmé la fréquence et la durée des périodes au cours desquelles la mère pourrait exercer son droit d'accueil qui seraient déterminées à l'amiable entre les parties, en tenant compte de l'avis du mineur : • Civ. 1re, 28 mai 2015, n° 14-16.511 P : *D. 2015. 1207 ; AJ fam. 2015. 399, obs. Thouret ; RTD civ. 2015. 600, obs. Hauser ; Dr. fam. 2015, n° 165, obs. Neirinck.* ♦ V. note 10 ss. art. 373-2-1.

9. Droit de visite, principe : fixation obligatoire par le juge. Même en l'absence de demande du père. Après avoir fixé la résidence de l'enfant chez sa mère, la cour d'appel a énoncé qu'il ne pouvait être statué sur le droit de visite et d'hébergement du père, en l'absence de demande sur ce point. En se prononçant ainsi, alors qu'il lui incombait de fixer les modalités d'exercice du droit de visite du père à l'égard de son fils, après avoir invité les parties à présenter leurs observations, la cour d'appel a violé l'art. 373-2-9, al. 3, C. civ. • Civ. 1re, 6 mars 2019, n° 18-13.557.

Même si le père ne prouve pas avoir cherché à exercer son droit de visite et d'hébergement. Pour fixer le droit de visite et d'hébergement du père à l'amiable entre les parties, l'arrêt relève que, si le père soutient ne plus voir ses enfants du fait de l'opposition de la mère, il ne vise et ne produit aucune pièce pour démontrer qu'il a demandé à exercer ce droit ou déposé plainte pour non-représentation d'enfants et ajoute que le père ne produit aucun élément sur ses conditions de vie actuelles ainsi que sur ses capacités d'accueil. En statuant ainsi, alors que, faute de constatation de la teneur d'un accord entre les parents, il lui incombait de fixer les modalités d'exercice du droit de visite et d'hébergement du père à l'égard des enfants mineurs, la cour d'appel a violé l'art. 373-2-9, al. 3, C. civ. • Civ. 1re, 15 mai 2019, n° 18-19.217.

Même si les relations père/enfants sont difficiles. Pour dire que la mère exercera un droit d'accueil sur les enfants mineures dont la fréquence et la durée seront déterminées à l'amiable entre les parties, l'arrêt retient que les deux enfants, qui ont fugué de chez leur mère, entretiennent avec elle des relations difficiles, l'une se plaignant de subir des remontrances constantes et injustifiées, et l'autre de s'ennuyer auprès d'elle. En statuant ainsi, alors qu'il lui incombait de définir elle-même les modalités d'exercice du droit de visite et d'hébergement de la mère, compte tenu des contraintes inhérentes à la situation des parties, la cour d'appel a méconnu l'étendue de ses pouvoirs et violé l'art. 373-2-9, al. 3. • Civ. 1re, 4 mars 2020, n° 19-12.080.

Même en cas d'ordonnance de protection. Pour fixer le droit de visite et d'hébergement du père selon le meilleur accord des parties, l'arrêt relève que le JAF a prononcé une ordonnance de protection au profit de la mère et de sa fille, faisant notamment interdiction au père d'entrer en contact avec elles, et que l'intérêt supérieur de l'enfant impose de confirmer la décision du premier juge. En statuant ainsi, alors qu'il lui incombait de se prononcer sur les modalités d'exercice du droit de visite et d'hébergement du père, la cour d'appel a violé l'art. 373-2-9, al. 3. • Civ. 1re 12 févr. 2020, n° 19-10.040.

10. Droit de visite, office du juge, exception : attention si le moyen est déjà dans les débats et si le père s'abstient d'y répondre. La mère ayant formulé dans ses conclusions, dans l'hypothèse où sa demande tendant à fixer la résidence de l'enfant à son domicile serait accueillie, une proposition précise de droit de visite et d'hébergement au profit du père, la cour d'appel, qui, selon l'art. 373-2-9, al. 3, C. civ., devait statuer sur les modalités de ce droit, n'avait pas à inviter les parties à s'expliquer sur un moyen qui était dans le débat, peu important que le père se soit abstenu d'y répondre. • Civ. 1re, 6 nov. 2019, n° 18-23.755 P.

11. Suppression du droit de visite et d'hébergement (y compris en lieu médiatisé) pour motifs graves. Ayant relevé que le père avait été condamné pour des faits de corruption de mineurs et de détention d'images pédopornographiques, qu'il présentait, selon les experts judiciaires, une personnalité perverse, avec goût pour la manipulation, déni de l'altérité, absence de remise en cause et diabolisation de la mère, et que les filles exprimaient une position de rejet des rencontres avec leur père, sans pour autant être sous l'emprise maternelle, la cour d'appel, qui a constaté que l'intérêt des mineures commandait de ne pas poursuivre les rencontres en lieu neutre, a, procédant à la recherche prétendument omise, fait ressortir les motifs graves qui justifiaient la suppression du droit de visite du père. • Civ. 1re, 17 avr. 2019, n° 18-15.951.

12. Caractérisation par le juge de motifs graves : oui en cas de refus de droit de visite, non dans les autres cas. Une cour d'appel retient que le père ne rapportait pas la preuve d'avoir été empêché d'exercer son droit de visite et d'hébergement et ne prétendait d'ailleurs pas même avoir tenté de le faire, que l'adolescente avait expliqué ne plus vouloir rencontrer son père dans la mesure où des visites récentes, exercées après plusieurs années sans rencontre, se seraient mal passées et que les modalités d'un droit de visite simple étaient adaptées à une reprise de contact en l'état d'une longue interruption des séjours de l'enfant auprès de son père ; il en résulte que, sans être tenue de constater des motifs graves dès lors qu'elle ne refusait pas au père de l'enfant tout droit de visite, la cour d'appel a ainsi légalement justifié sa décision. • Civ. 1re, 16 nov. 2022, n° 21-11.528 B : *D. 2023. 523, obs. Douchy-Oudot ; AJ fam. 2022. 602, obs. Mallevaey.*

13. Droit de visite en lieu médiatisé : le juge doit fixer la durée et la fréquence de la mesure. Lorsqu'en statuant sur les droits de visite et d'hébergement, à titre provisoire ou sur le fond, le juge décide que le droit de visite ou la remise de l'enfant s'exercera dans un espace de rencontre qu'il désigne en application des art. 373-2-1 ou 373-2-9 C. civ., il fixe la durée de la mesure et détermine la périodicité et la durée des rencontres. • Civ. 1re, 28 janv. 2015, n° 13-27.983 P : *Dr. fam. 2015, n° 71, obs. Neirinck* • 15 mai 2018, n° 17-15.831 • 7 nov. 2018, n° 17-26.012 • 5 déc. 2018, n° 17-28.563.

14. Droit de visite en lieu médiatisé : le juge doit fixer aussi la durée de la rencontre avec le parent. Selon l'art. 1180-5 C. pr. civ., lorsque le juge décide qu'un droit de visite s'exercera dans un espace de rencontre, il détermine la périodicité et la durée des rencontres ; méconnaît l'étendue de ses pouvoirs et viole ce texte la cour d'appel qui, après avoir maintenu la résidence des enfants chez leur mère, décide que le père bénéficiera, pendant un délai de dix-huit mois, d'un droit de visite médiatisé, à raison de deux fois par mois, dans les locaux d'une association à Paris, en présence des accueillants et selon les modalités concrètes définies par ceux-ci, alors que le juge devait préciser la durée des rencontres. • Civ. 1re, 11 juill. 2019, n° 18-11.022.

15. ... En présence d'une mesure d'assistance éducative. Lorsque le juge aux affaires familiales décide que le droit de visite s'exercera dans un espace de rencontre en application de l'art. 373-2-9, il fixe la durée de la mesure et détermine la périodicité et la durée des rencontres, sans pouvoir s'en remettre sur ce point à la décision du juge des enfants prise sur le fondement des art. 375-3 et 375-7, qui est provisoire ; cassation de l'arrêt qui s'en remet à la décision du juge des enfants sur la durée de la mesure et celle des rencontres. • Civ. 1re, 14 avr. 2021, n° 19-21.024 P.

16. Droit sociaux. Lorsqu'à la suite du divorce, de la séparation de droit ou de fait des époux ou de la cessation de la vie commune des concubins, les parents exercent conjointement l'autorité parentale et bénéficient d'un droit de résidence alternée sur leur enfant mis en œuvre de manière effective et équivalente, l'un et l'autre de ces parents sont considérés comme assumant la charge effective et permanente de leur enfant au sens de l'art. L. 513-1 CSS. • Civ. 2e, 25 nov. 2021, n° 19-25.456 B.

17. Fiscalité. En application de l'art. 194 CGI, en cas de résidence alternée au domicile de chacun des parents, et sauf disposition contraire dans la convention homologuée par le juge, la décision judiciaire ou, le cas échéant, l'accord entre les parents, les enfants mineurs sont réputés être à la charge égale de l'un et de l'autre parent ; cette présomption peut être écartée s'il est justifié que l'un des parents assume la charge principale des enfants. • Civ. 1re, 9 sept. 2015, n° 14-23.687 P : *D. 2016. 674, obs. Douchy-Oudot ; AJ fam. 2015. 609, obs. Thouret ; RTD civ. 2015. 862, obs. Hauser.*

Art. 373-2-9-1 *(L. n° 2019-222 du 23 mars 2019, art. 32)* **Lorsqu'il est saisi d'une requête relative aux modalités d'exercice de l'autorité parentale, le juge aux affaires familiales peut attribuer provisoirement la jouissance du logement de la famille à l'un des deux parents, le cas échéant en constatant l'accord des parties sur le montant d'une indemnité d'occupation.**

Le juge fixe la durée de cette jouissance pour une durée maximale de six mois.

Lorsque le bien appartient aux parents en indivision, la mesure peut être prorogée, à la demande de l'un ou l'autre des parents, si durant ce délai le tribunal a été saisi des opérations de liquidation partage par la partie la plus diligente. — *Sur la demande, V. C. pr. civ., art. 1136-1, App., I. Procédure.*

Art. 373-2-10 **En cas de désaccord, le juge s'efforce de concilier les parties.**

A l'effet de faciliter la recherche par les parents d'un exercice consensuel de l'autorité parentale, le juge peut leur proposer une mesure de médiation *(L. n° 2020-936 du 30 juill. 2020, art. 5)* **« , »** *(L. n° 2019-1480 du 28 déc. 2019, art. 5)* **« sauf si des violences sont alléguées par l'un des parents sur l'autre parent ou sur l'enfant »** *(L. n° 2020-936 du 30 juill. 2020, art. 5)* **« , ou sauf emprise manifeste de l'un des parents sur l'autre parent, » et, après avoir recueilli leur accord, désigner un médiateur familial pour y procéder** *(L. n° 2019-222 du 23 mars 2019, art. 31)* **« , y compris dans la décision statuant définitivement sur les modalités d'exercice de l'autorité parentale ».**

Il peut *(L. n° 2019-222 du 23 mars 2019, art. 31)* **« de même » leur enjoindre** *(L. n° 2016-1547 du 18 nov. 2016, art. 6)* **« , sauf si des violences** *(L. n° 2019-1480 du 28 déc. 2019, art. 5)* **« sont alléguées » par l'un des parents sur l'autre parent ou sur l'enfant »** *(L. n° 2020-936 du 30 juill. 2020, art. 5)* **« , ou sauf emprise manifeste de l'un des parents sur l'autre parent, » de rencontrer un médiateur familial qui les informera sur l'objet et le déroulement de cette mesure.**

Sur l'interdiction du recours à la médiation familiale en cas de violences, V. Circ. 26 juill. 2017, App. III. Violences familiales.

BIBL. ▸ Médiation familiale : CALDERON-BRUNEAU, *Dr. fam. 2011. Pratique 1.* - CEVAER-JOURDAIN, *Gaz. Pal. 1997. 2. Doctr. 1587.* - CHABAULT-MARX, *D. 2012. 43.* - CRÉMONT, *JCP N 1999. 317.* - GANANCIA, *Gaz. Pal. 1999. 2. Doctr. 992.* - JUSTON et COMBA, *AJ fam. 2005. 399* (pratique de la médiation familiale). - JUSTON, *Dr. fam. 2008. Chron. 10.* - LARRIBAU-TERNEYRE, *JCP 1993. I. 3649 ; Dr. fam. 2012. Études n° 12.* - F. MONÉGER, *LPA 26 août 2002.* - RONGEAT-OUDIN, *RJPF 2010-2/11.* ▸ Dossier, *AJ fam. 2003. 48.*

Illustration postérieure à la L. du 4 mars 2002 : • Paris, 11 sept. 2002 : *D. 2002. IR 3241.* ♦ Sur la désignation d'un médiateur familial avant la L. du 4 mars 2002 : • TGI Argentan, 23 juin 1988 : *D. 1989. 411, note Lienhard* • TGI La Rochelle, 17 févr. 1988 : *eod. loc.* ♦ Comp. • T. enfants Toulouse, 13 sept. 1988 : *D. 1990. 395, note Garé* • 2 févr. 1989 : *eod. loc.* ♦ Sur l'ensemble de ces décisions, V. obs. Rubellin-Devichi, *RTD civ. 1990. 450.* ♦ Sur le recours à un médiateur dans le cadre de l'octroi d'un droit de visite des grands-parents, V. déjà la décision citée note 14 ss. art. 371-4.

Art. 373-2-11 **Lorsqu'il se prononce sur les modalités d'exercice de l'autorité parentale, le juge prend notamment en considération :**

1° La pratique que les parents avaient précédemment suivie ou les accords qu'ils avaient pu antérieurement conclure ;

2° Les sentiments exprimés par l'enfant mineur dans les conditions prévues à l'article 388-1 ;

3° L'aptitude de chacun des parents à assumer ses devoirs et respecter les droits de l'autre ;
4° Le résultat des expertises éventuellement effectuées, tenant compte notamment de l'âge de l'enfant ;
5° Les renseignements qui ont été recueillis dans les éventuelles enquêtes et contre-enquêtes sociales prévues à l'article 373-2-12 ;
(L. n° 2010-769 du 9 juill. 2010, art. 8) **« 6° Les pressions ou violences, à caractère physique ou psychologique, exercées par l'un des parents sur la personne de l'autre. »**

BIBL. ▶ DIONISI-PEYRUSSE et PICHARD, *AJ fam. 2018. 34* (prise en compte des violences conjugales en matière d'autorité parentale).

1. Influence des pratiques antérieures. En présence d'un désaccord persistant entre les époux concernant l'exercice effectif de la garde de leur enfant commun, lequel ne pouvait pas, par suite de leur séparation, résider simultanément chez son père et sa mère, le *juge des tutelles*, puis le tribunal de grande instance, n'ont fait qu'user du pouvoir qui leur était accordé par l'art. 372-1 ancien (art. 372-1-1 ancien) en décidant que l'enfant serait confié à sa mère, son père pouvant toutefois lui rendre visite et l'héberger, suivant les modalités correspondant à une pratique antérieurement suivie. • Civ. 1re, 6 juin 1979 : *Gaz. Pal. 1981. 1. 36, note J. M.* – Dans le même sens : • Civ. 1re, 21 mai 1975, n° 74-12.602 P : *R., p. 15 ; JCP 1976. II. 18208, note Le Guidec.*

2. Audition de l'enfant. Sur l'audition de l'enfant, V. de façon générale notes ss. art. 388-1. ♦ Sur le refus à l'enfant du droit d'intervenir dans les instances relatives aux modalités d'exercice de l'autorité parentale, V. ss. art. 373-2-8.

3. Prise en compte des sentiments de l'enfant. L'arrêt qui fixe la résidence de l'enfant après l'avoir entendu doit faire mention de cette audition. • Civ. 1re, 20 oct. 2010 : *D. 2011. Pan.1995, obs. Gouttenoire*. ♦ ... Et doit indiquer s'il a tenu compte des sentiments exprimés par l'enfant : • Civ. 2e, 20 nov. 1996 : *D. 1997. 192, note Benhamou ; D. 1997. Somm. 279, obs. Descamps-Dubaele ; Defrénois 1997. 987, obs. Massip ; RTD civ. 1997. 112, obs. Hauser ; Dr. fam. 1997, n° 26, note Murat.* ♦ Mais la cour d'appel, qui a pris en considération les sentiments exprimés par l'enfant au cours de son audition, n'est pas tenue d'en préciser la teneur. • Civ. 1re, 22 oct. 2014, n° 13-24.945 P : *D. 2014. 2241, obs. Da Silva ; ibid. 2015. 1919, obs. Bonfils et Gouttenoire ; AJ fam. 2014. 695, obs. Ganancia ; RTD civ. 2015. 117, obs. Hauser*. ♦ Dans le même sens : • Civ. 1re, 15 févr. 2023, n° 21-18.498 : *AJ fam. 2023. 228, obs. Mallevaey*.

4. Contenu de la motivation de la décision du juge. Pour fixer la résidence habituelle de l'enfant chez sa mère, une cour d'appel retient que les capacités éducatives de la mère ne sont pas utilement remises en cause et qu'il n'existe pas de circonstances propres à justifier le changement de résidence décidé en première instance ; en statuant ainsi, sans rechercher, comme il le lui incombait, si l'intérêt de l'enfant commandait de fixer sa résidence au domicile de la mère ou du père, la cour d'appel n'a pas donné de base légale à sa décision (visa : art. 373-2-11 C. civ., ensemble l'art. 373-2-6 du même code). • Civ. 1re, 18 déc. 2019, n° 18-14.992.

Art. 373-2-12 **Avant toute décision fixant les modalités de l'exercice de l'autorité parentale et du droit de visite ou confiant les enfants à un tiers, le juge peut donner mission à toute personne qualifiée d'effectuer une enquête sociale. Celle-ci a pour but de recueillir des renseignements sur la situation de la famille et les conditions dans lesquelles vivent et sont élevés les enfants.**
Si l'un des parents conteste les conclusions de l'enquête sociale, une contre-enquête peut à sa demande être ordonnée.
L'enquête sociale ne peut être utilisée dans le débat sur la cause du divorce.

BIBL. ▶ GARÉ, *RTD civ. 1987. 692.*

FORM. PR. CIV. *Enquête sociale (C. civ., art. 373-2-12).*

DALLOZ PRATIQUE[S] *Divorce – Mesure d'enquête sociale ou d'expertise médico-psychologique ou psychiatrique pendant une procédure de divorce.*

1. Enquête sociale (art. 287-2 anc.) : pouvoir souverain des juges du fond. Une cour d'appel, modifiant la résidence habituelle de l'enfant, n'a pas l'obligation d'ordonner l'enquête sociale demandée. • Civ. 2e, 13 juill. 2000 : *RJPF 2000-10/33, note Valory ; RTD civ. 2000. 822, obs. Hauser*.

2. ... Contre-enquête. Une cour d'appel ne peut accueillir la demande d'un père naturel d'exercer seul l'autorité parentale sur son enfant, en se fondant sur le rapport d'enquête sociale, sans répondre aux conclusions de la mère naturelle qui avait demandé une contre-enquête (cassation au visa de l'art. 287-2 anc.). • Civ. 1re, 6 févr. 1996 : *D. 1996. 621, note Massip*.

3. ... Utilisation en matière de cause de divorce. Cassation de l'arrêt qui utilise, entre autres éléments, les résultats d'une enquête sociale pour retenir contre l'épouse une cause de divorce. • Civ. 2e, 13 janv. 1988 : *Gaz. Pal. 1989. 1. 38, note J. M.* • 5 juin 2003, n° 01-13.870 P : *AJ fam. 2003. 308, obs. S. D.* ; *Dr. fam. 2003, n° 145, note Gouttenoire ; RTD civ. 2003. 687, obs. Hauser*. ♦ V. également : • Civ. 1re, 13 déc. 2017, n° 16-25.256 P : *D. 2018. 8* ; *AJ fam. 2018. 177, obs. Casey* ; *Dr. fam. 2018, n° 59, note Binet.*

4. … Utilisation pour la fixation de la contribution à l'entretien de l'enfant. C'est sans méconnaître le sens et la portée de l'art. 287-2 (anc.) qu'une cour d'appel a pu faire état d'un renseignement relatif au salaire du père, qui figurait dans l'enquête sociale, pour fixer sa contribution à l'entretien de l'enfant. • Civ. 1re, 6 janv. 2004 : *Gaz. Pal. 2004. Somm. 1977, obs. Massip.*

Art. 373-2-13 **Les dispositions contenues dans la convention homologuée** *(L. n° 2016-1547 du 18 nov. 2016, art. 50, en vigueur le 1er janv. 2017)* **« ou dans la convention de divorce par consentement mutuel prenant la forme d'un acte sous signature privée contresigné par avocats déposé au rang des minutes d'un notaire » ainsi que les décisions relatives à l'exercice de l'autorité parentale peuvent être modifiées ou complétées à tout moment par le juge, à la demande des ou d'un parent ou du ministère public, qui peut lui-même être saisi par un tiers, parent ou non.**

A. MODIFICATION DES DÉCISIONS

Jurisprudence antérieure à la L. du 4 mars 2002.

1. Sur le droit d'action du ministère public, V. • Caen, 20 déc. 1977 : *Gaz. Pal. 1978. 1. 287, note Brazier.*

2. Les décisions relatives à l'exercice de l'autorité parentale peuvent être modifiées ou complétées à tout moment par le juge, à la demande d'un ou des parents ; en l'espèce, possibilité pour la cour d'appel de moodifier le lieu de résidence de l'enfant, l'enquête sociale ordonnée constituant un élément nouveau et ayant révélé un syndrome d'aliénation parentale. • Civ. 1re, 26 juin 2013, n° 12-14.392 P : *D. 2013. 1684* ; *AJ fam. 2013. 499, obs. Khenkine-Sonigo* ; *RTD civ. 2013. 590, obs. Hauser* ; *JCP 2013, n° 831, avis C. Petit ; Dr. fam. 2013, n° 152, obs. Paricard* (loi nouvelle).

B. MODIFICATION DES CONVENTIONS HOMOLOGUÉES

Jurisprudence antérieure à la L. du 4 mars 2002.

3. Absence initiale de pension. En cas de divorce sur demande conjointe, lorsque la convention définitive ne met aucune pension à la charge du père pour l'entretien de l'enfant dont la garde est confiée à la mère, cette convention ne met pas obstacle à l'action ultérieure de la mère en paiement d'une pension alimentaire, dès lors que l'obligation d'entretenir et d'élever les enfants résulte d'une obligation légale à laquelle les parents ne peuvent échapper qu'en démontrant qu'ils sont dans l'impossibilité matérielle de le faire. • Civ. 2e, 4 mars 1987, n° 86-10.453 P • 2 mai 2001, n° 99-15.714 P : *Défrénois 2001. 1353, obs. Massip ; Dr. fam. 2001, n° 78, note Lécuyer ; RJPF 2001-7-8/28, obs. Guerder ; RTD civ. 2001. 860, obs. Hauser* (absence de validité de la renonciation, dans une convention d'après divorce, à demander au père une pension pour l'entretien des enfants). ♦ Déjà en ce sens : • Civ. 2e, 17 oct. 1985, n° 84-15.135 P (convention prévoyant qu'il n'y aurait pas lieu à pension).

4. Modification de la pension. Aucune disposition légale ne supprime ni ne soumet à des dispositions particulières le droit pour les parties de demander au juge de modifier, en considération des changements intervenus, le montant de la contribution à l'entretien et à l'éducation des enfants communs, mis par la convention homologuée à la charge de celui des parents qui n'en a pas la garde. • Civ. 2e, 21 avr. 1982, n° 81-11.162 P : *R., p. 43 ; D. 1983. 198, note Floro ; Gaz. Pal. 1983. 1. 173, note J. M.* • 18 déc. 1996, n° 93-16.173 P : *Dr. fam. 1997, n° 44, note Lécuyer.* – Dans le même sens : • Versailles, 16 déc. 1980 : *JCP 1982. II. 19716, note Lindon* • Paris, 30 juin 1982 : *Gaz. Pal. 1982. 2. 440, note Brazier.* ♦ Comp. • Basse-Terre, 19 juill. 1982 : *D. 1982. 587, note Floro* • Versailles, 21 sept. 1982 : *JCP 1983. II. 20113, note Lindon.* ♦ V. aussi note 3 ss. art. 373-2-5.

5. Homologation de la modification. La modification conventionnelle d'une convention homologuée fixant la contribution du père à l'éducation des enfants doit être soumise à homologation (cassation de l'arrêt qui a considéré qu'il y avait eu accord verbal entre les parents pour réduire le montant de la pension). • Civ. 2e, 26 juin 1996, n° 94-17.991 P.

§ 4 *De l'intervention des tiers (L. n° 2002-305 du 4 mars 2002).*

Art. 373-3 *(Abrogé par L. n° 2022-140 du 7 févr. 2022, art. 4) « (L. n° 2002-305 du 4 mars 2002)* ***« La séparation des parents ne fait pas obstacle à la dévolution prévue à l'article 373-1, lors même que celui des père et mère qui demeure en état d'exercer l'autorité parentale aurait été privé de l'exercice de certains des attributs de cette autorité par l'effet du jugement prononcé contre lui. »***

(L. n° 2002-305 du 4 mars 2002) « **Le juge peut, à titre exceptionnel et si l'intérêt de l'enfant l'exige, notamment lorsqu'un des parents est privé de l'exercice de l'autorité parentale, décider de confier l'enfant à un tiers, choisi de préférence dans sa parenté. Il est saisi et statue conformément aux articles 373-2-8 et 373-2-11.** »

Dans des circonstances exceptionnelles, le *(L. n° 93-22 du 8 janv. 1993)* « **juge aux affaires familiales** » **qui statue sur les modalités de l'exercice de l'autorité parentale après** *(L. n° 2002-305 du 4 mars 2002)* « **séparation des parents** » **peut décider, du vivant même des parents, qu'en cas de décès de celui d'entre eux qui exerce cette autorité, l'enfant n'est pas confié au survivant. Il peut, dans ce cas, désigner la personne à laquelle l'enfant est provisoirement confié.**

Al. 4 abrogé par L. n° 2002-305 du 4 mars 2002.

BIBL. ▸ Enfant confié à un tiers : Gouttenoire-Cornut et Murat, *Dr. fam. 2003. Chron. 1.* - Leroyer, *RTD civ. 1998. 587* ⊘. ▸ Décès de l'un des parents : Fulchiron, *JCP 1990. I. 3462.* - Rubellin-Devichi, *RTD civ. 1990. 448* ⊘. ▸ Rôle du tiers : Moracchini-Zeidenberg, *Dr. fam. 2010. Étude 7.* - Dossier, LPA *24 févr. 2010.*

1. Al. 2. : enfant confié à un tiers. La faculté ouverte au juge de confier l'enfant à un tiers n'est pas limitée au cas où l'un des parents est décédé ou se trouve privé de l'exercice de l'autorité parentale. • Civ. 1re, 25 févr. 2009, n° 07-14.849 P : *D. 2009. AJ 811, obs. Égéa* ⊘ *; ibid. 1665, note Servant* ⊘ *; LPA 18-19 août 2009, note Massip ; JCP 2009. II. 10076, note Brusorio-Aillaud ; AJ fam. 2009. 171, obs. Gallmeister* ⊘ *; Dr. fam. 2009, n° 58, obs. Gareil-Sutter ; RLDC 2009/59, n° 3395, obs. Pouliquen.* ♦ Le juge ne saurait être saisi à cet effet par le tiers lui-même. • Même arrêt. ♦ V. art. 373-2-8.

2. Al. 3 : circonstances exceptionnelles. Pour une illustration des « circonstances exceptionnelles » visées à l'alinéa 3, V. • Pau, 12 déc. 1995 : *Defrénois 1997. 996, obs. Massip* (mère gravement malade, divorcée d'un homme de nationalité zaïroise, condamné pénalement en France, puis expulsé) • Nancy, 28 sept. 2012 : *Dr. fam. 2013, n° 40, obs. Neirinck* (père incarcéré pour une longue période et que l'enfant refuse de voir). ♦ Inversement, jugeant que les circonstances ne sont pas exceptionnelles : • Bordeaux, 8 mars 2005 : *JCP 2005. IV. 3038.*

Art. 373-4 *(L. n° 87-570 du 22 juill. 1987)* **Lorsque l'enfant a été confié à un tiers, l'autorité parentale continue d'être exercée par les père et mère ; toutefois, la personne à qui l'enfant a été confié accomplit tous les actes usuels relatifs à sa surveillance et à son éducation.**

Le *(L. n° 93-22 du 8 janv. 1993)* « **juge aux affaires familiales** », **en confiant l'enfant à titre provisoire à un tiers, peut décider qu'il devra requérir l'ouverture d'une tutelle.**

Art. 373-5 *(L. n° 87-570 du 22 juill. 1987)* **S'il ne reste plus ni père ni mère en état d'exercer l'autorité parentale, il y aura lieu à l'ouverture d'une tutelle ainsi qu'il est dit à l'article 390 ci-dessous.** — *Cet art. reprend sans changement le texte de l'ancien art. 373-4.*

Art. 374 *(Abrogé par L. n° 2002-305 du 4 mars 2002) (L. n° 93-22 du 8 janv. 1993)* ***Lorsque la filiation d'un enfant naturel n'est établie qu'à l'égard de l'un de ses deux parents, celui-ci exerce seul l'autorité parentale.***

Lorsque sa filiation est établie à l'égard de ses deux parents selon des modalités autres que celles prévues à l'article 372, l'autorité parentale est exercée par la mère. Toutefois, elle est exercée en commun par les deux parents s'ils en font la déclaration conjointe devant *(L. n° 95-125 du 8 févr. 1995, art. 10)* « ***le greffier en chef du tribunal de grande instance*** ».

Dans tous les cas, le juge aux affaires familiales peut, à la demande du père, de la mère ou du ministère public, modifier les conditions d'exercice de l'autorité parentale à l'égard d'un enfant naturel. Il peut décider qu'elle sera exercée soit par l'un des deux parents, soit en commun par le père et la mère ; il désigne, dans ce cas, le parent chez lequel l'enfant aura sa résidence habituelle.

Le juge aux affaires familiales peut accorder un droit de surveillance au parent qui n'a pas l'exercice de l'autorité parentale. Il ne peut lui refuser un droit de visite et d'hébergement que pour des motifs graves.

En cas d'exercice en commun de l'autorité parentale, le parent chez lequel les enfants ne résident pas habituellement contribue à leur entretien et à leur éducation à proportion des facultés respectives des parents.

Art. 374-1 *(L. n° 93-22 du 8 janv. 1993 ; Ord. n° 2005-759 du 4 juill. 2005)* **Le tribunal qui statue sur l'établissement d'une filiation peut décider de confier provisoirement l'enfant à un tiers qui sera chargé de requérir l'organisation de la tutelle.**

Art. 374-2 Dans tous les cas prévus au présent titre, la tutelle peut être ouverte lors même qu'il n'y aurait pas de biens à administrer.

Elle est alors organisée selon les règles prévues au titre X.

V. C. pr. civ., art. 1179 à 1180-3, ci-dessous.

SECTION 2 *De l'assistance éducative*

BIBL. GÉN. ▸ Loi n° 2007-293 du 5 mars 2007 sur la protection de l'enfance : Eudier et Chamboncel-Saligue, *RJPF 2007-11/11*. - Gouttenoire, *D. 2007. Chron. 1090* - Dossier, *AJ fam. 2020*. 443.

Art. 375 Si la santé, la sécurité ou la moralité d'un mineur non émancipé sont en danger, ou si les conditions de son éducation *(L. n° 2007-293 du 5 mars 2007, art. 14)* **« ou de son développement physique, affectif, intellectuel et social » sont gravement compromises, des mesures d'assistance éducative peuvent être ordonnées par justice à la requête des père et mère conjointement, ou de l'un d'eux,** *(L. n° 87-570 du 22 juill. 1987)* **« de la personne ou du service à qui l'enfant a été confié » ou du tuteur, du mineur lui-même ou du ministère public.** *(L. n° 2007-293 du 5 mars 2007, art. 14)* **« Dans les cas où le ministère public a été avisé par le président du conseil départemental, il s'assure que la situation du mineur entre dans le champ d'application de l'article L. 226-4 du code de l'action sociale et des familles. » Le juge peut se saisir d'office à titre exceptionnel.**

Elles peuvent être ordonnées en même temps pour plusieurs enfants relevant de la même autorité parentale.

(L. n° 86-17 du 6 janv. 1986, art. 51 ; L. n° 2016-297 du 14 mars 2016, art. 30) **« La décision fixe la durée de la mesure sans que celle-ci puisse excéder deux ans. La mesure peut être renouvelée par décision motivée. »** — *V. C. pr. civ., art. 1200-1.*

(L. n° 2007-293 du 5 mars 2007, art. 14) **« Cependant, lorsque les parents présentent des difficultés relationnelles et éducatives graves, sévères et chroniques, évaluées comme telles dans l'état actuel des connaissances, affectant durablement leurs compétences dans l'exercice de leur responsabilité parentale, une mesure d'accueil exercée par un service ou une institution peut être ordonnée pour une durée supérieure, afin de permettre à l'enfant de bénéficier d'une continuité relationnelle, affective et géographique dans son lieu de vie dès lors qu'il est adapté à ses besoins immédiats et à venir.**

« Un rapport concernant la situation de l'enfant doit être transmis annuellement *(L. n° 2016-297 du 14 mars 2016, art. 28)* **« , ou tous les six mois pour les enfants de moins de deux ans, » au juge des enfants. »** *(L. n° 2022-140 du 7 févr. 2022, art. 12)* **« Ce rapport comprend notamment un bilan pédiatrique, psychique et social de l'enfant. »**

Ancien art. 375 ***Si la santé, la sécurité ou la moralité d'un mineur non émancipé sont en danger, ou si les conditions de son éducation sont gravement compromises, des mesures d'assistance éducative peuvent être ordonnées par justice à la requête des père et mère conjointement, ou de l'un d'eux,*** *(L. n° 87-570 du 22 juill. 1987)* ***« de la personne ou du service à qui l'enfant a été confié » ou du tuteur, du mineur lui-même ou du ministère public. Le juge peut se saisir d'office à titre exceptionnel.***

Elles peuvent être ordonnées en même temps pour plusieurs enfants relevant de la même autorité parentale.

(L. n° 86-17 du 6 janv. 1986, art. 51) ***« La décision fixe la durée de la mesure sans que celle-ci puisse, lorsqu'il s'agit d'une mesure éducative exercée par un service ou une institution, excéder deux ans. La mesure peut être renouvelée par décision motivée. »***

Sur le contrat de responsabilité parentale, V. CASF, art. L. 222-4-1, issu de L. n° 2006-396 du 31 mars 2006, art. 48, et art. R. 222-4-1 s. — **CASF.**

Sur la mesure judiciaire d'investigation éducative, V. Arr. du 2 févr. 2011. — **C. pr. civ.**

Sur la prostitution des mineurs, V. L. n° 2002-305 du 4 mars 2002, art. 13-I et II, ss. art. 387-6.

Sur le Défenseur des droits, V. L. org. n° 2011-333 du 29 mars 2011, ss. art. 388-3.

RÉP. CIV. v° *Assistance éducative,* par G. RAYMOND, M. BRUGGEMAN.

BIBL. ▸ Modifications apportées par la loi du 4 juin 1970 : Ph. ROBERT, *RTD civ. 1972. 26.* ▸ Notion de danger couru par l'enfant : CHAZAL, *Études M. Ancel, Pédone, 1975, t. 1, p. 327.* ▸ Non-exercice fautif d'un droit subjectif : POUSSON, *Mél. L. Boyer, Univ. Toulouse, 1996, p. 563.* ▸ Qualité de gardien de la direction départementale de l'action sanitaire et sociale : P. VERDIER, *Gaz. Pal. 1974. 1. Doctr. 216.* ▸ Intérêt de l'enfant : ATIBACK, *Dr. fam. 2006. Étude 18.* ▸ Responsabilité du fait du mineur placé : ARTUS, *D. 2001. Chron. 18* (contentieux administratif). ▸ Santé des mineurs : DEISS, *JCP 1983. I. 3125.* - ESCHYLLE, *RDSS 1997. 639* (IVG). - HUYETTE, *D. 1996. Chron. 271* (sectes et protection judiciaire des mineurs). - MASSIP, *Defrénois 1998. 1028* (contrôle de la Cour de cassation) ; *Trav. Assoc. Capitant, XXX-1979, p. 101* (protection de l'enfant). - DE TOUZALIN, *JCP 1974. I. 2672.* ▸ Mineurs délinquants et jeunes en danger : R. LEGEAIS, *Mél. Vincent, Dalloz, 1981, p. 203.* ▸ Mineurs étrangers : BAUDOIN, *Rev. crit. DIP 1994. 483* . ▸ Responsabilité du juge des enfants : FOSSIER, *Gaz. Pal. 6-7 févr. 2002, Doctr.* ▸ Procédure : DESLOGES, *AJ fam. 2010. 530* . - Dossier, *AJ fam. 2002. 202* . ▸ Contrat de responsabilité parentale (Loi du 31 mars 2006) : BATTEUR, *RLDC 2008/51, suppl., n° 3089.* - BRUNET, *obs. D. 2007. Pan. 2197.* - EUDIER, *RJPF 2006-11/41.* - LAMBERT, *Dr. fam. 2007. Étude 25.* - ROCHFELD, *RTD civ. 2006. 395* ; *RDC 2006. 665.* - ROLIN, *RDC 2006. 849 ; RDSS 2007. 38* .
▸ Loi n° 2007-293 du 5 mars 2007 sur la protection de l'enfance : BERNIGAUD, *Dr. fam. 2007. Étude 23.*

1. Conformité à la Conv. EDH. V. ss. art. 371-3.

A. DOMAINE DE L'ASSISTANCE ÉDUCATIVE

2. Protection de l'enfant. La protection de l'enfance a pour but, notamment, de prévenir les difficultés que peuvent rencontrer les mineurs privés temporairement ou définitivement de la protection de leur famille et d'assurer leur prise en charge ; lorsque le juge des enfants est saisi de la situation d'un mineur privé temporairement ou définitivement de la protection de sa famille, il prend sa décision en stricte considération de l'intérêt de l'enfant. • Civ. 1re, 16 nov. 2017, n° 17-24.072 P : *D. 2018. 313, obs. Joubert ; AJ fam. 2018. 172, obs. Pedron ; RDSS 2018. 155, note Monéger.* ♦ V. note 1 ss. art. 373-2-6.

3. Assistance éducative et responsabilité. La décision du juge des enfants de confier à une personne physique ou morale la « garde » d'un mineur en danger par application des art. 375 s. C. civ. transfère au gardien la responsabilité d'organiser, diriger et contrôler la vie du mineur, et donc la responsabilité de ses actes, celle-ci n'étant pas fondée sur l'autorité parentale mais sur la garde. • Crim. 10 oct. 1996 : *D. 1997. 309, note Huyette ; JCP 1997. II. 22833, note Chabas ; Dr. fam. 1997, n° 83, note Murat (2e esp.).* ♦ Sur les critères de répartition des compétences entre juridictions judiciaires et administratives à raison des actes commis par un mineur placé, V. • T. confl. 17 déc. 2001, n° 01-03.275 P.

4. Mineurs concernés : mineur sous tutelle de l'aide sociale. La circonstance qu'un mineur, objet d'une procédure d'assistance éducative, a été placé sous la tutelle de l'Aide sociale à l'enfance ne fait pas obstacle à ce que le juge des enfants poursuive son action en ordonnant les mesures appropriées lorsque les conditions prévues à l'art. 375 demeurent réunies. • Civ. 1re, 3 déc. 1991, n° 90-05.011 P : *Defrénois 1992. 728, obs. Massip.* ♦ Inversement, ayant constaté que le père n'avait plus l'exercice de l'autorité parentale même s'il en conservait le droit, les juges du fond peuvent estimer souverainement que l'état de danger dans lequel se trouvait l'enfant a disparu. • Civ. 1re, 3 nov. 2004, n° 03-05.056 P : *JCP 2005. I. 116, n° 7, obs. Fossier ; JCP 2006. II. 10008, note Geffroy et Nissabouri ; AJ fam. 2005. 20, obs. Chénedé ; Dr. fam. 2005, n° 122, note Salvage-Gerest ; RJPF 2005-3/37, note Eudier ; RTD civ. 2005. 100, obs. Hauser ; RDSS 2005. 304, note F. Monéger.*

5. ... DIP. Les art. 375 à 375-8 sont applicables sur le territoire français à tous les mineurs qui s'y trouvent, quelle que soit leur nationalité ou celle de leurs parents. • Civ. 1re, 16 janv. 1979, n° 78-80.002 P. ♦ Un mineur, non autorisé à résider en France, retenu en zone d'attente peut faire l'objet d'une mesure de protection, une zone d'attente se trouvant sous contrôle administratif et juridictionnel national. • Civ. 1re, 25 mars 2009, n° 08-14.125 P : *R., p. 317 ; D. 2009. Pan. 1918, obs. Gouttenoire ; ibid. 1795, avis Sarcelet ; JCP 2009, n° 40, p. 33, note Farge ; AJ fam. 2009. 225, obs. Gallmeister ; RJPF 2009-6/16, obs. Putman ; RDSS 2009. 550, obs. Bruggeman.* ♦ Mais ils ne sont pas applicables dès lors que l'intéressé, quoique mineur au regard de sa loi personnelle, est majeur au regard de la loi française. • Paris, 16 mai 2000 : *RDSS 2000. 609, note F. Monéger.* ♦ Les lois relatives à l'assistance éducative étant d'application territoriale, les juridictions françaises sont incompétentes pour prendre des mesures d'assistance éducative à l'égard de mineurs résidant à l'étranger, sauf application éventuelle des dispositions contraires des art. 3 à 5 de la convention de La Haye du 5 oct. 1961. • Civ. 1re, 6 avr. 1994, n° 93-05.024 P : *R., p. 276 ; Defrénois 1994. 1099, obs. Massip.*

6. Situations visées : principes. Un mineur ne peut, par mesure d'assistance éducative, être retiré de son milieu actuel que dans les cas limitativement énumérés à l'art. 375, notamment lorsque les conditions de son éducation sont « gravement compromises », et les juges du fond sont tenus de s'expliquer à cet égard. • Civ. 1re, 16 févr. 1977 : *Bull. civ. I, n° 90* • 8 oct. 1985, n° 85-80.002 P : *Gaz. Pal. 1986. 1. 386, note J. M.* • 8 oct. 1986, n° 84-80.007 P : *R., p. 129 ; Gaz. Pal. 1987. 2. 385, note J. M.* ♦ Hors les cas ainsi prévus par la loi, le juge des enfants est sans compétence pour intervenir dans le conflit qui oppose le père des enfants aux personnes à qui il les a confiés. • Civ. 1re, 28 janv. 1969 : *D. 1969. 276 ; JCP 1969. II. 16111, note Mayer-Jack.* ♦ ... Ou dans le conflit qui oppose deux époux au sujet de la garde d'un enfant commun. • Civ. 1re, 29 nov. 1965 : *D. 1966. 81* • 14 févr. 1990 : *Defrénois 1990. 693, obs. Massip.*

7. ... Illustrations. Constitue un cas de danger justifiant une mesure d'assistance éducative le risque de voir l'enfant soustrait aux soins que nécessite sa surdité, ce risque résultant de l'intention de la mère d'emmener son enfant avec elle à l'étranger, où ne pourrait être poursuivi le traitement de rééducation approprié à son état. • Civ. 1re, 25 nov. 1981 : *JCP 1983. II. 19952 (2e esp.), note Boulanger.* ♦ Il y a lieu de prendre en considération les conditions de vie de tous les enfants d'une secte à laquelle les parents sont affiliés qui pourraient être de nature à compromettre gravement l'évolution et l'équilibre psychologique des enfants. • Civ. 1re, 28 mars 1995, n° 94-05.024 P : *D. 1996. Somm. 239, obs. Vitse ; Defrénois 1995. 1390, obs. Massip.*

8. Mineur isolé. Cassation de l'arrêt ayant donné mainlevée d'une mesure d'assistance éducative, l'arrêt ayant retenu que le mineur n'était pas en danger dans son pays d'origine et que sa présence sur le territoire français relevait d'une décision de ses parents, l'enfant restant soumis à l'autorité parentale de ceux-ci, alors que la cour d'appel aurait dû rechercher si le mineur disposait d'un représentant légal sur le territoire national ou était effectivement pris en charge par une personne majeure. • Civ. 1re, 16 nov. 2017, n° 17-24.072 P : *D. 2018. 313, obs. Joubert ; AJ fam. 2018. 172, obs. Pedron ; RDSS 2018. 155, note Monéger.*

B. INTERVENTION DU JUGE

9. Saisine du juge : « gardien ». Les textes qui, en matière d'assistance éducative, donnent notamment qualité au « gardien » du mineur pour saisir le juge des enfants et interjeter appel de ses décisions n'exigent pas que ce gardien soit légalement ou judiciairement investi du droit de garde. • Civ. 1re, 30 mai 1978, n° 77-80.007 P • 17 juill. 1985, n° 85-80.008 P. ♦ Ainsi, le « gardien » au sens de l'art. 375 n'est pas seulement le gardien de droit mais encore le gardien de fait. • Civ. 1re, 16 janv. 1979, n° 78-80.002 P.

10. ... Service d'aide sociale. La qualité de gardien doit être reconnue au service départemental de l'aide sociale à l'enfance. • Civ. 1re, 22 mai 1974, n° 73-80.009 P : *R. 1975, p. 15 ; Gaz. Pal. 1974. 2. 726, note P. Verdier ; RTD civ. 1975. 95, obs. Nerson* • 28 mars 1995, n° 94-05.024 P : *Defrénois 1995. 1390, obs. Massip.* ♦ Selon les principes du droit international privé relatifs au statut personnel, le gardien d'un enfant, désigné par l'autorité compétente de l'État dont le mineur est ressortissant, est investi de plein droit de cette qualité en France. • Civ. 1re, 25 juin 1991, n° 90-05.006 P : *R., p. 249 ; D. 1992. 51, note Massip ; JCP 1992. II. 21798, note Muir Watt ; JDI 1991. 975, note Gaudemet-Tallon.*

11. ... Mineur. Le mineur peut lui-même saisir le juge des enfants pour lui demander d'ordonner des mesures, il peut également lui-même interjeter appel des décisions de ce juge et faire choix d'un avocat. Il incombe seulement aux juges du fond de vérifier qu'il possède un discernement suffisant pour exercer ces prérogatives. • Civ. 1re, 21 nov. 1995 : *D. 1996. 420, note Gouttenoire ; RTD civ. 1996. 140, obs. Hauser.*

12. ... Majeur protégé. Les actions en justice d'un majeur sous tutelle relatives à l'autorité parentale sur ses enfants sont strictement personnelles, ce qui exclut la représentation par l'organisme tutélaire, sauf autorisation du juge des tutelles. • Amiens, 8 nov. 2007 : *Dr. fam. 2008, n° 64, obs. Fossier.*

13. Nature des mesures d'assistance éducative : IVG. Jugé qu'étant donné la situation de détresse d'une mineure, enceinte et souhaitant se faire avorter, mais n'ayant pu obtenir le consentement de sa mère, le juge des enfants peut autoriser l'interruption volontaire de grossesse. • T. enfants Évry, ord., 8 nov. 1982 : *D. 1983. 218, note Raynaud.* ♦ En sens inverse : • Bordeaux, 4 déc. 1991 : *D. 1993. 129, note Dubaele* (décision qui refuse d'autoriser l'IVG, mais relève le caractère abusif du refus des parents d'y consentir).

14. ... Soins médicaux. Intervention du juge des enfants en matière de choix d'un traitement médical : V. • Nancy, 3 déc. 1982 : *JCP 1983. II. 20081, note Raymond ; Gaz. Pal. 1984. 1. 132, note Dorsner-Dolivet.*

15. Durée de la mesure. Ne viole pas l'art. 375, al. 3, le juge des enfants qui prescrit qu'un mineur sera confié à des époux jusqu'à ce qu'il en soit autrement ordonné, attribuant par là même à cette mesure son terme naturel qui est la majorité de l'enfant. • Civ. 1re, 12 janv. 1994 : *JCP 1994.*

II. 22341 (1er arrêt), note Bernigaud. ♦ Mais viole l'art. 375, al. 3, la décision qui maintient le placement d'un mineur à une direction départementale à compter d'une certaine date sans fixer la durée de la mesure. • Civ. 1re, 14 déc. 1999, n° 97-05.026 P : *D. 2000. IR 9* ; *Dr. fam. 2000, n° 21, note Murat.*

16. Date de la mesure. Ne constitue pas une faute lourde de nature à engager la responsabilité de l'État la faute d'un juge des enfants qui, en application de la procédure de protection des jeunes majeurs (Décr. n° 75-96 du 18 févr. 1975, ss. art. 488 C. civ.), a ordonné une mesure de protection à l'égard d'une jeune fille à compter de la date de majorité de celle-ci devant intervenir sept jours plus tard, croyant de bonne foi que cette procédure ne pouvait pas être radicalement viciée. • Civ. 1re, 16 mars 1999, n° 97-12.717 P : *D. 1999. 488, note Huyette* .

Art. 375-1 **Le juge des enfants est compétent, à charge d'appel, pour tout ce qui concerne l'assistance éducative.**

Il doit toujours s'efforcer de recueillir l'adhésion de la famille à la mesure envisagée *(L. n° 2004-1 du 2 janv. 2004, art. 13)* **« et se prononcer en stricte considération de l'intérêt de l'enfant ».**

(L. n° 2022-140 du 7 févr. 2022, art. 26) **« Il doit systématiquement effectuer un entretien individuel avec l'enfant capable de discernement lors de son audience ou de son audition.**

« Lorsque l'intérêt de l'enfant l'exige, le juge des enfants, d'office ou à la demande du président du conseil départemental, demande au bâtonnier la désignation d'un avocat pour l'enfant capable de discernement et demande la désignation d'un administrateur *ad hoc* pour l'enfant non capable de discernement. »

BIBL. ► NORGUIN, *BICC 15 janv. 2009, p. 65* (répartition des compétences : synthèse de jurisprudence).

1. Caractère d'ordre public. Pour l'al. 2, V. note 8.

A. COMPÉTENCE

2. DIP. Sur la compétence du juge des enfants, quelle que soit la nationalité des mineurs ou celle de leurs parents, V. • Civ. 1re, 16 janv. 1979, n° 78-80.002 P • Paris, 7 déc. 2004 : *RDSS 2005. 341, obs. F. Monéger* (applicabilité des art. 375 s. à un mineur étranger retenu en zone d'attente).

3. Conflit entre plusieurs juges des enfants. Il résulte tant de l'art. 375-6 que des art. 888, al. 2, et 888-3, al. 2, anc. C. pr. civ., applicables en la cause (art. 1181, al. 2, et 1184, al. 2, C. pr. civ.) que plusieurs juges des enfants ne peuvent être simultanément compétents pour statuer sur le fond, en matière d'assistance éducative, relativement à la situation d'un mineur déterminé ; aussi le juge des enfants appelé à prendre des mesures provisoires commandées par l'urgence doit-il se dessaisir au profit du juge initialement saisi, et dont il n'est pas allégué qu'il se soit lui-même dessaisi. • Civ. 1re, 2 mars 1982, n° 81-80.001 P. ♦ Les mêmes règles sont applicables à la cour d'appel statuant en matière d'assistance éducative. • Civ. 1re, 28 avr. 1980, n° 79-80.026 P.

4. ... Entre juge des enfants et juge aux affaires familiales. Si le juge aux affaires familiales est en principe compétent pour fixer, dans l'intérêt de l'enfant, les modalités des relations entre l'enfant et un tiers, parent ou non, le juge des enfants est seul compétent, en cas de placement, pour statuer sur ces modalités. • Civ. 1re, 9 juin 2010, n° 09-13.390. ♦ Sur les conditions d'intervention du juge des enfants après une décision du juge aux affaires familiales, V. aussi note 10 ss. art. 375-3.

5. ... Entre juge des enfants et juge des tutelles. Dès lors qu'il apparaît qu'un mineur d'origine étangère, entré seul et clandestinement en France, ne sera pas récupéré par sa famille et ne pourra pas non plus être rapatrié, il n'y a plus lieu à assistance éducative, la procédure à utiliser étant celle de la tutelle déférée à l'État. • Versailles, 11 sept. 2003 : *D. 2003. IR 2801 ; RTD civ. 2004. 77, obs. Hauser* ; *RDSS 2004. 187, note F. Monéger* (annulation de la décision du juge des enfants ayant confié le mineur à l'ASE).

6. Demande de restitution de l'enfant. Lorsque le placement d'un mineur a été judiciairement ordonné, au titre des mesures d'assistance éducative, le juge des enfants est également compétent, s'agissant d'une instance modificative, pour statuer sur une demande en restitution de l'enfant formée par ses parents. • Civ. 1re, 29 oct. 1979, n° 79-80.011 P.

7. Compétence territoriale. Il résulte de l'art. 1181 C. pr. civ. que les mesures d'assistance éducative sont prises par le juge des enfants du lieu où demeure le père, la mère, le tuteur, la personne ou le service à qui l'enfant a été confié. Ces chefs de compétence étant concurrents, il est loisible au juge initialement saisi de se dessaisir au profit d'un autre juge également compétent, dans l'intérêt d'une bonne administration de la justice. • Civ. 1re, 11 oct. 1989, n° 88-13.303 P : *Defrénois 1990. 948, obs. Massip.* ♦ Le moyen qui soulève pour la première fois devant la Cour de cassation la prétendue incompétence territoriale du juge des enfants est irrecevable. • Civ. 1re, 16 janv. 1979, n° 78-80.002 P.

B. PROCÉDURE

8. Caractère d'ordre public. Les dispositions des art. 1182, 1183, 1186 C. pr. civ., 375-1, al. 2, C. civ., destinées à protéger les droits fondamentaux des familles et les libertés individuelles, sont d'ordre public, et les décisions qui ne les respectent pas doivent être purement et simplement annulées. • Rennes, 18 sept. 1987 : *D. 1988. 440, note Renucci.* ♦ V. aussi : Massip, *Gaz. Pal. 1985. 2. Doctr. 668.* – Renucci, *D. 1987. Chron. 19.*

9. Communciation au ministère public. Il résulte des textes du C. pr. civ. que le ministère public doit avoir communication de toutes les affaires dans lesquelles la loi dispose qu'il doit faire connaître son avis, ce que prévoit l'art. 1193 de ce code pour l'assistance éducative ; cassation de l'arrêt qui a statué sans communication au ministère public. • Civ. 1re, 16 déc. 2015, n° 14-24.256 P.

10. Absence d'incidence d'une procédure pénale en cours. La règle « le criminel tient le civil en l'état » est sans application lorsque est en jeu le système de protection des mineurs institué par les art. 375 s. • Civ. 1re, 4 oct. 1965 : *D. 1966. 193.*

11. Audition des parents. En matière d'assistance éducative, les parties se défendent elles-mêmes et le juge se prononce après audition, notamment, des parents. • Civ. 1re, 13 juill. 2016, n° 15-23.253 P. ♦ Si, en application des art. 1183 et 1189 C. pr. civ., le juge des enfants doit entendre les père et mère du mineur avant de prendre ou de modifier une mesure d'assistance éducative, c'est à la condition que cette audition soit possible et compatible avec l'urgence de la mesure. • Civ. 1re, 22 mai 1985 : *Gaz. Pal. 1985. 2. 756* (en l'espèce, adresse du père inconnue).

12. Audition du mineur. V. plus généralement notes ss. art. 388-1.

13. Mesures d'instruction. Les mesures prévues par les textes relatifs à l'assistance éducative, en vue de l'étude de la personnalité d'un mineur, ne sont ni obligatoires ni limitatives et il est loisible au juge des enfants de recourir à tous les modes d'investigation qu'il estime expédients pour découvrir si la santé, la sécurité, la moralité ou l'éducation d'un enfant sont compromises. • Civ. 1re, 1er juill. 1968 : *JCP 1969. II. 16090, note Ph. Robert.* ♦ La nature des mesures d'instruction en matière d'assistance éducative exclut qu'il y soit procédé en présence de toutes les parties en cause ; il suffit que celles-ci aient été à même de les discuter avant que le juge statue. • Civ. 1re, 4 oct. 1965 : *D. 1966. 193.* ♦ Sur l'appel formé contre une décision ordonnant une mesure d'instruction, V. note 20.

14. Accès aux pièces du dossier. BIBL. Fossier, *JCP 2002. I. 101, nos 19 s.* – Gouttenoire-Cornut, *Dr. fam. 2002. Chron. 14.* – Huyette, *D. 1998. Chron. 218* (indispensable réforme de l'art. 1187 C. pr. civ.) ; *D. 2001. Point de vue 1803* (la contradiction et la procédure d'assistance éducative). ♦ Au regard de l'art. 6 Conv. EDH, une procédure d'assistance éducative dans laquelle des documents aussi essentiels que les rapports sociaux n'ont pas été communiqués ne permet pas aux parents de bénéficier d'un « procès équitable ». • CEDH 24 févr. 1995 : *D. 1995. 449, note Huyette ; RTD civ. 1995. 875, obs. Hauser.* – Rappr. • CEDH, gr. ch., 10 mai 2001 : *Dr. fam. 2001, n° 106, note Murat* (manquement, en l'espèce, à l'art. 8 sur le droit au respect de la vie familiale). • CEDH, sect. I, 15 oct. 2009, *T. c/ Grèce*, n° 50796/07 *(idem).*

Sur les modalités actuelles de consultation du dossier, V. art. 1187 C. pr. civ., mod. par Décr. n° 2002-361 du 15 mars 2002 *(JO 17 mars).* ♦ Sur ce décret : Garé, *RJPF 2002-5/37.* – Huyette, *D. 2002. Chron. 1433.* – Dossier, *AJ fam. 2002. 202.*

Décidant que la nouvelle rédaction de l'art. 1187 C. pr. civ. ne méconnaît pas le principe de la contradiction ni l'art. 6-1 Conv. EDH : • Civ. 1re, 28 nov. 2006, n° 04-05.095 P : *D. 2007. 552, note Huyette ; ibid. AJ 24, obs. Gallmeister ; ibid. Pan. 2195 et 2196, obs. Gouttenoire et 2691, obs. Douchy-Oudot ; JCP 2007. I. 139, n° 24, obs. Sérinet ; AJ fam. 2007. 85, obs. Gratadour ; Dr. fam. 2007, n° 34, note Murat ; RJPF 2007-2/28, obs. Eudier ; LPA 5 juin 2007, note Massip ; RTD civ. 2007. 101, obs. Hauser.*

Est légitime le refus opposé à un père de consulter certaines pièces du dossier en raison du danger grave encouru par l'enfant du fait du climat familial très conflictuel. • Civ. 1re, 6 juill. 2005, n° 04-05.011 P : *D. 2005. 2794, note Huyette ; AJ fam. 2005. 446, obs. Gratadour ; Dr. fam. 2005, n° 265, note Murat ; LPA 14 mars 2006, note Massip ; RTD civ. 2005. 771, obs. Hauser.*

Aucune disposition légale n'impose au juge de mentionner dans sa décision que les parties ont pris connaissance du dossier. • Civ. 1re, 30 oct. 2006, n° 05-16.321 P : *LPA 5 juin 2007, note Massip.*

Sur la possibilité, pour le JAF, de fonder sa décision concernant l'autorité parentale sur le dossier d'assistance éducative tel que communiqué par le juge des enfants, V. • Cass., avis, 1er mars 2004, n° 00-40.001 P : *D. 2004. 1627, note Huyette ; JCP 2004. I. 167, n° 3, obs. Fossier ; Dr. fam. 2004, n° 142, note Gouttenoire ; RTD civ. 2004. 498, obs. Hauser.*

Cassation de l'arrêt dès lors qu'il ne résulte ni de la décision, ni du dossier, que l'une des parties ait été avisée de la faculté qui lui était ouverte de consulter le dossier au greffe et qu'elle ait été mise en mesure de prendre connaissance, avant l'audience, des pièces présentées à la juridiction et, par suite, de les discuter utilement. • Civ. 1re, 30 nov. 2022, n° 21-16.366 B.

15. Exécution provisoire. Les décisions du juge de l'assistance éducative ne sont pas, de plein droit et par la vertu de la loi, assorties de l'exécution provisoire ; la prérogative du juge de pouvoir l'ordonner a pour corollaire nécessaire le droit des parties de s'y opposer et en l'absence d'une disposition expresse excluant l'usage en la matière de cette voie de recours, le premier président statuant en référé est compétent pour se prononcer sur une demande de suspension de l'exécution provisoire dont est assortie une mesure d'assistance éducative. • Paris, ord., 11 avr. 1980 : *Gaz. Pal. 1980. 2. 552, note du Rusquec.* ♦ *Contra* : • Rennes, 15 avr. 1976 : *Gaz. Pal. 1976. 2. 520, note du Rusquec.* ♦ Comp. • Nancy, ord., 9 déc. 1983 : *D. 1984. 252, note P. E. ; JCP 1986. II. 20575, note Deiss* (mesures provisoires ordonnées pour le cours de l'instance).

16. Signification des décisions. L'art. 888-14 anc. C. pr. civ. (devenu art. 1195 C. pr. civ.), d'après lequel la notification des décisions rendues en matière d'assistance éducative est normalement faite par lettre recommandée avec demande d'avis de réception, ne déroge pas au principe, posé par l'art. 680 C. pr. civ., aux termes duquel l'acte de notification doit indiquer de manière très apparente le délai d'opposition, d'appel ou de pourvoi en cassation dans le cas où l'une de ces voies de recours est ouverte, ainsi que les modalités selon lesquelles le recours peut être exercé. • Civ. 1re, 18 mars 1980, n° 78-11.350 P.

C. VOIES DE RECOURS

17. Qualité pour interjeter appel : principe. Le principe posé par l'art. 546 C. pr. civ., d'après lequel le droit d'appel appartient à toute personne qui a été partie en première instance et qui y a intérêt, s'applique en matière d'assistance éducative. • Civ. 1re, 24 janv. 1978 : *D. 1978. 291* (appel des parents nourriciers) • 23 juill. 1979, n° 78-80.029 P (appel des grands-parents) • 16 oct. 1979, n° 78-80.018 P (appel de l'oncle du mineur).

18. ... Service d'aide sociale. Le service départemental de l'aide sociale à l'enfance est gardien des mineurs qui lui ont été confiés par le juge des enfants, et à ce titre il est recevable à interjeter appel des décisions rendues par ce magistrat. • Civ. 1re, 22 mai 1974 : *Gaz. Pal. 1974. 2. 726, note P. Verdier ; RTD civ. 1975. 95, obs. Nerson* • 28 mars 1995, n° 94-05.024 P : *Defrénois 1995. 1390, obs. Massip.*

19. ... Mineur. Le mineur peut lui-même interjeter appel, V. note 10 ss. art. 375.

20. Décisions susceptibles d'appel : mesure d'instruction. L'art. 375-1, qui dispose que le juge des enfants est compétent, à charge d'appel, pour tout ce qui concerne l'assistance éducative, ne déroge pas au principe posé par l'art. 150 C. pr. civ. et selon lequel la décision qui se borne à ordonner une mesure d'instruction ne peut être immédiatement frappée d'appel. • Civ. 1re, 3 mars 1981, n° 80-80.021 P • Paris, 16 déc. 1986 : *D. 1988. 69, note Renucci.* ♦ V. aussi note 4 ss. art. 375-2.

21. Examen de l'appel et procès équitable. En considérant comme non soutenu l'appel formé par une partie qui, bien que régulièrement convoquée, ne s'est pas présentée en personne à l'audience, une cour d'appel a privé celle-ci de la possibilité de faire valoir ses moyens d'appel, alors que son avocat était présent à l'audience et avait été entendu en ses observations, et a méconnu les exigences de l'art. 6 § 1 Conv. EDH. • Civ. 1re, 26 sept. 2007, n° 06-16.445 P : *D. 2008. 266, note Huyette ; AJ fam. 2007. 485, obs. F. C. ; RTD civ. 2008. 99, obs. Hauser* • 30 sept. 2009, n° 08-16.147 P.

22. Tierce opposition. Possibilité pour les grands-parents de former une tierce opposition : • Civ. 1re, 17 juin 1986, n° 85-80.007 P : *R., p. 129.*

23. Pourvoi en cassation. Dès lors que les mesures d'assistance éducative ont épuisé leurs effets, le juge des enfants en ayant pris de nouvelles, assorties de l'exécution provisoire, le pourvoi en cassation contre un arrêt confirmant ces mesures est sans objet. • Civ. 1re, 3 mai 2000 : *D. 2000. 678, note Massip.* – V. déjà • Civ. 1re, 10 mars 1998 : *Defrénois 1998. 1028, obs. Massip.*

Art. 375-2 Chaque fois qu'il est possible, le mineur doit être maintenu dans son milieu actuel. Dans ce cas, le juge désigne, soit une personne qualifiée, soit un service d'observation, d'éducation ou de rééducation en milieu ouvert, en lui donnant mission d'apporter aide et conseil à la famille, afin de surmonter les difficultés matérielles ou morales qu'elle rencontre. Cette personne ou ce service est chargé de suivre le développement de l'enfant et d'en faire rapport au juge périodiquement. *(L. n° 2022-140 du 7 févr. 2022, art. 13)* « Si la situation le nécessite, le juge peut ordonner, pour une durée maximale d'un an renouvelable, que cet accompagnement soit renforcé ou intensifié. »

(L. n° 2007-293 du 5 mars 2007, art. 22-II) « Lorsqu'il confie un mineur à un service mentionné au premier alinéa, il peut autoriser ce dernier à lui assurer un hébergement exceptionnel ou périodique à condition que ce service soit spécifiquement habilité à cet effet. Chaque fois qu'il héberge le mineur en vertu de cette autorisation, le service en informe sans délai ses parents ou ses représentants légaux ainsi que le juge des enfants

et le président du conseil départemental. Le juge est saisi de tout désaccord concernant cet hébergement. »

Le juge peut aussi subordonner le maintien de l'enfant dans son milieu à des obligations particulières, telles que celle de fréquenter régulièrement un établissement sanitaire ou d'éducation, ordinaire ou spécialisé, *(L. n° 2007-297 du 5 mars 2007, art. 67)* **« le cas échéant sous régime de l'internat » ou d'exercer une activité professionnelle.**

1. Milieu actuel : notion. Le « milieu actuel » au sens de l'art. 375-2 est, en principe, le milieu familial naturel de l'enfant (en l'espèce l'enfant avait été confié, dès l'âge de huit mois, à une nourrice qui, invoquant l'absence de nécessité de retirer l'enfant de son « milieu actuel », s'opposait à la demande de restitution formée par la mère et à laquelle les juges du fond avaient fait droit). • Civ. 1re, 6 janv. 1981, n° 79-80.032 P. – Dans le même sens : • Civ. 1re, 4 juill. 1978, n° 77-80.015 P • 17 nov. 1981, n° 81-80.006 P • 23 janv. 1985, n° 84-80.002 P.

2. Maintien conditionné à des obligations particulières : examen médical. Le juge tient de l'art. 375-2, al. 2, le pouvoir de subordonner le maintien de l'enfant dans son milieu à des obligations particulières, telle celle de subir un examen médical. • Civ. 1re, 3 juin 1997 : *Dr. fam. 1997, n° 118, note Murat ; Defrénois 1998. 320, obs. Massip.*

3. ... Orientation en famille d'accueil. Une orientation en famille d'accueil, sans autre indication, est l'une des obligations particulières, au sens de l'art. 375-2, dont le juge des enfants peut assortir la remise du mineur au service de l'aide sociale à l'enfance auquel il le confie par application de l'art. 375-3 (application combinée des art. 375-3 et 375-4, al. 2). • Civ. 1re, 23 janv. 2001, n° 99-05.087 P : *D. 2001. 2151, note Huyette ; RDSS 2001. 360, obs. F. Monéger.*

4. Typologie des mesures. Sur la distinction entre une mesure d'observation, mesure d'investigation destinée à préparer la décision du juge, (ne pouvant faire l'objet d'un appel immédiat) et une mesure d'action éducative en milieu ouvert, V. Huyette, note ss. • Rennes, 23 sept. 1994 : *D. 1995. 294.*

5. Rôle de l'aide sociale. L'art. 85 C. fam. (art. L. 228-3 CASF) n'interdit pas que les mesures d'action éducative en milieu ouvert ordonnées en application de l'art. 375-2 soient exercées par le service de l'aide sociale à l'enfance. • Civ. 1re, 3 oct. 2000, n° 99-05.072 P : *D. 2001. 1054, note Huyette ; RDSS 2001. 147, obs. F. Monéger ; RTD civ. 2001. 348, obs. Hauser.* ♦ Comp. note ss. art. 375-4.

Art. 375-3 *(L. n° 2007-293 du 5 mars 2007, art. 17-I)* **« Si la protection de l'enfant l'exige, le juge des enfants peut décider de le confier :**

« 1° A l'autre parent ;

« 2° A un autre membre de la famille ou à un tiers digne de confiance ;

« 3° A un service départemental de l'aide sociale à l'enfance ;

« 4° A un service ou à un établissement habilité pour l'accueil de mineurs à la journée ou suivant toute autre modalité de prise en charge ;

« 5° A un service ou à un établissement sanitaire ou d'éducation, ordinaire ou spécialisé. »

(L. n° 2022-140 du 7 févr. 2022, art. 1er) **« Sauf urgence, le juge ne peut confier l'enfant en application des 3° à 5° qu'après évaluation, par le service compétent, des conditions d'éducation et de développement physique, affectif, intellectuel et social de l'enfant dans le cadre d'un accueil par un membre de la famille ou par un tiers digne de confiance, en cohérence avec le projet pour l'enfant prévu à l'article L. 223-1-1 du code de l'action sociale et des familles, et après audition de l'enfant lorsque ce dernier est capable de discernement. »**

Toutefois, lorsqu'une *(L. n° 2019-222 du 23 mars 2019, art. 22, en vigueur le 1er janv. 2021)* **« demande** *[ancienne rédaction : requête]* **» en divorce a été présentée ou un jugement de divorce rendu entre les père et mère,** *(L. n° 2007-293 du 5 mars 2007, art. 22-II)* **« ou lorsqu'une** *(L. n° 2019-222 du 23 mars 2019, art. 22, en vigueur le 1er janv. 2021)* **« demande** *[ancienne rédaction : requête]* **» en vue de statuer sur la résidence et les droits de visite afférents à un enfant a été présentée ou une décision rendue entre les père et mère, » ces mesures ne peuvent être prises que si un fait nouveau de nature à entraîner un danger pour le mineur s'est révélé postérieurement à la décision** *(L. n° 87-570 du 22 juill. 1987)* **« statuant sur les modalités de l'exercice de l'autorité parentale ou confiant l'enfant à un tiers ». Elles ne peuvent faire obstacle à la faculté qu'aura le** *(L. n° 93-22 du 8 janv. 1993)* **« juge aux affaires familiales » de décider, par application** *(L. n° 2002-305 du 4 mars 2002)* **« de l'article 373-3 »** *(L.*

nº 2022-140 du 7 févr. 2022, art. 1er) **« du présent code », à qui l'enfant devra être confié. Les mêmes règles sont applicables à la séparation de corps.**

(L. nº 2017-258 du 28 févr. 2017, art. 32) **« Le procureur de la République peut requérir directement le concours de la force publique pour faire exécuter les décisions de placement rendues en assistance éducative. »**

Sur l'entrée en vigueur et l'application dans le temps des modifications issues de l'art. 22 de la L. nº 2019-222 du 23 mars 2019, V. ndlr ss. art. 233.

BIBL. ▶ Enfant confié à un tiers : GOUTTENOIRE-CORNUT et MURAT, *Dr. fam. 2003. Chron. 1.* – LEROYER, *RTD civ. 1998. 587*.

Ancien art. 375-3 *S'il est nécessaire de retirer l'enfant de son milieu actuel, le juge peut décider de le confier :*

1º (L. nº 2002-305 du 4 mars 2002) « A l'autre parent » ;

2º A un autre membre de la famille ou à un tiers digne de confiance ;

3º A un service ou à un établissement sanitaire ou d'éducation, ordinaire ou spécialisé ;

4º (L. nº 89-487 du 10 juill. 1989, art. 11) « A un service départemental » de l'aide sociale à l'enfance.

Toutefois, lorsqu'une requête en divorce a été présentée ou un jugement de divorce rendu entre les père et mère, ces mesures ne peuvent être prises que si un fait nouveau de nature à entraîner un danger pour le mineur s'est révélé postérieurement à la décision (L. nº 87-570 du 22 juill. 1987) « statuant sur les modalités de l'exercice de l'autorité parentale ou confiant l'enfant à un tiers ». Elles ne peuvent faire obstacle à la faculté qu'aura le (L. nº 93-22 du 8 janv. 1993) « juge aux affaires familiales » de décider, par application (L. nº 2002-305 du 4 mars 2002) « de l'article 373-3 », à qui l'enfant devra être confié. Les mêmes règles sont applicables à la séparation de corps.

A. MESURES D'ASSISTANCE ÉDUCATIVE

1. Retrait de l'enfant de son « milieu actuel ». Sur la notion de milieu actuel au sens de la loi, V. note 1 ss. art. 375-2. ♦ Appréciation souveraine des juges du fond quant à la nécessité de retirer l'enfant de son milieu actuel. • Civ. 1re, 23 mars 1994, nº 93-05.011 P. ♦ Le juge n'est pas tenu de se référer expressément à l'art. 375-3, dont l'application n'est pas subordonnée à la présence effective du mineur dans son milieu familial naturel, pour ordonner une mesure d'assistance éducative, dès lors que cette mesure correspond aux besoins actuels des enfants et qu'il serait dangereux pour ceux-ci d'être immédiatement rendus à leur mère. • Civ. 1re, 16 janv. 1979, nº 78-80.002 P.

2. Désignation de « l'autre parent » : principe. L'art. 375-3 ne visant que « l'autre parent », le juge des enfants ne peut placer l'enfant chez le parent qui dispose déjà d'une décision du juge aux affaires familiales fixant la résidence de l'enfant à son domicile. • Civ. 1re, 20 oct. 2021, nº 19-26.152 P : *cité note 10.*

3. Parent à l'étranger. Si la protection de l'enfant l'exige, le juge des enfants peut décider de le confier à l'autre parent et la circonstance que ce parent réside à l'étranger ne constitue pas un obstacle à la mise en œuvre de cette mesure. • Civ. 1re, 14 sept. 2017, nº 17-12.518 P : *AJ fam. 2017. 589, obs. Houssier.*

4. « Tiers digne de confiance ». L'expression « un tiers digne de confiance » figurant au 2º de l'art. 375-3 ne fait pas obstacle à ce que l'enfant soit confié à un ménage et il y a présomption que les personnes désignées par le juge sont considérées par celui-ci comme étant dignes de confiance. • Civ. 1re, 16 janv. 1979 : *préc.* ♦ Absence d'intérêt des grands parents, indépendamment des termes de l'art. 375-3, 2º, pour former tierce opposition à une décision ordonnant la remise des enfants à leur fille. • Civ. 1re, 30 oct. 2006 : *D. 2007. Pan. 1467, obs. Granet-Lambrechts ; Dr. fam. 2007, nº 4, note Murat.*

5. Services et établissements sanitaires ou d'éducation. Les services et établissements visés au 3º de l'art. 375-3 peuvent être gérés par des œuvres privées et c'est à cette personne morale de droit privé, à laquelle l'enfant avait été provisoirement confié, qu'il appartient de désigner la famille d'accueil. • Civ. 1re, 6 mai 1980, nº 79-80.002 P.

6. Le juge des enfants tient de l'art. 375-3, 3º, le pouvoir de confier l'enfant à un établissement sanitaire spécialisé, la procédure administrative d'hospitalisation d'office n'étant pas la seule applicable. • Civ. 1re, 29 mai 1996, nº 92-05.018 P : *Defrénois 1996. 1351, obs. Massip ; Dr. fam. 1996, nº 9, note Murat ; Gaz. Pal. 1997. 1. 377, note Harel-Dutirou.*

7. Service d'aide sociale. Lorsque l'enfant a été confié, par décision du juge des enfants, au service départemental de l'aide sociale à l'enfance, il appartient au directeur départemental de l'action sanitaire et sociale *[au président du conseil général]* de choisir les parents nourriciers. • Civ. 1re, 3 janv. 1980, nº 78-80.036 P • 1er févr. 1983 : *Gaz. Pal. 1983. 2. Pan. 187, obs. M. G.* – Même sens : • Civ. 1re, 12 nov. 1985 : *Bull. civ. I, nº 293.* ♦ V. aussi note ss. art. 375-4.

B. COMPÉTENCES RESPECTIVES DU JUGE DES ENFANTS ET DU JUGE AUX AFFAIRES FAMILIALES

8. Pouvoir exclusif du juge des enfants en matière d'assistance éducative. Le pouvoir d'ordonner des mesures d'assistance éducative appartient au seul juge des enfants ; une cour d'appel statuant sur appel d'une ordonnance du juge aux affaires matrimoniales [familiales] ne peut ordonner une mesure d'assistance éducative en milieu ouvert. • Civ. 1re, 10 mai 1995, n° 93-14.375 P : *D. 1996. Somm. 238, obs. Autem ; Defrénois 1996. 339, obs. Massip ; RTD civ. 1995. 614, obs. Hauser.*

9. Conditions limitant l'intervention postérieure du juge des enfants : nécessité d'une mesure éducative. La compétence du juge des enfants est limitée, en matière civile, aux mesures d'assistance éducative ; le juge aux affaires familiales est seul compétent pour statuer sur les modalités d'exercice de l'autorité parentale et la résidence de l'enfant ; une cour d'appel statuant en matière d'assistance éducative et constatant qu'il n'y avait pas lieu d'ordonner une telle mesure, excède ses pouvoirs en ordonnant la remise de l'enfant au père alors que le JAF avait fixé la résidence de l'enfant chez sa grand-mère. • Civ. 1re, 14 nov. 2007, n° 06-18.104 P : *Defrénois 2008. 577, obs. Massip ; Dr. fam. 2008, n° 7, note Murat ; RJPF 2008-2/37, obs. Eudier.*

10. Nécessité d'une mesure de placement. Il résulte de la combinaison des art. 375-3 et 375-7, al. 4, que, lorsqu'un juge aux affaires familiales a statué sur la résidence de l'enfant et fixé le droit de visite et d'hébergement de l'autre parent, le juge des enfants, saisi postérieurement à cette décision, ne peut modifier les modalités du droit de visite et d'hébergement décidé par le juge aux affaires familiales que s'il existe une décision de placement de l'enfant au sens de l'art. 375-3 et si un fait nouveau de nature à entraîner un danger pour le mineur s'est révélé postérieurement à la décision du juge aux affaires familiales. • Civ. 1re, 20 oct. 2021, n° 19-26.152 P (sur l'impossibilité de désigner le parent disposant déjà de la résidence de l'enfant, V. note 2 ; arrêt justifiant le revirement par le fait que le pouvoir concurrent accordé au juge des enfants a favorisé les risques d'instrumentalisation de ce juge par les parties). ♦ Comp. antérieurement : il résulte de l'art. 375-3, al. 2, que le juge des enfants peut prendre au titre de l'assistance éducative des mesures qui aboutissent à imposer des modalités différentes, quant à l'exercice de l'autorité parentale, de celles prévues par le juge du divorce ou la convention de divorce des époux. • Civ. 1re, 26 janv. 1994 : *D. 1994. 278, note Huyette ; Defrénois 1994. 781, obs. Massip* • 10 juill. 1996, n° 95-05.027 P : *RTD civ. 1997. 410, obs. Hauser* (modification du droit de visite).

11. … Nécessité d'un fait nouveau. Lorsqu'une requête en divorce a été présentée, les mesures d'assistance éducative prévues par le premier alinéa de cet article ne peuvent être prises par le juge des enfants que si un fait nouveau de nature à entraîner un danger pour le mineur s'est révélé postérieurement à la décision statuant sur les modalités de l'exercice de l'autorité parentale. • Civ. 1re, 14 mars 2006, n° 05-13.360 P : *D. 2006. 1947, note Huyette ; ibid. Pan. 2436, obs. Douchy-Oudot ; D. 2007. Pan. 2195, obs. Gouttenoire ; LPA 11 sept. 2006, obs. Pierroux ; AJ fam. 2006. 288, obs. Gratadour ; Dr. fam. 2006, n° 144, obs. Gouttenoire ; RTD civ. 2006. 299, obs. Hauser.* ♦ V. déjà • Civ. 1re, 2 déc. 1997, n° 96-05.128 P : *RTD civ. 1998. 359, obs. Hauser* (en l'absence de fait nouveau, la modification des mesures relève du JAF).

12. … Illustrations de fait nouveau. Pour des illustrations de « fait nouveau » : • Civ. 1re, 12 janv. 1994, n° 92-05.030 P • Civ. 1re, 4 mars 2015, n° 13-24.793 : *D. 2015. 1919, obs. Bonfils et Gouttenoire ; AJ fam. 2015. 398, obs. Thouret* (inquiétude des professionnels quant à la relation mère/enfant en raison de l'attitude de la mère, laquelle avait instauré chez sa fille une thématique sexuelle inappropriée et détériorait continuellement l'image du père, aboutissant à une répartition inversée de la garde de l'enfant). ♦ Jugé que le fait nouveau de nature à entraîner un danger pour le mineur peut résulter de l'état de désarroi de celui-ci face au risque d'exécution immédiate et sans nuance de la décision de mise en état du juge aux affaires matrimoniales. • T. enfants Paris, 18 avr. 1988 : *D. 1988. 574, note Renucci.*

13. … Date d'appréciation du fait nouveau. Le fait nouveau de nature à entraîner un danger pour le mineur doit se révéler postérieurement à la décision statuant sur la « garde » de l'enfant, et non postérieurement à l'ordonnance de non-conciliation. • Civ. 1re, 3 févr. 1987, n° 86-80.016 P : *R., p. 137 ; D. 1987. 513 (1re esp.), note Massip.* ♦ En cas d'appel, la cour d'appel doit, pour apprécier l'existence d'un fait nouveau, se placer au jour où elle statue. • Civ. 1re, 14 juin 1988, n° 86-80.050 P : *Gaz. Pal. 1988. 2. 859, note Massip* • 14 mars 2006, n° 05-13.360 P : *préc.* • Civ. 1re, 4 mars 2015, n° 13-24.793 : *préc.*

C. CONFORMITÉ À LA CONV. EDH

14. Compatibilité de mesures d'assistance éducative lourdes avec le droit au respect de la vie familiale garanti par l'art. 8 de la Conv. EDH : V. • CEDH 19 sept. 2000 : *Dr. fam. 2000, n° 150, note de Lamy ; JDI 2001. 207, obs. D. L.-D. et S. R.* • 26 nov. 2009 : *D. 2010. Pan. 1904, obs. Gouttenoire ; JCP 2010. 34, n° 11, obs. Gouttenoire.* ♦ V. aussi ss. art. 371-3.

15. Justifie légalement sa décision, sans contrevenir à l'art. 6, § 1, Conv. EDH, la décision qui limite les droits du père à un droit de visite en lieu neutre en Hongrie, conformément aux dispositions d'une décision d'un tribunal hongrois, dès lors que la cour d'appel a justifié sa décision par la personnalité du père et son refus de se mettre en situation de pouvoir exercer régulièrement ce droit de visite. • Civ. 1re, 14 sept. 2017, n° 17-12.518 P : *préc. note 3.*

Art. 375-4 **Dans les cas spécifiés aux 1°,** *(L. n° 2007-293 du 5 mars 2007, art. 17-I)* **« 2°, 4° et 5°** *[ancienne rédaction : 2° et 3°]* **» de l'article précédent, le juge peut charger, soit une personne qualifiée, soit un service d'observation, d'éducation ou de rééducation en milieu ouvert d'apporter aide et conseil** *(L. n° 87-570 du 22 juill. 1987)* **« à la personne ou au service à qui l'enfant a été confié » ainsi qu'à la famille et de suivre le développement de l'enfant.**

(L. n° 2019-1479 du 28 déc. 2019, art. 241) **« Dans le cas mentionné au 3° de l'article 375-3, le juge peut, à titre exceptionnel et sur réquisitions écrites du ministère public, lorsque la situation et l'intérêt de l'enfant le justifient, charger un service du secteur public de la protection judiciaire de la jeunesse d'apporter aide et conseil au service auquel l'enfant est confié et d'exercer le suivi prévu au premier alinéa du présent article. »**

Dans tous les cas, le juge peut assortir la remise de l'enfant des mêmes modalités que sous l'article 375-2, *(L. n° 2007-293 du 5 mars 2007, art. 22-II)* **« troisième** *[ancienne rédaction : deuxième]* **» alinéa. Il peut aussi décider qu'il lui sera rendu compte périodiquement de la situation de l'enfant.**

Il résulte de l'art. 375-4 que le juge des enfants ne peut pas ordonner une mesure d'assistance éducative en milieu ouvert lorsqu'en application de l'art. 375-3, al. 1er, 4°, il a décidé de confier le mineur en danger à un service départemental de l'aide sociale à l'enfance. • Civ. 1re, 29 juin 1994, n° 92-05.043 P : *Defrénois 1995. 321, obs. Massip* • 27 mai 2003, n° 03-05.02 P : *D. 2003. IR 1601 ; JCP 2004. I. 109, n° 5, obs. Fossier ; Defrénois 2003. 1496, obs. Massip ; RDSS 2003. 480, obs. F. Monéger.* ♦ Mais il résulte de l'art. 375-4, al. 2, combiné à l'art. 375-3, 4°, que le juge peut assortir la remise de l'enfant à un service départemental d'aide sociale de l'obligation de fréquenter un établissement sanitaire ou d'éducation, ordinaire ou spécialisé, modalité prévue à l'art. 375-2, al. 2. • Civ. 1re, 15 mai 1990 : *JCP 1991. II. 21666, note Curiel.* ♦ Cette fréquentation implique, le cas échéant, le placement du mineur dans l'établissement choisi par le juge. • Civ. 1re, 10 mars 1993 : *JCP 1994. II. 22244, note Allaix* • 17 mai 1993 : *Defrénois 1993. 1371, obs. Massip.* ♦ V. aussi note 5 ss. art. 375-2.

Art. 375-4-1 *(L. n° 2022-140 du 7 févr. 2022, art. 14)* **Lorsque le juge des enfants ordonne une mesure d'assistance éducative en application des articles 375-2 à 375-4, il peut proposer aux parents une mesure de médiation familiale, sauf si des violences sur l'autre parent ou sur l'enfant sont alléguées par l'un des parents ou sauf emprise manifeste de l'un des parents sur l'autre parent, et, après avoir recueilli leur accord, désigner un médiateur familial pour y procéder, dans des conditions définies par décret en Conseil d'État.**

Dans le cas où le juge propose une mesure de médiation familiale en application du premier alinéa du présent article, il informe également les parents des mesures dont ils peuvent bénéficier au titre des articles L. 222-2 à L. 222-4-2 et L. 222-5-3 du code de l'action sociale et des familles.

Art. 375-5 **A titre provisoire, mais à charge d'appel, le juge peut, pendant l'instance, soit ordonner la remise provisoire du mineur à un centre d'accueil ou d'observation, soit prendre l'une des mesures prévues aux articles 375-3 et 375-4.**

En cas d'urgence, le procureur de la République du lieu où le mineur a été trouvé a le même pouvoir, à charge de saisir dans les huit jours le juge compétent, qui maintiendra, modifiera ou rapportera la mesure. *(L. n° 2007-293 du 5 mars 2007, art. 22-II)* **« Si la situation de l'enfant le permet, le procureur de la République fixe la nature et la fréquence du droit de correspondance, de visite et d'hébergement des parents, sauf à les réserver si l'intérêt de l'enfant l'exige. »**

(L. n° 2016-297 du 14 mars 2016, art. 49) **« Lorsqu'un service de l'aide sociale à l'enfance signale la situation d'un mineur privé temporairement ou définitivement de la protection de sa famille, selon le cas, le procureur de la République ou le juge des enfants demande au ministère de la justice de lui communiquer, pour chaque département, les informations permettant l'orientation du mineur concerné.**

« Le procureur de la République ou le juge des enfants prend sa décision en stricte considération de l'intérêt de l'enfant, qu'il apprécie notamment à partir des éléments ainsi transmis pour garantir des modalités d'accueil adaptées. »

(L. n° 2016-731 du 3 juin 2016, art. 50) **« En cas d'urgence, dès lors qu'il existe des éléments sérieux laissant supposer que l'enfant s'apprête à quitter le territoire national dans des conditions qui le mettraient en danger et que l'un des détenteurs au moins de l'autorité parentale ne prend pas de mesure pour l'en protéger, le procureur de la République du lieu où demeure le mineur peut, par décision motivée, interdire la sortie du territoire de l'enfant. Il saisit dans les huit jours le juge compétent pour qu'il maintienne la mesure dans les conditions prévues au dernier alinéa de l'article 375-7 ou qu'il en prononce la mainlevée. La décision du procureur de la République fixe la durée de cette interdiction, qui ne peut excéder deux mois. Cette interdiction de sortie du territoire est inscrite au fichier des personnes recherchées. »**

1. Fin des mesures provisoires : décision au fond. Il résulte des art. 375-5 C. civ. et 888-4 anc. C. pr. civ. (remplacé par l'art. 1185 C. pr. civ.) que les mesures provisoires ordonnées pendant l'instruction de l'affaire prennent fin, au plus tard, le jour où intervient une décision sur le fond ; il s'ensuit que l'appel de l'ordonnance d'un juge des enfants donnant mainlevée d'une mesure de placement provisoire, et rendue le jour même du jugement sur le fond, ne peut avoir pour conséquence d'aboutir au maintien de la mesure provisoire. • Civ. 1re, 26 janv. 1982, n° 80-80.027 P.

2. … Absence de décision au fond et de prorogation. Selon l'art. 1185 C. pr. civ., la décision sur le fond doit, en matière d'assistance éducative, intervenir dans un délai de six mois à compter de la décision ordonnant des mesures provisoires, sauf prorogation. Excède ses pouvoirs le juge qui statue sur le fond après expiration du délai qu'il n'avait pas prorogé. • Civ. 1re, 25 févr. 1997, n° 96-05.045 P : *Defrénois 1997. 997, obs. Massip.* ♦ Faute de renouvellement avant l'expiration du délai, le juge ne peut statuer de nouveau au titre des mesures provisoires au motif que leur nombre n'est pas limité. • Civ. 1re, 8 nov. 1988 : *Gaz. Pal. 1989. 2. 626, note Massip.*

3. Automatisme du délai de 6 mois. Il ne peut être reproché à une cour d'appel d'avoir confirmé une ordonnance de placement provisoire sans que la durée en soit fixée dès lors que, l'arrêt ayant statué en application de l'art. 375-5, la durée de la mesure était limitée à six mois ainsi qu'il résulte de l'art. 1185 C. pr. civ. et qu'à l'expiration de ce délai le juge des enfants a rendu un jugement confiant le mineur au service de l'aide sociale pour un an. • Civ. 1re, 11 mars 1997, n° 96-05.043 P.

4. Appel immédiat des mesures provisoires. Les décisions du juge des enfants prescrivant des mesures d'assistance éducative à titre provisoire pendant l'instance sont immédiatement susceptibles d'appel. • Civ. 1re, 13 oct. 1992, n° 91-05.058 P : *Defrénois 1993. 724, obs. Massip.* – V. déjà • Nancy, 17 mars 1989 : *JCP 1990. II. 21402, note Deiss.* ♦ V., sur la recevabilité du pourvoi en cassation : • Civ. 1re, 3 févr. 1987, n° 86-80.016 P : *R., p. 137 ; D. 1987. 513 (1re esp.), note Massip* • 2 juin 1987, n° 86-80.011 P : *R., p. 137.*

Art. 375-6 **Les décisions prises en matière d'assistance éducative peuvent être, à tout moment, modifiées ou rapportées par le juge qui les a rendues soit d'office, soit à la requête des père et mère conjointement, ou de l'un d'eux,** *(L. n° 87-570 du 22 juill. 1987)* **« de la personne ou du service à qui l'enfant a été confié » ou du tuteur, du mineur lui-même ou du ministère public.**

1. Refus de restitution : motivation. Saisis par les époux d'une demande en restitution de leurs enfants, confiés par mesure d'assistance éducative au service départemental de l'aide sociale à l'enfance, les juges d'appel pour refuser de faire droit à cette requête ne peuvent se borner à énoncer que l'intérêt des mineurs est d'être maintenus dans leur placement actuel, sans préciser les raisons de nature à justifier le maintien du placement antérieurement ordonné. • Civ. 1re, 26 janv. 1972 : *D. 1972. 553, note Massip.*

2. Restitution différée dans l'intérêt de l'enfant. Même s'il apparaît que la situation de l'enfant ne justifie pas que soit prise une mesure d'assistance éducative, les juges peuvent décider, afin d'éviter une possible perturbation du mineur, que la remise de l'enfant à sa mère sera différée et que les parties devront, dans l'intérêt de l'enfant, se mettre d'accord sur les conditions de cette remise. • Civ. 1re, 11 mai 1976 : *D. 1976. 521, note Hovasse.*

3. Procédure. Sur les questions de compétence, V. notes 2 s. ss. art. 375-1.

4. … Appel. Les juges du second degré saisis de l'appel d'un jugement en assistance éducative doivent apprécier les faits en tenant compte de ceux survenus postérieurement à la décision attaquée. • Civ. 1re, 20 oct. 2010, n° 09-68.141 P : *D. actu. 5 nov. 2010, obs. Talarico ; D. 2011. 574, note Huyette ; ibid. chron. C. cass. 632, obs. Auroy ; AJ fam. 2010. 536, obs. Douris ; Dr. fam. 2010, n° 185, obs. Neirinck* (cassation de l'arrêt ayant refusé de prendre en compte des éléments postérieurs à la décision du juge des enfants au motif que celui-ci reste saisi, méconnaissant ainsi l'effet dévolutif de l'appel). ♦ Il incombe en effet à la cour d'appel de se placer au moment où elle statue pour apprécier les faits. • Civ. 1re, 28 mars 2013, n° 11-28.301 P : *D. 2014. 689, obs. Douchy-Oudot ; AJ fam. 2013. 297, obs. Durand ; RTD civ. 2013. 365, obs. Hauser* • 17 mai 2017, n° 16-19.259 P : *D. 2017. 1192 ; AJ fam. 2017. 410, obs. Houssier ; RTD civ. 2017. 625, obs. Hauser*.

5. Ne sont pas soumises à la limitation dans le temps édictée par l'art. 1185 C. pr. civ. les décisions qui ne prescrivent pas des mesures provisoires prises sur le fondement de l'art. 375-5 C. civ., mais qui s'analysent en des décisions modifiant ou rapportant, en application de l'art. 375-6, de précédentes mesures éducatives. • Civ. 1re, 10 mai 1989, n° 87-05.069 P.

Art. 375-7 *(L. n° 2007-293 du 5 mars 2007, art. 22-II)* **Les père et mère de l'enfant bénéficiant d'une mesure d'assistance éducative continuent à exercer tous les attributs de l'autorité parentale qui ne sont pas inconciliables avec cette mesure. Ils ne peuvent, pendant la durée de cette mesure, émanciper l'enfant sans autorisation du juge des enfants.**

Sans préjudice de l'article 373-4 et des dispositions particulières autorisant un tiers à accomplir un acte non usuel sans l'accord des détenteurs de l'autorité parentale, le juge des enfants peut exceptionnellement, dans tous les cas où l'intérêt de l'enfant le justifie, autoriser la personne, le service ou l'établissement à qui est confié l'enfant à exercer un *(L. n° 2022-140 du 7 févr. 2022, art. 3)* **« ou plusieurs actes déterminés » relevant de l'autorité parentale en cas de refus abusif ou injustifié ou en cas de négligence des détenteurs de l'autorité parentale** *(L. n° 2022-140 du 7 févr. 2022, art. 3)* **« ou lorsque ceux-ci sont poursuivis ou condamnés, même non définitivement, pour des crimes ou délits commis sur la personne de l'enfant », à charge pour le demandeur de rapporter la preuve de la nécessité de cette mesure.**

Le lieu d'accueil de l'enfant doit être recherché dans l'intérêt de celui-ci et afin de faciliter l'exercice du droit de visite et d'hébergement par le ou les parents et le maintien de ses liens avec ses frères et sœurs *(Abrogé par L. n° 2022-140 du 7 févr. 2022, art. 5) **« en application de l'article 371-5 »***. *(L. n° 2022-140 du 7 févr. 2022, art. 5)* **« L'enfant est accueilli avec ses frères et sœurs en application de l'article 371-5, sauf si son intérêt commande une autre solution. »**

S'il a été nécessaire de confier l'enfant à une personne ou un établissement, ses parents conservent un droit de correspondance ainsi qu'un droit de visite et d'hébergement. Le juge en fixe les modalités et peut, si l'intérêt de l'enfant l'exige, décider que l'exercice de ces droits, ou de l'un d'eux, est provisoirement suspendu. Il peut également *(L. n° 2016-297 du 14 mars 2016, art. 24)* **« , par décision spécialement motivée, imposer » que le droit de visite du ou des parents ne peut être exercé qu'en présence d'un tiers** *(L. n° 2016-297 du 14 mars 2016, art. 24)* **« qu'il désigne lorsque l'enfant est confié à une personne ou qui est » désigné par l'établissement ou le service à qui l'enfant est confié.** *(L. n° 2022-140 du 7 févr. 2022, art. 1er)* **« Lorsque le juge des enfants ordonne que le droit de visite du ou des parents de l'enfant confié dans le cas prévu au 2° de l'article 375-3 s'exerce en présence d'un tiers, il peut charger le service de l'aide sociale à l'enfance ou le service chargé de la mesure mentionnée à l'article 375-2 d'accompagner l'exercice de ce droit de visite. »** *(L. n° 2016-297 du 14 mars 2016, art. 24)* **« Les modalités d'organisation de la visite en présence d'un tiers sont précisées par décret en Conseil d'État. »**

Si la situation de l'enfant le permet, le juge fixe la nature et la fréquence des droits de visite et d'hébergement et peut décider que leurs conditions d'exercice sont déterminées conjointement entre les titulaires de l'autorité parentale et la personne, le service ou l'établissement à qui l'enfant est confié, dans un document qui lui est alors transmis. Il est saisi en cas de désaccord.

Le juge peut décider des modalités de l'accueil de l'enfant en considération de l'intérêt de celui-ci. Si l'intérêt de l'enfant le nécessite ou en cas de danger, le juge décide de l'anonymat du lieu d'accueil.

(L. n° 2010-769 du 9 juill. 2010, art. 3) **« Lorsqu'il fait application** *(L. n° 2016-731 du 3 juin 2016, art. 50)* **« de l'article 1183 du code de procédure civile, des articles 375-2, 375-3 ou 375-5 du présent code », le juge peut également ordonner l'interdiction de sortie du territoire de l'enfant. La décision fixe la durée de cette interdiction qui ne**

saurait excéder deux ans. Cette interdiction de sortie du territoire est inscrite au fichier des personnes recherchées par le procureur de la République. »

La désignation d'un espace de rencontre en application de la dernière phrase du quatrième al. donne lieu à une information préalable du juge des enfants (C. pr. civ., art. 1199-2). — ***C. pr. civ.***

Sur les modalités d'organisation de la visite en présence d'un tiers prévue à l'art. 375-7. — V. ***CASF****, art. R. 223-29 s., ci-dessous.*

V. Circ. du 20 nov. 2012 relative à la décision judiciaire d'interdiction de sortie du territoire et mesure administrative conservatoire d'opposition à la sortie du territoire et Instr. du Gouvernement du 5 mai 2014 relative à la mesure administrative d'opposition à la sortie du territoire d'un mineur sans titulaire de l'autorité parentale.

Ancien art. 375-7 ***Les père et mère dont l'enfant a donné lieu à une mesure d'assistance éducative, conservent sur lui leur autorité parentale et en exercent tous les attributs qui ne sont pas inconciliables avec l'application de la mesure. Ils ne peuvent émanciper l'enfant sans autorisation du juge des enfants, tant que la mesure d'assistance éducative reçoit application.***

S'il a été nécessaire de placer l'enfant hors de chez ses parents, ceux-ci conservent un droit de correspondance et un droit de visite. Le juge en fixe les modalités et peut même, si l'intérêt de l'enfant l'exige, décider que l'exercice de ces droits, ou de l'un d'eux, sera provisoirement suspendu. *(L. n° 98-657 du 29 juill. 1998, art. 135)* ***« Le juge peut indiquer que le lieu de placement de l'enfant doit être recherché afin de faciliter, autant que possible, l'exercice du droit de visite par le ou les parents. »***

BIBL. ▸ GEBLER, *AJ fam. 2017. 614* (encadrement du droit de visite des parents de l'enfant placé).

1. Représentation du mineur par ses parents. Dans une action en responsabilité dirigée contre un mineur placé chez un tiers, les père et mère ne peuvent être mis hors de cause, alors qu'ils ont seuls qualité pour représenter leur fils. • Civ. 1re, 18 nov. 1986, n° 85-11.360 P : *R., p. 129 ; Gaz. Pal. 1987. 1. 228, note J. M.*

2. Responsabilité des parents. V. note 3 ss. art. 375.

3. Modalités du droit de visite : rôle du juge. Il appartient au juge de fixer lui-même les modalités du droit de visite, sortie et hébergement qu'il accorde aux parents, sans laisser ce soin au service de l'aide sociale à l'enfance. • Civ. 1re, 13 oct. 1998, n° 98-05.008 P : *D. 1999. 123, note Huyette ; D. 1999. Somm. 201, obs. Granet ; Defrénois 1999. 309, obs. Massip ; RTD civ. 1999. 75, obs. Hauser ; Dr. fam. 1998, n° 168, note Murat* • 4 oct. 2001 : *Dr. fam. 2002, n° 58, note Murat* • 11 mars 2003, n° 01-05.152 P : *D. 2003. IR 862 ; JCP 2004. I. 109, n° 5, obs. Fossier ; AJ fam. 2003. 182, obs. F. B. ; Dr. fam. 2003, n° 59, note Gouttenoire ; RTD civ. 2003. 281, obs. Hauser* (la fixation de la fréquence et du lieu des visites suffit) • 30 oct. 2006, n° 05-16.321 P : *D. 2007. Pan. 1465, obs. Granet-Lambrechts ; AJ fam. 2006. 460, obs. Chénedé (idem).* – V. également • Civ. 1re, 13 mars 2007, n° 06-11.674 P : *D. 2007. AJ 1084 ; ibid. Pan. 2195, obs. Gouttenoire ; AJ fam. 2007. 231, obs. F. C. ; RTD civ. 2007. 329, obs. Hauser* (obligation de déterminer la périodicité du droit de visite, compte tenu des contraintes inhérentes à la situation du père incarcéré). ♦ Il incombe au juge de définir la périodicité du droit de visite simple. • Civ. 1re, 15 janv. 2020, n° 18-25.313 P : *D. 2020. 79 ; AJ fam. 2020. 182, obs. Eudier ; RTD civ. 2020. 360, obs. Leroyer ; Dr. fam. 2020, n° 52, note Maria ; ibid., n° 82, note Bonifay.* ♦ Le juge qui a fixé un droit de visite minimal en laissant aux parties la possibilité de convenir d'une extension de ce droit n'a pas délégué son pouvoir. • Civ. 1re, 27 mai 2003, n° 03-05.025 P : *D. 2003. IR 1664 ; JCP 2004. I. 109, n° 5, obs. Fossier ; Defrénois 2003. 1496, obs. Massip ; Dr. fam. 2003, n° 118, note Gouttenoire ; RTD civ. 2003. 493, obs. Hauser ; RDSS 2003. 480, obs. F. Monéger.* ♦ Même solution pour un juge qui octroie à chacun des parents un même droit de visite et d'hébergement dont il détermine la périodicité, en précisant en outre qu'il en serait référé au juge des enfants en cas de difficulté. • Civ. 1re, 28 mai 2014 : *D. 2014. 1787, obs. Bonfils et Gouttenoire.* ♦ V. dans le même sens : • Civ. 1re, 28 nov. 2006 : *D. 2007. AJ 24, obs. Gallmeister* (droit de visite des parents devant s'exercer en présence d'un éducateur).

4. ... Droit de visite médiatisé. Il résulte de la combinaison des art. 375-7, al. 4, C. civ. et 1199-3 C. pr. civ. que, lorsque le juge des enfants décide que le droit de visite du ou des parents de l'enfant confié à une personne ou un établissement ne peut être exercé qu'en présence d'un tiers, il en fixe la fréquence dans sa décision, sauf à ce que, sous son contrôle, les conditions d'exercice de ce droit soient laissées à une détermination conjointe entre le ou les parents et la personne, le service ou l'établissement à qui l'enfant est confié ; fait une exacte application de ces textes le juge qui accorde à la mère un droit de visite médiatisé, dont il est prévu que les modalités, notamment la périodicité, seront déterminées selon l'accord des parties, et qu'il en sera référé au juge en cas de difficulté. • Civ. 1re, 15 janv. 2020, n° 18-25.313 P : *D. 2020. 79* ; *AJ fam. 2020. 182, obs. Eudier* ; *RTD civ. 2020. 360, obs. Leroyer* ; *Dr. fam. 2020, n° 52, note Maria ; ibid., n° 82, note Bonifay.* ♦ ... Cassation de l'arrêt qui accorde à chacun des parents un droit de visite médiatisé « qui s'exercera sous le contrôle du service gardien, sauf à en référer au juge en cas de difficultés », au motif qu'il incombe au juge de définir la périodicité du droit de visite accordé, ou de s'en remettre, sous son contrôle, à une détermination conjointe des conditions d'exercice de ce droit entre les parents et le service à qui les enfants étaient confiés. • Civ. 1re, 15 janv. 2020, n° 18-25.894 P : *AJ fam. 2020. 182* ; *RTD civ. 2020. 360, obs. Leroyer* • 10 févr. 2021, n° 19-24.640 P : *D. 2021. 350* ; *AJ fam. 2021. 234, obs. Mallevaey* *(idem).*

5. Il en va différemment lorsqu'il s'agit du droit de visite des grands-parents, l'art. 375-7 n'étant pas applicable à ce cas. • Civ. 1re, 22 oct. 2002 : *RJPF 2003-2/49, obs. Blanc.*

6. ... Compétence. Si le juge aux affaires familiales est en principe compétent pour fixer, dans l'intérêt de l'enfant, les modalités des relations entre l'enfant et un tiers, parent ou non, le juge des enfants est seul compétent, en cas de placement, pour statuer sur ces modalités. • Civ. 1re, 9 juin 2010 : *cité note 15 ss. art. 371-4* • 20 oct. 2021, n° 19-26.152 P : *cité note 10 ss. art. 375-3.* ♦ Sur la compétence du juge aux affaires familiales hors mesure de placement, V. notes ss. art. 375-3.

7. Sur la situation inverse : • Civ. 1re, 14 avr. 2021, n° 19-21.024 P : *préc. note 8 ss. art. 373-2-9* (impossibilité pour le juge aux affaires familiales de déléguer les modalités de la mesure au juge des enfants).

8. Suspension du droit de visite. Le juge apprécie souverainement en quoi l'attitude d'un des parents est contraire à l'intérêt de l'enfant et justifie la suspension du droit de visite. • Civ. 1re, 30 oct. 2006 : *préc. note 3* (attitude totalement désadaptée du père lors de l'exercice de son droit de visite qu'il n'avait pas exercé depuis 18 mois, irrespectueuse de la personne de la jeune fille, de son âge et de ses troubles d'anxiété).

9. Décision relevant de l'autorité parentale : refus abusif ou injustifié des détenteurs de l'autorité parentale. Prise en compte de l'intérêt de la mineure d'être scolarisée à proximité de son domicile afin d'éviter des temps de transport fatigants, de prendre acte de sa nouvelle situation et de sortir du conflit de loyauté à l'égard de ses parents dans le temps de l'école, le refus de la mère de la voir inscrire dans un établissement scolaire dépendant du domicile de son père étant injustifié au sens de l'art. 375-7, al. 2. • Civ. 1re, 4 mars 2015, n° 13-24.793 : *D. 2015. 1919, obs. Bonfils et Gouttenoire* ; *AJ fam. 2015. 398, obs. Thouret* .

10. ... Nécessité de prévoir un délai. Compte tenu de son caractère exceptionnel, tel que prévu à l'art. 375-7, al. 2, la décision qui confirme une ordonnance transférant à l'aide sociale à l'enfance le droit d'effectuer des démarches liées à la scolarité et aux loisirs de la mineure en lieu et place des détenteurs de l'autorité parentale et disant qu'il sera rendu compte de son exécution au juge doit être limitée dans le temps. • Civ. 1re, 4 janv. 2017, n° 15-28.935 P : *D. 2017. 62* ; *AJ fam. 2017. 138, obs. Pedron* ; *RTD civ. 2017. 117, obs. Hauser* ; *RLDC 7-8/2017. 23, note Autem.*

Art. 375-8 Les frais d'entretien et d'éducation de l'enfant qui a fait l'objet d'une mesure d'assistance éducative continuent d'incomber à ses père et mère ainsi qu'aux ascendants auxquels des aliments peuvent être réclamés, sauf la faculté pour le juge de les en décharger en tout ou en partie.

Sur l'effet, à l'égard d'une caisse d'allocations familiales, de la décision du juge des enfants, spécifiant que la mère serait dispensée de toute contribution financière aux frais exposés pour le placement des enfants, qu'elle était autorisée à recevoir, et qu'elle continuerait à bénéficier des allocations familiales, V. • Soc. 13 mai 1980, n° 79-10.364 P.

Art. 375-9 *(L. n° 2002-303 du 4 mars 2002, art. 19-IV)* **La décision confiant le mineur, sur le fondement du** *(L. n° 2007-293 du 5 mars 2007, art. 17-I)* **« 5°** *[ancienne rédaction : 3°]* **» de l'article 375-3, à un établissement recevant des personnes hospitalisées en raison de troubles mentaux, est ordonnée après avis médical circonstancié d'un médecin extérieur à l'établissement, pour une durée ne pouvant excéder quinze jours.**

La mesure peut être renouvelée, après avis médical conforme d'un psychiatre de l'établissement d'accueil, pour une durée d'un mois renouvelable.

L'art. 375-9 est applicable en Nouvelle-Calédonie, en Polynésie française, à Wallis-et-Futuna et dans les Terres australes et antarctiques françaises (L. n° 2002-303 du 4 mars 2002, art. 127, issu de Ord. n° 2003-166 du 27 févr. 2003, art. 17).

V. C. pr. civ., art. 1181 à 1200-1, App., IV. Enfants.

Aux termes du C. pr. civ., art. 1200 : « Dans l'application de l'assistance éducative, il doit être tenu compte des convictions religieuses ou philosophiques du mineur et de sa famille. »

SECTION 2-1 *Mesure judiciaire d'aide à la gestion du budget familial*

(L. n° 2007-293 du 5 mars 2007, art. 20-II)

Art. 375-9-1 *(L. n° 2007-293 du 5 mars 2007, art. 20-II ; L. n° 2007-308 du 5 mars 2007, art. 31)* **Lorsque les prestations familiales** *(L. n° 2008-1249 du 1er déc. 2008, art. 14, en vigueur le 1er juin. 2009)* **« ou le revenu de solidarité active servi aux personnes isolées mentionnées à l'article L. 262-9 du code de l'action sociale et des familles ne sont pas employés » pour les besoins liés au logement, à l'entretien, à la santé et à l'éducation des enfants et** *(L. n° 2022-140 du 7 févr. 2022, art. 6)* **« qu'une des prestations d'aide à domicile prévue à l'article L. 222-3 du code de l'action sociale et des familles n'apparaît pas suffisante », le juge des enfants peut ordonner** *(L. n° 2008-1249 du 1er déc. 2008, art. 14, en vigueur le 1er juin. 2009)* **« qu'ils soient, en tout ou partie, versés » à une personne physique ou morale qualifiée, dite "délégué aux prestations familiales".** — *Sur le délégué aux prestations familiales, V. CASF, art. L. 474-1 s., issu de L. n° 2007-308 du 5 mars 2007, art. 23 et 44-V.* — ***CASF.***

Ce délégué prend toutes décisions, en s'efforçant de recueillir l'adhésion des bénéficiaires des prestations familiales *(L. n° 2008-1249 du 1er déc. 2008, art. 14, en vigueur le 1er juin. 2009)* **« ou de l'allocation mentionnée au premier alinéa » et de répondre aux besoins liés à l'entretien, à la santé et à l'éducation des enfants ; il exerce auprès de la famille une action éducative visant à rétablir les conditions d'une gestion autonome des prestations.**

La liste des personnes habilitées à saisir le juge aux fins d'ordonner cette mesure d'aide est fixée par décret.

La décision fixe la durée de la mesure. Celle-ci ne peut excéder deux ans. Elle peut être renouvelée par décision motivée.

Sur la procédure applicable à la mesure judiciaire d'aide à la gestion du budget familial, V. C. pr. civ., art. 1200-2 s. — ***C. pr. civ.***

1. Application dans le temps. La nouvelle mesure d'aide à la gestion du budget familial instituée par l'art. 375-9-1 est immédiatement applicable mais demeure régie, jusqu'au 1er janv. 2009, date d'entrée en vigueur des dispositions réglementaires, par les règles fixées par les art. L. 167-4, L. 167-5 et R. 167-1 à R. 167-31 CSS. • Civ. 1re, 20 oct. 2010, n° 09-66.133 P : *D. actu. 9 nov. 2010, obs. Talarico ; AJ fam. 2011. 45, obs. Douris ; Dr. fam. 2010, n° 193, obs. Maria ; RTD civ. 2011. 101, obs. Hauser ; RDSS 2011. 169, obs. P. Fabre.*

2. Conditions cumulatives. La mesure judiciaire d'aide à la gestion du budget familial ne peut être ordonnée qu'à la double condition que les prestations familiales ne soient pas employées pour les besoins liés au logement, à l'entretien, à la santé et à l'éducation des enfants et que l'accompagnement en économie sociale et familiale prévu n'apparaisse pas suffisant. • Civ. 1re, 20 oct. 2010 : *préc. note 1.*

Art. 375-9-2 *(L. n° 2007-297 du 5 mars 2007, art. 10)* **Le maire ou son représentant au sein du conseil pour les droits et devoirs des familles peut saisir le juge des enfants, conjointement avec l'organisme débiteur des prestations familiales, pour lui signaler, en application de l'article 375-9-1, les difficultés d'une famille. Lorsque le maire a désigné un coordonnateur en application de l'article L. 121-6-2 du code de l'action sociale et des familles, il l'indique, après accord de l'autorité dont relève ce professionnel, au juge des enfants. Ce dernier peut désigner le coordonnateur pour exercer la fonction de délégué aux prestations familiales.**

L'exercice de la fonction de délégué aux prestations familiales par le coordonnateur obéit aux règles posées par l'article L. 474-3 et les premier et deuxième alinéas de l'article L. 474-5 du code de l'action sociale et des familles ainsi que par l'article 375-9-1 du présent code.

BIBL. ▸ Rochfeld, *RTD civ. 2007. 408.*

SECTION 3 *De la délégation de l'autorité parentale*

BIBL. GÉN. ▸ CHAPELLE, *RTD civ. 1984. 411* (pactes de famille). - PY, *RDSS 1996. 229* (délégation de l'autorité parentale et obligation d'entretien). - VANDEGHINSTE, *Gaz. Pal. 1997. 2. Doctr. 1593* (délégation d'autorité parentale en vue d'une adoption).
▸ Couple homosexuel : MÉCARY, *AJ fam. 2011. 604*.
▸ Enfant confié à un tiers : GOUTTENOIRE-CORNUT et MURAT, *Dr. fam. 2003. Chron. 1.* - LEROYER, *RTD civ. 1998. 587*.
▸ Rôle du tiers : MORACCHINI-ZEIDENBERG, *Dr. fam. 2010. Étude 7.* - Dossier, *LPA 24 févr. 2010.*
▸ Loi du 4 mars 2002 : AUTEM, *RJPF 2003-1/11.*

Art. 376 **Aucune renonciation, aucune cession portant sur l'autorité parentale, ne peut avoir d'effet, si ce n'est en vertu d'un jugement dans les cas déterminés ci-dessous.**

Nature des accords entre époux contrôlés par le juge. Il résulte de l'art. 376 que les conventions conclues par les époux à propos de l'exercice de l'autorité parentale ne peuvent avoir d'effet qu'en vertu d'un jugement dans les cas déterminés par la loi ; en raison du pouvoir de contrôle, ainsi conféré au juge, les décisions qu'il rend ne sont pas des contrats judiciaires échappant à l'appel prévu par l'art. 542 C. pr. civ. • Civ. 2e, 16 avr. 1986, n° 84-15.485 P.

Art. 376-1 **Un** *(L. n° 93-22 du 8 janv. 1993)* **« juge aux affaires familiales » peut, quand il est appelé à** *(L. n° 87-570 du 22 juill. 1987)* **« statuer sur les modalités de l'exercice de l'autorité parentale ou sur l'éducation d'un enfant mineur ou quand il décide de confier l'enfant à un tiers », avoir égard aux pactes que les père et mère ont pu librement conclure entre eux à ce sujet, à moins que l'un d'eux ne justifie de motifs graves qui l'autoriseraient à révoquer son consentement.**

1. *Notion de pacte.* Lorsque les parents ont clairement fait entendre qu'ils étaient d'accord sur l'opportunité du transfert de l'autorité parentale à celui d'entre eux qui ne l'exerçait pas, il y a lieu de considérer leurs vues communes sur la garde de l'enfant comme un pacte librement conclu entre eux. • Paris, 30 juin 1972 : *JCP 1973. II. 17589 (1re esp.), note Fournié.* ♦ V. cependant • Civ. 2e, 2 avr. 1996, n° 94-15.605.

2. *Contrôle judiciaire.* Sur le contrôle judiciaire des pactes entre époux ou ex-époux quant à la garde des enfants, V. • Rouen, 8 juin 1971 : *D. 1971. 736, note Huet-Weiller* • TGI Nanterre, JAM, 13 déc. 1976 : *Gaz. Pal. 1977. 1. 201, note Brazier.*

Art. 377 *(L. n° 2002-305 du 4 mars 2002)* **Les père et mère, ensemble ou séparément, peuvent, lorsque les circonstances l'exigent, saisir le juge en vue de voir déléguer tout ou partie de l'exercice de leur autorité parentale à un tiers, membre de la famille, proche digne de confiance, établissement agréé pour le recueil des enfants ou service départemental de l'aide sociale à l'enfance.**

En cas de désintérêt manifeste ou si les parents sont dans l'impossibilité d'exercer tout ou partie de l'autorité parentale *(L. n° 2019-1480 du 28 déc. 2019, art. 8)* **« ou si un parent est poursuivi ou condamné pour un crime commis sur la personne de l'autre parent ayant entraîné la mort de celui-ci », le particulier, l'établissement ou le service départemental de l'aide sociale à l'enfance qui a recueilli l'enfant** *(L. n° 2010-769 du 9 juill. 2010, art. 10)* **« ou un membre de la famille » peut également saisir le juge aux fins de se faire déléguer totalement ou partiellement l'exercice de l'autorité parentale.**

(L. n° 2016-297 du 14 mars 2016, art. 38) **« Dans ce dernier cas, le juge peut également être saisi par le ministère public, avec l'accord du tiers candidat à la délégation totale ou partielle de l'exercice de l'autorité parentale, à l'effet de statuer sur ladite délégation. Le cas échéant, le ministère public est informé par transmission de la copie du dossier par le juge des enfants ou par avis de ce dernier. »**

Dans tous les cas visés au présent article, les deux parents doivent être appelés à l'instance. Lorsque l'enfant concerné fait l'objet d'une mesure d'assistance éducative, la délégation ne peut intervenir qu'après avis du juge des enfants.

1. *Distinction des délégations générale et partielle.* Du seul fait qu'un droit de visite a été reconnu au père d'un enfant, la décision des juges de déléguer à la DDASS les droits de l'autorité parentale sur un mineur et d'accorder un droit de visite au père de celui-ci s'analyse en une délégation partielle, expressément prévue par l'art. 377. • Civ. 1re, 14 févr. 1989, n° 86-80.038 P : *Gaz. Pal. 1990. 1. 130, note Massip.* ♦ Le prononcé d'une délégation partielle de l'exercice de l'autorité parentale, sans précision des droits délégués, n'équivaut pas au prononcé d'une délégation totale. • Civ. 1re, 24 févr. 2006, n° 04-17.090 P : *D. 2008. AJ 1410, obs. Luxembourg ; ibid. 2009. Pan. 773, obs. Granet-Lambrechts ; JCP 2009. I. 102, n° 9, obs. Gouttenoire ; AJ fam. 2008. 261, obs. Chénedé ; RJPF 2008-6/39, note Corpart ; Defrénois 2008. 1846, obs. Massip ; RTD civ. 2008. 470, obs. Hauser .*

2. Conditions : appréciation des circonstances et intérêt de l'enfant (art. 377, al. 1er). Refus, dans l'intérêt de l'enfant, de la délégation de l'autorité parentale demandée par les parents au profit de la grand-mère à qui l'enfant a été confié, alors que les parents vivent ensemble et élèvent un autre enfant commun. • TI Saint-Denis, 20 mars 2007 : *LPA 3 juin 2009, note Pomart-Nomdédéo.* ♦ ... D'une délégation croisée d'autorité parentale faute de démontrer des circonstances particulières l'imposant : • Douai, 11 déc. 2008 : *LPA 1er-2 juin 2009, note Kerckhove.*

3. ... Impossibilité d'exercice (art. 377, al. 2). Une cour d'appel apprécie souverainement que le fait, pour le père de l'enfant, d'être difficilement joignable et de ne pas prendre réellement en compte les besoins de sa fille au regard des démarches inhérentes à l'exercice de l'autorité parentale caractérise l'impossibilité d'exercice visée à l'art. 377, al. 2. • Civ. 1re, 5 avr. 2005, n° 04-05.019 P : *AJ fam. 2005. 273, obs. Gratadour ; Dr. fam. 2005, n° 155, note Murat ; RJPF 2005-7-8/51, obs. Eudier* (délégation partielle).

4. Choix du tiers. Aucune disposition légale n'impose au juge de choisir par priorité parmi les membres de la famille, le tiers à qui il délègue tout ou partie de l'autorité parentale ; il lui appartient seulement de rechercher si les circonstances exigent une telle délégation et si elle est conforme à l'intérêt de l'enfant. • Civ. 1re, 16 avr. 2008 : *préc. note 1.*

5. Délégation d'autorité parentale et couples non mariés : articulation avec l'adoption. Avant comme après la L. n° 2013-404 du 17 mai 2013, l'adoption individuelle de l'enfant du concubin ou partenaire, dans un couple hétérosexuel ou homosexuel non marié, a pour effet le transfert de l'autorité parentale à l'adoptant, sans possibilité de partage de celle-ci (art. 365 C. civ.). Cette solution justifie le refus de l'adoption elle-même, pour des raisons tenant au parent biologique qui se dépouille de ses droits ou pour des raisons tenant à l'adoptant lorsque l'adoption est associée à une délégation de l'autorité parentale au profit du parent biologique : V., approuvant une cour d'appel d'avoir refusé l'adoption simple par une femme de l'enfant de sa partenaire de PACS et la délégation subséquente de l'autorité parentale, dès lors qu'il n'était ni établi ni allégué que les circonstances exigeaient cette délégation et qu'en l'espèce, une telle délégation ou son partage était, à l'égard d'une adoption, antinomique et contradictoire, l'adoption ayant pour but de conférer l'autorité parentale au seul adoptant : • Civ. 1re, 20 févr. 2007, n° 04-15.676 P : *R., p. 330 ; GAJC, 12e éd., n° 53-55 (II et III) ; D. 2007. 1047, note D. Vigneau (2e esp.) ; ibid. AJ 721, obs. Delaporte-Carré (2e esp.) ; ibid. Chron. C. cass. 891, obs. Chauvin ; ibid. Pan. 1467, obs. Granet-Lambrechts ; JCP 2007. II. 10068, note Neirinck (2e esp.) ; Gaz. Pal. 2007. 480, avis Cavarroc ; Defrénois 2007. 791, obs. Massip ; AJ fam. 2007. 182, obs. Chénedé (2e esp.) ; Dr. fam. 2007, n° 80, note Murat (1re esp.) ; RJPF 2007-5/32, note Mécary ; RLDC 2007/39, n° 2570, note Le Boursicot ; RTD civ. 2007. 325, obs. Hauser .*

6. ... Délégation sans lien avec une adoption. L'organisation d'une délégation, indépendamment de toute adoption, est en revanche admise si elle est conforme à l'intérêt supérieur de l'enfant : l'art. 377, al. 1er, ne s'oppose pas à ce qu'une mère seule titulaire de l'autorité parentale en délègue tout ou partie de l'exercice à la femme avec laquelle elle vit en union stable et continue, dès lors que les circonstances l'exigent et que la mesure est conforme à l'intérêt supérieur de l'enfant. • Civ. 1re, 24 févr. 2006, n° 04-17.090 P : *R., p. 243 ; GAJC, 12e éd., n° 53-55 (I) ; D. 2006. 897, note Vigneau ; ibid. Pan. 1148, obs. Granet-Lambrechts , et 1421, obs. Lemouland et Vigneau ; ibid. IR 670, obs. Gallmeister ; ibid. Point de vue. 876, par Fulchiron ; JCP 2006. I. 199, n° 16, obs. Rebourg ; Defrénois 2006. 1067, obs. Massip ; AJ fam. 2006. 159, obs. Chénedé ; Dr. fam. 2006, n° 89, note Murat ; RJPF 2006-4/32, obs. Mulon ; RLDC 2006/27, n° 2056, note Bourgault-Coudevylle ; RDSS 2006. 578, note Neirinck ; RTD civ. 2006. 297, obs. Hauser* • 8 juill. 2010, n° 09-12.623 P : *D. actu. 27 juill. 2010, obs. Gallmeister ; D. 2011. Pan. 1585, obs. Granet-Lambrechts ; JCP 2010, n° 994, obs. Gouttenoire ; AJ fam. 2010. 394, obs. Chénedé ; Defrénois 2010. 2028, obs. Massip ; RLDC 2010/75, n° 3975, obs. Serr ; RJPF 2010-11/29, obs. Eudier ; RTD civ. 2010. 547, obs. Hauser* (délégation refusée en l'espèce, les circonstances comme l'intérêt supérieur de l'enfant ne l'exigeant pas). – Dans le même sens : • Paris, 5 mai 2006 : *AJ fam. 2006. 333* (infirmant • TGI Paris, 2 avr. 2004 : *AJ fam. 2004. 453, obs. Chénedé)* • TGI Agen, 17 févr. 2006 : *RJPF 2006-11/43, obs. Eudier* • TGI Lille, 11 déc. 2007 : *D. 2008. AJ 292 ; AJ fam. 2008. 119, obs. Chénedé ; JCP 2009. I. 102, n° 8, obs. Gouttenoire* • TGI Paris, 28 mars 2008 : *AJ fam. 2008. 260, obs. Chénedé* • 18 sept. 2009 : *AJ fam. 2009. 490, obs. Chénedé .* ♦ V. déjà en ce sens : • TGI Paris, 2 juill. 2004 : *AJ fam. 2004. 361, obs. Chénedé ; Dr. fam. 2005, n° 4, note Murat ; RTD civ. 2005. 116, obs. Hauser .* ♦ Pour une délégation d'autorité parentale demandée par la mère d'un enfant et son ancienne amie : • TGI Lille, 18 déc. 2007 : *JCP 2009. I. 102, n° 8, obs. Gouttenoire ; Dr. fam. 2008, n° 58, obs. Murat.* ♦ ... Par le père des enfants et la compagne de leur mère chez qui les enfants continuent à résider depuis la mort de celle-ci, • Civ. 1re, 16 avr. 2008 : *préc.* – V. aussi, sur cette question, Rubellin-Devichi, *obs. JCP 2005. I. 116, n° 5.* ♦ Délégation-partage de l'autorité parentale entre la mère biologique et sa partenaire pacsée, bien que les requérantes ne justifient pas d'un empêchement particulier de la mère dans l'exercice de ses fonctions parentales, car il est de l'intérêt de l'enfant que sa situation juridique soit en adéquation avec sa situation affective et matérielle, • TGI Paris, 21 sept. 2012 : *AJ fam. 2012. 550, obs. Siffrein-Blanc*.

7. Délégation totale de l'exercice de l'autorité parentale au bénéfice de la compagne de la mère ordonnée à la demande des deux parents d'un enfant, fruit d'un projet parental à trois, vivant depuis sa naissance avec sa mère et la compagne de celle-ci, et voyant son père un week-end sur deux et pendant les vacances. • TGI Paris, 22 févr. 2013 : *AJ fam. 2013. 232, obs. Gallmeister*. ♦ Double délégation-partage d'autorité parentale au profit de beaux-parents de même sexe après un projet parental à quatre personnes : • TJ Paris, 7 janv. 2022 : *Dr. fam. 2022, n° 48, obs. Saint-Pern.*

8. Al. 3 : présence des parents. Nécessité de rechercher si l'acte de délégation d'autorité parentale, établi à la requête du père, a bien été porté à la connaissance de la mère, selon les principes de droit commun, et partant, peut lui être opposé. • Civ. 1re, 18 nov. 2015, n° 14-21.286 P (solution appliquée à une décision rendue à Mayotte, la suppression de l'exequatur ne remettant pas en cause le respect de cette exigence).

9. Le cas polynésien (Faa'mu). Si l'art. 377, al. 1er, ouvre la possibilité de désigner comme délégataire une personne physique qui ne soit pas membre de la famille, c'est à la condition que celle-ci soit un proche digne de confiance. Ne saurait être considérée comme un proche, au sens du texte précité, une personne dépourvue de lien avec les délégants et rencontrée dans le seul objectif de prendre en charge l'enfant en vue de son adoption ultérieure. Au demeurant, une telle désignation ne serait pas conforme à la coutume polynésienne de la Faa'mu, qui permet d'organiser une mesure de délégation de l'autorité parentale dès lors qu'elle intervient au sein d'un cercle familial élargi ou au bénéfice de personnes connues des délégants. En conséquence, c'est en méconnaissance du texte susvisé que la cour d'appel, après avoir constaté que Mme [S] et M. [M] étaient entrés en relation avec M. et Mme [T] à la suite de recherches d'une famille adoptante en métropole, a accueilli la demande en délégation de l'exercice de l'autorité parentale. • Civ. 1re, 21 sept. 2022, n° 21-50.042 B : *D. 2022. 2134, note Barba et Millerioux ; ibid. 2023. 523, obs. Douchy-Oudot ; ibid. 807, obs. Galloux et Gaumont-Prat ; AJ fam. 2023. 223 ; Rev. crit. DIP 2023. 227, note Chaillé de Néré ; RTD civ. 2022. 877, obs. Leroyer ; ibid. 2023. 63, obs. Deumier*. Droit transitoire de cet arrêt : cependant, si une jurisprudence nouvelle s'applique de plein droit à tout ce qui a été réalisé antérieurement à celle-ci et, le cas échéant, sur la base et sur la foi d'une jurisprudence ancienne, la mise en œuvre de ce principe peut affecter irrémédiablement la situation des parties ayant agi de bonne foi, en se conformant à l'état du droit applicable à la date de leur action, de sorte que, en ces circonstances, le juge doit procéder à une évaluation des inconvénients justifiant qu'il soit fait exception au principe de la rétroactivité de la jurisprudence et rechercher, au cas par cas, s'il existe, entre les avantages qui y sont attachés et ses inconvénients, une disproportion manifeste. En l'occurrence, il doit être relevé, en premier lieu, que l'utilisation de la procédure de délégation d'autorité parentale s'inscrit dans un contexte de carence du pouvoir réglementaire. En effet, si les art. L. 224-1 à L. 225-7 CASF, relatifs aux pupilles de l'État et à leur adoption, sont applicables en Polynésie française, selon les adaptations qui y sont prévues aux art. L. 562-1 à L. 562-5, les dispositions réglementaires d'application de l'art. L. 224-2, relatif à la composition et aux règles de fonctionnement des conseils de famille institués en Polynésie française, ne sont toujours pas adoptées à ce jour, créant de ce fait une incertitude juridique sur les modalités d'adoption d'un enfant âgé de moins de deux ans sur ce territoire. En deuxième lieu, il doit être rappelé que, dans ce contexte de vide réglementaire imputable à l'État, les autorités locales ont aménagé le code de procédure civile applicable en Polynésie française en prévoyant, pour les enfants dont la filiation est établie mais dont les parents souhaitent dès leur naissance mettre en œuvre un projet d'adoption, une mesure préalable de délégation d'autorité parentale. De manière spécifique, l'art. 555, al. 3, de ce code, édicte ainsi que la requête en délégation d'autorité parentale doit être accompagnée, lorsque les délégataires ne résident pas en Polynésie française, de l'enquête sociale et de l'avis motivé émanant de l'organisme habilité à le faire suivant la loi de leur domicile ou résidence habituelle. En troisième lieu, il doit être souligné que la délégation aux fins d'adoption a été admise sur ce territoire par une jurisprudence trentenaire de la cour d'appel de Papeete, jusqu'à présent jamais remise en cause. Il résulte de l'ensemble de ces éléments qu'à la date de la naissance de l'enfant, les parents légaux, comme le couple candidat à la délégation, se sont engagés dans un processus de délégation d'autorité parentale en vue d'une adoption qu'ils pouvaient, de bonne foi, considérer comme étant conforme au droit positif. Dans ces conditions, il apparaît que l'application immédiate de la jurisprudence nouvelle sanctionnant un tel processus porterait une atteinte disproportionnée aux principes de sécurité juridique et de confiance légitime. En outre, de manière concrète, la remise en cause des situations existantes serait de nature à affecter irrémédiablement les liens qui se sont tissés *ab* *initio* entre l'enfant et les délégataires. En effet, la fin de la mesure de délégation d'autorité parentale, en supprimant tout lien juridique entre eux, peut conduire à une rupture définitive des relations de l'enfant avec ceux qui l'élèvent depuis sa naissance, dans un contexte où le projet a été construit en accord avec les parents légaux et où ceux-ci conservent la faculté de solliciter la révocation de la mesure, si tel est l'intérêt de l'enfant. Dès lors, l'application immédiate de la jurisprudence nouvelle porterait également une atteinte disproportionnée à l'intérêt supérieur de l'enfant, garanti par l'art. 3, § 1, CIDE, ainsi qu'au droit au respect de la vie privée et familiale des personnes concernées, garanti par l'art. 8 Conv. EDH. Ces circonstances exceptionnelles justifient par conséquent de déroger à l'application immédiate de la jurisprudence nouvelle aux situations des enfants pour lesquels une instance est en cours. • Même arrêt.

Art. 377-1 *(L. nº 2002-305 du 4 mars 2002)* **La délégation, totale ou partielle, de l'autorité parentale résultera du jugement rendu par le juge aux affaires familiales.**

Toutefois, le jugement de délégation peut prévoir, pour les besoins d'éducation de l'enfant, que les père et mère, ou l'un d'eux, partageront tout ou partie de l'exercice de l'autorité parentale avec le tiers délégataire. Le partage nécessite l'accord du ou des parents en tant qu'ils exercent l'autorité parentale. La présomption de l'article 372-2 est applicable à l'égard des actes accomplis par le ou les délégants et le délégataire.

Le juge peut être saisi des difficultés que l'exercice partagé de l'autorité parentale pourrait générer par les parents, l'un d'eux, le délégataire ou le ministère public. Il statue conformément aux dispositions de l'article 373-2-11.

BIBL. ► BERDEAUX, *AJ fam. 2017. 182* (options procédurales du parent social).

V. note 1 ss. art. 377.

Art. 377-2 **La délégation pourra, dans tous les cas, prendre fin ou être transférée par un nouveau jugement, s'il est justifié de circonstances nouvelles.**

Dans le cas où la restitution de l'enfant est accordée aux père et mère, le *(L. nº 93-22 du 8 janv. 1993)* **« juge aux affaires familiales » met à leur charge, s'ils ne sont indigents, le remboursement de tout ou partie des frais d'entretien.**

Al. 3 abrogé par L. nº 2002-305 du 4 mars 2002.

1. Demande de révocation par le délégataire. L'art. 377-2 n'exclut pas du bénéfice de l'action qu'il ouvre le délégataire de l'autorité parentale lui-même, qui doit donc être déclaré recevable en son action sollicitant la révocation de la délégation prononcée à son profit s'il ne souhaite plus assumer la charge de l'enfant. • Versailles, 25 juin 1998 : *BICC 1er mars 1999, nº 266.*

2. Révocation de la délégation prononcée par le juge au motif qu'on ne peut plus maintenir la délégation d'autorité parentale puisque le projet de couple sur lequel il reposait n'existe plus. • Caen, 10 mars 2016, nº 15/01208 : *RTD civ. 2016. 603, obs. Hauser ; Dr. fam. 2016. 108, obs. Fulchiron.*

3. Recours contre la décision d'immatriculation d'un pupille de l'État. Sur la compétence de la juridiction judiciaire (TGI) pour connaître d'un recours contre l'arrêté par lequel le préfet procède à l'immatriculation de l'enfant comme pupille de l'État (C. fam., art. 61, réd. L. nº 84-422 du 6 juin 1984), V. • T. confl. 7 oct. 1992 : *D. 1992. IR 38 ; RFDA 1992. 907, note Bernigaud*. ♦ V. désormais CASF, art. L. 224-8 – **CASF**.

Art. 377-3 **Le droit de consentir à l'adoption du mineur n'est jamais délégué.**

V. C. pr. civ., art. 1201 s. – **C. pr. civ.**

SECTION 4 *Du retrait total ou partiel de l'autorité parentale et du retrait de l'exercice de l'autorité parentale* *(L. nº 96-604 du 5 juill. 1996 ; L. nº 2019-1480 du 28 déc. 2019, art. 8).*

Art. 378 *(L. nº 2010-769 du 9 juill. 2010, art. 9)* **« Peuvent se voir retirer totalement l'autorité parentale** *(L. nº 2019-1480 du 28 déc. 2019, art. 8)* **« ou l'exercice de l'autorité parentale » par une décision expresse du jugement pénal les père et mère qui sont condamnés, soit comme auteurs, coauteurs ou complices d'un crime ou délit commis sur la personne de leur enfant, soit comme coauteurs ou complices d'un crime ou délit commis par leur enfant, soit comme auteurs, coauteurs ou complices d'un crime** *(L. nº 2020-936 du 30 juill. 2020, art. 4)* **« ou délit » sur la personne de l'autre parent. »**

(L. nº 96-604 du 5 juill. 1996) **« Ce retrait » est applicable aux ascendants autres que les père et mère pour la part d'autorité parentale qui peut leur revenir sur leurs descendants.**

V. C. pén., art. 221-5-5, 222-48-2 relatifs aux conditions de retrait de l'autorité parentale par le juge pénal. — **C. pén.**

1. Conv. EDH. N'est pas conforme à l'art. 8 Conv. EDH le prononcé automatique d'une privation de l'autorité parentale, en cas de condamnation pénale, sans contrôle du type d'infraction et sans appréciation de l'intérêt de l'enfant. • CEDH, sect. III, 14 oct. 2008, *Iordache c/ Roumanie,* n° 6817/02. ♦ Dans le même sens : • CEDH, sect. IV, 17 juill. 2012, *M. D. et a. c/ Malte,* n° 64791/10 (déchéance automatique et permanente jusqu'à la majorité). ♦ Absence de violation pour une déchéance, suivie d'une adoption, proportionnée au but légitime de protéger l'intérêt supérieur de l'enfant. • CEDH, sect. I, 28 oct. 2010, *Aune c/ Norvège,* n° 52502/07. ♦ De même, absence de violation pour un retrait de l'autorité parentale motivé par la nature et la gravité des faits commis par le père, coupable du meurtre aggravé de la mère de l'enfant, la cour d'assises n'ayant fait qu'user du pouvoir d'appréciation que lui confère l'art. 378. • Crim. 28 juin 2017, n° 16-85.904 P.

2. Nature du retrait : peine accessoire (non). L'art. 378 institue non une peine accessoire contre les personnes qui y sont visées, mais une mesure de protection pour leurs enfants, d'ordre purement civil. • Crim. 4 janv. 1985 : *Gaz. Pal. 1986. 1. 19* • 14 oct. 1992, n° 92-81.146 P : *R., p. 430.* ♦ Cette mesure échappe à la compétence des jurés ; il appartient à la cour, statuant sans l'assistance du jury, de la prononcer. • Même arrêt. ♦ Le représentant légal d'un enfant victime d'un crime ou d'un délit commis par son père ou sa mère peut demander à la juridiction pénale, au titre de l'action civile, le retrait de l'autorité parentale. • Crim. 23 sept. 2008 : *D. 2008. AJ 2724 ; RJPF 2008-12/29, obs. Eudier.* ♦ Rappr. note 1 ss. art. 378-1.

3. Pouvoirs des juges civils. Les juridictions civiles peuvent se fonder, pour prononcer la *déchéance* [le retrait total] de l'autorité parentale, non seulement sur les causes prévues par l'art. 378-1, mais aussi sur celles de l'art. 378, lorsque la juridiction pénale n'a pas usé de la faculté qui lui est donnée de prononcer cette mesure. • Civ. 1re, 16 févr. 1988, n° 86-14.183 P : *R., p. 154 ; D. 1988. 373, note Massip.*

4. Infractions visées. Le délit d'abandon de famille ne constitue pas une infraction commise sur la personne de l'enfant et seul est alors applicable l'art. 373, 3° (anc.), C. civ., à l'exclusion de l'art. 378 C. civ. • Crim. 11 déc. 1984, n° 83-91.042 P : *Gaz. Pal. 1985. 2. 654, note Doucet.*

5. Parents concernés. Les parents peuvent être *déchus* de l'autorité parentale même quand ils n'en ont pas l'exercice. • Crim. 21 oct. 1992, n° 92-80.200 P : *R., p. 430.*

6. Enfants concernés : mineurs. La *déchéance* [le retrait total] de l'autorité parentale ne peut être prononcée, contre un condamné, qu'à l'égard de ses enfants mineurs ; cassation de l'arrêt qui a prononcé une telle mesure à l'égard d'un enfant qui, à la date où la cour statuait, était devenu majeur. • Crim. 30 sept. 1998, n° 97-83.021 P : *RTD civ. 1999. 76, obs. Hauser.*

Art. 378-1 *(L. n° 96-604 du 5 juill. 1996)* **« Peuvent se voir retirer totalement l'autorité parentale, en dehors de toute condamnation pénale, les père et mère qui, soit par de mauvais traitements, soit par une consommation habituelle et excessive de boissons alcooliques ou un usage de stupéfiants, soit par une inconduite notoire ou des comportements délictueux, »** *(L. n° 2016-297 du 14 mars 2016, art. 25)* **« notamment lorsque l'enfant est témoin de pressions ou de violences, à caractère physique ou psychologique, exercées par l'un des parents sur la personne de l'autre, » soit par un défaut de soins ou un manque de direction, mettent manifestement en danger la sécurité, la santé ou la moralité de l'enfant.**

Peuvent pareillement *(L. n° 96-604 du 5 juill. 1996)* **« se voir retirer totalement l'autorité parentale », quand une mesure d'assistance éducative avait été prise à l'égard de l'enfant, les père et mère qui, pendant plus de deux ans, se sont volontairement abstenus d'exercer les droits et de remplir les devoirs que leur laissait l'article 375-7.**

L'action *(L. n° 96-604 du 5 juill. 1996)* **« en retrait total de l'autorité parentale » est portée devant le tribunal judiciaire, soit par le ministère public, soit par un membre de la famille ou le tuteur de l'enfant** *(L. n° 2016-297 du 14 mars 2016, art. 41)* **« , soit par le service départemental de l'aide sociale à l'enfance auquel l'enfant est confié ».**

Ancien art. 378-1 (al. 1er) *Peuvent être déchus de l'autorité parentale, en dehors de toute condamnation pénale, les père et mère qui, soit par de mauvais traitements, soit par des exemples pernicieux d'ivrognerie habituelle, d'inconduite notoire ou de délinquance, soit par un défaut de soins ou un manque de direction, mettent manifestement en danger la sécurité, la santé ou la moralité de l'enfant.*

1. Nature du retrait : sanction (non). La *déchéance* (le retrait total) de l'autorité parentale prononcée en application de l'art. 378-1 ne constitue pas une sanction, mais une mesure de protection vis-à-vis de l'enfant ; il s'ensuit que les juges du fond peuvent prononcer cette mesure dès lors que l'enfant a été soumis, par une mère démente et dangereuse, à de mauvais traitements qui ont abouti à faire de lui un infirme ; peu importe que la mère ait été reconnue pénalement irresponsable, pour cause de démence, des sévices exercés sur son enfant. • Civ. 1re, 14 avr. 1982 : *D. 1983. 294, note J. M.*

2. Danger. Une cour d'appel énonce exactement que le seul risque d'une éventuelle mise en danger de l'enfant ne permet pas de prononcer la *déchéance* de l'autorité parentale. • Civ. 1re, 6 juill. 1999 : *Dr. fam. 2000, n° 4, note Murat.* ♦ La *déchéance* de l'autorité parentale ne peut être prononcée contre la mère d'un enfant mineur au motif de sa fragilité mentale, sans rechercher si, par suite de son comportement ou de son état, l'intéressée mettait manifestement en danger la sécurité, la santé et la moralité de l'enfant. • Civ. 1re, 14 juin 1988, n° 87-05.027 P : *R., p. 154 ; Gaz. Pal. 1988. 2. 797, note J. M.* ♦ V. aussi, sur la nécessité de caractériser l'état de danger encouru par l'enfant : • Civ. 1re, 15 mai 1990, n° 87-05.071 P (père incarcéré pour assassinats ; danger non simplement éventuel) • 6 mars 2001 : *RJPF 2001-6/35, obs. Blanc* (père condamné pour trafic de stupéfiants ; danger non établi) • Lyon, 22 mai 2001 : *JCP 2002. II. 10177, note Garé* (père condamné pour atteinte sexuelle sur la personne de sa nièce, mineure de quinze ans ; danger non établi). ♦ La carence du père absent ne caractérise pas la mise en danger manifeste de l'enfant de nature à entraîner la mesure prévue à l'art. 378-1. • Versailles, 31 oct. 1996 : *BICC 15 févr. 1997, n° 151.* ♦ Refus de retrait de l'autorité parentale de la mère (« mère porteuse », en l'espèce), le manque de soins et de direction ne mettant pas en danger les enfants. • Civ. 1re, 23 avr. 2003 : *JCP 2004. II. 10058, note Bourrat-Gueguen ; Dr. fam. 2003, n° 143, note Murat ; LPA 29 oct. 2003, note Massip ; RTD civ. 2003. 693, obs. Hauser* (appréciation souveraine). ♦ Retrait de l'autorité parentale pour des parents dans le déni des infractions pour lesquelles ils avaient été condamnés et qui avaient mis en échec pendant des années toute action éducative concernant leurs enfants placés, contribuant à les déstabiliser encore plus, ce positionnement persistant et sans évolution constituant une maltraitance psychologique. • Civ. 1re, 27 mai 2010, n° 09-65.208 P : *D. actu. 11 juin 2010, obs. Egéa ; D. 2010. Actu. 1485.*

3. Abstention « volontaire ». Les juges du fond ne peuvent retirer totalement l'autorité parentale à la mère, en application de l'al. 2 de l'art. 378-1, aux motifs que son état de santé ne l'empêchait pas d'exercer ses droits et devoirs de mère, ni de prendre des nouvelles de son enfant, alors qu'ils relèvent qu'elle présentait des troubles psychiatriques graves et durables. • Civ. 1re, 13 janv. 1998 : *Dr. fam. 1998, n° 97, note Murat.*

4. Date d'appréciation. Le juge qui évalue le danger couru par l'enfant doit se placer à la date à laquelle il statue et non à la date où les faits ont été commis par le parent. • Civ. 1re, 20 févr. 2007, n° 05-17.618 P : *D. 2007. AJ 732 ; AJ fam. 2007. 189, obs. F. C. ; Dr. fam. 2007, n° 104, note Murat ; RTD civ. 2007. 328, obs. Hauser.* ♦ Mais pour la prise en compte par la cour d'appel de la nécessité de préserver les enfants pour l'avenir, compte tenu de leur grande fragilité psychologique, de toute intervention parentale : • Civ. 1re, 27 mai 2010 : *préc. note 2.*

5. Application à l'adoption de l'enfant du conjoint. Il résulte de l'art. 378-1 qu'un défaut de soins ou un manque de direction ne peut justifier le retrait de l'autorité parentale que s'il met en danger la sécurité, la santé ou la moralité de l'enfant. Justifie légalement sa décision la cour d'appel qui a rappelé que le retrait de l'autorité parentale, qui est une mesure de protection de l'enfant, suppose la démonstration par le requérant d'un danger manifeste pour la santé, la sécurité ou la moralité de ce dernier, qui a relevé que l'ensemble des pièces communiquées démontrait qu'[E] et [N] étaient équilibrés, heureux et parfaitement pris en charge, et qui, procédant aux recherches prétendument omises, a souverainement retenu qu'il n'était produit aucune pièce propre à démontrer que l'absence de leur mère soit source de danger pour eux et que M. [P] n'établissait pas en quoi la protection de l'intérêt supérieur de ces deux enfants commandait le retrait d'autorité parentale de Mme [K], le dispositif conventionnel et législatif n'ayant pas vocation à faciliter ses démarches administratives ; elle n'a pas porté atteinte au droit au respect de la vie privée et familiale des enfants, prévu par l'art. 8 Conv. EDH, dès lors, d'une part, que ce droit n'impose pas de consacrer, par une adoption, tous les liens d'affection, fussent-ils anciens et établis, d'autre part, que la voie de l'adoption des enfants par le conjoint du père demeure ouverte, si les conditions en sont remplies, ce qui suppose en particulier que le juge vérifie la validité et la portée de la déclaration du 30 juill. 2010 par laquelle la mère a renoncé à ses droits parentaux et qu'il s'assure de sa conformité avec l'intérêt de l'enfant ; elle n'a pas davantage violé l'interdiction de toute discrimination posée par l'art. 14 de la Conv., les dispositions de l'art. 378 C. civ. s'appliquant indifféremment à tous les enfants, sans distinction aucune fondée sur la naissance. • Civ. 1re, 21 sept. 2022, n° 20-18.687 B : *D. 2023. 662, obs. Hilt ; ibid. 855, obs. RÉGINE ; ibid. 1615, obs. Bonfils et Gouttenoire ; AJ fam. 2022. 557, obs. Berdeaux ; ibid. 457, obs. Dionisi-Peyrusse ; RDSS 2022. 1147, obs. Monéger ; RTD civ. 2022. 876, obs. Leroyer.*

Art. 378-2 *(L. n° 2019-1480 du 28 déc. 2019, art. 8)* **L'exercice de l'autorité parentale et les droits de visite et d'hébergement du parent poursuivi ou condamné, même non**

définitivement, pour un crime commis sur la personne de l'autre parent sont suspendus de plein droit jusqu'à la décision du juge et pour une durée maximale de six mois, à charge pour le procureur de la République de saisir le juge aux affaires familiales dans un délai de huit jours.

Art. 379 *(L. nº 96-604 du 5 juill. 1996)* **Le retrait total de l'autorité parentale prononcé en vertu** *(L. nº 2019-1480 du 28 déc. 2019, art. 8)* **« des articles 378 et 378-1 » porte de plein droit sur tous les attributs, tant patrimoniaux que personnels, se rattachant à l'autorité parentale ; à défaut d'autre détermination, il s'étend à tous les enfants mineurs déjà nés au moment du jugement.**

Il emporte, pour l'enfant, dispense de l'obligation alimentaire, par dérogation aux articles 205 à 207, sauf disposition contraire dans le jugement de retrait.

Retrait de l'autorité parentale et adoption conformes à la Conv. EDH. • CEDH 30 nov. 2017, nº 37283/13 : *AJ fam. 2018. 40* (Norvège).

Art. 379-1 *(L. nº 96-604 du 5 juill. 1996)* **Le jugement peut, au lieu du retrait total, se borner à prononcer un retrait partiel de l'autorité parentale, limité aux attributs qu'il spécifie** *(L. nº 2019-1480 du 28 déc. 2019, art. 8)* **« , ou un retrait de l'exercice de l'autorité parentale ». Il peut aussi décider que le retrait total ou partiel de l'autorité parentale n'aura d'effet qu'à l'égard de certains des enfants déjà nés.**

Art. 380 **En prononçant** *(L. nº 96-604 du 5 juill. 1996)* **« le retrait total ou partiel de l'autorité parentale** *(L. nº 2019-1480 du 28 déc. 2019, art. 8)* **« ou de l'exercice de l'autorité parentale » ou » du droit de garde, la juridiction saisie devra, si l'autre parent est décédé ou s'il a perdu l'exercice de l'autorité parentale, soit** *(L. nº 87-570 du 22 juill. 1987)* **« désigner un tiers auquel l'enfant sera provisoirement confié » à charge pour lui de requérir l'organisation de la tutelle, soit confier l'enfant au service départemental de l'aide sociale à l'enfance.**

Elle pourra prendre les mêmes mesures lorsque l'autorité parentale est dévolue à l'un des parents par l'effet *(L. nº 96-604 du 5 juill. 1996)* **« du retrait total de l'autorité parentale** *(L. nº 2019-1480 du 28 déc. 2019, art. 8)* **« ou de l'exercice de l'autorité parentale » prononcé » contre l'autre.**

L'autorité parentale ayant été retirée aux deux parents, en application de l'art. 378 C. civ. pour des violences sur l'enfant, une cour d'appel statue, à bon droit, sur la demande de la grand-mère d'annulation de l'arrêté d'admission en qualité de pupille de l'État, en considération de l'intérêt de l'enfant, qu'elle apprécie souverainement. • Civ. 1re, 23 sept. 2015, nº 14-16.425 P : *D. 2016. 674, obs. Douchy-Oudot ; RDSS 2015. 1087, note Lafargue ; RTD civ. 2015. 862, obs. Hauser ; AJ fam. 2015. 606, obs. Salvage-Gerest* (rejet du pourvoi en ce que la cour d'appel a aussi refusé d'accorder à la grand-mère une délégation d'autorité parentale et un droit d'hébergement, mais qu'elle lui a accordé un droit de visite).

Art. 380-1 *(L. nº 2022-301 du 2 mars 2022, art. 2, en vigueur le 1er juill. 2022)* **En prononçant le retrait total de l'autorité parentale, la juridiction saisie peut statuer sur le changement de nom de l'enfant, sous réserve du consentement personnel de ce dernier s'il est âgé de plus de treize ans.**

Art. 381 **Les père et mère qui ont fait l'objet** *(L. nº 96-604 du 5 juill. 1996)* **« d'un retrait total de l'autorité parentale » ou d'un retrait de droits pour l'une des causes prévues aux articles 378 et 378-1, pourront, par requête, obtenir du tribunal judiciaire, en justifiant de circonstances nouvelles, que leur soient restitués, en tout ou partie, les droits dont ils avaient été privés.**

La demande en restitution ne pourra être formée qu'un an au plus tôt après que le jugement prononçant *(L. nº 96-604 du 5 juill. 1996)* **« le retrait total ou partiel de l'autorité parentale » est devenu irrévocable ; en cas de rejet, elle ne pourra être renouvelée qu'après une nouvelle période d'un an. Aucune demande ne sera recevable lorsque, avant le dépôt de la requête, l'enfant aura été placé en vue de l'adoption.**

Si la restitution est accordée, le ministère public requerra, le cas échéant, des mesures d'assistance éducative.

V. C. pr. civ., art. 1202 s. - ***C. pr. civ.***

SECTION 5 *De la déclaration judiciaire de délaissement parental*

(L. nº 2016-297 du 14 mars 2016, art. 40)

Art. 381-1 **Un enfant est considéré comme délaissé lorsque ses parents n'ont pas entretenu avec lui les relations nécessaires à son éducation ou à son développement pendant l'année qui précède l'introduction de la requête, sans que ces derniers en aient été empêchés par quelque cause que ce soit.**

BIBL. ▶ GEBLER, *AJ fam. 2017. 167*.

I. JURISPRUDENCE RENDUE SOUS L'EMPIRE DE L'ART. 350 ANCIEN

1. Illustrations de désintérêt. Caractérise le désintérêt de la mère le fait que, pendant la période de référence, bien qu'hospitalisée à plusieurs reprises, elle ait bénéficié de nombreux congés d'essai au cours desquels elle n'a fait aucune tentative pour établir des relations avec sa fille, soit par demande de visite, soit par appel téléphonique, soit par envoi de courriers ou colis. • Civ. 1re, 23 juin 2010, nº 09-15.129 P : *D. 2011. Pan. 1585, obs. Granet-Lambrechts ; AJ fam. 2010. 433, obs. Chénedé ; LPA 22 oct. 2010, note Siffrein-Blanc ; RLDC 2010/74, nº 3942, obs. Pouliquen* (mère devant apporter la preuve de sa « grande détresse », exception abrogée en 2005). ♦ Une « simple déclaration juridique de reconnaissance de l'enfant » n'est pas une marque d'intérêt suffisante pour motiver de plein droit le rejet d'une demande de déclaration d'abandon. • Civ. 1re, 3 oct. 1978, nº 77-80.010 P.

2. Est en revanche inopérante la circonstance que la mère ne soit pas opposée au projet d'adoption ; cassation de l'arrêt qui rejette pour ce motif la requête en déclaration d'abandon, sans rechercher si les conditions posées par l'art. 350 anc. n'étaient pas réunies. • Civ. 1re, 28 nov. 2000, nº 98-14.737 : *Dr. fam. 2001, nº 56, note Murat.* ♦ V. aussi : • Civ. 1re, 6 mai 2003, nº 01-10.849 : *JCP 2004. I. 109, nº 4, obs. Favier ; Defrénois 2003. 1493, obs. Massip.*

3. Caractère volontaire du désintérêt. V. sous l'empire de l'anc. art. 350 : le manque d'intérêt prévu par l'art. 350 doit être volontaire. • Civ. 1re, 23 oct. 1973, nº 72-80.006 P : *R. 1973-1974, p. 19 ; D. 1974. 135, note Gaury* • 28 mai 1980, nº 79-10.874 P (application du texte résultant de la L. du 22 déc. 1976) • 12 oct. 1999 : *Defrénois 2000. 662, obs. Massip ; Dr. fam. 2000, nº 3, note Murat* (absence de mise en œuvre du droit de visite par l'aide sociale et ignorance par les parents du lieu de résidence de la famille d'accueil) • 23 nov. 2011, nº 10-30.714 : *Dr. fam. 2012, nº 29, obs. Raymond.* ♦ Lorsque n'est relevée pendant le délai légal aucune marque d'intérêt pour l'enfant, seul le caractère involontaire de ce comportement ou l'intérêt de l'enfant peuvent fonder le rejet de la demande en déclaration d'abandon. • Civ. 1re, 29 oct. 1979, nº 78-10.699 P : *JCP 1980. II. 19366.* ♦ Cassation, au visa de l'art. 455 C. pr. civ., de l'arrêt qui déclare un enfant abandonné sans répondre aux conclusions soutenant que le désintérêt avait un caractère involontaire. • Civ. 1re, 8 déc. 1998, nº 97-05.015 P : *Dr. fam. 1999, nº 14, note Murat ; LPA 14 juin 1999, note Massip.*

4. Il n'y a pas désintérêt volontaire en présence d'une série d'actions en justice tendant à récupérer l'enfant. • Civ. 1re, 17 déc. 1996, nº 95-05.045 : *Defrénois 1997. 727, obs. Massip ; Dr. fam. 1997. 156, note Murat.*

5. Charge de la preuve du caractère involontaire. S'il appartient au demandeur à l'action en déclaration d'abandon de prouver que les parents n'ont pas entretenu avec l'enfant les relations nécessaires au maintien de liens affectifs, c'est à ceux qui invoquent, en tant que moyen de défense, le caractère involontaire du désintérêt d'en établir la réalité. • Civ. 1re, 6 mars 1985, nº 83-17.320 P : *R., p. 77 ; D. 1986. 193, note J. M. ; RTD civ. 1986. 730, obs. Rubellin-Devichi.*

6. Période de référence. C'est à la date de la présentation de la requête ou déclaration d'abandon qu'il convient d'apprécier si les parents se sont manifestement désintéressés de l'enfant depuis plus d'un an. • Civ. 1re, 29 oct. 1979, nº 78-10.699 : *préc.* ♦ Le désintérêt de l'enfant s'apprécie pendant l'année qui précède le dépôt de la requête et les juges n'ont pas à tenir compte de déclarations de la mère postérieures à cette période. • Civ. 1re, 15 nov. 1994, nº 93-10.458 P : *Defrénois 1995. 728, obs. Massip ; JCP 1995. I. 3855, nº 8, obs. Favier.*

II. JURISPRUDENCE POSTÉRIEURE À LA LOI Nº 2016-297 DU 14 MARS 2016

7. Prévalence de l'intérêt de l'enfant. L'intérêt supérieur de l'enfant est une norme supralégale et l'art. 3, 1 CIDE est d'applicabilité directe devant les juridictions nationales, de sorte que l'intérêt supérieur de l'enfant peut conduire le juge à rejeter la demande de déclaration judiciaire de délaissement parental alors même que les conditions légales seraient réunies. • Civ. 1re, 19 juin 2019, nº 19-70.007 B : *AJ fam. 2019. 462, obs. Houssier ; D. 2019. 506, obs. Douchy-Oudot ; RTD civ. 2019. 568, obs. Leroyer.* ♦ Dans le même sens, sous l'emprise du droit antérieur : • Civ. 1re, 3 déc. 2014, nº 13-24.268 : *RTD civ. 2015. 118, obs. Hauser.*

8. Inclusion de l'intérêt de l'enfant dans les critères de l'art. 381-1. Aux termes de l'art. 381-1, un enfant est considéré comme délaissé lorsque ses parents n'ont pas entretenu avec lui les relations nécessaires à son éducation ou à son développement pendant l'année qui précède l'introduction de la requête, sans que ces derniers en aient été empêchés par quelque cause que ce soit. Justifie légalement sa décision de déclaration d'abandon la cour d'appel qui retient que la mère ne s'était pas saisie du droit de visite médiatisée organisé dès la naissance de l'enfant en vue de la soutenir, compte tenu de sa fragilité psychique, dans la création d'un lien avec son enfant, et que ce dispositif avait été mis en échec par son inconstance dans l'exercice de ce droit, ainsi que par son absence de prise en compte des besoins de l'enfant, dont le mal-être avait été constaté, avant comme après les rencontres avec ses parents, par les intervenants éducatifs et médico-sociaux, qui relève que la mère ne s'était pas plus saisie du droit de correspondance médiatisé instauré en 2016 au moment de la suspension du droit de visite et n'avait, depuis, posé aucun acte concret permettant d'attester de ses velléités de reprendre une relation avec son fils, qui a estimé que les démarches destinées à restaurer le lien avec l'enfant et entreprises par le service gardien sous le contrôle du juge pendant plusieurs années avaient maintenu l'enfant dans un état d'insécurité affective et entravé son bon développement, ce qui justifiait de le libérer du lien avec ses parents biologiques, des progrès de celui-ci ayant été constatés depuis la fin des visites obligatoires ; qu'ainsi, la cour d'appel a ainsi caractérisé une situation de délaissement de l'enfant au sens de l'art. 381-1 pendant l'année précédant l'introduction de la requête en se déterminant en considération de l'intérêt supérieur de l'enfant. • Civ. 1re, 30 nov. 2022, n° 20-22.903 B : *D. 2023. 523, obs. Douchy-Oudot ; AJ fam. 2023. 48, obs. Mallevaey.*

Art. 381-2 **Le tribunal judiciaire déclare délaissé l'enfant recueilli par une personne, un établissement ou un service départemental de l'aide sociale à l'enfance qui se trouve dans la situation mentionnée à l'article 381-1 pendant l'année qui précède l'introduction de la demande en déclaration judiciaire de délaissement parental. La demande en déclaration de délaissement parental est obligatoirement transmise, à l'expiration du délai d'un an prévu à l'article 381-1, par la personne, l'établissement ou le service départemental de l'aide sociale à l'enfance qui a recueilli l'enfant, après que des mesures appropriées de soutien aux parents leur ont été proposées. La demande peut également être présentée par le ministère public agissant d'office ou, le cas échéant, sur proposition du juge des enfants.**

La simple rétractation du consentement à l'adoption, la demande de nouvelles ou l'intention exprimée mais non suivie d'effet de reprendre l'enfant ne constituent pas un acte suffisant pour rejeter de plein droit une demande en déclaration de délaissement parental et n'interrompent pas le délai mentionné au premier alinéa du présent article.

Le délaissement parental n'est pas déclaré si, au cours du délai mentionné au premier alinéa, un membre de la famille a demandé à assumer la charge de l'enfant et si cette demande est jugée conforme à l'intérêt de ce dernier.

Le délaissement parental peut être déclaré à l'endroit des deux parents ou d'un seul.

Lorsqu'il déclare l'enfant délaissé, le tribunal délègue par la même décision l'autorité parentale sur l'enfant à la personne, à l'établissement ou au service départemental de l'aide sociale à l'enfance qui a recueilli l'enfant ou à qui ce dernier a été confié.

La tierce opposition n'est recevable qu'en cas de dol, de fraude ou d'erreur sur l'identité de l'enfant.

1. Avis de la Cour de cassation. Aux termes de l'art. 381-1, issu de la L. n° 2016-297 du 14 mars 2016, un enfant est considéré comme délaissé lorsque ses parents n'ont pas entretenu avec lui les relations nécessaires à son éducation ou à son développement pendant l'année qui précède l'introduction de la requête, sans que ces derniers en aient été empêchés par quelque cause que ce soit. Aux termes de l'art. 381-2, issu de la même loi, le tribunal de grande instance déclare délaissé l'enfant recueilli par une personne, un établissement ou un service départemental de l'aide sociale à l'enfance qui se trouve dans la situation mentionnée à l'art. 381-1 pendant l'année qui précède l'introduction de la demande en déclaration judiciaire de délaissement parental. La demande en déclaration de délaissement parental est obligatoirement transmise, à l'expiration du délai d'un an prévu à l'art. 381-1, par la personne, l'établissement ou le service départemental de l'aide sociale à l'enfance qui a recueilli l'enfant, après que des mesures appropriées de soutien aux parents leur ont été proposées. La demande peut également être présentée par le ministère public agissant d'office ou, le cas échéant, sur proposition du juge des enfants. La simple rétractation du consentement à l'adoption, la demande de nouvelles ou l'intention exprimée mais non suivie d'effet de reprendre l'enfant ne constituent pas un acte suffisant pour rejeter de plein droit une demande en déclaration de délaissement parental et n'interrompent pas le délai. Le délaissement parental n'est pas déclaré si, au cours du délai mentionné au premier alinéa, un membre de la famille a demandé à assumer la charge de l'enfant et si cette demande est jugée conforme à l'intérêt de ce dernier. Le délaissement parental peut être déclaré à l'endroit des deux parents ou d'un seul. Lorsqu'il déclare l'enfant délaissé, le tribunal délègue par la même décision l'autorité parentale sur l'enfant à la personne, à l'établissement ou au service départemental de l'aide sociale à l'enfance qui a recueilli l'enfant ou à qui ce dernier a été confié. • Civ. 1re, 19 juin 2019, n° 19-70.007 P • 19 juin 2019, n° 19-70.008. ♦ La tierce opposition n'est recevable qu'en cas de dol, de fraude ou d'erreur sur l'identité de l'enfant. Ces textes ne prévoient pas de condition particulière pour la déclaration judiciaire de délaissement parental unilatérale, prononcée à l'endroit d'un seul parent. En particulier, ils ne disposent pas que cette décision ne pourrait intervenir que dans le cas d'une perte de l'autorité parentale par le parent non délaissant ou d'une remise volontaire, par celui-ci, de l'enfant au service de l'aide sociale à l'enfance en vue de son admission en qualité de pupille de l'État. Imposer de telles conditions serait ajouter à la loi. • Mêmes avis. ♦ Il en résulte qu'il doit être répondu négativement à la question sur l'application des art. L. 224-4, 6°, et L. 224-8, I, CASF, autorisant l'admission en qualité de pupille de l'État d'un enfant, dont la filiation est établie à l'égard de ses deux parents, lorsque le délaissement parental est déclaré judiciairement, en application des art. 381-1 et 381-2 C. civ., à l'endroit d'un seul parent et que l'autre parent, non privé de l'autorité parentale, n'a pas remis volontairement l'enfant au service de l'aide sociale à l'enfance en vue de cette admission. En effet, la seule condition du délaissement prononcé à l'endroit de l'un des parents est que celui-ci n'ait pas entretenu avec l'enfant les relations nécessaires à son éducation ou à son développement pendant l'année qui précède l'introduction de la requête, sans que celui-ci en ait été empêché par quelque cause que ce soit. • Mêmes avis.

Jurisprudence rendue sous l'empire de l'art. 350 ancien.

2. Domaine quant aux enfants. Les enfants « recueillis » au sens de l'art. 350 sont ceux dont un particulier, une œuvre privée ou l'aide sociale à l'enfance ont « la charge » et ont ainsi qualité pour présenter une requête aux fins de déclaration d'abandon. • Civ. 1re, 4 janv. 1978, n° 76-13.470 P. ♦ L'art. 350 anc. n'exclut pas de son champ d'application les mineurs faisant l'objet d'une mesure d'assistance éducative. • Civ. 1re, 18 déc. 1978, n° 77-14.987 P (application de l'art. 350 dans sa rédaction antérieure à la L. du 22 déc. 1976).

3. Conv. EDH. Violation de l'art. 8 Conv. EDH en raison d'une durée de plus de quatre ans pour la restitution au père biologique de sa fille remise irrégulièrement par sa mère à des tiers. • CEDH, sect. II, 22 mai 2012, *Santos Nunes c/ Portugal*, n° 61173/08.

1° INTÉRÊT DE L'ENFANT

4. Désintérêt non établi. Dès lors que le désintérêt des parents n'est pas établi, l'intérêt de l'enfant n'est pas une condition suffisante permettant de déclarer judiciairement l'abandon. • Civ. 1re, 16 juill. 1992, n° 91-12.871 P : *Defrénois 1993. 297, obs. Massip.*

5. Désintérêt établi. Il résulte de l'art. 350 anc. que, même lorsque les conditions d'application de ce texte sont réunies, l'intérêt de l'enfant peut justifier le rejet d'une requête aux fins de déclaration d'abandon. • Civ. 1re, 6 janv. 1981, n° 79-15.746 P : *D. 1981. 495, note Raynaud.* ♦ L'intérêt d'un enfant musulman dont la législation prohibe l'adoption peut commander qu'il soit déclaré judiciairement abandonné, cette procédure ne conduisant pas nécessairement à l'adoption. • Pau, 13 mai 1996 : *Dr. fam. 1997, n° 155, note Murat.*

6. Articulation avec l'adoption. Si un enfant, déclaré abandonné sur le fondement de l'anc. art. 350 C. civ., peut être restitué à ses père et mère dès lors qu'il n'a pas été placé en vue de l'adoption, c'est à la condition que cette restitution soit conforme à son intérêt. • Civ. 1re, 22 juill. 1986, n° 85-11.645 P : *Gaz. Pal. 1988. 1. 5, note J. M. ; RTD civ. 1986. 730, obs. Rubellin-Devichi* • 2 juin 1987, n° 85-13.542 P : *R., p. 136.*

2° RÔLE DE LA FAMILLE

7. Une déclaration judiciaire d'abandon impliquant que les père et mère de l'enfant s'en soient manifestement désintéressés, l'expression « un membre de la famille » au sens de l'art. 350 anc. ne peut désigner que les membres de la famille autres que les père et mère. • Civ. 1re, 3 oct. 1978, n° 77-80.010 P.

8. L'abandon ne peut être déclaré lorsqu'un membre de la famille assume déjà la charge de l'enfant. • Civ. 1re, 24 mars 1987, n° 85-16.727 P : *R., p. 136 ; D. 1988. 153, note E. Roujou de Boubée ; Defrénois 1987. 1078, note Massip ; JCP 1988. II. 21076, note Salvage-Gerest ; RTD civ. 1988. 708, obs. Rubellin-Devichi.*

3° PROCÉDURE

9. Délai d'introduction de la requête. L'art. 350 anc. ne pose aucune condition de délai pour les recueillants qui présentent requête aux fins de déclaration d'abandon. • Civ. 1re, 16 nov. 1976, n° 75-14.800 : *JCP 1978. II. 18906, note Furkel ; RTD civ. 1977. 321, obs. Raynaud.*

10. Tierce opposition. La tierce opposition est irrecevable s'il n'y a pas eu dol, fraude ou erreur sur l'identité de l'enfant. • Civ. 1re, 2 déc. 1997, n° 96-11.323 : *Dr. fam. 1998, n° 21, obs. Murat.*

CHAPITRE II *DE L'AUTORITÉ PARENTALE RELATIVEMENT AUX BIENS DE L'ENFANT*

(Ord. n° 2015-1288 du 15 oct. 2015, art. 3, en vigueur le 1er janv. 2016)

BIBL. GÉN. ▸ Patrimoine du mineur : *Dr. et patr. 11/2000, p. 53 s.* (dossier). - *AJ fam. 2002. 360* (dossier). - BESSE, *Dr. et patr. juill.-août 2007, p. 38* (patrimoine du mineur : gestion en « bon père de famille » ?). - BOUQUEMONT, *Dr. et patr. 6/2014, p. 28* (vente de titres). - LÉCUYER, *Gaz. Pal. 2003. Doctr. 761.* ▸ Administration légale : TARDY-JOUBERT, *Dr. fam. 2007. Étude 22.*

SECTION 1 *De l'administration légale*

Les art. 3 à 9 de l'Ord. n° 2015-1288 du 15 oct. 2015 sont applicables aux administrations légales en cours au jour de son entrée en vigueur (Ord. préc., art. 17-III).

Art. 382 **L'administration légale appartient aux parents. Si l'autorité parentale est exercée en commun par les deux parents, chacun d'entre eux est administrateur légal. Dans les autres cas, l'administration légale appartient à celui des parents qui exerce l'autorité parentale.**

BIBL. ▸ **Ord. 15 oct. 2015 :** BATTEUR et DOUVILLE, *D. 2015. 2330*. - BRUGGEMAN, *Gaz. Pal. 2016. 3610.* - COMBRET et BAILLON-WIRTZ, *JCP N 2015, n° 1238.* - MARIA et RAOUL-CORMEIL, *Dr. fam. 2016. Dossier 4.* - MONTOUX, *JCP N 2015, n° 1221.* - PETERKA, *JCP 2015, n° 1160.* - SALVAGE-GEREST, *AJ fam. 2015. 601*. - ZATTARA-GROS, *Gaz. Pal. 2016. 1470.* - Dossier, *AJ fam. 2015. 598* s. ; *ibid. 2016. 361*.

Il résulte des art. 371-1, 382, 383 anciens et 488 que l'administration légale des biens de l'enfant mineur par ses parents cesse de plein droit à sa majorité. • Civ. 1re, 9 janv. 2008, n° 05-21.000 P : *D. 2008. AJ 353* ; *JCP 2008. II. 10048, note Lasserre Capdeville ; JCP N 2008. 1157, note Plazy ; Dr. fam. 2008, n° 47, obs. Fossier ; Defrénois 2008. 1124, obs. Massip ; Dr. et patr. 5/2008, p. 80, obs. Fulchiron ; RTD civ. 2008. 275, obs. Hauser* (impossibilité pour les parents d'effectuer des retraits, même destinés à l'entretien de l'enfant).

Art. 382-1 **Lorsque l'administration légale est exercée en commun par les deux parents, chacun d'eux est réputé, à l'égard des tiers, avoir reçu de l'autre le pouvoir de faire seul les actes d'administration portant sur les biens du mineur.**

La liste des actes qui sont regardés comme des actes d'administration est définie dans les conditions de l'article 496.

L'établissement financier qui offre ou consent un prêt ou un crédit personnalisé à un mineur sans l'autorisation du juge des tutelles ou, s'agissant des actes de la vie courante, du représentant légal est redevable d'une amende fiscale d'un montant égal au quintuple du montant de la créance figurant au contrat (L. n° 98-657 du 29 juill. 1998, art. 113, JO 31 juill.).

BIBL. ▸ FARGE, *Dr. et patr. 9/2000. 78* (dépassement de pouvoir du représentant légal). - HAUSER, *Mél. Raynaud, Dalloz, 1985, p. 227* (protection de la personne de l'incapable). - FOSSIER, *Dr. fam. 1998, n° 164* (commentaire de l'art. 113 de la L. du 29 juill. 1998, en note ci-dessus).

1. Compte bancaire. L'administrateur légal, même placé sous contrôle judiciaire, a le pouvoir de faire seul les actes d'administration ; il peut, à ce titre, procéder à la réception des capitaux échus au mineur et les retirer du compte de dépôt sur lequel il les a versés ; la banque n'est pas garante de l'emploi des capitaux. • Civ. 1re, 11 oct. 2017, n° 15-24.946 P : *D. 2017. 2405, note Farge* ; *AJ fam. 2017. 645, obs. Viney* ; *AJ contrat 2018. 41, obs. Dagorne-Labbe* ; *JCP 2017, n° 1320, note Lasserre-Capdeville.* ♦ Déjà : • Civ. 1re, 20 mars 1989 : *D. 1989. 406, note Massip ; JCP N 1990. II. 33, note Fossier.* ♦ V. Décr. 22 déc. 2008, annexe 1, II, 1°.

2. V. dans le cadre de l'art. 389-6 ancien : dès lors qu'une convention de compte bloqué avec versement anticipé des intérêts a été valablement conclue, la perception des intérêts ne nécessite pas une autorisation du juge des tutelles. • Civ. 1re, 17 janv. 1978, n° 75-14.302 P : *D. 1980. 17, note Champenois-Marmier ; JCP 1979. II. 19175, note Courbe* (conclusion de la convention nécessitant une autorisation). ♦ V. Décr. 22 déc. 2008, annexe 1, II, 1°.

3. Honoraires d'avocat. V. avant l'Ord. du 15 oct. 2015 : le paiement d'honoraires d'avocat constituant un acte d'administration (rappr. Décr. 22 déc. 2008, annexe 2, I, 1° et 1, IX) nécessitant au moins l'autorisation de l'un des deux administrateurs légaux du mineur, engage sa responsabilité l'avocat qui prélève directement une somme sur le compte client ouvert à la CARPA au nom d'un mineur, sans l'autorisation d'un administrateur légal. • Civ. 1re, 3 juill. 2001, n° 98-16.854 P : *RJPF 2001-12/11, note Garé ; RTD civ. 2002. 73, obs. Hauser*. – Sur cet arrêt, V. Fossier et Fresnel, *Gaz. Pal. 2002. Doctr. 612.* ♦ Comp. pour l'acceptation d'honoraires de résultat, ss. art. 387-1.

4. Location par un bailleur mineur. La conclusion d'un bail de neuf ans au plus est un acte d'administration (Décr. 22 déc. 2008, annexe 1, I). ♦ Sur le régime de l'éventuel droit au renouvellement du locataire, V. aussi art. 504, texte et note. ♦ Rappr. sous l'empire des textes antérieurs à l'Ord. du 15 oct. 2015 : dans le régime de l'administration légale pure et simple, les parents agissant d'un commun accord ont le pouvoir de consentir un bail à long terme sur les biens ruraux appartenant à leurs enfants mineurs mais cette faculté n'exclut pas la règle selon laquelle les baux consentis par le tuteur ne confèrent au preneur, à l'encontre du mineur devenu majeur, aucun droit de renouvellement à l'expiration du bail, nonobstant toutes dispositions légales contraires (art. 456 ancien). • Civ. 1re, 4 juin 2009, n° 08-13.480.

5. Assurance vie. V. sous l'empire de l'anc. art. 389-5 : la renonciation à un contrat d'assurance vie s'analysant en un acte d'administration, un tel acte peut être exercé par un parent, en sa qualité d'administrateur légal de son fils mineur, seul, sans autorisation du juge des tutelles. • Civ. 1re, 18 mai 2011, n° 10-23.114 P : *D. 2011. Actu. 1484 ; AJ fam. 2011. 344, obs. Verheyde ; RTD civ. 2011. 509, obs. Hauser ; Dr. fam. 2011, n° 117, obs. Maria ; JCP N 2012, n° 1134, obs. Massip ; Gaz. Pal. 2011. 1554, obs. Leroy.*

Art. 383 **Lorsque les intérêts de l'administrateur légal unique ou, selon le cas, des deux administrateurs légaux sont en opposition avec ceux du mineur, ces derniers demandent la nomination d'un administrateur *ad hoc* par le juge des tutelles. A défaut de diligence des administrateurs légaux, le juge peut procéder à cette nomination à la demande du ministère public, du mineur lui-même ou d'office.**

Lorsque les intérêts d'un des deux administrateurs légaux sont en opposition avec ceux du mineur, le juge des tutelles peut autoriser l'autre administrateur légal à représenter l'enfant pour un ou plusieurs actes déterminés. — *[Rappr. anc. art. 389-3, al. 2]*

BIBL. ▸ Administrateur *ad hoc* : FOSSIER, *Dr. fam. 1999, n° 131* (Décr. du 16 sept. 1999). – GHELFI-TASTEVIN, *LPA 13 mars 1998.* – A. et C. GUÉRY, *Gaz. Pal. 1998. 2. Doctr. 1073.* – NEIRINCK, *JCP 1991. I. 3496.*

Sur la possibilité pour le procureur de la République ou le juge d'instruction, saisi de faits commis volontairement à l'encontre d'un mineur, de désigner un administrateur ad hoc pour la protection des intérêts du mineur, V. C. pr. pén., art. 706-50. — **C. pr. pén.**

1. Opposition d'intérêts. Les juges du fond déduisent souverainement des éléments de fait l'existence d'une opposition d'intérêts entre l'administrateur légal et le mineur. • Civ. 1re, 5 janv. 1999, n° 96-19.759 : *Dr. fam. 1999, n° 58, note Fossier ; RTD civ. 1999. 814, obs. Hauser* (en l'espèce, disparité des situations de fortune et résistance de la mère à l'action de l'administrateur *ad hoc* justifiant le maintien de celui-ci) • 25 oct. 2005, n° 03-14.404.

2. Limites à la désignation : respect des décisions définitives. L'acceptation d'une succession étant définitive, quand l'administrateur légal a accepté sous bénéfice d'inventaire une succession échue au mineur, il n'est pas possible de nommer un administrateur *ad hoc* ayant mission de renoncer à cette succession. • Civ. 1re, 16 avr. 1991, n° 89-10.248 P : *RTD civ. 1991. 500, obs. Hauser ; Defrénois 1991. 952, obs. Massip ;*

3. … Respect des pouvoirs du mineur. Le mineur pouvant faire lui-même le choix d'un conseil dans la procédure d'assistance éducative, il y a lieu d'annuler l'ordonnance du juge des tutelles désignant un administrateur *ad hoc* à cette fin. • TGI Basse-Terre, 30 mai 1996 : *LPA 11 nov. 1996, note Massip.*

4. Pouvoirs du tuteur ad hoc. De la combinaison des anciens art. 389-3, 389-6 et 464, il résulte que, comme l'administrateur légal, l'administrateur *ad hoc* a, dans les limites de la mission confiée, qualité pour accomplir seul tous les actes civils qu'un tuteur peut faire sans autorisation du conseil de famille. • Civ. 1re, 8 mars 1988, n° 86-16.153 P : *R., p. 155 ; Gaz. Pal. 1989. 1. 43, note Massip.*

5. Illustration : contestation de paternité. Sur la nomination d'un tuteur *ad hoc* dans une contestation de reconnaissance, V. • Civ. 1re, 18 mars 1981, n° 79-16.284 P (distinction avec l'anc. art. 317 spécifique au désaveu).

6. Matière pénale. La désignation d'un administrateur *ad hoc* en application de l'art. 706-50 C. pr. pén. fait obstacle à ce que le représentant légal du mineur puisse également intervenir aux mêmes fins. • Crim. 12 sept. 2000, n° 00-81.871 : *D. 2000. IR 275 ; RTD civ. 2001. 110, obs. Hauser.*

Art. 384 **Ne sont pas soumis à l'administration légale les biens donnés ou légués au mineur sous la condition qu'ils soient administrés par un tiers.**

Le tiers administrateur a les pouvoirs qui lui sont conférés par la donation, le testament ou, à défaut, ceux d'un administrateur légal.

Lorsque le tiers administrateur refuse cette fonction ou se trouve dans une des situations prévues aux articles 395 et 396, le juge des tutelles désigne un administrateur *ad hoc* pour le remplacer.

BIBL. ▸ Boulanger, *JCP N 1994. I. 363* (clauses d'exclusion de la jouissance ou de l'administration légale). – M. Grimaldi, *Defrénois 2020/48. 27* (l'article 384 permet-il de confier à un fiduciaire la gestion des biens donnés ou légués à un mineur ?). – Hauser, *Defrénois 2009. 25* (administration des biens légués ou donnés).

1. Intérêt supérieur de l'enfant. Le droit de mener une vie familiale normale n'implique pas que l'administration des biens donnés ou légués à un mineur soit confiée à son père ou à sa mère, administrateur légal et titulaire de l'autorité parentale ; le législateur a prévu, afin d'assurer la protection de l'intérêt de l'enfant en présence d'une clause d'exclusion de l'administration légale, une garantie contre la défaillance du tiers administrateur institué par le donateur ou le testateur, en insérant, à l'al. 3 de l'art. 384, une disposition selon laquelle, lorsque le tiers administrateur refuse cette fonction ou se trouve dans une des situations prévues aux art. 395 et 396, le juge des tutelles désigne un administrateur *ad hoc* pour le remplacer. • Civ. 1re, 15 juin 2017, n° 17-40.035 P : *D. 2017. 1303 ; AJ fam. 2017. 408, obs. Corpart ; RTD civ. 2017. 611, obs. Hauser* (refus de transmettre une QPC).

2. Texte de portée générale. L'ancien art. 389-3, qui permet au disposant, sans aucune distinction, de soustraire à l'administration légale des père et mère les biens qu'il donne ou lègue à un mineur, est une disposition générale qui ne comporte aucune exception pour la réserve héréditaire. • Civ. 1re, 6 mars 2013, n° 11-26.728 P : *D. 2013. Pan. 2073, obs. Bonfils et Gouttenoire ; AJ fam. 2013. 239, obs. Massip ; RTD civ. 2013. 346, obs. Hauser ; ib id. 421, obs. Grimaldi ; Defrénois 2013. 365, obs. Randoux.* ♦ ... Et le juge ne peut annuler la disposition testamentaire prévoyant ce mode d'administration, au motif que cette désignation serait contraire à l'intérêt de l'enfant, ajoutant ainsi à la loi une condition qu'elle ne prévoit pas. • Civ. 1re, 26 juin 2013, n° 11-25.946 P : *D. 2013. Pan. 2073, obs. Bonfils et Gouttenoire ; AJ fam. 2013. 512, obs. Mornet ; RTD civ. 2013. 575, obs. Hauser ; Dr. fam. 2013, n° 124, obs. Maria ; Defrénois 2013. 972, note Massip.* ♦ Dans le même sens : • Civ. 1re, 10 juin 2015, n° 14-18.856 P : *D. 2015. 1318 ; AJ fam. 2015. 551, obs. Casey ; RTD civ. 2015. 584, obs. Hauser ; ibid. 668, obs. Grimaldi* (arrêt cassé ayant imposé plusieurs conditions supplémentaires).

3. Notion de legs. La clause d'exclusion de l'administration légale qui emporte privation de la jouissance légale de la mère a nécessairement pour effet d'augmenter les droits des mineurs sur leur émolument dans la succession de leur père, de sorte qu'une telle clause stipulée par le testateur – « mon patrimoine qui reviendra à mes enfants » – caractérise un legs. • Civ. 1re, 11 févr. 2015, n° 13-27.586 P : *D. 2015. 488 ; AJ fam. 2015. 237, obs. Vernières ; RTD civ. 2015. 354, obs. Hauser ; Dr. fam. 2015, n° 75, obs. Nicod ; ibid., n° 80, obs. Maria ; RDC 2015. 901, obs. Godechot-Patris.*

Art. 385 **L'administrateur légal est tenu d'apporter dans la gestion des biens du mineur des soins prudents, diligents et avisés, dans le seul intérêt du mineur.**

Art. 386 **L'administrateur légal est responsable de tout dommage résultant d'une faute quelconque qu'il commet dans la gestion des biens du mineur.**

Si l'administration légale est exercée en commun, les deux parents sont responsables solidairement.

L'État est responsable des dommages susceptibles d'être occasionnés par le juge des tutelles et le *(L. n° 2016-1547 du 18 nov. 2016, art. 16-I)* **« directeur des services de greffe judiciaires » du tribunal judiciaire dans l'exercice de leurs fonctions en matière d'administration légale, dans les conditions prévues à l'article 412.**

L'action en responsabilité se prescrit par cinq ans à compter de la majorité de l'intéressé ou de son émancipation.

Lorsque la mère ne partage pas avec son mari l'administration légale des biens de leur fille, il est justement décidé que le préjudice subi par l'enfant du fait de la dissipation d'une partie du prix de vente d'un immeuble indivis entre la mineure et son père trouve sa cause non dans l'acte de vente lui-même mais dans le défaut de remploi du prix ; en conséquence, les juges du fond écartent à bon droit la responsabilité solidaire des parents et mettent à juste titre la mère hors de cause. • Civ. 1re, 7 déc. 1977, n° 74-14.890 P.

SECTION 2 *De la jouissance légale*

Art. 386-1 **La jouissance légale est attachée à l'administration légale : elle appartient soit aux parents en commun, soit à celui d'entre eux qui a la charge de l'administration.**

En ce qui concerne la jouissance légale des biens des pupilles de l'État, V. CASF, art. L. 224-9. — **CASF.**

Art. 386-2 **Le droit de jouissance cesse :**

1° Dès que l'enfant a seize ans accomplis ou même plus tôt quand il contracte mariage ;

2° Par les causes qui mettent fin à l'autorité parentale ou par celles qui mettent fin à l'administration légale ;

3° Par les causes qui emportent l'extinction de tout usufruit.

BIBL. ▶ HAUSER, *RTD civ. 1993. 813* (anc. art. 384).

1. Amélioration des biens. Sur l'établissement éventuel de comptes, en cas d'amélioration apportée aux biens ayant fait l'objet du droit de jouissance légale, V. * Req. 17 nov. 1903 : *DP 1904. 1. 11.*

2. Dette de restitution : point de départ des intérêts. V. avant la L. du 5 mars 2007 : en fixant le point de départ des intérêts de la somme due par l'administrateur légal au mineur trois mois après la majorité de celui-ci en application de l'ancien art. 474 C. civ., une cour d'appel viole l'ancien art. 384-1°. • Civ. 1re, 19 déc. 1995 : *Defrénois 1996. 1002, obs. Massip* (restitution de sommes dont le mineur avait hérité et que l'administrateur avait utilisées à des fins personnelles).

Art. 386-3 **Les charges de cette jouissance sont :**

1° Celles auxquelles sont tenus les usufruitiers ;

2° La nourriture, l'entretien et l'éducation de l'enfant, selon sa fortune ;

3° Les dettes grevant la succession recueillie par l'enfant en tant qu'elles auraient dû être acquittées sur les revenus.

Articulation du droit de jouissance légale et de l'obligation alimentaire : lorsque les enfants possèdent des biens personnels, les père et mère ne doivent seuls supporter la dépense des frais d'entretien et d'éducation que s'ils ont l'usufruit légal ; mais, s'ils ont perdu cet usufruit (défaut d'inventaire), ils peuvent imputer ces frais sur les revenus des mineurs ; ce n'est qu'en cas d'insuffisance de ces revenus que l'excédent de la dépense reste à leur charge comme dette personnelle. • Civ. 30 nov. 1910 : *D. 1912. 74.*

Art. 386-4 **La jouissance légale ne s'étend pas aux biens :**

1° Que l'enfant peut acquérir par son travail ;

2° Qui lui sont donnés ou légués sous la condition expresse que les parents n'en jouiront pas ;

3° Qu'il reçoit au titre de l'indemnisation d'un préjudice extrapatrimonial dont il a été victime.

BIBL. ▶ D. BOULANGER, *JCP N 1994. Doctr. 363* (clauses d'exclusion de la jouissance ou de l'administration légale).

Sur le droit pour les mineurs de se faire ouvrir des livrets de caisse d'épargne sans l'intervention de leur représentant légal, V. C. mon. fin., art. L. 221-3 et, pour le droit d'opposition en cas de retrait, art. R. 221-6. — ***C. mon. fin.***

L'absence de droit de jouissance légale sur les gains et salaires de l'enfant mineur n'interdit pas aux administrateurs légaux d'affecter tout ou partie de ces revenus à son entretien et à son éducation, seul l'excédent devant revenir au mineur. • Civ. 1re, 9 janv. 2008, n° 05-21.000.

SECTION 3 *De l'intervention du juge des tutelles*

Art. 387 **En cas de désaccord entre les administrateurs légaux, le juge des tutelles est saisi aux fins d'autorisation de l'acte.**

Sur la procédure applicable à l'intervention du juge des tutelles en matière d'administration légale, V. C. pr. civ., art. 1180-6 s.

1. Nature juridictionnelle. V. sous l'empire du droit antérieur à l'Ord. du 15 oct. 2005 : le juge des tutelles étant une juridiction, une lettre qui lui est adressée pour l'alerter sur la gestion d'un tuteur est couverte par l'immunité instituée par l'art. 41 de la L. du 29 juill. 1881. • Civ. 2e, 27 mai 1998, n° 95-15.502 P : *Dr. fam. 1998. 110, note Fossier.* ♦ Sur les garanties procédurales découlant de cette qualification, V. ss. art. 432. – **C. civ.** ♦ V. aussi sur l'obligation de motivation des décisions du juge : • Civ. 1re, 22 oct. 2008, n° 07-19.964 P : *AJ fam. 2008. 479, note Pécaut-Rivolier ; Dr. fam. 2008, n° 176, note Fossier* (autorisation d'une cession).

2. Recours. V. sous l'empire de l'ancien art. 389-7 : l'administrateur légal peut, dans l'intérêt de l'enfant mineur, comme le tuteur à l'égard de délibérations du conseil de famille, former un recours contre les ordonnances du juge des tutelles, quel qu'ait été son avis lors de la décision. • Civ. 1re, 17 mai 1988, n° 87-11.118 P : *R., p. 157 ; Gaz. Pal. 1989. 1. 129, note J. M. ; JCP N 1989. II. 93, note Fossier* • 11 juin 2002, n° 00-14.550 P : *D. 2002. 3174, note Farge ; RTD civ. 2002. 487, obs. Hauser ; Defrénois 2002. 1475, obs. Massip ; AJ fam. 2002. 303, obs. S. D.-B.*

Art. 387-1 **L'administrateur légal ne peut, sans l'autorisation préalable du juge des tutelles :**

1° Vendre de gré à gré un immeuble ou un fonds de commerce appartenant au mineur ;

2° Apporter en société un immeuble ou un fonds de commerce appartenant au mineur ;

3° Contracter un emprunt au nom du mineur ;

4° Renoncer pour le mineur à un droit, transiger ou compromettre en son nom ;

5° Accepter purement et simplement une succession revenant au mineur ;

6° Acheter les biens du mineur, les prendre à bail ; pour la conclusion de l'acte, l'administrateur légal est réputé être en opposition d'intérêts avec le mineur ;

7° Constituer gratuitement une sûreté au nom du mineur pour garantir la dette d'un tiers ;

8° Procéder à la réalisation d'un acte portant sur des valeurs mobilières ou instruments financiers au sens de l'article L. 211-1 du code monétaire et financier, si celui-ci engage le patrimoine du mineur pour le présent ou l'avenir par une modification importante de son contenu, une dépréciation significative de sa valeur en capital ou une altération durable des prérogatives du mineur.

L'autorisation détermine les conditions de l'acte et, s'il y a lieu, le prix ou la mise à prix pour lequel l'acte est passé.

En ce qui concerne la transaction avec l'assureur, en cas d'accident de la circulation intéressant un mineur, V. C. assur., art. L. 211-15. — ***C. assur.***

1. Domaine : ventes forcées (non). V. dans le cadre de l'ancien art. 389-6 : l'autorisation du juge des tutelles n'est pas requise pour les ventes forcées décidées, en vertu de dispositions légales, ou de conventions valables, en l'absence de toute initiative prise par l'administrateur légal des mineurs. • Civ. 1re, 18 déc. 1984, n° 83-15.646 : *Gaz. Pal. 1985. 2. 561, note J. M.*

2. ... Respect d'un engagement antérieur. Il n'y a pas lieu d'obtenir l'autorisation du juge des tutelles pour l'un des héritiers mineur à l'occasion d'une vente dès lors que le promettant avait définitivement consenti à vendre avant son décès, l'option pouvant être valablement levée, après son décès, contre ses héritiers tenus de la dette contractée par leur auteur. • Civ. 3e, 8 sept. 2010, n° 09-13.345.

1° ACTES VISÉS PAR LE TEXTE

3. Vente d'un meuble. Rappr. sous l'empire du droit antérieur : refus d'autoriser une vente de biens meubles légués à l'enfant par ses grands-parents ou leur échange avec des biens de l'administrateur, dans le souci de respecter la volonté des testateurs et de protéger le mineur (administrateur en situation financière difficile), V. • Civ. 1re, 24 févr. 1976, n° 74-14.258 P.

4. Conclusion d'un emprunt (3°). Rappr. : le démarchage, par un établissement de crédit, d'une personne majeure, agissant en qualité de représentant légal d'un mineur, n'est pas illicite. • Civ. 1re, 7 nov. 2006, n° 04-15.799.

5. Renonciation à un droit (4°) : ... successions. V. sous l'empire de l'anc. art. 389-5 : la renonciation à la réduction d'une libéralité ne peut être valable que si elle est spécialement autorisée par le juge des tutelles. • Civ. 1re, 6 juill. 1982, n° 81-11.866 P : *RTD civ. 1983. 373, obs. Patarin.* – V. aussi • TI Biarritz, 12 févr. 1975 : *D. 1975. 753, note J. F. Vouin.* ♦ V. en ce sens Décr. 22 déc. 2008, annexe 1, V. ♦ Le choix de l'une des trois quotités disponibles prévu par l'art. 1094-1 impliquant la renonciation aux deux autres, le tuteur d'un incapable majeur ne peut, en sa qualité d'administrateur légal sous contrôle judiciaire, exercer l'option dont dispose l'incapable sans l'autorisation du juge des tutelles. • Civ. 1re, 1er juin 1994, n° 92-16.823 P : *RTD civ. 1994. 568, obs. Hauser ; ibid. 1995. 416, obs. Patarin ; Defrénois 1994. 1452, obs. Massip.*

6. ...Transaction (4°). V. sous l'empire de l'anc. art. 389-5 : la validité d'un acte qui, tout en se présentant comme une transaction, constitue une renonciation à un droit est subordonnée à l'autorisation du juge des tutelles (en l'espèce, abandon, contre versement d'une somme d'argent, de toute autre prétention relative à la réparation du préjudice subi par une mineure victime de viols). • Cass., ch. mixte, 29 janv. 1971, n° 67-93.320 P : *R. 1970-1971, p. 14 ; D. 1971. 301, concl. Lindon, note Hauser et Abitbol.* ♦ Dans le même sens : hors le cas de tutelle avec conseil de famille, les représentants légaux d'un mineur ayant subi un préjudice résultant de faits volontaires ou non qui présentent le caractère matériel d'une infraction doivent recueillir l'autorisation du juge aux affaires familiales, en sa qualité de juge des tutelles des mineurs, préalablement à l'acceptation de l'offre d'indemnisation prévue par l'art. 706-5-1 C. pr. pén., dès lors qu'elle emporte pour le mineur renonciation à un droit. • Cass., avis, 25 mars 2013, n° 12-70.019 P : *R., p. 518 ; D. 2013. 907 ; AJ fam. 2013. 309, obs. Mornet ; RTD civ. 2013. 347, obs. Hauser*. ♦ V. en ce sens Décr. 22 déc. 2008, annexe 1, IX. ♦ V. aussi, admettant qu'une transaction est soumise à l'autorisation du juge des tutelles : • Civ. 1re, 9 janv. 2008, n° 06-16.783 P : *JCP N 2008. 1157, note Plazy ; Dr. fam. 2008, n° 47, obs. Fossier ; Dr. et patr. 5/2008, p. 80, obs. Fulchiron.* ♦ En faveur de l'application de la prescription de l'art. 1304 anc. C. civ. : • Colmar, 30 sept. 2005, pourvoi rejeté par • Civ. 1re, 9 janv. 2008, n° 06-16.783 : *préc.* (moyen nouveau non examiné par la Cour, même si le sommaire de l'arrêt confirme la solution).

7. ... Acquiescement. V. sous l'empire de l'anc. art. 389-5 : nécessité d'une autorisation du juge des tutelles pour acquiescer à un jugement qui n'avait accueilli que partiellement l'action en réparation exercée au nom de l'enfant, cet acquiescement emportant renonciation au droit de faire appel et au droit de réclamer la réparation de l'entier préjudice subi par le mineur. • Civ. 1re, 3 mars 1992, n° 90-11.088 P : *JCP 1993. II. 21997, note du Rusquec ; JCP N 1993. II. 45, note Fossier.* ♦ Déjà en ce sens : • Civ. 1re, 6 déc. 1988, n° 87-13.759 P : *Gaz. Pal. 1989. 2. 630, note Massip.*

2° AUTRES ACTES SOUMIS À AUTORISATION

8. Immobilier. V. dans le cadre de l'art. 389-6 ancien : l'administrateur légal peut, avec l'autorisation du juge des tutelles, faire des actes de disposition et, notamment, grever de droits réels les immeubles du mineur lorsque ces actes sont conformes à l'intérêt de celui-ci. • Civ. 1re, 2 déc. 1997, n° 95-20.198 P : *R., p. 189 ; ibid., p. 125, concl. Sainte-Rose ; D. 1998. 469, note Hauser et Delmas Saint-Hilaire ; ibid. somm. 303, obs. Vauvillé ; ibid. 378, obs. S. Piedelièvre (validité du cautionnement hypothécaire consenti au nom du mineur) ; RTD civ. 1998. 342, obs. Hauser ; JCP 1998. I. 149, n° 1, obs. Simler ; Defrénois 1998. 727, obs. Massip ; Dr. fam. 1998, n° 31, obs. Fossier ; JCP N 1998. 1046, étude D. Boulanger.* ♦ V. Décr. 22 déc. 2008, annexe 1, I. ♦ Il ne peut être fait exception à la nullité de l'acte de vente d'un bien immobilier appartenant à une SCI résultant de l'absence d'autorisation préalable du juge des tutelles à la délibération ayant décidé de cette vente, au motif que l'acquéreur aurait contracté dans la croyance erronée que le gérant de la SCI propriétaire du bien vendu avait le pouvoir de consentir à la vente. • Civ. 1re, 17 mai 2017, n° 15-24.840 P : *D. 2017. 1190 ; AJ fam. 2017. 406, obs. Raoul-Cormeil ; RTD civ. 2017. 610, obs. Hauser ; RDC 2017. 523, obs. Tadros.* ♦ Comp. art. 387-1-7° ci-dessus.

9. Compte bloqué avec paiement anticipé des intérêts. V. dans le cadre de l'art. 389-6 ancien : la conclusion d'une convention de compte bloqué avec versement anticipé des intérêts constitue un emploi de capitaux pour lequel l'administrateur légal sous contrôle judiciaire doit se pourvoir d'une autorisation du juge des tutelles. • Civ. 1re, 17 janv. 1978, n° 75-14.302 : *D. 1980. 17, note Champenois-Marmier ; JCP 1979. II. 19175, note Courbe* (mais la perception des intérêts d'une convention valable est un acte d'administration). ♦ V. Décr. 22 déc. 2008, annexe 1, II, 1°.

10. Souscription de parts de SCPI. V. dans le cadre de l'art. 389-6 ancien : la souscription des parts de SCPI réalisée par l'administrateur légal doit être annulée faute d'autorisation préalable du juge des tutelles en l'absence de réitération postérieure de cet acte. • Civ. 1re, 7 nov. 2006, n° 04-15.799 P : *R., p. 245 ; BICC 1er mars 2007, n° 423, et la note ; D. 2006. 3069, note Bouteiller ; ibid. AJ 2844, obs. Avena-Robardet ; AJ fam. 2006. 466, obs. Pécaut-Rivolier ; RTD civ. 2007. 88, obs. Hauser ; RTD com. 2007. 206, obs. D. Legeais ; RJPF 2007-3/11, obs. Casey* (une autorisation postérieure n'est pas une confirmation).

11. Prêt à une SCI. **BIBL.** Naudin, *Dr. fam. 2006. Étude 26.* ♦ V. Décr. 22 déc. 2008, annexe 2, II (acte de disposition sauf circonstances d'espèce). ♦ V. avant l'Ord. du 15 oct. 2005 : commet une faute le banquier qui consent un prêt à une SCI comprenant des associés mineurs sans s'être assuré que ceux-ci, qui encouraient un risque élevé de se retrouver personnellement débiteurs, bénéficiaient de la protection qui leur était due. • Civ. 3e, 28 sept. 2005, n° 04-14.756 : *RTD civ. 2005. 757, obs. Hauser ; JCP N 2005. 1492, note Garçon ; Rev. sociétés 2006. 103, note Dom.* ♦ Comp. : une société jouissant d'une personnalité distincte de celle des associés et d'un patrimoine propre, l'art. 389-5 n'a pas lieu de s'appliquer dans le cas d'un emprunt souscrit par une SCI dont l'associé majoritaire est mineur. • Civ. 1re, 14 juin 2000, n° 98-13.660 P : *D. 2000. IR 207 ; Defrénois 2000. 1315, obs. Massip ; ibid. 2001. 528, obs. J. Honorat ; RJPF 2000-10/13, note Pansier,* rejetant le pourvoi contre • Versailles, 29 janv. 1998 : *D. 1998. Somm. 399, obs. Hallouin ; RTD civ. 1999. 67, obs. Hauser ; JCP 1999. II. 10014, note Petit et Rouxel.*

12. Convention d'honoraires de résultat. V. dans le cadre de l'art. 389-6 ancien : aucuns honoraires de résultat n'est dû à l'avocat s'il n'a pas été expressément stipulé dans une convention préalablement conclue entre celui-ci et son client, laquelle, regardée comme constituant un acte de disposition, est soumise à l'autorisation du juge des tutelles lorsqu'elle intervient au nom d'un mineur sous administration légale sous contrôle judiciaire. • Civ. 2e, 10 sept. 2015, n° 14-23.959 P (cassation de l'arrêt qui a refusé de statuer sur la demande tendant à conclure une telle convention avant que soit intervenue la décision judiciaire sur le résultat de laquelle les honoraires étaient pour partie calculés). ♦ V. Décr. 22 déc. 2008, annexe 1, IX. ♦ Comp. pour le paiement des honoraires, ss. art. 382-1.

13. Droits extrapatrimoniaux. Rappr. avant l'Ord. du 15 oct. 2015 : l'action en protection de la vie privée des enfants mineurs présente un caractère extrapatrimonial, même si elle tend à l'allocation de dommages et intérêts ; dès lors, par application combinée des anciens art. 389-4 et 464, elle doit être exercée conjointement par les deux parents ou, en l'absence de consentement de l'un d'eux, être autorisée par le juge des tutelles. • Paris, 25 avr. 2000 : *D. 2000. IR 187 ; RTD civ. 2000. 802, obs. Hauser*. ♦ V. • CEDH, sect. I, 15 janv. 2009, *R. et D. c/ Grèce*, n° 1234/05. ♦ V. aussi Décr. 22 déc. 2008, annexe 1, VI. ♦ Comp. notes ss. art. 388-1-1.

Art. 387-2 L'administrateur légal ne peut, même avec une autorisation :
1° Aliéner gratuitement les biens ou les droits du mineur ;
2° Acquérir d'un tiers un droit ou une créance contre le mineur ;
3° Exercer le commerce ou une profession libérale au nom du mineur ;
4° Transférer dans un patrimoine fiduciaire les biens ou les droits du mineur.

Art. 387-3 A l'occasion du contrôle des actes mentionnés à l'article 387-1, le juge peut, s'il l'estime indispensable à la sauvegarde des intérêts du mineur, en considération de la composition ou de la valeur du patrimoine, de l'âge du mineur ou de sa situation familiale, décider qu'un acte ou une série d'actes de disposition seront soumis à son autorisation préalable.

Le juge est saisi aux mêmes fins par les parents ou l'un d'eux, le ministère public ou tout tiers ayant connaissance d'actes ou omissions qui compromettent manifestement et substantiellement les intérêts patrimoniaux du mineur ou d'une situation de nature à porter un préjudice grave à ceux-ci.

Les tiers qui ont informé le juge de la situation ne sont pas garants de la gestion des biens du mineur faite par l'administrateur légal.

Art. 387-4 A l'occasion du contrôle qu'il exerce en application des articles 387-1 et 387-3, le juge peut demander à l'administrateur légal qu'un inventaire du patrimoine du mineur lui soit transmis ainsi que, chaque année, un inventaire actualisé.

Une copie de l'inventaire est remise au mineur âgé de seize ans révolus.

Art. 387-5 A l'occasion du contrôle mentionné à l'article précédent, le juge peut demander à l'administrateur légal de soumettre au *(L. n° 2016-1547 du 18 nov. 2016, art. 16-I)* « directeur des services de greffe judiciaires » du tribunal judiciaire un compte de gestion annuel, accompagné des pièces justificatives, en vue de sa vérification.

Lorsque des comptes ont été demandés, l'administrateur légal doit remettre au *(L. n° 2016-1547 du 18 nov. 2016, art. 16-I)* « directeur des services de greffe judiciaires », à la fin de sa mission, un compte définitif des opérations intervenues depuis l'établissement du dernier compte annuel.

Le *(L. n° 2016-1547 du 18 nov. 2016, art. 16-I)* « directeur des services de greffe judiciaires » peut être assisté dans sa mission de contrôle des comptes dans les conditions fixées par le code de procédure civile. Il peut aussi solliciter des établissements auprès desquels des comptes sont ouverts au nom du mineur un relevé annuel de ceux-ci sans que puisse lui être opposé le secret professionnel ou le secret bancaire.

S'il refuse d'approuver le compte, le *(L. n° 2016-1547 du 18 nov. 2016, art. 16-I)* « directeur des services de greffe judiciaires » dresse un rapport des difficultés rencontrées, qu'il transmet au juge. Celui-ci statue sur la conformité du compte.

Si l'importance et la composition du patrimoine du mineur le justifient, le juge peut décider que la mission de vérification et d'approbation sera exercée, aux frais du mineur et selon les modalités qu'il fixe, par un technicien.

Une copie des comptes de gestion est remise au mineur âgé de seize ans révolus.

L'action en reddition de comptes, en revendication ou en paiement se prescrit par cinq ans à compter de la majorité de l'intéressé.

Al. 6 : information du mineur. Rappr. avant l'Ord. du 15 oct. 2005 : l'administrateur légal est tenu de rendre compte de la gestion des biens de son enfant mineur dès que ce dernier a seize ans accomplis. • Civ. 1re, 9 juill. 2008, nº 07-16.389 P : *AJ fam. 2008. 400, obs. Chénedé* ; *RTD civ. 2008. 656, obs. Hauser* ; *RJPF 2008-11/11, note Corpart.*

Art. 387-6 **L'administrateur légal est tenu de déférer aux convocations du juge des tutelles et du procureur de la République et de leur communiquer toute information qu'ils requièrent.**

Le juge peut prononcer contre lui des injonctions et le condamner à l'amende civile prévue par le code de procédure civile s'il n'a pas déféré.

L'amende civile prévue à l'art. 387-6 ne peut excéder 3 000 € (C. pr. civ., art. 1180-19). — ***C. pr. civ.***

TITRE X DE LA MINORITÉ, DE LA TUTELLE ET DE L'ÉMANCIPATION

(Ord. nº 2015-1288 du 15 oct. 2015, art. 4, en vigueur le 1er janv. 2016).

CHAPITRE I ***DE LA MINORITÉ*** *(L. nº 2007-308 du 5 mars 2007, en vigueur le 1er janv. 2009).*

....

Art. 388-1 *(L. nº 93-22 du 8 janv. 1993)* **Dans toute procédure le concernant, le mineur capable de discernement peut, sans préjudice des dispositions prévoyant son intervention ou son consentement, être entendu par le juge ou** *(L. nº 2007-293 du 5 mars 2007, art. 9)* **« , lorsque son intérêt le commande, par » la personne désignée par le juge à cet effet.**

(L. nº 2007-293 du 5 mars 2007, art. 9) **« Cette audition est de droit lorsque le mineur en fait la demande. Lorsque le mineur refuse d'être entendu, le juge apprécie le bien-fondé de ce refus. » Il peut être entendu seul, avec un avocat ou une personne de son choix. Si ce choix n'apparaît pas conforme à l'intérêt du mineur, le juge peut procéder à la désignation d'une autre personne.**

L'audition du mineur ne lui confère pas la qualité de partie à la procédure. — *V. C. pr. civ., art. 338-1 à 338-12, App., IV. Enfants.*

(L. nº 2007-293 du 5 mars 2007, art. 9) **« Le juge s'assure que le mineur a été informé de son droit à être entendu et à être assisté par un avocat. »**

DALLOZ PRATIQUE[S] *Divorce - Audition de l'enfant.*

BIBL. : ▸ BAZIN, *Gaz. Pal. 2014. 2137.* - BRUGGEMAN, *AJ fam. 2014. 12* (audition de l'enfant en justice). - JUSTON et TEIXEIRA, *Dr. fam. 2011. Étude 16.* - JUSTON, *Gaz. Pal. 2013. 841.* - KARILA-DANZIGER et COPÉ-BESSIS, *AJ fam. 2014. 15* (pratiques juridictionnelles du JAF). - MASSIP, *Dr. fam. 2010. Étude 22.* - Dossier, *AJ fam. 2009. 321 ; ibid. 2014. 12*. - Dossier, *Dr. fam. 2016. Dossiers 6 s.* (la parole de l'enfant en justice).

Ancien art. 388-1 *(L. nº 93-22 du 8 janv. 1993)* ***Dans toute procédure le concernant, le mineur capable de discernement peut, sans préjudice des dispositions prévoyant son intervention ou son consentement, être entendu par le juge ou la personne désignée par le juge à cet effet.***

Lorsque le mineur en fait la demande, son audition ne peut être écartée que par une décision spécialement motivée. Il peut être entendu seul, avec un avocat ou une personne de son choix. Si ce choix n'apparaît pas conforme à l'intérêt du mineur, le juge peut procéder à la désignation d'une autre personne.

L'audition du mineur ne lui confère pas la qualité de partie à la procédure.

Pour l'application de la loi du 8 janv. 1993, V. Circ. 3 mars 1993 (D. et ALD 1993. 290 ; JO 24 mars).

BIBL. ▸ Commentaires de la loi du 8 janv. 1993 : KROSS, *Gaz. Pal. 1993. 2. Doctr. 1154.* - MASSIP, *Defrénois 1993. 679.* - RUBELLIN-DEVICHI, *JCP 1993. I. 3659.* ▸ Droits de l'enfant : GAUDIN DE LAGRANGE, *Mél. Raynaud, Dalloz, 1985, p. 175.* ▸ Intérêt de l'enfant : RUBELLIN-DEVICHI, *JCP 1994. I. 3739 ; JCP 1999. I. 160, nº 4.* ▸ Procédures relatives à l'autorité parentale : GOUTTENOIRE-CORNUT, *Dr. fam. 1998. Chron. 6.*

▸ Audition et intervention du mineur : ALT-MAES, *JCP 1995. I. 3913.* - COURCELLE, *Gaz. Pal. 1995. 2. Doctr. 1408.* - DURIEUX et PIERRE, *R. 1996, p. 113.* - GOUTTENOIRE, *Dr. fam. 2006. Chron. 29.* - MATOCQ et DUPRÉ, *Mél. Huet-Weiller, PU Strasbourg/LGDJ, 1994, p. 309.* - VAISSIER-CATARAME, *Mél. Gebler, PU Nancy, 1998, p. 161.* ▸ Défense en justice de l'enfant : BENHAMOU,

D. 1993. Chron. 103. ▸ Intervention volontaire de l'enfant - art. 12 de la convention sur les droits de l'enfant : Fenaux, note *D. 1993. 176*. - Gouron-Mazel, note *JCP 1992. II. 21904*. - Hauser, obs. *RTD civ. 1992. 749* ; *ibid. 1993. 341*. ▸ Participation de l'enfant aux procédures : Dossier *AJ fam. 2003. 368*.

▸ Convention du 26 janv. 1990 (applicabilité directe) : Alland, *RGDIP 1998. 203*. - Braunschweig et De Gouttes, *Gaz. Pal. 1995. 2. Doctr. 878*. - Chabert, *RRJ 1997/2. 615 ; JCP 2003. I. 129*. - Courbe, *D. 2006. Chron. 1487*. - Dekeuwer-Défossez, obs. *D. 1994. Somm. 34*. - Encinas de Munagorri, *obs. RTD civ. 2005. 556*. - Neirinck et Martin, *JCP 1993. I. 3677*. - Rondeau-Rivier, *D. 1993. Chron. 203*. - Rubellin-Devichi, *Gaz. Pal. 1995. 2. Doctr. 885 ; JCP 1997. I. 3996, n° 1 s.* ▸ Pour le Conseil d'État : Benhamou, *Gaz. Pal. 1995. 2. Doctr. 899*. ▸ Projet de convention européenne sur l'exercice des droits des enfants : Benhamou, *Gaz. Pal. 1995. 2. Doctr. 881*. ▸ Apports de la CIDE : Meininger Bothorel, *Gaz. Pal. 2007. Doctr. 3673*. - Dossier, *Dr. fam. 2009. Étude 13* (20 ans après, analyse article par article).

A. AUDITION DU MINEUR

1. QPC (non). L'art. 388-1 permet l'audition du mineur capable de discernement dans les procédures le concernant, sans préjudice des dispositions prévoyant son intervention ou son consentement ; elle est ainsi sans incidence sur la qualité de partie à la procédure du mineur, laquelle dépend de la nature de l'instance et résulte de dispositions expresses, et elle ne porte pas atteinte aux droits de la défense de ce dernier. • Civ. 1re, 23 oct. 2013 : *D. 2013. 2519 ; RTD civ. 2014. 82, obs. Hauser* (absence de caractère sérieux de la QPC et refus de sa transmission).

2. Domaine du texte. L'art. 388-1 a exclusivement vocation à régir l'audition du mineur par le juge, de sorte qu'il est inapplicable en matière d'expertise. • Civ. 1re, 23 mars 2011 : *D. 2011. Pan. 1995, obs. Gouttenoire ; AJ fam. 2011. 256, obs. Gebler ; RTD civ. 2011. 323, obs. Hauser ; Dr. fam. 2011, n° 103, obs. Maria ; RLDC 2011/82, n° 4249, obs. Gallois* (absence d'application des modalités de convocation applicables en la matière à une expertise psychologique).

3. Nature de l'audition. L'audition d'un mineur n'est pas d'une mesure d'instruction. • Civ. 1re, 28 sept. 2011 : *AJ fam. 2011. 546, obs. Briand ; RTD civ. 2011. 757, obs. Hauser*.

4. Demande d'audition : date. Cassation de l'arrêt qui rejette la demande d'audition présentée par un mineur, alors que cette demande peut être présentée en tout état de la procédure, même pour la première fois, en cause d'appel et qu'en l'espèce l'enfant avait sollicité son audition par lettre reçue le lendemain de l'audience de plaidoirie. • Civ. 1re, 24 oct. 2012, n° 11-18.849 P : *D. 2013. Pan. 2073, obs. Bonfils et Gouttenoire ; AJ fam. 2012. 612, obs. Rovinski ; RTD civ. 2013. 106, obs. Hauser ; Dr. fam. 2013, n° 9, obs. Neirinck.*

5. ... Formes. La demande d'audition d'un mineur doit être présentée au juge par l'intéressé. • Civ. 1re, 19 sept. 2007, n° 06-18.379 P : *D. 2008. Pan. 1857, obs. Gouttenoire ; JCP 2008. II. 10026, note Zelcevic-Duhamel ; ibid. I. 102, n° 6, obs. Bideau ; Gaz. Pal. 16-17 janv. 2008, Somm., obs. Massip ; AJ fam. 2007. 432, obs. Thierry ; Dr. fam. 2007, n° 192, note Murat ; RJPF 2008-1/37, note Mulon ; RTD civ. 2008. 100, obs. Hauser ; Rev. crit. DIP 2008. 606, obs. Bourdelois* (une cour d'appel n'a pas à tenir compte d'une attestation rédigée par un tiers faisant indirectement état du souhait d'un enfant d'être entendu). ♦ Lorsque le juge décide même d'office de l'audition d'un enfant (anc. art. 388-1 C. civ.), le secrétariat de la juridiction doit en aviser les défenseurs des parents ou leurs conseils. • Civ. 1re, 3 déc. 2008, n° 07-11.552 P : *D. 2009. Pan. 773, obs. Granet-Lambrechts ; AJ fam. 2009. 31, obs. Robineau ; Dr. fam. 2009, n° 27, obs. Murat ; RTD civ. 2009. 110, obs. Hauser*.

6. Opportunité de l'audition et motivation des refus : principes. Cassation, pour violation des art. 3-1 (intérêt supérieur de l'enfant) et 12-2 (audition de l'enfant) de la CIDE, ensemble les art. 388-1 C. civ. et 338-1 et 338-2 C. pr. civ., de l'arrêt qui, dans le cadre d'une procédure de modification de la résidence d'un enfant mineur, ne s'est pas prononcé sur la demande d'audition d'un enfant, présentée en cours de délibéré par lettre transmise à la cour d'appel, alors que la considération primordiale de l'intérêt supérieur de l'enfant et le droit de celui-ci à être entendu lui imposaient de prendre en compte la demande de l'enfant, cette audition ne pouvant été écartée que par une décision spécialement motivée. • Civ. 1re, 18 mai 2005 : *R., p. 415 ; D. 2005. 1909, note Égéa ; JCP 2005. II. 10081, note Granet-Lambrechts et Strickler ; ibid. 10115, concl. C. Petit, note Chabert ; ibid. 199, nos 7 s., obs. Rubellin-Devichi ; Gaz. Pal. 2005. 2664, note Courdier-Cuisinier ; Defrénois 2005. 1418, note Massip ; AJ fam. 2005. 274, obs. Fossier ; Dr. fam. 2005, n° 156, note Gouttenoire ; RJPF 2005-9/31, note Eudier ; Dr. et patr. 9/2005. 101, obs. Bonfils ; RDSS 2005. 814, note Neirinck ; RTD civ. 2005. 585, obs. Hauser, et 627, obs. Théry ; Rev. crit. DIP 2005. 679, note Bureau*. ♦ Rappr. • Civ. 1re, 22 nov. 2005 : *cité infra*, approuvant, au visa des mêmes art. 3-1 et 12-2 CIDE, le recueil des sentiments de l'enfant par l'intermédiaire d'un avocat • 15 avr. 2010 : *Dr. fam. 2010, n° 96, obs. Larribau-Terneyre*. ♦ Une cour d'appel ne peut refuser d'entendre l'enfant par courriel sans que les motifs de ce refus ne soient repris dans la décision au fond. • Civ. 1re, 16 févr. 2022, n° 21-23.087 B. ♦ La seule référence à l'âge de l'enfant ne peut constituer un motif de refus. • Civ. 1re, 18 mars

2015, n° 14-11.392 P : *D. 2015. 1919, obs. Bonfils et Gouttenoire ; ibid. 2016. 674, obs. Douchy-Oudot ; RTD civ. 2015. 352, obs. Hauser* . ♦ Plus récemment, pour un défaut de base légale, faute pour la cour d'appel d'avoir expliqué pour quelles raisons le discernement de l'enfant fait défaut : • Civ. 1re, 14 avr. 2021, n° 18-26.707 : *AJ fam. 2021. 363, obs. Mallevaey ; Dr. fam. juin 2021 n° 90, obs. Siffrein-Blanc.*

7. … Assistance éducative. En matière d'assistance éducative, lorsqu'elle est saisie d'une demande tendant à voir fixer pour la première fois les modalités des relations entre l'enfant placé et un tiers, parent ou non, la cour d'appel ne peut se dispenser d'entendre le mineur, dont elle n'a pas constaté l'absence de discernement, que si celui-ci a été précédemment entendu, relativement à cette demande, par le juge des enfants. • Civ. 1re, 2 déc. 2020, n° 19-20.184 P : *D. 2020. 2453 ; AJ fam. 2021. 127, obs. Mallevaey ; RTD civ. 2021. 118, obs. Leroyer ; Dr. fam. 2021, n° 18, note Siffrein-Blanc.* ♦ Sur le caractère facultatif lorsque l'enfant a été auditionné par le juge des enfants : • 28 nov. 2006 : *cité note 14 ss. art. 375-1* (la convocation, la présence et l'audition du mineur ne sont que facultatives). ♦ Rappr. : • Civ. 1re, 25 juin 1991, n° 90-05.006 P : *R., p. 249 ; D. 1992. 51, note Massip* (cassation de l'arrêt n'ayant pas sollicité une audition à laquelle le juge de l'assistance éducative n'avait pas procédé). ♦ Comp., antérieurement, jugeant l'audition facultative : • Civ. 1re, 29 mai 1985, n° 84-80.026 P : *Gaz. Pal. 1985. 2. 756* (solution applicable même lorsque le juge a convoqué le mineur en application de l'anc. art. 1188 C. pr. civ. ; il ne peut être reproché à la décision de ne comporter aucune mention à cet égard) • Civ. 1re, 11 févr. 1986, n° 84-80.042 P : *R., p. 129 et 131 ; Gaz. Pal. 1986. 2. 609, note J. M.* (aucune disposition n'oblige à rapporter les propos tenus dans la décision).

8. … Audition demandée par l'enfant. Selon l'art. 338-4 C. pr. civ., lorsque la demande d'audition est refusée dans les conditions qu'il prévoit, le mineur et les parties en sont avisées par tout moyen et les motifs du refus sont mentionnés dans la décision au fond ; cassation de l'arrêt n'ayant pas repris les motifs du refus notifié par voie de courriel. • Civ. 1re, 16 févr. 2022, n° 21-23.087 B. ♦ Lorsque la demande est formée par le mineur, le refus d'audition ne peut être fondé que sur son absence de discernement ou sur le fait que la procédure ne le concerne pas [art. 338-4, al. 1 C. pr. civ.] ; cassation de l'arrêt qui rejette une demande d'audition présentée par l'enfant en retenant que celui-ci n'est âgé que de neuf ans et n'est donc pas capable de discernement, et que la demande paraît contraire à son intérêt, alors que le seul âge du mineur ne suffit pas à expliquer en quoi celui-ci n'était pas capable de discernement et que le défaut d'intérêt est un motif impropre à justifier le refus d'audition. • Civ. 1re, 18 mars 2015, n° 14-11.392 P : *D. 2015. 1919, obs. Bonfils et Gouttenoire ; AJ fam. 2015. 282, obs. Thouret ; AJ fam. 2015. 282, obs. Thouret ; RTD civ. 2015. 352, obs. Hauser* .

Aux termes de l'art. 338-5 C. pr. civ., la décision statuant sur la demande d'audition formée par le mineur n'est susceptible d'aucun recours ; en l'absence d'effet dévolutif de l'appel à cet égard, l'enfant qui souhaite être entendu par la cour d'appel doit lui en faire la demande. • Civ. 1re, 14 sept. 2017, n° 17-19.218 P : *AJ fam. 2017. 543, obs. Saulier* .

9. … Audition demandée par les parties. Selon l'art. 338-4, al. 2, C. pr. civ., l'audition peut être refusée si elle n'est pas nécessaire à la solution du litige ou si elle est contraire à l'intérêt de l'enfant.

Inutilité d'une seconde audition. Une cour d'appel estime souverainement qu'il n'y a pas lieu de procéder à une nouvelle audition d'un enfant âgé de plus de treize ans, déjà entendu en première instance. • Civ. 1re, 2 avr. 1996, n° 94-14.149 P (procédure de divorce).

Audition contraire à l'intérêt de l'enfant. V. pour des décisions rendues dans le cadre de l'assistance éducative : si l'audition du mineur est de principe (C. pr. civ., anc. art. 1183), le juge peut décider de ne pas y procéder, non seulement lorsque l'âge, la santé ou les facultés intellectuelles de l'enfant rendent cette audition impossible, mais encore lorsque celle-ci serait de nature à compromettre sa santé ou son état mental. • Civ. 1re, 20 févr. 1985, n° 83-80.055 P : *Gaz. Pal. 1985. 2. 756.* ♦ … Ou son équilibre. • Civ. 1re, 2 nov. 1994, n° 93-05.078 P : *Defrénois 1995. 1027, obs. Massip.* ♦ Audition refusée pour préserver un enfant de 7 ans, autant que possible, du conflit parental dont il avait déjà subi les conséquences. • Civ. 1re, 16 déc. 2015, n° 15-10.442 P : *D. 2016. 674, obs. Douchy-Oudot ; AJ fam. 2016. 102, obs. Thouret ; RTD civ. 2016. 95, obs. Hauser ; JCP 2016, n° 326, note Mallevaey.*

10. Modalités de l'audition. Sur les modalités de l'audition des enfants, V. C. pr. civ., art. 338-7 s.. – **C. pr. civ.** ♦ V. aussi : • TGI Versailles, 7 oct. 1999 : *Dr. fam. 2001, n° 45, note Lécuyer* • 23 janv. 2001 : *eod. loc.* • Civ. 1re, 2 mars 2004, n° 03-17.768 P : *RTD civ. 2004. 276, obs. Hauser* (audition « sur-le-champ ») • Civ. 1re, 20 juin 2012, n° 11-19.377 P : *D. 2012. 2050, Chron. C. cass ., obs. Vassallo ; AJ fam. 2012. 457, obs. Schenique ; RTD civ. 2012. 523, obs. Hauser ; Dr. fam. 2012, n° 133, obs. Neirinck* (audition de l'enfant, assisté de son avocat, par un membre de la cour, dont il a été rendu compte oralement lors de l'audience en présence des parties ou de leurs représentants). ♦ L'art. 338-8 C. pr. civ. n'est pas applicable à l'audition de l'enfant par le juge de la mise en l'état. • Civ. 1re, 28 janv. 2015, n° 13-27.603 P : *D. 2015. 320 ; AJ fam. 2015. 161, obs. Thouret ; Dr. fam. 2015, n° 72, obs. Réglier.*

11. Compte rendu et suites de l'audition. V. C. pr. civ., art. 338-12. – **C. pr. civ.** ♦ Sur les obligations du juge, V. aussi note 3 ss. art. 373-2-11. ♦ Cassation au visa des art. 16 et 338-12 C. pr. civ. de l'arrêt fixant la résidence en tenant compte de l'audition de l'enfant après la clôture des débats, sans permettre aux parties de formuler, dans un certain délai, leurs observations en cours de délibéré sur le compte rendu qui leur était adressé, ni ordonner la réouverture des débats. • Civ. 1re, 19 sept. 2019, n° 18-15.633 P : *D. 2019. 1833 ; AJ fam. 2019. 589, obs. Eudier ; Dr. fam. 2019, n° 238, note Mallevaey.*

B. CONVENTION INTERNATIONALE SUR LES DROITS DE L'ENFANT

12. Absence d'influence dans le cadre d'un contrôle de constitutionnalité. Si les dispositions de l'art. 55 de la Constitution confèrent aux traités, dans les conditions qu'elles définissent, une autorité supérieure à celle des lois, elles ne prescrivent ni n'impliquent que le respect de ce principe doive être assuré dans le cadre du contrôle de la conformité des lois à la Constitution ; doit ainsi, en tout état de cause, être rejeté le grief tiré de la méconnaissance de la CIDE. • Cons. const. 17 mai 2013, n° 2013-669 DC : *cité note 1 ss. art. 143* (consid. n° 57).

13. Problème de l'applicabilité directe de la CIDE : Cour de cassation. L'art. 3-1 CIDE, selon lequel l'intérêt supérieur de l'enfant est une considération primordiale, est une disposition qui est en application directe devant la juridiction française. • Civ. 1re, 14 juin 2005, n° 04-16.942 P : *R., p. 416 ; D. 2005. 2790, note F. Boulanger ; JCP 2005. II. 10115, concl. C. Petit, note Chabert ; Gaz. Pal. 2005. 3412, note Salamé ; Defrénois 2005. 1418, note Massip ; Dr. et patr. 9/2005. 101, obs. Bonfils ; RDSS 2005. 814, note Neirinck ; RTD civ. 2005. 750, obs. Rémy-Corlay ; Rev. crit. DIP 2005. 679, note Bureau* (application combinée de cette disposition et de celles de la Convention de La Haye sur les aspects civils de l'enlèvement international d'enfant) • 13 juill. 2005, n° 05-10.519 P : *D. 2005. IR 2339 ; Dr. fam. 2006, n° 42, note Farge (idem)* • 8 nov. 2005, n° 02-18.360 P : *D. 2006. 554, note F. Boulanger ; D. 2007. Pan. 2192, obs. Gouttenoire ; Dr. fam. 2006, n° 28, note Gouttenoire ; RTD civ. 2006. 101, obs. Hauser* (application combinée de l'art. 3-1 CIDE et de l'art. 371-1 C. civ.) • 13 mars 2007 : *V. note 6 ss. art. 373-2-1.* ♦ V. déjà : • Civ. 1re, 18 mai 2005 : *préc.* ♦ Rappr., invoquant aussi les art. 3-1 et 12-2 CIDE : • Civ. 1re, 22 nov. 2005, n° 03-17.912 P : *D. 2006. 554, note F. Boulanger ; D. 2006. Pan. 2436, obs. Douchy-Oudot ; D. 2005. IR 3036, obs. Gallmeister ; Dr. fam. 2006, n° 28, note Gouttenoire ; RJPF 2006-2/44, note Eudier ; RDSS 2006. 349, note Bruggeman ; RTD civ. 2006. 101, obs. Hauser.* ♦ ... L'art. 7-1 sur le droit pour l'enfant de connaître ses parents. • Civ. 1re, 7 avr. 2006 : *V. note 4 ss. art. 326* (application directe de l'art. 7-1).

14. ... Conseil d'État. Pour le Conseil d'État, certaines stipulations de la Convention, qui ne produisent pas d'effets directs à l'égard des particuliers, ne peuvent être utilement invoquées pour appuyer une demande d'annulation d'une décision individuelle ou réglementaire. • CE 23 avr. 1997 : *Lebon 142 ; D. 1998. 15, concl. Abraham* (art. 24-1 : droit à la santé ; art. 26-1 : droit à la sécurité sociale ; art. 27-1 : droit à un niveau de vie suffisant) • 29 juill. 1994 : *Lebon 732 ; AJDA 1994. 841, concl. Denis-Linton ; RDSS 1995. 167, note F. Monéger* (art. 9) • 3 juill. 1996 : *Dr. fam. 1997, n° 9, note Murat* (art. 12-1 et 12-2 : audition de l'enfant et droit d'expression ; art. 14-1 : liberté de pensée, de conscience et de religion) • 14 janv. 1998 : *JCP 1998. IV. 2398* (art. 24, 26 et 27) • 30 juin 1999 : *D. 2000. 1, note F. Boulanger ; ibid. Somm. 163, obs. Desnoyer* (art. 2-1 et 2-2 : absence de discrimination).

Mais certaines dispositions bénéficient de l'applicabilité directe : • CE 10 mars 1995 : *Lebon 610 ; D. 1995. 617, note Benhamou* (art. 16 : protection de la vie privée et de l'honneur) • 22 sept. 1997 : *Lebon 320 ; D. 1998. Somm. 297, obs. Desnoyer ; JCP 1998. II. 10052, note Gouttenoire-Cornut ; JCP 1998. I. 101, n° 5, obs. Fossier ; Dr. fam. 1998, n° 56, note Murat ; RTD civ. 1998. 76, obs. Hauser ; RFDA 1998. 562, concl. Abraham ; LPA 26 janv. 1998, note Reydellet ; RDSS 1998. 174, note F. Monéger* (art. 3-1 : attention primordiale à l'intérêt supérieur de l'enfant dans toute décision le concernant) • 5 oct. 2000 : *Lebon 391* (art. 3-2 : droits à la protection et aux soins nécessaires à son bien-être ; art. 5 : rôle des *représentants* légaux). ♦ Rappr. aussi • CE 30 juin 1999 : *préc.* (conformité de l'art. 374 aux dispositions des art. 3-1 et 16).

15. Domaine : notion d'enfant protégé. La protection garantie par la Convention de New York du 26 janv. 1990 concerne l'enfant défini comme l'être humain n'ayant pas encore atteint l'âge adulte. • Civ. 1re, 25 juin 1996, n° 94-14.858 P : *R., p. 444 ; D. 1998. 453, note Brunet ; D. 1997. Somm. 275, obs. Dekeuwer-Défossez ; JCP 1997. II. 22834, note Malaurie ; ibid. 1997. I. 4021, obs. Le Guidec ; Defrénois 1997. 310, obs. Massip ; Dr. fam. 1996, n° 26, note Beignier ; RTD civ. 1996. 873, obs. Hauser, et 1997. 542, obs. Marguénaud* (inapplicabilité de la convention à un litige successoral entre un enfant légitime et un enfant adultérin).

C. CONVENTION EUROPÉENNE DES DROITS DE L'HOMME

16. Conv. EDH et autorité parentale. V. notes ss. art. 371-3.

17. Conv. EDH et prestations sociales. Les dispositions du code de la sécurité sociale qui subordonnent le versement des prestations familiales à la production d'un document attestant d'une entrée régulière des enfants étrangers en France revêtent un caractère objectif justifié par la nécessité dans un état démocratique d'exercer un contrôle des conditions d'accueil des enfants, et ne portent pas une atteinte disproportionnée au droit à la vie familiale. • Cass., ass. plén., 3 juin 2011, n° 09-71.352 P : *D. 2011. 1995, obs. Bonfils et Gouttenoire ; AJ fam. 2011. 375, obs. Sayn ; RDSS 2011. 738, note Tauran ; RTD civ. 2011. 530, obs. Hauser* (absence de violation des art. 8 et 14 Conv. EDH) • 3 juin 2011, n° 09-69.052 P.

18. Garde à vue. L'information de la personne désignée comme représentant légal du mineur ayant pour finalité de permettre à la personne désignée d'assister le mineur dans ses choix de personne gardée à vue dans le seul intérêt de sa défense, est irrégulière la désignation d'un représentant ayant également la qualité de victime des violences du mineur. • Crim. 17 juin 2020, n° 20-80.065 P : *D. 2020. 1696, obs. Bonfils et Gouttenoire ; AJ pénal 2020. 480, obs. Gallardo*.

TITRE XIV DES MESURES DE PROTECTION DES VICTIMES DE VIOLENCE

(L. n° 2010-769 du 9 juill. 2010, art. 1er, en vigueur le 1er oct. 2010)

DALLOZ PRATIQUE[S] *Divorce - Urgence immédiate avant même d'entamer la procédure de divorce.*

Art. 515-9 **Lorsque les violences exercées au sein du couple** *(L. n° 2019-1480 du 28 déc. 2019, art. 3)* **« , y compris lorsqu'il n'y a pas de cohabitation, » ou par un ancien conjoint, un ancien partenaire lié par un pacte civil de solidarité ou un ancien concubin** *(L. n° 2019-1480 du 28 déc. 2019, art. 3)* **« , y compris lorsqu'il n'y a jamais eu de cohabitation, » mettent en danger la personne qui en est victime, un ou plusieurs enfants, le juge aux affaires familiales peut délivrer en urgence à cette dernière une ordonnance de protection.** — *V. C. pr. civ., art. 1136-3 s.*

Sur la délivrance d'une carte de séjour temporaire portant la mention « vie privée et familiale » à l'étranger qui bénéficie d'une ordonnance de protection, V. CESEDA, art. L. 313-6. — **CESEDA**.

Les garanties prévues par les art. L. 412-1 à L. 412-7 C. pr. exéc. pour les expulsions de locaux d'habitation ou à usage professionnel ne sont pas applicables à l'expulsion du conjoint, du partenaire lié par un pacte civil de solidarité ou du concubin violent ordonnée par le juge aux affaires familiales sur le fondement de l'art. 515-9 (C. pr. exéc., art. L. 412-8).

FORM. PR. CIV. *Requête devant le JAF en vue d'une ordonnance de protection dans le cas de violences (C. civ., art. 515-9 à 515-13).*

BIBL. ▸ Ambroise-Castérot et Fricero, *RJPF 2010-9/11.* - B. Ancel, *Dr. fam. 2022. Étude 18* (violences conjugales dans le monde : reliquat de la tradition patriarcale ou réponse juridique inadaptée ?). - Bazin, *JCP 2010, n° 957* (compétences du JAF). - Bonnal, *Gaz. Pal. 2013. 2212* (pratique de l'ordonnance de protection). - Bourrat Guéguen, *JCP 2010, n° 805.* - Corpart, *Dr. fam. 2010. Étude 28.* - A. Dejean de la Bâtie, *D. 2023. 51* (violences conjugales et légitime défense : l'unité des fautes à l'épreuve du patriarcat). - Dekeuwer-Défossez, *RLDC 2010/75, n° 3970.* - Dionisi-Peyrusse, *AJ fam. 2023. 280* (le secret des professionnels de santé face aux violences conjugales). - Dionisi-Peyrusse et Pichard, *AJ fam. 2018. 34* (prise en compte des violences conjugales en matière d'autorité parentale). - Kessler, *Dr. fam. 2017. Étude 7* (caractère vraisemblable des violences - ordonnance de protection). - Dionisi-Peyrusse et Pichard, *AJ fam. 2018. 34* (violences famiales et autorité parentale) - Gatto, *RTD civ. 2014. 567*. - Sannier, *Gaz. Pal. 2015. 3568* (après la loi du 4 août 2014). - Dossier, *AJ fam. 2010. 513 ; ibid. 2017. 221* (ordonnance de protection) ; *ibid. 2020. 331 et 383* ; *ibid. 2023. 13* (violences conjugales - 1re partie) ; *ibid. 77* (2e partie).
▸ **Loi du 28 déc. 2019 :** Bonfils, *Dr. fam. 2020. Étude 10* (renforcement de la lutte contre les violences au sein de la famille). - Mauger-Vielpeau, *Dr. fam. 2020. Étude 11.*

1. Application dans le temps. Application aux instances en cours : • Pau, 30 nov. 2010 : *Dr. fam. 2011, n° 51, obs. Larribau-Terneyre.*

2. ... Faits anciens. Des faits anciens, antérieurs à l'entrée en vigueur de la L. du 9 juill. 2010, peuvent toujours être pris en considération s'ils sont de nature à faire craindre une réitération dans l'avenir. • Orléans, 13 juill. 2011 : *JCP 2011. 1740.*

3. Conv. EDH : obligations positives. Un État qui ne protège pas les femmes contre les violences domestiques viole leur droit à une protection égale devant la loi. • CEDH, sect. III, 28 mai 2013, *Eremia c/ Rép. de Moldova*, n° 3564/11 (violation des art. 3 et 14 Conv. EDH). ♦ Violation de l'art. 3 à l'égard d'une épouse, et de ses enfants, lorsque, après l'ordonnance de protection, les autorités ont suspendu l'instance pénale dirigée contre le mari, en dépit de ses violences et du non-respect de cette ordonnance, lui assurant par là même une quasi-impunité. • Même arrêt. ♦ Dès lors qu'il existe des éléments crédibles selon lesquels un mari a représenté pour son épouse, pendant une longue période, une menace pour son intégrité physique et qu'il l'a agressée à maintes reprises, les autorités de l'État ont l'obligation positive de la protéger des violences de celui-ci. • CEDH, sect. I, 14 oct. 2010, *A. c/ Croatie,* n° 55164/08 (violation en l'espèce, compte tenu de l'inefficacité des procédures, trop dispersées, et de l'inexécution des mesures prises). ♦ V. aussi : • CEDH, sect. III, 30 oct. 2012, *E.M. c/ Roumanie,* n° 43994/05 • CEDH, sect. II, 26 mars 2013, *Valiulien c/ Lituanie,* n° 33234/07 (mauvais traitements suffisamment graves pour relever des obligations positives au titre de l'art. 3). ♦ Violation de l'art. 3 en raison de la passivité des autorités vis-à-vis des plaintes et demandes de protection de la requérante, une telle tolérance de la part du système judiciaire à l'égard des violences domestiques constitue une discrimination à l'égard des femmes, révélant un manque d'engagement de l'État dans la lutte contre les violences faites aux femmes, malgré le dispositif législatif existant sur cette question. • CEDH 23 mai 2017, n° 49645/09, *Balsan c/ Roumanie : AJ fam. 2017. 412, obs. Garcia*.

Art. 515-10 L'ordonnance de protection est délivrée par le juge, saisi par la personne en danger, si besoin assistée, ou, avec l'accord de celle-ci, par le ministère public. *(L. n° 2019-1480 du 28 déc. 2019, art. 2)* « Sa délivrance n'est pas conditionnée à l'existence d'une plainte pénale préalable. »

Dès la réception de la demande d'ordonnance de protection, le juge convoque, par tous moyens adaptés, pour une *(L. n° 2019-1480 du 28 déc. 2019, art. 2)* « audience », la partie demanderesse et la partie défenderesse, assistées, le cas échéant, d'un avocat, ainsi que le ministère public *(L. n° 2019-1480 du 28 déc. 2019, art. 2)* « à fin d'avis ». Ces auditions peuvent avoir lieu séparément. *(L. n° 2019-1480 du 28 déc. 2019, art. 2)* « L'audience se tient en » chambre du conseil. *(L. n° 2019-1480 du 28 déc. 2019, art. 2)* « A la demande de la partie demanderesse, les auditions se tiennent séparément. »

Art. 515-11 L'ordonnance de protection est délivrée *(L. n° 2019-1480 du 28 déc. 2019, art. 4)* « par le juge aux affaires familiales, dans un délai maximal de six jours à compter de la fixation de la date de l'audience, » s'il estime, au vu des éléments produits devant lui et contradictoirement débattus, qu'il existe des raisons sérieuses de considérer comme vraisemblables la commission des faits de violence allégués et le danger auquel la victime *(L. n° 2014-873 du 4 août 2014, art. 32)* « ou un ou plusieurs enfants sont exposés ». A l'occasion de sa délivrance, *(L. n° 2019-1480 du 28 déc. 2019, art. 4)* « après avoir recueilli les observations des parties sur chacune des mesures suivantes, » le juge aux affaires familiales est compétent pour :

1° Interdire à la partie défenderesse de recevoir ou de rencontrer certaines personnes spécialement désignées par le juge aux affaires familiales, ainsi que d'entrer en relation avec elles, de quelque façon que ce soit ;

(L. n° 2019-1480 du 28 déc. 2019, art. 4) « 1° *bis* Interdire à la partie défenderesse de se rendre dans certains lieux spécialement désignés par le juge aux affaires familiales dans lesquels se trouve de façon habituelle la partie demanderesse ; »

2° Interdire à la partie défenderesse de détenir ou de porter une arme *(Abrogé par L. n° 2022-52 du 24 janv. 2022, art. 19)* ***« et, le cas échéant, lui ordonner de remettre au service de police ou de gendarmerie qu'il désigne les armes dont elle est détentrice en vue de leur dépôt au greffe »***. *(L. n° 2019-1480 du 28 déc. 2019, art. 4)* « Lorsque l'ordonnance de protection édicte la mesure prévue au 1°, la décision de ne pas interdire la détention ou le port d'arme est spécialement motivée » ;

(L. n° 2022-52 du 24 janv. 2022, art. 19) « 2° *bis* Ordonner à la partie défenderesse de remettre au service de police ou de gendarmerie le plus proche du lieu de son domicile les armes dont elle est détentrice ;

« 2° *ter* » *(L. n° 2019-1480 du 28 déc. 2019, art. 4)* « Proposer à la partie défenderesse une prise en charge sanitaire, sociale ou psychologique ou un stage de responsabilisation pour la prévention et la lutte contre les violences au sein du couple et sexistes. En cas de refus de la partie défenderesse, le juge aux affaires familiales en avise immédiatement le procureur de la République ;

« 3° Statuer sur la résidence séparée des époux. *(L. n° 2020-936 du 30 juill. 2020, art. 1er)* « La jouissance du logement conjugal est attribuée, sauf ordonnance spéciale-

ment motivée justifiée par des circonstances particulières, au conjoint qui n'est pas l'auteur des violences, et ce même s'il a bénéficié d'un hébergement d'urgence. » Dans ce cas, la prise en charge des frais afférents peut être à la charge du conjoint violent ;

« 4° Se prononcer sur le logement commun de partenaires liés par un pacte civil de solidarité ou de concubins. *(L. n° 2020-936 du 30 juill. 2020, art. 1er)* **« La jouissance du logement commun est attribuée, sauf ordonnance spécialement motivée justifiée par des circonstances particulières, au partenaire lié par un pacte civil de solidarité ou au concubin qui n'est pas l'auteur des violences, et ce même s'il a bénéficié d'un hébergement d'urgence. » Dans ce cas, la prise en charge des frais afférents peut être à la charge du partenaire ou concubin violent ; »**

5° Se prononcer sur les modalités d'exercice de l'autorité parentale et *(L. n° 2019-1480 du 28 déc. 2019, art. 4)* **« , au sens de l'article 373-2-9, sur les modalités du droit de visite et d'hébergement, ainsi que », le cas échéant, sur la contribution aux charges du mariage pour les couples mariés, sur l'aide matérielle au sens de l'article 515-4 pour les partenaires d'un pacte civil de solidarité et sur la contribution à l'entretien et à l'éducation des enfants.** *(L. n° 2019-1480 du 28 déc. 2019, art. 4)* **« Lorsque l'ordonnance de protection édicte la mesure prévue au 1° du présent article, la décision de ne pas ordonner l'exercice du droit de visite dans un espace de rencontre désigné ou en présence d'un tiers de confiance est spécialement motivée ; »**

6° Autoriser la partie demanderesse à dissimuler son domicile ou sa résidence et à élire domicile chez l'avocat qui l'assiste ou la représente ou auprès du procureur de la République près le tribunal judiciaire pour toutes les instances civiles dans lesquelles elle est également partie. Si, pour les besoins de l'exécution d'une décision de justice, l'huissier chargé de cette exécution doit avoir connaissance de l'adresse de cette personne, celle-ci lui est communiquée, sans qu'il puisse la révéler à son mandant ;

(L. n° 2014-873 du 4 août 2014, art. 32) **« 6° *bis* Autoriser la partie demanderesse à dissimuler son domicile ou sa résidence et à élire domicile pour les besoins de la vie courante chez une personne morale qualifiée ; »**

7° Prononcer l'admission provisoire à l'aide juridictionnelle *(L. n° 2020-936 du 30 juill. 2020, art. 26)* **« des deux parties ou de l'une d'elles » en application du premier alinéa de l'article 20 de la loi n° 91-647 du 10 juillet 1991 relative à l'aide juridique.**

Le cas échéant, le juge présente à la partie demanderesse une liste des personnes morales qualifiées susceptibles de l'accompagner pendant toute la durée de l'ordonnance de protection. Il peut, avec son accord, transmettre à la personne morale qualifiée les coordonnées de la partie demanderesse, afin qu'elle la contacte.

(L. n° 2014-873 du 4 août 2014, art. 32) **« Lorsque le juge délivre une ordonnance de protection** *(Abrogé par L. n° 2020-936 du 30 juill. 2020, art. 2)* ***« en raison de violences susceptibles de mettre en danger un ou plusieurs enfants »*, il en informe sans délai le procureur de la République »** *(L. n° 2020-936 du 30 juill. 2020, art. 2)* **« , auquel il signale également les violences susceptibles de mettre en danger un ou plusieurs enfants. »**

FORM. PR. CIV. *Requête devant le JAF en vue d'une ordonnance de protection dans le cas de violences avec demande de dissimulation d'adresse (C. civ., art. 515-11, C. pr. civ., art. 1136-5).*

1. Appréciation des violences. L'appréciation du caractère vraisemblable de la commission de faits de violence et du danger auquel la victime est exposée relève du pouvoir souverain d'appréciation des juges du fond. • Civ. 1re, 5 oct. 2016, n° 15-24.180 P : *AJ fam. 2016. 537, obs. Sannier* • 10 févr. 2021, n° 19-22.793 P : *D. 2021. 819, obs. Lemouland et Vigneau ; AJ fam. 2021. 235, obs. Sannier ; RTD civ. 2021. 389, obs. Leroyer ; Dr. fam. 2021, n° 78, obs. Mauger-Vielpeau.* ♦ ... Dans le même sens pour le caractère actuel du danger : • Orléans, 13 juill. 2011 : *JCP 2011. 1740.* ♦ Pour des illustrations : • Pau, 30 nov. 2010 : *Dr. fam. 2011, n° 51, obs. Larribau-Terneyre* • Paris, 15 déc. 2016, n° 16/18251 : *AJ fam. 2017. 244, obs. Sannier* (danger non établi) • Saint-Denis de la Réunion, 19 mai 2017, n° 17/00607 : *AJ fam. 2017. 648, obs. Sannier.*

2. Sanctions : caractère limitatif. Lorsqu'il est saisi d'une demande de protection sur le fondement des art. 519-9 et 519-10, le juge aux affaires familiales ne peut prononcer que les mesures limitativement énoncées à l'art. 515-11 ; cassation de l'arrêt ayant condamné le mari à verser des dommages-intérêts pour avoir provoqué de façon abusive l'hospitalisation sous contrainte de son épouse. • Civ. 1re, 13 juill. 2016, n° 14-26.203 P : *AJ fam. 2016. 538, obs. Sannier ; RTD civ. 2016. 825, obs. Hauser.*

Art. 515-11-1 *(L. n° 2019-1480 du 28 déc. 2019, art. 4)* **I. — Lorsque l'interdiction prévue au 1° de l'article 515-11 a été prononcée, le juge aux affaires familiales peut** *(L. n° 2020-936*

du 30 juill. 2020, art. 3) « prononcer une interdiction de se rapprocher de la partie demanderesse à moins d'une certaine distance qu'il fixe et » ordonner, après avoir recueilli le consentement des deux parties, le port par chacune d'elles d'un dispositif électronique mobile anti-rapprochement permettant à tout moment de signaler que la partie défenderesse *(L. n° 2020-936 du 30 juill. 2020, art. 3)* **« ne respecte pas cette distance. » En cas de refus de la partie défenderesse faisant obstacle au prononcé de cette mesure, le juge aux affaires familiales en avise immédiatement le procureur de la République.**

II. — Ce dispositif fait l'objet d'un traitement de données à caractère personnel, dont les conditions et les modalités de mise en œuvre sont définies par décret en Conseil d'État.

Sur le dispositif électronique mobile anti-rapprochement, V. C. pr. civ., art. 1136-16, App. I. A.

Art. 515-12 Les mesures mentionnées à l'article 515-11 sont prises pour une durée maximale de *(L. n° 2014-873 du 4 août 2014, art. 32)* **« six mois à compter de la notification de l'ordonnance ». Elles peuvent être prolongées au-delà si, durant ce délai, une** *(L. n° 2019-222 du 23 mars 2019, art. 22, en vigueur le 1er janv. 2021)* **« demande** *[ancienne rédaction : requête]* **» en divorce ou en séparation de corps a été déposée** *(L. n° 2014-873 du 4 août 2014, art. 32)* **« ou si le juge aux affaires familiales a été saisi d'une** *(L. n° 2019-222 du 23 mars 2019, art. 22, en vigueur le 1er janv. 2021)* **« demande** *[ancienne rédaction : requête]* **» relative à l'exercice de l'autorité parentale ». Le juge aux affaires familiales peut, à tout moment, à la demande du ministère public ou de l'une ou l'autre des parties, ou après avoir fait procéder à toute mesure d'instruction utile, et après avoir invité chacune d'entre elles à s'exprimer, supprimer ou modifier tout ou partie des mesures énoncées dans l'ordonnance de protection, en décider de nouvelles, accorder à la personne défenderesse une dispense temporaire d'observer certaines des obligations qui lui ont été imposées ou rapporter l'ordonnance de protection.**

Sur l'entrée en vigueur et l'application dans le temps des modifications issues de l'art. 22 de la L. n° 2019-222 du 23 mars 2019, V. ndlr ss. art. 233.

Concubinage (non). Absence de renouvellement d'une ordonnance de protection au bénéfice d'une concubine, le texte conditionnant ce renouvellement à une requête en divorce ou en séparation de corps. • TGI Lille, 11 févr. 2013 : *AJ fam. 2013. 234, obs. Labbée.*

Art. 515-13 Une ordonnance de protection peut également être délivrée *(L. n° 2014-873 du 4 août 2014, art. 32)* **« en urgence » par le juge à la personne majeure menacée de mariage forcé, dans les conditions fixées à l'article 515-10.**

Le juge est compétent pour prendre les mesures mentionnées aux 1°, 2° *(L. n° 2022-52 du 24 janv. 2022, art. 19)* **« , 2° *bis* », 6° et 7° de l'article 515-11. Il peut également ordonner, à sa demande, l'interdiction temporaire de sortie du territoire de la personne menacée. Cette interdiction de sortie du territoire est inscrite au fichier des personnes recherchées par le procureur de la République. L'article 515-12 est applicable aux mesures prises sur le fondement du présent article.** — *V. C. pr. civ., art. 1136-3 s., App., I. Procédure.*

Ordonnance de protection en cas de risque de mariage forcé : • TGI Pontoise, 12 mai 2014 : *AJ fam. 2014. 378, obs. Dervieux.*

Circulaire du 7 août 2014,

De présentation des dispositions de la loi n° 2014-873 pour l'égalité réelle entre les femmes et les hommes.

Ndlr : à compter du 1er janv. 2020, le tribunal judiciaire est substitué au tribunal de grande instance et au tribunal d'instance (L. n° 2019-222 du 23 mars 2019, art. 95).

La loi n° 2014-873 du 4 août 2014 pour l'égalité réelle entre les femmes et les hommes modifie les dispositions relatives à l'ordonnance de protection introduites par la loi n° 2010-769 du 9 juillet 2010 relative aux violences faites spécifiquement aux femmes, aux violences au sein des couples et aux incidences de ces dernières sur les enfants (1), comporte une disposition visant à faciliter le paiement des pensions alimentaires (2) et modifie l'article 202-2 du code civil relatif au conflit de loi pour célébrer le mariage (3).

1. *Dispositions relatives à l'ordonnance de protection*

L'article 32 de la loi apporte des précisions sur les conditions et les modalités de délivrance de l'ordonnance de protection (1.1) et modifie les mesures que le juge aux affaires familiales peut ordonner ainsi que leur durée (1.2). Il introduit en outre un dispositif d'information lorsque l'ordonnance de protection est prononcée en raison de violences susceptibles de mettre en danger un ou plusieurs enfants (1.3).

1.1. Précisions relatives à la délivrance de l'ordonnance de protection

• **S'agissant des cas dans lesquels une ordonnance de protection peut être sollicitée**

La loi modifie la première phrase de l'article 515-11 du code civil en ajoutant que l'ordonnance de protection est également délivrée lorsqu'il existe des raisons sérieuses de considérer comme vraisemblables la commission des faits de violence allégués et le danger auquel la victime " ou un ou plusieurs enfants sont exposés ".

Il s'agit d'une disposition visant à coordonner l'article 515-11 avec les dispositions actuelles de l'article 515-9 qui prévoit déjà que l'ordonnance de protection est délivrée en cas de violences exercées au sein d'un couple lorsque celles-ci mettent en danger la personne qui en est victime et/ou un ou plusieurs enfants.

• **S'agissant des modalités de délivrance**

A l'article 515-11 du code civil, le législateur a souhaité préciser que l'ordonnance de protection est délivrée dans les meilleurs délais ". Il entend ainsi rappeler que les procédures liées aux violences conjugales doivent être traitées en priorité, dans les meilleurs délais, afin d'assurer la protection nécessaire aux victimes au sein du couple ou aux anciens conjoints, concubins, partenaires d'un pacte civil de solidarité.

Une précision similaire est ajoutée à l'article 515-13 lorsque l'ordonnance de protection est délivrée à la personne majeure menacée de mariage forcé.

1.2. Modifications des mesures que le juge aux affaires familiales peut ordonner

• **Modification sur la jouissance du logement familial**

S'agissant des couples mariés, le 3° de l'article 515-11 issue de la loi n° 2010-769 du 9 juillet 2010 prévoyait que sauf circonstances particulières, la jouissance du logement des époux était attribuée au conjoint qui n'était pas l'auteur des violences.

Afin d'assurer une protection accrue de la victime mariée, en lui permettant de rester à son domicile, y compris lorsqu'elle a dû se réfugier hors de son domicile le temps d'initier la procédure, le législateur a précisé que le bénéfice d'un hébergement d'urgence ne peut pas justifier l'attribution de la jouissance du logement à l'auteur des violences, si la victime souhaite y revenir.

S'agissant des couples non mariés, le législateur a aligné le régime d'attribution de la jouissance du logement sur celui des couples mariés. Le 4° de l'article 515-11 prévoit désormais que le juge "précise lequel des partenaires liés par un pacte civil de solidarité ou des concubins continuera à résider dans le logement commun et statue sur les modalités de prise en charge des frais afférents à ce logement et que, sauf circonstances particulières, la jouissance de ce logement est attribuée au partenaire lié par un pacte civil de solidarité ou au concubin qui n'est pas l'auteur des violences, même s'il a bénéficié d'un hébergement d'urgence."

• **Ajout d'une nouvelle mesure relative à l'élection de domicile**

Suite à un amendement parlementaire, la loi ajoute un alinéa supplémentaire après le 6° de l'article 515-11 au terme duquel le juge peut autoriser la victime à dissimuler son domicile ou sa résidence et à élire domicile pour les besoins de la vie courante chez une personne morale qualifiée.

Il convient de souligner que cette nouvelle mesure ne se confond pas avec la dissimulation d'adresse et l'élection de domicile pour les instances civiles prévue au 6°. Pour les besoins de la procédure liée à l'ordonnance de protection ou pour toutes les instances civiles dans lesquelles la victime est également partie, l'élection de domicile ne peut se faire que chez l'avocat qui l'assiste ou la représente ou auprès du procureur de la République près le tribunal de grande instance.

• **Durée des mesures**

L'article 515-12 issu de la loi n° 2010-769 du 9 juillet 2010 prévoyait que les mesures avaient une durée maximale de quatre mois et pouvaient être prolongées au-delà si, durant ce délai, une requête en divorce ou en séparation de corps avait été déposée.

Afin d'assurer une protection plus durable aux personnes victimes de violences conjugales, le législateur a allongé la durée de validité des mesures à six mois. Elle précise en outre que ce délai court désormais à compter de la notification de l'ordonnance.

Par ailleurs, soucieux d'assurer un traitement identique aux victimes de violences au sein d'un couple marié ou non marié, le législateur a ajouté à l'article 515-12 que les mesures peuvent être prolongées si le juge aux affaires familiales a été saisi d'une requête relative à l'exercice de l'autorité parentale.

Désormais, la victime non mariée pourra bénéficier d'une prolongation des mesures de protection dans les mêmes conditions que la victime mariée.

1.3. Mise en place d'un dispositif d'information

Lorsqu'une ordonnance de protection est prononcée en raison de violences susceptibles de mettre en danger un ou plusieurs enfants, le législateur a ajouté à l'article 515-11 du code civil que le juge en informe sans délai le procureur de la République. Il s'agit d'assurer une meilleure coordination des procédures susceptibles d'être mises en œuvre dans l'intérêt de l'enfant et de permettre, le cas échéant, la saisine du juge des enfants sans délai.

2. *Le paiement de la pension alimentaire par virement bancaire*

L'article 28 de la loi modifie les dispositions du code civil relatives à la contribution à l'entretien et l'éducation de l'enfant en cas de séparation des parents en complétant le deuxième alinéa de l'article 373-2-2 du code civil afin de préciser que la convention homologuée visée à l'article 373-2-7 du code civil, ou à défaut le juge, peut prévoir que le versement de la pension alimentaire peut se faire par virement bancaire.

Cette précision apportée par la loi ne change toutefois pas l'état du droit, puisqu'une telle possibilité pouvait déjà être prévue par les parties ou le juge. Toutefois le Parlement a souhaité qu'une disposition expresse figure à cet égard dans le code civil souhaitant ainsi mettre en valeur les outils juridiques pouvant permettre, notamment en cas de violences conjugales, d'éviter les contacts entre conjoints autant que possible.

3. *Modification de l'article 202-1 du code civil relatif aux règles de conflit de loi en matière de mariage*

Dans le souci de renforcer la lutte contre les mariages forcés, l'article 202-1 du code civil relatif aux règles de conflit applicables au mariage lorsque l'un des époux a une nationalité étrangère est modifié par l'article 55 de la loi.

Dans sa rédaction antérieure à la présente loi, le premier alinéa de l'article 202-1 du code civil prévoyait que "les qualités et conditions requises pour pouvoir contracter mariage sont régies, pour chacun des époux, par sa loi personnelle."

Ces dispositions sont désormais complétées par la phrase suivante : "Quelle que soit la loi personnelle applicable, le mariage requiert le consentement des époux, au sens de l'article 146 et du premier alinéa de l'article 180."

Ces dispositions permettent ainsi désormais d'écarter la loi étrangère applicable chaque fois que le droit étranger aura une conception plus restrictive du consentement matrimonial que celle prévue par le droit français aux articles 146 et 180 du code civil, notamment lorsque celle-ci n'intégrera pas la notion d'intention matrimoniale.

Le législateur a ainsi souhaité tenir compte de ce que certaines législations n'offrent pas les mêmes garanties que le droit français concernant la réalité du consentement matrimonial qui peut n'être parfois que très formel. En particulier, le consentement matrimonial n'est pas nécessairement entendu dans toutes les législations comme comprenant l'intention matrimoniale.

Par ailleurs si la jurisprudence avait jusqu'à présent admis que "le consentement des futurs époux relevait de l'ordre public international", il en allait différemment de l'intention matrimoniale qui n'avait pas jusqu'à présent été élevée au nombre des principes constituant l'ordre public international français.

Le bureau du droit des personnes et de la famille dont les coordonnées figurent ci-dessous se tient à votre disposition pour répondre aux difficultés que vous pourriez rencontrer dans la mise en œuvre de la présente circulaire :

Direction des affaires civiles et du sceau – Sous-direction du droit civil – Bureau du droit des personnes et de la famille

Tél : 01.44.77.62.63

Télécopie : 01.44.77.22.76

Courriel : dacs-c1@justice.gouv.fr

LIVRE III DES DIFFÉRENTES MANIÈRES DONT ON ACQUIERT LA PROPRIÉTÉ

TITRE I DES SUCCESSIONS

. . . .

CHAPITRE VII *DU RÉGIME LÉGAL DE L'INDIVISION* (*L. n° 2006-728 du 23 juin 2006, art. 2*).

La loi n° 2006-728 du 23 juin 2006 modifiant le présent chapitre entre en vigueur le ***1er janv. 2007****. Elle est applicable dès son entrée en vigueur aux indivisions existantes et aux successions ouvertes non encore partagées à cette date.*

RÉP. CIV. vis *Indivision (Généralités)*, par Albiges ; *Indivision (Régime conventionnel)* par Albiges, *Indivision (Régime légal)*, par Albiges.

DALLOZ ACTION *Droit patrimonial de la famille 2021/2022, nos 251.00 s.*

BIBL. GÉN. ▶ Boudot, *AJDI 2015. 247* (copropriété du code civil). – Brenner, *D. 2006. 2559* (gestion de la succession). – Casey, *RJPF 2007-1/10.* – Couzigou-Suhas, et Claux, *AJ fam. 2006. 313* (gestion de l'indivision successorale). – Forgeard, *JCP N 2008. 1146* (droit au partage). – Héraud, *RLDC 2009/65, n° 3617* (partage de l'indivision). – Jambort, *Dr. fam. 2006. Étude 54.* – Leprovaux, *JCP N 2006. 1381* (règles de gestion de l'indivision successorale). – Prigent, *AJDI 2007. 8* . – Schiller et Fabre, *JCP N 2014, n° 1333* (indivision de droits sociaux). – Dossier, *AJ fam. 2010. 303* . – Dossier *Defrénois 5 juill. 2018. 17* (les comptes de l'indivision). – Dossier, *JCP N 2019, n° 1255* (le notaire et l'indivision). – Dossier, *AJ fam. 2022. 519* (séparation et financement du bien indivis).

Art. 815 (*L. n° 2006-728 du 23 juin 2006, art. 2*) **Nul ne peut être contraint à demeurer dans l'indivision et le partage peut toujours être provoqué, à moins qu'il n'y ait été sursis par jugement ou convention.**

A. ABSENCE DE PERSONNALITÉ JURIDIQUE

1. Absence de personnalité juridique. Une indivision est dépourvue de personnalité juridique. • Civ. 2e, 9 juin 2011, n° 10-19.241 P : *D. 2011. 2188, note Julienne ; JCP 2011, n° 1298, § 6, obs. Périnet-Marquet.*

2. Absence de capacité juridique. L'indivision existant entre les ex-époux ne constituant pas une personne morale ayant la personnalité juridique, le conjoint divorcé d'un débiteur en redressement judiciaire doit déclarer sa créance issue de la liquidation du régime matrimonial et née antérieurement au jugement d'ouverture. Faute d'avoir sollicité un relevé de forclusion dans l'année suivant le jugement d'ouverture, cette créance, qui n'a pas été déclarée à la procédure collective dans le délai prévu par la loi, est éteinte (art. L. 621-46 C. com. *[ancien, abrogé]*). • Civ. 1re, 25 oct. 2005, n° 03-20.382 P : *D. 2005. AJ 2873, obs. A. Lienhard ; D. 2006. Pan. 87, obs. Le Corre, et 1382, obs. Danis-Fatôme ; AJ fam. 2006. 34, obs. Hilt .* ♦ Pour l'absence de personne morale d'une indivision, V. également • Civ. 3e, 3 oct. 2007, n° 06-16.716 P : *D. 2008. Pan. 2250, obs. Brémond ; JCP 2008. I. 127, n° 8, obs. Périnet-Marquet ; Dr. et patr. juill.-août 2008, p. 96, obs. Seube et Revet* (transmission de droits de chasse à tous les indivisaires) • Civ. 3e, 11 juill. 2007 : *JCP 2008. I. 127, n° 11, obs. Périnet-Marquet* (nécessité de notifier un congé à tous les indivisaires).

3. Irrégularité de l'acte accompli au nom de « l'indivision ». L'indivision n'ayant pas la capacité juridique, cassation de l'arrêt qui accueille l'action introduite par les indivisaires en validité de congés délivrés par « l'indivision X... représentée par M. Y... ». • Civ. 3e, 25 avr. 2001, n° 99-14.368 P : *D. 2001. IR 1591 ; JCP 2001. I. 358, n° 3, obs. Périnet-Marquet ; RJPF 2001-9/50, obs. Casey ; RTD civ. 2002. 130, obs. Patarin .* ♦ Un congé à bail ne mentionnant pas le nom de chacun des coïndivisaires qui le délivrent est entaché d'irrégularité. • Civ. 3e, 5 déc. 2001, n° 00-10.731 P : *D. 2002. AJ 1072, obs. Rouquet ; JCP E 2002. 415, note Quément ; Rev. loyers 2002. 80, obs. de Maillard ; RTD com. 2002. 274, obs. J. Monéger .* ♦ Cette irrégularité est couverte par l'intervention ultérieure de l'indivisaire dont le nom avait été omis, dans l'assignation et les actes subséquents. • Même arrêt. ♦ ... Par la saisine du tribunal d'instance par chacun des coïndivisaires pris individuellement. • Civ. 3e, 16 sept. 2009, n° 08-13.701 P : *D. 2009. AJ 2281, obs. Rouquet .*

4. Irrecevabilité de l'appel ne mentionnant pas tous les indivisaires. L'appel formé par certains seulement des coïndivisaires est irrecevable dès lors que le défendeur est en droit de se prévaloir de l'irrégularité de fond tenant au défaut de pouvoir des coïndivisaires. • Civ. 3e, 19 juin

2002, n° 00-21.869 P : *JCP 2003. I. 117, n° 7, obs. Périnet-Marquet ; AJ fam. 2002. 305, obs. S. D.-B*.

5. Inopposabilité aux autres indivisaires de la décision rendue à l'encontre d'un seul d'entre eux. L'action introduite contre un seul indivisaire est recevable, mais la décision rendue sur celle-ci est inopposable aux autres indivisaires à défaut de leur mise en cause. • Civ. 1re, 12 juin 2013, n° 11-23.137 P : *D. 2013. 1546 ; AJ fam. 2013. 506, obs. de Guillenchmidt-Guignot* (cassation, au visa des art. 31 et 32 C. pr. civ., de l'arrêt jugeant l'action irrecevable au motif qu'elle n'aurait pas été dirigée contre les deux époux indivisaires) • 18 déc. 2013 : *AJ fam. 2014. 120, obs. de Guillenchmidt-Guignot ; RTD civ. 2014. 405, obs. Dross*.

6. ... Application en cas de procédure collective ouverte à l'encontre d'un indivisaire. Un indivisaire ne peut se voir opposer l'inaliénabilité temporaire de l'immeuble indivis résultant de la déclaration prise par le juge arrêtant le plan de redressement du débiteur dans le cadre de la procédure collective ouverte à l'encontre d'un autre indivisaire. • Com. 10 févr. 2015, n° 13-24.659 P : *D. 2015. 429*.

B. DROIT DE DEMANDER LE PARTAGE

1° PRINCIPE

7. Caractère imprescriptible du droit. Le droit de demander le partage est imprescriptible. • Civ. 1re, 12 déc. 2007, n° 06-20.830 P : *JCP 2008. I. 127, n° 9, obs. Périnet-Marquet ; Dr. et patr. juill.-août 2008, p. 97, obs. Seube et Revet.*

8. Caractère absolu du droit. Nullité de la clause pénale, insérée dans un testament qui, en attachant des conséquences préjudiciables au refus d'un indivisaire de procéder à un partage amiable, porte une atteinte excessive au droit absolu reconnu à tout indivisaire de demander le partage. • Civ. 1re, 13 avr. 2016, n° 15-13.312 P : *D. 2016. 896 ; AJ fam. 2016. 275, obs. Casey ; RTD civ. 2016. 424, obs. Grimaldi*.

9. Personne recevable à agir en partage : liquidateur d'un débiteur indivisaire. Le liquidateur d'un débiteur en liquidation judiciaire propriétaire indivis d'un immeuble, qui exerce les droits et actions du débiteur dessaisi, est recevable à agir en partage de l'indivision sur le fondement de l'art. 815. • Com. 3 déc. 2003, n° 01-01.390 P : *R., p. 384 ; RJPF 2004-4/26, obs. Vauvillé* • Civ. 1re, 29 juin 2011, n° 10-25.098 P : *D. 2011. Actu. 1970* (sans avoir à justifier d'une créance).

10. Demande de licitation et procédure collective. Serait-il irrecevable en sa tierce opposition au jugement qui, en arrêtant le plan de redressement du débiteur, déclare un immeuble indivis temporairement inaliénable, un autre indivisaire ne peut se voir opposer cette déclaration, laquelle fait obstacle au droit qu'il tient de l'art. 815. • Civ. 1re, 10 févr. 2015, n° 13-24.659 P : *AJ fam. 2015. 227, obs. Casey*.

11. Application : indivisions entre époux séparés de biens. Des époux séparés de biens justifient d'un droit au partage de leurs biens indivis qu'ils peuvent exercer à tout moment et sans même attendre la dissolution du mariage. • Civ. 1re, 14 nov. 2000, n° 98-22.936 P : *D. 2001. 1755, note Lipinski ; Dr. fam. 2001, n° 8, note Beignier.* ♦ V. déjà • Civ. 1re, 22 oct. 1985 : *D. 1986. 241, note Breton.*

12. ... Entre propriétaire et nu-propriétaire. Il existe une indivision entre le titulaire d'un droit en pleine propriété portant sur une quote-part de l'universalité des biens de la communauté et le nu-propriétaire du surplus. • Civ. 1re, 12 janv. 2011, n° 09-17.298 P : *D. actu. 31 janv. 2011, obs. Chenu ; JCP 2011, n° 323, § 7, obs. Périnet-Marquet ; AJ fam. 2011. 165, obs. Vernières ; Dr. fam. 2011, n° 41, obs. Beignier.*

13. ... Entre titulaires d'un droit d'usage et d'habitation. Il existe entre le propriétaire d'un bien et le titulaire d'un droit d'usage et d'habitation sur ce bien une indivision quant à ce droit d'usage et d'habitation. • Civ. 3e, 7 juill. 2016, n° 15-10.278 P.

14. Conséquences particulières. Irrecevabilité d'une demande de traitement de situation de surendettement, le débiteur, propriétaire indivis d'un patrimoine immobilier, pouvant mettre fin à l'indivision et procéder à la vente amiable de l'immeuble, de nature à permettre l'apurement de sa situation. • Civ. 2e, 16 oct. 2003, n° 02-04.115 P : *RTD com. 2004. 165, obs. Paisant*.

15. Droit international privé. Application de l'anc. art. 815 aux biens situés en France : V. • Civ. 1re, 22 oct. 1985 : *D. 1986. 241, note Breton.*

2° EXCEPTIONS OU TEMPÉRAMENTS

16. État d'indivision normal ou perpétuel : dépendance commune à plusieurs propriétés. Toutes les fois qu'une dépendance de plusieurs propriétés a été créée ou conservée pour être utilisée en commun en vue de l'exploitation de ces propriétés, il n'y a pas lieu à partage de la dépendance et l'indivision constitue un état normal et perpétuel auquel il ne peut être mis fin que du consentement unanime de tous les propriétaires des biens dont la dépendance constitue l'accessoire. • Civ. 3e, 12 mars 1969 : *D. 1969. 587.* – V. aussi • Civ. 1re, 12 févr. 1985, n° 84-10.301 P : *R., p. 87.*

17. Biens acquis en commun avec clause d'accroissement. Absence d'indivision, excluant le droit au partage. • Civ. 1re, 27 mai 1986, n° 84-16.528 P : *R., p. 142 ; D. 1987. 139, note G. Morin ; JCP 1987. II. 20763, note Dagot.* ♦ Tant que la condition de prédécès de l'un des acquéreurs ne s'est pas réalisée, ceux-ci ont sur le bien des droits concurrents, dont celui, pour chacun d'eux, d'en jouir indivisément, droit dont l'exercice peut être organisé par le juge. • Civ. 1re, 9 févr. 1994 : *D. 1994. 417, rapp. Thierry ; D. 1995. Somm. 51, obs. Grimaldi ; JCP 1995. I. 3876, obs. Le Guidec ; RTD civ. 1995. 151, obs. Zenati ; ibid. 159 et 165, obs. Patarin*. ♦ Bien que la clause d'accroissement soit exclusive de l'indivision, tant que la condition du prédécès de l'une des parties n'est pas réalisée, celles-ci ont des droits concurrents tel le droit de jouir indivisément du bien ; en conséquence, l'époux qui, sur décision du juge, bénéficie de la jouissance exclusive de l'immeuble doit une indemnité pour son occupation à son conjoint co-titulaire du droit de jouissance. • Civ. 1re, 9 nov. 2011 : *D. 2012. 971, obs. Lemouland et Vigneau ; RTD civ. 2012. 95, obs. Hauser ; Defrénois 2012. 343, note Leblond ; Dr. fam. 2012, n° 10, obs. Beignier ; ibid. n° 49, obs. Brun-Wauthier ; JCP N 2012, n° 1123, note Leveneur ; CCC 2012, n° 57, obs. Leveneur ; RDC 2012. 445, obs. Libchaber.* ♦ Dans le même sens : une indemnité d'occupation est due à la partie cotitulaire du droit de jouissance par celle qui a la jouissance exclusive du bien. • Civ. 3e, 17 déc. 2013, n° 12-15.453 P : *D. 2014. 78 ; AJDI 2014. 807, obs. Cohet ; RTD civ. 2014. 407, obs. Dross ; JCP N 2014, n° 127, obs. Faucher ; RDC 2014. 425, note Pellet.*

18. Obstacle au partage résultant de la protection du logement de la famille. L'art. 215, al. 3, est applicable à une demande en partage d'un bien indivis par lequel est assuré le logement de la famille ; cassation de l'arrêt qui, pour accueillir la demande en partage et en licitation formée par le liquidateur à la procédure collective ouverte contre le mari, retient que l'art. 215 n'est pas applicable lorsqu'une vente forcée est poursuivie par le liquidateur judiciaire d'un des époux, alors que le liquidateur agissait aux lieu et place de l'époux débiteur dessaisi et que l'immeuble en indivision dont il était demandé le partage et la licitation en un seul lot constituait le logement de la famille. • Civ. 1re, 3 avr. 2019, n° 18-15.177 P.

19. Régime particulier de certaines indivisions. L'art. 815 C. civ., al. 1er, ne saurait trouver application dans le cas de biens et droits indivis entre plusieurs communes dès lors que l'art. L. 162-4 C. communes [devenu art. L. 5222-4 CGCT] y déroge expressément. • CE 11 juin 1999 : *D. 1999. IR 227*. ♦ Mais aucun texte ne fait échapper les biens d'utilité religieuse, du seul fait de leur nature ou de leur destination, à la règle de l'art. 815, al. 1er. • Civ. 3e, 25 sept. 2002, n° 99-20.765 P : *Defrénois 2003. 464, obs. Atias ; LPA 9 déc. 2003, note Corbion.*

Art. 815-1 *(L. n° 2006-728 du 23 juin 2006, art. 2)* **Les indivisaires peuvent passer des conventions relatives à l'exercice de leurs droits indivis, conformément aux articles 1873-1 à 1873-18.**

SECTION 1 *Des actes relatifs aux biens indivis* *(L. n° 2006-728 du 23 juin 2006, art. 2).*

§ 1 *Des actes accomplis par les indivisaires (L. n° 2006-728 du 23 juin 2006, art. 2).*

Art. 815-2 *(L. n° 76-1286 du 31 déc. 1976)* **Tout indivisaire peut prendre les mesures nécessaires à la conservation des biens indivis** *(L. n° 2006-728 du 23 juin 2006, art. 2)* **« même si elles ne présentent pas un caractère d'urgence ».**

Il peut employer à cet effet les fonds de l'indivision détenus par lui et il est réputé en avoir la libre disposition à l'égard des tiers.

A défaut de fonds de l'indivision, il peut obliger ses coïndivisaires à faire avec lui les dépenses nécessaires.

Lorsque des biens indivis sont grevés d'un usufruit, ces pouvoirs sont opposables à l'usufruitier dans la mesure où celui-ci est tenu des réparations.

A. DÉFINITION DES ACTES CONSERVATOIRES

1. Actes matériels ou juridiques. Les mesures nécessaires à la conservation de la chose indivise s'entendent des actes matériels ou juridiques ayant pour objet de soustraire le bien indivis à un péril imminent sans compromettre sérieusement le droit des indivisaires. • Civ. 3e, 25 janv. 1983, n° 80-15.132 P : *R., p. 45 ; RTD civ. 1984. 133, obs. Patarin* • Civ. 1re, 25 nov. 2003, n° 01-10.639 P : *D. 2004. IR 33 ; JCP 2004. I. 125, n° 5, obs. Périnet-Marquet ; Dr. fam. 2004, n° 25, note Beignier ; RDI 2004. 278, obs. Bruschi* • 4 juill. 2006 : *LPA 13 oct. 2006, note Bérenger (décisions rendues en application de l'anc. art. 815-2, l'acte conservatoire supposant alors un péril imminent, condition supprimée par la nouvelle rédaction de l'alinéa 1er de l'art. 815-2).*

2. Actions possessoires. Un indivisaire peut agir individuellement, par voie de complainte, contre le tiers auquel il reproche d'avoir troublé sa possession sur l'immeuble dont la jouissance est commune ; en effet, l'art. 815-3, al. 1er, ne concerne que les actes d'administration du bien indivis et n'interdit pas une telle action. • Civ. 3e, 9 mars 1982, n° 80-16.070 P.

3. Expulsion d'occupants sans droit ni titre. L'action engagée tendant à l'expulsion d'occupants sans droit ni titre et au paiement d'une indemnité d'occupation, qui a pour objet la conservation des droits des coïndivisaires, entre dans la catégorie des actes conservatoires que tout indivisaire peut accomplir seul, sans avoir à justifier d'un péril imminent. • Civ. 1re, 4 juill. 2012, n° 10-21.967 P : *D. 2012. 1886*. ♦ Constitue un acte conservatoire qui, par conséquent, n'implique pas le consentement d'indivisaires titulaires d'au moins deux tiers des droits indivis, la demande en liquidation de l'astreinte et de la remise en état des terres agricoles irrégulièrement occupées après un jugement d'expulsion. • Civ. 1re, 23 sept. 2015, n° 14-19.098 P.

4. Commandement de payer des loyers visant la clause résolutoire prévue au contrat de bail. Le commandement de payer visant la clause résolutoire prévue au contrat de bail commercial constitue un acte conservatoire qui n'implique donc pas le consentement d'indivisaires titulaires d'au moins deux tiers des droits indivis. • Civ. 1re, 9 juill. 2014, n° 13-21.463 P : *D. 2014. 1715, chron. Guyon-Renard ; ibid. 2015. 529, obs. Amrani-Mekki et Mekki ; RDI 2014. 558, note Bergel ; AJ fam. 2014. 503, obs. Levillain* (en l'espèce, commandement de payer valablement délivré par des indivisaires représentant 50% seulement des droits indivis). ♦ V. également sous l'empire du droit antérieur à la L. du 23 juin 2006 : • Civ. 3e, 30 oct. 1991, n° 90-16.340 P (les mises en demeure de payer les fermages constituent des actes conservatoires et peuvent être valablement faites par un seul indivisaire). ♦ V. conf. • Civ. 1re, 17 mars 1992, n° 90-14.547 P • Civ. 3e, 30 juin 1999, n° 97-17.010 P : *JCP 2000. I. 211, n° 6, obs. Périnet-Marquet ; JCP 2000. I. 278, n° 4, obs. Le Guidec ; JCP N 1999. 1620, note Moreau ; RDI 1999. 619, obs. Bruschi (2e esp.) ; RTD civ. 2000. 607, obs. Patarin* • 15 juin 2005, n° 03-21.061 P • 31 oct. 2007, n° 06-18.338 P : *D. 2007. AJ 2873 ; JCP 2008. I. 127, n° 10, obs. Périnet-Marquet.* ♦ L'appel d'un jugement déclarant valable un congé et ordonnant une expulsion constitue un acte conservatoire. • Civ. 3e, 8 déc. 2004, n° 03-17.902 P : *D. 2005. IR 244 ; RDI 2005. 207, obs. Bruschi*.

5. Actions en revendication. L'action par laquelle est revendiquée la propriété indivise d'une parcelle, ayant pour objet la conservation des droits des indivisaires, entre dans la catégorie des actes conservatoires que tout indivisaire peut accomplir seul. • Civ. 3e, 17 avr. 1991, n° 89-15.898 P : *Defrénois 1992. 233, note Beaubrun.* ♦ V. conf., pour une action en revendication de la propriété indivise d'un cimetière familial : • Civ. 3e, 19 juin 2002, n° 01-01.201 P : *JCP 2003. I. 117, n° 6, obs. Périnet-Marquet ; Defrénois 2003. 35, obs. Atias.* ♦ ... Pour une action en revendication d'une servitude de passage : • Civ. 3e, 4 déc. 1991, n° 89-19.989 P. ♦ V. aussi • Civ. 3e, 11 juin 1986, n° 85-11.795 P : *RTD civ. 1987. 384, obs. Patarin* (recevabilité de l'action d'un indivisaire tendant à faire constater l'aggravation d'une servitude de passage grevant le fonds indivis).

6. Actions en indemnisation ou en restitution consécutives à une expropriation. Le droit de propriété indivis comporte notamment celui de demander, sans le concours des coïndivisaires, le relèvement de l'indemnité d'expropriation pour cause d'utilité publique. • Ch. temp. expr. 20 janv. 1967 : *JCP 1968. II. 15362, note A. Homont.* ♦ Violation de l'art. 6, § 1, Conv. EDH en cas de rejet d'une action en restitution de terrains expropriés au motif qu'elle n'a pas été intentée par tous les indivisaires. • CEDH, sect. III, 14 déc. 2006, *Lupas c/ Roumanie*, n° 1434/02.

7. Action en indemnisation consécutive au non-renouvellement d'une concession. Entre dans la catégorie des actes conservatoires que tout indivisaire peut accomplir seul, l'action en paiement d'une indemnité de résiliation, consécutive à la décision d'une commune de ne pas reconduire un contrat de concession. • Civ. 1re, 10 sept. 2015, n° 14-24.690 P : *D. 2015. 1840*.

8. Déclaration de créance à une procédure collective. Tout indivisaire peut déclarer une créance de l'indivision à la procédure collective du débiteur de l'indivision. • Com. 11 juin 2003, n° 00-11.913 P : *JCP 2004. I. 115, n° 9, obs. Pétel ; RTD com. 2004. 595, obs. Martin-Serf* • Civ. 1re, 14 mars 2012, n° 10-10.006 P : *D. 2012. 813 ; RTD civ. 2012. 377, obs. Perrot ; Defrénois 2012. 836, note Leblond.* ♦ En application de l'art. 400 C. pr. civ., si plusieurs parties forment ensemble un appel principal, le désistement d'une partie laisse subsister l'appel principal formé par les autres ; il en résulte que le désistement des autres coïndivisaires n'interdit pas à l'un d'entre eux de poursuivre l'appel interjeté initialement par tous. • Civ. 1re, 14 mars 2012 : *préc.*

9. Application à un portefeuille de valeurs mobilières. Le nu-propriétaire indivis avec ses cohéritiers d'un portefeuille de valeurs mobilières dépendant d'une succession peut prendre les mesures nécessaires à la conservation des biens indivis et en demander le partage ; il est donc fondé à demander à l'usufruitier de ce portefeuille de lui en indiquer la consistance et la valeur, éléments nécessaires pour que la nue-propriété en soit partagée. • Civ. 1re, 12 nov. 1998, n° 96-18.041 P : *GAJC, 11e éd., n° 71 ; D. 1999. 167, note Aynès ; ibid. 633, note Fiorina ; JCP 1999. II. 10027, note S. Piedelièvre ; JCP N 1999. 351, note Hovasse ; RTD civ. 1999. 674, obs. Patarin*. ♦ V. aussi, dans la même affaire, sur l'obligation de l'usufruitier de communiquer au nu-propriétaire tous renseignements sur l'évolution du portefeuille depuis le début de l'usufruit jusqu'au jour du partage pour apprécier les changements de sa valeur et de sa substance, • Civ. 1re, 3 déc. 2002 : *D. 2003. 2495, note Fiorina ; JCP 2003. II. 10158, note S. Piedelièvre ; RTD civ. 2003. 118, obs. Revet*.

B. FINANCEMENT DES ACTES CONSERVATOIRES

10. Contribution des coïndivisaires à la dépense nécessaire. Les frais de conservation et de gestion de la chose indivise profitent à tous les indivisaires et ne peuvent être mis à la charge de l'un d'eux que s'ils ont été la conséquence d'une faute de celui-ci. • Civ. 1re, 23 juin 1964 : *JCP 1964. II. 13819, note Patarin* • 16 juill. 1968 : *JCP 1969. II. 15833, note Dagot.* – V. aussi : • Civ. 1re, 11 mai 1982, n° 81-11.850 P : *RTD civ. 1983. 570, obs. Patarin.* ♦ V., pour le remboursement des mensualités d'un emprunt, • Paris, 16 mars 1978 : *D. 1979. IR 43, obs. Breton ; Defrénois 1978. 711, note Souleau* • 1er juill. 1982 : *D. 1983. IR 173, obs. D. Martin,* et, sur pourvoi, • Civ. 1re, 18 oct. 1983, n° 82-14.798 P : *D. 1984. 289, note Rambure ; JCP 1984. II. 20245, note de La Marnierre* • 4 mars 1986, n° 84-15.071 P : *JCP 1986. II. 20701, note Simler.*

C. AUTRES ACTES POUVANT ÊTRE ACCOMPLIS PAR UN INDIVISAIRE SEUL

11. Actes visant à protéger les droits de l'indivisaire. Tout indivisaire, pour assurer la protection de ses droits indivis, peut agir seul en justice à l'encontre d'un autre indivisaire ayant passé un acte sans son consentement et au mépris des dispositions de l'art. 815-3. • Civ. 3e, 15 juin 1994, n° 92-15.608 P. ♦ Tout indivisaire peut agir seul en justice pour la défense de ses droits indivis ; ainsi est recevable une action en nullité d'un bail commercial en raison d'un vice de son consentement et en réparation de son préjudice consécutif à la conclusion du bail, action personnelle, étrangère aux dispositions de l'art. 815-3 *[ancien].* • Civ. 1re, 6 mai 2009, n° 07-20.635 P : *D. 2009. AJ 1414 ; JCP 2009. 337, n° 7, obs. Périnet-Marquet ; AJDI 2009. 783, obs. Zalewski ; RLDC 210/72, n° 3863, obs. Perruchot-Triboulet (décisions rendues en application de l'anc. art. 815-3).* ♦ Tout propriétaire est recevable à faire reconnaître son droit de propriété indivis. • Civ. 3e, 28 nov. 1973 : *D. 1974. 725, note Souleau ; RTD civ. 1975. 329, obs. Giverdon.*

12. Action civile de la victime décédée d'une infraction. L'action engagée par la partie civile qui vient à décéder en cours d'instance se transmet à ses héritiers et chacun d'eux l'exerce dans son intégralité et est fondé à obtenir la réparation du préjudice que l'infraction avait causé à son auteur ; une telle action est étrangère aux actes d'administration et de disposition relatifs aux biens indivis pour lesquels le consentement de tous les indivisaires est requis par l'art. 815-3. • Crim. 9 oct. 1985 : *D. 1987. 93, note Breton* • 28 juin 2000 : *D. 2000. IR 227 .*

13. Action en réparation d'un préjudice subi personnellement par l'indivisaire. Chaque copropriétaire d'actions indivises ayant, notamment, le droit d'être individuellement informé de la tenue des assemblées, de l'ordre du jour et des projets de résolution, un défaut d'information à ce sujet lui ouvre une action en réparation du préjudice subi personnellement. • Crim. 11 avr. 1996, n° 94-81.166 P. ♦ Dans le même sens, à propos d'une action en réparation du préjudice résultant de l'infraction (allégation d'une dépréciation de l'immeuble indivis du fait de l'édification d'une construction irrégulièrement entreprise) : • Crim. 28 juin 1995, n° 93-85.047 P.

14. Annulation d'une ordonnance d'expropriation. L'annulation d'une ordonnance d'expropriation, prononcée pour vice de forme, au motif qu'un indivisaire n'a pas disposé d'un délai suffisant pour formuler ses observations, produit effet à l'égard de tous les propriétaires indivis. • Civ. 3e, 2 juill. 2008, n° 07-14.218 P.

15. Défense du droit moral du défunt. Chaque cohéritier a qualité et intérêt légitime à agir seul en défense du droit moral du *de cujus,* indépendamment du défaut d'exercice de l'option successorale. • Civ. 1re, 15 févr. 2005, n° 03-12.159 P : *CCE 2005, n° 62, note Caron ; RTD com. 2005. 316, obs. Pollaud-Dulian (décision rendue sous l'empire du droit antérieur à la L. du 23 juin 2006).*

16. Collusion frauduleuse des autres indivisaires. Une cour d'appel ne peut rejeter la demande d'un coïndivisaire au motif qu'il ne peut agir seul sans rechercher, comme elle y était invitée, si les actes attaqués ne résultaient pas d'une collusion frauduleuse de la part des autres coïndivisaires. • Civ. 1re, 17 mars 1992, n° 90-16.606 P : *D. 1992. Somm. 401, obs. Delebecque ; D. 1993. Somm. 226, obs. Grimaldi ; RTD civ. 1993. 390, obs. Patarin .*

17. Actes portant sur la quote-part de droits indivis. Sur la faculté pour chaque indivisaire de disposer librement de sa quote-part de droits sur un bien indivis, V. notes ss. art. 815-3.

Art. 815-3 *(L. n° 2006-728 du 23 juin 2006, art. 2)* **« Le ou les indivisaires titulaires d'au moins deux tiers des droits indivis peuvent, à cette majorité :**

« 1° Effectuer les actes d'administration relatifs aux biens indivis ;

« 2° Donner à l'un ou plusieurs des indivisaires ou à un tiers un mandat général d'administration ;

« 3° Vendre les meubles indivis pour payer les dettes et charges de l'indivision ;

« 4° Conclure et renouveler les baux autres que ceux portant sur un immeuble à usage agricole, commercial, industriel ou artisanal.

« Ils sont tenus d'en informer les autres indivisaires. A défaut, les décisions prises sont inopposables à ces derniers.

« Toutefois, le consentement de tous les indivisaires est requis pour effectuer tout acte qui ne ressortit pas à l'exploitation normale des biens indivis et pour effectuer tout acte de disposition autre que ceux visés au 3°. »

(L. n° 76-1286 du 31 déc. 1976) **Si un indivisaire prend en main la gestion des biens indivis, au su des autres et néanmoins sans opposition de leur part, il est censé avoir reçu un mandat tacite, couvrant les actes d'administration mais non les actes de disposition ni la conclusion ou le renouvellement des baux.**

L'indivisaire qui, en application de l'art. 815-3 C. civ., est censé avoir reçu un mandat tacite couvrant les actes d'administration des immeubles indivis peut valablement adhérer pour ces immeubles à une association foncière pastorale dans la mesure où cette adhésion n'entraîne pas d'obligation quant à la disposition des biens indivis (C. rur., art. L. 135-11). — **C. rur.**

Si un bail commercial est consenti à plusieurs preneurs ou indivisaires, l'exploitant du fonds de commerce ou du fonds artisanal bénéficie des dispositions des art. L. 145-1 s. C. com. sur le bail commercial, même en l'absence d'immatriculation au registre du commerce et des sociétés ou au répertoire des métiers de ses copreneurs ou coïndivisaires non exploitants du fonds. De même, en cas de décès du titulaire du bail, ces mêmes dispositions s'appliquent à ses héritiers ou ayants droit qui, bien que n'exploitant pas de fonds de commerce ou de fonds artisanal, demandent le maintien de l'immatriculation de leur ayant cause pour les besoins de sa succession (C. com., art. L. 145-1-III, réd. issue de L. n° 2008-776 du 4 août 2008, art. 42). — **C. com.**

Sur les actes de gestion du patrimoine des personnes placées en curatelle ou en tutelle, V. Décr. n° 2008-1484 du 22 déc. 2008, ss. art. 496. — **C. civ.**

1. Domaine d'application. L'art. 815-3 n'est applicable que dans les rapports entre indivisaires, et non dans ceux entre usufruitier et nu-propriétaire. • Civ. 1re, 25 nov. 1986 : *D. 1987. 141, note G. Morin ; JCP 1987. II. 20866, note Cohen* • Civ. 3e, 7 juill. 1993, n° 92-19.193 P. ♦ L'art. 815-3 n'est pas applicable aux chemins d'exploitation dont l'usage commun n'est pas régi par les règles de l'indivision mais par l'art. L. 162-1 C. rur. qui reconnaît à chaque propriétaire riverain le droit d'en interdire l'accès au public. • Civ. 3e, 29 nov. 2018, n° 17-22.508 P. ♦ L'art. 815-3 s'appliquant à l'indivision post-communautaire entre époux, l'aliénation d'actions indivises par un époux seul est inopposable à l'autre. • Civ. 1re, 7 oct. 2015, n° 14-22.224 P : *AJ fam. 2015. 616, obs. Casey*. ♦ Il ne peut être dérogé aux dispositions impératives de l'art. 1844 prévoyant, en cas de désaccord entre les copropriétaires d'une part sociale indivise, la désignation en justice du mandataire chargé de les représenter pour la participation aux décisions collectives d'une société. • Civ. 1re, 15 déc. 2010, n° 09-10.140 P.

2. Conséquence du défaut de pouvoir : inopposabilité de l'acte accompli sur la chose d'autrui. Le bail consenti par un indivisaire sans le consentement des autres, même s'il a date certaine, est, en tant qu'il porte partiellement sur la chose d'autrui, inopposable à l'acquéreur du bien en ayant fait l'objet. • Civ. 1re, 30 juin 2004, n° 99-15.294 P : *JCP 2005. I. 187, n° 2, obs. Le Guidec ; AJDI 2005. 25, obs. Rouquet (décision rendue en application de l'anc. art. 815-3).* ♦ Mais lorsqu'un indivisaire a conclu seul un bail sans le consentement de ses coïndivisaires, si, à son décès, ceux-ci acceptent sa succession, le bail leur est opposable, en application de l'art. 1122 anc. C. civ. • Civ. 3e, 29 nov. 2000, n° 98-22.737 P : *JCP N 2001. 632, obs. Grimonprez* (bail rural) • 15 mai 2008, n° 07-14.655 P : *D. 2008. AJ 1625 ; JCP 2008. I. 194, n° 5, obs. Périnet-Marquet ; JCP 2008. 1328, n° 5, obs. Périnet-Marquet ; RTD civ. 2009. 154, obs. Grimaldi*.

3. ... Qualification de vol. Le détenteur de biens meubles indivis qui se les approprie ou en dispose à l'insu des autres coïndivisaires commet un vol au préjudice de ces derniers. • Crim. 12 mai 2015, n° 13-87.668 P.

A. ACTES NÉCESSITANT UNE MAJORITÉ DES DEUX TIERS

4. Actes d'administration : action en fixation et paiement des loyers. La demande d'un indivisaire en paiement de loyers constitue une action relative à l'inexécution des obligations nées du bail et s'analyse comme un acte d'administration. • Civ. 3e, 30 juin 1999, n° 97-21.447 P : *JCP 2000. I. 211, n° 6, obs. Périnet-Marquet ; ibid. 278, n° 4, obs. Le Guidec ; RDI 1999. 619, obs. Bruschi (1re esp.) ; RTD civ. 2000. 607, obs. Patarin*. ♦ L'appel d'un jugement fixant le loyer d'un bail commercial, qui constitue un acte d'administration et non un acte conservatoire, requiert le consentement de tous les indivisaires. • Civ. 1re, 23 janv. 2008 : *JCP 2008. IV. 1346 (Décisions rendues en application de l'anc. art. 815-3).*

5. ... Action en résiliation d'un bail rural. Des indivisaires, titulaires des deux tiers des droits indivis, sont recevables à intenter une action en résiliation d'un bail rural qui ressortit à l'exploitation normale des biens indivis. • Civ. 3e, 29 juin

2011, n° 09-70.894 P : *AJ fam. 2011. 500, obs. Vernières ; JCP 2011, n° 1298, § 7, obs. Périnet-Marquet.*

B. ACTES EXIGEANT L'UNANIMITÉ

1° ACTES NE SE RATTACHANT PAS À UNE EXPLOITATION NORMALE

6. Changement d'affectation du bien. Un marais salant fonctionnant selon le régime d'une indivision forcée, la remise en état antérieur du marais en vue de son utilisation à des fins aquacoles et non plus salicoles requiert le consentement de tous les indivisaires. • Rennes, 27 oct. 1998 : *D. 2001. 1498, note Le Cornec (décision rendue en application de l'anc. art. 815-3).*

7. Congé donné à bail. Le congé donné par un indivisaire, sans l'accord des autres, ne peut produire effet si cet indivisaire n'est pas devenu propriétaire du bien en vertu d'un partage intervenu avant la fin du bail. • Civ. 3e, 12 janv. 1978, n° 76-12.474 P. – V. aussi • Civ. 3e, 8 avr. 1999, n° 97-15.706 P : *D. 1999. IR 116 ; JCP 2000. I. 278, n° 3, obs. Le Guidec (décision rendue en application de l'anc. art. 815-3).*

8. Inscription de faux. L'inscription de faux, qui ne ressortit pas à l'exploitation normale des biens indivis, requiert le consentement de tous les indivisaires. • Civ. 1re, 12 juin 2013, n° 11-18.522 P : *AJ fam. 2013. 444, obs. Levillain .*

2° BAIL RURAL OU COMMERCIAL

9. Conclusion d'un bail rural. La conclusion des baux exigeant un mandat spécial, le bail rural consenti par un coïndivisaire seul est inopposable aux autres s'il est relevé que ce mandat n'existait pas, et nonobstant la théorie du mandat apparent invoquée en l'espèce. • Civ. 3e, 12 avr. 1995, n° 92-20.732 P : *(décision rendue en application de l'anc. art. 815-3).* ♦ S'agissant de ventes d'herbe récoltée sur des parcelles en indivision, il ne peut être reconnu de bail rural en l'absence de mandat spécial accordé à l'indivisaire vendeur. • Civ. 3e, 5 mai 1999, n° 97-17.570 P : *JCP 2000. I. 278, n° 2, obs. Le Guidec ; RTD civ. 2000. 607, obs. Patarin* • 5 mai 1999, n° 97-12.925 P : *JCP 2000. I. 278, n° 2, obs. Le Guidec (décisions rendues en application de l'anc. art. 815-3).*

10. Mandat de conclure un bail commercial. La preuve de l'existence et de l'étendue du mandat de gestion immobilière délivré à un professionnel ne peut être rapportée que par écrit ; ni le mandat apparent ni la ratification de l'acte ne peuvent tenir en échec ces règles impératives. Nullité du bail commercial consenti par le gestionnaire du bien indivis à défaut d'un mandat spécial donné par écrit par l'ensemble des coïndivisaires. • Civ. 1re, 2 déc. 2015, n° 14-17.211 P.

11. Non-renouvellement d'un bail commercial. Il appartient à celui des propriétaires indivis d'un immeuble qui entend refuser le droit au renouvellement d'un bail commercial que le locataire tient de la loi d'obtenir l'accord de ses coïndivisaires ou, à défaut d'un tel accord, l'autorisation prévue à l'art. 815-5 ou à l'art. 815-6 ; le refus opposé par un seul des coïndivisaires est nul. • Civ. 3e, 18 avr. 1985, n° 84-10.083 P : *R., p. 100 (décision rendue en application de l'anc. art. 815-3).*

3° ACTES DE DISPOSITION SUR UN BIEN INDIVIS

12. Principe : consentement de tous les indivisaires. Un bien immobilier qui a fait l'objet d'une cession amiable précédée d'une déclaration d'utilité publique bénéficie du droit à rétrocession ; tel est le cas en présence d'une vente, le premier acte de cession, antérieur à la déclaration d'utilité publique n'ayant été signé que par certains indivisaires sans qu'ait été recueilli l'accord des autres, ce dont il résulte que le transfert de propriété du terrain nécessaire à la commune pour réaliser le projet prévu n'est intervenu que lors de la signature de l'acte authentique par tous les indivisaires, postérieure à la déclaration d'utilité publique de ce projet. • Civ. 3e, 17 juin 2009, n° 07-21.589 P : *AJDI 2010. 54, note Hostiou .*

13. … Application à l'action en bornage. Une action en bornage entre dans la catégorie des actes d'administration et de disposition, requérant le consentement de tous les indivisaires. • Civ. 3e, 9 juill. 2003, n° 01-15.613 P : *D. 2004. 725, note Werthe Talon ; JCP 2004. I. 125, n° 5, obs. Périnet-Marquet ; Gaz. Pal. 2004. Somm. 2086, obs. S. Piedelièvre ; AJ fam. 2003. 350, obs. S. D.-B . ; AJDI 2003. 693, obs. Abram ; RDI 2003. 569, obs. Bergel (décision rendue en application de l'anc. art. 815-3).* ♦ Mais un procès-verbal valant bornage amiable peut être signé par une personne propriétaire pour moitié et usufruitière du fonds objet de la délimitation, en l'absence d'opposition des coïndivisaires. • Civ. 3e, 31 oct. 2012, n° 11-24.602 P : *D. 2012. 2657 ; RTD civ. 2013. 155, obs. Dross* (décision rendue en application de l'anc. art. 815-3).

14. Tempérament : faculté pour l'indivisaire de disposer de sa quote-part de droits sur le bien indivis. Si les actes d'administration et de disposition portant sur un bien indivis requièrent le consentement de tous les indivisaires, chacun d'eux peut librement disposer de sa quote-part de droits sur un bien indivis. • Civ. 1re, 4 oct. 2005, n° 03-12.697 P : *D. 2005. IR 2771 (décision rendue en application de l'anc. art. 815-3).* ♦ Pour le cas de la cession d'une quote-part d'un brevet indivis : • Com. 18 nov. 2008, n° 07-17.749 P (nécessité de respecter l'art. L. 613-29 e CPI).

15. … Opposabilité de la cession d'un bien indivis par un indivisaire seul à hauteur de sa quote-part. La vente d'un immeuble indivis faite par un seul des indivisaires est valable pour la portion indivise qui lui appartient. • Civ. 3e, 12 mai 2010, n° 08-17.186 P : *D. 2010. Actu.1417 ; JCP 2010, n° 1162, § 10, obs. Périnet-Marquet ; AJDI 2011. 237, obs. Rouquet ; JCP N 2010, n° 1320, note Piedelièvre ; Defrénois 2010. 2385, obs. Chamoulaud-Trapiers ; RLDC 2010/75, n° 3984, obs. Parance ; RDC 2011. 158, obs. Mekki.* ♦ La cession d'un bien indivis par un indivisaire seul est opposable aux indivisaires à concurrence de la quote-part de son auteur. • Civ. 1re, 5 avr. 2005, n° 02-15.459 P : *D. 2005. Pan. 2121, obs. Brémond ; RTD civ. 2005. 801, obs. Revet.* ♦ Comp. précédemment : • Civ. 1re, 15 juin 1994, n° 02-15.459 P : *RTD civ. 1995. 411, obs. Patarin* (la cession d'un bien indivis qui n'a pas été consentie par tous les indivisaires n'est pas nulle ; elle est simplement inopposable aux autres indivisaires et son efficacité est subordonnée au résultat du partage ; il s'ensuit que pendant le cours de l'indivision la vente d'un immeuble indivis est inopposable à l'indivisaire qui n'y a pas consenti) • 9 mai 1978, n° 76-12.646 P : *JCP 1979. II. 19257, note Dagot* (l'opposabilité d'une vente de biens indivis à un coïndivisaire qui n'y a pas concouru dépend de l'attribution qui est faite de ce bien dans l'acte de partage ; il s'ensuit que, dans les rapports entre coïndivisaires, ce bien doit faire l'objet d'une attribution dans l'acte de partage préalablement à toute décision sur la validité de son aliénation). *(Décision rendue en application de l'anc. art. 815-3).*

16. ... Application à une promesse de vente. La promesse de vente d'un immeuble indivis consentie par un seul des indivisaires est valable pour la portion indivise qui lui appartient. • Civ. 3e, 21 juin 1995, n° 93-17.522 P : *RDI 1995. 715, obs. Bergel.*

17. ... À une constitution d'hypothèque. Validité, jusqu'à concurrence de la part de la femme *in bonis*, de l'hypothèque constituée par deux époux sur un immeuble indivis postérieurement au jugement d'ouverture de redressement judiciaire du mari. Report de cette hypothèque, à la suite de la vente de l'immeuble grevé, sur la fraction du prix attribuée au constituant. • Com. 20 juin 1995, n° 93-10.331 P : *D. 1997. 1, rapp. Rémery ; D. 1996. Somm. 207, obs. S. Piedelièvre ; JCP 1995. I. 3889, n° 12, obs. Delebecque (décision rendue en application de l'anc. art. 815-3).*

C. MANDAT TACITE

18. Existence du mandat tacite : actes accomplis au su des autres indivisaires. Nécessité de rechercher si le coïndivisaire prétendument titulaire d'un mandat tacite pour la défense en justice des intérêts de l'indivision a défendu au su de l'autre coïndivisaire. • Civ. 1re, 12 juin 2013, n° 12-17.419 P : *D. 2013. 1546.*

19. Portée du mandat tacite : actes d'administration. Nécessité pour les juges du fond, qui admettent la représentation à une assemblée des membres d'une indivision portant sur des droits sociaux sur le fondement du mandat tacite, de vérifier si les actes de représentation accomplis entraient, eu égard aux résolutions prises par l'assemblée, dans la catégorie des actes d'administration. • Com. 16 nov. 2004 : *Rev. sociétés 2005. 650, note Dondero.*

20. Illustrations : actes couverts par le mandat tacite. L'indivisaire gérant l'exploitation au su de son coïndivisaire et sans opposition de sa part est censé avoir reçu pouvoir de contracter un emprunt pour payer le passif de l'exploitation. • Civ. 1re, 12 nov. 1986, n° 85-12.238 P : *RTD civ. 1987. 786, obs. Patarin.* ♦ ... De commander des travaux de conservation ou d'amélioration du bien. • Civ. 1re, 10 oct. 1995, n° 93-14.788 P : *Defrénois 1996. 405, obs. Grimaldi ; RDI 1996. 335, obs. Bergel ; RTD civ. 1996. 963, obs. Patarin.* ♦ ... Mais non de conclure un bail portant sur le bien indivis, acte qui nécessite un mandat spécial. • Civ. 1re, 25 oct. 2005, n° 03-14.320 P : *JCP 2006. I. 127, n° 6, obs. Périnet-Marquet ; Dr. fam. 2006, n° 16, note Beignier (1re esp.) ; AJDI 2006. 272, note Beaugendre.*

21. Conséquences à l'égard de coïndivisaires mineurs. Le mandat tacite exclut la qualité de tuteur de fait à l'égard des coïndivisaires mineurs pendant le temps de leur minorité. • Civ. 1re, 7 oct. 1997, n° 95-19.347 P : *Defrénois 1998. 729, obs. Massip ; Dr. fam. 1997, n° 185, note Beignier ; ibid. 1998, n° 30, note Fossier ; RTD civ. 1998. 74, obs. Hauser.*

22. Impossibilité de contester le mandat donné. Le mandat tacite de l'indivisaire qui a pris en main la gestion des biens indivis au su des autres coïndivisaires et sans opposition de leur part ne peut être ultérieurement contesté par ceux-ci. • Civ. 1re, 11 oct. 2000 : *D. 2001. Somm. 3580, obs. Bouyeure ; Dr. fam. 2000, n° 148, note Beignier.*

D. INDIVISION ET SOCIÉTÉ

23. Cession de titres sociaux pendant l'indivision post-communautaire. Durant l'indivision post-communautaire, l'aliénation d'actions indivises par un époux seul est inopposable à l'autre, de sorte que doit être portée à l'actif de la masse à partager la valeur des actions au jour du partage ; la cour d'appel, qui a fixé à 50 € la valeur de l'action à cette date, a violé l'art. 1421 C. civ. par fausse application, et l'art. 815-3 du même code par refus d'application. • Civ. 1re, 7 oct. 2015, n° 14-22.224 P. ♦ Comp. : • Civ. 1re, 12 juin 2014, n° 13-16.309 P (la qualité d'associé ne tombe pas dans l'indivision, donc l'associé n'a pas à obtenir l'accord des coïndivisaires pour céder ses titres).

N.B. : il convient de distinguer ici le temps de la communauté et celui de l'indivision post-communautaire, outre le partage.

En cours de communauté, les titres sociaux non négociables ne peuvent être aliénés qu'avec l'accord du conjoint, conformément aux dispositions de l'art. 1424 C. civ. • Civ. 1re, 9 nov. 2011, n° 10-12.123 : *AJ fam. 2012. 55, obs. Hilt ; D. 2012. 483, note Barabé-Bouchard ; Rev. sociétés 2012. 223, note Naudin*. ♦ En revanche, les titres sociaux négociables sont cessibles par l'époux associé seul, sauf à répondre de ses fautes de gestion (art. 1421). Toujours en cours de communauté, seul l'associé a qualité pour demander le remboursement de son compte courant. • Civ. 1re, 9 févr. 2011, n° 09-68.659 : *AJ fam. 2011. 217, obs. Hilt ; D. 2011. 594 ; ibid. 2624, obs. Bourdaire-Mignot, Brémond, Nicod et Revel ; Rev. sociétés 2011. 343, note Naudin ; RTD com. 2011. 358, obs. Constantin*.

Pendant l'indivision post-communautaire, les titres (non négociables, ou négociables comme en l'espèce) sont soumis à la règle de l'unanimité de l'art. 815-3, sanctionnée, le cas échéant, par l'inopposabilité de la cession à l'autre époux qui n'y a pas consenti. C'est l'apport de la présente décision.

Lors du partage, les titres cédés doivent être valorisés à la date la plus proche du partage, nonobstant la cession. Les titres sociaux ne peuvent être attribués qu'à l'époux associé. • Civ. 1re, 4 juill. 2012, n° 11-13.384 : *AJ fam. 2012. 508, obs. Hilt ; D. 2012. 2493, note Barabé-Bouchard ; ibid. 2476, obs. Brémond, Nicod et Revel ; ibid. 2688, obs. Hallouin, Lamazerolles et Rabreau ; Rev. sociétés 2012. 717, note Dauriac ; Gaz. Pal. 5 janv. 2013, p. 20, obs. Casey*.

E. PROCÉDURE

24. Défaut d'assignation de tous les indivisaires : action recevable mais pas opposable aux « oubliés » (solution constante). Pour une action en revendication, • Civ. 1re, 24 mai 2018, n° 17-18.818. ♦ Pour une assignation qui ne vise qu'un seul indivisaire, • Civ. 1re, 12 juin 2013, n° 11-23.137.

25. Action en revendication. L'action en revendication introduite contre un seul indivisaire est recevable, la décision rendue étant seulement inopposable aux autres indivisaires à défaut de mise en cause de ceux-ci, la cour d'appel a violé les art. 31 et 32 C. pr. civ. et 815-3. • Civ. 1re, 24 mai 2018, n° 17-18.818.

26. Si le coïndivisaire n'a pas été attrait à la cause, il faut clairement caractériser la défense du condamné au vu et au su de « l'oublié ». Pour condamner l'époux au paiement de l'intégralité des frais de neutralisation et de la valeur de la citerne, le jugement retient l'existence d'un mandat tacite à son profit, dès lors que l'épouse n'a pas émis d'opposition à la prise en main par l'autre indivisaire de la gestion des biens indivis. En se déterminant ainsi, alors que la société ne pouvait agir à l'encontre de l'époux seul qu'à concurrence de ses droits dans l'indivision, de sorte qu'en statuant comme elle l'a fait sans rechercher, comme il le lui était demandé, s'il avait défendu au su de l'épouse, la juridiction de proximité n'a pas donné de base légale à sa décision. • Civ. 1re, 12 juin 2013, n° 12-17.419.

27. Un indivisaire a pouvoir pour former un pourvoi en cassation seul. Le coïndivisaire a qualité pour former un pourvoi en cassation dès lors qu'il est légalement capable et qu'il a intérêt à faire annuler la décision attaquée. • Civ. 3e, 21 oct. 1966, n° 65-70.294 P.

28. Action en bornage. L'action en bornage constitue un acte d'administration nécessitant le consentement d'indivisaires titulaires d'au moins deux tiers des droits indivis. • Civ. 3e, 12 avr. 2018, n° 16-24.556 P : *AJ fam. 2018. 400, obs. Casey ; Defrénois 2018. 1402, p. 36, obs. Vareille*.

29. Action en liquidation d'astreinte. L'action engagée, qui a pour objet la conservation des droits des coïndivisaires, entre dans la catégorie des actes conservatoires que tout indivisaire peut accomplir seul. • Civ. 1re, 23 sept. 2015, n° 14-19.098 P.

§ 2 *Des actes autorisés en justice (L. n° 2006-728 du 23 juin 2006, art. 2).*

Art. 815-4 *(L. n° 76-1286 du 31 déc. 1976)* **Si l'un des indivisaires se trouve hors d'état de manifester sa volonté, un autre peut se faire habiliter par justice à le représenter, d'une manière générale ou pour certains actes particuliers, les conditions et l'étendue de cette représentation étant fixées par le juge.**

A défaut de pouvoir légal, de mandat ou d'habilitation par justice, les actes faits par un indivisaire en représentation d'un autre ont effet à l'égard de celui-ci, suivant les règles de la gestion d'affaires.

Art. 815-5 *(L. n° 76-1286 du 31 déc. 1976)* **Un indivisaire peut être autorisé par justice à passer seul un acte pour lequel le consentement d'un coïndivisaire serait nécessaire, si le refus de celui-ci met en péril l'intérêt commun.**

(L. n° 87-498 du 6 juill. 1987) **« Le juge ne peut, à la demande d'un nu-propriétaire, ordonner la vente de la pleine propriété d'un bien grevé d'usufruit contre la volonté de l'usufruitier. »**

L'acte passé dans les conditions fixées par l'autorisation de justice est opposable à l'indivisaire dont le consentement a fait défaut.

A. AUTORISATION JUDICIAIRE DE PASSER L'ACTE

1. Compétence juridictionnelle. Si, lorsqu'il est saisi en application des art. 815-6, 815-7, 815-9 et 815-11, le juge statue en la forme des référés, il en est autrement lorsqu'il est saisi sur le fondement de l'art. 815-5, ce texte ne désignant pas la juridiction compétente, ce qui doit conduire à faire application du droit commun. • Civ. 1re, 15 févr. 2012, n° 10-21.457 P : *D. 2012. 553 ; Defrénois 2012. 569, obs. Leblond* (absence d'autorité de la chose jugée de l'ordonnance du juge des référés ordonnant la vente). ♦ L'autorisation d'agir ne peut résulter d'une ordonnance sur requête. • Civ. 3e, 28 nov. 2012, n° 11-19.585 P : *D. 2012. 2891* .

1° CONDITION DE MISE EN PÉRIL DE L'INTÉRÊT COMMUN

2. Caractère nécessaire. L'autorisation judiciaire prévue à l'art. 815-5 exige la preuve préalable que le refus opposé par l'un des indivisaires met en péril l'intérêt de tous les coïndivisaires, et pas seulement que l'opération projetée est avantageuse. • Paris, 25 janv. 1983 : *Gaz. Pal. 1983. 1. 190 ; RTD civ. 1984. 135, obs. Patarin.* ♦ Refus d'ordonner la signature d'une vente en exécution d'une promesse, l'acte étant contraire à l'intérêt de l'indivision. • Civ. 1re, 15 févr. 2012 : *préc. note 1.*

3. Pouvoir d'appréciation des juridictions du fond. L'appréciation de l'intérêt commun de l'indivision par les juges du fond est souveraine. • Civ. 3e, 10 mai 1983, n° 82-10436 P : *RTD civ. 1984. 135, obs. Patarin* • Civ. 1re, 29 nov. 1988 : *JCP 1989. II. 21364, note Testu ; RTD civ. 1989. 609, obs. Patarin* • 3 mars 1992 : *JCP 1993. II. 22002, note J.-M. G.* ♦ L'art. 815-5 n'impose au juge aucune obligation, mais lui ouvre une faculté laissée à son appréciation ; constituant l'une des exceptions admises au maintien de la règle de l'unanimité, la notion de « mise en péril de l'intérêt commun » doit être strictement entendue. • TGI Dieppe, 14 févr. 1979 : *Gaz. Pal. 1979. 2. 495 (1re esp.), note E. S. de La Marnierre ; RTD civ. 1980. 130, obs. Giverdon.* ♦ Cassation de l'arrêt qui accorde l'autorisation de résilier un bail pour défaut de paiement sans rechercher si le refus de l'un des indivisaires de s'associer à l'action mettait en péril l'intérêt de l'indivision. • Civ. 3e, 28 nov. 2012 : *préc. note 1.*

4. Condition d'urgence (non). L'urgence n'est pas une condition exigée par l'art. 815-5 • Civ. 1re, 12 juill. 2001 : *Dr. fam. 2001, n° 113, obs. B. B.*

5. Illustrations : aliénation nécessaire au paiement d'une dette. Le refus de l'un des indivisaires de consentir à l'aliénation des biens indivis pour assurer le paiement des droits de succession met en péril l'intérêt commun des indivisaires ; en effet, bien que constituant une dette personnelle de chaque héritier, les droits de succession peuvent être poursuivis solidairement contre les divers héritiers et sur les biens de la succession. • Civ. 1re, 14 févr. 1984, n° 82-16.526 P : *R., p. 59 ; D. 1984. 453, note Breton ; JCP 1985. II. 20381, note E. S. de La Marnierre ; RTD civ. 1985. 189, obs. Patarin.* ♦ Il importe peu que la dette dont le paiement est poursuivi soit personnelle à l'un des coïndivisaires dès lors que cette poursuite peut affecter le bien indivis et atteindre ainsi l'intérêt commun des indivisaires ; ayant estimé souverainement que le refus de l'un des indivisaires mettait en péril l'intérêt commun, les juges peuvent autoriser la vente amiable du bien. • Civ. 1re, 6 nov. 1990, n° 89-15.220 P : *RDI 1991. 33, obs. Bergel* .

6. ... Cession d'un bail rural. Le refus d'un ex-époux, copreneur d'un bien rural avec son ex-épouse, de consentir à la cession du bail à leur enfant commun, seule alternative au refus de renouvellement du bailleur, met en péril l'intérêt commun des deux coïndivisaires. • Civ. 1re, 3 mars 1992 : *JCP 1993. II. 22002, note J.-M. G. ; RTD civ. 1993. 392, obs. Patarin* .

7. ... Refus de mise en vente d'un immeuble. Après avoir constaté que la valeur de l'immeuble, fixée à 270 000 euros, diminuait de façon constante depuis 2007, que son état nécessitait depuis 2008 des travaux de rénovation auxquels l'épouse n'avait pas les moyens de faire face, qu'en 2011, l'unique offre d'achat au prix de 238 000 €, correspondant à celui du marché, n'avait pu être acceptée, faute d'accord du mari, et relevé que celui-ci revendiquait un prix excessif de ce bien, c'est dans l'exercice de son pouvoir souverain que la cour d'appel, qui n'était pas tenue de suivre les parties dans le détail de leur argumentation, a estimé que le refus de ce dernier de consentir à la vente mettait en péril l'intérêt commun. De même, après avoir constaté que des travaux devaient être effectués sur l'immeuble, que l'opposition du mari à sa vente était fondée, depuis plusieurs années, sur une évaluation du bien très supérieure à sa valeur marchande alors qu'elle était en constante diminution depuis 2007, et que cette exigence avait fait obstacle à la réalisation de la vente de l'immeuble en 2011 à un prix conforme à celui du marché, la cour d'appel a relevé que le refus de vendre cet immeuble par le mari avait causé un préjudice à son épouse et en l'état de ces énonciations, a caractérisé les circonstances particulières constitutives d'une faute. • Civ. 1re, 16 mars 2016, n° 15-14.959.

2° PORTÉE DE L'AUTORISATION

8. Compatibilité avec la protection supralégislative de la propriété. La preuve de la mise en péril de l'intérêt commun étant rapportée, il y a lieu d'autoriser l'un des coïndivisaires à passer seul l'acte (vente de la totalité des parts sociales d'une SARL) ; cette vente forcée n'est contraire ni à l'art. 545 C. civ., ni à la Convention européenne des droits de l'homme et des libertés fondamentales, ni enfin à la Déclaration universelle des droits de l'homme. Ces textes, qui protègent le droit de propriété, ne concernent pas les droits d'un propriétaire indivis et ne sauraient mettre en échec les dispositions du code civil sur l'indivision. • Lyon, 23 mai 1990 : *Gaz. Pal. 1991. 1. 125, note A. Piedelièvre.*

9. Effets de la cession autorisée. La cession d'un bien indivis autorisée sur le fondement de l'art. 815-5 ne réalise pas un partage, le prix de cession se substituant dans l'indivision au bien vendu ; elle n'est donc pas soumise à l'anc. art. 826 et aux règles fixant les modalités du partage. • Civ. 1re, 30 juin 1992, n° 90-19.052 P. ♦ Une telle aliénation ne donne pas ouverture au droit de préemption de l'art. 815-14. • Même arrêt. ♦ V. aussi • Civ. 1re, 3 déc. 1996, n° 94-13.744 P (impossibilité de procéder, sur le fondement de l'anc. art. 826 C. civ., à un allotissement en nature au profit du coïndivisaire qui s'est opposé à la vente de titres d'une société lorsqu'une cession partielle de ces titres a été autorisée judiciairement en vertu de l'art. 815-5).

10. Régularisation d'un acte irrégulier (non). Un indivisaire ne saurait être autorisé à faire régulariser un acte qu'il a antérieurement accompli au mépris de la loi. • TGI Dieppe, 14 févr. 1979 : *préc. note 3.* ♦ Mais il importe peu que la vente autorisée par le juge malgré le refus de l'un des coïndivisaires ait été précédée d'une promesse de vente à laquelle ce dernier n'avait pas donné son accord. • Civ. 1re, 29 nov. 1988 : *JCP 1989. II. 21364, note Testu ; RTD civ. 1989. 609, obs. Patarin ; ibid. 1990. 110, obs. Zenati.*

B. PROTECTION DE L'USUFRUITIER EN CAS DE VENTE DE LA PROPRIÉTÉ

11. Droit transitoire. Application dans le temps de la L. du 6 juill. 1987 ayant modifié l'alinéa 2 : V. • Civ. 1re, 13 déc. 1989 : *D. 1990. 214, note Morin ; RTD civ. 1990. 523, obs. Zenati ; JCP N 1990. II. 145, note Salvage* • 14 mai 1992, n° 90-20.384 P : *D. 1993. Somm. 41, obs. A. Robert* • 2 févr. 1999, n° 96-22.563 P : *D. 1999. IR 78 ; RTD civ. 1999. 891, obs. Patarin.*

12. Prérogatives de l'usufruitier. Absence d'abus de droit dans le refus opposé au nu-propriétaire désireux de vendre le bien, l'usufruit d'un bien, attribué à un ex-époux à titre de prestation compensatoire sans limitation dans le temps, lui permettant soit de jouir du bien personnellement, soit de le donner à bail. • Civ. 1re, 8 déc. 1998 : *Dr. fam. 1999, n° 42, note Lécuyer.* ♦ Viole l'art. 815-5, al. 2, l'arrêt qui ordonne la licitation en pleine propriété d'un bien grevé d'usufruit, sans l'accord de l'usufruitier, au motif que celui-ci n'occupe plus le bien. • Civ. 1re, 17 janv. 2006, n° 04-13.789 P.

Art. 815-5-1 *(L. n° 2009-526 du 12 mai 2009, art. 6)* **Sauf en cas de démembrement de la propriété du bien ou si l'un des indivisaires se trouve dans l'un des cas prévus à l'article 836, l'aliénation d'un bien indivis peut être autorisée par le tribunal judiciaire, à la demande de l'un ou des indivisaires titulaires d'au moins deux tiers des droits indivis, suivant les conditions et modalités définies aux alinéas suivants.**

Le ou les indivisaires titulaires d'au moins deux tiers des droits indivis expriment devant un notaire, à cette majorité, leur intention de procéder à l'aliénation du bien indivis.

Dans le délai d'un mois suivant son recueil, le notaire fait signifier cette intention aux autres indivisaires.

Si l'un ou plusieurs des indivisaires s'opposent à l'aliénation du bien indivis ou ne se manifestent pas dans un délai de trois mois à compter de la signification, le notaire le constate par procès-verbal.

Dans ce cas, le tribunal judiciaire peut autoriser l'aliénation du bien indivis si celle-ci ne porte pas une atteinte excessive aux droits des autres indivisaires.

Cette aliénation s'effectue par licitation. Les sommes qui en sont retirées ne peuvent faire l'objet d'un remploi sauf pour payer les dettes et charges de l'indivision.

L'aliénation effectuée dans les conditions fixées par l'autorisation du tribunal judiciaire est opposable à l'indivisaire dont le consentement a fait défaut, sauf si l'intention d'aliéner le bien du ou des indivisaires titulaires d'au moins deux tiers des droits indivis ne lui avait pas été signifiée selon les modalités prévues au troisième alinéa.

BIBL. ► CASEY, *RJPF 2009-9/11.* – LAFOND, *JCP N 2009. 1180.* – LEBLOND, *Defrénois 2010. 2173 ; RLDC 2011/82, n° 4255* (personnification de l'indivision). – PIERRE, *LPA 22 sept. 2009.*

1. Application dans le temps. Sauf si elle en dispose autrement, une loi nouvelle s'applique immédiatement aux situations juridiques non contractuelles en cours au moment de son entrée en vigueur ; dès lors, à défaut de dispositions contraires, l'art. 815-5-1, dans sa rédaction issue de la L. n° 2009-526 du 12 mai 2009, était applicable aux effets à venir d'une indivision existante au jour de l'entrée en vigueur de cette loi. • Civ. 1re, 15 janv. 2014 : *AJ fam. 2014. 186, obs. Ferré-André.*

2. Sanction du délai d'un mois. Le dépassement du délai d'un mois prévu par l'art. 815-5-1, al. 3, C. civ., pour signifier à un indivisaire l'acte par lequel les indivisaires cédants avaient exprimé leur intention de vendre l'immeuble indivis, est indifférent, dès lors que ce délai n'est assorti d'aucune sanction, que la signification avait été effective et que l'intéressé avait disposé de trois mois pour manifester son opposition avant l'établissement du procès-verbal par le notaire, conformément aux prescriptions de l'al. 4 du même texte. • Civ. 1re, 20 nov. 2019, n° 18-23.762 P.

Art. 815-6 *(L. n° 76-1286 du 31 déc. 1976)* **Le président du tribunal judiciaire peut prescrire ou autoriser toutes les mesures urgentes que requiert l'intérêt commun.**

Il peut, notamment, autoriser un indivisaire à percevoir des débiteurs de l'indivision ou des dépositaires de fonds indivis une provision destinée à faire face aux besoins urgents, en prescrivant, au besoin, les conditions de l'emploi. Cette autorisation n'entraîne pas prise de qualité pour le conjoint survivant ou pour l'héritier.

Il peut également soit désigner un indivisaire comme administrateur en l'obligeant s'il y a lieu à donner caution, soit nommer un séquestre. Les articles 1873-5 à 1873-9 du présent code s'appliquent en tant que de raison aux pouvoirs et aux obligations de l'administrateur, s'ils ne sont autrement définis par le juge.

A. DOMAINE D'APPLICATION

1. Principe : application généralisée à toutes les indivisions. L'art. 815-6 est applicable à toutes les indivisions, quelles que soient leur origine et leur nature. • Civ. 1re, 13 oct. 1993, n° 91-19.819 P : *Defrénois 1994. 436, obs. Aynès.*

2. Compatibilité avec l'autorisation judiciaire prévue par l'art. 815-5. L'art. 815-5 n'exclut pas la faculté pour le président du TGI saisi sur le fondement de l'art. 815-6 de donner à l'administrateur qu'il désigne le pouvoir de conclure un bail rural, dès lors que les conditions prévues par ce texte sont remplies. • Civ. 1re, 19 oct. 2004, n° 02-11.366 P : *JCP 2005. I. 119, n° 3, obs. Périnet-Marquet ; RDI 2005. 208, obs. Bruschi.*

3. Limites : exclusion des demandes dirigées contre des tiers. Le président du tribunal de grande instance est incompétent pour statuer sur une demande dirigée contre un tiers à l'indivision. • Civ. 1re, 16 mai 2000 : *Dr. fam. 2000, n° 116, note Beignier.*

4. Compétence concurrente du TGI, devenu tribunal judiciaire. Saisi à la demande d'un indivisaire, le tribunal de grande instance peut, en vertu de sa compétence générale d'attribution, nommer un administrateur provisoire de la succession lorsque les intérêts de celle-ci sont mis en péril par les conflits entre héritiers et légataires. • Civ. 1re, 17 janv. 2006, n° 04-11.267 P : *LPA 9 oct. 2006, note Yildirim.*

5. Impossibilité pour la juridiction des référés de faire application de l'art. 815-6. La juridiction des référés ne peut faire application de l'art. 815-6. • Civ. 3e, 16 déc. 2009, n° 08-21.200 P : *D. 2010. AJ 150 ; JCP 2010, n° 336, § 12, obs. Périnet-Marquet.*

B. MESURES SUSCEPTIBLES D'ÊTRE ORDONNÉES

1° RÉGIME JURIDIQUE

6. Notion d'intérêt commun. Appréciation souveraine des juges du fond : • Civ. 1re, 8 janv. 1991, n° 89-15.271 P : *RTD civ. 1991. 780, obs. Patarin.* ♦ ... Même en cas de désignation par une décision de justice étrangère d'exécuteurs testamentaires. • Civ. 1re, 4 mai 1994, n° 92-10.671 P.

7. Nature des mesures ordonnées. L'art. 808 C. pr. civ. donnant compétence au juge des référés lorsqu'il n'y a pas de contestation sérieuse n'est pas applicable aux cas prévus par l'art. 815-6, de sorte que les mesures ordonnées en vertu de ce texte peuvent préjudicier au principal. • Civ. 1re, 16 févr. 1988, n° 86-16.489 P : *RTD civ. 1989. 371, obs. Patarin.* – Même sens : • Civ. 1re, 3 févr. 2004, n° 01-02.758 P. ♦ Solution identique en ce qui concerne l'art. 809 C. pr. civ., qui est sans application en la matière. • Civ. 1re, 8 janv. 1991, n° 89-15.271 P • 3 févr. 2004 : *préc.*

8. Exécution provisoire. Recevabilité d'une demande adressée au premier président de la cour d'appel statuant en référé, en vue de faire statuer sur l'exécution provisoire d'une ordonnance prise sur le fondement de l'art. 815-6. • Aix-en-Provence, 12 juill. 1991 : *JCP 1992. II. 21949, note Hendrycksen.*

9. Respect du principe de la contradiction. Sur l'exigence du respect du principe de la contradiction, V. • Civ. 3e, 27 mai 1998, n° 96-13.173 P.

2° ILLUSTRATION : DÉSIGNATION D'UN ADMINISTRATEUR PROVISOIRE

10. Personne pouvant être désignée par le juge : qualité d'indivisaire non exigée. Malgré les termes de l'art. 815-6, l'administrateur désigné judiciairement n'est pas obligatoirement un indivisaire, et rien n'exige qu'il soit pris parmi les notaires. • Reims, 4 janv. 1978 : *D. 1979. IR 44, obs. Breton.*

11. ... Cas d'une superposition d'indivisions en nue-propriété et en usufruit. L'indivisaire désigné comme administrateur ne pouvant disposer de plus de pouvoirs que ceux de l'indivision dont il est membre, il s'ensuit qu'en cas de superposition de deux indivisions distinctes portant respectivement sur l'usufruit et sur la nue-propriété d'un bien, l'administrateur, pouvant être amené à prendre des décisions concernant tant les droits des nus-propriétaires que ceux des usufruitiers, ne peut être choisi parmi les coïndivisaires en usufruit. • Civ. 1re, 6 févr. 2001, n° 98-19.060 P : *D. 2001. Somm. 2942, obs. Vareille ; JCP 2001. I. 358, n° 4, obs. Périnet-Marquet ; JCP N 2002. 1143, étude Montravers ; Dr. fam. 2001, n° 77 ; RTD civ. 2001. 640, obs. Patarin.*

12. Caducité du mandat de l'administrateur à la suite du décès d'un indivisaire. Une seconde indivision ayant succédé, au décès de l'un des indivisaires, à une première indivision, le juge a pu désigner un indivisaire en qualité d'administrateur, le mandat du précédent étant devenu caduc. • Civ. 1re, 13 oct. 1993 : *préc. note 1.*

13. Pouvoirs de l'administrateur : non-application des art. 1873-5 à 1873-9. Lorsque le président du TGI saisi sur le fondement de l'art. 815-6 définit les pouvoirs de l'administrateur, les art. 1873-5 à 1873-9 ne s'appliquent pas. • Civ. 1re, 19 oct. 2004 : *préc. note 2.*

14. Illustrations : pouvoir de solliciter l'expulsion d'un occupant. Il résulte des art. 815-6 et 1873-6 que l'administrateur judiciaire désigné pour administrer un immeuble et un fonds de commerce d'hôtel meublé a le pouvoir de solliciter l'expulsion des occupants de l'hôtel. • Civ. 1re, 3 nov. 2004, n° 01-03.064 P. ♦ Comp. les restrictions apportées par la L. n° 2014-366 du 24 mars 2014 et not. le nouv. art. 25-8 de la L. 6 juill. 1989.

15. ... Pouvoir d'effectuer des actes conservatoires sur des biens situés à l'étranger. Les pouvoirs de l'administrateur nommé par le juge peuvent le conduire, dans la mesure où ils seraient reconnus sur un territoire étranger, à y effectuer des actes conservatoires qui trouveraient nécessairement leur limite dans le respect de la loi et des décisions judiciaires locales. • Civ. 1re, 4 mai 1994, n° 92-10.671 P.

16. ... Pouvoir d'adhérer à une société ayant pour objet l'administration des droits relatifs à l'œuvre du défunt. Désignation judiciaire d'un indivisaire comme administrateur de l'indivision, avec pouvoir d'adhérer à la société dont l'objet social est d'exercer et d'administrer les droits relatifs à l'utilisation des œuvres du défunt (Picasso). • Civ. 1re, 4 avr. 1991 : *D. 1992. 261, note Gautier.*

17. ... Pouvoir d'effectuer un acte de disposition. Il entre dans les pouvoirs que le président du TGI tient de l'art. 815-6 d'autoriser un administrateur provisoire à accomplir un acte de disposition pourvu qu'une telle mesure soit justifiée par l'urgence et l'intérêt commun. • Civ. 1re, 10 juin 2015, n° 14-18.944 P : *AJ fam. 2015. 545, obs. Casey ; RTD civ. 2015. 672, obs. Grimaldi.*

18. Régime des actes effectués par l'administrateur. Seule la désignation de l'administrateur prescrite en application de l'art. 815-6 est soumise aux conditions prévues par ce texte, à l'exclusion des actes conclus par l'administrateur en vertu de ses pouvoirs et obligations. • Civ. 1re, 19 oct. 2004 : *préc. note 2.*

3° AUTRES MESURES

19. Vente de biens indivis. Il entre dans les pouvoirs du président du tribunal de grande instance d'autoriser un indivisaire à conclure seul un acte de vente d'un bien indivis pourvu qu'une telle mesure soit justifiée par l'urgence et l'intérêt commun. • Civ. 1re, 4 déc. 2013, n° 12-20.158 P : *D. 2013. 2914 ; AJ fam. 2014. 120, obs. Levillain.* ♦ Le président du tribunal peut ordonner la vente de titres pour payer les frais de partage, dans l'intérêt commun des indivisaires. • Civ. 1re, 16 févr. 1988, n° 86-16.489 P : *RTD civ. 1989. 371, obs. Patarin.* ♦ La licitation de biens indivis, autorisée sur le fondement de l'art. 815-6, ne constituant pas un partage puisque le prix de vente se substitue dans l'indivision aux biens vendus, l'art. 377 du C. pr. civ. ne lui est pas applicable et le juge peut l'ordonner sans avoir préalablement vérifié que les biens n'étaient pas aisément partageables. • Civ. 1re, 2 déc. 2015, n° 15-10.978 P : *AJ fam. 2016. 55, obs. Casey.*

20. QPC (non). Les dispositions de l'art. 815-6 n'ont pour effet ni de priver un indivisaire de son droit de propriété sur un bien de l'indivision dont la propriété ne sera attribuée personnellement qu'au moment du partage, avec effet au jour de l'ouverture de l'indivision, de sorte que les coïndivisaires seront censés n'en avoir jamais été propriétaires, ni de porter atteinte à l'exercice de ce droit, la cession du bien ne réduisant pas la valeur des droits indivis dès lors que le prix se substitue au bien dans l'indivision. • Civ. 1re, 18 déc. 2014, n° 14-18.944 P : *D. actu. 8 janv. 2015, obs. Le Rudulier ; AJ fam. 2015. 104, obs. Casey.*

C. QUESTIONS DE PROCÉDURE

21. Indemnité d'occupation : tant que le TGI n'est pas dessaisi, la citation interrompt la prescription. Le tribunal devant lequel l'indivisaire avait demandé le paiement d'une indemnité d'occupation s'est borné à ouvrir les opérations de comptes, liquidation et partage de l'indivision, et à renvoyer les parties devant le notaire qu'il avait désigné, de sorte que cette décision n'a pas dessaisi le tribunal, ce dont la cour d'appel a exactement déduit que le délai de prescription demeurait interrompu. • Civ. 1re, 25 sept. 2013, n° 12-24.996.

Art. 815-7 *(L. n° 76-1286 du 31 déc. 1976)* **Le président du tribunal peut aussi interdire le déplacement des meubles corporels sauf à spécifier ceux dont il attribue l'usage personnel à l'un ou à l'autre des ayants droit, à charge pour ceux-ci de donner caution s'il l'estime nécessaire.**

Art. 815-7-1 *(L. nº 2009-594 du 27 mai 2009, art. 34)* En Guadeloupe, en Guyane, en Martinique, à La Réunion et à Saint-Martin, lorsqu'un immeuble indivis à usage d'habitation ou à usage mixte d'habitation et professionnel est vacant ou n'a pas fait l'objet d'une occupation effective depuis plus de deux années civiles, un indivisaire peut être autorisé en justice, dans les conditions prévues aux articles 813-1 à 813-9, à exécuter les travaux d'amélioration, de réhabilitation et de restauration de l'immeuble ainsi qu'à accomplir les actes d'administration et formalités de publicité, ayant pour seul objet de le donner à bail à titre d'habitation principale.

SECTION 2 *Des droits et des obligations des indivisaires* *(L. nº 2006-728 du 23 juin 2006, art. 2)*.

Art. 815-8 *(L. nº 76-1286 du 31 déc. 1976)* Quiconque perçoit des revenus ou expose des frais pour le compte de l'indivision doit en tenir un état qui est à la disposition des indivisaires.

L'art. 815-8 n'est pas applicable dans le cas d'une location gratuite, aucune somme n'ayant été effectivement perçue. • Civ. 1re, 6 déc. 2005, nº 03-11.489 P : *JCP 2006. I. 127, nº 4, obs. Périnet-Marquet.*

Art. 815-9 *(L. nº 76-1286 du 31 déc. 1976)* Chaque indivisaire peut user et jouir des biens indivis conformément à leur destination, dans la mesure compatible avec le droit des autres indivisaires et avec l'effet des actes régulièrement passés au cours de l'indivision. A défaut d'accord entre les intéressés, l'exercice de ce droit est réglé, à titre provisoire, par le président du tribunal.

L'indivisaire qui use ou jouit privativement de la chose indivise est, sauf convention contraire, redevable d'une indemnité.

BIBL. ▸ Barthelet et Guillauteau-Palisse, *JCP N 2016, nº 1210* (le notaire et l'indemnité d'occupation de l'art. 815-9).

PLAN DES ANNOTATIONS

I. JOUISSANCE DES BIENS INDIVIS : PRINCIPES GÉNÉRAUX

A. DROITS ÉGAUX ET CONCURRENTS DES INDIVISAIRES

1. *Actes incompatibles avec les droits des autres indivisaires : illustration.* Pour un maintien dans les lieux d'un indivisaire incompatible avec les droits concurrents d'un autre indivisaire sur l'immeuble indivis : • Civ. 1re, 26 oct. 2011, nº 10-21.802 P : *D. 2011. 2729 ; JCP 2012, nº 31, § 3, obs. Coutant-Lapalus et Lamarche* (occupation de l'immeuble indivis depuis plus de quinze ans sans avoir versé aucune somme au titre de l'indemnité d'occupation et mandat tardif donné au notaire de le mettre en vente malgré un accord amiable constaté par le juge).

2. *Droit des autres indivisaires : droit d'agir en justice sans attendre le partage.* Il résulte de l'art. 815-9 que tout copropriétaire est en droit de faire cesser les actes accomplis par un autre indivisaire, qui ne respectent pas la destination de l'immeuble ou qui portent atteinte à ses droits égaux et concurrents sur la chose indivise et d'agir à cet effet, ainsi que pour obtenir réparation du préjudice consécutif auxdits actes, sans attendre le partage ; l'effet déclaratif du partage ne saurait effacer les conséquences de tels actes dans les rapports entre les indivisaires. • Civ. 1re, 15 avr. 1980 : *D. 1981. 101, note Breton ; RTD civ. 1981. 173, obs. Giverdon.* ♦ Rappr. : • Civ. 1re, 12 mai 2010, nº 09-65.362 P.

3. *… Droit de demander une expertise de gestion.* Droit pour des actionnaires indivis de demander une expertise de gestion sur le fondement de l'art. L. 225-231 C. com., dès lors qu'ils remplissent les conditions prévues par ce texte. • Com. 4 déc. 2007 : *D. 2008. AJ 78, obs. A. Lienhard ; ibid. Pan. 1251, note Gaudon ; JCP 2008. I. 138, n° 8, obs. Clay ; ibid. I. 147, n° 6, obs. Caussain, Deboissy et Wickler ; Dr. et patr. 6/2008. 100, obs. Poracchia ; RTD com. 2008. 133, obs. Le Cannu et Dondero .*

4. Vol. Le détenteur de biens meubles indivis qui se les approprie ou en dispose à l'insu des autres coïndivisaires commet un vol au préjudice de ces derniers. • Crim.12 mai 2015, n° 13-87.668 P.

B. INTERVENTION DU PRÉSIDENT DU TRIBUNAL

5. Règlement provisoire de la jouissance des biens indivis. Pour un refus d'un tel règlement provisoire compte tenu des circonstances, V. • Civ. 3e, 12 juill. 2000 : *JCP 2001. I. 305, n° 6, obs. Périnet-Marquet.* ♦ Pour une organisation judiciaire du droit de jouissance des indivisaires, V. • Civ. 1re, 29 sept. 2019, n° 19-24.421.

6. Exclusion des demandes relevant de la compétence exclusive du TGI. Une cour d'appel, saisie d'une demande tendant à la fixation d'une indemnité d'occupation sur le fondement des art. 815-6 et 815-9 et statuant en la forme des référés, ne peut, pour accueillir cette demande, trancher une contestation portant sur l'existence même d'un droit d'usage et d'habitation au profit du conjoint survivant, laquelle relève de la compétence exclusive du TGI. • Civ. 1re, 24 oct. 2012, n° 11-17.094 P.

II. INDEMNISATION EN CAS DE JOUISSANCE PRIVATIVE

A. CONDITIONS DE L'INDEMNISATION

1° PERSONNES DÉBITRICES DE L'INDEMNITÉ

7. Bénéficiaire de l'attribution préférentielle. En cas d'attribution préférentielle, ce n'est qu'au terme du partage que se produit l'attribution privative de propriété ; il en résulte que, jusqu'à cette date, l'indivisaire qui use privativement des biens ainsi attribués préférentiellement doit, sauf convention contraire, une indemnité à ses coïndivisaires. • Civ. 1re, 23 nov. 1982, n° 81-15.037 P.

8. Bénéficiaire de la jouissance exclusive d'un bien acquis en commun avec clause d'accroissement. Si l'achat en commun d'un bien immobilier avec clause d'accroissement est exclusif de l'indivision, il confère aux parties des droits concurrents de jouissance indivise sur le bien tant que la condition de prédécès d'un des acquéreurs ne s'est pas réalisée ; dès lors une indemnité d'occupation est due à la partie cotitulaire du droit de jouissance par celle qui a la jouissance exclusive du bien. • Civ. 3e, 17 déc. 2013, n° 12-15.463 P.

9. Usufruitier en cas d'indivision en jouissance. Il existe une indivision en jouissance entre l'usufruitier de la moitié des biens d'une succession, et celui qui a la pleine propriété d'une moitié des mêmes biens. Faute d'accord sur la jouissance divise des immeubles, et en l'absence de partage, l'usufruitier occupant des biens indivis doit à l'indivision une indemnité pour jouissance privative. • Civ. 1re, 19 janv. 1999, n° 96-18.303 P : *JCP 1999. I. 189, n° 2, obs. Le Guidec.* ♦ ... Et l'indemnité est due pour sa totalité ; cassation de l'arrêt qui réduit l'indemnité à proportion des droits que possèdent les autres indivisaires dans l'indivision. • Civ. 1re, 4 juin 2007, n° 05-21.842 P : *JCP 2007. I. 197, n° 3, obs. Périnet-Marquet.*

10. Usufruitier en l'absence d'indivision en jouissance (non). Lorsque le conjoint survivant, donataire de la plus large quotité disponible entre époux, opte pour le quart des biens en pleine propriété et les trois quarts en usufruit, il n'existe aucune indivision en jouissance entre ce conjoint et la fille du défunt, héritière en nue-propriété seulement, de sorte qu'aucune indemnité d'occupation ne peut être mise à la charge du conjoint survivant. • Civ. 1re, 15 mai 2013 : *D. 2013. Chron. C. cass. 2050, note Capitaine ; AJ fam. 2013. 381, obs. Levillain ; Dr. fam. 2013, n° 106, obs. Beignier et Binet.*

11. Nu-propriétaire occupant par accord de l'usufruitier (non). Il résulte de l'art. 815-9 que l'indemnité due au titre de l'occupation d'un bien indivis a pour objet de réparer le préjudice causé à l'indivision par la perte des fruits et revenus et de se substituer à ces derniers dont elle emprunte le caractère. Aux termes de l'art. 582 du même code, l'usufruitier a le droit de jouir de toute espèce de fruits, soit naturels, soit industriels, soit civils, que peut produire l'objet dont il a l'usufruit. Pour dire l'ex-époux, indivisaire, redevable d'une indemnité d'occupation envers l'indivision, une cour d'appel retient qu'en vertu de l'ordonnance de non-conciliation, celui-ci jouit privativement du bien indivis en nue-propriété qui constituait le domicile conjugal et que la seule privation de jouissance subie par l'ex-épouse, coïndivisaire, génère un droit à indemnité, peu important l'existence d'un démembrement de propriété entre les époux et la mère de l'ex-époux, usufruitière. En statuant ainsi, alors qu'il n'existait pas d'indivision en jouissance entre les époux nus-propriétaires, de sorte qu'aucune indemnité d'occupation n'était due par l'ex-époux envers l'indivision, la cour d'appel a violé les textes susvisés. • Civ. 1re, 1er juin 2023, n° 21-14.924 B.

12. Légataire saisi de l'universalité de la succession (non). L'héritier saisi de l'universalité de la succession est habile à prétendre à la jouissance du bien légué à compter du jour du décès. Cette jouissance est exclusive de toute indemnité au profit de l'indivision pour l'occupation de ce bien. • Civ. 1re, 2 juin 1987, n° 85-16.269 P : *R., p. 149 ; D. 1988. 137, note Breton* • 6 déc. 2005, n° 03-10.211 P : *LPA 4 mai 2006, note Vareille* (conjoint survivant) • 24 sept. 2014, n° 12-

26.486 P : *AJ fam. 2014. 643, obs. Vernières, Dr. fam. 2014, n° 164, obs. Nicod.* ♦ Mais en cas d'annulation du testament instituant l'héritier *ab intestat* légataire universel, celui-ci est redevable envers l'indivision d'une indemnité prévue par l'art. 815-9 à compter de la demande d'annulation, car, le testament annulé n'ayant pu produire aucun effet, cet héritier est réputé avoir la qualité de coïndivisaire dès le décès et a cessé d'être de bonne foi à compter de la demande en annulation du titre en vertu duquel il a joui privativement du bien dépendant de la succession. • Civ. 1re, 21 juin 2005, n° 02-14.172 P : *D. 2005. IR 1884*.

2° BIEN INDIVIS OCCUPÉ

13. Bien indivis non productif de revenus. Il n'est pas nécessaire, pour l'attribution de l'indemnité prévue par l'art. 812-2, qu'il soit établi que le bien indivis ait été productif de revenus. • Civ. 1re, 12 mai 2010, n° 09-65.362 P.

14. Logement occupé en vertu d'un contrat de location-attribution (non). Un logement en location-attribution n'étant pas propriété de la communauté des époux acquéreurs, son occupation privative après dissolution de la communauté ne peut donner lieu à indemnité d'occupation. • Civ. 1re, 17 mars 1992, n° 90-14.279 P : *JCP 1992. I. 3614, n° 7, obs. Simler ; RTD civ. 1992. 635 et 810, obs. Lucet et Vareille.* ♦ Dans le même sens, pour des époux séparés de biens avec société d'acquêts : • Civ. 1re, 23 janv. 2000 : *JCP N 2001. 963, note Casey.* ♦ Un droit indivis d'accession à la propriété ne peut donner lieu à paiement d'une indemnité d'occupation au titre d'une jouissance privative. • Civ. 1re, 25 juin 2002, n° 00-14.376 P : *D. 2002. 2430, note Barberot ; JCP 2003. I. 111, n° 14, obs. Tisserand.*

3° CARACTÈRE PRIVATIF DE L'OCCUPATION

a. Indemnité due

15. Définition du caractère privatif de l'occupation. La jouissance privative d'un immeuble indivis résulte de l'impossibilité de droit ou de fait, pour les coïndivisaires, d'user de la chose : caractère privatif de la jouissance d'un immeuble par des indivisaires ayant refusé de remettre à l'un d'entre eux une clé de l'unique porte d'entrée permettant d'accéder à l'immeuble dès lors que la détention des clés de la porte d'entrée leur permettait d'avoir seuls la libre disposition de l'immeuble indivis. • Civ. 1re, 31 mars 2016, n° 15-10.748 P : *D. 2016. 782 ; AJ fam. 2016. 263, obs. Casey.* ♦ Solution constante, V. notamment : • Civ. 1re, 8 juill. 2015, n° 14-13.437 (pour dire que le mari est redevable d'une indemnité d'occupation au profit de l'indivision post-communautaire, l'arrêt retient que les attestations versées ne témoignent pas de la jouissance par l'épouse du bien incriminé que le mari a, en revanche, occupé seul selon ce qui ressort du rapport d'expertise et d'autres pièces de la procédure ; mais en statuant ainsi, par des motifs inopérants, sans rechercher, comme il le lui était demandé, si l'occupation de l'immeuble indivis par le mari excluait celle par l'épouse, la cour d'appel n'a pas donné de base légale à sa décision). ♦ Peu importe qu'une partie du bien indivis ne puisse être louée séparément de sa partie principale, la seule occupation privative des deux parties justifie l'indemnité d'occupation. • Civ. 1re, 24 sept. 2014, n° 13-21.005. ♦ Le caractère privatif de l'occupation, qui s'apprécie uniquement par rapport aux autres indivisaires, n'est pas remis en cause par le fait que les enfants du couple en indivision habitaient avec l'indivisaire bénéficiant de l'occupation privative. • Civ. 1re, 7 juin 2006, n° 04-12.331 P : *JCP 2006. I. 193, n° 22, obs. Tisserand-Martin ; RTD civ. 2006. 542, obs. Hauser.*

16. Pas d'indemnité sans fait personnel de l'occupant. Refus de condamner au versement d'une indemnité pour jouissance privative l'indivisaire qui occupe seul l'immeuble indivis à la suite du départ en maison de retraite de son coïndivisaire, alors que l'impossibilité, pour ce coïndivisaire, d'occuper l'immeuble est liée à la dégradation de son état de santé et ne procède pas du fait de l'indivisaire occupant. • Civ. 1re, 3 oct. 2018, n° 17-26.020 P.

17. L'absence d'occupation effective n'empêche pas de devoir une indemnité. L'indemnité, contrepartie du droit de jouir privativement, est due même en l'absence d'occupation effective des lieux. • Civ. 1re, 12 janv. 1994, n° 91-18.104 : *D. 1994. 311, note Cabrillac (2e esp.) ; Defrénois 1994. 430, obs. Aynès* • 22 avr. 1997, n° 95-15.830 : *Dr. et patr. 1997, n° 1806, obs. Bénabent ; RTD civ. 1999. 167, obs. Patarin* • 26 mai 1999, n° 97-11.904 : *Dr. fam. 1999, n° 87, note Beignier* • 14 juin 2000, n° 98-19.255 P : *JCP 2001. I. 305, n° 6, obs. Périnet-Marquet ; Defrénois 2000. 1308, obs. Massip ; Dr. fam. 2000, n° 117 ; RJPF 2000-10/48, obs. Casey ; LPA 21 nov. 2000, note Belloir* • 30 juin 2004, n° 02-20.085 P (indemnité due par l'indivisaire disposant d'un jeu de clés) • 23 juin 2010, n° 09-13.250 P : *D. actu. 27 juill. 2010, obs. Le Douaron ; JCP 2010, n° 1220, note Storck ; Defrénois 2010. 2384, note Chamoulaud-Trapiers ; JCP N 2011, n° 1001, note Tissand-Martin.* ♦ Dans le même sens : • Civ. 1re, 8 juill. 2010, n° 09-10.789 • 22 juin 2016, n° 15-20.766 • 31 mars 2016, n° 15-17.443. ♦ Mais ne doit pas d'indemnité, faute de jouissance privative, l'indivisaire simplement domicilié dans des locaux où il ne réside pas. • Civ. 1re, 30 juin 2004, n° 02-20.085.

18. Une jouissance privative n'est pas un partage. La jouissance divise d'un bien n'implique pas qu'il ait été mis fin à l'indivision sur ce bien, laquelle ne peut cesser que par un partage. • Civ. 1re, 3 nov. 2005, n° 04-11.424 P : *JCP 2006. I. 127, n° 7, obs. Périnet-Marquet.*

19. Tontine et indemnité d'occupation. En relevant qu'il résulte de l'économie de la convention que, jusqu'au décès de l'une d'elles, les parties ont des droits concurrents qui emportent le droit de jouir indivisément du bien pour retenir exactement que l'exercice de ce droit peut être organisé par le juge et, par suite, statuer comme elle a fait, la cour d'appel n'a pas ajouté au contrat et n'encourt pas la critique. • Civ. 1re, 9 nov. 2011, n° 10-21.710 P. ♦ ... Mais celui qui ne s'oppose pas à la demande d'attribution préférentielle du bien détenu en tontine renonce à l'indemnité d'occupation. • Civ. 1re, 7 déc. 2011, n° 10-26.912.

20. L'attribution préférentielle n'exempte pas l'attribution d'une indemnité d'occupation avant le partage définitif. Selon l'art. 815-9, l'indivisaire qui use ou jouit privativement de la chose indivise est, sauf convention contraire, redevable d'une indemnité ; selon l'art. 834 C. civ., le bénéficiaire de l'attribution préférentielle ne devient propriétaire exclusif du bien attribué qu'au jour du partage définitif. Pour décider que le bénéficiaire n'est plus redevable d'une indemnité pour l'occupation d'un bien immobilier dépendant de la succession à la date de l'attribution préférentielle, l'arrêt retient qu'à cette date, ce bien lui a été attribué à titre préférentiel par un jugement assorti de l'exécution provisoire. En statuant ainsi, alors qu'il avait usé, à titre privatif, jusqu'au jour du partage, du bien indivis qui lui avait été attribué à titre préférentiel, la cour d'appel a violé les textes susvisés. • Civ. 1re, 15 mai 2018, n° 17-18.903.

21. L'indemnité d'occupation est due sur une voiture, peu importe l'absence de gêne de l'autre époux. Pour rejeter la demande du mari en fixation de la créance due par l'épouse à l'indivision post-communautaire au titre de la jouissance d'un véhicule automobile commun, l'arrêt relève que, si cette dernière en a eu la jouissance exclusive, celui-ci ne justifie pas de la gêne résultant de cette attribution ni de l'obligation pour lui d'acquérir un autre véhicule. En statuant ainsi, alors que l'indivisaire qui use ou jouit privativement de la chose indivise est, sauf convention contraire, redevable d'une indemnité, la cour d'appel a violé l'art. 815-9 C. civ. • Civ. 1re, 11 avr. 2018, n° 17-17.558.

22. ... Et peu importe la faible valeur du bien. Pour rejeter la demande en paiement d'une indemnité au titre de la jouissance privative du véhicule automobile dépendant de la communauté, l'arrêt retient que celui-ci est vétuste et que sa valeur ne peut être que symbolique. En statuant ainsi, alors que l'indemnité est due quelle que soit la valeur du bien objet de la jouissance privative par l'un des indivisaires, la cour d'appel a violé l'art. 815-9 C. civ. • Civ. 1re, 17 oct. 2018, n° 17-22.282.

23. ... Et peu importe l'état de vétusté du bien. Il résulte de l'art. 815-9, al. 2, C. civ. que l'indivisaire qui use ou jouit privativement de la chose indivise est, sauf convention contraire, redevable d'une indemnité, en conséquence ; prive sa décision de base légale au regard de ce texte la cour d'appel qui, pour dire que le mari n'est pas redevable envers l'indivision d'une indemnité pour son occupation de la maison, retient que cette maison se trouve dans un état de vétusté incompatible avec sa mise en location, alors que de tels motifs sont impropres à le décharger de son obligation d'indemniser l'indivision en raison de son occupation privative du bien indivis. • Civ. 1re, 3 oct. 2019, n° 18-20.430 P.

b. Indemnité non due

24. Absence d'indemnité si le coïndivisaire jouit de la chose. L'indemnité n'est pas due si l'occupation de l'immeuble par un indivisaire n'exclut pas la même utilisation par ses coïndivisaires. • Civ. 1re, 13 janv. 1998, n° 95-12.471 P : *JCP 1998. I. 171, n° 11, obs. Périnet-Marquet.* ♦ Rejet de la demande d'indemnité d'occupation présentée par un indivisaire qui ne démontre pas en quoi l'aménagement d'un jardin et d'un poulailler, par un autre indivisaire, de quelque manière que ce soit son propre usage de la cour commune et portait atteinte aux droits égaux et concurrents des autres indivisaires entravait sur l'immeuble indivis. • Civ. 5 nov. 2014, n° 13-11.304 P : *AJ fam. 2014. 700, obs. Casey ; Defrénois 2015. 8, note Tranchant ; ibid. 258, note Collet.*

25. Compatibilité avec les mesures prises lors de l'instance en divorce : principes actuels. Obligation faite au juge, lorsqu'il décide d'attribuer la jouissance du logement indivis à l'un des époux, au titre des mesures provisoires, de préciser le caractère gratuit ou non de cette jouissance et, le cas échéant de constater l'accord des époux sur le montant d'une indemnité d'occupation : V. art. 255-4° (réd. L. n° 2004-439 du 26 mai 2004). ♦ Cassation de l'arrêt qui rejette la demande d'indemnité présentée par une ex-épouse au motif que celle-ci ne justifie pas de ce que son conjoint a bénéficié d'une jouissance privative et exclusive sans rechercher, comme il lui était demandé, si l'ordonnance de non-conciliation n'attribuait pas la jouissance de ce bien au mari. • Civ. 1re, 9 juill. 2014, n° 13-15.948 P. ♦ La caducité d'un titre exécutoire ne le prive pas de son efficacité pour la période antérieure à la caducité de l'ordonnance de non-conciliation par l'effet du désistement d'instance. • Civ. 1re, 9 févr. 2011, n° 09-72.653 P : *D. 2011. 594 ; AJ fam. 2011. 153, obs. S. David ; RTD civ. 2011. 329, obs. Hauser ; ibid. 591, obs. Perrot ; Dr. fam. 2011, n° 54, obs. Larribau-Terneyre.*

26. ... Jurisprudence antérieure à l'entrée en vigueur de la L. du 26 mai 2004. Il résulte des dispositions combinées des art. 262-1 (rédaction antérieure à la L. du 26 mai 2004) et 815-9 C. civ. que, à compter de la date de l'assignation en divorce, à laquelle le jugement du divorce prend effet dans les rapports patrimoniaux entre époux, et sauf convention contraire, une indemnité est due par le conjoint qui jouit privativement d'un bien indivis. • Civ. 2e, 11 févr. 1998, n° 96-14.901 P : *D. 1998. 493, note Malaurie* ; *Gaz. Pal. 1999. 1. Somm. 124, obs. S. Piedelièvre* ; *Dr. fam. 1998, n° 154, note Lécuyer (1re esp.)* ; *RTD civ. 1999. 68, obs. Hauser* • Civ. 1re, 7 juin 2006 : *préc. note 24.* – V. aussi • Civ. 1re, 3 févr. 2004, n° 01-03.414 P : *Dr. fam. 2004, n° 50, note V. L.-T.* (indemnité due à compter de la date où les époux ont cessé de cohabiter et de collaborer dans l'hypothèse d'un report de la date de la dissolution du mariage).

27. Incidence de l'obligation de contribuer à l'entretien des enfants. Pour décider de l'attribution d'une indemnité d'occupation pour l'occupation du logement commun devenu indivis après le divorce, les juges doivent rechercher si l'occupation de l'appartement commun par le père avec les enfants issus de l'union ne constituait pas une modalité d'exécution, par la mère, de son devoir de contribuer à l'entretien des enfants, de nature à exclure toute indemnité d'occupation ou à en réduire le montant. • Civ. 1re, 28 mai 2014, n° 13-14.884 P : *D. 2014. 1203*. ♦ Dans le même sens : • Civ. 1re, 11 juill. 2019, n° 18-20.831. ♦ Même solution, mais ajoutant que cette réduction ou suppression de l'indemnité de réduction remonte à la date des effets du divorce : • Civ. 1re, 1er févr. 2017, n° 16-11.599 P. ♦ V. aussi sous l'empire du droit antérieur à la L. du 26 mai 2004 : • Civ. 1re, 25 nov. 2003, n° 02-13.247 : *Dr. fam. 2004, n° 35, note Larribau-Terneyre* (viole l'autorité de la chose jugée l'arrêt qui met à la charge de l'épouse une indemnité d'occupation alors que la contribution à l'entretien des enfants mineurs a été fixée en tenant compte de l'occupation gratuite de l'immeuble indivis par elle et ses enfants).

28. Pas d'indemnité d'occupation pour l'indivisaire qui « occupe » un fonds indivis. Si l'indivisaire qui gère un fonds artisanal indivis est redevable des produits nets de sa gestion, sous réserve de la rémunération de son activité, aucune indemnité ne peut être mise à sa charge au titre de la jouissance exclusive de ce bien. • Civ. 1re, 22 juin 2016, n° 15-18.367. ♦ V. déjà : • Civ. 1re, 11 mars 2009, n° 07-20.856 (si la valeur patrimoniale du portefeuille d'un agent général d'assurances, entrée en communauté, s'accroît des fruits et revenus de ce bien devenu indivis, sous réserve de l'attribution à l'indivisaire gérant de la rémunération de son travail, l'épouse ne peut prétendre à l'octroi, à son profit, d'une « indemnité d'immobilisation et de jouissance » égale à 5 % par an de la valeur patrimoniale du portefeuille d'assurances, le mari, qui avait exploité le bien indivis postérieurement à la dissolution de la communauté, n'étant redevable, envers l'indivision, que des produits nets de sa gestion).

B. ÉVALUATION DE L'INDEMNITÉ

29. Pouvoirs du juge. Appréciation souveraine des juges du fond. • Civ. 1re, 30 juin 1987, n° 85-17.229 P • 25 juin 1996, n° 94-18.879 P : *JCP 1997. I. 4010, n° 9, obs. Périnet-Marquet.* ♦ Le président du tribunal de grande instance saisi en application des art. 815-6, 815-7, 815-9 ou 815-11 C. civ. statue en la forme des référés et non en référé, de sorte que les art. 808 et 809 C. pr. civ. ne sont pas applicables. • Civ. 1re, 20 mai 2009, n° 07-21.679 P : *D. 2009. Chron. C. cass. 2058, obs. Chauvin* ; *RLDC 2009/64, n° 3592, obs. Perruchot-Triboulet.*

30. Critères d'évaluation : prise en compte de la perte des fruits et des revenus subie par l'indivision. Pour calculer l'indemnité, doit être retenue la perte des fruits et des revenus subie par l'indivision pendant la seule durée de la jouissance privative. • Civ. 1re, 26 avr. 1988 : *D. 1988. IR 133.* ♦ L'indemnité d'occupation ayant pour objet de réparer le préjudice causé à l'indivision par la perte des fruits et revenus et de se substituer à ces derniers, dont elle emprunte le caractère, elle ne peut être augmentée d'une autre indemnité destinée à compenser la perte de ces fruits et revenus. • Civ. 1re, 27 oct. 1993, n° 91-15.611 P. – Même sens : • Civ. 1re, 3 oct. 2006, n° 04-18.435 P : *D. 2006. IR 2483* ; *LPA 25 juin 2007, note Chamoulaud-Trapiers.*

31. Prise en compte de la valeur locative du bien occupé. Cassation de l'arrêt qui se base sur la valeur du bien déclarée dans la succession sans tenir compte de sa valeur locative. • Civ. 1re, 17 févr. 2004 : *Dr. fam. 2004, n° 86, note Beignier.* ♦ Cassation de l'arrêt qui, pour fixer l'indemnité due au titre de l'occupation privative de deux parcelles, l'une construite et l'autre non, se fonde sur la valeur locative de la première seulement au motif que la seconde n'aurait pu être louée séparément alors que l'indivisaire occupant avait la jouissance des deux parcelles. • Civ. 1re, 24 sept. 2014, n° 13-21.005 P. ♦ Prise en compte de la valeur locative, V. • Civ. 1re, 27 oct. 1992, n° 91-10.773 P : *JCP 1993. I. 3713, n° 3, obs. Testu* ; *RTD civ. 1993. 630, obs. Patarin*. ♦ Mais pour déterminer le montant de l'indemnité d'occupation, les juges du fond ne sont pas tenus de se fonder sur la seule valeur locative du bien. • Civ. 1re, 13 déc. 1994 : *D. 1995. 496* ; *JCP 1995. I. 3878, n° 16, obs. Périnet-Marquet* ; *RTD civ. 1995. 659, obs. Patarin*.

32. Prise en compte du loyer perçu par l'indivisaire (oui). Ayant constaté que l'indivisaire n'occupait plus les lieux et les louait, la cour d'appel en a exactement déduit que ce fait nouveau justifiait de fixer l'indemnité d'occupation qu'il devait à l'indivision à la valeur locative du bien. • Civ. 1re, 15 avr. 2015, n° 14-13.557.

33. Prise en compte des dépenses de conservation (non). Les dépenses effectuées par un indivisaire pour la conservation du bien indivis, compensées par l'indemnité fixée selon l'art. 815-13 C. civ., sont sans incidence sur l'évaluation de l'indemnité d'occupation. • Civ. 1re, 25 juin 1996, n° 94-18.579 P : *JCP 1997. I. 4010, n° 9, obs. Périnet-Marquet.*

34. Partage privé : fondement insuffisant pour fixer l'indemnité d'occupation. Pour fixer l'indemnité d'occupation due par une indivisaire à un certain montant, l'arrêt retient qu'en l'absence d'estimations contraires, la valeur vénale de l'immeuble en cause, telle que figurant dans le projet de partage établi par le cabinet X doit être retenue, ce projet, bien qu'étant le fruit de démarches unilatérales d'un autre indivisaire, constituant un élément de preuve pouvant être pris en compte par le juge ; en statuant ainsi, la cour d'appel, qui s'est fondée exclusivement sur un projet de partage non judiciaire réalisé à la demande de l'une des parties, a violé l'art. 16 C. pr. civ. • Civ. 1re, 17 oct. 2019, n° 18-22.802.

C. RÉGIME DE L'INDEMNITÉ

35. L'indemnité d'occupation profite à l'indivision, pas au coïndivisaire directement. Il ressort des art. 815-9, al. 2. 2 et 815-10 que l'indemnité d'occupation due par un indivisaire pour la jouissance privative d'un immeuble indivis doit revenir à l'indivision. Viole ces textes l'arrêt qui déclare l'époux redevable d'une indemnité envers l'épouse, au titre de l'occupation du bien immobilier dépendant de l'indivision post-communautaire, alors que l'indemnité était due à l'indivision et devait entrer pour son montant total dans la masse active partageable. • Civ. 1re, 15 mars 2023, n° 21-15.183. ♦ Jurisprudence constante : • Civ. 1re, 3 oct. 2019, n° 18-20.828 P • 23 nov. 2011, n° 10-18.315. ♦ Inversement, quand l'indivision doit de l'argent à un indivisaire, les sommes doivent être inscrites, dans leur totalité, au passif de l'indivision. • Civ. 1re, 29 mai 2013, n° 12-13.638.

36. Intérêts. A compter de la décision qui en détermine le montant, l'indemnité d'occupation porte intérêt. • Civ. 1re, 13 déc. 1994 : *D. 1995. 496 ; RTD civ. 1995. 659, obs. Patarin ; ibid. 1997. 170, obs. Zenati.*

37. Prescription quinquennale. Application à l'indemnité due pour jouissance privative d'un bien indivis de la prescription quinquennale de l'art. 815-10 : V. note 8 ss. art. 815-10. ♦ Un référé peut constituer une demande implicite de paiement de l'indemnité d'occupation, et donc être interruptif de prescription quinquennale. • Civ. 1re, 8 juin 2016, n° 15-19.526. ♦ Une fois le divorce devenu définitif, la prescription de l'indemnité d'occupation est de 5 ans. • Civ. 1re, 16 mars 2016, n° 15-15.560.

38. Demandes tendant aux mêmes fins : indemnité d'occupation et demande de restitution de fruits indivis. Dès lors qu'elles visent l'une et l'autre à accroître l'indivision des fruits et revenus des biens indivis, une demande formée en première instance et tendant à voir déclarer un indivisaire redevable envers l'indivision de loyers perçus par celui-ci de locataires occupant des immeubles indivis tend aux mêmes fins que la demande formée en appel et tendant à voir déclarer cet indivisaire redevable envers l'indivision d'une indemnité pour l'occupation par celui-ci de ces immeubles. • Civ. 1re, 1er avr. 2015, n° 13-25.081.

39. Indemnité d'occupation et ordonnance de non-conciliation : peu importe le temps que l'époux prend pour partir. Pour fixer au 1er août 2003 le point de départ de l'indemnité due par l'épouse au titre de l'occupation de l'immeuble indivis, l'arrêt retient que l'ord. de non-conciliation du 11 juill. 2003 ayant attribué à celle-ci la jouissance à titre onéreux de l'immeuble indivis en accordant au mari un délai de trois mois pour quitter les lieux et celui-ci les ayant effectivement libérés le 1er août 2003, l'épouse a joui privativement du bien indivis à compter de cette date. En se déterminant ainsi, alors qu'il résulte des textes précités qu'en l'absence de dispositions contraires, un époux séparé de biens, qui jouit privativement d'un immeuble indivis, est redevable d'une indemnité d'occupation à compter de la date de l'assignation en divorce, qui fixe le point de départ des effets de la décision de divorce dans les rapports patrimoniaux des époux, la cour d'appel a violé les art. 262-1, dans sa rédaction antérieure à celle issue de la L. du 26 mai 2004 et applicable en la cause, et 815-9. • Civ. 1re, 24 sept. 2014, n° 13-21.005 P.

40. S'il est aussi juge de la liquidation, le juge du divorce peut fixer l'indemnité d'occupation. S'il a désigné un notaire lors de l'audience de conciliation pour élaborer un projet de liquidation du régime matrimonial et de formation des lots à partager et si ce projet contient des informations suffisantes, le juge aux affaires familiales a le pouvoir, en cas de désaccord persistant, de fixer l'indemnité d'occupation à l'occasion du prononcé du divorce [régime antérieur à l'Ord. du 15 oct. 2015]. • Civ. 1re, 7 nov. 2012, n° 11-17.377 P.

41. Validité des dérogations conventionnelles. Si, en principe, une indemnité est due pour usage privatif d'un bien indivis, rien ne s'oppose à ce que les indivisaires dérogent conventionnellement à cette règle. • Civ. 1re, 7 juin 2006, n° 04-11.524 P : *JCP 2006. I. 193, n° 22, obs. Tisserand-Martin ; AJ fam. 2006. 326, obs. S. David* (ex-mari étant réputé, en l'espèce, avoir implicitement renoncé à réclamer une indemnité pour l'utilisation du véhicule automobile indivis par l'ex-épouse). ♦ Si l'indemnité pour occupation privative doit revenir à l'indivision, rien ne s'oppose à ce que deux indivisaires concluent une convention sur l'indivision par laquelle l'un reconnaît devoir à l'autre la part revenant à ce dernier dans l'indemnité d'occupation. • Civ. 1re, 4 oct.

2005, n° 03-19.459 P : *D. 2005. IR 2705* ; *JCP 2006. I. 127, n° 2, obs. Périnet-Marquet.*

42. Déclaration de la créance à la procédure collective ouverte contre l'époux débiteur. Les créances résultant de l'occupation d'un immeuble indivis par le débiteur après la dissolution de son mariage, tant au titre de l'indemnité d'occupation due à l'indivision que des charges de copropriété acquittées par elle, ne naissent pas du partage mais du fait de l'occupation. En conséquence, ces créances doivent être déclarées à la procédure collective ouverte contre le débiteur postérieurement au jugement de divorce mais antérieurement au partage. • Com. 10 févr. 2015, n° 13-24.659 P : *D. 2015. 429* ; *AJ fam. 2015. 227, obs. Casey*.

43. Adjudication : le coïndivisaire déclaré adjudicataire ne doit plus d'indemnité d'occupation à compter de l'adjudication. Le coïndivisaire, après s'être prévalu de la faculté de substitution prévue au cahier des charges, est déclaré adjudicataire du bien, ce qui emporte transfert de propriété à son profit et cessation de l'indivision à compter du jour de l'adjudication ; cassation de l'arrêt qui l'a condamné au paiement d'une indemnité d'occupation jusqu'à la date du partage définitif. • Civ. 1re, 11 avr. 2018, n° 17-17.495 P : *AJ fam. 2018. 399, obs. Casey*.

44. L'attribution préférentielle n'exempte pas de l'attribution d'une indemnité d'occupation avant le partage définitif (succession). Cassation de l'arrêt ayant décidé que le bénéficiaire n'est plus redevable d'une indemnité pour l'occupation d'un bien immobilier dépendant de la succession à compter de la date de l'attribution à titre préférentiel par un jugement assorti de l'exécution provisoire, alors qu'il avait usé, à titre privatif, jusqu'au jour du partage, du bien indivis qui lui avait été attribué à titre préférentiel. • Civ. 1re, 15 mai 2018, n° 17-18.903.

III. EXPULSION

45. Bail commercial et expulsion. Il résulte de l'art. 815-3 C. civ. que le bail commercial consenti sur un bien indivis par un seul des indivisaires, s'il n'est pas nul, son efficacité étant subordonnée au résultat du partage, est, dès l'origine, inopposable aux autres indivisaires, et de l'art. 815-9 que tout indivisaire est en droit de faire cesser les actes accomplis par un autre indivisaire qui portent atteinte à leurs droits égaux et concurrents sur la chose indivise et d'agir à cet effet, sans attendre le partage. Cassation de l'arrêt qui a rejeté la demande d'expulsion au motif qu'aucune décision « définitive » n'a statué sur l'occupation sans droit ni titre du local commercial exploité, et que le bail, qui a seulement été déclaré inopposable au coïndivisaire, n'est pas nul, son efficacité étant subordonnée au résultat du partage entre les indivisaires. • Civ. 1re, 1er févr. 2017, n° 15-22.412.

Abus divers justifiant l'expulsion. Après avoir exactement énoncé qu'aux termes de l'art. 815-9 C. civ., chaque indivisaire peut user et jouir des biens indivis conformément à leur destination, dans la mesure compatible avec le droit des autres indivisaires, l'arrêt constate que l'épouse occupe l'immeuble indivis sans avoir versé aucune somme au titre de l'indemnité d'occupation dont elle est redevable depuis 2004 et, qu'à la suite du jugement ayant ordonné la licitation de ce bien, elle n'a répondu ni à la lettre simple ni à la lettre recommandée du notaire lui demandant de procéder ou de le laisser procéder aux diagnostics immobiliers nécessaires et ne s'est pas plus manifestée auprès de l'huissier de justice qui s'est rendu sur les lieux sans pouvoir la rencontrer. En l'état de ces énonciations, la cour d'appel a souverainement estimé, par une décision motivée, que le maintien dans les lieux de l'épouse était incompatible avec les droits concurrents de l'époux sur l'immeuble indivis et a pu en déduire l'existence d'un trouble manifestement illicite. • Civ. 1re, 30 janv. 2019, n° 18-12.403 : *AJ fam. 2019. 155, obs. Casey* • 26 oct. 2011, n° 10-21.802 (après avoir exactement rappelé qu'aux termes de l'art. 815-9, chaque indivisaire peut user et jouir des biens indivis conformément à leur destination, dans la mesure compatible avec le droit des autres indivisaires, la cour d'appel a constaté que l'épouse occupait l'immeuble indivis depuis plus de quinze ans sans avoir versé aucune somme au titre de l'indemnité d'occupation dont elle était redevable et que si le premier juge avait donné acte aux parties de leur accord pour procéder à la vente amiable de ce bien, l'épouse avait attendu plus d'un an pour donner mandat au notaire de le mettre en vente, de sorte qu'en l'état de ces énonciations, elle a souverainement estimé que le maintien dans les lieux de l'épouse était incompatible avec les droits concurrents du mari sur l'immeuble indivis).

Art. 815-10 *(L. n° 2006-728 du 23 juin 2006, art. 2)* **« Sont de plein droit indivis, par l'effet d'une subrogation réelle, les créances et indemnités qui remplacent des biens indivis, ainsi que les biens acquis, avec le consentement de l'ensemble des indivisaires, en emploi ou remploi des biens indivis. »**

(L. n° 76-1286 du 31 déc. 1976) **Les fruits et les revenus des biens indivis accroissent à l'indivision, à défaut de partage provisionnel ou de tout autre accord établissant la jouissance divise.**

Aucune recherche relative aux fruits et revenus ne sera, toutefois, recevable plus de cinq ans après la date à laquelle ils ont été perçus ou auraient pu l'être.

Chaque indivisaire a droit aux bénéfices provenant des biens indivis et supporte les pertes proportionnellement à ses droits dans l'indivision.

I. BIENS INDIVIS PAR L'EFFET DE LA SUBROGATION RÉELLE

1. Créance du prix de vente d'un bien indivis. Si l'adjudication sur licitation d'un immeuble dépendant d'une hérédité doit, au regard de l'adjudicataire, quand il est un tiers étranger à l'indivision, être considérée comme une vente, elle constitue, dans les relations des cohéritiers entre eux, une opération préliminaire du partage ; la vente ainsi faite l'est en réalité pour le compte de la masse successorale, et la créance du prix entre dans l'actif à partager, pour y être soumise, comme l'aurait été l'immeuble même qu'elle remplace, aux règles ordinaires du partage (en conséquence, lorsque l'un des héritiers, rempli de ses droits par un rapport en moins prenant, a consenti une hypothèque sur l'immeuble licité, et que le prix en est attribué à un autre cohéritier, le créancier hypothécaire ne peut demander sa collocation sur ce prix). • Cass., ch. réun., 5 déc. 1907, *Chollet c/ Dumoulin : GAJC, 12e éd., n° 119 ; DP 1908. 1. 113, note Colin ; S. 1908. 1. 5, concl. Baudouin, note Lyon-Caen.* – Dans le même sens : • Civ. 1re, 26 oct. 1976, n° 74-12.930 P. *(Décisions rendues sous l'empire du droit antérieur à la L. du 23 juin 2006.)*

II. ACCROISSEMENTS DE L'INDIVISION

A. PLUS-VALUE D'UN BIEN INDIVIS

2. Plus-value résultant de la gestion d'un indivisaire. La plus-value résultant de la gestion par un époux, durant l'indivision post-communautaire, d'un fonds de commerce, accroît à l'indivision, l'époux ayant droit à une rémunération de sa gérance, dont les juges du fond apprécient souverainement le montant. • Civ. 1re, 29 mai 1996, n° 94-14.632 P : *JCP N 1997. II. 702, note J. Piedelièvre ; ibid. 1996. I. 3968, n° 4, obs. Le Guidec ; ibid. 3972, n° 11, obs. Périnet-Marquet ; JCP 1997. I. 4008, n° 17, obs. Tisserand ; RDI 1996. 535, obs. Bergel ; RTD civ. 1997. 713, obs. Patarin* • 2 mai 2001, n° 99-11.336 P : *D. 2002. 759, note Dross ; JCP 2002. I. 103, n° 11, obs. Simler ; ibid. II. 10062, note Barret ; Defrénois 2001. 1519, obs. Champenois* (pour la plus-value d'un fonds d'exercice libéral). ♦ Déjà en ce sens : • Civ. 1re, 12 janv. 1994, n° 91-18.104 P : *R., p. 281 ; D. 1994. 311 (2e esp.), note R. Cabrillac ; Defrénois 1994. 430, obs. Aynès ; RTD civ. 1994. 642, obs. Zenati ; ibid. 1996. 231, obs. Vareille*. ♦ Rappr., en ce qui concerne le partage de la communauté : • Civ. 1re, 7 avr. 1998, n° 96-15.358 (la valeur des biens compris dans la masse partageable doit être fixée au jour le plus proche du partage compte tenu des modifications apportées à l'état de ces biens au cours de l'indivision post-communautaire).

B. FRUITS ET REVENUS DE BIENS INDIVIS

3. Revenus de parts de SCP. La valeur patrimoniale des parts d'une SCP titulaire d'une charge d'huissier constituant un bien dépendant de la communauté, une cour d'appel en déduit justement que les fruits et revenus de ce bien perçus par le mari en sa qualité d'associé pendant l'indivision post-communautaire ont accru à l'indivision. • Civ. 1re, 10 févr. 1998, n° 96-16.735 P : *D. Affaires 1998. 769, obs. M. B. ; Defrénois 1998. 1119, note Milhac ; Gaz. Pal. 1999. 1. Somm. 124, obs. S. Piedelièvre ; RTD civ. 1998. 435, obs. Patarin*.

4. Fiscalité. L'avantage fiscal de défiscalisation dont bénéficie, en fonction de ses droits indivis et de ses revenus, un indivisaire qui a acquis des biens indivis neufs destinés à la location ne constitue pas un fruit des biens de l'indivision, au sens de l'art. 815-10, de nature à accroître à l'indivision. • Civ. 1re, 14 nov. 2007, n° 06-17.086 P : *D. 2007. AJ 3076 ; JCP 2008. I. 127, n° 12, obs. Périnet-Marquet.* ♦ Le forfait fiscal destiné à la taxation de l'exploitant en l'absence de comptabilité réelle ne peut valoir évaluation de la réalité des revenus et des fruits tirés de l'exploitation agricole indivise. • Civ. 1re, 18 mai 2011, n° 10-14.518 P : *D. 2011. Actu. 1414 ; JCP 2011, n° 1298, § 8, obs. Périnet-Marquet.*

5. Indemnité d'occupation. L'indemnité d'occupation versée par un occupant sans droit ni titre suite à l'action d'un coïndivisaire doit bénéficier à l'indivision. • Civ. 1re, 4 juill. 2012, n° 10-21.967. ♦ L'indemnité d'occupation privative doit être assimilée à un revenu accroissant à l'indivision • Civ. 1re, 5 févr. 1991, n° 89-11.136 P : *Defrénois 1991. 494, obs. Champenois ; RTD civ. 1992. 615, obs. Patarin*. ♦ Sur cette indemnité, V. notes ss. art. 815-9.

6. Bénéfices et dividendes. Ayant constaté que les parts sociales détenues par le mari au sein d'un groupe avaient été acquises au cours du mariage, et exactement retenu que ces parts seraient portées à l'actif de la communauté pour leur valeur au jour du partage, la qualité d'associé s'y attachant ne relevant pas de l'indivision, la cour d'appel en a à juste titre déduit que les bénéfices et dividendes perçus par le mari de toutes les sociétés du groupe pendant l'indivision post-communautaire étaient des fruits accroissant l'indivision. • Civ. 1re, 28 mars 2018, n° 17-16.198 P : *AJ fam. 2018. 304, obs. Hilt ; Defrénois 2018, n° 140 a3, p. 26, obs. Chamoulaud-Trapier.*

7. Non-application de l'effet déclaratif du partage. Non-application de l'effet déclaratif aux fruits et revenus produits par les biens indivis avant le partage, V. note 1 ss. art. 883.

C. PRESCRIPTION QUINQUENNALE

8. Domaine d'application. La disposition prévue à l'al. 2 de l'art. 815-10 bénéficie à l'indivisaire qui a géré les biens indivis et elle s'applique aussi à l'indemnité mise par l'art. 815-9 à la charge de l'indivisaire qui jouit privativement d'un bien indivis. • Civ. 1re, 6 juill. 1983, n° 82-12.747 P : *R., p. 45 ; D. 1984. 168, note G. Morin ; RTD civ. 1984. 341, obs. Patarin* • 6 nov. 1985 : *D. 1987. 125, note Breton* • 10 janv. 1990, n° 87-10.453 P.

9. Application à l'indemnité d'occupation. Si, depuis l'entrée en vigueur de la L. du 17 juin 2008, le créancier peut poursuivre pendant dix ans l'exécution du jugement portant condamnation au paiement d'une somme payable à termes périodiques, il ne peut, en vertu de l'art. 2224 C. civ., applicable en raison de la nature de la créance, obtenir le recouvrement des arriérés échus plus de cinq ans avant la date de sa demande et non encore exigibles à la date à laquelle le jugement a été obtenu. • Civ. 1re, 8 juin 2016, n° 15-19.614 P : *D. 2016. chron. C. cass. 1881, obs. Guyon-Renard ; AJ fam. 2016. 388, obs. Casey ; RTD civ. 2016. 593, obs. Hauser ; ibid. 2017. 474, obs. Vareille ; D. 2017. 470, obs. Douchy-Oudot*. ♦ L'indemnité d'occupation due par un indivisaire est régie, à l'exclusion de l'art. 2277 *[ancien]*, par les art. 815-9, al. 2, et 815-10, al. 2 (cassation de l'arrêt ayant énoncé que la prescription quinquennale de l'art. 2277 *[ancien]* n'était pas applicable en raison de ce que le montant de cette créance n'avait pu être connu qu'à la suite d'une expertise alors que, si l'art. 2277 *[ancien]* est sans application, aucune recherche relative à l'indemnité due par un indivisaire pour la jouissance privative d'un bien indivis n'est recevable plus de cinq ans après la date à laquelle cette indemnité aurait pu être perçue, sans qu'il soit nécessaire que le montant en ait été connu). • Civ. 1re, 5 févr. 1991, n° 89-15.234 P. – V. aussi • Civ. 1re, 12 déc. 2006, n° 05-17.515 P.

10. Point de départ. Dans le cas d'une indivision post-communautaire, le délai de cinq ans ne court que du jour où le jugement de divorce est passé en force de chose jugée. • Civ. 1re, 18 févr. 1992, n° 90-16.954 P : *Defrénois 1992. 1206, note Forgeard ; JCP 1993. I. 3676, n° 2, obs. Testu ; RTD civ. 1993. 165, obs. Zenati ; ibid. 172, obs. Patarin* • 7 juin 2006, n° 04-12.331 • 16 mars 2016, n° 15-15.560. ♦ Lorsque la demande a été présentée plus de cinq ans après la date à laquelle le jugement de divorce a acquis force de chose jugée, l'indemnité d'occupation due ne peut porter que sur les cinq dernières années qui précèdent la demande. • Civ. 1re, 15 mai 2008, n° 06-20.822 P : *D. 2009. Pan. 53, obs. Douchy-Oudot ; RJPF 2008-9/21, obs. Garé ; JCP N 2008. 1328, n° 8, obs. Périnet-Marquet ; RLDC 2008/51, n° 3068, obs. Marraud des Grottes ; Defrénois 2009. 1619, obs. Chamouland-Trapiers*. ♦ Sur l'incidence du fait que la prescription ne court pas entre époux, • Civ. 1re, 17 déc. 2014, n° 14-13.169 (application des art. 815-10 et 2236 C. civ.).

11. L'action en partage contient implicitement une demande de paiement de l'indemnité d'occupation. Ayant relevé que, le 21 févr. 2012, des indivisaires avaient fait assigner d'autres indivisaires aux fins d'ouverture des opérations de comptes, liquidation et partage de la succession, en demandant au tribunal la désignation d'un expert dont la mission serait de donner un avis sur la valeur locative de l'immeuble indivis, la cour d'appel en a exactement déduit que cette assignation, qui contenait une demande implicite en fixation d'une indemnité d'occupation, avait interrompu la prescription prévue à l'art. 815-10 C. civ. • Civ. 1re, 18 mars 2020, n° 18-21.659.

12. Décision judiciaire antérieure : portée de l'interversion. Seuls les arriérés échus postérieurement à une décision judiciaire, ayant force exécutoire, qui a reconnu une créance d'indemnité d'occupation échappent, en raison de la nature de la créance, à l'interversion de prescription résultant de cette décision ; ainsi, la prescription quinquennale ne s'applique que pour la période postérieure à un arrêt passé en force de chose jugée sur le principe et le montant de l'indemnité d'occupation. • Civ. 1re, 10 juill. 2013, n° 12-13.850 P : *D. 2013. 1835 ; AJ fam. 2013. 520, obs. Vernières*. ♦ Si, depuis l'entrée en vigueur de la L. 17 juin 2008, le créancier peut poursuivre pendant dix ans l'exécution du jugement portant condamnation au paiement d'une somme payable à termes périodiques, il ne peut, en vertu de l'art. 2224 applicable en raison de la nature de la créance, obtenir le recouvrement des arriérés échus plus de cinq ans avant la date de sa demande et non encore exigibles à la date du jugement ; ainsi, pour la période postérieure à l'arrêt portant condamnation au paiement d'une indemnité d'occupation mensuelle, la prescription quinquennale s'oppose au recouvrement des arriérés échus plus de cinq ans avant la date de la demande et non encore exigibles à la date de cet arrêt. • Civ 1re, 8 juin 2016, n° 15-19.614 P : *D. 2016. chron. C. cass. 1881, obs. Guyon-Renard ; AJ fam. 2016. 388, obs. Casey ; RTD civ. 2016. 593, obs. Hauser*.

13. Interruption. Le procès-verbal de difficultés n'interrompt la prescription que s'il contient une demande en paiement. • Civ. 1re, 5 oct. 2016, n° 15-23.360. ♦ Jurisprudence constante, V. notamment : • Civ. 1re, 28 mai 2015, n° 14-13.267 • 5 oct. 2015, n° 14-23.260 • 2 déc. 2015, n° 14-16.935 • 10 mai 2007, n° 05-19.789 P : *JCP 2007. I. 197, n° 3, obs. Périnet-Marquet ; AJ fam. 2007. 275, obs. Bicheron* (pour un projet d'acte liquidatif non signé par l'un des cohéritiers, dont la contestation était annexée, et récapitulant les fruits impayés) • 10 févr. 1998, n° 96-16.735 • 4 oct. 1994, n° 92-10.809. ♦ Un dire adressé à l'expert, désigné par le juge saisi d'une action en partage, interrompt la prescription quinquennale dès lors qu'il fait état de réclamations concernant les fruits et les revenus. • Civ. 1re, 20 nov. 2013, n° 12-23.752 P : *D. 2013. 2771*. ♦ Mais une assignation en vue de la désignation d'un nouveau notaire ne peut interrompre le délai pour agir en recherche des fruits et des revenus, dès lors qu'elle ne mentionne pas une telle demande. • Civ. 1re, 10 févr. 1998 : *préc. note 3.* ♦ Comp., pour l'effet interruptif d'une assignation contenant une demande implicite d'indemnité (assignation tendant à obtenir une expertise pour fixer la valeur locative de l'immeuble occupé privativement) : • Civ. 1re, 26 juin 2001, n° 99-15.487 P : *JCP 2002. I. 178, n° 3, obs. Le Guidec ; AJ fam. 2001. 30, et les obs.* ♦ Une simple lettre adressée par un indivisaire au notaire chargé des opérations de partage d'une indivision n'est pas de nature à interrompre la prescription prévue à l'art. 815-10. • Civ. 1re, 5 oct. 2016, n° 15-25.944 P. ♦ L'appel limité du mari et l'appel incident limité de l'épouse ne remettant pas en cause le prononcé du divorce, la cour d'appel en a exactement déduit que le jugement de divorce était passé en force de chose jugée à la date de l'appel incident limité, et que le délai de cinq ans de l'art. 815-10 n'avait pu courir qu'à compter de cette date : • Civ. 1re, 23 mai 2012, n° 11-12.813 P : *D. 2012. 1403 ; AJ fam. 2012. 462, obs. Elkouby Salomon*.

En présence d'une demande d'indemnité d'occupation, la décision du tribunal qui se borne à ouvrir les opérations de comptes, liquidation et partage de l'indivision et à renvoyer les parties devant un notaire n'a pas dessaisi le tribunal et le délai de prescription demeure interrompu. • Civ. 1re, 25 sept. 2013, n° 12-24.996 P : *AJ fam. 2013. 712, obs. de Guillenschmidt-Guignot*.

14. Jugement de divorce et prescription de l'indemnité d'occupation. Si la demande d'indemnité d'occupation est formée plus de cinq années après que le jugement de divorce est devenu définitif, elle ne peut remonter plus de cinq années en arrière. • Civ. 1re, 15 mai 2008, n° 06-20.822 P. ♦ Ayant constaté que le jugement de divorce avait acquis force de chose jugée le 9 mai 2002 et retenu à bon droit que la prescription prévue à l'art. 815-10, al. 3, C. civ. avait été interrompue par le procès-verbal de difficultés du 15 sept. 2006, dans lequel était consignée la demande d'indemnité d'occupation de l'épouse, et que cette interruption du délai n'avait pas pris fin dès lors que l'instance en partage se poursuivait, la cour d'appel en a exactement déduit que l'époux devait une indemnité d'occupation à l'indivision post-communautaire à compter de la dissolution de la communauté, soit le 21 mai 1997, date de l'assignation en divorce, s'agissant d'une procédure antérieure à l'entrée en vigueur de la L. du 26 mai 2004. • Civ. 1re, 7 févr. 2018, n° 16-28.686 P : *AJ fam. 2018. 231, obs. Casey*.

15. Possibilité de convention contraire. La prescription quinquennale n'opérant pas de plein droit et ne constituant pas un délai préfix, rien n'empêche les indivisaires d'y déroger conventionnellement. • Civ. 1re, 4 oct. 2005, n° 03-19.459 P : *D. 2005. IR 2705 ; JCP 2006. I. 127, n° 2, obs. Périnet-Marquet.*

16. Entrée en application de la déchéance quinquennale. Le délai de la déchéance quinquennale de l'art. 815-10 n'a commencé à courir qu'à compter du 1er juill. 1977, date d'entrée en vigueur de la L. du 31 déc. 1976, qui a introduit cet article, applicable aux indivisions en cours, dans le code civil. • Civ. 1re, 11 juin 1991, n° 89-11.269 P : *Defrénois 1992. 391, obs. Aynès.*

III. RÉPARTITION DES PERTES DE L'INDIVISION

A. PERTES ET CHARGES DE L'INDIVISION

17. Assurance habitation. L'assurance habitation, qui tend à la conservation de l'immeuble, incombe à l'indivision, en dépit de l'occupation privative : V. note 28 ss. art. 815-13.

18. Impôts locaux et charges de copropriété. Les impôts locaux et les charges de copropriété qui ne sont pas relative à l'occupation privative et personnelle d'un indivisaire incombent à l'indivision et sont supportés par tous les indivisaires proportionnellement à leur droits, V. jurisprudence citée ss. art. 815-13.

19. Exclusion des charges liées à une occupation privative et personnelle. Les charges de copropriété relatives à l'occupation privative et personnelle par l'un des indivisaires de l'immeuble indivis et concernant notamment l'entretien courant, l'eau et le chauffage collectif, incombent à l'occupant ; seules les autres charges de copropriété doivent figurer au passif du compte de l'indivision. • Civ. 1re, 12 déc. 2007, n° 06-11.877 P : *D. 2008. Pan. 2249, obs. Revel ; JCP 2008. I. 127, n° 13, obs. Périnet-Marquet.*

20. Exclusion de l'impôt afférent aux revenus produits par un fonds indivis. Obligation pour chacun des copartageants de supporter l'impôt sur le revenu sur la part lui revenant dans les bénéfices nets réalisés par un fonds de commerce indivis, V. jurisprudence citée ss. art. 815-12.

B. PRINCIPE DE RÉPARTITION

21. Répartition proportionnelle aux droits de chaque indivisaire. Le déficit que fait apparaître le total des dépenses justifiées ne peut être réparti entre les coïndivisaires en proportion de leurs dépenses respectives ; l'art. 815-10, al. 3, en effet, impose une répartition proportionnelle aux droits de chacun dans l'indivision. • Civ. 1re, 25 nov. 1980, n° 78-14.241 P. ♦ Viole l'art. 815-10, al. 3, l'arrêt qui décide qu'à compter de la date de la jouissance divise de biens de communauté à partager entre deux époux l'un d'eux supporterait seul les charges afférentes à un de ces biens jusqu'à sa licitation. • Civ. 1re, 24 mai 1989, n° 87-17.587 P. ♦ V. également en ce sens, à propos des frais de gestion et de conservation des biens indivis, note 10 ss. art. 815-2.

22. Prise en compte de la faute commise par un indivisaire. En cas de faute de l'indivisaire gérant le bien indivis, les juges du fond peuvent décider que son coïndivisaire se trouve exonéré de son obligation de supporter les pertes nées, contre son gré et à son insu, pendant l'indivision postcommunautaire. • Civ. 1re, 4 avr. 1991, n° 89-20.351 P : *Defrénois 1991. 869, obs. Champenois.*

Art. 815-11 *(L. n° 76-1286 du 31 déc. 1976)* **Tout indivisaire peut demander sa part annuelle dans les bénéfices, déduction faite des dépenses entraînées par les actes auxquels il a consenti ou qui lui sont opposables.**

A défaut d'autre titre, l'étendue des droits de chacun dans l'indivision résulte de l'acte de notoriété ou de l'intitulé d'inventaire établi par le notaire.

En cas de contestation, le président du tribunal judiciaire peut ordonner une répartition provisionnelle des bénéfices sous réserve d'un compte à établir lors de la liquidation définitive.

A concurrence des fonds disponibles, il peut semblablement ordonner une avance en capital sur les droits de l'indivisaire dans le partage à intervenir.

A. RÉPARTITION ANNUELLE DES BÉNÉFICES

1. Notion de bénéfices : indemnité d'occupation pour jouissance privative. L'indemnité d'occupation privative devant être assimilée à un revenu accroissant à l'indivision, chaque indivisaire peut solliciter sa part annuelle dans les bénéfices en résultant pour celle-ci, conformément à l'art. 815-11. • Civ. 1re, 5 févr. 1991, n° 89-11.136 P : *Defrénois 1991. 494, obs. Champenois ; RTD civ. 1992. 615, obs. Patarin.*

2. Déduction des dépenses entraînées par la gestion des biens indivis. Sur la notion de déduction des dépenses entraînées par les actes auxquels l'indivisaire a consenti ou qui lui sont opposables, V. • Civ. 1re, 25 oct. 2005, n° 03-12.579 P : *JCP 2006. I. 127, n° 4, obs. Périnet-Marquet ; Dr. fam. 2006, n° 16, note Beignier (2e esp.) ; AJDI 2006. 273, note Beaugendre.*

3. Nécessité d'établir un compte annuel de gestion. Les bénéfices ne peuvent être déterminés que par l'établissement préalable d'un compte annuel de gestion portant sur l'ensemble des biens dépendant de l'indivision. • Civ. 1re, 27 oct. 1993 : *Defrénois 1994. 433, obs. Aynès.*

4. Répartition provisionnelle ordonnée par le juge. La répartition provisionnelle des bénéfices est une faculté laissée à l'appréciation des juges du fond. • Civ. 1re, 16 mars 1999, n° 97-11.972 P : *JCP 1999. I. 175, n° 10, obs. Périnet-Marquet ; ibid. 278, n° 5, obs. Le Guidec ; RTD civ. 1999. 887, obs. Patarin.*

B. AVANCE EN CAPITAL

BIBL. Digard, *JCP N 1993. I. 459.*

5. Compétence juridictionnelle. En l'absence de consentement unanime des indivisaires, le président du TGI a seul compétence pour fixer le montant de l'avance en capital. • Civ. 1re, 3 nov. 2004, n° 01-16.031 P.

6. Prélèvement sur l'indivision : tempérament. Les fils du défunt peuvent être déclarés personnellement tenus de payer l'avance sur les droits dans le partage demandée par la seconde épouse de leur père, s'il est constaté qu'ils se sont approprié la totalité des biens dépendant de l'indivision post-communautaire. • Civ. 1re, 20 juin 2006, n° 05-14.281 P.

Condamnation personnelle de l'époux à payer une avance à l'épouse, l'époux étant redevable d'importantes liquidités envers l'indivision depuis de nombreuses années et compte tenu des difficultés rencontrées par l'épouse pour en obtenir le paiement. • Civ. 1re, 24 mai 2018, n° 17-17.846 P.

7. Réévaluation de l'avance accordée au jour du partage (oui). L'avance étant comptabilisée dans le partage final à l'égal d'un rapport de dettes (son bénéficiaire doit cette somme à la masse indivise et la prendra donc, au partage, en moins prenant sur sa part), la somme à rapporter doit être composée de l'avance en capital, augmentée des intérêts légaux. • Civ. 1re, 6 déc. 2005, n° 01-12.038. ♦ Antérieurement, V. déjà dans le même sens : • Civ. 1re, 29 nov. 1989, n° 87-11.680 P • Civ. 3e, 6 mai 1997, n° 94-18.304. ♦ Comp., plus anciennement, une solution en sens contraire : • Civ. 1re, 1er mars 1988, n° 86-13.374 : *D. 1988. 408, note Morin ; RTD civ. 1988. 556, obs. Patarin ; ibid. 1989. 587, obs. Zenati.*

Commentaire. Depuis l'entrée en vigueur de l'art. 866 C. civ., issu de la L. du 23 juin 2006, il n'est pas certain que cette jurisprudence persiste. En effet, ce texte pose une distinction importante. Après avoir affirmé que les sommes rapportables produisent intérêt au taux légal (al. 1er), il précise que les sommes rapportables portent intérêt à compter de l'ouverture de la succession si ces sommes étaient dues au défunt, tandis qu'elles ne portent intérêt que du jour où la dette est exigible lorsque la dette a pris naissance pendant l'indivision. Or, il ne serait pas téméraire de considérer que l'avance en capital de l'art. 815-11, al. 4, relève de la deuxième catégorie. C'est donc l'exigibilité de la dette qui fixera le point de départ des intérêts. Sauf à ce que le juge décide que l'avance sera remboursable avant le partage, à telle date qu'il fixera (ce qui est possible en droit mais rare en pratique), ce sera dès lors l'acte de partage qui rendra la dette de remboursement exigible et qui, partant, rendra cette somme productive d'intérêts. Bien entendu, si la date de jouissance divise était fixée antérieurement à l'acte de partage (soit par convention entre copartageants, soit par décision judiciaire, V. art. 829 C. civ.), l'exigibilité des intérêts du rapport de dettes (et donc du remboursement de l'avance en capital) remonterait à cette même date, faisant courir les intérêts à partir de celle-ci.

8. Le coïndivisaire qui commet un abus peut être condamné personnellement au paiement de l'avance en capital. Ayant constaté que le mari était redevable d'importantes liquidités envers l'indivision depuis de nombreuses années, issues en particulier des loyers perçus en contrepartie de la location d'un immeuble et des revenus de la charge d'huissier de justice, c'est sans violer l'art. 815-11, dernier al., C. civ., que la cour d'appel, procédant à la recherche prétendument omise, a décidé, au regard des droits de chacun dans la liquidation et le partage de la communauté, d'accorder à l'épouse une avance, dont elle a souverainement estimé le montant, et qu'elle a mise à la charge personnelle du mari, compte tenu des difficultés rencontrées par cette dernière pour en obtenir le paiement. • Civ. 1re, 24 mai 2018, n° 17-17.846 P : *Defrénois 2018, n° 140 a1, p. 35, obs. Chamoulaud-Trapier ; AJ fam. 2018. 618, obs. Casey*. ♦ Antérieurement déjà : • .Civ. 1re, 20 juin 2006, n° 05-14.281 P : *D. 2007. 1710, note Courbe*.

Art. 815-12 *(L. n° 76-1286 du 31 déc. 1976)* **L'indivisaire qui gère un ou plusieurs biens indivis est redevable des produits nets de sa gestion. Il a droit à la rémunération de son activité, dans les conditions fixées à l'amiable, ou, à défaut, par décision de justice.**

1° RESTITUTION DES PRODUITS NETS

1. Notion de revenus restituables. Sur les fruits et revenus de biens indivis qui accroissent à l'indivision et qui, par conséquent, doivent être restitués par l'indivisaire gérant lorsqu'ils n'ont pas fait l'objet d'un partage provisionnel, V. jurisprudence citée note 3 s. ss. art. 815-10.

2. Impossibilité de déduire l'impôt sur le revenu des bénéfices restituables. Chacun des copartageants doit supporter l'impôt sur le revenu sur la part lui revenant dans les bénéfices nets réalisés par le bien indivis. • Civ. 1re, 10 mai 2006, n° 04-12.473 P. ♦ L'impôt sur le revenu, que chacun des copartageants doit supporter sur la part lui revenant dans les bénéfices nets réalisés par un fonds de commerce indivis, constitue une dette personnelle et non une dette de l'indivision ; dès lors, si les bénéfices nets du fonds de commerce indivis perçus par le mari pendant la durée de l'indivision post-communautaire entrent dans l'actif de l'indivision, la fraction de l'impôt sur le revenu payé par ce dernier sur la part revenant à son épouse n'a pas à être inscrite à son crédit au compte d'indivision. • Civ. 1re, 23 juin 2010 : *D. actu. 27 juill. 2010, obs. Le Douaron.*

2° RÉMUNÉRATION DE L'INDIVISAIRE GÉRANT : PRINCIPE

3. Rémunération de l'activité réellement fournie. L'indivisaire qui a géré l'indivision a droit à la rémunération de l'activité qu'il a réellement fournie. • Civ. 1re, 20 nov. 1984 : *D. 1985. 557, note Breton.* ♦ Mais absence de droit à indemnité pour l'indivisaire qui gère l'indivision essentiellement pour son compte. • Civ. 1re, 30 sept. 2009, n° 08-17.919 P.

4. Prise en compte des résultats de la gestion (non). Le pouvoir souverain dont disposent, à défaut d'accord amiable, les juges du fond pour fixer les conditions de rémunération de l'indivisaire qui gère une indivision n'est pas limité par les résultats de la gestion, sauf à tenir compte, le cas échéant, de la responsabilité éventuelle du gérant pour ses actes de gestion. • Civ. 1re, 28 févr. 1984, n° 82-15.270 P : *R., p. 60 ; D. 1984. 549, note Breton ; JCP 1986. II. 20558, note Fiorina ; RTD civ. 1985. 430, obs. Patarin* • 15 nov. 1994, n° 92-10.039 P : *D. 1995. Somm. 333, obs. Grimaldi*. ♦ V. aussi • Civ. 1re, 29 mai 1996, n° 94-14.632 • 25 oct. 2005, n° 02-13.787 P : *Dr. fam. 2006, n° 16, note Beignier (3e esp.).*

5. Sort de la plus-value résultant de la gestion. La plus-value éventuelle du bien indivis résultant de l'industrie personnelle que l'un des indivisaires a pu déployer sur ledit bien profite à toute l'indivision et sera partagée entre les indivisaires en fonction de leurs droits dans cette indivision. • Civ. 1re, 23 juin 2010, n° 09-13.688 P : *RJPF 2010-10/19, obs. Vauvillé* • 15 sept. 2021, n° 19-24.014 : *AJ fam. 2021. 561, obs. Casey*.

3° ... RÉGIME DE L'INDEMNITÉ

6. Fixation judiciaire du montant. Éléments à prendre en compte pour la fixation judiciaire de la rémunération due à l'indivisaire gérant : V. • Civ. 1re, 16 mars 1982 : *JCP 1983. II. 20076, note de La Marnierre ; RTD civ. 1983. 167, obs. Patarin* (gestion d'une pharmacie) • 29 mai 1996, n° 94-14.632 (gestion d'une pharmacie).

7. Moment auquel présenter la demande. Possibilité de présenter la demande pour la première fois en cause d'appel. • Civ. 2e, 3 févr. 1983, n° 80-16.702 P.

8. Période de référence. L'indemnité à laquelle a droit l'indivisaire cesse d'être due à compter de la date de la jouissance divise. • Civ. 1re, 7 juin 1988, n° 86-14.471 P : *D. 1988. IR 181.*

9. Non-application de la prescription quinquennale. La prescription prévue par l'art. 2277 *[ancien]* C. civ. n'est pas applicable à la rémunération due à un indivisaire pour gestion des biens indivis, dès lors que cette somme, fixée par le juge conformément aux dispositions de l'art. 815-12, n'est pas payable par année ou par termes successifs. • Civ. 1re, 19 déc. 1995, n° 93-19.800 P : *D. 1998. 24, note Malaurie ; Defrénois 1996. 406, obs. Grimaldi ; RDI 1996. 336, obs. Bergel ; RTD civ. 1996. 938, obs. Zenati.*

10. Cours des intérêts. A défaut de fixation amiable, la rémunération due à un indivisaire pour avoir géré l'indivision n'est déterminée que par la décision de justice qui statue sur la demande ; les intérêts de cette somme courent de plein droit à partir du jour où l'indivision est constituée débiteur et non pas de la demande en justice. • Civ. 1re, 11 juin 1996, n° 94-14.293 P : *RTD civ. 1999. 147, obs. Zenati.*

Art. 815-13 *(L. n° 76-1286 du 31 déc. 1976)* **Lorsqu'un indivisaire a amélioré à ses frais l'état d'un bien indivis, il doit lui en être tenu compte selon l'équité, eu égard à ce dont la valeur du bien se trouve augmentée au temps du partage ou de l'aliénation. Il doit lui être pareillement tenu compte des** *(L. n° 2009-526 du 12 mai 2009, art. 10)* **« dépenses » nécessaires qu'il a faites de ses deniers personnels pour la conservation desdits biens, encore qu'elles ne les aient point améliorés.**

Inversement, l'indivisaire répond des dégradations et détériorations qui ont diminué la valeur des biens indivis par son fait ou par sa faute.

COMMENTAIRE

1° RENVOI AUX RÈGLES DES RÉCOMPENSES

Les remboursements sur le fondement de l'article 815-13 (et donc entre les masses personnelles et la masse indivise), donnent lieu à l'application du mécanisme de la dette de valeur. On peut donc renvoyer sur ce point à l'article 1469.

Si l'on applique à une acquisition indivise le régime des créances entre époux, quelques exemples permettent de voir comment calculer le remboursement.

Exemple 1. Roméo et Juliette achètent ensemble une maison en indivision (40 % Juliette, 60 % Roméo) d'une valeur de 300 000 euros, qui vaut aujourd'hui 550 000 euros. Juliette règle au comptant les 300 000 euros de l'acquisition. Son remboursement se calculera comme suit : part de Juliette dans le bien : 40 %, donc sa part normale de financement est de 40 %, soit 120 000. Elle a donc droit à 40 % de la valeur actuelle, soit 550 0000 × 0,4 = 220 000 euros. On peut aussi faire (120 000/300 000) × 550 000 = 220 000 euros.

Exemple 2. Mêmes faits, sauf que Roméo paie 40 000 euros du prix et Juliette 260 000 euros. La part de Roméo dans le financement initial est de 40 000/300 000, soit 0,1333 (13,33 %). La part de Juliette dans le financement total est de 260 000/300 000, soit 0,8666 (86,66 %). Il suffit alors de reporter ces coefficients au prix actuel, soit pour Roméo 73 315 euros (550 000 × 0,1333) et pour Juliette 476 630 euros (550 000 × 0,8666). On peut aussi passer par la méthode de la « règle de trois », laquelle donne pour Roméo (40 000/300 000) × 550 000 = 73 333,33 euros, et pour Juliette (260 000/300 000) × 550 000 = 476 666,66 euros (où l'on voit qu'avec les décimales après la virgule, la règle de trois est plus exacte).

2° LE CAS PARTICULIER DE LA DÉPENSE D'ACQUISITION PENDANT L'INDIVISION POST-COMMUNAUTAIRE

Il est fréquent, lors d'un divorce d'époux communs en biens, que l'un d'eux continue à régler les échéances de l'emprunt bien au-delà du prononcé du divorce, jusqu'au partage. La date d'effets du divorce va alors faire apparaître l'indivision post-communautaire (V. C. civ., art. 262-1) dont le point de départ sera soit la demande en divorce (assignation dans le cas le plus courant), soit le début de la séparation de fait. Mais, dans les deux cas, se pose la question de savoir comment calculer, au profit subsistant, le remboursement de la masse prêteuse. On sait de façon certaine que la règle de calcul des récompenses est la suivante : (dépense faite/coût global d'acquisition du bien) × valeur du bien au partage.

Cependant, contrairement aux récompenses classiques, la masse prêteuse (c'est-à-dire l'indivisaire ayant remboursé l'emprunt pendant l'indivision post-communautaire) n'a pas payé (pour la période couverte par l'art. 815-13) depuis l'acquisition du bien (avant, c'était la communauté). La question qui se pose est donc la suivante : est-il logique de faire profiter la masse prêteuse d'une variation de l'immobilier depuis bien avant le début de l'indivision post-communautaire ?

L'approche économique du droit conduit à une réponse négative, et en période de forte hausse des prix de l'immobilier, cela n'est pas sans logique. Toute la hausse de l'immobilier allant du jour de l'acquisition du bien à la date des effets du divorce a pu être importante, mais la masse prêteuse, elle, n'aura financé qu'à partir de cette date des effets, non avant. Pourquoi donc lui faire bénéficier de la hausse antérieure à cette date ? Cette approche a été celle du notariat, et elle a emporté l'adhésion de la cour d'appel de Paris.

Cependant, la Cour de cassation (Civ. 1re, 1er févr. 2017, n° 16-11.599, cassation de Paris, 2 déc. 2015) s'est prononcée en sens contraire, selon une approche tout à fait classique de la dette de valeur : les termes de comparaison sont ce qu'ils sont à chaque date considérée : acquisition du bien et jour du partage (ou date d'aliénation ante-partage si tel est le cas) sans possibilité de retenir une date intermédiaire pour le coût global d'acquisition. La solution est impeccable en droit civil strict, mais on va voir au travers d'un exemple qu'elle permet au *solvens* de réaliser un très bon placement.

Exemple.

Hypothèse (chiffres de l'arrêt de 2017) :

Bien acquis pendant la communauté, coût global d'acquisition : 1 106 847,00 €

Valeur date dissolution communauté : 2 355 011,00 €

Valeur partage : 3 600 000,00 €

Total mensualités payées par Roméo pendant l'indivision post-communautaire : 616 476,00 €

Solution :

a) Position notariat (reprise par CA Paris) :

La masse prêteuse n'a pas tout payé depuis l'acquisition du bien. Donc elle n'a pas à bénéficier du gros différentiel existant entre la valeur d'acquisition et la valeur partage.

Calcul : (616 476/2 355 011) × 3 600 000 = **942 379,29 €**

b) Position de la Cour de cassation (arrêt du 1er février 2017 *préc.*) :

« Attendu que, pour fixer le montant de la créance de M. X. sur l'indivision post-communautaire en raison du remboursement par celui-ci, postérieurement au divorce, d'une partie du prêt ayant permis l'acquisition d'un immeuble commun, l'arrêt retient que le profit subsistant correspond à la contribution du patrimoine créancier du chef du remboursement de l'emprunt, rapportée à la valeur du bien à la date de dissolution de la communauté, qui correspond à la naissance de l'indivision, le tout appliqué à la valeur actuelle du bien ;

Qu'en calculant ainsi le profit subsistant par rapport à la valeur du bien au moment de la dissolution de la communauté et non à sa date d'acquisition, la cour d'appel a violé le texte susvisé ; »

Calcul :

(616 476/1 106 847) × 3 600 000 = **2 005 077,12 €**

On voit donc aisément que, dans l'affaire jugée en 2017, le mari, en remboursant l'emprunt pendant l'indivision post-communautaire, a fait une excellente affaire, puisque son remboursement tient compte de l'ensemble de la plus-value prise par l'immeuble depuis la date de son acquisition, et non pas seulement depuis la date des effets du divorce.

Reste une question en suspens, celle des intérêts payés, le cas échéant, pendant l'indivision post-communautaire. La décision du 1er février 2017 ne dit pas quel sort fut réservé aux intérêts payés par Roméo (sans doute parce que cela arrangeait le demandeur au remboursement, qui obtenait ainsi un remboursement plus important, et que la défenderesse n'a pas vu le problème).

Si l'on imagine que Roméo a payé 100 000 euros d'intérêts, il serait très sévère de les inclure dans la revalorisation au profit subsistant, car cela reviendrait à faire « des intérêts sur de la plus-value », ce qui est anormal (V. l'art. 1473 C. civ., qui précise que les intérêts ne sont dus que du jour de la liquidation lorsque le profit subsistant s'applique ; idem pour les créances entre époux, V. art. 1479, al. 2).

La doctrine est divisée sur la façon de régler le problème, mais tout le monde est d'accord pour dire que les intérêts doivent avoir un traitement différencié du capital remboursé selon la dette de valeur.

Deux modes de calculs sont proposés :

a) Le nominal

Comme son nom l'indique, cette méthode revient à enlever les intérêts de la dépense faite dans le calcul au profit subsistant. Au cas étudié, cela serait 100 000 euros à soustraire à 616 476, laissant la dépense faite par la masse prêteuse à 516 476 euros. Bien entendu, il convient d'ajouter les 100 000 euros d'intérêts à la somme obtenue selon le mécanisme de la dette de valeur.

Calcul : (516 476/1 106 847) × 3 600 000 = 1 679 828,91 + 100 000 = **1 779 828,91 €**

b) Le coût global d'acquisition

Certains auteurs estiment que les intérêts payés pendant l'indivision post-communautaire doivent être ajoutés au « coût global d'acquisition » car ils contribuent à l'acquisition de la chose. Ainsi, à suivre cette opinion, on divisera la dépense faite non pas par 1 106 847, mais par 1 206 847.

Calcul : (616 476/1 206 847) × 3 600 000 = **1 838 935,34 €**. ❑

A. DOMAINE D'APPLICATION

1. Liquidations concernées. L'art. 815-13 est applicable lors de toute liquidation mettant fin à l'indivision et notamment en cas de cessation de l'indivision du fait du décès de l'un des coïndivisaires, laissant l'autre pour lui succéder. • Com. 23 févr. 1993, n° 91-10.638 P. – Dans le même sens : • CE 11 juin 2007, n° 277305 : *RDSS 2007. 865, concl. Derepas* (dans une affaire de récupération de prestations d'aide sociale sur la succession du bénéficiaire). ♦ Il s'applique à la liquidation entre époux séparés de biens, dans le cas de l'acquisition d'un terrain en indivision, et de la construction réalisée sur ce terrain, elle-même indivise par voie d'accession. • Civ. 1re, 14 oct. 2009 : *AJ fam. 2010. 90, obs. Hilt*. ♦ En revanche, il n'a plus vocation à s'appliquer après la signature de l'acte de partage. • Civ. 1re, 10 mai 2006, n° 03-13.537 P.

2. Travaux réalisés par un indivisaire. L'art. 815-13 ne peut être appliqué à des travaux faits par un enfant sur des biens appartenant alors à ses parents et dont il n'est devenu propriétaire par indivis que plusieurs années après l'exécution de ces travaux. • Civ. 1re, 23 juin 1987 : *D. 1987. IR 168.*

3. Travaux d'entretien (non). Des travaux d'entretien, qui ne constituent pas des dépenses d'amélioration ni de conservation, n'ouvrent pas droit à indemnité au titre de l'art. 815-13. • Civ. 1re, 28 mars 2006, n° 04-10.596 P : *JCP 2006. I. 178, n° 6, obs. Périnet-Marquet.* ♦ Cassation de l'arrêt qui exclut l'indemnisation d'un solde de dépenses correspondant à des travaux, sans rechercher, comme cela lui était demandé, si ce solde correspondait à des dépenses nécessaires à la conservation de l'immeuble. • Civ. 1re, 24 sept. 2014, n° 13-18.197 P : *D. 2014. 1938 ; AJ fam. 2014. 633, obs. Thouret ; RTD civ. 2015. 447, obs. Grimaldi ; Defrénois 2014. 1324, note Massip ; JCP N 2015, n° 1001, obs. Tisserand-Martin ; JCP 2014, n° 1129, note. Périnet-Marquet.*

4. Exclusion du paiement en capital au moment d'une acquisition indivise. L'art. 815-13, qui permet à un indivisaire de prétendre à une indemnité évaluée selon les modalités qu'il prévoit lorsqu'il a, à ses frais, amélioré l'état d'un bien indivis ou fait de ses deniers personnels des dépenses nécessaires à la conservation de ce bien, n'est pas applicable aux dépenses d'acquisition ; il en résulte qu'un époux séparé de biens qui finance, par un apport de ses deniers personnels, la part de son conjoint dans l'acquisition d'un bien indivis peut invoquer à son encontre une créance évaluable selon les règles auxquelles renvoie l'art. 1543 C. civ. • Civ. 1re, 26 mai 2021, n° 19-21.302 P : *D. 2021. 1615, note Rousseau ; ibid. Chron. C. cass. 1784, obs. Buat-Ménard ; ibid. 2064, obs. Godechot-Patris ; AJ fam. 2021. 435,* *obs. David* ; *Dr. fam. 2021, n° 112, note Torricelli-Chrifi.*

5. Prescription du droit à remboursement. Il résulte des art. 815-13 et 815-17 C. civ. qu'un indivisaire qui a conservé à ses frais un bien indivis peut revendiquer une créance sur l'indivision et être payé par prélèvement sur l'actif indivis, avant le partage. Cette créance, immédiatement exigible, se prescrit selon les règles de droit commun édictées par l'art. 2224. • Civ. 1re, 14 avr. 2021, n° 19-21.313 P : *AJ fam. 2021. 372, obs. Levillain* ; *RTD civ. 2021. 669, obs. Dross*.

B. DÉPENSES DE CONSERVATION

1° NOTION

6. Pouvoir d'appréciation des juridictions du fond. Une cour d'appel apprécie souverainement que les travaux réalisés constituent une dépense nécessaire à la conservation du bien indivis. • Civ. 1re, 10 mai 2006, n° 03-19.001 P : *D. 2006. IR 1483* ; *RTD civ. 2006. 542, obs. Hauser*.

7. Illustrations : remboursement par un indivisaire de l'emprunt contracté lors de l'acquisition du bien indivis. Les règlements d'échéances d'emprunts immobiliers effectués par un époux au moyen de ses deniers personnels au cours de l'indivision post-communautaire constituent des dépenses nécessaires à la conservation de l'immeuble indivis et donnent lieu à indemnité sur le fondement de l'art. 815-13, al. 1er. • Civ. 1re, 7 juin 2006, n° 04-11.524 P : *D. 2006. IR 1913* ; *JCP 2006. I. 193, n° 23, obs. Tisserand-Martin* • Com. 10 févr. 2015, n° 13-24.659 P : *D. 2015. 429*. ♦ Le règlement d'échéances d'emprunts ayant permis l'acquisition d'un immeuble indivis, lorsqu'il est effectué par un indivisaire au moyen de ses deniers personnels au cours de l'indivision, constitue une dépense nécessaire à la conservation de ce bien et donne lieu à indemnité sur le fondement de l'art. 815-13, al. 1er, peu important que le prêt soit un prêt amortissable ou un crédit relais. • Civ. 1re, 26 janv. 2022, n° 20-17.898 B.

8. ... Remboursement par le biais d'une assurance-invalidité de l'emprunt contracté lors de l'acquisition du bien indivis (non). Dans l'hypothèse où, à la suite de l'invalidité de l'indivisaire, l'assureur a réglé l'intégralité des mensualités de remboursement des emprunts souscrits, une cour d'appel retient à bon droit que l'indivisaire n'a exposé aucune dépense au moyen de ses deniers personnels pendant cette période et n'est pas fondé à obtenir de l'indivision une indemnité correspondant aux sommes ainsi versées pour son compte : en effet, l'établissement prêteur ayant, par l'effet de la stipulation ainsi faite à son profit, directement recueilli l'indemnité versée par l'assureur qui s'était substitué à l'assuré pour le remboursement du solde des prêts garantis, cette indemnité n'est jamais entrée dans le patrimoine de l'indivisaire. • Civ. 1re, 20 oct. 2021, n° 20-11.921 B : *AJ fam. 2021. 633, obs. Casey*.

9. Paiement anticipé d'un emprunt indivis (oui, Avis). Aux termes de l'art. 815-13, al. 1er, lorsqu'un indivisaire a amélioré à ses frais l'état d'un bien indivis, il doit lui en être tenu compte selon l'équité, eu égard à ce dont la valeur du bien se trouve augmentée au temps du partage ou de l'aliénation. Il doit lui être pareillement tenu compte des dépenses nécessaires qu'il a faites de ses deniers personnels pour la conservation desdits biens, encore qu'elles ne les aient point améliorés. La Cour de cassation juge que le règlement d'échéances d'emprunts ayant permis l'acquisition d'un immeuble indivis, lorsqu'il est effectué par un indivisaire au moyen de ses deniers personnels au cours de l'indivision, constitue une dépense nécessaire à la conservation de ce bien et donne lieu à indemnité sur le fondement du texte précité. • Civ. 1re, 7 juin 2006, n° 04-11.524 B • 15 mai 2018, n° 17-16.166. ♦ En effet, un tel règlement permet de préserver l'indivision d'un risque de défaillance de nature à entraîner la perte du bien indivis et, ainsi, de le conserver dans l'indivision. La Cour de cassation a étendu cette solution à l'hypothèse du règlement d'un crédit relais. • Civ. 1re, 26 janv. 2022. ♦ Il n'y a pas lieu de distinguer selon que le remboursement de l'emprunt s'effectue par le paiement des échéances ou par un ou des règlements anticipés. Dès lors, le remboursement anticipé d'un emprunt ayant permis l'acquisition d'un bien indivis, lorsqu'il est effectué par un indivisaire au moyen de ses deniers personnels au cours de l'indivision, constitue une dépense nécessaire à la conservation de ce bien au sens de l'art. 815-13, al. 1er. • Civ. 1re, avis, 5 juill. 2023, n° 23-70.007 B.

10. Paiement de l'assurance habitation. L'assurance habitation, qui tend à la conservation de l'immeuble, incombe à l'indivision, en dépit de l'occupation privative. • Civ. 1re, 20 janv. 2004, n° 01-17.124 P : *JCP 2005. I. 128, n° 15, obs. Tisserand-Martin* ; *AJ fam. 2004. 103, obs. Deis-Beauquesne* • 5 mars 2008 : *AJ fam. 2008. 215, obs. Hilt*. ♦ Les sommes payées au titre de l'assurance habitation, qui participent à la conservation de l'immeuble, doivent être imputées au passif de l'indivision, après déduction de la fraction correspondant aux garanties couvrant les dommages subis personnellement par le titulaire du contrat et sa responsabilité civile. • Civ. 1re, 20 oct. 2021, n° 20-11.921 B : *AJ fam. 2021. 633, obs. Casey*.

11. ... Redevances de télésurveillance (non). Des redevances de télésurveillance de l'immeuble ne constituent pas des dépenses nécessaires à la conservation de ce bien indivis. • Civ. 1re, 20 janv. 2004, n° 01-17.124 P : *préc. note 8.*

12. Taxe d'habitation. La taxe d'habitation est une dépense de conservation incombant à l'indivision. • Civ. 1re, 5 déc. 2018, n° 17-31.189 P : *AJ fam. 2019, 157, obs. Casey*. ♦ Dans le même sens, par la suite : • Civ. 1re, 13 févr. 2019, n° 17-26.712 • 10 févr. 2021, n° 19-20.957

• 20 oct. 2021, n° 20-11.921 B : *AJ fam. 2021. 633, obs. Casey*.

13. Impôts fonciers et charges de copropriété. Les impôts locaux et les charges de copropriété qui ne sont pas relatives à l'occupation privative et personnelle d'un indivisaire doivent figurer au passif du compte de l'indivision et seront supportés par les coïndivisaires proportionnellement à leurs droits dans l'indivision. • Civ. 1re, 16 avr. 2008 : *JCP 2008. I. 194, n° 7, obs. Périnet-Marquet ; JCP N 2008. 1328, n° 7, obs. Périnet-Marquet.* ♦ L'impôt foncier, qui tend à la conservation de l'immeuble indivis incombe à l'indivision jusqu'au jour du partage en dépit de l'occupation privative. • Civ. 1re, 13 janv. 2016, n° 14-24.767 P : *D. 2016. 1779, obs. Neyret et Reboul-Maupin ; AJDI 2016. 219 ; AJ fam. 2016. 163, obs. Casey*. ♦ L'impôt foncier incombe à l'indivision ; reconnaissance d'une créance sur l'indivision post-communautaire en faveur d'un ex-époux au titre du paiement de taxes foncières. • Civ. 1re, 27 janv. 2016, n° 15-11.151 P : *AJ fam. 2016. 207, obs. Thouret ; RTD civ. 2016. 327, obs. Hauser*. ♦ La taxe foncière, dont le règlement a permis la conservation de l'immeuble, incombe à l'indivision et doit être supportée par les coïndivisaires proportionnellement à leurs droits dans l'indivision ; la jouissance privative dont l'immeuble a fait l'objet reste sans incidence à cet égard, le préjudice résultant de l'occupation privative étant compensé par l'indemnité prévue à l'art. 815-9. • Civ. 1re, 5 déc. 2018, n° 17-31.189 P : *D. 2018. 2415 ; AJ fam. 2019. 157, obs. Casey ; RTD civ. 2019. 362, obs. Dross ; Dr. fam. 2019, n° 52, note Tani.*

14. Interruption de la prescription de droit commun. Une assignation en liquidation et partage d'une indivision n'interrompt la prescription de créances invoquées par un indivisaire à l'encontre de l'indivision, au titre du remboursement de prêts, que si elle contient une réclamation, ne serait-ce qu'implicite, à ce titre. • Civ. 1re, 18 mai 2022, n° 20-22.234 B.

2° RÉGIME DE L'INDEMNITÉ

15. Fixation du montant : dépense faite ou profit subsistant. Lorsqu'un indivisaire a avancé de ses deniers les sommes nécessaires à la conservation d'un bien indivis, il doit lui en être tenu compte selon l'équité, eu égard à la dépense faite ou à l'importance de la plus-value prise par ce bien au jour du partage (en l'espèce, indexation du remboursement sur le coût de la construction – indice INSEE). • Civ. 1re, 18 oct. 1983 : *D. 1984. 289, note Rambure ; JCP 1984. II. 20245, note E. S. de La Marnierre ; RTD civ. 1984. 750, obs. Patarin* • 22 oct. 1985 : *Bull. civ. I, n° 266* • 7 juin 1988, n° 86-15.090 P : *R., p. 162 ; D. 1989. 141, note Breton ; JCP N 1989. II. 89, note Philippe ; Defrénois 1988. 1079, note Morin ; RTD civ. 1989. 120, obs. Patarin* • 20 janv. 2004 : *préc. note 8* (peu importe la modicité de la dépense). – V. aussi • Civ. 1re, 1er juill. 2003 : *D. 2004. Somm. 2342, obs. Brémond*. ♦ Il doit être tenu compte à l'indivisaire des dépenses nécessaires qu'il a exposées, encore qu'elles n'aient pas amélioré les biens. • Civ. 1re, 8 déc. 1993 : *Defrénois 1994. 434, obs. Aynès.*

16. ... Créance consécutive au remboursement de l'emprunt. A compter de la dissolution de la communauté, les dispositions relatives aux récompenses sont inapplicables et le règlement des échéances des emprunts immobiliers par le mari au cours de l'indivision donnent lieu à une indemnité calculée selon les modalités prévues par l'art. 815-13. • Civ. 1re, 11 mai 2012, n° 11-17.497 P : *D. 2012. 1330 ; AJ fam. 2012. 414, obs. Hilt ; RTD civ. 2012. 561, obs. Vareille*. ♦ Revalorisation de l'indemnité due pour le remboursement de l'emprunt en application de l'art. 815-13 : cassation de l'arrêt qui calcule le profit subsistant en rapportant la contribution du patrimoine créancier à la valeur du bien à la date de la dissolution de la communauté et non à sa date d'acquisition. • Civ. 1re, 1er févr. 2017, n° 16-11.599 P : *D. 2017. 351 ; ibid. 1213, obs. Bacache, Grynbaum, Noguéro et Pierre ; AJ fam. 2017. 305, obs. Hilt ; RTD civ. 2017. 371, obs. Hauser ; Gaz. Pal. 2017. 594, note Berlaud ; JCP N 2017, n° 1181, comm. Godron et Randoux ; RGDA 2017. 209, note Mayaux.* ♦ Fixation par la cour d'appel, selon l'équité, de l'indemnité due pour le remboursement de l'emprunt à une somme supérieure à la dépense faite mais inférieure au profit subsistant. • Civ., 24 sept. 2014, n° 13-18.197 P. ♦ Comp. lorsque le montant de la pension alimentaire due par l'époux a été fixée en fonction du montant des échéances de l'emprunt réglées par l'épouse seule, ce dont il résulte que l'époux a indirectement contribué à la conservation du bien indivis. • Civ. 1re, 23 janv. 2008, n° 07-10.753 P : *D. 2008. Pan. 2248, obs. Revel ; JCP N 2009. 1151, obs. Lesbats ; AJ fam. 2008. 164, obs. S. David*.

17. Application de la prescription quinquennale de droit commun. La créance prévue par l'art. 815-13, immédiatement exigible, se prescrit selon les règles de droit commun édictées par l'art. 2224 ; cassation de l'arrêt ayant énoncé que l'indemnité due à l'indivisaire s'apprécie à la date du partage ou de l'aliénation du bien indivis, indépendamment de la date à laquelle les impenses ont été exposées, dès lors que la créance revendiquée était exigible dès le paiement de chaque échéance de l'emprunt immobilier destiné à financer le bien indivis. • Civ. 1re, 14 avr. 2021, n° 19-21.313 P : *D. 2021. 1059, note Rouvière ; AJ fam. 2021. 372, obs. Levillain ; RTD civ. 2021. 669, obs. Dross ; Dr. fam. 2021, n° 93, obs. Tani.* ♦ Comp. antérieurement, ayant jugé que la prescription des créances et salaires de l'anc. art. 2277, dans sa rédaction antérieure à la L. n° 2008-561 du 17 juin 2008, ne s'appliquait pas à la créance due par l'indivision à un indivisaire ayant géré les biens indivis, • Civ. 1re, 19 déc. 1995, n° 93-19.800 P : *Defrénois 1996. 406, obs. Grimaldi.*

18. Recouvrement de la créance sur les biens indivis. **BIBL.** Patarin, obs. *RTD civ. 1994. 144*. ♦ Il ressort des art. 815-13 et 815-17, al. 1er, que l'indivisaire titulaire d'une créance résultant de la conservation des biens indivis peut poursuivre la saisie de certains de ces biens, sans être tenu d'attendre l'issue des opérations de partage. • Civ. 1re, 20 févr. 2001, n° 98-13.006 P : *D. 2001. IR 906 ; JCP 2001. I. 358, n° 5, obs. Périnet-Marquet ; RJPF 2001-5/49, note Casey ; Dr. fam. 2002, n° 12, obs. B. B. ; RTD civ. 2001. 642, obs. Patarin ; ibid. 916, obs. Revet.*

19. Dépense d'acquisition : pas de principe de subrogation en cas d'acquisitions indivises successives. Lorsqu'un bien dépendant d'une indivision est aliéné avec le consentement des indivisaires, le prix de vente se substitue à la chose vendue dans la masse indivise. • Civ. 1re, 3 nov. 2021, n° 20-10.561 : *AJ fam. 2021. 691, obs. Casey.*

20. Dépense d'acquisition et d'amélioration : comme en communauté, deux calculs nécessaires. Il résulte de la combinaison de ces textes, d'une part, que, lorsque les fonds d'un époux séparé de biens ont servi à acquérir un bien personnel de l'autre, sa créance contre ce dernier ne peut être moindre que le profit subsistant ni moindre que le montant nominal de la dépense faite et, d'autre part, que le profit subsistant, qui représente l'avantage réellement procuré au fonds emprunteur, se détermine d'après la proportion dans laquelle les fonds empruntés au patrimoine de l'époux appauvri ont contribué au financement de l'acquisition du bien personnel de son conjoint. • Civ. 1re, 22 juin 2022, n° 20-20.202 B.

C. DÉPENSES D'AMÉLIORATION

1° NOTION

21. Prise en compte des dépenses faites dans l'intérêt d'un seul indivisaire. L'art. 815-13, al. 1er, n'exclut pas les dépenses faites dans l'intérêt d'un seul des indivisaires, pourvu qu'elles aient amélioré l'ensemble indivis. • Civ. 1re, 18 déc. 1990 : *JCP 1992. II. 21847, note Salvage ; RTD civ. 1991. 576, obs. Patarin.* ♦ Également en ce sens qu'il n'y a donc pas à distinguer selon que les dépenses ont été faites dans l'intérêt des indivisaires ou d'un seul : • Civ. 1re, 29 nov. 1994, n° 92-21.151 P • 6 déc. 2005, n° 03-11.489 P : *JCP 2006. I. 127, n° 3, obs. Périnet-Marquet* • CE 11 juin 2007, n° 277305 : *préc. note 1.* ♦ Les juges doivent alors rechercher si les travaux d'amélioration réalisés par un seul indivisaire n'ont pas entraîné une augmentation de la valeur de l'immeuble indivis. • Civ. 1re, 15 mai 2008, n° 07-17.645 P : *AJ fam. 2008. 253, obs. Bicheron ; JCP 2008. I. 194, n° 6, obs. Périnet-Marquet ; JCP N 2008. 1328, n° 6, obs. Périnet-Marquet.* ♦ Est sans influence le fait que l'apport fait par un indivisaire au fonds de commerce indivis l'ait été après qu'il fût devenu locataire-gérant de ce fonds. • Civ. 1re, 24 nov. 1998, n° 96-14.002 P : *JCP 1999. I. 189, n° 1, obs. Le Guidec.*

22. Prise en compte de l'activité personnelle déployée par l'indivisaire ayant effectué les travaux d'amélioration sur l'immeuble indivis. L'activité personnelle déployée par un indivisaire ayant contribué à améliorer un bien indivis ne peut être assimilée à une dépense d'amélioration, dont le remboursement donnerait lieu à application de l'art. 815-13 ; il en résulte que la plus-value de l'immeuble accroît l'indivision, l'indivisaire pouvant seulement prétendre à la rémunération de son activité, conformément à l'art. 815-12. • Civ. 1re, 23 juin 2010, n° 09-13.688 P : *D. actu. 12 juill. 2010, obs. Chenu ; D. 2010. Actu. 1708 ; Defrénois 2010. 2380, obs. Fiorina ; JCP N 2011, n° 1001, obs. Tissand-Martin ; RLDC 2010/74, n° 3945, obs. Pouliquen.* ♦ Comp. : Le concubin indivisaire qui a amélioré l'immeuble indivis à la suite de travaux réalisés personnellement, à partir de matériaux achetés en commun, a droit à la rémunération de cette activité, souverainement estimée au montant de la plus-value apportée à l'immeuble. • Civ. 1re, 13 mars 2007, n° 05-13.320 P : *JCP 2007. I. 197, n° 4, obs. Périnet-Marquet ; LPA 19 mars 2008, obs. Chamoulaud-Trapiers ; Defrénois 2008. 1093, note Fiorina ; RTD civ. 2007. 801, obs. Vareille.*

23. Prise en compte de l'activité déployée par un indivisaire gérant un fonds indivis (non). L'activité de l'époux, gérant d'un fonds de commerce durant l'indivision post-communautaire, ne peut être assimilée à une dépense d'amélioration d'un bien indivis, dont le remboursement donnerait lieu à application de l'art. 815-13 C. civ. ; il en résulte que la plus-value de ce fonds, constatée au jour du partage, accroît à l'indivision, l'époux ayant droit à une rémunération de sa gérance, dont les juges du fond apprécient souverainement le montant. • Civ. 1re, 29 mai 1996, n° 94-14.632 P : *JCP N 1997. II. 702, note J. Piedelièvre ; JCP 1996. I. 3968, n° 4, obs. Le Guidec ; ibid. 3972, n° 11, obs. Périnet-Marquet ; ibid. 1997. I. 4008, n° 17, obs. Tisserand ; RTD civ. 1997. 713, obs. Patarin ; RDI 1996. 535, obs. Bergel.* ♦ V. cependant, plus récemment : • Civ. 1re, 13 mars 2007 : *préc. note 22.*

24. Office du juge : recherche d'une amélioration. Le juge ne peut rejeter la demande au motif que la dépense n'était pas nécessaire, sans rechercher, comme il le lui était demandé, si le coût des travaux n'est pas constitutif d'une dépense d'amélioration de l'immeuble. • Civ. 1re, 12 janv. 2022, n° 20-14.898. ♦ Une amélioration doit accroître la valeur de la chose indivise. Selon l'art. 815-13, lorsqu'un indivisaire a amélioré à ses frais l'état d'un bien indivis, il doit lui en être tenu compte selon l'équité, eu égard à ce dont la valeur du bien se trouve augmentée au temps du partage. Pour homologuer le projet d'état liquidatif établi par le notaire et renvoyer les parties devant celui-ci afin que soit dressé l'acte liquidatif définitif, l'arrêt retient que Mme [G] justifie avoir exposé des dépenses de conservation et d'amélioration pour un montant de 202 100,88 euros, en produisant toutes les factures de travaux de maçonnerie pour la réalisation d'une extension, plomberie, pose d'un portail automatique, menuiseries, peintures, installation d'un climatiseur et d'un éclairage de la piscine, sanitaires, alarme et transformation du jardin. En se déterminant ainsi, sans distinguer la part correspondant dans ce montant aux travaux d'amélioration et rechercher si et dans quelle mesure ceux-ci avaient accru la valeur du bien, la cour d'appel n'a pas donné de base légale à sa décision. • Civ. 1re, 12 oct. 2022, n° 21-10.578.

25. Dépense nécessaire mais amélioration contingente. Lorsqu'un indivisaire a amélioré à ses frais l'état d'un bien indivis, il doit lui en être tenu compte selon l'équité, eu égard à ce dont la valeur du bien se trouve augmentée au temps du partage ou de l'aliénation. Il doit lui être pareillement tenu compte des dépenses nécessaires qu'il a faites de ses deniers personnels pour la conservation des-dits biens, encore qu'elles ne les aient point améliorés. • Civ. 1re, 15 mai 2022, n° 20-19.402.

2° RÉGIME DE L'INDEMNITÉ

26. Fixation de l'indemnité : référence à l'équité. Un ex-époux ayant, au cours de l'indivision post-communautaire, assumé seul le remboursement de l'emprunt contracté pour l'acquisition de l'immeuble commun, c'est dans l'exercice de son pouvoir souverain d'appréciation qu'une cour d'appel, faisant usage du pouvoir que lui confère l'art. 815-13, a fixé selon l'équité l'indemnité due par l'indivision à une somme supérieure à la dépense faite mais inférieure au profit subsistant. • Civ. 1re, 24 sept. 2014, n° 13-18.197 P : *cité note 3.*

27. ... Évaluation du profit subsistant en cas d'aliénation du bien amélioré. En cas d'amélioration d'un bien qui a été aliéné avant le partage, la plus-value doit être calculée au jour de l'aliénation (cassation de l'arrêt qui, sans avoir recherché si les sommes investies dans l'amélioration du bien ont réalisé pour l'indivision une plus-value au jour de l'aliénation, a prescrit l'indexation de l'indemnité sur l'indice du coût de la construction, du jour de la décision à celui du partage). • Civ. 1re, 23 mars 1994, n° 92-14.703 P.

28. ... Absence de profit subsistant. S'il n'est pas justifié de l'utilité des dépenses, les juges du fond peuvent décider qu'il n'y a pas lieu à indemnisation de l'indivisaire en relevant par une appréciation souveraine que ce dernier avait été imprudent d'engager de telles dépenses. • Civ. 1re, 13 déc. 1994 : *D. 1995. 496 ; JCP 1995. I. 3878, n° 16, obs. Périnet-Marquet ; RTD civ. 1995. 659, obs. Patarin ; ibid. 1997. 168, obs. Zenati .*

29. Règlement de l'indemnité par compensation avec une indemnité de jouissance privative. L'indivisaire qui a amélioré à ses frais le bien indivis dont il jouit privativement a droit à l'indemnité de l'art. 815-13, qui se compense avec l'indemnité d'occupation dont il est redevable en vertu de l'art. 815-9. • Civ. 1re, 27 oct. 1992, n° 91-10.773 P : *JCP 1993. I. 3713, n° 3, obs. Testu.*

30. Règlement de l'indemnité intégrée au partage de l'indivision. L'indemnité due à un indivisaire qui a amélioré l'immeuble grâce à son activité personnelle, constituant une créance sur l'indivision, doit être déduite de l'actif net à partager ; cassation de l'arrêt qui attribue au concubin la moitié du prix de vente de l'immeuble indivis et la totalité de la plus-value apportée par lui à ce bien. • Civ. 1re, 13 mars 2007 : *préc. note 22.*

Art. 815-14 *(L. n° 76-1286 du 31 déc. 1976)* **L'indivisaire qui entend céder, à titre onéreux, à une personne étrangère à l'indivision, tout ou partie de ses droits dans les biens indivis ou dans un ou plusieurs de ces biens est tenu de notifier par acte extrajudiciaire aux autres indivisaires le prix et les conditions de la cession projetée ainsi que les nom, domicile et profession de la personne qui se propose d'acquérir.**

Tout indivisaire peut, dans le délai d'un mois qui suit cette notification, faire connaître au cédant, par acte extrajudiciaire, qu'il exerce un droit de préemption aux prix et conditions qui lui ont été notifiés.

En cas de préemption, celui qui l'exerce dispose pour la réalisation de l'acte de vente d'un délai de deux mois à compter de la date d'envoi de sa réponse au vendeur. Passé ce délai, sa déclaration de préemption est nulle de plein droit, quinze jours après une mise en demeure restée sans effet, et sans préjudice des dommages-intérêts qui peuvent lui être demandés par le vendeur.

Si plusieurs indivisaires exercent leur droit de préemption, ils sont réputés, sauf convention contraire, acquérir ensemble la portion mise en vente en proportion de leur part respective dans l'indivision.

Lorsque des délais de paiement ont été consentis par le cédant, l'article *(L. n° 2006-728 du 23 juin 2006, art. 2)* **« 828 » est applicable.**

BIBL. ▸ Donnier, *JCP 2015, n° 110* (extension du domaine de la préemption en matière d'indivision ?). – Tadros, *D. 2014. 2537* (réécriture du domaine de la préemption en matière d'indivision).

A. DOMAINE

1° PRINCIPE

1. Application à toutes les indivisions. Les dispositions de l'art. 815-14 sont applicables à toutes les indivisions, qu'elles soient ou non d'origine successorale. • Civ. 1re, 23 avr. 1985 : *D. 1985. 437, note Breton.*

2. ... En cas de cession de droits dans le bien indivis. Le droit de préemption de l'art. 815-14 n'est applicable qu'en cas de cession de droits dans le bien indivis, non en cas de cession du bien indivis lui-même. • Civ. 1re, 30 juin 1992, n° 90-19.052 P : *JCP 1993. I. 3713, n° 2, obs. Testu.*

3. ... Nonobstant la qualité d'usufruitier du cessionnaire. Le fait que la cession de droits indivis ait lieu en considération de la qualité d'usufruitier du cessionnaire, titulaire dans l'une des indivisions en cause de droits en usufruit, ne suffit pas pour dispenser de la notification de la cession aux autres indivisaires, ainsi que le prescrit l'art. 815-14. • Civ. 1re, 17 mai 1983, n° 82-11.931 P : *R., p. 45 ; D. 1984. 83, note G. Morin ; JCP 1984. II. 20311, note Dagot ; RTD civ. 1984. 345, obs. Patarin.*

4. Application en cas de vente déguisée (simulation d'une donation). En cas de donation constituant une vente déguisée, la cause de l'acte secret n'étant pas illicite, la cession n'est pas nulle en elle-même et le droit pour les coïndivisaires de se prévaloir de cet acte et de la qualification d'acte à titre onéreux qu'il révèle constitue en conséquence une sanction suffisante leur permettant ensuite de réclamer la nullité de la vente sur le fondement de l'art. 815-16, sauf prescription. • Civ. 1re, 18 oct. 2005, n° 02-14.219 P : *JCP 2006. I. 127, n° 5, obs. Périnet-Marquet.*

5. Notion d'identité de l'acquéreur. Le compromis de vente indiquant expressément que les acquéreurs se réservaient la faculté de se substituer toute personne physique ou morale ne répond pas aux exigences de l'art. 815-14, l'identité de l'acquéreur n'ayant pas été notifiée à l'indivisaire bénéficiaire du droit de préemption. • Civ. 1re, 28 janv. 2009, n° 07-18.120 P : *D. 2009. Pan. 2300, obs. Mallet-Bricout ; JCP 2009. I. 127, n° 8, obs. Périnet-Marquet ; ibid., n° 37, p. 54, obs. Billiau ; ibid. 2010, n° 203, § 6, obs. Le Guidec ; JCP N 2009. 1112, note Rivière ; Gaz. Pal. 2009. 1259, avis Legoux ; RJPF 2009-5/32, obs. Casey ; RLDC 2009/58, n° 3350, obs. Pouliquen ; ibid. 2009/61, n° 3481, obs. Parance ; Defrénois 2009. 1622, obs. Chamoulaud-Trapiers.*

2° EXCEPTIONS

6. Non-application à une indivision forcée et perpétuelle. En s'abstenant de rechercher, ainsi que les y invitaient les conclusions du défendeur, si une parcelle, servant de desserte aux parcelles divises qui l'entourent, n'avait pas le caractère d'accessoire indispensable de l'immeuble qu'elle dessert et ne se trouvait pas, ainsi, dans une indivision forcée et perpétuelle échappant aux dispositions des art. 815-14 et 815-16, les juges du fond ne donnent pas de base légale à leur décision. • Civ. 1re, 12 févr. 1985, n° 84-10.301 P : *R., p. 87.* – Même sens : • Civ. 1re, 28 févr. 2006, n° 04-15.937 P : *JCP 2006. I. 178, n° 7, obs. Périnet-Marquet ; RDI 2006. 298, obs. Bergel* • Civ. 3e, 27 mai 2010, n° 09-65.338 P : *JCP 2010, n° 1162, § 13, obs. Périnet-Marquet.*

7. ... Lorsque le cessionnaire a souscrit une obligation de soin. L'obligation de soins stipulée à l'acte de vente de droits indivis donne au contrat un caractère incompatible avec le droit de préemption reconnu aux indivisaires. • Civ. 3e, 3 oct. 1985 : *D. 1986. 373, note Breton.*

8. ... En cas de donation. Une donation peut porter sur des biens indivis, sauf à voir son effet subordonné au résultat du partage, et n'est pas soumise au droit de préemption prévu par les art. 815-14 et 815-16. • Civ. 1re, 11 déc. 1984 : *Defrénois 1986. 183, note Breton.*

9. ... En cas d'échange. Le droit de préemption de l'art. 815-14 ne peut trouver lieu à application en cas d'échange, et non de cession, l'indivisaire désireux d'exercer ce droit se trouvant alors dans l'impossibilité absolue de fournir au co-échangiste la prestation convenue. • Civ. 1re, 21 mai 1997, n° 95-12.460 P : *JCP 1998. I. 133, n° 3, obs. Le Guidec ; RTD civ. 1997. 973, obs. Patarin.* ♦ Même solution en cas d'apport en société. • Paris, 11 sept. 1997 : *Defrénois 1998. 119, note Malaurie.*

10. ... En cas de cession entre coïndivisaires. Une cession entre coïndivisaires d'une partie des droits indivis portant sur un fonds de terre ou un bien rural ne constitue pas une aliénation à titre onéreux ouvrant droit de préemption au preneur en place. • Civ. 3e, 24 nov. 2010, n° 09-69.327 P : *JCP 2011, n° 251, § 3, obs. Le Guidec ; D. 2010. Actu. 2912.*

B. RÉGIME

11. Possibilité de renoncer à la cession projetée. A défaut de disposition le précisant dans l'art. 815-14, qui a seulement pour but d'éviter l'intrusion d'un tiers étranger à l'indivision, la notification faite au titulaire du droit de préemption de l'intention de céder les droits indivis ne vaut pas offre de vente ; il en résulte que l'indivisaire qui a fait cette notification peut renoncer à son projet de vente malgré la manifestation de volonté d'un autre indivisaire d'exercer le droit de préemption. • Civ. 1re, 5 juin 1984 : *JCP 1985. II. 20469, note Dagot ; Defrénois 1986. 1162, note Vion ; RTD civ. 1985. 428, obs. Patarin* • 9 févr.

2011, n° 10-10.759 P : *D. 2011. Actu. 594* ; *JCP 2011, n° 323, § 10, obs. Périnet-Marquet ; AJ fam. 2011. 219, obs. Vernières* ; *Defrénois 2011. 1339, note Becqué-Ickowicz ; RLDC 2011/81, n° 4191, obs. Paulin ; RDC 2011. 921, note Goldie-Génicon.*

12. Conditions d'exercice du droit de préemption. La réalisation de l'acte de vente, à défaut de laquelle la déclaration de préemption est nulle de plein droit, suppose le strict respect des conditions de la cession initialement projetée. • Civ. 1re, 18 janv. 2012, n° 10-28.311 P : *D. 2012. 282, obs. Da Silva* ; *Defrénois 2012. 509, note Leblond* (en l'espèce, nullité de la déclaration de préemption, le projet d'acte soumis au cédant comportant une condition d'octroi d'un prêt non prévue dans l'offre initiale).

13. Substitution de l'indivisaire à l'acquéreur pressenti. L'indivisaire qui exerce son droit de préemption se substitue à l'acquéreur évincé en tous ses droits et toutes ses obligations (commission due à l'agent immobilier). • Civ. 1re, 26 mars 1996, n° 93-17.574 P : *JCP 1997. I. 4010, n° 11, obs. Périnet-Marquet ; Defrénois 1997. 92 (1er arrêt), note Gélot ; RTD civ. 1997. 478, obs. Patarin*.

14. Nullité de la préemption exercée par un indivisaire : régime de l'action. Seul le cédant, et non le tiers évincé, peut se prévaloir de la nullité de la déclaration de préemption prévue par l'art. 815-14, al. 3. • Civ. 1re, 12 déc. 2007, n° 06-19.531 P : *D. 2008. AJ 293* ; *JCP 2008. I. 127, n° 14, obs. Périnet-Marquet.* ♦ Application du régime de l'action oblique en cas de demande formée par le bénéficiaire d'une promesse de vente de biens indivis et tendant à l'annulation de la préemption exercée par un indivisaire : • Civ. 1re, 9 oct. 1991 : *D. 1992. 421, note Barret* ; *Defrénois 1992. 388, obs. Aynès ; RTD civ. 1992. 613, obs. Patarin*.

Art. 815-15 *(L. n° 76-1286 du 31 déc. 1976)* **S'il y a lieu à l'adjudication de tout ou partie des droits d'un indivisaire dans les biens indivis ou dans un ou plusieurs de ces biens, l'avocat ou le notaire doit en informer les indivisaires par notification un mois avant la date prévue pour la vente.** *(L. n° 78-627 du 10 juin 1978)* **« Chaque indivisaire peut se substituer à l'acquéreur dans un délai d'un mois à compter de l'adjudication, par déclaration au** *(Ord. n° 2006-461 du 21 avr. 2006)* **« greffe » ou auprès du notaire. »**

Le *(Ord. n° 2006-461 du 21 avr. 2006)* **« cahier des conditions de vente » établi en vue de la vente doit faire mention des droits de substitution.**

1° DROIT DE SUBSTITUTION : DOMAINE

1. Principe de non-application en cas d'adjudication des biens indivis eux-mêmes. L'art. 815-15 ne peut être appliqué qu'en cas d'adjudication portant sur les droits d'un indivisaire dans les biens indivis, et non sur les biens indivis eux-mêmes. • Civ. 1re, 14 févr. 1989 : *D. 1989. 278, note Morin ; RTD civ. 1989. 588, obs. Zenati, et 792, obs. Patarin* • Lyon, 23 mai 1990 : *Gaz. Pal. 1991. 1. 125, note A. Piedelièvre* • Civ. 1re, 30 juin 1992, n° 90-19.052 P.

2. Tempérament : clause du cahier des charges prévoyant un droit de substitution lors de la licitation d'un bien indivis. Mais aucune loi ou règle d'ordre public n'interdit qu'un droit de substitution soit prévu par les indivisaires au profit de chacun d'eux par une clause du cahier des charges établi en vue de la licitation d'un bien indivis. • Civ. 3e, 3 mai 1989, n° 87-17.094 P : *RTD civ. 1990. 683, obs. Zenati* ; *RDI 1990. 65, obs. Bergel*. ♦ Lorsqu'une telle clause a été prévue au cahier des charges établi en vue de la licitation du bien indivis, elle produit effet et autorise un indivisaire à se substituer à l'adjudicataire. • Civ. 1re, 18 mars 2015, n° 14-11.299 P : *AJ fam. 2015. 291, obs. Casey*.

2° ... EXERCICE

3. Délai d'exercice en cas de surenchère. La suspension des effets de l'adjudication par la surenchère emporte celle du délai d'exercice de la faculté de substitution jusqu'à la décision prise par le tribunal sur cette surenchère. • Civ. 1re, 18 mars 2015, n° 14-11.299 P : *AJ fam. 2015. 291, obs. Casey*.

4. Conflit de déclarations de substitution. L'indivisaire qui a le premier fait la déclaration de substitution se trouve seul substitué comme acquéreur à l'adjudicataire. • Civ. 1re, 7 oct. 1997, n° 95-17.071 P : *D. 1998. 145, concl. Sainte-Rose* ; *JCP 1998. I. 117, n° 7, obs. Périnet-Marquet ; JCP 1999. I. 132, n° 1, obs. Le Guidec ; RTD civ. 1998. 168, obs. Patarin*.

Art. 815-16 *(L. n° 76-1286 du 31 déc. 1976)* **Est nulle toute cession ou toute licitation opérée au mépris des dispositions des articles 815-14 et 815-15. L'action en nullité se prescrit par cinq ans. Elle ne peut être exercée que par ceux à qui les notifications devaient être faites ou par leurs héritiers.**

1. Absence de notification de la cession. Sanction de l'absence de notification de la cession : V. • TGI Saint-Quentin, 7 juin 1979 : *Gaz. Pal. 1979. 2. 495 (2e esp.), note E. S. de La Marnierre ; D. 1981. IR 28, obs. Breton.*

2. Irrégularité de la notification : non-application de l'art. 114 C. pr. civ. Lorsque la notification n'a pas respecté la forme prévue par l'art. 815-14, l'irrégularité ainsi relevée ne peut être couverte par le jeu de l'art. 114 C. pr. civ. (pas de nullité sans grief), cet art. ne pouvant recevoir application à propos d'un acte extrajudiciaire. • Civ. 1re, 5 mars 2002, n° 00-13.511 P : *D. 2002. IR 1530* ; *JCP 2002. I. 176, n° 9, obs. Périnet-Marquet ; RJPF 2002-9/48, obs. Casey.*

3. ... Prescription de l'action en nullité. La prescription prévue par l'art. 815-16 court à compter du jour où le coïndivisaire du vendeur a eu connaissance de la vente ; les coïndivisaires sont réputés en avoir eu connaissance à la date de publication de la vente. • Civ. 1re, 5 mars 2014, n° 12-28.348 P : *D. 2014. 1259, note Traullé* ; *AJDI 2014. 392* ; *AJ fam. 2014. 247, obs. Levillain* ; *JCP N 2014, n° 1151, obs. Le Guidec.*

SECTION 3 ***Du droit de poursuite des créanciers*** *(L. n° 2006-728 du 23 juin 2006, art. 2).*

Art. 815-17 *(L. n° 76-1286 du 31 déc. 1976)* **Les créanciers qui auraient pu agir sur les biens indivis avant qu'il y eût indivision, et ceux dont la créance résulte de la conservation ou de la gestion des biens indivis, seront payés par prélèvement sur l'actif avant le partage. Ils peuvent en outre poursuivre la saisie et la vente des biens indivis.**

Les créanciers personnels d'un indivisaire ne peuvent saisir sa part dans les biens indivis, meubles ou immeubles.

Ils ont toutefois la faculté de provoquer le partage au nom de leur débiteur ou d'intervenir dans le partage provoqué par lui. Les coïndivisaires peuvent arrêter le cours de l'action en partage en acquittant l'obligation au nom et en l'acquit du débiteur. Ceux qui exerceront cette faculté se rembourseront par prélèvement sur les biens indivis.

COMMENTAIRE

L'article 815-17 est le grand texte du passif pendant l'indivision post-communautaire (dès lors que celle-ci existe à l'égard des tiers, c'est-à-dire une fois le divorce transcrit en marge des actes de l'état civil). Le droit de gage qu'il confère au créancier de l'ancienne communauté est bien connu : biens personnels de son débiteur, revenus de son débiteur, biens indivis (qu'il peut donc faire saisir et vendre). Sa situation est donc meilleure que celle du créancier d'un indivisaire, lequel ne peut que provoquer le partage, y assister, et surveiller que son débiteur soit alloti, et cela fait, le saisir sur les biens qui composeront son lot.

Combinaison des articles 815-17 et 1483 du code civil. Par conséquent, l'ancien créancier commun (créancier de l'art. 1413 C. civ.) dispose d'un droit beaucoup plus puissant, puisque lui peut saisir les biens indivis ainsi que les biens personnels de son débiteur. On a coutume de dire que les biens personnels de l'époux non débiteur restent cependant hors de portée de ce créancier. Cela est vrai au regard des dispositions de l'article 815-17. Mais le tableau, s'il reste ainsi, est incomplet. En effet, les dispositions de ce texte doivent être combinées avec celles de l'art. 1483, qui régissent le bénéfice d'émolument. De cette combinaison il résulte que le créancier aura un droit de gage modifié par rapport au temps de la communauté, mais pas forcément plus défavorable. En effet, grâce à l'article 1483, il aura le droit, pour moitié de sa créance, de saisir les biens personnels du conjoint de son débiteur.

Exemple. Soit un créancier dont la dette, d'un montant de 500 euros, est entrée en communauté du chef de Roméo. Du temps de la communauté, ce créancier pouvait saisir : les biens propres de Roméo, ses revenus de biens propres et ses gains et salaires, les biens communs, et les revenus de biens propres de Juliette (s'ils sont conservés sur un compte, ce qui est généralement le cas). Pendant l'indivision post-communautaire, l'article 815-17 lui donne le droit de gage suivant : poursuite sur les biens personnels de Roméo (ses anciens biens propres et ses revenus), mais aussi sur les biens indivis (ex-biens communs), mais absence de droit sur les biens personnels de Juliette (ses anciens biens propres et ses revenus). Le créancier perd donc les revenus de Juliette si l'on s'en tient à l'article 815-17. Mais c'est là que l'article 1483 montre son intérêt : grâce à ce dernier texte, le créancier peut, pour moitié de sa créance (donc 250 euros), saisir les biens personnels de Juliette, donc ses revenus (comme avant, mais pour un montant plus limité), mais aussi ses biens personnels en capital (anciens biens propres de Juliette), qui, eux, étaient hors de portée du temps de la communauté (à cause de l'art. 1418). Où l'on voit que l'indivision post-communautaire peut être très intéressante pour le créancier commun précité.

Ce droit de gage « combiné » s'explique par le fait que le passif commun devra bien être payé un jour, et que l'on ne peut exiger du créancier impayé qu'il attende le bon vouloir des époux pour organiser le partage. Il n'en demeure pas moins que l'indivision post-communautaire, une fois opposable aux tiers, est un moment fort dangereux pour le conjoint de l'époux débiteur. Certes, il peut invoquer le bénéfice d'émolument pour se protéger (ne payer ce passif qu'à hauteur du montant réellement pris sur la communauté), mais cette protection n'existe qu'au moment du partage. Avant, il est nu comme un ver, et ses biens personnels sont fortement exposés. Voilà pourquoi il est regrettable de trop différer le commencement des opérations de partage une fois le divorce devenu définitif. Multiplier les médiations et les séances de discussions amiables peut avoir des vertus, mais c'est assurément dangereux au regard des règles gouvernant le passif. Dans l'exemple ci-dessus, Juliette ne sera réellement protégée que lorsqu'elle assignera en partage et mettra en œuvre le bénéfice d'émolument, ce qui lui permettra d'opposer un sursis à statuer à toute demande fondée sur l'article 1483 en demandant que cette mesure soit différée au résultat du partage. ❑

I. PRÉROGATIVES RECONNUES AUX CRÉANCIERS DE L'INDIVISION

A. DÉFINITION DES CRÉANCIERS DE L'INDIVISION

1. Liquidateur représentant des créanciers antérieurs à la naissance de l'indivision. La liquidation judiciaire étant antérieure à la transcription du jugement de divorce, le liquidateur, qui représentait les créanciers, aurait pu agir sur l'immeuble litigieux avant la création de l'indivision post-communautaire ; il est donc recevable, en application des dispositions de l'art. 815-17, al. 1er, à poursuivre la vente forcée de cet immeuble. • Civ. 1re, 21 mai 1997, n° 95-14.102 P : *JCP 1997. I. 4054, n° 15, obs. Pételֹ; Dr. fam. 1997, n° 122, note Lécuyer.* – Dans le même sens : • Com. 18 févr. 2003, n° 00-13.100 P : *R., p. 384 ; D. 2003. AJ 766, obs. A. Lienhard (2e esp.) ; ibid. Somm. 1620, obs. Le Corre (2e esp.) ; JCP 2003. I. 180, n° 4, obs. Le Guidec ; Dr. et patr. 6/2003, p. 98, obs. Monsèrié-Bon.*

2. Créancier titulaire d'une sûreté légale antérieure à la naissance de l'indivision. Même dans l'hypothèse où un prêt est souscrit par l'un seulement des acquéreurs d'un bien immobilier pour financer sa part, l'assiette du privilège de prêteur de deniers est constituée par la totalité de l'immeuble et le prêteur, titulaire d'une sûreté légale née antérieurement à l'indivision, peut se prévaloir des dispositions du 1er al. de l'art. 815-17 ; dès lors, ce privilège grève de plein droit la totalité de l'immeuble acquis, même s'il est né du chef d'un seul acquéreur et le prêteur peut poursuivre la vente forcée de l'immeuble indivis sans engager préalablement une procédure de partage. • Civ. 1re, 9 janv. 2019, n° 17-27.411 P.

3. Indivisaire dont la créance résulte de la conservation des biens indivis. Il ressort des art. 815-13 et 815-17, al. 1er, que l'indivisaire titulaire d'une créance résultant de la conservation des biens indivis peut poursuivre la saisie de certains de ces biens, sans être tenu d'attendre l'issue des opérations de partage. • Civ. 1re, 20 févr. 2001, n° 98-13.006. ♦ L'épouse coïndivisaire qui a remboursé personnellement une partie des échéances des emprunts est créancière personnelle de l'indivision pour avoir assuré des dépenses de conservation de l'immeuble indivis, et est, dès lors, fondée à faire valoir sa créance par prélèvement sur l'actif de l'indivision avant son partage. • Civ. 1re, 26 juin 2013, n° 12-11.818 P. ♦ V. conf., pour l'indivisaire titulaire d'une créance sur l'indivision ne résultant pas de la conservation des biens indivis. • Civ. 1re, 4 juill. 2007, n° 06-13.770 P : *D. 2008. Pan. 2248, obs. Revel ; JCP 2007. I. 197, n° 4, obs. Périnet-Marquet ; Defrénois 2008. 399, note Chamoulaud-Trapiers.*

B. DROIT DE POURSUIVRE LES BIENS INDIVIS

4. Sûreté judiciaire et droit de poursuite du créancier hypothécaire. Ayant relevé que l'épouse avait été autorisée par jugement en 1999, confirmé par arrêt irrévocable en 2004, à signer seule, pour le compte de la communauté, l'acte de prêt garanti par l'affectation hypothécaire des biens communs, ce dont il résultait que la banque bénéficiait sur ces biens, devenus indivis après la dissolution de la communauté consécutive au divorce des époux, d'une hypothèque constituée du chef de tous les indivisaires, la cour d'appel en a exactement déduit, hors toute dénaturation, qu'elle pouvait exercer son droit de poursuite sur ces biens par application de l'art. 815-17, al. 1er. • Civ. 1re, 24 mai 2018, n° 16-26.378 P : *Defrénois 2018, n° 140 a3, p. 37, obs. Chamoulaud-Trapier.*

5. Privilège de prêteur de deniers. Même dans l'hypothèse où un prêt est souscrit par l'un seulement des acquéreurs d'un bien immobilier, pour financer sa part, l'assiette du privilège de prêteur de deniers est constituée par la totalité de l'immeuble et le prêteur, titulaire d'une sûreté légale née antérieurement à l'indivision, peut se prévaloir des dispositions de l'art. 815-17, al. 1er, C. civ. ; dès lors, la cour d'appel a exactement retenu que ce privilège grevait de plein droit la totalité de l'immeuble acquis, même s'il était né du chef d'un seul acquéreur, et que la banque aurait pu poursuivre la vente forcée de l'immeuble dont elle avait partiellement financé l'acquisition sans engager une procédure préalable de partage et sans que puissent lui être opposés les démembrements de la propriété convenus entre les acquéreurs. • Civ. 1re, 9 janv. 2019, n° 17-27.411 : *AJ fam. 2019. 219, obs. Casey*.

6. Droit de saisir les biens indivis : principe. En vertu de l'art. 815-17, les créanciers titulaires de créances antérieures à la date à laquelle la dissolution de la communauté est opposable aux tiers peuvent saisir un bien dépendant de l'indivision post-communautaire dès lors qu'ils auraient pu agir sur le bien objet de la poursuite avant la dissolution de la communauté dont il dépendait. • Civ. 1re, 9 juill. 1991, n° 90-12.764 P. – Même sens : • Civ. 1re, 17 mars 1987 : *JCP 1988. II. 21021 (1re esp.), note Simler* • 7 mars 1989, n° 86-18.786 P : *Defrénois 1989. 931, obs. Champenois.* ♦ Les créanciers dont la créance est née antérieurement à la dissolution de la communauté peuvent poursuivre la saisie et la vente des biens dépendant de l'indivision post-communautaire. • Civ. 1re, 13 déc. 2005, n° 02-17.778 P : *R., p. 301 ; D. 2006. AJ 302, obs. A. Lienhard*.

7. Licitation consécutive à la saisie des biens indivis. Lorsqu'un créancier de la succession est autorisé à poursuivre la saisie et la vente d'un immeuble indivis, il doit être procédé à cette vente par licitation devant le tribunal, sauf si les parties en conviennent autrement. • Civ. 1re, 29 nov. 1994, n° 93-11.317 P.

8. Paiement par prélèvement avant partage. L'action ouverte aux créanciers par l'art. 815-17, al. 1er, pour leur permettre d'être payés par prélèvement avant partage ne tend pas aux mêmes fins que la demande en partage, propre aux créanciers d'un coïndivisaire, qui est destinée à faire cesser l'indivision. • Civ. 1re, 3 déc. 1996, n° 94-19.229 P : *JCP 1998. I. 133, n° 2, obs. Le Guidec ; Defrénois 1997. 409, obs. Grimaldi.*

9. Prise en compte de la protection du logement de la famille. L'art. 215, al. 3, est applicable à une demande en partage d'un bien indivis par lequel est assuré le logement de la famille ; cassation de l'arrêt qui, pour accueillir la demande en partage et en licitation formée par le liquidateur à la procédure collective ouverte contre le mari, retient que l'art. 215 n'est pas applicable lorsqu'une vente forcée est poursuivie par le liquidateur judiciaire d'un des époux, alors que le liquidateur agissait aux lieu et place de l'époux débiteur déssaisi et que l'immeuble en indivision dont il était demandé le partage et la licitation en un seul lot constituait le logement de la famille. • Civ. 1re, 3 avr. 2019, n° 18-15.177 P.

10. Compatibilité avec les règles relatives au passif subsistant à la dissolution de la communauté. Compatibilité de l'art. 815-17, al. 1er, avec le droit de poursuivre le conjoint de l'époux débiteur à hauteur de la moitié de la dette après la dissolution de la communauté prévue par l'art. 1483 : V. note 4 ss. art. 1483.

11. Application en cas de procédure collective ouverte à l'encontre d'un indivisaire. L'indivisaire dont la créance résulte de la conservation ou de la gestion des biens indivis peut faire valoir les droits qu'il tient de l'art. 815-17, al. 1er, après l'ouverture de la procédure collective de l'un des indivisaires, sans avoir à déclarer sa créance à celle-ci. • Com. 2 juin 2015, n° 12-29.405 P : *D. 2015. 1270 ; AJ fam. 2015. 546, obs. Casey ; RTD civ. 2015. 905, obs. Dross ; RTD com. 2015. 747, obs. Martin-Serf*. ♦ Les créanciers qui auraient pu agir sur les biens indivis avant la naissance de l'indivision conservent le droit de poursuivre la saisie des biens indivis, malgré l'ouverture d'une procédure collective à l'encontre de l'un des indivisaires, sans avoir à déclarer leur créance à la procédure collective. • Com. 2 juin 2015, n° 12-29.405 P. ♦ Antérieurement, dans le même sens : • Civ. 1re, 13 déc. 2005, n° 02-17.778 P : *R., p. 301 ; D. 2006. AJ 302, obs. A. Lienhard*.

12. Compatibilité avec les mesures prises dans le cadre de la procédure collective. Impossibilité d'opposer aux créanciers de l'indivision l'inaliénabilité temporaire résultant du plan de continuation arrêté par le tribunal dans le cadre de la procédure collective ouverte à l'encontre d'un indivisaire, postérieurement à la naissance de l'indivision. • Com. 7 févr. 2012, n° 11-12.787 P : *D. 2012. 499* ♦ La banque créancière d'un indivisaire ne peut être privée du droit de poursuite qu'elle tient de l'art. 815-17 ; bénéficiant, antérieurement à l'ouverture de la procédure collective d'un indivisaire, d'un jugement ordonnant la licitation des biens indivis, il n'est pas nécessaire qu'elle saisisse le juge-commissaire d'une requête afin d'être autorisée à continuer ses poursuites sur des biens dont, après l'adoption du plan de continuation, le débiteur a retrouvé la libre disposition à son égard. • Même arrêt. ♦ Rappr. : • Civ. 2e, 16 mai 2013 : *D. 2013. 1268* (la banque créancière de l'indivision, qui préexistait à l'ouverture de la procédure collective de l'ex-épouse, pouvait poursuivre la saisie et la vente de l'immeuble indivis pour être payée, avant le partage, par prélèvement sur l'actif).

II. SITUATION FAITE AUX CRÉANCIERS PERSONNELS D'UN INDIVISAIRE

13. Intérêt à agir du créancier personnel. Pour accueillir la demande du Trésor public en licitation d'un imeuble et rejeter celle de l'épouse tendant à l'attribution préférentielle, l'arrêt énonce que le Trésor public a un intérêt à agir, sa créance étant en péril du fait de l'insolvabilité du mari, et que l'absence de vocation alléguée de ce dernier à percevoir une quelconque somme au titre du partage après la vente du bien ne peut faire échec au droit du créancier hypothécaire de provoquer le partage ou d'intervenir dans celui-ci. En statuant ainsi, alors que le créancier personnel d'un indivisaire est sans intérêt à intervenir au partage de son débiteur, lorsque celui-ci est redevable envers l'indivision d'une somme supérieure au montant de ses droits qu'il y tient de sorte qu'aucune attribution ne peut lui être faite, la cour d'appel a violé les art. 1166 anc. et 815-17 C. civ. • Civ. 1re, 1er avr. 2015, n° 14-11.554.

A. INTERDICTION DE SAISIR LA PART DE L'INDIVISAIRE DÉBITEUR

14. Principe. Le créancier personnel d'un indivisaire ne peut saisir la part de son débiteur dans les biens indivis, ni prendre aucune mesure ayant pour effet de rendre cette part indisponible. • Civ. 1re, 15 juill. 1999, n° 97-14.361 P : *JCP 2000. I. 278, n° 6, obs. Le Guidec (1re esp.)* • Civ. 2e, 4 oct. 2001 : *RTD civ. 2002. 150, obs. Perrot*. ♦ L'art. 815-17, al. 2, interdit au créancier personnel d'un indivisaire de faire saisir et vendre la part de son débiteur. • Civ. 1re, 20 oct. 1982, n° 81-15.560 P : *R., p. 49* • 1er déc. 1999, n° 97-20.965 P : *D. 2000. IR 6* ; *JCP 2000. I. 278, n° 6, obs. Le Guidec (2e esp.)*.

15. Généralité de l'inscription hypothécaire consentie par un seul indivisaire. Même dans l'hypothèse où un prêt est souscrit par l'un seulement des acquéreurs d'un bien immobilier pour financer sa part, l'assiette du privilège de prêteur de deniers est constituée par la totalité de l'immeuble. Engage sa responsabilité vis-à-vis de la banque prêteuse, le notaire qui a inscrit le privilège du prêteur de deniers sur la seule quote-part indivise de l'emprunteur, la banque ayant de ce fait la qualité de créancier personnel du seul coïndivisaire emprunteur et se trouvant dans l'impossibilité d'exercer son droit de poursuite sur l'immeuble indivis. • Civ. 1re, 9 janv. 2019, n° 17-27.411 P.

16. Tempérament : droit de prendre des sûretés sur la part de leur débiteur. L'interdiction édictée par l'art. 815-17, al. 2, à l'encontre des créanciers personnels d'un indivisaire, de saisir la part indivise de leur débiteur ne restreint pas leur droit de prendre des sûretés sur cette part indivise. • Civ. 2e, 17 févr. 1983, n° 81-15.566 P. – Dans le même sens : • Civ. 3e, 2 nov. 1983 : *JCP 1985. II. 20354, note Joly; Defrénois 1985. 55, note Théry ; RTD civ. 1984. 174, obs. Perrot.*

17. ... Qualité de codébiteurs solidaires de tous les indivisaires. Il résulte des art. 815-17, 1200 anc., 2092 [2284] et 2093 [2285] que, si le créancier a tous les coïndivisaires comme codébiteurs solidaires, il n'est pas tenu de provoquer le partage ; il peut poursuivre la saisie. • Civ. 1re, 6 nov. 2001, n° 98-20.518 P : *JCP 2002. I. 176, n° 8, obs. Périnet-Marquet ; ibid. 178, n° 4, obs. Le Guidec ; JCP N 2002. 1583, étude Brémond ; Dr. fam. 2002, n° 12, obs. B. B.*

18. ... Constitution d'hypothèque consentie par tous les indivisaires. Pour le cas où la constitution d'hypothèque a été consentie par tous les coïndivisaires (art. 2125 [2414], al. 2) et où, en conséquence, le créancier peut pratiquer une saisie immobilière sur le bien, V. • Civ. 1re, 20 nov. 1990, n° 89-13.876 P : *Defrénois 1991. 1054, note X. Savatier ; Gaz. Pal. 1991. 2. Somm. 265, obs. Véron ; RDI 1991. 371, obs. Delebecque et Simler ; RTD civ. 1992. 147, obs. Zenati* • 14 juin 2000, n° 98-10.577 P : *D. 2000. AJ 318, obs. A. Lienhard ; D. 2001. Somm. 696, obs. Aynès ; JCP 2001. I. 309, n° 11, obs. Storck ; JCP N 2000. 1357, étude Vauvillé ; Defrénois 2001. 368, obs. Sénéchal ; Dr. et patr. 1/2001, p. 96, obs. Monsèrié-Bon* • 28 juin 2005, n° 02-20.452 P : *JCP 2005. I. 185, n° 14, obs. Delebecque ; JCP N 2006. 1025, note Brémond.*

B. DROIT DE PROVOQUER LE PARTAGE ET LA LICITATION

19. QPC (non). La question de savoir si les dispositions de l'art. 815-17 portent atteinte au principe à valeur constitutionnelle de sauvegarde de la dignité de la personne humaine et à l'objectif de valeur constitutionnelle que constitue le droit au logement ne présente pas un caractère sérieux en ce que le droit des créanciers d'un indivisaire de demander le partage du bien indivis assure la protection du droit de propriété de ces créanciers en leur permettant de passer outre le caractère indivis du bien et ne porte pas une atteinte disproportionnée aux droits du coïndivisaire, qui se voit reconnaître la faculté d'arrêter le cours de l'action en partage et qui, par ailleurs, bénéficie d'un droit d'attribution préférentielle s'il en remplit les conditions, notamment s'il s'agit de son logement. • Civ. 1re, 28 mars 2012, n° 12-40.002 P.

1° SOUMISSION AUX CONDITIONS DE L'ACTION OBLIQUE

20. Nécessité d'établir la carence de l'indivisaire débiteur. Si les créanciers peuvent exercer tous les droits et actions de leurs débiteurs, autres que ceux exclusivement attachés à leur personne, y compris l'action en partage d'une indivision, c'est aux conditions que ceux-ci refusent d'en faire usage et que l'intérêt des créanciers soit compromis. • Civ. 1re, 17 mai 1982, n° 81-12.312 P • 11 mars 2003, n° 01-12.170 P : *AJ fam. 2003. 189, obs. S. D.-B*. • 23 mai 2006, n° 05-18.065 P (volonté délibérée du débiteur de ne pas honorer sa dette).

21. Prise en compte des droits de l'indivisaire débiteur dans le partage. Lorsqu'un héritier est débiteur envers la succession de sommes supérieures à sa part héréditaire, il ne peut lui être fait dans le partage aucune attribution et ses créanciers personnels, agissant par l'action oblique, ne peuvent avoir plus de droits que lui ; la demande en partage et licitation qu'ils ont formée est donc rejetée à bon droit par les juges du fond. • Civ. 1re, 14 déc. 1983, n° 82-14.725 P : *R., p. 47 ; D. 1984. 310, note Breton ; RTD civ. 1985. 191, obs. Patarin.*

2° RÉGIME DE L'ACTION EN PARTAGE

22. Titulaire de l'action : créanciers personnels d'un indivisaire. Droit des créanciers personnels d'un indivisaire de provoquer le partage et la licitation : • Civ. 1re, 23 mai 2006 : *préc. note 20.* – V. aussi • Paris, 20 nov. 1984 : *JCP 1986. II. 20584, note Ragot.*

23. ... Liquidateur judiciaire. Dès lors que l'indivision préexistait à l'ouverture de la procédure collective, le liquidateur, représentant des créanciers personnels de l'indivisaire en liquidation, est fondé à solliciter la licitation de l'immeuble indivis. • Com. 3 oct. 2006, n° 05-16.463 P : *D. 2006. AJ 2602, obs. A. Lienhard ; JCP 2007. I. 142, n° 29, obs. Tisserand-Martin.*

24. Non-application de l'art. 1360 C. pr. civ. Les dispositions de l'art. 1360 C. pr. civ., qui imposent à l'indivisaire demandeur en partage de préciser les diligences entreprises en vue de parvenir à un partage amiable, ne sont pas applicables lorsque l'action en partage est exercée par le créancier personnel d'un indivisaire agissant par la voie oblique. • Civ. 1re, 25 sept. 2013, n° 12-21.272 P : *D. 2013. 2273 ; AJ fam. 2013. 714, obs. de Guillenchmidt-Guignot ; RDC 2014. 204, note Libchaber* • 13 janv. 2016, n° 14-29.534 P : *D. 2016. 779, obs. Neyret ; AJDI 2016. 220 ; AJ fam. 2016. 163, obs. Casey.*

25. Compatibilité de l'action en partage avec une action en réduction de libéralité. Articulation entre l'action en réduction de libéralités excessives, exercée par le créancier d'un héritier réservataire, et la faculté ouverte à ce créancier de provoquer le partage au nom de son débiteur (art. 815-17, al. 3) : V. • Civ. 1re, 20 oct. 1982, n° 81-16.092 P : *R., p. 48 ; D. 1983. 120, note Rémy ; Defrénois 1983. 627, note Breton ; RTD civ. 1983. 771, obs. Patarin.*

26. Possibilité d'opposer à l'action en partage une demande d'attribution préférentielle. Une demande d'attribution préférentielle peut être opposée à l'action en partage formée par les créanciers d'un indivisaire. • Civ. 1re, 8 mars 1983 : *D. 1983. 613, note Breton ; RTD civ. 1984. 539, obs. Patarin* • Com. 3 oct. 2006 : *préc. note 23* (en l'espèce, rejet de la demande fondé sur le risque que cette attribution ferait courir aux créanciers de l'un des indivisaires sous le coup d'une procédure collective, en raison de la situation précaire de l'attributaire).

27. Obstacle à l'action résultant de l'indétermination du montant de la dette. En l'absence de décision définitive d'admission des créances au passif de la liquidation judiciaire de l'indivisaire débiteur, ses coïndivisaires ne sont pas en mesure de connaître le montant de la dette qu'ils devraient acquitter pour arrêter l'action en partage du mandataire liquidateur, et, dès lors, celle-ci doit être rejetée. • Civ. 1re, 20 déc. 1993 : *D. 1994. 358, note Derrida et A. Honorat ; RTD civ. 1994. 393, obs. Patarin ; ibid. 895, obs. Zenati.* ♦ Dans le même sens, déclarant recevable une demande tendant à obtenir la détermination du montant actualisé de la dette : • Civ. 1re, 27 mai 2010, n° 09-11.460 P : *D. actu. 2 juin 2010, obs. de la Touanne ; RLDC 2010/73, n° 3893, obs. Pouliquen.*

28. Arrêt du cours de l'action par les coïndivisaires : impossibilité de contester le montant de la créance. Les dispositions de l'art. 815-17, al. 3, ne permettent pas au coïndivisaire qui désire arrêter le cours de l'action en partage exercée par le créancier d'un autre indivisaire de contester le montant de la créance en vertu de laquelle le créancier poursuit le partage, mais seulement d'en acquitter le montant tel qu'il résulte des titres produits. • Paris, 27 mai 1987 : *D. 1988. 216, note Breton.*

29. Procédure collective et partage amiable. Viole l'art. L. 622-9 C. com., dans sa rédaction antérieure à celle issue de la L. n° 2005-845 du 26 juill. 2005, la cour d'appel qui décide qu'il résulte des pièces produites que les époux ont procédé à un partage amiable, alors qu'il résultait de ses constatations qu'à la date du prétendu partage, l'époux était placé en liquidation judiciaire, de sorte qu'il était dessaisi de l'administration et de la disposition de ses biens, et que la conclusion d'un partage amiable relevait du seul pouvoir du liquidateur. • Civ. 1re, 7 nov. 2018, n° 17-27.272.

30. Procédure collective et droit de poursuite d'un créancier de l'indivision. L'indivisaire dont la créance résulte de la conservation ou de la gestion des biens indivis peut faire valoir les droits qu'il tient de l'art. 815-17 après l'ouverture de la procédure collective de l'un des indivisaires, sans avoir à déclarer sa créance à celle-ci. • Civ. 1re, 28 juin 2019, n° 17-26.154.

SECTION 4 ***De l'indivision en usufruit*** *(L. n° 2006-728 du 23 juin 2006, art. 2).*

Art. 815-18 *(L. n° 76-1286 du 31 déc. 1976)* **Les dispositions des articles 815 à 815-17 sont applicables aux indivisions en usufruit en tant qu'elles sont compatibles avec les règles de l'usufruit.**

Les notifications prévues par les articles 815-14, 815-15 et 815-16 doivent être adressées à tout nu-propriétaire et à tout usufruitier. Mais un usufruitier ne peut acquérir une part en nue-propriété que si aucun nu-propriétaire ne s'en porte acquéreur ; un nu-propriétaire ne peut acquérir une part en usufruit que si aucun usufruitier ne s'en porte acquéreur.

Rémunération de la gestion de l'indivision. Il existe entre le conjoint survivant, bénéficiant de un quart de la succession en usufruit, et ses enfants, bénéficiant des trois quarts en pleine propriété et de un quart en nue-propriété, une indivision en jouissance qui justifie que le conjoint survivant puisse prétendre, en application des art. 815-12 et 815-18, à la rémunération de son activité de gardien de l'immeuble. • Civ. 1re, 26 sept. 2007, n° 06-14.422 P.

CHAPITRE VIII **DU PARTAGE** *(L. n° 2006-728 du 23 juin 2006, art. 3).*

*La loi n° 2006-728 du 23 juin 2006 modifiant le présent chapitre est entrée en vigueur le **1er janv. 2007**. Elle est applicable dès son entrée en vigueur aux indivisions existantes et aux successions ouvertes non encore partagées à cette date.*

RÉP. CIV. v° *Partage* par C. Brenner.

BIBL. GÉN. ▶ Forgeard, *JCP N 2008. 1146* (droit au partage).

SECTION 1 *Des opérations de partage*

(L. n° 2006-728 du 23 juin 2006, art. 4)

DALLOZ ACTION *Droit patrimonial de la famille 2021/2022, nos 271.00 s.*

BIBL. GÉN. ▶ J. Julien, *Dr. fam. 2006. Étude 58*. – Fressenon, *JCP N 2009. 1326* (notaire et partage judiciaire). – Golhen, *Defrénois 2007. 1413* (déjudiciarisation du partage). – Grimaldi, *Defrénois 2012. 1123*. – Poivey-Leclercq, *Defrénois 2012. 1138* (observation d'un praticien). – Yildirim, *D. 2006. 2570* (modernisation des opérations de partage).

SOUS-SECTION 1 *Dispositions communes*

§ 1 *Des demandes en partage*

Art. 816 Le partage peut être demandé, même quand l'un des indivisaires a joui séparément de tout ou partie des biens indivis, s'il n'y a pas eu d'acte de partage ou une possession suffisante pour acquérir la prescription.

1. Recevabilité de la demande conditionnée par les diligences entreprises en vue d'un partage amiable. Irrecevabilité de l'assignation en partage ne mentionnant pas les diligences entreprises en vue d'un partage amiable, l'inobservation des exigences de l'art. 1360 C. pr. civ. n'étant pas susceptible d'être régularisée par la signification, postérieure à l'assignation, d'une sommation interpellative à la partie adverse afin qu'elle prenne position sur la possibilité de procéder à un partage amiable. • Civ. 1re, 21 sept. 2016, n° 15-23.250 P.

2. Superposition d'indivisions. Lorsqu'il existe entre les mêmes personnes plusieurs indivisions d'origine distincte, certains des indivisaires ne peuvent imposer aux autres un partage unique englobant tous les biens indivis. • Civ. 1re, 30 juin 1969 : *Bull. civ. I, n° 251 ;* dans le même sens : • Civ. 1re, 20 mai 1981 : *D. 1982. 318, note Rondeau-Rivier, et 515 ; JCP 1982. II. 19831, note Dagot* • 21 oct. 1981, n° 80-15.342 P : *RTD civ. 1982. 776, obs. Patarin.*

Mais rien n'interdit à tous les indivisaires, lorsqu'ils y consentent, de partager ensemble plusieurs indivisions dans lesquelles ils ont des droits. • Civ. 1re, 21 oct. 1981 : *préc.* ♦ A défaut d'accord des parties : V. • Civ. 1re, 20 mai 1981 : *préc.* (méthode à suivre pour partager séparément deux indivisions) • Civ. 1re, 11 févr. 1969 : *D. 1969. 233, note Breton ; JCP 1969. II. 15889 (2e esp.), note Dagot* (licitation unique ordonnée en raison des avantages qu'elle présente pour les copartageants).

3. Possession suffisante pour acquérir par prescription. L'indivisaire ne peut prescrire les biens de l'hérédité à l'encontre de ses coïndivisaires que s'il justifie d'une possession non équivoque, et le vice d'équivoque peut être opposé à ses héritiers. • Civ. 1re, 17 avr. 1985, n° 83-14.683 P : *R., p. 87 ; D. 1986. 82, note Breton ; JCP 1985. II. 20464, concl. Gulphe.* ♦ L'héritier qui prétend avoir acquis un immeuble par usucapion doit rapporter la preuve d'actes manifestant à l'encontre de ses cohéritiers son intention de se comporter en propriétaire exclusif. • Civ. 1re, 27 oct. 1993, n° 91-13.286 P : *D. 1995. Somm. 332, obs. Grimaldi*. ♦ Le caractère exclusif de la possession d'un propriétaire indivis ne peut être établi que par l'existence d'actes incompatibles avec cette seule qualité. • Civ. 3e, 27 nov. 1985, n° 84-15.259 P.

4. Procédure. Sur le régime procédural de la demande en partage, des différentes irrecevabilités, le régime des demandes nouvelles en appel, V. notes ss. art. 1360 s. C. pr. civ.

Art. 817 Celui qui est en indivision pour la jouissance peut demander le partage de l'usufruit indivis par voie de cantonnement sur un bien ou, en cas d'impossibilité, par

voie de licitation de l'usufruit. Lorsqu'elle apparaît seule protectrice de l'intérêt de tous les titulaires de droits sur le bien indivis, la licitation peut porter sur la pleine propriété.

Art. 818 La même faculté appartient à l'indivisaire en nue-propriété pour la nue-propriété indivise. En cas de licitation de la pleine propriété, le deuxième alinéa de l'article 815-5 est applicable.

Art. 819 Celui qui est pour partie plein propriétaire et qui se trouve en indivision avec des usufruitiers et des nus-propriétaires peut user des facultés prévues aux articles 817 et 818.

Le deuxième alinéa de l'article 815-5 n'est pas applicable en cas de licitation en pleine propriété.

Antérieurement à la L. du 23 juin 2006. V. déjà : si les biens soumis pour une fraction à usufruit appartiennent, pour le surplus, à la même personne en pleine propriété, il existe une indivision quant à la nue-propriété. • Civ. 1re, 6 févr. 1996, n° 94-12.085 P : *JCP N 1997. II. 425, note Hérail ; JCP 1996. I. 3972, n° 10, obs. Périnet-Marquet ; Defrénois 1996.1425, obs. Atias ; RTD civ. 1996. 683, obs. Patarin ; ibid. 1997. 172, obs. Zenati* (droit du nu-propriétaire de provoquer le partage pour faire déterminer les biens composant sa part en nue-propriété). ♦ V. également • Civ. 1re, 20 sept. 2006 : *RJPF 2006-12/41, obs. Delmas-Saint-Hilaire.* ♦ En l'absence de tout partage entre la veuve qui a opté pour un quart de la succession de son mari en pleine propriété et les trois quarts en usufruit, et ses trois enfants, est ainsi caractérisée la situation d'indivision légale entre cette veuve et ses enfants. • Civ. 1re, 3 juin 1997 : *D. 1998. 201, rapp. Thierry.*

Art. 820 A la demande d'un indivisaire, le tribunal peut surseoir au partage pour deux années au plus si sa réalisation immédiate risque de porter atteinte à la valeur des biens indivis ou si l'un des indivisaires ne peut reprendre l'entreprise agricole, commerciale, industrielle, artisanale ou libérale dépendant de la succession qu'à l'expiration de ce délai. Ce sursis peut s'appliquer à l'ensemble des biens indivis ou à certains d'entre eux seulement.

S'il y a lieu, la demande de sursis au partage peut porter sur des droits sociaux.

Limite au sursis. Il résulte de l'art. 820, al. 1er, C. civ. qu'à la demande d'un indivisaire, le tribunal peut surseoir au partage pour deux années au plus, notamment si sa réalisation immédiate risque de porter atteinte à la valeur des biens indivis ; lorsque le partage résulte d'une décision de justice irrévocable, il ne peut plus être sursis à la licitation, laquelle constitue une modalité du partage ; en conséquence, une cour d'appel en déduit exactement, qu'ayant constaté que le partage de l'indivision avait été ordonné par une décision de justice irrévocable, la demande de sursis à la licitation formée par le coïndivisaire sur le fondement de l'art. 820 ne pouvait être accueillie. • Civ. 1re, 3 oct. 2019, n° 18-21.200 P.

Art. 821 A défaut d'accord amiable, l'indivision de toute entreprise agricole, commerciale, industrielle, artisanale ou libérale, dont l'exploitation était assurée par le défunt ou par son conjoint, peut être maintenue dans les conditions fixées par le tribunal à la demande des personnes mentionnées à l'article 822.

S'il y a lieu, la demande de maintien de l'indivision peut porter sur des droits sociaux.

Le tribunal statue en fonction des intérêts en présence et des moyens d'existence que la famille peut tirer des biens indivis.

Le maintien de l'indivision demeure possible lors même que l'entreprise comprend des éléments dont l'héritier ou le conjoint était déjà propriétaire ou copropriétaire avant l'ouverture de la succession.

Caractère personnel du droit de demander le maintien dans l'indivision. Le droit de demander le maintien dans l'indivision est un droit strictement personnel que le conjoint survivant, en liquidation judiciaire, peut opposer au liquidateur judiciaire. • Versailles, 17 févr. 2005 : *JCP 2005. IV. 2527.*

Art. 821-1 L'indivision peut également être maintenue, à la demande des mêmes personnes et dans les conditions fixées par le tribunal, en ce qui concerne la propriété du local d'habitation ou à usage professionnel qui, à l'époque du décès, était effectivement utilisé pour cette habitation ou à cet usage par le défunt ou son conjoint. Il en est de même des objets mobiliers garnissant le local d'habitation ou servant à l'exercice de la profession.

Art. 822 Si le défunt laisse un ou plusieurs descendants mineurs, le maintien de l'indivision peut être demandé soit par le conjoint survivant, soit par tout héritier, soit par le représentant légal des mineurs.

A défaut de descendants mineurs, le maintien de l'indivision ne peut être demandé que par le conjoint survivant et à la condition qu'il ait été, avant le décès, ou soit devenu du fait du décès, copropriétaire de l'entreprise ou des locaux d'habitation ou à usage professionnel.

S'il s'agit d'un local d'habitation, le conjoint doit avoir résidé dans les lieux à l'époque du décès.

1. Présence de descendants mineurs. L'art. 815, al. 5 (devenu sans changement art. 815-1 puis art. 822), concerne seulement les descendants mineurs que le défunt laisse pour héritiers à son décès et non les petits-enfants qui, après décès de leur père, reçoivent dans la succession de ce dernier la part qu'il a recueillie dans la succession du *de cujus,* la représentation successorale, prévue aux art. 739 s. C. civ. étant sans application en l'espèce. • Civ. 1re, 28 oct. 1969, n° 67-14.803 P : *R. 1969-1970, p. 36 ; D. 1970. 41, note Breton.*

2. Conjoint copropriétaire. Le droit de copropriété du conjoint survivant peut tenir à sa qualité de commun en biens. • Civ. 1re, 12 nov. 1986 : *JCP 1987. II. 20852, note Salvage.* ♦ Le droit de demander le maintien dans l'indivision d'un local d'habitation n'est accordé qu'aux personnes limitativement énumérées par l'art. 815-1 (devenu sans changement art. 822). En l'espèce, rejet de la demande de maintien dans l'indivision formée par la veuve du père adoptif du défunt et concernant un immeuble dont l'usufruit lui avait été légué par le *de cujus.* • Civ. 1re, 21 juill. 1980, n° 79-12.347 P : *D. 1981. IR 30, obs. Breton.* ♦ L'usufruit successoral dont se prévaut le conjoint survivant ne lui conférant pas la qualité de copropriétaire de la maison d'habitation ayant appartenu au défunt, c'est à bon droit que les juges du fond, en l'absence de descendants mineurs, déclarent l'époux survivant sans droit à demander en justice le maintien dans l'indivision de cet immeuble. • Civ. 1re, 14 mars 1984, n° 83-10.196 P : *R., p. 61 ; D. 1984. 385, note Breton ; JCP N 1985. II. 29, note Rémy.*

Art. 823 Le maintien dans l'indivision ne peut être prescrit pour une durée supérieure à cinq ans. Il peut être renouvelé, dans le cas prévu au premier alinéa de l'article 822, jusqu'à la majorité du plus jeune des descendants et, dans le cas prévu au deuxième alinéa du même article, jusqu'au décès du conjoint survivant.

Art. 824 Si des indivisaires entendent demeurer dans l'indivision, le tribunal peut, à la demande de l'un ou de plusieurs d'entre eux, en fonction des intérêts en présence et sans préjudice de l'application des articles 831 à 832-3, attribuer sa part à celui qui a demandé le partage.

S'il n'existe pas dans l'indivision une somme suffisante, le complément est versé par ceux des indivisaires qui ont concouru à la demande, sans préjudice de la possibilité pour les autres indivisaires d'y participer, s'ils en expriment la volonté. La part de chacun dans l'indivision est augmentée à proportion de son versement.

1. Nécessité d'une demande en partage. L'attribution éliminatoire ne peut être invoquée que par ceux contre lesquels est formée une demande de partage. • Civ. 1re, 6 janv. 1987 : *D. 1987. 394, note A. B. ; RTD civ. 1987. 576, obs. Patarin.* ♦ L'attribution éliminatoire suppose que l'attributaire ait demandé un partage global ; en sollicitant l'attribution préférentielle, par voie de partage, de tous les biens dépendants de l'indivision et en s'opposant à la demande de maintien dans l'indivision de l'ensemble de ces biens formée par un coïndivisaire, un indivisaire devient demandeur au partage. • Civ. 1re, 15 mai 2008, n° 07-13.179 P : *RTD civ. 2009. 151, obs. Grimaldi.* ♦ Cette disposition n'est édictée que dans l'intérêt des parties souhaitant rester dans l'indivision, ce qui n'est pas le cas des personnes à l'initiative de la demande en partage. • Civ. 1re, 28 nov. 2007, n° 06-18.490 P : *D. 2008. AJ 18.*

2. Exigence d'une pluralité d'indivisaires désireux de rester en indivision. En ce qu'elle implique un maintien partiel de l'indivision, l'attribution éliminatoire suppose la présence d'au moins trois indivisaires (exclusion dans le cas d'une indivision entre époux). • Civ. 1re, 1er oct. 1996, n° 94-19.097 P : *D. 1996. Somm. 393, obs. Grimaldi ; JCP 1997. I. 4010, n° 7, obs. Périnet-Marquet.*

3. Application aux indivisions conventionnelles. L'attribution éliminatoire peut être demandée, sous les conditions prévues par la loi, lors du partage d'une indivision conventionnelle. • Civ. 1re, 3 déc. 2014, n° 13-27.627 P : *AJ fam. 2015. 56, obs. Casey* (rejet du pourvoi soutenant que seule l'attribution préférentielle est possible).

4. Obligation d'examiner préalablement une demande d'attribution préférentielle. Il résulte de l'art. 815, al. 3, qu'une demande d'attribution préférentielle doit être examinée préalablement à une demande de maintien dans l'indivision et indépendamment de celle-ci. • Civ. 1re, 22 mai 2007, n° 04-20.205 P : *D. 2007. AJ 1733 (décision rendue en application du droit antérieur à la L. du 23 juin 2006).*

5. Pouvoir d'appréciation du juge. L'attribution éliminatoire n'est pas de droit, et il appartient à la juridiction saisie d'apprécier si elle doit ou non être accordée en fonction des intérêts en présence et après expertise ; comme l'attribution préférentielle, elle peut être demandée en tout état de cause, tant que l'indivision n'a pas cessé et que le partage n'est pas consommé. • Lyon, 11 avr. 1979 : *D. 1980. 254 (2e esp.), note Breton ; JCP 1980. II. 19293, note Dagot.* ♦ Absence de nécessité d'une expertise : • Civ. 1re, 20 mai 2009, n° 08-14.536. ♦ Il peut être recouru à l'attribution éliminatoire lorsqu'un indivisaire s'oppose au maintien de l'indivision. • Civ. 1re, 8 oct. 1985 : *D. 1986. 277, note Breton ; RTD civ. 1987. 576, obs. Patarin.* ♦ Comp. • Civ. 1re, 6 janv. 1987 : *D. 1987. 394, note A. B. ; Defrénois 1987. 697, note Breton ; RTD civ. 1987. 576, obs. Patarin.*

6. Conséquences de l'attribution : partage partiel. L'attribution éliminatoire, qui permet de maintenir l'indivision entre certains indivisaires, aboutit aussi à l'allotissement de certains autres, et donc à la réalisation d'un partage partiel ; l'application de ce texte n'est donc pas contraire aux dispositions d'une décision judiciaire antérieure, même passée en force de chose jugée, qui se borne à ordonner le partage des biens indivis sans prescrire de licitation préalable. • Civ. 1re, 7 juin 1995 : *D. 1995. 615 ; JCP 1996. I. 3921, n° 5, obs. Périnet-Marquet ; RTD civ. 1995. 943, obs. Patarin.* ♦ V. déjà en ce sens : • Civ. 1re, 10 juill. 1990 : *Defrénois 1991. 415, note Lucet ; RDI 1991. 186, obs. Bergel ; RTD civ. 1991. 576, obs. Patarin ; ibid. 1992. 596, obs. Zenati.*

Code rural et de la pêche maritime

LIVRE III. **L'EXPLOITATION AGRICOLE**
(L. n° 93-934 du 22 juill. 1993)

Art. L. 323-6 Sous réserve des dispositions des articles 1870 et 1870-1 du code civil, les dispositions des articles *(L. n° 2006-728 du 23 juin 2006, art. 2-IV, en vigueur le 1er janv. 2007)* « 821 à 824, 832-1 et 924 *[ancienne rédaction : 815, 832 et 866]* » du code civil permettant le maintien dans l'indivision, l'attribution préférentielle et la donation avec dispense de rapport en nature d'une exploitation agricole sont applicables à la dévolution successorale, aux partages de communautés conjugales et aux dons et legs de parts sociales d'un groupement agricole d'exploitation, lesdites parts étant, dans ce cas, considérées comme si elles constituaient l'exploitation agricole, objet du groupement. – *[L. n° 62-917 du 8 août 1962, art. 1er, al. 11.]*

§ 2 *Des parts et des lots*

Art. 825 La masse partageable comprend les biens existant à l'ouverture de la succession, ou ceux qui leur ont été subrogés, et dont le défunt n'a pas disposé à cause de mort, ainsi que les fruits y afférents.

Elle est augmentée des valeurs soumises à rapport ou à réduction, ainsi que des dettes des copartageants envers le défunt ou envers l'indivision.

1. Biens subrogés aux biens existant au décès. Sur le jeu de la subrogation réelle au sein de la masse partageable, V. note 1 ss. art. 815-10.

2. Fruits et revenus des biens existant au décès. Sur l'accroissement de la masse partageable résultant des fruits et revenus des biens indivis, V. notes 2 s. ss. art. 815-10.

Art. 826 L'égalité dans le partage est une égalité en valeur.

Chaque copartageant reçoit des biens pour une valeur égale à celle de ses droits dans l'indivision.

S'il y a lieu à tirage au sort, il est constitué autant de lots qu'il est nécessaire.

Si la consistance de la masse ne permet pas de former des lots d'égale valeur, leur inégalité se compense par une soulte.

COMMENTAIRE

Il convient ici de rappeler l'office du juge, ce dernier ne pouvant procéder par voie d'attribution. Le régime du partage s'impose au juge, de façon impérative, et il convient de rappeler l'ordre dans lequel on doit procéder :

— A l'amiable les parties procèdent au partage qui leur convient et peuvent donc décider ensemble de ce qui sera attribué aux unes et aux autres, ce qui supprime tout aléa dans les attributions (c'est là l'un des grands avantages du partage amiable).

— A défaut d'une telle entente, il faudra composer des lots d'égale valeur et ces lots seront tirés au sort (devant le notaire commis ou le juge, peu importe). Il est alors impossible pour le juge de dire que tel lot ira à tel indivisaire plutôt qu'à tel autre. Ainsi, en cas d'opposition aux attributions amiables, cette opposition suffit à faire capoter les attributions amiables. Seul un tirage au sort est alors possible, une fois les lots constitués bien entendu (le notaire commis est habilité à constituer les lots, V. Civ. 1re, 16 avr. 1991 : *JCP 1991. 21755, note Pillebout*).

— Enfin, si les biens ne sont pas commodément partageables (et donc que des lots égaux, même équilibrés par voie de soultes, ne sont pas possibles à réaliser, ou encore parce que leur division les déprécierait excessivement), le juge n'aura d'autre choix que d'ordonner une licitation judiciaire (V., dans le C. civ., l'art. 1686, qui vise expressément la notion de « perte », et dans le C. pr. civ., l'art. 1377). Mais c'est là le dernier recours, une telle licitation étant subsidiaire aux autres façons de procéder. ❑

A. CONSTITUTION DES LOTS

1. Principe général : pas de partage par voie d'attribution. Il résulte de l'art. 826 que, à défaut d'entente entre les indivisaires, les lots faits en vue d'un partage doivent obligatoirement être tirés au sort, et que, en dehors des cas limitativement énumérés par la loi, il ne peut être procédé au moyen d'attributions. • Civ. 1re, 15 sept. 2021, n° 19-24.014 : *AJ fam. 2021. 561, obs. Casey*. ♦ La jurisprudence est constante. • Civ. 1re, 28 déc. 1962 : *Bull. civ. I, n° 571* • 3 oct. 2019, n° 18-22.878 • 28 mars 2018, n° 17-14.709 • 31 janv. 2018, n° 17-15.455.

1° PERSONNES CHARGÉES DE LA CONSTITUTION DES LOTS

2. Notaires désignés par le jugement ordonnant le partage. Les notaires désignés par le jugement ordonnant le partage doivent procéder ensemble aux opérations de formation des lots et de tirage au sort ; l'état liquidatif dressé par deux seulement des trois notaires qui avaient été commis doit être annulé, la difficulté n'ayant pas été signalée au tribunal qui aurait pu la résoudre soit par le remplacement du notaire, soit par l'autorisation de passer outre à son absence. • Civ. 1re, 6 juin 1990, n° 88-19.657 P.

3. Recours à un expert, tirage au sort. La formation des lots par un expert commis par justice, prescrite en termes impératifs lorsque les parties sont en désaccord ou qu'il y a parmi elles des incapables, est une formalité substantielle, qui ne saurait être remplacée par aucune autre. • Civ. 18 janv. 1927 : *DP 1927. 1. 143*. ♦ Il résulte de l'art. 826 C. civ., qu'à défaut d'entente entre les héritiers majeurs et capables, les lots faits en vue d'un partage doivent être obligatoirement tirés au sort, et qu'en dehors des cas limitativement énumérés par la loi, il ne peut être procédé au moyen d'attributions. • Civ. 1re, 3 oct. 2019, n° 18-22.878. ♦ ... Mais rien ne s'oppose à ce que le juge choisisse en qualité d'expert, pour composer les lots, le notaire chargé de la liquidation de la succession. • Civ. 1re, 16 avr. 1991 : *JCP 1991. II. 21755, note Pillebout ; Defrénois 1991. 1330, obs. Champenois.*

2° NOMBRE DE LOTS À FORMER

4. Principe : nombre déterminé en considération de la part la plus faible. Lorsque le défunt a disposé de la quotité disponible en faveur d'un tiers, il convient de former le nombre de lots nécessaire pour permettre l'attribution d'un lot à celui des copartageants qui reçoit la part la plus faible. • Civ. 1re, 12 nov. 1987, n° 86-12.616 P : *JCP N 1988. II. 309, note Salvage ; RTD civ. 1989. 123, obs. Patarin.*

5. Exigence d'une pluralité de lots. Un allotissement en nature au profit d'un seul des copartageants n'est pas possible, l'inégalité des lots en nature compensée par une soulte impliquant la pluralité de ceux-ci. • Civ. 1re, 18 juill. 1984, n° 83-13.356 P : *RTD civ. 1986. 615, obs. Patarin.*

6. Représentation successorale et partage par souche. Lorsque le partage se fait par souches, il doit être procédé à la composition d'autant de lots égaux qu'il y a de souches copartageantes, et la subdivision des lots entre les différents membres d'une souche ne doit être envisagée qu'ultérieurement. • Civ. 1re, 26 oct. 1982, n° 81-13.346 P : *RTD civ. 1983. 767, obs. Patarin* • 12 déc. 2006, n° 04-12.996 P.

B. ATTRIBUTION DES LOTS

7. Principe du tirage au sort. A défaut d'entente entre les héritiers majeurs et maîtres de leurs droits, les lots doivent obligatoirement être tirés au sort, les tribunaux ne pouvant en aucun cas procéder par voie d'attribution. • Civ. 1re, 28 déc. 1962 : *Bull. civ. I, n° 571* • 22 juill. 1985 : *D. 1986. 261, note A.B. ; RTD civ. 1986. 615, obs. Patarin* (partage par souche) • 14 mai 1992, n° 90-20.498 P : *D. 1993. Somm. 226, obs. Grimaldi* • 18 juill. 1995, n° 93-17.253 P : *JCP N 1996. II. 935, note Piedelièvre-Delgado* • 30 juin 1998, n° 96-13.313 P : *JCP 1999. I. 132, n° 2, obs. Le Guidec ; Defrénois 2000. 32, note Crône ; Dr. fam. 1998, n° 161, note Beignier ; RTD civ. 1999. 161, obs. Patarin* • 13 janv. 2016, n° 14-29.651 P (attribution de bijoux pour des raisons sentimentales). ♦ Plus récemment, V. • Civ. 1re, 28 mars 2018, n° 17-14.709 • 31 janv. 2018, n° 17-15.455.

8. Exception au tirage au sort : attributions préférentielles. De par leur nature, les attributions préférentielles échappent nécessairement aux dispositions de l'art. 834, prescrivant le tirage au sort des lots entre les cohéritiers. • Civ. 1re, 5 nov. 1975, n° 74-12.200 P • 30 juin 1993, n° 91-17.804 P : *Defrénois 1993. 1452, obs. Champenois.*

9. Abus de droit. La règle du tirage au sort doit être écartée lorsque l'application qui en est demandée est constitutive d'un abus de droit. • Civ. 1re, 28 nov. 2007, n° 06-18.490 P : *D. 2008. AJ 18 ; Dr. et patr. juill.-août 2008, p. 98, obs. Seube et Revet ; RTD civ. 2008. 525, obs. Grimaldi* (tirage au sort pouvant conduire à la dévolution, à chacune des deux branches, du lot situé devant la propriété de l'autre).

C. SOULTE COMPENSANT L'INÉGALITÉ DES LOTS

10. Date d'exigibilité de la soulte. Les soultes compensant l'inégalité des lots ne sont dues qu'au moment du partage. • Com. 3 nov. 2010, n° 09-14.600 P : *D. 2010. Actu. 2700 ; RTD civ. 2011. 160, obs. Grimaldi* (absence d'admission d'une créance de soulte établie au moment de l'état liquidatif valant partage définitif, et postérieure à l'ouverture de la liquidation judiciaire de la débitrice) • Civ. 1re, 13 oct. 1998, n° 96-18.140 P : *JCP 1999. I. 189, n° 6, obs. Le Guidec ; JCP N 1998. 1834 ; RTD civ. 1999. 447, obs. Patarin* (impossibilité d'ordonner le versement d'une provision sur soulte avant achèvement des opérations de partage) • 6 févr. 2008, n° 07-13.154 P : *D. 2008. AJ 547* (*idem*).

11. Pouvoirs du juge de la mise en état et jouissance divise (indifférence). La décision par laquelle le juge de la mise en état accorde une provision à valoir sur le paiement d'une soulte ne revêtant pas un caractère définitif, elle ne peut avoir pour effet de fixer la date de la jouissance divise. • Civ. 1re, 1er févr. 2017, n° 16-11.599 P.

Art. 827 **Le partage de la masse s'opère par tête. Toutefois, il se fait par souche quand il y a lieu à représentation. Une fois opéré le partage par souche, une répartition distincte est opérée, le cas échéant, entre les héritiers de chaque souche.**

Art. 828 **Lorsque le débiteur d'une soulte a obtenu des délais de paiement et que, par suite des circonstances économiques, la valeur des biens qui lui sont échus a augmenté ou diminué de plus du quart depuis le partage, les sommes restant dues augmentent ou diminuent dans la même proportion, sauf exclusion de cette variation par les parties.**

1° SOULTE RÉVISABLE

1. Application à une soulte stipulée payable à terme. Les dispositions légales prévoyant la révision des soultes dans tout partage sont destinées à protéger le créancier de la soulte contre le risque économique résultant de son paiement différé, et ont une portée générale ; dès lors elles s'appliquent aux soultes stipulées payables à terme (en l'espèce, six mois après le décès du survivant des ascendants donateurs). • Civ. 1re, 19 févr. 1980 : *Defrénois 1981. 216, note Breton.*

2. Application à une soulte associée à une donation-partage. La soulte attribuée à un donataire copartagé lui procure un avantage immédiat sous la forme d'une créance certaine, dont seule l'exigibilité est reportée à la date du décès du disposant ; une telle soulte peut être révisée en application des art. 1075-2 et 833-1 C. civ. • Civ. 1re, 30 nov. 1982 : *D. 1983. 195, note G. Morin ; RTD civ. 1983. 578, obs. Patarin.*

3. Application au prix du bien licité au profit d'un indivisaire. Il résulte de l'art. 883 que la licitation à un indivisaire constitue un partage partiel revêtant un caractère définitif à l'égard du bien licité qui est sorti de l'indivision en contrepartie d'un prix, lequel est assimilable à une soulte devant revenir divisément aux autres coïndivisaires. • Civ. 1re, 14 mai 2014, n° 13-10.830 P : *D. 2014. 1152 ; AJ fam. 2014. 374, obs. Ferré-André ; RTD civ. 2014. 925, obs. Grimaldi ; JCP 2014, n° 890, note Sauvage (décision rendue en application de l'anc. art. 833-1).*

2° VARIATION EXIGÉE

4. Appréciation des circonstances économiques à l'origine de la variation. Ne relèvent pas de circonstances économiques, justifiant la revalorisation de la soulte, l'augmentation de la valeur des actions qui résulte de la mise en vente en bloc de la totalité des actions d'une société permettant au cessionnaire de prendre le contrôle complet de la société et des aléas des transactions commerciales, ce qui permet de distinguer la valeur d'un bien de son prix. • Civ. 1re, 11 sept. 2013, nº 12-14.843 P.

5. Exigence d'une variation de plus du quart. La soulte ou portion de soulte n'est sujette à révision que si les biens composant le lot ont augmenté ou diminué de plus du quart entre le jour du partage et celui où la dette vient à échéance. • Civ. 1re, 30 mars 2004, nº 01-14.542 P : *JCP 2005. I. 187, nº 5, obs. Le Guidec ; Dr. fam. 2004, nº 110, note Beignier.*

6. Valeur prise en compte pour apprécier l'importance de la variation. Doit être cassé l'arrêt qui condamne le donataire au paiement d'une soulte complémentaire en prenant en considération la valeur des biens mis dans son lot à la date de leur aliénation et non à la date, antérieure, du paiement de la soulte convenue. • Civ. 1re, 30 janv. 2001, nº 98-14.930 P : *JCP 2001. I. 366, nº 9, obs. Le Guidec ; RTD civ. 2001. 646, obs. Patarin.*

3º CLAUSES DÉROGATOIRES

7. Donations-partages : principe de prohibition. Doit être considérée comme non écrite, en ce qu'elle permet d'exclure la variabilité légale d'ordre public, la clause d'un acte de donation-partage prévoyant une variation conventionnelle susceptible de conduire à une diminution de la soulte mise à la charge de l'un des copartagés, tandis que la variabilité légale pouvait aboutir à une augmentation de celle-ci. • Civ. 1re, 6 juill. 2011, nº 10-21.134 P : *D. 2011. 1970 ; AJ fam. 2011. 552, obs. Vernières ; Dr. fam. 2011, nº 153, obs. Beignier ; JCP N 2011, nº 1278, obs. Sauvage ; Defrénois 2011. 1533, note Autem ; RDC 2012. 136, note Goldie-Génicon (décision rendue en application des art. 1075-2 et 833-1 dans leur rédaction antérieure à la L. du 23 juin 2006).*

8. ... Tempérament. L'interdiction de déroger, dans les donations-partages, aux dispositions légales relatives à la révision des soultes n'interdit pas une telle dérogation dans une convention passée, après le décès des ascendants donateurs, entre les donataires copartagés. • Civ. 1re, 19 janv. 1982, nº 81-10.608 P : *D. 1982. IR 474, obs. D. Martin (décision rendue en application des art. 1075-2 et 833-1 dans leur rédaction antérieure à la L. du 23 juin 2006).*

Art. 829 En vue de leur répartition, les biens sont estimés à leur valeur à la date de la jouissance divise telle qu'elle est fixée par l'acte de partage, en tenant compte, s'il y a lieu, des charges les grevant.

Cette date est la plus proche possible du partage.

Cependant, le juge peut fixer la jouissance divise à une date plus ancienne si le choix de cette date apparaît plus favorable à la réalisation de l'égalité.

Pour l'application des art. 829, 860 et 922 C. civ., lorsqu'un immeuble classé ou inscrit au titre des monuments historiques, transmis par donation ou succession, est affecté d'une clause d'inaliénabilité, l'évaluation de l'immeuble est diminuée des charges, y compris d'entretien, nécessaires à sa préservation durant toute la durée de la clause (C. patr., art. L. 621-29-7, issu de L. nº 2006-728 du 23 juin 2006, art. 37).

COMMENTAIRE

L'article 829 codifie des solutions jurisprudentielles parfois bien connues (comme la règle de l'al. 2), parfois beaucoup moins connues (comme l'al. 3). Il en résulte un ensemble à triple détente.

Conformément à l'esprit de la réforme de 2006, la priorité est donnée à la volonté des parties. C'est donc à elles de dire, dans l'acte de partage, à quelle date elles entendent évaluer les biens et fixer la date de la jouissance divise. Si elles ne le font pas, l'alinéa 2 répute le jour du partage comme étant cette date. L'alinéa 3, quant à lui, offre une possibilité de fixation judiciaire de la date de la jouissance divise. Cela suppose donc une demande contentieuse formée par une partie (lors de l'action en partage, qu'elle soit au moment du divorce, quand c'est possible, ou après), et que le juge, appréciant les faits, estime que cette date plus ancienne est « plus favorable à la réalisation de l'égalité ». La formule n'est pas des plus claires, mais si l'on se réfère aux arrêts ayant créé la règle prétorienne aujourd'hui codifiée, on comprend qu'il s'agit de déjouer l'attitude des plaideurs qui font durer les opérations de partage pour en tirer un avantage indu, (par ex., profiter le plus longtemps possible la revalorisation d'un actif, en raison du travail de l'autre copartageant). L'idée d'une certaine équité est ici sous-jacente. C'est seulement lorsque l'égalité est mieux servie par une dualité de dates qu'une telle dualité peut être retenue.

Il faut ici rappeler qu'en dehors de ce cas particulier (évaluation à des dates différentes afin de mieux garantir l'égalité dans le partage), la date de la jouissance divise ne se « dépèce » pas, qu'il ne peut y en avoir qu'une pour l'ensemble des biens à partager. Une fois cette date connue, les comptes d'indivision sont arrêtés, et les évaluations des biens sont fixées. C'est donc une date très importante, et une demande judiciaire de report de la jouissance divise, fondée sur l'alinéa 3 du texte, doit être soigneusement réfléchie et soupesée.

Enfin, il est à noter qu'au plan fiscal, l'administration n'admet le report conventionnel de la date de la jouissance divise que si celle-ci précède « de peu » l'acte de partage. Au contraire, si ce report de la jouissance divise (et donc des évaluations) est fixé judiciairement, la date retenue par le juge sera opposable à l'administration (BOI-ENR-PTG-10-10-20150903, § 180). ❑

I. GÉNÉRALITÉS

1. Fixation de la date de la jouissance divise : pouvoir d'appréciation des juridictions du fond. Il appartient aux juges du fond de déterminer souverainement, eu égard aux circonstances de la cause, et en s'inspirant de l'intérêt respectif des copartageants, la date, sans doute la plus rapprochée possible de l'acte de partage, à laquelle seront évalués les biens et d'où partira la jouissance divise. • Civ. 1re, 18 déc. 1967 : *D. 1968. 198.* – Solution constante depuis • Civ. 11 janv. 1937, *Mulle : GAJC, 12e éd., no 114 ; DH 1937. 101 ; S. 1938. 1. 377, note Batiffol.*

2. Éléments caractéristiques de la jouissance divise. En présence d'un accord pour l'attribution au mari d'un immeuble dépendant d'une indivision post-communautaire, avec remise des clés à ce dernier, mais sans que le prix n'en ait été payé ni même arrêté, les juges du fond estiment avec raison que les éléments de nature à caractériser la jouissance divise ne sont pas réunis. • Civ. 1re, 20 nov. 1990, no 89-14.194 P : *Defrénois 1990. 289, obs. Massip.*

3. Fixation conventionnelle de la date de jouissance divise : dualité de date acceptée. Si la valeur des biens doit être fixée au jour le plus proche du partage, les copartageants peuvent convenir d'en évaluer certains à une date différente. • Cass., ass. plén., 22 avr. 2005, no 02-15.180 P : *BICC 1er juill. 2005, rapp. Gridel, concl. Cavarroc ; JCP 2005. II. 10089, note Simler ; Dr. fam. 2005. 140, obs. Beignier ; RDC 2005. 1155, obs. Lécuyer ; RTD civ. 2005. 810, obs. Grimaldi.* ♦ Dans le même sens : • Civ. 1re, 30 oct. 2006, no 04-19.356 P.

II. ÉVALUATION DES BIENS

4. Prise en compte de la constructibilité future des terrains. C'est par une appréciation souveraine des intérêts en présence que les juges du fond tiennent compte des valeurs actuelles de parcelles de terre en fonction d'un élément futur (la constructibilité du terrain). • Civ. 1re, 9 juill. 1985, no 84-12.478 P. ♦ Dans le même sens • Civ. 1re, 25 juin 2008, no 07-17.766 P : *D. 2008. AJ 1900 ; AJDI 2009. 137, obs. Heugas-Darraspen ; RLDC 2008/52, no 3125, obs. Jeanne ; RTD civ. 2009. 153, obs. Grimaldi.* ♦ V., toutefois, • Civ. 1re, 21 mai 1985, no 83-16.590 P : *RTD civ. 1986. 619, obs. Patarin.*

5. L'existence de l'indivision ou d'un démembrement de propriété n'affectent pas la valeur des biens. C'est à bon droit que la cour d'appel énonce que ni leur état d'indivision ni le démembrement de leur propriété entre nus-propriétaires et usufruitier n'affectent, dans les rapports entre les copartageants, la valeur vénale des biens immobiliers dépendant de la succession. • Civ. 1re, 22 juin 2016, no 15-19.471 P. ♦ Dans le même sens, • Civ. 1re, 15 mai 2018, no 17-18.903 : *Defrénois 2018, no 140 a5, p. 40, obs. Vareille :* l'état d'indivision d'un bien n'affecte pas, dans les rapports entre les copartageants, sa valeur vénale.

6. Aliénation avant partage d'un bien indivis, valeur au jour de l'aliénation (oui). Si la composition du patrimoine de la communauté se détermine à la date à laquelle le jugement de divorce prend effet dans les rapports patrimoniaux entre époux, le partage ne peut porter que sur les biens qui figurent dans l'indivision, et les modifications qui se produisent dans les éléments constitutifs de ceux-ci, de l'accord de tous les indivisaires, profitent et nuisent à ceux-ci. En conséquence, sous réserve des cas de faute de l'indivisaire ou de remploi du prix, du consentement de tous les indivisaires, à l'acquisition de biens subrogés à ce prix, seul le prix du véhicule vendu devait figurer dans la masse indivise à partager. • Civ. 1re, 11 mars 2009, no 07-21.356 P. ♦ Dans le même sens, • Civ. 1re, 11 mars 2009, no 08-13.527. ♦ Application à des stocks-options levées pendant la communauté : • Civ. 1re, 9 juill. 2014, no 13-15.948 P.

7. Accord judiciaire sur la valeur, portée. La cour d'appel, saisie uniquement d'un litige portant sur le calcul de la récompense due par le mari pour l'amélioration d'un immeuble qui lui est propre, ayant constaté que les parties avaient donné devant le premier juge leur accord pour évaluer l'ensemble immobilier à 280 000 €, comme le proposait l'expert judiciaire, a pu en déduire que le mari ne pouvait remettre en cause cette évaluation que les parties avaient la liberté de convenir à une autre date que celle la plus proche du partage, et qu'ensuite, c'est dans l'exercice de son pouvoir souverain qu'elle a estimé que le mari ne produisait aucun élément au soutien de l'évaluation du terrain qu'il proposait. • Civ. 1re, 28 sept. 2011, no 10-17.871.

III. DEMANDE JUDICIAIRE DE REPORT DE LA DATE DE JOUISSANCE DIVISE (AL. 3)

8. Nécessité de sauvegarder l'intérêt de toutes les parties (jurisprudence antérieure à l'al. 3 de l'art. 829). La loi n'a pas fixé l'époque à laquelle doit commencer, pour les héritiers, la jouissance divise des biens d'une succession ; il appartient donc aux juges du fond de reconnaître si, à raison des circonstances, de la nature et de l'importance des opérations de liquidation et de partage, le notaire, en fixant la date de la jouissance divise, a sauvegardé les intérêts de toutes les parties. • Civ. 9 déc. 1890 : *DP 1891. 1. 369.* ♦ Dans le même sens : • Civ. 1re, 1er déc. 1965 : *Bull. civ. I, n° 671* • 18 déc. 1967 : *Bull. civ. I, n° 371* • 16 févr. 1971, n° 68-12.754 P • 17 juin 1981 : *Defrénois 1983. 52, note Guimbellot ; RTD civ. 1982. 638, obs. Patarin* • 18 févr. 1986, n° 84-16.652 P • 1er oct. 1996, n° 94-20.429 • 28 févr. 2006, n° 04-11.510 • 20 mars 2013, n° 11-26.819.

9. Report judiciaire de la date de la jouissance divise (première application de l'al. 3). Il résulte de l'art. 829, al. 3, qu'eu égard aux circonstances de la cause et en s'inspirant de l'intérêt respectif des copartageants afin d'assurer entre eux l'égalité, le juge peut déterminer à une date plus ancienne que celle du partage celle à laquelle les biens à partager seront évalués et d'où partira la jouissance divise. Pour débouter un indivisaire de sa demande tendant à la fixation de la date de jouissance divise au 30 nov. 2008, l'arrêt énonce que la cour d'appel ne comprend pas cette formule obscure, mais rappelle que les opérations de liquidation sont toujours en cours et ne se sont pas arrêtées au jour de l'expertise judiciaire, si bien que l'indemnité d'occupation continue à courir jusqu'au partage. En statuant ainsi, la cour d'appel a méconnu l'étendue de ses pouvoirs et a violé l'art. 829. • Civ. 1re, 23 mai 2013, n° 12-11.983. ♦ Antérieurement, déjà : • Civ. 11 janv. 1937 : *DH 1937. 101* • 4 mai 1953 : *D. 1953, 494.* ♦ Pour un refus, compte tenu des circonstances de fait, • Nancy, 3 juin 2013, n° 12/01877 (l'application du 3e al. de l'art. 829 était de nature à favoriser la réalisation de l'égalité dans l'hypothèse où les attributions arrêtées en 2005 étaient réalisées. Cependant, l'opposition systématique et injustifiée du mari durant plus de huit années à toute solution transactionnelle néanmoins fondée sur des estimations notariales, période au cours de laquelle l'épouse a finalement quitté l'immeuble dont elle ne demande plus l'attribution, a profondément modifié les données du litige. Désormais, le report à une date plus ancienne de la jouissance divise reviendrait à faire bénéficier le mari seul d'une valorisation minorée de l'immeuble dont il sollicite l'attribution, tout en partageant avec son ex-épouse la faible augmentation de la valeur de l'immeuble dans le cadre de la vente de celui-ci). ♦ Au visa du principe de l'égalité dans les partages, cassation de l'arrêt ayant fixé la date de la jouissance divise sans avoir eu égard aux intérêts respectifs des copartageants. • Civ. 1re, 26 juin 2013, n° 12-13.366 : *AJ fam. 2013. 517, obs. de Guillenchmidt-Guignot* (en l'espèce, fixation de la date de la jouissance divise par la cour d'appel plus de 12 ans avant le partage au motif que l'expert avait déposé son rapport à cette date alors que cet écart était préjudiciable à certaines des parties).

Sur les incidences procédurales, V. notes ss. art. 1361 C. pr. civ.

10. Refus du report et absence de délégation de ses pouvoirs par le juge au notaire. Après avoir souverainement estimé qu'aucune circonstance ne justifiait une fixation de la date de jouissance divise à une date antérieure à celle du partage, la cour d'appel n'a pas délégué ses pouvoirs au notaire liquidateur en retenant que cette date serait déterminée par ce dernier à la date la plus proche du partage qu'il devait établir après licitation du bien immobilier, dès lors que les parties conservaient la faculté de saisir le juge de toute difficulté sur ce point. • Civ. 1re, 5 déc. 2018, n° 17-28.339.

Art. 830 Dans la formation et la composition des lots, on s'efforce d'éviter de diviser les unités économiques et autres ensembles de biens dont le fractionnement entraînerait la dépréciation.

Composition des lots : exclusion du tirage au sort. La loi n'autorise le tirage au sort que pour l'attribution des lots et non pour leur composition. • Civ. 1re, 11 mars 1986, n° 84-16.596 P : *R., p. 161 ; RTD civ. 1987. 129, obs. Patarin.*

§ 3 *Des attributions préférentielles*

Art. 831 Le conjoint survivant ou tout héritier copropriétaire peut demander l'attribution préférentielle par voie de partage, à charge de soulte s'il y a lieu, de toute entreprise, ou partie d'entreprise agricole, commerciale, industrielle, artisanale ou libérale ou quote-part indivise d'une telle entreprise, même formée pour une part de biens dont il était déjà propriétaire ou copropriétaire avant le décès, à l'exploitation de laquelle il participe ou a participé effectivement. Dans le cas de l'héritier, la condition de participation peut être ou avoir été remplie par son conjoint ou ses descendants.

S'il y a lieu, la demande d'attribution préférentielle peut porter sur des droits sociaux, sans préjudice de l'application des dispositions légales ou des clauses statutaires sur la continuation d'une société avec le conjoint survivant ou un ou plusieurs héritiers.

En cas de partage, les associés d'un groupement foncier agricole qui participent ou ont participé à l'exploitation peuvent, sauf dispositions statutaires contraires, solliciter le bénéfice de la dévolution des biens fonciers selon les modalités des art. 831, 832-1, 832-3, 832-4, 833 et 834 C. civ. (C. rur., art. L. 322-14, al. 1er). — **C. rur. ; C. sociétés.**

I. ATTRIBUTION PRÉFÉRENTIELLE : RÉGIME GÉNÉRAL

1. Droit transitoire. Il résulte de l'al. 2 de l'art. 47-II de la L. du 23 juin 2010, qu'en matière d'attributions préférentielles, par dérogation à l'alinéa précédent, lorsque l'instance a été introduite avant la date d'entrée en vigueur de la loi, l'action est poursuivie et jugée conformément à la loi ancienne. • Civ. 1re, 17 juin 2009, n° 08-16.075 P : *D. 2009. AJ 1836, obs. Égéa*.

2. Loi applicable. Les règles relatives à l'attribution préférentielle sont, en raison de leur destination économique et sociale, des lois de police de sorte qu'ont vocation à s'appliquer celles que fixe la loi du lieu de situation de l'immeuble. • Civ. 1re, 10 oct. 2012, n° 11-18.345 P.

3. Procédure civile : demande présentée pour la première fois en appel. En application de l'art. 565 C. pr. civ., ne constitue pas une demande nouvelle, irrecevable en cause d'appel, une demande d'attribution préférentielle qui a pour objet le règlement de la succession et tend aux mêmes fins que les prétentions initiales visant à priver un légataire universel de tout droit dans la succession dont celle formulée au titre du recel successoral. • Civ. 1re, 22 oct. 2014, n° 13-24.617 P : *D. 2014. 2180 ; AJ fam. 2014. 713, obs. V. A.-R*.

A. DOMAINE

4. Exclusion des indivisions conventionnelles non familiales. L'attribution préférentielle ne peut être obtenue par un coïndivisaire dans le cadre du partage d'une indivision conventionnelle non familiale qui ne la prévoit pas. • Civ. 1re, 26 sept. 2012, n° 11-12.838 P : *Defrénois 2013. 246, obs. Autem.* ♦ Admission de l'attribution préférentielle dans le partage d'une indivision conventionnelle entre époux, V. notes ss. art. 833, 1476 et 1542.

5. Bénéficiaires éventuels. Sur la qualité de copartageant ou de copropriétaire dont dépend la désignation des bénéficiaires éventuels de l'attribution préférentielle, V. notes ss. art. 833.

6. Biens concernés. Entreprise agricole, commerciale, industrielle, artisanale ou libérale, V. ci-dessous. ♦ Propriété ou droit au bail du local à usage d'habitation et du mobilier le garnissant, V. notes ss. art. 831-2. ♦ Propriété ou droit au bail du local à usage professionnel et des objets mobiliers à usage professionnel garnissant ce local, V. notes ss. art. 831-2. ♦ Éléments mobiliers nécessaires à l'exploitation d'un bien rural, V. art. 831-2, 3°.

B. MISE EN ŒUVRE

7. Obligation de procéder à une évaluation préalable des biens concernés (non). L'attribution préférentielle n'est pas subordonnée à l'évaluation préalable du bien, ni à l'établissement d'un compte entre les copartageants. • Civ. 1re, 9 déc. 2009, n° 08-70.340 P : *D. 2010. AJ 91 ; JCP 2010, n° 487, § 19, obs. Tisserand-Martin ; AJ fam. 2010. 47, obs. Hilt ; Dr. fam. 2010, n° 26, obs. Beignier ; RLDC 2010/68, n° 3225, obs. Pouliquen.*

8. Mise en œuvre de l'attribution préférentielle facultative. Sur le régime de la demande d'attribution préférentielle et les pouvoirs du juge, V. notes ss. art. 832-3.

9. Attribution préférentielle de droit. Attribution préférentielle de droit de la propriété du local à usage d'habitation pour le conjoint survivant, V. art. 831-3. ♦ Attribution préférentielle de droit des exploitations agricoles ne dépassant pas certaines limites de superficie, V. art. 832. ♦ Attribution préférentielle de droit en vue de constituer un groupement foncier agricole, V. art. 832-1.

C. EFFETS

10. Évaluation du bien attribué. Sur l'évaluation du bien atribué et le versement éventuel d'une soulte par l'attributaire, V. notes ss. art. 832-4.

11. Transfert de la propriété du bien attribué. Sur la date à laquelle se produit le transfert de propriété du bien attribué et sur le régime du droit à attribution, V. notes ss. art. 834.

II. ... ENTREPRISES CONCERNÉES

A. ENTREPRISE AGRICOLE

1° NOTION

12. Condition d'unité économique. Dans sa rédaction issue de la L. du 23 juin 2006, l'art. 831 ne mentionne plus expressément la condition d'unité économique, néanmoins celle-ci est nécessairement comprise dans la notion d'entreprise, de sorte que la jurisprudence antérieure relative à cette condition conserve un intérêt.

Jurisprudence antérieure à la L. du 23 juin 2006. L'attribution préférentielle d'une exploitation agricole est subordonnée à la condition que cette exploitation constitue une unité économique, cette condition n'ayant pas cessé d'être requise par la loi et concernant l'attribution de droit aussi bien que l'attribution facultative pour le juge. • Civ. 1re, 26 avr. 1967, n° 65-11.701 P. ♦ L'appréciation des juges du fond en cette matière est souveraine et échappe, dès lors, au contrôle de la Cour de cassation. • Civ. 1re, 26 avr. 1967 : *préc.* ♦ Mais manque de base légale l'arrêt qui conclut à l'existence d'une unité économique en se déterminant par des motifs étrangers à la composante immobilière de celle-ci. • Civ. 1re, 21 sept. 2005, n° 04-13.852 P : *D. 2005. IR 2482 ; JCP 2008. I. 108, n° 5, obs. Le Guidec ; Defrénois 2006. 861, obs. Gelot.* ♦ L'unité économique que doit constituer une exploitation agricole pour pouvoir faire l'objet d'une attribution préférentielle peut être formée pour une part de biens dont le demandeur était déjà propriétaire ou copropriétaire avant le décès. • Civ. 1re, 24 oct. 2012, n° 11-19. 326 (décision rendue en application de l'anc. art. 832, al. 3).

13. Appréciation de la destination agricole du bien. Rejet de la demande d'attribution préférentielle d'un domaine, ce dernier étant destiné, dans une proportion difficile à déterminer en l'état, à devenir constructible. • Civ. 1re, 26 juin 1985, n° 84-12.190 P : *R., p. 83 ; RTD civ. 1986. 618, obs. Patarin.*

N'est pas une exploitation agricole : un espace forestier d'intérêt cynégétique dépourvu de la vocation rurale, laquelle implique la possibilité d'appropriation des produits du sol. • Civ. 1re, 24 févr. 1987 : *D. 1988. 257, note Breton ; RTD civ. 1988. 557, obs. Patarin.* ♦ ... Ni une propriété en état d'abandon complet depuis de longues années, et du vivant même du *de cujus*. • Civ. 1re, 24 nov. 1987 : *D. 1988. 257, note Breton ; JCP 1989. II. 21208, note Testu.* – Même sens : • Civ. 1re, 6 juill. 2005, n° 01-10.937 P : *JCP 2008. I. 108, n° 5, obs. Le Guidec ; AJ fam. 2005. 364, obs. Bicheron.*

14. Appréciation de la consistance de l'exploitation : pouvoir des juridictions du fond. Les juges du fond disposent d'un pouvoir souverain pour déterminer la consistance des bâtiments de l'exploitation agricole qui font l'objet de l'attribution préférentielle. • Civ. 1re, 25 mai 1971 : *JCP 1973. II. 17365* • 22 déc. 1971, n° 70-13.653 P • 13 déc. 1994, n° 93-10.875 P : *R., p. 279* (refus de faire droit à une demande de rattachement à l'exploitation d'une parcelle, cette adjonction ne portant pas sur un accessoire indétachable ou indivisible du bien attribué).

15. ... Prise en compte de biens appartenant au conjoint du demandeur. Pour l'appréciation de la consistance de l'exploitation, il peut être tenu compte de biens appartenant au conjoint de l'héritier demandeur et formant, avec ceux dont cet héritier est copropriétaire, l'unité économique exigée par la loi. • Civ. 1re, 10 déc. 1980, n° 79-13.059 P : *R. 1981, p. 47 ; D. 1981. 85, note Breton ; RTD civ. 1981. 668, obs. Patarin.*

16. Appréciation de la viabilité de l'exploitation (non). L'attribution préférentielle de l'exploitation n'est pas subordonnée à la condition qu'elle constitue une exploitation viable en elle-même. • Civ. 1re, 28 janv. 1997, n° 95-13.003 P : *JCP 1998. I. 133, n° 5, obs. Le Guidec ; Defrénois 1997. 1453, obs. Champenois ; Dr. fam. 1997, n° 66, note Beignier ; RTD civ. 1998. 714, obs. Patarin.*

17. Location de certaines parcelles de l'exploitation. La circonstance qu'une partie des biens est donnée à bail à un tiers ne fait pas obstacle à ce que ces biens soient inclus dans l'attribution préférentielle de l'ensemble des parcelles composant une ferme constituant une unité économique. • Civ. 1re, 8 mars 1988, n° 86-15.058 P : *R., p. 162 ; D. 1989. 49, note Breton.* ♦ En prévoyant le cas où le demandeur à l'attribution préférentielle était déjà propriétaire ou copropriétaire avant le décès d'une partie des biens formant une unité économique, le législateur n'a pas entendu exclure le cas où il bénéficierait d'un bail rural. • Civ. 1re, 18 mai 2005, n° 02-13.502 P : *D. 2005. IR 1450.*

18. Pluralité d'exploitations agricoles. Lorsque l'indivision successorale comporte plusieurs exploitations agricoles constituant des unités économiques, l'attribution préférentielle peut être demandée pour chacune d'entre elles. • Civ. 1re, 8 mars 1977, n° 74-12.359 P.

19. Domaine baillé à métayage. Les juges du fond ne peuvent dénier la qualité d'exploitation agricole susceptible d'attribution préférentielle à un domaine baillé à métayage. • Civ. 1re, 18 juill. 1972 : *D. 1972. 654, note A. B. ; JCP 1973. II. 17383, note Dagot.*

20. Exclusion du bail rural. Sur l'exclusion du bail rural de la liste des biens susceptibles de faire l'objet d'une attribution préférentielle en vertu de l'anc. art. 832, V. note 12 ss. art. 1476. ♦ Sur la continuation du bail rural au profit des héritiers du preneur, V. cependant art. L. 461-6 C. rur. – **C. rur.**

2° CONDITION DE PARTICIPATION EFFECTIVE À L'EXPLOITATION

21. Prise en compte de l'aptitude du demandeur à gérer le bien. La participation effective à la mise en valeur d'une exploitation agricole implique chez tout postulant l'aptitude à gérer correctement le bien ; ayant constaté l'inaptitude du demandeur, les juges du fond ont pu en déduire qu'il ne remplissait pas les conditions pour prétendre à l'attribution préférentielle. • Civ. 1re, 23 avr. 1985, n° 83-16.528 P : *R., p. 83.*

22. Indifférence des conditions juridiques d'exploitation. La participation effective à la mise en valeur de parcelles agricoles par l'un des descendants de l'héritier suffit à justifier l'attribution préférentielle de ces biens à ce dernier, peu important les conditions juridiques de leur exploitation (en l'espèce sous forme de GAEC). • Civ. 1re, 2 déc. 2015, n° 14-25.622 P.

B. ENTREPRISE COMMERCIALE, INDUSTRIELLE, ARTISANALE OU LIBÉRALE

1° NOTION

23. Fonds de commerce : extension à l'immeuble dans lequel le fonds est exploité. Les murs dans lesquels un fonds de commerce ayant fait l'objet d'une donation antérieure est exploité constituent une composante de l'entreprise qui justifie l'attribution préférentielle des murs au donataire au moment de la succession. • Civ. 1re, 6 févr. 2008, n° 06-19.089 P : *D. 2008. AJ 547 ; JCP 2009. I. 109, n° 4, obs. Le Guidec ; RTD civ. 2008. 341, obs. Grimaldi* . ♦ V. déjà : • Pau, 3 juill. 1963 : *JCP 1963. II. 13427, note Voirin.*

24. ... Exclusion du droit au bail. Le droit au bail ne constitue pas un élément nécessaire du fonds de commerce qui peut exister en dehors de lui et il ne peut être conféré que par le propriétaire de l'immeuble où le fonds était exploité ; il s'ensuit que le mari, ayant bénéficié, après divorce, de l'attribution préférentielle du fonds de commerce exploité dans un immeuble appartenant en propre à son épouse, ne peut exiger la conclusion d'un tel bail à son profit. • Civ. 1re, 11 juin 1968 : *D. 1969. 1, note Voirin.*

2° CONDITION DE PARTICIPATION EFFECTIVE À L'EXPLOITATION

25. Date d'appréciation. Si, d'une manière générale, les conditions exigées en vue de l'attribution préférentielle d'une entreprise commerciale dans un partage, tant en la personne du demandeur que dans la consistance et la nature de l'entreprise, doivent être remplies à la date de l'ouverture de la succession, il en va autrement de la participation effective à la mise en valeur, laquelle peut se placer, aussi bien que lors de cette ouverture, avant ou après elle. • Civ. 1re, 16 déc. 1968 : *D. 1969. 109, note Breton* • 7 juill. 1971 : *JCP 1973. II. 17366, note M. D.* • 4 mai 1977, n° 75-15.292 P • 20 mars 1978, n° 76-10.744 P • 9 janv. 1980, n° 78-14.834 P : *D. 1980. IR 394, obs. Martine ; RTD civ. 1981. 668, obs. Patarin* • 29 avr. 1980, n° 79-11.735 P • 27 oct. 1993, n° 91-15.611 P.

Code rural et de la pêche maritime

LIVRE III. **L'EXPLOITATION AGRICOLE**
(L. n° 93-934 du 22 juill. 1993)

Art. L. 321-24 Nonobstant toute disposition contraire, les articles *(L. n° 2006-728 du 23 juin 2006, art. 4-II, en vigueur le 1er janv. 2007)* « 831 à 834 *[ancienne rédaction : 832 et suivants]* » du code civil sont applicables au conjoint survivant ou à tout héritier copropriétaire remplissant les conditions personnelles prévues *(L. n° 2006-728 du 23 juin 2006, art. 2-IV, en vigueur le 1er janv. 2007)* « au premier alinéa de l'article 831 *[ancienne rédaction : au troisième alinéa de l'article 832]* » lorsque les biens et droits immobiliers à destination agricole dépendant de la succession font l'objet d'un apport en jouissance ou d'une mise à disposition au profit d'une société à objet exclusivement agricole constituée entre agriculteurs personnes physiques se consacrant à l'exploitation des biens mis en valeur par celle-ci, en participant sur les lieux aux travaux, de façon effective et permanente selon les usages de la région et en fonction de l'importance de l'exploitation et soit dotée de la personnalité morale, soit, s'il s'agit d'une société en participation, régie par des statuts établis par un écrit ayant acquis date certaine. — *[L. n° 80-502 du 4 juill. 1980, art. 32.]*

Art. 831-1 Au cas où ni le conjoint survivant, ni aucun héritier copropriétaire ne demande l'application des dispositions prévues à l'article 831 ou de celles des articles 832 ou 832-1, l'attribution préférentielle prévue en matière agricole peut être accordée à tout copartageant sous la condition qu'il s'oblige à donner à bail dans un délai de six mois le bien considéré dans les conditions fixées au chapitre VI du titre I du livre IV du code rural et de la pêche maritime à un ou plusieurs des cohéritiers remplissant les conditions personnelles prévues à l'article 831 ou à un ou plusieurs descendants de ces cohéritiers remplissant ces mêmes conditions.

Art. 831-2 Le conjoint survivant ou tout héritier copropriétaire peut également demander l'attribution préférentielle :

1° De la propriété ou du droit au bail du local qui lui sert effectivement d'habitation, s'il y avait sa résidence à l'époque du décès, et du mobilier le garnissant *(L. n° 2015-*

177 du 16 févr. 2015, art. 6) « , ainsi que du véhicule du défunt dès lors que ce véhicule lui est nécessaire pour les besoins de la vie courante » ;

2° De la propriété ou du droit au bail du local à usage professionnel servant effectivement à l'exercice de sa profession et des objets mobiliers *(L. n° 2015-177 du 16 févr. 2015, art. 6)* « nécessaires à l'exercice de sa profession » ;

3° De l'ensemble des éléments mobiliers nécessaires à l'exploitation d'un bien rural cultivé par le défunt à titre de fermier ou de métayer lorsque le bail continue au profit du demandeur ou lorsqu'un nouveau bail est consenti à ce dernier.

Sur l'application à l'outre-mer des dispositions de l'art. 6 de la L. n° 2015-177 du 16 févr. 2015, V. L. préc., art. 25.

A. LOCAL À USAGE D'HABITATION

BIBL. Grimaldi, *Trav. Assoc. Capitant, XXXIII-1982, p. 421 ; Defrénois 1983. 1105.*

1° NOTION

1. Bâtiment à usage d'habitation détachable d'une exploitation. Lorsqu'une propriété entière fait l'objet d'une attribution préférentielle, les juges du fond ne peuvent écarter une demande subsidiaire d'attribution préférentielle portant sur une maison d'habitation se trouvant sur le domaine sans rechercher si les bâtiments litigieux étaient nécessaires à la mise en valeur de l'exploitation ou pouvaient au contraire en être détachés pour être attribués à la demanderesse. • Civ. 1re, 20 mars 1978, n° 76-11.630 P : *D. 1978. IR 470, obs. D. Martin.* ♦ Même sens : attribution préférentielle séparée d'un immeuble d'habitation susceptible d'une attribution distincte des bâtiments d'exploitation, les bâtiments d'habitation et ceux d'exploitation pouvant être desservis par des accès séparés : • Civ. 3e, 22 mars 2018, n° 16-24.052 P.

2. Accessoires non détachables du local à usage d'habitation. La loi n'exclut pas l'attribution préférentielle des accessoires qui ne sont pas détachables du local qui sert effectivement d'habitation au demandeur en attribution, même s'ils n'en sont pas le complément nécessaire. • Civ. 1re, 11 avr. 1995, n° 93-14.461 P : *D. 1995. Somm. 335, obs. Grimaldi.* ♦ Mais n'est pas autorisé pour autant l'attribution de locaux distincts de ceux qu'habite le demandeur. • Civ. 1re, 24 mars 1993, n° 91-13.178 P : *RTD civ. 1994. 397, obs. Patarin (décisions rendues en application de l'anc. art. 832).*

3. Parts de la société civile immobilière propriétaire du local à usage d'habitation. Une cour d'appel ne peut accueillir la demande d'attribution préférentielle des parts de la société civile immobilière propriétaire du logement familial présentée par un ex-époux au seul motif que l'attribution préférentielle de parts sociales n'est exclue par aucun texte, sans rechercher, comme elle y était invitée, si l'attribution préférentielle de ces parts dépendant de l'indivision post-communautaire emportait dévolution exclusivement au profit du demandeur de la pleine propriété du seul local, et de ses accessoires, qui servait d'habitation aux époux. • Civ. 1re, 24 oct. 2012, n° 11-20.075 P : *D. 2013. Chron. C. cass. 591, obs. Capitaine ; AJ fam. 2013. 63, obs. Hilt ; Rev. sociétés 2013. 167, note Naudin.*

4. Bail emphytéotique. Droit de demander l'attribution préférentielle, en application de l'art. 1751, d'un bien relevant d'un bail emphytéotique, bien qui a été le logement de la famille et a été attribué à l'épouse pendant la procédure de divorce. • Civ. 1re, 12 juin 2013, n° 12-11.724 P : *D. 2013. 1548 ; RDI 2013. 473, obs. Poumarède ; AJ fam. 2013. 440, obs. Blanc-Pélissier* (cassation de l'arrêt qui retient que ce texte n'est pas applicable à l'emphytéose qui relève du code rural).

5. Prise en compte des besoins du demandeur (non). La circonstance que l'immeuble excède les besoins de la personne qui y vit n'est pas de nature à faire obstacle à l'attribution préférentielle de cet immeuble, dès lors que sont réunies les conditions prévues par la loi, laquelle n'exige pas que le local corresponde aux besoins normaux de logement du demandeur en attribution. • Civ. 1re, 9 juill. 1980, n° 79-12.135 P : *RTD civ. 1981. 670, obs. Patarin (décision rendue en application de l'anc. art. 832).*

6. Exclusion de la résidence secondaire. Pour permettre l'attribution préférentielle d'un local d'habitation, il faut que l'attributaire y ait sa résidence, avec le caractère d'habitude que suppose cette expression, et une résidence secondaire ne saurait présenter ce caractère. • TGI Nevers, 16 avr. 1975 : *JCP 1975. II. 18192, note Dagot* • Civ. 1re, 1er juill. 1997 : *Dr. fam. 1997, n° 144, note Beignier.*

7. Exclusion du local appartenant indivisément aux héritiers et à un tiers. Un local servant d'habitation ne peut faire l'objet d'une attribution préférentielle lorsque ce bien appartient indivisément aux héritiers et à un tiers. • Civ. 1re, 15 janv. 2014, n° 12-25.322 P : *AJ fam. 2014. 188, obs. Levillain.*

2° CONDITION DE RÉSIDENCE EFFECTIVE

8. Caractère nécessaire. L'attributaire ne peut obtenir, outre son immeuble, une partie du fonds attribué à son cohéritier, pour laquelle il ne remplit pas la condition de résidence effective au jour du décès (les deux fonds étant contigus, impossibilité de détacher une bande de terrain et un garage de l'un des fonds au profit de l'autre). • Civ. 1re, 10 mars 1993, n° 91-15.105 P : *RTD civ. 1994. 396, obs. Patarin*. ♦ V. également • Civ. 1re, 24 mars 1993 : *préc. note 2*. ♦ V. aussi, sur la notion de résidence effective, • Civ. 1re, 21 avr. 1971 : *JCP 1972. II. 17149, note M. D.*

9. Compatibilité avec une occupation des lieux résultant d'une décision de justice. L'occupation des lieux peut résulter d'une décision de justice. • Civ. 1re, 2 nov. 1994, n° 93-11.613 P. ♦ V. cependant, sur l'absence d'incidence négative des mesures provisoires prises par le juge du divorce • Civ. 1re, 10 mai 2006 : *cité note 11*. ♦ ... Et sur l'absence d'incidence négative d'une décision d'incarcération • Civ. 1re, 12 déc. 2007 : *cité note 13*.

10. Date d'appréciation : local dépendant de plusieurs successions. Pour l'attribution préférentielle d'un local d'habitation dépendant de plusieurs successions, la condition de résidence peut être remplie à l'époque de l'un ou l'autre des décès (enfant venu vivre auprès de sa mère, après le décès de son père). • Civ. 1re, 20 nov. 1984, n° 83-10.865 P : *R., p. 54 ; D. 1985. 252, note Breton ; RTD civ. 1985. 757, obs. Patarin (décision rendue en application de l'anc. art. 832)*.

11. ... Dissolution de la communauté. La condition de résidence doit s'apprécier, non seulement à la date de la dissolution de la communauté, mais également à la date à laquelle le juge statue. • Civ. 1re, 22 nov. 2005, n° 02-19.283 P : *AJ fam. 2006. 76, obs. Hilt* • 10 mai 2007 : *AJ fam. 2007. 400, obs. Hilt*. ♦ Mais ne peut être retenue pour rejeter la demande d'attribution préférentielle de l'époux sa non-résidence dans l'immeuble au jour de l'assignation, dès lors qu'elle est la conséquence de l'ordonnance de non-conciliation, mesure provisoire ayant autorisé les époux à résider séparément et qui ne peut avoir pour effet de préjuger de l'attribution préférentielle. • Civ. 1re, 10 mai 2006, n° 03-19.001 P : *D. 2006. IR 1483 ; RTD civ. 2006. 542, obs. Hauser*.

12. ... Prise en compte des violences conjugales. Lorsque c'est pour échapper aux violences que lui faisait subir son mari que, peu avant de présenter sa requête en divorce, l'épouse a été contrainte et forcée de quitter avec ses enfants le domicile conjugal, les juges du fond peuvent en déduire que la femme devait être considérée comme remplissant la condition d'habitation. • Civ. 1re, 19 févr. 1985, n° 84-11.463 P : *R., p. 83 ; D. 1985. 405, note Breton ; JCP N 1986. II. 80, note Simler* (en l'espèce, indivision post-communautaire). – Dans le même sens : • Civ. 1re, 13 avr. 1992, n° 90-16.893 P • 15 mai 2018, n° 17-16.858.

13. ... Prise en compte d'une incarcération. Ne peut être déboutée de sa demande d'attribution préférentielle d'un immeuble la personne dont la non-résidence dans l'immeuble est la conséquence d'une décision de justice ordonnant son incarcération, cette décision l'ayant contrainte à quitter son domicile, au moins temporairement. • Civ. 1re, 12 déc. 2007, n° 07-10.308 P.

B. LOCAL À USAGE PROFESSIONNEL

14. Condition d'exercice effectif de la profession : date d'appréciation. Il est nécessaire que le local dont l'attribution préférentielle est demandée serve à l'exercice de la profession à l'époque à laquelle les juges statuent. • Civ. 1re, 24 nov. 1969, n° 68-11.817 P : *R. 1969-1970, p. 38 ; D. 1970. 382, note Breton ; RTD civ. 1970. 596, obs. R. Savatier.* ♦ Lorsque le demandeur a abandonné l'activité commerciale qu'il exerçait dans l'immeuble dont il sollicite l'attribution préférentielle, il n'existe plus, au jour où statuent les juges, une entreprise commerciale de nature à faire l'objet d'une attribution préférentielle. • Civ. 1re, 16 juin 1993, n° 91-19.812 P : *D. 1995. Somm. 46, obs. Grimaldi*.

Art. 831-3 *(L. n° 2006-728 du 23 juin 2006, art. 4 ; L. n° 2015-177 du 16 févr. 2015, art. 6)* **L'attribution préférentielle visée au 1° de l'article 831-2 est de droit pour le conjoint survivant.**

Les droits résultant de l'attribution préférentielle ne préjudicient pas aux droits viagers d'habitation et d'usage que le conjoint peut exercer en vertu de l'article 764.

Art. 832 **L'attribution préférentielle visée à l'article 831 est de droit pour toute exploitation agricole qui ne dépasse pas les limites de superficie fixées par décret en Conseil d'État, si le maintien dans l'indivision n'a pas été ordonné.**

1. Surface prise en compte. La superficie à prendre en considération en vue de l'attribution préférentielle de droit est celle des parcelles indivises, objet de la demande, jointe à celle dont le candidat est déjà propriétaire. • Civ. 3e, 22 mars 2018, n° 16-24.052 P.

2. Exploitation agricole. Ne peut faire l'objet d'une attribution préférentielle, faute de constituer une exploitation agricole, au sens de l'art. 832, dans sa rédaction antérieure à la L. du 23 juin 2006, la propriété d'agrément dont les indivisaires, qui n'étaient pas exploitants agricoles, se bornaient à partager entre eux la récolte de truffes en fonction du travail par eux accompli, cette activité s'analysant en un « hobby ». • Civ. 1re, 20 mai 2009, n° 08-14.536 P.

3. Pluralité de demandes : prise en compte de l'aptitude des différents postulants. En cas de pluralité de demandes, l'appréciation de l'aptitude des différents postulants doit être faite en vue de l'avenir et en considération des personnes qui postulent effectivement l'attribution, et non des individus déjà décédés, aux droits desquels elles peuvent être. • Civ. 1re, 7 juill. 1971 : *D. 1971. 650, note Breton (décision rendue en application de l'anc. art. 832-1).* ♦ L'appréciation de l'aptitude des différents postulants doit être faite en considération des personnes qui postulent effectivement l'attribution et non de leurs descendants. • Civ. 1re, 2 mai 2001, n° 98-19.639 P : *JCP 2002. I. 178, n° 7, obs. Le Guidec ; JCP N 2001. 1519, obs. Grimonprez ; RJPF 2001-10/43, obs. Casey ; Dr. fam. 2002, n° 34, note Perrouin (décision rendue en application de l'anc. art. 832-1).*

Art. 832-1 Si le maintien dans l'indivision n'a pas été ordonné et à défaut d'attribution préférentielle en propriété dans les conditions prévues à l'article 831 ou à l'article 832, le conjoint survivant ou tout héritier copropriétaire peut demander l'attribution préférentielle de tout ou partie des biens et droits immobiliers à destination agricole dépendant de la succession en vue de constituer avec un ou plusieurs cohéritiers et, le cas échéant, un ou plusieurs tiers, un groupement foncier agricole.

Cette attribution est de droit si le conjoint survivant ou un ou plusieurs des cohéritiers remplissant les conditions personnelles prévues à l'article 831, ou leurs descendants participant effectivement à l'exploitation, exigent que leur soit donné à bail, dans les conditions fixées au chapitre VI du titre I du livre IV du code rural et de la pêche maritime, tout ou partie des biens du groupement.

En cas de pluralité de demandes, les biens du groupement peuvent, si leur consistance le permet, faire l'objet de plusieurs baux bénéficiant à des cohéritiers différents.

Si les clauses et conditions de ce bail ou de ces baux n'ont pas fait l'objet d'un accord, elles sont fixées par le tribunal.

Les biens et droits immobiliers que les demandeurs n'envisagent pas d'apporter au groupement foncier agricole, ainsi que les autres biens de la succession, sont attribués par priorité, dans les limites de leurs droits successoraux respectifs, aux indivisaires qui n'ont pas consenti à la formation du groupement. Si ces indivisaires ne sont pas remplis de leurs droits par l'attribution ainsi faite, une soulte doit leur être versée. Sauf accord amiable entre les copartageants, la soulte éventuellement due est payable dans l'année suivant le partage. Elle peut faire l'objet d'une dation en paiement sous la forme de parts du groupement foncier agricole, à moins que les intéressés, dans le mois suivant la proposition qui leur en est faite, n'aient fait connaître leur opposition à ce mode de règlement.

Le partage n'est parfait qu'après la signature de l'acte constitutif du groupement foncier agricole et, s'il y a lieu, du ou des baux à long terme.

Art. 832-2 Si une exploitation agricole constituant une unité économique et non exploitée sous forme sociale n'est pas maintenue dans l'indivision et n'a pas fait l'objet d'une attribution préférentielle dans les conditions prévues aux articles 831, 832 ou 832-1, le conjoint survivant ou tout héritier copropriétaire qui désire poursuivre l'exploitation à laquelle il participe ou a participé effectivement peut exiger, nonobstant toute demande de licitation, que le partage soit conclu sous la condition que ses copartageants lui consentent un bail à long terme dans les conditions fixées au chapitre VI du titre I du livre IV du code rural et de la pêche maritime, sur les terres de l'exploitation qui leur échoient. Dans le cas de l'héritier, la condition de participation peut avoir été remplie par son conjoint ou ses descendants. Sauf accord amiable entre les parties, celui qui demande à bénéficier de ces dispositions reçoit par priorité dans sa part les bâtiments d'exploitation et d'habitation.

Les dispositions qui précèdent sont applicables à une partie de l'exploitation agricole pouvant constituer une unité économique. Cette unité économique peut être formée, pour une part, de biens dont le conjoint survivant ou l'héritier était déjà propriétaire ou copropriétaire avant le décès.

Il est tenu compte, s'il y a lieu, de la dépréciation due à l'existence du bail dans l'évaluation des terres incluses dans les différents lots.

Les articles L. 412-14 et L. 412-15 du code rural et de la pêche maritime déterminent les règles spécifiques au bail mentionné au premier alinéa du présent article.

Si, en raison de l'inaptitude manifeste du ou des demandeurs à gérer tout ou partie de l'exploitation, les intérêts des cohéritiers risquent d'être compromis, le tribunal peut décider qu'il n'y a pas lieu d'appliquer les trois premiers alinéas du présent article.

1. Condition d'unité économique : pouvoir d'appréciation des juridictions du fond. C'est dans l'exercice de leur pouvoir d'appréciation que les juges du fond décident que l'exploitation ne constitue pas une unité économique. • Civ. 1re, 20 nov. 1984 : *D. 1985. 166, note A. B.* ♦ Mais l'absence d'unité économique ne peut résulter des modalités d'exploitation du domaine ou de la productivité des cultures qui y sont pratiquées. • Civ. 1re, 20 sept. 2006, n° 04-18.798 P : *D. 2007. Pan. 613, obs. G. Serra ; JCP 2008. I. 108, n° 5, obs. Le Guidec ; Defrénois 2007. 1628, obs. Gelot ; AJ fam. 2006. 422, obs. Hilt*.

2. ... Date d'appréciation. C'est à la date de la demande d'attribution préférentielle qu'il convient d'apprécier si l'exploitation agricole constitue une unité économique. • Civ. 1re, 14 mai 1992, n° 90-20.498 P : *D. 1993. Somm. 226, obs. Grimaldi* • 13 déc. 1994, n° 93-10.875 P : *R., p. 279.*

3. ... Charge de la preuve. Il incombe au demandeur en attribution préférentielle de prouver que les parcelles constituaient, au jour de la demande, une unité économique. • Civ. 1re, 10 mai 2007, n° 05-20.177 P.

Art. 832-3 **L'attribution préférentielle peut être demandée conjointement par plusieurs successibles afin de conserver ensemble le bien indivis.**

A défaut d'accord amiable, la demande d'attribution préférentielle est portée devant le tribunal qui se prononce en fonction des intérêts en présence.

En cas de demandes concurrentes, le tribunal tient compte de l'aptitude des différents postulants à gérer les biens en cause et à s'y maintenir. Pour l'entreprise, le tribunal tient compte en particulier de la durée de la participation personnelle à l'activité.

A. MISE EN ŒUVRE DE L'ATTRIBUTION PRÉFÉRENTIELLE

1. Moment de la demande. L'attribution préférentielle, procédé d'allotissement qui met fin à l'indivision, peut être demandée tant que le partage n'a pas été ordonné, selon une autre modalité incompatible, par une décision judiciaire devenue irrévocable. • Civ. 1re, 8 mars 1983 : *D. 1983. 613, note Breton* (demande d'attribution préférentielle formée en réplique à une action en partage exercée par un créancier d'un des indivisaires). ♦ Déjà en ce sens : • Civ. 1re, 10 mars 1971, n° 69-12.132 P (recevabilité d'une demande d'attribution préférentielle formée en cause d'appel). – Rappr. : • Civ. 1re, 5 juill. 1967 : *D. 1968. 638, note Ghestin* • 9 janv. 2008, n° 06-20.167 P.

2. Obstacle à la demande : convention prévoyant un partage en nature. L'attribution préférentielle étant une modalité incompatible avec le partage en nature, une convention prévoyant un tel partage exclut toute demande d'attribution préférentielle. • Civ. 1re, 19 mars 1973 : *D. 1973. 573, note Breton.*

3. ... Décision irrévocable ordonnant la licitation du bien. La licitation constitue une modalité de partage incompatible avec l'attribution préférentielle, et dès lors que la licitation a été ordonnée par une décision devenue irrévocable, il est impossible, sans méconnaître l'autorité de la chose jugée, de prononcer l'attribution préférentielle du même bien indivis. • Civ. 1re, 19 nov. 1968 : *D. 1969. 57, note Breton* • 9 mars 1971, n° 70-10.072 P.

4. ... Volonté contraire du « de cujus ». Les dispositions relatives à l'attribution préférentielle ne réglementent qu'une modalité du partage et ne peuvent trouver application lorsque, par son testament, le *de cujus* a attribué l'exploitation agricole dont il était propriétaire à un héritier autre que celui qui réunissait les conditions fixées pour l'attribution préférentielle d'une telle exploitation. • Req. 28 juill. 1947 : *D. 1947. 475 (décision rendue en application de l'anc. art. 832).* – Dans le même sens : • Civ. 18 déc. 1950 : *D. 1951. 37, note Lenoan.* ♦ V. cependant • Civ. 1re, 5 nov. 1996, n° 94-15.886 P : *JCP 1998. I. 133, n° 4, obs. Le Guidec ; Dr. fam. 1997, n° 113 ; RTD civ. 1997. 486, obs. Patarin* (impossibilité matérielle et juridique de réaliser la volonté du testateur d'exclure l'attribution préférentielle).

5. Libéralités compatibles avec l'attribution préférentielle. Si les dispositions relatives à l'attribution préférentielle ne portent pas atteinte au droit que possédait le *de cujus* de disposer de ses biens et d'en régler l'attribution, le droit à l'attribution préférentielle d'un des cohéritiers ne peut être écarté que par une manifestation de volonté ou par une clause incompatible avec la possibilité d'une telle attribution ; dès lors, si la donation n'a porté que sur une quote-part de la succession et en l'absence de toute attribution en nature par l'ascendant donateur, la donation n'a pu mettre obstacle à l'exercice du droit d'attribution préférentielle par l'un des héritiers. • Civ. 1re, 29 avr. 1965 : *D. 1965. 600 (décision rendue en application des anc. art. 832 et 832-1).* – Dans le même sens : • Civ. 1re, 26 janv. 1977 : *D. 1977. 485, note M. P. Lucas de Leyssac ; JCP 1978. II. 18953, note Dagot ; RTD civ. 1978. 174, obs. R. Savatier.*

B. POUVOIRS DU JUGE

6. Appréciation souveraine des intérêts en présence par les juridictions du fond. **BIBL.** Patarin, *Mél. Voirin, LGDJ, 1967, p. 618.* ♦ L'appréciation comparative des intérêts en présence est une question de fait qui échappe au contrôle de la Cour de cassation. • Civ. 1re, 3 juin 1966 : *D. 1966. 593, note Breton.* – Dans le même sens : • Civ. 1re, 27 oct. 1971, n° 70-10.125 P • 7 juill. 1982, n° 81-13.198 P : *RTD civ. 1983. 573, obs. Patarin* • 2 nov. 1994, n° 93-11.613 P.

La règle de l'appréciation des intérêts en présence s'applique aussi bien à une demande formée par un seul héritier qu'à des demandes concurrentes. • Civ. 1re, 6 avr. 1994, n° 92-13.933 P.

7. Personne en droit de contester la demande d'attribution préférentielle : cessionnaire de droits indivis. Si la cession de droits indivis à un tiers étranger à une indivision post-communautaire ou successorale ne lui confère pas la qualité de conjoint survivant ou d'héritier qu'avait son cédant, elle n'en a pas moins pour effet de lui permettre de contester, comme aurait pu le faire ce cédant, que le demandeur en attribution réunit les conditions exigées par la loi. • Civ. 1re, 9 janv. 1980 : *D. 1980. 293, note Breton ; JCP 1980. II. 19420, note Patarin ; Gaz. Pal. 1981. 1. 231, note Rozier.*

8. Prise en compte des demandes concurrentes. Si la loi recommande aux juges de prendre en considération l'aptitude des différents postulants à gérer et à se maintenir, lorsque des demandes concurrentes d'attribution préférentielle intéressent une exploitation ou une entreprise, cela n'interdit nullement de telles demandes, lorsqu'elles ont l'un des autres objets prévus par la loi ; les juges doivent alors se prononcer en fonction des intérêts en présence, et non de l'ordre selon lequel les demandes leur ont été soumises. • Civ. 1re, 10 mars 1971, n° 69-12.132 P *(décision rendue en application de l'anc. art. 832, al. 7).*

9. Prise en compte du risque d'insolvabilité de l'attributaire. Il n'est pas interdit aux juges de tenir compte, pour rejeter la demande d'attribution préférentielle facultative, du risque que cette attribution ferait courir aux copartageants à raison de l'insolvabilité de l'attributaire. • Civ. 1re, 17 mars 1987, n° 85-17.241 P : *R., p. 148 ; D. 1987. 589, note Breton* • 21 juin 1988 : *D. 1989. 365, note Breton* • Com. 3 oct. 2006, n° 05-16.463 P : *JCP 2007. I. 142, n° 29, obs. Tisserand-Martin.* ♦ Sur le contrôle de la Cour de cassation sur cette appréciation portée par les juges du fond, V. • Civ. 1re, 11 avr. 1995, n° 93-14.461 P : *D. 1995. Somm. 335, obs. Grimaldi.*

10. Prise en compte de l'aptitude du demandeur à gérer le bien. Un fonctionnaire ne peut prétendre à l'attribution préférentielle d'un bien en vue d'une exploitation (terrain de camping) qui lui est interdite par son statut. • Civ. 1re, 31 janv. 1995, n° 92-21.571 P.

Art. 832-4 Les biens faisant l'objet de l'attribution sont estimés à leur valeur à la date fixée conformément à l'article 829.

Sauf accord amiable entre les copartageants, la soulte éventuellement due est payable comptant. Toutefois, dans les cas prévus aux articles 831-3 et 832, l'attributaire peut exiger de ses copartageants, pour le paiement d'une fraction de la soulte, égale au plus à la moitié, des délais ne pouvant excéder dix ans. Sauf convention contraire, les sommes restant dues portent intérêt au taux légal.

En cas de vente de la totalité des biens attribués, la fraction de la soulte y afférente devient immédiatement exigible ; en cas de ventes partielles, le produit de ces ventes est versé aux copartageants et imputé sur la fraction de la soulte encore due.

A. ÉVALUATION DU BIEN ATTRIBUÉ

1. Évaluation selon la valeur du bien à la date de la jouissance divise. La décision faisant droit à une demande d'attribution préférentielle, et ayant fixé la valeur du bien au jour de son prononcé, n'a pas statué sur cette valeur au jour de la jouissance divise et n'a donc pas l'autorité de la chose jugée quant à l'estimation définitive du bien, qui doit être faite à la date la plus proche possible du partage à intervenir. • Civ. 1re, 28 févr. 1978, n° 76-13.006 P. – Dans la même affaire, V. • Civ. 1re, 17 juin 1981, n° 80-13.883 P : *Defrénois 1983. 52, note Guimbellot ; RTD civ. 1982. 638, obs. Patarin.* – Même sens : • Civ. 1re, 24 janv. 1990, n° 87-18.575 P : *Defrénois 1991. 868, obs. Champenois* • 7 juin 2006, n° 03-18.807 P • 8 avr. 2009, n° 07-21.561 P. ♦ Les juges du fond fixent souverainement la date de la jouissance divise et peuvent ordonner que le bien sera réévalué à cette date. • Civ. 1re, 20 mai 1981, n° 79-16.211 P. ♦ Mais rien ne leur interdit de fixer immuablement, en considération des circonstances de la cause, la date du partage au jour où ils statuent. • Civ. 1re, 28 avr. 1986, n° 84-16.869 P • 18 sept. 2002, n° 00-17.555 P : *D. 2002. IR 2849 ; JCP 2003. I. 180, n° 5, obs. Le Guidec ; Defrénois 2003. 1363, obs. Champenois ; AJ fam. 2002. 386, obs. S. D.-B. ; RJPF 2002-12/48, obs. J. C. ; Dr. fam. 2002, n° 151, note B. B.*

2. Possibilité de fixer à l'avance la valeur du bien au jour du partage. Les biens devant être évalués à la date du partage, il n'est pas interdit aux juges du fond de déterminer à l'avance cette valeur en utilisant des éléments qui concernent spécialement les biens qu'il s'agit d'évaluer. • Civ. 1re, 8 déc. 1981, n° 80-15.941 P : *RTD civ. 1982. 639, obs. Patarin* (indexation de la somme portée dans l'état liquidatif sur l'indice du coût de la construction pour l'évaluation d'une villa attribuée préférentiellement à l'ancien mari). ♦ Comp. • Civ. 1re, 20 mars 1990 : *JCP 1991. II. 21671, note de La Marnierre ; Defrénois 1991. 868 (II), obs. Champenois.* ♦ Sur la charge de prouver que l'évaluation ainsi réactualisée correspond à la valeur du bien au jour du partage, V. • Civ. 1re, 9 oct. 1990, n° 89-11.425 P.

3. Évaluation selon l'état du bien au jour du partage. *(Décisions rendues sous l'empire du droit antérieur à la L. du 23 juin 2006).* L'héritier bénéficiaire d'une attribution préférentielle ne devenant propriétaire du bien attribué que par l'effet du partage, les biens attribués préférentiellement doivent être évalués d'après leur état à la date du partage. • Civ. 1re, 23 juin 1982, n° 81-11.447 P • 20 mars 1990 : *JCP 1991. II. 21671, note de La Marnierre.*

4. Évaluation du bien donné à bail : bail consenti à un tiers. Dans l'évaluation, il y a lieu de tenir compte du bail consenti à un tiers sur une partie de l'exploitation. • Civ. 1re, 8 mars 1988, n° 86-15.058 P : *R., p. 162 ; D. 1989. 49, note Breton (décision rendue sous l'empire du droit antérieur à la L. du 23 juin 2006).*

5. ... Bail consenti à l'attributaire. Lorsqu'une exploitation agricole fait, dans un partage, l'objet d'une attribution préférentielle au profit de l'héritier qui la tient à ferme, elle doit être estimée comme libre de bail. • Civ. 1re, 8 déc. 1965 : *D. 1967. 407, note R. Savatier* • 12 mai 1966 : *Bull. civ. I, n° 289 ; GAJC, 12e éd., n° 115* • 13 mai 1968 : *D. 1968. 561, note Breton* • 16 juill. 1968 : *D. 1968. 617, note A. B. ; JCP 1968. II. 15694, note M. D.* • 17 mars 1987, n° 85-15.700 P. ♦ ... Sans qu'il y ait lieu de distinguer selon que le bail (en l'espèce bail commercial) a été consenti par le *de cujus* lui-même ou qu'il ait fait l'objet d'une cession par le vendeur du fonds de commerce. • Civ. 1re, 11 juin 1996, n° 94-16.608 P : *D. 1997. Somm. 369, obs. Grimaldi ; JCP 1997. I. 4021, obs. Le Guidec ; Defrénois 1996. 1447, obs. Champenois ; RTD civ. 1997. 197, obs. Patarin* . ♦ Comp. • Civ. 1re, 18 mars 1980 : *D. 1981. 17, note Breton ; RTD civ. 1981. 189, obs. Patarin* (continuation du bail dans les conditions de l'art. 831 [art. L. 411-34 nouv.] C. rur.).

6. ... Bail consenti au profit du conjoint de l'attributaire. Lorsque c'est le conjoint de l'héritier attributaire qui est titulaire du bail, la règle de l'égalité du partage conduit à décider que l'évaluation du bien ne peut être faite comme s'il était libre de toute occupation, dès lors que le bail rural, étant strictement personnel au preneur et ne tombant pas en communauté, ne confère de droit qu'audit conjoint. • Civ. 1re, 21 nov. 1995, n° 93-17.719 P : *R., p. 220 ; JCP 1996. I. 3968, n° 5, obs. Le Guidec ; Defrénois 1996. 413, obs. Champenois ; RTD civ. 1996. 450, obs. Patarin* . – V. aussi • Civ. 1re, 11 déc. 2001, n° 99-19.528 P : *JCP N 2002. 1275, note Gravillou ; ibid. 1522, étude Barabé-Bouchard ; RJPF 2002-2/42, note Casey* (conjoints cotitulaires du bail).

7. Aliénation du bien avant le partage : prise en compte de la valeur d'aliénation. La vente, pendant les opérations de partage, du bien attribué préférentiellement par une décision devenue irrévocable, n'a pas pour effet de rendre caduque cette attribution, le bien ou la créance de prix qui lui est subrogé ayant été définitivement placé dans le lot de l'attributaire dont les héritiers ont recueilli les droits, de sorte que, par l'effet du partage, ils en seront propriétaires depuis l'origine de l'indivision donnant lieu au partage ; mais seul le prix de la vente est à considérer, de sorte que les dispositions d'un précédent arrêt passé en force de chose jugée et relatives au calcul de la soulte ne peuvent plus être prises en compte. • Civ. 1re, 4 avr. 1991, n° 89-20.351 P : *Defrénois 1991. 869, obs. Champenois ; RTD civ. 1992. 429, obs. Patarin* .

B. VERSEMENT D'UNE SOULTE PAR L'ATTRIBUTAIRE

8. Nécessité d'une mise en demeure pour faire courir les intérêts. S'agissant d'un partage amiable, les intérêts au taux légal ne sont dus qu'à compter du commandement de saisie-vente valant mise en demeure, et ne peuvent pas l'être pour une période antérieure. • Civ. 1re, 17 juin 2009, n° 08-10.142 P : *BICC, 15 déc. 2009, n° 1682 ; D. 2009. AJ 1759, obs. Égéa ; Defrénois 2009. 2187, obs. Massip.* ♦ Si la loi admet l'exigibilité immédiate de la soulte, elle ne dit nullement que cette absence de terme emporte mise en demeure et cours des intérêts de plein droit ; et à défaut d'une disposition particulière contraire, l'art. 1153 anc. C. civ. exige une sommation pour faire courir les intérêts d'une somme d'argent. • Civ. 1re, 2 févr. 1971, n° 69-13.027 P • 20 nov. 1979 : *Defrénois 1981. 1400 (1re esp.), note Guimbellot* (la soulte ne peut porter intérêt qu'à partir du jour auquel est fixé le point de départ de la jouissance divise) *(décisions rendues en application de l'anc. art. 832).*

9. Sanction du défaut de paiement : déchéance du bénéfice de l'attribution (non). La loi ne prévoit aucune cause de déchéance du droit à l'attribution préférentielle ; les juges ne peuvent donc décider que, faute pour le débiteur de payer la soulte dans les conditions fixées par eux, celui-ci sera déchu du bénéfice de l'attribution préférentielle. • Civ. 1re, 28 oct. 1975 : *JCP 1976. II. 18403, note Dagot ; Gaz. Pal. 1976. 1. 169, note G. R. (décision rendue en application de l'anc. art. 832).* ♦ Mais il en va autrement lorsque l'attribution préférentielle n'entre pas uniquement dans une opération de partage, le bénéficiaire ne pouvant l'obtenir qu'après remboursement des deniers reçus à titre gratuit (conséquence de l'annulation d'une donation déguisée). • Civ. 1re, 2 oct. 1985 : *D. 1986. 325, note Breton ; RTD civ. 1987. 130, obs. Patarin.*

Art. 833 Les dispositions des articles 831 à 832-4 profitent au conjoint ou à tout héritier appelé à succéder en vertu de la loi, qu'il soit copropriétaire en pleine propriété ou en nue-propriété.

Ces dispositions, à l'exception de celles de l'article 832, profitent aussi à l'héritier ayant une vocation universelle ou à titre universel à la succession en vertu d'un testament ou d'une institution contractuelle.

A. BÉNÉFICIAIRES DE L'ATTRIBUTION : QUALITÉ DE COPARTAGEANT

1° PARTAGES CONCERNÉS

1. Partage d'une indivision conventionnelle entre époux. L'attribution préférentielle peut être demandée, sous les conditions prévues par la loi, dans le partage des indivisions de nature familiale, même si cette indivision a pris naissance entre les époux par une convention antérieure au mariage. • Civ. 1re, 7 juin 1988, n° 86-15.090 P : *R., p. 162 ; D. 1989. 141, note Breton ; JCP N 1989. II. 89, note Philippe ; Defrénois 1988. 1079, note Morin ; RTD civ. 1989. 121, obs. Patarin (décision rendue en application des art. 832 anc., 1476 et 1542).* ♦ ... Et même si elle est partagée pendant le mariage. • Civ. 1re, 9 oct. 1990, n° 89-10.429 P : *R., p. 261 ; JCP 1991. II. 21641, note Simler ; JCP N 1991. 43, note Salvage ; Defrénois 1991. 808, note X. Savatier ; RTD civ. 1991. 380, obs. Patarin.* ♦ Exclusion de l'attribution préférentielle dans le partage des indivisions conventionnelles non familiales, V. notes ss. art. 831.

2. Difficultés particulières en présence d'une pluralité d'indivisions. Une exploitation agricole constituant une unité économique ne peut faire dans son intégralité l'objet d'une attribution préférentielle lorsqu'elle est formée pour une part de biens dont la propriété appartient à des tiers et qui ne figurent à aucun titre dans la masse à partager. • Civ. 1re, 13 nov. 1967 : *D. 1968. 44, note Breton.* ♦ Même solution lorsque l'attribution préférentielle demandée a pour objet un bien immobilier dont l'un des cohéritiers est déjà copropriétaire indivis pour une cause étrangère et antérieure à l'indivision successorale. • Civ. 1re, 4 janv. 1977 : *D. 1978. 2, note Chanteux-Bui.* ♦ Pour un autre cas de superposition d'indivisions, V. • Civ. 1re, 17 oct. 1984, n° 83-15.107 P : *R., p. 54 ; D. 1985. 138, note Breton ; RTD civ. 1985. 598, obs. Patarin.*

2° PERSONNES CONCERNÉES

3. Héritiers d'un bénéficiaire éventuel. La faculté de demander l'attribution préférentielle, par voie de partage, d'une exploitation agricole, peut, lorsque son bénéficiaire remplissant lui-même les conditions légales, décède sans s'en être prévalu, être exercée de son chef par son héritier, si toutefois celui-ci remplit lui-même les conditions légales pour s'en prévaloir. • Civ. 1re, 1er févr. 1966 : *D. 1966. 329, note A. B. ; Gaz. Pal. 1966. 1. 360, note Esmein ; RTD civ. 1966. 559, obs. R. Savatier* (rejet du pourvoi formé contre • Angers, 11 juin 1963 : *D. 1963. 634, note Esmein ; RTD civ. 1964. 148, obs. R. Savatier).* – Dans le même sens : • Civ. 1re, 7 juill. 1971 : *D. 1971. 650, note Breton* • 10 juin 1987, n° 85-17.000 P : *R., p. 148 ; GAJC, 11e éd., n° 112-113 (II) ; D. 1987. 537, note Breton ; RTD civ. 1988. 160, obs. Patarin (décisions rendues en application des anc. art. 832 s.).*

4. Exclusion du concubin. L'attribution préférentielle ne peut être demandée par un concubin. • Civ. 1re, 9 déc. 2003, n° 02-12.884 P : *D. 2004. Somm. 2967, obs. Vigneau ; JCP 2004. II. 10035, note Devers ; Defrénois 2004. 585, obs. Massip ; AJ fam. 2004. 63, obs. Bicheron ; Dr. fam. 2004, n° 40, note B. B. ; RTD civ. 2004. 69, obs. Hauser (décision rendue sous l'empire du droit antérieur à la L. du 23 juin 2006).*

B. ... QUALITÉ DE COPROPRIÉTAIRE

5. ... Exclusion du conjoint simplement usufruitier. L'usufruit successoral dont bénéficie le conjoint survivant ne peut justifier une attribution préférentielle en usufruit du local lui servant d'habitation. • Civ. 1re, 10 mai 1966 : *D. 1966. 467, note A. B.* – Dans le même sens : • Civ. 1re, 15 juin 1967 : *Bull. civ. I, n° 221* • 27 juin 2000, n° 98-17.177 P : *RJPF 2000-11/58, obs. Casey (décisions rendues en application du droit antérieur aux réformes du 3 décembre 2001 et du 23 juin 2006).*

Art. 834 Le bénéficiaire de l'attribution préférentielle ne devient propriétaire exclusif du bien attribué qu'au jour du partage définitif.

Jusqu'à cette date, il ne peut renoncer à l'attribution que lorsque la valeur du bien, telle que déterminée au jour de cette attribution, a augmenté de plus du quart au jour du partage indépendamment de son fait personnel.

A. TRANSFERT DE LA PROPRIÉTÉ DU BIEN ATTRIBUÉ

1. Attribution privative de la propriété au terme du partage : principe. L'attribution préférentielle ne constitue qu'une modalité du partage au même titre que la formation de lots suivie du tirage au sort ou de la licitation ; les biens attribués par préférence sont donc placés dans le lot de l'attributaire et imputés sur ses droits à concurrence de leur valeur. • Grenoble, 27 janv. 1965 : *D. 1965. 330, note Gervésie.* ♦ Le jugement accordant l'attribution préférentielle ne confère pas à celui qui en bénéficie la propriété des biens qui en sont l'objet et ce n'est qu'au terme du partage que se produit l'attribution privative de propriété. • Civ. 1re, 20 déc. 1976, n° 75-13.288 P • 11 janv. 1977, n° 75-13.310 P • 20 nov. 1979 : *D. 1980. IR 399, obs. D. Martin ; Defrénois 1981. 1400, note Guimbellot* • 20 mars 1990 : *JCP 1991. II. 21671, note de La Marnierre.*

2. … Conséquences quant au sort des fruits. Jusqu'à la date du partage, les fruits produits par le bien qui fait l'objet de l'attribution préférentielle appartiennent à l'indivision. • Civ. 1re, 11 janv. 1977 : *préc. note 1* • Agen, 11 juill. 1950 : *D. 1951. 12, note R. Savatier.*

3. … Conséquences quant à la gestion du bien. L'attributaire ne peut, avant le partage, donner congé au gérant libre du fonds qui lui est attribué sans le concours de ses cohéritiers. • Civ. 1re, 20 déc. 1976, n° 75-13.288 P.

4. … Conséquences quant aux frais exposés pour la gestion ou la conservation du bien. Il doit être tenu compte à l'attributaire, conformément à l'art. 815-13, des frais de conservation et de gestion du bien qu'il a exposés après le jugement d'attribution. • Civ. 1re, 20 mars 1990 : *JCP 1991. II. 21671, note de La Marnierre ; RTD civ. 1991. 575, obs. Patarin ; Defrénois 1991. 868 (II), obs. Champenois.*

5. Obligation d'indemniser l'indivision en cas de jouissance privative avant partage. Jusqu'au partage, l'indivisaire qui use privativement des biens faisant l'objet de l'attribution préférentielle doit, sauf convention contraire, une indemnité à ses coïndivisaires. • Civ. 1re, 23 nov. 1982, n° 81-15.037 P • 28 avr. 1987 : *D. 1987. IR 121.* ♦ Solution réaffirmée plus récemment : • Civ. 1re, 15 mai 2018, n° 17-18.903 (pour décider que Pierre n'est plus redevable d'une indemnité pour l'occupation d'un bien immobilier dépendant de la succession à la date de l'attribution préférentielle, l'arrêt retient qu'à cette date, ce bien lui a été attribué à titre préférentiel par un jugement assorti de l'exécution provisoire. En statuant ainsi, alors qu'elle avait constaté que le bénéficiaire avait usé, à titre privatif, jusqu'au jour du partage, du bien indivis qui lui avait été attribué à titre préférentiel, la cour d'appel a violé les art. 815-9 et 834 C. civ.). • Civ. 1re, 15 mai 2018, n° 17-18.903.

B. RÉGIME DU DROIT À L'ATTRIBUTION

6. Transmissibilité passive du droit à l'attribution en cas de décès de l'attributaire. Lorsque le droit à l'attribution préférentielle est entré dans le patrimoine du bénéficiaire, par suite d'un jugement irrévocable, ce droit se transmet, au décès de celui-ci, à ses héritiers et ceux-ci n'ont pas à justifier qu'ils remplissent personnellement les conditions requises par l'art. 832. • Civ. 1re, 10 mars 1969 : *D. 1969. 305 (1re esp.), note Breton.*

7. Incompatibilité avec le tirage au sort des lots. Le juge ne peut prescrire le partage par voie de tirage au sort dès lors qu'il se réserve la faculté d'attribuer un bien à titre préférentiel. • Civ. 1re, 30 juin 1993, n° 91-17.804 P : *Defrénois 1993. 1452, obs. Champenois ; JCP 1994. I. 3791, n° 8, obs. Le Guidec.*

SOUS-SECTION 2 *Du partage amiable*

Art. 835 **Si tous les indivisaires sont présents et capables, le partage peut intervenir dans la forme et selon les modalités choisies par les parties.**

Lorsque l'indivision porte sur des biens soumis à la publicité foncière, l'acte de partage est passé par acte notarié.

1. Forme du partage amiable. La validité d'un partage n'est pas subordonnée à la rédaction d'un écrit ; mais la preuve en reste soumise au droit commun. • Req. 21 janv. 1867 : *DP 1867. 1. 97* • Civ. 1re, 29 avr. 1968 : *JCP 1968. II. 15667, note M. D.* ♦ Le partage peut être conclu par acte sous seing privé ; lorsqu'il est soumis à publicité foncière, il doit être passé par acte notarié, cette formalité ayant pour but d'assurer l'effectivité de la publicité obligatoire, mais le défaut d'authenticité de l'acte n'affecte pas sa validité. • Civ. 1re, 24 oct. 2012, n° 11-19.855 P : *D. 2012. 2599 ; RTD civ. 2013. 160, obs. Grimaldi ; JCP N 2013, n° 1008, note Brenner ; Defrénois 2013. 71, obs. Massip.*

2. Consentements des indivisaires. Projet de partage signé par certains indivisaires seulement : V. • Civ. 1re, 3 févr. 1982 : *JCP 1983. II. 19989 (2e esp.), note Rémy ; RTD civ. 1982. 780, obs. Patarin.*

3. Indivisaire en liquidation judiciaire : pouvoir du liquidateur. N'est pas fondé le moyen selon lequel le partage successoral est strictement attaché à la personne car subordonné à des considérations d'ordre moral et familial ; dans la mesure où le partage successoral est un acte d'administration et de disposition d'un patrimoine pouvant constituer le gage des créanciers, la signature d'un tel acte relève du seul pouvoir du liquidateur. • Com. 13 janv. 2015, n° 13-12.590 P.

4. Acceptation tacite du projet de partage. L'acceptation tacite du projet de partage établi par un notaire caractérise l'existence d'un partage définitif dont le seul comportement d'une partie (versement d'une fraction seulement de la soulte) n'a pu entraîner la résolution. • Civ. 1re, 13 oct. 1993, n° 91-20.511 P : *Defrénois 1994. 902, obs. Champenois.*

5. Requête en homologation d'un acte de partage. Un avocat est sans pouvoir pour présenter, au nom des cohéritiers, une requête en homologation d'un acte de partage de la succession, alors que l'un des requérants est décédé antérieurement au dépôt de la requête, de sorte que le jugement ayant homologué le partage, intervenu en matière gracieuse, doit être annulé. • Civ. 1re, 28 oct. 2009, n° 08-18.053 P.

6. Acte de partage et prescription abrégée. L'acte de partage, émanant du véritable propriétaire du bien et n'emportant pas transfert de propriété, ne constitue pas un juste titre permettant une prescription abrégée (violation de l'art. 2265 C. civ.). • Civ. 1re, 11 févr. 2015, n° 13-24.770 P : *AJ fam. 2015, 229, obs. Casey*. ♦ Solution constante, V. • Civ. 10 déc. 1845 : *DP 1846. 1. 45* • Civ. 3e, 30 oct. 1972, n° 71-11541 P • 13 déc. 2000, n° 98-22.649.

Art. 836 **Si un indivisaire est présumé absent ou, par suite d'éloignement, se trouve hors d'état de manifester sa volonté, un partage amiable peut intervenir dans les conditions prévues à l'article 116.**

De même, si un indivisaire fait l'objet d'un régime de protection, un partage amiable peut intervenir dans les conditions prévues aux titres X *(L. n° 2019-222 du 23 mars 2019, art. 9)* « **, XI et XII** *[ancienne rédaction : et XI]* » **du livre I.**

Art. 837 **Si un indivisaire est défaillant, sans qu'il soit néanmoins dans l'un des cas prévus à l'article 836, il peut, à la diligence d'un copartageant, être mis en demeure, par acte extrajudiciaire, de se faire représenter au partage amiable.**

Faute pour cet indivisaire d'avoir constitué mandataire dans les trois mois de la mise en demeure, un copartageant peut demander au juge de désigner toute personne qualifiée qui représentera le défaillant jusqu'à la réalisation complète du partage. Cette personne ne peut consentir au partage qu'avec l'autorisation du juge.

Sur les actes de gestion du patrimoine des personnes placées en curatelle ou en tutelle, V. Décr. n° 2008-1484 du 22 déc. 2008, ss. art. 496. — **C. civ.**

BIBL. ▸ Levillain, *JCP N 2022, n° 1147* (recours à une personne qualifiée).

Art. 838 **Le partage amiable peut être total ou partiel. Il est partiel lorsqu'il laisse subsister l'indivision à l'égard de certains biens ou de certaines personnes.**

Partage partiel : accord de tous les indivisaires. Un partage partiel suppose l'accord de tous les coïndivisaires alors même que la demande en est faite au cours de l'instance en partage global des biens héréditaires ; en effet, même dans cette dernière hypothèse, le partage partiel peut avoir pour résultat d'empêcher la formation de lots égaux en nature ou en valeur dans le partage définitif en distrayant de la masse un certain nombre de biens dépendant de la succession. • Civ. 1re, 11 déc. 1973 : *JCP 1974. II. 17826, note Dagot.*

Art. 839 **Lorsque plusieurs indivisions existent exclusivement entre les mêmes personnes, qu'elles portent sur les mêmes biens ou sur des biens différents, un partage amiable unique peut intervenir.**

SOUS-SECTION 3 *Du partage judiciaire*

RÉP. CIV. v° *Partage judiciaire*, par C. Brenner.

Art. 840 **Le partage est fait en justice lorsque l'un des indivisaires refuse de consentir au partage amiable ou s'il s'élève des contestations sur la manière d'y procéder ou de le terminer ou lorsque le partage amiable n'a pas été autorisé ou approuvé dans l'un des cas prévus aux articles 836 et 837.**

1. Impossibilité d'ordonner un partage judiciaire en l'absence d'indivision. Viole l'art. 840 la cour d'appel qui ordonne le partage judiciaire d'une succession alors que les descendants, issus d'une première union du défunt, ne pouvaient revendiquer de droits indivis avec le conjoint survivant, bénéficiaire de l'entière communauté universelle des époux, sur les biens dépendant de cette succession. • Civ. 1re, 7 déc. 2016, n° 16-12.216 P : *D. 2016. 2570* ; *AJ fam. 2017. 78, obs. Casey* ; *RDC 2017. 74, note Barthez.* ♦ Dans le même sens : • Civ. 1re, 19 déc. 2018, n° 18-10.244 P : *AJ fam. 2019. 104, obs. Levillain* ; *Dr. fam. 2019, n° 57, note Nicod.* ♦ Mais cassation de l'arrêt qui retient qu'il n'y a aucune masse successorale à partager par l'effet de l'adoption, par le défunt et son épouse, du régime de la communauté universelle de biens avec clause d'attribution intégrale au conjoint survivant alors que l'héritière réservataire du défunt, sollicitant l'ouverture d'une procédure de partage judiciaire, pouvait prétendre au rapport et à la réduction de libéralités qui, consenties par le défunt avant le changement de régime matrimonial, avaient pour objet un bien qui n'était pas entré en communauté. • Civ. 1re, 3 avr. 2019, n° 18-13.890 P.

2. Impossibilité d'ordonner la licitation d'un bien indivis en l'absence d'une instance en partage judiciaire. La demande en licitation d'un bien indivis prévue par l'art. 1686 ne peut être formée qu'à l'occasion d'une instance en partage judiciaire. • Civ. 1re, 15 juin 2017, n° 16-16.031 : *D. 2017. Chron. C. cass. 1859, obs. Roth ; AJ fam. 2017. 486, obs. Casey*. ♦ Comp. : La licitation peut intervenir bien qu'il n'y ait aucune indivision juridique entre les parties au procès, quand elle est le moyen de dénouer par la vente simultanée de divers droits réels une situation de fait dont la complication s'oppose à l'exercice immédiat du droit privatif de chaque partie (enchevêtrement de diverses constructions existantes). • Civ. 27 nov. 1918 : *DP 1922. 1. 238.*

Art. 840-1 **Lorsque plusieurs indivisions existent exclusivement entre les mêmes personnes, qu'elles portent sur les mêmes biens ou sur des biens différents, un partage unique peut intervenir.**

Art. 841 **Le tribunal du lieu d'ouverture de la succession est exclusivement compétent pour connaître de l'action en partage et des contestations qui s'élèvent soit à l'occasion du maintien de l'indivision soit au cours des opérations de partage. Il ordonne les licitations et statue sur les demandes relatives à la garantie des lots entre les copartageants et sur celles en nullité de partage ou en complément de part.**

1. Régime des demandes nouvelles dans le cadre du partage judiciaire. En matière de partage judiciaire, selon les art. 1373 et 1374 C. pr. civ., toute demande distincte de celles portant sur les points de désaccord subsistants dont le juge commis a fait rapport au tribunal est irrecevable à moins que le fondement des prétentions ne soit né ou ne soit révélé que postérieurement à ce rapport. • Civ. 1re, 7 déc. 2016, n° 15-27.576 : *D. actu. 2 janv. 2017, obs. Louis ; D. 2016. 2570 ; AJ fam. 2017. 74, obs. Casey ; Dr. fam. 2017, n° 3, Chron. 1, nos 31 et 32, obs. Egea.* ♦ Cependant, dans le cadre d'un partage judiciaire, si, en raison de la carence de l'une des parties, le notaire n'a pas dressé de procès-verbal reprenant les dires respectifs et que le juge commis n'a pas établi de rapport au tribunal sur les points de désaccords subsistant entre les parties, les demandes postérieures au procès-verbal de carence ne sont pas irrecevables sur le fondement des art. 1373 et 1374 C. pr. civ. • Civ. 1re, 14 févr. 2018, n° 17-16.045 P. ♦ Seules sont irrecevables, sur le fondement des art. 1373 et 1374 C. pr. civ., les demandes distinctes de celles relatives aux points de désaccord subsistants évoqués dans le procès-verbal de difficultés établi par le notaire chargé du projet liquidatif et dont le juge commis a fait rapport au tribunal ; cassation de l'arrêt qui, pour déclarer irrecevables les demandes en ouverture des opérations de comptes, liquidation et partage d'une succession, retient que les opérations ouvertes par le jugement dont appel n'ont pu donner lieu ni à l'établissement d'un projet d'état liquidatif ni, en cas de désaccord des copartageants, à la rédaction d'un procès-verbal de dires des parties en application de l'art. 1373 C. pr. civ. alors que, saisie d'une demande d'ouverture des opérations successorales, il incombait à la cour de trancher les difficultés qui lui étaient soumises avant de renvoyer les parties devant le notaire. • Civ. 1re, 3 avr. 2019, n° 18-14.179 P : *AJ fam. 2019. 478, obs. Casey*.

2. Obstacle à une demande de licitation : acte fixant certaines modalités du partage. L'acte prévoyant certaines modalités du partage s'impose aux parties et fait obstacle à une demande ultérieure de licitation. • Civ. 1re, 20 janv. 1982 : *JCP 1983. II. 19989 (1re esp.), note Rémy ; RTD civ. 1982. 780, obs. Patarin.* ♦ L'acte par lequel est déterminé le sort de certains biens de la succession s'impose aux indivisaires qui y ont été parties et fait obstacle à ce que l'un d'eux forme ultérieurement une demande de licitation. • Civ. 1re, 20 janv. 1982, n° 80-16.909 P. – V. aussi • Civ. 1re, 3 févr. 1982 : *JCP N 1982. II. 198, note Rémy ; RTD civ. 1982. 780, obs. Patarin.*

Art. 841-1 **Si le notaire commis pour établir l'état liquidatif se heurte à l'inertie d'un indivisaire, il peut le mettre en demeure, par acte extrajudiciaire, de se faire représenter.**

Faute pour l'indivisaire d'avoir constitué mandataire dans les trois mois de la mise en demeure, le notaire peut demander au juge de désigner toute personne qualifiée qui représentera le défaillant jusqu'à la réalisation complète des opérations.

BIBL. ▸ LEVILLAIN, *JCP N 2022, n° 1147* (recours à une personne qualifiée). – MEESEMAECKER, *Defrénois 2011. 1031.*

Art. 842 **A tout moment, les copartageants peuvent abandonner les voies judiciaires et poursuivre le partage à l'amiable si les conditions prévues pour un partage de cette nature sont réunies.**

Sur le partage, V. C. pr. civ., art. 1358 à 1381, App., V. Régimes matrimoniaux - Indivision - Partage.

A. CONVENTIONS EN COURS DE PARTAGE JUDICIAIRE

1. Portée. Il est loisible aux coïndivisaires, au cours des opérations de partage judiciaire, de conclure une convention amiable se rapportant au partage de tout ou partie des éléments d'actif, et le notaire commis doit tenir compte de cette convention lors de l'établissement de son état liquidatif ; les cohéritiers ne peuvent donc remettre en cause, lors de l'instance d'homologation, l'accord qu'ils avaient conclu et qui portait sur la composition des lots et leur attribution. • Civ. 1re, 29 mars 1978, n° 76-11.553 P.

B. CRÉANCE DE SALAIRE DIFFÉRÉ

1° BÉNÉFICIAIRE DE LA CRÉANCE

a. Condition de participation à l'exploitation

2. Exploitations successives par les deux parents. Au cas où chacun des parents a été successivement exploitant de la même exploitation, leur descendant ne peut se prévaloir d'un unique contrat de travail à salaire différé pour exercer son droit de créance sur l'une ou l'autre des successions qu'à la condition que ce contrat ait reçu exécution au cours de l'une et de l'autre des deux périodes d'exploitation ; prescription de l'action engagée lors d'opérations portant sur la succession de l'épouse alors que celle-ci n'avait dirigé l'exploitation qu'après le décès de son mari et qu'il s'était écoulé plus de trente ans depuis le décès du père pour lequel le descendant avait travaillé. • Civ. 1re, 27 févr. 2013, n° 11-28.359 P : *D. 2013. 640* • 17 oct. 2018, n° 17-26.725 P.

b. Condition d'absence de rémunération

3. Donation de l'exploitant emportant règlement de la créance : principe. L'art. L. 321-17 C. rur. n'interdit pas à l'exploitant, de son vivant, de remplir le bénéficiaire de ses droits de créance de salaire différé lors d'une donation. • Civ. 1re, 31 mai 2005, n° 02-17.541 P : *Defrénois 2006. 859, obs. Gelot ; JCP N 2005. 1432, note Gain ; ibid. 2006. 1274, obs. Roussel.* ♦ Le règlement d'une créance de salaire différé pouvant intervenir par le biais d'une donation dispensée de rapport, une cour d'appel a souverainement estimé qu'il résultait suffisamment de la manifestation de volonté non équivoque des donateurs et de l'acceptation du donataire dans l'acte de donation notarié que la créance de salaire différé a été réglée par cet acte. • Civ. 1re, 22 mars 2005, n° 02-21.332 P : *JCP N 2006. 1274, obs. Roussel.*

4. ... Nécessité de caractériser la commune intention des parties de procéder à un tel règlement. Si l'exploitant peut, de son vivant, remplir le bénéficiaire d'un contrat de travail à salaire différé de ses droits de créance, notamment par une donation-partage, c'est à la condition que soit caractérisée la commune intention des parties de procéder à un tel paiement ; cassation de l'arrêt ayant rejeté une demande de salaire différé au motif que la preuve d'une rémunération, rendant cette demande sans objet, résultait d'un acte de donation que les parents n'étaient pas tenus de motiver alors qu'il ne résultait pas de tels motifs que la donation ait, dans la commune intention de l'exploitant donateur et de son fils, eu vocation à remplir ce dernier de ses droits de créance au titre du contrat de travail à salaire différé. • Civ. 1re, 11 févr. 2015, n° 13-27.923 P : *AJ fam. 2015. 238, obs. Casey ; Dr. fam. 2015, n° 152, obs. Torricelli-Chrifi.*

2° DÉBITEUR DE LA CRÉANCE

5. Dette de l'exploitant. La créance de salaire différé est une dette, non pas du propriétaire du fonds rural, mais de l'exploitant, de sorte que le bénéficiaire d'un contrat de salaire différé est créancier de l'exploitant et exerce son droit au cours du règlement de la succession de celui-ci. En l'espèce, irrecevabilité de la demande de salaire différé présentée à l'encontre de la succession de l'épouse de l'exploitant, celle-ci n'ayant fourni qu'une aide occasionnelle sans avoir eu la qualité de coexploitante par rapport à l'activité de son mari. • Civ. 1re, 6 nov. 2013 : *D. 2014. 259, note Roussel .*

6. Cas de la coexploitation conjugale. Si les parents du bénéficiaire d'un salaire différé étaient coexploitants ou exploitants successifs, il peut se prévaloir d'un unique contrat de travail et exercer son droit de créance sur l'une ou l'autre des successions. • Civ. 1re, 23 janv. 2008, n° 06-21.301 P : *JCP N 2008. 1262, note Roussel.*

3° RÉGIME DE LA CRÉANCE

7. Caractère patrimonial du droit. La demande de reconnaissance d'une créance de salaire différé à l'égard de la succession n'entre pas dans la catégorie des droits propres du débiteur en liquidation judiciaire, dessaisi de son droit patrimonial au profit du liquidateur. • Com. 11 juin 2014, n° 12-28.769 P : *D. 2014. 1860, note Barbièri et Roussel ; JCP 2015, n° 101, note Le Guidec ; Defrénois 2015. 244, note Vauvillé.*

8. Transmissibilité passive de la créance. La créance de salaire différé, ayant été définitivement fixée avant le décès de la bénéficiaire, et entrée dans le patrimoine de cette dernière, doit se retrouver dans sa succession, de sorte que le mari est fondé à demander qu'il en soit tenu compte dans la succession de l'exploitant qui en était débiteur. • Civ. 1re, 20 juin 2012 : D. 2012. 2229, note Roussel ; AJ fam. 2012. 471, obs. Levillain. ♦ Comp. • Civ. 1re, 15 mai 2008, nº 07-13.179 P : RTD civ. 2009. 151, obs. Grimaldi (les frères et sœurs, légataires universels du bénéficiaire prédécédé d'une créance de salaire différé, ne peuvent se prétendre créanciers de cette créance).

SECTION 2 *Du rapport des libéralités* (L. nº 2006-728 du 23 juin 2006, art. 3).

Art. 856 *(L. nº 2006-728 du 23 juin 2006, art. 5)* **Les fruits des choses sujettes à rapport sont dus à compter du jour de l'ouverture de la succession.**

Les intérêts ne sont dus qu'à compter du jour où le montant du rapport est déterminé.

1. Dette due à l'indivision : point de départ des intérêts. L'épouse débitrice envers l'indivision post-communautaire de sommes dont elle devait le rapport est redevable des intérêts à compter de l'ouverture de l'indivision ; cassation qui a rejeté la demande du mari tendant à ce qu'il soit dit que la somme correspondant au solde des comptes épargne ouverts au nom de l'épouse produirait intérêts, l'arrêt retenant que les créances et les dettes entrant en compte cessent d'être exigibles tant que dure l'indivision. • Civ. 1re, 14 mai 2014, nº 12-27.134 (violation de l'art. 856). ♦ Antérieurement, V. • Civ. 1re, 6 juill. 2011, nº 10-17.540 • 1er déc. 2010, nº 09-17.083.

2. Dette soumise à rapport : intérêts dus à compter du jour de leur perception. Selon l'art. 856 toute dette sujette à rapport porte de plein droit intérêt à compter, soit de l'ouverture de l'indivision dont le partage est demandé, soit, lorsque la dette est née postérieurement, de la date de sa naissance. En conséquence, les dettes dont le rapport était ordonné, nées à raison du versement au mari de sommes, à titre de dividendes, après dissolution de la communauté par le jugement d'homologation du changement de régime matrimonial, produisaient intérêts à compter du jour de ces versements à l'indivisaire tenu à leur rapport. • Civ. 1re, 17 déc. 2014, nº 14-13.169.

SECTION 4 *Des effets du partage et de la garantie des lots* (L. nº 2006-728 du 23 juin 2006, art. 3).

La loi nº 2006-728 du 23 juin 2006 modifiant la présente section est entrée en vigueur le 1er janv. 2007.

Art. 883 *(L. nº 76-1286 du 31 déc. 1976)* **Chaque cohéritier est censé avoir succédé seul et immédiatement à tous les effets compris dans son lot, ou à lui échus sur licitation, et n'avoir jamais eu la propriété des autres effets de la succession.**

Il en est de même des biens qui lui sont advenus par tout autre acte ayant pour effet de faire cesser l'indivision. Il n'est pas distingué selon que l'acte fait cesser l'indivision en tout ou partie, à l'égard de certains biens ou de certains héritiers seulement.

Toutefois, les actes valablement accomplis soit en vertu d'un mandat des coïndivisaires, soit en vertu d'une autorisation judiciaire, conservent leurs effets quelle que soit, lors du partage, l'attribution des biens qui en ont fait l'objet.

A. DOMAINE DE L'EFFET DÉCLARATIF

1º QUANT AUX ACTES

1. Cession de droits successifs au profit d'un cohéritier. Il résulte de la combinaison des art. 790 (art. L. 412-1) C. rur. et 883 C. civ. que l'acquisition par un cohéritier des parts de ses coïndivisaires ne constitue pas, en raison de l'effet déclaratif du partage, une aliénation à titre onéreux donnant au preneur en place le bénéfice du droit de préemption. • Civ. 3e, 16 avr. 1970 : *JCP 1971. II. 16863, note Ourliac et de Juglart* • Civ. 1re, 25 juin 1996, nº 94-20.395 P. ♦ ... Même en présence d'une clause d'attribution insérée dans le cahier des charges. • Civ. 3e, 30 sept. 1998, nº 96-21.322 P : *Defrénois 1999. 189, note Levillain.* ♦ Dans le même sens, pour l'adjudication d'un bien successoral au profit d'un cohéritier : • Civ. 3e, 28 oct. 2009, nº 08-17.019 P. ♦ La cession de droits indivis intervenue entre deux coïndivisaires preneurs a le caractère prééminent d'un partage, de sorte que, en raison de l'effet déclaratif du partage, les formalités prévues au bail en cas de cession n'ont pas lieu de s'appliquer. • Civ. 3e, 13 oct. 2004, nº 03-12.968 P : *D. 2004. AJ 2935, obs. Rouquet ; D. 2005. Pan. 1093, obs. Rozès ; Defrénois 2005. 1169, obs. Ruet ; AJDI 2005. 383, obs. Blatter ; RDC 2005. 358, obs. Seube.*

2º QUANT AUX BIENS

2. Application à la créance du prix d'adjudication d'un bien indivis licité au profit d'un tiers. En raison de l'effet déclaratif du partage, lorsque l'un des héritiers, rempli de ses droits par un rapport en moins prenant, a consenti une hypothèque sur l'immeuble licité, et que le prix en est attribué à un autre cohéritier, le créancier hypothécaire ne peut demander sa collocation sur ce prix. • Cass., ch. réun., 5 déc. 1907, *Chollet c/ Dumoulin : V. note 1 ss. art. 815-10.*

3. *Non-application aux fruits et revenus des biens indivis.* L'effet déclaratif ne s'applique pas aux fruits et revenus produits par les biens indivis avant le partage. • Civ. 1re, 10 mai 2007 : *D. 2007. AJ 1601, obs. Delaporte-Carré ; RTD civ. 2007. 593, obs. Revet.*

B. CONSÉQUENCES DE L'EFFET DÉCLARATIF

1° PRINCIPE

4. *Absence d'effet translatif du partage : sanction du défaut de publicité foncière.* Le défaut de publicité des actes déclaratifs n'ayant pas pour sanction leur inopposabilité aux tiers (art. 28-4° et 30-4, Décr. 4 janv. 1955), le partage amiable des biens d'une succession est opposable au créancier qui, postérieurement, a pris inscription d'hypothèque judiciaire sur des immeubles mis dans le lot d'un autre héritier que son débiteur. • Civ. 1re, 21 nov. 1967 : *Bull. civ. I, n° 342 ; D. 1968. 349.*

5. *Caractère aléatoire de la cession par un indivisaire de ses droits indivis dans un bien dépendant de la succession.* L'efficacité de la cession, par certains indivisaires, de leurs droits indivis dans un des biens dépendant de l'indivision successorale, est subordonnée au résultat du partage ; cassation de l'arrêt constatant que les parties à l'acte de cession ont expressément entendu faire cesser l'indivision successorale entre elles sur les parts cédées sans prévoir que l'effectivité de l'acte sera soumise à l'aléa du partage de l'indivision successorale dans son ensemble. • Civ. 1re, 4 nov. 2020, n° 19-10.179 P : *AJ fam. 2020. 680, obs. Casey.*

6. *Rétroactivité du transfert de propriété au jour du décès.* Par l'effet déclaratif du partage, l'héritier adjudicataire d'un domaine est devenu propriétaire dès le jour du décès et titulaire des droits qui s'y sont trouvés attachés, dès leur entrée dans l'indivision ; les juges du fond ont pu en déduire que cet héritier était seul titulaire du droit de préférence accordé à l'indivision, pour le cas où l'acquéreur de certaines parcelles faisant partie du domaine les revendrait. • Civ. 1re, 14 janv. 1981, n° 79-15.038 P. ♦ Application à la contestation d'une assemblée générale de copropriétaires ne nécessitant pas la régularisation de l'acte introductif d'instance antérieur au partage. • Civ. 3e, 9 févr. 2022, n° 20-22.159 B.

7. *Consolidation des droits consentis par l'attributaire du bien au cours de l'indivision.* Lorsqu'un partage en nature met fin à l'indivision par la constitution d'une copropriété comportant attribution aux coïndivisaires d'un nombre de lots, l'hypothèque, qui au cours de l'indivision avait été inscrite sur les parts indivises, continue à grever les lots divis de copropriété ; si les lots attribués aux indivisaires correspondent exactement à leur part indivise, l'assiette de l'hypothèque n'ayant subi aucune modification, la conservation des droits du créancier n'exige ni la constitution d'une nouvelle hypothèque, ni la réitération de l'inscription. • Civ. 3e, 21 oct. 1980 : *Bull. civ. III, n° 160 ; JCP N 1981. II. 57, note Stemmer ; RTD civ. 1984. 348, obs. Patarin.*

8. *Résolution des droits nés du chef d'un cohéritier non attributaire du bien : application au congé donné à bail.* Le congé donné par un indivisaire, sans l'accord des autres, ne peut produire effet si cet indivisaire n'est pas devenu propriétaire du bien en vertu d'un partage intervenu avant la fin du bail. • Civ. 3e, 12 janv. 1978 : *Bull. civ. III, n° 36.*

9. *... Application à une inscription d'hypothèque.* S'agissant d'un bien acquis en indivision pendant le mariage, l'époux à qui le bien est attribué dans l'acte de partage est, en vertu de l'effet déclaratif du partage, censé en être seul propriétaire depuis la date de son acquisition ; cassation de l'arrêt qui refuse d'ordonner la mainlevée d'une hypothèque inscrite sur ce bien après cette date du chef de l'autre époux. • Civ. 1re, 5 avr. 2005, n° 02-11.011 P : *D. 2005. IR 1250 ; Dr. fam. 2005, n° 142, note Beignier.*

2° LIMITES

10. *Opposabilité de la cession d'un bien indivis par un indivisaire seul à hauteur de sa quote-part.* La cession d'un bien indivis par un indivisaire seul est opposable aux indivisaires à concurrence de la quote-part de son auteur. • Civ. 1re, 5 avr. 2005, n° 02-15.459. ♦ Pour une application à une promesse de vente, V. note 16 ss. art. 815-3. ♦ Pour une application à une constitution d'hypothèque, V. note 17 ss. art. 815-3.

11. *Réparation du préjudice causé à un tiers par un bien indivis.* Lorsqu'un bien a été attribué à l'un des copartageants, l'effet déclaratif du partage ne prive pas le tiers qui invoque un préjudice causé par ce bien au cours de l'indivision du droit d'agir à l'encontre des anciens indivisaires. • Civ. 1re, 31 oct. 2007, n° 06-16.228 P : *D. 2007. AJ 2880 ; JCP 2009. I. 109, n° 5, obs. Le Guidec ; JCP N 2008. 1006, note Alfroy ; RJPF 2008-1/48, obs. Casey ; AJDI 2008. 793, obs. Prigent ; RTD civ. 2008. 131, obs. Grimaldi.*

12. *Réparation du préjudice causé aux coïndivisaires par un acte accompli irrégulièrement sur un bien indivis.* Il résulte de l'art. 815-9 C. civ. que tout copropriétaire est en droit de faire cesser les actes accomplis par un autre indivisaire, qui ne respectent pas la destination de l'immeuble ou qui portent atteinte à ses droits égaux et concurrents sur la chose indivise et d'agir à cet effet, ainsi que pour obtenir réparation du préjudice consécutif auxdits actes, sans attendre le partage ; l'effet déclaratif du partage ne saurait effacer les conséquences de tels actes dans les rapports entre les indivisaires. • Civ. 1re, 15 avr. 1980 : *D. 1981. 101, note Breton.* ♦ Rappr. : • Civ. 1re, 12 mai 2010, n° 09-65.362 P : *D. 2010. 1346 ; JCP 2010, n° 1162, § 11, obs. Périnet-Marquet ; AJ fam. 2010. 336, obs. Vernières ; Defrénois 2010. 2077, obs. Pierre ; ibid. 2387, obs. Chamoulaud-Trapiers ; RLDC 2010/75, n° 3984, obs. Parance ; RTD civ. 2010. 587, obs. Revet .*

13. Promesse d'achat non exécutée & effet déclaratif. Le rachat des parts sociales indivises effectuée par un indivisaire auprès d'un coïndivisaire ne permet pas au premier d'exiger d'un tiers ayant jadis consenti une promesse d'achat des parts sociales qui a été rejetée du fait du second le rachat aux conditions jadis exprimées. • Civ. 3e, 13 juill. 2023, n° 21-17.146 B.

14. Date d'évaluation de l'indemnité de garantie en cas d'éviction. L'effet déclaratif du partage, s'il fixe la date à laquelle naît le droit de chaque copartageant sur son lot, ne détermine pas celle à laquelle il faut se placer pour évaluer l'indemnité de garantie en cas d'éviction (cette date est celle de l'éviction). • Civ. 1re, 9 juin 1970 : *D. 1970. 545, note Breton.*

15. Répartition des frais de gestion et de conservation des biens indivis. Les frais de gestion et de conservation de la chose indivise profitent à tous les cohéritiers et ne peuvent être mis à la charge d'un indivisaire que s'ils ont été la conséquence d'une faute de celui-ci ; encourt la cassation l'arrêt qui a laissé ces frais à la charge exclusive de l'héritier s'étant porté adjudicataire du bien, au motif que, par l'effet déclaratif du partage, cet héritier devait être considéré comme propriétaire du jour de l'ouverture de la succession. • Civ. 1re, 23 juin 1964 : *JCP 1964. II. 13819, note Patarin.*

16. Frais de notaire : créance autonome du lot. L'effet déclaratif du partage ne fixant que la date à laquelle chaque copartageant acquiert rétroactivement la propriété de son lot, le moyen est inopérant, les frais de notaire réclamés constituant une créance autonome extérieure à son lot. • Civ. 3e, 25 mai 2023, n° 22-12.870 B.

Art. 884 **Les cohéritiers demeurent respectivement garants, les uns envers les autres, des troubles et évictions seulement qui procèdent d'une cause antérieure au partage.** *(L. n° 2006-728 du 23 juin 2006, art. 7)* **« Ils sont également garants de l'insolvabilité du débiteur d'une dette mise dans le lot d'un copartageant, révélée avant le partage. »**

La garantie n'a pas lieu, si l'espèce d'éviction soufferte a été exceptée par une clause particulière et expresse de l'acte de partage ; elle cesse, si c'est par sa faute que le cohéritier souffre l'éviction.

1. Obstacle à la garantie : liberté du commerce (non). La liberté du commerce ne peut autoriser l'un des copartageants à vider le fonds de commerce attribué à l'autre, et dont la clientèle constitue un élément essentiel, d'une partie de sa substance, et ce même en l'absence de toute clause particulière d'interdiction de concurrence dans l'acte de partage. • Com. 8 déc. 1966 : *Bull. civ. III, n° 476.* – Rappr. : • Com. 4 févr. 1970, n° 67-13.918 P.

2. Domaine d'application de la garantie : éviction ayant une cause antérieure au partage. Lorsque, suite à une donation-partage, l'un des donataires est évincé par l'autre, il n'est fondé à agir en garantie contre ce dernier que s'il est établi que l'éviction procède d'une cause antérieure au partage ; tel n'est pas le cas du jeu de la prescription trentenaire dès lors qu'elle a commencé à courir après le partage. • Civ. 3e, 22 mai 1990, n° 89-10.200 P.

3. Illustration : éviction consécutive à la résolution d'une donation. Éviction d'un copartageant auquel ont été attribués des biens provenant d'une donation dont la révocation est prononcée pour inexécution des charges incombant à l'ensemble des héritiers : V. • Civ. 1re, 3 mars 1976, nos 74-13.722 P, 74-14536 P, et dans la même affaire, • Civ. 1re, 18 janv. 1983, n° 81-12.638 P.

Art. 885 *(L. n° 2006-728 du 23 juin 2006, art. 7)* **« Chacun des cohéritiers est personnellement obligé, à proportion de son émolument, d'indemniser le cohéritier évincé de la perte qu'il a subie, évaluée au jour de l'éviction. »**

Si l'un des cohéritiers se trouve insolvable, la portion dont il est tenu doit être également répartie entre le garanti et tous les cohéritiers solvables.

1. Fixation de l'indemnité d'éviction : compensation du préjudice réellement subi. En déclarant les copartageants obligés en proportion de leur part héréditaire, l'art. 885 se borne à fixer les bases selon lesquelles la charge de l'indemnité due se répartit entre les garants, et cette indemnité doit être calculée d'après le préjudice réel que souffre l'héritier du fait de l'éviction ; ce préjudice étant égal à la valeur du bien quand il lui a été enlevé, la perte doit être appréciée eu égard à la valeur de ce bien au moment de l'éviction. • Civ. 1re, 9 juin 1970 : *D. 1970. 545, note Breton ; JCP 1972. II. 17199, note Plancqueel.*

2. ... *Prise en compte des clauses d'une donation-partage.* Incidence des clauses de la donation-partage sur la fixation de l'indemnité d'éviction : V. • Civ. 1re, 18 janv. 1983, n° 81-12.638 P : *JCP 1984. II. 20254, note Dagot ; RTD civ. 1984. 144, obs. Patarin.* ♦ Dans la même affaire, sur l'origine de l'éviction, V. • Civ. 1re, 3 mars 1976 : *cité note 3 ss. art. 884.*

Art. 886 *(L. n° 2006-728 du 23 juin 2006, art. 7)* L'action en garantie se prescrit par deux ans à compter de l'éviction ou de la découverte du trouble.

SECTION 5 *Des actions en nullité du partage ou en complément de part*

(L. n° 2006-728 du 23 juin 2006, art. 8)

La loi n° 2006-728 du 23 juin 2006 modifiant la présente section est entrée en vigueur le ***1er janv. 2007****.*

§ 1 *Des actions en nullité du partage*

Art. 887 Le partage peut être annulé pour cause de violence ou de dol.

Il peut aussi être annulé pour cause d'erreur, si celle-ci a porté sur l'existence ou la quotité des droits des copartageants ou sur la propriété des biens compris dans la masse partageable.

S'il apparaît que les conséquences de la violence, du dol ou de l'erreur peuvent être réparées autrement que par l'annulation du partage, le tribunal peut, à la demande de l'une des parties, ordonner un partage complémentaire ou rectificatif.

1. Rejet de la nullité pour erreur sur les qualités substantielles d'un bien compris dans le partage. Ne saurait être retenue comme cause de rescision une erreur sur les qualités substantielles d'un bien compris dans la masse partageable (authenticité d'une œuvre d'art). • Montpellier, 28 mai 2002 : *JCP 2003. I. 158, n° 18, obs. Tisserand.*

2. Rejet de la nullité pour erreur en cas d'omission de l'indemnité de réduction due par un réservataire dans un partage partiel. L'omission de l'indemnité de réduction éventuellement due par les héritiers réservataires n'est pas de nature à entraîner la nullité d'un partage partiel pour cause d'erreur. • Civ. 1re, 19 mars 2014, n° 13-10.033 P : *RTD civ. 2014. 422, obs. Grimaldi ; RDC 2014. 711, note Goldie-Génicon ; JCP 2015, n° 101, note Le Guidec ; Defrénois 2015. 392, obs. B. Vareille.*

3. Rejet de la nullité pour erreur en cas d'évaluation erronée des biens. Une évaluation erronée des biens à partager ou d'un allotissement dont la valeur est inférieure à celle à laquelle le copartageant était en droit de prétendre dans la masse partageable n'ouvre pas droit à une action pour erreur, faute de remplir les conditions prévues par l'art. 887, mais ouvre droit à une action en complément de part pour lésion si les conditions sont réunies. • Civ. 1re, 7 févr. 2018, n° 17-12.480 P. ♦ L'erreur commise sur l'existence ou la quotité des droits d'un copartageant, de nature à justifier l'annulation d'une convention de partage, ne peut être déduite du seul constat d'une différence entre la valeur du lot attribué à celui-ci et celle des biens partagés. • Civ. 1re, 17 oct. 2018, n° 17-26.945 P.

4. Prise en compte de l'erreur consécutive à l'inclusion dans le partage de la dette prescrite d'un indivisaire envers l'indivision. Annulation d'un partage de communauté pour erreur à la suite de l'inclusion, dans la masse à partager, de la dette d'un indivisaire envers l'indivision correspondant à une indemnité de jouissance privative, alors que cette dette était prescrite. • Aix-en-Provence, 20 déc. 2001 : *JCP 2002. I. 167, n° 14, obs. Tisserand.*

5. Prise en compte de l'erreur sur la quotité des droits des copartageants consécutive à la découverte tardive d'un testament. Découverte, après le partage, d'un testament instituant l'un des copartageants légataire universel. Nullité du partage pour erreur : V. • Alger, 20 avr. 1948 : *D. 1948. 476, note Fréjaville*, et • Civ. 1re, 27 janv. 1953 : *GAJC, 12e éd., n° 117-118 (II) ; D. 1953. 334, note M. F.*, rejetant le pourvoi • 3 févr. 2010 : *JCP 2010, n° 497, note Ghestin.*

6. Nullité pour erreur et action en pétition d'hérédité. Distinction entre action en pétition d'hérédité et action en annulation d'un partage : V. • Civ. 1re, 19 déc. 1962 : *D. 1963. 145, note Voirin ; JCP 1963. II. 13115, note Esmein.*

7. Nullité pour erreur et cession de droits successifs. Application à la cession de droits successifs de la nullité pour erreur : V. • Civ. 17 nov. 1930 : *DH 1931. 3.*

Art. 887-1 Le partage peut être également annulé si un des cohéritiers y a été omis.

L'héritier omis peut toutefois demander de recevoir sa part, soit en nature, soit en valeur, sans annulation du partage.

Pour déterminer cette part, les biens et droits sur lesquels a porté le partage déjà réalisé sont réévalués de la même manière que s'il s'agissait d'un nouveau partage.

Application de la loi dans le temps. Selon l'art. 47, II, de la L. du 23 juin 2006, l'art. 887-1 est applicable, dès l'entrée en vigueur de cette loi, aux indivisions existantes et aux successions ouvertes non encore partagées à cette date ; selon l'art. 25, II, 2°, de la L. du 3 déc. 2001, sous réserve des accords amiables déjà intervenus et des décisions judiciaires irrévocables, les nouveaux droits successoraux des enfants naturels sont applicables aux successions ouvertes à la date de publication de cette loi et n'ayant pas donné lieu à partage avant cette date ; ayant constaté que la succession de son père avait été partagée par acte notarié en 1996, une cour d'appel en a exactement déduit qu'un enfant naturel, dont la filiation paternelle avait été établie par suite d'une action en recherche de paternité introduite en 1997, ne pouvait invoquer le bénéfice de l'art. 887-1 ni se prévaloir des droits que sa filiation lui conférait dans la succession de son père conformément à la L. du 3 déc. 2001. • Civ. 1re, 11 avr. 2018, n° 17-19.313 P.

Art. 888 **Le copartageant qui a aliéné son lot en tout ou partie n'est plus recevable à intenter une action fondée sur le dol, l'erreur ou la violence, si l'aliénation qu'il a faite est postérieure à la découverte du dol ou de l'erreur ou à la cessation de la violence.**

Domaine d'application de la présomption de confirmation. La présomption légale de confirmation ne s'applique qu'en cas de dol ou de violence et doit être interprétée restrictivement ; elle ne peut donc pas être étendue à l'action fondée sur une lésion de plus du quart. • Civ. 1re, 11 févr. 1981, n° 79-15.857 P : *RTD civ. 1982. 186, obs. Patarin.*

§ 2 *De l'action en complément de part*

Art. 889 **Lorsque l'un des copartageants établit avoir subi une lésion de plus du quart, le complément de sa part lui est fourni, au choix du défendeur, soit en numéraire, soit en nature. Pour apprécier s'il y a eu lésion, on estime les objets suivant leur valeur à l'époque du partage.**

L'action en complément de part se prescrit par deux ans à compter du partage.

A. DÉTERMINATION DU COMPLÉMENT DE PART

1° RÈGLES GÉNÉRALES

1. Office du juge. Les juges du fond, saisis d'une action visant à sanctionner la lésion contre un partage, ne sont pas tenus, comme en matière de vente immobilière, de vérifier par voie d'expertise l'existence de la lésion. • Civ. 1re, 19 oct. 1960 : *Bull. civ. I, n° 448.* – Même sens : • Civ. 1re, 13 avr. 1988, n° 86-17.736 P : *R., p. 163.* ♦ Lorsqu'ils relèvent que le partage a fait sortir du patrimoine du débiteur des biens importants pour y laisser les parts d'une société en règlement judiciaire, ou sur le point d'y être mise, et des créances sans valeur, ils peuvent en conclure qu'il y a lésion de plus du quart. • Civ. 1re, 22 janv. 1980, n° 78-15.551 P : *D. 1980. IR 400, obs. D. Martin.*

2. Cause de la lésion. La lésion peut être due à une erreur dans l'établissement de l'actif partageable aussi bien qu'à une mauvaise évaluation de certains biens. • Civ. 1re, 18 déc. 1990, n° 89-10.396 P : *RTD civ. 1991. 578, obs. Patarin.* ♦ V., déjà, en cas d'erreur portant sur l'inclusion dans la masse partageable d'une parcelle étrangère à l'indivision, • Civ. 1re, 6 janv. 1987 : *D. 1987. 377, note Breton ; RTD civ. 1987. 789, obs. Patarin.* ♦ La lésion ne peut jamais résulter que d'une mauvaise évaluation des biens à partager ou d'un allotissement dont la valeur est inférieure à celle à laquelle le co-partageant était en droit de prétendre dans la masse partageable, à l'exclusion du défaut de paiement prétendu d'une partie de la soulte. • Civ. 1re, 6 juin 2012, n° 11-20.062 P : *D. 2012. 1611 ; AJ fam. 2012. 469, obs. Vernières.*

3. Évaluation de la lésion : calcul à la date du partage. La lésion doit être calculée en comparant, en se plaçant à la date du partage, la valeur du lot attribué au copartageant qui se prétend désavantagé et la valeur de la part qui aurait dû lui revenir dans l'actif. • Civ. 1re, 3 janv. 1979, n° 76-15.272 P • 7 avr. 1998, n° 96-15.015 P : *JCP 1999. I. 132, n° 3, obs. Le Guidec ; JCP N 1999. 320, note Schaeffer ; Defrénois 1998. 1472, obs. Champenois ; RTD civ. 1998. 712, obs. Patarin.* – Déjà en ce sens : • Civ. 1re, 10 nov. 1970 : *D. 1971. 205.* ♦ Comp., en matière de partage partiel : • Civ. 1re, 29 avr. 1975, n° 73-13.890 P. ♦ Manque de base légale l'arrêt qui applique à une estimation immobilière réalisée par un expert l'indice des prix à la construction entre la date de l'expertise et celle de la jouissance divise, sans préciser en quoi l'évolution de l'indice pouvait correspondre à celle de la valeur des biens à l'époque du partage. • Civ. 1re, 14 nov. 2006, n° 04-18.879 P : *JCP 2008. I. 108, n° 4, obs. Le Guidec.*

4. Nécessité de prendre en compte l'économie du partage et l'évolution normale des prix de tous les biens partagés. Après avoir relevé que la vente du studio attribué dans un proche délai de l'acte de partage à une valeur supérieure à celle de l'évaluation initiale ne modifiait pas à elle seule l'économie du partage dans la proportion voulue par le législateur, la cour d'appel, procédant à la recherche prétendument omise dans la mesure où elle était opérante, a souverainement estimé que la différence de prix de l'appartement également attribué au mari, vendu trois années après la fixation judiciaire des évaluations, s'expliquait par l'évolution du marché immobilier dont avait aussi bénéficié l'appartement attribué à l'épouse, et que cette dernière n'apportait pas la preuve, qui lui incombait, de la lésion qu'elle invoquait. • Civ. 1re, 17 nov. 2010, n° 09-16.768.

5. Possibilité de prendre en compte une évolution prévisible dès la date du partage. Si, lors du partage, certaines parcelles sont encore situées hors du périmètre urbain, il peut néanmoins être tenu compte des circonstances permettant de les considérer comme n'étant plus des terrains purement agricoles et ayant, dès l'époque du partage, vocation de terrains à bâtir (qualités physiques des terrains, proximité des quartiers périphériques de la ville, expansion de celle-ci, implantation proche de plusieurs lotissements). • Civ. 1re, 19 avr. 1977 : *Gaz. Pal. 1978. 1. 14, note Plancqueel.*

6. Date. La date de partage ne se confond pas nécessairement avec la date de l'acte le constatant. • Civ. 1re, 28 oct. 2011, n° 10-10.626 (cassation de l'arrêt qui n'a pas pris en compte la fixation par les parties d'une date de jouissance divise et de partage, pour violation des art. 824 et 825 C. civ., dans leur rédaction antérieure à la L. n° 2006-728 du 23 juin 2006).

7. Prise en compte du passif. Pour apprécier le caractère lésionnaire du partage, il faut reconstituer, à la date de l'acte litigieux, la masse à partager dans tous ses éléments actifs et passifs, de sorte qu'il y a lieu de tenir compte de l'emprunt souscrit par les époux. • Civ. 1re, 18 mars 2015, n° 14-10.730 P : *AJ fam. 2015. 290, obs. Casey*.

8. Prise en compte des indemnités dont chaque indivisaire est créancier ou débiteur envers l'indivision. Il doit être tenu compte de ce dont chacun des indivisaires est respectivement créancier ou débiteur vis-à-vis de l'indivision, et spécialement de la créance d'un indivisaire pour améliorations faites par lui sur un bien indivis (art. 815-13). • Civ. 1re, 5 mars 1991, n° 89-18.311 P : *D. 1992. Somm. 227, obs. Grimaldi* ; *RTD civ. 1991. 578, obs. Patarin* (arrêt daté du 6 mars).

9. Absence de prise en compte de délai de paiement. L'avantage résultant du délai accordé pour le paiement du surplus payable à terme, sans intérêt, ni indexation, est sans incidence sur le calcul de la lésion. • Civ. 1re, 6 juin 2012 : *préc. note 2.*

10. Absence de prise en compte des honoraires de vente et d'expertise. Seul le prix d'adjudication doit être pris en considération pour le calcul de la lésion, à l'exclusion des honoraires de vente et d'expertise. • Civ. 1re, 22 oct. 2014, n° 13-24.227 (violation de l'art. 889).

11. Évaluation de la lésion dans le partage de communauté. Pour apprécier le caractère lésionnaire d'un partage de communauté, nécessité de prendre en compte la liquidation et le règlement d'ensemble des droits des copartageants sans omettre le montant des soldes des comptes de récompenses. • Civ. 1re, 16 juin 2011 : *cité note 4 ss. art. 1476.*

2° PARTAGE PARTIEL

12. Application au partage partiel. Aux termes de l'art. 888, al. 1er, C. civ., dans sa rédaction antérieure à la L. n° 2006-728 du 23 juin 2006, l'action en rescision pour lésion est recevable non seulement contre les partages proprement dits, mais également contre les actes qui, en vue de la réalisation du partage et concourant à sa réalisation, attribuent des biens indivis à certains copartageants, dès lors que, par cette opération, assimilable à un partage, les biens sont définitivement sortis de l'indivision entre les parties qui y ont figuré. Il en est ainsi d'une convention contenant des attributions faisant cesser l'indivision et qui, interdisant aux ex-époux d'introduire une action en complément de partage, avait pour effet d'attribuer à l'épouse la propriété des valeurs mobilières qu'elle détenait. • Civ. 1re, 17 déc. 2008, n° 07-15.459 P.

13. Évaluation de la lésion en cas de partage partiel. Sur les éléments à prendre en considération pour l'évaluation de la lésion en cas de partage partiel, V. • Civ. 1re, 30 janv. 1963, n° 59-11.213 P. ♦ Comp. • Civ. 1re, 29 avr. 1975, n° 73-13.890 P.

B. RÉGIME DE L'ACTION FONDÉE SUR LA LÉSION

14. Caractère d'ordre public : impossibilité de renoncer à l'avance à l'action. L'égalité des lots étant la règle fondamentale du partage, les cohéritiers ne peuvent, à l'avance, renoncer à l'exercice de l'action visant à sanctionner la lésion soit expressément, soit indirectement en s'engageant à garantir les effets de la convention. • Civ. 2 juin 1897 : *DP 1897. 1. 384.* ♦ La renonciation ne peut résulter que d'actes postérieurs au partage et dépourvus d'équivoque. • Civ. 1re, 12 janv. 1994, n° 91-11.221 P : *D. 1995. Somm. 47, obs. Grimaldi*.

15. ... Nullité de la clause permettant la révision de l'évaluation des biens partagés. La clause permettant la révision de l'évaluation des biens compris dans le partage contrevient à la règle d'ordre public sanctionnant la lésion de plus du quart. • Civ. 1re, 8 juin 2004, n° 01-16.230 P : *JCP 2005. I. 187, n° 4, obs. Le Guidec ; Dr. fam. 2004, n° 154, note Beignier.*

16. Titulaires de l'action : créancier d'un copartageant agissant par la voie oblique. Tout créancier du copartageant lésé peut exercer l'action de ce dernier, conformément à l'art. 1166 anc. C. civ., sans avoir à prouver autre chose que la lésion. • Req. 25 juin 1935 : *DH 1935. 474.* ♦ Dans le même sens : • Civ. 1re, 17 mai 1977, n° 75-15.309 P (à propos de l'action en rescision introduite par le créancier d'un cessionnaire de droits successifs) • Civ. 1re, 22 janv. 1980, n° 78-15.551 P : *D. 1980. IR 400, obs. D. Martin.*

17. Exercice préventif de l'action. L'action fondée sur la lésion peut être exercée préventivement, dès lors qu'il apparaît que l'attribution de l'immeuble pour la valeur de la dernière enchère opérerait la lésion alléguée. • Civ. 1re, 3 juin 1997, n° 94-21.387 P : *D. 1997. Somm. 369, obs. Grimaldi ; RTD civ. 1997. 979, obs. Patarin .*

18. Point de départ de la prescription. La lésion s'appréciant à la date du partage, le point de départ de la prescription de l'action se situe à la date à laquelle a été conclu l'acte de partage. • Civ. 1re, 20 janv. 1982, n° 80-17.105 P : *RTD civ. 1983. 169, obs. Patarin* • Civ. 1re, 22 févr. 2007, n° 05-21.157 P. ♦ Comp., en présence de manœuvres dolosives : • Civ. 1re, 22 oct. 1968, n° 66-13.912 P. ♦ La clause d'attribution insérée dans le cahier des charges d'une licitation n'emporte pas à elle seule partage et la prescription ne commence à courir que du jour du partage total ou partiel. • Civ. 1re, 4 mai 1983, n° 82-11.928 P : *R., p. 47.* – Dans le même sens : • Civ. 1re, 3 juin 1997 : *préc. note 17.* ♦ Comp., en cas de vente, au profit d'un des copartageants, de la nue-propriété d'un bien indivis : • Civ. 1re, 16 mai 1972, n° 70-13.553 P.

19. Interruption de la prescription. En matière de partage, la sanction de la lésion, qui remet en question les droits de toutes les parties, est indivisible ; par suite, lorsqu'un copartageant agit contre un autre, il interrompt la prescription de l'art. 1304 anc. C. civ. à l'égard de tous les copartageants. • Civ. 1re, 5 janv. 1966 : *JCP 1966. II. 14592, note Voirin* • 14 mars 2006, n° 03-13.409 P : *D. 2006. IR 1001 ; AJ fam. 2006. 211, obs. Bicheron .* ♦ Si sa demande est rejetée, l'interruption de la prescription est regardée comme non avenue à l'égard de cette demande, mais non à l'égard de celle formée par un autre copartageant, bien que déclarée recevable par l'effet de la première. • Civ. 1re, 14 mars 2006 : *préc.*

20. Non-application de la présomption de confirmation. Absence d'application de la présomption légale de confirmation prévue par l'art. 888 en cas d'action fondée sur la lésion : V. note ss. art. 888.

21. Publicité foncière (non). L'action en complément de part ayant pour objet non l'annulation du partage mais le paiement d'un complément de part en numéraire, la recevabilité de la demande n'est pas soumise à la publication de l'assignation au bureau des hypothèques. • Civ. 1re, 6 nov. 2013 : *AJ fam. 2014. 52, obs. Thouret .*

C. FOURNITURE D'UN COMPLÉMENT DE PART

22. Complément de part en numéraire : évaluation au jour du paiement. Si l'existence et l'étendue de la lésion doivent être appréciées à la date du partage, il résulte, tant du principe de l'égalité des copartageants que de l'équivalence des deux modes de libération prévus par l'art. 891, que le complément versé au copartageant lésé doit être apprécié à sa valeur actuelle. • Cass., ass. plén., 9 mars 1961, *Cons. Ramain c/ Cons. Coste : D. 1961. 505, note Ancel ; JCP 1961. II. 12091, note Voirin.* – Dans le même sens : • Civ. 1re, 12 mars 1963 : *D. 1963. 567.*

23. ... Intérêts. Si la rescision d'un partage pour cause de lésion efface, en principe, rétroactivement les attributions résultant du partage, l'héritier peut cependant, en vertu de l'art. 549 C. civ., conserver les fruits des biens à lui attribués qu'il a perçus de bonne foi jusqu'au jour de la demande de rescision. De l'équivalence des deux modes de libération prévus par l'art. 891, il résulte que le complément de part versé au copartageant lésé ne peut produire intérêts que dans les mêmes conditions. • Civ. 1re, 19 avr. 1977 : *Gaz. Pal. 1978. 1. 14, note Plancqueel (Décision rendue en application du droit antérieur à la L. du 23 juin 2006).*

24. Complément de part en nature : conditions. Si le défendeur à la demande en rescision peut en arrêter le cours en offrant et en fournissant au demandeur le supplément en nature de sa portion héréditaire, c'est à la condition que, comme le nouveau partage qu'elle a pour but d'éviter, cette fourniture ne laisse pas subsister une indivision sur les biens qui en sont l'objet. • Civ. 1re, 19 mars 1975, n° 74-10.965 P *(Décision rendue en application du droit antérieur à la L. du 23 juin 2006).*

Art. 890 **L'action en complément de part est admise contre tout acte, quelle que soit sa dénomination, dont l'objet est de faire cesser l'indivision entre copartageants.**

L'action n'est plus admise lorsqu'une transaction est intervenue à la suite du partage ou de l'acte qui en tient lieu sur les difficultés que présentait ce partage ou cet acte.

En cas de partages partiels successifs, la lésion s'apprécie sans tenir compte ni du partage partiel déjà intervenu lorsque celui-ci a rempli les parties de leurs droits par parts égales ni des biens non encore partagés.

1° ACTES EXPOSÉS À UNE ACTION FONDÉE SUR LA LÉSION

1. Partage transactionnel : principe. Distinction entre la transaction opérant partage et celle consécutive à un partage : V. • Civ. 1re, 4 févr. 1976, n° 73-14.680 P, et dans la même affaire, • Civ. 1re, 5 déc. 1978, n° 77-12.330 P : *Defrénois 1979. 645, note Ponsard.* ♦ L'irrecevabilité de l'action fondée sur la lésion contre la transaction faite sur les difficultés réelles présentées par un premier acte de partage ne s'applique que si ce premier acte a effectivement opéré le partage des biens visés dans la transaction. • Civ. 1re, 9 janv. 2008, n° 06-16.454 P : *D. 2008. AJ 293 ; JCP 2009. I. 109, n° 6, obs. Le Guidec ; RTD civ. 2008. 342, obs. Grimaldi*. ♦ Comp. note 2.

2. ... Application aux partages de communauté. La convention ayant pour objet de faire cesser l'indivision existant sur les biens communs entre anciens époux est sujette à l'action visant à sanctionner la lésion, cette convention aurait-elle comporté des concessions réciproques entre les parties. • Civ. 1re, 6 juill. 1982, n° 81-13.444 P : *RTD civ. 1983. 769, obs. Patarin* • 30 oct. 2006, n° 03-19.595 P : *JCP 2007. I. 142, n° 27, obs. Tisserand-Martin ; Defrénois 2007. 300, obs. Massip ; RTD civ. 2007. 321, obs. Hauser* • 14 nov. 2006, n° 05-11.465 P : *D. 2006. IR 2948 ; JCP 2007. II. 10065, note Mahinga ; ibid. I. 142, n° 27, obs. Tisserand-Martin* • 9 janv. 2008 : *préc. note 1.*

3. Acte entraînant la cessation de l'indivision pour certains biens. L'action visant à sanctionner la lésion est recevable non seulement contre les partages proprement dits, mais également contre les actes qui, en vue du partage et concourant à sa réalisation, même sans comporter de décompte de soultes, ni lotissement des copartageants, attribuent des biens successoraux à certains cohéritiers, moyennant fixation d'un prix déterminé, dès lors que, par cette opération, assimilable à un partage, ces biens sont définitivement sortis de l'indivision entre les parties qui y ont figuré. • Civ. 1re, 9 mars 1966 : *D. 1966. 573, rapport Frank ; JCP 1966. II. 14738, note Voirin.* ♦ Comp. • Civ. 1re, 20 janv. 1982, n° 80-16.909 P. ♦ Dans le même sens, à l'encontre d'une convention contenant des attributions faisant cesser l'indivision et qui, interdisant aux ex-époux d'introduire une action en complément de partage, a pour effet d'attribuer à l'épouse la propriété des valeurs mobilières qu'elle détenait : • Civ. 1re, 17 déc. 2008, n° 07-15.459 P : *D. 2009. AJ 229 ; JCP 2009. I. 140, n° 15, obs. Tisserand-Martin ; RLDC 2009/57, n° 3316, obs. Pouliquen ; ibid. 2009/59, n° 3397, obs. Bentejac.*

4. Acte entraînant la cessation de l'indivision à l'égard de certains indivisaires. La lésion peut être sanctionnée même lorsque l'acte ne fait cesser l'indivision qu'entre quelques-uns des cohéritiers seulement, la loi ne faisant aucune distinction. • Civ. 2 juin 1897 : *DP 1897. 1. 384.* ♦ Lésion sanctionnée dans un acte contenant abandon par l'un des indivisaires, au profit de l'autre, pour éteindre une dette envers ce dernier, de sa part dans les lots immobiliers indivis entre eux deux, dès lors que par l'effet de cet acte l'indivision avait définitivement cessé. • Civ. 3e, 25 mai 1983, n° 81-13.214 P.

2° ACTES POUR LESQUELS LA LÉSION EST EXCLUE

5. Partage aléatoire. Le caractère aléatoire d'un acte de partage, de nature à entraîner le rejet d'une demande fondée sur la lésion, est souverainement apprécié par les juges du fond. • Civ. 1re, 4 juin 2007, n° 05-11.950 P : *JCP 2007. I. 208, n° 22, obs. Tisserand-Martin* (aléa tenant à l'incertitude du versement de l'indemnité d'assurance à la suite de l'incendie d'un immeuble indivis, cet immeuble ayant été construit sans permis).

6. Cession de droits successifs comportant un aléa. Exclusion de l'action en complément de part contre une cession de droits indivis comportant un aléa défini et accepté par le cessionnaire : V. art. 891 et les notes.

7. Partage forfaitaire associé à un divorce par consentement mutuel. V. note 1 ss. art. 250-1.

8. Licitations par autorité de justice ou par suite d'un désaccord entre les héritiers. Exclusion de l'action fondée sur la lésion en cas de partage partiel issu d'une procédure publique (adjudication ordonnée en justice à l'audience des criées du tribunal) : V. • Civ. 1re, 17 déc. 1956 : *D. 1957. 281, note Lenoan.*

Art. 891 L'action en complément de part n'est pas admise contre une vente de droits indivis faite sans fraude à un indivisaire par ses co-indivisaires ou par l'un d'eux, lorsque la cession comporte un aléa défini dans l'acte et expressément accepté par le cessionnaire.

1. Exclusion de la lésion en cas de cession aléatoire. Pour qu'une cession de droits successifs entre cohéritiers échappe à la sanction de la lésion, les juges du fond doivent constater l'accord exprès ou tacite par lequel les parties ont mis effectivement à la charge du cessionnaire les risques et périls d'une opération réellement aléatoire à raison de l'incertitude qui aurait existé sur la consistance et la valeur des droits cédés. • Civ. 1re, 25 mai 1965 : *D. 1965. 745.* – Déjà en ce sens : • Civ. 19 janv. 1931 : *DH 1931. 179.* ♦ L'appréciation des juges du fond à cet égard est souveraine. • Civ. 1re, 23 janv. 1967 : *Bull. civ. I, n° 31* • 13 avr. 1988, n° 86-17.736 P : *R., p. 163.* ♦ V. aussi :

• Civ. 1re, 7 janv. 1964 : *Bull. civ. I, n° 17* (cession comportant la charge d'une rente viagère) • 9 mars 1971 : *ibid. I, n° 76* (cession de droits successifs principalement constitués par des créances de dommages de guerre dont le montant n'avait pas encore été calculé) • 4 févr. 1981 : *JCP 1981. II. 19694, note Rémy ; D. 1982. IR 21, obs. D. Martin ; RTD civ. 1982. 185, obs. Patarin* (passif successoral indéterminé au moment de la cession et dont une portion était prise en charge par le cessionnaire). ♦ En revanche, l'engagement pris par le cessionnaire de supporter, le cas échéant, la charge totale de l'obligation alimentaire dont le cédant pourrait être tenu avec lui ne constitue pas un aléa susceptible d'exclure une action fondée sur la lésion. • Civ. 1re, 28 avr. 1982, n° 81-12.073 P.

2. Date à laquelle apprécier l'existence d'un aléa. L'élément essentiel de l'exercice du droit de préemption étant l'acte par lequel l'indivisaire, conformément à l'art. 815-14, al. 2, fait connaître son intention de l'exercer aux prix et conditions qui lui ont été notifiés, c'est à ce moment que doit être appréciée l'existence d'un aléa dans la cession. • Civ. 1re, 2 mai 1989 : *JCP N 1989. II. 341, note Salvage ; RTD civ. 1990. 533, obs. Patarin*.

Art. 892 **La simple omission d'un bien indivis donne lieu à un partage complémentaire portant sur ce bien.**

1. Action en partage complémentaire : domaine. L'omission de biens communs dans la masse partageable, même de faible valeur, impose un partage complémentaire pour déterminer les droits de chaque époux. • Civ. 1re, 15 mai 2008, n° 06-19.416 P • 27 juin 2008, n° 06-19.416 P. ♦ La cour d'appel ne saurait renvoyer les époux devant le juge aux affaires familiales dans le but d'élaborer une nouvelle convention. • Civ. 1re, 30 sept. 2009, n° 07-12.592 P : *D. 2010. 132, obs. Théron ; ibid. 2010. Pan. 1243, obs. Serra ; JCP 2010, n° 487, § 22, obs. Tisserand-Martin ; AJ fam. 2009. 492, obs. David ; Defrénois 2010. 862, obs. Massip ; Dr. fam. 2009, n° 137, note Larribau-Terneyre ; RJPF 2010-2/29, obs. Vauvillé ; RTD civ. 2009. 707, obs. Hauser ; RDC 2010. 165, obs. S. Gaudemet.*

2. Charge de la preuve. Si un époux divorcé est recevable à présenter, postérieurement au prononcé du divorce, une demande tendant au partage complémentaire de biens communs qui auraient été omis dans l'état liquidatif homologué, c'est à lui qu'il appartient d'établir cette omission. • Civ. 1re, 24 févr. 2016, n° 15-13.127.

3. Prescription. L'action en partage complémentaire de biens communs omis prévue par l'art. 892 n'est pas soumise au délai prévu par l'art. 889, al. 2, pour l'action en complément de part ; elle est imprescriptible. • Civ. 1re, 20 nov. 2013, n° 12-21.621 P : *AJ fam. 2014. 49, obs. Thouret*.

TITRE II DES LIBÉRALITÉS

(L. n° 2006-728 du 23 juin 2006).

CHAPITRE IX *DES DISPOSITIONS ENTRE ÉPOUX, SOIT PAR CONTRAT DE MARIAGE, SOIT PENDANT LE MARIAGE*

Art. 1096 *(L. n° 2004-439 du 26 mai 2004, art. 21-I)* **La donation de biens à venir faite entre époux pendant le mariage** *(L. n° 2006-728 du 23 juin 2006)* **« est » toujours révocable.**

La donation de biens présents *(L. n° 2006-728 du 23 juin 2006)* **« qui prend effet au cours du mariage » faite entre époux** *(L. n° 2006-728 du 23 juin 2006)* **« n'est » révocable que dans les conditions prévues par les articles 953 à 958.**

Les donations faites entre époux de biens présents ou de biens à venir ne sont pas révoquées par la survenance d'enfants. — *L'art. 1096, dans sa rédaction issue de la L. n° 2004-439 du 26 mai 2004, entre en vigueur le 1er janv. 2005. — Les modifications apportées par la L. n° 2006-728 du 23 juin 2006 entrent en vigueur le 1er janv. 2007.*

Sauf clause contraire, les donations de biens présents qui ne prennent pas effet au cours du mariage, consenties entre le 1er janv. 2005 et la date d'entrée en vigueur de la loi n° 2006-728 du 23 juin 2006 [1er janv. 2007], sont librement révocables dans les conditions prévues par l'art. 1096 dans sa rédaction antérieure au 1er janv. 2005 (L. préc., art. 46).

Les donations de biens présents faites entre époux avant le 1er janv. 2005 demeurent révocables dans les conditions prévues par l'art. 1096 dans sa rédaction antérieure à cette date. Ces dispositions présentent un caractère interprétatif pour l'application de la loi n° 2004-439 du 26 mai 2004 relative au divorce (L. n° 2006-728 du 23 juin 2006, art. 47-III).

BIBL. ▶ Beignier et Nicod, *Defrénois 2005. 265* (donations déjà réalisées). - Berger, *Dr. fam. 2007. Étude 5.* - Bloch, *LPA 29 août 2005* (révocabilité ou irrévocabilité). - Brenner, *Defrénois 2005. 93.* - Claux, *AJ fam. 2011. 315* (révocation de donation pour ingratitude). - Giray, *Dr. et patr. 3/2005, p. 30.* - Mahinga, *JCP 2005. I. 104.* - S. Piedelièvre, *D. 2004. Chron. 2512*. - Pignarre, *RLDC 2012/96, n° 4788.* - Pillebout, *JCP 2006. I. 126.* - Puygauthier, *JCP N 2004. 1538 et 1548 ; Rect. 2005. 1089.* - Rieubernet, *LPA 21 juill. 2004.* - M. Storck, *JCP 2004. I. 176, n° 24.* - Vigneau, *D. 2005. Point de vue. 980* (donations déjà réalisées).

Assurance vie et nouvel art. 1096 : Depondt et Marck, *Dr. et patr. juill.-août 2006, p. 40.* - Pierre, *RCA 2006. Étude 14.*

A. DONATION DE BIENS À VENIR

1. Institutions contractuelles entre époux : assimilation aux legs en matière de réduction. *(Décisions rendues sous l'empire du droit antérieur à la L. du 23 juin 2006).* Les donations de biens à venir que se font les époux au cours du mariage, parce qu'elles sont révocables, sont quant à leurs effets, soumises aux règles des legs ; elles sont donc susceptibles d'être réduites comme les legs. • Civ. 1re, 10 févr. 1998, n° 96-12.501 P : *JCP 1999. I. 132, n° 9, obs. Le Guidec ; Defrénois 1998. 832, obs. Champenois ; JCP N 1998. 1049, note Casey ; Dr. fam. 1999, n° 103, note Beignier (1re esp.) ; RTD civ. 1998. 444, obs. Patarin*.

2. ... Assimilation aux legs quant aux effets de l'option. Les donations de biens à venir que se font les époux, parce qu'elles sont révocables, sont, quant à leurs effets, soumises aux règles des legs. Par suite, l'option exercée par le survivant remonte au jour du décès du disposant, par application de l'art. 777. • Civ. 1re, 20 oct. 1992, n° 90-20.676 P *(décision rendue sous l'empire du droit antérieur à la L. du 23 juin 2006).*

3. ... Assimilation aux legs en matière de droit transitoire. *(Décisions rendues sous l'empire du droit antérieur à la L. du 23 juin 2006).* A la différence de celle qui intervient par contrat de mariage, l'institution contractuelle consentie entre époux est une libéralité à la fois révocable et de biens à venir. Ce double caractère implique qu'elle ne soit pas traitée comme une donation entre vifs au regard des dispositions transitoires de la L. du 3 janv. 1972. • Civ. 1re, 8 nov. 1982, n° 81-15.711 P : *R., p. 49 ; D. 1983. 445, note Y. Flour et Grimaldi ; RTD civ. 1983. 581, obs. Patarin.* ♦ Comp., à propos d'une institution contractuelle consentie par contrat de mariage, • Civ. 1re, 23 juin 1987 : *D. 1988. 122, note Grimaldi ; RTD civ. 1988. 559, obs. Patarin.*

B. DONATIONS DE BIENS PRÉSENTS

1° DONATIONS AYANT PRIS EFFET AU COURS DU MARIAGE

4. Clause résolutoire de non-divorce (non). Les dispositions impératives de l'art. 265, al. 1er, font obstacle à l'insertion, dans une donation de biens présents prenant effet au cours du mariage, d'une clause résolutoire liée au prononcé du divorce ou à une demande en divorce. • Civ. 1re, 14 mars 2012, n° 11-13.791 P. ♦ *Adde*, Donzel-Taboucou, *Defrénois 2012. 893.*

2° DONATIONS N'AYANT PAS PRIS EFFET AU COURS DU MARIAGE

5. Assurance vie. En vertu de l'art. 1096, la stipulation par le souscripteur d'une assurance vie de son conjoint comme bénéficiaire est révocable, nonobstant l'acceptation de ce dernier. • Civ. 2e, 2 juin 2005, n° 04-13.306 P : *D. 2005. 2928, note M. Robineau ; RGDA 2005. 676, note Kullmann* (décision rendue en application du droit antérieur à la L. du 23 juin 2006).

Ancien art. 1096 (al. 1er et 2) *(L. n° 2004-439 du 26 mai 2004, art. 21-I)* ***La donation de biens à venir faite entre époux pendant le mariage sera toujours révocable.***

La donation de biens présents faite entre époux ne sera révocable que dans les conditions prévues par les articles 953 à 958.

Al. 3 sans changement.

Ancien art. 1096 ***Toutes donations faites entre époux pendant le mariage, quoique qualifiées entre vifs, seront toujours révocables.***

Al. 2 abrogé par L. 18 févr. 1938.

Ces donations ne seront point révoquées par la survenance d'enfants.

BIBL. ▶ Berthet, *LPA 1er févr. 2000.* - Buffeteau, *JCP N 1998. 1578* (réflexions sur les art. 1096 C. civ. et L. 132-9 C. assur.).

Jurisprudence relative à l'ancien art. 1096 (réd. antérieure à la L. du 26 mai 2004).

1° LIBRE RÉVOCABILITÉ DES DONATIONS ENTRE ÉPOUX : DOMAINE

1. Application à toutes les donations entre époux. Toute donation entre époux est révocable et l'action en nullité pour donation déguisée exercée par le donateur vaut nécessairement révocation, quelle que soit la qualification qui doive être reconnue à cette donation. • Civ. 1re, 29 févr. 1984, n° 82-16.769 P : *Defrénois 1985. 521 (2e esp.), note Breton.*

2. Non-application aux donations entre concubins. L'art. 1096 n'est pas applicable aux donations faites entre concubins, lesquelles, dès lors, sont irrévocables. • Versailles, 9 juill. 1992 : *JCP N 1994. II. 89, note Pillebout.*

3. Non-application aux présents d'usage. Les présents d'usage sont irrévocables. • Civ. 1re, 15 oct. 1963, n° 59-11.950 P (en l'espèce, don d'une automobile, à l'occasion d'un anniversaire de naissance, par le mari, dont les revenus étaient très importants). ♦ V. aussi • Civ. 1re, 19 déc. 1979 : *D. 1981. 449, note Cl.-I. Foulon-Piganiol* (bague de fiançailles) • Paris, 25 oct. 2001 : *Dr. fam. 2002, n° 24, obs. B. B. (idem).*

2° ... MISE EN ŒUVRE

4. Charge de la preuve du caractère non rémunératoire de la donation révocable. Lorsqu'un époux séparé de biens acquiert un bien, soit à titre personnel, soit indivisément avec son conjoint, au moyen de fonds fournis par ce dernier, sa collaboration non rémunérée à l'activité professionnelle de celui-ci ou à la gestion du ménage et à la direction du foyer peut constituer la cause des versements effectués pour son compte dès lors que, par son importance, cette activité a excédé sa contribution aux charges du mariage. En conséquence, il appartient à l'époux qui soutient que les paiements qu'il a effectués pour le compte de son conjoint constituent une donation révocable d'établir qu'ils n'ont pas eu d'autre cause que son intention libérale. • Civ. 1re, 16 déc. 2020, n° 19-13.701 P : *D. 2021. 10 ; AJ fam. 2021. 195, obs. Casey ; Dr. fam. 2021, n° 40, note Torricelli-Chrifi.*

5. Forme de la révocation : révocation tacite. La révocation des donations entre époux peut résulter de tous les faits ou actes de l'époux donateur qui indiquent d'une manière non équivoque son intention de révoquer la donation. • Civ. 1re, 14 déc. 1960 : *Bull. civ. I, n° 545* • Civ. 1re, 4 nov. 2015, n° 15-10.774 : *D. 2015. 2318 ; AJ fam. 2015. 683, obs. Casey.* ♦ ... Et notamment du comportement du donateur incompatible avec le maintien de la libéralité. • Civ. 1re, 14 déc. 1999 : *Dr. fam. 2000, n° 27, note Beignier* (rédaction d'un testament incompatible). ♦ Une donation consentie entre époux pendant le mariage, pour le cas du prédécès de l'un d'eux, peut être modifiée par tout fait ou acte du donateur, révélant son intention de manière non équivoque (acte olographe stipulant que la donation devait être nette de charges). • Civ. 1re, 29 mai 1990, n° 88-15.057 P : *Defrénois 1990. 1368, obs. Champenois.* ♦ La donation dont a bénéficié un époux de la part de son conjoint, et qui a épuisé la quotité disponible, se trouve implicitement révoquée dans la mesure de la valeur des meubles donnés à l'un des enfants par préciput et hors part. • Civ. 1re, 18 janv. 1965 : *D. 1965. 536.*

6. Poursuite de l'instance visant à constater la révocation par les héritiers du donateur. Les héritiers du titulaire d'un droit à caractère personnel pouvant, sauf exception, poursuivre l'instance engagée par leur auteur, les héritières du donateur peuvent poursuivre l'instance engagée par celui-ci visant à faire constater qu'il avait révoqué les donations consenties à l'épouse au cours du mariage et à obtenir la restitution des biens donnés. • Civ. 1re, 4 nov. 2015, n° 15-10.774 : *D. 2015. 2318 ; AJ fam. 2015. 683, obs. Casey.*

7. Conséquences de la révocation : révocation de la donation de l'usufruit d'un bien. La révocation de la donation de l'usufruit d'un bien n'a pas pour effet de conférer à l'acquéreur de la nue-propriété l'usufruit du bien, du vivant de l'époux antérieurement donataire. • Civ. 1re, 7 oct. 1968 : *JCP 1969. II. 15743, note M. D.*

3° ... SITUATION EN CAS DE DIVORCE

8. Permanence des caractères propres de la donation maintenue. En cas de divorce prononcé aux torts exclusifs de l'un des époux, si l'époux innocent conserve en principe les donations qui lui ont été faites, c'est avec les caractères qu'elles présentaient, de sorte que celles qui lui ont été faites pendant le mariage restent révocables conformément à l'art. 1096. • Civ. 1re, 29 mai 1979 : *Bull. civ. I, n° 154* • 4 févr. 1992, n° 90-10.695 P : *JCP 1992. I. 3604, n° 5, obs. Testu.*

9. Renonciation tacite à la faculté de révocation. La renonciation à un droit peut être tacite dès que les circonstances établissent de façon non équivoque la volonté de renoncer. Caractérisent une renonciation non équivoque à user de sa faculté de révocation les énonciations de l'époux qui, lors de l'appréciation de la prestation compensatoire, a fait plaider que, si les donations qu'il avait consenties à son épouse étaient révocables, il n'était pas dans son intention de les révoquer de sorte qu'il fallait les prendre en considération pour apprécier le patrimoine de son épouse. • Civ. 1re, 26 oct. 2011, n° 10-25.078 P : *D. 2011. 2728 ; RTD civ. 2012. 102, obs. Hauser ; JCP N 2012, n° 1109, note Massip.*

10. *Clause de non-divorce.* BIBL. Binet, *D. 2006. Chron. 1923*. ♦ Aucune disposition légale n'interdit à l'époux qui consent une donation à son conjoint pendant le mariage d'assortir celle-ci d'une condition dont l'inexécution entraînera la révocation ; la stipulation d'une telle condition dans une donation entre époux ne fait nullement obstacle à la libre révocabilité de celle-ci, laquelle peut intervenir, de façon discrétionnaire, à tout moment. • Civ. 1re, 13 déc. 2005, n° 02-14.135 P : *D. 2006. IR 99* ; *JCP 2006. II. 10136, note Simler ; Defrénois 2006. 836, note Peterka ; RJPF 2006-4/42, obs. Casey ; LPA 1er-2 mai 2006, note Yildirim ; RTD civ. 2006. 543, obs. Hauser*. ♦ La clause par laquelle un époux subordonne la donation faite à son conjoint durant le mariage au cas où celui-ci lui survivrait, à la persistance du lien matrimonial ou à l'absence de toute action entreprise pour y mettre fin, n'est pas en soi illicite et est justifiée, sauf intention de nuire, par la nature même de la libéralité. • Même arrêt.

TITRE V DU CONTRAT DE MARIAGE ET DES RÉGIMES MATRIMONIAUX

Les dispositions du titre V (art. 1387 à 1581) sont entrées en vigueur le 1er févr. 1966. — En ce qui concerne la situation des époux dont le mariage a été célébré ou les conventions matrimoniales passées avant le 1er févr. 1966, V. L. n° 65-570 du 13 juill. 1965, art. 9 s., et L. n° 85-1372 du 23 déc. 1985, art. 56 s., ss. art. 1581.

RÉP. CIV. V° *Contrat de mariage, par Colomer et Vernières ; Régimes matrimoniaux, par Revel.*

BIBL. GÉN. ▸ **Commentaires de la loi du 13 juill. 1965 :** CORNU, *JCP 1966. I. 1968, 1997 ; 1967. I. 2128 ; 1970. I. 2333, 2368.* - PONSARD, *D. 1966. L. 111 ; Études FLOUR, Defrénois, 1979, p. 383* (interprétation par la Cour de cassation). - PRÉCIGOUT, *JCP N 1966. I. 1978.*

▸ **Commentaires de la loi du 23 déc. 1985 :** COLOMER, *D. 1986. Chron. 49.* - COLOMER et CHAMPENOIS, *Defrénois 1986. 481, 545, 961, 1041.* - FOURNIER, *RTD civ. 1989. 447.* - GARDNER, *RRJ 1987/1. 311.* - GRIMALDI, *Gaz. Pal. 1986. 2. Doctr. 529.* - KRAEMER-BACH, *Gaz. Pal. 1986. 1. Doctr. 290.* - RUBELLIN-DEVICHI, *obs. RTD civ. 1986. 86.* - VIRFOLET, *JCP 1986. I. 3232 et 3259.* - ZENATI, *RTD civ. 1986. 199.*

▸ **Loi du 23 juin 2006 sur les successions et les libéralités** : PETERKA, *AJ fam. 2006. 358* (incidences sur le droit des régimes matrimoniaux). - VAREILLE, *JCP N 2007. 1200* (*idem*).

▸ **Notion de régime matrimonial :** WIEDERKEHR, *Mél. Huet-Weiller, PU Strasbourg/LGDJ, 1994, p. 533.*

▸ **Études synthétiques de thèmes intéressant divers aspects des régimes matrimoniaux :** ANTONINI-COCHIN, *JCP 2010, n° 584* (conjoint soumis à une procédure collective). - BEIGNIER, *Mél. Oppetit, Litec, 2009, p. 33* (avantages matrimoniaux). - BIGOT, *JCP 1993. I. 3718* (assurance vie). - BLANC, *RTD civ. 1988. 31* (l'association comme fondement du pouvoir des époux communs en biens). - BOIDIN, *AJ fam. 2019. 150* (loi applicable au régime matrimonial). - BOLZE, *Dr. fam. 2001. Chron. 4* (rapports patrimoniaux en dehors de la communauté légale). - BONNET, *Dr. fam. 2018. Étude 19* (régime matrimonial contractuel et acte authentique). - BOURCY, *JCP N 1998. 1830* (régime matrimonial et voies d'exécution). - BOUSSIER, *JCP N 1990. I. 371* (entreprise et mariage). - CASEY, *AJ fam. 2007. 455* (preuve et régimes matrimoniaux). - CHALVIGNAC, *JCP N 1999. 322* (gestion du fonds de commerce). - CHEVALLIER-DUMAS, *JCP N 1979. 40* (la fraude dans les régimes matrimoniaux). - COLOMER, *Defrénois 1983. 865, 945* (problèmes de gestion soulevés par le fonctionnement parallèle d'une société et d'un régime matrimonial) ; *Études Weill, Dalloz/Litec, 1983, p. 153* (vérité juridique et vérité économique). - DAGOT, *JCP 1987. I. 3272* (vente entre époux). - DAURIAC, *LPA 28 sept. 2005* (les régimes matrimoniaux hors du code civil). - DEKEUWER-DÉFOSSEZ, *Trav. Assoc. Capitant, XLV-1994, p. 211* (les groupements et le droit de la famille). - DELAVAQUERIE, *RTD civ. 2021. 315* (recherche sur la notion d'interpatrimonialité dans le couple). - DEPONDT, *Gaz. Pal. 2012. 666.* - DEVISME, *JCP N 2022, n° 1128* (de l'intérêt d'établir un contrat de mariage dans un contexte international). - DOUVILLE, *JCP N 2009. 1134* (autorisations administratives). - EMANE, *JCP N 1994. Doctr. 309* (créances entre époux). - ESCUDEY, *Dr. fam. 2019. Étude 17* (faut-il permettre l'insertion de clauses relatives à la désunion dans les contrats de mariage ?). - FLAMENT, *Defrénois 1993. 737* (sur un régime matrimonial à liquidation alternative). - FRÉNISY, *RTD civ. 1970. 64* (preuve de la propriété et des pouvoirs). - GILSON-MAES, *JCP N 2022, n° 1108* (le choix du régime matrimonial en 2020 : état des lieux et perspectives). - GOLDSMITH et GUILLERMAIN, *AJ fam. 2020. 172* (incertitude sur le sort des droits à la retraite face à l'extranéité du divorce). - G. HÉNAFF, *Defrénois 1996. 561* (surendettement des personnes mariées). - HENRY, *JCP 1987. I. 3281* (clause d'accroissement en fraude du régime matrimonial). - HOVASSE, *Dr. et patr. 4/2002. 42* (époux et valeurs mobilières). - KARM, *Defrénois 2011. 576* (EIRL et régimes matrimoniaux). - LABRUSSE-RIOU, *Mél. Rodière, Dalloz, 1981, p. 151* (rôle du juge et de la loi). - LAMBOLEY, *Mél. Colomer, Litec, 1993, p. 197* (entreprise libérale et régimes matrimoniaux). - LANGÉ, *RTD civ. 1984. 33* (le conjoint de l'aliéné). - LARRIBAU-TERNEYRE, *JCP N 1999. 843* (régime matrimonial de l'incapable). – LECOURT, *RTD com. 2004. 1* (procédures collectives et droit de la famille). – LÉCUYER, *Dr. et patr. 10/2004. 52* (choix du régime matrimonial) ; *JCP N 2014, hors-série août 2014, p. 19* (changer de régime légal ?). – LE LIVEC-TOURNEUX, *JCP N 1993. I. 1* (surendettement et régimes matrimoniaux). – LEMISTRE, *Mél. Gobert, Economica, 2004, p. 235* (cogestion dans les régimes matrimoniaux et droits de propriété industrielle). – LEUCK, *JCP N 1992. I. 275* (Convention de La Haye de 1978). – F.-X. LUCAS, *LPA 12 juill. 2002* (protection du conjoint du débiteur en difficulté). – DE LA MARNIERRE, *D. 1993. Chron. 169* (Convention de La Haye). – MONÉGER, *JCP N 2014, n° 1294* (premières jurisprudences sur la convention de La Haye en matière de régimes matrimoniaux). – MORIN, *Defrénois 1991. 1089* (vente entre époux). – NAUDIN et IWANESKO, *Dr. et patr. 10/2012. 46* (assurance vie et régimes matrimoniaux). – OLIVIER, *Defrénois 2001. 1098* (propriété littéraire et régimes matrimoniaux). – PORCARA, *RLDC 2011/80, n° 4182* (action en justice relative aux biens immobiliers communs). – PERRODET, *RTD com. 1999. 1* (conjoint du débiteur en redressement judiciaire). – PHILIPPE, *RLDC 2008/51, n° 3070* (récompense). – S. PIEDELIÈVRE, *RRJ 1994/1. 75* (fruit et revenus). – PLAISANT, *Mél. Voirin, LGDJ, 1967, p. 654* (droits intellectuels et régimes matrimoniaux). – RÉMY, *Trav. Assoc. Capitant, XXXIX-1988, p. 251* (évolution récente du droit de la famille). – REVEL, *D. 1993. Chron. 33* (droit des sociétés et régimes matrimoniaux). – RAOUL-CORMEIL, *Defrénois 2008. 1303* (conjoint de la personne vulnérable). – SEBAG, *Dr. fam. 2017. Étude 21* (création d'un statut primaire pour toutes les formes de conjugalité). – SIMLER, *LPA 17 juin 1998* (régimes matrimoniaux et procédures collectives) ; *Dr. fam. 2000, n° 12 bis hors série, p. 30* (pour une révision du droit des régimes matrimoniaux ; colloque Grenoble, nov. 1999). – TARDY, *RRJ 1998/3. 915* (régimes matrimoniaux et procédures collectives). – VAUVILLÉ, *JCP N 1993. I. 79* (droit des procédures collectives et droit patrimonial de la famille).

▸ Dossier, *AJ fam. 2006. 269* (banque et famille). – Dossier, *AJ fam. 2008. 52* (stratégie patrimoniale du couple). – Dossier, *AJ fam. 2008. 100* (règlement du régime matrimonial après divorce). – Dossier, *AJ fam. 2010. 153* (liquidation du régime matrimonial) ; *ibid. 2013. 77* (*idem*). – Dossier, *JCP N 2015, n°s 1225 s.* – Dossier *AJ fam. 2017. 619*, *ibid. 2018. 11* (régimes matrimoniaux dans le monde). – Dossier, *AJ fam. 2021. 207* et *263* (liquidation du régime matrimonial).

▸ **Panoramas Dalloz-Droit patrimonial de la famille :** *D. 2020. Pan. 2206* (sept. 2019 – sept. 2020) ; *D. 2019. Pan. 2216* (sept. 2018 – sept. 2019) ; *D. 2018. Pan. 2384* (sept. 2017 – sept. 2018) ; *D. 2017. Pan. 2119* (juin 2016 – juin 2017) ; *D. 2016. Pan. 2086* (juin 2015 – août 2016) ; *D. 2015. Pan. 2094* (juin 2014 – juin 2015) ; *D. 2014. Pan. 1905* (juin 2013 – juin 2014) ; *D. 2013. Pan. 2242* (juin 2012 – juin 2013) ; *D. 2012. Pan. 2476* (juin 2011 – juill. 2012) ; *D. 2011. Pan. 2624* (juill. 2010 – juin 2011) ; *D. 2010. Pan. 2392* (juill. 2009 – juin 2010) ; *D. 2009. Pan. 2508* (juin 2008 – juin 2009) ; *D. 2008. Pan. 2245* (juin 2007 – mai 2008) ; *D. 2007. Pan. 2126* (mai 2006 – mai 2007).

CHAPITRE I ***DISPOSITIONS GÉNÉRALES***

(L. n° 65-570 du 13 juill. 1965)

DALLOZ ACTION *Droit patrimonial de la famille 2021/2022.*

DALLOZ PRATIQUE[S] *Divorce – Liquidation du régime matrimonial : gestion de la procédure.*

Art. 1387 La loi ne régit l'association conjugale, quant aux biens, qu'à défaut de conventions spéciales, que les époux peuvent faire comme ils le jugent à propos, pourvu qu'elles ne soient pas contraires aux bonnes mœurs ni aux dispositions qui suivent.

Lorsque le mariage a été célébré dans les conditions de l'art. 171 C. civ. (futur époux décédé), aucun régime matrimonial n'est réputé avoir existé entre les époux.

BIBL. ▸ BEZ, *JCP N 1988. I. 1.* – CHALVIGNAC, *JCP N 1999. 322* (incidences du choix du régime matrimonial sur la gestion du fonds de commerce). – MATHIEU, *JCP N 1989. I. 321.*

1. Si l'art. 1387 détermine le régime matrimonial applicable en l'absence de contrat de mariage, il ne permet pas de présumer l'absence d'un tel contrat. • Civ. 1re, 24 mars 1987, n° 85-15.816 P : *R., p. 143 ; Defrénois 1987. 947, obs. Champenois* (obligation pour le juge de rechercher le régime matrimonial).

2. Le JAM est incompétent au profit du TGI pour connaître de la détermination du régime matrimonial des époux. • Civ. 1re, 11 juill. 2006, n° 03-19.087 P : *D. 2007. Pan. 2693, obs. Douchy-Oudot ; Dr. fam. 2006, n° 207, note Larribau-Terneyre.*

Art. 1387-1 *(L. n° 2005-882 du 2 août 2005, art. 13)* **Lorsque le divorce est prononcé, si des dettes ou sûretés ont été consenties par les époux, solidairement ou séparément, dans le cadre de la gestion d'une entreprise, le tribunal judiciaire peut décider d'en faire supporter la charge exclusive au conjoint qui conserve le patrimoine professionnel ou, à défaut, la qualification professionnelle ayant servi de fondement à l'entreprise.**

BIBL. ▶ BRÉMOND, *JCP N 2005. 1497.* – CASEY, *Gaz. Pal. 2008. 3705 ; ibid. 2012. 29.* – CHAZAL et FERRÉ-ANDRÉ, *D. 2006. Point de vue 316.* – CROCQ, *D. 2005. Tribune 2025.* – JACOB, *obs. Banque et Dr. 9-10/2005, p. 62.* – LARRIBAU-TERNEYRE, *Dr. fam. 2005. Étude 21.* – S. PIEDELIÈVRE, *D. 2005. Point de vue 2138.* – REVET, *Dr. et patr. 11/2005, p. 91.*

1. Domaine. Pour une décision interprétant les nouvelles dispositions comme permettant seulement au TGI de décider, dans le cadre de la liquidation de la communauté ayant existé entre les époux et uniquement dans leurs rapports entre eux, que la contribution finale à la dette sera supportée exclusivement par le conjoint qui conserve le patrimoine professionnel, l'obligation à la dette n'étant nullement affectée par le nouvel article et le créancier gardant donc le droit de poursuivre les deux époux : • TGI Évreux, 17 nov. 2006 : *Defrénois 2008. 316, obs. Champenois ; LPA 15-16 août 2007, note Edel.* ♦ L'art. 1387-1 ne constitue qu'une modalité de partage de la communauté entre les époux, laissée à l'appréciation du tribunal chargé de la liquidation de celle-ci ; il laisse subsister l'obligation contractée par l'épouse, codébiteur solidaire, envers le créancier. • Bourges, 24 janv. 2008 : *RJPF 2009-6/25, note Casey.*

2. Application dans le temps. L'art. 1387-1 n'est pas applicable aux dettes contractées avant son entrée en vigueur. • Douai, 20 oct. 2008 : *Dr. fam. 2009, n° 52, obs. Larribau-Terneyre ; RJPF 2009-6/25, note Casey.*

3. Application. Ayant relevé que le patrimoine professionnel de l'entreprise était attribué à l'ex-époux selon l'accord des parties, et retenu, d'une part, que la valeur patrimoniale de l'entreprise traduisait un état de dettes largement supérieur à ses actifs et que les prélèvements annuels personnels de ce dernier jusqu'en 2007 étaient disproportionnés au regard de la situation financière de l'entreprise, d'autre part, que l'ex-époux avait souscrit à titre personnel, le 15 janv. 2009, un prêt de trésorerie de 40 000 €, la cour d'appel a souverainement déduit de ces énonciations et constatations qu'il devait supporter seul l'entier passif de l'entreprise. • Civ. 1re, 5 sept. 2018, n° 17-23.120 P : *D. 2018. 2292, note Lotti ; ibid. 2019. 910, obs. Lemouland et Vigneau ; AJ fam. 2018, 610, obs. Thouret ; RTD civ. 2019. 959, obs. Nicod ; RTD com. 2019. 164, obs. Lecourt.*

Art. 1388 **Les époux ne peuvent déroger ni aux devoirs ni aux droits qui résultent pour eux du mariage, ni aux règles de l'autorité parentale, de l'administration légale et de la tutelle.**

Impossibilité de déroger aux devoirs résultant du mariage. Il résulte de la combinaison des art. 214, 226 et 1388 que les conventions conclues par les époux ne peuvent les dispenser de leur obligation d'ordre public de contribuer aux charges du mariage. • Civ. 1re, 13 mai 2020, n° 19-11.444 P : *cité note 1 ss. art. 214.*

Art. 1389 **Sans préjudice des libéralités qui pourront avoir lieu selon les formes et dans les cas déterminés par le présent code, les époux ne peuvent faire aucune convention ou renonciation dont l'objet serait de changer l'ordre légal des successions.**

Art. 1390 **Ils peuvent, toutefois, stipuler qu'à la dissolution du mariage par la mort de l'un d'eux, le survivant** *(L. n° 2006-728 du 23 juin 2006, art. 29-30°)* **« a » la faculté d'acquérir ou, le cas échéant, de se faire attribuer dans le partage certains biens personnels du** *(L. n° 2006-728 du 23 juin 2006, art. 29-30°)* **« prédécédé », à charge d'en tenir compte à la succession, d'après la valeur qu'ils** *(L. n° 2006-728 du 23 juin 2006, art. 29-30°)* **« ont » au jour où cette faculté sera exercée.** — *V. L. n° 65-570 du 13 juill. 1965, art. 20, ss. art. 1581.*

(L. n° 2006-728 du 23 juin 2006, art. 29-30°) **« La stipulation peut prévoir que l'époux survivant qui exerce cette faculté peut exiger des héritiers que lui soit consenti un bail portant sur l'immeuble dans lequel l'entreprise attribuée ou acquise est exploitée. »** — *La loi du 23 juin 2006 est entrée en vigueur le 1er janv. 2007.*

Ancien art. 1390 *Ils peuvent, toutefois, stipuler qu'à la dissolution du mariage par la mort de l'un d'eux, le survivant aura la faculté d'acquérir ou, le cas échéant, de se faire attribuer dans le*

partage certains biens personnels du prémourant, à charge d'en tenir compte à la succession, d'après la valeur qu'ils auront au jour où cette faculté sera exercée.

BIBL. ▶ Jouvenet, *JCP N 1981. I. 341.*

1. Les règles d'évaluation de l'article 1390 sont impératives. • Civ. 1re, 24 juin 1969 : *D. 1969. 705, note Breton.*

2. La licéité de la faculté d'attribution en propriété implique celle de la clause du contrat de mariage prévoyant l'octroi d'un bail sur les biens propres de l'époux prédécédé. • Civ. 1re, 29 avr. 1985, n° 83-16.803 P : *R., p. 80 ; D. 1986. 364, note Beaubrun ; JCP N 1986. II. 74, note Simler.*

3. Le principe de la liberté des conventions matrimoniales ne peut faire obstacle aux dispositions d'ordre public du statut du fermage. • Civ. 3e, 28 juin 2006, n° 05-20.860 P : *D. 2006. IR 1987 ; JCP 2006. I. 193, n° 5, obs. Wiederkehr ; AJ fam. 2006. 331, obs. Hilt ; LPA 25 juin 2007, note Chamoulaud-Trapiers ; RTD civ. 2006. 819, obs. Vareille.*

Art. 1391 Le contrat de mariage doit déterminer les biens sur lesquels portera la faculté stipulée au profit du survivant. Il peut fixer des bases d'évaluation et des modalités de paiement, sauf la réduction au profit des héritiers réservataires s'il y a avantage indirect.

Compte tenu de ces clauses et à défaut d'accord entre les parties, la valeur des biens sera arrêtée par le tribunal judiciaire.

La détermination des biens par leur espèce est suffisante pour répondre aux exigences de l'art. 1391. • Civ. 1re, 29 avr. 1985, n° 83-16.803.

Art. 1392 La faculté ouverte au survivant est caduque s'il ne l'a pas exercée, par une notification faite aux héritiers du prédécédé, dans le délai d'un mois à compter du jour où ceux-ci l'auront mis en demeure de prendre parti. Cette mise en demeure ne peut avoir lieu avant l'expiration du délai prévu *(L. n° 2006-728 du 23 juin 2006, art. 29-31°)* **« à l'article 792** *[ancienne rédaction : au titre des successions pour faire inventaire et délibérer]* **».** *— La loi du 23 juin 2006 entre en vigueur le 1er janv. 2007.*

Lorsqu'elle est faite dans ce délai, la notification forme vente au jour où la faculté est exercée ou, le cas échéant, constitue une opération de partage.

Il dépend de l'appréciation souveraine des juges du fond d'estimer qu'une assignation tendant seulement au prononcé de la nullité de la clause d'attribution d'un bien au conjoint survivant ne saurait être assimilée à une mise en demeure de prendre parti au sens de l'art. 1392. • Civ. 1re, 20 mars 1990 : *JCP N 1991. II. 165, note Simler.*

Art. 1393 Les époux peuvent déclarer, de manière générale, qu'ils entendent se marier sous l'un des régimes prévus au présent code.

A défaut de stipulations spéciales qui dérogent au régime de communauté ou le modifient, les règles établies dans la première partie du chapitre II formeront le droit commun de la France.

La L. n° 2013-98 du 28 janv. 2013 a ratifié l'accord entre la République française et la République fédérale d'Allemagne instituant un régime matrimonial optionnel de la participation aux acquêts, signé à Paris le 4 févr. 2010 (JO 29 janv. 2013).

BIBL. ▶ Buy, *RLDC 2004/7, n° 306.*

Art. 1394 Toutes les conventions matrimoniales seront rédigées par acte devant notaire, en la présence et avec le consentement simultanés de toutes les personnes qui y sont parties ou de leurs mandataires. *— V. L. n° 65-570 du 13 juill. 1965, art. 21, ss. art. 1581.*

Au moment de la signature du contrat, le notaire délivre aux parties un certificat sur papier libre et sans frais, énonçant ses nom et lieu de résidence, les noms, prénoms, qualités et demeures des futurs époux, ainsi que la date du contrat. Ce certificat indique qu'il doit être remis à l'officier de l'état civil avant la célébration du mariage. *— V. aussi Décr. n° 55-1350 du 14 oct. 1955, art. 86, al. 2, ss. art. 2488. —* ***C. civ.***

Si l'acte de mariage mentionne qu'il n'a pas été fait de contrat, les époux seront, à l'égard des tiers, réputés mariés sous le régime de droit commun, à moins que, dans les actes passés avec ces tiers, ils n'aient déclaré avoir fait un contrat de mariage.

Al. 4 abrogé par Ord. n° 2005-428 du 6 mai 2005, art. 7.

1. Nullité. Comme toute convention, le contrat de mariage est susceptible d'annulation lorsqu'il a été conclu en violation des règles du droit commun concernant le consentement. • Paris, 14 déc. 1999 : *Dr. fam. 2001, n° 19, note Beignier.*

2. L'action en nullité relative d'un contrat de mariage, réservée à celui des contractants dont le consentement a été vicié, est, en raison de son caractère patrimonial, transmise, après son décès, à ses ayants cause universels. • Civ. 1re, 4 juill. 1995 : *D. 1996. 233, note F. Boulanger ; Defrénois 1996. 321, obs. Massip ; ibid. 407, obs. Champenois.* ♦ Dans le même sens, pour l'action en nullité d'une convention de changement de régime matrimonial : • Agen, 6 avr. 1998 : *Dr. fam. 1998, n° 155, note Beignier.* ♦ V. également, sur l'action en nullité de la convention de changement de régime matrimonial, note 17 ss. art. 1397.

3. Obligations du notaire. Le notaire chargé de rédiger le contrat choisi par des futurs époux est tenu, non pas de les informer de façon abstraite des conséquences des différents régimes matrimoniaux, mais de les conseiller concrètement au regard de leur situation, en les éclairant et en appelant leur attention, de manière complète et circonstanciée, sur la portée, les effets et les risques des régimes matrimoniaux pouvant répondre à leurs préoccupations. • Civ. 1re, 3 oct. 2018, n° 16-19.619 P (en l'espèce, manquement du notaire rédacteur à son obligation d'information et de conseil, celui-ci ne démontrant pas avoir donné un conseil adapté à la situation spécifique des époux ayant opté pour un régime proche de la communauté universelle alors que l'activité de l'épouse comportait un risque financier et que celle-ci était déjà endettée).

Art. 1395 **Les conventions matrimoniales doivent être rédigées avant la célébration du mariage et ne peuvent prendre effet qu'au jour de cette célébration.**

Art. 1396 **Les changements qui seraient apportés aux conventions matrimoniales avant la célébration du mariage doivent être constatés par un acte passé dans les mêmes formes. Nul changement ou contre-lettre n'est, au surplus, valable sans la présence et le consentement simultanés de toutes les personnes qui ont été parties dans le contrat de mariage, ou de leurs mandataires.**

Tous changements et contre-lettres, même revêtus des formes prescrites par l'article précédent, seront sans effet à l'égard des tiers, s'ils n'ont été rédigés à la suite de la minute du contrat de mariage ; et le notaire ne pourra délivrer ni grosses ni expéditions du contrat de mariage sans transcrire à la suite le changement ou la contre-lettre.

(L. n° 2006-728 du 23 juin 2006, art. 44) **« Le mariage célébré, il ne peut être apporté de changement au régime matrimonial que par l'effet d'un jugement à la demande de l'un des époux dans le cas de la séparation de biens ou des autres mesures judiciaires de protection ou par l'effet d'un acte notarié, le cas échéant homologué, dans le cas de l'article suivant. »** — *Entrée en vigueur le 1er janv. 2007.*

BIBL. ▸ Barabé-Bouchard, *JCP N 1994. I. 111.* – Morin, *Defrénois 1991. 1089* (immutabilité des régimes matrimoniaux et vente entre époux). – Naudin et Iwanesko, *JCP N 2015, n° 1227* (donation de récompenses).

A. IMMUTABILITÉ TEMPÉRÉE DU RÉGIME MATRIMONIAL

1. Définition des changements prohibés. Il n'y a changement prohibé au régime matrimonial que si, sans intervention judiciaire, une règle légale ou une clause du contrat de mariage a été directement modifiée ou écartée et, plus généralement, toutes les fois que le maintien de conventions passées ou d'arrangements conclus pendant le mariage aurait pour résultat d'altérer ou de neutraliser les effets réguliers ou légaux que devaient produire les clauses du contrat de mariage ou les dispositions de la loi. • Civ. 1re, 5 nov. 1985 : *JCP N 1986. II. 247, note Simler.*

2. Illustrations : convention modifiant le calcul des récompenses. Doit être annulée pour violation de l'art. 1396, al. 3, la convention par laquelle, au cours du mariage, les époux ont décidé de modifier les règles de calcul des récompenses. • Civ. 1re, 28 juin 1983, n° 82-12.926 P : *R., p. 43 ; D. 1984. 254, note G. Morin ; JCP 1985. II. 20330, note Pillebout.*

3. ... Refus d'homologuer une convention révoquant une donation réciproque consentie par contrat de mariage. Jugé que la prohibition d'apporter des changements aux conventions matrimoniales demeure la règle, que seuls sont autorisés les changements ou les modifications du régime matrimonial dans les conditions prévues par l'art. 1397 et qu'en conséquence ne peut être homologuée une convention par laquelle les époux révoquent la donation réciproque qu'ils s'étaient consentie dans leur contrat de mariage. • Amiens, 5 nov. 1974 : *JCP 1975. II. 18132, note Patarin ; Defrénois 1976. 1113, note Guimbellot.* ♦ Comp. jurisprudence relative aux sort des donations à la suite d'un changement conventionnel de régime matrimonial citée ss. art. 1397.

4. ... Prohibition des conventions modifiant la répartition entre biens propres et biens communs. Est prohibée la convention qui modifie, sans intervention judiciaire, la répartition entre les biens propres et les biens communs telle qu'elle résulte des dispositions légales régissant le régime de communauté réduite aux acquêts. • Civ. 1re, 24 nov. 1987 : *JCP 1989. II. 21255, note Dagot ; Gaz. Pal. 1988. 1. 323, note de La Marnierre ; Defrénois 1988. 928, obs. Champenois* • 31 janv. 2006, n° 02-21.121 P : *D. 2006. IR 466 ; Defrénois 2006. 1607, obs. Champenois ; AJ fam. 2006. 209, obs. Hilt ; Dr. fam. 2006, n° 60, note Beignier.*

5. ... Illicéité d'une convention de cession de titres ayant une incidence sur la créance de participation éventuelle de l'épouse. Une convention de cession d'actions et de parts sociales, conclue entre époux mariés sous le régime de la participation aux acquêts, qui a pour objet et pour effet de priver l'épouse de sa créance éventuelle de participation sur des acquêts réalisés par l'époux, constitue une convention relative à la liquidation du régime matrimonial, illicite en ce qu'elle altère l'économie du régime de la participation aux acquêts. • Civ. 1re, 8 avr. 2009, n° 07-15.945 P.

6. Tempéraments légaux à l'immutabilité. Admission du changement conventionnel de régime matrimonial, V. art. 1397 s. ♦ Séparation de biens judiciaire, V. art. 1443 s. ♦ Liquidation anticipée de la créance de participation, V. art. 1580. ♦ Licéité des conventions ayant pour objet la liquidation et le partage du régime matrimonial pendant l'instance en divorce, V. art. 265-2. ♦ Obligation de procéder conventionnellement à la liquidation du régime matrimonial préalablement au prononcé d'un divorce par consentement mutuel, V. art. 230 s.

B. ACTES OU CONVENTIONS COMPATIBLES AVEC L'IMMUTABILITÉ

7. Acte reconnaissant la propriété personnelle d'un époux séparé de biens. Un acte établi au cours du mariage entre époux séparés de biens pour reconnaître à l'un d'eux la propriété personnelle de certains biens ne constitue pas une convention modificatrice du régime matrimonial mais un simple moyen de preuve destiné à écarter les présomptions énoncées au contrat de mariage : V. note 7 ss. art. 1538.

8. Clause portant donation d'une récompense due à la communauté. Une clause, insérée dans l'acte de donation d'un bien propre de l'épouse à son fils, par laquelle l'époux déclare intervenir à l'acte pour faire donation à son fils des récompenses qui seraient dues à la communauté au titre du financement de la construction d'un bâtiment sur le terrain propre de la donatrice, ne peut s'analyser comme un abandon de droit portant atteinte au principe de l'immutabilité des régimes matrimoniaux, mais comme la donation d'une créance. • Civ. 1re, 6 févr. 2007, n° 04-13.282 P : *D. 2007. 1476, note Mikalef-Toudic ; ibid. AJ 663, obs. Delaporte-Carré ; JCP 2007. II. 10113, note Sauvage ; JCP N 2007. 1147, note Rivière ; AJ fam. 2007. 274, obs. Hilt ; RJPF 2007-10/15, note Vauvillé ; Defrénois 2008. 2190, obs. Champenois ; RTD civ. 2007. 608, obs. Grimaldi , et 623, obs. Vareille .*

9. Clause instituant une liquidation alternative selon la cause de dissolution. La clause de reprise des apports, associée au régime de communauté universelle, constitue une modalité du partage compatible avec le principe d'immutabilité du régime matrimonial, mais une telle clause ne peut prévaloir sur les dispositions impératives des anciens art. 267 et 269. • Civ. 1re, 17 janv. 2006 : *JCP 2006. I. 141, n° 20, obs. Tisserand-Martin.* ♦ Sur les effets de la clause en cas de divorce, V. également, à la suite de la L. du 23 juin 2006, art. 265, al. 3. ♦ La clause d'un régime de communauté universelle prévoyant l'attribution de l'universalité des biens au survivant, mais la reprise des apports et le partage de la communauté par moitié en cas de divorce ne substitue pas une communauté d'acquêts à une communauté universelle en contravention aux dispositions de l'art. 1396, les époux ayant réglé distinctement les modalités de liquidation et de partage de la communauté selon que la dissolution de celle-ci est consécutive au décès ou provient d'une autre cause. • Colmar, 16 mai 1990 : *JCP N 1991. II. 17 (1re esp.), note Simler ; Defrénois 1990. 1361, obs. Champenois ; RTD civ. 1992. 171, obs. Lucet et Vareille* • Colmar, 20 juin 1990 : *JCP N 1991. II. 17 (2e esp.), note Simler ; RTD civ. 1992. 171, obs. Lucet et Vareille* • Civ. 1re, 16 juin 1992, n° 91-10.321 P : *JCP 1993. II. 22108 (1re esp.), note Simler ; Defrénois 1993. 34, note Forgeard ; D. 1993. Somm. 220, obs. Grimaldi ; RTD civ. 1993. 187, obs. Lucet et Vareille* (rejet du pourvoi contre • Colmar, 20 juin 1990 : *préc.*, avec autres motifs). ♦ Comp. • TGI Strasbourg, 24 mars 1992 : *JCP 1993. II. 22108 (2e esp.), note Simler* (clause analysée comme prévoyant une substitution rétroactive de régime, annulée comme contraire à l'immutabilité des régimes matrimoniaux). ♦ V. aussi Salle, *D. 1994. Chron. 34.*

10. Acquisition avec clause d'accroissement ou tontine. L'acquisition par un mari commun en biens, conjointement avec un tiers (en l'espèce, sa concubine) d'un immeuble, avec stipulation d'une clause d'accroissement aux termes de laquelle le prémourant sera considéré comme n'ayant jamais eu la propriété de l'immeuble, lequel appartiendra en totalité au survivant, ne transgresse pas la règle de l'immutabilité des conventions matrimoniales. • Civ. 1re, 11 janv. 1983, n° 81-16.307 P : *R., p. 43 ; D. 1983. 501, note Larroumet ; JCP N 1983. II. 329, note Brochard ; JCP 1984. II. 20127, note Boulanger ; JCP N 1984. II. 247, note Lemoine ; Defrénois 1983. 985, note G. Morin.*

11. Conventions transactionnelles passées après divorce. Après divorce, les ex-époux sont libres de liquider leur régime matrimonial comme ils l'entendent et de passer, à cet effet, toutes conventions transactionnelles, sous réserve des droits des créanciers tels que fixés par l'art. 882. Ils peuvent y procéder sans tenir compte d'un changement de régime matrimonial antérieurement homologué et n'ayant pas été suivi d'une liquidation. • Civ. 1re, 9 mars 1994, n° 92-13.455 P : *JCP 1994. I. 3785, n° 7, obs. Tisserand ; Defrénois 1994. 1536, obs. Champenois.*

Ancien art. 1396 (al. 3) *Le mariage célébré, il ne peut être apporté de changement au régime matrimonial que par l'effet d'un jugement, soit à la demande de l'un des époux, dans le cas de la séparation de biens ou des autres mesures judiciaires de protection, soit à la requête conjointe des deux époux, dans le cas de l'article suivant.*

Art. 1397 *(L. n° 2006-728 du 23 juin 2006, art. 44) (Abrogé par L. n° 2019-222 du 23 mars 2019, art. 8)* ***« Après deux années d'application du régime matrimonial, »*** **Les époux peuvent convenir, dans l'intérêt de la famille, de** *(L. n° 2019-222 du 23 mars 2019, art. 8)* **« modifier leur régime matrimonial** *[ancienne rédaction : le modifier]* **», ou même d'en changer entièrement, par un acte notarié. A peine de nullité, l'acte notarié contient la liquidation du régime matrimonial modifié** *(L. n° 2007-308 du 5 mars 2007, art. 11)* **« si elle est nécessaire ».**

Les personnes qui avaient été parties dans le contrat modifié et les enfants majeurs de chaque époux sont informés personnellement de la modification envisagée. Chacun d'eux peut s'opposer à la modification dans le délai de trois mois. *(L. n° 2019-222 du 23 mars 2019, art. 8)* **« En cas d'enfant mineur sous tutelle ou d'enfant majeur faisant l'objet d'une mesure de protection juridique, l'information est délivrée à son représentant, qui agit sans autorisation préalable du conseil de famille ou du juge des tutelles. »**

Les créanciers sont informés de la modification envisagée par la publication d'un avis *(L. n° 2019-486 du 22 mai 2019, art. 3)* **« sur un support habilité à recevoir des annonces légales dans » le département du domicile des époux. Chacun d'eux peut s'opposer à la modification dans les trois mois suivant la publication.**

En cas d'opposition, l'acte notarié est soumis à l'homologation du tribunal du domicile des époux. La demande et la décision d'homologation sont publiées dans les conditions et sous les sanctions prévues au code de procédure civile.

Lorsque l'un ou l'autre des époux a des enfants mineurs *(L. n° 2019-222 du 23 mars 2019, art. 8)* **« sous le régime de l'administration légale, le notaire peut saisir le juge des tutelles dans les conditions prévues au deuxième alinéa de l'article 387-3** *[ancienne rédaction :, l'acte notarié est obligatoirement soumis à l'homologation du tribunal du domicile des époux]* **».**

Le changement a effet entre les parties à la date de l'acte ou du jugement qui le prévoit et, à l'égard des tiers, trois mois après que mention en a été portée en marge de l'acte de mariage. Toutefois, en l'absence même de cette mention, le changement n'en est pas moins opposable aux tiers si, dans les actes passés avec eux, les époux ont déclaré avoir modifié leur régime matrimonial.

(L. n° 2007-308 du 5 mars 2007, art. 11) **« Lorsque l'un ou l'autre des époux fait l'objet d'une mesure de protection juridique dans les conditions prévues au titre XI du livre I, le changement ou la modification du régime matrimonial est soumis à l'autorisation préalable du juge des tutelles ou du conseil de famille s'il a été constitué. »**

Il est fait mention de la modification sur la minute du contrat de mariage modifié *(Abrogé par L. n° 2007-308 du 5 mars 2007, art. 11)* ***« et, si l'un des époux est commerçant, au registre du commerce et des sociétés ».***

Les créanciers non opposants, s'il a été fait fraude à leurs droits, peuvent attaquer le changement de régime matrimonial dans les conditions de *(Ord. n° 2016-131 du 10 févr. 2016, art. 5-4°, en vigueur le 1er oct. 2016)* **« l'article 1341-2** *[ancienne rédaction : l'article 1167]* **».**

Les modalités d'application du présent article sont déterminées par décret en Conseil d'État. — *Entrée en vigueur le 1er janv. 2007. — V. C. pr. civ., art. 1300 à 1303 (Décr. n° 2006-1805 du 23 déc. 2006, art. 3, JO 31 déc.). — Pour le contenu de l'information prévue aux alinéas 2 et 3 de l'art. 1397, V. Arr. du 23 déc. 2006 (JO 31 déc.).* — ***C. pr. civ.***

Sur les actes de gestion du patrimoine des personnes placées en curatelle ou en tutelle, V. Décr. n° 2008-1484 du 22 déc. 2008, ss. art. 496. — ***C. civ.***

BIBL. ▶ Réforme du 23 juin 2006 : BEAUBRUN, *Defrénois 2007. 95.* – CASEY, *JCP N 2007. 1013.* – DAGOT, *JCP N 2008. 1217.* – GELOT et CRÔNE, *Defrénois 2006. 1736.* – JEAMMIN-PETIT, *JCP 2007. I. 108.* – OMARJEE, *LPA 16 juin 2006.* – REVEL, *D. 2006. 2591.* ▶ Loi du 23 juin 2006 et loi du 5 mars 2007 : BEIGNIER, COMBRET et FRÉMONT, *JCP N 2007. 1163 ; Dr. fam. 2007. Étude 11.* – VAUVILLÉ, *RJPF 2007-10/11.*

▶ **Réforme du 23 mars 2019 :** HILT, *AJ fam. 2019. 256* (un pas de plus vers la libre mutabilité des conventions matrimoniales). – ROUSSEAU, *D. 2019. 2259* (la conformité du changement de régime matrimonial à l'intérêt de la famille). – TORRICELLI-CHRIFI, *Dr. fam. 2019, dossier 13.*

▶ COLLET, GIRARD-CABOUAT et GRAND, *Dr. fam. 2022. Étude 15* (de l'immutabilité à la mutabilité du régime matrimonial ?). – HAUSER et PLAZY, *Defrénois 2007. 733* (changement de régime matrimonial en présence d'un enfant majeur hors d'état de manifester sa volonté). – Dossier, *Dr. et patr. 12/2012, p. 59 s.* – TANI, *Dr. fam. 2017. Étude 15 ; JCP N 2019, n° 1159* (nouvelle procédure de mutation du régime matrimonial). – Dossier, *Dr. et patr. 12/2012. 59 s.*

▶ **DIP :** FONGARO et REGA, *JCP N 2022, n° 1296* (changement de loi applicable au régime matrimonial).

I. CONDITIONS DU CHANGEMENT DE RÉGIME

A. RÉGIME GÉNÉRAL

1. *Objet : adoption d'un régime de séparation de biens.* Il ne résulte pas du rapprochement des art. 1397 et 1443 que les époux qui seraient dans une situation permettant à l'un de poursuivre contre l'autre la séparation de biens, ne puissent pas, s'ils en sont d'accord, utiliser la voie gracieuse ouverte par l'art. 1397 pour adopter le régime de séparation de biens. • Colmar, 8 mars 1972 : *D. 1973. 157 (3e esp.), note Poisson.* ♦ V. aussi notes Fenaux, *D. 1971. 491 ; Gobert, JCP 1970. II. 16501 ; Nerson, RTD civ. 1970. 738 ; D. Martin, D. 1978. IR 469.* – R. Savatier, *D. 1973. Chron. 141.*

2. *... Modification du statut d'un bien déterminé.* Les époux, qui peuvent convenir de modifier leur régime matrimonial ou même d'en changer entièrement, peuvent à plus forte raison modifier seulement le statut d'un bien déterminé. • Civ. 1re, 21 janv. 1992, n° 90-14.459 P : *R., p. 244 ; D. 1993. Somm. 218, obs. Lucet ; JCP 1992. I. 3614, n° 4, obs. Wiederkehr ; Defrénois 1992. 844, obs. Champenois ; RTD civ. 1992. 812, obs. Lucet et Vareille.*

B. EXIGENCE EXCEPTIONNELLE D'UNE HOMOLOGATION

1° DOMAINE

3. *Présence de petits-enfants mineurs (non).* BIBL. Azincourt, *JCP N 2012, n° 1122.* ♦ La présence d'un petit-enfant mineur ne rend pas obligatoire l'homologation judiciaire d'un changement de régime matrimonial. • TGI Chaumont, 23 nov. 2009 : *Defrénois 2010. 320, obs. Massip,* conf. par • Dijon, 2 déc. 2010 : *Defrénois 2011. 821, obs. Massip.*

2° PERSISTANCE DU CONSENTEMENT DES ÉPOUX

4. *Persistance du consentement au jour de l'homologation.* Le consentement des époux doit exister au jour de l'homologation. • Civ. 1re, 14 avr. 2010, n° 09-11.218 P : *D. 2010. Actu. 1087 ; JCP 2010, n° 1220, note Wiederkehr ; Defrénois 2010. 1367, note Massip ; ibid. 2011. 375, obs. Champenois.* ♦ Une convention portant modification du régime matrimonial ne peut être homologuée que si le consentement des époux persiste au jour où le juge statue. • Civ. 1re, 27 avr. 1982, n° 81-12.459 P : *R., p. 45.* – Même sens : • Paris, 12 juill. 1977 : *JCP 1978. II. 18962, note H. T. ; Defrénois 1978. 232 (1re esp.), note G. Morin.*

5. *Obstacle tenant au décès d'un époux.* En cas de décès de l'un des époux avant le jugement d'homologation, la dissolution du régime matrimonial rend sans objet la demande d'homologation. • Civ. 1re, 12 juill. 2001, n° 99-14.082 P : *JCP 2002. I. 103, n° 8, obs. Wiederkehr ; Defrénois 2001. 1133, obs. Champenois (1re esp.) ; Dr. fam. 2001, n° 101, obs. B. B. ; RJPF 2002-1/31, obs. Vauvillé ; RTD civ. 2002. 133, obs. Vareille.* ♦ Il en est de même en cas de décès de l'un des époux avant qu'il ait été statué sur l'appel du jugement d'homologation. • Civ. 1re, 12 juill. 2001 : *JCP 2002. I. 103, n° 8, obs. Wiederkehr ; Defrénois 2001. 1133, obs. Champenois (2e esp.) ; RTD civ. 2002. 133, obs. Vareille.* ♦ Sur ces arrêts, V. Jude, *JCP N 2002. 1235.*

3° APPRÉCIATION DE L'INTÉRÊT DE LA FAMILLE PAR LE JUGE

6. *Obligation pour les époux d'établir l'existence de l'intérêt familial.* Sans qu'il y ait lieu d'exiger que le patrimoine familial soit en péril pour justifier le changement de régime matrimonial, les intéressés doivent établir l'existence de l'intérêt familial. • Civ. 1re, 25 mai 1982, n° 81-12.972 P : *R., p. 47.*

7. *Obligation pour le juge de procéder à une appréciation d'ensemble.* L'existence et la légitimité de l'intérêt de la famille doivent faire l'objet d'une appréciation d'ensemble, le seul fait que l'un des membres de la famille risquerait de se trouver lésé n'interdisant pas nécessairement la modification ou le changement envisagé. • Civ. 1re, 6 janv. 1976 : *GAJC, 12e éd., n° 90 ; D. 1976. 253, note Ponsard ; JCP 1976. II. 18461, note Pata-*

rin ; RTD civ. 1978. 123, obs. Nerson • 17 juin 1986 : *JCP N 1986. II. 250, note Simler ; JCP 1987. II. 20809, note Henry* • Paris, 30 janv. 1991 : *Defrénois 1991. 492, obs. Champenois.* ♦ Refus du changement de régime matrimonial en faveur de la communauté universelle, l'intérêt de la famille visé à l'art. 1397 ne consistant pas dans le seul intérêt du mari et la mesure étant trop défavorable à l'épouse. • Paris, 18 nov. 1997 : *Defrénois 1998. 1222, note Plazy.* ♦ Pour un autre cas de refus, V. • Paris, 16 févr. 1999 : *Dr. fam. 1999, n° 85, note Beignier* (risque de dispersion du patrimoine).

8. Prise en compte de l'intérêt des descendants réservataires : jurisprudence antérieure à la L. du 3 déc. 2001 ouvrant l'action en retranchement à tous les descendants non communs. Cas de l'enfant naturel. Procédant à l'appréciation d'ensemble de l'intérêt familial, les juges peuvent refuser l'homologation s'ils estiment souverainement que le changement de régime matrimonial est de nature à léser les droits d'ordre public d'un héritier réservataire, spécialement d'un enfant naturel auquel ne peut être étendue la protection de l'action en retranchement que l'art. 1527, al. 2, ne prévoit qu'au profit des enfants d'un premier lit. • Civ. 1re, 8 juin 1982, n° 81-13.746 P : *R., p. 47; D. 1983. 19, note Beaubrun ; JCP 1983. II. 20018, note Henry* • 9 mars 1983 : *D. 1984. 273 (2e esp.), note Prieur.* – V. aussi • Civ. 1re, 5 juill. 1989 : *JCP N 1991. II. 59, note Simler ; Defrénois 1989. 1143, obs. Champenois.* ♦ V. désormais art. 1527, al. 2, mod. par L. n° 2001-1135 du 3 déc. 2001, et note 4 ss. ledit art. ♦ Cas de l'enfant d'un premier lit : cassation de l'arrêt ayant, sur appel de l'enfant d'un premier lit de l'épouse, refusé d'homologuer le changement de régime matrimonial (passage de la séparation de biens à la communauté universelle), dès lors que l'action en retranchement permet la réduction des avantages matrimoniaux si ceux-ci dépassent la quotité disponible entre époux. • Civ. 1re, 22 juin 2004 : *JCP 2004. I. 176, n° 11, obs. Wiederkehr ; Dr. fam. 2004, n° 182, obs. Beignier ; RTD civ. 2005. 172, obs. Vareille.*

9. Prise en considération d'un intérêt fiscal. La considération d'un intérêt fiscal ne constitue pas une fraude et rien ne s'oppose à ce que les époux utilisent un moyen fiscalement plus avantageux pour satisfaire aux devoirs d'assistance et de prévoyance résultant du mariage. • Amiens, 9 mai 1977 : *Gaz. Pal. 1978. 2. 390, note M. M.* ♦ Mais il peut être jugé, dans une appréciation d'ensemble, que l'intérêt fiscal attaché à la clause présentée ne justifie pas le sacrifice que le changement de régime imposerait aux enfants. • Rouen, 3 févr. 1981 : *Defrénois 1981. 969, obs. Champenois.*

4° PRISE EN COMPTE DES DROITS DES CRÉANCIERS PAR LE JUGE

10. Pouvoirs du juge et recherche d'une fraude. Le législateur a entendu assurer la protection des créanciers des époux en donnant au juge saisi de la requête en homologation le pouvoir de rechercher l'éventualité d'une fraude. • Colmar, 9 févr. 1972 : *D. 1973. 157 (2e esp.), note Poisson.* ♦ Jurisprudence antérieure à la L. du 23 juin 2006. ♦ Mais, même lorsqu'un époux est en état de liquidation de biens, la substitution d'un régime de séparation de biens au régime préexistant de la communauté légale n'est pas, en elle-même, de nature à nuire aux droits des créanciers. • Paris, 11 juill. 1978 : *Defrénois 1979. 481 (1re esp.), obs. Champenois.*

11. Un partage égalitaire peut être frauduleux. Pour rejeter la demande d'annulation de la convention de changement de régime matrimonial et du jugement d'homologation, l'arrêt retient qu'il n'est pas démontré que cette convention, qui repose sur un partage égalitaire, ait été établie dans le but de frauder les droits du fils quand bien même son existence a été cachée au juge ; en se déterminant ainsi, sans rechercher, comme elle y était invitée, si la fraude ne s'inférait pas du partage tel qu'opéré, en ce qu'il avait attribué à la fille l'ensemble des biens immobiliers pour n'allotir le fils que de liquidités, mieux à même d'être réparties de façon occulte entre les seuls enfants issus du mariage, et qui, de fait, avaient entièrement disparu du patrimoine du défunt au jour de son décès, la cour d'appel a privé sa décision de base légale au regard de l'art. 1397 et du principe selon lequel la fraude corrompt tout. • Civ. 1re, 11 juill. 2019, n° 18-20.235.

II. EFFETS DU CHANGEMENT DE RÉGIME

A. DATE DU CHANGEMENT

12. Date à laquelle le changement est opposable aux tiers. **a) Délai de trois mois et inscription hypothécaire.** Le changement homologué a effet à l'égard des tiers trois mois après que la mention en a été publiée en marge de l'acte de mariage. Il en résulte qu'une inscription provisoire d'hypothèque prise contre le mari en garantie d'une dette commune sur un immeuble attribué à l'épouse lors du partage de la communauté consécutif au changement de régime n'est pas opposable à la femme dès lors que ladite inscription a été prise plus de trois mois après publication du changement de régime matrimonial. • Civ. 1re, 24 févr. 1981, n° 79-14.739 P : *JCP 1982. II. 19781, obs. Rémy; Defrénois 1981. 976, obs. Champenois.* ♦ V. également, à propos de la clôture d'un compte courant : • Paris, 12 juill. 1978 : *D. 1979. 145, note Martin ; Gaz. Pal. 1979.1. 69, note Viatte.*

b) Connaissance du changement par un tiers : dans un acte. Selon l'art. 1397, al. 3, devenu al. 6, le changement de régime matrimonial homologué a effet entre les parties à dater du jugement et, à l'égard des tiers, trois mois après que mention en aura été portée en marge de l'un et de l'autre exemplaire de l'acte de mariage. Toutefois, en l'absence même de cette mention, le changement n'en est pas moins opposable aux tiers si, dans les actes passés avec eux, les époux ont déclaré avoir modifié leur régime matrimonial. Pour rejeter la demande des héritiers de la créancière tendant à voir constater que l'intégralité des sommes issues de la vente de l'immeuble litigieux doit leur revenir et autoriser le notaire à leur verser le solde du prix d'adjudication, une cour d'appel retient que la créancière a assigné les époux débiteurs en partage de l'indivision existant entre eux et n'a jamais invoqué le caractère commun de l'immeuble au cours des procédures ayant abouti à sa vente. Elle ajoute qu'elle a eu connaissance du caractère indivis de l'immeuble et, par conséquent, du régime matrimonial actuel des époux, dès l'inscription de son hypothèque judiciaire provisoire qui n'a été prise que sur la moitié indivise en pleine propriété l'époux. La cour en déduit qu'en dépit de l'absence de mention du changement de régime matrimonial sur l'acte mariage des époux, la créancière n'a pu se méprendre sur l'étendue de son droit sur l'immeuble hypothéqué en sorte que ses héritiers sont mal fondés à arguer de son caractère commun à leur égard. En se déterminant ainsi, alors qu'il était constant que la mention du jugement homologuant le changement de régime matrimonial des débiteurs n'avait été porté en marge de leur acte de mariage que le 30 sept. 2019, la cour d'appel, qui n'a pas constaté qu'antérieurement à cette date, ceux-ci avaient déclaré avoir modifié leur régime matrimonial dans un acte passé avec la créancière, n'a pas donné de base légale à sa décision au regard de l'art. 1397, al. 3, devenu al. 6. • Civ. 1re, 11 mai 2023, n° 21-14.557.

B. CONSÉQUENCES DU CHANGEMENT

13. Renonciation implicite à la communauté ayant antérieurement existé (non). Bien qu'ayant pris ses effets dans les rapports entre les époux dès la date du jugement, un changement de régime matrimonial, homologué en 1983, soit avant l'entrée en vigueur de la L. du 23 déc. 1985 qui a définitivement supprimé le droit d'option prévu par les anciens art. 1452 à 1466 C. civ. et maintenu jusqu'à cette date au profit des femmes mariées avant l'entrée en vigueur de la L. du 11 juill. 1965, ne peut s'analyser en une renonciation implicite à la communauté ayant existé entre les époux. • Civ. 1re, 25 oct. 2005, n° 03-13.226 P. ♦ Le changement de régime matrimonial n'emportait pas renonciation implicite de l'un ou l'autre des époux à se prévaloir du régime de communauté antérieur. • Civ. 1re, 14 janv. 2009 : *RLDC 2009/58, n° 3347, obs. Pouliquen.*

14. Sort des donations contenues dans le contrat modifié. L'adoption d'un nouveau régime n'entraîne pas *ipso facto* la caducité des donations que s'étaient consenties les époux. Les juges du fond qui ont relevé que le nouveau contrat ne contenait aucun accord des époux mettant à néant les libéralités figurant dans le précédent ont décidé à bon droit que celles-ci étaient maintenues. • Civ. 1re, 29 oct. 1974, n° 72-12.823 P : *R. 1975, p. 18 ; D. 1976. 189, note Casanova ; JCP 1975. II. 18015, note Patarin ; Gaz. Pal. 1975. 1. 143, note D. Martin ; Defrénois 1975. 363, note G. Morin ; RTD civ. 1975. 304, obs. Nerson.* – Même sens : • Civ. 1re, 14 mai 1975, n° 74-10.879 P : *R., p. 18.*

15. Publicité foncière. La convention homologuée portant adoption de la communauté universelle doit être publiée au bureau des hypothèques, dans la mesure où le changement de régime matrimonial a pour effet de conférer aux immeubles propres de l'un des époux le statut d'immeubles communs et d'attribuer ainsi sur ces biens à l'autre époux des droits réels dont il se trouvait initialement dépourvu, entrant ainsi dans les prévisions de l'art. 28, 1er al. a), du Décr. n° 55-22 du 4 janv. 1955. • Com. 10 févr. 1998, n° 95-16.924 P : *D. 1998. IR 67 ; JCP N 1998. 1532, étude Lafond ; Defrénois 1998. 822, obs. Champenois ; ibid. 1450, obs. Chappert ; RTD civ. 2000. 155, obs. Vareille.* ♦ Dans le même sens, pour une convention contenant une clause instituant entre les époux une indivision immobilière : • Paris, 13 sept. 2001 : *Defrénois 2002. 829, obs. S. Piedelièvre ; AJ fam. 2001. 62, et les obs.*

16. Passif antérieur au changement. Le changement de régime matrimonial ne protège pas du passif antérieur au changement. • Civ. 1re, 22 mars 2017, n° 16-13.365 P : *RTD civ. 2018. 196, obs. Vareille ; AJ fam. 2017. 364, obs. Saulier.*

III. RECOURS

A. CONTRE LA CONVENTION MODIFICATIVE

17. Recevabilité des actions en nullité même en cas d'homologation. L'homologation judiciaire laissant subsister le caractère contractuel du changement de régime matrimonial des époux, la convention des parties peut être annulée pour des causes qui lui sont propres. • Civ. 1re, 14 janv. 1997, n° 94-20.276 P : *R., p. 191 ; D. 1997. 273, rapp. X. Savatier ; JCP 1997. II. 22912, note Paillet, et 1997. I. 4047, n° 12, obs. Wiederkehr ; Defrénois 1997. 420, obs. Champenois ; RTD civ. 1997. 985, obs. Vareille.*

18. Action en nullité fondée sur la fraude : dissimulation d'un enfant constitutive d'une fraude. Un enfant naturel a qualité et est bien fondé à agir en nullité de la convention de changement de régime matrimonial de son père, dès lors que la demande est fondée sur une fraude ayant consisté à dissimuler son existence, élément de la situation sur laquelle porte le contrôle du tribunal. • Civ. 1re, 14 janv. 1997, n° 94-20.276 P : *R., p. 191 ; D. 1997. 273, rapp. X. Savatier ; JCP 1997. II. 22912, note Paillet, et 1997. I. 4047, n° 12, obs. Wiederkehr ; Defrénois 1997. 420, obs.*

Champenois ; RTD civ. 1997. 985, obs. Vareille . ♦ Dans le même sens : • Paris, 31 oct. 2000 : *Dr. fam. 2001, n° 32, note Beignier* (épouse maintenue dans l'ignorance de l'enfant naturel de son époux). ♦ V. aussi • Civ. 1re, 12 déc. 2000, n° 98-19.147 P : *D. 2001. 1496, note Garé ; D. 2002. Somm. 1879, obs. Autem ; JCP 2001. II. 10478, note Casey ; ibid. 2002. I. 103, n° 9, obs. Wiederkehr ; Defrénois 2001. 604, obs. Massip ; Dr. fam. 2001, n° 32, note Beignier ; LPA 13 avr. 2001, note Cornut ; RTD civ. 2001. 120, obs. Hauser ; ibid. 425, obs. Vareille* (cassant un arrêt ayant écarté la fraude en raison du fait que la filiation avait été établie par une reconnaissance postérieure au changement de régime matrimonial, alors que les effets d'une reconnaissance d'enfant naturel remontent au jour de la naissance).

19. ... Dissimulation d'un enfant non constitutive d'une fraude. N'est pas fondée l'action en nullité formée par un enfant commun alléguant une fraude commise à son encontre par l'adoption d'un régime de communauté universelle avec clause d'attribution intégrale de cette communauté au conjoint survivant, laquelle n'est pas réputée donation, de sorte que la convention critiquée ne porte pas atteinte à la réserve. • Civ. 1re, 14 mai 1996, n° 93-20.703 P : *D. 1996. 537, rapp. Thierry ; Gaz. Pal. 1997. 1. 97, note S. Piedelièvre ; JCP 1996. I. 3962, n° 6, obs. Wiederkehr ; Defrénois 1996. 1080, obs. Champenois ; RTD civ. 1997. 207, obs. Vareille* . ♦ ... Ni l'action en nullité formée par l'enfant d'un premier mariage de l'époux au motif qu'il n'a pas été fait état de son existence dans la convention de changement de régime matrimonial, dès lors qu'il n'est pas établi que cette omission fût due à une volonté de fraude et que l'enfant, qui ne justifie d'aucun préjudice, bénéficie, au surplus, de l'action en retranchement. • Civ. 1re, 14 juin 2005, n° 02-20.840 P : *Defrénois 2005. 1511, obs. Champenois ; Dr. fam. 2005, n° 218, note Beignier ; LPA 1er-2 mai 2006, note Petroni-Maudière ; RTD civ. 2005. 818, obs. Vareille* . ♦ La dissimulation de l'existence de l'enfant d'un des époux lors de l'adoption d'un régime de séparation de biens, qui n'induit aucun avantage pour l'un ou l'autre des époux, n'ayant pas eu pour but de faire échec aux droits successoraux de l'enfant et ne constituant pas une fraude, ne justifie pas l'annulation de la convention de changement de régime matrimonial. • Civ. 1re, 17 févr. 2010, n° 08-14.441 P : *D. 2010. AJ 582, obs. Égéa ; JCP 2010, n° 243, obs. Hilt ; ibid. n° 487, § 8, obs. Wiederkehr ; AJ fam. 2010. 191, note Hilt ; Defrénois. 2010. 1159, note Massip ; RLDC 2010/70, n° 3787, obs. Pouliquen ; RDC 2010. 941, obs. Goldie-Génicon.*

20. Un partage même égalitaire peut être frauduleux. Pour rejeter la demande d'annulation de la convention de changement de régime matrimonial et du jugement d'homologation, une cour d'appel retient qu'il n'est pas démontré que cette convention, qui repose sur un partage égalitaire, ait été établie dans le but de frauder les droits de l'enfant d'un lit différent quand bien même son existence a été cachée au juge. En se déterminant ainsi, sans rechercher, comme elle y était invitée, si la fraude ne s'inférait pas du partage tel qu'opéré, en ce qu'il avait attribué à l'épouse l'ensemble des biens immobiliers pour n'allotir au père de l'enfant que des liquidités, mieux à même d'être réparties de façon occulte entre ses seuls enfants issus du mariage, et qui, de fait, avaient entièrement disparu du patrimoine du défunt au jour de son décès, la cour d'appel a privé sa décision de base légale au regard de l'art. 1397 et du principe selon lequel la fraude corrompt tout. • Civ. 1re, 11 juill. 2019, n° 18-20.235.

21. Action en nullité fondée sur le dol. La demande tendant à faire prononcer la nullité pour dol de la convention modificative du régime matrimonial doit être rejetée dès lors que le demandeur n'a pas établi l'existence de la part de son conjoint de manœuvres telles que sans elles il n'aurait pas consenti à l'acte litigieux. • Civ. 1re, 2 nov. 1977, n° 75-15.539 P. ♦ Pour une annulation prononcée en raison des manœuvres dolosives de l'épouse, V. • Pau, 15 mai 2000 : *JCP N 2003. 1027, note crit. Casey.*

22. Impossibilité pour un époux de fonder une action en nullité sur l'absence d'intérêt pour la famille du changement postérieurement à sa prise d'effet. Le changement de régime matrimonial ayant produit effet s'impose à chacun des époux, de sorte que, à défaut d'invoquer un vice du consentement ou une fraude, aucun d'eux ne peut être admis à le contester sur le fondement de l'art. 1397 ; cassation de l'arrêt qui annule l'acte notarié par lequel les époux avaient convenus d'adjoindre à leur régime une société d'acquêts, seul le mari devant contribuer à cette société, la cour d'appel ayant considéré que la modification du régime matrimonial n'avait pas été convenue dans l'intérêt de la famille, mais dans le seul intérêt de l'épouse. • Civ. 1re, 29 mai 2013, n° 12-10.027 P : *D. 2013. 2088, note Souhami ; ibid. 2242, obs. Brémond ; AJ fam. 2013. 453, obs. Hilt ; RTD civ. 2013. 590, obs. Hauser ; Defrénois 2014. 14, obs. Rousseau ; JCP N 2013, n° 1221, note Le Guidec.* ♦ Dans le même sens, • Civ. 1re, 13 mai 2015, n° 14-12.538.

B. CONTRE L'ÉTAT LIQUIDATIF OU LE PARTAGE

23. Action paulienne. Un partage consommé peut être attaqué par l'action paulienne, s'il y a été procédé hâtivement en vue d'empêcher l'opposition et l'intervention du créancier demandeur. • Civ. 1re, 16 juin 1981, n° 80-12.768 P. – V. note Leroy, *D. 1984. 184.* ♦ Il en est de même en cas de partage fictif servant à dissimuler une donation. • Civ. 1re, 29 mai 1979, n° 78-10.165 P

• 6 mars 1996, n° 93-17.910 P : *JCP 1996. I. 3962, obs. Wiederkehr ; Defrénois 1996. 1438, obs. Champenois. Décision rendue sous l'empire du droit antérieur à la L. du 23 juin 2006.*

24. Liquidation des biens d'un époux et inopposabilité de la période suspecte. En cas de liquidation des biens d'un époux, l'inopposabilité de la période suspecte ne peut atteindre que l'état liquidatif dressé en exécution du jugement homologuant la convention portant changement de régime matrimonial, non cette convention ou le jugement. • Com. 28 mars 1995, n° 91-18.721 P : *Defrénois 1995. 970, obs. Sénéchal.*

C. CONTRE LE JUGEMENT D'HOMOLOGATION

1° APPEL

25. Persistance du consentement. Il résulte de l'art. 546 C. pr. civ. que le droit d'appel appartient à toute personne qui y a intérêt si elle n'y a pas renoncé et que l'existence de cet intérêt doit être apprécié au jour de l'appel, de sorte qu'ayant constaté que, depuis le prononcé du jugement, le mari s'opposait à l'homologation de la convention portant changement de régime matrimonial en raison de la décision prise par l'épouse de divorcer, la cour d'appel a souverainement admis qu'il justifiait d'un intérêt à interjeter appel du jugement. • Civ. 1re, 14 avr. 2010, n° 09-11.218.

26. Respect des règles applicables en matière gracieuse. L'opposition des enfants au changement de régime matrimonial ne modifie pas la nature gracieuse de la procédure d'homologation du changement de régime matrimonial. En conséquence, irrecevabilité de l'appel des époux contre le jugement refusant l'homologation de leur changement de régime matrimonial, faute d'avoir respecté les règles applicables en matière gracieuse. • Civ. 1re, 19 mars 2008, n° 05-21.924 P : *D. 2008. 2042, note Le Ninivin ; RLDC 2008/5, n° 2999, obs. Jeanne ; RJPF 2008-6/32, obs. Vauvillé ; Defrénois 2008. 2187, obs. Champenois ; RTD civ. 2008. 725, obs. Perrot*. ***Jurisprudence rendue en application du droit antérieur à la L. du 23 juin 2006.***

27. Ouverture de l'appel aux tiers auxquels le jugement a été notifié. En matière gracieuse, la voie de l'appel est ouverte aux tiers auxquels le jugement a été notifié. Est donc recevable l'appel du jugement homologuant le changement de régime matrimonial interjeté dans ces conditions par l'enfant naturel d'un des époux. • Civ. 1re, 9 mars 1983 : *D. 1984. 273 (2e esp.), note Prieur.* ♦ Inversement, la voie de l'appel n'est pas ouverte à un enfant d'un premier lit à qui le jugement d'homologation de changement de régime matrimonial n'a pas été notifié. • Civ. 1re, 23 janv. 1996, n° 93-20.553 P : *Defrénois 1996. 815, obs. Champenois. Jurisprudence antérieure à la L. du 23 juin 2006.*

2° RECOURS EN RÉVISION

28. Recevabilité du recours introduit par les ayants cause universels d'un époux. Les enfants légitimes qui ont appris après le décès de leur mère que leur père avait eu un enfant naturel pendant le mariage sont recevables à exercer un recours en révision du jugement d'homologation de la convention par laquelle leurs parents ont adopté le régime de la communauté universelle avec clause d'attribution intégrale de la communauté au conjoint survivant. Les demandeurs agissant non pour la défense d'un intérêt personnel mais comme ayants cause universels de leur mère ne sont pas des tiers au jugement d'homologation. La fraude consiste en la dissimulation de l'existence de l'enfant naturel et le seul risque qu'une décision différente eût pu être rendue par le juge dûment informé est suffisant pour faire droit au recours en révision. • Paris, 31 oct. 1996 : *D. 1997. 251, note Paire ; Defrénois 1997. 424, obs. Champenois ; RTD civ. 1997. 988, obs. Vareille*. ♦ L'épouse prédécédée ayant acquis de son vivant un droit à contester le jugement d'homologation du changement de régime matrimonial (adoption de la communauté universelle), en raison de l'ignorance dans laquelle son mari l'avait tenue de l'existence d'un enfant naturel, ce droit a été transmis à ses héritiers qui sont donc recevables à agir en révision de ce jugement. • Civ. 1re, 5 janv. 1999, n° 96-22.914 P : *D. 1999. 242, note Thierry ; Dr. fam. 1999, n° 17, note Beignier ; JCP 1999. II. 10094, note Casey ; ibid. I. 154, n° 3, obs. Wiederkehr ; Defrénois 1999. 805, obs. Champenois ; LPA 12 juill. 1999, note Hocquet-Berg ; RTD civ. 2000. 151, obs. Vareille*.

Ancien art. 1397 *Après deux années d'application du régime matrimonial, conventionnel ou légal, les époux pourront convenir dans l'intérêt de la famille de le modifier, ou même d'en changer entièrement, par un acte notarié qui sera soumis à l'homologation du tribunal de leur domicile.*

Toutes les personnes qui avaient été parties dans le contrat modifié doivent être appelées à l'instance d'homologation ; mais non leurs héritiers, si elles sont décédées.

Le changement homologué a effet entre les parties à dater du jugement et, à l'égard des tiers, trois mois après que mention en aura été portée en marge de l'un et de l'autre exemplaire de l'acte de mariage. Toutefois, en l'absence même de cette mention, le changement n'en est pas moins opposable aux tiers si, dans les actes passés avec eux, les époux ont déclaré avoir modifié leur régime matrimonial.

Il sera fait mention du jugement d'homologation sur la minute du contrat de mariage modifié.

La demande et la décision d'homologation doivent être publiées dans les conditions et sous les sanctions prévues au code de procédure civile *[Suite de l'alinéa abrogée par Ord. n° 2005-428 du 6 mai 2005, art. 8].*

Les créanciers, s'il a été fait fraude à leurs droits, pourront former tierce opposition contre le jugement d'homologation dans les conditions du code de procédure civile.

BIBL. ► **Études d'ensemble :** FENAUX, *RTD civ. 1967. 545.* - GOBERT, *JCP 1969. I. 2281.* - HENRY, *D. 1979. Chron. 179.* - MONREDON, *JCP 1991. I. 3527.* - NERSON et RUBELLIN-DEVICHI, *RTD civ. 1978. 123 ; 1982. 388.* - POISSON, *ibid. 1969. 469.* - REYMOND DE GENTILE, *JCP 1973. I. 2558.* ► **Études spéciales :** BALENSI, *RTD civ. 1978. 42 et 233* (homologation judiciaire). - S. BIGOT, *Gaz. Pal. 2000. 2. Doctr. 1960* (le changement de régime et les enfants). - CAMOZ, *JCP N 1989. I. 283* (fraude). - DIGARD, *JCP N 1990. I. 213* (appréciation de l'intérêt de la famille par les juges du fond). - FRÉMEAUX, *Defrénois 2000. 529* (avenir de l'homologation judiciaire). - HENRY, *JCP N 1977. I. 406* (sort des donations). - KERCKHOVE, *D. 1985. Chron. 268* (protection des créanciers dans la faillite). - LAFOND, *JCP N 1982. I. 187* (publicité foncière). - LANGLADE O'SUGHRUE, *JCP N 1992. I. 251* (pour la liberté totale de changement). - LEMAIRE-PÉCRIAUX, *Gaz. Pal. 2000. 2. Doctr. 1963* (le changement de régime et les tiers). - LUCET, obs. *RTD civ. 1991. 390* (intérêt de la famille dans les familles complexes). - MALAURIE, *Defrénois 1998. 913* (suppression de l'homologation judiciaire ?). - D. MARTIN, *JCP N 1977. I. 39* (sort des donations). - C. MOULY, *JCP 1989. I. 3379* (avis des enfants sur le changement de régime). - RIEUBERNET, *LPA 9 juill. 2002* (intérêt de la famille et changement de régime matrimonial). - P. THÉRY, *Études Normand, Litec, 2003* (influence du décès). - THIERRY, *D. 2000. Chron. 68* (suppression du contrôle judiciaire ?). - VAUVILLÉ, *JCP N 1999. 715* (protection des créanciers) ; *RJPF 1999-1/12* (procédure collective). - YAMBA, *JCP N 1997. 1455* (droits de l'enfant naturel).

Art. 1397-1 *(L. n° 75-617 du 11 juill. 1975)* **Les dispositions de l'article précédent ne sont pas applicables aux conventions qui sont passées par les époux en instance de divorce en vue de liquider leur régime matrimonial.**

Les articles *(L. n° 2004-439 du 26 mai 2004, art. 22-XV, en vigueur le 1er janv. 2005)* **« 265-2** *[ancienne rédaction : 1450]* **» et 1451 sont applicables à ces conventions.**

La loi n° 75-617 du 11 juill. 1975 est entrée en vigueur le 1er janv. 1976.

Art. 1397-2 *(L. n° 97-987 du 28 oct. 1997)* **Lorsque les époux désignent la loi applicable à leur régime matrimonial en vertu de la convention sur la loi applicable aux régimes matrimoniaux, faite à La Haye le 14 mars 1978, il est fait application des dispositions des articles 1397-3 et 1397-4.**

V. Conv. de La Haye du 14 mars 1978 sur la loi applicable aux régimes matrimoniaux, publiée par Décr. n° 92-1024 du 21 sept. 1992 (D. et ALD 1992. 528).

BIBL. ► Commentaire de la loi du 28 oct. 1997 : KHAIRALLAH, *Rev. crit. DIP 1998. 249*. - VIGNAL, *JCP 1998. I. 146.* ► Publicité relative aux régimes matrimoniaux en matière internationale : REVILLARD, *Defrénois 1998. 1201.* - D. BOULANGER, *JCP N 1998. 1825* (commentaire du décret n° 98-508 du 23 juin 1998). ► Convention de La Haye : REVILLARD, *JCP N 2002. 1104.* (art. 6 : mutabilité volontaire du rattachement) ; *Defrénois 2002. 893* (dix ans d'application). ► Régimes matrimoniaux : DIP et droit interne : LÉCUYER, *LPA 28 mars 2001.*

Art. 1397-3 *(L. n° 97-987 du 28 oct. 1997)* **Lorsque la désignation de la loi applicable est faite avant le mariage, les futurs époux présentent à l'officier de l'état civil soit l'acte par lequel ils ont opéré cette désignation, soit un certificat délivré par la personne compétente pour établir cet acte. Le certificat énonce les noms et prénoms des futurs époux, le lieu où ils demeurent, la date de l'acte de désignation, ainsi que les nom, qualité et résidence de la personne qui l'a établi.**

Lorsque la désignation de la loi applicable est faite au cours du mariage, les époux font procéder aux mesures de publicité relatives à la désignation de la loi applicable dans les conditions et formes prévues au code de procédure civile. S'ils ont passé un contrat de mariage, mention de la loi applicable ainsi désignée est portée sur la minute de celui-ci.

A l'occasion de la désignation de la loi applicable, avant le mariage ou au cours de celui-ci, les époux peuvent désigner la nature du régime matrimonial choisi par eux.

Dernier al. *abrogé par Ord. n° 2005-428 du 6 mai 2005, art. 9.*

Les époux qui, en application de la convention applicable aux régimes matrimoniaux faite à La Haye le 14 mars 1978, et avant la date d'entrée en vigueur de la L. n° 97-987 du 28 oct. 1997 [JO

29 oct.], ont, selon le cas, désigné la loi applicable dans les conditions prévues au premier alinéa de l'art. 1397-3 C. civ. ou accompli les formalités de publicité prévues au deuxième alinéa du même art. peuvent opposer aux tiers la désignation à laquelle ils ont ainsi procédé (L. préc., art. 3).

Art. 1397-4 *(L. n° 97-987 du 28 oct. 1997)* **Lorsque la désignation de la loi applicable est faite au cours du mariage, cette désignation prend effet entre les parties à compter de l'établissement de l'acte de désignation et, à l'égard des tiers, trois mois après que les formalités de publicité prévues à l'article 1397-3 auront été accomplies.**

Toutefois, en l'absence d'accomplissement de ces formalités, la désignation de la loi applicable est opposable aux tiers si, dans les actes passés avec eux, les époux ont déclaré la loi applicable à leur régime matrimonial.

Art. 1397-5 *(L. n° 97-987 du 28 oct. 1997)* **Lorsqu'un changement au régime matrimonial intervient par application d'une loi étrangère régissant les effets de l'union, les époux font procéder aux formalités de publicité prévues au code de procédure civile.**

Art. 1397-6 *(L. n° 97-987 du 28 oct. 1997)* **Le changement de régime matrimonial prend effet entre les parties à dater de la décision ou de l'acte qui le prévoit et, à l'égard des tiers, trois mois après que les formalités de publicité prévues à l'article 1397-5 auront été accomplies.**

Toutefois, en l'absence d'accomplissement de ces formalités, le changement de régime matrimonial est opposable aux tiers si, dans les actes passés avec eux, les époux ont déclaré avoir modifié leur régime matrimonial.

Art. 1398 **Le mineur** *(L. n° 2009-526 du 12 mai 2009, art. 10)* **« capable de » contracter mariage est** *(L. n° 2009-526 du 12 mai 2009, art. 10)* **« capable de » consentir toutes les conventions dont ce contrat est susceptible et les conventions et donations qu'il y a faites sont valables, pourvu qu'il ait été assisté, dans le contrat, des personnes dont le consentement est nécessaire pour la validité du mariage.**

Si des conventions matrimoniales ont été passées sans cette assistance, l'annulation en pourra être demandée par le mineur ou par les personnes dont le consentement était requis, mais seulement jusqu'à l'expiration de l'année qui suivra la majorité accomplie.

Art. 1399 *(L. n° 68-5 du 3 janv. 1968)* **Le majeur en tutelle ou en curatelle ne peut passer de conventions matrimoniales sans être assisté, dans le contrat,** *(L. n° 2007-308 du 5 mars 2007, art. 10, en vigueur le 1er janv. 2009)* **« par son tuteur ou son curateur ».**

A défaut de cette assistance, l'annulation des conventions peut être poursuivie dans l'année du mariage, soit par *(L. n° 2007-308 du 5 mars 2007, art. 10, en vigueur le 1er janv. 2009)* **« la personne protégée elle-même », soit par ceux dont le consentement était requis, soit par le tuteur ou le curateur.**

(L. n° 2019-222 du 23 mars 2019, art. 10) **« Toutefois, la personne en charge de la mesure de protection peut saisir le juge pour être autorisée à conclure seule une convention matrimoniale, en vue de préserver les intérêts de la personne protégée. »**

En ce qui concerne les clauses relatives aux droits de l'auteur en matière de propriété littéraire et artistique, V. CPI, art. L. 121-9. — **CPI.**

Le changement de régime matrimonial d'un époux sous curatelle ne peut être homologué si le curateur refuse son assistance, sauf à l'intéressé à demander une autorisation supplétive au juge des tutelles. • Civ. 1re, 6 janv. 2004, n° 01-11.214 P : *D. 2004. Somm. 1856, obs. Delmas Saint-Hilaire ; JCP N 2004. 1273, obs. Plazy, et 1418, obs. Casey ; Defrénois 2004. 601, obs. Massip ; ibid. 823, obs. Champenois ; AJ fam. 2004. 104, obs. Bicheron ; Dr. fam. 2004, n° 57, note Fossier ; RJPF 2004-3/24, note Vauvillé ; RTD civ. 2004. 265, obs. Hauser.*

CHAPITRE II *DU RÉGIME EN COMMUNAUTÉ*

(L. n° 65-570 du 13 juill. 1965)

Sur les modalités d'entrée en vigueur (fixée au 1er juill. 1986) de la loi n° 85-1372 du 23 déc. 1985 modifiant le présent chapitre II, V. les art. 56 à 62 de cette loi, ss. art. 1581.

BIBL. GÉN. ► **Assurance vie et communauté :** AULAGNIER, *JCP N 1999. 1405* (droit de rachat). - BARROIS, *JCP N 1999. 1414.* - BIGOT, *JCP 1993. I. 3718.* - FRULEUX, *Dr. et patr. 3/2003, p. 38.* - GHESTIN, *JCP 1995. I. 3881.* - HOVASSE-BANGET, *JCP N 2001. 1434 et 1465.* - LUCET, *Defrénois*

1995. 1212 ; ibid. 1996. 971. – TRESCASES, *AJ fam. 2007. 383*. – ZATTARA, *Dr. fam. 2000. Chron. 22.* – Dossier *AJ fam. 2007. 376 et 414*. ▸ **Fonds de commerce :** MENJUCQ, *JCP N 1996. 1081 et 1141.* – RAFFRAY, *RCA 1997. Chron. 26.* ▸ **Sociétés :** COLOMER, *Defrénois 1978. 3, 529 ; 1979. 817, 897* (nature juridique des parts de société au regard du régime matrimonial) ; *1980. 1009* (réserves des sociétés) ; *1981. 401, 481* (augmentation de capital et répartition des biens). – DERRUPPÉ, *JCP 1971. I. 2403* (communauté et droit des sociétés). – VIALLA, *RTD civ. 1996. 841* (autonomie professionnelle et droit des sociétés). ▸ **Autres thèmes :** DASSY et MIGEON-CROS, *Defrénois 2010. 269* (déclaration d'origine des deniers). – DIGARD, *JCP N 1993. I. 459* (avances sur communauté). – FOURNIER, *Mél. B. Gross, PU Nancy, 2009, 537* (indivision entre époux communs en biens). – A. MAZEAUD, *D. 1986. Chron. 235* (sort des indemnités de rupture du contrat de travail). – PONTON-GRILLET, *JCP N 1993. I. 423* (dettes d'impôt conjugales). – R. SAVATIER, *D. 1978. Chron. 117* (droit comptable). – SIMLER, *RTD civ. 1970. 478* (conflit de présomptions) ; *Mél. Terré, Dalloz/PUF/Juris-Classeur, 1999, p. 455* (pour un autre régime matrimonial légal) ; *Études* BÉGUIN, *Litec, 2005, p. 689* (lacunes du régime de saisissabilité des revenus des époux communs en biens). – M. et P. STORCK, *Mél. Huet-Weiller, PU Strasbourg/LGDJ, 1994, p. 449* (biens communs et redressement judiciaire). – TENDLER, *ibid, p. 477* (le patrimoine des époux communs en biens face à leurs créanciers).

Dossier, *JCP N 2009. 1185 s.*

PREMIÈRE PARTIE *De la communauté légale*

RÉP. CIV. v^is *Communauté légale (1° actif des patrimoines)*, par CHAMOULAUD-TRAPIERS et YILDIRIM ; *Communauté légale (2° gestion des biens)*, par YILDIRIM ; *Communauté légale (3° répartition des dettes)*, par YILDIRIM ; *Communauté légale (4° dissolution)*, par CHAMOULAUD-TRAPIERS ; *Communauté légale (5° liquidation et partage)*, par VAREILLE.

BIBL. GÉN. ▸ ATIAS, *Mél. Colomer, Litec, 1993, p. 21* (le quotidien et l'involontaire en régime légal). – CORNU, *JCP 1967. I. 2128* (commentaire de la loi du 13 juill. 1965). – GISSEROT, *LPA 13 déc. 2006* (le régime légal résistera-t-il à l'art. 1415 ?). – GODON, *Defrénois 1998. 977 et 1148* (protection d'un époux contre les agissements de l'autre). – GRUNVALD, *JCP N 1994. I. 145* (développement des patrimoines en régime légal). – LAMBERT-WIBER, *Défrénois 1999. 1153* (responsabilité financière de l'époux commun en biens et unité du patrimoine). – LEYRAT, *JCP N 2021, n° 1253* (plan d'épargne retraite et communauté légale). – MARIE, *Defrénois 2001. 1307* (appauvrissement des époux). – VALORY, *RJPF 2008-12/12* (biens professionnels). – Dossier, *Defrénois 2015. 1033* (communauté légale et droit des sociétés).

Art. 1400 La communauté, qui s'établit à défaut de contrat ou par la simple déclaration qu'on se marie sous le régime de la communauté, est soumise aux règles expliquées dans les trois sections qui suivent.

Éviction des règles de l'indivision. Les règles de la communauté matrimoniale excluent celles de l'indivision. Un créancier personnel d'un époux ne peut donc provoquer le partage d'un immeuble commun en invoquant l'art. 815-17. • Civ. 1re, 9 nov. 1993, n° 91-20.290 P : *Defrénois 1994. 435, obs. Aynès.*

SECTION 1 *De ce qui compose la communauté activement et passivement*

RÉP. CIV. v° *Communauté légale (1° actif des patrimoines)*, par CHAMOULAUD-TRAPIERS et YILDIRIM.

DALLOZ ACTION *Droit patrimonial de la famille 2021/2022, n°s 131. 00 s.*

§ 1 *De l'actif de la communauté*

Art. 1401 La communauté se compose activement des acquêts faits par les époux ensemble ou séparément durant le mariage, et provenant tant de leur industrie personnelle que des économies faites sur les fruits et revenus de leurs biens propres.

(Abrogé par L. n° 85-1372 du 23 déc. 1985) ***« Les biens réservés de la femme, quoique soumis à une gestion distincte en vertu de l'article 224, font partie des acquêts. »***

BIBL. ▸ BRAZIER, *JCP 1966. I. 1984.* – CHABOT, *LPA 26 mars 2002* (le fonds libéral en droit patrimonial de la famille). – COLOMER, *D. 1966. Chron. 23.* – GRARE-DIDIER, *Mél. Payet, Dalloz, 2011, p. 217* (acquêts en valeur). – H. MAZEAUD, *D. 1965. Chron. 91.* – MONTANIER, *JCP N 1985. I. 170.* – MONTERO, *RTD civ. 1998. 23.* – ROUGHOL, *JCP N 1982. I. 159.* – SAUVAGE, *Dr. et patr. 11/1998, p. 38* (stock options). – R. SAVATIER, *D. 1969. Chron. 199.* – SERRA, *Mél. Colomer, Litec, 1993, p. 449* (la non-industrie personnelle des époux). – VOIRIN, *D. 1966. Chron. 129.*

PLAN DES ANNOTATIONS

I. BIENS ACQUIS À TITRE ONÉREUX AU COURS DU MARIAGE

1. Le cas de l'acquêt mal acquis, résultant d'une infraction pénale. Est un acquêt de communauté le bien qui est le résultat d'une infraction pénale. En cas de confiscation, un droit à récompense existe au profit du conjoint innocent de l'auteur de l'infraction. Le juge apprécie souverainement la nécessité ou non de confisquer le bien. • Crim. 30 mars 2022, no 21-82.217 B : *AJ fam. 2022. 293, obs. Casey*. ♦ V. déjà : • Crim. 9 sept. 2020, no 18-84.619 : *AJ fam. 2020. 602, obs. Casey et Mary ; D. 2020. 2051, note Allix ; AJ pénal 2020. 465, note Duval-Stalla et de Tonquédec ; RTD civ. 2021. 191, obs. Nicod ; Defrénois 2020, no 49, p. 38, obs. Champenois ; Dr. fam. 2020, no 149, obs. Torricelli-Chrifi.*

A. ACQUISITIONS POSTÉRIEURES AU MARIAGE

2. Acquisition par une société. Ne peut être déclaré commun un bien acquis par une société dont le mari est l'unique associé, celui-ci ne soutenant nullement que la société aurait acquis le bien avec des fonds propres. • Civ. 1re, 1er févr. 2012, no 10-27.166 (violation des art. 1401, 1402 et 1832 C. civ.).

3. Actions acquises par suite de la levée d'une option d'achat d'actions. Si les droits résultant de l'attribution, pendant le mariage à un époux commun en biens, d'une option de souscription ou d'achat d'actions forment des propres par nature, les actions acquises par l'exercice de ces droits entrent dans la communauté lorsque l'option est levée durant le mariage. • Civ. 1re, 9 juill. 2014, no 13-15.948 P : *D. 2014. 2434, obs. Rabreau ; Rev. sociétés 2015. 43, note Dauriac ; RTD civ. 2014. 933, obs. Vareille ; AJ fam. 2014. 508, obs. Hilt ; JCP 2014, no 1013, note Sauvage ; JCP 2015, no 138, obs. Deboissy et Wicker ; JCP N 2014, no 1318, note Naudin ; Defrénois 2014. 1311, note Bicheron ; ibid. no 1386, note Cermolacce.* ♦ ... Par suite, les actions ainsi acquises se trouvant en nature dans l'actif commun au jour de la dissolution de la communauté, puis ayant été cédées au cours de l'indivision post-communautaire, il y a lieu de faire figurer dans la masse partageable la valeur d'aliénation de ces actions, la plus-value réalisée étant indifférente. • Même arrêt ♦ Sur le caractère propre par nature des droits résultant de l'attribution d'une option d'achat ou de souscription d'actions, V. jurisprudence citée ss. art. 1404.

4. Acquisition avec clause d'accroissement (tontine). Le mari ayant, au cours du mariage et avec des deniers communs, acquis un immeuble conjointement et indivisément avec un tiers, par un acte comportant une clause d'accroissement au profit du survivant, l'immeuble est destiné à devenir un acquêt de communauté en cas de prédécès du tiers coacquéreur. • Civ. 1re, 11 janv. 1983, no 81-16.307 P : *R., p. 43 ; D. 1983. 501, note Larroumet ; JCP 1984. II. 20127, note Boulanger ; JCP N 1983. II. 329, note Brochard ; ibid. 1984. II. 247, note Lemoine ; Defrénois 1983. 985, note G. Morin.*

5. Créance née d'un contrat de location-vente. Lorsque des époux ont souscrit un contrat de location-attribution, dans lequel le transfert de propriété de l'immeuble se fait sans rétroactivité au terme du paiement des mensualités, la communauté dispose au jour de sa dissolution, antérieure au transfert de propriété, d'une créance sur le vendeur de l'immeuble, laquelle constitue un élément de l'actif et doit être évaluée. • Civ. 1re, 17 mars 1992, no 90-14.279 P : *JCP 1992. I. 3614, no 7, obs. Simler ; RTD civ. 1992. 635 et 810, obs. Lucet et Vareille* • 1er juill. 1997, no 95-17.058 P : *JCP 1998. I. 135, no 9, obs. Simler ; JCP N 1998. 1163, note Chabot ; Gaz. Pal. 1998. 1. Somm. 389, obs. S. Piedelièvre ; Defrénois 1997. 1445, obs. Champenois ; RTD civ. 1998. 728, obs. Vareille* (crédit-bail relatif à un bateau). ♦ La créance de location-attribution doit être évaluée selon la méthode définie par l'art. R. 422-30 CCH, applicable entre conjoints. • Civ. 3e, 30 janv. 2002, no 00-12.113 P.

6. Parts d'une SCI dont les statuts ont été signés antérieurement au mariage en cas d'immatriculation et de libération des apports postérieurement au mariage. Caractère commun de la valeur des parts d'une SCI dont les statuts avaient été signés antérieurement au mariage, l'immatriculation de la société étant postérieure de quelques jours au mariage, de même que la libération des apports en numéraires effectuée par l'époux, sans déclaration d'emploi ou de remploi, à l'aide de fonds présumés communs. • Civ. 1re, 8 oct. 2014, n° 13-21.879 P : *D. 2014. 2047* ; *AJ fam. 2014. 640, obs. Hilt* ; *Rev. sociétés 2015. 316, note Pla-Busiris* ; *RTD civ. 2015. 679, obs. Vareille* ; *ibid. 685, obs. Vareille* ; *JCP 2015, n° 320, note Champenois ; Defrénois 2015. 71, note Rabreau ; Dr. fam. 2015, n° 15, obs. Beignier.*

7. Distinction entre la création d'une officine et l'ouverture au public générant une clientèle. A la date de l'obtention de l'autorisation préfectorale de création d'une officine de pharmacie, date antérieure au mariage, la clientèle, élément essentiel du fonds de commerce, n'existe que de manière potentielle, seule l'ouverture au public entraîne la création d'une clientèle réelle et certaine ; celle-ci étant postérieure au mariage, la valeur de l'officine doit être réintégrée dans l'actif de la communauté. • Civ. 1re, 4 déc. 2013, n° 12-28.076 P : *AJ fam. 2014. 62, obs. Hilt* ; *RTD civ. 2014. 937, obs. Vareille* ; *RTD com. 2014. 306, obs. Saintourens* ; *JCP 2014, n° 668, note Simler ; JCP N 2014, n° 1099, note Barabé-Bouchard ; Defrénois 2014, p. 1193, note Champenois.*

B. DISTINCTION DU TITRE ET DE LA FINANCE

BIBL. Derruppé, *JCP N 1984. I. 251* (en matière de sociétés). – Lambert-Piéri, *D. 1982. Chron. 65.* – Paisant, *JCP N 1984. I. 19.*

8. Application de la distinction du titre et de la finance : parcs à huîtres. Des concessions de parcs à huîtres, accordées par l'Administration, impliquant une exploitation personnelle par le concessionnaire et n'étant cessibles qu'avec l'autorisation de l'Administration et au profit seulement de personnes remplissant les conditions requises pour exploiter, ont un caractère personnel et seule la valeur patrimoniale des parcs à huîtres est tombée en communauté. • Civ. 1re, 8 déc. 1987, n° 86-12.426 P : *R., p. 143 ; D. 1989. 61, note Malaurie ; JCP 1989. II. 21336, note Simler ; Defrénois 1988. 533, obs. Champenois.* ♦ Dans le même sens : • Civ. 1re, 14 mars 2006, n° 03-19.728 P : *D. 2006. IR 1329* ; *JCP 2006. I. 193, n° 8, obs. Simler ; AJ fam. 2006. 382, obs. Hilt* (absence de caractère propre des accessoires de l'exploitation ostréicole commune).

9. ... Licence de taxi. La valeur patrimoniale d'une licence de taxi doit être comprise dans la communauté. • Civ. 1re, 16 avr. 2008, n° 07-16.105 P : *D. 2008. 2264, obs. Douville* ; *RLDC 2008/50, n° 3036, obs. Jeanne ; RTD civ. 2009. 352, obs. Vareille*.

10. ... Parts sociales non négociables. Dès lors que le mari, fondateur et membre d'un groupement agricole d'exploitation en commun, a seul la qualité d'associé, l'indivision consécutive au décès de son épouse ne porte pas sur les parts sociales, mais uniquement sur la valeur de celles-ci, seule la finance de ces parts étant entrée en communauté. • Civ. 1re, 9 juill. 1991 *(Gelada)*, n° 90-12.503 P : *Defrénois 1991. 1333, obs. Le Cannu.* ♦ Ayant constaté que l'époux, souscripteur des parts sociales acquises pendant la durée du mariage, avait seul la qualité d'associé de la SARL, une cour d'appel en a exactement déduit que ces parts n'étaient entrées en communauté que pour leur valeur patrimoniale et qu'elles ne pouvaient qu'être attribuées au titulaire des droits sociaux lors du partage. • Civ. 1re, 4 juill. 2012, n° 11-13.384 P : *D. 2012. 2493, note Barabé-Bouchard* ; *AJ fam. 2012. 508, obs. Hilt* ; *Rev. sociétés 2012. 717, note Dauriac* ; *Dr. fam. 2012, n° 158, obs. Paisant ; RLDC 2012/98, note Dondero.* ♦ A la dissolution du régime matrimonial, la qualité d'associé attachée à des parts sociales non négociables dépendant de la communauté ne tombe pas dans l'indivision post-communautaire, qui n'en recueille que leur valeur, de sorte que le conjoint associé peut transmettre son titre sans recueillir l'accord de ses coïndivisaires. • Civ. 1re, 12 juin 2014, n° 13-16.309 P : *D. 2014. 2434, obs. Rabreau* ; *Rev. sociétés 2014. 734, note Naudin* ; *JCP N 2015, n° 1072, note Garçon ; Defrénois 2014. 1093, note Barabé-Bouchard ; RDC 2014. 715, note Goldie-Génicon.* ♦ ... Le conjoint associé peut en disposer seul et ces parts doivent être portées à l'actif de la communauté pour leur valeur au jour du partage. • Civ. 1re, 22 oct. 2014, n° 12-29.265 P : *D. 2015. 649, obs. Douchy-Oudot* ; *AJ fam. 2014. 707, obs. Desbuquois* ; *Defrénois 2015. 21, note Randoux ; JCP N 2015, n° 1072, note Garçon.* ♦ Le conjoint associé a seul qualité pour percevoir les dividendes afférents aux parts sociales communes dont il est titulaire, V. • Civ. 1re, 5 nov. 2014, n° 13-25.820 P.

11. ... Droits et allocations exceptionnels au bénéfice d'un rapatrié d'Algérie. Application de la distinction du titre et de la finance aux droits et allocations exceptionnels au bénéfice d'un rapatrié d'Algérie : • Civ. 1re, 9 juin 2010, n° 08-16.528 P : *D. 2010. 2392, note Brémond* ; *Dr. fam. 2010, n° 128, obs. Larribau-Terneyre ; RLDC 2010/74, n° 3944, obs. Pouliquen ; RTD civ. 2010. 805, obs. Vareille*.

12. ... Droits acquis et prestations versées au titre d'un régime de retraite. Application de la distinction du titre et de la finance en matière de pension de retraite militaire, V. ci-dessous note 44. ♦ Application de la distinction du titre et de la finance à propos d'un régime de prévoyance professionnelle obligatoire, V. ci-dessous note 43.

13. Allocation compensatrice du handicap. Si le droit à l'allocation compensatrice pour tierce personne dont bénéficie un époux commun en biens afin de lui permettre d'assurer le financement de l'aide effective d'une tierce personne pour les actes essentiels de l'existence nécessitée par son état d'incapacité, lequel est accordé en considération de sa situation personnelle, constitue un bien propre par nature, en revanche, les sommes versées pendant le mariage en exécution de ce droit tendent à compenser l'une des conséquences matérielles et financières de l'invalidité, ne présentent pas un caractère exclusivement personnel et sont destinées à contribuer au financement d'une dépense commune à titre définitif, de sorte qu'elles entrent en communauté. • Civ. 1re, 26 janv. 2022, n° 20-10.115 : *Dr. fam. 2022, n° 52, obs. Beignier.*

14. ... Office ministériel. Lorsqu'un notaire est marié sous un régime de communauté, la valeur patrimoniale de l'office qu'il a acquis pendant le mariage est un bien commun mais le droit de présentation reste personnnel à son titulaire. • TGI Paris, 19 nov. 1987 : *cité note 3 ss. art. 1424.*

15. ... Officine de pharmacie. Si, aux termes des dispositions du code de la santé publique, la propriété des officines de pharmacie est réservée aux personnes titulaires du diplôme de pharmacien, la valeur du fonds de commerce acquis par des époux communs en biens tombe en communauté. • Civ. 1re, 18 oct. 2005, n° 02-20.329 P : *JCP 2006. I. 141, n° 17, obs. Simler ; Defrénois 2006. 177, note Souhami ; AJ fam. 2006. 115, obs. Hilt ; RJPF 2006-2/30, note Vauvillé.* ♦ Les emprunts faits par les deux époux pour cette acquisition ont été valablement souscrits dès lors que l'acte d'acquisition ne mentionne aucune atteinte à l'exploitation exclusive par le mari titulaire du diplôme. • Même arrêt.

16. Clientèle civile. Pour des applications de la distinction du titre et de la finance en matière de clientèle civile, V. ci-dessous notes 28 s.

17. Cas particulier : administrateur judiciaire. Les tâches à accomplir par un administrateur judiciaire ne constituent que l'exécution de mandats de justice conformément à l'art. L. 811-1, al. 1er, C. com., de sorte qu'il n'existe pas de droit de présentation et de clientèle attaché à cette fonction, peu important qu'elle soit exercée à titre individuel ou sous forme de société et peu important l'accomplissement par l'administrateur de missions limitativement énumérées et qualifiées d'accessoires par l'art. L. 811-10, al. 3, du même code. En conséquence, l'étude de l'époux administrateur judiciaire ne représente pas une valeur patrimoniale susceptible d'être inscrite à l'actif de la communauté et, partant, ayant généré des fruits et revenus pour l'indivision post-communautaire. • Civ. 1re, 28 mai 2014, n° 13-14.884 P : *D. 2014. 1203 ; AJ fam. 2014. 439, obs. Hilt ; RTD civ. 2014. 634, obs. Hauser .*

C. PRODUITS D'ASSURANCE VIE

18. Assurance vie souscrite par un époux au bénéfice de l'autre. Régime dérogatoire : V. C. assur., art. L. 132-16 et L. 132-13, al. 2. – **C. assur.** (capital assuré propre – absence de récompense pour la communauté qui a financé les primes sauf primes excessives). ♦ Pour une application : • Civ. 1re, 8 mars 2005, n° 03-10.854. ♦ Il résulte de l'art. L. 132-16 C. assur. que le bénéfice de l'assurance sur la vie contractée par un époux commun en biens en faveur de son conjoint constitue un propre pour celui-ci, peu important que les primes aient été payées par la communauté. • Civ. 1re, 25 mai 2016, n° 15-14.737 P : *D. 2016. 1199 ; AJ fam. 2016. 393, obs. Hilt ; JCP 2016, n° 882, note Casey.*

19. Assurance vie souscrite par un époux au profit d'un bénéficiaire autre que son conjoint. Assurance décès souscrite par un époux sur sa tête sans désignation d'un bénéficiaire : V. C. assur., art. L. 132-11. – **C. assur.** (capital commun si prime financée par communauté). ♦ Assurance décès souscrite par un époux au profit d'un tiers bénéficiaire : V. art. L. 132-12. – **C. assur.** (capital directement acquis au bénéficiaire). ♦ Sur le droit à récompense dû à la communauté qui a financé les primes même non excessives : • Civ. 1re, 10 juill. 1996, n° 94-18.733 P : *D. 1998. 26, note Sauvage ; Defrénois 1997. 1080, obs. Champenois ; JCP 1997. I. 4008, n° 16, obs. Tisserand ; JCP N 1996. Prat. 3893, p. 1752, n° 6, obs. Delmas Saint-Hilaire et Lucet.* ♦ Sur la révocation et la désignation d'un nouveau bénéficaire : • Cass., ass. plén., 12 déc. 1986, *Vve Pelletier c/ Cts Ménager*, n° 84-17.867 P : *R., p. 200 ; D. 1987. 269, note Ghestin ; JCP 1987. II. 20760, concl. Cabannes, note Boyer ; Defrénois 1987. 541, note Aubert ; RGAT 1987. 234, note Aubert.* – V. également note 4 ss. art. 1422. ♦ Assurance en cas de vie du souscripteur (assurance retraite) : caractère commun du capital versé au terme du contrat lorsque les primes ont été acquittées par la communauté : • Civ. 1re, 26 mai 1982, *Veuve Pelletier c/ GAN*, n° 81-11.853 P : *Defrénois 1982, art. 32944, note Champenois,* et, dans la même affaire : • Amiens, 10 déc. 1984 : *D. 1985. 520, note Le Roy.*

20. Assurance mixte en cours au jour de la dissolution. Assurance mixte (en cas de vie du souscripteur à l'échéance ou en cas de décès) en cours au jour de la dissolution : fait partie de l'actif de la communauté la valeur de la police dont les primes ont été payées avec des fonds communs : • Civ. 1re, 31 mars 1992 *Praslicka*, n° 90-16.343 P : *JCP 1993. II. 22059, note Abry ; JCP 1992. I. 3614, n° 6, obs. Simler ; Defrénois 1992. 1159, obs. Champenois ; RTD civ. 1992. 632, obs. Lucet et Vareille* , et, sur renvoi : • Versailles, 21 juin 1993 : *D. 1995. Somm. 40, obs. Lucet .* – Lucet, *Defrénois 1993. 271.* – Ghestin, *JCP 1995. I. 3881.* ♦ Rappr. • Civ. 1re, 19 avr. 2005, n° 02-10.985 P : *D. 2005. IR 1304 ; JCP 2005. I. 163, n° 8, obs. Simler ; RJPF 2005-9/20, obs. Vauvillé* (l'éventuel caractère aléatoire du contrat est indifférent à la solution).

21. Assurance vie souscrite en coadhésion. Dès lors que le contrat d'assurance vie, co-souscrit par des époux, se poursuit au décès du premier époux, avec l'époux survivant en qualité de seul souscripteur, ce dont il résulte qu'il ne s'est pas dénoué au décès du premier époux, sa valeur constitue un actif de communauté et la moitié de celle-ci doit être réintégrée à l'actif de la succession de cet époux. • Civ. 1re, 26 juin 2019, n° 18-21.383 P : *AJ fam. 2019. 475, obs. Hilt*.

D. HYPOTHÈSES PARTICULIÈRES

22. Franc symbolique. La somme purement symbolique d'un franc, payée par un époux pour l'achat de parts sociales non négociables, ne constitue pas une valeur patrimoniale dont il y aurait lieu de déterminer le caractère propre ou commun. • Civ. 1re, 17 janv. 1995 : *D. 1995. 401, note D. R. Martin ; JCP 1995. I. 3869, n° 12, obs. Simler ; Defrénois 1995. 1313, obs. J. Honorat ; ibid. 1480, obs. Champenois ; RTD civ. 1995. 914, obs. Gautier ; ibid. 1996. 459, obs. Vareille*. – Dekeuwer-Défossez, *Dr. et patr. 6/1995, p. 36*.

23. Qualification des fonds déposés sur des livrets d'épargne au nom d'enfants mineurs. Pour la qualification des fonds déposés par les parents sur des livrets de caisse d'épargne ouverts au nom des enfants mineurs (étant soutenu que les fonds placés sur les livrets étaient des acquêts, il ne peut être refusé d'inclure les sommes figurant sur ces livrets dans l'actif de la communauté sans rechercher si les parents n'avaient pas entendu transférer la propriété des fonds à leurs enfants), V. • Civ. 1re, 18 juill. 1995 : *JCP 1996. I. 3908, n° 11, obs. Simler.* ♦ L'intention libérale des parents ayant déposé des fonds sur les comptes de leurs enfants, dont ces derniers avaient eu la libre disposition à leur majorité, exclut leur prise en compte lors des opérations de partage. • Civ. 1re, 6 janv. 2010 : *AJ fam. 2010. 193, note Hilt*.

24. Contre-lettre. En cas de contre-lettre excluant le paiement du prix prévu par l'acte apparent conclu entre un époux et un tiers, l'acte secret est inopposable à l'autre époux et le bien est commun. • Civ. 1re, 13 janv. 2016, n° 14-17.911.

25. Personnes relevant du statut coutumier kanak. Les personnes soumises au statut coutumier kanak ne sont pas en communauté, elles sont en indivision vis-à-vis des tiers. • Civ. 1re, 10 juin 2015, n° 14-14.599 P.

26. Exclusion de la règle de l'accessoire. Un brevet ayant été déposé après la date d'effet de la dissolution de la communauté, il ne peut constituer l'accessoire d'un premier brevet déposé du temps de la communauté. • Civ. 1re, 4 oct. 2011, n° 10-21.225.

II. PRODUITS DE L'INDUSTRIE PERSONNELLE

A. CRÉATIONS LITTÉRAIRES ET ARTISTIQUES

27. Droits d'auteur et sort de l'œuvre. V. • Civ. 1re, 4 juin 1971 : *R. 1970-1971, p. 16 ; D. 1971. 585, concl. Lindon ; ibid. Chron. 251, par Contamine-Raynaud ; JCP 1972. II. 17164, note Patarin ; RTD civ. 1972. 121, obs. Nerson ; RTD com. 1972. 90, obs. Desbois.* ♦ Sur renvoi : • Orléans, 13 nov. 1975 : *JCP 1976. II. 18349, note Boursigot* (œuvres picturales, affaire Picabia ; régime de communauté antérieur à la L. du 13 juill. 1965). ♦ V. aussi • Paris, 22 avr. 1982 : *D. 1984. 397, note Ghestin ; JCP 1983. II. 19948, note Gobin* (compositions musicales). ♦ V. également : • Civ. 1re, 12 mai 2011, n° 10-15.667 P : *D. 2011. 1413, obs. Marrocchella ; RTD civ. 2012. 144, obs. Vareille ; JCP 2011. 1471, note Luca ; Dr. fam. 2011, n° 112, obs. Beignier* (régime légal applicable avant la L. du 13 juill. 1965).

B. CLIENTÈLE CIVILE

28. Caractère commun de la valeur patrimoniale de la clientèle. Le droit de présentation d'un successeur à une clientèle de chirurgien-dentiste constitue une valeur patrimoniale devant être portée à l'actif de la communauté comme constituant un acquêt provenant de l'industrie personnelle de l'époux, et non un propre par nature à charge de récompense. • Civ. 1re, 12 janv. 1994, n° 91-18.104 P : *R., p. 281 ; D. 1994. 311 (2e esp.), note R. Cabrillac ; ibid. 1995. Somm. 41, obs. Grimaldi ; JCP 1994. I. 3785, III, n° 1, obs. Simler ; JCP N 1994.II. 329, note Pillebout ; Defrénois 1994. 430, obs. Aynès ; RTD civ. 1996. 229, obs. Vareille* • 17 déc. 1996, n° 93-17.602 P : *JCP 1997. I. 4047, n° 16, obs. Simler* (cabinet médical) • 2 mai 2001, n° 99-11.336 P : *D. 2002. 759, note Dross ; JCP 2002. I. 103, n° 11, obs. Simler ; ibid. II. 10062, note Barret ; Defrénois 2001. 1519, obs. Champenois* (« fonds d'exercice libéral »). ♦ La clientèle civile d'un époux exerçant une profession libérale doit figurer dans l'actif de la communauté pour sa valeur patrimoniale, comme constituant un acquêt provenant de l'industrie personnelle de cet époux, et non un propre par nature avec charge de récompense. • Civ. 1re, 12 janv. 1994, n° 91-15.562 P : *R., p. 281 ; D. 1994. 311 (1re esp.), note R. Cabrillac ; ibid. 1995. Somm. 41, obs. Grimaldi ; JCP 1994. I. 3785, III, n° 1, obs. Simler ; JCP N 1994. II. 329, note Pillebout ; RTD civ. 1996. 229, obs. Vareille*.

C. EXPLOITATIONS (LIBÉRALES, AGRICOLES, ARTISANALES, COMMERCIALES)

29. Fonds libéral (médical). Si la clientèle a été créée pendant le mariage, le fonds est commun. • Civ. 1re, 17 déc. 1996, n° 93-17.602 P : *JCP 1997. I. 4047, n° 16, obs. Simler* (cabinet médical) • 2 mai 2001, n° 99-11.336 P : *D. 2002. 759, note Dross ; JCP 2002. I. 103, n° 11, obs. Simler ; ibid. II. 10062, note Barret ; Defrénois 2001. 1519, obs. Champenois* (« fonds d'exercice libéral »).

30. Fonds agricole. Une cour d'appel ayant constaté que les époux avaient, pendant la durée du mariage, acquis et loué des terres, acheté du matériel de vinification et de champagnisation pour créer une exploitation de production de champagne dotée de locaux, d'une marque et d'une clientèle, et relevé que la carte professionnelle de viticulteurs récoltants manipulants avait été délivrée au nom des deux époux par le Comité interprofessionnel des vins de champagne, il en résulte, selon une appréciation souveraine, que cette activité était différente de celle exercée par le mari avant le mariage et s'adressait à une nouvelle clientèle ; par conséquent les biens acquis par les époux ne constituent pas les accessoires de l'exploitation appartenant en propre au mari. • Civ. 1re, 17 déc. 1996, n° 94-21.989 P.

31. Officine de pharmacie. Après avoir, par motifs adoptés, relevé qu'à la date de l'obtention de l'autorisation préfectorale de création de l'officine de pharmacie, la clientèle, élément essentiel du fonds de commerce, n'existait que de manière potentielle, et retenu, à bon droit, que seule l'ouverture au public entraînait la création d'une clientèle réelle et certaine, la cour d'appel a constaté que l'officine créée par l'épouse avait été ouverte postérieurement au mariage des époux, de sorte qu'elle en a exactement déduit que la valeur de cette officine devait être réintégrée dans l'actif de la communauté. • Civ. 1re, 4 déc. 2013, n° 12-28.076.

32. Étude d'administrateur judiciaire. Ayant retenu à bon droit que les tâches à accomplir par un administrateur judiciaire ne constituent que l'exécution de mandats de justice, conformément à l'art. L. 811-1, al. 1er, C. com., et qu'il n'existe pas de droits de présentation et de clientèle attachés à la fonction, peu important son exercice à titre individuel ou sous forme de société, quelle qu'en soit la forme, et peu important l'accomplissement par l'administrateur de missions limitativement énumérées et qualifiées d'accessoires par l'art. L. 811-10, al. 3, du même code, la cour d'appel en a exactement déduit que l'étude ne représentait pas une valeur patrimoniale devant être inscrite à l'actif de la communauté et, partant, ayant généré des fruits et des revenus pour l'indivision post-communautaire. • Civ. 1re, 28 mai 2014, n° 13-14.884.

33. Travail accompli bénévolement au sein d'une exploitation commune. En application de l'art. 1401, le travail accompli par l'épouse durant le mariage au sein de l'exploitation artisanale dépendant de la communauté conjugale profite à la communauté et l'enrichissement de la communauté qui trouve ainsi son origine dans l'application des dispositions légales relatives à la composition de l'actif communautaire n'est donc pas sans cause. • Civ. 1re, 18 nov. 1997 : *Dr. fam. 1998, n° 11, note Beignier ; JCP 1998. I. 135, n° 14, obs. Tisserand.*

34. Stock d'eau-de-vie provenant d'une exploitation viticole propre. Constituent des produits de l'industrie personnelle de l'époux exploitant les stocks d'eau-de-vie et de pineau provenant d'une exploitation viticole propre au mari. Cassation, au visa des art. 1401 et 1403, de l'arrêt ayant décidé que ces stocks constituaient un élément de l'actif de l'exploitation viticole propre tout en précisant que celle-ci ne générait de revenus ou de fruits qu'au fur et à mesure de la commercialisation des stocks, laquelle nécessitait une période préalable d'élevage ou de vieillissement en fûts. • Civ. 1re, 19 déc. 2012, n° 11-25.264 P : *D. 2013. 84 ; AJ fam. 2013. 139, obs. Hilt ; RTD civ. 2013. 404, obs. Dross ; ibid. 428, obs. Vareille ; ibid. 432, obs. Vareille ; Defrénois 2013. 305, obs. Barabé-Bouchard ; Gaz. Pal. 2013. 1634, obs. Casey.*

III. REVENUS DES ÉPOUX

A. REVENUS DU TRAVAIL

1° GAINS ET SALAIRES

35. Caractère commun des gains et salaires : principe. Les gains et salaires, produits de l'industrie personnelle des époux, font partie de la communauté. • Civ. 1re, 8 févr. 1978, n° 75-15.731 P : *R., p. 32 ; D. 1978. IR 238, obs. D. Martin ; Gaz. Pal. 1978. 2. 361, note Viatte ; JCP N 1981. II. 114, note Thuillier ; RTD civ. 1979. 592, obs. Nerson et Rubellin-Devichi.* ♦ Les honoraires perçus par un époux sont communs dès lors qu'ils trouvent leur origine dans son activité antérieure à la dissolution de la communauté, même s'ils sont perçus postérieurement. • Civ. 1re, 13 oct. 1993 : *JCP 1994. I. 3785, III, n° 2, obs. Simler.*

36. ... Conséquences. La remise des salaires d'un époux entre les mains de son conjoint ne peut s'analyser en une libéralité faite à ce dernier ou en un avantage matrimonial. • Civ. 1re, 31 mars 1992, n° 90-16.343 P : *JCP 1993. II. 22059, note Abry ; JCP 1992. I. 3614, n° 6, obs. Simler ; Defrénois 1992. 1159, obs. Champenois ; RTD civ. 1992. 632, obs. Lucet et Vareille.*

37. Collaboration bénévole à l'activité du conjoint. Les gains et salaires, produits de l'industrie personnelle des époux, font partie de la communauté ; il en résulte que l'époux commun en biens qui a participé sans rémunération à l'activité professionnelle de son conjoint ne subit aucun appauvrissement personnel lui permettant d'agir au titre de l'enrichissement sans cause. • Civ. 1re, 17 avr. 2019, n° 18-15.486 P : *AJ fam. 2019. 347, obs. Hilt ; Dr. fam. 2019, n° 129, obs. Torricelli-Chrifi.* ♦ Dans le même sens, déjà : • Civ. 1re, 18 nov. 1997, n° 96-10.990 : *Dr. fam. 1998, n° 11, note Beignier ; JCP 1998. I. 135, obs. Tisserand.* ♦ Comp., pour une approche différente en droit social, jugeant que le mari était lié par un contrat de travail à son épouse, le condamnant à verser diverses sommes à celle-ci en exécution de ce contrat et de sa rupture, • Soc. 27 mars 2019, n° 18-10.043.

2° SUBSTITUTS OU ACCESSOIRES DE SALAIRES

38. Substituts de salaires : indemnités de licenciement. BIBL. A. Mazeaud, *D. 1986. Chron. 235* (indemnités de rupture du contrat de travail). – Rousseau, *Defrénois 2012. 468.* ♦ Caractère commun de l'indemnité de licenciement. • Civ. 1re, 5 nov. 1991, n° 90-13.479 P : *Defrénois 1992. 393, obs. Champenois ; JCP N 1992. II. 206, n° 7, obs. Ph. S.* (arrêt rendu au visa du texte ancien). ♦ V. aussi • Civ. 1re, 3 janv. 2006, n° 04-13.734 P • 28 nov. 2006, n° 04-17.147 P : *D. 2006. IR 3010* • 3 févr. 2010, n° 09-65.345 P • 29 juin 2011, n° 10-23.373 P • 25 mai 2016, n° 15-20.078. ♦ La créance d'indemnité de licenciement ayant pour objet de réparer le préjudice résultant pour un époux de la perte de son emploi, née le jour de la notification de la rupture du contrat de travail, entre en totalité en communauté. Par suite, viole les art. 1401 et 1404, al. 1er, une cour d'appel qui, pour décider que la communauté était redevable envers le mari d'une récompense au titre d'une partie de l'indemnité de licenciement perçue par ce dernier à la suite de son licenciement prononcé pendant le mariage, retient que l'indemnité a été calculée, pour partie, en fonction de l'ancienneté acquise par le salarié avant son mariage et que, dès lors, même versée pendant la vie commune, cette indemnité est propre à proportion de l'ancienneté acquise avant le mariage et qu'elle a été versée sur un compte joint ouvert au nom des deux époux. • Civ. 1re, 3 févr. 2010, n° 09-65.345 P : *D. 2010. AJ 442 ; AJ fam. 2010. 192, obs. Hilt ; RTD civ. 2010. 609, obs. Vareille ; ibid. 2012. 141, obs. Vareille.*

39. ... Indemnités transactionnelles liées au licenciement. Caractère commun d'une indemnité transactionnelle de rupture. • Civ. 1re, 26 sept. 2007 : *LPA 23 nov. 2007, note S. Petit.* ♦ L'indemnité entre en communauté si elle est notifiée pendant la communauté. • Civ. 1re, 3 févr. 2010, n° 09-65.345 P : *D. 2010. AJ 442 ; AJ fam. 2010. 192, obs. Hilt ; Dr. fam. 2010, n° 151, obs. Brémond ; RTD civ. 2010. 609, obs. Vareille.* ♦ ... D'une indemnité tendant à l'indemnisation d'un préjudice non seulement moral, mais aussi de carrière, qui n'a donc pas pour seul objet la réparation d'un dommage affectant uniquement la personne de l'épouse. • Civ. 1re, 29 juin 2011, n° 10-23.373 P : *D. 2011. Actu. 1897 ; AJ fam. 2011. 438, obs. Hilt ; Dr. fam. 2011, n° 128, obs. Beignier ; RTD civ. 2011. 577, obs. Vareille.*

40. ... Cas du licenciement postérieur à la dissolution de la communauté. Les indemnités destinées à compenser des pertes de revenus ne tombent en communauté que si elles constituent le substitut de revenus qui aurait dû être perçu pendant la durée du régime. • Civ. 1re, 26 sept. 2007, n° 06-13.827 P : *AJ fam. 2007. 437, obs. Hilt ; RJPF 2008-1/28, obs. Vauvillé.* ♦ Refus d'inclure l'indemnité de licenciement dans la communauté à partager alors que la lettre de licenciement a été notifiée après la date de prise d'effet entre les époux du jugement de divorce. • Aix-en-Provence, 11 janv. 2005 : *JCP 2005. I. 163, n° 9, obs. Simler.*

41. ... Indemnité pour rupture anticipée d'un contrat de travail à durée déterminée. Caractère commun d'une indemnité pour rupture anticipée d'un contrat de travail à durée déterminée. • Paris, 17 sept. 1998 : *JCP 1999. II. 10031, note Psaume.*

42. ... Indemnités versées au titre d'une assurance perte d'emploi. Caractère commun des indemnités versées par l'assurance perte d'emploi. • Civ. 1re, 3 févr. 2010, n° 08-21.054.

43. ... Prestation versée au titre d'un système de prévoyance retraite obligatoire. Constitue un substitut de rémunération, et entre en communauté, le capital représentatif de la prestation de libre passage (droit suisse) dont le versement est demandé avant la dissolution du régime matrimonial. • Civ. 1re, 3 mars 2010, n° 08-15.832 P : *D. 2010. Pan. 2396, obs. Revel ; JCP 2010, n° 487, § 18, obs. Tisserand-Martin ; AJ fam. 2010. 241, obs. Hilt ; RLDC 71/2010, n° 3819, obs. Pouliquen ; RTD civ. 2010. 806, obs. Vareille.* ♦ Sur le caractère propre par nature des droits acquis au titre du contrat ou du régime de retraite lui-même, V. jurisprudence citée ss. art. 1404.

44. ... Arrérages d'une pension militaire de retraite. Si le titre d'une pension militaire de retraite, exclusivement personnel, constitue un bien propre par nature, les arrérages de cette pension, qui sont des substituts de salaires, entrent en communauté. • Civ. 1re, 8 juill. 2009, n° 08-16.364 P : *D. 2009. AJ 1974 ; JCP 2009. 391, n° 13, obs. Simler ; JCP N 2009. 1322, note Vassaux-Barège ; AJ fam. 2009. 405, obs. Hilt ; RLDC 2009/64, n° 3586, obs. Pouliquen ; ibid. 2010/67, n° 3690, note Mahinga ; RDC 2009. 1397, obs. Dauriac ; RTD civ. 2010. 803, obs. Vareille.*

45. Le pécule d'incitation au départ anticipé institué en faveur du personnel militaire, dont l'octroi est notamment subordonné à certaines conditions de durée de services et dont le versement trouve dès lors sa cause dans l'activité professionnelle exercée au cours du mariage, entre en communauté à compter de la décision d'attribution. • Civ. 1re, 29 juin 2011, n° 10-20.322 P : *D. 2011. Actu. 1896 ; AJ fam. 2011. 505, obs. Hilt ; RTD civ. 2011. 577, obs. Vareille.*

46. ... Indemnités réparant une incapacité temporaire ou permanente de travail. Une somme perçue par un époux au titre d'une incapacité temporaire totale de travail consécutive à un accident du travail tombe en communauté comme les salaires dont elle constitue un substitut. • Civ. 1re, 23 oct. 1990, n° 89-14.448 P : *JCP N 1991. II. 61 (3e esp.), obs. Simler.*

47. ... APL. Une cour d'appel retient à bon droit que l'aide personnalisée au logement, accordée à l'acquéreur d'un bien affecté à sa résidence principale selon la composition et les ressources de son foyer, constitue pour son bénéficiaire un substitut de revenus de sorte que celle-ci entre en communauté, peu important qu'elle soit directement versée à l'organisme prêteur. • Civ. 1re, 1er déc. 2021, nº 20-10.956 (en conséquence, cette aide ne peut être soustraite de la récompense due à la communauté ayant financé le remboursement de certaines échéances de l'emprunt contracté pour l'acquisition du bien immobilier propre). ♦ En sens contraire, ayant jugé que l'allocation personnalisée au logement, incessible et insaisissable, était propre à son bénéficiaire, V. • Amiens, 30 sept. 2004 : *JCP 2005. I. 128, nº 10, obs. Simler ; Dr. fam. 2004, nº 183, obs. Beignier.*

48. Prise en charge d'un emprunt immobilier en exécution d'un contrat d'assurance invalidité. Ne constitue pas un propre du mari, en ce qu'elle a pour cause non la réparation d'un dommage corporel, mais une perte de revenus, la prise en charge d'échéances d'un emprunt immobilier par l'assureur en exécution du contrat d'assurance invalidité souscrit par le mari en garantie de l'emprunt contracté par les époux. • Civ. 1re, 14 déc. 2004, nº 02-16.110 P : *D. 2005. 545, note R. Cabrillac ; ibid. Pan. 2118, obs. Revel ; AJ fam. 2005. 68, obs. Hilt ; Dr. fam. 2005, nº 36, note Beignier ; RTD civ. 2005. 819, obs. Vareille.*

49. … Indemnité allouée en réparation d'un préjudice professionnel. A l'inverse de l'indemnité allouée en réparation d'une incapacité permanente partielle qui répare l'atteinte portée à l'intégrité physique de l'intéressé, celle allouée en réparation de son préjudice professionnel, caractérisée par une incapacité à reprendre toute activité économique, est destinée à compenser une perte de revenus et entre dans la communauté comme les salaires dont elle constitue un substitut. • Civ. 1re, 5 avr. 2005, nº 02-13.402 P : *D. 2005. IR 1247 ; ibid. Pan. 2115, obs. Revel ; JCP 2005. I. 163, nº 7, obs. Simler ; Defrénois 2005. 1517, obs. Champenois ; AJ fam. 2005. 279, obs. Hilt ; RTD civ. 2005. 819, obs. Vareille.* ♦ Dans le même sens : • Civ. 1re, 12 juill. 2017, nº 16-20.766.

B. REVENUS DES BIENS PROPRES

50. Affectation à la communauté des fruits et revenus des biens propres. Les fruits et revenus des biens propres sont affectés à la communauté. Par suite, la communauté doit supporter les dettes qui sont la charge de la jouissance de ces biens (ce qui est le cas des intérêts d'un emprunt souscrit pour l'acquisition d'un bien propre). • Civ. 1re, 31 mars 1992, nº 90-17.212 P : *GAJC, 11e éd., nº 91 ; JCP 1993. II. 22003, note Pillebout ; ibid. 22041, note Tisserand ; Defrénois 1992. 1121, note Champenois ; ibid. 1993. 545, étude Morin ; RTD civ. 1993. 401, obs. Lucet et Vareille.* ♦ Les fruits et revenus des biens propres ont le caractère de biens communs. • Civ. 1re, 20 févr. 2007, nº 05-18.066 P : *D. 2007. 1578, note Nicod ; ibid. Pan. 2126, obs. Revel ; JCP 2007. I. 208, nº 11, obs. Simler ; Defrénois 2008. 307, obs. Champenois ; AJ fam. 2007. 230, obs. Hilt ; Dr. fam. 2007, nº 88, note Beignier ; RTD civ. 2007. 618, obs. Vareille.* ♦ Dès lors, donne droit à récompense au profit de la communauté l'emploi des revenus d'un bien propre à son amélioration. • Même arrêt.

51. Applications : croît du cheptel. Le produit de la vente du croît du cheptel dépendant d'une exploitation propre est acquis à la communauté et il ne peut en être demandé récompense. • Agen, 7 juill. 1986 : *JCP N 1988. II. 85, note Simler.*

52. … Bénéfices sociaux distribués sous forme de dividendes. Les bénéfices réalisés par une société ne deviennent des fruits ou revenus de biens propres, susceptibles de constituer des acquêts de communauté, que lorsqu'ils sont distribués sous forme de dividendes. • Civ. 1re, 12 déc. 2006, nº 04-20.663 P : *D. 2007. Pan. 2126, obs. Revel ; D. 2008. Pan. 381, obs. Hallouin et Lamazerolles ; JCP 2007. I. 142, nº 17, obs. Simler ; ibid. 179, nº 2, obs. Caussain, Deboissy et Wicker ; Defrénois 2008. 310, obs. Champenois ; Dr. et patr. juill.-août 2007, p. 85, obs. Seube ; RTD civ. 2007. 149, obs. Revet ; Rev. sociétés 2007. 326, note Randoux.*

Art. 1402 **Tout bien, meuble ou immeuble, est réputé acquêt de communauté si l'on ne prouve qu'il est propre à l'un des époux par application d'une disposition de la loi.**

Si le bien est de ceux qui ne portent pas en eux-mêmes preuve ou marque de leur origine, la propriété personnelle de l'époux, si elle est contestée, devra être établie par écrit. A défaut d'inventaire ou autre preuve préconstituée, le juge pourra prendre en considération tous écrits, notamment titres de famille, registres et papiers domestiques, ainsi que documents de banque et factures. Il pourra même admettre la preuve par témoignage ou présomption, s'il constate qu'un époux a été dans l'impossibilité matérielle ou morale de se procurer un écrit. — *V. L. nº 65-570 du 13 juill. 1965, art. 13, ss. art. 1581.*

COMMENTAIRE

1º RÉGIME DE LA PREUVE ENTRE ÉPOUX, ET D'UN ÉPOUX CONTRE UN TIERS

Le principe : la preuve par écrit. L'article 1402, alinéa 2, du code civil indique nettement que pour combattre la présomption de communauté, il faut produire un écrit.

Mais, alors quel écrit ? Tout d'abord, il peut s'agir d'un inventaire ou d'une preuve préconstituée. Dans l'hypothèse où un contrat de mariage a été rédigé, la preuve ressortira de la déclaration d'apports que l'acte ne manquera pas de mentionner. En l'absence de tout contrat de mariage, il faudra produire un inventaire dressé entre les époux... Où l'on voit l'utilité du contrat de mariage, même en régime légal. De même, sera pris en considération l'inventaire d'une succession échue à l'un des époux. A défaut d'un titre indiscutable, le juge saisi du litige pourra, dit le texte, « prendre en considération tous écrits ». Sont visés les titres de famille, registres et papiers domestiques, documents de banque et factures.

L'exception : la preuve par tout moyen. Il est un cas dans lequel l'article 1402, alinéa 2, permet de se dispenser purement et simplement d'écrit : l'impossibilité morale ou matérielle de se procurer un écrit. Dans ce cas, la présomption de communauté pourra être combattue par témoignage ou présomption. Mais on ne trouve guère de traces d'application de cette exception. En effet, rares sont les cas où il existe vraiment une impossibilité morale ou matérielle de se préconstituer un écrit. La preuve concerne-t-elle une acquisition ? Où est l'impossibilité de demander une facture ? La preuve concerne-t-elle une donation ? C'est un acte solennel, l'écrit y est « normal »... Que dire de l'article 1405 du code civil ? Où est la difficulté à faire dresser un inventaire mobilier en matière de successions, ou encore de rédiger un contrat de mariage avec, en annexe, la liste des meubles des époux afin de faire preuve de leurs biens présents ? Les plaideurs doivent donc se méfier de la rédaction de l'article 1402, et garder à l'esprit que, le plus souvent, les époux devront en passer par une preuve écrite, même si celle-ci est souplement entendue.

Le cas particulier : la dispense de preuve. Deux types de meuble sont trop « typés » pour pouvoir susciter un doute. Il s'agit d'une part des biens portant eux-mêmes la marque de leur origine. Sont concernés les objets de famille, ceux portant un chiffre (armoiries ou initiales), ou des objets dédicacés. Ils constituent une partie ce que l'on nomme ordinairement les biens propres par nature, ceux de l'article 1404. Toutefois, à supposer qu'un meuble relève de cette catégorie, la preuve contraire est recevable. Cela signifie que l'autre époux peut démontrer que le meuble en question a tout de même été acquis à titre onéreux pendant le mariage. D'autre part, sont aussi dispensés de preuve les biens propres par accessoire de l'article 1406 du code civil.

Preuve d'un époux contre un tiers créancier. Selon une règle fondamentale du passif de la communauté, le tiers bénéficie des dispositions de l'article 1413 du code civil. La dette est donc exécutoire sur les biens propres et les biens communs de l'époux débiteur. Par conséquent, l'époux non débiteur cherchera souvent à écarter le caractère commun d'un ou de plusieurs biens, afin de les soustraire de la poursuite du tiers. Pour cela, cet époux doit prouver contre la présomption de communauté. Ce sera donc par écrit, dans les circonstances décrites ci-dessus. On constate ainsi que la présomption de communauté n'entrave en rien le jeu de l'article 1413.

2° PREUVE D'UN ÉPOUX CONTRE UN TIERS

Particularisme de la situation. La situation est inhabituelle, le tiers ayant plutôt intérêt à bénéficier de la présomption de communauté qui étend son droit de gage. Cependant, une telle situation est non seulement possible, mais elle est encore fréquente. Elle se produira lorsque le tiers cherchera à isoler un bien de la masse commune, et préfèrera conserver la qualification de bien propre. Tel sera le cas lorsqu'il souhaitera ne pas être en concours relativement à ce bien avec les autres créanciers communs des époux (ou faire échapper un bien à une procédure collective affectant le conjoint de son débiteur). Cette situation prouve en tout cas qu'un passif personnel peut exister en régime de communauté. Deux types de dette peuvent conduire à cette situation :

– Les dettes présentes au jour du mariage (art. 1410 et 1411 C. civ.).

– Les dettes résultant de l'article 1415 (cautionnement ou emprunt non ménager, et dettes assimilées).

Dans ces hypothèses, le tiers a tout intérêt à ne pas voir le bien être qualifié de bien commun, sinon il échappe à sa poursuite. D'où une question subsidiaire, mais redoutable : ce tiers est-il astreint par l'article 1402, alinéa 2, à apporter une preuve par écrit ? Répondre par l'affirmative serait très sévère, puisque ce créancier n'aura jamais la possibilité de se préconstituer une telle preuve.

De plus, une réponse négative trouve un puissant argument dans sa qualité de tiers. Le mariage n'est pour lui qu'un fait juridique, et non pas un contrat auquel il doit se plier, par conséquent, la jurisprudence lui reconnaître la possibilité de prouver par tout moyen. La solution se fonde ainsi sur l'effet relatif des obligations. ❑

A. DOMAINE DE LA PRÉSOMPTION D'ACQUÊTS

1. Biens dont l'existence a été constatée à la dissolution de la communauté. Il incombe à l'époux qui soutient que la masse commune comporte d'autres biens que ceux dont l'existence a été constatée après la dissolution de la communauté, d'établir le bien-fondé de sa prétention. • Civ. 1re, 24 nov. 1976, n° 74-14.337 P. ♦ Le fait que les époux aient cessé toute communauté de vie et que l'acte d'achat d'un immeuble mentionne que l'époux est en instance de divorce, alors que l'acquisition est antérieure à l'assignation en divorce, ne peut faire échec à la présomption d'acquêt de la communauté. • Civ. 1re, 28 sept. 2011 : *AJ fam. 2011. 548, obs. S. David*.

2. Fonds déposés sur le compte bancaire d'un époux. Sous le régime de la communauté, sauf preuve contraire, les deniers déposés sur le compte bancaire d'un époux sont présumés, dans les rapports entre conjoints, être des acquêts ; la nature de propre des fonds provenant du compte de l'épouse versés sur le compte de l'époux ne peut être déduite du seul fait qu'ils provenaient d'un compte personnel. • Civ. 1re, 9 juill. 2008 : *JCP 2008. I. 202, n° 7, obs. Simler ; AJ fam. 2008. 438, obs. Hilt ; RTD civ. 2009. 158, obs. Vareille*.

3. Fonds de commerce. Est justifiée la décision déclarant commun un fonds de commerce à défaut de preuve de l'antériorité de sa création par rapport au mariage, bien que l'immatriculation d'un des époux au registre du commerce ait été faite avant la célébration du mariage. • Civ. 1re, 18 avr. 1989, n° 87-19.348 P. ♦ Comp. • Rennes, 29 juill. 1987 : *JCP N 1989. II. 70, note D. Martin* (considérant que l'exploitant d'un fonds de commerce doit en être réputé propriétaire jusqu'à preuve contraire et que l'immatriculation au registre du commerce sous le nom d'un époux constitue une présomption simple de propriété).

4. Incidence quant à la preuve du caractère propre d'une partie d'un portefeuille de valeurs mobilières. En régime de communauté, tout bien étant réputé acquêt, une cour d'appel, après avoir relevé qu'un portefeuille acquis par succession avait figuré pendant de nombreuses années sur des comptes dans lesquels avaient été confondues des valeurs mobilières provenant également de deux comptes titres communs, estime souverainement, sans inverser la charge de la preuve, qu'il n'est pas démontré que les valeurs mobilières actuellement détenues sur ces comptes proviennent de la succession ou même de valeurs subrogées aux valeurs mobilières se rattachant à cette succession, la distinction entre les titres acquis par succession et ceux acquis pendant la communauté étant impossible à établir. • Civ. 1re, 30 avr. 2014, n° 13-23.579.

5. Aucune incidence si le bien appartient à un tiers. Viole l'art. 1402, al 2, C. civ. la cour d'appel qui ne tire pas les conséquences de ses propres constatations, en décidant que le garage, acquis par une société en 2008 est réputé avoir été acquis au moyen de fonds communs, fondant le droit à récompense de l'épouse, l'origine de ces fonds n'étant pas établie, alors qu'elle avait constaté que ce garage n'avait pas été acquis par l'épouse pendant le mariage, mais par une société. • Civ. 1re, 17 oct. 2019, n° 17-28.996.

6. Statut des APL : substituts de revenus. C'est à bon droit qu'une cour d'appel retient que l'aide personnalisée au logement versée directement par la caisse d'allocations familiales à l'organisme de crédit ayant consenti le prêt ne pouvait être soustraite de la récompense due par l'épouse à la communauté au titre de la fraction en capital des échéances dont celle-ci s'était acquittée. • Civ. 1re, 1er déc. 2021, n° 20-10.956 B.

B. CONSÉQUENCES DE LA PRÉSOMPTION D'ACQUÊTS

7. Incidence quant à la preuve d'un droit à récompense en faveur de la communauté. Il résulte de l'art. 1402, al. 1er, que la communauté qui prétend avoir droit à récompense n'a pas à établir le caractère commun des deniers qui ont servi à acquitter une dette personnelle à l'un des époux, ces deniers étant, en application de ce texte, réputés communs, sauf preuve contraire. • Civ. 1re, 7 juin 1988 : *JCP 1989. II. 21341, note Simler.* ♦ Cassation, au visa de l'art. 1402, al. 1er, de l'arrêt qui, pour rejeter une demande de récompense au profit de la communauté, retient que le véhicule, propre à l'époux, n'a pas été payé au moyen de fonds communs mais grâce à un prêt qu'il a remboursé, sans rechercher la nature propre ou commune des fonds employés au paiement des échéances de l'emprunt durant le mariage. • Civ. 1re, 1er déc. 2021, n° 20-10.956 B.

8. Incidence quant à l'application de l'art. 1832-2 C. civ. Pour l'application de l'art. 1832-2 C. civ., la présomption de communauté qui résulte de l'art. 1402 dispense de rechercher si les parts sociales ont effectivement été acquises avec des biens communs, les tiers ayant la charge de la preuve du caractère propre des deniers ayant servi à l'acquisition. • Civ. 1re, 11 juin 1996, n° 94-17.771 P : *JCP 1996. I. 3962, n° 10, obs. Simler ; Defrénois 1996. 1440, obs. Champenois.*

9. Forme de la notification. Il résulte de la combinaison des art. 1832-2, al. 3, C. civ. et L. 221-13 C. com. que la revendication de la qualité d'associé par le conjoint d'un associé en nom, bien que ne constituant pas une cession, est subordonnée au consentement unanime des autres associés, qui répondent indéfiniment et solidairement des dettes sociales. Lorsque le consentement d'un seul associé est requis, ce consentement est, à défaut de délibération, adressé à la société et annexé au procès-verbal prévu par l'art. R. 221-2 C. com. • Com. 18 nov. 2020, n° 18-21.797 P.

10. Un bien ne peut être commun et propre en même temps. Viole l'art. 1402 la cour d'appel qui homologue le projet d'état liquidatif ayant retenu qu'un bien acquis par les époux constituait un bien propre du mari à hauteur de 78/214e et un bien commun à hauteur de 136/214e, alors qu'à défaut de preuve contraire, un bien acquis au cours du mariage sous le régime de communauté constitue un bien commun. • Civ. 1re, 29 mai 2013, n° 11-26.067.

11. Renonciation à la qualification de propres par voie de conclusions. La renonciation à un droit peut être tacite dès lors que les circonstances établissent, de façon non équivoque, la volonté de renoncer ; tel est le cas lorsque pendant l'instance en divorce, pour l'appréciation de la prestation compensatoire, le mari a soutenu que le bien litigieux constituait un bien commun, ce dont le juge du divorce a tenu compte, ce qui caractérise sa renonciation non équivoque à se prévaloir du caractère propre de ce bien lors de la liquidation des intérêts patrimoniaux des époux. • Civ. 1re, 23 sept. 2015, n° 14-20.168 P.

12. Parts sociales non négociables. Dans les rapports entre les époux, la valeur des parts d'une société civile présente un caractère commun en cas d'acquisition au moyen de fonds communs ou un caractère propre en cas d'acquisition à l'aide de fonds propres en présence d'un accord des époux ou d'une déclaration d'emploi ou de remploi. • Civ. 1re, 8 oct. 2014, n° 13-21.879.

13. Cession de parts sociales pendant l'indivision post-communautaire. À la dissolution de la communauté, la qualité d'associé attachée à des parts sociales non négociables dépendant de celle-ci ne tombe pas dans l'indivision qui ne recueille que leur valeur, de sorte que le conjoint associé peut en disposer seul et que ces parts doivent être portées à l'actif de la communauté pour leur valeur au jour du partage. • Civ. 1re, 22 oct. 2014, n° 12-29.265.

14. Comptes et livret d'enfants devenus majeurs. En relevant que chaque enfant, à sa majorité, avait eu la libre disposition de ses comptes, dès lors que les parents avaient entendu transférer la propriété des fonds litigieux à leurs enfants, c'est à bon droit que la cour d'appel, caractérisant ainsi le caractère définitif et irrévocable de la dépossession des époux sur les comptes ouverts au nom de leurs enfants ainsi que leur intention libérale, a retenu que ces comptes ne ressortaient pas de l'actif de la communauté. • Civ. 1re, 6 janv. 2010, n° 08-20.055.

C. PREUVE CONTRAIRE À LA PRÉSOMPTION D'ACQUÊTS

15. Absence de caractère d'ordre public des règles de preuve énoncées à l'al. 2 de l'art. 1402. Les règles de preuve prévues à l'al. 2 de l'art. 1402 ne sont pas d'ordre public et ne peuvent être invoquées pour la première fois devant la Cour de cassation. • Civ. 1re, 20 oct. 2010 : *AJ fam. 2010. 548, obs. Hilt.*

16. Attribution nominative de parts sociales (non). L'attribution nominative à chaque époux de parts sociales d'une SCI ne peut avoir pour effet de leur conférer la qualification de biens propres. • Civ. 1re, 4 juin 2009 : *D. 2009. Pan. 2508, obs. Brémond.*

17. Signature des statuts de la société antérieurement au mariage (non). Dans les rapports entre époux, la valeur des parts d'une SCI présente un caractère commun en cas d'acquisition à l'aide de fonds communs ou un caractère propre en cas d'acquisition à l'aide de fonds propres en présence d'un accord des époux ou d'une déclaration de remploi ; ne donne pas de base légale à sa décision la cour d'appel qui, après avoir constaté que la libération des apports en numéraires effectués par un époux communs en biens afin d'acquérir des parts de SCI, est intervenue postérieurement au mariage, de même que l'immatriculation de la société, retient que les parts sociales ont été acquises au moyen de fonds présumés communs mais en réalité propres dès lors que l'époux s'était engagé par le contrat de société avant son mariage. • Civ. 1re, 8 oct. 2014, n° 13-21.879 P.

18. Appréciation souveraine (non). Une cour d'appel ne peut se fonder sur son pouvoir d'appréciation pour considérer qu'un bien est propre quand la contribution de la communauté à l'acquisition est supérieure à celle de l'époux acquéreur dont il a fait emploi ou remploi. • Civ. 1re, 28 sept. 2011, n° 10-18.290.

Art. 1403 Chaque époux conserve la pleine propriété de ses propres.

La communauté n'a droit qu'aux fruits perçus et non consommés. Mais récompense pourra lui être due, à la dissolution de la communauté, pour les fruits que l'époux a négligé de percevoir ou a consommés frauduleusement, sans qu'aucune recherche, toutefois, soit recevable au-delà des cinq dernières années.

1. Qualification des revenus des propres. Sur la nature commune des revenus des biens propres, V. notes 50 s. ss. art. 1401.

2. Notion de fruits consommés. Si, en vertu de l'art. 1403, la communauté n'a pas droit aux fruits consommés sans fraude, on ne doit pas considérer comme consommés les revenus employés à l'amélioration d'un bien propre ; leur utilisation à cette fin donne lieu à récompense au profit de la communauté. • Civ. 1re, 6 juill. 1982, n° 81-12.680 P.

Art. 1404 **Forment des propres par leur nature, quand même ils auraient été acquis pendant le mariage, les vêtements et linges à l'usage personnel de l'un des époux, les actions en réparation d'un dommage corporel ou moral, les créances et pensions incessibles, et, plus généralement, tous les biens qui ont un caractère personnel et tous les droits exclusivement attachés à la personne.**

Forment aussi des propres par leur nature, mais sauf récompense s'il y a lieu, les instruments de travail nécessaires à la profession de l'un des époux, à moins qu'ils ne soient l'accessoire d'un fonds de commerce ou d'une exploitation faisant partie de la communauté.

BIBL. ▸ DERRUPPÉ, *Mél. Colomer, Litec, 1993, p. 161* (extension des propres par nature).

I. BIENS À CARACTÈRE PERSONNEL

A. INSTRUMENTS DE TRAVAIL

1. Instruments nécessaires à une exploitation viticole. C'est dans l'exercice de leur pouvoir souverain d'appréciation que les juges du fond ont estimé que des tonneaux et des fûts constituaient des instruments de travail nécessaires à l'exploitation viticole propre du mari et devaient être eux-mêmes qualifiés de biens propres par nature au sens de l'art. 1404. • Civ. 1re, 19 déc. 2012 : *cité note 24 ss. art. 1401.*

2. Droit à récompense en faveur de la communauté. Un époux est redevable d'une récompense à la communauté à raison du capital des emprunts, souscrits et payés par la communauté, ayant servi à financer l'acquisition d'instruments de travail nécessaires à l'exploitation artisanale lui appartenant en propre, dès lors qu'il n'a pas été remboursé à l'aide de ses deniers propres. • Civ. 1re, 14 nov. 2007, n° 05-18.570 P : *D. 2007. AJ 3013 ; JCP 2008. I. 144, n° 20, obs. Tisserand-Martin ; AJ fam. 2008. 39, obs. Hilt ; RLDC 2008/46, n° 2869, note Campels ; RTD civ. 2008. 143, obs. Vareille.*

B. AUTRES BIENS

3. Collection d'entomologie. Nature de bien propre ne donnant pas lieu à récompense d'une collection d'entomologie constituée d'insectes chassés par l'époux lui-même. • Grenoble, 12 janv. 2004 : *JCP 2005. I. 128, n° 11, obs. Simler ; Dr. fam. 2004, n° 229, obs. Beignier.* ♦ Mais pour des animaux naturalisés dont le mari n'apporte pas la preuve de leur caractère personnel : • Civ. 1re, 3 déc. 2008 : *JCP 2009. I. 140, n° 10, obs. Simler ; AJ fam. 2009. 88, obs. Hilt.*

4. Application de la distinction du titre et de la finance. Sur le régime juridique applicable à certains biens qui dépendent d'un titre à caractère personnel au sens de l'art. 1404, mais dont la valeur patrimoniale est susceptible d'intégrer la communauté, V. jurisprudence citée ss. art. 1401.

II. CRÉANCE, PENSIONS ET DROITS ATTACHÉS À LA PERSONNE

A. RÉPARATIONS DES ATTEINTES À L'INTÉGRITÉ PHYSIQUE

5. Dommages et intérêts alloués en réparation d'un préjudice corporel ou moral. Il résulte de l'art. 1404, al. 1er, que les dommages-intérêts alloués à un époux tombent en communauté, sauf lorsqu'ils sont accordés en réparation d'un dommage corporel ou moral. • Civ. 1re, 12 mai 1981 : *Bull. civ. I, n° 156.* ♦ En application des art. 1401 et 1404, al. 1er, les indemnités allouées à un époux entrent en communauté, à l'exception de celles qui sont exclusivement attachées à la personne du créancier ; cassation de l'arrêt qui décide que les dommages et intérêts, alloués à un époux à la suite d'un licenciement sans cause réelle et sérieuse, sont destinés à réparer un préjudice personnel, sans rechercher, comme il incombait à la cour, si cette indemnité avait exclusivement pour objet de réparer un dommage affectant uniquement sa personne et non pas le préjudice résultant de la perte de son emploi. • Civ. 1re, 23 juin 2021, n° 19-23.614 B : *D. 2021. 1238 ; AJ fam. 2021. 499, obs. Ferré-André ; ibid. 501, obs. Casey ; RTD civ. 2021. 693, obs. Nicod.*

6. Pensions ou indemnités destinées à réparer une atteinte à l'intégrité physique. Une pension de guerre, destinée à réparer un préjudice résultant d'une atteinte à l'intégrité physique d'une personne, présente un caractère exclusivement personnel et constitue un bien propre par nature. • Civ. 1re, 8 juill. 2009 : *cité note 33 ss. art. 1401.* ♦ Dans le même sens, pour une pension d'invalidité : • Civ. 1re, 7 nov. 1995 : *JCP 1996. I. 3908, obs. Simler* • 6 févr. 2001 : *JCP 2002. I. 103, n° 10, obs. Simler.* ♦ Dans le même sens pour une indemnité d'incapacité permanente partielle, qui répare un préjudice corporel : • Civ. 1re, 28 févr. 2006, n° 03-11.767 P : *D. 2006. Pan. 2071, obs. Brémond ; AJ fam. 2006. 293, obs. Hilt ; LPA 9 oct. 2006, note Yildirim ; RTD civ.*

2006. 364, obs. Vareille (régime de participation aux acquêts) • 26 sept. 2007, n° 06-13.827 P : *AJ fam. 2007. 437, obs. Hilt* ; *RJPF 2008-1/28, obs. Vauvillé.* ♦ Lorsque la pension ou l'indemnité est destinée à réparer le préjudice résultant de la perte de revenus, comp. jurisprudence citée ss. art. 1401.

7. Indemnité d'assurance réparant une atteinte à l'intégrité physique. Le capital versé au bénéficiaire au titre d'un contrat d'assurance garantissant le risque invalidité a, réparant une atteinte à l'intégrité physique, un caractère personnel, de sorte qu'il constitue un bien propre par nature. • Civ. 1re, 17 nov. 2010, n° 09-72.316 P : *D. 2011. Pan. 2624, obs. Revel* ; *AJ fam. 2011. 112, obs. Hilt* ; *Defrénois 2011. 380 obs. Champenois ; JCP 2011, n° 340, note. Ph. Pierre ; ibid. n° 503, obs. Ph. Simler ; Dr. fam. 2011, n° 8, obs. Beignier ; RLDC 2010/78, n° 4108, obs. Le Gallou* (même si ce capital a été calculé en fonction de son salaire et de sa situation familiale). ♦ Constitue un propre par nature de l'époux qui a subi le dommage l'indemnité versée en exécution d'un contrat d'assurance mixte comprenant une garantie en cas d'invalidité de l'un des époux souscripteurs. • Civ. 1re, 6 juin 1990 : *JCP N 1991. II. 61 (1re esp.), note Simler ; Defrénois 1991. 36, note X. Savatier.* ♦ Lorsque l'indemnité d'assurance est destinée à réparer le préjudice résultant de la perte de revenus, comp. jurisprudence citée ss. art. 1401.

B. DROITS À CARACTÈRE PERSONNEL

1° DROIT AU BAIL RURAL OU COMMERCIAL

8. Bail rural. Les baux ruraux, strictement personnels et incessibles, ne sauraient entrer en communauté. • Civ. 1re, 21 juill. 1980 : *Gaz. Pal. 1981. 2. 450, note D. de La Marnière* • 8 avr. 2009, n° 07-14.227 P : *D. 2009. Pan. 2508, obs. Brémond* ; *AJ fam. 2009. 355, obs. Hilt* ; *JCP N 2010. 1008, obs. Brelet ; Dr. fam. 2009, n° 78, note Beignier ; RLDC 2009/61, n° 3476, obs. Pouliquen ; Defrénois 2010. 612, obs. Champenois ; RTD civ. 2009. 568* et *571, obs. Vareille.* ♦ Ainsi, l'indemnité de preneur sortant ne constitue pas un actif de la communauté. • Même arrêt. ♦ V. déjà • Aix-en-Provence, 18 févr. 1993 : *Gaz. Pal. 1994. 1. 306, note Lachaud ; JCP 1994. I. 3785, n° 3, obs. Simler.*

9. Bail commercial. La copropriété du fonds de commerce entre époux mariés sous le régime de la communauté n'entraîne pas la cotitularité du bail commercial, dont seul l'époux est titulaire. • Civ. 3e, 28 mai 2008, n° 07-12.277 P : *RLDC 2008/51, n° 3071, obs. Jeanne.* ♦ Le fait qu'un fonds de commerce constitue un acquêt de communauté est sans incidence sur la titularité du bail commercial qui n'a été consenti qu'à un seul des époux, peu important le statut de conjoint collaborateur du conjoint de l'époux locataire. • Civ. 3e, 17 sept. 2020, n° 19-18.435 P : *D. 2020. Chron. C. cass. 2469, obs. Collomp* ; *RTD com. 2020. 779, obs. Saintourens* ; *Dr. fam. 2021, n° 69, obs. Rieubernet.*

2° AUTRES DROITS

10. Droits issus d'un contrat de retraite complémentaire ne pouvant être versée qu'à la cessation de l'activité professionnelle. Même lorsque les cotisations afférentes au contrat ont été payées par des fonds communs, la cour d'appel, qui relève qu'un contrat ouvre droit à une retraite complémentaire de cadre à laquelle le bénéficiaire ne pourrait prétendre qu'à la cessation de son activité professionnelle, caractérise un propre par nature et rejette, à bon droit, l'intégration dans la communauté des sommes versées au titre de ce contrat postérieurement à la dissolution de la communauté. • Civ. 1re, 30 avr. 2014 : *D. 2015. 287, obs. Fricero* ; *ibid. 649, obs. Douchy-Oudot* ; *AJ fam. 2014. 382, obs. Hilt* ; *RTD civ. 2014. 936, obs. Vareille* ; *RGDA 2014. 352, obs. Mayaux.* ♦ Les droits acquis au titre d'un régime de prévoyance professionnelle obligatoire attribués en considération de la situation personnelle de leur titulaire constituent des biens propres par nature, seule la prestation de libre passage (droit suisse) dont le versement est demandé avant la dissolution du régime s'analysant en un substitut de rémunération. • Civ. 1re, 3 mars 2010 : *cité note 32 ss. art. 1401.*

11. Droits résultant de l'attribution d'une option de souscription ou d'achat d'actions (stock options). BIBL. Casey, *JCP N 2006. 1213.* – Couret, *JCP N 1999. 525.* – Laye-Baffert et Dadoit, *Defrénois 2002. 998.* – Naudin, *AJ fam. 2002. 290.* – Voisin, *Dr. et patr. 3/2005. 53.* ♦ Les droits résultant de l'attribution, pendant le mariage, à un époux commun en biens, d'une option de souscription ou d'achat d'actions forment des propres par nature, seules les actions acquises par l'exercice de ces droits entrent dans la communauté lorsque l'option est levée durant le mariage. • Civ. 1re, 9 juill. 2014, n° 13-15.948 P : *D. 2014. 2434, obs. Rabreau* ; *Rev. sociétés 2015. 43, note Dauriac* ; *RTD civ. 2014. 933, obs. Vareille* ; *AJ fam. 2014. 508, obs. Hilt* ; *JCP 2014, n° 1013, note Sauvage ; JCP N 2014, n° 1318, note Naudin ; Defrénois 2014. 1311, obs. Bicheron.* ♦ *Contra* antérieurement • Paris, 7 mai 2004 : *JCP 2005. I. 128, n° 12, obs. Simler ; Gaz. Pal. 2004. 3281, note S. Piedelièvre ; Defrénois 2005. 421, note Léobon ; AJ fam. 2004. 331, obs. Attuel-Mendès* ; *Dr. fam. 2005, n° 217, note Grosclaude ; RTD civ. 2004. 539, obs. Vareille* .

12. Dotation d'installation jeune agriculteur. Les dotations d'installation en capital allouées en vertu de l'art. D. 343-3 C. rur. constituent des biens propres en raison de leur caractère personnel et non des acquêts en tant qu'accessoires de l'exploitation agricole créée dans l'intérêt de la communauté. • Civ. 1re, 15 avr. 2015, n° 13-26.467 P : *D. 2015. 2094, obs. Brémond* ; *AJ fam. 2015. 348, obs. Casey*.

3° DROITS DÉCLARÉS PROPRES PAR UN TEXTE SPÉCIAL

13. Bénéfice d'une assurance vie. V. C. assur., art. L. 132-16. – **C. assur.** ♦ V. également note 15 ss. art. 1401.

14. Propriété littéraire et artistique. BIBL. Plaisant, *Mél. Voirin, LGDJ, 1967, p. 654.* ♦ V. art. L. 121-9 CPI, ci-dessous (caractère propre du droit de divulguer l'œuvre, de fixer les conditions de son exploitation et d'en défendre l'intégrité). ♦ V. également l'art. L. 122-1 CPI, ci-dessous (caractère propre du monopole d'exploitation). ♦ Sur les produits pécuniaires issus de l'exploitation de l'œuvre et la qualification de l'œuvre elle-même, V. notes 21 s. ss. art. 1401.

15. Salaire différé. V. C. rur., art. L. 321-14 (V. ss. art. 842).

Art. 1405 **Restent propres les biens dont les époux avaient la propriété ou la possession au jour de la célébration du mariage, ou qu'ils acquièrent, pendant le mariage, par succession, donation ou legs.**

La libéralité peut stipuler que les biens qui en font l'objet appartiendront à la communauté. Les biens tombent en communauté, sauf stipulation contraire, quand la libéralité est faite aux deux époux conjointement.

Les biens abandonnés ou cédés par père, mère ou autre ascendant à l'un des époux, soit pour le remplir de ce qu'il lui doit, soit à la charge de payer les dettes du donateur à des étrangers, restent propres, sauf récompense.

A. GÉNÉRALITÉS

1. Reprises. En régime de communauté, tout bien étant réputé acquêt de communauté, c'est sans inverser la charge de la preuve que la cour d'appel, après avoir relevé que le portefeuille de l'épouse acquis par succession avait figuré pendant trente ans sur des comptes dans lesquels avaient été confondus les deux comptes-titres communs ouverts avant celle-ci et les valeurs mobilières en provenant, a estimé souverainement que l'épouse ne prouvait pas que les valeurs mobilières détenues sur ces comptes étaient des valeurs inscrites dans la déclaration de la succession de leur grand-père ou des valeurs leur ayant été subrogées ou s'y rattachant, alors que la distinction entre les titres acquis par succession et ceux acquis pendant la communauté, avant et après le règlement de la succession, était impossible à établir. • Civ. 1re, 30 avr. 2014, n° 13-13.579.

2. Un bien ne peut être commun et propre en même temps. Viole l'art. 1402 C. civ. la cour d'appel qui homologue le projet d'état liquidatif ayant retenu qu'un bien acquis par les époux constituait un bien propre du mari à hauteur de 78/ 214e et un bien commun à hauteur de 136/214e, alors qu'à défaut de preuve contraire, un bien acquis au cours du mariage sous le régime de communauté constitue un bien commun. • Civ. 1re, 29 mai 2013, n° 11-26.067.

B. ACQUISITION ANTÉRIEURE AU MARIAGE

3. Acte d'acquisition ayant date certaine. L'acte d'acquisition d'un immeuble sous seing privé n'ayant pas acquis date certaine avant la célébration du mariage, l'immeuble constitue un acquêt de la communauté. • Civ. 1re, 16 avr. 1996 : *JCP 1996. I. 3962, n° 9, obs. Simler.* ♦ Dans le même sens, • Civ. 1re, 1er déc. 2010, n° 09-65.673.

C. ACQUISITION À TITRE GRATUIT

1° PRINCIPE : CARACTÈRE PROPRE DU BIEN DONNÉ

4. Conséquences sur la charge de la preuve. Il résulte de l'art. 1405, al. 1er, que, sauf stipulation contraire de la libéralité, les biens échus par donation aux époux, pendant le mariage, restent propres. En déclarant qu'aucune preuve n'est rapportée que les chèques émis en l'espèce par la mère de l'époux, sans aucun doute pour l'acquisition des deux appartements du couple, ont été émis au bénéfice réel et exclusif de l'époux, la cour d'appel a renversé la charge de la preuve et violé le texte susvisé. • Civ. 1re, 5 nov. 2008, n° 07-19.433.

5. Donation d'un portefeuille d'assurance. Dès lors que l'indemnité compensatrice de la valeur du portefeuille d'assurances a été versée directement par le père donateur à la compagnie d'assurances, le bien transmis au fils donataire consiste, non en cette somme, mais en l'objet du paiement, le portefeuille, qui, dès lors, constitue un bien propre du fils. • Civ. 1re, 22 nov. 2005, n° 02-14.927 P : *JCP 2006. I. 141, n° 10, obs. Simler* ; *AJ fam. 2006. 115, obs. Hilt* ; *RTD civ. 2006. 355, obs. Vareille*.

2° TEMPÉRAMENT : DONATION AU PROFIT DE LA COMMUNAUTÉ

6. Licéité de la clause d'entrée en communauté. Est licite au regard de l'al. 2 de l'art. 1405 la stipulation d'une donation-partage faisant tomber les biens donnés dans la communauté existant entre la fille donataire et son époux, et l'al. 3 du même art. n'a pas vocation à s'appliquer dès lors que les biens n'ont été ni abandonnés ni cédés à la fille mais donnés à la communauté. • Civ. 1re, 21 sept. 2005, n° 02-21.503 P : *JCP N 2005. 1459,* *note Martel ; Dr. fam. 2006, n° 11, note Beignier.*

7. Compatibilité de la clause d'entrée en communauté avec la nature rapportable de la donation. L'art. 1405, al. 2, autorisant la clause d'entrée en communauté, ne fait pas de distinction selon la nature de la donation, sauf à ce que ses effets soient limités par le jeu de la réserve. • Civ. 1re, 2 nov. 1994, n° 92-19.036 P : *D. 1995. Somm. 337, obs. Grimaldi ; JCP N 1995. II. 691, obs. Simler ; Defrénois 1995. 436, obs. Champenois ; RTD civ. 1995. 426, obs. Vareille* (absence de contradiction entre la clause d'entrée en communauté et la stipulation que la donation est faite en avancement d'hoirie).

Art. 1406 **Forment des propres, sauf récompense s'il y a lieu, les biens acquis à titre d'accessoires d'un bien propre ainsi que les valeurs nouvelles et autres accroissements se rattachant à des valeurs mobilières propres.**

Forment aussi des propres, par l'effet de la subrogation réelle, les créances et indemnités qui remplacent des propres, ainsi que les biens acquis en emploi ou remploi, conformément aux articles 1434 et 1435.

BIBL. ► Goubeaux, *Defrénois 1993. 1233* (construction édifiée pour partie sur un terrain propre et pour partie sur un terrain commun). – Leroy, *D. 1994. Chron. 93* (acquêt de communauté ou accessoire). – Patarin, *Mél. Jean Foyer, PUF, 1997, p. 417* (accessoire d'un bien propre).

A. BIENS PROPRES PAR ACCESSOIRE

1. Construction sur un terrain propre. L'immeuble bâti sur le terrain propre de l'époux, pendant la durée du mariage et à l'aide de fonds provenant de la communauté, constitue lui-même un propre, sauf récompense. • Com. 24 juin 2003, n° 00-14.645 P : *R., p. 383 ; D. 2003. 2167, note Delmotte ; D. 2004. Somm. 51, obs. Le Corre ; JCP 2004. I. 115, n° 8, obs. Pétel ; ibid. 129, n° 13, obs. Simler ; Defrénois 2004. 71, obs. Champenois ; Dr. et patr. 6/2004, p. 36, étude Brémond ; Dr. fam. 2003, n° 104, note Beignier* • Civ. 1re, 26 sept. 2012, n° 11-20.196 P : *D. 2012. 2307 ; AJ fam. 2012. 563, obs. Hilt ; RTD civ. 2012. 765, obs. Vareille ; AJ fam. 2012, n° 171, note Mangiavillano.* – V. déjà : • Civ. 1re, 6 juill. 1982, n° 81-12.680 P (sol. impl.) • 6 juin 1990 : *JCP 1991. II. 21652 (1re esp.), note Pillebout ; Defrénois 1991. 862 (1re esp.), obs. Champenois.* – V. obs. Lucet et Vareille, *RTD civ. 1991. 589.* ♦ Pour le caractère propre de l'intégralité d'une construction édifiée partie sur un terrain propre et partie sur une parcelle acquise pendant la communauté, V. • Paris, 4 mars 2003 : *JCP 2004. I. 129, n° 19, obs. Tisserand.*

2. Bien affecté à une exploitation propre. Est propre un corps de ferme acquis au cours du mariage, lorsqu'il constitue l'accessoire d'une exploitation agricole propre. • Civ. 1re, 21 juill. 1980 : *Gaz. Pal. 1981. 2. 450, note D. de La Marnierre.* ♦ Dans le même sens, pour du matériel agricole affecté à une exploitation propre, même acquis au moyen de deniers de communauté : • Civ. 1re, 4 janv. 1995, n° 92-20.013 P : *D. 1995. Somm. 328, obs. Grimaldi ; JCP 1995. I. 3869, n° 7, obs. Simler ; RTD civ. 1996. 969, obs. Vareille .* ♦ Est propre le véhicule automobile acquis à titre d'accessoire d'un cabinet d'assurances lui-même propre. • Civ. 1re, 8 nov. 1989 : *JCP N 1991. II. 61 (1re esp.), note Simler* • 22 nov. 2005, n° 02-14.927. ♦ Constituent des propres par accessoire au sens de l'art. 1406 des droits de plantation attribués à l'époux exploitant, ces droits ayant vocation à accroître la valeur de l'exploitation viticole qui lui est propre. • Civ. 1re, 19 déc. 2012, n° 11-25.264. ♦ Forme un bien propre le pas-de-porte d'un cabinet d'assurance lui-même propre. • Civ. 1re, 19 déc. 2012, n° 11-21.957.

3. Bien incorporé à un bien propre. Est propre un fonds de commerce acquis au cours du mariage, incorporé à un fonds propre. • Civ. 1re, 2 mai 1990 : *JCP N 1991. II. 61, note Simler (2e esp.).* ♦ Mais sont communs les biens constituant une exploitation viticole comportant des terres, du matériel, des locaux, une marque et une clientèle, créée pendant la communauté et distincte de celle qu'avait le mari avant le mariage, qui ne s'adressait pas à la même clientèle. • Civ. 1re, 17 déc. 1996, n° 94-21.989 P : *D. 1997. 547, note Le Guidec ; Dr. fam. 1997, n° 75, obs. Beignier ; JCP 1997. I. 4047, n° 15, obs. Simler ; JCP N 1998. 811, obs. Le Guidec ; RTD civ. 1998. 451, obs. Vareille ; ibid. 943, obs. Zenati .*

4. Accroissements se rattachant à des valeurs mobilières propres. **BIBL.** Colomer, *Defrénois 1981. 401 et 481.* ♦ Des parts sociales nouvelles créées à la suite d'incorporation de réserves et attribuées gratuitement à un époux détenteur en propre de parts initiales constituent des accroissements se rattachant à des valeurs mobilières propres ayant eux-mêmes la nature de biens propres de l'époux. • Civ. 1re, 12 déc. 2006, n° 04-20.663 P : *D. 2007. Pan. 2126, obs. Revel ; D. 2008. Pan. 381, obs. Hallouin et Lamazerolles ; JCP 2007. I. 142, n° 17, obs. Simler ; ibid. 179, n° 2, obs. Caussain, Deboissy et Wicker ; Defrénois 2008. 310, obs. Champenois ; Dr. et patr. juill.-août 2007, p. 85, obs. Seube ; RTD civ. 2007. 149, obs. Revet ; Rev. sociétés 2007. 326, note Randoux .*

5. Non-application de l'art. 1406 en cas de remploi effectué par l'autre conjoint. L'art. 1406 ne permet pas d'attribuer le caractère de bien propre du mari à un terrain acheté par la femme avec déclaration de remploi de deniers propres à celle-ci (cas d'une parcelle agricole acquise par l'épouse en remploi de deniers propres, pour être affectée à l'exploitation agricole du mari ; cette parcelle demeure un propre de la femme). • Civ. 1re, 4 janv. 1995 : préc. note 2.

6. Non-application de l'art. 1406 à des terrains simplement contigus. La contiguïté de deux immeubles ne suffit pas à elle seule à caractériser que l'un est l'accessoire de l'autre ; ayant relevé que la parcelle avait été acquise à titre onéreux, pendant le mariage, c'est à bon droit que la cour d'appel a retenu qu'elle constituait un acquêt, peu important qu'elle jouxte la parcelle dont le mari était déjà propriétaire en propre, ce qui conférait un caractère commun à la maison édifiée aux deux tiers sur la parcelle. • Civ. 1re, 11 juill. 2019, n° 18-20.235.

B. BIENS PROPRES PAR SUBROGATION

7. Subrogation réelle de plein droit : parts sociales rémunérant l'apport en nature d'un bien propre. L'opération par laquelle l'apporteur et une société se donnent respectivement un bien déterminé et des valeurs contre ce bien a pour effet de faire entrer les valeurs dans le patrimoine de l'apporteur ; il est donc indifférent qu'au moment de l'opération l'apporteur n'ait pas fait la déclaration prévue par l'art. 1434. • Civ. 1re, 21 nov. 1978, n° 76-13.275 P : *JCP 1980. II. 19451, note Le Guidec ; Defrénois 1979. 954, obs. Champenois.* ♦ La subrogation réelle permet, lorsqu'un bien propre se trouve remplacé par un autre bien, d'attribuer à ce dernier le caractère de propre, il est donc indifférent qu'au moment de l'opération la déclaration prévue à l'art. 1434 n'ait pas été faite ; les actions acquises par le mari en contrepartie de l'apport à la société du fonds de commerce lui appartenant en propre constituent des biens propres. • Civ. 1re, 27 mai 2010 : *AJ fam. 2010. 400, obs. Hilt ; RLDC 2010/75, n° 3974, obs. Serra.*

Apport en numéraire. En cas d'apport en numéraire de deniers propres, sans clause de remploi, et sans accord des époux, les parts sociales ainsi acquises sont communes puisque acquises à titre onéreux pendant le mariage. • Civ. 1re, 8 oct. 2014, n° 13-24.546 P. ♦ En cas d'apport en numéraire de deniers communs, les parts sociales acquises sont communes. • Civ. 1re, 8 oct. 2014, n° 13-21.879 P.

Subrogation réelle de plein droit en cas de fusion d'une SCP propre. En cas de fusion d'une SCP créée avant le mariage avec une autre SCP, les parts résultant de cette fusion sont, par le mécanisme de la subrogation, elles-mêmes propres. • Civ. 1re, 13 déc. 2017, n° 16-24.772.

8. Prix de vente d'un bien propre et exclusion de la plus-value comme bien commun. Par l'effet de la subrogation réelle, le prix de vente qui remplace le bien propre cédé est lui-même un propre, ce qui exclut que la plus-value due à l'évolution du marché ou l'érosion monétaire, résultant de cette opération, puisse être assimilée à des fruits et revenus entrant dans la communauté, • Civ. 1re, 5 déc. 2018, n° 18-11.794 P : *RTD civ. 2019. 171, obs. Vareille ; Dr. fam. 2019, n° 56, obs. Torricelli-Chrifi.*

9. Absence de remploi : le bien est commun. Il résulte de l'art. 1406, al. 2, qu'à défaut de déclaration de remploi, lors d'une acquisition réalisée avec des deniers propres à un conjoint marié sous le régime de la communauté, les biens acquis ne prennent, par subrogation, la qualité de propres dans les rapports entre époux, que si ceux-ci sont d'accord pour qu'il en soit ainsi. • Civ. 1re, 8 oct. 2014, n° 13-24.546. – Déjà, antérieurement, • Civ. 1re, 17 févr. 2013, n° 11-23.833 • 4 juin 2009, n° 08-11.032 • 1er juill. 2009, n° 08-13.013.

Sur la subrogation réelle et son régime, V., *infra*, art. 1434 C. civ. et la jurisprudence citée.

Art. 1407 **Le bien acquis en échange d'un bien qui appartenait en propre à l'un des époux est lui-même propre, sauf la récompense due à la communauté ou par elle, s'il y a soulte.**

Toutefois, si la soulte mise à la charge de la communauté est supérieure à la valeur du bien cédé, le bien acquis en échange tombe dans la masse commune, sauf récompense au profit du cédant.

Art. 1408 **L'acquisition faite, à titre de licitation ou autrement, de portion d'un bien dont l'un des époux était propriétaire par indivis, ne forme point un acquêt, sauf la récompense due à la communauté pour la somme qu'elle a pu fournir.**

BIBL. ▸ D. Martin, *D. 1974. Chron. 165.* – Khayat, *D. 2015. 644* (indivision complexe préexistante). – Rémy, *JCP N 1981. I. 37* (acquisition de parts indivises en nue-propriété ou en usufruit).

A. DOMAINE

1. Acquisition de droits indivis sur un bien déterminé. L'art. 1408 qui ne concerne que l'acquisition de droits indivis sur un bien déterminé n'est pas applicable dans le cas du paiement par un mari, au moyen de deniers communs, de la soulte mise à sa charge dans le partage des successions de ses parents. • Civ. 1re, 6 juin 1990, n° 87-19.492 P : *Defrénois 1991. 862 (4e esp.), obs. Champenois ; RTD civ. 1991. 788, obs. Lucet et Vareille.*

B. PORTÉE

2. Caractère impératif de la règle. Les dispositions de l'art. 1408 sont impératives et il n'est pas permis aux époux d'y déroger. • Civ. 1re, 13 oct. 1993, n° 91-21.132 P : *Defrénois 1994. 438, obs. Champenois ; JCP 1994. I. 3733, n° 10, obs. Simler ; RTD civ. 1994. 408, obs. Vareille.*

3. *Incompatibilité de la qualification de propre avec le versement d'une indemnité d'occupation.* Un époux, copropriétaire indivis d'un immeuble pour un quart, ayant acquis avec des fonds de la communauté les parts des autres indivisaires, c'est en violation de l'art. 1408 que les juges du fond le condamnent à payer une indemnité d'occupation dans la proportion des trois quarts de la valeur de jouissance de l'immeuble. • Civ. 1re, 14 mai 1991 : *JCP 1992. II. 21820, note Pillebout.* ♦ Comp. • Civ. 1re, 28 févr. 1989 : *Defrénois 1989. 622, note Morin* (solution contraire dans le cas où l'époux n'a pas invoqué l'art. 1408).

4. *Droit à récompense en faveur de la communauté.* L'art. 1408 ne déroge pas à la disposition de l'art. 1469, al. 3 (ancien). • Civ. 1re, 6 juin 1990 : *préc. note 1.*

5. *Possibilité de déroger à la règle pendant l'instance en divorce.* Les dispositions de l'art. 1408 peuvent être écartées par une convention passée pendant l'instance en divorce ou après la dissolution de la communauté. • Civ. 1re, 11 juin 2003, n° 99-14.612 P : *D. 2004. Somm. 2259, obs. Revel ; JCP 2004. I. 129, n° 11, obs. Simler ; Defrénois 2004. 1464, obs. Champenois ; Dr. fam. 2003, n° 101, note Lécuyer ; ibid. n° 133, note Beignier ; RTD civ. 2003. 691, obs. Hauser ; ibid. 2004. 128 et 130, obs. Vareille.*

§ 2 *Du passif de la communauté*

Art. 1409 *(L. n° 85-1372 du 23 déc. 1985)* **La communauté se compose passivement :**

— à titre définitif, des aliments dus par les époux et des dettes contractées par eux pour l'entretien du ménage et l'éducation des enfants, conformément à l'article 220 ;

— à titre définitif ou sauf récompense, selon les cas, des autres dettes nées pendant la communauté.

Ancien art. 1409 *La communauté se compose passivement :*

A titre définitif, et sans distinguer entre le mari et la femme, des aliments dus par les époux et des dettes contractées par eux pour l'entretien du ménage et l'éducation des enfants ;

A titre définitif ou sauf récompense, selon les cas, des autres dettes nées pendant la communauté, soit à la charge du mari, soit à la charge de la femme, d'après les distinctions qui seront faites ci-dessous.

BIBL. ► CHAMPENOIS, *Études Flour, Defrénois, 1979, p. 33* (obligation à la dette et rénovation de la communauté). – PIGNARRE, *Defrénois 2021/47. 19* (le passif communautaire et post-communautaire). – SAUJOT, *Defrénois 1983. 265* (créances alimentaires entre époux).

A. DETTES ALIMENTAIRES OU MÉNAGÈRES

1. *Pension alimentaire due à un ex-conjoint.* Les sommes dues en vertu d'une pension alimentaire en cas de divorce pour rupture de la vie commune ou de convention expresse en cas de divorce sur requête conjointe ont un caractère alimentaire et incombent à titre définitif à la communauté. • Civ. 2e, 25 janv. 1984, n° 82-14.595 P : *D. 1984. 442, note Philippe* • 11 juin 1998, n° 94-14.654 P : *JCP 1998. II. 10152, note Casey ; RTD civ. 1999. 368, obs. Hauser.* ♦ Comp., pour les arrérages d'une prestation compensatoire échus après le remariage du débiteur, jurisprudence citée ss. art. 1410.

2. *Pensions alimentaires versées à des descendants d'un premier lit.* Des pensions alimentaires versées à des descendants d'un premier lit, après le remariage du débiteur, incombent à la communauté à titre définitif : • Civ. 1re, 8 nov. 2005, n° 03-14.831 P : *D. 2006. Pan. 2069, obs. Revel ; AJ fam. 2006. 33, obs. Hilt ; Dr. fam. 2005, n° 274, note Beignier ; RJPF 2006-3/53, note Valory.*

B. DETTES NÉES AU COURS DE LA COMMUNAUTÉ

1° DETTES RELATIVES AU FONCTIONNEMENT D'UN COMPTE BANCAIRE

3. *Découvert bancaire.* En vertu de l'art. 1409, la communauté se compose passivement, à titre définitif ou sauf récompense, des dettes nées pendant la communauté, dès lors qu'elles ne résultent pas d'un engagement contracté dans l'intérêt personnel de l'un des époux, de sorte qu'ayant constaté que le découvert bancaire avait été accordé au mari pendant la durée du régime, la cour d'appel, qui a décidé que la dette litigieuse devait être inscrite au passif de la communauté, a, par ces seuls motifs, légalement justifié sa décision. • Civ. 1re, 8 juill. 2010, n° 09-14.230 P : *AJ fam. 2010. 436, obs. S. David ; ibid. 443, obs. Hilt ; Defrénois 2010. 2024, obs. Massip.*

2° DETTES PROFESSIONNELLES

4. *Dettes relatives au fonctionnement d'un fonds de commerce propre.* Les dettes relatives au fonctionnement d'un commerce propre sont communes. • TGI Besançon, 17 juin 1981 : *D. 1983. 149, note Philippe.*

5. Taxe professionnelle. La taxe professionnelle à laquelle est assujetti un époux commun en biens en raison de son activité professionnelle non salariée pendant la durée de la communauté constitue une dette définitive de celle-ci. • Civ. 1re, 3 déc. 2002, n° 00-16.877 P : *D. 2003. Somm. 1864, obs. Revel ; JCP 2003. I. 158, n° 10, obs. Simler, et n° 14, obs. Tisserand ; Defrénois 2003. 1000, obs. Champenois ; AJ fam. 2003. 72, obs. S. D.-B. ; RJPF 2003-4/31, obs. Vauvillé ; RTD civ. 2004. 134, obs. Vareille.*

3° DETTES FISCALES

6. Impôt sur le revenu. L'impôt sur le revenu des personnes physiques auquel sont assujettis les époux communs en biens pour les revenus qu'ils perçoivent pendant la durée de la communauté constitue une dette définitive de celle-ci et son paiement n'ouvre pas droit à récompense. Un redressement fiscal, dans la mesure où il ne comporte pas de pénalité, a la même nature que l'impôt lui-même. • Civ. 1re, 19 févr. 1991, n° 88-19.303 P : *R., p. 254 ; Defrénois 1991. 1130, obs. Champenois* • 17 sept. 2003, n° 02-11.532 P : *D. 2003. IR 2409 ; AJ fam. 2003. 429, obs. S. D.-B. ; RTD civ. 2004. 134, obs. Vareille* • 17 oct. 2018, n° 17-22.282. ♦ Seuls les revenus déclarés jusqu'à la date à laquelle la dissolution a pris effet dans les rapports entre époux doivent être pris en compte pour déterminer la part d'impôt à la charge de la communauté. • Civ. 1re, 30 avr. 2014 : *D. 2014. 1040 ; AJ fam. 2014. 382, obs. Hilt.* ♦ Pour l'exclusion de l'impôt sur le revenu des charges du mariage, V. jurisprudence citée ss. art. 214.

7. Impôt foncier pour un immeuble commun. L'impôt foncier et les assurances pour un immeuble commun constituent une charge de la propriété et font partie du passif commun. • Civ. 1re, 8 févr. 1978 : *D. 1978. 602 (2e esp.), note D. Martin.*

8. Redressement fiscal. Un redressement fiscal, dans la mesure où il ne comporte pas de pénalités, a la même nature que l'impôt lui-même qui frappe les revenus des époux communs en biens. Par conséquent, il incombe à titre définitif à la communauté et ne peut être assimilé aux dettes visées par l'art. 1417. • Civ. 1re, 19 févr. 1991, n° 88-19.303 P : *R., p. 254 ; Defrénois 1991. 1130, obs. Champenois.* ♦ Comp. en cas de fraude fiscale jurisprudence citée ss. art. 1417.

4° DETTES DÉLICTUELLES

9. Condamnation prononcée après la dissolution en raison d'actes délictueux commis durant le mariage. Est commune la dette résultant de la condamnation prononcée contre un époux après la dissolution de la communauté lorsque cette condamnation sanctionne des actes commis durant le mariage. En conséquence, cette dette peut être poursuivie sur un immeuble dépendant de l'indivision post-communautaire conformément aux dispositions de l'art. 815-17, al. 1er. • Civ. 1re, 27 janv. 1993, n° 91-12.829 P : *JCP 1994. I. 3733, n° 13, obs. Simler ; RTD civ. 1993. 870, obs. Lucet et Vareille ; ibid. 1994. 665, obs. Vareille* (application combinée des art. 1409 et 815-17) • 25 févr. 2003, n° 00-22.672 P : *D. 2004. Somm. 2262, obs. Revel ; Defrénois 2003. 992, obs. Champenois ; AJ fam. 2003. 150, obs. S. D.-B.* (cassation au visa des art. 1409 et 815-17). ♦ Pour les hypothèses dans lesquelles la communauté a droit à récompense pour avoir assumé, au cours du régime, les conséquences des délits ou quasi-délits civils commis par un époux, V. jurisprudence citée ss. art. 1417.

10. Le cas de l'acquêt mal acquis, résultant d'une infraction pénale. Est un acquêt de communauté le bien qui est le résultat d'une infraction pénale. En cas de confiscation, un droit à récompense existe au profit du conjoint innocent de l'auteur de l'infraction. Le juge apprécie souverainement la nécessité ou non de confisquer le bien. • Crim. 30 mars 2022, n° 21-82.217 B : *AJ fam. 2022. 293, obs. Casey.* ♦ V. déjà : • Crim. 9 sept. 2020, n° 18-84.619 : *AJ fam. 2020. 602, obs. Casey, obs. Mary ; D. 2020. 2051, note Allix ; AJ pénal 2020. 465, note Duval-Stalla et de Tonquédec ; RTD civ. 2021. 191, obs. Nicod ; Defrénois 2020, n° 49. 38, obs. Champenois ; Dr. fam. 2020, n° 149, obs. Torricelli-Chrifi.*

5° DETTES CONTRACTUELLES DIVERSES

11. Violation d'une clause de non-concurrence. Est commune à titre définitif la dette du mari née de la violation d'une clause de non-concurrence, et qui n'a été contractée ni dans son intérêt personnel, ni au mépris des devoirs imposés par le mariage. • Civ. 1re, 16 mars 2004 : *AJ fam. 2005. 27, obs. Hilt ; Dr. fam. 2004, n° 128, note Grimaux.*

12. Emprunt contracté par un époux sans le consentement de l'autre. La dette résultant d'un emprunt contracté par un époux sans le consentement exprès de l'autre doit figurer au passif définitif de la communauté dès lors qu'il n'est pas établi qu'il a souscrit cet engagement dans son intérêt personnel. • Civ. 1re, 19 sept. 2007, n° 05-15.940 P : *D. 2007. 3112, note Barabé-Bouchard ; ibid. 2008. Pan. 2247, obs. Brémond ; JCP 2007. I. 208, n° 13, obs. Simler ; AJ fam. 2007. 438, obs. Hilt ; RJPF 2007-11/18, note Vauvillé ; Defrénois 2008. 2207, note Champenois* • Civ. 1re, 17 oct. 2018, n° 17-26.713 P : *D. 2018. 2137 ; AJ fam. 2018. 700, obs. Hilt ; Dr. fam. 2019, n° 9, obs. Beignier.* ♦ Même sens : • Civ. 1re, 3 mars 2021, n° 19-17.439. ♦ Sur l'incidence d'une clause d'attribution intégrale (en communauté légale), V. note 1 ss. art. 1524. ♦ Sur l'application de la règle en matière de communauté universelle, V. note 4 ss. art. 1526. ♦ Dans le même sens pour un découvert bancaire, V. • Civ. 1re, 8 juill. 2010 : *cité note 3.*

13. Loyers dus au titre d'un contrat de crédit-bail. Doit être incluse dans le passif de la communauté une somme correspondant à des loyers restant dus au titre de contrats de crédit-bail, même si les véhicules objets de ces contrats sont restés en possession d'un des époux. • Civ. 1re, 29 nov. 1994, n° 93-13.536 P.

14. Dette provenant de l'activité de loisir d'un époux. Caractère commun à titre définitif d'une dette provenant de l'activité de loisir du mari (sport automobile), dès lors qu'il n'est pas démontré qu'elle ait été contractée au mépris de ses devoirs vis-à-vis de son épouse. • Riom, 10 nov. 1988 : *Defrénois 1990. 555, obs. Champenois ; JCP N 1991. II. 62, obs. Simler.*

15. Prélèvements sur compte courant d'associé. En vertu de l'art. 1409, la communauté se compose passivement, à titre définitif ou sauf récompense, des dettes nées pendant la communauté dès lors qu'elles n'ont pas été contractées dans l'intérêt personnel d'un époux ; les prélèvements opérés par l'époux sur le compte courant d'associé dont il était titulaire dans une EARL créée avec son frère ayant servi notamment au remboursement d'emprunts ayant financé les biens communs des époux, la cour d'appel a décidé à bon droit que le montant des prélèvements devait être inscrit au passif de la communauté. • Civ. 1re, 30 sept. 2009, n° 08-20.350.

C. EXCLUSION DES DETTES NÉES APRÈS LA DISSOLUTION DU MARIAGE

16. Créance de salaire différé. Le bénéficiaire d'un contrat de salaire différé exerce son droit de créance après le décès de l'exploitant et au cours du règlement de la succession de celui-ci. La communauté ne supportant que les dettes nées du chef de l'un des époux pendant son cours ne peut donc être tenue de cette dette qui ne naîtra qu'au décès. • Civ. 1re, 19 févr. 1985, n° 84-11.463 P. ♦ Même sens (la créance de salaire différé étant une dette non pas du propriétaire du fonds rural, mais de l'exploitant, cassation de l'arrêt ayant décidé que la dette de salaire différé devait être imputée sur la communauté, l'exploitation agricole qui a bénéficié du travail appartenant à celle-ci). • Civ. 1re, 10 juill. 1996, n° 94-17.016 P : *JCP 1997. I. 4008, n° 11, obs. Simler ; ibid. I. 4021, n° 4, obs. Le Guidec ; Defrénois 1997. 539, obs. Roussel.* ♦ Patarin, *obs. RTD civ. 1998. 961.*

17. Imposition sur les plus-values latentes d'actions communes attribuées à un époux. L'imposition sur les plus-values latentes d'actions ayant dépendu de la communauté et attribuées au mari constitue une dette future et hypothétique qui ne naîtra, le cas échéant, qu'après la dissolution de la communauté et ne peut donc être inscrite au passif de celle-ci. • Civ. 1re, 14 mai 2014, n° 13-16.302 : *D. 2014. 1905, obs. Brémond, Nicod et Revel ; JCP 2014, n° 1265, obs. Tisserand-Martin ; JCP N 2014, n° 1388, note Claux.*

Art. 1410 **Les dettes dont les époux étaient tenus au jour de la célébration de leur mariage, ou dont se trouvent grevées les successions et libéralités qui leur échoient durant le mariage, leur demeurent personnelles, tant en capitaux qu'en arrérages ou intérêts.**

Dettes antérieures au mariage : prestation compensatoire. Les arrérages d'une prestation compensatoire échus après le remariage du débiteur restent une dette purement personnelle car antérieure au mariage. • Civ. 1re, 3 nov. 1988, n° 87-11.018 P : *D. 1988. IR 271.* ♦ Comp., lorsque le débiteur se remarie sous le régime de la communauté universelle avec attribution de la communauté au survivant : • Civ. 1re, 15 oct. 1996, n° 94-19.418.

Art. 1411 **Les créanciers de l'un ou de l'autre époux, dans le cas de l'article précédent, ne peuvent poursuivre leur paiement que sur les biens propres** *(L. n° 85-1372 du 23 déc. 1985)* **« et les revenus » de leur débiteur.**

Ils peuvent, néanmoins, saisir aussi les biens de la communauté quand le mobilier qui appartient à leur débiteur au jour du mariage ou qui lui est échu par succession ou libéralité a été confondu dans le patrimoine commun et ne peut plus être identifié selon les règles de l'article 1402.

BIBL. ► REVEL, *D. 1987. Chron. 131.*

COMMENTAIRE

L'article 1411, combiné à l'article 1410, a pour effet de soustraire un bonne part de la communauté du droit de gage des créanciers « propres », c'est-à-dire de ceux dont la créance grève un bien propre de l'article 1405 (bien reçu par donation ou par succession, ou bien existant au jour du mariage). De la sorte, la communauté est préservée, par principe, du passif propre des époux. La règle reçoit cependant une exception de taille, en cas de confusion mobilière, qui permet au créancier de saisir les meubles dont le caractère propre n'est pas établi. La jurisprudence considère que c'est à l'époux qui veut écarter la saisie d'établir le caractère propre des biens (aux conditions de l'art. 1402, al. 2). Par conséquent, si les meubles communs ne sont pas forcément bien protégés par les articles 1410 et 1411, les immeubles communs le sont, et c'est là, surtout, le gros apport de ces deux textes. ❑

Confusion de mobilier. L'époux débiteur n'établissant pas la preuve de l'existence d'un mobilier qui lui fut propre, est valable la saisie d'un bien dont les juges du fond ont constaté qu'il était commun. • Civ. 1re, 16 mai 2000, n° 98-17.409 P : *R., p. 327 ; D. 2000. IR 174 ; Defrénois 2000. 1181, obs. Champenois ; RTD civ. 2001. 423, obs. Vareille*. ♦ Comp. : c'est au créancier qui entend se prévaloir de l'exception prévue par le 2e al. de l'art. 1411 d'apporter la preuve que le mobilier qui appartient en propre à son débiteur a été confondu dans le patrimoine commun. • Lyon, 16 oct. 1975 : *Defrénois 1977. 1579, note crit. Champenois.*

Art. 1412 Récompense est due à la communauté qui a acquitté la dette personnelle d'un époux.

Art. 1413 *(L. n° 85-1372 du 23 déc. 1985)* **Le paiement des dettes dont chaque époux est tenu, pour quelque cause que ce soit, pendant la communauté, peut toujours être poursuivi sur les biens communs, à moins qu'il n'y ait eu fraude de l'époux débiteur et mauvaise foi du créancier, et sauf la récompense due à la communauté s'il y a lieu.**

COMMENTAIRE

L'article 1413 du code civil est le texte central du passif en régime de communauté. De sa généralité, il n'y a que trois exceptions à signaler : l'article 1411 (passif propre), l'article 1404 (régime de saisie des gains et salaires du conjoint de l'époux débiteur), et l'article 1415 qui aménage un droit de gage particulier pour des dettes (cautionnement et emprunt) jugées trop dangereuses pour relever du régime général de l'article 1413.

Deux conditions sont requises pour que l'article 1413 s'applique. D'une part, la dette doit être celle d'un époux, ce qui paraît évident. D'autre part, la naissance de cette dette doit se situer du temps où la communauté existe. De plus, le texte ne distingue en rien selon l'origine de la dette. L'article 1413 s'applique donc tant aux dettes contractuelles que délictuelles. Enfin, la dette est exécutoire sur la communauté, même si elle trouve son origine dans les biens propres du conjoint, la correction se faisant plus tard, au stade de la contribution, au moyen de la théorie des récompenses. Le tout est donc bien que la dette naisse pendant la communauté.

Ainsi un époux se rendant débiteur auprès d'un tiers engage l'ensemble de ses biens, c'est-à-dire ses biens propres, et les biens communs. Il faut insister sur le fait que le texte envisage l'entrée de la dette en communauté du chef d'un seul époux, et non des deux. L'article 1418, alinéa 1er, dispose en complément que dans ce cas, une telle dette ne peut être poursuivie sur les biens propres de l'autre conjoint. De plus, pour les cas de cogestion, le consentement exprimé par le conjoint ne fait pas de celui-ci une partie à l'acte, il n'engage donc pas ses biens propres.

Quant à la preuve du caractère commun ou propre d'un bien, on remarquera que la présomption de communauté peut aggraver le sort du conjoint du chef duquel la dette n'est pas entrée en communauté. En effet, ce sera à lui d'établir le caractère propre de tel ou tel bien pour le soustraire de la poursuite du créancier commun. La présomption de communauté sert alors les intérêts du créancier saisissant.

La conséquence immédiate et inévitable de tout cela compte tenu de la structure du régime, c'est qu'une partie importante du patrimoine de chaque époux (les biens communs) répond des dettes du conjoint. Ce résultat est une fatalité, dès lors que la communauté constitue une masse de biens qui appartient intégralement à chaque époux, et qui supporte donc les dettes provenant de deux personnes différentes. Au fond, à une dualité potentielle de source d'obligation, correspond une unité avérée de biens pour supporter la charge de cette obligation.

Procédures collectives. C'est encore ce texte, l'article 1413, qui est à la base des difficultés d'articulation qui existent entre le régime de communauté et le droit des procédures collectives, conduisant à une solution inévitable mais très peu satisfaisante. Ainsi, les créanciers de l'époux *in bonis*, même garantis par une sûreté réelle, sont soumis à la procédure collective et doivent déclarer leur créance, au risque sinon de passer du statut, déjà défavorable, de créancier antérieur à celui de créancier anté-antérieur. On remarquera en outre que cet épineux contentieux montre clairement qu'il arrive fréquemment que des époux communs en biens choisissent d'exercer des activités indépendantes, même si cette décision est en totale contradiction avec la logique de leur régime matrimonial.

Droit de gage de l'article 1413. Si l'on imagine que la dette entre en communauté du chef de Romeo, le droit de gage du créancier fondé sur l'article 1413 sera le suivant : les biens propres de Romeo, les revenus de Romeo (gains et salaires et revenus de biens propres), les biens communs, les gains et salaires de Juliette (s'ils sont versés sur un compte, V. art. 1414), les revenus des biens propres de Juliette. Cette dernière préserve ses biens propres (art. 1418, sauf dette solidaire). ❑

Ancien art. 1413 ***Le paiement des dettes dont le mari vient à être tenu, pour quelque cause que ce soit, pendant la communauté, peut toujours être poursuivi sur les biens communs, à moins qu'il n'y ait eu fraude du mari et mauvaise foi du créancier, et sauf la récompense due à la communauté s'il y a lieu.***

Les biens réservés ne peuvent, toutefois, être saisis par les créanciers du mari, à moins que l'obligation n'ait été contractée pour l'entretien du ménage ou l'éducation des enfants.

Lors de sa demande d'immatriculation à un registre de publicité légale à caractère professionnel, la personne physique mariée sous un régime de communauté légale ou conventionnelle doit justifier que son conjoint a été informé des conséquences sur les biens communs des dettes contractées dans l'exercice de sa profession (C. com., art. L. 526-4).

Sous sa responsabilité, la personne physique dépose dans les formes prévues à l'article R. 123-102, lors de sa demande d'immatriculation [au registre du commerce et des sociétés], une attestation de délivrance de l'information donnée à son conjoint commun en biens sur les conséquences des dettes contractées dans l'exercice de sa profession sur les biens communs, établie conformément à un modèle défini par arrêté du garde des sceaux, ministre de la justice (C. com., art. R. 123-121-1). — V. C. com., art. A. 123-40 et A. 123-63 (JO 21 juill.). — ***C. com.***

BIBL. ▸ CHAMPENOIS, *Études Ponsard, Litec, 2003, p. 129* (l'art. 1413 condamne-t-il le régime légal de communauté ?).

▸ Redressement et liquidation judiciaires d'un époux : DERRIDA, *Mél. Colomer, Litec, 1993, p. 153 ; D. 1994. Chron. 108* ; *Defrénois 1997. 353.* - GRIFFON, *Defrénois 2003. 493* (extension de la procédure collective au conjoint du débiteur). - GROSJEAN, *Defrénois 1998. 1345* (hypothèque de l'immeuble commun). - LAMBERT, *RTD com. 2007. 485* (sort du conjoint *in bonis*). - LECOURT, *RTD com. 2004. 1* (procédures collectives et droit de la famille). - F.-X. LUCAS, *LPA 12 juill. 2002* (protection du conjoint du débiteur en difficulté). - PERRODET, *RTD com. 1999. 1.* - ROBINNE, *Dr. et patr. 4/2000, p. 38* (créanciers hypothécaires de l'époux *in bonis*). - RUBELLIN, *Defrénois 2001. 492* (cas des deux époux mis successivement en liquidation judiciaire). - M. STORCK, *LPA 12 janv. 2000.* - VAUVILLÉ, *RJPF 2003-2/12.*

▸ Coll. CRAJEFE 23 mars 2003, *LPA 24 avr. 2003* (droit patrimonial de la famille et entreprises en difficulté).

▸ Information du conjoint du commerçant : DAGOT, *JCP N 2004. 1165.* - VAUVILLÉ, *RJPF 2007-9/23* (Arr. du 4 juill. 2007).

A. DROIT DE POURSUITE DES CRÉANCIERS SUR LES BIENS COMMUNS

1° PRINCIPE : DETTES NÉES DU CHEF D'UN ÉPOUX DURANT LA COMMUNAUTÉ

1. Indifférence à l'égard de la date d'exigibilité de la dette. Si une dette ne tombe en communauté que si l'un des époux s'en est trouvé tenu avant la dissolution de la communauté, aucun texte n'impose que la dette résultant de l'engagement souscrit soit exigible au jour de la dissolution. • Civ. 1re, 17 juin 1986, n° 85-10.204 P : *R., p. 172 ; JCP N 1986. II. 242, note Simler.* ♦ V. conf., pour un emprunt hypothécaire, • Civ. 1re, 5 juill. 1989, n° 87-15.287 P : *JCP N 1991. II. 62, obs. Simler.*

2. Biens communs saisissables : créance de récompense due par un époux sous condition de son exigibilité. Les créanciers du mari n'ont pas de droit sur un terrain propre à la femme ni sur la construction qui y a été édifiée et s'y trouve incorporée ; il leur est seulement loisible de réclamer à la femme le paiement de la créance dont celle-ci peut se trouver débitrice à l'égard de son époux si des fonds propres ont été fournis par lui et, lorsqu'elle sera exigible, de la récompense qu'elle pourrait être tenue de verser à la communauté. • Civ. 1re, 16 avr. 1991, n° 88-10.353 P • Com. 24 juin 2003, n° 00-14.645 (exclusion de l'art. L. 621-112 [devenu L. 624-6] C. com.). ♦ Sur l'impossibilité pour les créanciers de réclamer le paiement d'une récompense due à la communauté avant qu'elle ne soit exigible, V. note 24 ss. art. 1437.

3. ... Salaires d'un époux. Protection des salaires du conjoint de l'époux débiteur, V. art. 1414. ♦ Incidence de la suspension des poursuites en cas de procédure collective du droit commercial, V. note 8.

4. Recel successoral. Aux termes de l'art. 1413, le paiement des dettes dont chaque époux est tenu, pour quelque cause que ce soit, pendant la communauté, peut toujours être poursuivi sur les biens communs, à moins qu'il n'y ait eu fraude de l'époux débiteur et mauvaise foi du créancier. S'il résulte de la combinaison des art. 1410 et 1411 que le paiement des dettes dont se trouvent grevées les successions qui échoient aux époux durant le mariage, lesquelles leur demeurent personnelles, tant en capitaux qu'en arrérages ou intérêts, ne peut être poursuivi que sur les biens propres et les revenus de l'époux débiteur, la condamnation d'un époux au paiement d'une somme au titre d'un recel successoral, de nature délictuelle, ne grève pas la succession au sens de ces dispositions. La cour d'appel a relevé que l'inscription d'hypothèque avait été prise au profit de l'époux pour garantie de la somme due à la suite de sa condamnation pour recel successoral. Il en résulte que son paiement pouvait être poursuivi sur les biens communs. Par ce motif de pur droit, suggéré par la défense et substitué à ceux critiqués, l'arrêt se trouve légalement justifié. • Civ. 2e, 8 déc. 2022, n° 20-14.302 B : *D. 2022. 2298 ; AJDI 2023. 289, obs. Cohet ; AJ fam. 2023. 123, obs. Levillain ; RTD civ. 2023. 430, obs. Dauriac*.

2° EXCEPTION : FRAUDE DE L'ÉPOUX DÉBITEUR ET MAUVAISE FOI DU CRÉANCIER

5. Caractère cumulatif des conditions de fraude et de mauvaise foi. La disposition de l'art. 1413 prévoyant que la dette d'un époux ne sera pas poursuivie sur les biens communs ne se réfère à la mauvaise foi du créancier qu'autant qu'elle se trouve jointe à la fraude de l'époux ; dès lors que la preuve de la fraude n'est pas rapportée, il n'y a pas à examiner une prétendue mauvaise foi du créancier. • Com. 20 févr. 1980, n° 78-14.278 P.

6. Les juges du fond, ayant admis l'absence de mauvaise foi des créanciers et en ayant justement déduit que l'art. 1413 ne pouvait être appliqué, n'ont pas à se prononcer sur la règle *fraus omnia corrumpit* dont ce texte n'est qu'une application spécialisée. • Civ. 1re, 28 mars 1984, n° 82-15.538 P.

B. COMBINAISON DE L'ART. 1413 AVEC UNE LÉGISLATION PARTICULIÈRE

1° PROCÉDURES COLLECTIVES DU DROIT COMMERCIAL : C. COM., LIVRE VI, TITRE II

7. Situation des créanciers du conjoint in bonis : soumission à la suspension des poursuites individuelles. Si la liquidation judiciaire d'une personne mariée sous le régime de la communauté de biens ne modifie pas les droits que les créanciers de son conjoint tiennent du régime matrimonial, le dessaisissement de la personne leur interdit d'exercer des poursuites sur les biens communs en dehors des cas où les créanciers du débiteur soumis à la liquidation judiciaire peuvent eux-mêmes agir. • Cass., ass. plén., 23 déc. 1994, n° 90-15.305 P : *R., p. 325 ; D. 1995. 145, rapp. Chartier, note Derrida ; Defrénois 1995. 445, obs. Champenois ; ibid. 485, note Derrida ; JCP 1995. II. 22401, note Randoux ; ibid. I. 3869, n° 8, obs. Simler ; Gaz. Pal. 1995. 2. 407, note E. S. de La Marnierre.* ♦ Les créanciers hypothécaires d'un époux *in bonis* ne peuvent exercer des poursuites sur l'immeuble commun qu'après justification de ce que le liquidateur de l'autre époux n'a pas entrepris la liquidation du bien grevé dans les trois mois du jugement de liquidation judiciaire. • Même arrêt. ♦ En raison de l'interdiction des voies d'exécution visées à l'art. 47 de la L. du 25 janv. 1985 (C. com., art. L. 621-40) consécutive à l'ouverture du redressement judiciaire du mari et au prononcé de la liquidation judiciaire, le prêteur de deniers ne peut exercer des poursuites sur les biens communs en sa qualité de créancier privilégié de l'épouse, en dehors des cas où les créanciers du mari peuvent eux-mêmes agir. • Com. 17 juin 1997 : *D. 1998. Somm. 107, obs. S. Piedelièvre ; RTD civ. 1997. 709, obs. Crocq*.

8. ... Impossibilité de saisir les salaires de leur débiteur. Les salaires d'un époux marié sous un régime de communauté sont des biens communs frappés par la saisie collective au profit des créanciers de l'époux mis en procédure collective qui ne peuvent être saisis, pendant la durée de celle-ci, au profit d'un créancier de l'époux, maître de ses biens. • Com. 16 nov. 2010, n° 09-68.459 P : *D. 2010. Actu. 2904, obs. A. Lienhard ; JCP 2011, n° 503, § 9, obs. Simler ; AJ fam. 2011. 113, obs. Hilt*.

9. ... Interdiction des inscriptions de sûretés. La communauté répond des dettes de chacun des époux et, pendant sa durée, les droits de l'un ou l'autre époux ne peuvent être individualisés sur tout ou partie des biens communs ou sur l'un d'eux, de sorte que l'hypothèque constituée sur un immeuble commun (hypothèque judiciaire) ne peut plus faire l'objet d'une inscription postérieurement au jugement d'ouverture du redressement judiciaire de l'un des époux. • Com. 20 mai 1997 : *D. 1998. Somm. 107, obs. S. Piedelièvre et 134 (2e esp.), obs. Revel ; JCP 1997. I. 4047, n° 18, obs. Simler et 1998. I. 103, n° 20, obs. Delebecque.* ♦ V. aussi • Com. 2 avr. 1996, n° 93-20.562 P : *JCP 1996. I. 3960, n° 7, obs. P. P.* (nullité de l'hypothèque constituée sur un immeuble commun depuis la date de cessation des paiements de l'un des époux pour sûreté d'une dette antérieurement contractée).

10. ... Obligation de déclarer leur créance. Le créancier personnel de l'époux *in bonis*, qui a inscrit une hypothèque sur un bien commun, peut demander son admission au passif de l'époux en liquidation judiciaire. • Com. 10 mars 2004 : *D. 2004. Somm. 2147, obs. Le Corre*. ♦ Les juges doivent rechercher, au besoin d'office, si le créancier ayant inscrit une hypothèque sur un bien commun a déclaré sa créance au passif de la procédure collective visant un des époux, dès lors qu'en l'absence d'une telle déclaration, le créancier ne peut faire valoir son hypothèque, sauf, le cas échéant, sur le solde du prix de l'immeuble grevé subsistant après règlement des créanciers admis. • Com. 14 oct. 1997, n° 96-12.853 P : *D. 1998. Somm. 99, obs. A. H.* ; *ibid. 134 (1re esp.), obs. Revel* ; *ibid. 377, obs. S. Piedelièvre* ; *JCP 1998. II. 10003, note Beignier* ; *ibid. I. 149, n° 15, obs. Delebecque*. ♦ V. aussi • Com. 16 mars 1999 : *Defrénois 1999. 865, obs. Sénéchal* • 2 mai 2001, n° 98-13.039 P : *D. 2001. AJ 2030, obs. A. Lienhard* ; *JCP 2001. I. 356, n° 12, obs. Delebecque*.

11. ... Conséquences du défaut de déclaration. L'extinction de la créance à l'égard du débiteur en liquidation judiciaire laissant subsister l'obligation distincte contractée par son épouse, codébiteur solidaire, et n'affectant pas l'existence des droits hypothécaires du créancier sur les biens communs, le créancier qui, après l'extension de la procédure collective à l'épouse, a régulièrement déclaré sa créance au passif de celle-ci, conserve ses droits dans cette procédure. • Com. 11 déc. 2001, n° 98-22.643 P : *R., p. 391* ; *D. 2002. AJ 402, obs. A. Lienhard* ; *JCP 2002. I. 144, n° 9, obs. Pétel*. ♦ Lorsque deux époux, coemprunteurs solidaires, ont consenti aux prêteurs une hypothèque sur un immeuble commun, que le mari a été mis en liquidation judiciaire et que les prêteurs n'ont pas déclaré leurs créances, à défaut d'extinction de l'obligation contractée par l'épouse, l'hypothèque qui en garantit indivisiblement le paiement subsiste et les prêteurs, s'ils sont privés, en l'absence de déclaration de leur créance, de tout droit à participer aux répartitions faites dans le cadre de la liquidation judiciaire, conservent cependant, après paiement de tous les créanciers admis, le droit de faire valoir leur hypothèque sur le solde pouvant subsister sur le prix de l'immeuble grevé. • Com. 14 mai 1996, n° 94-11.360 P : *R., p. 296* ; *D. 1996. 460, note Derrida* ; *JCP 1996. I. 3960, n° 3, obs. P. P.* ; *ibid. 1996. I. 3962, n° 13, obs. Simler* ; *Defrénois 1996. 1134, note Derrida* ; *ibid. 1997. 246, obs. Sénéchal, et 400, obs. Aynès* ; *RTD civ. 1996. 666, obs. Crocq*.

12. Inopposabilité de la vente d'un bien commun. Le liquidateur est chargé de répartir le prix de vente des immeubles inclus dans l'actif de la liquidation judiciaire, fussent-ils des biens communs, et les droits de chaque époux sur l'actif de la communauté ne peuvent être individualisés durant celle-ci. • Com. 22 mai 2012, n° 11-17.391 P : *D. 2012. 1399, obs. Lienhard* ; *Gaz. Pal. 2012. 3389, obs. Bénilsi*.

13. Incidence du dessaisissement du débiteur quant à l'administration des biens communs. Il résulte de la combinaison des art. 1413 C. civ. et L. 622-9 C. com. qu'en cas de liquidation judiciaire d'un débiteur marié sous le régime de la communauté, les biens communs inclus dans l'actif de la procédure collective sont administrés par le seul liquidateur qui exerce pendant toute la durée de la liquidation judiciaire les droits et actions du débiteur dessaisi ; il s'ensuit que les pouvoirs de gestion des biens communs normalement dévolus au conjoint *in bonis* en vertu des art. 1421 s. ne peuvent plus s'exercer. • Com. 4 oct. 2005, n° 04-12.610 P : *R., p. 302* ; *D. 2005. AJ 2592, obs. A. Lienhard* ; *D. 2006. Pan. 86, obs. Le Corre*, *1382, obs. Danis-Fatôme, et 2068, obs. Revel* ; *JCP 2006. I. 130, n° 7, obs. Pétel* ; *ibid. 141, n° 19, obs. Simler* ; *Defrénois 2006. 658, note Vauvillé* ; *AJ fam. 2005. 407, obs. Hilt* ; *JCP N 2006. 1014* et *Dr. fam. 2005, n° 250, note Beignier* ; *Dr. et pr. 2006. 149, note Gibirila*.

14. Situation du conjoint in bonis codébiteur solidaire après la clôture de la liquidation judiciaire. L'époux commun en biens, codébiteur solidaire d'un emprunteur objet d'une liquidation judiciaire clôturée pour insuffisance d'actif, ne peut invoquer l'interdiction de reprendre les poursuites contre son conjoint prévue par l'art. L. 643-11 C. com. qui ne lui profite pas en raison de sa qualité de débiteur tenu d'une obligation distincte. • Com. 2 févr. 2022, n° 20-18.791 B.

15. Déclaration d'insaisissabilité et procédure collective. Si le liquidateur ne représente pas le débiteur en ce qui concerne les droits de celui-ci sur l'immeuble qu'il a régulièrement déclaré insaisissable, lequel n'est, dès lors, pas entré dans le gage commun des créanciers, le juge aux affaires familiales, saisi par le mari d'une demande d'ouverture des opérations de compte, liquidation et partage de l'indivision, peut, en exécution du jugement de divorce et après avoir rejeté la demande d'attribution préférentielle du bien litigieux dont il était également saisi, ordonner sa licitation pour parvenir au partage de l'indivision sans avoir besoin d'une demande à cette fin du liquidateur. • Com. 10 juill. 2019, n° 18-16.867 P : *AJ fam. 2019. 530, obs. Casey*.

16. Compétence juridictionnelle en cas de liquidations judiciaires successives. Lorsque des époux mariés sous le régime de la communauté légale ont été, par des décisions successives, mis, chacun, en liquidation judiciaire, la vente de gré à gré des biens communs, soumise dès son prononcé à l'effet réel de la procédure collective première ouverte, ne peut être autorisée que par le juge-commissaire de cette procédure. • Com. 16 mars 2010, n° 08-13.147 P : *D. 2010. AJ 525, obs. Lienhard* ; *ibid. 1829, obs. Le Corre* ; *JCP 2010, n° 958, note Cabrillac* ; *ibid. n° 1220, obs. Simler* ; *AJ fam. 2010. 285, obs. Hilt* ; *JCP N 2010, n° 1313, note Garçon* ; *Defrénois 2011. 386, obs. Champenois* ; *RTD com. 2010. 794, obs. Vallens*.

2° SURENDETTEMENT DES PARTICULIERS : C. CONSOM., ART. L. 331-1 S.

17. Compatibilité avec la législation sur le surendettement des particuliers. Le fait qu'une dette soit commune entre des époux ou qu'ils en soient tenus solidairement n'est pas de nature à priver l'un des conjoints du bénéfice des procédures sur le surendettement. • Civ. 1re, 17 mai 1993, n° 92-04.075 P. ♦ Sur les difficultés d'application de la procédure de surendettement aux personnes mariées, V. Hénaff, *Defrénois 1996. 561*. – Le Livec-Tourneux, *JCP N 1993. I. p. 1 s.*

18. Clôture pour insuffisance d'actif et situation du conjoint coobligé. Il résulte de l'art. L. 643-11, II, C. com. que l'action en garantie de paiement exercée par un coobligé du débiteur soumis à la procédure collective, qui a payé à la place de ce dernier une somme d'argent fondée sur une créance née antérieurement au jugement d'ouverture, action qui a été arrêtée par ce dernier, peut être reprise à la clôture de la liquidation judiciaire. • Com. 19 avr. 2023, n° 21-19.563 B.

3° PROTECTION DES RAPATRIÉS : ART. 67 DE LA L. 13 JANV. 1989 ET L. 31 DÉC. 1993

19. Incidence de la suspension des poursuites sur la situation des créanciers du conjoint. La suspension des poursuites dont peut bénéficier un rapatrié interdit aux créanciers de son conjoint d'exercer des poursuites sur les biens communs pendant la durée de celle-ci. • Civ. 1re, 19 janv. 1999, n° 96-15.353 P : *R., p. 308 ; JCP 1999. I. 154, n° 9, obs. Simler ; Dr. fam. 1999, n° 68, note Beignier.*

Art. 1414 *(L. n° 85-1372 du 23 déc. 1985)* **Les gains et salaires d'un époux ne peuvent être saisis par les créanciers de son conjoint que si l'obligation a été contractée pour l'entretien du ménage ou l'éducation des enfants, conformément à l'article 220.**

Lorsque les gains et salaires sont versés à un compte courant ou de dépôt, ceux-ci ne peuvent être saisis que dans les conditions définies par décret.

BIBL. ▸ ANTIPPAS, *Dr. fam. 2008. Études 28*. – RABY, *JCP N 2004. 1586*. – SIMLER, *JCP 1989. I. 3398*. – WEYLAND, *JCP 1993. I. 3712*.

Ancien art. 1414 *Le paiement des dettes dont la femme vient à être tenue pendant la communauté peut être poursuivi sur l'ensemble des biens communs dans les cas suivants :*

1° Si l'engagement est de ceux qui se forment sans aucune convention ;

2° Si l'engagement, formé par convention, l'a été du consentement du mari, ou avec l'habilitation de justice, ainsi qu'il est dit à l'article 1419 ;

3° Si l'engagement a été contracté pour l'entretien du ménage ou l'éducation des enfants, conformément à l'article 220.

1. Saisissabilité des salaires du conjoint et dettes ménagères. Le titre délivré à l'encontre d'un époux en recouvrement d'une dette ménagère n'emporte pas le droit de saisir les biens de son conjoint, à défaut de titre exécutoire pris contre celui-ci, les deux époux fussent-ils solidairement tenus des dettes de ménage. • Civ. 2e, 28 oct. 1999, n° 97-20.071 P : *R., p. 418 ; JCP 2002. I. 103, n° 12, obs. Simler ; RTD civ. 2000. 386, obs. Vareille*.

2. Cantonnement prévu à l'al. 2 de l'art. 1414 : domaine d'application. Le cantonnement prévu à l'art. 1414, al. 2, qui protège les gains et salaires d'un époux contre les créanciers de l'autre, n'est pas applicable en cas de saisie, sur le fondement de l'art. 1415 qui protège la communauté, d'un compte bancaire alimenté par les revenus des époux. • Civ. 1re, 17 févr. 2004, n° 02-11.039.

3. ... Responsabilité de la banque. Cassation de l'arrêt qui n'a pas recherché si le retard mis par la banque à mettre à la disposition de l'époux commun en bien les sommes indûment bloquées (Décr. 31 juill. 1992, art. 48) n'était pas en soi de nature à causer à ce dernier un préjudice. • Civ. 2e, 27 mai 2004, n° 02-13.896 P : *RJPF 2004-12/19, obs. Vauvillé.*

Code des procédures civiles d'exécution

(Décr. n° 2012-783 du 30 mai 2012, en vigueur le 1er juin 2012)

Art. R. 162-9 Lorsqu'un compte, même joint, alimenté par les gains et salaires d'un époux commun en biens fait l'objet d'une mesure d'exécution forcée ou d'une saisie conservatoire pour le paiement ou la garantie d'une créance née du chef du conjoint, il est laissé immédiatement à la disposition de l'époux commun en biens une somme équivalant, à son choix, au montant des gains et salaires versés au cours du mois précédant la saisie ou au montant moyen mensuel des gains et salaires versés dans les douze mois précédant la saisie.

Les dispositions du deuxième alinéa de l'article R. 162-4 sont applicables.

Le juge de l'exécution peut être saisi, à tout moment, par le conjoint de celui qui a formé la demande.

Art. 1415 *(L. n° 85-1372 du 23 déc. 1985)* **Chacun des époux ne peut engager que ses biens propres et ses revenus, par un cautionnement ou un emprunt, à moins que ceux-ci n'aient été contractés avec le consentement exprès de l'autre conjoint qui, dans ce cas, n'engage pas ses biens propres.**

COMMENTAIRE

L'article 1415 du code civil est un texte singulier, directement issu de la réforme de 1985, dans le but de protéger la communauté (y compris les communautés conventionnelles) de deux actes jugés particulièrement dangereux : le cautionnement et l'emprunt. L'idée est ici de limiter le droit de gage du créancier d'un époux ayant souscrit seul l'une de ces deux dettes (et d'autres dettes assimilées).

Champ d'application de l'article 1415. Ce texte protège les époux, et eux seuls. Il en résulte que seuls les époux sont en mesure de se prévaloir de ses dispositions. L'époux caution ou emprunteur est donc en droit de demander que l'exécution de la condamnation prononcée à son encontre soit limitée à ses biens propres et à ses revenus. En revanche, ce texte ne s'oppose en rien à ce que l'époux qui a souscrit la dette de cautionnement ou d'emprunt paie sa dette au moyen de fonds communs. Certes, si des fonds communs sont employés pour payer la dette, un droit à récompense théorique apparaît au profit de la communauté (sauf s'il est finalement prouvé que la communauté a tiré profit de la dette), mais c'est là une question toute différente. Le paiement est parfaitement valable. L'article 1415 n'est certainement pas destiné à empêcher un époux de payer ses dettes.

En revanche, ce texte s'oppose à toute mesure d'exécution sur les biens communs. Autrement dit, un paiement volontaire par un époux est possible (et même souhaitable), y compris s'il est effectué avec des fonds communs, alors qu'un paiement forcé diligenté par le créancier sera bloqué (sur les biens communs) par l'article 1415.

Le cautionnement, l'emprunt et les autres. Quant aux actes, l'article 1415 vise le cautionnement et l'emprunt. La liste est apparemment limitative, mais la jurisprudence a effectué ici un travail d'interprétation très important, tant sur le terme de « cautionnement » que sur celui « d'emprunt », afin d'étendre le domaine de l'article 1415. S'y trouvent désormais assujettis des actes que le texte ne vise manifestement pas, et auxquels le législateur de 1985 n'a pas nécessairement songé : aval, garantie à première demande et découvert bancaire. Pour ce qui est de la notion d'emprunt, il faut préciser immédiatement que ne sont concernés ici que les emprunts qui ne revêtent pas un caractère ménager. Ces derniers relèvent de la solidarité ménagère de l'article 220 du code civil et engagent donc l'ensemble des biens des époux, sans restriction.

Droit de gage du créancier de l'article 1415. Par nature, l'article 1415 est destiné à entraver le droit de gage des créanciers, en limitant les biens sur lesquels ce droit de gage s'exercera. Le texte crée donc une sorte d'exception au principe de l'unité du patrimoine, et trace une belle entaille dans la généralité du droit de gage du créancier chirographaire. Par principe, le droit de gage d'un créancier dont la dette résulte d'un cautionnement ou d'un emprunt souscrit par un époux seul portera sur les biens suivants :
- biens propres de l'époux débiteur ;
- revenus des biens propres de l'époux débiteur ;
- gains et salaires de l'époux débiteur.

En conséquence, lorsque l'autre époux ne consent pas au cautionnement, ou à l'emprunt, l'acte n'en devient pas nul pour autant. La sûreté ou le prêt restent valables, pourvu qu'ils respectent le formalisme qui leur est applicable. En revanche, le droit de gage accordé aux créanciers est réduit, puisque c'est là que le droit des régimes matrimoniaux exerce son influence.

La saisie des gains et salaires passera par une discussion sur la nature du compte bancaire les conservant, puisque la Cour de cassation juge que la nature du compte sur lequel sont versés les gains et salaires exerce une influence déterminante sur le droit de poursuite du créancier. C'est ainsi que le versement de ces sommes sur un plan épargne-logement ou un portefeuille de titres empêche leur saisie, alors que leur simple dépôt sur un compte courant (de dépôt, ou à vue) permet leur saisie. La différence tient à la volonté de créer une richesse (un acquêt), par une opération de capitalisation, au lieu de laisser les sommes en l'état sur un compte. Le critère ne serait donc plus celui de l'économie, mais celui de la nature du compte. Quoique très subtil, ce critère est logique. Un revenu, par définition, n'est que la contrepartie d'une activité de production. Dès lors qu'il est employé à une utilité (achat de biens, de services, fussent-ils financiers), il disparaît dans le bien ainsi créé, qui n'est rien d'autre qu'un acquêt. En revanche, le créancier saisissant les fonds portés sur un compte bancaire joint doit établir que les fonds qu'il entend saisir sont bien ceux de son débiteur (ses revenus, ou des fonds propres), et non ceux de son conjoint. À défaut, la saisie doit être rejetée. De même, si le revenu objet de la saisie est le revenu des deux époux (et non pas seulement du débiteur), la saisie doit être rejetée.

Rétablissement du droit de gage de l'article 1413. Ce n'est que par exception que les biens communs pourront être saisis. Cette exception est prévue par l'article 1415 et résulte de l'intervention du conjoint non débiteur. C'est ce que le texte nomme le « consentement exprès de l'autre conjoint ». Dans cette hypothèse, le conjoint non débiteur va participer à l'acte de cautionnement ou d'emprunt, mais uniquement pour étendre le droit de gage du créancier. Le conjoint ne prend absolument pas la qualité de partie à l'acte, il ne devient ni cofidéjusseur, ni co-emprunteur, même s'il signe à l'emplacement réservé à l'emprunteur. Sur la forme que doit revêtir le « consentement » du conjoint, rien n'est indiqué par le texte. Cette forme est donc libre, aucun écrit n'est obligatoire, mais ce consentement doit être certain. Enfin, une fois l'approbation du conjoint obtenue, il reste à déterminer le droit de gage des créanciers. Il est certain que l'approbation réouvre la voie vers les biens communs en capital. *Quid* des revenus de biens propres et des gains et salaires du conjoint non débiteur ? Les premiers sont saisissables sans limite, dès lors qu'ils sont perçus. Les seconds, en revanche, sont protégés par l'article 1414. Ils sont donc insaisissables par principe, sauf versement sur un compte, mais alors un cantonnement pourra être demandé, conformément au texte de l'article 1414.

Article 1415 et récompenses. Enfin, il faut préciser qu'une dette de l'article 1415, même payée avec des deniers communs, ne donne pas toujours droit à une récompense au profit de la communauté. En effet, c'est la finalité de la dette « 1415 » qui dictera la solution. Si cette dette profite à la communauté, il est parfaitement normal que la communauté la supporte à titre définitif (la dette est alors propre quant à l'obligation, mais commune quant à la contribution). Tel sera le cas lorsque l'emprunt aura servi à créer un acquêt (le bien acquis avec le capital emprunté). Tel sera encore le cas, mais peut-être de façon plus relâchée, lorsque la dette sera une dette de cautionnement, garantissant une entreprise commune. Il conviendra, en toute hypothèse, et dès lors que la dette « 1415 » aura donné lieu à paiement avec des fonds communs, de vérifier si la communauté a tiré profit, ou non, de l'opération. ❑

Ancien art. 1415 ***Toutes autres dettes de la femme n'obligent que ses propres, en pleine propriété, et ses biens réservés.***

BIBL. ▶ BONNET, *RRJ 2003/1. 269* (rôle de l'art. 1415). – BOUFFELIÈRE, DE LAVAL et N. PHILIPPE, *Gaz. Pal. 2003. Doctr. 1546.* – R. CABRILLAC, *Dr. et patr. 5/2003, p. 72* (domaine et portée de l'art. 1415). – GAONAC'H, *LPA 1er mars 2000* (art. 1415 et gestion des biens communs). – Ch. MOULY, *Defrénois 1988. 227 ; JCP 1995. I. 3836.* – PASQUALINI, *Defrénois 1991. 449* (emprunt). – PICOD, *Dr. et patr. 4/2000, p. 34* (art. 1415 et cautionnement réel). – J. PIEDELIÈVRE, *JCP N 1996. 1319* (garantie à première demande). – PUYGAUTHIER, *Defrénois 2005. 1393.* – REVEL, *D. 1987. Chron. 131.* – ROBINNE, *Études Calais-Auloy, Dalloz, 2004, p. 963* (art. 1415 : comment sortir du contentieux ?). – SADI, *D. 2014. 231* (autorisation du conjoint donnée à l'époux caution). – VAUVILLÉ, *Dr. et patr. juill.-août 2003, p. 68.*

I. DOMAINE D'APPLICATION

A. ENGAGEMENTS CONCERNÉS

1° GARANTIES

1. Garantie à première demande. L'art. 1415 est applicable à la garantie à première demande qui, comme le cautionnement, est une sûreté personnelle, laquelle consiste en un engagement par lequel le garant s'oblige, en considération d'une obligation souscrite par un tiers, à verser une somme déterminée, et est donc de nature à appauvrir le patrimoine de la communauté. • Civ. 1re, 20 juin 2006, nº 04-11.037 P : *D. 2006. 2539,* *note Courdier-Cuisinier ; ibid. AJ 1815, obs. Avena-Robardet ; JCP 2006. II. 10141, note S. Piedelièvre ; ibid. I. 193, n° 12, obs. Simler ; JCP N 2006. 1310, note Brémond ; JCP E 2006. 2425, note Gout ; Defrénois 2006. 1617, obs. Champenois ; AJ fam. 2006. 330, obs. Hilt ; Dr. fam. 2006, n° 168, note Beignier ; LPA 29 août 2006, note Prigent ; ibid. 25 juin 2007, note Baud-Mouligner ; Dr. et pr. 2007. 102, note Picod ; RDC 2006. 1193, obs. Houtcieff ; RTD civ. 2006. 593, obs. Crocq , et 816, obs. Vareille ; RTD com. 2006. 902, obs. D. Legeais .* ♦ Déjà en ce sens : • Paris, 3 nov. 1994 : *D. 1995. 532, note Lecène-Marénaud ; D. 1995. Somm. 326, obs. Grimaldi ; RTD civ. 1997. 728, obs. Vareille* • Versailles, 19 mai 1994 : *BJS 1994. 964, note Le Cannu.* ♦ *Contra* : • Douai, 30 juin 1994 : *JCP 1996. I. 3908, n° 14, obs. Simler.*

2. *Sûreté réelle consentie pour garantir la dette d'autrui.* BIBL. Brémond, *JCP N 2002. 1640* (à propos des arrêts du 15 mai 2002). – J. François, *Defrénois 2002. 1208* (l'obligation de la caution réelle ; à propos des arrêts Civ. 1re, 15 mai 2002). – Jacob et Rontchevsky, *Mél. AEDBF III, Banque éditeur, p. 197 s.* (l'application de l'art. 1415 aux garanties et particulièrement au cautionnement réel). – Libchaber, *obs. RTD civ. 2002. 604* (analyse d'un revirement : les arrêts du 15 mai 2002). – Mignot, *RLDC 2006/23, n° 954* (nature du cautionnement réel) ; *RLDC 2006/24, n° 992* (arrêt du 2 déc. 2005). – Pillet, *RLDC 2006/26, n° 2012* (garantie réelle de la dette d'autrui et communauté). – Poulet, *Defrénois 2006. 1441* (sûreté réelle pour autrui en régime de communauté). – Simler, *JCP 2006. I. 172* (sûreté réelle, cautionnement réel : après l'arrêt Cass., ch. mixte, 2 déc. 2005). ♦ Une cour d'appel retient exactement que l'art. 1415 n'est pas applicable au nantissement de titres entrés dans la communauté, une sûreté réelle consentie pour garantir la dette d'un tiers n'impliquant aucun engagement personnel à satisfaire à l'obligation d'autrui et n'étant pas dès lors un cautionnement, lequel ne se présume pas. • Cass., ch. mixte, 2 déc. 2005, n° 03-18.210 P : *R., p. 214 ; BICC 15 janv. 2006, rapp. Foulquié, concl. Sainte-Rose ; D. 2006. 729, concl. Sainte-Rose, note Aynès ; ibid. AJ 61, obs. Avena-Robardet ; ibid. Pan. 1420, obs. Lemouland et Vigneau , et 2856, obs. Crocq ; JCP 2005. II. 10183, note Simler ; JCP E 2006. 1056, note S. Piedelièvre ; Defrénois 2006. 586, obs. Libchaber, et 1601, obs. Champenois ; AJ fam. 2006. 113, obs. Hilt ; Dr. fam. 2006. Étude 13, par Beignier ; CCC 2006, n° 62, obs. Leveneur ; Dr. et patr. 2/2006, p. 128, obs. Dupichot ; RJPF 2006-5/22, note Vauvillé ; LPA 23 janv. 2006, note Houtcieff ; ibid. 1er-2 mai 2006, note Mouligner ; Dr. et pr. 2006. 113, obs. Y. Picod ; Banque et Dr. 1-2/2006, p. 55, obs. Jacob ; RTD civ. 2006. 357, obs. Vareille , et 594, obs. Crocq ; RTD com. 2006. 465, obs. D. Legeais* • Civ. 1re, 28 févr. 2006, n° 02-10.602 P : *D. 2006. Pan. 2068, obs. Revel ; JCP E 2006. 2699, note S. Hovasse* (nantissement d'un contrat d'assurance vie) • 20 févr. 2007, n° 06-10.217 P : *D. 2007. AJ 937, obs. Avena-Robardet ; ibid. Pan. 2128, obs. Revel ; JCP 2007. I. 142, n° 20, obs. Simler ; JCP E 2008. 1072, note S. Hovasse ; AJ fam. 2007. 229, obs. Hilt ; Dr. fam. 2007, n° 89, note Beignier ; RJPF 2007-5/28, obs. Vauvillé ; RLDC 2007/42, n° 2698, note Corgas-Bernard ; LPA 31 mai 2007, note Berlioz ; ibid. 6 août 2007, note Houtcieff (idem).*

Contra, antérieurement : le nantissement constitué par un tiers pour le débiteur est un cautionnement réel, auquel l'art. 1415 est applicable. • Civ. 1re, 15 mai 2002, *BNP c/ Épx Deliry*, n° 00-15.298 P : *R., p. 340 ; D. 2002. 1780, note Barberot (1re esp.) ; ibid. Somm. 3337, obs. Aynès ; JCP 2002. II. 10109, concl. Petit, note S. Piedelièvre (2e esp.) ; ibid. I. 162, n° 3, et 167, n° 5, obs. Simler ; Defrénois 2002. 1322, obs. Champenois ; Dr. fam. 2002, n° 90, note Beignier (1re esp.) ; AJ fam. 2002. 264, obs. S. D.-B . ; RTD civ. 2002. 546, obs. Crocq ; RTD civ. 2003. 338, obs. Vareille* • 15 mai 2002, *BNP c/ Abihssira*, n° 00-15.298 P : *R., p. 340 ; D. eod. loc. (3e esp.) ; JCP eod. loc. (1re esp.) ; Defrénois eod. loc. ; ibid. 2003. 413, obs. Théry ; Dr. fam. eod. loc. (3e esp.) ; RJPF 2002-9/21, note Vauvillé ; LPA 27 mars 2003, note Arlie ; RTD civ. eod. loc.* ♦ V. également art. 1422, al. 2 (acte désormais soumis à cogestion).

3. *Aval.* En l'absence du consentement exprès de son conjoint à l'aval d'un billet à ordre, un époux ne peut engager les biens communs par une telle garantie. • Com. 4 févr. 1997, n° 94-19.908 P : *D. 1997. 478, note S. Piedelièvre ; D. 1997. Somm. 261, obs. M. Cabrillac ; JCP 1997. II. 22922, note Beignier ; ibid. I. 4047, n° 19, obs. Simler ; Defrénois 1997. 1440, obs. Champenois ; RTD civ. 1997. 728, obs. Vareille* • Civ. 1re, 3 mai 2000, n° 97-21.592 P : *D. 2000. 546, note Thierry ; D. 2001. Somm. 693, obs. Aynès ; JCP 2000. I. 257, n° 5, obs. Simler ; JCP N 2000. 1615, note S. Piedelièvre ; ibid. 2001. 26, note Casey ; Defrénois 2000.1185, obs. Champenois ; Banque et Dr. 9-10/2000, p. 43, obs. Jacob ; Dr. fam. 2000, n° 88, note Tougne ; RTD civ. 2000. 889, obs. Vareille .*

4. *Cautionnements simultanés d'une même dette par deux époux dans un même acte : éviction de l'art. 1415.* L'art. 1415 n'a pas vocation à s'appliquer à des engagements de caution souscrits par deux époux, en des termes identiques, sur le même acte de prêt, pour la garantie de la même dette, un engagement simultané étant ainsi caractérisé. • Com. 5 févr. 2013, n° 11-18.644 P : *D. 2013. 429, obs. Avena-Robardet ; ibid. 2013. 1253, note Molière ; ibid. Pan. 1706, obs. Crocq ; AJ fam. 2013. 187, obs. Hilt ; Rev. sociétés 2013. 507, note Dauriac ; JCP 2013, n° 417, obs. Gout ; JCP N 2013, n° 1135, note Piedelièvre ; Banque et Dr. 3-4/2013, p. 48, obs. Jacob ; CCC 2013, n° 125, obs. Raymond ; Gaz. Pal. 6-7 mars 2013, p. 13, note Mignot ; RLDC*

2013/105, n° 5134, obs. Simler. ♦ Dans une espèce où les époux s'étaient portés cautions en termes identiques sur l'acte même de prêt, la première chambre civile avait précédemment jugé que, lorsque chacun des époux se constitue caution pour la garantie d'une même dette, l'art. 1415 n'a pas lieu de s'appliquer : • Civ. 1re, 13 oct. 1999, n° 96-19.126 P : *D. 1999. IR 259 ; JCP 2000. II. 10307, note Casey ; Defrénois 2000. 784, obs. Champenois ; CCC 2000, n° 20, note Leveneur ; Dr. fam. 2000, n° 25, note Beignier ; RTD civ. 2000. 393, obs. Vareille .* ♦ Application de l'art. 1415 et exigence d'un consentement exprès du conjoint en cas de cautionnements séparés d'une même dette par deux époux, V. note 23.

5. ... Conséquences de l'annulation de l'un des deux cautionnements simultanés. Lorsque les cautionnements d'époux communs en biens ont été recueillis au sein du même acte pour garantir la même dette et que l'un des cautionnements est annulé, la seule signature au pied de cet engagement ne vaut pas consentement exprès au cautionnement de l'autre conjoint, emportant engagement des biens communs en application de l'art. 1415. • Com. 29 sept. 2021, n° 20-14.213 B.

6. Contrat de société impliquant une obligation indéfinie au passif social (non). Le contrat de société civile, qui fait naître à la charge de l'associé une obligation subsidiaire de répondre indéfiniment du passif social, ne saurait être assimilé à un cautionnement. • Civ. 1re, 17 janv. 2006, n° 02-16.595 P : *D. 2006. 2660, note Bicheron ; ibid. AJ 716, obs. Avena-Robardet ; D. 2007. Pan. 273, obs. Hallouin et Lamazerolles ; JCP 2006. I. 141, n° 13, obs. Simler ; ibid. I. 168, n° 8, obs. Caussain, Deboissy et Wicker ; JCP N 2006. 1310, note Brémond ; JCP E 2006. 1864, note F.-X. Lucas ; Banque et Dr. 3-4/2006, p. 63, obs. Jacob ; RTD com. 2006. 419, obs. Champaud et Danet ; Rev. sociétés 2006. 540, note D. Legeais*, cassant • Versailles, 2 mai 2002 : *Defrénois 2003. 1144, note Brémond ; LPA 18 juin 2003, note Dondero ; BJS 2002. 1036, note Scholer.* – Même sens, pour une société en nom collectif : • Civ. 1re, 17 janv. 2006, n° 03-11.461 P : *eod. loc. ; AJ fam. 2006. 164, obs. Hilt .*

7. Engagement synallagmatique. L'art. 1415 n'est pas applicable à un engagement synallagmatique. • Civ. 1re, 27 févr. 2013, n° 10-27.519.

8. Clause de garantie de passif. La convention de garantie de passif social, formant un tout avec l'acte synallagmatique portant cession des titres sociaux auquel elle s'intègre, n'est pas un engagement unilatéral et, partant, n'est pas soumise à l'art. 1415, fût-elle consentie solidairement entre les cédants. • Com. 20 sept. 2012, n° 11-13.144.

9. Clause de révision du prix. L'engagement souscrit par le mari au profit du tiers concernant la révision de prix n'est pas assimilable à un emprunt. • Civ. 1re, 22 mars 2017, n° 16-13.365 P (violation de l'art. 1415 C. civ.).

2° EMPRUNTS

10. Découvert en compte. La règle de l'art. 1415 est applicable au crédit consenti par découvert en compte courant. • Civ. 1re, 6 juill. 1999, n° 97-15.005 P : *D. 2000. 421, note Le Guidec ; JCP 2000. II. 10237, note Casey ; Defrénois 1999. 1361, obs. Champenois ; Gaz. Pal. 2000. Somm. 362, obs. Dahan ; Dr. fam. 2000, n° 88, note Tougne ; LPA 6 avr. 2000, note Bernard.* ♦ ... Ou par découvert en compte bancaire, sauf clause de solidarité insérée dans la convention d'ouverture de compte, assortie de la faculté pour chaque cotitulaire d'obtenir un découvert. • Civ. 1re, 19 nov. 2002, n° 00-21.083 P : *D. 2002. IR 3307 ; AJ fam. 2003. 34, obs. S. D.-B . ; Dr. fam. 2003, n° 14, note Beignier (1re esp.).* ♦ Sur le cas particulier du crédit renouvelable destiné à financer des dépenses du ménage, V. note 27 ss. art. 220.

11. Prêt contracté pour le compte d'une société en formation, non repris ensuite. En l'absence de reprise par la société, après son immatriculation, du prêt souscrit par son fondateur, époux commun en biens, celui-ci est personnellement tenu, en qualité d'emprunteur, des obligations qui en découlent ; cassation de l'arrêt qui, pour évincer l'application de l'art. 1415, avait considéré que l'époux n'avait souscrit aucun emprunt personnel et n'avait reçu aucune somme. • Civ. 1re, 9 juill. 2014, n° 13-20.356 P : *D. 2014. 1544 ; AJ fam. 2014. 709, obs. Pauls ; Rev. sociétés 2015. 126, note Naudin ; JCP 2014, n° 1012, note Zelcevic-Duhamel ; Defrénois 2014. 1019, note Lécuyer.*

12. Non-application au compte courant d'associé coopérateur. La position débitrice d'un compte courant d'associé coopérateur, dont la vocation est de faciliter les échanges commerciaux de biens agricoles, ne peut être assimilée à un emprunt. • Civ. 1re, 22 juin 2004, n° 02-13.551 P : *D. 2004. IR 2269 ; AJ fam. 2004. 329, obs. Deis-Beauquesne ; RJPF 2004-10/39, obs. Vauvillé.*

13. Non-application à l'emprunt ménager. Sur le cas particulier de l'emprunt portant sur des sommes modestes nécessaires aux besoins de la vie courante, qui engage solidairement les deux époux, V. art. 220, al. 2.

14. Reconnaissance de dette. Refus d'appliquer l'art. 1415 dans le cas d'une dette contractée par un époux auprès de particuliers et consignée dans une reconnaissance de dette. • Paris, 22 juill. 2005 : *AJ fam. 2006. 452, obs. Hilt .*

B. DROIT TRANSITOIRE

15. Non-application aux engagements souscrits antérieurement au 1er juill. 1986 (L. du 23 déc. 1985, art. 57). Pour des cautionnements souscrits par le mari avant le 1er juill. 1986, de nature à engager la communauté, V. • Civ. 1re, 14 mai 1991 : *JCP 1992. II. 21830 (1re esp.),* *note Le Guidec ; D. 1992. Somm. 222, obs. Lucet ; RTD civ. 1991. 772, obs. Bandrac ; ibid. 1992. 442, obs. Lucet et Vareille ; Defrénois 1992. 1553, obs. Champenois* • 27 janv. 1998 : *JCP 1998. I. 183, n° 3, obs. Simler* • 23 nov. 1999 : *JCP 2000. I. 245, n° 4, obs. Simler.* ♦ La dette étant née durant la communauté et, en application de la L. du 13 juill. 1965 alors applicable, l'époux engageait les biens communs, même par un cautionnement auquel le conjoint n'avait pas donné son accord, de sorte que les poursuites pouvaient être entreprises sur les biens dépendant de l'indivision post-communautaire existant entre les époux, sans que le titre exécutoire vise l'épouse. • Civ. 2e, 22 mars 2012, n° 11-14.648. ♦ Au sens de l'art. 57 de la L. du 23 déc. 1985, qui prévoit que le droit de poursuite des créanciers dont la créance était née à une date antérieure à l'entrée en vigueur de cette loi restera déterminé par les dispositions en vigueur à cette date, la date à laquelle naît la créance à l'égard de la caution est la date à laquelle elle s'engage. • Civ. 1re, 14 mai 1991 : *préc.*

C. RÉGIME MATRIMONIAL DES ÉPOUX

16. Communauté universelle. Les dispositions de l'art. 1415 sont impératives et applicables aux époux mariés sous un régime de communauté universelle. • Civ. 1re, 3 mai 2000, n° 97-21.592 P : *D. 2000. 546, note Thierry ; D. 2001. Somm. 693, obs. Aynès ; JCP 2000. I. 257, n° 5, obs. Simler ; JCP N 2000. 1615, note S. Piedelièvre ; ibid. 2001. 26, note Casey ; Defrénois 2000.1185, obs. Champenois ; Banque et Dr. 9-10/2000, p. 43, obs. Jacob ; Dr. fam. 2000, n° 88, note Tougne ; RTD civ. 2000. 889, obs. Vareille* • 28 janv. 2003 : *JCP N 2003. 1603, obs. Casey ; Dr. fam. 2003, n° 62, note Beignier* • 5 oct. 2016, n° 15-24.616 P.

17. Société d'acquêts. L'art. 1415 est applicable à un immeuble compris dans la société d'acquêts stipulée entre époux séparés de biens. • Civ. 1re, 25 nov. 2003, n° 02-12.942 P : *D. 2004. Somm. 2335, obs. Revel ; JCP 2004. I. 129, n° 20, obs. Storck ; Defrénois 2004. 1467, obs. Champenois ; AJ fam. 2004. 28, obs. S. D.-B. ; Dr. fam. 2004, n° 8, note Beignier ; RJPF 2004-3/29, obs. Vauvillé ; RTD civ. 2004. 335, obs. Vareille.*

II. PORTÉE DE LA RÈGLE

A. CONSENTEMENT DU CONJOINT : CONTENU ET PORTÉE

1° EXPRESSION DU CONSENTEMENT

18. Réalité du consentement. Est seul obligé l'époux qui a transmis à la banque des actes de prêt non signés par son conjoint, les sachant revêtus d'une fausse signature. • Civ. 1re, 3 juin 1997, n° 94-20.788 P : *JCP 1998. I. 135, n° 11, obs. Simler ; RTD civ. 1998. 967, obs. Vareille* (bonne foi du créancier jugée indifférente).

19. Forme du consentement : non-application de l'art. 1326. L'art. 1415 n'exige pas que le consentement exprès de l'autre conjoint au cautionnement soit donné dans les conditions prescrites par l'art. 1326 anc. C. civ. • Civ. 1re, 13 nov. 1996, n° 94-12.304 P : *CCC 1997, n° 41, note Leveneur ; D. 1997. Somm. 163, 1re esp., obs. Aynès ; D. 1998. Somm. 135, obs. Brémond ; JCP N 1998. 813, obs. Le Guidec ; Defrénois 1997. 812, obs. Champenois ; RTD civ. 1997. 729, obs. Vareille.* ♦ Même sens : • TGI Lyon, JEX, 7 nov. 1995 : *D. 1996. 270, note Prévault ; JCP N 1996. II. 1769, note S. Piedelièvre.*

20. Caractère exprès du consentement : illustrations répondant à cette exigence. Pour des exemples d'expression du consentement caractérisant un consentement exprès, V. : • Civ. 1re, 4 juin 1996, n° 93-13.870 P (« bon pour consentement aux engagements ci-dessus ») • 29 avr. 1997 : *Dr. fam. 1997, n° 181, obs. B. B.* (engagement de caution non valable valant consentement exprès à celui souscrit par l'autre époux).

21. ... Cas ne répondant pas à cette exigence. Pour des exemples dans lesquels il n'a pas été satisfait à l'exigence d'un consentement exprès du conjoint, V. : • Civ. 1re, 25 nov. 1997 : *Dr. fam. 1998, n° 118, note Beignier* (le fait de s'associer à une demande de conversion en vente volontaire d'un immeuble saisi ne vaut pas consentement exprès au sens de l'art. 1415) • 17 févr. 1998, n° 96-12.763 P : *Gaz. Pal. 1999. 1. Somm. 122, obs. S. Piedelièvre ; RTD civ. 1998. 659, obs. Hauser ; ibid. 967, obs. Vareille* (la connaissance de la situation par le conjoint ne vaut pas consentement exprès à l'opération) • 19 nov. 2002, n° 00-16.683 P : *D. 2002. 3290, note Barberot ; D. 2003. Somm. 1401, obs. Taormina ; JCP 2003. I. 111, n° 10, obs. Simler ; Defrénois 2003. 547, obs. Champenois ; AJ fam. 2003. 71, obs. S. D.-B. ; RJPF 2003-2/29, note Vauvillé ; RTD civ. 2003. 339, obs. Vareille* (ne vaut pas consentement exprès de l'épouse à l'emprunt contracté par le mari seul l'acte postérieur par lequel les époux hypothèquent un bien commun en garantie de cette dette ; dès lors, cet acte n'engage ni les biens propres de l'épouse, ni les biens communs, à l'exception du bien hypothéqué) • 28 nov. 2006, n° 04-19.725 P : *D. 2007. AJ 88, obs. Avena-Robardet ; ibid. Pan. 2127, obs. Revel ; JCP 2007. I. 142, n° 19, obs. Simler ; AJ fam. 2007. 41, obs. Hilt ; Dr. fam. 2007, n° 16, obs. Beignier (3e esp.) ; RJPF 2007-2/22, obs. Vauvillé ; RTD com. 2007. 209, obs. D. Legeais* (la signature d'une fiche de renseignements en tant que conjoint de l'emprunteur ne vaut pas consentement exprès à l'emprunt).

22. Moment où le consentement du conjoint doit être apprécié. Postérieurement à la conclusion d'un contrat de prêt, ni le fait que les deux époux aient consenti à un plan conventionnel de redressement incluant la dette litigieuse, ni les paiements auxquels l'époux a procédé ne suffisent à caractériser le consentement exprès de celui-ci lors de la souscription de l'emprunt. • Civ.

1re, 29 juin 2011, nº 10-11.012 P : *D. 2011. Actu. 1897 ; AJ fam. 2011. 437, obs. Hilt .* ♦ La preuve du consentement exprès donné par un époux au cautionnement contracté par son conjoint n'est pas subordonnée à la signature manuscrite par le premier de l'engagement souscrit par le second ; c'est au moment de cet engagement que l'existence du consentement de l'épouse doit être recherchée. • Civ. 1re, 9 juill. 2014, nº 13-16.070 (violation de l'art. 1415).

23. ... Cautionnements séparés d'une même dette par deux époux. Jugé, à propos de nantissements consentis en garantie de la dette d'un tiers, par deux époux en même temps, mais unilatéralement et séparément, que ces actes n'établissaient pas à eux seuls le consentement exprès de chacun des époux à l'engagement de l'autre • Civ. 1re, 15 mai 2002, *BNP c/ Épx Deliry : préc. note 2* (décision rendue antérieurement à l'arrêt • Cass., ch. mixte, 2 déc. 2005 : *cité note 2* qui écarte l'application de l'art. 1415 dans l'hypothèse d'une sûreté réelle consentie pour garantir la dette d'autrui). ♦ Dans le même sens : • Civ. 1re, 9 mars 1999 : *JCP 1999. I. 156, nº 4, obs. Simler* (à propos de deux engagements de caution, souscrits le même jour par actes séparés, sans référence dans chacun de ces actes à l'autre) • Paris, 23 mars 1999 : *D. 1999. IR 134 ; JCP 1999. II. 10202, note Chabot* (engagements pris séparément à des dates différentes) • Civ. 1re, 8 mars 2005, nº 01-12.734 P : *D. 2005. IR 1048 ; JCP 2005. I. 163, nº 10, obs. Simler ; Gaz. Pal. 2005. 3440, note Gaonac'h ; AJ fam. 2005. 238, obs. Hilt ; Dr. fam. 2005, nº 81, note Beignier ; LPA 1er-2 mai 2006, note Petroni-Maudière* (engagements pris par actes distincts à des dates proches).

Pour accueillir la demande de la banque, l'arrêt retient que celle-ci se prévaut d'un acte sous seing privé de cautionnement solidaire établi au nom du mari, lequel, s'il est valable, équivaut à un consentement donné par lui à l'engagement de caution de son épouse ; l'existence de cet acte, non produit, est certaine, la banque, qui en est bénéficiaire, est en droit de le considérer comme valable tant qu'il n'est pas annulé et que faute de pièces, la cour n'est pas en mesure d'en apprécier la validité. En statuant ainsi, alors que les cautionnements souscrits unilatéralement par l'épouse et son mari n'établissaient pas à eux seuls le consentement exprès de chacun d'eux à l'engagement de caution de l'autre, la cour d'appel a violé l'art. 1415 C. civ. • Civ. 1re, 13 juin 2019, nº 18-13.524. – V. aussi • Civ. 1re, 12 oct. 2004 : *JCP 2005. II. 10069, note Lachièze.* ♦ Éviction de l'art. 1415 en cas de cautionnements simultanés d'une même dette par deux époux, V. note 4.

2º CONSÉQUENCES DU CONSENTEMENT

24. Extension du gage du créancier aux biens communs. C'est à bon droit qu'une cour d'appel, après avoir constaté que l'acte de cautionnement souscrit par un époux comportait la mention du consentement de l'épouse suivie de la signature de celle-ci, en a déduit que le créancier qui agissait en vertu d'un titre exécutoire constatant une créance liquide et exigible régulièrement signifié à l'époux caution, son seul débiteur, était fondé à en poursuivre l'exécution forcée sur le bien immobilier commun. • Civ. 2e, 15 oct. 2015, nº 14-22.684 P (en l'espèce, absence de signification à l'épouse du jugement ordonnant la vente forcée de l'immeuble).

25. Obligation d'information en faveur du conjoint (non). Le consentement du conjoint au cautionnement donné par un époux en faveur d'une société n'a pas pour effet de conférer la qualité de partie à l'acte à ce conjoint, qui n'est créancier d'aucune obligation d'information ou de mise en garde à l'égard de la banque bénéficiaire du cautionnement. • Com. 9 févr. 2016, nº 14-20.304 P : *D. 2016. 1415, note Molière ; ibid. 1955, obs. Crocq ; AJ fam. 2016. 218, obs. A.-R . ; Rev. sociétés 2016. 359, note Juillet .*

26. Mise en œuvre des voies d'exécution (oui). Un titre exécutoire constatant une créance liquide, exigible et régulièrement signifiée, permet la saisie d'un immeuble commun, dès lors qu'il est relevé que l'arrêt ayant condamné le mari en sa qualité de caution a été signifié aux deux époux et que l'épouse avait donné son consentement par une mention suivie de sa signature. • Civ. 2e, 15 oct. 2015, nº 14-22.384 P.

27. Cautionnement disproportionné, art. L. 341-4 C. consom. (non). La disproportion manifeste de l'engagement de la caution commune en biens s'apprécie par rapport aux biens et aux revenus de celle-ci, sans distinction et sans qu'il y ait lieu de tenir compte du consentement exprès du conjoint donné conformément à l'art. 1415, qui détermine seulement le gage du créancier ; devaient être pris en considération tant les biens propres et les revenus du mari que les biens communs, incluant les biens de l'épouse. • Com. 6 juin 2018, nº 16-26.182 P : *AJ fam. 2018. 480, obs. Casey .* ♦ Comp, en régime de séparation de biens, où le patrimoine personnel du conjoint ne peut entrer dans la détermination du caractère excessif du cautionnement : • Com. 24 mai 2018, nº 16.13.036 P : *AJ fam. 2018. 482, obs. Casey .* – Déjà antérieurement, dans le même sens, • Civ. 1re, 25 nov. 2015, nº 14-84.800 P.

B. ABSENCE DE CONSENTEMENT DU CONJOINT : CONSÉQUENCES

1º PERSONNES SUSCEPTIBLES DE SE PRÉVALOIR DU DÉFAUT DE CONSENTEMENT

28. Nullité de l'engagement du conjoint. Lorsque les cautionnements d'époux communs en biens ont été recueillis au sein du même acte pour garantir la même dette et que l'un des cautionnements est annulé, la seule signature au pied de cet engagement ne vaut pas consentement exprès au cautionnement de l'autre conjoint, emportant engagement des biens communs en application de l'art. 1415. • Com. 29 sept. 2021, n° 20-14.213 B : *D. 2021. 2166, note Molière ; AJ fam. 2021. 688, obs. Casey ; RTD civ. 2022. 189, obs. Nicod*.

29. Époux débiteur. L'époux qui a contracté seul un cautionnement peut se prévaloir des dispositions de l'art. 1415 et invoquer l'inopposabilité de l'acte quant aux biens dépendant de la communauté. • Civ. 1re, 15 mai 2002, *CIC c/ Piot : cité note 34* • 15 mai 2002, *BNP c/ Abihssira : préc. note 2.* ♦ *Contra*, précédemment : • Civ. 1re, 26 mai 1999 : *D. 2000. 703, note Brémond ; JCP 1999. I. 156, n° 5, obs. Simler ; Defrénois 2000. 439, obs. Champenois ; Dr. fam. 1999, n° 84, note Beignier ; RTD civ. 2000. 391, obs. Vareille*.

30. Ayant cause à titre particulier des époux (non). Rejet de la tierce opposition formée par l'acquéreur de l'immeuble hypothéqué au jugement ayant refusé aux époux le bénéfice de l'art. 1415, au motif que seuls les époux peuvent se prévaloir des dispositions de l'art. 1415. • Civ. 1re, 14 janv. 2003, n° 00-16.078 P : *D. 2003. IR 398 ; JCP 2003. I. 214, n° 5, obs. Simler ; JCP N 2003. 1604, obs. Casey ; AJ fam. 2003. 108, obs. S. D.-B . ; Dr. fam. 2003, n° 48, note Beignier (1re esp.) ; RTD civ. 2003. 339, obs. Vareille*.

2° IMPOSSIBILITÉ DE POURSUIVRE LE PAIEMENT SUR LES BIENS COMMUNS

31. Interdiction, pour le créancier dont la dette est née au cours de la communauté, de saisir les biens communs. Viole l'art. 1415 l'arrêt qui retient que les dispositions de ce texte concernent les rapports entre les époux et n'interdisent pas aux créanciers de chacun d'eux, dont la dette est née pendant la communauté, d'en poursuivre le paiement sur les biens communs. • Civ. 1re, 2 juill. 1991 : *JCP 1992. II. 21830 (2e esp.), note Le Guidec ; Defrénois 1991. 1326, obs. Champenois ; RTD civ. 1991. 771, obs. Bandrac*. ♦ Droit de l'époux d'agir en restitution des biens communs irrégulièrement saisis : V. • Civ. 1re, 20 mai 2003, n° 01-12.436 P : *D. 2003. IR 1665 ; JCP 2004. I. 129, n° 15, obs. Simler ; JCP N 2003. 1607, obs. Casey ; Defrénois 2003. 1360, obs. Champenois ; AJ fam. 2003. 273, obs. S. D.-B . ; RJPF 2003-9/27, obs. Vauvillé.*

32. ... Même après le partage de la communauté. Un créancier ne peut poursuivre le recouvrement de sa créance sur un immeuble qui était commun aux deux époux lors de la souscription des engagements de cautionnement contractés par le mari sans le consentement exprès de son épouse. • Civ. 1re, 28 mars 2008 : *JCP 2008. I. 152, n° 2, obs. Simler* (exclusion de l'action paulienne).

33. Qualité de tiers à la procédure de saisie du conjoint n'ayant pas consenti. La présomption d'exactitude de la déclaration du tiers saisi, à défaut de contestation avant l'acte de conversion, instaurée par l'art. R. 523-6 C. pr. exéc. (art. 239, Décr. du 31 juill. 1992), n'est pas opposable aux tiers à la procédure de saisie conservatoire des créances. Un époux, commun en biens, ayant contracté un engagement de caution auprès d'une banque sans le consentement de son épouse, viole ce texte la cour d'appel qui refuse de reconnaitre la qualité de tiers à la procédure de saisie à cette épouse alors que celle-ci contestait le droit pour la banque de poursuivre le recouvrement de sa créance sur le produit de la vente d'un bien commun détenu par un notaire ayant déclaré détenir cette somme pour le compte de l'époux débiteur. • Civ. 2e, 27 sept. 2012, n° 11-22.570 P.

34. Interdiction de prendre une hypothèque judiciaire sur un immeuble commun. A défaut de consentement exprès du conjoint à l'engagement de caution pris par un époux, le créancier ne peut être judiciairement autorisé à prendre inscription d'hypothèque sur un immeuble commun. • Civ. 1re, 18 nov. 1992, n° 91-10.473 P : *JCP 1993. I. 3656, n° 9, obs. Tisserand* • 29 mai 1996, n° 94-16.615 P : *JCP 1996. I. 3962, n° 12, obs. Simler ; Defrénois 1996. 1083, obs. Champenois* (pour le cas d'inscription d'hypothèque judiciaire définitive) • 15 mai 2002, *CIC c/ Piot*, nos 00-13.527 P, 99-21.464 P, 00-15.298 P : *R., p. 340 ; D. 2002. 1780, note Barberot ; JCP 2002. II. 10109, concl. Petit, note S. Piedelièvre (3e esp.) ; ibid. I. 162, n° 3, obs. Simler ; Defrénois 2002. 1322, obs. Champenois ; Dr. fam. 2002, n° 90, note Beignier (2e esp.) ; AJ fam. 2002. 264, obs. S. D.-B . ; RTD civ. 546, obs. Crocq* (inscription d'hypothèque judiciaire provisoire). – V. aussi • Civ. 1re, 11 mars 2003, n° 00-22.208 P : *D. 2003. AJ 1361 ; JCP 2003. I. 158, n° 9, obs. Simler ; Defrénois 2003. 994, obs. Champenois ; ibid. 1615, obs. Théry ; Dr. fam. 2003, n° 92, note B. B.* • 22 nov. 2005, n° 03-12.180 P : *D. 2006. IR 249 ; JCP 2006. I. 141, n° 14, obs. Simler ; Defrénois 2006. 514, obs. S. Piedelièvre ; Dr. fam. 2006, n° 12, note Beignier.*

35. Art. 1415 et fraude paulienne. Il résulte de la combinaison des art. 1415 et 1167 anc. C. civ. que l'époux, qui s'est rendu caution sans le consentement exprès de son conjoint, n'engage que ses biens propres et ses revenus, de sorte que le créancier, bénéficiaire du cautionnement, ne peut invoquer la fraude paulienne pour les actes passés sur les biens communs, qui ne font pas partie de son gage. • Com. 16 nov. 2010, n° 09-16.774.

3° POSSIBILITÉ D'AGIR SUR LES REVENUS DE L'ÉPOUX DÉBITEUR

36. Saisissabilité des revenus de l'époux débiteur avant leur transformation en acquêts ordinaires. La cour d'appel qui, après avoir exactement énoncé que, selon l'art. 1415, chacun des époux ne peut engager que ses biens propres et ses revenus par un cautionnement ou un emprunt contracté sans le consentement exprès de son conjoint et après avoir relevé que le compte de dépôt, objet de la saisie, n'était alimenté que par les revenus de l'époux débiteur, a décidé à bon droit que ce compte était saisissable. • Civ. 1re, 14 janv. 2003, n° 00-16.078 P : *D. 2003. 2792, note Barabé-Bouchard ; JCP 2003. II. 10019, concl. Sainte-Rose ; ibid. I. 124, n° 4, et 158, n° 9, obs. Simler ; JCP N 2003. 1605, obs. Casey ; Gaz. Pal. 2003. Somm. 2591, obs. S. Piedelièvre ; Defrénois 2003. 544, obs. Champenois ; AJ fam. 2003. 109, obs. S. D.-B . ; Dr. fam. 2003, n° 48, note Beignier (2e esp.) ; RTD civ. 2003. 534, obs. Vareille .* ♦ Mais viole l'art. 1415 la cour d'appel qui, pour rejeter une demande de mainlevée de saisies pratiquées sur le plan d'épargne logement et le compte-titres ouverts au nom de l'époux, retient qu'il n'est pas contesté que ces comptes sont alimentés par les seuls revenus du mari caution, alors que le plan d'épargne logement et le compte-titres étaient des acquêts que l'époux ne pouvait engager qu'avec le consentement exprès de son épouse. • Même arrêt.

37. Nécessité d'identifier les revenus de l'époux débiteur pour pratiquer une saisie. Doit être cassé l'arrêt qui refuse la mainlevée d'une saisie-attribution pratiquée, pour le recouvrement d'une condamnation contre le mari, sur les revenus de l'exploitation agricole (paies de lait) alors que l'épouse y participe. • Civ. 1re, 16 mai 2000, n° 97-18.612 P : *Defrénois 2000. 1183, obs. Champenois ; RTD civ. 2001. 186, obs. Vareille .* ♦ N'est pas saisissable le compte joint alimenté par les revenus de chacun des époux, faute pour le créancier d'identifier les revenus de l'époux débiteur. • Civ. 1re, 3 avr. 2001, n° 99-13.733 P : *D. 2001. Somm. 2933, obs. Nicod ; JCP 2002. II. 10080, note Bourdaire ; ibid. I. 103, n° 13, obs. Simler ; Defrénois 2001. 939, obs. Théry ; ibid. 1129, obs. Champenois ; Dr. fam. 2001, n° 75 (3e esp.), note Beignier ; RJPF 2001-7-8/30, obs. Vauvillé ; Banque et Dr. 5-6/2001, p. 48, obs. Jacob ; RTD civ. 2001. 943, obs. Vareille .* – Dans le même sens : • Civ. 1re, 17 févr. 2004, n° 02-11.039 P : *D. 2004. Somm. 2260, obs. Brémond ; JCP 2004. I. 188, n° 2, obs. Simler ; Defrénois 2004. 1476, obs. Champenois ; AJ fam. 2004. 145, obs. Deis-Beauquesne ; Dr. fam. 2004, n° 84, note Beignier* • 17 janv. 2006, n° 02-20.636 P : *D. 2006. 1277, note Bonnet ; JCP 2006. I. 193, n° 13, obs. Simler ; AJ fam. 2006. 163, obs. Hilt ; Dr. et pr. 2006. 276, obs. Hoonakker ; LPA 9 oct. 2006, note Chamoulaud-Trapiers ; RTD civ. 2006. 359, obs. Vareille .* ♦ Rappr. s'agissant de prélèvements automatiques consentis par le mari caution sur son compte personnel, • Civ. 1re, 18 févr. 2003, n° 00-21.362 P : *D. 2003. Somm. 1864, obs. Brémond ; JCP 2003. I. 158, n° 9, obs. Simler ; JCP N 2003. 1606, obs. Casey ; Defrénois 2003. 1356, obs. Champenois ; Dr. fam. 2003, n° 49, note Beignier ; RJPF 2003-6/22, note Vauvillé ; RTD civ. 2003. 536, obs. Patarin* (nécessité pour les juges du fond de rechercher si le compte était alimenté par les seuls revenus du mari).

Art. 1416 **La communauté qui a acquitté une dette pour laquelle elle pouvait être poursuivie en vertu des articles précédents a droit néanmoins à récompense, toutes les fois que cet engagement avait été contracté dans l'intérêt personnel de l'un des époux, ainsi pour l'acquisition, la conservation ou l'amélioration d'un bien propre.**

Droit à récompense pour la communauté. Sur les hypothèses dans lesquelles la communauté peut prétendre à récompense pour avoir financé une dette contractée dans l'intérêt personnel d'un époux, V. la jurisprudence citée ss. art. 1437.

Art. 1417 **La communauté a droit à récompense, déduction faite, le cas échéant, du profit retiré par elle, quand elle a payé les amendes encourues par un époux, en raison d'infractions pénales, ou les réparations et dépens auxquels il avait été condamné pour des délits ou quasi-délits civils.**

Elle a pareillement droit à récompense si la dette qu'elle a acquittée avait été contractée par l'un des époux au mépris des devoirs que lui imposait le mariage.

1. Dettes résultant d'un délit ou d'un quasi-délit civil : dommage causé au conjoint. Compte tenu de l'art. 1417, un époux est tenu de réparer seul et sur ses biens propres le dommage causé à son conjoint, pendant le mariage, par son quasi-délit. • Civ. 1re, 19 févr. 1980, n° 79-10.304 P.

2. ... Violation d'une clause de non-concurrence (non). Non-application de l'art. 1417 à la dette née de la violation par le mari, lors de son embauche par une nouvelle société, de la clause de non-concurrence insérée dans une transaction intervenue avec son premier employeur, V. • Civ. 1re, 16 mars 2004 : *cité note 10 ss. art. 1409.*

3. Dettes résultant d'une fraude fiscale. Droit à récompense pour la communauté qui a assumé les conséquences pécuniaires de la fraude fiscale imputable à l'un des époux. • Civ. 1re, 20 janv. 2004, n° 01-17.124 P : *JCP 2005. I. 128, n° 14, obs. Tisserand-Martin ; Dr. fam. 2004, n° 85, note Beignier ; RTD civ. 2004. 765, obs. Vareille .* ♦ Droit à récompense pour la communauté à la suite de la liquidation par le fisc d'une astreinte accessoire d'une condamnation pénale pour des faits commis personnellement par l'époux : • Civ.

1re, 12 nov. 2009, n° 08-19.443 P : *D. 2009. AJ 2863 ; JCP 2010, n° 487, § 13, obs. Simler ; AJ fam. 2009. 496, obs. Hilt ; RLDC 2010/67, n° 3691, obs. Pouliquen ; RJPF 2010-3/15, note Vauvillé.* ♦ Sur le caractère commun à titre définitif d'un simple redressement fiscal qui, dans la mesure où il ne comporte pas de pénalités, ne peut être assimilé aux dettes visées par l'art. 1417. • Civ. 1re, 19 févr. 1991 : *cité note 6 ss. art. 1409.*

4. Dettes contractées au mépris des devoirs du mariage : pratique d'une activité de loisir (non). Non-application de l'article 1417 à la dette résultant de la pratique, par le mari, du sport automobile dès lors qu'il n'est pas démontré que cette dette ait été contractée au mépris de ses devoirs vis-à-vis de son épouse. • Riom, 10 nov. 1988 : *cité note 13 ss. art. 1409.*

Art. 1418 Lorsqu'une dette est entrée en communauté du chef d'un seul des époux, elle ne peut être poursuivie sur les biens propres de l'autre.

S'il y a solidarité, la dette est réputée entrer en communauté du chef des deux époux. *(Abrogé par L. n° 85-1372 du 23 déc. 1985) « Mais quand un époux ne fait que donner son consentement à l'obligation de l'autre, c'est seulement du chef de celui-ci que la dette entre en communauté. »*

1. Dettes entrées en communauté du chef d'un seul époux : dettes relatives à l'exploitation d'un fonds de commerce commun. Une femme ne peut être condamnée solidairement avec son mari à payer les dettes relatives à l'exploitation par le mari d'un commerce appartenant à la communauté, au motif qu'il s'agit de dettes commerciales à l'égard de toutes les parties, alors que la femme n'est en cause qu'en sa qualité d'épouse commune en biens et non en raison d'un engagement personnel qui aurait pu être de nature commerciale. • Civ. 1re, 28 avr. 1986, n° 84-13.166 P.

2. … Dette contractée par un époux agissant en qualité de mandataire de son conjoint. La femme, fondée de pouvoir ayant procuration générale de son mari commerçant, ne peut être condamnée personnellement à payer une dette commerciale de son mari, le mandataire ne s'obligeant pas personnellement par l'exercice de son mandat. • Com. 27 mai 1972 : *D. 1973. 155, note Prévault ; JCP 1973. II. 17306, note J. P.*

Art. 1419 *(Abrogé par L. n° 85-1372 du 23 déc. 1985) Toutefois, les créanciers peuvent poursuivre le paiement des dettes que la femme a contractées avec le consentement du mari tant sur les biens de la communauté que sur ceux du mari ou de la femme, sauf la récompense due à la communauté, ou l'indemnité due au mari.*

Si les dettes ont été contractées avec l'habilitation de justice, conformément à l'article 217, le paiement n'en peut être poursuivi que sur les propres de la femme et sur les biens de la communauté.

Art. 1420 *(Abrogé par L. n° 85-1372 du 23 déc. 1985) La femme qui exerce une profession séparée oblige ses propres et ses biens réservés par ses engagements professionnels.*

Le paiement de ces engagements peut aussi être poursuivi sur l'ensemble de la communauté et sur les propres du mari, si celui-ci avait donné son accord exprès à l'acte passé par la femme, ou même, en l'absence d'un tel accord, s'il s'est ingéré dans l'exercice de la profession. Il en est de même si, par une déclaration mentionnée au registre du commerce, il a donné son accord exprès à l'exercice d'un commerce par la femme.

SECTION 2 *De l'administration de la communauté et des biens propres*

RÉP. CIV. v° *Communauté légale (2° gestion des biens)*, par YILDIRIM.

DALLOZ ACTION *Droit patrimonial de la famille 2021/2022, nos 135.00 s.*

BIBL. GÉN. ▸ BOTTON, *Dr. fam. Chron. 16* (effet de la qualité particulière d'un époux). – FLOUR et CHAMPENOIS, *Defrénois 1996. 289* (gestion conjointe). – DELBANO, *D. 1999. Chron. 408* (art. 1426 et 1429 : subsidiarité des régimes de protection des majeurs). – SAGAUT, *AJ fam. 2003. 124* (empêchement ou impéritie des époux).

Art. 1421 *(L. n° 85-1372 du 23 déc. 1985)* Chacun des époux a le pouvoir d'administrer seul les biens communs et d'en disposer, sauf à répondre des fautes qu'il aurait commises dans sa gestion. Les actes accomplis sans fraude par un conjoint sont opposables à l'autre.

L'époux qui exerce une profession séparée a seul le pouvoir d'accomplir les actes d'administration et de disposition nécessaires à celle-ci.

Le tout sous réserve des articles 1422 à 1425.

Ancien art. 1421 *Le mari administre seul la communauté, sauf à répondre des fautes qu'il aurait commises dans sa gestion.*

Il peut disposer des biens communs, pourvu que ce soit sans fraude et sous les exceptions qui suivent.

BIBL. ▸ Albcheraoui, *JCP N 1993. I. 318* (nullité ou inopposabilité des actes frauduleux). – De Gaudemaris, *D. 1987. Chron. 223.*

I. POUVOIRS CONCURRENTS DES ÉPOUX

1. Durée d'exercice des pouvoirs concurrents limitée à l'existence de la communauté. En application de l'article 815-3, inopposabilité à l'épouse du cédant de la cession d'actions, dépendant de la communauté, intervenue au cours de l'indivision post-communautaire et obligation de faire figurer dans la masse partageable la valeur, au jour du partage, des titres aliénés. • Civ. 1re, 7 oct. 2015, n° 14-22.224 P.

A. ACTIONS EN JUSTICE RELATIVES AUX BIENS COMMUNS

2. Qualité pour agir en demande ou en défense : principe. Chacun des époux a qualité pour exercer seul, en demande ou en défense, les actions en justice relatives aux biens communs. • Civ. 1re, 19 mars 1991, n° 88-18.488 P : *Defrénois 1992. 850, obs. Champenois ; RTD civ. 1992. 443, obs. Lucet et Vareille* • Civ. 2e, 22 févr. 2007, n° 06-12.295 P : *JCP 2007. I. 208, n° 15, obs. Simler ; AJ fam. 2007. 228, obs. Hilt ; Dr. et patr. 11/2007, p. 93, obs. Lefort ; Dr. et pr. 2007. 229, note Leborgne ; RTD civ. 2008. 534, obs. Vareille* • Civ. 1re, 4 juill. 2007 : *JCP 2007. I. 208, n° 13, obs. Simler ; AJ fam. 2007. 401, obs. P. Hilt ; RTD civ. 2008. 535, obs. Vareille* (action en nullité d'une assemblée générale des copropriétaires, pour un lot dépendant de la communauté).

3. Portée de la décision de justice rendue à l'égard d'un époux. La décision relative au sort d'un bien de communauté, rendue à l'égard d'un des époux, a autorité de chose jugée à l'égard de l'autre. • Civ. 2e, 21 janv. 2010, n° 08-17.707 P : *RJPF 2010-4/22, obs. Vauvillé ; RLDC 2010/69, n° 3753, obs. Pouliquen.* ♦ Les décisions rendues à l'encontre d'un conjoint concernant les biens communs sont opposables à l'autre. • Civ. 2e, 2 déc. 2010, n° 09-68.094 P : *D. 2011. Actu. 23 ; RTD civ. 2011. 175, obs. Perrot* • Com. 28 avr. 2009, n° 08-10.368 P : *D. 2009. 2143, note Souhami ; JCP 2009. 391, n° 16, obs. Simler ; AJ fam. 2009. 265, obs. Hilt* (décision rendue à l'encontre du seul époux en liquidation judiciaire, représenté par son liquidateur). ♦ En vertu de l'art. 1421, chacun des époux a, en sa qualité d'administrateur de la communauté, le pouvoir de défendre seul aux actions concernant les biens communs ; les décisions rendues à son encontre sont opposables à l'autre conjoint. • Civ. 2e, 2 déc. 2010, n° 09-68.094. ♦ Dans le même sens, • Civ. 3e, 24 sept. 2014, n° 13-12.226.

4. Actions particulières devant être poursuivies à l'encontre des deux époux : action visant à l'expulsion d'un bien commun. Est recevable la tierce opposition formée par un époux à l'encontre de décisions d'expulsion de son conjoint d'un bien commun, l'expulsion d'un bien commun à deux époux devant être dirigée contre chacun d'eux. • Civ. 2e, 21 sept. 2000, n° 97-21.905 P : *D. 2001. Somm. 2934, obs. Nicod.*

5. Actions particulières réservées à l'un des époux. Sur le pouvoir exclusif reconnu à l'époux qui exerce une profession séparée, V. notes 25 s. ♦ Sur le pouvoir de demander le partage de biens successoraux indivis, reconnu exclusivement à l'époux héritier appelé à la succession, même lorsque ces biens sont communs sous le régime de la communauté universelle, V. • Civ. 1re, 2 avr. 2008 : *cité note 29.* ♦ Sur le pouvoir d'agir en remboursement d'un compte courant d'associé, réservé au conjoint titulaire de ce compte, V. • Civ. 1re, 9 févr. 2011 : *cité note 30.* ♦ Sur l'incidence de la liquidation judiciaire ouverte contre l'un des époux V. • Com. 4 oct. 2005 : *cité note 28.*

B. ACTES D'ADMINISTRATION OU DE DISPOSITION RELATIFS AUX BIENS COMMUNS

6. Contrat de location-gérance. Chaque époux peut valablement donner en location-gérance un fonds de commerce dépendant de la communauté. • Civ. 1re, 16 mai 2000 : *Dr. fam. 2000, n° 114, note Beignier.*

7. Administration des fonds déposés sur un compte épargne-logement. Les fonds déposés sur un compte épargne-logement ouvert au nom d'un époux constituant des fonds communs, le titulaire ne subit pas de préjudice si son conjoint, qui a le pouvoir de les administrer (le mari seul, antérieurement à la L. du 23 déc. 1985), se les fait remettre, l'emploi par lui fait de ces fonds devant être réputé avoir été fait conformément aux intérêts de la communauté. • Civ. 1re, 11 juin 1991 : *JCP 1992. II. 21899, note Paisant ; Defrénois 1992. 1550, obs. Champenois.* ♦ Sur l'obligation, lors de la liquidation, d'informer le conjoint de l'affectation des sommes importantes prélevées sur la communauté, V. jurisprudence citée ci-dessous note 19.

8. Exercice de la faculté de renonciation offerte au preneur d'assurance vie. L'exercice de la faculté de renonciation prévue à l'art. L. 132-5-1 C. assur. constitue un acte d'administration que chacun des époux a le pouvoir d'accomplir seul sur les biens communs. Cassation de l'arrêt ayant retenu, en présence d'un contrat d'assurance vie souscrit par deux époux, que cette faculté était un droit personnel au souscripteur de sorte qu'un époux ne pouvait valablement renoncer au nom de l'autre. • Civ. 1re, 11 mai 2016, n° 15-10.447 P.

9. Acceptation d'un paiement. Il résulte de la combinaison des art. 1402 et 1421 qu'un époux seul a le pouvoir de recevoir le remboursement du prêt d'une somme présumée dépendre de la communauté en l'absence de preuve qu'elle soit propre. • Civ. 1re, 31 janv. 2006, n° 03-19.630 P : *D. 2006. IR 465 ; JCP 2006. I. 141, n° 16, obs. Simler ; JCP N 2006. 1200, étude Brémond ; Defrénois 2006. 1612, obs. Champenois ; AJ fam. 2006. 210, obs. Hilt ; Dr. fam. 2006, n° 61, note Beignier.*

10. Acceptation d'une donation. Effet d'une donation à la communauté acceptée par le mari seul : V. • Civ. 1re, 17 mai 1993 : *JCP 1994. II. 22269, note Pillebout.*

11. Vote émis par un époux lors d'une assemblée de copropriétaires. Un époux engage la communauté lorsqu'il émet, au cours de l'assemblée générale des copropriétaires d'un immeuble, un vote favorable à l'installation d'un ascenseur, cette opération ne pouvant être assimilée à un acte d'aliénation ou constitutif de droits réels rendant nécessaire l'accord du conjoint absent. • Paris, 7 mars 1996 : *JCP 1997. II. 22755, note Djigo ; ibid. I. 4008, n° 14, obs. Simler.*

12. Caractère personnel de la qualité de cocontractant. Le fait que les droits ou obligations nés d'un contrat passé par un époux tombent en communauté n'a pas pour conséquence de conférer la qualité de contractant à l'autre époux. • Civ. 2e, 13 déc. 1989, n° 87-14.990 P : *Defrénois 1990. 874, obs. Champenois ; RTD civ. 1992. 444, obs. Lucet et Vareille .*

13. Caractère personnel de la qualité d'associé. Une société, au sein de laquelle chacun des époux détenait des parts dépendant de la communauté, ayant versé la totalité des dividendes afférents à ces parts au mari, cassation de l'arrêt qui rejette la demande en paiement de dividendes présentée par l'épouse contre cette société au motif que le mari était légalement réputé avoir perçu les dividendes en cause pour le compte de la communauté, alors que l'épouse associée avait seule qualité pour percevoir les dividendes se rattachant aux parts sociales dont elle était titulaire. • Civ. 1re, 5 nov. 2014, n° 13-25.820 P : *D. 2015. 2094, obs. Brémond ; ibid. 2401, obs. Rabreau ; AJ fam. 2014. 706, obs. Hilt ; Rev. sociétés 2015. 190, note Naudin ; RDC 2015. 254, note Libchaber.* ♦ Seul l'époux associé a pouvoir pour recevoir les dividendes dus. • Civ. 1re, 5 nov. 2014, n° 13-25.820.

14. Actes particuliers : convocation à une assemblée de copropriétaires. La convocation à une assemblée générale d'époux propriétaires d'un lot de copropriété dépendant de leur communauté de biens doit être libellée au nom des deux. • Civ. 3e, 23 mai 2007, n° 06-14.974 P : *R., p. 392 ; BICC 1er oct. 2007, n° 1936, et la note ; D. 2007. AJ 1595, obs. Forest ; ibid. Pan. 2187, obs. Capoulade ; JCP 2007. I. 197, n° 9, obs. Périnet-Marquet ; ibid. 208, n° 14, obs. Simler ; JCP N 2007. 1213, note Brémond ; Defrénois 2008. 313, obs. Champenois ; AJ fam. 2007. 319, obs. Hilt ; RJPF 2007-7-8/31, note Vauvillé ; Dr. et patr. 3/2008, p. 95, obs. Mallet-Bricout ; RTD civ. 2008. 535, obs. Vareille .*

15. ... Apport en société ou acquisition de parts sociales non négociables. Sur l'obligation d'information qui pèse sur le conjoint qui utilise des biens communs pour faire un apport en société ou pour acquérir des parts sociales non négociables, V. ss. art. 1832-2. – **C. civ.**

16. ... Legs de biens communs. Sur le régime particulier du legs de bien commun ou de part de communauté, V. art. 1423.

17. ... Actes soumis à cogestion. Pour les actes à titre gratuit entre vifs et l'affectation de biens communs à la garantie de la dette d'un tiers, V. art. 1422. ♦ Pour les actes de disposition ou les constitutions de droits réels sur certains biens de communauté, V. art. 1424. ♦ Pour le logement de la famille, V. art. 215, al. 3. ♦ Pour les baux, V. art. 1425.

II. CORRECTIFS APPORTÉS À L'EXERCICE DE POUVOIRS CONCURRENTS

A. MESURES DE CONTRÔLE

18. Mesures permettant de vérifier la consistance de l'actif commun. Un époux, administrateur de la communauté (le mari seul, dans la législation antérieure à la L. du 23 déc. 1985), peut prendre toutes mesures utiles pour vérifier la consistance de l'actif commun et notamment être autorisé judiciairement à faire procéder à l'inventaire des biens en dépôt dans un coffre en banque loué par son conjoint. • Versailles, 27 janv. 1982 : *Defrénois 1982. 1093, obs. Champenois.*

19. Reddition de comptes. L'époux qui a disposé seul de deniers communs doit, lors de la liquidation, s'il en est requis, informer son conjoint de l'affectation des sommes importantes prélevées sur la communauté qu'il soutient avoir employées dans l'intérêt commun. • Civ. 1re, 16 mars 1999, n° 97-11.030 P : *Defrénois 1999. 811, obs. Champenois ; Gaz. Pal. 2000. Somm. 361, obs. Barrière ; Dr. fam. 1999, n° 82, note Beignier ; RTD civ. 2001. 189, obs. Vareille* • 23 avr. 2003 : *D. 2003. 2597, note Brémond ; JCP N 2004. 1415, obs. Casey* • 14 févr. 2006, n° 03-20.082 P : *D. 2006. IR 601* • 1er juin 2011, n° 10-30.205 : *AJ fam. 2011. 383, obs. Hilt ; D. 2011. 2891, obs. Delebecque, Bretzner et Gelbard-Le Dauphin ; ibid. 2012. 2476, obs. Brémond, Nicod et Revel ; RTD civ. 2011. 578, obs. Vareille ; ibid. 2012. 98,* *obs. Hauser* • 11 juill. 2019, n° 18-21.574 : *AJ fam. 2019. 544, obs. Avena-Robardet*.

B. RESPONSABILITÉ POUR FAUTE DE GESTION

20. Domaine d'application : gestion des biens communs. Un fonds de commerce dépendant de la communauté ayant été apporté à une EURL dont l'époux détenait l'intégralité des parts sociales, la responsabilité de celui-ci envers la communauté ne saurait être engagée en raison de prétendues fautes de gestion commises dans la gestion de la société dès lors que celle-ci ne constituait pas un bien commun. • Civ. 1re, 19 avr. 2005, n° 02-18.288 P : *JCP 2005. I. 163, n° 15, obs. Tisserand-Martin ; JCP E 2005. 1834, n° 2, obs. Caussain, Deboissy et Wicker ; RJPF 2005-11/30, obs. Vauvillé ; Rev. sociétés 2006. 90, note Randoux*.

21. Illustration : souscription de prêts à la consommation. Faute de gestion de l'épouse qui, ayant souscrit vingt-cinq prêts à la consommation, a, en sus de l'apposition de sa signature, imité celle de son conjoint et pris des dispositions pour laisser ce dernier dans l'ignorance de cet endettement croissant. • Civ. 1re, 14 mars 2012, n° 11-15.369 P : *D. 2012. 813*.

C. FRAUDE AUX DROITS DU CONJOINT

22. Sanction : nullité de l'acte frauduleux. La fraude commune à un époux et à un tiers entraîne la nullité des actes conclus entre eux et non pas seulement leur inopposabilité au conjoint. • Civ. 1re, 31 janv. 1984, n° 82-15.944 P (en l'espèce, application de l'art. 243 ancien). – Même sens : • Civ. 1re, 24 oct. 1977 : *D. 1978. 290, note Poisson-Drocourt* • Besançon, 16 mai 1990 : *JCP 1991. II. 21756, note Tisserand.*

23. ... Complicité des cocontractants. La nullité d'une société instituée pour permettre la réalisation d'une fraude aux droits du conjoint ne peut être prononcée sans constater que tous les associés ont concouru à la fraude. • Com. 28 janv. 1992 : *D. 1993. 23, note Pagès ; JCP 1993. II. 21994, note Tisserand.* – Sur renvoi : • Dijon aud. sol., 23 mars 1993 : *Defrénois 1993. 1204, obs. Le Cannu.*

24. Subsidiarité de l'action fondée sur la fraude. Sur le caractère subsidiaire de l'action fondée sur la fraude, V. note 8 ss. art. 1427.

III. POUVOIRS EXCLUSIFS D'UN ÉPOUX

A. ACTES NÉCESSAIRES À L'EXERCICE D'UNE PROFESSION SÉPARÉE

25. Actes concernés : congé délivré au bailleur. Le mari, exerçant sa profession de garagiste indépendamment de son épouse, a pu valablement donner seul congé au bailleur, bien que le fonds de commerce dépendît de la communauté, dès lors que la résiliation d'un bail commercial ne peut être assimilée à une aliénation du fonds, pour laquelle le concours de l'épouse est requis. • Civ. 3e, 18 déc. 2002, n° 01-03.539 P : *D. 2003. AJ 423, obs. Rouquet ; JCP 2003. I. 158, n° 13, obs. Simler ; RJPF 2003-3/32, obs. Vauvillé ; Rev. loyers 2003. 143, obs. Quément.*

26. Exclusion des actes soumis à cogestion. L'art. 1421, al. 2, reçoit exception dans les cas visés à l'art. 1424. Par suite, est nulle la cession de parts sociales d'une entreprise artisanale opérée par le mari sans le consentement de sa femme, sans qu'il y ait lieu de rechercher si la cession incriminée était nécessaire à la poursuite de l'activité professionnelle du mari. • Civ. 1re, 28 févr. 1995, n° 92-16.794 P : *D. 1995. Somm. 326, obs. Grimaldi ; JCP 1995. I. 3869, n° 11, obs. Simler ; Defrénois 1995. 1489, obs. Champenois ; RTD civ. 1996. 462, obs. Vareille*.

27. Portée de la protection offerte par l'al. 2. Les art. 223 et 1421, al. 2, ayant pour seul objet de protéger les intérêts de l'époux exerçant une profession séparée, la société, gérée par une épouse dont le conjoint revendique la qualité d'associé sur le fondement des dispositions de l'art. 1832-2, n'est pas recevable à se prévaloir de l'atteinte que cette revendication serait susceptible de porter au droit de l'épouse d'exercer une telle profession. • Com. 21 sept. 2022, n° 19-26.203 B.

B. AUTRES CAS

28. Procédure collective impliquant dessaisissement du conjoint débiteur. Il résulte de la combinaison des art. 1413 C. civ. et L. 622-9 C. com. qu'en cas de liquidation judiciaire d'un débiteur marié sous le régime de la communauté, les biens communs inclus dans l'actif de la procédure collective sont administrés par le seul liquidateur qui exerce pendant toute la durée de la liquidation judiciaire les droits et actions du débiteur dessaisi ; il s'ensuit que les pouvoirs de gestion des biens communs normalement dévolus au conjoint *in bonis* en vertu des art. 1421 s. ne peuvent plus s'exercer. • Com. 4 oct. 2005, n° 04-12.610 P : *R., p. 302 ; D. 2005. AJ 2592, obs. A. Lienhard ; D. 2006. Pan. 86, obs. Le Corre , 1382, obs. Danis-Fatôme , et 2068, obs. Revel ; JCP 2006. I. 130, n° 7, obs. Pétel ; ibid. 141, n° 19, obs. Simler ; Defrénois 2006. 658, note Vauvillé ; AJ fam. 2005. 407, obs. Hilt ; JCP N 2006. 1014 et Dr. fam. 2005, n° 250, note Beignier ; Dr. et pr. 2006. 149, note Gibirila.*

29. Demande en partage relative à des biens successoraux indivis communs sous le régime de la communauté universelle. Si les biens successoraux indivis recueillis par un époux marié sous le régime de la communauté universelle entrent en communauté, l'époux héritier appelé à la succession peut seul exercer, en demande et en défense, une action qui ne tend qu'au partage de ces biens. Dès lors son conjoint qui n'avait pas qualité pour demander le partage de ces biens, n'a pas intérêt à former tierce opposition au jugement ayant statué sur le partage. • Civ. 1re, 2 avr. 2008, n° 07-11.254 P : *R., p. 204 ; D. 2008. Chron. C. cass. 2363, obs. Chauvin ; JCP 2008. I. 144, n° 17, obs. Simler ; ibid. II. 10126, note Sauvage ; AJ fam. 2008. 258, obs. Hilt ; JCP N 2008. 1317, note Brémond ; Gaz. Pal. 2008. 1845, avis Legoux ; RLDC 2008/50, n° 3039, obs. Jeanne ; RJPF 2008-7-8/16, note Vauvillé ; RTD civ. 2008. 531, obs. Vareille.*

30. Action visant au remboursement d'un compte courant d'associé. L'épouse n'a pas qualité à agir en remboursement du compte courant d'associé dont son mari est seul titulaire, peu important que la somme provenant d'un tel remboursement dût figurer à l'actif de la communauté. • Civ. 1re, 9 févr. 2011, n° 09-68.659 P : *D. actu. 2 mars 2011, obs. Fleuriot ; D. 2011. Pan. 2624, obs. Bourdaire-Mignot ; AJ fam. 2011. 217, obs. Hilt ; Rev. sociétés 2011. 343, note Naudin ; JCP 2011, n° 1371, § 7, obs. Simler ; Gaz. Pal. 2011. 861, note Denizot ; Defrénois 2011. 965, obs. Champenois ; Dr. et patr. 10/2012, p. 40, note Souhami ; RLDC 2011/81, n° 4216, obs. Gallois.*

31. Dispositions du régime primaire reconnaissant un pouvoir exclusif à l'un des époux. Sur le pouvoir exclusif reconnu à chaque époux pour percevoir et disposer de ses gains et salaires, V. art. 223. ♦ Sur le pouvoir exclusif de disposition de chaque époux quant aux revenus de ses biens propres, V. art. 225 et 1428.

32. Faute de gestion sur les biens communs : la communauté est créancière, pas le conjoint. La responsabilité d'un époux en raison de ses fautes de gestion ayant causé un dommage au patrimoine commun est engagée, sur le fondement de l'art. 1421, envers la communauté et non envers son conjoint, de sorte que les dommages-intérêts alloués en réparation du préjudice constituent une créance commune et non une créance personnelle de ce conjoint ; il en résulte, qu'à les supposer fondées, les fautes de gestion alléguées par l'épouse ne peuvent donner lieu à paiement de dommages-intérêts à son profit. • Civ. 1re, 1er févr. 2012, n° 11-17.050.

33. Exemple de faute de gestion. Caractérise la faute de gestion de l'épouse le fait pour l'épouse d'avoir souscrit vingt-cinq prêts à la consommation, en imitant la signature de son conjoint, d'avoir pris des dispositions pour le laisser dans l'ignorance de cet endettement croissant, sans aucune explication précise quant à l'objet de ces prêts. • Civ. 1re, 14 mars 2012, n° 11-15.369.

Art. 1422 *(L. n° 85-1372 du 23 déc. 1985)* **Les époux ne peuvent, l'un sans l'autre, disposer entre vifs, à titre gratuit, des biens de la communauté.**

(Ord. n° 2006-346 du 23 mars 2006, art. 50-II) **« Ils ne peuvent non plus, l'un sans l'autre, affecter l'un de ces biens à la garantie de la dette d'un tiers. »**

BIBL. ► Réforme du 23 mars 2006 : BRÉMOND, *JCP N 2006. 1255.* – FARGE, *Dr. fam. 2006. Alerte 31.* – POULET, *Defrénois 2006. 1441.* – REVEL, *D. 2006. 1309.*

Ancien art. 1422 *Le mari ne peut, même pour l'établissement des enfants communs, disposer entre vifs, à titre gratuit, des biens de la communauté sans le consentement de la femme.*

A. ACTES DE DISPOSITION À TITRE GRATUIT

1° ACTES CONCERNÉS

1. Non-application aux donations de gains et salaires. Chaque époux ayant, en vertu de l'art. 224 (ancien ; V. art. 223 nouveau), le pouvoir de disposer de ses gains et salaires, à titre gratuit ou onéreux, après s'être acquitté de la part lui incombant dans les charges du mariage, sont valables les libéralités consenties par un époux au moyen de sommes provenant de ses gains et salaires, alors qu'il n'est pas allégué qu'elles avaient été économisées. • Civ. 1re, 29 févr. 1984, n° 82-15.712 P : *GAJC, 12e éd., n° 89 ; D. 1984. 601, note D. Martin ; JCP 1985. II. 20443, note Le Guidec ; Defrénois 1984. 1074, obs. Champenois* (libéralités à une concubine) • Toulouse, 29 mars 2000 : *Dr. fam. 2000, n° 100, note Beignier (idem).* ♦ Inversement, si les deniers constituant la donation sont des économies de gains et salaires, la cogestion de l'art. 1422 doit être respectée, au risque sinon d'encourir la nullité de l'art. 1427. • Civ. 1re, 20 nov. 2019, n° 16-15.867 P. ♦ En l'absence d'offre de preuve quant à la qualification de gains et salaires, et en l'absence de preuve du caractère propre des deniers, la présomption de communauté de l'art. 1402, opposable aux tiers, suffit à fonder la décision d'une cour d'appel qui décide que l'acte a été passé en violation des dispositions de l'art. 1422, et l'annule sur le fondement de l'art. 1427 C. civ. • Civ. 1re, 6 nov. 2019, n° 18-23.913 P. ♦ Sur cet arrêt au regard de l'art. 1427, V. note 3 ss. art. 1427.

2. Application à la remise de bons de caisse acquis avec des gains et salaires. L'art. 1422 est applicable à la remise à titre gratuit de bons de caisse acquis au moyen de sommes provenant des salaires d'un époux et des économies réalisées sur les revenus de ses propres. • Civ. 1re, 22 oct. 1980 : *JCP 1982. II. 19757, note Le Guidec ; RTD civ. 1982. 132, obs. Nerson et Rubellin-Devichi.* ♦ Rappr., pour l'application de l'art. 1422 à la remise à titre gratuit, au moyen de chèques, de sommes d'argent provenant de capitaux épargnés sur les gains et salaires : • Paris, 21 avr. 2005 : *JCP 2005. I.*

163, n° 11, obs. Simler ; AJ fam. 2005. 239, obs. Hilt (libéralités à une maîtresse).

3. Application à la conclusion d'un bail sans stipulation de loyer. V. • Civ. 1re, 5 juill. 1988 : *JCP 1989. II. 21337, note Simler.*

4. Non-application à la désignation du nouveau bénéficiaire d'un contrat d'assurance vie. Un époux qui a souscrit une assurance sur la vie mixte, prévoyant le versement d'un capital à lui-même en cas de survie, ou à sa femme s'il venait à décéder avant la date fixée au contrat, a pu révoquer la désignation de son épouse comme bénéficiaire et lui substituer un tiers, sans par là disposer à titre gratuit d'une créance dont la communauté aurait été titulaire. En effet, en application de l'art. L. 132-12 C. assur., la créance sur la compagnie née en raison du décès du souscripteur a été acquise au seul profit des bénéficiaires désignés en dernier lieu. • Cass., ass. plén., 12 déc. 1986, *Veuve Pelletier c/ Cts Ménager,* n° 84-17.867 P : *R., p. 200 ; D. 1987. 269, note Ghestin ; JCP 1987. II. 20760, concl. Cabannes, note Louis Boyer ; Defrénois 1987. 541, note Aubert.* – Ghestin, *JCP 1995. I. 3881.* ♦ Comp. • Civ. 1re, 13 mai 1998, n° 96-16.222 P : *D. 1999. 291, note Raynaud de Lage ; JCP 1999. I. 189, n° 9, obs. Le Guidec ; Defrénois 1998. 937, rapp. Sargos ; RCA 1999. Chron. 4, par Delmas Saint-Hilaire ; LPA 2 oct. 1998, note Lucet* (irrévocabilité de la désignation de l'épouse comme bénéficiaire d'un capital décès alors que les époux avaient contracté des assurances décès dans l'intérêt de la famille avec désignation de l'autre comme bénéficiaire réciproque, l'absence d'intention libérale et la volonté commune des époux quant à la désignation du bénéficiaire suffisant à caractériser l'acceptation par l'épouse de sa désignation comme bénéficiaire de l'assurance de son époux).

2° CONSENTEMENT DU CONJOINT

5. Exigence d'une volonté efficace. En application de l'art. 1422, annulation d'un ordre écrit de transfert de titres, ayant pour objet des valeurs dépendant de la communauté, signé par deux époux alors que le mari souffrait d'un trouble mental viciant son consentement, de sorte qu'il n'était pas en état d'émettre un consentement valable. • Civ. 1re, 13 mai 2015, n° 14-14.635 : *AJ fam. 415, obs. Casey.*

6. Exigence d'un mandat spécial. Il résulte des art. 894 et 1422 que le mandat doit être spécial lorsqu'il est conféré pour faire une donation ou pour consentir à ce qu'une donation porte sur des biens communs. • Civ. 1re, 29 juin 1983, n° 82-13.058 P.

B. AFFECTATION D'UN BIEN COMMUN À LA GARANTIE DE LA DETTE D'UN TIERS

7. Droit transitoire : non-application aux contrats en cours. L'art. 1422, al. 2, issu de l'Ord. n° 2006-346 du 23 mars 2006, n'a pas un caractère interprétatif et n'est pas immédiatement applicable aux contrats en cours. • Civ. 1re, 20 févr. 2007, n° 06-10.217. ♦ Sur le régime juridique applicable sous l'empire du droit antérieur à l'Ord. n° 2006-346 du 23 mars 2006, V. jurisprudence citée note 2 ss. art. 1415.

Art. 1423 *(L. n° 85-1372 du 23 déc. 1985)* **Le legs fait par un époux ne peut excéder sa part dans la communauté.**

Si un époux a légué un effet de la communauté, le légataire ne peut le réclamer en nature qu'autant que l'effet, par l'événement du partage, tombe dans le lot des héritiers du testateur ; si l'effet ne tombe point dans le lot de ces héritiers, le légataire a la récompense de la valeur totale de l'effet légué, sur la part, dans la communauté, des héritiers de l'époux testateur et sur les biens personnels de ce dernier.

BIBL. ▸ SAUVAGE, *JCP 1998. II. 10208 ; JCP N 1998. 1084* (legs de bien commun en l'absence de partage de communauté).

Ancien art. 1423 *Le legs fait par le mari ne peut excéder sa part dans la communauté.*

S'il a légué un effet de la communauté, le légataire ne peut le réclamer en nature, qu'autant que l'effet, par l'événement du partage, tombe au lot des héritiers du mari ; si l'effet ne tombe point au lot de ces héritiers, le légataire a la récompense de la valeur totale de l'effet légué, sur la part des héritiers du mari dans la communauté et sur les biens personnels de ce dernier.

1. Non-application aux legs de biens dépendant de l'indivision post-communautaire. L'art. 1423, al. 2, n'est pas applicable au legs d'un bien dépendant d'une indivision, fût-elle post-communautaire. • Civ. 1re, 16 mai 2000, n° 98-11.977 P : *R., p. 329 ; D. 2000. IR 162 ; JCP 2001. II. 10519, note Sauvage ; ibid. I. 366, n° 6, obs. Le Guidec ; RJPF 2000-11/30, obs. Vauvillé ; RTD civ. 2000. 879, obs. Patarin.*

2. Non-application aux héritiers. Les dispositions de l'art. 1423 ne peuvent s'appliquer qu'aux légataires et non aux héritiers, dont les parts, devant être déterminées au moment même du décès de l'ascendant, ne sauraient être subordonnées au résultat futur et incertain du partage de la communauté. • Civ. 1re, 16 mai 2000, n° 97-20.839 P : *JCP 2001. I. 309, n° 8, obs. Simler ; ibid. I. 366, n° 7, obs. Le Guidec ; RJPF 2000-10/41, note Casey ; RTD civ. 2000. 883, obs. Patarin* • 6 mars 2001, n° 99-11.308 P : *D. 2001. IR 1076 ; JCP 2001. I. 366, n° 7, obs. Le Guidec ; JCP N 2001. 1232, note Maury ; Dr. fam. 2001, n° 62, note Beignier ; RTD civ. 2001. 648, obs. Vareille.*

Art. 1424 *(L. n° 85-1372 du 23 déc. 1985)* **Les époux ne peuvent, l'un sans l'autre, aliéner ou grever de droits réels les immeubles, fonds de commerce et exploitations dépendant de la communauté, non plus que les droits sociaux non négociables et les meubles corporels dont l'aliénation est soumise à publicité. Ils ne peuvent, sans leur conjoint, percevoir les capitaux provenant de telles opérations.**

(L. n° 2008-776 du 4 août 2008, art. 18-I, en vigueur le 1er févr. 2009) **« De même, ils ne peuvent, l'un sans l'autre, transférer un bien de la communauté dans un patrimoine fiduciaire. »**

Ancien art. 1424 *Le mari ne peut, sans le consentement de la femme, aliéner ou grever de droits réels les immeubles, fonds de commerce et exploitations dépendant de la communauté, non plus que les droits sociaux non négociables et les meubles corporels dont l'aliénation est soumise à publicité. Il ne peut sans ce consentement percevoir les capitaux provenant de telles opérations.*

Il ne peut non plus, sans l'accord de la femme, donner à bail un fonds rural ou un immeuble à usage commercial, industriel ou artisanal. Les baux passés par le mari sur les biens communs sont, pour le surplus, soumis aux règles prévues pour les baux passés par l'usufruitier.

BIBL. ▸ AMIEL-DONAT, *Mél. Colomer, Litec, 1993, p. 7.* – PORCARA, *RLDC 2011/80, n° 4182* (action en justice relative aux biens immobiliers communs).

A. DOMAINE DE LA COGESTION

1° BIENS COMMUNS CONCERNÉS

1. Droits sociaux non négociables. L'épouse ne peut céder sans l'accord de son mari les parts sociales d'une société civile immobilière, qui ne sont pas des droits sociaux négociables. • Civ. 1re, 9 nov. 2011 : *D. 2012. 483, note Barabé-Bouchard ; AJ fam. 2012. 55, obs. Hilt ; Rev. sociétés 2012. 223, note Naudin ; JCP 2012, n° 131, note Paisant ; JCP N 2012, n° 1107, note Boulanger.*

V. note 26 ss. art. 1421.

2. Titres négociables (non). Les actions d'une société anonyme constituent, en principe, des titres négociables que chaque époux a le pouvoir d'aliéner seul, sauf à répondre, le cas échéant, d'une fraude dans l'exercice de ce pouvoir. • Civ. 1re, 27 mai 2010, n° 09-11.894.

3. Office notarial (non). Lorsqu'un notaire est marié sous un régime de communauté, la valeur patrimoniale de l'office qu'il a acquis pendant le mariage est un bien commun, mais le droit de présentation reste personnel à son titulaire. En conséquence, la validité d'une promesse de cession de l'étude n'est pas subordonnée au consentement de l'épouse du notaire cédant. • TGI Paris, 19 nov. 1987 : *Defrénois 1988. 931, obs. Champenois.*

2° ACTES SOUMIS À COGESTION

4. Notification de l'intention d'aliéner à une SAFER. La notification par un époux à une SAFER de son intention de vendre un domaine agricole commun doit comporter le consentement du conjoint. • Civ. 3e, 5 nov. 1974, n° 73-12.761 P • 22 avr. 1976, n° 75-11.920 P.

5. Engagement de rétrocession pris dans un acte d'acquisition. L'engagement de rétrocession d'un terrain acquis d'une commune, pour le cas d'inexécution d'une obligation de construire prise dans l'acte d'achat, constitue un acte de disposition, nul à défaut de consentement du conjoint. • Paris, 19 mars 1981 : *Defrénois 1981. 1317, obs. Champenois.* ♦ Dans le même sens, pour l'insertion d'une condition résolutoire dans un acte d'acquisition : • Colmar, 19 janv. 1993 : *JCP 1994. I. 3733, n° 15, obs. Simler.*

6. Compromis d'arbitrage tendant au partage de biens soumis à cogestion. Un compromis d'arbitrage tendant au partage de biens communs dont l'époux signataire n'a pas la libre disposition est annulable sur la demande de l'époux qui n'y a pas consenti. • Civ. 1re, 8 févr. 2000, n° 97-19.920 P : *D. 2000. IR 72 ; JCP 2000. I. 245, n° 18, obs. Simler ; Defrénois 2000. 1179, obs. Champenois ; Dr. fam. 2000, n° 40, note Beignier ; RTD civ. 2001. 420, obs. Vareille.*

7. Clause d'un contrat de société attribuant la propriété de l'entreprise au survivant des associés. Une convention constituant une société en participation comportant une clause attribuant, en cas de décès de l'un des associés, la propriété de l'entreprise au survivant, ne peut être déclarée valable sans qu'il soit recherché si cette clause ne comportait pas aliénation, sans le consentement du conjoint, d'un bien de communauté. • Civ. 1re, 2 déc. 1975 : *JCP 1976. II. 18390, note Chartier.*

3° ACTES ÉCHAPPANT À L'EXIGENCE DE COGESTION

8. Aliénations forcées. L'art. 1424 ne peut s'appliquer qu'aux aliénations et constitutions de droits réels volontaires. Il ne s'applique donc pas aux aliénations consenties par le syndic de la liquidation des biens. • Civ. 1re, 21 nov. 1978 : *D. 1979. 365, note Jeantin ; JCP 1979. II.19204, note Patarin.* ♦ ... Ni à une inscription d'hypothèque judiciaire par un créancier. • Civ. 1re, 5 févr. 1985, n° 83-14.697 P.

9. Conversion d'une vente forcée en vente volontaire. La demande de conversion en vente volontaire d'une vente forcée d'un immeuble commun n'est pas un acte de disposition impliquant une volonté libre d'aliéner et, par suite, ne requiert pas le consentement du conjoint. • Civ. 1re, 31 mai 1989, n° 87-10.647 P • Civ. 2e, 11 janv. 2007, n° 04-18.792 P : *D. 2007. Pan. 2129, obs. Revel ; AJ fam. 2007. 147, obs. Hilt ; JCP 2007. I. 142, n° 21, obs. Simler ; Dr. et pr. 2007. 170, note Leborgne.*

10. Mandat de rechercher un acquéreur. Le mandat exclusif donné à un agent immobilier de rechercher des acquéreurs, et non d'aliéner le bien ou de conclure la vente par représentation, est un contrat d'entremise qui peut valablement être signé par un seul des époux. • Civ. 1re, 20 nov. 2013, n° 12-26.128 P : *D. 2013. 2771 ; AJ fam. 2014. 61, obs. Thouret ; AJDI 2014. 537, obs. Thioye.*

11. Acquisition réalisée par un époux et un tiers avec une clause de tontine. L'art. 1424 n'est pas applicable à l'acquisition d'un immeuble conjointement et indivisément par un époux et un tiers, avec une clause (clause d'accroissement) selon laquelle la propriété de l'immeuble serait censée appartenir au survivant, les droits acquis sous condition par le prédécédé n'étant jamais entrés dans la communauté. • Civ. 1re, 11 janv. 1983 : *préc. note 4 ss. art. 1401.*

12. Défense à une action en revendication de biens possédés par la communauté. Si le mari ne peut aliéner volontairement sans le consentement de la femme les immeubles dépendant de la communauté, il n'en possède pas moins le pouvoir, en vertu de l'art. 1421, de défendre seul à l'action en revendication par un tiers de biens possédés par la communauté. • Civ. 1re, 23 juill. 1979, n° 78-10.523 P. ♦ Même sens : • Civ. 1re, 27 mars 1974, n° 71-14.012 P (défense à une procédure de saisie) • Civ. 3e, 18 mai 1976, n° 75-12.530 P • Civ. 1re, 24 juin 1986, n° 85-10.793 P : *JCP 1988. II. 20926, note Henry* (défense à une action en démolition pour empiétement).

13. Cession d'un « pas-de-porte » indépendamment d'autres éléments du fonds de commerce. La vente d'un simple « pas-de-porte », indépendamment d'autres éléments d'un fonds de commerce (dont il n'est d'ailleurs pas démontré en l'espèce qu'il existât à la date de la cession litigieuse), constitue un acte de disposition pouvant être passé par le mari sans le consentement de son épouse. • Civ. 1re, 4 mars 1986 : *JCP 1987. II. 20717, note Henry ; JCP N 1986. II. 245, note Simler.* ♦ Résiliation du bail commercial : V. note 25 ss. art. 1421.

14. Actes d'exploitation relatifs à un fonds commun. Une convention par laquelle des boulangers se sont engagés à ne plus livrer de pain dans certaines communes, ayant pour objet de délimiter certaines zones d'activité commerciale des contractants, n'aboutit ni à aliéner les fonds de commerce ni à les grever de droits réels et entre dans la catégorie des actes d'exploitation qu'il est loisible à un époux, administrateur de la communauté, d'accomplir seul. • Amiens, 12 mai 1975 : *Gaz. Pal. 1975. 2. 574, note Raymond.*

B. MISE EN ŒUVRE DE LA COGESTION

15. Nécessité d'un accord des époux sur le principe et les modalités de la cession. Le refus de l'épouse du vendeur que l'opération se fasse sous la forme d'un contrat de rente viagère fait obstacle à la formation de la vente, faute d'accord sur le prix. • Civ. 3e, 8 janv. 1992, n° 90-11.921 P : *D. 1993. Somm. 220, obs. Lucet.* ♦ Désaccord des époux quant à la perception des capitaux : V. • TGI Grenoble, 25 juill. 1989 : *Defrénois 1989. 1112, note Champenois.*

16. Prise en compte du mandat apparent en faveur du cocontractant. Un acquéreur ayant traité avec le mari seul, présenté comme agissant tant en son nom personnel qu'en qualité de mandataire de son épouse a pu légitimement croire aux pouvoirs du mandataire résultant, en apparence, d'une procuration notariée, mentionnée dans l'acte litigieux, dressé par un notaire, officier public tenu par son devoir de conseil de s'assurer de l'existence de la procuration à laquelle il se référait et de l'étendue des pouvoirs du mandataire. • Civ. 1re, 11 mars 1986, n° 84-12.940 P : *Defrénois 1987. 404, obs. Aubert.*

17. Preuve de l'existence d'un mandat apparent. La preuve de l'apparence d'un mandat de la femme à son mari pour la vente d'un immeuble commun ne résulte pas de l'attitude purement passive de la femme lors des pourparlers ni du concours de deux avocats à la rédaction de l'acte, qui ne dispensaient pas l'acheteur de s'assurer de l'étendue des pouvoirs de son vendeur dont il ne pouvait ignorer qu'il était marié, l'erreur légitime étant ainsi exclue. • Civ. 1re, 24 mars 1981 : *JCP 1982. II. 19746, note Le Guidec ; RTD civ. 1982. 407 et 413, obs. Nerson et Rubellin-Devichi ; 1983. 346, obs. Durry.* – V. conf. • Civ. 1re, 28 nov. 2006 : *Dr. fam. 2007, n° 16, note Beignier (4e esp.) ; RTD civ. 2007. 379, obs. Vareille.* ♦ Un professionnel de l'immobilier ayant conclu un acte d'aliénation avec le mari seul tout en sachant que les terrains aliénés constituaient des biens communs doit s'assurer de l'accord de l'épouse, la preuve d'un mandat apparent de l'épouse à son mari ne pouvant résulter de l'attitude passive de celle-ci lors des négociations ayant précédé et suivi la signature de l'acte. • Civ. 1re, 31 mars 2010, n° 08-19.649 P : *D. 2010. Actu. 1019 ; JCP 2010, n° 983, obs. Sérinet ; AJ fam. 2010. 335, obs. Hilt ; Dr. fam. 2010, n° 83, obs. Beignier ; RDC 2010. 1354, obs. Sérinet.*

18. Promesse de porte-fort relative au consentement du conjoint. Un époux ayant signé seul un compromis de vente d'un fonds de commerce et de parts sociales, le compromis de vente, y compris la clause de porte-fort qu'il comporte, est nul en tant que portant sur des biens communs. • Civ. 1re, 15 juill. 1993, n° 91-18.368 P : *JCP 1994. I. 3733, n° 16, obs. Simler ; JCP N 1994. II. 287, note Robinel ; ibid. II. 353, note Hugon ; RTD civ. 1994. 929, obs. Vareille*. ♦ Comp. • Com. 1er oct. 1996 : *JCP N 1997. 1347, étude Goascoz ; JCP 1998. I. 135, n° 12, obs. Simler* (une épouse, agissant pour elle-même et se portant fort pour son époux, s'étant engagée à vendre un fonds de commerce commun et le mari ayant refusé de signer l'acte définitif, la cour d'appel qui a condamné la venderesse à indemniser les acheteurs n'encourt pas les critiques du pourvoi invoquant le défaut de pouvoir de la femme, l'arrêt ne s'étant pas fondé sur ce que la femme pouvait disposer du fonds sans le consentement du mari, mais sur ce que la vente n'ayant pu être réalisée faute du consentement de ce dernier, la responsabilité de la venderesse était engagée à l'égard des acheteurs pour avoir failli à sa promesse de porte-fort). ♦ Sur la portée incertaine de cet arrêt : Vareille, *obs. RTD civ. 1997. 989.*

19. Conséquences de l'absence de consentement du conjoint : caractère irrégulier du paiement effectué. Dès lors que le mari, commun en biens, a cédé sans l'accord de l'épouse des parts de SCP dépendant de la communauté et en a perçu seul le prix, l'épouse est en droit de demander à la SCP le paiement du prix des parts versé sans son accord, en violation de l'art. 1424, sauf à ce que la SCP démontre que la communauté a profité de ce paiement irrégulier. • Civ. 1re, 30 oct. 2006, n° 03-20.589 P : *D. 2007. Pan. 2129, obs. Brémond ; JCP 2007. I. 142, n° 23, obs. Simler ; JCP N 2007. 1158, étude Mahinga ; AJ fam. 2006. 466, obs. Hilt ; RJPF 2007-1/17, note Vauvillé ; RTD com. 2007. 182, obs. Monsèrié-Bon.*

Art. 1425 *(L. n° 85-1372 du 23 déc. 1985)* **Les époux ne peuvent, l'un sans l'autre, donner à bail un fonds rural ou un immeuble à usage commercial, industriel ou artisanal dépendant de la communauté. Les autres baux sur les biens communs peuvent être passés par un seul conjoint et sont soumis aux règles prévues pour les baux passés par l'usufruitier.**

Ancien art. 1425 ***La femme a, pour administrer les biens réservés, les mêmes pouvoirs que le mari pour administrer les autres biens communs.***

1. Fonds rural. Cassation de l'arrêt annulant un bail portant sur un fonds rural consenti par le mari seul, sans rechercher, comme il était demandé, s'il n'avait pas agi en gérant d'affaires. • Civ. 3e, 21 févr. 2001 : *JCP 2002. I. 103, n° 18, obs. Simler ; JCP N 2001. 1122, note Casey ; RJPF 2001-6/26, note Vauvillé.*

2. Immeuble à usage commercial. Doit être annulé le bail consenti par un époux seul, comportant une clause autorisant le preneur à céder son bail pour toutes activités, même commerciales, dès lors que ce bail donnait au preneur la faculté d'affecter les lieux loués à un usage commercial. • Civ. 3e, 19 mai 1981, n° 79-14.882 P.

Art. 1426 **Si l'un des époux se trouve, d'une manière durable, hors d'état de manifester sa volonté, ou si sa gestion** *(L. n° 85-1372 du 23 déc. 1985)* **« de la communauté » atteste l'inaptitude ou la fraude, l'autre conjoint peut demander en justice à lui être substitué dans l'exercice de ses pouvoirs. Les dispositions des articles 1445 à 1447 sont applicables à cette demande.**

Le conjoint, ainsi habilité par justice, a les mêmes pouvoirs qu'aurait eus l'époux qu'il remplace ; *(L. n° 85-1372 du 23 déc. 1985)* **« il passe avec l'autorisation de justice les actes pour lesquels son consentement aurait été requis s'il n'y avait pas eu substitution ».**

L'époux privé de ses pouvoirs pourra, par la suite, en demander au tribunal la restitution, en établissant que leur transfert à l'autre conjoint n'est plus justifié. – *V. C. pr. civ., art. 1286 s., App. I., Procédure, 1291* - **C. pr. civ.**

BIBL. ► COUZIGOU-SUHAS et LE LEVIER, *AJ fam. 2006. 198* (habilitations judiciaires entre époux).

Ancien art. 1426 ***Si l'un des époux se trouve, d'une manière durable, hors d'état de manifester sa volonté, ou si sa gestion, soit de la communauté, soit des biens réservés, atteste l'inaptitude ou la fraude, l'autre conjoint peut demander en justice à lui être substitué dans l'exercice de ses pouvoirs. Les dispositions des articles 1445 à 1447 sont applicables à cette demande.***

Le conjoint, ainsi habilité par justice, a les mêmes pouvoirs qu'aurait eus l'époux qu'il remplace ; il passe avec l'autorisation de justice les actes pour lesquels son propre consentement aurait été requis s'il n'y avait pas eu substitution.

(Al. 3 sans changement).

1. Gestion de la communauté attestant l'inaptitude. En ouvrant dans l'art. 1426 à un époux la possibilité de demander le transfert des pouvoirs de son conjoint sur les biens communs, le législateur a entendu sanctionner la faute de gestion, même si elle n'a pas été commise dans l'intention de dépouiller le conjoint de ses droits dans la communauté (en l'espèce, dépassement volontaire de pouvoirs par un époux ayant vendu un immeuble en passant outre le refus du conjoint). • Civ. 1re, 3 janv. 1984, n° 82-16.178 P.

2. Gestion de la communauté attestant la fraude. Il appartient à l'époux qui demande l'application de l'art. 1426 de rapporter la preuve que l'autre époux s'est rendu coupable d'actes frauduleux commis à son préjudice. • Paris, 19 oct. 1988 : *JCP 1989. II. 21362, note Paisant.*

Art. 1427 Si l'un des époux a outrepassé ses pouvoirs sur les biens communs *(Abrogé par L. n° 85-1372 du 23 déc. 1985)* « *ou sur les biens réservés* », l'autre, à moins qu'il n'ait ratifié l'acte, peut en demander l'annulation.

L'action en nullité est ouverte au conjoint pendant deux années à partir du jour où il a eu connaissance de l'acte, sans pouvoir jamais être intentée plus de deux ans après la dissolution de la communauté.

BIBL. ► Albcheraoui, *JCP N 1993. I. 318* (nullité ou inopposabilité des actes frauduleux).

A. DOMAINE DE L'ACTION EN NULLITÉ

1. Comportement sanctionné : dépassement de pouvoirs. L'action accordée par l'art. 1427 à l'épouse, dans le cas où le mari a outrepassé ses pouvoirs sur les biens communs, tend non pas à l'inopposabilité de l'acte à la femme, mais à une nullité, sanction du dépassement de pouvoirs, qui prive cet acte de ses effets, non seulement à l'égard de la femme, mais aussi dans les rapports du mari et de l'autre contractant. • Civ. 1re, 17 juin 1981 : *JCP 1982. II. 19809, note Patarin* • 28 mars 1984 : *JCP 1985. II. 20430, note Henry.*

B. RÉGIME DE L'ACTION EN NULLITÉ

2. Titulaire de l'action : conjoint victime du dépassement de pouvoirs. La nullité édictée par l'art. 1427 est une nullité relative qui ne peut être invoquée que par le conjoint victime du dépassement des pouvoirs. • Civ. 1re, 20 janv. 1998 : *JCP 1999. I. 154, n° 10, obs. Simler ; Dr. fam. 1998, n° 137, note Beignier.* ♦ L'acquéreur ne peut se prévaloir de la nullité édictée par l'art. 1427. • Civ. 3e, 8 janv. 1992, n° 90-11.921 P. ♦ ... Pas plus que le titulaire d'un bail pour lequel un congé n'a été délivré que par un seul des époux. • Civ. 3e, 14 nov. 2007 : *D. 2008. Pan. 2247, obs. Revel ; JCP N 2007. 1233, note Brémond.* ♦ L'art. 1427 est inapplicable à l'action en nullité de la cession consentie par l'acquéreur au profit des sous-acquéreurs. • Civ. 1re, 17 févr. 2010 : *RLDC 2010/70, n° 2788, obs. Pouliquen.*

3. Titulaire de l'action : les héritiers du conjoint victime du dépassement de pouvoirs. L'action en nullité relative de l'acte que l'art. 1427 ouvre au conjoint de l'époux qui a outrepassé ses pouvoirs sur les biens communs est, en raison de son caractère patrimonial, transmise, après son décès, à ses ayants cause universels ; la cour d'appel en a exactement déduit que les deux enfants de la défunte, en leur qualité d'héritiers de leur mère, avaient qualité à agir, de sorte que leur action contre la fondation donataire était recevable. • Civ. 1re, 6 nov. 2019, n° 18-23.913 P. ♦ Sur cet arrêt, V. aussi note 1 ss. art. 1422.

4. Ratification de l'acte par le conjoint victime du dépassement de pouvoir. La ratification par la femme de la vente d'un bien de communauté peut résulter de tout acte qui implique, sans équivoque, sa volonté de le confirmer. • Civ. 1re, 17 mars 1987 : *JCP N 1988. II. 26 (1re esp.), note Simler.* – V. aussi • Civ. 3e, 29 avr. 1987 : *ibid. 1988. II. 28, obs. Simler* • Civ. 1re, 12 juill. 1994, n° 92-17.197 P : *D. 1995. Somm. 326, obs. Lucet ; JCP 1995. I. 3821, n° 18, obs. Simler* (ratification d'une transaction).

5. Point de départ de la prescription biennale. S'agissant d'une vente sous condition suspensive, le délai de prescription de deux ans fixé par l'art. 1427 ne court que du jour où la vente est devenue parfaite, soit du jour où la condition suspensive a été réalisée. • Civ. 1re, 15 juill. 1993, n° 91-18.368 P : *JCP 1994. I. 3733, n° 16, obs. Simler ; JCP N 1994. II. 287, note Robinel ; ibid. II. 353, note Hugon ; RTD civ. 1994. 929, obs. Vareille.* ♦ Si générale que soit la formule de l'art. 1427, al. 2, selon laquelle l'action en nullité ne peut jamais être intentée plus de deux ans après la dissolution de la communauté, elle ne peut avoir pour effet de priver le conjoint du droit d'agir en nullité pendant les deux années qui suivent la réalisation de l'acte (en l'espèce, promesse unilatérale de vente avec levée de l'option intervenant plus de deux ans après la dissolution de la communauté). • Civ. 1re, 2 juin 1981, n° 79-14.396 P : *R., p. 41 ; RTD civ. 1982. 414, obs. Nerson et Rubellin-Devichi.*

6. Impossibilité pour le juge de soulever d'office le moyen tiré de la prescription. Le délai de deux ans imparti par l'art. 1427, al. 2, pour agir en nullité de l'acte passé par le conjoint sur un bien commun est un délai de prescription. Le moyen tiré de cette prescription, non invoqué devant les juges d'appel, ne peut être suppléé d'office par ceux-ci. • Civ. 1re, 11 janv. 1983, n° 81-15.945 P.

7. Possibilité d'invoquer la nullité par voie d'exception. L'art. 1427, al. 2, ne peut avoir pour effet de priver le conjoint du droit d'invoquer la nullité comme moyen de défense contre la demande d'exécution d'un acte irrégulièrement passé par l'autre époux. L'exception de nullité peut donc être opposée après expiration du délai de deux ans. • Civ. 1re, 8 déc. 1981, n° 80-15.090 P : *R., p. 41* • 12 juill. 1982 : *D. 1982. 540* • 23 janv. 1996, n° 93-21.442 P : *JCP 1996. I. 3962, n° 14, obs. Simler.* ♦ Dans le même sens, pour la nullité d'un procès-verbal de bornage, acte irrégulièrement passé par l'époux. • Civ. 3e, 4 mars 2009, n° 07-17.991 P : *D. 2009. AJ 873 ; JCP 2009. I. 140, n° 12, obs. Simler ; AJ fam. 2009. 226, obs. Hilt ; AJDI 2010. 68, obs. Prigent ; RDC 2009. 1174, obs. Gaudemet* (perpétuité de l'exception de nullité). ♦ La nullité d'un acte pour dépassement de pouvoir peut être opposée par voie d'exception sans condition de délai, alors même que le délai de deux ans dans lequel est enfermée l'action en nullité est expiré. • Civ. 1re, 23 janv. 1996, n° 93-21.442 P.

8. Prescription biennale et subsidiarité de l'action fondée sur la fraude. L'acte accompli par un époux hors des limites de ses pouvoirs (vente de droits sociaux non négociables sans le consentement du conjoint) relève des art. 1424 et 1427 et non des textes frappant les actes frauduleux d'un époux, lesquels ne trouvent à s'appliquer que subsidiairement à défaut d'autre sanction. • Civ. 1re, 30 mars 1999, n° 97-16.252 P : *Defrénois 1999. 807, obs. Champenois ; Gaz. Pal. 2000. Somm. 361, obs. Dahan* (rejet de l'action intentée plus de deux ans après la dissolution de la communauté) • 4 déc. 2001, n° 99-15.629 P : *D. 2002. 2217, note Bonnet ; ibid. Somm. 2442, obs. Nicod ; JCP 2002. II. 10059, note Casey ; ibid. I. 167, n° 10, obs. Simler ; Defrénois 2002. 1319, obs. Champenois ; Dr. fam. 2002, n° 23, note Beignier ; LPA 21 juin 2002, note Courtier.* ♦ L'action prévue par l'art. 1427 est exclusive de l'action en inopposabilité ouverte par l'art. 1421 pour sanctionner les actes frauduleux, lequel ne trouve à s'appliquer qu'à défaut d'autre sanction. • Civ. 1re, 23 mars 2011, n° 09-66.512 P : *D. 2011. Pan. 2624, obs. Revel ; AJ fam. 2011. 382, obs. Hilt ; Rev. sociétés 2011. 488, note Naudin ; JCP 2011, n° 1371, § 9, obs. Simler ; JCP N 2011, n° 1292, note Hovasse ; Defrénois 2011. 967, obs. Champenois ; RLDC 2011/86, n° 4392, note Dupont-Legrand* (impossibilité de prendre en compte la prescription de droit commun au regard de l'art. 1421).

C. CONSÉQUENCES DE L'ANNULATION

9. Portée de l'annulation : disparition de l'acte à l'égard de tous. L'action accordée par l'art. 1427 à l'épouse, dans le cas où le mari a outrepassé ses pouvoirs sur les biens communs, tend non pas à l'inopposabilité de l'acte à la femme, mais à une nullité, sanction du dépassement de pouvoirs, qui prive cet acte de ses effets, non seulement à l'égard de la femme, mais aussi dans les rapports du mari et de l'autre contractant. • Civ. 1re, 17 juin 1981 : *JCP 1982. II. 19809, note Patarin* • 28 mars 1984 : *JCP 1985. II. 20430, note Henry.*

10. Absence d'incidence de la bonne foi du cocontractant du conjoint. Un époux peut opposer la nullité de la vente d'un immeuble commun passée par son conjoint sans son consentement même à un acquéreur de bonne foi. • Civ. 1re, 6 févr. 1979 : *JCP N 1979. II. 229 (2e esp.), note Thuillier.*

11. Impossibilité de mettre une obligation de garantie à la charge de l'auteur du dépassement de pouvoir. L'annulation accordée par l'art. 1427 à l'un des conjoints ne peut, sauf stipulation particulière, faire naître à la charge de l'autre conjoint, auteur du dépassement de pouvoir ainsi sanctionné, une obligation de garantie. • Civ. 1re, 27 juin 1978, n° 76-15.546 P : *GAJC, 12e éd., n° 93 ; JCP 1980. II. 19424, note Henry ; Defrénois 1979. 1020 (2e esp.), note Colomer* • 20 oct. 1987, n° 85-18.559 P : *Defrénois 1988. 540, obs. Champenois.*

12. Impossibilité de contraindre l'auteur du dépassement de pouvoir au payement d'une clause pénale ou d'une clause de dédit. L'annulation de l'acte accompli par un conjoint au mépris de la cogestion imposée par l'art. 215 ne saurait entraîner l'obligation pour ce conjoint de payer la clause pénale prévue en cas d'inexécution de la convention. • Civ. 1re, 3 mars 2010, n° 08-18.947 P. ♦ La nullité ne laisse pas subsister les clauses destinées à sanctionner l'inexécution dudit contrat. Une clause de dédit, stipulée dans un acte annulé, ne saurait donc produire effet. • Civ. 1re, 27 juin 1978 : *JCP 1980. II. 19283, note Dagot ; Defrénois 1979. 1020 (1re esp.), note Colomer.*

13. Impossibilité pour le tiers acquéreur de mettre en œuvre la responsabilité de l'auteur du dépassement de pouvoir. Le seul fait d'avoir vendu un immeuble commun sans le consentement de sa femme ne constitue pas une faute dont le mari devrait répondre envers l'acquéreur. • Civ. 1re, 24 mars 1981 : *JCP 1982. II. 19746, note Le Guidec ; RTD civ. 1982. 407 et 413, obs. Nerson et Rubellin-Devichi* • 11 janv. 1983, n° 81-15.945 P : *RTD civ. 1983. 346, obs. Durry* • 28 mars 1984 : *JCP 1985. II. 20430, note Henry.*

14. Rétroactivité de l'annulation et restitution par équivalent. La nullité prononcée en vertu de l'art. 1427 a pour effet de remettre les choses dans l'état où elles se trouvaient avant la formation du contrat ; si la restitution matérielle des prestations reçues par l'époux est impossible, cette restitution doit se faire sous la forme d'une indemnité. • Civ. 1re, 16 juill. 1998, n° 96-18.404 P : *D. 1999. 361, note Fronton ; Defrénois 1998. 1413, obs. Aubert* (cas d'un apport en société irrégulier : art. 1832-2 C. civ.).

Art. 1428 Chaque époux a l'administration et la jouissance de ses propres et peut en disposer librement.

Art. 1429 Si l'un des époux se trouve, d'une manière durable, hors d'état de manifester sa volonté, ou s'il met en péril les intérêts de la famille, soit en laissant dépérir ses propres, soit en dissipant ou détournant les revenus qu'il en retire, il peut, à la demande de son conjoint, être dessaisi des droits d'administration et de jouissance qui lui sont reconnus par l'article précédent. Les dispositions des articles 1445 à 1447 sont applicables à cette demande.

A moins que la nomination d'un administrateur judiciaire n'apparaisse nécessaire, le jugement confère au conjoint demandeur le pouvoir d'administrer les propres de l'époux dessaisi, ainsi que d'en percevoir les fruits, qui devront être appliqués par lui aux charges du mariage et l'excédent employé au profit de la communauté.

A compter de la demande, l'époux dessaisi ne peut disposer seul que de la nue-propriété de ses biens.

Il pourra, par la suite, demander en justice à rentrer dans ses droits, s'il établit que les causes qui avaient justifié le dessaisissement n'existent plus. — *V. C. pr. civ., art. 1291* - ***C. pr. civ.***

Art. 1430 *(Abrogé par L. n° 85-1372 du 23 déc. 1985)* ***Le mari n'est point garant du défaut d'emploi ou de remploi des biens propres à la femme, à moins qu'il ne se soit ingéré dans les opérations d'aliénation ou d'encaissement, ou qu'il ne soit prouvé que les deniers ont été reçus par lui, ou ont tourné à son profit.***

Art. 1431 Si, pendant le mariage, l'un des époux confie à l'autre l'administration de ses propres, les règles du mandat sont applicables. L'époux mandataire est, toutefois, dispensé de rendre compte des fruits, lorsque la procuration ne l'y oblige pas expressément.

Art. 1432 Quand l'un des époux prend en mains la gestion des biens propres de l'autre, au su de celui-ci, et néanmoins sans opposition de sa part, il est censé avoir reçu un mandat tacite, couvrant les actes d'administration et de jouissance, mais non les actes de disposition.

Cet époux répond de sa gestion envers l'autre comme un mandataire. Il n'est, cependant, comptable que des fruits existants ; pour ceux qu'il aurait négligé de percevoir ou consommés frauduleusement, il ne peut être recherché que dans la limite des cinq dernières années.

Si c'est au mépris d'une opposition constatée que l'un des époux s'est immiscé dans la gestion des propres de l'autre, il est responsable de toutes les suites de son immixtion et comptable sans limitation de tous les fruits qu'il a perçus, négligé de percevoir ou consommés frauduleusement.

1. Actes pouvant être accomplis indépendamment de l'existence d'un mandat d'administration. Un époux souscripteur d'un contrat d'assurance multirisque habitation peut, en cette qualité, agir contre la compagnie d'assurances pour obtenir l'indemnisation des conséquences d'un vol de bijoux, bien que les bijoux soient des propres de son conjoint et que celui-ci ne lui ait pas donné de mandat d'administration. • Civ. 1re, 6 oct. 1993, n° 91-13.291 P : *D. 1994. Somm. 142, obs. Groutel ; RTD civ. 1994. 592, obs. Mestre.*

2. Actes de disposition ne relevant pas du mandat tacite d'administration : bail rural. Consentir un bail rural de neuf ans constitue un acte de disposition qui ne relève pas du mandat tacite prévu par l'art. 1432. • Civ. 3e, 16 sept. 2009, n° 08-16.769 P : *D. 2009. AJ 2344, obs. Forest ; JCP 2010, n° 487, § 16, obs. Simler ; AJDI 2010. 234, obs. Prigent ; Defrénois 2010. 625, obs. Champenois ; RLDC 2009/65, n° 3618, obs. Pouliquen.* ♦ Comp. : pour des cas de mandat tacite de donner à bail rural un immeuble propre, V. • Bourges, 25 mars 1977 : *Gaz. Pal. 1978. 2. 616* • Nîmes, 15 juin 1978 : *ibid. 1978. 2. 617.*

3. ... Rôle du mandat apparent. Cassation d'un arrêt n'ayant pas recherché, comme il lui était demandé, si l'épouse du bailleur, à laquelle appartenaient en propre les parcelles données à bail par le mari, n'était pas engagée sur le fondement du mandat apparent. • Civ. 3e, 18 mars 1998, nos 96-14.840 P, 96-15.251 P : *JCP 1998. I. 183, n° 4, obs. Simler ; JCP N 1999. 1870, étude Campels ; Defrénois 1999. 661, note Mathieu.* ♦ Pour un refus de retenir le mandat apparent, V. cependant • Civ. 1re, 6 juill. 1976 : *JCP 1978. II. 18845, note Le Guidec.*

4. ... Ratification de l'acte par le conjoint propriétaire. Bien que le mandat présumé par l'art. 1432 couvre les actes d'administration et de jouissance, mais non les actes de disposition, la location à titre commercial par le mari d'un bien propre de la femme n'en est pas moins valide si la femme a, par son silence, ratifié en pleine connaissance de cause cette location. • Civ. 1re, 21 mars 1984 : *Defrénois 1984. 1498, obs. Champenois.* –

Dans le même sens : • Civ. 1re, 17 mai 1993 : *D. 1994. 25, note Paisant ; JCP 1994. I. 3733, no 18, obs. Simler ; Defrénois 1993. 1077, obs. Champenois* • 6 mai 2003, no 00-18.891 P : *D. 2003. Somm. 1865, obs. Brémond ; AJ fam. 2003. 274, obs. S. D.-B. ; Dr. fam. 2003, no 91, note Beignier* (ratification de la clôture d'un plan d'épargne-logement).

Art. 1433 **La communauté doit récompense à l'époux propriétaire toutes les fois qu'elle a tiré profit de biens propres.**

Il en est ainsi, notamment, quand elle a encaissé des deniers propres ou provenant de la vente d'un propre, sans qu'il en ait été fait emploi ou remploi.

Si une contestation est élevée, la preuve que la communauté a tiré profit de biens propres peut être administrée par tous les moyens, même par témoignages et présomptions.

BIBL. ► BIGNON, *R. 1998, p. 37* (preuve des récompenses). – BOSGIRAUD, NOËL et POIRAUD, *Gaz. Pal. 5 et 6 mars 1999*. – NAUDIN, *Dr. fam. 2006. Étude 16* (encaissement de deniers propres et droit à récompense).

COMMENTAIRE

L'article 1433 du code civil vise une variation de valeur entre la communauté et une masse propre, au détriment de cette dernière. Il faut donc que deux conditions soient réunies pour que le droit à récompense apparaisse :
– La communauté doit avoir retiré un profit d'un bien propre ;
– La masse propre doit avoir subi un appauvrissement.

I. EXEMPLES DE RÉCOMPENSE DUE PAR LA COMMUNAUTÉ

Quant aux exemples d'application, ils sont nécessairement fort nombreux. Il n'est pas possible de tous les énumérer, mais quelques uns peuvent être fournis.

1) Encaissement d'un prix de vente propre. L'alinéa 2 de l'article 1433 donne un premier exemple, qui a été à l'origine même des récompenses. Une récompense sera due lorsque la communauté a encaissé le prix de vente d'un bien propre, sans qu'une déclaration de remploi ait été effectuée. Il semble pourtant que cette affirmation à elle seule soit insuffisante. Il faut en outre que la somme ait été utilisée au profit de la communauté. En effet, jusque-là, cette somme est propre par le jeu de la subrogation réelle, tout comme l'était le bien aliéné. Dans les rapports entre époux, et en l'absence de tout usufruit de la communauté sur les biens propres, cette solution est inévitable. Il importe peu que le profit retiré par la communauté ne persiste pas jusqu'à la liquidation, le tout étant de prouver l'existence d'un profit au bénéfice de la communauté. Autrement dit, sans exiger un profit subsistant au jour de la liquidation, la jurisprudence estime que la seule preuve de l'encaissement des fonds par la communauté est insuffisante pour fonder la récompense contre la communauté. Il faut en plus établir le profit commun, quand bien même il a été fugace.

2) Fonds propres et comptes bancaires. La solution est identique lorsque des fonds propres sont encaissés sur un compte bancaire. C'est le profit retiré par la communauté qui servira de ligne de division, permettant d'accorder ou non une récompense. En effet, deux situations peuvent se rencontrer.

• Soit la somme propre d'origine existe toujours sur le compte (elle est encore individualisée). Dans ce cas, on ne voit pas ce qui pourrait la rendre commune. Elle était propre, elle le reste. Seuls d'éventuels intérêts accroissant ce capital propre seraient communs (étant des revenus de biens propres).

• Soit la somme propre d'origine n'existe plus sur le compte (elle a été dépensée ou mélangée à d'autres fonds). Dans ce cas, aucune récompense ne sera due, sauf à prouver l'existence du remploi de cette somme, ou encore que la communauté a tiré profit de cet encaissement.

La Cour de cassation a construit une jurisprudence qui permet de présumer le profit retiré par la communauté lorsque les fonds propres ont été versés sur un compte joint. Cela permet d'affirmer le droit à récompense au profit de la masse propre. En revanche, le montant de cette récompense est discuté. On peut estimer, à l'égal de ce qui se décide en régime de séparation de biens, que le remboursement doit alors se faire au nominal, dans tous les cas. Mais l'opinion inverse n'est pas sans logique, qui consiste à dire que faute de savoir à quoi ont été affectés les fonds, c'est l'alinéa 1er de l'article 1469 qui doit s'appliquer, et la récompense sera alors de la plus faible des deux sommes que représentent la dépense faite et le profit subsistant. Or, comme il ne reste rien, le risque est que le remboursement soit à zéro (d'autant que, faute d'affectation prouvée, on ne peut pas affirmer que la dépense était nécessaire au sens de l'al. 2 de l'art. 1469). L'enjeu est donc grand entre ces deux approches. Il n'existe pas d'arrêt tranchant nettement cette difficulté. Il semble que la pratique notariale soit plutôt de compter la récompense au nominal (et donc de raisonner comme si l'al. 1er de l'art. 1469 avait été abrogé), mais la solution pour équitable qu'elle est envers la masse propre prend d'incontestables libertés avec la lettre du code civil.

3) Autres cas. On citera encore comme autre cas fréquent d'application de l'article 1433 l'acquisition avec remploi de deniers propres pour moins de la moitié du prix, ou encore l'échange avec soulte, lorsque la soulte payée par la communauté est supérieure à la valeur du bien échangé. Ouvre également droit à récompense au profit d'une masse propre le fait pour un époux de payer avec des fonds propres une dette commune, du moins s'il s'agit d'une dette commune au plan de la contribution, c'est-à-dire d'une dette faisant partie du passif définitif de la communauté. La récompense permet alors d'éviter de faire peser le poids de la dette sur la masse propre et assure ainsi le respect des règles de contribution. Le cas des rentes viagères est plus discuté. La rente est propre. Si elle a été constituée sur la tête du conjoint, il s'agit d'une libéralité, et aucune récompense n'est due, même si c'est la communauté qui a encaissé les arrérages de la rente. A l'inverse, si elle a été constituée par l'époux propriétaire à son profit personnel, la question est discutée. Mais il n'est pas déraisonnable de considérer que les arrérages de la rente représentent une partie du prix de vente du bien aliéné. Dans cette mesure, une récompense doit être accordée s'il est prouvé que la communauté a profité des arrérages de la rente.

4) Absence de récompense due par la communauté. En revanche, la communauté ne devra pas de récompense pour l'utilisation qu'elle a pu faire d'un bien propre, ce qui sera fréquent, par exemple lorsque le ménage utilise un véhicule propre ou loge la famille dans un immeuble propre à l'un d'entre eux. Deux raisons justifient cette solution. D'une part la communauté supporte les charges de jouissance de biens propre, d'autre part, à supposer qu'elle doive une rémunération à l'époux propriétaire, celle-ci, si elle était versée, tomberait en communauté où elle s'éteindrait par confusion. De même, il a été jugé que l'apport d'un immeuble via le contrat de mariage au moment du mariage des époux n'ouvre pas droit à récompense car l'opération, concomitante au mariage, ne crée aucun mouvement de valeur entre la masse propre de l'époux et la masse commune puisqu'elle ne s'est pas réalisée au cours de l'application du régime matrimonial. Dans cette hypothèse, c'est la prévision d'une clause de reprise d'apports (notamment au moyen de la fameuse « clause alsacienne ») qui permettra de préserver les biens personnels de l'époux en cas de divorce.

II. QUESTIONS DE PREUVES

Au plan probatoire, deux preuves distinctes – et au régime juridique différent – sont à rapporter lorsqu'une masse propre revendique une récompense.

• La preuve du caractère propre des deniers n'est pas libre. Elle passe par le respect des dispositions de l'article 1402, alinéa 2, du code civil, et donc une preuve écrite (même souplement entendue) est nécessaire, sachant que cet écrit permet de prouver de façon complémentaire par témoignages et présomptions.

• La preuve du profit retiré par la communauté constitue au contraire un fait juridique, lequel se prouvera par tous moyens, et donc directement (et en première intention) par témoignages et présomptions.

Il convient de ne pas fusionner les deux preuves et ainsi de ne pas les confondre. À noter que les tiers qui veulent prouver contre la présomption de communauté (afin de qualifier un bien de propre à leur débiteur) ne sont pas soumis à cette distinction, et que pour eux, ces deux preuves sont libres. ❑

A. FAITS GÉNÉRATEURS DE RÉCOMPENSE

1. Acquisition de biens communs à l'aide de deniers propres. Dès lors qu'elle constate que les deniers propres d'un époux ont servi à acquérir des biens communs qui ont été ensuite partagés entre les conjoints, une cour d'appel ne peut décider que cet époux n'a pas droit à récompense. • Civ. 1re, 13 janv. 1993, n° 89-21.900 P : *Defrénois 1993. 1445, obs. Champenois.*

2. Remboursement d'une dette d'emprunt par le biais d'une assurance-invalidité (non). Le remboursement par le biais d'une assurance-invalidité d'une dette d'emprunt incombant à la communauté ne donne pas lieu à récompense au profit de l'époux sur la tête duquel l'assurance a été contractée, l'indemnité versée par l'assureur n'ayant jamais figuré dans le patrimoine personnel de l'époux accidenté. • Civ. 1re, 1er déc. 1987, n° 85-15.260 P : *JCP 1989. II. 21338, note Simler ; Defrénois 1988. 538, obs. Champenois.* ♦ N'ouvrent pas droit à récompense les échéances de remboursements des prêts contractés par la communauté pour financer la construction d'une maison sur un terrain propre de l'épouse, qui ont été prises en charge par les assureurs au titre de l'invalidité du mari, ces sommes n'étant pas entrées dans le patrimoine propre de celui-ci, de sorte que ni la communauté, ni aucun des deux époux n'ont déboursé ces fonds. • Civ. 1re, 12 avr. 2012, n° 11-14.653 P : *D. 2012. 1125 ; AJ fam. 2012. 352, obs. Hilt ; RTD civ. 2012. 363, obs. Vareille ; JCP N 2012, n° 1308, note Barabé-Bouchard ; RGDA 2012. 1072, obs. Mayaux.*

3. Encaissement de deniers propres par la communauté. Sur la simplification de la preuve du droit à récompense et l'existence d'une présomption de profit retiré par la communauté lorsque des fonds propres ont été déposés, au cours du mariage, sur un compte bancaire ouvert au nom des deux époux, V. jurisprudence citée note 9.

4. Apport d'un bien propre à la communauté (non). L'apport d'un immeuble propre étant stipulé au contrat de mariage, il en résulte qu'aucun mouvement de valeur entre la masse propre de l'époux et la masse commune ne s'est réalisé au cours de l'application du régime matrimonial, de sorte qu'aucune récompense n'est due par la communauté au patrimoine propre. • Civ. 1re, 3 oct. 2019, n° 18-20.430 P : *D. 2020. 64, note Hartman ; AJ fam. 2019. 606, obs. Ferré-André ; RTD civ. 2019. 919 et les obs. ; JCP 2019, n° 1254, note Sauvage ; JCP N 2020, n° 1049, note Randoux ; Dr. fam. 2019, n° 243, note Torricelli-Chrifi.*

B. PREUVE DU DROIT À RÉCOMPENSE

1° PREUVE DU CARACTÈRE PROPRE DES DENIERS UTILISÉS

5. Possibilité d'établir le caractère propre des deniers indépendamment du formalisme du remploi. La preuve du caractère propre des fonds utilisés au profit de la communauté peut être rapportée par tous moyens, indépendamment d'une clause de remploi dans le titre d'acquisition. • Civ. 1re, 25 mai 2016, n° 15-18.573 P : *cité note 1 ss. art. 262-1.* ♦ L'absence de stipulation de remploi n'est pas un obstacle à la reconnaissance d'un droit à récompense au profit de l'époux ayant investi une somme provenant de la vente d'un propre dans la construction d'un immeuble commun, dès lors que cet époux n'invoque pas un droit de reprise en nature sur l'immeuble. • Civ. 1re, 18 févr. 1986 : *Bull. civ. I, n° 30.* ♦ Rappr. : • Civ. 1re, 20 mars 2013, n° 11-20.212 P : *D. 2013. 837 ; AJ fam. 2013. 312, obs. Hilt ; RTD civ. 2013. 659, obs. Vareille* (en l'espèce, récompense due par la communauté en raison des deniers propres investis, sans remploi, dans l'achat d'un appartement commun ultérieurement revendu afin de financer une nouvelle acquisition commune).

6. Illustration : somme remise antérieurement au mariage pour financer une acquisition commune. Constitue un bien propre dont la communauté doit récompense la somme remise lors d'une promesse de vente par un époux antérieurement à son mariage et qui a ensuite été imputée sur le prix de l'immeuble acquis par la communauté. • Civ. 1re, 7 juin 2006, n° 03-18.807 P.

2° PREUVE DU PROFIT RETIRÉ PAR LA COMMUNAUTÉ

7. Principe : nécessité d'établir par tous moyens le profit retiré par la communauté. Aux termes de l'art. 1433, la communauté doit récompense à l'époux propriétaire toutes les fois qu'elle a tiré profit de biens propres ; il en est ainsi, notamment, quand elle a encaissé des deniers propres ou provenant de la vente d'un propre, sans qu'il en ait été fait emploi ou remploi ; si une contestation est élevée, la preuve que la communauté a tiré profit de biens propres peut être administrée par tous moyens, même par témoignages et présomptions. • Civ. 1re, 11 mai 2023, n° 21-19.381. ♦ Jurisprudence constante : • Civ. 1re, 2 mars 2022, n° 20-20.278. • Civ. 1re, 8 févr. 2005 : *préc. note 1 (2e arrêt).* – Même sens : • Com. 8 nov. 2005, n° 03-19.570 P : *AJ fam. 2006. 76, obs. Hilt ; RTD civ. 2006. 813, obs. Vareille* (fisc). ♦ Après avoir relevé qu'un époux avait déposé ses deniers propres sur un compte bancaire ouvert à son seul nom et constaté qu'il ne justifiait, ni du solde de ce compte, ni que les deniers y étaient encore déposés au moment de sa transformation en compte joint, une cour d'appel estime souverainement que cet époux n'établit pas le profit résultant de l'encaissement, au sens de l'art. 1433, al. 2, de ses deniers propres par la communauté. • Com. 3 févr. 2010 : *cité note 27 ss. art. 1401.*

8. Application : fonds propres déposés sur un compte ouvert au nom d'un seul époux. Dès lors que les deniers propres ont été versés sur un compte ouvert au nom d'un seul époux, leur encaissement par la communauté n'est pas établi. • Civ. 1re, 8 nov. 2005, n° 03-14.831 P : *D. 2006. Pan. 2069, obs. Revel ; AJ fam. 2006. 33, obs. Hilt ; Dr. fam. 2005, n° 274, note Beignier ; RJPF 2006-3/53, note Valory ; RTD civ. 2006. 814, obs. Vareille .* ♦ Le profit tiré par la communauté résultant de l'encaissement, au sens de l'art. 1433, al. 2, des deniers propres d'un époux, ne peut être déduit de la seule circonstance que ces deniers ont été versés, au cours du mariage, sur un compte bancaire ouvert au nom de cet époux ; après avoir constaté que le compte personnel, sur lequel le mari avait déposé des fonds propres, mais également des revenus, s'il alimentait les deux comptes joints ouverts au nom des deux époux, avait également servi de support à de nombreuses autres opérations dont il n'était pas démontré qu'elles concernaient toute la communauté, n'a pu qu'en déduire qu'il n'était pas établi que les deniers propres déposés sur ce compte personnel avaient alimenté l'un ou l'autre des comptes joints des époux et par conséquent, profité à la communauté. • Civ. 1re, 15 févr. 2012, n° 11-10.182 P : *D. 2012. 552 ; AJ fam. 2012. 232, obs. Hilt ; RTD civ. 2012. 364, obs. Vareille ; Dr. fam. 2012, n° 70, obs. Beignier ; Defrénois 2012. 1078, note Desfossé ; JCP N 2012, n° 1295, note Naudin.*

9. Tempérament : présomption de profit lorsque des fonds propres ont été encaissés sur un compte ouvert au nom des deux époux. Il incombe à celui qui demande récompense à la communauté d'établir que les deniers provenant de son patrimoine propre ont profité à celle-ci ; sauf preuve contraire, le profit résulte notamment de l'encaissement de deniers propres par la communauté, à défaut d'emploi ou de remploi. • Civ. 1re, 8 févr. 2005, n° 03-13.456 P : *R., p. 215 ; BICC 15 mai 2005, n° 899, et la note ; D. 2005. Pan. 2116, obs. Brémond ; JCP 2005. I. 163, n° 12, obs. Tisserand-Martin ; JCP N 2005. 1351, note Pillebout ; Defrénois 2005. 1506, obs. Champenois ; Dr. fam. 2005, n° 80, note Beignier (1re esp.) ; AJ fam. 2005. 149, obs. Hilt (2e esp.) ; RJPF 2005-5/22, note Vauvillé ; RTD civ. 2005. 445, obs. Vareille* (en l'espèce, fonds propres ayant servi à l'apurement du découvert d'un compte joint) • 8 févr. 2005, n° 03-15.384 P : *R., p. 215 ; BICC 15 mai 2005, n° 900, et la note ; D. eod. loc. ; JCP eod. loc. ; Defrénois eod. loc. ; Dr. fam. eod. loc. (2e esp.) ; AJ fam. eod. loc. (1re esp.) ; RTD civ. eod. loc.* (en l'espèce, fonds propres portés au crédit d'un compte joint ouvert au nom des deux époux) • 22 nov. 2005, n° 2-19.283 P • 28 nov. 2006, n° 04-17.147 P : *D. 2007. Pan. 2130, obs. Revel ; AJ fam. 2007. 42, obs. Hilt .* ♦ Rappr., déjà : • Civ. 1re, 14 janv. 2003, n° 00-21.108 P : *D. 2003. 575, note Beignier ; ibid. Somm. 1866, obs. Brémond (1re esp.) ; JCP 2003. I. 158, n° 15, obs. Tisserand ; JCP N 2003. 1392, étude Charlin ; ibid. 2004. 1414, obs. Casey ; AJ fam. 2003. 107, obs. S. D.-B . ; Defrénois 2003. 997, obs. Champenois ; RJPF 2003-4/22, note Vauvillé ; RTD civ. 2003. 340, obs. Vareille* (une cour d'appel qui constate que les deniers propres, encaissés sur un compte commun, ont été utilisés par les époux relève ainsi souverainement l'emploi des fonds dans l'intérêt de la communauté et en déduit à bon droit que le mari, qui rapporte la preuve que ces deniers ont profité à la communauté, a droit à récompense).

Art. 1434 L'emploi ou le remploi est censé fait à l'égard d'un époux, toutes les fois que, lors d'une acquisition, il a déclaré qu'elle était faite de deniers propres ou provenus de l'aliénation d'un propre, et pour lui tenir lieu d'emploi ou de remploi. A défaut de cette déclaration dans l'acte, l'emploi ou le remploi n'a lieu que par l'accord des époux, et il ne produit ses effets que dans leurs rapports réciproques.

Al. 2 et 3 abrogés par L. n° 85-1372 du 23 déc. 1985.

COMMENTAIRE

En dehors des hypothèses de subrogation réelle légale (C. civ., art. 1406, 1407 et 1408), lorsque le bien est acquis par un paiement, la présomption de communauté devrait jouer pour faire qualifier le bien acquis de bien commun. C'est ici que la « théorie du remploi » trouve à s'appliquer, pour que ce soit la volonté de l'un des époux qui permette d'écarter la présomption de communauté afin que le bien reçoive la qualification de bien propre. Cependant, il convient de garder à l'esprit que la majorité des remplois effectués ne permettent pas d'affirmer cette qualité, et sont utilisés uniquement à des fins probatoires, afin de conserver une trace de caractère propres des deniers et de leur affectation à une acquisition commune.

Au plan terminologique, par « emploi », on entend l'acquisition d'un bien au moyen de deniers propres (provenant d'une donation, d'une succession, ou étant des biens présents au jour du mariage). Par « remploi », on entend l'acquisition d'un bien au moyen de deniers provenant de l'aliénation d'un bien propre (les deniers sont alors eux-mêmes propres par subrogation, C. civ., art. 1406, al. 2). Ces deux termes sont souvent utilisés comme synonymes, ce qui est abusif, puisque chacun traduit une origine différente pour les deniers. Il n'en reste pas moins que leurs effets sont identiques.

Quelques précisions, évidentes, doivent être données. L'emploi ne peut jamais se faire avec des gains et salaires. En effet, on ne voit pas en quoi la subrogation en propre trouverait à s'appliquer, puisque les gains et salaires sont des biens communs. De même, l'emploi ne peut pas davantage s'effectuer au moyen des revenus de biens propres, puisqu'ils constituent eux aussi des biens communs une fois perçus. Par conséquent, l'emploi se conçoit seulement pour l'utilisation d'une somme propre (provenant d'une succession ou d'une libéralité, ou de biens présents au jour du mariage), bref une somme provenant d'un capital propre, puisqu'il n'existe plus de revenus propres en régime de communauté par l'effet de la jurisprudence de la Cour de cassation.

Formalité d'emploi et de remploi. Il faut une double déclaration, portant à la fois sur l'origine des deniers et l'intention de procéder au remploi. En outre, s'agissant de la nature de l'acte, la Cour de cassation a eu l'occasion de préciser qu'il s'agit d'un acte unilatéral. Il n'est donc nul besoin de recueillir le consentement du conjoint pour y procéder. Cependant, il est conseillé de faire intervenir le conjoint à l'acte, afin qu'il déclare reconnaître le caractère propre des fonds remployés et qu'il s'interdise de le contester à l'avenir. Une telle clause évitera toute discussion, des années plus tard, si d'aventure un divorce devait survenir.

La déclaration d'origine des deniers devra préciser la source des deniers propres (comme provenant de telle donation, de telle succession, ou de tel compte existant au jour du mariage). Si cette précision n'est pas donnée, la clause de remploi pourra être annulée, puisque l'authenticité ne couvre pas la clause de remploi (c'est une déclaration unilatérale de l'époux que le notaire ne peut vérifier). Il est donc conseillé aux avocats, en cas de procédure de divorce, de demander à voir l'acte contenant la clause de remploi afin d'en vérifier la validité. Une clause qui serait ainsi rédigée, « l'acquéreur déclare remployer à titre de propre la somme de ... », sans préciser l'origine des fonds devra donc alerter, puisqu'elle ne serait pas valable. Pour être valable, elle doit être rédigée, *a minima* ainsi : « l'acquéreur déclare remployer la somme de ... comme provenant d'une donation reçue de sa tante Jeanne le ... ». D'où l'intérêt de faire intervenir le conjoint pour couper court à toute difficulté. D'où aussi la pratique notariale qui consiste à conseiller de garder une parfaite traçabilité des fonds propres remployés (en les gardant distincts de la communauté et exempts de tout mélange avec des deniers communs).

Quant au moment pour effectuer cette double déclaration, ce doit être au plus tard dans l'acte d'acquisition. La conséquence de cette déclaration est son opposabilité aux tiers, l'acte est donc opposable *erga omnes*.

Remploi *a posteriori*. En cas d'absence de double déclaration, la sanction est l'inopposabilité aux tiers. Toutefois, dans les seuls rapports entre époux, il est possible de procéder à ce qui est communément nommé le remploi *a posteriori*. Ce type de remploi n'a d'effet que dans les rapports entre époux. Il suppose, pour être valable entre eux, que les deux époux soient d'accord pour y procéder. A défaut de commun accord, l'oubli initial ne peut être réparé, le bien est définitivement commun.

« Remploi tardif ». Une hypothèse distincte doit être signalée, que l'on confond volontiers avec la précédente. Il s'agit du remploi tardif. Dans cette hypothèse, des fonds propres sont encaissés par la communauté, puis, plus tard, à l'occasion d'une acquisition (généralement immobilière), cet époux veut « mobiliser » la créance qu'il détient contre la communauté afin de procéder à un remploi « classique », opposable aux tiers. Cette hypothèse est donc différente de celle du remploi *a posteriori*, puisqu'il n'y a pas encore eu de nouvelle acquisition. La difficulté provient du fait qu'assez rapidement, à cause de la fongibilité de la monnaie et des règles de communauté, les deniers propres seront considérés comme étant communs, à charge de récompense pour le patrimoine propre qui s'est appauvri. D'où l'idée de laisser cet époux « mobiliser » le droit qu'il détient contre la communauté afin de procéder à un remploi « normal ». La Cour de cassation a admis le procédé en 1999. Il n'est donc pas nécessaire, lorsque l'on vend un bien propre, de porter la valeur perçue sur un compte spécial, afin d'éviter son absorption par la communauté, même s'il paraît quand même plus prudent de conserver un parfaite traçabilité des deniers propres.

Remploi par anticipation. Par ailleurs, le code civil prévoit expressément, à l'article 1435, l'hypothèse du remploi par anticipation. Le but est alors de déclarer propre un bien qui vient d'être acquis, alors que les fonds propres le finançant n'arriveront que plus tard. C'est une commodité qui est offerte aux époux, non un crédit. Le paiement effectif des sommes propres doit intervenir dans les cinq ans de l'acte. De plus, et cela paraît évident, le ou les biens utilisés en remploi doivent déjà exister au moment du remploi par anticipation. Décider le contraire reviendrait à financer l'acquisition avec des sommes communes. Enfin, le remploi doit intervenir avant la dissolution de la communauté, ce qui peut conduire à abréger le délai de cinq ans. Si ces conditions ne sont pas respectées, le bien acquis sera qualifié de commun.

Financement partiel en propre. Pour ce qui est du financement de bien acquis en emploi ou remploi, une vigilance particulière s'impose selon que le patrimoine propre aura financé tout ou partie seulement de l'acquisition. Si le financement est total, la clause de remploi fera que le bien acquis sera propre. Au contraire, si le financement en propre n'est que partiel, il conviendra de voir dans quelles proportions les deniers propres ont financé le bien. Si la part propre de l'époux acquéreur dépasse la moitié du prix d'achat (frais d'acte inclus), le bien sera propre à charge de récompense pour la communauté (ou à charge de créance entre époux, si le reliquat a été payé par des deniers propres au conjoint de l'acquéreur). A l'inverse, si la part propre de l'époux acquéreur est inférieure à la moitié du prix (frais inclus), le bien sera commun, à charge de récompense pour la masse propre de l'acquéreur. Dans ce dernier cas, la clause de remploi remplit une fonction probatoire, puisqu'elle permet d'assurer une preuve écrite (conforme à la règle de l'art. 1402, al. 2) de l'existence de deniers propres, mais aussi de la réalité de l'affectation des deniers propres à une acquisition de bien commun (précision importante pour le calcul de la récompense, V. art. 1469, al. 3). ❑

Ancien art. 1434 (al. 2 et 3) ***Si l'emploi ou le remploi est fait par anticipation, le bien acquis est propre, sous la condition que les sommes attendues du patrimoine propre soient versées dans la communauté avant qu'elle ne soit liquidée.***

Quand le prix du bien acquis excède la somme dont il a été fait emploi ou remploi, la communauté a droit à récompense pour l'excédent. Si, toutefois, le montant de la récompense devait être supérieur à la moitié du prix, le bien acquis tomberait en communauté, sauf la récompense due à l'époux.

BIBL. ▸ COSTE-FLORET, *RTD civ. 1975. 47* (remploi tacite à retardement). – G. MORIN, *Defrénois 1979. 1281* (incidence du droit à récompense sur le mécanisme du remploi). – ROUGHOL, *JCP N 1983. I. 261.*

A. DOMAINE DU REMPLOI

1. Non-application en l'absence d'une nouvelle acquisition. Une somme d'argent reste une somme d'argent même lorsqu'elle a été placée en compte-épargne. Un tel placement ne constitue donc pas l'acquisition d'un bien nouveau et ne relève pas de l'art. 1434. • Civ. 1re, 3 nov. 1983, n° 82-13.221 P. ♦ Même sens, pour des bons de caisse : • Caen, 3 mai 1977 : *D. 1978. IR 325, obs. D. Martin.*

2. Non-application en cas de subrogation réelle de plein droit au sein du patrimoine propre. Sur les cas dans lesquels la subrogation réelle joue de plein droit au sein du patrimoine propre, indépendamment du respect du formalisme de l'emploi ou du remploi, V. jurisprudence citée note 7 ss. art. 1406.

B. RÉGIME DU REMPLOI

3. Absence de subrogation réelle de fait en l'absence de double déclaration. Il résulte de l'art. 1434 C. civ. qu'à défaut de la double déclaration d'origine et d'intention, lors d'une acquisition réalisée avec des deniers propres à un époux marié sous le régime de la communauté, les biens acquis ne prennent, par subrogation, la qualité de bien propre dans les rapports entre époux que si ceux-ci sont d'accord pour qu'il en soit ainsi ; cette règle a le caractère d'une règle de fond. • Civ. 1re, 25 févr. 2009, n° 08-12.137. ♦ Dans le même sens : • Civ. 1re, 8 oct. 2014, n° 13-24.546 • 17 févr. 2013, n° 11-23.833 • 4 juin 2009, n° 08-11.032 • 1er juill. 2009, n° 08-13.013.

4. Application en cas d'acquisition de parts sociales rémunérant un apport en numéraire. A défaut de déclaration de remploi, les parts sociales acquises en rémunération d'un apport en numéraire effectué par un époux commun en biens ne peuvent prendre la qualification de biens propres, sauf accord entre les époux. • Civ. 1re, 8 oct. 2014, n° 13-24.546 P : *D. 2015. 2094, obs. Revel ; AJ fam. 2014. 638, obs. Desbuquois ; Rev. sociétés 2015. 249, note Naudin ; JCP N 2015, n° 1107, obs. Roman.*

5. Caractère de règle de fond du remploi. Il ne suffit pas d'acquérir un immeuble avec des deniers propres pour lui conférer la qualité de bien propre. A défaut de la double déclaration dans l'acte, le remploi n'a lieu que par l'accord des deux époux et ne produit ses effets que dans leurs rapports réciproques. • Civ. 1re, 2 juill. 1985 : *Defrénois 1985. 1474, obs. Champenois* • 20 sept. 2006, n° 04-18.384 P : *JCP 2007. II. 10005, note Mahinga ; ibid. I. 142, n° 18, obs. Simler ; AJ fam. 2006. 423, obs. Hilt ; RJPF 2006-12/30, obs. Vauvillé ; LPA 25 juin 2007, note Yildirim ; RTD civ. 2007. 621, obs. Vareille* (qui énonce que la règle du remploi a le caractère d'une règle de fond) • Civ. 1re, 25 févr. 2009 : *AJ fam. 2009. 178, obs. Hilt ; Dr. fam. 2009, n° 45, obs. Beignier.* ♦ Solution identique en cas d'acquisition de parts sociales à l'aide d'espèces provenant du prix de vente d'un fonds de commerce propre : V. • Civ. 1re, 5 mars 1991 : *D. 1991. 565, note Le Guidec ; D. 1992. Somm. 221, obs. Grimaldi ; RTD civ. 1992. 439, obs. Lucet et Vareille* (en l'espèce, application de l'art. 1434 dans sa rédaction antérieure à la L. du 13 juill. 1965). ♦ Sur le caractère indifférent de l'origine des deniers, V. aussi • Civ. 1re, 27 mars 2007 : *AJ fam. 2007. 322, obs. Hilt.*

6. Caractère unilatéral du remploi. L'emploi ou le remploi est un acte unilatéral et n'est pas subordonné au consentement du conjoint. • Civ. 1re, 19 mai 1998, n° 95-22.083 P : *JCP 1999. II. 10127, note Mahinga ; JCP 1998. I. 183, n° 2, obs. Simler ; Defrénois 1998. 1466, obs. Champenois ; RTD civ. 1999. 458, obs. Vareille.* ♦ V. aussi note 1 ss. art. 1435.

7. Le « remploi tardif » ou la disparition des deniers propres remployés. Pour valoir à titre de remploi, il suffit que les deniers représentent le prix ou la valeur de l'aliénation d'un bien propre sans qu'il soit nécessaire que ces deniers soient exactement ceux provenant de cette aliénation. • Civ. 1re, 5 janv. 1999, n° 96-11.512 P : *JCP 1999. I. 154, n° 7, obs. Simler ; JCP N 1999. 1165, note Casey ; Defrénois 1999. 432, obs. Champenois ; Dr. fam. 1999, n° 29, note Beignier ; RTD civ. 1999. 456, obs. Vareille* (sommes ayant transité par un compte commun).

8. Possibilité de renoncer au remploi régulièrement effectué. La renonciation à un droit peut être tacite dès lors que les circonstances établissent, de façon non équivoque, la volonté de renoncer ; l'époux ayant acheté des parts sociales avec ses propres, et procédé à une déclaration de remploi régulière, puis ayant soutenu avec succès, lors de l'instance en divorce, pour l'appréciation de la prestation compensatoire, que le bien constituait un bien commun a ainsi renoncé de façon non équivoque à se prévaloir du caractère propre de ce bien lors de la liquidation des intérêts patrimoniaux des époux. • Civ. 1re, 23 sept. 2015, n° 14-20.168 P : *D. 2015. 2486, note Nicolle ; AJ fam. 2016. 52, obs. Bicheron ; RTD civ. 2015. 858, obs. Hauser ; ibid. 2016. 167, obs. Vareille ; JCP 2015, n° 1318, note Attias ; Dr. fam. 2015, n° 220, obs. Beignier ; Defrénois 2016. 286, note Champenois.*

9. Remploi a posteriori : il faut l'accord des deux époux. S'il est nécessaire, pour qu'il y ait remploi, que le bien remplacé soit un propre, ce que le juge du fond est tenu de constater, il résulte de l'art. 1434 que dans les rapports entre époux, il y a remploi malgré l'absence de la double déclaration du moment que les époux ont eu la volonté de le réaliser, cette volonté pouvant résulter d'un acte postérieur, tant que fonctionne le régime. • Civ. 1re, 3 nov. 1983 : *préc. note 1.* ♦ Dans le même sens, • Civ. 1re, 25 sept. 2013, n° 12-21.280.

10. Situation des héritiers des époux. Les héritiers de l'un des époux n'ont pas la qualité de tiers en ce qui concerne l'application de l'art. 1434 ; même en l'absence d'une déclaration relative à l'origine des deniers dans l'acte d'acquisition, dès lors qu'il est établi que les époux ont eu la volonté d'effectuer le remploi, le remploi est fait à l'égard de leurs héritiers de sorte qu'il appartient à ces derniers, s'ils entendent se prévaloir de l'existence d'une donation déguisée, d'établir que la somme remployée était en réalité commune. • Civ. 1re, 25 sept. 2013, n° 12-21.280 P : *AJ fam. 2013. 722, obs. Hilt ; RTD civ. 2013. 882, obs. Vareille ; ibid. 884, obs. Vareille.*

11. Sur l'articulation de l'art. 1434 avec l'art. 1406, al. 2, C. civ., V. *supra* art. 1406, al. 2, et la jurisprudence citée.

Art. 1435 *(L. n° 85-1372 du 23 déc. 1985)* **Si l'emploi ou le remploi est fait par anticipation, le bien acquis est propre, sous la condition que les sommes attendues du patrimoine propre soient payées à la communauté dans les cinq ans de la date de l'acte.** – *Comp. ancien art. 1434, al. 2.*

Ancien art. 1435 *La déclaration du mari que l'acquisition est faite de deniers propres à la femme et pour lui servir d'emploi ou de remploi ne suffit point, si cet emploi ou remploi n'a été formellement accepté par elle avant la liquidation définitive ; si elle ne l'a pas accepté, elle a simplement droit à la récompense du prix du bien vendu.*

BIBL. ▸ MATHIEU, *JCP N 1990. I. 231.*

1. Caractère unilatéral du remploi par anticipation. La validité de la déclaration de remploi par anticipation faite par un époux n'est pas subordonnée au consentement de son conjoint. • Civ. 1re, 27 mars 2007 : *AJ fam. 2007. 359, obs. Hilt ; RTD civ. 2007. 798, obs. Vareille.*

2. Illustration particulière. Application du remploi par anticipation alors que les époux sont en instance de divorce : • Colmar, 18 oct. 1989 : *JCP N 1991. II. 162 (1re esp.), obs. Simler.*

3. Efficacité du remploi par anticipation en cas de financement mixte du bien acquis. Lorsque les sommes remployées excèdent la moitié du prix et des frais de l'acquisition, le bien acquis est un bien propre en son entier, moyennant récompense à la communauté pour le surplus. Il en est ainsi même lorsque l'époux acquéreur procède à un remploi par anticipation. • Paris, 24 avr. 1990 : *JCP N 1991. II. 162 (2e esp.), obs. Simler.*

Art. 1436 *(L. nº 85-1372 du 23 déc. 1985)* **Quand le prix et les frais de l'acquisition excèdent la somme dont il a été fait emploi ou remploi, la communauté a droit à récompense pour l'excédent. Si, toutefois, la contribution de la communauté est supérieure à celle de l'époux acquéreur, le bien acquis tombe en communauté, sauf la récompense due à l'époux.** – *Comp. ancien art. 1434, al. 3.*

Ancien art. 1436 ***La récompense du prix du bien appartenant au mari ne s'exerce que sur la masse de la communauté ; celle du prix du bien appartenant à la femme s'exerce sur les biens personnels du mari, en cas d'insuffisance des biens communs.***

Dans tous les cas, on prend en considération le prix de la vente, quelque allégation qui soit faite touchant la valeur qu'aurait eue le bien au jour de l'aliénation, sauf à avoir égard aussi au profit procuré à la communauté, comme il sera expliqué à l'article 1469.

BIBL. ► G. MORIN, *Defrénois 1980. 1249* (caractère impératif ou non du dispositif légal).

1. Pouvoir d'appréciation des juridictions du fond. En présence d'une déclaration de remploi, les juges du fond apprécient souverainement si les sommes provenant de l'aliénation des propres constituent la plus grande part du prix d'acquisition. • Civ. 1re, 9 oct. 1984, nº 83-14.668 P • Civ. 1re, 5 mars 2008, nº 07-12.392 P : *D. 2008. Pan. 2246, obs. Revel ; AJ fam. 2008. 216, obs. Hilt.*

2. Évaluation des contributions respectives du patrimoine propre et de la communauté. Est propre un bien payé avec des fonds provenant de la vente d'un propre, dont le montant est supérieur à la somme dépensée par la communauté pour parfaire le prix d'acquisition, sans que puisse être tenu compte à cet égard des fonds communs utilisés antérieurement pour l'achat et la conservation du bien ancien. • Civ. 1re, 15 juin 1994, nº 92-20.907 P : *D. 1995. Somm. 40, obs. Grimaldi ; JCP 1995. I. 3821, nº 14, obs. Simler ; Defrénois 1995. 439, obs. Champenois ; RTD civ. 1995. 422, obs. Vareille.* – Mathieu, *JCP N 1995. I. 1357.*

3. Indemnité de remboursement anticipé du prêt et financement propre supérieur à la communauté. Il résulte de l'art. 1436 que la contribution de la communauté ne comprend que les sommes ayant servi à régler partie du prix et des frais de l'acquisition ; la cour d'appel a exactement retenu que l'indemnité de remboursement anticipé du prêt, constitutive d'une charge de jouissance supportée par la communauté, ne pouvait être assimilée à de tels frais. • Civ. 1re, 7 nov. 2018, nº 17-25.965 P : *AJ fam. 2019. 46, obs. Hilt ; JCP 2018. nº 355, obs. Simler ; RTD civ. 2019. 168, obs. Vareille.* ♦ Après avoir justement énoncé qu'en application du même texte, est propre un bien payé avec des fonds propres dont le montant est supérieur à la somme dépensée par la communauté pour parfaire le prix d'acquisition, l'arrêt constate que l'épouse a apporté une somme supérieure à celle dépensée par la communauté puisque, sur un prix global d'acquisition de 136 981,26 €, elle a apporté une somme de 60 979,61 € et la communauté a dépensé une somme de 60 756,75 €, l'époux ayant lui-même apporté une somme de 15 244,90 €, ce dont il résulte que l'immeuble litigieux était un bien propre de l'épouse. • Même arrêt.

Art. 1437 **Toutes les fois qu'il est pris sur la communauté une somme, soit pour acquitter les dettes ou charges personnelles à l'un des époux, telles que le prix ou partie du prix d'un bien à lui propre ou le rachat des services fonciers, soit pour le recouvrement, la conservation ou l'amélioration de ses biens personnels, et généralement toutes les fois que l'un des deux époux a tiré un profit personnel des biens de la communauté, il en doit la récompense.**

BIBL. ► BOSGIRAUD, NOËL et POIRAUD, *Gaz. Pal. 1999. 1. Doctr. 301.* – R. CABRILLAC, *Mél. Mouly, Litec, 1998, t. 1, p. 257* (travail d'un époux sur un bien). – YILDIRIM, *RJ Centre ouest, févr. 1998, p. 15* (industrie personnelle des époux non productrice de revenus).

COMMENTAIRE

L'article 1437 du code civil contient un principe de portée générale, et il est impossible de d'énumérer tous les cas ouvrant droit à récompense au profit de la communauté. Néanmoins, les cas les plus fréquents peuvent être rappelés.

I. PRINCIPES GÉNÉRAUX

1° PAIEMENT D'UNE DETTE PERSONNELLE

Le paiement d'une dette personnelle à un époux avec des fonds communs ouvrira droit à récompense, l'article 1437 étant alors complété par l'article 1412, qui prévoit précisément cette hypothèse. Toutefois, la condition fondamentale à l'application de ces textes est que la dette ait été personnelle quant à la contribution. Peu importe, à cet égard, qui était tenu au plan de l'obligation à la dette, de la masse propre ou de la communauté. Les récompenses sont un règlement de compte entre époux, et seule importe la phase contributive de l'obligation, afin de savoir qui assume la charge définitive de la dette. Ainsi, une dette personnelle quant à l'obligation, mais commune quant à la contribution, ne peut donner droit à récompense, puisque, dans ce cas, la communauté en a tiré profit. Inversement, une dette commune quant à l'obligation, mais propre quant à la contribution, ouvrira droit à récompense pour la communauté, puisque cette dette aura profité exclusivement à l'un des époux. Dans le cas où la dette est personnelle tant du point de vue de l'obligation que de la contribution, on pourrait penser que la communauté n'a pas de droit à récompense, puisque les biens communs n'ont jamais profité à l'époux débiteur, n'étant pas saisissables par les tiers. C'est oublier les revenus de cet époux, c'est-à-dire ses gains et ses salaires et, le cas échéant, ses revenus de biens propres perçus, qui constituent, nous l'avons vu, des biens communs. Récompense pourra donc être réclamée pour ceux-ci. De même, si c'est la communauté qui a volontairement acquitté une telle dette, il est évident qu'elle possède un droit à récompense, puisque cette dette n'est rien d'autre qu'une partie du passif provisoire, sauf qu'il s'agit de passif provisoire volontairement souscrit, et non légalement prévu. Mais, après tout, les époux sont libres d'augmenter le passif provisoire si bon leur semble, les tiers ayant tout à y gagner. En revanche, cela ne veut pas dire que le droit à récompense soit exclu, bien au contraire, car une absence de remboursement modifierait l'équilibre du régime et serait contraire à l'immutabilité des régimes matrimoniaux

2° FINANCEMENT D'UN BIEN OU D'UN DROIT PROPRE

Là encore, si des fonds communs servent à financer, de quelque façon que ce soit, un bien propre, une récompense sera due, et pour laquelle, nous le verrons, l'article 1469, alinéa 3, du code civil réserve un mode de calcul particulier. Toutefois, mais cela paraît évident, pour que le droit à récompense existe, il faut que le bien financé par des fonds communs soit propre au moment du financement. S'il ne le devient qu'après, nul droit à récompense n'existe. Par ailleurs, l'expression « financement de bien propre » est volontairement très large, puisque ce cas de figure se divise lui-même en plusieurs hypothèses.

L'acquisition d'un bien propre avec des fonds communs est le type de financement de bien propre par la communauté auquel on songe. Tel sera le cas en cas d'échange ou de remploi, lorsque la part de la communauté dans le financement est inférieure à celle de la masse propre. Tel sera encore le cas pour l'acquisition de parts indivises, quel que soit l'importance de la part de la communauté dans le financement, le bien acquis étant toujours propre. Relèvent aussi de cette catégorie les biens nécessaires à l'exercice d'une activité professionnelle, du moins si celle-ci relève d'un fonds ou d'une exploitation propre. De même, un bien acquis avant le mariage par un époux sera propre (c'est un bien présent), mais s'il est financé au moyen d'un emprunt payé pendant le mariage par des fonds communs, récompense sera due. *A contrario*, un bien acquis en indivision avant le mariage ne donne pas droit à récompense pour la part de financement d'un époux payée avant le mariage, pas plus que les remboursements d'un emprunt effectués par un époux après la dissolution de la communauté, quand bien même l'emprunt a permis l'acquisition d'un bien commun.

L'amélioration ou la conservation d'un bien propre constitue un autre type de financement. Deux sortes de dépenses sont ici prises en compte, les dépenses utiles et les dépenses nécessaires. Chacune ouvre droit à récompense, mais leurs modes d'évaluation sont différents, ce qui impose de les distinguer.

• Les dépenses utiles constituent une catégorie fort large. Ainsi, le jeu de l'accession peut constituer une amélioration utile. Mais n'est pas reconnu comme un financement le fait d'améliorer un bien propre par son travail, encore que l'on puisse discuter cette solution, s'il est établi que l'activité déployée par l'époux s'est faite au détriment de la masse commune, qui, dans ce cas, subit un appauvrissement. En revanche, les dépenses d'entretien d'un bien propre sont à la charge de la communauté, puisqu'elle en perçoit les revenus, qui se trouve alors dans la même situation qu'un usufruitier.

• Les dépenses nécessaires entraînent également un droit à récompense. Au minimum, cette expression désigne les dépenses qui assurent la conservation du bien, qui lui évitent de périr. Mais il semble que la Cour de cassation ait une conception assez extensive de la notion, puisqu'elle juge qu'ouvre droit à récompense une dette nécessaire pour rendre un immeuble habitable. C'est donc une nécessité familiale, ou professionnelle, qui pourra parfois être retenue. Dans ce dernier cas la distinction avec les dépenses utiles est assez délicate à opérer.

L'acquisition d'un droit propre ouvre également droit à récompense. La question se pose essentiellement pour l'assurance vie et la constitution de rente viagère.

3° BIEN COMMUN AYANT FAIT L'OBJET D'UNE DONATION

Les donations sont soumises à cogestion (C. civ., art. 1422). De cela découle une pluralité de situations, selon que la donation est valable ou non, et si elle l'est, selon qui y a consenti. En outre, un mot doit être dit des donations consenties à un enfant commun.

Il se peut que l'acte ait été passé en violation de cette règle de pouvoir. Dans ce cas, si l'action en nullité est prescrite, une récompense sera due à la communauté. Mais c'est un cas relativement rare.

Plus fréquemment, la donation aura été valablement consentie. Cette hypothèse se divise alors elle-même en deux, selon que la donation a été faite par un époux ou par les deux.

• Lorsque la donation a été faite par un époux, son conjoint ne faisant que permettre l'acte en exprimant son accord, lui seul doit être qualifié de donateur. Ce n'est donc pas à la communauté de supporter la charge définitive de la dette, même si elle joue temporairement le rôle d'un « prêteur ». Par conséquent, une récompense sera due.

• Au contraire, lorsque la donation a été consentie par les deux époux, chacun intervenant comme donateur, les auteurs sont partagés quant à l'opportunité d'une récompense. Certains estiment qu'il faut mettre à la charge de chaque époux une récompense égale à la moitié de la valeur du bien donné. En sens contraire, l'opinion a été émise qu'aucune récompense n'était due. On remarquera que le débat n'est pas d'une grande portée, car une récompense identique étant mise à la charge de chaque époux, l'opération est neutre d'un point de vue comptable. Il est donc plus simple de ne pas accorder de droit à récompense.

Lorsque la donation d'un bien commun se fait entre époux, l'un donnant un bien commun à l'autre, une récompense est due pour le tout, c'est-à-dire pour le montant de la valeur donnée, et non pour la moitié de celle-ci. La solution se justifie par le fait que c'est la totalité du bien qui est donnée, et qui diminue d'autant la composition de la communauté.

Le cas de donation consentie à un enfant commun aux époux appelle une nouvelle distinction :

• Si la donation est consentie par un seul des conjoints mais avec l'accord de l'autre, aucune récompense n'est due, la communauté supportant ce passif à titre définitif.. Toutefois, si l'époux donateur déclare qu'il s'en charge pour le tout, ou pour une part supérieure à la moitié, récompense sera due à la communauté.

• Si la donation est faite par les deux époux conjointement, c'est-à-dire chacun ayant la qualité de donateur, l'article 1438, alinéa 1er, présume qu'ils ont voulu donner chacun à titre personnel pour moitié. En conséquence, si la donation porte sur des biens communs, chacun devra récompense pour moitié. Si la donation porte sur les biens propres d'un époux, pour plus de la moitié, celui-ci a un recours contre son conjoint, pour la fraction excédant la moitié de la valeur du bien donné. Il ne s'agit pas d'une récompense contre la communauté, mais d'une créance entre époux.

• Enfin, il faut se souvenir que ces règles peuvent en outre être volontairement écartées par les époux, s'ils décident de stipuler une clause « d'imputation de la dot sur la succession du prémourant ». Celle-ci a pour effet de rattacher la donation au patrimoine de l'époux qui décède le premier, et qui sera donc réputé être le seul donateur. Il s'ensuit que si des biens communs ont été donnés, sa succession devra récompense à la communauté pour la totalité de la valeur donnée.

4° REVENU AYANT ÉCHAPPÉ À LA COMMUNAUTÉ

Une récompense peut être due à la communauté, s'il est établi que celle-ci n'a pas bénéficié d'un revenu auquel elle pouvait prétendre. Cela est particulièrement évident pour les revenus de biens communs, et correspond à certaines des hypothèses déjà évoquées. Par exemple parce qu'un époux travaille dans son intérêt personnel, et ce faisant, a coupé l'alimentation financière de la communauté. La question est un rien plus délicate pour les revenus de biens propres. On sait qu'ils sont communs une fois perçus, En revanche, l'époux propriétaire est libre de les percevoir ou non. Néanmoins, cette liberté n'est pas sans limites, et l'article 1403, alinéa 2, du code civil prévoit un cas de récompense au profit de la communauté « pour les fruits que l'époux a négligé de percevoir, ou a consommés frauduleusement ». Néanmoins, le texte prévoit que la recherche ne peut excéder les cinq années précédant la demande, c'est-à-dire que l'on ne prendra en compte que les cinq années qui ont précédé la dissolution. Il est probable que la preuve d'une négligence soit plus facile à apporter que celle d'une fraude.

II. PREUVE

L'époux qui estime qu'une récompense est due par son conjoint à la communauté devra établir l'enrichissement de la masse propre de ce dernier. En revanche, il n'a pas à prouver que les deniers employés étaient communs, en raison de la présomption de communauté, qui, précisément, fait présumer que ces deniers étaient communs.

Quant au mode de preuve, il est libre. S'agissant d'un fait juridique, la preuve par tous moyens doit être acceptée. ❑

A. FAITS GÉNÉRATEURS DE RÉCOMPENSES POUR LA COMMUNAUTÉ

1° PAIEMENT D'UNE DETTE OU CHARGE PERSONNELLE

a. Récompense accordée

1. Paiement des primes d'une assurance vie dont le bénéficiaire est le conjoint du souscripteur : exclusion du droit à récompense (art. L. 132-16 C. assur.). L'art. L. 132-16 C. assur. dérogeant à l'art. 1437 C. civ., au décès de l'époux commun en biens ayant souscrit une assurance vie au bénéfice de son conjoint, aucune récompense n'est due à la communauté en raison des primes payées par elle. • Civ. 1re, 8 mars 2005, n° 03-10.854 P : *D. 2006. Pan. 1791, obs. Groutel ; JCP 2005. II. 10146, note M. Robineau ; ibid. I. 163, n° 14, obs. Tisserand-Martin ; AJ fam. 2005. 198, obs. Hilt ; RJPF 2005-9/20, obs. Vauvillé.* ♦ Il résulte de l'art. L. 132-16 C. assur. que le bénéfice de l'assurance sur la vie contractée par un époux commun en biens en faveur de son conjoint constitue un propre pour celui-ci, peu important que les primes aient été payées par la communauté. • Civ. 1re, 25 mai 2016, n° 15-14.737 P.

2. Paiement par la communauté de prime d'une assurance vie dont le bénéficiaire est l'époux souscripteur. Le contrat d'assurance vie souscrit par l'époux à son profit a donné lieu au versement d'un capital un an environ avant l'assignation en divorce. Ce capital étant tombé en communauté, il n'y a pas lieu à récompense au profit de celle-ci du chef des primes payées avec des fonds communs. • Civ. 1re, 8 oct. 2008, n° 06-13.744.

3. Paiement par la communauté des primes d'une assurance vie dont le bénéficiaire est un tiers. L'époux souscripteur qui a révoqué la désignation de son conjoint comme bénéficiaire pour lui substituer un tiers est redevable envers la communauté des deniers communs ayant servi à acquitter une charge contractée dans son intérêt personnel. • Civ. 1re, 10 juill. 1996, n° 94-18.733 P : *D. 1998. 26, note Sauvage ; JCP 1997. I. 4008, n° 16, obs. Tisserand ; JCP N 1996. Prat. 3893, p. 1752, n° 6, obs. Ph. Delmas Saint-Hilaire et Lucet ; Defrénois 1997. 1080, obs. Champenois.* ♦ De même, lorsque la veuve du souscripteur est décédée sans avoir accepté le bénéfice des contrats, qui est alors transféré à l'enfant d'un premier lit, la succession du souscripteur est débitrice envers la communauté des deniers communs ayant servi à acquitter une charge contractée dans l'intérêt personnel de celui-ci. • Civ. 1re, 22 mai 2007, n° 05-18.516 P : *JCP 2007. I. 208, n° 18, obs. Tisserand-Martin ; AJ fam. 2007. 320, obs. Hilt ; LPA 18 mars 2008, obs. Pétroni-Maudière.* ♦ Succession du souscripteur débitrice d'une récompense envers la communauté dans une espèce où, en raison du prédécès de son épouse, les contrats d'assurance vie, souscrits au moyen de deniers communs au profit du conjoint survivant, et à défaut de ses enfants nés ou à naître, n'avaient profité qu'à la fille du souscripteur. • Civ. 1re,

19 déc. 2012, n° 11-21.703 P : *D. 2013. 87 ; Dr. fam. 2013, n° 44, obs. Mangiavillano ; Gaz. Pal. 2013. 230, obs. Leroy.*

4. Financement par la communauté d'une retraite d'un conjoint, existence d'une récompense. Les droits nés d'un tel contrat devant nécessairement être attribués, après la dissolution de la communauté, au souscripteur ou au bénéficiaire désigné, il doit être tenu compte dans les opérations de partage de la valeur du contrat au jour de la dissolution de la communauté (en l'espèce, récompense pour la communauté). • Civ. 1re, 23 mai 2006, n° 05-11.512 P : *D. 2006. IR 1634 ; JCP 2006. I. 193, n° 11, obs. Simler ; Dr. fam. 2007, n° 66, note Trescases ; RTD civ. 2008. 141, obs. Vareille .* ♦ Dans le même sens, (contrat PREFON-retraite) : • Civ. 1re, 28 févr. 2018, n° 17-13.392. ♦ Comp. : pour décider que l'alimentation de deux comptes d'épargne de retraite complémentaire du mari par des revenus communs n'ouvre pas droit à récompense, une cour d'appel retient que ces contrats désignant comme bénéficiaire en cas de décès le conjoint de l'adhérent pour l'un, l'épouse pour l'autre, ils profitent au conjoint du souscripteur ; en statuant ainsi, alors que, par l'effet du divorce, l'épouse ne pouvait plus être considérée comme l'épouse bénéficiaire et que la désignation du bénéficiaire en cas de décès du souscripteur est révocable par ce dernier, la cour d'appel a violé les art. 1437 C. civ., ensemble l'art. 1096 du même code et L. 132-9 C. assur. • Civ. 1re, 1er févr. 2017, n° 16-11.599 P.

5. Financement par la communauté d'une retraite sans réversion. L'achat de points de retraite sans réversion au profit de l'épouse constitue une dette personnelle de l'époux dont sa succession doit récompense à la communauté. • Civ. 1re, 31 oct. 2007, n° 06-18.572 P : *D. 2007. AJ 2879 ; AJ fam. 2007. 483, obs. Hilt ; RJPF 2008-2/29, obs. Vauvillé ; RTD civ. 2008. 141, obs. Vareille .* ♦ Antérieurement, V. • Civ. 1re, 21 oct. 1997, n° 95-17.277, et plus clairement encore, • Civ. 1re, 10 avr. 1996, n° 94-13.803 P. ♦ Rappr. • Civ. 1re, 18 janv. 1974, n° 71-11.917 P.

6. Paiement par la communauté de la prestation compensatoire due par un époux à son ex-conjoint. La prestation compensatoire due par le mari à sa première épouse constitue pour lui une dette personnelle dont le seul paiement par la communauté ouvre droit à récompense au profit de celle-ci. • Civ. 1re, 28 mars 2006, n° 03-11.671 P : *D. 2006. Pan. 2069, obs. Revel ; JCP 2006. I. 193, n° 20, obs. Tisserand-Martin ; JCP N 2006. 1234, note Vassaux ; AJ fam. 2006. 207, obs. Hilt ; RTD civ. 2006. 815, obs. Vareille .*

7. Taxe foncière d'un bien propre. L'impôt foncier est une charge attachée à la propriété, récompense est donc due à la communauté qui l'a acquittée. • Civ. 1re, 19 févr. 2002, n° 99-15.272.

8. Paiement d'une dette personnelle solidaire entre l'un des époux et un tiers. Récompense est due à la communauté qui a acquitté en partie une dette contractée solidairement par l'épouse et son frère, dès lors que cette dette était personnelle à l'épouse. • Civ. 1re, 8 févr. 2005, n° 03-12.103 P : *D. 2005. Pan. 2117, obs. Revel ; JCP 2005. I. 163, n° 13, obs. Tisserand-Martin ; Defrénois 2005. 1519, obs. Champenois ; LPA 9 janv. 2006, note Couturier.*

9. Preuve et décision statuant « en l'état » des pièces produites. Le jugement rejetant une demande en l'état des justifications produites a, dès son prononcé, l'autorité de la chose jugée, de sorte qu'une nouvelle demande identique, fût-elle assortie de nouveaux éléments de preuve, est irrecevable. • Civ. 1re, 10 févr. 2021, n° 19-18.099.

10. Paiement du passif professionnel propre : absence de récompense. **(i)** La communauté, à laquelle sont affectés les fruits et revenus des biens propres, doit supporter les dettes qui sont la charge de la jouissance de ces biens et leur paiement ne donne pas droit à récompense au profit de la communauté lorsqu'il a été fait avec des fonds communs. Il s'ensuit que n'ouvre pas droit à récompense au profit de la communauté le paiement, au moyen des revenus bruts d'une exploitation agricole propre à un époux, des dépenses résultant de la gestion courante de celle-ci, tels le remplacement d'un matériel amorti ou l'entretien des biens mobiliers ou immobiliers affectés à l'exploitation. **(ii)** A partir de la dissolution de la communauté, dans les rapports entre époux, chacun de ceux-ci supporte seul les dettes qui n'étaient devenues communes que sauf récompense à sa charge. • Civ. 1re, 13 oct. 2021, n° 19-24.008 : *D. 2022. 56, note Hartman ; ibid. 625, obs. Fricero ; AJ fam. 2021. 635, obs. Casey ; RTD civ. 2022. 187, obs. Nicod .* ♦ Comp., antérieurement : • Civ. 1re, 14 nov. 2007, n° 05-18.570 P : *AJ fam. 2008. 39, obs. Hilt ; RTD civ. 2008. 144, obs. Vareille .*

b. Récompense refusée

11. Exclusion d'un droit à récompense pour la communauté en raison du paiement des charges afférentes à la jouissance des biens propres : principe (intérêts d'emprunt). BIBL. Morin, *Mél. Colomer, Litec, 1993, p. 259.* ♦ La communauté à laquelle sont affectés les fruits et les revenus des biens propres doit supporter les dettes qui sont la charge de la jouissance de ces biens. • Civ. 1re, 31 mars 1992, n° 90-17.212 P : *GAJC, 12e éd., n° 96 ; JCP 1993. II. 22003, note Pillebout ; ibid. 22041, note Tisserand ; Defrénois 1992. 1121, note Champenois ; ibid. 1993. 545, étude Morin ; RTD civ. 1993. 401, obs. Lucet et Vareille .* ♦ Il s'ensuit qu'en cas de règlement par la communauté ou par un des époux des annuités d'un emprunt souscrit pour l'acquisition d'un bien propre à l'autre époux, il y a lieu pour la détermination des sommes dont ce dernier leur est redevable d'avoir égard à la fraction ainsi remboursée du capital, à l'exclusion des intérêts, qui sont une charge de la jouissance. • Même arrêt. – V. aussi • Civ. 1re, 16 juin 1998 : *JCP 1998. I. 183, n° 9, obs. Tisserand* • 24 oct. 2000 : *D. 2001. Somm. 2936, obs. Nicod ; Dr. fam. 2000, n° 145, note Beignier ; RJPF 2001-2/40, obs. Vauvillé ; RTD civ. 2001. 650, obs. Vareille* • 3 févr. 2010, n° 08-21.054 P : *D. 2010. AJ 504 ; AJ fam. 2010. 139, obs. Hilt ; JCP 2010, n° 487, § 10, obs. Simler ; JCP N 2010, n° 1172, note Barabé-Bouchard ; Dr. fam. 2010, n° 43, obs. Beignier ; RTD civ. 2010. 611, obs. Vareille*.

12. Rente viagère grevant une donation. Le paiement, au moyen de deniers communs, d'une rente viagère grevant une donation-partage, qui constitue une simple charge des fruits, n'ouvre pas droit à récompense au profit de la communauté. • Civ. 1re, 15 mai 2008 : *JCP N 2008. 1339, n° 12, obs. Tisserand-Martin ; RTD civ. 2009. 160, obs. Vareille*.

13. Taxe professionnelle d'une entreprise propre. Le paiement de cette taxe est une charge de la jouissance du bien propre, exclusif de récompense. • Civ. 1re, 3 déc. 2002, n° 00-16.877 P : *D. 2003. Somm. 1864, obs. Revel ; JCP 2003. I. 158, n° 14, obs. Tisserand ; Defrénois 2003, art. 37791, p. 1000, obs. Champenois ; RTD civ. 2004, 134, obs. Vareille ; Dr. fam. 2003, comm. 134, note Beignier.*

14. Dépenses d'entretien d'un bien propre. Assimilation des dépenses d'entretien aux charges de jouissance. • Civ. 1re, 11 sept. 2013, n° 12-15.917 (sol. impl.).

15. Absence de récompense en cas de donation effectuée avec l'accord du conjoint. L'épouse étant présente à l'acte notarié par lequel le mari a donné à deux de leurs enfants communs des fonds provenant de son activité professionnelle et ne s'y étant pas opposée, elle a ainsi consenti à cette donation et le mari ne doit pas récompense de ce chef. • Civ. 1re, 1er févr. 2017, n° 16-11.599 P : *AJ fam. 2017, 305, obs. Hilt ; RTD civ. 2017, 714, obs. Vareille ; Dr. fam. 2017, n° 84, obs. Beignier.* – **BIBL.** A. Karm, *JCP N 2017. 1324* (donation et communauté). – Brenner (donation de biens communs), *Mél. Champenois, Defrénois-Lextenso, éd. 2012, p. 91.*

16. Assurance-invalidité du conjoint emprunteur. Les échéances de remboursements des prêts contractés par la communauté pour financer la construction d'une maison sur un terrain propre de l'épouse ayant été prises en charge par les assureurs au titre de l'invalidité du mari, ces sommes ne sont pas entrées dans le patrimoine propre de celui-ci, de sorte que ni la communauté, ni aucun des deux époux n'ont déboursé ces fonds, ils n'ouvrent pas droit à récompense. • Civ. 1re, 12 avr. 2012, n° 11-14.653.

2° CONSERVATION OU AMÉLIORATION D'UN BIEN PROPRE

17. Conservation d'un bien propre à l'aide de fonds communs (charges d'une entreprise en nom personnel propre). Les soldes débiteurs des comptes bancaires professionnels du mari ayant été apurés à l'aide de deniers communs afin d'éviter la disparition de son fonds artisanal, il est redevable envers la communauté d'une récompense à raison de la dépense faite pour la conservation d'un bien lui appartenant en propre. • Civ. 1re, 14 nov. 2007, n° 05-18.570 : *D. 2007. AJ 3013 ; JCP 2008. I. 144, n° 20, obs. Tisserand-Martin ; AJ fam. 2008. 39, obs. Hilt ; RLDC 2008/46, n° 2869, note Campels ; RTD civ. 2008. 143, obs. Vareille*.

Ndlr : Il s'agissait en l'espèce d'une entreprise propre, exploitée en nom personnel. Il résulte de cet arrêt que la Cour de cassation ne fait pas la distinction entre le chiffre d'affaires et les bénéfices de l'époux professionnel. Or, dans la mesure où il n'existe plus de « revenus de biens propres » suite à la jurisprudence *Authier c/ Pouyat* du 31 mars 1992, le paiement des charges de l'entreprise propre avec le fruit de l'activité de cette entreprise (revenus de biens propres, qui sont des biens communs en vertu de la jurisprudence *Authier* préc.) engendrera systématiquement une récompense en faveur de la communauté.

18. Amélioration d'un bien propre à l'aide de fonds communs. Si la communauté n'a pas droit aux fruits des propres consommés sans fraude, on ne doit pas considérer comme consommés les revenus employés à l'amélioration d'un bien propre. Les loyers des immeubles propres à un époux ayant été utilisés pour la construction d'une maison sur un terrain propre, cette utilisation donne lieu à récompense au profit de la communauté. • Civ. 1re, 6 juill. 1982, n° 81-12.680 P. ♦ Les fruits et revenus des biens propres ayant le caractère de biens communs, donne droit à récompense au profit de la communauté l'emploi des revenus d'un bien propre à son amélioration. • Civ. 1re, 20 févr. 2007, n° 05-18.066.

19. Non-application de la théorie des récompenses lorsque le bien amélioré appartient aux parents de l'un des conjoints. Ne donne pas lieu à récompense le financement par des deniers communs de travaux d'amélioration faits sur un immeuble appartenant aux parents de l'épouse et dont ceux-ci lui ont fait ensuite donation, dès lors qu'à l'époque des travaux l'immeuble ne constituait pas un bien propre de l'épouse. • Civ. 1re, 26 mai 1999 : *Dr. fam. 1999, n° 83, note Beignier ; RTD civ. 2000. 614, obs. Vareille*. – Dans le même sens : • Civ. 1re, 5 mars 2002, n° 99-20.018 P : *AJ fam. 2002. 149, et les obs. ; Dr. fam. 2002, n° 91, obs. Beignier.*

3° AUTRES CAS

20. Absence de droit à récompense pour la communauté en raison de l'industrie personnelle déployée par un époux au service d'un propre. N'ouvre pas droit à récompense l'industrie personnelle déployée par l'un des époux au service d'un bien propre de son conjoint. • Civ. 1re, 30 juin 1992 : *JCP 1993. I. 3656, n° 11, obs. Tisserand ; RTD civ. 1993. 410, obs. Lucet et Vareille*. ♦ ... Ou de lui-même. • Civ. 1re, 5 avr. 1993, n° 91-15.139 P : *R., p. 243 ; JCP 1994. I. 3733, n° 20, obs. Tisserand ; Defrénois 1993. 800, obs. Champenois ; RTD civ. 1993. 638, obs. Lucet et Vareille*. – Brémond, *JCP N 1994. I. 11*. – Sur renvoi (même sens) : • Bourges, 15 nov. 1995 : *Dr. fam, 1996, n° 14, obs. Beignier*. – V. aussi • Civ. 1re, 18 mai 1994, n° 92-14.747 P : *D. 1995, Somm. 43, obs. Grimaldi ; JCP 1995. I. 3821, n° 19, obs. Simler ; Defrénois 1995. 442, obs. Champenois ; RTD civ. 1994. 930, obs. Vareille* • 28 févr. 2006, n° 03-16.887 P : *D. 2006. IR 882 ; JCP 2006. I. 193, n° 19, obs. Tisserand-Martin ; AJ fam. 2006. 208, obs. Hilt ; RTD civ. 2006. 360, obs. Vareille*. ♦ Plus récemment, V. • Civ. 1re, 10 juin 2015, n° 14-19.829. ♦ Dans le même sens : • Civ. 1re, 29 mai 2013, n° 11-25.444 • 26 oct. 2011, n° 10-23.944. ♦ Comp., pour le cas d'industrie quasi professionnelle du mari (« castor ») : • Paris, 20 mars 2003 : *JCP 2004. I. 129, n° 18, obs. Tisserand ; Dr. fam. 2003, n° 120, note Beignier ; RTD civ. 2004. 132, obs. Vareille*.

21. Obligation de neutraliser l'industrie personnelle déployée par un époux dans la récompense due pour le financement d'une construction sur un terrain propre. Un époux ne doit récompense à la communauté que lorsqu'il est pris une somme sur celle-ci ou, plus généralement, lorsque l'époux a tiré un profit personnel des biens de la communauté. • Civ. 1re, 26 oct. 2011, n° 10-23.994 P : *D. 2012. 971, obs. Lemouland et Vigneau ; AJ fam. 2011. 617, obs. Hilt ; RTD civ. 2012. 140, obs. Vareille ; Defrénois 2012. 291, note Champenois*. ♦ Cassation de l'arrêt qui évalue la récompense due à la communauté à raison de l'édification d'un pavillon sur un terrain propre à la totalité de la plus-value procurée par la construction au fonds alors qu'il n'est pas contesté que l'immeuble avait été édifié de la main des parties et que la communauté n'avait financé que l'achat des matériaux. • Même arrêt. ♦ Dans le même sens. • Civ. 1re, 29 mai 2013, n° 11-25.444 P : *D. 2013. 1410 ; AJ fam. 2013. 451, obs. Hilt ; Dr. fam. 2013, n° 119, note Beignier*.

22. Obligation de transparence dans l'utilisation des fonds communs. Si un époux a le pouvoir d'administrer seul les biens communs et de disposer seul des deniers communs dont l'emploi est présumé avoir été fait dans l'intérêt de la communauté, il doit cependant, lors de la liquidation, s'il en est requis, informer son conjoint de l'affectation des sommes importantes prélevées sur la communauté qu'il soutient avoir été employées dans l'intérêt commun. • Civ. 1re, 15 sept. 2021, n° 19-24.485 • 11 juill. 2019, n° 18-21.574. ♦ Jurisprudence constante : V. antérieurement, • Civ. 1re, 24 sept. 2014, n° 13-17.593 • 16 mars 1999, n° 97-11.030 • 23 avr. 2003, n° 01-02.485 • 14 févr. 2006, n° 03-20.082 • 6 mars 2013, n° 12-13.779. ♦ Solution identique pour des fonds dont la disparition a été établie par une enquête pénale : • Civ. 1re, 13 juill. 2016, n° 15-14.178. ♦ La charge de la preuve de l'existence des fonds détournés pèse sur le demandeur à la restitution. • Civ. 1re, 9 sept. 2015, n° 14-17.514.

B. RÉGIME DES RÉCOMPENSES DUES À LA COMMUNAUTÉ

23. Objet et charge de la preuve. Il incombe à l'époux qui réclame une récompense au nom de la communauté de prouver que les deniers communs ont profité personnellement à son conjoint. • Civ. 1re, 13 janv. 1993, n° 89-21.900 P : *Defrénois 1993. 1445, obs. Champenois*. ♦ Un époux ne peut réclamer une récompense au nom de la communauté s'il n'apporte aucune justification des travaux allégués. • Civ. 1re, 25 oct. 1972, n° 71-12.899 P. ♦ Mais il n'a pas à faire la preuve de l'origine des deniers utilisés, grâce à la présomption de communauté. • Civ. 1re, 10 janv. 1979, n° 77-13.850 P.

24. Situation des créanciers. Les créanciers ne peuvent réclamer le paiement de la récompense qu'un époux peut être tenu de verser à la communauté avant qu'elle soit exigible (cas d'une procédure collective). • Civ. 1re, 16 avr. 1991, n° 88-10.353 P. ♦ V. aussi note 3 ss. art. 1468.

25. Renonciation aux récompenses dues par son conjoint. La renonciation d'un époux aux récompenses dues par son conjoint à la communauté ne peut résulter que d'un acte manifestant sa volonté sans équivoque. • Civ. 1re, 8 déc. 1982 : *D. 1983. 209, note G. Morin*.

26. Clause portant donation d'une récompense due à la communauté. Analysant une telle clause comme une donation de créance et non pas comme un abandon de droit portant atteinte au principe d'immutabilité du régime matrimonial, V. • Civ. 1re, 6 févr. 2007, n° 04-13.282.

Art. 1438 **Si le père et la mère ont doté conjointement l'enfant commun sans exprimer la portion pour laquelle ils entendaient y contribuer, ils sont censés avoir doté chacun pour moitié, soit que la dot ait été fournie ou promise en biens de la communauté, soit qu'elle l'ait été en biens personnels à l'un des deux époux.**

Au second cas, l'époux dont le bien personnel a été constitué en dot, a, sur les biens de l'autre, une action en indemnité pour la moitié de ladite dot, eu égard à la valeur du bien donné au temps de la dotation.

RÉP. CIV. v° *Dot*, par Colomer et Berry.

1. Qualification de dot : donation destinée à pourvoir à l'établissement du donataire. Une donation ne peut être qualifiée de dot qu'à condition de pourvoir à l'établissement autonome du donataire. Dès lors, une donation en nue-propriété à un enfant de 17 mois ne peut s'analyser en une constitution de dot mais a le caractère d'une simple donation. • Com. 24 avr. 1990, n° 88-14.365 P : *JCP N 1991. II. 100, note Lafond ; Defrénois 1990. 1081, note Chappert.*

2. Régime de la dot : charge définitive de la communauté. Il résulte des art. 1438 et 1439 que, lorsque deux époux, conjointement ou l'un d'eux avec le consentement de l'autre, ont fait une donation à un enfant issu du mariage, à l'aide de biens communs, la charge définitive de la libéralité incombe, sauf clause contraire, à la communauté ; il s'ensuit que, à défaut d'une telle stipulation, l'enfant doit rapporter cette libéralité pour moitié à la succession de son père et pour moitié à celle de sa mère. • Civ. 1re, 22 juin 2004, n° 01-18.030 P : *JCP 2005. I. 187, n° 12, obs. Le Guidec ; Dr. fam. 2004, n° 205, note Beignier ; RTD civ. 2005. 171, obs. Vareille.*

3. Réduction à l'ouverture de la succession de chacun des co-donateurs. Il résulte des art. 1438 et 1439 que, sauf clause contraire, la donation de biens communs est réputée consentie à concurrence de moitié par chacun des époux, de sorte que sa réduction ne peut être demandée par leurs enfants communs qu'à due proportion, à l'ouverture de chacune des successions des co-donateurs. • Civ. 1re, 5 janv. 2023, n° 21-13.151 B.

Art. 1439 **La dot constituée à l'enfant commun, en biens de la communauté, est à la charge de celle-ci.**

(L. n° 85-1372 du 23 déc. 1985) **« Elle doit être supportée pour moitié par chaque époux à la dissolution de la communauté, à moins que l'un d'eux, en la constituant, n'ait déclaré expressément qu'il s'en chargerait pour le tout ou pour une part supérieure à la moitié. »**

Ancien art. 1439 (al. 2) *Elle doit être supportée pour moitié par la femme, à la dissolution de la communauté, à moins que le mari, en la constituant, n'ait déclaré expressément qu'il s'en chargerait pour le tout ou pour une part supérieure à la moitié.*

Art. 1440 **La garantie de la dot est due par toute personne qui l'a constituée ; et ses intérêts courent du jour du mariage, encore qu'il y ait terme pour le paiement, s'il n'y a stipulation contraire.**

SECTION 3 *De la dissolution de la communauté*

RÉP. CIV. v° *Communauté légale (3° répartition des dettes)*, par Yildirim ; *Communauté légale (4° dissolution)*, par Chamoulaud-Trapiers ; *Communauté légale (5° liquidation et partage)*, par Vareille.

DALLOZ ACTION *Droit patrimonial de la famille 2021/2022, nos 143.00 s.*

§ 1 *Des causes de dissolution et de la séparation de biens*

Art. 1441 **La communauté se dissout :**

1° par la mort de l'un des époux ;

2° *(L. n° 77-1447 du 28 déc. 1977)* **« par l'absence déclarée » ;**

3° par le divorce ;

4° par la séparation de corps ;

5° par la séparation de biens ;

6° par le changement du régime matrimonial.

Art. 1442 *(L. n° 85-1372 du 23 déc. 1985)* **Il ne peut y avoir lieu à la continuation de la communauté, malgré toutes conventions contraires.**

Les époux peuvent, l'un ou l'autre, demander, s'il y a lieu, que, dans leurs rapports mutuels, l'effet de la dissolution soit reporté à la date où ils ont cessé de cohabiter et de collaborer. *(Abrogé par L. n° 2004-439 du 26 mai 2004, art. 21-II, à compter du 1er janv. 2005)* ***« Celui auquel incombent à titre principal les torts de la séparation ne peut pas obtenir ce report. »***

Ancien art. 1442 ***Hors le cas de l'article 124, il ne peut y avoir lieu à la continuation de la communauté, malgré toutes conventions contraires.***

Si, par la faute de l'un des époux, toute cohabitation et collaboration avaient pris fin entre eux dès avant que la communauté ne fût réputée dissoute selon les règles qui régissent les différentes causes prévues à l'article précédent, l'autre conjoint pourrait demander que, dans leurs rapports mutuels, l'effet de la dissolution fût reporté à la date où ils avaient cessé de cohabiter et de collaborer.

BIBL. ▶ Brémond, *D. 2013. 2408* (collaboration conjugale). – J. Mouly, *Gaz. Pal. 1987. 2. Doctr. 540.* – Lucet, *RTD civ. 1991. 392.* – Métay, *JCP N 1997. I. 733 et 765* (acquisition par un époux en instance de divorce). – Puygauthier, *JCP N 2004. 1172 et 2005. 1384* (séparation de fait et super-rétroactivité de la dissolution).

1° CONDITIONS DU REPORT

1. Conditions de fond : cessation de la cohabitation et de la collaboration. Il incombe à celui qui s'oppose au report de la date de la dissolution de prouver que des actes de collaboration ont eu lieu postérieurement à la cessation de la cohabitation entre les époux. • Civ. 1re, 31 mars 2010, n° 08-20.729. ♦ Il peut être décidé que, compte tenu des circonstances, la participation du mari à l'entretien de sa femme et de ses enfants n'étant que l'exécution des obligations prévues par les art. 203 et 212 ne constitue pas un fait de collaboration entre époux au sens de l'art. 1442, al. 2. • Civ. 1re, 28 févr. 1978 : *D. 1979. 597 (1re esp.), note Foulon-Piganiol ; JCP 1979. II. 19105, note Le Guidec.* ♦ ... Non plus que le paiement de dettes communes par l'un des conjoints après la cessation de la cohabitation. • Civ. 2e, 7 oct. 1999, n° 98-12.824 P : *JCP 2000. I. 245, n° 21, obs. Tisserand ; Dr. fam. 2000, n° 37, note Lécuyer.*

2. Personnes susceptibles de solliciter le report : héritiers d'un époux. Aux termes de l'art. 1442, les époux peuvent, l'un ou l'autre, demander, s'il y a lieu, que, dans leurs rapports mutuels, l'effet de la dissolution soit reporté à la date à laquelle ils ont cessé de cohabiter et de collaborer, et, aux termes de l'art. 1491, les héritiers des époux exercent, en cas de dissolution de la communauté, les mêmes droits que ceux des époux qu'ils représentent, de sorte qu'ayant relevé que la communauté avait été dissoute par le décès de l'épouse, c'est à bon droit que la cour d'appel a déclaré recevable la demande de l'héritière du mari du report de l'effet de cette dissolution à la date à laquelle les époux avaient cessé de cohabiter. • Civ. 1re, 14 mai 2014, n° 13-14.095.

V. aussi, • Civ. 2e, 25 juin 1998, n° 96-19.375 P : *Defrénois 1999. 430, obs. Champenois ; Dr. fam. 1998, n° 156, note Beignier ; RTD civ. 1999. 175, obs. Vareille* (action rejetée au fond, en l'espèce.). – V. déjà : • TGI Marseille, 9 juill. 1973 : *D. 1974. 71, note Massip ; Gaz. Pal. 1973. 2. 803, note Candas ; RTD civ. 1974. 135, obs. Nerson.* ♦ *Contra* : • TGI Paris, 18 juin 1970 : *D. 1971. 216, note Massip ; RTD civ. 1971. 837, obs. Nerson.*

2° CONSÉQUENCES DU REPORT

3. Effet rétroactif limité aux rapports entre époux. Le report par le jugement de divorce de la date de dissolution de la communauté n'a d'effet qu'entre les époux et ne concerne que la contribution aux dettes. S'agissant de l'obligation aux dettes, le jugement de divorce n'est opposable aux tiers qu'à compter de l'accomplissement des formalités de mention en marge prescrites par les règles de l'état civil. Les mesures conservatoires prises entre ces deux dates par un créancier sur les biens communs sont donc valables. • Civ. 1re, 1er juin 1994 : *D. 1995. 225, note Le Guidec ; Defrénois 1995. 822, obs. Champenois.*

4. Fixation de la consistance active et passive de la communauté. Le droit de propriété sur un brevet, qui constitue nécessairement un titre indépendant par rapport à un précédent brevet, prend naissance au jour de son dépôt à l'Institut national de la propriété industrielle. En conséquence, les redevances afférentes à un brevet déposé postérieurement à la date à laquelle la dissolution de la communauté a été reportée, dans les rapports entre époux, n'entrent pas dans l'actif indivis post-communautaire. • Com. 4 oct. 2011, n° 10-21.225 P : *D. 2012. 195, note Binctin ; AJ fam. 2011. 555, obs. Hilt ; JCP N 2011, n° 1322, obs. Azincourt* (en l'espèce, refus de prendre en considération un éventuel lien entre ce brevet et un précédent brevet déposé au cours du mariage).

5. Absence d'incidence du report sur la date à laquelle évaluer les biens à partager. Les dispositions des art. 262-1 et 1442, al. 2, C. civ. ne concernent que la date à laquelle la consistance de la communauté doit être déterminée, non celle de l'évaluation des biens communs, laquelle doit être faite au jour le plus proche du partage. • Civ. 1re, 11 oct. 1989, n° 87-11.954 P : *Defrénois 1990. 877, obs. Champenois.* ♦ V. aussi note 10 ss. art. 1476.

6. Sur le report des effets de la dissolution à la date de la cessation de la cohabitation et de la collaboration, V. aussi jurisprudence citée ss. art. 262-1.

Art. 1443 **Si, par le désordre des affaires d'un époux, sa mauvaise administration ou son inconduite, il apparaît que le maintien de la communauté met en péril les intérêts de l'autre conjoint, celui-ci peut poursuivre la séparation de biens en justice.**

Toute séparation volontaire est nulle.

BIBL. ▶ R. Savatier, *D. 1973. Chron. 141* (séparation de biens volontaire par voie de changement de régime matrimonial homologué).

1. Compatibilité avec le changement conventionnel prévu par l'art. 1397 C. civ. Il ne résulte pas du rapprochement de l'art. 1397 et de l'art. 1443 que les époux qui seraient dans une situation permettant à l'un d'eux de poursuivre contre l'autre la séparation de biens ne puissent pas, s'ils en sont d'accord, utiliser la voie gracieuse de l'art. 1397 pour adopter un régime de séparation de biens. • Colmar, 8 mars 1972 : *D. 1973. 157 (3e esp.), note Poisson.* – V. aussi notes Fenaux, *D. 1971. 491 ;* Gobert, *JCP 1970. II. 16501 ;* Patarin, *JCP 1972. II. 17175 ; obs. Nerson, RTD civ. 1970. 738 ;* D. Martin, *D. 1978. IR 469.*

2. Liquidation judiciaire d'un époux. La liquidation judiciaire d'un époux ne peut faire obstacle à la demande de séparation de biens présentée par l'autre. • Civ. 1re, 3 mai 2000, n° 98-10.727 P : *D. 2000. IR 156 ; JCP 2000. II. 10389, note Casey ; JCP 2001. I. 309, n° 9, obs. Tisserand ; Defrénois 2000. 855, obs. Sénéchal ; Dr. fam. 2000, n° 98, note Beignier.* ♦ Elle n'établit cependant pas à elle seule la mise en péril des intérêts de ce dernier. • Civ. 1re, 19 oct. 2004, n° 02-13.659 P : *D. 2005. Pan. 298, obs. Le Corre, et 2115, obs. Revel ; JCP E 2005. 238, note Leprovaux ; Defrénois 2005. 990, obs. Gibirila ; AJ fam. 2005. 28, obs. Hilt.*

3. Tierce opposition. La tierce opposition d'un créancier au jugement prononçant la séparation de biens judiciaire entre deux époux peut être accueillie si la fraude ne s'est matérialisée que dans l'acte de partage que celle-ci avait pour but de préparer. • Civ. 1re, 17 mai 1993, n° 91-19.262 P.

Art. 1444 **La séparation de biens, quoique prononcée en justice, est nulle si les poursuites tendant à liquider les droits des parties n'ont pas été commencées dans les trois mois du jugement passé en force de chose jugée et si le règlement définitif n'est pas intervenu dans l'année de l'ouverture des opérations de liquidation. Le délai d'un an peut être prorogé par le président du tribunal statuant** *(Ord. n° 2019-738 du 17 juill. 2019, art. 2)* **« sur requête** *[ancienne rédaction : dans la forme des référés]* **».**

Les dispositions de l'Ord. n° 2019-738 du 17 juill. 2019 s'appliquent aux demandes introduites à compter du 1er janv. 2020 (Ord. préc., art. 30).

A. DOMAINE ET CONTENU DE L'OBLIGATION DE LIQUIDER

1. Non-application en cas de changement conventionnel de régime matrimonial. L'art. 1444 n'est pas applicable lorsque l'adoption du régime de séparation de biens au cours du mariage résulte d'un contrat homologué par justice conformément à l'art. 1397. • Civ. 1re, 9 oct. 1979, n° 78-13.757 P.

2. Caractère cumulatif des exigences de délai. La nullité de la séparation de biens peut être prononcée dès lors qu'une seule des deux conditions prévues à l'art. 1444 n'est pas remplie. • Civ. 1re, 5 avr. 1978, n° 76-13.512 P.

3. Point de départ du délai d'ouverture de la liquidation. Le délai pour procéder à la liquidation n'a pu commencer à courir si le jugement de séparation de biens n'a pas été signifié à l'époux défendeur, mais seulement au syndic de sa liquidation de biens. • Com. 23 mai 2000 : *JCP 2001. I. 309, n° 10, obs. Tisserand* (rejet de l'action en nullité introduite par l'épouse).

4. Indifférence à l'égard de la bonne foi des époux. Dès lors que les délais n'ont pas été respectés, les juges prononcent la nullité sans être tenus de vérifier la bonne foi des époux. • Civ. 1re, 11 oct. 1989, n° 88-14.445 P : *Defrénois 1989. 1423, obs. Champenois ; JCP N 1991. II. 64, note Simler.*

B. SANCTION DE L'OBLIGATION DE LIQUIDER

5. Titulaires de l'action en nullité : époux demandeur. L'action en nullité de la séparation de biens judiciaire est ouverte à chacun des époux ; elle est ouverte à l'époux qui a sollicité une telle mesure si le dépassement des délais ne lui est pas exclusivement imputable. • Civ. 1re, 4 juin 2009, n° 07-21.702 P : *D. 2009. AJ 1666, obs. Égéa ; JCP 2009. 391, n° 18, obs. Tisserand-Martin ; JCP N 2009. 1304, note Brémond ; AJ fam. 2009. 304, obs. Hilt ; Defrénois 2010. 618, obs. Champenois ; RLDC 2009/63, n° 3548, obs. Pouliquen.* ♦ Déjà en ce sens : • Grenoble, 30 avr. 2002 : *JCP 2004. I. 129, n° 17, obs. Tisserand.*

6. … Créanciers. La nullité peut être invoquée par tous les créanciers, quelle que soit la date à laquelle la créance a pris naissance, et alors même qu'elle serait née après le jugement de séparation de biens et son exécution partielle. • Civ. 1re, 12 janv. 1988, n° 86-13.203 P : *R., p. 158 ; Defrénois 1988. 926, obs. Champenois.*

7. Renonciation à l'action. La vente du mobilier de la communauté à l'épouse par le syndic de la liquidation des biens du mari vaut renonciation de la part de ce syndic à se prévaloir de la nullité de la séparation de biens non exécutée dans le délai de l'art. 1444. • Civ. 1re, 9 mars 1982, n° 80-16.163 P.

8. Protection des créanciers. Sur les différentes mesures tendant à assurer la protection des créanciers des époux, V. art. 1447.

Art. 1445 La demande et le jugement de séparation de biens doivent être publiés dans les conditions et sous les sanctions prévues par le code de procédure civile *[Suite de l'alinéa abrogée par Ord. n° 2005-428 du 6 mai 2005, art. 10]*.

Le jugement qui prononce la séparation de biens remonte, quant à ses effets, au jour de la demande.

Il sera fait mention du jugement en marge de l'acte de mariage ainsi que sur la minute du contrat de mariage. — *V. C. pr. civ., art. 1292 s.* - **C. pr. civ.**

Art. 1446 Les créanciers d'un époux ne peuvent demander de son chef la séparation de biens.

Art. 1447 Quand l'action en séparation de biens a été introduite, les créanciers peuvent sommer les époux par acte *(L. n° 85-1372 du 23 déc. 1985)* « d'avocat à avocat » de leur communiquer la demande et les pièces justificatives. Ils peuvent même intervenir à l'instance pour la conservation de leurs droits.

Si la séparation a été prononcée en fraude de leurs droits, ils peuvent se pourvoir contre elle par voie de tierce opposition, dans les conditions prévues au code de procédure civile. — *V. C. pr. civ., art. 1298.* - **C. pr. civ.**

1. Tierce opposition : exercice individuel possible même en cas de redressement judiciaire. Si le représentant des créanciers a qualité pour agir au nom et dans l'intérêt des créanciers lors d'un redressement judiciaire, cela ne fait pas obstacle à ce qu'un créancier exerce la tierce opposition ouverte par l'art. 1447 contre le jugement qui prononce la séparation des biens des époux s'il a été porté atteinte à ses droits. • Civ. 1re, 19 mars 2014 : *D. 2014. 777 ; AJ fam. 2014. 321, obs. Hilt.*

2. Tierce opposition : possibilité d'invoquer une fraude qui s'est matérialisée dans l'acte de partage. Même si la fraude ne s'est matérialisée que dans l'acte de partage des biens communs, les créanciers sont recevables à former tierce opposition contre le jugement de séparation de biens lorsque le changement de régime avait pour but de préparer un tel partage. • Civ. 1re, 17 mai 1993, n° 91-19.262 P : *Defrénois 1993. 1447, obs. Champenois.*

3. ... Charge de la preuve de la fraude. Il incombe aux créanciers qui invoquent une fraude qui s'est matérialisée dans l'acte de partage de la communauté consécutif au prononcé de la séparation des biens des époux de démontrer le caractère frauduleux des modalités de cet acte, notamment du principe et du montant des récompenses retenues dans cet acte. • Civ. 1re, 19 mars 2014 : *préc. note 1.*

4. ... Absence de fraude dans la volonté de protéger un conjoint pour l'avenir sans modification du gage des créanciers antérieurs. Il n'y a aucune fraude dans le fait de vouloir éviter que les deux époux supportent la charge de la faute personnelle de l'un d'entre eux ; le créancier commun, dont les droits ne peuvent être modifiés par les époux lors de la liquidation de la communauté, doit subir quant au recouvrement de sa créance les effets légaux de cette dissolution de la communauté lorsqu'elle ne résulte pas d'une fraude dirigée contre lui. • Civ. 1re, 8 nov. 1976, n° 75-15.397 P.

Art. 1448 L'époux qui a obtenu la séparation de biens doit contribuer, proportionnellement à ses facultés et à celles de son conjoint, tant aux frais du ménage qu'à ceux d'éducation des enfants.

Il doit supporter entièrement ces frais, s'il ne reste rien à l'autre.

Pour une application : • Civ. 1re, 16 juill. 1998 : *Dr. fam. 1998, n° 129, note Lécuyer.*

Art. 1449 La séparation de biens prononcée en justice a pour effet de placer les époux sous le régime des articles 1536 et suivants.

(L. n° 85-1372 du 23 déc. 1985) « Le tribunal, en prononçant la séparation, peut ordonner qu'un époux versera sa contribution entre les mains de son conjoint, lequel assumera désormais seul à l'égard des tiers les règlements de toutes les charges du mariage. »

Ancien art. 1449 (al. 2) *Le tribunal, en prononçant la séparation à la demande de la femme, peut ordonner que le mari versera sa contribution entre les mains de celle-ci, laquelle assumera désormais, à l'égard des tiers, le règlement de toutes les charges du mariage.*

Art. 1450 *Transféré, avec modifications, à l'art. 265-2 par L. n° 2004-439 du 26 mai 2004, art. 6 et 21-III et IV, à compter du 1er janv. 2005.*

Ancien art. 1450 *(L. n° 75-617 du 11 juill. 1975)* ***Les époux peuvent, pendant l'instance en divorce, passer toutes conventions pour la liquidation et le partage de la communauté.***

Ces conventions doivent être passées par acte notarié, sauf en cas de demande conjointe.

Art. 1451 *(L. n° 75-617 du 11 juill. 1975)* **Les conventions** *(L. n° 2004-439 du 26 mai 2004, art. 21-V, en vigueur le 1er janv. 2005)* **« passées en application de l'article 265-2** *[ancienne rédaction : ainsi passées]* **» sont suspendues, quant à leurs effets, jusqu'au prononcé du divorce ; elles ne peuvent être exécutées, même dans les rapports entre époux, que lorsque le jugement a pris force de chose jugée.**

L'un des époux peut demander que le jugement de divorce modifie la convention si les conséquences du divorce fixées par ce jugement remettent en cause les bases de la liquidation et du partage.

La loi n° 75-617 du 11 juill. 1975 est entrée en vigueur le 1er janv. 1976.

1. Suspension des effets de la convention jusqu'au prononcé du divorce : conséquences. Les effets de la convention étant suspendus jusqu'au jour du prononcé du divorce, le paiement de travaux effectués entre la date de la convention et la date du prononcé du divorce constitue une créance entre époux relevant de la liquidation du régime matrimonial (incompétence du tribunal d'instance pour en connaître, en vertu de l'art. 247 anc., al. 1er). • Civ. 1re, 4 oct. 2005, n° 03-18.304 P : *JCP 2006. I. 141, n° 22, obs. Tisserand-Martin ; Defrénois 2006. 347, obs. Massip ; AJ fam. 2006. 72, obs. S. David.*

2. Prise en compte de la date de jouissance divise prévue dans la convention. L'exécution du partage étant subordonnée au prononcé du divorce, mais prévoyant une date de jouissance divise antérieure, le partage produit effet à cette date lors du prononcé du divorce ; l'époux étant devenu, à la date fixée pour la jouissance divise, seul propriétaire des parts sociales à lui attribuées et ainsi seul bénéficiaire des dividendes qu'elles produisaient, les versements effectués entre cette date et le prononcé ultérieur du divorce pouvaient être imputés sur la soulte due à l'épouse en application de convention passée pour la liquidation et le partage de leur communauté. • Civ. 1re, 26 juin 2013, n° 12-13.361 P : *AJ fam. 2013. 501, obs. Blanc-Pélissier, obs. Hilt ; Rev. sociétés 2013. 704, note Naudin.*

Art. 1452 à 1466 *Abrogés.*

§ 2 *De la liquidation et du partage de la communauté*

BIBL. GÉN. ▸ Bosgiraud, Noël et Poiraud, *Gaz. Pal. 1999. 1. Doctr. 301* (dix ans de récompenses en jurisprudence). – Casado, *Dr. fam. 2022. Étude 5* (fondamentaux pratiques de la liquidation d'une communauté légale). – Contin, *RTD civ. 1977. 435* (règlements en nature). – Hilt, *JCP 2016, n° 669* (créances entre époux). – Karm, *JCP N 2015, n° 1226* (créances conjugales). – Dossier, *AJ fam. 2015. 436* (liquidation des régimes patrimoniaux).

Art. 1467 La communauté dissoute, chacun des époux reprend ceux des biens qui n'étaient point entrés en communauté, s'ils existent en nature, ou les biens qui y ont été subrogés.

Il y a lieu ensuite à la liquidation de la masse commune, active et passive.

COMMENTAIRE

Il résulte de l'alinéa premier de l'article 1467 du code civil que tous les biens propres ont vocation à être repris, qu'il s'agisse de biens présents, de propres par nature, ou encore de biens reçus à titre gratuit pendant le mariage, par donation ou par succession. Le texte y ajoute, mais c'est une évidence, les biens subrogés aux précédents. C'est une application directe de la subrogation réelle.

La reprise d'un bien est donc son extraction de la masse commune à raison de son caractère propre, seuls les biens communs ayant vocation à être partagés. Cette « extraction » consiste donc, avant tout, à qualifier un bien de propre, ce qui renvoie souvent à des questions de preuve (V. C. civ., art. 1402, al. 2) qui peuvent être délicates et bien maîtrisées. On rappellera ici que rien, dans la liquidation et le partage, n'est d'ordre public, et donc que les parties peuvent aisément régler les difficultés probatoires par un accord. Si la liquidation est contentieuse, on en reviendra aux règles ordinaires du code civil.

Lorsque la reprise porte sur des deniers, il convient de s'assurer que les deniers repris sont exclusivement propres, ce qui ne sera pas le cas s'ils ont été mélangés avec des deniers communs. Ce mélange est très fréquent, puisque les revenus de biens propres sont communs, de sorte qu'il n'existe, en deniers, que des capitaux propres, dont les revenus (intérêts) sont communs, ce qui augmente considérablement le risque de mélange entre deniers propres et communs. Si un tel mélange est avéré (et cela commence au premier euro commun mélangé, du fait de la fongibilité de la monnaie), la solution liquidative sera de compter l'ensemble des fonds à l'actif de la communauté, mais de compter, symétriquement, au passif de la communauté une récompense du montant du capital propre encaissé. La reprise sera donc impossible (puisqu'elle s'exerce en nature), seule la récompense permettant un remboursement en valeur. La méthode est fastidieuse, et l'on peut préférer, si les parties en sont d'accord, que la reprise s'exerce malgré tout (mais uniquement pour la valeur du capital propre). ❑

Office du juge quant au passif commun. Saisi d'une demande de liquidation et de partage de la communauté, il appartenait au juge de déterminer les éléments actifs et passifs de la masse à partager et, à ce titre, de trancher le désaccord des époux quant à l'existence d'une créance à inscrire au passif, peu important le titulaire de celle-ci (épouse commune en biens représentant ses frères et sœurs contre sa propre communauté). • Civ. 1re, 11 juill. 2019, n° 18-20.126.

Art. 1468 Il est établi, au nom de chaque époux, un compte des récompenses que la communauté lui doit et des récompenses qu'il doit à la communauté, d'après les règles prescrites aux sections précédentes.

COMMENTAIRE

Une fois que le droit à récompense est établi, et que le montant de celle-ci est connu, les récompenses seront portées sur un compte dans lequel vont se fondre les règlements entre époux. Il faudra alors établir le compte des récompenses, qui est obligatoire. Ce compte est marqué par le principe d'indivisibilité qui le régit. Chaque article du compte vient se fondre en lui, et ne peut faire l'objet d'un règlement séparé. En effet, ce compte est indivisible, mais également indisponible. Une récompense ne pourrait ainsi être réglée pendant le mariage, et pas davantage cédée, volontairement ou non, en cours d'union. Ainsi le créancier d'un époux ne pourrait-il demander à saisir une valeur commune au motif qu'il sait son débiteur créancier d'une récompense contre la communauté. De plus, lié aux opérations de partage, le droit à récompense ne peut se prescrire tant que le partage n'est pas intervenu.

Enfin, les récompenses ne sont productives d'intérêts qu'à partir de leur date d'exigibilité, c'est-à-dire à la dissolution de la communauté, ainsi que le prévoit l'article 1473, alinéa 1er. La date de la dissolution peut varier dans le temps, ce qui modifiera d'autant le point de départ de la production d'intérêts. Avant cette date, aucune récompense ne peut être réglée puisque la communauté existe encore. Après cette date, les intérêts vont commencer à courir et pourront être capitalisés, mais ce n'est qu'une faculté, et il faudra donc que l'un des époux le demande, et encore, à la condition de n'avoir pas retardé la liquidation de la récompense.

Par dérogation à ces règles générales, l'article 1473, alinéa 2, précise que lorsque la récompense est égale au profit subsistant, les intérêts ne seront dus qu'à partir du moment où la récompense sera déterminée, c'est-à-dire du jour de la liquidation, et non de la dissolution.

Cela effectué, il sera procédé, pour chaque époux, à une balance du compte des récompenses, afin de faire apparaître un solde, le reliquat, qui permet de savoir s'il est débiteur ou créancier vis-à-vis de la communauté (V. art. 1470, et pour le règlement, art. 1471). ❑

A. CHAMP D'APPLICATION DE LA THÉORIE DES RÉCOMPENSES

1. Remboursement au cours du mariage d'un prêt contracté pour financer une acquisition antérieurement au mariage. Pour faire application de la théorie des récompenses, il n'y a pas lieu de distinguer selon que le bien propre a été acquis avant ou pendant le mariage, dès lors que le prix ou le remboursement du prêt contracté en vue de le payer a été réglé au cours du régime et de deniers communs. • Civ. 1re, 5 nov. 1985, n° 84-12.572 P : *GAJC, 12e éd., n° 95 ; D. 1987. 26, note Le Guidec ; JCP N 1986. II. 97, note Simler.*

2. Non-application aux paiements effectués postérieurement à la dissolution. La communauté étant dissoute à la date à laquelle a été remboursé le solde des arrérages d'un emprunt, cette créance est soumise aux règles de l'indivision et non à celles des récompenses et l'époux qui a payé, réputé avoir effectué ce paiement de ses deniers personnels, a droit à une indemnité. • Civ. 1re, 17 déc. 1996, n° 95-11.929 P : *D. 1998. 189, note Brémond ; Defrénois 1997. 413, obs. Grimaldi.* ♦ La théorie des récompenses n'est pas applicable aux remboursements d'un emprunt, contracté pendant le mariage pour l'acquisition d'un immeuble commun, effectués alors que la communauté était dissoute et que lui avait succédé l'indivision post-communautaire ; c'est l'art. 815-13 qui est alors applicable. • Civ. 1re, 22 oct. 1985 : *D. 1986. 205, note Breton* • 4 mars 1986 : *JCP 1986. II. 20701, note Simler* • 9 juill. 1991, n° 89-11.341 P : *JCP N 1992. II. 211, n° 17, obs. A. T.* • Civ. 1re, 11 mai 2012, n° 11-17.497 P.

B. ÉTABLISSEMENT DU COMPTE DE RÉCOMPENSES

3. Caractère obligatoire de l'établissement du compte de récompenses. Il résulte de l'art. 1468 que les récompenses constituent les éléments d'un compte unique et indivisible, dont le reliquat après la dissolution du régime est seul à considérer. • Civ. 1re, 14 mars 1984, n° 82-16.638 P.

4. Indisponibilité et insaisissabilité des récompenses antérieurement à l'établissement du compte. La récompense éventuellement due par un époux, ne pouvant être déterminée qu'après dissolution de la communauté et entrant dans un compte unique et indivisible, est indisponible et insaisissable. • Civ. 1re, 18 déc. 1990 : *Defrénois 1991. 1171, note X. Savatier ; RTD civ. 1991. 786, obs. Lucet et Vareille .*

5. Imprescriptibilité du droit à récompense antérieurement au partage. Le droit à récompense, qui s'exerce à l'occasion du partage, ne peut se prescrire tant que le partage peut être demandé. • Civ. 1re, 28 avr. 1986, n° 84-16.820 P : *R., p. 132 ; D. 1987. 324, note Morin ; JCP N 1986. II. 244, note Simler* • 16 avr. 1991 : *JCP N 1992. II. 207, n° 9.*

6. Articles du compte de récompenses. Sur la détermination des articles du compte de récompenses, V. notamment art. 1433 (récompenses dues par la communauté) et 1437 (récompenses dues à la communauté).

7. Principes d'évaluation des récompenses. Sur les règles relatives à l'évaluation des récompenses, V. art. 1469 et la jurisprudence citée.

Art. 1469 **La récompense est, en général, égale à la plus faible des deux sommes que représentent la dépense faite et le profit subsistant.**

Elle ne peut, toutefois, être moindre que la dépense faite quand celle-ci était nécessaire.

(L. n° 85-1372 du 23 déc. 1985) **« Elle ne peut être moindre que le profit subsistant, quand la valeur empruntée a servi à acquérir, à conserver ou à améliorer un bien qui se retrouve, au jour de la liquidation de la communauté, dans le patrimoine emprunteur. Si le bien acquis, conservé ou amélioré a été aliéné avant la liquidation, le profit est évalué au jour de l'aliénation ; si un nouveau bien a été subrogé au bien aliéné, le profit est évalué sur ce nouveau bien. »** — *V. L. n° 65-570 du 13 juill. 1965, art. 12, et L. n° 85-1372 du 23 déc. 1985, art. 59, ss. art. 1581.*

COMMENTAIRE

L'article 1469 du code civil pose en son alinéa 1er un principe (I), dont la force est très largement atténuée par les exceptions (II) énoncées aux alinéas 2 et 3. On se demande d'ailleurs si les exceptions ne constituent pas la véritable règle de base, tant l'application de l'alinéa 1er est souvent écartée.

I. LE PRINCIPE (AL. 1ER)

Alinéa 1er : double plafond. Le texte, adaptant au régime de communauté les règles de l'enrichissement sans cause, soumet par principe le montant de la récompense à un double plafond : la récompense ne peut être supérieure à la plus faible des deux sommes suivantes, la dépense faite ou le profit subsistant.

L'expression de « dépense faite », se comprend aisément. C'est la valeur dont s'est appauvrie la masse de biens qui demande récompense. On voit donc que le mot dépense est quelque peu inadapté, puisque ce ne sera pas toujours une « dépense » au sens courant du terme. Mieux vaut donc entendre « dépense » au sens d'appauvrissement. Quant au moment où il faut se placer pour calculer cet appauvrissement, c'est au jour du fait générateur de celui-ci.

L'expression « profit subsistant » désigne le profit retiré par la masse de biens qui doit récompense, tel qu'il subsiste au jour de calcul de la récompense. On ne retiendra donc pas le profit retiré par une masse de biens au jour de l'enrichissement, mais celui qui existe encore (s'il existe) lors de la dissolution et du partage de la communauté. La différence est ici très nette avec les règles habituelles de l'enrichissement sans cause. En outre, le profit subsistant peut révéler une plus-value comme une moins-value. Dans le premier cas, seule une plus-value due aux circonstances économiques sera prise en compte. Si elle résulte du travail d'un époux, elle sera ignorée, puisque la masse créancière de récompense ne peut prétendre que cet accroissement fait partie de sa créance.

Ainsi, par principe, pour connaître le montant d'une récompense, il faut calculer le montant de la dépense faite, puis celui du profit subsistant, et fixer le la récompense à la valeur de la plus faible de ces deux sommes. Dans l'hypothèse la plus radicale, s'il n'existe plus aucun profit subsistant au jour du partage, aucune récompense ne sera due. L'application rigoureuse de cette règle devrait donc conduire à exclure toute récompense, lorsque le patrimoine emprunteur se sera lui-même appauvri immédiatement après avoir emprunté. Tel sera le cas, par exemple, d'une donation de bien commun effectuée par un époux ou du paiement par la communauté d'une dette personnelle à un époux. L'époux qui utilise ainsi les biens communs à son avantage (pour gratifier un tiers, ou payer ses dettes) n'en tire, pour l'avenir, aucun profit qui subsistera jusqu'au partage. Toutefois, certains auteurs (et la pratique notariale) semblent favorables à une lecture souple du texte, acceptant, dans cette hypothèse, l'octroi d'une récompense égale au montant de la dépense faite. Mais alors aucune revalorisation n'interviendra, ce qui peut contribuer à diminuer sérieusement la valeur réelle du remboursement. C'est toutefois mieux que rien.

Exemple. Soit Romeo qui utilise 40 000 euros de capital propre pour financer des vacances au soleil avec Juliette et leurs enfants. Des années après, au moment du divorce, il ne reste rien (financièrement) de cette dépense. Si l'on estime que la dépense relève de l'alinéa 1er de l'article 1469, la dépense faite est de 40 000 et le profit subsitant est de 0. La récompense sera alors de 0 (plus faible des deux sommes). On peut être tenté de rembourser toujours au nominal (40 000), mais alors on raisonne comme si la dépense était toujours nécessaire au sens de l'alinéa 2 (ce qui est loin d'être prouvé dans cet exemple), ce qui revient *de facto* à abroger l'alinéa 1er du texte. Il faudra que la Cour de cassation se prononce expressément sur cette difficulté.

II. L'EXCEPTION (AL. 2)

L'alinéa 2 du texte dispose que les dépenses nécessaires seront toujours remboursées, *a minima*, au montant de la dépense faite.

Cette disposition a pour but d'éviter que, par absence d'un profit subsistant, le patrimoine ayant avancé les fonds se trouve privé de tout remboursement. Les dépenses nécessaires sont celles qui sont utiles à la conservation de la chose et englobent les impenses nécessaires, c'est-à-dire les frais engagés pour la conservation du bien, pour éviter sa perte, mais aussi de façon plus large les simples dépenses nécessaires, c'est-à-dire les frais de remise en état du bien, ou relatifs à son emménagement, sans que sa conservation soit en cause.

Enfin, il convient de garder à l'esprit que l'alinéa 2 ne fixe qu'un minimum, qui ne déroge à l'alinéa 1er que par le bas, pour éviter une récompense trop faible ou inexistante. Mais combiné avec l'alinéa 3, l'alinéa 2 peut conduire à accorder une récompense égale au profit subsistant, ce qui est davantage que ce que prévoit l'alinéa 1er.

III. ACQUISITION, AMÉLIORATION ET CONSERVATION (AL. 3)

Cet alinéa 3, issu de la réforme de 1965, est la consécration du mécanisme de la dette de valeur, que l'on retrouve ailleurs en droit patrimonial de la famille (par ex., l'art. 860 C. civ. en matière successorale). Cependant, il faut rappeler que cet aliéna 3 n'est pas impératif, et que les époux peuvent par contrat, ou après la dissolution de la communauté, convenir d'un autre mode d'évaluation des récompenses. De même, par application des dispositions de l'article 829 du code civil, ils peuvent décider, conventionnellement (et donc dans leur acte de partage), de valoriser les biens servant d'assiette au calcul de la récompense à une date antérieure au partage (en retenant une date de jouissance divise antérieure au partage). En cas de désaccord, ce report de la date de jouissance divise peut être judiciaire (V., art. 829 C. civ., comm. et notes).

Cela dit, si les époux n'ont rien modifié, la date à retenir pour le calcul du profit subsistant est celle de la liquidation. Le texte de l'alinéa 3 le dit expressément, et cela est renforcé par l'article 1473, alinéa 2, qui indique que les intérêts éventuellement dus au titre d'une récompense égale au profit subsistant courent du jour de la liquidation. Toutefois, si les époux n'ont rien prévu, il faut rappeler que les récompenses ne peuvent être évaluées d'une façon globale. C'est au cas par cas, récompense par récompense, que l'évaluation doit se faire, en se plaçant à une date la plus proche du partage.

Quant à son contenu, l'alinéa 3 invite à distinguer selon que le bien objet de la récompense figure ou non dans le patrimoine de l'époux débiteur de la récompense au jour de la dissolution.

1° BIEN FIGURANT DANS LA MASSE PRÊTEUSE AU JOUR DE LA LIQUIDATION

1. Acquisition d'un bien. Dans l'hypothèse de l'acquisition d'un bien, la méthode de calcul du profit subsistant est assez simple. On fera comme si une subrogation réelle avait eu lieu, pour en faire profiter la masse prêteuse de l'enrichissement proportionnellement à sa part de financement initiale. Ainsi si la communauté a intégralement financé le bien acquis, la récompense sera de la valeur totale du bien au jour de la liquidation. Si le financement n'était que d'un tiers, la récompense ne portera que sur le tiers de la valeur du bien au jour de la liquidation. On traduit souvent cette idée sous forme d'une règle de trois :

Exemple. Soit l'acquisition d'une maison par Juliette, en propre (remploi de plus de la moitié), la communauté finançant 50 000 euros (en capital) sur un prix total de 110 000 euros (frais d'acquisition inclus), le bien valant 180 000 euros au jour du partage. La récompense se calcule ainsi : (50 000/110) ×180 000 = 81 818,18.

La « valeur actuelle » (180 000 dans l'exemple) du bien est celle au jour du partage (de laquelle on aura garde d'enlever à la plus-value globale une éventuelle plus-value consécutive à l'industrie du débiteur de la récompense ; seule les plus-values économiques, c'est-à-dire celles résultant de l'évolution du marché, sont à prendre). La « valeur d'acquisition » (110 000) s'entend du « coût global d'acquisition, c'est-à-dire incluant les frais d'acquisition. Particularisme, lorsque c'est la communauté qui est créancière de récompense contre l'une des masses propres, et que la dépense faite est un emprunt, il faut tenir compte de la jurisprudence *Authier c/ Pouyat* du 31 mars 1992 de la Cour de cassation, qui a posé comme règle que les revenus de biens propres étaient affectés à la communauté, cette dernière supportant, symétriquement, les charges de jouissance des masses propres. Il conviendra donc, dans ce cas, de ne compter comme dépense faite « que le capital payé par la communauté » à l'exclusion des intérêts. Attention, l'inverse ne se vérifie pas. Si c'est l'une des masses propres qui a remboursé l'emprunt au bénéfice de la communauté, cette masse propre a droit à chaque centime payé, que ce soit un centime de capital ou d'intérêt.

Par ailleurs, il faut faire attention à la combinaison des différents alinéas de l'article 1469. Si le profit subsistant est supérieur à la dépense faite, l'alinéa 3 s'appliquera sans peine. Mais si l'on suppose, pour une acquisition de bien propre, un profit subsistant inférieur à la dépense faite, l'alinéa 1er imposera de fixer la récompense à la plus faible des deux sommes. Toutefois, si la dépense était une dépense nécessaire, l'alinéa 2 impose de fixer la récompense au montant de la dépense faite, la masse prêteuse récupérant alors le nominal de la somme prêtée.

2. Conservation d'un bien. Dans l'hypothèse de la conservation d'un bien, la dépense recevra nécessairement la qualification de dépense nécessaire. Il faut alors combiner les alinéas 2 et 3 de l'article 1469. C'est donc l'inverse de ce qui se passe en cas d'enrichissement sans cause. Ici, c'est un double minimum, et non un double maximum, qui est prévu. La récompense sera égale à la plus forte des deux sommes que sont la dépense faite et le profit subsistant, calculée selon la méthode « déductive » exposée ci-après pour l'amélioration d'un bien. Ainsi, s'il n'existe plus de profit subsistant, la récompense sera égale à la dépense faite, et si le profit subsistant est supérieur à la dépense faite, son montant sera aussi celui de la récompense.

3. Amélioration d'un bien. Il s'agit ici des dépenses qui font apparaître une plus-value, via une dépense d'investissement (en sont donc exclues toutes les dépenses de type « locatif » : peinture, papier peint, moquette, etc.). La Cour de cassation impose d'utiliser ce que l'on peut nommer une « méthode déductive », qui permet de faire apparaître l'assiette de la récompense, et l'on connaîtra le montant de la récompense en reportant sur cette assiette la proportion dans laquelle la masse prêteuse a financé la dépense d'amélioration.

Exemple 1. Juliette fait construire sur un terrain lui appartenant en propre une maison qu'elle finance en propre à hauteur de 20 000 euros et avec son salaire et celui de Roméo pour le surplus, la construction ayant coûté au total 80 000 euros. Au jour du partage, l'ensemble vaut 310 000 euros, alors que sans la maison le terrain seul vaudrait 100 000 euros. L'assiette de la récompense est la suivante :

Valeur Actuelle Avec l'Amélioration (VAAA)
– Valeur Actuelle Sans l'Amélioration (VASA)/Assiette de la récompense

Soit :

310 000 (VAAA)
– 100 000 (VASA)/210 000 (assiette de la récompense).

La communauté a financé 60 000 de la dépense d'amélioration (puisque 20 000 furent payés par Juliette en propre). La communauté a donc financé 75 % de la dépense d'amélioration, soit un coefficient de 0,75 (60 000/80 000 = 0,75).

Il suffit alors d'appliquer ce coefficient à l'assiette de la récompense pour connaître le montant de celle-ci. Le calcul est alors 210 000 × 0,75 = 157 500. La récompense due par Juliette à la communauté est donc de 157 500 euros.

Exemple 2. Mêmes faits, sauf que cette fois le financement des travaux fut le suivant : 60 000 euros par la communauté et 20 000 euros par Romeo en propre.

Il y a alors une récompense au profit de la communauté et une créance entre époux, laquelle se calcule comme une récompense (l'art. 1479 renvoyant à l'art. 1469, al. 3). Romeo a financé 25 % de l'amélioration (20 000/80 000) × 100, là où la communauté a financé 75 % de cette amélioration (60 000/80 000) × 100.

Romeo a donc droit à une créance de 210 000 × 0.25 = 52 500 euros.

La communauté a droit à une récompense de 210 000 × 0,75 = 157 500 euros

Si la soustraction VAAA – VASA avait fait apparaître une moins-value (par ex., 80 000 – 100 000 = –20 000), cela signifierait qu'il n'existe pas de profit subsistant. Le risque serait alors de compter la récompense pour 0, mais l'alinéa 2 permettra le plus souvent de qualifier la dépense de « nécessaire » et donc de rembourser la masse prêteuse au nominal (60 000).

4. Dépense mixte, acquisition et amélioration. Lorsque la masse prêteuse a financé à la fois une dépense d'acquisition et une dépense d'amélioration, il faut calculer une récompense par type de dépense, et ensuite éviter que la dépense d'amélioration ne soit comptée deux fois. Pour y parvenir, on calculera normalement la récompense au titre de l'amélioration, mais pour la récompense d'acquisition, on remplacera dans la « règle de trois » la valeur actuelle avec amélioration (VAAA) par la valeur actuelle sans amélioration (VASA).

Exemple. La communauté a réglé la totalité de l'emprunt ayant permis l'acquisition d'une maison appartenant en propre à Romeo (soit une somme de 300 000 euros, hors intérêts), outre 20 000 euros de frais. La communauté a aussi réglé une somme de 120 000 euros au titre de la construction d'une extension de 80 m^2 de cette maison, construction qui a coûté 150 000 euros, le reliquat étant payé par Romeo en propre. Aujourd'hui, l'ensemble vaut 550 000 euros, alors que le terrain seul vaudrait 200 000 euros.

Récompense 1 (amélioration) : la communauté a financé (120 000/180 000) = 0,80, soit 80 % de la dépense d'amélioration. Elle a donc droit à 80 % de l'assiette de la récompense d'amélioration. Cette assiette est de : (550 000 VAAA – 200 000 VASA) = 350 000 donc, la récompense est de 350 000 × 0,8 = 280 000 euros.

Récompense 2 (acquisition) : Si l'on calculait la récompense normalement, on dirait que la communauté ayant financé 100 % de l'acquisition et des frais, elle a forcément droit à 100 % de la valeur actuelle, soit 550 000 euros. On peut aussi le faire en utilisant la règle de trois : (dépense faite [320 000, avec les frais] × valeur actuelle[550 000])/coût global d'acquisition [320 000, avec les frais] = 550 000 euros. Mais, la valeur de l'amélioration ayant déjà été prise en compte par la récompense 1, il faut enlever cette valeur d'amélioration de la règle de trois applicable à la récompense d'acquisition. On a alors le calcul suivant : (dépense faite [320 000 avec les frais] × Valeur actuelle sans amélioration [VASA, soit 200 000])/coût global d'acquisition [320 000, travaux inclus] = 200 000 euros.

Conclusion : en additionnant les deux récompenses (280 000 + 200 000), on s'aperçoit que la masse prêteuse est mieux remboursée (480 000) que si l'on faisait un seul calcul à la règle de trois qui intègre les deux récompenses (440 000 [320 000 + 120 000] × 550 0000]/540 000 [320 000 + 120 000] = 448 148,14 euros.

5. Récompense et démembrement de propriété. Lorsque la récompense a financé un bien faisant, lors de l'acquisition, l'objet d'un démembrement de propriété, la récompense doit être calculée en fonction de l'état réel du bien tant au jour de son acquisition qu'au jour de la liquidation (ou de son aliénation, si celle-ci a eu lieu avant la liquidation et le partage). Par conséquent, si c'est la nue-propriété qui fut acquise, mais qu'au jour de la liquidation le démembrement a cessé, il faudra prendre de la nue-propriété comme valeur d'acquisition et de la pleine propriété pour la valeur au jour du partage (ou de l'aliénation si elle est antérieure). Au contraire, si le démembrement existe toujours au jour de la liquidation (ou de l'aliénation), c'est la valeur de la nue-propriété à ce jour-là qui devra être prise en compte. Sur ces question, V., *infra*, en jurisprudence, note 40.

Exemple 1. En 1995, Romeo règle à ses sœurs une soulte de 50 000 € constituée de deniers communs (qui sera dès lors, dans le langage des récompenses, la « dépense faite ») pour « acquérir », via une donation-partage (et donc en propre), la nue-propriété d'un bien immobilier qui valait alors 300 000 euros en pleine propriété, sous un usufruit de 40 % bénéficiant aux parents de Romeo (donc, la valeur de la nue-propriété était en 1975 de 180 000 euros). Lors de la liquidation et du partage, les parent sont décédés, et le bien vaut, en pleine propriété, 700 000 euros. La récompense se calcule ainsi : (50 000 ÷ 180 000) × 700 000. La récompense est alors égale à 194 444,44 euros.

Exemple 2. Même exemple, mais au jour de la liquidation et du partage (ou de l'aliénation), les parents sont encore en vie, et l'usufruit représente 20 % de la valeur de la pleine propriété, qui vaut 700 000 euros (donc la nue-propriété vaut 80 % de 700 000 euros soit : 560 000 euros). La récompense est alors calculée ainsi : (50 000/180 000) × 560 000 = 155 555,55 euros.

6. Aliénation partielle avant la liquidation et le partage. Lorsque le bien acquis grâce à l'emprunt de fonds à une masse de bien a été partiellement aliéné avant la liquidation et le partage (et donc qu'il en reste une partie, comme bien existant au jour du partage), la récompense se compose alors de deux branches, l'une calculée au jour de l'aliénation en cours de régime, l'autre calculée au jour le plus proche du partage (V. Civ. 1re, 14 oct. 2020, n° 19-13.702 P : *cité infra*).

Exemple. Soit un bien propre à Romeo, acquis par succession comprenant des terres et deux maisons, valeur : 6 000 000 euros. Dépense faite par la communauté : paiement d'une soulte aux frère et sœur de Romeo : 4 000 000. La Maison 1 est vendue par Romeo ultérieurement pour 1 200 000. La Maison 2 et les terres existent encore au jour du partage, valeur de la Maison 2 et des terres au jour du partage : 9 000 000 euros.

Calcul de la récompense :

1re branche de la récompense : partie bien propre vendu en cours de communauté

Calcul : (dépense faite/coût global d'acquisition) × prix de vente Maison 1 ; soit, en chiffres : (4 000 000/6 000 000) × 1 200 000 = 800 000.

2e branche de la récompense : partie du bien propre subsistant au jour du partage

Calcul : (dépense faite/coût global d'acquisition) × valeur partage terres et Maison 2 ; soit, en chiffres : (4 000 000/6 000 000) × 9 000 000 = 6 000 000.

Montant de la récompense :

1re branche + 2e branche, soit : 800 000 + 6 000 000 = 6 800 000.

7. Le cas particulier de l'indivision post-communautaire. La question relève de l'article 815-13 du code civil. Voir commentaire sous l'article 815-13.

2° BIEN NE FIGURANT PLUS DANS LA MASSE PRÊTEUSE AU JOUR DE LA LIQUIDATION

1. Purge de la récompense au jour de l'aliénation. Si le bien aliéné n'a pas été remplacé par l'effet de la subrogation réelle, il faudra évaluer le profit subsistant comme dans les exemples précédents, mais en retenant comme « valeur actuelle » le jour de l'aliénation, et non celui du partage. Si l'aliénation a été consentie à un tiers à titre gratuit, on retiendra la valeur du bien donné, au jour de la donation. Si l'aliénation a été faite à titre onéreux, on retiendra le prix de vente, augmenté, le cas échéant, du montant d'une éventuelle dissimulation, mais que l'époux demandeur devra établir.

2. Subrogation réelle de fait. Il se peut que le bien acquis, conservé ou amélioré, n'existe plus matériellement dans le patrimoine de l'époux débiteur, mais que juridiquement, il y figure toujours. Tel sera le cas si le bien aliéné avant la liquidation a été remplacé par un autre bien par l'effet de la subrogation réelle, par exemple parce qu'une clause de remploi a été prévue dans l'acte d'acquisition du nouveau bien. Dans ce cas, le profit subsistant sera calculé au jour de la liquidation de la communauté (sauf aliénation du bien acquis, auquel cas on retiendra cette date évidemment). La dernière phrase de l'alinéa 3 de l'article 1469 le dit très clairement. La Cour de cassation a accepté d'étendre cette règle en cas de subrogation de fait, par exemple s'il est établi un lien entre deux opérations, alors qu'aucune formalité de remploi n'a été respectée et qu'aucune subrogation légale ne trouve à s'appliquer.

Exemple. Monsieur Perros et Madame Guirec se sont mariés sans contrat en 1990. Lors du mariage, Monsieur était propriétaire de 110 000 euros. Cette somme fut investie en 1994 dans l'achat d'un appartement à Rennes, avec clause de remploi. À l'époque, le bien acquis fut payé 150 000 euros, frais d'acte inclus, la différence entre le prix et l'apport étant comblée par une donation de la mère de Monsieur Perros. L'acte d'achat comporte une clause de remploi, parfaitement explicite pour un montant de 150 000 euros. En 2000, ce bien fut vendu pour la somme de 300 000 euros. Le prix de vente fut versé sur le compte personnel de Monsieur Perros. Trois mois après la perception de ce prix, les époux ont acquis une maison à Nantes pour un prix total de 620 000 euros, frais d'acte inclus. Aucune clause de remploi ou d'emploi ne figure à l'acte. Ce bien fut lui-même revendu en 2006 pour une somme de 910 000 euros. Deux mois plus tard, en décembre 2006, le prix ainsi perçu fut réinvesti dans un appartement situé au Vésinet, acquis pour la somme de 1 200 000 euros (frais d'acte inclus). Il vaut actuellement 1 800 000 euros, et doit être vendu de façon imminente.

Solution :

1) Qualification des 110 000 euros du mari. Il s'agit d'un bien présent (au jour du mariage), donc d'une somme propre (art. 1405).

2) Qualification du complément de l'apport. Les faits révèlent que la mère du mari à fait donation a son fils du complément nécessaire à l'acquisition de l'appartement de Rennes, l'apport de 110 000 euros ne suffisant pas. Ce point n'était pas contesté, il y a lieu de retenir que ce complément de 40 000 euros est propre (étant une donation de la mère à son fils), toujours en application des dispositions de l'article 1405 du code civil.

3) Incidence de la clause de remploi. La clause, non discutée, indique un remploi pour une somme de 150 000 euros. Le bien ayant été acquis pour 150 000 euros, frais inclus, l'appartement de Rennes est donc propre au mari, sans aucun droit à récompense pour la communauté (puisque financé en totalité en propre). En conséquence, le prix de vente de l'appartement (300 000 €) est lui-même propre (par subrogation réelle, V. art. 1406, al. 2). C'est donc une somme propre au mari de 300 000 euros que ce dernier a réinvestie dans l'acquisition de la maison de Nantes.

4) Incidence de l'absence de clause de remploi pour Nantes et après. Les faits indiquent qu'il n'y a pas eu de clause de remploi pour l'acquisition de l'immeuble de Nantes, et pas davantage pour le bien acquis par la suite. On peut immédiatement tirer une conséquence juridique de ce fait : la maison de Nantes constitue un bien commun, puisque acquise à titre onéreux pendant le mariage en l'absence de toute clause de remploi (V., *supra*, Cas n° 1 et les réf.). Pour autant, il est indiscutable que des fonds propres (300 000 €, provenant de la vente de Rennes) ont servi à acquérir le bien commun (Nantes). Un droit à récompense au profit du mari apparaît donc de façon certaine (V., art. 1433, al. 2). S'agissant d'une dépense d'acquisition, la récompense relève de l'alinéa 3 de l'article 1469, calculée sur la base d'une règle de trois :

(montant prêté × prix de vente)/prix d'achat.

5) Quelle récompense pour le mari ? Une fois admis le droit à récompense pour le mari, il reste à savoir comment calculer ladite récompense. En effet, le bien acquis (Nantes) ayant été revendu et ce prix de vente ayant été réinvesti dans un autre bien (Le Vésinet), deux raisonnements sont possibles :

• Soit on considère que la récompense doit être calculée au jour de l'aliénation de Nantes, en application de l'avant-dernière phrase de l'alinéa 3 de l'article 1469 (« Si le bien acquis, conservé, ou amélioré a été aliéné avant la liquidation, le profit est évalué au jour de l'aliénation ») ;

• Soit on considère que c'est la dernière phrase de l'alinéa 3 de l'article 1469 qui s'applique, parce qu'un nouveau bien a été subrogé au bien aliéné (« Si un nouveau bien a été subrogé au bien aliéné, le profit est évalué sur ce nouveau bien ») ;

Dans le premier cas, la récompense sera de [(300 000 × 910 000)/620 000] = 440 322,58 euros.

Dans le second cas, la récompense sera connue au bout de la chaîne d'acquisitions successives, en liquidant la récompense à chaque vente, et en reportant cette valeur dans l'acquisition suivante. On obtient alors, avec les faits de l'espèce :

• 2e acquisition (Nantes) : dette de valeur :

(300 000 × 910 000)/620 000

Ou (300 000/620 000) × 910 000

= **440 322,58**

Au pourcentage : 300 000/620 000 = 0,4838(7096774), soit 48,38(70967741) %

Et 48,38(70967741) % de 910 000 = 440 322,58(06644)

• 3e acquisition (Le Vésinet) : dette de valeur :

(440 322,58 × 1 800 000)/1 200 000

Ou (440 322,58/1 200 000) × 1 800 000

= **660 483,87**

Au pourcentage : 440 322,58/1 200 000 = 0,3669(9548333), soit 36,69(3548387) %

Et 36,69(3548387) % de 1 800 000 = 660 483,86(99999)

La récompense est alors de 660 483,87 euros.

La Cour de cassation impose désormais de retenir la seconde solution, et donc de faire une « subrogation de fait », à la condition toutefois que la preuve de l'affectation des fonds provenant de la vente de Nantes à l'acquisition du Vésinet soit indiscutable. ❑

Ancien art. 1469 (al. 3) ***Et elle ne peut être moindre que le profit subsistant, quand la valeur empruntée a servi à acquérir, à conserver ou à améliorer un bien qui se retrouve, au jour de la dissolution de la communauté, dans le patrimoine emprunteur. Si le bien acquis, conservé ou amélioré a été aliéné pendant la communauté, le profit est évalué au jour de l'aliénation ; si un nouveau bien a été subrogé au bien aliéné, le profit est évalué sur ce nouveau bien.***

BIBL. ▶ Barabé-Bouchard, *JCP N 2014, hors-série août 2014, p. 6* (dépenses nécessaires). – Guillaud-Bataille et Kuhn, *JCP N 2015, n° 1228* (calcul). – Lucet et Vareille, *RTD civ. 1991. 591* (financement commun d'une construction sur un terrain propre). – Vareille, *JCP N 2014, hors-série août 2014, p. 13.*

1. Règles de preuve : V. notes ss. art. 1433.

I. GÉNÉRALITÉS SUR LES RÉCOMPENSES

2. Récompenses et immutabilité du régime. En raison de l'immutabilité du régime matrimonial, les dispositions de l'art. 1469 s'imposent, lorsqu'elles n'ont pas été écartées par le contrat de mariage ou par une convention passée pendant l'instance en divorce ou postérieurement à la dissolution de la communauté. • Civ. 1re, 28 juin 1983, nº 82-12.926 P : *R., p. 43 ; D. 1984. 254, note G. Morin ; JCP 1985. II. 20330, note Pillebout.* ♦ L'art. 1469 ne prévoit pas que la somme calculée selon les modalités qu'il édicte puisse faire l'objet d'une diminution. • Civ. 3e, 21 janv. 1987 : *D. 1987. 324, note Morin.*

3. Dérogations au mode de calcul des récompenses compatibles avec le principe d'immutabilité. Pour des dérogations au régime légal par le contrat de mariage, V. • Paris, 27 janv. 1976 : *JCP 1979. II. 19194 (2e esp.), note Patarin* • 10 mars 1976 : *ibid. (3e esp.)* • Lyon, 4 oct. 1978 : *JCP 1980. II. 19443, note Le Guidec.*

4. Éviction des règles de l'accession. Éviction des règles de l'accession (art. 555) et caractère impératif de l'art. 1469, al. 3, lorsque la somme prêtée a servi à acquérir un bien qui se retrouve dans le patrimoine de l'époux emprunteur au jour de la liquidation. • Civ. 1re, 15 mai 2008 : *AJ fam. 2008. 301, obs. Hilt.*

5. Éviction des règles de l'enrichissement sans cause. Les dispositions de l'art. 1469, al. 3, sont exclusives de la mise en œuvre des règles qui gouvernent l'enrichissement sans cause. • Civ. 1re, 23 févr. 2011, nº 09-70.745 P : *D. 2011. Pan. 2624, obs. Revel ; ibid. 2012. 971, obs. Lemouland et Vigneau ; JCP 2011. 919, note Le Guidec et Bosse-Platière ; AJ fam. 2011. 272, obs. Hilt ; Dr. fam. 2011, nº 57, obs. Beignier ; RLDC 2011/81, nº 4220, obs. Gallois ; Defrénois 2011. 968, obs. Champenois.*

6. Office du juge. Le juge du fond doit vérifier lui-même les éléments de preuve des parties et évaluer lui-même le montant de la récompense • Civ. 1re, 16 avr. 2008, nº 07-12.224 (impossibilité de renvoyer au notaire liquidateur). ♦ Mais une demande de récompense ne peut être à la fois fondée et rejetée. • Civ. 1re, 17 avr. 2019, nº 18-17.101, qui décide que viole l'art. 4 C. pr. civ. la cour d'appel qui dit fondée en son principe la demande de récompense et de créance de l'épouse au titre des échéances d'un prêt immobilier payées par elle pour l'acquisition d'un bien propre de l'époux puis la rejeter, et retient que l'épouse ne communique aucun élément permettant d'en évaluer le montant conformément aux dispositions de l'art. 1469 C. civ., alors que le juge ne peut rejeter une demande dont il admet le bien-fondé en son principe, au motif de l'insuffisance des preuves fournies par une partie.

7. Accord des époux – Affectation des fonds prêtés. L'accord des époux sur le fait que des deniers propres ont été encaissés par la communauté ne rend pas sans intérêt de connaître l'affectation de ces deniers, dès lors que la destination des fonds propres du mari avait une incidence sur l'évaluation de la récompense due par la communauté à la suite de leur encaissement. • Civ. 1re, 10 juin 2015, nº 14-15.608. ♦ Sur l'éviction de l'art. 1469, al. 3, au profit de l'art. 815-13 lorsque le remboursement de l'emprunt intervient au cours de l'indivision post-communautaire, V. note 2 ss. art. 1468.

8. APL & substitut de salaires. C'est à bon droit qu'une cour d'appel retient que l'aide personnalisée au logement accordée à l'acquéreur d'un bien affecté à sa résidence principale, selon la composition et les ressources de son foyer, constitue pour son bénéficiaire un substitut de revenus, de sorte que celle-ci entre en communauté, peu important qu'elle soit versée directement à l'organisme prêteur. • Civ. 1re, 14 déc. 2021, nº 20-10.956 B : *AJ fam. 2022. 98, obs. Casey ; RTD civ. 2022. 186, obs. Nicod.*

II. RÉGIME DES RÉCOMPENSES

A. ABSENCE DE REMBOURSEMENT (AL. 1ER ET 2)

9. Absence de profit subsistant et absence de caractère nécessaire = absence de remboursement ? Les juges du fond ayant relevé que les deniers propres du mari avaient été déposés sur un compte bancaire ouvert au nom des deux époux, et ayant aussi constaté qu'ils avaient été investis dans des placements boursiers qui, s'étant soldés par des pertes, n'avaient laissé aucun profit pour la communauté, la décision se trouve légalement justifiée par ces seuls motifs. • Civ. 1re, 28 sept. 2011, n° 10-21.565. ♦ Comp. en régime de séparation de biens. • Civ. 1re, 24 sept. 2008, n° 07-19.710 P (qui décide qu'en régime séparatiste le remboursement ne peut être moindre que la dépense faite).

10. Absence de récompense en cas de donation effectuée avec l'accord du conjoint. L'arrêt relève que l'épouse était présente à l'acte notarié par lequel le mari a donné à deux de leurs enfants communs des fonds provenant de son activité professionnelle et qu'elle ne s'y est pas opposée, de sorte que la cour d'appel, qui en a souverainement déduit que l'épouse avait consenti à cette donation, a exactement décidé que le mari ne devait pas récompense de ce chef. • Civ. 1re, 1er févr. 2017, n° 16-11.599 P : *AJ fam. 2017, 305, obs. Hilt ; RTD civ. 2017, 714, obs. Vareille ; Dr. fam. 2017, comm. 84, obs. Beignier.*

B. RÉCOMPENSES ÉGALES À LA DÉPENSE FAITE (AL. 2)

11. Principe. La récompense ne peut être moindre que le profit subsistant quand la valeur empruntée a servi à acquérir, à conserver ou à améliorer un bien qui se retrouve, au jour de la liquidation de la communauté, dans le patrimoine emprunteur, ni moindre que la dépense faite quand celle-ci était nécessaire ; cassation de l'arrêt n'ayant pas constaté que le profit subsistant était d'un montant inférieur à la dépense faite, et ayant retenu la dépense faite, au motif que les remboursements destinés au remboursement de l'emprunt consacré au logement familial étaient une impense nécessaire. • Civ. 1re, 15 déc. 2010, n° 09-17.217 P : *D. actu. 13 janv. 2011, obs. Fleuriot ; D. 2011. Actu. 77 ; JCP 2011, n° 503, § 15, obs. Tisserand-Martin ; RLDC 2011/79, n° 4145, obs. Gallois.*

12. Dépenses nécessaires à l'habitabilité d'un immeuble. L'aménagement d'une salle de bains, la réfection et l'aménagement de la cuisine et des sanitaires doivent être classés dans les dépenses nécessaires. En effet, même si ces travaux n'étaient pas indispensables pour éviter le dépérissement de l'immeuble, ils n'en étaient pas moins nécessaires pour assurer son habitabilité. • Paris, 16 mars 1978 : *Defrénois 1979. 1518 (2e esp.), note G. Morin ; JCP N 1981. II. 49 (2e esp.), note Pillebout.* ♦ Une cour d'appel, ayant retenu souverainement que les travaux avaient été rendus nécessaires pour assurer l'habitabilité de l'immeuble, en déduit exactement que la récompense ne pouvait être inférieure au montant de la dépense faite. • Civ. 1re, 25 janv. 2000, n° 98-10.747 P : *JCP 2000. I. 245, n° 22, obs. Tisserand ; Defrénois 2000. 443, obs. Champenois ; RTD civ. 2000. 616, obs. Vareille .*

13. Dépenses nécessaires au logement de la famille. Ayant relevé que la construction litigieuse (sur un terrain propre) était destinée au logement de la famille, une cour d'appel a pu considérer qu'il s'agissait d'une dépense nécessaire au regard de l'art. 1469, al. 2. • Civ. 1re, 6 mars 2001 : *JCP 2002. I. 167, n° 11, obs. Tisserand ; RJPF 2001-9/30, obs. Vauvillé.*

14. Nécessité de faire apparaître la moins-value. Il résulte de l'art. 1469 que la récompense ne peut être moindre que le profit subsistant quand la valeur empruntée a servi à acquérir, à conserver ou à améliorer un bien qui se retrouve au jour de la liquidation de la communauté dans le patrimoine emprunteur, ni moindre que la dépense faite quand celle-ci était nécessaire. Prive sa décision de base légale au regard de ce texte la cour d'appel qui fixe le montant de la récompense au montant de la dépense faite sans constater que le profit subsistant était d'un montant inférieur à la dépense faite. • Civ. 1re, 15 déc. 2010, n° 09-17.217.

C. RÉCOMPENSES ÉGALES AU PROFIT SUBSISTANT (AL. 3)

1° LE CAS PARTICULIER DES ACQUISITIONS À TITRE GRATUIT

15. Application du profit subsistant aux acquisitions à titre gratuit. L'art. 1469, al. 3, ne distingue pas selon que l'acquisition est effectuée à titre onéreux ou à titre gratuit, de sorte que les frais d'enregistrement d'un acte de donation, dont le paiement a permis la réalisation de cette donation et l'acquisition d'un bien à titre gratuit, donnent lieu, lorsque ces frais ont été réglés par la communauté et lorsque le bien se retrouve, à la dissolution de celle-ci, dans le patrimoine du donataire, à une récompense calculée selon les modalités de l'art. 1469, al. 3. • Civ. 1re, 4 juill. 1995, n° 93-12.347 P : *R., p. 222 ; Defrénois 1995. 1448, note Grimaldi ; JCP N 1996. II. 153, note Pillebout ; RTD civ. 1996. 975, obs. Vareille .* ♦ L'emprunt permettant de payer la soulte due par un époux qui a reçu un immeuble en donation-partage contribue à l'acquisition du bien donné, de sorte que la récompense due à la communauté doit être calculée selon le profit subsistant. • Civ. 1re, 14 mai 1996 : *JCP 1996. I. 3962, n° 15, obs. Tisserand ; Defrénois 1996. 1442, obs. Champenois ; RTD civ. 1998. 969, obs. Vareille .* ♦ Les frais de licitation et de partage, dont le paiement a permis l'attribution d'un bien, donnent lieu, lorsque le bien se retrouve à la dissolution de la communauté dans le patrimoine d'un époux, à une récompense calculée selon les modalités de l'art. 1469, al. 3. • Civ. 1re, 8 févr. 2005, n° 03-12.103 P : *D. 2005. Pan. 2117, obs. Revel ; JCP 2005. I. 163, n° 13, obs. Tisserand-Martin ; Defrénois 2005. 1519, obs. Champenois ; AJ fam. 2005. 240, obs. Hilt ; LPA*

9 janv. 2006, note Couturier ; RTD civ. 2005. 446, obs. Vareille.

16. Évaluation de la récompense due pour le paiement de droits de mutation à titre gratuit. Sur le mode de calcul du montant de la récompense due à la communauté par l'époux qui a payé des droits de mutation à titre gratuit lui incombant avec des deniers communs, V. • Civ. 1re, 9 déc. 1986 : *D. 1987. 433, note Morin.* ♦ V. aussi • Civ. 1re, 4 juill. 1995, nº 93-12.347. – Vareille, *obs. RTD civ. 1996. 977.*

2º LE DROIT À RÉCOMPENSE

a. Dépenses d'acquisition

17. Absence d'appauvrissement = absence de droit à récompense. Une cour d'appel ne peut compter une récompense en faveur de la communauté sans caractériser un appauvrissement de la communauté ouvrant droit à une récompense. • Civ. 1re, 25 sept. 2013, nº 12-15.409.

18. Dépenses d'acquisition : assimilation du remboursement de l'emprunt au paiement du prix. Doit être évalué au montant du profit subsistant la récompense due à la communauté pour le paiement des mensualités d'un emprunt contracté par l'époux pour financer le prix d'un immeuble acquis par elle quelques jours avant le mariage, dès lors que le remboursement du prêt a été réglé au cours du régime et de deniers communs. • Civ. 1re, 5 nov. 1985, nº 84-12.572 P : *GAJC, 12e éd., nº 95 ; D. 1987. 26, note Le Guidec ; JCP N 1986. II. 97, note Simler* • 25 mai 1992, nº 90-18.931 P : *JCP 1992. I. 3614, nº 11, obs. Tisserand.*

19. ... Prise en compte des frais d'acquisition. La valeur empruntée ayant servi à acquérir un bien comprend, pour le calcul des récompenses, les frais liés à cette acquisition. • Civ. 1re, 26 juin 2013, nº 12-13.757 P : *D. 2013. 1682 ; AJ fam. 2013. 518, obs. Blanc-Pelissier* (en l'espèce, détermination du profit subsistant nécessaire à la revalorisation d'une créance entre époux séparés de biens compte tenu des renvois opérés par les art. 1479 et 1543). ♦ La « valeur empruntée » ayant servi à acquérir un bien au sens de l'al. 3 de l'art. 1469 comprend les frais liés à cette acquisition sans qu'il y ait lieu de faire une distinction selon que la valeur empruntée a financé entièrement ou partiellement l'acquisition ; lorsqu'un immeuble commun a été intégralement financé par les fonds propres d'un époux, la récompense due par la communauté pour la totalité de l'apport effectué, y compris les frais annexes, ne peut excéder le profit subsistant correspondant à la valeur actuelle de l'immeuble. • Civ. 1re, 19 oct. 2016, nº 15-27.387 P (Ndlr : donc, pas de récompense séparée pour les frais d'acquisition, sinon cette récompense compte deux fois).

b. Dépenses d'amélioration

20. Dépenses d'amélioration : remboursement par anticipation du prêt contracté pour financer la construction d'une maison. Cassation de l'arrêt ayant fixé au montant de la dépense faite la récompense due par la communauté à l'époux ayant, à l'aide de ses deniers propres, remboursé par anticipation le prêt contracté pour financer la construction d'une maison d'habitation sur un terrain commun alors que, s'agissant d'une dépense d'amélioration, cette récompense ne pouvait être inférieure au profit subsistant • Civ. 1re, 10 oct. 2012, nº 11-20.585 P : *AJ fam. 2012. 623, obs. Hilt.*

21. ... Impossibilité de subordonner l'octroi de la récompense à l'intérêt du ménage. Il n'y a pas lieu de rechercher si les améliorations de l'immeuble propre à un époux ont été faites dans l'intérêt du ménage, mais seulement si elles ont laissé subsister un profit pour le patrimoine propre de cet époux. • Civ. 1re, 19 déc. 1989, nº 88-14.273 P : *Defrénois 1990. 878, obs. Champenois ; RTD civ. 1991. 790, obs. Lucet et Vareille.*

22. Industrie personnelle et amélioration de bien propre : pas de récompense. V. notes ss. art. 1437.

23. La preuve de la plus-value créée par l'amélioration doit être rapportée (à propos d'une cuisine équipée). En retenant que l'époux n'était pas fondé, au regard de l'art. 815-13 C. civ., à obtenir le remboursement par l'indivision de travaux d'amélioration du bien indivis, s'agissant de la réfection de l'installation électrique et de l'achat d'une cuisine neuve complète, dès lors qu'il ne fournissait pas d'éléments permettant d'apprécier, selon l'équité, l'augmentation de la valeur du bien résultant des travaux invoqués, la cour d'appel, procédant à la recherche prétendument omise, a légalement justifié sa décision de ce chef. • Civ. 1re, 26 juin 2019, nº 18-17.038.

3º LES MODES DE CALCUL DE LA RÉCOMPENSE

a. Généralités

24. Condamnation des méthodes consistant à réactualiser la dépense faite. Le profit subsistant doit être calculé compte tenu de la valeur du bien fixée au jour de la liquidation de la communauté. Viole l'art. 1469 la cour d'appel qui prescrit la réactualisation au jour de la liquidation de la communauté de la valeur du bien telle que fixée antérieurement à dire d'expert en proportion de la variation de l'indice du coût de la construction. • Civ. 1re, 25 juin 1991, nº 90-10.321 P : *D. 1992. Somm. 223, obs. Grimaldi.* ♦ V. aussi : • Civ. 1re, 16 avr. 1991, nº 89-11.324 P : *Defrénois 1991. 862 (3e esp.), obs. Champenois (calcul erroné retenant le montant de l'investissement revalorisé au jour du partage) ; JCP N 1992.*

II. 212, n° 18, obs. A. T. • 13 févr. 2013 ? n° 11-24.825 P.

25. Impossibilité pour le juge de refuser de se prononcer sur la valeur d'un bien nécessaire à la détermination du profit subsistant. Cassation, pour déni de justice au sens de l'art. 4, de l'arrêt qui évalue à la dépense faite, et non au profit subsistant, la récompense due par un époux à la communauté pour avoir participé à l'acquisition d'un bien propre, au motif que le profit subsistant ne pouvait être calculé car le rapport d'expertise ne pouvait fournir la valeur du bien à la dissolution qui aurait dû être déterminée par le jeu normal de l'offre et de la demande. • Civ. 1re, 14 oct. 2020, n° 19-13.702 P : *JCP 2020, n° 1326, pt. 9, obs. Tisserand-Martin.*

26. Expertise privée valable à deux conditions. Il résulte de l'art. 16 C. pr. civ. que le juge ne peut pas refuser d'examiner un rapport d'expertise établi unilatéralement à la demande d'une partie, dès lors qu'il est régulièrement versé aux débats et soumis à la discussion contradictoire. Il lui appartient alors de rechercher s'il est corroboré par d'autres éléments de preuve. • Civ. 1re, 23 juin. 2021, n° 19-23.614 B : *AJ fam. 2021. 499, obs. Ferré-André ; ibid. 501, obs. Casey ; RTD civ. 2021. 693, obs. Nicod .* ♦ Dans le même sens, à propos de l'expertise amiable dans le procès civil, V. • Civ. 3e, 14 mai 2020, n° 19-16.278 • Civ. 2e, 12 déc. 2019, n° 18-12.687 • 13 sept. 2018, n° 17-20.099 : *D. 2019. 38, obs. Quézel-Ambrunaz .*

27. Financement partiel de la dépense par le patrimoine prêteur. Le profit subsistant doit se déterminer d'après la proportion dans laquelle les fonds empruntés à la communauté ont contribué au financement de l'acquisition ou de l'amélioration ; si le financement n'a été que partiel, le profit subsistant ne peut être égal à la valeur totale du bien acquis ou à l'intégralité de la plus-value. • Civ. 1re, 13 nov. 1980 : *JCP 1981. II. 19668, note Pierre-François* • 11 oct. 1989, n° 87-11.954 P : *Defrénois 1990. 877, obs. Champenois* • 6 mai 1997, n° 95-17.441 P : *RTD civ. 1998. 970, obs. Vareille* • 16 déc. 1997, n° 96-10.249 P : *JCP 1998. I. 135, n° 16, obs. Tisserand ; Defrénois 1998. 410, obs. Champenois ; RTD civ. 1998. 968, obs. Vareille .*

28. Emprunt et récompense due par la communauté : exclusion des intérêts. Pour évaluer la récompense due à la communauté ayant remboursé une partie des mensualités d'un emprunt contracté pour l'acquisition d'un bien propre, obligation de distinguer la part affectée au remboursement du capital qui, seule, ouvre droit à récompense et celle affectée au remboursement des intérêts qui restent à la charge définitive de la communauté. • Civ. 1re, 31 mars 1992, n° 90-17.212 P : *GAJC, 12e éd., n° 96 ; JCP 1993. II. 22003, note Pillebout ; ibid. 22041, note Tisserand ; Defrénois 1992. 1121, note Champenois ; ibid. 1993. 545, étude Morin ; RTD civ. 1993. 401, obs. Lucet et Vareille .* ♦ Dans le même sens, • Civ. 1re, 11 mars 2009, n° 07-21.356 P : *D. 2009. AJ 950 ; RLDC 2009/60, n° 3434, obs. Pouliquen ; ibid. 2009/63, n° 3547, note Campels ; RTD civ. 2009. 353, obs. Vareille* • 17 nov. 2010, n° 09-68.630 • 26 oct. 2011, n° 10-23.944.

29. Emprunt et récompense due par la communauté : exclusion de l'assurance emprunteur. Les intérêts et accessoires à valoir sur les sommes empruntées pour financer un bien appartenant en propre au mari ouvrent droit à récompense. • Civ. 1re, 17 nov. 2010, n° 09-68.630.

30. Pas d'exclusion des intérêts pour un bien qui n'a jamais profité à la communauté. La communauté ne saurait supporter les dettes qui sont la charge de la jouissance d'un bien acquis par un époux au cours de l'indivision post-communautaire, or l'arrêt d'appel relève que l'immeuble qui était la propriété de la SCI a été attribué à l'époux au cours de l'indivision post-communautaire, de sorte qu'il en résulte que la communauté ne saurait supporter les intérêts des emprunts ayant permis d'acquérir l'immeuble qui, après avoir appartenu à la SCI, est devenu personnel à l'époux. • Civ. 1re, 8 oct. 2014, n° 13-21.879.

31. Aliénation du bien assiette de la récompense avant la liquidation. Le profit subsistant représente l'avantage réellement procuré au fonds emprunteur. Si le bien a été aliéné avant la liquidation, cet avantage est évalué au jour de l'aliénation en considération du prix effectivement reçu et non en fonction de la valeur à dire d'expert du bien au jour de l'aliénation. • Civ. 1re, 11 juin 1991, n° 90-12.142 P.

b. Dépenses d'acquisition

32. *On aura garde de se souvenir que la méthode de calcul est ici (dépense faite x valeur actuelle du bien)/coût global d'acquisition ; que lorsque la communauté est créancière de la récompense, en cas de paiement via un emprunt, la « dépense faite » ne peut inclure les intérêts ; que lorsque c'est une masse propre qui est créancière de la récompense contre la communauté, la « dépense faite » comprend chaque centime payé par la masse propre, sans qu'il soit question, en matière d'emprunt, de déduire les intérêts de cette « dépense faite ».*

33. Principe. La récompense ne peut être moindre que le profit subsistant quand la valeur empruntée a servi à acquérir, à conserver ou à améliorer un bien qui se retrouve, au jour de la liquidation de la communauté, dans le patrimoine emprunteur, ni moindre que la dépense faite quand celle-ci était nécessaire ; cassation de l'arrêt n'ayant pas constaté que le profit subsistant était d'un montant inférieur à la dépense faite, et ayant retenu la dépense faite, au motif que les remboursements destinés au remboursement de l'emprunt consacré au logement familial étaient une impense nécessaire. • Civ. 1re, 15 déc. 2010, n° 09-17.217 P : *D. actu. 13 janv. 2011, obs. Fleuriot ; D. 2011. Actu. 77 ; JCP 2011, n° 503, § 15, obs. Tisserand-Martin ; RLDC 2011/79, n° 4145, obs. Gallois.*

34. Interdiction des méthodes de calcul autres (ex. des « argiles gonflantes »). Pour déclarer la communauté redevable envers le mari d'une récompense d'un montant de 110 305,37 €, l'arrêt retient, après avoir estimé souverainement que le prix de vente d'un immeuble propre du mari avait servi à financer l'acquisition d'un terrain commun, qu'en pareil cas, la récompense doit être calculée sur la base de la valeur actuelle du terrain nu, abstraction faite de la construction qui a été édifiée par la suite, qu'il convient cependant de ne pas s'en tenir à cette règle arithmétique simple pour pouvoir tenir compte des problèmes spécifiques d'instabilité du terrain, connus sous le nom « d'argiles gonflantes », qui ont généré une moins-value pour le bien en raison des désordres qu'ils ont engendrés, et qu'il y a donc lieu de calculer la récompense en considérant la participation du mari dans l'opération immobilière globale, c'est-à-dire l'achat du terrain et la construction de la maison, et en la reportant à la valeur vénale actuelle de l'ensemble, prenant en compte les désordres. En se déterminant ainsi, alors que, étant jugé que les fonds propres du mari avaient financé la seule acquisition du terrain commun, la récompense ne pouvait être calculée que par référence à cette seule acquisition, la cour d'appel a violé l'art. 1469, al. 3. • Civ. 1re, 14 mai 2014, n° 13-16.721.

35. Frais d'agence. Le profit subsistant inclut les frais d'agence, ce qui exclut une récompense séparée (sinon on la compte deux fois). • Civ. 1re, 19 oct. 2016, n° 15-27.387.

36. Subrogation réelle « de fait ». Un second immeuble commun ayant été acquis à l'aide du prix d'aliénation d'un premier immeuble commun, une récompense unique est due à l'époux dont les fonds propres ont contribué au financement du premier immeuble, cette récompense étant égale au profit subsistant évalué sur le nouveau bien subrogé au bien aliéné. Cassation de l'arrêt ayant décidé que la communauté était redevable de deux récompenses, l'une au titre de l'acquisition du premier immeuble et l'autre au titre de l'acquisition du second immeuble. • Civ. 1re, 20 juin 2012, n° 11-18.504 P : *D 2012. 1676 ; RTD civ. 2012. 559, obs. Vareille ; AJ fam. 2012. 468, note Hilt .*

37. En cas d'aliénation du bien avant le partage, le prix de vente est la seule valeur à prendre en compte. Le profit subsistant représente l'avantage réellement procuré au fonds emprunteur ; si le bien a été aliéné avant la liquidation, cet avantage est évalué au jour de l'aliénation en considération du prix effectivement reçu ; pour fixer le montant de la récompense due par le mari à la communauté, l'arrêt retient que, certes, l'immeuble litigieux, mis en vente pour la somme de 53 600 €, a été vendu 47 500 €, mais qu'il convient de retenir une valeur de 50 000 € qui correspond mieux à la réalité. En statuant ainsi, alors que l'avantage procuré au fonds du mari devait être évalué au jour de l'aliénation en considération du prix de vente, la cour d'appel a violé le l'art. 1469, al. 3. • Civ. 1re, 11 avr. 2018, n° 17-17.558. ♦ Même solution, en cas de procédure aux fins d'être autorisé à vendre seul par un époux, le prix de vente est à prendre en compte pour le calcul de la récompense. • Civ. 1re, 4 déc. 2013, n° 12-24.000.

38. ... Application en cas d'aliénation partielle. Lorsque le bien propre, partiellement financé par la communauté, a fait l'objet d'une aliénation partielle, la récompense due à la communauté est égale profit subsistant qui doit être calculé au prorata de la valeur totale du bien ; une fois déterminée la proportion dans laquelle la communauté a participé au financement du bien propre, il convient d'appliquer cette proportion respectivement au prix de vente de la portion du bien aliéné et à la valeur, au jour de la liquidation, de la portion du bien conservé au sein du patrimoine propre. • Civ. 1re, 14 oct. 2020, n° 19-13.702 P : *JCP 2020, n° 1326, pt. 8, obs. Tisserand-Martin.*

39. En cas d'aliénation frauduleuse jugée inopposable au conjoint, la récompense se calcule comme si l'aliénation n'a jamais eu lieu. Ayant déclaré la vente de l'immeuble appartenant en propre à l'épouse inopposable à son mari, la cour d'appel en a justement déduit que, pour l'évaluation de la récompense, il n'y avait pas lieu de prendre en considération le prix de vente qu'elle avait reçu. • Civ. 1re, 10 févr. 2016, n° 15-10.870.

40. Récompense et démembrement de propriété. Dans le cas où la communauté a payé la soulte due par un époux ayant reçu un bien en nue-propriété en donation-partage, qui se retrouve, au jour de la liquidation de la communauté, du fait du décès de l'usufruitier, en pleine-propriété dans le patrimoine emprunteur, il convient de calculer d'abord la contribution du patrimoine créancier à l'acquisition du bien donné en nue-propriété, puis de reporter cette fraction sur la valeur en pleine propriété de ce bien au jour de la liquidation. • Civ. 1re, 7 nov. 2018, n° 17-26.149 P : *AJ fam. 2019, 99, obs. Casey ; Dr. fam 2019, n° 10, obs. Tani ; JCP N 2019, n° 1182, note Karm.*

c. Dépense d'amélioration

41. *On aura garde de se souvenir que la méthode de calcul est ici VAAA (valeur actuelle avec l'amélioration) – VASA (valeur actuelle sans l'amélioration) = assiette de la récompense, et que le montant de la récompense sera connu en appliquant à cette assiette la proportion dans laquelle* *la masse prêteuse aura financé la dépense d'amélioration. De sorte que, si la masse prêteuse a financé 100 % de la dépense d'amélioration, elle a droit à 100 % de l'assiette de la récompense, et que, au contraire, si la masse prêteuse a financé 20 % de la dépense d'amélioration, elle n'aura droit qu'à 20 % de l'assiette de la récompense.*

42. Méthode de calcul « déductive ». Il résulte de l'art. 1469, d'une part, que la récompense est égale au profit subsistant quand la valeur empruntée à la communauté a servi à améliorer un bien propre à un époux qui se retrouve, au jour de la liquidation de la communauté, dans le patrimoine de ce dernier, d'autre part, que le profit subsistant, qui représente l'avantage réellement procuré au fonds emprunteur, se détermine d'après la proportion dans laquelle les fonds empruntés à la communauté ont contribué au financement de l'amélioration de ce bien propre. Pour évaluer à 208 000 euros la récompense due par l'époux à la communauté en raison de la construction sur un terrain propre à celui-ci d'une maison au moyen de fonds communs, l'arrêt retient que l'expertise judiciaire a permis d'évaluer à cette somme la valeur vénale de la construction seule, hors terrain, et qu'il n'y a pas lieu d'évaluer le montant de la récompense en déduisant la valeur du terrain de la valeur vénale de l'ensemble immobilier, la cour d'appel ayant pris soin de demander une évaluation distincte de la construction seule et de l'ensemble. En statuant ainsi, alors que, pour déterminer l'avantage réellement procuré au patrimoine de l'époux, il convenait, d'abord, de chiffrer la plus-value procurée à l'immeuble par les travaux d'amélioration en déduisant de la valeur de ce bien au jour de la liquidation celle qu'il aurait eue à la même date sans les travaux réalisés, ensuite, de déterminer le profit subsistant d'après la proportion dans laquelle les fonds empruntés à la communauté avaient contribué aux travaux d'amélioration, la cour d'appel a violé le texte susvisé. • Civ. 1re, 30 nov. 2022, n° 21-13.662. ♦ Jurisprudence constante : Lorsque la récompense doit être égale au profit subsistant, celui-ci se détermine d'après la proportion dans laquelle les fonds empruntés ont contribué au financement de l'acquisition ou de l'amélioration du bien ; dans le cas où le financement n'a été que partiel, le profit subsistant ne peut être que partiel. • Civ. 1re, 12 juin 2014, n° 13-11.778. ♦ Les juges d'appel qui, pour déterminer ce profit, ont déduit de la valeur actuelle de l'immeuble la valeur actuelle que ce bien aurait eue dans sa consistance antérieure aux travaux réalisés, ont fait une exacte application de l'art. 1469, al. 3. • Civ. 1re, 26 juin 2013, n° 12-21.093. ♦ Si la récompense due à la communauté devait être fixée d'après la proportion dans laquelle les fonds empruntés à la communauté avaient contribué au financement de la nouvelle construction, la plus-value procurée au patrimoine enrichi devait être déterminée, non par une revalorisation de la dépense faite, mais en déduisant de la valeur actuelle de l'immeuble la valeur actuelle de ce bien dans sa consistance antérieure aux travaux ouvrant droit à récompense. • Civ. 1re, 13 févr. 2013, n° 11-24.825 P • 6 mars 2013, n° 12-13.779 • 10 oct. 2012, n° 11-20.585 • 26 sept. 2012, n° 11-20.196 • 4 nov. 2010, n° 09-15.838 • 28 oct. 2009, n° 08-13.540 : *JCP 2010, n° 487, § 21, obs. Tisserand-Martin* • 10 oct. 2012, n° 11-20.585 • 5 nov. 2008, n° 07-14.379 • 27 mars 2007, n° 05-17.389 • 3 déc. 2002, n° 00-20.987.

Arrêts plus anciens, dans le même sens : • Civ. 1re, 6 juin 1990 : *JCP 1991. II. 21652, note Pillebout ; Defrénois 1991. 801, note Savatier ; ibid. 862, obs. Champenois* • 9 oct. 1990 : *ibid.* • 10 mai 2006 : *JCP 2006. I. 193, n° 21, obs. Tisserand-Martin.* ♦ V. aussi Lucet et Vareille, *RTD civ. 1991. 591* et • Civ. 1re, 10 oct. 2012, n° 11-20.585 P : *D. 2012. 2448* ; *AJ fam. 2012. 623, obs. Hilt* (en l'espèce, financement partiel de la construction par le patrimoine créancier de la récompense et profit subsistant ramené à une proportion identique de la plus-value conférée au bien) • 13 févr. 2013, n° 11-20.585 P : *D. 2013. 497* ; *AJ fam. 2013. 247, obs. Hilt* (la plus-value procurée au patrimoine enrichi doit être déterminée en déduisant de la valeur actuelle de l'immeuble la valeur actuelle de ce bien dans sa consistance antérieure aux travaux ouvrant droit à récompense). ♦ Lorsque le terrain portait déjà un immeuble qui a dû être démoli, l'évaluation du profit subsistant doit tenir compte de la consistance du bien antérieurement aux travaux ouvrant droit à récompense. • Civ. 1re, 13 janv. 1993, n° 91-13.984 P : *D. 1993. Somm. 220, obs. Grimaldi* ; *Defrénois 1993. 382, obs. Champenois ; JCP 1994. I. 3733, n° 21, obs. Tisserand ; RTD civ. 1994. 665, obs. Vareille*. ♦ ... A moins que l'ancien bâtiment n'ait aucune valeur. • Civ. 1re, 25 févr. 1997, n° 94-16.937 : *JCP N 1998. I. 135, obs. Tisserand.*

43. Condamnation des méthodes consistant à réévaluer via un pourcentage. La méthode consistant à déterminer le pourcentage que représentait la valeur d'emprunt à la communauté dans l'estimation de l'immeuble au jour des travaux et à appliquer ce pourcentage à la valeur actuelle de l'immeuble n'est pas conforme à la règle établie par l'art. 1469, al. 3. • Civ. 1re, 6 nov. 1984, n° 84-14.216 P. – En ce sens, V. aussi : • Paris, 17 mai 1977 : *Defrénois 1979. 1518 (1re esp.), note Morin ; JCP N 1981. II. 49 (1re esp.), note Pillebout.*

44. Nécessité de la recherche de l'avantage réellement procuré au fonds emprunteur. Le profit subsistant représente l'avantage réellement procuré au fonds emprunteur au jour du règlement de la récompense. Ainsi, lorsque des deniers de la communauté ont servi au paiement de la totalité des dépenses de plantations de vignes sur un terrain propre, la récompense est exactement déterminée par la différence entre la valeur actuelle du terrain planté de vignes et la valeur du terrain nu. • Civ. 1re, 6 nov. 1984, n° 83-15.231 P. ♦ En cas d'amélioration d'un bien propre, le profit subsistant représente la différence entre la valeur actuelle du bien et sa valeur actuelle sans les travaux réalisés. • Civ. 1re, 8 févr. 2005, n° 03-12.103 • 30 avr. 2014 : *D. 2015. 287, obs. Fricero ; AJ fam. 2014. 383, obs. Hilt ; RTD civ. 2015. 681, obs. Vareille ; ibid. 683, obs. Vareille.*

45. Indifférence de l'industrie personnelle déployée d'un époux. Sur le calcul de la récompense due à la communauté qui n'a financé que les matériaux de construction nécessaires à l'édification d'un pavillon sur un terrain propre, l'immeuble ayant été construit de la main des époux, V. • Civ. 1re, 26 oct. 2011, n° 10-23.994 P.

46. Ne pas inclure dans la VAAA toute la maison si la construction a débuté avant le mariage. Pour fixer à une certaine somme la récompense due par la succession à la communauté au titre du financement de l'immeuble, l'arrêt retient que ce montant doit correspondre à la différence entre la valeur du terrain nu et celle du terrain construit. En statuant ainsi, alors qu'elle avait constaté que l'édification de la maison avait commencé avant le mariage de sorte qu'il convenait de tenir compte de la valeur de l'immeuble en l'état d'une construction en partie déjà réalisée, la cour d'appel a violé l'art. 1469, al. 3. • Civ. 1re, 4 mai 2017, n° 16-17.835.

47. Peu importe l'état du bien au jour du mariage. Pour fixer à une certaine somme le montant de la récompense due à la communauté par le mari au titre du financement de la maison d'habitation constituant un bien propre, l'arrêt retient qu'il doit être calculé en tenant compte de la valeur de la maison au jour du mariage qui, à cette date, avait fait l'objet d'une première rénovation. En statuant ainsi, sans rechercher, ainsi qu'elle y était invitée, si les travaux de rénovation n'avaient pas été payés par la communauté, la cour d'appel n'a pas légalement justifié sa décision. • Civ. 1re, 24 févr. 2016, n° 14-15.557.

48. Financement mixte (communauté et conjoint en propre). Pour fixer à 160 000 € le montant de la récompense due par le mari à la communauté au titre du financement de la construction, au cours du mariage, d'une maison d'habitation sur un terrain lui appartenant en propre, une cour d'appel, après avoir constaté que la communauté avait financé les travaux à hauteur de 24 %, retient que le notaire commis avait chiffré à cette somme la valeur de l'immeuble. En statuant ainsi, alors que, pour fixer la récompense due à la communauté, il convenait, d'abord, de chiffrer la plus-value procurée par la construction au fonds sur lequel celle-ci était implantée et, ensuite, de déterminer le profit subsistant d'après la proportion dans laquelle les fonds empruntés à la communauté avaient contribué au financement de l'amélioration du bien propre de l'époux, la cour d'appel a violé l'art. 1469, al. 3. • Civ. 1re, 17 déc. 2014, n° 13-25.105.

49. Si le bien est vendu en cours de communauté, la VAAA est fixée au jour de l'aliénation. Pour fixer à une certaine somme le montant de la récompense due à la communauté par le mari au titre des deniers communs employés pour financer des travaux d'amélioration de l'immeuble lui appartenant en propre, l'arrêt énonce que le bien a été vendu, de sorte que ne se trouvant plus dans le patrimoine emprunteur, la récompense doit être égale au montant de la dépense faite, soit 34 148 €. En statuant ainsi, alors que l'emprunt avait servi à l'amélioration du bien propre du mari, la récompense due à la communauté devait être égale au profit subsistant correspondant à l'avantage réellement procuré au fonds emprunteur au jour de son aliénation, la cour d'appel a violé l'art. 1469, al. 3. • Civ. 1re, 28 mars 2018, n° 16-28.025.

50. Exemple d'erreur de calcul. Pour fixer à 105 577,70 € le montant de la récompense due par l'épouse à la communauté au titre des deniers communs employés pour financer des travaux d'amélioration de l'immeuble lui appartenant en propre, après avoir relevé que cet immeuble a été divisé en deux lots respectivement vendus le 6 juill. 2002 pour 98 000 € et le 18 sept. 2004 pour 129 978 €, soit un total de 227 978 €, et que le coût de l'investissement initial s'établit à la somme de 119 381 €, l'arrêt énonce que le calcul de la récompense, selon la règle du profit subsistant, doit être réalisé comme suit : 227 978 € – 119 381 € = 108 597 €, mais que le mari ayant formé une demande de ce chef à hauteur de 105 577,70 €, le montant de la récompense sera limité à cette somme. En statuant ainsi, alors que la plus-value procurée au patrimoine enrichi devait être déterminée, non par déduction du prix total de vente des deux lots du coût de l'investissement initial, mais en déduisant de la valeur des deux lots à la date de leur aliénation, leur valeur à la même date dans leur consistance antérieure aux travaux ouvrant droit à récompense, la cour d'appel a violé l'art. 1469, al. 3. • Civ. 1re. 22 févr. 2017, n° 16-12.951.

51. Amélioration réalisée au jour du mariage, mais payée au cours du mariage. Pour fixer à une certaine somme le montant de la récompense due à la communauté par le mari au titre du financement de la maison d'habitation constituant un bien propre, l'arrêt retient qu'il doit être calculé en tenant compte de la valeur de la maison au jour du mariage qui, à cette date, avait fait l'objet d'une première rénovation. En statuant ainsi, sans rechercher, ainsi qu'elle y était invitée, si les travaux de rénovation n'avaient pas été payés par la communauté, la cour d'appel n'a pas légalement justifié sa décision (cassation au visa des art. 1402, 1437 et 1469 C. civ.). • Civ. 1re, 24 févr. 2016, n° 14-25.557.

III. PROCÉDURE ET RÉCOMPENSES

52. Déni de justice : ce que le juge ne peut déléguer au notaire. Après avoir exactement décidé que la succession de l'époux est débitrice, non pas de la dépense faite par l'épouse pour la construction de l'immeuble destiné au domicile conjugal constituant un bien propre de son époux, mais du profit subsistant au sens de l'art. 1469, l'arrêt dit qu'il appartiendra au notaire commis de déterminer celui-ci, au besoin à l'aide d'un expert immobilier. En se dessaisissant et en déléguant ses pouvoirs au notaire liquidateur, alors qu'il lui incombait de trancher elle-même la contestation dont elle était saisie, la cour d'appel a méconnu son office et violé l'art. 4 C. civ. • Civ. 1re, 12 juin 2018, n° 17-14.381. ♦ Même sens, le juge ne pouvant refuser de calculer une récompense : • Civ. 1re, 13 oct. 2021, n° 19-26.284.

53. Une demande de récompense ne peut être à la fois fondée et rejetée. Pour dire fondée en son principe la demande de récompense et de créance de l'épouse au titre des échéances d'un prêt immobilier payées par elle pour l'acquisition d'un bien propre de l'époux puis la rejeter, l'arrêt retient que l'épouse ne communique aucun élément permettant d'en évaluer le montant conformément aux dispositions de l'art. 1469. En statuant ainsi, alors que le juge ne peut rejeter une demande dont il admet le bien-fondé en son principe, au motif de l'insuffisance des preuves fournies par une partie, la cour d'appel a violé l'art. 4 C pr. civ. • Civ. 1re, 17 avr. 2019, n° 18-17.101.

54. L'accord sur le montant d'une récompense exprimé par les parties devant le premier juge ne peut plus être remis en cause devant la cour d'appel. La cour d'appel, saisie uniquement d'un litige portant sur le calcul de la récompense due par le mari pour l'amélioration d'un immeuble qui lui est propre, ayant constaté que les parties avaient donné devant le premier juge leur accord pour évaluer l'ensemble immobilier à 280 000 €, comme le proposait l'expert judiciaire, a pu en déduire que le mari ne pouvait remettre en cause cette évaluation que les parties avaient la liberté de convenir à une autre date que celle la plus proche du partage. • Civ. 1re, 28 sept. 2011, n° 10-17.871.

55. Une demande de récompense ne peut être exercée qu'à l'occasion du partage et la renonciation à la demander ne se présume pas. Après avoir relevé, d'une part, que l'épouse avait rétrocédé à son mari la somme de 40 000 F représentant la partie qu'elle avait encaissée du prix de la vente d'un bien propre à ce dernier et sur laquelle elle n'avait aucun droit personnel, d'autre part, que le droit à récompense, eu égard à sa nature juridique, ne s'exerce qu'à l'occasion du partage de la communauté dont les opérations n'étaient aucunement ouvertes lors de l'émission du chèque en 1991, ces opérations n'ayant été ouvertes que postérieurement au divorce des parties prononcé cinq ans plus tard en 1996, c'est par une appréciation souveraine des faits de la cause et sans se déterminer par des motifs inopérants que la cour d'appel a jugé que le mari ne rapportait pas la preuve d'une renonciation non équivoque par son épouse au droit à récompense de la communauté. • Civ. 1re, 1er févr. 2012, n° 10-23.601.

56. La dette fiscale réglée par le mari seul après la dissolution de la communauté : compte d'administration, non pas récompense. La cour d'appel, qui n'a pas accueilli une demande de récompense, a exactement décidé que le montant des sommes réglées par le mari, après la dissolution de la communauté, au titre des dettes fiscales communes devait être porté à l'état liquidatif. • Civ. 1re, 22 oct. 2014, n° 13-21.116.

57. Contester une récompense sans présenter de demande revient à ne rien soutenir du tout. Un mari fait grief à l'arrêt de dire que la communauté doit récompense à son épouse au titre des fonds propres qu'elle a investis dans l'acquisition d'un immeuble ; en soutenant que son épouse ne pouvait prétendre à récompense au titre du prix d'acquisition de l'immeuble litigieux, le mari s'est borné à contester la prétention de son épouse, de sorte qu'en retenant qu'il ne présentait aucune demande à ce titre, la cour d'appel n'a pas méconnu l'objet du litige. • Civ. 1re, 31 mars 2016, n° 15-17.582.

58. Le juge doit viser les pièces sur lesquelles il se fonde pour calculer la récompense. Tout jugement doit être motivé. Pour dire, après avoir qualifié de propre du mari le complément retraite, que la communauté détient, à l'encontre de celui-ci, une « créance » équivalente aux cotisations que celle-ci a versées pour son compte de 1978 à 2003, l'arrêt retient qu'il ressort des pièces communiquées par l'épouse qu'à compter du mariage les cotisations de ce complément retraite ont été prélevées sur le compte joint des époux. En statuant ainsi, par simple affirmation, sans analyser, fût-ce sommairement, ni même mentionner les éléments de preuve sur lesquels elle fondait sa décision, la cour d'appel n'a pas satisfait aux exigences de l'art. 455 C. pr. civ. • Civ. 1re, 13 juill. 2022, n° 21-11.329.

59. Autorité de chose jugée & récompenses. V. note 12 ss. art. 1361 C. pr. civ.

Art. 1470 Si, balance faite, le compte présente un solde en faveur de la communauté, l'époux en rapporte le montant à la masse commune.

S'il présente un solde en faveur de l'époux, celui-ci a le choix ou d'en exiger le paiement ou de prélever des biens communs jusqu'à due concurrence.

COMMENTAIRE

Les articles 1470 et 1471 du code civil sont importants, car ce sont eux qui organisent le règlement des récompenses. Deux situations peuvent ainsi se présenter. Le règlement peut se faire en faveur d'un époux ou en faveur de la communauté.

1° RÈGLEMENT EN FAVEUR D'UN ÉPOUX

Nature juridique du prélèvement et conséquences. Si le règlement doit s'effectuer au profit d'un époux, cela signifie que la communauté lui doit la récompense. Étant créancier de celle-ci, il peut parfaitement exiger un paiement en argent, souvent en faisant vendre un bien commun, au besoin en ayant recours à une mesure d'exécution forcée. Toutefois, cette méthode est rarement, sinon jamais, suivie. On lui préfère la technique des prélèvements. Néanmoins, l'époux créancier est libre de choisir la méthode qui lui convient le mieux. En réalité, lorsque les époux s'entendent, ou lorsque les relations sont bonnes entre le conjoint survivant et les héritiers du défunt, les prélèvements sont rares, le paiement se faisant à l'amiable. Mais tel n'est pas le cas en cas de mésentente familiale, ou encore lorsque le passif est important et que des créanciers craignent que des biens communs leur échappent.

Juridiquement, l'époux exerçant son droit de prélèvement le fait selon une double qualité, étant à la fois créancier de la communauté et copartageant. Il en résulte que le droit à prélèvement est un droit mobilier, mais qui peut s'exercer tant sur des meubles que sur des immeubles. Il ne confère aucun droit de préférence par rapport aux autres créanciers de la communauté, le texte le dit expressément, sauf dans le cas où l'époux a fait inscrire son hypothèque légale, mais alors la préférence résulte de l'hypothèque, et non de la nature du droit. Toutefois, indirectement, le compte des récompenses peut l'avantager s'il est par ailleurs débiteur d'une récompense, puisqu'il obtiendra ainsi une forme de paiement qui n'est pas due à une compensation, mais au principe d'indivisibilité du compte des récompenses.

Les règles du partage vont aussi trouver à s'appliquer. Ainsi, l'évaluation des biens objets du prélèvement devra être faite au jour le plus proche du partage. De plus, l'opération de prélèvement constitue un partage partiel, il faudra donc penser à compter les prélèvements dans la masse partageable pour le calcul de la lésion (de plus du quart), si le partage lui-même était ultérieurement critiqué pour ce motif. Naturellement, l'effet déclaratif du partage s'applique, l'époux bénéficiaire du prélèvement sera donc réputé propriétaire du bien prélevé de façon rétroactive, au jour de la dissolution de la communauté.

Par apport aux créanciers personnels de son conjoint, l'époux prélevant possède un droit préférentiel. Cela s'explique par ce que Pothier nommait un « droit plus fort dans la communauté » reconnu à l'époux prélevant. En effet, on ne comprendrait pas pourquoi un époux qui a enrichi la communauté à son détriment devrait subir le concours des créanciers de son conjoint. Cela revient à dire que les créanciers personnels d'un époux ne pourront exercer leurs droits sur la masse indivise qu'une fois celle-ci diminuée par les prélèvements.

Mise en œuvre du prélèvement. C'est l'article 1471 du code civil qui indique sur quels biens, et dans quel ordre, doivent s'effectuer les prélèvements. Ceux-ci doivent s'exercer d'abord sur l'argent liquide, puis sur les meubles, et enfin sur les immeubles. A moins de l'avoir écarté par contrat de mariage, ou après la dissolution de la communauté, cet ordre s'impose aux époux. Naturellement le prélèvement d'un bien ne peut se faire que pour le montant de la créance détenue contre la communauté. Il doit être refusé si la valeur du bien prélevé est supérieure.

Le conjoint peut bloquer l'exercice du prélèvement, et cela de deux façons : en demandant le maintien dans l'indivision ou en demandant l'attribution préférentielle du bien que l'autre voudrait prélever. Cette règle s'applique même en cas d'insuffisance de biens à prélever. Mais pour l'attribution préférentielle, en cas de divorce, il faudra recourir au juge, car celle-ci n'est jamais de droit. De plus, cette faculté de blocage n'appartient qu'à l'époux, et non à ses héritiers.

Si les deux époux sont titulaires d'une créance de prélèvement et souhaitent l'exercer sur le même bien, l'alinéa 2 de l'article 1471 prévoit qu'en ce cas le bien sera attribué par tirage au sort.

Si les biens communs sont insuffisants pour permettre l'exercice du prélèvement, deux situations sont à envisager, ainsi qu'en dispose l'article 1472 du code civil. Soit cette insuffisance des biens communs témoigne de la seule pauvreté de la communauté. Dans ce cas, les prélèvements de chaque époux seront proportionnels au montant des récompenses dues à chaque époux. Soit cette insuffisance provient de la faute de l'autre époux. Dans ce cas, l'époux créancier sera prioritaire sur l'époux fautif pour exercer son prélèvement sur la communauté, et si celle-ci ne suffit pas, il pourra, à titre subsidiaire, poursuivre le règlement de sa créance sur les biens propres du conjoint fautif. Mais la poursuite sur les biens propres ne peut donner lieu à un règlement en nature, comme un prélèvement ordinaire. Il ne pourra s'agir que d'un paiement en argent.

La demande de prélèvement peut parfois entrer en conflit, soit avec une demande de maintien dans l'indivision, soit avec une demande d'attribution préférentielle. Comment trancher ce conflit ? Il semble bien que lorsque la difficulté s'élève à propos du maintien dans l'indivision, c'est au juge de trancher en fonction des intérêts en présence. Si c'est une demande d'attribution préférentielle qui soulève des difficultés, il faut distinguer selon qu'elle est de droit ou non. Dans le premier cas, le prélèvement ne pourra s'exercer. Dans le second, lorsque l'attribution préférentielle n'est que facultative (le plus souvent), ce sera encore au juge d'arbitrer.

Enfin, il convient de noter qu'il est rare que les liquidations prévoient les règlements des prélèvements avant le partage. L'ordre des prélèvements est ici un frein puisqu'il complique sérieusement la composition des lots, et il est plus simple d'intégrer le solde du compte des récompenses dans les opérations de partage (cela donne davantage de souplesse pour composer les lots). C'est ce que fait le notariat, en faisant apparaître l'actif net de la communauté (récompenses dues aux époux déduites), le partageant en deux, et ajoutant à chaque part le montant des récompenses dues.

2º RÈGLEMENT EN FAVEUR DE LA COMMUNAUTÉ

Trois modalités de règlement. Selon l'alinéa 1er de l'article 1470, l'époux débiteur vis-à-vis de la communauté doit rapporter le montant de sa dette de récompense à la masse commune. Pourtant, il serait saugrenu d'obliger un époux à restituer physiquement une somme, alors qu'une fois intégrée à la masse partageable, une partie de celle-ci lui sera restituée lors de l'attribution de sa part de communauté. De plus, l'article 1476 du code civil soumet le partage de la communauté aux mêmes règles que celles régissant le partage d'une succession, et il paraît alors plus simple de procéder à un rapport en moins prenant, comme en matière successorale.

Exemple. Monsieur Saints-Pères est marié sans contrat à Madame Saint-Germain depuis 1993. La liquidation de leur régime matrimonial, suite à leur divorce, fait apparaître un actif de 600.000 euros, et Monsieur doit une récompense de 200 000 euros à la communauté.

Comment procéder à ce règlement ?

Imputation. La première façon de procéder à ce rapport consiste à ajouter la récompense due par un époux à l'actif de la communauté, que l'on imputera ensuite sur la part du débiteur (d'où le nom de cette technique). Celle-ci n'est toutefois pas applicable en cas de partage judiciaire, lorsque les lots sont tirés au sort. Dans ce cas, il faut recourir aux prélèvements.

Exemple (imputation)

1. Actif augmenté : 800 000 (600 000 + 200 000)
2. Part de chaque époux : 400 000 (800 000/2)
3. Part de Monsieur : 200 000 (400 000 – 200 000 d'imputation) sur 600 000 d'actif
4. Part de Madame : 400 000 sur 600 000 d'actif

Prélèvements. C'est la seconde façon de procéder, et la seule possible lorsque les lots sont tirés au sort. Cette technique est l'inverse de la précédente. On procède comme suit : avant que les lots ne soient composés, le conjoint de l'époux débiteur de la récompense prélève, en espèces ou en nature, des biens existants pour le montant de la récompense due par ce dernier. Le reste des biens communs (s'il en reste) est partagé par moitié entre les époux. L'époux débiteur n'aura que cela, son conjoint aura la même part, augmentée de son prélèvement.

Exemple (prélèvements)

1. Prélèvement de Madame : 200 000

2. Actif de la communauté après prélèvement : 400 000 (600 000 – 200 000)

3. Part de Madame : 400 000 (200 000 de prélèvement + 1/2 de 400 000) sur 600 000 d'actif

4. Part de Monsieur : 200 000 (1/2 de l'actif commun après prélèvement) sur 600 000 d'actif

Mi-denier. Ce nom, un rien poétique, est une troisième façon de parvenir au même résultat. Il faut d'abord diviser en deux les biens existants (l'actif commun). Ensuite, la moitié de la récompense due par l'époux débiteur est soustraite de sa part, et l'autre moitié est réglée à l'autre époux.

Exemple (mi-denier)

1. Actif commun : 600 000

2. Part provisoire de chaque époux : 300 000 (600 000/2)

3. Part définitive de Monsieur : 200 000 (300 000 – 100 000, 100 000 étant le résultat de la récompense due, 200 000/2)

4. Part définitive de Madame : 400 000 (300 000 + 100 000, provenant de l'autre moitié de la dette de récompense de Monsieur). ❑

Art. 1471 *(L. n° 85-1372 du 23 déc. 1985)* **Les prélèvements s'exercent d'abord sur l'argent comptant, ensuite sur les meubles, et subsidiairement sur les immeubles de la communauté. L'époux qui opère le prélèvement a le droit de choisir les meubles et les immeubles qu'il prélèvera. Il ne saurait cependant préjudicier par son choix aux droits que peut avoir son conjoint de demander le maintien de l'indivision ou l'attribution préférentielle de certains biens.**

Si les époux veulent prélever le même bien, il est procédé par voie de tirage au sort. — *V. L. n° 85-1372 du 23 déc. 1985, art. 59, ss. art. 1581.*

Ancien art. 1471 *Les prélèvements s'exercent d'abord sur l'argent comptant, ensuite sur les meubles, et subsidiairement sur les immeubles de la communauté. L'époux qui opère le prélèvement a le droit de choisir les meubles et les immeubles qu'il prélèvera. Il ne saurait, cependant, préjudicier par son choix aux droits que son conjoint peut tenir des articles 815, 832, 832-1 et 832-2 du présent code.*

Les prélèvements de la femme s'exercent avant ceux du mari.

Les juges ne peuvent condamner le mari à payer à sa femme la valeur d'actions pour l'acquisition desquelles une récompense lui était due, en précisant qu'à défaut de paiement, la femme pourrait exiger la remise des actions elles-mêmes, alors que la femme ne pouvait être tenue d'exercer un prélèvement en espèces que s'il existait dans la communauté une somme suffisante en argent comptant. • Civ. 1re, 29 nov. 1977, n° 76-11.564 P.

Art. 1472 *(L. n° 85-1372 du 23 déc. 1985)* **En cas d'insuffisance de la communauté, les prélèvements de chaque époux sont proportionnels au montant des récompenses qui lui sont dues.**

Toutefois, si l'insuffisance de la communauté est imputable à la faute de l'un des époux, l'autre conjoint peut exercer ses prélèvements avant lui sur l'ensemble des biens communs ; il peut les exercer subsidiairement sur les biens propres de l'époux responsable. — *V. L. n° 85-1372 du 23 déc. 1985, art. 59 et 60, ss. art. 1581.*

Ancien art. 1472 *Le mari ne peut exercer ses reprises que sur les biens de la communauté.*

La femme, en cas d'insuffisance de la communauté, exerce ses reprises sur les biens personnels du mari.

Application des dispositions transitoires (L. du 23 déc. 1985, art. 59 et 60) : V. • Civ. 1re, 16 juill. 1992, n° 89-20.859 P : *Defrénois 1992. 1554, obs. Champenois.*

Art. 1473 *(L. nº 85-1372 du 23 déc. 1985)* Les récompenses dues par la communauté ou à la communauté portent intérêts de plein droit du jour de la dissolution.

Toutefois, lorsque la récompense est égale au profit subsistant, les intérêts courent du jour de la liquidation. — *V. L. nº 85-1372 du 23 déc. 1985, art. 59, ss. art. 1581.*

Ancien art. 1473 *Les récompenses dues par la communauté ou à la communauté emportent les intérêts de plein droit du jour de la dissolution.*

1. Domaine d'application : reprise en deniers. L'art. 1473 s'applique à la récompense correspondant à la reprise d'une somme d'argent apportée par un époux lors de son mariage. • Civ. 1re, 31 mai 1989 : *D. 1989. 525 (1re esp.), note Morin.*

2. ... Indemnité due sur le fondement de l'art. 815-13 (non). Les dispositions de l'art. 1473, qui concernent exclusivement les intérêts produits de plein droit par les récompenses dues par la communauté ou à la communauté, ne sont pas applicables à l'indemnité due sur le fondement de l'art. 815-13 (cas du remboursement postérieur à la dissolution du mariage d'emprunts contractés pendant le mariage pour l'acquisition de biens communs). • Civ. 1re, 9 juill. 1991, nº 89-11.341 P.

3. Point de départ des intérêts : récompense évaluée au montant du profit subsistant. Dans le cas d'une récompense due à la communauté pour la construction d'une maison sur un terrain propre au mari, cassation de l'arrêt qui, retenant que les récompenses ont été évaluées à la date de la vente de la maison construite, fait courir les intérêts à compter de cette date. • Civ. 1re, 26 sept. 2007 : *JCP 2007. IV. 2928.*

Art. 1474 Les prélèvements en biens communs constituent une opération de partage. Ils ne confèrent à l'époux qui les exerce aucun droit d'être préféré aux créanciers de la communauté, sauf la préférence résultant, s'il y a lieu, de l'hypothèque légale.

Art. 1475 Après que tous les prélèvements ont été exécutés sur la masse, le surplus se partage par moitié entre les époux.

Si un immeuble de la communauté est l'annexe d'un autre immeuble appartenant en propre à l'un des conjoints, ou s'il est contigu à cet immeuble, le conjoint propriétaire a la faculté de se le faire attribuer par imputation sur sa part ou moyennant soulte, d'après la valeur du bien au jour où l'attribution est demandée. — *V. L. nº 65-570 du 13 juill. 1965, art. 12, ss. art. 1581.*

Immeuble contigu à un immeuble propre. Pour l'application de l'art. 1475, al. 2, l'immeuble propre à l'un des conjoints, contigu à l'immeuble commun dont il demande l'attribution, doit avoir été acquis par lui antérieurement à la dissolution de la communauté, ce dont il doit justifier. • Civ. 1re, 3 déc. 1996, nº 95-11.269 P : *JCP N 1998. 813, obs. Le Guidec.*

Art. 1476 Le partage de la communauté, pour tout ce qui concerne ses formes, le maintien de l'indivision et l'attribution préférentielle, la licitation des biens, les effets du partage, la garantie et les soultes, est soumis à toutes les règles qui sont établies au titre "Des successions" pour les partages entre cohéritiers.

Toutefois, pour les communautés dissoutes par divorce, séparation de corps ou séparation de biens, l'attribution préférentielle n'est jamais de droit, et il peut toujours être décidé que la totalité de la soulte éventuellement due sera payable comptant.

BIBL. ▶ BRETON, *Mél. Hébraud, Univ. Toulouse, 1981, p. 125* (divorce et partage).

A. APPLICATION DU DROIT COMMUN DU PARTAGE À LA COMMUNAUTÉ

1º RÉGIME GÉNÉRAL

1. Obstacle au partage de communauté : attribution dite éliminatoire (non). Impossibilité d'appliquer le mécanisme de l'attribution dite éliminatoire en cas d'indivision entre époux, faute de présence d'au moins trois indivisaires : V. note 2 ss. art. 824.

2. Domaine d'application. Les dispositions de l'art. 1479 ne sont pas applicables à la créance résultant du remboursement par l'ex-époux, postérieurement à la dissolution de la communauté, des échéances de l'emprunt souscrit pour la construction de la maison appartenant en propre à l'ex-épouse. En conséquence, l'ex-époux ne peut prétendre qu'au montant nominal des sommes qu'il a versées. • Civ. 1re, 4 nov. 2015, nº 14-11.845 P : *AJ fam. 2015. 691, obs. Hilt ; RTD civ. 2016. 171, obs. Vareille ; Dr. fam. 2016, nº 7, note Beignier ; Gaz. Pal. 2016. 306, obs.Dross.*

3. Droit pour chaque époux de demander règlement de sa quote-part dans les créances communes. Chacun des époux communs en biens est investi d'un droit sur les valeurs dépendant de la communauté et puise dans son titre, à partir de la dissolution, le droit de demander personnellement le règlement de sa quote-part dans les créances communes, conformément à l'art. 1220 anc. • Civ. 1re, 10 févr. 1981 : *JCP 1982. II. 19786, note Rémy.*

4. Appréciation de la lésion dans le partage de communauté. Pour apprécier le caractère lésionnaire d'un partage, il convient d'avoir égard à la liquidation et au règlement d'ensemble des droits des copartageants ; la lésion est calculée sur la part dont l'épouse a été allotie majorée du montant du solde créditeur de son compte de récompenses. • Civ. 1re, 16 juin 2011, n° 10-18.562 P : *D. 2011. Actu. 1756*. ♦ Pour des cas de lésion affectant des partages de communauté, V. également notes ss. art. 889, ci-dessous.

2° CONSISTANCE DE LA MASSE PARTAGEABLE

5. Appréciation de la consistance de la masse partageable au jour de la dissolution. La composition de la communauté se détermine à la date à laquelle le jugement de divorce prend effet dans les rapports patrimoniaux entre époux ; pour évaluer les parts détenues par le mari au sein d'un cabinet d'expert-comptable, en nue-propriété seulement à cette date, il n'y a pas lieu de prendre en compte l'augmentation de la part de l'époux consécutive au décès de l'associé usufruitier au cours de l'indivision post-communautaire. • Civ. 1re, 28 janv. 2003, n° 00-20.757 P : *D. 2003. 643, note Barberot* ; *JCP 2003. I. 158, n° 17, obs. Tisserand ; Defrénois 2003. 1361, obs. Champenois.*

6. ... Application : contrat de location-attribution en cours au jour de la dissolution. Lorsque les époux ont souscrit un contrat de location-attribution, la communauté ne dispose, au jour de sa dissolution, que d'une créance à l'encontre de la société de location-attribution, l'immeuble lui-même, qui n'est pas devenu propriété de la communauté, ne participant pas de l'indivision post-communautaire. • Civ. 1re, 28 févr. 2006, n° 03-19.958 P.

7. Prise en compte des modifications advenues aux éléments d'actif avec l'accord de tous les indivisaires. Les modifications qui se produisent dans les éléments constitutifs de l'indivision, de l'accord de tous les coïndivisaires, profitent et nuisent à ceux-ci. • Civ. 1re, 11 mars 2009, n° 07-21.356 (prise en compte du prix de vente d'un véhicule, et non de sa valeur au moment de l'assignation en divorce).

8. Prise en compte de la subrogation réelle. Si la composition du patrimoine de la communauté se détermine à la date à laquelle le jugement de divorce prend effet dans les rapports patrimoniaux entre les époux, le partage ne peut porter que sur les biens qui figurent dans l'indivision ; cassation de l'arrêt ayant porté à l'actif de la communauté une somme correspondant à la valeur d'un véhicule accidenté au cours de l'indivision post-communautaire alors que seul le montant de l'indemnité d'assurance, subrogée au bien détruit, devait figurer dans la masse à partager. • Civ. 1re, 19 mars 2014, n° 13-12.578 P : *RGDA 2014. 259, obs. Mayaux.*

9. Exemple de modification de la consistance de la masse partageable : transformation du mode d'exploitation d'un fonds de commerce (non). La transformation en société du mode d'exploitation individuelle du fonds de commerce n'a pas entraîné une modification de la consistance de la masse partageable • Civ. 1re, 1er juill. 2003, n° 01-10.708 P.

3° ÉVALUATION DE LA MASSE PARTAGEABLE

10. Évaluation de l'actif au jour du partage compte tenu de l'état des biens indivis à ce même jour. En cas de divorce, si la consistance des éléments de la communauté à liquider se détermine au jour où le jugement de divorce prend effet dans les rapports patrimoniaux entre les époux, leur valeur doit être fixée au jour le plus proche du partage, compte tenu des modifications apportées à l'état de ces biens pendant la durée de l'indivision post-communautaire. • Civ. 1re, 7 avr. 1998, n° 96-15.358 P : *JCP 1998. I. 183, n° 6, obs. Tisserand ; JCP N 1999. 320, note Schaeffer ; Defrénois 1998. 1469, obs. Champenois ; Dr. fam. 1998, n° 120, note Beignier ; RTD civ. 1998. 712, obs. Patarin ; ibid. 1999. 174, obs. Vareille* • 16 juill. 1998, n° 96-21.011 P : *JCP 1999. I. 154, n° 13, obs. Tisserand ; Defrénois 1998. 1469, obs. Champenois ; LPA 10 juin 1999, note Teilliais* • 19 janv. 1999, n° 96-21.150 P : *RTD civ. 2000. 613, obs. Vareille* • 30 oct. 2006, n° 04-19.356 P : *JCP 2007. I. 142, n° 26, obs. Tisserand-Martin.* – V. déjà en ce sens : • Civ. 1re, 16 mars 1982 : *JCP 1983. II. 20076, note E. S. de La Marnierre* • 11 oct. 1989, n° 87-11.954 P : *Defrénois 1990. 877, obs. Champenois* • 29 nov. 1994, n° 92-21.151 P.

11. Possibilité de reporter conventionnellement la date d'évaluation d'un bien indivis. Les époux peuvent cependant convenir valablement d'évaluer un bien à une date différente, antérieure à la date du partage. • Cass., ass. plén., 22 avr. 2005, n° 02-15.180 P : *R., p. 213 ; BICC 1er juill. 2005, rapp. Gridel, concl. Cavarroc ; D. 2005. IR 1250 ; JCP 2005. II. 10089, note Simler ; RLDC 2005/18, n° 753, note Léandri ; Dr. fam. 2005, n° 140, note Beignier ; RDC 2005. 1155, obs. Lécuyer ; RTD civ. 2005. 810, obs. Grimaldi*. – V. déjà : • Civ. 1re, 23 nov. 1977, n° 76-10.476 P • 30 juin 1998, n° 96-14.157 P : *JCP N 1999. 393, note Casey ; JCP 1998. I. 183, n° 7, obs. Tisserand* (clientèle civile).

B. ATTRIBUTION PRÉFÉRENTIELLE ET PARTAGE DE COMMUNAUTÉ

12. Biens susceptibles de faire l'objet d'une attribution préférentielle. Si, en vertu des art. 832 et 1476, une exploitation agricole dépendant de la communauté peut faire l'objet d'une attribution préférentielle au profit d'un époux copropriétaire, fût-il divorcé, il n'en est pas de même du bail rural dont la transmission est réglée par l'art. 831 (devenu art. L. 461-6) du code rural, inapplicable en cas de divorce. • Civ. 1re, 23 nov. 1977, n° 76-10.343 P. – Même sens : • Civ. 3e, 6 mai 1970 : *JCP 1970. II. 16505 (2e esp.), note Ourliac et de Juglart.* ♦ Application de l'attribution préférentielle au bail emphytéotique. • Civ. 1re, 12 juin 2013, n° 12-11.724 P. ♦ D'une façon générale, s'agissant de l'attribution préférentielle du local à usage d'habitation, fréquemment sollicitée dans les partages de communauté consécutifs au divorce, V. jurisprudence citée ss. art. 831-2.

13. Impossibilité de subordonner la demande à l'établissement de comptes liquidatifs définitifs. Le fait que les comptes définitifs n'aient pas encore été établis par le notaire en charge des opérations de liquidation de la communauté constitue un motif impropre à justifier le rejet de la demande d'attribution préférentielle présentée par un ex-époux. • Civ. 1re, 30 avr. 2014, n° 12-21.484.

14. Soulte mise à la charge de l'attributaire : absence de délai de paiement. Il résulte des dispositions combinées des art. 1476, al. 2, et 832 que, dans le partage d'une communauté dissoute par divorce, séparation de corps ou de biens, la soulte mise à la charge de l'attributaire à titre préférentiel est, sauf accord amiable entre les copartageants, payable comptant, et que le juge ne peut octroyer des délais de paiement que lorsqu'il est saisi d'une demande d'attribution préférentielle d'une exploitation agricole telle qu'elle est prévue aux art. 832-1 et 832-2. • Civ. 1re, 25 mars 1997, n° 95-15.770 P : *Defrénois 1997. 1083, obs. Champenois.* ♦ Les juges saisis d'une demande d'attribution préférentielle d'une maison d'habitation n'ont donc pas à se prononcer sur l'opportunité d'octroyer des délais de paiement. • Même arrêt.

15. Impossibilité de subordonner l'attribution préférentielle au paiement de la soulte. Les juges ne peuvent subordonner le bénéfice de l'attribution préférentielle au paiement d'une soulte, assortissant ainsi le droit à attribution préférentielle d'une cause de déchéance non prévue par la loi. • Civ. 1re, 5 avr. 2005, n° 02-17.718 P : *D. 2005. IR 1052 ; JCP 2005. I. 163, n° 16, obs. Tisserand-Martin ; Dr. fam. 2005, n° 141, note Beignier* (soulte payable au comptant à la signature de l'acte de partage) • 20 janv. 2010, n° 09-65.317 P : *D. 2010. AJ 383* (indemnité d'occupation et soulte payable dans les deux mois).

16. Absence de déchéance du droit à l'attribution préférentielle en cas de divorce. L'art. 1476, al. 2, ne prévoit aucune cause de déchéance du droit à l'attribution préférentielle qu'il institue au profit d'un époux lorsque la communauté a été dissoute par divorce, séparation de corps ou séparation de biens. • Civ. 1re, 5 avr. 2005, n° 02-17.718 P. ♦ Solution constante, V. notamment, • Civ. 1re, 20 janv. 2010, n° 09-65.317 • 12 juin 2014, n° 12-21.540.

17. Attribution préférentielle et emphytéose. Pour déclarer irrecevable la demande de l'épouse visant à l'attribution préférentielle du bail emphytéotique portant sur une villa qui fut le logement de la famille, l'arrêt retient que l'art. 1751 C. civ. n'est pas applicable, l'emphytéose étant régie par les art. L. 451-1 s. C. rur. et la jurisprudence étant venue à plusieurs reprises rappeler la spécificité de ce type de bail auquel les règles qui régissent le louage ordinaire n'ont jamais été applicables. En statuant ainsi, alors qu'en cas de dissolution de la communauté par divorce, un époux peut demander l'attribution préférentielle de la propriété ou du droit au bail du local qui lui sert effectivement d'habitation s'il y avait sa résidence, la cour d'appel a violé par refus d'application les art. 831-2-1° et 1476. • Civ. 1re, 12 juin 2013, n° 12-11.724 P : *AJ fam. 2013. 440, obs. Blanc-Pélissier.*

18. L'attribution préférentielle n'exempte pas de l'attribution d'une indemnité d'occupation avant le partage définitif (succession). Pour décider que l'époux n'est plus redevable d'une indemnité pour l'occupation d'un bien immobilier dépendant de la succession à compter du 15 nov. 2012, l'arrêt retient qu'à cette date, ce bien lui a été attribué à titre préférentiel par un jugement assorti de l'exécution provisoire. En statuant ainsi, alors qu'elle avait constaté qu'il avait usé, à titre privatif, jusqu'au jour du partage, du bien indivis qui lui avait été attribué à titre préférentiel, la cour d'appel a violé les art. 815-9 et 834 C. civ. • Civ. 1re, 15 mai 2018, n° 17-18.903.

V., également, notes ss. art. 831-2 C. civ.

Art. 1477 **Celui des époux qui aurait** *(L. n° 2009-526 du 12 mai 2009, art. 10)* **« détourné » ou recelé quelques effets de la communauté, est privé de sa portion dans lesdits effets.**

(L. n° 2004-439 du 26 mai 2004, art. 21-VII) **« De même, celui qui aurait dissimulé sciemment l'existence d'une dette commune doit l'assumer définitivement. »** — *Entrée en vigueur le 1er janv. 2005.*

COMMENTAIRE

Le recel est une fraude au partage, par laquelle un époux espère conserver à son seul profit une valeur commune qu'il aurait dû partager. En réaction contre cela, la loi prévoit un renversement de l'attribution du profit recherché par la fraude. Si un époux a voulu soustraire 100 de l'actif commun, sa part sera diminuée de ce montant, et celle de son conjoint augmentée d'autant. On comprend dans ces conditions pourquoi cette situation constitue une atteinte à l'égalité en valeur dans le partage.

Conditions. Il faut tout d'abord que le recel porte sur des biens dépendant de la communauté. De la sorte, il ne peut y avoir de recel à propos de revenus ou de fruits d'un ancien bien commun, perçus par un époux seul après la dissolution, car ces fruits et ces revenus ne sont pas des effets de la communauté. Pour le reste, le recel constitue une véritable pénalité civile. Ainsi, à l'instar du droit pénal, deux éléments doivent être réunis pour caractériser le recel, un élément intentionnel et un élément matériel.

Élément intentionnel. Celui-ci suppose que le receleur ait une intention frauduleuse, qui consiste à chercher délibérément à rompre l'égalité dans le partage. Celui-ci est apprécié avec une certaine clémence par les tribunaux. Ainsi, une rupture d'égalité involontaire n'est pas constitutive de recel, car dans ce cas l'époux est de bonne foi. De même, ne constitue pas un recel le fait de dissimuler des éléments d'actif à quelqu'un d'autre qu'au conjoint copartageant, ou à ses héritiers. La dissimulation d'éléments d'actif communs pour échapper au fisc ne reçoit donc pas la qualification de recel. Il appartient en outre à celui qui allègue le recel de le prouver, et il peut lui-même être obligé à réparation, en cas d'allégation injustifiée. Les héritiers du receleur peuvent être tenus par celui-ci. Il existe une faculté de repentir, à la condition qu'elle soit spontanée et qu'elle intervienne au plus tard avant le partage, et de toute façon avant que le copartageant ou ses héritiers n'aient découvert le recel.

Élément matériel. Il faut un acte extérieur pour caractériser le recel, mais l'article 1477 étant muet à ce propos, la jurisprudence l'a interprété très largement. Il en résulte que tout fait, tout acte, toute intention peut suffire à caractériser l'élément matériel. La Cour de cassation reprend souvent la même formule : « tout procédé tendant à frustrer frauduleusement un des époux de sa part de communauté ».

Sanction. Ainsi que le prévoit l'article 1477, l'époux receleur est privé de tout droit sur les biens recelés, qui seront attribués à son conjoint en plus de la part de celui-ci. Mais l'obligation de contribuer à la moitié du passif commun continue de peser sur le receleur, qui voit ainsi sa situation encore aggravée. De plus, il ne peut plus invoquer le bénéfice d'émolument. Mais ces sanctions ne frappent l'époux receleur qu'en sa qualité de copartageant. En conséquence, s'il est par ailleurs créancier de récompenses, il pourra exercer ses prélèvements, notamment sur les biens recelés. Dans ce cas, la valeur des biens recelés sera retranchée de sa part de communauté, mais si celle-ci est composée majoritairement des biens recelés, la sanction de l'article 1477 sera très largement édulcorée, faute de trouver des biens suffisants pour s'appliquer. Ce résultat apparemment curieux s'explique par le choix opéré par le législateur. La sanction, qui est une pénalité, porte sur les droits dans la communauté de l'époux receleur, et non sur son patrimoine propre, et le paiement des récompenses est une façon de préserver ce dernier. Toutefois, on peut demeurer dubitatif devant ce choix. Le recel demeure un acte de déloyauté ultime et sa sanction ne devrait jamais pouvoir être écartée. Il reste que des dommages-intérêts sont possibles, qui pourraient aussi peser sur un éventuel tiers complice.

Restitution. Celle-ci se fera en principe en nature, par préciput et hors part, à l'époux victime du recel, les autres biens étant partagés par moitié. Cette restitution inclura les fruits et revenus éventuels du bien recelé. Si la restitution en nature est impossible, par exemple parce que les biens ont été vendus, la valeur recelée (augmentée, le cas échéant de ses fruits ou ses revenus) constituera une créance de l'époux victime contre le conjoint coupable. Les biens existants seront donc partagés par moitié, et l'on attribuera en plus à l'époux victime la valeur des biens recelés, cette fraction s'exerçant par prélèvement sur la part du coupable ou sur ses biens propres.

Par ailleurs, et la précision est d'importance, la Cour de cassation a jugé que la constatation du recel n'est pas subordonnée à la liquidation effective de la communauté. En conséquence, dès la dissolution, l'époux receleur est privé de tout droit dans l'objet diverti, celui-ci devenant la propriété exclusive de l'époux victime, avant même le partage. Les tiers ne sont pas inquiétés, étant protégés par la théorie de l'apparence.

Procédure. L'action appartient à l'époux victime, ses héritiers, voire ses créanciers agissant par la voie de l'action oblique, mais le recel ne pouvant être sanctionné par le juge du divorce, mais par le juge chargé de la liquidation du régime matrimonial. L'action se prescrit par cinq ans, à compter de la découverte des faits de recel, puisqu'il s'agit d'une action civile et non pénale. Il est possible d'y renoncer, mais cette renonciation est entendue strictement, ce qui est logique s'agissant d'une peine civile. ❑

A. DOMAINE D'APPLICATION DU RECEL

1. Non-application du recel à la soustraction de revenus de biens indivis. La consistance de la masse commune devant s'apprécier à la date de report des effets du divorce entre les époux, les peines du recel ne peuvent trouver à s'appliquer à des revenus d'un bien devenu indivis après cette date, lesquels ne constituent pas des effets de communauté. • Civ. 1re, 17 juin 2003, n° 01-13.228 P : *D. 2004. Somm. 2343, obs. Brémond ; Gaz. Pal. 2004. Somm. 2094, obs. S. Piedelièvre ; AJ fam. 2003. 351, obs. S. D.-B. ; RJPF 2004-1/22, note Vauvillé ; RTD civ. 2003. 537, obs. Vareille* • 9 janv. 2008 : *préc. note 1.* – Fiorina, *Defrénois 2004. 543.*

2. Non-application du recel aux biens acquis indivisément par des époux séparés de biens. Le recel de communauté ne peut s'appliquer aux biens acquis indivisément par des époux mariés sous le régime de la séparation de biens, faute de communauté. • Civ. 1re, 19 mars 2008, n° 06-16.346 P : *RLDC 2008/5, n° 3000, obs. Jeanne.*

3. Non-application au régime de la participation aux acquêts. Sous le régime de la participation aux acquêts, les biens acquis par les époux, au cours du mariage, constituent des biens qui leur sont personnels et non des biens communs, chacun d'eux ne pouvant prétendre, à la dissolution du régime, qu'à une créance de participation, ce qui exclut le recel de biens communs. • Civ. 1re, 4 mai 2011, n° 10-15.787 P : *D. 2011. Actu. 1348, obs. Marrocchela ; ibid. 2005, note Mauger-Vielpeau ; AJ fam. 2011. 332, obs. Hilt ; Defrénois 2011. 1226, note Autem ; Dr. fam. 2011, n° 100, obs. Beignier ; RLDC 2011/84, n° 4317, note Mésa ; RTD civ. 2011. 579, obs. Vareille.*

4. Non-application du recel à un tiers n'ayant pas la qualité de copartageant. La sanction édictée par l'art. 1477 et fondée sur la qualité de copartageant chez l'auteur du recel ne peut être appliquée à un tiers étranger à l'indivision, fût-il complice du recel, ce tiers ne pouvant être condamné qu'à réparer le préjudice que le copartageant lésé a subi par l'effet du recel (soit la moitié des valeurs diverties). • Civ. 1re, 26 mars 1985, n° 83-10.164 P : *R., p. 80.*

5. Le recel de communauté chasse le recel de succession. La sanction prévue à l'art. 792 C. civ., dans sa rédaction antérieure à celle issue de la L. du 3 déc. 2001, n'est pas applicable au conjoint survivant qui prélève des sommes au préjudice de l'indivision post-communautaire ayant existé entre les époux, celui-ci étant débiteur des sommes correspondantes envers cette seule indivision, non en sa qualité d'héritier, mais en celle d'indivisaire tenu au rapport de ce qu'il a prélevé dans l'indivision avant le partage. • Civ. 1re, 29 janv. 2020, n° 18-25.592 P : *AJ fam. 2020. 260, obs. Casey.*

B. ÉLÉMENTS CONSTITUTIFS DU RECEL

1° ÉLÉMENT MATÉRIEL

6. Procédés constitutifs du recel : définition. Le recel n'implique pas nécessairement un acte d'appropriation et peut résulter de tout procédé tendant à frustrer un époux de sa part de communauté. • Civ. 1re, 26 janv. 1994 : *Defrénois 1994. 899, obs. Champenois ; RTD civ. 1996. 228, obs. Vareille.* – Déjà dans le même sens : • Civ. 1re, 14 févr. 1966 : *D. 1966. 474.*

7. Pas de recel sans existence de bien commun. Il ne peut exister de recel si aucun bien commun n'a été diverti ou recelé. • Civ. 1re, 24 sept. 2008, n° 07-16.595.

8. Prise en compte des actes commis postérieurement à la dissolution. Le recel de communauté peut être commis avant ou après la dissolution de la communauté jusqu'au jour du partage. • Civ. 1re, 16 avr. 2008, n° 07-12.224 P : *AJ fam. 2008. 260, obs. Hilt ; JCP N 2008. 1339, n° 15, obs. Tisserand-Martin ; Defrénois, 2008. 2199, obs. Champenois ; RTD civ. 2009. 768, obs. Vareille.*

9. Pas de recel pour le détournement de revenus indivis. N'étant pas des effets de la communauté, les revenus de l'indivision post-communautaire ne donnent pas lieu aux sanctions du recel. • Civ. 1re, 17 juin 2003, n° 01-13.228 P : *D. 2004. 2343, obs. Brémond ; AJ fam. 2003. 351, obs. S. D.-B. ; RTD civ. 2003. 537, obs. Vareille ; Gaz. Pal. 25 mai 2004, n° A0507, p. 12, obs. Piedelièvre ; RJPF 2004/1, n° 22, note Vauvillé* • 9 janv. 2008, n° 05-15.491 P : *D. 2008. 352, obs. Gallmeister ; AJ fam. 2008. 127, obs. Hilt ; RTD civ. 2008. 538, obs. Vareille ; Dr. fam. 2008, n° 29, note Beignier* • 24 sept. 2008, n° 07-16.595 : *AJ fam. 2008. 483, obs. P. H. ; LPA 30 nov. 2009, p. 22, 1re esp., obs. Vareille.*

10. Détournement des fonds de l'indivision post-communautaire : pas de recel de successions. La sanction prévue à l'art. 792 C. civ., dans sa rédaction antérieure à celle issue de la L. du 3 déc. 2001, n'est pas applicable au conjoint survivant qui prélève des sommes au préjudice de l'indivision post-communautaire ayant existé entre les époux, celui-ci étant débiteur des sommes correspondantes envers cette seule indivision, non en sa qualité d'héritier, mais en celle d'indivisaire tenu au rapport de ce qu'il a prélevé dans l'indivision avant le partage. • Civ. 1re, 29 janv. 2020, n° 18-25.592 P : *AJ fam. 2020. 260, obs. Casey ; RTD civ. 2020. 686, obs. Vareille ; ibid. 678, obs. Grimaldi .*

11. Illustration : imputation d'une dette personnelle au passif de la communauté. L'imputation frauduleuse par un époux d'une dette personnelle au passif de la communauté est constitutive d'un recel. • Civ. 1re, 9 janv. 2008, n° 05-15.491 P : *D. 2008. AJ 352, obs. Gallmeister ; AJ fam. 2008. 127, obs. Hilt ; Dr. fam. 2008, n° 29, note Beignier ; RTD civ. 2008. 538, obs. Vareille .*

12. Illustration : recel et complicité maternelle. C'est dans leur pouvoir souverain d'appréciation que les juges du fond ont estimé que le délit civil de recel était constitué après avoir constaté l'émission par l'épouse de chèques d'un montant total de 450 000 F, représentant des avoirs de la communauté, remis à sa mère dont elle n'établissait aucune créance et sans en avoir spontanément avisé son mari. • Civ. 1re, 3 déc. 2008, n° 07-18.688.

13. Illustration : une attitude obstructive peut caractériser un recel de biens communs. Après avoir constaté que le mari avait conservé, jusqu'au jour où la cour d'appel statuait, des fonds communs, qu'il refusait de les partager, et qu'il ne communiquait pas, en dépit de plusieurs condamnations, l'ensemble des relevés des comptes litigieux alors qu'il en était le seul destinataire, la cour d'appel en a souverainement déduit que ces éléments caractérisaient un recel de communauté. • Civ. 1re, 5 nov. 2014, n° 13-22.742.

14. Illustration : dépeçage d'un immeuble commun occupé au titre des mesures provisoires. Pour décider que l'élément matériel constitutif du recel de communauté n'est pas constitué et rejeter la demande du mari au titre du recel de communauté, l'arrêt retient que les faits de détournement de biens communs reprochés à l'épouse ne sont pas suffisamment établis dès lors que la jouissance de la maison était attribuée au mari depuis le début de la procédure de divorce. En statuant ainsi, après avoir constaté que l'épouse avait, au cours de l'année 1995, autorisé un tiers à acheter des pierres de taille et des radiateurs dépendant de l'immeuble commun, la cour d'appel, qui n'a pas tiré les conséquences légales de ses propres constatations, a violé l'art. 1477. • Civ. 1re, 13 janv. 2016, n° 14-13.031.

15. Office du juge. Pour dire que l'épouse a commis un recel de communauté pour la somme de 46 893 € et qu'elle sera privée de sa portion dans cette somme, une cour d'appel retient que celle-ci a procédé, entre le 25 août et le 2 sept. 2009, soit peu de temps avant l'ordonnance de non-conciliation du 2 nov. suivant, au virement sur son compte courant de sommes importantes appartenant à la communauté pour un montant de 47 204,03 € et en émettant immédiatement des chèques pour un total de 45 893 €, suivi d'un retrait de 1 000 €, qu'elle ne fournit aucune explication ni aucun justificatif des destinataires des chèques ou de l'usage des retraits pour une somme aussi importante et qu'elle ne démontre pas en quoi les nécessités de la vie courante et les besoins de l'enfant qu'elle invoque rendaient indispensables des dépenses aussi considérables ; elle ajoute qu'elle n'a pas mentionné le montant sus indiqué au titre de l'actif, manifestant ainsi son intention de ne pas révéler les sommes qu'elle avait soustraites et ne prouve pas ni même n'offre de prouver qu'elle a ainsi exercé des reprises de fonds propres qui étaient sa propriété avant le mariage ; en statuant ainsi, sans examiner, même sommairement, les relevés de comptes bancaires avant le mariage et à la dissolution de celui-ci, ainsi que les relevés intermédiaires produits par l'épouse à l'appui de sa prétention, la cour d'appel n'a pas satisfait aux exigences de l'art. 455 C. pr. civ. • Civ. 1re, 30 janv. 2019, n° 18-10.212.

2° ÉLÉMENT INTENTIONNEL

16. Absence d'élément intentionnel pour la période antérieure au mariage. Aucun recel de communauté ne peut être relevé pour une date antérieure au jugement déclarant que les époux étaient mariés sous le régime légal français de communauté réduite aux acquêts, faute d'élément intentionnel. • Civ. 1re, 20 mai 2009, n° 08-20.317 P.

17. Définition : intention de porter atteinte à l'égalité du partage. Le recel et le divertissement existent dès que sont établis des faits matériels manifestant l'intention de porter atteinte à l'égalité du partage, et ce, quels que soient les moyens mis en œuvre. • Civ. 1re, 7 juill. 1982, n° 81-14.218 P.

18. Nécessité d'établir le caractère certain du recel. Il incombe au mari de prouver qu'il avait informé son épouse de la valeur réelle des actions communes dont il avait disposé, de sorte que la cour d'appel, qui n'a pas recherché, comme il le lui était demandé, si le mari avait porté le prix de cession à la connaissance de son épouse, n'a pas donné de base légale à sa décision, statuant par des motifs hypothétiques. • Civ. 1re, 1er juin 2011, n° 10-30.205.

19. Prise en compte du comportement ultérieur de la personne assignée en recel. Il n'est pas interdit aux juges du fond de rechercher le comportement ultérieur de la personne assignée en recel pour caractériser son intention frauduleuse. • Civ. 1re, 26 janv. 1994 : *cité note 6.*

C. SANCTION DU RECEL

20. Date à laquelle le recel peut être constaté. La constatation du recel n'est pas subordonnée à la liquidation effective de la communauté. • Civ. 1re, 29 nov. 1988 : *JCP 1989. II. 21339, note Simler ; Defrénois 1989. 927, obs. Champenois.*

21. Date à laquelle le recel peut être sanctionné. Le juge prononçant le divorce ne peut décider qu'un époux ayant diverti ou recelé certains biens doit être privé de sa part sur ceux-ci, lesquels doivent être attribués en totalité et hors part à l'autre époux, alors que cette mesure ne peut être appliquée qu'après dissolution de la communauté, le divorce étant devenu définitif. • Civ. 2e, 5 janv. 1978, n° 76-14.958 P.

22. Propriété exclusive du conjoint de l'époux receleur sur les biens recelés. L'époux receleur est privé de tout droit dans l'objet diverti qui, avant même qu'il ne soit procédé aux opérations de partage, devient par l'effet même de la sanction légale la propriété privative de son conjoint. • Civ. 1re, 7 oct. 1975, n° 73-12.045 P • 29 nov. 1988 : *préc. note 6.* ♦ Il en est ainsi même si la liquidation de la communauté et celle de la succession du conjoint décédé se sont trouvées en fait confondues. • Civ. 1re, 12 mars 1985, n° 83-16.800 P. ♦ Il résulte des art. 1477, 549 et 1378 anc. que l'époux victime du recel devient propriétaire exclusif des biens divertis ou recelés et a droit aux fruits et revenus produits par ces biens depuis la date de la dissolution de la communauté ou, si le recel a été commis postérieurement, depuis la date de l'appropriation injustifiée. • Civ. 1re, 31 oct. 2007, n° 06-10.348 P : *D. 2008. Pan. 2249, obs. Brémond ; JCP 2008. I. 147, n° 1, obs. Caussain, Deboissy et Wickler ; AJ fam. 2007. 482, obs. Hilt ; Defrénois 2008. 2199, obs. Champenois ; RTD civ. 2008. 539, obs. Vareille .*

23. Biens acquis avec l'argent recelé : la restitution ne porte pas sur la chose acquise (successions). Ayant constaté que la donation consentie par la défunte à son fils Pierre avait porté sur une somme d'argent et non sur les actions que les deniers avaient permis d'acquérir, la cour d'appel en a exactement déduit que les héritiers ne pouvaient prétendre, au titre d'un recel successoral, à la restitution des actions et des dividendes. • Civ. 1re, 8 oct. 2014, n° 13-10.074.

24. Cas du recel de somme d'argent ayant servi à libérer le capital d'une SCI. Le recel commis par l'époux ayant eu pour objet une somme d'argent commune employée à libérer le capital social d'une SCI, et non le bien immobilier acquis postérieurement par cette société, les ayants droit de l'épouse, victime du recel, ne pouvaient prétendre qu'à la valeur des parts de cette société au jour de l'aliénation de l'immeuble dont elle était propriétaire. • Civ. 1re, 7 oct. 2015, n° 14-18.124 P : *AJ fam. 2015. 692, obs. Ferré-André .*

25. Modalités de partage de la communauté en l'absence des biens recelés. Lorsque les biens recelés ne se retrouvent pas entre les mains de l'époux receleur, le conjoint lésé a droit non seulement à la valeur des biens recelés, mais encore à la moitié de la communauté déterminée en incluant dans l'actif la valeur de ces biens. • Civ. 1re, 20 févr. 1996, n° 93-13.467 P : *JCP N 1997. II. 313, note Maury ; Defrénois 1996. 1084, obs. Champenois.*

26. Maintien au profit du receleur du droit de prélèvement pour cause de récompense sur les biens recelés. L'époux receleur peut exercer sur le bien diverti son droit de prélèvement pour cause de reprise ou de récompense dès lors qu'il établit l'existence et le montant de sa créance. • Civ. 1re, 23 janv. 2007, n° 04-10.526 P : *D. 2007. AJ 509, obs. P. Guiomard ; ibid. Chron. C. cass. 894, obs. Chauvin ; ibid. Pan. 2132, obs. Revel ; JCP 2007. I. 142, n° 28, obs. Tisserand-Martin ; AJ fam. 2007. 187, obs. Hilt ; Dr. fam. 2007, n° 67, note Beignier ; RTD civ. 2008. 539, obs. Vareille .*

27. Charge de la preuve. Un contrôle fiscal ayant prouvé qu'une vente d'actions s'est faite à un prix supérieur à celui indiqué dans l'acte de cession, il incombe au mari, pour échapper à la sanction du recel, de prouver qu'il a informé son épouse de la valeur réelle des actions communes dont il a disposé. • Civ. 1re, 1er juin 2011, n° 10-30.205 P : *D. actu. 17 juin 2011, obs. Marrocchella, AJ fam. 2011. 383, obs. Hilt ; RTD civ. 2011. 578, obs. Vareille ; ibid. 2012. 98, obs. Hauser ; JCP 2011, n° 1371, § 11, obs. Tisserand-Martin ; Defrénois 2011. 1694, note Courtaigne-Deslandes.*

28. Recel et point de départ des intérêts (successions). Après avoir retenu que Charles Elzéar s'était rendu coupable d'un recel portant sur le diptyque qu'il avait vendu, la cour d'appel, qui en a justement déduit qu'il devait restituer à la succession la valeur actuelle de ce bien, a décidé, à bon droit, sans méconnaître le principe de la contradiction et hors toute contradiction, que, s'agissant d'une dette de valeur, les intérêts n'étaient dus qu'à compter du jour où elle était déterminée. • Civ. 1re, 19 nov. 2014, n° 13-24.644 P.

29. Délai de prescription. L'action en recel se prescrit selon le délai de prescription de droit commun. • Civ. 17 avr. 1867 : *DP 1867. 1. 267.*

Art. 1478 Après le partage consommé, si l'un des deux époux est créancier personnel de l'autre, comme lorsque le prix de son bien a été employé à payer une dette personnelle de son conjoint, ou pour toute autre cause, il exerce sa créance sur la part qui est échue à celui-ci dans la communauté ou sur ses biens personnels.

Art. 1479 Les créances personnelles que les époux ont à exercer l'un contre l'autre ne donnent pas lieu à prélèvement et ne portent intérêt que du jour de la sommation.

(L. nº 85-1372 du 23 déc. 1985) « Sauf convention contraire des parties, elles sont évaluées selon les règles de l'article 1469, troisième alinéa, dans les cas prévus par celui-ci ; les intérêts courent alors du jour de la liquidation. » — *V. L. nº 85-1372 du 23 déc. 1985, art. 59, ss. art. 1581.*

1. Caractère supplétif de la règle. Selon l'art. 1479, al. 2, les dispositions légales relatives à l'évaluation des créances entre époux ne sont applicables qu'à défaut de convention contraire. Dès lors que le contrat de prêt conclu entre époux en prévoit les modalités d'exécution, le montant de la dette ne peut être déterminé qu'en application des dispositions contractuelles. • Civ. 1re, 20 févr. 1996, nº 93-20.044 P : *D. 1996. Somm. 392, obs. Grimaldi*. ♦ Prise en compte d'un accord intervenu dans le cadre d'une déclaration au fisc entre les héritiers du mari et son épouse dérogeant au mode de calcul prévu à l'art. 1469, (al. 3). • Civ. 1re, 4 mars 2015, nº 14-10.660 P : *D. 2015. 627 ; AJ fam. 2015. 233, obs. Hilt ; RTD civ. 2015. 690, obs. Vareille* (en l'espèce, créance entre époux séparés de biens). ♦ La constitution d'une garantie (nantissement) ne constitue pas une convention sur les modalités du prêt permettant d'écarter les dispositions de l'art. 1469, al. 3. • Civ. 1re, 10 mai 2006, nº 04-11.899 P.

2. Revalorisation en fonction de la plus-value apportée au patrimoine emprunteur. En application de l'art. 1479, al. 2, la somme avancée par la femme au mari pour l'acquisition d'un bien doit, lors de la liquidation, être revalorisée à la mesure de la plus-value procurée par cette avance au patrimoine de l'époux. • Civ. 1re, 12 juin 1990, nº 88-18.166 P : *Defrénois 1990. 872, obs. Champenois.*

3. Impossibilité de retenir une évaluation inférieure à la dépense faite. Lorsque les fonds personnels d'un époux ont servi à améliorer un bien personnel de l'autre, qui l'a aliéné avant la liquidation, sa créance ne peut être moindre que le profit subsistant au jour de l'aliénation ; en l'absence de profit subsistant, la créance est égale au montant nominal de la dépense faite. • Civ. 1re, 24 sept. 2008, nº 07-19.710 P : *D. 2008. 3050, note Barabé-Bouchard ; AJ fam. 2008. 437, obs. Hilt ; JCP N 2009. 1053, note Douville ; Dr. fam. 2008. 174, obs. Douville ; RJPF 2008-12/25, obs. Vauvillé ; RLDC 2008/55, nº 3233, obs. Le Gallou ; RTD civ. 2009. 162, obs. Vareille* (au visa des art. 1543 – en l'espèce, époux séparés de biens –, 1479, 1469, al. 3, et 1147 anc.).

4. Point de départ des intérêts. Les intérêts d'une créance entre époux, évaluée au montant du profit subsistant, courent, lorsque le bien a été aliéné avant la liquidation, à compter du jour de l'aliénation. • Civ. 1re, 23 sept. 2015, nº 14-15.428 P.

5. Règlement : opération de partage (non). Il résulte de l'art. 1479, al. 1er, que le règlement des créances entre époux ne constitue pas une opération de partage. • Civ. 1re, 26 sept. 2012, nº 11-22.929 P : *D. 2012. 2307 ; AJ fam. 2012. 564, obs. Hilt ; RTD civ. 2012. 766 et 767, obs. Vareille* (créance entre époux séparés de biens).

6. Office du juge (déni de justice). Viole l'art. 4 C. civ. et méconnaît son office la cour d'appel qui, pour confirmer le jugement ayant décidé que la créance de l'épouse envers son mari, consécutive aux condamnations intervenues dans le cadre de la procédure de divorce, devait être prise en compte dans le cadre des opérations de liquidation, retient que la créance de l'épouse, au titre de la contribution aux charges du mariage, de la pension alimentaire et de la prestation compensatoire mises à la charge du mari sera déterminée au vu des justifications produites par les parties au cours des opérations de liquidation et de partage, alors qu'en statuant ainsi la cour d'appel a délégué ses pouvoirs au notaire liquidateur alors qu'il lui incombait d'évaluer elle-même la créance alléguée par l'épouse. • Civ. 1re, 8 avr. 2009, nº 08-13.005.

7. L'amélioration ne doit pas être comptée deux fois. Pour fixer la créance du mari au titre du financement partiel de l'acquisition de l'immeuble appartenant à l'épouse, il convient, d'abord, de chiffrer la plus-value procurée à cet immeuble en déduisant de la valeur actuelle de ce bien la valeur qu'il aurait eue à la même date sans les travaux de conservation et d'amélioration et l'extinction de la servitude. Pour fixer la créance du mari au titre du financement des travaux d'amélioration de l'immeuble, il convient de déduire de la valeur actuelle de l'immeuble la valeur actuelle de ce bien sans les travaux réalisés. • Civ. 1re, 5 nov. 2008, nº 07-14.379. ♦ V., sur les dépenses d'amélioration, art. 1469, al. 3.

Art. 1480 Les donations que l'un des époux a pu faire à l'autre ne s'exécutent que sur la part du donateur dans la communauté et sur ses biens personnels.

Art. 1481 *(Abrogé par L. nº 2001-1135 du 3 déc. 2001, art. 15)* ***Si la communauté est dissoute par la mort de l'un des époux, le survivant a droit, pendant les neuf mois qui suivent, à la nourriture et au logement, ainsi qu'aux frais de deuil, le tout à la charge de la communauté, en ayant égard tant aux facultés de celle-ci qu'à la situation du ménage.***

Ce droit du survivant est exclusivement attaché à sa personne.

BIBL. ▸ POUDEROUX, *JCP N 1993. I. 127.*

N'entrent dans les prévisions du texte que les frais afférents à l'habitation qui suffit à assurer le logement du conjoint survivant (exclusion des frais afférents à une résidence secondaire). • Civ. 1re, 13 nov. 2003, n° 01-11.191 P : *D. 2004. Somm. 2265, obs. Revel ; AJ fam. 2004. 30, obs. S. D.-B. ; Dr. fam. 2004, n° 7, note Beignier.*

§ 3 *De l'obligation et de la contribution au passif après la dissolution (L. n° 85-1372 du 23 déc. 1985).*

BIBL. GÉN. ▸ BRAZIER, *JCP 1969. I. 2225* (bénéfice d'émolument). – SPITÉRI, *JCP 1967. I. 2087* (situation des créanciers après le décès du débiteur commun en biens).

Art. 1482 *(L. n° 85-1372 du 23 déc. 1985)* **Chacun des époux peut être poursuivi pour la totalité des dettes existantes, au jour de la dissolution, qui étaient entrées en communauté de son chef.**

Ancien art. 1482 *Si le passif commun n'a pas été entièrement acquitté lors du partage, chacun des époux peut être poursuivi pour la totalité des dettes encore existantes qui étaient entrées en communauté de son chef.*

1. Dette entrée en communauté du chef des deux époux. Deux époux s'étant engagés solidairement à rembourser un prêt, viole les art. 1418 et 1482 l'arrêt qui décide que, la femme ayant payé sa part dans les dettes de la communauté, le mari devait être seul condamné à payer le prêteur, alors que la dette était aussi tombée en communauté du chef de la femme. • Civ. 1re, 4 mars 1980, n° 78-16.535 P.

2. Possibilité de poursuivre l'époux ayant contracté la dette au-delà de son émolument. Il résulte des art. 1482 et 1483, al. 1er, que le conjoint poursuivi, après la dissolution mais avant le partage, à raison d'une dette entrée en communauté de son chef en est tenu au-delà de son émolument. • Civ. 1re, 16 mars 2004, n° 02-22.556 P : *JCP 2005. I. 128, n° 16, obs. Tisserand-Martin ; Defrénois 2004. 1475, obs. Champenois.*

Art. 1483 **Chacun des époux ne peut être poursuivi que pour la moitié des dettes qui étaient entrées en communauté du chef de son conjoint.**

(L. n° 85-1372 du 23 déc. 1985) **« Après le partage et sauf le cas de recel, il n'en est tenu que jusqu'à concurrence de son émolument pourvu qu'il y ait eu inventaire, et à charge de rendre compte tant du contenu de cet inventaire que de ce qui lui est échu par le partage ainsi que du passif commun déjà acquitté. »**

Ancien art. 1483 (al. 2) *Il n'en est tenu, sauf le cas de recel, que jusqu'à concurrence de son émolument, pourvu qu'il y ait eu inventaire, et à charge de rendre compte tant du contenu de cet inventaire que de ce qui lui est échu par le partage, ainsi que du passif commun déjà acquitté.*

1. Sur la combinaison de ce texte avec l'art. 815-17 C. civ., V. notes ss. art. 815-17.

2. Principe de l'obligation personnelle du conjoint à la moitié de la dette. La dette du mari envers une caisse de retraite étant une dette commune, la femme se trouve tenue à son paiement pour moitié, conjointement avec le mari, sous réserve du bénéfice d'émolument. • Civ. 1re, 3 avr. 1979, n° 77-15.505 P. ♦ V. aussi, pour le solde débiteur d'un compte courant ouvert par le mari, qui n'était dû par la femme que pour moitié, la procuration dont elle disposait n'empêchant pas de considérer la dette comme née du chef du seul mari : • Civ. 1re, 27 juin 1984, n° 83-12.423 P.

3. Opposabilité au conjoint de la date à laquelle la dette a été contractée. Les dettes contractées par un époux durant le mariage, qui sont à la charge de la communauté, demeurent opposables à son conjoint après la dissolution du régime, même si les écrits qui les constatent n'ont pas acquis date certaine avant cet événement. • Civ. 1re, 6 juill. 1988 : *Gaz. Pal. 1989. 1. 186, note Talon ; Defrénois 1988. 1476, obs. Champenois* • 17 mars 1992, n° 90-12.768 P : *JCP 1992. I. 3614, n° 9, obs. Simler.* ♦ V. pour une dette contractée par l'épouse en cours de communauté, et garantie par une hypothèque exercée sur un immeuble échu à l'époux : • Civ. 1re, 1er juill. 2009, n° 08-15.331. ♦ Sur l'absence d'incidence du report de la date de la dissolution sur le gage des créanciers, V. jurisprudence citée ss. art. 1442.

4. Ouverture du droit de poursuite au cours de l'indivision post-communautaire. Il résulte de l'art. 1483, al. 1er, que dès la dissolution de la communauté chacun des époux peut être poursuivi pour la moitié des dettes entrées en communauté du chef de son conjoint, les droits reconnus aux créanciers de l'indivision par l'art. 815-17 ne les privant pas pour autant de ceux qu'ils tiennent du droit des régimes matrimoniaux. • Civ. 1re,

1er mars 1988 : *JCP 1988. II. 21158, note Simler ; JCP N 1988. II. 318, note Arrault et Cornille ; Defrénois 1988. 923, obs. Champenois* • 7 mars 1989 : *JCP 1989. II. 21309, note Simler ; Defrénois 1989. 931, obs. Champenois.*

5. Conséquences de l'obligation personnelle à la moitié de la dette. L'épouse pouvant, après dissolution de la communauté, être poursuivie pour moitié des dettes entrées dans cette communauté du chef de son conjoint, elle ne peut s'opposer à l'inscription sur un immeuble qui lui est attribué par le partage d'une hypothèque du chef du mari pour une dette tombée en communauté (redressement fiscal). • Civ. 1re, 31 janv. 1989 : *D. 1989. 288, note Morin ; JCP 1989. II. 21310, note Simler.* – V. aussi • Civ. 1re, 16 juill. 1987 : *JCP 1988. II. 21021 (2e esp.), note Simler* • 10 mai 2006, n° 03-17.675 P : *D. 2006. IR 1483 ; JCP 2006. I. 193, n° 14, obs. Simler.*

6. Bénéfice d'émolument. Le conjoint qui invoque le bénéfice d'émolument doit justifier de l'épuisement de son émolument. • Civ. 1re, 28 avr. 1982, n° 80-11.433 P.

Art. 1484 L'inventaire prévu à l'article précédent doit avoir lieu dans les formes réglées par le code de procédure civile, contradictoirement avec l'autre époux ou lui dûment appelé. Il doit être clos dans les neuf mois du jour où la communauté a été dissoute, sauf prorogation accordée par le juge des référés. Il doit être affirmé sincère et véritable devant l'officier public qui l'a reçu.

Art. 1485 Chacun des époux contribue pour moitié aux dettes de communauté pour lesquelles il n'était pas dû de récompense, ainsi qu'aux frais de scellé, inventaire, vente de mobilier, liquidation, licitation et partage.

Il supporte seul les dettes qui n'étaient devenues communes que sauf récompense à sa charge.

A partir de la dissolution de la communauté, dans les rapports entre époux, chacun de ceux-ci supporte seul les dettes qui n'étaient devenues communes que sauf récompense à sa charge. Les intérêts de telles dettes, dus depuis cette époque, ne peuvent donc pas être portés au passif de la communauté. • Civ. 1re, 15 déc. 1981, n° 80-14.416 P.

Art. 1486 L'époux qui peut se prévaloir du bénéfice de l'article 1483, alinéa second, ne contribue pas pour plus que son émolument aux dettes qui étaient entrées en communauté du chef de l'autre époux, à moins qu'il ne s'agisse de dettes pour lesquelles il aurait dû récompense.

Art. 1487 L'époux qui a payé au-delà de la portion dont il était tenu par application des articles précédents a, contre l'autre, un recours pour l'excédent.

Art. 1488 Il n'a point, pour cet excédent, de répétition contre le créancier, à moins que la quittance n'exprime qu'il n'entend payer que dans la limite de son obligation.

Art. 1489 Celui des deux époux qui, par l'effet de l'hypothèque exercée sur l'immeuble à lui échu en partage, se trouve poursuivi pour la totalité d'une dette de communauté, a de droit son recours contre l'autre pour la moitié de cette dette.

Il résulte de l'art. 1489, dont les dispositions dérogent à celles de l'art. 1483, que, après la dissolution de la communauté, l'époux qui n'est pas personnellement débiteur, s'il n'est tenu, en principe, que de la moitié de la dette, peut être poursuivi pour la totalité lorsque la dette est garantie par une hypothèque exercée sur un immeuble à lui échu en partage ; l'époux ainsi poursuivi ne peut prétendre à être poursuivi seulement pour la moitié de la dette de communauté, la dette résultant des faits commis par son épouse, née le jour de la réalisation de chacun des faits dommageables, soit pendant la communauté, étant une dette commune. • Civ. 1re, 1er juill. 2009, n° 08-15.331 P : *JCP 2009. 391, n° 22, obs. Tisserand-Martin ; AJ fam. 2009. 354, obs. Hilt ; Defrénois 2010. 622, obs. Champenois.*

Art. 1490 Les dispositions des articles précédents ne font point obstacle à ce que, sans préjudicier aux droits des tiers, une clause du partage oblige l'un ou l'autre des époux à payer une quotité de dettes autre que celle qui est fixée ci-dessus, ou même à acquitter le passif entièrement.

Art. 1491 Les héritiers des époux exercent, en cas de dissolution de la communauté, les mêmes droits que celui des époux qu'ils représentent et sont soumis aux mêmes obligations. *(Abrogé par L. n° 2001-1135 du 3 déc. 2001, art. 15)* ***« Ils ne peuvent, toutefois, se prévaloir des droits résultant de l'article 1481. »***

Art. 1492 à 1496 *Abrogés.*

DEUXIÈME PARTIE *De la communauté conventionnelle*

RÉP. CIV. v° *Communauté conventionnelle,* par CHAMOULAUD-TRAPIERS.

DALLOZ ACTION *Droit patrimonial de la famille 2021/2022, nos 151.00 s.*

BIBL. GÉN. ▶ CORNU, *JCP 1970. I. 2333.* – MALAURIE et AYNÈS, *Defrénois 2000. 673* (clauses relatives au partage de la communauté). – MICHA-GOUDET, *JCP N 1997. 799* (clauses protectrices du patrimoine professionnel en cas de divorce). – G. MORIN, *Defrénois 1986. 1074* (formules de contrats de mariage après la loi du 23 déc. 1985).

Art. 1497 Les époux peuvent, dans leur contrat de mariage, modifier la communauté légale par toute espèce de conventions non contraires aux articles 1387, 1388 et 1389.

Ils peuvent, notamment, convenir :

1° Que la communauté comprendra les meubles et les acquêts ;

2° Qu'il sera dérogé aux règles concernant l'administration ;

3° Que l'un des époux aura la faculté de prélever certains biens moyennant indemnité ;

4° Que l'un des époux aura un préciput ;

5° Que les époux auront des parts inégales ;

6° Qu'il y aura entre eux communauté universelle.

Les règles de la communauté légale restent applicables en tous les points qui n'ont pas fait l'objet de la convention des parties.

Pour les époux ayant fait un contrat de mariage avant le 1er févr. 1966, V. L. n° 65-570 du 13 juill. 1965, art. 11, 15 à 20, ss. art. 1581.

1. Le contrat de mariage peut écarter les dispositions de l'art. 1469 sur le calcul des récompenses. • Civ. 1re, 28 juin 1983, n° 82-12.926 P : *R., p. 43 ; D. 1984. 254, note G. Morin ; JCP 1985. II. 20330, note Pillebout.*

2. Validité et portée d'une stipulation de propre : V. • Civ. 1re, 7 juill. 1971, n° 69-14.760 P • 23 juill. 1979 : *Defrénois 1980. 654, note Vion ; JCP N 1980. II. 179, note D.F.*

3. Liberté d'adopter le régime de la communauté universelle : V. note 6 ss. art. 1526.

4. Clauses relatives à la société d'acquêts : V. note 7 ss. art. 1536.

SECTION 1 *De la communauté de meubles et acquêts*

Art. 1498 Lorsque les époux conviennent qu'il y aura entre eux communauté de meubles et acquêts, l'actif commun comprend, outre les biens qui en feraient partie sous le régime de la communauté légale, les biens meubles dont les époux avaient la propriété ou la possession au jour du mariage ou qui leur sont échus depuis par succession ou libéralité, à moins que le donateur ou testateur n'ait stipulé le contraire.

Restent propres, néanmoins, ceux de ces biens meubles qui auraient formé des propres par leur nature en vertu de l'article 1404, sous le régime légal, s'ils avaient été acquis pendant la communauté.

Si l'un des époux avait acquis un immeuble depuis le contrat de mariage, contenant stipulation de communauté de meubles et acquêts, et avant la célébration du mariage, l'immeuble acquis dans cet intervalle entrera dans la communauté, à moins que l'acquisition n'ait été faite en exécution de quelque clause du contrat de mariage, auquel cas elle serait réglée suivant la convention.

1. La volonté du donateur d'exclure de la communauté le bien donné peut être tacite et résulter de circonstances dont l'appréciation appartient aux juges du fond. • Civ. 1re, 24 nov. 1993 : *JCP 1994. I. 3785, III, n° 4, obs. Simler ; JCP N 1995. II. 1663, obs. Hovasse.* ♦ En l'espèce, une cour d'appel a estimé souverainement que la volonté du père donateur de gratifier le mari personnellement se déduisait de ce qu'il n'avait donné des actions nominatives qu'à son fils seulement. • Même arrêt.

2. Le bénéfice d'une assurance vie n'ayant pas été accepté avant la dissolution du régime de communauté universelle, les capitaux garantis ne pouvaient entrer dans l'actif de la communauté. • Civ. 1re, 5 nov. 2008, n° 07-14.598 P.

Art. 1499 Entrent dans le passif commun, sous ce régime, outre les dettes qui en feraient partie sous le régime légal, une fraction de celles dont les époux étaient déjà grevés quand ils se sont mariés, ou dont se trouvent chargées des successions et libéralités qui leur échoient durant le mariage.

La fraction de passif que doit supporter la communauté est proportionnelle à la fraction d'actif qu'elle recueille, d'après les règles de l'article précédent, soit dans le patrimoine de l'époux au jour du mariage, soit dans l'ensemble des biens qui font l'objet de la succession ou libéralité.

Pour l'établissement de cette proportion, la consistance et la valeur de l'actif se prouvent conformément à l'article 1402.

Art. 1500 Les dettes dont la communauté est tenue en contrepartie des biens qu'elle recueille sont à sa charge définitive.

Art. 1501 La répartition du passif antérieur au mariage ou grevant les successions et libéralités ne peut préjudicier aux créanciers. Ils conservent, dans tous les cas, le droit de saisir les biens qui formaient auparavant leur gage. Ils peuvent même poursuivre leur paiement sur l'ensemble de la communauté lorsque le mobilier de leur débiteur a été confondu dans le patrimoine commun et ne peut plus être identifié selon les règles de l'article 1402.

Art. 1502 *(Abrogé par L. nº 85-1372 du 23 déc. 1985) Une dette de la femme ne peut être traitée comme faisant partie du passif antérieur au mariage que si elle a acquis date certaine avant le jour de la célébration.*

SECTION 2 *De la clause d'administration conjointe* *(L. nº 85-1372 du 23 déc. 1985)*.

Art. 1503 *(L. nº 85-1372 du 23 déc. 1985)* Les époux peuvent convenir qu'ils administreront conjointement la communauté.

En ce cas, les actes d'administration et de disposition des biens communs sont faits sous la signature conjointe des deux époux et ils emportent de plein droit solidarité des obligations.

Les actes conservatoires peuvent être faits séparément par chaque époux.

Art. 1504 à 1510 *Abrogés.*

L'ancienne section 2 reproduite ci-dessous, intitulée « Des clauses relatives à l'administration », comportait un paragraphe 1 : « De la clause de la main commune » (art. 1503), un paragraphe 2 : « De la clause de représentation mutuelle » (art. 1504) et un paragraphe 3 : « De la clause d'unité d'administration » (art. 1505 à 1510).

Ancien art. 1503 *Les époux peuvent convenir qu'ils administreront conjointement la communauté.*

En ce cas les actes de disposition et même d'administration des biens communs, y compris les biens réservés, doivent être faits sous la signature conjointe du mari et de la femme, et ils emportent de plein droit solidarité des obligations.

Les actes conservatoires peuvent être faits séparément par chaque époux.

Ancien art. 1504 *Les époux peuvent, par le contrat de mariage, se donner pouvoir réciproque d'administrer les biens communs, y compris les biens réservés.*

Les actes d'administration que l'un d'eux a faits seul, en vertu de cette clause, sont opposables à l'autre.

Les actes de disposition ne peuvent être faits que du consentement commun des deux époux.

Ancien art. 1505 *Les époux peuvent convenir que le mari aura l'administration des biens propres de la femme.*

Cette clause a pour effet de faire entrer dans l'actif commun la jouissance des propres de l'un et de l'autre époux, et dans le passif commun les charges usufructuaires correspondantes.

Ancien art. 1506 *La femme n'oblige alors que la nue-propriété de ses propres et ses biens réservés par ses obligations postérieures au mariage, à moins qu'il ne s'agisse d'engagements professionnels ou de dettes qui doivent entrer dans le passif commun selon l'article 1414 ; auxquels cas elle oblige la pleine propriété de tous ses biens.*

Ancien art. 1507 *Sur les biens propres de la femme, le mari peut faire seul tous les actes d'administration.*

Toutefois, les baux qu'il a consentis sont soumis aux règles prévues pour les baux passés par l'usufruitier.

Ancien art. 1508 *Si le mari ne peut, à la dissolution de la communauté, représenter en nature les valeurs mobilières appartenant à la femme, il est comptable de leur estimation à cette date ou du montant des remboursements et amortissements par lui perçus, à moins qu'il ne justifie, soit d'un remploi utile, soit d'une aliénation à laquelle la femme a consenti.*

Ancien art. 1509 *La femme peut seule faire des actes de disposition sur ses biens propres, mais lorsqu'elle les fait sans le consentement du mari, elle ne peut disposer que de la nue-propriété de ses biens, si ce n'est pour les besoins de sa profession.*

Ancien art. 1510 *Le mari répond envers sa femme de toutes les fautes qu'il a commises dans son administration.*

SECTION 3 *De la clause de prélèvement moyennant indemnité*

BIBL. GÉN. ▸ Jouvenet, *JCP N 1981. I. 341.*

Art. 1511 Les époux peuvent stipuler que le survivant d'eux ou l'un d'eux s'il survit, ou même l'un d'eux dans tous les cas de dissolution de la communauté, aura la faculté de prélever certains biens communs, à charge d'en tenir compte à la communauté d'après la valeur qu'ils auront au jour du partage, s'il n'en a été autrement convenu.

1. L'époux bénéficiaire devient, par l'effet du prélèvement qu'il exerce, seul propriétaire du bien prélevé, sans qu'un partage ait été nécessaire, et il a qualité pour en disposer. • Civ. 1re, 17 juin 1981 : *JCP 1983. II. 19979, note Dagot ; éd. N 1982. II. 195, note Rémy.* – Même sens : • Civ. 1re, 5 févr. 1975 : *Defrénois 1976. 318, note G. Morin.*

2. Une clause de prélèvement prévoyant l'imputation du montant de l'indemnité sur les droits du conjoint survivant dans la communauté et la succession du prémourant et fixant un délai pour le règlement de la soulte éventuelle, le point de départ de ce délai n'est pas la date d'effet du prélèvement mais celle du partage réalisant l'imputation. • Civ. 1re, 10 mars 1993 : *JCP N 1994. II. 140, note Pillebout.*

Art. 1512 Le contrat de mariage peut fixer des bases d'évaluation et des modalités de paiement de la soulte éventuelle. Compte tenu de ces clauses et à défaut d'accord entre les parties, la valeur des biens sera fixée par le tribunal judiciaire.

Art. 1513 La faculté de prélèvement est caduque si l'époux bénéficiaire ne l'a pas exercée par une notification faite à l'autre époux ou à ses héritiers dans le délai d'un mois à compter du jour où ceux-ci l'auront mis en demeure de prendre parti. Cette mise en demeure ne peut elle-même avoir lieu avant l'expiration du délai prévu au titre : "Des successions" pour faire inventaire et délibérer.

Art. 1514 Le prélèvement est une opération de partage : les biens prélevés sont imputés sur la part de l'époux bénéficiaire ; si leur valeur excède cette part, il y a lieu au versement d'une soulte.

Les époux peuvent convenir que l'indemnité due par l'auteur du prélèvement s'imputera subsidiairement sur ses droits dans la succession de l'époux prédécédé.

SECTION 4 *Du préciput*

Art. 1515 Il peut être convenu, dans le contrat de mariage, que le survivant des époux, ou l'un d'eux s'il survit, sera autorisé à prélever sur la communauté, avant tout partage, soit une certaine somme, soit certains biens en nature, soit une certaine quantité d'une espèce déterminée de biens.

Art. 1516 Le préciput n'est point regardé comme une donation, soit quant au fond, soit quant à la forme, mais comme une convention de mariage et entre associés.

Art. 1517 *Abrogé.*

Art. 1518 *(L. nº 85-1372 du 23 déc. 1985)* Lorsque la communauté se dissout du vivant des époux, il n'y a pas lieu à la délivrance du préciput ; mais l'époux au profit duquel il a été stipulé conserve ses droits pour le cas de survie, *(L. nº 2004-439 du 26 mai 2004, art. 21-VI, entrant en vigueur le 1er janv. 2005)* « sous réserve de l'article 265 ». Il peut exiger une caution de son conjoint en garantie de ses droits.

Ancien art. 1518 *(L. n° 85-1372 du 23 déc. 1985)* ***Lorsque la communauté se dissout du vivant des époux, il n'y a pas lieu à la délivrance actuelle du préciput ; mais l'époux au profit duquel il a été stipulé conserve ses droits pour le cas de survie, à moins que les avantages matrimoniaux n'aient été perdus de plein droit ou révoqués à la suite d'un jugement de divorce ou de séparation de corps, sans préjudice de l'application de l'article 268. Il peut exiger une caution de son conjoint en garantie de ses droits.***

Art. 1519 Les créanciers de la communauté ont toujours le droit de faire vendre les effets compris dans le préciput, sauf le recours de l'époux sur le reste de la communauté.

SECTION 5 *De la stipulation de parts inégales*

BIBL. GÉN. ► **Attribution intégrale de la communauté :** DAGOT, *JCP 1997. I. 3996.* – JUAN, *JCP N 1980. I. 95.* – RABREAU, *Defrénois 2003. 1293* (obligation à la dette du conjoint attributaire). ► **Clause de reprise en nature des biens tombés dans la communauté universelle :** SALLE, *D. 1994. Chron. 34.* ► **Libéralités sous le régime de la communauté universelle :** ROUGHOL, *JCP N 1998. 274.*

Art. 1520 Les époux peuvent déroger au partage égal établi par la loi.

Art. 1521 Lorsqu'il a été stipulé que l'époux ou ses héritiers n'auront qu'une certaine part dans la communauté, comme le tiers ou le quart, l'époux ainsi réduit ou ses héritiers ne supportent les dettes de la communauté que proportionnellement à la part qu'ils prennent dans l'actif.

La convention est nulle si elle oblige l'époux ainsi réduit ou ses héritiers à supporter une plus forte part, ou si elle les dispense de supporter une part dans les dettes égale à celle qu'ils prennent dans l'actif.

Art. 1522 et 1523 *Abrogés.*

Art. 1524 L'attribution de la communauté entière ne peut être convenue que pour le cas de survie, soit au profit d'un époux désigné, soit au profit de celui qui survivra quel qu'il soit. L'époux qui retient ainsi la totalité de la communauté est obligé d'en acquitter toutes les dettes.

Il peut aussi être convenu, pour le cas de survie, que l'un des époux aura, outre sa moitié, l'usufruit de la part du prédécédé. En ce cas, il contribuera aux dettes, quant à l'usufruit, suivant les règles de l'article 612.

Les dispositions de l'article 1518 sont applicables à ces clauses quand la communauté se dissout du vivant des deux époux.

1. Clause d'attribution intégrale de la communauté : portée conditionnée par la présence d'une clause excluant la reprise des apports. Les juges du fond ne peuvent, pour ordonner à la demande des héritiers d'un époux l'ouverture des opérations de compte, liquidation et partage de la communauté, se contenter d'énoncer que l'attribution au conjoint survivant de l'entière communauté ne constitue qu'une stipulation de parts inégales et qu'elle ne s'analyse pas en une manifestation de volonté à cause de mort ayant pour but d'exhéréder les héritiers, sans se prononcer sur la portée de la clause du contrat de mariage des époux stipulant l'attribution intégrale de la communauté au conjoint survivant (qui pourrait exclure la reprise des apports). • Civ. 1re, 20 févr. 1996, n° 94-10.863 P : *JCP 1996. I. 3962, n° 16, obs. Tisserand ; RTD civ. 1997. 210, obs. Vareille*. ♦ Sur la clause excluant la reprise des apports et capitaux par les héritiers du conjoint prédécédé, V. notes ss. art. 1525.

2. ... Non-application des causes légales d'indignité ou de révocation propres aux successions et aux libéralités. Application de la clause d'attribution intégrale au profit de l'époux condamné pour avoir mortellement frappé son épouse : • Civ. 1re, 7 avr. 1998, n° 96-14.508 P : *D. 1998. 529, note Thierry ; JCP 1998. II. 10197, note Puigelier ; JCP N 1998. 689 ; Defrénois 1998. 825, obs. Champenois ; Dr. fam. 1998, n° 102, note Beignier ; RTD civ. 1998. 457, obs. Vareille ; ibid. 882, obs. Hauser* (inapplicabilité de l'art. 267 [rédaction antérieure à la L. du 26 mai 2004], la dissolution n'ayant pas pour cause le divorce mais le décès de l'épouse, inapplicabilité aux avantages matrimoniaux des art. 953, 1046 et 727 C. civ. [rédaction antérieure à la L. du 3 déc. 2001]).

3. Attribution intégrale d'une communauté réduite aux acquêts et dette d'emprunt. L'obligation, pour l'époux attributaire de la totalité de la communauté, d'en acquitter toutes les dettes, n'a pas pour effet de soustraire le patrimoine propre de l'époux prédécédé qui s'est personnellement engagé à l'égard du créancier, du droit de gage général que l'art. 2284 C. civ.

reconnaît à ce dernier. • Civ. 1re, 3 oct. 2018, n° 17-21.231 : *AJ fam. 2018. 701, obs. Houssier ; RTD civ. 2019. 172, obs. Nicod ; Dr. fam. 2018, n° 280, obs. Torricelli-Chrifi.*

Art. 1525 **La stipulation de parts inégales et la clause d'attribution intégrale ne sont point réputées des donations, ni quant au fond, ni quant à la forme, mais simplement des conventions de mariage et entre associés.**

Sauf stipulation contraire, elles n'empêchent pas les héritiers du conjoint prédécédé de faire la reprise des apports et capitaux tombés dans la communauté du chef de leur auteur.

En ce qui concerne les renseignements que les inspecteurs des impôts sont tenus de fournir sur la situation fiscale des époux, V. L. n° 66-948 du 22 déc. 1966, art. 25 (LPF, art. L. 149) ss. art. 1467. — **C. civ.**

1. Portée de la reprise légale des apports et capitaux. En reprenant les apports et capitaux de l'époux prédécédé, les héritiers ne font que retirer de la communauté ce qui leur appartient du chef de leur auteur. Ces biens font partie de la succession de celui-ci, qui peut donc en disposer dans la limite de la quotité disponible. • Civ. 1re, 15 janv. 1974 : *D. 1974. 393, et Rect. 438, concl. Blondeau, note Cornu ; JCP 1974. II. 17808, note Thuillier.* ♦ Aucune distinction n'étant faite par l'art. 1525, al. 2, son application ne saurait être restreinte aux seuls héritiers par le sang. Le conjoint survivant, héritier comme les autres, ne saurait être exclu du droit à la reprise. • Même arrêt.

2. Portée des clauses dérogatoires excluant la reprise des apports et capitaux. Lorsque les époux sont convenus, en adoptant le régime de la communauté universelle avec attribution intégrale au conjoint survivant, d'exclure la reprise par les héritiers du conjoint prédécédé des apports et capitaux tombés dans la communauté du chef de celui-ci, ces derniers n'ont aucune créance à faire valoir sur la succession du survivant au titre de leur valeur. • Civ. 1re, 25 sept. 2013, n° 12-23.111 P : *AJ fam. 2013. 648, obs. Ferré-André ; RTD civ. 2013. 885, obs. Vareille ; Dr. fam. 2013, n° 165, obs. Beignier.*

3. Stipulations conventionnelles relatives à la reprise des apports en cas de divorce. Sur la possibilité de limiter la portée de la communauté universelle en organisant conventionnellement une reprise des apports en cas dissolution consécutive au divorce (clause de liquidation alternative ou clause alsacienne), V. note 9 ss. art. 1526.

SECTION 6 *De la communauté universelle*

BIBL. GÉN. ▶ BEIGNIER, *Dr. fam. 2010. Étude 30* (récompenses et communauté universelle). – CATALA, *Defrénois 1996. 209.* – FERRÉ-ANDRÉ, *Defrénois 1993. 193* (la communauté universelle et les enfants des époux). – GRIMALDI, *JCP N 1999. 1083.* – JUAN, *JCP N 1980. I. 95.* – LACOSTE, *JCP N 1994. Prat. 3020* (changement de régime). – THIERRY, *D. 1998. Chron. 233* (jurisprudence récente). ▶ V. aussi Bibl. gén. précédant art. 1520.

Art. 1526 **Les époux peuvent établir par leur contrat de mariage une communauté universelle de leurs biens tant meubles qu'immeubles, présents et à venir. Toutefois, sauf stipulation contraire, les biens que l'article 1404 déclare propres par leur nature ne tombent point dans cette communauté.**

La communauté universelle supporte définitivement toutes les dettes des époux, présentes et futures.

A. COMMUNAUTÉ UNIVERSELLE : COMPOSITION

1° COMPOSITION ACTIVE

1. Bien acquis en tontine antérieurement au mariage. En présence d'un pacte tontinier antérieur au mariage sous le régime de la communauté, une cour d'appel a pu estimer souverainement que les époux avaient manifesté leur volonté commune d'apporter à la communauté universelle l'ensemble des droits dont ils étaient titulaires sur le bien en faisant une déclaration expresse en ce sens, résiliant ainsi le pacte tontinier, qui avait sa raison d'être pendant leur concubinage mais devenait sans objet pendant leur mariage au regard du régime matrimonial adopté. • Civ. 1re, 15 mai 2008 : *RJPF 2008-11/22, obs. Vauvillé.*

2. Bien donné à un époux avec réserve d'un droit de retour. Les clauses de droit de retour et d'inaliénabilité affectant les droits du donataire ne font pas obstacle à l'entrée en communauté universelle du bien que l'un des époux avait reçu par donation-partage préalablement à l'adoption de ce régime matrimonial par voie de changement conventionnel. • Civ. 1re, 18 mars 2015, n° 13-16.567 P : *D. 2015. 2094, obs. Revel ; AJ fam. 2015. 296, obs. Hilt ; RTD civ. 2016. 172, obs. Vareille ; JCP 2015, n° 690, note Sauvage.* ♦ Cependant, lorsque la donation a été consentie sous la condition résolutoire du prédécès du donataire, la réalisation de cette condition entraîne la réintégration du bien dans le patrimoine de la donatrice au décès du donataire, de sorte que l'épouse de celui-ci, attributaire de l'entière communauté universelle, ne peut prétendre à aucun droit sur le bien donné si ce n'est le remboursement des impenses exposées sur l'immeuble. • Civ. 1re, 23 sept. 2015, n° 14-18.131 P.

2° COMPOSITION PASSIVE

3. Dette correspondant à une créance de salaire différé. Lorsque le bénéficiaire du contrat de travail à salaire différé exerce son droit de créance après le décès de l'exploitant, cette créance naît du vivant de celui-ci, de sorte qu'à l'égard d'époux mariés sous le régime de la communauté universelle, elle constitue, au sens de l'art. 1526, al. 2, une dette future que la communauté supporte définitivement ; dès lors, la créance de salaire différé litigieuse constitue une dette personnelle de l'époux qui doit être prise en compte à l'occasion de la liquidation de la succession de l'épouse décédée postérieurement. • Civ. 1re, 18 janv. 2012, n° 10-24.892 P : *D. 2012. 851, avis Falletti ; ibid. 854, note Roussel ; AJ fam. 2012. 153, obs. Hilt ; RTD civ. 2012. 350, obs. Grimaldi ; JCP N 2012, n° 1118, obs. Le Guidec et Bosse-Platière ; RDC 2012. 843, obs. Libchaber.*

4. Dette d'emprunt. Selon l'art. 1409 C. civ., la communauté se compose passivement, à titre définitif ou sauf récompense, des dettes nées pendant la communauté et de celles résultant d'un emprunt contracté par un époux sans le consentement exprès de l'autre qui doivent figurer au passif définitif de la communauté dès lors qu'il n'est pas établi que l'époux a souscrit cet engagement dans son intérêt personnel. Il résulte de l'art. 1524 que l'attribution de la communauté entière en cas de survie oblige l'époux qui en retient la totalité d'en acquitter toutes les dettes. Après avoir estimé, par motif adopté, qu'il n'était pas démontré que la dette avait été contractée dans l'intérêt exclusif de l'époux prédécédé, la cour d'appel qui a relevé que la clause d'attribution intégrale de la communauté au survivant avait été mise en œuvre du fait du décès du conjoint, en a exactement déduit que l'épouse, à laquelle était attribuée la totalité de la communauté en pleine propriété, était tenue de la dette entrée en communauté du chef de son conjoint. • Civ. 1re, 5 déc. 2018, n° 16-13.323 P : *AJ fam. 2019. 45, obs. Houssier ; RTD civ. 2019. 173, obs. Vareille ; Dr. fam. 2019, n° 51, obs. Torricelli-Chrifi.*

B. ... POUVOIRS

5. Partage de biens successoraux échus à l'un des conjoints. L'époux marié sous le régime de la communauté universelle n'a pas qualité pour demander le partage des biens successoraux indivis échus à son épouse. • Civ. 1re, 2 avr. 2008, n° 07-11.254 (absence d'intérêt à former tierce opposition au jugement ayant statué sur le partage). ♦ Un époux marié sous le régime de la communauté universelle a, en sa double qualité d'administrateur de la communauté et d'héritier, le droit de procéder, sans l'autre, au partage des biens qu'il recueille par succession et qui entrent en communauté. • Civ. 1re, 15 mai 2008, n° 07-16.226 P : *D. 2008. Chron. C. cass. 2363, obs. Chauvin ; RJPF 2008-9/28, obs. Vauvillé ; RLDC 2008/51, n° 3072, obs. Jeanne.* ♦ *Contra* précédemment : lorsqu'un héritier est marié sous le régime de la communauté universelle, son conjoint doit intervenir au partage des biens héréditaires indivis tombés dans la communauté universelle. • Civ. 1re, 18 juin 1985 : *JCP 1986. II. 20707, note Simler.*

C. ... PRINCIPAUX AMÉNAGEMENTS CONVENTIONNELS

6. Association de la communauté universelle à une clause d'attribution intégrale : principe de validité. Le principe de la liberté des conventions matrimoniales énoncé par l'art. 1497 autorise les futurs époux à adopter le régime de la communauté universelle de biens avec stipulation d'une clause d'attribution intégrale, la présence d'enfants issus d'une précédente union ne pouvant constituer un obstacle au libre choix des époux, et le droit au respect de la réserve héréditaire étant, alors, assuré par l'action en retranchement prévue par l'art. 1527 et non par l'annulation du contrat de mariage litigieux. • Civ. 1re, 28 févr. 2006, n° 03-19.206 P : *JCP 2006. I. 193, n° 5, obs. Wiederkehr.* ♦ Sur la clause d'attribution intégrale de la communauté au profit du survivant, V. art. 1524 et les notes.

7. ... Conséquences quant au sort du passif. Par l'effet de l'adoption d'un régime de communauté universelle avec attribution de la communauté entière au survivant, la dette de prestation compensatoire sous forme de rente d'un époux au profit de son précédent conjoint est entrée définitivement en communauté et le conjoint survivant en est donc tenu. • Civ. 1re, 15 oct. 1996, n° 94-19.418 P : *R., p. 240 ; D. 1997. 205, note Yamba ; JCP 1997. I. 4008, n° 13, obs. Simler ; Defrénois 1997. 417, obs. Champenois ; RTD civ. 1997. 106, obs. Hauser ; ibid. 1998. 455, obs. Vareille .* ♦ Dans le même sens, pour une dette de pension alimentaire (art. 301 ancien C. civ.) : • Civ. 2e, 11 juin 1998, n° 94-14.654 P : *JCP 1998. II. 10152, note Casey ; Dr. fam. 1998, n° 119 ; RTD civ. 1999. 368, obs. Hauser .*

8. ... Impossibilité d'invoquer le bénéfice d'émolument pour le conjoint attributaire de l'intégralité de la communauté universelle. Le conjoint survivant, tenu d'acquitter définitivement toutes les dettes de la communauté, ne peut invoquer les dispositions de l'art. 1483. • Civ. 1re, 16 mars 2004, n° 01-17.292 P : *D. 2004. IR 923 ; JCP 2004. II. 10090, concl. Sainte-Rose, note Casey ; ibid. I. 176, n° 20, obs. Tisserand-Martin ; Defrénois 2004. 1470, obs. Champenois ;*

AJ fam. 2004. 190, obs. Deis-Beauquesne ; Dr. fam. 2004, n° 108, note Beignier ; RJPF 2004-9/23, note Vauvillé ; LPA 24 janv. 2005, note Mahinga ; RTD civ. 2004. 333, obs. Vareille .

9. Stipulation d'une clause de reprise des apports en cas de divorce (clause de liquidation alternative ou clause alsacienne). La clause de reprise des apports, associée au régime de communauté universelle, constitue une modalité du partage qui est compatible avec le principe d'immutabilité du régime matrimonial, mais une telle clause ne peut prévaloir sur les dispositions impératives des anciens art. 267 et 269 relatifs aux conséquences du divorce. • Civ. 1re, 17 janv. 2006 : *JCP 2006. I. 141, n° 20, obs. Tisserand-Martin.* ♦ Sur les effets de la clause en cas de divorce, V. également, à la suite de la L. du 23 juin 2006, art. 265, al. 3. ♦ V. aussi, en faveur de la validité de la clause attribuant au survivant la pleine propriété de l'universalité des biens et privant les héritiers de la faculté de reprise des apports, mais prévoyant les reprises des apports et partage de la communauté par moitié en cas de divorce et sur l'éventuelle indemnisation de la communauté pour les améliorations apportées à ces biens : • Colmar, 16 mai 1990 : *JCP N 1991. II. 17 (1re esp.), note Simler ; Defrénois 1990. 1361, obs. Champenois ; RTD civ. 1992. 171, obs. Lucet et Vareille* • Colmar, 20 juin 1990 : *JCP N 1991. II. 17 (2e esp.), note Simler ; RTD civ. 1992. 171, obs. Lucet et Vareille* • TGI Strasbourg, 24 mars 1992 : *JCP 1993. II. 22108 (2e esp.), note Simler* • Civ. 1re, 16 juin 1992 : *JCP 1993. II. 22108 (1re esp.), note Simler ; Defrénois 1993. 34, note Forgeard ; D. 1993. Somm. 220, obs. Grimaldi ; RTD civ. 1993. 187, obs. Lucet et Vareille* (rejet du pourvoi contre • Colmar, 20 juin 1990 : *préc.*, avec autres motifs). ♦ Nouvel art. 265 C. civ. et clause de liquidation alternative de la communauté universelle : V. Simler, *JCP 2005. I. 160.*

Dispositions communes aux deux parties du chapitre II

Art. 1527 **Les avantages que l'un ou l'autre des époux peut retirer des clauses d'une communauté conventionnelle, ainsi que ceux qui peuvent résulter de la confusion du mobilier ou des dettes, ne sont point regardés comme des donations.**

(L. n° 2001-1135 du 3 déc. 2001, art. 17) **« Néanmoins, au cas où il y aurait des enfants qui ne seraient pas issus des deux époux, toute convention qui aurait pour conséquence de donner à l'un des époux au-delà de la portion réglée par l'article 1094-1, au titre "Des donations entre vifs et des testaments", sera sans effet pour tout l'excédent ; mais les simples bénéfices résultant des travaux communs et des économies faites sur les revenus respectifs quoique inégaux, des deux époux, ne sont pas considérés comme un avantage fait au préjudice des enfants d'un autre lit. »**

(L. n° 2006-728 du 23 juin 2006, art. 45) **« Toutefois, ces derniers peuvent, dans les formes prévues aux articles 929 à 930-1, renoncer à demander la réduction de l'avantage matrimonial excessif avant le décès de l'époux survivant. Dans ce cas, ils bénéficient de plein droit** *(Ord. n° 2021-1192 du 15 sept. 2021, art. 34-I, en vigueur le 1er janv. 2022)* **« de l'hypothèque légale prévue au 4° de l'article 2402** *[ancienne rédaction : du privilège sur les meubles prévu au 3° de l'article 2374]* **» et peuvent demander, nonobstant toute stipulation contraire, qu'il soit dressé inventaire des meubles ainsi qu'état des immeubles. »** — *La loi n° 2006-728 du 23 juin 2006, ajoutant cet alinéa 3, est entrée en vigueur le 1er janv. 2007.*

BIBL. ▶ DUCHANGE, *Defrénois 1993. 1089 ; ibid. 2010. 1113 ; JCP N 2016, n° 1118* (avantages matrimoniaux). - SAUJOT, *RTD civ. 1979. 699.* - CRÉMONT, *Defrénois 1999. 513* (sort des donations et avantages matrimoniaux en cas de divorce). - GUIGUET-SCHIELÉ, *Thèse, Dalloz 2015* (distinction des avantages matrimoniaux et des donations entre époux). - TISSERAND-MARTIN, *Études Béguin, Litec, 2005, p. 753* (notion d'avantage matrimonial).

▶ DELMAS SAINT-HILAIRE, *Defrénois 2002. 153* (nouvel alinéa 2 : problème de droit transitoire).

Ancien art. 1527 (al. 2) ***Néanmoins, dans le cas où il y aurait des enfants d'un précédent mariage, toute convention qui aurait pour conséquence de donner à l'un des époux au-delà de la portion réglée par l'article 1098, au titre « Des donations entre vifs et des testaments », sera sans effet pour tout l'excédent ; mais les simples bénéfices résultant des travaux communs et des économies faites sur les revenus respectifs quoique inégaux, des deux époux, ne sont pas considérés comme un avantage fait au préjudice des enfants d'un précédent lit.***

A. AVANTAGES MATRIMONIAUX

1° NOTION

1. Exclusion des bénéfices résultant des travaux communs et des économies sur les revenus. Les bénéfices résultant des travaux communs et les économies faites sur les revenus respectifs des époux, quoique inégaux, ne sont pas considérés comme un avantage fait au préjudice des enfants d'un autre lit. Dans le cadre du partage de leur communauté, consécutif à un changement conventionnel de régime en faveur de la séparation de biens, des époux ayant décidé de l'attribution d'un immeuble commun en nue-propriété à l'épouse, et en usufruit à l'époux : cassation de l'arrêt ayant accueilli la demande en retranchement, présentée par l'enfant d'un premier mariage de l'époux, au motif que le mode d'attribution retenu avait nécessairement pour but d'avantager l'épouse et ses propres héritiers au préjudice de ceux de son époux en permettant à celle-ci de recueillir, à terme et sans contrepartie, la totalité de l'immeuble, alors que les acquêts résultaient des économies faites par les époux de sorte que l'attribution dont l'épouse avait bénéficié ne pouvait être considérée comme un avantage matrimonial préjudiciable à un enfant d'un premier lit. • Civ. 1re, 25 sept. 2013, n° 12-26.091 P : *AJ fam. 2013. 648 ; RTD civ. 2013. 886, obs. Vareille.*

2° RÉGIME DES AVANTAGES MATRIMONIAUX : PRINCIPE

2. L'avantage matrimonial n'est pas réputé donation. L'adoption d'un régime de communauté universelle avec clause d'attribution intégrale de cette communauté au conjoint survivant, choix expressément prévu et autorisé par les art. 1524 et 1526, n'étant pas réputée donation, une convention de changement de régime matrimonial à cette fin ne porte pas atteinte à la réserve d'un enfant commun. • Civ. 1re, 14 mai 1996, n° 93-20.703 P : *D. 1996. 537, rapp. Thierry ; Defrénois 1996. 1080, obs. Champenois ; RTD civ. 1997. 207, obs. Vareille.* ♦ Mais l'attribution de l'intégralité des acquêts au conjoint survivant constitue un avantage matrimonial réductible. • Civ. 1re, 27 mars 2007, n° 05-14.910 P : *D. 2007. AJ 1145.*

3. L'avantage matrimonial ne donne pas lieu à perception de droits de mutation par décès. Les dispositions de l'art. 1527, al. 2, ont pour seul effet de soumettre les avantages matrimoniaux aux règles édictées pour les libéralités pour la part qui excède la quotité disponible entre époux ; l'administration fiscale ne peut prétendre percevoir des droits de mutation par décès sur la part attribuée au conjoint survivant au titre des conventions matrimoniales. • Civ. 1re, 6 mai 1997, n° 95-13.804 P : *R., p. 192 ; D. 1998. 303, note Deboissy ; JCP N 1997. 939, étude J. Piedelièvre, et 1533, note Pelletier et Appremont ; JCP 1997. I. 4047, n° 20, obs. Tisserand ; JCP 1998. I. 133, n° 10, obs. Le Guidec ; Defrénois 1997. 1086, obs. Champenois, et 1194, note Chappert ; RTD civ. 1998. 179, obs. Vareille.*

3° SORT EN CAS DE DIVORCE

4. Régime postérieur à la L. du 26 mai 2004. Sur le sort des avantages matrimoniaux à la suite du prononcé du divorce, V. art. 265. ♦ Sort des avantages matrimoniaux à la suite du prononcé de la séparation de corps, V. art. 304.

5. Régime antérieur à la L. du 26 mai 2004 : divorce aux torts exclusifs. Sur les conséquences, pour la liquidation d'une communauté universelle, de la perte des avantages matrimoniaux au détriment de l'époux aux torts exclusifs duquel le divorce est prononcé, et du maintien unilatéral de ces avantages au profit de son conjoint, V. • Civ. 1re, 12 juin 2001, n° 99-11.442 P : *D. 2002. 1713, note Sénéchal ; JCP 2002. I. 167, n° 13, obs. Tisserand ; Defrénois 2001. 1516, obs. Champenois ; AJ fam. 2001. 28, et les obs. ; RJPF 2001-10/20, note Vauvillé ; RTD civ. 2001. 863, obs. Hauser ; ibid. 2002. 134, obs. Vareille.*

B. ACTION EN RETRANCHEMENT

1° TITULAIRES DE L'ACTION

6. Action réservée aux descendants non communs. La réduction spéciale de l'avantage résultant de l'adoption d'un régime matrimonial ne peut être opérée que lors de la liquidation de la succession de l'époux ayant eu un enfant d'un premier mariage et ne peut être demandée que par cet enfant en sa qualité de réservataire. • Civ. 1re, 13 avr. 1976 : *Defrénois 1976. 1547 (2e esp.), note Morin.*

7. ... Enfant naturel de l'un des époux. Les enfants légitimes nés d'un précédent mariage et les enfants naturels nés d'une précédente liaison se trouvant dans une situation comparable quant à l'atteinte susceptible d'être portée à leurs droits successoraux en cas de remariage de leur auteur sous le régime de la communauté universelle, la finalité de la protection commande qu'elle soit étendue aux seconds au regard du principe de non-discrimination selon la naissance édicté par la Conv. EDH. • Civ. 1re, 29 janv. 2002, n° 99-21.134 P : *D. 2002. 1938, note Devers ; JCP 2002. I. 167, n° 12, obs. Tisserand ; ibid. 178, n° 8, obs. Le Guidec ; Defrénois 2002. 692, obs. Massip ; ibid. 1330, obs. Champenois ; AJ fam. 2002. 110, et les obs. ; Dr. fam. 2002, n° 45, obs. Beignier ; RJPF 2002-5/24, note Casey ; LPA 11 juill. 2002, note Cicile-Delfosse ; ibid. 26 juill. 2002, note Chassagnard ; RTD civ. 2002. 278, obs. Hauser ; ibid. 347, obs. Vareille ; ibid. 865, obs. Marguénaud.* ♦ *Contra,* antérieurement : la loi n'a pas étendu au bénéfice des enfants naturels la protection assurée par l'art. 1527, al. 2, aux enfants nés d'un précédent mariage. • Civ. 1re, 8 juin 1982 : *D. 1983. 19, note Beaubrun ; JCP 1983. II. 20018, note Henry.* ♦ V. désormais art. 1527, al. 2, issu de L. n° 2001-1135 du 3 déc. 2001.

8. Enfant d'une précédente union adopté par le conjoint (non). L'enfant adopté par le conjoint survivant, investi dans la succession de l'adoptant des mêmes droits qu'un enfant légitime ou naturel, n'est pas fondé à se prévaloir de la protection spécifique de l'action en retranchement de l'art. 1527, al. 2, ouverte au seul bénéfice des enfants qui ne seraient pas issus des deux époux et qui seraient privés de toute vocation successorale dans la succession du conjoint survivant. • Civ. 1re, 7 juin 2006, nº 03-14.884 P : *D. 2006. IR 1770 ; JCP 2007. I. 142, nº 25, obs. Tisserand-Martin ; Defrénois 2006. 1578, note Vareille, et 1614, obs. Champenois ; Dr. fam. 2007, nº 44, note Murat ; RTD civ. 2006. 749, obs. Hauser , et 810, obs. Grimaldi* (enfants issus du premier mariage de leur père, adoptés par la seconde épouse de celui-ci) • 11 févr. 2009, nº 07-21.421 P : *JCP 2009. I. 140, nº 14, obs. Tisserand-Martin ; AJ fam. 2009. 179, obs. Bicheron ; Dr. fam. 2009, nº 44, obs. Bascugnana ; RJPF 2009-5/17, note Vauvillé ; RLDC 2009/59, nº 3398, obs. Pouliquen ; ibid. 2009/60, nº 3433, note Omarjee ; Defrénois 2009. 1611, obs. Vareille ; RTD civ. 2009. 519, obs. Hauser* . ♦ Déjà en ce sens : • Orléans, 29 avr. 2002 : *JCP 2003. I. 111, nº 16, obs. Tisserand ; Dr. fam. 2002, nº 147, note B. B.* ♦ *Contra* : • Paris, 10 juill. 1985 : *JCP 1988. II. 21134, note Simler ; Defrénois 1986. 1165, note Olivier* • Paris, 5 nov. 1992 : *RTD civ. 1993. 869, obs. Lucet et Vareille* . ♦ La nature et l'étendue des droits successoraux des héritiers s'apprécient au regard de leur situation à l'ouverture de la succession ; dans l'hypothèse d'une adoption simple par l'épouse du père avant le décès de celui-ci, révoquée postérieurement à l'ouverture de la succession, l'adopté simple avait à la date de l'ouverture de la succession les mêmes droits que l'enfant né du mariage des deux époux et l'action en retranchement ne lui est pas ouverte. • Civ. 1re, 9 juill. 2014, nº 13-19.013 P : *D. 2014. 1590 ; AJ fam. 2014. 510, obs. Levillain* .

2º MISE EN ŒUVRE DU RETRANCHEMENT

9. *Calcul de l'avantage retranchable.* Pour une illustration du calcul de l'avantage matrimonial résultant de l'adoption de la communauté universelle avec attribution intégrale de tous les biens au profit du survivant, V. • Civ 1re, 19 déc. 2012, nº 11-21.703 P : *D. 2013. 87 ; JCP N 2013, nº 1200, note Delpérier* (évaluation de l'avantage matrimonial par comparaison entre l'attribution des biens telle qu'elle ressort de l'application de la convention matrimoniale et la part qui aurait dû être attribuée au conjoint survivant par application du régime matrimonial légal de la communauté réduite aux acquêts). ♦ Si l'action en retranchement est une action en réduction et si en application de l'art. 922 l'importance de l'avantage doit, en vue du retranchement, être calculée d'après l'état des biens à l'époque de la donation et leur valeur à l'ouverture de la succession, la donation ne se réalise, dans le cas prévu à l'art. 1527, qu'au moment où le second conjoint peut tirer profit de l'avantage qui lui a été accordé (en l'espèce, au jour du partage, époque où la plus-value des biens prélevés atteint sa plénitude). • Paris, 21 avr. 1982 : *D. 1983. 227, note Rémy.*

Art. 1528 à 1535 *Abrogés.*

CHAPITRE III *DU RÉGIME DE SÉPARATION DE BIENS*

(L. nº 65-570 du 13 juill. 1965)

RÉP. CIV. vº *Séparation de biens*, par YILDIRIM.

DALLOZ ACTION *Droit patrimonial de la famille 2021/2022, nos 161.00 s.*

BIBL. GÉN. ► BECQUÉ-ICKOWICZ, *RTD civ. 2008. 589* (construction sur le terrain d'un époux séparé de biens financée par des sommes indivises). – CONNEAU, *Mél. Béguet, Univ. Toulon, 1985, p. 111* (épouse séparée de biens et enrichissement sans cause). – DAVID, *AJ fam. 2010. 206* (contentieux liquidatif). – DEPONDT, *JCP N 2009, nos 1328 et 1334* (liquidation, aspects pratiques). – FEDDAL, *JCP 1982. I. 3080* (preuve des acquisitions). – FILLETTE, *Defrénois 1996. 897* (société d'acquêts). – LEROY, *RTD civ. 1983. 31.* – MAURY, *Mél. Colomer, Litec, 1993, p. 243* (principe participatif). – PILLEBOUT, *Defrénois 1981. 641.* – REVEL, *D. 1983. Chron. 21* (art. 214 et séparation de biens). – SAUJOT, *D. 1986. Chron. 11* (séparation de biens accessoire à la séparation de corps). – R. SAVATIER, *D. 1979. Chron. 193* (propriété des acquêts, à défaut de société d'acquêts) ; *RTD civ. 1981. 497* (liquidation). – SIMLER, *Mél. Colomer, préc., p. 461* (indivision entre époux séparés de biens). – M. STORCK, *D. 1994. Chron. 61* (le droit de propriété dans les régimes de séparation de biens). – VASSAUX, *JCP 2013, nº 518* (financement du logement de la famille).

Art. 1536 **Lorsque les époux ont stipulé dans leur contrat de mariage qu'ils seraient séparés de biens, chacun d'eux conserve l'administration, la jouissance et la libre disposition de ses biens personnels.**

Chacun d'eux reste seul tenu des dettes nées en sa personne, avant ou pendant le mariage, hors le cas de l'article 220.

Pour les époux ayant adopté la séparation de biens avant le 1er févr. 1966, V. L. nº 65-570 du 13 juill. 1965, art. 11, 15 à 20, ss. art. 1581.

1. Frais du contrat de mariage. Les époux doivent supporter chacun pour moitié les frais de leur contrat de mariage ayant pour cause unique l'adoption du régime de la séparation de biens. • Civ. 1re, 3 mai 1977, n° 75-11.056 P.

1° SÉPARATION DE BIENS PURE ET SIMPLE

2. Sort des biens : biens indivis. L'hypothèque constituée par des époux sur un immeuble indivis appartenant pour moitié à chacun d'eux, alors que le mari est en liquidation judiciaire, est valable jusqu'à concurrence de la part de l'épouse, maîtresse de ses biens, et doit être reportée, en cas de vente de l'immeuble, sur la fraction du prix qui est attribuée à celle-ci. • Com. 20 juin 1995, n° 93-10.331 P : *R., p. 272 ; D. 1997. 1, rapp. Rémery ; JCP 1995. I. 3908, n° 15, obs. Storck.*

3. Sort des dettes : dette contractée dans le cadre d'une coexploitation commerciale. Une femme séparée de biens doit être condamnée à payer solidairement avec son mari une dette contractée pour les besoins d'une exploitation commerciale à laquelle elle avait concouru avec son mari en y prenant une part habituelle et non subordonnée. • Com. 19 mai 1982 : *JCP 1985. II. 20335, note Le Guidec.*

4. ... Contribution des époux à la dette fiscale. Pour la répartition de la dette d'impôt entre les époux séparés de biens, V. note 17 ss. art. 1543.

5. ... Remboursement des dettes entre époux. Le règlement des créances personnelles entre époux séparés de biens peut être poursuivi à tout moment, tant pendant le mariage qu'après sa dissolution, sans qu'il soit nécessaire de procéder à la liquidation globale de leurs intérêts pécuniaires. • Civ. 1re, 15 mai 2008, n° 06-16.939.

6. ... Cautionnement. La disproportion éventuelle de l'engagement d'une caution mariée sous le régime de la séparation des biens s'apprécie au regard de ses seuls biens et revenus personnels ; la cour d'appel ne peut déduire que l'engagement de la caution est proportionné à ses biens et revenus du fait que son conjoint séparé de biens était en mesure de contribuer de manière substantielle aux charges de la vie courante. • Com. 24 mai 2018, n° 16-23.036 P.

2° SÉPARATION DE BIENS AVEC SOCIÉTÉ D'ACQUÊTS

7. Composition de la société d'acquêts. Les époux ayant adopté le régime de la séparation de biens avec société d'acquêts peuvent convenir de clauses relatives à la consistance de la masse commune et notamment étendre la société d'acquêts par rapport à la communauté légale. • Civ. 1re, 25 nov. 2003, n° 02-12.942 P : *D. 2004. Somm. 2335, obs. Revel ; JCP 2004. I. 129, n° 20, obs. Storck ; Defrénois 2004. 1467, obs. Champenois ; AJ fam. 2004. 28, obs. S. D.-B. ; Dr. fam. 2004, n° 8, note Beignier ; RJPF 2004-3/29, obs. Vauvillé ; RTD civ. 2004. 335, obs. Vareille.*

8. Fonctionnement de la société d'acquêts. La société d'acquêts adjointe à un régime principal de séparation de biens est soumise en principe aux règles de la communauté. Les règles d'administration des biens communs établies par la L. du 13 juill. 1965 s'appliquent donc à la société d'acquêts de personnes mariées avant le 1er févr. 1966. • Civ. 1re, 15 mai 1974 : *JCP 1975. II. 17910, note Ponsard.*

9. Rapport entre la société d'acquêts et l'enrichissement sans cause. Sur l'incompatibilité résultant de l'appréhension par la société d'acquêts des revenus des époux et l'octroi d'une indemnité fondé sur l'enrichissement sans cause, V. note 5 ss. art. 1537.

Art. 1537 **Les époux contribuent aux charges du mariage suivant les conventions contenues en leur contrat ; et, s'il n'en existe point à cet égard, dans la proportion déterminée à l'article 214.**

BIBL. ► VASSAUX, *JCP 2013, n° 518* (financement du logement de la famille).

I. NOTION DE CHARGES DU MARIAGE

A. DÉPENSES RELATIVES AU LOGEMENT FAMILIAL

1. Dépenses relatives à l'acquisition du logement familial : principe. Le remboursement des dépenses afférentes à l'acquisition du logement de la famille peut participer de l'exécution de l'obligation de contribuer aux charges du mariage à proportion de ses facultés ; cassation de l'arrêt qui, alors qu'il était admis que les dépenses quotidiennes se répartissaient par moitié entre les époux et que les revenus de l'épouse étaient deux fois supérieurs à ceux de l'époux, accueille la demande de créance présentée par cette épouse au titre du remboursement d'un emprunt contracté pour financer un terrain indivis ainsi que la construction, sur ce terrain, d'une maison constituant le logement de la famille sans rechercher, comme il le lui était demandé, si le paiement des échéances d'emprunt nécessaires à l'acquisition du logement de la famille ne participait pas de l'exécution, par l'épouse, de son obligation de contribuer aux charges du mariage à proportion de ses facultés. • Civ. 1re, 12 juin 2013, n° 11-26.748 P : *D. 2013. 2242, obs. Brémond ; AJ fam. 2013. 448, obs. de Boysson.* ♦ **Bibl.** Casey, *Gaz. Pal. 2013. 2260.*

2. ... Refus de reconnaître l'existence d'une créance en faveur de l'époux ayant remboursé l'emprunt contracté pour l'acquisi-

tion du logement indivis. Rejet du pourvoi formé contre l'arrêt écartant la reconnaissance d'une créance en faveur de l'époux au titre du remboursement de l'emprunt ayant servi à l'acquisition et à l'aménagement du logement familial indivis, la cour d'appel ayant pu décider que le paiement de ces dépenses participait de l'exécution, par le mari, de son obligation de contribuer aux charges du mariage, après avoir souverainement estimé que les paiements effectués par le mari l'avaient été en proportion de ses facultés contributives. • Civ. 1re, 15 mai 2013 : *D. 2013. 2242, obs. Brémond ; ibid. 2013. 1208 ; AJ fam. 2013. 383, obs. Blanc-Pélissier ; RTD civ. 2013. 582, obs. Hauser ; Dr. fam. 2013, n° 110, obs. Beignier ; RLDC 2013/107, n° 5207, obs. Revel.* ♦ Rappr. : • Civ. 1re, 25 sept. 2013, n° 12-21.892 P : *D. 2013. 2682, note Molière ; AJ fam. 2013. 647, obs. Hilt ; RTD civ. 2013. 821, obs. Hauser ; Dr. fam. 2014, n° 38, obs. Beignier* • 16 sept. 2014 : *AJ fam. 2014. 568, obs. Hilt ; RTD civ. 2014. 867, obs. Hauser .*

3. ... Limites. Sauf convention matrimoniale contraire, l'apport en capital provenant de la vente de biens personnels, effectué par un époux séparé de biens pour financer la part de son conjoint lors de l'acquisition d'un bien indivis affecté à l'usage familial, ne participe pas de l'exécution de son obligation de contribuer aux charges du mariage. • Civ. 1re, 3 oct. 2019, n° 18-20.828 P : *D. 2020. 60, note Chaffois ; AJ fam. 2019. 604, obs. Casey ; JCP 2019, n° 1151, note Bouchard ; JCP N 2019, n° 1343, note Vassaux ; Dr. fam. 2019, nos 241 et 242, note Torricelli-Chrifi ; Defrénois 2020/3. 26, note Leyrat* • 17 mars 2021, n° 19-21.463 P : *D. 2021. 819, obs. Lemouland et Vigneau ; ibid. Chron. C. cass. 1784, obs. Buat-Ménard ; AJ fam. 2021. 314, obs. Casey ; Dr. fam. 2021, n° 72, obs. Torricelli-Chrifi* • 1er juin 2023, n° 21-21.295 • 5 avr. 2023, n° 21-22.296 B : *D. 2023. 1108, note Sadi ; AJ fam. 2023. 469, obs. Casey ; RTD civ. 2023. 426, obs. Dauriac .*

N.B. : Le droit à être remboursé lorsqu'un capital personnel a été utilisé cède devant une « convention contraire ». Cependant, la nature de cette convention (expresse ou tacite) n'est pas précisée par les arrêts rendus à ce jour. Dans l'arrêt du 3 oct. 2019, la cour d'appel a estimé qu'il faut une convention expresse. Cela peut sembler excessif, car les époux ne signent jamais une telle convention, et leur accord à utiliser du capital personnel résulte toujours de la vie commune et d'une décision prise en commun. Il faut donc être prudent, une convention tacite serait parfaitement admissible aussi. Ce point devra être éclairci par la jurisprudence à venir de la Cour de cassation.

4. ... Incidence de la clause instaurant la fiction d'une contribution au jour le jour. Cassation de l'arrêt ayant reconnu l'existence d'une créance en faveur de l'époux au titre du remboursement de l'emprunt contracté pour l'acquisition du logement indivis au motif que, en raison de la clause instaurant la fiction d'une contribution au jour le jour figurant au contrat de mariage, le non-règlement par l'épouse de sa part indivise justifiait la réclamation d'une telle créance alors que la cour d'appel aurait dû rechercher, comme elle y était invitée, si le règlement des échéances de l'emprunt participait de l'exécution par l'époux de son obligation de contribuer aux charges du mariage et, dans cette hypothèse, si celui-ci prouvait que sa participation avait excédé ses facultés contributives. • Civ. 1re, 24 sept. 2014, n° 13-21.005 P.

5. ... Présomption irréfragable interdisant de revendiquer une créance. Il résulte des art. 214 et 1537 que lorsque les juges du fond ont souverainement estimé irréfragable la présomption résultant de ce que les époux étaient convenus, en adoptant la séparation de biens, qu'ils contribueraient aux charges du mariage à proportion de leurs facultés respectives et que chacun d'eux serait réputé avoir fourni au jour le jour sa part contributive, en sorte qu'ils ne seraient assujettis à aucun compte entre eux ni à retirer à ce sujet aucune quittance l'un de l'autre, un époux ne peut, au soutien d'une demande de créance, être admis à prouver l'insuffisance de la participation de son conjoint aux charges du mariage pas plus que l'excès de sa propre contribution. Cassation de l'arrêt qui, après avoir retenu le caractère irréfragable de la présomption résultant de la clause figurant au contrat de mariage, accueille néanmoins, au motif d'un excès de contribution, la demande d'une épouse tendant à la reconnaissance d'une créance au titre du financement de la construction d'un immeuble ayant constitué le domicile conjugal sur un terrain propre du mari. • Civ. 1re, 18 nov. 2020, n° 19-15.353 P : *D. 2021. Chron. C. cass. 483, obs. Buat-Ménard ; ibid. 499, obs. Douchy-Oudot ; AJ fam. 2021. 193, obs. Casey .* ♦ Après avoir relevé que les époux étaient convenus que chacun d'entre eux serait réputé s'être acquitté jour par jour de sa part contributive aux charges du mariage, une cour d'appel a souverainement estimé qu'il ressortait de la volonté des époux que cette présomption interdisait de prouver que l'un ou l'autre des conjoints ne s'était pas acquitté de son obligation ; et après avoir constaté que l'immeuble indivis constituait le domicile conjugal et retenu que les règlements relatifs à cette acquisition, opérés par le mari, participaient de l'exécution de son obligation de contribuer aux charges du mariage, elle en a justement déduit, sans inverser la charge de la preuve, que l'ex-époux ne pouvait bénéficier d'une créance au titre du financement de l'acquisition de ce bien. • Civ. 1re, 1er avr. 2015, n° 14-14.349 P : *D. 2015. 1408, obs. Lemouland et Vigneau ; ibid. 2094, obs. Revel ; AJ fam. 2015. 297, obs. Casey ; RTD civ. 2015. 362, obs. Hauser ; ibid. 687, obs. Vareille .*

Lorsque les juges du fond ont souverainement estimé irréfragable la présomption résultant de ce que les époux étaient convenus, en adoptant la séparation de biens, qu'ils contribueraient aux charges du mariage à proportion de leurs facultés respectives et que chacun d'eux serait réputé avoir fourni au jour le jour sa part contributive, en sorte qu'ils ne seraient assujettis à aucun compte entre eux ni à retirer à ce sujet aucune quittance l'un de l'autre, un époux ne peut, au soutien d'une demande de créance, être admis à prouver l'insuffisance de la participation de son conjoint aux charges du mariage pas plus que l'excès de sa propre contribution. Pour condamner le mari à payer à son épouse une certaine somme au titre du financement par des deniers personnels de celle-ci de la construction, sur un terrain appartenant à celui-là, d'un immeuble ayant constitué le domicile conjugal, après avoir relevé que le contrat de mariage prévoit que les époux contribueront aux charges du mariage à proportion de leurs facultés respectives et que chacun d'eux sera réputé avoir fourni au jour le jour sa part contributive, de sorte qu'ils ne seront assujettis à aucun compte entre eux, l'arrêt retient que le fait que cette présomption interdise de prouver que l'un ou l'autre des époux ne s'est pas acquitté de sa contribution n'empêche pas l'un d'entre eux de prouver que certaines dépenses qu'il a prises en charge excédaient sa contribution aux charges du mariage et de bénéficier en conséquence d'une créance envers l'autre. En statuant ainsi, la cour d'appel a violé les art. 214 et 1537 C. civ. • Civ. 1re, 21 juin 2023, n° 21-25.326.

B. AUTRES CHARGES

6. Impôt sur le revenu (non). L'impôt sur le revenu, constituant une charge découlant directement des revenus personnels à chaque époux, ne figure pas au nombre des charges du mariage auxquelles chacun d'entre eux est, selon leur convention matrimoniale, réputé avoir fourni sa part contributive. • Civ. 1re, 19 mars 2002 : *D. 2002. Somm. 2440, obs. Brémond ; Gaz. Pal. 2003. 408, concl. Sainte-Rose ; AJ fam. 2002. 185, obs. S. D.-B.* ♦ Rappr. : • Civ. 1re, 5 nov. 2014 : *AJ fam. 2015. 60, obs. Hilt.* ♦ La contribution des époux séparés de biens à la dette fiscale, qui ne constitue pas une charge du mariage, est déterminée au prorata de l'impôt dont ils auraient été redevables s'ils avaient fait l'objet d'une imposition séparée. • Civ. 1re, 30 oct. 2006, n° 03-19.317 P : *D. 2006. IR 2877 ; JCP 2007. I. 142, n° 31, obs. Storck ; AJ fam. 2006. 467, obs. Hilt ; RJPF 2007-1/23, obs. Vauvillé.* ♦ Comp., pour une décision qui admet la compensation entre les impôts du couple payés par le mari et les charges du logement qu'il n'avait pas eu à supporter : • Civ. 1re, 25 juin 2008 : *RJPF 2008-11/21, obs. Vauvillé ; RTD civ. 2008. 529, obs. Vareille.*

II. EXÉCUTION DE LA CONTRIBUTION

A. PRINCIPES DE RÉPARTITION ET MODES D'EXÉCUTION

7. Principe de répartition. Validité de l'engagement pris par un époux, en dehors du contrat de mariage, pour fixer le montant de sa contribution, sous réserve de la possibilité pour chacun des époux d'en demander la modification au juge en considération de la situation des parties, V. • Civ. 1re, 3 févr. 1987 : *cité note 13 ss. art. 214.*

8. Exécution sous forme d'un avantage en nature : occupation d'un immeuble. L'avantage résultant pour la femme de l'occupation de la résidence de la famille, appartenant au mari, décidée par le juge du divorce en application de l'art. 258, peut être compris dans la contribution aux charges du mariage. • Civ. 1re, 31 mars 1992, n° 90-18.760 P : *JCP N 1992. II. 383, n° 18, obs. M. S. ; RTD civ. 1993. 635, obs. Lucet et Vareille.* ♦ V. aussi • Civ. 1re, 7 nov. 1995, n° 92-21.276 P.

B. AMÉNAGEMENTS CONVENTIONNELS

9. Clause instaurant la fiction d'une contribution au jour le jour : appréciation souveraine de la portée de la présomption par les juges du fond. Il résulte des art. 214 et 1537 que lorsque les juges du fond ont souverainement estimé irréfragable la présomption résultant de ce que les époux étaient convenus, en adoptant la séparation de biens, qu'ils contribueraient aux charges du mariage à proportion de leurs facultés respectives et que chacun d'eux serait réputé avoir fourni au jour le jour sa part contributive, en sorte qu'ils ne seraient assujettis à aucun compte entre eux ni à retirer à ce sujet aucune quittance l'un de l'autre, un époux ne peut, au soutien d'une demande de créance, être admis à prouver l'insuffisance de la participation de son conjoint aux charges du mariage pas plus que l'excès de sa propre contribution. • Civ. 1re, 18 nov. 2020, n° 19-15.353 P : *D. 2021. Chron. C. cass. 483, obs. Buat-Ménard ; ibid. 499, obs. Douchy-Oudot ; AJ fam. 2021. 193, obs. Casey.* ♦ Après avoir relevé la présence au contrat de séparation de biens des époux d'une clause, selon laquelle chacun d'eux serait réputé avoir fourni sa contribution aux charges du mariage au jour le jour de sorte qu'aucun compte ne serait fait entre eux à ce sujet et qu'ils n'auraient pas de recours l'un contre l'autre pour les dépenses de cette nature, les juges du fond ont souverainement estimé qu'il ressortait de la volonté des époux que cette présomption interdisait de prouver que l'un ou l'autre des conjoints ne s'était pas acquitté de son obligation. • Civ. 1re, 25 sept. 2013 : *préc. note 2.* ♦ Par une appréciation souveraine, les juges du fond peuvent estimer que la présomption instituée par le contrat de mariage, relative à la contribution des époux aux charges du mariage, interdisait de prouver que l'un ou l'autre des conjoints ne s'était pas acquitté de son obligation. • Civ. 1re, 1er oct. 1996, n° 94-19.625 P : *JCP 1997. I. 4008, n° 18, obs. Storck.* ♦ La clause figurant dans le contrat de mariage des époux stipulant non seulement « que chacun d'eux sera réputé avoir fourni au jour le jour sa part contributive, en sorte qu'aucun compte ne sera fait entre eux à ce sujet », mais également « qu'ils n'auront pas de recours l'un contre l'autre pour les dépenses de cette nature », institue expressément une clause de non-recours entre les parties, ayant la portée d'une fin de non-recevoir. • Civ. 1re, 13 mai 2020, n° 19-11.444 P. ♦ Sur la compatibilité de cette clause avec la possibilité d'exclure la reconnaissance d'une créance au profit de l'époux ayant seul financé le remboursement de l'emprunt contracté pour l'acquisition du logement familial indivis, V. la jurisprudence citée ci-dessus note 4

10. ... Limite tenant au caractère d'ordre public de la contribution. Compte tenu de l'obligation d'ordre public de contribuer aux charges du mariage, la clause aux termes de laquelle « chacun [des époux] sera réputé avoir fourni au jour le jour sa part contributive, en sorte qu'aucun compte ne sera fait entre eux à ce sujet et qu'ils n'auront pas de recours l'un contre l'autre pour les dépenses de cette nature », ne fait pas obstacle, pendant la durée du mariage, au droit de l'un d'eux d'agir en justice pour contraindre l'autre à remplir, pour l'avenir, son obligation de contribuer aux charges du mariage. • Civ. 1re, 13 mai 2020, n° 19-11.444 P.

III. RAPPORT AVEC D'AUTRES NOTIONS JURIDIQUES

A. CHARGES DU MARIAGE ET ENRICHISSEMENT SANS CAUSE

11. Indemnisation de l'excès de contribution sur le fondement de l'enrichissement sans cause. La femme peut obtenir une indemnité dans la mesure où son activité, allant au-delà de son obligation de contribuer aux charges du mariage, a réalisé à la fois un appauvrissement résultant pour elle du travail fourni sans rémunération et un enrichissement corrélatif de son mari, pouvant résulter tant de l'absence même de versement d'une rémunération que de la plus-value procurée à un de ses biens. • Civ. 1re, 9 janv. 1979 : *D. 1981. 241, note Breton ; Defrénois 1980. 44 (1re esp.), note Ponsard* • 30 mai 1979 : *ibid. (2e esp.).*

12. Principes d'évaluation de l'indemnité. Dès lors que c'est le travail fourni sans rémunération qui a été générateur à la fois de l'appauvrissement de la femme, par manque à gagner, et de l'enrichissement du mari, qui n'a pas eu à payer un salaire, les juges du fond doivent se placer, pour évaluer l'appauvrissement et l'enrichissement, à la même date, c'est-à-dire celle de la demande en divorce en raison de l'impossibilité morale pour la femme d'agir antérieurement contre le mari. • Civ. 1re, 26 oct. 1982, n° 81-14.824 P : *R., p. 44 ; JCP 1983. II. 19992, note Terré.*

13. Incidence de l'existence d'une société d'acquêts. En cas d'adjonction d'une société d'acquêts au régime de séparation de biens, l'époux pharmacien qui a assumé seul, sans rémunération, la gestion de l'officine de son épouse ne peut prétendre à une indemnité sur le fondement de l'enrichissement sans cause, dès lors que les revenus procurés par cette activité sont tombés dans la société d'acquêts. • Civ. 1re, 10 mai 1984, n° 83-12.370 P.

B. CHARGES DU MARIAGE ET DONATION RÉMUNÉRATOIRE

14. Rémunération de l'excès de contribution exclusive de l'intention libérale. L'activité de l'épouse dans la direction du foyer peut, dans la mesure où cette activité va au-delà de l'obligation de contribuer aux charges du mariage, constituer la cause des versements faits par le mari au nom de son conjoint à l'occasion d'achats de biens faits indivisément par les époux, ce qui exclut l'intention libérale. • Civ. 1re, 20 mai 1981 : *Bull. civ. I, n° 175 ; RTD civ. 1982. 784, obs. Patarin* • 3 juin 1998 : *JCP 1998. I. 183, n° 11, obs. Storck.* ♦ Même solution en cas de collaboration à l'activité professionnelle : nombreux arrêts, par ex. : • Civ. 1re, 24 oct. 1978 : *JCP 1979. II. 19220, note Patarin.* (jurisprudence antérieure à la L. du 26 mai 2004 ayant mis fin à la libre révocabilité des donations de biens présents entre époux ayant pris effet au cours du mariage).

Art. 1538 Tant à l'égard de son conjoint que des tiers, un époux peut prouver par tous les moyens qu'il a la propriété exclusive d'un bien.

Les présomptions de propriété énoncées au contrat de mariage ont effet à l'égard des tiers, aussi bien que dans les rapports entre époux, s'il n'en a été autrement convenu. La preuve contraire sera de droit, et elle se fera par tous les moyens propres à établir que les biens n'appartiennent pas à l'époux que la présomption désigne, ou même, s'ils lui appartiennent, qu'il les a acquis par une libéralité de l'autre époux.

Les biens sur lesquels aucun des époux ne peut justifier d'une propriété exclusive sont réputés leur appartenir indivisément, à chacun pour moitié. — *V. L. n° 65-570 du 13 juill. 1965, art. 13, ss. art. 1581.*

A. MODES DE PREUVE DE LA PROPRIÉTÉ

1. Primauté du titre sur le financement : principe. Sous le régime de la séparation de biens, le bien appartient à celui des époux dont le titre établit la propriété sans égard à son financement. • Civ. 1re, 31 mai 2005, n° 02-20.553 P : *AJ fam. 2005. 325, obs. Hilt ; Dr. fam. 2005, n° 168, note Beignier* • 28 mars 2006, n° 04-11.033 P. ♦ L'époux qui acquiert un bien ou une fraction de bien, pour son compte, même à l'aide de deniers provenant de son conjoint, en devient seul propriétaire. • Civ. 1re, 17 déc. 1991, n° 89-20.219 P : *D. 1993. 580, note Courtine ; JCP N 1992. II. 213, n° 19, obs. M. S. ; Defrénois 1992. 1558 (2e esp.), obs. Champenois.* ♦ Même sens : • Civ. 1re, 9 oct. 1991, n° 90-15.073 P • 14 janv. 2003 : *D. 2003. Somm. 1868, obs. Revel .*

2. Application : acquisition financée par des deniers donnés par le conjoint. Lorsqu'un époux acquiert un bien avec des deniers qui lui ont été donnés par son conjoint à cette fin, la donation n'est jamais que des deniers (art. 1099-1) ; dès lors, la demande en nullité de cette donation demeure sans incidence sur le droit de propriété du bien. • Civ. 1re, 9 févr. 1994 : *D. 1994. 417, rapp. Thierry ; D. 1995. Somm. 51, obs. Grimaldi ; JCP 1995. I. 3876, n° 10, obs. Le Guidec.* ♦ Le conjoint a seulement la possibilité d'obtenir le règlement d'une créance lors de la liquidation du régime matrimonial, s'il prouve avoir financé en tout ou en partie cette acquisition. • Civ. 1re, 23 janv. 2007, n° 05-14.311 P : *AJ fam. 2007. 186, obs. Hilt ; Dr. fam. 2007, n° 68, note Beignier (2e esp.) ; RTD civ. 2007. 317, obs. Hauser .*

3. ... Financement par un époux d'une construction sur un terrain appartenant à son conjoint. La construction élevée sur le terrain appartenant à l'un des époux est sa propriété, sauf à indemniser l'autre qui l'a financée. • Civ. 1re, 15 mai 2008 : *AJ fam. 2008. 301, obs. Hilt .*

4. ... Acquisition indivise. Les époux qui ont acheté un bien en indivision en ont acquis la propriété, sans qu'il y ait lieu d'avoir égard à la façon dont cette acquisition a été financée. • Civ. 1re, 5 oct. 1994, n° 92-19.169 P • 18 nov. 1997, n° 95-19.103 P : *JCP 1998. I. 135, n° 17, obs. Storck.* ♦ En conséquence, la disproportion éventuelle de l'engagement d'une caution mariée sous le régime de la séparation de biens s'apprécie au regard de ses revenus et biens personnels, comprenant sa quote-part dans les biens indivis acquis avec son conjoint alors même que ce dernier n'a pas donné son accord au cautionnement. • Civ. 1re, 19 janv. 2022, n° 20-20.467 B.

5. Propriété mobilière : rôle de la possession. Les règles de preuve de la propriété entre époux séparés de biens, édictées par l'art. 1538, excluent l'application de l'art. 2276. • Civ. 1re, 8 oct. 2014, n° 13-22.938 P : *D. 2015. 2094, obs. Revel ; AJ fam. 2014. 642, obs. de Guillenchmidt-Guignot .* ♦ En conséquence, un ex-époux soutenant avoir bénéficié d'un don manuel de la part de son ex-épouse, c'est à celle-ci, qui revendique le bien prétendument donné, de rapporter la preuve de l'absence d'un tel don). ♦ V. déjà antérieurement sous l'empire de l'art. 2279 anc. : • Civ. 1re, 7 nov. 1995, n° 92-10.051 P : *D. 1996. 451, note S. Piedelièvre ; D. 1997. Somm. 21, obs. Robert ; JCP 1995. I. 3908, n° 16, obs. Storck ; Defrénois 1996. 409, obs. Champenois ; RTD civ. 1997. 211, obs. Vareille , et 1998. 139, obs. Zenati* • 27 nov. 2001, n° 99-10.633 P : *R., p. 345 ; D. 2002. 119, note Chartier ; JCP 2002. II. 10050, note S. Piedelièvre ; ibid. I. 167, n° 16, obs. Storck ; Defrénois 2002. 259, obs. Libchaber ; ibid. 1019, obs. Champenois ; Dr. fam. 2002, n° 9, note B. B. ; RTD civ. 2002. 121, obs. Revet .*

6. Remise de fonds et nature de la preuve pour le remboursement. La preuve de la remise de fonds à une personne ne suffit pas à justifier l'obligation pour celle-ci de les restituer. Pour condamner une épouse à rembourser à son mari la somme de 69 152,31 €, l'arrêt retient, par motifs propres et adoptés, que celle-ci ne conteste pas que ce dernier a versé une telle somme sur son compte bancaire pour lui permettre de rembourser le prêt contracté auprès d'une banque pour financer l'acquisition par elle d'un appartement et qu'elle ne démontre pas que ces versements ont été faits dans une intention libérale ; en statuant ainsi, la cour d'appel, qui a inversé la charge de la preuve, a violé l'art. 1315 C. civ., dans sa rédaction antérieure à celle issue de l'Ord. du 10 févr. 2016. • Civ. 1re, 18 mars 2020, n° 19-11.475. ♦ Dans le même sens, antérieurement, V. not. : • Civ. 1re, 20 févr. 2019, n° 17-29.026 • 15 juin 2017, n° 16-12.608 • 18 juin 2015, n° 13-27.049 • 15 oct. 2014, n° 13-22.265.

B. CHARGE DE LA PREUVE

1° PRÉSOMPTIONS DE PROPRIÉTÉ ÉNONCÉES AU CONTRAT DE MARIAGE

7. Effets des présomptions dans les rapports entre époux. Cassation, pour inversion de la charge de la preuve, de l'arrêt qui impose à l'époux de justifier du caractère indivis du mobilier, au motif qu'il a été acquis avant le mariage, alors que le contrat de mariage prévoyait que les meubles meublants étaient présumés appartenir à chacun des époux pour moitié. • Civ. 1re, 30 janv. 2019, n° 18-14.150 P. ♦ Viole l'art. 1538, al. 2, la cour d'appel qui exige de l'épouse, que la présomption désigne, qu'elle fasse la preuve de sa propriété de bijoux déposés par elle dans le coffre de son mari après le décès de celui-ci. • Civ. 1re, 20 févr. 2007 : *Dr. fam. 2007, n° 91, note Beignier.* ♦ Les présomptions de propriété ont effet dans les rapports entre les époux ; cassation de l'arrêt qui impose à l'époux de justifier du caractère indivis du mobilier, au motif qu'il a été acquis avant le mariage, alors que le contrat de mariage prévoyait que les meubles meublants étaient présumés appartenir à chacun des époux pour moitié. • Civ. 1re, 30 janv. 2019, n° 18-14.150 P.

8. Caractère nécessairement simple des présomptions. Il résulte de l'art. 1538, al. 2, que la preuve contraire des présomptions de propriété énoncées au contrat de mariage est de droit et se fait par tous les moyens, aucune distinction n'étant établie entre la propriété privative et la propriété indivise ayant pu exister entre les époux. • Civ. 1re, 19 juill. 1988, n° 86-10.348 P : *Defrénois 1989. 478, obs. Champenois.* ♦ Cassation de l'arrêt qui déduit de la seule circonstance que des meubles garnissaient le logement au moment du mariage la preuve d'une donation à l'épouse, alors qu'elle avait constaté que le contrat de mariage stipulait une simple présomption de propriété de l'épouse et que l'époux établissait sa propriété sur les meubles litigieux avant le mariage. • Civ. 1re. 26 oct. 2011, n° 10-21.233.

9. Preuve contraire résultant d'un acte établi au cours du mariage entre les époux. Un acte établi au cours du mariage entre époux séparés de biens pour reconnaître à l'un d'eux la propriété personnelle de certains biens ne constitue pas une convention modificative du régime matrimonial mais un simple moyen de preuve destiné à écarter les présomptions énoncées au contrat de mariage. • Civ. 1re, 30 juin 1993 : *D. 1994. 42, note Le Guidec ; Defrénois 1993. 1449, obs. Champenois ; JCP 1994. I. 3733, n° 25, obs. Storck ; JCP N 1994. II. 248, note Desbarats.*

10. Incidence de la confusion des patrimoines. Dans l'exercice de leur pouvoir souverain d'apprécier les preuves produites, les juges du fond peuvent estimer que la confusion des patrimoines des époux fait tomber des présomptions de propriété inscrites au contrat de mariage. • Civ. 1re, 30 nov. 1976, n° 76-10.105 P • 21 juin 1983, n° 82-13.542 P • 5 oct. 1994 : *JCP 1995. I. 3821, n° 23, obs. Storck.*

11. Portée limitée à la preuve de la propriété. L'existence d'une convention d'indivision limitant le droit des créanciers personnels des indivisaires de provoquer le partage (art. 1873-15) ne saurait découler de la simple présomption de propriété indivise résultant d'une clause du contrat de mariage de séparation de biens. • Civ. 1re, 28 févr. 1984, n° 83-10.403 P.

12. Situation des créanciers saisissants. Lorsque le créancier d'un époux marié sous le régime de la séparation de biens fait pratiquer une saisie sur un compte ouvert au nom des deux époux, il lui appartient d'identifier les fonds personnels de l'époux débiteur. • Civ. 1re, 20 mai 2009, n° 08-12.922.

2° PRÉSOMPTION DE PROPRIÉTÉ ÉDICTÉE PAR L'ART. 1538, AL. 3

13. Caractère simple. C'est seulement en l'absence de preuve, faite par tous moyens, de la propriété exclusive que joue la présomption légale de propriété indivise édictée par l'art. 1538, al. 3. • Civ. 1re, 10 mars 1993, n° 91-13.923 P : *Defrénois 1993. 1083, obs. Champenois ; JCP 1994. I. 3733, n° 22, obs. Storck.* ♦ Viole l'art. 1538, al. 3, l'arrêt qui admet la propriété indivise d'un bien dont le mari a produit la facture d'achat, dès lors qu'une facture est de nature à établir, sauf preuve contraire, l'acquisition d'un bien par celui au nom duquel elle est établie. • Civ. 1re, 10 mars 1993 : *préc.* – Même sens : • Civ. 1re, 14 janv. 2003 : *préc. note 1.* ♦ ... Ou qui admet la propriété indivise de sommes figurant sur le compte joint des époux, alors que le mari soutenait que le compte était alimenté exclusivement par des fonds propres à lui. • Civ. 1re, 22 juin 2004, n° 02-20.398 P : *JCP 2005. I. 128, n° 19, obs. M. Storck ; RTD civ. 2006. 361, obs. Vareille.* ♦ Cassation de l'arrêt qui considère que le dépôt de sommes sur des comptes joints ouverts au nom des époux manifeste l'intention des parties d'affecter ces comptes aux dépenses engagées tant par le mari que par la femme et constitue un mode d'exécution de la contribution aux charges du mariage, peu important l'origine des fonds, déniant ainsi aux héritiers d'un époux la faculté de rapporter par tous moyens la preuve que les sommes figurant sur les comptes joints appartenaient exclusivement au défunt. • Civ. 1re, 2 avr. 2008, n° 07-13.509 P : *D. 2008. Pan. 1792, obs. Lemouland et Vigneau ; AJ fam. 2008. 259, obs. Hilt ; Dr. fam. 2009, n° 93, note Beignier ; RJPF-7-8/24, obs. Vauvillé ; RLDC 2008/50, n° 3038, obs. Jeanne.*

14. Application aux sommes déposées sur un compte joint. Si, en cas de séparation de biens, chacun des époux est propriétaire indivis des biens figurant au compte joint ouvert à leurs deux noms, ce droit de propriété ne porte que sur les biens existants à l'actif du compte au jour où celui-ci est clôturé. • Civ. 1re, 19 févr. 1991, n° 89-19.068 P. ♦ Les effets de la saisie d'un compte joint par le créancier d'un des époux séparés de biens doivent être limités à la moitié indivise des valeurs déposées à ce compte, faute de preuve qu'elles fussent la propriété de l'époux débiteur. • Civ. 2e, 10 juill. 1996 : *JCP 1997. I. 4008, n° 19, obs. Storck ; RTD civ. 1996. 990, obs. Perrot.* ♦ Il incombe au créancier de démontrer que les fonds déposés sur le compte ouvert au nom des époux, séparés de biens, sont personnels au débiteur. • Civ. 1re, 20 mai 2009, n° 08-12.922 P : *D. 2009. AJ 1481 ; JCP 2009. 391, n° 25, obs. Storck ; AJ fam. 2009. 356, obs. Hilt ; JCP N 2009. 1286, note Brémond ; Banque et Dr. 7-8/2009, p. 17, obs. Bonneau ; Dr. et pr. 2009. 278, obs. Vinckel ; Dr. fam. 2009, n° 93, note Beignier ; RLDC*

2009/62, n° 3509, obs. Pouliquen ; RTD civ. 2009. 578, obs. Perrot. ♦ V. aussi note 13.

15. Rapport entre la présomption légale de l'art. 1538, al. 3, et l'accession prévue par l'art. 552. Il résulte de l'art. 552, auquel ne déroge pas l'art. 1538, al. 3, que la construction élevée sur le terrain appartenant privativement à l'un des époux est également la propriété de cet époux. • Civ. 1re, 25 févr. 1986 : *JCP 1986. II. 20702, note Simler.* ♦ Même sens : • Civ. 1re, 6 juill. 2005, n° 02-20.546 P : *AJ fam. 2005. 363, obs. Hilt* (l'art. 1538, al. 2, ne déroge pas à l'art. 552). ♦ Jugé qu'en cas de construction édifiée partiellement sur une parcelle appartenant au mari et partiellement sur une parcelle indivise entre les époux, l'accession devait jouer en faveur du propriétaire du terrain sur lequel avait été élevée la plus grande partie de la construction, sauf à lui à indemniser son conjoint. • Même arrêt. – Dans le même sens : • Civ. 1re, 17 déc. 2002, n° 00-16.790 P : *D. 2003. Somm. 1869, obs. Brémond ; Defrénois 2003. 1003, obs. Champenois ; AJ fam. 2003. 149, obs. S. D.-B. ; RTD civ. 2003. 342, obs. Vareille ; ibid. 525, obs. Revet*. – Brémond, *JCP N 2004. 1133.*

Art. 1539 Si, pendant le mariage, l'un des époux confie à l'autre l'administration de ses biens personnels, les règles du mandat sont applicables. L'époux mandataire est, toutefois, dispensé de rendre compte des fruits, lorsque la procuration ne l'y oblige pas expressément.

Art. 1540 Quand l'un des époux prend en main la gestion des biens de l'autre, au su de celui-ci, et néanmoins sans opposition de sa part, il est censé avoir reçu un mandat tacite, couvrant les actes d'administration et de gérance, mais non les actes de disposition.

Cet époux répond de sa gestion envers l'autre comme un mandataire. Il n'est, cependant, comptable que des fruits existants ; pour ceux qu'il aurait négligé de percevoir ou consommés frauduleusement, il ne peut être recherché que dans la limite des cinq dernières années.

Si c'est au mépris d'une opposition constatée que l'un des époux s'est immiscé dans la gestion des biens de l'autre, il est responsable de toutes les suites de son immixtion, et comptable sans limitation de tous les fruits qu'il a perçus, négligé de percevoir ou consommés frauduleusement.

1. Existence d'un mandat tacite. L'existence d'un mandat tacite de gestion des biens d'un époux par l'autre en son absence ne peut être présumée sans avoir préalablement recherché si l'époux avait pris en main la gestion des biens de son conjoint au su de ce dernier et sans opposition de sa part. • Com. 7 nov. 1979, n° 78-11.106 P. ♦ Mandat tacite avec ratification des opérations de l'époux : • Com. 15 sept. 2009 : *JCP 2009. 391, n° 23, obs. Storck.*

2. Gestion d'affaires. Pour l'application de la gestion d'affaires, V. • Civ. 1re, 5 mars 1985, n° 84-10.097 P.

3. Immixtion d'un époux dans la gestion des biens de l'autre : rôle du mandat apparent. Question du mandat apparent entre époux séparés de biens : V. • Civ. 1re, 15 juin 1977 : *JCP 1978. II. 18865, note Monéger.*

Art. 1541 L'un des époux n'est point garant du défaut d'emploi ou de remploi des biens de l'autre, à moins qu'il ne se soit ingéré dans les opérations d'aliénation ou d'encaissement, ou qu'il ne soit prouvé que les deniers ont été reçus par lui, ou ont tourné à son profit.

Art. 1542 *(L. n° 75-617 du 11 juill. 1975)* Après la dissolution du mariage par le décès de l'un des conjoints, le partage des biens indivis entre époux séparés de biens, pour tout ce qui concerne ses formes, le maintien de l'indivision et l'attribution préférentielle, la licitation des biens, les effets du partage, la garantie et les soultes, est soumis à toutes les règles qui sont établies au titre "Des successions" pour les partages entre cohéritiers.

Les mêmes règles s'appliquent après divorce ou séparation de corps. Toutefois, l'attribution préférentielle n'est jamais de droit. Il peut toujours être décidé que la totalité de la soulte éventuellement due sera payable comptant.

1° ACTION EN PARTAGE DES BIENS INDIVIS

1. Compétence générale du JAF. Il appartient à la juridiction saisie d'une demande de liquidation et partage de l'indivision existant entre époux séparés de biens de déterminer les éléments actifs et passifs de la masse à partager. • Civ. 1re, 2 déc. 2020, n° 19-25.813 P.

2. Date de la demande en partage. En application de l'art. 815, al. 1er, des époux mariés sous le régime de la séparation de biens justifient d'un droit au partage des biens indivis qu'ils peuvent exercer à tout moment et sans même attendre la dissolution du mariage. • Civ. 1re, 14 nov. 2000, nº 98-22.936 P : *D. 2001. 1755, note Lipinski ; Dr. fam. 2001, nº 8, note Beignier.*

3. Partage en cours d'instance en divorce. Sur le nouveau régime juridique des conventions de liquidation anticipée entre époux séparés de biens, passées en cours d'instance en divorce, V. art. 265-2.

4. Compte d'indivision et règlement des créances entre époux. Sur le régime juridique des créances entre époux séparés de biens, V. ss. art. 1543.

2º ATTRIBUTION PRÉFÉRENTIELLE

BIBL. Patarin, *Mél. Breton/Derrida, Dalloz, 1991, p. 311* (partage des indivisions de nature familiale).

5. Domaine. L'attribution préférentielle peut être prononcée en ce qui concerne les biens indivis entre époux séparés de biens, même si l'indivision est antérieure à la dissolution du mariage. • Civ. 1re, 26 juin 1979, nº 78-12.558 P. ♦ ... Et partagée pendant le mariage. • Civ. 1re, 9 oct. 1990 : *JCP 1991. II. 21641, note Simler ; JCP N 1991. II. 43, note Salvage.*

6. Caractère facultatif de l'attribution. Même en l'absence d'une demande concurrente formée par l'époux, l'attribution préférentielle du logement familial, en indivision entre époux séparés de biens, n'est pas de droit pour l'épouse qui n'a pas la qualité de conjoint survivant alors que le partage de l'indivision intervient, au cours du mariage, à la demande du liquidateur judiciaire à la procédure collective ouverte contre le mari. • Civ. 1re, 26 sept. 2012, nº 11-16.246 P : *D. 2012. 2307 ; AJ fam. 2012. 557, obs. Levillain.*

7. Impossibilité de subordonner le bénéfice de l'attribution au paiement d'une soulte. L'art. 1542 ne prévoit aucune cause de déchéance du droit à l'attribution préférentielle qu'il institue au profit d'un époux séparé de biens, au moment du partage de biens indivis après divorce ; cassation de l'arrêt ayant subordonné l'attribution préférentielle de biens au paiement d'une soulte. • Civ. 1re, 11 juin 2008 : *RLDC 2008/52, nº 3124, obs. Jeanne.*

3º CONSÉQUENCES DU PARTAGE DES BIENS INDIVIS

8. Effet déclaratif du partage. S'agissant d'un bien acquis en indivision pendant le mariage, l'époux à qui le bien est attribué dans l'acte de partage est, en vertu de l'effet déclaratif du partage, censé en être seul propriétaire depuis la date de son acquisition. • Civ. 1re, 5 avr. 2005, nº 02-11.011 P : *D. 2005. IR 1250 ; Dr. fam. 2005, nº 142, note Beignier* (cassation de l'arrêt qui refuse d'ordonner la mainlevée d'une hypothèque inscrite sur ce bien après cette date du chef de l'autre époux).

9. Fiscalité du partage. Régime fiscal du partage des biens indivis consécutif à la dissolution du mariage entre époux séparés de biens : V. • Com. 21 avr. 1992, nº 90-14.371 P : *R., p. 321 ; JCP N 1993. II. 1, note Lafond ; Defrénois 1992. 1269, note Chappert ; JCP 1993. I. 3656, nº 12, obs. Storck* (application de l'art. 748 CGI régissant les partages successoraux). ♦ Depondt, *Gaz. Pal. 1993. 1. Doctr. 840.*

10. DIP : compétence subsidiaire de la loi française. Il résulte des deux Règl. nº 2201/2003 et nº 2016/1103 que le premier ne régit pas la compétence en matière de liquidation des intérêts patrimoniaux des époux et que le second n'est applicable qu'aux instances engagées après le 29 janv. 2019. • Civ. 1re, 14 oct. 2020, nº 19-11.585 P.

11. DIP : exequatur. **(i)** Pour accorder l'*exequatur*, hors toute convention internationale, le juge français doit vérifier la régularité internationale de la décision étrangère en s'assurant que celle-ci remplit les conditions de compétence indirecte du juge étranger fondée sur le rattachement du litige au for saisi, de conformité à l'ordre public international de fond et de procédure et d'absence de fraude. **(ii)** Une décision rendue par une juridiction étrangère qui, par application de sa loi nationale, refuse de donner effet à un contrat de mariage reçu en France, n'est pas en soi contraire à l'ordre public international français de fond et ne peut être écartée que si elle consacre de manière concrète, au cas d'espèce, une situation incompatible avec les principes du droit français considérés comme essentiels. **(iii)** Si le principe d'égalité des parents dans l'exercice de l'autorité parentale relève de l'ordre public international français, la circonstance qu'une décision étrangère réserve à l'un des parents le soin de prendre seul certaines décisions relatives aux enfants, ne peut constituer un motif de non-reconnaissance qu'autant qu'elle heurte de manière concrète les principes essentiels du droit français. • Civ. 1re, 2 déc. 2020, nº 18-20.691 P.

Art. 1543 *(L. nº 85-1372 du 23 déc. 1985)* **Les règles de l'article 1479 sont applicables aux créances que l'un des époux peut avoir à exercer contre l'autre.** — *La loi nº 85-1372 du 23 déc. 1985 est entrée en vigueur le 1er juill. 1986. — V. les art. 56 à 62 de cette loi, ss. art. 1581.*

BIBL. ► Hilt, *AJ fam. 2006. 231* (les créances au sein du couple : des créances ordinaires ?) ; *JCP 2016, nº 1146* (de la prétendue simplicité du régime juridique applicable aux créances entre époux).

COMMENTAIRE

1) Sur le calcul des créances entre époux et l'incidence de l'article 815-13 du code civil, voir les commentaires sous l'article 815-13.

Le calcul des créances entre époux se fait via le mécanisme de la dette de valeur (C. civ., art. 1469, auquel renvoie l'art. 1479, lui-même étant désigné par renvoi de l'art. 1543). On se reportera donc à l'article 1469.

2) Sur les remboursements relatifs à un immeuble (personnel ou indivis) à usage familial, et l'interférence de l'art. 214 C. civ., V. cet art., la jurisprudence et le commentaire. ❑

A. CRÉANCES ENTRE ÉPOUX : FAITS GÉNÉRATEURS

1. Collaboration bénévole d'un conjoint à l'activité professionnelle de l'autre. Lorsque la collaboration d'un époux séparé de biens, sans rémunération, à l'activité professionnelle de l'autre a servi à acquérir, conserver ou améliorer un bien figurant dans le patrimoine de ce dernier au jour de la liquidation du régime matrimonial, l'indemnité due doit être évaluée selon les règles prescrites par les art. 1469, al. 3, 1479, al. 2, et 1543. • Civ. 1re, 12 déc. 2007, n° 06-15.547 P : *D. 2008. AJ 223 ; JCP 2008. I. 144, n° 24, obs. Storck ; JCP N 2008. 1252, note Le Guidec ; Gaz. Pal. 2008. 3365, note Zelcevic-Duhamel ; AJ fam. 2008. 85, obs. Hilt ; Defrénois 2008. 2204, obs. Champenois ; RTD civ. 2008. 695, obs. Revet* (exclusion des règles régissant l'enrichissement sans cause).

2. Simple transfert de valeur résultant de la souscription d'une assurance vie au bénéfice de son conjoint (non). La prétendue existence d'un transfert de valeurs entre les patrimoines d'époux séparés de biens, résultant de la souscription d'un contrat d'assurance vie par un conjoint au bénéfice de son époux, est insuffisante à fonder le principe d'une créance entre eux. • Civ. 1re, 17 nov. 2010, n° 09-16.964 P : *D. 2011. 732, note Barabé-Bouchard ; JCP 2011, n° 503, obs. Storck ; AJ fam. 2011. 163, obs. Hilt ; RTD civ. 2011. 581, obs. Vareille ; Defrénois 2011. 393, obs. Champenois ; Banque et Dr. 2011. 49, obs. Gossou ; RLDC 2010/78, n° 4109, obs. Le Gallou ; RGDA 2011. 160, note Mayaux ; ibid. 181, note Mayaux.*

3. Simple possession d'une somme au moment du mariage (non). Le fait qu'une épouse contractuellement séparée de biens ait possédé au moment de son mariage une somme d'un montant déterminé ne la rend pas nécessairement créancière de son mari pour ce montant. • Civ. 1re, 14 juin 1989, n° 87-16.472 P.

4. Financement de dépenses relatives à des biens indivis entre les époux (non). Éviction de l'art. 1543 au profit des règles de l'indivision en cas de financement à l'aide des deniers personnels d'un époux de dépenses relatives à l'acquisition d'un terrain en indivision entre les époux et à la construction réalisée sur ce terrain, elle-même indivise par voie d'accession. • Civ. 1re, 14 oct. 2009 : *AJ fam. 2010. 90, obs. Hilt.*

B. RÉGIME JURIDIQUE

1° RÉGLES GÉNÉRALES

5. Nature juridique des créances entre époux. Il résulte de l'art. 1479, al. 1er, auquel renvoie l'art. 1543, que le règlement des créances entre époux ne constitue pas une opération de partage. • Civ. 1re, 26 sept. 2012, n° 11-22.929 P : *D. 2012. 2307 ; AJ fam. 2012. 564, obs. Hilt ; RTD civ. 2012. 766, obs. Vareille.*

6. Régime de la preuve des créances entre époux. La preuve de la remise de fonds à une personne ne suffit pas à justifier l'obligation pour celle-ci de les restituer. • Civ. 1re, 18 mars 2020, n° 19-11.475.

7. Revalorisation des créances entre époux. Il résulte de l'art. 1473, al. 2, C. civ. que ce n'est qu'à défaut de convention contraire que les créances personnelles que les époux séparés de biens ont à exercer l'un contre l'autre sont évaluées selon les règles de l'art. 1469, al. 3. • Civ. 1re, 4 mars 2015, n° 14-10.660 P • 8 juin 1999 : *Dr. fam. 2000, n° 12, note Beignier.* – V. aussi : • Civ. 1re, 25 avr. 2006, n° 04-11.359 P : *D. 2006. IR 1335 ; JCP 2006. I. 193, n° 26, obs. Storck ; AJ fam. 2006. 253, obs. Hilt* • 24 sept. 2008, n° 07-19.710.

8. Méthode de calcul des créances (méthode « déductive »). Selon l'art. 1469 C. civ., le profit subsistant représente l'avantage réellement procuré au fonds emprunteur, de sorte que pour déterminer la créance d'un époux au titre de l'amélioration d'un bien personnel de son conjoint, il convient d'évaluer la plus-value procurée à ce bien par lesdits travaux d'amélioration, en déduisant de la valeur de l'immeuble au jour de l'aliénation la valeur qu'il aurait eue à la même date sans les travaux d'amélioration. • Civ. 1re, 18 janv. 2017, n° 15-28.164. ♦ Sur cette méthode, V. notes ss. art. 1469.

9. Les deniers prêtés par un tiers sont à exclure du calcul. Pour fixer la créance de l'épouse à l'égard de l'indivision, au titre d'une soulte payée par l'époux à ses frères et sœurs aux termes d'une donation-partage du 12 févr. 1958 lui attribuant un terrain, l'arrêt retient que la somme a été payée au moyen de fonds provenant de la vente d'un bien indivis entre l'épouse et sa mère et que l'emploi par le mari de cette somme, afin de payer une dette personnelle, l'a rendu débiteur à l'égard de son épouse à hauteur du profit qu'il en a retiré, indépendamment des rapports ayant pu exister entre celle-ci et sa mère quant à la répartition définitive entre elles du prix de vente de leur immeuble. En statuant ainsi, alors que le profit subsistant devait être déterminé selon la proportion dans laquelle les fonds apportés par l'épouse, à l'exclusion de ceux éventuellement apportés par la mère de celle-ci, avaient contribué au paiement de la soulte ayant permis l'attribution du terrain, la cour d'appel a violé les art. 1469, al. 3, 1543 et 1479, al. 2, C. civ. • Civ. 1re, 18 janv. 2017, n° 16-12.391 P : *AJ fam. 2017, 255, obs. Hilt*.

10. Prise en compte des frais d'acquisition (oui). Cassation de l'arrêt qui n'a pas pris en considération le montant total de l'apport du mari, le fait que celui-ci ait pour partie réglé les frais d'acquisition étant indifférent. • Civ. 1re, 26 juin 2013, n° 12-13.757 (violation de l'art. 1469).

11. Point de départ des intérêts. Les intérêts d'une créance entre époux séparés de biens, évaluée selon les règles du calcul du profit subsistant, courent, lorsque le bien a été aliéné avant la liquidation, à compter du jour de l'aliénation, qui détermine le profit subsistant. • Civ. 1re, 23 sept. 2015, n° 14-15.428 P : *D. 2016. 583, note Douville ; ibid. 674, obs. Douchy-Oudot ; AJ fam. 2015. 621, obs. Hilt ; RTD civ. 2015. 923, obs. Grimaldi ; ibid. 928, obs. Vareille ; Defrénois 20116. 88, note Souhami ; Dr. fam. 2015, n° 219, obs.Beignier et Torricelli-Chrifi.*

12. Créances entre époux et paiement de l'indu. Pour rejeter la demande de l'ex-épouse tendant à dire qu'elle est titulaire d'une créance de 152 449,02 € sur son ex-époux au titre de la perception par celui-ci d'une partie du prix de vente d'une officine de pharmacie qui lui appartenait, l'arrêt, après avoir relevé que la somme revendiquée avait été versée à Monsieur avec l'accord de Madame par le notaire chargé de la vente de ce bien, retient que cette dernière ne peut pas en réclamer le remboursement puisque cette somme a été versée avec son assentiment. En statuant ainsi, alors que le paiement effectué en connaissance de cause ne fait pas obstacle à l'exercice par son auteur de l'action en répétition de l'indu, la cour d'appel a violé les art. 1235 et 1376 anc. C. civ., ensemble les art. 1478 et 1543 du même code. • Civ. 1re, 16 déc. 2015 n° 14-26.411.

13. Prescription. Le délai de droit commun par lequel se prescrivent, en l'absence de dispositions particulières, les créances entre époux en matière personnelle ou mobilière commence à courir lorsque le divorce a acquis force de chose jugée. • Civ. 1re, 18 mai 2022, n° 20-20.725 B : *D. 2022. 1388, note Bouathong ; AJ fam. 2022. 443, obs. Casey ; ibid. 307, obs. d'Ambra*.

2° SPÉCIFICITÉS LIÉES À UN DIVORCE

14. Concentration du contentieux. Lorsqu'un jugement de divorce a ordonné la liquidation des intérêts pécuniaires des époux, un époux ne peut réclamer le paiement d'une créance contre son conjoint en dehors de cette liquidation ; il lui appartient de la faire valoir lors de l'établissement des comptes se rapportant à la liquidation du régime matrimonial. • Civ. 1re, 5 avr. 1993, n° 91-10.648 P : *JCP 1994. I. 3733, n° 24, obs. Storck ; JCP N 1994. II. 113, note Hérail.* ♦ Dans le même sens : • Civ. 1re, 23 nov. 2016, n° 15-27.497 : *AJ fam. 2017. 64, obs. Casey*. ♦ Mais est recevable une instance distincte en recouvrement d'une créance entre époux dès lors qu'au jour où le juge statue, le divorce n'a pas été prononcé par une décision irrévocable. • Civ. 1re, 22 mai 2007, n° 05-12.017 P : *D. 2007. AJ 1732, obs. Delaporte-Carré ; JCP 2007. I. 208, n° 23, obs. Storck ; Defrénois 2007. 1311, obs. Massip ; AJ fam. 2007. 360, obs. Hilt ; Dr. fam. 2007, n° 149, note Larribau-Terneyre.*

15. Incidence de la contribution aux charges du mariage. V. notes ss. art. 1537.

16. Déclaration au passif de la procédure collective ouverte à l'encontre de l'époux débiteur. Il incombe à l'ex-épouse de déclarer ses créances à la procédure collective de l'ex-époux dès lors que ces créances sont nées antérieurement à l'ouverture de la liquidation judiciaire ; tel est le cas de la créance résultant du financement exclusif par l'épouse, pendant le mariage, de l'achat d'un terrain stipulé indivis entre les époux, et de celle résultant du remboursement par elle seule de l'emprunt contracté de façon indivise par les deux époux, créances qui sont nées, la première à la date du paiement, la seconde à la date des remboursements. • Com. 4 avr. 2006, n° 04-16.672 P : *JCP 2006. I. 193, n° 24, obs. Storck*.

C. ILLUSTRATIONS

17. Le paiement des impôts n'entre pas dans la contribution aux charges du mariage (créance retenue). La contribution des époux séparés de biens à la dette fiscale, qui ne constitue pas une charge du mariage, est déterminée au prorata de l'impôt dont ils auraient été redevables s'ils avaient fait l'objet d'une imposition séparée. • Civ. 1re, 15 avr. 2015, n° 13-25.446. ♦ Solution constante, V. notamment : • Civ. 1re, 26 oct. 2011, n° 10-24.214 P • 30 oct. 2006, n° 03-19.317 P • 28 oct. 2003, n° 01-10.232 • 5 nov. 2014, n° 13-22.605 • 6 juill. 2011, n° 10-19.283. ♦ Mais un accord entre époux peut bloquer la demande de remboursement. • Civ. 1re, 25 juin 2008, n° 07-17.349.

18. Reconnaissance de dette (créance retenue). L'acte constatant la reconnaissance de dette présume que la cause est licite et qu'elle existe, peu important qu'il ne réponde pas aux exigences de l'art. 1326 anc. C. civ. (créance retenue). Viole les art. 1132 et 1326 anc. C. civ. l'arrêt d'appel qui retient que la reconnaissance de dette, qui ne satisfait pas aux exigences de l'art. 1326, faute de mention manuscrite en chiffres et en lettres de la somme due, ne constitue qu'un commencement de preuve par écrit, ce qui suppose que l'époux rapporte la preuve du versement effectif de la somme litigieuse entre les mains de son épouse, alors que la règle énoncée par l'art. 1132, qui institue une présomption que la cause de l'obligation invoquée existe et est licite, n'exige pas, pour son application, l'existence d'un acte répondant aux conditions de forme prescrites par l'art. 1326. • Civ. 1re, 12 janv. 2012, n° 10-24.614.

Art. 1544 à 1568 *Abrogés.*

CHAPITRE IV *DU RÉGIME DE PARTICIPATION AUX ACQUÊTS*

(L. n° 65-570 du 13 juill. 1965)

Sur les modalités d'entrée en vigueur (fixée au 1er juill. 1986) de la loi n° 85-1372 du 23 déc. 1985 modifiant le présent chapitre IV, V. les art. 56 à 62 de cette loi, ss. art. 1581.

RÉP. CIV. v° *Participation aux acquêts*, par DAVID et JAULT.

DALLOZ ACTION *Droit patrimonial de la famille 2021/2022, nos 171.00 s.*

BIBL. GÉN. ► BEIGNIER, *Dr. fam. 2021, Etude 5* (avantages matrimoniaux et participation aux acquêts : critiquons le Code civil, pas la Cour de cassation). – CASADO, COUZIGOU-SUHAS et MUNCK-BARRAUD, *Dr. fam. 2022, Étude 16* (rappel des fondamentaux pour liquider une créance de participation). – COHEN et MASSÉ, *Gaz. Pal. 1999. 1. Doctr. 295* (participation aux acquêts avec clause d'exclusion des biens professionnels). – CHAMPENOIS et COMBRET, *Defrénois 2013. 1247* (société d'acquêts). – CORNU, *JCP 1970. I. 2368*. – CORON et LUCET, *JCP N 2000. 733* (assurance vie). – DAURIAC, *Defrénois 2013. 1271* (société d'acquêts). – DEPREZ, *JCP N 1979. I. 341* (formule) ; *ibid. 1988. I. 300* (avantages matrimoniaux). – DUCHANGE, *Defrénois 1993. 1393* (minoration du taux de participation aux acquêts). – FÉNARDON, *JCP N 2009. 1117* (participation inégale aux acquêts) ; *ibid. 1137* (participation intégrale aux acquêts) ; *ibid. 1195* (participation en nature) ; *ibid. 1245* (protection des biens professionnels). – FLAMENT, *Defrénois 1993. 737* (régime à liquidation alternative). – GENTILHOMME, *Defrénois 2013. 1277* (société d'acquêts et exclusion de l'outil de travail). – LE BARS, *Mél. Wiederkehr, Dalloz, 2009, p. 487*. – LEMAIRE, *JCP N 1995. I. 965* (assurance vie). – MARIE, *Defrénois 2001. 1307* (appauvrissement des époux). – MAURY, *Mél. Colomer, Litec, 1993, p. 243* (principe participatif). – PILLEBOUT, *JCP N 1979. I. 193* (formules) ; *ibid. 1983. Prat. 8709 ; ibid. 1993. Prat. 2757* (liquidation) ; *ibid. 1994. Prat. 3091* (partage). – RIEG, *Mél. Marty, Univ. Toulouse, 1978, p. 921* (participation aux acquêts en France et en Allemagne). – SIMLER, *Defrénois 2013. 1259* (société d'acquêts). – J.-P. STORCK, *JCP N 1981. I. 355* (avantages matrimoniaux). – TILLAYE-DUVERDIER, LOLEV et FOUCART, *AJ fam. 2022. 594* (liquidation du régime de la participation aux acquêts). – WAEMEL, *JCP N 1988. I. 118*.

► **Modifications résultant de la loi du 23 déc. 1985 :** DE GAUDEMARIS, *D. 1987. Chron. 223*. – G. MORIN, *Defrénois 1986. 1074* (formules). – PILLEBOUT, *JCP N 1986. I. 273 ; 1987. I. 93* (formules). – VIRFOLET, *JCP 1986. I. 3259*.

► **Régime matrimonial optionnel franco-allemand de participation aux acquêts :** V. ss. art. 1581.

Art. 1569 Quand les époux ont déclaré se marier sous le régime de la participation aux acquêts, chacun d'eux conserve l'administration, la jouissance et la libre disposition de ses biens personnels, sans distinguer entre ceux qui lui appartenaient au jour du mariage ou lui sont advenus depuis par succession ou libéralité et ceux qu'il a acquis pendant le mariage à titre onéreux. Pendant la durée du mariage, ce régime fonctionne comme si les époux étaient mariés sous le régime de la séparation de biens. A la dissolution du régime, chacun des époux a le droit de participer pour moitié en valeur aux acquêts nets constatés dans le patrimoine de l'autre, et mesurés par la double estimation du patrimoine originaire et du patrimoine final.

Le droit de participer aux acquêts est incessible tant que le régime matrimonial n'est pas dissous. Si la dissolution survient par la mort d'un époux, ses héritiers ont, sur les acquêts nets faits par l'autre, les mêmes droits que leur auteur.

Le titre de propriété suffit à justifier le partage du prix. Un bien appartient à celui qui l'a acquis, sans égard à son financement ; ayant relevé que l'acte d'acquisition établissait clairement et sans ambiguïté que les époux étaient propriétaires indivis du bien litigieux, chacun pour moitié, la cour d'appel en a justement déduit que son prix de vente devait être partagé par moitié entre eux. • Civ. 1re, 1er juill. 2009, n° 08-11.861.

Art. 1570 *(L. n° 85-1372 du 23 déc. 1985)* **Le patrimoine originaire comprend les biens qui appartenaient à l'époux au jour du mariage et ceux qu'il a acquis depuis par succession ou libéralité, ainsi que tous les biens qui, dans le régime de la communauté légale, forment des propres par nature sans donner lieu à récompense. Il n'est pas tenu compte des fruits de ces biens ni de ceux de ces biens qui auraient eu le caractère de fruit ou dont l'époux a disposé par donation entre vifs pendant le mariage.**

La consistance du patrimoine originaire est prouvée par un état descriptif, même sous seing privé, établi en présence de l'autre conjoint et signé par lui.

A défaut d'état descriptif ou s'il est incomplet, la preuve de la consistance du patrimoine originaire ne peut être rapportée que par les moyens de l'article 1402. — *V. L. n° 85-1372 du 23 déc. 1985, art. 62, ss. art. 1581.*

1. Composition de l'actif originaire. Cassation de l'arrêt qui, pour fixer à l'actif du patrimoine originaire d'un époux une somme représentant la valeur d'aliénation de la totalité d'un bien alors que cet époux avait seulement reçu le quart de ce bien par succession avant d'en acquérir les trois quarts restant à titre onéreux, fait une application erronée de l'art. 1408, texte qui n'est pas transposable aux époux unis sous le régime de la participation aux acquêts. • Civ. 1re, 31 mars 2016, n° 14-24.556 P : *D. 2016. 1803, note Mauger-Vielpeau ; ibid. 2086, obs. Brémond ; JCP N 2016, n° 1236, note Naudin.*

2. Indemnité de licenciement. Si la date de notification du licenciement est antérieure au mariage, l'indemnité de licenciement fait partie du patrimoine originaire. • Civ. 1re, 15 nov. 2017, n° 16-25.023 P.

3. Indifférence de la qualification des parties. Il appartient au juge de restituer aux faits leur exacte qualification, peu important que les parties aient qualifié l'indemnité de somme réparant un préjudice personnel. • Civ. 1re, 3 janv. 2006, n° 04-13.734 P (cassation, au visa de l'art. 12, al. 2, C. pr. civ., de l'arrêt d'appel qui déclare la communauté redevable d'une récompense en énonçant que la cour ne peut requalifier l'indemnité et décider qu'elle répare en réalité un préjudice économique).

4. Nécessité pour le juge d'établir le caractère exclusivement personnel des fonds. V. • Civ. 1re, 23 juin 2021, n° 19-23.614 B : *AJ fam. 2021. 499, obs. Ferré-André ; ibid. 501, obs. Casey ; RTD civ. 2021. 693, obs. Nicod .*

Ancien art. 1570 *Le patrimoine originaire comprend les biens qui appartenaient à l'époux au jour du mariage et ceux qu'il a acquis depuis par succession ou libéralité. Il n'est pas tenu compte des fruits de ces biens, ni de ceux de ces biens qui auraient eu le caractère de fruits.*

La consistance du patrimoine originaire est prouvée par un état descriptif, même sous seing privé, établi en présence de l'autre conjoint et signé de lui ; à défaut, le patrimoine originaire est tenu pour nul.

La preuve que le patrimoine originaire aurait compris d'autres biens ne peut être rapportée que par les moyens de l'article 1402.

Art. 1571 *(L. n° 85-1372 du 23 déc. 1985)* **Les biens originaires sont estimés d'après leur état au jour du mariage ou de l'acquisition et d'après leur valeur au jour où le régime matrimonial est liquidé. S'ils ont été aliénés, on retient leur valeur au jour de l'aliénation. Si de nouveaux biens ont été subrogés aux biens aliénés, on prend en considération la valeur de ces nouveaux biens.**

De l'actif originaire sont déduites les dettes dont il se trouvait grevé, réévaluées, s'il y a lieu, selon les règles de l'article 1469, troisième alinéa. Si le passif excède l'actif, cet excédent est fictivement réuni au patrimoine final. — *V. L. n° 85-1372 du 23 déc. 1985, art. 62, ss. art. 1581.*

Ancien art. 1571 *Les biens originaires sont estimés d'après leur état au jour du mariage ou au jour de l'acquisition, et d'après leur valeur au jour où le régime matrimonial est dissous. S'ils ont été aliénés, on retient leur valeur au jour de l'aliénation. Si de nouveaux biens ont été subrogés aux biens aliénés, on prend en considération la valeur de ces nouveaux biens.*

De l'actif originaire sont déduites les dettes dont il se trouvait grevé. Si le passif excède l'actif, le patrimoine originaire est tenu pour nul.

Art. 1572 **Font partie du patrimoine final tous les biens qui appartiennent à l'époux au jour où le régime matrimonial est dissous, y compris, le cas échéant, ceux dont il aurait disposé à cause de mort et sans en exclure les sommes dont il peut être créan-**

cier envers son conjoint. S'il y a divorce, séparation de corps ou liquidation anticipée des acquêts, le régime matrimonial est réputé dissous au jour de la demande.

La consistance du patrimoine final est prouvée par un état descriptif, même sous seing privé, que l'époux ou ses héritiers doivent établir en présence de l'autre conjoint ou de ses héritiers ou eux dûment appelés. Cet état doit être dressé dans les neuf mois de la dissolution du régime matrimonial, sauf prorogation par le président du tribunal statuant *(Ord. n° 2019-738 du 17 juill. 2019, art. 2)* **« sur requête** *[ancienne rédaction : en la forme des référés]* **».**

La preuve que le patrimoine final aurait compris d'autres biens peut être rapportée par tous les moyens, même par témoignages et présomptions.

Chacun des époux peut, quant aux biens de l'autre, requérir l'apposition des scellés et l'inventaire suivant les règles prévues au code de procédure civile.

Les dispositions de l'Ord. n° 2019-738 du 17 juill. 2019 s'appliquent aux demandes introduites à compter du 1er janv. 2020 (Ord. préc., art. 30).

1. Acquisition de parts indivises. Cassation de l'arrêt qui, faisant une application erronée de l'art. 1408, refuse d'inscrire au patrimoine final d'un époux une somme représentant la valeur d'un bien dont cet époux avait acquis le quart indivis par succession avant d'acquérir les trois autres quarts à titre onéreux, alors que font partie du patrimoine final d'un époux tous les biens qui lui appartiennent au jour où le régime matrimonial est dissous. • Civ. 1re, 31 mars 2016, n° 14-24.556 P : *D. 2016. 1803, note Mauger-Vielpeau ; ibid. 2086, obs. Brémond ; RTD civ. 2016, 919, obs. Vareille.*

2. Solde créditeur du compte de l'exploitant. Pour fixer à 518 817 € la créance de participation de l'épouse, l'arrêt retient que le compte d'exploitant du mari, d'un montant de 543 062 €, figure au bilan du fonds de commerce d'officine de pharmacie qu'il exploite, et que les sommes, qui ont été utilisées pour l'entreprise, ne sont plus disponibles et que, si celui-ci devait les récupérer, il ne pourrait le faire que par prélèvement sur le produit de la vente du fonds, de sorte qu'il n'y a pas lieu d'en tenir compte au titre de son patrimoine personnel. En statuant ainsi, alors que la somme figurant au solde créditeur du compte de l'exploitant appartenait à l'époux, qui exploitait à titre individuel son fonds de commerce, de sorte qu'elle devait être retenue pour la détermination de la consistance de son patrimoine final et son évaluation, la cour d'appel a violé les art. 1572 et 1574 C. civ. • Civ. 1re, 7 nov. 2018, n° 17-26.222 P : *AJ fam. 2019. 98, obs. Casey ; RTD civ. 2019. 176, obs. Vareille ; Dr. fam. 2019, n° 31, obs. Torricelli-Chrifi ; JCP N 2019, n° 1179, obs. Grosjean.*

3. Clause d'exclusion des biens professionnels : révocation en cas de divorce. Les profits que l'un ou l'autre des époux mariés sous le régime de la participation aux acquêts peut retirer des clauses aménageant le dispositif légal de liquidation de la créance de participation constituent des avantages matrimoniaux prenant effet à la dissolution du régime matrimonial. Ils sont révoqués de plein droit par le divorce des époux, sauf volonté contraire de celui qui les a consentis, exprimée au moment du divorce. Il en résulte qu'une clause excluant du calcul de la créance de participation les biens professionnels des époux en cas de dissolution du régime matrimonial pour une autre cause que le décès, qui conduit à avantager celui d'entre eux ayant vu ses actifs nets professionnels croître de manière plus importante en diminuant la valeur de ses acquêts dans une proportion supérieure à celle de son conjoint, constitue un avantage matrimonial en cas de divorce. • Civ. 1re, 18 déc. 2019, n° 18-26.337 P : *AJ fam. 2020.126, obs. Duchange ; RTD civ. 2020. 178, obs. Vareille.*

Art. 1573 *(L. n° 85-1372 du 23 déc. 1985)* **Aux biens existants, on réunit fictivement les biens qui ne figurent pas dans le patrimoine originaire et dont l'époux a disposé par donation entre vifs sans le consentement de son conjoint, ainsi que ceux qu'il aurait aliénés frauduleusement. L'aliénation à charge de rente viagère ou à fonds perdu est présumée faite en fraude des droits du conjoint, si celui-ci n'y a consenti.** — *V. L. n° 85-1372 du 23 déc. 1985, art. 62, ss. art. 1581.*

Ancien art. 1573 *Aux biens existants on réunit fictivement ceux dont l'époux a disposé par donations entre vifs, à moins que l'autre conjoint n'ait consenti à la donation, ainsi que ceux qu'il aurait aliénés frauduleusement. L'aliénation à charge de rente viagère ou à fonds perdu est présumée faite en fraude des droits du conjoint, s'il n'y a donné son consentement.*

Art. 1574 *(L. n° 85-1372 du 23 déc. 1985)* **Les biens existants sont estimés d'après leur état à l'époque de la dissolution du régime matrimonial et d'après leur valeur au jour de la liquidation de celui-ci. Les biens qui ont été aliénés par donations entre vifs, ou en fraude des droits du conjoint, sont estimés d'après leur état au jour de l'aliéna-**

tion et la valeur qu'ils auraient eue, s'ils avaient été conservés, au jour de la liquidation.

De l'actif ainsi reconstitué, on déduit toutes les dettes qui n'ont pas encore été acquittées, y compris les sommes qui pourraient être dues au conjoint.

La valeur, au jour de l'aliénation, des améliorations qui avaient été apportées pendant le mariage à des biens originaires donnés par un époux sans le consentement de son conjoint avant la dissolution du régime matrimonial doit être ajoutée au patrimoine final. — *V. L. n° 85-1372 du 23 déc. 1985, art. 62, ss. art. 1581.*

Ancien art. 1574 ***Les biens existants sont estimés d'après leur état et leur valeur au jour où le régime matrimonial est dissous. Les biens qui ont été aliénés par donations entre vifs, ou en fraude des droits du conjoint, sont estimés d'après leur état au jour de l'aliénation et la valeur qu'ils auraient eue, s'ils avaient été conservés, au jour de la dissolution.***

De l'actif ainsi reconstitué, on déduit toutes les dettes qui n'ont pas encore été acquittées, sans en exclure les sommes qui pourraient être dues au conjoint.

Il résulte des art. 1572 et 1574 C. civ. que, lors de la dissolution du régime matrimonial de participation aux acquêts, une créance détenue par un époux à l'encontre de son conjoint doit être comptabilisée à l'actif du patrimoine final de cet époux et au passif du patrimoine final du conjoint pour le calcul de leurs acquêts nets et la détermination de l'éventuelle créance de participation. • Civ. 1re, 3 oct. 2018, n° 17-26.585.

COMMENTAIRE

La règle ici rappelée par l'arrêt rendu par la première chambre civile de la Cour de cassation le 3 octobre 2018 est certes exacte, mais il ne faut pas perdre de vue que dans la majorité des cas, l'intégration des créances entre époux revient à un jeu à sommes nulles. Imaginons que Roméo ait 400 000 € d'acquêts nets, alors que Juliette a 200 000 € d'acquêts nets, mais détient une créance entre époux de 100 000 € contre Roméo. Dans cette hypothèse, Juliette détient une créance de participation contre Roméo de 100 000 € (400 000 € – 200 000 € = 200 000 €/2), outre sa créance entre époux. Si l'on applique les textes (et la solution ici réaffirmée par la Cour de cassation), Roméo aura des acquêts nets de 300 000 € (400 000 € – 100 000 €). Juliette, quant à elle, aura des acquêts nets de 300 000 € (200 000 € + 100 000 €). Il n'y a plus de créance de participation, les deux époux ayant des acquêts nets égaux. En revanche, Juliette détient le droit d'être remboursée de sa créance, et elle recevra donc 100 000 €, qui est le montant de sa créance. C'est donc exactement la même chose que si l'on ne comptait pas ladite créance dans la liquidation. Les deux seuls cas où ce qui précède n'est pas exact, c'est (i) lorsque l'un des époux a des acquêts déficitaires, et (ii) quand des biens du patrimoine originaire sont concernés. Dans ces deux cas, il conviendra de respecter scrupuleusement les indications données par le Cour de cassation, et donc la lettre même des articles 1572 et 1574. ❑

Art. 1575 **Si le patrimoine final d'un époux est inférieur à son patrimoine originaire, le déficit est supporté entièrement par cet époux. S'il lui est supérieur, l'accroissement représente les acquêts nets et donne lieu à participation.**

S'il y a des acquêts nets de part et d'autre, ils doivent d'abord être compensés. Seul l'excédent se partage : l'époux dont le gain a été le moindre est créancier de son conjoint pour la moitié de cet excédent.

A la créance de participation on ajoute, pour les soumettre au même règlement, les sommes dont l'époux peut être d'ailleurs créancier envers son conjoint, pour valeurs fournies pendant le mariage et autres indemnités, déduction faite, s'il y a lieu, de ce dont il peut être débiteur envers lui.

Art. 1576 **La créance de participation donne lieu à paiement en argent. Si l'époux débiteur rencontre des difficultés graves à s'en acquitter entièrement dès la clôture de la liquidation, les juges peuvent lui accorder des délais qui ne dépasseront pas cinq ans, à charge de fournir des sûretés et de verser des intérêts.**

La créance de participation peut toutefois donner lieu à un règlement en nature, soit du consentement des deux époux, soit en vertu d'une décision du juge, si l'époux débiteur justifie de difficultés graves qui l'empêchent de s'acquitter en argent.

Le règlement en nature prévu à l'alinéa précédent est considéré comme une opération de partage lorsque les biens attribués n'étaient pas compris dans le patrimoine originaire ou lorsque l'époux attributaire vient à la succession de l'autre.

La liquidation n'est pas opposable aux créanciers des époux : ils conservent le droit de saisir les biens attribués au conjoint de leur débiteur.

BIBL. ▶ CONTIN, *RTD civ. 1977. 435.* – RÉMY, *JCP N 1980. I. 333.*

Règlement de la créance de participation : paiement en argent. Une cour d'appel, statuant en référé à titre provisoire et sans être tenue de procéder à l'évaluation de la créance de participation conformément à l'art. 1574, a fait une exacte application de l'art. 1576, dès lors qu'elle a constaté que le mari ne justifait pas de difficultés l'empêchant de payer la somme à laquelle elle fixait le montant incontestable de sa dette de participation. • Civ. 1re, 18 juill. 1995, n° 93-16.981 P : *Defrénois 1996. 411, obs. Champenois ; RTD civ. 1997. 212, obs. Vareille.*

Art. 1577 *(L. n° 85-1372 du 23 déc. 1985)* **L'époux créancier poursuit le recouvrement de sa créance de participation d'abord sur les biens existants et subsidiairement, en commençant par les aliénations les plus récentes, sur les biens mentionnés à l'article 1573 qui avaient été aliénés par donation entre vifs ou en fraude des droits du conjoint.** — *V. L. n° 85-1372 du 23 déc. 1985, art. 62, ss. art. 1581.*

Ancien art. 1577 *L'époux créancier poursuit le recouvrement de sa créance de participation d'abord sur les biens existants et subsidiairement sur les biens qui avaient été aliénés par donations entre vifs ou en fraude des droits du conjoint, en commençant par les aliénations les plus récentes. L'action en révocation n'est ouverte contre les tiers acquéreurs à titre onéreux qu'autant que leur mauvaise foi est établie.*

Cacher n'est pas receler. L'art. 1477 édicte une sanction à l'encontre de l'époux commun en biens coupable d'un recel des effets de la communauté ; sous le régime de la participation aux acquêts, les biens acquis par les époux, au cours du mariage, constituent des biens qui leur sont personnels et non des biens communs, chacun d'eux ne pouvant prétendre, à la dissolution du régime, qu'à une créance de participation. Il en résulte que les dispositions de l'art. 1477 ne leur sont pas applicables. • Civ. 1re, 4 mai 2011, n° 10-15.787 P : *D. 2011. 2005, note Mauger-Vielpeau ; ibid. 2012. 2476, obs. Revel ; AJ fam. 2011. 322, obs. Hilt ; RTD civ. 2011. 322, obs. Vareille* • 6 mars 2013, n° 11-25.159.

Art. 1578 **A la dissolution du régime matrimonial, si les parties ne s'accordent pas pour procéder à la liquidation par convention, l'une d'elles peut demander au tribunal qu'il y soit procédé en justice.**

Sont applicables à cette demande, en tant que de raison, les règles prescrites pour arriver au partage judiciaire des successions et communautés.

Les parties sont tenues de se communiquer réciproquement, et de communiquer aux experts désignés par le juge, tous renseignements et documents utiles à la liquidation.

L'action en liquidation se prescrit par trois ans à compter de la dissolution du régime matrimonial. Les actions ouvertes contre les tiers *(L. n° 85-1372 du 23 déc. 1985)* **« en vertu de** *(Ord. n° 2016-131 du 10 févr. 2016, art. 5-4°, en vigueur le 1er oct. 2016)* **« l'article 1341-2** *[ancienne rédaction : l'article 1167]* **» se prescrivent par deux ans à compter de la clôture de la liquidation.** — *V. L. n° 85-1372 du 23 déc. 1985, art. 62, ss. art. 1581.*

En ce qui concerne les renseignements que les inspecteurs des impôts sont tenus de fournir sur la situation fiscale des époux, V. L. n° 66-948 du 22 déc. 1966, art. 25 (LPF, art. L. 149), ss. art. 1467. — **C. civ.**

1. Prescription de l'action en liquidation, application aux créances entre époux (oui). L'action en paiement des créances entre époux, dont le règlement participe de la liquidation du régime matrimonial de participation aux acquêts, est soumise au même délai de prescription de l'art. 1578, al. 3, que l'action en liquidation. • Civ. 1re, 2 déc. 2015, n° 14-25.756 P : *D. 2016. 771, note Mauger-Vielpeau ; ibid. 674, obs. Douchy-Oudot ; AJ fam. 2016. 60, obs. Hilt.*

♦ Dans le même sens : • Civ. 1re, 22 juin 2016, n° 15-20.536.

2. Point de départ. Bien que le jugement de divorce prenne effet dans les rapports entre époux mariés sous le régime de la participation aux acquêts, en ce qui concerne leurs biens, à la date de la demande, le délai de prescription de trois ans de l'action en liquidation ne peut courir que du jour de la décision prononçant la dissolution du régime matrimonial. • Civ. 1re, 14 mai 1996, n° 94-10.162 P : *JCP 1996. I. 3962, n° 20, obs. Storck ; JCP N 1997. 391, obs. Pillebout ; Defrénois 1996. 126, obs. Champenois ; RTD civ. 1997. 214, obs. Vareille*.

3. Interruption. Un procès-verbal de difficultés faisant état de la créance de participation d'un époux interrompt la prescription. • Civ. 1re, 11 juill. 2006, n° 03-19.464 P.

4. Accord portant renonciation à la créance de participation (illicéité). La convention qui a pour objet et pour effet de priver l'épouse de sa créance éventuelle de participation sur des acquêts réalisés par l'époux ne peut s'analyser que comme une convention relative à la liquidation du régime matrimonial, et une telle convention est illicite dès lors qu'elle altère l'économie du régime de participation aux acquêts et que, de surcroît, elle a été conclue avant l'introduction de l'instance en divorce (violation des art. 265-2, et 1396, al. 3, C. civ., dans sa rédaction antérieure à la L. n° 2006-728 du 23 juin 2006. • Civ. 1re, 8 avr. 2009, n° 07-15.845.

5. Accord portant sur la liquidation (licéité, homologation non nécessaire). La cour d'appel a constaté que la convention, dont l'époux sollicitait l'homologation, avait pour objet la liquidation des intérêts patrimoniaux des époux, ce dont il se déduit qu'il n'y avait pas lieu de l'homologuer. • Civ. 1re, 5 oct. 2016, n° 15-19.120.

Art. 1579 Si l'application des règles d'évaluation prévues par les articles 1571 et 1574 ci-dessus devait conduire à un résultat manifestement contraire à l'équité, le tribunal pourrait y déroger à la demande de l'un des époux.

Droit transitoire : conventions matrimoniales antérieures à l'entrée en vigueur de la L. du 23 déc. 1985. L'art. 1579 n'est pas applicable, à une convention matrimoniale à laquelle l'art. 1574 n'est pas lui-même applicable faute, pour cette convention, de renvoyer à l'ancienne rédaction de cet art. ou d'en être la reproduction, ainsi que l'exige l'art. 62 de la L. du 23 déc. 1985. • Civ. 1re, 26 sept. 2007, n° 06-10.930 P : *RJPF 2008-1/15, obs. Vauvillé* (application de la convention matrimoniale).

Art. 1580 Si le désordre des affaires d'un époux, sa mauvaise administration ou son inconduite, donnent lieu de craindre que la continuation du régime matrimonial ne compromette les intérêts de l'autre conjoint, celui-ci peut demander la liquidation anticipée de sa créance de participation.

Les règles de la séparation de biens sont applicables à cette demande.

Lorsque la demande est admise, les époux sont placés sous le régime des articles 1536 à 1541. — *V. C. pr. civ., art. 1291* - ***C. pr. civ.***

Art. 1581 En stipulant la participation aux acquêts, les époux peuvent adopter toutes clauses non contraires aux articles 1387, 1388 et 1389.

Ils peuvent notamment convenir d'une clause de partage inégal, ou stipuler que le survivant d'eux ou l'un d'eux s'il survit, aura droit à la totalité des acquêts nets faits par l'autre.

Il peut également être convenu entre les époux que celui d'entre eux qui, lors de la liquidation du régime, aura envers l'autre une créance de participation, pourra exiger la dation en paiement de certains biens de son conjoint, s'il établit qu'il a un intérêt essentiel à se les faire attribuer.

Loi n° 65-570 du 13 juillet 1965,

Portant réforme des régimes matrimoniaux.

Art. 1er *V. C. civ., art. 214 à 226.*

Art. 2 *V. C. civ., art. 1387 à 1581.*

Art. 3 *V. C. civ., art. 2121, 2122, 2135 à 2142, 2163 et 2165 [2400 à 2408, 2446, 2448.]*

Art. 4 *V. C. civ., art. 243, 311, 386, 595, 818, 940, 1167, 1718, 1990.*

Art. 5 *V. C. com. [ancien], art. 4 (modifié), 5 (abrogé) et 7.*

Art. 6 Sera puni des peines *(L. n° 92-1336 du 16 déc. 1992, art. 285)* « de l'abus de confiance prévues par les articles 314-1 et 314-10 du code pénal », l'époux qui, après que lui aura été signifiée l'ordonnance prévue aux articles 220-1 et 220-2 du code civil, aura détruit, détourné ou tenté de détruire ou de détourner les objets confiés à sa garde.

Art. 7 Les dispositions de la présente loi sont applicables dans les départements du Haut-Rhin, du Bas-Rhin et de la Moselle, lorsqu'elles ne se rapportent pas à des matières actuellement soumises à des dispositions particulières. — *Sur l'harmonisation du droit local d'Alsace-Moselle, V. L. n° 90-1248 du 29 déc. 1990 (D. et ALD 1991. 76), spécialement art. 5.*

Art. 8 *(Al. 1er : modification des articles 29, 30, 31, 32 et 34 (2e alinéa) de la loi du 1er juin 1924, mettant en vigueur la législation civile française dans les départements du Haut-Rhin, du Bas-Rhin et de la Moselle). — Articles abrogés depuis lors par L. n° 90-1248 du 29 déc. 1990.*

(Al. 2 : abrogation des art. 53 à 56 de la loi du 1er juin 1924, préc.).

Art. 9 La présente loi entrera en vigueur le premier jour du septième mois qui suivra celui de sa promulgation *[1er févr. 1966]*.

A compter de cette date, les dispositions de son article 1er régiront tous les époux, sans qu'il y ait lieu de considérer l'époque à laquelle le mariage a été célébré, ou les conventions matrimoniales passées.

Pour le surplus, la situation des époux dont le mariage aura été célébré ou les conventions matrimoniales passées avant ladite date, sera réglée ainsi qu'il est dit aux articles 10 à 20 ci-dessous.

Art. 10 Si les époux s'étaient mariés sans faire de contrat de mariage avant l'entrée en vigueur de la présente loi, ils continueront d'avoir pour régime matrimonial la communauté de meubles et d'acquêts, telle que la définissaient les dispositions antérieures de la première partie du chapitre II, au titre cinquième du livre III du code civil. — *V. L. n° 85-1372 du 23 déc. 1985, art. 58.*

Néanmoins, à compter de l'entrée en vigueur de la présente loi, sans préjudicier aux droits qui auraient pu être acquis par des tiers, les époux reprendront la jouissance de leurs propres et supporteront les charges usufructuaires correspondantes, ainsi que les intérêts et arrérages de leurs dettes personnelles. Pareillement, ils seront désormais soumis au droit nouveau en tout ce qui concerne l'administration des biens communs, des biens réservés et des biens propres.

Art. 11 Si les époux avaient fait un contrat de mariage avant l'entrée en vigueur de la présente loi, ils continueront d'être régis par les stipulations de leur contrat.

(L. n° 65-995 du 26 nov. 1965) « Si, néanmoins, les époux étaient convenus d'un régime de communauté, le droit nouveau leur sera applicable en tout ce qui concerne l'administration des biens communs et des biens réservés. Sauf déclaration conjointe dans les formes prévues par l'article 17, le droit nouveau leur sera également applicable en ce qui concerne l'administration des biens propres et, sans préjudicier aux droits qui auraient pu être acquis par des tiers, chacun des époux, à compter de l'entrée en vigueur de la présente loi, reprendra la jouissance de ses propres et supportera le passif correspondant. Le mari qui, par l'effet de la déclaration conjointe précitée, conservera l'administration des propres de la femme, exercera ses pouvoirs conformément aux nouveaux articles 1505 à 1510 du code civil. » — *V. note ss. art. 17, al. 1er. — V. aussi L. n° 85-1372 du 23 déc. 1985, art. 60.*

Si, dans leur contrat de mariage, les époux avaient adopté le régime sans communauté ou le régime dotal, ils continueront aussi à être régis par les stipulations de leur contrat ainsi que, suivant le cas, par les dispositions des anciens articles 1530 à 1535 du code civil, ou par celles des anciens articles 1540 à 1581 du même code et de l'ancien article 5 du code de commerce. Toutefois, pendant un délai de deux ans à compter de l'entrée en vigueur de la présente loi, ils pourront, en observant les autres conditions prévues à l'article 17, se placer sous le régime de la communauté légale ou sous le régime de la séparation de biens.

Art. 12 Les nouveaux articles 1442 (2e alinéa) et 1475 (2e alinéa) seront applicables dans toutes les communautés dissoutes après l'entrée en vigueur de la présente loi.

Sous réserve des accords amiables déjà intervenus et des décisions judiciaires passées en force de chose jugée, le nouvel article 1469 sera applicable dans toutes les communautés non encore liquidées à la date de la publication de la présente loi. — *V. L. n° 85-1372 du 23 déc. 1985, art. 59.*

Art. 13 Le nouvel article 1402 du code civil sera applicable toutes les fois que les faits ou actes à prouver seront postérieurs à l'entrée en vigueur de la présente loi.

Le nouvel article 1538 sera applicable toutes les fois que la preuve devra être administrée après cette entrée en vigueur.

Art. 14 Sans préjudice de l'application *(Ord. n° 2021-1192 du 15 sept. 2021, art. 35, en vigueur le 1er janv. 2022)* « de l'article 2394 *[ancienne rédaction : des articles 2402 à 2404]* » du code civil, les femmes, dont le mariage a été célébré ou les conventions matrimoniales passées avant l'entrée en vigueur de la présente loi, continueront de jouir de l'hypothèque légale prévue à l'ancien article 2135 du même code, lors même qu'elle n'aurait pas encore été inscrite. Les inscriptions de cette hypothèque seront soumises aux dispositions des nouveaux articles 2139 [2405] et 2163 [2446] (alinéas 1 à 3) du code civil.

Art. 15 Le nouvel article 1397 sera applicable aux époux dont le mariage aura été célébré, ou les conventions matrimoniales passées avant l'entrée en vigueur de la présente loi.

Quand les époux useront de la faculté qui leur est ainsi ouverte, le changement par eux apporté à leur régime matrimonial aura pour effet de les soumettre entièrement aux dispositions de la présente loi, en tant qu'elles se rapportent au nouveau régime qu'ils auront adopté.

Si, toutefois, la modification ne porte que sur des clauses ou règles particulières du régime matrimonial antérieur, sans altération des dispositions essentielles de celui-ci, ils pourront convenir, sous réserve de l'homologation du tribunal, de rester soumis à la loi ancienne, dans les limites prévues aux articles 10 et 11 ci-dessus. En ce cas, ils ne pourront adopter de clauses qui seraient interdites, soit par la loi ancienne, soit par la loi nouvelle, réserve faite de l'article 20 ci-après.

Les époux mariés sous le régime dotal pourront se prévaloir du présent article.

Art. 16 Les époux qui s'étaient mariés avant l'entrée en vigueur de la présente loi sans avoir fait de contrat de mariage, pourront, par déclaration conjointe, se placer sous le régime matrimonial prévu par la première partie du chapitre II, au nouveau titre cinquième du livre III du code civil.

Pareillement, les époux qui avaient passé des conventions matrimoniales avant l'entrée en vigueur de la présente loi, pourront, par déclaration conjointe, soumettre leur régime matrimonial aux dispositions nouvelles qui doivent désormais régler ce type de régime, sans préjudice, néanmoins, des clauses particulières qu'ils auraient convenues, lesquelles ne pourront être modifiées que dans les formes du nouvel article 1397.

Art. 17 La déclaration conjointe prévue à l'un et l'autre alinéa de l'article précédent sera, à peine de nullité, faite devant notaire et dans un délai de six mois à compter de l'entrée en vigueur de la présente loi. — *Les déclarations conjointes prévues aux articles 11 (al. 2) et 16 ont pu être reçues jusqu'au 31 déc. 1967. Celles qui avaient été reçues après le 1er août 1966 n'ont pas eu à être renouvelées (L. n° 66-861 du 22 nov. 1966, art. 1er).*

A la diligence du notaire qui l'aura reçue, la déclaration *(L. n° 66-861 du 22 nov. 1966)* « devra être mentionnée », dans les trente jours de sa date, en marge de l'acte de mariage des époux et, s'il existe un contrat de mariage, sur la minute de ce contrat. — *La modification apportée par la L. n° 66-861 du 22 nov. 1966 (suppression des mots : « à peine de nullité ») a un caractère interprétatif (L. préc., art. 2).*

Elle aura effet entre les parties au jour où elle aura été reçue, et, à l'égard des tiers, trois mois après que mention en aura été portée en marge de l'un et de l'autre exemplaire de l'acte de mariage. Toutefois, en l'absence même de cette mention, la déclaration n'en sera pas moins opposable aux tiers si, dans les actes passés avec eux, les époux ont fait connaître qu'ils se sont soumis au droit nouveau.

En ce qui concerne les mentions qui doivent être faites au registre du commerce lorsque l'un des deux époux au moins est commerçant, relativement aux déclarations conjointes prévues par les art. 11 et 16 ci-dessus, V. Décr. n° 66-257 du 19 avr. 1966, art. 3 (D. 1966. 229 ; BLD 1966. 191).

Art. 18 Quand les époux auront fait la déclaration conjointe prévue aux deux articles précédents, leur régime matrimonial sera entièrement réglé par le droit nouveau, pour le passé comme pour l'avenir, sans que les droits antérieurement acquis par des tiers puissent néanmoins en être affectés.

Art. 19 Dans la période comprise entre la publication de la présente loi au *Journal officiel* et la date prévue par l'article 9 ci-dessus pour son entrée en vigueur, les futurs époux pourront, par une clause expresse de leur contrat de mariage, convenir de soumettre leur régime matrimonial au droit nouveau.

Cette option sera indivisible.

Art. 20 Les clauses visées aux nouveaux articles 1390, 1391 et 1392 du code civil et contenues dans des contrats de mariage antérieurs à l'entrée en vigueur de la présente loi sont valables et soumises aux dispositions desdits articles, sous réserve des décisions de justice déjà passées en force de chose jugée.

Les époux qui avaient fait un contrat de mariage avant l'entrée en vigueur de la présente loi pourront, par simple déclaration conjointe, qui sera, à peine de nullité, faite devant notaire et dans un délai de six mois à compter de cette entrée en vigueur, adopter la clause précitée. Les deuxième et troisième alinéas de l'article 17 ci-dessus seront applicables à cette déclaration. — *Les déclarations conjointes prévues à l'article 20 ont pu être reçues jusqu'au 31 déc. 1967. Celles qui avaient été reçues après le 1er août 1966 n'ont pas eu à être renouvelées (L. nº 66-861 du 22 nov. 1966, art. 1er).*

Art. 21 Sous réserve des décisions de justice passées en force de chose jugée, les conventions matrimoniales conclues antérieurement à l'entrée en vigueur de la présente loi ne pourront être annulées au motif que la présence simultanée de toutes les parties ou de leurs mandataires aurait fait défaut.

Art. 22 Les dispositions du dernier alinéa de l'article 595 nouveau du code civil ne sont pas applicables aux baux en cours à la date d'entrée en vigueur de la présente loi ni à leur renouvellement.

Les dispositions du troisième alinéa de l'article 456 du code civil ne sont pas non plus applicables aux baux en cours à la date d'entrée en vigueur de la loi nº 64-1230 du 14 décembre 1964 ni à leur renouvellement.

Art. 23 Toutes les dispositions contraires à celles de la présente loi sont abrogées et notamment les articles 124, alinéa 2, 2255 et 2256 du code civil, ainsi que l'article 12 de la loi du 1er février 1943 relative aux règlements par chèques et virements.

Loi nº 85-1372 du 23 décembre 1985,

Relative à l'égalité des époux dans les régimes matrimoniaux et des parents dans la gestion des biens des enfants mineurs.

SECTION 1. *Des devoirs et droits des époux*

Art. 1er à 6 *V. C. civ., art. 218, 220, 221, 223 à 225.*

Art. 7 *V. C. com. [ancien], art. 5.*

SECTION 2. *Des régimes matrimoniaux*

Art. 8 à 39 *V. C. civ., art. 262-1, 1401, 1409, 1411, 1413 à 1415, 1418 à 1427, 1430, 1435, 1436, 1439, 1442, 1447, 1449, 1469, 1471 à 1473, 1479, 1482, 1483, 1502, 1503 à 1510, 1518, 1543, 1570, 1571, 1573, 1574, 1577, 1578, 1595 [abrogé], 2135 [abrogé], 2137 [2403], 2139 [2405], 2142 [2408], 2163 [2446].*

SECTION 3. *De l'administration légale des biens des enfants*

Art. 40 à 42 *V. C. civ., art. 383, 389, 389-1, 389-2, 389-4, 389-5.*

SECTION 4. *Dispositions diverses*

Art. 43 *V. cet art., ss. art. 57 C. civ. -* **C. civ.**

Art. 44 à 53 *V. C. civ., art. 264-1, 305, 818 à 821, 942, 1832-1, 1873-6, 1940, 1941.*

Art. 54 *(Modifie l'art. 30-3º de la loi du 1er juin 1924 mettant en vigueur la législation civile française dans les départements du Haut-Rhin, du Bas-Rhin et de la Moselle). — Art. abrogé depuis lors par L. nº 90-1248 du 29 déc. 1990 (D. et ALD 1991. 76).*

Art. 55 Les dispositions de la présente loi ne dérogent pas aux dispositions particulières de droit local applicables dans les départements du Haut-Rhin, du Bas-Rhin et de la Moselle. — *Sur l'harmonisation du droit local d'Alsace-Moselle, V. L. nº 90-1248 du 29 déc. 1990, préc., spécialement art. 5.*

SECTION 5. *Dispositions transitoires*

Art. 56 La présente loi entrera en vigueur le premier jour du septième mois qui suivra celui de sa promulgation. – *Date d'entrée en vigueur : 1er juill. 1986.*

A compter de cette date, elle sera applicable, sans qu'il y ait lieu de considérer l'époque à laquelle le mariage a été célébré, sous réserve des dispositions qui suivent.

Art. 57 Le droit de poursuite des créanciers dont la créance était née à une date antérieure à l'entrée en vigueur de la présente loi restera déterminé par les dispositions en vigueur à cette date.

Art. 58 Les époux mariés avant le 1er février 1966 sans avoir fait de contrat de mariage continueront d'avoir pour régime matrimonial la communauté de meubles et acquêts. Celle-ci sera entièrement soumise aux règles applicables au régime conventionnel de la communauté de meubles et acquêts prévu par les articles 1498 à 1501 du code civil.

Art. 59 Sous réserve des accords amiables déjà intervenus et des décisions judiciaires passées en force de chose jugée, les règles nouvelles relatives aux récompenses, aux prélèvements et aux dettes entre époux seront applicables dans tous les régimes matrimoniaux non encore liquidés à la date de l'entrée en vigueur de la présente loi.

Art. 60 Si les époux avaient fait un contrat de mariage avant l'entrée en vigueur de la présente loi, les stipulations de leur contrat non contraires aux dispositions des articles 1er à 6 de la présente loi demeureront applicables.

Toutefois, si les intéressés étaient convenus d'un régime de communauté autre que celui de main commune, les dispositions de la présente loi leur seront applicables en tout ce qui concerne l'administration des biens communs et des biens propres.

Art. 61 La faculté d'accepter la communauté ou d'y renoncer, prévue aux articles 1453 à 1466 du code civil dans leur rédaction antérieure à la loi n° 65-570 du 13 juillet 1965 portant réforme des régimes matrimoniaux, ne pourra plus être exercée.

Art. 62 Les dispositions des articles 1570, 1571, 1573, 1574, 1577 et 1578, quatrième alinéa, du code civil s'appliqueront dès l'entrée en vigueur de la présente loi aux époux ayant adopté le régime de la participation aux acquêts avant cette entrée en vigueur lorsque leur contrat de mariage renvoyait sur ces différents points aux anciennes dispositions légales ou en était la reproduction.

Accord du 4 février 2010,

Entre la République française et la République fédérale d'Allemagne instituant un régime matrimonial optionnel de la participation aux acquêts.

La ratification de l'accord entre la République française et la République fédérale d'Allemagne instituant un régime matrimonial optionnel de la participation aux acquêts, signé à Paris le 4 févr. 2010, a été autorisée par la L. n° 2013-98 du 28 janv. 2013.

Cet accord a été publié par le Décr. n° 2013-488 du 10 juin 2013.

BIBL. ▸ COLLARD, *JCP N 2014, n° 1053* (formule). - DUCHANGE, *Defrénois 2014. 1273* (contrôle des avantages matrimoniaux). - MEIER-BOURDEAU, *JCP 2013, n° 163.* - NAUDIN, *RLDC 2013/100, n° 4953.* - SIMLER, *Dr. fam. 2010. Étude 8 ; JCP N 2010. 1203 ; ibid. 2014, n° 1052.* - Dossier, *JCP N 2015, nos 1076 s.*

CHAPITRE I. *CHAMP D'APPLICATION ET DÉFINITION*

Art. 1er *Champ d'application.* Le régime matrimonial optionnel de la participation aux acquêts peut être choisi par des époux dont la loi applicable au régime matrimonial est celle d'un État contractant. Le contenu de ce régime matrimonial commun est régi par les articles 2 à 18.

Art. 2 *Définition.* Dans le régime optionnel de la participation aux acquêts, le patrimoine des époux reste séparé. Les acquêts sont constitués du montant de la différence entre le patrimoine final d'un époux et son patrimoine originaire. A la dissolution du régime matrimonial, la créance de participation résulte de la comparaison des acquêts de chacun des époux.

CHAPITRE II. *ADOPTION DU RÉGIME MATRIMONIAL*

Art. 3 *Adoption du régime matrimonial.* (1) Les époux peuvent convenir par contrat de mariage que le régime optionnel de la participation aux acquêts constitue leur régime matrimonial.

(2) Le contrat peut être conclu avant ou pendant le mariage. Le régime matrimonial prend effet au moment de la conclusion du contrat, sans préjudice des dispositions applicables au changement de régime matrimonial. Il prend effet au plus tôt à la date de la célébration du mariage.

(3) Le contrat peut déroger aux règles du chapitre V.

CHAPITRE III. *ADMINISTRATION, JOUISSANCE ET DISPOSITION DU PATRIMOINE*

Art. 4 Dispositions générales en matière d'administration, de jouissance et de disposition du patrimoine

Chaque époux a la gestion et la jouissance exclusive de son patrimoine ; il en dispose seul. Néanmoins, le droit de disposer librement de son patrimoine est limité par les dispositions de l'article 5.

Art. 5 *Restrictions aux règles de disposition.* (1) Les actes de disposition d'objets du ménage ou de droits par lesquels est assuré le logement de la famille passés par un époux sans le consentement de l'autre sont nuls. Toutefois, ils peuvent être ratifiés par l'autre époux.

(2) Un époux peut être autorisé par justice à passer seul un acte pour lequel le consentement de son conjoint serait nécessaire, si celui-ci est hors d'état de manifester sa volonté ou si son refus n'est pas justifié par l'intérêt de la famille.

Art. 6 *Actes relevant de l'entretien du ménage.* (1) Chacun des époux a pouvoir pour passer seul les contrais qui ont pour objet l'entretien du ménage et l'éducation des enfants. Ces contrats obligent solidairement l'autre époux.

(2) Lorsque l'un des époux contracte des dettes dont le caractère manifestement excessif, notamment eu égard au train de vie des époux, est connu de l'autre partie au contrat ou aurait dû l'être, ces dettes n'engagent pas l'autre époux, par dérogation au paragraphe 1.

CHAPITRE IV. *DISSOLUTION DU RÉGIME MATRIMONIAL*

Art. 7 *Causes de dissolution du régime.* Le régime matrimonial est dissous :

1. Par le décès ou la déclaration d'absence de l'un des époux,
2. Par le changement de régime matrimonial, ou
3. Par le jugement de divorce ou toute autre décision judiciaire emportant dissolution du régime matrimonial.

CHAPITRE V. *DÉTERMINATION DE LA CRÉANCE DE PARTICIPATION À LA DISSOLUTION DU RÉGIME*

SECTION 1. *Patrimoine originaire*

Art. 8 *Composition du patrimoine originaire.* (1) Le patrimoine originaire est le patrimoine de chacun des époux à la date à laquelle le régime matrimonial prend effet. Les dettes sont prises en compte dans le patrimoine originaire, même lorsqu'elles excèdent le montant de l'actif.

(2) Les biens reçus ultérieurement par l'un des époux par succession ou donation ou les indemnités perçues en réparation d'un dommage corporel ou moral sont ajoutés au patrimoine originaire. Les dettes afférentes à ces biens sont prises en compte dans le patrimoine originaire, même lorsqu'elles excèdent le montant de l'actif.

(3) Le patrimoine originaire ne comprend pas :

1. Les fruits des biens qui le composent ; et
2. Les biens du patrimoine originaire donnés par un époux à des parents en ligne directe au cours du régime matrimonial.

(4) Lors de la conclusion du contrat da mariage, les époux établissent un inventaire de leur patrimoine originaire respectif. Cet inventaire est présumé exact lorsque les deux époux l'ont signé.

(5) Si aucun inventaire n'a été établi, le patrimoine originaire est présumé nul.

Art. 9 *Évaluation du patrimoine originaire.* (1) Le patrimoine originaire est évalué comme suit :

1. Les biens existants à la date de prise d'effet du régime matrimonial sont évalués à cette date.

2. Les biens acquis après la date de prise d'effet du régime matrimonial et qui, en vertu du paragraphe 2 de l'article 8, font partie du patrimoine originaire, sont évalués à la date de leur acquisition.

(2) Toutefois, les immeubles et droits réels immobiliers du patrimoine originaire, autres que l'usufruit et le droit d'usage et d'habitation, sont évalués à la date de la dissolution du régime. Si ces biens ont été cédés ou remplacés au cours du mariage, est retenue leur valeur à la date de la cession ou du remplacement. Les modifications de leur état entreprises au cours du mariage ne sont pas prises en compte dans l'évaluation du patrimoine originaire.

(3) Lorsque les biens sont évalués à une date antérieure à la dissolution du régime matrimonial, leur valeur déterminée en application des paragraphes 1 et 2 est indexée sur la variation moyenne de l'indice général des prix à la consommation des États contractants.

(4) Les paragraphes 1 et 3 s'appliquent aussi à l'évaluation des dettes.

SECTION 2. *Patrimoine final*

Art. 10 *Composition du patrimoine final.* (1) Le patrimoine final est constitué des biens appartenant à l'époux à la date de la dissolution du régime. Les dettes sont prises en compte, même lorsqu'elles excèdent le montant de l'actif.

(2) Est ajoutée au patrimoine final la valeur des biens qu'un époux :

1. a donnés, sauf :

a) si la donation n'est pas excessive eu égard au train de vie des époux ou

b) la donation porte sur un bien du patrimoine originaire donné à des parents en ligne directe. Toutefois, la plus-value apportée par les améliorations réalisées sur ce bien, pendant la durée du régime matrimonial, avec des deniers ne dépendant pas du patrimoine originaire, est ajoutée au patrimoine final.

2. a cédés dans le but de léser l'autre époux ou

3. a dissipés.

Ces dispositions ne s'appliquent pas si la donation, l'aliénation frauduleuse ou la dissipation est intervenue plus de dix ans avant la dissolution du régime matrimonial ou si l'autre époux y a consenti.

Art. 11 *Évaluation du patrimoine final.* (1) Le patrimoine final est évalué, tant en ce qui concerne l'actif que le passif, à la date de la dissolution du régime matrimonial.

(2) La valeur des biens visés au paragraphe 2 de l'article 10 est fixée à la date de la donation, de l'aliénation frauduleuse ou de la dissipation. La plus-value visée au paragraphe 2. 1b de l'article 10, est évaluée à la date de la donation du bien.

(3) Les valeurs indiquées au paragraphe 2 sont indexées sur la variation moyenne de l'indice général des prix à la consommation des États contractants.

SECTION 3. *Créance de participation*

Art. 12 *Droit à créance de participation.* (1) Si à la dissolution du régime matrimonial, les acquêts d'un époux excèdent les acquêts de l'autre époux, ce dernier peut faire valoir à l'encontre de son conjoint une créance de participation égale à la moitié de la différence.

(2) La créance de participation donne lieu à un paiement en argent. Toutefois, le tribunal peut, à la demande de l'un ou l'autre des époux, ordonner, à l'effet de ce paiement, le transfert de biens du débiteur au créancier, si cela répond au principe de l'équité.

(3) Après la dissolution du régime matrimonial, la créance de participation est transmissible à cause de mort et cessible entre vifs.

Art. 13 *Date d'effet dans des cas particuliers.* Si le mariage est dissous par divorce ou si le régime matrimonial est dissous par une autre décision judiciaire, la créance de participation est déterminée en fonction de la composition et de la valeur du patrimoine des époux à la date d'introduction de la demande en justice.

Art. 14 *Limitation de la créance de participation.* La créance de participation est limitée à la moitié de la valeur du patrimoine de l'époux débiteur tel qu'il existe, après déduction des dettes, à la date retenue pour la détermination du montant de cette créance, La limite de la créance de participation est relevée de la moitié du montant ajouté au patrimoine final en application des dispositions du paragraphe 2 de l'article 10, à l'exception du cas visé à l'alinéa 1.b dudit article.

CHAPITRE VI. *DISPOSITIONS DIVERSES*

Art. 15 *Prescription.* Le droit à la créance de participation se prescrit par trois ans à compter de la date à laquelle l'époux a connaissance de la dissolution du régime matrimonial, et au plus tard dix ans après la dissolution du régime.

Art. 16 *Obligation d'information, Inventaire.* (1) Après la dissolution du régime matrimonial, chacun des époux a l'obligation de fournir à l'autre époux toutes informations sur la composition de ses patrimoines originaire et final. Sur demande, il doit présenter des justificatifs. Chacun des époux peut exiger la présentation d'un inventaire sincère et véritable. A sa demande, il doit être appelé à cet inventaire. Il peut en outre exiger que l'inventaire soit établi par un notaire à ses frais.

(2) Le paragraphe 1 ci-dessus s'applique également dès lors que l'un des époux a demandé la dissolution du mariage ou la liquidation anticipée de la créance de participation.

Art. 17 *Délais de paiement.* (1) Si le règlement immédiat de la créance de participation pénalise de manière inéquitable le débiteur, notamment en l'obligeant à céder un bien constituant son moyen de subsistance, le tribunal peut, à sa demande, lui accorder des délais pour le règlement de la créance.

(2) La créance dont le paiement est différé porte intérêts.

(3) Le tribunal peut, à la demande du créancier, imposer au débiteur la fourniture de sûretés dont il détermine la nature et le montant en équité.

Art. 18 *Liquidation anticipée de la créance de participation.* (1) Si la gestion de son patrimoine par l'un des époux est de nature à compromettre les droits de l'autre au titre du calcul de la créance de participation, ce dernier peut demander la liquidation anticipée de la créance de participation. Il en est notamment ainsi dans les cas qui conduisent à la réunion fictive visée au paragraphe 2 de l'article 10.

(2) A compter de la décision définitive faisant droit à la demande, les époux sont placés sous le régime de la séparation de biens.

CHAPITRE VII. *DISPOSITIONS FINALES*

Art. 19 *Application dans le temps.* Le présent accord s'appliquera pour les contrats conclus par les époux après son entrée en vigueur.

Art. 20 *Ratification et entrée en vigueur.* (1) Le présent accord est soumis à ratification.

(2) Le présent accord entrera en vigueur le premier jour du mois suivant l'échange des instruments de ratification.

(3) Le présent accord est conclu pour une période initiale de dix ans. A l'issue de cette période initiale de dix ans, il est renouvelable par tacite reconduction pour une durée indéterminée.

(4) Le présent accord peut être dénoncé par un des États contractants au plus tôt à l'expiration de la dixième année après son entrée en vigueur. Le présent accord cessera de produire ses effets le premier jour du treizième mois suivant la date de la réception de la notification par l'autre État contractant.

Art. 21 *Adhésion.* ....
....

TITRE VIII DU CONTRAT DE LOUAGE

CHAPITRE II *DU LOUAGE DES CHOSES*

SECTION 1 *Des règles communes aux baux des maisons et des biens ruraux*

Art. 1751 *(L. n° 62-902 du 4 août 1962)* **Le droit au bail du local, sans caractère professionnel ou commercial, qui sert effectivement à l'habitation de deux époux** *(L. n° 2014-366 du 24 mars 2014, art. 4-a)* **« , quel que soit leur régime matrimonial et nonobstant toute convention contraire et même si le bail a été conclu avant le mariage, ou de deux partenaires liés par un pacte civil de solidarité, dès lors que les partenaires en font la demande conjointement, est réputé appartenir à l'un et à l'autre des époux ou partenaires liés par un pacte civil de solidarité. »**

En cas de divorce ou de séparation de corps, ce droit pourra être attribué, en considération des intérêts sociaux et familiaux en cause, par la juridiction saisie de la demande en divorce ou en séparation de corps, à l'un des époux, sous réserve des droits à récompense ou à indemnité au profit de l'autre époux.

(L. n° 2001-1135 du 3 déc. 2001, art. 14) **« En cas de décès d'un des époux** *(L. n° 2014-366 du 24 mars 2014, art. 4-b)* **« ou d'un des partenaires liés par un pacte civil de solidarité, le conjoint ou le partenaire lié par un pacte civil de solidarité » survivant cotitulaire du bail dispose d'un droit exclusif sur celui-ci sauf s'il y renonce expressément. »** — *Entrée en vigueur le 1er juill. 2002.*

V. L. n° 89-462 du 6 juill. 1989, art. 9-1 et 14 ; ... L. n° 75-1351 du 31 déc. 1975, art. 6, ss. art. 1778 ; ... L. n° 75-1351 du 31 déc. 1975, art. 10-I et 10-1-I. — ***C. baux****.*

Sur la disposition des droits par lesquels est assuré le logement de la famille, V. C. civ., art. 215, ci-dessus.

Sur la possibilité, en cas de divorce, de concéder à bail à l'autre conjoint le local servant de logement à la famille appartenant à l'un des époux, V. C. civ., art. 285-1, ci-dessus.

Les art. 1724, 1751 et 1751-1 C. civ. sont applicables aux contrats des locations mentionnées au deuxième al. de l'art. 2 et au premier al. de l'art. 25-3 de la L. n° 89-462 du 6 juill. 1989 en cours à la date de publication de la L. n° 2015-990 du 6 août 2015 (L. préc., art. 82-II-3°).

BIBL. ▶ Crémont, *JCP N 1999. 271.* – Lotti, *JCP N 1993. II. 325.* – Vial-Pedroletti, *JCP N 2013, n° 1209* (protection du conjoint survivant en cas de décès du locataire). – Yamba, *JCP N 1997. I. 87* (les copreneurs). – Zalewski-Sicard, *RLDC 2014/113, n° 5352* (protection du conjoint du locataire).

A. CONDITIONS DE LA COTITULARITÉ

1. Date d'appréciation. Pour l'application de l'art. 1751, la situation à prendre en compte est celle existant à la date du congé et non celle résultant du congé. • Civ. 3e, 10 mai 1991, n° 89-17.044 P (refus d'appliquer l'art. 1751 pour un congé donné dans le cadre du bail d'un local à usage partiellement commercial, cette destination ayant disparu du fait du congé donné à l'épouse qui était seule à l'exercer).

1° NATURE DU CONTRAT

2. Logement de fonction (oui). L'art. 1751 est applicable à la mise à disposition d'un logement de fonction. • Civ. 3e, 20 janv. 2007 : *D. 2008. Pan. 1300, obs. Damas.*

3. Occupation gratuite (non). Les dispositions de l'art. 1751 ne sont pas applicables à une convention d'occupation gratuite d'un local. • Civ. 3e, 13 mars 2002, n° 00-17.707 P : *D. 2003. Somm. 735, obs. Damas ; Dr. et patr. 10/2002, p. 103, obs. Marcorig-Venier ; LPA 18 nov. 2002, note Stoffel-Munck ; Rev. loyers 2002. 339, obs. J. Rémy.* ♦ En sens contraire, pour un bail HLM réservé à un fonctionnaire en vertu d'une convention entre l'État et le bailleur : • Civ. 3e, 9 juin 2016, n° 15-14.119 P : *AJDA 2016. 1851 ; D. 2016. 2086, obs. Brémond ; AJDI 2016. 703, obs. Damas* (dispositions dérogatoires incompatibles avec la poursuite du bail en qualité de cotitulaire).

2° NATURE DE L'OCCUPATION

4. Logement familial sans caractère professionnel. Pour qu'un bail soit réputé appartenir à l'un et à l'autre des époux, l'art. 1751 exige la double condition que le droit au bail soit sans caractère professionnel et qu'il serve effectivement à l'habitation des deux époux. • Civ. 3e, 28 janv. 1971 : *JCP 1972. II. 16982, note R. D.* ♦ V. aussi : • Orléans, 20 févr. 1964 : *D. 1964. 260* (absence d'application aux locaux dans lesquels chacun des époux vit séparément). ♦ Sur la disparition de la communauté de vie, V. *infra*.

5. Illustrations d'occupations exclues. La protection exceptionnelle et dérogatoire du droit commun que réalise l'art. 1751 ne peut être étendue aux résidences secondaires. • Orléans, 20 févr. 1964 : *préc.* ♦ ... Ou à la location d'un emplacement de parking. • Versailles, 21 nov. 1997 : *Loyers et copr. 1998, n° 180, obs. Vial-Pedroletti.*

3° RELATION DE COUPLE

6. Concubins. Inapplicabilité de l'art. 1751 à des concubins : V. • TI Privas, 7 sept. 1993 : *BICC 15 nov. 1993, n° 1271* • Paris, 20 mars 1996 : *Dr. fam. 1996, n° 1, note Lécuyer.* ♦ Comp. la solution inverse prévue pour les partenaires d'un pacs qui en font la demande depuis la réforme de l'art. 1751 par la L. n° 2014-366 du 24 mars 2014.

7. Union en cours de bail. Sur l'obligation du locataire, dans le cadre de la loi du 6 juill. 1989, d'informer le bailleur de son mariage ou de son Pacs, sous peine de rendre opposables au conjoint ou partenaire les notifications et significations faites au locataire seul, V. art. 9-1 de ce texte et • Civ. 3e, 29 oct. 2013 : *AJDI 2014. 283, obs. Damas ; Defrénois 2014. 182, note Mazure.*

8. Remariage. Cotitularité pour la seconde épouse, non visée par le jugement prononçant l'expulsion, qui vise le mari et sa première épouse, le bailleur n'ayant pas été informé du remariage. • Civ. 3e, 9 nov. 2011 : *D. 2011. 2869, obs. Rouquet ; ibid. 2012. Chron. C. cass. 1208, obs. Monge ; AJ fam. 2012. 54, obs. de Boysson ; JCP 2012, n° 132, obs. Coutant-Lapalus ; JCP N 2012, n° 1212, note Mauger-Vielpau.*

B. EFFETS DE LA COTITULARITÉ

9. Obligation personnelle de chaque époux : loyers. La femme cotitulaire du bail à usage d'habitation est tenue comme le mari au paiement du prix de la location et ne fait en s'en acquittant qu'exécuter son obligation personnelle sans pour autant décharger son mari de celle qui lui incombe ni modifier les rapports de droit existant entre les parties. • Civ. 1re, 8 mars 1972, n° 71-10.265 P. – V. aussi • Rouen, 22 déc. 1970 : *D. 1971. 429, note Belhumeur* • Civ. 1re, 7 mai 1969 : *D. 1969. 489, note Dedieu.*

10. ... Procédure collective d'un époux. L'extinction de la créance du bailleur à l'égard du locataire, faute de déclaration à la procédure collective de ce dernier, laisse subsister l'obligation personnelle de l'épouse, cotitulaire du bail. • Civ. 3e, 23 mars 2005, n° 03-20.457 P : *D. 2005. AJ 1084, obs. A. Lienhard ; ibid. Pan. 2114, obs. Brémond ; D. 2006. Pan. 960, obs. Damas ; AJDI 2005. 466, obs. Le Corre.*

11. Nécessité du consentement de chaque époux pour modifier le contrat. Un avenant de prorogation du bail signé par le mari seul est inopposable à l'épouse dès lors que celle-ci, cotitulaire du bail, ne l'a pas ratifié. • Civ. 3e, 25 sept. 2002, n° 01-01.034 P : *D. 2002. IR 2715 ; JCP 2003. I. 111, n° 1, obs. Wiederkehr.*

12. Chaque époux étant cotitulaire du bail et bénéficiaire d'un droit personnel sur celui-ci en application de l'art. 1751, la renonciation de l'un aux dispositions générales de la L. du 1er sept. 1948 par la signature d'un second contrat de location n'est pas opposable à l'autre qui n'a pas signé ce contrat, en l'absence de preuve de l'accomplissement d'un acte positif de renonciation. • Civ. 3e, 29 nov. 2000, n° 98-23.068 P.

13. Nécessité d'adresser les notifications à chaque époux. La notification prévue par l'art. L. 441-9 CCH visant le supplément de loyer de solidarité a une incidence sur le montant du loyer et doit être adressée à chacun des cotitulaires du bail. • Civ. 3e, 12 mars 2014, n° 13-14.403 P : *D. 2014. 778* (cassation de l'arrêt ayant considéré que des courriers ne concernent pas l'existence ou la modification du droit au bail). ♦ V. aussi *infra* pour les congés.

La proposition du relogement de la famille consécutive à un arrêté d'insalubrité portant interdiction d'habiter les lieux doit être adressée par le bailleur à chacun des époux cotitulaires du bail. • Civ. 3e, 9 févr. 2017, n° 16-13.260 P : *D. 2017. 1149, obs. Damas ; ibid. 2119, obs. Brémond ; AJDI 2017. 425, obs. Damas* (CCH, art. L. 521-1 et L. 521-3-1).

14. Limites : extension d'une protection personnelle d'un époux. Le bénéfice de la réduction du délai de préavis, pour les locataires âgés de plus de soixante ans dont l'état de santé justifie un changement de domicile (art. 15-1, al. 2, L. 6 juill. 1989), peut être revendiqué par le locataire lorsque c'est son conjoint, cotitulaire légal du bail, qui est âgé de plus de soixante ans. • Civ. 3e, 5 janv. 2012, n° 10-26.130 P : *D. 2012. 284, obs. Rouquet.* ♦ Comp. *infra* pour la perte de l'avantage lorsque l'époux qui l'invoquait est décédé.

C. CESSATION DE LA COTITULARITÉ

1° CESSATION DE LA COMMUNAUTÉ DE VIE

15. Décès de l'un des époux. Depuis la réforme de l'art. 1751, al. 3, le conjoint survivant devient le titulaire exclusif du bail. ♦ Comp. précédemment : au décès de l'un des époux, cotitulaire du droit au bail sur le logement servant à l'habitation du couple, l'enfant devient, sauf convention contraire, titulaire du bail avec l'époux survivant. • Civ. 3e, 8 déc. 1999, n° 98-13.416 P. ♦ En cas de prédécès du conjoint âgé de plus de

70 ans, qui aurait pu bénéficier des dispositions protectrices de l'art. 15-III L. 6 juill. 1989, l'épouse, cotitulaire du bail en vertu de l'art. 1751 C. civ., reste bénéficiaire du droit au bail, sans pouvoir bénéficier de cette protection dès lors qu'elle n'en remplit pas elle-même les conditions. • Civ. 3e, 3 mai 2012, n° 11-17.010 P. ♦ Comp. *supra* lorsque l'époux est vivant.

16. Séparation du couple. Le mari reste cotitulaire du bail conclu par son épouse, bien qu'il ait cessé de résider dans le logement (hospitalisation de plusieurs années, suivie d'une impossibilité de réinstallation dans le logement, inadapté à son handicap lourd), dès lors que le logement a servi effectivement à l'habitation des deux époux et qu'aucun jugement de divorce n'est intervenu. • Civ. 3e, 31 mai 2006, n° 04-16.920 P : *R., p. 332 ; BICC 1er oct. 2006, n° 1797, et la note ; D. 2006. 2777, note Damas ; ibid. Pan. 1568, obs. Lemouland et Vigneau ; Dr. fam. 2006, n° 147, note Larribau-Terneyre ; RJPF 2006-10/24, note Leborgne ; AJDI 2006. 730, obs. Rouquet ; Dr. et pr. 2006. 326, note Yildirim ; RDC 2006. 1143, obs. Lardeux ; RTD civ. 2006. 812, obs. Vareille .* ♦ Le nouveau bail conclu avec l'épouse qui s'est vu attribuer la jouissance provisoire du logement au moment du divorce est inopposable à l'époux, demeuré titulaire du bail signé antérieurement même au mariage, dont il peut se prévaloir, peu important qu'il n'occupât pas le logement en raison de la situation de crise conjugale, pour en demander la poursuite au moment du congé donné à l'épouse. • Civ. 3e, 1er avr. 2009, n° 08-15.929 P : *D. 2009. AJ 1090, obs. Forest ; ibid. 2010. Pan. 1243, obs. Serra ; JCP 2009. 391, n° 4, obs. Wiederkehr ; AJ fam. 2009. 221, obs. Gallmeister ; AJDA 2010. 123, obs. Damas ; RJPF 2009-6/30, obs. Garé ; Dr. fam. 2009, n° 70, note Larribau-Terneyre ; Dr. et pr. 2009. 255, obs. Yildirim ; RLDC 2009/61, n° 3469, obs. Pouliquen ; RDC 2009. 1484, obs. Lardeux ; RTD civ. 2009. 510, obs. Hauser ; ibid. 567, obs. Vareille .*

17. Divorce des époux : prise d'effet à la transcription. Le conjoint cotitulaire du bail reste tenu solidairement du paiement des loyers jusqu'au jour de la transcription du jugement de divorce, peu important qu'il ait quitté les lieux loués avant cette date. • Civ. 2e, 3 oct. 1990, n° 88-18.453 P : *D. 1992. Somm. 219, obs. Lucet ; JCP N 1991. II. 57 (2e esp.), obs. Simler ; Defrénois 1991. 1126 (1re esp.), obs. Champenois* (pour un époux autorisé à résider séparément) • Civ. 3e, 27 mai 1998, n° 96-13.543 P : *Dr. fam. 1998, n° 95, obs. Lécuyer* (même cas) • 2 févr. 2000, n° 97-18.924 P : *D. 2001. Somm. 168, obs. CRDP Nancy 2 ; JCP 2000. I. 245, n° 8, obs. Wiederkehr ; Defrénois 2000. 1177, obs. Bénabent ; Dr. fam. 2000, n° 41, note Beignier.* ♦ Et l'époux, qui est toujours dans les liens du mariage jusqu'à l'intervention d'un jugement de divorce régulièrement publié, demeure tenu solidairement au paiement des loyers, malgré le congé qu'il a fait délivrer au bailleur. • Civ. 1re, 13 oct. 1992 : *JCP 1993. II. 22047, note Hauser ; JCP N 1993. II. 110, obs. Wiederkehr ; Defrénois 1993. 380, obs. Champenois, et 708, obs. Massip* • Civ. 3e, 2 juin 1993, n° 91-14.522 P : *Defrénois 1993. 1443, obs. Champenois* (même solution pour la séparation de corps). ♦ *Contra* : • Civ. 3e, 13 déc. 1989, n° 88-13.266 P.

La transcription met également fin à une cotitularité conventionnelle, V. note 27.

2° CONGÉS

18. Congé par un preneur. Lorsqu'un bail à durée indéterminée a été consenti à des copreneurs, chacun de ceux-ci a la possibilité d'y mettre fin en donnant congé, même sans l'accord des autres ; il en est ainsi lorsque deux époux sont colocataires d'un logement en application de l'art. 1751. • Soc. 4 nov. 1967 : *Gaz. Pal. 1968. 1. 40 (1er arrêt) ; RTD civ. 1968. 388, obs. Cornu.* ♦ Mais le congé donné par un seul des époux titulaires du bail n'est pas opposable à l'autre. • Civ. 3e, 19 juin 2002, n° 01-00.652 P : *D. 2003. Somm. 731, obs. Damas ; Defrénois 2003. 672, note Brémond ; RJPF 2002-10/18, obs. A. L. ; Loyers et copr. 2002, n° 221, note Vial-Pedroletti.* – Déjà en ce sens : • Civ. 3e, 20 févr. 1969 : *JCP 1969. II. 15946 (1re esp.), note R.D.* ♦ L'époux qui a donné congé reste solidairement tenu des loyers. • Civ. 3e, 19 juin 2002 : *préc.*

19. Congé par le bailleur : formes. Le congé délivré à deux époux doit faire l'objet de lettres distinctes adressées à chacun des époux. • Civ. 3e, 10 mai 1989 : *JCP 1991. II. 21595, note Dumortier ; Defrénois 1991. 728, obs. Aubert.* ♦ N'est pas irrégulière l'assignation donnée à une épouse sous le nom patronymique de son mari dès lors que cette mention ne laisse aucun doute quant à l'identité de la destinataire. • Civ. 3e, 24 janv. 2001, n° 99-14.310 P.

20. ... Inopposabilité à l'époux qui n'en a pas été destinataire. Le congé délivré à un seul des conjoints n'est pas opposable à l'autre, et le conjoint non visé par le congé peut en contester la validité à son encontre. • Civ. 3e, 2 févr. 1982, n° 80-11.309 P. ♦ V., pour une proposition de nouveau loyer (L. 23 déc. 1986, art. 21) : • Civ. 3e, 27 janv. 1993, n° 90-21.825 P : *D. 1993. Somm. 173, obs. Bihr ; JCP 1994. I. 3733, n° 4, obs. Wiederkehr* (inefficacité de la proposition, en raison de l'indivisibilité du droit au bail). ♦ La décision d'expulsion prise contre le mari et tous occupants de son chef, à la suite d'un congé délivré au mari seul, est inopposable à la femme. • Civ. 3e, 23 janv. 1985 : *JCP N 1986. II. 73, note Simler* • 20 janv. 1988, n° 85-17.248 P.

21. Le moyen pris de la non-opposabilité du congé à l'épouse du locataire ne peut être invoqué que par elle. • Soc. 13 déc. 1967 : *Bull. civ. IV, n° 778.* – Même sens : • Civ. 3e, 26 mars 1969 : *Bull. civ. III, n° 264.* ♦ ... Et celle-ci est en droit de ne pas se prévaloir de cette inopposabilité, prévue dans son seul intérêt. • Civ. 3e, 16 oct. 1991, n° 89-

20.260 P : *JCP N 1992. II. 349, note Ponton-Grillet* (exercice par l'épouse, à laquelle le congé pour vendre n'avait pas été notifié, du droit de préemption ouvert au locataire par l'art. 11 de la L. du 22 juin 1982 – actuellement, art. 15-II L. 6 juill. 1989).

22. Efficacité du congé à l'égard de celui qui l'a reçu. Si le congé délivré au mari seul est inopposable à son épouse et n'a aucun effet quant aux droits personnels qu'elle peut tenir de l'art. 1751, il n'en demeure pas moins valable à l'égard du mari lui-même. • Civ. 3e, 19 févr. 1969 : *JCP 1969. II. 15946 (2e esp.), note R. D.*

D. ATTRIBUTION DU DROIT AU BAIL EN CAS DE DIVORCE (AL. 2)

23. Domaine. Application de l'attribution préférentielle au bail emphytéotique. • Civ. 1re, 12 juin 2013, n° 12-11.724. ♦ Le droit à l'attribution du logement ayant servi à l'habitation des deux époux s'exerce même en présence d'une contestation portant sur l'existence d'un droit au bail au profit des époux, dès lors qu'aucune décision définitive n'a tranché cette contestation. • Civ. 1re, 19 sept. 2007, n° 06-10.349 P : *AJDI 2008. 665, obs. Zalewski*.

24. Conditions : persistance de la cotitularité. Cassation de l'arrêt qui rejette la demande de l'épouse en attribution du bail en retenant que celle-ci, autorisée à résider séparément de son époux par une ordonnance de non-conciliation qui avait attribué à ce dernier la jouissance du domicile conjugal, a demandé la confirmation de cette mesure et, ainsi, renoncé expressément au droit au bail sur le logement, alors que, à la date du décès de son époux, elle demeurait cotitulaire du bail relatif au local ayant servi à l'habitation des époux, et ne pouvait valablement renoncer antérieurement à un droit dont elle n'était pas encore titulaire. • Civ. 3e, 18 mai 2011, n° 10-13.853 P : *D. 2011. Actu. 1484, obs. Rouquet ; ibid. 2011. Pan. 2624, obs. Brémond ; ibid. 2012. 971, obs. Lemouland et Vigneau ; ibid. 1086, obs. Damas ; AJDI 2011. 786, obs. Damas ; RTD civ. 2011. 518, obs. Hauser ; JCP 2011, n° 1371, obs. Wiederkehr ; Dr. fam. 2011, n° 131, obs. Lambert.*

25. ... Prononcé du divorce. L'attribution du droit au bail à l'un des époux ne peut être prononcée qu'en cas de divorce, de sorte que les juges qui rejettent la demande en divorce ne peuvent attribuer à l'épouse « le domicile conjugal ». • Civ. 2e, 3 mai 1972 : *D. 1972. 714, note Maury.*

26. Effet de l'attribution : continuation du bail. Le transfert du bail au profit de l'ex-épouse ne met pas un terme au contrat de bail conclu par l'ex-époux avant même le mariage ; cassation de l'arrêt qui applique la règle de l'accession en fin de bail au profit du propriétaire des améliorations effectuées par le locataire sur le bien loué. • Civ. 3e, 25 sept. 2002, n° 01-01.494 P : *JCP 2003. I. 111, n° 17, obs. Tisserand ; AJ fam. 2002. 420, obs. S. D.-B*.

27. Effets de l'attribution après transcription : fin de la cotitularité. La transcription du jugement de divorce ayant attribué le droit au bail à l'un des époux met fin à la cotitularité du bail tant légale que conventionnelle. • Civ. 3e, 22 oct. 2015, n° 14-23.726 P : *D. 2015. 2182, obs. Rouquet ; ibid. 2616, note Lakssimi ; ibid. 2016. 674, obs. Douchy-Oudot ; ibid. 1102, obs. Damas ; AJ fam. 2015. 682, obs. Bicheron : AJDI 2016. 422, obs. Damas ; RTD civ. 2016. 90, obs. Hauser ; ibid. 433, obs. Vareille ; JCP N 2016, n° 1083, note Mauger-Vielpeau ; RDC 2016. 48, note Boffa.*

TITRE IX *BIS* DES CONVENTIONS RELATIVES À L'EXERCICE DES DROITS INDIVIS

Art. 1873-1 *(L. n° 76-1286 du 31 déc. 1976)* **Ceux qui ont des droits à exercer sur des biens indivis, à titre de propriétaires, de nus-propriétaires ou d'usufruitiers, peuvent passer des conventions relatives à l'exercice de ces droits.**

S'il est certain que le divorce met fin à la communauté ayant existé entre les époux, il est toujours possible à ceux-ci de maintenir l'indivision, comme le prévoit l'art. 1873-1, en se conformant aux règles édictées par les art. 1873-2 s., leur ancienne qualité de mari et femme ne les excluant pas du bénéfice de ces dispositions d'ordre général. Une convention maintenant un immeuble en indivision peut être homologuée dans un divorce sur requête conjointe. • Nîmes, 9 mars 1983 : *Gaz. Pal. 1983. 2. 410, note Brazier.*

CHAPITRE I *DES CONVENTIONS RELATIVES À L'EXERCICE DES DROITS INDIVIS EN L'ABSENCE D'USUFRUITIER*

(L. n° 76-1286 du 31 déc. 1976)

Art. 1873-2 **Les coïndivisaires, s'ils y consentent tous, peuvent convenir de demeurer dans l'indivision.**

A peine de nullité, la convention doit être établie par un écrit comportant la désignation des biens indivis et l'indication des quotes-parts appartenant à chaque indivisaire. Si les biens indivis comprennent des créances, il y a lieu aux formalités de l'article 1690 ; s'ils comprennent des immeubles, aux formalités de la publicité foncière.

Publicité foncière. L'inobservation des formalités de publicité foncière prescrites par le texte n'est pas sanctionnée par la nullité de la convention. • Civ. 1re, 10 juill. 2013, n° 12-12.115 P : *D. actu. 10 sept. 2013, obs. Mésa ; D. 2013. 1895 ; AJ fam. 2013. 516, obs. Levillain.*

Art. 1873-3 La convention peut être conclue pour une durée déterminée qui ne saurait être supérieure à cinq ans. Elle est renouvelable par une décision expresse des parties. Le partage ne peut être provoqué avant le terme convenu qu'autant qu'il y en a de justes motifs.

La convention peut également être conclue pour une durée indéterminée. Le partage peut, en ce cas, être provoqué à tout moment, pourvu que ce ne soit pas de mauvaise foi ou à contretemps.

Il peut être décidé que la convention à durée déterminée se renouvellera par tacite reconduction pour une durée déterminée ou indéterminée. A défaut d'un pareil accord, l'indivision sera régie par les articles 815 et suivants à l'expiration de la convention à durée déterminée.

1. Un indivisaire est recevable, avant même que la convention d'indivision soit parvenue à son terme, à demander que les opérations de partage soient ouvertes à partir du jour où la convention d'indivision sera venue à expiration. • Civ. 1re, 31 mai 1983, n° 82-11.450 P : *RTD civ. 1984. 538, obs. Patarin.*

2. Nullité d'une convention d'indivision entre concubins interdisant à chacune des parties de solliciter la vente de l'appartement dans un délai minimum de 25 ans, pour avoir été conclue pour une durée déterminée supérieure à 5 ans et pour n'avoir pas fait l'objet d'une publicité foncière alors qu'elle porte sur un bien immobilier : • Paris, 24 juin 2009 : *Dr. fam. 2010. 1, obs. Larribau-Terneyre.*

Art. 1873-4 La convention tendant au maintien de l'indivision requiert la capacité ou le pouvoir de disposer des biens indivis.

Elle peut, toutefois, être conclue au nom d'un mineur, par son représentant légal seul ; mais, dans ce cas, le mineur devenu majeur peut y mettre fin, quelle qu'en soit la durée, dans l'année qui suit sa majorité.

(Abrogé par L. n° 78-627 du 10 juin 1978) ***« A peine de nullité, cette convention ne peut être conclue qu'entre personnes physiques. Elle devient caduque si, en cours d'exécution et pour quelque cause que ce soit, une quote-part des biens indivis ou d'un ou de plusieurs d'entre eux est dévolue à une personne morale. »***

Art. 1873-5 Les coïndivisaires peuvent nommer un ou plusieurs gérants, choisis ou non parmi eux. Les modalités de désignation et de révocation du gérant peuvent être déterminées par une décision unanime des indivisaires.

A défaut d'un tel accord, le gérant pris parmi les indivisaires ne peut être révoqué de ses fonctions que par une décision unanime des autres indivisaires.

Le gérant, qui n'est pas indivisaire, peut être révoqué dans les conditions convenues entre ses mandants ou, à défaut, par une décision prise à la majorité des indivisaires en nombre et en parts.

Dans tous les cas, la révocation peut être prononcée par le tribunal à la demande d'un indivisaire lorsque le gérant, par ses fautes de gestion, met en péril les intérêts de l'indivision.

Si le gérant révoqué est un indivisaire, la convention sera réputée conclue pour une durée indéterminée à compter de sa révocation.

1. Dans une indivision conventionnelle ne comportant que deux membres, dont le gérant, l'art. 1873-5 donne au seul coïndivisaire du gérant le pouvoir de révoquer celui-ci. • Civ. 1re, 13 janv. 1993, n° 91-12.647 P.

2. Lorsque le président du TGI saisi sur le fondement de l'art. 815-6 définit les pouvoirs de l'administrateur, les art. 1873-5 à 1873-9 ne s'appliquent pas. • Civ. 1re, 19 oct. 2004 : *préc. note 1 ss. art. 815-6.*

Art. 1873-6 Le gérant représente les indivisaires dans la mesure de ses pouvoirs, soit pour les actes de la vie civile, soit en justice, tant en demandant qu'en défendant. Il est tenu d'indiquer, à titre purement énonciatif, le nom de tous les indivisaires dans le premier acte de procédure.

Le gérant administre l'indivision et exerce, à cet effet, les pouvoirs *(L. n° 85-1372 du 23 déc. 1985)* « attribués à chaque époux *[ancienne rédaction : que la loi attribue au mari]* » sur les biens communs. Il ne peut, toutefois, disposer des meubles corporels que pour les besoins d'une exploitation normale des biens indivis, ou encore s'il s'agit de choses difficiles à conserver ou sujettes à dépérissement. Toute clause extensive des pouvoirs du gérant est réputée non écrite.

La L. n° 85-1372 du 23 déc. 1985 est entrée en vigueur le 1er juill. 1986 (L. préc., art. 56).

Étendue des pouvoirs de « l'associé dirigeant » d'une association formée entre les propriétaires indivis d'un cheval de course : V. • Civ. 1re, 14 mai 1991, n° 89-20.384 P (l'engagement du cheval dans une course « à réclamer », qui constitue une offre publique de vente, s'analyse en un acte de disposition dépassant l'exploitation normale d'un cheval de course).

Art. 1873-7 Le gérant exerce les pouvoirs qu'il tient de l'article précédent lors même qu'il existe un incapable parmi les indivisaires.

Néanmoins, l'article 456 *[anc.]*, alinéa 3, est applicable aux baux consentis au cours de l'indivision.

Art. 1873-8 Les décisions qui excèdent les pouvoirs du gérant sont prises à l'unanimité, sauf au gérant, s'il est lui-même indivisaire, à exercer les recours prévus par les articles 815-4, 815-5 et 815-6.

S'il existe des incapables mineurs ou majeurs parmi les indivisaires, les décisions dont il est parlé à l'alinéa précédent donnent lieu à l'application des règles de protection prévues en leur faveur.

Il peut être convenu entre les indivisaires qu'en l'absence d'incapables certaines catégories de décisions seront prises autrement qu'à l'unanimité. Toutefois, aucun immeuble indivis ne peut être aliéné sans l'accord de tous les indivisaires, si ce n'est en application des articles 815-4 et 815-5 ci-dessus.

Art. 1873-9 La convention d'indivision peut régler le mode d'administration en cas de pluralité de gérants. A défaut de stipulations spéciales, ceux-ci détiennent séparément les pouvoirs prévus à l'article 1873-6, sauf le droit pour chacun de s'opposer à toute opération avant qu'elle ne soit conclue.

Art. 1873-10 Le gérant a droit, sauf accord contraire, à la rémunération de son travail. Les conditions en sont fixées par les indivisaires, à l'exclusion de l'intéressé, ou, à défaut, par le président du tribunal judiciaire statuant à titre provisionnel.

Le gérant répond, comme un mandataire, des fautes qu'il commet dans sa gestion.

Art. 1873-11 Chaque indivisaire peut exiger la communication de tous les documents relatifs à la gestion. Le gérant doit, une fois par an, rendre compte de sa gestion aux indivisaires. A cette occasion, il indique par écrit les bénéfices réalisés et les pertes encourues ou prévisibles.

Chaque indivisaire est tenu de participer aux dépenses de conservation des biens indivis. A défaut d'accord particulier, les articles 815-9, 815-10 et 815-11 du présent code sont applicables à l'exercice du droit d'usage et de jouissance, ainsi qu'à la répartition des bénéfices et des pertes.

Art. 1873-12 En cas d'aliénation de tout ou partie des droits d'un indivisaire dans les biens indivis, ou dans un ou plusieurs de ces biens, les coïndivisaires bénéficient des droits de préemption et de substitution prévus par les articles 815-14 à 815-16 et 815-18 du présent code.

La convention est réputée conclue pour une durée indéterminée lorsque, pour quelque cause que ce soit, une part indivise est dévolue à une personne étrangère à l'indivision.

Art. 1873-13 Les indivisaires peuvent convenir qu'au décès de l'un d'eux chacun des survivants pourra acquérir la quote-part du défunt, ou que le conjoint survivant, ou

tout autre héritier désigné, pourra se la faire attribuer *(L. n° 78-627 du 10 juin 1978)* **« à charge d'en tenir compte à la succession d'après sa valeur à l'époque de l'acquisition ou de l'attribution ».**

Si plusieurs indivisaires ou plusieurs héritiers exercent simultanément leur faculté d'acquisition ou d'attribution, ils sont réputés, sauf convention contraire, acquérir ensemble la part du défunt à proportion de leurs droits respectifs dans l'indivision ou la succession.

Les dispositions du présent article ne peuvent préjudicier à l'application des dispositions des articles *(L. n° 2006-728 du 23 juin 2006, en vigueur le 1er janv. 2007)* **« 831 à 832-2** *[ancienne rédaction : 832 à 832-3]* **».**

L'attribution éliminatoire peut être demandée, sous les conditions prévues par la loi, lors du partage d'une indivision conventionnelle. • Civ. 1re, 3 déc. 2014, n° 13-27.627 P : *D. 2014. 2523* ; *AJ fam. 2015. 56, obs. Casey* ; *Dr. fam. 2015, n° 37, note Guiguet-Schielé* (rejet du pourvoi soutenant que seule l'attribution préférentielle est possible).

Art. 1873-14 La faculté d'acquisition ou d'attribution est caduque si son bénéficiaire ne l'a pas exercée par une notification faite aux indivisaires survivants et aux héritiers du *(L. n° 2006-728 du 23 juin 2006, art. 29-32°, en vigueur le 1er janv. 2007)* **« prédécédé** *[ancienne rédaction : prémourant]* **» dans le délai d'un mois à compter du jour où il aura été mis en demeure de prendre parti. Cette mise en demeure ne peut elle-même avoir lieu avant l'expiration du délai prévu au titre "Des successions" pour faire inventaire et délibérer.**

Lorsqu'il n'a pas été prévu de faculté d'acquisition ou d'attribution, ou que celle-ci est caduque, la quote-part du défunt échoit à ses héritiers ou légataires. En pareil cas, la convention d'indivision sera réputée conclue pour une durée indéterminée à compter de l'ouverture de la succession.

Art. 1873-15 L'article 815-17 est applicable aux créanciers de l'indivision, ainsi qu'aux créanciers personnels des indivisaires.

Toutefois, ces derniers ne peuvent provoquer le partage que dans les cas où leur débiteur pourrait lui-même le provoquer. Dans les autres cas, ils peuvent poursuivre la saisie et la vente de la quote-part de leur débiteur dans l'indivision en suivant les formes prévues par le code de procédure civile *[ancien]*. **Les dispositions de l'article 1873-12 sont alors applicables.**

Les dispositions de l'art. 1873-15, al. 2, ne sont applicables qu'aux conventions relatives à l'exercice des droits indivis telles qu'elles sont réglementées par les art. 1873-2 et 1873-3. L'existence d'une telle convention ne saurait résulter de la simple présomption de propriété indivise résultant de la clause du contrat de mariage visant l'acquisition d'un immeuble au nom des deux époux. • Civ. 1re, 28 févr. 1984, n° 83-10.403 P.

CHAPITRE II *DES CONVENTIONS RELATIVES À L'EXERCICE DES DROITS INDIVIS EN PRÉSENCE D'UN USUFRUITIER*

(L. n° 76-1286 du 31 déc. 1976)

Art. 1873-16 Lorsque les biens indivis sont grevés d'un usufruit, des conventions, soumises en principe aux dispositions du chapitre précédent, peuvent être conclues soit entre les nus-propriétaires, soit entre les usufruitiers, soit entre les uns et les autres. Il peut y avoir pareillement convention entre ceux qui sont en indivision pour la jouissance et celui qui est nu-propriétaire de tous les biens, de même qu'entre l'usufruitier universel et les nus-propriétaires.

Art. 1873-17 Lorsque les usufruitiers n'ont pas été parties à la convention, les tiers qui ont traité avec le gérant de l'indivision ne peuvent se prévaloir au préjudice des droits d'usufruit des pouvoirs qui lui auraient été conférés par les nus-propriétaires.

Art. 1873-18 Lorsque la convention passée entre usufruitiers et nus-propriétaires prévoit que des décisions seront prises à la majorité en nombre et en parts, le droit de vote afférent aux parts est divisé par moitié entre l'usufruit et la nue-propriété, à moins que les parties n'en soient autrement convenues.

Toute dépense excédant les obligations de l'usufruitier, telles qu'elles sont définies par les articles 582 et suivants, ne l'engage qu'avec son consentement donné dans la convention elle-même ou par un acte ultérieur.

L'aliénation de la pleine propriété des biens indivis ne peut être faite sans l'accord de l'usufruitier, sauf le cas où elle est provoquée par les créanciers habiles à poursuivre la vente.

La L nº 76-1286 du 31 déc. 1976 est entrée en vigueur le 1er juill. 1977. Elle est applicable aux indivisions existant au jour de son entrée en vigueur. Toutefois, les conventions tendant au maintien de l'indivision et conclues avant sa promulgation restent régies par les dispositions en vigueur au jour de ladite promulgation à moins que les parties ne décident de mettre, pour l'avenir, leurs conventions en conformité des dispositions de la nouvelle loi (L. préc., art. 19). — Sur l'extension de cette loi aux territoires d'outre-mer et à Mayotte, V. L. nº 93-1 du 4 janv. 1993, art. 5 et 66 (JO 5 janv.).

....

TITRE XVII DE LA CONVENTION DE PROCÉDURE PARTICIPATIVE

(L. nº 2010-1609 du 22 déc. 2010, art. 37)

L'art. 37 de la L. nº 2010-1609 du 22 déc. 2010, créant les art. 2062 à 2068, est entré en vigueur le 1er sept. 2011 (L. préc., art. 43).

BIBL. ► Amrani-Mekki, *D. 2011. Chron. 3007*. - Bruggeman, *Dr. fam. 2015. Étude 8* (conflits familiaux). - Fricero, *Mél. Guinchard, Dalloz, 2010, p. 145 ; Dr. et patr. 4/2011, p. 30.* - Larribau-Terneyre, *Dr. fam. 2012, Études, nº 12* (en matière familiale). - Moutardier, *Gaz. Pal. 2015. 813.* - Poivey-Leclerq, *JCP 2011, nº 70.* - Thouret, *AJ fam. 2016. 306* (réforme du divorce). - Dossier, *Dr. et patr. 5/2012, p. 51.* - Dossier, *AJ fam. 2013. 535* (famille et procédure participative).

Art. 2062 *(L. nº 2016-1547 du 18 nov. 2016, art. 9)* **« La convention de procédure participative est une convention par laquelle les parties à un différend s'engagent à œuvrer conjointement et de bonne foi à la résolution amiable de leur différend ou à la mise en état de leur litige. »**

Cette convention est conclue pour une durée déterminée.

L'art. 37 de la L. nº 2010-1609 du 22 déc. 2010, créant les art. 2062 à 2068, est entré en vigueur le 1er sept. 2011 (L. préc., art. 43).

V. C. pr. civ., art. 1542 s., App. I, Procédure.

Art. 2063 **La convention de procédure participative est, à peine de nullité, contenue dans un écrit qui précise :**

1° Son terme ;

2° L'objet du différend ;

3° Les pièces et informations nécessaires à la résolution du différend *(L. nº 2016-1547 du 18 nov. 2016, art. 9)* **« ou à la mise en état du litige » et les modalités de leur échange ;** — *Sur l'entrée en vigueur, V. note ss. art. 2062.*

(L. nº 2016-1547 du 18 nov. 2016, art. 9) **« 4° Le cas échéant, les actes contresignés par avocats que les parties s'accordent à établir, dans des conditions prévues par décret en Conseil d'État. »**

Art. 2064 *(L. nº 2010-1609 du 22 déc. 2010, art. 37 ; L. nº 2015-990 du 6 août 2015, art. 258)* **Toute personne, assistée de son avocat, peut conclure une convention de procédure participative sur les droits dont elle a la libre disposition, sous réserve des dispositions de l'article 2067.** — *Sur l'entrée en vigueur, V. note ss. art. 2062.*

Art. 2065 **Tant qu'elle est en cours, la convention de procédure participative** *(L. nº 2016-1547 du 18 nov. 2016, art. 9)* **« conclue avant la saisine d'un juge » rend irrecevable tout recours au juge pour qu'il statue sur le litige. Toutefois, l'inexécution de la convention par l'une des parties autorise une autre partie à saisir le juge pour qu'il statue sur le litige.**

En cas d'urgence, la convention ne fait pas obstacle à ce que des mesures provisoires ou conservatoires soient demandées par les parties. — *Sur l'entrée en vigueur, V. note ss. art. 2062.*

Art. 2066 *(L. n° 2010-1609 du 22 déc. 2010, art. 37) (L. n° 2021-1729 du 22 déc. 2021, art. 45)* **« Sans préjudice du 7° de l'article L. 111-3 du code des procédures civiles d'exécution, » les parties qui, au terme de la convention de procédure participative, parviennent à un accord réglant en tout ou partie leur différend peuvent soumettre cet accord à l'homologation du juge.** — *V. C. pr. civ., art. 1557, App. I, Procédure.*

Lorsque, faute de parvenir à un accord au terme de la convention *(L. n° 2016-1547 du 18 nov. 2016, art. 9)* **« conclue avant la saisine d'un juge », les parties soumettent leur litige au juge, elles sont dispensées de la conciliation ou de la médiation préalable le cas échéant prévue.** — *Sur l'entrée en vigueur, V. note ss. art. 2062.*

(L. n° 2015-990 du 6 août 2015, art. 258) **« Le deuxième alinéa n'est pas applicable aux litiges en matière prud'homale. »**

Art. 2067 **Une convention de procédure participative peut être conclue par des époux en vue de rechercher une solution consensuelle en matière de divorce ou de séparation de corps.**

L'article 2066 n'est pas applicable en la matière. La demande en divorce ou en séparation de corps présentée à la suite d'une convention de procédure participative est formée et jugée suivant les règles prévues au titre VI du livre I relatif au divorce. — *Sur l'entrée en vigueur, V. note ss. art. 2062.*

Art. 2068 **La procédure participative est régie par le code de procédure civile.** — *Sur l'entrée en vigueur, V. note ss. art. 2062. — V. C. pr. civ., art. 1542 s., App. I, Procédure.*

....

APPENDICE

I PROCÉDURE

A Procédure en matière familiale

Code de procédure civile

CHAPITRE V (DU TITRE I DU LIVRE III) *LA PROCÉDURE EN MATIÈRE FAMILIALE*

(Décr. n° 2004-1158 du 29 oct. 2004, art. 3, en vigueur le 1er janv. 2005)

Les dispositions issues des art. 1er à 7 du Décr. n° 2019-1380 du 17 déc. 2019, relatives à la procédure applicable aux divorces contentieux, entrent en vigueur le 1er janv. 2021 ; les requêtes en divorce ou en séparation de corps introduites avant le 1er janv. 2021 sont traitées selon les règles en vigueur avant cette date (Décr. n° 2019-1380 du 17 déc. 2019, art. 15, mod. par Décr. n° 2019-1419 du 20 déc. 2019, art. 22-II, mod. par Décr. n° 2020-950 du 30 juill. 2020, art. 4).

Sur l'entrée en vigueur des dispositions du Décr. n° 2019-1333 du 11 déc. 2019, V. Décr. préc., art. 55, App., I, A, Procédure en matière familiale.

V. Circ. CIV/16/04 du 23 nov. 2004 de présentation de la loi relative au divorce, du décret portant réforme de la procédure en matière familiale et du décret fixant les modalités de substitution d'un capital à une rente allouée au titre de la prestation compensatoire (www.justice.gouv.fr).

DALLOZ ACTION *Droit de la famille 2023/2024.*

DALLOZ RÉFÉRENCE *Droit et pratique du divorce 2022/2023.*

BIBL. GÉN. ▸ **Thèse :** ÉGÉA, La fonction de juger à l'épreuve du droit contemporain de la famille, tome 43, *Defrénois 2010, préf. A. Leborgne*. – WEILLER (ss. dir.), Les transformations du contentieux familiales, *PUAM 2012*.

▸ **Dossiers :** *AJ fam. 2004. 424* ; *AJ fam. 2009. 368* ; *ibid. 420* (divorce et transparence) ; *AJ fam. 2010. 253* (le droit collaboratif) ; *AJ fam. 2011. 71* (divorce pour faute) ; *AJ fam. 2011. 287* (l'acte d'avocat) ; *AJ fam. 2013. 535* (famille et procédure participative) ; *Gaz. Pal. 23-24 mars 2012, p. 11* (les procédures familiales).

▸ **Décr. du 29 oct. 2004 :** DOUCHY-OUDOT, *D. 2005. Pan. 1824* (procédure unifiée devant le JAF). – THOURET, *JCP 2004. Actu. 557 ; Procédures 2004. Étude 16*. – LAZARD et C. LIENHARD, *Gaz. Pal. 8-9 juill. 2005. 52*. – C. LIENHARD, *AJ fam. 2005. 58* (tableaux sur la nouvelle procédure devant le JAF). – LEBORGNE, *Procédures 2006. Étude 12*. – *Adde* BOSSE-PLATIÈRE, *Procédures 2006. Chron. 13*.

▸ **Décr. du 23 févr. 2016 :** COMBRET, BAILLON-WIRTZ, *JCP N 2016. 1098*. – DOUVILLE, MAUGER-VIELPEAU, *Gaz. Pal. 15 mars 2016, p. 10*.

▸ **Décr. du 17 déc. 2019 :** Dossier, *AJ fam. 2021. 13* *et 77* (réforme du divorce). – BOLZE, *D. 2020. 59* (la nouvelle procédure divorce est arrivée !). – CASEY, *AJ fam. 2020. 11* *s., 89 s.* (réforme de la procédure de divorce). – MIRABAIL, *Gaz. Pal. 10 mars 2020. 17* (déjudiciarisation du divorce et de la séparation de corps). – MULON, *Gaz. Pal. 7 janv. 2020. 51* (la nouvelle procédure de divorce). – MULON, ÉGÉA, *Dr. fam. 2020. Étude 8* (le décret n° 2019-1380 du 17 décembre 2019). – MULON, REN-LESCASTEREYRES, BARBE, *Gaz. Pal. 5 janv. 2021, p. 46* (la nouvelle ère de la procédure de divorce). – MULON, THOURET, *Gaz. Pal. 2 avr. 2021, hors série, p. 27* (la nouvelle procédure de divorce). – TORICELLI, TANI, *D. actu. 19 déc. 2019* (décret réformant le divorce et la séparation de corps) ; *D. actu. 24 déc. 2019*.

▸ **Articles :** AVENA-ROBARDET, *AJ fam. 2008. 29* (preuve en droit de la famille – tableau récapitulatif). – BÉNABENT, *Just. et cass. 2010. 80* (l'office du juge en droit de la famille). – BOICHE, *AJ fam. 2011. 368* (tableau des règles de compétences juridictionnelle et législative applicables en matière de contentieux familial international). – CADIOU, *Gaz. Pal. 2 avr. 2021, hors-série, p. 58* (l'urgence dans le contentieux familial). – CHAUVEAU, *Gaz. Pal. 30 mars-1er avr. 2014, p. 51* (déjudiciarisation du droit de la famille et droit international). – DEPONDT, *JCP*

2015. 429 (de l'intérêt de recourir à l'arbitrage et à la conciliation) ; *JCP N 2015. 1151* (la mise en œuvre des procédures d'arbitrage et de conciliation). – DOUCHY-OUDOT, *Gaz. Pal. 23-24 mars 2012, p. 24* (développement et diversification des MARC) ; *Procédures 2015. Étude 3* (l'office du juge dans le contentieux familial). – GEBLER, *AJ fam. 2007. 390* (l'enfant et ses juges) ; *AJ fam. 2008. 20* (le référé en matière familiale) ; *AJ fam. 2008. 144* (le JAF, le juge des enfants et les grands-parents : aspects procéduraux) ; *AJ fam. 2009. 477* (approche comparée des procédures familiales impliquant l'enfant mineur). – JUSTON, *Gaz. Pal. 21-22 nov. 2012, p. 5* (et si les JAF et les avocats se saisissaient réellement de la médiation familiale dans l'intérêt des enfants et des couples qui se séparent ?) ; *Gaz. Pal. 6-7 sept. 2013, p. 17* (le juge aux affaires familiales du XXIe siècle). – LALOUBÈRE, *AJ fam. 2005. 443* (organisation du contentieux familial au sein d'un TGI). – LALOUBÈRE, POIVEY-LECLERCQ, C. LIENHARD, MATOCQ et BURESI, *AJ fam. 2006. 8* (dossier : nouvelle procédure de divorce, un an après). – LARRIBAU-TERNEYRE, *Dr. fam. 2012. Étude 12* (nouvel essor pour les modes alternatifs et collaboratifs de règlement des litiges en matière familiale ?). – PÉTRIAT, *AJ fam. 2006. 66* (espace fonctionnel virtuel JAF de l'ENM). – MARCHAL, *AJ fam. 2009. 472* (la place de l'enfant dans les procédures familiales). – PIWNICA, *AJ fam. 2007. 338* (outils du procès familial équitable). – MAUGAIN, *Dr. et pr. 2011. 8* (les nouvelles attributions du juge aux affaires familiales et leurs répercussions). – MAIZY et BEAUFOUR, *AJ fam. 2011. 74* (divorce : incidence procédurale de la faute). – ROTH, *RLDC 2010. 3812* (le JAF, l'équité et les dépens). – RUETCH, *Gaz. Pal. 30 mars-1er avr. 2014, p. 46* (propositions faites en matière familiale par les récents rapports sur la Justice). – WEISS-GOUT, *Gaz. Pal. 30 mars-1er avr. 2014, p. 54* (comment améliorer la réponse judiciaire ?).

▸ **Thèmes particuliers :** BOURDILLAT, *Dr. et pr. 2005. 18* (expulsion du conjoint violent). – VIGANOTTI, *Dr. fam. 2012. Formule 4* (désunion du couple et compétence juridictionnelle internationale – cas des époux de nationalités différentes).

▸ **Charte de Paris « Procédure de divorce et règlement des régimes matrimoniaux » :** *Bull. barreau de Paris, 6 oct. 2012, no 31, p. 5 ; Gaz. Pal. 23-24 nov. 2012, p. 5 s.* – CASEY et MULON, *Gaz. Pal. 23-24 nov. 2012, p. 3* (genèse du texte).

▸ **Chantiers de la justice :** FRICERO, *Dr. fam. 2018. Étude 11* (contentieux familial et chantiers de la justice : quels bouleversements ?).

SECTION 1 *Dispositions générales*

DALLOZ RÉFÉRENCE *Droit et pratique du divorce 2022/2023, nos 132.00 s., 133.01 s., 134.01 s., 151.01 s., 152.191 s.*

Art. 1070 *(Décr. no 2004-1158 du 29 oct. 2004, art. 4, en vigueur le 1er janv. 2005)* **Le juge aux affaires familiales territorialement compétent est :**

— le juge du lieu où se trouve la résidence de la famille ;

— si les parents vivent séparément, le juge du lieu de résidence du parent avec lequel résident habituellement les enfants mineurs en cas d'exercice en commun de l'autorité parentale, ou du lieu de résidence du parent qui exerce seul cette autorité ;

— dans les autres cas, le juge du lieu où réside celui qui n'a pas pris l'initiative de la procédure.

En cas de demande conjointe, le juge compétent est, selon le choix des parties, celui du lieu où réside l'une ou l'autre.

Toutefois, lorsque le litige porte seulement sur la pension alimentaire, la contribution à l'entretien et l'éducation de l'enfant, la contribution aux charges du mariage ou la prestation compensatoire, le juge compétent peut être celui du lieu où réside l'époux créancier ou le parent qui assume à titre principal la charge des enfants, même majeurs.

La compétence territoriale est déterminée par la résidence au jour de la demande *(Abrogé par Décr. no 2019-1380 du 17 déc. 2019, art. 2-2o, à compter du 1er janv. 2021)* ***« ou, en matière de divorce, au jour où la requête initiale est présentée ».***

BIBL. ▸ ROUSSE, *Gaz. Pal. 1978. 2. Doctr. 501* (fondement de la compétence territoriale dans le divorce demandé par celui des époux avec lequel habitent les enfants mineurs). – MAURY, *D. 1983. Chron. 27* (compétence territoriale en matière de divorce). – DEVERS, *Dr. fam. 2008. Étude 9* (la résidence alternée en droit international privé). – HUET, *Mél. Gaudemet-Tallon, Dalloz 2008, p. 311* (le nouvel article 15 du code civil). – P. GANNAGÉ, *Mél. Gaudemet-Tallon, Dalloz 2008, p. 285* (regards sur les compétences judiciaires exclusives – les systèmes confessionnels face aux systèmes laïcisés). – VIGANOTTI, *Dr. fam. 2012. Formule 1* (désunion du couple et compétence juridictionnelle internationale. Cas des époux de même nationalité étrangère).

I. RÈGLE GÉNÉRALE

A. LIEU OÙ RÉSIDE CELUI DES ÉPOUX AVEC LEQUEL HABITENT LES ENFANTS MINEURS

1° CHANGEMENT DE RÉSIDENCE

1. Accepté (absence de fraude). Les cours d'appel disposent d'un pouvoir souverain pour déterminer le lieu où réside celui des époux avec lequel habitent les enfants mineurs ; doit en conséquence être rejeté le pourvoi formé contre un arrêt ayant retenu que, dès la présentation de sa requête initiale, plusieurs jours après son arrivée chez ses parents, la demanderesse était résolue à y demeurer avec sa fille un certain temps, que c'était donc bien en ce lieu que se trouvaient fixées sa propre résidence ainsi que l'habitation de sa fille et qu'elle n'avait pas agi par fraude. • Civ. 2e, 25 juin 1980, n° 79-11.874 P : *D. 1981. IR 379, obs. Groslière.* ♦ L'installation stable de l'épouse avec ses enfants en métropole ne procède pas d'une volonté de fraude lorsqu'elle se trouve, en raison des violences de son époux, dans la nécessité de préserver son intégrité physique. • Rennes, 25 avr. 2000 : *Dr. fam. 2000. Comm. 142, note Lécuyer.*

2. Refusé (défaut de résidence stable et habituelle). Exerce son pouvoir souverain la cour d'appel qui, après avoir relevé que les deux enfants mineurs habitaient avec la mère à Nouméa et que le père, venu les chercher pour aller faire des courses, avait ensuite téléphoné pour dire qu'ils étaient à Paris et qu'il ne les ramènerait plus, énonce que ce coup de force prémédité d'un départ avec les enfants, sans que ceux-ci ni la mère n'en aient été informés à l'avance, privait le père du droit de tenir pour lieu d'habitation des enfants celui où il les avait conduits. • Civ. 1re, 3 févr. 2004 : *RJPF 2004-6/35, obs. Garé.* ♦ Refus de retenir la nouvelle résidence dans une hypothèse où l'un des conjoints était parti avec les enfants sans en avertir l'autre. • Bordeaux, 18 avr. 1996 : *RTD civ. 1996. 586, obs. Hauser.* ♦ L'autorisation donnée par le mari à son beau-père et non à sa femme d'emmener les enfants ainsi que leur mère chez lui s'analyse en une autorisation donnée à un tiers d'héberger provisoirement les enfants pour qu'ils accompagnent leur mère partie se reposer chez ses parents et pour que ce tiers puisse agir en cas d'urgence compte tenu de l'état psychologique de la mère (tentative de suicide) ; cette autorisation ne peut s'interpréter comme un accord donné à l'épouse de quitter définitivement le domicile conjugal et de modifier la résidence des enfants. • Grenoble, 9 mars 2004 : *Dr. fam. 2004. Comm. 222, note Larribau-Terneyre.* ♦ La résidence doit avoir été fixée sans fraude et être la résidence stable et habituelle du parent qui l'invoque, ce qui n'est pas le cas lorsque l'épouse a quitté le domicile avec l'enfant quelques jours avant d'introduire l'action en divorce, sans rapporter la preuve que cette décision unilatérale résulte d'une situation intolérable. • Toulouse, 15 mars 2005 : *Dr. fam. 2005. Comm. 246, note Larribau-Terneyre.*

2° COHABITATION

3. Doit être présumé remplir la condition de cohabitation avec l'enfant, attributive de compétence territoriale, l'époux qui, ayant la charge complète de celui-ci et ne pouvant y faire face seul, en confie la charge matérielle à un tiers, ce dernier fût-il domicilié dans un ressort judiciaire distinct du sien. • TGI Arras, 25 oct. 1977 : *D. 1979. IR 166, obs. Groslière.* ♦ Mais lorsque l'enfant commun, loin d'habiter avec sa mère, est pensionnaire dans un établissement scolaire depuis plusieurs années et que la mère se borne à fixer sa résidence dans la ville où est situé cet établissement scolaire, la compétence du tribunal du lieu où réside celui des époux avec lequel habitent les enfants mineurs ne peut pas être retenue. • TGI Verdun, 11 juill. 1978 : *D. 1979. IR 167, obs. Groslière.*

B. LIEU OÙ RÉSIDE L'ÉPOUX DÉFENDEUR

4. Doit être retenu, comme lieu de résidence, un centre psychothérapique où se trouve depuis plus de six ans le conjoint défendeur, incapable majeur. • TGI Montluçon, 28 avr. 1977 : *JCP 1978. IV. 70.* ♦ Un conjoint défendeur condamné à cinq ans d'emprisonnement loge réellement et durablement dans la maison d'arrêt où il se trouve et y a sa résidence effective, même si cette localisation résulte de circonstances indépendantes de sa volonté ; l'existence d'une lettre écrite de l'ancien domicile conjugal lors d'une permission de sortie n'y change rien. • Rouen, 1er févr. 1988 : *Gaz. Pal. 1988. 1. 375, note Ph. B.* ♦ Comp. • Versailles, 19 févr. 2004 : *cité note 6.*

II. RÈGLE SPÉCIALE (EN CAS DE REQUÊTE CONJOINTE)

5. Exclusion de l'élection de domicile. Dans la mesure où les règles de compétence territoriales édictées par l'art. 1070 *[ancien]* sont d'ordre public, étant au demeurant rappelé qu'elles excluent toute notion de domicile au profit de celle de résidence, les parties ne sauraient valablement élire domicile chez leur conseil pour faire choix d'une juridiction à leur convenance. • TGI Lille, 5 mai 2000 : *D. 2001. 2928, note P. Labbée.*

6. Conjoint incarcéré. Lorsqu'un conjoint est incarcéré, il ne se trouve que de façon précaire dans le ressort du TGI où est située la maison d'arrêt, ce qui ne lui confère pas de résidence en ce lieu, au sens de l'art. 1070, et les contingences matérielles résultant de cette incarcération ne sauraient justifier qu'il soit dérogé aux règles de compétence territoriale. • Versailles, 19 févr. 2004 : *Gaz. Pal. 20-24 août 2004, p. 8, note Clavier.* ♦ Comp. • Rouen, 1er févr. 1988 : *préc. note 4.*

III. EXTENSION À L'ORDRE INTERNATIONAL

7. Renvoi. Au sein de l'Union européenne, V., en dernier lieu, le Règlement (CE) du Conseil n° 2201/2003 du 27 nov. 2003, relatif à la compétence, la reconnaissance et l'exécution des décisions en matière matrimoniale et en matière de responsabilité parentale abrogeant le règlement (CE) n° 1347/2000, art. 3 et 24, App., *XII, Droit international, A. Droit européen.*

A. CONSÉCRATION

8. En vertu du principe qui étend à l'ordre international les règles internes de compétence et, notamment en matière de divorce, celles de l'art. 5 du Décr. du 5 déc. 1975 [art. 1070 *[ancien]* NCPC [devenu C. pr. civ.]], les juridictions françaises sont incompétentes pour connaître d'une demande en divorce formée par une épouse suédoise résidant en Suède avec ses enfants depuis quatorze mois lors de la présentation de sa requête. • Civ. 1re, 13 janv. 1981, n° 79-10.693 P : *Rev. crit. DIP 1981. 331, note Gaudemet-Tallon ; JDI 1981. 360, note A. Huet.* ♦ Mais elles sont compétentes pour connaître d'une demande en divorce formée par une épouse française et espagnole résidant à Paris avec celle de ses filles qui était encore mineure. • Civ. 1re, 1er avr. 1981, n° 79-10.693 P : *D. 1982. Somm. 69, obs. B. Audit ; Gaz. Pal. 1981. 2. 629, note Lisbonne ; JDI 1981. 812, note Alexandre ; Defrénois 1982. 248, obs. Massip.*

B. DOMAINE

9. La référence à l'art. 1070 *[ancien]*, qui ne concerne que les actions en divorce, est inopérante lorsqu'il s'agit d'apprécier la compétence du juge ayant annulé un mariage. • Paris, 12 mars 1996 : *D. 1998. Somm. 282, obs. B. Audit*. ♦ Mais la compétence des tribunaux français pour statuer sur un divorce emporte compétence pour statuer sur la nullité du mariage invoquée à titre de fin de non-recevoir. • Civ. 1re, 27 oct. 1993 : *Rev. crit. DIP 1995. 554, note P. de Vareilles-Sommières*.

C. APPLICATIONS

10. Lieu où réside celui des époux avec lequel habitent les enfants mineurs. La juridiction française est compétente pour connaître de la demande en divorce formée par une épouse française contre son époux allemand, lorsque celle-ci justifie d'une résidence distincte de celle de son mari et a en France une résidence stable avec son enfant mineur. • Aix-en-Provence, 14 mars 2002 : *JCP 2002. IV. 3039.* ♦ Ce lieu de résidence est une notion de pur fait que le juge doit apprécier concrètement en la distinguant du simple déplacement temporaire sans réelle volonté de se fixer en un lieu donné, après avoir vérifié que ledit époux n'a pas agi en fraude à la loi ; en règle générale, la fraude est constituée lorsque l'un des époux prend avec lui les enfants contre le gré de l'autre ; spécialement, la décision d'une mère de retourner avec ses deux enfants auprès de sa propre famille dans son pays d'origine constitue une voie de fait, aucun événement particulier ne justifiant sa décision brutale. • Paris, 1er juill. 1999 : *D. 1999. IR 224.*

11. Lieu où réside l'époux défendeur. Lorsque les justifications de résidence à l'étranger apportées par la défenderesse à une action en divorce intentée par son mari devant les juridictions françaises sont insuffisantes eu égard à celles prouvant sa domiciliation sur le territoire français, il y a lieu de dire le juge français compétent pour connaître de l'action en divorce. • Paris, 28 févr. 2002 : *BICC 2002, n° 1033.*

12. Articulation. D'après l'art. 5 du Décr. du 5 déc. 1975 (art. 1070 *[ancien]*), le tribunal territorialement compétent dans les affaires de divorce, lorsque les époux ont des résidences distinctes, est celui du lieu où réside celui des époux avec lequel habitent « les » enfants mineurs et, « dans les autres cas », le tribunal du lieu où réside l'époux qui n'a pas pris l'initiative de la demande ; il en résulte que, lorsque l'épouse réside en France, en compagnie d'une de ses deux filles mineures, tandis que l'autre se trouve placée en Belgique par décision des autorités belges, la juridiction compétente pour connaître de la demande est le tribunal du lieu où réside l'époux défendeur, en l'occurrence le mari (qui ne réside pas en France). • Civ. 1re, 2 févr. 1982, n° 80-16.594 P : *D. 1983. Somm. 149, obs. B. Audit.* ♦ De même, lorsque l'enfant mineur n'habite avec aucun de ses parents étrangers qui ont chacun leur domicile sur le territoire français, le tribunal français du lieu où réside l'époux qui n'a pas pris l'initiative de la demande est directement compétent. • Paris, 21 nov. 1978 : *D. 1979. IR 165, obs. Groslière ; ibid. 341, obs. B. Audit.*

13. Lien caractérisé. Une juridiction française fût-elle première saisie, la décision de divorce prononcée par un juge des États-Unis doit être reconnue en France, dès lors que le litige se rattache de manière caractérisée avec le pays étranger dont l'épouse a la nationalité, où elle réside sans fraude aux droits du père avec ses enfants depuis plus de six mois, sans preuve d'une fraude à la compétence du juge français pour lequel la procédure devient sans objet et les mesures provisoires caduques. • Civ. 1re, 30 sept. 2009, n° 08-18.769 P : *R. 2009, p. 464 ; D. 2009. AJ 2433, note Gallmeister ; JCP 2009. 439, obs. Devers ; AJ fam. 2009. 493, note Boiché ; RLDC 11/2009. 3615, obs. Pouliquen ; Dr. fam. 2009. Comm. 166, note Abadie ; RJPF 12/2009. 22, note Garé ; Gaz. Pal. 22-23 janv. 2010, p. 36, obs. Eppler ; ibid. 2009. Doctr. 3460, obs. M.-L. Niboyet ; Rev. crit. DIP 2010. 133, note H. Gaudemet-Tallon*.

D. PRIVILÈGE DE L'ART. 14 C. CIV.

14. Absence d'exclusion. Le privilège de juridiction édicté par l'art. 14 C. civ., qui a pour seul fondement la nationalité française du demandeur, ne peut être tenu en échec par les règles générales de compétence territoriale lorsque celles-ci ne donnent pas compétence aux tribunaux français ; en conséquence, une cour d'appel ne peut estimer, en se fondant sur l'art. 1070 *[ancien]* NCPC [devenu C. pr. civ.], que le TGI du domicile de la demanderesse, de nationalité française, est incompétent et qu'elle aurait dû saisir le tribunal du lieu où résidaient, en Algérie, son mari et les enfants mineurs issus de l'union. • Civ. 1re, 6 déc. 1988, n° 87-13.884 P : *D. 1989. Somm. 257, obs. B. Audit ; JCP 1989. II. 21270, obs. Cadiet ; Gaz. Pal. 1989. 2. 624, note Massip ; Defrénois 1989. 684, obs. Massip.* ♦ Dans le même sens. • Civ. 1re, 10 mai 1995, n° 93-10.938, Dalloz jurisprudence • 19 févr. 2002, n° 99-21.006, Dalloz jurisprudence. ♦ Viole les art. 7 du Règl. (CE) n° 2201-2003 du 27 nov. 2003, 1070 C. pr. civ. et 14 C. civ., la cour d'appel qui écarte la compétence de la juridiction française pour statuer sur une demande en divorce, alors que celle-ci, saisie par une demanderesse de nationalité française, était compétente en application de l'art. 14 du code civil, qui s'applique lorsqu'aucun critère ordinaire n'est réalisé en France. • Civ. 1re, 30 sept. 2009, n° 08-19.793 P : *D. 2009. AJ 2419 (1re esp.), obs. Gallmeister ; ibid. 2010. 58 (1re esp.), note B. Audit ; JCP 2009. 346, note Cornut ; JCP 2009. 480, note Attal ; Gaz. Pal. 28 nov. 2009, p. 36, note Niboyet ; Procédures 2010, n° 401, note Nourissat ; JDI 2010. 475, note Chalas ; Rev. crit. DIP 2010. 133, note Gaudemet-Tallon.* ♦ L'art. 14 C. civ., qui donne compétence à la juridiction française du demandeur de nationalité française, s'applique lorsque aucun critère ordinaire de compétence n'est réalisé en France. • Civ. 1re, 15 sept. 2021, n° 19-24.779.

15. Dès lors que l'art. 14 C. civ. n'ouvre au demandeur français qu'une simple faculté et n'édicte pas à son profit une compétence impérative, exclusive de la compétence indirecte d'un tribunal étranger dont le choix n'est pas frauduleux, une cour d'appel a pu en déduire que, la juridiction française fût-elle première saisie, les jugements prononcés par le juge de New York devaient être reconnus en France, les demandes formées en France, au titre de l'autorité parentale et de la pension alimentaire, étant, en conséquence, irrecevables. • Civ. 1re, 16 déc. 2009, n° 08-20.305 P : *D. 2010. AJ 156, obs. Gallmeister ; JCP 2010. 217, note Devers ; AJ fam. 2010. 84, note Nord ; LPA, 30 mars 2010, p. 18, note Massip ; ibid. 27 juill. 2010, p. 17, obs. Parisot ; Gaz. Pal. 21-22 mai 2010, p. 33, note Eppler ; RJPF 2010-3, p. 20, note Meyzeaud-Garaud ; Rev. crit. DIP 2010. 164, note Muir-Watt.*

16. Désistement d'instance ne vaut pas renonciation. A la suite du désistement d'instance qu'il avait formulé devant le tribunal étranger, le demandeur, qui demeurait en droit d'exercer à nouveau la même action, avait recouvré la faculté d'opter entre les juridictions dont la compétence résultait des dispositions des art. 1070 *[ancien]* NCPC [devenu C. pr. civ.] et 14 C. civ. ; doit en conséquence être cassé l'arrêt qui retient qu'ayant engagé, devant la juridiction belge compétente, une procédure ayant le même objet que celle qu'il a ensuite introduite à Paris (action en divorce), le demandeur, de nationalité française, a manifesté sa volonté non équivoque de renoncer à l'application du second texte. • Civ. 1re, 27 janv. 1993, n° 90-21.219 P : *D. 1993. 602, note Massip.*

E. PRIVILÈGE DE L'ART. 15 C. CIV.

17. En l'absence de convention internationale applicable et de réalisation des critères de compétence résultant du Règl. Bruxelles II *bis* et, à défaut, de l'art. 1070 C. pr. civ., la nationalité française du défendeur suffit, selon l'art. 15 C. civ., à fonder la compétence des juridictions françaises quant à une requête en divorce. • Civ. 1re, 25 mars 2015, n° 13-26.131.

F. COMPÉTENCE INDIRECTE

1° DROIT COMMUN

18. Absence de caractère exclusif. Toutes les fois que la règle française de solution des conflits de juridictions n'attribue pas compétence exclusive aux tribunaux français, le tribunal étranger doit être reconnu compétent, si le litige se rattache d'une manière caractérisée au pays dont le juge a été saisi et si le choix de la juridiction n'a pas été frauduleux ; cassation, au visa de l'art. 1070 *[ancien]* et des principes qui régissent la compétence juridictionnelle internationale, de l'arrêt qui refuse la compétence du tribunal étranger alors que, d'une part, il constate qu'il existe un lien caractérisé avec le pays dont le juge a été saisi (épouse de nationalité britannique, ayant son domicile en Angleterre où les époux s'étaient mariés, avaient fixé le domicile conjugal et où le mari possédait certains biens), d'autre part, l'art. 1070 *[ancien]* ne donne pas une compétence exclusive aux juridictions françaises pour connaître du divorce dans les cas auxquels il se réfère. • Civ. 1re, 6 févr. 1985, n° 83-11.241 P : *D. 1985. 469, note Massip ; ibid. IR 497, obs. B. Audit ; Rev. crit. DIP 1985. 369 et 243, chron. Francescakis ; JDI 1985. 460, note A. Huet.* ♦ Sur renvoi : • Paris, 4 mars 1987 : *D. 1987. Somm. 346, obs. Audit ; Gaz. Pal. 1987. 457, concl. Boittiaux* ♦ De même, l'art. 1072 *[ancien]* [dont l'al. 2 a été repris à l'avant-dernier al. de l'actuel art. 1070] n'attribue pas compétence exclusive aux juridictions françaises. • Civ. 1re, 8 juin 1999, n° 97-13.406 P : *D. 1999. IR 169 ; Gaz. Pal. 2000. 1. Somm. 792,* *obs. Massip ; Rev. crit. DIP 2000. 35, note Rémy-Corlay*.

2° DROIT CONVENTIONNEL

a. Convention franco-algérienne du 27 août 1964

19. Principe. Il résulte de l'art. 1er-a de cette convention, ensemble les principes qui régissent la compétence juridictionnelle internationale, que la compétence de la juridiction saisie doit être appréciée selon les règles concernant les conflits de compétence admises dans l'État où la décision doit être exécutée et que, comme c'est le cas en matière de divorce, toutes les fois que la règle française de solution des conflits de juridiction n'attribue pas compétence exclusive aux tribunaux français, le tribunal étranger doit être reconnu compétent si le litige se rattache d'une manière caractérisée au pays dont le juge a été saisi et si le choix de la juridiction n'a pas été frauduleux. • Civ. 1re, 1er mars 1988, n° 87-12.007 P : *D. 1988. 486, note Massip ; Rev. crit. DIP 1989. 721, note Sinay-Cytermann.*

20. Choix frauduleux. Manque de base légale l'arrêt qui, pour décider que les juridictions algériennes étaient compétentes pour connaître du divorce de deux époux algériens, mariés en Algérie mais domiciliés en France, se borne à relever que l'épouse a comparu devant les tribunaux algériens, en se faisant représenter par un avocat qui a fait valoir ses moyens de défense et n'a pas contesté la compétence de ces tribunaux, sans rechercher si le choix de la juridiction algérienne n'avait pas été frauduleux et n'avait pas été fait dans le seul but d'échapper aux conséquences du jugement français condamnant l'époux à contribuer aux charges du mariage. • Même arrêt. ♦ Ne donne pas de base légale à sa décision au regard de l'art. 1, § a, de la Conv. franco-algérienne du 27 août 1964 au terme duquel les décisions rendues par les juridictions algériennes ont en France, de plein droit, l'autorité de la chose jugée à condition que la décision émane d'une juridiction compétente selon les règles concernant les conflits de compétences admises dans l'État où la décision doit être exécutée, une cour d'appel qui déclare compétente une juridiction algérienne sans rechercher si le choix de cette juridiction n'avait pas été fait de manière frauduleuse pour échapper aux conséquences d'un jugement français, dès lors que les époux résidaient en France, et qu'une procédure était en cours devant les tribunaux français. • Civ. 1re, 30 sept. 2009 : *D. 2010. 58, note B. Audit ; AJ fam. 2009. 493, note Boiché ; RJPF 12/2009. 22, note Garé ; Gaz. Pal. 22-23 janv. 2010, p. 35, obs. Eppler ; JDI 2010. 841, note Guillaumé.* ♦ Justifie légalement sa décision de retenir une fraude au jugement destinée à faire échec à l'exécution d'une décision française à intervenir visant à faire condamner un époux algérien au versement d'une contribution aux charges du mariage, en s'appuyant sur les circonstances ayant entouré la saisine hâtive du juge algérien par ce même époux pour obtenir le divorce et échapper ainsi à une condamnation en France. • Civ. 1re, 20 juin 2012, n° 11-30.120 P : *D. 2012. Actu. 1676 ; AJ fam. 2012. 460 ; Rev. crit. DIP 2012. 900, note Gaudemet-Tallon ; Dr. fam. 2012, n° 137, note Abadie ; Gaz. Pal. 14-15 sept. 2012, p. 39, obs. Eppler ; Gaz. Pal. 7-8 déc. 2012, p. 36, note Nioche.* ♦ Comp. : il n'apparaît pas que la décision algérienne a été obtenue dans le seul but de neutraliser les conséquences pécuniaires d'un divorce prononcé en France en fraude des droits de l'épouse, dès lors que celle-ci n'a pas soulevé l'incompétence des tribunaux algériens devant lesquels elle a débattu de sa situation sur le fond. • Nancy, 20 janv. 2003 : *BICC 2003, n° 1186.* ♦ V. aussi note 13.

21. Lien caractérisé. Est légalement justifié l'arrêt qui, pour déclarer la juridiction algérienne compétente, relève que les époux étaient tous deux de nationalité algérienne, que l'épouse résidait en Algérie, où le mariage avait été célébré, avec le troisième enfant issu de l'union et que la loi algérienne était compétente pour régir le fond du divorce. • Civ. 1re, 6 janv. 1987, n° 85-13.621 P : *D. 1987. 467, note Massip ; Rev. crit. DIP 1988. 337, note Lequette ; JDI 1988. 435, note Jacquet.* ♦ La nationalité algérienne des époux constitue un rattachement caractérisé avec l'Algérie. • Civ. 1re, 15 juin 1994, n° 92-22.111 P : *D. 1994. Somm. 352, obs. B. Audit ; LPA 22 févr. 1995, p. 21, note Massip ; Rev. crit. DIP 1996. 127, note B. Ancel*. ♦ *Contra*, lorsque les deux époux sont domiciliés en France, leur nationalité algérienne commune ne suffit pas à rattacher le litige d'une manière caractérisée à l'Algérie et le juge algérien n'est pas compétent pour en connaître. • Civ. 1re, 17 févr. 2004, n° 02-17.479 P : *Gaz. Pal. 25-26 févr. 2004, p. 31, note M.-L. Niboyet ; ibid. 3-4 sept. 2004, p. 33, note M.-L. Niboyet ; AJ fam. 2004. 141, obs. David ; Dr. et patr., avr. 2004. 125, obs. F. Monéger ; Defrénois 2004. 812, note Massip.* ♦ V. déjà, antérieurement : doit être déclaré inopposable le jugement de divorce prononcé en Algérie entre époux algériens à la demande du mari, après que sa femme a déposé en France, où les époux et leurs enfants étaient domiciliés, une requête en séparation de corps, le seul lien de rattachement du litige avec l'ordre juridique du juge algérien étant la nationalité algérienne commune des époux, rattachement qui ne suffit pas en la matière, alors qu'il s'agit de prononcer la dissolution du lien matrimonial et de statuer sur ses conséquences à l'égard des époux et des enfants, pour constituer un lien caractérisé avec le pays du juge saisi et justifier la compétence de ce juge. • Paris, 15 nov. 1988 : *D. 1989. Somm. 257, obs. B. Audit.* ♦ Malgré la force théorique de ce rattachement dans une matière relevant au fond du statut des personnes, la nationalité des époux ne constitue pas un critère général de détermination de la compétence internationale qui dépend de la localisation effective des intérêts et des droits en jeu ; spécialement, les questions d'ordre personnel ou patrimonial soulevées par le divorce, que ce soit entre les époux ou vis-à-vis de leurs enfants, sont localisées à Paris, où demeurent les époux et ceux de leurs enfants concernés par le divorce et où leurs revenus respectifs sont perçus ; le litige présente ainsi des liens de rattachement prépondérants avec la juridiction française qui est donc compétente, à l'exclusion du juge algérien saisi par le mari et avec l'ordre juridique duquel le divorce n'a que la nationalité algérienne commune des deux époux comme seul lien de rattachement. • Paris, 15 mars 1990 : *D. 1990. Somm. 263, obs. B. Audit*.

b. Convention franco-marocaine du 10 août 1981

22. Aux termes de l'art. 11 de cette convention, les juridictions de l'État dont les époux ont tous deux la nationalité peuvent être compétentes, quel que soit le domicile des époux au moment de l'introduction de l'action judiciaire ; en conséquence, l'acte de divorce obtenu par le mari marocain au Maroc est opposable à l'épouse marocaine, bien que les époux soient domiciliés en France. • Douai, 9 mars 1989 : *JCP 1989. II. 21388, note X. L.* ♦ Il ne peut valablement être fait grief à un époux de nationalité marocaine d'avoir commis une fraude au jugement en choisissant la juridiction marocaine plutôt que la juridiction française, car l'art. 11 de la convention précitée fait échec aux dispositions de l'art. 1070 *[ancien]*. • Versailles, 9 oct. 1989 : *D. 1990. Somm. 99, obs. Groslière*.

23. L'art. 11 de cette convention n'édicte que des règles indirectes de compétence ; dès lors, l'arrêt qui relève, d'une part, que la demanderesse d'une requête en divorce a en France, avec les enfants, une résidence stable et habituelle et, d'autre part, qu'elle est de nationalité française, en déduit exactement qu'invoquant le privilège de juridiction, les tribunaux français étaient compétents en application de l'art. 14 C. civ. • Civ. 1re, 28 mars 2006 : *D. 2006. IR 999*.

24. Il appartient au juge devant lequel est invoquée une fin de non-recevoir tirée de l'autorité de la chose jugée d'une décision de divorce étrangère de contrôler la régularité internationale de cette décision. Viole les art. 16 de la Conv. franco-marocaine du 5 oct.1957 et 11 de la Conv. franco-marocaine du 10 août 1981 la cour d'appel qui, pour annuler une ordonnance de non-conciliation, constate que le divorce a été prononcé par une juridiction marocaine, dit que le juge aux affaires familiales français, saisi postérieurement au juge marocain, ne pouvait que surseoir à statuer et décide que la juridiction française est incompétente pour apprécier une fraude à la loi marocaine commise devant la juridiction marocaine. • Civ. 1re, 14 janv. 2009, nº 08-10.205 P : *RJPF 04/2009. 18, note Garé ; AJ fam. 2009. 260, note Boiché*.

25. V. dans le sens qu'un divorce khol' prononcé au consulat du Maroc produit effet en France dès lors qu'il émane d'une autorité compétente, n'est pas contraire à la conception française de l'ordre public et n'est pas entaché de fraude. • Versailles, 25 mars 2010 : *Dr. fam. 2010, nº 173, note Farges.*

c. Convention franco-tunisienne du 28 juin 1972

26. Approbation de l'arrêt qui constate, d'une part, que le TGI français saisi d'une demande de divorce était compétent en vertu de l'art. 1070 *[ancien]*, la résidence de la famille lors du dépôt de la requête étant dans son ressort, d'autre part, que la juridiction tunisienne n'était pas compétente au regard des dispositions du titre II de la convention précitée dans la mesure où le mari, s'il était tunisien, ne résidait pas en Tunisie depuis un an au moins à la date de l'introduction de l'instance, et en déduit que l'exception de litispendance internationale ou la fin de non-recevoir tirée de la chose jugée ne pouvaient être accueillies. • Civ. 1re, 14 déc. 2004, nº 03-10.420 P : *RJPF 2005-3/30 ; Rev. crit. DIP 2006. 597, note Moissinac-Massénat*.

27. Justifie légalement sa décision l'arrêt qui, pour déduire l'incompétence de la juridiction tunisienne, relève que si l'époux est de nationalité tunisienne, il ne résidait pas habituellement dans ce pays depuis au moins un an à la date de l'acte introductif d'instance et que dès lors que l'exception de litispendance ne peut être accueillie que lorsque la décision à intervenir à l'étranger est susceptible d'être reconnue en France et a été rendue par une juridiction compétente au sens de l'art. 16-1 *d)* de la Conv. franco-tunisienne du 28 juin 1972, ce tribunal est celui de l'État de la nationalité du demandeur lorsque celui-ci réside depuis plus d'un an dans cet État. • Civ. 1re, 28 janv. 2009, nº 08-10.185 P : *AJ fam. 2009. 260, note Boiché*.

IV. DATE D'APPRÉCIATION DE LA COMPÉTENCE

28. Renvoi. V. notes 1, 2, 4, 6, 8, 10, 22 et 26.

29. Application. Méconnaît les exigences de l'art. 6 du Décr. 5 déc. 1975 (art. 1071 *[ancien]* NCPC [devenu C. pr. civ.]) l'arrêt qui rejette l'exception d'incompétence territoriale soulevée par le mari, sans préciser le lieu de résidence de la femme au jour où celle-ci avait présenté sa requête initiale. • Civ. 2e, 29 oct. 1980, nº 79-11.918 P.

Art. 1071 *(Décr. nº 2004-1158 du 29 oct. 2004, art. 4, en vigueur le 1er janv. 2005)* **Le juge aux affaires familiales a pour mission de tenter de concilier les parties.** — *Sur la* *pratique de la médiation familiale en maisons de justice et du droit, V. Circ. du SADJAV en date du 13 mai 2009.*

Saisi d'un litige, il peut proposer une mesure de médiation et, après avoir recueilli l'accord des parties, désigner un médiateur familial pour y procéder.

La décision enjoignant aux parties de rencontrer un médiateur familial en application des articles 255 et 373-2-10 du code civil n'est pas susceptible de recours.

Sur les mesures provisoires prises par le juge aux affaires familiales, V. C. civ., art. 255.

Sur l'intervention du juge aux affaires familiales, V. C. civ., art. 373-2-10.

DALLOZ ACTION *Droit de la famille 2023/2024, n° 131.01.*

DALLOZ PRATIQUE[S] *Divorce - Médiation : mise en œuvre ; Divorce - Mesures provisoires : demande.*

BIBL. ▸ Médiation familiale : Aufière, *AJ fam. 2005. 99* (rencontre du médiateur et du notaire). – Copper-Royer, *Gaz. Pal. 1989. 1. Doctr. 49* (alternative à la solution contentieuse des litiges familiaux). – Douchy-Oudot, *D. 2005. Pan. 1821* (actualité). – Ganancia, C. Lienhard, Dahan, Claux, Six et Sassier, *AJ fam. 2003. 48* (dossier). – Juston, *Gaz. Pal. 28-29 déc. 2005. 2* (changement de culture judiciaire). – Juston, *Dr. fam. 2008. Étude 10* (l'intérêt de la médiation familiale pour l'enfant) ; *Gaz. Pal. 2008. Doctr. 3297* ; *Gaz. Pal. 26-28 oct. 2008, p. 3* (justice et médiation familiale) ; *Dr. fam. 2010. Étude 2* (l'aléa dans le contentieux familial : une fatalité ?). – Juston et Comba, *AJ fam. 2005. 399* (pratique). – Larribau-Terneyre, *JCP 1993. I. 3649* (faut-il réglementer ?). – Mulon, *Gaz. Pal. 2011. 3233* (forme et force des accords en matière familiale). – Rongeat-Oudin, *RJPF 2010-2/11* (aspects juridiques et politiques). – Summa, *AJ fam. 2006. 155* (perspectives d'avenir, en France et à l'étranger).

Art. 1072 *(Décr. n° 2004-1158 du 29 oct. 2004, art. 4, en vigueur le 1er janv. 2005)* **Sans préjudice de toute autre mesure d'instruction et sous réserve des dispositions prévues au troisième alinéa de l'article 373-2-12 du code civil, le juge peut, même d'office, ordonner une enquête sociale s'il s'estime insuffisamment informé par les éléments dont il dispose.**

L'enquête sociale porte sur la situation de la famille ainsi que, le cas échéant, sur les possibilités de réalisation du projet des parents ou de l'un d'eux quant aux modalités d'exercice de l'autorité parentale.

Elle donne lieu à un rapport où sont consignées les constatations faites par l'enquêteur et les solutions proposées par lui.

Le juge donne communication du rapport aux parties en leur fixant un délai dans lequel elles auront la faculté de demander un complément d'enquête ou une nouvelle enquête.

Sur l'ordonnancement d'une enquête sociale par le juge aux affaires familiales, V. C. civ., art. 373-2-12.

DALLOZ PRATIQUE[S] *Divorce - Mesure d'enquête sociale ou d'expertise médico-psychologique ou psychiatrique pendant une procédure de divorce.*

BIBL. GÉN. ▸ Carbonnier, *D. 1945. Chron. 145* (commentaire de l'ordonnance du 12 avr. 1945). – Garé, *RTD civ. 1987. 692* (aspects juridiques de l'enquête sociale). – Goudon, *Gaz. Pal. 1988. 2. Doctr. 752* (enquête sociale : constat d'une situation ou reflet d'une médiation). – *Colloque des IEJ, Rennes 1966* (juridictions familiales au service de l'enfant).

JURISPRUDENCE ANTÉRIEURE AU DÉCRET DU 29 OCTOBRE 2004

1. Pouvoir souverain. Les juges du fond disposent d'un pouvoir souverain pour apprécier l'opportunité d'une enquête sociale. • Civ. 1re, 31 janv. 1980 : *Bull. civ. I, n° 19* • Civ. 2e, 13 juill. 2000 : *RJPF 2000. 10/33, note Valory ; RTD civ. 2000. 822, obs. Hauser* • Civ. 1re, 6 juill. 2005 : *cité notes 3 et 7.* ♦ Il en est de même s'agissant des avis exprimés dans les rapports qui leur sont remis. • Civ. 2e, 8 nov. 1978, n° 77-14.635 P. ♦ Par ailleurs, aucun texte n'impose aux juges de faire entendre les deux parents par le même enquêteur. • Civ. 2e, 20 juill. 1987, n° 85-12.975 P.

2. Juge des référés. Le juge des référés peut ordonner une enquête sociale avant la tentative de conciliation. • TGI Avesnes-sur-Helpe, réf., 11 févr. 1976 : *Gaz. Pal. 1978. 1. 334, note M. B.*

3. Exécution. L'enquête sociale ordonnée par un JAF avant de statuer sur les mesures accessoires est une mesure urgente prise dans l'intérêt des enfants, qui est immédiatement exécutoire nonobstant appel. • Civ. 1re, 6 juill. 2005, n° 03-13.357 P : *D. 2005. IR 2177 ; ibid. 2006. Pan. 2437, obs. Douchy-Oudot ; RTD civ. 2005. 763, obs. Hauser.*

4. Déroulement de l'enquête sociale. Il suffit que les résultats de l'enquête sociale soient soumis à la discussion des parties, car les dispositions de l'art. 160, qui ne concernent que l'exécution des diverses mesures d'instruction prévues au sous-titre II du livre septième, ne sont pas applicables à l'enquête sociale prévue par l'art. 287-1 *[ancien]* C. civ. et réglementée par l'art. 1079 *[ancien]* NCPC [devenu C. pr. civ.]. • Civ. 1re, 5 mai 1987, n° 85-17.537 P : *D. 1988. 774, note Massip ; RTD civ. 1988. 88, obs. Rubellin-Devichi.*

5. Contenu du rapport. L'enquêteur a la possibilité de recueillir des renseignements auprès de personnes dont l'identité n'est pas révélée, car l'art. 242 disposant que le technicien commis par le juge peut recueillir des informations orales ou écrites sauf à ce que soient précisés les noms, prénom, demeure et profession des témoins, et l'art. 244 interdisant au technicien de révéler toute information qu'il n'aurait pas recueillie légitimement, ne concernent que l'exécution des mesures d'instruction confiées à un technicien dans les conditions prévues par l'art. 232 et ne sont pas applicables à l'enquête sociale prévue par l'art. 287-1 *[ancien]* C. civ. et réglementée par l'art. 1079 *[ancien]* NCPC [devenu C. pr. civ.]. • Civ. 2e, 28 mai 1984, n° 82-11.717 P : *Gaz. Pal. 1985. 2. 500.* ♦ Il n'y a pas lieu d'écarter des débats une enquête sociale dès lors que cette mesure n'a pas été diligentée avec partialité et que l'assistante sociale a été autorisée oralement par le juge à joindre son rapport avec les renseignements recueillis. • Paris, 12 juill. 1983 : *D. 1985. IR 149, obs. Groslière.* ♦ A l'inverse, est irrecevable un rapport d'examen psychologique ordonné à la seule demande de la mère, réalisé par une clinicienne dans des conditions de forme et de temps incompatibles avec les principes généraux du droit français et des conventions internationales. • Versailles, 11 sept. 1997 : *Gaz. Pal. 18 mars 1998. 24.* ♦ Sur l'intérêt légitime d'un père à prendre connaissance du rapport d'enquête sociale le concernant : • CEDH 15 oct. 2009 : *Dr. fam. 2009. Alerte 74, obs. Bruggeman* (violation du respect de la vie familiale).

6. Voies de recours. Faute de dispositions spéciales, la règle générale posée par l'art. 150, relative aux recours contre les décisions qui ordonnent, modifient ou refusent d'ordonner et de modifier une mesure d'instruction, est applicable à l'enquête sociale. • Orléans, 22 févr. 1978 : *Gaz. Pal. 1978. 1. 303, note Viatte* • Paris, 3 mai 1979 : *D. 1979. 504, note Massip.* ♦ La décision qui ordonne une enquête sociale n'est pas une décision de sursis à statuer. En conséquence est irrecevable une demande fondée sur l'art. 380 du NCPC [devenu le C. pr. civ.] tendant à être autorisée par le premier président à faire appel. • Dijon, 16 oct. 2007 : *Gaz. Pal. 23-24 nov. 2007, p. 10, note Gerbay.*

7. Contre-enquête. Les art. 1079 *[ancien]* NCPC [devenu C. pr. civ.] et 287-2 *[ancien]* C. civ. exigent qu'il soit répondu aux conclusions d'une partie demandant une contre-enquête. • Civ. 1re, 6 févr. 1996, n° 94-15.309 P : *D. 1996. 621, note Massip* . ♦ Mais, si aux termes de l'art. 1079 *[ancien]*, le juge doit donner communication aux parties du rapport d'enquête sociale, il n'est pas tenu d'accueillir une demande de contre-enquête. • Civ. 1re, 6 juill. 2005 : *préc. note 3.*

8. Renvoi. V. également la jurisprudence citée *in* **Mégacode civil**, ss. art. 373-2-12 C. civ.

Art. 1072-1 *(Décr. n° 2009-398 du 10 avr. 2009, art. 1er)* **Lorsqu'il statue sur l'exercice de l'autorité parentale** *(Décr. n° 2016-1906 du 28 déc. 2016, art. 4)* **« ou lorsqu'il est saisi aux fins d'homologation selon la procédure prévue par l'article 1143 ou par les articles 1565 et suivants », le juge aux affaires familiales vérifie si une procédure d'assistance éducative est ouverte à l'égard du ou des mineurs. Il peut demander au juge des enfants de lui transmettre copie de pièces du dossier en cours, selon les modalités définies à l'article 1187-1.**

Le Décr. n° 2009-398 du 10 avr. 2009 est applicable dans les îles Wallis-et-Futuna.

Le Décr. n° 2016-1906 du 28 déc. 2016 s'applique aux demandes d'homologation pour lesquelles les parties n'ont pas encore été convoquées à l'audience au jour de son entrée en vigueur, soit le 30 déc. 2016 (Décr. préc., art. 6).

BIBL. ▶ AUTEM, *LPA 18 juin 2010, p. 4* (la communication entre le JAF, le juge des enfants et le juge des tutelles). – BARBE et LA-MESTA, *AJ fam. 2009. 480* . – BRUGGEMAN, *Dr. fam. 2009. Alertes 39.* – EUDIER, *RJPF 07-08/2009. 23.* – GOUTTENOIRE et BONFILS, *D. 2009. Pan. 1921* . – LA MESTA, J. LEBORGNE et BARBÉ, *AJ fam. 2009. 216* . – LARRIBAU-TERNEYRE, *Dr. fam. 2009. Repère 5.*

Art. 1072-2 *(Décr. n° 2009-398 du 10 avr. 2009, art. 1er)* **Dès lors qu'une procédure d'assistance éducative est ouverte à l'égard du ou des mineurs, une copie de la décision du juge aux affaires familiales est transmise au juge des enfants ainsi que toute pièce que ce dernier estime utile.**

Le Décr. n° 2009-398 du 10 avr. 2009 est applicable dans les îles Wallis-et-Futuna.

BIBL. ▶ AUTEM, *LPA 18 juin 2010, p. 4* (la communication entre le JAF, le juge des enfants et le juge des tutelles). – BARBE et LA-MESTA, *AJ fam. 2009. 480* . – BRUGGEMAN, *Dr. fam. 2009. Alertes*

39. – EUDIER, *RJPF 07-08/2009. 23.* – LA MESTA, J. LEBORGNE et BARBÉ, *AJ fam. 2009. 216.* – LARRIBAU-TERNEYRE, *Dr. fam. 2009. Repère 5.*

Art. 1073 *(Décr. nº 2004-1158 du 29 oct. 2004, art. 4, en vigueur le 1er janv. 2005)* **Le juge aux affaires familiales est, le cas échéant, juge de la mise en état.**

Il exerce *(Abrogé par Décr. nº 2019-1419 du 20 déc. 2019, art. 5-9º)* **« *aussi* » les fonctions de juge des référés.**

(Décr. nº 2019-1419 du 20 déc. 2019, art. 5-9º) **« Dans les cas prévus par la loi ou le règlement, il statue selon la procédure accélérée au fond. »**

Les dispositions issues du Décr. nº 2019-1419 du 20 déc. 2019 s'appliquent aux demandes introduites, à compter du 1er janv. 2020 (Décr. préc., art. 24-II).

DALLOZ ACTION *Droit de la famille 2020/2021, nº 131.01.*

BIBL. ▶ C. LIENHARD, *D. 1985. Chron. 15* (compétence du JAM en tant que juge des référés entre le dépôt de la requête en divorce et la tentative de conciliation).

JURISPRUDENCE ANTÉRIEURE AU DÉCRET DU 29 OCTOBRE 2004

A. POUVOIRS

1. *En tant que juge des référés.* La compétence du JAM [JAF] est limitée, au stade de la présentation de la requête en divorce, aux mesures d'urgence prévues à l'art. 257 C. civ. • Civ. 2e, 16 avr. 1986, nº 84-17.097 P : *D. 1987. Somm. 273, obs. Groslière.* ♦ V. art. 1107, al. 2, et note 1 ss. ce texte.

B. COMPÉTENCE RATIONE TEMPORIS

2. *Juge des référés.* Lorsque l'époux demandeur, non habilité à le faire, a retenu ou s'est emparé de l'enfant mineur issu du mariage, le JAM [JAF] est compétent pour faire respecter, dans le cadre de la procédure de référé, les dispositions prises par lui, notamment pour faire cesser une situation de fait manifestement illicite, au regard de ce qu'il avait précédemment décidé (déclaration de compétence du JAM [JAF] saisi en qualité de juge des référés entre la requête initiale et la tentative de conciliation). • TGI Avesnes-sur-Helpe, réf., 11 févr. 1976 : *Gaz. Pal. 1976. 1. 334, note M. B.* ♦ Dans le même sens : • TGI Paris, réf., 16 juin 1976 : *JCP 1976. II. 18501, note R. L.* (attribution du logement familial) • 16 juill. 1976 : *JCP 1976. II. 18502, note Lindon* (droit d'hébergement). ♦ V. aussi • TGI Dijon, 14 août 1985 : *Gaz. Pal. 1986. 2. Somm. 281* (pension alimentaire).

3. *Juge de la mise en état.* Une fois que l'affaire a été distribuée au juge de la mise en état – également JAM [JAF] – il devient seul compétent pour statuer sur une éventuelle modification des mesures provisoires déjà prises (déclaration d'incompétence du JAM [JAF] saisi en qualité de juge des référés). • TGI Toulouse, réf., 9 nov. 1979 : *JCP 1980. II. 19383, note Lindon et Bertin.*

JURISPRUDENCE ISSUE DU DÉCRET DU 29 OCTOBRE 2004

4. *Juge des référés.* Si en cas de désaccord des parents séparés sur le lieu de résidence des enfants, l'un d'eux peut saisir, dans les formes du référé, le JAF pour qu'il statue comme juge du fond, il peut également saisir ce juge en référé pour qu'il prenne, à titre provisoire, toutes mesures que justifie l'existence d'un différend en cas d'urgence ou qu'il prescrive les mesures conservatoires ou de remise en état qui s'imposent pour prévenir un dommage imminent ou faire cesser un trouble manifestement illicite et, dans tous les cas, le JAF règle les questions qui lui sont soumises en veillant spécialement à la sauvegarde des intérêts des enfants mineurs. • Civ. 1re, 28 oct. 2009 : *D. 2009. AJ 2751 ; ibid. 2010. Pan. 990, obs. Douchy-Oudot ; AJ fam. 2009. 490, note Gallmeister ; Gaz. Pal. 22-23 janv. 2010, p. 40, obs. Mulon ; Dr. fam. 2010. Comm. 23, note Murat ; RJPF 2010-2/34, note Eudier ; RTD civ. 2010. 97, obs. Hauser.* ♦ Le JAF exerce les fonctions de juge des référés et ces fonctions ne sont pas réservées à certains litiges. • Même arrêt.

Art. 1074 *(Décr. nº 2009-1591 du 17 déc. 2009, art. 2)* **Les demandes sont formées, instruites et jugées en chambre du conseil, sauf disposition contraire.**

Les décisions relatives au nom, au prénom ou au divorce sont rendues publiquement.

Le Décr. nº 2009-1591 du 17 déc. 2009 est applicable aux demandes en justice formées à compter du 1er janv. 2010 (Décr. préc., art. 10). Il est, par ailleurs, applicable dans les îles Wallis-et-Futuna (Décr. préc., art. 9).

BIBL. ▶ BRUGGEMAN, *Dr. fam. 2010. Alertes 9.* – LAVRIC, *D. 2010. AL 79.* – VINCKEL, *Dr. et pr. 2010. 39.*

1. *Autorité parentale.* Les décisions relatives à la dévolution et aux modalités d'exercice de l'autorité parentale concernant un enfant dont les parents sont séparés ne sont pas des décisions relatives au divorce et doivent être rendues en chambre du conseil. • Civ. 1re, 6 févr. 2008, n° 06-17.006 P : *D. 2009. Pan. 53, obs. Douchy-Oudot ; AJ fam. 2008. 208, obs. Chénedé ; Procédures 2008, n° 112, note Douchy-Oudot.* ♦ Les décisions rendues en application de l'art. 373-3, al. 2, C. civ. sont, en application de l'art. 1074, al. 1er, C. pr. civ., instruites et jugées en chambre du conseil. • Civ. 1re, 25 févr. 2009, n° 07-14.849.

JURISPRUDENCE ANTÉRIEURE AU DÉCRET DU 29 OCTOBRE 2004

2. Prestation compensatoire. Les décisions statuant après divorce sur la suppression ou la modification d'une prestation compensatoire, qui ne sont pas de décisions relatives au divorce au sens de l'al. 2 de l'art. 1074 C. pr. civ., doivent être rendues en chambre du conseil. • Civ. 1re, 28 oct. 2009, n° 08-18.488 P : *D. 2009. AJ 2685, obs. Égéa ; ibid. 2010. Pan. 1243, obs. Serra et Williatte-Pellitteri ; JCP 2009. 417 ; AJ fam. 2010. 40, note Gallmeister ; Dr. fam. 2010. Comm. 3, note Larribau-Terneyre ; RLDC 2009. 3654, obs. Pouliquen ; Gaz. Pal. 22-23 janv. 2010, p. 32, obs. Mulon ; RJPF 2010-1, p. 26, obs. Garé ; RTD civ. 2010. 89, obs. Hauser.*

3. Respect de l'obligation. L'énonciation selon laquelle il a été statué « publiquement, contradictoirement en chambre du conseil » implique qu'après un débat contradictoire en chambre du conseil, le dispositif a été lu en audience publique. • Civ. 2e, 11 mars 1981 : *Gaz. Pal. 1981. 2. Pan. 268 ; RJPF 2010-1, p. 26, obs. Garé ; RTD civ. 2010. 89, obs. Hauser.*

4. Sanction de l'obligation. La violation de l'art. 451 *[ancien]*, dont l'art. 1081 *[ancien]* constitue une application n'entraîne la nullité que si, conformément à l'art. 458, al. 2, elle a été invoquée au moment du prononcé du jugement par simples observations dont il est fait mention au procès-verbal d'audience. • Civ. 2e, 29 oct. 1980, n° 79-16.250 P.

Art. 1074-1 *(Décr. n° 2004-1158 du 29 oct. 2004, art. 4, en vigueur le 1er janv. 2005) (Décr. n° 2019-1333 du 11 déc. 2019, art. 3-8°-a et b)* **« A moins qu'il n'en soit disposé autrement, les décisions du juge aux affaires familiales qui mettent fin à l'instance** *(Décr. n° 2020-1452 du 27 nov. 2020, art. 1er-28°, en vigueur le 1er janv. 2021)* **« ne sont exécutoires à titre provisoire que si elles l'ordonnent ».**

« Par exception, » les mesures portant sur l'exercice de l'autorité parentale, la pension alimentaire, la contribution à l'entretien et l'éducation de l'enfant et la contribution aux charges du mariage, ainsi que toutes les mesures prises en application de l'article 255 du code civil, sont exécutoires de droit à titre provisoire.

Sur l'entrée en vigueur des dispositions du Décr. n° 2019-1333 du 11 déc. 2019, V. Décr. préc., art. 55, App., I, A, Procédure en matière familiale.

Sur les mesures provisoires, V. C. civ., art. 255.

La décision du juge aux affaires familiales, ordonnant le retour dans le pays de sa résidence d'un enfant déplacé illicitement, en application de la Conv. de la Haye du 25 oct. 1980 sur les aspects civils de l'enlèvement international d'enfants, n'est pas exécutoire de droit par provision. • Civ. 1re, 20 janv. 2010 : *cité note ss. art. 1210-5.*

Art. 1074-2 *(Décr. n° 2022-259 du 25 févr. 2022, art. 1er)* **Sauf dans les cas où l'intermédiation financière est écartée par les parents ou le juge en application des dispositions des 1° et 2° du II de l'article 373-2-2 du code civil, le versement des pensions alimentaires fixées en tout ou partie en numéraire par une décision judiciaire ou une convention homologuée par le juge est effectué dans les conditions prévues aux articles R. 582-5 à R. 582-11 du code de la sécurité sociale.**

Les dispositions du Décr. n° 2022-259 du 25 févr. 2022 s'appliquent à compter du 1er mars 2022 à l'exécution des décisions judiciaires de divorce rendues à compter de cette même date et à compter du 1er janv. 2023 à l'exécution des autres décisions judiciaires rendues à compter de cette même date ainsi que des titres mentionnés aux 2° à 6° du I de l'art. 373-2-2 C. civ. émis à compter de cette même date (Décr. préc., art. 4).

Ancien art. 1074-2 *(Décr. n° 2020-1201 du 30 sept. 2020, art. 2, en vigueur le 1er janv. 2021)* ***Lorsque le juge ordonne le versement de la pension alimentaire par l'intermédiaire de l'organisme débiteur des prestations familiales, ou lorsqu'il homologue une convention le prévoyant, le débiteur verse la pension directement au créancier dans l'attente de la mise en œuvre de l'intermédiation et, le cas échéant, à compter de la cessation de celle-ci.***

Art. 1074-3 *(Décr. n° 2020-1201 du 30 sept. 2020, art. 2, en vigueur le 1er janv. 2021)* **La décision et la convention** *(Décr. n° 2022-259 du 25 févr. 2022, art. 1er)* **« homolo-**

guée » mentionnées aux 1° et 2° du I de l'article 373-2-2 du code civil qui *(Décr. n° 2022-259 du 25 févr. 2022, art. 1er)* **« fixent une pension alimentaire en tout ou partie en numéraire sans écarter l'intermédiation financière de son versement dans les conditions prévues par les 1° ou 2° du II du même article, ainsi que la décision qui, le cas échéant, met en place ultérieurement cette intermédiation en application du second alinéa du III du même article** *[ancienne rédaction : prévoient le versement de la pension alimentaire par l'intermédiaire de l'organisme débiteur des prestations familiales]* **» sont notifiées aux parties par le greffe par lettre recommandée avec demande d'avis de réception.**

En cas de retour au greffe de la lettre de notification, dont l'avis de réception n'a pas été signé dans les conditions prévues à l'article 670 du présent code, le greffier invite les parties à procéder par voie de signification.

Sur l'entrée en vigueur des dispositions issues du Décr. n° 2022-259 du 25 févr. 2022, V. ndlr ss. art. 1074-2 C. pr. civ., supra.

Art. 1074-4 *(Décr. n° 2020-1201 du 30 sept. 2020, art. 2, en vigueur le 1er janv. 2021)* **I. — Dans un délai de six semaines courant à compter de la notification de la décision aux parties, le greffe transmet à l'organisme débiteur des prestations familiales** *(Décr. n° 2022-259 du 25 févr. 2022, art. 1er)* **« , selon les cas :**

« 1° Soit un extrait exécutoire des décisions judiciaires ou une copie exécutoire des conventions homologuées qui fixent une pension alimentaire en tout ou partie en numéraire sans en écarter l'intermédiation financière du versement *[ancienne rédaction : 1° Un extrait exécutoire de la décision ou une copie exécutoire de la convention homologuée mentionnée au 2° du I de l'article 373-2-2 du code civil qui prévoit le versement de la pension alimentaire par l'intermédiaire de cet organisme]* **;**

« 2° Soit, le cas échéant, un extrait exécutoire des décisions mettant en place une intermédiation financière du versement de pensions alimentaires après que celle-ci a été initialement écartée ; »

(Décr. n° 2022-259 du 25 févr. 2022, art. 1er) **« Le greffe transmet en outre à ces organismes, dans le même délai, un avis** *[ancienne rédaction : 2° Un avis]* **» d'avoir à procéder par voie de signification lorsque l'avis de réception de la lettre de notification aux parties n'a pas été signé dans les conditions prévues à l'article 670 du présent code.**

Le coût de la signification, par l'organisme débiteur des prestations familiales, de l'extrait de la décision ou de la copie de la convention homologuée par le juge est à la charge du parent débiteur.

II. — Le greffe transmet également à l'organisme débiteur des prestations familiales, par voie dématérialisée *(Décr. n° 2022-259 du 25 févr. 2022, art. 1er)* **« , au travers d'un téléservice mis en place par la Caisse nationale d'allocations familiales et la Caisse centrale de la mutualité sociale agricole », dans un délai de sept jours courant à compter du prononcé de la décision, les informations nécessaires à l'instruction et à la mise en œuvre de l'intermédiation financière qui suivent :**

1° Les nom de naissance, nom d'usage le cas échéant, prénoms, date et lieu de naissance des parents, les noms de naissance et prénoms de chacun de leurs enfants au titre desquels une contribution à l'entretien et à l'éducation de l'enfant a été fixée sous forme d'une pension alimentaire *(Décr. n° 2022-259 du 25 févr. 2022, art. 1er)* **« , en tout ou partie en numéraire, dont l'intermédiation financière du versement n'a pas été écartée** *[ancienne rédaction : versée en numéraire]* **» ;**

2° Le nombre total d'enfants au titre desquels est prévu le versement de *(Décr. n° 2022-259 du 25 févr. 2022, art. 1er)* **« telles pensions alimentaires et leur montant total** *[ancienne rédaction : ces pensions alimentaires par l'intermédiaire de l'organisme débiteur des prestations familiales et le montant total des pensions correspondantes]* **» ;**

3° Le nom de la juridiction qui a rendu la décision *(Décr. n° 2022-259 du 25 févr. 2022, art. 1er)* **« conduisant à la mise en place, le cas échéant après qu'elle avait été écartée initialement, de l'intermédiation financière du versement de ces pensions alimentaires » ;**

4° Les date, nature et numéro de la minute de *(Décr. n° 2022-259 du 25 févr. 2022, art. 1er)* **« cette décision** *[ancienne rédaction : la décision qui prévoit l'intermédiation financière]* **» ;**

5° Le montant mensuel par enfant de la pension alimentaire et sa date d'effet ;

6° Pour chaque enfant, l'indication, selon le cas, que :

a) La décision *(Décr. n° 2022-259 du 25 févr. 2022, art. 1er)* « ou la convention homologuée fixant cette pension » ne contient aucune indication sur la revalorisation de la pension ;

b) La revalorisation de la pension est expressément exclue dans *(Décr. n° 2022-259 du 25 févr. 2022, art. 1er)* « cette décision ou cette convention *[ancienne rédaction : la décision]* » ;

(Décr. n° 2022-259 du 25 févr. 2022, art. 1er) c) « Cette décision ou cette convention *[ancienne rédaction : La décision]* » prévoit une revalorisation de la pension et, dans cette hypothèse :

– le type et la valeur de l'indice de revalorisation ;

– la date de la première revalorisation ;

– le cas échéant les modalités d'arrondi du montant de la pension ;

7° Le cas échéant, lorsque cette information est connue, l'indication selon laquelle le créancier ou le débiteur relève du régime agricole de sécurité sociale ;

8° Lorsqu'elles sont connues, les informations suivantes :

a) Les adresses postales du débiteur et du créancier ;

b) Les numéros de téléphone respectifs du débiteur et du créancier ;

c) Les adresses courriels respectives du débiteur et du créancier ;

d) La date et le lieu de naissance de chacun de leurs enfants au titre desquels une contribution à l'entretien et à l'éducation de l'enfant a été fixée sous forme d'une pension alimentaire versée en numéraire ;

9° Le cas échéant, les informations relatives à la date à laquelle le versement de la pension alimentaire *(Décr. n° 2022-259 du 25 févr. 2022, art. 1er)* « ou *[ancienne rédction : et]* » l'intermédiation financière prennent fin *(Abrogé par Décr. n° 2022-259 du 25 févr. 2022, art. 1er)* ***« ainsi que l'indication selon laquelle l'intermédiation financière a été ordonnée par le juge par application du 1° du II de l'article 373-2-2 du code civil »*** ;

(Décr. n° 2022-259 du 25 févr. 2022, art. 1er) « 10° Le cas échant *[échéant]*, l'information, non détaillée, selon laquelle l'une des parties a produit, dans le cadre de la procédure conduisant à l'émission du titre exécutoire ou de la décision de rétablissement de l'intermédiation financière, soit une plainte déposée ou une condamnation prononcée à l'encontre du parent débiteur pour des faits de menaces ou de violences volontaires sur le parent créancier ou l'enfant, soit une décision de justice, concernant le parent débiteur, mentionnant de telles menaces ou violences dans ses motifs ou son dispositif. »

(Abrogé par Décr. n° 2020-1797 du 29 déc. 2020, art. 1er, à compter du 1er janv. 2021) ***« Dans les cas où l'un des parents demande à l'organisme débiteur des prestations familiales de mettre fin à l'intermédiation, avec le consentement de l'autre parent, et où l'intermédiation a été mise en œuvre sur décision du juge, l'organisme débiteur des prestations familiales demande au greffe de la juridiction qui a rendu cette décision si l'intermédiation a été ordonnée en application du 1° du II de l'article 373-2-2 du code civil. »***

Sur l'entrée en vigueur des dispositions issues du Décr. n° 2022-259 du 25 févr. 2022, V. ndlr ss. art. 1074-2 C. pr. civ. supra.

SECTION 2 ***Le divorce et la séparation de corps judiciaires*** *(Décr. n° 2019-1380 du 17 déc. 2019, art. 3, en vigueur le 1er janv. 2021).*

Jusqu'au 1er janv. 2021, l'intitulé de la section 2 est « Le divorce judiciaire et la séparation de corps » (mod. par Décr. n° 2019-1380 du 17 déc. 2019, art. 3, en vigueur le 1er janv. 2021).

RÉP. PR. CIV. v° *Divorce (procédure)* par GOUTTENOIRE.

BIBL. ▶ Dossier, *AJ fam. 2014. 458* (stratégie procédurale du divorce). – CASEY et EXSHAW, *Gaz. Pal. 2009. Doctr. 3373* (l'intervention du notaire à l'occasion du divorce : aspects de procédure et de fond). – GAZEAU, LEMAIRE et VANCLEEMPUT, *JCP N 2010. 1178* (vade-mecum du notaire intervenant dans les procédures de divorce). – LAFOND, *JCP 2005. I. 118* (notaires et avocats dans le nouveau divorce). – THOURET, *Procédures 2007. Chron. 1* (deux années de jurisprudence) ; *AJ fam. 2014. 458* (gestion de l'urgence dans la procédure de divorce) ; *ibid. 2014. 478* (stratégies procédurales et effets du divorce).

▶ **Décr. n° 2017-891 du 6 mai 2017 :** THOURET, *AJ fam. 2018. 213* (l'appel du jugement de divorce : entre nouveautés et incertitudes !).

SOUS-SECTION 1 *Dispositions générales*

§ 1 *Les demandes*

DALLOZ RÉFÉRENCE *Droit et pratique du divorce 2022/2023, nos 123.01 s., 151.01 s., 153.01 s., 153-121, 214.01 s., 214.53 s.*

BIBL. ▸ THOURET, *AJ fam. 2014. 470* (modification des demandes et demandes reconventionnelles).

Art. 1075 *(Décr. nº 81-500 du 12 mai 1981, art. 5, en vigueur le 1er janv. 1982)* **Dès le début de la procédure, les époux font, le cas échéant, connaître, avec les indications nécessaires à leur identification, la caisse d'assurance maladie à laquelle ils sont affiliés, les services ou organismes qui servent les prestations familiales, les pensions de retraite ou tout avantage de vieillesse ainsi que la dénomination et l'adresse de ces caisses, services ou organismes.** — *[Anc. art. 1075.]*

JURISPRUDENCE ANTÉRIEURE AU DÉCRET DU 29 OCTOBRE 2004

Sanction. Les mentions prescrites par l'art. 1075 ne sont pas exigées à peine d'irrecevabilité, mais de nullité pour vice de forme, cette dernière ne pouvant être prononcée que s'il est prouvé que leur omission a causé un grief. • Civ. 2e, 4 févr. 1981 : *Gaz. Pal. 1981. 2. 800, note Viatte* (exigence d'un grief) • Paris, 9 nov. 1978 : *JCP 1980. II. 19312, note Lindon ; Gaz. Pal. 1979. 185, obs. Massip.* ♦ Comp. : anciens art. 1090, 1091, 1097, 1123, 1124 et 1129 et les nouveaux art. 1090 (notamment le 2°) et 1091.

Art. 1075-1 *(Décr. nº 2004-1158 du 29 oct. 2004, art. 5-I, en vigueur le 1er janv. 2005)* **Lorsqu'une prestation compensatoire est demandée au juge ou prévue dans une convention, chaque époux produit la déclaration sur l'honneur mentionnée à l'article 272 du code civil.**

Sur la déclaration sur l'honneur à l'occasion de la fixation de la prestation compensatoire, V. C. civ., art. 272.

DALLOZ PRATIQUE[S] *Divorce - Prestation compensatoire : évaluation ; Divorce - Prestation compensatoire : fiscalité ; Divorce - Prestation compensatoire : révision.*

JURISPRUDENCE ANTÉRIEURE AU DÉCRET DU 29 OCTOBRE 2004

Renvoi. V. art. 271, al. 2, ancien C. civ. et la jurisprudence ss. ce texte.

Art. 1075-2 *(Décr. nº 2002-1436 du 3 déc. 2002, art. 10-I)* **Les époux doivent, à la demande du juge, justifier de leurs charges et ressources, notamment par la production de déclarations de revenus, d'avis d'imposition et de bordereaux de situation fiscale.**

Ils doivent également, à sa demande, produire les pièces justificatives relatives à leur patrimoine et leurs conditions de vie, en complément de la déclaration sur l'honneur permettant la fixation de la prestation compensatoire. — *[Anc. art. 1075-2.]*

V. note ss. art. 1075-1.

Art. 1076 *(Décr. nº 81-500 du 12 mai 1981, art. 5, en vigueur le 1er janv. 1982)* **L'époux qui présente une demande en divorce peut, en tout état de cause, et même en appel, lui substituer une demande en séparation de corps.**

La substitution inverse est interdite. — *[Anc. art. 1076.]*

RÉGIME TRANSITOIRE

1. Régime transitoire. La substitution d'une action en séparation de corps à une action en divorce (art. 1076 ancien) ne se traduit pas par l'engagement d'une procédure nouvelle mais par la poursuite de la procédure en cours de façon différente. L'action intentée par la femme devait donc être jugée selon la loi ancienne puisque l'assignation en divorce avait été délivrée avant l'entrée en vigueur de la loi nouvelle et le mari ne pouvait présenter une demande reconventionnelle fondée sur l'altération du lien conjugal. • Bordeaux, 4 avr. 2006 : *RTD civ. 2006. 540*.

JURISPRUDENCE ANTÉRIEURE AU DÉCRET DU 29 OCTOBRE 2004

1° PREMIER PRINCIPE

2. Consécration. Sur la possibilité, traditionnelle, de substituer une demande de séparation de corps à une demande en divorce, V. notamment déjà : • Riom, 1er févr. 1888 : *D. 1890. 2. 158 ; DP 1902. 188* • Bordeaux, 13 févr. 1889 :

D. 1891. 2. 44 • Poitiers, 2 févr. 1891 : *D. 1892. 2. 216* • Req. 5 févr. 1892 : *D. 1893. 1. 412* • Civ. 1re, 21 oct. 1952 : *Bull. civ., n° 272 ; RTD civ. 1955. 713, obs. Raynaud.* Et sur renvoi : • Orléans, 11 mai 1955 : *ibid.*

2° SECOND PRINCIPE

a. Consécration

3. Sur l'impossibilité, traditionnelle, de substituer une demande en divorce à une demande en séparation de corps, V. déjà : • Civ. 2e, 28 févr. 1962, n° 61-10.388 P : *D. 1962. 293* • 16 avr. 2008, n° 07-14.891 P : *D. 2008. AJ 1346, obs. Le Douaron ; ibid. 2009. Pan. 53, obs. Douchy-Oudot ; Defrénois 2008. 1833, obs. Massip.*

b. Domaine

4. Hormis dans l'hypothèse où, lors de l'audience de conciliation, les époux ont accepté le principe de la séparation de corps, l'assignation en divorce délivrée par l'un d'eux, à l'expiration du délai imparti à l'autre par l'ordonnance de non-conciliation rendue sur une requête de ce dernier en séparation de corps, est recevable au regard des dispositions des art. 1076, 1111 et 1113 C. pr. civ. • Cass., avis, 10 févr. 2014, n° 15001 P : *Gaz. Pal. 11-12 avr. 2014, note Douville et Mauger-Vielpau ; RJPF avr. 2014, p. 23, obs. Mauclair ; Procédures 2014, n° 112, note Douchy-Oudot.*

c. Demande reconventionnelle

5. Il résulte de l'art. 1076, al. 1er, C. pr. civ. que l'époux qui a formé une demande en divorce peut lui substituer, même en appel, une demande en séparation de corps ; cassation de l'arrêt qui déclare qu'elle ne peut être formulée pour la première fois en appel. • Civ. 1re, 25 sept. 2013, n° 12-22.362 P : *D. 2014. Pan. 689, obs. Douchy-Oudot ; AJ fam. 2013. 636, obs. Thouret ; RTD civ. 2013. 825, obs. Hauser ; Dr. fam. 2013, n° 150, note Binet.*

6. L'art. 1076 étant rédigé en des termes qui ne visent pas expressément la demande reconventionnelle, il ne peut être considéré comme privant un époux du droit que lui reconnaît l'art. 297 C. civ. de former une demande reconventionnelle en divorce en réponse à une demande en séparation de corps. • Paris, 19 oct. 1984 : *D. 1985. IR 161.* ♦ V. également : • Paris, 31 mai 1983 : *D. 1985. IR 150* (demande reconventionnelle en divorce non établie).

7. Mais doit être déclarée d'office irrecevable, la demande reconventionnelle en divorce du mari faisant suite à une demande reconventionnelle en séparation de corps (la femme ayant formé une demande principale en séparation de corps, transformée ensuite en demande en divorce), en raison de sa contrariété aux dispositions de l'art. 1076 qui ne fait aucune distinction entre demande principale et demande reconventionnelle. • Versailles, 22 mars 1985 : *D. 1987. IR 274, obs. Groslière.*

d. Limites

8. Désistement ou issue de la demande. Le demandeur en séparation de corps peut agir en divorce après s'être désisté de sa demande ou en avoir attendu l'issue. • Civ. 31 déc. 1928 : *DH 1928. 84* • 19 juill. 1963, n° 61-12.748 P.

9. Faits nouveaux. Sur la possibilité de se fonder sur de tels faits, V. • Civ. 2e, 22 avr. 1970, n° 69-11.852 P : *D. 1970. 546* • 29 nov. 1967, n° 66-14.435 P.

Art. 1076-1 *(Décr. n° 81-500 du 12 mai 1981, art. 5, en vigueur le 1er janv. 1982)* **Lorsqu'une des parties n'a demandé que le versement d'une pension alimentaire ou d'une contribution aux charges du mariage, le juge ne peut prononcer le divorce sans avoir invité les parties à s'expliquer sur le versement d'une prestation compensatoire.** – *[Anc. art. 1076-1.]*

DALLOZ PRATIQUE[S] *Divorce - Pension alimentaire : évaluation ; Divorce - Pension alimentaire : fiscalité ; Divorce - Pension alimentaire : révision ; Divorce - Prestation compensatoire : évaluation ; Divorce - Prestation compensatoire : fiscalité ; Divorce - Prestation compensatoire : révision.*

1. Office du juge. En prononçant sur la seule demande du mari le divorce des époux aux torts partagés et en statuant sur la prestation compensatoire, alors que l'épouse avait dans ses dernières écritures seulement sollicité le rejet de la demande de divorce de l'époux et une contribution aux charges du mariage, la cour d'appel, qui n'a pas invité les parties à s'expliquer sur le versement de la prestation compensatoire, a violé les art. 954, al. 2, et 1076-1 C. pr. civ. • Civ. 1re, 17 févr. 2010, n° 09-13.463.

JURISPRUDENCE ANTÉRIEURE AU DÉCRET DU 29 OCTOBRE 2004

A. NATURE DE LA DEMANDE

1° PENSION ALIMENTAIRE

2. Dans le cadre d'une demande principale en divorce. Viole l'art. 1076-1 la cour d'appel qui, pour prononcer le divorce aux torts du mari, sans inviter les parties à s'expliquer sur le versement d'une prestation compensatoire, énonce que les dispositions de l'art. 1076-1 ne peuvent recevoirapplication que si le devoir de secours subsiste ou s'il y a rejet de la demande en divorce et que l'épouse, qui demandait le divorce et le maintien des mesures provisoires, ne remplissait pas les conditions prévues à l'art. 1076-1, alors que la femme n'avait demandé qu'une pension alimentaire, déjà comprise dans les mesures provisoires et que l'art. 1076-1 était donc applicable. • Civ. 2e, 19 févr. 1992, n° 90-20.082 P : *D. 1992. IR 109.*

3. Dans le cadre d'une demande principale en séparation de corps. Viole l'art. 1076-1, pour ne pas avoir invité, au préalable, les parties à s'expliquer sur le versement d'une prestation compensatoire, l'arrêt qui, sur la demande principale en séparation de corps de la femme et la demande reconventionnelle en divorce du mari, prononce le divorce aux torts partagés en se bornant à énoncer que l'épouse n'avait pas, en appel, réitéré sa demande de prestation compensatoire, se contentant de réclamer une pension alimentaire et qu'aucune somme ne lui serait allouée de ce chef, le divorce faisant disparaître le devoir de secours entre époux. • Civ. 2e, 5 janv. 1994, n° 92-16.095 P : *Gaz. Pal. 1996. 1. Somm. p. 237 ; Defrénois 1995. 1376, obs. Massip ; RTD civ. 1994. 331, obs. Hauser.*

4. Dans le cadre d'une demande reconventionnelle en séparation de corps. Viole l'art. 1076-1, pour ne pas avoir invité, au préalable, les parties à s'expliquer sur le versement d'une prestation compensatoire, l'arrêt qui, sur la demande principale en divorce du mari et la demande reconventionnelle en séparation de corps de la femme, prononce le divorce aux torts partagés, en se bornant à énoncer que l'épouse ne réclamait qu'une pension alimentaire, et que cette demande était irrecevable dans le cadre d'une décision prononçant le divorce. • Civ. 2e, 11 févr. 1998, n° 95-17.040 P. ♦ Comp., avant l'introduction de l'art. 1076-1 : lorsqu'une cour d'appel est uniquement saisie par l'épouse d'une demande de pension alimentaire, dans le cadre d'une demande reconventionnelle en séparation de corps, elle ne peut, sans modifier l'objet du litige, lui accorder une prestation compensatoire qu'elle ne sollicitait pas au moment du prononcé, sur demande principale du mari, du divorce aux torts partagés. • Civ. 2e, 7 mars 1985, n° 83-12.961 P : *D. 1986. IR 16, obs. Groslière ; JCP 1986. II. 20589, note Lindon et Bénabent.*

5. Conclusions uniquement sur pension alimentaire. Lorsque l'une des parties n'a demandé que le versement d'une pension alimentaire ou d'une contribution aux charges du mariage, le juge ne peut prononcer le divorce sans avoir invité préalablement les parties à s'expliquer sur le versement d'une prestation compensatoire. Dès lors, en prononçant le divorce aux torts exclusifs de l'épouse et en déboutant l'époux de sa demande d'attribution d'un droit au titre du devoir de secours, sans avoir invité les parties à s'expliquer sur le versement d'une prestation compensatoire, la cour d'appel a violé l'art. 1076-1. • Civ. 1re, 3 févr. 2010, n° 09-19.708.

2° CONTRIBUTION AUX CHARGES DU MARIAGE

6. Dans le cadre de conclusions de débouté de la demande principale en divorce. Viole l'art. 1076-1, pour ne pas avoir invité, au préalable, les parties à s'expliquer sur le versement d'une prestation compensatoire, l'arrêt qui confirme le prononcé d'un divorce aux torts partagés et énonce que le divorce mettant fin à l'obligation de secours entre époux, la demande de contribution aux charges du mariage de l'épouse n'est pas fondée. • Civ. 2e, 29 avr. 1994, n° 92-16.056 P. ♦ Dans le même sens : • Civ. 2e, 22 juin 1994, n° 92-21.412 P : *D. 1994. IR 225* • 20 nov. 1996, n° 94-15.312 P (divorce aux torts exclusifs de la femme) • 26 sept. 2002, n° 01-01.303 P : *Gaz. Pal. 15-17 juin 2003, p. 27, obs. Massip ; AJ fam. 2003. 67, obs. S. D.* • Civ. 1re, 25 avr. 2006, n° 05-17.893 P : *D. 2006. IR 1331, obs. P. Guiomard* • Civ. 1re, 31 oct. 2007, n° 07-11.432 P : *AJ fam. 2007. 475, note David.*

7. Conclusions seulement sur la contribution aux charges du mariage. Lorsque l'une des parties n'a demandé que le versement d'une pension alimentaire ou d'une contribution aux charges du mariage, le juge ne peut prononcer le divorce sans avoir invité préalablement les parties à s'expliquer sur le versement d'une prestation compensatoire. Dès lors, la cour d'appel qui, face à une demande de séparation de corps de l'épouse et une demande reconventionnelle en divorce de l'époux, prononce le divorce et déboute l'épouse de sa demande de pension alimentaire, sans avoir invité les parties à s'expliquer sur le versement d'une prestation compensatoire, viole l'art. 1076-1. • Civ. 1re, 3 févr. 2010, n° 09-13.841.

B. SANCTION DU DÉFAUT D'INVITATION PRÉALABLE

8. Absence de sanction. En l'absence de demande par l'une des parties du versement d'une pension alimentaire ou d'une contribution aux charges du mariage, une cour d'appel peut prononcer le divorce des époux sans les avoir invités à s'expliquer sur le versement d'une prestation compensatoire. • Civ. 2e, 18 déc. 1996, n° 95-14.654 P • Civ. 1re, 23 janv. 2008, n° 07-11.323 P : *D. 2009. Pan. 53, obs. Douchy-Oudot ; AJ fam. 2008. 208, obs. David ; Dr. fam. 2008. Comm. 40, note Larribau-Terneyre ; Procédures 2008, n° 113, note Douchy-Oudot ; Gaz. Pal. 25-26 juill. 2008, p. 22, obs. Massip ; Defrénois 2008. 1110, obs. Massip* (visa des art. 245 C. civ., 16 et 1076-1 C. pr. civ.).

9. Impossibilité de prononcer le divorce. Viole l'art. 1076-1, pour avoir prononcé le divorce sans avoir préalablement provoqué les explications des parties sur ses conséquences, l'arrêt qui, sur la seule demande du mari, prononce le divorce aux torts partagés et fixe le montant de la prestation compensatoire due à la femme par le mari. • Civ. 2e, 7 févr. 1990, n° 88-16.349 P (visa des art. 16 et 1076-1) • 16 janv. 1991, n° 89-14.413 P : *D. 1991. IR 46* • 9 juill. 1997, n° 94-14.803 P. ♦ ...Et renvoie les parties devant le conseiller de la mise en état pour qu'il soit conclu sur les conséquences du divorce. • Civ. 2e, 21 juill. 1992, n° 91-11.872 P • 19 janv. 1994, n° 92-17.436 P • 8 févr. 1995, n° 93-16.122 P : *D. 1995. IR 73* • 2 oct. 1997, n° 96-10.654 P : *D. 1997. IR 216 ; Gaz. Pal. 2-3 oct. 1998, Somm. p. 29, obs. Massip* • 11 avr. 2002 : *Dr. fam. 2002, n° 110, obs. Lécuyer* • Civ. 1re, 3 févr. 2004, n° 02-13.528 P : *D. 2004. IR 469 ; AJ fam. 2004. 285, obs. S. D. ; RTD civ. 2004. 269, obs. Hauser*. ♦ ...Et renvoie l'affaire devant les premiers juges pour la liquidation du régime matrimonial. • Civ. 2e, 12 juin 1996, n° 94-20.716 P. ♦ La juridiction, pour décider s'il y a lieu ou non à application de l'art. 1076-1, n'a pas à envisager au profit de quel époux le divorce sera prononcé. • Civ. 2e, 19 févr. 1997, n° 95-11.174 P : *D. 1997. IR 80* • 31 oct. 2007 : *préc. note 6* (divorce aux torts exclusifs de l'épouse). ♦ V. également notes 2 à 6 pour d'autres illustrations.

10. Impossibilité de prononcer la conversion de la séparation de corps en divorce. Viole l'art. 1076-1 l'arrêt qui déclare irrecevable, faute d'intérêt, l'appel formé par une épouse contre le jugement de conversion de la séparation de corps en divorce et sollicitant pour la première fois une prestation compensatoire, alors que l'épouse, qui bénéficiait d'une pension alimentaire, avait intérêt à interjeter appel et que la demande de prestation compensatoire était recevable puisque le tribunal, méconnaissant son office, n'avait pas invité les parties à s'expliquer sur le versement d'une telle prestation avant le prononcé de la conversion. • Civ. 1re, 25 mai 2004, n° 02-10.424 P : *D. 2004. IR 1770 ; Gaz. Pal. 8-10 août 2004, p. 20, concl. Sainte-Rose ; ibid. 19-20 janv. 2005, p. 21, obs. Massip ; Procédures 2004, n° 213, note Thouret ; Dr. fam. 2004, n° 173, note Strickler ; Defrénois 2004. 1685, obs. Massip ; RTD civ. 2004. 491, obs. Hauser*. ♦ V. également, • Civ. 2e, 3 juill. 1997, n° 95-17.457 P.

C. CONSÉQUENCES DE L'INVITATION PRÉALABLE

11. Possibilité de former une demande reconventionnelle en divorce. Lorsque le juge invite les parties à s'expliquer sur le versement d'une prestation compensatoire, en application de l'art. 1076-1, l'époux, qui n'a demandé que le rejet de la demande en divorce de son conjoint et le versement d'une contribution aux charges du mariage, conserve la faculté de présenter une demande reconventionnelle en divorce. • Civ. 2e, 24 juin 1999, n° 97-14.107 P : *D. 1999. IR 200 ; RTD civ. 1999. 820, obs. Hauser*.

JURISPRUDENCE POSTÉRIEURE AU DÉCRET DU 29 OCT. 2004

12. Indivisibilité entre divorce et prestation compensatoire. Limite : autorité de la chose jugée. L'arrêt d'appel renvoyant les parties devant les premiers juges pour qu'il soit statué sur les conséquences d'un divorce étant devenu irrévocable en l'absence de pourvoi formé, les juges du fond peuvent, en application de cet arrêt, confirmer un second jugement déclarant l'épouse recevable et bien fondée en sa demande de prestation compensatoire. • Civ. 1re, 11 sept. 2013, n° 12-15.013 P : *D. 2014. Pan. 689, obs. M. Douchy-Oudot ; AJ fam. 2013. 575, note Thouret ; RTD civ. 2013. 824, obs. Hauser*.

13. Il résulte des art. 270 C. civ., ensemble l'art. 1076-1 C. pr. civ., que la demande de prestation compensatoire, accessoire à la demande en divorce, peut être présentée pour la première fois en appel tant que la décision, en ce qu'elle prononce le divorce, n'a pas acquis force de chose jugée. • Civ. 1re, 14 mars 2018, n° 17-14.874 P.

Art. 1077 *(Décr. n° 2004-1158 du 29 oct. 2004, art. 5-II, en vigueur le 1er janv. 2005)* **La demande ne peut être fondée que sur un seul des cas prévus** *(Décr. n° 2016-1907 du 28 déc. 2016, art. 5)* **« aux troisième à sixième alinéas de l'article 229 » du code civil. Toute demande formée à titre subsidiaire sur un autre cas est irrecevable.**

Hormis les cas prévus aux articles 247 à 247-2 du code civil, il ne peut, en cours d'instance, être substitué à une demande fondée sur un des cas de divorce définis *(Décr. n° 2016-1907 du 28 déc. 2016, art. 5)* **« aux troisième à sixième alinéas de l'article 229 » du code civil une demande fondée sur un autre cas.**

Sur les différents cas de divorce, V. C. civ., art. 229.

Sur les modifications d'une demande en divorce, V. C. civ., art. 247.

JURISPRUDENCE ANTÉRIEURE AU DÉCRET DU 29 OCTOBRE 2004

1. L'art. 1077 *[ancien]* constitue une règle de fond du divorce. • Civ. 1re, 12 déc. 2006, nº 04-18.424 P : *Gaz. Pal. 22-23 juin 2007, p. 20, note Massip* (inapplication à un divorce relevant d'une loi étrangère).

1° PRINCIPE

a. Applications

2. Prohibition de la substitution d'un divorce pour faute à un divorce sur demande acceptée. V. • TGI Nanterre, 21 mars 1979 : *JCP 1980. II. 19444, note Lindon* • Civ. 2e, 16 déc. 1982 : *D. 1983. IR 129* • Paris, 4 mars 1983 : *D. 1983. 392, note Groslière.*

3. Prohibition de la substitution inverse. V. • Civ. 2e, 1er juin 1987, nº 86-12.739 P : *D. 1989. 211, note Massip.*

4. Prohibition de la substitution d'un divorce pour altération des facultés mentales à un divorce pour rupture prolongée de la vie commune. V. • Reims, 15 mars 1979 : *JCP 1980. II. 19414, note Lindon.*

5. Prohibition de la substitution en appel d'un divorce pour altération définitive du lien conjugal à un divorce pour faute demandé en première instance. • Civ. 1re, 19 mars 2014, nº 12-17.646 P : *AJ fam. 2014. 306, obs. Thouret ; Procédures 2014, nº 151, note Douchy-Oudot.* ♦ Même sens : • Civ. 1re, 19 sept. 2019, nº 18-20.905.

6. Prohibition pour le défendeur au divorce de substituer, en cours d'instance, à une demande reconventionnelle pour faute une demande pour rupture de la vie commune. L'art. 1077 interdit toute substitution en cours d'instance à une demande fondée sur un des cas de divorce définis à l'art. 229 C. civ., dans sa rédaction antérieure à celle issue de la loi du 26 mai 2004, d'une demande fondée sur un autre cas. En infirmant la décision de première instance qui avait prononcé le divorce aux torts exclusifs de l'époux et en prononçant le divorce aux torts partagés, au motif que la demande reconventionnelle en divorce pour rupture de la vie commune présentée par l'époux en première instance ne fait pas obstacle à ce qu'il modifie le fondement de sa demande en appel en invoquant la faute de son épouse, la cour d'appel a violé l'art. 1077. • Civ. 1re, 28 mai 2014 : *Gaz. Pal. 16-18 nov. 2014, p. 24, obs. Bloquel.*

b. Régularisation

7. En cas de violation de l'art. 1077 *[ancien]*, la nullité encourue, ne sanctionnant pas un simple vice de forme, ne peut être couverte par l'absence de grief. • Civ. 2e, 1er juin 1987 : *préc. note 3.*

8. Mais la renonciation à une demande subsidiaire en divorce pour rupture de la vie commune, contenue dans une seconde assignation, permet d'examiner l'assignation initiale qui n'avait visé que le divorce pour faute. • Civ. 2e, 13 juill. 2000, nº 98-18.026 P. Rappr., sur le désistement en vue de changer de type de divorce. • Paris, 9 janv. 1979 : *D. 1979. 513, note Breton ; Gaz. Pal. 1979. 649, note Brazier.*

2° EXCEPTION

9. Mise en œuvre de la passerelle. Lorsque le divorce a été demandé par un époux, le JAM [JAF] peut, à l'occasion de la tentative de conciliation, accorder un délai aux époux pour préparer leur convention. • TGI Paris, 13 mai 1976 : *D. 1976. Somm. 81 ; JCP 1976. II. 18400 bis, note Lindon.*

3° COMPÉTENCE

10. Compétence exclusive du JAF. Si les art. 246 *[ancien]* C. civ. et 1077 *[ancien]* NCPC [devenu C. pr. civ.] autorisent les parties à saisir le juge au cours d'instance d'une requête conjointe en divorce, les pouvoirs conférés à ce juge par les art. 231 et 232 *[anciens]* C. civ., à l'application desquels est subordonnée la régularité de cette procédure, n'entrent pas dans la compétence de la cour d'appel. Dès lors, il convient de renvoyer les parties devant le JAF. • Bordeaux, 26 juin 1997 : *JCP 1997. II. 10039, note Garé.*

JURISPRUDENCE POSTÉRIEURE AU DÉCRET DU 29 OCTOBRE 2004

11. Demande subsidiaire. Pour accueillir la demande subsidiaire du mari, après avoir rejeté les demandes fondées sur la faute, l'arrêt retient qu'en cas de présentation d'une demande principale en divorce pour faute et d'une demande reconventionnelle pour altération définitive du lien conjugal, le rejet de la première emporte nécessairement le prononcé du divorce du chef de la seconde ; en statuant ainsi, alors que la demande subsidiaire de l'époux, fondée sur l'altération définitive du lien conjugal, était irrecevable, la cour d'appel, qui s'est abstenue de relever d'office cette fin de non-recevoir dans le respect du principe de la contradiction, a violé les textes susvisés (art. 1077 C. pr. civ., ensemble l'art. 229 C. civ.). • Civ. 1re, 19 sept. 2019, nº 18-20.905.

12. Une demande reconventionnelle n'est pas une demande subsidiaire. La demande de partage des fautes en cas d'admission de la demande reconventionnelle de divorce pour faute n'est pas une demande subsidiaire. • Civ. 1re, 11 sept. 2013 : *D. 2013. Actu. 2102 ; ibid. 2831, note Douville et Mauger-Vielpeau ; ibid. 2014. Pan. 689, obs. Douchy-Oudot ; AJ fam. 2013. 633, note David ; JCP 2013. 1130, note Thouret ; ibid. 1225, nº 6, obs. Serinet ; LPA 15 oct. 2013, note Massip ; Gaz. Pal. 10 oct. 2013,* *p. 10, note Chevalier ; ibid. 27-29 oct. 2013, p. 21, note Mulon, RTDciv. 2013. 824, obs. Hauser ; Procédures 2013, n° 313, note Douchy-Oudot.*

Art. 1078 *(Décr. n° 2012-1037 du 10 sept. 2012, art. 1er)* **La demande mentionne, le cas échéant, l'existence d'une ordonnance de protection concernant les époux en cours d'exécution à la date de son introduction. L'ordonnance, accompagnée de la preuve de sa notification, est jointe à la demande.**

Le Décr. n° 2012-1037 du 10 sept. 2012 est applicable sur l'ensemble du territoire de la République (Décr. préc., art. 3).

Il entre en vigueur le premier jour du mois suivant sa publication (JO 11 sept.), soit le 1er oct. 2012 (Décr. préc., art. 4, al. 1er).

L'art. 1078 tel qu'issu du Décr. n° 2012-1037 du 10 sept. 2012 ne s'applique pas aux instances en cours au jour de l'entrée en vigueur de celui-ci (Décr. préc., art. 4, al. 2).

Sur l'ordonnancement d'une enquête sociale, V. C. civ., art. 373-2-12.

§ 2 *La prestation compensatoire*

DALLOZ PRATIQUE[S] *Divorce - Prestation compensatoire : évaluation ; Divorce - Prestation compensatoire : fiscalité ; Divorce - Prestation compensatoire : révision.*

Art. 1079 *(Décr. n° 2004-1158 du 29 oct. 2004, art. 5-IV, en vigueur le 1er janv. 2005)* **La prestation compensatoire ne peut être assortie de l'exécution provisoire.**

Toutefois, elle peut l'être en tout ou partie, lorsque l'absence d'exécution aurait des conséquences manifestement excessives pour le créancier en cas de recours sur la prestation compensatoire alors que le prononcé du divorce a acquis force de chose jugée.

Cette exécution provisoire ne prend effet qu'au jour où le prononcé du divorce a acquis force de chose jugée.

BIBL. ▸ Gerbay, *Gaz. Pal. 26-27 nov. 2004, p. 6.*

1. Renvoi. V., sur la date à laquelle la prestation compensatoire devient exigible, les notes 3 à 7 ss. art. 1086.

2. Exécution provisoire. Conditions. Il résulte de l'art. 1079 que la prestation compensatoire ne peut être assortie de l'exécution provisoire, en tout ou en partie, que lorsque l'absence d'exécution aurait des conséquences manifestement excessives pour le créancier en cas de recours sur la prestation compensatoire alors que le prononcé du divorce a acquis force de chose jugée. Dès lors, encourt la cassation un arrêt d'une cour d'appel, saisie d'un appel limité à la prestation compensatoire, qui a assorti de l'exécution provisoire une partie de la somme d'argent due à ce titre, sans caractériser l'existence de telles circonstances. • Civ. 1re, 19 mars 2014, n° 12-29.653 P : *Dr. et pr. 2014. 115, obs. Vinckel ; Gaz. Pal. 24 juin 2014, p. 17, note Mulon.*

3. Prestation compensatoire provisionnelle. La condamnation au paiement d'une prestation compensatoire provisionnelle est par nature une mesure provisoire, exécutoire de droit en application de l'art. 514, al. 2, C. pr. civ. L'interdiction édictée par l'art. 1079 du même code applicable aux décisions rendues postérieurement au 1er janv. 2005 ne s'étend pas aux condamnations provisoires. • Civ. 1re, 28 mai 2008, n° 07-14.232 P : *D. 2008. AJ 1700 ; ibid. 2009. Pan. 53, obs. Douchy-Oudot ; JCP 2008. I. 206, n° 22, obs. S. Amrani-Mekki ; Defrénois 2008. 1837, obs. Massip ; RTD civ. 2008. 463, obs. Hauser.*

Art. 1080 *(Décr. n° 2004-1158 du 29 oct. 2004, art. 5-IV, en vigueur le 1er janv. 2005)* **Lorsque des biens ou des droits sont attribués à titre de prestation compensatoire en application du 2° de l'article 274 du code civil, la convention homologuée ou la décision qui prononce le divorce précise leur valeur.**

Lorsque ces biens ou droits sont soumis à la publicité foncière, elle précise en outre les mentions nécessaires à la publication du titre de propriété dans les formes prévues par le décret n° 55-22 du 4 janvier 1955 portant réforme de la publicité foncière.

Sur les modalités de la prestation compensatoire et la prestation compensatoire en capital, V. C. civ., art. 274.

Rectification d'erreur matérielle. V. • Civ. 1re, 1er juill. 2009, n° 08-18.344.

Art. 1080-1 *Abrogé par Décr. nº 2004-1158 du 29 oct. 2004, art. 5-IV, à compter du 1er janv. 2005.*

§ 3 *La publicité et la preuve des jugements*

Art. 1081 *(Décr. nº 2004-1158 du 29 oct. 2004, art. 5-IV, en vigueur le 1er janv. 2005)* **Le dispositif de la décision mentionne la date de** *(Décr. nº 2019-1380 du 17 déc. 2019, art. 4, en vigueur le 1er janv. 2021)* **« la demande en divorce** *[ancienne rédaction : l'ordonnance de non-conciliation]* **».**

Les requêtes en divorce ou en séparation de corps introduites avant le 1er janv. 2021 sont traitées selon les règles en vigueur avant cette date (Décr. nº 2019-1380 du 17 déc. 2019, art. 15 ; rect. par Décr. nº 2019-1419 du 20 déc. 2019, art. 22-II et Décr. nº 2020-950 du 30 juill. 2020, art. 4).

Art. 1082 *(Décr. nº 2004-1158 du 29 oct. 2004, art. 5-V, en vigueur le 1er janv. 2005)* **Mention du divorce ou de la séparation de corps est portée en marge de l'acte de mariage, ainsi que de l'acte de naissance de chacun des époux, au vu d'un extrait de la décision ne comportant que son dispositif et accompagné de la justification de son caractère exécutoire conformément à l'article 506.**

Si le mariage a été célébré à l'étranger et en l'absence d'acte de mariage conservé par une autorité française, mention du dispositif de la décision est portée en marge de l'acte de naissance de chacun des époux, si cet acte est conservé sur un registre français. A défaut, l'extrait de la décision est conservé au répertoire mentionné à l'article 4-1 du décret nº 65-422 du 1er juin 1965 portant création d'un service central d'état civil au ministère des affaires étrangères. — *[Anc. art. 1082, reproduit ss. art. 1142.]*

(Décr. nº 2007-773 du 10 mai 2007, art. 12) **« Toutefois, cette mention ne peut être portée en marge de l'acte de naissance d'un Français qu'après transcription sur les registres de l'état civil de l'acte de mariage célébré par l'autorité étrangère à compter du 1er mars 2007. »**

V. Décr. nº 65-422 du 1er juin 1965. — ***C. civ.***

JURISPRUDENCE ANTÉRIEURE AU DÉCRET DU 29 OCTOBRE 2004

1. Divorce prononcé à l'étranger. Les jugements étrangers relatifs à l'état des personnes produisant de plein droit leurs effets en France, sauf s'ils doivent donner lieu à une mesure d'exécution sur les biens ou de coercition sur les personnes, peuvent être mentionnés sur les registres français de l'état civil indépendamment de toute déclaration d'*exequatur.* • Civ. 1re, 29 mars 1989 : *D. 1990. Somm. 115, obs. Bénabent.*

2. Protection de la vie privée. V. Rép. min. nº 60231 : *JOAN Q, 23 nov. 1992, p. 5325.*

Art. 1082-1 *(Décr. nº 2004-1158 du 29 oct. 2004, art. 5-VI, en vigueur le 1er janv. 2005)* **Il est justifié, à l'égard des tiers, d'un divorce ou d'une séparation de corps par la seule production d'un extrait de la décision l'ayant prononcé ne comportant que son dispositif, accompagné de la justification de son caractère exécutoire conformément à l'article 506.** — *[Anc. art. 1148.]*

L'art. R. 123-45 C. com. prescrit certaines mentions au registre du commerce lorsque l'un des époux au moins est commerçant. — V. ***C. com.***

Protection de la vie privée. Sur l'utilité de la disposition de l'art. 1148 *[ancien]* sur ce point, V. Rép. min. nº 60231 : *préc. ss. art. 1082.*

§ 4 *La modification des mesures accessoires*

Art. 1083 *(Décr. nº 2004-1158 du 29 oct. 2004, art. 5-VII, en vigueur le 1er janv. 2005)* **Lorsque le jugement prononçant le divorce est frappé d'appel, la modification des mesures accessoires exécutoires par provision en application de l'article 1074-1, en cas de survenance d'un fait nouveau, ne peut être demandée, selon le cas, qu'au premier président de la cour d'appel ou au conseiller de la mise en état.** — *[Anc. art. 1083.]*

JURISPRUDENCE ANTÉRIEURE AU DÉCRET DU 29 OCTOBRE 2004

1. Mesures accessoires. La disposition du jugement de divorce fixant la contribution alimentaire de l'époux n'exerçant pas l'autorité parentale sur les enfants mineurs ne constitue pas une mesure provisoire pour le cours de l'instance – assortie de plein droit de l'exécution provisoire aux termes de l'art. 524 – mais une mesure accessoire du divorce dont la modification ne peut être demandée, lorsqu'elle est exécutoire par provision, que dans le cas de survenance d'un fait nouveau. • Paris, ord., 10 nov. 1989 : *Bull. ch. avoués 1989. 131.* ♦ Les mesures concernant les enfants, dans une décision de divorce rendue sur le fond, s'analysent en des mesures accessoires destinées à régir l'après-divorce. N'étant pas des mesures prises pour le cours de l'instance, elles ne bénéficient donc pas de l'exécution provisoire. • Pau, 17 juill. 2001 : *Juridice n° 99/00906.*

2. Arrêt de l'exécution provisoire (non). Lorsque l'exécution provisoire de mesures accessoires à un jugement prononçant le divorce a été ordonnée, elle ne peut être arrêtée sur le fondement de l'art. 524. Les parties ne peuvent agir que pour en obtenir la modification en cas de survenance d'un fait nouveau, dans les conditions prévues par l'art. 1083 *[ancien].* • Civ. 2e, 28 janv. 1998, n° 96-19.799 P : *RTD civ. 1988. 350, obs. Hauser.*

3. Fait nouveau. La compétence dévolue au premier président de la cour d'appel par l'art. 1083 *[ancien]*, lorsqu'un jugement prononçant le divorce est frappé d'appel, est liée à la nécessité de constater la survenance d'un fait nouveau, suffisamment grave et déterminant pour autoriser une modification des mesures accessoires prises par les premiers juges. • Paris, ord., 14 août 1986 : *Gaz. Pal. 1986. 2. 653, note Brazier.* ♦ N'allègue aucun fait nouveau, dont les premiers juges n'ont pas pu avoir connaissance, la femme qui se borne à faire état de sa situation personnelle. • Paris, ord., 10 nov. 1989 : *préc. note 1.*

4. Renvoi. Sur l'incompétence du JAF, V. note 3 ss. art. 1084.

Art. 1084 *(Décr. n° 2004-1158 du 29 oct. 2004, art. 5-VIII, en vigueur le 1er janv. 2005)* **Quand il y a lieu de statuer, après le prononcé du divorce, sur l'exercice de l'autorité parentale, la pension alimentaire ou la contribution à l'entretien et l'éducation de l'enfant, la demande est présentée, même si un pourvoi en cassation a été formé, au juge aux affaires familiales selon les modalités prévues à la section 3 du présent chapitre.**

Il en est de même, lorsque le divorce a acquis force de chose jugée, des demandes portant sur la prestation compensatoire. Les articles 1075-1 et 1075-2 du présent code sont applicables.

Sur la convention homologuée, V. C. civ., art. 279.

DALLOZ PRATIQUE[S] *Divorce - Pension alimentaire : évaluation ; Divorce - Pension alimentaire : fiscalité ; Divorce - Pension alimentaire : révision ; Divorce - Prestation compensatoire : évaluation ; Divorce - Prestation compensatoire : fiscalité ; Divorce - Prestation compensatoire : révision ; Divorce - Révision des modalités d'exercice de l'autorité parentale.*

JURISPRUDENCE ANTÉRIEURE AU DÉCRET DU 29 OCTOBRE 2004

A. COMPÉTENCE DU JAF

1. Renvoi. V. art. 247, al. 4, ancien C. civ. et la jurisprudence sous ce texte.

1° DÉLIMITATION POSITIVE

2. Principe général. Le JAM [JAF] est seul compétent pour statuer après divorce sur la garde [l'exercice de l'autorité parentale] des enfants et la modification de la pension alimentaire. • Besançon, 10 nov. 1983 : *JCP 1985. II. 20470, note Bénabent.*

3. En cas d'appel. Le JAM [JAF] ne peut modifier les mesures accessoires d'un jugement de divorce qu'à la condition que ce jugement soit devenu définitif. • TGI Dunkerque, 14 sept. 1984 : *Gaz. Pal. 1985. 1. Somm. 178* . ♦ Comp. avec l'arrêt de la Cour de cassation cité note suivante.

4. En cas de pourvoi en cassation. Un mari ne saurait faire valoir qu'une demande de pension alimentaire pour l'entretien de l'enfant commun, formée devant le JAM [JAF] serait irrecevable tant que la Cour de cassation n'a pas statué sur la procédure de divorce, alors qu'aux termes de l'art. 1084 *[ancien]*, lorsqu'il y a lieu de statuer après le prononcé du divorce, sur la pension alimentaire, la demande est présentée au JAM [JAF] par les personnes intéressées soit dans les formes prévues pour les référés, soit par simple requête. • Versailles, 10 janv. 1986 : *D. 1986. IR 220.* ♦ Le JAM [JAF] étant compétent pour statuer, après le prononcé du divorce, sur la modification de la pension alimentaire, même si un pourvoi en cassation a été formé (art. 1084 *[ancien]*), une cour d'appel ne peut se déclarer incompétente pour statuer sur l'appel d'une ordonnance du JAM [JAF], rendue après que le divorce eut été prononcé et faisant partiellement droit à une demande d'augmentation de la contribution à l'entretien des enfants communs, au motif que l'arrêt prononçant le divorce aurait été cassé, et qu'ainsi, il n'existerait encore aucune décision définitive, alors qu'il n'était pas soutenu que la cour de renvoi avait été saisie. • Civ. 2e, 19 juin 1991, nº 89-18.984 P : *D. 1991. IR 188* ; *RTD civ. 1992. 62, obs. Huet-Weiller*. ♦ Comp. avec la décision citée note précédente.

5. Autorité parentale. Le JAM [JAF] est seul compétent pour statuer après le divorce sur la garde [l'exercice de l'autorité parentale] des enfants issus du mariage, quand bien même ces enfants seraient nés après la dissolution de l'union. • Civ. 1re, 13 avr. 1988 : *Bull. civ. I, nº 94* ; *D. 1988. Somm. 399, obs. Huet-Weiller* ; *D. 1988. 503, note E. S. de la Marnierre.*

6. Pension alimentaire. La compétence attribuée au JAM [JAF] pour statuer, après le prononcé du divorce, sur la modification de la pension alimentaire s'étend à la suppression et même à l'octroi d'une telle pension lorsque le juge du divorce n'en a point prévu. • Paris, 16 mai 1989 : *D. 1990. Somm. 97, obs. Groslière*. ♦ V. également : • TGI Boulogne-sur-Mer, JAM, 23 févr. 1977 : *JCP 1978. IV. 317* • TGI Arras, 22 févr. 1978 : *JCP 1978. II. 18936, note Lindon* ; *D. 1979. IR 164, obs. Groslière* • Paris, 12 mai 1976 : *JCP 1978. II. 18985, note Lindon* ; *D. 1978. 79, note Bénabent* • 26 juin 1979 : *D. 1980. 79, note Massip* • 18 févr. 1988 : *D. 1988. IR 77.* ♦ Une cour d'appel retient à bon droit que le JAM [JAF] est compétent pour statuer sur la modification de la contribution à l'entretien d'un enfant majeur ne pouvant subvenir à ses besoins, lorsque la femme, qui en assume la charge à titre principal, agit en son nom personnel contre son ancien conjoint. • Civ. 2e, 7 oct. 1981 : *D. 1983. IR 36, obs. Groslière.* ♦ Comp. avec la décision citée note suivante.

2º DÉLIMITATION NÉGATIVE

7. Action exercée par l'enfant. Compétence du TI. • TGI Marseille, JAM, 28 févr. 1978 : *RTD civ. 1980. 404, obs. Normand.* ♦ Comp. avec l'arrêt cité note précédente.

8. Logement familial. La compétence du JAM [JAF] ne s'étend pas à l'attribution de la jouissance du logement familial. • Civ. 2e, 24 mars 1993, nº 91-17.141 P : *RTD civ. 1993. 565, obs. Hauser*. • 6 juin 2002, nº 00-15.232 P : *D. 2002. IR 2380* ; *Defrénois 2002. 1472 obs. Massip* ; *AJ fam. 2003. 30, obs. David* ; *Dr. fam. 2003. Comm. 28, note H. L.*

B. PROCÉDURE

1º RÉFÉRÉ

a. Référé en la forme

9. Définition. Le JAM [JAF] statuant après divorce est une juridiction du principal bien que sa saisine puisse avoir lieu en la forme des référés. • TGI Dunkerque, 16 oct. 1984 : *Gaz. Pal. 1985. 1. Somm. 177.* ♦ La décision rendue est une décision au fond et n'appartient pas à la catégorie des ordonnances de référé. • Civ. 2e, 29 juin 1988, nº 87-12.228 P.

b. Conséquences

10. Contestation sérieuse. Le juge ne peut se déclarer incompétent en raison d'une contestation sérieuse. • Reims, 27 mai 1993 : *JCP 1994. IV. 803.*

11. Urgence. V., exigeant l'urgence : • TGI Bressuire, JAM, 2 déc. 1993 : *JCP 1994. II. 22326, note Boinot.*

c. Régime

12. Exécution. Sur le caractère exécutoire de droit, à titre provisoire, de la décision du JAF, V. l'art. 1087 ancien, al. 1er.

13. Contredit. Doit être cassé l'arrêt qui, après avoir relevé qu'aux termes de l'art. 98, la voie de l'appel est seule ouverte contre les ordonnances de référé, retient que la formation d'un contredit manifestement irrecevable ne peut entraîner la suspension de l'instance au fond, alors qu'il résulte des art. 80, 81 et 91 que, si le juge saisi d'une exception d'incompétence se déclare compétent sans statuer sur le fond du litige, l'instance est suspendue jusqu'à l'expiration du délai pour former contredit et, en cas de contredit, jusqu'à ce que la cour d'appel ait rendu sa décision ; d'où il résulte qu'il aurait fallu faire droit à la demande de suspension de l'instance sollicitée par l'ex-épouse ayant formé contredit contre une ordonnance d'un JAM [JAF] ayant retenu sa compétence territoriale sans statuer au fond. • Civ. 2e, 14 déc. 1992, nº 91-17.352 P : *D. 1993. Somm. 183, obs. Julien*.

2º REQUÊTE

a. Forme

14. Lettre. Le JAM [JAF] peut être saisi par simple lettre du requérant. • TGI Dieppe, JAM, 27 juill. 1977 : *D. 1978. IR 269, obs. Groslière* • TGI Fontainebleau, 28 mars 1977 : *D. 1978. IR 270, obs. Groslière.*

b. Représentation

15. Devant le JAF. Il résulte clairement de l'art. 247 *[ancien]* C. civ. et des art. 1084 et 1085 *[anciens]* que le JAM [JAF] peut, dans les cas énumérés par l'art. 247 *[ancien]* C. civ., être saisi directement par l'une des parties sans que celle-ci soit tenue de présenter sa requête par ministère d'avocat. • Paris, 15 avr. 1983 : *D. 1985. IR 148, obs. Groslière.*

16. Devant la cour d'appel. L'art. 16 du Décr. du 5 déc. 1975 (art. 1084 *[ancien]* NCPC [devenu C. pr. civ.]) ne déroge point aux dispositions de l'art. 899, al. 1er, NCPC [devenu C. pr. civ.], prévoyant que les parties sont tenues, sauf dispositions contraires, de constituer avoué devant la cour d'appel ; impossibilité, pour une cour d'appel, de se prononcer sur une requête tendant à faire compléter un arrêt rendu sur appel d'une ordonnance d'un JAM [JAF], sans que cette requête ait été présentée par un avoué. • Civ. 2e, 9 juill. 1980, n° 79-16.888 P.

Art. 1085 *(Décr. n° 2004-1158 du 29 oct. 2004, art. 5-VIII, en vigueur le 1er janv. 2005)* **Le juge peut demander communication du dossier à la juridiction qui a prononcé le divorce.**

§ 5 *Le pourvoi en cassation*

Art. 1086 *(Décr. n° 2004-1158 du 29 oct. 2004, art. 5-VIII, en vigueur le 1er janv. 2005)* **Le délai de pourvoi en cassation suspend l'exécution de la décision qui prononce le divorce. Le pourvoi en cassation exercé dans ce délai est également suspensif.**

BIBL. ► Poulet, *D. 2005. Chron. 2636* (observations sur le pourvoi en cassation en matière de divorce).

JURISPRUDENCE ANTÉRIEURE AU DÉCRET DU 29 OCTOBRE 2004

1. Renvoi. V. aussi les notes ss. art. 1087, ainsi que celles ss. les art. 254, 255, 260 et 270 **C. civ.**, et leurs approfondissements *in* **Megacode civil**.

1° REJET DE LA DEMANDE EN DIVORCE

2. Le pourvoi en cassation ne suspend pas l'exécution de l'arrêt qui rejette une demande en divorce, lequel, dès son prononcé, est exécutoire et entraîne la caducité des mesures prescrites par l'ordonnance de non-conciliation. • Civ. 1re, 25 janv. 2005, n° 03-16.943 P : *D. 2005. IR 388 ; ibid. Pan. 1826, obs. Douchy-Oudot ; ibid. 2006. Pan. 340, obs. Williatte-Pellitteri ; RTD civ. 2005. 371, obs. Hauser.*

2° PRONONCÉ DU DIVORCE

a. Recours général

3. Prestation compensatoire. La prestation compensatoire n'est due qu'à compter de la date à laquelle la décision prononçant le divorce est devenue irrévocable. • Civ. 2e, 28 mai 1986 : *D. 1987. Somm. 47, obs. Bénabent.* ♦ La prestation compensatoire n'est due qu'à compter de la date à laquelle la décision prononçant le divorce acquiert force de chose jugée ; le délai de pourvoi en cassation suspendant l'exécution de l'arrêt qui prononce le divorce, il n'est pas possible de fixer le point de départ de la rente viagère due au titre de la prestation compensatoire à la date de cet arrêt. • Civ. 2e, 25 nov. 1992, n° 91-14.946 P. ♦ Cassation, pour violation de l'art. 1121 *[ancien]*, de l'arrêt qui a dit que le capital alloué à l'épouse à titre de prestation compensatoire serait payable pour partie dans le mois suivant la signification de l'arrêt, alors qu'en raison du pourvoi dirigé contre l'arrêt prononçant le divorce, la prestation compensatoire n'était due qu'à la date de l'arrêt statuant sur le pourvoi. • 11 juill. 2002, n° 00-20.639 P : *D. 2002. IR 2516 ; AJ fam. 2002. 340, obs. S. D. ; RTD civ. 2002. 788, obs. Hauser.* ♦ Le pourvoi en cassation et son délai suspendent l'exécution de l'arrêt qui prononce le divorce ; la prestation compensatoire n'est donc pas due à compter du prononcé de l'arrêt d'appel confirmant le jugement ayant prononcé le divorce aux torts partagés des époux et condamné le mari à verser une prestation compensatoire, mais uniquement à compter de la date du rejet du pourvoi en cassation contre l'arrêt prononçant le divorce. • Civ. 2e, 19 févr. 1992, n° 90-20.628 P.

4. Intérêts. La prestation compensatoire n'étant due qu'à compter de la date à laquelle la décision prononçant le divorce est devenue irrévocable, les intérêts ne peuvent courir antérieurement. • Civ. 2e, 11 sept. 2003, n° 01-14.216 : *Dalloz jurisprudence.* ♦ La prestation compensatoire, comme les intérêts qu'elle produit, ne sont dus qu'à compter de la date à laquelle la décision est devenue irrévocable ; doit être cassé l'arrêt qui, pour fixer le point de départ des intérêts moratoires dus par l'époux au titre de la prestation compensatoire allouée en capital, retient la date à laquelle le jugement de divorce a été signifié, alors qu'il avait été frappé d'appel et que, malgré la confirmation du jugement par la cour d'appel, le divorce n'était devenu irrévocable qu'à la date d'expiration du délai de pourvoi en cassation. • Civ. 1re, 14 déc. 2004, n° 03-16.987 P : *D. 2005. IR 112 ; Gaz. Pal. 1er-2 avr. 2005. Somm. 21, obs. Massip ; AJ fam. 2005. 64, obs. David ; RTD civ. 2005. 110, obs. Hauser.*

b. Recours limité à la prestation compensatoire

5. Appel. Lorsque l'arrêt statue seulement sur la prestation compensatoire, la règle générale de l'effet non suspensif du pourvoi en cassation est seule applicable. • Civ. 2e, 24 févr. 1993, n° 91-18.213 P : *JCP 1994. I. 3729, n° 10, obs. Ferré-André.* ♦ Lorsque le divorce a été prononcé par un arrêt devenu irrévocable et que cet arrêt a, au mépris de l'indivisibilité du divorce et de la prestation compensatoire, omis de statuer sur la prestation compensatoire, sans avoir été critiqué de ce chef, l'arrêt qui statue ultérieurement sur la demande de prestation compensatoire ne peut pas subordonner l'exigibilité de ladite prestation au caractère irrévocable de la décision la prononçant, en l'absence d'effet suspensif du pourvoi et de son délai dans cette situation. • Civ. 2e, 8 juill. 1999, n° 98-12.398 P : *Procédures 1999, n° 271, obs. Thouret.* ♦ Doit également être cassé l'arrêt qui retient que, dans la mesure où, en limitant son appel à ses dispositions pécuniaires, l'époux avait acquiescé au prononcé du jugement de divorce, et que la prestation compensatoire est due à compter de la signification du jugement l'ayant prononcée et portait intérêt depuis cette date, alors que le divorce n'a acquis autorité de la chose jugée que du jour où l'ex-mari a acquiescé à son prononcé. • Civ. 1re, 3 nov. 2004, n° 01-16.031 P : *D. 2004. IR 3114 ; RTD civ. 2005. 110, obs. Hauser.*

6. Pourvoi en cassation. En l'absence de pourvoi principal sur le prononcé du divorce, le jugement devient irrévocable à la date d'expiration du délai ouvert pour former un pourvoi incident. • Civ. 1re, 25 oct. 2005, n° 04-15.573 P : *AJ fam. 2006. 111, obs. David.* ♦ Doit être cassé l'arrêt qui fixe le point de départ des intérêts produits par la prestation compensatoire à la date de son prononcé, alors que le pourvoi principal du mari ne portait que sur sa condamnation à payer une prestation compensatoire et que son épouse n'a pas formé de pourvoi incident, de sorte que le divorce n'est devenu irrévocable qu'à l'expiration du délai ouvert pour former un pourvoi incident. • Civ. 1re, 19 avr. 2005, n° 03-13.078 P : *D. 2005. IR 1179 ; D. 2006. Pan. 339, obs. Williatte-Pellitteri ; Procédures 2005, n° 150, obs. Perrot.*

7. Recours en révision. Un recours en révision est recevable contre les dispositions d'un arrêt ayant prononcé le divorce, relatives à la prestation compensatoire, lorsque celle-ci a été fixée sur la base de fausses déclarations de l'épouse en bénéficiant (dissimulation de l'exercice d'une activité professionnelle). • Civ. 2e, 4 mars 1992 : *D. 1993. 215, note Piotraut ; JCP 1993. II. 22092, note R. Martin.*

JURISPRUDENCE POSTÉRIEURE AU DÉCRET DU 29 OCTOBRE 2004

8. Désistement. Portée. Viole l'art. 500 dont il résulte que le jugement de divorce a force de chose jugée à la date à laquelle il n'est plus susceptible d'aucun recours suspensif, et l'art. 1086 qui dispose que le pourvoi en cassation suspend l'exécution des décisions qui prononcent le divorce, la cour d'appel qui retient que, par l'effet du désistement de l'épouse de son pourvoi en cassation, le divorce a acquis force de chose jugée à la date de l'arrêt le prononçant, alors que la décision prononçant le divorce avait acquis force de chose jugée le jour où l'épouse s'était désistée de son pourvoi. • Civ. 1re, 28 janv. 2016, n° 15-11.151 P.

Art. 1087 *(Décr. n° 2004-1158 du 29 oct. 2004, art. 5-VIII, en vigueur le 1er janv. 2005)* **L'effet suspensif qui s'attache au pourvoi en cassation ainsi qu'à son délai ne s'applique pas aux dispositions de la décision ou de la convention homologuée qui concernent les pensions, la contribution à l'entretien et l'éducation de l'enfant et l'exercice de l'autorité parentale.**

DALLOZ PRATIQUE[S] *Divorce – Mesures provisoires : demande ; Divorce – Pension alimentaire : évaluation.*

JURISPRUDENCE ANTÉRIEURE AU DÉCRET DU 29 OCTOBRE 2004

a. Mesures provisoires (pension alimentaire)

1. Recours général. La pension alimentaire, allouée pour la durée de l'instance, cesse d'être due lorsque, mettant fin au devoir de secours, la décision qui a prononcé le divorce des époux devient irrévocable. • Civ. 2e, 10 oct. 1985, n° 84-13.624 P : *D. 1987. Somm. 47, obs. Bénabent.* ♦ Par l'ordonnance de non-conciliation, le juge prescrit les moyens nécessaires pour assurer l'existence des époux jusqu'à la date à laquelle le jugement de divorce prend force de chose jugée ; lorsqu'à la date où la cour d'appel statue, la procédure de divorce est toujours en cours, l'ordonnance du juge conciliateur ayant alloué une pension alimentaire à l'un des époux doit continuer de produire ses effets. • Civ. 2e, 10 avr. 1991 : *RTD civ. 1991. 505, obs. Hauser.* ♦ Dans le même sens, • Civ. 2e, 19 févr. 1992, n° 90-20.628 P. ♦ Mais en cas de rejet du pourvoi formé contre l'arrêt prononçant le divorce, les mesures provisoires prises pour la durée de l'instance cessent de produire effet dès la date de ce rejet, et la pension alimentaire ne reste pas due jusqu'à la date de la signification de l'arrêt de la Cour de cassation. • Civ. 2e, 4 juill. 2002, n° 00-18.092 P : *D. 2002. IR 2381 ; Gaz. Pal. 15-17 juin 2003, p. 25, obs. Massip ; Defrénois 2002. 1471, obs. Massip ; RTD civ. 2002. 788, obs. Hauser* • Civ. 1re, 15 mai 2013, n° 12-11.516 P : *D. 2013. Actu. 1209 ; AJ fam. 2013. 441, obs. Elkouby-Salomon ; RTD civ. 2013. 583, obs. Hauser ; Gaz. Pal. 24 août 2013, p. 53, note Hamou ; JCP 2013. 819, obs. Rebourg ; Dr. fam. 2013, n° 115, note Binet.*

2. Recours limité aux conséquences financières du divorce. Lorsque le pourvoi est limité aux seules conséquences du divorce, l'arrêt d'appel devient irrévocable du chef du prononcé du divorce, et la pension alimentaire allouée pour la durée de l'instance cesse d'être due à cette date. • Civ. 2e, 10 juill. 1991, n° 89-12.901 P : *RTD civ. 1991. 714, obs. Huet-Weiller.* ♦ *Adde,* l'arrêt qui prononce le divorce pour faute, dont seules les dispositions relatives aux conséquences financières sont frappées d'un pourvoi principal et d'un pourvoi incident, devient irrévocable à la date d'expiration du délai ouvert pour former pourvoi incident ; la pension alimentaire n'est donc pas due jusqu'à la date de l'arrêt de la Cour cassation. • Civ. 2e, 2 nov. 1994, n° 92-17.393 P. ♦ La pension alimentaire allouée pendant la procédure de divorce prend fin à la date à laquelle le divorce devient irrévocable ; elle cesse d'être due, en cas de pourvoi, à la date de signification du pourvoi incident ou d'expiration du délai ouvert pour former ce pourvoi lorsque sont seules remises en cause les dispositions relatives aux conséquences financières du divorce. • Civ. 2e, 18 mai 2000, n° 98-17.801 P : *D. 2000. IR 175* ; *Dr. fam. 2000, n° 143, note Lécuyer* ; *RTD civ. 2000. 549, obs. Hauser*. ♦ Dans le même sens, • Civ. 2e, 15 nov. 2001 : *Dr. fam. 2002, n° 20, note Lécuyer.*

b. Mesures accessoires

3. Renvoi. V. les notes qui précèdent et celles figurant ss. art. 1086.

4. Autorité parentale. L'effet suspensif du pourvoi en cassation ne s'applique pas aux mesures concernant la garde des enfants et l'exercice du droit de visite [l'exercice de l'autorité parentale]. • Toulouse, 14 déc. 1984 : *Gaz. Pal. 1985. 1. Somm. 107.*

5. Jouissance du logement. Pour un arrêt rejetant la demande d'un mari tendant à obtenir en référé l'expulsion de son épouse, à laquelle la jouissance du logement familial, accordée par l'ordonnance de non-conciliation, avait été retirée par un arrêt frappé d'un pourvoi général au motif que, malgré les dispositions de l'art. 1122 *[ancien]*, cette demande se heurte à une contestation sérieuse dès lors que les mesures prescrites par l'ordonnance de non-conciliation, notamment celles relatives aux conditions de jouissance du logement familial, doivent continuer à produire leurs effets même pendant l'instance en cassation, tant que le jugement sur la séparation de corps n'est pas devenu définitif, V. • Paris, 11 juin 2003 : *RTD civ. 2003. 688, obs. crit. Hauser* ; *Bull. ch. avoués 2002. 4. 57.* ♦ Rappr., à propos d'un pourvoi principal et d'un pourvoi incident limités aux conséquences du divorce : cassation de l'arrêt qui, pour ordonner l'expulsion de la femme de l'immeuble appartenant en propre au mari et dont la jouissance lui avait été conférée par l'ordonnance de non-conciliation, énonce que l'effet suspensif du pourvoi en matière de divorce s'attache uniquement à la décision qui prononce le divorce et non aux mesures accessoires, que l'art. 1122 *[ancien]* précise que l'effet suspensif qui s'attache au pourvoi ne s'applique pas aux dispositions de la décision qui concernent la jouissance du logement et du mobilier et qu'en conséquence, la femme est occupante sans droit ni titre, alors que le divorce n'est devenu définitif qu'à la date de signification du pourvoi incident formé par le mari et que la cour d'appel statuait avant cette date. • Civ. 2e, 18 déc. 1996, n° 95-11.003 P : *Dr. fam. 1997, n° 61, note Lécuyer.*

SOUS-SECTION 2 *Le divorce par consentement mutuel judiciaire* *(Décr. n° 2016-1907 du 28 déc. 2016, art. 3-2°).*

Sur le divorce par consentement mutuel judiciaire, V. C. civ., art. 230 à 232.

DALLOZ ACTION *Droit de la famille 2023/2024, nos 132.00 s.*

DALLOZ PRATIQUE[S] *Divorce - Divorce par consentement mutuel judiciaire.*

BIBL. ▸ GRANET-LAMBRECHTS, *Mél. Wiederkehr, Dalloz 2009, p. 357* (un divorce par consentement mutuel sans juge ?).

Art. 1088 *(Décr. n° 2004-1158 du 29 oct. 2004, art. 6-I, en vigueur le 1er janv. 2005)* **Le divorce par consentement mutuel relève de la matière gracieuse.** — *[Anc. art. 1088.]*

Art. 1089 *(Décr. n° 2004-1158 du 29 oct. 2004, art. 6-II, en vigueur le 1er janv. 2005)* **La demande en divorce est formée par une requête unique des époux.**

Art. 1090 *(Décr. n° 2004-1158 du 29 oct. 2004, art. 6-III, en vigueur le 1er janv. 2005)* **La requête, qui n'indique pas les faits à l'origine de la demande, doit contenir, à peine d'irrecevabilité :**

1° Les nom, prénoms, profession, résidence, nationalité, date et lieu de naissance de chacun des époux ; la date et le lieu de leur mariage ; les mêmes indications, le cas échéant, pour chacun de leurs enfants ;

2° Les renseignements prévus à l'article 1075 ;

3° L'indication de la juridiction devant laquelle la demande est portée ;

4° Le nom des avocats chargés par les époux de les représenter, ou de celui qu'ils ont choisi à cet effet d'un commun accord.

Sous la même sanction, la requête est datée et est signée par chacun des époux et leur avocat. — *[Anc. art. 1090.]*

BIBL. ▶ Sur la notion d'irrecevabilité au sens de ce texte, V. NORMAND, *RTD civ. 1981. 685.* - VIATTE, *Gaz. Pal. 1980. 2. Doctr. 374* (recevabilité des requêtes initiales en divorce).

Art. 1091 *(Décr. n° 2005-460 du 13 mai 2005, art. 32)* **A peine d'irrecevabilité, la requête comprend en annexe** *(Décr. n° 2016-1907 du 28 déc. 2016, art. 6)* **« , le cas échéant, le formulaire d'information de l'enfant mineur demandant à être entendu daté et signé par lui ainsi qu' » une convention datée et signée par chacun des époux et leur avocat portant règlement complet des effets du divorce et incluant notamment un état liquidatif du régime matrimonial ou la déclaration qu'il n'y a pas lieu à liquidation. L'état liquidatif doit être passé en la forme authentique devant notaire lorsque la liquidation porte sur des biens soumis à publicité foncière.** — *L'art. 31 du Décr. n° 2005-460 du 13 mai 2005 est applicable aux instances introduites après son entrée en vigueur (Décr. préc., art. 38).*

BIBL. ▶ C. LIENHARD, *AJ fam. 2005. 353* (harmonisation des rôles des avocats et des notaires).

JURISPRUDENCE ANTÉRIEURE AU DÉCRET DU 29 OCTOBRE 2004

Projet de convention définitive. L'absence de tout projet réel de convention définitive ne permet pas au JAM [JAF] d'exercer son contrôle et rend la requête irrecevable. • TGI Strasbourg, JAM, 26 mars 1979 : *D. 1981. 12, note C. Lienhard.*

Art. 1092 *(Décr. n° 2004-1158 du 29 oct. 2004, art. 6-V, en vigueur le 1er janv. 2005)* **Le juge aux affaires familiales est saisi par la remise au greffe de la requête, qui vaut conclusions.**

(Décr. n° 2016-1907 du 28 déc. 2016, art. 7) **« Après avoir procédé à l'audition du mineur dans les conditions définies au titre IX *bis* du livre I ou, en l'absence de discernement, avoir refusé son audition dans les conditions définies aux articles 338-4 et 338-5, il convoque chacun des époux par lettre simple expédiée quinze jours au moins avant la date qu'il fixe pour leur audition. Il avise le ou les avocats. »** — *[Anc. art. 1092.]*

Art. 1093 à 1098 *Abrogés par Décr. n° 2004-1158 du 29 oct. 2004, art. 6-VI, à compter du 1er janv. 2005.*

Art. 1099 *(Décr. n° 2004-1158 du 29 oct. 2004, art. 6-VII, en vigueur le 1er janv. 2005)* **Au jour fixé, le juge procède selon les modalités prévues aux articles 250 à 250-3 du code civil ; il vérifie la recevabilité de la requête ; il s'assure que le consentement des époux est libre et éclairé et appelle leur attention sur l'importance des engagements pris par eux, notamment quant à l'exercice de l'autorité parentale.**

Avec l'accord des parties, en présence du ou des avocats, le juge peut faire supprimer ou modifier les clauses de la convention qui lui paraîtraient contraires à l'intérêt des enfants ou de l'un des époux.

Il rend sur-le-champ un jugement par lequel il homologue la convention et prononce le divorce.

Sur la demande en divorce par consentement mutuel, V. C. civ., art. 250.

JURISPRUDENCE ANTÉRIEURE AU DÉCRET DU 29 OCTOBRE 2004

1. Engagement antérieur. Tout engagement pris antérieurement devient caduc par l'effet de la convention définitive. • Dijon, 7 oct. 1992 : *Gaz. Pal. 16-18 oct. 1994, p. 15.*

a. Contrôle du juge

2. Accord persistant. Le juge qui constate que la volonté d'un des époux de divorcer par consentement mutuel n'existe plus est fondé à rejeter purement et simplement la demande. • Civ. 2e, 29 sept. 1982, n° 81-15.692 P : *Gaz. Pal. 1983. 2. 558, note Massip.*

b. Indivisibilité entre l'homologation de la convention définitive et le prononcé du divorce

3. Obstacle à l'annulation pour vice du consentement. Le contrôle du juge sur l'efficacité du consentement mutuel interdit aux parties d'invoquer par la suite un vice du consentement. • TGI Paris, 18 mai 1981 : *D. 1982. 487, note Massip.* ♦ Le prononcé du divorce et l'homologation de la convention définitive ont un caractère indissociable et ne peuvent plus être remis en cause hors des cas limitativement prévus par la loi ; une demande en nullité de la convention définitive pour vice du consentement est irrecevable. • Civ. 2e, 13 nov. 1991 : *JCP 1992. IV. 173.*

4. *Obstacle à la rescision pour lésion.* Le prononcé du divorce et l'homologation de la convention définitive ont un caractère indissociable et ne peuvent plus être remis en cause hors des cas limitativement prévus par la loi ; est légalement justifié l'arrêt qui déclare irrecevable l'action en rescision pour lésion de la convention. • Civ. 2e, 6 mai 1987, n° 86-10.107 P : *D. 1987. 358, note Groslière ; JCP N 1988. II. 72, obs. Simler ; Gaz. Pal. 1988. 1. 1, note Massip ; Defrénois 1987. 1069, obs. Massip.* ♦ Le prononcé du divorce et l'homologation de la convention définitive ayant un caractère indissociable, celle-ci, qu'elle porte ou non sur le partage de l'ensemble du patrimoine des époux, ne peut être remise en cause hors des cas limitativement prévus par la loi, au nombre desquels ne figure pas la rescision pour lésion. • Civ. 1re, 18 oct. 1994, n° 92-21.823 P : *D. 1994. IR 248 ; LPA 5 juill. 1995, p. 35, note Massip.*

5. *Recours en révision.* Sur la portée du caractère indissociable du prononcé du divorce sur demande conjointe et l'homologation de la convention définitive quant à la recevabilité d'un recours en révision, V. note 10 ss. art. 593. – **C. pr. civ.**

6. *Renvois.* Sur la remise en cause de la convention définitive par le biais du recours en révision, V. notes 3 et 4 ss. art. 1102.

Art. 1100 *(Décr. n° 2004-1158 du 29 oct. 2004, art. 6-VII, en vigueur le 1er janv. 2005)* **Si la convention lui paraît préserver insuffisamment les intérêts des enfants ou de l'un des époux, le juge peut refuser de l'homologuer, ne pas prononcer le divorce et ajourner sa décision, par ordonnance rendue sur-le-champ, jusqu'à présentation d'une nouvelle convention.**

Il informe les époux qu'ils devront présenter une nouvelle convention avant l'expiration d'un délai de six mois. L'ordonnance fait mention de cette information et de son contenu.

L'ordonnance précise les conditions ou garanties auxquelles seront subordonnés l'homologation de la nouvelle convention et, en conséquence, le prononcé du divorce.

Elle comprend, le cas échéant, les mesures provisoires homologuées par le juge en application de l'article 250-2 du code civil.

Sur l'homologation des mesures provisoires en cas de refus d'homologation de la convention de divorce par consentement mutuel, V. C. civ., art. 250-2.

DALLOZ PRATIQUE[S] *Divorce - Mesures provisoires : demande.*

JURISPRUDENCE ANTÉRIEURE AU DÉCRET DU 29 OCTOBRE 2004

1. *Absence de contrôle.* Viole les art. 232 *[ancien]* C. civ., 1100, 1102 et 1103 *[anciens]* NCPC [devenu C. pr. civ.], le JAF qui se borne à énoncer qu'il échet d'homologuer la convention définitive réglant les effets du divorce et de prononcer le divorce, sans avoir examiné si la convention préservait suffisamment les intérêts des enfants et des époux. • Civ. 2e, 27 mai 1998, n° 96-18.620 P.

2. *Contrôle partiel.* Viole les art. 232 *[ancien]* C. civ. et 32 du Décr. du 5 déc. 1975 (art. 1100 *[ancien]*) le JAM [JAF] qui se borne à énoncer que l'examen du projet de convention définitive ainsi que les entretiens du magistrat avec les intéressés font apparaître que les dispositions retenues préservent suffisamment les intérêts des époux, sans avoir examiné si la convention préservait aussi suffisamment les intérêts des enfants. • Civ. 2e, 4 mars 1981, n° 80-11.287 P : *D. 1982. IR 37, obs. Bénabent* • 24 févr. 2000, n° 98-19.177 P : *D. 2000. IR 83 .* ♦ *Adde*, sur la protection de l'intérêt d'un des époux : • TGI La Rochelle, 19 oct. 1977 : *D. 1978. IR 435, obs. Bénabent.*

Art. 1101 *(Décr. n° 2004-1158 du 29 oct. 2004, art. 6-VII, en vigueur le 1er janv. 2005)* **Le délai de six mois pour présenter une nouvelle convention est suspendu en cas d'appel.**

A défaut de présentation d'une nouvelle convention dans le délai fixé, le juge constate d'office, par ordonnance, la caducité de la demande en divorce.

Lorsque les époux présentent une nouvelle convention, les parties sont convoquées selon les modalités prévues à l'article 1092. S'il refuse de l'homologuer, le juge rend une ordonnance par laquelle il constate la caducité de la demande en divorce.

Art. 1102 *(Décr. n° 2004-1158 du 29 oct. 2004, art. 6-VIII, en vigueur le 1er janv. 2005)* **Les décisions du juge aux affaires familiales sont susceptibles d'appel, à l'exception de celles qui prononcent le divorce.**

Le délai d'appel est de quinze jours ; il court à compter de la date de la décision. – *[Anc. art. 1102.]*

JURISPRUDENCE ANTÉRIEURE AU DÉCRET DU 29 OCTOBRE 2004

a. Décisions susceptibles d'appel

1. Décision de rejet de la requête. Sur la recevabilité de l'appel, V. • Lyon, 28 nov. 1979 : *Gaz. Pal. 1981. 1. 47* • 16 janv. 1980 : *Gaz. Pal. 1980. 428, note Brazier ; RTD civ. 1980. 559, obs. Nerson et Rubellin.*

2. Point de départ du délai. Le point de départ du délai de recours contre les décisions du JAM [JAF] statuant sur une requête conjointe en divorce ou sur l'interprétation du jugement rendu en cette matière est le jour de la décision quand elle est rendue sur-le-champ et en présence des parties, mais lorsque les parties ont été entendues à une première date et que la décision, rendue ultérieurement, ne comporte pas la mention de la présence des parties à cette seconde date, le délai d'appel ne court que de la notification de la décision. • Civ. 2e, 26 mai 1992, n° 90-21.016 P : *D. 1992. IR 215, Gaz. Pal., 2 déc. 1993, v° Divorce, obs. Massip ; RTD civ. 1992. 743, obs. Hauser.*

b. Décisions homologuant les conventions des époux ou prononçant le divorce

3. Principe. La convention homologuée par le juge qui prononce le divorce sur demande conjointe a la même force exécutoire qu'une décision de justice ; elle ne peut être attaquée que par les voies de recours prévues à l'encontre des décisions de justice. • Civ. 2e, 19 févr. 1986, n° 82-16.601 P : *D. 1987. 441, note Théry ; Defrénois 1987. 48, note Théry.*

4. Recours en révision. BIBL. Lindon et Bertin, *JCP 1982. I. 3082* (le recours en révision contre l'homologation de la convention définitive dans le divorce sur requête conjointe). ♦ Pour l'admissibilité de ce recours dans les conditions des art. 593 s., V. • TGI Pontoise, JAM, 30 sept. 1981 : *cité par Lindon et Bertin, in art. préc. ; Gaz. Pal. 1982. Somm. 105.* Comp., sur la recevabilité de ce recours en matière gracieuse : ss. art. 593.

5. Renvois. Sur la remise en cause de la convention définitive par le biais d'une action en nullité pour vice du consentement ou en rescision pour lésion, V. notes 3 et 4 ss. art. 1099.

Art. 1103 *(Décr. n° 2004-1158 du 29 oct. 2004, art. 6-IX, en vigueur le 1er janv. 2005)* **Le délai de pourvoi en cassation est de quinze jours à compter du prononcé de la décision qui homologue la convention des époux et prononce le divorce.** – *[Anc. art. 1103.]*

JURISPRUDENCE ANTÉRIEURE AU DÉCRET DU 29 OCTOBRE 2004

Recevabilité du pourvoi. Le jugement homologuant la convention des époux ou prononçant le divorce n'étant pas susceptible d'appel, la voie de la cassation est ouverte (jurisprudence antérieure au Décr. du 12 mai 1981). • Civ. 2e, 28 mars 1979 : *D. 1980. 297, note Massip ; JCP 1979. II. 19231, note Lindon.*

Art. 1104 *(Décr. n° 81-500 du 12 mai 1981, art. 5, en vigueur le 1er janv. 1982)* **Les créanciers de l'un et de l'autre époux peuvent faire déclarer que la convention homologuée leur est inopposable en formant tierce opposition contre la décision d'homologation dans l'année qui suit l'accomplissement des formalités mentionnées à l'article 262 du code civil.** – *[Anc. art. 1104.]*

Sur l'opposabilité du jugement de divorce aux tiers, V. C. civ., art. 262.

JURISPRUDENCE ANTÉRIEURE AU DÉCRET DU 29 OCTOBRE 2004

1. Domaine. La tierce opposition n'est pas recevable sur le prononcé du divorce, ni sur ses conséquences légales (irrecevabilité de la tierce opposition d'un créancier d'aliments). • Civ. 2e, 7 mars 2002, n° 97-21.852 P : *Dr. fam. 2002, n° 111, obs. Lécuyer ; RJPF juin 2002. 17, obs. Garé ; RTD civ. 2002. 275, obs. Hauser.* ♦ V. aussi • Civ. 1re, 17 nov. 1981, n° 80-11.498.

2. Action paulienne. Après son homologation par le jugement prononçant le divorce, la convention définitive revêt la même force exécutoire qu'une décision de justice et ne peut être attaquée que par les voies de recours ouvertes par la loi dans lesquelles n'entre pas l'action paulienne de l'art. 1167 C. civ. • Civ. 2e, 25 nov. 1999, n° 97-16.488 P : *D. 2000. IR 4 ; RTD civ. 2000. 89, obs. Hauser ; JCP 2000. II. 10338, note Guedj ; Defrénois 2000. 1051, obs. Massip ; Dr. fam. 2000, n° 22, note Lécuyer.* – Comp. : • Versailles, 11 mars 1993 : *D. 1994. 303, note Revel.*

3. Procédures collectives. Les art. 262 *[ancien]* C. civ. et 1104 *[ancien]* NCPC [devenu C. pr. civ.] ne concernent que les créanciers individuels de l'un ou l'autre des époux, alors que les dispositions d'ordre public de l'art. 107 de la loi n° 85-98 du 25 janv. 1985 (C. com. art. L. 621-107) confèrent au représentant des créanciers de l'époux déclaré en liquidation judiciaire la possibilité de poursuivre l'annulation des actes passés depuis la date de cessation des paiements. • Civ. 1re, 25 janv. 2000, n° 97-21.119 P : *D. 2000. Somm. 333, obs. Revel ; D. 2000. AJ 103, obs. A. Lienhard ; RTD civ. 2000. 553, obs. Hauser ; RTD com. 2000. 460,* *obs. Martin-Serf* ; *Dr. fam. 2000, n° 48, obs. Lécuyer ; APC 2000, n° 68, obs. F.-X. Lucas ; LPA 5 juin 2001, p. 14, note Mercier.* ♦ Dès lors, il ne peut être soutenu que l'état liquidatif, indissociable de la convention définitive de divorce homologuée par le juge, ne peut être attaqué que par la voie de la tierce opposition. • Même arrêt. ♦ Pour l'inopposabilité à la procédure collective de l'acte de cession compris dans une convention définitive de divorce homologuée par le juge, prévoyant l'abandon par le mari, soumis à une procédure de liquidation judiciaire, de sa part de l'immeuble commun au titre de la pension alimentaire : • Com. 26 avr. 2000, n° 97-10.335 P : *D. 2000. AJ 263, obs. A. Lienhard* ; *JCP E 2000, n° 43, p. 1562, obs. Pétel ; LPA 28 févr. 2001, p. 16, note Paquette-Dessaigne ; Procédures 2000, n° 164, obs. Laporte.*

JURISPRUDENCE POSTÉRIEURE AU DÉCRET DU 29 OCTOBRE 2004

4. La fraude fondant la recevabilité de la tierce opposition formée par un tiers à l'égard du jugement d'homologation d'une convention de divorce doit être caractérisée par le juge. Ce dernier doit rechercher si, en concluant la convention, il y avait collusion frauduleuse des deux époux. • Civ. 1re, 13 mai 2015 : *D. actu. 3 juin 2015, obs. Kébir.*

5. La procédure de la séparation de corps obéissant aux règles prévues pour la procédure de divorce, l'art. 1104 C. pr. civ. est applicable à la tierce opposition formée contre la décision d'homologation de la convention conclue par les époux lors de leur séparation de corps par consentement mutuel. • Civ. 1re, 13 janv. 2016, n° 14-29.631 P.

Art. 1105 *(Décr. n° 81-500 du 12 mai 1981, art. 5, en vigueur le 1er janv. 1982)* **Les dépens de l'instance sont partagés par moitié entre les époux** *(Décr. n° 2011-272 du 15 mars 2011, art. 24)* **« . Toutefois, leur convention peut en disposer autrement sous réserve de l'application des dispositions de** *(Décr. n° 2020-1717 du 28 déc. 2020, art. 181-2°, en vigueur le 1er janv. 2021)* **« l'article 123 du décret n° 2020-1717 du 28 décembre 2020 » lorsque l'un des époux bénéficie de l'aide juridictionnelle. »** — *[Anc. art. 1105 reproduit ss. art. 1142.] — V. Décr. n° 2020-1717 du 28 déc. 2020, art. 123. —* ***C. pr. civ.***

SOUS-SECTION 3 *Les autres procédures de divorce judiciaire (Décr. n° 2016-1907 du 28 déc. 2016, art. 3-3°).*

Sur l'entrée en vigueur du Décr. n° 2016-1907 du 28 déc. 2016, V. note au-dessus de l'art. 1144. L'art. 3 du même décret est applicable en Polynésie française (Décr. préc., art. 41-VI).

Sur le divorce accepté, V. C. civ., art. 233 et 234, 252 à 253, 257-1 à 258.

Sur le divorce pour altération définitive du lien conjugal, V. C. civ., art. 237 et 238, 252 à 253, 257-1 à 258.

Sur le divorce pour faute, V. C. civ., art. 242 à 246, 252 à 253, 257-1 à 258.

A compter du 1er janv. 2021, le plan de la sous-section 3 Les autres procédures de divorce judiciaire, résultant du Décr. n° 2019-1380 du 17 déc. 2019, est le suivant :

§ 1 La demande et l'instance en divorce : art. 1106 à 1109 nouv., art. 1110 à 1114 abrogés, art. 1115 et 1116 mod. ;

§ 2 Les mesures provisoires (ancien § 4) : art. 1117 à 1121-1 mod. ;

§ 3 Les voies de recours (ancien § 5) : art. 1122 ;

§ 4 Dispositions particulières au divorce accepté (ancien § 6) : art. 1123 mod. à 1125 ;

§ 5 Dispositions particulières au divorce pour altération définitive du lien conjugal (ancien § 7) : art. 1126 mod. et 1127 ;

§ 6 Dispositions particulières au divorce pour faute (ancien § 8) : art. 1128.

Les requêtes en divorce ou en séparation de corps introduites avant le 1er janv. 2021 sont traitées selon les règles en vigueur avant cette date (Décr. n° 2019-1380 du 17 déc. 2019, art. 15 ; rect. par Décr. n° 2019-1419 du 20 déc. 2019, art. 22-II).

BIBL. ▸ **Décr. n° 2019-1380 du 17 déc. 2019 :** Dossier, *AJ fam. 2021. 13* et *77* (réforme du divorce). - BOLZE, *D. 2020. 59* (la nouvelle procédure divorce est arrivée !). - TORRICELLI-CHRFI et TANI, *D. actu. 19 déc. 2019* (décret réformant le divorce et la séparation de corps).

§ 1 *La demande et l'instance en divorce (Décr. n° 2019-1380 du 17 déc. 2019, art. 5-1°, en vigueur le 1er janv. 2021).*

Antérieurement au Décr. n° 2019-1380 du 17 déc. 2019, art. 5-1°, l'intitulé du § 1 était : « La requête initiale ». Un § 2 intitulé « La tentative de conciliation » séparait les art. 1107 et 1108 anc. et un § 3 intitulé « L'instance » séparait les art. 1113 et 1114 anc. Avec le Décr. n° 2019-1380 du 17 déc. 2019, art. 5-6°, le § 4 devient le § 2 à compter du 1er janv. 2021.

Art. 1106 *(Décr. n° 2019-1380 du 17 déc. 2019, art. 5-2°, en vigueur le 1er janv. 2021)* **Sous réserve des règles édictées par les deux premières sections du présent chapitre, l'instance est formée, instruite et jugée selon la procédure écrite ordinaire applicable devant le tribunal judiciaire.**

Les requêtes en divorce ou en séparation de corps introduites avant le 1er janv. 2021 sont traitées selon les règles en vigueur avant cette date (Décr. n° 2019-1380 du 17 déc. 2019, art. 15 ; rect. par Décr. n° 2019-1419 du 20 déc. 2019, art. 22-II et Décr. n° 2020-950 du 30 juill. 2020, art. 4).

FORM. PR. CIV. *Assignation à fin de divorce (C. civ., art. 251, C. pr. civ., art. 1106 s.).*

DALLOZ PRATIQUE[S] *Divorce - Mesures provisoires : demande.*

Ancien art. 1106 *(Décr. n° 2004-1158 du 29 oct. 2004, art. 7-I, en vigueur le 1er janv. 2005)* ***L'époux qui veut former une demande en divorce présente par avocat une requête au juge. La requête n'indique ni le fondement juridique de la demande en divorce ni les faits à l'origine de celle-ci. Elle contient les demandes formées au titre des mesures provisoires et un exposé sommaire de leurs motifs.***

L'époux est tenu de se présenter en personne quand il sollicite des mesures d'urgence.

En cas d'empêchement dûment constaté, le magistrat se rend à la résidence de l'époux.

JURISPRUDENCE ISSUE DU DÉCRET DU 29 OCTOBRE 2004

1. Motivation de la requête. Sanction. La requête qui comporte une motivation est irrecevable. • TGI Bordeaux, 22 nov. 2005 : *RTD civ. 2006. 288, obs. Hauser*.

JURISPRUDENCE ANTÉRIEURE AU DÉCRET DU 29 OCTOBRE 2004

2. Motivation de la requête. Les requêtes en divorce pour faute relèvent du régime général prévu à l'art. 494 et doivent par conséquent être motivées. • Douai, 16 janv. 1987 : *Defrénois 1987. 1392, obs. Massip.* ♦ Comp. : la requête initiale en divorce présentée sur le fondement de l'art. 242 *[ancien]* C. civ. ayant pour seul objet, sous réserve, s'il y a lieu, de la prescription des mesures d'urgence prévues à l'art. 257 *[ancien]* du même code, d'amener le juge à convoquer l'époux défendeur à la tentative de conciliation, c'est sans violer les art. 494 et 1106 *[ancien]* NCPC [devenu C. pr. civ.] qu'une cour d'appel dit qu'il n'est pas nécessaire que la requête indique les faits invoqués comme constitutifs de causes de divorce (il suffit que la requête énonce que l'époux demandeur a divers griefs à invoquer à l'encontre de son conjoint, lesquels constituent des violations graves et renouvelées des devoirs et obligations du mariage de nature à rendre intolérable le maintien de la vie commune, sans qu'il soit nécessaire d'en préciser la teneur). • Civ. 2e, 11 janv. 2001, n° 99-12.139, Dalloz jurisprudence. ♦ V. déjà, le demandeur à un divorce pour faute n'a pas à indiquer ses griefs dans la requête. • Paris, 17 oct. 1980 : *Defrénois 1981. 294, note Massip.*

3. ... Sanction. La requête qui comporte une motivation est irrecevable. • Bordeaux, 22 sept. 2009 : *RTD civ. 2010. 89, obs. Hauser*.

4. Les art. 251 C. civ. et 1106 anc. C. pr. civ., qui interdisent de faire état, dans la requête en divorce, des motifs du divorce, ne s'appliquent pas aux écritures déposées par les parties à l'appui de leurs observations orales lors de l'audience de conciliation. • Civ. 1re, 17 oct. 2019, n° 18-20.584 P : *D. actu. 12 nov. 2019, note Bolze ; D. 2019. 2038 ; ibid. 2020. 506, obs. Douchy-Oudot ; AJ fam. 2019. 649, obs. Thouret ; Gaz. Pal. 7 janv. 2020, p. 73, note Boisnard.*

Art. 1107 *(Décr. n° 2019-1380 du 17 déc. 2019, art. 5-2°, en vigueur le 1er janv. 2021)* **La demande en divorce est formée par assignation ou par requête remise ou adressée conjointement par les parties au greffe et contient, à peine de nullité, les lieu, jour et heure de l'audience d'orientation et sur mesures provisoires.**

Cette date est communiquée par la juridiction au demandeur *(Abrogé par Décr. n° 2020-1641 du 22 déc. 2020, art. 2)* ***« par tout moyen »*** **selon des modalités définies par arrêté du garde des sceaux.**

A peine d'irrecevabilité, l'acte introductif d'instance n'indique ni le fondement juridique de la demande en divorce lorsqu'il relève de l'article 242 du code civil, ni les faits à l'origine de celle-ci.

(Décr. n° 2020-1452 du 27 nov. 2020, art. 1er-29°, en vigueur le 1er janv. 2021) **« Lorsque le demandeur n'a pas indiqué le fondement de la demande en divorce dans l'acte introductif d'instance, le défendeur ne peut lui-même** *(Décr. n° 2023-25 du 23 janv. 2023, art. 1er-9°)* **« le faire** *[ancienne rédaction : indiquer le fondement de la demande en divorce]* **» avant les premières conclusions au fond du demandeur »** *(Décr. n° 2023-25 du 23 janv. 2023, art. 1er-9°)* **« ou, à défaut, avant l'expiration du délai fixé par le juge de la mise en état par injonction de conclure ».**

Les requêtes en divorce ou en séparation de corps introduites avant le 1er janv. 2021 sont traitées selon les règles en vigueur avant cette date (Décr. n° 2019-1380 du 17 déc. 2019, art. 15 ; rect. par Décr. n° 2019-1419 du 20 déc. 2019, art. 22-II, et Décr. n° 2020-950 du 30 juill. 2020, art. 4).

L'art. 1er-29° du Décr. n° 2020-1452 du 27 nov. 2020 s'applique aux instances en cours au 1er janv. 2021 (Décr. préc., art. 12).

Sur les modalités de communication de la date de première audience devant le tribunal judiciaire, V. Arr. du 9 mars 2020 en fin de rubrique.

COMMENTAIRE

Le décret n° 2023-25 du 23 janvier 2023 « pris pour l'application de règlements européens en matière familiale, d'obtention des preuves et de signification ou notification des actes et portant diverses dispositions relatives au divorce, aux sûretés et à la légalisation et l'apostille » (JO 25 janv. 2023) vise, notamment, à donner une réponse aux grosses difficultés de mise en œuvre de l'article 1107 du code de procédure civile dans la procédure des divorces contentieux.

Dans la version précédente de ce texte, issue de l'article 2 du décret n° 2020-1641 du 22 décembre 2020, qui n'était pas très heureuse (V. J. Casey, Simplifier pour mieux juger, ou l'humour du pouvoir exécutif... *AJ fam. 2022. 473*), le système était le suivant : face à une assignation muette quant à son fondement (ce qui concerne soit un divorce pour faute, soit une altération du lien), le défendeur n'avait pas le droit de conclure sur le fondement du divorce tant que le demandeur n'avait pas révélé son fondement dans ses premières conclusions au fond. Le risque de blocage était alors évident, puisque le droit positif n'avait enfermé les premières conclusions du demandeur dans aucun délai, de sorte que rien ni personne ne pouvait lui en imposer un, toutes les solutions imaginées se révélant inopérantes (V. obs. J. Casey, préc., in *AJ fam. 2022. 473*), et les premières décisions judiciaires étaient pour le moins audacieuses (V. J. Casey, L'art. 1107 et le blocage de la procédure de divorce : exemple concret – TJ d'Amiens 26 sept. 2022 – *AJ fam. 2022. 551*). Il était donc urgent que la Chancellerie réagisse.

La réponse de la Chancellerie est arrivée *via* le décret du 23 janvier 2023 (dont l'entrée en vigueur, pour toutes les procédures en cours, est fixée au 26 janvier 2023 et qui sera évidemment applicable à toutes les assignations postérieures à cette date). Cette réponse survient un peu plus de deux années après l'entrée en vigueur des dispositions sous examen. A l'échelle législative et règlementaire, où rien ne va vite, on saluera l'effort de réactivité de la Chancellerie.

A titre liminaire, on observera que le pouvoir exécutif n'a pas voulu d'un système simple, qui consisterait à permettre au défendeur de conclure si, passé un certain délai (à déterminer), le demandeur n'a toujours pas conclu. Au contraire, le système mis en place est complexe. En effet, la nouvelle rédaction du texte pose un certain nombre de questions, et il n'est pas toujours aisé de leur apporter une réponse, moins encore une réponse simple.

1° POURQUOI UNE INJONCTION ?

Le délai à l'expiration duquel le défendeur aura le droit de conclure sur le fondement du divorce sera donc fixé par le juge de la mise en état « par injonction de conclure ». Pourquoi « par injonction » ? En effet, pour qu'il y ait une injonction, il faut (en bonne logique) qu'il y ait une obligation de conclure avec un délai déjà fixé et que ce délai n'ait pas été respecté. Certes, il convient de garder à l'esprit que, de façon générale, « le juge veille au bon déroulement de l'instance ; il a le pouvoir d'impartir les délais et d'ordonner les mesures nécessaires » (art. 3 C. pr. civ.) et d'ailleurs ce magistrat a pour mission de veiller à la ponctualité de l'échange des conclusions et de la communication des pièces (art. 780, al. 2, C. pr. civ.), et à cette fin, il peut entendre les avocats et leur faire toutes communications utiles, mais aussi « si besoin est », leur adresser des injonctions (art. 780, al. 3, C. pr. civ.). Toutefois, ces injonctions (qui doivent correspondre à une nécessité, c'est toute la question) ne viennent pas de nulle part. En effet, le code de procédure civile prévoit une sorte de gradation avant d'en arriver à elles. C'est ainsi que le juge de la mise en état (JME) peut fixer, au fur et à mesure, les délais nécessaires à l'instruction de l'affaire (reprise de l'art. 3 préc.), eu égard à la nature, à l'urgence et à la complexité de celle-ci, et après avoir provoqué l'avis des avocats fixer un calendrier de la mise en état (art. 781, al. 3), sachant que les délais fixés par le juge peuvent être prorogés (art. 781, al. 2). L'injonction, qui est une sorte de coup de semonce judiciaire avant la clôture (partielle, à titre de sanction, ou totale), ne saurait donc intervenir alors que le plaideur qui en fait l'objet n'avait jusque-là jamais eu de délai pour conclure. Par conséquent, on est un peu étonné de lire que le délai sera fixé « par injonction », car cette formulation laisse entendre que, dès lors que le juge fixera un délai, ce sera nécessairement avec une injonction, quand bien même on serait à un ou deux mois de l'assignation et que le demandeur n'a manifesté aucune volonté de blocage en refusant de conclure. En droit strict, cela est certes possible, mais au prix d'un dévoiement de la notion d'injonction, ce qui surprend.

2º SAISINE D'OFFICE DU JUGE ?

Le juge peut-il se saisir lui-même de la nécessité de fixer le délai « par injonction » (par exemple, lors de l'audience d'orientation sur mesures provisoires (AOMP) ? A première vue, cela n'a rien d'évident car la question n'est pas d'ordre public, outre le fait que, par hypothèse, le demandeur n'a violé aucune date préalablement fixée pour conclure puisque la loi n'a pas jugé bon d'en prévoir une (V. *supra*). Il est cependant fort probable que la Chancellerie ait considéré que le juge de la mise en état dispose toujours du pouvoir de fixer des délais (il suffit de relire l'art. 3 C. pr. civ. déjà cité ci-dessus pour s'en convaincre) et que c'est pour cela que l'article 1107 a été re-rédigé comme il l'est. Il est donc curieux de voir le JME fixer un délai par injonction alors que les parties ne demandent rien et que le demandeur n'est pas en tort de n'avoir pas encore conclu sur le fond du divorce... Gageons que cette idée s'imposera néanmoins et sera fondée sur l'article 3 précité. Pareille façon de faire aura pour elle l'efficacité procédurale, à défaut d'être conforme à l'évolution de la mise en état depuis 50 ans, et à défaut d'être orthodoxe en droit. En effet, il semble bien que le délai de l'article 1107 du code de procédure civile n'est pas, fondamentalement, de même nature que les délais de mise en état, tels que ceux visés à l'article 3 (V. *infra*, 6).

3º UNE DEMANDE DU DÉFENDEUR, À QUELLE DATE ?

Le défendeur peut-il demander au juge de fixer ce délai « avec injonction » et quand ? La réponse est évidente : oui, bien sûr, le défendeur peut demander au juge de fixer le délai « par injonction ». C'est précisément pour résoudre la situation de blocage causé par l'ancien article 1107 que ce texte devait être réécrit. Apparaît alors une sous-question : à quel moment le défendeur peut-il former cette demande ? Le moment idéal paraît être lors de l'AOMP, surtout si celle-ci est assez lointaine de l'assignation. Notons cependant que toutes les procédures de divorce ne comprennent pas de mesures provisoires. Mais cela n'est pas gênant, puisque l'on utilisera alors l'audience d'orientation pour permettre au défendeur de faire cette demande. Ainsi, le défendeur peut toujours faire sa demande de fixation de délai « et d'injonction » auprès du JME, qu'il y ait ou non des mesures provisoires. Il n'existe donc aucun délai dans lequel le défendeur doit former auprès du JME sa demande de délai « avec injonction ». Ce pourrait donc être au moment ou après l'audience d'orientation, dès lors que le défendeur constate que la procédure est bloquée parce que le demandeur ne prend pas son premier jeu de conclusions et donc ne révèle toujours pas le fondement de sa demande en divorce.

4º COMMENT SAISIR LE JUGE ?

Par quel moyen procédural saisir le juge ? La réponse dépend selon qu'il existe ou non, par ailleurs, une saisine du JME.

• Si le JME est déjà saisi à un autre titre, par exemple, d'une demande de mesures provisoires (ou d'un incident de communication de pièces), la logique impose alors de décider que la demande de délai « avec injonction » se fasse par le biais des conclusions sollicitant ces mesures. Cependant, attention, le dispositif desdites conclusions devra contenir une partie distincte, spécifique à la demande de délai « avec injonction » puisque celle-ci n'a rien à voir avec les mesures provisoires (ou une communication de pièces). Il faudra donc penser à diviser le dispositif des conclusions, une partie portant sur les mesures provisoires (ou la communication de pièces), et une autre partie portant sur « la mise en état », et ce sera dans cette deuxième partie que le défendeur formera sa demande.

• Si le JME n'est pas saisi d'un incident, il sera néanmoins possible de le saisir de la demande de délai « avec injonction » par simple message RPVA, lequel demandera que soit ordonné « avec injonction » la fixation d'un délai pour conclusions du demandeur. Au bout de combien de temps le défendeur pourra-t-il présenter cette demande ? Ainsi qu'il a déjà été vu, le défendeur n'est contraint par aucun délai. Il pourra donc demander ce « délai avec injonction » lors de l'audience d'orientation, ou après (et que le juge ne s'est pas auto-saisi de la question).

5º FAUT-IL PRÉVOIR UNE AUDIENCE POUR STATUER SUR LA DEMANDE DE DÉLAI « AVEC INJONCTION » ?

• En cas de mesures provisoires (ou d'incident de communication de pièces), la demande de délai « avec injonction » sera, en bonne logique, plaidée lors de l'AOMP ou de l'audience d'incident.

• En l'absence d'audience d'incident (sur mesures provisoires, de communication de pièces ou autre), le JME rédigera un bulletin de mise en état dans lequel figurera le délai « avec injonction ». C'est ce qui se pratique déjà devant le tribunal judiciaire lorsqu'une partie demande par RPVA, dans le cadre de la mise en état, qu'injonction soit donnée contre son adversaire (en expliquant pourquoi), et que le Bulletin de mise en état subséquent porte cette injonction ; la différence sera qu'en matière de divorce, le défendeur demandera une injonction alors que le demandeur (dans nombre de cas) ne sera pas (encore) en tort de n'avoir pas conclu.

6º QUEL EST L'OFFICE DU JUGE ?

Suffit-il de demander un délai « avec injonction » pour l'obtenir et ceci sans motivation particulière de la part du juge ? Autrement dit, l'octroi du délai est-il automatique ? Au contraire, le juge peut-il refuser d'accorder ce délai ? Toutes ces questions reviennent à se demander quelle est la nature du pouvoir que le décret ici analysé donne au juge pour fixer un délai « avec injonction ». Deux qualifications viennent à l'esprit : mesure d'administration judiciaire ou pouvoir discrétionnaire du juge.

• Dire que le juge qui fixe le délai « avec injonction » se borne à accomplir une mesure d'administration judiciaire est sans doute excessif. En effet, selon une formule connue, n'est pas une mesure d'administration judiciaire une décision susceptible d'affecter les droits et obligations des parties (V. A. Perdriau, Le pouvoir discrétionnaire des juges du fond, *LPA 15 nov. 2001, p. 8, spéc., nº 14*). Or, le délai imposé par le JME au demandeur (et l'injonction dont ce délai sera assorti) va nécessairement affecter les droits et obligations du demandeur au divorce. On peut donc exclure la qualification de mesure d'administration judiciaire. C'est d'ailleurs ici que l'on comprend que « délai » dont il est question à l'article 1107 du code de procédure civile n'est pas de même nature qu'un délai ordinaire de mise en état. En effet, les délais de la mise en état sont de véritables mesures d'administration judiciaire (V. M. Douchy-Oudot, JurisClasseur Procédure civile, Fasc. 1100-85, spéc. nº 25 et s.), précisément parce qu'ils n'exercent aucune influence sur les droits des parties. Au contraire, le délai dont il est question à l'article 1107 touche au fond de l'affaire, puisqu'il conditionne la révélation du fondement de la demande, et qu'il influe potentiellement aussi sur la qualité de demandeur (V. *infra*, 10). Ce délai n'est donc pas un banal délai de mise en état. Il y ressemble, mais ne s'y assimile pas totalement, ce qui signe sa nature singulière et donc distincte, dont la première conséquence est que ce délai ne peut être vu comme une banale mesure d'administration judiciaire.

• La mesure relève-t-elle alors du pouvoir discrétionnaire du juge ? Sans doute que oui, car la mesure en cause a bien pour but de contribuer au bon déroulement de l'instance, pour reprendre les termes mêmes de l'article 3 du code de procédure civile. Si cette qualification est la bonne, elle aura pour conséquence que le JME n'aura pas à motiver la décision par laquelle il ordonne le délai et l'injonction, et que le demandeur au divorce ne saurait lui reprocher d'avoir statué ainsi, que ce soit par un appel ou un pourvoi. Mais même si la qualification de ce pouvoir semble claire, elle n'en demeure pas moins incongrue dans l'hypothèse qui nous occupe, car en vertu de son pouvoir discrétionnaire, le juge peut aussi refuser le délai « avec injonction ». Dans cette hypothèse, le défendeur au divorce n'aura aucun recours alors que le blocage de la procédure sera peut-être avéré.

7° QUELLE COMBINAISON AVEC L'EXPERTISE NOTARIALE ?

Quid de tout ceci si, au titre des mesures provisoires, une expertise notariale a été ordonnée ? Cette hypothèse suppose que, dans son ordonnance de mise en état, le JME ait ordonné l'expertise et qu'il ait fixé un délai « avec injonction » de conclure contre le demandeur. Ce dernier risque alors de devoir conclure sur le fondement sans savoir ce que cette expertise révèlera peut-être... Ceux qui auront donné le fondement de leur demande en divorce trop vite ne pourront plus le changer (puisque les demandes subsidiaires en divorce sont interdites), quand bien même ils découvriraient des choses affreuses lors de l'expertise... Ne faudrait-il pas retarder la révélation du fondement du divorce (spontanément ou sur injonction) à la fin de l'expertise ? Mais alors, comment le JME fixera-t-il le délai « avec injonction » ? A un an ? Deux ans ? Est-ce assez pour finir l'expertise notariale ? On dira que l'on peut conclure sur le fondement du divorce sans attendre la fin de ladite expertise. Oui, certes, mais l'ensemble n'a plus aucune cohérence.

8° QUEL DÉLAI LE JME PEUT-IL DONNER ?

Quel délai le juge donnera-t-il au demandeur pour conclure sur le fondement du divorce ? En matière de pouvoir discrétionnaire, le juge fait ce qu'il veut, ce sera donc lui seul qui décidera.

9° UNE SANCTION CONTRE LE DEMANDEUR QUI NE RESPECTE PAS LE DÉLAI « AVEC INJONCTION » ?

Le juge peut-il sanctionner le demandeur qui n'aura pas respecté le délai et l'injonction ? En principe oui, du fait de l'article 800 du code de procédure civile (clôture partielle à titre de sanction). Mais le procédé est sans doute pour une large part illusoire. En effet, on sait de longue date que cette sanction marche mal. Il suffit qu'un élément nouveau survienne depuis la clôture partielle pour que le juge soit tenu de rouvrir les débats, afin de respecter le principe de la contradiction, et ceci au besoin d'office (V. al. 2 de l'art. 800). Ainsi, pour que la sanction soit efficace, il faut imaginer que la clôture partielle intervienne après que le défendeur a conclu sur le fondement du divorce, mais avant que le demandeur ne réplique aux conclusions du défendeur, la fenêtre est donc ultra étroite. En outre, même en admettant que cette fenêtre ait été respectée par le JME, si d'aventure le défendeur concluait une deuxième fois (ce que le JME ne contrôle pas), la révocation de la clôture partielle serait alors acquise. Il est donc aisé de voir que ce système risque d'engendrer des chausse-trappes procédurales (pour tout le monde) qui ne sont guère souhaitables. En outre, dans tous les cas, on gardera à l'esprit que la clôture peut toujours être révoquée en cas de cause grave. Que dirait la CEDH d'un divorce prononcé aux torts exclusifs du demandeur (resté passif), avec suppression de toute prestation compensatoire en équité, alors même qu'il n'a pu se défendre une fois qu'il a pris connaissance des demandes (féroces) de son conjoint ? Probablement rien de très positif. Par conséquent la clôture partielle à titre de sanction reste pour l'essentiel une chimère. On se demande vraiment, et une fois de plus, ce que « l'injonction » vient faire ici...

10° QUI EST LE DEMANDEUR AU DIVORCE ?

Si, au terme du délai fixé par le juge, le défendeur conclut sur le fondement du divorce, qui est le demandeur au divorce ? Celui qui a assigné ou celui qui a conclu en premier sur le fondement ? La question n'est peut-être que conceptuelle (en procédure civile), mais elle interroge cependant grandement. En effet, avec le système actuel, il est parfaitement possible de demander le divorce... sans le demander ! La rupture de cohérence procédurale est majeure. Notons que, dans l'ancien système, tout était cohérent puisque si personne n'assignait, personne n'avait demandé le divorce, il n'y avait alors que des mesures provisoires qui devenaient caduques au bout de 30 mois ; et si quelqu'un avait assigné, le demandeur était celui qui avait assigné (avec un fondement révélé dans l'assignation). Il ne pouvait donc pas exister de demandeur qui ne demandait pas le divorce. Désormais, rien de tel. Le demandeur ne sera pas forcément celui qui a assigné en divorce, puisque le « vrai » demandeur sera celui qui aura révélé le premier le fondement de sa demande en divorce, de sorte que si le « demandeur » qui a assigné reste passif au-delà du délai fixé par le juge, le vrai demandeur sera… le défendeur. La question n'est pas que théorique, puisque dans le divorce pour altération du lien, l'article 1127 du code de procédure civile dispose que : « les dépens de l'instance sont à la charge de l'époux qui en a pris l'initiative [de la demande en divorce], à moins que le juge n'en dispose autrement ». Le juge, pour statuer sur les dépens dans cette forme de divorce, devra donc trancher cette question et dire qui a pris l'initiative de la demande en divorce (celui qui a assigné, ou celui qui a donné un fondement le premier ?). Nul doute que nombre de magistrats trouveront difficile de le dire quand le « demandeur » n'aura jamais fondé sa demande, de sorte qu'il demandait une chose qui était juridiquement impossible à lui accorder en l'état de sa demande initiale… S'ils devaient dire que le demandeur est… le défendeur, il serait parfois injuste de mettre les dépens à la charge de ce dernier, au moins dans l'hypothèse où le « vrai » demandeur a été obstructif et où le défendeur n'est devenu « demandeur » que pour vaincre ce blocage. Il faudra alors que l'avocat du « défendeur » devenu « demandeur » pense à demander au juge d'en « disposer autrement », sinon la règle de l'article 1127 se révélera très injuste pour son client… Chacun voit bien que dans ce « vice-et-versa du demandeur et du défendeur », il n'y a que le vice qui l'emporte. ❑

Ancien art. 1107 *(Décr. n° 81-500 du 12 mai 1981, art. 5, en vigueur le 1er janv. 1982)* ***Au bas de la requête, le juge indique les jour, heure et lieu auxquels il procédera à la tentative de conciliation.***

Il prescrit, s'il y a lieu, les mesures d'urgence prévues à l'article 257 du code civil.

L'ordonnance ne peut faire l'objet d'aucun recours. *— [Anc. art. 1107.]*

Sur les mesures d'urgence pouvant être prises par le juge dès la requête initiale, V. C. civ., art. 257.

JURISPRUDENCE ANTÉRIEURE AU DÉCRET DU 29 OCTOBRE 2004

a. Pouvoirs du JAF

1. Mesures d'urgence. Seules les mesures d'urgence prévues par l'art. 257 C. civ. peuvent être ordonnées à ce stade de la procédure. • TGI Paris, 14 juin 1976 : *D. 1977. IR 361, obs. Groslière* • 10 mai 1976 : *D. 1978. 596, note Foulon-Piganiol.* ♦ *Adde*, au stade de la présentation de la requête en divorce, la compétence du JAM [JAF] est limitée aux mesures d'urgence prévues à l'art. 257 C. civ. et aux référés qui peuvent en découler. • Civ. 2e, 16 avr. 1986, n° 84-17.097 P : *D. 1987. Somm. 273, obs. Groslière.*

b. Recours

2. Référé-rétractation. Pour l'application du référé-rétractation à l'ordonnance prescrivant des mesures d'urgence, V. • Rennes, 8 déc. 1982 : *Rev. jur. Ouest 1983. 2, p. 43, note H.-D. C.* ♦ V. aussi Bertin, *JCP 1984. I. 3146.* ♦ Comp. : Groslière, *D. 1976. Chron. 73.* ♦ *Adde*, le JAF qui a pris, par ordonnance sur requête, des mesures urgentes, reste bien compétent pour connaître en référé de la demande de rétractation de son ordonnance, en dépit de la comparution des parties devant le juge de la conciliation. • Civ. 1re, 13 juill. 2005, n° 05-10.519.

3. Appel. L'art. 41 du Décr. du 5 déc. 1975 (art. 1112 *[ancien]* NCPC [devenu C. pr. civ.]) se réfère à l'ordonnance rendue, à défaut de conciliation des époux, en application de l'art. 40 du même texte (art. 1111 *[ancien]* NCPC [devenu C. pr. civ.]), mais non à l'ordonnance sur requête prévue à l'art. 37 du même texte (art. 1107 *[ancien]* NCPC [devenu C. pr. civ.]), laquelle, aux termes de ce texte, ne peut faire l'objet d'aucun recours. • Civ. 2e, 11 juill. 1978 : *D. 1979. IR 162, obs. Groslière.*

Art. 1108 *(Décr. n° 2019-1380 du 17 déc. 2019, art. 5-2°, en vigueur le 1er janv. 2021)* **Le juge aux affaires familiales est saisi, à la diligence de l'une ou l'autre partie, par la remise au greffe d'une copie de l'acte introductif d'instance.**

(Décr. n° 2020-1452 du 27 nov. 2020, art. 1er-30°-a, en vigueur le 1er janv. 2021) **« Sous réserve que la date de l'audience soit communiquée plus de quinze jours à l'avance, la remise doit être effectuée au moins quinze jours avant cette date.**

« *(Abrogé par Décr. n° 2021-1322 du 11 oct. 2021, art. 1er-a, à compter du 14 oct. 2021)* ***« En outre, lorsque la date de l'audience est communiquée par voie électronique, la remise doit être faite dans le délai de deux mois à compter de cette communication. » »***

La remise doit avoir lieu dans *(Décr. n° 2021-1322 du 11 oct. 2021, art. 1er-b, en vigueur le 14 oct. 2021)* **« ce délai » sous peine de caducité de l'acte introductif d'ins-**

tance constatée d'office par ordonnance du juge aux affaires familiales, ou, à défaut, à la requête d'une partie.

Le défendeur est tenu de constituer avocat dans le délai de quinze jours à compter de l'assignation. *(Décr. n° 2020-1452 du 27 nov. 2020, art. 1er-30°-b, en vigueur le 1er janv. 2021)* **« Toutefois, si l'assignation lui est délivrée dans un délai inférieur ou égal à quinze jours avant la date de l'audience, il peut constituer avocat jusqu'à l'audience. »**

Dès le dépôt de la requête formée conjointement par les parties, de la constitution du défendeur ou, à défaut, à l'expiration du délai qui lui est imparti pour constituer avocat, le juge aux affaires familiales exerce les fonctions de juge de la mise en état.

Les requêtes en divorce ou en séparation de corps introduites avant le 1er janv. 2021 sont traitées selon les règles en vigueur avant cette date (Décr. n° 2019-1380 du 17 déc. 2019, art. 15 ; rect. par Décr. n° 2019-1419 du 20 déc. 2019, art. 22-II et Décr. n° 2020-950 du 30 juill. 2020, art. 4).

Sur l'entrée en vigueur des modifications issues de l'art. 1er du Décr. n° 2020-1452 du 27 nov. 2020, V. ndlr ss. art. 1107. Sur les modalités de communication de la date de première audience devant le tribunal judiciaire, V. Arr. du 9 mars 2020 et le Commentaire en fin de rubrique.

Ancien art. 1108 *(Décr. n° 2004-1158 du 29 oct. 2004, art. 7-II, en vigueur le 1er janv. 2005)* ***L'époux qui n'a pas présenté la requête est convoqué par le greffe à la tentative de conciliation, par lettre recommandée avec demande d'avis de réception, confirmée le même jour par lettre simple. A peine de nullité, la lettre recommandée doit être expédiée quinze jours au moins à l'avance et accompagnée d'une copie de l'ordonnance.***

La convocation adressée à l'époux qui n'a pas présenté la requête l'informe qu'il doit se présenter en personne, seul ou assisté d'un avocat. Elle précise que l'assistance d'un avocat est obligatoire pour accepter, lors de l'audience de conciliation, le principe de la rupture du mariage. Le greffe avise l'avocat de l'époux qui a présenté la requête.

A la notification par lettre recommandée est également jointe, à titre d'information, une notice exposant, notamment, les dispositions des articles 252 à 254 *(Décr. n° 2016-185 du 23 févr. 2016, art. 2)* ***« ainsi que des 1°, 2° et 10° de l'article 255 du code civil ».***

L'art. 2 du Décr. n° 2016-185 du 23 févr. 2016 s'applique aux requêtes en divorce introduites avant son entrée en vigueur qui, au jour de celle-ci, n'ont pas donné lieu à une demande introductive d'instance (Décr. préc., art. 18-I, applicable à Wallis-et-Futuna ; Décr. préc., art. 19-III).

Sur les mesures provisoires, V. C. civ., art. 255.

DALLOZ ACTION *Droit de la famille 2023/2024, n° 133.00.*

DALLOZ PRATIQUE[S] *Divorce - Mesures provisoires : demande.*

BIBL. ▸ **Décr. du 23 févr. 2016 :** COMBRET et BAILLON-WIRTZ, *JCP N 2016. 1098.*

JURISPRUDENCE ANTÉRIEURE AU DÉCRET DU 29 OCTOBRE 2004

1. ***Adresse d'expédition.*** La convocation adressée au dernier domicile connu est valable dès lors que le défendeur n'apporte pas la preuve que son conjoint connaissait son adresse. • Civ. 2e, 18 déc. 1978 : *D. 1979. IR 199.*

2. Sanction du non-respect du délai. La signification à parquet d'une convocation à une audience de conciliation effectuée moins de deux mois et demi avant la date de cette audience à l'initiative d'un époux qui savait pertinemment que son épouse résidait à l'étranger pour une durée non déterminée et à une adresse parfaitement connue est nécessairement tardive dès lors qu'il était acquis au jour de la délivrance de l'acte que les délais prévus aux art. 643, 653 et 1108 ne pouvaient être respectés ; le non-respect du délai de comparution, qui aurait dû être constaté à l'audience de conciliation, ne peut être régularisé ni par l'envoi d'une lettre recommandée, ni par la connaissance officieuse qu'a pu avoir le destinataire de la teneur de l'acte ; une telle irrégularité fait grief à l'épouse privée, en son absence, de l'exercice de l'autorité parentale à l'égard de l'enfant commun ; la citation introductive d'instance doit être déclarée nulle et l'ordonnance de non-conciliation annulée. • Versailles, 23 mars 2005 : *BICC 15 janv. 2006, n° 123.*

Art. 1109 *(Décr. n° 2019-1380 du 17 déc. 2019, art. 5-2°, en vigueur le 1er janv. 2021)* **En cas d'urgence, par dérogation aux articles 1107 et 1108, le juge aux affaires familiales, saisi par requête, dans les conditions des deuxième et troisième alinéas de l'article 840 et de l'article 841, peut autoriser l'un des époux à assigner l'autre époux en divorce et à une audience d'orientation et sur mesures provisoires fixée à bref délai.**

La remise au greffe d'une copie de l'assignation ainsi que la constitution du défendeur doivent intervenir au plus tard la veille de l'audience. A défaut de remise au greffe de l'acte de saisine, la caducité est constatée d'office par ordonnance du juge aux affaires familiales.

Le jour de l'audience, le juge de la mise en état s'assure qu'il s'est écoulé un temps suffisant depuis l'assignation pour que l'autre partie ait pu préparer sa défense.

Si le juge ne fait pas droit à la requête, le demandeur obtient communication d'une date d'audience dans les conditions de l'article 1107.

Les requêtes en divorce ou en séparation de corps introduites avant le 1er janv. 2021 sont traitées selon les règles en vigueur avant cette date (Décr. n° 2019-1380 du 17 déc. 2019, art. 15 ; rect. par Décr. n° 2019-1419 du 20 déc. 2019, art. 22-II et Décr. n° 2020-950 du 30 juill. 2020, art. 4).

FORM. PR. CIV. *Assignation à bref délai aux fins d'audience d'orientation et sur mesures provisoires pour engager une procédure de divorce (C. pr. civ., art. 1109) ; Offre et demande de médiation familiale à l'initiative des parties : assignation à jour fixe (C. pr. civ., art. 1109) ; Requête à fin d'autorisation d'assigner à bref délai aux fins de divorce et sur mesures provisoires (C. pr. civ., art. 1109).*

Ancien art. 1109 *(Décr. n° 81-500 du 12 mai 1981, art. 5, en vigueur le 1er janv. 1982)* ***En cas d'urgence, le juge aux affaires familiales peut autoriser l'un des époux, sur sa requête, à assigner l'autre époux à jour fixe à fin de conciliation.***

Art. 1110 *(Abrogé par Décr. n° 2019-1380 du 17 déc. 2019, art. 5-3°, à compter du 1er janv. 2021) (Décr. n° 2004-1158 du 29 oct. 2004, art. 7-III, en vigueur le 1er janv. 2005)* ***Au jour indiqué, le juge statue d'abord, s'il y a lieu, sur la compétence.***

Il rappelle aux époux les dispositions de l'article 252-4 du code civil ; il procède ensuite à la tentative de conciliation selon les prescriptions des articles 252-1 à 253 du même code.

Si l'un des époux se trouve dans l'impossibilité de se rendre au lieu indiqué, le juge peut en fixer un autre, se transporter, même en dehors de son ressort, pour entendre sur place le conjoint empêché ou donner mission à un autre magistrat de procéder à cette audition. – *[Anc. art. 1110 reproduit ss. art. 1142.]*

Les requêtes en divorce ou en séparation de corps introduites avant le 1er janv. 2021 sont traitées selon les règles en vigueur avant cette date (Décr. n° 2019-1380 du 17 déc. 2019, art. 15 ; rect. par Décr. n° 2019-1419 du 20 déc. 2019, art. 22-II et Décr. n° 2020-950 du 30 juill. 2020, art. 4).

Sur la tentative de conciliation, V. C. civ., art. 252-1 et 252-4.

JURISPRUDENCE ANTÉRIEURE AU DÉCRET DU 29 OCTOBRE 2004

A. COMPÉTENCE

1. Justifie sa décision la cour d'appel qui, après avoir relevé d'une part que l'objet de la requête initiale en divorce, sous réserve des mesures d'urgence, est de convoquer l'époux défendeur à la tentative de conciliation et d'autre part que l'audition de l'avocat de l'épouse ne s'impose pas au juge à ce stade, aucune exception d'incompétence n'étant soulevée et l'épouse ne faisant état d'aucun motif justifiant son empêchement de participer à la tentative de conciliation, estime que la preuve d'un excès de pouvoir ou d'une violation d'un principe fondamental de procédure justifiant l'annulation de l'ordonnance de non-conciliation n'est pas rapportée. • Civ. 1re, 11 juill. 2006, n° 04-20.405 P.

2. Contrôle préalable. Sur la nécessité de régler le problème de compétence avant de procéder à la tentative de conciliation, V. • Civ. 1re, 9 janv. 2007, n° 06-10.871 P : *Dr. fam. 2007. Comm. 36, note Larribau-Terneyre.* V. pour une ordonnance du JAM [JAF] ayant, dans la même audience, réservé une question de compétence et, à toutes fins utiles, tenté la conciliation • TGI Paris, 20 juill. 1976 : *JCP 1976. II. 18497, note Lindon.*

1° NOTION

3. Immunité de juridiction. Le moyen tiré de l'immunité de juridiction constitue une fin de non-recevoir et non une exception d'incompétence (visa de l'art. 1074 *[ancien]* NCPC [devenu C. pr. civ.]). • Civ. 1re, 15 avr. 1986 : *Bull. civ. I, n° 87 ; Rev. crit. DIP 1986. 725, note Couchez ; JDI 1987. 632, note Kahn.*

4. Fins de non-recevoir. Sur la question de savoir si le JAF a ou non le pouvoir de statuer sur les fins de non-recevoir, V. note 3 ss. art. 1111.

2° DÉLIMITATION

a. Ratione personae

5. Subrogation. Le JAM [JAF] est compétent pour statuer sur l'action d'une caisse d'allocations familiales subrogée dans les droits de la mère relativement à la pension alimentaire allouée à celle-ci. • Soc. 28 nov. 1991 : *Gaz. Pal. 1992. 1. Pan. 155.*

b. Ratione materiae

6. Vente de biens communs. Aucun texte ne prévoit que le JAM [JAF] puisse autoriser l'un des époux à vendre, sans l'accord de son conjoint, un bien dépendant de la communauté (fonds de commerce) ; une telle autorisation de justice ne pourrait être donnée que par le tribunal. • TGI Paris, réf., 14 juin 1976 : *D. 1977. IR 361, obs. Groslière ; Gaz. Pal. 1976. 2. 718, note Brazier.* ♦ Aucun texte ne donne au JAM [JAF] le pouvoir de statuer sur une demande d'autorisation de vente du logement du ménage présentée par un époux désireux de passer seul un acte nécessitant de la part de son conjoint un consentement que ce dernier refuse ; il faut saisir le juge de droit commun qui est le TGI. • Versailles, 8 oct. 1990 : *D. 1991. IR 7.*

3° RÉGIME

7. In limine litis. Les exceptions d'incompétence doivent être soulevées devant le JAM [JAF] avant toute défense au fond ; si un avocat, mandé par l'épouse empêchée de comparaître en personne, ne se présente devant le magistrat conciliateur qu'en cours d'audience, précisément pour contester sa compétence, l'exception soulevée ne saurait être rejetée faute d'avoir été invoquée avant l'entretien du juge avec le mari, alors que la défenderesse l'avait informé par lettre de son intention de contester sa compétence et de son désir d'être entendue sur commission rogatoire. • Aix-en-Provence, 10 janv. 1979 : *D. 1981. IR 380, obs. Groslière.*

8. Relevé d'office. Le JAM [JAF] peut relever d'office son incompétence. Pour le conflit entre juge des référés et juge de la mise en état, V. • TGI Toulouse, réf., 9 nov. 1979 : *JCP 1980. II. 19383, note Lindon et Bertin.* ♦ Pour l'incompétence territoriale, V. • TGI Strasbourg, 17 avr. 1980 : *JCP 1981. II. 19593, note Mayran* • Paris, 23 sept. 1988 : *D. 1988. IR 252* (compétence d'une juridiction étrangère). ♦ Une cour d'appel peut, d'après l'art. 92, al. 2, relever d'office son incompétence dès lors que l'affaire échappe à la connaissance de la juridiction française et elle doit être considérée comme ayant entendu exercer ce pouvoir lorsqu'elle a statué sur une exception d'incompétence qui était irrecevable de la part du défendeur du fait qu'il ne l'avait pas soulevée devant le JAM [JAF]. • Civ. 1re, 2 févr. 1982 : *Bull. civ. I, n° 56 ; D. 1983. 149, note Audit.*

9. Recours. Pour l'appel des ordonnances du JAM [JAF] relatives à la compétence, V. art. 1102, 1112 et 1138 ancien.

B. TENTATIVE DE CONCILIATION

10. Déroulement. Sur la conformité de l'entretien personnel avec chaque époux à la Convention européenne des droits de l'homme, aux principes des droits de la défense et du contradictoire dès lors que le JAM [JAF] a dans un second temps invité les avocats à participer à l'entretien, V. • Paris, 27 juin 1985 : *D. 1986. IR 18, obs. Groslière.*

C. IMPOSSIBILITÉ

11. Rôle de l'avocat. Un avocat peut représenter une partie avant la tentative de conciliation proprement dite, même en l'absence de son client, pour saisir le juge de questions préalables relatives à l'impossibilité de déférer à la convocation et à la compétence. • Paris, 6 mai 1988 : *D. 1988. IR 156,* et, sur pourvoi : • Civ. 2e, 20 mars 1989 : *Bull. civ. II, n° 83 ; JCP 1990. II. 21494, note Blaisse.*

12. Rôle du JAF. Le JAM [JAF] ne peut passer outre à la défaillance d'un conjoint détenu et dans l'impossibilité de se présenter sans violer les droits de la défense. • Reims, 1er déc. 1977 : *D. 1979. IR 169, obs. Groslière.*

Art. 1111 *(Abrogé par Décr. n° 2019-1380 du 17 déc. 2019, art. 5-3°, à compter du 1er janv. 2021) (Décr. n° 2004-1158 du 29 oct. 2004, art. 7-IV, en vigueur le 1er janv. 2005)* ***Lorsqu'il constate, après avoir entendu chacun des époux sur le principe de la rupture, que le demandeur maintient sa demande, le juge rend une ordonnance par laquelle il peut soit renvoyer les parties, conformément à l'article 252-2 du code civil, à une nouvelle tentative de conciliation, soit autoriser immédiatement les époux à introduire l'instance en divorce.***

Dans l'un et l'autre cas, il peut ordonner tout ou partie des mesures provisoires prévues aux articles 254 à 257 du code civil.

Lorsqu'il autorise à introduire l'instance, le juge rappelle dans son ordonnance les délais prévus à l'article 1113 du présent code.

Les requêtes en divorce ou en séparation de corps introduites avant le 1er janv. 2021 sont traitées selon les règles en vigueur avant cette date (Décr. n° 2019-1380 du 17 déc. 2019, art. 15 ; rect. par Décr. n° 2019-1419 du 20 déc. 2019, art. 22-II et Décr. n° 2020-950 du 30 juill. 2020, art. 4).

JURISPRUDENCE ANTÉRIEURE AU DÉCRET DU 29 OCTOBRE 2004

a. Mesures provisoires

1. Demande. Le JAM [JAF] peut statuer sur une demande de pension alimentaire non présentée dans la requête initiale. • Paris, 6 mars 1985 : *D. 1986. IR 18, obs. Groslière.*

2. Motivation. Les mesures provisoires prises pour la durée de l'instance par le juge conciliateur n'ont pas à être motivées. • Versailles, 16 nov. 1978 : *D. 1979. IR 477, obs. Julien* • 8 mars 1985 : *D. 1986. IR 18, obs. Groslière* • Bordeaux, 19 sept. 1994 : *RTD civ. 1995. 608, obs. crit. Hauser* . ♦ *Contra* : • Bordeaux, 26 sept. 1994 : *RTD civ. 1995. 608, obs. Hauser* .

b. Fin de non-recevoir

3. Juge conciliateur. Le JAM [JAF] n'a pas compétence pour connaître de l'existence du lien matrimonial ; il s'agit d'une question d'état relevant de la compétence exclusive du TGI et échappant à la connaissance du magistrat conciliateur ; la fin de non-recevoir soulevée par une partie constitue une question préjudicielle dont la solution demeure préalable à l'examen de la requête en divorce ; loin d'être irrecevable, cette fin de non-recevoir impose au magistrat conciliateur et à la cour saisie de l'appel de sa décision de surseoir à statuer. • Paris, 15 juin 1988 : *Gaz. Pal. 1991. 2. 484, concl. contr. Bénas, note Renard.* ♦ Comp. : le JAM [JAF] est compétent pour statuer sur la recevabilité d'une fin de non-recevoir tirée de l'autorité de chose jugée d'une décision étrangère rendue en matière de divorce (répudiation). • Versailles, 9 oct. 1989 : *D. 1990. Somm. 99, obs. crit. Groslière* . ♦ Rappr. : le contrôle, à titre incident, de la régularité internationale d'un jugement étranger peut être opéré par tout juge (en l'occurrence, une cour d'appel statuant en appel d'une ordonnance du juge conciliateur) devant lequel ce jugement est invoqué à l'appui d'une fin de non-recevoir. • Civ. 1re, 9 juill. 1991, n° 89-13.940 P : *D. 1992. 334, note Massip* ; *JCP 1992. II. 21818, note Muir Watt* • Civ. 1re, 10 mai 2007 (2 arrêts) : *D. 2007. AJ 1432, obs. Gallmeister* ; *Defrénois 2007. 1313, obs. Massip* ; *AJ fam. 2007. 352, obs. David* . ♦ Pluyette et Monéger, *Mél. Gaudemet-Tallon, Dalloz 2008, p. 569.* ♦ *Contra* : les pouvoirs du JAM [JAF], limitativement définis aux termes des art. 247 *[ancien]* C. civ., 1074 et 1111 *[anciens]* NCPC [devenu C. pr. civ.], ne s'étendent pas à la vérification de l'existence d'un lien matrimonial, ni au contrôle des décisions étrangères de divorce et de leurs effets en France, les contestations sur ce point relevant du seul pouvoir d'appréciation du juge du fond (rejet de la fin de non-recevoir tirée d'un jugement algérien de divorce). • Paris, 24 juin 1988 : *Gaz. Pal. 1991. 2. 486, concl. Bénas.* ♦ V. également • Paris, 7 févr. 1989 : *Gaz. Pal. 1990. 376, note Renard* • Paris, 15 juin 1988 : *préc.* ♦ V. déjà • Civ. 2e, 16 juin 1958 : *Rev. crit. DIP 1958. 751, note Hébraud.* ♦ Il résulte des art. 242, 251, 252-3 *[anciens]* C. civ. et 1110 et 1111 *[anciens]* NCPC [devenu C. pr. civ.] que le JAF n'a pas le pouvoir de statuer sur une fin de non-recevoir (autorité de la chose jugée par un précédent arrêt devenu irrévocable rejetant une première requête en divorce pour faute) opposée à une requête initiale en divorce pour faute, car le juge qui procède à la tentative de conciliation statue d'abord s'il y a lieu sur la compétence et à défaut de conciliation se borne à autoriser l'époux demandeur à assigner son conjoint au fond et prescrit les mesures provisoires, de sorte que l'instance n'est pas introduite devant lui. • Civ. 2e, 9 janv. 2003, n° 00-19.221 P : *D. 2003. IR 400* ; *Gaz. Pal. 15-17 juin 2003, p. 27, obs. Massip ; RJPF, avr. 2003, p. 17 ; RTD civ. 2003. 274, obs. Hauser* . ♦ *Adde* : le JAF qui procède à la tentative de conciliation statue d'abord s'il y a lieu sur la compétence et, à défaut de conciliation, se borne à autoriser l'époux demandeur à assigner son conjoint au fond et prescrit les mesures provisoires, de sorte que l'instance n'est pas introduite devant lui ; la fin de non-recevoir tirée de l'autorité de la chose jugée attachée au jugement algérien de dissolution est donc irrecevable devant le juge conciliateur. • Paris, 7 oct. 2004 : *Gaz. Pal. 1er-3 mai 2005, p. 11, note du Rusquec.*

4. Juge du fond. La décision du juge conciliateur étant dépourvue de l'autorité de la chose jugée au principal en raison de son caractère provisoire, le juge qui statue sur le fond du divorce n'est pas lié par cette décision et doit se prononcer sur la fin de non-recevoir dont il est saisi. • Civ. 2e, 4 mars 1998, n° 96-14.230 P : *RTD civ. 1998. 661, obs. Hauser* • Civ. 1re, 10 mai 2007, n° 06-14.178 P : *D. 2007. AJ 1427, obs. Delaporte-Carré* ; *Defrénois 2007. 1316, obs. Massip.* ♦ Comp. • Civ. 2e, 9 janv. 2003 : *préc. note 3.*

Art. 1112 *(Abrogé par Décr. n° 2019-1380 du 17 déc. 2019, art. 5-3°, à compter du 1er janv. 2021) (Décr. n° 81-500 du 12 mai 1981, art. 5, en vigueur le 1er janv. 1982)* ***L'ordonnance rendue en application des articles 1110 et 1111 est susceptible d'appel dans les quinze jours de sa notification, mais seulement quant à la compétence et aux mesures provisoires.*** — *[Anc. art. 1112 reproduit ss. art. 1142.]*

Les requêtes en divorce ou en séparation de corps introduites avant le 1er janv. 2021 sont traitées selon les règles en vigueur avant cette date (Décr. n° 2019-1380 du 17 déc. 2019, art. 15 ; rect. par Décr. n° 2019-1419 du 20 déc. 2019, art. 22-II et Décr. n° 2020-950 du 30 juill. 2020, art. 4).

JURISPRUDENCE ANTÉRIEURE AU DÉCRET DU 29 OCTOBRE 2004

A. APPEL

1. Débat prélable. La recevabilité de l'appel d'une ordonnance, rendue par le JAF, avant conciliation, sur la recevabilité de la requête initiale en divorce, doit être appréciée au regard des dispositions de l'art. 1112. • Paris, 5 déc. 2002 : *D. 2003. IR 467*. ♦ Les règles prévues par ce texte n'ayant pas été débattues et la question de l'ouverture d'une voie de recours devant être soulevée d'office par le juge, il convient de rouvrir les débats pour permettre aux parties, comme au ministère public, de faire valoir leurs éventuelles observations. • Même arrêt.

1° APPEL-RÉFORMATION

a. Mesures provisoires

2. Pouvoirs de la cour. Saisie d'une ordonnance de non-conciliation, la cour d'appel ne dispose que des pouvoirs qui sont conférés au JAM [JAF] par les art. 254, 255 et 256 *[anciens]* C. civ. ; il n'est pas en son pouvoir de se prononcer sur la nullité de l'assignation en divorce ainsi que sur la caducité des mesures provisoires, faute d'assignation en divorce valablement délivrée dans les six mois du prononcé de l'ordonnance de non-conciliation (sanction prévue par l'art. 1113, al. 2). • Versailles, 21 mars 1986 : *D. 1986. IR 263.*

b. Tentative de conciliation

3. Renouvellement. L'ordonnance par laquelle le juge décide de renvoyer les parties à une nouvelle tentative de conciliation n'est pas susceptible d'appel. • Paris, 12 nov. 1981 : *D. 1983. IR 79, obs. Groslière.*

4. Défaut de pouvoir. La cour d'appel n'a pas le pouvoir de se substituer au JAM [JAF] pour procéder à la tentative de conciliation des époux et donner l'autorisation d'assigner en divorce. • Paris, 19 mars 1987 : *D. 1987. IR 99.*

2° APPEL-NULLITÉ

5. Admission. L'appel d'une ordonnance de non-conciliation est possible lorsqu'il tend non à sa réformation mais à son annulation ; viole l'art. 1112 l'arrêt qui énonce que la nullité de l'ordonnance de non-conciliation ne pouvait être invoquée par la voie de l'appel alors que la tentative de conciliation adressée à la femme n'avait pas respecté les délais de comparution. • Civ. 2e, 3 juill. 1985 : *D. 1986. IR 17, obs. Groslière ; JCP 1986. II. 20625, obs. Lindon et Bénabent ; Gaz. Pal. 1987. 1. 103, note J. M. ; RTD civ. 1986. 643, obs. Perrot.* ♦ V. déjà • Paris, 28 juin 1955 : *JCP 1955. II. 8883, concl. Rolland et note Madray* • Civ. 2e, 21 juin 1957 : *Bull. civ. II, n° 466.*

6. Cas. L'appel-nullité d'une ordonnance de non-conciliation est toujours ouvert lorsqu'un excès de pouvoir a été commis ou un principe fondamental de procédure violé afin de ne pas laisser perdurer des irrégularités de cette gravité sans sanction immédiate. • Paris, 28 févr. 2002 : *BICC 2002, n° 1033 ; RJPF, juin 2003, p. 30.* ♦ Ainsi, le droit à un procès équitable et contradictoire implique-t-il, par principe, pour une partie, la faculté de prendre connaissance des observations ou des pièces produites par l'autre, ainsi que d'en discuter. • Même arrêt.

B. POURVOI EN CASSATION

7. Sur l'irrecevabilité du pourvoi en cassation contre la décision statuant seulement sur des mesures provisoires en raison du caractère non définitif de celles-ci, V. note 9 ss. art. 608, **NCPC**.

Art. 1113 *(Abrogé par Décr. n° 2019-1380 du 17 déc. 2019, art. 5-3°, à compter du 1er janv. 2021) (Décr. n° 2004-1158 du 29 oct. 2004, art. 7-V, en vigueur le 1er janv. 2005)* ***Dans les trois mois du prononcé de l'ordonnance, seul l'époux qui a présenté la requête initiale peut assigner en divorce.***

En cas de réconciliation des époux ou si l'instance n'a pas été introduite dans les trente mois du prononcé de l'ordonnance, toutes ses dispositions sont caduques, y compris l'autorisation d'introduire l'instance.

JURISPRUDENCE ANTÉRIEURE AU DÉCRET DU 29 OCTOBRE 2004

a. Autorisation d'assigner

1. Limite. Est légalement justifié l'arrêt qui déclare irrecevable, d'une part, la demande principale d'une épouse qui, autorisée à assigner son mari en séparation de corps, l'avait assigné en divorce, d'autre part, la demande reconventionnelle en divorce du mari, la femme ayant conclu à l'irrecevabilité de la demande reconventionnelle en conséquence de l'irrecevabilité de sa propre demande. • Civ. 2e, 7 juill. 1983, n° 82-10.352 P. ♦ Dans le même sens, concernant le défendeur, l'assignation ne peut être faite que pour la procédure autorisée par le JAM [JAF] dans l'ordonnance de non-conciliation ; le défendeur ne peut assigner en divorce si la requête initiale et l'ordonnance de non-conciliation visaient la séparation de corps. • TGI Bourgoin-Jallieu, 27 févr. 1981 : *D. 1983. IR 33, obs. Groslière.* ♦ *Contra*, concernant le défendeur : en rapprochant les art. 1113 *[ancien]* NCPC [devenu C. pr. civ.] et 297 C. civ., on doit admettre qu'à défaut pour un époux demandeur en séparation de corps de saisir le tribunal dans le délai imparti par le juge conciliateur, son conjoint est en droit d'assigner lui-même en divorce. • TGI Albertville, 31 mai 1988 : *Defrénois 1988. 1293, obs. Massip ; Gaz. Pal. 1989. 1. Somm. 119, obs. Massip.* ♦ V. notes 3 à 6 ss. art. 1076.

2. Caducité. La seule sanction du défaut d'introduction de l'instance dans le délai prévu par l'art. 42 du Décr. du 5 déc. 1975 (art. 1113 *[ancien]* NCPC [devenu C. pr. civ.]) est la caducité des mesures provisoires, l'ordonnance de non-conciliation elle-même et l'autorisation d'assigner qu'elle comporte n'étant en rien affectées par cette caducité et restant valables tant que l'instance n'a pas été déclarée périmée. • Civ. 2e, 27 juin 1979, n° 78-12.120 P. ♦ Dans le même sens, la caducité prévue par l'art. 1113, al. 2 *[ancien]* ne concerne que les mesures provisoires et laisse subsister le permis d'assigner, tout au moins tant que la péremption n'a pas joué. • TGI Basse-Terre, 26 oct. 1982 : *D. 1983. 92, note Groslière* • Basse-Terre, 24 janv. 1983 : *JCP 1983. II. 20001, note Lindon et Bertin.* ♦ Rappr. : l'art. 42 du Décr. du 5 déc. 1975 (art. 1113 *[ancien]* NCPC [devenu C. pr. civ.]) n'édicte aucune caducité ni forclusion de l'assignation délivrée par le demandeur plus de trois mois après le prononcé de l'ordonnance de non-conciliation (assignation délivrée trois mois et demi après l'ordonnance de non-conciliation). • Civ. 2e, 30 mai 1980, n° 79-10.101 P : *Gaz. Pal. 1980. 2. 547, note Viatte ;, Defrénois 1981. 373, note Massip* • Paris, 31 mai 1989 : *D. 1990. Somm. 98, obs. Groslière*. ♦ Comp. : chacun des paragraphes de l'art. 42 du Décr. du 5 déc. 1975 (art. 1113 *[ancien]* NCPC [devenu C. pr. civ.]) se suffit à lui-même : le demandeur dispose à titre exclusif d'un délai de trois mois pour assigner ; s'il ne le fait pas dans ce délai, le défendeur dispose d'un nouveau délai de trois mois ; mais, pour autant, rien n'empêche le demandeur d'assigner lui-même dans ce nouveau délai de trois mois ; tel est le sens du deuxième paragraphe lorsqu'il vient limiter la caducité des mesures provisoires à la carence de l'un ou l'autre des époux dans le délai de six mois. • Paris, 26 mai 1977 : *D. 1978. IR 269, obs. Groslière ; JCP 1978. II. 18774, note Lindon.*

b. Expiration du délai de six mois

3. Sanction. Dès lors que l'assignation en divorce n'a pas été remise au greffe à l'expiration du délai de six mois prévu par l'art. 1113, al. 2 *[ancien]*, et que le JAF n'a pas été saisi dans ce délai, les mesures provisoires fixées par l'ordonnance de non-conciliation sont caduques. • Civ. 2e, 26 juin 2003, n° 01-14.317 P : *D. 2003. IR 1879 ; Gaz. Pal. 30-31 janv. 2004, p. 14, obs. Massip ; Defrénois 2003. 1484, obs. Massip ; AJ fam. 2003. 386, obs. S. D. ; Procédures 2003, n° 234, note Perrot ; Dr. fam. 2003, n° 102, obs. Lécuyer ; RTD civ. 2003. 688, obs. Hauser*. ♦ Comp. postérieurement au décret de 2004 : • Cass., avis, 4 mai 2010 : *cité note 6.*

4. Appel. La caducité des mesures provisoires doit être constatée alors même que l'ordonnance de non-conciliation a fait l'objet d'un appel antérieurement à l'expiration du délai de six mois. • Basse-Terre, 24 janv. 1983 : *préc. note 2* • Angers, 21 mars 1989 : *D. 1990. Somm. 98, obs. Groslière*.

5. Devoir de secours. La caducité prévue par l'art. 1113, al. 2 *[ancien]*, laisse subsister le devoir de secours entre époux. • Paris, 20 févr. 1990 : *Bull. ch. avoués 1990, n° 1, p. 13.* ♦ Mais, en cas d'assignation postérieure, le juge de la mise en état, compétent pour apprécier la situation des époux, sur le fondement de l'art. 1118, ne peut statuer sur le devoir de secours qu'à compter de sa saisine, sans possibilité légale de faire rétroagir sa décision. • Pau, 30 juin 2003 : *Dr. fam. 2004, n° 19, note Larribau-Terneyre.*

JURISPRUDENCE POSTÉRIEURE AU DÉCRET DU 29 OCTOBRE 2004

6. Date d'introduction de l'instance. Lorsqu'une demande est présentée par assignation, la date d'introduction de l'instance doit s'entendre de la date de cette assignation, à condition qu'elle soit remise au secrétariat-greffe. • Cass., avis, 4 mai 2010 : *Bull.avis, n° 2 ; D. actu. 27 mai 2010, obs. Dargent ; D. 2010. Actu. 1347 ; Gaz. Pal. 11 sept. 2010, p. 30 note Mulon ; RJPF sept. 2010, p. 17, obs. Garé* • Civ. 1re, 28 mai 2015, n° 14-13.544 P : *D. actu. 9 juin 2015, obs. Kébir ; D. 2015. Actu. 1207 ; JCP 2015. 982, n° 5, obs. Coutant-Lapalus ; Gaz. Pal. 5 janv. 2016, p. 67, obs. Casado.* ♦ Comp., antérieurement au décret de 2004 : • Civ. 2e, 26 juin 2003 : *préc. note 3.*

Art. 1114 *(Abrogé par Décr. n° 2019-1380 du 17 déc. 2019, art. 5-3°, à compter du 1er janv. 2021) (Décr. n° 2004-1158 du 29 oct. 2004, art. 7-V, en vigueur le 1er janv. 2005)* ***Sous réserve des règles édictées par les deux premières sections du présent chapitre, l'instance est formée, instruite et jugée selon la*** *(Décr. n° 2019-1333 du 11 déc. 2019, art. 29-13°)* ***« procédure écrite ordinaire applicable devant le tribunal judiciaire ».***

(Abrogé par Décr. n° 2013-1280 du 29 déc. 2013, art. 2-I-4°) (Décr. n° 2011-1202 du 28 sept. 2011, art. 7) ***« La contribution pour l'aide juridique n'est pas due. »***

Le Décr. n° 2011-1202 du 28 sept. 2011 susvisé est abrogé à l'exception du I de son art. 21 (Décr. n° 2013-1280 du 29 déc. 2013, art. 13-I).

L'art. 7 du Décr. n° 2011-1202 du 28 sept. 2011 était applicable aux instances introduites à compter du premier jour du mois suivant sa publication, soit le 1er oct. 2011 (Décr. préc., art. 21-II [abrogé]).

L'instance est introduite :

a) Lorsque la juridiction est saisie par la remise d'une assignation, par la signification de cette assignation ;

b) Dans le cas de l'injonction de payer ou de l'injonction de payer européenne, par la signification de l'ordonnance portant injonction (Décr. préc., art. 21-II [abrogé]).

Les dispositions de l'art. 2 du Décr. n° 2013-1280 du 29 déc. 2013 entrent en vigueur le 1er janv. 2014 pour les instances introduites à compter de cette date. Les dispositions réglementaires relatives à la contribution pour l'aide juridique demeurent applicables dans leur rédaction en vigueur au 31 déc. 2013 pour les instances introduites jusqu'à cette date (Décr. préc., art. 25).

Les requêtes en divorce ou en séparation de corps introduites avant le 1er juill. 2021 sont traitées selon les règles en vigueur avant cette date (Décr. n° 2019-1380 du 17 déc. 2019, art. 15 ; rect. par Décr. n° 2019-1419 du 20 déc. 2019, art. 22-II, Décr. n° 2020-950 du 30 juill. 2020, art. 4, et Décr. n° 2020-1641 du 22 déc. 2020, art. 1er-1°).

Les dispositions de l'art. 55-III du Décr. n° 2019-1333 du 11 déc. 2019 ne sont pas applicables aux procédures prévues aux sous-sections 3 et 4 de la section 2 du chapitre V du titre I du livre III C. pr. civ. (C. pr. civ., art. 1106 s. et 1129 s.) (Décr. n° 2020-1641 du 22 déc. 2020, art. 1er-2°).

Sur l'entrée en vigueur des dispositions du Décr. n° 2019-1333 du 11 déc. 2019, V. Décr. préc., art. 55, App., I, A, Procédure en matière familiale.

Jusqu'au 1er juill. 2021, la saisine par assignation de la juridiction et la distribution des affaires demeurent soumises aux dispositions des art. 56, 752, 757 et 578 C. pr. civ. dans leur rédaction antérieure au Décr. n° 2019-1333 du 11 déc. 2019 (Décr. préc., art. 55-III).

Art. 1115 *(Décr. n° 2004-1158 du 29 oct. 2004, art. 7-V, en vigueur le 1er janv. 2005)* **La proposition de règlement des intérêts pécuniaires des époux, prévue par l'article** *(Décr. n° 2019-1380 du 17 déc. 2019, art. 5-4°, en vigueur le 1er janv. 2021)* **« 252** *[ancienne rédaction : 257-2]* **» du code civil, contient un descriptif sommaire de leur patrimoine et précise les intentions du demandeur quant à la liquidation de la communauté ou de l'indivision, et, le cas échéant, quant à la répartition des biens.**

Elle ne constitue pas une prétention au sens de l'article 4 du présent code.

L'irrecevabilité prévue par l'article *(Décr. n° 2019-1380 du 17 déc. 2019, art. 5-4°, en vigueur le 1er janv. 2021)* **« 252** *[ancienne rédaction : 257-2]* **» du code civil doit être invoquée avant toute défense au fond.**

Art. 1116 *(Décr. n° 2016-185 du 23 févr. 2016, art. 3)* **Les demandes visées au deuxième alinéa de l'article 267 du code civil ne sont recevables que si les parties justifient par tous moyens de leurs désaccords subsistants** *(Abrogé par Décr. n° 2019-1380 du 17 déc. 2019, art. 5-5°, à compter du 1er janv. 2021)* ***« et si cette justification intervient au moment de l'introduction de l'instance. Toutefois, »*** **Le projet notarié visé au quatrième alinéa de l'article 267 du code civil peut être annexé** *(Décr. n° 2019-1380 du 17 déc. 2019, art. 5-5°, en vigueur le 1er janv. 2021)* **« postérieurement** *[ancienne rédaction : ultérieurement]* **» aux conclusions dans lesquelles la demande de liquidation et de partage est formulée.**

La déclaration commune d'acceptation prévue au troisième alinéa de l'article 267 du code civil est formulée par écrit et signée par les deux époux et leurs avocats respectifs. Les points de désaccord mentionnés dans la déclaration ne constituent pas des prétentions au sens de l'article 4 du présent code.

L'art. 3 du Décr. n° 2016-185 du 23 févr. 2016 s'applique aux requêtes en divorce introduites avant son entrée en vigueur qui, au jour de celle-ci, n'ont pas donné lieu à une demande introductive d'instance (Décr. préc., art. 18-I, applicable à Wallis-et-Futuna ; Décr. préc., art. 19-III).

Sur les conséquences propres aux divorces autres que par consentement mutuel, V. C. civ., art. 267.

Les requêtes en divorce ou en séparation de corps introduites avant le 1er janv. 2021 sont traitées selon les règles en vigueur avant cette date (Décr. n° 2019-1380 du 17 déc. 2019, art. 15 ; rect. par Décr. n° 2019-1419 du 20 déc. 2019, art. 22-II et Décr. n° 2020-950 du 30 juill. 2020, art. 4).

FORM. PR. CIV. *Demande de liquidation et partage des intérêts patrimoniaux des époux (C. civ., art. 267, C. pr. civ., art. 1116).*

BIBL. ▸ **Décr. du 23 févr. 2016 :** Combret et Baillon-Wirtz, *JCP N 2016. 1098.* – Douville et Mauger-Vielpeau, *Gaz. Pal. 15 mars 2016, p. 10.*

§ 2 *Les mesures provisoires*

A compter du 1er janv. 2021, le § 4 devient le § 2 (Décr. no 2019-1380 du 17 déc. 2019, art. 5-6o, en vigueur le 1er janv. 2021).

BIBL. ▸ Thouret, *AJ fam. 2014. 463* (articulation des mesures provisoires et des mesures accessoires dans la procédure de divorce).

Art. 1117 *(Décr. no 2019-1380 du 17 déc. 2019, art. 5-7o, en vigueur le 1er janv. 2021)* **A peine d'irrecevabilité, le juge de la mise en état est saisi des demandes relatives aux mesures provisoires prévues aux articles 254 à 256 du code civil formées dans une partie distincte des demandes au fond, dans l'acte de saisine ou dans les conditions prévues à l'article** *(Décr. no 2020-1452 du 27 nov. 2020, art. 1er-31o, en vigueur le 1er janv. 2021)* **« 791 ».**

Les parties, ou la seule partie constituée, qui renoncent à formuler une demande de mesures provisoires au sens de l'article 254 du code civil l'indiquent au juge avant l'audience d'orientation ou lors de celle-ci. Chaque partie, dans les conditions de l'article 789, conserve néanmoins la possibilité de saisir le juge de la mise en état d'une première demande de mesures provisoires jusqu'à la clôture des débats.

Si une ou plusieurs des mesures provisoires prévues aux articles 254 à 256 du code civil sont sollicitées par au moins l'une des parties, le juge de la mise en état statue.

Lors de l'audience portant sur les mesures provisoires, les parties comparaissent assistées par leur avocat ou peuvent être représentées.

Elles peuvent présenter oralement des prétentions et des moyens à leur soutien. Les dispositions du premier alinéa de l'article 446-1 s'appliquent.

Lorsqu'il ordonne des mesures provisoires, le juge peut prendre en considération les accords que les époux ont déjà conclus entre eux.

Le juge précise la date d'effet des mesures provisoires.

Les requêtes en divorce ou en séparation de corps introduites avant le 1er janv. 2021 sont traitées selon les règles en vigueur avant cette date (Décr. no 2019-1380 du 17 déc. 2019, art. 15 ; rect. par Décr. no 2019-1419 du 20 déc. 2019, art. 22-II et Décr. no 2020-950 du 30 juill. 2020, art. 4).

L'art. 1er-31o du Décr. no 2020-1452 du 27 nov. 2020 s'applique aux instances en cours au 1er janv. 2021 (Décr. préc., art. 12).

FORM. PR. CIV. *Ordonnance d'orientation et sur mesures provisoires (AOMP) (C. pr. civ., art. 1117) ; Conclusion devant le juge de la mise en état aux fins de mesures provisoires (C. pr. civ., art. 1117) ; Conclusion devant le juge de la mise en état aux fins de modifications des mesures provisoires (C. pr. civ., art. 1117).*

Ancien art. 1117 *(Décr. no 81-500 du 12 mai 1981, art. 5, en vigueur le 1er janv. 1982)* ***Lorsqu'il ordonne des mesures provisoires, le juge peut prendre en considération les arrangements que les époux ont déjà conclus entre eux.***

JURISPRUDENCE ANTÉRIEURE AU DÉCRET DU 29 OCTOBRE 2004

1. Pouvoirs du juge. Si, aux termes de l'art. 46 du Décr. du 5 déc. 1975 (art. 1117 *[ancien]* NCPC [devenu C. pr. civ.]), le juge peut prendre en considération les arrangements que les époux ont déjà conclus entre eux, il n'en a pas l'obligation et reste libre d'adopter d'autres mesures. • Aix-en-Provence, 20 mai 1980 : *D. 1982. IR 39, obs. Bénabent.*

2. Appel. Il ne peut y avoir de contrat judiciaire dans les matières où, comme pour tout ce qui concerne la garde de la personne des mineurs, les parties n'ont pas la libre disposition de leurs droits ; les décisions intervenues en de telles matières sont toujours susceptibles d'appel (recevabilité de l'appel formé par un époux contre une ordonnance du JAM [JAF] ayant entériné l'accord intervenu entre lui et les grands-parents pour l'organisation de droit de visite de ces derniers sur leur petite-fille mineure). • Civ. 2e, 15 juill. 1981, no 80-12.643 P : *D. 1982. IR 39, obs. Bénabent ; Gaz. Pal. 1982. 1. 12, note Viatte.*

Art. 1118 *(Décr. nº 2004-1158 du 29 oct. 2004, art. 7-VII, en vigueur le 1er janv. 2005)* **En cas de survenance d'un fait nouveau, le juge peut, jusqu'au dessaisissement de la juridiction, supprimer, modifier ou compléter les mesures provisoires qu'il a prescrites.**

(Abrogé par Décr. nº 2019-1380 du 17 déc. 2019, art. 5-8, à compter du 1er janv. 2021) ***« Avant l'introduction de l'instance, la demande est formée, instruite et jugée selon les modalités prévues à la section 3 du présent chapitre. »*** — *[Anc. art. 1118 reproduit ss. art. 1142.]*

Les requêtes en divorce ou en séparation de corps introduites avant le 1er janv. 2021 sont traitées selon les règles en vigueur avant cette date (Décr. nº 2019-1380 du 17 déc. 2019, art. 15 ; rect. par Décr. nº 2019-1419 du 20 déc. 2019, art. 22-II et Décr. nº 2020-950 du 30 juill. 2020, art. 4).

FORM. PR. CIV. *Offre et demande de médiation familiale à l'initiative des parties : saisine du juge aux affaires familiales (C. pr. civ., art. 1071 et 1118).*

BIBL. ▸ BARBE, *LPA 5 janv. 2015, p. 6* (le contentieux de la remise en cause des décisions par nature provisoires en matière familiales).

JURISPRUDENCE ANTÉRIEURE AU DÉCRET DU 29 OCTOBRE 2004

1. Respect du contradictoire. Le JAM [JAF] qui agit sur simple requête verbale du mari et sans même faire convoquer l'épouse contrevient aux prescriptions pourtant impératives et d'ordre public de l'art. 16 ; doit être infirmée l'ordonnance qui a modifié la garde de deux enfants sur les seules déclarations du mari qui n'invoquait pourtant aucun fait nouveau. • Rennes, 16 nov. 1976 : *D. 1978. IR 267, obs. Groslière.*

2. Fait nouveau. C'est seulement en cas de survenance d'un fait nouveau que le JAM [JAF], statuant en tant que juge de la mise en état, peut ordonner toutes mesures provisoires, ainsi que modifier ou compléter les mesures qui auraient déjà été ordonnées. • Civ. 2e, 11 févr. 1981 : *Bull. civ. II, nº 32 ; Gaz. Pal. 1981. 1. 372, note Viatte* • Civ. 1re, 19 juin 2007 : *JCP 2007. IV. 2540.*

3. Mesure provisoire. L'attribution de la jouissance du domicile conjugal à l'un des époux au titre des mesures provisoires ne fait pas obstacle à une autorisation judiciaire de vente du logement familial à la demande de l'autre époux en application de l'art. 217 C. civ. • Civ. 1re, 30 sept. 2000 : *D. 2009. AJ 2489, obs. Egéa ; RLDC 2009. 3613, obs. Pouliquen ; Gaz. Pal. 7 nov. 2009, p. 35, note Casey ; RJPF 2010-2/24, note Vauvillé.*

4. Appel. La modification des mesures provisoires en raison d'un fait nouveau se produisant en cours d'instance d'appel est distincte de la réformation des mesures provisoires en appel (absence ou non d'effet rétroactif de l'arrêt rendu). • Civ. 2e, 7 oct. 1981 : *D. 1983. IR 37, obs. Groslière.* ♦ En cas de survenance d'un fait nouveau, la cour d'appel saisie d'une instance en divorce a le pouvoir de modifier ou de supprimer une mesure provisoire ; méconnaît l'étendue de ses pouvoirs et viole, par fausse application, l'art. 1118, la cour d'appel qui, pour déclarer irrecevable la demande de suppression de la pension alimentaire due au titre du devoir de secours en raison d'une fait nouveau, relève que cette modification des mesures provisoires devait être demandée au JAF. • Civ. 1re, 4 oct. 2005, nº 04-13.463 P : *BICC. 2006. 53 ; D. 2006. Pan. 340, obs. Williatte-Pelliteri ; ibid. 2437, obs. Douchy-Oudot ; AJ fam. 2005. 447, obs. David ; RTD civ. 2006. 94, obs. Hauser.*

5. Recours en révision. En matière de divorce, le recours en révision n'est pas ouvert contre les décisions ayant prescrit des mesures provisoires qui sont susceptibles, jusqu'au dessaisissement de la juridiction, d'être supprimées, modifiées ou complétées en cas de survenance d'un fait nouveau. • Civ. 2e, 3 juin 1999, nº 97-18.754 P : *Procédures 1999, nº 231, note Thouret ; RTD civ. 1999. 821, obs. Hauser ; ibid. 2000. 300, obs. Hauser* • 3 oct. 2002, nº 01-00.800 P : *RTD civ. 2003. 66, obs. Hauser ; D. 2002. IR 2915 ; Gaz. Pal. 15-17 juin 2003, p. 25, obs. Massip ; RTD civ. 2003. 66, obs. Hauser.* ♦ Même sens : • Civ. 1re, 26 janv. 2022, nº 20-14.214.

Art. 1119 *(Décr. nº 81-500 du 12 mai 1981, art. 5, en vigueur le 1er janv. 1982) (Abrogé par Décr. nº 2019-1380 du 17 déc. 2019, art. 5-9°, à compter du 1er janv. 2021)* ***« La décision relative aux mesures provisoires est susceptible d'appel dans les quinze jours de sa notification. »***

En cas d'appel, les modifications des mesures provisoires, s'il y a survenance d'un fait nouveau, ne peuvent être demandées, selon le cas, qu'au premier président de la cour d'appel ou au conseiller de la mise en état. — *[Anc. art. 1119.]*

JURISPRUDENCE ANTÉRIEURE AU DÉCRET DU 29 OCTOBRE 2004

1. Modification des mesures provisoires et nouvelles demandes de mesures provisoires. L'art. 1119 n'a pas pour effet de priver le juge de la mise en état du pouvoir qu'il tient de l'art. 771 d'ordonner toutes mesures provisoires (compétence du JAF en tant que juge de la mise en état pour statuer sur la demande de provision pour frais d'instance, mesure provisoire nouvellement sollicitée et sur laquelle l'ordonnance faisant l'objet d'un appel n'avait pas statué). • Civ. 1re, 4 oct. 2005, n° 03-20.548 P : *D. 2005. IR 2546* ; *D. 2006. Pan. 340, obs. Williatte-Pellitteri* ; *ibid. Pan. 2437, obs. Douchy-Oudot* ; *RTD civ. 2006. 94, obs. Hauser* ; *BICC 2006. 55* ; *AJ fam. 2005. 447, obs. David* ; *RJPF janv. 2006. 22, obs. Garé.*

2. Juges du fond du second degré. L'art. 1119, al. 2, n'a pas pour effet de priver les juges du fond du second degré, saisis de l'appel d'une ordonnance de non-conciliation, du pouvoir de modifier ou de supprimer une mesure provisoire (modification de la pension alimentaire en raison de la survenance d'un fait nouveau). • Civ. 1re, 8 févr. 2005, n° 03-12.964 P : *D. 2005. IR 594* ; *ibid. Pan. 1826, obs. Douchy-Oudot* ; *D. 2006. Pan. 340, obs. Williatte-Pellitteri* ; *RTD civ. 2005. 370, obs. Hauser* ; *Gaz. Pal. 22-23 juill. 2005. 13.*

Art. 1120 *(Décr. n° 2006-1805 du 23 déc. 2006, art. 4, en vigueur le 1er janv. 2007)* **Les modalités de désignation et de rémunération ainsi que le déroulement de la mission du professionnel qualifié désigné en application du 9° de l'article 255 du code civil sont soumis aux règles applicables en matière d'expertise.**

Sur les mesures provisoires, V. C. civ., art. 255.

Le présent article résulte de la renumérotation et du déplacement de l'ancien art. 1136-1 par l'art. 3-I, 2° et 3°, du Décr. n° 2009-1591 du 17 déc. 2009. Le Décr. n° 2009-1591 du 17 déc. 2009 est applicable aux demandes en justice formées à compter du 1er janv. 2010 (Décr. préc., art. 10). Il est, par ailleurs, applicable dans les îles Wallis-et-Futuna (Décr. préc., art. 9).

BIBL. ▸ DESSERTENNE-BROSSARD, *JCP N 2015. 1177* (le divorce : procédure et missions judiciaires du notaire).

Art. 1121 *(Décr. n° 2006-1805 du 23 déc. 2006, art. 4, en vigueur le 1er janv. 2007)* **Les modalités de désignation ainsi que le déroulement de la mission du notaire désigné en application du 10° de l'article 255 du code civil sont soumis aux dispositions des articles 233 à 237, 239, 245, 264 à 267, 273, 275, 276 et 278 à 280 du présent code, sans préjudice des règles applicables à sa profession.**

Si le notaire établit l'acte de partage, il en fait rapport au juge.

Le présent article résulte de la renumérotation et du déplacement de l'ancien art. 1136-2 par l'art. 3-I, 2° et 3°, du Décr. n° 2009-1591 du 17 déc. 2009. Le Décr. n° 2009-1591 du 17 déc. 2009 est applicable aux demandes en justice formées à compter du 1er janv. 2010 (Décr. préc., art. 10). Il est, par ailleurs, applicable dans les îles Wallis-et-Futuna (Décr. préc., art. 9).

Art. 1121-1 *(Abrogé par Décr. n° 2019-1380 du 17 déc. 2019, art. 5, à compter du 1er janv. 2021) (Décr. n° 2011-1043 du 1er sept. 2011, art. 2-1°)* ***Pour l'application des dispositions de l'article 257, alinéa 3, du code civil, le juge aux affaires familiales connaît de la procédure d'apposition de scellés et d'état descriptif définie par la section 1 du chapitre II du titre III du livre III.***

Les requêtes en divorce ou en séparation de corps introduites avant le 1er janv. 2021 sont traitées selon les règles en vigueur avant cette date (Décr. n° 2019-1380 du 17 déc. 2019, art. 15 ; rect. par Décr. n° 2019-1419 du 20 déc. 2019, art. 22-II et Décr. n° 2020-950 du 30 juill. 2020, art. 4).

BIBL. ▸ S. PIERRE-MAURICE, *Gaz. Pal. 15-17 janv. 2012, p. 19* (la procédure sur requête dans le Décr. n° 2011-1043 du 1er sept. 2011).

Sur les mesures d'urgence, V. C. civ., art. 257.

§ 3 *Les voies de recours*

A compter du 1er janv. 2021, le § 5 devient le § 3 (Décr. n° 2019-1380 du 17 déc. 2019, art. 5-11°, en vigueur le 1er janv. 2021).

Art. 1122 *(Décr. n° 2004-1158 du 29 oct. 2004, art. 7-VIII, en vigueur le 1er janv. 2005)* **Un majeur protégé ne peut acquiescer au jugement de divorce, ou se désister de l'appel, qu'avec l'autorisation du juge des tutelles.**

Le présent article résulte de la renumérotation de l'art. 1120 par l'art. 3-I, 1°, du Décr. n° 2009-1591 du 17 déc. 2009. Le Décr. n° 2009-1591 du 17 déc. 2009 est applicable aux demandes en justice formées à compter du 1er janv. 2010 (Décr. préc., art. 10). Par ailleurs, il est applicable dans les îles Wallis-et-Futuna (Décr. préc., art. 9).

DALLOZ PRATIQUE[S] *Divorce – Divorce du majeur protégé.*

JURISPRUDENCE ANTÉRIEURE AU DÉCRET DU 29 OCTOBRE 2004

A. ACQUIESCEMENT

1° PRINCIPE

a. Existence de l'acquiescement

1. Accord préalable au jugement. Une cour d'appel ne peut déclarer irrecevable un appel formé contre le chef d'un jugement prononçant le divorce, relatif à la garde des enfants, au motif que le tribunal n'a fait qu'entériner l'accord intervenu entre les parties qui avaient acquiescé par avance au jugement, alors qu'on ne peut acquiescer qu'à ce qui a été jugé. • Civ. 2e, 16 avr. 1986, n° 84-15.485 P.

2. Participation sans réserve à une mesure d'instruction. L'acquiescement doit être certain et résulter d'actes incompatibles avec la volonté d'interjeter appel, démontrant à l'évidence l'intention de la partie à laquelle on l'oppose, d'accepter la décision intervenue (participation sans réserve à une mesure d'instruction relative à la recherche des causes du divorce). • Civ. 2e, 10 déc. 1981 : *D. 1983. IR 78, obs. Groslière.*

3. Encaissement de sommes. Une épouse qui, d'une part, accepte d'être réglée par trois acomptes des dommages-intérêts et des frais dus en vertu du jugement prononçant le divorce aux torts de son mari, d'autre part, interjette appel général à un moment où elle n'a pas encore encaissé le deuxième acompte, ni reçu le troisième, ne peut pas être considérée comme l'auteur d'un acte exprès d'acquiescement ; au contraire, elle a manifesté sa volonté de ne pas accepter le jugement en interjetant appel et les encaissements ultérieurs par elle des deuxième et troisième acomptes ne sont pas suffisants, en l'absence d'un acte de désistement d'appel, pour établir sa volonté d'acquiescer. • Civ. 2e, 11 janv. 1989 : *JCP 1989. II. 21293.*

4. Appel limité. Par la limitation de leurs appels respectifs aux seuls chefs du jugement concernant la prestation compensatoire, les époux ont implicitement, mais nécessairement, acquiescé aux autres dispositions du jugement. • Civ. 2e, 24 févr. 1993, n° 91-18.213 P : *JCP 1994. I. 3729, n° 10, obs. Ferré-André.*

b. Étendue de l'acquiescement

5. L'acquiescement peut être limité aux causes du divorce ; l'appel est alors recevable sur le chef du jugement qui attribue la garde provisoire de l'enfant. • Civ. 2e, 10 déc. 1981 : *préc. note 2.*

2° EXCEPTION

6. Majeur protégé. Le jugement qui prononce le divorce n'est pas susceptible d'acquiescement lorsqu'il a été rendu contre un majeur placé sous le régime de la curatelle. • Civ. 1re, 17 déc. 1991 : *D. 1992. 373, note Massip.*

B. DÉSISTEMENT

7. Désistement d'action. La décision qui constate le désistement d'action en divorce n'a qu'un caractère déclaratif ; l'instance en divorce se trouve éteinte dès la date de signification du désistement d'action d'une partie à l'autre ; les mesures provisoires et, notamment, la pension alimentaire prévue par l'ordonnance de non-conciliation deviennent caduques à compter de la date de la signification par l'époux de son désistement de l'action en divorce qu'il avait engagée, et non à compter de celle de la décision de désistement. • Civ. 1re, 19 avr. 2005, n° 03-14.664 P.

JURISPRUDENCE POSTÉRIEURE AU DÉCRET DU 29 OCTOBRE 2004

8. Majeur non protégé – Acquiescement implicite. Méconnaît les exigences de l'art. 455 C. pr. civ. et se détermine par des motifs contradictoires, une cour d'appel qui retient que l'épouse n'a pas acquiescé au jugement de divorce, faute de preuve de son intention maintenue de divorce, tout en relevant que celle-ci s'est comportée ouvertement comme étant divorcée. • Civ. 1re, 19 mars 2008 : *Defrénois 2008. 1835, obs. Massip.*

§ 4 *Dispositions particulières au divorce accepté*

A compter du 1er janv. 2021, le § 6 devient le § 4 (Décr. n° 2019-1380 du 17 déc. 2019, art. 5-11°, en vigueur le 1er janv. 2021).

Sur le divorce accepté, V. C. civ., art. 233 et 234.

DALLOZ PRATIQUE[S] *Divorce – Divorce pour acceptation du principe de la rupture du mariage.*

Art. 1123 *(Décr. n° 2004-1158 du 29 oct. 2004, art. 7-X, en vigueur le 1er janv. 2005)* **A tout moment de la procédure, les époux peuvent accepter le principe de la rupture du mariage sans considération des faits à l'origine de celle-ci.**

(Décr. n° 2019-1380 du 17 déc. 2019, art. 5-12°-a, en vigueur le 1er janv. 2021) **« Cette acceptation peut être constatée dans un procès-verbal dressé par le juge et signé par les époux et leurs avocats respectifs lors de toute audience sur les mesures provisoires**

[ancienne rédaction : A l'audience de conciliation, cette acceptation est constatée immédiatement dans un procès-verbal dressé par le juge et signé par les époux et leurs avocats respectifs] ». *(Abrogé par Décr. n° 2019-1380 du 17 déc. 2019, art. 5-12°-b et c, à compter du 1er janv. 2021)* « ***Le juge renvoie alors les époux à introduire l'instance pour qu'il prononce le divorce et statue sur ses effets, la cause du divorce demeurant acquise. Le procès-verbal est annexé à l'ordonnance.***

« ***A défaut, chaque époux peut déclarer, par un écrit signé de sa main, qu'il accepte le principe de la rupture du mariage.***

« ***Les deux déclarations sont annexées à la requête conjointe introductive d'instance.*** »

En cours d'instance, la demande formée en application de l'article 247-1 du code civil doit être formulée de façon expresse et concordante dans les conclusions des parties. *(Décr. n° 2019-1380 du 17 déc. 2019, art. 5-12°-d, en vigueur le 1er janv. 2021)* **Chaque époux annexe à ses conclusions une déclaration d'acceptation du principe de la rupture du mariage, signée de sa main, ou une copie de l'acte sous signature privée de l'article 1123-1** *[ancienne rédaction : Chaque époux annexe sa déclaration d'acceptation à ses conclusions]* **».**

A peine de nullité, le procès-verbal ou la déclaration écrite rappelle les mentions du *(Décr. n° 2019-1380 du 17 déc. 2019, art. 5-12°-e, en vigueur le 1er janv. 2021)* **« quatrième** *[ancienne rédaction : second]* **» alinéa de l'article 233 du code civil.**

Sur le divorce accepté, V. C. civ., art. 233 et 234, 252 à 253, 257-1 à 258.

Sur les modifications du fondement d'une demande en divorce, V. C. civ., art. 247-1.

FORM. PR. CIV. *Déclaration d'acceptation du prononcé du divorce pour acceptation du principe de la rupture du mariage (C. pr. civ., art. 1123).*

JURISPRUDENCE ANTÉRIEURE AU DÉCRET DU 29 OCTOBRE 2004

1. Constat du double aveu. Le double aveu des époux, constaté par l'ordonnance du JAM [JAF] dont il n'a pas été interjeté appel, se trouve définitivement acquis. • Civ. 2e, 26 janv. 1984 : *D. 1984. 390, note Groslière ; JCP 1984. II. 20310, note Blaisse ; Defrénois 1984. 796, obs. Massip.* ♦ Le mari ne peut plus contester la sincérité ou la pertinence de son aveu, ni rétracter son acceptation du divorce. • Civ. 2e, 26 janv. 1984 : *inédit.* ♦ Lorsque l'ordonnance du JAM [JAF] constatant le double aveu des époux n'a pas été frappée d'appel, la cause du divorce se trouve définitivement acquise ; mais il en est autrement lorsque l'un des époux soutient que le consentement par lui donné au cours de la tentative de conciliation a été vicié, ce qui entraîne la nullité de son aveu judiciaire et celle de la procédure subséquente ; ainsi, l'appel est recevable. • Rennes, 12 mai 1989 : *JCP 1990. II. 21483 ; Rev. jur. Ouest 1989. 437, obs. Cosnard.*

2. Appel de l'ordonnance. L'aveu des époux peut être rétracté tant que l'ordonnance du juge qui le constate n'est pas devenue définitive. • Civ. 2e, 16 juill. 1987 : *Bull. civ. II, n° 157 ; D. 1987. 582, note Groslière ; Defrénois 1988. 304, obs. Massip.*

3. Appel général contre le jugement prononçant le divorce. Dès lors que la déclaration d'appel formée à l'encontre du jugement ayant prononcé le divorce sur double aveu n'était pas limitée aux conséquences de celui-ci, une cour d'appel en déduit justement que le prononcé du divorce n'était pas irrévocable, même si la cause demeurait acquise en l'absence de recours formé contre l'ordonnance de non-conciliation constatant le double aveu des époux, et que la pension alimentaire allouée à l'épouse à titre de mesure provisoire restait due. • Civ. 1re, 4 juin 2007 : *AJ fam. 2007. 434, note David ; Dr. fam. 2007. Comm. 150, obs. Larribau-Terneyre ; RTD civ. 2007. 758, obs. Hauser.*

4. Force de chose jugée. Lorsqu'un divorce est prononcé sur demande acceptée des époux, le divorce devient exécutoire au jour où le jugement le prononçant acquiert force de chose jugée, et non au jour où l'ordonnance constatant le double aveu a été rendu. En conséquence, une cour d'appel relevant que le jugement n'avait pas été notifié et que l'art. 528-1 C. pr. civ., issu du Décr. n° 89-511 du 20 juill. 1989 n'était pas applicable, en a exactement déduit que le jugement de divorce, susceptible d'un recours suspensif, n'avait pas acquis force de chose jugée. • Civ. 1re, 19 mars 2008, n° 06-21.250 P : *Procédures 2008, n° 145, note Douchy-Oudot ; RTD civ. 2008. 460, obs. Hauser.*

JURISPRUDENCE POSTÉRIEURE AU DÉCRET DU 29 OCTOBRE 2004

5. Appel général contre le jugement prononçant le divorce. L'appel général d'un jugement prononçant un divorce sur le fondement des art. 233 et 234 C. civ., même si l'acceptation du principe de la rupture du mariage ne peut plus être remise en cause, sauf vice du consentement, ne met pas fin au devoir de secours, la décision n'acquérant force de chose jugée qu'après épuisement des voies de recours. • Cass., avis, 9 juin

2008, n° 08-00.004 P : *BICC 1er oct. 2008, p. 10, R. Trapero et Alt, obs. Domingo ; R. 2008. 406 ; D. 2008. AJ 1827, note Gallmeister ; JCP 2009. I. 102, n° 2, note Coutant-Lapalus ; Gaz. Pal. 25 nov. 2008, Jurisp., p. 4, note Mulon ; Dr. fam. 2008. Comm. 119, note Azavant ; RJPF 10/2008. 18, note Garé.* ♦ Comp. : jugeant que c'est en vain que l'épouse prétend avoir été victime de violences lors de l'audience de tentative de conciliation et avoir été victime de dol et d'une erreur, pour invoquer en appel la nullité du procès-verbal d'acceptation du principe de la rupture du mariage. • Angers, 13 mars 2008 : *Dr. fam. 2009. Comm. 25, note (crit.) Larribau-Terneyre.*

Art. 1123-1 *(Décr. n° 2019-1380 du 17 déc. 2019, art. 5-13°, en vigueur le 1er janv. 2021)* **L'acceptation du principe de la rupture du mariage sans considération des faits à l'origine de celle-ci peut aussi résulter d'un acte sous signature privée des parties et contresigné par avocats dans les six mois précédant la demande en divorce ou pendant la procédure.**

S'il est établi avant la demande en divorce, il est annexé à la requête introductive d'instance formée conjointement par les parties. En cours d'instance, il est transmis au juge de la mise en état.

A peine de nullité, cet acte rappelle les mentions du quatrième alinéa de l'article 233 du code civil.

Les requêtes en divorce ou en séparation de corps introduites avant le 1er janv. 2021 sont traitées selon les règles en vigueur avant cette date (Décr. n° 2019-1380 du 17 déc. 2019, art. 15 ; rect. par Décr. n° 2019-1419 du 20 déc. 2019, art. 22-II et Décr. n° 2020-950 du 30 juill. 2020, art. 4).

Art. 1124 *(Décr. n° 2004-1158 du 29 oct. 2004, art. 7-X, en vigueur le 1er janv. 2005)* **Le juge aux affaires familiales prononce le divorce sans autre motif que l'acceptation des époux.**

Sur le divorce accepté, V. C. civ., art. 233 et 234.

Art. 1125 *(Décr. n° 2004-1158 du 29 oct. 2004, art. 7-X, en vigueur le 1er janv. 2005)* **Les dépens de la procédure, jusques et y compris l'assignation afin de voir prononcer le divorce, sont partagés par moitié entre les époux, sauf décision contraire du juge.**

Sur le divorce accepté, V. C. civ., art. 233 et 234.

§ 5 *Dispositions particulières au divorce pour altération définitive du lien conjugal*

A compter du 1er janv. 2021, le § 7 devient le § 5 (Décr. n° 2019-1380 du 17 déc. 2019, art. 5-14°, en vigueur le 1er janv. 2021).

Sur le divorce pour altération définitive du lien conjugal, V. C. civ., art. 237 et 238.

DALLOZ ACTION *Droit de la famille 2023/2024, nos 133.00 s.*

DALLOZ PRATIQUE[S] *Divorce - Divorce pour altération définitive du lien conjugal.*

DALLOZ RÉFÉRENCE *Droit et pratique du divorce 2022/2023, nos 121.00 s.*

Art. 1126 *(Décr. n° 2004-1158 du 29 oct. 2004, art. 7-X, en vigueur le 1er janv. 2005)* **Sous réserve des dispositions de l'article 472, le juge ne peut relever d'office le moyen tiré du défaut d'expiration du délai de** *Décr. n° 2019-1380 du 17 déc. 2019, art. 5-15°, en vigueur le 1er janv. 2021* **« un an** *[ancienne rédaction : deux ans]* **» prévu au premier alinéa de l'article 238 du code civil.**

Les requêtes en divorce ou en séparation de corps introduites avant le 1er janv. 2021 sont traitées selon les règles en vigueur avant cette date (Décr. n° 2019-1380 du 17 déc. 2019, art. 15 ; rect. par Décr. n° 2019-1419 du 20 déc. 2019, art. 22-II et Décr. n° 2020-950 du 30 juill. 2020, art. 4).

Sur le divorce pour altération définitive du lien conjugal, V. C. civ., art. 237 et 238, 252 à 253, 257-1 à 258.

Art. 1126-1 *(Décr. n° 2019-1380 du 17 déc. 2019, art. 5-16°, en vigueur le 1er janv. 2021)* **Lorsque la demande en divorce est fondée sur l'altération définitive du lien conjugal dans les conditions prévues à l'article 238, alinéa 2, du code civil, la décision statuant sur le principe du divorce ne peut intervenir avant l'expiration du délai d'un an et sous réserve du dernier alinéa de l'article 238.**

Les requêtes en divorce ou en séparation de corps introduites avant le 1er janv. 2021 sont traitées selon les règles en vigueur avant cette date (Décr. n° 2019-1380 du 17 déc. 2019, art. 15 ; rect. par Décr. n° 2019-1419 du 20 déc. 2019, art. 22-II et Décr. n° 2020-950 du 30 juill. 2020, art. 4).

Art. 1127 *(Décr. n° 2004-1158 du 29 oct. 2004, art. 7-XI, en vigueur le 1er janv. 2005)* **Les dépens de l'instance sont à la charge de l'époux qui en a pris l'initiative, à moins que le juge n'en dispose autrement.** – *[Anc. art. 1127.]*

Sur le divorce pour altération définitive du lien conjugal, V. C. civ., art. 237 et 238.

JURISPRUDENCE ANTÉRIEURE AU DÉCRET DU 29 OCTOBRE 2004

a. Dépens

1. Principe général. En vertu de l'art. 1127 *[ancien]*, celui qui a pris l'initiative d'une instance en divorce pour rupture de la vie commune est tenu de la totalité des dépens. • Civ. 2e, 27 mai 1998, n° 96-21.339 P. ♦ Viole l'art. 1127 *[ancien]* l'arrêt qui décide que chacune des parties conservera la charge des dépens exposés par elle. • Civ. 2e, 28 févr. 1996, n° 94-18.300, Dalloz jurisprudence.

2. En cas de demande reconventionnelle. Viole l'art. 1127 *[ancien]* la cour qui a condamné la femme aux dépens après l'avoir déboutée de sa demande de pension, alors que l'instance dont elle était saisie était la suite de l'instance en divorce pour rupture de la vie commune dont le mari avait pris l'initiative. • Civ. 2e, 24 févr. 1982 : *Gaz. Pal. 1982. 600, obs. Viatte.* ♦ Viole l'art. 1127 *[ancien]* l'arrêt qui, après avoir rejeté la demande principale en divorce pour rupture de la vie commune et fait droit à la demande reconventionnelle en divorce pour faute, fait masse des dépens d'appel en les partageant par moitié entre chacune des parties, alors que le mari avait pris l'initiative de l'instance et que le prononcé du divorce sur la demande reconventionnelle de la femme ne faisait pas obstacle à l'application de ce texte. • Civ. 2e, 21 janv. 1987, n° 85-14.183 P : *JCP 1987. II. 20219, note Lindon et Bénabent.*

3. Dépens d'appel. Viole l'art. 56 du Décr. du 5 déc. 1975 (art. 1127 *[ancien]* NCPC [devenu C. pr. civ.]) l'arrêt qui condamne l'épouse aux dépens d'appel alors que c'est le mari qui avait pris l'initiative du divorce pour rupture de la vie commune. • Civ. 2e, 26 nov. 1980, n° 79-17.198 P • 11 janv. 1995, n° 93-10.480 P : *D. 1996. Somm. 66, obs. Blary-Clément ; JCP 1995. I. 3846, n° 4, obs. Cadiet* • 27 mai 1998, n° 96-21.339 P • 13 juill. 2000, n° 98-22.207 P. ♦ ... L'arrêt qui condamne la femme à la moitié des dépens d'appel, alors que l'initiative du divorce avait été prise par son mari. • Civ. 2e, 11 juill. 1979, n° 78-13.948 P : *JCP 1980. II. 19400, note (crit.) Lindon* • 11 juill. 1979, n° 78-14.593 P • 3 oct. 1984 : *D. 1985. IR 160.*

b. Art. 700

4. Bénéficiaire. Seule la partie à la charge de laquelle est mise la totalité ou une fraction des dépens peut être condamnée à payer à l'autre des sommes exposées par celle-ci et non comprises dans les dépens ; comme en vertu de l'art. 1127 *[ancien]*, en matière de divorce pour rupture de la vie commune, les dépens de l'instance sont à la charge de l'époux qui en a pris l'initiative, ce dernier est tenu à la totalité des dépens et ne peut prétendre à une indemnité au titre de l'art. 700. • Civ. 2e, 1er avr. 1987, n° 86-10.675 P : *D. 1987. Somm. 275, obs. Groslière* • 28 juin 1989 : *JCP 1989. IV. 328* • 2 nov. 1994, n° 92-17.806 P : *JCP 1995. I. 3846, n° 4, obs. Cadiet* • 11 janv. 1995 : *préc. note 3.* ♦ Comp., refusant le bénéfice de l'art. 700 au défendeur, au motif que les frais non inclus dans les dépens (honoraires d'avocats) ne sont pas une charge du divorce. • Civ. 2e, 15 oct. 1980, n° 79-13.091 P : *JCP 1981. II. 19658, note Lindon.*

§ 6 *Dispositions particulières au divorce pour faute*

A compter du 1er janv. 2021, le § 8 devient le § 6 (Décr. n° 2019-1380 du 17 déc. 2019, art. 5-14°, en vigueur le 1er janv. 2021).

Sur le divorce pour faute, V. C. civ., art. 242 à 246.

DALLOZ PRATIQUE[S] *Divorce - Divorce pour faute.*

Art. 1128 *(Décr. n° 2004-1158 du 29 oct. 2004, art. 7-XII, en vigueur le 1er janv. 2005)* **La demande tendant à dispenser le juge aux affaires familiales d'énoncer dans les motifs de sa décision les torts et griefs des époux doit être formulée de façon expresse et concordante dans les conclusions de l'un et l'autre époux.**

Le juge aux affaires familiales se borne à constater qu'il existe les faits constitutifs d'une cause de divorce selon le code civil, titre "Du divorce", section 4, du chapitre I. – *[Anc. art. 1128.]*

Sur le divorce pour faute, V. C. civ., art. 242 à 246.

DALLOZ ACTION *Droit de la famille 2023/2024, nos 133.00 s.*

JURISPRUDENCE ANTÉRIEURE AU DÉCRET DU 29 OCTOBRE 2004

1. Conclusions concordantes. Ayant constaté que l'époux avait spécialement conclu à l'application de l'art. 248-1 C. civ. et que son épouse demandait la confirmation du jugement ayant fait application de ce texte la cour d'appel, en présence de ces demandes concordantes, a, par une exacte application de l'art. 1128 *[ancien]* NCPC [devenu C. pr. civ.], décidé de ne pas énoncer les motifs du divorce. • Civ. 2e, 1er avr. 1998, n° 96-16.888 P. ♦ V. aussi : • TGI Fontainebleau, 10 mars 1982 : *JCP 1982. II. 19853, note Lindon.*

JURISPRUDENCE POSTÉRIEURE AU DÉCRET DU 29 OCTOBRE 2004

2. Portée du défaut de mention des griefs. Viole les art. 248-1 C. civ. [devenu art. 245-1 C. civ.] et 1128 C. pr. civ., la cour d'appel qui prononce le divorce aux torts exclusifs du mari, sans énoncer les torts et griefs retenus, alors qu'en première instance le divorce avait été prononcé aux torts partagés des époux et que, si la femme avait interjeté appel de cette décision en sollicitant le prononcé du divorce, sans énoncer des griefs, aux torts exclusifs du mari, celui-ci avait quant à lui limité son appel à la prestation compensatoire, les juges du fond n'étant dès lors pas saisis de demandes expresses et concordantes. • Civ. 1re, 24 sept. 2008 : *AJ fam. 2008. 434, obs. Gallmeister.*

SOUS-SECTION 4 *La séparation de corps*

Art. 1129 *(Décr. n° 2004-1158 du 29 oct. 2004, art. 8, en vigueur le 1er janv. 2005, mod. par Décr. n° 2004-1333 du 6 déc. 2004, art. 1er)* **La procédure de la séparation de corps obéit aux règles prévues pour la procédure de divorce.** – *[Anc. art. 1139.]*

Art. 1130 *(Décr. n° 2004-1158 du 29 oct. 2004, art. 8, en vigueur le 1er janv. 2005, mod. par Décr. n° 2004-1333 du 6 déc. 2004, art. 1er)* **La déclaration de reprise de la vie commune est mentionnée en marge de l'acte de mariage et de l'acte de naissance de chacun des époux.**

Les mêmes mentions sont opérées à la diligence du notaire qui a dressé l'acte constatant la reprise de la vie commune. – *[Anc. art. 1140.]*

SOUS-SECTION 5 *Le divorce sur conversion de la séparation de corps*

DALLOZ PRATIQUE[S] *Divorce - Séparation de corps : conversion.*

Art. 1131 *(Décr. n° 2004-1158 du 29 oct. 2004, art. 9, en vigueur le 1er janv. 2005, mod. par Décr. n° 2004-1333 du 6 déc. 2004, art. 2)* **Hors le cas où la séparation de corps a été prononcée par consentement mutuel, la demande en conversion est formée, instruite et jugée selon la procédure** *(Décr. n° 2019-1333 du 11 déc. 2019, art. 29)* **« écrite ordinaire** *[ancienne rédaction : en matière contentieuse]* **».**

Aucune demande reconventionnelle n'est recevable, sauf sur les conséquences du divorce.

Sur l'entrée en vigueur des dispositions du Décr. n° 2019-1333 du 11 déc. 2019, V. Décr. préc., art. 55, App., I, A, Procédure en matière familiale.

DALLOZ PRATIQUE[S] *Divorce - Séparation de corps : conversion.*

JURISPRUDENCE ANTÉRIEURE AU DÉCRET DU 29 OCTOBRE 2004

1. Demande reconventionnelle. Est à bon droit qualifiée de demande reconventionnelle – irrecevable – l'assignation de son mari par l'épouse en divorce pour faute postérieurement à une demande formée par le mari en conversion de la séparation de corps en divorce. • Civ. 2e, 24 nov. 1993, n° 92-10.362 P.

2. Demande principale. Est irrecevable la demande principale en divorce d'un époux qui a préalablement engagé une instance en conversion de séparation de corps en divorce, restée pendante par suite du refus opposé par l'autre époux au désistement de cette instance. • Civ. 2e, 4 mai 2000, n° 98-20.030 P : *RJPF juin 2000. 21, obs. Guerder ; RTD civ. 2000. 548, obs. Hauser.*

Art. 1132 *(Décr. n° 2004-1158 du 29 oct. 2004, art. 9, en vigueur le 1er janv. 2005, mod. par Décr. n° 2004-1333 du 6 déc. 2004, art. 2)* **En cas de séparation de corps par consentement mutuel** *(Décr. n° 2019-1380 du 17 déc. 2019, art. 8-2°-a)* **« et lorsqu'un mineur demande son audition par le juge, la requête aux fins de conversion en divorce par consentement mutuel fondée sur l'article 230 du code civil contient, » à peine**

d'irrecevabilité, *(Abrogé par Décr. n° 2019-1380 du 17 déc. 2019, art. 8-2°-b)* **« contient » les mentions requises par l'article 1090, l'indication de la décision qui a prononcé la séparation de corps, et est accompagnée d'une convention sur les conséquences du divorce.**

Sous la même sanction, la requête et la convention sont datées et signées par chacun des époux et leur avocat.

Les requêtes en divorce ou en séparation de corps introduites avant le 1er janv. 2021 sont traitées selon les règles en vigueur avant cette date (Décr. n° 2019-1380 du 17 déc. 2019, art. 15 ; rect. par Décr. n° 2019-1419 du 20 déc. 2019, art. 22-II et Décr. n° 2020-950 du 30 juill. 2020, art. 4).

Art. 1133 *(Décr. n° 2004-1158 du 29 oct. 2004, art. 9, en vigueur le 1er janv. 2005, mod. par Décr. n° 2004-1333 du 6 déc. 2004, art. 2)* **Dans le cas prévu à l'article précédent, le juge peut ne pas entendre les époux et se borner à examiner avec leur avocat la convention.**

En l'absence de difficulté, il homologue la convention et prononce le divorce.

Sinon, il peut, sans autres formes, demander aux époux de présenter à nouveau la requête dans le mois, après modification de la convention ; s'il n'est pas déféré à cette demande, le juge rend une ordonnance par laquelle il refuse d'homologuer la convention.

L'ordonnance mentionne le délai d'appel et le point de départ de ce délai.

Art. 1134 *(Décr. n° 2004-1158 du 29 oct. 2004, art. 9, en vigueur le 1er janv. 2005, mod. par Décr. n° 2004-1333 du 6 déc. 2004, art. 2)* **L'ordonnance est susceptible d'appel dans les quinze jours de la décision.** – *[Anc. art. 1145.]*

L'appel est formé, instruit et jugé selon les règles applicables à la matière gracieuse.

Art. 1135 *(Décr. n° 2004-1158 du 29 oct. 2004, art. 9, mod. par Décr. n° 2004-1333 du 6 déc. 2004, art. 2)* **L'instruction de l'affaire et l'audition des époux sont limitées, en toute hypothèse, aux effets de la décision.** – *[Anc. art. 1146.]*

Art. 1136 *(Décr. n° 2004-1158 du 29 oct. 2004, art. 9, en vigueur le 1er janv. 2005, mod. par Décr. n° 2004-1333 du 6 déc. 2004, art. 2)* **Les dépens de l'instance en conversion sont répartis comme ceux de l'instance en séparation de corps.**

Les dépens afférents à l'instance d'appel sont traités comme ceux d'une instance nouvelle. – *[Anc. art. 1147.]*

Pour une application de l'al. 2, V. • Civ. 1re, 28 nov. 2006, n° 05-14.035 P : *Dr. fam. 2007. Comm. 39, obs. Larribau-Terneyre.*

SECTION 2 *BIS* *Le fonctionnement, la liquidation et le partage des régimes matrimoniaux et des indivisions entre personnes liées par un pacte civil de solidarité ou entre concubins*

(Décr. n° 2009-1591 du 17 déc. 2009, art. 3-II)

Le Décr. n° 2009-1591 du 17 déc. 2009 est applicable aux demandes en justice formées à compter du 1er janv. 2010 (Décr. préc., art. 10). Par ailleurs, il est applicable dans les îles Wallis-et-Futuna (Décr. préc., art. 9).

BIBL. ▸ Bruggeman, *Dr. fam. 2010. Alerte 9.* – Donnadieu, *Gaz. Pal. 6-7 mars 2015, p. 7* (focus sur la mission du notaire en charge des opérations liquidatives du régime matrimonial). – Douchy-Oudot, *Procédures 2010, n° 38 ; D. 2010. 989*. – Fricero, *RJPF nov. 2010, p. 8.* – Lavric, *D. 2010. Actu. 79.* – Labbée, *AJ fam. 2010. 108* (PACS et concubinage : quelques formules pour le JAF). – Massip, *JCP N 2011. 1086* (les nouvelles attributions du JAF en matière de régimes matrimoniaux). – Mauger-Vielpeau, *JCP N 2010. 102.* – Roth, *AJ fam. 2010. 77* (le JAF et le débiteur d'aliments défaillant). – Vinckel, *Dr. et pr. 2010. 39.*

Art. 1136-1 **Les demandes relatives au fonctionnement des régimes matrimoniaux et des indivisions entre personnes liées par un pacte civil de solidarité ou entre concubins ainsi que celles relatives à la liquidation et au partage des intérêts patrimoniaux des époux, des personnes liées par un pacte civil de solidarité et des concubins relevant de la compétence du juge aux affaires familiales obéissent aux règles de la procédure** *(Décr. n° 2019-1333 du 11 déc. 2019, art. 29)* **« écrite ordinaire** *[ancienne rédaction : en* *matière contentieuse]* » **applicable devant le tribunal judiciaire. Les débats sont publics, sous réserve de l'article 435. La décision est rendue publiquement.**

(Décr. nº 2019-756 du 22 juill. 2019, art. 10) « **La demande de prorogation de l'attribution provisoire de la jouissance du logement de la famille prévue par l'alinéa 3 de l'article 373-2-9-1 du code civil est formée, instruite et jugée dans le cadre de la procédure visée à l'alinéa précédent.** »

Sur l'entrée en vigueur des dispositions du Décr. nº 2019-1333 du 11 déc. 2019, V. Décr. préc., art. 55, App., I, A, Procédure en matière familiale.

Art. 1136-2 **Les dispositions de la section 6 du chapitre II du titre III du livre III sont, sous réserve des dispositions de l'article 267 du code civil, applicables au partage des intérêts patrimoniaux des époux, des personnes liées par un pacte civil de solidarité et des concubins.**

(Décr. nº 2011-1043 du 1er sept. 2011, art. 2-2º) « **Pour les besoins du partage de la communauté, le juge aux affaires familiales connaît de la procédure d'apposition de scellés et d'état descriptif définie par la section 1 du chapitre II du titre III du livre III.** »

L'art. 2 du Décr. nº 2011-1043 du 1er sept. 2011 n'est pas applicable dès lors qu'un greffier en chef a déjà procédé, à la date de sa publication, à une mesure conservatoire ou qu'il a été saisi à cette fin (Décr. préc., art. 11).

Il est applicable aux îles Wallis-et-Futuna (Décr. préc., art. 9).

SECTION 2 *TER* *La procédure aux fins de mesures de protection des victimes de violences*

(Décr. nº 2010-1134 du 29 sept. 2010, art. 2)

Le Décr. nº 2010-1134 du 29 sept. 2010 est applicable à Wallis-et-Futuna (Décr. préc., art. 4).

BIBL. ▶ **Décr. 29 sept. 2010 :** BAZIN, *JCP 2010, nº 986.* – DOUCHY-OUDOT, *Procédures 2011. Étude 9 ; D. 2011. Pan. 1107* ✎. – LEMOULAND et VIGNEAU, *D. 2011. Pan. 1040* ✎. – MULON et CASEY, *Gaz. Pal. 2010. Doctr. 3265.*

▶ BAZIN, *Dr. et pr. 2015. 156* (l'huissier de justice et la lutte contre les violences au sein des couples).

Sur les mesures de protection des victimes de violences, V. C. civ., art. 515-9 à 515-13.

Art. 1136-3 *(Décr. nº 2010-1134 du 29 sept. 2010, art. 2)* **Dans les cas prévus aux articles 515-9 et 515-13 du code civil, le juge est saisi par une requête remise ou adressée au greffe.**

Outre les mentions prescrites par l'article *(Décr. nº 2019-1333 du 11 déc. 2019, art. 29-5º)* « **57** » **du présent code, la requête contient un exposé sommaire des motifs de la demande et, en annexe, les pièces sur lesquelles celle-ci est fondée. Ces exigences sont prescrites à peine de nullité.**

(Décr. nº 2020-636 du 27 mai 2020, art. 2) « **Le juge rend sans délai une ordonnance fixant la date de l'audience.**

« **A moins qu'il ne soit l'auteur de la requête, le ministère public est aussitôt avisé par le greffier du dépôt de la requête et de la date de l'audience fixée par le juge aux affaires familiales.**

« **Cette ordonnance précise les modalités de sa notification.**

« *(Décr. nº 2020-841 du 3 juill. 2020, art. 1er-1º)* « **Copie de** » **l'ordonnance est notifiée :**

« **1º Au demandeur, par le greffe, par tout moyen donnant date certaine ou par remise en mains propres contre émargement ou récépissé ;** »

(Décr. nº 2020-841 du 3 juill. 2020, art. 1er-2º) « **2º Au défendeur, par voie de signification à l'initiative :**

« *a)* **Du demandeur lorsqu'il est assisté ou représenté par un avocat ;**

« *b)* **Du greffe lorsque le demandeur n'est ni assisté ni représenté par un avocat ;**

« *c)* **Du ministère public lorsqu'il est l'auteur de la requête ; dans ce cas ce dernier fait également signifier l'ordonnance à la personne en danger ;** »

(*Décr. n° 2020-636 du 27 mai 2020, art. 2*) « 3° Par voie administrative en cas de danger grave et imminent pour la sécurité d'une personne concernée par une ordonnance de protection ou lorsqu'il n'existe pas d'autre moyen de notification. »

(*Décr. n° 2020-841 du 3 juill. 2020, art. 1er-3° et 4°*) « La signification doit être faite au défendeur dans un délai de deux jours à compter de l'ordonnance fixant la date de l'audience, afin que le juge puisse statuer dans le délai maximal de six jours fixé à l'article **515-11** du code civil dans le respect du principe du contradictoire et des droits de la défense.

« La copie de l'acte de signification doit être remise au greffe au plus tard à l'audience. »

(*Décr. n° 2020-636 du 27 mai 2020, art. 2*) « La notification de l'ordonnance vaut convocation des parties.

« Dans tous les cas, sont annexées à l'ordonnance une copie de la requête et des pièces qui y sont jointes.

« Cette ordonnance est une mesure d'administration judiciaire. »

Le Décr. n° 2010-1134 du 29 sept. 2010 est applicable à Wallis-et-Futuna (Décr. préc., art. 4).

Sur l'entrée en vigueur des dispositions du Décr. n° 2019-1333 du 11 déc. 2019, V. Décr. préc., art. 55, App., I, A, Procédure en matière familiale.

Le Décr. n° 2020-636 du 27 mai 2020 s'applique aux requêtes introduites à compter du 29 mai 2020. Il est applicable dans les îles Wallis-et-Futuna (Décr. préc., art. 9).

Le Décr. n° 2020-841 du 3 juill. 2020 s'applique aux requêtes introduites à compter du 5 juill. 2020. Il est applicable dans les îles Wallis-et-Futuna (Décr. préc., art. 4).

Sur les mesures de protection des victimes de violences, V. C. civ., art. 515-9 et 515-13.

BIBL. ▶ B. Kan-Balivet et C. Kan-Balivet, *Dr. fam. 2012. Formule 3* (requête aux fins d'ouverture d'une mesure de protection des victimes de violences).

FORM. PR. CIV. *Requête devant le JAF en vue d'une ordonnance de protection dans le cas de violences (C. civ., art. 515-9 à 515-13).*

Art. 1136-4 (*Abrogé par Décr. n° 2020-636 du 27 mai 2020, art. 3*) ***Le demandeur peut également former sa demande par assignation*** (*Décr. n° 2019-1419 du 20 déc. 2019, art. 5-10°*) ***« à une date d'audience communiquée au demandeur selon les modalités définies à l'article 751 ».*** (*Abrogé par Décr. n° 2019-1419 du 20 déc. 2019, art. 5-10°*) ***« Dans ce cas, outre les mentions prescrites par l'article 56*** (*Abrogé par Décr. n° 2019-1333 du 11 déc. 2019, art. 29-14°*) ***« et l'indication de la date d'audience en application de l'article 485 », la demande contient en annexe, à peine de nullité, les pièces sur lesquelles la demande est fondée. »***

L'art. 5 du Décr. n° 2019-1419 du 20 déc. 2019 s'applique aux demandes introduites, à compter du 1er janv. 2020 (Décr. préc., art. 24-II).

Le Décr. n° 2020-636 du 27 mai 2020 s'applique aux requêtes introduites à compter du 29 mai 2020. Il est applicable dans les îles Wallis-et-Futuna (Décr. préc., art. 9).

Art. 1136-5 Le demandeur qui sollicite, en application du 6° de l'article **515-11** du code civil, l'autorisation de dissimuler son domicile ou sa résidence est dispensé d'en indiquer l'adresse dans son acte introductif d'instance, sous réserve de porter cette information à la connaissance de l'avocat qui l'assiste ou le représente ou du procureur de la République près du tribunal judiciaire, auprès duquel il élit domicile. L'acte mentionne cette élection de domicile.

L'avocat ou le procureur de la République auprès duquel il est élu domicile communique sans délai l'adresse du demandeur au juge. Le greffe ainsi que la personne à laquelle l'adresse est communiquée pour les besoins de la procédure ne peuvent la porter à la connaissance du défendeur ou de son représentant.

FORM. PR. CIV. *Requête devant le JAF en vue d'une ordonnance de protection dans le cas de violences avec demande de dissimulation d'adresse (C. civ., art. 515-11, C. pr. civ., art. 1136-5).*

Art. 1136-6 Les parties se défendent elles-mêmes. Elles ont la faculté de se faire assister ou représenter par un avocat.

(Décr. n° 2020-636 du 27 mai 2020, art. 4) « **L'affaire est instruite et débattue en chambre du conseil, après avis du ministère public.** »

La procédure est orale.

Le juge s'assure qu'il s'est écoulé un temps suffisant entre la convocation et l'audience pour que le défendeur ait pu préparer sa défense.

Le juge peut, à tout moment de la procédure, par simple mention au dossier, ordonner la comparution personnelle d'une partie, pour l'entendre séparément ou en présence de l'autre partie.

(Décr. n° 2020-636 du 27 mai 2020, art. 4) « **Lors de l'audience, le juge procède à l'audition des parties. Il les entend séparément s'il le décide ou si l'une des parties le sollicite. Cette décision fait l'objet d'une simple mention au dossier.** »

Le Décr. n° 2020-636 du 27 mai 2020 s'applique aux requêtes introduites à compter du 29 mai 2020. Il est applicable dans les îles Wallis-et-Futuna (Décr. préc., art. 9).

Art. 1136-7 **L'ordonnance qui statue sur la demande de mesures de protection des victimes de violences est exécutoire à titre provisoire à moins que le juge en dispose autrement.**

L'ordonnance fixe la durée des mesures prises en application des articles 515-11 et 515-13 du code civil. A défaut, celles-ci prennent fin à l'issue d'un délai de *(Décr. n° 2017-890 du 6 mai 2017, art. 48-I)* « **six** » **mois suivant la notification de l'ordonnance, sous réserve des dispositions** *(Décr. n° 2017-890 du 6 mai 2017, art. 48-I)* « **des articles 1136-13 et 1136-14** » **; il en est fait mention dans l'acte de notification.**

Art. 1136-8 **La dissimulation du domicile ou de la résidence dans les instances civiles ultérieures, autorisée en application du 6° de l'article 515-11 du code civil, obéit aux conditions et modalités prévues par l'article 1136-5.**

En cas de refus d'autorisation ainsi que pour les besoins de l'exécution d'une décision de justice, l'avocat ou le procureur de la République auprès duquel le demandeur a sollicité ou obtenu l'élection de domicile communique sans délai l'adresse du demandeur, sur la demande qui lui en est faite sans forme par le défendeur ou l'avocat qui le représente au cours de l'instance ou, selon le cas, par l'huissier de justice chargé de procéder à l'exécution.

Art. 1136-9 **L'ordonnance est notifiée par voie de signification, à moins que le juge, soit d'office soit à la demande d'une partie, ne décide qu'elle sera notifiée par le greffe par lettre recommandée avec demande d'avis de réception, ou par la voie administrative, en cas de danger grave et imminent pour la sécurité d'une personne concernée par une ordonnance de protection ou lorsqu'il n'existe pas d'autre moyen de notification. Toutefois, la notification au ministère public est faite par remise avec émargement ou envoi contre récépissé.**

La notification de l'ordonnance prononçant une mesure de protection reproduit les dispositions des articles 227-4-2 et 227-4-3 du code pénal et *(Décr. n° 2017-890 du 6 mai 2017, art. 48-II)* « **rappelle les dispositions des articles 1136-13 et 1136-14 du présent code** ».

Art. 1136-10 **L'autorité administrative, requise par le greffier pour notifier par la voie administrative** *(Décr. n° 2020-636 du 27 mai 2020, art. 5)* « **l'ordonnance fixant la date de l'audience ou l'ordonnance de protection** », **y procède par remise contre récépissé.**

Elle informe, dans les meilleurs délais, le greffier des diligences faites et lui adresse le récépissé.

Le Décr. n° 2020-636 du 27 mai 2020 s'applique aux requêtes introduites à compter du 29 mai 2020. Il est applicable dans les îles Wallis-et-Futuna (Décr. préc., art. 9).

Art. 1136-11 **L'ordonnance** *(Décr. n° 2020-636 du 27 mai 2020, art. 6)* « **de protection** » **est susceptible d'appel dans un délai de quinze jours suivant sa notification.**

Le Décr. n° 2020-636 du 27 mai 2020 s'applique aux requêtes introduites à compter du 29 mai 2020. Il est applicable dans les îles Wallis-et-Futuna (Décr. préc., art. 9).

Art. 1136-12 **La demande aux fins de mainlevée ou de modification de l'ordonnance de protection ou de dispense temporaire de certaines de ses obligations ainsi que celle**

tendant à voir rapporter l'ordonnance ou prononcer de nouvelles mesures sont formées, instruites et jugées dans les mêmes conditions que la requête initiale.

Toutefois, lorsqu'un appel a été interjeté, la demande est formée par requête remise ou adressée au greffe de la cour d'appel. Il est statué sur celle-ci, selon le cas, par le premier président de la cour d'appel, le conseiller de la mise en état ou la formation de jugement.

Art. 1136-13 Lorsqu'une demande en divorce ou en séparation de corps est introduite avant l'expiration de la durée des mesures de protection ou que l'ordonnance de protection est prononcée alors qu'une procédure de divorce ou de séparation de corps est en cours, les mesures de l'ordonnance de protection continuent de produire leurs effets jusqu'à ce qu'une décision statuant sur la demande en divorce ou en séparation de corps soit passée en force de chose jugée, *(Décr. n° 2019-1380 du 17 déc. 2019, art. 6, en vigueur le 1er janv. 2021)* « à moins qu'il n'en soit décidé autrement par le juge saisi de cette demande ou par le juge de la mise en état *[ancienne rédaction : à moins que le juge saisi de cette demande en décide autrement]* ». *(Décr. n° 2019-1380 du 17 déc. 2019, art. 6, en vigueur le 1er janv. 2021)* « Dans ce dernier cas, à compter de la notification de l'ordonnance du juge de la mise en état, les mesures provisoires de la procédure de divorce se substituent aux mesures de l'ordonnance de protection prises au titre des 3° et 5° de l'article 515-11 du code civil qui cessent de produire effets *[ancienne rédaction : Toutefois, les mesures prises en application des 3° et 5° de l'article 515-11 du code civil et prononcées antérieurement à l'ordonnance de non-conciliation cessent de produire leurs effets à compter de la notification de celle-ci]*. »

A compter de l'introduction de la procédure de divorce ou de séparation de corps, la demande aux fins de mesures de protection ainsi que les demandes mentionnées au premier alinéa de l'article 1136-12 sont présentées devant le juge saisi de cette procédure. La demande est formée, instruite et jugée selon les règles de la présente section et le juge statue par décision séparée.

Les requêtes en divorce ou en séparation de corps introduites avant le 1er janv. 2021 sont traitées selon les règles en vigueur avant cette date (Décr. n° 2019-1380 du 17 déc. 2019, art. 15 ; rect. par Décr. n° 2019-1419 du 20 déc. 2019, art. 22-II et Décr. n° 2020-950 du 30 juill. 2020, art. 4).

BIBL. ▸ **Décr. du 11 mars 2015 :** Bléry, *Gaz. Pal. 27 mars 2015, p. 6* (une nouvelle ère pour la procédure civile). – Croze, *JCP 2015. 356* (choix de simplification procédurale ? – À propos du décret n° 2015-282 du 11 mars 2015).

Art. 1136-14 *(Décr. n° 2015-282 du 11 mars 2015, art. 31)* Lorsqu'une demande relative à l'exercice de l'autorité parentale est introduite avant l'expiration de la durée des mesures de protection ou que l'ordonnance de protection est prononcée alors qu'une procédure relative à l'exercice de l'autorité parentale est en cours, les mesures de l'ordonnance de protection continuent de produire leurs effets jusqu'à ce qu'une décision statuant sur la demande relative à l'exercice de l'autorité parentale soit passée en force de chose jugée, à moins que le juge saisi de cette demande en décide autrement. Toutefois, les mesures relatives aux modalités d'exercice de l'autorité parentale et à la contribution à l'entretien et à l'éducation des enfants prises en application du 5° de l'article 515-11 du code civil et prononcées antérieurement à la décision statuant, même à titre provisoire, sur la demande relative à l'exercice de l'autorité parentale, cessent de produire leurs effets à compter de la notification de celle-ci.

A compter de l'introduction de la procédure relative à l'exercice de l'autorité parentale, la demande aux fins de mesures de protection ainsi que les demandes mentionnées au premier alinéa de l'article 1136-12 sont présentées devant le juge saisi de cette procédure. La demande est formée, instruite et jugée selon les règles de la présente section et le juge statue par décision séparée.

BIBL. ▸ **Décr. du 11 févr. 2015 :** Bléry, *Gaz. Pal. 27 mars 2015, p. 6* (une nouvelle ère pour la procédure civile). – Croze, *JCP 2015. 356* (choix de simplification procédurale ? – À propos du décret n° 2015-282 du 11 mars 2015). – Égéa, *Dr. fam. 2015. Chron. 3.* – Thouret, *AJ fam. 2015. 212*.

Art. 1136-15 *(Décr. n° 2020-636 du 27 mai 2020, art. 7)* Lorsque le juge rejette la demande d'ordonnance de protection, il peut néanmoins, si l'urgence le justifie et si l'une ou l'autre des parties en a fait la demande, renvoyer celles-ci à une audience dont il fixe la date pour qu'il soit statué au fond sur les modalités de l'exercice de l'autorité parentale et la contribution à l'entretien et l'éducation de l'enfant. Il veille à ce que le défendeur dispose d'un temps suffisant pour préparer sa défense. Cette ordonnance emporte saisine du juge et il est ensuite procédé comme il est dit aux articles 1179 et suivants.

Le Décr. nº 2020-636 du 27 mai 2020 s'applique aux requêtes introduites à compter du 29 mai 2020. Il est applicable dans les îles Wallis-et-Futuna (Décr. préc., art. 9).

SECTION 2 *QUATER* ***Le dispositif électronique mobile anti-rapprochement aux fins de mesures de protection des victimes de violences***

(Décr. nº 2020-1161 du 23 sept. 2020, art. 5)

Art. 1136-16 Lorsque le port d'un dispositif mobile anti-rapprochement prévu à l'article 515-11-1 du code civil est demandé par l'une ou l'autre des parties, il est joint au soutien de la demande tout élément relatif à la situation familiale, matérielle et sociale des deux parties, afin de permettre au juge de déterminer les distances d'alerte et de pré-alerte, définies à l'article 1136-17 du présent code.

Lorsque le juge ordonne le port d'un dispositif mobile anti-rapprochement, il s'assure que les parties, et en particulier la partie défenderesse, ont disposé d'un délai de réflexion suffisant pour pouvoir donner un consentement libre et éclairé.

Art. 1136-17 La décision qui ordonne le port d'un dispositif électronique mobile anti-rapprochement fixe la durée de la mesure, ses conditions de mise en œuvre, en particulier les distances de pré-alerte et d'alerte séparant les deux parties.

La distance d'alerte, exprimée en nombre entier de kilomètres, ne peut être inférieure à un kilomètre, ni supérieure à dix kilomètres. La distance de pré-alerte correspond au double de la zone d'alerte.

Pour déterminer la distance d'alerte, le juge concilie la nécessité de protection de la personne menacée avec le respect de la dignité, de l'intégrité et de la vie privée, familiale et professionnelle de la personne porteuse du bracelet. Il veille à ce que la mise en œuvre du dispositif n'entrave pas son insertion sociale, en tenant notamment compte de la localisation respective des domiciles et lieux de travail des parties, de leurs modes de déplacements *[déplacement]*, et de la typologie de leur lieu de vie, rural ou urbain.

Le juge aux affaire*[s]* familiales peut préciser dans sa décision que le porteur du bracelet est autorisé à être présent à des heures et dans des lieux qu'il détermine, y compris si ces lieux venaient à être intégrés du fait des déplacements de la personne ou de la victime dans une zone d'alerte ou de pré-alerte.

La remise de la copie de cette décision lors de la pose du bracelet anti-rapprochement vaut notification.

Art. 1136-18 Le juge aux affaires familiales qui ordonne le port du dispositif électronique mobile anti-rapprochement en fixe la durée, dans la limite de six mois, en fonction des circonstances de l'espèce et du besoin de protection de la partie demanderesse.

Le consentement des parties doit être réitéré lorsque le renouvellement du dispositif est ordonné ou lorsque les effets de l'ordonnance de protection se prolongent en application des articles 1136-13 ou 1136-14.

Art. 1136-19 Avant de consentir au port d'un dispositif mobile anti-rapprochement, les parties reçoivent du juge aux affaires familiales les informations suivantes :

1° Le refus par la partie défenderesse de la pose du bracelet anti-rapprochement, au port duquel elle a préalablement consenti, constitue une violation des obligations imposées dans l'ordonnance de protection, pouvant donner lieu à des poursuites pénales sur le fondement de l'article 227-4-2 du code pénal ;

2° La méconnaissance par cette partie de la distance de pré-alerte donne lieu à un contact par les personnes habilitées chargées du contrôle à distance du dispositif électronique mobile anti-rapprochement, l'avertissant de son rapprochement de la victime et du risque de méconnaissance de la distance d'alerte ; cette méconnaissance ne peut donner lieu à condamnation sur le fondement de l'article 227-4-2 du code pénal ;

3° Le fait pour cette partie de se rapprocher volontairement de la victime en méconnaissance de la distance d'alerte constitue une violation des obligations imposées dans l'ordonnance de protection, pouvant donner lieu à des poursuites pénales sur le fondement de l'article 227-4-2 du code pénal ;

4° En cas de nécessité, les personnes habilitées chargées du contrôle à distance du dispositif électronique mobile anti-rapprochement prennent l'attache de la personne protégée pour assurer sa mise en sécurité et, selon le besoin et les procédures établies, alertent les forces de police et de gendarmerie, afin d'assurer sa protection ;

5° Le procureur de la République est informé de chaque méconnaissance de la distance d'alerte et peut exercer, s'il y a lieu, des poursuites pénales sur le fondement de l'article 227-4-2 du code pénal ;

6° La partie porteuse d'un bracelet anti-rapprochement est tenue de s'assurer du rechargement périodique du dispositif afin de garantir son fonctionnement à tout moment, la méconnaissance de cette obligation pouvant donner lieu à des poursuites pénales sur le fondement de l'article 227-4-2 du code pénal.

Art. 1136-20 En cas de difficultés dans l'exécution de la mesure de port du dispositif électronique mobile anti-rapprochement mentionné à l'article 515-11-1 du code civil, le juge aux affaires familiales peut être saisi à tout moment dans les conditions de l'article 515-12 du code civil, par l'une ou l'autre des parties ou par le procureur de la République, afin que soient modifiées en tout ou partie les mesures énoncées dans l'ordonnance de protection.

Le porteur du bracelet et le procureur de la République peuvent notamment demander que les distances d'alerte et de pré-alerte soient révisées, ou qu'il soit mis fin à l'interdiction de rapprochement et au port du bracelet, si la mesure de port du dispositif électronique mobile anti-rapprochement aboutit, du fait notamment de rapprochements imputables tant à ses déplacements qu'à ceux de la personne protégée, à un nombre important d'alertes, portant une atteinte excessive au droit au respect de la vie privée et familiale du porteur du bracelet.

Ils peuvent aussi demander à ce qu'il soit mis un terme à la mesure de port d'un dispositif électronique mobile anti-rapprochement si le dispositif présente pour le porteur du bracelet des inconvénients constatés par un médecin.

Les demandes prévues par le présent article sont formées, instruites et jugées selon les mêmes modalités que la requête initiale.

Art. 1136-21 Par dérogation à l'article 1136-12, à défaut pour le juge aux affaires familiales, saisi dans le cadre de l'article 1136-20, d'avoir statué dans un délai de dix jours sur la demande de modification de l'ordonnance de protection portant sur la mainlevée du dispositif électronique mobile anti-rapprochement mentionné à l'article 515-11-1 du code civil, celle-ci est acquise de plein droit.

Art. 1136-22 Le traitement automatisé de données à caractère personnel, mentionné au II de l'article 515-11-1 et dénommé "Bracelet anti-rapprochement", est régi par *(Décr. n° 2022-479 du 30 mars 2022, art. 7, en vigueur le 1er mai 2022)* « les articles R. 631-6 à R. 631-14 du code pénitentiaire ».

Art. 1136-23 Lorsqu'une interdiction de rapprochement assortie de l'obligation de porter un bracelet électronique anti-rapprochement prononcée dans le cadre d'une procédure pénale en application de l'article 138-3 du code de procédure pénale ou de l'article 132-45-1 du code pénal est mise en œuvre conformément aux dispositions du dernier alinéa de *(Décr. n° 2022-479 du 30 mars 2022, art. 7, en vigueur le 1er mai 2022)* « l'article R. 631-1 du code pénitentiaire », la main levée *[mainlevée]* de la mesure prononcée en application de l'article 515-11-1 du code civil est acquise de plein droit.

SECTION 3 *Les autres procédures relevant de la compétence du juge aux affaires familiales*

Art. 1137 *(Décr. n° 2004-1158 du 29 oct. 2004, art. 10, en vigueur le 1er janv. 2005) (Décr. n° 2019-1419 du 20 déc. 2019, art. 5-11°-a)* « Le juge est saisi par une assignation à une date d'audience communiquée au demandeur selon les modalités définies par l'article 751.

« En cas d'urgence dûment justifiée, le juge aux affaires familiales, saisi par requête, peut permettre d'assigner à une date d'audience fixée à bref délai.

« Dans ces deux cas, la remise au greffe de l'assignation *(Décr. n° 2020-1452 du 27 nov. 2020, art. 1er-32°, en vigueur le 1er janv. 2021)* **« doit » intervenir au plus tard la veille de l'audience. A défaut de remise de l'assignation dans le délai imparti, sa caducité est constatée d'office par ordonnance du juge aux affaires familiales ou, à défaut, à la requête d'une partie. »**

(Décr. n° 2019-1419 du 20 déc. 2019, art. 5-11°-b) **« Le juge » peut également être saisi par requête remise ou adressée au greffe, conjointement ou par une partie seulement. La requête doit indiquer les nom, prénom et adresse des parties ou, le cas échéant, la dernière adresse connue du défendeur. Pour les personnes morales, elle mentionne leur forme, leur dénomination, leur siège et l'organe qui les représente légalement. Elle contient l'objet de la demande et un exposé sommaire de ses motifs. Elle est datée et signée de celui qui la présente ou de son avocat.**

L'art. 5 du Décr. n° 2019-1419 du 20 déc. 2019 s'applique aux demandes introduites, à compter du 1er janv. 2020 (Décr. préc., art. 24-II).

L'art. 1er-32° du Décr. n° 2020-1452 du 27 nov. 2020 s'applique aux instances en cours au 1er janv. 2021 (Décr. préc., art. 12).

Renvoi. V. notes 9 à 13 ss. art. 1084 (jurisprudence antérieure au Décr. du 29 oct. 2004).

Art. 1138 *(Décr. n° 2004-1158 du 29 oct. 2004, art. 10, en vigueur le 1er janv. 2005)* **Dans les quinze jours de la requête, le greffe convoque le défendeur à l'audience par lettre recommandée avec demande d'avis de réception.** *(Abrogé par Décr. n° 2015-282 du 11 mars 2015, art. 11-I)* ***« Il lui adresse, le même jour, par lettre simple, copie de la requête et de la convocation. »***

Toutefois, lorsque la requête mentionne que l'adresse du défendeur est la dernière adresse connue, le greffe invite le requérant à procéder par voie de signification.

(Décr. n° 2015-282 du 11 mars 2015, art. 11-II) **« Le greffe avise par tous moyens l'auteur de la demande des lieu, jour et heure de l'audience. »**

L'assignation ou la convocation mentionne, à peine de nullité, les dispositions des articles 1139 à 1141.

Sur le Décr. n° 2015-282 du 11 mars 2015, V. Circ. du 20 mars 2015, ss. art. 692-1. — ***C. pr. civ.***

BIBL. ▸ **Décr. du 11 févr. 2015 :** BLÉRY, *Gaz. Pal. 27 mars 2015, p. 6* (une nouvelle ère pour la procédure civile). - CROZE, *JCP 2015. 356* (choix de simplification procédurale ? - À propos du décret n° 2015-282 du 11 mars 2015).

Art. 1139 *(Décr. n° 2004-1158 du 29 oct. 2004, art. 10, en vigueur le 1er janv. 2005)* **Les parties se défendent elles-mêmes ; elles ont la faculté de se faire assister ou représenter par un avocat.**

(Décr. n° 2019-1333 du 11 déc. 2019, art. 8) **« En matière de demande de révision de prestation compensatoire, les parties sont tenues de constituer avocat. »**

Sur l'entrée en vigueur des dispositions du Décr. n° 2019-1333 du 11 déc. 2019, V. Décr. préc., art. 55, App., I, A, Procédure en matière familiale.

Renvoi. V. notes 14 et 15 ss. art. 1084 (jurisprudence antérieure au Décr. du 29 oct. 2004).

Art. 1140 *(Décr. n° 2004-1158 du 29 oct. 2004, art. 10, en vigueur le 1er janv. 2005)* **La procédure est orale.**

(Décr. n° 2020-1452 du 27 nov. 2020, art. 1er-33°, en vigueur le 1er janv. 2021) **« A tout moment de la procédure, les parties peuvent donner expressément leur accord pour que la procédure se déroule sans audience conformément aux dispositions de l'article L. 212-5-1 du code de l'organisation judiciaire. Dans ce cas, il est fait application des articles 828 et 829 du code de procédure civile. »**

(Décr. n° 2019-1333 du 11 déc. 2019, art. 8-2°) **« En matière de demande de révision de prestation compensatoire, l'instance est formée, instruite et jugée selon la procédure écrite ordinaire applicable devant le tribunal judiciaire ».**

Sur l'entrée en vigueur des dispositions du Décr. nº 2019-1333 du 11 déc. 2019, V. Décr. préc., art. 55, App., I, A, Procédure en matière familiale.

Les dispositions de l'art. 55-III du Décr. nº 2019-1333 du 11 déc. 2019 ne sont pas applicables aux procédures prévues aux sous-sections 3 et 4 de la section 2 du chapitre V du titre I du livre III C. pr. civ. (C. pr. civ., art. 1106 s. et 1129 s.) (Décr. nº 2020-1641 du 22 déc. 2020, art. 1er-2º).

L'art. 1er-33º du Décr. nº 2020-1452 du 27 nov. 2020 s'applique aux instances en cours au 1er janv. 2021 (Décr. préc., art. 12).

Art. 1141 *(Décr. nº 2004-1158 du 29 oct. 2004, art. 10, en vigueur le 1er janv. 2005)* **Lorsque la demande est formée sur le fondement de l'article L. 6145-11 du code de la santé publique ou de l'article L. 132-7 du code de l'action sociale et des familles, toute partie peut aussi, en cours d'instance, exposer ses moyens par lettre adressée au juge, à condition de justifier que la partie adverse en a eu connaissance avant l'audience, par lettre recommandée avec demande d'avis de réception.**

La partie qui use de cette faculté peut ne pas se présenter à l'audience. Le jugement rendu dans ces conditions est contradictoire.

Néanmoins, le juge a toujours la faculté d'ordonner que les parties se présentent devant lui.

Art. 1142 *(Décr. nº 2004-1158 du 29 oct. 2004, art. 10, en vigueur le 1er janv. 2005)* **Lorsqu'il a été saisi par requête, le juge peut décider, soit d'office, soit à la demande d'une partie, que le jugement sera notifié par le greffe par lettre recommandée avec demande d'avis de réception.**

Art. 1143 *(Décr. nº 2016-1906 du 28 déc. 2016, art. 2)* **Lorsque les parents sollicitent l'homologation de leur convention en application de l'article 373-2-7 du code civil, le juge est saisi par requête conjointe.**

Il ne peut modifier les termes de la convention qui lui est soumise.

Il statue sur la requête sans débat, à moins qu'il n'estime nécessaire d'entendre les parties.

S'il est fait droit à la requête, tout intéressé peut en référer au juge qui a rendu la décision.

La décision qui refuse d'homologuer la convention peut faire l'objet d'un appel. Cet appel est formé par déclaration au greffe de la cour d'appel. Il est jugé selon la procédure gracieuse.

Le Décr. nº 2016-1906 du 28 déc. 2016 s'applique aux demandes d'homologation pour lesquelles les parties n'ont pas encore été convoquées à l'audience au jour de son entrée en vigueur, soit le 30 déc. 2016 (Décr. préc., art. 6).

CHAPITRE V *BIS* ***LE DIVORCE ET LA SÉPARATION DE CORPS PAR CONSENTEMENT MUTUEL PAR ACTE SOUS SIGNATURE PRIVÉE CONTRESIGNÉ PAR AVOCATS, DÉPOSÉ AU RANG DES MINUTES D'UN NOTAIRE*** *(Décr. nº 2019-1380 du 17 déc. 2019, art. 8-3º).*

(Décr. nº 2016-1907 du 28 déc. 2016, art. 4)

Sur le divorce par consentement mutuel par acte sous signature privée contresigné par avocats, déposé au rang des minutes d'un notaire, V. C. civ., art. 229-1 s.

Sur la procédure, V. Circ. 26 janv. 2017, fiche nº 44 ss. C. civ., art. 229-4.

BIBL. ▸ Avenat-Robardet, *D. actu. 21 déc. 2017* (enquête sur le divorce par consentement mutuel : un an après) ; *D. actu. 16 févr. 2021* (une charte commune des notaires et des avocats perfectibles). – Baillon-Wirtz, *JCP 2016. 643* (la déjudiciarisation précipitée du divorce par consentement mutuel). – Brenner, *JCP 2017. 195* (le nouveau divorce par consentement mutuel : retour à l'an II ?). – Couzigou-Suhas, *Defrénois 2017. 131* (réflexions pratiques sur le divorce sans juge – rôles complémentaires des avocats et du notaire). – David, Casey, *AJ fam. 2017. 539* (divorce sans juge : plaidoyer pour un circuit court). – Dellangnol, *Gaz. Pal. 9 oct. 2018. 10* (divorce sans juge : avocats et notaires amenés à collaborer). – Dossier, *AJ fam. 2017. 13 et 95* (divorce par consentement mutuel : la réforme !) ; *AJ fam. 2017. 143* (divorce par consentement mutuel : le bilan). – Douchy-Oudot, *Procédures 2017. Étude 10* (contentieux familial : divorce conventionnel par acte d'avocat). – Fricero et Dymarski, *Dr. fam. 2017. Dossier 3* (le nouveau divorce extrajudiciaire par consentement mutuel). - FENOUILLET, *D. 2016. 1424* (le divorce sans juge). - GALLIEZ, *JCP N 2017. 1319* (la reconnaissance du divorce par consentement mutuel en DIP). - GAUTIER, *LPA 21 nov. 2016. 7* (critique de la déjudiciarisation à marche forcée). - GRANET-LAMBRECHTS, *Mél. Wiederkehr, Dalloz 2009, p. 357* (un divorce par consentement mutuel sans juge ?). - HAMMJE, *Rev. crit. DIP 2017. 143* (le divorce par consentement mutuel extrajudiciaire et le droit international privé). - IWEINS, *Gaz. Pal. 31 janv. 2017, p. 7* (divorce sans juge : séduire le justiciable sans se tromper). - JARIEL, *JCP 2017. 660, nº 8* (une nouvelle naissance pour l'acte d'avocat). - MEKKI, *Gaz. Pal. 19 juill. 2016* (le divorce hors le juge). - MEKKI, *Gaz. Pal. 21 mars 2017, p. 16* (le divorce par consentement mutuel conventionnelle à la lumière du droit commun des contrats. Et si c'était vrai…). - MULON, *Gaz. Pal. 4 avr. 2017, p. 68* (le nouveau divorce par consentement mutuel : *vade-mecum*). - NIBOYET, REIN-LESCASTEREYRES, DIMITROV, *Gaz. Pal. 4 avr. 2017, p. 74* (la « désinternalisation » du nouveau divorce par consentement mutuel). - TORRICELLI-CHRIFI, *JCP N 2017. 1159* (divorce contractuel : le notaire doit-il fermer les yeux ?). - WEISS-GOUT, TRAVADE-LANNOY, LIENHARD, DAVIS, *Gaz. Pal. 11 avr. 2017 (hors-série), p. 23* (le nouveau divorce par consentement mutuel). - WEISS-GOUT, MILON, *Gaz. Pal. 12 juill. 2016. 40* (le consentement mutuel par acte d'avocats).

Adde, RENAULT-BRAHINSKY, Le nouveau divorce sans juge, *LGDJ, 2017*.

DALLOZ ACTION *Droit de la famille 2023/2024, nos 132.00 s.*

DALLOZ PRATIQUE[S] *Divorce - Divorce par consentement mutuel par acte d'avocats.*

DALLOZ RÉFÉRENCE *Droit et pratique du divorce 2022/2023, nº 112.00 s. et 141.00 s.*

Art. 1144 L'information prévue au 1° de l'article 229-2 *(Décr. nº 2017-890 du 6 mai 2017, art. 49)* **« du code civil » prend la forme d'un formulaire destiné à chacun des enfants mineurs, qui mentionne son droit de demander à être entendu dans les conditions de l'article 388-1** *(Décr. nº 2017-890 du 6 mai 2017, art. 49)* **« du même code » ainsi que les conséquences de son choix sur les suites de la procédure.**

Le modèle de formulaire est fixé par arrêté du garde des sceaux, ministre de la justice. — *V. Arr. du 28 déc. 2016, reproduit ci-dessous.*

DALLOZ PRATIQUE[S] *Divorce - Audition de l'enfant.*

Arrêté du 28 décembre 2016,

Fixant le modèle de l'information délivrée aux enfants mineurs capables de discernement dans le cadre d'une procédure de divorce par consentement mutuel par acte sous signature privée contresigné par avocats, déposé au rang des minutes d'un notaire.

Art. 1er L'information prévue aux dispositions de l'article 1144 du code de procédure civile est délivrée aux enfants mineurs au moyen du formulaire rédigé comme suit :

MODÈLE DE FORMULAIRE D'INFORMATION DES ENFANTS MINEURS DANS LE CADRE D'UN DIVORCE PAR CONSENTEMENT MUTUEL PAR ACTE SOUS SIGNATURE PRIVÉE CONTRESIGNÉ PAR AVOCATS, DÉPOSÉ AU RANG DES MINUTES D'UN NOTAIRE

Je m'appelle [prénoms et nom]

Je suis né(e) le [date de naissance]

Je suis informé(e) que j'ai le droit d'être entendu(e), par le juge ou par une personne désignée par lui, pour que mes sentiments soient pris en compte pour l'organisation de mes relations avec mes parents qui souhaitent divorcer.

Je suis informé(e) que j'ai le droit d'être assisté(e) d'un avocat.

Je suis informé(e) que je peux être entendu(e) seul(e), avec un avocat ou une personne de mon choix et qu'il sera rendu compte de cette audition à mes parents.

J'ai compris que, suite à ma demande, un juge sera saisi du divorce de mes parents.

Je souhaite être entendu(e) :

☐ OUI ☐ NON

Date

Signature de l'enfant

Art. 2 Le présent arrêté entre en vigueur le 1er janvier 2017.

Art. 1144-1 La convention de divorce par consentement mutuel par acte sous signature privée contresigné par avocats précise le nom du notaire ou de la personne morale titulaire de l'office notarial chargé de recevoir l'acte en dépôt au rang de ses minutes.

Art. 1144-2 La convention de divorce mentionne, le cas échéant, que l'information prévue au 1° de l'article 229-2 du code civil n'a pas été donnée en l'absence de discernement de l'enfant mineur concerné.

Art. 1144-3 La convention de divorce précise la valeur des biens ou droits attribués à titre de prestation compensatoire.

Lorsque ceux-ci sont soumis à la publicité foncière, l'attribution est opérée par acte dressé en la forme authentique devant notaire, annexé à la convention.

Art. 1144-4 La convention de divorce qui fixe une pension alimentaire ou une prestation compensatoire sous forme de rente viagère rappelle les modalités de recouvrement et les règles de révision de la créance ainsi que les sanctions pénales encourues en cas de défaillance.

DALLOZ PRATIQUE[S] *Divorce - Pension alimentaire : évaluation ; Divorce - Pension alimentaire : fiscalité ; Divorce - Pension alimentaire : révision ; Divorce - Prestation compensatoire : évaluation ; Divorce - Prestation compensatoire : fiscalité ; Divorce - Prestation compensatoire : révision.*

Art. 1144-5 La convention de divorce fixe la répartition des frais de celui-ci entre les époux sous réserve de l'application des dispositions de *(Décr. nº 2020-1717 du 28 déc. 2020, art. 181-3º, en vigueur le 1er janv. 2021)* « l'article 123 du décret n° 2020-1717 du 28 décembre 2020 » lorsque l'un des époux bénéficie de l'aide juridictionnelle. — *V. Décr. nº 2020-1717 du 28 déc. 2020, art. 123. -* ***C. pr. civ.***

A défaut de précision de la convention, les frais du divorce sont partagés par moitié.

Art. 1145 La convention de divorce est signée *(Décr. nº 2019-1380 du 17 déc. 2019, art. 8-4º)* « ensemble, » par les époux et leurs avocats *(Décr. nº 2019-1380 du 17 déc. 2019, art. 8-4º)* « réunis à cet effet » ensemble, en trois exemplaires *(Décr. nº 2019-1380 du 17 déc. 2019, art. 8-4º)* « ou, dans les mêmes conditions, par signature électronique ».

Le cas échéant, y sont annexés le formulaire signé et daté par chacun des enfants mineurs, l'état liquidatif de partage en la forme authentique et l'acte authentique d'attribution de biens soumis à publicité foncière.

Chaque époux conserve un original de la convention accompagné, *(Décr. nº 2019-1380 du 17 déc. 2019, art. 8-4º)* « selon le cas », de ses annexes et revêtu des quatre signatures. Le troisième original est destiné à son dépôt au rang des minutes d'un notaire.

Le cas échéant, un quatrième original est établi, dans les mêmes conditions, pour permettre la formalité de l'enregistrement.

(Décr. nº 2020-1201 du 30 sept. 2020, art. 2-3º, en vigueur le 1er janv. 2021) « Un original supplémentaire est établi, dans les mêmes conditions, lorsque la convention de divorce *(Décr. nº 2022-259 du 25 févr. 2022, art. 1er)* « fixe une contribution à l'entretien et à l'éducation de l'enfant sous la forme d'une pension alimentaire en tout ou partie en numéraire et ne mentionne pas le refus des deux parents de mettre en place l'intermédiation financière du versement de cette pension conformément au 1° du *[ancienne rédaction : prévoit l'intermédiation financière mentionnée au]* » II de l'article 373-2-2 du code civil. » *(Décr. nº 2022-259 du 25 févr. 2022, art. 1er)* « Cet original supplémentaire est destiné à être transmis aux organismes débiteurs des prestations familiales par l'avocat du parent créancier, ainsi que les autres informations mentionnées à l'article R. 582-4-1 du code de la sécurité sociale, dans les conditions fixées par cet article. »

Sur l'entrée en vigueur des dispositions issues du Décr. nº 2022-259 du 25 févr. 2022, V. ndlr ss. art. 1074-2 C. pr. civ. supra.

BIBL. ▶ JARIEL, *JCP 2017. 660, nº 8* (une nouvelle naissance pour l'acte d'avocat).

Art. 1146 La convention de divorce et ses annexes sont transmises au notaire, à la requête des parties, par l'avocat le plus diligent, aux fins de dépôt au rang des minutes du notaire, dans un délai de sept jours suivant la date de la signature de la convention.

Lorsqu'elles sont rédigées en langue étrangère, la convention et ses annexes sont accompagnées d'une traduction effectuée par un traducteur habilité au sens de l'article 7 du décret n° 2007-1205 du 10 août 2007.

Le dépôt de la convention intervient dans un délai de quinze jours suivant la date de la réception de la convention par le notaire.

Sur la signature, V. Circ. 26 janv. 2017, fiches nos 5 s., ss. C. civ., art. 229-4.

FORM. PR. CIV. *Transmission de la convention de divorce et de ses annexes au notaire à fin de dépôt au rang des minutes (C. civ., art. 229-1, C. pr. civ., art. 1146).*

Langue de la convention. Aux termes de l'art. 2 Const. : « La langue de la République est le français. (...) » Si, en vertu de ces dispositions, et ainsi que l'a jugé le Conseil constitutionnel, l'usage du français s'impose aux personnes morales de droit public et aux personnes de droit privé dans l'exercice d'une mission de service public ainsi que dans les relations entre les particuliers et les administrations et services publics, il ne s'en déduit en revanche pas d'obligation d'usage du français dans les relations de droit privé. L'art. 5 de la L. du 4 août 1994 relative à l'emploi de la langue française n'impose l'usage du français que pour les « contrats auxquels une personne morale de droit public ou une personne privée exécutant une mission de service public sont parties ». Ni l'art. 1er de cette loi ni l'art. 111 de l'Ord. du 25 août 1539 sur le fait de la justice, dite ordonnance de Villers-Cotterêts, n'ont pour effet d'imposer l'usage du français dans les relations de droit privé. Par suite, l'art. 1146 issu du décret attaqué ne méconnaît pas ces dispositions en n'imposant la traduction en français de la convention de divorce et de ses annexes que pour sa transmission aux fins de dépôt au rang des minutes du notaire et non dès sa signature par les époux et par leurs avocats, dont l'activité de conseil dans le cadre de cette procédure n'a, en tout état de cause, pas le caractère d'une mission de service public. • CE 14 juin 2018, n° 408261 : *Gaz. Pal. 3 juill. 2018, 14, obs. Labbé.*

Art. 1146-1 *(Abrogé par Décr. n° 2022-259 du 25 févr. 2022, art. 1er) (Décr. n° 2020-1201 du 30 sept. 2020, art. 2-4°, en vigueur le 1er janv. 2021)* ***L'avocat du créancier transmet à l'organisme débiteur des prestations familiales un exemplaire de la convention mentionnée au 3° de l'article 373-2-2 du code civil qui prévoit l'intermédiation financière mentionnée au II de ce même article ainsi qu'une attestation de dépôt délivrée par le notaire. Il en informe la partie qu'il assiste.***

Il lui transmet également les informations strictement nécessaires à l'instruction et à la mise en œuvre de l'intermédiation financière mentionnées aux 1°, 2°, 5°, 7° et 8° de l'article 1074-4 ainsi que celles qui suivent :

1° L'identité de l'avocat et ses coordonnées ;

2° Les date et nature du titre qui prévoit l'intermédiation financière ;

3° Après accord des parents, les coordonnées bancaires respectives du parent débiteur et du parent créancier qui figurent sur un relevé d'identité bancaire ou postal, datant de moins de trois mois, remis par le parent débiteur et le parent créancier pour faciliter l'instruction du dossier d'intermédiation financière.

Ces informations sont transmises par voie dématérialisée par l'avocat du créancier, dans un délai de sept jours à compter de la réception de l'attestation de dépôt.

Sur l'entrée en vigueur des dispositions issues du Décr. n° 2022-259 du 25 févr. 2022, V. ndlr ss. art. 1074-2 C. pr. civ. supra.

Art. 1147 Mention du divorce est portée en marge de l'acte de mariage ainsi que de l'acte de naissance de chacun des époux, à la requête de l'intéressé ou de son avocat, au vu d'une attestation de dépôt délivrée par le notaire. L'attestation mentionne l'identité des époux et la date du dépôt.

Si le mariage a été célébré à l'étranger et en l'absence d'acte de mariage conservé par un officier de l'état civil français, mention du divorce est portée en marge de l'acte de naissance de chacun des époux, si cet acte est conservé sur un registre d'état civil français. A défaut, l'attestation de dépôt est conservée au répertoire mentionné à l'article 4-1 du décret du 1er juin 1965 portant création d'un service central d'état civil au ministère des affaires étrangères.

Toutefois, cette mention ne peut être portée en marge de l'acte de naissance d'un Français qu'après transcription sur les registres de l'état civil de l'acte de mariage célébré par l'autorité étrangère à compter du 1er mars 2007.

Sur les mentions devant figurer sur les actes de l'état civil, V. Circ. 26 janv. 2017, Annexe 3, et fiche n° 7, ss. C. civ., art. 229-4.

Art. 1148 Il est justifié, à l'égard des tiers, du divorce par consentement mutuel prévu à l'article 229-1 du code civil par la production d'une attestation de dépôt délivrée par le notaire ou d'une copie de celle-ci.

Art. 1148-1 Les mainlevées, radiations de sûretés, mentions, transcriptions ou publications rendues nécessaires par le divorce prévu à l'article 229-1 du code civil sont valablement faites au vu de la production, par tout intéressé, d'une copie certifiée conforme de la convention de divorce et, le cas échéant, de ses annexes ou d'un de leurs extraits.

Art. 1148-2 Dès qu'un enfant mineur manifeste son souhait d'être entendu par le juge dans les conditions prévues à l'article 388-1 du code civil, la juridiction peut être saisie selon les modalités prévues aux articles 1088 à 1092.

Les époux peuvent également, jusqu'au dépôt de la convention de divorce au rang des minutes d'un notaire, saisir la juridiction d'une demande de séparation de corps ou de divorce judiciaire dans les conditions prévues aux articles 1106 et 1107.

V. Circ. 26 janv. 2017, fiche n° 3, ss. C. civ., art. 229-4.

Art. 1148-3 *(Décr. n° 2019-1380 du 17 déc. 2019, art. 8-5°)* Les dispositions du présent chapitre sont applicables aux séparations de corps par acte sous signature privée contresigné par avocats, déposé au rang des minutes d'un notaire.

Décret n° 2019-1333 du 11 décembre 2019,

Réformant la procédure civile.

Art. 55 I. – Le présent décret entre en vigueur le 1er janvier 2020. Il est applicable aux instances en cours à cette date. – *Annulé par *CE, 6e et 5e ch. réun., 22 sept. 2022, nos 436939 et 437002.*

II. – Par dérogation au I, les dispositions *(Décr. n° 2020-1452 du 27 nov. 2020, art. 5)* « de l'article 3 » s'appliquent aux instances introduites devant les juridictions du premier degré à compter du 1er janvier 2020. Les dispositions des articles 5 à 11, *(Décr. n° 2019-1419 du 20 déc. 2019, art. 22-I)* « le 1° de l'article 14, les 2°, 12°, 14° et 17° à 19° de l'article 16, le 2° de l'article 20, le 2° de l'article 21, les 1° et 2° de l'article 24, le 18° de l'article 29, les 2° et 7° de l'article 32, le 5° de l'article 36, l'article 39, le 2° de l'article 40 et le 4° de l'article 50, » ainsi que les dispositions des articles 750 à 759 du code de procédure civile, *(Décr. n° 2019-1419 du 20 déc. 2019, art. 22-I)* « des 3° et 6° de son article 789 » et de ses articles 818 et 839, dans leur rédaction résultant du présent décret, sont applicables aux instances introduites à compter du 1er janvier 2020. – *Partiellement annulé par *CE, 6e et 5e ch. réun., 22 sept. 2022, nos 436939 et 437002.*

III. – Par dérogation au II, jusqu'au *(Décr. n° 2020-1641 du 22 déc. 2020, art. 1er)* « 1er juillet 2021 *[ancienne rédaction : 1er janvier 2021]* », dans les procédures soumises, au 31 décembre 2019, à la procédure écrite ordinaire, la saisine par assignation de la juridiction et la distribution de l'affaire demeurent soumises aux dispositions des articles 56, 752, 757 et 758 du code de procédure civile dans leur rédaction antérieure au présent décret.

Jusqu'au *(Décr. n° 2020-1641 du 22 déc. 2020, art. 1er)* « 1er juillet 2021 *[ancienne rédaction : 1er janvier 2021]* », les assignations demeurent soumises aux dispositions de l'article 56 du code de procédure civile, dans sa rédaction antérieure au présent décret, dans les procédures au fond suivantes :

1° Celles prévues aux articles R. 202-1 et suivants du livre des procédures fiscales ;

2° Celles prévues au livre VI du code de commerce devant le tribunal judiciaire ;

3° Celles diligentées devant le tribunal paritaire des baux ruraux.

(Décr. n° 2020-1641 du 22 déc. 2020, art. 1er) « IV. – Les dispositions du III ne sont pas applicables aux procédures prévues aux sous-sections 3 et 4 de la section 2 du chapitre V du titre I du livre troisième du code de procédure civile. »

1. Annulation du I de l'art. 55. Le I de l'art. 55 du Décr. n° 2019-1333 du 11 déc. 2019 est annulé ; les effets produits par les procédures et décisions affectées, entre le 13 déc. 2019 et le 1er janv. 2020, par l'annulation du I de l'art. 55 sont définitifs, sous réserve des actions engagées à la date de la présente décision. • CE, 6e et 5e ch. réun., 22 sept. 2022, nos 436939 et 437002.

2. Annulation partielle du II de l'art. 55. Le II de l'art. 55 du Décr. n° 2019-1333 du 11 déc. 2019 est annulé en tant qu'il ne mentionne pas les art. 760 à 768 C. pr. civ., dans leur rédaction issue de son art. 4, parmi les dispositions faisant l'objet d'une application aux instances introduites à compter du 1er janv. 2020. • CE, 6e et 5e ch. réun., 22 sept. 2022, nos 436939 et 437002, préc.

Circulaire du 25 mars 2019,

De présentation des entrées en vigueur des dispositions civiles de la loi n° 2019-222 du 23 mars 2019 de programmation 2018-2022 et de réforme pour la justice.

I. Dispositions dont l'entrée en vigueur est immédiate, sans mesures d'application nécessaires

....

D. *Dispositions concernant les majeurs protégés*

....

L'article 10 modifie les règles applicables au majeur protégé qui souhaite se marier, se pacser ou divorcer (Annexe 8). Le mariage ou le Pacs n'ont plus à être autorisés mais les personnes chargées de la mesure de protection auront la possibilité de s'y opposer si les circonstances l'exigent. L'article 1399 du code civil est modifié pour permettre à la personne chargée de la mesure de protection d'être autorisée à conclure seule une convention matrimoniale pour préserver les intérêts du majeur protégé.

....

E. *Dispositions en matière familiale*

L'article 24 a pour objet d'étendre le dispositif du divorce par consentement mutuel par acte sous signature privée contresigné par avocat et déposé au rang des minutes du notaire à la séparation de corps par consentement mutuel.

L'article 25 permet le recours à l'acte et à la signature électroniques pour le divorce par consentement mutuel et la séparation de corps par consentement mutuel par acte sous signature privé contresigné par avocat et déposé au rang des minutes d'un notaire. L'obligation de signer la convention en présence physique des parties et des avocats en même temps pour garantir la réalité du consentement de tous est rappelée par le texte.

L'article 31 prévoit des mesures destinées à améliorer la mise en œuvre effective des décisions en matière familiale : médiation post-sentencielle (disposition à combiner avec celles de l'article 3), astreinte, amende civile, recours à la force publique sur réquisitions du parquet (Annexe 12). Aucune mesure d'application n'est nécessaire.

....

III. Dispositions dont l'entrée en vigueur est différée

....

D. *Dispositions concernant la procédure de divorce*

Ndlr : Les modifications issues des art. 22 et 23 de la L. n° 2019-222 du 23 mars 2019 entrent en vigueur le 1er janv. 2021 (L. préc., art. 109, mod. par L. n° 2020-734 du 17 juin 2020, art. 25 ; Décr. n° 2020-950 du 30 juill. 2020, art. 4).

L'article 22 a pour objet de réformer et de simplifier la procédure applicable aux divorces contentieux. Il n'y aura plus qu'un seul acte de saisine qui pourra ne pas mentionner le fondement de la demande en divorce. La mention de la demande en divorce pour faute sera même impossible dans la saisine et ne pourra pas être faite avant les premières conclusions au fond. La saisine devra aussi mentionner de nouveaux éléments tels que la possibilité de recourir à la procédure participative.

Le juge tiendra dès le début de la procédure une audience pour orienter le dossier et statuer, le cas échéant, sur les mesures provisoires. Cette audience se tiendra, sauf si les parties (ou la seule partie constituée), s'accordent pour y renoncer. La nouvelle procédure permettra que les échanges au fond puissent démarrer immédiatement après la saisine ou après l'ordonnance sur les mesures provisoires. Il est créé la possibilité d'accepter le principe du divorce sur le fondement de l'article 233 du code civil par acte sous signature privée contresigné par avocats. L'article 238 est modifié pour tenir compte de l'unification des différentes phases procédurales. La date des effets du divorce est désormais fixée, à défaut de report, à la date de la demande en divorce selon le nouvel article 262-1. D'autres articles sont adaptés à cette nouvelle procédure notamment pour que les termes "d'ordonnance de non-conciliation" ne soient plus utilisés.

Ces dispositions entreront en vigueur à la date fixée par le décret d'application portant sur la procédure de divorce contentieuse et au plus tard le 1er septembre 2020 *[1er janv. 2021]*.

L'article 23 réduit le délai caractérisant l'altération définitive du lien conjugal de l'article 238 du code civil de deux ans à un an. Il entrera en vigueur à la date fixée par le décret d'application pour la procédure de divorce contentieuse et au plus tard le 1er septembre 2020 *[1er janv. 2021]*.

....

ANNEXES

ANNEXE 8

AUTONOMIE DES MAJEURS POUR LES ACTES PERSONNELS – AUTORISATION PRÉALABLE DU JUGE ET DROIT D'OPPOSITION DE LA PERSONNE CHARGÉE DE LA PROTECTION

L'article 10 de la loi de programmation 2019-2022 et de réforme pour la justice renforce l'autonomie de la volonté des majeurs protégés pour les actes personnels que sont le mariage, le partenariat civil de solidarité et le divorce.

A l'autorisation préalable du juge sera substitué un droit d'opposition élargi de la personne chargée de la mesure de protection si elle estime que l'acte est contraire aux intérêts du majeur.

I. Présentation de la réforme

◆ *Les contradictions du droit antérieur*

L'article 415 du code civil énonce que la protection juridique des majeurs est "instaurée et assurée dans le respect des libertés individuelles, des droits fondamentaux et de la dignité de la personne. [...] Elle favorise, dans la mesure du possible l'autonomie de celle-ci."

Dans le prolongement de cette affirmation, l'article 459 du code civil fait primer l'autonomie du majeur protégé et crée une présomption de capacité de celui-ci, pour les actes relatifs à sa personne.

Pourtant, l'autorisation préalable du juge des tutelles était nécessaire pour permettre aux majeurs en curatelle ou en tutelle de se marier *[Article 460 du code civil]*, aux majeurs en tutelle de conclure un partenariat civil de solidarité *[Article 462 du code civil]* ou de divorcer *[Article 249 du code civil]*. La personne en curatelle ne pouvait pas souscrire de partenariat civil de solidarité *[Article 461 du code civil]* ou exercer l'action en divorce pour acceptation du principe de la rupture du mariage *[Article 249-4 du code civil]*.

◆ *La conciliation de l'autonomie et de la protection due aux majeurs*

L'article 10 concrétise la liberté pour les majeurs de choisir leur conjoint, sans pour autant éluder le besoin de protection. Les autorisations délivrées préalablement par le juge ou le curateur en matière de tutelle et de curatelle relevaient d'un régime de contrôle *a priori* qui imposait en outre d'entendre l'entourage du majeur protégé souhaitant se marier, ce qui constitue autant d'entrave disproportionnée à l'exercice de leur liberté individuelle. Les nouvelles dispositions aboutissent à instaurer un *dispositif équilibré d'opposition*, lorsque le tuteur ou le curateur estime nécessaire de protéger le majeur au-delà de la seule question patrimoniale.

► En matière de mariage

Les majeurs protégés ne pourront déposer leur dossier de mariage en mairie qu'après avoir informé la personne chargée de la protection de leur projet, donc avant la publication des bans afin de permettre à celle-ci d'apprécier les intérêts de la personne protégée à cette union. Lorsqu'elle considérera que le projet n'est pas conforme aux intérêts de la personne protégée, elle pourra faire usage de son droit d'opposition qui est élargi pour être aligné sur celui des parents, étant observé que le droit d'opposition de la famille du majeur reste entier. L'opposition régulièrement faite empêchera la célébration du mariage par l'officier d'état civil à la date prévue. La durée de l'opposition est d'une année, mais peut être renouvelée *[Sauf le cas de l'art. 173 al. 2 : cas d'une opposition faite par un ascendant et dont la main levée a été ordonnée judiciairement]*. En cas d'opposition, les époux pourront en solliciter la main levée auprès du tribunal de grande instance *[Saisine du TGI par assignation, représentation par avocat obligatoire et jugement en formation collégiale]* qui devra statuer dans les 10 jours *[Article 177 du code civil]*.

Lorsque la personne chargée de la mesure de protection estimera que le mariage risque de porter atteinte aux seuls intérêts financiers du majeur, elle pourra saisir le juge aux fins d'être autorisée à conclure seule, au nom du majeur, une convention matrimoniale en vue de préserver ses intérêts *[Art. 10, 10° modifiant l'art. 1399 C. civ.]* qui peuvent exiger un régime différent du régime légal de communauté de biens réduite aux acquêts.

► En matière de partenariat civil de solidarité

Les majeurs en tutelle souhaitant se pacser pourront le faire sans solliciter l'autorisation préalable du juge des tutelles mais devront être assistés de leur tuteur pour la signature de la convention de Pacs.

► En matière de divorce

Par effet de symétrie, il est important d'ouvrir aux majeurs protégés la possibilité de divorcer selon une procédure pacifiée. Le majeur protégé pourra accepter seul, sans assistance et malgré un système de représentation à son profit, le principe de la rupture du mariage, sans considération des faits à l'origine de celle-ci *[Art. 249-1 abrogé et art. 249-4]*.

Le majeur en curatelle exercera l'action lui-même, avec l'assistance de son curateur. Le majeur en tutelle sera, pour exercer l'action, représenté par son tuteur *[Art. 249]*. Enfin, lorsqu'une demande de protection aura été déposée, aucune demande en divorce ne pourra être examinée avant la décision du juge des tutelles *[Art. 249-3]*.

II. Entrée en vigueur

Ces nouvelles dispositions entrent immédiatement en vigueur et appellent une attention particulière pour les demandes en cours.

◆ *Application aux dossiers de mariage déposés postérieurement à l'entrée en vigueur de la loi*

Les dossiers de mariage déposés en mairie postérieurement à l'entrée en vigueur de la loi devront contenir le justificatif de l'information de la personne chargée de la protection par le majeur pour pouvoir être considérés comme complet. L'information délivrée aux personnes chargées de la mesure de protection devra porter sur la possibilité qu'elles ont de former opposition au mariage dans les conditions de l'article 175 du code civil. Une dépêche à destination des officiers de l'état civil sera rédigée par le bureau du droit des personnes et de la famille.

◆ *Application aux dossiers de mariage déposés antérieurement à l'entrée en vigueur de la loi*

Ces dispositions ont vocation à s'appliquer dès le lendemain de la publication de la loi, y compris lorsque le juge a déjà été saisi mais n'a pas encore statué sur la requête. Ces requêtes pourraient faire l'objet d'un non-lieu à statuer sur autorisation, mentionnant d'une part, la possibilité pour la personne chargée de la protection de former opposition au mariage dans les conditions des articles 172 et suivants du code civil, d'autre part, les modalités pratiques de cette opposition.

III. Impact sur les juridictions

Les dispositions issues de l'article 10 ont vocation à concrétiser le principe d'autonomie de la volonté des majeurs. La protection de leurs intérêts, notamment extra-patrimoniaux, demeure, mais est recentrée sur l'initiative de la personne chargée de la protection, uniquement lorsqu'elle est nécessaire. En conséquence, les juridictions seront moins saisies aux fins d'autorisation préalable dans l'exercice de ces droits personnels.

ANNEXE 12

Exécution des décisions en matière familiale

L'article 31 de la loi de programmation 2018-2022 et de réforme pour la justice offre un panel de mesures destinées à favoriser l'exécution des décisions en matière familiale, conçu comme un dispositif gradué.

I. Présentation de la réforme

L'article 31 de la loi de programmation 2018-2022 et de réforme pour la justice intègre, aux articles 373-2, 373-2-6 et 373-2-10 du code civil, de nouvelles mesures afin d'améliorer l'effectivité des décisions en matière familiale : médiation post-sentencielle, astreinte, amende civile et recours à la force publique.

Sont assimilées aux décisions les conventions de divorce par consentement mutuel prenant la forme d'un acte sous signature privée contresigné par avocats déposé au rang des minutes d'un notaire et les conventions homologuées fixant les modalités d'exercice de l'autorité parentale, qui sont mentionnées de façon distincte bien qu'il s'agisse aussi de décisions par cohérence avec les dispositions existantes de l'article 373-2-13 du code civil.

◆ *La médiation pour l'avenir (médiation post-sentencielle)*

L'hypothèse envisagée est celle où le différend parental demeure vif en fin de procédure et laisse craindre des difficultés d'exécution des modalités d'exercice de l'autorité parentale qui seront fixées par la décision, s'agissant d'un transfert de résidence de l'enfant ou de l'exercice du droit de visite et d'hébergement par exemple.

La décision statuant sur les modalités d'exercice de l'autorité parentale met fin à l'instance. La médiation post-sentencielle n'a pas donc pour objectif de fixer ou de modifier les modalités de résidence ou du droit de visite et d'hébergement de l'enfant, celles-ci résultant de la décision elle-même, mais de favoriser l'exécution amiable de la décision statuant sur ces modalités d'exercice de l'autorité parentale, et, le cas échéant, de faciliter les adaptations qui s'avèrent nécessaires en pratique dans la durée.

La lettre des articles 22-2 et 22-3 de la loi n° 95-125 du 8 février 1995 relative à l'organisation des juridictions et à la procédure civile, pénale et administrative constituait un obstacle à la possibilité de recourir à la médiation dans la décision mettant fin à l'instance.

L'article 22-2 de la loi de 1995 évoque en effet la caducité de la mesure de médiation et la poursuite de l'instance si la consignation n'est pas effectuée. L'article 3, I, 3° de la loi de programmation 2018-2022 et de réforme pour la justice précise que ce n'est que lorsque la médiation est ordonnée en cours d'instance que celle-ci est poursuivie à défaut de consignation. Il se déduit de cette nouvelle rédaction que n'est pas exclue par principe la possibilité pour le juge d'ordonner une mesure de médiation dans la décision mettant fin à l'instance.

L'article 22-3 de la loi de 1995 dispose que la durée de la médiation est fixée par le juge sans pouvoir excéder un délai déterminé par décret en Conseil d'État ; il précise également que le juge peut renouveler la mission de médiation, et y mettre fin avant l'expiration du délai qu'il a fixé, d'office ou à la demande du médiateur ou de l'une des parties. Cela implique donc que le juge demeure saisi du dossier pendant cette durée. L'article 3, I, 4°, de la loi de programmation 2018-2022 et de réforme pour la justice ajoute que ces dispositions ne sont pas applicables lorsque le juge ordonne la médiation dans la décision statuant définitivement sur les modalités d'exercice de l'autorité parentale.

Les 3° et 4° du I de l'article de la loi de programmation 2018-2022 et de réforme pour la justice apportent donc les modifications permettant de ne pas restreindre la médiation familiale judiciaire à une instance en cours.

Les ajouts portés, par l'article 31 de la loi de programmation et de réforme, à l'article 373-2-10 du code civil, constituent une mise en lumière, dans un texte relatif à l'intervention du juge aux affaires familiales en cas de séparation parentale, de la suppression de ces obstacles résultant du texte de la loi de 1995.

Dès lors, le juge aux affaires familiales, qui videra sa saisine dans sa décision en statuant sur les modalités d'exercice de l'autorité parentale, pourra, afin de favoriser et d'accompagner la bonne exécution de sa décision :

— ordonner une médiation pour l'avenir, sur accord des parties, en désignant un médiateur ;

— enjoindre aux parties de rencontrer un médiateur pour un entretien informatif sur l'objet et le déroulement d'une mesure de médiation, en vue de lever les éventuelles réticences des parties et ainsi de les encourager à y recourir.

Dans les deux hypothèses, la décision dessaisit le juge, le dossier est clôturé et aucune nouvelle date d'audience n'a à être fixée.

Si, au terme de la médiation ou de l'entretien d'information sur la médiation, l'une ou l'autre des parties, ou les deux, souhaitent une modification des modalités d'exercice de l'autorité parentale fixée par la décision, il appartiendra le cas échéant à la partie la plus diligente de saisir le juge aux affaires familiales d'une demande modificative, dans les conditions de droit commun, notamment pour survenance d'un élément nouveau.

◆ *Des sanctions pécuniaires civiles*

1 L'astreinte

Actuellement, la pratique admet déjà que les articles du code des procédures civiles d'exécution relatifs à l'astreinte puissent trouver application en matière familiale, s'agissant des mesures relatives aux époux dans le cadre d'une procédure de divorce, mais aussi des mesures relatives aux enfants.

Le 1° du II de l'art. 31 de la loi de programmation 2018-2022 et de réforme pour la justice prévoit cette possibilité à l'article 373-2-6 du code civil, c'est-à-dire dans un texte spécifique à l'intervention du juge aux affaires familiales en matière d'exercice de l'autorité parentale, afin de l'intégrer dans le dispositif d'ensemble destiné à améliorer l'effectivité des décisions du juge aux affaires familiales.

Le texte précise que l'astreinte peut assortir tant la décision du JAF qui l'ordonne qu'une décision antérieure, y compris s'il s'agit d'une décision étrangère à condition qu'elle ait un caractère exécutoire en France. Néanmoins, s'il s'agit d'une décision antérieure, compte tenu de la connaissance moins immédiate du contexte de cette décision, une condition supplémentaire est exigée : l'astreinte doit apparaître comme nécessaire pour favoriser l'exécution.

La condamnation à une astreinte intervient nécessairement après inexécution, par conséquent dans une décision postérieure distincte de celle qui a été inexécutée. Mais l'astreinte peut également assortir la décision dont le juge aux affaires familiales souhaite garantir l'exécution.

L'astreinte peut donc faire l'objet d'une demande principale voire exclusive, après inexécution, ou d'une demande accessoire à une demande relative aux modalités d'exercice de l'autorité parentale et/ou à la contribution et à l'entretien de l'enfant.

Elle peut également être ordonnée d'office.

Le régime de l'astreinte demeure soumis aux articles L. 131-2 à L. 131-4 du code des procédures civiles d'exécution, auxquels la nouvelle disposition renvoie expressément, s'agissant notamment de la nature provisoire ou définitive de l'astreinte, de son montant, qui tient compte du comportement de celui à qui l'injonction a été adressée et des difficultés qu'il a rencontrées pour l'exécuter, et de sa liquidation, qui reste de la compétence du juge de l'exécution, sauf si le juge aux affaires familiales qui l'a ordonnée reste saisi de l'affaire ou s'est expressément réservé le pouvoir de liquider l'astreinte prononcée.

L'article L. 131-1 du même code n'étant pas mentionné, la compétence du juge de l'exécution pour assortir d'une astreinte une décision rendue par un autre juge est écartée, par exception, compte tenu de la compétence particulière dévolue au juge aux affaires familiales par le nouvel alinéa 4 de l'article 373-2-6 du code civil.

2 L'amende civile

Le 2° du II de l'art. 31 de la loi de programmation 2018-2022 et de réforme pour la justice crée, au même article 373-2-6 du code civil, une nouvelle hypothèse d'amende civile lorsqu'un parent fait délibérément obstacle de façon grave ou renouvelée à l'exécution d'une décision.

Le caractère délibéré de l'inexécution doit être relevé, de même que la gravité ou le caractère renouvelé de l'inexécution.

La condamnation à une amende civile intervient nécessairement après inexécution, et par conséquent dans une décision ultérieure ; elle sanctionne à la fois l'inexécution acquise et tend, le cas échéant, à une meilleure exécution de la nouvelle décision si la demande de condamnation à une amende civile est accessoire à une demande principale en modification des modalités d'exercice de l'autorité parentale.

L'adverbe "également" employé au nouvel alinéa cinquième de l'article 373-2-6 du code civil rapprochant le régime de l'amende civile de celui prévu pour l'astreinte à l'alinéa précédent, l'amende civile peut, comme l'astreinte, être prononcée d'office par le juge, saisi après inexécution d'une demande modificative.

Le montant de l'amende civile sera à évaluer en fonction de la gravité et/ou de la fréquence de l'inexécution, ainsi que des facultés financières du débiteur auquel l'inexécution est imputable, dans la limite du montant de 10 000 €, qui correspond aumontant d'autres amendes civiles.

3 Éléments communs

L'emplacement des dispositions relatives à l'astreinte et à l'amende civile montre que ces mesures ne sont pas circonscrites aux hypothèses où l'enjeu est le maintien des liens entre l'enfant et l'un de ses parents mais qu'elles peuvent sanctionner l'inexécution tant des dispositions relatives à la résidence de l'enfant ou au droit de visite que des dispositions relatives à la remise du carnet de santé ou du passeport par exemple, ou à la contribution à l'éducation et à l'entretien de l'enfant.

Ces sanctions pécuniaires civiles ne portent pas atteinte au principe non bis in idem au regard de la possibilité parallèle de sanction pénale, en cas de non-représentation d'enfant ou d'abandon de famille par exemple, puisque les deux catégories de sanctions n'ont pas la même finalité. La sanction civile, même pour l'amende civile dont le produit revient au Trésor public et non à la victime de l'inexécution, sanctionne l'inexécution de la décision dans l'intérêt d'une partie privée et de l'enfant, alors que la sanction pénale réprime la violation de l'ordre public que constitue le non-respect d'une décision de justice.

La limite de ces sanctions financières est qu'elles sont sans utilité pour inciter les parents impécunieux à exécuter la décision.

◆ *Le recours à la force publique*

Comme en matière de déplacements illicites internationaux (article 34-1 de la loi n° 95-125 du 8 février 1995) et de placements au titre de l'assistance éducative (article 375-3 alinéa du code civil), le I de l'art. 31 de la loi de programmation 2018-2022 et de réforme pour la justice crée une nouvelle possibilité de recours à la force publique pour l'exécution des décisions en matière familiale sous certaines conditions.

La finalité du recours à la force publique assignée par la loi circonscrit d'abord les hypothèses dans lesquelles il peut être sollicité : l'exécution forcée doit permettre le maintien des relations personnelles de l'enfant avec son père ou sa mère. L'exécution forcée concerne donc en pratique la fixation (ou le transfert) de la résidence habituelle de l'enfant, la résidence alternée, ou le droit de visite et d'hébergement.

Même dans ces hypothèses, le recours systématique et immédiat à la force publique en matière familiale est à proscrire : le texte précise expressément qu'il doit être exceptionnel.

Il importe donc qu'une démarche préalable ait échoué à permettre l'exécution : soit une médiation, soit l'un des dispositifs de sanction pécuniaire nouvellement prévus à l'article 373-2-6 du code civil, soit, au moins, qu'une démarche formelle destinée à obtenir l'exécution volontaire ait été réalisée.

Compte tenu des incertitudes quant à la réception effective d'une mise en demeure, un acte d'huissier apparaît utile (sommation de faire ou de ne pas faire ou sommation interpellative). Le procès-verbal dressé faciliterait d'ailleurs, le cas échéant, la mise en œuvre des dispositions pénales ou le prononcé des sanctions pécuniaires civiles à venir applicables en cas d'inexécution d'une décision en matière familiale.

Néanmoins, le choix de recourir à la force publique relève d'une appréciation des circonstances particulières de l'espèce. Le coût de ces mesures préalables pour le parent qui subit la violation des droits fixés par décision de justice est ainsi à prendre en considération.

L'exécution forcée effective de la décision doit évidemment intervenir dans des conditions garantissant la prise en considération de l'intérêt de l'enfant.

C'est la raison pour laquelle le choix de recourir à la force publique relèvera du parquet, compte tenu de son rôle dans le dispositif de protection de l'enfance, de son expérience tirée des précédents des déplacements illicites internationaux et des placements au titre de l'assistance éducative et de sa connaissance de l'éventuel aspect pénal des situations (cas de violences notamment).

II. Entrée en vigueur

Ces dispositions étant d'application immédiate, elles s'appliqueront aux procédures en cours. Ainsi, dès le lendemain de la publication de la loi :

— un juge aux affaires familiales pourra, dans la décision statuant sur les modalités d'exercice de l'autorité parentale et vidant sa saisine, enjoindre aux parties de rencontrer un médiateur ou, sur accord des parties, ordonner une médiation en vue de l'exécution de sa décision ;

— une partie pourra former une demande additionnelle tendant à solliciter du juge qu'il assortisse sa décision d'une astreinte ;

— un juge aux affaires familiales pourra, d'office, assortir un chef de décision d'une astreinte ;

— une partie pourra saisir le juge aux fins de condamnation à une amende civile pour une inexécution postérieure à l'entrée en vigueur de la loi ;

— une partie pourra demander au procureur de la République de requérir le concours de la force publique pour l'exécution d'une décision déjà rendue en matière familiale pour une inexécution postérieure à l'entrée en vigueur de la loi.

Arrêté JUSC2001176A du 9 mars 2020,

Relatif aux modalités de communication de la date de première audience devant le tribunal judiciaire.

CHAPITRE I **DISPOSITIONS GÉNÉRALES** *(Arr. du 22 déc. 2020, art. 1er).*

Art. 1er **Lorsque la demande en justice est formée par assignation devant le tribunal judiciaire, la communication de la date de première audience se fait** *(Abrogé par Arr. du 9 août 2021, art. 1er, à compter du 1er sept. 2021)* **« *par tout moyen et notamment* » selon les modalités prévues au présent arrêté.**

(Arr. du 9 août 2021, art. 1er, en vigueur le 1er sept. 2021) **« Sous réserve des dispositions relatives à la procédure écrite ordinaire prévues au chapitre II, elle se fait par tout moyen. »**

Art. 2 **Lorsque la communication de la date est sollicitée par téléphone ou par télécopie, elle est obtenue auprès du greffe des services civils.**

Art. 3 **La date d'audience peut être obtenue au moyen d'un courrier électronique.**

Elle peut être également communiquée par voie électronique, au moyen du système de communication électronique mentionné à l'arrêté du 28 août 2012 portant application des dispositions du titre XXI du livre I du code de procédure civile aux huissiers de justice.

Elle peut également être communiquée *(Abrogé par Arr. du 9 août 2021, art. 1er, à compter du 1er sept. 2021)* **« *, s'agissant de la procédure de référé,* » au moyen du système de communication électronique mentionné à l'arrêté du 7 avril 2009 relatif à la communication par voie électronique devant les tribunaux judiciaires.**

CHAPITRE II **MODALITÉS DE COMMUNICATION DE LA DATE DE LA PREMIÈRE AUDIENCE EN PROCÉDURE ÉCRITE ORDINAIRE**

(Arr. du 9 août 2021, art. 1er, en vigueur le 1er sept. 2021)

Art. 4 **En procédure écrite ordinaire, la date de l'audience est sollicitée au moyen du système de communication électronique défini par l'arrêté du 7 avril 2009 relatif à la communication électronique devant les tribunaux judiciaires.**

La demande peut toutefois être formée par tout moyen lorsque :

1° Le demandeur, dispensé de l'obligation de représentation, n'a pas constitué avocat ;

2° La date ne peut être demandée par voie électronique pour une cause étrangère à celui qui la sollicite.

Arrêté du 22 décembre 2020,

Modifiant l'arrêté du 9 mars 2020 relatif aux modalités de communication de la date de première audience devant le tribunal judiciaire.

....

ANNEXE

FORMULAIRE PRISE DE DATE

RÉPUBLIQUE FRANÇAISE
MINISTÈRE DE LA JUSTICE

Ce formulaire doit être utilisé pour toute demande de date de première audience relative à la procédure de divorce et de séparation de corps lorsque la transmission de cette date n'aura pas été rendue possible par l'envoi de messages transmis au moyen du système de communication électronique défini par l'arrêté du 7 avril 2009 relatif à la communication électronique devant les tribunaux judiciaires. Cochez la case utile.

☐ ***Divorce***

☐ ***Séparation de corps***

☐ ***Demande de mesures provisoires***

☐ ***Absence de demande de mesures provisoires***

Informations relatives à l'avocat

Maître (nom et prénom) : ____________________

Inscrit au barreau de : ____________________

Adresse : ____________________

Code postal |_|_|_|_|_| *Commune:* ____________________

Adresse courriel : ____________________@____________________

Téléphone : |_|_|_|_|_|_|_|_|_|_|

Bénéficiez-vous de l'aide juridictionnelle ? Oui Non

Si oui indiquez la date de la décision |_|_|_|_|_|_|_|_| ou la date à laquelle la demande a été formulée |_|_|_|_|_|_|_|_|

Identité du demandeur

☐ Madame ☐ Monsieur

Nom (de naissance): ____________________

Nom d'usage (ex. nom d'épouse) ____________________

Prénoms : ____________________

Date et lieu de naissance : |_|_|_|_|_|_|_|_| à ____________________

Nationalité : ____________________ Profession : ____________________

Adresse : ____________________

Code postal |_|_|_|_|_| Commune: ____________________ Pays: ____________________

Adresse courriel : ____________________@____________________

Téléphone : |_|_|_|_|_|_|_|_|_|_|

Identité de défendeur :

☐ Madame ☐ Monsieur

Nom (de naissance): ____________________

Nom d'usage (ex. nom d'épouse) ____________________

Prénoms : ____________________

Date et lieu de naissance : |_|_|_|_|_|_|_|_| à ____________________

Nationalité : ____________________ Profession : ____________________

Adresse : ____________________

Code postal |_|_|_|_|_| Commune: ____________________ Pays: ____________________

Je soussigné(e) (prénom, nom) : certifie sur l'honneur que les renseignements portés sur ce formulaire sont exacts.

Fait à: ____________________ **Le |_|_|_|_|_|_|_|_|**

Signature

COMMENTAIRE

La saga de la « date » communiquée pour assigner. Au départ, tout reposait sur un improbable arrêté, daté du 9 mars 2020, dont la formulation pouvait prêter à sourire, même si le sérieux de la question engendrait finalement plus de regrets que d'amusement. Toutefois, le flou de cet arrêté était tellement grand que la Chancellerie n'a eu d'autre choix que de prendre un nouvel arrêté, ce qui fut fait avec l'arrêté du 22 décembre 2020, juste avant l'entrée en vigueur de la loi le 1er janvier 2021. Ce nouvel arrêté n'a pas abrogé celui du 9 mars 2020, mais l'a transformé. C'est ainsi qu'a été créé un « Chapitre 1 » regroupant les articles 1 à 3 de l'arrêté du 9 mars 2020, et un « Chapitre 2 », spécifique à la communication de la date de la première audience dans les procédures de divorce, lequel réécrit l'article 4 de l'arrêté du 9 mars 2020. On découvre ainsi qu'en matière de divorce, la date est prise de façon électronique. Mais cela ne suffisait pas… Il a donc fallu un nouvel arrêté, daté du 9 août 2021 « relatif aux modalités de communication de la date de première audience en procédure écrite ordinaire devant le tribunal judiciaire » (JO du 11 août 2021, entré en vigueur le 1er sept. 2021), lequel modifie les articles 1 et 3 de l'arrêté du 9 mars 2020, et surtout réécrit totalement le Chapitre 2 créé par l'arrêté du 22 décembre 2020. Désormais, ce Chapitre 2 n'est plus consacré spécifiquement aux procédures de divorce, puisqu'il fixe, de façon générale, les « Modalités de communication de la date de la première audience en procédure écrite ordinaire ». Sans réelle surprise, on y apprend qu'en procédure écrite ordinaire la date d'audience est sollicitée par le RPVA. Par dérogation, la demande peut être faite par tous moyens dans deux cas : lorsque le demandeur n'a pas constitué avocat (procédures sans représentation obligatoire par avocat), et lorsque le RPVA ne fonctionne pas.

Nul doute qu'un jour (lointain) un chercheur en sciences sociales reviendra sur cette curieuse façon de réformer dans le premier quart du XXIe siècle, période pendant laquelle on découvrira que l'art de la légistique a bien souvent disparu pour laisser la place à une forme d'improvisation en mouvement. En attendant, cette façon de faire est épuisante pour les professionnels concernés, même si l'on peut encore en sourire lorsque ces textes successifs sont adoptés avant l'entrée en vigueur des dispositions nouvelles (qui concernent néanmoins des milliers d'avocats tous les jours). En revanche, cela devient réellement dangereux et inacceptable lorsque cette improvisation concerne un texte qui est entré en application sans être corrigé à temps (v., par ex., *infra*, l'article 1107, dernier alinéa, du code de procédure civile qui mériterait d'être étudié dans toutes les écoles pour apprentis législateurs). ☐

B Juge aux affaires familiales

Code de l'organisation judiciaire

Art. L. 213-3 **Dans chaque tribunal** *(L. n° 2019-222 du 23 mars 2019, art. 95, en vigueur le 1er janv. 2020)* **« judiciaire** *[ancienne rédaction : de grande instance]* **», un ou plusieurs magistrats du siège sont délégués dans les fonctions de juge aux affaires familiales.**

Le juge aux affaires familiales connaît :

(L. n° 2009-526 du 12 mai 2009, art. 14-I-1°) **« 1° De l'homologation judiciaire du changement de régime matrimonial, des demandes relatives au fonctionnement des régimes matrimoniaux et des indivisions entre personnes liées par un pacte civil de solidarité ou entre concubins, de la séparation de biens judiciaire, sous réserve des compétences du président du tribunal** *(L. n° 2019-222 du 23 mars 2019, art. 95, en vigueur le 1er janv. 2020)* **« judiciaire** *[ancienne rédaction : de grande instance]* **» et du juge des tutelles des majeurs ;**

« 2° Du divorce, de la séparation de corps et de leurs conséquences, de la liquidation et du partage des intérêts patrimoniaux des époux, des personnes liées par un pacte civil de solidarité et des concubins, sauf en cas de décès ou de déclaration d'absence ;

« 3° Des actions liées :

« *a)* A la fixation de l'obligation alimentaire, de la contribution aux charges du mariage ou du pacte civil de solidarité et de la contribution à l'entretien et à l'éducation des enfants ;

« *b)* A l'exercice de l'autorité parentale ;

« *c)* A la révision de la prestation compensatoire ou de ses modalités de paiement ;

« *d)* Au changement de prénom ; » — *[Anc. art. L. 312-1, al. 1er à 4.] — V. Circ. 16 juin 2010, n° CIV/10/10, reproduite ci-dessous.*

(L. n° 2010-769 du 9 juill. 2010, art. 17) **« *e)* A la protection à l'encontre du conjoint, du partenaire lié par un pacte civil de solidarité ou du concubin violent ou d'un ancien conjoint, partenaire lié par un pacte civil de solidarité ou concubin violent ;**

« *f)* A la protection de la personne majeure menacée de mariage forcé » ;

(L. n° 2019-222 du 23 mars 2019, art. 32) **« 4° Des demandes d'attribution à un concubin de la jouissance provisoire du logement de la famille en application de l'article 373-2-9-1 du code civil. »**

La L. n° 2010-769 du 9 juill. 2010, art. 17, est applicable dans les îles Wallis-et-Futuna, en Polynésie française et en Nouvelle-Calédonie (L. préc., art. 37-I, II et III).

L'art. 14 de la L. n° 2009-526 du 12 mai 2009 est applicable aux demandes en justice formées à compter du 1er janv. 2010. Il est par ailleurs applicable dans les mêmes conditions à Wallis-et-Futuna, dans les Terres australes et antarctiques françaises, en Polynésie française et en Nouvelle-Calédonie (L. préc., art. 14-IV et V).

BIBL. ▶ Buat-Ménard, *AJ fam. 2010. 102* (incertitudes). - Douchy-Oudot, *D. 2010. Pan. 990*. - Fricero, *Gaz. Pal. 23-24 mars 2012, p. 13* (les procédures judiciaires familiales). - Larribau-Terneyre, *Dr. fam. 2009, n° 66* (le JAF devient le juge des intérêts patrimoniaux des concubins et des partenaires). - Massip, *JCP N 2011. 1086* (les nouvelles attributions du JAF en matière de régimes matrimoniaux). - Panet, *AJ fam. 2012. 172* (compétence du JAF en matière de prestations familiales). - Permingeat, *AJ fam. 2013. 280* (les compétences concurrentes du juge des enfants et du juge aux affaires familiales). - Verheyde, *Dr. fam. 2011. Dossier 4* (décisions du juge des tutelles en matière de conflit concernant le choix du lieu de vie ou les relations personnelles du majeur protégé sur le fondement de l'art. 459-2 C. civ.).

▶ **Sur la circulaire du 16 juin 2010 :** Larribau-Terneyre, *Dr. fam. 2011. Étude 5* (les nouvelles compétences du juge aux affaires familiales : cadrage ou verrouillage ?).

1. Compétence du JAF pour les demandes en partage en dehors de tout divorce. Selon l'art. L. 213-3-2°, COJ, le juge aux affaires familiales connaît du divorce, de la séparation de corps et de leurs conséquences, de la liquidation et du partage des intérêts patrimoniaux des époux, des personnes liées par un pacte civil de solidarité et des concubins, sauf en cas de décès ou de déclaration d'absence, de sorte que la compétence spéciale du juge aux affaires familiales pour connaître de la liquidation et du partage des intérêts patrimoniaux des époux, résultant de cet article, n'est pas subordonnée à la séparation des époux, et que l'action par laquelle le créancier personnel d'un indivisaire provoque le partage d'une indivision, exercée au nom de ce dernier, doit être portée devant le juge compétent pour connaître de l'action de ce débiteur : cassation de l'arrêt ayant déclaré le tribunal de grande instance seul compétent. • Civ. 1re. 1er juin 2017, n° 15-28.344 P : *AJ fam. 2017. 487, obs. Casey*.

2. Compétence du JAF pour les créances entre époux : avant, pendant et après le divorce. Selon l'art. L. 213-3-1°, COJ, le juge aux affaires familiales connaît de l'homologation judiciaire du changement de régime matrimonial, des demandes relatives au fonctionnement des régimes matrimoniaux et des indivisions entre personnes liées par un pacte civil de solidarité ou entre concubins, de la séparation de biens judiciaire, sous réserve des compétences du président du tribunal de grande instance et du juge des tutelles des majeurs ; cassation de l'arrêt ayant rejeté une exception de procédure, le mari ayant soulevé l'incompétence du juge d'instance au profit du juge aux affaires familiales, en retenant que les époux peuvent, jusqu'au prononcé du divorce par une décision définitive, faire valoir leurs créances l'un à l'encontre de l'autre lors d'une instance autonome devant le juge compétent, alors que le juge aux affaires familiales est seul compétent pour connaître de la demande qui relève du fonctionnement du régime matrimonial des époux. • Civ. 1re, 12 juill. 2017, n° 16-20.482 P : *AJ fam. 2017. 553, obs. Hilt*.

3. Prestations familiales. Il n'entre pas dans la compétence du JAF de décider au bénéfice de quel parent doit être attribué le droit aux prestations familiales. • Civ. 1re, 30 sept. 2009 : *Dr. fam. 2010. Comm. 11, note Devers* (cassation au visa de l'art. L. 142-1 CSS de l'arrêt de la cour d'appel ayant précisé, alors qu'elle fixait le montant de la contribution à l'entretien et à l'éducation de l'enfant due par le père, après avoir dit que l'enfant résiderait en alternance hebdomadaire chez chacun de ses père et mère, que les prestations familiales restaient versées à la mère).

4. Droit de visite et d'hébergement. Il résulte de la combinaison des art. 375-3 et 375-7, al. 4, C. civ. que, lorsqu'un JAF a statué sur la résidence de l'enfant et fixé le droit de visite et d'hébergement de l'autre parent, le juge des enfants, saisi postérieurement à cette décision, ne peut modifier les modalités du droit de visite et d'hébergement décidé par le JAF que s'il existe une décision de placement de l'enfant au sens de l'art. 375-3, laquelle ne peut conduire le juge des enfants à placer l'enfant chez le parent qui dispose déjà d'une décision du JAF fixant la résidence de l'enfant à son domicile, et que si un fait nouveau de nature à entraîner un danger pour le mineur s'est révélé postérieurement à la décision du JAF. • Civ. 1re, 20 oct. 2021, n° 19-26.152 P : *D. actu. 9 nov. 2021, note Kebir ; D. 2021. 1921 ; Gaz. Pal. 14 déc. 2021, p. 20, note Pierrot-Blondeau et Galvez.*

5. Nom de famille de l'enfant. Le JAF n'est pas compétent pour connaître d'une demande de changement de nom d'un enfant mineur. • Bordeaux, 3 nov. 2008 : *RJPF 06/2009. 17, obs. Corpart.*

6. Régime matrimonial. Il entre dans les pouvoirs du JAF de se prononcer sur le régime matrimonial des époux. • Civ. 1re, 20 mars 2013 : *BICC 15 juill. 2013, n° 1028 ; D. 2013. Actu. 837 ; ibid. 1451, note Le Gac-Pech ; ibid. Pan. 2050, obs. Capitaine ; Gaz. Pal. 2013. 1828, note Gossart.* ♦ A rapprocher notamment : • Civ. 1re, 20 mars 2013 (irrecevabilité). ♦ Sur l'étendue des pouvoirs du JAF en application de l'art. 267 C. civ., relatif à la liquidation et au partage des intérêts patrimoniaux des époux : V. : • Civ. 1re, 7 nov. 2012, n° 11-17.377 P : *D. 2012. 2661 ; ibid. 2013. 591, spéc. 594, chron. Capitaine ; ibid. 798, spéc. 800, obs. Douchy-Oudot ; AJ fam. 2013. 55, obs. P. Hilt ; ibid. 2012. 607, prat. Buat-Ménard ; RTD civ. 2013. 96, obs. Hauser* • 7 nov. 2012, n° 11-10.449 P : *D. 2012. 2661 ; ibid. 2013. 591, spéc. 593, chron. Capitaine ; ibid. 98, spéc. 800, obs. Douchy-Oudot ; AJ fam. 2013. 57, obs. Buat-Ménard ; RTD civ. 2013. 96, obs. Hauser* • 7 nov. 2012, n° 12-17.394 • 11 sept. 2013, n° 12-18.512. ♦ La compétence spéciale du JAF pour connaître de la liquidation et du partage des intérêts patrimoniaux des époux, résultant de l'art. L. 213-3, 2°, COJ, n'est pas subordonnée à la séparation des époux. • Civ. 1re, 1er juin 2017, n° 15-28.344 P : *D. 2017. Actu. 1190 ; ibid. 2012, note Pierre et Pierre-Maurice ; AJ fam. 2017. 487, note Casey ; RTD civ. 2017. 620, obs. Hauser ; LPA 7 févr. 2018, p. 11, obs. Morin et Niel ; Gaz. Pal. 3 oct. 2017, p. 63, note Bautrait-Lottelier.* ♦ Le JAF est seul compétent pour statuer sur les créances entre époux. • Civ. 1re, 12 juill. 2017, n° 16-20.482 : *Gaz. Pal. 9 janv. 2018, p. 60, obs. Sardaby.* ♦ Le JAF connaît de la liquidation et du partage des intérêts patrimoniaux des époux, des personnes liées par un PACS. La liquidation à laquelle il est procédé en cas de divorce englobe tous les rapports pécuniaires entre les parties et il appartient à l'époux qui se prétend créancier de l'autre de faire valoir sa créance selon les règles applicables à la liquidation de leur régime matrimonial lors de l'établissement des comptes s'y rapportant. Il en résulte que le JAF est compétent pour statuer sur l'indivision ayant existé entre les parties avant leur union matrimoniale, les créances nées avant le mariage ayant vocation à être intégrées dans les comptes de liquidation du régime matrimonial. • Civ. 1re, 30 janv. 2019, n° 18-14.150 P : *AJ fam. 2019. 216, note Casey ; RJPF mars 2019, note Dubarry et Fragu ; RLDC juin 2019, note Marcou ; Dr. fam. 2019, n° 80, note Torricelli-Chrifi.*

7. Intérêts patrimoniaux des concubins. Les intérêts patrimoniaux des concubins s'entendent de tous leurs rapports pécuniaires, y compris ceux nés de la rupture du concubinage. Tel est le cas d'une demande d'indemnité d'occupation sans droit ni titre d'un immeuble appartenant à l'un des concubins. • Civ. 1re, 5 avr. 2023, n° 21-25.044 P.

8. Renonciation à l'aide juridictionnelle. Fait une exacte application de l'art. 32 de la L. du 10 juill. 1991 relative à l'aide juridique le premier président qui, après avoir constaté que l'aide juridictionnelle avait été accordée au client de l'avocat postérieurement à la conclusion de la convention d'honoraires, qui stipulait qu'il entendait expressément renoncer à solliciter cette aide, en déduit que cette convention était privée d'effets et que l'avocat ne pouvait, en l'absence de renonciation rétroactive au bénéfice de l'aide juridictionnelle ou de décision de retrait de celle-ci, réclamer à son client une quelconque rémunération au titre des diligences accomplies après la demande d'aide juridictionnelle, peu important que son client ne l'ait pas informé de cette demande. • Civ. 2e, 25 mai 2023, n° 21-21.523 P.

Circulaire n° CIV/10/10 du 16 juin 2010,

Ayant pour objet la présentation de l'article 14 de la loi n° 2009-526 du 12 mai 2009 et du décret n° 2009-1591 du 17 décembre 2009.

Ndlr : à compter du 1er janv. 2020, le tribunal judiciaire est substitué au tribunal de grande instance et au tribunal d'instance (L. n° 2019-222 du 23 mars 2019, art. 95).

BIBL. ▶ DOUCHY-OUDOT, *D. 2011. Pan. 1107*.

MODALITÉS DE DIFFUSION

INTRANET

Par application de la loi n° 2009-526 du 12 mai 2009 de simplification et de clarification du droit et d'allègement des procédures, le juge aux affaires familiales est désormais compétent en matière de liquidation et partage des intérêts patrimoniaux des époux, ainsi que pour les procédures attachées au régime matrimonial et au contentieux relatif au fonctionnement et au partage des indivisions entre concubins ou entre partenaires liés par un pacte civil de solidarité.

Le décret d'application n° 2009-1591 du 17 décembre 2009 relatif à la procédure devant le juge aux affaires familiales en matière de régimes matrimoniaux et d'indivisions crée, dans le code de procédure civile, une section spécifique consacrée aux procédures attachées au régime matrimonial et au contentieux relatif au fonctionnement et au partage des indivisions entre concubins ou entre partenaires liés par un pacte civil de solidarité. Aux termes de ce décret, les règles procédurales antérieures resteront applicables devant le juge aux affaires familiales.

L'objet de la présente circulaire est, d'une part, de présenter les nouvelles compétences du juge aux affaires familiales en matière de liquidation et de partage des intérêts patrimoniaux des époux, et d'autre part, de préciser leur articulation avec les compétences du juge aux affaires familiales en matière de divorce.

1. *Le juge aux affaires familiales, juge de la liquidation et du partage des intérêts patrimoniaux des époux, des procédures attachées au régime matrimonial et du contentieux relatif au fonctionnement et au partage des indivisions entre concubins ou entre partenaires liés par un pacte civil de solidarité*

1.1. L'étendue des nouvelles compétences du juge aux affaires familiales

L'article 14 de la loi du 12 mai 2009 a modifié l'article L. 213-3 du code de l'organisation judiciaire qui liste les compétences du juge aux affaires familiales.

Outre ses attributions antérieures, celui-ci connaît désormais :

— **Des demandes relatives au fonctionnement des régimes matrimoniaux et des indivisions entre partenaires liés par un pacte civil de solidarité ou entre concubins et des demandes relatives à la séparation de biens judiciaire** — Les procédures dévolues au juge aux affaires familiales recouvrent notamment les actions concernant les autorisations et habilitations lorsqu'un des époux ou l'un des coïndivisaires est hors d'état de manifester sa volonté (par ex., C. civ., art. 815-4, 1426 al. 1er, 2405, 2446) ou exprime un refus mettant en péril l'intérêt commun (C. civ., art. 217, 219, 815-5, 2405 et 2446) ; les actions portant sur les difficultés liées à un dysfonctionriement du régime ou de l'indivision (par ex. C. civ., art. 1426 al. 2 et 3, 1580 et 1427) et les actions portant sur la détermination du régime matrimonial. En revanche, les demandes relatives aux indivisions fondées sur les articles 815-6, 815-7 et 815-9 du code civil restent de la compétence du président du tribunal de grande instance, celle-ci étant spécialement prévue.

— **De la liquidation et du partage des régimes matrimoniaux ainsi que des indivisions entre partenaires liés par un pacte civil de solidarité et entre concubins** — Le juge aux affaires familiales est désormais compétent pour le partage de toutes les indivisions quel que soit le montant des sommes en jeu.

Par ailleurs, sous réserve de l'interprétation souveraine des juridictions, la loi visant à renforcer et centraliser les compétences entre les mains du juge aux affaires familiales, sa compétence devrait pourvoir *[pouvoir]* être étendue à toutes les actions d'ordre patrimonial quel que soit leur fondement juridique (enrichissement sans cause, société créée de fait, ...) sauf contentieux spécialement dévolu à un autre juge (par exemple, compétence du juge d'instance en matière de crédit, du tribunal des affaires de la sécurité sociale en matière d'allocations familiales...) et sauf en cas de décès ou de déclaration d'absence. Dans cette dernière hypothèse, la compétence du tribunal de grande instance est conservée pour l'ensemble de la procédure. De même, les actions en responsabilité issues de la rupture fautive du concubinage ne relèvent pas non plus du juge aux affaires familiales dès lors qu'elles ne se rattachent pas au partage de l'indivision.

— **De l'homologation judiciaire du changement de régime matrimonial**

1.2. L'application dans le temps

Les nouvelles dispositions sont applicables aux demandes en justice formées à compter du 1er janvier 2010.

1.3. La compétence territoriale

L'article 1070 du code de procédure civile qui détermine la compétence territoriale du juge aux affaires familiales a vocation à s'appliquer aux nouvelles procédures relevant de sa compétence.

Le décret vise à permettre à un seul juge, le juge aux affaires familiales, de connaître de l'ensemble de la procédure de séparation, tout au long de son déroulement. Le juge qui a prononcé le divorce devrait ainsi être compétent pour liquider le régime matrimonial, sauf si l'un des époux a déménagé.

La demande en séparation de biens, qui obéit aux règles spécifiques de l'article 1292 du code de procédure civile, est portée devant le juge aux affaires familiales de la résidence de la famille.

1.4. La procédure applicable

Le transfert de compétence au juge aux affaires familiales n'entraîne pas de modification de la procédure qui était applicable auparavant devant le tribunal de grande instance (C. pr. civ., art. 1136-1).

— **Les procédures d'homologation de changement de régime matrimonial, d'autorisations et d'habilitations** — Aux termes des articles 1287 et 1301 du code de procédure civile, ces procédures relèvent de la matière gracieuse, sauf lorsque la demande d'autorisation tend à passer outre au refus du conjoint, auquel cas elle relève de la procédure contentieuse régie par les articles 788 à 792. Par conséquent, en dehors de ce cas, la demande est formée par requête, l'affaire est communiquée au ministère public, instruite et jugée en chambre du conseil. Dans tous les cas, la procédure est écrite et la représentation par avocat obligatoire.

— **La liquidation et le partage des régimes matrimoniaux et des indivisions entre personnes liées par un pacte civil de solidarité ou entre concubins, la séparation de biens** — Aux termes de l'article 1136-1 du code de procédure civile issu du décret du 17 décembre 2009, les demandes relatives au fonctionnement, à la liquidation et au partage des régimes matrimoniaux et des indivisions entre personnes liées par un pacte civil de solidarité ou entre concubins obéissent aux règles de la procédure en matière contentieuse devant le tribunal de grande instance. En conséquence, il doit être fait application des articles 750 et suivants du code de procédure civile. Ainsi, le juge aux affaires familiales doit être saisi par **une assignation** (ou par requête conjointe remise au greffe).

Faute d'être prévue par les textes, la saisine par simple requête ou déclaration au greffe se heurte à une fin de non-recevoir devant être relevée d'office par le juge (C. pr. civ., art. 125).

L'article 1136-2 du code de procédure civile dispose en outre que les règles du partage successoral sont applicables au partage des intérêts patrimoniaux des époux, des personnes liées par un pacte civil de solidarité et des concubins. Celles-ci énoncent clairement les conditions de recevabilité de l'assignation en partage : l'assignation doit contenir un descriptif sommaire du patrimoine à partager et préciser les intentions du demandeur quant à la répartition des biens ainsi que les diligences entreprises en vue de parvenir à un partage amiable (C. pr. civ., art. 1360).

Par ailleurs, **la représentation par avocat** est obligatoire et la procédure écrite.

Enfin, ces demandes sont débattues et rendues publiquement conformément à l'article 1136-1 du code de procédure civile, qui déroge spécialement à l'article 1074 du même code (qui prévoit que les demandes devant le juge aux affaires familiales sont formées, instruites et jugées en chambre du conseil).

— **Les demandes incidentes, les moyens de défense et la jonction des dossiers** — L'extension des compétences du juge aux affaires familiales doit conduire à envisager l'hypothèse selon laquelle une action régie par l'une des procédures particulières devant le juge aux affaires familiales, donnerait lieu à un moyen ou une demande incidente relevant d'un autre régime procédural.

Si une partie soulève **un moyen** qui relevait précédemment de la compétence du tribunal de grande instance, le juge sera tenu d'y répondre (C. pr. civ., art. 49). Ainsi, par exemple, dans le cadre d'une procédure en divorce, si à l'occasion du débat sur la prestation compensatoire, la question de la nature du régime matrimonial est évoquée, le juge ne sera plus tenu de surseoir à statuer dans l'attente de la décision du tribunal de grande instance mais devra au contraire trancher la question de la nature du régime matrimonial des époux.

Par ailleurs, **il n'apparaît pas possible de présenter conjointement** une demande de partage judiciaire et une demande relative à l'exercice de l'autorité parentale à l'occasion d'une même instance, faute pour celles-ci de répondre au même régime procédural, qu'il s'agisse de la nature de la procédure — écrite dans un cas et orale dans l'autre — ou de la représentation des parties par un avocat — obligatoire dans un cas et facultative dans l'autre.

De même, il ne paraît pas possible de former une demande de partage judiciaire à l'occasion d'une demande relative à l'exercice de l'autorité parentale ou à la contribution à l'entretien ou l'éducation de l'enfant, quand bien même le juge aux affaires familiales est désormais compétent pour connaître de ces deux demandes. En effet, si tel était le cas, la demande incidente en partage devrait être jugée selon les règles applicables devant le juge aux affaires familiales statuant en matière d'autorité parentale. Cette solution exclurait le bénéfice des règles applicables en matière de partage et notamment, la représentation obligatoire par avocat, les règles de la mise en état, la désignation du juge commis, ou encore le suivi des travaux du notaire désigné, ce qui serait contraire à l'esprit des textes. Ainsi peut-on considérer que, de même qu'une demande en divorce présentée incidemment à une demande de contribution aux charges du mariage se heurterait à une fin de non-recevoir, **une demande en partage présentée à titre incident apparaîtrait devoir être jugée irrecevable**.

2. *La compétence du juge aux affaires familiales en matière de liquidation et de partage des intérêts patrimoniaux des époux : articulation avec la procédure de divorce*

2.1. Les pouvoirs circonscrits du juge prononçant le divorce en matière de liquidation du régime matrimonial

Lorsqu'il prononce le divorce (hors divorce par consentement mutuel et règlement conventionnel), le juge aux affaires familiales est compétent pour intervenir dans les opérations de liquidation et de partage dans trois cas.

En effet, en application de l'article 267 du code civil, **il peut** :

— accorder à l'un des époux ou aux deux une **avance sur sa part de communauté** ou de biens indivis,

— statuer sur les **demandes de maintien dans l'indivision ou d'attribution préférentielle** si les conditions propres à une telle attribution sont réunies,

— statuer sur **tous les désaccords persistants entre les époux** qui lui sont soumis, sous réserve qu'un projet d'état liquidatif contenant des informations suffisantes ait été dressé par un notaire désigné sur le fondement de l'article 255, 10° du code civil.

Si le projet de liquidation établi par le notaire comporte suffisamment d'informations pour permettre au juge de statuer sur les désaccords entre les époux, et que l'un d'eux lui en fait la demande, le juge doit répondre aux prétentions formulées. La décision du juge s'imposera alors au notaire liquidateur qui établira l'acte de partage au vu du projet d'acte liquidatif et de la décision du juge. Ce dernier ne peut débouter les parties de leurs demandes tendant à voir trancher les désaccords persistants qu'en l'absence d'éléments suffisants lui permettant de statuer. Il en sera ainsi, par exemple, si les parties ne produisent pas d'évaluation des biens ou fournissent des évaluations trop anciennes.

— **En prononçant le divorce, le juge vide sa saisine** — Les textes n'autorisent en revanche pas le juge du divorce à statuer sur la liquidation du régime matrimonial des époux en dehors des hypothèses spécialement visées à l'article 267 du code civil, pas plus qu'ils ne lui permettent de désigner un notaire aux fins de procéder aux opérations de liquidation et partage des intérêts patrimoniaux ou de commettre un juge.

— **En l'absence d'accord des parties, aucun texte ne permet au juge aux affaires familiales qui statue sur le divorce de désigner un notaire** — En effet, l'article 1364 du code de procédure civile permettant la désignation d'un notaire et d'un juge commis appartient à la section relative au partage judiciaire, ce dernier débutant par une assignation en partage. Le règlement du régime matrimonial relevant de la volonté des époux, il ne peut leur être imposé la désignation d'un notaire et d'un juge commis. Il convient de relever qu'une telle pratique conduirait à supprimer la phase amiable du partage judiciaire prévue par l'article 1360 du code de procédure civile, ce qui serait contraire aux objectifs poursuivis par la procédure de liquidation. Les parties peuvent s'entendre sur la liquidation et le partage de leurs intérêts patrimoniaux et choisir un notaire commun. Elles peuvent également choisir de rester en indivision si elles ne souhaitent pas partager leurs biens.

De plus, leur désaccord sur le choix du notaire ne peut être considéré comme une source de blocage ou de ralentissement des opérations de liquidation justifiant une désignation judiciaire. En effet, chacun des ex-époux peut choisir son propre notaire sans que les frais liés aux opérations de liquidation et partage ne soient augmentés. L'article 10 du décret n° 78-262 du 8 mars 1978 portant fixation du tarif des notaires prévoit que l'intervention de plusieurs notaires dans la rédaction ou la réception d'un acte n'en augmente pas l'émolument

Ainsi, le juge du divorce pourra seulement constater que les ex-époux souhaitent confier la liquidation de leur régime matrimonial à tel notaire mais en aucun cas procéder à sa désignation.

2.2. Articulation de la procédure en divorce et de la procédure de liquidation et de partage du régime matrimonial

— **La nécessité d'une assignation en partage** — L'élargissement du champ de compétence du juge aux affaires familiales ne modifie pas les règles propres de la liquidation et du partage des intérêts patrimoniaux. Ainsi, le juge statuant sur la liquidation et le partage doit être saisi par voie d'assignation en partage conformément à l'article 1360 du code de procédure civile. Tel est le sens de l'article 267-1 du code civil qui renvoie expressément aux règles du code de procédure civile. Le législateur, en modifiant cet article, a souhaité mettre fin à l'ambiguïté des textes régissant la liquidation et le partage des intérêts patrimoniaux des époux après le prononcé du divorce, notamment sur le mode de saisine du tribunal, à la suite de l'entrée en vigueur de la loi n° 2006-728 du 23 juin 2006 portant réforme des successions et des libéralités et de son décret d'application qui ont aligné cette procédure sur celle du partage des indivisions successorales.

Ainsi, le procès-verbal de difficultés établi par le notaire liquidateur ne saurait valablement saisir le juge, ce mode de saisine n'étant pas prévu par les textes. En revanche, il pourra être versé aux débats et visé dans le bordereau de pièces annexé à l'assignation en partage, afin de constituer la preuve de la tentative de partage amiable, prévue à peine d'irrecevabilité à l'article 1360 du code de procédure civile.

— **La nécessité d'une assignation en partage distincte de l'assignation en divorce** — Le juge appelé à statuer sur les opérations de liquidation et de partage des intérêts patrimoniaux (et non pas seulement sur les désaccords persistants visés à l'article 267, al. 4 du code civil), ne peut en outre pas être saisi par l'assignation en divorce.

Il convient tout d'abord de rappeler qu'en application de l'article 267, le juge du divorce, sauf exceptions, n'a pour mission que d'ordonner la liquidation et le partage des intérêts patrimoniaux des époux. L'autorisation d'assigner prévue par l'article 1113 du code de procédure civile ne fait aucune référence à la possibilité de solliciter la liquidation du régime matrimonial.

De plus, dans le paragraphe consacré à l'instance en divorce, il est rappelé à l'article 1115 du même code que "la proposition de règlement des intérêts pécuniaires des époux contient un descriptif sommaire de leur patrimoine et précise les intentions du demandeur quant à la liquidation de la communauté ou de l'indivision et le cas échéant, quant à la répartition des biens et qu'elle ne constitue pas une prétention au sens de l'article 4 du code de procédure civile". En précisant que la proposition de règlement des intérêts pécuniaires des époux ne constitue pas une prétention déterminant l'objet du litige, il est clairement souhaité que le champ d'intervention du juge du divorce soit limité. A l'exception des demandes fondées sur l'article 267 du code civil, il ne paraît donc pas possible que l'assignation en divorce puisse contenir une demande en partage au sens de l'article 840 du code civil.

Enfin, dans le but de favoriser la pacification des relations des copartageants, le décret du 23 décembre 2006 a prévu que le partage judiciaire ne pouvait intervenir qu'après une tentative de partage amiable. L'article 1360 du code de procédure civile rappelle ainsi que l'assignation en partage précise les diligences entreprises en vue de parvenir à un partage amiable. Il ne serait pas conforme à l'esprit des textes que l'assignation en divorce puisse contenir une demande relative à la liquidation et au partage alors que le régime matrimonial n'est pas dissous et qu'un partage amiable n'a pu être envisagé. Il sera noté que si le juge peut statuer sur les désaccords persistants, c'est en raison du projet liquidatif établi en vertu de l'article 255, 10° du code civil qui implique nécessairement que le partage amiable a échoué. Dans cette hypothèse, la tentative de partage amiable imposée par les textes est donc intervenue.

La demande en partage formée à l'occasion d'une procédure en divorce apparaît donc devoir se heurter à une fin de non-recevoir tirée du défaut d'intérêt actuel à agir.

2.3. Compétence propre du juge dans le cadre de la procédure en liquidation

En cas de désaccord, il appartient à l'un des ex-époux de saisir le juge aux affaires familiales aux fins de partage judiciaire par une assignation (C. pr. civ., art. 1360).

Le juge appliquera les règles propre à la matière successorale.

— **La désignation du notaire et du juge commis** — Dès lors qu'il est saisi pour statuer sur la liquidation et le partage, le juge aux affaires familiales peut, si la complexité des opérations le justifie, désigner un notaire pour procéder aux opérations de partage et commettre un juge pour surveiller ces opérations conformément à l'article 1364 du code de procédure civile. En pratique, dans le cadre des procédures de liquidation, le juge aux affaires familiales, remplissant le rôle du tribunal dans le cadre du partage en matière successoral, exercera lui-même les fonctions de juge commis.

Le recours au notaire et au juge commis n'est pas obligatoire et n'est en pratique nécessaire que si la consistance du patrimoine est importante ou requiert des évaluations particulières, le notaire pouvant s'adjoindre un sapiteur.

Art. L. 213-3-1 *(L. n° 2009-526 du 12 mai 2009, art. 13-II-2°)* **Le juge aux affaires familiales exerce les fonctions de juge des tutelles des mineurs.**

Il connaît :

1° De l'émancipation ;

2° De l'administration légale et de la tutelle des mineurs ;

3° De la tutelle des pupilles de la nation.

L'art. 13 de la L. n° 2009-526 du 12 mai 2009 est entré en vigueur le 1er janv. 2010. Il est par ailleurs applicable à Wallis-et-Futuna et dans les Terres australes et antarctiques françaises (L. préc., art. 13-IV et V).

Art. L. 213-4 **Le juge aux affaires familiales peut renvoyer à la formation collégiale du tribunal** *(L. n° 2019-222 du 23 mars 2019, art. 95, en vigueur le 1er janv. 2020)* **« judiciaire** *[ancienne rédaction : de grande instance]* **» qui statue comme juge aux affaires familiales.**

(L. n° 2009-526 du 12 mai 2009, art. 14-I-2°) **« Ce renvoi est de droit à la demande des parties pour le divorce et la séparation de corps. »**

La formation collégiale comprend le juge qui a ordonné le renvoi. – *[Anc. art. L. 312-1, al. 5.]*

L'art. 14 de la L. n° 2009-526 du 12 mai 2009 est applicable aux demandes en justice formées à compter du 1er janv. 2010. Il est par ailleurs applicable dans les mêmes conditions à Wallis-et-Futuna, aux Terres australes et antarctiques françaises, à la Polynésie française et à la Nouvelle-Calédonie (L. préc., art. 14-IV et V).

Code de procédure civile

Art. 1286 *(Décr. n° 81-500 du 12 mai 1981, art. 5, en vigueur le 1er janv. 1982)* **Les demandes d'autorisation et d'habilitation prévues par la loi, et notamment** *(Décr. n° 2004-1158 du 29 oct. 2004, art. 13-I, en vigueur le 1er janv. 2005)* **« à l'article 217 », au deuxième alinéa de l'article 1426 et aux articles** *(Décr. n° 2021-1888 du 29 déc. 2021, art. 5-VIII, en vigueur le 1er janv. 2022)* **« 2395 et 2440** *[ancienne rédaction : 2405, 2406 et 2446]* **» du code civil, sont formées par requête** *(Décr. n° 2009-1591 du 17 déc. 2009, art. 4)* **« devant le juge aux affaires familiales. »**

(Décr. n° 2004-1158 du 29 oct. 2004, art. 13-II, en vigueur le 1er janv. 2005) **« Les demandes d'autorisation et d'habilitation prévues par les articles 217 et 219 du même code, lorsque le conjoint est hors d'état de manifester sa volonté, sont présentées au juge des tutelles. »**

Le Décr. n° 2009-1591 du 17 déc. 2009 est applicable aux demandes en justice formées à compter du 1er janv. 2010 (Décr. préc., art. 10). Par ailleurs, il est applicable dans les îles Wallis-et-Futuna (Décr. préc., art. 9).

Art. 1287 *(Décr. n° 2009-1591 du 17 déc. 2009, art. 5-II)* **La demande mentionnée au premier alinéa de l'article 1286 est instruite et jugée comme en matière gracieuse et obéit aux règles applicables à cette procédure devant le tribunal judiciaire.**

Toutefois, lorsque la demande d'autorisation tend à passer outre au refus du conjoint, les dispositions des articles *(Décr. n° 2019-1333 du 11 déc. 2019, art. 29)* **« 840 à 844** *[ancienne rédaction : 788 à 792]* **» sont applicables. Le juge entend le conjoint à moins que celui-ci, régulièrement cité, ne se présente pas. L'affaire est instruite et jugée en chambre du conseil.**

V. note ss. art. 1286.

Sur l'entrée en vigueur des dispositions du Décr. n° 2019-1333 du 11 déc. 2019, V. Décr. préc., art. 55, App., I, A, Procédure en matière familiale.

Art. 1288 *(Décr. n° 2005-460 du 13 mai 2005, art. 33)* **L'appel est formé, instruit et jugé, selon les cas, comme en matière gracieuse ou comme en matière contentieuse. L'affaire est instruite et jugée en chambre du conseil.**

C Procédure amiable

Code de procédure civile

LIVRE V LA RÉSOLUTION AMIABLE DES DIFFÉRENDS

(Décr. n° 2012-66 du 20 janv. 2012, art. 2)

BIBL. GÉN. ▸ Ouvrages : Bensimon, Arts et techniques de la médiation, Pratique professionnelle, *LexisNexis 2018*. – Fricero (ss. dir.), Le guide des modes amiables de résolution des différends, *Guide Dalloz 2021/2022, Dalloz 2017.*

▶ **Articles :** Aufière, *Dr. fam. 2015. 40* (l'avocat médiateur ou le médiateur avocat). – Ascensi et Berheim-Desvaux, *CCC 2012. Étude 10* (la médiation collective, solution amiable pour résoudre les litiges de masse ?). – Belval, *Gaz. Pal. 6-8 mai 2012, p. 11* (petite réflexion sur le développement des modes alternatifs de règlement des litiges par rapport au droit) ; *ibid. 2-6 nov. 2012, p. 14* (retour sur le développement de la médiation par rapport à la justice traditionnelle). – Boitelle-Coussau, *Gaz. Pal. 12-13 juin 2015, p. 9* (comment choisir entre la conciliation et la médiation ?). – Depondt, *JCP 2015. 429* (de l'intérêt de recourir à l'arbitrage et à la conciliation) ; *JCP N 2015. 1151* (la mise en œuvre des procédures d'arbitrage et de conciliation). – K. Benyekhlef, V. Callipel et E. Amar, *Gaz. Pal. 27-28 mars 2015, p. 17* (la médiation en ligne pour les conflits de basse intensité). – Burtruille-Cardew, *RLDC 01/2011. 69* (la place du droit collaboratif dans les MARC). – Chabault-Marx, *D. 2012. 43* (médiation familiale : vers une judiciarisation du dialogue ?). – Deharo, *LPA 13 févr. 2012, p. 3* (rationalité juridique et opportunité économique : la médiation est-elle le paradigme d'une conception utilitariste de la justice ?). – Egea, *RLDC 11/2011. 53* (l'essor de la médiation familiale, un modèle pour les MARC ?). – Fricero, *RLDC 11/2018. 47* (le développement des modes alternatifs de règlement des litiges : progrès ou recul pour les droits du justiciable ?). – Gaboriau, *LPA 14 juin 2012, p. 3* (déjudiciarisation et administration de la justice – promouvoir la « juridiversité »). – Garby, *Gaz. Pal. 10-12 févr. 2013, p. 11* (avocat et résolution amiable des conflits : théorie et histoires de médiation). – Gorchs, *Dr. et pr. 2015. 194* (la responsabilité civile du médiateur civil). – Jeuland, *Gaz. Pal. 23-24 mai 2014, p. 13* (principes procéduraux, médiation et procédure participative). – Larribau-Terneyre, *Dr. fam. 2012. Étude 12* (nouvel essor pour les modes alternatifs et collaboratifs de règlement des litiges en matière familiale ?). – Leborgne, *RJPF mai 2015, p. 7* (plaidoyer en faveur de la médiation familiale pour une justice familiale apaisée) ; *Gaz. Pal. 9-10 oct. 2015, p. 14* (la pratique de la médiation familiale judiciaire : étude menée dans le ressort de la cour d'appel d'Aix-en-Provence). – Mollard-Courteau, *Gaz. Pal. 1er-3 juill. 2012, p. 12* (une justice de proximité en retrait face à la multiplication des modes alternatifs de règlement des litiges ?). – Noblot, *CCC 2018. Formule 7* (MARD : la clause soumettant une demande reconventionnelle à une tentative préalable et obligatoire de conciliation). – Poli, *RLDC 12/2011. 59* (regard comparatif sur les pratiques de la médiation). – Schenique, *D. avocats 2014. 186* (les rapports entre droit collaboratif et médiation). ▶ Collectif, *Gaz. Pal. 23-24 mai 2014, p. 13* (la procédure dans les modes de résolution extrajudiciaire des litiges). – Vert, *Gaz. Pal. 14-15. nov. 2014, p. 14* (médiation : mode d'emploi) ; *Gaz. Pal. 30-31 janv. 2015, p. 8* (confusion terminologique entre médiation et conciliation : frein à leur développement).

▶ **Décr. 20 janv. 2012 :** Amrani-Mekki, *Gaz. Pal. 25-26 mai 2012, p. 5*. – Astaix, *D. 2012. AJ 292*. – Broussolle, *LPA 8-9 mai 2012, p. 3*. – Bruggeman, *Dr. fam. 2012. Alerte 17*. – Douchy-Oudot, *RTD eur. 2012. 689, n° 2* . – Gorchs-Gelzer, *Dr. et pr. 2012. 117* (une cote mal taillée entre changement des mentalités et continuité des pratiques). – E. Guinchard, *RTD eur. 2012. 689, n° 4* (la médiation, contrainte à la réussite ?). – Laporte, *Procédures 2012. Focus 9* (le festival des MARC). – C. Lienhard, *Gaz. Pal. 23-24 mars 2012, p. 24* (développement et diversification des MARC). – Rongeat-Oudin, *JCP 2012. 157* (le règlement amiable des différends est en bonne marche !). – Tricoit, *LPA 2 avr. 2012, p. 6* (la transposition de la directive médiation en droit français).

▶ **Droit de la consommation :** Ascensi et Bernheim-Desvaux, *CCC 2012. Étude 10* (la médiation collective, solution amiable pour résoudre les litiges de masse ?). – Aubert de Vincelles, *RDC 2012. 465* (Comm. UE, Proposition de directive « relative au règlement extrajudiciaire des litiges de consommation » et de règlement « relatif au règlement en ligne des litiges de consommation » (RLLC), 29 nov. 2011).

▶ **Réforme « Chantiers de la justice » :** Akyurek et Habibi, *LPA 11 juill. 2018, p. 10* (impulsion nouvelle aux MARD).

▶ **PLPRJ 2018-2022 :** Andrieu et Fricero (entretien), *RLDC 12/2018. 19* (la certification des plateformes proposant des conciliations, médiations ou arbitrages en ligne devrait contribuer à créer un climat de confiance). – Berheim-Desvaux, *CCC 2018. Repère 7* (le règlement amiable des litiges en ligne ? Oui, mais pas n'importe comment !). – Racine, *D. 2018. 1700* (la résolution amiable des différends en ligne ou la figure de l'algorithme médiateur).

Art. 1528 Les parties à un différend peuvent, à leur initiative et dans les conditions prévues par le présent livre, tenter de le résoudre de façon amiable avec l'assistance d'un médiateur, d'un conciliateur de justice ou, dans le cadre d'une procédure participative, de leurs avocats.

DALLOZ PRATIQUE[S] *Divorce – Médiation : mise en œuvre ; Divorce – Procédure participative : mise en œuvre ; Processus collaboratif : mise en œuvre.*

Code civil

Art. 2238 *(L. n° 2008-561 du 17 juin 2008)* La prescription est suspendue à compter du jour où, après la survenance d'un litige, les parties conviennent de recourir à la médiation ou à la conciliation ou, à défaut d'accord écrit, à compter du jour de la première réunion de médiation ou de conciliation. *(L. n° 2010-1609 du 22 déc. 2010, art. 37)* « La prescription est également suspendue à compter de la conclusion d'une convention de procédure participative » *(L. n° 2015-990 du 6 août 2015, art. 208)* « ou à compter de l'accord du débiteur constaté par l'huissier de justice pour participer à la procédure prévue à » *(Ord. n° 2016-131 du 10 févr. 2016, art. 5-9°, en vigueur le 1er oct. 2016)* « l'article L. 125-1 du code des procédures civiles d'exécution ».

Le délai de prescription recommence à courir, pour une durée qui ne peut être inférieure à six mois, à compter de la date à laquelle soit l'une des parties ou les deux, soit le médiateur ou le conciliateur déclarent que la médiation ou la conciliation est terminée. *(L. n° 2010-1609 du 22 déc. 2010, art. 37)* « En cas de convention de procédure participative, le délai de prescription recommence à courir à compter du terme de la convention, pour une durée qui ne peut être inférieure à six mois. » *(L. n° 2015-990 du 6 août 2015, art. 208)* « En cas d'échec de la procédure prévue *(Ord. n° 2016-131 du 10 févr. 2016, art. 5-9°, en vigueur le 1er oct. 2016)* « au même article », le délai de prescription recommence à courir à compter de la date du refus du débiteur, constaté par l'huissier, pour une durée qui ne peut être inférieure à six mois. » — *Dispositions transitoires, V. L. n° 2008-561 du 17 juin 2008, art. 26 ss. art. 2279.* — **C. pr. civ.**

La saisine du médiateur désigné par un établissement de crédit ou de paiement suspend la prescription (C. mon. fin., art. L. 315-1).

Les modifications issues de l'art. 37 de la L. n° 2010-1609 du 22 déc. 2010 entrent en vigueur dans les conditions fixées par le décret modifiant le code de procédure civile nécessaire à son application et au plus tard le 1er sept. 2011 (L. préc., art. 43).

Les modifications issues de l'art. 208 de la L. n° 2015-990 du 6 août 2015 sont applicables à Wallis-et-Futuna (L. préc., art. 208-III).

L'Ord. n° 2016-131 du 10 févr. 2016, art. 5-9°, est entrée en vigueur le 1er oct. 2016. Les contrats conclus avant cette date demeurent soumis à la loi ancienne. Lorsqu'une instance a été introduite avant l'entrée en vigueur de ladite ordonnance, l'action est poursuivie et jugée conformément à la loi ancienne. Cette loi s'applique également en appel et en cassation (Ord. préc., art. 9).

BIBL. ► Tricoit, *Rev. arb. 2018. 270* (champ d'application et computation des délais).

Les dispositions de l'art. 2238 C. civ. ne sont pas applicables à de simples pourparlers. • Civ. 1re, 13 mai 2014, n° 13-13.406 P : *D. 2014. 2037, note Fischer-Achoura ; ibid. 1715, note Darret-Courgeon ; ibid. 2015. 287, obs. Fricero ; AJDI 2014. 631 ; JCP 2014 n° 998, note Billiau.*

Art. 1529 **Les dispositions du présent livre s'appliquent aux différends relevant des juridictions de l'ordre judiciaire statuant en matière civile, commerciale, sociale ou rurale, sous réserve des règles spéciales à chaque matière et des dispositions particulières à chaque juridiction.**

(Décr. n° 2016-660 du 20 mai 2016, art. 32 ; Décr. n° 2017-892 du 6 mai 2017, art. 24-1°) **« Elles s'appliquent en matière prud'homale sous la réserve prévue par le troisième alinéa de l'article 2066 du code civil. »**

(Décr. n° 2017-892 du 6 mai 2017, art. 24-2°) **« Ces dispositions s'appliquent également aux conventions de procédure participative aux fins de mise en état du litige conclues dans le cadre d'instances pendantes devant les juridictions précitées. »**

BIBL. ► **Décr. du 6 mai 2017 :** Bléry, *D. actu. 18 mai 2017.*

TITRE I LA MÉDIATION ET LA CONCILIATION CONVENTIONNELLES

DALLOZ PRATIQUE[S] *Divorce - Médiation : mise en œuvre.*

Art. 1530 **La médiation et la conciliation conventionnelles régies par le présent titre s'entendent, en application des articles 21 et 21-2 de la loi** *[n° 95-125]* **du**

8 février 1995 susmentionnée, de tout processus structuré, par lequel deux ou plusieurs parties tentent de parvenir à un accord, en dehors de toute procédure judiciaire en vue de la résolution amiable de leurs différends, avec l'aide d'un tiers choisi par elles qui accomplit sa mission avec impartialité, compétence et diligence.

Art. 1531 La médiation et la conciliation conventionnelles sont soumises au principe de confidentialité dans les conditions et selon les modalités prévues à l'article 21-3 de la loi *[n° 95-125]* du 8 février 1995 susmentionnée.

CHAPITRE I *LA MÉDIATION CONVENTIONNELLE*

Art. 1532 Le médiateur peut être une personne physique ou morale.

Lorsque le médiateur est une personne morale, il désigne, avec l'accord des parties, la personne physique chargée d'accomplir la mission de médiation.

Art. 1533 Le médiateur et, le cas échéant, la personne mentionnée au second alinéa de l'article 1532, doit satisfaire aux conditions suivantes :

1° Ne pas avoir fait l'objet d'une condamnation, d'une incapacité ou d'une déchéance mentionnées sur le bulletin n° 3 du casier judiciaire ;

2° Posséder, par l'exercice présent ou passé d'une activité, la qualification requise eu égard à la nature du différend ou justifier, selon le cas, d'une formation ou d'une expérience adaptée à la pratique de la médiation.

Art. 1534 La demande tendant à l'homologation de l'accord issu de la médiation est présentée au juge par requête de l'ensemble des parties à la médiation ou de l'une d'elles, avec l'accord exprès des autres.

Art. 1535 Lorsque l'accord issu de la médiation a été rendu exécutoire par une juridiction ou une autorité d'un autre État membre de l'Union européenne dans les conditions prévues par les dispositions de l'article 6 de la directive 2008/52/CE du 21 mai 2008 du Parlement européen et du Conseil sur certains aspects de la médiation en matière civile et commerciale, il est reconnu et déclaré exécutoire en France dans les conditions prévues par les articles 509-2 à 509-7.

CHAPITRE II *LA CONCILIATION MENÉE PAR UN CONCILIATEUR DE JUSTICE*

Art. 1536 Le conciliateur de justice institué par le décret *[n° 78-381]* du 20 mars 1978 relatif aux conciliateurs de justice peut être saisi sans forme par toute personne physique ou morale.

Art. 1537 Le conciliateur de justice invite, le cas échéant, les intéressés à se rendre devant lui.

Ceux-ci peuvent se faire accompagner d'une personne majeure de leur choix, qui justifie de son identité.

Art. 1538 Le conciliateur de justice peut, avec l'accord des intéressés, se rendre sur les lieux et entendre toutes personnes dont l'audition lui paraît utile, sous réserve de l'acceptation de celles-ci.

Art. 1539 Le conciliateur de justice peut s'adjoindre, avec l'accord des parties, le concours d'un autre conciliateur de justice du ressort de la cour d'appel. Lors de la réunion des parties, les conciliateurs de justice peuvent échanger des informations sur les demandes dont ils sont saisis. L'acte constatant l'accord des parties est signé par les deux conciliateurs de justice.

Art. 1540 En cas de conciliation, même partielle, il peut être établi un constat d'accord signé par les parties et le conciliateur de justice. La conciliation peut également être consignée dans un constat signé par le conciliateur et une ou plusieurs des parties lorsque l'une ou plusieurs d'entre elles ont formalisé les termes de l'accord auquel elles consentent dans un acte signé par elles et établi hors la présence du conciliateur de justice ; il incombe alors à ce dernier de viser l'acte dans le constat et de l'annexer à celui-ci.

La rédaction d'un constat est requise lorsque la conciliation a pour effet la renonciation à un droit.

Un exemplaire du constat est remis à chaque intéressé. Le conciliateur de justice procède également, sans délai, au dépôt d'un exemplaire au greffe du tribunal judiciaire.

Art. 1541 *(Décr. n° 2017-892 du 6 mai 2017, art. 25-1°)* **« La demande tendant à l'homologation de l'accord issu de la conciliation est présentée au juge par requête de l'ensemble des parties à la conciliation ou de l'une d'elles, avec l'accord exprès des autres. »**

(Abrogé par Décr. n° 2017-892 du 6 mai 2017, art. 25-2°) (Décr. n° 2012-66 du 20 janv. 2012, art. 2) ***« Toutefois, lorsque la conciliation met fin à un différend transfrontalier la requête est présentée par l'ensemble des parties ou par l'une d'elles, sur justification du consentement exprès des autres parties. Ce consentement peut être contenu dans le constat d'accord.***

« Est transfrontalier le différend dans lequel, à la date où il est recouru à la conciliation, une des parties au moins est domiciliée ou a sa résidence habituelle dans un État membre de l'Union européenne autre que la France et une autre partie au moins est domiciliée ou a sa résidence habituelle en France. »

TITRE II LA PROCÉDURE PARTICIPATIVE

DALLOZ PRATIQUE[S] *Divorce – Procédure participative : mise en œuvre.*

BIBL. GÉN. ▸ Monographies : Fricero, Poivey-Leclerc et Sauphanor, Procédure participative assistée par avocat, *Axe Droit, Lamy 2012.*

▸ **Articles :** Dossier, *AJ fam. 2013. 535* (famille et procédure participative) ; *D. avocats 2015. 342* (mode d'emploi). – Bruggeman, *Dr. et fam. 2015. Étude 8* (la convention de procédure participative, outil procédural au service de l'apaisement des conflits familiaux ?). – Dupré, *LPA 10 mai 2012, p. 3* (un processus en vue de la conclusion MARL : la convention de procédure participative). – Fricero, *AJ fam. 2012. 67* (vers une résolution thérapeutique des contentieux familiaux par la procédure participative assistée par avocat) ; *RLDC 12/2011. 67* (un nouveau venu au sein des MARC) ; *D. avocats 2015. 342* (le cadre légal et les perspectives). – Junod-Fanget, *AJ fam. 2016. 134* (coût du droit collaboratif et de la procédure participative). – Laporte, *Procédures 2012. Focus 9* (le festival des MARC !). – Lencou et de Fonbressin, *Annonces de la Seine 16 févr. 2012, n° 13, p. 9* (une nouvelle vie pour les listes d'experts). – Leveneur, *CCC 2012. Repère 10* (un nouveau contrat pour un nouveau MARC). – Nuee, *Experts 12/2012. 4* (la procédure participative et l'expertise de justice) ; *ibid. 04/2013. 5* (vers une extension des règles du procès équitable). – Poivey-Leclerq, *Gaz. Pal. 23-24 mars 2012, p. 13.* – Peulvé, *LPA 16 avr. 2012, p. 6* (dimension processuelle). – Robiou du Pont, *D. avocats 2015. 353* (procédure participative et droit collaboratif). – Rivière-Mariette et Mollard-Courtau, *Gaz. Pal. 7-9 juill. 2013, p. 15* (le droit collaboratif : une alternative efficace à l'intervention d'un tiers impartial dans le règlement amiable d'un litige ?).

▸ **Projet de réforme :** Amrani-Mekki, *JCP 2015. 1052* (l'avocat du XXIe siècle – Projet J21, procédure participative et acte de procédure d'avocats).

Art. 1542 La procédure participative prévue aux articles 2062 à 2067 du code civil est régie par les dispositions du présent titre.

Art. 1543 Elle se déroule selon une procédure conventionnelle de recherche d'un accord *(Décr. n° 2017-892 du 6 mai 2017, art. 26-1°)* **« , suivie, » le cas échéant, par une procédure aux fins de jugement.**

(Décr. n° 2017-892 du 6 mai 2017, art. 26-1°) **« Elle peut aussi se dérouler dans le cadre de l'instance, aux fins de mise en état »** *(Décr. n° 2019-1333 du 11 déc. 2019, art. 13)* **« devant toute juridiction de l'ordre judiciaire, quelle que soit la procédure suivie ».**

Sur l'entrée en vigueur des dispositions du Décr. n° 2019-1333 du 11 déc. 2019, V. Décr. préc., art. 55, App., I, A, Procédure en matière familiale.

CHAPITRE I *LA PROCÉDURE CONVENTIONNELLE*

SECTION 1 **La convention** *(Décr. n° 2017-892 du 6 mai 2017, art. 26-2°-a).*

SOUS-SECTION 1 *Dispositions générales*

(Décr. n° 2017-892 du 6 mai 2017, art. 26-2°-b)

Art. 1544 *(Décr. n° 2017-892 du 6 mai 2017, art. 26-2°-a)* **Les parties, assistées de leurs avocats, œuvrent conjointement, dans les conditions fixées par convention, à un accord mettant un terme au différend qui les oppose ou à la mise en état de leur litige.**

BIBL. ▸ **Décr. du 6 mai 2017 :** BLÉRY, *D. actu. 18 mai 2017.* – FRICERO, *D. 2018. Pan. 392.*

Art. 1545 *(Décr. n° 2012-66 du 20 janv. 2012, art. 2)* **Outre les mentions prévues à l'article 2063 du code civil, la convention de procédure participative mentionne les noms, prénoms et adresses des parties et de leurs avocats.**

La communication *(Décr. n° 2019-1333 du 11 déc. 2019, art. 13-2°-a)* **« des prétentions et des moyens en fait et en droit, » des** *(Décr. n° 2017-892 du 6 mai 2017, art. 26-2°-b-i)* **« pièces et informations » entre les parties se fait par l'intermédiaire de leurs avocats selon les modalités prévues par la convention ; ceux-ci les portent à la connaissance des intéressés par tous moyens appropriés. Un bordereau est établi lorsqu'une pièce est communiquée.**

(Décr. n° 2017-892 du 6 mai 2017, art. 26-2°-b-ii) **« La convention fixe également la répartition des frais entre les parties sous réserve des dispositions de** *(Décr. n° 2020-1717 du 28 déc. 2020, art. 181-4°, en vigueur le 1er janv. 2021)* **« l'article 123 du décret n° 2020-1717 du 28 décembre 2020 » lorsque l'une des parties bénéficie de l'aide juridictionnelle. A défaut de précision dans la convention, les frais de la procédure participative sont partagés** *(Décr. n° 2019-1333 du 11 déc. 2019, art. 13-2°-b)* **« entre les parties à parts égales ». »** – *V. Décr. n° 2020-1717 du 28 déc. 2020, art. 123.* - ***C. pr. civ.***

Les dispositions du b du 2° de l'art. 26 du Décr. n° 2017-892 du 6 mai 2017 modifiant l'art. 1545 sont applicables aux procédures participatives conclues à compter du 11 mai 2017 (Décr. préc., art. 70-VIII).

Sur l'entrée en vigueur des dispositions du Décr. n° 2019-1333 du 11 déc. 2019, V. Décr. préc., art. 55, App., I, A, Procédure en matière familiale.

BIBL. ▸ **Décr. du 6 mai 2017 :** BLÉRY, *D. actu. 18 mai 2017.*

Art. 1546 **La convention de procédure participative est modifiée dans les mêmes formes que celles prévues pour son établissement.**

SOUS-SECTION 2 *Dispositions relatives à la procédure participative aux fins de mise en état*

(Décr. n° 2017-892 du 6 mai 2017, art. 26-1°-c)

Art. 1546-1 *(Décr. n° 2019-1333 du 11 déc. 2019, art. 13)* **Les parties peuvent conclure une convention de procédure participative aux fins de mise en état à tout moment de l'instance.**

(Décr. n° 2021-1322 du 11 oct. 2021, art. 4, en vigueur le 1er nov. 2021) **« Les parties ont, à tout moment, la possibilité de renoncer expressément à se prévaloir de toute fin de non-recevoir, de toute exception de procédure et des dispositions de l'article 47, à l'exception de celles qui surviennent ou sont révélées postérieurement à la signature de la convention de procédure participative. »**

Lorsque les parties et leurs avocats justifient avoir conclu une convention de procédure participative aux fins de mise en état, le juge peut, à leur demande, fixer la date de l'audience de clôture de l'instruction et la date de l'audience de plaidoiries. Il renvoie l'examen de l'affaire à la première audience précitée. A défaut de demande en ce sens, le juge ordonne le retrait du rôle.

(Abrogé par Décr. n° 2021-1322 du 11 oct. 2021, art. 4, à compter du 1er nov. 2021) *« La signature d'une convention de procédure participative aux fins de mise en état vaut*

renonciation de chaque partie à se prévaloir d'une fin de non-recevoir, de toute exception de procédure et des dispositions de l'article 47 du présent code, à l'exception de celles qui surviennent ou sont révélées postérieurement à la signature de la convention de procédure participative. »

Sur l'entrée en vigueur des dispositions du Décr. n° 2019-1333 du 11 déc. 2019, V. Décr. préc., art. 55, App., I, A, Procédure en matière familiale.

Ancien art. 1546-1 *Le juge ordonne le retrait du rôle lorsque les parties l'informent de la conclusion d'une convention de procédure participative.*

Art. 1546-2 **Devant la cour d'appel, l'information donnée au juge de la conclusion d'une convention de procédure participative entre toutes les parties à l'instance d'appel interrompt les délais impartis pour conclure et former appel incident mentionnés aux articles 905-2 et 908 à 910. L'interruption de ces délais produit ses effets jusqu'à l'information donnée au juge de l'extinction de la procédure participative.**

Les dispositions de l'art. 27 du Décr. n° 2017-892 du 6 mai 2017 insérant la référence à l'art. 905-2 sont applicables à compter du 1er sept. 2017 (Décr. préc., art. 70-IV).

SECTION 1 *BIS* Les actes contresignés par avocats

(Décr. n° 2017-892 du 6 mai 2017, art. 26-1°-d)

Art. 1546-3 *(Décr. n° 2019-1333 du 11 déc. 2019, art. 13)* **L'acte de procédure contresigné par avocat est établi conjointement par les avocats des parties à un litige ayant ou non donné lieu à la saisine d'une juridiction, en dehors ou dans le cadre d'une procédure participative.**

Par actes contresignés par avocats précisés dans la convention de procédure participative, les parties peuvent notamment :

1° Énumérer les faits ou les pièces qui ne l'auraient pas été dans la convention, sur l'existence, le contenu ou l'interprétation desquels les parties s'accordent ;

2° Déterminer les points de droit auxquels elles entendent limiter le débat, dès lors qu'ils portent sur des droits dont elles ont la libre disposition ;

3° Convenir des modalités de communication de leurs écritures ;

4° Recourir à un technicien selon les modalités des articles 1547 à 1554 ;

5° Désigner un conciliateur de justice ou un médiateur ayant pour mission de concourir à la résolution du litige. L'acte fixe la mission de la personne désignée, le cas échéant, le montant de sa rémunération et ses modalités de paiement ;

6° Consigner les auditions des parties, entendues successivement en présence de leurs conseils, comportant leur présentation du litige, leurs prétentions, les questions de leurs avocats ainsi que leurs réponses et les observations qu'elles souhaitent présenter ;

7° Consigner les déclarations de toute personne acceptant de fournir son témoignage sur les faits auxquels il a assisté ou qu'il a personnellement constatés, recueillies ensemble par les avocats, spontanément ou sur leur interrogation. L'acte contient les mentions prévues au deuxième alinéa de l'article 202. Le témoin fait précéder sa signature de la mention prévue au troisième alinéa du même article ;

8° Consigner les constatations ou avis donnés par un technicien recueillies *[recueillis]* **ensemble par les avocats.**

Sur l'entrée en vigueur des dispositions du Décr. n° 2019-1333 du 11 déc. 2019, V. Décr. préc., art. 55, App., I, A, Procédure en matière familiale.

Ancien art. 1546-3 *Par actes contresignés par avocats précisés dans la convention de procédure participative, les parties peuvent notamment :*

1° Constater les faits qui ne l'auraient pas été dans la convention ;

2° Déterminer les points de droit auxquels elles entendent limiter le débat, dès lors qu'ils portent sur des droits dont elles ont la libre disposition ;

3° Convenir des modalités de communication de leurs écritures ;

4° Recourir à un technicien ;

5° Désigner un conciliateur de justice ou un médiateur.

SECTION 2 *Le recours à un technicien*

Art. 1547 Lorsque les parties envisagent de recourir à un technicien, elles le choisissent d'un commun accord et déterminent sa mission.

Le technicien est rémunéré par les parties, selon les modalités convenues entre eux.

Art. 1548 Il appartient au technicien, avant d'accepter sa mission, de révéler toute circonstance susceptible d'affecter son indépendance afin que les parties en tirent les conséquences qu'elles estiment utiles.

Art. 1549 Le technicien commence ses opérations dès que les parties et lui-même se sont accordés sur les termes de leur contrat.

Il accomplit sa mission avec conscience, diligence et impartialité, dans le respect du principe du contradictoire.

Il ne peut être révoqué que du consentement unanime des parties.

Art. 1550 A la demande du technicien ou après avoir recueilli ses observations, les parties peuvent modifier la mission qui lui a été confiée ou confier une mission complémentaire à un autre technicien.

Art. 1551 Les parties communiquent au technicien les documents nécessaires à l'accomplissement de sa mission.

Lorsque l'inertie d'une partie empêche le technicien de mener à bien sa mission, il convoque l'ensemble des parties en leur indiquant les diligences qu'il estime nécessaires. Si la partie ne défère pas à sa demande, le technicien poursuit sa mission à partir des éléments dont il dispose.

Art. 1552 Tout tiers intéressé peut, avec l'accord des parties et du technicien, intervenir aux opérations menées par celui-ci. Le technicien l'informe qu'elles lui sont alors opposables.

Art. 1553 Le technicien joint à son rapport, si les parties et, le cas échéant, le tiers intervenant le demandent, leurs observations ou réclamations écrites.

Il fait mention dans celui-ci des suites données à ces observations ou réclamations.

Art. 1554 A l'issue des opérations, le technicien remet un rapport écrit aux parties, et, le cas échéant, au tiers intervenant.

(Décr. n° 2021-1322 du 11 oct. 2021, art. 4, en vigueur le 1er nov. 2021) « Le rapport a valeur de rapport d'expertise judiciaire *[ancienne rédaction : Ce rapport peut être produit en justice]*. »

SECTION 3 *L'issue de la procédure*

(Décr. n° 2019-1333 du 11 déc. 2019, art. 13)

Sur l'entrée en vigueur des dispositions du Décr. n° 2019-1333 du 11 déc. 2019, V. Décr. préc., art. 55, App., I, A, Procédure en matière familiale.

Art. 1555 La procédure participative s'éteint par :

1° L'arrivée du terme de la convention de procédure participative ;

2° La résiliation anticipée et par écrit de cette convention par les parties assistées de leurs avocats ;

3° La conclusion d'un accord mettant fin en totalité au différend ou au litige ou l'établissement d'un acte constatant la persistance de tout ou partie de celui-ci ;

4° L'inexécution *[,]* par l'une des parties, de la convention ;

5° La saisine du juge, dans le cadre d'une procédure participative aux fins de mise en état, aux fins de statuer sur un incident, sauf si la saisine émane de l'ensemble des parties.

Art. 1555-1 Lorsqu'un accord au moins partiel a pu être conclu, il est constaté dans un acte sous signature privée établi dans les conditions prévues à l'article 1374 du code civil. Il énonce de manière détaillée les éléments ayant permis la conclusion de cet accord.

Lorsque la convention de procédure participative a été conclue aux fins de mise en état, l'accord mentionné au premier alinéa est adressé à la juridiction au plus tard à la date de l'audience à laquelle l'instruction sera clôturée.

Lorsque la convention de procédure participative est conclue dans le cadre d'une procédure sans mise en état, l'accord mentionné au premier alinéa est adressé à la juridiction au plus tard le jour de l'audience.

CHAPITRE II *LA PROCÉDURE AUX FINS DE JUGEMENT*

Art. 1556 A l'issue de la procédure conventionnelle et exception faite des demandes en divorce ou en séparation de corps sur lesquelles il est statué conformément aux dispositions de la section 2 du chapitre V du titre I du livre III, le juge peut être saisi de l'affaire *(Décr. n° 2017-892 du 6 mai 2017, art. 26-3°-a)* « ou celle-ci être rétablie à la demande d'une des parties », selon le cas, pour homologuer l'accord des parties mettant fin en totalité au différend *(Décr. n° 2017-892 du 6 mai 2017, art. 26-3°-a)* « ou au litige », pour homologuer un accord partiel des parties et statuer sur la partie du litige persistant ou pour statuer sur l'entier litige.

La demande faite au juge par une partie, en application du premier alinéa de l'article 2065 du code civil, pour qu'il statue sur le litige avant le terme de la convention, du fait de son inexécution par l'autre partie, est formée, instruite et jugée conformément aux règles de procédure applicables devant ce juge.

SECTION 1 ***La procédure d'homologation d'un accord ou de jugement après tentative de résolution amiable*** *(Décr. n° 2017-892 du 6 mai 2017, art. 26-3°-b).*

SOUS-SECTION 1 *La procédure d'homologation d'un accord mettant fin à l'entier différend*

(Décr. n° 2017-892 du 6 mai 2017, art. 26-3°-b)

Art. 1557 La demande tendant à l'homologation de l'accord des parties établi conformément à l'article 1555 est présentée au juge par requête de la partie la plus diligente ou de l'ensemble des parties.

A peine d'irrecevabilité, la requête est accompagnée de la convention de procédure participative.

Lorsque l'accord concerne un mineur capable de discernement, notamment lorsqu'il porte sur les modalités de l'exercice de l'autorité parentale, la requête mentionne les conditions dans lesquelles le mineur a été informé de son droit à être entendu par le juge ou la personne désignée par lui et à être assisté par un avocat.

SOUS-SECTION 2 *La procédure de jugement du différend persistant* *(Décr. n° 2017-892 du 6 mai 2017, art. 26-3°-c).*

§ 1 *Dispositions communes*

Art. 1558 *(Décr. n° 2016-660 du 20 mai 2016, art. 33)* « Sous réserve des dispositions du troisième alinéa de l'article 2066 du code civil, lorsque » les règles de procédure applicables devant le juge saisi aux fins de statuer sur tout ou partie du litige sur le fondement du paragraphe 2 ou 3 prévoient une tentative préalable de conciliation ou de médiation, l'affaire est directement appelée à une audience pour y être jugée.

Art. 1559 Devant le tribunal judiciaire et à moins que l'entier différend n'ait été soumis à la procédure de droit commun, l'affaire est directement appelée à une audience de jugement de la formation à laquelle elle a été distribuée. L'affaire ne peut être renvoyée devant le juge de la mise en état que dans les cas prévus au deuxième et au troisième alinéas de l'article 1561.

§ 2 *La procédure d'homologation d'un accord partiel et de jugement du différend résiduel*

Art. 1560 Lorsque les parties ne sont parvenues qu'à un accord partiel et à moins qu'elles ne demandent que son homologation conformément à l'article 1557, elles peuvent saisir le juge à l'effet qu'il statue sur le différend résiduel soit conformément aux règles régissant la procédure applicable devant lui, soit par une requête conjointe signée par les avocats les ayant assistées au cours de la procédure participative dans les conditions prévues par le présent paragraphe.

Cette requête contient, à peine d'irrecevabilité *(Décr. n° 2019-1333 du 11 déc. 2019, art. 13)* « que le juge peut soulever d'office », outre les mentions prévues par l'article 57 :

– les points faisant l'objet d'un accord entre les parties, dont elles peuvent demander au juge l'homologation dans la même requête ;

– les prétentions respectives des parties relativement aux points sur lesquels elles restent en litige, accompagnées des moyens de fait et de droit sur lesquels chacune de ces prétentions est fondée, avec l'indication pour chaque prétention des pièces invoquées.

Sous la même sanction, cette requête est accompagnée de la convention de procédure participative, des pièces prévues à l'article 2063 du code civil, le cas échéant, du rapport du technicien, ainsi que des pièces communiquées au cours de la procédure conventionnelle.

Sur l'entrée en vigueur des dispositions du Décr. n° 2019-1333 du 11 déc. 2019, V. Décr. préc., art. 55, App., I, A, Procédure en matière familiale.

Art. 1561 L'objet du litige est déterminé par les prétentions respectives des parties telles que formulées dans la requête prévue *(Décr. n° 2015-282 du 11 mars 2015, art. 32)* « à l'article 1560 ».

Les parties ne peuvent modifier leurs prétentions, si ce n'est pour actualiser le montant d'une demande relative à une créance à exécution successive, opposer un paiement ou une compensation ultérieur ou faire juger les questions nées de l'intervention d'un tiers ou de la survenance ou de la révélation d'un fait postérieur à l'établissement de l'accord.

Les parties ne peuvent modifier le fondement juridique de leur demande ou soulever de nouveaux moyens qu'en vue de répondre à l'invitation du juge de fournir les explications de fait ou de droit qu'il estime nécessaires à la solution du litige.

BIBL. ▸ **Décr. du 11 févr. 2015 :** Bléry, *Gaz. Pal. 27 mars 2015, p. 6* (une nouvelle ère pour la procédure civile). – Croze, *JCP 2015. 356* (choix de simplification procédurale ? – À propos du décret n° 2015-282 du 11 mars 2015).

§ 3 *La procédure de jugement de l'entier différend*

Art. 1562 Lorsque le différend persiste en totalité, le juge peut en connaître :

– soit conformément aux règles régissant la procédure applicable devant lui ;

– soit selon les modalités prévues au paragraphe 2 ;

– soit sur requête unilatérale sur laquelle il statue suivant les règles applicables devant lui sous réserve des dispositions du présent paragraphe.

Art. 1563 La requête est déposée au greffe par l'avocat de la partie la plus diligente. A peine d'irrecevabilité, elle est présentée dans un délai de trois mois suivant le terme de la convention de procédure participative.

Outre les mentions prescrites, à peine de nullité, par l'article 58, la requête contient un exposé des moyens de fait et de droit et est accompagnée de la liste des pièces mentionnées au troisième alinéa de l'article 1560.

L'avocat qui procède au dépôt en informe la partie adverse elle-même ainsi que l'avocat l'ayant assisté au cours de la procédure conventionnelle, selon le cas, par notification ou par lettre recommandée avec demande d'avis de réception.

Devant le tribunal judiciaire, le dépôt de cet acte au greffe contient constitution de l'avocat.

Art. 1564 Lorsque la requête a été déposée au greffe du tribunal judiciaire, la notification mentionnée au troisième alinéa de l'article 1563 indique que la partie adverse doit constituer avocat dans un délai de quinze jours suivant cette notification.

Dans les autres cas, l'avocat du requérant est informé par le greffe, dès remise de la requête, de la date de la première audience utile à laquelle l'affaire sera appelée. Cette date est portée à la connaissance de la partie adverse dans la notification prévue au troisième alinéa de l'article 1563.

SECTION 2 *La procédure de jugement après mise en état conventionnelle du litige*

(Décr. n° 2019-1333 du 11 déc. 2019, art. 13, en vigueur le 1er janv. 2020)

Sur l'entrée en vigueur des dispositions du Décr. n° 2019-1333 du 11 déc. 2019, V. Décr. préc., art. 55, App., I, A, Procédure en matière familiale.

Art. 1564-1 L'affaire est rétablie à la demande de l'une des parties afin que le juge, selon le cas *[,]* homologue l'accord et statue sur la partie du litige persistant ou statue sur l'entier litige après avoir, le cas échéant, mis l'affaire en état d'être jugée.

La demande de rétablissement est accompagnée de la convention de procédure participative conclue entre les parties, des pièces prévues à l'article 2063 du code civil, le cas échéant, du rapport du technicien, ainsi que des pièces communiquées au cours de la procédure conventionnelle.

Art. 1564-2 Sous réserve des dispositions de l'article 2067 du code civil, lorsque la mise en état a permis de parvenir à un accord total sur le fond du litige, la demande tendant à l'homologation de l'accord des parties établi conformément aux dispositions de l'article 1555-1, est présentée au juge par la partie la plus diligente ou l'ensemble des parties.

Lorsque l'accord concerne un mineur capable de discernement, notamment lorsqu'il porte sur les modalités de l'exercice de l'autorité parentale, la demande mentionne les conditions dans lesquelles le mineur a été informé de son droit à être entendu par le juge ou la personne désignée par lui et à être assisté par un avocat.

Art. 1564-3 Lorsque la phase conventionnelle a permis de mettre l'affaire en état d'être jugée et de conclure un accord partiel sur le fond du litige, la demande de rétablissement est accompagnée d'un acte d'avocats établi dans les conditions prévues à l'article 1374 du code civil, formalisant les points faisant l'objet d'un accord entre les parties, ainsi que les prétentions respectives des parties relativement aux points sur lesquels elles restent en litige, accompagnées des moyens en fait et en droit sur lesquels chacune de ces prétentions est fondée, avec l'indication pour chaque prétention des pièces invoquées.

Art. 1564-4 Lorsque la phase conventionnelle a permis de mettre l'affaire en état d'être jugée mais que le litige persiste en totalité sur le fond, la demande de rétablissement est accompagnée d'un acte d'avocats établi dans les conditions prévues à l'article 1374 du code civil, formalisant les prétentions respectives des parties, accompagnées des moyens en fait et en droit, avec l'indication pour chaque prétention des pièces invoquées.

Art. 1564-5 Lorsque la phase conventionnelle n'a pas permis de mettre l'affaire en état d'être jugée, en tout ou partie, l'affaire est rétablie à la demande de la partie la plus diligente, pour être mise en état, conformément aux règles de procédure applicables devant le juge de la mise en état.

Art. 1564-6 Lorsque le juge est saisi sur le fondement des dispositions des articles 1564-3 et 1564-4, l'affaire est fixée à bref délai.

Art. 1564-7 Lorsque l'examen de l'affaire a été renvoyé à l'audience de clôture de l'instruction en application des dispositions du deuxième alinéa de l'article 1546-1, les actes et pièces mentionnés aux articles 1564-1, 1564-3 et 1564-4 sont communiqués au juge de la mise en état au plus tard à la date de cette audience.

TITRE III DISPOSITIONS COMMUNES

BIBL. ▶ Guillemain, *LPA 18-22 mai 2012, p. 10* (réflexions sur la qualification de l'homologation judiciaire). – Jamin, *JCP 2012. I. 387, n° 2.*

SECTION 1 *De l'homologation judiciaire* *(Décr. n° 2022-245 du 25 févr. 2022, art. 1er).*

Art. 1565 **L'accord auquel sont parvenues les parties à une médiation, une conciliation ou une procédure participative peut être soumis, aux fins de le rendre exécutoire, à l'homologation du juge compétent pour connaître du contentieux dans la matière considérée.**

(Décr. n° 2022-245 du 25 févr. 2022, art. 1er) **« L'accord sur la rémunération du médiateur conclu conformément à l'article 131-13 peut être rendu exécutoire dans les mêmes conditions, à la demande d'une partie ou du médiateur, par le juge qui a ordonné la médiation. »**

Le juge à qui est soumis l'accord ne peut en modifier les termes.

Les dispositions issues de l'art. 1er du Décr. n° 2022-245 du 25 févr. 2022 sont applicables aux instances en cours (Décr. préc., art. 6).

Il entre dans les pouvoirs du juge auquel les parties demandent de rendre exécutoire une transaction qu'elles ont signée de refuser d'accorder la force exécutoire dès lors qu'il constate que la transaction comporte une condition suspensive qui n'a pas été remplie, de sorte que cela aboutit à l'absence de formation de la transaction. • Civ. 1re, 10 sept. 2014 : *AJCA 2014. 328, note Fricero ; RTD civ. 2015. 695, obs. Théry ; JCP 2014. 1232, n° 6, obs. Libchaber ; Gaz. Pal. 21-23 déc. 2014, p. 29, obs. Lauvergnat.*

Art. 1566 **Le juge statue sur la requête qui lui est présentée sans débat, à moins qu'il n'estime nécessaire d'entendre les parties.**

S'il est fait droit à la requête, tout intéressé peut en référer au juge qui a rendu la décision.

La décision qui refuse d'homologuer l'accord peut faire l'objet d'un appel. Cet appel est formé par déclaration au greffe de la cour d'appel. Il est jugé selon la procédure gracieuse.

Art. 1567 **Les dispositions des articles 1565** *(Décr. n° 2013-1280 du 29 déc. 2013, art. 3)* **« et 1566 » sont applicables à la transaction conclue sans qu'il ait été recouru à une médiation, une conciliation ou une procédure participative. Le juge est alors saisi par la partie la plus diligente ou l'ensemble des parties à la transaction.**

L'art. 1568 est devenu l'art. 1567 par l'effet de l'art. 3 du Décr. n° 2013-1280 du 29 déc. 2013.

Les dispositions de l'art. 3 du Décr. n° 2013-1280 du 29 déc. 2013 entrent en vigueur le 1er janv. 2014 pour les instances introduites à compter de cette date. Les dispositions réglementaires relatives à la contribution pour l'aide juridique demeurent applicables dans leur rédaction en vigueur au 31 déc. 2013 pour les instances introduites jusqu'à cette date (Décr. préc., art. 25).

BIBL. ▸ Décr. du 20 janv. 2012 : Croze et Morel, *Gaz. Pal. 1er-3 avr. 2012, p. 16* (mais où est donc passé l'art. 1441-4 C. pr. civ. ?). – Marchadier, *Gaz. Pal. 7-8 déc. 2012, p. 15* (l'attribution de la force exécutoire à la transaction extrajudiciaire après le décret du 20 janv. 2012).

SECTION 2 *De l'apposition de la formule exécutoire par le greffe*

(Décr. n° 2022-245 du 25 févr. 2022, art. 1er)

Les dispositions issues de l'art. 1er du Décr. n° 2022-245 du 25 févr. 2022 sont applicables aux instances en cours (Décr. préc., art. 6).

Art. 1568 **Lorsque l'accord auquel sont parvenues les parties à une médiation, une conciliation ou une procédure participative prend la forme d'un acte contresigné par les avocats de chacune des parties, cet acte peut être revêtu, à la demande d'une partie, de la formule exécutoire.**

La demande est formée par écrit, en double exemplaire, auprès du greffe de la juridiction du domicile du demandeur matériellement compétente pour connaître du contentieux de la matière dont relève l'accord.

Le greffier n'appose la formule exécutoire qu'après avoir vérifié sa compétence et la nature de l'acte.

Art. 1568-1 *(Décr. n° 2023-25 du 23 janv. 2023, art. 1er-12°, en vigueur le 1er mai 2023)* **Lorsque l'accord porte sur les modalités d'exercice de l'autorité parentale, il est**

fait mention dans l'acte de ce que le mineur capable de discernement a été avisé de son droit à être entendu et, le cas échéant, qu'il n'a pas souhaité faire usage de cette faculté. A défaut, le greffier rejette la demande.

Art. 1569 L'acte contresigné par avocats et revêtu de la formule exécutoire, ou la décision de refus du greffier, est remis ou adressé au demandeur par lettre simple.

Le double de la demande ainsi que la copie de l'acte et, le cas échéant, la décision de refus du greffier sont conservés au greffe.

Art. 1570 Toute personne intéressée peut former une demande aux fins de suppression de la formule exécutoire devant la juridiction dont le greffe a apposé cette formule.

La demande est formée, instruite et jugée selon les règles de la procédure accélérée au fond.

Art. 1571 Les dispositions de la présente section sont applicables à la transaction.

D Aide juridique

Loi n° 91-647 du 10 juillet 1991,

Relative à l'aide juridique (JO 13 juill.).

La loi n° 91-647 du 10 juill. 1991 est reproduite et annotée dans le Code de procédure civile Dalloz, App., Aide juridique.

RÉP. PR. CIV. v° *Aide juridique,* par Gerphagnon.

....

Art. 9-1 *(L. n° 93-22 du 8 janv. 1993, art. 54)* Dans toute procédure le concernant, le mineur entendu dans les conditions mentionnées à l'article 388-1 du code civil, s'il choisit d'être entendu avec un avocat ou si le juge procède à la désignation d'un avocat, bénéficie de droit de l'aide juridictionnelle.

....

Art. 10 L'aide juridictionnelle est accordée en matière gracieuse ou contentieuse, en demande ou en défense devant toute juridiction *(L. n° 93-22 du 8 janv. 1993, art. 55)* « ainsi qu'à l'occasion de la procédure d'audition du mineur prévue par l'article 388-1 du code civil » *(L. n° 2004-204 du 9 mars 2004, art. 137-III-3°)* « et de la procédure de comparution sur reconnaissance préalable de culpabilité prévue par les articles 495-7 et suivants du code de procédure pénale ». — *Sur la procédure d'audition du mineur, V. aussi art. 9-1 de la présente loi.*

(L. n° 2010-1609 du 22 déc. 2010, art. 37-IV-1°) « Elle peut être accordée pour tout ou partie de l'instance ainsi qu'en vue de parvenir, avant l'introduction de l'instance, à une transaction ou à un accord conclu dans le cadre d'une procédure participative prévue par le code civil. »

(L. n° 2016-1547 du 18 nov. 2016, art. 50-VII-1°, en vigueur le 1er janv. 2017) « Elle peut être accordée en matière de divorce par acte sous signature privée contresigné par avocats, déposé au rang des minutes d'un notaire. »

Elle peut également être accordée à l'occasion de l'exécution *(L. n° 2005-750 du 4 juill. 2005, art. 1er-3°)* « sur le territoire français, d'une décision de justice ou de tout autre titre exécutoire, y compris s'ils émanent d'un autre État membre de l'Union européenne à l'exception du Danemark ». — *V. Dir. 2003-8/CE du Conseil du 27 janv. 2003, JOUE L 26, 31 janv. — V. L. n° 2005-750 du 4 juill. 2005.*

DALLOZ PRATIQUE[S] *Divorce - Audition de l'enfant.*

Circulaire JUST1701987C du 20 janvier 2017,

Relative à l'aide juridictionnelle dans le cadre de la réforme du divorce par consentement mutuel par acte sous signature privée contresigné par avocats, déposé au rang des minutes d'un notaire.

Ndlr : à compter du 1er janv. 2020, le tribunal judiciaire est substitué au tribunal de grande instance et au tribunal d'instance (L. n° 2019-222 du 23 mars 2019, art. 95).

La loi n° 2016-1547 du 18 novembre 2016 de modernisation de la justice du XXIe siècle crée, dans son article 50, le divorce par acte sous signature privée contresigné par avocats, déposé au rang des minutes d'un notaire et adapte en conséquence la loi n° 91-647 du 10 juillet 1991 relative à l'aide juridique.

L'article 10 de cette loi prévoit désormais que l'aide juridictionnelle *"peut être accordée en matière de divorce par acte sous signature privée contresigné par avocats, déposé au rang des minutes d'un notaire"*. Ainsi, le justiciable continue de pouvoir prétendre au bénéfice de l'aide juridictionnelle bien que la nouvelle procédure de divorce par consentement mutuel dit "conventionnel" ne se déroule plus devant une juridiction.

L'article 39-1 étend aux missions accomplies par les avocats *[,]* dans le cadre de cette nouvelle procédure de divorce, les règles prévues pour les pourparlers transactionnels et la procédure participative.

Le chapitre IV du décret n° 2016-1907 du 28 décembre 2016 relatif au divorce prévu à l'article 229-1 du code civil et à diverses dispositions en matière successorale (**annexe 1**) est consacré à l'aide juridique en matière de divorce par consentement mutuel par acte sous signature privée contresignés *[contresigné]* par avocats. Ses dispositions entrent en vigueur le 1er janvier 2017.

Afin de permettre l'application du régime de l'aide juridictionnelle au divorce par consentement mutuel par acte sous signature privée contresigné par avocats, certaines dispositions du décret n° 91-1266 du 19 décembre 1991 ont été adaptées.

1 *Les spécificités de l'instruction des demandes d'aide juridictionnelle dans le cadre d'un divorce par consentement mutuel par acte sous signature privée contresigné par avocats*

1.1 *La procédure d'admission à l'aide juridictionnelle*

En matière de divorce par consentement mutuel par acte sous signature privée contresigné par avocats, l'aide juridictionnelle est demandée dans les mêmes conditions que pour les autres procédures. Le bureau d'aide juridictionnelle (BAJ) examine si les conditions pour bénéficier de l'aide juridictionnelle, notamment de ressources, sont remplies.

La demande d'aide juridictionnelle doit être déposée auprès du BAJ avant le dépôt de la convention de divorce au rang des minutes du notaire.

Le BAJ territorialement compétent pour connaître d'une demande d'AJ pour un divorce par consentement mutuel par acte sous signature privée contresigné par avocats est celui qui est établi près le tribunal de grande instance du lieu où demeure le demandeur ou celui de la juridiction susceptible d'être saisie, en vertu de l'article 26 du décret du 19 décembre 1991.

Lorsqu'un justiciable forme une demande d'aide juridictionnelle, le BAJ compétent s'assure que l'action susceptible d'être portée devant la juridiction en cas de non-aboutissement du divorce par consentement mutuel par acte sous signature privée contresigné par avocats n'est pas manifestement irrecevable ou dénuée de fondement (par ex : vérification de l'existence d'un mariage).

Les demandeurs à l'aide juridictionnelle n'ont pas à fournir de pièces justifiant de l'existence du mariage à l'appui de leur demande. Le BAJ n'effectuera cette vérification que s'il a un doute.

Le BAJ enregistre la demande dans AJWIN. Dans l'attente de la création de nouveaux codes de nature de procédure, le BAJ doit utiliser provisoirement les codes ci-dessous :

Lors de la demande en vue d'un divorce par consentement mutuel par acte sous signature privée contresigné par avocats :

– 532 : procédure participative en vue de rechercher une solution transactionnelle en matière de divorce ou de séparation de corps.

En cas de procédure de divorce devant le juge après non-aboutissement du divorce par consentement mutuel par acte sous signature privée contresigné par avocats :

– 73A : divorce ou séparation de corps après une procédure participative en vue de parvenir à une solution transactionnelle.

Le code BAJ 23 B "divorce" est réservé au divorce judiciaire et ne doit pas être utilisé pour le divorce conventionnel.

Le BAJ indique dans la décision en traitement de texte la nature exacte de la procédure.

A terme, la table des codes de nature de procédure sera actualisée.

1.2 *Les éléments à faire apparaître sur la décision d'attribution de l'aide juridictionnelle prise dans le cadre d'une instance introduite suite au non-aboutissement d'une procédure de divorce par consentement mutuel par acte sous signature privée contresigné par avocats*

Lorsqu'une décision d'attribution de l'aide juridictionnelle est prise dans le cadre d'un divorce par consentement mutuel judiciaire introduit suite au non-aboutissement d'une procédure de divorce par consentement mutuel par acte sous signature privée contresigné par avocats, le BAJ doit faire figurer sur ladite décision les éléments suivants (article 48 du décret 19 décembre 1991) :

– la mention selon laquelle l'aide juridictionnelle a été antérieurement accordée dans le cadre d'une procédure de divorce par consentement mutuel par acte sous signature privée contresigné par avocats n'ayant pas abouti ;

– le nom de l'avocat qui est intervenu à ce titre ;

– le montant de l'indemnisation qui a été allouée à l'avocat, lorsque celui-ci est déjà fixé.

Un divorce par consentement mutuel judiciaire ne pouvant intervenir que dans l'hypothèse où la nouvelle procédure de divorce "conventionnel" n'a pas abouti suite à la demande d'un enfant mineur d'être entendu par le juge, il appartient dans ce cas au BAJ de rechercher systématiquement si une décision d'aide juridictionnelle a déjà été accordée au demandeur dans le cadre d'un divorce "conventionnel" afin de pouvoir indiquer les informations mentionnées ci-dessus dans la nouvelle décision.

1.3 *Le basculement d'une procédure de divorce par consentement mutuel par acte sous signature privée contresigné par avocats vers une autre procédure de divorce (ou inversement)*

1.3.1 La nécessité d'une nouvelle demande d'aide juridictionnelle

En cas d'abandon d'une procédure de divorce par consentement mutuel par acte sous signature privée contresigné par avocats au profit d'une autre procédure de divorce, y compris d'un divorce par consentement mutuel judiciaire suite à la demande d'un enfant d'être entendu par le juge, une nouvelle demande d'aide juridictionnelle devra être présentée par le justiciable s'il souhaite également bénéficier de l'aide juridictionnelle dans le cadre de la nouvelle procédure de divorce.

En cas d'abandon d'une première demande de divorce par consentement mutuel par acte sous signature privée contresigné par avocats, un justiciable pourra solliciter l'aide juridictionnelle s'il souhaite à nouveau introduire une procédure de divorce de même nature. Ainsi, les dispositions de l'article 50 du décret 19 décembre 1991 n'ont pas été étendues à ce type de divorce. Le BAJ ne peut donc pas écarter une demande d'aide juridictionnelle faite en vue d'un divorce par consentement mutuel par acte sous signature privée contresigné par avocats au motif qu'une demande avait déjà été présentée pour une procédure similaire.

1.3.2 Le basculement d'un divorce contentieux vers un divorce par consentement mutuel

En vertu du dernier alinéa de l'article 118-6 du décret du 19 décembre 1991*[,]* lorsque l'aide juridictionnelle est accordée pour une instance et que les époux consentent mutuellement à leur divorce par acte sous signature privée contresigné par avocats, son bénéfice reste acquis pour la seule rétribution de l'avocat choisi ou désigné.

Ainsi, le justiciable bénéficiant de l'aide juridictionnelle pour une procédure de divorce contentieuse pourra conserver le bénéfice de cette aide s'il décide finalement de divorcer par consentement mutuel par acte sous signature privée contresigné par avocats.

Le justiciable n'aura donc pas à effectuer de nouvelle demande. Néanmoins, pour éviter des difficultés de rétribution des avocats par les caisses de règlements pécuniaires des avocats (CARPA), le BAJ doit prendre une décision modificative faisant expressément référence au divorce par consentement mutuel par acte sous signature privée contresigné par avocats. Il devra, sur cette décision modificative, modifier le code BAJ et indiquer celui de la procédure poursuivie avec cette aide.

1.3.3 Les mesures transitoires

Afin de ne pas rendre caduques les décisions d'aide juridictionnelle qui sont intervenues avant le 1er janvier 2017, l'avocat qui apporte son concours dans le cadre d'un divorce par consentement mutuel par acte sous signature privée contresigné par avocats est valablement désigné au titre de l'aide juridictionnelle lorsque la décision d'attribution antérieure au 1er janvier 2017 est intervenue dans le cadre d'une procédure de divorce par consentement mutuel judiciaire *[Toutefois, lorsque cette décision désignait un avocat commun aux deux parties dans le cadre de l'ancienne procédure de divorce par consentement mutuel, la décision d'attribution de l'aide devient sans objet et une nouvelle demande d'aide juridictionnelle doit être formée]*.

Le justiciable n'aura donc pas à effectuer de nouvelle demande. Néanmoins, pour éviter des difficultés de rétribution des avocats par les CARPA, le BAJ doit prendre une décision modificative faisant expressément référence au divorce par consentement mutuel par acte sous signature privée contresigné par avocats. Il devra, sur cette décision modificative, modifier le code BAJ et indiquer celui de la procédure poursuivie avec cette aide.

2 *La rétribution des auxiliaires de justice*

2.1 *La rétribution des avocats*

Les modalités de rétribution des missions des avocats assistant le bénéficiaire de l'aide dans le cadre d'un divorce par consentement mutuel par acte d'avocats sont fixées par extension des règles applicables aux pourparlers transactionnels et à la procédure participative à cette nouvelle procédure de divorce. Ont ainsi été modifiées *[modifiés]* les articles 104, 118-1, 118-2, 118-3, 118-5, 118-6 et 118-8 du décret du 19 décembre 1991.

Pour tenir compte de l'introduction de ce nouveau divorce, une nouvelle ligne I.1.1. intitulée *"Divorce par consentement mutuel par acte sous signature privée contresigné par avocats"* est créée au sein du barème figurant à l'article 90 du décret. Le coefficient de base affecté à cette ligne est fixé à 24 UV.

Lorsqu'il a accompli sa mission, l'avocat sollicite la délivrance d'une attestation de mission, que le divorce par consentement mutuel par acte sous signature privée contresigné par avocats ait ou non abouti à l'aide du modèle joint (**annexe 2**).

Le président du BAJ *[Le BAJ étant celui qui a rendu la décision d'admission à l'aide juridictionnelle]* délivre une attestation de mission à l'avocat dès réception de sa demande et des pièces justificatives. Le modèle d'attestation (**annexe 3**) permet au président du BAJ *[Le BAJ étant celui qui a rendu la décision d'admission à l'aide juridictionnelle]* de délivrer à l'avocat une attestation de mission pour le divorce conventionnel qu'il ait ou non abouti ainsi que pour les procédures participatives et les pourparlers transactionnels. Les formulaires utilisés antérieurement pour ces dernières procédures ne doivent plus être utilisés.

Un schéma synthétise le circuit de rétribution des avocats (**annexe 4**) et un tableau récapitule les différentes hypothèses de rétribution (**annexe 5**).

2.1.1 La rétribution de l'avocat en cas d'aboutissement de la procédure

En vertu de l'article 118-3 du décret du 19 décembre 1991, lorsque les époux consentent mutuellement à leur divorce selon la nouvelle procédure, l'avocat qui sollicite le paiement de la contribution de l'État doit remettre au président du BAJ *[Le BAJ étant celui qui a rendu la décision d'admission à l'aide juridictionnelle]* :

– la copie de la décision d'aide juridictionnelle ;

– une attestation de dépôt de l'acte délivrée par le notaire comportant notamment les noms, prénoms, dates et lieux de naissance et adresses des époux ;

– un extrait de la convention portant sur la répartition des frais entre les époux.

La remise de ces documents est nécessaire pour permettre tant le paiement que le recouvrement des frais avancés par l'État au bénéficiaire de l'aide juridictionnelle.

Après avoir procédé aux vérifications nécessaires, le président du BAJ *[Le BAJ étant celui qui a rendu la décision d'admission à l'aide juridictionnelle]* délivre une attestation de fin de mission (**annexe 3**) qui précise la nature du différend et indique le montant de la contribution de l'État à la rétribution de l'avocat, conformément à l'article 118-5 du décret du 19 décembre 1991. Cette contribution est déterminée par le produit du coefficient de base affecté à la ligne I.1.1 au sein du barème figurant à l'article 90 du décret et du montant de l'unité de valeur (article 118-6). Elle est affectée d'un pourcentage calculé en fonction du tableau de l'article 98 de ce même décret en cas d'aide juridictionnelle partielle (article 118-7).

La somme revenant à l'avocat est réglée sur justification de sa désignation au titre de l'aide juridictionnelle et production de l'attestation et de l'extrait mentionnés ci-dessus.

2.1.2 La rétribution de l'avocat en cas d'abandon de la procédure de divorce

En application de l'article 39-1 de la loi du 18 novembre 2016, en cas de non-aboutissement de la procédure de divorce par consentement mutuel par acte sous signature privée contresigné par avocats, le versement de la rétribution due à l'avocat est subordonné à la justification, avant l'expiration du délai de six mois à compter de la décision d'admission, de l'importance et du sérieux des diligences accomplies par ce dernier.

Ainsi, la décision d'admission doit être transmise sans délai au demandeur et à l'avocat afin que le délai de six mois puisse être respecté.

En cas de divorce par consentement mutuel par acte sous signature privée contresigné par avocats n'ayant pas abouti, il joint à la demande d'attestation de mission (article 118-3) :

– la décision d'admission à l'aide juridictionnelle ;

– les correspondances portant la mention "officiel" échangées au cours de la procédure de divorce mentionnée ci-dessus ;

– une attestation récapitulative des diligences accomplies de nature à établir l'importance et le sérieux de celles-ci.

L'attestation récapitulative peut suffire lorsque les avocats n'ont pas échangé de correspondances portant la mention "officiel", les autres correspondances étant couvertes par le secret professionnel. Il s'agit surtout pour le président du BAJ *[Le BAJ étant celui qui a rendu la décision d'admission à l'aide juridictionnelle]* d'être en mesure d'apprécier l'importance et le sérieux des diligences accomplies par l'avocat. A cet égard, il peut recueillir auprès de l'avocat toutes explications et informations complémentaires, dans les limites du secret professionnel qui s'impose à l'avocat.

Lorsque l'avocat remet ces documents et sollicite la délivrance de l'attestation de mission, le président du BAJ *[Le BAJ étant celui qui a rendu la décision d'admission à l'aide juridictionnelle]* doit apposer un tampon ou un cachet dateur sur cette demande afin d'en certifier la date et de pouvoir apprécier le délai de six mois prévu à l'article 39-1 de la loi du 18 novembre 2016.

En cas de non-aboutissement de la procédure de divorce par consentement mutuel par acte sous signature privée contresigné par avocats, la contribution due est égale au quart du montant normalement dû à l'avocat et défini à la ligne I.1.1 du barème de l'article 90 (soit 6 UV). Le président du BAJ *[Le BAJ étant celui qui a rendu la décision d'admission à l'aide juridictionnelle]* peut augmenter cette contribution, sans qu'elle puisse excéder les trois quarts de ce montant (soit 18 UV), sur justification par l'avocat de l'importance et du sérieux des diligences qu'il a accomplies, en vertu de l'article 118-6.

Sur l'attestation de mission *[,]* le président du BAJ (**annexe 3**) précisera si le divorce a abouti ou non et indiquera les éléments suivants :

– si le divorce a abouti, il cochera la case située dans la colonne "accord total" en face de la ligne "2.3 Divorce par consentement mutuel par acte sous signature privée contresigné par avocats, déposé au rang des minutes d'un notaire" ;

– si le divorce n'a pas abouti, il indiquera le pourcentage de rétribution qu'il entend allouer à l'avocat en application des dispositions décrites ci-dessus (article 118-6) dans la colonne "échec de la procédure ou accord partiel" en face de la ligne "2.3 Divorce par consentement mutuel par acte sous signature privée contresigné par avocats, déposé au rang des minutes d'un notaire".

2.1.3 La rétribution de l'avocat lorsqu'un divorce par consentement mutuel judiciaire est engagé après le non-aboutissement de la procédure de divorce par consentement mutuel par acte sous signature privée contresigné par avocats

L'article 39-1 de la loi du 18 novembre 2016 prévoit que lorsqu'une instance est engagée après le non-aboutissement de la procédure de divorce par consentement mutuel par acte sous signature privée contresigné par avocats, la rétribution versée à l'avocat à raison des diligences accomplies durant ladite procédure s'impute sur celle qui lui est due pour l'instance.

L'article 118-8 du décret du 19 décembre 1991 précise que la rétribution accordée à l'avocat au titre de l'aide juridictionnelle pour une procédure de divorce par consentement mutuel par acte sous signature privée contresigné par avocats n'ayant pas abouti est déduite de celle qui lui est allouée lorsqu'il apporte son concours dans le cadre d'un divorce par consentement mutuel judiciaire issu de la demande d'un enfant mineur à être entendu par le juge.

Ainsi, dans l'hypothèse du non-aboutissement d'un divorce par consentement mutuel par acte sous signature privée contresigné par avocats suivie de l'engagement d'une procédure de divorce par consentement mutuel judiciaire, le bénéficiaire de l'aide juridictionnelle devra renouveler sa demande d'aide dans le cadre de la seconde procédure. Sur cette demande, en vertu de l'article 33 du décret du 19 décembre 1991, il devra préciser qu'il a déjà bénéficié de l'aide juridictionnelle dans le cadre de la procédure initiale.

Le BAJ, sur la nouvelle décision d'admission à l'aide juridictionnelle pour le divorce par consentement mutuel judiciaire, doit mentionner, en vertu de l'article 48 du décret, que l'aide juridictionnelle a été antérieurement accordée pour un divorce par consentement mutuel par acte sous signature privée contresigné par avocats n'ayant pas abouti, ainsi que le nom de l'avocat qui est intervenu à ce titre. En outre, la décision précise le montant de la rétribution qui lui a été allouée lorsque celui-ci est déjà fixé. Ces informations permettront à la CARPA d'imputer les sommes prévues à l'article 39-1 de la loi du 18 novembre 2016.

Sur l'attestation de mission "affaires civiles" (**annexe 6**), le greffe cochera, selon le cas, la case située dans la ligne "1.2 Divorce par consentement mutuel judiciaire" ou la ligne "2.2 Divorce par consentement mutuel judiciaire. Les époux ont l'aide juridictionnelle et le même avocat".

Par ailleurs, dans l'encadré intitulé "Précisons que la procédure fait suite à", le greffe cochera la case "un divorce par consentement mutuel par acte sous signature privée n'ayant pas abouti" et indiquera le nombre d'UV accordés par le président du BAJ.

L'article 104 du décret prévoit que, dans le cadre du divorce par consentement mutuel judiciaire qui est issu du divorce par consentement mutuel par acte sous signature privée contresigné par avocats n'ayant pas abouti, l'attestation de mission qui est délivrée par le greffe à l'avocat comprend notamment le montant de la contribution de l'État à la rétribution de l'avocat après imputation de la somme perçue par lui au titre de l'aide juridictionnelle pour ladite procédure de divorce n'ayant pas abouti.

Le greffe doit vérifier dans la décision d'aide juridictionnelle et dans le dossier de procédure si l'avocat avait déjà bénéficié d'une rétribution au titre d'un divorce par consentement mutuel par acte sous signature privée contresigné par avocats n'ayant pas abouti. Il peut prendre attache auprès du BAJ ou de la CARPA en cas de doute. Le cas échéant, il reporte sur l'AFM affaires civiles (**annexe 6**) le nombre d'UV déjà accordé par le président du BAJ. Il indique dans le cadre créé à cet effet dans l'attestation de mission civile, le code BAJ initial, la date de la décision d'aide juridictionnelle, le BAJ qui a accordé cette aide.

En vertu du quatrième alinéa de l'article 118-8 du décret lorsque la contribution de l'État à la rétribution de l'avocat au titre de l'aide juridictionnelle accordée pour l'instance est réduite dans les conditions prévue à l'article 98 relatif à l'aide juridictionnelle partielle, la contribution versée au titre de l'aide juridictionnelle accordée pour une procédure de divorce par consentement mutuel par acte sous signature privée contresigné par avocats n'ayant pas abouti est réduite dans la même proportion.

2.1.4 Paiement de l'avocat par la caisse de règlements pécuniaires des avocats (CARPA)

S'agissant du paiement par la CARPA de la rétribution due à l'avocat, les nouvelles dispositions permettent également d'adapter le décret n° 96-887 du 10 octobre 1996. Les articles 13, 15, 16 et 22 du règlement type annexé ont été modifiés de la manière suivante :

– la rétribution finale due à l'avocat ayant accompli une mission d'aide juridictionnelle est versée après remise de (article 13) :
  – une décision du BAJ ;
  – une attestation de fin de mission spécifique délivrée dans le cadre d'un divorce par consentement mutuel par acte sous signature privée contresigné par avocats.

– est prévue la remise à l'avocat de l'attestation de mission et de l'attestation de fin de mission pour un divorce par consentement mutuel par acte sous signature privée contresigné par avocats (article 15) ;

– les modalités de calcul du montant de la rétribution due à l'avocat sont les suivantes (article 16) :

Nombre d'UV portés sur l'AFM × Montant de l'UV

– l'avocat doit remettre sans délai à la CARPA les attestations de fin de mission délivrées dans le cadre d'un divorce par consentement mutuel par acte sous signature privée contresigné par avocats (article 22).

2.2 *La rétribution des notaires*

2.2.1 Le montant de la rétribution des notaires et les modalités de paiement

La rétribution versée par l'État aux notaires qui prêtent leur concours au bénéficiaire de l'aide juridictionnelle est celle prévue pour les actes soumis au droit fixe (article 95 du décret du 19 décembre 1991). Les actes d'enregistrement des conventions de divorce par consentement mutuel étant des actes soumis au droit fixe, la rétribution est de 18 € par partie bénéficiant de l'aide juridictionnelle.

Le dernier alinéa de l'article 107 du décret définit les modalités de rétribution des notaires : à la suite du dépôt au rang des minutes d'un notaire d'un acte sous signature privée contresigné par avocats relatif à un divorce par consentement mutuel, le paiement du notaire a lieu selon les modalités prévues à l'article 118-5.

Ainsi, après avoir procédé aux vérifications nécessaires, le président du BAJ délivre à la demande du notaire une attestation de fin de mission (**annexe 7**) qui précise la nature de la procédure et indique le montant de la contribution de l'État à la rétribution du notaire. Cette demande d'attestation de mission doit être faite dans les quatre mois qui suivent le dépôt de l'acte, auprès du président du BAJ. Le président du BAJ transmet sous bordereau (**annexe 8**) au Service Administratif Régional (SAR) la décision d'aide juridictionnelle, la demande de paiement et les pièces justificatives en vue de la saisie dans Chorus.

La somme revenant au notaire est réglée sur justification de sa désignation au titre de l'aide juridictionnelle et production de l'attestation de mission.

2.2.2 L'absence de demande de désignation d'un notaire dans la demande d'aide juridictionnelle

Certains justiciables sollicitant l'aide juridictionnelle dans le cadre d'un divorce par consentement mutuel par acte sous signature privée contresigné par avocats risquent d'omettre de demander la désignation d'un notaire au sein du formulaire, le notaire n'intervenant que dans un second temps.

Les BAJ doivent attirer l'attention des demandeurs à l'aide juridictionnelle sur la nécessité de demander la désignation d'un notaire pour que la rétribution de celui-ci (18 € par partie bénéficiant de l'aide juridictionnelle) soit prise en charge par l'État.

Néanmoins, pour éviter cette difficulté, en l'absence de demande de désignation explicite d'un notaire par le demandeur, le BAJ doit y procéder d'office. Il se rapprochera alors de la chambre départementale des notaires pour qu'un notaire puisse être désigné au titre de l'aide juridictionnelle.

3 *Le recouvrement de l'aide juridictionnelle*

Le recouvrement des frais avancés par l'État au titre de l'aide juridictionnelle est une obligation prévue par la loi du 10 juillet 1991 et le décret du 19 décembre 1991. La note SG-14-005/SADJAV du 5 mai 2014 a présenté le dispositif applicable. Elle a été complétée par la dépêche SADJAV/BAJ/2016/03 du 2 novembre 2016. Elles peuvent être consultées sur Intranet/Secrétariat Général/aide juridictionnelle/Textes et circulaires/Circulaires de 2012 à 2017.

Pour le divorce par consentement mutuel par acte sous signature privée contresigné par avocats, le recouvrement n'est possible que lorsque la procédure aboutit.

En vertu de l'article 123-2 du décret du 19 décembre 1991, en cas de divorce par consentement mutuel par acte sous signature privée contresigné par avocats, la convention de divorce ne peut mettre à la charge de la partie bénéficiaire de l'aide juridictionnelle plus de la moitié des frais.

Ainsi, la convention de divorce devra prévoir la répartition des frais entre les parties. Conformément à l'article 1144-5 du code de procédure civile, en l'absence d'indications spécifiques dans la convention et dans l'hypothèse où au moins l'une des parties bénéficie de l'aide juridictionnelle, les frais sont partagés par moitié entre les époux.

Le président du BAJ pourra vérifier cette répartition des dépens dans l'extrait de la convention transmise par l'avocat lors de sa demande d'attestation de mission.

En cas de répartition égale des frais, ou en l'absence d'indication dans la convention selon l'extrait fourni par l'avocat, le recouvrement de ces frais doit être effectué contre la partie non bénéficiaire de l'aide juridictionnelle à proportion de la moitié des frais exposés.

Aucun recouvrement n'est possible lorsque les deux parties bénéficient de l'aide juridictionnelle, sauf en cas de retrait de l'aide. Lorsqu'une des parties bénéficie de l'aide, le recouvrement est mis en œuvre contre la partie non bénéficiaire de l'aide. Il est précisé que l'ensemble des dépenses engagées au titre de l'aide juridictionnelle sont recouvrables dans ce cas, ces dépenses comprenant en particulier la rétribution versée par l'État à l'avocat et au notaire.

Le président du BAJ établit une fiche de suivi selon le modèle annexé (**annexe 9**). Il est préconisé d'établir une fiche de suivi unique regroupant l'ensemble des frais engagés au vu des pièces justificatives transmises par les auxiliaires de justice. Cette fiche est transmise au SAR, accompagnée des pièces justificatives :

– décision d'admission à l'aide juridictionnelle ;

– attestation de dépôt de l'acte délivrée par le notaire comportant notamment les noms, prénoms, dates et lieux de naissance et adresses des époux ;

– extrait de la convention portant sur la répartition des frais entre les époux.

Ces pièces sont nécessaires au comptable public chargé de valider la mise en recouvrement des frais d'aide juridictionnelle.

4 *La dérogation au délai de caducité de la décision d'admission à l'aide juridictionnelle*

Par dérogation aux dispositions de l'article 54 du 19 décembre 1991, pour les divorces autres que ceux par consentement mutuel, le délai de caducité de la décision d'admission à l'aide juridictionnelle est amené à trente mois à compter du prononcé de l'ordonnance de non-conciliation, en cohérence avec l'alinéa 2 de l'article 1113 du code de procédure civile qui dispose qu'"*en cas de réconciliation des époux ou si l'instance n'a pas été introduite dans les trente mois du prononcé de l'ordonnance, toutes ses dispositions sont caduques, y compris l'autorisation d'introduire l'instance*".

Cette dérogation s'applique aux délais de caducité des décisions d'aide juridictionnelle n'étant pas arrivées à leur terme le jour de la publication du décret. Ainsi, le délai non expiré à la date de la publication est allongé de trente mois, déduction faite du temps déjà écoulé depuis le prononcé de l'ordonnance de non-conciliation.

Le demandeur n'aura donc pas à présenter une nouvelle demande d'aide juridictionnelle.

Les formulaires mentionnant l'article 54 du décret ont été mis à jour pour prendre en compte sa nouvelle rédaction :

– Notification d'une décision d'aide juridictionnelle totale (**annexe 10**)

– Notification d'une décision d'aide juridictionnelle partielle, provisoire ou de retrait (**annexe 11**)

– Notification d'une décision rendue sur recours (**annexe 12**)

– Notification à l'avocat choisi de la décision d'aide juridictionnelle rendue sur recours (**annexe 13**)

– Notification à l'huissier de justice choisi de la décision d'aide juridictionnelle rendue sur recours (**annexe 14**)

– Demande de désignation d'un avocat adressée par le BAJ au bâtonnier à la suite d'un recours (**annexe 15**)

– Demande de désignation d'un huissier de justice adressée par le BAJ au président de la chambre des huissiers à la suite d'un recours (**annexe 16**)

– Demande de changement d'avocat adressée par le BAJ au bâtonnier à la suite d'un recours (**annexe 17**)

– Demande de changement d'huissier adressée par le BAJ au président de la chambre des huissiers à la suite d'un recours (**annexe 18**).

Ils seront actualisés à terme dans AJWIN.

* * *

Je vous saurais gré de bien vouloir diffuser la présente dépêche à l'ensemble des magistrats et fonctionnaires concernés et informer le secrétariat général du ministère de la justice, sous le timbre du service de l'accès au droit et à la justice et de l'aide aux victimes (Bureau de l'aide juridictionnelle), des difficultés que vous seriez susceptibles de connaître dans son application.

ANNEXE 1

Décret n° 2016-1907 du 28 décembre 2016 relatif au divorce prévu à l'article 229-1 du code civil et à diverses dispositions en matière successorale

Non reproduite.

ANNEXE 2

DEMANDE D'ATTESTATION DE MISSION DANS LE CADRE D'UN DIVORCE PAR CONSENTEMENT MUTUEL PAR ACTE SOUS SIGNATURE PRIVÉE CONTRESIGNÉ PAR AVOCATS

DEMANDE D'ATTESTATION DE MISSION DANS LE CADRE D'UN DIVORCE PAR CONSENTEMENT MUTUEL PAR ACTE SOUS SIGNATURE PRIVÉE CONTRESIGNÉ PAR AVOCATS

Formulaire à adresser par l'avocat au président du bureau d'aide juridictionnelle à compter du 1er janvier 2017

AIDE JURIDICTIONNELLE

(Article 39-1 de la loi n° 91-647 du 10 juillet 1991 relative à l'aide juridique et Articles 118-3 et 118-5 du décret n° 91-1266 du 19 décembre 1991)

Liberté • Égalité • Fraternité
RÉPUBLIQUE FRANÇAISE
MINISTÈRE DE LA JUSTICE
www.justice.gouv.fr

Je soussigné, Maître ....,

avocat inscrit au barreau de ....,

sollicite la délivrance d'une attestation de mission pour l'assistance de Mme / M. : ....

....

bénéficiant de l'aide juridictionnelle par décision N° B.A.J.: L..L..L..L..L..L..L..L..L..L..L..L..L..L..L..L..L..L..

du bureau d'aide juridictionnelle de...

en date du : L...L.../L...L.../L...L...L...L...

Le divorce par consentement mutuel par acte sous signature privée contresigné par avocats pour lequel j'ai été désigné

❑ *a abouti*

Vous voudrez bien trouver ci-joint :

- *une copie de la décision d'admission à l'aide juridictionnelle ;*
- *une attestation de dépôt de l'acte délivrée par le notaire ;*
- *un extrait de la convention portant sur la répartition des frais entre les époux.*

❑ *n'a pas abouti*

Vous voudrez bien trouver ci-joint :

- *une copie de la décision d'admission à l'aide juridictionnelle ;*
- *les correspondances portant la mention « officiel » ;*
- *un récapitulatif des diligences accomplies*[1] *:*

....

....

....

....

....

....

Fait à ...., le L..L../L..L../L..L..L..L..

SIGNATURE

[1] Le récapitulatif des diligences accomplies peut être complété sur papier libre.

ANNEXE 3

ATTESTATION DE MISSION DÉLIVRÉE PAR LE PRÉSIDENT DU BAJ

ATTESTATION DE MISSION DELIVRÉE PAR LE PRÉSIDENT DU BAJ

Imprimé à utiliser à compter du 1er janvier 2017

AIDE JURIDICTIONNELLE

(Loi n°91-647 du 10 juillet 1991 et décret n°91-1266 du 19 décembre 1991 modifiés)

Liberté • Égalité • Fraternité
RÉPUBLIQUE FRANÇAISE
MINISTÈRE DE LA JUSTICE
www.justice.gouv.fr

N° d'A.F.M. : L...L...L...L...L...L...L...L...L...L...L...L...L...L...L...L...L...L...L...L...

Délivrée à Maître : ....

Avocat de Mme / M. : ....

....

Inscrit au Barreau de : ....

Dans l'affaire : .... c/ ....

Aide juridictionnelle : ❑ TOTALE ❑ PARTIELLE .... %

Décision BAJ du : L...L.../L...L.../L...L...L...L... N° B.A.J.: L...L...L...L...L...L...L...L...L...L...L...L...L...L...L...L...L...L...L...

Nature :

❑ UN DIVORCE PAR CONSENTEMENT MUTUEL PAR ACTE SOUS SIGNATURE PRIVEE CONTRESIGNE PAR AVOCATS, DEPOSE AU RANG DES MINUTES D'UN NOTAIRE
❑ UNE TRANSACTION AVANT INTRODUCTION DE L'INSTANCE
❑ UNE PROCEDURE PARTICIPATIVE AVANT INTRODUCTION DE L'INSTANCE

Issue :

❑ A ABOUTI (DIVORCE)
❑ A ABOUTI A UN ACCORD TOTAL OU PARTIEL (TRANSACTION / PROCEDURE PARTICIPATIVE)
❑ N'A PAS ABOUTI (DIVORCE) / ECHEC (TRANSACTION / PROCEDURE PARTICIPATIVE)

		Accord total		*Échec ou accord partiel*
n°	Procédures concernées	Coefficient UV		Pourcentage à appliquer
Divorce par consentement mutuel par acte sous signature privée contresigné par avocats, déposé au rang des minutes d'un notaire				
2-3	Divorce par consentement mutuel par acte sous signature privée contresigné par avocats, déposé au rang des minutes d'un notaire	24	❑	L...L... %
Juridictions de l'ordre judiciaire susceptibles d'être saisies				
7	Prud'hommes	30	❑	L...L... %
10-1	Baux d'habitation - instance au fond	21	❑	L...L... %
11	Tribunal de grande instance et tribunal de commerce, instance au fond. Renvoi à la formation collégiale (JEX, JAF)	26	❑	L...L... %
12	Autres juridictions, instance au fond- Juge de l'exécution- surendettement- rétablissement personnel	16	❑	L...L... %
12-1	Difficultés d'exécution devant le Juge de l'exécution	4	❑	L...L... %
16-1	Appel avec représentation obligatoire	26	❑	L...L... %
17-1	Appel avec référé avec représentation obligatoire	30	❑	L...L... %
18	Appel sans représentation obligatoire	20	❑	L...L... %
19	Appel avec référé sans représentation obligatoire	24	❑	L...L... %
20	Tribunal des affaires de sécurité sociale	14	❑	L...L... %
Juridictions de l'ordre administratif susceptibles d'être saisies				
1	Tribunal administratif et cour administrative d'appel, affaires au fond	20	❑	L...L... %
10	Autres juridictions administratives (Sauf Conseil d'Etat, Tribunal départemental ou Cour régionale des Pensions, Cour nationale du droit d'Asile, contentieux et commissions des étrangers, référés, difficulté d'exécution d'une décision)	14	❑	L...L... %

Mode de calcul de la contribution de l'État
En cas d'accord total : le coefficient est celui prévu pour une instance ou pour le divorce par consentement mutuel par acte sous signature privée ayant abouti.
En cas d'échec des pourparlers transactionnels ou de la procédure participative ou accord partiel : le coefficient est la moitié (50%) de celui prévu pour une instance. À titre exceptionnel, en cas de diligences particulières de l'avocat, le coefficient prévu pour une instance peut être affecté par le président du BAJ d'un pourcentage supérieur à 50 % et inférieur ou égal à 75 %.
En cas de non aboutissement du divorce par consentement mutuel par acte sous signature privée : le coefficient est le quart (25%) de celui prévu pour une instance (soit 6 UV minimum). Le coefficient prévu peut être affecté par le président du BAJ d'un pourcentage supérieur à 25 % et inférieur ou égal à 75 % (soit 18 UV maximum), sur justification par l'avocat de l'importance et du sérieux des diligences qu'il a accomplies.

Nous..,

❑ *Président du bureau d'aide juridictionnelle ou de la section de*..

❑ *Vice-président du bureau ou de la section de*..*en cas d'empêchement ou d'absence du président,*

attestons que l'avocat susnommé a accompli le : L... L.../ L... L.../ L... L... L... L... ***la mission pour laquelle il a été désigné.***

Arrêtons la présente attestation à L...L... ***UV, avant application du taux d'aide juridictionnelle partielle qui sera appliqué par la CARPA lors du paiement de l'avocat***..(nombre d'UV en toutes lettres)

Fait à ...., le L...L.../L...L.../L...L...L...L...

SIGNATURE

ANNEXE 4

SCHÉMA – PROCÉDURE DE RÉTRIBUTION DE L'AVOCAT À L'AIDE JURIDICTIONNELLE – DIVORCE PAR CONSENTEMENT MUTUEL PAR ACTE SOUS SIGNATURE PRIVÉE CONTRESIGNÉ PAR AVOCATS

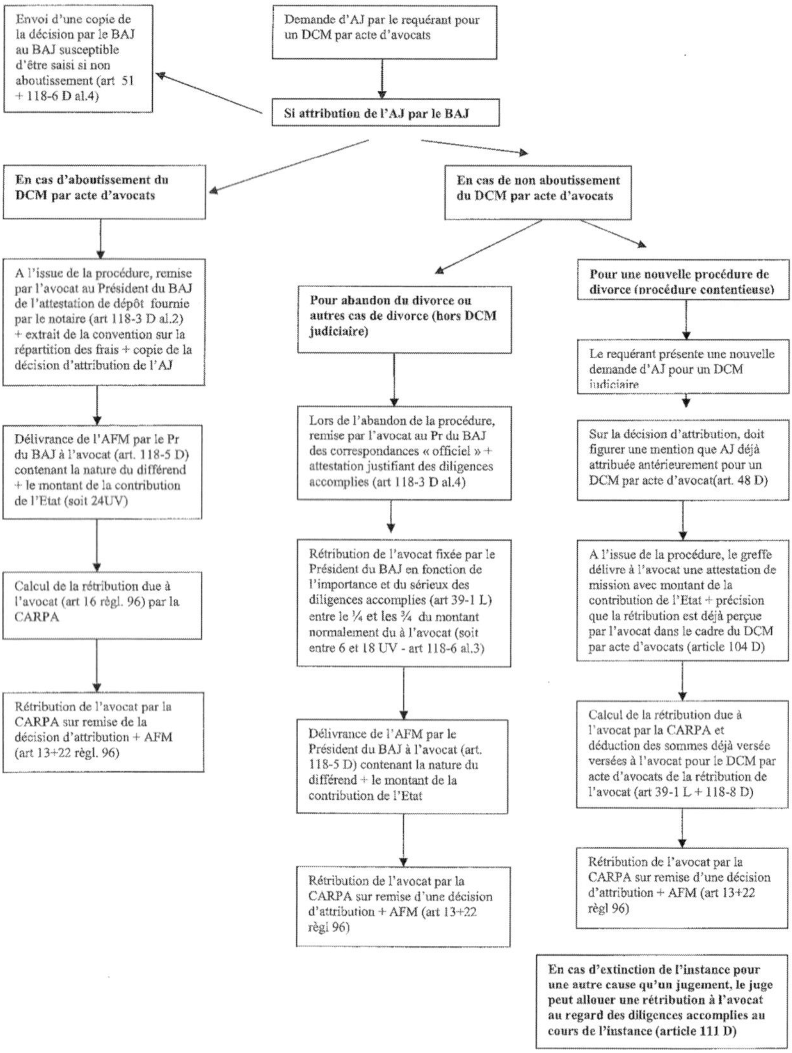

ANNEXE 5

TABLEAU SYNTHÉTIQUE DES DIFFÉRENTES RÉTRIBUTIONS POUVANT ÊTRE PERÇUES PAR LES AVOCATS DANS LE CADRE D'UN DIVORCE PAR CONSENTEMENT MUTUEL PAR ACTE SOUS SIGNATURE PRIVÉE CONTRESIGNÉ PAR AVOCATS

Décret n° 2016-1907 du 28 décembre 2016

		Modalités de rétribution	Base légale (D. 91-1266)	Nombre d'UV (AJ totale)
1°	Aboutissement de la procédure de DCM par acte d'avocats	Rétribution correspondant au nombre d'UV total prévu à la ligne 1.1.1. du barème de l'art. 90.	Art. 118-6 al. 1	24 UV
2°	Non-aboutissement / pas de nouvelle procédure de DCM par acte d'avocats	– Le 1/4 de la rétribution prévue en cas d'aboutissement ; – Le président du BAJ peut augmenter cette contribution, sans qu'elle puisse excéder les 3/4 de ce montant, sur justification par l'avocat de l'importance et du sérieux des diligences qu'il a accomplies.	Art. 118-6 al. 3	6 UV Entre 6 et 18 UV
3°	Conversion de la procédure de DCM par acte d'avocats en DCM judiciaire suite à la demande d'audition d'un enfant	Rétribution pour le DCM par acte d'avocats fixée selon les conditions du 2° ; Rétribution pour le DCM judiciaire : – nombre d'UV total prévu à la ligne 1.1.2. du barème de l'art. 90 ; – déduction des sommes déjà versées au titre du DCM par acte d'avocats n'ayant pas aboutit *[abouti]*.	Art. 118-6 al. 3 Art. 90 Art. 118-8	Entre 6 et 18 UV 27 UV Entre -6 et -18 UV
4°	Conversion de la procédure de divorce contentieux en DCM par acte d'avocats	Rétribution correspondant au nombre d'UV total prévu à la ligne 1.1.1. du barème de l'art. 90.	Art. 118-6 al. 1 et 5	24 UV
5°	Abandon de la procédure de DCM par acte d'avocats et saisine du juge pour un autre cas de divorce	Rétribution pour le DCM par acte d'avocats fixée selon les conditions du 2° ; Rétribution pour « autre cas de divorce » au nombre d'UV total prévu à la ligne 1.2. du barème de l'art. 90	Art. 118-6 al. 3 Art. 90	Entre 6 et 18 UV 31,5 UV
6°	En cas d'extinction de l'instance pour une autre cause qu'un jugement	Rétribution fixée par le juge en fonction des diligences accomplies par l'avocat au cours de cette instance (et non de celles de la procédure antérieure de DCM par acte d'avocats).	Art. 111	Entre 0 UV et 27 ou 31,5 UV

ANNEXE 6

AFM AFFAIRES CIVILES

ATTESTATION DE MISSION : AFFAIRES CIVILES

Imprimé à utiliser à compter du 1er janvier 2017

AIDE JURIDICTIONNELLE

(Loi n° 91-647 du 10 juillet 1991 et décret n° 91-1266 du 19 décembre 1991 modifiés)

Liberté • Égalité • Fraternité
RÉPUBLIQUE FRANÇAISE
MINISTÈRE DE LA JUSTICE
www.justice.gouv.fr

N° d'A.F.M. : L...L...L...L...L...L...L...L...L...L...L...L...L...L...L...L...L...L...L...L...

Délivrée à Maître : ....

Avocat de Mme / M. : ....

Inscrit au Barreau de : ....

Dans l'affaire : ....c/..

N° R.G.C. : L...L...L...L...L...L...L...L... **Aide juridictionnelle :** ❑ TOTALE ❑ PARTIELLE.......................................%

Décision BAJ du : L...L.../L...L.../L...L...L...L... **N° B.A.J. :** L...L...L...L...L...L...L...L...L...L...L...L...L...L...L...L...L...L...

n°	1 - Procédures	Coefficients	
Procédures de divorce pour lesquelles la décision d'admission à l'aide juridictionnelle a été prononcée avant le 1er janvier 2017			
1-1	Divorce par consentement mutuel	30	❑
2-1	Divorce par consentement mutuel. Les deux époux ont l'aide juridictionnelle et le même avocat	50	❑
3-1	Autres cas de divorce	34	❑
3-2	Autres cas de divorce avec projet d'acte notarié de liquidation du régime matrimonial homologué par le JAF	36	❑
Procédures de divorce pour lesquelles la décision d'admission à l'aide juridictionnelle a été prononcée à compter du 1er janvier 2017			
1-2	Divorce par consentement mutuel judiciaire	27	❑
2-2	Divorce par consentement mutuel judiciaire. Les deux époux ont l'aide juridictionnelle et le même avocat	45	❑
3-3	Autres cas de divorce	31,5	❑
3-4	Autres cas de divorce avec projet d'acte notarié de liquidation du régime matrimonial homologué par le JAF	33,5	❑
Autres procédures			
4	Procédure après divorce (JAF)	14	❑
4-1	Autres instances devant le JAF	16	❑
5	Incapacités	10	❑
6	Assistance éducative	16	❑
7	Prud'hommes (5)	30	❑
8	Prud'hommes avec départage	36	❑
9	Référé prud'homal (6)	16	❑
10	Référé prud'homal avec départage	24	❑
10-1	Baux d'habitation - Instances au fond	21	❑
10-2	Baux d'habitation - Référé	16	❑
11	Tribunal de grande instance et Tribunal de commerce instances au fond. Renvoi à la formation collégiale (JEX) - (JAF) (3)	26	❑
12	Autres juridictions - Instances au fond - Juge de l'exécution-Juge de proximité- Tribunal du contentieux de l'incapacité. Surendettement ; rétablissement personnel	16	❑
12-1	Difficultés d'exécution devant le JEX (4)	4	❑
12-2	Demande de réparation d'une détention provisoire	6	❑
12-3	Demande de réparation d'une détention provisoire avec avocat distinct de celui intervenu pour la procédure pénale	8 (1)	❑
12-4	Procédure judiciaire de mainlevée et de contrôle des mesures de soins psychiatriques y compris devant le premier président de la cour d'appel (décision d'aide juridictionnelle prononcée avant le 1er janvier 2017)	4	❑

12-5	Procédure judiciaire de mainlevée et de contrôle des mesures de soins psychiatriques y compris devant le premier président de la cour d'appel (décision d'aide juridictionnelle prononcée à compter du 1er janvier 2017)	6	☐
13	Référés	8	☐
14	Matière gracieuse	8	☐
15	Requête	4	☐
15-1	Recours devant le premier président statuant en la forme des référés	8	☐
Procédures d'appel avec représentation obligatoire devant la cour d'appel en cours au 1er janvier 2012			
16	Appel et contredit (10)	14	☐
17	Appel avec référé (10)	18	☐
Procédures d'appel avec représentation obligatoire devant la cour d'appel initiées à compter du 1er janvier 2012			
16-1	Appel et contredit dans les procédures d'appel avec représentation obligatoire	26	☐
17-1	Appel avec référé dans les procédures d'appel avec représentation obligatoire	30	☐
Procédures d'appel sans représentation obligatoire devant la cour d'appel initiées à compter du 1er janvier 2012			
18	Appel sans représentation obligatoire	20	☐
19	Appel avec référé sans représentation obligatoire	24	☐
20	Tribunal des affaires de sécurité sociale (7)	14	☐

	2 - Majorations possibles cumulables (dans la limite de 16 UV)	Coefficients	Majorations	Total
21	Incidents mise en état (2) (dans la limite de 9 UV)	3	3x	
22	Expertises avec déplacement	9	9x	
23	Expertises sans déplacement	4	4x	
25	Vérifications personnelles du juge	5	5x	
26	Enquêtes sociales	2	2x	
27	Autres mesures d'instruction	2	2x	
34	Mesures de médiation ordonnées par le juge (décision d'aide juridictionnelle prononcée avant le 1er janvier 2017)	2	2x	
34-1	Mesures de médiation ordonnées par le juge (décision d'aide juridictionnelle prononcée à compter du 1er janvier 2017)	4	4x	
	3- Conditions d'entrée et de séjour des étrangers			
28	Contestation de la décision de placement en rétention ou prolongation de la rétention dans des locaux ne relevant pas de l'administration pénitentiaire devant le JLD	4		
29	Prolongation du maintien en zone d'attente devant le JLD	4		
29-1	Majoration d'1 UV en cas d'audience dans l'emprise portuaire ou aéroportuaire	1	+ 1	
	4 - Audition de l'enfant *(loi n° 93-22 du 8 janvier 1993)*			
32	Audition de l'enfant	3		
33	Majoration d'1 UV par audition supplémentaire décidée par le juge (dans la limite de trois majorations)	1	1 x	
	5 - Autres majorations possibles cumulables			
35	Intervention devant le Conseil constitutionnel saisi d'une question prioritaire de constitutionnalité	16		
36	Procédure d'appel avec représentation obligatoire en cours devant la cour d'appel au 1er janvier 2012 lorsque l'avocat reprend les fonctions de postulation alors que seule la déclaration d'appel ou la constitution d'intimé a déjà été déposée par l'avoué dessaisi au 31 décembre 2011	8		
37	Procédure d'appel avec représentation obligatoire en cours devant la cour d'appel au 1er janvier 2012 lorsque l'avocat reprend les fonctions de postulation alors que les premières conclusions ont été déposées par l'avoué dessaisi au 31 décembre 2011	3		

Vu la demande d'attestation de mission présentée par Maître...

❑ **En application de l'article 37 de la loi n° 91-647 et de l'article 108 du décret n° 91-1266 :**
Montant hors taxes des sommes recouvrées par l'avocat en application de l'article 37 de la loi..€ H.T.

❑ **En application de l'article 108-1 du décret n° 91-1266 :**
Montant des honoraires et émoluments hors taxes perçus par l'avocat au titre d'un contrat d'assurance de protection juridique ou d'un autre système de protection..€ H.T.

***Nous** ...., **Directeur des services de greffe judiciaires /Secrétaire de**...*

attestons que l'avocat susnommé a accompli le :** L... L.../ L... L.../ L... L... L... L... **la mission pour laquelle il a été désigné.

***Conformément à l'article 109 du décret n° 91-1266, appliquons un pourcentage de réduction de** (8) :* ❑ 30 % ❑ 40 % ❑ 50 % ❑ 60 %

Autres missions accomplies par l'avocat dans la même affaire pour lesquelles une attestation de mission est délivrée (9) :

N° B.A.J.: L...L...L...L...L...L...L...L...L...L...L...L...L...L...L...L...L...L... **N° B.A.J.:** L...L...L...L...L...L...L...L...L...L...L...L...L...L...L...L...L...L...
N° B.A.J.: L...L...L...L...L...L...L...L...L...L...L...L...L...L...L...L...L...L... **N° B.A.J.:** L...L...L...L...L...L...L...L...L...L...L...L...L...L...L...L...L...L...
N° B.A.J.: L...L...L...L...L...L...L...L...L...L...L...L...L...L...L...L...L...L... **N° B.A.J.:** L...L...L...L...L...L...L...L...L...L...L...L...L...L...L...L...L...L..

Précisons que la procédure fait suite à :

❑ **un divorce par consentement mutuel par acte sous signature privée contresigné par avocats n'ayant pas abouti ;**
❑ **une transaction ayant abouti à un accord partiel ou n'ayant pas abouti à un accord ;**
❑ **une procédure participative ayant abouti à un accord partiel ou n'ayant pas abouti à un accord.**

N° B.A.J.: L...L...L...L...L...L...L...L...L...L...L...L...L...L...L...L...L...L...L... **Décision BAJ du :** L...L.../L...L.../L...L...L...L...
du BAJ de : .... **Nombre d'UV accordé par le président du BAJ :** L...L...

***Arrêtons la présente attestation à** L...L... **UV, avant application du pourcentage de réduction prévu par l'article 109 susvisé et du taux d'aide juridictionnelle partielle**...(nombre d'UV en toutes lettres).*

L'application du pourcentage de réduction prévu par l'article 109 susvisé et du taux d'aide juridictionnelle partielle ainsi que la déduction des sommes recouvrées par l'avocat en application de l'article 37 de la loi n° 91-647 et 108-1 du décret n° 91-1266 sont effectuées par la CARPA.

Fait à ...., le L...L.../L...L.../L...L...L...L...

SIGNATURE :

(1) Le coefficient de 6 UV prévu à la ligne 12-2 est porté à 8 UV lorsque l'avocat intervenant au cours de la procédure de demande de réparation n'est pas l'avocat qui est intervenu au cours de la procédure pénale clôturée par la décision de non-lieu, de relaxe ou d'acquittement.
(2) Incidents ayant donné lieu, après discussion contradictoire à une décision du magistrat chargé de l'instruction de l'affaire.
(3) Tribunal de Première instance et tribunal mixte de commerce en Polynésie française
(4) Difficultés d'exécution en Polynésie française
(5) Tribunal du travail en Polynésie française
(6) Référés devant le Tribunal du travail en Polynésie française
(7) Contentieux général de la sécurité sociale en Polynésie française
(8) Cocher le cas échéant la case correspondante : la rétribution de l'avocat assistant plusieurs personnes dans un litige reposant sur les mêmes faits et comportant des prétentions ayant un objet similaire en matière civile est réduite de 30 % pour la deuxième personne assistée, de 40 % pour la troisième personne assistée, de 50 % pour la quatrième personne assistée et de 60 % pour la cinquième personne assistée et s'il y a lieu pour les personnes supplémentaires.
(9) Reporter sur la présente attestation de mission et sur celles délivrées à l'avocat dans le même litige, y compris la première attestation délivrée sans pourcentage de réduction de l'article 109, l'ensemble des numéros BAJ concernant l'admission à l'aide juridictionnelle des personnes qu'il a assisté.
(10) Le décret n° 2012-349 du 12 mars 2012 a introduit à titre transitoire pour les procédures avec représentation obligatoire en cours devant la cour d'appel au 1er janvier 2012, des majorations possibles en fonction des diligences accomplies (8 ou 3 UV, lignes 36 et 37 de l'attestation de mission)

ANNEXE 7

ATTESTATION DE FIN DE MISSION POUR LE NOTAIRE

AIDE JURIDICTIONNELLE
Loi n° 91-647 du 10 juillet 1991 modifiée
Décret n° 91-1266 du 19 décembre 1991 modifié

Liberté • Égalité • Fraternité
RÉPUBLIQUE FRANÇAISE

ATTESTATION DE MISSION[1]

❒ Notaire
❒ Greffier du Tribunal de commerce
❒ Huissier
❒ Commissaire priseur

Cadre réservé au Greffe

Vu et vérifié le:

Signature

1 - Cadre réservé à l'officier public ou ministériel

MAITRE - nom, prénoms : ....
qualité : ....
demeurant à : ....

Décision d'admission à l'aide juridictionnelle
❒ Totale ❒ Partielle L...L...L %
En date du :.............
N° BAJ L...L...L...L...L...L...L...L...L...L...L...L...L...L...L...L...L...L...L...L
Bureau près : ....
Bénéficiaire : M. Mme ....
demeurant à ....
Nature de la procédure : ....
Procédure introduite devant (juridiction saisie)..
Contre : M. Mme..
demeurant à ....
bénéficiaire de l'aide juridictionnelle ❒ Oui ❒ Non
Admission du :.............
N° BAJ L...L...L...L...L...L...L...L...L...L...L...L...L...L...L...L...L...L...L...L
Décision : ❒ ordonnance
❒ jugement sur le fond N° ....
❒ arrêt du ....
❒ P.V de conciliation
❒ Autre décision mettant fin à la mission ....

Nature des actes – Diligences effectuées	Date	Montant (2)	Majoration ½ droit proportionnel	TVA	Total TTC
Copies					
Frais de transport					
Frais postaux					
				Total TTC	

Je soussigné(e) atteste sur l'honneur l'exactitude des indications portées ci-dessus et certifie sincère et véritable la présente demande de rétribution arrêtée à la somme de (en toutes lettres) : ....

À .... le .... Signature :

1 - Cocher la case correspondante
2 - En cas d'aide juridictionnelle partielle, ce montant doit tenir compte du pourcentage de la part contributive de l'Etat (cf. cadre 1).
Pour le notaire, la rétribution de l'acte de partage doit être déduite de la somme déjà perçue au titre du projet de liquidation du régime matrimonial et de la formation des lots à partager.

Service administratif régional près la cour d'appel de

ou Service ordonnateur de la Cour de cassation

adresse précise :

2 - Cadre réservé au directeur des services de greffe judiciaires, au secrétaire ou au président du bureau d'aide juridictionnelle

Nous, ...

Directeur des services de greffe/ secrétaire / président du bureau d'aide juridictionnelle (1) ....

Attestons que M. ....

a bien accompli sa mission,

Arrêtons le montant de la part contributive versée par l'Etat à (en toutes lettres) :

....

....

Disons que cette somme sera mandatée par l'ordonnateur secondaire et payée par le trésorier-payeur général.

À .... Le ....

Signature :

(1) Rayer la mention inutile

TRES IMPORTANT

MODALITÉS DE PAIEMENT

Pour obtenir le paiement, vous devez adresser à la juridiction la présente attestation de mission accompagnée d'un relevé d'identité bancaire ou postal. Le greffier/le président du bureau d'aide juridictionelle la transmettra, après l'avoir certifiée, selon le cas au service administratif régional de la Cour d'Appel ou au service ordonnateur de la Cour de cassation.

RENONCIATION PAR L'AUXILIAIRE DE JUSTICE
À PERCEVOIR LA CONTRIBUTION DE L'ÉTAT

(Articles 37 de la loi n°91-647 du 10 juillet 1991 et 108 du décret n°91-1266 du 19 décembre 1991)

En cas de recouvrement de ses émoluments tarifés contre la partie condamnée aux dépens et non bénéficiaire de l'aide juridictionnelle, l'auxiliaire de justice doit aviser le directeur des services de greffe judiciaires ou le secrétaire de la juridiction de sa renonciation à percevoir la part contributive de l'État au titre de l'aide juridictionnelle dans le délai quatre mois à compter de la délivrance de la présente attestation de mission. A cet effet, il retourne la présente attestation de mission dûment complétée et signée.

Je soussigné (e) ....
qualité :..........atteste sur l'honneur avoir recouvré les émoluments tarifés en application du 1er alinéa de l'article 37 de la loi du 10 juillet 1991 et renonce à percevoir la contribution de l'État au titre de l'aide juridictionnelle.

À .... Le ....

Signature

ANNEXE 8

Bordereau de transmission au SAR

AIDE JURIDICTIONNELLE (programme 101 action 01)

Nom prénom de l'agent chargé du suivi :
Téléphone :

Mémoires et attestations de fin de mission

AUTRES HONORAIRES, FRAIS ENQUETES, FRAIS TRADUCTIONS (Code activité 010101010114 Domaine Fonctionnel 0101-01-03 Compte PCE 65123 Groupe de marchandises 07.02.05)

Juridiction :		
Date :		
Bordereau :		

Nature de procédure (*)	civile	
	administrative	
	partie civile devant une juridiction pénale	

	Date de la décision d'aide juridictionnelle	N° BAJ	Nom prénom du bénéficiaire de l'A.J.	Nom du prestataire	Numéro de la procédure	Montant
					TOTAL :	

(*) Mettre une croix dans la case correspondant à la procédure
Le :

Le Président du bureau d'aide juridictionnelle

ANNEXE 9

FICHE DE SUIVI EN VUE DE L'ÉMISSION D'UN TITRE DE PERCEPTION

FICHE DE SUIVI EN VUE DE L'EMISSION D'UN TITRE DE PERCEPTION

à renseigner par le bureau d'aide juridictionnelle qui a rendu la décision d'admission dans le cadre d'un divorce par consentement mutuel par acte sous signature privée contresigné par avocats

N°de fiche de suivi[1]:.. **N° de bordereau SAR[1] :**..

Coordonnées du bureau d'aide juridictionnelle qui a rendu la décision d'admission :

....

Nom et coordonnées de l'agent en charge de la fiche de suivi :

Nom : .... Téléphone : L...L...L...L...L...L...L...L...L...L... Courriel : ....@justice.fr

DESIGNATION ET ADRESSE DU REDEVABLE

Nom et Prénoms : ....

Date et lieu de naissance (*informations obligatoires*):

....

Adresse : ....

Commune : .... Code postal : L...L...L...L...L... Pays : ....

OBJET DU TITRE : RECOUVREMENT DES FRAIS D'AIDE JURIDICTIONNELLE AVANCES PAR L'ÉTAT

Partie à intégrer par le Pôle Chorus dans facture/texte descriptif à partir de la fiche papier ou du fichier informatique transmis par le BAJ au SAR ➡	Recouvrement des frais d'aide juridictionnelle dans le cadre d'un divorce par consentement mutuel par acte sous signature privée contresigné par avocats. Date et ville du dépôt de l'acte de divorce : Nom et prénom du notaire ayant reçu l'acte : Nom et prénoms de l'avocat du bénéficiaire de l'aide : Date du dépôt de la convention de divorce : Décision d'aide juridictionnelle BAJ (*ville*) (*date*) N°....................au bénéfice de (*nom prénom*) : % des frais mis à la charge du redevable : Montant de la rétribution de l'avocat TTC : .... € taux TVA :.......... Montant de la rétribution du notaire TTC......... € taux TVA .... Montant de la rétribution de l'huissier de justice TTC...... € taux TVA TOTAL frais exposés pour le bénéficiaire de l'aide juridictionnelle.........€

MONTANT TOTAL À RECOUVRER TTC[2] : ______________________________ **EUROS**

1 À renseigner par le SAR

2 Arrondi à l'euro le plus proche

ANNEXE 10

NOTIFICATION D'UNE DÉCISION D'AIDE JURIDICTIONNELLE TOTALE

TRIBUNAL DE GRANDE INSTANCE
DE ....
Bureau d'Aide Juridictionnelle

, le ....

A RAPPELER DANS TOUTE CORRESPONDANCE :
Numéro BAJ : ....

M./Mme ....

Section - Division : ....
Date de la demande : ....
Numéro R.G. : ....
Avocat: Me ....

NOTIFICATION D'UNE DÉCISION RENDUE PAR LE BUREAU D'AIDE JURIDICTIONNELLE
(article 50 du décret n°91-1266 du 19 décembre 1991)

M./Mme ....,

Veuillez trouver ci-joint une copie de la décision rendue le .... par le bureau d'aide juridictionnelle de .... vous accordant **l'aide totale**.

Dès réception de la présente notification, vous devez prendre contact avec l'avocat qui vous a été désigné et dont le nom et l'adresse figurent dans la décision. Si ce dernier n'est pas mentionné dans la décision, vous devez prendre contact avec l'avocat qui vous sera désigné par le bâtonnier de l'ordre des avocats, dès que vous en serez informé.

Article 54 du décret du 19 décembre 1991
La décision d'admission à l'aide juridictionnelle est caduque si, dans l'année de la présente notification, la juridiction n'a pas été saisie de l'instance en vue de laquelle l'admission a été prononcée.
Par dérogation au premier alinéa, dans le cadre d'une procédure de divorce autre que celles prévues aux articles 229-1 et 230 du Code civil, la décision d'admission à l'aide juridictionnelle est caduque si, dans les trente mois à compter du prononcé de l'ordonnance de non-conciliation, l'instance n'a pas été introduite.

Vous voudrez bien prendre connaissance des articles ci-joints, extraits de la loi n° 91-647 du 10 juillet 1991 et du décret n° 91-1266 du 19 décembre 1991 relatifs à l'aide juridique.

LE GREFFIER

TEXTES RELATIFS À L'AIDE JURIDICTIONNELLE

Dispositions de la loi n° 91-647 du 10 juillet 1991 relative à l'aide juridique

Art. 42 Lorsque le bénéficiaire de l'aide juridictionnelle est condamné aux dépens ou perd son procès, il supporte exclusivement la charge des dépens effectivement exposés par son adversaire, sans préjudice de l'application éventuelle des dispositions de l'article 75. Le juge peut toutefois, même d'office, laisser une partie des dépens à la charge de l'État.

Dans le même cas, le juge peut mettre à la charge du bénéficiaire de l'aide juridictionnelle partielle, demandeur au procès, le remboursement d'une fraction des sommes exposées par l'État autres que la part contributive de l'État à la mission d'aide juridictionnelle des avocats et des officiers publics et ministériels.

Art. 50 Sans préjudice des sanctions pénales éventuellement encourues, le bénéfice de l'aide juridictionnelle est retiré, même après l'instance ou l'accomplissement des actes pour lesquels il a été accordé, si ce bénéfice a été obtenu à la suite de déclarations ou au vu de pièces inexactes.

Il est retiré, en tout ou partie, dans les cas suivants :

1° S'il survient au bénéficiaire, pendant cette instance ou l'accomplissement de ces actes, des ressources telles que si elles avaient existé au jour de la demande d'aide juridictionnelle, celle-ci n'aurait pas été accordée ;

2° Lorsque la décision passée en force de chose jugée a procuré au bénéficiaire des ressources telles que si elles avaient existé au jour de la demande d'aide juridictionnelle, celle-ci ne lui aurait pas été accordée ;

3° Lorsque la procédure engagée par le demandeur bénéficiant de l'aide juridictionnelle a été jugée dilatoire ou abusive.

Retrait de l'aide juridictionnelle

Art. 51 Le retrait de l'aide juridictionnelle peut être demandé par tout intéressé. Il peut également intervenir d'office.

Dans les cas mentionnés aux 1° et 2° de l'article 50, le retrait est prononcé par le bureau qui a accordé l'aide juridictionnelle.

Lorsque la procédure engagée par le demandeur bénéficiant de l'aide juridictionnelle a été jugée dilatoire ou abusive, la juridiction saisie prononce le retrait total de l'aide juridictionnelle.

Art. 52 Le retrait de l'aide juridictionnelle rend immédiatement exigibles, dans les limites fixées par la décision de retrait, les droits, redevances, honoraires, émoluments, consignations et avances de toute nature dont le bénéficiaire avait été dispensé. Il emporte obligation pour le bénéficiaire de restituer les sommes versées par l'État.

Effets de la demande d'aide juridictionnelle sur l'action en justice

Dispositions du décret n° 91-1266 du 19 décembre 1991 relatif à l'aide juridique

Art. 38 Lorsqu'une action en justice ou un recours doit être intenté avant l'expiration d'un délai devant les juridictions de première instance ou d'appel, l'action ou le recours est réputé avoir été intenté dans le délai si la demande d'aide juridictionnelle s'y rapportant est adressée au bureau d'aide juridictionnelle avant l'expiration dudit délai et si la demande en justice ou le recours est introduit dans un nouveau délai de même durée à compter :

a) De la notification de la décision d'admission provisoire ;

b) De la notification de la décision constatant la caducité de la demande ;

c) De la date à laquelle le demandeur à l'aide juridictionnelle ne peut plus contester la décision d'admission ou de rejet de sa demande ou, en cas de recours de ce demandeur, de la date à laquelle la décision relative à ce recours lui a été notifiée ;

d) Ou, en cas d'admission, de la date, si elle est plus tardive, à laquelle un auxiliaire de justice a été désigné.

Par dérogation au premier alinéa du présent article, le délai pour intenter une action en justice ou le délai d'appel n'est pas interrompu lorsque, suite au rejet de sa première demande d'aide juridictionnelle, le demandeur présente une nouvelle demande qui a le même objet que la précédente.

Art. 39 Lorsqu'une demande d'aide juridictionnelle en vue de se pourvoir en matière civile devant la Cour de cassation est adressée au bureau d'aide juridictionnelle établi près cette juridiction avant l'expiration du délai imparti pour le dépôt du pourvoi ou des mémoires, ce délai est interrompu. Un nouveau délai court à compter du jour de la réception par l'intéressé de la notification de la décision du bureau d'aide juridictionnelle ou, si elle est plus tardive, de la date à laquelle un auxiliaire de justice a été désigné. Ce dernier délai est interrompu lorsque le recours prévu à l'article 23 de la loi du 10 juillet 1991 est régulièrement formé par l'intéressé. Il en va de même lorsque la déci-

sion déférée rendue sur le seul fondement des articles 4 et 5 de la loi du *[10]* juillet 1991 est réformée et que le bureau est alors saisi sur renvoi pour apprécier l'existence d'un moyen sérieux de cassation.

Le délai alors imparti pour le dépôt du pourvoi ou des mémoires court à compter de la date de la réception par l'intéressé de la notification de la décision prise sur recours confirmant la décision déférée ou, si elle est plus tardive, de la date à laquelle un auxiliaire de justice a été désigné.

Les délais de recours sont interrompus dans les mêmes conditions lorsque l'aide juridictionnelle est sollicitée à l'occasion d'une instance devant le Conseil d'État ou une juridiction administrative statuant à charge de recours devant le Conseil d'État.

Par dérogation aux alinéas 1er et 3 du présent article, le délai pour se pourvoir en cassation n'est pas interrompu lorsque, suite au rejet de sa première demande d'aide juridictionnelle, le demandeur présente une nouvelle demande qui a le même objet que la précédente.

Art. 50 (extrait) ... en cas d'échec, même partiel, des pourparlers transactionnels ou de la procédure participative pour lesquels l'aide juridictionnelle a été accordée, aucune nouvelle demande d'aide ne pourra être formée à l'un de ces titres avant l'introduction de l'instance à raison du même différend.

ANNEXE 11

Notification d'une décision d'aide juridictionnelle partielle, provisoire ou de retrait

TRIBUNAL DE GRANDE INSTANCE
DE ....
Bureau d'Aide Juridictionnelle

le, ...

A RAPPELER DANS TOUTE CORRESPONDANCE :
Numéro BAJ : ....

Section - Division : ....
Date de la demande : ....
Numéro R.G. : ....
Avocat: Me ....

M./Mme ....

NOTIFICATION D'UNE DÉCISION RENDUE PAR LE BUREAU D'AIDE JURIDICTIONNELLE
(article 50 du décret n°91-1266 du 19 décembre 1991)

M./Mme ....,

Veuillez trouver ci-joint une copie de la décision rendue le .... par le bureau d'aide juridictionnelle de .... prononçant :

☐ l'admission à l'aide partielle - Taux :
☐ le rejet de la demande
☐ le retrait de l'aide

☐ l'admission à l'aide provisoire
☐ le refus de l'aide provisoire

Je vous informe que seules peuvent être contestées les décisions d'admission partielle, de rejet ou de retrait de l'aide juridictionnelle dans le **délai de 15 jours à compter du jour de la réception de la présente notification** (article 23 de la Loi n° 91-647 du 10 juillet 1991, articles 56 et 59 du décret n° 91-1266 du 19 décembre 1991). La décision refusant **l'aide provisoire** n'est pas susceptible de recours (art. 63 du décret du 19/12/1991).

Ce recours peut être déposé:

- **par lettre recommandée avec demande d'avis de réception adressée au Bureau d'aide juridictionnelle** dont l'adresse figure ci-dessus

ou

- **par simple déclaration remise** à ce même bureau

Votre recours doit impérativement contenir, à peine de rejet, **l'exposé des faits et motifs** invoqués et être accompagné de la copie de la décision d'aide juridictionnelle contestée.

Dans le cas où le bureau vous a accordé une aide partielle, dès réception de la présente notification, vous devez prendre contact avec l'avocat qui vous a été désigné et dont le nom et l'adresse figurent dans la décision. Si ce dernier n'est pas mentionné dans la décision, vous devez prendre contact avec l'avocat qui vous sera désigné par le bâtonnier de l'ordre des avocats, dès que vous en serez informé.

Article 54 du décret du 19 décembre 1991
La décision d'admission à l'aide juridictionnelle est caduque si, dans l'année de la présente notification, la juridiction n'a pas été saisie de l'instance en vue de laquelle l'admission a été prononcée.
Par dérogation au premier alinéa, dans le cadre d'une procédure de divorce autre que celles prévues aux articles 229-1 et 230 du Code civil, la décision d'admission à l'aide juridictionnelle est caduque si, dans les trente mois à compter du prononcé de l'ordonnance de non-conciliation, l'instance n'a pas été introduite.

Vous voudrez bien prendre connaissance des articles ci-joints, extraits de la loi n° 91-647 du 10 juillet 1991 et du décret n° 91-1266 du 19 décembre 1991 relatifs à l'aide juridique.

LE GREFFIER

TEXTES RELATIFS À L'AIDE JURIDICTIONNELLE

Dispositions de la loi n° 91-647 du 10 juillet 1991 relative à l'aide juridique

Art. 42 Lorsque le bénéficiaire de l'aide juridictionnelle est condamné aux dépens ou perd son procès, il supporte exclusivement la charge des dépens effectivement exposés par son adversaire, sans préjudice de l'application éventuelle des dispositions de l'article 75. Le juge peut toutefois, même d'office, laisser une partie des dépens à la charge de l'État

Dans le même cas, le juge peut mettre à la charge du bénéficiaire de l'aide juridictionnelle partielle, demandeur au procès, le remboursement d'une fraction des sommes exposées par l'État autres que la part contributive de l'État à la mission d'aide juridictionnelle des avocats et des officiers publics et ministériels.

Art. 50 Sans préjudice des sanctions pénales éventuellement encourues, le bénéfice de l'aide juridictionnelle est retiré, même après l'instance ou l'accomplissement des actes pour lesquels il a été accordé, si ce bénéfice a été obtenu à la suite de déclarations ou au vu de pièces inexactes.

Il est retiré, en tout ou partie, dans les cas suivants :

1° S'il survient au bénéficiaire, pendant cette instance ou l'accomplissement de ces actes, des ressources telles que si elles avaient existé au jour de la demande d'aide juridictionnelle, celle-ci n'aurait pas été accordée ;

2° Lorsque la décision passée en force de chose jugée a procuré au bénéficiaire des ressources telles que si elles avaient existé au jour de la demande d'aide juridictionnelle, celle-ci ne lui aurait pas été accordée ;

3° Lorsque la procédure engagée par le demandeur bénéficiant de l'aide juridictionnelle a été jugée dilatoire ou abusive.

Retrait de l'aide juridictionnelle

Art. 51 Le retrait de l'aide juridictionnelle peut être demandé par tout intéressé. Il peut également intervenir d'office.

Dans les cas mentionnés aux 1° et 2° de l'article 50, le retrait est prononcé par le bureau qui a accordé l'aide juridictionnelle.

Lorsque la procédure engagée par le demandeur bénéficiant de l'aide juridictionnelle a été jugée dilatoire ou abusive, la juridiction saisie prononce le retrait total de l'aide juridictionnelle.

Art. 52 Le retrait de l'aide juridictionnelle rend immédiatement exigibles, dans les limites fixées par la décision de retrait, les droits, redevances, honoraires, émoluments, consignations et avances de toute nature dont le bénéficiaire avait été dispensé. Il emporte obligation pour le bénéficiaire de restituer les sommes versées par l'État.

Effets de la demande d'aide juridictionnelle sur l'action en justice

Dispositions du décret n° 91-1266 du 19 décembre 1991 relatif à l'aide juridique

Art. 38 Lorsqu'une action en justice ou un recours doit être intenté avant l'expiration d'un délai devant les juridictions de première instance ou d'appel, l'action ou le recours est réputé avoir été intenté dans le délai si la demande d'aide juridictionnelle s'y rapportant est adressée au bureau d'aide juridictionnelle avant l'expiration dudit délai et si la demande en justice ou le recours est introduit dans un nouveau délai de même durée à compter :

a) De la notification de la décision d'admission provisoire ;

b) De la notification de la décision constatant la caducité de la demande ;

c) De la date à laquelle le demandeur à l'aide juridictionnelle ne peut plus contester la décision d'admission ou de rejet de sa demande ou, en cas de recours de ce demandeur, de la date à laquelle la décision relative à ce recours lui a été notifiée ;

d) Ou, en cas d'admission, de la date, si elle est plus tardive, à laquelle un auxiliaire de justice a été désigné.

Par dérogation au premier alinéa du présent article, le délai pour intenter une action en justice ou le délai d'appel n'est pas interrompu lorsque, suite au rejet de sa première demande d'aide juridictionnelle, le demandeur présente une nouvelle demande qui a le même objet que la précédente.

Art. 39 Lorsqu'une demande d'aide juridictionnelle en vue de se pourvoir en matière civile devant la Cour de cassation est adressée au bureau d'aide juridictionnelle établi près cette juridiction avant l'expiration du délai imparti pour le dépôt du pourvoi ou des mémoires, ce délai est interrompu. Un nouveau délai court à compter du jour de la réception par l'intéressé de la notification de la décision du bureau d'aide juridictionnelle ou, si elle est plus tardive, de la date à laquelle un auxiliaire de justice a été désigné. Ce dernier délai est interrompu lorsque le recours prévu à l'article 23 de la loi du 10 juillet 1991 est régulièrement formé par l'intéressé. Il en va de même lorsque la déci-

sion déférée rendue sur le seul fondement des articles 4 et 5 de la loi *[10]* du juillet 1991 est réformée et que le bureau est alors saisi sur renvoi pour apprécier l'existence d'un moyen sérieux de cassation.

Le délai alors imparti pour le dépôt du pourvoi ou des mémoires court à compter de la date de la réception par l'intéressé de la notification de la décision prise sur recours confirmant la décision déférée ou, si elle est plus tardive, de la date à laquelle un auxiliaire de justice a été désigné.

Les délais de recours sont interrompus dans les mêmes conditions lorsque l'aide juridictionnelle est sollicitée à l'occasion d'une instance devant le Conseil d'État ou une juridiction administrative statuant à charge de recours devant le Conseil d'État.

Par dérogation aux alinéas 1er et 3 du présent article, le délai pour se pourvoir en cassation n'est pas interrompu lorsque, suite au rejet de sa première demande d'aide juridictionnelle, le demandeur présente une nouvelle demande qui a le même objet que la précédente.

Art. 50 (extrait) ... en cas d'échec, même partiel, des pourparlers transactionnels ou de la procédure participative pour lesquels l'aide juridictionnelle a été accordée, aucune nouvelle demande d'aide ne pourra être formée à l'un de ces titres avant l'introduction de l'instance à raison du même différend.

ANNEXE 12

Notification d'une décision rendue sur recours

COUR D'APPEL , le..............................
DE ....
Bureau d'Aide Juridictionnelle

A RAPPELER DANS TOUTE CORRESPONDANCE :
Numéro BAJ : ....

Ordonnance rendue sur recours M./Mme ....

Numéro RG : ....
Ordonnance du : ....

Date de la demande : ....

NOTIFICATION D'UNE DÉCISION RENDUE SUR RECOURS
(article 60 du décret n°91-1266 du 19 décembre 1991)

M./Mme ....

Veuillez trouver ci-joint une copie de la décision rendue le .... par :

❑ le premier président de la cour d'appel de :
❑ le magistrat délégué par le premier président de la cour d'appel de :

☐ confirmant le rejet de votre demande
☐ infirmant le rejet de votre demande et vous accordant l'aide totale
☐ infirmant le rejet de votre demande et vous accordant l'aide partielle au taux de :
☐ confirmant l'aide partielle au taux de :
☐ infirmant l'aide partielle et vous accordant l'aide totale
☐ infirmant l'aide partielle et vous accordant l'aide partielle au taux modifié de :
☐ infirmant l'aide partielle et rejetant votre demande
☐ confirmant l'aide totale
☐ infirmant l'aide totale et rejetant votre demande
☐ infirmant l'aide totale et vous accordant l'aide partielle au taux de :
☐ confirmant le retrait de l'aide
☐ infirmant le retrait de l'aide et maintenant l'aide totale
☐ infirmant le retrait de l'aide et maintenant l'aide partielle au taux de :
☐ constatant votre désistement

Cette décision n'est pas susceptible de recours (art. 23 de la loi du 10 juillet 1991).

Dans le cas où le bureau vous a accordé une aide totale ou partielle, dès réception de la présente notification, vous devez prendre contact avec l'auxiliaire de justice qui vous a été désigné et dont le nom et l'adresse figurent dans la décision. Si ce dernier n'est pas mentionné dans la décision, vous serez informé ultérieurement de sa désignation, selon le cas, par le bâtonnier de l'Ordre des avocats ou le président de l'organisme professionnel ou leur délégué.

Article 54 du décret du 19 décembre 1991

La décision d'admission à l'aide juridictionnelle est caduque si, dans l'année de la présente notification, la juridiction n'a pas été saisie de l'instance en vue de laquelle l'admission a été prononcée.

Par dérogation au premier alinéa, dans le cadre d'une procédure de divorce autre que celles prévues aux articles 229-1 et 230 du Code civil, la décision d'admission à l'aide juridictionnelle est caduque si, dans les trente mois à compter du prononcé de l'ordonnance de non-conciliation, l'instance n'a pas été introduite.

Vous voudrez bien prendre connaissance des articles ci-joints, extraits de la loi n° 91-647 du 10 juillet 1991 et du décret n° 91-1266 du 19 décembre 1991 relatifs à l'aide juridique.

LE GREFFIER

TEXTES RELATIFS À L'AIDE JURIDICTIONNELLE

Dispositions de la loi n° 91-647 du 10 juillet 1991 relative à l'aide juridique

Art. 42 Lorsque le bénéficiaire de l'aide juridictionnelle est condamné aux dépens ou perd son procès, ilsupporte exclusivement la charge des dépens effectivement exposés par son adversaire, sans préjudice de l'application éventuelle des dispositions de l'article 75. Le juge peut toutefois, même d'office, laisser une partie des dépens à la charge de l'État.

Dans le même cas, le juge peut mettre à la charge du bénéficiaire de l'aide juridictionnelle partielle, demandeur au procès, le remboursement d'une fraction des sommes exposées par l'État autres que la part contributive de l'État à la mission d'aide juridictionnelle des avocats et des officiers publics et ministériels.

Art. 50 Sans préjudice des sanctions pénales éventuellement encourues, le bénéfice de l'aide juridictionnelle est retiré, même après l'instance ou l'accomplissement des actes pour lesquels il a été accordé, si ce bénéfice a été obtenu à la suite de déclarations ou au vu de pièces inexactes.

Il est retiré, en tout ou partie, dans les cas suivants :

1° S'il survient au bénéficiaire, pendant cette instance ou l'accomplissement de ces actes, des ressources telles que si elles avaient existé au jour de la demande d'aide juridictionnelle, celle-ci n'aurait pas été accordée ;

2° Lorsque la décision passée en force de chose jugée a procuré au bénéficiaire des ressources telles que si elles avaient existé au jour de la demande d'aide juridictionnelle, celle-ci ne lui aurait pas été accordée ;

3° Lorsque la procédure engagée par le demandeur bénéficiant de l'aide juridictionnelle a été jugée dilatoire ou abusive.

Retrait de l'aide juridictionnelle

Art. 51 Le retrait de l'aide juridictionnelle peut être demandé par tout intéressé. Il peut également intervenir d'office.

Dans les cas mentionnés aux 1° et 2° de l'article 50, le retrait est prononcé par le bureau qui a accordé l'aide juridictionnelle.

Lorsque la procédure engagée par le demandeur bénéficiant de l'aide juridictionnelle a été jugée dilatoire ou abusive, la juridiction saisie prononce le retrait total de l'aide juridictionnelle.

Art. 52 Le retrait de l'aide juridictionnelle rend immédiatement exigibles, dans les limites fixées par la décision de retrait, les droits, redevances, honoraires, émoluments, consignations et avances de toute nature dont le bénéficiaire avait été dispensé. Il emporte obligation pour le bénéficiaire de restituer les sommes versées par l'État.

Effets de la demande d'aide juridictionnelle sur l'action en justice

Dispositions du décret n° 91-1266 du 19 décembre 1991 relatif à l'aide juridique

Art. 38 Lorsqu'une action en justice ou un recours doit être intentée avant l'expiration d'un délai devant les juridictions de première instance ou d'appel, l'action ou le recours est réputé avoir été intenté dans le délai si la demande d'aide juridictionnelle s'y rapportant est adressée au bureau d'aide juridictionnelle avant l'expiration dudit délai et si la demande en justice ou le recours est introduit dans un nouveau délai de même durée à compter :

a) De la notification de la décision d'admission provisoire ;

b) De la notification de la décision constatant la caducité de la demande ;

c) De la date à laquelle le demandeur à l'aide juridictionnelle ne peut plus contester la décision d'admission ou de rejet de sa demande ou, en cas de recours de ce demandeur, de la date à laquelle la décision relative à ce recours lui a été notifiée ;

d) Ou, en cas d'admission, de la date, si elle est plus tardive, à laquelle un auxiliaire de justice a été désigné.

Par dérogation au premier alinéa du présent article, le délai pour intenter une action en justice ou le délai d'appel n'est pas interrompu lorsque, suite au rejet de sa première demande d'aide juridictionnelle, le demandeur présente une nouvelle demande qui a le même objet que la précédente.

Art. 39 Lorsqu'une demande d'aide juridictionnelle en vue de se pourvoir en matière civile devant la Cour de cassation est adressée au bureau d'aide juridictionnelle établi près cette juridiction avant l'expiration du délai imparti pour le dépôt du pourvoi ou des mémoires, ce délai est interrompu. Un nouveau délai court à compter du jour de la réception par l'intéressé de la notification de la décision du bureau d'aide juridictionnelle ou, si elle est plus tardive, de la date à laquelle un auxiliaire de justice a été désigné. Ce dernier délai est interrompu lorsque le recours prévu à l'article 23 de la loi du 10 juillet 1991 est régulièrement formé par l'intéressé. Il en va de même lorsque la déci-

sion déférée rendue sur le seul fondement des articles 4 et 5 de la loi du *[10]* juillet 1991 est réformée et que le bureau est alors saisi sur renvoi pour apprécier l'existence d'un moyen sérieux de cassation.

Le délai alors imparti pour le dépôt du pourvoi ou des mémoires court à compter de la date de la réception par l'intéressé de la notification de la décision prise sur recours confirmant la décision déférée ou, si elle est plus tardive, de la date à laquelle un auxiliaire de justice a été désigné.

Les délais de recours sont interrompus dans les mêmes conditions lorsque l'aide juridictionnelle est sollicitée à l'occasion d'une instance devant le Conseil d'État ou une juridiction administrative statuant à charge de recours devant le Conseil d'État.

Par dérogation aux alinéas 1er et 3 du présent article, le délai pour se pourvoir en cassation n'est pas interrompu lorsque, suite au rejet de sa première demande d'aide juridictionnelle, le demandeur présente une nouvelle demande qui a le même objet que la précédente.

Art. 50 (extrait) ... en cas d'échec, même partiel, des pourparlers transactionnels ou de la procédure participative pour lesquels l'aide juridictionnelle a été accordée, aucune nouvelle demande d'aide ne pourra être formée à l'un de ces titres avant l'introduction de l'instance à raison du même différend.

ANNEXE 13

NOTIFICATION À L'AVOCAT CHOISI DE LA DÉCISION D'AIDE JURIDICTIONNELLE RENDUE SUR RECOURS

COUR D'APPEL
DE ....
Bureau d'Aide Juridictionnelle

, le ....

Maître ....
avocat au barreau de ....

<u>*A RAPPELER DANS TOUTE CORRESPONDANCE*</u> :

<u>Décision sur recours</u>

Numéro RG : ....
Ordonnance du ....

<u>Décision initiale du BAJ</u>

Numéro BAJ : ....
Section - Division : ....
Date de la demande : ....
Numéro RG : ....
Décision BAJ du : ....
Avocat : Me ....

Maître,

Conformément aux dispositions du décret n° 91-1266 du 19 Décembre 1991, je vous adresse sous ce pli copie de la décision rendue sur recours, accordant à Monsieur ...., domicilié ....
l'aide juridictionnelle :

totale ❑
partielle ❑ au taux de %

et vous désignant pour prêter votre concours à ce dernier dans une procédure : (code nature procédure et libellé) ....

Vous voudrez bien prendre connaissance de cette décision et vous rapprocher de Monsieur ....

Je vous rappelle les dispositions suivantes de l'article 54 du décret du 19/12/91 :

« *La décision d'admission à l'Aide Juridictionnelle est caduque, si dans l'année de sa notification, la juridiction n'a pas été saisie de l'instance en vue de laquelle l'admission a été prononcée.*

Par dérogation au premier alinéa, dans le cadre d'une procédure de divorce autre que celles prévues aux articles 229-1 et 230 du Code civil, la décision d'admission à l'aide juridictionnelle est caduque si, dans les trente mois à compter du prononcé de l'ordonnance de non-conciliation, l'instance n'a pas été introduite ».

Veuillez agréer, Maître, l'expression de ma considération distinguée.

LE GREFFIER

ANNEXE 14

NOTIFICATION À L'HUISSIER DE JUSTICE CHOISI DE LA DÉCISION D'AIDE JURIDICTIONNELLE RENDUE SUR RECOURS

COUR D'APPEL
DE ....
Bureau d'Aide Juridictionnelle

, le ....

Maître ....,
huissier de justice

A RAPPELER DANS TOUTE CORRESPONDANCE :

Décision sur recours

Numéro RG : ....
Ordonnance du ....
Rendue par ....

Décision initiale du BAJ

Numéro BAJ : ....
Section - Division : ....
Date de la demande : ....
Numéro RG : ....
Décision BAJ du : ....
Avocat : Me ....

Maître,

Conformément aux dispositions du décret n° 91-1266 du 19 Décembre 1991, je vous adresse sous ce pli copie de la décision rendue sur recours accordant à Monsieur .... l'aide juridictionnelle :

totale ❑
partielle ❑ au taux de %

La présente décision vous désigne pour prêter votre concours à Monsieur .... dans une procédure : (code nature procédure et libellé) ....

Vous voudrez bien prendre connaissance de cette décision et prendre l'attache de Monsieur ....

Je vous rappelle les dispositions suivantes de l'article 54 du décret du 19/12/91 :

« La décision d'admission à l'Aide Juridictionnelle est caduque, si dans l'année de sa notification, la juridiction n'a pas été saisie de l'instance en vue de laquelle l'admission a été prononcée.

Par dérogation au premier alinéa, dans le cadre d'une procédure de divorce autre que celles prévues aux articles 229-1 et 230 du Code civil, la décision d'admission à l'aide juridictionnelle est caduque si, dans les trente mois à compter du prononcé de l'ordonnance de non-conciliation, l'instance n'a pas été introduite ».

Veuillez agréer, Maître, l'expression de ma considération distinguée.

LE GREFFIER

ANNEXE 15

DEMANDE DE DÉSIGNATION D'UN AVOCAT ADRESSÉE PAR LE BAJ AU BÂTONNIER À LA SUITE D'UN RECOURS

TRIBUNAL DE GRANDE INSTANCE
DE ....
Bureau d'Aide Juridictionnelle

, le ....

Monsieur le Bâtonnier de l'Ordre des Avocats
de ....

A RAPPELER DANS TOUTE CORRESPONDANCE :

Décision BAJ

Numéro BAJ : ....
Section - Division : ....
Date de la demande : ....
Numéro RG : ....
Décision BAJ du : ....
Avocat : Me ....

Décision sur recours

Numéro RG : ....
Ordonnance du ....

Monsieur le Bâtonnier,

Conformément aux dispositions des articles 51 1°, 79 et 82 1° du décret n° 91-1266 du 19 décembre 1991, je vous adresse sous ce pli copie de la décision rendue par :

- ❑ le premier président de la cour d'appel de ....
- ❑ le délégué du premier président de la cour d'appel de ....
- ❑ le président de la cour administrative d'appel de ....
- ❑ le délégué du président de la cour administrative d'appel de ....

à la suite du recours formé contre la décision du bureau de .... en date du ...., ci-dessus référencée, également jointe à cet envoi.

Je vous prie de bien vouloir désigner votre confrère chargé de prêter son concours à Monsieur ...., et de lui transmettre ces décisions.

Vous voudrez bien lui rappeler les dispositions de l'article 54 du décret du 19/12/91 suivantes :

« La décision d'admission à l'Aide Juridictionnelle est caduque, si dans l'année de sa notification, la juridiction n'a pas été saisie de l'instance en vue de laquelle l'admission a été prononcée.

Par dérogation au premier alinéa, dans le cadre d'une procédure de divorce autre que celles prévues aux articles 229-1 et 230 du Code civil, la décision d'admission à l'aide juridictionnelle est caduque si, dans les trente mois à compter du prononcé de l'ordonnance de non-conciliation, l'instance n'a pas été introduite ».

Vous m'obligeriez également en me faisant retour de la présente lettre portant mention de l'avocat désigné.

Veuillez agréer, Monsieur le Bâtonnier l'expression de ma considération distinguée.

LE GREFFIER

Décision BAJ

Numéro BAJ : ....
Section - Division : ....
Date de la demande : ....
Numéro RG : ....
Décision BAJ du : ....
Avocat : Me ....

Décision rendue sur recours

Numéro RG : ....
Ordonnance du ....

NOM, ADRESSE ET TÉLÉPHONE DE L'AVOCAT DÉSIGNÉ :
....
....
....

Date de désignation : ....

ANNEXE 16

DEMANDE DE DÉSIGNATION D'UN HUISSIER DE JUSTICE ADRESSÉE PAR LE BAJ AU PRÉSIDENT DE LA CHAMBRE DES HUISSIERS À LA SUITE D'UN RECOURS

TRIBUNAL DE GRANDE INSTANCE
DE ....
Bureau d'Aide Juridictionnelle

, le ....

Monsieur le Président de la Chambre des huissiers

A RAPPELER DANS TOUTE CORRESPONDANCE :

Décision BAJ

Numéro BAJ : ....
Section - Division : ....
Date de la demande : ....
Numéro RG : ....
Décision BAJ du : ....
Avocat : Me ....

Décision sur recours

Numéro RG : ....
Ordonnance du ....

Monsieur le Président,

Conformément aux dispositions des articles 51 1°, 79 et 82 1° du décret n° 91-1266 du 19 décembre 1991, je vous adresse sous ce pli, la copie de la décision rendue par :

- ❑ le premier président de la cour d'appel de ....
- ❑ le délégué du premier président de la cour d'appel de ....
- ❑ le président de la cour administrative d'appel de ....
- ❑ le délégué du président de la cour administrative d'appel de ....

à la suite du recours formé contre la décision du bureau de .... en date du ....,ci-dessus référencée, également jointe à cet envoi.

Je vous prie de bien vouloir désigner un huissier de justice chargé de prêter son concours à Monsieur .... et de lui transmettre ces décisions.

Vous voudrez bien lui rappeler les dispositions de l'article 54 du décret du 19/12/91 suivantes :

« La décision d'admission à l'Aide Juridictionnelle est caduque, si dans l'année de sa notification, la juridiction n'a pas été saisie de l'instance en vue de laquelle l'admission a été prononcée.

Par dérogation au premier alinéa, dans le cadre d'une procédure de divorce autre que celles prévues aux articles 229-1 et 230 du Code civil, la décision d'admission à l'aide juridictionnelle est caduque si, dans les trente mois à compter du prononcé de l'ordonnance de non-conciliation, l'instance n'a pas été introduite ».

Vous m'obligeriez également en me faisant retour de la présente lettre portant la mention de l'huissier de justice désigné.

Veuillez agréer, Monsieur le Président, l'expression de ma considération distinguée.

LE GREFFIER

RAPPELER DANS TOUTE CORRESPONDANCE :

Décision BAJ

Numéro BAJ : ....
Section - Division : ....
Date de la demande : ....
Numéro RG : ....
Décision BAJ du : ....
Avocat : Me ....

Décision sur recours

Numéro RG : ....
Ordonnance du ....

NOM, ADRESSE ET TÉLÉPHONE DE L'AUXILIAIRE DE JUSTICE DÉSIGNÉ :
....
....
....

Date de désignation : ....

ANNEXE 17

DEMANDE DE CHANGEMENT D'AVOCAT ADRESSÉE PAR LE BAJ AU BÂTONNIER À LA SUITE D'UN RECOURS

TRIBUNAL DE GRANDE INSTANCE
DE ....
Bureau d'Aide Juridictionnelle

, le ....

Monsieur le Bâtonnier de l'Ordre des Avocats
de ....

A RAPPELER DANS TOUTE CORRESPONDANCE :

Décision BAJ

Numéro BAJ : ....
Section - Division : ....
Date de la demande : ....
Numéro RG : ....
Décision BAJ du : ....
Avocat : Me ....

Décision sur recours

Numéro RG : ....
Ordonnance du ....

Monsieur le Bâtonnier,

Monsieur ...., bénéficiaire de l'aide juridictionnelle, m'a saisi d'une demande de changement d'avocat, en application de l'article 79 du décret du 19 décembre 1991 et sollicite le remplacement de Maître ....

Conformément aux dispositions du dernier alinéa de l'article 79 précité, je vous adresse sous ce pli, aux fins de désignation d'un nouvel avocat, copie de la décision rendue par :

- ❑ le premier président de la cour d'appel de ....
- ❑ le délégué du premier président de la cour d'appel de ....
- ❑ le président de la cour administrative d'appel de ....
- ❑ le délégué du président de la cour administrative d'appel de ....

à la suite du recours formé contre la décision du bureau de .... en date du ...., ci-dessus référencée.

Vous voudrez bien transmettre à cet auxiliaire de justice, cette décision et lui rappeler les dispositions de l'article 54 du décret du 19/12/91 suivantes :

« La décision d'admission à l'Aide Juridictionnelle est caduque, si dans l'année de sa notification, la juridiction n'a pas été saisie de l'instance en vue de laquelle l'admission a été prononcée.

Par dérogation au premier alinéa, dans le cadre d'une procédure de divorce autre que celles prévues aux articles 229-1 et 230 du Code civil, la décision d'admission à l'aide juridictionnelle est caduque si, dans les trente mois à compter du prononcé de l'ordonnance de non-conciliation, l'instance n'a pas été introduite ».

Vous m'obligeriez également en me faisant retour de la présente lettre portant la mention de l'avocat désigné.

Veuillez agréer, Monsieur le Bâtonnier, l'expression de ma considération distinguée.

LE GREFFIER

RAPPELER DANS TOUTE CORRESPONDANCE :

Décision BAJ

Numéro BAJ : ....
Section - Division : ....
Date de la demande : ....
Numéro R : ....
Décision BAJ du : ....
Avocat : Me ....

Décision sur recours

Numéro RG : ....
Ordonnance du ....

NOM, ADRESSE ET TÉLÉPHONE DE L'AVOCAT DÉSIGNÉ :
....
....
....

Date de désignation : ....

ANNEXE 18

DEMANDE DE CHANGEMENT D'HUISSIER ADRESSÉE PAR LE BAJ AU PRÉSIDENT DE LA CHAMBRE DES HUISSIERS À LA SUITE D'UN RECOURS

TRIBUNAL DE GRANDE INSTANCE
DE ....
Bureau d'Aide Juridictionnelle

, le ....

Monsieur le Président de la Chambre des huissiers ....

A RAPPELER DANS TOUTE CORRESPONDANCE :

Décision BAJ

Numéro BAJ : ....
Section - Division : ....
Date de la demande : ....
Numéro RG : ....
Décision BAJ du : ....
Avocat : Me ....

Décision sur recours

Numéro RG : ....
Ordonnance du ....

Monsieur le Président,

Monsieur ...., bénéficiaire de l'aide juridictionnelle, m'a saisi d'une demande de changement d'huissier de justice, en application de l'article 79 du décret du 19 décembre 1991 et sollicite le remplacement de Maître ....

Conformément aux dispositions du dernier alinéa de l'article 79 précité, je vous adresse sous ce pli, aux fins de désignation d'un nouvel huissier de justice, copie de la décision rendue par :

- ❑ le premier président de la cour d'appel de ....
- ❑ le délégué du premier président de la cour d'appel de ....
- ❑ le président de la cour d'administrative d'appel de ....
- ❑ le délégué du président de la cour administrative d'appel de ....

à la suite du recours formé contre la décision du bureau de .... en date du ...., ci-dessus référencée.

Vous voudrez bien transmettre à cet auxiliaire de justice, cette décision et lui rappeler les dispositions de l'article 54 du décret du 19/12/91 suivantes :

« La décision d'admission à l'Aide Juridictionnelle est caduque, si dans l'année de sa notification, la juridiction n'a pas été saisie de l'instance en vue de laquelle l'admission a été prononcée.

Par dérogation au premier alinéa, dans le cadre d'une procédure de divorce autre que celles prévues aux articles 229-1 et 230 du Code civil, la décision d'admission à l'aide juridictionnelle est caduque si, dans les trente mois à compter du prononcé de l'ordonnance de non-conciliation, l'instance n'a pas été introduite ».

Vous m'obligeriez également en me faisant retour de la présente lettre portant la mention de l'huissier de justice désigné.

Veuillez agréer, Monsieur le Président, l'expression de ma considération distinguée.

LE GREFFIER

A RAPPELER DANS TOUTE CORRESPONDANCE :

Décision BAJ

Numéro BAJ : ....
Section - Division : ....
Date de la demande : ....
Numéro RG : ....
Décision BAJ du : ....
Avocat : Me ....

Décision sur recours

Numéro RG : ....
Ordonnance du ....

NOM, ADRESSE ET TÉLÉPHONE DE L'AUXILIAIRE DE JUSTICE DÉSIGNÉ :
....
....
....

Date de désignation : ....

Décret n° 2020-1717 du 28 décembre 2020

Portant application de la loi n° 91-647 du 10 juillet 1991 relative à l'aide juridique et relatif à l'aide juridictionnelle et à l'aide à l'intervention de l'avocat dans les procédures non juridictionnelles.

Art. 1er à 190 *V. C. pr. civ.*

ANNEXE I

Barème de rétribution des avocats en matière d'aide juridictionnelle

Tableau 1. – Droits des personnes, prudhommes, baux d'habitation, autres matières civiles, appel

(Décr. n° 2021-810 du 24 juin 2021)

Procédures	Coefficient de base	Majorations possibles cumulables dans la limite de 24 UV								
		Incidents (dans la limite de 3 majorations)	Mesures de médiation ordonnées par le juge		Expertises		Vérifications personnelles du juge	Autres mesures d'instruction dont enquêtes sociales	Convention participative aux fins de mise en état	
			Sans accord	Avec accord, même partiel rédigé par l'avocat	Sans déplacement	Avec déplacement			Conclusion d'une convention	Avec accord, même partiel, entre les parties
I. Droits des personnes										
I. 1.1. Divorce par consentement mutuel par acte sous signature privée contresigné par avocats	24									
I. 1.2. Divorce par consentement mutuel judiciaire	30	3			4	9	5	2		
I. 2. Autres cas de divorce	34 (1)	3	8	12	4	9	5	2	6	9
I. 3. Procédure après divorce devant le juge aux affaires familiales (JAF)	14		8	12	4	9	5	2	6	9
I. 5. Administration légale, tutelle des mineurs, protection juridique des majeurs	10				4	9	5	2		
I. 6. Assistance éducative	16									
I. 7. Autres demandes (cf. IV)										
II. Prud'hommes										
II. 1 Prud'hommes	30		8	12	4	9	5	2	6	9
II. 2 Prud'hommes avec départage	36		8	12	4	9	5	2	6	9

Procédures	Coefficient de base	Majorations possibles cumulables dans la limite de 24 UV								
		Incidents (dans la limite de 3 majorations)	Mesures de médiation ordonnées par le juge		Expertises		Vérifications personnelles du juge	Autres mesures d'instruction dont enquêtes sociales	Convention participative aux fins de mise en état	
			Sans accord	Avec accord, même partiel rédigé par l'avocat	Sans déplacement	Avec déplacement			Conclusion d'une convention	Avec accord, même partiel, entre les parties
II. 3 Référé prud'homal	16		8	12	4	9	5	2	6	9
II. 4 Référé prud'homal avec départage	24		8	12	4	9	5	2	6	9
II. 6 Autres demandes (cf. IV)										
III. Baux d'habitation										
III. 1. Instance au fond	21		8	12	4	9	5	2	6	9
III. 2. Référé	16		8	12	4	9	5	2	6	9
IV. Autres matières civiles										
IV. 1. Instance au fond devant le tribunal judiciaire avec représentation obligatoire et devant le tribunal de commerce	26	3	8	12	4	9	5	2	6	9
IV. 2. Instance au fond devant le tribunal judiciaire sans représentation obligatoire et devant les autres juridictions (y compris le juge de l'exécution)	16		8	12	4	9	5	2	6	9
IV. 3. Procédures accélérées au fond, référés	8		8	12	4	9	5	2	6	9
IV. 4. Matière gracieuse	8									
IV. 5. Requête	4									
IV. 6. Difficultés d'exécution devant le juge de l'exécution	4		8	12					6	9
IV. 7. Demande de réparation d'une détention provisoire	6									

Procédures	Coefficient de base	Majorations possibles cumulables dans la limite de 24 UV								
		Incidents (dans la limite de 3 majorations)	Mesures de médiation ordonnées par le juge		Expertises		Vérifications personnelles du juge	Autres mesures d'instruction dont enquêtes sociales	Convention participative aux fins de mise en état	
			Sans accord	Avec accord, même partiel rédigé par l'avocat	Sans déplacement	Avec déplacement			Conclusion d'une convention	Avec accord, même partiel, entre les parties
IV. 8. Procédure judiciaire de mainlevée et de contrôle des mesures de soins psychiatriques (en première instance et en appel)	6 (2)									
IV.9. Procédure judiciaire de mainlevée *(Décr. n° 2022-419 du 23 mars 2022, art. 4)* « et de contrôle » des mesures d'isolement ou de contention (en première instance et en appel)	4 (3)									
V. Appel										
V. 1. Appel et recours dans les procédures d'appel avec représentation obligatoire	26	3	8	12	4	9	5	2		
V. 2. Appel avec référé dans les procédures d'appel avec représentation obligatoire	30	3	8	12	4	9	5	2		
V. 3. Appel dans les procédures d'appel sans représentation obligatoire	20	3	8	12	4	9	5	2		
V. 4. Appel avec référé dans les procédures d'appel sans représentation obligatoire	24	3	8	12	4	9	5	2		
V. 5. Recours devant le premier président statuant en procédure accélérée au fond	8		8	12						
VI. Cour de réexamen en matière civile	10									

Procédures	Coefficient de base	Majorations possibles cumulables dans la limite de 24 UV								
		Incidents (dans la limite de 3 majorations)	Mesures de médiation ordonnées par le juge		Expertises		Vérifications personnelles du juge	Autres mesures d'instruction dont enquêtes sociales	Convention participative aux fins de mise en état	
			Sans accord	Avec accord, même partiel rédigé par l'avocat	Sans déplacement	Avec déplacement			Conclusion d'une convention	Avec accord, même partiel, entre les parties

(1) Ce coefficient est porté à 36 UV en cas de projet d'acte notarié de liquidation du régime matrimonial homologué par le juge aux affaires familiales lors du prononcé du divorce.

(2) Ce coefficient est porté à 8 UV en cas de procédure judiciaire de mainlevée *(Décr. n° 2022-419 du 23 mars 2022, art. 4)* « et de contrôle » des soins psychiatriques sans consentement associée a une procédure de mainlevée des mesures d'isolement ou de contention.

(3) Ce coefficient est porté à 6UV en cas de procédure judiciaire de mainlevée *(Décr. n° 2022-419 du 23 mars 2022, art. 4)* « et de contrôle » des mesures d'isolement ou de contention donnant lieu à une audience devant le juge.

....

E Convention de procédure participative

Code civil

TITRE XVII DE LA CONVENTION DE PROCÉDURE PARTICIPATIVE

Art. 2062 à 2068 *V. ces art. dans la rubrique Code civil.*

II MARIAGE – DEVOIRS DES ÉPOUX

Code civil

CHAPITRE VI (DU TITRE V DU LIVRE I) ***DES DEVOIRS ET DES DROITS RESPECTIFS DES ÉPOUX***

Art. 212 à 226 *V. ces art. dans la rubrique Code civil.*

III VIOLENCES FAMILIALES

DALLOZ ACTION *Droit de la famille 2023/2024, nos 621.00 s.*

Code civil

TITRE XIV (DU LIVRE I) **DES MESURES DE PROTECTION DES VICTIMES DE VIOLENCE**

Art. 515-9 à 515–13 *V. ces art. dans la rubrique Code civil.*

Code de procédure civile

Art. 1136-3 s. *V. App., I. Procédure.*

Code pénal

V. également App., VIII. Droit pénal.

Art. 131-36-12-1 *(L. n° 2010-769 du 9 juill. 2010, art. 6)* Par dérogation aux dispositions de l'article 131-36-10, le placement sous surveillance électronique mobile peut être ordonné à l'encontre d'une personne majeure, dont une expertise médicale a constaté la dangerosité, condamnée à une peine privative de liberté d'une durée égale ou supérieure à *(L. n° 2019-222 du 23 mars 2019, art. 75)* « deux ans pour des violences ou des menaces punies d'au moins cinq ans d'emprisonnement et *[ancienne rédaction : cinq ans pour des violences ou des menaces]* » commises :

1° Soit contre son conjoint, son concubin ou son partenaire lié par un pacte civil de solidarité ;

2° Soit contre ses enfants ou ceux de son conjoint, concubin ou partenaire.

Le présent article est également applicable lorsque les violences ont été commises par l'ancien conjoint ou concubin de la victime, ou par la personne ayant été liée à elle par un pacte civil de solidarité, le domicile concerné étant alors celui de la victime.

BIBL. ▸ Dossier, *AJ pénal 2014. 207 s.* (aide aux victimes et répression).

Art. 132-45-1 *(L. n° 2019-1480 du 28 déc. 2019, art. 10)* En cas d'infraction punie d'au moins trois ans d'emprisonnement commise contre son conjoint, son concubin ou son partenaire lié par un pacte civil de solidarité, y compris lorsqu'ils ne cohabitent pas, ou commise par l'ancien conjoint ou concubin de la victime ou par la personne ayant été liée à elle par un pacte civil de solidarité, la juridiction peut, à la demande ou avec le consentement exprès de la victime, qui peut être recueilli par tout moyen :

1° Interdire au condamné de se rapprocher de la victime à moins d'une certaine distance fixée par la décision ;

2° Et, afin d'assurer le respect de cette interdiction, astreindre le condamné au port, pendant toute la durée de la mesure, d'un bracelet intégrant un émetteur permettant à tout moment de déterminer à distance sa localisation sur l'ensemble du territoire national et permettant de déterminer s'il s'approche de la victime à qui a été attribué un dispositif électronique permettant également de déterminer sa localisation.

Le condamné est avisé que la pose du bracelet ne peut être effectuée sans son consentement mais que le fait de la refuser constitue une violation des obligations qui lui incombent et peut donner lieu à la révocation de la mesure. Ce dispositif est homologué par le ministre de la justice. Sa mise en œuvre doit garantir le respect de la dignité, de l'intégrité et de la vie privée de la personne et ne doit pas entraver son insertion sociale.

Un décret en Conseil d'État précise les modalités d'application du présent article. Ce décret en Conseil d'État, pris après avis de la Commission nationale de l'informatique et des libertés, autorise la mise en œuvre d'un traitement automatisé de données à caractère personnel assurant le contrôle à distance de la localisation du condamné et de la victime ; ce décret peut étendre les finalités du traitement prévu à l'article 763-13 du code de procédure pénale. Les personnes contribuant au contrôle à distance, qui ne peut conduire à imposer la présence du condamné dans certains lieux, peuvent être des personnes privées habilitées dans des conditions prévues par ce décret.

....

Art. 222-18-3 *(L. n° 2010-769 du 9 juill. 2010, art. 6)* Lorsqu'elles sont commises par le conjoint ou le concubin de la victime ou le partenaire lié à la victime par un pacte civil de solidarité, les menaces prévues au premier alinéa de l'article 222-17 sont punies de *(L. n° 2019-1480 du 28 déc. 2019, art. 10)* « trois ans d'emprisonnement et de 45 000 € » d'amende, celles prévues au second alinéa du même article et au premier alinéa de l'article 222-18 sont punies de cinq ans d'emprisonnement et de 75 000 € d'amende et celles prévues au second alinéa de l'article 222-18 sont punies de sept ans d'emprisonnement et de 100 000 € d'amende.

....

Art. 222-33-2-1 *(L. n° 2010-769 du 9 juill. 2010, art. 31)* Le fait de harceler son conjoint, son partenaire lié par un pacte civil de solidarité ou son concubin par des *(L. n° 2014-873 du 4 août 2014, art. 40)* « propos ou comportements *[ancienne rédaction : agissements]* » répétés ayant pour objet ou pour effet une dégradation de ses conditions de vie se traduisant par une altération de sa santé physique ou mentale est puni de trois ans d'emprisonnement et de 45 000 € d'amende lorsque ces faits ont causé une incapacité totale de travail inférieure ou égale à huit jours ou n'ont entraîné aucune incapacité de travail et de cinq ans d'emprisonnement et de 75 000 € d'amende lorsqu'ils ont causé une incapacité totale de travail supérieure à huit jours *(L. n° 2018-703 du 3 août 2018, art. 13)* « ou ont été commis alors qu'un mineur était présent et y a assisté ».

Les mêmes peines sont encourues lorsque cette infraction est commise par un ancien conjoint ou un ancien concubin de la victime, ou un ancien partenaire lié à cette dernière par un pacte civil de solidarité.

(L. n° 2020-936 du 30 juill. 2020, art. 9) « Les peines sont portées à dix ans d'emprisonnement et à 150 000 € d'amende lorsque le harcèlement a conduit la victime à se suicider ou à tenter de se suicider. »

....

Art. 226-14 *(L. n° 2004-1 du 2 janv. 2004, art. 11)* L'article 226-13 n'est pas applicable dans les cas où la loi impose ou autorise la révélation du secret. En outre, il n'est pas applicable :

1° A celui qui informe les autorités judiciaires, médicales ou administratives de privations ou de sévices, y compris lorsqu'il s'agit d'atteintes *(L. n° 2006-399 du 4 avr. 2006, art. 14)* « ou mutilations » sexuelles, dont il a eu connaissance et qui ont été infligées à un mineur ou à une personne qui n'est pas en mesure de se protéger en raison de son âge ou de son incapacité physique ou psychique ;

2° Au médecin *(L. n° 2015-1402 du 5 nov. 2015, art. 1er)* « ou à tout autre professionnel de santé » qui, avec l'accord de la victime, porte à la connaissance du procureur de la République *(L. n° 2015-1402 du 5 nov. 2015, art. 1er)* « ou de la cellule de recueil, de traitement et d'évaluation des informations préoccupantes relatives aux mineurs en danger ou qui risquent de l'être, mentionnée au deuxième alinéa de l'article L. 226-3 du code de l'action sociale et des familles, » les sévices ou privations qu'il a constatés, sur le plan physique ou psychique, dans l'exercice de sa profession et qui lui permettent de présumer que des violences physiques, sexuelles ou psychiques de toute nature ont été commises. *(L. n° 2007-297 du 5 mars 2007, art. 34)* « Lorsque la victime est un mineur ou une personne qui n'est pas en mesure de se protéger en raison de son âge ou de son incapacité physique ou psychique, son accord n'est pas nécessaire ; »

(L. n° 2020-936 du 30 juill. 2020, art. 12) « 3° Au médecin ou à tout autre professionnel de santé qui porte à la connaissance du procureur de la République une information relative à des violences exercées au sein du couple relevant de l'article 132-80 du présent code, lorsqu'il estime en conscience que ces violences mettent la vie de la victime majeure en danger immédiat et que celle-ci n'est pas en mesure de se protéger en raison de la contrainte morale résultant de l'emprise exercée par l'auteur des violences. Le médecin ou le professionnel de santé doit s'efforcer d'obtenir l'accord de la victime majeure ; en cas d'impossibilité d'obtenir cet accord, il doit l'informer du signalement fait au procureur de la République ; »

« 4° » Aux professionnels de la santé ou de l'action sociale qui informent le préfet et, à Paris, le préfet de police du caractère dangereux pour elles-mêmes ou pour autrui des personnes qui les consultent et dont ils savent qu'elles détiennent une arme ou qu'elles ont manifesté leur intention d'en acquérir une.

[...]

(L. n° 2015-1402 du 5 nov. 2015, art. 1er) « Le signalement aux autorités compétentes effectué dans les conditions prévues au présent article ne peut engager la responsabilité civile, pénale ou disciplinaire de son auteur, sauf s'il est établi qu'il n'a pas agi de bonne foi. »

Art. 227-4-2 Le fait, pour une personne faisant l'objet d'une ou plusieurs obligations ou interdictions imposées dans une ordonnance de protection rendue en application des articles 515-9 ou 515-13 du code civil, de ne pas se conformer à cette ou ces obligations ou interdictions est puni de deux ans d'emprisonnement et de 15 000 € d'amende.

(L. n° 2019-222 du 23 mars 2019, art. 70) « Les mêmes peines sont applicables à la violation d'une mesure de protection en matière civile ordonnée dans un autre État membre de l'Union européenne reconnue et ayant force exécutoire en France en application du règlement (UE) n° 606/2013 du Parlement européen et du Conseil du 12 juin 2013 relatif à la reconnaissance mutuelle des mesures de protection en matière civile. »

BIBL. ▶ Dossier, *AJ pénal 2014. 207 s.* (aide aux victimes et répression).

Art. 227-4-3 Le fait, pour une personne tenue de verser une contribution ou des subsides au titre de l'ordonnance de protection rendue en application de l'article 515-9 du code civil, de ne pas notifier son changement de domicile au créancier dans un délai d'un mois à compter de ce changement est puni de six mois d'emprisonnement et de 7 500 € d'amende.

Code de procédure pénale

Art. 15-3-2 *(L. n° 2019-1480 du 28 déc. 2019, art. 13)* En cas de plainte déposée pour une infraction punie d'au moins trois ans d'emprisonnement commise par le conjoint de la victime, son concubin ou le partenaire lié à elle par un pacte civil de solidarité, y compris lorsqu'ils ne cohabitent pas, ou commise par l'ancien conjoint ou concubin de la victime ou par le partenaire ayant été lié à elle par un pacte civil de solidarité, l'officier ou l'agent de police judiciaire qui reçoit la plainte informe la victime, oralement et par la remise d'un document, qu'elle peut demander ou consentir à bénéficier du dispositif électronique mobile anti-rapprochement prévu à l'article 138-3 du présent code, l'article 132-45-1 du code pénal ou l'article 515-11-1 du code civil, qui est susceptible d'être ordonné par la juridiction compétente.

Art. 41-3-1 *(L. n° 2014-873 du 4 août 2014, art. 36)* En cas de grave danger menaçant une personne victime de violences de la part de son conjoint, de son concubin ou de son partenaire lié par un pacte civil de solidarité, le procureur de la République peut attribuer à la victime, pour une durée renouvelable de six mois et si elle y consent expressément, un dispositif de téléprotection lui permettant d'alerter les autorités publiques. *(L. n° 2019-1480 du 28 déc. 2019, art. 17)* « L'attribution peut être sollicitée par tout moyen. » Avec l'accord de la victime, ce dispositif peut, le cas échéant, permettre sa géolocalisation au moment où elle déclenche l'alerte.

(L. n° 2019-1480 du 28 déc. 2019, art. 17) « Le dispositif de téléprotection ne peut être attribué qu'en l'absence de cohabitation entre la victime et l'auteur des violences et :

« 1° Soit lorsque ce dernier a fait l'objet d'une interdiction judiciaire d'entrer en contact avec la victime dans le cadre d'une ordonnance de protection, d'une alternative aux poursuites, d'une composition pénale, d'un contrôle judiciaire, d'une assignation à résidence sous surveillance électronique, d'une condamnation, d'un aménagement de peine ou d'une mesure de sûreté ;

« 2° Soit en cas de danger avéré et imminent, lorsque l'auteur des violences est en fuite ou n'a pas encore pu être interpellé ou lorsque l'interdiction judiciaire d'entrer en contact avec la victime dans l'un des cadres prévus au 1° n'a pas encore été prononcée. »

Le présent article est également applicable lorsque les violences ont été commises par un ancien conjoint ou concubin de la victime, ou par une personne ayant été liée à elle par un pacte civil de solidarité, ainsi qu'en cas de grave danger menaçant une personne victime de viol.

Art. 138-3 *(L. n° 2019-1480 du 28 déc. 2019, art. 11)* En cas d'infraction punie d'au moins trois ans d'emprisonnement commise contre son conjoint, son concubin ou le partenaire lié à elle par un pacte civil de solidarité, y compris lorsqu'ils ne cohabitent pas, ou commise par l'ancien conjoint ou concubin de la victime ou par le partenaire ayant été lié à elle par un pacte civil de solidarité, le juge peut, à la demande ou avec le consentement exprès de la victime, qui peut être recueilli par tout moyen :

1° Interdire à la personne placée sous contrôle judiciaire de se rapprocher de la victime à moins d'une certaine distance fixée par la décision ;

2° Et, afin d'assurer le respect de cette interdiction prévue au 1°, astreindre cette personne au port, pendant toute la durée du placement, d'un bracelet intégrant un émetteur permettant à tout moment de déterminer à distance sa localisation sur l'ensemble du territoire national et si elle s'approche de la victime à qui a été attribué un dispositif électronique permettant également sa localisation.

La personne placée sous contrôle judiciaire est avisée que la pose du bracelet ne peut être effectuée sans son consentement mais que le fait de la refuser constitue une violation des obligations qui lui incombent et peut donner lieu à la révocation de la mesure et à son placement en détention provisoire. Ce dispositif est homologué par le ministre de la justice. Sa mise en œuvre doit garantir le respect de la dignité, de l'intégrité et de la vie privée de la personne et ne pas entraver son insertion sociale.

Les dispositions du présent article sont précisées par décret en Conseil d'État. Ce décret en Conseil d'État, pris après avis de la Commission nationale de l'informatique et des libertés, autorise la mise en œuvre d'un traitement automatisé de données à caractère personnel assurant le contrôle à distance de la localisation de la personne placée sous contrôle judiciaire et de la victime ; ces dispositions peuvent étendre les finalités du traitement prévu à l'article 763-13. Les personnes contribuant au contrôle à distance, qui ne peut conduire à imposer la présence de la personne placée sous contrôle judiciaire dans certains lieux, peuvent être des personnes privées habilitées dans des conditions prévues par ce décret.

Sur le placement sous bracelet anti-rapprochement, V. C. pr. pén., art. R. 24-14. — ***C. pr. pén.***

Art. 142-12-1 *(L. n° 2010-769 du 9 juill. 2010, art. 6-I)* Par dérogation aux dispositions de l'article 142-5, l'assignation à résidence exécutée sous le régime du placement sous surveillance électronique mobile peut être ordonnée lorsque la personne est mise en examen pour des violences ou des menaces, punies d'au moins cinq ans d'emprisonnement, commises :

1° Soit contre son conjoint, son concubin ou son partenaire lié par un pacte civil de solidarité ;

2° Soit contre ses enfants ou ceux de son conjoint, concubin ou partenaire.

Le présent article est également applicable lorsque l'infraction est commise par l'ancien conjoint ou concubin de la victime ou par la personne ayant été liée à elle par un pacte civil de solidarité, le domicile concerné étant alors celui de la victime.

Code de l'action sociale et des familles

CHAPITRE IV *BIS* ***AIDE UNIVERSELLE D'URGENCE POUR LES PERSONNES VICTIMES DE VIOLENCES CONJUGALES***

(L. n° 2023-140 du 28 févr. 2023, art. 1er, en vigueur au plus tard le 1er déc. 2023)

Art. L. 214-8 *(L. n° 2023-140 du 28 févr. 2023, art. 1er, en vigueur au plus tard le 1er déc. 2023)* Toute personne victime de violences conjugales, entendues au sens de l'article 132-80 du code pénal, peut bénéficier d'un accompagnement adapté à ses besoins.

Art. L. 214-9 *(L. n° 2023-140 du 28 févr. 2023, art. 1er, en vigueur au plus tard le 1er déc. 2023)* La personne mentionnée à l'article L. 214-8 bénéficie, à sa demande, d'une aide financière d'urgence sous réserve d'être victime de violences commises par son conjoint, son concubin ou le partenaire lié à elle par un pacte civil de solidarité et attestées par une ordonnance de protection délivrée par le juge aux affaires familiales en application du titre XIV du livre I du code civil, par un dépôt de plainte ou par un signalement adressé au procureur de la République, notamment en application du premier alinéa de l'article 132-80 du code pénal.

Au moment du dépôt de la plainte ou du signalement adressé au procureur de la République, après information de la victime et avec son accord, un formulaire simplifié de demande peut être transmis à l'organisme débiteur des prestations familiales compétent. Dès réception de la demande, celle-ci est transmise au président du conseil départemental par l'organisme débiteur des prestations familiales saisi, avec l'accord exprès du demandeur.

Art. L. 214-10 *(L. n° 2023-140 du 28 févr. 2023, art. 1er, en vigueur au plus tard le 1er déc. 2023)* L'aide financière mentionnée à l'article L. 214-9 prend la forme d'un prêt sans intérêt ou d'une aide non remboursable, selon la situation financière et sociale de la personne, en tenant compte, le cas échéant, de la présence d'enfants à charge.

Son montant peut être modulé selon l'évaluation des besoins de la personne, notamment sa situation financière et sociale ainsi que, le cas échéant, la présence d'enfants à charge, dans la limite de plafonds.

Le versement de l'aide ou d'une partie de l'aide intervient dans un délai de trois jours ouvrés à compter de la réception de la demande. Par dérogation, ce délai peut être porté à cinq jours ouvrés si le demandeur n'est pas allocataire.

Pendant six mois à compter du premier versement de l'aide mentionnée à l'article L. 214-9, la victime recevant l'aide financière peut bénéficier des droits et des aides accessoires au revenu de solidarité active accessoires à cette allocation, y compris l'accompagnement social et professionnel mentionné à l'article L. 262-27.

Un décret détermine les conditions d'application du présent article.

Art. L. 214-11 *(L. n° 2023-140 du 28 févr. 2023, art. 1er, en vigueur au plus tard le 1er déc. 2023)* L'aide mentionnée à l'article L. 214-9 est attribuée, servie et contrôlée par les organismes débiteurs des prestations familiales pour le compte de l'État, contre remboursement, y compris des frais de gestion engagés par ces organismes.

Art. L. 214-12 *(L. n° 2023-140 du 28 févr. 2023, art. 1er, en vigueur au plus tard le 1er déc. 2023)* Dans le cas où l'aide a été consentie sous la forme d'un prêt et lorsque les faits prévus au premier alinéa de l'article L. 214-9 ont donné lieu à une procédure pénale, son remboursement ne peut être demandé au bénéficiaire tant que cette procédure est en cours. Ce remboursement est demandé à l'auteur des violences lorsque celui-ci a été définitivement condamné à la peine prévue à l'article 222-44-1 du code pénal ou a fait l'objet de la mesure de composition pénale prévue au 20° de l'article 41-2 du code de procédure pénale ou de la mesure de classement sous condition de versement pécuniaire prévue au 4° de l'article 41-1 du même code. Cette demande est possible même si la créance correspondante n'est pas encore exigible auprès du bénéficiaire.

Dans le cas où le remboursement du prêt incombe au bénéficiaire, des remises ou des réductions de créance peuvent lui être consenties en fonction de sa situation financière.

Art. L. 214-13 *(L. n° 2023-140 du 28 févr. 2023, art. 1er, en vigueur au plus tard le 1er déc. 2023)* L'action en paiement de l'aide mentionnée à l'article L. 214-9 par le bénéficiaire et l'action en recouvrement par l'organisme en cas de versement indu se prescrivent dans les délais prévus à l'article L. 553-1 du code de la sécurité sociale.

Art. L. 214-14 *(L. n° 2023-140 du 28 févr. 2023, art. 1er, en vigueur au plus tard le 1er déc. 2023)* Tout paiement indu de l'aide mentionnée à l'article L. 214-9 est récupéré par remboursement intégral de la dette en un seul versement si l'allocataire opte pour cette solution. A défaut, sous réserve que l'allocataire ne conteste pas le caractère indu et n'opte pas pour le remboursement en un ou en plusieurs versements dans un délai fixé par décret qui ne peut excéder douze mois, l'organisme payeur peut procéder à la récupération de l'indu par retenues sur les échéances à venir dues au titre des prestations familiales mentionnées à l'article L. 511-1 du code de la sécurité sociale, de la prime d'activité mentionnée à l'article L. 841-1 du même code, du revenu de solidarité active mentionné à l'article L. 262-1 du présent code ou des aides personnelles au logement mentionnées à l'article L. 821-1 du code de la construction et de l'habitation. Ces retenues sont déterminées en application des règles prévues au troisième alinéa de l'article L. 553-2 du code de la sécurité sociale.

Lorsque l'indu notifié ne peut être récupéré sur les prestations mentionnées au premier alinéa du présent article, la récupération peut être opérée, sous les réserves indiquées au même premier alinéa, si l'allocataire n'opte pas pour le remboursement en un seul versement, par retenue sur les prestations mentionnées à l'avant-dernier alinéa de l'article L. 553-2 du code de la sécurité sociale, dans les conditions prévues au même avant-dernier alinéa.

Les dix derniers alinéas de l'article L. 133-4-1 du même code sont applicables au recouvrement des indus mentionnés au présent article.

Art. L. 214-15 *(L. n° 2023-140 du 28 févr. 2023, art. 1er, en vigueur au plus tard le 1er déc. 2023)* Toute réclamation dirigée contre une décision relative à l'aide mentionnée à l'article L. 214-9 prise par un organisme débiteur des prestations familiales fait l'objet, préalablement à l'exercice d'un recours contentieux, d'un recours préalable dans les conditions prévues au premier alinéa de l'article L. 142-4 du code de la sécurité sociale.

Les recours contentieux relatifs aux décisions mentionnées au premier alinéa du présent article sont portés devant la juridiction administrative.

Le bénéficiaire de l'aide est informé, par tout moyen, des modalités de réclamation et de recours décrites aux deux premiers alinéas.

Art. L. 214-16 *(L. n° 2023-140 du 28 févr. 2023, art. 1er, en vigueur au plus tard le 1er déc. 2023)* Les dispositions relatives aux contrôles et à la lutte contre la fraude prévues aux articles L. 114-9 à L. 114-10-2, L. 114-11 à L. 114-17, L. 114-19, L. 114-20 à L. 114-22 et L. 161-1-4 du code de la sécurité sociale sont applicables à l'aide mentionnée à l'article L. 214-9 du présent code.

Art. L. 214-17 *(L. n° 2023-140 du 28 févr. 2023, art. 1er, en vigueur au plus tard le 1er déc. 2023)* Les modalités d'application du présent chapitre sont déterminées par décret.

Circulaire JUSC1720438C du 26 juillet 2017,

De présentation de diverses dispositions en matière de droit des personnes et de la famille de la loi n° 2016-1547 du 18 novembre 2016 de modernisation de la justice du XXIe siècle.

BIBL. ▸ Poure, *Dr. fam. 2017. Étude 20* (nouvelles précisions).

La loi n° 2016-1547 du 18 novembre 2016 de modernisation de la justice du XXIe siècle, publiée au *Journal officiel* du 19 novembre 2016, comporte de nombreuses mesures en matière de droit des personnes et de la famille.

L'ensemble des décrets d'application de la loi a été publié depuis le début de cette année et diverses circulaires ont été diffusées (sur la procédure de changement de prénom, la procédure de modification de la mention du sexe à l'état civil, le pacte civil de solidarité ainsi que le divorce par consentement mutuel extrajudiciaire et les mesures relatives aux successions).

L'objet de la présente circulaire est de présenter de manière succincte les différentes mesures restantes en matière de droit des personnes et de la famille ; il est renvoyé, pour plus de détails, aux fiches techniques en annexe, mises à disposition sur le site intranet de la direction des affaires civiles et du Sceau.

....

I L'interdiction du recours à la médiation familiale en cas de violences

L'article 6 de la loi n° 2016-1547 du 18 novembre 2016 de modernisation de la justice du XXIe siècle modifie le dernier alinéa de l'article 373-2-10 du code civil afin d'exclure expressément le recours à la médiation familiale lorsque des violences ont été commises par l'un des parents sur l'autre parent ou sur l'enfant.

La notion de violences doit être appréciée au regard de l'atteinte à l'intégrité physique ou psychique qui en résulte. Les violences de nature à écarter l'usage de la médiation sont celles commises par l'un des parents sur l'autre parent ou sur l'enfant. Sera pris en considération le lien de filiation à l'égard d'un enfant commun. Les violences commises par des tiers (membres de la famille de l'un des parents par exemple) ne sont pas visées.

Comme l'a précisé le Conseil constitutionnel dans sa décision n° 2016-739 DC du 17 novembre 2016 sur la loi de modernisation de la justice du XXIe siècle, il appartiendra au juge aux affaires familiales d'apprécier la réalité des violences pour l'application de cette disposition, puisque l'exclusion de la médiation familiale n'est pas subordonnée à la condition que ces violences aient donné lieu à condamnation pénale ou au dépôt d'une plainte. Le juge devra donc apprécier s'il existe des raisons sérieuses de considérer comme vraisemblable la commission des faits de violences allégués au vu des éléments produits devant lui conformément aux règles applicables au procès civil et contradictoirement débattus *[Contrairement à ce qui est prévu à l'article 515-9 du code civil pour l'ordonnance de protection, l'exception à la médiation prévue à l'article 373-2-10 doit être retenue sans qu'il y ait lieu d'apprécier si les violences commises ont mis en danger la personne qui en a été victime]*.

[...]

Circulaire CRIM/2019-11 du 9 mai 2019,

Relative à l'amélioration du traitement des violences conjugales et à la protection des victimes.

Dans le prolongement des engagements pris dans ma circulaire de politique pénale du 21 mars 2018, je souhaite réaffirmer le caractère prioritaire de la lutte contre les violences conjugales et encourager l'ensemble des magistrats à poursuivre les efforts engagés au service d'une politique pénale de fermeté à l'égard des auteurs et d'accompagnement des victimes.

La lutte contre les violences conjugales a fait ces dernières années l'objet de circulaires successives *[Circ. du 19 avr. 2006 présentant les dispositions de droit pénal et de procédure pénale de la L. n° 2006-399 du 4 avr. 2006 renforçant la prévention et la répression des violences au sein du couple ou commises contre les mineurs ; circulaire du 3 août 2010 de présentation des dispositions de droit pénal et de procédure pénale de la L. n° 2010-769 du 9 juill. 2010 relative aux violences faites spécifiquement aux femmes, aux violences au sein des couples et aux incidences de ces dernières sur les enfants ; Circ. du 24 nov. 2014 d'orientation de politique pénale en matière de lutte contre les violences au sein du couple et relative au dispositif de téléassistance pour la protection des personnes en grave danger]* **qui ont permis de construire progressivement une politique pénale ambitieuse et d'enrichir les réponses judiciaires face à un phénomène croissant, mais encore trop souvent passé sous silence par les victimes** *[Parmi les personnes interrogées, moins d'une femme sur cinq victimes de violences physiques ou sexuelles au sein du couple déclare avoir déposé plainte et plus de la moitié n'ont fait aucune démarche auprès d'un professionnel ou d'une association (Enquête « Cadre de vie et sécurité » 2012-2017 INSEE-ONIWP-SSM-SI)]*.

Pour autant, en dépit du renforcement de l'arsenal législatif auquel a procédé le Parlement et de la politique pénale dynamique déclinée au niveau local par les parquets, la répétition d'homicides conjugaux perpétrés par des auteurs parfois déjà condamnés pour violences démontre que le dépistage précoce du danger et une prise en charge transversale des victimes de violences conjugales revêtent une particulière acuité.

Pour accompagner la spécialisation des référents en charge de ce contentieux dans les juridictions, des modules de formation continue communs aux magistrats et aux officiers de police judiciaire, sur la thématique des violences faites aux femmes, élaborés par l'École nationale de la magistrature, avec l'appui de la haute fonctionnaire à l'égalité des droits et de la Mission interministérielle pour la protection des femmes contre les violences et la lutte contre la traite des êtres humains, seront prochainement disponibles au niveau déconcentré.

Il importe que, dans l'exercice de leurs missions respectives, les procureurs généraux et les procureurs se mobilisent pour que s'instaure, au sein des juridictions, et plus généralement à toutes les étapes de la procédure, une véritable culture de la protection des victimes de violences conjugales. Elle doit se traduire par l'amélioration de leur accueil et des dispositifs d'évaluation du danger auquel elles sont exposées, ainsi que les enfants du couple, par la mise en place de réponses pénales orientées vers la protection de la victime et par une réactivité accrue à l'égard des auteurs au stade de l'exécution de la peine.

I Améliorer l'accueil des victimes de violences au sein du couple et les dispositifs d'évaluation du danger

1 *Améliorer l'accueil et l'information des victimes de violences conjugales*

Révéler des faits de violences conjugales s'avère parfois extrêmement difficile pour la victime, qui peut craindre des représailles de l'auteur et l'éclatement de la cellule familiale.

Dans ce contexte, la multiplication des interlocuteurs et des lieux peut constituer un véritable obstacle pour la victime, notamment dans le cas où ces structures sont éloignées.

La plainte en ligne, créée par la loi du 23 mars 2019 de réforme pour la justice vise à faciliter cette démarche en donnant à la victime un nouveau moyen de révéler les faits.

La mise en œuvre effective de ce nouveau dispositif nécessite toutefois le développement de solutions techniques préalables dans le cadre d'un travail conjoint entre les ministères de l'intérieur et de la justice.

J'ai demandé à ce que ces travaux aboutissent prioritairement concernant ce contentieux en particulier, de sorte que les premiers dépôts de plainte en ligne en la matière puissent intervenir au premier semestre 2020.

Il conviendra, le moment venu, que les parquets se saisissent de ce nouveau dispositif et définissent avec les services locaux d'enquête le protocole de prise en charge de ces plaintes, et des victimes concernées.

J'attire toutefois votre attention sur le fait que, d'ores et déjà, la plateforme de signalement des violences sexuelles et sexistes permet de faciliter la démarche de révélation de ce type d'infractions et d'améliorer l'accueil dans les services afin de simplifier le dépôt de plainte *[Inaugurée le 27 nov. 2018, cette plateforme de signalement est accessible à l'usager par le site internet service-public.fr, qui ouvre un chat permettant d'échanger avec des policiers ou gendarmes spécialement formés à l'accueil des victimes de violences sexuelles et sexistes. Elle fonctionne J7/H24. La victime est orientée vers la plateforme Police Nationale à Guyancourt (78) ou la plateforme Gendarmerie Nationale à Rennes (35) en fonction de son lieu de domiciliation. L'opérateur police ou gendarmerie prend en compte la déclaration en ligne, accompagne la victime vers les services compétents (service de police ou de gendarmerie, dispositif d'accompagnement et de soutien...) et gère le cas échéant les cas d'urgence en déclenchant l'intervention des forces de sécurité auprès de la victime.]*.

Par ailleurs, le développement de certains dispositifs existants permettant un accueil unique pour le dépôt de plainte et l'examen médico-légal de la victime est de nature à mettre la victime en confiance, limiter le traumatisme du dépôt de plainte et faciliter la révélation des faits.

Ainsi, la victime se présentant aux urgences hospitalières et indiquant avoir fait l'objet de violences peut remplir un formulaire de plainte simplifiée transmis immédiatement par l'hôpital aux services d'enquête *[Dans le cadre d'un tel dispositif, la plupart des hôpitaux étant implanté en zone police, il conviendra de prévoir un circuit de transmission efficace pour le dépôt de plainte simplifiée, à l'image de ce qui est prévu dans le protocole joint en annexe et concernant le CASA (centre d'accueil spécialisé pour les agressions) de l'institut médico-légal de Rouen]* **permettant la réalisation de l'examen médico-légal sur réquisitions judiciaires.**

De la même manière, il peut être envisagé, en lien avec les associations locales et les services d'enquête, de faire accompagner la victime par les intervenants sociaux ou l'association d'aide aux victimes, afin qu'elle soit examinée immédiatement par un médecin légiste *[Le cas échéant, les associations peuvent, via le service de l'accès au droit et à la justice et de l'aide aux victimes, solliciter le financement de cette mission supplémentaire, au titre du programme 101. Par ailleurs, la remise de bons de taxi à la victime peut, en cas de précarité financière, faciliter sa démarche (pratique existante en Seine-Saint-Denis depuis 2010)]*.

L'information de la victime doit également être renforcée, par la remise de brochures spécifiques d'information recensant les contacts utiles au niveau local, et surtout par l'orientation vers les intervenants sociaux de police et de gendarmerie et les associations d'aide aux victimes, à même d'assurer des prises en charge immédiates ou très rapides, sur les lieux de l'évènement, au commissariat de police, à la brigade de gendarmerie ou à l'hôpital.

2 *Favoriser la révélation des faits*

Il importe de rappeler à cet égard que la personne se déclarant victime de violences conjugales doit être entendue par les services enquêteurs de manière circonstanciée dans le cadre d'un procès-verbal d'audition détaillé, avant de l'interroger sur son souhait de déposer plainte.

Si toutefois la personne, pleinement informée de l'enjeu d'une telle plainte, ne souhaite effectuer qu'un signalement des faits, le protocole-cadre sur le traitement des mains courantes et des procès-verbaux de renseignement judiciaire en matière de violences conjugales doit être appliqué *[V. en ce sens la dépêche du 30 déc. 2013 relative au protocole-cadre sur le traitement des mains courantes et des procès-verbaux de renseignement judiciaire en matière de violences conjugales]*.

L'examen précis des déclarations ainsi recueillies par un chef de service ou d'unité (ou son adjoint) et la définition, par le procureur, de critères d'ouverture d'enquête et de transmission des mains-courantes et des procès-verbaux de renseignement judiciaire au parquet doivent permettre d'améliorer la détection des violences conjugales.

Par ailleurs, afin de dépister les situations de danger pour les enfants mineurs, le parquet pourra utilement donner pour instruction aux forces de l'ordre, lors d'interventions à domicile pour des faits ne donnant pas lieu à des poursuites pénales (alcoolisations, simples altercations verbales...), de rédiger des mains-courantes ou des procès-verbaux de renseignements judiciaires, afin d'informer la cellule de recueil des informations préoccupantes ou le juge des enfants déjà saisi que des mineurs sont susceptibles de se trouver dans une situation de danger au domicile parental.

Enfin, le recours au classement sans suite pour infraction insuffisamment caractérisée *[L'accroissement du nombre d'affaires orientées vers les parquets (62 600 affaires en 2017 contre 52 800 en 2012) s'accompagne d'une hausse des affaires non poursuivables en proportion (en 2012, 30,8 % des affaires orientées, contre 36 % en 2017). En 2017, 93,5 % de ces classements* *sont motivés par l'absence d'infraction ou l'insuffisance des charges]* ne doit pas résulter de carences de l'enquête, s'agissant d'une infraction pour laquelle la recherche de preuves s'avère délicate, étant le plus souvent commise dans un cadre domestique, et qui exige de mettre en œuvre des investigations poussées pour parvenir à la manifestation de la vérité *[Enquête de voisinage étendue à l'environnement professionnel et amical, confrontation éventuelle, recherche de mains courantes ou de procès-verbaux de renseignement judiciaire antérieurs, obtention de certificats médicaux antérieurs auprès de la victime, extraction de données téléphoniques ou exploitation de courriels par exemple]*.

La mise en œuvre de la confrontation entre le plaignant et le mis en cause, qui est un acte d'investigation important, et constitue un droit de la défense, doit être réalisée avec vigilance, compte tenu de l'emprise psychologique exercée sur certaines victimes. Afin de l'accomplir dans les meilleures conditions, il est important de veiller à l'assistance de la victime par un avocat voire, le cas échéant, à l'utilisation d'une salle avec séparation visuelle.

3 *Généraliser le dispositif d'évaluation des victimes les plus vulnérables*

L'évaluation personnalisée des victimes prévue par l'article 10-5 du code de procédure pénale, qui demeure d'application très hétérogène sm le territoire, doit permettre d'évaluer la vulnérabilité de la victime de violences conjugales et ses besoins éventuels de protection immédiate, notamment au vu des critères suivants : la durée et la répétition des faits dénoncés, l'antériorité de menaces ou de harcèlement, les conclusions des examens psychologiques de la victime, son isolement, l'emprise subie, les témoignages de l'environnement proche de la victime ou encore les craintes exprimées par la victime.

En fonction de ces premiers éléments, le procureur de la République appréciera l'opportunité de faire procéder par une association d'aide aux victimes et éventuellement par une unité médico-judiciaire à une évaluation approfondie et psychologique le cas échéant.

Particulièrement adapté à la situation des victimes de violences conjugales, le dispositif EVVI à plusieurs niveaux doit être généralisé à l'ensemble des ressorts, en déterminant les situations prioritaires et en répartissant cette mission entre les services d'enquête *[La gendarmerie a intégré l'évaluation à toutes ses trames d'audition conformément à la note expresse du 2 mars 2016]* et les associations d'aide aux victimes.

La circonstance qu'un mineur assiste aux violences conjugales aggrave les faits depuis la loi n° 20 18-703 du 3 août 2018 renforçant la lutte contre les violences sexuelles et sexistes *[La circonstance aggravante est applicable aux délits prévus par les art. 222-8, 222-10, 222-12, 222-13 et 222-33-2-1 C. pén. Cette création répond aux préconisations de la Convention d'Istanbul sur la prévention et la lutte contre la violence à l'égard des femmes et la violence domestique, ratifiée par la France le 14 juill. 2014]*. Il conviendra de retenir systématiquement cette circonstance aggravante, compte tenu de la coloration particulière qu'elle donne aux faits. La désignation d'un administrateur *ad hoc* devra par ailleurs être envisagée afin de permettre au mineur d'être reconnu comme une victime des faits.

Par ailleurs, la présence d'enfants mineurs au sein du couple doit conduire à des vérifications systématiques sur d'éventuels suivis par l'aide sociale à l'enfance ou par le juge des enfants, afin d'apprécier l'opportunité d'une requête en assistance éducative, d'une mesure d'investigation ou d'un placement provisoire.

Le rapport de la mission sur les morts violentes d'enfants au sein des familles établi par l'inspection générale des affaires sociales, l'inspection générale de la justice et l'inspection générale de l'administration de l'éducation nationale et de la recherche, rendu public le 25 avril 2019, établit *"un lien très fort entre la violence conjugale et les violences commises sur les enfants"*. Il préconise notamment une meilleure évaluation des situations à risque et souligne qu'en 2015, 36 enfants sont décédés dans le cadre de violences conjugales, 25 en 2016, soit entre un tiers et la moitié des décès par morts violentes effectivement recensés. Il est donc indispensable que le sort des enfants soit pris en compte à l'occasion de la décision sur l'action publique, tout spécialement lorsque les parents reprennent une vie commune après un épisode de violence, celle-ci pouvant s'exercer sur les enfants.

II Apporter des réponses pénales orientées vers la protection de la victime et sa prise en charge globale

1 *Rappel des grandes orientations de politique pénale en matière de violences conjugales*

Une réponse ferme et réactive s'impose pour les actes de violences répétés, graves ou les situations d'emprise qui justifient le recours au déferement. Il permettra d'envisager le cas échéant une comparution immédiate, une comparution différée *[Notamment si une expertise psychiatrique du mis en cause ou une expertise psychologique de la victime ont été ordonnées mais n'ont pas encore pu être réalisées]* ou une convocation par procès-verbal afin d'assurer la protection de la victime et l'éviction du mis en cause.

Dans le même temps, le recours aux mesures alternatives aux poursuites spécifiques aux violences conjugales (telles que le stage de responsabilisation à destination des auteurs de violences conjugales ou les mesures permettant une interdiction temporaire de paraître au domicile de la victime) demeure pertinent en cas de première infraction, de violences n'ayant pas causé de blessures et hors situation d'emprise. En présence d'enfants, une vigilance s'impose alors pour s'assurer qu'ils ne se trouvent pas en situation de danger, compte tenu de l'impulsivité du parent violent. Il m'apparaît par ailleurs indispensable que l'échec d'une mesure alternative du fait du comportement de l'auteur conduise alors à une saisine rapide du tribunal correctionnel.

La victime, si elle le souhaite, doit pouvoir être assistée d'un avocat à l'audience, mais également accompagnée et soutenue par une association d'aide aux victimes. En ce sens, les démarches proactives mises en place par les parquets avec les associations d'aide aux victimes pour informer celles-ci dès le stade de l'enclenchement des poursuites ou à l'examen des rôles d'audience sont de nature à conforter cet accompagnement.

2 *Assurer l'effectivité de l'éviction du conjoint violent*

L'éviction du conjoint violent doit être privilégiée, compte tenu du risque de réitération des faits, dès lors que, sauf circonstances particulières, la victime y est favorable. J'attire votre attention à cet égard sur le fait que l'interdiction de paraître peut désormais être prononcée dans le cadre de la composition pénale, éventuellement accompagnée de soins psychologiques *[Art. 41-2 14° modifié par la L. n° 2019-222 du 23 mars 2019 de programmation 2018-2022 et de réforme pour la justice]*.

Afin de rendre cette mesure effective, certains parquets ont mis en œuvre des dispositifs, en lien avec l'État, les collectivités locales et les partenaires associatifs, qui permettent l'hébergement du conjoint violent, le cas échéant, en urgence, et incluent un accompagnement social et sanitaire.

Je souhaite que l'ensemble des parquets se mobilisent, notamment dans le cadre des instances partenariales, afin que puisse être mise en place sur chaque ressort une solution d'hébergement de conjoints violents permettant une mise en œuvre de la mesure d'éviction.

Dans cette même perspective, il m'apparaît indispensable que soit encouragé le développement, en lien avec les départements, des dispositifs d'accompagnement protégé qui permettent de sécuriser le contact entre la victime et l'agresseur à l'occasion de l'exercice de son droit de visite et d'hébergement du ou des enfants mineurs et la mise en place d'espaces de rencontre ou de visites médiatisées prévus à l'article 373-2-9 du code civil.

3 *Veiller à une attribution plus large des TGD*

Les conditions légales d'attribution d'un "téléphone grave danger" (TGD) peuvent parfois conduire à le réserver aux situations d'extrême danger ou de danger imminent. Aujourd'hui, un trop grand nombre des 800 terminaux disponibles n'est pas attribué alors même que le déploiement tenait compte des demandes formulées par les juridictions.

Le succès du dispositif repose sur une étroite collaboration avec les associations d'aide aux victimes qui doivent être systématiquement saisies aux fins d'évaluation sur l'opportunité d'attribuer un TGD, et sollicitées pour assister à sa remise par le procureur de la République ou son représentant. Elles peuvent ainsi fournir les explications nécessaires à la victime pour la prise en main du dispositif *[Le programme 101 peut être mobilisé via le SADJAV pour le financement des évaluations aux fins d'attribution d'un TGD]*.

La tenue régulière d'un comité de pilotage (COPIL) technique doit par ailleurs permettre d'associer l'ensemble des acteurs du dispositif au niveau local, afin d'envisager des actions pour faire connaître le dispositif, recueillir et partager des informations sur les situations préoccupantes qui le justifient, et construire une appréciation commune de la notion de "grave danger" *[Le COPIL, piloté par le procureur de la République ou son représentant, peut utilement associer un magistrat référent de chaque pôle concerné au siège (enfants, affaires familiales, application des peines), le service pénitentiaire d'insertion et de probation (tant pour le milieu ouvert que pour le milieu fermé), les représentants du conseil départemental, les associations d'aide aux victimes, mais aussi les services d'enquête et un représentant du prestataire Allianz Assistance ou Orange (cf. exemple de COPIL en annexe)]*.

Par ailleurs, j'attire votre attention sur la possibilité de mutualiser les terminaux entre juridictions voisines, au sein d'une même cour d'appel, qui est de nature à faciliter l'attribution effective de tous les TGD.

Outre ce développement, je souhaite aller plus loin dans la mise en œuvre des dispositifs de protection des victimes. J'ai par conséquent demandé à la direction des affaires criminelles et des grâces et à la direction de l'administration pénitentiaire de travailler à une nouvelle expérimentation du dispositif électronique anti-rapprochement ("DEPAR") issu de la loi du 28 février 2017 relative à la sécurité publique, visant à assortir le placement sous surveillance électronique mobile de l'auteur de violences conjugales d'un périmètre d'exclusion assurant la protection de la victime concernée en déclenchant une alerte en cas de franchissement *[L'art. 75 de la LPJ modifiant l'art. 131-36-12-1 C. pén. rend possible le placement sous surveillance électronique mobile en matière de violences ou menaces au sein du couple ou de la famille dès lors qu'une peine de cinq ans d'emprisonnement est encourue et qu'une peine d'au moins deux ans d'emprisonnement est prononcée]*.

4 *Favoriser un recours accru à l'ordonnance de protection*

Le dispositif civil de l'ordonnance de protection, véritable complément aux dispositifs répressifs, demeure peu utilisé au regard du nombre de procédures diligentées en matière de violences au sein du couple. 3 332 décisions ont ainsi été rendues en 2018 par les juges aux affaires familiales (JAF), représentant environ 1% de leur activité globale, malgré une augmentation régulière depuis sa création en 2010.

Le recours à ce dispositif reste faible alors qu'il permet pourtant au JAF de prononcer, outre des mesures purement civiles, de véritables mesures de protection. Elle peut également faire l'objet d'une inscription au fichier des personnes recherchées (FPR) *[L'art. 70 de la L. du 23 mars 2019 nécessite une mise à jour des conduites à tenir dans le FPR qui sera réalisée d'ici l'été]*, et la mise en œuvre d'un dispositif gradué (astreinte, amende civile, voire, exceptionnellement recours à la force publique) *[Art. 373-2 et 373-2-6 C. civ. (art. 31 de la L. n° 2019-222 du 23 mars 2019 de programmation 2018-2022 et de réforme pour la justice)]* permet d'en garantir l'efficacité, indépendamment des sanctions pénales encourues en cas de violation des interdictions *[Art. 227-4-2 C. pén.]*.

La victime quant à elle peut, sur autorisation du JAF, dissimuler son adresse lors de la procédure, se voir attribuer la jouissance du logement ou demander l'interdiction pour l'auteur des faits d'entrer en contact avec certaines personnes, de détenir ou de porter une arme.

Aussi, je ne venais qu'avantage à ce que les procureurs de la République sollicitent d'initiative la délivrance d'une ordonnance de protection, spécialement lorsque la victime est en grande difficulté pour effectuer une telle démarche (par exemple, en cas d'hospitalisation à la suite des faits de violences dénoncés, ou en cas d'emprise forte du défendeur). Il convient par ailleurs qu'ils développent les circuits d'information et de transmission au sein de la juridiction, et transmettent au JAF les pièces pénales étayant leur avis écrit.

III Renforcer la vigilance à l'égard des auteurs de violences conjugales au stade de l'exécution de la peine

1 *Garantir la prise en charge effective et rapide du condamné à l'issue du prononcé de la condamnation*

• *L'exécution provisoire de la sanction*

Spécialement ordonnée par le tribunal à l'occasion du prononcé d'un sursis avec mise à l'épreuve, d'un suivi socio-judiciaire et de la future peine de sursis probatoire, l'exécution provisoire constitue le gage de l'effectivité de la sanction prononcée. Des réquisitions expresses sur ce point sont donc nécessaires, dès lors que l'intéressé est présent à l'audience, afin de permettre une prise en charge rapide. Lorsque le condamné est absent, en cas de réquisitions portant sur une interdiction de paraître au domicile conjugal ou d'interdiction de contact avec la victime, il convient de s'assurer d'une convocation rapide devant le juge de l'application des peines (JAP).

Par ailleurs, je ne venais qu'avantage à ce qu'il soit envisagé d'inviter les greffiers d'audience à remettre un relevé de condamnation pénale (RCP) aux victimes dès la sortie de l'audience *[A l'instar de la remise au condamné d'un RCP par le bureau d'exécution des peines, la victime pourrait se voir remettre par le greffier d'audience, à l'issue du prononcé de la peine, un RCP qu'elle pourrait produire immédiatement, le cas échéant, auprès des forces de l'ordre en cas de violation d'une interdiction mise à la charge du condamné]*.

• *Le traitement prioritaire des dossiers de violences conjugales*

En lien avec les JAP, je souhaite que soit défini au stade de l'exécution des peines un circuit de priorisation de ces dossiers, afin de permettre une prise en charge effective du condamné et d'éviter des retards injustifiés de nature à hypothéquer la mise en œuvre effective des mesures de protection de la victime prononcées par le tribunal *[Le cas échéant via l'instauration d'un système d'alerte sur le logiciel métier APPI]* et pour limiter le risque de réitération.

A cette fin, une prise en charge rapide et effective par les services pénitentiaires des mesures de suivi de la personne condamnée doit être recherchée.

Dans le cadre des suivis probatoires, il pourra ainsi être opportun, si la victime consent à être contactée, de s'assurer du respect des obligations prononcées, par les services pénitentiaires d'insertion et de probation ou l'association d'aide aux victimes.

De même, en cause d'appel, je souhaite que les parquets généraux veillent tout particulièrement à l'audiencement prioritaire des procédures concernées.

Il convient enfin ici de rappeler qu'en cas de carence du condamné, le JAP, ou le procureur en cas d'urgence et d'empêchement du juge, peut également délivrer un mandat d'amener contre un condamné, ou un mandat d'arrêt en cas de fuite ou de résidence à l'étranger.

• *La préparation de l'issue de l'incarcération et l'accompagnement à la sortie*

A l'issue d'une période d'incarcération de l'auteur, une vigilance particulière s'impose sur l'éventuel avis donné à la victime en cas de danger, et l'adresse communiquée par ce dernier au greffe pénitentiaire, lorsqu'il lui est fait interdiction de paraître au domicile conjugal *[L'art. 712-16-2 C. pr. pén. permet au JAP d'assortir toute décision entraînant la cessation temporaire ou définitive de l'incarcération d'une interdiction d'entrer en relation avec la victime ou la partie civile, et, le cas échéant, de paraître à proximité de son domicile et de son lieu de travail]*.

Afin d'éviter que l'interdiction d'entrer en contact avec la victime ou de paraître aux abords de son domicile ne soit caduque à la suite de la révocation d'un sursis avec mise à l'épreuve, les réquisitions tendant au prononcé d'une révocation partielle doivent être privilégiées.

Par ailleurs, la vigilance s'impose quant à la nécessité de requérir, lorsque les conditions légales sont réunies et en l'absence de suivi en milieu ouvert, d'aménagement de peine ou de mesure de libération sous contrainte, un suivi judiciaire à la sortie de détention, sous la forme d'un suivi post-peine *[Art. 721-2-I C. pr. pén.]*, d'une surveillance judiciaire, d'un placement sous surveillance électronique mobile *[Le nouvel art. 131-36-12-1 C. pén. abaisse désormais à 2 ans (5 ans auparavant) le seuil de la peine prononcée en cas de violences ou menaces commis contre le conjoint. Le recours au PSEM est de ce fait élargi]* ou d'une injonction de soins.

2 *Apporter une réponse immédiate aux incidents urgents lors de l'exécution de la peine*

Il convient de manière générale de s'assurer de la bonne diffusion au FPR des interdictions de paraître au domicile de la victime ou d'entrer en contact avec elle.

En cas d'incidents pattés à la connaissance du parquet, il convient d'ordonner la retenue du condamné à l'encontre duquel il existe une ou plusieurs raisons plausibles de soupçonner qu'il n 'a pas respecté les obligations judiciaire s qui lui incombent, afin que soit vérifiée sa situation et qu'il soit entendu sur la violation (article 709-1-1 du code de procédure pénale).

A cet égard, si les obligations ne sont pas suspendues du fait de l'incarcération, ces violations doivent également faire l'objet de poursuites lorsqu'elles ont été commises depuis l'établissement pénitentiaire, laissant craindre un nouveau passage à l'acte à la sortie.

L'imminence d'une sortie inquiétante peut d'ailleurs conduire le parquet à envisager l'attribution d'un TGD.

***

La lutte contre les violences au sein du couple mérite une attention particulière des juridictions et suppose, pour être efficace, une parfaite circulation de l'information entre les différents services ainsi qu'une interaction efficiente des différents acteurs impliqués dans la mise en œuvre de l'exécution et l'application des peines.

La commission d'exécution des peines m'apparaît à cet égard constituer un lieu privilégié pour aborder le traitement des sanctions pénales en matière de violences conjugales, la définition de circuits appropriés et l'évaluation régulière des actions conduites en la matière.

***

Afin de s'assurer de la pleine mise en œuvre des orientations de politique pénale définies dans la présente circulaire, une évaluation sera faite à l'occasion du rapport annuel du ministère public pour l'année 2019, notamment sur l'attribution des TGD, les mesures d'éviction et les ordonnances de protection.

Vous veillerez à m'informer, sous le double timbre de la direction des affaires criminelles et des grâces, bureau de la politique pénale générale, et de la direction des affaires civiles et du sceau, bureau du droit des personnes et de la famille, de toute difficulté dans l'application de la présente circulaire.

....

ANNEXE 3

Liberté • Égalité • Fraternité

RÉPUBLIQUE FRANÇAISE

MINISTÈRE DE LA JUSTICE

DIRECTION DES AFFAIRES CIVILES ET DU SCEAU
SOUS-DIRECTION DU DROIT CIVIL
BUREAU DU DROIT DES PERSONNES ET DE LA FAMILLE

AVRIL 2019

Le rôle du procureur de la République dans la procédure d'ordonnance de protection

• **L'initiative de la demande d'ordonnance de protection par le procureur de la République**

Le procureur de la République peut suppléer la victime pour solliciter la délivrance d'une ordonnance de protection, lorsqu'il estime que les conditions légales sont réunies et que ce dispositif civil présente un intérêt, à court ou moyen terme, complémentaire aux dispositifs pénaux susceptibles d'être mobilisés pour la victime et ses enfants (cf. point II, 3 de la présente circulaire).

Il prend alors l'initiative de saisir le juge aux affaires familiales, en accord avec la victime, lorsque cette dernière n'est pas en capacité d'effectuer cette démarche (par exemple, en cas d'hospitalisation à la suite des faits de violences dénoncés, ou en cas d'emprise forte du défendeur mettant la victime dans l'impossibilité de procéder à cette démarche).

Le procureur de la République saisit le juge aux affaires familiales par requête remise au greffe. La requête doit comporter, à peine de nullité, outre les mentions prescrites par l'article 58 du code de procédure civile *[Il s'agit des éléments d'identité des parties, l'objet de la demande, ainsi que la date et la signature]* (C. pr. civ.), **un exposé sommaire des motifs de la demande et, en annexe, les pièces sur lesquelles celle-ci est fondée** (art. 1136-3 C. pr. civ.). Ainsi, le parquet aura soin de joindre à la requête les antécédents pénaux du conjoint mis en cause (via l'application Cassiopée notamment), les principaux actes de l'enquête en cours, notamment les procès-verbaux d'audition du mis en cause et de la victime, ainsi que le(s) certificat(s) médicaux établis au cours de l'enquête ou transmis par la victime au service enquêteur.

Le procureur de la République se rapprochera des services du juge aux affaires familiales pour améliorer les circuits d'information et de transmission permettant une mise en œuvre efficiente du dispositif de l'ordonnance de protection et, lorsqu'il est le requérant, disposer de **dates d'audience dédiées**.

Le procureur de la République pourra privilégier :

— *le recueil de l'accord de la victime par procès-verbal établi par le service enquêteur* dans le cadre de son audition pour les faits de violences dénoncés ; la notification de la date d'audience à la victime pourra s'effectuer de la même manière ;

— *la notification au mis en cause de la requête aux fins d'ordonnance de protection par le service enquêteur*, à l'issue de la décision prise sur le volet pénal. Un récépissé de la notification est alors transmis au parquet, qui le remet au greffe du juge aux affaires familiales (art. 1136-10 C. pr. civ.). Il sera procédé de même pour la notification de la date d'audience au défendeur.

Il convient de souligner que **la délivrance d'une ordonnance de protection n'est pas conditionnée au dépôt d'une plainte de la victime**. Ainsi, le procureur de la République pourra joindre à sa requête, en l'absence de plainte, la ou les mains-courantes ou procès-verbaux de renseignements judiciaires susceptibles de caractériser des violences *[Divers types de violences peuvent être pris en considération et ont été répertoriés en quatre catégories dans le cadre de l'analyse statistique réalisée sur l'ensemble des décisions d'ordonnance de protection de l'année 2016 :*

– les violences directes sur le demandeur qui comprennent les violences physiques, sexuelles mais aussi les menaces avec arme (blanche ou à feu) et les violences psychologiques ;

– les violences indirectes sur le demandeur qui regroupent les menaces de violences ou de mort (sans arme), le harcèlement téléphonique et les comportements de contrôle à l'encontre du demandeur ;

– les violences sur les effets personnels du demandeur qui peuvent regrouper les vols d'argent ou de moyens de paiement, les substitutions de papiers d'identité ou bien encore des dégradations sur les biens du demandeur ou des intrusions dans son nouveau logement ;

– les violences et autres menaces sur les enfants du demandeur, issus ou non de la relation avec le défendeur] vraisemblables et un danger persistant pour la victime ou ses enfants.

• **Le rôle du parquet au cours de l'instance civile**

S'il n'est pas à l'initiative de la procédure, le procureur de la République reçoit notification de la demande d'ordonnance de protection et est convoqué à l'audience. Partie jointe à la procédure, il émet un **avis écrit** (art. 1136-3 C. pr. civ.).

Il est alors essentiel qu'il transmette au juge aux affaires familiales **les pièces de la ou des procédure(s) pénale(s) étayant son avis**. Le cas échéant, il lui appartient de solliciter les services enquêteurs pour obtenir communication des pièces de la ou des procédure(s) qui ne serai(en)t pas encore parvenue(s) au tribunal. Par ailleurs, dans les hypothèses où seule une main-courante ou une plainte est établie, le parquet donne instruction de poursuivre l'enquête.

Le parquet peut également développer son avis à l'audience.

Enfin, la décision prise par le juge aux affaires familiales lui est notifiée sans délai par le greffe (art. 515-11 C. civ.), par remise avec émargement ou envoi contre récépissé. Elle est susceptible d'appel dans un délai de quinze jours suivant sa notification (art. 1136-10 C. pr. civ.).

Circulaire CRIM/2020-3/H2 du 28 janvier 2020,

Présentation des dispositions de droit civil et de droit pénal immédiatement applicables de la loi n° 2019-1480 du 28 décembre 2019 visant à agir contre les violences au sein de la famille et instructions de politique pénale issues des travaux du Grenelle contre les violences conjugales.

La loi n° 2019-1480 du 28 décembre 2019 visant à agir contre les violences au sein de la famille est venue renforcer les moyens de lutte contre les violences au sein du couple et leur incidence sur les enfants en améliorant le traitement des requêtes en ordonnance de protection, en favorisant l'aménagement de l'autorité parentale en présence d'un crime conjugal et en étendant le champ d'application du téléphone grave danger.

La présente circulaire a pour objet de présenter les dispositions civiles et pénales immédiatement applicables de la loi *[Les dispositions relatives au bracelet anti-rapprochement feront l'objet d'une circulaire distincte, après adoption des dispositions règlementaires d'application du dispositif]* relatives à l'ordonnance de protection, l'incidence des violences au sein de la famille sur l'exercice de l'autorité parentale et les conditions d'attribution du téléphone grave danger.

Elle décline en outre des instructions de politique pénale issues des travaux du Grenelle relatives à l'accompagnement des victimes, au suivi des auteurs, et à l'organisation des juridictions en faveur d'une filière d'urgence dédiée au traitement des violences conjugales.

I. Présentation de la loi du 28 décembre 2019 visant à agir contre les violences au sein de la famille

I – 1. *Dispositions relatives à l'ordonnance de protection*

Les dispositions relatives à l'ordonnance de protection sont modifiées afin d'inciter à un recours plus fréquent à cet outil efficace de protection.

I – 1. 1. *Les conditions de l'ordonnance de protection*

La loi a modifié l'article 515-9 du code civil sans bouleverser les conditions de délivrance de l'ordonnance de protection. Celle-ci peut être délivrée en urgence par le juge aux affaires familiales *"Lorsque les violences exercées au sein du couple [...] mettent en danger la personne qui en est victime, un ou plusieurs enfants"*.

Le législateur a toutefois précisé, afin de prévenir toute interprétation restrictive de ces dispositions quant à la notion de couple, que l'éventuelle absence de cohabitation des membres du couple (même s'il n'y a jamais eu de cohabitation), ne fait pas obstacle à la délivrance de l'ordonnance de protection.

Le législateur a également précisé, à l'article 515-10 du code civil, que la délivrance de l'ordonnance de protection n'est pas conditionnée à l'existence d'une plainte pénale.

I – 1. 2. *La procédure de délivrance de l'ordonnance de protection*

I – 1. 2. 1. *La loi impose au juge de statuer dans un délai maximal de six jours à compter de la fixation de la date de l'audience*

Le nouvel article 515-11 du code civil dispose que *"l'ordonnance de protection est délivrée, par le juge aux affaires familiales dans un délai maximal de six jours à compter de la fixation de la date de l'audience [...]"*.

Le législateur souligne l'urgence inhérente aux demandes d'ordonnance de protection et impose au juge un délai maximal de six jours entre le jour de la fixation de la date de l'audience et le jour de la décision. Il ne s'agit donc pas du délai du délibéré qui court à compter de l'audience, mais bien du délai dans lequel le juge doit rendre sa décision après que la date de l'audience a été fixée.

Il s'agit d'un délai qui commence à courir le lendemain du jour de la fixation de la date d'audience. S'il expire un samedi, un dimanche ou un jour férié ou chômé, il est prorogé jusqu'au premier jour ouvrable suivant.

La convocation des parties par lettre recommandée avec avis de réception, prévue à l'article 1136-3 du code de procédure civile, est désormais incompatible avec ce délai de six jours.

Dans l'attente d'un décret en Conseil d'État en cours de préparation qui organisera un nouveau cadre procédural et formalisera l'acte de fixation de la date d'audience, les juridictions doivent utiliser les procédures disponibles pour respecter ce délai de six jours :

– dans le cadre d'une saisine par requête, le juge aux affaires familiales doit autoriser, par une ordonnance fixant la date de l'audience, le demandeur à faire signifier la requête et les pièces au défendeur, conformément aux articles 653 et suivants du code de procédure civile, dans un délai compatible avec les exigences légales tout en permettant au défendeur d'exercer ses droits dans le respect du principe du contradictoire ;

– dans le cadre d'une saisine par assignation, le demandeur doit former sa demande à une date d'audience communiquée par tous moyens conformément au nouvel article 1136-4 du code de procédure civile *[Article 1136-4 du CPC : "Le demandeur peut également former sa demande par assignation à une date d'audience communiquée au demandeur selon les modalités définies à l'article 751"]* ;

– la procédure d'ordonnance de protection étant ouverte en cas de danger grave et imminent pour la sécurité de la personne concernée par l'ordonnance de protection, le juge aux affaires familiales saisi par requête peut choisir de convoquer les parties par voie administrative, conformément à l'actuel article 1136-3 du code de procédure civile.

Aucune sanction n'est prévue par les textes quant au respect de ce délai. Le dépassement de ce délai ne saurait donc entraîner la nullité de la décision, quel que soit le sens de celle-ci. En outre, ce délai n'a pas pour objet et ne saurait avoir pour effet de dispenser le juge de faire respecter le principe de la contradiction et de veiller au respect des droits de la défense.

Ce délai, qui ne s'impose donc pas aux parties mais au juge, nécessite toutefois l'organisation au sein des juridictions d'un circuit de traitement garantissant une décision rapide, dans le respect du principe du contradictoire et des droits du défendeur. Le ministère de la Justice publiera en ce sens une modélisation d'un circuit de traitement juridictionnel des affaires de violences conjugales, issue des travaux du Grenelle, susceptible d'être appliquée dans le cadre de politiques de juridiction, et mettant en avant les interactions et liens entre les différents acteurs et partenaires institutionnels et judiciaires.

Dans le cadre de ce circuit de traitement, une attention particulière doit être apportée aux demandes d'aide juridictionnelle. A cet égard, et conformément aux dispositions de l'article 20 de la loi du 10 juillet 1991, l'admission provisoire à l'aide juridictionnelle pourra être prononcée en urgence, y compris à l'audience.

Afin de garantir la célérité du traitement procédural, outre la bonne mise en état du dossier dans les six jours impartis, un circuit permettant l'attribution en urgence de l'aide juridictionnelle au profit de la partie demanderesse dans un délai qui ne saurait être supérieur à 24 heures pourra utilement être formalisé au sein de chaque juridiction. La coordination entre les agents du SAUJ, du BAJ et le président du BAJ devra être anticipée afin d'aboutir à la signature de décisions d'attribution en temps réel. Il conviendra notamment de veiller à l'acheminement et à la remise en mains propres du dossier d'aide juridictionnelle d'un service à l'autre afin de garantir l'efficacité de ce circuit de traitement. La même attention devra en outre être apportée au traitement rapide des demandes d'aide juridictionnelle formalisées par le défendeur afin de limiter les risques de renvoi.

I – 1. 2. 2. *Le rôle du procureur de la République dans les ordonnances de protection*

L'article 515-10 du code civil prévoit désormais en son deuxième alinéa, que le dossier est transmis au procureur de la République à fin d'avis. De ce fait, et en application du dernier alinéa de l'article 425 du code de procédure civile, les demandes d'ordonnance de protection doivent être systématiquement communiquées au procureur.

La loi du 28 décembre 2019 a maintenu la possibilité pour le ministère public d'initier la procédure de l'ordonnance de protection avec l'accord de la demanderesse. Le parquet est alors partie principale et peut, en l'absence d'une ou des parties et avec l'accord de la personne en danger, présenter des demandes permettant au juge de prononcer l'une des mesures prévues par l'article 515-11.

Des réquisitions types se trouvent en annexe du *Guide pratique de l'ordonnance de protection*.

Lorsqu'il n'est pas demandeur, le ministère public est partie jointe à toutes les affaires d'ordonnance de protection.

I – 1. 2. 3. *L'audition des parties*

Le nouvel article 515-10 du code civil dispose que l'audience – et non plus seulement l'audition – se tient en chambre du conseil.

S'agissant des auditions des parties, la loi impose au juge de les conduire séparément si la partie demanderesse en fait la demande. En l'absence d'une telle demande, le juge aux affaires familiales conserve une faculté d'appréciation et a le pouvoir d'ordonner des auditions séparées, même d'office.

I – 1. 3. ***Les modifications touchant aux mesures qui peuvent être prononcées par une ordonnance de protection***

I – 1. 3. 1. *Les nouvelles mesures que le juge aux affaires familiales peut ordonner*

Tirant les conséquences des études menées en matière de violences conjugales, le législateur a souhaité mieux prévenir le renouvellement des violences.

Une nouvelle interdiction de paraître est créée au 1° *bis* de l'article 515-11 du code civil. Le juge peut ainsi *"interdire à la partie défenderesse de se rendre dans certains lieux [qu'il désigne] spécialement [...] dans lesquels se trouve de façon habituelle la partie demanderesse"*.

Le juge aux affaires familiales peut en outre désormais proposer à la partie défenderesse une prise en charge sanitaire, sociale ou psychologique ou un stage de responsabilisation pour la prévention et la lutte contre les violences au sein du couple et sexistes (article 515-11, 2° *bis* du code civil). Il s'agit ici d'une incitation et le juge n'est pas chargé du suivi de ces soins ou de ce stage. Le refus ou la non-exécution de cette invitation ne sera donc pas constitutif de l'infraction pénale de violation d'une obligation d'une ordonnance de protection prévue à l'article 227-4-2 du code pénal.

En cas de refus, le juge aux affaires familiales doit toutefois en aviser le procureur de la République afin que ce dernier puisse, s'il l'estime nécessaire, imposer une telle mesure dans le cadre d'une procédure pénale.

I – 1. 3. 2. *Les modifications portant sur des mesures existantes*

* Le législateur a modifié l'article 515-11 du code civil pour permettre au juge aux affaires familiales de recueillir les observations des parties sur chacune des mesures de l'ordonnance de protection.

En recueillant oralement les observations des parties lors de l'audience, de nouvelles demandes qui n'auraient pas été formulées auparavant peuvent émerger. En outre, le juge aux affaires familiales pourra solliciter les observations des parties sur les mesures qui lui semblent nécessaires et disposera ainsi d'éléments pour motiver sa décision sur l'ensemble des mesures qu'il lui est possible de prononcer. En revanche, le juge n'a pas le pouvoir de se prononcer d'office sur des demandes qui ne seraient pas formulées par les parties.

* Afin de renforcer la protection des victimes, une obligation de motivation spéciale est créée en cas d'attribution du logement du couple au défendeur. Elle devra être justifiée au regard de circonstances particulières. Cette motivation spéciale ne s'impose néanmoins que si le demandeur avait demandé l'attribution du logement.

* La logique est la même concernant le 5° de l'article 515-11 du code civil : le législateur a souhaité énoncer explicitement que lorsqu'il délivre l'ordonnance de protection, le juge aux affaires familiales doit envisager prioritairement un droit de visite

dans un espace médiatisé ou en présence d'un tiers de confiance pour le parent violent. Aussi, convient-il d'apporter aux parties les informations nécessaires relatives au tiers de confiance qui pourrait être présent lors de l'exercice du droit de visite. Un décret en Conseil d'État viendra préciser les conditions procédurales de la désignation de ce tiers. Il revient par ailleurs au juge de recueillir les observations des parties sur cette mesure lors de l'audience car son choix de privilégier une autre mesure devra être spécialement motivé.

* Enfin, l'interdiction du port d'arme prévue au 2° de l'article 515-11 du code civil doit être prononcée à chaque fois que le juge ordonne une interdiction de contact au titre de l'article 515-11, 1°. Toute décision contraire doit être spécialement motivée, notamment au regard de la situation professionnelle du défendeur.

I – 1. 3. 3. *L'information du préfet de l'interdiction de port et de détention d'arme prononcée par le juge aux affaires familiales*

L'article 6 de la loi a modifié le code de la sécurité intérieure pour y ajouter que les personnes ayant fait l'objet d'une interdiction de port d'arme prise par le juge aux affaires familiales dans le cadre d'une ordonnance de protection (art. 515-11 2° du code civil) sont interdites d'acquisition et de détention d'armes de toute catégories. Cette interdiction doit être inscrite au fichier national des interdits d'acquisition et de détention d'armes (FINIADA).

La procédure conduisant à l'inscription est la suivante :

– le juge aux affaires familiales notifie au procureur de la République l'ordonnance de protection ;

– le procureur de la République en informe sans délai le préfet du lieu du domicile du défendeur, compétent pour procéder à l'inscription au FINIADA ;

– le préfet inscrit la personne au FINIADA pour une durée de 6 mois à compter de la notification de l'ordonnance.

Au dernier jour du 6e mois, l'inscription au fichier est automatiquement levée. Si l'ordonnance de protection est prolongée dans les conditions de l'article 515-12 du code civil, le juge aux affaires familiales doit en informer le procureur de la République, lequel doit transmettre sans délai l'information au préfet compétent.

Si le défendeur détient déjà des armes, l'inscription au FINIADA doit être suivie d'une procédure de remise des armes auprès des services de police ou de gendarmerie.

En cas de refus de la personne de remettre ses armes, le préfet devra saisir le juge des libertés et de la détention aux fins de se voir autoriser à procéder à la saisie des armes au domicile du défendeur, et en informer le procureur de la République (articles *L. 312-8* et *R. 312-68* du code de la sécurité intérieure).

I – 2. *Dispositions relatives à l'exercice de l'autorité parentale et à la contribution à l'entretien et à l'éducation de l'enfant*

I – 2. 1. *Dispositions relatives à l'exercice de l'autorité parentale*

La loi du 28 décembre 2019 apporte plusieurs modifications aux règles relatives à l'exercice de l'autorité parentale en cas de violences au sein de la famille afin de protéger l'enfant et le parent victime de violences. L'exercice de l'autorité parentale ne doit plus constituer pour un parent violent le moyen de maintenir son emprise sur l'autre parent. Elle introduit en outre des dispositions spécifiques en matière d'autorité parentale afin de donner au parent victime ou à ceux qui ont accueilli les enfants après des violences exercées par un parent sur l'autre parent, les moyens de prendre les décisions nécessaires à la protection, au développement et à l'éducation de l'enfant, en urgence ou de manière plus pérenne.

I – 2. 1. 1. *Le retrait de l'exercice de l'autorité parentale en cas de condamnation pénale pour violences au sein de la famille*

La loi modifie les articles 378, 379-1 et 380 du code civil pour permettre au juge pénal de retirer l'exercice de l'autorité parentale du parent condamné comme auteur, coauteur ou complice d'un crime ou délit commis sur la personne de son enfant ou sur la personne de l'autre parent (ou comme coauteur ou complice d'un crime ou délit commis par son enfant).

Jusqu'alors la juridiction de jugement était tenue de se prononcer sur le retrait total ou partiel de l'autorité parentale, en cas de condamnation pour un crime ou un délit commis par le père ou la mère sur la personne de son enfant ou de l'autre parent en cas d'atteinte volontaire à la vie (art. 221-5-5 C. pén) et d'atteintes volontaires à l'intégrité de la personne, agressions sexuelles, harcèlement moral (222-48-2 C. pén).

Cependant, le prononcé de telles décisions est très rare, notamment si l'enfant n'a pas été directement mis en danger par le parent violent, ce qui peut s'expliquer par la symbolique et la nature quasi-définitive de cette mesure civile : le parent, déchu de l'autorité parentale, en perd tous les droits, notamment les prérogatives exceptionnelles qui y sont rattachées telles que le droit de consentir au mariage, de demander son émancipation et de consentir à son adoption.

La modification des articles 378, 379-1 et 380 élargit le cadre législatif en permettant au juge pénal de retirer spécifiquement l'*exercice* **de l'autorité parentale**. Les articles 221-5-5, 222-48-2, 222-31-2, 227-27-3, 227-10 et 421-2-4-1 du code pénal ont également été modifiés, par coordination, afin de permettre à la juridiction répressive devant juger le titulaire de l'autorité parentale ayant commis une infraction sur son enfant ou sur l'autre parent, de se prononcer sur le retrait de l'exercice de l'autorité parentale, et non uniquement sur le retrait de celle-ci.

A ce titre, il convient de rappeler que la loi distingue deux cas de figure :

1. La cour d'assises *[Ou la cour criminelle]* ou le tribunal correctionnel a l'obligation de statuer sur le retrait total ou partiel de l'autorité parentale, ou depuis l'entrée en vigueur de la loi du 28 décembre 2019, sur le retrait de l'exercice de celle-ci, en cas de condamnation d'un parent pour les crimes et délits suivants sur la personne de l'autre parent ou de l'enfant :
   – les crimes d'atteintes volontaires à la vie (assassinat, meurtre, empoisonnement) ;
   – les crimes et délits d'atteintes volontaires à l'intégrité de la personne (tortures et actes de barbarie, violences ayant entraîné la mort sans intention de la donner, violences délictuelles, mariage forcé, appels téléphoniques malveillants, menaces, administration de substances nuisibles) ;
   – les crimes et les délits de nature sexuelle (viol, agression sexuelle, exhibition sexuelle harcèlement sexuel, et atteinte sexuelle sur mineur) ;
   – le délit de harcèlement moral.
2. La cour d'assises ou le tribunal correctionnel a la faculté de se prononcer sur le retrait total ou partiel de l'autorité parentale, ou sur le retrait de l'exercice de celle-ci.

Les articles 378 et suivants du code civil prévoient que peuvent se voir retirer totalement ou partiellement l'autorité parentale ou l'exercice de celle-ci par la juridiction répressive, les père et mère qui sont condamnés soit comme auteurs, coauteurs ou complices d'un crime ou délit commis sur la personne de leur enfant, soit comme coauteurs ou complices d'un crime ou délit commis par leur enfant, soit comme auteurs, coauteurs ou complices d'un crime sur la personne de l'autre parent.

Ainsi, dans le premier cas de figure, il revient au ministère public de veiller à ce que la juridiction se prononce systématiquement sur le retrait de l'autorité parentale, ou de son exercice, à l'encontre du parent condamné pour un crime ou un délit commis contre l'autre parent ou l'enfant, lorsqu'il en est encore titulaire.

Dans le second cas de figure, il appartient au ministère public d'apprécier s'il estime opportun soit de requérir un retrait total ou partiel de l'exercice de l'autorité parentale à l'encontre du parent condamné, soit de laisser le mécanisme de suspension de plein droit prendre effet en matière criminelle, et de saisir dans un délai de 8 jours le juge aux affaires familiales afin qu'il statue sur la question *[Il existe en effet des hypothèses, peu fréquentes, de crimes commis sur l'autre parent, non visés dans la liste du point 1, pour lesquels la cour d'assises n'aura qu'une faculté de se prononcer sur le retrait de l'exercice de l'autorité parentale (ex : séquestration criminelle)]*.

La juridiction pénale pourra ainsi dès la condamnation pénale et sans attendre la saisine du juge aux affaires familiales, retirer l'exercice de l'autorité parentale devenu difficile ou impossible à exercer – notamment en cas de placement en détention – et permettre à l'autre parent de prendre seul les décisions relatives à la santé de l'enfant, sa scolarité, la pratique de ses loisirs ainsi que de suspendre le droit de visite et d'hébergement, attribut de l'exercice de l'autorité parentale. Elle pourra désormais moduler sa décision au regard des faits d'espèce et disposer d'outils gradués pour adapter sa décision au regard de la situation particulière de la famille. A défaut de décision du juge pénal, l'exercice de l'autorité parentale sera suspendu à titre provisoire, pour une période maximale de 6 mois, dans l'attente de la décision du juge aux affaires familiales, conformément au nouvel article 378-2 du code civil (voir ci-dessous § 1-2)

Le retrait de l'exercice de l'autorité parentale entraîne le retrait du droit de visite et d'hébergement, sauf décision contraire du juge. En effet, l'exercice de l'autorité parentale porte sur l'ensemble des mesures concernant l'enfant, en ce compris la fixation de sa résidence habituelle et le droit de visite et d'hébergement des enfants.

La juridiction répressive peut assortir cette mesure civile de l'exécution provisoire, si elle l'estime opportun, afin qu'elle soit effective nonobstant appel de la condamnation.

Ces dispositions sont entrées en vigueur immédiatement et sont donc applicables à toutes les condamnations prononcées à compter du 30 décembre 2019.

I – 2. 1. 2. *La suspension provisoire de plein droit de l'exercice de l'autorité parentale et de tout droit de visite et d'hébergement en cas de crime contre l'autre parent*

L'article 8 de la loi a inséré dans le code civil un nouvel article 378-2 disposant que *"L'exercice de l'autorité parentale et les droits de visite et d'hébergement du parent poursuivi ou condamné, même non définitivement, pour un crime commis sur la personne de l'autre parent sont suspendus de plein droit jusqu'à la décision du juge et pour une durée maximale de six mois, à charge pour le procureur de la République de saisir le juge aux affaires familiales dans un délai de huit jours."*

Ce nouvel article institue donc une suspension provisoire de plein droit de l'exercice de l'autorité parentale et de tout droit de visite et d'hébergement en cas de poursuite ou de condamnation – même non définitive – pour crime [*Sont concernées toutes les poursuites et toutes les condamnations concernant des crimes commis par un parent sur la personne d'un autre parent, ce qui englobe également les tentatives de crimes*] commis par un parent sur l'autre afin que, dans de telles circonstances, les décisions dans l'intérêt de l'enfant puissent être prises sans qu'il soit nécessaire de solliciter l'accord du parent violent.

Cette disposition permet, dès l'engagement des poursuites, d'éviter que le parent criminel ne fasse obstacle à la prise de décisions dans l'intérêt de l'enfant.

La gravité des faits et le caractère provisoire de la mesure (qui ne vaut que jusqu'à l'intervention d'une décision d'un juge et au maximum pendant six mois) assurent un équilibre entre l'objectif de protection des victimes et la nécessité d'apprécier *in concreto* l'intérêt de l'enfant.

- L'acte de poursuites

Au sens de l'article 378-2 du code civil, doivent être considérés comme des actes de poursuites entraînant la suspension de plein droit de l'autorité parentale :

— le réquisitoire introductif contre personne dénommée ;

— la mise en examen du suspect par le juge d'instruction lorsque l'information a été ouverte contre X ;

— la délivrance, par le juge d'instruction, d'un mandat suivi d'un procès-verbal de perquisition et de recherches infructueuses.

Ne doivent en revanche pas être considérés comme de tels actes de poursuites :

— le réquisitoire introductif contre personne dénommée suivant plainte avec constitution de partie civile (dans ce cas, seule la mise en examen par le magistrat instructeur vaut acte de poursuites) ;

— le placement sous statut de témoin assisté par le juge d'instruction.

- La saisine du juge aux affaires familiales

Le procureur de la République a la charge, en cas de crime d'un parent sur l'autre parent, de saisir le juge aux affaires familiales :

— soit aux fins de délégation de l'autorité parentale en application de l'article 377 alinéa 3 du code civil si l'autre parent est décédé, avec l'accord du tiers candidat à la délégation ;

– soit aux fins de fixation des modalités de l'exercice de l'autorité parentale en application de l'article 373-2-8 du code civil.

Le parent victime hésite souvent à saisir le juge aux affaires familiales pour restreindre les droits du parent violent alors que l'exercice de ces droits est susceptible de le mettre en danger lui ou son enfant, directement ou indirectement, physiquement ou psychologiquement (menaces, chantage, instrumentalisation des enfants).

La saisine du juge aux affaires familiales par le procureur de la République constituera un soutien pour le parent victime et renforcera la position de ce dernier.

En l'absence du parent victime, le parquet, partie principale, pourra lui-même former des demandes auprès du juge aux affaires familiales notamment pour voir fixer le lieu de la résidence habituelle de l'enfant, suspendre le droit de visite et d'hébergement de l'auteur des violences, ou confier l'enfant à un tiers, en cas de nécessité (par exemple en cas d'hospitalisation du parent victime).

• Le caractère provisoire de la suspension de plein droit de l'exercice de l'autorité parentale

La suspension de l'exercice de l'autorité parentale prévue par le nouvel article 378-2 du code civil revêt un caractère provisoire. Elle n'a d'effet que dans l'attente d'une décision rendue sur le fond soit par le juge aux affaires familiales, saisi à cette fin par le procureur de la République (ou par l'un des parents ou la personne ou l'établissement ayant accueilli l'enfant), soit par la juridiction pénale lors de la condamnation.

La loi a prévu un double mécanisme de suspension de l'exercice de l'autorité parentale en cas de crime commis par un parent sur l'autre parent, dès l'engagement des poursuites d'une part, puis lors de la condamnation d'autre part. L'exercice de l'autorité parentale peut donc être de nouveau suspendu de plein droit au jour du prononcé de son arrêt par la cour d'assises *[Ou la cour criminelle]*, si celle-ci ne statue pas en la matière en dépit de l'obligation évoquée ci-dessus qui lui en est faite.

La circonstance que le juge aux affaires familiales s'est prononcé au stade des poursuites en application de l'article 378-2 ne fait pas obstacle à la suspension automatique de l'exercice de l'autorité parentale, au stade de la condamnation pénale, si les deux parents avaient conservé l'exercice de l'autorité parentale.

Lorsque le parent condamné n'est plus investi de l'exercice de l'autorité parentale, l'article 378-2 du code civil n'aura pas vocation à s'appliquer.

En effet, lorsque le parent condamné n'exerce plus l'autorité parentale, en raison de la délégation au profit d'un tiers, ou parce que cet exercice a été confié exclusivement à l'autre parent, la suspension provisoire de l'exercice de l'autorité parentale du parent condamné pour crime n'aura plus lieu d'être.

En revanche, si le juge aux affaires familiales maintient l'exercice de l'autorité parentale au profit du parent poursuivi, la cour d'assises doit statuer sur ce point. A défaut, l'exercice de l'autorité parentale est suspendu de plein droit pour une nouvelle période maximale de six mois à charge pour le procureur de la République de saisir le juge aux affaires familiales dans un délai de 8 jours.

En outre, si des droits ont été fixés au profit du parent poursuivi pour crime sur l'autre parent par le juge aux affaires familiales (ex. : droit de visite), il appartient à la cour d'assises de statuer sur l'autorité parentale, ou son exercice, et notamment sur le maintien de ces droits. A défaut, l'exercice de l'autorité parentale est de nouveau suspendu provisoirement, au jour de la condamnation, dans les conditions du nouvel article 378-2 du code civil.

Par conséquent, la suspension de plein droit de l'exercice l'autorité parentale au jour de la condamnation n'intervient que lorsque deux conditions se trouvent réunies :

– la personne condamnée est titulaire de l'autorité parentale et en a l'exercice *[Ce qui suppose qu'aucune décision du juge aux affaires familiales n'ait confié l'exercice exclusif de l'autorité parentale à l'autre parent]*, ou a conservé l'exercice de certains attributs de l'autorité parentale ;

– la cour d'assises a omis de se prononcer sur le retrait total ou partiel de l'autorité parentale, ou sur le retrait de l'exercice de celle-ci.

En tout état de cause, la décision de la cour d'assises statuant en faveur ou non d'un retrait de l'autorité parentale, ou d'un retrait de l'exercice de celle-ci fait obstacle à la suspension de plein droit de celle-ci.

Enfin, le ministère public doit veiller à ce que la juridiction de jugement dispose des éléments pertinents sur la situation familiale de la personne poursuivie, afin qu'elle puisse apprécier au mieux l'opportunité de retirer ou pas l'autorité parentale ou son exercice au regard de l'intérêt de l'enfant, et notamment les jugements rendus par le juge aux affaires familiales et le juge des enfants.

- Le délai de saisine du juge aux affaires familiales

L'article 378-2 du code civil impose au procureur de la République de saisir le juge aux affaires familiales dans un délai de huit jours à compter de la suspension de plein droit de l'exercice de l'autorité parentale du parent poursuivi pour un crime contre son conjoint, concubin, ou partenaire.

Le procureur de la République doit particulièrement veiller à respecter ce délai notamment si le crime a causé la mort de la victime, puisqu'il est nécessaire d'engager devant le juge aux affaires familiales une instance en délégation forcée de l'autorité parentale pour combler sa vacance. Ce délai n'est toutefois pas prescrit à peine de nullité.

Le parent poursuivi ou condamné et ainsi privé de l'exercice de l'autorité parentale peut également à tout moment saisir le juge aux affaires familiales pour obtenir une décision au fond concernant l'exercice de l'autorité parentale et son droit de visite et d'hébergement.

Ces dispositions sont applicables immédiatement aux poursuites engagées ou aux condamnations prononcées après l'entrée en vigueur de la loi, soit à compter du 30 décembre 2019 *[Sont concernées toutes les poursuites et toutes les condamnations concernant des crimes commis par un parent sur la personne d'un autre parent, ce qui englobe également les tentatives de crimes]*. En revanche, des poursuites engagées avant cette date ou des condamnations prononcées avant cette date sont sans effet de plein droit sur l'exercice de l'autorité parentale.

I – 2. 1. 3. *La délégation de l'autorité parentale [Lorsque les textes évoquent une délégation de l'autorité parentale, il s'agit bien d'une délégation de l'exercice de l'autorité parentale] en cas de décès du parent victime des violences conjugales*

La nouvelle loi vise spécifiquement la situation particulière des enfants dont l'un des parents est décédé du fait des violences exercées par l'autre parent.

Avant la loi, en vertu du 2e alinéa de l'article 377 du code civil, la délégation forcée de l'autorité parentale au profit d'un tiers n'était possible que dans deux cas de figure : le désintérêt manifeste ou l'impossibilité d'exercer l'autorité parentale. Cet alinéa 2 a été modifié afin de permettre au juge de prononcer la délégation de l'autorité parentale au profit de tierces personnes en cas de violences conjugales ayant entraîné la mort du parent victime même en l'absence de désintérêt manifeste à l'égard de l'enfant et d'impossibilité d'exercer l'autorité parentale.

Ainsi, si le juge ordonne la délégation de l'exercice de l'autorité parentale au profit du tiers, membre de la famille ou autre, qui a accueilli l'enfant à la suite du décès du parent victime, ce dernier peut prendre toutes les décisions nécessaires à l'organisation de la vie de l'enfant, sans avoir à obtenir l'autorisation du parent auteur du crime ayant entraîné la mort de l'autre parent.

I – 2. 2. ***Dispositions relatives à la contribution à l'entretien et à l'éducation de l'enfant***

L'article 371-2 du code civil est modifié afin de rappeler que ni le retrait de l'autorité parentale, ni le retrait de son exercice ne mettent fin à l'obligation d'un parent de contribuer à l'entretien et à l'éducation d'un enfant.

Cette obligation découle en effet du lien de filiation et non de l'autorité parentale. Un parent qui se voit retirer celle-ci ou son exercice demeure tenu de régler sa contribution à l'entretien et à l'éducation de l'enfant.

I – 3. *Dispositions relatives au téléphone grave danger*

L'article 17 de la loi a modifié l'article 41-3-1 du code de procédure pénale relatif au dispositif téléphone grave danger (TGD), afin de faciliter l'accès et élargir les conditions d'attribution de ce dispositif *[Pour la méthodologie du TGD en pratique : voir DACG focus TGD.]*.

D'une part, il est désormais précisé que le TGD pourra être sollicité par la victime auprès du procureur de la République par tout moyen. Cela permet à toute victime nécessitant une mesure de protection de saisir le procureur de la République, sans formalité, d'une demande en attribution d'un TGD. Le procureur saisi d'une telle demande vérifiera les éventuels antécédents judiciaires (précédentes plaintes, mains courantes, procédures en cours ou condamnations pour violences conjugales), le cas échéant en sollicitant le commissariat de police ou la brigade de gendarmerie territorialement compétents, et vérifiera si des mesures civiles sont en cours (ordonnance de protection ou requête, divorce, procédure d'assistance éducative...). Ces éléments lui permettront d'apprécier l'opportunité de saisir l'association d'aide aux victimes en charge des EVVI d'une évaluation approfondie de la situation de la requérante et, à l'examen du rapport, d'attribuer un TGD ou d'orienter la victime vers une autre mesure. Si la saisine de la requérante laisse présumer la survenance d'une infraction pénale, le procureur, en parallèle de la procédure d'évaluation aux fins d'attribution de TGD, ordonnera une enquête sur les faits dénoncés.

D'autre part, afin d'uniformiser la loi et la pratique, il est désormais prévu qu'un TGD peut être attribué, non seulement lorsqu'a été prononcée une interdiction judiciaire d'entrer en contact avec la victime – dans le cadre d'une ordonnance de protection, d'une alternative aux poursuites, d'une composition pénale, d'un contrôle judiciaire, d'une assignation à résidence sous surveillance électronique, d'une condamnation, d'un aménagement de peine ou d'une mesure de sûreté – mais également *"en cas de danger avéré et imminent, lorsque l'auteur des violences est en fuite ou n'a pas encore pu être interpellé, ou lorsque l'interdiction judiciaire d'entrer en contact avec la victime n'a pas encore été prononcée."*

Il convient cependant de souligner qu'en l'absence d'interdiction judiciaire de contact avec la victime, ou en cas d'interdiction prononcée à titre d'alternative aux poursuites, aucune mesure coercitive ne pourra être prise à l'encontre de l'ancien conjoint, concubin ou partenaire de la victime, en cas de déclenchement par celle-ci du seul fait du contact établi avec elle. L'intervention immédiate des forces de l'ordre actionnées par l'appel de la victime permettra toutefois de rassurer la victime, de la protéger et d'inviter le mis en cause à s'éloigner ou, en cas de survenance d'une infraction flagrante, ou s'il fait l'objet d'un mandat de recherche, permettra de l'interpeller et de le placer en garde à vue. Il conviendra d'informer les services d'enquête de ce nouveau cadre d'intervention.

Par conséquent, ces remises en urgence déterminées par l'existence d'un danger avéré et imminent n'ont vocation qu'à être temporaires dans l'attente du prononcé d'une mesure d'interdiction de contact (à la suite de l'interpellation de l'auteur et de son déferrement, ou d'une décision du juge aux affaires familiales).

Dans ce cas, l'attribution d'un TGD pourra être maintenue sur le fondement de l'article 41-3-1 du code de procédure pénale.

II. Les autres mesures à droit constant destinées à améliorer le traitement des violences conjugales

L'implication et la mobilisation des procureurs généraux et des procureurs en matière de lutte contre les violences conjugales n'est plus à démontrer. De nombreuses initiatives ont été mises en œuvre localement à cet égard et ont été identifiées par la DACG qui vient de publier sur son site intranet un onglet reprenant des exemples de conventions relatives à l'accompagnement des victimes de violences conjugales, la prise en charge des enfants mineurs et le suivi des auteurs.

Les travaux du Grenelle ont néanmoins souligné que des évolutions restent nécessaires pour parfaire le dispositif de lutte contre ces violences, dont j'ai rappelé le caractère prioritaire. Par ailleurs, le rapport de l'Inspection générale de la justice a mis en évidence que de manière systémique, des améliorations étaient possibles, et a formulé des préconisations.

Trois grands axes d'amélioration sont identifiés :

– l'évaluation du danger auquel est exposée la victime, afin de prendre les mesures de protection adéquates ;

– l'évaluation de l'auteur tant du point de vue de sa dangerosité que de ses besoins en termes de suivi ;

– la construction d'une politique de juridiction en faveur de la protection de la victime de violences conjugales.

II – 1. *Améliorer la protection des victimes de violences conjugales*

La protection de la victime ne pourra être garantie que par des mesures adaptées à sa situation. L'évaluation approfondie est un outil indispensable pour orienter la procédure au plus près de ses besoins, qu'il s'agisse de la réponse pénale comme des mesures de nature à assurer sa sécurité.

II – 1. 1. *Utiliser pleinement les outils d'évaluation*

Il doit être recouru à l'évaluation personnalisée de la victime de violences conjugales prévue par l'article 10-5 du code de procédure pénale (EVVI) dès lors que la situation laisse apparaître un danger et nécessite d'envisager une mesure de protection *[Convention EVVI d'Angoulême, convention de Cherbourg]*.

Le rapport d'EVVI permettra de vérifier si les critères du danger sont réunis pour envisager une mesure telle que l'ordonnance de protection ou l'attribution d'un téléphone grave danger. Ils sont de plusieurs ordres :

– la durée et la répétition des faits dénoncés ;

– l'antériorité de menaces ou de harcèlement ;

– les antécédents pénaux du mis en cause *[La "purge" de la situation pénale de l'auteur est fortement recommandée lorsque la victime est admise dans le dispositif. Outre la mise à exécution des peines d'emprisonnement non aménagées, il est en effet particulièrement utile de connaître les mesures de milieu ouvert encore en cours]* ;

– le risque de réitération des faits (objectivé par une expertise psychologique et/ou psychiatrique)

– les conclusions d'examen psychologique de la victime (étayant sa vulnérabilité) ;

– l'isolement de la victime (vis-à-vis de sa famille, de ses amis, sur le plan professionnel) ;

– l'emprise subie par la victime ;

– les témoignages de l'environnement proche de la victime ;

– les craintes exprimées par la victime ;

– un conflit relatif à l'exercice de l'autorité parentale et des droits de visite et d'hébergement des enfants...

Le ministère de l'Intérieur a pour sa part diffusé une grille d'évaluation du danger commune aux forces de police et de gendarmerie aux fins de guider les policiers et les gendarmes intervenant *in situ* ou accueillant des victimes afin de proposer une protection et un accompagnement adaptés. Ce document pourra utilement être transmis au parquet afin d'étayer l'appréciation de la situation de danger (annexe 5).

L'examen psychologique de la victime *[Le parquet de Valenciennes a conclu une convention avec le CHU de Valenciennes lui permettant de requérir les psychologiques hospitaliers dans le cadre d'un double examen psychologique de la victime et du mis en cause, qui permet d'établir un rapport d'évaluation sur chacune des parties et sur une éventuelle "conjugopathie", y compris dans le cadre de permanences de fin de semaine]* peut également permettre de mettre en évidence l'existence d'une situation d'emprise et peut s'avérer particulièrement utile dans le cadre d'une plainte évoquant des faits anciens ou des faits de violence psychologique. Le choix de la comparution à délai différé peut ainsi permettre d'obtenir un rapport d'expertise détaillé de nature à orienter les réquisitions et la décision du tribunal.

En outre, il n'est plus à démontrer que les violences conjugales ont un impact majeur sur les enfants mineurs qui y sont exposés. Dès lors, à défaut d'information préexistante (suivi administratif de la famille, juge des enfants déjà saisi...), une attention doit être systématiquement portée à leurs conditions de vie et d'éducation à l'occasion du traitement pénal des procédures. L'Aide sociale à l'enfance doit être saisie d'une demande d'évaluation de la situation des enfants chaque fois que cela paraît nécessaire et notamment dans les cas de violences graves ou répétées.

A fortiori, dans les cas les plus graves, en cas d'homicide d'un parent par l'autre, il apparaît opportun, lorsque c'est possible, de prévoir la prise en charge de l'enfant victime par un service pédiatrique hospitalier, dans le cadre d'une ordonnance de placement provisoire confiée à l'Aide sociale à l'enfance.

Ce temps de placement sera mis à profit pour envisager une prise en charge adaptée des enfants à l'issue de la mesure provisoire, notamment par l'approche pluridisciplinaire qu'il favorise. De tels protocoles sont actuellement en cours de développement sur plusieurs ressorts *[S'inspirant d'un protocole mis en place à Bobigny en 2013 joint en annexe 3, plusieurs juridictions développent actuellement des protocoles avec le conseil départemental et des centres hospitaliers (Lyon, Paris...)]*. D'autres ressorts permettent une prise en charge mère-enfant en unité maternelle dès lors qu'une situation à risque est détectée *[Dispositif périnatal de Saint-Malo]*, ou une évaluation spécifique pour les enfants en danger au sein de la cellule familiale *[Dispositif CEMA de Val de Briey]*.

La généralisation des unités d'accueil pédiatriques Enfance en danger annoncée dans le cadre du plan de lutte contre les violences faites aux enfants peut permettre, lorsque les circonstances le justifient, d'entendre les enfants victimes de violences intrafamiliales dans un cadre adapté *[64 UAPED sont actuellement recensées sur le territoire, et 26 en projets (au total 40 créations annoncées d'ici 2022), avec la collaboration de l'association La Voix de l'Enfant, porteuse du projet]*.

Le lien avec les services hospitaliers est un levier majeur pour améliorer la détection et la prise en charge des victimes de violences conjugales, et les protocoles visant à faciliter le recueil de la plainte en milieu hospitalier doivent être étendus *[Tels que le protocole CASA de Rouen, le dispositif ENVOL à Coutances, le SAVU de Valenciennes, le dépôt de plainte simplifiée de Metz]*.

II – 1. 2. *Le choix de la réponse la plus appropriée*

Comme cela a déjà été rappelé à plusieurs reprises, la médiation pénale n'est pas une réponse appropriée aux violences conjugales. La loi du 9 juillet 2010 et la loi du 4 août 2014 avaient déjà restreint le champ d'application de l'article 41-1 du code de procédure pénale en exigeant l'accord puis la demande expresse de la victime pour procéder à une médiation pénale, et en posant une présomption de non consentement de la victime lorsqu'elle avait saisi le juge aux affaires familiales d'une ordonnance de protection. Les instructions déclinées dès 2008 dans le guide d'action publique sur les violences au sein du couple, puis dans les circulaires de politique pénale postérieures, préconisaient une vigilance particulière en la matière eu égard aux situations d'emprise, et de n'y recourir que de manière résiduelle. De nombreux parquets avaient au demeurant fait le choix de l'exclure du champ des réponses pénales applicables aux violences conjugales. Marquant l'aboutissement de cette tendance vers un large consensus social, la proposition de loi n° 2478 visant à protéger les victimes de violences conjugales *[Cette proposition de loi sera examinée par l'Assemblée nationale en première lecture le 28 janvier 2020]*, prévoit d'interdire totalement la médiation pénale en matière de violences conjugales.

Il apparaît primordial de recourir en priorité aux modes de poursuite permettant l'éviction de l'auteur, qu'il s'agisse de l'éviction du domicile conjugal ou de l'interdiction de contact avec la victime. Dès lors, la convocation par procès-verbal assortie d'un contrôle judiciaire mais également la nouvelle voie de poursuite par comparution à délai différé apparaissent particulièrement pertinentes, la seconde permet d'avoir le temps nécessaire pour obtenir un rapport d'expertise détaillé sur la victime, comme sur l'auteur *[En ce sens, le parquet général de Paris a lancé une expérimentation visant à faire procéder à une évaluation pluridisciplinaire du prévenu dans le cadre de la comparution à délai différé, ordonnée au stade de l'enquête, et confiée à un pool d'experts psychiatres requis pour ce faire]*, qui aura été préalablement requise par le parquet dans le cadre de l'enquête.

II – 2. *Rendre effectif le suivi des auteurs*

L'analyse des homicides conjugaux à laquelle s'est livrée la direction des affaires criminelles et des grâces sur les affaires qui lui étaient signalées au cours de l'année 2019 a révélé que l'alcool ou les stupéfiants étaient présents dans un quart des homicides recensés. En outre, dans 15 % des affaires, la présence combinée d'alcool et d'une arme était relevée.

L'amélioration de la prise en charge des auteurs et de la réponse pénale suppose d'identifier les problématiques en jeu.

II – 2. 1. *Mieux évaluer les auteurs*

Les évaluations, notamment psychiatriques ou psychologiques, sont indispensables pour apprécier la dangerosité du mis en cause, notamment si le parcours antérieur de l'intéressé ou les circonstances des faits laissent craindre un risque élevé de récidive *[A Pau, une grille de détection de la dangerosité a été conçue ; à Valenciennes également, en lien avec un chercheur ; à Toulouse, le dispositif Vigilances Violences 31 permet d'évaluer le niveau de dangerosité et d'adapter le degré de vigilance dans le suivi des sortants de prison]*.

Une telle démarche se justifie particulièrement pour les auteurs souffrant d'addictions ou ayant de précédentes condamnations pour des faits similaires, en permettant de les orienter vers des structures adaptées *[L'UPPL de Ville-Evrard (93) offre une prise en charge psychothérapeutique spécialisée dans les violences conjugales, alternant sessions individuelles et groupes de parole]*.

La conclusion de conventions avec les centres hospitaliers, les CSAPA et les CMP de nature à faciliter l'évaluation des prévenus et d'assurer la prise en charge spécialisée des problématiques addictives des auteurs de violences conjugales *[De telles conventions existent sur plusieurs ressorts tels que le stage lieu-dit d'Angoulême]* est ainsi préconisée. Cette même prise en charge pourra se poursuivre au cours de la phase postsentencielle pour éviter les ruptures de soins *[A Auch est développé un projet de suivi postsentenciel renforcé]*.

Ces évaluations, menées à tous les stades de la procédure et dont les rapports sont mutualisés entre les différents intervenants, permettent l'effectivité du suivi des auteurs et la prévention de la récidive en donnant des outils objectifs sur l'efficacité des suivis mis en place.

II – 2. 2. *Renforcer le suivi des auteurs*

Tout manquement aux obligations du contrôle judiciaire doit faire l'objet d'une réponse systématique de la part du parquet. Cela nécessite de sensibiliser l'ensemble des intervenants (forces de l'ordre, SPIP, association d'aide aux victimes) afin que toute violation des obligations donne lieu à un rapport adressé au parquet. La réunion d'un COPIL dédié aux violences intrafamiliales peut permettre une meilleure collaboration entre les intervenants et l'institutionnalisation de l'échange d'informations.

La mesure d'éviction ne peut se suffire à elle-même et doit idéalement être accompagnée de soins adaptés à la problématique du mis en cause *[Les groupes de parole expérimentés dans divers ressorts (Versailles, Arras, Douai...) y compris en détention (Rennes) ont démontré leur efficacité en la matière]*.

Le succès de ces mesures repose sur un étroit partenariat entre l'ensemble des intervenants qui doit être impulsé par les chefs de juridiction.

II – 3. *La mise en œuvre d'une filière de l'urgence*

Le rapport de l'Inspection générale de la Justice portant sur l'analyse de quatre-vingt-huit homicides conjugaux a démontré que certains signaux d'alerte avaient été insuffisamment pris en compte dans l'appréciation du danger, s'agissant notamment de l'évaluation des facteurs de risques. Or, la notion de danger est inhérente à toute situation de violences conjugales et résulte du potentiel de réitération qui y est associé.

La spécificité du phénomène, et notamment l'acuité du péril pesant sur les victimes, justifient une adaptation de la réponse judiciaire passant par la mise en œuvre d'une véritable filière de l'urgence juridictionnelle. La prise en considération de cette urgence résulte non seulement de l'instauration de circuits de traitement prioritaires, mais implique aussi une anticipation de l'intervention de l'autorité judiciaire, parfois même en amont de sa saisine formelle.

Cette filière de l'urgence, qui recouvre les champs civils et pénaux, est déjà mise en œuvre dans un certain nombre de tribunaux.

Dans le cadre des travaux du Grenelle, la DSJ, la DACG et la DACS ont mis en place un groupe de travail portant sur la modélisation du traitement juridictionnel des violences conjugales. A l'issue de plusieurs déplacements en juridictions *[Créteil, Rouen et Angoulême]*, de l'analyse des bonnes pratiques développées par les parquets, et des travaux du groupe de travail Justice, les trois directions ont établi un rapport qui sera prochainement remis à la ministre de la Justice et fera l'objet d'une communication dédiée.

Un certain nombre de préconisations ont été tirées de ces observations, portant notamment sur les bonnes pratiques associées à la mise en œuvre de circuits de traitement prioritaires des situations de violences conjugales. Ces préconisations portent principalement sur la nécessité de favoriser la détection des situations de violences conjugales, d'en prioriser le traitement juridictionnel par l'établissement de circuits dédiés, le tout devant s'inscrire dans le cadre d'une véritable politique de juridiction afin d'en garantir l'efficacité au long terme.

II-3. 1. *Favoriser la détection des situations de violences conjugales*

Si la situation de danger dans laquelle se trouve la victime justifie une réaction juridictionnelle immédiate, encore faut-il que les autorités judiciaires en aient connaissance. Certaines juridictions ont ainsi veillé à développer des dispositifs permettant la détection et la prise en compte rapide de ces situations, parfois même en amont du dépôt de plainte.

A ce stade, l'action de la juridiction devra se concevoir comme un véritable changement de paradigme impliquant un déplacement du point de contact entre l'autorité judiciaire et les victimes. Il s'agira désormais d'aller à la rencontre de la victime afin de favoriser son dépôt de plainte, et en toute hypothèse, sa protection immédiate. Les missions des bureaux d'aide aux victimes pourront être élargies en ce sens, notamment en leur conférant une dimension proactive à l'endroit des victimes. Le SAUJ pourra également être utilement mobilisé afin de favoriser l'accès des victimes à l'institution judiciaire, notamment en mettant à la disposition de ces dernières la documentation idoine, en procédant à leur accueil et leur orientation prioritaire.

La profondeur de l'ancrage de la juridiction sur un territoire donné, la richesse de ses partenariats, l'étroitesse des relations qui la lient aux différents acteurs locaux sont de nature à favoriser la détection et le traitement précoce et rapide des situations de violences conjugales. En ce sens, la conclusion entre la juridiction et les partenaires extra-juridictionnels (hôpitaux, associations...) de conventions visant à garantir un maillage territorial complet et, par voie de conséquence, une meilleure détection des situations à risque, pourra s'avérer pertinente.

II.-3.2. *Prioriser le traitement*

Une fois la détection de la situation de danger opérée, il importera de conférer à la procédure un statut prioritaire, qu'il s'agisse d'une instance civile ou pénale, et quel qu'en soit le degré d'avancement.

Le législateur ayant entendu restreindre le délai de prononcé des ordonnances de protection, il appartiendra aux juridictions d'adapter leurs organisations afin de veiller au respect du délai de six jours institué à compter de la date de fixation d'audience. Le suivi rigoureux de la bonne mise en état de ces procédures dans le temps imparti sera un gage d'efficacité de l'ordonnance de protection.

Les bureaux d'aide juridictionnelle devront être sensibilisés quant à la nécessité de traiter en urgence les demandes d'aide juridictionnelle présentées dans le cadre de cette procédure afin de permettre le respect du délai de six jours, tant en ce qui concerne les demandes présentées par le demandeur que celles initiées par le défendeur.

Conformément aux dispositions de l'article 1136-3 du code de procédure civile, il devra également être veillé à l'information immédiate du ministère public dès le dépôt de la requête aux fins d'ordonnance de protection.

Des instructions visant à l'ouverture d'enquêtes préliminaires à la suite de la délivrance d'une ordonnance de protection pourront aussi être formalisées, lorsque cela apparaît opportun. Le respect des dispositions du dernier alinéa de l'article 515-11 du code civil, emportant l'information immédiate du ministère public en cas de délivrance d'une ordonnance de protection en raison de violences susceptibles de mettre en danger un mineur, devra en outre être assuré dans les meilleurs délais.

De la même manière, s'agissant des instances pénales, la dimension prioritaire du dossier devra être prise en compte à tous les stades de la procédure. Il s'agira par là même de veiller à la continuité de la vigilance accordée à ces situations par l'ensemble des intervenants ayant à en connaître. A ce titre, des instructions visant à rendre compte oralement et en temps réel de toute procédure de violences conjugales pourront être utilement adressées par les parquets aux OPJ. Dans le même ordre d'idée, toute plainte adressée au SAUJ (qu'il s'agisse du SAUJ du site du tribunal judiciaire mais aussi du SAUJ du site du tribunal de proximité) devra faire l'objet d'une communication en temps réel au magistrat du parquet de permanence.

Les réponses pénales à brève échéance impliquant le déferrement du mis en cause et la mise en œuvre de mesures de contrôle immédiates seront à privilégier, à moduler en fonction de la nature, des circonstances des faits et de la personnalité de l'intéressé.

Dans cette perspective et afin de garantir le jugement rapide des prévenus, des créneaux d'audiences à bref délai devront être réservés. Le cas échéant, et selon les capacités de la juridiction, des audiences dédiées au jugement des infractions de violences conjugales pourront également être envisagées, sous réserve de veiller à ne pas allonger ainsi les délais d'audiencement. Il y aura lieu, dans l'intervalle, de veiller au respect des mesures d'éloignement et à la mise en œuvre d'un contrôle renforcé de l'auteur dans ces cadres.

Cette vigilance devra être particulièrement marquée au stade postsentenciel. A cet égard, les modalités de transmission des pièces d'exécution entre les services de l'exécution et de l'application des peines devront être évaluées. Des circuits de transmission prioritaires pourront être établis en veillant à la communication de l'ensemble des informations utiles à l'administration pénitentiaire dans les meilleurs délais. La sortie de détention d'un auteur de violences conjugales devra par ailleurs être anticipée. Les juridictions veilleront une nouvelle fois à instaurer des ponts de communication en la matière afin d'assurer la mise en protection de la victime, en lui attribuant le cas échéant un dispositif de protection grave danger.

Il conviendra enfin d'établir des passerelles de communication prioritaires avec les autorités administratives afin de favoriser le partage de l'information portant sur des situations justifiant une prise en charge mixte : hospitalisation d'office, rétention administrative des étrangers... A ce titre, les comités locaux d'aide aux victimes (CLAV) pourront constituer des ressources utiles. Présidé par le préfet du département et le procureur de la République, le CLAV est chargé de l'adaptation du dispositif d'accueil, d'information et d'accompagnement des victimes dans la durée, en lien avec le ministère de la Justice et la délégation interministérielle à l'aide aux victimes. Il lui incombe de définir un schéma local de l'aide aux victimes. Un volet spécifiquement dédié à la thématique des violences conjugales devra systématiquement être inséré à l'ordre du jour de ces CLAV.

II.-3.3. *Instaurer une politique de juridiction*

L'efficacité de la prise en compte de l'urgence résulte de la transversalité de son appréhension. La multiplicité des contentieux impactés par le phénomène des violences conjugales, tant au pénal qu'au civil, justifie le décloisonnement des différents champs d'action juridictionnels. Dans cet objectif, l'ensemble des tribunaux visités a érigé la lutte contre les violences conjugales en objectif prioritaire, en l'inscrivant dans le cadre d'une véritable politique de juridiction. A ce titre, les chefs de juridiction ont su développer des outils transversaux, en mobilisant des acteurs variés et parfois peu habitués à collaborer les uns avec les autres dans le cadre d'instances collectives visant à l'échange d'informations en la matière.

Cette politique de juridiction devra en outre poursuivre différents objectifs :

– former l'ensemble des agents à la problématique des violences conjugales (accueil de la victime, identification des procédures et des interlocuteurs pertinents et des

partenaires) *[A cet égard, à Créteil, les agents du SAUJ et du BAJ ont été formés à l'accueil spécifique des victimes de violences conjugales qui permet de rendre efficient le traitement en urgence : elles sont ainsi accompagnées et orientées en lien avec le BAV et la permanence victime du barreau et les requêtes d'ordonnance de protection sont traitées en circuit court, de même que les demandes d'aide juridictionnelle]* ;

– décloisonner les interventions (SAF, SAP *[A Angoulême, les JAP et les JAF participent au COPIL TGD]*, **parquet, TPE, JLD, instruction) ;**

– formaliser des instructions permanentes et des fiches navette pour institutionnaliser les relations et les circuits d'information *[A Thonon-les-Bains, un circuit de transmission d'information concernant les ordonnances de protection entre le parquet et le SAF]*.

Afin de garantir la pérennité au long terme de ces dispositifs de communication rapides et décloisonnés, cette réflexion pourra être utilement menée dans le cadre d'un projet de juridiction.

*

ANNEXES 1 À 5

Circulaire JUSC2020610C du 31 juillet 2020,

Présentation des dispositions des décrets n° 2020-636 du 27 mai 2020 portant application des articles 2 et 4 de la loi n° 2019-1480 du 28 décembre 2019 visant à agir contre les violences au sein de la famille et n° 2020-841 du 3 juillet 2020 modifiant l'article [les articles] 1136-3 du code de procédure civile et R. 93 du code de procédure pénale.

La loi n° 2019-1480 du 28 décembre 2019 visant à agir contre les violences au sein de la famille est venue souligner l'urgence inhérente aux demandes d'ordonnance de protection en prévoyant à l'article 515-11 du code civil que "l'ordonnance de protection est délivrée, par le juge aux affaires familiales, dans un délai maximal de six jours à compter de la fixation de la date de l'audience".

Les décrets n° 2020-636 du 27 mai 2020 portant application des articles 2 et 4 de la loi précitée et n° 2020-841 du 3 juillet 2020 modifiant les articles 1136-3 du code de procédure civile et R. 93 du code de procédure pénale ont modifié la procédure de l'ordonnance de protection afin de permettre au juge aux affaires familiales de rendre sa décision dans ce délai de six jours. Les modalités de saisine du juge aux affaires familiales, de convocation des parties, de déroulé de l'audience de l'ordonnance de protection sont ainsi modifiées.

La présente circulaire, qui complète la circulaire du 28 janvier 2020, a pour objet de présenter les dispositions du nouvel article 1136-3 du code de procédure civile, essentiellement relatif à la notification de l'ordonnance fixant la date de l'audience.

I. La nouvelle procédure aux fins de mesures de protection des victimes de violences

JOUR 0	JOUR 1	JOUR 2	JOUR 3	JOUR 4	JOUR 5	JOUR 6
Saisine du juge par requête						
Ordonnance de fixation de la date d'audience			Délai accordé au défendeur pour préparer sa défense		La copie de l'acte de signification doit être remise au greffe au plus tard lors de l'audience	
Délai accordé au demandeur pour la signification de la date d'audience au défendeur.			(2 ou 3 jour *[jours]* selon le jour de la signification)		Audience	Ordonnance de protection
Le délai de deux jours prévu par l'article 1136-3 du code de procédure civile court à compter du lendemain du jour de la fixation de la date d'audience (art. 641 du C. pr. civ.).						
					Étude des pièces par le juge et rédaction de la décision	

Nouveau schéma procédural de l'ordonnance de protection

I – 1. *La saisine de la juridiction*

Le respect du délai de six jours prévu par l'article 515-11 du code civil est incompatible avec la convocation des parties par lettre recommandée avec avis de réception, prévue à l'article 1136-3 du code de procédure civile dans sa rédaction antérieure au décret du 27 mai 2020. Quant à l'assignation, elle faisait courir le délai de six jours à compter du jour de la remise de l'acte au défendeur, sans que le juge ait connaissance de l'introduction de la procédure dès l'origine.

Le décret du 27 mai 2020 a donc créé un nouveau mode de saisine du juge, qui s'inspire de l'autorisation d'assigner à bref délai en unifiant les modalités de saisine de la juridiction au profit d'une requête signifiée.

Cette requête peut être formée à l'aide du CERFA n° 15458 ou sur papier libre, donc sans frais.

La requête est remise ou adressée au greffe du tribunal judiciaire dans le ressort duquel se situe la résidence commune ou des enfants mineurs communs. En l'absence de résidence commune et d'enfant mineur, le tribunal compétent est celui du ressort dans lequel habite le défendeur *[Art. 1070 du code de procédure civile]*.

Lorsque ce dernier demeure à l'étranger, l'article 643 du code de procédure civile ne trouve pas à s'appliquer. En effet, ni le délai de deux jours pour faire signifier la décision ni celui de six jours accordé au juge pour statuer ne sont pas des délais de comparution.

I – 2. *L'ordonnance de fixation de la date de l'audience*

Le nouvel article 1136-3 du code de procédure civile dispose que dès réception de la requête, "le juge rend sans délai une ordonnance fixant la date de l'audience".

Ce nouvel acte de procédure permet de formaliser avec certitude le point de départ du délai de six jours prévu à l'article 515-11 du code civil et de répondre aux impératifs légaux.

Le juge décide, dans l'ordonnance de fixation de la date de l'audience, des modalités de notification de cette décision à la partie adverse.

L'ordonnance de fixation de la date de l'audience est une mesure d'administration judiciaire. Il n'est donc pas possible d'exercer un recours à l'encontre du choix de la date d'audience ou à l'encontre de la modalité de notification ordonnée par le juge.

I – 3. *La notification de la copie de l'ordonnance fixant la date de l'audience*

Comme le prévoit l'article 1136-3 du code de procédure civile, la copie de l'ordonnance fixant la date de l'audience peut être notifiée au demandeur par le greffe par tout moyen donnant date certaine ou par remise en mains propres contre émargement ou récépissé. Le texte ne s'oppose donc pas à une communication dématérialisée par le ComCi TGI, ce qui a l'avantage de permettre des échanges dématérialisés rapides entre la juridiction et les avocats des parties.

1. *Notification par voie de signification*

La signification de la copie de la décision par huissier de justice devient le principe puisqu'il s'agit de la seule modalité procédurale permettant de respecter le délai de 2 jours pour procéder à la notification de la décision, que le défendeur ait été touché personnellement ou non.

Le décret du 3 juillet 2020 désigne, en fonction de la situation de la partie demanderesse, la personne chargée de faire procéder à la signification. Lorsque le demandeur est assisté ou représenté par un avocat, il lui appartient de faire signifier l'ordonnance fixant la date d'audience au défendeur. En pratique, le demandeur étant représenté ou assisté par un avocat, c'est ce dernier, professionnel du droit, qui sera à l'initiative de la signification. Lorsqu'à l'inverse la partie demanderesse n'est ni représentée ni assistée par un avocat, c'est le greffe qui se charge de contacter un huissier de justice, afin que le demandeur n'ait aucune démarche à effectuer personnellement à l'encontre du conjoint violent. Enfin, lorsque le procureur de la République sollicite l'ordonnance de protection, avec le consentement de la personne à protéger, il lui appartient de faire signifier l'ordonnance de fixation de la date d'audience aux deux parties.

La transmission de la copie de l'ordonnance à l'huissier par le greffe ou le ministère public pourra être faite par voie dématérialisée.

L'article 1136-3 du code de procédure civile précise que "La signification doit être remise au défendeur dans un délai de deux jours à compter de l'ordonnance de fixation de la date de l'audience". Ce délai de deux jours commence à courir à la première heure du jour suivant la fixation de la date d'audience *[Art. 641 du code de procédure civile]*. Il expire le dernier jour à vingt-quatre heures. S'il expire un samedi, un dimanche ou un jour férié ou chômé, il est prorogé jusqu'au premier jour ouvrable suivant *[Art. 642 du code de procédure civile]*. Ainsi par exemple, la signification devra être délivrée le mercredi au plus tard si l'ordonnance de fixation de la date de l'audience a été rendue le lundi.

Le décret du 3 juillet 2020 modifie l'article R. 93 du code de procédure pénale afin de mettre à la charge de l'État, de plein droit et sans condition de ressources, donc pour tous les demandeurs, les frais relatifs à la signification par huissier de justice, que la partie soit assistée ou non par un avocat. La prise en charge de ces frais par l'État assure un égal accès au juge, sans délai, pour toutes les victimes de violences conjugales.

L'article 1136-3 du code de procédure civile précise que "la copie de l'acte de signification doit être remise au greffe au plus tard à l'audience". La copie sera communiquée par l'avocat ou le cas échéant par l'huissier de justice lorsque la partie n'est ni assistée, ni représentée par avocat. Cette remise pourra être faite par voie dématérialisée ou remise en mains propres au plus tard lors de l'audience.

2. *Notification par voie administrative*

La notification par voie administrative demeure possible en cas de danger grave et imminent pour la sécurité d'une personne concernée par une ordonnance de protection ou lorsqu'il n'existe pas d'autre moyen de notification.

Ce mode de notification est particulièrement utile lorsque le défendeur se trouve déjà à la disposition de l'administration (ex : garde à vue ou détention), mais il ne permet pas d'établir un procès-verbal de "recherches infructueuses" sur le visa de l'article 659 du code de procédure civile. Par conséquent, il ne permet de saisir valablement le juge que lorsque le défendeur a été touché en personne. Si la notification par voie administrative s'avère impossible pour ce motif, il devra être recouru au service d'un huissier de justice. Le risque est alors grand de dépasser le délai de 6 jours souhaité par le législateur.

I – 4. ***Signification au défendeur et respect du principe du contradictoire***

Le délai de deux jours imparti pour procéder à la signification vise à garantir que le défendeur a été informé de la date d'audience au plus tard deux jours à compter de l'ordonnance qui en fixe la date. Ainsi, le défendeur doit en principe pouvoir disposer d'un délai de deux à trois jours pour préparer sa défense dans le respect du principe du contradictoire et des droits de la défense.

La célérité mise en œuvre dans la signification de l'ordonnance fixant la date d'audience au défendeur a une influence directe sur le délai dont ce dernier dispose pour contacter un avocat et préparer sa défense et, ainsi, limiter les risques de renvoi pour ce motif. Il est donc recommandé que l'avocat du demandeur prenne attache avec un huissier de justice avant la saisine de la juridiction, afin de garantir l'urgence de la signification.

Enfin, le juge est tenu de faire respecter le principe du contradictoire. Le non-respect du délai de deux jours imparti pour procéder à la signification au défendeur n'est pas sanctionné. Il revient donc au juge d'apprécier dans chaque dossier si le principe du contradictoire a été respecté, au regard des faits de l'espèce et s'il est en mesure de statuer dans le respect du délai de six jours.

II. **La mise en place d'un circuit de l'urgence au sein de la juridiction**

Le délai de 6 jours commence à courir le lendemain du jour de la fixation de la date d'audience. S'il expire un samedi, un dimanche ou un jour férié ou chômé, il est prorogé jusqu'au premier jour ouvrable suivant. Le respect de ce délai nécessite l'organisation d'un circuit de traitement juridictionnel des demandes d'ordonnance de protection *[Plusieurs exemples de protocoles conclus entre juridiction, avocats et huissiers de justice se trouvent en annexes du guide pratique de l'ordonnance de protection mis en ligne sur le site du ministère de la justice www.justice.gouv.fr]*.

Les projets de juridictions peuvent notamment être le point de rencontre des acteurs impliqués dans la lutte contre les violences conjugales afin de déterminer les circuits optimaux pour traiter des demandes d'ordonnance de protection.

II – 1. *Traitement des demandes d'aide juridictionnelle*

Afin de garantir la célérité du traitement procédural, l'aide juridictionnelle peut être délivrée à titre provisoire en vertu des dispositions de l'article 515-11-7° du code civil (élargi au défendeur par l'article 26 de la loi n° 2020-936 du 30 juillet 2020 visant à protéger les victimes de violences conjugales).

II – 2. *Signification de la requête et de l'ordonnance de fixation de la date de l'audience*

Le respect du délai de six jours entre l'ordonnance fixant la date d'audience et celle statuant sur la demande d'ordonnance de protection implique une forte vigilance de l'ensemble des acteurs impliqués dans le circuit de l'ordonnance de protection [*Des préconisations organisationnelles, sur la base notamment des premiers échanges intervenus dans le cadre du comité national de pilotage de l'ordonnance de protection, seront diffusées à compter de septembre 2020*].

S'agissant plus particulièrement de la signification par le greffe et le ministère public de la copie de l'ordonnance fixant la date d'audience dans le court délai de 48 heures, une concertation locale entre les chefs de juridiction et la chambre départementale des huissiers pourrait faciliter la mise en place de circuits de traitement efficaces.

Le décret du 3 juillet 2020 modifie l'article R. 93 du code de procédure pénale afin de prévoir une prise en charge des frais de la signification par l'État au titre des frais de justice.

Afin d'assurer la rapidité de la prise en charge du paiement par le Trésor, l'huissier de justice dépose son mémoire de frais de justice sur le site https://chorus-pro.gouv.fr, de façon dématérialisée auprès de "la cour d'appel ou [le] [du] tribunal judiciaire dans le ressort duquel l'huissier a sa résidence selon la nature de la juridiction à l'origine de son intervention". Il complète l'ensemble de champs et joint les pièces justificatives exigées. La signification de l'ordonnance de fixation de la date de l'audience étant tarifée, les mémoires déposés à ce titre suivent le circuit de la certification. Le mémoire sera donc certifié par un agent du service centralisateur (ou rejeté le cas échéant) puis soumis au contrôle du Pôle Chorus avant mise en paiement par le Trésor.

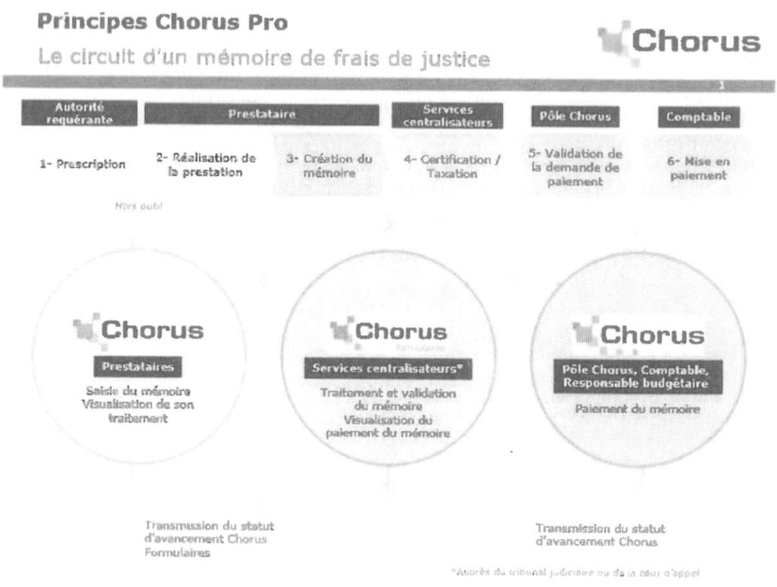

Circulaire CRIM-2020-17-H2 du 3 août 2020,

Présentation des dispositions de droit pénal immédiatement applicables de la loi n° 2020-936 du 30 juillet 2020 visant à protéger les victimes de violences conjugales.

La loi n° 2020-936 du 30 juillet 2020 visant à protéger les victimes de violences conjugales a été publiée au *Journal officiel* du 31 juillet 2020. Elle est venue compléter l'arsenal législatif de lutte contre les infractions commises au sein du couple, ainsi que les violences sur les mineurs.

Cette loi, qui prolonge les améliorations législatives opérées par la loi n° 2019-1480 du 28 décembre 2019 visant à agir contre les violences au sein de la famille, témoigne du caractère prioritaire de la politique de l'ensemble du gouvernement tendant à prévenir au mieux et à réprimer avec fermeté de telles violences, qui ne sauraient être tolérées.

La présente circulaire a pour objet de présenter les dispositions pénales de la loi qui sont immédiatement applicables *[Les articles 13 et 14 de la loi qui ont complété l'article 10-2 du code de procédure pénale et inséré dans ce code un article 10-5, afin de prévoir que la victime de violences aura le droit de se voir remettre le certificat d'examen médical constatant son état de santé à la suite d'un examen médical effectué sur réquisitions du procureur de la République ou de l'officier de police judiciaire, ne rentreront en vigueur qu'après la publication du décret d'application prévu par l'article 10-5, actuellement en cours d'élaboration]*. Celles-ci renforcent les moyens d'action en matière d'enquête, d'instruction et de poursuites pour les infractions commises au sein du couple ou sur des mineurs (1), et améliorent les dispositions répressives du code pénal applicables en la matière (2).

1. Dispositions relatives à l'enquête, l'instruction et aux poursuites en matière d'infractions commises au sein du couple ou sur des mineurs

1.1. *Extension des possibilités de signalement des violences conjugales par les médecins et autres professionnels de santé*

Afin de favoriser la connaissance par l'autorité judiciaire des violences commises au sein du couple, l'article 12 de la loi a complété l'article 226-14 du code pénal par un 3° prévoyant que l'article 226-13 de ce code réprimant la violation du secret professionnel n'est pas applicable *au médecin ou à tout autre professionnel de santé qui porte à la connaissance du procureur de la République une information relative à des violences exercées au sein du couple relevant de l'article 132-80 [de ce code], lorsqu'il estime en conscience que ces violences mettent la vie de la victime majeure en danger immédiat et que celle-ci n'est pas en mesure de se protéger en raison de la contrainte morale résultant de l'emprise exercée par l'auteur des violences.*

Désormais, à la différence de ce qui est prévu par le 2° de cet article, l'accord de la victime majeure n'est donc plus nécessaire pour permettre au médecin de signaler ces violences, telles que définies par l'article 132-80 (et qui concernent donc à la fois les couples mariés ou pacsés et les concubins, actuels ou passés, et même sans cohabitation), dès lors que la victime se trouve sous l'emprise de leur auteur.

C'est au seul médecin d'apprécier en conscience si ces violences mettent la vie de la victime en danger immédiat et si celle-ci n'est pas en mesure de se protéger en raison de la contrainte morale résultant de l'emprise exercée par l'auteur des violences.

Les nouvelles dispositions précisent toutefois que *le médecin ou le professionnel de santé doit s'efforcer d'obtenir l'accord de la victime majeure, et qu'en cas d'impossibilité d'obtenir cet accord, il doit l'informer du signalement fait au procureur de la République.*

Des outils au soutien des personnels soignants sont en cours d'élaboration dans le cadre d'un groupe de travail piloté par Isabelle Rome, haute fonctionnaire à l'égalité femmes-hommes du ministère de la justice. Dans ce cadre, seront prochainement diffusées aux juridictions une proposition de support de signalement à l'attention des médecins et une modélisation de circuit du signalement.

1.2. *Consécration expresse de la possibilité de saisir des armes en cas d'enquête portant sur des faits de violence*

L'article 15 de la loi a complété l'article 56 du code de procédure pénale pour y inscrire expressément *[Le droit positif permettait déjà aux enquêteurs de procéder à de telles saisies dans le cadre des perquisitions prévues à l'article 56 du code de procédure pénale, y compris pour des armes qui n'avaient pas été l'objet du délit. En effet, l'article 56 prévoit que l'OPJ peut saisir tout bien dont la confiscation est prévue à l'article 131-21 du code pénal, et l'article 222-44 6° du code pénal précise que la peine complémentaire de confiscation d'une ou plusieurs armes dont le condamné est propriétaire ou dont il a la libre disposition, est encourue pour tous les délits de violences]* la possibilité pour l'officier de police judiciaire, d'office ou sur instruction du procureur de la République, de procéder à la saisie des armes détenues par la personne suspectée (ou dont il a la libre disposition) dans le cadre d'une enquête portant sur des infractions de violences, et ce quel que soit le lieu où se trouvent ces armes.

Cette disposition vient ainsi clarifier le régime de la perquisition et de la saisie de biens dont dispose la personne mise en cause dans une procédure ouverte pour des faits de violences.

En pratique, le ministère public veillera à ce que la saisie des armes détenues par la personne suspectée soit systématiquement réalisée, en donnant des instructions aux forces de l'ordre en ce sens, avec une particulière attention et célérité pour les enquêtes portant sur des faits de violences conjugales.

1.3. *Suspension des droits de visite et d'hébergement en cas de contrôle judiciaire pour violences conjugales*

L'article 4 de la loi a complété le 17° de l'article 138 du code de procédure pénale, qui prévoit, dans le cadre du contrôle judiciaire, en cas de violences au sein du couple ou contre ses enfants ou ceux de son conjoint, concubin ou partenaire, l'obligation de quitter le domicile du couple, afin de donner au juge répressif la possibilité d'ordonner la suspension des droits de visite et d'hébergement de la personne mise en examen concernant l'enfant mineur.

Il est ainsi prévu que lorsqu'est prononcée l'obligation prévue au 17°, ou l'interdiction de contact prévue au 9°, ou le port d'un bracelet anti-rapprochement prévu par le 17° *bis*, le juge d'instruction ou le juge des libertés et de la détention se prononce, par une décision motivée, sur la suspension du droit de visite et d'hébergement de l'enfant mineur dont la personne mise en examen est titulaire.

Le juge a donc désormais l'obligation de statuer sur la suspension du droit de visite et d'hébergement, qu'il décide de l'ordonner ou de ne pas l'ordonner, et il doit nécessairement, quel que soit le sens de sa décision, prendre une ordonnance motivée.

Ces dispositions complètent logiquement celles des articles 221-5-5, 222-48-2, 222-31-2, 227-27-3 et 421-2-4-1 du code pénal, qui ont été précisées par la loi du 28 décembre 2019, prévoyant qu'en cas de condamnation d'un parent pour certains crimes ou délits commis sur l'autre parent ou sur l'un des enfants du couple, la juridiction doit se prononcer sur le retrait total ou partiel de l'autorité parentale ou sur le retrait de l'exercice de cette autorité, en application des articles 378 *[Il peut être observé que ce même article 4 a corrigé un hiatus entre la rédaction de l'article 378 du code civil et les dispositions du code pénal précitées, en précisant dans cet article 378 que le retrait pouvant être prononcé par le juge pénal s'appliquait non seulement en cas de crime contre l'autre parent, mais également en cas de délit]*, 379 et 379-1 du code civil.

Elles permettent ainsi d'éviter à la victime de devoir saisir en urgence le juge aux affaires familiales pour obtenir la suspension de ces droits dans l'attente de la décision pénale de condamnation, et d'assurer une protection immédiate de la victime et de sa famille.

1.4. *Inscription dans le FIJAIS des personnes mises en examen*

Afin de renforcer la protection des mineurs susceptibles d'être mis en contact avec des personnes ayant commis des infractions sexuelles, l'article 21 de la loi a réécrit le 5° de l'article 706-53-2 du code de procédure pénale relatif aux modalités d'inscription dans le Fichier judiciaire automatisé des auteurs d'infractions sexuelles ou violentes des personnes mises en examen pour l'une des infractions mentionnées à l'article 706-47 de ce code.

Ce 5° prévoyait jusqu'à présent que seules pouvaient être inscrites dans le FIJAIS, les personnes mises en examen ayant été placées sous contrôle judiciaire ou sous assignation à résidence avec surveillance électronique, et à la condition que le juge d'instruction ordonne expressément cette inscription dans le fichier.

Il est désormais prévu que seront inscrites dans le FIJAIS les personnes ayant fait l'objet d'une mise en examen, lorsque le juge d'instruction a ordonné l'inscription de la décision dans le fichier, et qu'en matière criminelle, l'inscription dans le fichier sera de droit, sauf décision motivée du juge d'instruction.

Ainsi, en matière correctionnelle, l'inscription pourra être décidée par le juge même en l'absence de contrôle judiciaire ou d'assignation à résidence avec surveillance électronique. Elle nécessitera comme par le passé que le juge d'instruction ordonne expressément cette inscription dans le fichier *[Ces règles deviennent ainsi similaires à ce qui est prévu par le 5° de l'article 706-25-4 du code de procédure pénale pour le FIJAIT]*.

En matière criminelle, l'inscription devra nécessairement être réalisée, sauf si le juge d'instruction en décide autrement, ce qui devra être justifié par une décision motivée.

L'objectif de ces modifications est de rendre plus fréquente l'inscription des personnes mises en examen dans le FIJAIS, sans attendre leur condamnation définitive, afin que, grâce à la consultation de ce fichier par les administrations et organismes habilités, ces personnes ne puissent exercer des fonctions professionnelles ou sociales les mettant en relation avec des mineurs.

En pratique, notamment en matière criminelle, les magistrats du ministère public veilleront à requérir le prononcé de ces inscriptions, sauf en cas de placement en détention provisoire de la personne (puisque dans un tel cas, il n'y a pas de risque qu'elle exerce une profession ou une activité la mettant en contact avec des mineurs *[En revanche, si la personne mise en examen est libérée en cours d'instruction, cette inscription pourra s'avérer nécessaire]*).

Les modalités pratiques d'application de ces dispositions feront l'objet d'un guide de présentation et d'un manuel d'utilisation de l'application FIJAIS établis par le service gestionnaire du FIJAIS et disponibles sur le site intranet de la DACG sous la rubrique consacrée au FIJAIS.

1.5. *Interdiction absolue de la médiation pénale en cas de violences au sein du couple*

L'article 6 de la loi a complété le 5° de l'article 41-1 du code de procédure pénale permettant au procureur de la République, dans le cadre des alternatives aux poursuites, de faire procéder, à la demande ou avec l'accord de la victime, à une mission de médiation entre l'auteur des faits et la victime, afin de prévoir qu'*en cas de violences au sein du couple relevant de l'article 132-80 du code pénal, il ne peut pas être procédé à une mission de médiation.*

Ainsi, quelles que soient les circonstances de fait, le recours à la médiation est désormais totalement prohibé en matière pénale en cas de violences au sein du couple, cette interdiction étant justifiée par le fait que, dans la plupart des cas, la victime de ces violences se trouve sous l'emprise de leur auteur.

1.6. *Inscription dans le fichier des personnes recherchées (FPR) des interdictions de paraître prévues dans le cadre des alternatives aux poursuites et de la composition pénale*

L'article 16 de la loi a corrigé une lacune de la loi de programmation et de réforme pour la justice du 23 mars 2019, qui avait notamment complété l'article 41-1 du code de procédure pénale relatif aux alternatives aux poursuites par la possibilité pour le procureur de la République de demander à l'auteur des faits de ne pas paraître en certains lieux, sans prévoir dans l'article 230-19 du même code, l'inscription de cette interdiction de paraître dans le fichier des personnes recherchées.

Le 11° de l'article 230-19 du code de procédure pénale a ainsi été rétabli pour prévoir l'inscription au FPR de l'interdiction de paraître dans certains lieux prononcée, dans le cadre d'une alternative aux poursuites, en application du 7° de l'article 41-1 ou, dans le cadre d'une composition pénale, en application du 9° de l'article 41-2.

Bien que la violation de ces interdictions ne constitue pas une infraction, elle peut soit justifier de revenir sur le classement sans suite sous conditions décidé en application de l'article 41-1, soit faire échec à la composition pénale prévue par l'article 41-2 et à l'extinction de l'action publique qui en serait résultée et ainsi obliger en principe le procureur à engager des poursuites. Il était dès lors nécessaire qu'elles puissent être portées à la connaissance des forces de l'ordre, afin que ces derniers puissent aviser le parquet de leur non-respect. Les forces de l'ordre pourront ainsi être utilement encouragées à aviser le parquet dans les meilleurs délais afin de garantir la cohérence de la sanction pénale.

2. Amélioration et renforcement de la répression en cas d'infraction au sein du couple ou sur les mineurs

2.1. *Extension de l'application de la loi pénale française à l'étranger, notamment en cas de provocations à l'assassinat ou au viol*

L'article 24 de la loi a modifié ou créé les articles 113-5, 221-5-1, 222-6-4, 222-26-1 et 222-30-2 du code pénal afin d'étendre l'application de la loi pénale française pour des faits commis à l'étranger, et notamment de permettre la pénalisation d'une pratique ayant cours sur le "darknet", qui consiste pour des français demeurant sur le territoire national, à obtenir des vidéos de crimes et notamment d'abus sexuels commis dans un pays étranger, notamment sur des mineurs.

A cette fin, les règles d'application de la loi française dans l'espace ont été modifiées pour permettre de juger en France les complices d'infractions commises à l'étranger, y compris sans disposer de la preuve que l'auteur a été condamné à l'étranger pour celles-ci.

L'article 113-5 du code pénal a ainsi été complété par un alinéa prévoyant que la loi française sera désormais applicable au complice par instigation d'un crime d'atteinte aux personnes qui aura été commis à l'étranger (sans qu'il soit besoin de démontrer que ce crime a été constaté par une décision définitive de la juridiction étrangère, comme le prévoit le premier alinéa de cet article).

Par ailleurs, l'article 221-5-1 du code pénal, qui réprime le "mandat d'assassinat", défini comme le fait de faire à une personne des offres ou des promesses ou de lui proposer des dons, présents ou avantages quelconques afin qu'elle commette un assassinat ou un empoisonnement, et qui prévoit, lorsque ce crime n'a été ni commis ni tenté, des peines de dix ans d'emprisonnement et de 150 000 euros d'amende, a été complété afin de préciser que le crime qui a été sollicité pouvait être commis *y compris hors du territoire national*.

En outre, ont été créés deux articles 222-6-4 et 222-26-1 prévoyant que le fait de faire à une personne des offres ou des promesses ou de lui proposer des dons, présents ou avantages quelconques afin qu'elle commette, y compris hors du territoire national, soit le crime d'actes de tortures ou de barbarie, soit le crime de viol, lorsque ce crime n'a été ni commis, ni tenté, sera de la même façon puni de dix ans d'emprisonnement et de 150 000 euros d'amende.

A enfin été créé un article 222-30-2 réprimant de cinq ans d'emprisonnement et de 75 000 euros d'amende, le fait de faire à une personne des offres ou des promesses ou de lui proposer des dons, présents ou avantages quelconques afin qu'elle commette une agression sexuelle, y compris hors du territoire national, lorsque cette agression n'a été ni commise, ni tentée. Lorsque l'agression sexuelle devait être commise sur un mineur, ces peines sont portées à sept ans d'emprisonnement et à 100 000 euros d'amende.

2.2. *Possibilité de prononcer certaines peines en plus de l'emprisonnement*

L'article 16 de la loi a complété l'article 131-6 du code pénal, listant des peines privatives ou restrictives de droit ou de liberté pouvant être prononcées à la place de l'emprisonnement, afin de prévoir que certaines de ces peines pourraient désormais, lorsqu'un délit est puni d'une peine d'emprisonnement, être prononcées *en même temps* que la peine d'emprisonnement.

Il s'agit des peines suivantes, respectivement prévues par les 6°, 7°, 10°, 12°, 13° et 14° de l'article 131-6 :

– l'interdiction de détenir ou de porter, pour une durée de cinq ans au plus, une arme soumise à autorisation ;

– la confiscation d'une ou de plusieurs armes dont le condamné est propriétaire ou dont il a la libre disposition ;

– la confiscation de la chose qui a servi ou était destinée à commettre l'infraction ou de la chose qui en est le produit. Toutefois, cette confiscation ne peut pas être prononcée en matière de délit de presse ;

– l'interdiction, pour une durée de trois ans au plus, de paraître dans certains lieux ou catégories de lieux déterminés par la juridiction et dans lesquels l'infraction a été commise ;

– l'interdiction, pour une durée de trois ans au plus, de fréquenter certains condamnés spécialement désignés par la juridiction, notamment les auteurs ou complices de l'infraction ;

– l'interdiction, pour une durée de trois ans au plus, d'entrer en relation avec certaines personnes spécialement désignées par la juridiction, notamment la victime de l'infraction.

L'objectif de ces modifications est de faciliter le prononcé de ces interdictions, notamment en cas de violences au sein du couple, y compris en cas de prononcé d'une peine privative de liberté, lorsqu'il n'apparaît pas justifié de prononcer un sursis probatoire qui nécessiterait un suivi du condamné par le juge de l'application des peines et les services pénitentiaires d'insertion et de probation.

2.3. *Application des interdictions du sursis probatoire en cas d'incarcération*

L'article 16 a également modifié l'article 132-43 du code pénal prévoyant la non-application ou la cessation de l'application des obligations particulières du sursis probatoire prévues par l'article 132-45 du code pénal pendant l'incarcération du condamné (que cette incarcération résulte de la condamnation au sursis, en cas de peine mixte, d'une autre condamnation à une peine privative de liberté ou d'une détention provisoire).

Il importait en effet de prévoir une exception à cette règle, *en ce qui concerne les interdictions de contact ou de paraître prévues au même article 132-45.*

Il s'agit ainsi des interdictions suivantes, prévues par les 9°, 11°, 12°, 13°, 18° et 18° *bis* de l'article 132-45 :

– s'abstenir de paraître en tout lieu, toute catégorie de lieux ou toute zone spécialement désignés ;

– ne pas fréquenter les débits de boissons ;

– ne pas fréquenter certains condamnés, notamment les auteurs ou complices de l'infraction ;

– s'abstenir d'entrer en relation avec certaines personnes, dont la victime, ou certaines catégories de personnes, et notamment des mineurs, à l'exception, le cas échéant, de ceux désignés par la juridiction ;

– en cas d'infraction commise soit contre son conjoint, son concubin ou son partenaire lié par un pacte civil de solidarité, soit contre ses enfants ou ceux de son conjoint, concubin ou partenaire, résider hors du domicile ou de la résidence du couple et, le cas échéant, s'abstenir de paraître dans ce domicile ou cette résidence ou aux abords immédiats de celui-ci ;

– respecter l'interdiction de se rapprocher d'une victime de violences commises au sein du couple prévue à l'article 132-45-1 du présent code contrôlée par un dispositif électronique mobile anti-rapprochement.

En effet, si les obligations positives imposées au condamné dans le cadre d'un sursis probatoire ne peuvent par nature pas s'appliquer lorsque celui-ci est incarcéré, il n'y avait aucune raison que les interdictions soient également interrompues durant le temps de l'incarcération.

Il en découle en pratique que, pendant la durée de son incarcération, la personne condamnée à de telles interdictions dans le cadre d'un sursis probatoire :

– ne pourra correspondre, par écrit ou par téléphone, avec les personnes avec qui elle est interdite de contact ;

– ne pourra recevoir des visites de ces personnes, lesquelles se verront opposer un refus de délivrance de permis de visite par le juge d'instruction ou le procureur de la République s'agissant des mis en examen ou des prévenus, et par le chef d'établissement s'agissant des condamnés *[A condition évidemment que ces autorités aient connaissance du sursis probatoire et de ces interdictions. Il appartiendra ainsi en pratique au parquet de mentionner dans la notice individuelle les interdictions de contact prononcées à l'encontre de la personne condamnée, la durée de celles-ci ainsi que l'identité des personnes concernées par ces interdictions afin que le chef d'établissement ne délivre pas de permis de visite aux personnes avec lesquelles il existe une telle interdiction. Si l'interdiction de contact est prononcée pendant l'incarcération, il appartiendra au parquet d'adresser une copie de la décision au chef d'établissement où la personne condamnée est incarcérée ainsi que, le cas échéant, un extrait de l'ordonnance de protection mentionnant l'identité de la personne concernée par cette interdiction]* ;

– ne pourra, s'il s'agit d'un condamné bénéficiant d'une permission de sortir, se rendre dans les lieux qui lui sont interdits, ou entrer en relation avec les personnes concernées par l'interdiction.

En particulier, s'il s'agit d'une personne condamnée pour des violences au sein du couple faisant l'objet d'une interdiction de contact avec sa victime, le chef d'établissement ne pourra faire droit à sa demande de permis de visite, et ce afin de ne pas méconnaître l'interdiction de rentrer en contact avec une personne prononcée par l'autorité judiciaire.

2.4. *Aggravation du harcèlement au sein du couple et des appels téléphoniques malveillants*

2.4.1. *Aggravation du harcèlement au sein du couple en cas de suicide*

L'article 9 de la loi a complété l'article 222-33-2-1 du code pénal réprimant le harcèlement au sein du couple afin d'en aggraver les peines lorsque ces faits ont conduit la victime à se suicider ou à tenter de se suicider.

Dans un tel cas, les peines – qui sont actuellement de trois ans d'emprisonnement et de 45 000 euros d'amende lorsque ces faits ont causé une incapacité totale de travail inférieure ou égale à huit jours ou n'ont entraîné aucune incapacité de travail et de cinq ans d'emprisonnement et de 75 000 euros d'amende lorsqu'ils ont causé une incapacité totale de travail supérieure à huit jours ou ont été commis alors qu'un mineur était présent et y a assisté – sont portées à dix ans d'emprisonnement et à 150 000 euros d'amende.

2.4.2. *Aggravation des appels téléphoniques malveillants commis au sein du couple*

L'article 20 de la loi a complété l'article 222-16 du code pénal, qui réprime d'un an d'emprisonnement et de 15 000 euros d'amende les appels téléphoniques malveillants réitérés, les envois réitérés de messages malveillants émis par la voie des communications électroniques ou les agressions sonores en vue de troubler la tranquillité d'autrui, afin d'aggraver ces peines lorsque ces faits sont commis par le conjoint ou le concubin ou le partenaire lié à la victime par un pacte civil de solidarité.

Les peines sont alors portées à trois ans d'emprisonnement et à 45 000 euros d'amende. Il s'agit de la même peine que celle prévue pour le harcèlement au sein du couple non aggravé, le législateur ayant considéré qu'il s'agissait de faits très similaires.

2.5. *Aggravation et extension de certains délits d'atteinte à la vie privée lorsqu'ils sont commis au sein du couple*

2.5.1. *Modifications concernant le délit d'atteinte à l'intimité de la vie privée*

L'article 17 de la loi a modifié sur deux points l'article 226-1 du code pénal réprimant les atteintes à l'intimité de la vie privée.

1) Incrimination de la géolocalisation d'une personne sans son consentement

En premier lieu, l'article 226-1 a été complété par un 3° réprimant le fait de porter volontairement atteinte à l'intimité de la vie privée d'autrui *en captant, enregistrant ou transmettant, par quelque moyen que ce soit, la localisation en temps réel ou en différé d'une personne sans le consentement de celle-ci.*

Cette extension de l'incrimination du délit permet ainsi de sanctionner la surveillance électronique d'une personne, consistant notamment à installer un logiciel espion de géolocalisation dans son téléphone portable, comportement qui peut notamment être commis contre une personne par son ex-conjoint ou concubin.

Il est par ailleurs précisé que lorsque ces actes (ainsi que les autres atteintes déjà prévues par les 1° et 2° de l'article 226-1, de captation des paroles ou de l'image d'une personne) *"ont été accomplis sur la personne d'un mineur, le consentement doit émaner des titulaires de l'autorité parentale."*

L'objectif de cette précision est double.

D'une part, elle permet de ne pas incriminer les parents qui, même sans l'accord de leur enfant mineur, enregistrent ses paroles ou son image ou procèdent à sa géolocalisation.

D'autre part, elle permet de sanctionner le parent qui installerait un dispositif de géolocalisation sur le téléphone de son enfant mineur, sans l'accord de l'autre parent, aux seules fins de pouvoir localiser celui-ci.

2) Aggravation des peines lorsque les faits sont commis au sein du couple

En second lieu, l'article 226-1 a été complété par un dernier alinéa qui prévoit que lorsque les faits sont commis par le conjoint ou le concubin de la victime ou le partenaire lié à la victime par un pacte civil de solidarité, les peines d'un an d'emprisonnement et 30 000 euros d'amende sont portées à deux ans d'emprisonnement et à 60 000 euros d'amende.

2.5.2. *Aggravation des peines des délits d'usurpation d'identité et de détournement de correspondances commis au sein du couple*

Les articles 18 et 19 de la loi ont complété les articles 226-4-1 et 226-15 du code pénal réprimant respectivement, d'une part, le fait d'usurper l'identité d'un tiers ou de faire usage d'une ou plusieurs données de toute nature permettant de l'identifier en vue de troubler sa tranquillité ou celle d'autrui, ou de porter atteinte à son honneur ou à sa considération, et, d'autre part, le fait, commis de mauvaise foi, soit d'ouvrir, de supprimer, de retarder ou de détourner des correspondances arrivées ou non à destination et adressées à des tiers, ou d'en prendre frauduleusement connaissance, soit d'intercepter, de détourner, d'utiliser ou de divulguer des correspondances émises, transmises ou reçues par la voie électronique ou de procéder à l'installation d'appareils de nature à permettre la réalisation de telles interceptions.

Lorsqu'ils seront commis par le conjoint ou le concubin de la victime ou par le partenaire lié à la victime par un pacte civil de solidarité, ces faits seront désormais punis, dans le premier cas, de deux ans d'emprisonnement et de 30 000 euros d'amende, au lieu d'un an d'emprisonnement et de 15 000 euros d'amende, et, dans le second cas, de deux ans d'emprisonnement et de 60 000 euros d'amende, au lieu d'un an d'emprisonnement et de 45 000 euros d'amende.

2.6. *Précisions concernant la portée des exceptions à l'immunité familiale en cas de vol*

L'article 10 de la loi a complété l'article 311-12 du code pénal, qui prévoit en cas de vol des immunités familiales bénéficiant aux ascendants ou descendants ou aux conjoints, sauf lorsque les époux sont séparés de corps ou autorisés à résider séparément (immunités également applicables en cas d'extorsion, d'escroquerie ou d'abus de confiance en application des articles 312-9, 313-3 et 314-4 de ce code), afin de préciser les exceptions à ces immunités.

Il est ainsi précisé que l'exclusion de l'immunité lorsque le vol porte sur des objets ou des documents indispensables à la vie quotidienne de la victime, tels que des documents d'identité, relatifs au titre de séjour ou de résidence d'un étranger, ou des moyens de paiement, concerne également *les moyens de télécommunication*.

Le législateur a ainsi pris en compte le fait que les moyens de télécommunication, tels que notamment les téléphones portables et les ordinateurs, constituaient aujourd'hui des objets indispensables à la vie quotidienne, dont le vol par le conjoint de la victime doit pouvoir être sanctionné.

En effet, le vol des moyens de communication d'une victime est souvent, dans un cadre conjugal, un moyen pour l'agresseur d'exercer son emprise sur elle, en la privant de contact à l'extérieur du couple.

2.7. *Renforcement de la protection des mineurs*

2.7.1. *Aggravation des peines du délit de consultation de messages pédopornographiques*

L'article 21 de la loi a porté à cinq ans d'emprisonnement et à 75 000 euros d'amende, au lieu de deux ans d'emprisonnement et de 30 000 euros d'amende, les peines encourues pour les délits de consultation habituelle ou en contrepartie d'un paiement, d'un service de communication au public en ligne mettant à disposition une image pédopornographique, ou d'acquisition ou de détention d'une telle image.

Cette aggravation a notamment pour conséquence que les personnes condamnées pour ces délits concernant des faits commis à compter de l'entrée en vigueur de la loi, seront inscrites de plein droit dans le FIJAIS, sauf décision contraire spécialement motivée de la juridiction, conformément aux dispositions de l'article 706-53-2 du code de procédure pénale.

2.7.2. *Précisions des éléments constitutifs du délit d'exposition des mineurs à des messages violents ou pornographiques*

L'article 22 de la loi a complété l'article 227-24 du code pénal qui réprime le fait soit de fabriquer, de transporter, de diffuser par quelque moyen que ce soit et quel qu'en soit le support un message à caractère violent, incitant au terrorisme, pornographique ou de nature à porter gravement atteinte à la dignité humaine ou à inciter des mineurs à se livrer à des jeux les mettant physiquement en danger, soit de faire commerce d'un tel message, lorsque ce message est susceptible d'être vu ou perçu par un mineur.

Il est désormais précisé que les infractions prévues par cet article sont constituées y compris si l'accès d'un mineur à ces messages résulte d'une simple déclaration de celui-ci indiquant qu'il est âgé d'au moins dix-huit ans.

L'objectif de cette modification, qui consacre en réalité la jurisprudence existante, est de mettre en évidence que tombent sous le coup de l'article 227-24 du code pénal les sites pornographiques sur internet qui sont librement accessibles aux mineurs dès lors qu'il leur suffit d'affirmer par un simple clic, et sans autre dispositif de contrôle de leur identité, qu'ils sont majeurs.

Cette précision doit être rapprochée des dispositions de l'article 23 de la loi prévoyant que le président du Conseil supérieur de l'audiovisuel qui constatera qu'une personne dont l'activité est d'éditer un service de communication au public en ligne permet à des mineurs d'avoir accès à un contenu pornographique en violation de l'article 227-24 du code pénal, pourra adresser à cette personne une mise en demeure lui enjoignant de prendre toute mesure de nature à empêcher l'accès des mineurs au contenu incriminé, et qu'en cas d'inexécution de cette injonction, il pourra saisir le président du tribunal judiciaire de Paris aux fins d'ordonner la fermeture de ce site ou son déréférencement par les moteurs de recherche *[Les dispositions de cet article 23 ne sont actuellement pas applicables, car les conditions d'application de cet article devront être précisées par décret]*.

ANNEXE

IV ENFANTS – AUTORITÉ PARENTALE

DALLOZ ACTION *Droit de la famille 2023/2024, n°s 232.00 s.*

DALLOZ RÉFÉRENCE *Droit et pratique du divorce 2022/2023, n°s 241.00 s.*

A Autorité parentale

Code civil

TITRE IX (DU LIVRE I) DE L'AUTORITÉ PARENTALE

Art. 371 s. *V. ces art. dans la rubrique Code civil.*

Code de procédure civile

CHAPITRE IX (DU TITRE I DU LIVRE III) *L'AUTORITÉ PARENTALE*

(Décr. n° 81-500 du 12 mai 1981)

Les dispositions de la loi n° 93-22 du 8 janv. 1993 et du décret n° 94-42 du 14 janv. 1994 relatives à la création du JAF sont entrées en vigueur le 1er févr. 1994.

RÉP. PR. CIV. v° *Autorité parentale*, par LARRIBAU-TERNEYRE.

BIBL. GÉN. ▶ BASTIEN-RABNER, *JCP 1992. I. 3613* (droit de l'enfant à l'égalité parentale). – FOSSIER, *JCP 1987. I. 3291* (intervention du juge des tutelles dans la séparation de fait). – GOUTTENOIRE-CORNUT, *Dr. fam. 1998. Chron. 6* (l'enfant et les procédures relatives à l'autorité parentale). – LEGEAIS, *ALD 1988. Comm. 1* (loi du 22 juill. 1987 et décret du 22 juill. 1987). – MOLINES, *RDSS 1982. 343* (modifications résultant du décret du 12 mai 1981). – MONÉGER, *RDSS 1988. 122* (contentieux de l'assistance éducative). – VAUVILLÉ, *D. 1989. Chron. 123* (regard sur la loi Malhuret). – VERDUN, *Bull. ch. avoués 1991. 87* (appel).

▶ Commentaires de la loi du 8 janv. 1993 : BOULLEZ, *Gaz. Pal. 1993. 1. Doctr. 828*. – CADIET, *JCP 1993. I. 3678 et 3723*. – MASSIP, *Defrénois 1993. 609 et 673*. – MONÉGER, *RDSS 1993. 223* . – RUBELLIN-DEVICHI, *JCP 1993. I. 3659 et 3688 ; ibid. 1994. I. 3739*. – SUTTON, *D. 1993. 163* . – VIEVILLE, *ALD 1993. 143*.

SECTION 1 *L'exercice de l'autorité parentale relativement à la personne de l'enfant* (Décr. n° 2016-185 du 23 févr. 2016, art. 4-I).

L'art. 4 du Décr. n° 2016-185 du 23 févr. 2016 est applicable aux administrations légales en cours au jour de son entrée en vigueur (Décr. préc., art. 18-II, applicable à Wallis-et-Futuna ; Décr. préc., art. 19-III).

Art. 1179 *(Décr. n° 2004-1158 du 29 oct. 2004, art. 11-I)* **Les demandes relatives à l'exercice de l'autorité parentale relevant de la compétence du juge aux affaires familiales sont formées, instruites et jugées selon les règles édictées au chapitre V du présent titre, sous réserve des dispositions de la présente section.** — *Entrée en vigueur le 1er janv. 2005 (Décr. n° 2004-1158 du 29 oct. 2004, art. 15).*

BIBL. ▶ BERDEAUX, *AJ fam. 2017. 182* (options procédurales du parent social : embûches et subtilités liées à l'application des art. 371-4 et 377-1 C. civ.).

Ancien art. 1179 *(Décr. n° 94-42 du 14 janv. 1994)* ***Les demandes relatives à l'application*** *(Décr. n° 2002-1436 du 3 déc. 2002, art. 14)* ***« des articles 372 à 374-2 du code civil, sous réserve des règles édictées à la présente section, sont » formées, instruites et jugées en chambre du conseil, selon les règles édictées aux articles 1084 à 1087.***

Ainsi qu'il est dit à l'article 52 de la loi n° 93-22 du 8 janvier 1993 modifiant le code civil relative à l'état civil, à la famille et aux droits de l'enfant et instituant le juge aux affaires familiales, les parties ont la faculté de se faire assister ou représenter selon les règles applicables devant le tribunal d'instance.

1. Compétence. Sur la compétence du juge des tutelles en cas de désaccord entre parents séparés de fait, V. • Civ. 1re, 21 mai 1975 : *JCP 1976. II. 18208, note Le Guidec.*

2. Exécution provisoire. La décision du juge aux affaires familiales ordonnant le retour dans le pays de sa résidence d'un enfant déplacé illicitement en application des dispositions de la Convention de La Haye du 23 oct. 1980 est assortie de plein droit de l'exécution provisoire par application des art. 1179, dans sa rédaction résultant du décret du 3 déc. 2002, et 1087. • Limoges, 12 mars 2003 : *BICC 2003, n° 1019.* ♦ L'art. 524 n'autorise pas le premier président d'une cour d'appel à suspendre cette exécution provisoire. • Même arrêt.

Art. 1179-1 *(Décr. n° 2002-1436 du 3 déc. 2002, art. 15)* **Pour l'application de l'article 373-2-8 et de l'article 373-2-13 du code civil, les tiers saisissent par simple requête le procureur de la République qui peut recueillir les renseignements qu'il estime utiles sur la situation du mineur et de sa famille.**

Seuls les parents et le ministère public, lui-même éventuellement saisi par un tiers, peuvent saisir le JAF à l'effet de voir confier un enfant à un tiers. • Civ. 1re, 25 févr. 2009 : *JCP 2009. Actu. 138 ; D. 2009. AJ 811, note Egéa ; RLDC avr. 2009, n° 3395, obs. Pouliquen ; Procédures 2009, n° 117, note Douchy-Oudot.*

Art. 1179-2 *Abrogé par Décr. n° 2002-1436 du 3 déc. 2002, art. 15.*

Art. 1180 *(Décr. n° 2004-1158 du 29 oct. 2004, art. 11-I)* **Les demandes formées en application de l'article 371-4 et** *(Décr. n° 2023-25 du 23 janv. 2023, art. 1er-10°)* **« du premier alinéa** *[ancienne rédaction : de l'alinéa 2]* **» de l'article 373-3 du code civil obéissent aux règles de la procédure** *(Décr. n° 2019-1333 du 11 déc. 2019, art. 29)* **« écrite ordinaire** *[ancienne rédaction : en matière contentieuse]* **» applicable devant le tribunal judiciaire ; elles sont jugées après avis du ministère public.** — *Entrée en vigueur le 1er janv. 2005 (Décr. n° 2004-1158 du 29 oct. 2004, art. 15).*

Sur l'entrée en vigueur des dispositions du Décr. n° 2019-1333 du 11 déc. 2019, V. Décr. préc., art. 55, App., I, A, Procédure en matière familiale.

Ancien art. 1180 ***Les demandes formées en application de l'article 371-4 et de l'alinéa 2 de l'article 373-3 du code civil obéissent aux règles de la procédure en matière contentieuse ; elles sont instruites et jugées en chambre du conseil, après avis du ministère public.***

Al. 2 abrogé par Décr. n° 87-578 du 22 juill. 1987, art. 15.

1. Avis du ministère public. Est d'ordre public la règle selon laquelle le ministère public doit avoir connaissance des demandes formées en application de l'art. 371-4 C. civ. • Civ. 1re, 17 juin 1986, n° 84-16.014 P • 5 juill. 1988, n° 87-11.562 P.

2. Cassation de l'arrêt ayant statué par application de l'art. 371-4 C. civ., dès lors qu'il ne résulte ni des mentions de l'arrêt, ni des pièces de la procédure, ni d'aucun autre moyen de preuve que la cause ait été communiquée au ministère public. • Civ. 1re, 13 déc. 1988, n° 87-13.897 P.

3. Compétence du JAF. Sur la compétence exclusive du juge aux affaires familiales pour trancher les litiges relatifs au droit de visite des grands-parents depuis la modification de l'art. 371-4 C. civ. par la loi du 8 janv. 1993, V. • Agen, 24 juill. 1996 : *D. 1997. 578, note Nicoleau et Talbert.*

Art. 1180-1 *(Décr. n° 2012-1443 du 24 déc. 2012, art. 1er)* **La déclaration conjointe prévue aux articles** *(Décr. n° 2022-1630 du 23 déc. 2022, art. 1er, en vigueur le 1er janv. 2023)* **« 370-1-8 » et 372 du code civil est remise ou envoyée en trois exemplaires par lettre recommandée au** *(Décr. n° 2017-892 du 6 mai 2017, art. 68-I-1°)* **« directeur de greffe » du tribunal judiciaire du lieu où demeure l'enfant.**

Elle est accompagnée des pièces suivantes :

1° La copie intégrale de l'acte de naissance de l'enfant et, le cas échéant, du jugement prononçant l'adoption simple de l'enfant ;

2° Pour chacun des parents, la copie intégrale de son acte de naissance ainsi que la copie d'un document officiel délivré par une administration publique comportant son nom, son prénom, sa date et son lieu de naissance, sa photographie et sa signature.

Le *(Décr. n° 2017-892 du 6 mai 2017, art. 68-I-1°)* **« directeur de greffe » appose son visa et la date sur chacun des exemplaires de la déclaration conjointe. Il en notifie, par lettre recommandée, un exemplaire à chacun des parents dans les conditions prévues aux articles 665 à 670-3 et en conserve un exemplaire au greffe.**

BIBL. ▸ Commentaires du décret du 3 déc. 2002 : Blanc, *RJPP 2003, n° 3, p. 23.* – Chevalier, *Procédures 2003. Chron. 1.* – Chevalier et Moussa, *JCP 2003, n° 4. Actu. 39.*

Jurisprudence antérieure au décret du 3 déc. 2002. Le juge des tutelles n'avait pas le pouvoir d'apprécier, au regard de l'intérêt de l'enfant, l'opportunité de la déclaration prévue par l'art. 374, al. 2, ni celui de contrôler la légitimité des motifs de celle-ci. • Civ. 1re, 26 juin 1990, n° 88-19.279 P : *JCP 1991. II. 21688, note Vauville ; D. 1991. 315, note Massip.* ♦ Comp. : • TI Amiens, 9 févr. 1988 : *Gaz. Pal. 1988. 2. 715, note Guihal* (se réservant l'appréciation de l'intégrité du consentement).

Art. 1180-2 *(Décr. n° 2002-1436 du 3 déc. 2002, art. 17)* L'ordonnance qui fixe à titre provisoire la résidence de l'enfant en application de l'alinéa 2 de l'article **373-2-9** du code civil mentionne, outre la durée de la mesure, les lieux, jour et heure de l'audience à laquelle il sera statué à nouveau sur la résidence.

Art. 1180-3 *(Décr. n° 2012-1037 du 10 sept. 2012, art. 2)* Lorsque le juge aux affaires familiales prononce ou modifie une mesure, prise en application de l'article **373-2-6** du code civil, d'interdiction de sortie du territoire d'un enfant mineur sans l'autorisation de ses deux parents, le greffe du juge aux affaires familiales en avise aussitôt le procureur de la République *[,]* qui fait inscrire cette mesure au fichier des personnes recherchées ou fait procéder à la modification de l'inscription.

Lorsqu'une requête en divorce ou en séparation de corps mentionne l'existence d'une ordonnance de protection en cours d'exécution comportant une mesure d'interdiction de sortie du territoire d'un mineur sans l'autorisation de ses deux parents, le greffe du juge aux affaires familiales en avise aussitôt le procureur de la République. Celui-ci, après s'être assuré que les conditions mentionnées par l'article **1136-13** sont réunies, fait procéder en conséquence aux modifications de l'inscription au fichier des personnes recherchées en ce qui concerne la durée de validité de la mesure.

Le Décr. n° 2012-1037 du 10 sept. 2012 est applicable sur l'ensemble du territoire de la République (Décr. préc., art. 3).

Il entre en vigueur le premier jour du mois suivant sa publication (JO 11 sept.), soit le 1er oct. 2012 (Décr. préc., art. 4, al. 1er).

Art. 1180-4 *(Décr. n° 2012-1037 du 10 sept. 2012, art. 2)* I. — La sortie du territoire d'un mineur faisant l'objet d'une mesure, prise par le juge des affaires familiales en application de l'article **373-2-6** du code civil, d'interdiction de sortie du territoire sans l'autorisation des deux parents, est subordonnée au recueil de l'accord de chacun des parents selon les modalités prévues aux II, III et IV du présent article.

II. — Chacun des deux parents, conjointement ou séparément, déclare, devant un officier de police judiciaire ou, sous le contrôle de celui-ci, devant un agent de police judiciaire, autoriser l'enfant à quitter le territoire, en précisant la période pendant laquelle cette sortie est autorisée ainsi que la destination de cette sortie. Cette déclaration est faite au plus tard cinq jours avant la date à laquelle la sortie du territoire du mineur est envisagée, sauf si le projet de sortie du territoire est motivé par le décès d'un membre de la famille du mineur ou en cas de circonstances exceptionnelles dûment justifiées.

Lors de la déclaration, l'officier ou l'agent de police judiciaire vérifie l'identité du ou des déclarants et leur qualité de parent de l'enfant.

Un procès-verbal est dressé et signé par l'officier ou l'agent de police judiciaire et le ou les parents déclarant. Un récépissé est remis à chaque parent déclarant.

L'officier ou l'agent de police judiciaire transmet le procès-verbal pour information au procureur de la République. Il communique sans délai les informations utiles au gestionnaire du fichier des personnes recherchées afin que ce service procède à l'inscription de l'autorisation dans ce fichier.

III. — Les dispositions du II ne sont pas applicables lorsque le mineur voyage en compagnie de ses deux parents.

IV. — Lorsque le mineur voyage en compagnie d'un seul de ses parents, la procédure prévue au II n'est pas applicable pour le recueil de l'autorisation du parent qui accompagne le mineur lors de la sortie du territoire. L'autorisation de l'autre parent est

recueillie préalablement à la sortie du territoire du mineur, conformément à la procédure prévue au II.

Le Décr. n° 2012-1037 du 10 sept. 2012 est applicable sur l'ensemble du territoire de la République (Décr. préc., art. 3).

Il entre en vigueur le premier jour du mois suivant sa publication (JO 11 sept.), soit le 1er oct. 2012 (Décr. préc., art. 4, al. 1er).

Art. 1180-5 *(Décr. n° 2012-1312 du 27 nov. 2012, art. 1er)* **Lorsqu'en statuant sur les droits de visite et d'hébergement, à titre provisoire ou sur le fond, le juge décide que le droit de visite ou la remise de l'enfant s'exercera dans un espace de rencontre qu'il désigne en application des articles 373-2-1 ou 373-2-9 du code civil, il fixe la durée de la mesure et détermine la périodicité et la durée des rencontres.**

Le juge peut à tout moment modifier ou rapporter sa décision d'office, à la demande conjointe des parties ou de l'une d'entre elles ou à la demande du ministère public.

En cas de difficulté dans la mise en œuvre de la mesure, la personne gestionnaire de l'espace de rencontre en réfère immédiatement au juge.

Le Décr. n° 2012-1312 du 27 nov. 2012 est applicable dans les îles Wallis-et-Futuna (Décr. préc., art. 3).

Champs d'application. L'art. 371-4 C. civ. ne précise pas les modalités selon lesquelles le droit de visite et d'hébergement des grands-parents peut s'exercer et l'art. 1180-5 C. pr. civ. n'est pas applicable aux relations entre les enfants et leurs grands-parents. Dès lors, ne méconnaît pas l'étendue de ses pouvoirs une cour d'appel qui, organisant le droit de visite d'une grand-mère dans un espace de rencontre, fixe la durée de la mesure, le lieu et la périodicité des rencontres, sans préciser la durée des rencontres. • Civ. 1re, 13 juin 2019, nos 18-12.389 et 18-16.642 P : *D. actu. 1er juill. 2019, obs. Gareil-Sutter ; D. 2020. 512, obs. Douchy-Oudot ; AJ fam. 2019. 465, note Houssier ; JCP 2019. 694, note Corpart ; ibid. 1099, obs. Gouttenoire ; Procédures 2019, n° 229, note Douchy-Oudot ; Gaz. Pal. 1er oct. 2019, p. 64, note Dalibert.*

Art. 1180-5-1 *(Décr. n° 2020-930 du 28 juill. 2020)* **Lorsque le juge décide que la remise de l'enfant s'exercera avec l'assistance d'un tiers de confiance en application des articles 373-2-1 ou 373-2-9 du code civil, il désigne la personne chargée de cette mission, sur proposition commune des parents ou de l'un d'eux, et sous condition de l'accord écrit de cette personne. Il fixe les modalités de la mesure et sa durée.**

Le juge désigne également, à titre subsidiaire, un espace de rencontres dans lequel est assurée la remise de l'enfant, à charge pour les parents ou l'un d'eux de saisir le responsable de cet espace en cas de carence du tiers de confiance.

Le juge peut à tout moment modifier ou rapporter sa décision d'office, à la demande conjointe des parties ou de l'une d'entre elles, ou à la demande du ministère public.

Durée de la mesure nécessairement fixée par le juge. Lorsque le juge décide qu'un droit de visite s'exercera dans un espace de rencontre, il fixe la durée de la mesure et détermine la périodicité et la durée des rencontres. • Civ. 1re, 26 janv. 2022, n° 20-15.139. ♦ Même sens : • Civ. 1re, 18 mai 2022, n° 20-17.586.

SECTION 1 *BIS* *L'intervention du juge des tutelles en matière d'administration légale*

(Décr. n° 2016-185 du 23 févr. 2016, art. 4-II)

L'art. 4 du Décr. n° 2016-185 du 23 févr. 2016 est applicable aux administrations légales en cours au jour de son entrée en vigueur (Décr. préc., art. 18-II). L'art. 18 préc. est applicable à Wallis-et-Futuna (Décr. préc., art. 19-III).

BIBL. ► **Décr. du 26 févr. 2016 :** Combret et Baillon-Wirtz, *JCP N 2016. 1098.* – Peterka, *JCP 2016. 281.*

SOUS-SECTION 1 *La demande*

Art. 1180-6 **Le juge des tutelles des mineurs territorialement compétent est celui de la résidence habituelle du mineur.**

Art. 1180-7 Le juge est saisi par requête remise ou adressée au greffe du tribunal judiciaire. La requête indique, à peine de nullité, les nom, prénoms et adresse du requérant, son lien avec le mineur, l'identité et l'adresse du mineur et de ses parents.

Lorsque la requête est fondée sur les dispositions du deuxième alinéa de l'article 387-3 du code civil, elle comporte à peine d'irrecevabilité, les mentions prévues à l'alinéa précédent et l'énoncé précis des faits de nature à porter gravement préjudice aux intérêts patrimoniaux du mineur ou qui compromettent manifestement et substantiellement ceux-ci ainsi que, le cas échéant, les pièces propres à justifier ces faits.

SOUS-SECTION 2 *L'instruction de la demande*

Art. 1180-8 Le juge peut, soit d'office, soit à la requête des parties ou du ministère public, ordonner toute mesure d'instruction.

Art. 1180-9 Le juge entend le mineur dans les conditions de l'article 388-1 du code civil. Il peut, dans tous les cas où il l'estime opportun, procéder à l'audition des parents et de toute autre personne.

L'audition n'est pas publique. Il est dressé procès-verbal de celle-ci.

DALLOZ PRATIQUE[S] *Divorce – Audition de l'enfant.*

Art. 1180-10 Le juge des tutelles qui connaît de la situation d'un mineur peut vérifier auprès du juge des enfants si une procédure d'assistance éducative est ouverte et demander à ce dernier de lui transmettre copie des pièces du dossier en cours, selon les modalités définies à l'article 1187-1.

Art. 1180-11 Dès lors qu'il est informé qu'une procédure d'assistance éducative est ouverte à l'égard du mineur, le juge des tutelles transmet, à la demande du juge des enfants, copie de toute pièce que ce dernier estime utile.

SOUS-SECTION 3 *La consultation du dossier et la délivrance de copies*

Art. 1180-12 Le dossier peut être consulté au greffe par le requérant, le mineur capable de discernement, les parents ou leurs avocats, s'ils sont assistés ou représentés, jusqu'à ce qu'il soit statué sur la requête.

Lorsqu'il est fait application des dispositions des articles 387-3, 387-4 ou 387-5 du code civil, le mineur capable de discernement ou l'un de ses parents ainsi que leurs conseils peuvent demander à consulter le dossier à tout moment de la procédure.

Le mineur capable de discernement ne peut consulter le dossier le concernant qu'en présence de ses parents ou de l'un d'eux ou de son avocat. En cas de refus des parents et si l'intéressé n'a pas d'avocat, le juge saisit le bâtonnier d'une demande de désignation d'un avocat pour assister le mineur.

Par décision motivée, le juge peut, en l'absence d'avocat, exclure tout ou partie des pièces de la consultation par le requérant ou le mineur lorsque cette consultation serait de nature à causer à ce dernier un préjudice grave.

Dans tous les cas, la consultation ne peut se faire qu'aux jours et heures fixés par le juge.

Art. 1180-13 L'avocat du mineur ou de ses parents peut se faire délivrer copie de tout ou partie des pièces du dossier. Il ne peut communiquer les copies ainsi obtenues ou leur reproduction au mineur ou à un tiers.

Le juge peut autoriser, sur leur demande et sur justification d'un intérêt légitime, la délivrance d'une copie d'une ou plusieurs pièces du dossier aux parents ainsi qu'au mineur âgé de seize ans révolus. La décision du juge est une mesure d'administration judiciaire.

SOUS-SECTION 4 *Les décisions du juge des tutelles*

Art. 1180-14 A la demande de tout intéressé ou d'office, le juge peut ordonner que l'examen de la requête donne lieu à un débat, notamment lorsqu'il est fait application des articles 387, 387-3, 387-4 et 387-5 du code civil.

Dans ce cas, le juge statue après avoir entendu ou appelé l'administrateur légal ou les administrateurs légaux.

Les avocats des parties, lorsqu'elles sont assistées ou représentées, sont entendus en leurs observations.

Art. 1180-15 **L'affaire est instruite et jugée en chambre du conseil.**

SOUS-SECTION 5 *Les notifications et les copies des décisions*

Art. 1180-16 **Toute décision du juge est notifiée, à la diligence du greffe, au requérant, aux parents et, le cas échéant, à l'administrateur *ad hoc*.**

(Décr. n° 2017-148 du 7 févr. 2017, art. 4) **« Le mineur âgé de seize ans révolus est avisé par lettre simple de la décision, à moins que son état ne le permette pas. »**

Les notifications sont faites par lettre recommandée avec demande d'avis de réception. Le juge peut toutefois décider qu'elles seront faites par acte d'huissier.

La délivrance d'une copie certifiée conforme d'une décision du juge des tutelles par le greffe contre récépissé daté et signé vaut notification dès lors que les voies de recours et les sanctions encourues pour recours abusif sont portées à la connaissance de l'intéressé.

Aux termes de l'art. 1180-16, dans sa rédaction issue du Décr. n° 2016-185 du 23 févr. 2016, applicable aux administrations légales en cours au jour de son entrée en vigueur, toute décision du juge des tutelles est notifiée, à la diligence du greffe, au requérant, aux parents et, le cas échéant, à l'administrateur *ad hoc*. Nonobstant l'existence d'un administrateur *ad hoc*, l'ordonnance d'un juge des tutelles doit être notifiée aux parents d'un mineur, administrateurs légaux. A défaut d'une telle notification, le délai de ces administrateurs légaux pour interjeter appel ne commence pas à courir, ces derniers étant dès lors recevables à former appel au-delà du délai de 15 jours après ladite ordonnance. • Civ. 1re, 3 oct. 2018, n° 17-27.510 P : *Defrénois 21 févr. 2019, p. 25, obs. Combret* (cassation au visa de l'art. 1180-16, ensemble les art. 1180-18, 1239 et 1241-1).

Art. 1180-17 **Il ne peut être délivré copie des décisions du juge qu'au requérant, aux parents et, le cas échéant, à l'administrateur *ad hoc*.**

Le mineur intéressé devenu majeur peut obtenir copie des décisions le concernant.

Les personnes justifiant d'un intérêt légitime peuvent également en obtenir des extraits sur autorisation du juge. La décision du juge est une mesure d'administration judiciaire.

SOUS-SECTION 6 *L'appel*

Art. 1180-18 **Sauf disposition contraire, les décisions du juge sont susceptibles d'appel.**

L'appel est formé, instruit et jugé selon les règles édictées aux articles 1239 à 1247.

SOUS-SECTION 7 *L'amende civile*

Art. 1180-19 **L'amende civile prévue à l'article 387-6 du code civil ne peut excéder** *(Décr. n° 2017-892 du 6 mai 2017, art. 67)* **« 10 000 » €.**

SECTION 2 *L'assistance éducative*

BIBL. GÉN. ▸ Commentaires du décret du 15 mars 2002 : AMBRY, *AJ fam. 2002. 212*. – CROZE, JUNILLON et LAPORTE, *Procédures 2002, n° 93*. – DESLOGES, *AJ fam. 2002. 207*. – GARÉ, *RJPF mai 2002. 19*. – GOUTTENOIRE-CORNUT, *Dr. fam. 2002. Chron. 14*. – HUYETTE, *D. 2002. Chron. 1433* ; *AJ fam. 2002. 215*. – F. MONÉGER, *AJ fam. 2002. 202*.

▸ Autres articles : LE BRIS, *Rev. jur. Ouest 1989. 2. 205* (défense de l'enfant en justice). – MONÉGER, *Rev. dr. sanit. et soc. 1988. 122* (contentieux de l'assistance éducative).

Art. 1181 *(Décr. n° 87-578 du 22 juill. 1987)* **Les mesures d'assistance éducative sont prises par le juge des enfants du lieu où demeure, selon le cas,** *(Décr. n° 2013-429 du 24 mai 2013, art. 1er-1°)* **« l'un des parents », le tuteur du mineur ou la personne, ou le service à qui l'enfant a été confié ; à défaut, par le juge du lieu où demeure le mineur.**

(Décr. n° 2002-361 du 15 mars 2002) **« Si la personne mentionnée à l'alinéa précédent change de lieu de résidence, le juge se dessaisit au profit du juge du lieu de la nouvelle résidence, sauf ordonnance motivée.**

« Ainsi qu'il est dit à l'article L. 228-4 du code de l'action sociale et des familles, en cas de changement de département, le président du *(Décr. n° 2017-892 du 6 mai 2017,* *art. 69)* « **conseil départemental** » **de l'ancienne résidence et celui de la nouvelle résidence sont informés du dessaisissement.** » – *Entrée en vigueur le 1er sept. 2002.*

Les dispositions issues du Décr. n° 2002-361 du 15 mars 2002 sont entrées en vigueur le 1er sept. 2002 (JO 17 mars).

Le Décr. n° 2013-429 du 24 mai 2013 est applicable à Wallis-et-Futuna (Décr. préc., art. 6).

1. Les juridictions françaises sont en principe incompétentes pour prendre des mesures d'assistance éducative à l'égard de mineurs résidant à l'étranger. • Civ. 1re, 6 avr. 1994, n° 93-05.024 P : *D. 1995. IR 137*.

2. Le moyen qui soulève pour la première fois devant la Cour de cassation la prétendue incompétence territoriale du juge des enfants est irrecevable. • Civ. 1re, 16 janv. 1979, n° 78-80.002 P.

3. Les divers chefs de compétence du juge des enfants sont de compétence concurrente ; il en résulte que, statuant d'urgence au titre de l'assistance éducative, ce juge peut se dessaisir au profit d'un autre juge également compétent dans l'intérêt d'une bonne administration de la justice. • Civ. 1re, 11 oct. 1989, n° 88-13.303 P. ♦ V. aussi, jugeant qu'il résulte de l'art. 1181 que, dans le but de permettre la mise en œuvre effective et rapide des mesures nécessaires pour assurer la protection d'enfants en danger, la loi a prévu que l'un quelconque des juges des enfants où demeure l'un des parents et à défaut le mineur lui-même puisse être saisi d'une procédure d'assistance éducative. Ces critères de compétence ne sont pas alternatifs mais concurrents. Si plusieurs juges des enfants sont saisis concurremment, il leur appartient de se concerter pour regrouper éventuellement les procédures dans un même cabinet afin de garantir la cohérence des mesures prises. • Aix-en-Provence, 1er juin 2012, n° 2012/188.

4. Qualification. L'ordonnance par laquelle un juge des enfants se dessaisit au profit du juge du lieu de la nouvelle résidence du père, de la mère, du tuteur du mineur, de la personne ou du service à qui l'enfant a été confié ou du mineur ne constitue pas une mesure d'administration judiciaire et, partant, est susceptible d'appel. • Civ. 1re, 11 mars 2009, n° 08-12.097 P : *D. 2009. AJ 872 ; ibid. 1504, note Huyette ; ibid. 2010. Pan. 990, obs. Douchy-Oudot ; JCP 2009. 74, note Mellotée ; Dr. fam. 2009. Comm. 56, obs. Murat ; RJPF 07-08/2009. 23, obs. Eudier.*

5. Plusieurs juges des enfants ne pouvant être simultanément compétents pour statuer sur le fond relativement à la situation d'un mineur déterminé, le juge des enfants appelé à prendre des mesures provisoires commandées par l'urgence doit se dessaisir au profit du juge initialement saisi et dont il n'est pas allégué qu'il se soit lui-même dessaisi. • Civ. 1re, 2 mars 1982, n° 81-80.001 P.

6. Il résultait de l'ancien art. 1181, al. 2, que le juge initialement saisi d'une procédure d'assistance éducative, s'il avait, en cas de changement de domicile ou de résidence du père, de la mère, du tuteur ou du gardien, la faculté de se dessaisir au profit du juge du nouveau domicile ou résidence, il n'y était pas tenu. • Civ. 1re, 14 juin 1988, n° 86-80.050 P : *Gaz. Pal. 1988. 2. 895, note Massip.* ♦ Désormais, l'art. 1181, al. 2, est rédigé sur le mode impératif.

7. Juge des enfants et juge du divorce. Le juge des enfants, compétent à charge d'appel pour tout ce qui concerne l'assistance éducative, peut prendre à ce titre des mesures modifiant l'exercice de l'autorité parentale prévu par le juge du divorce. • Civ. 1re, 26 janv. 1994 : *D. 1994. 278, note Huyette*.

Art. 1182 *(Décr. n° 2002-361 du 15 mars 2002)* **Le juge donne avis de l'ouverture de la procédure au procureur de la République ; quand ils ne sont pas requérants, il en donne également avis** *(Décr. n° 2013-429 du 24 mai 2013, art. 1er-2°)* « **à chacun des parents** », **au tuteur, à la personne ou au représentant du service à qui l'enfant a été confié.**

Il entend *(Décr. n° 2013-429 du 24 mai 2013, art. 1er-2°)* « **chacun des parents** », **le tuteur, la personne ou le représentant du service à qui l'enfant a été confié et le mineur capable de discernement et porte à leur connaissance les motifs de sa saisine.**

Il entend toute autre personne dont l'audition lui paraît utile.

L'avis d'ouverture de la procédure et les convocations adressées aux *(Décr. n° 2013-429 du 24 mai 2013, art. 1er-3°)* « **parents** », **au tuteur, à la personne ou au représentant du service à qui l'enfant a été confié et au mineur mentionnent les droits des parties de faire choix d'un conseil ou de demander qu'il leur en soit désigné un d'office conformément aux dispositions de l'article 1186. L'avis et les convocations informent les parties de la possibilité de consulter le dossier conformément aux dispositions de l'article 1187.** – *Entrée en vigueur le 1er sept. 2002.*

Le Décr. n° 2013-429 du 24 mai 2013 est applicable à Wallis-et-Futuna (Décr. préc., art. 6).

V. notes 1 à 3 ss. ancien art. 1183.

Art. 1183 *(Décr. n° 2002-361 du 15 mars 2002, art. 4, en vigueur le 1er sept. 2002)* **Le juge peut, soit d'office, soit à la requête des parties ou du ministère public, ordonner toute mesure d'information concernant la personnalité et les conditions de vie du mineur et de ses parents, en particulier par le moyen d'une** *(Décr. n° 2023-914 du 2 oct. 2023, art. 2)* **« mesure judiciaire d'investigation éducative, d'examens médicaux ou » d'expertises psychiatriques et psychologiques** *(Abrogé par Décr. n° 2023-914 du 2 oct. 2023, art. 2)* ***« ou d'une mesure d'investigation et d'orientation éducative ».*** *— V. Arr. du 2 févr. 2011. —* **C. pr. civ.** *— V. Circ. d'orientation JUSF1034029C du 31 déc. 2010, BOMJL n° 2011-01 du 31 janv. 2011.*

1. Mesures judiciaires d'investigation éducative. Nature juridique. Si elles ne figurent pas parmi les mesures citées par l'art. 1183, les mesures judiciaires d'investigation éducative constituent, aux termes de l'Arr. du 2 févr. 2011, une mesure destinée à l'information du magistrat, susceptible d'être ordonnée dans le cadre d'une mesure d'assistance éducative. • Aix-en-Provence, 1er juin 2012 : *AJ fam. 2013. 177, note Douris.*

2. … Régime juridique. En application des dispositions de l'art. 150 C. pr. civ., cette mesure, qui a les caractéristiques d'une mesure d'instruction, n'est pas susceptible d'appel indépendamment du jugement sur le fond. L'irrecevabilité du recours doit être soulevée d'office par la cour. • Aix-en-Provence, 1er juin 2012 : *préc. note 1.*

Ancien art. 1183 ***Le juge entend les père et mère, le tuteur ou*** *(Décr. n° 87-578 du 22 juill. 1987)* ***« la personne ou le représentant du service à qui l'enfant a été confié », ainsi que toute autre personne dont l'audition lui paraît utile. Il entend le mineur à moins que l'âge ou l'état de celui-ci ne le permette pas.***

Il peut, soit d'office, soit à la requête des parties ou du ministère public, ordonner toute mesure d'information et faire notamment procéder à une étude de la personnalité du mineur, en particulier par le moyen d'une enquête sociale, d'examens médicaux, psychiatriques et psychologiques, d'une observation du comportement ou d'un examen d'orientation professionnelle.

Lorsqu'il est avisé par le juge des enfants d'une mesure d'assistance éducative prise en application des art. 375 à 375-8 C. civ., le président du conseil départemental lui communique les informations dont il dispose sur le mineur et sa situation familiale (CASF, art. L. 221-4).

BIBL. ▶ Avant la réforme de 2002 : MASSIP, *Gaz. Pal. 1985. 2. Doctr. 668* (audition des père et mère). – RENUCCI, *D. 1987. Chron. 19* (efficacité de l'audition des parents et du mineur).

JURISPRUDENCE ANTÉRIEURE AU DÉCRET DU 15 MARS 2002

A. AUDITIONS

V. désormais art. 1182.

1. Parents. Sur la nécessité et la sanction du défaut d'audition des parents, V. • Rennes, 18 sept. 1987 : *D. 1988. 440, note Renucci.*

2. Si le juge doit entendre les parents, c'est à la condition que cette audition soit possible et compatible avec l'urgence de la mesure (en l'espèce, adresse du père inconnue). • Civ. 1re, 22 mai 1985, n° 84-80.019 P : *Gaz. Pal. 1985. 2. 756.*

3. Mineurs. Si l'audition du mineur est de principe, le juge peut décider de ne pas y procéder non seulement lorsque l'âge, la santé ou les facultés mentales de l'enfant rendent cette audition impossible, mais encore lorsque celle-ci serait de nature à compromettre sa santé ou son état mental. • Civ. 1re, 20 févr. 1985 : *Gaz. Pal. 1985. 2. 756.* ♦ Mais les juges du fond doivent constater l'existence de circonstances rendant une telle audition inopportune. • Civ. 1re, 25 juin 1991 : *D. 1992. 51, note Massip* • 13 oct. 1993 : *Gaz. Pal. 12-13 août 1994, note Massip.*

4. V. aussi art. 1188 et 1189.

B. MESURES D'INFORMATION

5. Il est loisible au juge des enfants de procéder à tous les modes d'investigation qu'il estime expédients pour découvrir si la santé, la sécurité, la moralité ou l'éducation d'un enfant sont compromises. • Civ. 1re, 1er juill. 1968 : *JCP 1969. II. 16090, note Robert.*

6. La nature des mesures d'instruction en matière d'assistance éducative exclut qu'il y soit procédé en présence de toutes les parties en cause ; il suffit que celles-ci aient été en mesure de les discuter avant que le juge statue. • Civ. 1re, 4 oct. 1965 : *D. 1966. 193.*

7. Par application de l'art. 150, la décision du juge des enfants qui se borne à ordonner une mesure d'instruction n'est pas susceptible d'appel immédiat. • Civ. 1re, 3 mars 1981, n° 80-80.021 P • Paris, 16 déc. 1986 : *D. 1988. 69, note Renucci.*

8. En ordonnant une mesure d'observation en milieu ouvert pour plus d'une année, le juge a dénaturé cette mesure qui ne peut dès lors s'analyser que comme une mesure d'assistance éducative en milieu ouvert, contre laquelle l'appel est recevable. • Rennes, 23 sept. 1994 : *D. 1995. 294, note Huyette.*

Art. 1184 *(Décr. nº 2002-361 du 15 mars 2002)* « Les mesures provisoires prévues au premier alinéa de l'article 375-5 du code civil, ainsi que les mesures d'information prévues à l'article 1183 du présent code, ne peuvent être prises, hors le cas d'urgence spécialement motivée, que s'il a été procédé à l'audition, prescrite par l'article 1182, *(Décr. nº 2013-429 du 24 mai 2013, art. 1er-4º)* « de chacun des parents », du tuteur, de la personne ou du représentant du service à qui l'enfant a été confié et du mineur capable de discernement.

« Lorsque le placement a été ordonné en urgence par le juge sans audition des parties, le juge les convoque à une date qui ne peut être fixée au-delà d'un délai de quinze jours à compter de la décision, faute de quoi le mineur est remis, sur leur demande, à ses *(Décr. nº 2013-429 du 24 mai 2013, art. 1er-5º)* « parents » ou tuteur, ou à la personne ou au service à qui il était confié.

« Lorsque le juge est saisi, conformément aux dispositions du second alinéa de l'article 375-5 du code civil, par le procureur de la République ayant ordonné en urgence une mesure de placement provisoire, il convoque les parties et statue dans un délai qui ne peut excéder quinze jours à compter de sa saisine, faute de quoi le mineur est remis, sur leur demande, à ses *(Décr. nº 2013-429 du 24 mai 2013, art. 1er-5º)* « parents » ou tuteur, ou à la personne ou au service à qui il était confié. » — *Entrée en vigueur le 1er sept. 2002.*

Si l'urgence le requiert, les mesures provisoires peuvent aussi être prises, sans préjudice des dispositions du second alinéa de l'article 375-5 du code civil, par le juge des enfants du lieu où le mineur a été trouvé, à charge pour lui de se dessaisir dans le mois au profit du juge territorialement compétent.

Le Décr. nº 2013-429 du 24 mai 2013 est applicable à Wallis-et-Futuna (Décr. préc., art. 6).

JURISPRUDENCE ANTÉRIEURE AU DÉCRET DU 15 MARS 2002

Les mesures provisoires prises pour le cours de l'instance étant exécutoires de droit (art. 514), le premier président de la cour d'appel ne peut arrêter cette exécution sur le fondement de l'art. 524. • Nancy, 9 déc. 1983 : *D. 1984. 252, note P. E. ; JCP 1986. II. 20575, note Deiss.*

Art. 1185 *(Décr. nº 87-578 du 22 juill. 1987)* « La décision sur le fond doit intervenir dans un délai de six mois à compter de la décision ordonnant les mesures provisoires, faute de quoi l'enfant est remis à ses *(Décr. nº 2013-429 du 24 mai 2013, art. 1er-5º)* « parents », tuteur, personne ou service à qui il a été confié, sur leur demande. »

Si l'instruction n'est pas terminée dans le délai prévu à l'alinéa précédent, le juge peut, après avis du procureur de la République, proroger ce délai *(Décr. nº 2002-361 du 15 mars 2002)* « pour une durée qui ne peut excéder six mois ». — *Entrée en vigueur le 1er sept. 2002.*

Le Décr. nº 2013-429 du 24 mai 2013 est applicable à Wallis-et-Futuna (Décr. préc., art. 6).

1. Ne sont pas soumises à la limitation dans le temps de l'art. 1185 les décisions qui ne prescrivent pas des mesures provisoires prises sur le fondement de l'art. 375-5 C. civ., mais qui s'analysent en décisions modifiant ou rapportant de précédentes mesures éducatives en application de l'art. 375-6 C. civ. • Civ. 1re, 10 mai 1989, nº 87-05.069 P.

2. La mesure provisoire ne peut être maintenue au-delà de la décision sur le fond même en cas d'appel de l'ordonnance relative à cette mesure provisoire. • Civ. 1re, 26 janv. 1982, nº 80-80.027 P.

3. Le juge excède ses pouvoirs et sa décision est nulle s'il statue au fond au-delà du délai de 6 mois sans avoir prorogé celui-ci. • Civ. 1re, 25 févr. 1997, nº 96-05.045 P : *Gaz. Pal. 1998. 2. 525, note du Rusquec.*

4. La décision ordonnant les mesures provisoires s'entend de la décision du juge des enfants, de sorte que c'est à compter de celle-ci que court le délai de 6 mois qui lui est imparti pour prendre une décision sur le fond et non à compter de l'ordonnance de placement provisoire prise par le procureur de la République. • Civ. 1re, 24 janv. 2018, nº 17-11.003 P : *D. actu. 7 févr. 2018, obs. Jourdan-Marques ; Procédures 2018, nº 85, note Douchy-Oudot.*

5. Il résulte des dispositions de l'art. 1185 que le juge des enfants qui statue plus de six mois après la décision ordonnant les mesures provisoires, sans qu'aucune décision au fond ou prorogation ne soit intervenue dans ce délai, excède ses pouvoirs. • Civ. 1re, 24 janv. 2018, nº 17-11.003 P : *préc. note 4.*

Art. 1186 *(Décr. n° 2002-361 du 15 mars 2002)* **Le mineur capable de discernement,** *(Décr. n° 2013-429 du 24 mai 2013, art. 1er-6°)* **« les parents », le tuteur ou la personne ou le représentant du service à qui l'enfant a été confié peuvent faire choix d'un conseil ou demander au juge que le bâtonnier leur en désigne un d'office. La désignation doit intervenir dans les huit jours de la demande.**

Ce droit est rappelé aux intéressés lors de leur première audition. – *Entrée en vigueur le 1er sept. 2002.*

Le Décr. n° 2013-429 du 24 mai 2013 est applicable à Wallis-et-Futuna (Décr. préc., art. 6).

Ancien art. 1186 *(Décr. n° 87-578 du 22 juill. 1987)* ***Le mineur, le père, la mère, le tuteur ou la personne ou le service à qui il a été confié peuvent faire choix d'un conseil ou demander au juge qu'il leur en soit désigné un d'office. La désignation doit intervenir dans les huit jours de la demande.***

Le père, la mère, le tuteur ou la personne ou le représentant du service à qui l'enfant a été confié sont avisé de ce droit dès leur première audition. le juge en avise également le mineur chaque fois que l'intérêt de celui-ci le requiert.

Il peut, soit d'office, soit à la requête des parties ou du ministère public, ordonner toute mesure d'information et faire notamment procéder à une étude de la personnalité du mineur, en particulier par le moyen d'une enquête sociale, d'examens médicaux, psychiatriques et psychologiques, d'une observation du comportement ou d'un examen d'orientation professionnelle.

BIBL. ▸ Avant la réforme de 2002 : Le Bris, *Rev. jur. Ouest 1989. 2. 205* (défense de l'enfant en justice). – Roperf et Conil, *Gaz. Pal. 1991. 2. Doctr. 751.*

JURISPRUDENCE ANTÉRIEURE AU DÉCRET DU 15 MARS 2002

1. Sur le rôle de l'avocat désigné pour un mineur n'ayant pas l'âge du discernement, V. • Rouen, 25 oct. 1990 : *JCP 1992. II. 21794, note Neirincq.* ♦ V., en matière de divorce : • Lyon, 28 nov. 1991 : *JCP 1992. II. 21801, note Matocq.*

2. Sur une hypothèse de nullité pour violation de ce texte, V. • Civ. 1re, 15 janv. 1991 : *Gaz. Pal. 1992. 1. Pan. 138.*

Art. 1187 *(Décr. n° 2023-914 du 2 oct. 2023, art. 2)* **« Dès l'avis d'ouverture de la procédure, le dossier peut être consulté au greffe, jusqu'à la veille de l'audition ou de l'audience, par l'avocat du mineur, par l'administrateur *ad hoc* désigné pour lui en application de l'article 375-1 du code civil ou par l'avocat de ses parents ou de l'un d'eux, de son tuteur, de la personne ou du service à qui il a été confié. L'avocat et l'administrateur *ad hoc* peuvent se faire délivrer copie de tout ou partie des pièces du dossier pour l'usage exclusif de la procédure d'assistance éducative. Ils ne peuvent transmettre les copies ainsi obtenues ou la reproduction de ces pièces à la personne qu'ils assistent ou représentent. »**

Le dossier peut également être consulté, sur leur demande et aux jours et heures fixés par le juge, par *(Décr. n° 2013-429 du 24 mai 2013, art. 1er-6°)* **« les parents », le tuteur, la personne ou le représentant du service à qui l'enfant a été confié et par le mineur capable de discernement, jusqu'à la veille de l'audition ou de l'audience.**

La consultation du dossier le concernant par le mineur capable de discernement ne peut se faire qu'en présence *(Décr. n° 2013-429 du 24 mai 2013, art. 1er-7°)* **« de ses parents ou de l'un d'eux » ou de son avocat. En cas de refus des parents et si l'intéressé n'a pas d'avocat, le juge saisit le bâtonnier d'une demande de désignation d'un avocat pour assister le mineur ou autorise le service éducatif chargé de la mesure à l'accompagner pour cette consultation.**

Par décision motivée, le juge peut, en l'absence d'avocat, exclure tout ou partie des pièces de la consultation par l'un ou l'autre des parents, le tuteur, la personne ou le représentant du service à qui l'enfant a été confié ou le mineur lorsque cette consultation ferait courir un danger physique ou moral grave au mineur, à une partie ou à un tiers.

Le dossier peut également être consulté, dans les mêmes conditions, par les services en charge des mesures prévues à l'article 1183 du présent code et aux articles 375-2 et 375-4 du code civil.

L'instruction terminée, le dossier est transmis au procureur de la République qui le renvoie dans les quinze jours au juge, accompagné de son avis écrit sur la suite à don-

ner ou de l'indication qu'il entend formuler cet avis à l'audience. – *Entrée en vigueur le 1er sept. 2002.*

Le Décr. n° 2013-429 du 24 mai 2013 est applicable à Wallis-et-Futuna (Décr. préc., art. 6).

1. Portée. L'art. 1187, dans sa rédaction issue du Décr. n° 2002-361 du 15 mars 2002, ne s'oppose pas à ce que le JAF fonde sa décision concernant l'exercice de l'autorité parentale sur le dossier d'assistance éducative tel que communiqué par le juge des enfants, sous réserve, d'une part, que les parties à l'instance devant le JAF figurent parmi celles qui ont qualité pour accéder au dossier d'assistance éducative selon l'article visé, d'autre part, que les pièces du dossier du juge des enfants soient soumises au débat contradictoire. • Cass., avis, 1er mars 2004, n° 0040001P P : *D. 2004. 1627, note Huyette ; Gaz. Pal. 17-18 mars 2004, p. 10 ; JCP 2004. I. 167, n° 3, obs. Fossier ; Dr. fam. 2004, n° 142, note Gouttenoire.*

2. Copie du dossier (non). Les parents, invités à plusieurs reprises à consulter le dossier d'assistance éducative au greffe, ne peuvent invoquer une violation du principe de la contradiction ou de l'art. 6, § 1, Conv. EDH pour contester le rejet de leur demande de délivrance d'une copie intégrale du dossier. • Civ. 1re, 28 nov. 2006, n° 04-05.095 P : *D. 2007. AJ 24, obs. Gallmeister ; ibid. 552, note Huyette ; ibid. Pan. 2691, obs. Douchy-Oudot ; JCP 2007. I. 139, n° 24, obs. Serinet ; Dr. fam. 2007. Comm. 34, note Murat ; RJPF 2007-2/28, obs. Eudier.*

3. Exclusion de la consultation. Justifie sa décision d'exclure certains documents de la consultation prévue par l'art. 1187 la cour d'appel qui estime, par motifs propres et adoptés, que compte tenu du climat familial très conflictuel et virulent et des nombreuses procédures opposant les parents de la mineure, la consultation de certains documents du dossier risquait d'exposer l'enfant à un danger physique ou moral grave de la part de son père. • Civ. 1re, 6 juill. 2005, n° 04-05.011 P : *D. 2005. 2794, note Huyette.*

4. Principe du contradictoire. Viole les art. 16, 1182, 1187 et 1193 C. pr. civ. une cour d'appel qui maintient le placement d'un mineur à l'aide sociale à l'enfance sans qu'il ressorte, ni des énonciations de l'arrêt ni des pièces de la procédure, que les parties aient été avisées de la faculté qui leur était ouverte de consulter le dossier au greffe, de sorte qu'il n'est pas établi qu'elles aient été mises en mesure de prendre connaissance, avant l'audience, des pièces présentées à la juridiction et, par suite, de les discuter utilement. • Civ. 1re, 30 nov. 2022, n° 21-16.366 P : *D. actu. 12 janv. 2023, note Hoffschir ; D. 2022. 2162.* ♦ Dès lors qu'il ne ressort ni des pièces de la procédure, ni des énonciations de l'arrêt d'appel que les parents, qui n'étaient pas assistés lors de l'audience, avaient été avisés de leur possibilité de consulter le dossier au greffe, il n'est pas établi qu'ils aient été mis en mesure de prendre connaissance, en amont de l'audience, des pièces à présenter à la juridiction et, partant, de les discuter utilement (violation des art. 16, 1182, 1187 et 1193 C. pr. civ.). • Civ. 1re, 28 mars 2018, n° 16-28.010 P : *AJ fam. 2018. 343, obs. Pedron ; JCP 2018. 450, obs. Douchy-Oudot ; LPA 9 août 2018, p. 9, note Kimmel-Alcover.*

5. JAF demandant le dossier au juge des enfants, contradictoire. Il résulte de la combinaison des art. 16, 1072-1, 1187 et 1187-1 C. pr. civ. que le JAF ne peut fonder sa décision concernant l'autorité parentale sur les pièces du dossier d'assistance éducative communiquées à sa demande par le juge des enfants, quand les parties à la procédure figurent parmi celles qui ont qualité pour accéder à ce dossier, que s'il les soumet au débat contradictoire. • Civ. 1re, 29 sept. 2021, n° 19-24.670.

Ancien art. 1187 ***L'instruction terminée, le dossier est transmis au procureur de la République qui le renvoie dans les quinze jours au juge, accompagné de son avis écrit sur la suite à donner ou de l'indication qu'il entend formuler cet avis à l'audience.***

Le dossier peut être consulté au secrétariat-greffe par le conseil du mineur et celui de ses père, mère, tuteur ou (*Décr. n° 87-578 du 22 juill. 1987*) ***« personne ou service à qui l'enfant a été confié » jusqu'à la veille de l'audience.***

BIBL. ▸ Avant la réforme de 2002 : HUYETTE, *D. 1998. Chron. 218* (indispensable réforme de l'art. 1187) ; *D. 2001. Point de vue 1803* (même thème).

JURISPRUDENCE ANTÉRIEURE AU DÉCRET DU 15 MARS 2002

1. Il appartient aux conseils (avocat et avoué) des parents du mineur d'accomplir les diligences nécessaires pour consulter au secrétariat-greffe le rapport d'enquête sociale déposé et coté au dossier ; en conséquence, rejet du grief formé contre un arrêt d'avoir fondé sa décision sur ce document sans qu'il ait été communiqué. • Civ. 1re, 2 nov. 1994, n° 93-05.078 P.

2. Les art. 1186 et 1187 *[anciens]* ne sont pas incompatibles avec les dispositions de la CEDH et, une partie qui n'a pas de conseil, si elle n'allègue pas avoir été mise dans l'impossibilité d'être assistée par un conseil, ne peut reprocher à la cour d'appel d'avoir écarté ses demandes de communication du dossier. • Civ. 1re, 24 oct. 1995 :

D. 1996. 513, note Massip. ♦ V. aussi : • Civ. 1re, 8 juin 1999, n° 98-05.044 P : *D. 1999. IR 190 ; JCP 1999. I. 160, n° 6, obs. T. Fossier ; RTD civ. 2000. 807, obs. Hauser ; RG proc. 1999. 674, obs. Gouttenoire-Cornut.* ♦ *Contra* : • CEDH 24 févr. 1995 : *D. 1995. 449, note Huyette* • 18 mars 1997 : *D. 1997. Somm. 360, obs. Renucci*. ♦ Dans le même sens : l'art. 1187, qui, *a contrario*, interdit la consultation du dossier par la famille elle-même, est contraire au principe du droit à un procès équitable posé par l'art. 6 § 1 de la Conv. EDH. • Lyon, 26 juin 2000 : *D. 2000. 661, note Huyette*. ♦ Comp. : • Civ. 1re, 3 mai 2000 : *D. 2000. 678, note Massip*. ♦ V. déjà : • Civ. 1re, 10 mars 1998 : *Defrénois 1998. 1028, obs. Massip.* ♦ V. aussi, jugeant qu'il appartient aux juges du fond de se prononcer sur la compatibilité de l'art. 1187 avec l'art. 6, § 1, • Civ. 1re, 3 avr. 2001, n° 00-05.026 P ; et, sur renvoi, estimant l'art. 1187 contraire à la Conv. EDH, • Bordeaux, 6 nov. 2001 : *Cah. jurispr. Aquitaine, 2002, n° 1, p. 106, obs. Garé.*

Art. 1187-1 *(Décr. n° 2009-398 du 10 avr. 2009, art. 2)* **Le juge des enfants communique au juge aux affaires familiales ou au juge des tutelles les pièces qu'ils sollicitent quand les parties à la procédure devant ces derniers ont qualité pour consulter le dossier en vertu de l'article 1187. Il peut ne pas transmettre certaines pièces lorsque leur production ferait courir un danger physique ou moral grave au mineur, à une partie ou à un tiers.**

Dans les conditions prévues aux articles *(Décr. n° 2016-185 du 23 févr. 2016, art. 14)* **« 1072-2, 1180-11 et 1221-2 », le juge aux affaires familiales ou le juge des tutelles transmettent copie de leur décision au juge des enfants ainsi que de toute pièce que ce dernier estime utile.**

Le Décr. n° 2009-398 du 10 avr. 2009 est applicable dans les îles Wallis-et-Futuna.

BIBL. ▶ Autem, *LPA 18 juin 2010, p. 4* (la communication entre le JAF, le juge des enfants et le juge des tutelles). – Bruggeman, *Dr. fam. 2009. Alertes 39.* – La Mesta, J. Leborgne et Barbé, *AJ fam. 2009. 216*. – Larribau-Terneyre, *Dr. fam. 2009. Repère 5.*

Art. 1188 **L'audience peut être tenue au siège du tribunal pour enfants ou au siège** *(Décr. n° 2019-913 du 30 août 2019, art. 19, en vigueur le 1er janv. 2020)* **« d'une chambre de proximité située** *[ancienne rédaction : d'un tribunal d'instance situé]* **» dans le ressort, que la convocation indique.** – *Comp. Décr. n° 79-295 du 6 avr. 1979 (D. et BLD 1979. 173).*

Les *(Décr. n° 2013-429 du 24 mai 2013, art. 1er-5°)* **« parents », tuteur ou** *(Décr. n° 87-578 du 22 juill. 1987)* **« personne ou service à qui l'enfant a été confié » et, le cas échéant, le mineur, sont convoqués à l'audience huit jours au moins avant la date de celle-ci ; les conseils des parties** *(Décr. n° 2023-914 du 2 oct. 2023, art. 2)* **« et, le cas échéant, l'administrateur *ad hoc* désigné en application de l'article 375-1 du code civil » sont également avisés.**

Le Décr. n° 2013-429 du 24 mai 2013 est applicable à Wallis-et-Futuna (Décr. préc., art. 6).

Il résulte des art. 1188, al. 2, 1189 et 1193 que la convocation, la présence et l'audition des mineurs à l'audience ne sont que facultatives. • Civ. 1re, 28 nov. 2006, n° 04-05.095 P : *D. 2007. AJ 24, obs. Gallmeister ; ibid. 552, note Huyette ; JCP 2007. I. 139, n° 24, obs. Serinet.* ♦ Même lorsqu'il a convoqué un mineur à l'audience en application de l'art. 1188, il appartient au juge de l'assistance éducative de décider si ce mineur, dont la convocation, l'assistance et l'audition ne sont que facultatives, doit assister à tout ou partie des débats et s'il y a lieu ou non de procéder à son audition. • Civ. 1re, 29 mai 1985, n° 84-80.026 P : *Gaz. Pal. 1985. 2. 756 ; Defrénois 1985. 1398, note Massip.* ♦ V. notes ss. anc. art. 1183.

Art. 1189 **A l'audience, le juge entend le mineur, ses** *(Décr. n° 2013-429 du 24 mai 2013, art. 1er-3°)* **« parents », tuteur ou** *(Décr. n° 87-578 du 22 juill. 1987)* **« personne ou représentant du service à qui l'enfant a été confié » ainsi que toute autre personne dont l'audition lui paraît utile. Il peut dispenser le mineur de se présenter ou ordonner qu'il se retire pendant tout ou partie de la suite des débats.**

Les conseils des parties sont entendus en leurs observations.

L'affaire est instruite et jugée en chambre du conseil, après avis du ministère public.

Sur l'audition du mineur, V. aussi art. 338-1 s., et C. civ., art. 388-1. – **C. civ.**

Le Décr. n° 2013-429 du 24 mai 2013 est applicable à Wallis-et-Futuna (Décr. préc., art. 6).

BIBL. ▶ De Garate, *Gaz. Pal. 1994. 2. Doctr. 1170* (l'enfant face à son juge).

1. Sur le caractère facultatif de l'audition du mineur, V. • Civ. 1re, 29 mai 1985 : *préc. ss. art. 1188.*

2. Si, en application des art. 1183 et 1189, le juge des enfants doit entendre les père et mère des mineurs avant de prendre ou de modifier une mesure d'assistance éducative, c'est à la condition que cette audition soit possible et compatible avec l'urgence de la mesure. • Civ. 1re, 22 mai 1985 : *Bull. civ. I, n° 161.* ♦ V. art. 1183.

3. Si le mineur a été entendu, aucune disposition n'impose de rapporter dans le jugement les propos qu'il a pu tenir. • Civ. 1re, 11 févr. 1986 : *Gaz. Pal. 1986. 2. 609, note J.M. ; Bull. civ. I, n° 17.* ♦ ... Et en cas d'appel la cour n'est pas tenue de procéder à nouveau à son audition. • Civ. 1re, 12 mai 1987 : *Bull. civ. I, n° 145.* ♦ V. art. 1193 et la note 1.

4. Il résulte des art. 1189, al. 1er et 1193, al. 1er, qu'en matière d'assistance éducative, lorsqu'elle est saisie d'une demande tendant à voir fixer pour la première fois les modalités des relations entre l'enfant placé et un tiers, parent ou non, la cour d'appel ne peut se dispenser d'entendre le mineur, dont elle n'a pas constaté l'absence de discernement, que si celui-ci a été précédemment entendu, relativement à cette demande, par le juge des enfants. • Civ. 1re, 2 déc. 2020, n° 19-20.184 P : *D. 2020. 2453 ; D. actu. 21 déc. 2020, note Bolze ; AJ fam. 2021. 127, obs. Mallevaey ; JCP 2021. 202 obs. Gouttenoire.*

5. Dès lors qu'il ne ressort ni du jugement, ni des explications des parties, ni d'aucun procès-verbal établi pour l'audience à l'issue de laquelle le jugement a été rendu que la mère et la mineure aient été convoquées pour être entendues au sujet du renouvellement envisagé sur proposition du service éducatif, le jugement déféré doit être annulé. • Versailles, 7 mars 2002 : *D. 2002. IR 1464 ; AJ fam. 2002. 221, obs. S. D.-B. ; RTD civ. 2002. 497, obs. Hauser.*

6. ***Accès au juge.*** Méconnaît les exigences de l'art. 6 § 1 Conv. EDH, ensemble les art. 931, 1186, 1189 et 1192 du NCPC [devenu C. pr. civ.], la cour d'appel qui considère comme non soutenu l'appel, formé en matière d'assistance éducative, par un parent régulièrement convoqué mais absent lors de l'audience, bien que son avocat, présent à l'audience, ait été entendu en ses observations, ce parent ayant ainsi été privé de la possibilité de faire valoir ses moyens d'appel. • Civ. 1re, 26 sept. 2007, n° 06-16.445 P : *BICC 15 janv. 2008, n° 31, p. 46 ; D. 2008. 266, note Huyette ; AJ fam. 2007. 485, obs. F. C. ; RTD civ. 2008. 98, obs. Hauser* • Civ. 1re, 30 sept. 2009, n° 08-16.147 P : *D. 2009. AJ 2427 ; AJ fam. 2009. 451, obs. Chénedé ; Dr. fam. 2010. Comm. 4, note Murat ; RJPF 12/2009. 29, note Eudier ; Procédures 2010, n° 405, note Perrot ; RTD civ. 2009. 713, obs. Hauser.*

Art. 1189-1 *(Décr. n° 2023-914 du 2 oct. 2023, art. 2)* **La médiation familiale ordonnée par le juge des enfants en application de l'article 375-4-1 du code civil a pour objet d'aider les parents à mettre fin à leur conflit concourant à la situation de danger pour l'enfant.**

Le médiateur familial désigné par le juge doit être titulaire du diplôme d'État mentionné à l'article R. 451-66 du code de l'action sociale et des familles ou, à défaut, justifier d'une formation à la pratique de la médiation relative au conflit parental emportant danger pour l'enfant.

Pour les besoins de la médiation, il peut, en accord avec les parents, entendre l'enfant qui y consent, sous réserve du respect de l'intérêt de celui-ci.

Par dérogation à l'article 131-12, l'accord issu de la médiation peut être homologué par le juge aux affaires familiales saisi par les parents en application de l'article 373-2-7 du code civil.

Art. 1190 *(Décr. n° 2023-914 du 2 oct. 2023, art. 2)* **« Les décisions du juge sont notifiées dans les huit jours aux parents, au tuteur ou à la personne ou au service à qui l'enfant a été confié, au mineur capable de discernement et, le cas échéant, à son conseil, ou à l'administrateur *ad hoc* désigné en application de l'article 375-1 du code civil. »**

Toutefois, la décision écartant certaines pièces de la consultation en application du quatrième alinéa de l'article 1187 est notifiée dans les huit jours à la seule partie qui a demandé celle-ci.

Dans tous les cas, un avis de notification est donné au procureur de la République.

Le Décr. n° 2013-429 du 24 mai 2013 est applicable à Wallis-et-Futuna (Décr. préc., art. 6).

BIBL. ▸ Commentaires du décret du 3 déc. 2002 : Blanc, *RJPP 2003, n° 3, p. 23.* – Chevalier, *Procédures 2003. Chron. 1.* – Chevalier et Moussa, *JCP 2003, n° 4. Actu. 39.*

1. La notification doit indiquer les délais et modalités de recours. • Civ. 1re, 18 mars 1980, n° 78-11.350 P.

2. Sur l'application des art. 528 et 670-1, V. • Civ. 1re, 3 févr. 2004 : *D. 2004. 1329, note Huyette ; AJ fam. 2004. 239, obs. Bicheron.*

3. Sur la possibilité de réviser les décisions prises en matière d'assistance éducative, V. C. civ., art. 375-6.

Art. 1191 **Les décisions du juge peuvent être frappées d'appel :**

— par *(Décr. nº 2013-429 du 24 mai 2013, art. 1er-8º)* **« les parents ou l'un d'eux », le tuteur ou** *(Décr. nº 87-578 du 22 juill. 1987)* **« la personne ou le service à qui l'enfant a été confié » jusqu'à l'expiration d'un délai de quinze jours suivant la notification ;**

— par le mineur lui-même jusqu'à l'expiration d'un délai de quinze jours suivant la notification et, à défaut, suivant le jour où il a eu connaissance de la décision ;

— par le ministère public jusqu'à l'expiration d'un délai de quinze jours suivant la remise de l'avis qui lui a été donné.

Le Décr. nº 2013-429 du 24 mai 2013 est applicable dans les îles Wallis-et-Futuna (Décr. préc., art. 6).

1. En matière d'assistance éducative, les art. 375 et 1191 C. civ. ne distinguent pas entre le gardien de droit et le gardien de fait du mineur. • Civ. 1re, 17 juill. 1985, nº 85-80.008 P.

2. Sur le droit d'appel de la DDASS, V. • Civ. 1re, 22 mai 1974, nº 73-80.009 P : *Rev. dr. sanit. et soc. 1974. 798, obs. Raynaud.* ♦ V. Verdier, *Gaz. Pal. 1974. 1. Doctr. 216.*

3. Le service départemental de l'aide sociale à l'enfance, service non personnalisé du département, est gardien des mineurs qui lui ont été confiés par le juge des enfants ; à ce titre, il est recevable à former un pourvoi contre les arrêts rendus par la chambre spéciale des mineurs de la cour d'appel. • Civ. 1re, 28 mars 1995, nº 94-05.024 P : *D. 1996. IR 239 ; Defrénois 1995. 1390, obs. Massip.*

4. Sur le droit d'appel d'un mineur de deux ans, V. • Rouen, 25 oct. 1990 : *JCP 1992. II. 21794, note Neirincq.* ♦ En matière d'assistance éducative, le mineur peut lui-même interjeter appel des décisions du juge des enfants et faire choix d'un avocat. Il incombe seulement aux juges du fond de vérifier qu'il possède un discernement suffisant pour exercer ces prérogatives. • Civ. 1re, 21 nov. 1995, nº 94-05.102 P : *D. 1996. 420, note Gouttenoire.*

5. Inobservation du délai de quinze jours : V. • Angers, 22 janv. 1993 : *JCP 1993. IV. 2271.*

6. Sur l'ouverture de la tierce opposition, V. • Pau, 4 févr. 1993 : *LPA 11 août 1993, obs. Benhamou.*

7. Les dispositions de l'art. 1191 ne font pas obstacle aux règles du droit commun selon lesquelles est recevable à former appel, lorsqu'elle y a intérêt, toute personne ayant été partie à la première instance (art. 546). • Civ. 1re, 23 mai 1977, nos 75-80.028 P, 75-80.029 P • 12 juill. 1994 : *Defrénois 1995. 322, obs. Massip.*

8. L'appel d'un jugement rendu en assistance éducative s'agissant du placement des enfants du majeur protégé et des relations que ceux-ci conservent avec lui implique son consentement strictement personnel et ne peut donner lieu à représentation du majeur protégé par l'organisme tutélaire, sauf à justifier d'une autorisation du juge des tutelles. • Amiens, 8 nov. 2007 : *Dr. fam. 2008. Comm. 64, note Fossier* (irrecevabilité de l'appel du tuteur sans autorisation du juge des tutelles).

Art. 1192 **L'appel est formé selon les règles édictées aux articles 931 à 934.**

(Décr. nº 2023-914 du 2 oct. 2023, art. 2) **« Le greffier avise de l'appel, par lettre simple, les parents, le tuteur, la personne ou le service à qui l'enfant a été confié et le mineur capable de discernement, à moins qu'ils l'aient eux-mêmes formé, ainsi que, le cas échéant, l'administrateur *ad hoc* désigné en application de l'article 375-1 du code civil. Il les informe qu'ils seront ultérieurement convoqués devant la cour. »**

1. A propos de l'al. 1er, V. : • Angers, 22 janv. 1993 : *JCP 1993. IV. 2271.*

2. Lorsque l'appel est formé par voie de lettre recommandée, c'est la lettre elle-même qui saisit la cour et non son enregistrement au greffe. • Paris, 12 oct. 1982 : *D. 1982. IR 535.*

3. L'appel étant, selon l'art. 932, fait par déclaration ou par pli recommandé au secrétariat de la juridiction par la partie ou tout mandataire, l'appel formé par le père d'enfants placés, pour le compte des grands-parents paternels des mineurs, est irrecevable dès lors qu'aucun pouvoir n'est joint. • Versailles, 6 sept. 2001 : *BICC 2001, nº 392.*

Art. 1193 **L'appel est instruit et jugé par priorité en chambre du conseil par la chambre de la cour d'appel chargée des affaires de mineurs suivant la procédure applicable devant le juge des enfants.**

(Décr. nº 2002-361 du 15 mars 2002) **« La cour statue sur l'appel des décisions de placement provisoire prises par le juge des enfants en application des dispositions de**

l'article 375-5 du code civil dans les trois mois à compter de la déclaration d'appel. » – *Entrée en vigueur le 1er sept. 2002.*

JURISPRUDENCE ANTÉRIEURE AU DÉCRET DU 15 MARS 2002

1. L'appel d'une décision statuant en matière d'assistance éducative est instruit et jugé par la chambre de la cour chargée des affaires de mineurs suivant la procédure applicable devant le juge des enfants ; toutefois, la juridiction d'appel, qui est en principe une juridiction de jugement, n'est pas tenue de procéder à nouveau à l'instruction de l'affaire et, notamment, de refaire les actes prescrits par l'art. 1181 au juge du premier degré. • Civ. 1re, 3 févr. 1987, n° 86-80.016 P : *D. 1987. 513, note Massip.* ♦ Sur l'audition du mineur, V. • Civ. 1re, 12 mai 1987, n° 85-80.059 P. ♦ Elle doit cependant faire les actes auxquels le premier juge n'a pas procédé. • Civ. 1re, 25 juin 1991 : *D. 1992. 51, note Massip.*

2. Sur le maintien de la mesure provisoire au-delà de la décision sur le fond, V. note 2 ss. art. 1185.

3. Sur la consultation du rapport d'enquête sociale en cause d'appel, V. note 1 ss. ancien art. 1187.

Art. 1194 **Les décisions de la cour d'appel sont notifiées comme il est dit à l'article 1190.**

Art. 1195 *(Décr. n° 2002-361 du 15 mars 2002, en vigueur le 1er sept. 2002)* **« Les convocations et notifications sont faites par le greffe par lettre recommandée avec demande d'avis de réception** *(Abrogé par Décr. n° 2015-282 du 11 mars 2015, art. 12)* ***« et par lettre simple »*. » Le juge peut, toutefois, décider qu'elles auront lieu par acte d'huissier de justice** *(Décr. n° 2005-1678 du 28 déc. 2005, art. 69, en vigueur le 1er mars 2006)* **« , le cas échéant, à la diligence du greffe, » ou par la voie administrative. »**

La remise d'une expédition du jugement contre récépissé daté et signé équivaut à la notification.

BIBL. ► **Décr. du 11 févr. 2015 :** Bléry, *Gaz. Pal. 27 mars 2015, p. 6* (une nouvelle ère pour la procédure civile). – Croze, *JCP 2015. 356* (choix de simplification procédurale ? – À propos du décret n° 2015-282 du 11 mars 2015).

1. Aucun texte n'exige la justification que la lettre recommandée soit effectivement parvenue au destinataire lui-même. • Civ. 1re, 11 janv. 1984, n° 83-80.020 P : *RTD civ. 1984. 370, obs. Perrot.*

2. Il est satisfait aux dispositions des art. 1188, 1193 et 1195 lorsque la convocation a été adressée par lettre recommandée avec demande d'avis de réception et que le destinataire n'a pas réclamé cette lettre qui n'avait pu lui être remise en mains propres. • Civ. 1re, 4 janv. 1995, n° 93-05.079 P : *D. 1995. IR 58.*

Art. 1196 *(Abrogé par Décr. n° 2004-836 du 20 août 2004, art. 35)* ***« En cas de pourvoi en cassation, les parties sont dispensées du ministère d'un avocat au Conseil d'État et à la Cour de cassation. »*** – *Le décret du 20 août 2004 entre en vigueur le 1er janv. 2005. Il est applicable aux procédures en cours. Toutefois, les art. 20 à 43 sont applicables uniquement aux recours dirigés à l'encontre des décisions rendues à compter du 1er janv. 2005 (Décr. n° 2004-836 du 20 août 2004, art. 59).*

Le pourvoi en cassation est ouvert au ministère public.

1. Le pourvoi en cassation est ouvert contre les décisions prescrivant des mesures d'assistance éducative, fût-ce à titre provisoire. • Civ. 1re, 3 févr. 1987, n° 86-80.016 P : *D. 1987. 513, note Massip.*

2. La possibilité de frapper d'un pourvoi en cassation indépendamment de la décision sur le fond les mesures d'assistance éducative prises à titre provisoire constitue une dérogation aux dispositions des art. 606 à 608, qui ne peut être étendue aux autres jugements provisoires pris en matière d'assistance éducative, ni à ceux qui prescrivent des mesures d'administration judiciaire ou des mesures d'instruction. • Civ. 1re, 2 juin 1987, n° 86-80.011 P : *D. 1987. 513, note Massip* • 14 juin 2005, n° 04-05.060 P.

Art. 1197 **Lorsque les** *(Décr. n° 2013-429 du 24 mai 2013, art. 1er-3°)* **« parents » ne peuvent supporter la charge totale des frais de justice qui leur incombent, le juge fixe le montant de leur participation.** – *V. C. civ., art. 375-8.* – ***C. civ.***

Le Décr. n° 2013-429 du 24 mai 2013 est applicable à Wallis-et-Futuna (Décr. préc., art. 6).

Art. 1198 **Le juge peut visiter ou faire visiter tout mineur faisant l'objet d'une mesure de placement prise en application des articles 375-3 et 375-5 du code civil.**

Art. 1199 Le juge peut déléguer sa compétence au juge du lieu où le mineur a été placé soit volontairement, soit par décision de justice, à l'effet d'organiser l'une des mesures prévues aux articles 375-2 et 375-4 du code civil et d'en suivre l'application.

Art. 1199-1 *(Décr. nº 86-939 du 30 juill. 1986)* L'institution ou le service chargé de l'exercice de la mesure adresse au juge des enfants qui a statué ou qui a reçu délégation de compétence un rapport sur la situation et l'évolution du mineur selon la périodicité fixée par la décision ou, à défaut, annuellement.

(Décr. nº 2008-1486 du 30 déc. 2008, art. 1er) « Il en est de même en cas de placement pour une durée supérieure à deux ans. A défaut de transmission de ce rapport, le juge des enfants convoque les parties à une audience afin d'établir un bilan de la situation du mineur placé. »

Le Décr. nº 2008-1486 du 30 déc. 2008 (JO 31 déc.) entre en vigueur le premier jour du mois suivant celui de sa publication (Décr. préc., art. 7), soit le 1er janv. 2009.

Art. 1199-2 *(Décr. nº 2012-1312 du 27 nov. 2012, art. 2)* La désignation d'un espace de rencontre en application de *(Décr. nº 2017-1572 du 15 nov. 2017, art. 2-1º)* « la troisième phrase » du quatrième alinéa de l'article 375-7 du code civil donne lieu à une information préalable du juge des enfants.

Le Décr. nº 2012-1312 du 27 nov. 2012 est applicable dans les îles Wallis-et-Futuna (Décr. préc., art. 3).

Art. 1199-3 *(Décr. nº 2017-1572 du 15 nov. 2017, art. 2-2º)* La fréquence du droit de visite en présence d'un tiers est fixée dans la décision judiciaire sauf à ce que, sous le contrôle du juge, les conditions d'exercice de ce droit soient laissées à une détermination conjointe entre le ou les parents et la personne, le service ou l'établissement à qui l'enfant est confié.

Art. 1200 Dans l'application de l'assistance éducative, il doit être tenu compte des convictions religieuses ou philosophiques du mineur et de sa famille.

Sur la rémunération des services d'enquêtes sociales habilités, V. Arr. du 25 août 1992 (JO 3 sept.).

Art. 1200-1 *(Décr. nº 2008-1486 du 30 déc. 2008, art. 2)* Les mesures d'assistance éducative sont renouvelées, conformément au troisième alinéa de l'article 375 du code civil par le juge des enfants dans les conditions prévues à la présente section.

En cas de placement pour une durée supérieure à deux ans, le juge des enfants convoque, dans les mêmes conditions, les parties à une audience au moins tous les trois ans.

Le Décr. nº 2008-1486 du 30 déc. 2008 (JO 31 déc.) entre en vigueur le premier jour du mois suivant celui de sa publication (Décr. préc., art. 7), soit le 1er janv. 2009.

SECTION 2 *BIS* *La mesure judiciaire d'aide à la gestion du budget familial*

(Décr. nº 2008-1486 du 30 déc. 2008, art. 3)

Le Décr. nº 2008-1486 du 30 déc. 2008 (JO 31 déc.) entre en vigueur le premier jour du mois suivant celui de sa publication (Décr. préc., art. 7), soit le 1er janv. 2009.

Art. 1200-2 Est compétent pour ordonner une mesure judiciaire d'aide à la gestion du budget familial prévue à l'article 375-9-1 du code civil le juge des enfants du lieu où demeure l'allocataire ou l'attributaire des prestations familiales auxquelles le mineur ouvre droit.

Si l'allocataire ou l'attributaire des prestations familiales change de lieu de résidence, les dispositions des deuxième et troisième alinéas de l'article 1181 s'appliquent.

Art. 1200-3 Le juge des enfants peut être saisi par :

1° L'un des représentants légaux du mineur ;

2° L'allocataire ou l'attributaire des prestations familiales auxquelles ouvre droit le mineur ;

3° Le procureur de la République ;

4° Le maire de la commune de résidence de l'allocataire ou de l'attributaire des prestations familiales auxquelles le mineur ouvre droit, ou le maire de la commune de résidence de ce mineur, conjointement avec l'organisme débiteur des prestations familiales, en application des dispositions de l'article 375-9-2 du code civil.

Le juge des enfants peut se saisir d'office à titre exceptionnel.

Le président du *(Décr. n° 2017-892 du 6 mai 2017, art. 69)* « conseil départemental » peut signaler au procureur de la République toute situation pour laquelle l'accompagnement en économie sociale et familiale est insuffisant. Celui-ci s'assure qu'une telle situation entre dans le champ d'application de l'article 375-9-1 du code civil.

Concernant l'entrée en vigueur du Décr. n° 2008-1486, V. note supra, au-dessus de l'art. 1200-2.

Art. 1200-4 Le juge des enfants avise de l'ouverture de la procédure, s'ils ne sont pas auteurs de la saisine :

1° Les représentants légaux du mineur ;

2° L'allocataire ou l'attributaire des prestations familiales auxquelles ouvre droit le mineur ;

3° Le procureur de la République ;

4° L'organisme débiteur des prestations familiales ;

5° Le président du *(Décr. n° 2017-892 du 6 mai 2017, art. 69)* « conseil départemental » de la résidence de l'allocataire ou de l'attributaire des prestations familiales.

Cet avis informe l'allocataire ou l'attributaire des prestations familiales de son droit de choisir un avocat ou de demander qu'il lui en soit désigné un d'office, conformément aux dispositions de l'article 1200-5. Il l'informe également de la possibilité de consulter le dossier, conformément aux dispositions de l'article 1200-6.

Après avoir recueilli toutes informations utiles, le juge convoque, au moins huit jours avant la date de l'audience, l'allocataire ou l'attributaire des prestations familiales et en avise leur avocat désigné ou choisi lorsqu'il en a été informé.

L'allocataire ou l'attributaire est avisé à chaque convocation, dans les mêmes termes que dans l'avis d'ouverture de la procédure, de son droit d'être assisté par un avocat lors de l'audience et de consulter le dossier.

Le juge des enfants peut également convoquer à l'audience toute personne dont l'audition lui paraît utile.

Concernant l'entrée en vigueur du Décr. n° 2008-1486, V. note supra, au-dessus de l'art. 1200-2.

Art. 1200-5 L'allocataire ou l'attributaire des prestations familiales peut choisir un avocat ou demander au juge que le bâtonnier lui en désigne un d'office. La désignation demandée doit intervenir dans les huit jours de la demande.

Le droit d'être assisté par un avocat est rappelé à l'intéressé lors de la première audience.

Concernant l'entrée en vigueur du Décr. n° 2008-1486, V. note supra, au-dessus de l'art. 1200-2.

Art. 1200-6 Dès l'avis d'ouverture de la procédure et jusqu'à la veille de l'audience, le dossier peut être consulté au greffe par l'avocat, qui peut se faire délivrer copie de tout ou partie des pièces du dossier pour l'usage exclusif de la procédure de mesure judiciaire d'aide à la gestion du budget familial. Il ne peut transmettre à son client les copies ainsi obtenues ou la reproduction de ces pièces.

Jusqu'à la veille de l'audience, le dossier peut également être consulté directement par l'allocataire ou l'attributaire des prestations à sa demande. Cette consultation est réalisée aux jours et heures fixés par le juge. En l'absence d'avocat, le juge peut, par décision motivée, exclure du dossier tout ou partie des pièces dont la consultation porterait une atteinte excessive à la vie privée d'une partie ou d'un tiers.

Le dossier peut être consulté dans les conditions prévues à l'alinéa précédent par le délégué aux prestations familiales désigné par le juge.

La décision écartant certaines pièces de la consultation est notifiée dans les huit jours à la personne qui en a fait la demande. Le procureur de la République est avisé de cette notification.

Concernant l'entrée en vigueur du Décr. n° 2008-1486, V. note supra, au-dessus de l'art. 1200-2.

Art. 1200-7 Avant toute audience, le dossier est transmis au procureur de la République qui fait connaître au juge, au moins huit jours avant l'audience, son avis écrit sur la suite à donner et lui indique s'il entend formuler cet avis à l'audience. Il n'y a pas lieu à communication pour avis avant la première audience lorsque le juge a été saisi par le ministère public.

Concernant l'entrée en vigueur du Décr. n° 2008-1486, V. note supra, au-dessus de l'art. 1200-2.

Art. 1200-8 L'affaire est instruite et jugée en chambre du conseil.

L'audience peut être tenue au siège du tribunal pour enfants ou au siège *(Décr. n° 2019-913 du 30 août 2019, art. 19, en vigueur le 1er janv. 2020)* « d'une chambre de proximité située *[ancienne rédaction : d'un tribunal d'instance situé]* » dans le ressort, que la convocation indique.

A l'audience, le juge entend l'allocataire ou l'attributaire des prestations familiales et porte à sa connaissance les motifs de sa saisine. Il entend toute autre personne dont l'audition lui paraît utile. L'avocat de l'allocataire ou de l'attributaire des prestations est entendu en ses observations.

Concernant l'entrée en vigueur du Décr. n° 2008-1486, V. note supra, au-dessus de l'art. 1200-2.

Art. 1200-9 Le juge des enfants se prononce sur la mesure judiciaire d'aide à la gestion du budget familial par décision séparée des autres décisions relatives à l'assistance éducative.

La mesure judiciaire d'aide à la gestion du budget familial peut à tout moment être modifiée ou rapportée soit :

1° D'office par le juge ;

2° A la demande du procureur de la République ;

3° A la demande des personnes ayant saisi le juge en application des 1°, 2° et 4° de l'article 1200-3 ;

4° A la demande du délégué aux prestations familiales.

Concernant l'entrée en vigueur du Décr. n° 2008-1486, V. note supra, au-dessus de l'art. 1200-2.

Art. 1200-10 La décision du juge des enfants est notifiée dans les huit jours aux parties et, en tout état de cause, au délégué aux prestations familiales s'il a été désigné et à l'organisme débiteur de ces prestations.

Un avis de notification est également donné au procureur de la République.

Concernant l'entrée en vigueur du Décr. n° 2008-1486, V. note supra, au-dessus de l'art. 1200-2.

Art. 1200-11 La décision du juge des enfants peut être frappée d'appel par les parties et le délégué aux prestations familiales, dans un délai de quinze jours suivant sa notification ou remise de l'avis.

L'appel est formé selon les règles édictées aux articles 931 à 934. Le greffier avise de l'appel, par lettre simple, les parties qui ne l'auraient pas elles-mêmes formé et les informe qu'elles seront ultérieurement convoquées devant la cour.

Concernant l'entrée en vigueur du Décr. n° 2008-1486, V. note supra, au-dessus de l'art. 1200-2.

Art. 1200-12 Les dispositions des articles 1193, 1195 et 1196 sont applicables à la mesure judiciaire d'aide à la gestion du budget familial.

Concernant l'entrée en vigueur du Décr. n° 2008-1486, V. note supra, au-dessus de l'art. 1200-2.

Art. 1200-13 Les décisions de la cour d'appel sont notifiées conformément à l'article 1200-10.

Concernant l'entrée en vigueur du Décr. n° 2008-1486, V. note supra, au-dessus de l'art. 1200-2.

SECTION 3 ***Délégation, retrait total et partiel de l'autorité parentale, déclaration judiciaire de délaissement parental*** *(Décr. n° 2002-1436 du 3 déc. 2002, art. 21-I ; Décr. n° 2017-148 du 7 févr. 2017, art. 3-1°).*

Sur le JAF, V. note précédant l'art. 1179.

BIBL. ► GEBLER, *AJ fam. 2017. 167* (nouvelle procédure de délaissement parental). – GEBLER et AVENA-ROBARDET, *AJ fam. 2017. 170* (délégation et retrait de l'autorité parentale, délaissement parental : tableau comparatif).

Art. 1201 *Abrogé par Décr. n° 2002-1436 du 3 déc. 2002, art. 19.*

Art. 1202 *(Décr. n° 94-42 du 14 janv. 1994)* **Les demandes** *(Décr. n° 2002-1436 du 3 déc. 2002, art. 21-II)* **« en retrait total ou » partiel de l'autorité parentale sont portées devant le tribunal judiciaire du lieu où demeure l'ascendant contre lequel l'action est exercée.**

Les demandes en délégation de l'autorité parentale sont portées devant le juge aux affaires familiales du lieu où demeure le mineur.

(Décr. n° 2017-148 du 7 févr. 2017, art. 3-2°) **« Les demandes en déclaration judiciaire de délaissement parental sont portées devant le tribunal judiciaire du lieu où demeure le mineur. »** *(Décr. n° 2019-1333 du 11 déc. 2019, art. 29)* **« Lorsqu'elles émanent du service de l'aide sociale à l'enfance, elles sont portées devant le tribunal judiciaire du chef-lieu du département dans lequel le mineur a été recueilli. »**

Sur l'entrée en vigueur des dispositions du Décr. n° 2019-1333 du 11 déc. 2019, V. Décr. préc., art. 55, App., I, A, Procédure en matière familiale.

1. Pouvoir du juge. Sauf acte usuel, le juge des enfants ne peut autoriser la personne, le service ou l'établissement à qui est confié l'enfant à accomplir un acte relevant de l'autorité parentale qu'à titre exceptionnel, lorsque l'intérêt de l'enfant le justifie, et en cas de refus abusif ou injustifié ou en cas de négligence des détenteurs de l'autorité parentale. Viole les art. 375-7, al. 2, C. civ., ensemble l'art. 1202 C. pr. civ., la cour d'appel qui, confirmant une ordonnance du juge des enfants transférant à l'aide sociale à l'enfance le droit d'effectuer des démarches liées à la scolarité et aux loisirs de la mineure en lieu et place des détenteurs de l'autorité parentale et disant qu'il sera rendu compte de son exécution au juge, statue par une décision qui n'était pas limitée dans le temps. • Civ. 1re, 4 janv. 2017, n° 15-28.935 P.

2. Notion de délaissement. Caractérise une situation de délaissement au sens de l'art. 381-1 C. civ. le fait pour une mère de ne pas s'être saisie, d'une part, du droit de visite médiatisé organisé dès la naissance en vue de la soutenir dans la création d'un lien avec son enfant, mettant en échec celui-ci par son inconstance dans l'exercice de ce droit et par son absence de prise en compte des besoins de l'enfant, d'autre part, du droit de correspondance médiatisé instauré au moment de la suspension du droit de visite, n'ayant plus posé aucun acte concret permettant d'attester des velléités de reprendre une relation avec son enfant. • Civ. 1re, 30 nov. 2022, n° 20-22.903 P : *D. 2022. 2161 ; ibid. 2023. 529, obs. Douchy-Oudot ; JCP 2023. 161, note Cheynet de Beaupré ; ibid. 398, obs. Rebourg.* ♦ V. art. 381-1 C. civ.

Art. 1203 *(Décr. n° 94-42 du 14 janv. 1994)* **« Le tribunal ou le juge » est saisi par requête** *(Décr. n° 2017-148 du 7 févr. 2017, art. 3-3°-a)* **« remise ou adressée au greffe ».** *(Décr. n° 2019-1333 du 11 déc. 2019, art. 8)* **« Sauf pour les demandes de délégation de l'autorité parentale, les parties sont tenues de constituer avocat** *[ancienne rédaction : Les parties sont dispensées du ministère d'avocat]* **». La requête peut être adressée au procureur de la République qui doit la transmettre** *(Décr. n° 94-42 du 14 janv. 1994)* **« au tribunal ou au juge ».**

(Décr. n° 2017-148 du 7 févr. 2017, art. 3-3°-b) **« Outre les mentions prévues à l'article** *(Décr. n° 2019-1333 du 11 déc. 2019, art. 29)* **« 57** *[ancienne rédaction : 58]* **», la requête indique, à peine d'irrecevabilité, le lieu où demeure le mineur et, le cas échéant, le lieu où demeurent le ou les titulaires de l'autorité parentale ainsi que les motifs de la requête. »**

Sur l'entrée en vigueur des dispositions du Décr. n° 2019-1333 du 11 déc. 2019, V. Décr. préc., art. 55, App., I, A, Procédure en matière familiale.

Art. 1204 *(Décr. n° 2017-148 du 7 févr. 2017, art. 3-4°)* **Sont convoqués à l'audience, par lettre recommandée avec avis de réception à laquelle la requête est annexée, huit jours au moins avant la date de celle-ci :**

1° Le requérant ;

2° Les parents du mineur ;

3° La personne, l'établissement ou le service qui a recueilli l'enfant ;

4° Le cas échéant, le tuteur du mineur ;

5° Lorsque la demande tend à la délégation de l'exercice de l'autorité parentale, le tiers candidat à la délégation.

Les conseils des parties, si elles sont assistées ou représentées, ainsi que le ministère public sont également avisés de la date de l'audience.

Les convocations et avis informent les destinataires de la possibilité de consulter le dossier conformément à l'article 1208-1.

Art. 1205 *(Décr. nº 94-42 du 14 janv. 1994)* « Le tribunal ou le juge », même d'office, procède ou fait procéder à toutes les investigations utiles et notamment aux mesures d'information prévues à l'article 1183. Il peut à cet effet commettre le juge des enfants.

(Abrogé par Décr. nº 2017-148 du 7 févr. 2017, art. 3-5°) ***« Lorsqu'une procédure d'assistance éducative a été diligentée à l'égard d'un ou plusieurs enfants, le dossier en est communiqué*** *(Décr. nº 94-42 du 14 janv. 1994)* ***« au tribunal ou au juge ». »***

Art. 1205-1 *(Décr. nº 2017-148 du 7 févr. 2017, art. 3-6°)* Lorsqu'une procédure d'assistance éducative a été diligentée à l'égard d'un ou plusieurs enfants, le dossier en est communiqué au tribunal ou au juge par le juge des enfants, dans les conditions définies à l'article 1187-1. Le juge des enfants ne transmet pas les pièces qu'il a exclues de la consultation en application de l'article 1187.

Dans tous les cas, le juge des enfants fait connaître son avis au regard de la procédure d'assistance éducative en cours.

Une copie de la décision du juge ou du tribunal est transmise au juge des enfants ainsi que toute pièce que ce dernier estime utile.

Art. 1206 Le procureur de la République *(Décr. nº 2017-148 du 7 févr. 2017, art. 3-7°)* « peut recueillir » les renseignements qu'il estime utiles sur la situation de famille du mineur et la moralité de ses parents.

Art. 1207 Pour le cours de l'instance, *(Décr. nº 94-42 du 14 janv. 1994)* « le tribunal ou le juge » peut ordonner toute mesure provisoire *(Décr. nº 87-578 du 22 juill. 1987)* « relative à l'exercice de l'autorité parentale ».

Art. 1208 *(Décr. nº 94-42 du 14 janv. 1994)* « Le tribunal ou le juge » entend les *(Décr. nº 2013-429 du 24 mai 2013, art. 1er-9°)* « parents, le tuteur, la personne ou le représentant du service » *(Décr. nº 87-578 du 22 juill. 1987)* « à qui l'enfant a été confié » ainsi que toute personne dont l'audition lui paraît utile. *(Abrogé par Décr. nº 93-1091 du 16 sept. 1993)* ***« Il entend le mineur s'il l'estime opportun. »***

(Décr. nº 2017-148 du 7 févr. 2017, art. 3-8°) « Dans le cas où les parents ont disparu, le tribunal ou le juge peut faire procéder à une recherche dans l'intérêt des familles ; en ce cas, il sursoit à la décision pour un délai n'excédant pas six mois. »

Le Décr. nº 2013-429 du 24 mai 2013 est applicable à Wallis-et-Futuna (Décr. préc., art. 6).

1. Dans la procédure de déchéance de l'autorité parentale où le ministère public n'est que partie jointe, peu importe que l'intimé n'ait pu répondre aux observations de celui-ci pourvu qu'il n'en ait pas été empêché. • Civ. 1re, 15 mai 1990 : *D. 1990. IR 152*.

2. Le jugement est nul dès lors que le ministère public n'a pas assisté aux débats. • Civ. 1re, 29 oct. 1996, nº 96-13.346 P : *Dr. fam. 1997, nº 27, note Murat* ; • 9 juill. 2002, nº 00-17.072 P : *AJ fam. 2002. 339, obs. F. B.* ; *Dr. fam. 2003, nº 1, obs. Murat* ; *JCP 2003. II. 10091, note du Rusquec* ; *Gaz. Pal. 8-9 janv. 2003, p. 16, obs. Massip* • 25 janv. 2005 : *RJPF avr. 2005. 24, obs. Eudier.*

Art. 1208-1 *(Décr. nº 2017-148 du 7 févr. 2017, art. 3-9°)* Le dossier peut être consulté au greffe, jusqu'à la veille de l'audience, par le requérant, les parents, le tuteur, la personne ou le service à qui l'enfant a été confié ou leurs avocats s'ils sont assistés ou représentés. L'avocat peut se faire délivrer copie de tout ou partie des pièces du dossier pour l'usage exclusif de la procédure. Il ne peut communiquer les copies obtenues ou leur reproduction à son client.

Art. 1208-2 *(Décr. nº 2017-148 du 7 févr. 2017, art. 3-9°)* L'affaire est instruite et jugée en chambre du conseil après avis du ministère public. *(Décr. nº 2019-1333 du 11 déc. 2019, art. 29)* « La procédure est orale. »

Sur l'entrée en vigueur des dispositions du Décr. n° 2019-1333 du 11 déc. 2019, V. Décr. préc., art. 55, App., I, A, Procédure en matière familiale.

Art. 1208-3 *(Décr. n° 2017-148 du 7 févr. 2017, art. 3-9°)* Les décisions du juge ou du tribunal sont notifiées par lettre recommandée avec avis de réception, dans les huit jours, au requérant, aux parents, tuteur, personne ou service à qui l'enfant a été confié ou au tiers délégataire. Le juge ou le tribunal peut toutefois décider que la notification aura lieu par acte d'huissier de justice, le cas échéant, à la diligence du greffe, ou par la voie administrative.

Dans tous les cas, un avis de notification est donné au procureur de la République.

Art. 1208-4 *(Décr. n° 2017-148 du 7 févr. 2017, art. 3-9°)* Le tribunal saisi d'une demande de déclaration judiciaire de délaissement parental, statue en la même forme et par le même jugement, sur la délégation de l'exercice de l'autorité parentale.

Art. 1209 *(Décr. n° 2017-148 du 7 févr. 2017, art. 3-10°)* Les décisions du juge ou du tribunal peuvent être frappées d'appel par :

1° Les personnes auxquelles le jugement a été notifié jusqu'à l'expiration d'un délai de quinze jours suivant la notification qui leur en est faite ;

2° Le ministère public jusqu'à l'expiration d'un délai de quinze jours suivant la remise de l'avis qui lui a été donné.

Art. 1209-1 *(Décr. n° 2017-148 du 7 févr. 2017, art. 3-11° ; Décr. n° 2019-1333 du 11 déc. 2019, art. 29)* « Pour les demandes de délégation d'autorité parentale, l'appel *[ancienne rédaction : L'appel]* » est formé selon les règles édictées aux articles **931** à **934**.

Le greffier avise de l'appel, par lettre simple, les personnes et le service auxquels la décision a été notifiée et qui ne l'auraient pas eux-mêmes formé et les informe qu'ils seront ultérieurement convoqués devant la cour.

L'appel est instruit et jugé en chambre du conseil par la cour d'appel chargée des affaires de mineurs suivant la procédure applicable en première instance.

Les décisions de la cour d'appel sont notifiées comme il est dit à l'article **1208-3**.

Sur l'entrée en vigueur des dispositions du Décr. n° 2019-1333 du 11 déc. 2019, V. Décr. préc., art. 55, App., I, A, Procédure en matière familiale.

Art. 1209-1-1 *(Décr. n° 2019-1333 du 11 déc. 2019, art. 29-18°)* Pour les demandes de retrait total et partiel de l'autorité parentale et de déclaration judiciaire de délaissement de l'autorité parentale, l'appel est formé selon les règles de la représentation obligatoire.

Sur l'entrée en vigueur des dispositions du Décr. n° 2019-1333 du 11 déc. 2019, V. Décr. préc., art. 55, App., I, A, Procédure en matière familiale.

Art. 1209-2 *(Décr. n° 2017-148 du 7 févr. 2017, art. 3-11°)* Le pourvoi en cassation est ouvert au ministère public.

Art. 1210 La demande en restitution des droits délégués ou retirés est formée par requête devant *(Décr. n° 94-42 du 14 janv. 1994)* « le tribunal ou le juge » du lieu où demeure la personne à laquelle ces droits ont été conférés. Elle est notifiée à cette personne par le greffier. Elle obéit, pour le surplus, aux règles qui gouvernent les demandes en délégation de l'autorité parentale. — *V. C. civ., art. 376 s.* — ***C. civ.***

(Décr. n° 2017-148 du 7 févr. 2017, art. 3-12°) « Les demandes en restitution d'enfants déclarés délaissés sont soumises aux dispositions du présent chapitre. »

SECTION 4 *Dispositions relatives à l'administrateur ad hoc*

(Décr. n° 99-818 du 16 sept. 1999)

Art. 1210-1 Lorsqu'en application des dispositions des articles *(Décr. n° 2023-914 du 2 oct. 2023, art. 3)* « **375-1,** » *(Décr. n° 2016-185 du 23 févr. 2016, art. 5)* « **383** et **388-2** » du code civil, la juridiction procède à la désignation d'un administrateur *ad hoc* et que dans l'intérêt de l'enfant, il est impossible de choisir celui-ci au sein de la famille ou parmi les proches du mineur, la juridiction peut désigner l'administrateur *ad hoc* parmi les personnes figurant sur la liste prévue à l'article R. 53 du code de procédure pénale.

L'art. 5 du Décr. n° 2016-185 du 23 févr. 2016 est applicable aux administrations légales en cours au jour de son entrée en vigueur (Décr. préc., art. 18-II, applicable à Wallis-et-Futuna ; Décr. préc., art. 19-III).

Art. 1210-2 **La désignation d'un administrateur *ad hoc* peut être contestée par la voie de l'appel par les représentants légaux du mineur dans un délai de quinze jours. Cet appel n'est pas suspensif.**

L'appel est formé, instruit et jugé comme en matière gracieuse.

1. Appel-nullité. Recevabilité. Sur la recevabilité des tiers à former un appel-nullité contre l'ordonnance désignant un administrateur *ad hoc*, V. : • Civ. 1re, 9 juin 2010, n° 09-10.641.

2. Abus du droit d'agir en justice. Justifie légalement sa décision la cour d'appel qui, pour caractériser la faute ayant fait dégénérer en abus leur droit d'agir en justice, retient qu'en procédant à un appel-nullité plus d'un an après la décision du juge des enfants les ayant déclarés irrecevables en leur tierce opposition, les demandeurs avaient agi avec une intention malicieuse et vexatoire à l'encontre du père du mineur et de l'administrateur *ad hoc*. • Civ. 1re, 9 juill. 2010 : *préc. note 1.*

Art. 1210-3 *(Décr. n° 2008-764 du 30 juill. 2008, art. 13, en vigueur le 11 sept. 2008)* **« En sus du remboursement de ses frais de déplacement, calculés dans les conditions fixées pour les déplacements des personnels civils de l'État pour le ministère de la justice, il est alloué une indemnité à chaque personne désignée en qualité d'administrateur *ad hoc*, lorsqu'elle figure sur la liste prévue à l'article 53 du code de procédure pénale.**

« Une indemnité de carence est allouée à l'administrateur *ad hoc* qui n'a pu réaliser sa mission pour une cause qui lui est étrangère, sur la base d'un rapport indiquant les diligences accomplies, dans les conditions définies à l'article R. 53-8 du code de procédure pénale.

« Le montant de ces indemnités est fixé par arrêté conjoint du garde des Sceaux, ministre de la justice, et du ministre chargé du budget. »

Les frais de cette rémunération sont recouvrés par le Trésor contre la partie condamnée aux dépens, selon les procédures et sous les garanties prévues en matière d'amende pénale. En l'absence de condamnation aux dépens, les frais sont recouvrés contre la partie indiquée par le juge qui a désigné l'administrateur *ad hoc*.

Les dispositions résultant de l'art. 13 du Décr. n° 2008-764 du 30 juill. 2008 sont entrées en vigueur à la date fixée par l'Arr. du 2 sept. 2008 (Décr. préc., art. 15-II), soit le 11 sept. 2008.

Art. 1210-3-1 *(Décr. n° 2023-914 du 2 oct. 2023, art. 3)* **Lorsqu'un administrateur *ad hoc* est désigné en application de l'article 375-1 du code civil, son mandat prend fin à la date que le juge des enfants détermine et, au plus tard, à la date à laquelle la décision sur le fond prévue à l'article 1185 devient définitive ou à laquelle la décision rendue au titre des articles 375-2 à 375-4 du code civil arrive à échéance.**

SECTION 5 *Le déplacement illicite international d'enfants*

(Décr. n° 2004-1158 du 29 oct. 2004, art. 12)

V. Règl. (UE) n° 2019/1111 du 25 juin 2019, art. 12, V. App. XII. Droit international.

BIBL. ▸ Boiché, *LPA 9 mars 2012, p. 3.* – Hilpert, *AJ fam. 2018. 523* (la procédure de retour, évolutions procédurales).

▸ **Décr. du 27 janv. 2012 :** Ndlr, *Procédures 2012. Veille 10.*

▸ **Décr. du 6 mai 2017 :** Devers, *D. actu. 30 mai 2017.* – Egéa, *Dr. fam. 2017. Étude 2, nos 24 s.*

Art. 1210-4 *(Décr. n° 2017-892 du 6 mai 2017, art. 28-2°)* **L'autorité centrale désignée dans le cadre des instruments internationaux et européens relatifs au déplacement illicite international d'enfants transmet au procureur de la République près le tribunal judiciaire territorialement compétent en application de l'article L. 211-12 du code de l'organisation judiciaire la demande de retour dont elle a été saisie.**

I. — Lorsque la demande concerne un enfant déplacé ou retenu en France, le procureur de la République ordonne dès réception tous les actes utiles pour localiser l'enfant ou confirmer sa localisation. Si une juridiction a été saisie au fond sur les modalités de

l'exercice de l'autorité parentale, le procureur de la République l'informe de la demande de retour.

Le procureur de la République peut aussi :

1° Prendre toute mesure en vue d'assurer la remise volontaire de l'enfant, notamment en faisant procéder à l'audition de la personne dont il est allégué qu'elle a déplacé ou retenu l'enfant et en l'invitant à un retour volontaire de l'enfant, ou de faciliter une solution amiable ;

2° Ordonner toute mesure d'investigation, examen ou expertise qui lui semble nécessaire ;

3° Saisir le juge compétent pour qu'il ordonne les mesures provisoires prévues par la loi ou, le cas échéant, transmettre les informations nécessaires au procureur de la République près le tribunal judiciaire territorialement compétent aux mêmes fins ;

4° Introduire une procédure judiciaire afin d'obtenir le retour de l'enfant.

II. — Lorsque la demande concerne un enfant déplacé ou retenu à l'étranger, le procureur de la République peut ordonner toute mesure d'investigation afin de recueillir les informations sur l'enfant et son environnement matériel, familial et social qui ont été sollicitées par l'autorité centrale étrangère.

Le procureur de la République peut également prendre les mesures qu'il estime utiles afin d'assurer la protection de l'enfant après son retour ou, le cas échéant, transmettre les éléments pertinents au procureur de la République près le tribunal judiciaire territorialement compétent aux mêmes fins.

BIBL. ▸ **Décr. du 6 mai 2017 :** DEVERS, *Dr. fam. 2018. Dossier 5.*

Formalisme excessif. Lorsque la demande concerne un enfant déplacé ou retenu en France, le procureur de la République peut, notamment, saisir le juge compétent pour qu'il ordonne les mesures provisoires prévues par la loi ou introduire une procédure judiciaire afin d'obtenir le retour de l'enfant. Compte tenu du rôle central et particulier du ministère public dans la procédure de retour immédiat de l'enfant déplacé de façon illicite qui résulte des art. 6 et 7 de la Conv. de La Haye du 25 oct. 1980 et 1210-4 C. pr. civ., une cour d'appel fait preuve d'un formalisme excessif et, partant, viole les textes susvisés en faisant prévaloir, dans la procédure tendant au retour immédiat de ses enfants engagée par un père sur le fondement de la Conv. de La Haye, le principe de l'obligation, pour le ministère public, de remettre sa déclaration d'appel par voie électronique, ce qui a eu pour effet de rendre irrecevables les prétentions formées par le père en qualité d'appelant incident. • Civ. 1re, 5 avr. 2023, n° 22-21.863 P : *D. actu. 20 avr. 2023, note Bléry.*

Art. 1210-5 Les actions engagées sur le fondement des dispositions des instruments internationaux et *(Décr. n° 2012-98 du 27 janv. 2012, art. 1er-I)* « européens » relatives au déplacement illicite international d'enfants sont portées devant le juge aux affaires familiales du tribunal judiciaire territorialement compétent en application de *(Décr. n° 2012-66 du 20 janv. 2012, art. 40)* « l'article L. 211-12 » du code de l'organisation judiciaire.

(Décr. n° 2017-892 du 6 mai 2017, art. 28-1°) « Est également portée devant le juge mentionné au premier alinéa la demande tendant à l'interdiction de sortie de l'enfant du territoire français sans l'autorisation des deux parents lorsque ce juge est saisi d'une demande de retour de l'enfant ou lorsque la demande est formée par le procureur de la République en application de l'article 1210-4. »

Le Décr. n° 2012-98 du 27 janv. 2012 est applicable à Wallis-et-Futuna à compter du 1er juin 2012 (Décr. préc., art. 4).

L'art. 40 du Décr. n° 2012-66 du 20 janv. 2012 est applicable dans les îles Wallis-et-Futuna (Décr. préc., art. 44).

Art. 1210-6 La demande aux fins d'obtenir le retour de l'enfant, en application de la convention du 25 octobre 1980 sur les aspects civils de l'enlèvement international d'enfants, est formée, instruite et jugée *(Décr. n° 2019-1419 du 20 déc. 2019, art. 5-12°)* « selon la procédure accélérée au fond *[ancienne rédaction : en la forme des référés]* ». *— Entrée en vigueur le 1er mars 2005 (Décr. n° 2004-1158 du 29 oct. 2004, art. 15). — Anc. art. 1210-5 (Décr. n° 2017-892 du 6 mai 2017, art. 28-3°).*

Les dispositions issues du Décr. n° 2019-1419 du 20 déc. 2019 s'appliquent aux demandes introduites, à compter du 1er janv. 2020 (Décr. préc., art. 24-II).

DALLOZ PRATIQUE[S] *Divorce - Enlèvement d'enfants.*

Exécution provisoire de droit (non). La décision du juge aux affaires familiales, ordonnant le retour dans le pays de sa résidence d'un enfant déplacé illicitement, en application de la Conv. de la Haye du 25 oct. 1980 sur les aspects civils de l'enlèvement international d'enfants, n'est pas exécutoire de droit par provision. • Civ. 1re, 20 janv. 2010 : *D. 2010. AJ 325 ; ibid. 522. Chron. C. cass. 522, obs. Auroy ; D. actu. 28 janv. 2010, obs. Dargent ; JCP 2010. 381, note Devers ; Gaz. Pal. 21-22 mai 2010, p. 38, note Eppler ; Procédures 2010, n° 77, note Douchy-Oudot ; RJPF 2010-4, p. 22, obs. Eudier.*

Art. 1210-7 *(Décr. n° 2012-98 du 27 janv. 2012, art. 1er-III)* **Dès qu'il est informé de la décision de retour, le procureur de la République chargé de son exécution** *(Décr. n° 2017-892 du 6 mai 2017, art. 28-6°)* **« , qui est celui près le tribunal judiciaire spécialement désigné en application de l'article L. 211-12 du code de l'organisation judiciaire, dans le ressort duquel se trouve l'enfant, » peut procéder ou faire procéder à l'audition de la personne chez qui se trouve l'enfant qui fait l'objet de cette décision.**

Le Décr. n° 2012-98 du 27 janv. 2012 est applicable à Wallis-et-Futuna à compter du 1er juin 2012 (Décr. préc., art. 4).

Art. 1210-8 *(Décr. n° 2012-98 du 27 janv. 2012, art. 1er-III)* **Afin de déterminer les modalités d'exécution de la décision de retour les plus adaptées aux circonstances de l'espèce, le procureur de la République chargé de son exécution peut :**

— s'attacher les services de toute personne qualifiée aux fins de favoriser l'exécution amiable de la décision et de déterminer les modalités du retour de l'enfant ;

— requérir toute personne qualifiée afin de vérifier la situation matérielle, familiale et sociale de l'enfant faisant l'objet de la décision de retour ;

— faire procéder à tout examen médical, psychiatrique et psychologique de l'enfant qu'il estime nécessaire.

Le Décr. n° 2012-98 du 27 janv. 2012 est applicable à Wallis-et-Futuna à compter du 1er juin 2012 (Décr. préc., art. 4).

Art. 1210-9 *(Décr. n° 2012-98 du 27 janv. 2012, art. 1er-III)* **En l'absence d'exécution volontaire de la décision de retour, le procureur de la République compétent en application de l'article** *(Décr. n° 2017-892 du 6 mai 2017, art. 28-5°)* **« 34-1 de la loi n° 95-125 du 8 janvier 1995 » pour requérir directement la force publique afin de faire exécuter la décision est celui près le tribunal judiciaire spécialement désigné en application de l'article L. 211-12 du code de l'organisation judiciaire, dans le ressort duquel se trouve l'enfant. Il informe, s'il y a lieu, le procureur de la République près le tribunal judiciaire dans le ressort duquel se trouve l'enfant de son intention de requérir la force publique pour faire exécuter la décision de retour et peut recueillir de ce dernier toutes informations utiles, notamment au regard des risques que l'exécution de la décision pourrait entraîner.** — *Anc. art. 1210-6 (Décr. n° 2017-892 du 6 mai 2017, art. 28-5°). — V. L. n° 95-125 du 8 févr. 1995, art. 34-1, reproduit ss. C. pr. exéc., art. L. 121-6.*

Le Décr. n° 2012-98 du 27 janv. 2012 est applicable à Wallis-et-Futuna à compter du 1er juin 2012 (Décr. préc., art. 4).

L'art. 12-1 de la L. n° 91-650 du 9 juill. 1991 est devenu, à compter du 1er juin 2012, l'art. 34-1 de la L. n° 95-125 du 8 févr. 1995 (Ord. n° 2011-1895 du 19 déc. 1991, art. 3-18°).

BIBL. ▸ **Décr. du 6 mai 2017 :** DEVERS, *Dr. fam. 2018. Dossier 5.*

Ancien art. 1210-9 ***La décision de non-retour de l'enfant rendue à l'étranger ainsi que les documents qui l'accompagnent, transmis à l'autorité centrale française en application du 6 de l'article 11 du règlement (CE) n° 2201/2003 du Conseil du 27 novembre 2003 relatif à la compétence, la reconnaissance et l'exécution des décisions en matière matrimoniale et en matière de responsabilité parentale, sont communiqués au ministère public près le tribunal de grande instance visé à l'article 1210-4, qui en saisit le juge aux affaires familiales par requête.*** — *V. Règl. (CE) n° 2201/2003 du 27 nov. 2003, App., v° Droit européen et international, Droit de l'Union européenne.*

Nonobstant les articles 100 et 101 du présent code, les autres juges aux affaires familiales saisis du même litige, ou de litiges connexes, se dessaisissent à son profit.

L'ancien art. 1210-9 correspond à l'ancien art. 1210-6 ainsi renuméroté par le Décr. n° 2012-98 du 27 janv. 2012 (Décr. préc., art. 1er-II).

Le Décr. n° 2012-98 du 27 janv. 2012 est applicable à Wallis-et-Futuna à compter du 1er juin 2012 (Décr. préc., art. 4).

Art. 1210-10 *(Décr. n° 2017-892 du 6 mai 2017, art. 28-7°)* **Une copie des pièces des procédures diligentées par le procureur de la République sur le fondement des articles 1210-4, 1210-7, 1210-8 et 1210-9 doit être communiquée à l'autorité centrale française dans le cadre de la convention de La Haye du 25 octobre 1980 lorsque celle-ci en fait la demande.**

Sauf refus exprès du procureur de la République, une copie des pièces visées à l'alinéa 1er peut être communiquée par l'intermédiaire de l'autorité centrale française, à une autre autorité centrale désignée par la convention précitée, ainsi qu'aux parents ou *[à]* **l'un d'eux, tuteur, personne ou service à qui l'enfant a été confié.**

BIBL. ▸ **Décr. du 6 mai 2017 :** DEVERS, *Dr. fam. 2018. Dossier 5.*

Art. 1210-11 *(Décr. n° 2017-892 du 6 mai 2017, art. 28-7°)* **La décision de refus de retour rendue par une juridiction étrangère et les documents qui l'accompagnent transmis** *(Décr. n° 2023-25 du 23 janv. 2023, art. 1er-11°)* **« à la juridiction déjà saisie par les parties d'une demande relative à l'exercice de l'autorité parentale, en application du paragraphe 3 de l'article 29 du règlement (UE) 2019/1111 du Conseil du 25 juin 2019 relatif à la compétence, la reconnaissance et l'exécution des décisions en matière matrimoniale et en matière de responsabilité parentale, ainsi qu'à l'enlèvement international d'enfants (refonte), sont notifiés aux parties par le greffe de cette juridiction** *[ancienne rédaction : par elle en application de l'article 11[,] paragraphe 6[,] du règlement (CE) n° 2201/2003 du Conseil du 27 novembre 2003 relatif à la compétence, la reconnaissance et l'exécution des décisions en matière matrimoniale et en matière de responsabilité parentale, sont communiqués à la juridiction déjà saisie par les parties d'une demande relative à l'exercice de l'autorité parentale ou, à défaut, au juge aux affaires familiales territorialement compétent en application de l'article L. 211-12 du code de l'organisation judiciaire, dans le ressort duquel réside le parent ayant sollicité le retour de l'enfant en France.]* **»**

(Abrogé par Décr. n° 2023-25 du 23 janv. 2023, art. 1er-11°) ***« Lorsque la décision et les documents susvisés ont été transmis à une juridiction déjà saisie, le greffe de la juridiction les notifie aux parties. Lorsqu'à la suite de cette transmission, une partie forme une nouvelle demande tendant à voir ordonner le retour de l'enfant sur le fondement de l'article 11 du règlement (CE) n° 2201/2003, la juridiction se dessaisit s'il y a lieu au profit du juge aux affaires familiales spécialement désigné par l'article L. 211-12 du code de l'organisation judiciaire dans le ressort de la même cour d'appel.***

« Lorsque la décision et les documents susvisés ont été transmis au juge aux affaires familiales compétent en application de l'article L. 211-12 du code de l'organisation judiciaire, le greffe les notifie aux titulaires de l'exercice de l'autorité parentale qui sont invités à présenter leurs demandes dans un délai de trois mois, dans les formes prévues à l'article 1137. »

Les dispositions de l'art. 28-7° du Décr. n° 2017-892 du 6 mai 2017 sont applicables aux décisions de refus de retour rendues à compter du 11 mai 2017 (Décr. préc., art. 70-V).

Art. 1210-12 *(Décr. n° 2017-892 du 6 mai 2017, art. 28-7°)* **Le délai de pourvoi en cassation sur les décisions rendues en matière de déplacement illicite international d'enfants est de quinze jours.**

Les dispositions de l'art. 28-7° du Décr. n° 2017-892 du 6 mai 2017 sont applicables aux arrêts rendus sur appels interjetés à compter du 11 mai 2017 (Décr. préc., art. 70-VI).

Code de l'action sociale et des familles

SECTION 6 *Visite en présence d'un tiers*

(Décr. n° 2017-1572 du 15 nov. 2017, art. 1er)

Art. R. 223-29 La visite en présence d'un tiers prévue à l'article 375-7 du code civil vise à protéger, à accompagner et à évaluer la relation entre l'enfant et son ou ses parents. Elle s'effectue soit en présence permanente du tiers, soit en présence intermittente du tiers.

Art. R. 223-30 Le tiers est, dans la mesure du possible, le même pour l'ensemble des visites organisées entre un enfant et son ou ses parents. Cependant, si cela s'avère nécessaire, les visites peuvent être assurées en alternance avec un autre tiers.

Sauf dispositions contraires prévues par la décision judiciaire, la visite s'effectue dans un lieu préalablement déterminé par la personne physique ou morale à qui l'enfant est confié en concertation avec le tiers et, conformément aux dispositions des articles L. 223-2 et L. 223-4, avec le mineur et ses représentants légaux.

Le lieu, l'horaire et la fréquence des visites sont définis en prenant en compte l'âge, le rythme et les besoins de l'enfant, les disponibilités du ou des parents ainsi que les objectifs assignés à ces visites par le juge des enfants.

Art. R. 223-31 Lorsque la visite s'effectue en présence d'un tiers professionnel, celui-ci dispose de connaissances et de compétences portant sur le développement et les besoins fondamentaux de l'enfant en fonction de son âge, la fonction parentale et les situations familiales. Il dispose notamment de connaissances sur les conséquences des carences, négligences et maltraitances sur l'enfant.

Le tiers professionnel transmet une analyse à la personne morale à qui l'enfant est confié et au juge des enfants, selon un rythme et des conditions définis par ce dernier, sur les effets de ces visites sur l'enfant ainsi que sur la qualité et l'évolution de la relation entre l'enfant et son ou ses parents.

Lorsque l'enfant a été confié à l'autre parent ou à un tiers prévu au 2° de l'article 375-3 du code civil, le tiers professionnel transmet son analyse au juge des enfants dans les conditions prévues à l'alinéa précédent.

La personne morale à qui l'enfant est confié peut proposer à tout moment au juge des enfants la poursuite, l'aménagement ou la suspension du droit de visite sur la base des éléments transmis par le tiers professionnel.

B Audition de l'enfant

Code civil

Art. 388-1 *et* 388-1 anc. *V. ces art. dans la rubrique Code civil.*

Code de procédure civile

Art. 205 Chacun peut être entendu comme témoin, à l'exception des personnes qui sont frappées d'une incapacité de témoigner en justice.

Les personnes qui ne peuvent témoigner peuvent cependant être entendues dans les mêmes conditions, mais sans prestation de serment. Toutefois, les descendants ne peuvent jamais être entendus sur les griefs invoqués par les époux à l'appui d'une demande en divorce ou en séparation de corps.

1. Incapacités en général. L'art. 205 ne fait pas obstacle à ce que l'employeur propose en qualité de témoins la fille et l'épouse du salarié ainsi que les camarades de travail de ce dernier. • Soc. 9 oct. 1980, n° 78-41.838 P : *RTD civ. 1981. 450, obs. Perrot.*

2. Les faits intéressant une famille et son intimité ne peuvent être relatés que par les membres de celle-ci. Si les attestations des proches du mari doivent être analysées avec esprit critique, elles ne peuvent être écartées sous prétexte de partialité dès lors qu'elles ne sont pas arguées de faux, ni contredites par des témoignages opposés portant sur les mêmes faits. • Paris, 30 juin 1986 : *D. 1987. Somm. 278.*

3. Incapacité du mineur. Le mineur, qui ne peut être entendu en qualité de témoin, ne peut attester. • Civ. 1re, 1er oct. 2009 : *Dr. fam. 2009. Comm. 160, note Maria.*

4. Incapacité des descendants. Doit être écartée, en application de l'art. 205, l'attestation de la fille née d'un précédent mariage du mari. • Civ. 2e, 14 nov. 1973 : *D. 1974. Somm. 5* • 5 févr. 1986 : *JCP 1986. IV. 101.* ♦ La prohibition s'applique également aux conjoints des descendants. • Civ. 2e, 9 mai 1983 : *Gaz. Pal. 1984. 1. Pan. 49, obs. Grimaldi* • 18 nov. 1987, n° 86-16.286 P • 30 sept. 1998, n° 96-21.110 P. ♦ ... De même qu'à la concubine d'un descendant. • Civ. 2e, 10 mai 2001, n° 99-13.833 P : *Defrénois 2001. 1349, obs. Massip ; RTD civ. 2001. 861, obs. Hauser ; Dr. fam. 2002, n° 21, obs. Griffon.* ♦ *Contra*, antérieurement : • Civ. 2e, 25 nov. 1992, n° 91-14.177 P.

5. Aucune déclaration de descendant obtenue sous quelque forme que ce soit, et notamment, les dépositions de témoins ne faisant que rapporter les propos tenus par l'enfant des époux, ne peut être produite au cours d'une procédure de divorce. • Civ. 2e, 23 mars 1977 : *D. 1978. 5, note Merpoel* • 3 oct. 1990 : *Gaz. Pal. 1991. 1. Pan. 40.* – V. aussi • Civ. 2e, 11 juill. 2002 : *RJPF déc. 2002. 19* • Civ. 1re, 3 nov. 2004, n° 03-19.079 P : *D. 2004. IR 3194* (attestation de la mère de l'épouse relatant des propos tenus par ses petits-enfants). ♦ Mais l'art. 205 ne fait pas échec à la production de documents dont les descendants ont été les destinataires. • Civ. 2e, 19 janv. 1983, n° 81-15.909 P • Paris, 4 oct. 1990 : *D. 1991. 286, note Garé* .

6. Toutefois, la remise par un descendant d'une lettre d'un parent relative aux torts du divorce équivaut au témoignage prohibé par l'art. 205. • Civ. 2e, 5 juill. 2001, n° 99-15.244 P : *D. 2001. IR 2361* ; *Dr. fam. 2001, n° 108, obs. Lécuyer ; ibid. 2002, n° 22, obs. Gouttenoire-Cornut.* ♦ Pareillement, la lettre adressée par un parent à un descendant, relative aux torts du divorce, équivaut au témoignage prohibé par ce texte. • Civ. 2e, 23 janv. 2003, n° 01-12.117 P : *D. 2003. IR 603* ; *AJ fam. 2003. 144, obs. S. D.* ; *JCP 2003. I. 128, n° 23, obs. Cadiet ; Dr. fam. 2003, n° 73, obs. Lécuyer ; Gaz. Pal. 29-30 oct. 2003, p. 35, obs. Massip.*

7. La prohibition de l'art. 205 ne s'étend pas à un litige portant sur la résidence de la famille. • Dijon, 9 avr. 1974 : *D. 1975. Somm. 38.*

8. La prohibition formulée par l'art. 205 s'applique également aux déclarations recueillies en dehors de l'instance en divorce. • Civ. 2e, 22 juin 1994, n° 93-11.252 P : *D. 1994. IR 196* . ♦ Elle ne saurait être tournée par le recours à une procédure pénale ; les enfants des époux ne peuvent donc être entendus comme témoins dans une instruction ouverte en faux témoignage. • Crim. 5 févr. 1980 : *Gaz. Pal. 1980. 1. 286, note Malaval* • 4 janv. 1985 : *JCP 1985. II. 20521, note Lindon et Bénabent.* ♦ V. aussi • Crim. 4 févr. 1991 : *JCP 1992. II. 21915, note Chambon.*

9. Les attestations des ascendants ne sont pas visées par l'art. 205. • Paris, 2 avr. 2003 : *AJ fam. 2003. 271, obs. S. D.*

10. Attestation formellement irrégulière : portée. Pour confirmer le montant de la contribution mise à la charge du père pour l'entretien de l'enfant, l'arrêt retient que le passeport du père établit que son activité professionnelle lui procure un certain train de vie lui permettant de se rendre plusieurs fois à l'île Maurice et en Inde, et que l'attestation d'un de ses amis indiquant prendre en charge l'intégralité du coût de ces voyages doit être écartée des débats, faute de répondre aux exigences des dispositions de l'art. 202 C. pr. civ. ; en se déterminant ainsi, au seul motif que l'attestation était irrégulière, sans apprécier la valeur probante et la portée de la pièce litigieuse, la cour d'appel a privé sa décision de base légale au regard du texte préc. • Civ. 1re, 8 juill. 2020, n° 19-12.207.

TITRE IX *BIS* (DU LIVRE I) L'AUDITION DE L'ENFANT EN JUSTICE

(Décr. n° 2009-572 du 20 mai 2009, art. 1er)

Le Décr. n° 2009-572 du 20 mai 2009 est applicable à Wallis-et-Futuna (Décr. préc., art. 4).

V. C. civ., art. 388-1.

Sur le régime de la rémunération allouée à la personne désignée par le juge pour entendre le mineur, V. notamment C. pr. civ., art. 695. — ***C. pr. civ.*** *; C. pr. pén., art. R. 93, R. 221-1, R. 224-2, A. 43-13 et A. 43-14. —* ***C. pr. pén.***

DALLOZ PRATIQUE[S] *Divorce - Audition de l'enfant.*

BIBL. GÉN. ► BAUDIN-MAURIN, *LPA 21 juin 2013, p. 4* (audition du mineur à sa demande : réflexion inspirée par la jurisprudence). - Collectif, *Dr. fam. 2016. Dossier 8* (la parole de l'enfant devant la justice civile). - DEKEUWER-DÉFOSSEZ, *LPA 30 juin 2010, p. 11.* - DEMARCHI, *LPA 17 mars 2010, p. 3* (une justice familiale en mutation). - DOUCHY-OUDOT, *Procédures 2009. Étude 7.* - FRANCOZ-TERMINAL, *Dr. fam. 2009. Étude 30.* - GOUTTENOIRE et BONFILS, *D. 2009. Pan. 1921* . - HAYAT et FRICERO, *RJPF 10/2009. 8* (un subtil équilibre entre l'intérêt supérieur de l'enfant et l'équité du procès). - JUSTON, *Dr. fam. 2010. Étude 2* (l'aléa dans le contentieux familial : une fatalité ?) ; *Gaz. Pal. 15-16 mars 2013, p. 11* (la parole de l'enfant devant le JAF : enfant-roi, enfant-proie). - MASSIP, *Dr. fam. 2010. Étude 22* (observations sur le décret du 20 mai 2009 et sa circulaire d'application). - ROBINEAU, *AJ fam. 2008. 7* (juge, m'entends-tu ?). - Dossier : *AJ fam. 2009. 320* .

Art. 338-1 **Le mineur capable de discernement est informé par le ou les titulaires de l'exercice de l'autorité parentale, le tuteur ou, le cas échéant, par la personne ou le service à qui il a été confié de son droit à être entendu et à être assisté d'un avocat dans toutes les procédures le concernant.**

Lorsque la procédure est introduite par requête, la convocation à l'audience est accompagnée d'un avis rappelant les dispositions de l'article 388-1 du code civil et celles du premier alinéa du présent article.

Lorsque la procédure est introduite par acte d'huissier, l'avis mentionné à l'alinéa précédent est joint à celui-ci.

(Décr. nº 2016-1906 du 28 déc. 2016, art. 3) **« Dans toute convention soumise à l'homologation du juge aux affaires familiales selon la procédure prévue par l'article 1143 ou par les articles 1565 et suivants, mention est faite que le mineur capable de discernement a été avisé de son droit à être entendu et assisté d'un avocat et, le cas échéant, qu'il n'a pas souhaité faire usage de cette faculté. »**

(Décr. nº 2023-25 du 23 janv. 2023, art. 1er-2º, en vigueur le 1er mai 2023) **« Dans toute décision concernant un mineur capable de discernement, mention est faite que le ou les titulaires de l'exercice de l'autorité parentale, le tuteur ou, le cas échéant, la personne ou le service à qui il a été confié, se sont acquittés de leur obligation d'information prévue au premier alinéa. »**

Le Décr. nº 2016-1906 du 28 déc. 2016 s'applique aux demandes d'homologation pour lesquelles les parties n'ont pas encore été convoquées à l'audience au jour de son entrée en vigueur, soit le 30 déc. 2016 (Décr. préc., art. 6).

DALLOZ PRATIQUE[S] *Divorce - Audition de l'enfant.*

1. Caractère systématique (non). Si l'art. 338-1 prévoit que le juge doit s'assurer que le mineur a été informé de son droit à être entendu et à être assisté par un avocat, il ne paraît pas opportun d'imposer au magistrat de recevoir systématiquement l'enfant pour lui indiquer cette possibilité. Une telle mesure pourrait s'avérer contraire à l'intérêt de l'enfant, dont le droit au silence doit être respecté. De surcroît, la mise en œuvre de ce dispositif se heurterait à d'importantes difficultés sur le plan pratique, car elle alourdirait considérablement la tâche des magistrats, eu égard au nombre de mineurs concernés par cette obligation d'audition. [...] Il semble plus adapté que l'obligation d'information du mineur sur ses droits pèse au premier chef sur les personnes qui s'en occupent quotidiennement. Ce que prévoit le Décr. nº 2009-572 du 20 mai 2009 relatif à l'audition de l'enfant en justice. Pour ce faire, le texte dispose qu'un avis le leur rappelant doit être joint aux convocations ou aux assignations. Il appartiendra ensuite au magistrat saisi de vérifier en cours de procédure que le mineur a effectivement été destinataire de l'ensemble des informations requises. Par ailleurs, on ne saurait interdire au magistrat de faire état du contenu de l'audition dans sa décision, celui-ci devant pouvoir utiliser les informations recueillies dans le cadre de la mesure d'audition pour motiver sa décision. Or il ne saurait se fonder sur des éléments qui n'ont pas été soumis au débat contradictoire, sauf à violer ce principe, qui constitue l'une des règles fondamentales de la procédure civile. A cet égard, le décret du 20 mai 2009 prévoit que l'audition du mineur doit faire l'objet d'un compte rendu, élaboré dans le respect de l'intérêt de l'enfant et soumis au respect du contradictoire * Rép. min. nos 36623, 40484, 45527, 45529 : *JOAN Q, 30 juin 2009, p. 6646 s. ; AJ fam. 2009. 278* .

2. Ayant été prescrite conformément aux prévisions de l'art. 388-1 C. civ., l'audition de l'enfant est impérativement régie par les dispositions des art. 338-1 à 338-12 C. pr. civ. • Civ. 1re, 28 sept. 2011 : *AJ fam. 2011. 546, obs. Briand ; RTD civ. 2011. 757, obs. Hauser ; Gaz. Pal. 19 nov. 2011, p. 29, obs. Mulon* (à propos de l'audition de l'enfant par un tiers appelé à établir un diagnostic sur des éventuelles pathologies et faire des propositions dans l'intérêt de celui-ci, le pourvoi faisant valoir l'application du régime des mesures d'instruction).

3. Assistance d'un avocat. Dès lors qu'il ressort, d'une part des pièces de la procédure, que la convocation adressée au mineur en vue de son audition l'informait, conformément à l'*[ancien]* art. 338-5 C. pr. civ., qu'il pouvait être entendu seul, accompagné d'une personne de son choix ou d'un avocat, et qu'il bénéficiait, de droit, de l'aide juridictionnelle, et d'autre part du procès-verbal d'audition que l'enfant a accepté d'être entendu sans son avocat, la cour d'appel a régulièrement informé l'enfant de son droit à être assisté par un avocat et a légalement justifié sa décision. • Civ. 1re, 9 déc. 2009 : *Gaz. Pal. 22-23 janv. 2010, p. 39, obs. Mulon.* ♦ V. jugeant que c'est aux parents qu'incombent la charge de s'assurer que l'enfant a été effectivement informé de son droit d'être assisté d'un avocat : • Civ. 1re, 28 sept. 2011 : *préc. note 2.*

Art. 338-2 **La demande d'audition est présentée sans forme au juge par le mineur lui-même ou par les parties. Elle peut l'être en tout état de la procédure et même pour la première fois en cause d'appel.**

1. Demande présentée en appel. Pour les décisions qui concernent les enfants, l'intérêt supérieur de l'enfant doit être une considération primordiale ; lorsque le mineur capable de discernement demande à être entendu, il peut présenter sa demande au juge en tout état de la procédure et même, pour la première fois, en cause d'appel ; son audition ne peut être écartée que par une décision spécialement motivée. • Civ. 1re, 18 mai 2005, n° 02-20.613 P : *D. 2005. 1909, note Egéa ; ibid. 2006. 1487, note Courbe ; JCP 2005. II. 10015, concl. C. Petit, note Chabert* (demande reçue en cours de délibéré) • 24 oct. 2012 : *JCP 2012. 1191.*

2. Sur l'application directe des art. 3-1 et 12-2 de la Conv. de New York du 26 janv. 1990 relative aux droits de l'enfant, V. • Civ. 1re, 18 mai 2005 : *préc. note 1* • 14 juin 2005, n° 04-16.942 P : *D. 2005. 2790, note Boulanger ; JCP 2005. II. 10015, concl. C. Petit, note Chabert* • 8 nov. 2005, n° 02-18.360 P : *D. 2006. 554, note Boulanger* • 22 nov. 2005, n° 03-17.912 P : *D. 2006. 554, note Boulanger ; ibid. 2006. Pan. 2436, obs. Douchy-Oudot.*

3. La décision statuant sur la demande d'audition formée par le mineur n'étant susceptible d'aucun recours, l'enfant qui souhaite être entendu par la cour d'appel doit lui en faire la demande, en l'absence d'effet dévolutif de l'appel à cet égard. • Civ. 1re, 14 sept. 2017, n° 17-19.218 P : *D. actu. 27 sept. 2017, obs. Peterka ; AJ fam. 2017. 543, note Saulier.*

Art. 338-3 La décision ordonnant l'audition peut revêtir la forme d'une simple mention au dossier ou au registre d'audience.

Art. 338-4 Lorsque la demande est formée par le mineur, le refus d'audition ne peut être fondé que sur son absence de discernement ou sur le fait que la procédure ne le concerne pas.

Lorsque la demande est formée par les parties, l'audition peut également être refusée si le juge ne l'estime pas nécessaire à la solution du litige ou si elle lui paraît contraire à l'intérêt de l'enfant mineur.

Le mineur et les parties sont avisés du refus par tout moyen. Dans tous les cas, les motifs du refus sont mentionnés dans la décision au fond.

1. Demande d'audition formée par le mineur. Lorsque le mineur capable de discernement demande à être entendu, son audition ne peut être écartée que par une décision spécialement motivée. • Civ. 1re, 18 mai 2005, n° 02-20.613 P : n° 02-20.613 P : *JCP 2005. II. 10015, concl. Petit, note Chabert.* ♦ Doit être cassée la décision d'une cour d'appel qui refuse l'audition d'un enfant mineur en se bornant à se référer à l'âge du mineur, sans expliquer en quoi celui-ci n'était pas capable de discernement. • Civ. 1re, 18 mars 2015 : *D. actu. 8 avr. 2015, obs. Kebir ; D. 2015. Pan. 1922, obs. Bonfils et Gouttenoire ; ibid. 2016. Pan. 679, obs. Douchy-Oudot ; Gaz. Pal. 23 juin 2015, p. 7, note Travade-Lannoy ; Procédures 2015, n° 161, note Douchy-Oudot ; JCP 2015. 982, n° 10, obs. Favier ; Dr. fam. 2015. Chron. 3, n° 25, obs. Égéa ; Dr. et patr. 1/2016, p. 74, obs. Balivet.*

2. Demande d'audition formée par les parties à la procédure. Justifie légalement sa décision la cour d'appel qui, après avoir exactement rappelé qu'aux termes de l'art. 338-4, lorsque la demande d'audition de l'enfant est formée par les parties, elle peut être refusée si le juge ne l'estime pas nécessaire à la solution du litige ou si elle lui paraît contraire à l'intérêt de l'enfant mineur, a souverainement estimé qu'elle disposait d'éléments suffisants pour statuer et que le mineur, âgé de seulement 7 ans, devait être préservé autant que possible du conflit parental. • Civ. 1re, 16 déc. 2015, n° 15-10.442 P : *D. 2016. Actu. 8 ; ibid. Pan. 678, obs. Douchy-Oudot ; AJ fam. 2016. 102, obs. Thouret ; JCP 2016. 326, note Mallevaye.*

Art. 338-5 La décision statuant sur la demande d'audition formée par le mineur n'est susceptible d'aucun recours.

La décision statuant sur la demande d'audition formée par les parties est soumise aux dispositions des articles 150 et 152.

Art. 338-6 Le greffe ou, le cas échéant, la personne désignée par le juge pour entendre le mineur adresse à celui-ci, par lettre simple, une convocation en vue de son audition.

La convocation l'informe de son droit à être entendu seul, avec un avocat ou une personne de son choix.

Le même jour, les défenseurs des parties et, à défaut, les parties elles-mêmes sont avisés des modalités de l'audition.

Portée de l'information délivrée dans la convocation. Sur le caractère suffisant des mentions de la convocation prévues par l'al. 2 de l'art. 338-5 *[ancien devenu al. 2 de l'art. 338-6]*, pour la régularité du procès-verbal, rendant superflue toute mention ultérieure dans le procès-verbal lui-même de l'information sur les modalités possibles de l'audition, V. • Civ. 1re, 17 oct. 2007 : *Dr. fam. 2007. Comm. 204, note Murat.*

Art. 338-7 Si le mineur demande à être entendu avec un avocat et s'il ne choisit pas lui-même celui-ci, le juge requiert, par tout moyen, la désignation d'un avocat par le bâtonnier.

Art. 338-8 Lorsque l'audition est ordonnée par une formation collégiale, celle-ci peut entendre elle-même le mineur ou désigner l'un de ses membres pour procéder à l'audition et lui en rendre compte.

L'art. 338-8 n'est pas applicable à l'audition à laquelle procède le conseiller de la mise en état. • Civ. 1re, 28 janv. 2015 : *BICC 1er mai 2015, n° 523 ; D. actu. 25 févr. 2015, obs. Kébir ; D. 2015. Actu. 320 ; Procédures 2015, n° 126, note Douchy-Oudot ; Gaz. Pal. 21-23 juin 2015, p. 7, note Travade-Lannog.*

Art. 338-9 Lorsque le juge estime que l'intérêt de l'enfant le commande, il désigne pour procéder à son audition une personne qui ne doit entretenir de liens ni avec le mineur ni avec une partie.

Cette personne doit exercer ou avoir exercé une activité dans le domaine social, psychologique ou médicopsychologique.

Elle est avisée de sa mission sans délai et par tout moyen par le greffe.

Art. 338-10 Si la personne chargée d'entendre le mineur rencontre des difficultés, elle en réfère sans délai au juge.

Art. 338-11 Les modalités d'audition peuvent être modifiées en cas de motif grave s'opposant à ce que le mineur soit entendu dans les conditions initialement prévues.

Art. 338-12 Dans le respect de l'intérêt de l'enfant, il est fait un compte rendu de cette audition. Ce compte rendu est soumis au respect du contradictoire.

1. Lorsque le juge décide même d'office de l'audition d'un enfant sur le fondement de [l'ancien] l'art. 388-1 C. civ., le secrétariat de la juridiction doit, en vertu des art. 16 et 338-5 *[ancien]* C. pr. civ., en aviser les défenseurs des parties ou à défaut les parties elles-mêmes. • Civ. 1re, 3 déc. 2008, n° 07-11.552 P : *D. 2008. AJ 3086, obs. Dargent ; ibid. 2009. Pan. 778, obs. Granet-Lambrechts ; Gaz. Pal. 11 juin 2009, p. 18, note Mansard ; AJ fam. 2009. 31, note Robineau ; Procédures 2009, n° 50, note Douchy-Oudot ; Dr. fam. 2009. Comm. 27, note Murat ; RTD civ. 2009. 110, obs. Hauser ; RJPF 03/2009. 25, note Eudier.*

2. Contradictoire. Un compte rendu oral, fait, au cours de l'audience au fond, par le magistrat qui a entendu le mineur respecte le principe de la contradiction. • Civ. 1re, 20 juin 2012 : *D. 2012. Actu. 1675 ; Dr. fam. 2012, n° 133, note Neirinck.*

3. Audition de l'enfant en cours de délibéré. Pour fixer la résidence habituelle de l'enfant chez son père, l'arrêt se fonde notamment sur les propos de l'enfant, recueillis lors d'une audition organisée après la clôture des débats ; en statuant ainsi, sans avoir ni invité les parties à formuler, dans un certain délai, leurs observations en cours de délibéré sur le compte rendu qui leur était adressé, ni ordonné la réouverture des débats, la cour d'appel a violé les art. 16 et 338-12 C. pr. civ. • Civ. 1re, 19 sept. 2019, n° 18-15.633 P : *AJ fam. 2019. 589, obs. Eudier.*

C Procréation médicalement assistée

Code de la santé publique

Art. L. 2141-2 *(L. n° 2021-1017 du 2 août 2021, art. 1er)* L'assistance médicale à la procréation est destinée à répondre à un projet parental. Tout couple formé d'un homme et d'une femme ou de deux femmes ou toute femme non mariée ont accès à l'assistance médicale à la procréation après les entretiens particuliers des demandeurs avec les membres de l'équipe médicale clinicobiologique pluridisciplinaire effectués selon les modalités prévues à l'article L. 2141-10.

Cet accès ne peut faire l'objet d'aucune différence de traitement, notamment au regard du statut matrimonial ou de l'orientation sexuelle des demandeurs.

Les deux membres du couple ou la femme non mariée doivent consentir préalablement à l'insémination artificielle ou au transfert des embryons.

Lorsqu'il s'agit d'un couple, font obstacle à l'insémination ou au transfert des embryons :

1° Le décès d'un des membres du couple ;

2° L'introduction d'une demande en divorce ;

3° L'introduction d'une demande en séparation de corps ;

4° La signature d'une convention de divorce ou de séparation de corps par consentement mutuel selon les modalités prévues à l'article 229-1 du code civil ;

5° La cessation de la communauté de vie ;

6° La révocation par écrit du consentement prévu au troisième alinéa du présent article par l'un ou l'autre des membres du couple auprès du médecin chargé de mettre en œuvre l'assistance médicale à la procréation.

Une étude de suivi est proposée au couple receveur ou à la femme receveuse, qui y consent par écrit.

Les conditions d'âge requises pour bénéficier d'une assistance médicale à la procréation sont fixées par décret en Conseil d'État, pris après avis de l'Agence de la biomédecine. Elles prennent en compte les risques médicaux de la procréation liés à l'âge ainsi que l'intérêt de l'enfant à naître.

Lorsqu'un recueil d'ovocytes par ponction a lieu dans le cadre d'une procédure d'assistance médicale à la procréation, il peut être proposé de réaliser dans le même temps une autoconservation ovocytaire.

BIBL. ▸ Rambier, Insémination *post-mortem* : de la mise à mal à la mise à mort de l'autonomie de la volonté du donneur, *LPA 15 oct. 2014, n° 206, p. 6.* - CCNE, La demande d'AMP après le décès de l'homme faisant partie du couple, *avis n° 113, 10 févr. 2011.* - Raoul-Cormeil, Le sort des embryons *in vitro, post-mortem patris, JCP 2011. 608.* - Desgardin-Bourdeau, La loi de bioéthique, un pas en avant, trois pas en arrière..., *D. 2011. 1085.* - Mirkovic, Première lecture du projet de loi bioéthique : l'intérêt de l'enfant sacrifié à l'impatience des adultes ?, *D. 2011. 892* ✎. - Moriceau, La Cour européenne des droits de l'homme et le droit à l'insémination artificielle de l'épouse d'un détenu, *RJ Ouest, 2008. 103.* - Chabault, À propos de l'autorisation du transfert d'embryon *post-mortem, D. 2001. Chron. 1399* ✎.

D Déplacement international d'enfant

Code de procédure civile

V. art. 1210-4 à 1210-9, App., IV. A. Autorité parentale.

V. Règl. (UE) n° 2019/1111 du 25 juin 2019, art. 12, V. App. XII. Droit international.

V. Conventions internationales, App., XII. Droit international.

V RÉGIMES MATRIMONIAUX – INDIVISION – PARTAGE

DALLOZ ACTION *Droit patrimonial de la famille 2018/2019.*

DALLOZ PRATIQUE[S] *Divorce – Liquidation du régime matrimonial : gestion de la procédure.*

A Donation entre époux

Code civil

Art. 1096 s. *V. ces art. dans la rubrique Code civil.*

B Régimes matrimoniaux

Code civil

TITRE V (DU LIVRE III) **DU CONTRAT DE MARIAGE ET DES RÉGIMES MATRIMONIAUX**

Art. 1387 s. *V. ces art. dans la rubrique Code civil.*

C Indivision

Code civil

CHAPITRE VII (DU TITRE I DU LIVRE III) ***DU RÉGIME LÉGAL DE L'INDIVISION*** *(L. n° 2006-728 du 23 juin 2006, art. 2).*

Art. 815 s. *V. ces art. dans la rubrique Code civil.*

TITRE IX *BIS* (DU LIVRE III) **DES CONVENTIONS RELATIVES À L'EXERCICE DES DROITS INDIVIS**

Art. 1873-1 s. *V. ces art. dans la rubrique Code civil.*

D Partage

Code civil

CHAPITRE VIII (DU TITRE I DU LIVRE III) ***DU PARTAGE*** *(L. n° 2006-728 du 23 juin 2006, art. 3).*

Art. 816 s. *V. ces art. dans la rubrique Code civil.*

Code de procédure civile

SECTION 6 (DU CHAPITRE II DU TITRE III DU LIVRE IV) ***Le partage***

(Décr. n° 2006-1805 du 23 déc. 2006, art. 2, en vigueur le 1er janv. 2007)

Les art. 1358 à 1378 issus du Décr. n° 2006-1805 du 23 déc. 2006 sont applicables aux indivisions existantes et aux successions ouvertes non encore partagées au 1er janv. 2007, dans la mesure où la L. n° 2006-728 du 23 juin 2006 portant réforme des successions leur est également applicable (Décr. préc., art. 12-II, en vigueur le 1er janv. 2007).

BIBL. ► Claux, *AJ fam. 2008. 100*. – Julien, *RLDC 2007/37, n° 2500.*

SOUS-SECTION 1 *Le partage amiable*

Les art. 1358 à 1378 issus du Décr. n° 2006-1805 du 23 déc. 2006 sont applicables aux indivisions existantes et aux successions ouvertes non encore partagées au 1er janv. 2007, dans la mesure où la L. n° 2006-728 du 23 juin 2006 portant réforme des successions leur est également applicable (Décr. préc., art. 12-II, en vigueur le 1er janv. 2007).

BIBL. ► Claux, *AJ fam. 2008. 101* (le règlement du régime matrimonial par le notaire désigné par le jugement de divorce).

Art. 1358 La personne qualifiée désignée en application de l'article 837 du code civil pour représenter l'héritier défaillant sollicite l'autorisation de consentir au partage amiable en transmettant le projet de partage, approuvé par le reste des copartageants, au juge qui l'a désignée.

L'autorisation de consentir au partage est rendue en dernier ressort.

SOUS-SECTION 2 *Le partage judiciaire*

BIBL. ► Claux, *AJ fam. 2008. 104* (le règlement du régime matrimonial par le notaire désigné à la suite d'une demande en justice). – Combret, Baillon-Wirtz et Gazeau, *JCP N 2011. 1108* (guide pratique sur le rôle du notaire). – Fressenon, *JCP N 2009. 1326* (le notaire commis dans le cadre d'un partage judiciaire).

COMMENTAIRE

Ainsi qu'il a été vu sous l'article 267 du code civil, les époux qui divorcent ont le choix entre, d'une part, une procédure liant prononcé du divorce et liquidation de leur régime matrimonial, et, d'autre part, une dualité de procédures, le divorce étant d'abord prononcé, puis, cela fait, la liquidation étant envisagée dans un second temps (d'abord amiablement, puis par voie contentieuse, avec une assignation en partage). Sera ici étudiée la deuxième hypothèse, celle du partage judiciaire faisant suite au prononcé du divorce, celui-ci étant devenu définitif.

En pareil cas, les époux sont divorcés, mais la liquidation-partage du régime matrimonial reste à faire. Les textes distinguent entre la phase amiable du partage (C. civ., art. 865 à 839 ; C. pr. civ., art. 1358) et la phase judiciaire du partage (C. civ., art. 840 à 842 ; C. pr. civ., art. 1359 à 1376).

1° PHASE AMIABLE

Lorsque le jugement prononcé ne porte que sur le divorce et ses conséquences, les parties sont libres de trouver un accord relatif à la liquidation et au partage de leur régime matrimonial. Le partage est amiable par principe et ce n'est que secondairement qu'il est judiciaire. À tout moment, les parties peuvent abandonner la voie judiciaire pour privilégier la voie amiable. Cette prévalence de l'amiable se retrouve d'ailleurs dans les conditions de recevabilité de l'assignation en partage qui doit contenir la preuve des diligences effectuées en vue de parvenir à un partage amiable (C. pr. civ., art. 1360).

La phase étant amiable, le choix du notaire se fait d'un commun accord, et nulle convocation formelle (par lettre recommandée avec accusé de réception ou exploit d'huissier) n'est nécessaire, le tout étant que le notaire amiablement désigné soit certain que les parties ont été informées de la date des opérations à l'étude. Un « procès-verbal d'ouverture » peut être dressé, mais, là encore, en l'absence de procédure en cours, le procédé n'a pas grand sens, sauf à vouloir prouver l'état d'avancement de l'accord (en cas d'échec futur). La même remarque peut être faite à propos d'un éventuel « procès-verbal de difficultés », qui n'a rien d'obligatoire en dehors de toute procédure judiciaire. La formulation est d'ailleurs trompeuse, car elle peut faire penser que le notaire dispose d'une commise judiciaire, alors que tel n'est pas le cas. En revanche, disposer d'un document récapitulant les points d'accord et de désaccord peut être utile, même si les parties ne seront pas liées par son contenu en cas de procédure judiciaire en partage ultérieure.

2º PHASE JUDICIAIRE

a. Assignation, mentions obligatoires

Le juge compétent pour connaître du contentieux de la liquidation du régime matrimonial à la suite d'un jugement de divorce est celui désigné par les dispositions de l'article L. 213-3 du code de l'organisation judiciaire. L'instance doit être introduite par voie d'assignation devant comporter, à peine d'irrecevabilité (C. pr. civ., art. 1360) : un descriptif du patrimoine à partager, même sommaire, mais il n'est pas inutile dès ce stade de fournir copie des titres de propriété ou de donation (C. pr. civ., art. 1115). L'assignation doit encore contenir les prétentions du demandeur en matière de partage, le chiffrage rapide de ses droits (aspect liquidation), une description de la répartition des biens (aspect partage) et, bien sûr, l'énoncé des diligences accomplies par le demandeur avant la délivrance de l'assignation en vue de parvenir à un accord. Si l'assignation est irrégulière, elle peut être régularisée dès lors que cette fin de non-recevoir repose sur un fait antérieur à l'assignation. La preuve des diligences accomplies peut résulter d'échanges de courriels entre les parties elles-mêmes, de l'attestation d'un notaire les ayant réunies en vain, ou encore d'un échange de lettres officielles entre avocats duquel il ressort un échec des négociations menées.

Il faut cependant préciser que la proposition de règlement pécuniaire ci-dessus décrite ne constitue pas une prétention au sens de l'article 4 du code de procédure civile (C. pr. civ., art. 4 et 1115, al. 2). Le demandeur n'est donc pas lié par ce qu'il écrit et il lui est loisible de compléter, voire de modifier, le descriptif des biens et ses intentions en matière de partage dans des conclusions postérieures. En cas de pluralité d'assignations, le premier à avoir fait enrôler son assignation est considéré comme demandeur (C. pr. civ., art. 1359).

Sursis à partage. Les parties peuvent demander au juge statuant sur la demande de partage (qui est donc le juge du divorce, statuant en cette double qualité dans la procédure unifiée, ou le juge du partage dans le partage judiciaire post-divorce) qu'il soit sursis à statuer sur la sortie de l'indivision. Deux cas sont possibles (C. civ., art. 820) : soit le partage porterait atteinte à la valeur des biens indivis, soit une entreprise agricole, commerciale, industrielle ou libérale figure parmi les biens indivis et l'un des indivisaires ne peut envisager son installation avant deux ans. Procéduralement, une demande de sursis est une demande reconventionnelle, qui peut être formée pour la première fois en cause d'appel. Le sursis, s'il est accordé, sera de deux ans maximum, y compris en cas de sursis d'une demande plus courte, suivie d'une nouvelle demande.

Exclusion de l'attribution éliminatoire. L'attribution éliminatoire de l'article 824 du code civil ne peut être demandée au juge du divorce statuant sur la liquidation (C. civ., art. 824). Elle implique nécessairement un maintien partiel de l'indivision et, en conséquence, la présence d'au moins trois indivisaires. S'agissant d'une indivision entre époux, les conditions d'application de l'article 824 du code civil ne sont donc pas réunies.

b. Partage simple

Il est usuel, dans la pratique, d'opposer le partage dit « simple » au partage dit « complexe ». Cependant, le code de procédure civile n'est pas tout à fait divisé ainsi, se bornant à opposer des dispositions générales relatives au partage (C. pr. civ., art. 1359 à 1363) aux dispositions particulières (C. pr. civ., art. 1364 à 1376), lesquelles reçoivent application en cas de complexité particulière des opérations. Or certaines dispositions générales s'appliquent aux partages complexes (C. pr. civ., art. 1359 et 1360).

Dans le « partage simple », il n'y a généralement pas de discussions liquidatives. Les parties ont donc recours à cette procédure lorsque les informations sont connues et non contestées. Dans cette hypothèse, le tribunal peut ordonner (C. pr. civ., art. 1361) : le partage s'il peut avoir lieu, ou la vente par licitation des biens ne pouvant être facilement partagés ou attribués si tous les indivisaires sont capables et présents ou représentés (C. pr. civ., art. 1377 et 1378). Le juge peut encore, facultativement, désigner un notaire (C. pr. civ., art. 1361), cette possibilité devenant obligatoire lorsqu'il existe des biens soumis à publicité foncière (C. civ., art. 835, al. 2).

Si les parties s'entendent sur la valorisation des biens et l'attribution des lots (par tirage au sort amiable ou attribution de gré à gré), le partage a lieu et la procédure s'arrête. Le partage n'est alors pas soumis à homologation puisqu'il est amiable par nature. Il est cependant plus courtois de prévenir la juridiction.

Si les parties ne contestent pas les valorisations des biens mais que des désaccords subsistent quant à la composition et qu'elles ne s'entendent pas sur la valorisation des biens et/ou l'attribution des lots, le tirage au sort est obligatoire. Un tirage au sort est possible même s'il n'existe qu'un seul bien ou si les lots sont de valeurs très différentes. Le mécanisme des soultes permet alors de constituer des lots distincts soumis à tirage au sort. Si l'attributaire de la soulte ne peut régler celle-ci, une licitation est cependant inéluctable, les biens n'étant alors pas facilement partagés ou attribués (C. pr. civ., art. 1361, al. 1er, et 1377, al. 1er). La licitation peut être demandée dès l'assignation s'il est évident à ce stade qu'aucun partage en nature n'est possible (il n'y a qu'un immeuble et aucun des époux ne peut payer de soulte à l'autre, par exemple). Lorsque le tirage au sort ne peut être évité, il est réalisé devant le notaire désigné dans le jugement d'ouverture ou, à défaut, devant le président du tribunal judiciaire ou son délégué (C. pr. civ., art. 1363, al. 1er).

Ce dernier cas demeure cependant rare, la pratique judiciaire étant de désigner un notaire et de renvoyer devant lui pour le tirage au sort. Si l'un des copartageants est défaillant, le président du tribunal judidicaire doit, d'office ou sur transmission du procès-verbal du notaire indiquant la défaillance de ce copartageant, désigner un représentant (C. pr. civ., art. 1363, al. 2).

En cas de refus de l'une des parties de signer l'acte du notaire, l'autre partie n'a d'autre choix que de saisir le juge aux affaires familiales par simple renvoi à la mise en état (par hypothèse, une assignation a déjà été délivrée, une procédure est donc en cours) afin d'obtenir un jugement d'homologation.

c. Partage complexe

Lorsque les parties ne s'entendent pas sur la liquidation (montant des récompenses des créances, rétablissement du compte d'administration de l'indivision, etc.), sans préjudice des désaccords portant par ailleurs sur la composition des lots et/ou la valorisation des biens, les parties sont dans l'hypothèse dans laquelle la complexité des opérations impose de recourir à la procédure dite complexe (C. pr. civ., art. 1364 à 1376). Dans cette hypothèse, les dispositions générales restent applicables en tant que de raison (C. pr. civ., art. 1359 à 1363).

Le juge désigne alors un notaire pour procéder au partage et commet un juge pour surveiller les opérations de liquidation (C. pr. civ., art. 1364, al. 1er). Le choix du notaire dépend de la volonté des parties, mais si elles ne s'entendent pas, le juge désigne lui-même le notaire (C. pr. civ., art. 1364, al. 2).

Aucun texte n'impose aux parties de faire trancher leurs désaccords liquidatifs avant que le juge ne désigne un notaire. De ce constat est née une certaine pratique consistant à désigner un notaire par la voie d'une assignation en partage minimaliste ne faisant pas état des désaccords existants. Le risque est de perdre du temps (2, voire 3, années en moyenne) dès lors que ces désaccords réapparaissent nécessairement devant le notaire, lequel n'a pas le pouvoir de les trancher ni de donner son avis à leur sujet. Il faut alors dans cette hypothèse en passer par un procès-verbal de difficultés et retourner devant le juge afin de trancher celles-ci. Il est donc préférable d'opter pour un jugement mixte, lequel n'est prohibé par aucun texte en matière de partage, afin de trancher les désaccords avant que les parties ne soient renvoyées devant le notaire. Les désaccords étant tranchés, le risque de désaccord devant le notaire est bien moindre.

En pratique, le règlement préalable des désaccords par le juge permet d'ailleurs souvent de trouver un accord global devant le notaire.

Le notaire doit convoquer les parties (ce qui suppose que la décision de divorce soit définitive) et leur demander de produire tout document utile à l'accomplissement de sa mission (C. pr. civ., art. 1365). La forme de la convocation n'est pas précisée par les textes, mais une lettre recommandée avec accusé de réception est usuelle, sans préjudice d'une convocation adressée par voie extrajudiciaire afin de sécuriser, formellement, la phase notariée. En cas de difficulté, le notaire doit en rendre compte au juge et peut solliciter de lui toute mesure de nature à faciliter l'accomplissement de sa mission (C. pr.

civ., art. 1365, al. 2). Un sapiteur peut lui être adjoint pour l'évaluation des biens, et ce, dès lors que les parties en sont d'accord ou, à défaut, sur désignation du juge commis (C. pr. civ., art. 1365, al. 3).

Si un copartageant est défaillant (il ne répond à aucune convocation, ou encore nul ne sait où le joindre), « inerte », le notaire peut le mettre en demeure de se faire représenter par acte extra-judiciaire indiquant que le défaillant doit se présenter pour signer l'acte de partage à une date précise, au moins trois mois après ladite mise en demeure (C. civ., art. 841-1 ; C. pr. civ., art. 1367).

Si nul ne se présente, le notaire dresse un procès-verbal le constatant et saisit le juge commis afin que ce dernier désigne un représentant au défaillant.

Le juge dispose en outre d'un pouvoir de conciliation (C. pr. civ., art. 1366). Le notaire dispose d'un délai d'un an pour accomplir sa mission, qui consiste (C. pr. civ., art. 1368) à établir les comptes entre les copartageants, établir la masse partageable, fixer les droits des parties et composer des lots. Une prolongation de ce délai par le juge est possible si la complexité des opérations le justifie, la demande de prorogation pouvant émaner du notaire commis ou de l'un des copartageants (C. pr. civ., art. 1370). Le délai initial ou prorogé peut en outre être suspendu pour les causes suivantes (C. pr. civ., art. 1369) : la désignation d'un expert – et ce, jusqu'à la remise du rapport de ce dernier ; l'adjudication ordonnée par le tribunal – et ce, jusqu'à réalisation effective ; la demande de désignation d'une personne qualifiée (C. civ., art. 841-1) ; ou le renvoi des parties devant le juge commis pour tenter une conciliation – et ce, jusqu'à la fin de cette tentative.

Partage amiable. Si les parties s'entendent sur l'acte du notaire et son contenu, le partage est amiable (C. civ., art. 842). Le notaire doit penser à prévenir le tribunal de la signature d'un acte de partage amiable (C. civ., art. 842 ; C. pr. civ., art. 1372).

Procès-verbal de difficultés. Si les parties ne s'entendent pas sur l'acte du notaire, ce dernier les convoque pour leur faire signer un procès-verbal de dires et de difficultés qu'il enregistre et transmet au juge. Le procès-verbal de difficultés doit : relater la liquidation du régime, fixer les droits des parties, proposer des lots, et décrire le plus précisément possible les points d'accord entre les parties ainsi que les difficultés juridiques qui les opposent encore. Les dires des parties figurent en annexe. Le notaire commis judiciairement n'étant pas un expert, il n'a pas à donner un avis sur les dires des parties. Il est parfois soutenu (notamment côté magistrats) que l'avis du notaire peut aider à la résolution du dossier, mais la pratique des réunions chez les notaires dément cette affirmation. Si le notaire donne son avis, l'une des parties le prendra généralement comme une marque de partialité, ce qui entraînera le plus souvent un vrai blocage. Au contraire, si le notaire reste neutre, étant une sorte de fidèle greffier « détaché » du tribunal, les chances de décrispation sont bien plus grandes.

Les déclarations des parties dans leurs « dires » (C. pr. civ., art. 126) sont très importantes, puisque ce qu'elles n'ont pas indiqué comme faisant difficulté est réputé être acquis une fois le procès-verbal signé. Il est donc essentiel que les parties fassent valoir leurs réserves avant ce procès-verbal (C. pr. civ., art. 1374).

Rôle du juge commis. Le juge aux affaires familiales étant son propre juge commis, il doit surveiller directement les opérations et notamment : statuer sur les points de désaccord des parties (C. pr. civ., art. 1375), veiller au respect des délais (C. pr. civ., art. 1371), le cas échéant, donner des injonctions au notaire mais aussi aux parties, voire prononcer des astreintes (C. pr. civ., art. 1371, al. 2), et inviter les parties à constituer avocat si elles ne l'ont pas encore fait (C. pr. civ., art. 1373, al. 2). En outre, il statue comme juge de la mise en état (C. pr. civ., art. 1373, al. 5). À ce titre, il peut accorder une provision à valoir sur le partage final (C. pr. civ., art. 771-3°), même s'il faut garder à l'esprit qu'une décision du juge de la mise en état accordant une telle provision n'est cependant pas définitive et ne peut donc fixer la date de la jouissance divise.

Le juge commis doit en théorie établir un rapport au tribunal des points de désaccord subsistants. En pratique, dans les liquidations post-divorce, il est très rare de voir un tel rapport. Cette absence de rapport est gênante pour l'application de l'article 1374 du code de procédure civile, puisque c'est la date du rapport du juge commis qui marque le point ultime au-delà duquel toute nouvelle demande relative au partage risque d'être déclarée irrecevable. En effet, en matière de partage judiciaire, selon les articles 1373 et 1374 du code de procédure civile, toute demande distincte de celles portant sur les points de désaccord subsistants dont le juge commis a fait rapport au tribunal est irrecevable à moins que le fondement des prétentions ne soit né ou ne soit révélé que postérieurement à ce rapport.

Dans la plupart des cas, le juge se contente de renvoyer à la mise en état ou de fixer directement un calendrier de procédure. Le renvoi à la formation collégiale est possible (COJ, art. L. 213-4). Il est donc prudent, pour l'avocat, de bien noter que ses dires éventuels doivent être présentés au plus tard avant la rédaction du procès-verbal de difficultés par le notaire commis. Grâce à cela, l'avocat saura de façon certaine (puisque, chronologiquement, un éventuel rapport du juge commis sera postérieur) que ses demandes liquidatives n'encourent aucun risque d'irrecevabilité.

« Tranchage » par le juge. Le juge aux affaires familiales doit en principe statuer sur les points de désaccord figurant au procès-verbal de difficultés (C. pr. civ., art. 1375, al. 1er). Cependant, il n'est juridiquement saisi que des prétentions émises par les parties dans leurs conclusions dans le cadre de cette instance au fond. Il est donc possible pour une partie d'abandonner dans la procédure au fond une demande faite dans le procès-verbal de difficultés. À l'inverse, une demande oubliée par une partie au moment du procès-verbal de difficultés est en principe irrecevable si elle est présentée pour la première fois au juge du partage, et cela postérieurement au rapport du juge commis. Cette irrecevabilité n'est pas d'ordre public, ce qui implique que le juge ne peut la soulever d'office et donc, symétriquement, que l'adversaire la soulève. Si l'adversaire ne soulève pas cette cause d'irrecevabilité, le juge est donc tenu de trancher la prétention nouvelle par rapport au procès-verbal de difficultés. En toute hypothèse, le juge ne peut déclarer la prétention irrecevable sans recueillir préalablement les observations des parties. Si le juge rejette les prétentions des parties contraires à l'état liquidatif, il procède à l'homologation de celui-ci (C. pr. civ., art. 1375, al. 2). Dans ce cas, il n'a pas à renvoyer le dossier au notaire. En revanche, il doit ordonner le tirage au sort des lots, soit devant lui-même statuant en qualité de juge commis, soit devant le notaire (C. pr. civ., art. 1375, al. 3).

À ce stade de la procédure, si l'un des copartageants est défaillant, le juge peut d'office, statuant comme juge commis, désigner un représentant (C. pr. civ., art. 1363, al. 2, et 1376). Au contraire, si le juge accueille certaines des prétentions des parties, l'état liquidatif doit être modifié, ce qui l'oblige à renvoyer les parties devant le notaire pour la rédaction de l'acte de partage final au vu des points tranchés par le juge (C. pr. civ., art. 1375, al. 2). On se souviendra que la jurisprudence décide que la décision du juge tranchant une récompense n'a pas autorité de la chose jugée quant aux chiffres qu'elle indique, sauf à ce que la date de la jouissance divise soit fixée par le juge dans le dispositif de sa décision.

Appel. En matière de partage, les parties étant respectivement demanderesses, une demande présentée pour la première fois en cause d'appel ne peut être considérée comme nouvelle puisque toute demande constitue une défense à la prétention adverse. Cependant, les parties sont en principe irrecevables à présenter au juge du fond des demandes qu'elles n'ont pas fait consigner dans le procès-verbal de difficultés et à tout le moins, au plus tard, au moment du rapport du juge commis, de sorte que l'appel, nécessairement postérieur, connaît le même régime. Des demandes nouvelles ne sont donc en principe pas possibles, sauf à ce que leur cause ne se soit révélée postérieurement au rapport du juge commis (C. pr. civ., art. 1374). Mais, le juge ne pouvant relever d'office l'irrecevabilité tirée de la tardiveté de la demande nouvelle, si l'autre partie ne la relève pas, le juge est donc saisi et doit trancher cette prétention. Il existe donc, en matière de liquidation-partage post-divorce, un domaine résiduel à l'application de la jurisprudence initiée en 1928, ce qui impose d'en connaître le contenu.

Licitation ordonnée par le juge. Le juge peut ordonner la licitation des biens à partager dès lors que les biens ne peuvent être facilement partagés ou attribués. ❑

§ 1 *Dispositions générales*

Art. 1359 En cas de pluralité d'assignations, le demandeur au partage est celui qui a fait en premier enrôler son assignation au greffe du tribunal judiciaire.

Art. 1360 A peine d'irrecevabilité, l'assignation en partage contient un descriptif sommaire du patrimoine à partager et précise les intentions du demandeur quant à la

répartition des biens ainsi que les diligences entreprises en vue de parvenir à un partage amiable.

BIBL. ▸ CASEY, *AJ fam. 2023. 430* (procédure de partage judiciaire : quel avenir ?). – LÉPINE, *AJ fam. 2023. 436* (rôle du juge commis).

1° DOMAINE D'APPLICATION ET CONTENU DU TEXTE

1. Domaine. Action oblique en partage. Le créancier personnel ne disposant, sur le fondement de l'art. 815-17, al. 3, C. civ., que de la faculté de provoquer le partage au nom de son débiteur, les dispositions de l'art. 1360 C. pr. civ., qui imposent notamment à l'indivisaire demandeur en partage de préciser les diligences entreprises en vue de parvenir à un partage amiable, ne sont pas applicables à l'action oblique en partage. • Civ. 1re, 25 sept. 2013, nº 12-21.272 P : *D. 2013. Actu. 2273 ; Gaz. Pal. 29 oct. 2013, p. 19, note Casey ; ibid. 21 janv. 2014, p. 27, note Casey.* ♦ Déjà, • Civ. 1re, 25 sept. 2013, nº 12-21.272.

2. Un descriptif sommaire des biens suffit. Ayant exactement retenu que l'assignation en partage n'avait pas à donner la consistance du patrimoine existant à l'ouverture de la succession, la cour d'appel a souverainement estimé que cet acte contenait un descriptif sommaire des biens restant à partager. • Civ. 1re, 13 avr. 2016, nº 15-13.312.

3. Compétence non exclusive du JAF (divorce). La compétence attribuée au juge aux affaires familiales par l'art. L. 213-3 COJ pour connaître de la liquidation et du partage des intérêts patrimoniaux des époux ainsi que des demandes relatives au fonctionnement des régimes matrimoniaux n'exclut pas la compétence d'une autre juridiction pour se prononcer, à titre incident, sur la composition de la communauté. • Civ. 1re, 19 déc. 2018, nº 17-27.145 P : *D. 2019. 505, obs. Douchy-Oudot ; Procédures 2019, nº 42, obs. Strickler ; JCP 2019, nº 554, § 5, obs. Simler.*

2° RÉGIME DE LA FIN DE NON-RECEVOIR

4. Irrégularité de l'assignation en partage. Qualification. Le moyen qui tend à faire déclarer irrecevable une assignation en partage, faute de comporter un descriptif sommaire du patrimoine à partager, de préciser les intentions du demandeur quant à la répartition des biens et d'indiquer les diligences entreprises en vue de parvenir à un partage amiable, conformément aux prescriptions de l'article 1360 C. pr. civ., constitue une fin de non-recevoir. Sauf dispositions spécifiques, le juge ou le conseiller de la mise en état n'est pas compétent pour statuer sur une fin de non-recevoir. • Civ. 1re, 28 janv. 2015, nº 13-50.049 P : *AJ fam. 2015. 166, obs. Casey.* ♦ Déjà dans le même sens, V., • Cass., avis, 13 févr. 2012, nº 12-00.001 P : *BICC 15 mars 2012, p. 5, rapp. Leroy-Gissinger, obs. Lathoud ; R. 2012. 381 et 464 ; D. 2012. Actu. 553 ; Dr. et pr. 2012. 130, note Poisson ; Gaz. Pal. 25-26 mai 2012, p. 29, note Mayer* (l'omission, dans l'assignation en partage, de tout ou partie des mentions prévues à l'art. 1360 est sanctionnée par une fin de non-recevoir, susceptible d'être régularisée, de sorte que, en application de l'art. 126, l'irrecevabilité est écartée si sa cause a disparu au moment où le juge statue, ce dont il se déduit que l'appréciation de la situation ne dépend pas du seul examen de l'assignation).

5. Assignation irrégulière, impossibilité d'une régularisation par des actes postérieurs à l'assignation. Ayant relevé, d'une part, que l'assignation ne mentionnait pas les diligences entreprises en vue de parvenir à un partage amiable et, d'autre part, que les demandeurs ne faisaient état d'aucune diligence de cette nature réalisée avant la délivrance de cet acte, la cour d'appel en a exactement déduit que la fin de non-recevoir tirée de l'irrecevabilité de la demande en partage judiciaire, fondée sur l'inobservation des exigences de l'art. 1360 C. pr. civ., n'était pas susceptible d'être régularisée par la signification, postérieure à l'assignation, d'une sommation interpellative à la défenderesse afin qu'elle prenne position sur la possibilité de procéder à un partage amiable. • Civ. 1re, 21 sept. 2016, nº 15-23.250 P : *AJ fam. 2016. 498, obs. Casey.* ♦ Solution posée de façon générale, en dehors du partage, pour toutes les fins de non-recevoir : • Cass., ch. mixte, 12 déc. 2014, nº 13-19.684 P. ♦ Comp. • Civ. 1re, 4 juill. 2018, nº 17-22.999 (cassation pour violation des art. 1360 et 126 C. pr. civ. de l'arrêt d'appel qui déclare irrecevables les assignations délivrées à la demande de l'épouse, les intentions de cette dernière étant énumérées clairement dans ses conclusions et non exprimées antérieurement aux assignations).

6. Le juge doit constater le respect des conditions de l'art. 1360 C. pr. civ. Selon l'art. 1360 C. pr. civ., à peine d'irrecevabilité, l'assignation en partage contient un descriptif sommaire du patrimoine à partager et précise les intentions du demandeur quant à la répartition des biens ainsi que les diligences entreprises en vue de parvenir à un partage amiable ; cassation de l'arrêt qui s'est déterminé sans constater que l'assignation en partage précisait les intentions du demandeur et les diligences entreprises pour parvenir à un partage amiable. • Civ. 1re, 4 janv. 2017, nº 15-25.655 P : *AJ fam. 2017. 208, obs. Casey.*

7. Interruption de prescription par l'assignation (conditions). Si l'assignation en partage ne contient pas de réclamation, ne serait-ce qu'implicite, elle ne peut être interruptive de prescription. • Civ. 1re, 18 mai 2022, nº 20-22.234 B : *D. 2022. 1548, note Nicolle ; AJ fam. 2022, p. 436, obs. Casey.*

Art. 1361 Le tribunal ordonne le partage, s'il peut avoir lieu, ou la vente par licitation si les conditions prévues à l'article 1378 sont réunies.

Lorsque le partage est ordonné, le tribunal peut désigner un notaire chargé de dresser l'acte constatant le partage.

BIBL. ▸ Combret et Baillon-Wirtz, *Dr. fam. 2013. Étude 6* (liquidation et partage après divorce : une réforme urgente s'impose).

Sur les règles de fond du partage, V. art. 883 et s. C. civ.

I. GÉNÉRALITÉS SUR LA PROCÉDURE DE PARTAGE

1. La procédure de partage est une « voiture-balai ». La procédure de partage inclut les demandes de remboursement d'un trop-perçu d'une dette d'aliments ou d'une créance antérieure au mariage. • Civ. 2e, 2 juill. 2020, n° 18-14.712. ♦ Dans le même sens, • Civ. 1re, 13 mai 2020, n° 19-11.308 : *AJ fam. 2020. 356, obs. Casey* • 26 mai 2021, n° 19-23.723 P : *AJ fam. 2021. 433, obs. Casey ; RTD civ. 2021. 627, obs. Leroyer* • Civ. 1re, 3 janv. 2019, n° 18-14.150 P : *AJ fam. 2019. 216, obs. Casey ; D. 2020, 506, obs. Douchy-Oudot ; Dr. fam. 2019, n° 80, note Torricelli-Chrifi.* ♦ Idem en matière de concubinage : • Civ. 1re, 5 avr. 2023, n° 21-25.044 B. ♦ Mais ce n'est pas un fourre-tout. L'action en versement d'un salaire différé, qui ne tend ni à la liquidation de l'indivision successorale ni à l'allotissement de son auteur, n'a pas la même finalité que l'action en partage, la cour d'appel a violé l'art. 2241 C. civ. • Civ. 1re, 7 juill. 2021, n° 19-11.638 B.

2. Créance antérieure au mariage : à réclamer lors du partage. Lorsque la liquidation des intérêts pécuniaires d'époux a été ordonnée par une décision de divorce passée en force de chose jugée, la liquidation à laquelle il est procédé englobe tous les rapports pécuniaires entre les parties, y compris les créances nées avant le mariage. Il appartient dès lors à l'époux qui se prétend créancier de l'autre de faire valoir sa créance contre son conjoint lors de l'établissement des comptes s'y rapportant. • Civ. 1re, 26 mai 2021, n° 19-23.723 P : *AJ fam. 2021. 433, obs. Casey ; RTD civ. 2021. 627, obs. A.-M. Leroyer*. ♦ Compétence du JAF sur les créances pré-mariage : • Civ. 1re, 2 juill. 2020, n° 18-14.712.

3. Renonciation dans un acte de partage conventionnel. Pouvoir souverain des juges du fond pour juger qu'un époux a implicitement mais nécessairement renoncé à se prévaloir d'une créance entre époux en raison des dispositions de la transaction portant sur le partage. • Civ. 1re, 29 janv. 2020, n° 18-25.661. ♦ Hypothèse de la « lecture-accord » : la cour d'appel a retenu que le protocole signé par les parties le 9 déc. 2011 constituait un acte de partage sous condition suspensive et non une promesse synallagmatique de vente. Dès lors, le moyen qui invoque la violation de règles relatives à la vente est inopérant et ne peut être accueilli. • Civ. 1re, 8 juill. 2020, n° 18-18.124.

4. Quelle responsabilité pour le notaire en cas de sous-évaluation d'un bien ? Il incombait au notaire, tenu d'éclairer les parties et d'appeler leur attention, de manière complète et circonstanciée, sur la portée et les effets de l'acte auquel il prêtait son concours, quand bien même leur engagement aurait procédé d'un accord antérieur, dès lors qu'au moment de son intervention cet accord n'avait pas produit ses effets ou ne revêtait pas un caractère immuable, de les informer sur les risques des engagements qu'ils se proposaient de souscrire dans des conditions manifestement déséquilibrées eu égard à la particulière modicité du prix, qui était de nature à éveiller ses soupçons même s'il ignorait l'existence de la procédure d'exécution. • Civ. 1re, 11 mars, 2014, n° 12-26.562. ♦ Comp. • Civ. 1re, 6 oct. 2021, n° 19-23.507, qui juge que le notaire, chargé d'établir un état liquidatif de communauté, est tenu d'alerter les parties lorsqu'il dispose d'éléments lui permettant de déceler ou de suspecter que les biens en cause ont été manifestement sous-évalués (aucune responsabilité en l'espèce).

5. Saisie conservatoire et simple projet de partage. C'est dans l'exercice de son pouvoir souverain d'appréciation et sans inverser la charge de la preuve que la cour d'appel a estimé, par motifs propres et adoptés, d'une part, que si des contestations persistaient sur le projet d'état liquidatif du régime matrimonial établi par le notaire désigné, la créance apparaissait, en l'état de ce projet détaillé et des observations des parties, suffisamment fondée en son principe, d'autre part, que les revenus dont l'époux avait justifié en 2016 s'avéraient réduits de moitié en 2018 de sorte que la créance invoquée par l'épouse était menacée en son recouvrement. • Civ. 1re, 6 oct. 2021, n° 20-14.288.

6. DIP : absence d'instrument international et compétence de la loi française. Il résulte des deux règlements n° 2201/2003 et n° 2016/1103 que le premier ne régit pas la compétence en matière de liquidation des intérêts patrimoniaux des époux et que le second n'est applicable qu'aux instances engagées après le 29 janv. 2019. Il s'en déduit qu'en l'absence de convention internationale ou de règlement européen régissant la compétence internationale en matière de liquidation des intérêts patrimoniaux des époux, l'art. 42 C. pr. civ. est applicable, par extension à l'ordre international des règles internes de compétence, à une telle action engagée devant le TGI avant le 1er janv. 2010. • Civ. 1re, 14 oct. 2020, n° 19-11.585 P.

7. DIP & exequatur, précision. (i) En application de l'art. 509 C. pr. civ., pour accorder l'exequatur, hors toute convention internationale, le juge français doit vérifier la régularité internationale de la décision étrangère en s'assurant que celle-ci remplit les conditions de compétence indirecte du juge étranger fondée sur le rattachement du litige au for saisi, de conformité à l'ordre public international de fond et de procédure et d'absence de fraude. (ii) Une décision rendue par une juridiction étrangère qui, par application de sa loi nationale, refuse de donner effet à un contrat de mariage reçu en France, n'est pas en soi contraire à l'ordre public international français de fond et ne peut être écartée que si elle consacre de manière concrète, au cas d'espèce, une situation incompatible avec les principes du droit français considérés comme essentiels. (iii) Si le principe d'égalité des parents dans l'exercice de l'autorité parentale relève de l'ordre public international français, la circonstance qu'une décision étrangère réserve à l'un des parents le soin de prendre seul certaines décisions relatives aux enfants ne peut constituer un motif de non-reconnaissance qu'autant qu'elle heurte de manière concrète les principes essentiels du droit français. • Civ. 1re, 2 déc. 2020, n° 18-20.691 P.

8. Attribution préférentielle. Le juge ne peut attribuer préférentiellement un bien dépendant de l'indivision poscommunautaire à un époux sans analyser, fût-ce sommairement, ses comptes et sans préciser en quoi ils établissaient que la valeur de l'immeuble litigieux n'excédait pas les droits de l'époux demandeur à l'attribution dans le partage. • Civ. 1re, 9 févr. 2022, n° 20-13.814.

9. Impossibilité pour le juge d'ordonner un partage partiel. Il résulte des dispositions de l'art. 815 C. civ. que les juges ne peuvent ordonner un partage partiel que si tous les héritiers y consentent. • Civ. 1re, 26 janv. 2022, n° 20-16.989.

10. Effet déclaratif du partage & copropriété. L'indivisaire alloti est réputé être seul propriétaire depuis l'origine, ce qui valide donc la contestation de l'assemblée générale pourtant menée antérieurement par cet indivisaire agissant seul, et donc avec des pouvoirs irréguliers. • Civ. 3e, 9 févr. 2022, n° 20-22.159 B : *AJ fam. 2022. 161, obs. Casey*.

11. Désignation nécessairement judiciaire du notaire commis. Encourt la censure l'arrêt qui considère comme valable la désignation amiable d'un notaire pour remplacer celui, de la même étude, qui avait été commis judiciairement et qui est parti en retraite. • Civ. 1re, 22 juin 2022, n° 20-22.712 B.

II. APPLICATION AU DIVORCE

12. Régime ancien (antérieur à l'Ord. 15 oct. 2015). Le juge qui prononce le divorce a pouvoir de désigner le notaire liquidateur. • Civ. 1re, 12 avr. 2012, n° 11-20.195 P : *R. 2012. 397 ; D. 2012. 2011, note Brenner ; AJ fam. 2012. 403, note (crit.) David ; RTD civ. 2012. 519, obs. Hauser ; JCN N 2012. I. 1302, note (nuancée) Combret et Baillon-Wirtz ; Dr. fam. 2012, n° 96, note Larribau-Terneyre ; Gaz. Pal. 23 juin 2012, p. 7, note (crit.) Casey* • 7 nov. 2012, n° 12-17.394 P : *D. 2012. Actu. 2661 ; ibid. 2013. Pan. 800, obs. Douchy-Oudot ; ibid. Chron. 593, note Capitaine ; Gaz. Pal. 23-24 nov. 2012, p. 17, note (crit.) Casey ; ibid. 30 mars 2013, p. 37, note Murat ; JCP 2013. 38, note Bosse-Platière ; ibid. 262, note Bazin ; ibid. N 2013. 1036, note Combret et Baillon-Wirtz* • 11 sept. 2013, n° 12-18.512 P : *D. 2014. Pan. 689, obs. Douchy-Oudot ; AJ fam. 2013. 585, obs. Hilt ; JCP 2013. 1323, obs. Tisserand-Martin* • 4 mars 2015, n° 13-19.847 P.

13. Régime actuel. V. C. civ., art. 267, et C. pr. civ., art. 1116.

14. Pas d'action en partage par voie de référé. Ayant constaté que seul un notaire avait été désigné pour poursuivre les opérations de comptes, liquidation et partage amiable à titre de mesure conservatoire, en raison du refus du premier notaire choisi par les parties de poursuivre le règlement des successions litigieuses, la cour d'appel en a justement déduit, hors de toute dénaturation, que l'ordonnance du référé du 10 févr. 2010 n'avait pas ordonné de partage judiciaire. • Civ. 1re, 18 mars 2020, n° 18-25.434.

15. Action en partage et droit international privé : compétence du JAF sur les biens sis en France. Selon les principes qui régissent la compétence juridictionnelle internationale des tribunaux français, celle-ci se détermine par l'extension des règles de compétence interne, sous réserve d'adaptations justifiées par les nécessités particulières des relations internationales ; pour déclarer les juridictions françaises incompétentes, l'arrêt retient que, par application de ce texte, les époux étant domiciliés en Algérie, les juridictions françaises sont incompétentes internationalement. En statuant ainsi, alors que, s'agissant d'une action en partage d'un bien immobilier situé en France, exercée sur le fondement de l'art. 815-17, al. 3, C. civ., l'extension à l'ordre international des critères de compétence territoriale du JAF, fondés sur la résidence de la famille ou de l'un des parents ou époux, n'était pas adaptée aux nécessités particulières des relations internationales, qui justifiaient, tant pour des considérations pratiques de proximité qu'en vertu du principe d'effectivité, de retenir que le critère de compétence territoriale devait être celui du lieu de situation de ce bien, la cour d'appel a violé l'art. 1070 C. pr. civ. et les principes qui régissent la compétence internationale. • Civ. 1re, 4 mars 2020, n° 18-24.646.

III. AUTORITÉ DE LA CHOSE JUGÉE

1o AUTORITÉ DE LA CHOSE JUGÉE ET JOUISSANCE DIVISE

16. Absence d'autorité de chose jugée quant au partage sans fixation de la date de la jouissance divise. Un arrêt qui se prononce sur la composition de l'actif et du passif de la communauté, sans fixer la date de jouissance divise, est dépourvu de l'autorité de chose jugée quant aux comptes d'administration de l'indivision post-communautaire : cassation, pour violation des art. 829 et 1351, devenu 1355, C. civ. de l'arrêt qui rejette les demandes tendant à l'actualisation des comptes d'administration et de production de pièces, en retenant que cet arrêt a fixé implicitement et nécessairement la date de jouissance divise. • Civ. 1re, 4 janv. 2017, no 16-10.808. ♦ Jurisprudence constante, V. notamment, • Civ. 1re, 8 avr. 2009, no 07-21.561P • 21 juin 2023, no 21-24.851 B. – Outre de nombreux arrêts non publiés : • Civ. 1re, 26 juin 2013, no 12-13.698 • 9 mars 2011, no 10-30.607 • 3 mars 2010, no 09-11.005 • 25 mars 2009, no 05-12.837 • 3 déc. 2008, no 07-18.055 • 22 mai 2007, no 06-10.152 • 26 sept. 2006, no 04-20.516.

17. Conséquence : recevabilité d'une demande de réévaluation d'une récompense. La décision qui se prononce sur une récompense calculée selon le profit subsistant sans fixer la date de jouissance divise est dépourvue de l'autorité de chose jugée sur l'évaluation définitive de cette récompense. Cassation de l'arrêt déclarant irrecevable la demande de M. [Ab] tendant à la réévaluation d'une récompense au titre du remboursement d'un emprunt afférent à un immeuble commun, l'arrêt retient que le jugement du 26 août 2011 a définitivement statué sur la valeur de cette récompense, alors que le jugement du 26 août 2011 n'avait pas fixé la date de la jouissance divise. • Civ. 1re, 21 juin 2023, no 21-24.851 B.

18. Avance accordée par le juge de la mise en état et jouissance divise (non). La décision par laquelle le juge de la mise en état accorde une provision à valoir sur le paiement d'une soulte ne revêtant pas un caractère définitif, elle ne peut avoir pour effet de fixer la date de la jouissance divise. • Civ. 1re, 1er févr. 2017, no 16-11.599 P.

2o AUTORITÉ DE LA CHOSE JUGÉE ET RÈGLEMENT PÉCUNIAIRE DU PARTAGE

19. Le partage doit faire masse de toutes les demandes financières. La liquidation ordonnée par une décision passée en force de chose jugée, à laquelle il est procédé en cas de divorce, englobe tous les rapports pécuniaires entre les parties. Il doit, dès lors, être statué sur les créances entre conjoints, selon les règles applicables à la liquidation de leur régime matrimonial, lors de l'établissement des comptes s'y rapportant ; pour rejeter les demandes des époux tendant respectivement au remboursement d'un trop-perçu de pension alimentaire et à la fixation d'une créance au titre de cette pension, l'arrêt retient que le désaccord sur la pension alimentaire ne relève pas de la liquidation du régime matrimonial des époux et que le JAF n'est pas celui de l'exécution ; en statuant ainsi, alors qu'il lui appartenait de trancher le différend opposant les parties sur le montant des échéances payées de la pension alimentaire, la cour d'appel a violé l'art. 1351, devenu art. 1355 C. civ. • Civ. 1re, 13 mai 2020, no 19-11.308. ♦ La liquidation à laquelle il doit être procédé englobe tous les rapports pécuniaires entre les parties et ayant été ordonnée par une décision passée en force de chose jugée, il appartient à la cour d'appel de statuer sur les créances invoquées par l'épouse à l'encontre de l'époux selon les règles applicables à la liquidation de leur régime matrimonial lors de l'établissement des comptes s'y rapportant ; cassation, pour violation de l'art. 1351 anc. C. civ., de l'arrêt qui a débouté l'épouse de ses demandes relatives aux pensions alimentaires, contributions aux charges du mariage, prestations compensatoires et dommages-intérêts, en retenant que les arriérés relatifs à ces créances ne relèvent pas des opérations de liquidation de la communauté. • Civ. 1re, 14 mai 2014, no 13-14.087. ♦ Dans le même sens : • Civ. 1re, 15 nov. 2017, no 16-16.443 (cassation de l'arrêt qui a rejeté les demandes relatives aux arriérés de pension alimentaire, à l'indemnité de l'art. 700 C. pr. civ. et aux dommages-intérêts auxquels l'époux a été condamné lors de la procédure de divorce au motif que le juge saisi aux fins de se prononcer sur les opérations de liquidation et partage de la communauté et de l'indivision post-communautaire n'aurait pas à statuer sur les prétentions des parties nées des difficultés d'exécution des précédentes décisions de justice).

IV. PROCÉDURE D'APPEL

20. Pas de nouveauté en appel pour les demandes relatives au partage. En matière de partage, les parties étant respectivement demanderesses et défenderesses quant à l'établissement de l'actif et du passif, toute demande doit être considérée comme une défense à une prétention adverse. • Civ 1re 12 juin 2018, no 17-18.791. ♦ Jurisprudence constante depuis • Civ. 20 avr. 1928 : *Bull. civ. no 62* • Civ. 1re, 25 sept. 2013, no 12-21.280 P. – Parmi de nombreux arrêts non publiés, V. • Civ. 1re, 31 mars 2016, no 14-20.193 • 27 janv. 2016, no 14-29.937 • 8 juill. 2015, no 14-20.296 • 24 juin 2015, no 14-16.899 • 5 nov. 2014, no 13-22.742 • 30 avr. 2014, no 13-12.346 • 25 sept. 2013, no 12-21.280 P • 30 janv. 2013, no 12-10.076 • 29 juin 2011, no 10-17.505 • 29 mai 1998, no 94-17.482.

N.B. : il est à noter que cette absence d'irrecevabilité en cause d'appel doit néanmoins être combinée avec la spécificité de la procédure de partage et l'irrecevabilité qui s'attache potentiellement au rapport du juge commis. Sur cette dernière, V. C. pr. civ., art. 1373 et 1374.

21. Conclusions renvoyant aux écritures de première instance. Lorsque, après radiation puis rétablissement de l'affaire en application de l'art. 915 C. pr. civ., l'intimé demande expressément que la clôture soit ordonnée et l'affaire renvoyée à l'audience pour être jugée au vu des conclusions de première instance, la cour d'appel est tenue, en vertu de l'art. 561 du même code, de juger à nouveau l'affaire en fait et en droit, au vu des écritures de première instance. • Civ. 2e, 12 avr. 2012, n° 11-16.956.

V. PROCÉDURE

22. Le juge ne peut refuser le partage judiciaire dès lors qu'un copartageant refuse un partage amiable. Il résulte de l'art. 840 C. civ. que le partage est fait en justice lorsque l'un des indivisaires refuse de consentir au partage amiable ou s'il élève des contestations sur la manière d'y procéder ; cassation de l'arrêt qui rejette les demandes de désignation d'un notaire pour constituer des lots à partir du mobilier dépendant d'une succession. • Civ. 1re, 25 mai 2016, n° 15-18.424.

23. Une soulte ne peut servir de base à une compensation que si elle est certaine. La compensation ne peut avoir lieu qu'entre deux obligations certaines ; absence de compensation entre un arriéré dû par l'épouse sur la part contributive à l'entretien et l'éducation des enfants avec la soulte éventuellement due à l'issue des opérations de liquidation de la communauté, cette dette n'étant pas certaine. • Civ. 1re. 24 sept. 2014, n° 13-18.197.

24. Licitation : possible si le juge estime que les biens ne sont pas commodément partageables en nature. Difficulté de partager en nature deux appartements de l'immeuble qui ne sont pas indépendants l'un de l'autre, dès lors que les installations de chauffage, d'eau et d'électricité se trouvent dans celui du rez-de-chaussée, et que leur mise aux normes ne pourrait intervenir sans frais élevés. • Civ. 1re, 11 mai 2016, n° 15-18.993.

25. Demande de nullité d'un rapport d'expertise. Si la demande de nullité d'une expertise ne constitue pas une exception de procédure mais une défense au fond, elle demeure soumise en application de l'art. 175 C. pr. civ. aux dispositions qui régissent la nullité des actes de procédure, de sorte que l'épouse ayant présenté des défenses au fond avant de soulever la nullité du rapport d'expertise, la cour d'appel a décidé à bon droit que la nullité était couverte. • Civ. 1re, 30 avr. 2014, nos 12-21.484 et 13-14.234 (2 arrêts).

26. Licitation, procédure collective et bien déclaré insaisissable. Si le liquidateur ne représente pas le débiteur en ce qui concerne les droits de celui-ci sur l'immeuble qu'il a régulièrement déclaré insaisissable, lequel n'est, dès lors, pas entré dans le gage commun des créanciers, le juge aux affaires familiales, saisi par le mari d'une demande d'ouverture des opérations de compte, liquidation et partage de l'indivision, pouvait, en exécution du jugement de divorce et après avoir rejeté la demande d'attribution préférentielle du bien litigieux dont il était également saisi, ordonner sa licitation pour parvenir au partage de l'indivision sans avoir besoin d'une demande à cette fin du liquidateur. • Com. 10 juill. 2019, n° 18-16.867 P.

27. Intérêt à agir en inscription d'un élément de passif dans la masse à partager. Pour rejeter la demande d'une ex-épouse tendant à ce que soient inscrites au passif de l'indivision post-communautaire diverses sommes dues aux successions de ses parents, l'arrêt retient que la procédure en partage de la communauté est une procédure visant à liquider les intérêts patrimoniaux existant entre les époux, que seuls les anciens époux ont intérêt à agir et qu'en conséquence, l'ex-épouse ne peut agir en qualité de représentant des héritiers de ses parents pour inscrire la créance de la succession au passif de l'indivision post-communautaire. En statuant ainsi, alors que, saisie d'une demande de liquidation et de partage de la communauté, il lui appartenait de déterminer les éléments actifs et passifs de la masse à partager et, à ce titre, de trancher le désaccord des époux quant à l'existence d'une créance à inscrire au passif, peu important le titulaire de celle-ci, la cour d'appel a violé l'art. 1467 C. civ. • Civ. 1re, 11 juill. 2019, n° 18-20.126.

VI. HOMOLOGATION

28. Homologation et commise judiciaire du notaire. Il résulte de la combinaison des art. 1361, 1364 et 1379 C. pr. civ., que le tribunal saisi d'une demande en partage ne peut pas homologuer un état liquidatif établi par un notaire qui n'a pas été désigné en justice. • Civ. 1re, 11 juill. 2019, n° 17-31.091 P.

29. Homologation constatant un partage transactionnel. En relevant que la convention de séparation de corps homologuée par jugement du 7 juin 1983, d'une part, prévoyait, au titre de la liquidation des droits patrimoniaux, que les époux avaient renoncé à la convention notariée initiale dès lors que l'immeuble commun avait été vendu et que le produit avait été versé à l'épouse à titre de prestation compensatoire, d'autre part, stipulait que les époux se reconnaissaient, tous les deux, pleinement et entièrement remplis de leurs droits respectifs à cet égard, la cour d'appel a fait ressortir que l'épouse avait renoncé tacitement, mais de façon non équivoque, à se prévaloir du financement, par ses deniers propres, du bien immobilier commun. • Civ. 1re, 29 janv. 2020, n° 18-25.661.

Art. 1362 Sans préjudice des dispositions de l'article 145, un expert peut être désigné en cours d'instance pour procéder à l'estimation des biens ou proposer la composition des lots à répartir.

Art. 1363 S'il y a lieu au tirage au sort des lots, celui-ci est réalisé devant le notaire commis en application du second alinéa de l'article 1361 et, à défaut, devant le président du tribunal judiciaire ou son délégué.

Si un héritier est défaillant, le président du tribunal judiciaire ou son délégué peut, d'office, lorsque le tirage au sort a lieu devant lui ou sur transmission du procès-verbal dressé par le notaire, désigner un représentant à l'héritier défaillant.

§ 2 *Dispositions particulières*

Art. 1364 Si la complexité des opérations le justifie, le tribunal désigne un notaire pour procéder aux opérations de partage et commet un juge pour surveiller ces opérations.

Le notaire est choisi par les copartageants et, à défaut d'accord, par le tribunal.

Sur la condamnation de la clause de style aux termes de laquelle le juge du divorce désigne le président de la chambre départementale des notaires, avec faculté de délégation, pour procéder à la liquidation et au partage, V. Circ. CIV/10/10 du 16 juin 2010, nº 2-1 ss. COJ, art. L. 213-3. — **COJ.**

BIBL. ▶ Circ. du 16 juin 2010 : Larribeau-Terneyre, *Dr. fam. 2011. Étude 5* (les nouvelles compétences du JAF ; cadrage ou verouillage). – Massip, *JCP N 2011. 1086* (les nouvelles attributions du JAF en matière de régimes matrimoniaux et d'indivision).

Pouvoir discrétionnaire du juge. C'est dans l'exercice de son pouvoir discrétionnaire que la cour d'appel a refusé de désigner un autre notaire que celui proposé par l'une des parties. • Civ. 1re, 19 sept. 2019, nº 18-13.461.

Art. 1365 Le notaire convoque les parties et demande la production de tout document utile à l'accomplissement de sa mission.

Il rend compte au juge commis des difficultés rencontrées et peut solliciter de lui toute mesure de nature à en faciliter le déroulement.

Il peut, si la valeur ou la consistance des biens le justifie, s'adjoindre un expert, choisi d'un commun accord entre les parties ou, à défaut, désigné par le juge commis.

Art. 1366 Le notaire peut demander au juge commis de convoquer les parties ou leurs représentants, en sa présence, pour tenter une conciliation entre elles.

A défaut de conciliation, le juge commis renvoie les parties devant le notaire, qui établit un procès-verbal reprenant les dires respectifs des parties ainsi qu'un projet d'état liquidatif.

Art. 1367 La mise en demeure prévue à l'article 841-1 du code civil est signifiée à l'héritier défaillant. Elle mentionne la date prévue pour réaliser les opérations de partage.

A défaut de présentation de l'héritier ou de son mandataire à la date fixée dans la mise en demeure, le notaire dresse un procès-verbal et le transmet au juge commis afin que soit désigné un représentant à l'héritier défaillant.

Art. 1368 Dans le délai d'un an suivant sa désignation, le notaire dresse un état liquidatif qui établit les comptes entre copartageants, la masse partageable, les droits des parties et la composition des lots à répartir.

Art. 1369 Le délai prévu à l'article 1368 est suspendu :

1° En cas de désignation d'un expert et jusqu'à la remise du rapport ;

2° En cas d'adjudication ordonnée en application de l'article 1377 et jusqu'au jour de réalisation définitive de celle-ci ;

3° En cas de demande de désignation d'une personne qualifiée en application de l'article 841-1 du code civil et jusqu'au jour de sa désignation ;

4° En cas de renvoi des parties devant le juge commis en application de l'article 1366 et jusqu'à l'accomplissement de l'opération en cause.

Art. 1370 En raison de la complexité des opérations, une prorogation du délai, ne pouvant excéder un an, peut être accordée par le juge commis saisi sur demande du notaire ou sur requête d'un copartageant.

Art. 1371 Le juge commis veille au bon déroulement des opérations de partage et au respect du délai prévu à l'article 1369.

A cette fin il peut, même d'office, adresser des injonctions aux parties ou au notaire commis, prononcer des astreintes et procéder au remplacement du notaire commis par le tribunal.

Il statue sur les demandes relatives à la succession pour laquelle il a été commis.

Commentaire. Le choix initial du notaire relève du pouvoir discrétionnaire du juge du partage (V. notes ss. art. 1364), ce dont on déduit que le remplacement du notaire commis relève du pouvoir discrétionnaire du juge commis.

1. Désignation nécessairement judiciaire du notaire commis. Encourt la censure l'arrêt qui considère comme valable la désignation amiable d'un notaire pour remplacer celui, de la même étude, qui avait été commis judiciairement et qui est parti en retraite. • Civ. 1re, 22 juin 2022, n° 20-22.712 B.

2. Remplacement du notaire commis : attention au contradictoire. Le juge doit, en toutes circonstances, faire observer et observer lui-même le principe de la contradiction. Pour déclarer irrecevable la demande de M. [J] tendant à la désignation d'un nouveau notaire pour procéder aux opérations de partage, l'arrêt retient que le juge de première instance n'en a pas été saisi et qu'elle ne correspond pas aux critères fixés par l'art. 564 C. pr. civ. En statuant ainsi, sans avoir au préalable invité les parties à présenter leurs observations sur ce moyen relevé d'office, la cour d'appel a violé l'art. 16 C. pr. civ. • Civ. 1re, 11 mai 2023, n° 21-18.526.

Art. 1372 Si un acte de partage amiable est établi, en application des dispositions de l'article 842 du code civil, le notaire en informe le juge qui constate la clôture de la procédure.

Pas d'accord là où il y a une contestation. L'objet du litige est déterminé par les prétentions respectives des parties. L'arrêt constate l'accord des parties sur le projet liquidatif du notaire notamment en ce que ce projet dit n'y avoir lieu à inscrire à l'actif de communauté le compte titre de parts SCPI du mari et évalue son compte de récompense à hauteur de 82 808,50 €. En statuant ainsi, alors que, dans ses conclusions d'appel, l'épouse, qui sollicitait l'inscription du compte titre de parts SCPI à l'actif de communauté et s'opposait à la demande de récompense de son mari, contestait le projet du notaire sur ces deux chefs des prétentions adverses, la cour d'appel, qui a modifié l'objet du litige, a violé l'art. 4 C. pr. civ. • Civ. 1re, 11 mai 2023, n° 21-18.008.

Art. 1373 En cas de désaccord des copartageants sur le projet d'état liquidatif dressé par le notaire, ce dernier transmet au juge commis un procès-verbal reprenant les dires respectifs des parties ainsi que le projet d'état liquidatif.

Le greffe invite les parties non représentées à constituer avocat.

Le juge commis peut entendre les parties ou leurs représentants et le notaire et tenter une conciliation.

Il fait rapport au tribunal des points de désaccord subsistants.

Il est, le cas échéant, juge de la mise en état.

1. Office du juge et mesure d'instruction. La cour d'appel n'a pas à pallier la carence du mari dans l'administration de la preuve en ordonnant d'office une mesure d'instruction. • Civ. 1re, 20 mars 2019, n° 18-11.362.

2. Lorsque le juge est saisi d'une demande d'ouverture des opérations successorales, il lui incombe de trancher les difficultés qui lui sont soumises avant de renvoyer les parties devant le notaire. En effet, seules sont irrecevables, sur le fondement des art. 1373 et 1374 C. pr. civ., les demandes distinctes de celles relatives aux points de désaccord subsistants évoqués dans le procès-verbal de difficultés établi par le notaire chargé du projet liquidatif et dont le juge commis a fait rapport au tribunal. • Civ. 1re, 3 avr. 2019, n° 18-14.179 P : *D. actu. 15 avr. 2019, obs. Mikalef-Toudic ; D. 2019. 1494 ; AJ fam. 2019. 528, obs. Casey ; RTD civ. 2019. 833, obs. Leroyer ; Procédures 2019, n° 195, note Douchy-Oudot ; Gaz. Pal. 30 juill. 2019, p. 82, obs. Guiguet-Schielé ; RLDC juin 2019, note Labasse ; LPA 7 août 2019, p. 6, note Niel ; Dr. fam. 2019, n° 156, note Tani.*

Art. 1374 Toutes les demandes faites en application de l'article 1373 entre les mêmes parties, qu'elles émanent du demandeur ou du défendeur, ne constituent qu'une seule instance. Toute demande distincte est irrecevable à moins que le fondement des pré-

tentions ne soit né ou ne soit révélé que postérieurement à l'établissement du rapport par le juge commis.

I. PRINCIPE

1. Irrecevabilité des demandes tardives (divorce). En matière de partage judiciaire, selon les art. 1373 et 1374 C. pr. civ., toute demande distincte de celles portant sur les points de désaccord subsistants dont le juge commis a fait rapport au tribunal, est irrecevable à moins que le fondement des prétentions ne soit né ou ne soit révélé que postérieurement à ce rapport. • Civ. 1re, 7 déc. 2016, n° 15-27.576 P : *AJ fam. 2017, 74, obs. Casey*.

2. Irrecevabilité des demandes tardives (successions). En matière de partage judiciaire, selon les art. 1373 et 1374 C. pr. civ., toute demande distincte de celles portant sur les points de désaccord subsistants, dont le juge commis a fait rapport au tribunal, est irrecevable à moins que le fondement des prétentions ne soit né ou ne soit révélé que postérieurement à ce rapport ; il en est ainsi d'une demande en nullité de testament, dès lors que celle-ci, opposée aux prétentions adverses, vise à modifier les droits des parties et, par voie de conséquence, les bases de la liquidation : irrecevabilité, en l'absence de renonciation de l'autre partie au respect des dispositions de l'art. 1373 C. pr. civ., de la demande d'annulation d'un testament formée pour la première fois en cause d'appel, sans avoir été préalablement soumise au juge commis, le motif de nullité invoqué, à le supposer réel, préexistant à l'introduction de l'action en partage. • Civ. 1re, 1er juin 2017, n° 16-19.990 P : *AJ fam. 2017, 554, obs. Casey*.

3. Jugement mixte obligatoire si c'est demandé (successions). Seules sont irrecevables, sur le fondement des art. 1373 et 1374 C. pr. civ., les demandes distinctes de celles relatives aux points de désaccord subsistants évoqués dans le procès-verbal de difficultés établi par le notaire chargé du projet liquidatif et dont le juge commis a fait rapport au tribunal ; saisie d'une demande d'ouverture des opérations successorales, il incombait à la cour d'appel de trancher les difficultés qui lui étaient soumises avant de renvoyer les parties devant le notaire. • Civ. 1re, 3 avr. 2019, n° 18-14.179 P : *AJ fam. 2019. 478, obs. Casey*.

4. Le juge doit trancher les désaccords relatifs à une créance du passif de communauté. Les juges ne sauraient, sans violer l'art. 1467, al. 2, C. civ., rejeter la demande de l'ex-épouse, agissant en qualité de représentant des héritiers de ses parents, d'inscrire la créance de la succession au passif de l'indivision post-communautaire au motif que seuls les anciens époux ont intérêt à agir. Saisis d'une demande de liquidation et de partage de la communauté, ils leur appartenaient de déterminer les éléments actifs et passifs de la masse à partager et, à ce titre, de trancher le désaccord des époux quant à l'existence d'une créance à inscrire au passif, peu important le titulaire de celle-ci. • Civ. 1re, 11 juill. 2019, n° 17-20.579.

II. RÉGIME DE L'IRRECEVABILITÉ

1° RÉGIME ACTUEL

5. Pas d'irrecevabilité sans procès-verbal du notaire et sans rapport du juge commis. En matière de partage judiciaire, toute demande distincte de celles portant sur les points de désaccord subsistants, dont le juge commis a fait rapport au tribunal, est irrecevable à moins que le fondement des prétentions ne soit né ou révélé que postérieurement à ce rapport ; cassation, pour violation des art. 1373 et 1374 C. pr. civ. de l'arrêt qui déclare irrecevables les demandes de l'épouse au motif qu'elles doivent avoir été soumises au notaire, sauf motif légitime, alors que le notaire n'avait pas dressé de procès-verbal reprenant les dires respectifs des parties et que le juge commis n'avait pas établi de rapport au tribunal des points de désaccords subsistant entre les parties. • Civ. 1re, 14 mars 2018, n° 17-16.045 P : *AJ fam. 2018, 301, obs. Casey*.

6. Le juge doit respecter le principe de la contradiction. Cassation, pour violation du pricipe du contradictoire, de l'arrêt qui déclare irrecevables comme nouvelles les demandes de l'époux tant au titre de la liquidation de la communauté qu'au titre de l'indivision post-communautaire, au motif qu'en application de l'art. 1375 C. pr. civ., le tribunal ne statue que sur les points de désaccord tels qu'ils résultent du procès-verbal de difficultés et du procès-verbal d'audition devant le juge commis, alors que la cour d'appel n'avait pas invité les parties à présenter leurs observations sur ce moyen relevé d'office. • Civ. 1re, 8 oct. 2014, n° 13-22.361.

2° RÉGIME ANCIEN

7. *N.B.* : il existe une jurisprudence constante et bien construite relative au régime de l'irrecevabilité, qui a été rendue sur le fondement de l'anien art. 837 C. civ., lequel était l'ancien siège de la matière, avant son transfert aux art. 1373, 1374 et 1375 actuels C. pr. civ. Il n'est pas inutile de citer ces décisions rendues sur le fondement de l'art. 837 C. civ. ancien, puisqu'elles sont, *mutadis mutandis*, transposables aux textes nouveaux.

8. Absence de caractère d'ordre public de la règle. Les dispositions de l'art. 837 C. civ. ne sont pas d'ordre public, elles ne sont pas assorties d'une sanction et les formalités prescrites n'ont pas un caractère substantiel. • Civ. 1re, 14 janv. 1981, n° 79-13.023 P.

9. Le juge ne peut soulever d'office les dispositions de l'art. 837 anc. Le défendeur ne s'opposant pas à la demande, l'action du demandeur est donc déclarée recevable, la cour d'appel n'ayant pas le pouvoir de soulever d'office l'art. 837. • Civ. 1re, 17 déc. 1996, n° 94-18.346 P.

10. Irrecevabilité : nécessité d'une défense. Il suffit que le défendeur oppose les dispositions de l'art. 837 C. civ. anc. pour que l'irrecevabilité soit prononcée. • Civ. 1re, 8 juill. 2009, n° 08-15.188 P. ♦ Dans le même sens, antérieurement • Civ. 1re, 20 nov. 2001, n° 99-17.213.

11. Appel. Irrecevabilité de la demande formée sur le fondement de l'art. 837 anc., pour la première fois en cause d'appel. • Civ. 1re, 20 déc. 1993, n° 91-13.688 P.

III. CONCENTRATION DES DEMANDES DANS L'ACTION EN PARTAGE

12. Pas d'action en recel en dehors d'une demande en partage (successions). Les demandes en rapport d'une libéralité dont aurait bénéficié un héritier et en application de la sanction du recel successoral ne peuvent être formées qu'à l'occasion d'une action en partage judiciaire ; une telle action ne peut plus être engagée lorsque les parties, ayant déjà procédé au partage amiable de la succession, ne sont plus en indivision. • Civ. 1re, 6 nov. 2019, n° 18-24.332 P. ♦ Après avoir relevé que les parties avaient procédé au partage amiable des immeubles, des meubles et des liquidités dépendant des successions de leurs parents, la cour d'appel en a déduit à bon droit que les demandes du fils, qui n'avait ni engagé une action en nullité de ce partage ni agi en complément de part ou en partage complémentaire, n'étaient pas recevables. • Même arrêt.

13. Sursis à partage. V. note ss. art. 820.

Art. 1375 **Le tribunal statue sur les points de désaccord.**

Il homologue l'état liquidatif ou renvoie les parties devant le notaire pour établir l'acte constatant le partage.

En cas d'homologation, il ordonne s'il y a lieu le tirage au sort des lots par la même décision, soit devant le juge commis, soit devant le notaire commis.

1. Il résulte de la combinaison des art. 1361 C. pr. civ., ensemble les art. 1364 et 1375 du même code, que le tribunal saisi d'une demande en partage ne peut pas homologuer un état liquidatif établi par un notaire qui n'a pas été désigné en justice. • Civ. 1re, 11 juill. 2019, n° 17-31.091 P : *D. actu. 18 oct. 2019, obs. Guiguet-Schielé ; D. 2019. 1494 ; Gaz. Pal. 17 oct. 2019, p. 30, note Vareille.*

2. Mandataire successoral. Un mandataire successoral ne peut être désigné sur le fondement des art. 813-1, al. 1er, et 814 C. civ. pour signer l'acte de partage, établi par le notaire, à la place des copartageants. • Civ. 1re, 13 mai 2020, n° 18-26.702 P : *D. actu. 9 juin 2020, obs. Cottet ; D. 2020. 1173 ; AJ fam. 2020. 360, obs. Casey ; RTD civ. 2020. 930, obs. Grimaldi ; Defrénois 2020, n° 47, p. 21, note Combret et Baillon-Wirtz ; Gaz. Pal. 28 juill. 2020, p. 77 note Firdion ; ibid. 6 oct. 2020, p. 85, note Huby ; JCP N 2020. 481, obs. Sauvage.*

Art. 1376 **Lorsque le tirage au sort des lots a été ordonné, si un héritier fait défaut, le juge commis dispose des pouvoirs reconnus au président du tribunal judiciaire au deuxième alinéa de l'article 1363.**

§ 3 *La licitation*

BIBL. ▸ Laporte, *Procédures 2013. Étude 9* (licitation des biens immobiliers devant le tribunal).

Art. 1377 **Le tribunal ordonne, dans les conditions qu'il détermine, la vente par adjudication des biens qui ne peuvent être facilement partagés ou attribués.**

La vente est faite, pour les immeubles, selon les règles prévues aux articles 1271 à 1281 et, pour les meubles, dans les formes prévues aux articles *(Décr. n° 2012-783 du 30 mai 2012, art. 2, en vigueur le 1er juin 2012)* **« R. 221-33 à R. 221-38 et R. 221-39 du code des procédures civiles d'exécution ».**

Art. 1378 **Si tous les indivisaires sont capables et présents ou représentés, ils peuvent décider à l'unanimité que l'adjudication se déroulera entre eux. A défaut, les tiers à l'indivision y sont toujours admis.**

SECTION 7 *Dispositions communes*

Les art. 1379 à 1381 issus du Décr. n° 2006-1805 du 23 déc. 2006 sont applicables aux indivisions existantes et aux successions ouvertes non encore partagées au 1er janv. 2007, dans la mesure où la L. n° 2006-728 du 23 juin 2006 portant réforme des successions leur est également applicable (Décr. préc., art. 12-II, en vigueur le 1er janv. 2007).

BIBL. ▸ I. Després, *Mél. Wiederkehr, Dalloz 2009, p. 217* (référés et requêtes... en droit des libéralités et des successions). – Strickler et Foulon, *D. 2009. 2693* (de l'hybridation en procédure civile – la forme des référés et des requêtes des art. 1379 et 1380 C. pr. civ.).

Art. 1379 **Les demandes formées en application des articles 784, 790, 809-1, 810-8, 812-1-1, 813, 813-4, 814-1, 837, 841-1 et 1031 du code civil sont portées devant le président du tribunal judiciaire** *(Abrogé par Décr. nº 2019-1419 du 20 déc. 2019, art. 5-15º) « **ou son délégué** »* **qui statue dans les formes prévues aux articles 493 à 498** *(Décr. nº 2019-1419 du 20 déc. 2019, art. 5-15º)* **« et 846 » du présent code.**

Il en va de même des demandes formées en application de l'article 829 du code civil dans le cadre d'un partage amiable.

Les dispositions issues du Décr. nº 2019-1419 du 20 déc. 2019 s'appliquent aux demandes introduites à compter du 1er janv. 2020 (Décr. préc., art. 24-II).

Art. 1380 **Les demandes formées en application des articles 772, 794, 810-5, 812-3, 813-1, 813-7, 813-9 et du deuxième alinéa de l'article 814** *(Décr. nº 2019-1419 du 20 déc. 2019, art. 5-16º)* **« , des articles 815-6, 815-7, 815-9 et 815-11 » du code civil sont portées devant le président du tribunal judiciaire** *(Abrogé par Décr. nº 2019-1419 du 20 déc. 2019, art. 5-16º) « **ou son délégué** »* **qui statue** *(Décr. nº 2019-1419 du 20 déc. 2019, art. 5-16º)* **« selon la procédure accélérée au fond** *[ancienne rédaction : en la forme des référés]* **».**

Les dispositions issues du Décr. nº 2019-1419 du 20 déc. 2019 s'appliquent aux demandes introduites à compter du 1er janv. 2020 (Décr. préc., art. 24-II).

Désignation d'un mandataire judiciaire. Lorsque la désignation d'un administrateur provisoire de la succession est demandée en justice, le président du TGI ou son délégué statue en la forme des référés. Le demandeur ne peut donc pas se contenter de saisir la juridiction présidentielle au moyen d'une requête. • Civ. 1re, 4 déc. 2013, nº 12-10.183 P : *Dr. fam. 2014, nº 24, note Picod.*

Art. 1381 **Les demandes formées en application des articles 811, 820, 821, 821-1, 824, 832-1, 832-2, 832-3, 887, 1026 du même code sont portées devant le tribunal judiciaire** *(Décr. nº 2009-1591 du 17 déc. 2009, art. 8)* **« , sous réserve de la compétence dévolue au juge aux affaires familiales par le 1º de l'article L. 213-3 du code de l'organisation judiciaire. »**

Le Décr. nº 2009-1591 du 17 déc. 2009 est applicable aux demandes en justice formées à compter du 1er janv. 2010 (Décr. préc., art. 10). Par ailleurs, il est applicable dans les îles Wallis-et-Futuna (Décr. préc., art. 9).

VI LOGEMENT

DALLOZ PRATIQUE[S] *Divorce - Logement familial.*

Code civil

Art. 285-1 et 1751 *V. ces art. dans la rubrique Code civil.*

Loi n° 48-1360 du 1er septembre 1948,

Portant modification et codification de la législation relative aux rapports des bailleurs et locataires ou occupants de locaux d'habitation ou à usage professionnel et instituant des allocations de logement.

Les annotations ci-dessous reproduites sont issues du code des baux Dalloz, rédigées par N. Damas.

Ndlr : La L. n° 48-1360 du 1er sept. 1948 est d'application strictement métropolitaine. Cette disposition est d'ordre interprétatif (Ord. n° 58-1374 du 30 déc. 1958, art. 176).

RÉP. CIV. v° *Bail d'habitation ou professionnel — Loi du 1er septembre 1948,* par DES LYONS, GAREAU et ROUQUET.

TITRE I DES RAPPORTS DES BAILLEURS ET LOCATAIRES OU OCCUPANTS DE LOCAUX D'HABITATION OU À USAGE PROFESSIONNEL

CHAPITRE I *DU MAINTIEN DANS LES LIEUX*

Art. 5 *(L. n° 86-1290 du 23 déc. 1986, art. 27)* « I. — Le bénéfice du maintien dans les lieux pour les locaux visés à l'article premier appartient, en cas d'abandon de domicile ou de décès *(Abrogé par L. n° 2006-872 du 13 juill. 2006, art. 85, 1°)* *« du locataire ou »* de l'occupant de bonne foi, au conjoint *(L. n° 2006-872 du 13 juill. 2006, art. 85, 1°)* « ou au partenaire lié à lui par un pacte civil de solidarité » et, lorsqu'ils vivaient effectivement avec lui depuis plus d'un an, aux ascendants, aux personnes handicapées visées au 2° de l'article 27 ainsi que, jusqu'à leur majorité, aux enfants mineurs. »

(L. n° 2014-873 du 4 août 2014, art. 37-1°) « Le maintien reste acquis au conjoint, au partenaire lié par un pacte civil de solidarité ou au concubin de l'occupant, lorsque cet occupant a fait l'objet d'une condamnation devenue définitive, assortie d'une obligation de résider hors du domicile ou de la résidence du couple, pour des faits de violences commis sur son conjoint, son concubin, son partenaire lié par un pacte civil de solidarité ou sur leurs enfants. »

(L. n° 2006-872 du 13 juill. 2006, art. 85, 1°) « I *bis*. — Nonobstant les dispositions de l'article 1742 du code civil, même en l'absence de délivrance d'un congé au locataire, le contrat de location est résilié de plein droit par le décès du locataire. Le contrat de bail est également résilié de plein droit en cas d'abandon du domicile par le locataire, même en l'absence de délivrance d'un congé.

« Toutefois, le bénéfice du maintien dans les lieux appartient aux personnes visées au I du présent article. »

(L. n° 70-598 du 9 juill. 1970) « II. — Nonobstant les dispositions du I ci-dessus, le maintien dans les lieux reste acquis aux personnes qui en bénéficiaient antérieurement à la publication de la présente loi. »

(L. n° 62-902 du 4 août 1962) « En cas d'instance en divorce ou en séparation de corps, la juridiction saisie attribue à l'un des époux l'éventuel droit au maintien dans les lieux en considération des intérêts sociaux ou familiaux en cause. Si l'époux qui en est bénéficiaire n'est pas celui au nom duquel étaient délivrées les quittances, notification de la décision devra être faite au bailleur dans le délai de trois mois de son prononcé par lettre recommandée avec avis de réception. La juridiction prévue au chapitre V reste compétente sur toute contestation du bailleur quant à l'application des conditions exigées par la présente loi.

« Toutefois, le bénéfice du maintien dans les lieux ne s'appliquera pas aux locaux à usage exclusivement professionnel, à moins que l'une des personnes visées aux alinéas précédents ne continue à y exercer la profession à laquelle ces locaux étaient affectés. »

V. Circ. n° 2006-68 du 11 sept. 2006 relative à la loi ENL du 13 juill. 2006 (BOMELT 2006/18, p. 290).

BIBL. ► V. avant l'art. 1er, la Bibl. se rapportant à la loi ENL du 13 juill. 2006.

1. Bénéficiaires. Le droit au maintien dans les lieux ne bénéficie qu'aux occupants de bonne foi disposant à l'origine d'un titre personnel de location, et ne peut être transmis qu'aux personnes limitativement énumérées à l'art. 5. • Civ. 3e, 17 déc. 2015, n° 12-20.672 P : *D. 2016. Actu. 72, ibid. Pan. 1102, spéc. 1110, obs. Damas ; D. actu. 13 janv. 2016, obs. Cayol ; Loyers et copr. 2016, n° 33, obs. Vial-Pedroletti.* ♦ L'art. 5 ne saurait être invoqué par la belle-sœur de l'occupante dont le mari est décédé. • Soc. 20 juill. 1954 : *Bull. civ. IV, n° 561 ; Rev. loyers 1954. 510.* ♦ ... Ni par le gendre. • Civ. 3e, 8 mai 1979 : *JCP 1979. IV. 224.* ♦ ... Ni par la bru de l'occupant. • Soc. 13 déc. 1967 : *Rev. loyers 1968. 121.* ♦ ... Ni par la concubine du locataire. • Paris, 15 juin 1990 : *Loyers et copr. 1990, n° 425* • 27 juin 1995 : *ibid. 1996, n° 20.* ♦ ... Ou par la concubine de l'occupant sans titre. • Paris, 24 sept. 2003 : *AJDI 2003. 858 ; Rev. loyers 2004. 30, obs. Rémy.* ♦ Comp., sur le fondement de l'art. 16 de la loi du 22 juin 1982, applicable aux locations régies par la loi de 1948 : • Civ. 3e, 30 oct. 1990, n° 89-14.749 P. ♦ En revanche, un office public d'habitations à loyer modéré ne saurait soutenir qu'un mineur ne peut bénéficier du droit au maintien dans les lieux que si son parent survivant en bénéficie aussi. • Paris, 4 mai 1990 : *D. 1992. Somm. 70, obs. obs. Vauvillé.*

Le dernier alinéa de l'art. 5 (relatif aux locaux exclusivement professionnels) faisant référence à l'une des personnes visées aux al. précédents, seuls les enfants mineurs de l'occupant décédé ont droit au maintien dans les lieux. • Civ. 3e, 29 sept. 1999, n° 98-12.018 P : *RDI 1999. 693, obs. Collart-Dutilleul ; D. 1999. IR 240 ; Administrer 10/2000. 53, obs. Canu.*

2. Qualité d'occupant. Le bénéfice du maintien prévu par l'art. 5 n'appartient qu'aux personnes membres de la famille *ou à la charge* d'un occupant légal et non d'un locataire ou sous-locataire en cours de bail. • Soc. 23 oct. 1953 : *D. 1953. 681 ; Bull. civ. IV, n° 655* • Civ. 3e, 18 déc. 1968 : *ibid. III, n° 559.* – Jurisprudence constante. – V. aussi • TI Paris, 19 nov. 1996 : *Rev. loyers 1997. 387, note Rémy et Pialoux.*

3. Abandon du domicile. Le bénéfice du maintien dans les lieux n'étant accordé qu'en cas d'abandon de domicile ou de décès de l'occupant, la cour d'appel qui retient que le fils qui prétendait au maintien dans les lieux, après résiliation du bail dont était titulaire sa mère, n'occupait l'appartement qu'en vertu des droits de celle-ci et ne justifiait pas d'un droit locatif propre, a légalement justifié sa décision. • Civ. 3e, 18 mai 1989, n° 87-18.110 P. ♦ C'est au demandeur qui invoque l'art. 5 de démontrer que l'abandon du domicile présente le caractère requis par la loi pour donner droit au maintien. • Soc. 22 nov. 1962 : *Bull. civ. IV, n° 841.*

4. L'abandon du domicile suppose que le départ de l'occupant a été brusque et imprévisible. • Soc. 20 juill. 1953 : *D. 1953. 631 ; Bull. civ. IV, n° 588* • 21 juill. 1958 : *Gaz. Pal. 1958. 2. 271* • Civ. 3e, 18 mai 1994, n° 92-18.507 P. – Jurisprudence constante. – V. toutefois, *contra*, • Paris, 14 déc. 1987 : *Loyers et copr. 1988, n° 102.*

5. Il en résulte que l'art. 5 est sans application lorsque, par suite d'une ordonnance de non-conciliation, le mari s'est trouvé contraint de quitter les lieux. • Soc. 5 juin 1959 : *Bull. civ. IV, n° 673.* ♦ ... Lorsqu'à la suite d'un accord les époux décident d'une nouvelle organisation matérielle de leur existence dans une séparation de fait. • Soc. 21 juill. 1958 : *préc. note 4.* ♦ ... Quand l'occupant décide d'établir ailleurs sa principale installation en se remariant. • Soc. 17 oct. 1957 : *Bull. civ. IV, n° 956.* ♦ ... Lorsque l'occupant a volontairement quitté l'immeuble loué pour aller habiter un pavillon qu'il a acheté. • Soc. 1er juin 1956 : *Bull. civ. IV, n° 510 ; JCP 1956. II. 9464.* ♦ ... Lorsque le locataire a transféré son domicile à une date antérieure au congé. • Soc. 24 oct. 1958 : *Bull. civ. IV, n° 1093.* ♦ ... Lorsque la locataire est partie à raison de son état de grossesse et de l'exiguïté des lieux. • Soc. 19 juill. 1962 : *Bull. civ. IV, n° 669.* ♦ ... Ou que le locataire est parti pour des raisons de sécurité à la suite d'actes de violence perpétrés sur lui par sa fille. • Paris, 6 avr. 1994 : *Loyers et copr. 1994, n° 426.*

6. Au contraire, l'abandon par le mari des enfants et de l'épouse peut présenter un caractère brusque et imprévisible. • Soc. 18 juill. 1961 : *Bull. civ. IV, n° 798.*

7. Décès du locataire. **BIBL.** De Belot, *Administrer août-sept. 2002. 24* (incidence du décès du locataire d'habitation sur son titre locatif). – Beddeleem, *Ann. loyers 2004. 1512.* ♦ Ndlr. Ajoutant un § 1 *bis* à l'art. 5, la loi ENL du 13 juill. 2006 précise désormais que « Nonobstant les dispositions de l'art. 1742 C. civ., même en l'absence de délivrance d'un congé au locataire, le contrat de location est résilié de plein droit par le décès du locataire. ♦ L'art. 5 dans sa rédaction issue de la L. du 13 juill. 2006, proscrivant la transmission du droit au bail prévu à l'art. 1742 C. civ., n'est pas applicable au fils bénéficiaire du bail antérieurement à l'entrée en vigueur de ladite loi. • Paris,

27 oct. 2011 : *Loyers et copr. 2011, n° 317, obs. Vial-Pedroletti.* ♦ Jugeant qu'en application de la loi de 2006, l'enfant majeur du locataire décédé ne bénéficie pas du droit au maintien dans les lieux, V. • Paris, 23 oct. 2014 : *Loyers et copr. 2015, n° 4, obs. Vial-Pedroletti.* ♦ Comp. auparavant, jugeant que le bail se transmet à l'héritier du preneur décédé malgré le fait qu'il n'appartienne pas à l'une des catégories des personnes prévues à l'art. 5 : • Civ. 3e, 26 juin 1996, n° 94-17.238 P : *RJDA 1996, n° 1171 ; RDI 1996. 622, obs. Collart-Dutilleul ; Defrénois 1997. 404, obs. Bénabent.* ♦ Dans le même sens, jugeant qu'en application de l'art. 1742 C. civ., le descendant majeur du locataire, exclu du bénéfice de l'art. 5 depuis la loi de 1986, a droit au maintien dans les lieux en sa qualité d'héritier, V. • Civ. 3e, 23 juin 1998 : *RDI 1998. 694, obs. Collart-Dutilleul ; Loyers et copr. 1999, n° 65, obs. Vial-Pedroletti.* – *Contra* : • Versailles, 10 déc. 1999 : *BICC 2000, n° 1345.* ♦ Comp. aussi, jugeant que la clause dérogatoire à l'art. 1742 C. civ. stipulant que « le décès du preneur met fin au présent engagement de location », bien que licite, ne saurait faire obstacle à l'art. 5, texte d'ordre public, qui doit être considéré comme applicable lorsqu'un bail ne se prolonge pas au-delà du décès du locataire principal : • Soc. 20 mai 1963 : *Bull. civ. IV, n° 404 ; D. 1964. 25.*

Doit être cassé, l'arrêt qui, pour accueillir les demandes du propriétaire tendant à déclarer valable le congé qu'il a délivré au descendant du locataire décédé, occupant des lieux, retient que, depuis l'entrée en vigueur de l'art. 27 de la loi du 23 déc. 1986, (V. cet art., Régime « Loi Méhaignerie »), le descendant majeur qui vivait avec le locataire au moment de son décès n'a plus droit au bénéfice du maintien dans les lieux et que l'occupant est donc titulaire du bail auquel il peut être mis fin par un congé de droit commun, alors qu'aucun congé n'a été délivré au locataire. • Civ. 3e, 24 mai 2000, n° 98-19.336 P : *D. 2000. IR 167 ; Loyers et copr. 2000, n° 166, obs. Vial-Pedroletti* • 25 juin 2003 : *Administrer 2/2004. 34, obs. Canu ; ibid. juill. 2004. 30, note Beddeleem ; Loyers et copr. 2004, n° 27, obs. Vial-Pedroletti.* ♦ Le locataire en titre étant décédé sans avoir reçu congé, en application de l'art. 1742 C. civ., le droit au bail est dévolu à son fils (en sa qualité d'héritier ayant toujours habité les lieux). En conséquence, ce dernier a hérité d'un droit locatif propre, indépendant du droit au maintien dans les lieux de l'art. 5. • TI Paris, 3 avr. 1997 : *Rev. loyers 1997. 601, obs. G. A.* – V. aussi • Paris, 10 juin 2004 : *Loyers et copr. 2005, n° 68, obs. Vial-Pedroletti* • 28 juin 2005 : *Rev. loyers 2005. 567, obs. Canu.* ♦ V. encore, jugeant que la transmission du bail par succession n'est pas subordonnée au respect de la condition d'habitation continue des lieux loués, • Paris, 24 mars 2005 : *AJDI 2005. 485 ; Loyers et copr. 2005, n° 154, obs. Vial-Pedroletti.*

8. Cohabitation. Le droit au maintien ne saurait être reconnu à un héritier qui n'a jamais occupé personnellement les lieux et dont l'auteur n'était plus locataire au jour du décès. • Soc. 28 avr. 1956 : *Bull. civ. IV, n° 376.*

9. Le point de savoir si, lors du décès de l'occupant, une personne, membre de sa famille, vivait habituellement avec lui depuis plus de six mois [un an], est un point de fait dont l'appréciation entre dans les pouvoirs du juge du fond. • Soc. 21 févr. 1958 : *Bull. civ. IV, n° 288.* ♦ Une cohabitation effective et continue durant six mois [un an] est exigée, et non une simple domiciliation. • Soc. 9 avr. 1959 : *Bull. civ. IV, n° 438.*

10. Bail commun aux époux. V. *Droit commun*, art. 1751 C. civ.

11. Loi du 23 déc. 1986. Il ne résulte pas du caractère d'ordre public de l'art. 27 de cette loi, qui a modifié l'art. 5 ci-dessus, que les dispositions dudit art. soient rétroactives et atteignent les droits acquis. • Paris, 18 nov. 1988 : *Loyers et copr. 1989, n° 54.* ♦ Elles sont cependant d'application immédiate et ont pour effet de ne pas attribuer, en cas de décès du locataire, la qualité d'occupant de bonne foi à ses descendants majeurs lorsque le décès est survenu après l'entrée en vigueur des dispositions nouvelles. • Paris, 2 juin 1993 : *Loyers et copr. 1993, n° 344* • 2 nov. 1999 : *Rev. loyers 2000. 205, obs. J. R.* ♦ Il convient d'appliquer la législation en vigueur à la date du décès de l'occupant. • Civ. 3e, 14 déc. 1994, n° 92-22.076 P : *Administrer août-sept. 1995. 29, note Canu* • 23 juin 1998 : *Rev. loyers 1998. 555, note Canu* • Paris, 15 janv. 1997 : *Administrer 12/1997. 32, note De Belot.* – V. aussi • Paris, 26 juin 1996 : *Loyers et copr. 1996, n° 346* • 29 mars 2007 : *AJDI 2007. 662.*

12. Loi du 22 juin 1982. Aucune disposition de cette loi ne précisant qu'elle est inapplicable aux baux soumis à la loi du 1er sept. 1948, il faut en conclure que l'art. 16 (relatif notamment au transfert du bail en cas de décès du locataire) doit recevoir application. • TI Paris, 19 nov. 1996 : *préc. note 2.*

13. HLM. BIBL. F. M., *AJPI 1991. 400.*

VII RECOUVREMENT DES PENSIONS ALIMENTAIRES

Les textes, annotations de jurisprudence et de bibliographie reproduits dans cet appendice ont été repris du Code des procédures civiles d'exécution Dalloz.

Sur les conséquences du divorce par consentement mutuel conventionnel, V. Circ. 26 janv. 2017, fiche n° 9, ss. C. civ., art. 229-4.

DALLOZ PRATIQUE[S] *Divorce - Prestation compensatoire : évaluation ; Divorce - Prestation compensatoire : fiscalité ; Divorce - Prestation compensatoire : révision.*

DALLOZ RÉFÉRENCE *Droit et pratique du divorce 2022/2023, n°s 242.00 s.*

BIBL. ▶ Boigeol, Le recouvrement des pensions alimentaires en France, *Famille, État et Sécurité économique d'existence*, 1986, (ss. dir.) Meulders-Klein. - Collombet, *RDSS 2017. 678* (les réformes françaises en matière de recouvrement des pensions alimentaires : une mise en perspective européenne). - Douchy-Oudot, *Dr. et patr. 12/2013, p. 47* (le recouvrement des pensions alimentaires). - Gouttenoire, *AJ fam. 2006. 60* (le recouvrement spécifique des pensions alimentaires). - Menut, *Dr. et pr., nov. 2010, suppl. p. 30* (le recouvrement des créances alimentaires en France) ; Le recouvrement des créances alimentaires - Règles et pratiques en France, en Europe et dans le monde, *EJT 2011*.

Code des procédures civiles d'exécution

Art. L. 111-3 **Seuls constituent des titres exécutoires :**

1° Les décisions des juridictions de l'ordre judiciaire ou de l'ordre administratif lorsqu'elles ont force exécutoire, ainsi que les accords auxquels ces juridictions ont conféré force exécutoire ;

2° Les actes et les jugements étrangers ainsi que les sentences arbitrales déclarés exécutoires par une décision non susceptible d'un recours suspensif d'exécution *(L. n° 2015-177 du 16 févr. 2015, art. 11-II)* **« , sans préjudice des dispositions du droit de l'Union européenne applicables » ;**

(Ord. n° 2018-341 du 9 mai 2018, art. 20) **« 2° *bis* Les décisions rendues par la juridiction unifiée du brevet ; »**

3° Les extraits de procès-verbaux de conciliation signés par le juge et les parties ;

4° Les actes notariés revêtus de la formule exécutoire ; *— V. L. 25 ventôse an XI, art. 19, al. 1er ; Décr. n° 71-941 du 26 nov. 1971, art. 32, al. 2. — Sur la formule exécutoire, V. Décr. n° 47-1047 du 12 juin 1947, reproduit ss. C. pr. civ., art. 502. -* ***C. pr. civ.***

(L. n° 2016-1547 du 18 nov. 2016, art. 50-II-1°, en vigueur le 1er janv. 2017) **« 4° *bis* Les accords par lesquels les époux consentent mutuellement à leur divorce** *(L. n° 2019-1446 du 24 déc. 2019, art. 72-IV)* **« ou à leur séparation de corps » par acte sous signature privée** *(L. n° 2019-1446 du 24 déc. 2019, art. 72-IV)* **« contresigné** *[ancienne rédaction : contresignée]* **» par avocats, déposés au rang des minutes d'un notaire selon les modalités prévues à l'article 229-1 du code civil ; »**

5° Le titre délivré par le commissaire de justice en cas de non-paiement d'un chèque *(L. n° 2015-990 du 6 août 2015, art. 208-II)* **« ou en cas d'***(Abrogé par L. n° 2016-1547 du 18 nov. 2016, art. 105)* ***« homologation de l' »*** **accord entre le créancier et le débiteur dans les conditions prévues à »** *(Ord. n° 2016-131 du 10 févr. 2016, art. 6-XII-1°, en vigueur le 1er oct. 2016)* **« l'article L. 125-1 » ;** *— Sur les conditions d'établissement de ce titre, V. C. mon. fin., art. L. 131-73. —* ***C. mon. fin.***

6° Les titres délivrés par les personnes morales de droit public qualifiés comme tels par la loi, ou les décisions auxquelles la loi attache les effets d'un jugement ;

(L. n° 2021-1729 du 22 déc. 2021, art. 44) **« 7° Les transactions et les actes constatant un accord issu d'une médiation, d'une conciliation ou d'une procédure participative, lorsqu'ils sont contresignés par les avocats de chacune des parties et revêtus de la formule exécutoire par le greffe de la juridiction compétente. »** *— [L. n° 91-650 du 9 juill. 1991, art. 3.]*

BIBL. ▶ **Notion :** J.-L. Lecharny, *Bull. ch. avoués 1992. 4. 109* (mise au point sur le titre exécutoire, la force exécutoire, les sûretés provisoires).

▸ **Accords amiables :** AMRANI-MEKKI, *Dr. et patr. 12/2013, p. 55* (les « nouveaux » titres exécutoires : les accords amiables homologués).

▸ **Actes notariés :** BARBIÉRI, *Defrénois 2013. 1027* (l'acte notarié et le JEX). – BÉDARIDE, *Dr. et patr., oct. 2008, p. 24* (le caractère exécutoire de l'acte notarié en droit interne et européen). – BERLIOZ, *JCP N 2014. 1249* (limites et difficultés d'exécution de l'acte authentique). – CONVERS, *Procédures 2008. Étude 6* (le notaire, vecteur de sécurité juridique dans son environnement économique). – Dossier, *JCP N 2014. 1249 à 1254* (l'exécution de l'acte authentique). – JULIENNE, *JCP 2014. 1250* (le caractère exécutoire de l'acte authentique) ; *JCP N 2018. 1129* (défendre la force exécutoire des actes notariés d'Alsace-Moselle). – MEIER-BORDEAU, *JCP 2014. 1253* (la réception des actes authentiques étrangers en France). – RUMPF, *JCP 2014. 1254* (la réception à l'étranger de l'acte authentique français). – TEMPLIER, *JCP 2014. 1251* (la pratique de l'exécution).

▸ **Loi du 22 nov. 1999 :** DESDEVISES, *D. 2000. Chron. 284*. – JAMIN, *RTD civ. 2000. 183*.

▸ **Ord. n° 2011-1540 du 16 nov. 2011 :** FRICERO, *D. 2012. Pan. 244*. – LEBORGNE, *D. 2012. Pan. 1510*.

▸ **L. n° 2016-1547 du 18 nov. 2016 :** LAUVERGNAT, *Gaz. Pal. 31 janv. 2017, p. 87* (justice du XXIe siècle et voies d'exécution) ; *AJ fam. 2018. 144* (retour sur l'exécution de la convention de divorce par consentement mutuel). – GIJSBERT, *Defrénois 14 sept. 2017, p. 27* (divorce sans juge : le notaire peut-il apposer la formule exécutoire ?). – NONNENMACHER, *JCP N 2017. 1338* (de quelques aspects de la force exécutoire du divorce non judiciaire).

1. Débiteur. La décision qui désigne une personne comme débitrice ne peut constituer un titre exécutoire à son profit. • Civ. 2e, 22 oct. 2009, n° 08-19.072 P : *D. 2010. Pan. 1307, obs. Leborgne ; Gaz. Pal. 28-30 mars 2010, p. 17, obs. Brenner ; Dr. et pr. 2010. 86, note Léon* (visa de l'art. 8, Décr. n° 92-755 du 31 juill. 1992) • 9 janv. 2014, n° 12-28.220 P : *D. 2014. Pan. 1466, obs. Leborgne ; D. avocats 2014. 49, obs. Dargent ; JCP 2014. 597, n° 9, obs. Bolze ; Gaz. Pal. 21 juin 2014, p. 15, obs. Villacèque et Landry.*

I. JUGEMENTS AYANT FORCE EXÉCUTOIRE

2. Injonction de payer. L'injonction de payer faite par le juge des référés constitue un titre exécutoire constatant une créance liquide et exigible. • Civ. 2e, 7 juill. 2005, n° 03-20.553 P : *D. 2005. IR 2178*. ♦ L'injonction de payer qui n'a pas été portée à la connaissance du débiteur de façon valable et pour laquelle le délai d'opposition n'a pu courir, ne peut servir de fondement à la procédure de saisie-vente. • Douai, 7 sept. 1995 : *BICC, 15 mars 1996, n° 348.* ♦ L'opposition formée régulièrement contre l'ordonnance portant injonction de payer et revêtue de la formule exécutoire ne peut pas conduire à ordonner la mainlevée de la saisie-attribution pratiquée, mais fait obstacle, jusqu'à ce qu'il ait été statué sur l'opposition par la juridiction compétente, au paiement au créancier des sommes rendues indisponibles. • Cass., avis, 8 mars 1996, n° 09-60.001 P : *RTD civ. 1996. 714, obs. Perrot ; D. 1996. Somm. 360, obs. Julien ; Procédures 1996, n° 215, obs. Perrot ; Rev. Justices 1997, n° 5, p. 335, obs. Putman* (avec • TGI Paris, JEX, 15 avr. 1996).

3. Jugement de police. Est valable une saisie-attribution mise en œuvre en vertu d'un jugement contradictoire du tribunal de police, définitif pour n'avoir pas été frappé d'appel dans les dix jours de sa date ; et cela malgré l'absence de signification préalablement à la mesure d'exécution. • TGI Lyon, 26 sept. 1996 : *Rev. huiss. 1999. 39, note Dahan.*

4. Force de chose jugée. Une décision ayant force de chose jugée, constitue un titre exécutoire ; c'est le cas de la décision déclarée opposable à l'AGS et disant celle-ci tenue à garantie. • Civ. 2e, 21 sept. 2000, n° 98-14.151 P : *D. 2000. IR 276 ; Dr. et pr. 2001-2, 133, obs. Hoonakker.*

5. Jugement de première instance. Un jugement de condamnation civile rendu en première instance constitue un titre exécutoire opposable à la succession du défunt lorsque l'appelant décède au cours de l'instance d'appel. • Civ. 2e, 6 janv. 2012 : *D. actu. 20 janv. 2012, obs. Tahri.*

6. Obligation de payer une somme liquide et exigible. Les art. 2, 3 et 4 de la L. n° 91-650 du 9 juill. 1991 [devenus respectivement C. pr. exéc., art. L. 111-2, L. 111-3 et L. 111-6] n'exigent pas, pour retenir la qualification de titre exécutoire, que la décision juridictionnelle contienne formellement une condamnation à effectuer un paiement, mais seulement qu'il en résulte sans ambiguïté une obligation de payer une somme liquide et exigible. • TGI Brest, JEX, 6 févr. 2002 : *BICC 2002, n° 527 ; Dr. et pr. 2003. 100, note Putman.* ♦ Dès lors un arrêt réformant un jugement de condamnation exécuté peut constituer un titre exécutoire pour le remboursement, même s'il ne comporte pas de condamnation formelle à cet égard. • Même jugement. ♦ L'arrêt qui fixe les créances salariales constitue un titre exécutoire permettant la mise en œuvre de la saisie-vente. • Civ. 1re, 19 nov. 2009, n° 08-14.325 P : *D. actu. 11 déc. 2009, obs. Avena-Robardet ; D. 2010. Chron. C. cass. 538, obs. Sommer et Leroy-Gissinger ; ibid. 2010. Pan. 1307, obs. Leborgne ; Gaz. Pal. 28-30 mars 2010, p. 15, obs. Brenner ; Dr. et pr. 2010. 91, note Lefort.*

7. Arrêt d'appel. Un arrêt d'appel réformant un jugement prud'homal qui avait condamné un employeur à indemniser l'un de ses salariés, constitue un titre exécutoire qui permet à cet employeur de pratiquer les procédures d'exécution nécessaires à la restitution des sommes versées à l'issue de la première instance. • TGI Lyon, 22 avr. 1997 : *Procédures 1997, n° 264, obs. Croze* • Paris, 4 janv. 2000 : *Bull. avoués n° 153, p. 35.* ♦ *Contra* : • Orléans, 16 nov. 2000 : *RTD civ. 2001. 211, obs. Perrot* ; *JCP 2001. II. 10448, note Rémery ; Dr. et pr. 2001-3, 116, obs. Desdevises* (« un arrêt d'appel qui annule ou infirme un jugement assorti de l'exécution provisoire et sur le fondement duquel avait été pratiquée une saisie-attribution, ne constitue pas lui-même un titre exécutoire permettant au débiteur saisi d'obtenir la restitution des sommes saisies ; il doit agir en répétition de l'indu devant le juge du fond ») • Civ. 2e, 10 juill. 2008, n° 07-13.027 P : *D. 2008. AJ 2226* ; *ibid. 2009. Pan. 1168, obs. Leborgne* (un arrêt infirmatif qui ouvre droit à restitution des sommes versées en exécution du jugement réformé constitue le titre exécutoire permettant d'en poursuivre le recouvrement forcé). ♦ L'arrêt infirmatif d'une cour d'appel constitue un titre exécutoire permettant le recouvrement des sommes versées en vertu de la décision de première instance, sans qu'elle en fasse expressément mention. Dès lors, une cour d'appel, qui relève que sont mentionnées, dans le bordereau d'inscription d'hypothèque, les deux décisions donnant naissance à l'hypothèque et que la créance ressort de la comparaison entre les deux titres, en déduit exactement que l'hypothèque judiciaire est valablement inscrite. • Civ. 2e, 15 sept. 2016, n° 15-21.483 P : *JCP 2016. 1034, note Dorol ; ibid. 2016. 1224, obs. Delebecque ; Gaz. Pal. 29 nov. 2016, p. 28, note Albiges ; ibid. 6 déc. 2016, p. 29, obs. Ansault ; Procédures 2016, n° 326, note Laporte.* ♦ Comp. note 3 ss. art. R. 221-1.

8. Arrêt de cassation. La cassation d'un arrêt d'appel qui a été exécuté constitue le titre ouvrant droit à restitution. • Civ. 2e, 7 janv. 2010 : *D. 2010. Pan. 1307, obs. Leborgne* ; *Procédures 2011. Chron. 1, n° 5, obs. Leborgne* • 8 juill. 2010 : *D. 2011. Pan. 1509, obs. Leborgne* • 12 juill. 2011, n° 10-16.911 P : *D. 2011. 2031* ; *ibid. 2012. 520, obs. Raynard* ; *ibid. Pan. 1512, obs. Leborgne* ; *JCP 2011. 1030, obs. Loiseau ; Procédures 2011, n° 303, note Perrot.*

9. Notification du jugement. La procédure de saisie des rémunérations d'un débiteur implique que le créancier dispose d'un titre exécutoire au sens de l'art. 3 de la L. n° 91-650 du 9 juill. 1991 [devenu C. pr. exéc., art. L. 111-3]. En droit, le jugement rendu par un TGI ne peut être exécuté qu'après notification, sauf à ce que l'exécution en ait été volontaire. A défaut d'exécution volontaire, la circonstance que le jugement ait été assorti de l'exécution provisoire ne dispense pas d'une signification régulière, faite conformément aux exigences des art. 654 à 693 NCPC [devenu C. pr. civ.]. En outre, la décision du conseiller de la mise en état de déclarer recevable l'appel formé par le débiteur contre cette même décision n'est pas de nature à faire admettre qu'il y a eu une signification, telle que celle-ci est exigée par l'art. 503 dudit code. • Versailles, 12 mai 2000 : *BICC, 1er mars 2001, n° 263.*

10. Combinaison avec les dispositions fiscales. La décision judiciaire, exécutoire, qui déclare un dirigeant de société solidairement responsable avec celle-ci du paiement des impositions et pénalités dues par cette dernière, seule redevable au sens de l'art. L. 256 LPF, constitue un titre exécutoire suffisant pour fonder l'action du comptable public à l'égard de ce dirigeant. • Com. 20 nov. 2001, n° 98-22.648 P : *D. 2002. IR 45* • Com. 18 oct. 2011, n° 10-25.932 P : *D. 2011. Actu. 2653* ; *Procédures 2011, n° 390, note Ayrault.* ♦ Viole l'art. 3 de la L. n° 91-650 du 9 juill. 1991 [devenu C. pr. exéc., art. L. 111-3], par refus d'application de ce texte, la cour d'appel qui, pour infirmer la décision du JEX qui a rejeté la contestation du contribuable en retenant l'existence d'un titre judiciaire exécutoire établissant la créance de l'administration, retient qu'il résulte de la combinaison des art. L. 256, L. 257 et L. 258 LPF que l'exigence de la notification d'un avis de mise en recouvrement préalablement au commandement de payer est une condition de fond de la validité de l'acte, et non une simple condition de forme, et que l'existence d'un titre exécutoire résultant d'un jugement de nature civile ne dispense pas l'administration créancière de cette formalité que lui imposent les règles spécifiques propres à sa créance. • Même arrêt.

11. Le décès du débiteur, reconnu coupable d'une infraction pénale, appelant de la décision, suivi de la renonciation de son seul héritier à sa succession, n'a pas d'incidence sur le caractère exécutoire du jugement le condamnant civilement au paiement de dommages-intérêts lequel reste opposable à la succession. Il s'ensuit que doit être cassé l'arrêt qui, pour annuler un commandement de payer valant saisie et ordonner la radiation de sa publication, retient que la cour d'appel n'a pas statué sur la demande de confirmation de la condamnation civile prononcée par le tribunal. • Civ. 2e, 6 janv. 2012 : *BICC 15 mai 2012, n° 518 ; D. 2012. Pan. 1512, obs. Leborgne* .

12. Décision de rétrocession d'honoraires du bâtonnier. Nécessité de la formule exécutoire. V. note 6 ss. art. C. pr. civ., art. 502, App., v° *Exécution des jugements.* – **C. pr. exéc.**

13. Faute inexcusable. Ne constitue pas, au sens de l'art. L. 111-3, un titre exécutoire au bénéfice de l'organisme social la décision qui reconnaît la faute inexcusable de l'employeur sans se prononcer sur l'action récursoire que les art. L. 452-2 et L. 452-3 CSS réservent à la caisse primaire d'assurance maladie à son encontre pour la récupération des compléments de rente et indemnités qu'elle a versés à la victime. • Civ. 2e, 13 oct. 2022, n° 21-15.035 B.

II. ACTES NOTARIÉS

BIBL. M. Dagot, *LPA 6 janv. 1993, p. 23* (la force exécutoire de l'acte notarié).

14. Sanction. Viole les art. 2, 3 et 4 de la loi de 1991 [devenus respectivement C. pr. exéc., art. L. 111-2, L. 111-3 et L. 111-6], la cour qui retient que les actes notariés invoqués par la saisissante ne sont pas des titres exécutoires ; que s'ils constatent en la forme authentique les engagements des parties, ils ne contiennent aucune disposition relative à la fixation et à l'évaluation d'une créance certaine, liquide et exigible au profit de l'une des parties, alors que les actes notariés produits étaient revêtus de la formule exécutoire et contenaient tous les éléments permettant l'évaluation de la créance dont elle avait constaté qu'elle était devenue exigible. • Civ. 2e, 22 mars 2001, n° 99-12.011 P : *D. 2001. IR 1219 ; Dr. et pr. 2001-5, 318, obs. Putman ; RDBF 2001, n° 155, note Delleci.* Inversement, pour un acte notarié qui n'est pas revêtu de la formule exécutoire, • Civ. 2e, 28 juin 2006 : *D. 2007. Pan. 1388, obs. Julien ; Dr. et pr. 2006. 361, obs. Leborgne ; RDBF 2007, n° 30, note Piedelièvre.*

15. Avenant. Une cour d'appel, ayant constaté que les avenants prévoyaient qu'ils n'opéraient pas novation, en déduit exactement que le créancier pouvait se prévaloir des actes notariés exécutoires pour fonder la procédure de saisie visant à recouvrer la créance née de ces conventions. • Civ. 2e, 6 mai 2010, n° 09-67.058 P : *D. actu. 8 juin 2010, obs. Avena-Robardet ; D. 2011. Pan. 1509, obs. Leborgne ; Dr. et pr. 2010. 240, note Leborgne ; Procédures 2011. Chron. 1, n° 5, obs. Leborgne ; Dr. et patr. 11/2010, p. 92, obs. Crocq ; RDBF 2010, n° 152, note Piedelièvre ; Defrénois 2010. 1706, obs. Seube* • 1er mars 2018, n° 17-10.373 : *RDC 2018. 570, note Cayrol.*

Mais cassation de l'arrêt ayant autorisé la saisie des rémunérations de l'emprunteur au titre d'un second prêt distinct du premier, considéré comme un avenant, alors que seul le premier prêt distinct avait été reçu par acte notarié et revêtu de la formule exécutoire. • Civ. 1re, 20 avr. 2022, n° 19-25.162 B : *Rev. prat. rec. 2022/5. 3, obs. Draillard ; ibid. 2022/11. 19, obs. Roussel Galle.*

16. Le codébiteur solidaire, subrogé de plein droit dans les droits du créancier en application de l'art. 1251, 3° C. civ., peut agir en recouvrement forcé contre ses codébiteurs, sur le fondement de la décision ayant prononcé la condamnation solidaire. • Civ. 2e, 2 déc. 2010, n° 09-17.194 P : *RTD civ. 2011. 127, obs. B. Fages ; ibid. 172, obs. R. Perrot.*

17. L'art. 34 du Décr. n° 71-941 du 26 nov. 1971, qui n'impose pas que la copie exécutoire soit le fac-similé de l'acte notarié, prévoyant que chaque feuille de cette copie soit revêtue du paraphe du notaire, à moins qu'elle ne reproduise les paraphes de toutes les parties figurant sur la minute, une cour d'appel en déduit exactement que la copie produite, revêtue de la formule exécutoire, comportant le paraphe de toutes les parties sur chaque feuille, la signature du notaire en dernière page ainsi que la mention de la conformité à l'original, constitue un titre exécutoire • Civ. 2e, 24 juin 2010 : *Procédures 2011. Chron. 1, n° 5, obs. Leborgne.*

18. Défaut d'annexion de la procuration à l'acte authentique. **BIBL.** Aynès, *D. 2012. 890* (l'acte notarié et la procuration). – Dagot, *Liber amicorum G. Daublon, Defrénois 2011, p. 77* (l'annexe à un acte notarié). – Delebecque, *JCP 2012. 263* (l'acte authentique imparfait : observations sur le défaut d'annexion de procurations dans un acte notarié). – Mekki, *D. 2012. 1789* (l'acte authentique, la copie exécutoire et le défaut d'annexion des procurations). – Salati, *Dr. et pr. 2012. 194* (vigilance sur le caractère exécutoire du titre). – Théry, *JCP N 2012. 1311* (défaut d'annexion des procurations à la minute d'un acte de prêt) ; *RDC 2013. 1209* (la tradition notariale en péril : incertitudes sur les notions d'authenticité et de force exécutoire). L'inobservation de l'obligation, pour le notaire, de faire figurer les procurations en annexe de l'acte authentique ou de les déposer au rang de ses minutes ne fait pas perdre à l'acte son caractère authentique, partant son caractère exécutoire. • Cass., ch. mixte, 21 déc. 2012, n° 11-28.688 P : *BICC 15 févr. 2013, p. 6, rapp. Maunand, avis de Azibert ; ibid. 1er mars 2013, p. 6 ; R. 2012. 379 et 461 ; D. actu. 21 janv. 2013, obs. Avena-Robardet ; Procédures 2012. Focus 12, obs. Lauvergnat ; JCP N 2013. 1025, obs. Théry ; ibid. 1026, note Le Magueresse ; Defrénois 2013. 198, obs. Latina ; Gaz. Pal. 3-5 mars 2013, p. 16, note Brenner ; Dr. et patr. 3/2013, p. 105 s., obs. Rosello ; RDBF 2013, n° 69 (1re esp.), note Piedelièvre ; Gaz. Pal. 2013. 1168, note Bolze* • Civ. 1re, 19 févr. 2013 : *D. actu. 11 mars 2013, obs. Avena-Robardet ; Procédures 2013. Chron. 1, obs. Leborgne* • 19 févr. 2013 : *D. actu. 11 mars 2013, obs. Avena-Robardet* • 27 févr. 2013 : *D. actu. 11 mars 2013, obs. Avena-Robardet ; RDBF 2013, n° 106, note Piedelièvre* • 30 oct. 2013 : *D. 2014. Pan. 1466, obs. Leborgne ; JCP N 2013. 1130.* Si, selon l'art. 8 [devenu art. 21] du Décr. n° 71-941 du 26 nov. 1971, les procurations doivent être annexées à l'acte à moins qu'elles ne soient déposées aux minutes du notaire rédacteur de l'acte, de la combinaison de l'art. 23 [devenu art. 41] du même décret et de l'art. 1318 C. civ., il résulte toutefois que l'inobservation de ces obligations ne fait pas perdre à l'acte son caractère authentique, partant son caractère exécutoire. • Cass., ch. mixte, 21 déc. 2012, n° 12-15.063 P : *BICC 15 févr. 2013, p. 6, rapp. Maunand, avis de Azibert ; ibid. 1er mars 2013, p. 6 ; R. 2012. 379 et 461 ; D. actu. 21 déc. 2012, obs. Avena-Robardet ; JCP 2013. 141, note Deharo ; Procédures 2012. Focus 12, obs. Lauvergnat ; JCP N 2013. 1025, obs. Théry ; ibid. 1026, note Le Magueresse ; ibid. 1132,* *obs. M. Mekki ; Defrénois 2013. 198, obs. Latina ; Gaz. Pal. 3-5 mars 2013, p. 16, note Brenner ; Procédures 2013. Chron. 1, obs. Leborgne ; Dr. et patr. 3/2013, p. 105 s., obs. Rosello ; RDBF 2013, n° 69 (2e esp.), note Piedelièvre ; Gaz. Pal. 2013. 1168 note Bolze* (copie exécutoire) ; *ibid. nov. 2013, p. 78, obs. Crocq* • Civ. 1re, 27 févr. 2013 : *D. actu. 11 mars 2013, obs. Avena-Robardet* • 19 févr. 2013 : *D. actu. 11 mars 2013, obs. Avena-Robardet* • 5 déc. 2013, n° 12-26.680 • 25 sept. 2014 : *Dalloz jurisprudence* • 15 janv. 2015, n° 13-12.479 : *D. actu. 30 janv. 2015, obs. Avena-Robardet ; JCP N 2015. 209* (qui ajoute que les irrégularités affectant la représentation conventionnelle d'une partie à un acte notarié ne relèvent pas des défauts de forme que l'art. 1318 C. civ. sanctionne par la perte du caractère authentique et, partant, exécutoire de cet acte, lesquels s'entendent de l'inobservation des formalités requises pour l'authentification par l'art. 23 du Décr. du 26 nov. 1971) • 15 janv. 2015 : *JCP N 2015. 210.* ♦ Dans le sens d'une extension de la solution à copie exécutoire : • Civ. 1re, 19 févr. 2013 : *D. actu. 11 mars 2013, obs. Avena-Robardet* • 11 mars 2014, n° 12-29.888 • Civ. 2e, 16 mai 2013, n° 12-14.341. ♦ Et de façon plus radicale, jugeant qu'il ressort des dispositions combinées des art. 21 et 34 du Décr. n° 71-941 du 26 nov. 1971 relatif aux actes établis par les notaires, dans leur rédaction issue du Décr. n° 2005-973 du 10 août 2005 applicable en la cause, ensemble l'art. 1er de la L. n° 76-519 du 15 juin 1976, que, si l'acte notarié doit comporter les procurations en annexe, à moins qu'elles ne soient déposées aux minutes du notaire rédacteur de l'acte, ces exigences ne visent pas la copie exécutoire qu'en délivre celui-ci. • Civ. 1re, 10 sept. 2015, n° 14-13.237 P : *D. 2015. Actu. 1847, obs. Avena-Robardet ; Dr. et pr. 2015. 189, note Dorol ; Procédures 2015, n° 323, note Laporte ; Gaz. Pal. 21 nov. 2015, p. 13, note Ansault ; RDBF 2015, n° 206, note S. Piedelièvre.* ♦ V. déjà, jugeant que l'obligation, pour le notaire, de faire figurer les procurations en annexe de l'acte authentique ou de les déposer au rang de ses minutes n'est pas sanctionnée par la nullité de l'acte en tant que titre exécutoire, • Civ. 1re, 22 mars 2012, n° 11-11.925 P : *D. actu. 5 avr. 2012, obs. Ravel D'Esclapon ; D. 2012. 890, note L. Aynès ; JCP N 2012. 1061, n° 3, obs. Vernières ; RDBF 2012, n° 131, obs. Piedelièvre ; Banque et Dr. 2012. 43, note Rontchevsky ; AJDI 2012. 532, note Le Rudulier ; Dr. et pr. 2012. 176, note Lefort ; RDC 2012. 1209, note Libchaber ; Dr. et patr. 3/2013, p. 105 s., obs. Rosello* (visa des art. 8 et 23 du Décr. n° 71-941 du 26 nov. 1971 dans sa rédaction antérieure à celle issue du Décr. n° 2005-973 du 10 août 2005). ♦ *Contra*, jugeant que l'acte de prêt notarié qui ne comporte pas en annexe les procurations données par les emprunteurs est affecté d'une irrégularité qui lui fait perdre son caractère authentique, et partant son caractère de titre exécutoire, ce qui interdit au créancier d'engager des poursuites sans disposer d'une décision judiciaire condamnant le débiteur à rembourser les sommes en cause, • Civ. 2e, 7 juin 2012 (5 arrêts), n° 11-15.439 P : *D. 2012. 1557, obs. Avena-Robardet ; Gaz. Pal. 28 juin 2012, p. 13, note Hugon ; ibid. 2012. 2872, note Bury ; Banque et Dr. 7-8/2012, p. 44, note Rontchevsky ; RDBF 2012, n° 163, note Piedelièvre ; RDC 2012. 1209, note Libchaber ; Dr. et pr. 2012., suppl. Droit au recouvrement, p. 19, obs. Putman ; Defrénois 2013. 198, obs. Latina ; Dr. et patr. 3/2013, p. 105 s., obs. Rosello* (visa de l'art. 1318 C. civ., et art. 8, devenu art. 21, du Décr. n° 71-941 du 26 nov. 1971).

19. Non-respect du terme de la procuration à l'acte authentique. BIBL. Lauvergnat, *Procédures 2014. Étude 3* (le titre exécutoire notarié sauvé par l'art. 1198 C. civ. ?). ♦ Un acte notarié est entaché d'une nullité relative lorsqu'il a été signé par une secrétaire alors que procuration avait été donnée par l'acheteur à « tous clercs de notaire », c'est-à-dire à des collaborateurs de l'étude accomplissant des tâches juridiques avec une qualification adaptée. • Civ. 1re, 30 oct. 2013, n° 12-14.992. ♦ Les irrégularités affectant la représentation conventionnelle d'une partie à un acte notarié ne relèvent pas des défauts de forme que l'art. 1318 C. civ. sanctionne par la perte du caractère authentique, et partant, exécutoire de cet acte, lesquels s'entendent de l'inobservation des formalités requises pour l'authentification par l'art. 41 du Décr. n° 71-941 du 26 nov. 1971. Ces irrégularités, qu'elles tiennent en une nullité du mandat, un dépassement ou une absence de pouvoir, sont sanctionnées par la nullité relative de l'acte accompli pour le compte de la partie représentée, qui seule peut la demander, à moins qu'elle ne ratifie ce qui a été fait pour elle hors ou sans mandat, dans les conditions de l'art. 1998, al. 2, C. civ., cette ratification pouvant être tacite et résulter de l'exécution volontaire d'un contrat par la partie qui y était irrégulièrement représentée. • Civ. 1re, 2 juill. 2014 : *Procédures 2014, n° 264, note Laporte.*

20. Copie exécutoire. Portée. Viole l'art. 34 du Décr. du 26 sept. 1971 la cour d'appel qui, pour valider la saisie-attribution, après avoir énoncé qu'aucune disposition dudit décret ne prévoit que la copie exécutoire d'un acte notarié doit comporter la mention de sa conformité avec la minute de l'acte, retient que la production de la copie exécutoire unique revêtue de la formule exécutoire, du cachet et de la signature du notaire ayant reçu l'acte suffisent à la poursuite de l'exécution forcée. • Civ. 1re, 30 oct. 2013 : *préc. note 18.*

21. L'acte reçu en méconnaissance de l'interdiction d'instrumenter ne vaut pas titre exécutoire. • Civ. 1re, 31 oct. 2012, n° 11-25.789 P : *D. 2012. Actu. 2671 ; D. 2013. Pan. 1577, obs. Leborgne ; Defrénois 2013. 201, note Latina ; JCP N 2013. 1132, obs. M. Mekki* [notaire instrumentaire] (violation de l'art. 2 du Décr. n° 71-941 du 26 sept. 1971).

22. Absence du sceau du notaire. Portée. L'irrégularité affectant l'acte dépourvu du sceau du notaire ne relève pas des défauts de forme que l'art. 1318, devenu 1370 C. civ. sanctionne par la perte du caractère authentique et partant, exécutoire, de cet acte, lesquels s'entendent de l'inobservation des formalités requises pour l'authentification par l'art. 41 du Décr. du 26 nov. 1971. • Civ. 2e, 1er févr. 2018, n° 16-25.097 P : *D. 2018. Actu. 299 ; Defrénois 1er mars 2018, p. 5 ; JCP N 2018. 276, obs. Julienne.*

III. TITRES DÉLIVRÉS PAR LES PERSONNES MORALES DE DROIT PUBLIC

BIBL. P. Ancel, *RTD civ. 1993, n° spéc. hors série, p. 135* (l'exécution par la puissance publique). – Gauthier, *Procédures 1998. Chron. 4 et 5* (les titres exécutoires délivrés par l'État).

23. Titre émis par un maire. Le titre émis par un maire ès qualités de personne morale de droit public pour le recouvrement de loyers dus à la commune est un titre exécutoire au sens de ce texte. • Civ. 2e, 17 juin 1998 : *D. 1998. IR 177 ; Gaz. Pal. 16 mars 1999, Somm., obs. Véron ; Rev. huiss. 1999. 204, note Dahan ; RG proc. 1999. 111, obs. Putman ; Rev. huiss. 2000. 164, note Bourdillat.* ♦ ... De même la contrainte délivrée par le directeur d'une caisse d'allocation vieillesse des artisans à l'encontre d'adhérents qui n'ont pas réglé de cotisation et ne se sont pas opposés à cette mesure ; cette contrainte acquiert les effets d'un jugement bénéficiant de l'hypothèque judiciaire et c'est en vain que les intéressés saisissent le JEX sur les art. 67 et 68 de la L. n° 91-650 du 9 juill. 1991 [devenus respectivement C. pr. exéc., art. L. 511-1 et L. 511-2] et 251 du Décr. n° 92-755 du 31 juill. 1992 [devenu C. pr. exéc., art. R. 532-1] (mesures conservatoires). • TGI Laval, 9 juin 1999 : *Gaz. Pal. 21 déc. 1999, note du Rusquec.*

24. Titre émis par un organisme social. Le rôle des cotisations à la Caisse nationale des barreaux français constitue un titre exécutoire au sens de l'art. 3, 6°. • Soc. 6 févr. 2003, n° 99-12.655 P.

25. L'État dispose du pouvoir d'émettre un titre exécutoire à l'effet de fixer les sommes qui lui sont dues du fait des préjudices subis par l'un de ses agents, victime d'un dommage corporel dont un tiers a été déclaré responsable, même en l'absence de décision judiciaire préalable. • Civ. 2e, 8 juill. 2010, n° 08-19.414 P : *D. 2010. Actu 1948 ; ibid. 2011. Pan. 1509, obs. Leborgne .*

26. Nécessité d'une notification au débiteur. Les titres exécutoires émis par une personne morale de droit public ne peuvent donner lieu à une exécution forcée s'ils ne sont pas notifiés au débiteur. • Civ. 2e, 5 juin 1996, n° 94-15.307 P • 10 nov. 1998 : *Gaz. Pal. 25 févr. 1999, Pan. 26 ; Rev. huiss. 1999. 806, note Dahan* • 1er juill. 1999 : *Procédures, nov. 1999, n° 249, obs. Croze ; Gaz. Pal. 12 févr. 2000, Somm., obs. Véron* (Établissement national des invalides de la Marine) • Civ. 1re, 18 mars 2003, n° 00-21.274 P : *D. 2003. IR 1010 ; Dr. et pr. 2003. 315, note Caillé.* ♦ Et la créance n'est pas établie si la trésorerie générale ne justifie pas de l'envoi de la lettre de rappel prévue par l'art. 255 LPF. • Civ. 2e, 8 oct. 1997, n° 95-18.005 P : *D. 1998. 476, note Ruellan et Lauba ; Gaz. Pal. 19 sept. 1998, note Bourdillat.*

27. Opposition au titre. La contestation de la créance, formée (en application de l'art. 1617-5 CGCT) postérieurement à la saisie-attribution qui avait immédiatement produit son effet attributif, a pour seule conséquence de suspendre la force exécutoire du titre la constatant, et la procédure d'exécution. • Civ. 2e, 20 nov. 2003, n° 01-15.231 P.

IV. TRANSACTION

28. Titre exécutoire. La transaction exécutoire de l'art. 1441-4 NCPC [devenu C. pr. civ]. ne constitue pas un titre exécutoire au sens de l'art. 3 de la L. n° 91-650 du 9 juill. 1991 et permettant une expulsion. • Cass., avis, 20 oct. 2000 : *D. 2000. IR 296 ; JCP 2001. II. 10479, note Desdevises ; RTD civ. 2001. 213, obs. Perrot .* ♦ En revanche, le jugement qui homologue une transaction lui confère force exécutoire. • Civ. 2e, 27 mai 2004, n° 02-18.542 P : *D. 2004. IR 1773 .* ♦ Le jugement d'homologation qui reprend dans son dispositif les termes de cet accord, alors qu'il n'est pas prétendu que l'accord prévoyait des modalités autres que celles mentionnées au dispositif du jugement, confère force exécutoire à l'accord et constitue un titre exécutoire. • Civ. 2e, 3 févr. 2022, n° 20-15.420 B : *D. 2022. 1331, obs. Leborgne ; Rev. prat. rec. 2022/2. 9, obs. Gregori ; RTD civ. 2022. 417, obs. Gautier ; Procédures 2022, n° 90, obs. Laher.* ♦ Les dispositions de l'art. 1441-4 C. pr. civ. ne font pas obstacle à ce qu'une transaction soit reçue par un notaire et que celui-ci lui confère force exécutoire. • Civ. 2e, 21 oct. 2010, n° 09-12.378 P : *D. actu. 15 nov. 2010, obs. Tahri ; D. 2010. 2590 ; ibid. 2011. 265, obs. Fricero ; ibid. 493, note Chassagnard-Pinet ; ibid. 1509, obs. Leborgne ; RTD civ. 2011. 176, obs. Perrot ; JCP N 2011. 1140, note Lauvergnat ; Dr. et pr. 2011, p. 19, obs. Putman ; RDBF 2011, n° 65, note Piedelièvre ; Procédures 2011, n° 3, note Perrot ; Dr. et patr. 11/2011, p. 79, obs. Lefort ; RDC 2011. 465, note Libchaber.*

V. PROCÈS-VERBAL DE RÈGLEMENT AMIABLE

29. Saisie immobilière. Ne constitue pas un titre exécutoire permettant l'accomplissement de procédures d'exécution contre le débiteur saisi le procès-verbal de règlement amiable, décision juridictionnelle qui se borne à ordonner la mainlevée des inscriptions d'hypothèques et la délivrance aux créanciers colloqués des bordereaux de collocation exécutoires contre le dépositaire des fonds et qui ne constate aucune obligation du débiteur saisi, ni ne prononce à son encontre de condamnation de payer le reliquat non colloqué. • Civ. 2e, 27 sept. 2012, n° 11-20.649 P : *D. actu. 16 oct. 2012, obs. Avena-Robardet ; Dr. et pr. 2012. 303, note Leborgne : Gaz. Pal. 3-5 mars 2013, p. 13, note Brenner.*

VI. ÉTAT DES CRÉANCES

30. Titre exécutoire (non). L'état des créances, même visé par le juge-commissaire, ne confère pas à ce relevé le caractère de titre exécutoire au sens de l'art. R. 145-1 [devenu art. R. 3252-1] C. trav. • Com. 2 mai 2001, n° 97-19.536 : *D. 2001. IR 1671 ; RDBF 2001, n° 157, note Delleci.*

VII. RECOUVREMENT DES DÉPENS

31. Liste limitative. Une partie ne peut poursuivre, par voie d'exécution forcée, le recouvrement des dépens par elle avancés qu'au vu d'un certificat de vérification ou d'une ordonnance de taxe exécutoire. • Civ. 2e, 3 mai 2007, n° 06-12.485 P : *D. 2007. AJ 1511.*

A Paiement direct des pensions alimentaires

Code des procédures civiles d'exécution

CHAPITRE III (DU TITRE I DU LIVRE II) *LA PROCÉDURE DE PAIEMENT DIRECT DES PENSIONS ALIMENTAIRES*

RÉP. PR. CIV. v° *Aliments*, par A. Gouttenoire.

BIBL. ▸ **Recouvrement des pensions alimentaires :** Abbou, *AJ fam. 2006. 103* (pratique des voies d'exécution en matière familiale). – Boigeol, Le recouvrement des pensions alimentaires en France, *Famille, État et Sécurité économique d'existence*, 1986, (ss. dir. Meulders-Klein). – Eudier, *LPA 24 juin 2010, p. 41* (recouvrement forcé des créances d'aliments). – Gouttenoire, *AJ fam. 2006. 60* (le recouvrement spécifique des pensions alimentaires). – E. Guinchard, *AJ fam. 2006. 92* (droit international privé de l'exécution). – Menut, *Dr. et pr., nov. 2010, suppl. p. 30* (le recouvrement des créances alimentaires en France) ; Le recouvrement des créances alimentaires – Règles et pratiques en France, en Europe et dans le monde, *EJT 2011.* – Payan, Le recouvrement des créances, Les contentieux familiaux, *LGDJ 2016* (ss. dir. Barrière-Brousse et Douchy-Oudot).

▸ **Paiement direct des pensions alimentaires** (L. n° 73-5 du 2 janv. 1973) : Gebler, *D. 1973. Chron. 107.* – Lescaillon, *Rev. huissiers 1985. 354.* – Massip, *Defrénois 1976. 344.* – Massip et Barraidon, *Defrénois 1973. 545.* – Soulard, *Rev. huiss. 1973. 291.* – Viatte, *Rec. gén. lois 1973. 425.* – Bilan après trente ans : Deis-Beauquesne, *AJ fam. 2003. 18.*

Sur la procédure de paiement direct des pensions alimentaires, V. art. R. 213-1 s.

Sur les recouvrements publics des pensions alimentaires, V. App., VII. Recouvrement des pensions alimentaires, B. Recouvrements publics.

Sur la reconnaissance et l'exécution des décisions et la coopération en matière d'obligation alimentaire dans le cadre de l'Union européenne, V. Règl. CE n° 4/2009 du 18 déc. 2008, C. Droit européen et international, ci-dessous.

Art. L. 213-1 **Tout créancier d'une pension alimentaire peut se faire payer directement le montant de cette pension par les tiers débiteurs de sommes liquides et exigibles envers le débiteur de la pension. Il peut notamment exercer ce droit entre les mains de tout débiteur de sommes dues à titre de rémunération, ainsi que de tout dépositaire de fonds.**

La demande en paiement direct est recevable dès qu'une échéance d'une pension alimentaire *(L. n° 2016-1547 du 18 nov. 2016, art. 50-II-2°, en vigueur le 1er janv. 2017)* **« n'a pas été payée à son terme et qu'elle a été fixée par :**

« 1° Une décision judiciaire devenue exécutoire ; »

(L. n° 2019-1446 du 24 déc. 2019, art. 72-IV) **« 1° *bis* Une convention homologuée par le juge ;**

« 2° Un accord par lequel les époux consentent mutuellement à leur divorce ou à leur séparation de corps par acte sous signature privée contresigné par avocats, déposé

au rang des minutes d'un notaire selon les modalités prévues à l'article 229-1 du code civil *[ancienne rédaction : Une convention de divorce par consentement mutuel prenant la forme d'un acte sous signature privée contresigné par avocats, déposé au rang des minutes d'un notaire]* **» ;**

(L. n° 2016-1547 du 18 nov. 2016, art. 50-II-2°, en vigueur le 1er janv. 2017) **« 3° Un acte reçu en la forme authentique par un notaire » ;**

(L. n° 2019-1446 du 24 déc. 2019, art. 72-IV) **« 4° Une convention rendue exécutoire dans les conditions prévues à l'article L. 582-2 du code de la sécurité sociale ; »**

(L. n° 2021-1754 du 23 déc. 2021, art. 100-VIII) **« 5° Une transaction ou un acte constatant un accord issu d'une médiation, d'une conciliation ou d'une procédure participative, lorsqu'ils sont contresignés par les avocats de chacune des parties et revêtus de la formule exécutoire par le greffe de la juridiction compétente en application du 7° de l'article L. 111-3. »**

Cette procédure est applicable au recouvrement de la contribution aux charges du mariage prévues par l'article 214 du code civil. Elle l'est aussi au recouvrement de la rente prévue par l'article 276 et des subsides prévus par l'article 342 du même code. – *[L. n° 73-5 du 2 janv. 1973, art. 1er.]*

Lorsqu'un compte alimenté par des rémunérations du travail fait l'objet d'une procédure de paiement direct, V. art. R. 213-10.

Sur le paiement des créances alimentaires, antérieures ou postérieures au jugement d'ouverture d'une procédure collective, V. C. com., art. L. 622-7 et L. 622-24, applicables à la sauvegarde ainsi qu'au redressement judiciaire par renvoi de l'art. L. 631-14, al. 1er, et à la liquidation judiciaire par renvoi de l'art. L. 641-3, al. 1er et 4. – ***C. com.***

BIBL. ► L. n° 2011-525 du 17 mai 2011 : LEBORGNE, *D. 2012. Pan. 1512*.

1. Défaut de paiement à terme. Un défaut de paiement même partiel ou un léger retard suffit à justifier l'engagement de la procédure. • Civ. 2e, 10 févr. 1988, n° 86-17.742 P. ♦ ... Mais la simple éventualité d'un non-paiement ne permet pas d'accueillir une telle demande. • TI Melle, 1er oct. 1974 : *JCP 1975. IV. 6521, obs. J. A.* • TGI Nanterre, 22 janv. 1975 : *ibid.*

2. Dette indexée. La disposition de l'al. 2 de l'art. 1er de la loi de 1973 [devenu C. pr. exéc., art. L. 213-1, dans sa rédaction antérieure à la L. n° 2016-1547 du 18 nov. 2016] s'applique lorsque la dette étant indexée, le débiteur n'a pas lui-même procédé au réajustement du montant de la pension. • Paris, 23 mai 1980 : *D. 1980. 322, note Massip ; RTD civ. 1981. 910, obs. Perrot* • Civ. 2e, 5 juin 1985 : *D. 1986. IR 113, obs. Bénabent.* ♦ ... Mais à condition que le retard dans le paiement soit imputable à la seule carence du débiteur et non à des circonstances tout à fait indépendantes de sa volonté. • Versailles, 14 juin 1983 : *D. 1984. IR 99 ; RTD civ. 1984. 372, obs. Perrot* • TI Cherbourg, 21 févr. 1977 : *Gaz. Pal. 1977. Somm. 198.*

3. Titres autorisant le paiement direct. Contrat judiciaire (non). Le « contrat judiciaire » unissant les parties n'entre pas dans les prévisions de l'art. 1er de la L. n° 73-5 du 2 janv. 1973 [devenu C. pr. exéc., art. L. 213-1] dès lors que la fixation de la pension alimentaire ne résulte pas d'une décision du juge. • Civ. 2e, 7 mars 2002, n° 00-11.228 P : *RTD civ. 2002. 567, obs. Perrot ; Procédures 2002, n° 159, note crit. Perrot ; LPA 8 janv. 2003, p. 15, note Chabot.*

4. Mainlevée. Dans le cas où une épouse ayant signifié à son mari un jugement condamnant celui-ci au paiement d'une contribution aux charges du mariage, a engagé, quatre jours plus tard, une procédure de paiement direct, encourt la cassation l'arrêt qui donne mainlevée de cette mesure au motif qu'il n'y avait pas eu de mise en demeure et que le mari disposait d'un délai de dix jours pour s'acquitter de l'échéance, alors que le jugement était provisoirement exécutoire de plein droit en vertu de l'art. 1284 NCPC [devenu C. pr. civ]., et que la notification de ce jugement au conjoint et à un tiers débiteur valait demande de paiement direct rendant exigibles les termes échus. • Civ. 2e, 14 janv. 1987 : *JCP 1987. IV. 91.* ♦ Il n'est pas nécessaire que l'épouse ayant engagé une procédure de paiement direct ait adressé à son mari une sommation de payer avant d'engager des mesures d'exécution forcée. • Civ. 2e, 24 févr. 2005, n° 02-18.173 P : *D. 2005. IR 793 ; Procédures 2005, n° 132 ; Dr. fam. 2005, n° 74, obs. Larribau-Terneyre.* ♦ ... Et l'épouse n'a pas à rapporter la preuve du bien-fondé de ces procédures, puisqu'il appartient au mari d'établir la preuve du paiement. • Même arrêt.

5. Articulation avec d'autres procédures. Sur une combinaison de ce texte avec l'art. L. 56 C. pens. retr. • CE 23 déc. 1976 : *JCP 1977. II. 18660, note Lindon ; RTD civ. 1977. 635, obs. Perrot.*

6. Conflit avec d'autres modes d'appréhension. Sur un conflit avec d'autres modes d'appréhension des créanciers. • Civ. 2e, 24 juin 1987 : *D. 1988. 357, note P. Ancel et Rondeau-Rivier.*

7. Frais de l'huissier de justice. L'employeur ou le tiers détenteur de fonds pour le compte du débiteur d'aliments dans le cadre d'une procédure de paiement direct de pension alimentaire ne peut se retrancher derrière l'antériorité d'un avis à tiers détenteur du Trésor public pour refuser le paiement des frais de l'huissier de justice. • TGI Saint-Étienne, 17 mars 2008 : *Dr. et pr. 2008. 281, note Grimand.*

Art. L. 213-2 **La demande vaut, sans autre procédure et par préférence à tous autres créanciers, attribution au bénéficiaire des sommes qui en font l'objet au fur et à mesure qu'elles deviennent exigibles.**

Le tiers est tenu de verser directement ces sommes au bénéficiaire selon les échéances fixées par le jugement. — *[L. n° 73-5 du 2 janv. 1973, art. 2.]*

1. Refus du tiers. Le moyen tiré de la combinaison de cet art. 2 [devenu C. pr. exéc., art. L. 213-2] et de l'art. 4-1 du Décr. n° 73-216 du 1er mars 1973 [devenus respectivement C. pr. exéc., art. R. 213-2 et R. 213-5], d'où il résulterait que le refus du tiers débiteur de remettre au créancier les sommes qu'il détient ne pourrait faire l'objet que d'une amende, n'est pas fondée. • Civ. 2e, 24 oct. 1984, n° 83-12.553 P : *Gaz. Pal. 1985. Pan. 65, obs. Guinchard ; RTD civ. 1985. 624, obs. Perrot.*

2. Action du bénéficiaire. Par suite de l'application de ce texte, le bénéficiaire est recevable dans son action tendant à obtenir du tiers l'exécution de l'obligation de lui verser les sommes directement, selon les échéances fixées par le jugement. • Civ. 2e, 24 oct. 1984 : *préc. note 1.*

3. Pluralité de débiteurs. L'exécution de son obligation par un tiers débiteur ne libère pas les autres tiers débiteurs de leurs propres obligations, sauf le recours du débiteur contre le créancier qui aurait trop perçu. • Civ. 2e, 24 oct. 1984 : *préc. note 1.*

4. Obligations du tiers. Le tiers devient par le seul effet de la notification directement et personnellement obligé au règlement des sommes réclamées et n'est pas en droit, pour se soustraire à ses obligations, d'invoquer un paiement qui aurait été fait par le débiteur au créancier d'aliments car il n'a pas à s'immiscer dans les rapports du créancier et du débiteur. • Paris, 23 oct. 1980 : *Gaz. Pal. 1981. 624, note J.M. ; Journ. not. 1980. 1235 ; Defrénois 1981. 1234, obs. Massip* • Civ. 2e, 24 oct. 1984 : *préc. note 1* • Civ. 1re, 24 oct. 2000 : *Gaz. Pal. 24 mai 2001, Somm., Droit de la famille, v° Aliments, obs. Massip.* ♦ Selon l'art. 2 de la L. du 2 janv. 1973 [devenu C. pr. exéc., art. L. 213-2], dès la notification de la demande de paiement direct, le tiers est tenu de verser au bénéficiaire les pensions alimentaires exigibles ; pour se soustraire à cette obligation, il ne saurait invoquer un paiement du débiteur originaire. • Crim. 28 juin 2000, n° 99-84.364 P.

5. Domaine d'application du droit de préférence. Le droit de préférence reconnu au créancier alimentaire ne s'applique à la fraction saisissable du salaire qu'en cas de demande de paiement direct. • Civ. 2e, 28 sept. 2000 : *Gaz. Pal. 19 juill. 2001, Somm., Voies d'exécution, v° Aliments, obs. Véron.*

6. Mainlevée. Le jugement ayant constaté que le créancier d'aliments avait notifié au tiers saisi la mainlevée de sa demande de paiement direct, le moyen tiré de la violation des art. L. 145-7 [devenu L. 3252-8] C. trav. et 2 de la L. n° 73-5 du 2 janv. 1973 [devenu C. pr. exéc., art. L. 213-2] est inopérant. • Civ. 2e, 28 sept. 2000 : *préc. note 5.*

7. Indemnités journalières de sécurité sociale. Une CPAM ayant enregistré un arrêt de travail lors de l'accusé réception de la procédure de paiement direct, détient, dès l'expiration du délai de carence de trois jours, des indemnités journalières exigibles, et la décision unilatérale de la CPAM de rendre ces indemnités liquides un mois plus tard est inopposable à la créancière d'aliments dès lors que la CPAM était tenue en tant que tiers de verser directement à la créancière les sommes allouées selon les échéances fixées par l'ordonnance, mensuellement et d'avance. • Civ. 1re, 28 juin 2005, n° 01-17.730 P : *D. 2005. IR 2102.*

Art. L. 213-3 **Sauf convention contraire, les sommes payées au créancier de la pension alimentaire sont versées à son domicile ou à sa résidence.** — *[L. n° 73-5 du 2 janv. 1973, art. 4, phrase 1.]*

Art. L. 213-4 **La procédure de paiement direct est applicable aux termes à échoir de la pension alimentaire.**

Elle l'est aussi aux termes échus pour les six derniers mois avant la notification de la demande de paiement direct.

Le règlement de ces sommes est fait par fractions égales sur une période de douze mois. — *[L. n° 73-5 du 2 janv. 1973, art. 5.]*

(L. n° 2019-1446 du 24 déc. 2019, art. 72-IV) **« Par dérogation aux deuxième et troisième alinéas, lorsqu'un organisme débiteur de prestations familiales agit pour le compte d'un créancier d'aliments, la procédure de paiement direct est applicable aux termes échus de la pension alimentaire dans la limite des vingt-quatre derniers mois avant la notification de la demande de paiement direct. Dans ce cas, le règlement de**

ces sommes s'effectue sur une période maximale de vingt-quatre mois dans des conditions définies par décret en conseil d'État *[ancienne rédaction : Lorsqu'un organisme débiteur de prestations familiales agit pour le compte d'un créancier d'aliments, la procédure de paiement direct est applicable aux termes échus de la pension alimentaire pour les vingt-quatre derniers mois avant la notification de la demande de paiement direct. Le règlement de ces sommes est fait par fractions égales sur une période de vingt-quatre mois]*. »

BIBL. ▸ **Dispositif expérimental de renforcement des garanties contre les impayés de pensions alimentaires :** BARDOUT, *AJ fam. 2016. 38* (premier bilan). – DOUCHY-OUDOT, *Procédures 2014. Focus 48*. – FRICERO, *Procédures 2014. Focus 51* (l'égalité réelle entre les femmes et les hommes : des progrès avec le renforcement des garanties contre les pensions alimentaires impayées). – TRAVADE-LANNOY, *JCP 2014. 935* (pensions alimentaires impayées : le point sur le dispositif expérimental mis en place par la loi du 4 août 2014).

1. Saisissabilité de la rémunération. Il résulte de la combinaison de ce texte et de l'art. L. 145-2 [devenu L. 3252-2 et L. 3252-3] C. trav. que si seule la portion saisissable de la rémunération du débiteur peut être retenue pour sûreté des termes arriérés de la pension alimentaire, c'est sur la portion insaisissable de cette rémunération que doit être prélevé, le cas échéant, le terme mensuel courant et, dans la procédure de paiement direct, les termes échus des six derniers mois précédant la notification de la demande de paiement direct, lorsque leur règlement s'effectue par fractions égales sur une période de douze mois. • Civ. 2e, 24 oct. 1984 : *cité note 1 ss. art. L. 213-2.*

2. Objet du recouvrement. La demande de paiement direct ne peut produire effet que pour le recouvrement des termes à échoir de la pension alimentaire et, le cas échéant, des termes échus pour les seuls six derniers mois avant la notification de cette demande. • Civ. 2e, 22 oct. 2009 : *cité note 11 ss. C. pr. civ., art. 525-1, App., vo Exécution des jugements.* ♦ V. dans le même sens : • Civ. 2e, 28 janv. 2016, no 14-27.135.

Art. L. 213-5 **La demande de paiement direct est faite par l'intermédiaire d'un commissaire de justice.**

Lorsqu'une administration publique est subrogée dans les droits d'un créancier d'aliments, elle peut elle-même former la demande de paiement direct et se prévaloir des dispositions des articles L. 152-1 et L. 152-2.

Lorsqu'un organisme débiteur de prestations familiales agit pour le compte d'un créancier d'aliments, il peut lui-même former la demande de paiement direct. – *[L. no 73-5 du 2 janv. 1973, art. 6.]*

Art. L. 213-6 **Les conditions d'application du présent chapitre sont fixées par décret en Conseil d'État.** – *[L. no 73-5 du 2 janv. 1973, art. 8.] – V. art. R. 213-1 s.*

CHAPITRE III *LA PROCÉDURE DE PAIEMENT DIRECT DES PENSIONS ALIMENTAIRES*

Sur la procédure de paiement direct des pensions alimentaires, V. art. L. 213-1 s.

Sur la reconnaissance et l'exécution des décisions et la coopération en matière d'obligations alimentaires dans le cadre de l'Union européenne, V. Règl. CE no 4/2009 du 18 déc. 2008, C. Droit européen et international, ci-dessous.

SECTION 1 *Dispositions générales* *(Décr. no 2020-1201 du 30 sept. 2020, art. 3, en vigueur le 1er juin 2021).*

Art. R. 213-1 **Le créancier de la pension alimentaire peut charger tout huissier de justice du lieu de sa résidence de notifier la demande de paiement direct au tiers mentionné à l'article L. 213-1.**

Celle-ci comprend, à peine de nullité, indication du nom et domicile du débiteur, l'énonciation du titre exécutoire, le décompte des sommes dues ainsi que le rappel des dispositions de l'article L. 213-2.

Dans les huit jours qui suivent, l'huissier de justice procède à cette notification par lettre recommandée avec demande d'avis de réception.

Si les documents présentés par le créancier de la pension ne permettent pas de procéder à la notification, l'huissier de justice met en œuvre, dans le même délai de huit jours, les moyens lui permettant d'effectuer cette notification.

Le tiers débiteur accuse réception à l'huissier de justice de la demande de paiement direct dans les huit jours suivant la notification par un écrit qui précise s'il est ou non en mesure d'y donner suite.

Lorsqu'il notifie la demande de paiement direct au tiers débiteur, l'huissier de justice en avise simultanément le débiteur par lettre recommandée avec demande d'avis de réception qui comporte, à peine de nullité de la demande de paiement direct, le décompte des sommes dues en principal, intérêts et frais et le rappel des dispositions de l'article R. 213-6. – *[Décr. nº 73-216 du 1er mars 1973, art. 1er.]*

Le Décr. nº 2012-783 du 30 mai 2012 de codification du présent code est entré en vigueur le 1er juin 2012. Toutefois, l'art. R. 213-1 ne s'applique pas aux procédures en cours à cette date qui restent régies par l'art. 1er du Décr. nº 73-216 du 1er mars 1973.

FORM. PR. CIV. *Dénonciation de la demande de paiement direct au débiteur (C. pr. exéc., art. R. 213-1, dern. al).*

La notification au tiers saisi ne dispense pas le créancier de rendre préalablement exécutoire à l'encontre du débiteur de la pension la décision fixant le montant de celle-ci. • Civ. 2e, 6 févr. 1988 : *Rev. huiss. 1988. 1739, note Lescaillon.*

Art. R. 213-2 **La demande de paiement cesse de produire effet si l'huissier du créancier en notifie au tiers la mainlevée par lettre recommandée avec demande d'avis de réception.**

Elle prend fin aussi à la demande du débiteur, sur production d'un certificat délivré par un huissier attestant qu'un nouveau jugement *(Décr. nº 2016-1907 du 28 déc. 2016, art. 11-1º)* **« ou une nouvelle convention réglant les effets du divorce** *(Décr. nº 2019-1380 du 17 déc. 2019, art. 12-1º)* **« ou de la séparation de corps » par consentement mutuel » a supprimé la pension alimentaire ou constatant qu'en vertu des dispositions légales la pension a cessé d'être due.** – *[Décr. nº 73-216 du 1er mars 1973, art. 2, al. 3 et 4.]*

Art. R. 213-3 **Si une nouvelle** *(Décr. nº 2016-1907 du 28 déc. 2016, art. 11-2º-a)* **« convention ou » décision change le montant de la pension alimentaire ou les modalités d'exécution de l'obligation, la demande de paiement direct se trouve de plein droit modifiée en conséquence à compter de la notification de** *(Décr. nº 2016-1907 du 28 déc. 2016, art. 11-2º-b)* **« la convention ou de » la décision modificative qui est faite au tiers dans les conditions prévues aux premier et deuxième alinéas de l'article R. 213-1.** – *[Décr. nº 73-216 du 1er mars 1973, art. 3.]*

1. Ce texte n'exige pas que la modification de l'obligation alimentaire soit notifiée à la partie contre laquelle elle a été obtenue. • Paris, 9 mai 1980 : *D. 1980. 532, note Massip.* ♦ Le tiers qui reçoit une demande de paiement direct est tenu de verser au bénéficiaire de la pension les sommes qui lui sont réclamées par la notification faite par huissier de justice et il n'a pas à apprécier le bien-fondé de ce qui lui est réclamé. • Même arrêt.

2. Dans le cas d'une demande de paiement direct d'une pension alimentaire dont le montant avait été modifié par une ordonnance du JAM, la notification au tiers saisi dans les conditions prévues par ce texte ne dispense pas le créancier de rendre préalablement exécutoire, à l'encontre du débiteur de la pension, la décision fixant le montant de celle-ci. • Civ. 2e, 6 janv. 1988 : *JCP 1988. IV. 94.*

Art. R. 213-4 **Le tiers débiteur est tenu d'aviser dans les huit jours le créancier de la pension alimentaire de l'extinction ou de la suspension de son obligation vis-à-vis du débiteur de la pension et notamment de la cessation ou de la suspension de la rémunération ainsi que de la clôture du compte du débiteur ou de l'insuffisance de provision de ce compte.** – *[Décr. nº 73-216 du 1er mars 1973, art. 4.]*

Art. R. 213-5 **Le fait pour le tiers débiteur tenu au paiement direct de ne pas verser la pension alimentaire due au créancier est puni des peines d'amende prévues pour les contraventions de la cinquième classe.** – *[Décr. nº 73-216 du 1er mars 1973, art. 4-1.]*

1. Le tiers est redevable des sommes pour lesquelles les retenues n'ont pas été effectuées. • Paris, 21 avr. 1983 : *D. 1984. 73, note Prévault ; RTD civ. 1984. 372, obs. Perrot.* ♦ ... Même si le créancier de la pension a procédé à d'autres prélèvements entre les mains d'autres tiers. • Même arrêt. ♦ Comp. • CE 23 déc. 1976 : *JCP 1977. II. 18660, note Lindon ; RTD civ. 1977. 635, obs. Perrot* (qui impose au tiers détenteur des fonds l'obligation de payer sans rechercher lui-même si le prélèvement effectué est ou non légitime).

2. Pour la condamnation d'une banque qui avait consenti une ouverture de crédit à l'ex-mari débiteur d'une pension alimentaire et qui avait procédé au règlement de diverses dettes de ce client au lieu de payer par préférence à tous autres le créancier de la pension. • Crim. 29 mai 1984, n° 82-92.817 P : *RTD civ. 1985. 221, obs. Perrot ; Rev. Banque 1984. 1202 ; JCP E 1985. II. 14576, n° 33, obs. (crit.) Stoufflet et Gavalda ; D. 1987. 226, note Desprez.*

3. Sur la combinaison de ce texte avec l'art. 2 L. n° 73-5 du 2 janv. 1973 [devenu C. pr. exéc., art. L. 213-2]. • Civ. 2e, 24 oct. 1984, n° 83-12.553.

Art. R. 213-6 **La demande de paiement direct peut être contestée en justice sans préjudice de l'exercice d'une action aux fins de révision de la pension alimentaire.**

Les contestations relatives à la procédure de paiement direct sont portées devant le juge de l'exécution dans le ressort duquel est situé le domicile du débiteur de la pension.

Les contestations ne suspendent pas l'obligation incombant au tiers de payer directement les sommes dues au créancier de la pension alimentaire. – *[Décr. n° 73-216 du 1er mars 1973, art. 5 ; L. n° 73-3 du 2 janv. 1973, art. 3.]*

1. La contestation portant sur la régularité de la procédure suivie pour notifier au comptable public la demande de paiement direct n'est pas de la compétence administrative. • CE 23 déc. 1976 : *JCP 1977. II. 18660, note Lindon ; RTD civ. 1977. 635, obs. Perrot.* ♦ ... Mais de la compétence du TI. • TI Le Raincy, 1er avr. 1981 : *Rev. huiss. 1981. 571.* ♦ V. aussi • TI Lyon, 10 avr. 1975 : *JCP 1975. IV. 6532.*

2. Les art. R. 321-14 COJ et 5 du décret du 1er mars 1973, prévoyant la compétence du juge d'instance relativement aux procédures de paiement direct des pensions alimentaires, sont toujours en vigueur, nonobstant la compétence exclusive du JEX. • Cass., avis, 8 mars 1996 : *D. 1996. Somm. 360 (3e avis), obs. Julien ; Gaz. Pal. 18 févr. 1997, note Massip.*

3. Le débiteur d'aliments ne peut pas, pour obtenir la suspension des prélèvements litigieux, se prévaloir utilement de la circonstance qu'il a engagé une action en justice contre la demande de paiement direct formée par son ex-épouse. • CE 23 déc. 1976 : *JCP 1977. II. 18660, note Lindon ; RTD civ. 1977. 635, obs. Perrot.*

Art. R. 213-7 **Les frais du paiement direct d'une pension alimentaire incombent au débiteur et aucune avance ne peut être demandée au créancier pour la mise en œuvre de la procédure. Si le débiteur ne peut être retrouvé ou si le paiement direct ne peut être obtenu, les émoluments de l'huissier de justice sont avancés par le Trésor public selon les modalités prévues au 16° de l'article R. 93 du code de procédure pénale.** – *[Décr. n° 73-216 du 1er mars 1973, art. 5-1.]*

Art. R. 213-8 **Le créancier d'aliments qui, de mauvaise foi, fait usage de la procédure de paiement direct peut être condamné à une amende civile d'un maximum de** *(Décr. n° 2017-892 du 6 mai 2017, art. 67)* **« 10 000 € ».** – *[Décr. n° 73-216 du 1er mars 1973, art. 6.]*

Art. R. 213-9 **Devant le juge saisi d'une demande de pension alimentaire, le débiteur peut accepter que la pension donne lieu à paiement direct. En ce cas, il indique le tiers débiteur qui est chargé du paiement.**

L'extrait du jugement constatant l'accord des parties est notifié au tiers débiteur selon les règles prévues aux premier et deuxième alinéas de l'article R. 213-1. – *[Décr. n° 73-216 du 1er mars 1973, art. 7.]*

Si le créancier accepte, devant le juge, le paiement direct, le débiteur doit lui indiquer le tiers chargé de ce paiement. • TI Melle, 1er oct. 1974 : *JCP 1975. IV. 6521, obs. J. A.* • TGI Nanterre, 22 janv. 1975 : *ibid.*

Art. R. 213-9-1 *(Décr. n° 2016-1907 du 28 déc. 2016, art. 11-3°)* **La convention de divorce** *(Décr. n° 2019-1380 du 17 déc. 2019, art. 12-2°)* **« ou de la séparation de corps » par consentement mutuel prévue à l'article 229-1 du code civil peut prévoir que la pension alimentaire donne lieu à paiement direct.**

En ce cas, le débiteur de la pension précise l'identité du tiers débiteur saisi chargé du paiement et ses coordonnées.

L'extrait de la convention constatant l'accord des parties est notifié au tiers débiteur selon les règles prévues aux premier et deuxième alinéas de l'article R. 213-1.

L'art. 11 du Décr. nº 2016-1907 du 28 déc. 2016 est applicable à Wallis-et-Futuna (Décr. préc., art. 41-III).

Art. R. 213-10 Lorsqu'un compte alimenté par des rémunérations du travail fait l'objet d'une procédure de paiement direct sur le fondement du présent chapitre, le tiers saisi laisse en toute hypothèse à la disposition du débiteur, sans qu'aucune demande soit nécessaire, la somme fixée à l'article R. 3252-5 du code du travail en application de l'article L. 3252-5 du même code.

En cas de pluralité de comptes, cette somme est imputée sur un seul d'entre eux. – *[Décr. nº 92-755 du 31 juill. 1992, art. 45.] – V. C. trav., art. L. 3252-5 et R. 3252-5. –* ***C. trav.***

SECTION 2 *Paiement direct à la demande d'un organisme débiteur de prestations familiales*

(Décr. nº 2020-1201 du 30 sept. 2020, art. 3, en vigueur le 1er juin 2021)

Art. R. 213-11 Lorsqu'un organisme débiteur de prestations familiales agit pour le compte d'un créancier d'aliments, il notifie la demande de paiement direct au tiers mentionné à l'article L. 213-1 par lettre recommandée avec demande d'avis de réception qui comprend, à peine de nullité, les mentions prévues par le deuxième alinéa de l'article R. 213-1 ainsi que les modalités de règlement des termes échus impayés.

Le règlement des sommes dues au titre des termes échus impayés est effectué par fractions mensuelles égales sur une période maximale de vingt-quatre mois selon les modalités suivantes, fixées par l'organisme débiteur des prestations familiales en tenant compte de l'exigence de célérité du paiement de la pension alimentaire et sous réserve des capacités de paiement du débiteur :

1° Sur une période minimale correspondant au nombre de termes échus impayés ;

2° Sur une période maximale de douze mois lorsque le nombre de termes échus impayés est inférieur ou égal à douze mois ;

3° Sur une période maximale de vingt-quatre mois lorsque le nombre de termes échus impayés est supérieur à douze mois.

Par dérogation aux quatre alinéas précédents, avec l'accord du débiteur, le règlement peut être effectué en une seule fois ou mensuellement par fractions égales sur une période maximale de six mois, lorsque le montant total des sommes dues par le débiteur au titre des pensions alimentaires impayées est inférieur à un montant, arrondi à l'euro supérieur, correspondant à 1,2 fois le montant de la base mensuelle de calcul des allocations familiales fixée en application de l'article L. 551-1 du code de la sécurité sociale.

Art. R. 213-12 La procédure de paiement direct mise en œuvre par un organisme débiteur de prestations familiales prend fin pour les termes à échoir au plus tard à l'issue du vingt-quatrième versement mensuel effectué par le tiers saisi.

Sous réserve des dispositions prévues par le troisième alinéa du I de l'article R. 582-8 du code de la sécurité sociale en cas d'intermédiation financière, l'organisme débiteur de prestations familiales notifie au tiers saisi la mainlevée de la procédure de paiement direct lorsque les conditions suivantes sont cumulativement remplies :

1° Les termes échus impayés ont été réglés par le tiers saisi ;

2° Postérieurement à l'apurement des termes échus impayés, les termes courants de la pension alimentaire ont été payés pendant douze mois consécutifs sans incident de paiement imputable au débiteur ;

3° Le débiteur demande la mainlevée de la procédure à l'organisme débiteur de prestations familiales.

Art. R. 213-13 Pour l'application des dispositions des cinquième et sixième alinéas de l'article R. 213-1 et de l'article R. 213-2, lorsqu'un organisme débiteur de prestations familiales forme lui-même une demande de paiement direct, les références faites à l'huissier de justice s'entendent de la référence faite à l'organisme débiteur de prestations familiales.

Pour l'application des dispositions de l'article R. 213-4, lorsqu'un organisme débiteur de prestations familiales forme lui-même une demande de paiement direct, les réfé-

rences faites au créancier de la pension alimentaire s'entendent de la référence faite à l'organisme débiteur de prestations familiales.

B Recouvrements publics

Les sommes dues en exécution d'une décision judiciaire d'une convention ou d'un acte mentionnés aux 2° à 5° du I de l'art. 373-2-2 C. civ. ayant force exécutoire au titre des pensions alimentaires, des contributions aux charges du mariage prescrites par l'art. 214 C. civ., des rentes prévues par l'art. 276 ou des subsides mentionnés à l'art. 342 du même code peuvent être recouvrées pour le compte du créancier par les comptables publics compétents dans les conditions et selon les modalités prévues par la L. n° 75-618 du 11 juill. 1975 relative au recouvrement public des pensions alimentaires (C. pr. exéc., art. L. 161-3). Les sommes visées à l'art. L. 161-3 peuvent être recouvrées par les comptables publics compétents dans les conditions et selon les modalités prévues par le Décr. n° 75-1339 du 31 déc. 1975 relatif aux modalités d'application de la L. n° 75-618 du 11 juill. 1975 relative au recouvrement public des pensions alimentaires (C. pr. exéc., art. R. 161-1).

Loi n° 75-618 du 11 juillet 1975,

Relative au recouvrement public des pensions alimentaires.

BIBL. GÉN. ▶ Appert et Juillard, *D. 1977. Chron. 113.* – Lindon, *JCP 1976. I. 2728 et 2763.* – Massip, *Defrénois 1976. 337.* – Ryf, *Rev. huiss. 1975. 123.* – Viatte, *Rec. gén. lois 1975. 229.* – Vincent et Prévault, *D. 1976. Chron. 237.*

Art. 1er *(L. n° 2016-1547 du 18 nov. 2016, art. 50-III, en vigueur le 1er janv. 2017)* **Toute pension alimentaire dont le recouvrement total ou partiel n'a pu être obtenu par l'une des voies d'exécution de droit privé peut être recouvrée pour le compte du créancier par les comptables publics compétents lorsque celle-ci a été fixée par :**

1° Une décision judiciaire devenue exécutoire ;

(L. n° 2019-1446 du 24 déc. 2019, art. 72-VII) **« 1° *bis* Une convention homologuée par le juge ;**

« 2° Un accord par lequel les époux consentent mutuellement à leur divorce ou à leur séparation de corps par acte sous signature privée contresigné par avocats, déposé au rang des minutes d'un notaire selon les modalités prévues à l'article 229-1 du code civil *[ancienne rédaction : Une convention de divorce par consentement mutuel prenant la forme d'un acte sous signature privée contresigné par avocats, déposé au rang des minutes d'un notaire]* **; »**

3° Un acte reçu en la forme authentique par un notaire ;

(L. n° 2016-1827 du 23 déc. 2016, art. 41, en vigueur le 1er avr. 2018) **« 4° Un accord auquel l'organisme débiteur des prestations familiales a donné force exécutoire en application de l'article L. 582-2 du code de la sécurité sociale ; »**

(L. n° 2021-1754 du 23 déc. 2021, art. 100-IX) **« 5° Une transaction ou un acte constatant un accord issu d'une médiation, d'une conciliation ou d'une procédure participative, lorsqu'ils sont contresignés par les avocats de chacune des parties et revêtus de la formule exécutoire par le greffe de la juridiction compétente en application du 7° de l'article L. 111-3 du code des procédures civiles d'exécution. »**

Décision judiciaire exécutoire et signifiée au débiteur (nécessité). Encourt la cassation, au regard de l'art. 1er de la loi de 1975 et de l'art. 503 C. pr. civ., l'ordonnance qui, pour rejeter la contestation contre l'état exécutoire délivré par le procureur de la République, formée par un débiteur qui objectait que le jugement réputé contradictoire et assorti de l'exécution provisoire l'ayant condamné à verser une pension alimentaire ne lui avait pas été signifié, énonce que l'irrégularité de la signification est sans effet sur le caractère exécutoire du jugement assorti de l'exécution provisoire, alors que la difficulté portait non pas sur le caractère exécutoire du jugement mais sur sa mise à exécution. • Civ. 2e, 9 juill. 1983, n° 81-15.051 P.

Art. 2 **La demande de recouvrement public des pensions alimentaires est adressée par le créancier au procureur de la République près le tribunal judiciaire dans le ressort duquel se trouve son domicile.**

Cette demande est admise si le créancier justifie qu'il a eu recours effectivement à l'une des voies d'exécution de droit privé et que ce recours est resté infructueux.

Pour une dérogation aux art. 2 et 3 ci-dessus, V. CSS, art. L. 581-7, App., VII. Recouvrement des pensions alimentaires, B. Recouvrements publics.

Art. 3 **Le procureur de la République établit un état exécutoire qu'il transmet au** *(Ord. n° 2010-420 du 27 avr. 2010, art. 122-2°)* **« service compétent de l'État » pour le recouvrement des termes à échoir de la pension alimentaire et, le cas échéant, de ceux qui sont échus à compter du sixième mois ayant précédé la date de la demande.**

Le procureur doit apporter à cet état exécutoire, soit de son propre chef, soit sur demande du créancier ou du débiteur, les modifications nécessaires, notamment en cas d'augmentation, de réduction ou de suppression de la pension alimentaire.

Pour une dérogation aux art. 2 et 3 ci-dessus, V. CSS, art. L. 581-7, App., VII. Recouvrement des pensions alimentaires, B. Recouvrements publics.

Indexation de la pension (prise en compte). Sur l'obligation pour le procureur de tenir compte de l'indexation de la pension. • Civ. 2e, 2 déc. 1981 : *Gaz. Pal. 1981. Pan. 153.*

Art. 4 **En cas de contestation relative à l'application des articles 2 et 3, il est statué,** *(Ord. n° 2019-738 du 17 juill, 2019, art. 19)* **« selon la procédure accélérée au fond** *[ancienne rédaction : comme en matière de référé]* **», par le président du tribunal.**

Le président se prononce sur la contestation qui lui est soumise par le procureur de la République. Celui-ci prend, s'il y a lieu, toutes dispositions utiles pour l'exécution *(Ord. n° 2019-738 du 17 juill, 2019, art. 19)* **« du jugement** *[ancienne rédaction : de l'ordonnance du président]* **».**

Les décisions rendues en application du présent article ne sont susceptibles ni d'opposition, ni d'appel.

La procédure est gratuite, et dispensée des droits de timbre et d'enregistrement.

La contestation n'interrompt pas le recouvrement public.

Les dispositions de l'Ord. n° 2019-738 du 17 juill. 2019 s'appliquent aux demandes introduites à compter du 1er janv. 2020 (Ord. préc., art. 30).

Art. 5 **Dès le dépôt de la demande d'admission à la procédure de recouvrement public et jusqu'à la cessation de celle-ci, le créancier ne peut plus exercer aucune autre action pour le recouvrement des sommes qui font l'objet de cette demande.**

Art. 6 **Pour les sommes qu'il est chargé de recouvrer,** *(Ord. n° 2010-420 du 27 avr. 2010, art. 122-3°)* **« le service compétent de l'État » est subrogé dans les actions et garanties dont dispose le créancier pour le recouvrement de sa pension alimentaire.**

Illustration. Est à bon droit validée la saisie-arrêt pratiquée par un percepteur entre les mains d'une caisse d'allocations familiales à concurrence des sommes dues par un père de famille pour les repas pris par ses enfants à la cantine scolaire. • Soc. 12 juin 1981, n° 79-15.361 P : *RTD civ. 1982. 475, obs. Perrot.* ♦ V. aussi. • Soc. 24 nov. 1981 : *Gaz. Pal. 1982. Pan. 166, obs. Véron ; RTD civ. 1982. 475, obs. Perrot.*

Art. 7 **Le recouvrement public des sommes à percevoir est effectué par les comptables** *(Ord. n° 2010-420 du 27 avr. 2010, art. 122-1°)* **« publics compétents » selon les procédures applicables en matière de contributions directes.**

Le montant de ces sommes est majoré de 10 p. 100 au profit du Trésor à titre de frais de recouvrement.

Les frais de poursuites mis à la charge du débiteur sont calculés dans les conditions prévues à l'article 1912 du code général des impôts.

Frais de gestion (dispense). Le juge ne peut, sans violer les art. 7 et 13 de la loi de 1975, dispenser le débiteur des frais de gestion en l'absence d'une nouvelle défaillance de sa part. • Civ. 2e, 8 avr. 2004, n° 02-13.905 P : *D. 2005. Pan. 1823, obs. Douchy-Oudot.*

Code général des impôts

Art. 1912 *(L. n° 2010-1658 du 29 déc. 2010, art. 55-IV-A-1° et C)* 1. Les frais de poursuites mis à la charge des redevables au titre des produits recouvrés par le comptable public chargé du recouvrement sont calculés par application d'un pourcentage qui ne peut excéder 5 % du montant total des créances dont le paiement leur est réclamé, dans la limite de 500 €. Un décret en Conseil d'État fixe, pour chaque catégorie d'acte*[s]*, le tarif des frais applicables et les modalités d'application du présent alinéa. – *V. Ann. II, art. 396 C, reproduit ci-dessous.*

Les frais accessoires aux poursuites sont fixés par décret.

2. Ces frais sont recouvrés par le comptable public chargé du recouvrement des produits mentionnés au 1. – *V. Ann. II, art. 396 B, reproduit ci-dessous.*

....

ANNEXE II

Art. 396 B *(Décr. n° 2011-274 du 16 mars 2011, art. 1er)* Le comptable chargé du recouvrement mentionné au 1 de l'article 1912 est le comptable compétent de la direction générale des finances publiques. – *V. CGI, art. 1912, reproduit ci-dessus.*

Art. 396 C *(Décr. n° 2011-274 du 16 mars 2011, art. 1er)* Le pourcentage mentionné au 1 de l'article 1912 est fixé à : – *V. CGI, art. 1912, reproduit ci-dessus.*

a) 3 % pour un commandement de payer ;

b) 5 % pour une saisie portant sur des biens meubles corporels ou incorporels ;

c) 2,5 % pour une opposition sur saisie antérieure ;

d) 1,5 % pour une signification de vente ou l'apposition d'affiches ;

e) 1 % pour un inventaire des biens saisis ou pour un procès-verbal de vente.

Les frais de saisie sont ramenés à 1 % :

1° En cas de saisie interrompue par un versement immédiat du redevable auprès du commissaire de justice ou du comptable mentionné à l'article 396 B ; – *V. Ann. II, art. 396 B, reproduit ci-dessus.*

2° Lorsque le redevable s'acquitte du montant de sa dette dans le délai d'un jour franc à compter de la saisie.

Les frais mis à la charge des redevables comportent un minimum par acte fixé respectivement à 7,5 euros pour le commandement de payer et à 15 euros pour les autres actes de poursuite.

Le Décr. n° 2011-274 du 16 mars 2011 est entré en vigueur le 1er janv. 2012 pour les produits autres que ceux recouvrés par l'administration fiscale (Décr. préc., art. 2).

Art. 8 **Sous réserve des dispositions de l'article 6 de la loi n° 51-711 du 7 juin 1951 relative au secret professionnel en matière de statistiques, les administrations ou services de l'État et des collectivités publiques, les organismes de sécurité sociale et les organismes qui assurent la gestion des prestations sociales sont tenus de réunir et de communiquer, en faisant toutes les diligences nécessaires, au comptable** *(Ord. n° 2010-420 du 27 avr. 2010, art. 122-4°)* **« public compétent » les renseignements dont ils disposent ou peuvent disposer et qui sont utiles à la mise en œuvre de la procédure de recouvrement public.** – *V. L. n° 51-711 du 7 juin 1951 (JO 8 juin).*

Art. 9 **A compter de la notification au débiteur des sommes faisant l'objet du recouvrement public, le débiteur ne peut plus s'en libérer valablement qu'entre les mains du comptable** *(Ord. n° 2010-420 du 27 avr. 2010, art. 122-4°)* **« public compétent ».**

Art. 10 **En cas de décès du débiteur ou lorsque l'impossibilité de recouvrer la créance a été constatée par le comptable** *(Ord. n° 2010-420 du 27 avr. 2010, art. 122-4°)* **« public compétent », ce dernier renvoie le titre exécutoire au procureur de la République qui met fin à la procédure de recouvrement public et décharge le comptable public.**

Art. 11 **Agissant seul ou conjointement avec le débiteur, le créancier de la pension alimentaire peut renoncer à la procédure de recouvrement public. Il adresse sa demande au procureur de la République qui met fin à la procédure de recouvrement public et décharge le comptable public.**

Art. 12 **Le débiteur qui, ayant acquitté les arriérés de la créance pris en charge par le Trésor, a versé, durant douze mois consécutifs, le montant des termes courants de la pension à la caisse du comptable** *(Ord. n° 2010-420 du 27 avr. 2010, art. 122-4°)* **« public compétent », sans que celui-ci ait à exercer des poursuites, peut demander de se libérer à l'avenir directement entre les mains du créancier de la pension. Il adresse sa demande au procureur de la République qui met fin à la procédure de recouvrement public et décharge le comptable public.**

En cas de contestation, il est fait application de l'article 4.

FORM. PR. CIV. *Demande de modification ou de suppression du recouvrement public d'une pension alimentaire (L. n° 75-618 du 11 juill. 1975, art. 3 et 12).*

Art. 13 Dans le cas d'une nouvelle défaillance du débiteur dans le délai de deux ans après la cessation du recouvrement public, le créancier peut, dès lors que le retard dans le paiement est supérieur à un mois, demander à nouveau au procureur de la République la mise en œuvre de la procédure de recouvrement public sans avoir à recourir préalablement à une voie d'exécution de droit privé.

Si la nouvelle demande est admise, il est procédé au recouvrement de toutes les sommes dues depuis l'interruption du recouvrement public. Le montant des termes échus avant cette admission est majoré de 10 p. 100 au profit du créancier.

Toutefois, la remise de cette majoration peut être accordée au débiteur par le président du tribunal judiciaire statuant dans les conditions prévues à l'article 4, s'il y a de justes motifs.

Art. 14 *Abrogé par L. n° 87-588 du 30 juill. 1987, art. 1er-2° (JO 31 juill.).*

Art. 15 Les dispositions de la présente loi sont aussi applicables pour le recouvrement des sommes dues en exécution d'une décision judiciaire au titre des contributions aux charges du mariage prescrites par l'article 214 du code civil, des rentes prévues par l'article 276 du même code ou des subsides de l'article 342.

Art. 16 *Abrogé par L. n° 85-772 du 25 juill. 1985, art. 3-III.*

Art. 17 Le créancier d'aliments qui, de mauvaise foi, aura obtenu la mise en œuvre de la procédure de recouvrement public sera condamné par le président du tribunal judiciaire, statuant dans les conditions prévues aux alinéas 1er, 2 et 4 de l'article 4, à une amende civile de 30 € à 3 000 € et au remboursement au débiteur des sommes qui auraient été perçues au titre des majorations pour termes échus non payés, des frais de recouvrement et des frais de poursuite, sans préjudice de tous dommages et intérêts.

Art. 18 *à* 20 *V. C. pr. exéc., art. L. 213-1 et L. 213-4.*

Art. 21 Un décret en Conseil d'État fixera les modalités d'application de la présente loi. — *V. Décr. n° 75-1339 du 31 déc. 1975, reproduit ci-dessous.*

Art. 22 La présente loi entrera en vigueur le 1er janvier 1976.

Elle est applicable dans les territoires d'outre-mer.

(L. n° 2019-738 du 17 juill. 2019, art. 29, en vigueur le 1er janv. 2020) « Elle est applicable en Nouvelle-Calédonie, en Polynésie française et dans les îles Wallis-et-Futuna dans sa rédaction résultant de l'ordonnance n° 2019-738 du 17 juillet 2019. »

Décret n° 75-1339 du 31 décembre 1975,

Relatif aux modalités d'application de la loi n° 75-618 du 11 juillet 1975 relative au recouvrement public des pensions alimentaires (JO 3 janv. 1976).

BIBL. GÉN. ▸ Massip, *Defrénois 1976. 344.* - Lindon, *JCP 1976. I. 2763.* - Appert et Juilliard, *D. 1977. Chron. 113.* - Vincent et Prévault, *D. 1976. Chron. 237 ; D. 1979. Chron. 237.*

▸ Salvat, *Gaz. Pal. 1985. 1. Doctr. 324* (les procédures de recouvrement forcé des créances d'aliments et les comptables publics tiers saisis).

TITRE I PROCÉDURE D'ADMISSION

Art. 1er Le créancier de la pension alimentaire adresse sa demande de recouvrement public au procureur de la République près le tribunal judiciaire dans le ressort duquel se trouve son domicile.

La demande du créancier présentée sur papier libre est envoyée par lettre recommandée avec demande d'avis de réception ; elle peut être également déposée directement auprès du ministère public qui y porte sans délai la date du dépôt.

La demande est réputée faite soit à la date d'expédition de la lettre recommandée, soit à la date du dépôt au parquet.

Art. 2 Le créancier joint à sa demande une expédition ou la copie certifiée conforme du jugement fixant la pension alimentaire. Il y joint également une attestation du greffier de la juridiction compétente ou d'un commissaire de justice, établissant qu'une voie d'exécution de droit privé n'a pas permis le recouvrement de la pension alimentaire.

A défaut de cette attestation le créancier peut produire tous autres documents établissant qu'il n'a pu obtenir le recouvrement de sa créance par une voie d'exécution de droit privé.

L'attestation ou les autres documents produits doivent comporter la justification des diligences effectuées et de leurs dates, ainsi que les résultats obtenus ; ils doivent en outre indiquer sur quels biens ou revenus le recouvrement a été tenté et, si possible, leur importance.

1. Il n'est pas nécessaire pour recourir à la procédure de recouvrement public que la tentative préalable d'exécution forcée ait revêtu un caractère contradictoire. • Civ. 2e, 3 janv. 1979 : *D. 1979. IR 236* qui casse • TGI Nîmes, 20 janv. 1977 : *Gaz. Pal. 1978. 218.* ♦ Et, sur renvoi. • TGI Tarascon, 19 déc. 1979 : *D. 1980. IR 246.*

2. Ainsi jugé que la délivrance d'un commandement de payer au débiteur constituait une voie d'exécution permettant de mettre en œuvre la procédure de recouvrement public. • TGI Paris, 8 juill. 1976 : *D. 1978. IR 40, obs. Bénabent ; Gaz. Pal. 1977. 197, note Brazier.*

Art. 3 Le créancier doit aussi fournir au procureur de la République les renseignements en sa possession relatifs au débiteur et concernant son identité, son adresse ou sa dernière adresse connue, sa profession, les nom et adresse de son employeur, la nature, la situation et l'importance de son patrimoine, ainsi que la source de ses revenus.

L'absence d'indication, de la part du créancier, de l'adresse du débiteur, ne justifie pas le rejet de la demande. • Civ. 2e, 3 janv. 1979 : *D. 1979. IR 235,* qui casse • TGI Nîmes, ord., 20 janv. 1977 : *Gaz. Pal. 1978. 218.* ♦ Et, sur renvoi • TGI Tarascon, 19 déc. 1979 : *D. 1980. IR 246.*

Art. 4 Le procureur de la République avise, par lettre simple, le créancier de la pension alimentaire de la suite qu'il a réservée à sa demande.

Le procureur de la République notifie au débiteur, par lettre recommandée avec demande d'avis de réception confirmée ce même jour par lettre simple, qu'il a admis la demande de recouvrement public ; il lui précise, dans cette notification, les sommes sur lesquelles porte le recouvrement public et fait connaître au débiteur qu'il ne peut plus s'en libérer qu'entre les mains d'un comptable public, suivant des modalités de paiement qui lui seront précisées ultérieurement par ce dernier.

En outre, le procureur de la République informe, suivant les cas, le créancier ou le débiteur que le refus d'admission ou l'admission à la procédure de recouvrement public peut être contesté par lettre simple adressée au ministère public.

Art. 5 Les dispositions des articles 1er, 3 et 4 du présent décret sont également applicables à une nouvelle demande de recouvrement public présentée en application de l'article 13 de la loi *[nº 75-618]* du 11 juillet 1975 susvisée. — *V. L. nº 75-618 du 11 juill. 1975, art. 13, reproduit au-dessus du présent décret.*

Cette demande doit être accompagnée de toutes justifications établissant que les conditions requises par le premier alinéa de cet article 13 sont réunies.

Art. 6 En cas d'admission à la procédure de recouvrement public, le procureur de la République adresse au trésorier-payeur général du département de son ressort un état exécutoire émis à l'encontre du débiteur de la pension alimentaire.

L'état mentionne le jugement qui a attribué la pension. Il précise, d'une part, le montant des termes échus et non versés par le débiteur au titre de la période de six mois ayant précédé la date de la demande de recouvrement public et, d'autre part, le montant des termes échus ou à échoir à compter de cette même date ; il fait apparaître, en outre, le montant des frais de recouvrement perçus au profit du Trésor.

L'état est revêtu de la mention "pour valoir titre exécutoire conformément à la loi nº 75-618 du 11 juillet 1975".

Art. 7 Lorsqu'un nouvel état exécutoire est émis à l'encontre d'un débiteur défaillant, en application de l'article 13 de la loi *[nº 75-618]* du 11 juillet 1975 susvisée, cet état doit comporter les précisions mentionnées à l'article précédent ; il précise le montant des sommes dues et non versées depuis l'interruption de la procédure de recouvrement public, et le montant de la majoration de 10 p. 100 perçue au profit du créancier. — *V. L. n° 75-618 du 11 juill. 1975, art. 13, reproduit au-dessus du présent décret.*

TITRE II CONTESTATIONS RELATIVES À L'ADMISSION AU RECOUVREMENT PUBLIC ET À LA CESSATION DE CE RECOUVREMENT

Art. 8 Le procureur de la République transmet sans délai la lettre de contestation mentionnée au troisième alinéa de l'article 4 ci-dessus au président du tribunal judiciaire avec, le cas échéant, les pièces qui y sont annexées.

Le président statue, sans formes de procédure ni frais, dans un délai de quinze jours, sur convocation adressée par le greffier au créancier et au débiteur d'aliments par lettre recommandée avec demande d'avis de réception.

La décision est transmise le jour même par le greffier au procureur de la République qui, dans les trois jours à compter de la réception, la notifie aux parties par lettre recommandée avec demande d'avis de réception, et au *(Décr. n° 2012-430 du 29 mars 2012, art. 43-1°)* « directeur départemental ou, le cas échéant, régional des finances publiques » en lui adressant éventuellement un état exécutoire ou un titre de réduction.

La notification faite au créancier ou au débiteur rappelle le délai dans lequel un pourvoi en cassation peut être formé.

Art. 9 L'ordonnance du président peut être déférée à la Cour de cassation par les parties à l'instance dans un délai de deux mois à compter de sa notification par le procureur de la République. Les règles de la procédure d'urgence sont applicables.

Art. 10 Si le président du tribunal judiciaire accorde la remise de la majoration dans les conditions prévues à l'article 13 de la loi *[n° 75-618]* du 11 juillet 1975 susvisée, le procureur de la République émet à due concurrence un titre de réduction ; les dispositions des articles 8 et 9 du présent décret sont applicables aux demandes de remise de majoration. — *V. L. n° 75-618 du 11 juill. 1975, art. 13, reproduit au-dessus du présent décret.*

TITRE III RECOUVREMENT PAR LES COMPTABLES DE LA DIRECTION GÉNÉRALE DES FINANCES PUBLIQUES *(Décr. n° 2012-430 du 29 mars 2012, art. 43-2°).*

Art. 11 Le *(Décr. n° 2012-430 du 29 mars 2012, art. 43-1°)* « directeur départemental ou, le cas échéant, régional des finances publiques » assignataire de l'état exécutoire le confie pour recouvrement au comptable public du domicile ou de la résidence du débiteur.

Art. 12 Pour décharger du recouvrement de la créance le comptable public dans les conditions prévues aux articles 10, 11 et 12 de la loi *[n° 75-618]* du 11 juillet 1975 susvisée, le procureur de la République qui a établi l'état exécutoire émet un titre de réduction après s'être assuré, s'il y a lieu, auprès du *(Décr. n° 2012-430 du 29 mars 2012, art. 43-1°)* « directeur départemental ou, le cas échéant, régional des finances publiques », que les conditions requises sont réunies. — *V. L. n° 75-618 du 11 juill. 1975, art. 10 à 12, reproduits au-dessus du présent décret.*

Le procureur notifie sans délai, par lettre simple, aux parties intéressées, qu'il est mis fin au recouvrement public.

TITRE IV RECOURS EN CAS DE CONDAMNATION POUR USAGE ABUSIF DE LA PROCÉDURE DE RECOUVREMENT PUBLIC

Art. 13 *(Décr. n° 2019-1419 du 20 déc. 2019, art. 15)* « Le jugement *[ancienne rédaction : L'ordonnance]* » du président du tribunal judiciaire *(Décr. n° 2019-1419 du 20 déc. 2019, art. 15)* « rendu *[ancienne rédaction : rendue]* » en application de l'article 17 de la loi *[n° 75-618]* du 11 juillet 1975 susvisée est *(Décr. n° 2019-1419 du 20 déc. 2019,* *art. 15)* « **notifié** *[ancienne rédaction : notifiée]* » **aux parties par le procureur de la République dans les conditions prévues au troisième alinéa de l'article 8 du présent décret.** *– V. L. nº 75-618 du 11 juill. 1975, art. 7, reproduit au-dessus du présent décret.*

Cette notification rappelle le délai d'appel.

Les dispositions issues du Décr. nº 2019-1419 du 20 déc. 2019 s'appliquent aux demandes introduites à compter du 1er janv. 2020 (Décr. préc., art. 24-II).

Art. 14 *(Décr. nº 2019-1419 du 20 déc. 2019, art. 15)* « **Le jugement** *[ancienne rédaction : L'ordonnance]* » **du président du tribunal est susceptible d'appel en tant qu'***(Décr. nº 2019-1419 du 20 déc. 2019, art. 15)* « **il** *[ancienne rédaction : elle]* » **condamne le créancier d'aliments à l'amende civile et au remboursement des majorations et frais. L'appel n'est recevable que s'il est formé, dans les quinze jours de la notification, par lettre recommandée avec demande d'avis de réception adressée au procureur général.**

Le premier président de la cour d'appel, saisi par le procureur général, statue *(Décr. nº 2019-1419 du 20 déc. 2019, art. 15)* « **selon la procédure accélérée au fond** *[ancienne rédaction : comme en matière de référé]* » **et dans les conditions prévues à l'article 4 de la loi** *[nº 75-618]* **du 11 juillet 1975 susvisée ainsi qu'à l'article 8 du présent décret.** *– V. L. nº 75-618 du 11 juill. 1975, art. 4, reproduit au-dessus du présent décret.*

(Décr. nº 2019-1419 du 20 déc. 2019, art. 15) « **La décision** *[ancienne rédaction : L'ordonnance]* » **est notifiée par le procureur général selon les modalités fixées aux deux derniers alinéas de l'article 8 ci-dessus. L'article 9 est applicable à cette** *(Décr. nº 2019-1419 du 20 déc. 2019, art. 15)* « **décision** *[ancienne rédaction : ordonnance]* ».

Les dispositions issues du Décr. nº 2019-1419 du 20 déc. 2019 s'appliquent aux demandes introduites à compter du 1er janv. 2020 (Décr. préc., art. 24-II).

TITRE V MODIFICATIONS DES DISPOSITIONS APPLICABLES À LA PROCÉDURE DE PAIEMENT DIRECT DE LA PENSION ALIMENTAIRE

Art. 15 à 20 *V. C. pr. exéc., art. R. 213-1 à R. 213-9.*

TITRE VI DISPOSITIONS DIVERSES

Art. 21 **Les frais exposés en exécution des dispositions de l'article 4, du deuxième alinéa de l'article 12, du troisième alinéa de l'article 13, et de l'article 17 de la loi** *[nº 75-618]* **du 11 juillet 1975 susvisée sont avancés par le Trésor public selon les modalités prévues à l'article R. 93 (11°) du code de procédure pénale.** *– V. L. nº 75-618 du 11 juill. 1975, art. 4, 12, 13 et 17, reproduits au-dessus du présent décret.*

Code de procédure pénale

Art. R. 93 *(Décr. nº 2013-770 du 26 août 2013, art. 4)* I. — Les frais assimilés à ceux de l'article R. 92 et recouvrables par l'État sont ceux résultant :

1° Des expertises réalisées en application des dispositions du titre I du livre II de la troisième partie (partie législative) du code de la santé publique ;

2° Des mesures de protection juridique des majeurs et des mineurs ordonnées en application des dispositions des titres X et XI du livre I du code civil ;

3° De l'indemnisation des administrateurs *ad hoc* désignés en application des articles 388-2 et 389-3 du code civil, lorsqu'ils figurent sur la liste prévue à l'article R. 53 ;

4° Des enquêtes ordonnées en matière d'exercice de l'autorité parentale et en matière d'adoption ;

5° De la rémunération de la personne désignée pour entendre le mineur en application de l'article 388-1 du code civil ;

6° Des procédures suivies en application des lois concernant la protection de l'enfance en danger, à l'exclusion des frais d'enquêtes ;

7° Des inscriptions hypothécaires requises par le ministère public ;

8° Des actes faits par le commissaire de justice sur décision du président du tribunal judiciaire à la demande du ministère public, du maire, du commissaire de police ou du commandant de brigade de gendarmerie en matière de mesures conservatoires prises après l'ouverture d'une succession ;

9° De la notification prévue à l'article 30-3 de l'annexe du code de procédure civile relative à son application dans les départements du Bas-Rhin, du Haut-Rhin et de la Moselle ;

10° De l'indemnisation des interprètes et des experts désignés par le tribunal judiciaire pour l'exécution d'une mesure d'instruction à la demande d'une juridiction étrangère en application du règlement *(Décr. n° 2023-25 du 23 janv. 2023, art. 2)* « (UE) 2020/1783 du Parlement européen et du Conseil du 25 novembre 2020 » relatif à la coopération entre les juridictions des États membres dans le domaine de l'obtention des preuves en matière civile et commerciale *(Décr. n° 2023-25 du 23 janv. 2023, art. 2)* « (obtention des preuves) (refonte) » ;

11° De la contribution versée par l'État au titre de l'aide juridictionnelle ;

12° De la mise en œuvre des dispositions du livre VI (partie législative) du code de commerce relatives à l'avance de frais par l'État ;

13° De la mise en œuvre des autres dispositions législatives ou réglementaires particulières prévoyant l'avance de frais par l'État.

II. — Les frais assimilés à ceux énumérés à l'article R. 92 et restant à la charge de l'État sont :

1° Les frais d'enquêtes ordonnées en application des lois concernant la protection de l'enfance en danger ;

2° Les frais exposés à la requête du ministère public lorsque celui-ci est partie principale ou partie jointe en matière civile, commerciale et prud'homale et des *[les]* dépens qui, en application de l'article 696 du code de procédure civile, peuvent être laissés à la charge de l'État, lorsque le ministère public est partie principale ;

3° Les frais et dépens mis à la charge de l'État soit en application d'une disposition législative ou réglementaire, soit en cas de décision juridictionnelle rectifiant ou interprétant une précédente décision, soit en cas de décision juridictionnelle annulant une précédente décision ;

(Décr. n° 2020-841 du 3 juill. 2020, art. 2) « 3° *bis* Les frais et dépens de l'acte de signification de l'ordonnance de fixation de la date d'audience prévu à l'article 1136-3 du code de procédure civile » ;

4° Les frais exposés au cours d'une procédure devant la commission prévue à l'article 16-2 ;

5° Les frais exposés pour l'exécution des mesures d'instruction prévues à l'article L. 332-2 du code de la consommation ;

6° L'indemnisation des administrateurs *ad hoc* désignés pour assurer la représentation des mineurs étrangers isolés en application des dispositions prévues à l'article *(Décr. n° 2020-1734 du 16 déc. 2020, art. 9, en vigueur le 1er mai 2021)* « R. 521-20 » du code de l'entrée et du séjour des étrangers et du droit d'asile ;

7° L'indemnisation des interprètes désignés dans le cadre du contentieux judiciaire relatif au maintien des étrangers dans des locaux ne relevant pas de l'administration pénitentiaire ;

8° L'indemnisation des interprètes désignés en application de l'article 23-1 du code de procédure civile ;

9° L'indemnisation des interprètes et les honoraires des médecins désignés en application de l'article *(Décr. n° 2020-1734 du 16 déc. 2020, art. 9, en vigueur le 1er mai 2021)* « L. 813-5 » du code de l'entrée et du séjour des étrangers et du droit d'asile ;

10° Les frais exposés dans le cadre d'une procédure extrajudiciaire d'identification de personnes décédées, en application des quatrième et septième alinéas de l'article 16-11 et du second alinéa de l'article 87 du code civil, ainsi que du dernier alinéa de l'article L. 2223-42 du code général des collectivités territoriales ;

11° Les frais exposés au cours d'une procédure devant la commission prévue à l'article 706-4.

Les dispositions du Décr. n° 2020-841 du 3 juill. 2020 s'appliquent aux requêtes introduites à compter du 5 juill. 2020 (Décr. préc., art. 4).

Art. 22 Les dispositions du présent décret s'appliquent aussi pour le recouvrement des sommes dues en exécution d'une décision judiciaire au titre des contributions aux charges du mariage prescrites par l'article 214 du code civil, des rentes prévues par l'article 276 du même code et des subsides de l'article 342.

Art. 23 *Mod. Décr. n° 67-1210 du 22 déc. 1967, abrogé.*

Art. 24 Le présent décret est applicable dans les territoires d'outre-mer. *(Décr. n° 2019-1419 du 20 déc. 2019, art. 23)* « Il est applicable en Nouvelle-Calédonie, en Polynésie française et dans les îles Wallis-et-Futuna dans sa rédaction résultant du décret n° 2019-1419 du 20 décembre 2019. »

Dans ces territoires, les attributions dévolues aux magistrats du siège et du parquet appartenant aux tribunaux judiciaires ou aux cours d'appel sont exercées par les magistrats du siège et du parquet en fonction dans les tribunaux de première instance ou dans leurs sections détachées et dans les juridictions d'appel.

Les dispositions issues du Décr. n° 2019-1419 du 20 déc. 2019 s'appliquent aux demandes introduites à compter du 1er janv. 2020 (Décr. préc., art. 24-II).

Art. 25 Le présent décret entrera en application le 1er janvier 1976.

Décret n° 86-1073 du 30 septembre 1986,

Relatif à l'intervention des organismes débiteurs des prestations familiales pour le recouvrement des créances alimentaires impayées (JO 2 oct.).

TITRE I PROCÉDURE D'ADMISSION

Art. 1er Le directeur de l'organisme débiteur des prestations familiales établit et certifie, en trois exemplaires, l'état des sommes à recouvrer. Cet état mentionne le jugement qui a fixé la pension alimentaire.

Pour la mise en œuvre de la loi *[n° 75-618]* du 11 juillet 1975 précitée, la demande est réputée faite à la date d'établissement de l'état. Celui-ci précise, d'une part, le montant des termes échus et non versés par le débiteur au titre de la période de six mois ayant précédé la date de la demande de recouvrement public et, d'autre part, le montant des termes échus ou à échoir à compter de cette même date.

Pour la mise en œuvre de la loi n° 80-1055 du 23 décembre 1980 portant loi de finances rectificative pour 1980 *[V. CSS, art. L. 581-10]*, l'état précise le montant des termes échus et non versés par le débiteur dans la limite de deux ans à compter de la demande d'aide faite à l'organisme débiteur des prestations familiales en vertu de l'article L. 581-6 du code de la sécurité sociale ou des périodes de versement de l'allocation de soutien familial versée à titre d'avance. — *V. CSS, art. L. 581-6 et L. 581-10, App., VII. Recouvrement des pensions alimentaires, B. Recouvrements publics.*

L'état des sommes à recouvrer fait apparaître, en outre, le montant des frais de recouvrement perçus au profit du Trésor.

Art. 2 L'état des sommes à recouvrer est accompagné d'une copie du jugement fixant la pension alimentaire et, si nécessaire, des documents justifiant du caractère exécutoire de celui-ci conformément aux articles 504 et 505 du *(Décr. n° 2008-484 du 22 mai 2008, art. 22)* « code de procédure civile ».

Il mentionne également l'identité et l'adresse du créancier de la pension alimentaire, ainsi que tous renseignements relatifs au débiteur et concernant son identité, son adresse ou sa dernière adresse connue, sa profession, les nom et adresse de son employeur, la nature et l'importance de son patrimoine, la situation de ses biens et la source de ses revenus.

Il précise également les diligences entreprises pour obtenir le paiement de la pension et les motifs de leur échec. Pour l'application de la loi *[n° 80-1055]* du 23 décembre 1980 *[V. CSS, art. L. 581-10]*, ces mentions sont facultatives.

Art. 3 Le directeur de l'organisme débiteur des prestations familiales adresse sans délai l'état des sommes à recouvrer au représentant de l'État dans son département.

Celui-ci rend exécutoire cet état, dans un délai de cinq jours ouvrables, et le transmet au *(Décr. n° 2014-551 du 27 mai 2014, art. 42-1°)* « directeur départemental ou, le cas échéant, régional des finances publiques ». Il avise de sa décision le directeur de l'organisme débiteur des prestations familiales.

Art. 4 Dès réception de l'avis adressé par le représentant de l'État, le directeur de l'organisme notifie la décision au débiteur de la pension alimentaire par lettre recommandée avec demande d'avis de réception, confirmée ce même jour par lettre simple. Cette notification précise les sommes sur lesquelles porte le recouvrement public et fait connaître au débiteur qu'il ne peut plus s'en libérer qu'entre les mains d'un *(Décr. n° 2014-551 du 27 mai 2014, art. 42-2°)* « comptable de la direction générale des finances publiques », suivant les modalités de paiement qui lui seront précisées ultérieurement par ce dernier. Elle indique également au débiteur que la procédure de recouvrement public peut être contestée par lettre simple adressée au procureur de la République du lieu où est établi l'organisme.

Le directeur de l'organisme débiteur des prestations familiales informe également sans délai, par lettre simple, le créancier de la suite réservée à la demande de recouvrement public et lui indique, le cas échéant, que le refus d'admission peut être contesté par lettre simple adressée au procureur de la République du lieu où est établi l'organisme.

Pour l'application de l'article 4 de la loi *[n° 75-618]* du 11 juillet 1975, la décision du président du tribunal est notifiée au représentant de l'État dans le département qui établit, le cas échéant, un nouvel état exécutoire. — *V. L. n° 75-618 du 11 juill. 1975, art. 4, App., VII. Recouvrement des pensions alimentaires, B. Recouvrements publics.*

TITRE II RECOUVREMENT PAR LES COMPTABLES DE LA DIRECTION GÉNÉRALE DES FINANCES PUBLIQUES *(Décr. n° 2014-551 du 27 mai 2014, art. 42-3°).*

Art. 5 Le *(Décr. n° 2014-551 du 27 mai 2014, art. 42-4°)* « directeur départemental ou, le cas échéant, régional des finances publiques » assignataire de l'état exécutoire le confie pour recouvrement au *(Décr. n° 2014-551 du 27 mai 2014, art. 42-4°)* « comptable de la direction générale des finances publiques » du lieu où demeure le débiteur.

Après déduction des frais de poursuites éventuellement engagés et des frais de recouvrement revenant au Trésor, ces derniers étant réduits à due concurrence en cas de recouvrement partiel, les sommes encaissées sont versées à l'organisme débiteur des prestations familiales.

Art. 6 Le représentant de l'État, qui a rendu exécutoire l'état, émet un titre de réduction, après s'être assuré s'il y a lieu auprès du *(Décr. n° 2014-551 du 27 mai 2014, art. 42-4°)* « directeur départemental ou, le cas échéant, régional des finances publiques » que les conditions sont réunies, s'il y a renonciation du créancier à la procédure de recouvrement public, décès du débiteur, impossibilité de recouvrer la créance constatée par le *(Décr. n° 2014-551 du 27 mai 2014, art. 42-4°)* « comptable de la direction générale des finances publiques » ou acquittement par le débiteur des arriérés de la créance prise en charge par le *(Décr. n° 2014-551 du 27 mai 2014, art. 42-4°)* « comptable de la direction générale des finances publiques » ainsi que des termes courants durant douze mois consécutifs.

Le représentant de l'État en avise le directeur de l'organisme débiteur des prestations familiales.

La renonciation du créancier de la pension alimentaire à la procédure de recouvrement public n'emporte pas renonciation de l'organisme débiteur des prestations familiales pour le montant d'allocation de soutien familial versé à titre d'avance. Dans ce cas, la procédure est poursuivie du seul chef de l'organisme débiteur des prestations familiales et le titre de réduction n'est émis que pour la créance à laquelle il a été renoncé.

Le directeur de l'organisme notifie sans délai, par lettre simple au créancier et au débiteur, qu'il est mis fin au recouvrement public pour tout ou partie de la dette.

TITRE III DISPOSITIONS DIVERSES

Art. 7 Les dispositions des articles 5 et 7, 10, 13, 14, 21, 22 du décret n° 75-1339 du 31 décembre 1975 sont applicables à la mise en œuvre par l'organisme débiteur des prestations familiales de la loi *[n° 75-618]* du 11 juillet 1975 précitée. — *V. L.*

n° 75-618 du 11 juill. 1975 et Décr. n° 75-1339 du 31 déc. 1975, App., VII. Recouvrement des pensions alimentaires, B. Recouvrements publics.

Art. 8 **Le décret n° 81-184 du 26 février 1981 relatif au recouvrement par les comptables directs du Trésor des avances consenties par les caisses d'allocations familiales ou les caisses de mutualité sociale agricole aux créanciers de pensions alimentaires est abrogé.**

Les créanciers d'aliments dont la qualité est reconnue par une décision de justice peuvent consulter les listes détenues par la direction des services fiscaux [liste des personnes assujetties à l'impôt sur le revenu, à l'impôt sur les sociétés ou à l'impôt de solidarité sur la fortune, liste des personnes assujetties à la taxe départementale sur le revenu] dans le ressort de laquelle l'imposition du débiteur est établie (LPF, art. L. 111-II). — Pour l'entrée en vigueur des modifications apportées à l'art. L. 111 par la L. n° 90-669 du 30 juill. 1990, V. art. 56-VIII de ladite loi (D. et ALD 1990. 359).

C Allocation de soutien familial

Code de la sécurité sociale

Art. L. 523-1 *V. App., IX. Droit social, B. Sécurité sociale - Régime général. — V. Addendum.*

Art. R. 523-1 **Est regardé comme remplissant les conditions fixées au** *(Décr. n° 2017-532 du 12 avr. 2017, art. 1er-1°)* **« 3° du I » de l'article L. 523-1 tout enfant dont, depuis au moins** *(Décr. n° 2016-842 du 24 juin 2016, art. 1er-1°, en vigueur le 1er avr. 2016)* **« un mois », l'un des parents se soustrait ou se trouve hors d'état de faire face à son obligation d'entretien ou au versement de la pension alimentaire mise à sa charge par décision de justice** *(Abrogé par Décr. n° 2017-532 du 12 avr. 2017, art. 1er-1°)* ***« , par convention de divorce par consentement mutuel prévue à l'article 229-1 du code civil, par acte reçu en la forme authentique par un notaire »*** *(Décr. n° 2016-1907 du 28 déc. 2016, art. 12-1°-a)* **« ou par convention judiciairement homologuée »** *(Décr. n° 2017-532 du 12 avr. 2017, art. 1er)* **« [,] ou d'une contribution à l'entretien et à l'éducation de l'enfant fixée par l'un des actes ou accords mentionnés au IV de l'article L. 523-1 ».** — *V. art. D. 523-1, App., VII. Recouvrement des pensions alimentaires, B. Recouvrements publics.*

(Décr. n° 2016-842 du 24 juin 2016, art. 1er-2°, en vigueur le 1er avr. 2016) **« Le même délai d'un mois est retenu pour tout enfant mentionné au** *(Décr. n° 2017-532 du 12 avr. 2017, art. 1er-1°)* **« 4° du I » de l'article L. 523-1 dont l'un des parents s'acquitte intégralement** *(Abrogé par Décr. n° 2017-532 du 12 avr. 2017, art. 1er)* ***« de l'obligation d'entretien fixée par l'accord mentionné à l'article R. 523-3-2 ou »*** **du versement d'une pension alimentaire mise à sa charge par décision de justice** *(Abrogé par Décr. n° 2017-532 du 12 avr. 2017, art. 1er-1°)* *(Décr. n° 2016-1907 du 28 déc. 2016, art. 12-1°, en vigueur le 1er janv. 2017)* ***« , par convention de divorce par consentement mutuel prévue à l'article 229-1 du code civil, par acte reçu en la forme authentique par un notaire »*** **ou par convention judiciairement homologuée** *(Décr. n° 2017-532 du 12 avr. 2017, art. 1er)* **« [,] ou d'une contribution à l'entretien et à l'éducation de l'enfant fixée par l'accord écrit et signé mentionné au premier alinéa du I de l'article R. 523-3-2 ou par l'un des actes ou accords mentionnés au IV de l'article L. 523-1 », lorsque ce montant est inférieur à celui de l'allocation de soutien familial. »**

L'art. 12 du Décr. n° 2016-1907 du 28 déc. 2016 est applicable à Saint-Pierre-et-Miquelon (Décr. préc., art. 41-IV).

Les dispositions issues du Décr. n° 2017-532 du 12 avr. 2017 sont applicables à Saint-Pierre-et-Miquelon (Décr. préc., art. 4).

Art. R. 523-2 **L'allocation de soutien familial fait l'objet d'une demande adressée à l'organisme ou service compétent pour le versement des prestations familiales au requérant. Cette demande, dont le modèle est fixé par arrêté du ministre chargé de la sécurité sociale, doit être accompagnée des justifications nécessaires à l'établissement**

du droit à la prestation. — *V. Arr. du 5 août 2002 (JO 23 août). — V. formulaires Cerfa n° 12038*01, Demande d'allocation de soutien familial, et n° 11423*05, Déclaration de situation pour les prestations familiales et les aides au logement.*

Art. R. 523-3 *(Décr. n° 2016-1907 du 28 déc. 2016, art. 12-2°)* **Lorsque le parent débiteur est défaillant et en l'absence d'une décision de justice,** *(Décr. n° 2017-532 du 12 avr. 2017, art. 1er-2°)* **« d'un des actes ou accords mentionnés au IV de l'article L. 523-1 » ou d'une convention judiciairement homologuée, fixant le montant de l'obligation d'entretien, le versement de l'allocation de soutien familial** *(Décr. n° 2017-532 du 12 avr. 2017, art. 1er-2°)* **« mentionné au 3° du I de l'article L. 523-1 » au parent créancier ne se poursuit au-delà de la quatrième mensualité que dans les cas suivants :**

1° Lorsque, à l'issue d'un contrôle diligenté par l'organisme débiteur des prestations familiales sur la situation du parent débiteur, celui-ci est considéré comme étant hors d'état de faire face à son obligation d'entretien ;

2° Ou lorsque, à l'issue du contrôle mentionné au 1°, le parent débiteur n'est pas considéré comme étant hors d'état de faire face à son obligation d'entretien et que le parent créancier a saisi l'autorité judiciaire en vue de la fixation du montant de la pension alimentaire mise à la charge du débiteur défaillant.

Dans ce cas, le directeur de l'organisme débiteur des prestations familiales transmet à l'autorité judiciaire, sur sa demande, les renseignements dont il dispose concernant l'adresse et la solvabilité du débiteur en vue de faciliter la fixation de l'obligation d'entretien par cette autorité.

Art. R. 523-3-1 *(Décr. n° 2011-1840 du 7 déc. 2011, art. 1er-2°)* **Si, à l'issue de ce contrôle, les informations sur le domicile du débiteur ne peuvent pas être obtenues, cette situation fait l'objet d'un signalement par l'organisme débiteur auprès des autres organismes de sécurité sociale dans le cadre de la communication des informations prévue par les dispositions de l'article L. 114-12.**

Art. R. 523-3-2 *(Décr. n° 2018-655 du 24 juill. 2018, art. 1er)* **I. — En l'absence d'une décision de justice, d'une convention judiciairement homologuée ou de l'un des actes ou accords mentionnés aux 1° et 2° du IV de l'article L. 523-1 fixant le montant de la contribution à l'entretien et à l'éducation de l'enfant, le montant de cette contribution n'est pris en compte pour le calcul de l'allocation différentielle mentionnée au 4° du I de l'article L. 523-1 que s'il a été fixé par l'accord mentionné au 3° du IV de ce même article à un montant égal ou supérieur au seuil résultant de l'application de la règle prévue aux I et II de l'article R. 582-1 et que cet accord a force exécutoire.**

II. — Le montant de la contribution à l'entretien et à l'éducation de l'enfant retenu pour le calcul de l'allocation différentielle mentionnée au I est arrondi à l'euro supérieur. Il est révisé au 1er janvier de chaque année conformément aux modalités prévues pour le montant annuel du plafond mentionné à l'article L. 241-3.

III. — Lorsque la contribution à l'entretien et à l'éducation de l'enfant résulte de l'accord mentionné au 3° du IV de l'article L. 523-1, le bénéfice ou le maintien de l'allocation différentielle est subordonné à la transmission par les parents des documents et informations suivants :

1° L'ensemble des pièces justificatives mentionnées au I de l'article R. 582-2 ;

2° La date du premier versement de la contribution fixée dans l'accord ;

3° Le cas échéant, la date de tout changement concernant les ressources du débiteur, le nombre d'enfants à sa charge et le droit de visite et d'hébergement ayant une incidence sur le droit à cette allocation.

IV. — La connaissance par l'organisme débiteur des prestations familiales d'un changement de situation susceptible d'entraîner la révision de la contribution à l'entretien et à l'éducation de l'enfant mentionnée à l'article L. 582-2 ayant une incidence sur le droit à l'allocation différentielle mentionnée au 4° du I de l'article L. 523-1 entraîne systématiquement un réexamen du droit à cette allocation.

L'organisme suspend l'allocation lorsque le montant de la contribution fixé dans le titre exécutoire est inférieur au seuil mentionné au I calculé en fonction de la nouvelle situation. Dans ce cas, l'allocation différentielle mentionnée au 4° du I de l'article L. 523-1 cesse d'être due à compter du premier jour du mois suivant celui au cours duquel intervient le changement de situation. Si les parents transmettent un nouvel accord, l'allocation différentielle est due, une fois cet accord revêtu de la force exécu-

toire, à compter du premier jour du mois de la réception par l'organisme de la demande de délivrance du titre exécutoire.

Les dispositions de l'art. 1er du Décr. no 2018-655 du 24 juill. 2018 sont applicables aux prestations dues à compter du 1er juill. 2018. Pour les droits ouverts avant le 1er juill. 2018, les conditions dans lesquelles le montant de la contribution pris en compte pour le calcul de l'allocation de soutien familial différentielle mentionnée au 4o du I de l'art. L. 523-1 est retenu continuent à être régies au plus tard jusqu'au 1er oct. 2018, par les dispositions de l'art. R. 523-3-2 du code de la sécurité sociale dans leur rédaction en vigueur avant cette date (Décr. préc., art. 5-I).

....

Art. R. 523-8 Les sommes récupérées par l'organisme débiteur de prestations familiales, en vertu de la subrogation prévue à l'article L. 581-2, viennent en atténuation des dépenses constatées au titre des allocations de soutien familial. — *V. art. L. 581-2 reproduit ci-dessous.*

....

Art. D. 523-1 Le droit à l'allocation de soutien familial est ouvert :

1° à 4° *Non reproduits.*

5° pour l'enfant dont l'un au moins des parents se soustrait ou se trouve hors d'état de faire face *(Abrogé par Décr. no 2018-656 du 24 juill. 2018, art. 1er)* ***« à son obligation d'entretien ou »*** **au versement de la pension alimentaire mise à sa charge par décision de justice** *(Abrogé par Décr. no 2017-532 du 12 avr. 2017, art. 3-2o) (Décr. no 2016-1907 du 28 déc. 2016, art. 12-5o-a)* ***« , par une convention de divorce par consentement mutuel prévue à l'article 229-1 du code civil ou par un acte reçu en la forme authentique par un notaire, »*** *(Décr. no 2016-842 du 24 juin 2016, art. 4-1o, en vigueur le 1er avr. 2016)* **« ou par convention judiciairement homologuée »** *(Décr. no 2017-532 du 12 avr. 2017, art. 3-2o)* **«** *[,]* **ou d'une contribution à l'entretien et à l'éducation de l'enfant fixée par un des actes ou accords mentionnés au IV de l'article L. 523-1 », à compter du premier jour du mois civil suivant la date à laquelle le parent défaillant a cessé** *(Abrogé par Décr. no 2018-656 du 24 juill. 2018, art. 1er)* ***« de faire face à cette obligation ou »*** **d'effectuer ce versement.**

(Décr. no 2018-656 du 24 juill. 2018, art. 1er) **« 6° Pour l'enfant dont l'un au moins des parents se trouve hors d'état de faire face à son obligation d'entretien, à compter du premier jour du mois civil suivant la date à laquelle le parent défaillant a cessé de faire face à cette obligation ; »**

(Décr. no 2016-842 du 24 juin 2016, art. 4-2o, en vigueur le 1er avr. 2016 ; Décr. no 2018-656 du 24 juill. 2018, art. 1er) **« 7° Pour l'enfant mentionné au** *(Décr. no 2017-532 du 12 avr. 2017, art. 3-2o)* **« 4° du I » de l'article L. 523-1, à compter du premier jour du mois civil suivant la date à laquelle le parent a commencé à effectuer le versement** *[de]* **la pension alimentaire fixée par décision de justice** *(Abrogé par Décr. no 2017-532 du 12 avr. 2017, art. 3-2o) (Décr. no 2016-1907 du 28 déc. 2016, art. 12-5o-b)* ***« , par une convention de divorce par consentement mutuel prévue à l'article 229-1 du code civil, par un acte reçu en la forme authentique par un notaire »*, ou par convention judiciairement homologuée »** *(Décr. no 2017-532 du 12 avr. 2017, art. 3-2o)* **« ou d'une contribution à l'entretien et à l'éducation de l'enfant fixée par un des actes ou accords mentionnés au IV de l'article L. 523-1 »** *(Abrogé par Décr. no 2018-656 du 24 juill. 2018, art. 1er)* ***« ou par l'accord mentionné à l'article R. 523-3-2 »*. »**

Les dispositions issues du Décr. no 2018-656 du 24 juill. 2018 sont applicables aux prestations dues à compter du 1er oct. 2018 (Décr. préc., art. 5).

Art. D. 523-2 *(Décr. no 2016-842 du 24 juin 2016, art. 5, en vigueur le 1er avr. 2016)* **I. — Pour l'application du** *(Décr. no 2017-532 du 12 avr. 2017, art. 3-3o)* **« 3° du I » de l'article L. 523-1, le parent débiteur d'une** *(Décr. no 2017-532 du 12 avr. 2017, art. 3-3o)* **« obligation d'entretien, du versement d'une pension alimentaire ou d'une contribution à l'entretien et à l'éducation de l'enfant » est considéré comme étant hors d'état d'y faire face lorsque ce débiteur se trouve dans l'une ou l'autre des situations suivantes :**

1° Débiteur sans adresse connue ;

2° Débiteur réputé insolvable lorsque :

a) Il est bénéficiaire du revenu de solidarité active mentionné à l'article L. 262-2 du code de l'action sociale et des familles *(Décr. n° 2018-656 du 24 juill. 2018, art. 1er)* « ou » du revenu de solidarité mentionné à l'article L. 522-14 du code de l'action sociale et des familles, applicable à la Guadeloupe, la Guyane, la Martinique, La Réunion, Saint-Martin, Saint-Barthélemy et Saint-Pierre-et-Miquelon ;

b) Il dispose de ressources inférieures au montant forfaitaire du revenu de solidarité active mentionné à l'article L. 262-2 du code de l'action sociale et des familles fixé pour un foyer composé d'une seule personne ;

c) La totalité de ses revenus est insaisissable ;

d) Il est bénéficiaire de l'allocation aux adultes handicapés à taux plein ou versée en complément d'un avantage de vieillesse ou d'invalidité ;

e) Une décision de justice a suspendu le versement de la pension alimentaire déjà mise à sa charge ou n'a pas fixé le montant de l'obligation d'entretien pour des motifs reposant sur la faiblesse ou l'absence de ses ressources ou l'absence d'éléments concernant sa situation ;

f) Il est incarcéré y compris dans le cadre de placement à l'extérieur et à l'exclusion du régime de semi-liberté ;

g) Il est bénéficiaire de l'allocation de solidarité spécifique prévue à l'article L. 5423-1 du code du travail *(Abrogé par Décr. n° 2017-826 du 5 mai 2017, art. 3-II-1°, à compter du 1er sept. 2017)* ***« , ou de l'allocation temporaire d'attente prévue à l'article L. 5423-8 du même code »*** ;

h) Il est parent mineur ;

i) Il est sans domicile fixe sans ressources ou est bénéficiaire de l'une des prestations sociales mentionnées au *[aux]* ***a, b, d*** et ***g*** ci-dessus ;

j) Il a confié son enfant à une personne ou un couple dans le cadre d'une décision judiciaire de recueil légal, autrement dénommée "Kafala" ;

k) Il est impossible d'établir sa solvabilité en raison de l'absence d'éléments identifiés lors du contrôle sur son domicile ou sur sa situation financière ;

3° Débiteur ayant fait l'objet d'une plainte déposée à la suite de menaces, de violences volontaires sur le parent ou l'enfant, de condamnations pour de telles violences ou en cas de violences mentionnées dans une décision de justice ;

4° Débiteur domicilié ou ayant sa résidence habituelle dans le pays d'origine du créancier qui a obtenu la qualité de réfugié sur le territoire.

(Décr. n° 2018-656 du 24 juill. 2018, art. 1er) « II. — Le débiteur ne peut être considéré comme hors d'état de faire face à son obligation d'entretien, au paiement d'une pension alimentaire ou d'une contribution à l'entretien et à l'éducation de l'enfant, que si :

« 1° Le créancier en a fait la demande, lorsque le débiteur se trouve dans l'une des situations mentionnées au 3° et au 4° du I ;

« 2° Le montant des ressources de nature saisissable dont il dispose est inférieur au montant forfaitaire mentionné au *b* du 2° du I, lorsqu'il se trouve dans l'une des situations mentionnées au *a* et au *d* du 2° du I.

« Dans le cas mentionné au 2° du II, il est tenu compte des ressources ayant servi à déterminer le droit aux prestations mentionnées au *a* et au *d* du 2° du I, lorsque ces ressources ne sont pas connues au moment de la demande de l'allocation de soutien familial ou du réexamen du droit. »

III. — La situation du débiteur fait l'objet d'un contrôle par l'organisme débiteur des prestations familiales dans un délai de quatre mois après le dépôt par le parent créancier de sa demande d'allocation de soutien familial et par la suite au moins une fois par an.

Les dispositions issues du Décr. n° 2017-532 du 12 avr. 2017 sont applicables à Saint-Pierre-et-Miquelon (Décr. préc., art. 4).

Les dispositions issues du Décr. n° 2018-656 du 24 juill. 2018 sont applicables à compter du 1er oct. 2018 pour les demandes d'allocation de soutien familial déposées à compter de cette date et à compter du 1er janv. 2019 pour l'ensemble des prestations dues à compter de cette date (Décr. préc., art. 5-II).

Art. D. 523-3 *(Décr. n° 2018-656 du 24 juill. 2018, art. 1er)* **Lorsque le total des montants d'allocation de soutien familial dû au parent ou à la personne physique qui assume la charge effective et permanente de l'enfant est inférieur à 15 euros, celui-ci n'est pas versé.**

Les dispositions issues du Décr. n° 2018-656 du 24 juill. 2018 sont applicables aux prestations dues à compter du 1er juill. 2018 (Décr. préc., art. 5-III).

D Dispositions relatives au recouvrement des créances alimentaires par les organismes débiteurs des prestations familiales

Code de la sécurité sociale

Art. L. 581-1 **Les organismes et services auxquels incombe le service des prestations familiales sont habilités à apporter leur aide au recouvrement des créances dues au titre de l'entretien d'enfants, dans les conditions prévues par les dispositions relatives à l'intervention des organismes débiteurs des prestations familiales pour le recouvrement des créances alimentaires impayées.**

La procédure de recouvrement public ouverte à l'organisme qui a versé la prestation familiale n'est pas exclusive des voies d'exécution civiles ; il peut donc bénéficier, comme subrogé de plein droit dans les droits du créancier d'aliments en application de l'art. L. 581-2 *in fine*, d'une ordonnance exécutoire du juge aux affaires familiales. • Civ. 2e, 9 déc. 2003, n° 02-30.647 P.

Art. L. 581-2 **Lorsque l'un au moins des parents se soustrait totalement au versement d'une créance alimentaire pour enfants fixée par décision de justice devenue exécutoire** *(L. n° 2016-1827 du 23 déc. 2016, art. 41-I-2°-a)* **« ou par les actes ou accords mentionnés au IV de l'article L. 523-1 », l'allocation de soutien familial est versée à titre d'avance sur créance alimentaire.**

(L. n° 2011-1906 du 21 déc. 2011, art. 103) **« Lorsque l'un au moins des parents se soustrait partiellement au versement d'une créance alimentaire pour enfants fixée par décision de justice devenue exécutoire** *(L. n° 2016-1827 du 23 déc. 2016, art. 41-I-2°-a)* **« ou par les actes ou accords mentionnées au IV de l'article L. 523-1 », il est versé à titre d'avance une allocation différentielle. Cette allocation différentielle complète le versement partiel effectué par le débiteur, jusqu'au montant de l'allocation de soutien familial.**

« L'organisme débiteur des prestations familiales est subrogé dans les droits du créancier, dans la limite du montant de l'allocation de soutien familial ou de la créance d'aliments si celle-ci lui est inférieure. Dans ce dernier cas, le surplus de l'allocation demeure acquis au créancier. »

(L. n° 2015-1702 du 21 déc. 2015, art. 44-I-2°, en vigueur le 1er avr. 2016) **« Dans le cas prévu au 4°** *(L. n° 2016-1827 du 23 déc. 2016, art. 41-I-2°-b)* **« du I » de l'article L. 523-1, l'allocation différentielle n'est pas recouvrée et demeure acquise au créancier. »**

L'art. 44 de la L. n° 2015-1702 du 21 déc. 2015 est applicable à Saint-Barthélemy et à Saint-Martin (L. préc., art. 44-IV).

BIBL. ▸ GEBLER, *ALD 1985. Comm. 131* (CSS, art. L. 581-2 s.).

Sur l'action en recouvrement par la caisse d'allocations familiales, V. • Civ. 1re, 11 févr. 1997 : *Defrénois 1997. 646, note Bignon.*

Art. L. 581-3 **Pour le surplus de la créance, dont le non-paiement a donné lieu au versement de l'allocation de soutien familial, et pour les autres termes à échoir, la demande de ladite allocation emporte mandat du créancier au profit de cet organisme.**

L'organisme débiteur des prestations familiales a droit, en priorité sur les sommes recouvrées, au montant de celles versées à titre d'avance.

Avec l'accord du créancier d'aliments, l'organisme débiteur des prestations familiales poursuit également, lorsqu'elle est afférente aux mêmes périodes, le recouvrement de la créance alimentaire du conjoint, de l'ex-conjoint et des autres enfants du débiteur ainsi que les créances des articles 214, 276 et 342 du code civil. — *V. art. R. 581-3, App., VII. Recouvrement des pensions alimentaires, D. Créances alimentaires.*

L'attribution de l'allocation de soutien familial à titre d'avance sur pension alimentaire emporte mandat du créancier au profit de la caisse d'allocations familiales pour recouvrer le surplus de la créance d'aliments et lui donne droit, en priorité, sur des sommes recouvrées, au montant de celles versées à titre d'avances ; le juge du fond ne peut, dès lors, réduire l'exécution du titre délivré, pour le recouvrement des sommes en jeu, au montant de l'allocation de soutien familial. • Civ. 2e, 1er juill. 2003 *[2 arrêts]*, n° 01-16.145 P : *RJS 2003. 840, n° 1226 ; TPS 2003, n° 349, obs. Prétot ; RDSS 2003. 670, note Monéger.* ♦ V. dans le même sens : • Civ. 2e, 6 avr. 2004, n° 02-13.905 P. ♦ Rappr., pour une saisie des rémunérations : • Civ 2e, 2 nov. 2004 : *RJS 2005, n° 80.*

Art. L. 581-4 **Le titulaire de la créance est tenu de communiquer à l'organisme débiteur des prestations familiales les renseignements qui sont de nature à faciliter le recouvrement de la créance.** — *V. art. R. 581-1, App., VII. Recouvrement des pensions alimentaires, D. Créances alimentaires.*

Le titulaire de la créance peut à tout moment renoncer à percevoir l'allocation de soutien familial. L'organisme débiteur demeure subrogé aux droits du titulaire de la créance jusqu'au recouvrement complet du montant des sommes versées dans les conditions fixées à l'article L. 581-2. — *V. art. L. 581-2, App., VII. Recouvrement des pensions alimentaires, D. Créances alimentaires.*

L'organisme débiteur de prestations familiales peut suspendre le versement de l'allocation de soutien familial en cas de refus par le créancier d'aliments de donner le pouvoir spécial de saisie en matière immobilière.

Lorsque le débiteur reprend le service de sa dette, cette dernière peut être acquittée directement au parent créancier, avec l'accord de l'organisme débiteur de prestations familiales*(L. n° 2021-1754 du 23 déc. 2021, art. 100-IV, en vigueur le 1er mars 2022)* **« , sauf lorsque l'intermédiation financière est mise en œuvre en application de l'article L. 582-1 ».**

Art. L. 581-5 **Sauf dans le cas où il est fait application du premier alinéa de l'article 7 de la loi n° 75-618 du 11 juillet 1975 relative au recouvrement public des pensions alimentaires, les sommes à recouvrer par l'organisme débiteur sont majorées de frais de gestion et de recouvrement dont le montant est fixé par décret en Conseil d'État.** — *V. L. n° 75-618 du 11 juill. 1975, art. 7, App., VII. Recouvrement des pensions alimentaires, B. Recouvrements publics. — V. art. R. 581-6 à R. 581-8, App., VII. Recouvrement des pensions alimentaires, D. Créances alimentaires.*

Ces frais ne peuvent être mis à la charge du créancier d'aliments.

Art. L. 581-6 *(L. n° 2016-1827 du 23 déc. 2016, art. 41-I-3°)* **« Le titulaire d'une créance alimentaire, fixée par décision de justice devenue exécutoire ou par les actes ou accords mentionnés au IV de l'article L. 523-1, en faveur de ses enfants jusqu'à l'âge limite mentionné au 2° de l'article L. 512-3, s'il ne remplit pas les conditions d'attribution de l'allocation de soutien familial, bénéficie, à sa demande, de l'aide des organismes débiteurs de prestations familiales pour le recouvrement des termes échus, dans la limite de deux années à compter de la demande de recouvrement, et des termes à échoir. »**

Ce recouvrement est exercé dans les conditions et pour les créances mentionnées aux articles L. 581-2 et suivants. — *V. art. L. 581-2 s., reproduits ci-dessus.*

Art. L. 581-7 **Par dérogation aux articles 2 et 3 de la loi n° 75-618 du 11 juillet 1975, le directeur de l'organisme débiteur de prestations familiales intervenant au titre des articles L. 581-2 et suivants établit et certifie l'état des sommes à recouvrer et l'adresse au représentant de l'État dans le département. Celui-ci rend cet état exécutoire dans un délai de cinq jours ouvrables et le transmet au** *(Ord. n° 2010-420 du 27 avr. 2010, art. 119-2°)* **« directeur départemental des finances publiques » du département.** — *V. L. n° 75-618 du 11 juill. 1975, art. 2 et 3, App., VII. Recouvrement des pensions alimentaires, B. Recouvrements publics.*

Art. L. 581-8 *(L. nº 2011-525 du 17 mai 2011, art. 92-II)* Les organismes débiteurs de prestations familiales peuvent se prévaloir *(Ord. nº 2011-1895 du 19 déc. 2011, art. 3, en vigueur le 1er juin 2012)* « des articles L. 152-1 et L. 152-2 du code des procédures civiles d'exécution » pour l'exercice de la mission qui leur est confiée en vue du recouvrement des créances alimentaires impayées.

(L. nº 2019-1446 du 24 déc. 2019, art. 72-V-3º) « Pour permettre le recouvrement des créances alimentaires impayées, le directeur de l'organisme débiteur des prestations familiales peut transmettre au créancier les renseignements dont il dispose relatifs à l'adresse et à la solvabilité du débiteur défaillant, sans pouvoir opposer le secret professionnel. »

Art. L. 581-9 Les caisses d'allocations familiales sont habilitées à consentir sur leur fonds d'action sanitaire et sociale aux créanciers d'aliments auxquels la loi nº 75-618 du 11 juillet 1975 est applicable, des avances sur pensions. Elles sont alors subrogées de plein droit dans les droits des créanciers, à concurrence du montant des avances, tant à l'égard du débiteur qu'éventuellement à l'égard du Trésor. – *V. L. nº 75-618 du 11 juill. 1975, App., VII. Recouvrement des pensions alimentaires, B. Recouvrements publics.*

Art. L. 581-10 Le recouvrement sur le débiteur d'aliments de toute avance sur pension alimentaire fixée par une décision judiciaire devenue exécutoire *(L. nº 2016-1827 du 23 déc. 2016, art. 41-I-4º)* « ou par les actes ou accords mentionnés au IV de l'article L. 523-1 », et consentie par les organismes débiteurs de prestations familiales peut être confié, pour le compte de ces organismes, aux comptables *(Ord. nº 2010-420 du 27 avr. 2010, art. 119-3º-a)* « publics compétents ».

Le directeur de l'organisme débiteur de prestations familiales établit et certifie l'état des sommes à recouvrer et l'adresse au représentant de l'État dans le département. Celui-ci rend cet état exécutoire dans un délai de cinq jours ouvrables et le transmet au *(Ord. nº 2010-420 du 27 avr. 2010, art. 119-3º-b)* « directeur départemental des finances publiques ».

Dès qu'ils ont saisi le représentant de l'État dans le département, les organismes débiteurs de prestations familiales ne peuvent plus, jusqu'à ce qu'ils soient informés de la cessation de la procédure de recouvrement par les comptables *(Ord. nº 2010-420 du 27 avr. 2010, art. 119-3º-c)* « publics compétents », exercer aucune action en vue de récupérer les sommes qui font l'objet de leur demande.

En cas de contestation relative à l'application des premier et deuxième alinéas du présent article, il est procédé comme à l'article 4 de la loi nº 75-618 du 11 juillet 1975. – *V. L. nº 75-618 du 11 juill. 1975, art. 4, App., VII. Recouvrement des pensions alimentaires, B. Recouvrements publics.*

Le recouvrement des avances est poursuivi selon les procédures et dans les conditions prévues par les articles 7 à 9 de la loi du 11 juillet 1975 précitée. Les comptables *(Ord. nº 2010-420 du 27 avr. 2010, art. 119-3º-a)* « publics compétents » peuvent également mettre en œuvre les actions et garanties dont dispose le créancier pour le recouvrement de sa pension alimentaire. – *V. L. nº 75-618 du 11 juill. 1975, art. 7 à 9, App., VII. Recouvrement des pensions alimentaires, B. Recouvrements publics.*

En cas de recours à une procédure de recouvrement public par le créancier de la pension alimentaire, les sommes recouvrées sont affectées par priorité au règlement de la créance de l'organisme débiteur de prestations familiales.

En cas de décès du débiteur ou lorsque l'impossibilité de recouvrer la créance a été constatée par le comptable *(Ord. nº 2010-420 du 27 avr. 2010, art. 119-3º-d)* « public compétent », ce dernier renvoie le titre exécutoire à la caisse d'allocations familiales qui en décharge le comptable public et informe de sa décision le représentant de l'État dans le département.

Lorsqu'un organisme débiteur de prestations familiales poursuit le recouvrement d'une créance alimentaire au titre des articles L. 581-2 à L. 581-5, le présent article est applicable à la totalité de la créance. – *V. Décr. nº 86-1073 du 30 sept. 1986, App., VII. Recouvrement des pensions alimentaires, B. Recouvrements publics.*

V. également ci-dessous, art. R. 581-4, R. 581-5 et R. 581-9.

Art. R. 581-1 Pour l'application du premier alinéa de l'article L. 581-4, le titulaire de la créance doit fournir à l'organisme débiteur de prestations familiales les éléments prouvant son droit à la créance.

Il fournit également à l'organisme mentionné au premier alinéa les renseignements en sa possession relatifs au débiteur, notamment l'identité, le numéro d'immatriculation à la sécurité sociale, l'adresse ou la dernière adresse connue, la profession, les nom et adresse de l'employeur, la nature, la situation et l'importance du patrimoine ainsi que les sources de revenus du débiteur.

Art. R. 581-2 *Abrogé par Décr. n° 2017-532 du 12 avr. 2017, art. 2-1°.*

Art. R. 581-3 *(Décr. n° 2017-532 du 12 avr. 2017, art. 2-2°)* Pour l'application du troisième alinéa de l'article L. 581-3, l'enfant majeur créancier d'une pension alimentaire fixée par décision de justice devenue exécutoire ou par convention judiciairement homologuée ou d'une contribution à l'entretien et à l'éducation de l'enfant fixée par un des actes ou accords mentionnés au IV de l'article L. 523-1 doit donner mandat à l'organisme débiteur de prestations familiales de recouvrer cette créance pour son compte.

Art. R. 581-4 L'organisme débiteur de prestations familiales notifie au débiteur, par lettre recommandée avec demande d'avis de réception, qu'il a admis la demande au recouvrement faite par le créancier.

Par lettre mentionnée au premier alinéa, l'organisme débiteur de prestations familiales rappelle au débiteur les obligations auxquelles celui-ci est tenu envers le créancier et lui fait connaître qu'à défaut d'exécution volontaire, le recouvrement de la créance sera poursuivi au moyen de toute procédure appropriée. L'organisme débiteur de prestations familiales précise à cet égard que les termes à échoir et les arriérés pour lesquels il n'y a pas subrogation peuvent, avec l'accord de cet organisme, être acquittés directement entre les mains du créancier et qu'à défaut de ce paiement amiable, le débiteur sera tenu de s'acquitter auprès de l'organisme des arriérés de pension ainsi que des termes à échoir pendant une période de douze mois consécutifs à compter du premier versement ainsi effectué.

Art. R. 581-5 L'organisme débiteur de prestations familiales notifie au débiteur l'apurement définitif des arriérés de la dette et la fin de l'obligation de se libérer auprès de lui.

L'organisme débiteur de prestations familiales rend compte au créancier d'aliments des actes effectués pour son compte. Il l'informe, le cas échéant, de l'abandon des poursuites lorsqu'elles s'avèrent vaines ou manifestement contraires aux intérêts du créancier.

Art. R. 581-6 Exception faite des créances recouvrées en application de l'article 7 de la loi n° 75-618 du 11 juillet 1975, le montant des sommes versées à l'organisme débiteur de prestations familiales est majoré, à son profit, de 7,5 p. 100 ainsi que du montant des frais effectivement payés aux officiers ministériels et aux auxiliaires de justice ; lorsque l'organisme débiteur de prestations familiales ne recourt pas aux services d'un officier ministériel ou d'un auxiliaire de justice une majoration supplémentaire de 2,5 p. 100 est appliquée. – *V. L. n° 75-618 du 11 juill. 1975, art. 7, App., VII. Recouvrement des pensions alimentaires, B. Recouvrements publics.*

Art. R. 581-7 Les majorations mentionnées à l'article R. 581-6 sont recouvrées par les voies et moyens applicables au recouvrement de la créance principale. En cas de difficulté, le recouvrement forcé est soumis aux règles prévues aux articles 704 à 718 du *(Décr. n° 2008-484 du 22 mai 2008, art. 22)* « code de procédure civile ». Le tribunal compétent est celui dans le ressort duquel l'organisme débiteur de prestations familiales a son siège.

……………………………………………………………………………………

Art. R. 581-9 Dans tous les cas, le dernier terme échu de la pension alimentaire et des créances des articles 214, 276 et 342 du code civil est imputé par priorité sur les sommes recouvrées et est reversé au créancier.

Art. R. 581-10 *(Décr. n° 2014-551 du 27 mai 2014, art. 28-8°)* **Les comptables publics mentionnés à l'article L. 581-10 sont des comptables de la direction générale des finances publiques.**

DISPOSITIONS PARTICULIÈRES RELATIVES À CERTAINES CRÉANCES ALIMENTAIRES

(L. n° 2016-1827 du 23 déc. 2016, art. 41-I)

Les dispositions du présent chap. ne sont pas applicables à Saint-Pierre-et-Miquelon (L. n° 2016-1827 du 23 déc. 2016, art. 41-IV).

Art. L. 582-1 *(L. n° 2019-1446 du 24 déc. 2019, art. 72-V-4°, en vigueur au plus tard le 1er janv. 2021)* **I. — Les organismes débiteurs des prestations familiales sont chargés de l'intermédiation financière des pensions alimentaires mentionnées à l'article 373-2-2 du code civil dans les conditions et selon les modalités suivantes.**

Cette intermédiation est mise en œuvre :

(L. n° 2021-1754 du 23 déc. 2021, art. 100-V) **« 1° Dans les conditions définies au II du même article 373-2-2, lorsque l'intermédiation financière est mise en œuvre lors de la fixation de la pension alimentaire par un titre mentionné au même II ;**

« 2° A défaut, dans les conditions définies au III du même article 373-2-2 *[ancienne rédaction : 1° Dans les conditions définies au II du même article 373-2-2, lorsqu'elle est prévue par un titre mentionné au même II ; 2° A défaut, à la demande d'au moins l'un des deux parents, lorsqu'un titre mentionné au I de l'article 373-2-2 du code civil fixe la pension alimentaire en tout ou partie à un montant numéraire, pour la part en numéraire]* **. »**

Elle est mise en œuvre sous réserve que les conditions suivantes soient remplies :

a) Le parent créancier remplit la condition de stabilité de résidence et de régularité du séjour prévue à l'article L. 512-1 ;

b) Le parent débiteur remplit la condition de stabilité de résidence prévue au même article L. 512-1 ;

c) Le parent débiteur n'est pas considéré comme hors d'état de faire face au versement de la contribution à l'entretien et l'éducation de l'enfant au sens du 3° du I de l'article L. 523-1, hors le cas où cette qualification repose sur *(L. n° 2021-1754 du 23 déc. 2021, art. 100-V)* **« la circonstance qu'il a fait l'objet d'une plainte ou d'une condamnation pour des faits de menaces ou de violences volontaires sur le parent créancier ou l'enfant ou que de telles menaces ou violences sont mentionnées dans les motifs ou le dispositif d'une décision de justice concernant le parent débiteur** *[ancienne rédaction : un motif ayant conduit l'autorité judiciaire à user de la faculté prévue au 1° du II de l'article 373-2-2 du code civil]* **».**

Sauf décision judiciaire contraire, la pension versée par l'intermédiaire de l'organisme débiteur des prestations familiales est revalorisée chaque année, encaissée et reversée à des dates et selon des modalités fixées par décret en Conseil d'État.

II. — Le parent créancier et le parent débiteur sont tenus de transmettre à l'organisme débiteur des prestations familiales les informations nécessaires à l'instruction et à la mise en œuvre de l'intermédiation financière et de l'informer de tout changement de situation ayant des conséquences sur cette mise en œuvre.

Fait l'objet d'une pénalité prononcée par le directeur de l'organisme débiteur des prestations familiales, le refus du parent débiteur ou le silence gardé par lui de transmettre les informations mentionnées au premier alinéa du présent II.

Les délais de transmission des informations mentionnées au même premier alinéa, la procédure contradictoire applicable ainsi que le montant de la pénalité, qui ne peut excéder le montant de la base mensuelle de calcul des allocations familiales fixé en application de l'article L. 551-1, et ses modalités de recouvrement sont fixés par décret.

En cas de silence gardé par le parent débiteur ou de refus de déférer à la demande de transmission de tout ou partie des informations sollicitées dans un délai fixé par décret, la pension alimentaire est recouvrée dans les conditions prévues aux articles L. 581-1 à L. 581-10.

III. — Le parent débiteur est déchargé de l'obligation de verser la pension alimentaire entre les mains du parent créancier à compter de la date de mise en œuvre effective

de l'intermédiation financière qui lui est notifiée par l'organisme débiteur des prestations familiales et tant que celle-ci est mise en œuvre.

IV. — *(Abrogé par L. n° 2021-1754 du 23 déc. 2021, art. 100-V)* « ***Lorsqu'elle est mise en œuvre en application du 2° du I,*** » L'intermédiation financière emporte mandat du parent créancier au profit de l'organisme débiteur des prestations familiales de procéder pour son compte au recouvrement de la créance alimentaire.

Lorsque le parent créancier est bénéficiaire de l'allocation de soutien familial, l'organisme débiteur des prestations familiales est subrogé dans les droits du créancier selon les modalités propres à cette prestation.

V. — Lorsque le débiteur opte pour un prélèvement bancaire, l'organisme bancaire est tenu d'aviser l'organisme débiteur des prestations familiales de la clôture du compte du débiteur ou de l'insuffisance de provision de ce compte dans des conditions fixées par décret.

VI. — En cas de défaut de versement de tout ou partie de la créance alimentaire par le parent débiteur à l'organisme débiteur des prestations familiales assurant l'intermédiation, la créance fait l'objet d'un recouvrement par cet organisme dès le premier impayé de la créance alimentaire selon toutes procédures appropriées.

Le créancier est tenu de rembourser directement à l'organisme débiteur des prestations familiales les montants de pension alimentaire versés à tort par son intermédiaire.

VII. — L'intermédiation financière cesse :

1° En cas de décès de l'un ou de l'autre parent ou de l'enfant ;

2° A la date de fin de l'intermédiation financière fixée dans le titre qui la prévoit *(L. n° 2021-1754 du 23 déc. 2021, art. 100-V)* « ou lorsque la pension alimentaire cesse d'être exigible » ;

3° Lorsque qu'un nouveau titre porté à la connaissance de l'organisme débiteur des prestations familiales a supprimé la pension alimentaire ou mis fin à son intermédiation par l'organisme débiteur des prestations familiales ;

4° Sur demande d'un parent et sous réserve du consentement donné par l'autre parent, y compris lorsque l'intermédiation financière est prévue dans un titre exécutoire, sauf *(L. n° 2021-1754 du 23 déc. 2021, art. 100-V)* « lorsque l'une des parties a fait état, dans le cadre de la procédure ayant conduit à l'émission d'un des titres mentionnés au I de l'article **373-2-2** du code civil, de ce que le parent débiteur avait fait l'objet d'une plainte ou d'une condamnation pour des faits de menaces ou de violences volontaires sur le parent créancier ou l'enfant ou a produit, dans les mêmes conditions, une décision de justice concernant le parent débiteur, mentionnant de telles menaces ou violences dans ses motifs ou son dispositif *[ancienne rédaction : dans le cas prévu au 1° du II de l'article 373-2-2 du code civil]* ».

La qualification du parent débiteur comme étant hors d'état de faire face à son obligation de versement de la pension alimentaire emporte la suspension de l'intermédiation financière, sauf lorsque cette qualification repose sur *(L. n° 2021-1754 du 23 déc. 2021, art. 100-V)* « la circonstance qu'il a fait l'objet d'une plainte ou d'une condamnation pour des faits de menaces ou de violences volontaires sur le parent créancier ou l'enfant ou que de telles menaces ou violences sont mentionnées dans les motifs ou le dispositif d'une décision de justice concernant le parent débiteur *[ancienne rédaction : un motif ayant conduit l'autorité judiciaire à user de la faculté prévue au 1° du II de l'article 373-2-2 du code civil]* ».

VIII. — L'organisme compétent auquel incombe la demande de paiement est celui du lieu de résidence du parent créancier.

La mission d'intermédiation financière ou de délivrance des titres exécutoires peut être confiée à un autre organisme débiteur des prestations familiales selon les modalités prévues à l'article L. 122-6 du présent code.

IX. — Les organismes débiteurs de prestations familiales peuvent se prévaloir des articles L. 152-1 et L. 152-2 du code des procédures civiles d'exécution et du 2° de l'article L. 152 A du livre des procédures fiscales pour l'exercice de la mission qui leur est confiée en vue de l'intermédiation financière.

L'art. L. 582-1 CSS, dans sa rédaction résultant du V de l'art. 100 de la L. n° 2021-1754 du 23 déc. 2021, entre en vigueur le 1er mars 2022. Il s'applique à l'exécution des décisions judiciaires de divorce rendues à compter de cette date et, à compter du 1er janv. 2023, à l'exécution des autres décisions judiciaires rendues à compter de cette même date ainsi que des titres mentionnés aux 2° à 6° du I de l'art. 373-2-2 C. civ. émis à compter de cette même date (L. préc., art. 100-X).

Le 4° du V de l'art. 72 de la L. n° 2019-1446 du 24 déc. 2019 est applicable à compter du 1er oct. 2020 dans le cas où une demande d'intermédiation financière est présentée par un parent à la suite d'un impayé de pension alimentaire et à compter du 1er janv. 2021 dans les autres cas (L. préc., art. 72-VIII, mod. par L. n° 2020-734 du 17 juin 2020, art. 35 ; Décr. n° 2020-1201 du 30 sept. 2020, art. 5).

Art. L. 582-2 *(L. n° 2016-1827 du 23 déc. 2016, art. 41)* **Sur demande conjointe des parents qui mettent fin à leur vie en concubinage ou qui ont procédé à une dissolution du pacte civil de solidarité qui les liait, le directeur de l'organisme débiteur des prestations familiales donne force exécutoire à l'accord par lequel ils fixent le montant de la contribution à l'entretien et à l'éducation en faveur de l'enfant mise à la charge du débiteur, si les conditions suivantes sont réunies :**

1° Les parents attestent qu'aucun d'eux n'est titulaire d'une créance fixée pour cet enfant par une décision de justice ou par un accord ou un acte respectivement mentionnés aux 1° *(L. n° 2019-1446 du 24 déc. 2019, art. 72-V-5°)* **« , 2° »** *(L. n° 2021-1754 du 23 déc. 2021, art. 100-VI)* **« , 4° et 5°** *[ancienne rédaction : et 2°]* **» du IV de l'article L. 523-1, ou n'a engagé de démarche en ce sens ;**

2° Le montant de la contribution, fixé en numéraire, est supérieur ou égal à un seuil établi en tenant compte notamment des modalités de résidence retenues pour l'enfant mentionné au premier alinéa, des ressources du débiteur et du nombre d'enfants de ce dernier lorsqu'ils sont à sa charge selon des conditions fixées par décret ;

3° L'accord précise les informations strictement nécessaires à la détermination du montant de la contribution mentionnées au 2° du présent article.

La décision de l'organisme débiteur a les effets d'un jugement et constitue un titre exécutoire au sens du 6° de l'article L. 111-3 du code des procédures civiles d'exécution.

La demande des parents mentionnée au premier alinéa du présent article peut être réalisée par voie dématérialisée.

Lorsque l'information mentionnée au 1° du présent article n'a pas été portée à la connaissance de l'organisme débiteur, la décision de ce dernier est frappée de nullité.

La décision de l'organisme débiteur n'est susceptible d'aucun recours. En cas de refus de l'organisme débiteur de conférer force exécutoire à l'accord, les parents peuvent, ensemble ou séparément, saisir le juge aux affaires familiales aux fins de fixation du montant de la contribution à l'entretien et à l'éducation de l'enfant sur le fondement de l'article 373-2-7 du code civil.

Les parents sont tenus de signaler à l'organisme débiteur tout changement de situation susceptible d'entraîner la révision du montant de la contribution. Lorsque ce changement entraîne une modification du droit à l'allocation mentionnée au 4° du I de l'article L. 523-1 du présent code, les parents qui ont conclu un nouvel accord le transmettent à l'organisme débiteur en vue du maintien de cette allocation.

Toute décision judiciaire exécutoire supprimant ou modifiant la contribution à l'entretien et à l'éducation d'un enfant et postérieure au titre exécutoire établi en application du présent article prive ce titre de tout effet.

L'organisme débiteur auquel incombe la délivrance du titre exécutoire est celui du lieu de résidence de l'allocataire ou, à défaut, du parent créancier.

Les conditions d'application du présent article sont définies par décret en Conseil d'État.

Cet art. est entré en vigueur le 1er avr. 2018 (L. n° 2016-1827 du 23 déc. 2016, art. 41-V).

CONVENTION À LAQUELLE L'ORGANISME DÉBITEUR DES PRESTATIONS FAMILIALES DONNE FORCE EXÉCUTOIRE EN APPLICATION DE L'ARTICLE L. 582-2 DU CODE DE LA SÉCURITÉ SOCIALE

Art. R. 582-1 *(Décr. n° 2018-655 du 24 juill. 2018, art. 3, en vigueur le 1er juill. 2018)* I. — Le seuil mentionné au 2° de l'article L. 582-2 correspond au produit du montant des ressources mentionnées au V divisé par douze et du taux mentionné au IV, sous réserve que soit laissé à la disposition du parent débiteur un montant minimal, au moins égal au montant forfaitaire en vigueur du revenu de solidarité active mentionné à l'article L. 262-2 du code de l'action sociale et des familles fixé pour un foyer composé d'une seule personne.

Le montant minimal laissé à la disposition du parent débiteur est déterminé selon la règle de calcul suivante :

M = R-(S X N)

Dans laquelle :

1° M représente le montant minimal laissé à la disposition du parent débiteur ;

2° R représente le montant des ressources du débiteur mentionnées au V divisé par douze ;

3° S représente le montant du seuil résultant de l'application de la règle de calcul prévue au premier alinéa ;

4° N représente le nombre d'enfant (s) du débiteur à sa charge, déterminé dans des conditions fixées par décret.

II. – Lorsque le montant minimal laissé à la disposition du parent débiteur déterminé selon la règle de calcul mentionnée au I est inférieur au montant forfaitaire en vigueur du revenu de solidarité active mentionné à l'article L. 262-2 du code de l'action sociale et des familles fixé pour un foyer composé d'une seule personne, le seuil mentionné au 2° de l'article L. 582-2 du code de la sécurité sociale est obtenu en appliquant la formule suivante :

S = (R-RSA)/ N

Dans laquelle :

1° S représente le seuil mentionné au premier alinéa ;

2° R représente le montant des ressources du débiteur mentionnées au V divisé par douze ;

3° RSA correspond au montant forfaitaire en vigueur du revenu de solidarité active mentionné à l'article L. 262-2 du code de l'action sociale et des familles fixé pour un foyer composé d'une seule personne ;

4° N représente le nombre d'enfant(s) du débiteur à sa charge déterminé dans des conditions fixées par décret.

III. – Lorsque les ressources mensuelles du débiteur mentionnées au V sont inférieures à un montant égal à 1,035 fois le montant forfaitaire en vigueur du revenu de solidarité active mentionnée à l'article L. 262-2 du code de l'action sociale et des familles et arrondi à l'euro inférieur, le seuil retenu est celui fixé pour ce dernier montant de ressources.

Lorsque les ressources mensuelles du débiteur mentionnées au V dépassent cinq mille euros, le seuil retenu est celui fixé pour ce dernier montant de ressources.

Le montant du seuil mentionné au premier alinéa du I et du II est arrondi à l'euro supérieur.

IV. – Le taux mentionné au premier alinéa du I est fixé par arrêté du ministre chargé de la sécurité sociale, en fonction du nombre d'enfants du débiteur à sa charge, dans la limite du taux de 20 % par enfant.

Ce taux est majoré lorsque le temps de résidence de l'enfant chez le parent avec lequel il ne vit pas habituellement est inférieur à un quart du temps de résidence global chez les deux parents, c'est-à-dire un temps inférieur à la moitié des vacances scolaires et un week-end sur deux, ou en cas de droit de visite sans hébergement.

Ce taux est minoré en cas de résidence alternée ayant fait l'objet d'une déclaration de l'impôt sur le revenu permettant à l'enfant d'ouvrir droit à la majoration prévue en application du quatrième alinéa du I de l'article 194 du code général des impôts.

V. – Les ressources prises en compte pour le calcul du seuil mentionné au premier alinéa du I et du II correspondent au revenu net imposable du parent débiteur soumis au barème progressif de l'impôt sur le revenu prévu à l'article 197 du code général des impôts tel que retenu pour le calcul de l'impôt sur le revenu. Lorsque le parent débiteur est marié ou a conclu un pacte civil de solidarité, les revenus de son foyer qui ne sont pas individualisés dans l'avis d'imposition mentionné à l'article 170 du même code en cas de déclaration commune sont pris en compte à hauteur de la moitié du montant des revenus communs.

Art. R. 582-2 *(Décr. nº 2018-655 du 24 juill. 2018, art. 3, en vigueur le 1er juill. 2018)* I. — Pour la délivrance du titre exécutoire mentionné à l'article L. 582-2, le directeur de l'organisme débiteur des prestations familiales est saisi d'une demande signée par les deux parents accompagnée des documents et informations suivants :

1° Une convention, conclue entre les deux parents, qui comporte :

a) Les nom, prénom, profession, résidence, date et lieu de naissance de chacun des parents, ainsi que les mêmes indications, le cas échéant, pour chacun de leurs enfants au titre desquels le montant de la contribution à l'entretien et à l'éducation a été fixé ;

b) Le montant de la contribution à l'entretien et à l'éducation fixé par enfant ;

c) Le mode d'exercice du droit de visite et d'hébergement choisi pour chacun de leurs enfants ;

d) Les ressources du débiteur ayant servi à déterminer le montant de la contribution à l'entretien et à l'éducation ;

e) Le nombre d'enfants du débiteur à sa charge ainsi que le nom, le prénom, la date de naissance de chacun de ces enfants ;

f) L'indice retenu le cas échéant pour réévaluer chaque année le montant de la contribution à l'entretien et l'éducation ;

2° Des pièces justificatives relatives aux informations mentionnées au *a, c, d* et *e*, déterminées par arrêté du ministre chargé de la sécurité sociale ;

3° Une attestation signée par les parents selon laquelle aucun d'entre eux n'est titulaire d'une créance fixée pour cet enfant par une décision de justice ou par un acte sous signature privée conclu selon les modalités prévues à l'article 229-1 du code civil ou un acte reçu en la forme authentique par un notaire, ou n'a engagé de démarche en ce sens.

II. — Le titre exécutoire n'est pas délivré :

1° Lorsque le montant de la contribution fixé dans la convention mentionnée au I est inférieur au seuil mentionné au 2° de l'article L. 582-2 ;

2° A défaut de la production des documents mentionnés au I.

Art. R. 582-3 *(Décr. nº 2018-655 du 24 juill. 2018, art. 3, en vigueur le 1er juill. 2018)* La décision statuant sur la demande de délivrance d'un titre exécutoire est notifiée à chacun des deux parents.

Le refus de l'organisme débiteur des prestations familiales de conférer force exécutoire à la convention est motivé.

Le titre exécutoire prend la forme d'un courrier signé par le directeur de l'organisme débiteur des prestations familiales qui précise les informations suivantes :

1° Les nom, prénoms, résidence, date et lieu de naissance de chacun des parents et de l'enfant concerné ;

2° Le montant de la contribution à l'entretien et à l'éducation fixé pour cet enfant ainsi que, le cas échéant, l'indice retenu pour réévaluer ce montant ;

3° La mention selon laquelle ce titre exécutoire est frappé de nullité si les parents sont déjà titulaires d'une créance fixée pour cet enfant par décision de justice ou par un acte sous signature privée conclu selon les modalités prévues à l'article 229-1 du code civil ou un acte reçu en la forme authentique par un notaire, ou si une démarche a été engagée en ce sens ;

4° La mention selon laquelle toute décision judiciaire exécutoire supprimant ou modifiant la contribution à l'entretien et à l'éducation de l'enfant et postérieure à ce titre exécutoire prive ce titre de tout effet.

La demande conjointe des parents mentionnée au premier alinéa du I de l'article R. 582-2 est annexée au titre exécutoire.

Ce titre acquiert un caractère exécutoire à la date de la signature du courrier par le directeur de l'organisme débiteur des prestations familiales. Un original est délivré à chacun des deux parents et le troisième est conservé par l'organisme.

Le silence gardé par l'organisme débiteur des prestations familiales pendant quatre mois, à compter de la réception de la demande de délivrance du titre exécutoire, vaut décision d'acceptation de cet organisme.

Art. R. 582-4 *(Décr. n° 2018-655 du 24 juill. 2018, art. 3, en vigueur le 1er juill. 2018)* Les modèles de demande conjointe et de convention, mentionnées au I de l'article R. 582-2, sont déterminés par arrêté du ministre chargé de la sécurité sociale.

....

INTERMÉDIATION FINANCIÈRE DES PENSIONS ALIMENTAIRES

Art. R. 582-4-1 *(Décr. n° 2022-259 du 25 févr. 2022, art. 2)* Les titres mentionnés aux 3°, 4° et 6° du I de l'article 373-2-2 du code civil qui prévoient le versement, en tout ou partie en numéraire, d'une contribution à l'entretien et à l'éducation de l'enfant sous la forme d'une pension alimentaire et qui ne mentionnent pas, conformément au 1° du II du même article, le refus des deux parents de mettre en place l'intermédiation financière du versement de cette pension, sont transmis aux organismes débiteurs des prestations familiales par les avocats des créanciers, qui en informent ces parties, ou, pour les actes mentionnés au 4° précité, par les notaires les ayant reçus.

Les titres mentionnés au 3° sont accompagnés d'une attestation de dépôt délivrée par le notaire dans le rang des minutes duquel ils ont été déposés.

Les avocats et notaires mentionnés au premier alinéa transmettent également aux organismes débiteurs des prestations familiales, dans un délai de sept jours, par voie dématérialisée, au travers d'un téléservice mis en place par la Caisse nationale d'allocations familiales et la Caisse centrale de la mutualité sociale agricole, les informations strictement nécessaires à l'instruction et à la mise en œuvre de l'intermédiation financière mentionnées aux 1°, 2°, 5°, 7°, 8°, 9° et, lorsque les éléments qui y sont mentionnés ont été produits par le parent créancier, 10° du II de l'article 1074-4 du code de procédure civile ainsi que celles qui suivent :

1° Leur nom et leurs coordonnées ;

2° La date et la nature du titre mentionné au premier alinéa ;

3° Après accord des parents, pour faciliter l'instruction du dossier d'intermédiation financière, les coordonnées bancaires respectives du parent débiteur et du parent créancier qui figurent sur un relevé d'identité bancaire ou postal, datant de moins de trois mois, remis par le parent débiteur et le parent créancier.

Le délai mentionné au troisième alinéa court à compter :

— de la réception de l'attestation de dépôt des conventions mentionnées au 3° de l'article 373-2-2 du code civil dans le rang des minutes du notaire choisi ;

— de la réception des actes authentiques mentionnés au 4° du même article ;

— de la date à laquelle le greffe remet les actes mentionnés au 6° du même article, revêtus de la formule exécutoire.

Les dispositions du Décr. n° 2022-259 du 25 févr. 2022 s'appliquent à compter du 1er mars 2022 à l'exécution des décisions judiciaires de divorce rendues à compter de cette même date et à compter du 1er janv. 2023 à l'exécution des autres décisions judiciaires rendues à compter de cette même date ainsi que des titres mentionnés aux 2° à 6° du I de l'art. 373-2-2 du C. civ. émis à compter de cette même date (Décr. préc., art. 4).

Art. R. 582-5 *(Décr. n° 2020-1201 du 30 sept. 2020, art. 1er)* Lorsqu'il engage la procédure d'intermédiation financière en application *(Décr. n° 2022-259 du 25 févr. 2022, art. 2)* « du II ou du III *[ancienne rédaction : des 1° à 3° du II]* » de l'article 373-2-2 du code civil, l'organisme débiteur des prestations familiales notifie aux parents, par tout moyen donnant date certaine à la réception de cette notification, qu'il procède à l'instruction de l'intermédiation du versement de la pension alimentaire. Cette notification *(Décr. n° 2022-259 du 25 févr. 2022, art. 2)* « invite les parties à informer l'organisme qu'ils ont, le cas échéant, procédé à la signification des décisions ou conventions mentionnées au premier alinéa de l'article 1074-3 du code de procédure civile dans les conditions mentionnées au second alinéa du même article. Elle » précise les formalités à accomplir, le délai dans lequel les parents sont tenus de transmettre les informations requises pour la mise en œuvre de l'intermédiation financière et la pénalité à laquelle s'expose le débiteur de la pension en cas de défaut de transmission de ces informations. L'organisme informe également le parent créancier de la possibilité de demander, le cas échéant, le recouvrement des arriérés de pensions alimentaires dus avant la mise en œuvre effective de l'intermédiation financière.

Lorsque la demande de mise en œuvre de l'intermédiation émane de l'un des parents *(Décr. nº 2022-259 du 25 févr. 2022, art. 2)* **« conformément au premier alinéa du III de l'article 373-2-2 du code civil », cette demande, qui peut être réalisée de manière dématérialisée, est faite au moyen d'un formulaire homologué accompagné de pièces justificatives.** *(Décr. nº 2022-259 du 25 févr. 2022, art. 2)* **« Celles-ci comprennent notamment une copie exécutoire du titre mentionné aux 1° à 6° du I du même article ayant en dernier lieu fixé la pension alimentaire qui fait l'objet de la demande d'intermédiation. » Dans ce cas, la notification mentionnée à l'alinéa précédent n'est faite qu'à l'égard de l'autre parent.**

(Décr. nº 2022-259 du 25 févr. 2022, art. 2) **« Lorsque le juge rétablit l'intermédiation financière en application du second alinéa du III du même article, l'organisme débiteur des prestations familiales ayant reçu la décision de rétablissement dans les conditions prévues à l'article 1074-4 du code de procédure civile peut, si cela est nécessaire à l'instruction du dossier, solliciter les parents pour obtenir une copie exécutoire de la dernière décision judiciaire ayant fixé la pension alimentaire qui fait l'objet de l'intermédiation. »**

Une fois l'instruction réalisée, l'organisme débiteur des prestations familiales notifie à chacun des parents, par tout moyen donnant date certaine à sa réception :

1° Le montant de la pension alimentaire par enfant fixée par la décision, l'acte ou la convention mentionnés aux 1° à *(Décr. nº 2022-259 du 25 févr. 2022, art. 2)* **« 6°** *[ancienne rédaction : 5°]* **» du I de l'article 373-2-2 du code civil ;**

2° La date de versement de la pension alimentaire à l'organisme ainsi que les modalités de paiement retenues par le parent débiteur ;

3° Le délai de reversement de la pension alimentaire par l'organisme au parent créancier ;

4° Les modalités de revalorisation de cette pension alimentaire ;

5° La date à partir de laquelle le parent débiteur est tenu de procéder au versement de la pension alimentaire directement auprès de cet organisme ;

6° Le cas échéant, la date de fin de l'intermédiation financière fixée dans le titre *(Décr. nº 2022-259 du 25 févr. 2022, art. 2)* **« qui la prévoit ou résultant de la date de fin d'exigibilité de la pension alimentaire fixée dans le titre » ;**

7° Les obligations auxquelles les parents sont tenus en matière d'information de l'organisme en cas de changement de situation ayant un impact sur la pension alimentaire *(Décr. nº 2022-259 du 25 févr. 2022, art. 2)* **« et les peines encourues prévues par les dispositions de l'article 227-4 du code pénal.**

« Sous réserve du versement à l'organisme débiteur des prestations familiales des sommes dues par le parent débiteur, la première mise en paiement effectuée par cet organisme au bénéfice du parent créancier intervient dans un délai qui ne peut dépasser le soixantième jour suivant la date à laquelle cet organisme a reçu l'ensemble des informations et pièces requises établissant l'éligibilité à l'intermédiation financière » ;

8° Les conséquences d'un non-paiement de la pension alimentaire par le parent débiteur, notamment la possibilité pour l'organisme de mettre en œuvre une procédure de recouvrement forcé en application des dispositions de l'article R. 582-8 du présent code et les peines encourues prévues par les dispositions de l'article 227-3 du code pénal ;

9° Les conditions dans lesquelles il peut être mis fin à l'intermédiation du versement de la pension.

Les dispositions de l'art. 1er du Décr. nº 2020-1201 du 30 sept. 2020, à l'exception des art. R. 582-8 et R. 582-9 CSS en résultant, entrent en vigueur à compter du 1er oct. 2020 dans les cas où la demande d'intermédiation financière par le parent auprès de l'organisme débiteur des prestations familiales fait suite à un impayé de pension alimentaire et à compter du 1er janv. 2021 dans les autres cas (Décr. préc., art. 5).

Sur l'entrée en vigueur des dispositions issues du Décr. nº 2022-259 du 25 févr. 2022, V. ndlr ss. art. R. 582-4-1, supra.

Art. R. 582-5-1 *(Décr. nº 2022-259 du 25 févr. 2022, art. 2)* **Le débiteur verse la pension directement au créancier dans l'attente de la mise en œuvre de l'intermédiation et, le cas échéant, à compter de la cessation de celle-ci.**

Sur l'entrée en vigueur des dispositions issues du Décr. n° 2022-259 du 25 févr. 2022, V. ndlr ss. art. R. 582-4-1, supra.

Art. R. 582-6 *(Décr. n° 2020-1201 du 30 sept. 2020, art. 1er)* **La pension alimentaire est versée par le débiteur à l'organisme par prélèvement sur compte bancaire, postal ou d'épargne sauf lorsque le débiteur opte pour une autre modalité. Les frais liés aux opérations de prélèvement supportés par les organismes débiteurs des prestations familiales ne peuvent être imputés au débiteur.**

Sur l'entrée en vigueur de l'art. 1er du Décr. n° 2020-1201 du 30 sept. 2020, V. ndlr ss. art. R. 582-5.

Art. R. 582-7 *(Décr. n° 2020-1201 du 30 sept. 2020, art. 1er)* **Dans les cas prévus au** *(Décr. n° 2022-259 du 25 févr. 2022, art. 2)* **« premier alinéa du IV** *[ancienne rédaction : sixième alinéa du II]* **» de l'article 373-2-2 du code civil et au neuvième alinéa du I de l'article L. 582-1 du présent code, la pension alimentaire est revalorisée automatiquement par l'organisme débiteur des prestations familiales chaque année à la date anniversaire du titre prévoyant la pension alimentaire, en fonction de la variation de l'indice des prix à la consommation hors tabac France entière publié par l'Institut national de la statistique et des études économiques. L'indice initial est le dernier indice publié à la date du titre et l'indice retenu pour procéder à la revalorisation est le dernier indice publié à la date de revalorisation de la pension.**

En dehors des cas où le titre mentionné au 1° ou au 2° du I de l'article 373-2-2 susmentionné en fixe la date, la pension alimentaire est prélevée sur le compte du parent débiteur ou versée par ce dernier à l'organisme le premier, le dixième ou le quinzième jour du mois au cours duquel la pension est due, au choix du débiteur.

La pension alimentaire est reversée au parent créancier au plus tard le lendemain de la réception effective de la pension par l'organisme débiteur ou le jour ouvré suivant le plus proche s'il s'agit d'un jour férié ou d'un jour non ouvré.

Sur l'entrée en vigueur de l'art. 1er du Décr. n° 2020-1201 du 30 sept. 2020, V. ndlr ss. art. R. 582-5.

Sur l'entrée en vigueur des dispositions issues du Décr. n° 2022-259 du 25 févr. 2022, V. ndlr ss. art. R. 582-4-1, supra.

Art. R. 582-8 *(Décr. n° 2020-1201 du 30 sept. 2020, art. 1er, en vigueur le 1er juin 2021)* **I. — Dans les quinze jours qui suivent une échéance impayée, l'organisme débiteur des prestations familiales informe par tout moyen donnant date certaine à la réception de cette information le parent débiteur de la nécessité de régulariser sa situation, dans un délai maximal de quinze jours courant à compter de la date de réception de la notification, à défaut de quoi il sera procédé à l'engagement d'une procédure de recouvrement forcé.**

A défaut de paiement de la pension dans ce délai, l'organisme débiteur des prestations familiales engage une procédure de recouvrement forcé de la pension alimentaire.

Le débiteur qui s'est acquitté durant au moins six mois consécutifs du paiement des termes courants de la pension alimentaire à l'organisme débiteur des prestations familiales par voie de recouvrement forcé, peut en demander la levée. Il adresse sa demande à cet organisme qui met fin à la procédure de recouvrement forcé dès le premier paiement volontaire effectif de la pension alimentaire à l'organisme à condition que la dette constituée au titre des arriérés de pension alimentaire soit apurée.

II. — Lorsqu'à la mise en œuvre de l'intermédiation, le parent créancier demande le recouvrement de pensions alimentaires impayées*[,]* **l'organisme débiteur des prestations familiales procède dans un délai de quinze jours à compter de cette demande à l'instruction de la procédure de recouvrement selon toute procédure appropriée pour les termes échus de la pension alimentaire précédant la mise en œuvre effective de l'intermédiation financière, dans la limite des deux années précédant la demande de recouvrement.**

L'organisme débiteur des prestations familiales informe par tout moyen donnant date certaine à la réception de cette information le parent débiteur de la nécessité de régulariser sa situation ou d'accepter un échéancier de paiement, dans un délai maximal de

trente jours, à défaut de quoi il sera procédé à l'engagement de la procédure de recouvrement forcé.

L'échéancier de paiement volontaire de la dette doit permettre le paiement mensuel d'un montant minimal équivalent *[équivalant]* à 20 % de la pension alimentaire fixée par le titre exécutoire, arrondi à l'euro supérieur, et son apurement définitif selon les modalités prévues à l'article R. 213-11 du code des procédures civiles d'exécution.

Le premier versement amiable de la pension alimentaire doit intervenir dans un délai maximal de dix jours à compter de l'établissement du plan d'apurement. A défaut de versement dans ce délai, le débiteur est avisé qu'il est procédé au recouvrement forcé des créances concernées.

L'organisme débiteur des prestations familiales rend compte au parent créancier des actes effectués pour son compte. Il l'informe de l'apurement définitif de la dette constituée au titre des arriérés et lui précise le décompte des sommes qui lui ont été reversées. Il lui précise le cas échéant les motifs qui ont conduit à l'échec de la procédure de recouvrement.

III. — Dans les cas prévus aux I et II, il est fait application des articles R. 581-6 à R. 581-8 du présent code pour les frais de gestion et de recouvrement mis à la charge du parent débiteur, à moins que ce parent opte volontairement pour une saisie de la créance alimentaire sur les prestations mentionnées au 1° du I de l'article L. 553-4 et aux articles L. 821-5 et L. 845-5 et les aides personnelles au logement mentionnées à l'article L. 821-1 du code de la construction et de l'habitation.

IV. — Dans le cas où il est mis fin à l'intermédiation financière, cet organisme demeure subrogé dans les droits du titulaire de la créance jusqu'au recouvrement complet du montant des sommes versées au titre de l'allocation de soutien familial servie à titre d'avance sur créance alimentaire impayée dans les conditions fixées à l'article L. 581-2 du présent code.

Art. R. 582-9 *(Décr. n° 2020-1201 du 30 sept. 2020, art. 1er, en vigueur le 1er janv. 2021)* Les dépenses engagées par l'organisme débiteur des prestations familiales au titre de la signification prévue à l'article 1074-4 du code de procédure civile sont payées par le parent débiteur et recouvrées par cet organisme selon des modalités identiques à celles prévues pour la pension alimentaire.

Art. R. 582-10 *(Décr. n° 2020-1201 du 30 sept. 2020, art. 1er)* Lorsqu'il verse des sommes à l'organisme débiteur des prestations familiales en application des dispositions de l'article R. 582-6, l'organisme bancaire est tenu d'aviser dans les huit jours l'organisme débiteur des prestations familiales de la clôture du compte du débiteur ou de l'insuffisance de provision de ce compte. En cas de défaut d'information dans ce délai, les opérations effectuées en vue du prélèvement de la pension sur le compte du débiteur n'entraînent aucun frais pour l'organisme débiteur des prestations familiales à compter de la date de clôture du compte ou de son défaut d'approvisionnement.

L'organisme bancaire met fin aux versements qu'il effectue en application de l'article R. 582-6 dès que l'organisme débiteur des prestations familiales lui en fait la demande ou dès que le parent débiteur lui présente un justificatif délivré par cet organisme attestant que l'intermédiation financière a cessé.

Sur l'entrée en vigueur de l'art. 1er du Décr. n° 2020-1201 du 30 sept. 2020, V. ndlr ss. art. R. 582-5.

Art. R. 582-11 *(Décr. n° 2022-259 du 25 févr. 2022, art. 2)* Pour l'application du second alinéa du VI de l'article L. 582-1, l'organisme débiteur des prestations familiales notifie au créancier, par lettre recommandée avec demande d'avis de réception, les sommes qui lui ont été versées à tort par son intermédiaire et l'informe de l'obligation de les lui rembourser.

Sur l'entrée en vigueur des dispositions issues du Décr. n° 2022-259 du 25 févr. 2022, V. ndlr ss. art. R. 582-4-1, supra.

Art. D. 582-1 *(Décr. n° 2018-656 du 24 juill. 2018, art. 2, en vigueur le 1er juill. 2018)* Pour l'application du 2° de l'article L. 582-2, les enfants du parent débiteur qui sont à sa charge s'entendent de ceux dont il assume la charge et l'entretien de façon effective à la condition qu'ils se trouvent dans l'une ou l'autre des catégories suivantes :

1° Pour son enfant mineur :

a) enfant qui réside sous le toit de ce parent ou dont la résidence habituelle est fixée auprès de ce parent ;

b) enfant pour lequel il exerce un droit de visite et d'hébergement ou un droit de visite sans hébergement ;

2° Pour son enfant majeur :

a) enfant poursuivant ses études dans un établissement ou un organisme d'enseignement public ou privé ;

b) enfant âgé de moins de vingt-cinq ans, résidant sous son toit et remplissant les deux conditions suivantes :

i) enfant qui dispose de ressources inférieures au montant forfaitaire du revenu de solidarité active mentionné à l'article L. 262-2 du code de l'action sociale et des familles fixé pour un foyer composé d'une seule personne ;

ii) enfant qui est inscrit demandeur d'emploi auprès de l'institution publique mentionnée à l'article L. 5312-1 du code du travail ;

c) enfant au titre duquel la pension alimentaire mise à la charge du parent débiteur par un titre exécutoire est versée au parent créancier.

Art. D. 582-2 *(Décr. n° 2020-1202 du 30 sept. 2020, art. 1er, en vigueur le 1er oct. 2020)* Le délai de transmission des informations mentionnées au premier alinéa du II de l'article L. 582-1 est fixé à quinze jours à compter de la notification mentionnée au premier alinéa de l'article R. 582-5.

En cas de défaut de transmission ou de transmission partielle de ces informations dans le délai mentionné au premier alinéa, le directeur de l'organisme débiteur des prestations familiales notifie au parent débiteur, par tout moyen permettant de rapporter date certaine à sa réception, le montant de la pénalité à laquelle il s'expose s'il ne transmet pas ces informations dans un nouveau délai de dix jours. Il lui précise la possibilité de présenter des observations écrites ou orales dans ce nouveau délai et l'informe du droit de l'organisme d'engager la mise en recouvrement de la pension alimentaire et de prononcer et mettre en recouvrement la pénalité en l'absence de réponse de sa part à l'issue de ce même délai.

Le montant de la pénalité prévue à l'article L. 582-1 est fixé à 25 % de la base mensuelle de calcul des allocations familiales fixée en application de l'article L. 551-1, arrondi à l'euro supérieur.

En l'absence de réponse ou lorsque la réponse du parent débiteur ne permet pas de disposer des informations nécessaires à la mise en œuvre de l'intermédiation financière à l'issue du délai de dix jours susmentionné, le directeur de l'organisme débiteur des prestations familiales prononce la pénalité et la notifie au parent débiteur, par tout moyen permettant de rapporter date certaine à sa réception, en le mettant en demeure de procéder à son paiement dans un délai de huit jours à compter de sa réception. Il l'informe du montant de la pénalité ainsi que, le cas échéant, le motif qui a conduit à rejeter les observations présentées, et du droit pour l'organisme de procéder à la mise en recouvrement de cette pénalité et de la créance alimentaire à l'expiration du délai de huit jours susmentionné, ainsi que les *[des]* voies et délais de recours contre cette décision.

A défaut de paiement volontaire, le montant de cette pénalité est recouvré par les voies et moyens applicables au recouvrement des créances alimentaires par les organismes débiteurs de prestations familiales.

La procédure de recouvrement de la pension alimentaire et de la pénalité est engagée à l'issue du délai de huit jours prévu au quatrième alinéa lorsque la mise en demeure de payer la pénalité ou la demande de transmission des informations nécessaires à la mise en œuvre de l'intermédiation financière sont restées sans effet.

Les sommes versées au titre de la pénalité constituent une recette de gestion administrative des organismes débiteurs de prestations familiales.

E Intermédiation financière des pensions alimentaires

Code de la sécurité sociale

V. CSS, art. L. 582-1, R. 582-4-1 s., ci-dessus.

Circulaire du 24 décembre 2020,

De présentation des dispositions en matière d'intermédiation financière des pensions alimentaires issues de la loi n° 2019-1446 du 24 décembre 2019 de financement de la sécurité sociale pour 2020 et du décret n° 2020-1201 du 30 septembre 2020 relatif à l'intermédiation financière des pensions alimentaires prévue à l'article L. 582-1 du code de la sécurité sociale.

La loi n° 2019-1446 du 24 décembre 2019 de financement de la sécurité sociale pour 2020 comporte des mesures relatives à l'amélioration de l'efficacité du versement et du recouvrement des pensions alimentaires.

A cette fin, son article 72 a élargi le champ de l'intermédiation financière des pensions alimentaires pour prévenir les retards et impayés en incitant au versement régulier et à bonne échéance de la contribution à l'entretien et l'éducation de l'enfant prenant la forme d'une pension alimentaire.

Cette extension s'inscrit dans l'évolution normative que connaît le versement et le recouvrement des pensions alimentaires axée sur la volonté constante de simplification et de pacification des relations entre les parents et la nécessité d'accroitre l'efficacité du processus de recouvrement des impayés de pensions alimentaires.

Dans cette optique, l'article 41 de la loi n° 2016-1827 du 23 décembre 2016 de financement de la sécurité sociale avait introduit le dispositif d'intermédiation financière des pensions alimentaires ordonné par le juge dans les situations de violences, créé une agence de recouvrement des impayés de pensions alimentaires à vocation universelle et permis la délivrance par le directeur de la caisse d'allocations familiales de titres exécutoires portant sur le montant des pensions alimentaires.

Ces dispositions étaient venues utilement compléter le dispositif, généralisé au 1er avril 2016 par la loi n° 2015-1702 du 22 décembre 2015 de financement de la sécurité sociale pour 2016 et par les décrets n° 2016-842 du 24 juin 2016 et n° 2016-1907 du 28 décembre 2016, qui assure le versement d'une allocation différentielle dans les situations où la pension fixée est inférieure au montant de l'allocation de soutien familial et le versement de cette allocation lorsque le débiteur est considéré comme « hors d'état » de faire face à son obligation d'entretien ou se trouve « défaillant ».

Ces dispositifs successifs, associés au constat que 30% environ des pensions alimentaires font l'objet d'impayés, ont amené à s'interroger sur la nécessité d'un recours plus large à l'intermédiation financière des pensions alimentaires tant dans le cadre d'une procédure judiciaire qu'en dehors, pour accompagner au mieux les familles.

Le législateur a répondu à cette question en étendant le dispositif d'intermédiation des pensions alimentaires.

Le décret n° 2020-1201 du 30 septembre 2020 relatif à l'intermédiation financière des pensions alimentaires prévue à l'article L. 582-1 du code de la sécurité sociale précise les modalités de cette extension en deux temps.

Depuis le 1er octobre 2020, un parent peut s'adresser directement à l'organisme débiteur des prestations familiales, c'est-à-dire à la caisse d'allocations familiales ou à la caisse de la mutualité sociale agricole, pour mettre en place l'intermédiation à la suite d'impayés.

A compter du 1er janvier 2021, cette démarche peut être faite en tout état de cause, avec ou sans décision judiciaire, même en l'absence d'impayés. L'intermédiation financière des pensions alimentaires peut également être :

– demandée au juge aux affaires familiales par l'une des parties, ou prévue expressément dans la convention soumise à l'homologation du juge (fiche technique 1 annexée

à la présente circulaire, *non reproduite*),
– prévue dans la convention de divorce par consentement mutuel par acte sous signature privée contresigné par avocats, déposé au rang des minutes d'un notaire ou encore dans un acte notarié portant sur une pension alimentaire (fiche technique 2 annexée à la présente circulaire, *non reproduite*).

La possibilité pour le juge aux affaires familiales d'ordonner, même d'office, l'intermédiation dans un contexte de violences conjugales ou familiales demeure.

Dans tous les cas, seuls les montants en numéraire de la contribution à l'entretien et à l'éducation des enfants, fixés par un titre, sont concernés par l'intermédiation.

Le parent débiteur verse le montant de la pension à l'organisme débiteur des prestations familiales qui la reverse immédiatement au parent créancier.

En cas d'impayé, l'organisme débiteur des prestations familiales mettra en place une procédure de recouvrement amiable et, en cas d'échec, une procédure de recouvrement forcé.

Cette réforme implique la participation des greffes, des avocats et des notaires, chargés de transmettre à l'organisme débiteur des prestations familiales les éléments nécessaires à la mise en œuvre de l'intermédiation lorsque celle-ci est respectivement prévue par décision judiciaire, par convention de divorce par consentement mutuel par acte sous signature privée contresigné par avocats ou par acte notarié.

En effet, si l'intermédiation est prévue dans une décision judiciaire, une convention de divorce par consentement mutuel ou un acte notarié, alors le greffier, l'avocat du créancier ou le notaire assume un rôle de transmission à l'organisme débiteur des prestations familiales des informations nécessaires à la mise en œuvre de l'intermédiation, listées réglementairement, relatives aux personnes concernées, aux sommes en question et au titre exécutoire. Certaines informations sont obligatoires, d'autres sont facultatives (fiches techniques 1 et 2, *non reproduites*).

Ces informations doivent être transmises par voie dématérialisée dans un délai de sept jours à compter du prononcé de la décision ou de la réception de l'attestation de dépôt. Pour ce faire, un portail dédié a été développé par l'Agence de recouvrement des impayés des pensions alimentaires (ARIPA https://www.pension-alimentaire.caf.fr/) et sera accessible à compter du 1er janvier 2021.

Parmi les informations qui devront être obligatoirement transmises à l'organisme débiteur des prestations familiales figure, le cas échéant, le fait que l'intermédiation a été ordonnée dans un contexte de violences ou de menaces en application de l'article 373-2-2, II, 1° du code civil (un décret en Conseil d'État sera publié en ce sens avant l'entrée en vigueur de la réforme au 1er janvier 2021). En effet, cette hypothèse fait l'objet d'un suivi particulier. L'organisme débiteur des prestations familiales, informé, devra dans ce cas refuser la levée de l'intermédiation à la demande d'un des parents, l'autre exprimant son accord, afin d'éviter l'exercice de pressions.

Le décret précité du 30 septembre 2020 précise en outre les modalités de revalorisation applicables en cas d'intermédiation financière de la pension alimentaire, sauf dispositions contraires prévues dans le jugement ou la convention homologuée.

Afin d'assurer l'effectivité des décisions rendues, et de permettre un recouvrement facilité des pensions alimentaires, le décret précité impose d'abord une notification systématique de la décision par le greffe aux parties. Il modifie en conséquence l'article 678 du code de procédure civile pour articuler cette obligation avec les règles de notification aux parties dans les procédures avec représentation obligatoire.

Il prévoit ensuite que le greffe lorsqu'il s'agit d'une décision judiciaire, l'avocat du créancier dans le cadre d'une convention de divorce ou de séparation de corps par consentement mutuel ou le notaire pour un acte authentique transmettent à l'organisme débiteur des prestations familiales les pièces nécessaires à la mise en œuvre de l'intermédiation.

Le décret précité aménage enfin la procédure de paiement direct prévue par le code des procédures civiles d'exécution lorsqu'elle est mise en œuvre directement par l'organisme débiteur des prestations familiales.

Dépêche du 12 janvier 2022,

Systématisation de l'intermédiation financière des pensions alimentaires fixées par les jugements de divorce rendus à compter du 1er mars 2022 - Article 100 de la loi de financement de la sécurité sociale pour 2022.

La loi n° 2021-1754 du 23 décembre 2021 de financement de la sécurité sociale pour 2022 a été publiée au *Journal officiel* le 24 décembre 2021. Son article 100 systématise la mise en place de l'intermédiation financière des pensions alimentaires (IFPA) pour toutes les contributions à l'entretien et à l'éduction de l'enfant fixées en tout ou partie en numéraire, par quel que titre exécutoire que ce soit.

L'IFPA consiste pour le parent débiteur d'une pension alimentaire à en verser mensuellement le montant à l'organisme débiteur des prestations familiales (la CAF ou la caisse de la MSA), qui se charge ensuite de le reverser au parent créancier.

En cas d'impayé, l'organisme débiteur des prestations familiales informe le parent débiteur de la nécessité de régulariser sa situation, dans un délai maximal de quinze jours. A défaut de paiement de la pension dans ce délai, l'organisme débiteur des prestations familiales engage une procédure de recouvrement forcé de la pension alimentaire (art. R. 582-8 du code de la sécurité sociale).

Ce dispositif permet de prévenir les retards de paiement et impayés en incitant au versement régulier et à bonne échéance de la pension alimentaire.

Il a été introduit par l'article 41 de la loi n° 2016-1827 du 23 décembre 2016 de financement de la sécurité sociale pour 2017, qui a permis, à compter du 1er janvier 2017, au juge de l'ordonner, même d'office, en cas de violences conjugales ou familiales. L'article 72 de la loi n° 2019-1446 du 24 décembre 2019 de financement de la sécurité sociale pour 2020 et son décret d'application n° 2020-1201 du 30 septembre 2020 ont étendu son champ d'application en deux temps :

– depuis le 1er octobre 2020 : l'IFPA est mise en place, en cas d'impayé, dès lors qu'un des parents en fait directement la demande auprès de l'organisme débiteur des prestations familiales ;

– depuis le 1er janvier 2021 : la condition d'existence d'un impayé est supprimée et l'IFPA est mise en place :

- o à la demande d'un des parents directement auprès de l'organisme débiteur des prestations familiales (la circonstance que le titre exécutoire fixant la pension alimentaire mentionne ou non l'intermédiation financière est sans incidence) ;
- o sur décision du juge aux affaires familiales :
  - ◆ qui peut l'ordonner, même d'office, en cas de violences conjugales ou familiales ;
  - ◆ qui peut l'ordonner dès lors qu'elle est demandée par une partie ;
- o sur accord des parties mentionné dans une convention homologuée par le juge, une convention de divorce par consentement mutuel par acte sous signature privée contresigné par avocats, un acte reçu en la forme authentique par un notaire ou une convention à laquelle l'organisme débiteur des prestations familiales a donné force exécutoire.

Au 1er novembre 2021, l'Agence de recouvrement des impayés de pensions alimentaires (ARIPA) avait reçu 54 503 demandes de mise en place d'une intermédiation financière, parmi lesquelles seulement 673 transmises par les juridictions et professionnels de justice (à la suite principalement d'une décision judiciaire transmise par le greffe et, marginalement, d'une convention de divorce par consentement mutuel transmise par un avocat), soit un peu plus de 1 % des demandes.

Le nouveau dispositif d'automaticité

Le législateur a souhaité améliorer la prévention des retards de paiement et d'impayés en incitant au versement régulier et à bonne échéance de la pension alimentaire. Ainsi l'article 100 de la loi de financement de la sécurité sociale (LFSS) pour 2022 **rend systématique la mise en place de l'intermédiation financière des pensions alimentaires pour toute contribution à l'entretien et à l'éducation de l'enfant** fixée en tout ou partie en numéraire, par tout titre exécutoire, en particulier par une décision judiciaire ou une convention homologuée par le juge.

Le nouveau dispositif réserve toutefois **deux dérogations** :
– les **parents peuvent s'accorder pour refuser la mise en place de l'intermédiation financière, sauf s'il existe un contexte de violences conjugales ou familiales** (1° du II de l'article 373-2-2 du code civil modifié par la LFSS) ;
– à titre exceptionnel, **le juge peut, même d'office, écarter l'intermédiation financière** s'il estime, par décision spécialement motivée, que la **situation de l'une des parties ou les modalités d'exécution de la contribution à l'entretien et à l'éducation de l'enfant sont incompatibles avec sa mise en place** (2° du II de l'article 373-2-2 du code civil modifié par la LFSS).

L'entrée en vigueur du nouveau dispositif

Cette réforme **entrera en vigueur de manière échelonnée**. Elle **s'appliquera** :
– **aux décisions judiciaires de divorce** *[Il s'agit ainsi des décisions en matière de divorce accepté (articles 233 et 234 du code civil), de divorce pour altération définitive du lien conjugal (articles 237 à 238 du code civil), de divorce pour faute (articles 242 à 246 du code civil) ainsi que de divorce par consentement mutuel judiciaire (articles 230 à 232 du code civil).]* **prononcées à compter du 1er mars 2022**.
– à l'ensemble des autres titres émis à compter du 1er janvier 2023 *[Une décision judiciaire ; Une convention homologuée par le juge ; Une convention de divorce ou de séparation de corps par consentement mutuel selon les modalités prévues à l'article 229-1 ; Un acte reçu en la forme authentique par un notaire ; Une convention à laquelle l'organisme débiteur des prestations familiales a donné force exécutoire en application de l'article L. 582-2 du code de la sécurité sociale ; Une transaction ou un acte constatant un accord issu d'une médiation, d'une conciliation ou d'une procédure participative, lorsqu'ils sont contresignés par les avocats de chacune des parties et revêtus de la formule exécutoire par le greffe de la juridiction compétente en application du 7° de l'article L. 111-3 du code des procédures civiles d'exécution.]*.

Ainsi, à compter du 1er mars 2022, sous réserve des deux exceptions précitées, l'IFPA sera automatiquement mise en place pour toute contribution à l'entretien et à l'éducation d'un enfant fixée, en tout ou partie en numéraire, par décision judiciaire de divorce. Seule compte la date du prononcé de la décision, quelle que soit la date de la clôture ou de l'audience.

Par conséquent, certaines décisions judiciaires de divorce rendues à compter du 1er mars 2022 auront déjà, avant cette date fait l'objet d'une **ordonnance de clôture** voire auront été **mises en délibéré**.

Dans ces deux hypothèses, il convient **de veiller à ce que les parties puissent, par l'intermédiaire de leurs avocats**, comme la loi les y autorise :
– **communiquer au juge leur accord pour écarter l'IFPA ; cet accord peut être communiqué** à tout moment de la procédure, y compris après l'ordonnance de clôture de l'instruction ou la clôture des débats. Cet accord peut être exprimé par tout moyen, en particulier lors de l'audience de plaidoirie ou par note en délibéré. Si les deux parents refusent l'IFPA selon cette modalité, le juge le constate et le mentionne au dispositif de la décision. En l'absence de litige tranché et de pouvoir d'appréciation du juge, ni la révocation de l'ordonnance de clôture de l'instruction (article 803 du code de procédure civile) ni la réouverture des débats (article 444 du code de procédure civile) ne sont nécessaires.
– **solliciter du juge qu'il écarte la mise en place de l'intermédiation financière en raison de son incompatibilité avec la situation de l'une des parties** (notamment la résidence à l'étranger ou l'absence de compte bancaire de l'une d'elles) **ou les modalités d'exécution de la contribution à l'entretien et à l'éducation de l'enfant**. Si l'une des parties forme une telle demande après l'ordonnance de clôture, la juridiction, si elle constate l'existence d'une cause grave au sens de l'article 803 du CPC, ordonne la révocation de cette ordonnance et le cas échéant la réouverture des débats, afin de pouvoir statuer dans le respect du principe contradictoire. La décision de révocation de l'ordonnance de clôture et, le cas échéant, de réouverture des débats pourra être ainsi libellée : *"Au regard des circonstances de la cause, l'application immédiate aux instances en cours de l'article 100 de la loi n° 2021-1754 du 23 décembre 2021 de financement de la sécurité sociale pour 2022 constitue une cause grave au sens de l'article 803 du code de procédure civile. En conséquence, il y a lieu d'ordonner la révocation de l'ordonnance*

de clôture** [et la réouverture des débats et], **afin de mise en œuvre du principe du contradictoire pour statuer sur la demande d'exclusion judiciaire de la mise en place de l'intermédiation financière des pensions alimentaires (article 373-2-2, II, 2° du code civil)".

Si le juge constate l'accord des parties pour ne pas mettre en place l'IFPA ou fait droit à la demande de ne pas l'ordonner, la décision n'est pas transmise à l'organisme débiteur des prestations familiales.

Compte tenu des conditions d'application de ces nouvelles dispositions aux procédures ayant fait l'objet, avant cette date, d'une clôture de l'instruction ou des débats, il importe d'appeler l'attention des avocats des parties dans ces procédures. **Ce rappel pourra être adressé par le magistrat coordonnateur du service des affaires familiales à l'ensemble des avocats exerçant en droit de la famille par l'intermédiaire du bâtonnier de l'ordre des avocats.**

Vous trouverez, en annexe de la présente dépêche, un courrier "type" qui pourra être adressé par les magistrats coordonnateurs des services des affaires familiales aux bâtonniers.

Le renfort des greffes

L'entrée en vigueur de la réforme sera immédiatement accompagnée de renforts pour les greffes. Les précisions sur ces renforts seront apportées dans une prochaine dépêche de la Direction des services judiciaires.

ANNEXE

COURRIER "TYPE" QUI POURRA ÊTRE ADRESSÉ PAR LES MAGISTRATS COORDONNATEURS DES SERVICES DES AFFAIRES FAMILIALES AUX BÂTONNIERS

Madame/Monsieur le Bâtonnier,

La loi n° 2021-1754 du 23 décembre 2021 de financement de la sécurité sociale pour 2022 a été publiée au *Journal officiel* le 24 décembre 2021. Son article 100 rend automatique la mise en place de l'intermédiation financière des pensions alimentaires.

Ce nouveau dispositif s'appliquera aux décisions judiciaires de divorce (en ce compris les divorces par consentement mutuel judiciaires) rendues à compter du 1er mars 2022.

A compter de cette date, l'intermédiation financière des pensions alimentaires sera donc mise en place pour toute contribution à l'entretien et à l'éducation d'un enfant fixée en tout ou partie en numéraire par une décision judiciaire de divorce. Conformément aux nouvelles dispositions du II de l'article 373-2-2 du code civil, les parties pourront toutefois refuser la mise en place de l'intermédiation financière (1°) et l'une d'entre elles pourra solliciter du juge qu'il écarte l'intermédiation financière au motif que la situation de l'une des parties ou les modalités d'exécution de la contribution à l'entretien et à l'éducation de l'enfant sont incompatibles avec sa mise en place (2°).

Je tiens à attirer votre attention sur le traitement particulier qui doit être réservé aux affaires dans lesquelles la décision doit être rendue à compter du 1er mars 2022 alors que l'ordonnance de clôture de l'instruction a déjà été rendue et/ou la clôture des débats a déjà été prononcée. Afin de permettre aux parties d'user effectivement des facultés qui leur sont ouvertes par les 1° et 2° du II de l'article 373-2-2 du code civil tout en évitant de perturber massivement le fonctionnement de la juridiction, il est prévu que, par l'intermédiaire de leurs avocats :

— les parties pourront faire état de leur refus de l'intermédiation financière même postérieurement à l'ordonnance de clôture de l'information et/ou à la clôture des débats, en particulier par tout moyen lors de l'audience de plaidoirie ou par note en délibéré. Le juge constatera alors le refus des deux parents de voir mettre en place l'intermédiation financière et le mentionnera au dispositif de la décision, sans révocation de l'ordonnance de clôture de l'instruction ni réouverture des débats ;

— l'une des parties pourra solliciter du juge qu'il écarte l'intermédiation financière en raison de son incompatibilité avec la situation de l'une des parties ou les modalités d'exécution de la contribution à l'entretien et à l'éducation de l'enfant. Si l'une des parties forme une telle demande, la révocation de l'ordonnance de clôture de l'instruction et, le cas échéant, la réouverture des débats, seront prononcées par le juge pour garantir le respect du principe du contradictoire.

L'appropriation par les avocats de cette réforme importante, qui s'inscrit dans une logique de prévention des retards de paiement et impayés de pension alimentaire, constitue une condition essentielle de sa réussite, dans l'intérêt des justiciables. Je vous serais donc particulièrement obligé de bien vouloir diffuser ces éléments auprès de vos consœurs et confrères amenés à intervenir devant le juge aux affaires familiales de la juridiction.

Je vous prie de croire, Madame/Monsieur le Bâtonnier, à l'assurance de ma parfaite considération.

Circulaire CIV/01/22 du 28 février 2022,

De présentation des dispositions en matière d'intermédiation financière des pensions alimentaires issues de l'article 100 de loi n° 2021-1754 du 23 décembre 2021 de financement de la sécurité sociale pour 2022 et du décret n° 2022-259 du 25 février 2022 relatif à la généralisation de l'intermédiation financière du versement des pensions alimentaires.

L'article 100 de la loi n° 2021-1754 du 23 décembre 2021 de financement de la sécurité sociale pour 2022 (LFSS) et son décret d'application n° 2022-259 du 25 février 2022 relatif à la généralisation de l'intermédiation financière du versement des pensions alimentaires **rendent systématique l'intermédiation financière des pensions alimentaires (IFPA) pour la partie numéraire de toutes les contributions à l'entretien et à l'éducation d'un enfant, fixées par tout titre exécutoire**.

L'intermédiation financière consiste pour le parent débiteur d'une pension alimentaire à en verser mensuellement le montant à l'organisme débiteur des prestations familiales (la CAF ou la caisse de la MSA), qui se charge de le reverser au parent créancier.

En cas d'impayé, l'organisme débiteur des prestations familiales informe le parent débiteur de la nécessité de régulariser sa situation, dans un délai maximal de quinze jours. A défaut de paiement de la pension dans ce délai, l'organisme débiteur des prestations familiales engage une procédure de recouvrement forcé de la pension alimentaire (art. R. 582-8 du code de la sécurité sociale).

Ce dispositif **permet de prévenir les retards de paiement et impayés** en incitant au versement régulier et à bonne échéance de la pension alimentaire. Il vise également à **pacifier les relations parentales** en évitant de faire de la pension alimentaire l'enjeu d'un éventuel conflit.

Pour mémoire, sur l'historique, l'IFPA a été introduite par l'article 41 de la loi n° 2016-1827 du 23 décembre 2016 de financement de la sécurité sociale pour 2017, qui a permis, à compter du 1er janvier 2017, au juge de l'ordonner, même d'office, en cas de violences conjugales ou familiales.

L'article 72 de la loi n° 2019-1446 du 24 décembre 2019 de financement de la sécurité sociale pour 2020 et son décret d'application n° 2020-1201 du 30 septembre 2020 ont étendu son champ d'application en deux temps :

– depuis le 1er octobre 2020 : l'IFPA est mise en place, en cas d'impayé, dès lors qu'un des parents en fait directement la demande auprès de l'organisme débiteur des prestations familiales ;

– depuis le 1er janvier 2021 : la condition d'existence d'un impayé est supprimée et l'IFPA est mise en place :

- o à la demande d'un des parents directement auprès de l'organisme débiteur des prestations familiales (la circonstance que le titre exécutoire fixant la pension alimentaire mentionne ou non l'intermédiation financière est sans incidence) ;
- o sur décision du juge aux affaires familiales :
  - ◆ qui peut l'ordonner, même d'office, en cas de violences conjugales ou familiales ;
  - ◆ qui peut l'ordonner dès lors qu'elle est demandée par une partie ;
- o sur accord des parties mentionné dans une convention homologuée par le juge, une convention de divorce par consentement mutuel par acte sous signature privée contresigné par avocats, un acte reçu en la forme authentique par un notaire ou une convention à laquelle l'organisme débiteur des prestations familiales a donné force exécutoire.

Le législateur a souhaité généraliser l'intermédiation financière afin notamment d'améliorer la prévention des impayés. Ainsi l'article 100 de la LFSS pour 2022 et son décret d'application précités rendent systématique l'intermédiation financière pour la partie numéraire de toute contribution à l'entretien et à l'éducation d'un enfant fixée par quel que titre exécutoire que ce soit, judiciaire ou extrajudiciaire.

Le nouveau dispositif réserve toutefois deux dérogations à la mise en place automatique de l'intermédiation :

– les parents peuvent s'accorder pour refuser l'intermédiation, sauf en cas de violences conjugales ou familiales ;

– à titre exceptionnel, le juge peut, même d'office, écarter l'intermédiation financière s'il estime, par décision spécialement motivée, que la situation de l'une des parties ou les modalités d'exécution de la contribution à l'entretien et à l'éducation de l'enfant sont incompatibles avec sa mise en place.

La réforme permet ainsi de passer d'un système dit *"d'opt-in"* (IFPA sur décision du juge ou choix des parties) à un système dit *"d'opt-out"* (IFPA systématique sauf décision du juge ou choix des parties contraires).

Cette réforme implique la participation des juges aux affaires familiales, ainsi que celle des greffes, des avocats et des notaires, notamment chargés de transmettre à l'organisme débiteur des prestations familiales les éléments nécessaires à la mise en œuvre de l'intermédiation financière, en particulier un extrait exécutoire de la décision ou une copie exécutoire du titre qui fixe la pension alimentaire, ainsi que les informations, listées par voie réglementaire, relatives aux personnes concernées, aux sommes en question et au titre exécutoire, dont certaines sont obligatoires et d'autres facultatives.

Parmi les informations qui devront être obligatoirement transmises à l'organisme débiteur des prestations familiales figure, le cas échéant, le fait que l'intermédiation a été ordonnée dans un contexte de violences ou de menaces intrafamiliales. Dans ce contexte afin d'éviter toute pression sur le créancier de la pension, l'intermédiation financière s'impose sans dérogation possible (sauf si le juge l'estime incompatible avec la situation des parties ou les modalités d'exécution de la contribution) et il ne peut y être mis fin.

Les modalités d'application de la réforme sont précisées dans trois fiches techniques (en annexe).

Obligations de l'IFPA et abandon de famille

L'article 100 de la LFSS pour 2022 modifie enfin les articles 227-3 et 227-4 du code pénal afin d'adapter les infractions d'abandon de famille au paiement intermédié des pensions alimentaires. Ces modifications visent d'une part, à permettre la caractérisation de l'infraction principale d'abandon de famille en cas de versement intermédié de la pension alimentaire (article 227-3 du code pénal). Elle visent, d'autre part, à réprimer le fait, pour le parent débiteur de faire obstacle à l'intermédiation de différentes manières : en ne notifiant pas son changement de domicile à l'organisme débiteur des prestations familiales ou en s'abstenant de lui transmettre les informations nécessaires à l'instruction et à la mise en œuvre de l'intermédiation ou de l'informer d'un changement de situation ayant des conséquences sur cette mise en œuvre (article 227-4 du code pénal).

La réforme de l'IFPA **entre en vigueur de manière échelonnée**. Elle s'applique :

– **aux décisions judiciaires de divorce** *[Il s'agit des décisions en matière de divorce accepté (articles 233 et 234 du code civil), de divorce pour altération définitive du lien conjugal (articles 237 à 238 du code civil), de divorce pour faute (articles 242 à 246 du code civil) ainsi que de divorce par consentement mutuel judiciaire (articles 230 à 232 du code civil).]* **rendues à compter du 1er mars 2022** *[Sur les modalités de cette entrée en vigueur au 1er mars 2022 voir la dépêche C1/2022/C1/3.10.1/202210000401/VN diffusée par le ministère de la justice le 12 janvier 2022, en annexe de la présente fiche technique.]* ;

– **à l'ensemble des autres titres émis à compter du 1er janvier 2023** *[Une décision judiciaire ; une convention homologuée par le juge ; une convention de divorce ou de séparation de corps par consentement mutuel selon les modalités prévues à l'article 229-1 ; Un acte reçu en la forme authentique par un notaire ; une convention à laquelle l'organisme débiteur des prestations familiales a donné force exécutoire en application de l'article L. 582-2 du code de la sécurité sociale ; Une transaction ou un acte constatant un accord issu d'une médiation, d'une conciliation ou d'une procédure participative, lorsqu'ils sont contresignés par les avocats de chacune des parties et revêtus de la formule exécutoire par le greffe de la juridiction compétente en application du 7° de l'article L. 111-3 du code des procédures civiles d'exécution.]*.

Une dépêche du 12 janvier 2022 a précisé les modalités d'entrée en vigueur de la réforme au 1er mars 2022.

Jusqu'au 31 décembre 2022 inclus, le régime antérieur demeure applicable aux décisions judiciaires de séparation de corps, ordonnances sur mesures provisoires dans le cadre de la procédure de divorce ou de séparation de corps, décisions relatives aux

modalités de l'exercice de l'autorité parentale, ordonnances de protection, ainsi qu'aux conventions relatives à l'exercice de l'autorité parentale homologuées par le juge.

L'IFPA est **applicable sur l'ensemble du territoire français à l'exception des collectivités suivantes : Mayotte, Saint-Pierre-et-Miquelon, Polynésie française, Nouvelle-Calédonie, Wallis-et-Futuna, Terres australes et antarctiques françaises.**

ANNEXES

Fiche technique 1 : l'intermédiation financière de la pension alimentaire mise en place à la suite d'une décision judiciaire ou d'une convention homologuée par le juge

L'article 100 de la loi n° 2021-1754 du 23 décembre 2021 de financement de la sécurité sociale pour 2022 et son décret d'application n° 2022-259 du 25 février 2022 relatif à la généralisation de l'intermédiation financière du versement des pensions alimentaires ont rendu systématique l'intermédiation financière des pensions alimentaires (IFPA) pour toute contribution à l'entretien et à l'éducation d'un enfant fixée en tout ou partie en numéraire, par un titre exécutoire, notamment par une décision judiciaire ou une convention homologuée par le juge.

I Objet

Dans le cadre de l'IFPA, le parent débiteur verse la pension alimentaire à l'organisme débiteur des prestations familiales (ODPF) qui la reverse au parent créancier.

En cas d'impayé, l'ODPF sera subrogé dans les droits du parent créancier. Il engagera une procédure de recouvrement forcé si le parent débiteur ne régularise pas sa situation, après avoir été invité à le faire par l'ODPF, et versera au parent créancier éligible l'allocation de soutien familial (ASF).

II Champ d'application de l'IFPA

a Lors de la fixation ou de la modification de la CEEE

i L'IFPA de plein droit

L'IFPA est systématiquement mise en place pour la partie numéraire de toute contribution à l'entretien et à l'éducation d'un enfant (CEEE) mineur ou majeur, versée au parent créancier *[L'IFPA ne sera pas mise en place lorsque la décision judiciaire ou la convention homologuée par le juge prévoient, en application de l'article 373-2-5 du code civil, le versement de la CEEE en totalité entre les mains de l'enfant majeur au titre duquel elle est fixée.]*, fixée par une décision judiciaire (divorce, séparation de corps, mesures provisoires fixées dans le cadre de ces procédures, décision relative aux modalités de l'exercice de l'autorité parentale, ordonnance de protection, rendue par une juridiction de première d'instance ou d'appel, ou par une convention relative à l'autorité parentale homologuée par le juge).

L'IFPA constitue un effet de la loi attaché de plein droit à la fixation ou à la révision d'une CEEE fixée en tout ou partie en numéraire. Pour être mise en place, elle n'a donc plus à être ordonnée dans la décision (ni dans les motifs ni dans le dispositif) ni mentionnée dans la convention homologuée par le juge.

Lors de l'audience, le juge veillera à rappeler que :

— les parties doivent produire les éléments nécessaires à la mise en œuvre de l'intermédiation financière, si ceux-ci ne sont pas mentionnés dans l'acte de saisine, notamment le numéro de téléphone et le courriel de chaque parent et l'information selon laquelle l'un ou l'autre d'entre eux relève du régime agricole de sécurité sociale ;

— tant que l'intermédiation n'est pas effectivement mise en œuvre, le débiteur est tenu de verser la pension directement au créancier (III de l'article L. 582-1 du code de la sécurité sociale).

ii L'IFPA écartée ou imposée

L'intervention du juge en matière d'IFPA est désormais **cantonnée aux trois cas suivants,** qui constituent les **seules hypothèses dans lesquelles il sera fait mention de l'IFPA dans les décisions judiciaires** ou, pour le premier cas seulement, dans les conventions homologuées par le juge :

— refus de l'IFPA par les deux parents (1) ;

— mise en place de l'IFPA malgré le refus des deux parents (2) ;

— le juge écarte l'IFPA (3).

1 Le refus de l'IFPA par les deux parents

L'IFPA ne sera **pas mise en place en cas de refus des deux parents, sous réserve de l'absence de violences intrafamiliales** *[Cf. II.a.ii.2.]*. En revanche, le refus exprimé par un seul des parents est insuffisant à faire obstacle à l'IFPA, ce qui pourra être utilement rappelé dans les motifs de la décision.

Le 1° du II de l'article 373-2-2 du code civil prévoit que ce refus peut être exprimé à tout moment de la procédure. Le décret d'application ne le soumet à aucun formalisme particulier.

Dès lors, ce refus peut être exprimé par les parents, personnellement ou par l'intermédiaire de leurs avocats, ensemble ou séparément.

En matière de **procédure orale**, le refus des parents peut ainsi être exprimé **par tout moyen** et à tout moment de la procédure **jusqu'à la clôture des débats et la mise en délibéré de la décision**. Ce refus peut être exprimé soit oralement lors de l'audience et mentionné dans la note d'audience, soit par écrit, dans les conclusions de l'avocat ou dans un document distinct transmis à la juridiction.

Le juge pourra interroger les parties ou leurs représentants sur ce point lors de l'audience.

En matière de **procédure écrite**, le refus de l'IFPA par les parents ne constitue pas une prétention au sens de l'article 4 du code de procédure civile. L'article 768 du code de procédure civile n'est dès lors pas applicable et les parties ne sont pas tenues d'exprimer leur refus par conclusions dans les formes prescrites par ces dispositions. Ce refus peut donc être exprimé selon les mêmes formes qu'en matière de procédure orale.

Toutefois, en matière de procédure écrite, dans l'intérêt d'une bonne administration de la justice et pour garantir la prise en compte par le juge de tout refus exprimé par les parents, il paraît opportun que ces derniers en fassent part **avant l'ordonnance de clôture de l'instruction** et que ce refus soit mentionné dans les conclusions déposées par leurs conseils.

Cette pratique présente deux intérêts :

— éviter que la juridiction n'omette de tirer les conséquences d'un refus qui serait exprimé par les parents dans un document distinct non repris dans les conclusions ni dans le bordereau de pièces ;

— éviter toute révocation de l'ordonnance de clôture de l'instruction, qui serait nécessaire notamment si :

- o le refus d'une partie était exprimé sur un document distinct après l'ordonnance de clôture, ce qui serait en contradiction avec le principe selon lequel aucune pièce ne peut être communiquée après cette dernière (art. 802 du code de procédure civile) ;
- o le refus des parents était exprimé postérieurement à l'ordonnance de clôture et si la juridiction envisageait, malgré ce refus, la mise en place de l'IFPA en raison de l'existence de violences intrafamiliales (*cf.* II.a.ii.2).

Le refus de l'IFPA doit être exprimé clairement et sans équivoque.

Si les deux parents refusent l'IFPA, **ce refus devra être mentionné** :

— dans la **motivation** de la décision, en relevant l'absence de violences et de menaces ;

— dans le **dispositif** de la décision, à la suite des énonciations concernant la fixation ou la révision de la CEEE.

Exemple de dispositif en cas de refus des parents de l'IFPA

La formule suivante pourra être insérée dans le dispositif de la décision à la suite des dispositions relatives à la CEEE :

"Constate l'accord des parents pour ne pas mettre en place l'intermédiation financière des pensions alimentaires ;

Dit que l'intermédiation financière des pensions alimentaires ne sera pas mise en place pour la contribution à l'entretien et à l'éducation de l'enfant IDENTITÉ DE L'ENFANT fixée à la charge de PARENT DÉBITEUR par la présente décision en application du 1° du II de l'article 373-2-2 du code civil ;

Rappelle que le rétablissement de l'intermédiation financière peut être sollicité à tout moment par l'une au moins des parties auprès de l'organisme débiteur des prestations familiales conformément à l'article 373-2-2, III, alinéa premier du code civil ;".

La **mention du 1° du II de l'article 373-2-2 du code civil doit figurer dans le dispositif**. Cette mention permettra ultérieurement à l'ODPF de distinguer, parmi les décisions judiciaires ne mettant pas en place l'IFPA, celles fondées sur un accord parental de celles résultant d'une décision du juge, pour lesquelles le III de l'article 373-2-2 du code civil prévoit deux régimes de rétablissement de l'IFPA distincts.

2 La mise en place de l'IFPA par le juge malgré le refus des deux parents

L'IFPA sera **mise en place, malgré le refus des deux parents, lorsque, dans le cadre de l'instance conduisant à la décision de fixation ou de modification de la CEEE, l'une des parties aura produit** :

— soit une **plainte** déposée à l'encontre du parent débiteur pour des faits de menaces ou de violences sur le parent créancier ou l'enfant ;

— soit une **condamnation pénale** prononcée à l'encontre du parent débiteur pour les mêmes faits ;

— soit une **décision de justice** concernant le parent débiteur et **mentionnant** de telles menaces ou violences dans ses motifs ou son dispositif.

> La notion de décision de justice concernant le parent débiteur s'entend de toute décision judiciaire, civile ou pénale, rendue au cours ou à l'issue d'une instance à laquelle le parent débiteur était partie. Cette décision doit "mentionner", dans ses motifs ou son dispositif, les faits de menaces ou violences précités. La simple mention de tels faits dans l'exposé du litige, notamment au titre des moyens et arguments des parties, n'est pas prise en compte. La reprise par le juge de tels faits dans sa motivation ou le dispositif de sa décision est nécessaire.

Seule la production de l'une de ces trois pièces permet la prise en compte de celle-ci, ce qui exclut de simples allégations de l'une des parties.

Les **faits** objets de la plainte, de la condamnation ou de la décision de justice concernant le parent débiteur doivent **cumulativement** :

— consister en :

o l'une des infractions prévues par la section 1 du chapitre II du titre II du livre II du code pénal (atteintes volontaires à l'intégrité de la personne) ;

o une autre infraction aggravée au motif qu'elle a été précédée, accompagnée ou suivie de violences sur la personne de la créancière.

— être imputés au parent débiteur (les violences qui seraient imputées au parent créancier ne sont pas prises en compte à ce titre) ;

— viser, en qualité de victime, le parent créancier ou l'enfant au titre duquel la CEEE objet de l'IFPA a été fixée.

Si l'ensemble de ces conditions est réuni, le juge devra constater l'inefficacité du refus de l'IFPA par les deux parents et constater la mise en place de l'IFPA. Ces éléments devront apparaître :

— **dans la motivation** de la décision, à la suite des énonciations concernant la fixation ou la révision de la CEEE, pour faire état du refus exprimé par les deux parents et de la production de l'une des pièces précitées attestant des violences ;

— **dans le dispositif** de la décision, à la suite des énonciations concernant la fixation ou la révision de la CEEE.

> **Exemple de dispositif en cas de refus du juge d'écarter l'IFPA en raison de violence**
>
> La formule suivante pourra être insérée dans le dispositif de la décision à la suite des dispositions relatives à la CEEE :
>
> *"Constate que l'une des parties a produit une plainte déposée ou une condamnation prononcée à l'encontre du parent débiteur pour des faits de menaces ou de violences volontaires sur le parent créancier ou l'enfant ou une décision de justice concernant le parent débiteur et mentionnant de telles menaces ou violences dans ses motifs ou son dispositif ;*
>
> *"Dit que la contribution à l'entretien et à l'éducation de l'enfant IDENTITÉ DE L'ENFANT fixée par la présente décision sera versée par PARENT DÉBITEUR à PARENT CRÉANCIER par l'intermédiaire de l'organisme débiteur des prestations familiales en application du dernier alinéa du II de l'article 373-2-2 du code civil ;*
>
> *"Rappelle que PARENT DÉBITEUR devra continuer à verser cette contribution entre les mains de PARENT CRÉANCIER jusqu'à la date de mise en œuvre effective de l'intermédiation financière qui lui sera notifiée par l'organisme débiteur des prestations familiales ;".*
>
> *"Rappelle qu'il ne pourra être mis fin à l'intermédiation financière conformément au dernier alinéa du II de l'article 373-2-2 du code civil".*

Lors de l'audience, s'il a connaissance d'un accord des parties pour refuser l'IFPA, le juge pourra attirer leur attention sur la possible inefficacité juridique de cet accord en cas de violences ou de menaces intrafamiliales.

3 La faculté pour le juge d'écarter l'IFPA

Le 2° du II de l'article 373-2-2 du code civil réserve la possibilité pour le **juge** de **décider que**, de manière exceptionnelle, **l'IFPA ne sera pas mise en place, y compris en cas de violences, en raison de son incompatibilité avec la situation de l'une des parties ou les modalités d'exécution de la CEEE**.

Le juge **statue sur ce point, soit à la demande de l'une des parties**, soit en se saisissant d'office, après avoir, dans ce cas, mis les parties en mesure de présenter leurs observations, dans le respect du principe du contradictoire.

La décision du juge écartant l'IFPA en application de cette disposition doit faire l'objet d'une **motivation spéciale**, qui exposera les motifs pour lesquels l'IFPA n'est pas compatible avec la situation de l'une des parties ou les modalités d'exécution de la CEEE. La précision selon laquelle le 2° du II de l'article 373-2-2 a vocation à s'appliquer ***"à titre exceptionnel"*** invite à faire une **application restrictive de la notion d'incompatibilité**, qui peut s'entendre de l'impossibilité absolue de mettre en œuvre l'IFPA en raison l'un des deux motifs limitativement énumérés par cette disposition.

L'IFPA pourra être considérée comme incompatible avec la situation de l'une des parties notamment lorsque :

— **l'un des parents ne réside pas en France** *[Les sixième et septième alinéas de l'article L. 582-1 du code de la sécurité sociale subordonnent la mise en œuvre de l'IFPA par l'ODPF aux deux conditions suivantes : a) Le parent créancier remplit la condition de stabilité de résidence et de régularité du séjour prévue à l'article L. 512-1 ; b) Le parent débiteur remplit la condition de stabilité de résidence prévue au même article L. 512-1. Toutefois, la faculté ouverte au juge de prévoir en amont que l'IFPA écartée pour ces mêmes raisons permet d'éviter au greffe de transmettre inutilement à l'ARIPA les éléments prévus à l'article 107-4 du code de procédure civile.]* ;

ou

— **le parent créancier ne remplit pas la condition de régularité du séjour** prévue à l'article L. 512-1 du code de la sécurité sociale *[Même observation que dans la note de bas de page précédente.]*.

L'IFPA pourra être considérée comme incompatible avec les modalités d'exécution de la CEEE notamment lorsque son versement est réalisé en tout ou partie auprès d'un tiers qui prendrait en charge l'enfant ou directement dans les mains de l'enfant majeur.

La **motivation doit mentionner les raisons précises de l'incompatibilité** entre l'IFPA, d'une part, et la situation des parties ou les modalités d'exécution de la CEEE, d'autre part. Cette précision sera nécessaire à l'identification d'un élément nouveau survenu postérieurement, en cas de demande de rétablissement de l'IFPA (*cf. infra*).

Exemple de dispositif en cas d'incompatibilité de l'IFPA avec la situation de l'une des parties ou les modalités d'exécution de la CEEE

La formule suivante pourra être insérée dans le dispositif de la décision à la suite des dispositions relatives à la CEEE :

"Dit que l'intermédiation financière des pensions alimentaires ne sera pas mise en place pour la contribution à l'entretien et à l'éducation de l'enfant IDENTITÉ DE L'ENFANT fixée à la charge de PARENT DÉBITEUR par la présente décision en application du 2° du II de l'article 373-2-2 du code civil ;

Rappelle que le rétablissement de l'intermédiation financière ne pourra être sollicité par les parties que devant le juge aux affaires familiales, sous réserve de justifier d'un élément nouveau, conformément à l'article 373-2-2, III, second alinéa du code civil ;".

La **mention du 2° du II de l'article 373-2-2 du code civil doit figurer dans le dispositif pour information de l'ODPF**.

b Dans le cadre du rétablissement de l'IFPA

L'IFPA peut ne pas avoir été mise en place à la suite de la fixation de la CEEE. Il peut aussi y avoir été mis fin par l'ODPF à la demande de l'un des parents, avec le consentement de l'autre. (avant dernier alinéa du II de l'article 373-2-2 du code civil). Chacun des parents conserve toutefois le droit de solliciter ultérieurement la mise en œuvre ou le rétablissement de l'IFPA.

La demande est alors présentée directement devant l'ODPF, qui met en œuvre l'IFPA sans pouvoir d'appréciation, sous réserve du respect des conditions fixées aux alinéas 6 à 8 du I de l'article L. 582-1 du code de la sécurité sociale (article 373-2-2, III, 1er alinéa du code civil).

Un **mécanisme dérogatoire** est cependant prévu lorsque l'**absence de mise en place de l'IFPA résulte d'une décision du juge qui l'a estimée incompatible avec la situation de l'une des parties ou les modalités d'exécution de la CEEE** (2° du II de l'article 373-2-2 du code de la sécurité sociale ; *cf. supra*), afin de respecter l'autorité de la chose jugée attachée à cette décision *[En ce qu'elle tranche* *tout ou partie du principal dans son dispositif, contrairement à la décision par laquelle à la décision constate le refus des deux parents et l'absence de mise en place de l'IFPA en résultant.]* (article 480 du code de procédure civile).

Les spécificités de ce mécanisme sont les suivantes :

— la demande de rétablissement **doit être formée devant le juge aux affaires familiales** – et non l'ODPF ;

— le demandeur au rétablissement de l'IFPA doit justifier d'un élément nouveau, qui s'apprécie au regard du/des motif(s) pour le(s)quel(s) le juge avait initialement estimé que l'IFPA était incompatible avec la situation des parties ou les modalités de l'exécution de la CEEE. Les parties devront donc produire cette précédente décision.

Lorsqu'elle est formée seule, la demande de rétablissement judiciaire de l'IFPA obéit à la procédure (orale) hors et après divorce prévue aux sections 1 et 3 du chapitre V du titre I du livre III du code de procédure civile. Cette demande **peut également être présentée accessoirement à une autre demande** (en divorce, séparation de corps, de mesures provisoires dans le cadre de la procédure de divorce ou de séparation de corps, relative aux modalités d'exercice de l'autorité parentale hors et après divorce, ou ordonnances de protection). **Elle suit alors les règles procédurales applicables à la demande principale.**

La demande de rétablissement peut concerner toutes les CEEE pour lesquelles l'IFPA avait été exclue par le juge ou seulement une partie d'entre elles (pour certains enfants uniquement).

La **procédure de rétablissement judiciaire n'est applicable que lorsque l'IFPA a été exclue par le juge postérieurement à l'entrée en vigueur de l'article 100 de la loi de financement de la sécurité sociale pour 2022** (1er mars 2022 pour les décisions judiciaires de divorce et 1er janvier 2023 pour les autres décisions judiciaires), en application du 2° du II de l'article 373-2-2 du code civil. Elle n'est pas applicable au rétablissement de l'IFPA en cas de rejet par le juge avant cette date d'une demande d'IFPA présentée par l'un des parents. Dans ce cas, le rétablissement de l'IFPA peut être sollicité par l'un des parents directement auprès de l'ODPF en application du premier alinéa du III de l'article 373-2-2 du code civil.

Exemple de dispositif en cas de rétablissement de l'IFPA

La formule suivante pourra être employée dans le :

"Dit que la contribution à l'entretien et à l'éducation de l'enfant IDENTITÉ DE L'ENFANT fixée par jugement/arrêt rendu par JURIDICTION le DATE DÉCISION par mois sera versée par PARENT DÉBITEUR à PARENT CRÉANCIER par l'intermédiaire de l'organisme débiteur des prestations familiales ;

"Rappelle que PARENT DÉBITEUR devra continuer à verser cette contribution entre les mains de PARENT CRÉANCIER jusqu'à la date de mise en œuvre effective de l'intermédiation financière qui lui sera notifiée par l'organisme débiteur des prestations familiales ;".

La décision à la suite de laquelle l'IFPA est mise en place est notifiée par le greffe, qui transmet également des informations à l'ODPF *via* le portail développé par l'Agence de recouvrement des impayés de pensions alimentaires (ARIPA). Ces démarches sont précisées par la fiche technique n° 2.

Une fois la transmission à l'ODPF réalisée, l'IFPA est instruite et mise en œuvre par ce dernier selon les modalités prévues par les articles L. 582-1 et R. 582-5 à R 582-10 du code de la sécurité sociale.

III Les modalités de versement et la revalorisation de la pension alimentaire dans le cadre de l'IFPA

a Les modalités de versement

A moins que la date ne soit fixée dans la décision judiciaire ou la convention homologuée par le juge, les modalités de versement de la pension alimentaire en cas d'IFPA sont fixées par l'article R. 582-7 du code de la sécurité sociale.

Ainsi, la pension alimentaire est prélevée sur le compte du parent débiteur ou versée par ce dernier à l'organisme le premier, le dixième ou le quinzième jour du mois au cours duquel la pension est due, au choix du débiteur. Compte tenu de ces dispositions, le juge n'est pas tenu, en cas d'intermédiation financière, de fixer dans sa décision l'échéance du versement, s'il n'est pas saisi d'une demande en ce sens.

La contribution est reversée au parent créancier au plus tard le lendemain de la réception effective de la pension par l'organisme débiteur ou le jour ouvré suivant le plus proche s'il s'agit d'un jour férié ou d'un jour non ouvré.

b La revalorisation

Lorsqu'il ordonne le versement d'une pension alimentaire, le juge en fixe les modalités de revalorisation.

Dans la convention homologuée par le juge, les parties sont libres de prévoir les modalités de revalorisation de la pension ou l'exclusion de toute revalorisation.

A défaut de toute clause dans la convention ou la décision judiciaire, la pension alimentaire sera revalorisée automatiquement par l'organisme débiteur des prestations familiales chaque année à la date anniversaire du titre prévoyant la pension alimentaire, en fonction de la variation de l'indice des prix à la consommation hors tabac France entière publié par l'Institut national de la statistique et des études économiques. L'indice initial est le dernier indice publié à la date du titre, et l'indice retenu pour procéder à la revalorisation est le dernier indice publié à la date de revalorisation de la pension (art. R. 582-7 du code de la sécurité sociale).

IV La cessation de l'IFPA

L'IFPA prend fin :

— en raison du décès de l'un des parents ;

— à la date prévue dans la convention homologuée ou dans la décision judiciaire, le cas échéant ;

— sur demande de l'un des parents adressée à l'l'ODPF, sous réserve du consentement de l'autre parent, sauf si l'IFPA a été mise en place dans un contexte de violences intrafamiliales ;

— lorsqu'un nouveau titre, porté à la connaissance de l'l'ODPF, supprime la pension alimentaire ou met fin à son intermédiation.

A compter de la cessation de l'IFPA, le débiteur verse la pension directement au créancier (III de l'article L. 582-1 du code de la sécurité sociale).

Fiche technique 2 : la notification de l'intermédiation financière et la transmission des informations à l'organisme débiteur des prestations familiales

Les conditions dans lesquelles l'intermédiation financière des pensions alimentaires (IFPA) est mise en place sont présentées dans la fiche technique 1. La décision doit ensuite être notifiée (I) et des informations doivent être transmises à l'organisme débiteur des prestations familiales (ODPF), CAF ou caisse de MSA (II).

I La notification de l'IFPA

L'article 1074-3 du code de procédure civile dispose que le **greffe notifie aux parties par lettre recommandée avec demande d'avis de réception la décision judiciaire ou la convention homologuée lorsque celle-ci fixe une CEEE sans exclure l'IFPA** (sur accord des parents ou décision du juge). Cette notification doit intervenir **quelle que soit la procédure à l'issue de laquelle la décision est rendue**.

L'article 678 du code de procédure civile, qui n'est pas modifié par le décret d'application de l'article 100 de la loi de financement de la sécurité de la sécurité sociale pour 2022, prévoit **que lorsque la représentation des parties par un avocat est obligatoire, le greffe remet une copie simple de la décision aux avocats constitués avant de la notifier aux parties**. Cette formalité remplace alors la notification préalable obligatoire de la décision entre avocats.

II La transmission des informations à l'ODPF

L'article 100 de la loi de financement de la sécurité sociale pour 2022 et son décret d'application **ne modifient ni le contenu ni les modalités de transmission à l'ARIPA des informations nécessaires à la mise en place de l'IFPA**. Le décret d'application précise que cette transmission est réalisée au moyen d'un téléservice mis en place par la Caisse nationale d'allocations familiales, ce qui est déjà le cas actuellement.

L'article 1074-4 du code de procédure civile énumère les pièces et les informations que le greffe doit transmettre à l'ODPF dans un délai déterminé.

Dans un délai de 6 semaines courant à compter de la notification de la décision aux parties, le greffe transmet à l'ODPF :

— un extrait exécutoire de la décision (en cas de rétablissement de l'IFPA, il s'agit uniquement de l'extrait exécutoire de la décision l'ayant ordonné (le greffe n'ayant pas à transmettre à l'ODPF l'extrait exécutoire de la décision ayant antérieurement fixé la CEEE concernée, dont la copie sera sollicitée par l'ODPF auprès des parents) ou une copie exécutoire de la convention homologuée ;

— un avis d'avoir à procéder par voie de signification lorsque l'avis de réception de la lettre de notification aux parties n'a pas été signé dans les conditions prévues à l'article 670 du code de procédure civile *[C'est-à-dire que l'avis de réception de la lettre de notification n'a été signé ni par son desti-*

nataire ni par une personne munie d'un pouvoir à cet effet.]. La faculté pour l'ODPF de faire signifier la décision se cumule avec celle des parties, ce qui impose l'envoi de deux (ou trois s'il est envoyé aux deux parties) avis d'avoir à procéder par voie de signification distincts. Afin d'éviter une double signification par les parties et par l'ODPF, l'article R. 582-5 du code de la sécurité sociale prévoit que lorsqu'il engage la procédure d'IFPA, l'ODPF invite les parties à l'informer de ce qu'elles ont fait signifier la décision.

Par ailleurs, dans un délai de 7 jours courant à compter du prononcé de la décision, le greffe transmet à l'ODPF, de manière dématérialisée via un portail dédié développé par l'ARIPA (www.pension-alimentaire.caf.fr), les informations suivantes nécessaires à l'instruction et à la mise en œuvre de l'IFPA :

◆ **informations obligatoires :**

— les nom de naissance, nom d'usage le cas échéant, prénoms, date et lieu de naissance des parents ;

— les noms de naissance et prénoms de chacun de leurs enfants au titre desquels une CEEE a été fixée (sous forme d'une pension alimentaire versée en numéraire et pour laquelle l'IFPA n'a pas été exclue) ;

— le nombre total d'enfants au titre desquels est prévu le versement de ces pensions alimentaires et leur montant total des pensions correspondantes ;

— le nom de la juridiction qui a rendu la décision conduisant à la mise en place de l'IFPA (en cas de rétablissement judiciaire de l'IFPA, il s'agit du nom de la juridiction qui a rendu cette décision de rétablissement) ;

— les date, nature et numéro de la minute de cette décision (en cas de rétablissement judiciaire de l'IFPA, il s'agit des date, nature et numéro de la minute de cette décision de rétablissement) ;

— le montant mensuel par enfant de la pension alimentaire et sa date d'effet ;

— pour chaque enfant, l'indication, selon le cas, que :

o la décision ou la convention homologuée fixant la pension ne contient aucune indication sur la revalorisation de la pension ;

o la revalorisation de la pension est expressément exclue dans la décision ou la convention homologuée fixant la pension ;

o la décision ou la convention homologuée fixant la pension prévoit une revalorisation de la pension et, dans cette hypothèse :

. le type et la valeur de l'indice de revalorisation ;

. la date de la première revalorisation ;

. le cas échéant les modalités d'arrondi du montant de la pension ;

— le cas échéant, les informations relatives à la date à laquelle le versement de la pension alimentaire ou l'IFPA prennent fin ;

— l'indication selon laquelle, il ne pourra être mis fin à l'IFPA sur demande de l'un des parents, même avec le consentement de l'autre parent, dès lors que l'une des parties a produit au cours de l'instance :

o une plainte ou une condamnation pénale déposée ou prononcée à l'encontre du parent débiteur pour des faits de menaces ou de violences sur le parent créancier ou l'enfant ;

o ou une décision de justice concernant le parent débiteur et mentionnant de telles menaces ou violences dans ses motifs ou son dispositif *[Sur ces notions cf. les développements.]*.

La transmission de cette information :

— est essentielle en ce qu'elle détermine le régime ultérieur de l'IFPA : en cas de violences intrafamiliales, il ne pourra être mis fin à l'IFPA, même en cas d'accord des parties. Cette mesure vise à éviter toute pression exercée sur le parent créancier par le parent débiteur violent ;

— est réalisée lors de la mise en place de l'IFPA, que celle-ci soit mentionnée dans le dispositif (mise en place malgré le refus des deux parents *[Cf. II.a.ii.2.]*, rétablissement judiciaire de l'IFPA *[Cf. II.b.]*) ou non (IFPA de plein droit en l'absence de refus des deux parents et d'exclusion par le juge) ;

— prend la forme d'une case à cocher par le greffe sur le portail informatique mis en place par l'ARIPA.

Il est recommandé au magistrat d'indiquer au greffe, par une mention sur la cote du dossier, qu'il devra cocher cette case, afin d'éviter au greffe d'avoir à rechercher et analyser les pièces produites par les parties.

◆ **informations facultatives, (si elles sont connues) :**

— le cas échéant, l'indication selon laquelle le créancier ou le débiteur relève du régime agricole de sécurité sociale ;

— les adresses postales du débiteur et du créancier ;

— les numéros de téléphone respectifs du débiteur et du créancier ;
— les adresses courriels respectives du débiteur et du créancier.

Ces règles sont **applicables à la décision de rétablissement judiciaire de l'IFPA**, de sorte que dans ce cas le greffe doit transmettre à l'ODPF :
— l'extrait exécutoire de la seule décision de rétablissement de l'IFPA (et non celui de la décision ayant en dernier lieu fixé la CEEE) ;
— le cas échéant, un avis d'avoir à procéder par voie de signification pour la décision de rétablissement ;
— *via* le portail informatique de l'ARIPA les informations listées à l'article 1074-4 du code de procédure civile, selon les précisions suivantes :
→ la plupart de ces informations seront à rechercher dans la décision ayant en dernier lieu fixé la pension alimentaire (qui devra être produite par les parties) ;
→ les informations relatives au nom de la juridiction qui a rendu la décision conduisant à la mise en place de l'IFPA et aux date, nature et numéro de la minute de cette décision renvoient à la décision de rétablissement judiciaire de l'IFPA et non à celle ayant antérieurement fixé la CEEE objet de l'intermédiation.

Une fois la transmission à l'ODPF réalisée, l'IFPA est instruite et mise en œuvre par ce dernier selon les modalités prévues par les articles L. 582-1 et R. 582-5 à R 582-10 du code de la sécurité sociale.

Fiche technique 3 : l'intermédiation financière de la pension alimentaire mise en place à la suite d'un titre exécutoire extrajudiciaire

L'article 100 de la loi n° 2021-1754 du 23 décembre 2021 de financement de la sécurité sociale pour 2022 et son décret d'application n° 2022-259 du 25 février 2022 relatif à la généralisation de l'intermédiation financière du versement des pensions alimentaires ont rendu systématique l'intermédiation financière des pensions alimentaires (IFPA) pour toute contribution à l'entretien et à l'éducation d'un enfant fixée en tout ou partie en numéraire, par un titre exécutoire extrajudiciaire, en particulier par :
— une convention de divorce par consentement mutuel par acte sous signature privé contresigné par avocats, déposé au rang des minutes d'un notaire,
— un acte d'avocats revêtu de la formule exécutoire,
— un acte reçu en la forme authentique par un notaire.

I Objet

Dans le cadre de l'IFPA, le parent débiteur verse la pension alimentaire à l'organisme débiteur des prestations familiales (ODPF) qui la reverse au parent créancier.
En cas d'impayé, l'ODPF sera subrogé dans les droits du parent créancier. Il engagera une procédure de recouvrement forcé si le parent débiteur ne régularise pas sa situation, après avoir été invité à le faire par l'ODPF, et versera au parent créancier éligible l'allocation de soutien familial (ASF).

II Champ d'application de l'IFPA

a L'IFPA de plein droit

L'IFPA est systématiquement mise en place pour la partie numéraire de toute contribution à l'entretien et à l'éducation d'un enfant (CEEE) mineur ou majeur, versée au parent créancier *[L'IFPA ne sera pas mise en place lorsque l'acte prévoit, en application de l'article 373-2-5 du code civil, le versement de la CEEE en totalité entre les mains de l'enfant majeur au titre duquel elle est fixée.]*, fixée par une convention de divorce par consentement mutuel par acte sous signature privé contresigné par avocats déposé au rang des minutes d'un notaire, un acte d'avocats revêtu de la formule exécutoire ou un acte reçu en la forme authentique par un notaire.
L'IFPA constitue un effet de la loi attaché de plein droit à la fixation ou à la révision d'une CEEE fixée en tout ou partie en numéraire. Pour être mise en place, elle **n'a** donc **plus à être mentionnée** dans ces titres extrajudiciaires.
Il pourra être utilement rappelé aux parties qu'en l'absence de refus clair et non équivoque de leur part, l'IFPA sera mise en place, et que tant que l'intermédiation n'est pas effectivement mise en œuvre, le débiteur est tenu de verser la pension directement au créancier (III de l'article L. 582-1 du code de la sécurité sociale).

b La possibilité d'écarter l'IFPA dans un titre extrajudiciaire

1 Principe : la faculté pour les deux parents de refuser l'IFPA

L'IFPA ne sera **pas mise en place en cas de refus des deux parents, sous réserve de l'absence de violences intrafamiliales** *[Cf. II.b.2.]*. En revanche, le refus exprimé par un seul des parents est insuffisant à faire obstacle à l'IFPA.

Si le décret d'application ne soumet le refus de l'IFPA par les des deux parents à aucun formalisme particulier, celui-ci **doit être mentionné** dans la convention de divorce par consentement mutuel par acte sous signature privé contresigné par avocats, déposé au rang des minutes d'un notaire, l'acte d'avocats revêtu de la formule exécutoire, ou l'acte notarié.

Il doit être **exprimé clairement et sans équivoque**.

Les avocats ou notaires doivent s'assurer du caractère libre et éclairé du refus de l'IFPA par chacun des parents, et pourront utilement leur rappeler qu'ils pourront ultérieurement demander à l'ODPF de mettre en œuvre cette intermédiation *[Cf. II.b.3.]*.

2 Exception : en cas de violences intrafamiliales

Toutefois, **les parents ne pourront pas écarter l'IFPA lorsque l'une des parties aura produit, au cours de la procédure et des échanges conduisant à l'établissement de la convention de divorce, de l'acte d'avocats ou de l'acte notarié** :

— soit une **plainte** déposée à l'encontre du parent débiteur pour des faits de menaces ou de violences sur le parent créancier ou l'enfant ;

— soit une **condamnation pénale** prononcée à l'encontre du parent débiteur pour les mêmes faits ;

— soit une **décision de justice** concernant le parent débiteur et **mentionnant** de telles menaces ou violences dans ses motifs ou son dispositif.

> La notion de décision de justice concernant le parent débiteur s'entend de toute décision judiciaire, civile ou pénale, rendue au cours ou à l'issue d'une instance à laquelle le parent débiteur était partie. Cette décision doit "mentionner", dans ses motifs ou son dispositif, les faits de menaces ou violences précités. La simple mention de tels faits dans l'exposé du litige, notamment au titre des moyens et arguments des parties, n'est pas suffisante.

Seule la production de l'une de ces trois pièces est prise en compte, ce qui exclut de simples allégations.

Les faits objets de la plainte, de la condamnation ou de la décision de justice concernant le parent débiteur doivent **cumulativement** :

— consister en :

o l'une des infractions prévues par la section 1 du chapitre II du titre II du livre II du code pénal (atteintes volontaires à l'intégrité de la personne) ;

o une autre infraction aggravée au motif qu'elle a été précédée, accompagnée ou suivie de violences sur la personne de la créancière.

— être imputés au parent débiteur (les violences qui seraient imputées au parent créancier ne sont pas prises en compte à ce titre) ;

— viser, en qualité de victime, le parent créancier ou l'enfant au titre duquel la CEEE objet de l'IFPA a été fixée.

Si l'ensemble de ces conditions est réuni :

— **le titre extrajudiciaire devra l'indiquer**, par exemple par l'emploi de la formule suivante : *"dans le cadre de la procédure conduisant à l'établissement de la présente convention/du présent acte, le parent créancier a produit une plainte déposée ou une condamnation prononcée à l'encontre du parent débiteur pour des faits de menaces ou de violences volontaires sur le parent créancier ou l'enfant ou une décision de justice concernant le parent débiteur et mentionnant de telles menaces ou violences dans ses motifs ou son dispositif"* ;

— les parents seront tenus de mettre en œuvre l'IFPA.

3 La possibilité de mise en place ultérieure de l'IFPA

L'IFPA peut ne pas avoir été mise en place à la suite de la fixation de la CEEE par un titre exécutoire extrajudiciaire (refus des deux parents). Il peut aussi y avoir été mis fin par l'ODPF à la demande de l'un des parents, avec le consentement de l'autre (avant dernier alinéa du II de l'article 373-2-2 du code civil). Chacun des parents conserve toutefois le droit de solliciter ultérieurement la mise en œuvre ou le rétablissement de l'IFPA.

La demande est alors présentée directement devant l'ODPF, qui met en œuvre l'IFPA sans pouvoir d'appréciation, sous réserve du respect des conditions fixées aux alinéas 6 à 8 du I de l'article L. 582-1 du code de la sécurité sociale (article 373-2-2, III, 1er alinéa du code civil).

III Rôle de l'avocat du créancier ou du notaire

L'article 100 de la loi de financement de la sécurité sociale pour 2022 et son décret d'application **ne modifient ni le contenu ni les modalités de transmission à l'ARIPA des informations nécessaires à la mise en place de l'IFPA**. Le décret d'application précise que cette transmission est réalisée au moyen d'un téléservice mis en place par la Caisse nationale d'allocations familiales, ce qui est déjà le cas actuellement.

L'avocat du créancier, en cas de divorce par consentement mutuel extrajudiciaire ou d'acte d'avocats revêtu de la formule exécutoire, ou le notaire, en cas d'acte notarié, **doit transmettre à l'ODPF l'ensemble des informations nécessaires à la mise en œuvre de l'IFPA**.

⇒ **Liste des informations à transmettre :**

— un exemplaire de la convention de divorce par consentement mutuel ou une copie exécutoire de l'acte d'avocats revêtu de la formule exécutoire ou de l'acte reçu en la forme authentique par en notaire qui fixe une CEEE sans écarter l'IFPA ; une fois cette transmission réalisée, l'avocat du créancier ou le notaire doit en informer les parties, par tout moyen ;

— pour le divorce par consentement mutuel extrajudiciaire : une attestation de dépôt délivrée par le notaire ;

— les informations strictement nécessaires à l'instruction et à la mise en œuvre de l'IFPA, dont la liste figure désormais à l'article R. 582-4-1 du CSS et qui se décomposent en deux catégories :

o des informations obligatoires :

◆ les nom de naissance, nom d'usage le cas échéant, prénoms, date et lieu de naissance des parents ;

◆ les noms de naissance et prénoms de chacun de leurs enfants au titre desquels une CEEE a été fixée (sous forme d'une pension alimentaire versée en numéraire et pour laquelle l'IFPA n'a pas été exclue) ;

◆ le nombre total d'enfants au titre desquels est prévu le versement de ces pensions alimentaires et leur montant total des pensions correspondantes ;

◆ le montant mensuel par enfant de la pension alimentaire et sa date d'effet ;

◆ le cas échéant, les informations relatives à la date à laquelle le versement de la pension alimentaire ou l'intermédiation financière prennent fin ;

◆ le cas échant, l'information selon laquelle l'une des parties a produit, dans le cadre de la procédure conduisant à l'émission du titre exécutoire, soit une plainte déposée ou une condamnation prononcée à l'encontre du parent débiteur pour des faits de menaces ou de violences volontaires sur le parent créancier ou l'enfant, soit une décision de justice concernant le parent débiteur et mentionnant de telles menaces ou violences dans ses motifs ou son dispositif.

> La transmission de cette information est essentielle en ce qu'elle détermine le régime ultérieur de l'IFPA : en cas de violences intrafamiliales, il ne pourra être mis fin à l'IFPA, même en cas d'accord des parties. Cette mesure vise à éviter toute pression exercée sur le parent créancier par le parent débiteur violent.

◆ le nom et les coordonnées de l'avocat du créancier ou du notaire ;

◆ la date et la nature (convention de divorce par consentement mutuel par acte sous signature privé contresigné par avocats déposé au rang des minutes d'un notaire, acte d'avocats revêtu de la formule exécutoire, ou acte reçu en la forme authentique par un notaire) du titre exécutoire ;

◆ sous réserve que les parents donnent leur accord, leurs coordonnées bancaires respectives qui figurent sur un relevé d'identité bancaire ou postal, datant de moins de trois mois ;

o des informations facultatives (lorsqu'elles sont connues de l'avocat du créancier ou du notaire) :

◆ le cas échéant, l'indication selon laquelle le créancier ou le débiteur relève du régime agricole de sécurité sociale ;

◆ les adresses postales du débiteur et du créancier ;

◆ les numéros de téléphone respectifs du débiteur et du créancier ;

◆ les adresses courriels respectives du débiteur et du créancier ;

◆ la date et le lieu de naissance de chacun de leurs enfants au titre desquels une CEEE a été fixée (sous forme d'une pension alimentaire versée en numéraire et pour laquelle l'IFPA n'a pas été exclue) ;

⇒ **Les modalités et délai de transmission :**

Ces informations sont transmises par l'avocat du créancier ou le notaire à l'ODPF par voie dématérialisée *via* un portail dédié développé par l'Agence de recouvrement des impayés des pensions alimentaires (https://www.pension-alimentaire.caf.fr/) dans un délai de sept jours qui court :

— pour les conventions de divorce par consentement mutuel par acte sous signature privé contresigné par avocats déposé au rang des minutes d'un notaire : à compter de la réception de l'attestation de dépôt au rang des minutes du notaire ;
— pour les actes d'avocats revêtu de la formule exécutoire : à compter de la date à laquelle le greffe remet l'acte revêtu de la formule exécutoire ;
— pour les actes reçus en la forme authentique par un notaire : à compter de la réception de l'acte.
Pour ce faire, l'avocat du créancier veille à établir un exemplaire supplémentaire de la convention de DCM prévoyant l'IFPA (article 1145 du code de procédure civile).
Une fois la transmission à l'ODPF réalisée, l'IFPA est instruite et mise en œuvre par ce dernier selon les modalités prévues par les articles L. 582-1 et R. 582-5 à R[.] 582-10 du code de la sécurité sociale.

IV Les modalités de versement et la revalorisation de la pension alimentaire dans le cadre de l'IFPA

a Les modalités de versement

Les modalités de versement de la pension alimentaire en cas d'IFPA sont fixées par l'article R. 582-7 du code de la sécurité sociale.
Ainsi, la pension alimentaire est prélevée sur le compte du parent débiteur ou versée par ce dernier à l'organisme le premier, le dixième ou le quinzième jour du mois au cours duquel la pension est due, au choix du débiteur.
La contribution est reversée au parent créancier au plus tard le lendemain de la réception effective de la pension par l'organisme débiteur ou le jour ouvré suivant le plus proche s'il s'agit d'un jour férié ou d'un jour non ouvré.

b La revalorisation

La pension alimentaire est revalorisée automatiquement par l'organisme débiteur des prestations familiales chaque année à la date anniversaire du titre prévoyant la pension alimentaire, en fonction de la variation de l'indice des prix à la consommation hors tabac France entière publié par l'Institut national de la statistique et des études économiques. Il est recommandé, pour la bonne information de toutes les parties, de le rappeler dans la convention, l'acte d'avocats ou l'acte notarié. L'indice initial est le dernier indice publié à la date du titre et l'indice retenu pour procéder à la revalorisation est le dernier indice publié à la date de revalorisation de la pension (article R. 582-7 du code de la sécurité sociale).

V La cessation de l'IFPA

L'IFPA prend fin :
— en raison du décès de l'un des parents ;
— à la date prévue dans la convention homologuée ou dans la décision judiciaire, le cas échéant ;
— sur demande de l'un des parents adressée à l'ODPF, sous réserve du consentement de l'autre parent, sauf si l'IFPA a été mise en place dans un contexte de violences intrafamiliales ;
— lorsqu'un nouveau titre, porté à la connaissance de l'l'ODPF, supprime la pension alimentaire ou met fin à son intermédiation.

F Droit européen et international

BIBL. ▸ Castex, *LPA 8 oct. 1997, p. 12* (le recouvrement des aliments à l'étranger). - E. Guinchard, *AJ fam. 2006. 62* (le créancier d'aliments et le droit international privé de l'exécution). - Le Fur, *Rev. huissiers 1998. 460* (ressortissants et/ou jugements étrangers : le recouvrement en France des créances alimentaires).

1 Droit européen

Règlement (CE) du Conseil n° 4/2009 du 18 décembre 2008,

Relatif à la compétence, la loi applicable, la reconnaissance et l'exécution des décisions et la coopération en matière d'obligations alimentaires (JOUE 10 janv. 2009, L. 7, p. 1).

Sur l'entrée en vigueur, V. art. 76.

Sur les conséquences du divorce par consentement mutuel conventionnel, V. Circ. du 26 janv. 2017, fiche n° 10, ss. C. civ., art. 229-4.

BIBL. ▸ Dossier, *AJ fam. 2009. 100* ; *ibid. 2011. 236* (recouvrement des pensions alimentaires dans l'Union européenne). - ANCEL et MUIR WATT, *Rev. crit. DIP 2010. 457.* - DOUCHY-OUDOT, *Mél. J. Isnard, EJT 2009, p. 51.* - FARGE, *Dr. fam. 2011. Études 18 et 20* (promotion transfrontière du droit à obtenir des aliments). - HAMOU, *Gaz. Pal. 4-6 oct. 2015, p. 11* (la notion de résidence habituelle en droit international privé). - IDOT, *Europe 2009. Comm. 141.* - JAULT-SESEKE, *D. 2009. Pan. 1562* . - JEULAND, *JCP 2009. I. 142, n° 18.* - JOUBERT, *Dr. fam. 2018. Dossier 3* (la mise en œuvre de l'obligation alimentaire en présence d'un élément d'extranéité dans les relations entre parents et enfants). - LAVRIC, *D. 2009. AL 156* . - MECARELLI, *Dr. et pr. févr. 2009, suppl. Droit des procédures internationales.* - NOURISSAT, *Procédures 2009. Étude 5.* - OUDIN, *RJPF 06/2009. 8.* - SALORD, *AJ fam. 2009. 29* .

LE CONSEIL DE L'UNION EUROPÉENNE,

Vu le traité instituant la Communauté européenne, et notamment son article 61, point c) et son article 67, paragraphe 2,

Vu la proposition de la Commission,

Vu l'avis du Parlement européen, — *Avis rendu le 13 déc. 2007 (non encore paru au JO) et avis rendu le 4 déc. 2008 à la suite d'une nouvelle consultation (non encore paru au JO).*

Vu l'avis du Comité économique et social européen, — *Avis rendu à la suite d'une consultation non obligatoire (JO C 185 du 8 août 2006, p. 35).*

Considérant ce qui suit :

(1) La Communauté s'est donné pour objectif de maintenir et de développer un espace de liberté, de sécurité et de justice au sein duquel est assurée la libre circulation des personnes. Pour la mise en place progressive de cet espace, la Communauté doit adopter, entre autres, des mesures relevant du domaine de la coopération judiciaire dans les matières civiles ayant des incidences transfrontalières, dans la mesure nécessaire au bon fonctionnement du marché intérieur.

(2) Conformément à l'article 65, point b), du traité, ces mesures doivent viser, entre autres, à favoriser la compatibilité des règles applicables dans les États membres en matière de conflits de lois et de compétence.

(3) A cet égard, la Communauté a déjà adopté, entre autres mesures, le règlement (CE) n° 44/2001 du Conseil du 22 décembre 2000 concernant la compétence judiciaire, la reconnaissance et l'exécution des décisions en matière civile et commerciale, la décision 2001/470/CE du Conseil du 28 mai 2001 relative à la création d'un réseau judiciaire européen en matière civile et commerciale, le règlement (CE) n° 1206/2001 du Conseil du 28 mai 2001 relatif à la coopération entre les juridictions des États membres dans le domaine de l'obtention des preuves en matière civile et commerciale, la directive 2003/8/CE du Conseil du 27 janvier 2003 visant à améliorer l'accès à la justice dans les affaires transfrontalières par l'établissement de règles minimales communes relatives à l'aide judiciaire accordée dans le cadre de telles affaires, le règlement (CE) n° 2201/2003 du Conseil du 27 novembre 2003 relatif à la compétence, la reconnaissance et l'exécution des décisions en matière matrimoniale et en matière de responsabilité parentale, le règlement (CE) n° 805/2004 du Parlement européen et du Conseil du 21 avril 2004 portant création d'un titre exécutoire européen pour les créances incontestées et le règlement (CE) n° 1393/2007 du Parlement européen et du Conseil du 13 novembre 2007 relatif à la signification et à la notification dans les États membres des actes judiciaires et extrajudiciaires en matière civile ou commerciale ("signification ou notification des actes"). — *V. Règl. (CE) n° 44/2001 du Conseil du 22 déc 2000.* — ***C. pr. civ.*** — *V. Décis. 2001/470/CE du Conseil du 28 mai 2001, JO L 174 du 27.6.2001, p. 25.* — *V. Règl. (CE) n° 1206/2001 du Conseil du 28 mai 2001, JO L 174 du 27.6.2001, p. 1,* ***C. pr. civ.*** — *V. Dir. 2003/8/CE du Conseil du 27 janv. 2003,* ***C. pr. civ.*** — *V. Règl. (CE) n° 2201/2003 du Conseil du 27 nov. 2003, App., XII. Droit international.* — *V. Règl. (CE) n° 805/2004 du Parlement européen et du Conseil du 21 avr. 2004,* ***C. pr. civ.*** — *V. Règl. (CE) n° 1393/2007 du Parlement européen et du Conseil du 13 nov. 2007,* ***C. pr. civ.***

(4) Le Conseil européen, réuni à Tampere les 15 et 16 octobre 1999, a invité le Conseil et la Commission à établir des règles de procédure communes spéciales en vue

de simplifier et d'accélérer le règlement des litiges transfrontaliers concernant entre autres les créances alimentaires. Il a aussi appelé à la suppression des mesures intermédiaires requises pour permettre la reconnaissance et l'exécution dans l'État requis d'une décision rendue dans un autre État membre, notamment d'une décision concernant une créance alimentaire.

(5) Un programme de mesures sur la mise en œuvre du principe de reconnaissance mutuelle des décisions en matière civile et commerciale *[JO C 12 du 15.1.2001, p. 1.]*, commun à la Commission et au Conseil, a été adopté le 30 novembre 2000. Ce programme prévoit la suppression de la procédure d'exequatur pour les créances alimentaires dans le but de rendre plus efficaces les moyens dont les créanciers d'aliments disposent pour faire respecter leurs droits.

(6) Le Conseil européen, réuni à Bruxelles les 4 et 5 novembre 2004, a adopté un nouveau programme, intitulé "Le programme de La Haye : renforcer la liberté, la sécurité et la justice dans l'Union européenne" (ci-après dénommé "le programme de La Haye") *[JO C 53 du 3.3.2005, p. 1.]*.

(7) Le Conseil a adopté, lors de sa session des 2 et 3 juin 2005, un plan d'action du Conseil et de la Commission *[JO C 198 du 12.8.2005, p. 1.]* qui traduit le programme de La Haye en actions concrètes et qui mentionne la nécessité d'adopter des propositions sur les obligations alimentaires.

(8) Dans le cadre de la Conférence de La Haye de droit international privé, la Communauté et ses États membres ont participé à des négociations qui ont abouti le 23 novembre 2007 à l'adoption de la convention sur le recouvrement international des aliments destinés aux enfants et à d'autres membres de la famille (ci-après dénommée "la convention de La Haye de 2007") et du protocole sur la loi applicable aux obligations alimentaires (ci-après dénommé "le protocole de La Haye de 2007"). Il convient, dès lors, de tenir compte de ces deux instruments dans le cadre du présent règlement. – *V. JO L 281 du 23.11.1995, p. 31.*

(9) Un créancier d'aliments devrait être à même d'obtenir facilement, dans un État membre, une décision qui sera automatiquement exécutoire dans un autre État membre sans aucune autre formalité.

(10) Afin d'atteindre cet objectif, il est opportun de créer un instrument communautaire en matière d'obligations alimentaires regroupant les dispositions sur les conflits de juridictions, les conflits de lois, la reconnaissance et la force exécutoire, l'exécution, l'aide judiciaire et la coopération entre autorités centrales.

(11) Le champ d'application du présent règlement devrait s'étendre à toutes les obligations alimentaires découlant de relations de famille, de parenté, de mariage ou d'alliance, et ce afin de garantir une égalité de traitement entre tous les créanciers d'aliments. Aux fins du présent règlement, la notion d'"obligation alimentaire" devrait être interprétée de manière autonome.

(12) Afin de prendre en compte les différentes façons de régler les questions relatives aux obligations alimentaires dans les États membres, le présent règlement devrait s'appliquer tant aux décisions juridictionnelles qu'aux décisions rendues par des autorités administratives, pour autant que ces autorités offrent des garanties notamment en ce qui concerne leur impartialité et le droit des parties à être entendues. Ces autorités devraient dès lors appliquer toutes les règles du présent règlement.

(13) Pour les raisons énoncées ci-dessus, il convient également dans le présent règlement d'assurer la reconnaissance et l'exécution des transactions judiciaires et des actes authentiques, sans que cela n'affecte le droit de l'une ou l'autre partie à une telle transaction ou à un tel acte à contester de tels instruments devant une juridiction de l'État membre d'origine.

(14) Il convient de prévoir dans le présent règlement que le terme "créancier" inclut, aux fins d'une demande de reconnaissance et d'exécution d'une décision en matière d'obligations alimentaires, les organismes publics qui ont le droit d'agir en lieu et place d'une personne à laquelle des aliments sont dus ou de demander le remboursement de prestations fournies au créancier à titre d'aliments. Lorsqu'un organisme public agit en

cette qualité, il devrait avoir droit aux mêmes services et à la même aide judiciaire qu'un créancier.

(15) Afin de préserver les intérêts des créanciers d'aliments et de favoriser une bonne administration de la justice au sein de l'Union européenne, les règles relatives à la compétence telles qu'elles résultent du règlement (CE) n° 44/2001 devraient être adaptées. La circonstance qu'un défendeur a sa résidence habituelle dans un État tiers ne devrait plus être de nature à exclure l'application des règles communautaires de compétence, et plus aucun renvoi aux règles de compétence du droit national ne devrait désormais être envisagé. Il y a donc lieu de déterminer dans le présent règlement les cas dans lesquels une juridiction d'un État membre peut exercer une compétence subsidiaire.

(16) Afin de remédier tout particulièrement à des situations de déni de justice, il y a lieu de prévoir dans le présent règlement un forum necessitatis permettant à une juridiction d'un État membre, dans des cas exceptionnels, de connaître d'un litige qui présente un lien étroit avec un État tiers. Un tel cas exceptionnel pourrait être constitué lorsqu'une procédure se révèle impossible dans l'État tiers concerné, par exemple en raison d'une guerre civile, ou lorsqu'on ne peut raisonnablement attendre du demandeur qu'il introduise ou conduise une procédure dans cet État. La compétence fondée sur le forum necessitatis ne pourrait cependant être exercée que si le litige présente un lien suffisant avec l'État membre de la juridiction saisie, comme par exemple la nationalité d'une des parties.

(17) Une règle de compétence supplémentaire devrait prévoir que, sauf conditions particulières, une procédure pour modifier une décision alimentaire existante ou obtenir une nouvelle décision ne peut être introduite par le débiteur que dans l'État dans lequel le créancier avait sa résidence habituelle lorsque la décision a été rendue et dans lequel il continue à résider habituellement. Afin d'assurer une bonne articulation entre la convention de La Haye de 2007 et le présent règlement, il convient d'appliquer aussi cette règle aux décisions d'un État tiers partie à ladite convention, dans la mesure où celle-ci est en vigueur entre l'État concerné et la Communauté, et couvre les mêmes obligations alimentaires dans l'État concerné et dans la Communauté. — *V. Conv. de La Haye du 23 nov. 2007.*

(18) Aux fins de l'application du présent règlement, il convient de prévoir qu'en Irlande, la notion de "nationalité" est remplacée par la notion de "domicile", de même qu'au Royaume-Uni, pour autant que le présent règlement soit applicable dans cet État membre en vertu de l'article 4 du protocole sur la position du Royaume-Uni et de l'Irlande annexé au traité sur l'Union européenne et au traité instituant la Communauté européenne.

(19) Afin d'accroître la sécurité juridique, la prévisibilité et l'autonomie des parties, le présent règlement devrait permettre aux parties de choisir d'un commun accord la juridiction compétente en fonction de facteurs de rattachement déterminés. Pour assurer la protection de la partie faible, une telle élection de for devrait être exclue pour les obligations alimentaires à l'égard d'un enfant de moins de dix-huit ans.

(20) Il convient de prévoir dans le présent règlement que, pour les États membres liés par le protocole de La Haye de 2007, les dispositions en matière de règles de conflit de lois applicables sont celles prévues par ledit protocole. À cet effet, une disposition qui renvoie audit protocole devrait être insérée. Le protocole de La Haye de 2007 sera conclu par la Communauté en temps utile pour permettre l'application du présent règlement. Pour tenir compte de l'hypothèse dans laquelle le protocole de La Haye de 2007 ne s'appliquerait pas à tous les États membres, il convient de distinguer aux fins de la reconnaissance, de la force exécutoire et de l'exécution de décisions, les États membres qui sont liés par le protocole de La Haye de 2007 de ceux qui ne le sont pas. — *V. Conv. de La Haye du 23 nov. 2007.*

(21) Il convient de préciser dans le cadre du présent règlement que ces règles de conflit de lois ne déterminent que la loi applicable aux obligations alimentaires et ne déterminent pas la loi applicable à l'établissement des relations de famille sur lesquelles se fondent les obligations alimentaires. L'établissement des relations de famille

continue à relever du droit national des États membres, en ce compris leurs règles de droit international privé.

(22) Afin d'assurer le recouvrement rapide et efficace d'une créance alimentaire et de prévenir les recours dilatoires, les décisions en matière d'obligations alimentaires rendues dans un État membre devraient, en principe, être assorties de la force exécutoire par provision. Il convient dès lors de prévoir dans le présent règlement que la juridiction d'origine devrait pouvoir déclarer la décision exécutoire par provision même si le droit national ne prévoit pas la force exécutoire de plein droit et même si un recours a été ou pourrait encore être formé contre la décision selon le droit national.

(23) Pour limiter les coûts liés aux procédures régies par le présent règlement, il serait utile d'avoir recours autant que possible aux technologies modernes de communication, notamment lors de l'audition des parties.

(24) Les garanties apportées par l'application des règles de conflit de lois devraient justifier que les décisions en matière d'obligations alimentaires rendues dans un État membre lié par le protocole de La Haye de 2007 soient reconnues et jouissent de la force exécutoire dans tous les autres États membres sans qu'aucune procédure ne soit requise et sans qu'aucune forme de contrôle sur le fond ne soit effectuée dans l'État membre d'exécution. — *V. Conv. de La Haye du 23 nov. 2007.*

(25) La reconnaissance dans un État membre d'une décision en matière d'obligations alimentaires a pour seul objet de permettre le recouvrement de la créance alimentaire déterminée dans la décision. Elle n'implique pas la reconnaissance par cet État membre des relations de famille, de parenté, de mariage ou d'alliance qui sont à l'origine des obligations alimentaires ayant donné lieu à la décision.

(26) Pour les décisions rendues dans un État membre non lié par le protocole de La Haye de 2007, il y a lieu de prévoir dans le présent règlement une procédure de reconnaissance et de déclaration constatant la force exécutoire. Cette procédure devrait s'inspirer de la procédure et des motifs de refus de reconnaissance prévus par le règlement (CE) n° 44/2001. Afin d'accélérer la procédure et de permettre au créancier de recouvrer rapidement sa créance, il convient de prévoir que la juridiction saisie devrait rendre sa décision dans des délais déterminés, sauf circonstances exceptionnelles.

(27) Il convient également de limiter le plus possible les formalités d'exécution de nature à alourdir les frais à la charge du créancier d'aliments. À cet effet, le présent règlement devrait prévoir que le créancier d'aliments n'est pas tenu d'avoir une adresse postale ni un représentant autorisé dans l'État membre d'exécution, sans qu'il soit par ailleurs porté atteinte à l'organisation interne des États membres en matière de procédures d'exécution.

(28) Afin de limiter les frais liés aux procédures d'exécution, aucune traduction ne devrait être requise, sauf si l'exécution est contestée et sans préjudice des règles applicables à la signification et à la notification des actes.

(29) Afin de garantir le respect des exigences du procès équitable, il y a lieu de prévoir dans le présent règlement le droit pour un défendeur qui n'aurait pas comparu devant la juridiction d'origine d'un État membre lié par le protocole de La Haye de 2007 de demander, au stade de l'exécution de la décision rendue contre lui, le réexamen de celle-ci. Toutefois, le défendeur devrait demander ce réexamen dans un délai déterminé qui devrait courir au plus tard à compter du jour où, au stade de la procédure d'exécution, ses biens sont rendus indisponibles pour la première fois en tout ou partie. Ce droit au réexamen devrait être un recours extraordinaire octroyé au défendeur défaillant, n'affectant pas l'exercice d'autres voies de recours extraordinaires prévues par le droit de l'État membre d'origine, pour autant que lesdites voies de recours ne soient pas incompatibles avec le droit au réexamen prévu par le présent règlement. — *V. Conv. de La Haye du 23 nov. 2007.*

(30) Afin d'accélérer l'exécution d'une décision rendue dans un État membre lié par le protocole de La Haye de 2007 dans un autre État membre, il y a lieu de limiter les motifs de refus ou de suspension de l'exécution qui pourront être invoqués par le débiteur en raison du caractère transfrontalier de la créance alimentaire. Cette limitation ne devrait pas porter atteinte aux motifs de refus ou de suspension prévus par

le droit national qui ne sont pas incompatibles avec ceux énumérés dans le présent règlement, tels que l'acquittement de la dette par le débiteur au moment de l'exécution ou la nature insaisissable de certains biens. – *V. Conv. de La Haye du 23 nov. 2007.*

(31) Afin de faciliter le recouvrement transfrontalier de créances alimentaires, il convient de mettre en place un régime de coopération entre les autorités centrales désignées par les États membres. Ces autorités devraient prêter assistance aux créanciers et aux débiteurs d'aliments pour faire valoir leurs droits dans un autre État membre par la présentation de demandes de reconnaissance, de constatation de la force exécutoire et d'exécution de décisions existantes, de modification de telles décisions ou d'obtention d'une décision. Elles devraient également échanger des informations aux fins de localiser les débiteurs et les créanciers et d'identifier leurs revenus et patrimoine en tant que de besoin. Elles devraient enfin coopérer entre elles en échangeant des informations d'ordre général et promouvoir la coopération entre les autorités compétentes de leur État membre.

(32) Une autorité centrale désignée en vertu du présent règlement devrait prendre en charge ses propres frais, sauf exceptions spécifiquement déterminées, et prêter assistance à tout demandeur ayant sa résidence dans son État membre. Le critère pour déterminer le droit d'une personne à demander assistance auprès d'une autorité centrale devrait être moins strict que le critère de rattachement de "résidence habituelle" utilisé ailleurs dans le présent règlement. Cependant, le critère de "résidence" devrait exclure la simple présence.

(33) Afin de pouvoir prêter pleinement assistance aux créanciers et aux débiteurs d'aliments et faciliter de façon optimale le recouvrement transfrontalier des aliments, les autorités centrales devraient pouvoir obtenir un certain nombre d'informations à caractère personnel. Le présent règlement devrait par conséquent obliger les États membres à veiller à ce que leurs autorités centrales aient accès à de telles informations auprès des autorités publiques ou administrations qui détiennent les informations concernées dans le cadre de leurs activités habituelles. Il convient cependant de laisser à chaque État membre le soin de déterminer les modalités de cet accès. Ainsi, un État membre devrait pouvoir désigner les autorités publiques ou administrations qui seront tenues de fournir les informations à l'autorité centrale conformément au présent règlement, y compris, le cas échéant, des autorités publiques ou des administrations déjà désignées dans le cadre d'autres régimes d'accès aux informations. Lorsqu'un État membre désigne des autorités publiques ou des administrations, il devrait veiller à ce que son autorité centrale soit en mesure d'accéder aux informations requises conformément au présent règlement détenues par celles-ci. Un État membre devrait aussi pouvoir permettre à son autorité centrale d'accéder aux informations requises auprès de toute autre personne morale qui les détient et qui est responsable de leur traitement.

(34) Dans le cadre de l'accès aux données à caractère personnel, de l'utilisation et de la transmission de celles-ci, il convient de respecter les exigences de la directive 95/46/CE du Parlement européen et du Conseil du 24 octobre 1995 relative à la protection des personnes physiques à l'égard du traitement des données à caractère personnel et à la libre circulation de ces données, telle que transposée dans le droit national des États membres. – *V. JO L 281 du 23.11.1995, p. 31.*

(35) Il y a cependant lieu de définir les conditions spécifiques d'accès aux données à caractère personnel, de l'utilisation et de la transmission de celles-ci aux fins de l'application du présent règlement. Dans ce contexte, l'avis du Contrôleur européen de la protection des données *[JO C 242 du 7.10.2006, p. 20.]* a été pris en considération. L'avis à la personne visée par la collecte des informations devrait être effectué conformément au droit national. Il convient cependant de prévoir la possibilité de différer cet avis pour empêcher le débiteur de transférer ses biens et de compromettre ainsi le recouvrement de la créance alimentaire.

(36) Compte tenu des frais de procédures, il convient de prévoir un régime d'aide judiciaire très favorable, à savoir la prise en charge totale des coûts liés aux procédures concernant des obligations alimentaires à l'égard des enfants âgés de moins de 21 ans engagées par l'intermédiaire des autorités centrales. Les règles existantes en matière

d'aide judiciaire au sein de l'Union européenne en vertu de la directive 2003/8/CE devraient par conséquent être complétées par des règles spécifiques créant ainsi un régime particulier d'aide judiciaire en matière d'obligations alimentaires. Dans ce cadre, l'autorité compétente de l'État membre requis devrait pouvoir, à titre exceptionnel, recouvrer les frais auprès d'un demandeur bénéficiaire de l'aide judiciaire gratuite qui succombe, pour autant que sa situation financière le permette. Cela serait notamment le cas d'une personne fortunée qui aurait agi de mauvaise foi.

(37) En outre, pour les obligations alimentaires autres que celles visées au précédent considérant, il y a lieu de garantir à toutes les parties le même traitement en termes d'aide judiciaire au moment de l'exécution d'une décision dans un autre État membre. Ainsi, les dispositions sur la continuité de l'aide judiciaire du présent règlement devraient être entendues comme octroyant également une telle aide à une partie qui, n'ayant pas bénéficié de l'aide judiciaire lors de la procédure visant à l'obtention ou la modification d'une décision dans l'État membre d'origine, en a ensuite bénéficié dans ce même État dans le cadre d'une demande visant à l'exécution de la décision. De même, une partie qui a bénéficié d'une procédure gratuite devant une autorité administrative énumérée à l'annexe X devrait, dans l'État membre d'exécution, se voir accorder le bénéfice de l'aide judiciaire la plus favorable ou de l'exemption de frais et dépens la plus large à condition de justifier qu'elle en aurait bénéficié dans l'État membre d'origine.

(38) Afin de réduire les frais de traduction de pièces justificatives, la juridiction saisie ne devrait exiger la traduction de ces pièces que lorsqu'une traduction est nécessaire, sans préjudice des droits de la défense et des règles applicables à la signification et à la notification des actes.

(39) Afin de faciliter l'application du présent règlement, il convient de prévoir une obligation pour les États membres de communiquer les noms et coordonnées de leurs autorités centrales ainsi que d'autres informations à la Commission. Ces informations devraient être mises à la disposition des praticiens et du public par voie de publication au *Journal officiel de l'Union européenne* ou d'accès électronique au moyen du réseau judiciaire européen en matière civile et commerciale créé par la décision 2001/470/CE. Par ailleurs, l'utilisation des formulaires prévus au présent règlement devrait faciliter et accélérer la communication entre autorités centrales et permettre la présentation de demandes par voie électronique.

(40) Il convient de régler la relation entre le présent règlement et les conventions et accords bilatéraux ou multilatéraux en matière d'obligations alimentaires auxquelles les États membres sont parties. Dans ce contexte, il y a lieu de prévoir que les États membres parties à la convention du 23 mars 1962 entre la Suède, le Danemark, la Finlande, l'Islande et la Norvège sur le recouvrement des créances alimentaires pourront continuer à appliquer celle-ci compte tenu du fait qu'elle contient des règles en matière de reconnaissance et d'exécution plus favorables que celles prévues par le présent règlement. S'agissant des accords bilatéraux futurs en matière d'obligations alimentaires avec des États tiers, les procédures et conditions dans lesquelles les États membres seraient autorisés à négocier et à conclure en leur propre nom de tels accords devraient être déterminées dans le cadre des discussions relatives à une proposition de la Commission sur ce sujet.

(41) Pour le calcul des périodes et délais prévus par le présent règlement, le règlement (CEE, Euratom) n° 1182/71 du Conseil du 3 juin 1971 portant détermination des règles applicables aux délais, aux dates et aux termes devrait s'appliquer. – *V. JO L 124 du 8.6.1971, p. 1.*

(42) Il y a lieu d'arrêter les mesures nécessaires pour la mise en œuvre du présent règlement en conformité avec la décision 1999/468/CE du Conseil du 28 juin 1999 fixant les modalités de l'exercice des compétences d'exécution conférées à la Commission. – *V. JO L 184 du 17.7.1999, p. 23.*

(43) Il convient en particulier d'habiliter la Commission à adopter toute modification des formulaires prévus au présent règlement selon la procédure consultative prévue à l'article 3 de la décision 1999/468/CE. Pour l'établissement de la liste des autorités administratives entrant dans le champ d'application du présent règlement,

ainsi que la liste des autorités compétentes en matière d'attestation du droit à l'aide judiciaire, il convient d'habiliter la Commission à agir selon la procédure de gestion prévue à l'article 4 de ladite décision.

(44) Le présent règlement devrait modifier le règlement (CE) n° 44/2001 en remplaçant les dispositions de celui-ci applicables en matière d'obligations alimentaires. Sous réserve des dispositions transitoires du présent règlement, les États membres devraient, en matière d'obligations alimentaires, appliquer les dispositions du présent règlement sur la compétence, sur la reconnaissance, la force exécutoire et l'exécution des décisions et sur l'aide judiciaire à la place de celles du règlement (CE) n° 44/2001 à compter de la date d'application du présent règlement. — *V. Règl. (CE) n° 44/2001 du Conseil du 22 déc 2000.* — ***C. pr. civ.***

(45) Étant donné que les objectifs du présent règlement, à savoir la mise en place d'une série de mesures permettant d'assurer le recouvrement effectif des créances alimentaires dans des situations transfrontalières et dès lors de faciliter la libre circulation des personnes au sein de l'Union européenne, ne peuvent pas être réalisés de manière suffisante par les États membres et peuvent donc, en raison des dimensions et des effets du présent règlement, être mieux réalisés au niveau communautaire, la Communauté peut prendre des mesures, conformément au principe de subsidiarité consacré à l'article 5 du traité. Conformément au principe de proportionnalité tel qu'énoncé audit article, le présent règlement n'excède pas ce qui est nécessaire pour atteindre ces objectifs.

(46) Conformément à l'article 3 du protocole sur la position du Royaume-Uni et de l'Irlande annexé au traité sur l'Union européenne et au traité instituant la Communauté européenne, l'Irlande a notifié son souhait de participer à l'adoption et à l'application du présent règlement.

(47) Conformément aux articles 1er et 2 du protocole sur la position du Royaume-Uni et de l'Irlande annexé au traité sur l'Union européenne et au traité instituant la Communauté européenne, le Royaume-Uni ne participe pas à l'adoption du présent règlement et n'est pas lié par celui-ci ni soumis à son application. Cela est toutefois sans préjudice de la possibilité pour le Royaume-Uni de notifier son intention d'accepter le présent règlement après son adoption conformément à l'article 4 dudit protocole.

(48) Conformément aux articles 1er et 2 du protocole sur la position du Danemark annexé au traité sur l'Union européenne et au traité instituant la Communauté européenne, le Danemark ne participe pas à l'adoption du présent règlement et n'est pas lié par celui-ci ni soumis à son application, sans préjudice de la possibilité pour le Danemark d'appliquer le contenu des modifications apportées au règlement (CE) n° 44/2001 en vertu de l'article 3 de l'accord du 19 octobre 2005 entre la Communauté européenne et le Royaume du Danemark sur la compétence judiciaire, la reconnaissance et l'exécution des décisions en matière civile et commerciale [17]. — *V. Règl. (CE) n° 44/2001 du Conseil du 22 déc 2000.* — ***C. pr. civ.*** . — *V. Accord du 19 oct. 2005, JO L 299 du 16.11.2005, p. 62.*

CHAPITRE I *CHAMP D'APPLICATION ET DÉFINTIONS*

Art. 1er *Champ d'application.* 1. Le présent règlement s'applique aux obligations alimentaires découlant de relations de famille, de parenté, de mariage ou d'alliance.

2. Dans le présent règlement, on entend par « État membre » tous les États membres auxquels le présent règlement s'applique.

Art. 2 *Définitions.* 1. Aux fins du présent règlement on entend par :

1) « décision » : une décision en matière d'obligations alimentaires rendue par une juridiction d'un État membre, quelle que soit la dénomination qui lui est donnée, telle qu'arrêt, jugement, ordonnance ou mandat d'exécution, ainsi qu'une décision du greffier fixant le montant des frais du procès. Aux fins des chapitres VII et VIII, on entend par « décision » également une décision en matière d'obligations alimentaires rendue dans un État tiers ;

2) « transaction judiciaire » : une transaction en matière d'obligations alimentaires approuvée par une juridiction ou conclue devant une juridiction au cours d'une procédure ;

3) « acte authentique » :

a) un acte en matière d'obligations alimentaires dressé ou enregistré formellement en tant qu'acte authentique dans l'État membre d'origine et dont l'authenticité :

i) porte sur la signature et le contenu de l'acte authentique, et

ii) a été établie par une autorité publique ou toute autre autorité habilitée à ce faire ; ou

b) une convention en matière d'obligations alimentaires conclue avec des autorités administratives de l'État membre d'origine ou authentifiée par celles-ci ;

4) « État membre d'origine » : l'État membre dans lequel, selon le cas, la décision a été rendue, la transaction judiciaire approuvée ou conclue et l'acte authentique établi ;

5) « État membre d'exécution » : l'État membre dans lequel est demandée l'exécution de la décision, de la transaction judiciaire ou de l'acte authentique ;

6) « État membre requérant » : l'État membre dont l'autorité centrale transmet une demande en vertu du chapitre VII ;

7) « État membre requis » : l'État membre dont l'autorité centrale reçoit une demande en vertu du chapitre VII ;

8) « État partie à la convention de La Haye de 2007 » : un État partie à la Convention de La Haye du 23 novembre 2007 sur le recouvrement international des aliments destinés aux enfants et à d'autres membres de la famille (ci-après dénommée « la convention de La Haye de 2007 »), dans la mesure où ladite convention s'applique entre la Communauté et cet État ;

9) « juridiction d'origine » : la juridiction qui a rendu la décision à exécuter ;

10) « créancier » : toute personne physique à qui des aliments sont dus ou sont allégués être dus ;

11) « débiteur » : toute personne physique qui doit des aliments ou dont il est allégué qu'elle doit des aliments.

2. Aux fins du présent règlement, la notion de « juridiction » inclut les autorités administratives des États membres compétentes en matière d'obligations alimentaires, pour autant que ces autorités offrent des garanties en ce qui concerne leur impartialité et le droit des parties à être entendues, et que les décisions qu'elles rendent conformément à la législation de l'État membre où elles sont établies

i) puissent faire l'objet d'un recours devant une autorité judiciaire ou d'un contrôle par une telle autorité, et

ii) aient une force et un effet équivalent à une décision d'une autorité judiciaire dans la même matière. – *JOUE L 299 du 16 nov. 2005, p. 62.*

Ces autorités administratives sont énumérées à l'annexe X. Cette annexe est établie et modifiée selon la procédure de gestion visée à l'article 73, paragraphe 2, à la demande de l'État membre dans lequel est établie l'autorité administrative concernée.

3. Aux fins des articles 3, 4 et 6, la notion de « domicile » remplace celle de « nationalité » dans les États membres qui utilisent cette notion en tant que facteur de rattachement en matière familiale.

Aux fins de l'article 6, les parties qui ont leur « domicile » dans différentes unités territoriales d'un même État membre sont considérées comme ayant leur « domicile » commun dans cet État membre.

CHAPITRE II *COMPÉTENCE*

....

Art. 14 *Mesures provisoires et conservatoires.* Les mesures provisoires ou conservatoires prévues par la loi d'un État membre peuvent être demandées aux autorités judiciaires de cet État, même si, en vertu du présent règlement, une juridiction d'un autre État membre est compétente pour connaître du fond.

....

CHAPITRE IV *RECONNAISSANCE, FORCE EXÉCUTOIRE ET EXÉCUTION DES DÉCISIONS*

Art. 16 *Champ d'application du présent chapitre.* I. Le présent chapitre régit la reconnaissance, la force exécutoire et l'exécution des décisions visées par le présent règlement.

II. La section 1 s'applique aux décisions rendues dans un État membre lié par le protocole de La Haye de 2007. — *V. Conv. de La Haye du 23 nov. 2007.* — ***C. pr. exéc.***

III. La section 2 s'applique aux décisions rendues dans un État membre non lié par le protocole de La Haye de 2007. — *V. Conv. de La Haye du 23 nov. 2007.* — ***C. pr. exéc.***

4. La section 3 s'applique à toutes les décisions.

SECTION 1 *Décisions rendues dans un État membre lié par le protocole de La Haye de 2007*

V. Conv. de La Haye du 23 nov. 2007. — ***C. pr. exéc.***

Art. 17 *Suppression de l'exequatur.* 1. Une décision rendue dans un État membre lié par le protocole de La Haye de 2007 est reconnue dans un autre État membre sans qu'il soit nécessaire de recourir à aucune procédure et sans qu'il soit possible de s'opposer à sa reconnaissance. — *V. Conv. de La Haye du 23 nov. 2007.* — ***C. pr. exéc.***

2. Une décision rendue dans un État membre lié par le protocole de La Haye de 2007 qui est exécutoire dans cet État jouit de la force exécutoire dans un autre État membre sans qu'une déclaration constatant la force exécutoire soit nécessaire. — *V. Conv. de La Haye du 23 nov. 2007.* — ***C. pr. exéc.***

Art. 18 *Mesures conservatoires.* Une décision exécutoire emporte de plein droit l'autorisation de procéder aux mesures conservatoires prévues par la loi de l'État membre d'exécution.

Art. 19 *Droit de demander un réexamen.* 1. Un défendeur qui n'a pas comparu dans l'État membre d'origine a le droit de demander le réexamen de la décision devant la juridiction compétente dudit État membre lorsque :

a) l'acte introductif d'instance ou un acte équivalent ne lui a pas été signifié ou notifié en temps utile et de telle manière qu'il ait pu se défendre, ou

b) il s'est trouvé dans l'impossibilité de contester la créance alimentaire pour cause de force majeure ou en raison de circonstances extraordinaires sans qu'il y ait eu faute de sa part, à moins qu'il n'ait pas exercé de recours à l'encontre de la décision alors qu'il était en mesure de le faire.

2. Le délai pour demander le réexamen court à compter du jour où le défendeur a eu effectivement connaissance du contenu de la décision et où il a été en mesure d'agir, au plus tard à compter du jour de la première mesure d'exécution ayant pour effet de rendre ses biens indisponibles en tout ou partie. Le défendeur agit sans tarder et en tout état de cause dans un délai de 45 jours. Ce délai ne comporte pas de prorogation à raison de la distance.

3. Si la juridiction rejette la demande de réexamen visée au paragraphe 1 au motif qu'aucune des conditions de réexamen énoncées audit paragraphe n'est remplie, la décision reste valable.

Si la juridiction décide que le réexamen est justifié au motif que l'une des conditions énoncées au paragraphe 1 est remplie, la décision est nulle et non avenue. Toutefois, le créancier ne perd pas les avantages résultant de l'interruption des délais de prescription ou de déchéance ni le droit de demander rétroactivement des aliments qu'il aurait acquis par l'action initiale.

Art. 20 *Documents aux fins de l'exécution.* 1. Aux fins de l'exécution d'une décision dans un autre État membre, le demandeur fournit aux autorités compétentes chargées de l'exécution :

a) une copie de la décision réunissant les conditions nécessaires pour en établir l'authenticité ;

b) l'extrait de la décision délivré par la juridiction d'origine au moyen du formulaire dont le modèle figure à l'annexe I ;

c) le cas échéant un document établissant l'état des arrérages et indiquant la date à laquelle le calcul a été effectué ;

d) le cas échéant, la translittération ou la traduction du contenu du formulaire visé au point b) dans la langue officielle de l'État membre d'exécution ou, si cet État membre a plusieurs langues officielles, dans la ou l'une des langues officielles de la procédure judiciaire du lieu où l'exécution est demandée, conformément au droit de cet État membre, ou dans une autre langue que l'État membre d'exécution aura déclaré pouvoir accepter. Chaque État membre peut indiquer la ou les langues officielles des institutions de l'Union européenne, autres que la ou les siennes, dans laquelle ou lesquelles il accepte que le formulaire soit rempli.

2. Les autorités compétentes de l'État membre d'exécution ne peuvent exiger du demandeur qu'il fournisse une traduction de la décision. Une traduction peut cependant être exigée si l'exécution de la décision est contestée.

3. Une traduction au titre du présent article doit être faite par une personne habilitée à effectuer des traductions dans l'un des États membres.

Art. 21 *Refus ou suspension de l'exécution.* 1. Les motifs de refus ou de suspension de l'exécution prévus par la loi de l'État membre d'exécution s'appliquent pour autant qu'ils ne soient pas incompatibles avec l'application des paragraphes 2 et 3.

2. A la demande du débiteur, l'autorité compétente de l'État membre d'exécution refuse, intégralement ou partiellement, l'exécution de la décision de la juridiction d'origine lorsque le droit d'obtenir l'exécution de la décision de la juridiction d'origine est prescrit, aux termes de la loi de l'État membre d'origine ou de l'État membre d'exécution, le plus long délai de prescription étant retenu.

De plus, l'autorité compétente de l'État membre d'exécution peut, à la demande du débiteur, refuser, intégralement ou partiellement, l'exécution de la décision de la juridiction d'origine si celle-ci est inconciliable avec une décision rendue dans l'État membre d'exécution ou avec une décision rendue dans un autre État membre ou dans un État tiers, laquelle réunit les conditions nécessaires à sa reconnaissance dans l'État membre d'exécution.

Une décision ayant pour effet de modifier, en raison d'un changement de circonstances, une décision antérieure relative à des aliments n'est pas considérée comme une décision inconciliable au sens du deuxième alinéa.

3. A la demande du débiteur, l'autorité compétente de l'État membre d'exécution peut suspendre, intégralement ou partiellement, l'exécution de la décision de la juridiction d'origine lorsque la juridiction compétente de l'État membre d'origine est saisie d'une demande de réexamen de la décision de la juridiction d'origine conformément à l'article 19.

En outre, l'autorité compétente de l'État membre d'exécution suspend, à la demande du débiteur, l'exécution de la décision de la juridiction d'origine si la force exécutoire est suspendue dans l'État membre d'origine.

Art. 22 *Absence d'effet sur l'existence des relations de famille.* La reconnaissance et l'exécution d'une décision en matière d'obligations alimentaires en vertu du présent règlement n'impliquent en aucune manière la reconnaissance des relations de famille, de parenté, de mariage ou d'alliance qui sont à l'origine des obligations alimentaires ayant donné lieu à la décision.

SECTION 2 *Décisions rendues dans un État membre non lié par le protocole de La Haye de 2007*

V. Conv. de La Haye du 23 nov. 2007. — ***C. pr. exéc.***

Art. 23 *Reconnaissance.* 1. Les décisions rendues dans un État membre non lié par le protocole de La Haye de 2007 sont reconnues dans les autres États membres, sans qu'il soit nécessaire de recourir à aucune procédure. — *V. Conv. de La Haye du 23 nov. 2007. —* ***C. pr. exéc.***

2. En cas de contestation, toute partie intéressée qui invoque à titre principal la reconnaissance d'une décision peut faire constater, selon les procédures prévues dans la présente section, que la décision doit être reconnue.

3. Si la reconnaissance est invoquée de façon incidente devant une juridiction d'un État membre, celle-ci est compétente pour en connaître.

Art. 24 *Motifs de refus de reconnaissance.* Une décision n'est pas reconnue si :

a) la reconnaissance est manifestement contraire à l'ordre public de l'État membre dans lequel la reconnaissance est demandée.

Le critère de l'ordre public ne peut être appliqué aux règles de compétence ;

b) l'acte introductif d'instance ou un acte équivalent n'a pas été signifié ou notifié au défendeur défaillant en temps utile et de telle manière qu'il ait pu se défendre, à moins qu'il n'ait pas exercé de recours à l'encontre de la décision alors qu'il était en mesure de le faire ;

c) elle est inconciliable avec une décision rendue entre les mêmes parties dans l'État membre dans lequel la reconnaissance est demandée ;

d) elle est inconciliable avec une décision rendue antérieurement dans un autre État membre ou dans un État tiers entre les mêmes parties dans un litige ayant le même objet et la même cause, lorsque la décision rendue antérieurement réunit les conditions nécessaires à sa reconnaissance dans l'État membre dans lequel la reconnaissance est demandée.

Une décision ayant pour effet de modifier, en raison d'un changement de circonstances, une décision antérieure relative à des aliments n'est pas considérée comme une décision inconciliable au sens des points c) ou d).

Art. 25 *Sursis à statuer.* La juridiction d'un État membre devant laquelle est invoquée la reconnaissance d'une décision rendue dans un État membre non lié par le protocole de La Haye de 2007 sursoit à statuer si la force exécutoire de la décision est suspendue dans l'État membre d'origine du fait de l'exercice d'un recours. — *V. Conv. de La Haye du 23 nov. 2007.* — ***C. pr. exéc.***

Art. 26 *Force exécutoire.* Une décision rendue dans un État membre non lié par le protocole de La Haye de 2007 et qui y est exécutoire est mise à exécution dans un autre État membre après y avoir été déclarée exécutoire sur demande de toute partie intéressée.

Art. 27 *Compétence territoriale.* 1. La demande de déclaration constatant la force exécutoire est présentée à la juridiction ou à l'autorité compétente de l'État membre d'exécution dont cet État membre a transmis le nom à la Commission conformément à l'article 71.

2. La compétence territoriale est déterminée par la résidence habituelle de la partie contre laquelle l'exécution est demandée, ou par le lieu de l'exécution.

Art. 28 *Procédure.* 1. La demande de déclaration constatant la force exécutoire est accompagnée des documents suivants :

a) une copie de la décision réunissant les conditions nécessaires pour en établir l'authenticité ;

b) un extrait de la décision délivré par la juridiction d'origine au moyen du formulaire dont le modèle figure à l'annexe II, sans préjudice de l'article 29 ;

c) le cas échéant, la translittération ou la traduction du contenu du formulaire visé au point b) dans la langue officielle de l'État membre d'exécution ou, si cet État membre a plusieurs langues officielles, dans la ou l'une des langues officielles de la procédure judiciaire du lieu où la demande est présentée, conformément au droit de cet État membre, ou dans une autre langue que l'État membre d'exécution aura déclaré pouvoir accepter. Chaque État membre peut indiquer la ou les langues officielles des institutions de l'Union européenne, autres que la ou les siennes, dans laquelle ou lesquelles il accepte que le formulaire soit rempli.

2. La juridiction ou l'autorité compétente saisie de la demande ne peut exiger du demandeur qu'il fournisse une traduction de la décision. Une traduction peut cependant être exigée dans le cadre du recours prévu aux articles 32 ou 33.

3. Une traduction au titre du présent article doit être faite par une personne habilitée à effectuer des traductions dans l'un des États membres.

Art. 29 *Défaut de production de l'extrait.* 1. A défaut de production de l'extrait visé à l'article 28, paragraphe 1, point b), la juridiction ou l'autorité compétente peut impartir un délai pour le produire ou accepter un document équivalent ou, si elle s'estime suffisamment éclairée, en dispenser.

2. Dans le cas visé au paragraphe 1, il est produit une traduction des documents si la juridiction ou l'autorité compétente l'exige. La traduction est faite par une personne habilitée à effectuer des traductions dans l'un des États membres.

Art. 30 *Déclaration constatant la force exécutoire.* La décision est déclarée exécutoire sans examen au titre de l'article 24, dès l'achèvement des formalités prévues à l'article 28 et au plus tard dans les 30 jours suivant l'achèvement de ces formalités, sauf impossibilité due à des circonstances exceptionnelles. La partie contre laquelle l'exécution est demandée ne peut, à ce stade de la procédure, présenter d'observations.

Art. 31 *Communication de la décision relative à la demande de déclaration.* 1. La décision relative à la demande de déclaration constatant la force exécutoire est aussitôt portée à la connaissance du demandeur suivant les modalités déterminées par la loi de l'État membre d'exécution.

2. La déclaration constatant la force exécutoire est signifiée ou notifiée à la partie contre laquelle l'exécution est demandée, accompagnée de la décision si celle-ci n'a pas encore été signifiée ou notifiée à cette partie.

Art. 32 *Recours contre la décision relative à la demande de déclaration.* 1. L'une ou l'autre partie peut former un recours contre la décision relative à la demande de déclaration constatant la force exécutoire.

2. Le recours est porté devant la juridiction dont l'État membre concerné a transmis le nom à la Commission conformément à l'article 71.

3. Le recours est examiné selon les règles de la procédure contradictoire.

4. Si la partie contre laquelle l'exécution est demandée ne comparaît pas devant la juridiction saisie du recours formé par le demandeur, les dispositions de l'article 11 sont applicables, même si la partie contre laquelle l'exécution est demandée n'a pas sa résidence habituelle dans l'un des États membres.

5. Le recours contre la déclaration constatant la force exécutoire est formé dans un délai de 30 jours à compter de sa signification ou de sa notification. Si la partie contre laquelle l'exécution est demandée a sa résidence habituelle dans un autre État membre que celui dans lequel la déclaration constatant la force exécutoire a été délivrée, le délai est de 45 jours et court à compter du jour où la signification ou la notification a été faite à personne ou à domicile. Ce délai ne comporte pas de prorogation à raison de la distance.

Art. 33 *Pourvoi contre la décision rendue sur le recours.* La décision rendue sur le recours ne peut faire l'objet d'un pourvoi qu'au moyen de la procédure que l'État membre concerné a communiquée à la Commission conformément à l'article 71.

Art. 34 *Refus ou révocation d'une déclaration constatant la force exécutoire.* 1. La juridiction saisie d'un recours prévu aux articles 32 ou 33 ne peut refuser ou révoquer une déclaration constatant la force exécutoire de la décision que pour l'un des motifs prévus à l'article 24.

2. Sous réserve de l'article 32, paragraphe 4, la juridiction saisie d'un recours prévu à l'article 32 statue dans un délai de 90 jours à compter de sa saisine, sauf impossibilité due à des circonstances exceptionnelles.

3. La juridiction saisie d'un recours prévu à l'article 33 statue à bref délai.

Art. 35 *Sursis à statuer.* La juridiction saisie d'un recours prévu aux articles 32 ou 33 sursoit à statuer, à la demande de la partie contre laquelle l'exécution est demandée, si l'exécution de la décision est suspendue dans l'État membre d'origine du fait de l'exercice d'un recours.

Art. 36 *Mesures provisoires et conservatoires.* 1. Lorsqu'une décision doit être reconnue en application de la présente section, rien n'empêche le demandeur de demander qu'il soit procédé à des mesures provisoires, ou conservatoires, prévues par la loi de l'État membre d'exécution, sans qu'il soit nécessaire que cette décision soit déclarée exécutoire au sens de l'article 30.

2. La déclaration constatant la force exécutoire emporte de plein droit l'autorisation de procéder à des mesures conservatoires.

3. Pendant le délai prévu à l'article 32, paragraphe 5, pour former un recours contre la déclaration constatant la force exécutoire et jusqu'à ce qu'il ait été statué sur celui-ci, il ne peut être procédé qu'à des mesures conservatoires sur les biens de la partie contre laquelle l'exécution est demandée.

Art. 37 *Force exécutoire partielle.* 1. Lorsque la décision a statué sur plusieurs chefs de la demande et que la déclaration constatant la force exécutoire ne peut être délivrée pour le tout, la juridiction ou l'autorité compétente la délivre pour un ou plusieurs d'entre eux.

2. Le demandeur peut demander que la déclaration constatant la force exécutoire soit limitée à certaines parties d'une décision.

Art. 38 *Absence d'impôt, de droit ou de taxe.* Aucun impôt, droit ou taxe proportionnel à la valeur du litige n'est perçu dans l'État membre d'exécution à l'occasion de la procédure tendant à la délivrance d'une déclaration constatant la force exécutoire.

SECTION 3 *Dispositions communes*

Art. 39 *Force exécutoire par provision.* La juridiction d'origine peut déclarer la décision exécutoire par provision, nonobstant un éventuel recours, même si le droit national ne prévoit pas la force exécutoire de plein droit.

Art. 40 *Invocation d'une décision reconnue.* 1. Une partie qui souhaite faire valoir dans un autre État membre une décision reconnue au sens de l'article 17, paragraphe 1, ou en vertu de la section 2, doit produire une copie de celle-ci réunissant les conditions nécessaires pour en établir l'authenticité.

2. Le cas échéant, la juridiction devant laquelle la décision reconnue est invoquée peut demander à la partie qui souhaite la faire valoir de produire un extrait délivré par la juridiction d'origine en utilisant le formulaire dont le modèle figure, selon le cas, à l'annexe I ou à l'annexe II.

La juridiction d'origine délivre cet extrait également à la demande de toute partie intéressée.

3. Le cas échéant, la partie invoquant la décision reconnue fournit une translittération ou une traduction du contenu du formulaire visé au paragraphe 2 dans la langue officielle de l'État membre concerné ou, si cet État membre a plusieurs langues officielles, dans la ou l'une des langues officielles de la procédure judiciaire du lieu où la décision reconnue est invoquée, conformément au droit de cet État membre, ou dans une autre langue que l'État membre concerné aura déclaré pouvoir accepter. Chaque État membre peut indiquer la ou les langues officielles des institutions de l'Union européenne, autres que la ou les siennes, dans laquelle ou lesquelles il accepte que le formulaire soit rempli.

4. Une traduction au titre du présent article doit être faite par une personne habilitée à effectuer des traductions dans l'un des États membres.

Art. 41 *Procédure et conditions d'exécution.* 1. Sous réserve des dispositions du présent règlement, la procédure d'exécution des décisions rendues dans un autre État membre est régie par le droit de l'État membre d'exécution. Une décision rendue dans un État membre qui est exécutoire dans l'État membre d'exécution y est exécutée dans les mêmes conditions qu'une décision rendue dans cet État membre d'exécution.

2. La partie qui demande l'exécution d'une décision rendue dans un autre État membre n'est pas tenue d'avoir, dans l'État membre d'exécution, une adresse postale ni un représentant autorisé, sans préjudice des personnes compétentes en matière de procédure d'exécution.

Art. 42 *Absence de révision quant au fond.* En aucun cas une décision rendue dans un État membre ne peut faire l'objet d'une révision quant au fond dans l'État membre dans lequel la reconnaissance, la force exécutoire ou l'exécution est demandée.

Art. 43 *Recouvrement non prioritaire des frais.* Le recouvrement de tous frais encourus pour l'application du présent règlement n'a pas priorité sur le recouvrement des aliments.

CHAPITRE V *ACCÈS À LA JUSTICE*

Art. 44 *Droit à l'aide judiciaire.* 1. Les parties à un litige relevant du présent règlement bénéficient d'un accès effectif à la justice dans un autre État membre, y compris dans le cadre des procédures d'exécution et des recours, selon les conditions définies dans le présent chapitre.

Dans les cas couverts par le chapitre VII, cet accès effectif est assuré par l'État membre requis à tout demandeur ayant sa résidence dans l'État membre requérant.

2. Pour assurer un tel accès effectif, les États membres fournissent une aide judiciaire conformément au présent chapitre, à moins que le paragraphe 3 ne s'applique.

3. Dans les cas couverts par le chapitre VII, un État membre n'est pas tenu de fournir une telle aide judiciaire si et dans la mesure où les procédures de cet État permettent aux parties d'agir sans avoir besoin d'aide judiciaire et que l'autorité centrale fournit gratuitement les services nécessaires.

4. Les conditions d'accès à l'aide judiciaire ne sont pas plus restrictives que celles fixées dans les affaires internes équivalentes.

5. Aucune caution ni aucun dépôt, sous quelque dénomination que ce soit, n'est imposé pour garantir le paiement des frais et dépens dans les procédures en matière d'obligations alimentaires.

Art. 45 *Contenu de l'aide judiciaire.* L'aide judiciaire accordée au titre du présent chapitre désigne l'assistance nécessaire pour permettre aux parties de connaître et de faire valoir leurs droits et pour garantir que leurs demandes, présentées par l'intermédiaire des autorités centrales ou directement aux autorités compétentes, seront traitées de façon complète et efficace. Elle inclut le cas échéant les aspects suivants :

a) des conseils précontentieux en vue d'arriver à un règlement avant d'intenter une procédure judiciaire ;

b) l'assistance juridique en vue de saisir une autorité ou une juridiction, et la représentation en justice ;

c) l'exonération ou la prise en charge des frais de justice, et les honoraires des mandataires désignés pour accomplir des actes durant la procédure ;

d) dans les États membres où la partie qui succombe est condamnée à régler les frais de la partie adverse, si le bénéficiaire de l'aide judiciaire succombe, les frais de la partie adverse dès lors qu'elle aurait couvert ces frais si le bénéficiaire avait eu sa résidence habituelle dans l'État membre de la juridiction saisie ;

e) l'interprétation ;

f) la traduction des documents exigés par la juridiction ou l'autorité compétente et soumis par le bénéficiaire de l'aide judiciaire, qui sont nécessaires au règlement du litige ;

g) les frais de déplacement que le bénéficiaire de l'aide judiciaire doit exposer lorsque la loi ou la juridiction de l'État membre concerné exige la présence physique à l'audience des personnes concernées par l'introduction de la demande et lorsque la juridiction décide que les personnes concernées ne peuvent être entendues à sa satisfaction par aucun autre moyen.

Art. 46 *Aide judiciaire gratuite pour les demandes d'aliments destinés aux enfants introduites par l'intermédiaire des autorités centrales.* 1. L'État membre requis fournit une aide judiciaire gratuite pour toutes les demandes relatives aux obligations alimentaires découlant d'une relation parent-enfant envers une personne âgée de moins de 21 ans présentée par un créancier en vertu de l'article 56.

2. Nonobstant le paragraphe 1, l'autorité compétente de l'État membre requis peut, en ce qui a trait aux demandes autres que celles prévues à l'article 56, paragraphe 1, points a) et b), refuser l'octroi d'une aide judiciaire gratuite si elle considère que la demande ou quelque recours que ce soit est manifestement dépourvu de fondement.

Art. 47 *Cas ne relevant pas de l'article 46.* 1. Dans les cas ne relevant pas de l'article 46 et sous réserve des articles 44 et 45, l'aide judiciaire peut être accordée conformément au droit national, en particulier quant aux conditions de l'évaluation des ressources du demandeur ou du bien-fondé de la demande.

2. Nonobstant le paragraphe 1, une partie qui, dans l'État membre d'origine, a bénéficié en tout ou en partie de l'aide judiciaire ou d'une exemption de frais et dépens a droit, dans le cadre de toute procédure de reconnaissance, de force exécutoire ou d'exécution, à l'aide judiciaire la plus favorable ou à l'exemption la plus large prévue par le droit de l'État membre d'exécution.

3. Nonobstant le paragraphe 1, une partie qui, dans l'État membre d'origine, a bénéficié d'une procédure gratuite devant une autorité administrative énumérée à l'annexe X a droit, dans le cadre de toute procédure de reconnaissance, de force exécutoire ou d'exécution, à l'aide judiciaire conformément au paragraphe 2.

A cet effet, elle produit un document établi par l'autorité compétente de l'État membre d'origine attestant qu'elle remplit les conditions économiques pour pouvoir bénéficier en tout ou en partie de l'aide judiciaire ou d'une exemption de frais et dépens.

Les autorités compétentes aux fins du présent paragraphe sont énumérées à l'annexe XI. Cette annexe est établie et modifiée selon la procédure de gestion visée à l'article 73, paragraphe 2.

CHAPITRE VI *TRANSACTIONS JUDICIAIRES ET ACTES AUTHENTIQUES*

Art. 48 *Application du présent règlement aux transactions judiciaires et aux actes authentiques.* 1. Les transactions judiciaires et les actes authentiques exécutoires dans l'État membre d'origine sont reconnus dans un autre État membre et y jouissent de la même force exécutoire que les décisions, conformément au chapitre IV.

2. Les dispositions du présent règlement sont applicables, en tant que de besoin, aux transactions judiciaires et aux actes authentiques.

3. L'autorité compétente de l'État membre d'origine délivre, à la demande de toute partie intéressée, un extrait de la transaction judiciaire ou de l'acte authentique au moyen du formulaire dont le modèle figure, selon le cas, aux annexes I et II ou aux annexes III et IV.

CHAPITRE VII *COOPÉRATION ENTRE AUTORITÉS CENTRALES*

Art. 49 *Désignation des autorités centrales.* 1. Chaque État membre désigne une autorité centrale chargée de satisfaire aux obligations qui lui sont imposées par le présent règlement.

2. Un État membre fédéral, un État membre dans lequel plusieurs systèmes de droit sont en vigueur ou un État membre ayant des unités territoriales autonomes est libre de désigner plus d'une autorité centrale et spécifie l'étendue territoriale ou personnelle de leurs fonctions. L'État membre qui fait usage de cette faculté désigne l'autorité centrale à laquelle toute communication peut être adressée en vue de sa transmission à l'autorité centrale compétente au sein de cet État. Si une communication est envoyée à une autorité centrale qui n'est pas compétente, cette dernière est tenue de la transmettre à l'autorité centrale compétente et d'en informer l'expéditeur.

3. Chaque État membre informe la Commission, conformément à l'article 71, de la désignation de l'autorité centrale ou des autorités centrales ainsi que de leurs coordonnées et, le cas échéant, de l'étendue de leurs fonctions visées au paragraphe 2.

Art. 50 *Fonctions générales des autorités centrales.* 1. Les autorités centrales :

a) coopèrent entre elles, notamment en échangeant des informations, et promeuvent la coopération entre les autorités compétentes de leur État membre pour réaliser les objectifs du présent règlement ;

b) recherchent, dans toute la mesure du possible, des solutions aux difficultés pouvant survenir dans le cadre de l'application du présent règlement.

2. Les autorités centrales prennent des mesures pour faciliter l'application du présent règlement et renforcer leur coopération.

A cette fin, il est fait usage du réseau judiciaire européen en matière civile et commerciale créé par la décision 2001/470/CE. – *V. Décis. du Conseil du 28 mai 2001, relative à la création d'un réseau de coopération judiciaire européen en matière civile et commerciale, JOUE L 174 du 27 juin 2001.*

Art. 51 *Fonctions spécifiques des autorités centrales.* 1. Les autorités centrales fournissent une assistance relative aux demandes prévues à l'article 56, notamment en :

a) transmettant et recevant ces demandes ;

b) introduisant ou facilitant l'introduction de procédures relatives à ces demandes.

2. Concernant ces demandes, les autorités centrales prennent toutes les mesures appropriées pour :

a) accorder ou faciliter l'octroi d'une aide judiciaire, lorsque les circonstances l'exigent ;

b) aider à localiser le débiteur ou le créancier, notamment en application des articles 61, 62 et 63 ;

c) faciliter la recherche des informations pertinentes relatives aux revenus et, si nécessaire, au patrimoine du débiteur ou du créancier, y compris la localisation des biens, notamment en application des articles 61, 62 et 63 ;

d) encourager les règlements amiables afin d'obtenir un paiement volontaire des aliments, lorsque cela s'avère approprié par le recours à la médiation, à la conciliation ou à d'autres modes analogues ;

e) faciliter l'exécution continue des décisions en matière d'aliments, y compris les arrérages ;

f) faciliter le recouvrement et le virement rapide des paiements d'aliments ;

g) faciliter l'obtention d'éléments de preuve documentaire ou autre, sans préjudice du règlement (CE) n° **1206/2001** ; *— V. Règl. (CE) n° 1206/2001 du 28 mai 2001, in C. pr. civ. —* ***C. pr. civ.***

h) fournir une assistance pour établir la filiation lorsque cela est nécessaire pour le recouvrement d'aliments ;

i) introduire ou faciliter l'introduction de procédures afin d'obtenir toute mesure nécessaire et provisoire à caractère territorial et ayant pour but de garantir l'aboutissement d'une demande pendante d'aliments ;

j) faciliter la signification et la notification des actes, sans préjudice du règlement (CE) n° **1393/2007**. *— V. Règl. (CE) n° 1393/2007 du 13 nov. 2007, in C. pr. civ. —* ***C. pr. civ.***

3. Les fonctions conférées à l'autorité centrale en vertu du présent article peuvent être exercées, dans la mesure prévue par la loi de l'État membre concerné, par des organismes publics ou d'autres organismes soumis au contrôle des autorités compétentes de cet État membre. La désignation de tout organisme, public ou autre, ainsi que ses coordonnées et l'étendue de ses fonctions sont communiquées par l'État membre à la Commission conformément à l'article 71.

4. Le présent article et l'article 53 n'imposent en aucun cas à une autorité centrale l'obligation d'exercer des attributions qui relèvent exclusivement des autorités judiciaires selon la loi de l'État membre requis.

Art. 52 *Procuration.* L'autorité centrale de l'État membre requis ne peut exiger une procuration du demandeur que si elle agit en son nom dans des procédures judiciaires ou dans des procédures engagées devant d'autres autorités ou afin de désigner un représentant à ces fins.

Art. 53 *Requêtes en vue de mesures spécifiques.* 1. Une autorité centrale peut, sur requête motivée, demander à une autre autorité centrale de prendre les mesures spécifiques appropriées prévues à l'article 51, paragraphe 2, points b), c), g), h), i) et j), lorsque aucune demande prévue à l'article 56 n'est pendante. L'autorité centrale requise prend les mesures s'avérant appropriées si elle considère qu'elles sont nécessaires pour aider un demandeur potentiel à présenter une demande prévue à l'article 56 ou à déterminer si une telle demande doit être introduite.

2. Lorsqu'une requête en vue de mesures prévues à l'article 51, paragraphe 2, points b) et c), est présentée, l'autorité centrale requise recherche les informations demandées, si nécessaire en application de l'article 61. Toutefois, les informations visées à l'article 61, paragraphe 2, points b), c) et d), ne peuvent être recherchées que si le créancier produit une copie d'une décision, d'une transaction judiciaire ou d'un acte authentique à exécuter, le cas échéant accompagnée de l'extrait prévu aux articles 20, 28 ou 48.

L'autorité centrale requise communique les informations obtenues à l'autorité centrale requérante. Lorsque ces informations ont été obtenues en application de l'article 61, cette communication ne porte que sur l'adresse du défendeur potentiel dans l'État membre requis. Dans le cadre d'une requête en vue d'une reconnaissance, d'une déclaration constatant la force exécutoire ou d'une exécution, la communication porte en outre sur la seule existence de revenus ou d'un patrimoine du débiteur dans cet État.

Si l'autorité centrale requise n'est pas en mesure de fournir les informations demandées, elle en informe sans délai l'autorité centrale requérante, en lui précisant les raisons de cette impossibilité.

3. Une autorité centrale peut également prendre des mesures spécifiques, à la requête d'une autre autorité centrale, dans une affaire de recouvrement d'aliments pendante dans l'État membre requérant et comportant un élément d'extranéité.

4. Pour les requêtes présentées en application du présent article, les autorités centrales utilisent le formulaire dont le modèle figure à l'annexe V.

Art. 54 *Frais de l'autorité centrale.* 1. Chaque autorité centrale prend en charge ses propres frais découlant de l'application du présent règlement.

2. Les autorités centrales ne peuvent mettre aucun *[aucuns]* frais à la charge du demandeur pour les services qu'elles fournissent en vertu du présent règlement, sauf s'il s'agit de frais exceptionnels découlant d'une requête de mesures spécifiques prévue à l'article 53. Aux fins du présent paragraphe, les frais liés à la localisation du débiteur ne sont pas considérés comme exceptionnels.

3. L'autorité centrale requise ne peut pas recouvrer les frais exceptionnels mentionnés au paragraphe 2 sans avoir obtenu l'accord préalable du demandeur sur la fourniture de ces services à un tel coût.

Art. 55 *Demandes par l'intermédiaire des autorités centrales.* Toute demande prévue au titre du présent chapitre est transmise à l'autorité centrale de l'État membre requis par l'intermédiaire de l'autorité centrale de l'État membre dans lequel le demandeur a sa résidence.

Art. 56 *Demandes disponibles.* 1. Un créancier qui poursuit le recouvrement d'aliments en vertu du présent règlement peut présenter les demandes suivantes :

a) la reconnaissance ou la reconnaissance et la déclaration constatant la force exécutoire d'une décision ;

b) l'exécution d'une décision rendue ou reconnue dans l'État membre requis ;

c) l'obtention d'une décision dans l'État membre requis lorsqu'il n'existe aucune décision, y compris l'établissement de la filiation si nécessaire ;

d) l'obtention d'une décision dans l'État membre requis lorsque la reconnaissance et la déclaration constatant la force exécutoire d'une décision rendue dans un État autre que l'État membre requis n'est pas possible ;

e) la modification d'une décision rendue dans l'État membre requis ;

f) la modification d'une décision rendue dans un État autre que l'État membre requis.

2. Un débiteur à l'encontre duquel existe une décision en matière d'aliments peut présenter les demandes suivantes :

a) la reconnaissance d'une décision ayant pour effet de suspendre ou de restreindre l'exécution d'une décision antérieure dans l'État membre requis ;

b) la modification d'une décision rendue dans l'État membre requis ;

c) la modification d'une décision rendue dans un État autre que l'État membre requis.

3. Pour les demandes relevant du présent article, l'assistance et la représentation visées à l'article 45, point b) sont fournies par l'autorité centrale de l'État membre requis directement ou par l'intermédiaire d'autorités publiques ou d'autres organes ou personnes.

4. Sauf disposition contraire du présent règlement, les demandes visées aux paragraphes 1 et 2 sont traitées conformément au droit de l'État membre requis et sont soumises aux règles de compétence applicables dans cet État membre.

Art. 57 *Contenu de la demande.* 1. Toute demande prévue à l'article 56 est présentée au moyen du formulaire dont le modèle figure à l'annexe VI ou à l'annexe VII.

2. Toute demande prévue à l'article 56 comporte au moins :

a) une déclaration relative à la nature de la demande ou des demandes ;

b) le nom et les coordonnées du demandeur, y compris son adresse et sa date de naissance ;

c) le nom du défendeur et, lorsqu'elles sont connues, son adresse et sa date de naissance ;

d) le nom et la date de naissance des personnes pour lesquelles des aliments sont demandés ;

e) les motifs sur lesquels la demande est fondée ;

f) lorsque la demande est formée par le créancier, les informations relatives au lieu où les paiements doivent être effectués ou transmis électroniquement ;

g) les noms et coordonnées de la personne ou du service de l'autorité centrale de l'État membre requérant responsable du traitement de la demande.

3. Aux fins du paragraphe 2, point b), l'adresse personnelle du demandeur peut être remplacée par une autre adresse dans les cas de violences familiales, si le droit national de l'État membre requis n'exige pas, aux fins des procédures à engager, que le demandeur fournisse son adresse personnelle.

4. Au besoin, la demande comporte également les informations suivantes lorsqu'elles sont connues :

a) la situation financière du créancier ;

b) la situation financière du débiteur, y compris le nom et l'adresse de l'employeur du débiteur, ainsi que la localisation et la nature des biens du débiteur ;

c) toute autre information permettant de localiser le défendeur.

5. La demande est accompagnée de toute information ou tout document justificatif nécessaire, y compris, le cas échéant, pour établir le droit du demandeur à l'aide judiciaire. Les demandes prévues à l'article 56, paragraphe 1, points a) et b), et paragraphe 2, point a), ne sont accompagnées, selon le cas, que des documents énumérés aux articles 20, 28 ou 48 ou à l'article 25 de la convention de La Haye de 2007. – *V. Conv. de La Haye du 23 nov. 2007.* – ***C. pr. exéc.***

Art. 58 *Transmission, réception et traitement des demandes et des affaires par l'intermédiaire des autorités centrales.* 1. L'autorité centrale de l'État membre requérant assiste le demandeur afin que soient joints tous les documents et informations qui, à la connaissance de cette autorité, sont nécessaires à l'examen de la demande.

2. Après s'être assurée que la demande satisfait aux exigences du présent règlement, l'autorité centrale de l'État membre requérant la transmet à l'autorité centrale de l'État membre requis.

3. Dans un délai de 30 jours à compter de la date de réception de la demande, l'autorité centrale requise en accuse réception au moyen du formulaire dont le modèle figure à l'annexe VIII, avise l'autorité centrale de l'État membre requérant des premières démarches qui ont été ou qui seront entreprises pour traiter la demande et peut solliciter tout document ou toute information supplémentaire qu'elle estime nécessaire. Dans ce même délai de 30 jours, l'autorité centrale requise informe l'autorité centrale requérante des nom et coordonnées de la personne ou du service chargé de répondre aux questions relatives à l'état d'avancement de la demande.

4. Dans un délai de 60 jours suivant l'accusé de réception, l'autorité centrale requise informe l'autorité centrale requérante de l'état de la demande.

5. Les autorités centrales requérante et requise s'informent mutuellement :

a) de l'identité de la personne ou du service responsable d'une affaire particulière ;

b) de l'état d'avancement de l'affaire,

et répondent en temps utile aux demandes de renseignements.

6. Les autorités centrales traitent une affaire aussi rapidement qu'un examen adéquat de son contenu le permet.

7. Les autorités centrales utilisent entre elles les moyens de communication les plus rapides et efficaces dont elles disposent.

8. Une autorité centrale requise ne peut refuser de traiter une demande que s'il est manifeste que les conditions requises par le présent règlement ne sont pas remplies. Dans ce cas, cette autorité centrale informe aussitôt l'autorité centrale requérante des motifs de son refus au moyen du formulaire dont le modèle figure à l'annexe IX.

9. L'autorité centrale requise ne peut rejeter une demande au seul motif que des documents ou des informations supplémentaires sont nécessaires. Elle peut toutefois demander à l'autorité centrale requérante de fournir ces documents ou ces informations supplémentaires. Si l'autorité centrale requérante ne les fournit pas dans un délai de 90 jours ou dans un délai plus long spécifié par l'autorité centrale requise, cette dernière peut décider de cesser de traiter la demande. Dans ce cas, elle informe aussitôt l'autorité centrale requérante au moyen du formulaire dont le modèle figure à l'annexe IX.

Art. 59 *Langues.* 1. Le formulaire de requête ou de demande est rempli dans la langue officielle de l'État membre requis ou, s'il existe plusieurs langues officielles dans cet État membre, dans la langue officielle ou l'une des langues officielles du lieu où est établie l'autorité centrale concernée, ou dans toute autre langue officielle des institutions de l'Union européenne que l'État membre requis aura indiqué pouvoir accepter, sauf dispense de traduction de l'autorité centrale de cet État membre.

2. Les documents accompagnant le formulaire de requête ou de demande ne sont traduits dans la langue déterminée conformément au paragraphe 1 que si une traduction est nécessaire pour fournir l'assistance demandée, sans préjudice des articles 20, 28, 40 et 66.

3. Toute autre communication entre les autorités centrales se fait dans la langue déterminée conformément au paragraphe 1, sauf si les autorités centrales en conviennent autrement.

Art. 60 *Réunions.* 1. Afin de faciliter l'application du présent règlement, les autorités centrales se réunissent régulièrement.

2. La convocation de ces réunions s'effectue conformément à la décision 2001/470/CE. — *V. Décis. du Conseil du 28 mai 2001, relative à la création d'un réseau de coopération judiciaire européen en matière civile et commerciale, JOUE L 174 du 27 juin 2001.*

Art. 61 *Accès des autorités centrales aux informations.* 1. Dans les conditions prévues au présent chapitre et par exception à l'article 51, paragraphe 4, l'autorité centrale requise met en œuvre tous les moyens appropriés et raisonnables pour obtenir les informations visées au paragraphe 2 nécessaires pour faciliter, dans une affaire déterminée, l'obtention, la modification, la reconnaissance, la constatation de la force exécutoire ou l'exécution d'une décision.

Les autorités publiques ou les administrations qui, dans le cadre de leurs activités habituelles, détiennent, au sein de l'État membre requis, les informations visées au paragraphe 2 et qui sont responsables de leur traitement au sens de la directive 95/46/CE fournissent, sous réserve des limitations justifiées par des raisons de sécurité nationale ou de sûreté publique, celles-ci à l'autorité centrale requise à sa demande dans les cas où cette dernière n'a pas accès directement à ces informations.

Les États membres peuvent désigner les autorités publiques ou les administrations à même de fournir à l'autorité centrale requise les informations visées au paragraphe 2. Lorsqu'un État membre procède à une telle désignation, il veille à ce que son choix des autorités et des administrations permette à son autorité centrale d'avoir accès, conformément au présent article, aux informations requises.

Toute autre personne morale qui détient, au sein de l'État membre requis, les informations visées au paragraphe 2 et qui est responsable de leur traitement au sens de la directive 95/46/CE fournit celles-ci à l'autorité centrale requise à sa demande si elle y est autorisée par le droit de l'État membre requis. — *V. Dir. nº 95/46/CE du Parlement et du Conseil du 24 oct. 1995, relative à la protection des personnes physiques à l'égard du traitement des données à caractère personnel et à la libre circulation de ces données, JOUE L 281 du 23 nov. 1995.*

L'autorité centrale requise transmet, en tant que de besoin, les informations ainsi obtenues à l'autorité centrale requérante.

2. Les informations visées au présent article sont celles déjà détenues par les autorités, administrations ou personnes visées au paragraphe 1. Elles sont adéquates, pertinentes et non excessives, et concernent :

a) l'adresse du débiteur ou du créancier ;

b) les revenus du débiteur ;

c) l'identification de l'employeur du débiteur et/ou du/des compte(s) bancaire(s) dont le débiteur est titulaire ;

d) le patrimoine du débiteur.

Pour obtenir ou modifier une décision, seules les informations visées au point a) peuvent être demandées par l'autorité centrale requise.

Pour faire reconnaître, déclarer exécutoire ou exécuter une décision, toutes les informations visées au premier alinéa peuvent être demandées par l'autorité centrale requise. Toutefois, les informations visées au point d) ne peuvent être demandées que si les informations visées aux points b) et c) sont insuffisantes pour permettre l'exécution de la décision.

Art. 62 *Transmission et utilisation des informations.* 1. Les autorités centrales transmettent au sein de leur État membre, selon le cas, les informations visées à l'article 61, paragraphe 2, aux juridictions compétentes, aux autorités compétentes chargées de signifier ou de notifier des actes et aux autorités compétentes chargées de l'exécution d'une décision.

2. Toute autorité ou juridiction à laquelle des informations ont été transmises en application de l'article 61 ne peut utiliser celles-ci que pour faciliter le recouvrement de créances alimentaires.

A l'exception des informations portant sur l'existence même d'une adresse, de revenus ou d'un patrimoine dans l'État membre requis, les informations visées à l'article 61, paragraphe 2 ne peuvent être divulguées à la personne qui a saisi l'autorité centrale requérante, sous réserve de l'application des règles de procédure devant une juridiction.

3. Toute autorité qui traite une information qui lui a été transmise en application de l'article 61 ne peut conserver cette information au-delà de la période nécessaire aux fins pour lesquelles elle a été transmise.

4. Toute autorité traitant des informations qui lui ont été communiquées en application de l'article 61 assure la confidentialité de ces informations, conformément au droit national.

Art. 63 *Avis à la personne visée par la collecte des informations.* 1. L'avis à la personne visée par la collecte des informations de la communication de tout ou partie de celles-ci est effectué conformément au droit national de l'État membre requis.

2. Lorsque cet avis risque de porter préjudice au recouvrement effectif de la créance alimentaire, il peut être différé pour une durée qui ne saurait excéder 90 jours à compter de la date à laquelle les informations ont été fournies à l'autorité centrale requise.

CHAPITRE VIII *ORGANISMES PUBLICS*

Art. 64 *Organismes publics en qualité de demandeurs.* 1. Aux fins d'une demande de reconnaissance et de déclaration constatant la force exécutoire de décisions ou aux fins de l'exécution de décisions, le terme « créancier » inclut un organisme public agissant à la place d'une personne à laquelle des aliments sont dus ou un organisme auquel est dû le remboursement de prestations fournies à titre d'aliments.

2. Le droit d'un organisme public d'agir à la place d'une personne à laquelle des aliments sont dus ou de demander le remboursement de prestations fournies au créancier à titre d'aliments est soumis à la loi qui régit l'organisme.

3. Un organisme public peut demander la reconnaissance et la déclaration constatant la force exécutoire ou demander l'exécution :

a) d'une décision rendue contre un débiteur à la demande d'un organisme public qui poursuit le paiement de prestations fournies à titre d'aliments ;

b) d'une décision rendue entre un créancier et un débiteur, à concurrence des prestations fournies au créancier à titre d'aliments.

4. L'organisme public qui demande la reconnaissance et la déclaration constatant la force exécutoire ou qui sollicite l'exécution d'une décision produit, sur demande, tout document de nature à établir son droit en application du paragraphe 2 et le paiement des prestations au créancier.

CHAPITRE IX *DISPOSITIONS GÉNÉRALES ET FINALES*

Art. 65 *Légalisation ou formalité analogue.* Aucune légalisation ni formalité analogue n'est exigée dans le contexte du présent règlement.

Art. 66 *Traduction de pièces justificatives.* Sans préjudice des articles 20, 28 et 40, la juridiction saisie ne peut demander aux parties de fournir une traduction des pièces justificatives établies dans une langue autre que la langue de procédure que si elle estime cette traduction nécessaire pour rendre sa décision ou pour respecter les droits de la défense.

Art. 67 *Recouvrement des frais.* Sans préjudice de l'article 54, l'autorité compétente de l'État membre requis peut recouvrer les frais auprès de la partie perdante bénéficiaire de l'aide judiciaire gratuite en vertu de l'article 46, à titre exceptionnel et si la situation financière de cette dernière le permet.

Art. 68 *Relations avec d'autres instruments communautaires.* 1. Sous réserve de l'article 75, paragraphe 2, le présent règlement modifie le règlement (CE) n° 44/2001 en remplaçant les dispositions dudit règlement applicables en matière d'obligations alimentaires.

2. Le présent règlement remplace, en matière d'obligations alimentaires, le règlement (CE) n° 805/2004, sauf pour les titres exécutoires européens portant sur des obligations alimentaires délivrés dans un État membre non lié par le protocole de La Haye de 2007. — *V. Règl. (CE) n° 805/2004 du 21 avr. 2004. —* ***C. pr. civ.*** *— V. Conv. de La Haye du 23 nov. 2007. —* ***C. pr. exéc.***

3. En matière d'obligations alimentaires, le présent règlement ne porte pas préjudice à l'application de la directive 2003/8/CE, sous réserve du chapitre V.

4. Le présent règlement ne porte pas préjudice à l'application de la directive 95/46/CE. — *V. Dir. n° 95/46/CE du Parlement et du Conseil du 24 oct. 1995, relative à la protection des personnes physiques à l'égard du traitement des données à caractère personnel et à la libre circulation de ces données, JOUE L 281 du 23 nov. 1995.*

Art. 69 *Relations avec les conventions et accords internationaux existants.* 1. Le présent règlement n'affecte pas l'application des conventions et accords bilatéraux ou multilatéraux auxquels un ou plusieurs États membres sont parties lors de l'adoption du présent règlement et qui portent sur des matières régies par le présent règlement, sans préjudice des obligations des États membres en vertu de l'article 307 du traité.

2. Nonobstant le paragraphe 1 et sans préjudice du paragraphe 3, le présent règlement prévaut, entre les États membres, sur les conventions et accords qui portent sur des matières régies par le présent règlement et auxquels des États membres sont parties.

3. Le présent règlement ne fait pas obstacle à l'application de la convention du 23 mars 1962 entre la Suède, le Danemark, la Finlande, l'Islande et la Norvège sur le recouvrement des créances alimentaires par les États membres qui y sont parties compte tenu du fait que ladite convention prévoit en ce qui concerne la reconnaissance, la force exécutoire et l'exécution de décisions :

a) des procédures simplifiées et accélérées pour l'exécution de décisions en matière d'aliments, et

b) une aide judiciaire plus favorable que celle prévue au chapitre V du présent règlement.

Toutefois, l'application de ladite convention ne saurait priver le défendeur de la protection que lui offrent les articles 19 et 21 du présent règlement.

Art. 70 *Informations mises à disposition du public.* Les États membres fournissent dans le cadre du réseau judiciaire européen en matière civile et commerciale créé par la décision 2001/470/CE les informations suivantes en vue de leur mise à disposition du public : — *V. Décis. du Conseil du 28 mai 2001, relative à la création d'un réseau de coopération judiciaire européen en matière civile et commerciale, JOUE L 174 du 27 juin 2001.*

a) une description des législations et procédures nationales concernant les obligations alimentaires ;

b) une description des mesures prises pour satisfaire aux obligations prévues à l'article 51 ;

c) une description de la manière dont l'accès effectif à la justice est assuré, comme l'exige l'article 44 ;

d) une description des règles et procédures nationales d'exécution, y compris des informations sur toutes les limites imposées dans ce domaine, en particulier les règles sur la protection du débiteur et sur les délais ou prescriptions.

Les États membres tiennent en permanence ces informations à jour.

Art. 71 *Informations concernant les coordonnées et les langues.* 1. Le 18 septembre 2010 au plus tard, les États membres communiquent à la Commission :

a) le nom et les coordonnées des juridictions ou autorités compétentes pour statuer sur les demandes de déclaration constatant la force exécutoire, conformément à l'article 27, paragraphe 1, et sur les recours formés contre les décisions rendues sur ces demandes, conformément à l'article 32, paragraphe 2 ;

b) les procédures de pourvoi visées à l'article 33 ;

c) la procédure de réexamen aux fins de l'application de l'article 19 ainsi que le nom et les coordonnées des juridictions compétentes ;

d) le nom et les coordonnées de leurs autorités centrales et, le cas échéant, de l'étendue de leurs fonctions, conformément à l'article 49, paragraphe 3 ;

e) le nom et les coordonnées de leurs organismes publics ou autres et, le cas échéant, l'étendue de leurs fonctions, conformément à l'article 51, paragraphe 3 ;

f) le nom et les coordonnées des autorités compétentes en matière d'exécution aux fins de l'article 21 ;

g) les langues acceptées pour la traduction des documents visés aux articles 20, 28 et 40 ;

h) les langues acceptées par leurs autorités centrales pour les communications, visées à l'article 59, avec les autres autorités centrales.

Les États membres communiquent à la Commission toute modification ultérieure de ces informations.

2. La Commission publie au *Journal officiel de l'Union européenne* les informations communiquées conformément au paragraphe 1, à l'exception des adresses et autres coordonnées des juridictions et autorités visées aux points a), c) et f).

3. La Commission tient toutes les informations communiquées conformément au paragraphe 1 à la disposition du public par tout autre moyen approprié, notamment par le biais du réseau judiciaire européen en matière civile et commerciale créé par la décision 2001/470/CE. — *V. Décis. du Conseil du 28 mai 2001, relative à la création d'un réseau de coopération judiciaire européen en matière civile et commerciale, JOUE L 174 du 27 juin 2001.*

Art. 72 *Modification des formulaires.* Toute modification des formulaires prévus au présent règlement est adoptée suivant la procédure consultative visée à l'article 73, paragraphe 3.

Art. 73 *Comité.* 1. La Commission est assistée par le comité institué par l'article 70 du règlement (CE) n° 2201/2003. — *V. Règl. (CE) n° 2201/2003 du 27 nov. 2003, App., XII. Droit international.*

2. Dans le cas où il est fait référence au présent paragraphe, les articles 4 et 7 de la décision 1999/468/CE s'appliquent. La période prévue à l'article 4, paragraphe 3, de la décision 1999/468/CE est fixée à trois mois. — *V. Décis. du Conseil du 28 juin 1999, fixant les modalités de l'exercice des compétences d'exécution à la Commission, JOUE L 184 du 17 juill. 1999.*

3. Dans le cas où il est fait référence au présent paragraphe, les articles 3 et 7 de la décision 1999/468/CE s'appliquent. — *V. Décis. n° 1999/468/CE (JO L 184 du 17 juill.).*

Art. 74 *Clause de réexamen.* Au plus tard cinq ans à compter de la date d'application déterminée conformément à l'article 76, troisième alinéa, la Commission présente au Parlement européen, au Conseil et au Comité économique et social européen un rapport sur l'application du présent règlement, y compris une évaluation des expériences pratiques en matière de coopération entre autorités centrales, notamment concernant l'accès de celles-ci aux informations détenues par les autorités publiques et les administrations, et une évaluation du fonctionnement de la procédure de reconnaissance, de déclaration de la force exécutoire et d'exécution applicable aux décisions rendues dans un État membre non lié par le protocole de La Haye de 2007. Le rapport est accompagné, le cas échéant, de propositions d'adaptation. — *V. Conv. de La Haye du 23 nov. 2007.* — ***C. pr. exéc.***

Art. 75 *Dispositions transitoires.* 1. Le présent règlement ne s'applique qu'aux procédures engagées, aux transactions judiciaires approuvées ou conclues et aux actes authentiques établis postérieurement à sa date d'application, sous réserve des paragraphes 2 et 3.

2. Les sections 2 et 3 du chapitre IV s'appliquent :

a) aux décisions rendues dans les États membres avant la date d'application du présent règlement pour lesquelles la reconnaissance et la déclaration constatant la force exécutoire sont demandées après cette date ;

b) aux décisions rendues après la date d'application du présent règlement à la suite de procédures engagées avant cette date, dans la mesure où ces décisions relèvent, aux fins de la reconnaissance et de l'exécution, du champ d'application du règlement (CE) n° 44/2001.

Le règlement (CE) n° 44/2001 reste d'application aux procédures de reconnaissance et d'exécution en cours à la date d'application du présent règlement. – *V. Règl. (CE) n° 44-2001 du 22 déc. 2000.* – ***C. pr. civ.***

Le premier et le deuxième alinéa s'appliquent *mutatis mutandis* aux transactions judiciaires approuvées ou conclues et aux actes authentiques établis dans les États membres.

3. Le chapitre VII concernant la coopération entre autorités centrales s'applique aux requêtes et demandes reçues par l'autorité centrale à compter de la date d'application du présent règlement.

Art. 76 *Entrée en vigueur.* Le présent règlement entre en vigueur le vingtième jour suivant celui de sa publication au *Journal officiel de l'Union européenne.*

L'article 2, paragraphe 2, l'article 47, paragraphe 3, et les articles 71, 72 et 73 s'appliquent à compter du 18 septembre 2010.

Le présent règlement s'applique, à l'exception des dispositions visées au deuxième alinéa, à compter du 18 juin 2011, sous réserve que le protocole de La Haye de 2007 soit applicable dans la Communauté à cette date. A défaut, le présent règlement s'applique à compter de la date d'application dudit protocole dans la Communauté. – *V. Conv. de La Haye du 23 nov. 2007.* – ***C. pr. exéc.***

Pour les Annexes au présent Règl., V. JOUE 10 janv. 2009.

2 Droit international

Convention de New York du 20 juin 1956,

Sur le recouvrement des aliments à l'étranger.

V. la Liste des Autorités expéditrices et Institutions intermédiaires désignées par les États Parties à la présente Conv. : http://www.hcch.net.

PRÉAMBULE

Considérant l'urgence de la solution du problème humanitaire qui se pose pour les personnes dans le besoin dont le soutien légal se trouve à l'étranger,

Considérant que la poursuite des actions alimentaires ou l'exécution des décisions à l'étranger donne lieu à de graves difficultés légales et pratiques,

Décidées à prévoir les moyens permettant de résoudre ces problèmes et de surmonter ces difficultés,

Les Parties contractantes sont convenues de ce qui suit :

Art. 1er *Objet de la convention.* 1. La présente Convention a pour objet de faciliter à une personne, désignée ci-après comme créancier, qui se trouve sur le territoire d'une des Parties contractantes, le recouvrement d'aliments auxquels elle prétend avoir droit de la part d'une personne, désignée ci-après comme débiteur, qui est sous la juridiction d'une autre Partie contractante. Les organismes qui seront utilisés à cet effet sont désignés ci-après comme Autorités expéditrices et Institutions intermédiaires.

2. Les voies de droit prévues à la présente Convention complètent, sans les remplacer, toutes autres voies de droit existantes en droit interne ou en droit international.

Art. 2 *Désignation des institutions.* 1. Chaque Partie contractante désigne, au moment du dépôt de l'instrument de ratification ou d'adhésion, une ou plusieurs autorités administratives ou judiciaires qui exerceront sur son territoire les fonctions d'Autorités expéditrices.

2. Chaque Partie contractante désigne, au moment du dépôt de l'instrument de ratification ou d'adhésion, un organisme public ou privé qui exercera sur son territoire les fonctions d'Institution intermédiaire.

3. Chaque Partie contractante communique sans retard au Secrétaire général des Nations unies les désignations faites en application des paragraphes 1 et 2 et toute modification qui surviendrait à cet égard.

4. Les Autorités expéditrices et les Institutions intermédiaires peuvent entrer directement en rapport avec les Autorités expéditrices et les Institutions intermédiaires des autres Parties contractantes.

Art. 3 *Présentation de la demande à l'autorité expéditrice.* 1. Lorsqu'un créancier se trouve sur le territoire d'une Partie contractante, désignée ci-après comme l'État du créancier, et que le débiteur se trouve sous la juridiction d'une autre Partie contractante, désignée ci-après comme l'État du débiteur, le premier peut adresser une demande à une Autorité expéditrice de l'État où il se trouve pour obtenir des aliments de la part du débiteur.

2. Chaque Partie contractante informe le Secrétaire général des éléments de preuve normalement exigés à l'appui des demandes alimentaires par la loi de l'État de l'Institution intermédiaire, des conditions dans lesquelles ceux-ci doivent être fournis pour être recevables et des autres conditions fixées par cette loi.

3. La demande doit être accompagnée de tous les documents pertinents et notamment, le cas échéant, d'une procuration qui autorise l'Institution intermédiaire à agir au nom du créancier ou à désigner une personne habilitée à agir au nom du créancier ; elle sera également accompagnée d'une photographie du créancier et, si possible, d'une photographie du débiteur.

4. L'Autorité expéditrice prend toutes les mesures possibles pour que les exigences de la loi de l'État de l'Institution intermédiaire soient respectées ; sous réserve des dispositions de cette loi, la demande comprend les renseignements suivants :

a) Les nom et prénoms, adresse, date de naissance, nationalité et profession du créancier ainsi que, le cas échéant, les nom et adresse de son représentant légal ;

b) Les nom et prénoms du débiteur et, dans la mesure où le créancier en a connaissance, ses adresses successives pendant les cinq dernières années, sa date de naissance, sa nationalité et sa profession ;

c) Un exposé détaillé des motifs sur lesquels est fondée la demande, l'objet de celle-ci et tout autre renseignement pertinent touchant notamment les ressources et la situation de famille du créancier et du débiteur.

Art. 4 *Transmission du dossier.* 1. L'Autorité expéditrice transmet le dossier à l'Institution intermédiaire désignée par l'État du débiteur à moins qu'elle ne considère la demande comme téméraire.

2. Avant de transmettre le dossier, l'Autorité expéditrice s'assure que les pièces à fournir sont, d'après la loi de l'État du créancier, en bonne et due forme.

3. L'Autorité expéditrice peut faire part à l'Institution intermédiaire de son opinion sur le bien-fondé de la demande et recommander que le créancier bénéficie de l'assistance judiciaire et de l'exemption des frais.

Art. 5 *Transmission des jugements et autres actes judiciaires.* 1. L'Autorité expéditrice transmet, à la demande du créancier et conformément aux dispositions de l'article 4, toute décision provisoire ou définitive ou tout autre acte judiciaire d'ordre alimentaire intervenus en faveur du créancier dans un tribunal compétent de l'une des Parties contractantes, et, s'il est nécessaire et possible, le compte rendu des débats au cours desquels cette décision a été prise.

2. Les décisions et actes judiciaires visés au paragraphe précédent peuvent remplacer ou compléter les pièces mentionnées à l'article 3.

3. La procédure prévue à l'article 6 peut être, selon la loi de l'État du débiteur, soit une procédure d'*exequatur* ou d'enregistrement, soit une nouvelle action fondée sur la décision transmise en vertu des dispositions du paragraphe 1.

Art. 6 *Fonctions de l'Institution intermédiaire.* 1. Agissant dans les limites des pouvoirs conférés par le créancier, l'Institution intermédiaire prend, au nom du créancier, toutes mesures propres à assurer le recouvrement des aliments. Notamment, elle transige et, lorsque cela est nécessaire, elle intente et poursuit une action alimentaire et fait exécuter tout jugement, ordonnance ou autre acte judiciaire.

2. L'Institution intermédiaire tient l'Autorité expéditrice au courant. Si elle ne peut agir, elle en donne les raisons et renvoie le dossier à l'Autorité expéditrice.

3. Nonobstant toute disposition de la présente Convention, la loi régissant lesdites actions et toutes questions connexes est la loi de l'État du débiteur, notamment en matière de droit international privé.

Art. 7 *Commissions rogatoires.* Au cas où la loi des deux Parties contractantes intéressées admet des commissions rogatoires, les dispositions suivantes sont applicables :

a) Le tribunal saisi de l'action alimentaire pourra, pour obtenir des documents ou d'autres preuves, demander l'exécution d'une commission rogatoire soit au tribunal compétent de l'autre Partie contractante, soit à toute autre autorité ou institution désignée par la Partie contractante où la commission doit être exécutée ;

b) Afin que les Parties puissent y assister ou s'y faire représenter, l'autorité requise est obligée d'informer l'Autorité expéditrice et l'Institution intermédiaire intéressées, ainsi que le débiteur, de la date et du lieu où il sera procédé à la mesure sollicitée ;

c) La commission rogatoire doit être exécutée avec toute la diligence voulue ; si elle n'est pas exécutée dans un délai de quatre mois à partir du moment de la réception de la commission par l'autorité requise, l'autorité requérante devra être informée des raisons de la non-exécution ou du retard ;

d) L'exécution de la commission rogatoire ne pourra donner lieu au remboursement de taxes ou de frais de quelque nature que ce soit ;

e) L'exécution de la commission rogatoire ne pourra être refusée que :

1. Si l'authenticité du document n'est pas établie ;
2. Si la Partie contractante sur le territoire de laquelle l'exécution devait avoir lieu la juge de nature à porter atteinte à sa souveraineté ou à sa sécurité.

Art. 8 *Modification des décisions judiciaires.* Les dispositions de la présente Convention sont également applicables aux demandes tendant à la modification des décisions judiciaires rendues en matière d'obligations alimentaires.

Art. 9 *Exemptions et facilités.* 1. Dans les procédures régies par la présente Convention, les créanciers bénéficient du traitement et des exemptions de frais et dépens accordés aux créanciers qui résident dans l'État où l'action est intentée ou qui en sont ressortissants.

2. Les créanciers étrangers ou non résidents ne peuvent être tenus de fournir une caution *judicatum solvi*, ni de faire aucun autre versement ou dépôt.

3. Aucune rémunération ne peut être perçue par les Autorités expéditrices et les Institutions intermédiaires pour les services qu'elles rendent conformément aux dispositions de la présente Convention.

Art. 10 *Transferts de fonds.* Les Parties contractantes dont la loi impose des restrictions aux transferts de fonds à l'étranger accorderont la priorité la plus élevée aux transferts de fonds destinés à être versés comme aliments ou à couvrir des frais encourus pour toute action en justice régie par la présente Convention.

Art. 11 *Clause fédérale.* Dans le cas d'un État fédératif ou non unitaire, les dispositions ci-après s'appliqueront :

a) En ce qui concerne les articles de la présente Convention dont la mise en œuvre relève de l'action législative du pouvoir législatif fédéral, les obligations du Gouvernement fédéral seront, dans cette mesure, les mêmes que celles des Parties qui ne sont pas des États fédératifs ;

b) En ce qui concerne les articles de la présente Convention dont l'application relève de l'action législative de chacun des États, provinces ou cantons constituants, qui ne sont pas, en vertu du système constitutionnel de la Fédération, tenus de prendre des mesures législatives, le Gouvernement fédéral portera le plus tôt possible, et avec son avis favorable, lesdits articles à la connaissance des autorités compétentes des États, provinces ou cantons ;

c) Un État fédératif Partie à la présente Convention communiquera, à la demande de toute autre Partie contractante qui lui aura été transmise par le Secrétaire général, un exposé de la législation et des pratiques en vigueur dans la Fédération et ses unités constituantes en ce qui concerne telle ou telle disposition de la Convention indiquant la mesure dans laquelle effet a été donné, par une action législative ou autre, à ladite disposition.

Art. 12 *Application territoriale.* Les dispositions de la présente Convention s'étendent ou s'appliquent dans les mêmes conditions, aux territoires non autonomes, sous tutelle ou à tout territoire dont une Partie contractante assure les relations internationales, à moins que ladite Partie contractante, en ratifiant la présente Convention ou en y adhérant, ne déclare que la Convention ne s'appliquera pas à tel ou tel de ces territoires. Toute Partie contractante qui aura fait cette déclaration pourra ultérieurement, à tout moment, par notification adressée au Secrétaire général, étendre l'application de la Convention aux territoires ainsi exclus ou à l'un quelconque d'entre eux.

Art. 13 *Signature, ratification et adhésion.* 1. La présente Convention sera ouverte jusqu'au 31 décembre 1956 à la signature de tout État membre de l'Organisation des Nations unies, de tout État non membre qui est Partie au Statut de la Cour internationale de Justice ou membre d'une institution spécialisée, ainsi que de tout autre État non membre invité par le Conseil économique et social à devenir Partie à la Convention.

2. La présente Convention sera ratifiée. Les instruments de ratification seront déposés auprès du Secrétaire général.

3. Tout État mentionné au paragraphe 1 du présent article pourra, à tout moment, adhérer à la présente Convention. Les instruments d'adhésion seront déposés auprès du Secrétaire général.

Art. 14 *Entrée en vigueur.* 1. La présente Convention entrera en vigueur le trentième jour qui suivra la date du dépôt du troisième instrument de ratification ou d'adhésion, effectué conformément aux dispositions de l'article 13.

2. A l'égard de chacun des États qui la ratifiera ou y adhérera après le dépôt du troisième instrument de ratification ou d'adhésion, la Convention entrera en vigueur le trentième jour qui suivra la date du dépôt par cet État de son instrument de ratification ou d'adhésion.

Art. 15 *Dénonciation.* 1. Toute Partie contractante pourra dénoncer la présente Convention par notification adressée au Secrétaire général. La dénonciation pourra également s'appliquer à l'un quelconque ou à l'ensemble des territoires mentionnés à l'article 12.

2. La dénonciation prendra effet un an après la date à laquelle la notification sera parvenue au Secrétaire général, étant entendu qu'elle ne s'appliquera pas aux affaires en cours au moment où elle prendra effet.

Art. 16 *Règlement des différends.* S'il s'élève entre Parties contractantes un différend relatif à l'interprétation ou à l'application de la présente Convention, et si ce différend n'a pas été réglé par d'autres voies, il est porté devant la Cour internationale de Justice. Celle-ci est saisie soit par la notification d'un accord spécial, soit par la requête de l'une des parties au différend.

Art. 17 *Réserves.* 1. Si au moment de la signature, de la ratification ou de l'adhésion, un État fait une réserve à l'un des articles de la présente Convention, le Secrétaire général communiquera le texte de la réserve à tous les États qui sont Parties à cette Convention et aux autres États visés à l'article 13. Toute Partie contractante qui n'accepte pas ladite réserve peut, dans un délai de quatre-vingt-dix jours à partir de la date de cette communication, notifier au Secrétaire général qu'elle n'accepte pas la réserve et, dans ce cas, la Convention n'entrera pas en vigueur entre l'État qui soulève l'objection et l'État auteur de la réserve. Tout État qui, par la suite, adhérera à la Convention pourra, au moment de son adhésion, procéder à une notification de ce genre.

2. Une Partie contractante pourra à tout moment retirer une réserve qu'elle aura faite et devra notifier ce retrait au Secrétaire général.

Art. 18 *Réciprocité.* Une Partie contractante ne peut se réclamer des dispositions de la présente Convention contre d'autres Parties contractantes que dans la mesure où elle est elle-même liée par la présente Convention.

Art. 19 *Notifications par le Secrétaire général.* 1. Le Secrétaire général notifiera à tous les États membres des Nations unies et aux États non membres visés à l'article 13 :

a) Les communications prévues au paragraphe 3 de l'article 2 ;
b) Les renseignements fournis conformément aux dispositions du paragraphe 2 de l'article 3 ;
c) Les déclarations et notifications faites conformément aux dispositions de l'article 12 ;
d) Les signatures, ratifications et adhésions faites conformément aux dispositions de l'article 13 ;
e) La date à laquelle la Convention est entrée en vigueur conformément au paragraphe 1 de l'article 14 ;
f) Les dénonciations faites conformément aux dispositions du paragraphe 1 de l'article 15 ;
g) Les réserves et notifications faites conformément aux dispositions de l'article 17.

2. Le Secrétaire général notifiera également à toutes les Parties contractantes les demandes de révision et les réponses faites à ces demandes en vertu de l'article 20.

Art. 20 *Révision.* 1. Toute Partie contractante pourra demander en tout temps par notification adressée au Secrétaire général la révision de la présente Convention.

2. Le Secrétaire général transmettra cette notification à chacune des Parties contractantes en l'invitant à lui faire savoir, dans les quatre mois, si elle est favorable à la réunion d'une conférence qui étudierait la révision proposée. Si la majorité des Parties contractantes répond par l'affirmative, le Secrétaire général convoquera cette conférence.

Art. 21 *Dépôt de la convention et langues.* L'original de la présente Convention, dont les textes anglais, chinois, espagnol, français et russe font également foi, sera déposé auprès du Secrétaire général, qui en fera tenir des copies certifiées conformes à tous les États visés à l'article 13.

Convention de La Haye du 15 avril 1958,

Concernant la reconnaissance et l'exécution des décisions en matière d'obligations alimentaires envers les enfants.

La présente Conv. est entrée en vigueur le 1er janv. 1962.

Elle a été signée par la France le 6 janv. 1965 qui l'a ratifiée le 26 mai 1966. Elle y est entrée en vigueur le 25 juill. 1966.

Sur l'état des signatures, ratifications et entrée en vigueur, V. : http://www.hcch.net.

La présente Conv. est remplacée par la Convention du 2 oct. 1973 reproduite à sa suite. Elle demeure cependant encore applicable dans les relations avec les États parties non devenus parties à la Conv. préc. de 1973.

Les États signataires de la présente Convention ;

Désirant établir des dispositions communes pour régler la reconnaissance et l'exécution des décisions en matière d'obligations alimentaires envers les enfants ;

Ont résolu de conclure une Convention à cet effet et sont convenus des dispositions suivantes :

Art. 1er La présente Convention a pour objet d'assurer la reconnaissance et l'exécution réciproques, par les États contractants, des décisions rendues à l'occasion de demandes, à caractère international ou interne, portant sur la réclamation d'aliments par un enfant légitime, non légitime ou adoptif, non marié et âgé de moins de 21 ans accomplis.

Si la décision contient des dispositions sur un point autre que l'obligation alimentaire, l'effet de la Convention reste limité à cette dernière.

La Convention ne s'applique pas aux décisions en matière alimentaire entre collatéraux.

Art. 2 Les décisions rendues en matière d'aliments dans un des États contractants devront être reconnues et déclarées exécutoires, sans révision au fond, dans les autres États contractants, si

1. l'autorité qui a statué a été compétente en vertu de la présente Convention ;

2. la partie défenderesse a été régulièrement citée ou représentée selon la loi de l'État dont relève l'autorité ayant statué ; toutefois, en cas de décision par défaut, la reconnaissance et l'exécution pourront être refusées si, au vu des circonstances de la cause, l'autorité d'exécution estime que c'est sans faute de la partie défaillante que celle-ci n'a pas eu connaissance de la procédure ou n'a pu s'y défendre ;

3. la décision est passée en force de chose jugée dans l'État où elle a été rendue ; toutefois, les décisions exécutoires par provision et les mesures provisionnelles seront, quoique susceptibles de recours, déclarées exécutoires par l'autorité d'exécution si pareilles décisions peuvent être rendues et exécutées dans l'État dont relève cette autorité ;

4. la décision n'est pas contraire à une décision rendue sur le même objet et entre les mêmes parties dans l'État où elle est invoquée ; la reconnaissance et l'exécution pourront être refusées si, avant le prononcé de la décision, il y avait litispendance dans l'État où elle est invoquée ;

5. la décision n'est pas manifestement incompatible avec l'ordre public de l'État où elle est invoquée.

Art. 3 Aux termes de la présente Convention, sont compétentes pour rendre des décisions en matière d'aliments les autorités suivantes :

1. les autorités de l'État sur le territoire duquel le débiteur d'aliments avait sa résidence habituelle au moment où l'instance a été introduite ;

2. les autorités de l'État sur le territoire duquel le créancier d'aliments avait sa résidence habituelle au moment où l'instance a été introduite ;

3. l'autorité à la compétence de laquelle le débiteur d'aliments s'est soumis soit expressément, soit en s'expliquant sur le fond sans réserves touchant la compétence.

Art. 4 La partie qui se prévaut d'une décision ou qui en demande l'exécution doit produire :

1. une expédition de la décision réunissant les conditions nécessaires à son authenticité ;

2. les pièces de nature à établir que la décision est exécutoire ;

3. en cas de décision par défaut, une copie authentique de l'acte introductif d'instance et les pièces de nature à établir que cet acte a été dûment signifié.

Art. 5 L'examen de l'autorité d'exécution se bornera aux conditions visées dans l'article 2 et aux documents énumérés à l'article 4.

Art. 6 La procédure d'*exequatur* est régie, en tant que la présente Convention n'en dispose autrement, par la loi de l'État dont relève l'autorité d'exécution.

Toute décision déclarée exécutoire a la même force et produit les mêmes effets que si elle émanait d'une autorité compétente de l'État où l'exécution est demandée.

Art. 7 Si la décision dont l'exécution est demandée, a ordonné la prestation des aliments par paiements périodiques, l'exécution sera accordée tant pour les paiements déjà échus que pour les paiements à échoir.

Art. 8 Les conditions établies par les articles précédents en ce qui concerne la reconnaissance et l'exécution des décisions visées par la présente Convention, s'appliquent également aux décisions émanant de l'une des autorités visées à l'article 3, modifiant la condamnation relative à une obligation alimentaire.

Art. 9 La partie admise à l'assistance judiciaire gratuite dans l'État où la décision a été rendue en bénéficiera dans la procédure tendant à obtenir l'exécution de la décision.

Dans les procédures visées par la présente Convention, il n'y a pas lieu à *cautio judicatum solvi*.

Les pièces produites sont dispensées, dans les procédures régies par la présente Convention, de visa et de légalisation.

Art. 10 Les États contractants s'engagent à faciliter le transfert du montant des sommes allouées en raison d'obligations alimentaires envers les enfants.

Art. 11 Aucune disposition de la présente Convention ne peut faire obstacle au droit du créancier d'aliments d'invoquer toute autre disposition applicable à l'exécution des décisions en matière d'aliments soit en vertu de la loi interne du pays où siège l'autorité d'exécution, soit aux termes d'une autre Convention en vigueur entre les États contractants.

Art. 12 La présente Convention ne s'applique pas aux décisions rendues avant son entrée en vigueur.

Art. 13 Chaque État contractant indiquera au Gouvernement des Pays-Bas les autorités compétentes pour rendre des décisions en matière d'aliments et pour rendre exécutoires les décisions étrangères.

Le Gouvernement des Pays-Bas portera ces communications à la connaissance des autres États contractants.

Art. 14 La présente Convention s'applique de plein droit aux territoires métropolitains des États contractants.

Si un État contractant en désire la mise en vigueur dans tous les autres territoires ou dans tels des autres territoires dont les relations internationales sont assurées par lui, il notifiera son intention à cet effet par un acte qui sera déposé auprès du Ministère des Affaires étrangères des Pays-Bas. Celui-ci en enverra, par la voie diplomatique, une copie, certifiée conforme, à chacun des États contractants.

Cette déclaration n'aura d'effet relativement aux territoires non métropolitains que dans les rapports entre l'État qui l'aura faite et les États qui auront déclaré l'accepter. Cette dernière déclaration sera déposée auprès du Ministère des Affaires étrangères des Pays-Bas ; celui-ci en enverra, par la voie diplomatique, une copie, certifiée conforme, à chacun des États contractants.

Art. 15 La présente Convention est ouverte à la signature des États représentés à la Huitième session de la Conférence de La Haye de droit international privé.

Elle sera ratifiée et les instruments de ratification seront déposés auprès du Ministère des Affaires étrangères des Pays-Bas.

Il sera dressé de tout dépôt d'instruments de ratification un procès-verbal dont une copie, certifiée conforme, sera remise, par la voie diplomatique, à chacun des États signataires.

Art. 16 La présente Convention entrera en vigueur le soixantième jour à partir du dépôt du quatrième instrument de ratification prévu par l'article 15.

Pour chaque État signataire, ratifiant postérieurement la Convention, celle-ci entrera en vigueur le soixantième jour à partir de la date du dépôt de son instrument de ratification.

Dans l'hypothèse visée par l'article 14, alinéa 2, de la présente Convention, celle-ci sera applicable le soixantième jour à partir de la date du dépôt de la déclaration d'acceptation.

Art. 17 Tout État, non représenté à la Huitième session de la Conférence de La Haye de droit international privé, pourra adhérer à la présente Convention. L'État désirant adhérer notifiera son intention par un acte qui sera déposé auprès du Ministère des Affaires étrangères des Pays-Bas. Celui-ci en enverra, par la voie diplomatique, une copie, certifiée conforme, à chacun des États contractants.

La Convention entrera en vigueur, entre l'État adhérant et l'État ayant déclaré accepter cette adhésion, le soixantième jour après la date du dépôt de l'acte d'adhésion.

L'adhésion n'aura d'effet que dans les rapports entre l'État adhérant et les États contractants qui auront déclaré accepter cette adhésion. Cette déclaration sera déposée auprès du Ministère des Affaires étrangères des Pays-Bas ; celui-ci en enverra, par la voie diplomatique, une copie, certifiée conforme, à chacun des États contractants.

Il est entendu que le dépôt de l'acte d'adhésion ne pourra avoir lieu qu'après l'entrée en vigueur de la présente Convention en vertu de l'article 16.

Art. 18 Chaque État contractant, en signant ou ratifiant la présente Convention ou en y adhérant, pourra faire une réserve quant à la reconnaissance et à l'exécution des décisions rendues par une autorité d'un autre État contractant, qui aurait été compétente en raison de la résidence du créancier d'aliments.

L'État qui aura fait usage de cette réserve ne pourra prétendre à l'application de la Convention aux décisions rendues par ses autorités lorsque celles-ci auront été compétentes en raison de la résidence du créancier d'aliments.

Art. 19 La présente Convention aura une durée de cinq ans à partir de la date indiquée dans l'article 16, alinéa 1er, de la présente Convention. Ce délai commencera à courir de cette date, même pour les États qui l'auront ratifiée ou y auront adhéré postérieurement.

La Convention sera renouvelée tacitement de cinq ans en cinq ans, sauf dénonciation.

La dénonciation devra, au moins six mois avant l'expiration du délai, être notifiée au Ministère des Affaires étrangères des Pays-Bas qui en donnera connaissance à tous les autres États contractants.

La dénonciation peut se limiter aux territoires ou à certains territoires indiqués dans une notification faite conformément à l'article 14, alinéa 2.

La dénonciation ne produira son effet qu'à l'égard de l'État qui l'aura notifiée. La Convention restera en vigueur pour les autres États contractants.

Convention de La Haye du 2 octobre 1973,

Sur la loi applicable aux obligations alimentaires.

La présente convention est entrée en vigueur à l'égard de la France le 1er oct. 1977.

CHAPITRE I *CHAMP D'APPLICATION DE LA CONVENTION*

Art. 1er La présente Convention s'applique aux obligations alimentaires découlant de relations de famille, de parenté, de mariage ou d'alliance, y compris les obligations alimentaires envers un enfant non légitime.

Art. 2 La Convention ne règle que les conflits de lois en matière d'obligations alimentaires.

Les décisions rendues en application de la Convention ne préjugent pas de l'existence d'une des relations visées à l'article 1er.

Art. 3 La loi désignée par la Convention s'applique indépendamment de toute condition de réciprocité, même s'il s'agit de la loi d'un État non contractant.

CHAPITRE II *LOI APPLICABLE*

Art. 4 La loi interne de la résidence habituelle du créancier d'aliments régit les obligations alimentaires visées à l'article 1er.

En cas de changement de la résidence habituelle du créancier, la loi interne de la nouvelle résidence habituelle s'applique à partir du moment où le changement est survenu.

Art. 5 La loi nationale commune s'applique lorsque le créancier ne peut obtenir d'aliments du débiteur en vertu de la loi visée à l'article 4.

Art. 6 La loi interne de l'autorité saisie s'applique lorsque le créancier ne peut obtenir d'aliments du débiteur en vertu des lois visées aux articles 4 et 5.

Art. 7 Dans les relations alimentaires entre collatéraux et entre alliés, le débiteur peut opposer à la prétention du créancier l'absence d'obligation à son égard suivant leur loi nationale commune ou, à défaut de nationalité commune, suivant la loi interne de sa résidence habituelle.

Art. 8 Par dérogation aux articles 4 à 6, la loi appliquée au divorce régit, dans l'État contractant où celui-ci est prononcé ou reconnu, les obligations alimentaires entre époux divorcés et la révision des décisions relatives à ces obligations.

L'alinéa qui précède s'applique également aux cas de séparation de corps, de nullité ou d'annulation du mariage.

Art. 9 Le droit d'une institution publique d'obtenir le remboursement de la prestation fournie au créancier est soumis à la loi qui régit l'institution.

Art. 10 La loi applicable à l'obligation alimentaire détermine notamment :

1° Si, dans quelle mesure et à qui le créancier peut réclamer des aliments ;

2° Qui est admis à intenter l'action alimentaire et quels sont les délais pour l'intenter ;

3° Les limites de l'obligation du débiteur, lorsque l'institution publique qui a fourni des aliments au créancier demande le remboursement de sa prestation.

Art. 11 L'application de la loi désignée par la Convention ne peut être écartée que si elle est manifestement incompatible avec l'ordre public.

Toutefois, même si la loi applicable en dispose autrement, il doit être tenu compte des besoins du créancier et des ressources du débiteur dans la détermination du montant de la prestation alimentaire.

CHAPITRE III *DISPOSITIONS DIVERSES*

Art. 12 La Convention ne s'applique pas aux aliments réclamés dans un État contractant pour la période antérieure à son entrée en vigueur dans cet État.

Art. 13 Tout État contractant pourra, conformément à l'article 24, se réserver le droit de n'appliquer la Convention qu'aux obligations alimentaires :

1° Entre époux et ex-époux ;

2° Envers une personne âgée de moins de vingt et un ans et qui n'a pas été mariée.

Art. 14 Tout État contractant pourra, conformément à l'article 24, se réserver le droit de ne pas appliquer la Convention aux obligations alimentaires :

1° Entre collatéraux ;

2° Entre alliés ;

3° Entre époux divorcés, séparés de corps, ou dont le mariage a été déclaré nul ou annulé, lorsque la décision de divorce, de séparation, de nullité ou d'annulation de mariage a été rendue par défaut dans un État où la partie défaillante n'avait pas sa résidence habituelle.

Art. 15 Tout État contractant pourra, conformément à l'article 24, faire une réserve aux termes de laquelle ses autorités appliqueront sa loi interne lorsque le créancier et le débiteur ont la nationalité de cet État, et si le débiteur y a sa résidence habituelle.

Art. 16 Si la loi d'un État qui connaît, en matière d'obligations alimentaires, deux ou plusieurs systèmes de droit d'application territoriale ou personnelle doit être prise en considération — comme en cas de référence à la loi de la résidence habituelle du créancier ou du débiteur ou à la loi nationale commune — il y a lieu d'appliquer le système désigné par les règles en vigueur dans cet État ou, à défaut, le système avec lequel les intéressés ont les liens les plus étroits.

Art. 17 Un État contractant dans lequel différentes unités territoriales ont leurs propres règles de droit en matière d'obligations alimentaires n'est pas tenu d'appliquer la Convention aux conflits de lois intéressant uniquement ses unités territoriales.

Art. 18 La Convention remplace, dans les rapports entre les États qui y sont Parties, la Convention sur la loi applicable aux obligations alimentaires envers les enfants, conclue à La Haye, le 24 octobre 1956.

Toutefois, l'alinéa premier ne s'applique pas à l'État qui, par la réserve prévue à l'article 13, a exclu l'application de la présente Convention aux obligations alimentaires envers une personne âgée de moins de vingt et un ans et qui n'a pas été mariée.

Art. 19 La Convention ne déroge pas aux instruments internationaux auxquels un État contractant est ou sera Partie et qui contiennent des dispositions sur les matières réglées par la présente Convention.

CHAPITRE IV *DISPOSITIONS FINALES*

....

Convention de La Haye du 2 octobre 1973,

Concernant la reconnaissance et l'exécution de décisions relatives aux obligations alimentaires.

La présente Conv. est entrée en vigueur le 1er août 1976.

Elle a été signée par la France le 18 déc. 1973 qui l'a ratifiée le 19 déc. 1977. Elle y est entrée en vigueur le 1er oct. 1977.

Sur l'état des signatures, ratifications et entrée en vigueur, V. : http://www.hcch.net.

La présente Conv. a vocation à être remplacée par la Convention de La Haye du 23 nov. 2007 reproduite à sa suite.

Les États signataires de la présente Convention,

Désirant établir des dispositions communes pour régler la reconnaissance et l'exécution de décisions réciproques de décisions relatives aux obligations alimentaires envers les adultes,

Désirant coordonner ces dispositions et celles de la Convention de La Haye du 15 avril 1958 concernant la reconnaissance et l'exécution des décisions en matière d'obligations alimentaires envers les enfants, — *V. Conv. de La Haye du 15 avr. 1958, reproduite au-dessus de la présente Conv.*

Ont résolu de conclure une Convention à cet effet et sont convenus des dispositions suivantes :

CHAPITRE I *CHAMP D'APPLICATION DE LA CONVENTION*

Art. 1er La présente Convention s'applique aux décisions en matière d'obligations alimentaires découlant de relations de famille, de parenté, de mariage ou d'alliance, y compris les obligations alimentaires envers un enfant non légitime, rendues par les autorités judiciaires ou administratives d'un État contractant entre :

1. un créancier et un débiteur d'aliments ; ou
2. un débiteur d'aliments et une institution publique qui poursuit le remboursement de la prestation fournie à un créancier d'aliments.

Elle s'applique également aux transactions passées dans cette matière devant ces autorités et entre ces personnes.

Art. 2 La Convention s'applique aux décisions et aux transactions, quelle que soit leur dénomination.

Elle s'applique également aux décisions ou transactions modifiant une décision ou une transaction antérieure, même au cas où celle-ci proviendrait d'un État non contractant.

Elle s'applique sans égard au caractère international ou interne de la réclamation d'aliments et quelle que soit la nationalité ou la résidence habituelle des parties.

Art. 3 Si la décision ou la transaction ne concerne pas seulement l'obligation alimentaire, l'effet de la convention reste limité à cette dernière.

CHAPITRE II *CONDITIONS DE LA RECONNAISSANCE ET DE L'EXÉCUTION DES DÉCISIONS*

Art. 4 La décision rendue dans un État contractant doit être reconnue ou déclarée exécutoire dans un autre État contractant :

1. si elle a été rendue par une autorité considérée comme compétente au sens des articles 7 ou 8 ; et
2. si elle ne peut plus faire l'objet d'un recours ordinaire dans l'État d'origine.

Les décisions exécutoires par provision et les mesures provisionnelles sont, quoique susceptibles de recours ordinaire, reconnues ou déclarées exécutoires dans l'État requis si pareilles décisions peuvent y être rendues et exécutées.

Art. 5 La reconnaissance ou l'exécution de la décision peut néanmoins être refusée :

1. si la reconnaissance ou l'exécution de la décision est manifestement incompatible avec l'ordre public de l'État requis ; ou
2. si la décision résulte d'une fraude commise dans la procédure ; ou
3. si un litige entre les mêmes parties et ayant le même objet est pendant devant une autorité de l'État requis, première saisie ; ou
4. si la décision est incompatible avec une décision rendue entre les mêmes parties et sur le même objet, soit dans l'État requis, soit dans un autre État lorsque, dans ce der-

nier cas, elle réunit les conditions nécessaires à sa reconnaissance et à son exécution dans l'État requis.

Art. 6 Sans préjudice des dispositions de l'article 5, une décision par défaut n'est reconnue ou déclarée exécutoire que si l'acte introductif d'instance contenant les éléments essentiels de la demande a été notifié ou signifié à la partie défaillante selon le droit de l'État d'origine et si, compte tenu des circonstances, cette partie a disposé d'un délai suffisant pour présenter sa défense.

Art. 7 L'autorité de l'État d'origine est considérée comme compétente au sens de la Convention :

1. si le débiteur ou le créancier d'aliments avait sa résidence habituelle dans l'État d'origine lors de l'introduction de l'instance ; ou
2. si le débiteur et le créancier d'aliments avaient la nationalité de l'État d'origine lors de l'introduction de l'instance ; ou
3. si le défendeur s'est soumis à la compétence de cette autorité soit expressément, soit en s'expliquant sur le fond sans réserves touchant à la compétence.

Art. 8 Sans préjudice des dispositions de l'article 7, les autorités d'un État contractant qui ont statué sur la réclamation en aliments sont considérées comme compétentes au sens de la Convention si ces aliments sont dus en raison d'un divorce, d'une séparation de corps, d'une annulation ou d'une nullité de mariage intervenu devant une autorité de cet État reconnue comme compétente en cette matière selon le droit de l'État requis.

Art. 9 L'autorité de l'État requis est liée par les constatations de fait sur lesquelles l'autorité de l'État d'origine a fondé sa compétence.

Art. 10 Lorsque la décision porte sur plusieurs chefs de la demande en aliments et que la reconnaissance ou l'exécution ne peut être accordée pour le tout, l'autorité de l'État requis applique la Convention à la partie de la décision qui peut être reconnue ou déclarée exécutoire.

Art. 11 Lorsque la décision a ordonné la prestation d'aliments par paiements périodiques, l'exécution est accordée tant pour les paiements échus que pour ceux à échoir.

Art. 12 L'autorité de l'État requis ne procède à aucun examen au fond de la décision, à moins que la Convention n'en dispose autrement.

CHAPITRE III *PROCÉDURE DE LA RECONNAISSANCE ET DE L'EXÉCUTION DES DÉCISIONS*

Art. 13 La procédure de la reconnaissance ou de l'exécution de la décision est régie par le droit de l'État requis, à moins que la Convention n'en dispose autrement.

Art. 14 La reconnaissance ou l'exécution partielle d'une décision peut toujours être demandée.

Art. 15 Le créancier d'aliments qui, dans l'État d'origine, a bénéficié en tout ou en partie de l'assistance judiciaire ou d'une exemption de frais et dépens, bénéficie, dans toute procédure de reconnaissance ou d'exécution, de l'assistance la plus favorable ou de l'exemption la plus large prévue par le droit de l'État requis.

Art. 16 Aucune caution ni aucun dépôt, sous quelque dénomination que ce soit, ne peut être imposé pour garantir le paiement des frais et dépens dans les procédures visées par la Convention.

Art. 17 La partie qui invoque la reconnaissance ou qui demande l'exécution d'une décision doit produire :

1. une expédition complète et conforme de la décision ;
2. tout document de nature à prouver que la décision ne peut plus faire l'objet d'un recours ordinaire dans l'État d'origine et, le cas échéant, qu'elle y est exécutoire ;
3. s'il s'agit d'une décision par défaut, l'original ou une copie certifiée conforme du document de nature à prouver que l'acte introductif d'instance contenant les éléments

essentiels de la demande a été régulièrement notifié ou signifié à la partie défaillante selon le droit de l'État d'origine ;

4. le cas échéant, toute pièce de nature à prouver qu'elle a obtenu l'assistance judiciaire ou une exemption de frais et dépens dans l'État d'origine ;

5. sauf dispense de l'autorité de l'État requis, la traduction certifiée conforme des documents mentionnés ci-dessus.

A défaut de production des documents mentionnés ci-dessus ou si le contenu de la décision ne permet pas à l'autorité de l'État requis de vérifier que les conditions de la Convention sont remplies, cette autorité impartit un délai pour produire tous documents nécessaires.

Aucune légalisation ni formalité analogue ne peut être exigée.

CHAPITRE IV *DISPOSITIONS COMPLÉMENTAIRES RELATIVES AUX INSTITUTIONS PUBLIQUES*

Art. 18 La décision rendue contre un débiteur d'aliments à la demande d'une institution publique qui poursuit le remboursement de prestations fournies au créancier d'aliments est reconnue et déclarée exécutoire conformément à la Convention :

1. si ce remboursement peut être obtenu par cette institution selon la loi qui la régit ; et

2. si l'existence d'une obligation alimentaire entre ce créancier et ce débiteur est prévue par la loi interne désignée par le droit international privé de l'État requis.

Art. 19 Une institution publique peut, dans la mesure des prestations fournies au créancier, demander la reconnaissance ou l'exécution d'une décision rendue entre le créancier et le débiteur d'aliments si, d'après la loi qui la régit, elle est de plein droit habilitée à invoquer la reconnaissance ou à demander l'exécution de la décision à la place du créancier.

Art. 20 Sans préjudice des dispositions de l'article 17, l'institution publique qui invoque la reconnaissance ou qui demande l'exécution doit produire tout document de nature à prouver qu'elle répond aux conditions prévues par l'article 18, chiffre 1, ou par l'article 19, et que les prestations ont été fournies au créancier d'aliments.

CHAPITRE V *TRANSACTIONS*

Art. 21 Les transactions exécutoires dans l'État d'origine sont reconnues et déclarées exécutoires aux mêmes conditions que les décisions, en tant que ces conditions leur sont applicables.

CHAPITRE VI *DISPOSITIONS DIVERSES*

Art. 22 Les États contractants dont la loi impose des restrictions aux transferts de fonds accorderont la priorité la plus élevée aux transferts de fonds destinés à être versés comme aliments ou à couvrir des frais et dépens encourus pour toute demande régie par la Convention.

Art. 23 La Convention n'empêche pas qu'un autre instrument international liant l'État d'origine et l'État requis ou que le droit non conventionnel de l'État requis soient invoqués pour obtenir la reconnaissance ou l'exécution d'une décision ou d'une transaction.

Art. 24 La Convention est applicable quelle que soit la date à laquelle la décision a été rendue.

Lorsque la décision a été rendue avant l'entrée en vigueur de la Convention dans les rapports entre l'État d'origine et l'État requis, elle ne sera déclarée exécutoire dans ce dernier État que pour les paiements à échoir après cette entrée en vigueur.

Art. 25 Tout État contractant peut, à tout moment, déclarer que les dispositions de la Convention seront étendues, dans ses relations avec les États qui auront fait la même déclaration, à tout acte authentique dressé par-devant une autorité ou un officier public, reçu et exécutoire dans l'État d'origine, dans la mesure où ces dispositions peuvent être appliquées à ces actes.

Art. 26 Tout État contractant pourra, conformément à l'article 34, se réserver le droit de ne pas reconnaître ni déclarer exécutoires :

1. les décisions et les transactions portant sur les aliments dus pour la période postérieure au mariage ou au vingt et unième anniversaire du créancier par un débiteur autre que l'époux ou l'ex-époux du créancier ;

2. les décisions et les transactions en matière d'obligations alimentaires :

a) entre collatéraux ;

b) entre alliés ;

3. les décisions et les transactions ne prévoyant pas la prestation d'aliments par paiements périodiques.

Aucun État contractant qui aura fait l'usage d'une réserve ne pourra prétendre à l'application de la Convention aux décisions et aux transactions exclues dans sa réserve.

Art. 27 Si un État contractant connaît, en matière d'obligations alimentaires, deux ou plusieurs systèmes de droit applicables à des catégories différentes de personnes, toute référence à la loi de cet État vise le système juridique que son droit désigne comme applicable à une catégorie particulière de personnes.

Art. 28 Si un État contractant comprend deux ou plusieurs unités territoriales dans lesquelles différents systèmes de droit s'appliquent en ce qui concerne la reconnaissance et l'exécution de décisions en matière d'obligations alimentaires :

1. toute référence à la loi, à la procédure ou à l'autorité de l'État d'origine vise la loi, la procédure ou l'autorité de l'unité territoriale dans laquelle la décision a été rendue ;

2. toute référence à la loi, à la procédure ou à l'autorité de l'État requis vise la loi, la procédure ou l'autorité de l'unité territoriale dans laquelle la reconnaissance ou l'exécution est invoquée ;

3. toute référence faite, dans l'application des chiffres 1 et 2, soit à la loi ou à la procédure de l'État d'origine, soit à la loi ou à la procédure de l'État requis, doit être interprétée comme comprenant tous les règles et principes légaux appropriés de l'État contractant qui régissent les unités territoriales qui le forment ;

4. toute référence à la résidence habituelle du créancier ou du débiteur d'aliments dans l'État d'origine vise sa résidence habituelle dans l'unité territoriale dans laquelle la décision a été rendue.

Tout État contractant peut, en tout temps, déclarer qu'il n'appliquera pas l'une ou plusieurs de ces règles à une ou plusieurs dispositions de la Convention.

Art. 29 La présente Convention remplace, dans les rapports entre les États qui y sont Parties, la Convention concernant la reconnaissance et l'exécution des décisions en matière d'obligations alimentaires envers les enfants conclue à La Haye le 15 avril 1958. — *V. Conv. de La Haye du 15 avr. 1958, reproduite au-dessus de la présente Conv.*

CHAPITRE VII *DISPOSITIONS FINALES*

Art. 30 La Convention est ouverte à la signature des États qui étaient membres de la Conférence de La Haye de droit international privé lors de sa Douzième session.

Elle sera ratifiée, acceptée ou approuvée et les instruments de ratification, d'acceptation ou d'approbation seront déposés auprès du Ministère des Affaires étrangères des Pays-Bas.

Art. 31 Tout État qui n'est devenu membre de la Conférence qu'après la Douzième session, ou qui appartient à l'Organisation des Nations unies ou à une institution spécialisée de celle-ci, ou est Partie au Statut de la Cour internationale de Justice, du 26 juin 1945 pourra adhérer à la présente Convention après son entrée en vigueur en vertu de l'article 35, alinéa 1er.

L'instrument d'adhésion sera déposé auprès du Ministère des Affaires étrangères des Pays-Bas.

L'adhésion n'aura d'effet que dans les rapports entre l'État adhérant et les États contractants qui n'auront pas élevé d'objection à son encontre dans les douze mois après la réception de la notification prévue au chiffre 3 de l'article 37. Une telle objection pourra également être élevée par tout État membre au moment d'une ratification, acceptation ou approbation de la Convention, ultérieure à l'adhésion. Ces objections seront notifiées au Ministère des Affaires étrangères des Pays-Bas.

Art. 32 Tout État, au moment de la signature, de la ratification, de l'approbation, de l'acceptation ou de l'adhésion, pourra déclarer que la Convention s'étendra à l'ensemble des territoires qu'il représente sur le plan international, ou à l'un ou plusieurs d'entre eux. Cette déclaration aura effet au moment de l'entrée en vigueur de la Convention pour ledit État.

Par la suite, toute extension de cette nature sera notifiée au Ministère des Affaires étrangères des Pays-Bas.

L'extension aura effet dans les rapports entre les États contractants qui, dans les douze mois après la réception de la notification prévue à l'article 37, chiffre 4, n'auront pas élevé d'objection à son encontre, et le territoire ou les territoires dont les relations internationales sont assurées par l'État en question, et pour lequel ou lesquels la notification aura été faite.

Une telle objection pourra également être élevée par tout État membre au moment d'une ratification, acceptation ou approbation ultérieure à l'extension.

Ces objections seront notifiées au Ministère des Affaires étrangères des Pays-Bas.

Art. 33 Tout État contractant qui comprend deux ou plusieurs unités territoriales dans lesquelles des systèmes de droit différents s'appliquent en ce qui concerne la reconnaissance et l'exécution de décisions en matière d'obligations alimentaires pourra, au moment de la signature, de la ratification, de l'acceptation, de l'approbation ou de l'adhésion, déclarer que la présente Convention s'étendra à toutes ces unités territoriales ou seulement à l'une ou à plusieurs d'entre elles et pourra, à tout moment, modifier cette déclaration en faisant une nouvelle déclaration.

Ces déclarations seront notifiées au Ministère des Affaires étrangères des Pays-Bas et indiqueront expressément l'unité territoriale à laquelle la Convention s'applique.

Les autres États contractants pourront refuser de reconnaître une décision en matière d'obligations alimentaires si, à la date à laquelle la reconnaissance est invoquée, la Convention n'est pas applicable à l'unité territoriale dans laquelle la décision a été obtenue.

Art. 34 Tout État pourra, au plus tard au moment de la ratification, de l'acceptation, de l'approbation ou de l'adhésion, faire une ou plusieurs des réserves prévues à l'article 26. Aucune autre réserve ne sera admise.

Tout État pourra également, en notifiant une extension de la Convention conformément à l'article 32, faire une ou plusieurs de ces réserves avec effet limité aux territoires ou à certains des territoires visés par l'extension.

Tout État contractant pourra, à tout moment, retirer une réserve qu'il aura faite. Ce retrait sera notifié au Ministère des Affaires étrangères des Pays-Bas.

L'effet de la réserve cessera le premier jour du troisième mois du calendrier après la notification mentionnée à l'alinéa précédent.

Art. 35 La Convention entrera en vigueur le premier jour du troisième mois du calendrier suivant le dépôt du troisième instrument de ratification, d'acceptation ou d'approbation prévu par l'article 30.

Ensuite, la Convention entrera en vigueur :

– pour chaque État signataire ratifiant, acceptant ou approuvant postérieurement, le premier jour du troisième mois du calendrier après le dépôt de son instrument de ratification, d'acceptation ou d'approbation ;

– pour tout État adhérant, le premier jour du troisième mois du calendrier après l'expiration du délai visé à l'article 31 ;

– pour les territoires auxquels la Convention a été étendue conformément à l'article 32, le premier jour du troisième mois du calendrier qui suit l'expiration du délai visé audit article.

Art. 36 La Convention aura une durée de cinq ans à partir de la date de son entrée en vigueur conformément à l'article 35, alinéa 1er, même pour les États qui l'auront postérieurement ratifiée, acceptée ou approuvée ou qui y auront adhéré.

La Convention sera renouvelée tacitement de cinq ans en cinq ans, sauf dénonciation.

La dénonciation sera, au moins six mois avant l'expiration du délai de cinq ans, notifiée au Ministère des Affaires étrangères des Pays-Bas. Elle pourra se limiter à certains territoires auxquels s'applique la Convention.

La dénonciation n'aura d'effet qu'à l'égard de l'État qui l'aura notifiée. La Convention restera en vigueur pour les autres États contractants.

Art. 37 Le Ministère des Affaires étrangères des Pays-Bas notifiera aux États membres de la Conférence, ainsi qu'aux États qui auront adhéré conformément aux dispositions de l'article 31 :

1. les signatures, ratifications, acceptations et approbations visées à l'article 30 ;
2. la date à laquelle la présente Convention entrera en vigueur conformément aux dispositions de l'article 35 ;
3. les adhésions visées à l'article 31 et la date à laquelle elles auront effet ;
4. les extensions visées à l'article 32 et la date à laquelle elles auront effet ;
5. les objections aux adhésions et aux extensions visées aux articles 31 et 32 ;
6. les déclarations mentionnées aux articles 25 et 32 ;
7. les dénonciations visées à l'article 36 ;
8. les réserves prévues aux articles 26 et 34, et le retrait des réserves prévu à l'article 34.

Protocole de La Haye du 23 novembre 2007,

Sur la loi applicable aux obligations alimentaires (ce Protocole, y compris la documentation y afférente, est disponible sur le site Internet de la Conférence de La Haye de droit international privé (www.hcch.net), sous la rubrique « Conventions »).

Les États signataires du présent Protocole,

Désirant établir des dispositions communes concernant la loi applicable aux obligations alimentaires, Souhaitant moderniser la Convention de La Haye du 24 octobre 1956 sur la loi applicable aux obligations alimentaires envers les enfants et la Convention de La Haye du 2 octobre 1973 sur la loi applicable aux obligations alimentaires,

Souhaitant développer des règles générales relatives à la loi applicable pouvant constituer un ajout utile à la Convention de La Haye du 23 novembre 2007 sur le recouvrement international des aliments destinés aux enfants et à d'autres membres de la famille,

Ont résolu de conclure un Protocole à cet effet et sont convenus des dispositions suivantes :

Art. 1er *Champ d'application.* 1. Le présent Protocole détermine la loi applicable aux obligations alimentaires découlant de relations de famille, de filiation, de mariage ou d'alliance, y compris les obligations alimentaires envers un enfant indépendamment de la situation matrimoniale de ses parents.

2. Les décisions rendues en application du présent Protocole ne préjugent pas de l'existence de l'une des relations visées au paragraphe premier.

Art. 2 *Application universelle.* Le présent Protocole est applicable même si la loi qu'il désigne est celle d'un État non contractant.

Art. 3 *Règle générale relative à la loi applicable.* 1. Sauf disposition contraire du Protocole, la loi de l'État de la résidence habituelle du créancier régit les obligations alimentaires.

2. En cas de changement de la résidence habituelle du créancier, la loi de l'État de la nouvelle résidence habituelle s'applique à partir du moment où le changement est survenu.

Art. 4 *Règles spéciales en faveur de certains créanciers.* 1. Les dispositions suivantes s'appliquent en ce qui concerne les obligations alimentaires :

a) des parents envers leurs enfants ;

b) de personnes, autres que les parents, envers des personnes âgées de moins de 21 ans à l'exception des obligations découlant des relations mentionnées à l'article 5 ; et *c)* des enfants envers leurs parents.

2. La loi du for s'applique lorsque le créancier ne peut pas obtenir d'aliments du débiteur en vertu de la loi mentionnée à l'article 3.

3. Nonobstant l'article 3, la loi du for s'applique lorsque le créancier a saisi l'autorité compétente de l'État où le débiteur a sa résidence habituelle. Toutefois, la loi de l'État de la résidence habituelle du créancier s'applique lorsque le créancier ne peut pas obtenir d'aliments du débiteur en vertu de la loi du for.

4. La loi de l'État dont le créancier et le débiteur ont la nationalité commune, s'ils en ont une, s'applique lorsque le créancier ne peut pas obtenir d'aliments du débiteur en vertu des lois mentionnées à l'article 3 et aux paragraphes 2 et 3 du présent article.

Art. 5 *Règle spéciale relative aux époux et ex-époux.* En ce qui concerne les obligations alimentaires entre des époux, des ex-époux ou des personnes dont le mariage a été annulé, l'article 3 ne s'applique pas lorsque l'une des parties s'y oppose et que la loi d'un autre État, en particulier l'État de leur dernière résidence habituelle commune, présente un lien plus étroit avec le mariage. Dans ce cas, la loi de cet autre État s'applique.

Art. 6 *Moyens de défense particuliers.* En ce qui concerne les obligations alimentaires autres que celles envers les enfants découlant d'une relation parent-enfant et que celles visées à l'article 5, le débiteur peut opposer à la prétention du créancier qu'une telle obligation à son égard n'existe ni selon la loi de l'État de la résidence habituelle du débiteur, ni selon la loi de l'État de la nationalité commune des parties, si elles en ont une.

Art. 7 *Désignation de la loi applicable pour les besoins d'une procédure particulière (accord procédural).* 1. Nonobstant les articles 3 à 6, le créancier et le débiteur d'aliments peuvent, uniquement pour les besoins d'une procédure particulière se déroulant dans un État donné, désigner expressément la loi de cet État pour régir une obligation alimentaire.

2. Une désignation antérieure à l'introduction de l'instance doit faire l'objet d'un accord, signé des deux parties, par écrit ou consigné sur tout support dont le contenu est accessible pour être consulté ultérieurement.

Art. 8 *Désignation de la loi applicable.* 1. Nonobstant les articles 3 à 6, le créancier et le débiteur d'aliments peuvent, à tout moment, désigner l'une des lois suivantes pour régir une obligation alimentaire :

a) la loi d'un État dont l'une des parties a la nationalité au moment de la désignation ;

b) la loi de l'État de la résidence habituelle de l'une des parties au moment de la désignation ;

c) la loi désignée par les parties pour régir leurs relations patrimoniales ou celle effectivement appliquée à ces relations ;

d) la loi désignée par les parties pour régir leur divorce ou leur séparation de corps ou celle effectivement appliquée à ce divorce ou cette séparation.

2. Un tel accord est établi par écrit ou consigné sur tout support dont le contenu est accessible pour être consulté ultérieurement et est signé des deux parties.

3. Le paragraphe premier ne s'applique pas aux obligations alimentaires concernant une personne âgée de moins de 18 ans ou un adulte qui, en raison d'une altération ou d'une insuffisance de ses facultés personnelles, n'est pas en mesure de pourvoir à ses intérêts.

4. Nonobstant la loi désignée par les parties en vertu du paragraphe premier, la loi de l'État de la résidence habituelle du créancier, au moment de la désignation, détermine si le créancier peut renoncer à son droit à des aliments.

5. À moins que les parties n'aient été pleinement informées et conscientes des conséquences de leur choix au moment de la désignation, la loi désignée ne s'applique pas lorsque son application entraînerait des conséquences manifestement inéquitables ou déraisonnables pour l'une ou l'autre des parties.

Art. 9 *"Domicile" au lieu de "nationalité".* Un État qui connaît le concept de "domicile" en tant que facteur de rattachement en matière familiale peut informer le Bureau Permanent de la Conférence de La Haye de droit international privé que, pour les besoins des affaires portées devant ses autorités, le mot "nationalité" aux articles 4 et 6 est remplacé par le mot "domicile" tel qu'il est entendu dans cet État.

Art. 10 *Organismes publics.* Le droit d'un organisme public de demander le remboursement de la prestation fournie au créancier en lieu et place d'aliments est soumis à la loi qui régit cet organisme.

Art. 11 *Domaine de la loi applicable.* La loi applicable à l'obligation alimentaire détermine notamment :

a) si, dans quelle mesure et à qui le créancier peut demander des aliments ;

b) la mesure dans laquelle le créancier peut demander des aliments rétroactivement ;

c) la base de calcul du montant des aliments et l'indexation ;

d) qui est admis à intenter l'action alimentaire, sous réserve des questions relatives à la capacité procédurale et à la représentation en justice ;

e) la prescription ou les délais pour intenter une action ;

f) l'étendue de l'obligation du débiteur d'aliments, lorsque l'organisme public demande le remboursement de la prestation fournie au créancier en lieu et place d'aliments.

Art. 12 *Exclusion du renvoi.* Au sens du Protocole, le terme "loi" désigne le droit en vigueur dans un État, à l'exclusion des règles de conflit de lois.

Art. 13 *Ordre public.* L'application de la loi désignée en vertu du Protocole ne peut être écartée que dans la mesure où ses effets sont manifestement contraires à l'ordre public du for.

Art. 14 *Fixation du montant des aliments.* Même si la loi applicable en dispose autrement, il est tenu compte dans la fixation du montant des aliments, des besoins du créancier et des ressources du débiteur ainsi que de toute compensation accordée au créancier à la place d'un paiement périodique d'aliments.

Art. 15 *Non-application du Protocole aux conflits internes.* 1. Un État contractant dans lequel des systèmes de droit ou des ensembles de règles différents s'appliquent en matière d'obligations alimentaires n'est pas tenu d'appliquer les règles du Protocole aux conflits concernant uniquement ces différents systèmes ou ensembles de règles.

2. Cet article ne s'applique pas à une Organisation régionale d'intégration économique.

Art. 16 *Systèmes juridiques non unifiés à caractère territorial.* 1. Au regard d'un État dans lequel deux ou plusieurs systèmes de droit ou ensembles de règles ayant trait aux questions régies par le présent Protocole s'appliquent dans des unités territoriales différentes :

a) toute référence à la loi d'un État vise, le cas échéant, la loi en vigueur dans l'unité territoriale considérée ;

b) toute référence aux autorités compétentes ou organismes publics de cet État vise, le cas échéant, les autorités compétentes ou organismes publics habilités à agir dans l'unité territoriale considérée ;

c) toute référence à la résidence habituelle dans cet État vise, le cas échéant, la résidence habituelle dans l'unité territoriale considérée ;

d) toute référence à l'État dont les deux parties ont la nationalité commune vise l'unité territoriale désignée par la loi de cet État ou, en l'absence de règles pertinentes, l'unité territoriale avec laquelle l'obligation alimentaire présente le lien le plus étroit ;

e) toute référence à l'État dont une partie a la nationalité vise l'unité territoriale désignée par la loi de cet État ou, en l'absence de règles pertinentes, l'unité territoriale avec laquelle la personne présente le lien le plus étroit.

2. Pour identifier la loi applicable en vertu du Protocole, lorsqu'un État comprend deux ou plusieurs unités territoriales dont chacune a son propre système de droit ou un ensemble de règles ayant trait aux questions régies par le Protocole, les règles suivantes s'appliquent :

a) en présence de règles en vigueur dans cet État identifiant l'unité territoriale dont la loi est applicable, la loi de cette unité s'applique ;

b) en l'absence de telles règles, la loi de l'unité territoriale identifiée selon les dispositions du paragraphe premier s'applique.

3. Cet article ne s'applique pas à une Organisation régionale d'intégration économique.

Art. 17 *Systèmes juridiques non unifiés à caractère personnel.* Pour identifier la loi applicable en vertu du Protocole, lorsqu'un État comprend deux ou plusieurs systèmes de droit ou ensembles de règles applicables à des catégories différentes de personnes pour les questions régies par le Protocole, toute référence à la loi d'un tel État est entendue comme visant le système de droit déterminé par les règles en vigueur dans cet État.

Art. 18 *Coordination avec les Conventions de La Haye antérieures en matière d'obligations alimentaires.* Dans les rapports entre les États contractants, le présent Protocole remplace la Convention de La Haye du 2 octobre 1973 sur la loi applicable aux obligations alimentaires et la Convention de La Haye du 24 octobre 1956 sur la loi applicable aux obligations alimentaires envers les enfants.

Art. 19 *Coordination avec d'autres instruments.* 1. Le présent Protocole ne déroge pas aux instruments internationaux auxquels des États contractants sont ou seront parties et qui contiennent des dispositions sur les matières régies par le Protocole, à moins qu'une déclaration contraire ne soit faite par les États liés par de tels instruments.

2. Le paragraphe premier s'applique également aux lois uniformes reposant sur l'existence entre les États concernés de liens spéciaux, notamment de nature régionale.

Art. 20 *Interprétation uniforme.* Pour l'interprétation du présent Protocole, il sera tenu compte de son caractère international et de la nécessité de promouvoir l'uniformité de son application.

Art. 21 *Examen du fonctionnement pratique du Protocole.* 1. Le Secrétaire général de la Conférence de La Haye de droit international privé convoque lorsque cela est nécessaire une Commission spéciale afin d'examiner le fonctionnement pratique du Protocole.

2. A cette fin, les États contractants collaborent avec le Bureau Permanent de la Conférence de La Haye de droit international privé afin de recueillir la jurisprudence relative à l'application du Protocole.

Art. 22 *Dispositions transitoires.* Le présent Protocole ne s'applique pas aux aliments réclamés dans un État contractant pour une période antérieure à son entrée en vigueur dans cet État.

Art. 23 *Signature, ratification et adhésion.* 1. Le présent Protocole est ouvert à la signature de tous les États.

2. Le présent Protocole est sujet à la ratification, à l'acceptation ou à l'approbation des États signataires.

3. Tout État peut adhérer au présent Protocole.

4. Les instruments de ratification, d'acceptation, d'approbation ou d'adhésion seront déposés auprès du Ministère des Affaires étrangères du Royaume des Pays-Bas, dépositaire du Protocole.

Art. 24 *Organisations régionales d'intégration économique.* 1. Une Organisation régionale d'intégration économique constituée uniquement d'États souverains et ayant compétence pour certaines ou toutes les matières régies par le Protocole peut également signer, accepter ou approuver le Protocole ou y adhérer. En pareil cas, l'Organisation régionale d'intégration économique aura les mêmes droits et obligations qu'un État contractant, dans la mesure où cette Organisation a compétence sur des matières régies par le Protocole.

2. Au moment de la signature, de l'acceptation, de l'approbation ou de l'adhésion, l'Organisation régionale d'intégration économique notifie au dépositaire, par écrit, les matières régies par le Protocole pour lesquelles ses États membres ont transféré leur compétence à cette Organisation. L'Organisation notifie aussitôt au dépositaire, par écrit, toute modification intervenue dans la délégation de compétence précisée dans la notification la plus récente faite en vertu du paragraphe.

3. Au moment de la signature, de l'acceptation, de l'approbation ou de l'adhésion, une Organisation régionale d'intégration économique peut déclarer, conformément à l'article 28, qu'elle a compétence pour toutes les matières régies par le Protocole et que les États membres qui ont transféré leur compétence à l'Organisation régionale d'intégration économique dans ce domaine seront liés par le Protocole par l'effet de la signature, de l'acceptation, de l'approbation ou de l'adhésion de l'Organisation.

4. Aux fins de l'entrée en vigueur du Protocole, tout instrument déposé par une Organisation régionale d'intégration économique n'est pas compté, à moins que l'Organisation régionale d'intégration économique ne fasse une déclaration conformément au paragraphe 3.

5. Toute référence à un "État contractant" ou à un "État" dans le Protocole s'applique également, le cas échéant, à une Organisation régionale d'intégration économique qui y est Partie. Lorsqu'une déclaration est faite par une Organisation régionale d'intégration économique conformément au paragraphe 3, toute référence à un "État contractant" ou à un "État" dans le Protocole s'applique également, le cas échéant, aux États membres concernés de l'Organisation.

Art. 25 *Entrée en vigueur.* 1. Le Protocole entrera en vigueur le premier jour du mois suivant l'expiration d'une période de trois mois après le dépôt du deuxième instrument de ratification, d'acceptation, d'approbation ou d'adhésion prévu par l'article 23.

2. Par la suite, le Protocole entrera en vigueur :

a) pour chaque État ou Organisation régionale d'intégration économique au sens de l'article 24 ratifiant, acceptant ou approuvant le Protocole ou y adhérant postérieurement, le premier jour du mois suivant l'expiration d'une période de trois mois après le dépôt de son instrument de ratification, d'acceptation, d'approbation ou d'adhésion ;

b) pour les unités territoriales auxquelles le Protocole a été étendu conformément à l'article 26, le premier jour du mois suivant l'expiration d'une période de trois mois après la notification visée dans ledit article.

Art. 26 *Déclarations relatives aux systèmes juridiques non unifiés.* 1. Un État qui comprend deux ou plusieurs unités territoriales dans lesquelles des systèmes de droit différents s'appliquent aux matières régies par ce Protocole peut, au moment de la signature, de la ratification, de l'acceptation, de l'approbation ou de l'adhésion, déclarer, conformément à l'article 28, que le Protocole s'appliquera à toutes ses unités territoriales ou seulement à l'une ou à plusieurs d'entre elles et pourra à tout moment modifier cette déclaration en faisant une nouvelle déclaration.

2. Ces déclarations seront notifiées au dépositaire et indiqueront expressément les unités territoriales auxquelles le Protocole s'applique.

3. Si un État ne fait pas de déclaration en vertu du présent article, le Protocole s'appliquera à l'ensemble du territoire de cet État.

4. Le présent article ne s'applique pas à une Organisation régionale d'intégration économique.

Art. 27 *Réserves.* Aucune réserve au présent Protocole n'est admise.

Art. 28 *Déclarations.* 1. Les déclarations visées aux articles 24(3) et 26(1) peuvent être faites lors de la signature, de la ratification, de l'acceptation, de l'approbation ou de l'adhésion ou à tout moment ultérieur et pourront être modifiées ou retirées à tout moment.

2. Les déclarations, modifications et retraits sont notifiés au dépositaire.

3. Une déclaration faite au moment de la signature, de la ratification, de l'acceptation, de l'approbation ou de l'adhésion prendra effet au moment de l'entrée en vigueur du présent Protocole pour l'État concerné.

4. Une déclaration faite ultérieurement, ainsi qu'une modification ou le retrait d'une déclaration, prendra effet le premier jour du mois suivant l'expiration d'une période de trois mois après la date de réception de la notification par le dépositaire.

Art. 29 *Dénonciation.* 1. Tout État contractant pourra dénoncer le présent Protocole par une notification écrite au dépositaire. La dénonciation pourra se limiter à certaines unités territoriales d'un État aux systèmes juridiques non unifiés auxquelles s'applique le Protocole.

2. La dénonciation prendra effet le premier jour du mois suivant l'expiration d'une période de 12 mois après la date de réception de la notification par le dépositaire. Lorsqu'une période plus longue pour la prise d'effet de la dénonciation est spécifiée dans la notification, la dénonciation prendra effet à l'expiration de la période en question après la date de réception de la notification par le dépositaire.

Art. 30 *Notification.* Le dépositaire notifiera aux Membres de la Conférence de La Haye de droit international privé, ainsi qu'aux autres États et aux Organisations régionales d'intégration économique qui ont signé, ratifié, accepté, approuvé ou adhéré conformément aux articles 23 et 24, les renseignements suivants :

a) les signatures et ratifications, acceptations, approbations et adhésions prévues aux articles 23 et 24 ;

b) la date d'entrée en vigueur du présent Protocole conformément à l'article 25 ;

c) les déclarations visées aux articles 24(3) et 26(1) ;

d) les dénonciations visées à l'article 29.

Convention de La Haye du 23 novembre 2007,

Sur le recouvrement international des aliments destinés aux enfants et à d'autres membres de la famille.

La présente Conv. est entrée en vigueur le 1er janv. 2013.

Elle a été signée par l'Union européenne le 6 avr. 2011 (V. Décis. 2011/220/UE du Conseil du 31 mars 2011, JOUE 7 avr.), qui ne l'a pas encore ratifiée.

Sur l'état des signatures, ratifications et entrée en vigueur, V. : http://www.hcch.net.

V. Conclusions et Recommandations de la Commission spéciale sur la mise en œuvre de la présente Conv. de 2007 sur le recouvrement des aliments (nov. 2009) : http://www.hcch.net.

Les États signataires de la présente Convention,

Désireux d'améliorer la coopération entre les États en matière de recouvrement international des aliments destinés aux enfants et à d'autres membres de la famille,

Conscients de la nécessité de disposer de procédures produisant des résultats et qui soient accessibles, rapides, efficaces, économiques, équitables et adaptées à diverses situations,

Souhaitant s'inspirer des meilleures solutions des Conventions de La Haye existantes, ainsi que d'autres instruments internationaux, notamment la Convention sur le recouvrement des aliments à l'étranger du 20 juin 1956, établie par les Nations unies, – *V. Conv. de New York du 20 juin 1956 reproduite au-dessus de la présente Conv.*

Cherchant à tirer parti des avancées technologiques et à créer un système souple et susceptible de s'adapter aux nouveaux besoins et aux opportunités offertes par les technologies et leurs évolutions,

Rappelant que, en application des articles 3 et 27 de la Convention relative aux droits de l'enfant du 20 novembre 1989, établie par les Nations unies,

– l'intérêt supérieur de l'enfant doit être une considération primordiale dans toutes les décisions concernant les enfants,

– tout enfant a droit à un niveau de vie suffisant pour permettre son développement physique, mental, spirituel, moral et social,

– il incombe au premier chef aux parents ou autres personnes ayant la charge de l'enfant d'assurer, dans la limite de leurs possibilités et de leurs moyens financiers, les conditions de vie nécessaires au développement de l'enfant,

– les États parties devraient prendre toutes les mesures appropriées, notamment la conclusion d'accords internationaux, en vue d'assurer le recouvrement des aliments destinés aux enfants auprès de leurs parents ou d'autres personnes ayant une responsabilité à leur égard, en particulier lorsque ces personnes vivent dans un État autre que celui de l'enfant,

Ont résolu de conclure la présente Convention, et sont convenus des dispositions suivantes :

CHAPITRE I *OBJET, CHAMP D'APPLICATION ET DÉFINITIONS*

Art. 1er *Objet.* La présente Convention a pour objet d'assurer l'efficacité du recouvrement international des aliments destinés aux enfants et à d'autres membres de la famille, en particulier en :

a) établissant un système complet de coopération entre les autorités des États contractants ;

b) permettant de présenter des demandes en vue d'obtenir des décisions en matière d'aliments ;

c) assurant la reconnaissance et l'exécution des décisions en matière d'aliments ; et

d) requérant des mesures efficaces en vue de l'exécution rapide des décisions en matière d'aliments.

Art. 2 *Champ d'application.* 1. La présente Convention s'applique :

a) aux obligations alimentaires découlant d'une relation parent-enfant à l'égard d'une personne âgée de moins de 21 ans ;

b) à la reconnaissance et à l'exécution ou à l'exécution d'une décision relative aux obligations alimentaires entre époux et ex-époux lorsque la demande est présentée conjointement à une action comprise dans le champ d'application de l'alinéa *a)* ; et

c) à l'exception des chapitres II et III, aux obligations alimentaires entre époux et ex-époux.

2. Tout État contractant peut, conformément à l'article 62, se réserver le droit de limiter l'application de la Convention, en ce qui concerne l'alinéa *a)* du paragraphe premier, aux personnes n'ayant pas atteint l'âge de 18 ans. Tout État contractant faisant une telle réserve ne sera pas fondé à demander l'application de la Convention aux personnes exclues par sa réserve du fait de leur âge.

3. Tout État contractant peut, conformément à l'article 63, déclarer qu'il étendra l'application de tout ou partie de la Convention à d'autres obligations alimentaires découlant de relations de famille, de filiation, de mariage ou d'alliance, incluant notamment les obligations envers les personnes vulnérables. Une telle déclaration ne crée d'obligation entre deux États contractants que dans la mesure où leurs déclarations recouvrent les mêmes obligations alimentaires et les mêmes parties de la Convention.

4. Les dispositions de la présente Convention s'appliquent aux enfants indépendamment de la situation matrimoniale de leurs parents.

Art. 3 *Définitions.* Aux fins de la présente Convention :

a) "créancier" désigne une personne à qui des aliments sont dus ou allégués être dus ;

b) "débiteur" désigne une personne qui doit ou de qui on réclame des aliments ;

c) "assistance juridique" désigne l'assistance nécessaire pour permettre aux demandeurs de connaître et de faire valoir leurs droits et pour garantir que leurs demandes seront traitées de façon complète et efficace dans l'État requis. Une telle assistance peut être fournie, le cas échéant, au moyen de conseils juridiques, d'une assistance lorsqu'une affaire est portée devant une autorité, d'une représentation en justice et de l'exonération des frais de procédure ;

d) "accord par écrit" désigne un accord consigné sur tout support dont le contenu est accessible pour être consulté ultérieurement ;

e) "convention en matière d'aliments" désigne un accord par écrit relatif au paiement d'aliments qui :

i) a été dressé ou enregistré formellement en tant qu'acte authentique par une autorité compétente ; ou

ii) a été authentifié ou enregistré par une autorité compétente, conclu avec elle ou déposé auprès d'elle,

et peut faire l'objet d'un contrôle et d'une modification par une autorité compétente ;

f) une "personne vulnérable" désigne une personne qui, en raison d'une altération ou d'une insuffisance de ses facultés personnelles, n'est pas en état de pourvoir à ses besoins.

CHAPITRE II *COOPÉRATION ADMINISTRATIVE*

Art. 4 *Désignation des Autorités centrales.* 1. Chaque État contractant désigne une Autorité centrale chargée de satisfaire aux obligations qui lui sont imposées par la Convention.

2. Un État fédéral, un État dans lequel plusieurs systèmes de droit sont en vigueur ou un État ayant des unités territoriales autonomes, est libre de désigner plus d'une Autorité centrale et doit spécifier l'étendue territoriale ou personnelle de leurs fonctions. L'État qui fait usage de cette faculté désigne l'Autorité centrale à laquelle toute communication peut être adressée en vue de sa transmission à l'Autorité centrale compétente au sein de cet État.

3. Au moment du dépôt de l'instrument de ratification ou d'adhésion ou d'une déclaration faite conformément à l'article 61, chaque État contractant informe le Bureau permanent de la Conférence de La Haye de droit international privé de la désignation de l'Autorité centrale ou des Autorités centrales, ainsi que de leurs coordonnées et, le cas échéant, de l'étendue de leurs fonctions visées au paragraphe 2. En cas de changement, les États contractants en informent aussitôt le Bureau permanent.

Art. 5 *Fonctions générales des Autorités centrales.* Les Autorités centrales doivent :

a) coopérer entre elles et promouvoir la coopération entre les autorités compétentes de leur État pour réaliser les objectifs de la Convention ;

b) rechercher, dans la mesure du possible, des solutions aux difficultés pouvant survenir dans le cadre de l'application de la Convention.

Art. 6 *Fonctions spécifiques des Autorités centrales.* 1. Les Autorités centrales fournissent une assistance relative aux demandes prévues au chapitre III, notamment en :

a) transmettant et recevant ces demandes ;

b) introduisant ou facilitant l'introduction de procédures relatives à ces demandes.

2. Concernant ces demandes, elles prennent toutes les mesures appropriées pour :

a) accorder ou faciliter l'octroi d'une assistance juridique, lorsque les circonstances l'exigent ;

b) aider à localiser le débiteur ou le créancier ;

c) faciliter la recherche des informations pertinentes relatives aux revenus et, si nécessaire, au patrimoine du débiteur ou du créancier, y compris la localisation des biens ;

d) encourager les règlements amiables afin d'obtenir un paiement volontaire des aliments, lorsque cela s'avère approprié par le recours à la médiation, à la conciliation ou à d'autres modes analogues ;

e) faciliter l'exécution continue des décisions en matière d'aliments, y compris les arrérages ;

f) faciliter le recouvrement et le virement rapide des paiements d'aliments ;

g) faciliter l'obtention d'éléments de preuve documentaire ou autre ;

h) fournir une assistance pour établir la filiation lorsque cela est nécessaire pour le recouvrement d'aliments ;

i) introduire ou faciliter l'introduction de procédures afin d'obtenir toute mesure nécessaire et provisoire à caractère territorial et ayant pour but de garantir l'aboutissement d'une demande d'aliments pendante ;

j) faciliter la signification et la notification des actes.

3. Les fonctions conférées à l'Autorité centrale en vertu du présent article peuvent être exercées, dans la mesure prévue par la loi de l'État concerné, par des organismes publics ou d'autres organismes soumis au contrôle des autorités compétentes de cet État. La désignation de tout organisme, public ou autre, ainsi que ses coordonnées et l'étendue de ses fonctions sont communiquées par l'État contractant au Bureau permanent de la Conférence de La Haye de droit international privé. En cas de changement, les États contractants en informent aussitôt le Bureau permanent.

4. Le présent article et l'article 7 ne peuvent en aucun cas être interprétés comme imposant à une Autorité centrale l'obligation d'exercer des attributions qui relèvent exclusivement des autorités judiciaires selon la loi de l'État requis.

Art. 7 *Requêtes de mesures spécifiques.* 1. Une Autorité centrale peut, sur requête motivée, demander à une autre Autorité centrale de prendre les mesures spécifiques appropriées prévues à l'article 6(2) *b), c), g), h), i)* et *j)* lorsqu' *[lorsque]* aucune demande prévue à l'article 10 n'est pendante. L'Autorité centrale requise prend les mesures s'avérant appropriées si elle considère qu'elles sont nécessaires pour aider un demandeur potentiel à présenter une demande prévue à l'article 10 ou à déterminer si une telle demande doit être introduite.

2. Une Autorité centrale peut également prendre des mesures spécifiques, à la requête d'une autre Autorité centrale, dans une affaire de recouvrement d'aliments pendante dans l'État requérant et comportant un élément d'extranéité.

Art. 8 *Frais de l'Autorité centrale.* 1. Chaque Autorité centrale prend en charge ses propres frais découlant de l'application de la Convention.

2. Les Autorités centrales ne peuvent mettre aucun frais à la charge du demandeur pour les services qu'elles fournissent en vertu de la Convention, sauf s'il s'agit de frais exceptionnels découlant d'une requête de mesures spécifiques prévue à l'article 7.

3. L'Autorité centrale requise ne peut pas recouvrer les frais exceptionnels mentionnés au paragraphe 2 sans avoir obtenu l'accord préalable du demandeur sur la fourniture de ces services à un tel coût.

CHAPITRE III *DEMANDES PAR L'INTERMÉDIAIRE DES AUTORITÉS CENTRALES*

Art. 9 *Demande par l'intermédiaire des Autorités centrales.* Toute demande prévue au présent chapitre est transmise à l'Autorité centrale de l'État requis par l'intermédiaire de l'Autorité centrale de l'État contractant dans lequel réside le demandeur. Aux fins de la présente disposition, la résidence exclut la simple présence.

Art. 10 *Demandes disponibles.* 1. Dans un État requérant, les catégories de demandes suivantes doivent pouvoir être présentées par un créancier qui poursuit le recouvrement d'aliments en vertu de la présente Convention :

a) la reconnaissance ou la reconnaissance et l'exécution d'une décision ;

b) l'exécution d'une décision rendue ou reconnue dans l'État requis ;

c) l'obtention d'une décision dans l'État requis lorsqu'il n'existe aucune décision, y compris l'établissement de la filiation si nécessaire ;

d) l'obtention d'une décision dans l'État requis lorsque la reconnaissance et l'exécution d'une décision n'est pas possible, ou est refusée, en raison de l'absence d'une base de reconnaissance et d'exécution prévue à l'article 20 ou pour les motifs prévus à l'article 22 *b)* ou *e)* ;

e) la modification d'une décision rendue dans l'État requis ;

f) la modification d'une décision rendue dans un État autre que l'État requis.

2. Dans un État requérant, les catégories de demandes suivantes doivent pouvoir être présentées par un débiteur à l'encontre duquel existe une décision en matière d'aliments :

a) la reconnaissance d'une décision ou une procédure équivalente ayant pour effet de suspendre ou de restreindre l'exécution d'une décision antérieure dans l'État requis ;

b) la modification d'une décision rendue dans l'État requis ;

c) la modification d'une décision rendue dans un État autre que l'État requis.

3. Sauf disposition contraire de la Convention, les demandes prévues aux paragraphes premier et 2 sont traitées conformément au droit de l'État requis et, dans le cas des demandes prévues aux paragraphes premier *c)* à *f)* et 2 *b)* et *c)*, sont soumises aux règles de compétence applicables dans cet État.

Art. 11 *Contenu de la demande.* 1. Toute demande prévue à l'article 10 comporte au moins :

a) une déclaration relative à la nature de la demande ou des demandes ;

b) le nom et les coordonnées du demandeur, y compris son adresse et sa date de naissance ;

c) le nom du défendeur et, lorsqu'elles sont connues, son adresse et sa date de naissance ;

d) le nom et la date de naissance des personnes pour lesquelles des aliments sont demandés ;

e) les motifs sur lesquels la demande est fondée ;

f) lorsque la demande est formée par le créancier, les informations relatives au lieu où les paiements doivent être effectués ou transmis électroniquement ;

g) à l'exception de la demande prévue à l'article 10 (1) *a)* et (2) *a)*, toute information ou tout document exigé par une déclaration de l'État requis faite conformément à l'article 63 ;

h) les noms et coordonnées de la personne ou du service de l'Autorité centrale de l'État requérant responsable du traitement de la demande.

2. Lorsque cela s'avère approprié, la demande comporte également les informations suivantes lorsqu'elles sont connues :

a) la situation financière du créancier ;

b) la situation financière du débiteur, y compris le nom et l'adresse de l'employeur du débiteur, ainsi que la localisation et la nature des biens du débiteur ;

c) toute autre information permettant de localiser le défendeur.

3. La demande est accompagnée de toute information ou tout document justificatif nécessaire, y compris tout document pouvant établir le droit du demandeur à l'assistance juridique gratuite. La demande prévue à l'article 10 (1) *a)* et (2) *a)* n'est accompagnée que des documents énumérés à l'article 25.

4. Toute demande prévue à l'article 10 peut être présentée au moyen d'un formulaire recommandé et publié par la Conférence de La Haye de droit international privé.

Art. 12 *Transmission, réception et traitement des demandes et des affaires par l'intermédiaire des Autorités centrales.* 1. L'Autorité centrale de l'État requérant assiste le demandeur afin que soient joints tous les documents et informations qui, à la connaissance de cette autorité, sont nécessaires à l'examen de la demande.

2. Après s'être assurée que la demande satisfait aux exigences de la Convention, l'Autorité centrale de l'État requérant la transmet, au nom du demandeur et avec son consentement, à l'Autorité centrale de l'État requis. La demande est accompagnée du formulaire de transmission prévu à l'annexe 1. Lorsque l'Autorité centrale de l'État requis le demande, l'Autorité centrale de l'État requérant fournit une copie complète certifiée conforme par l'autorité compétente de l'État d'origine des documents énumérés aux articles 16 (3), 25 (1) *a)*, *b)* et *d)* et (3) *b)* et 30 (3).

3. Dans un délai de six semaines à compter de la date de réception de la demande, l'Autorité centrale requise en accuse réception au moyen du formulaire prévu à l'annexe 2, avise l'Autorité centrale de l'État requérant des premières démarches qui ont été ou qui seront entreprises pour traiter la demande et sollicite tout document ou toute information supplémentaire qu'elle estime nécessaire. Dans ce même délai de six semaines, l'Autorité centrale requise informe l'Autorité centrale requérante des nom et coordonnées de la personne ou du service chargé de répondre aux questions relatives à l'état d'avancement de la demande.

4. Dans un délai de trois mois suivant l'accusé de réception, l'Autorité centrale requise informe l'Autorité centrale requérante de l'état de la demande.

5. Les Autorités centrales requérante et requise s'informent mutuellement :

a) de l'identité de la personne ou du service responsable d'une affaire particulière ;

b) de l'état d'avancement de l'affaire,

et répondent en temps utile aux demandes de renseignements.

6. Les Autorités centrales traitent une affaire aussi rapidement qu'un examen adéquat de son contenu le permet.

7. Les Autorités centrales utilisent entre elles les moyens de communication les plus rapides et efficaces dont elles disposent.

8. Une Autorité centrale requise ne peut refuser de traiter une demande que s'il est manifeste que les conditions requises par la Convention ne sont pas remplies. Dans ce cas, cette Autorité centrale informe aussitôt l'Autorité centrale requérante des motifs de son refus.

9. L'Autorité centrale requise ne peut rejeter une demande au seul motif que des documents ou des informations supplémentaires sont nécessaires. Toutefois, l'Autorité centrale requise peut demander à l'Autorité centrale requérante de fournir ces documents ou ces informations supplémentaires. A défaut de les fournir dans un délai de trois mois ou dans un délai plus long spécifié par l'Autorité centrale requise, cette der-

nière peut décider de cesser de traiter la demande. Dans ce cas, elle en informe l'Autorité centrale requérante.

Art. 13 *Moyens de communication.* Toute demande présentée par l'intermédiaire des Autorités centrales des États contractants, conformément à ce chapitre, et tout document ou information qui y est annexé ou fourni par une Autorité centrale ne peuvent être contestés par le défendeur uniquement en raison du support ou des moyens de communication utilisés entre les Autorités centrales concernées.

Art. 14 *Accès effectif aux procédures.* 1. L'État requis assure aux demandeurs un accès effectif aux procédures, y compris les procédures d'exécution et d'appel, qui découlent des demandes prévues à ce chapitre.

2. Pour assurer un tel accès effectif, l'État requis fournit une assistance juridique gratuite conformément aux articles 14 à 17, à moins que le paragraphe 3 ne s'applique.

3. L'État requis n'est pas tenu de fournir une telle assistance juridique gratuite si, et dans la mesure où, les procédures de cet État permettent au demandeur d'agir sans avoir besoin d'une telle assistance et que l'Autorité centrale fournit gratuitement les services nécessaires.

4. Les conditions d'accès à l'assistance juridique gratuite ne doivent pas être plus restrictives que celles fixées dans les affaires internes équivalentes.

5. Aucune caution ni aucun dépôt, sous quelque dénomination que ce soit, ne peut être imposé pour garantir le paiement des frais et dépens dans les procédures introduites en vertu de la Convention.

Art. 15 *Assistance juridique gratuite pour les demandes d'aliments destinés aux enfants.* 1. L'État requis fournit une assistance juridique gratuite pour toute demande relative aux obligations alimentaires découlant d'une relation parent-enfant envers une personne âgée de moins de 21 ans présentées par un créancier en vertu de ce chapitre.

2. Nonobstant le paragraphe premier, l'État requis peut, en ce qui a trait aux demandes autres que celles prévues à l'article 10 (1) *a)* et *b)* et aux affaires couvertes par l'article 20 (4), refuser l'octroi d'une assistance juridique gratuite s'il considère que la demande, ou quelque appel que ce soit, est manifestement mal fondée.

Art. 16 *Déclaration permettant un examen limité aux ressources de l'enfant.* 1. Nonobstant les dispositions de l'article 15 (1), un État peut déclarer, conformément à l'article 63, qu'en ce qui a trait aux demandes autres que celles prévues à l'article 10 (1) *a)* et *b)* et aux affaires couvertes par l'article 20 (4), il fournira une assistance juridique gratuite sur le fondement d'un examen des ressources de l'enfant.

2. Un État, au moment où il fait une telle déclaration, fournit au Bureau permanent de la Conférence de La Haye de droit international privé les informations relatives à la façon dont l'examen des ressources de l'enfant sera effectué, ainsi que les conditions financières qui doivent être remplies.

3. Une demande présentée en vertu du paragraphe premier, adressée à un État qui a fait une déclaration conformément à ce paragraphe, devra inclure une attestation formelle du demandeur indiquant que les ressources de l'enfant satisfont aux conditions mentionnées au paragraphe 2. L'État requis ne peut demander de preuves additionnelles des ressources de l'enfant que s'il a des motifs raisonnables de croire que les informations fournies par le demandeur sont erronées.

4. Si l'assistance juridique la plus favorable fournie par la loi de l'État requis en ce qui concerne les demandes présentées en vertu de ce chapitre relatives aux obligations alimentaires découlant d'une relation parent-enfant envers un enfant est plus favorable que celle fournie conformément aux paragraphes premier à 3, l'assistance juridique la plus favorable doit être fournie.

Art. 17 *Demandes ne permettant pas de bénéficier de l'article 15 ou de l'article 16.* Pour les demandes présentées en application de la Convention qui ne relèvent pas de l'article 15 ou de l'article 16 :

a) l'octroi d'une assistance juridique gratuite peut être subordonné à l'examen des ressources du demandeur ou à l'analyse de son bien-fondé ;

b) un demandeur qui, dans l'État d'origine, a bénéficié d'une assistance juridique gratuite, bénéficie, dans toute procédure de reconnaissance ou d'exécution, d'une assistance juridique gratuite au moins équivalente à celle prévue dans les mêmes circonstances par la loi de l'État requis.

CHAPITRE IV *RESTRICTIONS À L'INTRODUCTION DE PROCÉDURES*

Art. 18 *Limite aux procédures.* 1. Lorsqu'une décision a été rendue dans un État contractant où le créancier a sa résidence habituelle, des procédures pour modifier la décision ou obtenir une nouvelle décision ne peuvent être introduites par le débiteur dans un autre État contractant, tant que le créancier continue à *[de]* résider habituellement dans l'État où la décision a été rendue.

2. Le paragraphe premier ne s'applique pas :

a) lorsque, dans un litige portant sur une obligation alimentaire envers une personne autre qu'un enfant, la compétence de cet autre État contractant a fait l'objet d'un accord par écrit entre les parties ;

b) lorsque le créancier se soumet à la compétence de cet autre État contractant, soit expressément, soit en se défendant sur le fond de l'affaire sans contester la compétence lorsque l'occasion lui en est offerte pour la première fois ;

c) lorsque l'autorité compétente de l'État d'origine ne peut ou refuse d'exercer sa compétence pour modifier la décision ou rendre une nouvelle décision ; ou

d) lorsque la décision rendue dans l'État d'origine ne peut être reconnue ou déclarée exécutoire dans l'État contractant dans lequel des procédures tendant à la modification de la décision ou à l'obtention d'une nouvelle décision sont envisagées.

CHAPITRE V *RECONNAISSANCE ET EXÉCUTION*

Art. 19 *Champ d'application du chapitre.* 1. Le présent chapitre s'applique aux décisions rendues par une autorité judiciaire ou administrative en matière d'obligations alimentaires. Par le mot "décision", on entend également les transactions ou accords passés devant de telles autorités ou homologués par elles. Une décision peut comprendre une indexation automatique et une obligation de payer des arrérages, des aliments rétroactivement ou des intérêts, de même que la fixation des frais ou dépenses.

2. Si la décision ne concerne pas seulement l'obligation alimentaire, l'effet de ce chapitre reste limité à cette dernière.

3. Aux fins du paragraphe premier, "autorité administrative" désigne un organisme public dont les décisions, en vertu de la loi de l'État où il est établi :

a) peuvent faire l'objet d'un appel devant une autorité judiciaire ou d'un contrôle par une telle autorité ; et

b) ont une force et un effet équivalant à une décision d'une autorité judiciaire dans la même matière.

4. Ce chapitre s'applique aussi aux conventions en matière d'aliments, conformément à l'article 30.

5. Les dispositions de ce chapitre s'appliquent aux demandes de reconnaissance et d'exécution présentées directement à l'autorité compétente de l'État requis, conformément à l'article 37.

Art. 20 *Bases de reconnaissance et d'exécution.* 1. Une décision rendue dans un État contractant ("l'État d'origine") est reconnue et exécutée dans les autres États contractants si :

a) le défendeur résidait habituellement dans l'État d'origine lors de l'introduction de l'instance ;

b) le défendeur s'est soumis à la compétence de l'autorité, soit expressément, soit en se défendant sur le fond de l'affaire sans contester la compétence lorsque l'occasion lui en a été offerte pour la première fois ;

c) le créancier résidait habituellement dans l'État d'origine lors de l'introduction de l'instance ;

d) l'enfant pour lequel des aliments ont été accordés résidait habituellement dans l'État d'origine lors de l'introduction de l'instance, à condition que le défendeur ait vécu avec l'enfant dans cet État ou qu'il ait résidé dans cet État et y ait fourni des aliments à l'enfant ;

e) la compétence a fait l'objet d'un accord par écrit entre les parties sauf dans un litige portant sur une obligation alimentaire à l'égard d'un enfant ; ou

f) la décision a été rendue par une autorité exerçant sa compétence sur une question relative à l'état des personnes ou à la responsabilité parentale, sauf si cette compétence est uniquement fondée sur la nationalité de l'une des parties.

2. Un État contractant peut faire une réserve portant sur le paragraphe premier *c)*, *e)* ou *f)*, conformément à l'article 62.

3. Un État contractant ayant fait une réserve en application du paragraphe 2 doit reconnaître et exécuter une décision si sa législation, dans des circonstances de fait similaires, confère ou aurait conféré compétence à ses autorités pour rendre une telle décision.

4. Lorsque la reconnaissance d'une décision n'est pas possible dans un État contractant en raison d'une réserve faite en application du paragraphe 2, cet État prend toutes les mesures appropriées pour qu'une décision soit rendue en faveur du créancier si le débiteur réside habituellement dans cet État. La phrase précédente ne s'applique ni aux demandes directes de reconnaissance et d'exécution prévues à l'article 19 (5) ni aux actions alimentaires mentionnées à l'article 2 (1) *b)*.

5. Une décision en faveur d'un enfant âgé de moins de 18 ans, qui ne peut être reconnue uniquement en raison d'une réserve portant sur le paragraphe premier *c)*, *e)* ou *f)*, est acceptée comme établissant l'éligibilité de cet enfant à des aliments dans l'État requis.

6. Une décision n'est reconnue que si elle produit des effets dans l'État d'origine et n'est exécutée que si elle est exécutoire dans l'État d'origine.

Art. 21 *Divisibilité et reconnaissance ou exécution partielle.* 1. Si l'État requis ne peut reconnaître ou exécuter la décision pour le tout, il reconnaît ou exécute chaque partie divisible de la décision qui peut être reconnue ou déclarée exécutoire.

2. La reconnaissance ou l'exécution partielle d'une décision peut toujours être demandée.

Art. 22 *Motifs de refus de reconnaissance et d'exécution.* La reconnaissance et l'exécution de la décision peuvent être refusées si :

a) la reconnaissance et l'exécution de la décision sont manifestement incompatibles avec l'ordre public de l'État requis ;

b) la décision résulte d'une fraude commise dans la procédure ;

c) un litige entre les mêmes parties et ayant le même objet est pendant devant une autorité de l'État requis, première saisie ;

d) la décision est incompatible avec une décision rendue entre les mêmes parties et ayant le même objet, soit dans l'État requis, soit dans un autre État lorsque la dernière décision remplit les conditions nécessaires à sa reconnaissance et à son exécution dans l'État requis ;

e) dans les cas où le défendeur n'a ni comparu, ni été représenté dans les procédures dans l'État d'origine :

i) lorsque la loi de l'État d'origine prévoit un avis de la procédure, le défendeur n'a pas été dûment avisé de la procédure et n'a pas eu l'opportunité de se faire entendre ; ou

ii) lorsque la loi de l'État d'origine ne prévoit pas un avis de la procédure, le défendeur n'a pas été dûment avisé de la décision et n'a pas eu la possibilité de la contester ou de former un appel en fait et en droit ; ou

f) la décision a été rendue en violation de l'article 18.

Art. 23 *Procédure pour une demande de reconnaissance et d'exécution.* 1. Sous réserve des dispositions de la Convention, les procédures de reconnaissance et d'exécution sont régies par la loi de l'État requis.

2. Lorsqu'une demande de reconnaissance et d'exécution d'une décision a été présentée par l'intermédiaire des Autorités centrales conformément au chapitre III, l'Autorité centrale requise doit promptement :

a) transmettre la demande à l'autorité compétente qui doit sans retard déclarer la décision exécutoire ou procéder à son enregistrement aux fins d'exécution ; ou

b) si elle est l'autorité compétente, prendre elle-même ces mesures.

3. Lorsque la demande est présentée directement à l'autorité compétente dans l'État requis en vertu de l'article 19 (5), cette autorité déclare sans retard la décision exécutoire ou procède à son enregistrement aux fins d'exécution.

4. Une déclaration ou un enregistrement ne peut être refusé que pour le motif prévu à l'article 22 *a)*. A ce stade, ni le demandeur ni le défendeur ne sont autorisés à présenter d'objection.

5. La déclaration ou l'enregistrement fait en application des paragraphes 2 et 3, ou leur refus en vertu du paragraphe 4, est notifié promptement au demandeur et au défendeur qui peuvent le contester ou former un appel, en fait et en droit.

6. La contestation ou l'appel est formé dans les 30 jours qui suivent la notification en vertu du paragraphe 5. Si l'auteur de la contestation ou de l'appel ne réside pas dans l'État contractant où la déclaration ou l'enregistrement a été fait ou refusé, la contestation ou l'appel est formé dans les 60 jours qui suivent la notification.

7. La contestation ou l'appel ne peut être fondé que sur :

a) les motifs de refus de reconnaissance et d'exécution prévus à l'article 22 ;

b) les bases de reconnaissance et d'exécution prévues à l'article 20 ;

c) l'authenticité ou l'intégrité d'un document transmis conformément à l'article 25 (1) *a)*, *b)* ou *d)* ou (3) *b)*.

8. La contestation ou l'appel formé par le défendeur peut aussi être fondé sur le paiement de la dette dans la mesure où la reconnaissance et l'exécution concernent les paiements échus.

9. La décision sur la contestation ou l'appel est promptement notifiée au demandeur et au défendeur.

10. Un appel subséquent, s'il est permis par la loi de l'État requis, ne peut avoir pour effet de suspendre l'exécution de la décision, sauf circonstances exceptionnelles.

11. L'autorité compétente doit agir rapidement pour rendre une décision en matière de reconnaissance et d'exécution, y compris en appel.

Art. 24 *Procédure alternative pour une demande de reconnaissance et d'exécution.* 1. Nonobstant l'article 23 (2) à (11), un État peut déclarer, conformément à l'article 63, qu'il appliquera la procédure de reconnaissance et d'exécution prévue par le présent article.

2. Lorsqu'une demande de reconnaissance et d'exécution d'une décision a été présentée par l'intermédiaire d'une Autorité centrale conformément au chapitre III, l'Autorité centrale requise doit promptement :

a) transmettre la demande à l'autorité compétente qui prend une décision sur la demande de reconnaissance et d'exécution ; ou

b) si elle est l'autorité compétente, prendre elle-même une telle décision.

3. Une décision de reconnaissance et d'exécution est rendue par l'autorité compétente après que le défendeur s'est vu dûment et promptement notifier la procédure et que chacune des parties a eu une opportunité adéquate d'être entendue.

4. L'autorité compétente peut contrôler d'office les motifs de refus de reconnaissance et d'exécution prévus à l'article 22 *a)*, *c)* et *d)*. Elle peut contrôler tous les motifs prévus aux articles 20, 22 et 23 (7) *c)* s'ils sont soulevés par le défendeur ou si un doute relatif à ces motifs existe au vu des documents soumis conformément à l'article 25.

5. Un refus de reconnaissance et d'exécution peut aussi être fondé sur le paiement de la dette dans la mesure où la reconnaissance et l'exécution concernent les paiements échus.

6. Un appel subséquent, s'il est permis par la loi de l'État requis, ne doit pas avoir pour effet de suspendre l'exécution de la décision, sauf circonstances exceptionnelles.

7. L'autorité compétente doit agir rapidement pour rendre une décision en matière de reconnaissance et d'exécution, y compris en appel.

Art. 25 *Documents.* 1. Une demande de reconnaissance et d'exécution en application de l'article 23 ou de l'article 24 est accompagnée des documents suivants :

a) le texte complet de la décision ;

b) un document établissant que la décision est exécutoire dans l'État d'origine et, si la décision émane d'une autorité administrative, un document établissant que les conditions prévues à l'article 19 (3) sont remplies à moins que cet État n'ait précisé, conformément à l'article 57, que les décisions de ses autorités administratives remplissent dans tous les cas ces conditions ;

c) si le défendeur n'a ni comparu, ni été représenté dans les procédures dans l'État d'origine, un document ou des documents attestant, selon le cas, que le défendeur a été dûment avisé de la procédure et a eu l'opportunité de se faire entendre ou qu'il a été dûment avisé de la décision et a eu la possibilité de la contester ou de former un appel, en fait et en droit ;

d) si nécessaire, un document établissant le montant des arrérages et indiquant la date à laquelle le calcul a été effectué ;

e) si nécessaire, dans le cas d'une décision prévoyant une indexation automatique, un document contenant les informations qui sont utiles à la réalisation des calculs appropriés ;

f) si nécessaire, un document établissant dans quelle mesure le demandeur a bénéficié de l'assistance juridique gratuite dans l'État d'origine.

2. Dans le cas d'une contestation ou d'un appel fondé sur un motif visé à l'article 23 (7) *c)* ou à la requête de l'autorité compétente dans l'État requis, une copie complète du document en question, certifiée conforme par l'autorité compétente dans l'État d'origine, est promptement fournie :

a) par l'Autorité centrale de l'État requérant, lorsque la demande a été présentée conformément au chapitre III ;

b) par le demandeur, lorsque la demande a été présentée directement à l'autorité compétente de l'État requis.

3. Un État contractant peut préciser, conformément à l'article 57 :

a) qu'une copie complète de la décision certifiée conforme par l'autorité compétente de l'État d'origine doit accompagner la demande ;

b) les circonstances dans lesquelles il accepte, au lieu du texte complet de la décision, un résumé ou un extrait de la décision établi par l'autorité compétente de l'État d'origine, qui peut être présenté au moyen du formulaire recommandé et publié par la Conférence de La Haye de droit international privé ; ou

c) qu'il n'exige pas de document établissant que les conditions prévues à l'article 19 (3) sont remplies.

Art. 26 *Procédure relative à une demande de reconnaissance.* Ce chapitre s'applique *mutatis mutandis* à une demande de reconnaissance d'une décision, à l'exception de l'exigence du caractère exécutoire qui est remplacée par l'exigence selon laquelle la décision produit ses effets dans l'État d'origine.

Art. 27 *Constatations de fait.* L'autorité compétente de l'État requis est liée par les constatations de fait sur lesquelles l'autorité de l'État d'origine a fondé sa compétence.

Art. 28 *Interdiction de la révision au fond.* L'autorité compétente de l'État requis ne procède à aucune révision au fond de la décision.

Art. 29 *Présence physique de l'enfant ou du demandeur non exigée.* La présence physique de l'enfant ou du demandeur n'est pas exigée lors de procédures introduites en vertu du présent chapitre dans l'État requis.

Art. 30 *Conventions en matière d'aliments.* 1. Une convention en matière d'aliments conclue dans un État contractant doit pouvoir être reconnue et exécutée comme une décision en application de ce chapitre si elle est exécutoire comme une décision dans l'État d'origine.

2. Aux fins de l'article 10 (1) *a)* et *b)* et (2) *a)*, le terme "décision" comprend une convention en matière d'aliments.

3. La demande de reconnaissance et d'exécution d'une convention en matière d'aliments est accompagnée des documents suivants :

a) le texte complet de la convention en matière d'aliments ; et

b) un document établissant que la convention en matière d'aliments est exécutoire comme une décision dans l'État d'origine.

4. La reconnaissance et l'exécution d'une convention en matière d'aliments peuvent être refusées si :

a) la reconnaissance et l'exécution sont manifestement incompatibles avec l'ordre public de l'État requis ;

b) la convention en matière d'aliments a été obtenue par fraude ou a fait l'objet de falsification ;

c) la convention en matière d'aliments est incompatible avec une décision rendue entre les mêmes parties et ayant le même objet, soit dans l'État requis, soit dans un autre État lorsque cette dernière décision remplit les conditions nécessaires à sa reconnaissance et à son exécution dans l'État requis.

5. Les dispositions de ce chapitre, à l'exception des articles 20, 22, 23 (7) et 25 (1) et (3), s'appliquent *mutatis mutandis* à la reconnaissance et à l'exécution d'une convention en matière d'aliments, toutefois :

a) une déclaration ou un enregistrement fait conformément à l'article 23 (2) et (3) ne peut être refusé que pour le motif prévu au paragraphe 4 *a)* ;

b) une contestation ou un appel en vertu de l'article 23 (6) ne peut être fondé que sur :

i) les motifs de refus de reconnaissance et d'exécution prévus au paragraphe 4 ;

ii) l'authenticité ou l'intégrité d'un document transmis conformément au paragraphe 3 ;

c) en ce qui concerne la procédure prévue à l'article 24 (4), l'autorité compétente peut contrôler d'office le motif de refus de reconnaissance et d'exécution spécifié au paragraphe 4 *a)* de cet article. Elle peut contrôler l'ensemble des bases de reconnaissance et d'exécution prévues au paragraphe 4, ainsi que l'authenticité ou l'intégrité de tout document transmis conformément au paragraphe 3 si cela est soulevé par le défendeur ou si un doute relatif à ces motifs existe au vu de ces documents.

6. La procédure de reconnaissance et d'exécution d'une convention en matière d'aliments est suspendue si une contestation portant sur la convention est pendante devant une autorité compétente d'un État contractant.

7. Un État peut déclarer conformément à l'article 63 que les demandes de reconnaissance et d'exécution des conventions en matière d'aliments ne peuvent être présentées que par l'intermédiaire des Autorités centrales.

8. Un État contractant pourra, conformément à l'article 62, se réserver le droit de ne pas reconnaître et exécuter les conventions en matière d'aliments.

Art. 31 *Décisions résultant de l'effet combiné d'ordonnances provisoires et de confirmation.* Lorsqu'une décision résulte de l'effet combiné d'une ordonnance provisoire rendue dans un État et d'une ordonnance rendue par l'autorité d'un autre État qui confirme cette ordonnance provisoire ("État de confirmation") :

a) chacun de ces États est considéré, aux fins du présent chapitre, comme étant un État d'origine ;

b) les conditions prévues à l'article 22 *e)* sont remplies si le défendeur a été dûment avisé de la procédure dans l'État de confirmation et a eu la possibilité de contester la confirmation de l'ordonnance provisoire ;

c) la condition prévue à l'article 20 (6) relative au caractère exécutoire de la décision dans l'État d'origine est remplie si la décision est exécutoire dans l'État de confirmation ; et

d) l'article 18 ne fait pas obstacle à ce qu'une procédure en vue de la modification d'une décision soit initiée dans l'un ou l'autre des États.

CHAPITRE VI *EXÉCUTION PAR L'ÉTAT REQUIS*

Art. 32 *Exécution en vertu du droit interne.* 1. Sous réserve des dispositions du présent chapitre, les mesures d'exécution ont lieu conformément à la loi de l'État requis.

2. L'exécution doit être rapide.

3. En ce qui concerne les demandes présentées par l'intermédiaire des Autorités centrales, lorsqu'une décision a été déclarée exécutoire ou enregistrée pour exécution en application du chapitre V, l'exécution a lieu sans qu'aucune autre action du demandeur ne soit nécessaire.

4. Il est donné effet à toute règle relative à la durée de l'obligation alimentaire applicable dans l'État d'origine de la décision.

5. Le délai de prescription relatif à l'exécution des arrérages est déterminé par la loi, de l'État d'origine de la décision ou de l'État requis, qui prévoit le délai le plus long.

Art. 33 *Non-discrimination.* Dans les affaires relevant de la Convention, l'État requis prévoit des mesures d'exécution au moins équivalentes à celles qui sont applicables aux affaires internes.

Art. 34 *Mesures d'exécution.* 1. Les États contractants doivent rendre disponibles dans leur droit interne des mesures efficaces afin d'exécuter les décisions en application de la Convention.

2. De telles mesures peuvent comporter :

a) la saisie des salaires ;

b) les saisies-arrêts sur comptes bancaires et autres sources ;

c) les déductions sur les prestations de sécurité sociale ;

d) le gage sur les biens ou leur vente forcée ;

e) la saisie des remboursements d'impôt ;

f) la retenue ou saisie des pensions de retraite ;

g) le signalement aux organismes de crédit ;

h) le refus de délivrance, la suspension ou le retrait de divers permis (le permis de conduire par exemple) ;

i) le recours à la médiation, à la conciliation et à d'autres modes alternatifs de résolution des différends afin de favoriser une exécution volontaire.

Art. 35 *Transferts de fonds.* 1. Les États contractants sont encouragés à promouvoir, y compris au moyen d'accords internationaux, l'utilisation des moyens disponibles les moins coûteux et les plus efficaces pour effectuer les transferts de fonds destinés à être versés à titre d'aliments.

2. Un État contractant dont la loi impose des restrictions aux transferts de fonds accorde la priorité la plus élevée aux transferts de fonds destinés à être versés en vertu de la présente Convention.

CHAPITRE VII *ORGANISMES PUBLICS*

Art. 36 *Organismes publics en qualité de demandeur.* 1. Aux fins d'une demande de reconnaissance et d'exécution en application de l'article 10 (1) *a)* et *b)* et des affaires couvertes par l'article 20 (4), le terme "créancier" comprend un organisme public agissant à la place d'une personne à laquelle des aliments sont dus ou un organisme auquel est dû le remboursement de prestations fournies à titre d'aliments.

2. Le droit d'un organisme public d'agir à la place d'une personne à laquelle des aliments sont dus ou de demander le remboursement de la prestation fournie au créancier à titre d'aliments est soumis à la loi qui régit l'organisme.

3. Un organisme public peut demander la reconnaissance ou l'exécution :

a) d'une décision rendue contre un débiteur à la demande d'un organisme public qui poursuit le paiement de prestations fournies à titre d'aliments ;

b) d'une décision rendue entre un créancier et un débiteur, à concurrence des prestations fournies au créancier à titre d'aliments.

4. L'organisme public qui invoque la reconnaissance ou qui sollicite l'exécution d'une décision produit, sur demande, tout document de nature à établir son droit en application du paragraphe 2 et le paiement des prestations au créancier.

CHAPITRE VIII *DISPOSITIONS GÉNÉRALES*

Art. 37 *Demandes présentées directement aux autorités compétentes.* 1. La Convention n'exclut pas la possibilité de recourir aux procédures disponibles en vertu du droit interne d'un État contractant autorisant une personne (le demandeur) à saisir directement une autorité compétente de cet État dans une matière régie par la Convention, y compris, sous réserve de l'article 18, en vue de l'obtention ou de la modification d'une décision en matière d'aliments.

2. Les articles 14 (5) et 17 *b)* et les dispositions des chapitres V, VI, VII et de ce chapitre, à l'exception des articles 40 (2), 42, 43 (3), 44 (3), 45 et 55, s'appliquent aux demandes de reconnaissance et d'exécution présentées directement à une autorité compétente d'un État contractant.

3. Aux fins du paragraphe 2, l'article 2 (1) *a)* s'applique à une décision octroyant des aliments à une personne vulnérable dont l'âge est supérieur à l'âge précisé dans

ledit alinéa, lorsqu'une telle décision a été rendue avant que la personne n'ait atteint cet âge et a accordé des aliments au-delà de cet âge en raison de l'altération de ses capacités.

Art. 38 *Protection des données à caractère personnel.* Les données à caractère personnel recueillies ou transmises en application de la Convention ne peuvent être utilisées qu'aux fins pour lesquelles elles ont été recueillies ou transmises.

Art. 39 *Confidentialité.* Toute autorité traitant de renseignements en assure la confidentialité conformément à la loi de son État.

Art. 40 *Non-divulgation de renseignements.* 1. Une autorité ne peut divulguer ou confirmer des renseignements recueillis ou transmis en application de la présente Convention si elle estime que la santé, la sécurité ou la liberté d'une personne pourrait en être compromise.

2. Une décision en ce sens prise par une Autorité centrale doit être prise en compte par une autre Autorité centrale, en particulier dans les cas de violence familiale.

3. Le présent article ne fait pas obstacle au recueil et à la transmission de renseignements entre autorités, dans la mesure nécessaire à l'accomplissement des obligations découlant de la Convention.

Art. 41 *Dispense de légalisation.* Aucune légalisation ni formalité similaire ne sera requise dans le contexte de la Convention.

Art. 42 *Procuration.* L'Autorité centrale de l'État requis ne peut exiger une procuration du demandeur que si elle agit en son nom dans des procédures judiciaires ou dans des procédures engagées devant d'autres autorités ou afin de désigner un représentant à ces fins.

Art. 43 *Recouvrement des frais.* 1. Le recouvrement de tous frais encourus pour l'application de cette Convention n'a pas priorité sur le recouvrement des aliments.

2. Un État peut recouvrer les frais à l'encontre d'une partie perdante.

3. Pour les besoins d'une demande en vertu de l'article 10 (1) *b)*, afin de recouvrer les frais d'une partie qui succombe conformément au paragraphe 2, le terme "créancier" dans l'article 10 (1) comprend un État.

4. Cet article ne déroge pas à l'article 8.

Art. 44 *Exigences linguistiques.* 1. Toute demande et tout document s'y rattachant sont rédigés dans la langue originale et accompagnés d'une traduction dans une langue officielle de l'État requis ou dans toute autre langue que l'État requis aura indiqué pouvoir accepter, par une déclaration faite conformément à l'article 63, sauf dispense de traduction de l'autorité compétente de cet État.

2. Tout État contractant qui a plusieurs langues officielles et qui ne peut, pour des raisons de droit interne, accepter pour l'ensemble de son territoire les documents dans l'une de ces langues, doit faire connaître, par une déclaration faite conformément à l'article 63, la langue dans laquelle ceux-ci doivent être rédigés ou traduits en vue de leur présentation dans les parties de son territoire qu'il a déterminées.

3. Sauf si les Autorités centrales en ont convenu autrement, toute autre communication entre elles est adressée dans une langue officielle de l'État requis ou en français ou en anglais. Toutefois, un État contractant peut, en faisant la réserve prévue à l'article 62, s'opposer à l'utilisation soit du français, soit de l'anglais.

Art. 45 *Moyens et coûts de traduction.* 1. Dans le cas de demandes prévues au chapitre III, les Autorités centrales peuvent convenir, dans une affaire particulière ou de façon générale, que la traduction dans la langue officielle de l'État requis sera faite dans l'État requis à partir de la langue originale ou de toute autre langue convenue. S'il n'y a pas d'accord et si l'Autorité centrale requérante ne peut remplir les exigences de l'article 44 (1) et (2), la demande et les documents s'y rattachant peuvent être transmis accompagnés d'une traduction en français ou en anglais pour traduction ultérieure dans une langue officielle de l'État requis.

2. Les frais de traduction découlant de l'application du paragraphe premier sont à la charge de l'État requérant, sauf accord contraire des Autorités centrales des États concernés.

3. Nonobstant l'article 8, l'Autorité centrale requérante peut mettre à la charge du demandeur les frais de traduction d'une demande et des documents s'y rattachant, sauf si ces coûts peuvent être couverts par son système d'assistance juridique.

Art. 46 *Systèmes juridiques non unifiés – interprétation.* 1. Au regard d'un État dans lequel deux ou plusieurs systèmes de droit ou ensembles de règles ayant trait aux questions régies par la présente Convention s'appliquent dans des unités territoriales différentes :

a) toute référence à la loi ou à la procédure d'un État vise, le cas échéant, la loi ou la procédure en vigueur dans l'unité territoriale considérée ;

b) toute référence à une décision obtenue, reconnue, reconnue et exécutée, exécutée et modifiée dans cet État vise, le cas échéant, une décision obtenue, reconnue, reconnue et exécutée, exécutée et modifiée dans l'unité territoriale considérée ;

c) toute référence à une autorité judiciaire ou administrative de cet État vise, le cas échéant, une autorité judiciaire ou administrative de l'unité territoriale considérée ;

d) toute référence aux autorités compétentes, organismes publics ou autres organismes de cet État à l'exception des Autorités centrales vise, le cas échéant, les autorités ou organismes habilités à agir dans l'unité territoriale considérée ;

e) toute référence à la résidence ou la résidence habituelle dans cet État vise, le cas échéant, la résidence ou la résidence habituelle dans l'unité territoriale considérée ;

f) toute référence à la localisation des biens dans cet État vise, le cas échéant, la localisation des biens dans l'unité territoriale considérée ;

g) toute référence à une entente de réciprocité en vigueur dans un État vise, le cas échéant, une entente de réciprocité en vigueur dans l'unité territoriale considérée ;

h) toute référence à l'assistance juridique gratuite dans cet État vise, le cas échéant, l'assistance juridique gratuite dans l'unité territoriale considérée ;

i) toute référence à une convention en matière d'aliments conclue dans un État vise, le cas échéant, une convention en matière d'aliments conclue dans l'unité territoriale considérée ;

j) toute référence au recouvrement des frais par un État vise, le cas échéant, le recouvrement des frais par l'unité territoriale considérée.

2. Cet article ne s'applique pas à une Organisation régionale d'intégration économique.

Art. 47 *Systèmes juridiques non unifiés – règles matérielles.* 1. Un État contractant qui comprend deux ou plusieurs unités territoriales dans lesquelles des systèmes de droit différents s'appliquent n'est pas tenu d'appliquer la présente Convention aux situations qui impliquent uniquement ces différentes unités territoriales.

2. Une autorité compétente dans une unité territoriale d'un État contractant qui comprend deux ou plusieurs unités territoriales dans lesquelles des systèmes de droit différents s'appliquent n'est pas tenue de reconnaître ou d'exécuter une décision d'un autre État contractant au seul motif que la décision a été reconnue ou exécutée dans une autre unité territoriale du même État contractant selon la présente Convention.

3. Cet article ne s'applique pas à une Organisation régionale d'intégration économique.

Art. 48 *Coordination avec les Conventions de La Haye antérieures en matière d'obligations alimentaires.* Dans les rapports entre les États contractants, et sous réserve de l'application de l'article 56 (2), la présente Convention remplace la Convention de La Haye du 2 octobre 1973 concernant la reconnaissance et l'exécution de décisions relatives aux obligations alimentaires et la Convention de La Haye du 15 avril 1958 concernant la reconnaissance et l'exécution des décisions en matière d'obligations alimentaires envers les enfants, dans la mesure où leur champ d'application entre lesdits États coïncide avec celui de la présente Convention. – *V. Conv. de La Haye des 15 avr. 1958 et 2 oct. 1973, reproduites au-dessus de la présente Conv.*

Art. 49 *Coordination avec la Convention de New York de 1956.* Dans les rapports entre les États contractants, la présente Convention remplace la Convention sur le recouvrement des aliments à l'étranger du 20 juin 1956, établie par les Nations unies, dans la mesure où son champ d'application entre lesdits États correspond au champ d'application de la présente Convention.

Art. 50 *Relations avec les Conventions de La Haye antérieures relatives à la notification d'actes et à l'obtention de preuves.* La présente Convention ne déroge pas à la Convention de La Haye du *[1er]* mars 1954 relative à la procédure civile, ni à la Convention de La Haye du 15 novembre 1965 relative à la signification et la notification à l'étranger des actes judiciaires et extrajudiciaires en matière civile ou commerciale, ni à la Convention de La Haye du 18 mars 1970 sur l'obtention des preuves à l'étranger en matière civile ou commerciale. — *V. Conv. de La Haye des 1er mars 1954, 15 nov. 1965 et 18 mars 1970 in C. pr. civ.* — ***C. pr. civ.***

Art. 51 *Coordination avec les instruments et accords complémentaires.* 1. La présente Convention ne déroge pas aux instruments internationaux conclus avant la présente Convention auxquels des États contractants sont Parties et qui contiennent des dispositions sur les matières réglées par la présente Convention.

2. Tout État contractant peut conclure avec un ou plusieurs États contractants des accords qui contiennent des dispositions sur les matières réglées par la Convention afin d'améliorer l'application de la Convention entre eux, à condition que de tels accords soient conformes à l'objet et au but de la Convention et n'affectent pas, dans les rapports de ces États avec d'autres États contractants, l'application des dispositions de la Convention. Les États qui auront conclu de tels accords en transmettront une copie au dépositaire de la Convention.

3. Les paragraphes premier et 2 s'appliquent également aux ententes de réciprocité et aux lois uniformes reposant sur l'existence entre les États concernés de liens spéciaux.

4. La présente Convention n'affecte pas l'application d'instruments d'une Organisation régionale d'intégration économique partie à la présente Convention, ayant été adoptés après la conclusion de la Convention, en ce qui a trait aux matières régies par la Convention, à condition que de tels instruments n'affectent pas, dans les rapports des États membres de l'Organisation régionale d'intégration économique avec d'autres États contractants, l'application des dispositions de la Convention. En ce qui concerne la reconnaissance ou l'exécution de décisions entre les États membres de l'Organisation régionale d'intégration économique, la Convention n'affecte pas les règles de l'Organisation régionale d'intégration économique, que ces règles aient été adoptées avant ou après la conclusion de la Convention.

Art. 52 *Règle de l'efficacité maximale.* 1. La présente Convention ne fait pas obstacle à l'application d'un accord, d'une entente ou d'un instrument international en vigueur entre l'État requérant et l'État requis ou d'une entente de réciprocité en vigueur dans l'État requis qui prévoit :

a) des bases plus larges pour la reconnaissance des décisions en matière d'aliments, sans préjudice de l'article 22 *f)* de la Convention ;

b) des procédures simplifiées et accélérées relatives à une demande de reconnaissance ou de reconnaissance et d'exécution de décisions en matière d'aliments ;

c) une assistance juridique plus favorable que celle prévue aux articles 14 à 17 ; ou

d) des procédures permettant à un demandeur dans un État requérant de présenter une demande directement à l'Autorité centrale de l'État requis.

2. La présente Convention ne fait pas obstacle à l'application d'une loi en vigueur dans l'État requis prévoyant des règles plus efficaces telles que mentionnées au paragraphe premier *a)* à *c)*. Cependant, en ce qui concerne les procédures simplifiées et accélérées mentionnées au paragraphe premier *b)*, elles doivent être compatibles avec la protection offerte aux parties en vertu des articles 23 et 24, en particulier en ce qui a trait aux droits des parties de se voir dûment notifier les procédures et de se voir offrir une opportunité adéquate d'être entendues, et en ce qui a trait aux effets d'une contestation ou d'un appel.

Art. 53 *Interprétation uniforme.* Pour l'interprétation de la présente Convention, il sera tenu compte de son caractère international et de la nécessité de promouvoir l'uniformité de son application.

Art. 54 *Examen du fonctionnement pratique de la Convention.* 1. Le Secrétaire général de la Conférence de La Haye de droit international privé convoque périodiquement une

Commission spéciale afin d'examiner le fonctionnement pratique de la Convention et d'encourager le développement de bonnes pratiques en vertu de la Convention.

2. A cette fin, les États contractants collaborent avec le Bureau permanent de la Conférence de La Haye de droit international privé afin de recueillir les informations relatives au fonctionnement pratique de la Convention, y compris des statistiques et de la jurisprudence.

Art. 55 *Amendement des formulaires.* 1. Les formulaires annexés à la présente Convention pourront être amendés par décision d'une Commission spéciale qui sera convoquée par le Secrétaire général de la Conférence de La Haye de droit international privé, à laquelle seront invités tous les États contractants et tous les Membres. La proposition d'amender les formulaires devra être portée à l'ordre du jour qui sera joint à la convocation.

2. Les amendements seront adoptés par les États contractants présents à la Commission spéciale. Ils entreront en vigueur pour tous les États contractants le premier jour du septième mois après la date à laquelle le dépositaire les aura communiqués à tous les États contractants.

3. Au cours du délai prévu au paragraphe 2, tout État contractant pourra notifier par écrit au dépositaire qu'il entend faire une réserve à cet amendement, conformément à l'article 62. L'État qui aura fait une telle réserve sera traité, en ce qui concerne cet amendement, comme s'il n'était pas Partie à la présente Convention jusqu'à ce que la réserve ait été retirée.

Art. 56 *Dispositions transitoires.* 1. La Convention s'applique dans tous les cas où :

a) une requête visée à l'article 7 ou une demande prévue au chapitre III a été reçue par l'Autorité centrale de l'État requis après l'entrée en vigueur de la Convention entre l'État requérant et l'État requis ;

b) une demande de reconnaissance et d'exécution a été présentée directement à une autorité compétente de l'État requis après l'entrée en vigueur de la Convention entre l'État d'origine et l'État requis.

2. En ce qui concerne la reconnaissance et l'exécution des décisions entre les États contractants à la présente Convention qui sont également parties aux Conventions de La Haye mentionnées à l'article 48, si les conditions pour la reconnaissance et l'exécution prévues par la présente Convention font obstacle à la reconnaissance et à l'exécution d'une décision rendue dans l'État d'origine avant l'entrée en vigueur de la présente Convention dans cet État et qui à défaut aurait été reconnue et exécutée en vertu de la Convention qui était en vigueur lorsque la décision a été rendue, les conditions de cette dernière Convention s'appliquent.

3. L'État requis n'est pas tenu, en vertu de la Convention, d'exécuter une décision ou une convention en matière d'aliments pour ce qui concerne les paiements échus avant l'entrée en vigueur de la Convention entre l'État d'origine et l'État requis sauf en ce qui concerne les obligations alimentaires découlant d'une relation parent-enfant à l'égard d'une personne âgée de moins de 21 ans.

Art. 57 *Informations relatives aux lois, procédures et services.* 1. Un État contractant, au moment où il dépose son instrument de ratification ou d'adhésion ou fait une déclaration en vertu de l'article 61 de la Convention, fournit au Bureau permanent de la Conférence de La Haye de droit international privé :

a) une description de sa législation et de ses procédures applicables en matière d'obligations alimentaires ;

b) une description des mesures qu'il prendra pour satisfaire à ses obligations en vertu de l'article 6 ;

c) une description de la manière dont il procurera aux demandeurs un accès effectif aux procédures conformément à l'article 14 ;

d) une description de ses règles et procédures d'exécution, y compris les limites apportées à l'exécution, en particulier les règles de protection du débiteur et les délais de prescription ;

e) toute précision à laquelle l'article 25 (1) *b)* et (3) fait référence.

2. Les États contractants peuvent, pour satisfaire à leurs obligations découlant du paragraphe premier, utiliser un formulaire de profil des États recommandé et publié par la Conférence de La Haye de droit international privé.

3. Les informations sont tenues à jour par les États contractants.

CHAPITRE IX *DISPOSITIONS FINALES*

Art. 58 *Signature, ratification et adhésion.* 1. La Convention est ouverte à la signature des États qui étaient Membres de la Conférence de La Haye de droit international privé lors de sa Vingt et unième Session et des autres États qui ont participé à cette Session.

2. Elle sera ratifiée, acceptée ou approuvée et les instruments de ratification, d'acceptation ou d'approbation seront déposés auprès du Ministère des Affaires étrangères du Royaume des Pays-Bas, dépositaire de la Convention.

3. Tout autre État ou Organisation régionale d'intégration économique pourra adhérer à la Convention après son entrée en vigueur en vertu de l'article 60 (1).

4. L'instrument d'adhésion sera déposé auprès du dépositaire.

5. L'adhésion n'aura d'effet que dans les rapports entre l'État adhérant et les États contractants qui n'auront pas élevé d'objection à son encontre dans les 12 mois suivant la date de la notification prévue à l'article 65. Une telle objection pourra également être élevée par tout État au moment d'une ratification, acceptation ou approbation de la Convention, postérieure à l'adhésion. Ces objections seront notifiées au dépositaire.

Art. 59 *Organisations régionales d'intégration économique.* 1. Une Organisation régionale d'intégration économique constituée uniquement d'États souverains et ayant compétence pour certaines ou toutes les matières régies par la présente Convention peut également signer, accepter ou approuver la présente Convention ou y adhérer. En pareil cas, l'Organisation régionale d'intégration économique aura les mêmes droits et obligations qu'un État contractant, dans la mesure où cette Organisation a compétence sur des matières régies par la Convention.

2. Au moment de la signature, de l'acceptation, de l'approbation ou de l'adhésion, l'Organisation régionale d'intégration économique notifie au dépositaire, par écrit, les matières régies par la présente Convention pour lesquelles ses États membres ont transféré leur compétence à cette Organisation. L'Organisation notifie aussitôt au dépositaire, par écrit, toute modification intervenue dans la délégation de compétence précisée dans la notification la plus récente faite en vertu du présent paragraphe.

3. Au moment de la signature, de l'acceptation, de l'approbation ou de l'adhésion, une Organisation régionale d'intégration économique peut déclarer, conformément à l'article 63, qu'elle a compétence pour toutes les matières régies par la présente Convention et que les États membres qui ont transféré leur compétence à l'Organisation régionale d'intégration économique dans ce domaine seront liés par la présente Convention par l'effet de la signature, de l'acceptation, de l'approbation ou de l'adhésion de l'Organisation.

4. Aux fins de l'entrée en vigueur de la présente Convention, tout instrument déposé par une Organisation régionale d'intégration économique n'est pas compté, à moins que l'Organisation régionale d'intégration économique ne fasse une déclaration conformément au paragraphe 3.

5. Toute référence à un "État contractant" ou à un "État" dans la présente Convention s'applique également, le cas échéant, à une Organisation régionale d'intégration économique qui y est Partie. Lorsqu'une déclaration est faite par une Organisation régionale d'intégration économique conformément au paragraphe 3, toute référence à un "État contractant" ou à un "État" dans la présente Convention s'applique également, le cas échéant, aux États membres concernés de l'Organisation.

Art. 60 *Entrée en vigueur.* 1. La Convention entrera en vigueur le premier jour du mois suivant l'expiration d'une période de trois mois après le dépôt du deuxième instrument de ratification, d'acceptation ou d'approbation visé par l'article 58.

2. Par la suite, la Convention entrera en vigueur :

a) pour chaque État ou Organisation régionale d'intégration économique au sens de l'article 59 (1) ratifiant, acceptant ou approuvant postérieurement, le premier jour du mois suivant l'expiration d'une période de trois mois après le dépôt de son instrument de ratification, d'acceptation ou d'approbation ;

b) pour chaque État ou Organisation régionale d'intégration économique mentionné à l'article 58 (3), le lendemain de l'expiration de la période durant laquelle des objections peuvent être élevées en vertu de l'article 58 (5) ;

c) pour les unités territoriales auxquelles la Convention a été étendue conformément à l'article 61, le premier jour du mois suivant l'expiration d'une période de trois mois après la notification visée dans ledit article.

Art. 61 *Déclarations relatives aux systèmes juridiques non unifiés.* 1. Un État qui comprend deux ou plusieurs unités territoriales dans lesquelles des systèmes de droit différents s'appliquent aux matières régies par la Convention peut, au moment de la signature, de la ratification, de l'acceptation, de l'approbation ou de l'adhésion, déclarer, conformément à l'article 63, que la présente Convention s'appliquera à toutes ses unités territoriales ou seulement à l'une ou à plusieurs d'entre elles, et pourra à tout moment modifier cette déclaration en faisant une nouvelle déclaration.

2. Toute déclaration est notifiée au dépositaire et indique expressément les unités territoriales auxquelles la Convention s'applique.

3. Si un État ne fait pas de déclaration en vertu du présent article, la Convention s'applique à l'ensemble du territoire de cet État.

4. Le présent article ne s'applique pas à une Organisation régionale d'intégration économique.

Art. 62 *Réserves.* 1. Tout État contractant pourra, au plus tard au moment de la ratification, de l'acceptation, de l'approbation ou de l'adhésion, ou au moment d'une déclaration faite en vertu de l'article 61, faire une ou plusieurs des réserves prévues aux articles 2 (2), 20 (2), 30 (8), 44 (3) et 55 (3). Aucune autre réserve ne sera admise.

2. Tout État pourra, à tout moment, retirer une réserve qu'il aura faite. Ce retrait sera notifié au dépositaire.

3. L'effet de la réserve cessera le premier jour du troisième mois après la notification mentionnée au paragraphe 2.

4. Les réserves faites en application de cet article ne sont pas réciproques, à l'exception de la réserve prévue à l'article 2 (2).

Art. 63 *Déclarations.* 1. Les déclarations visées aux articles 2 (3), 11 (1) *g)*, 16 (1), 24 (1), 30 (7), 44 (1) et (2), 59 (3) et 61 (1) peuvent être faites lors de la signature, de la ratification, de l'acceptation, de l'approbation ou de l'adhésion ou à tout moment ultérieur et pourront être modifiées ou retirées à tout moment.

2. Les déclarations, modifications et retraits sont notifiés au dépositaire.

3. Une déclaration faite au moment de la signature, de la ratification, de l'acceptation, de l'approbation ou de l'adhésion prendra effet au moment de l'entrée en vigueur de la Convention pour l'État concerné.

4. Une déclaration faite ultérieurement, ainsi qu'une modification ou le retrait d'une déclaration, prendra effet le premier jour du mois suivant l'expiration d'une période de trois mois après la date de réception de la notification par le dépositaire.

Art. 64 *Dénonciation.* 1. Tout État contractant pourra dénoncer la Convention par une notification écrite au dépositaire. La dénonciation pourra se limiter à certaines unités territoriales d'un État à plusieurs unités auxquelles s'applique la Convention.

2. La dénonciation prendra effet le premier jour du mois suivant l'expiration d'une période de 12 mois après la date de réception de la notification par le dépositaire. Lorsqu'une période plus longue pour la prise d'effet de la dénonciation est spécifiée dans la notification, la dénonciation prendra effet à l'expiration de la période en question après la date de réception de la notification par le dépositaire.

Art. 65 *Notification.* Le dépositaire notifiera aux Membres de la Conférence de La Haye de droit international privé, ainsi qu'aux autres États et aux Organisations régionales d'intégration économique qui ont signé, ratifié, accepté, approuvé ou adhéré conformément aux articles 58 et 59, les renseignements suivants :

a) les signatures, ratifications, acceptations et approbations visées aux articles 58 et 59 ;

b) les adhésions et les objections aux adhésions visées aux articles 58 (3) et (5) et 59 ;

c) la date d'entrée en vigueur de la Convention conformément à l'article 60 ;

d) les déclarations prévues aux articles 2 (3), 11 (1) *g)*, 16 (1), 24 (1), 30 (7), 44 (1) et (2), 59 (3) et 61 (1) ;

e) les accords prévus à l'article 51 (2) ;

f) les réserves prévues aux articles 2 (2), 20 (2), 30 (8), 44 (3), 55 (3) et le retrait des réserves prévu à l'article 62 (2) ;

g) les dénonciations prévues à l'article 64.

Les Annexes à cette Conv. sont consultables sur le site www.hcch.net.

VIII DROIT PÉNAL

DALLOZ RÉFÉRENCE *Droit et pratique du divorce 2022/2023, n°s 421.00 s.*

Code pénal

Les annotations de jurisprudence et de bibliographie sous les articles du code pénal ont été reprises du Code pénal Dalloz, rédigées avec le concours de M. Yves Mayaud et de Mme Carole Gayet.

Violation de domicile

Art. 226-4 **L'introduction** *(Abrogé par L. n° 2015-714 du 24 juin 2015)* **« ou le maintien » dans le domicile d'autrui à l'aide de manœuvres, menaces, voies de fait ou contrainte, hors les cas où la loi le permet, est puni** *(L. n° 2023-668 du 27 juill. 2023, art. 3)* **« de trois ans » d'emprisonnement et de** *(L. n° 2023-668 du 27 juill. 2023, art. 3)* **« 45 000 euros » d'amende.** — *Pr. pén. 2-2.*

(L. n° 2015-714 du 24 juin 2015) **« Le maintien dans le domicile d'autrui à la suite de l'introduction mentionnée au premier alinéa, hors les cas où la loi le permet, est puni des même peines ».**

(L. n° 2023-668 du 27 juill. 2023, art. 6) **« Constitue notamment le domicile d'une personne, au sens du présent article, tout local d'habitation contenant des biens meubles lui appartenant, que cette personne y habite ou non et qu'il s'agisse de sa résidence principale ou non. »**

RÉP. PÉN. v° *Violation de domicile*, par FRAZIER.

BIBL. ▸ DORANGE, *RSC 2011. 371* (la gestion procédurale du squat : la protection du domicile contre l'occupation sans droit ni titre).

Corresp. : *C. pén., ancien art. 184, al. 2.*

PLAN DES ANNOTATIONS

A. NOTION DE DOMICILE

1. *Ratio legis et définition.* Seul constitue un domicile, au sens de l'art. 226-4 C. pén., le lieu où une personne, qu'elle y habite ou non, a le droit de se dire chez elle, quels que soient le titre juridique de son occupation et l'affectation donnée aux locaux, ce texte n'ayant pas pour objet de garantir d'une manière générale les propriétés immobilières contre une usurpation. • Crim. 22 janv. 1997, n° 95-81.186 P : *Dr. pénal 1997. 78, obs. Véron* • 28 févr. 2001 : *Dr. pénal 2001. 85, obs. Véron* • 26 juin 2002 : *Dr. pénal 2002. 136, obs. Véron* • 30 oct. 2006, n° 06-80.680 P : *D. 2006. IR 3014 ; ibid. 2007. Pan. 2638, obs. Garé ; AJ pénal 2007. 32 ; Dr. pénal 2007. 7, obs. Véron ; RSC 2007. 83, obs. Mayaud ; AJDI 2007. 315*. ♦ ... En conséquence, c'est à bon droit que la cour d'appel a relaxé le prévenu du chef de violation de domicile après avoir relevé qu'il s'était introduit dans un appartement inoccupé, dépourvu de tout mobilier, entre deux locations. • Crim. 22 janv. 1997 : *préc.* ♦ ... A méconnu le principe ci-dessus énoncé la cour d'appel qui, pour déclarer les prévenus coupables de violation de domicile, retient que, expulsés d'une maison d'habitation et de ses dépendances, qui avaient été saisies et adjugées, ils ont, dès le lendemain de l'expulsion, réintégré les lieux, alors que les adjudicataires n'avaient, eux-mêmes, jamais occupé le bien immobilier. • Crim. 28 févr. 2001 : *préc.* ♦ ... A justifié sa décision la cour d'appel qui, pour considérer, au regard de l'action civile, que le délit de violation de domicile n'était pas établi, retient, par motifs propres et adoptés, que le château de B... n'est ni habité ni habitable en l'état, ajoutant que la partie civile n'a sous aucune forme, depuis de nombreuses années, manifesté une présence en ce lieu dont pourrait se déduire son intention de s'y établir pour y demeurer ou y séjourner momentanément. • Crim. 26 juin 2002 : *préc.* ♦ ... Cassation, pour méconnaissance de ce principe de l'arrêt qui, pour déclarer le prévenu coupable de violation de domicile, retient qu'expulsé de la roulotte où il habitait, à la suite d'un commandement de quitter les lieux qui lui a été régulièrement signifié, il a, dès le lendemain de l'expulsion, réintégré les lieux, et s'est donc introduit sans droit ni titre sur l'ensemble des terrains appartenant au propriétaire ayant signifié le commandement, alors que celui-ci n'avait jamais occupé le bien immobilier, lequel ne constituait pas un domicile au sens de l'art. 226-4 C. pén. • Crim. 30 oct. 2006 : *préc.*

2. Demeure d'autrui. La violation de domicile n'est constituée qu'autant qu'il y a introduction dans la demeure d'un tiers. • Crim. 15 févr. 1955 : *Bull. crim. n° 106.* ♦ ... Ce qui suppose que le prévenu n'occupe pas les lieux conjointement avec la partie civile. • Crim. 7 févr. 1994 : *Dr. pénal 1994. Comm. 129.*

3. Les dispositions de l'art. 184 C. pén. ont pour but de protéger, d'une manière générale, la demeure d'autrui. • Crim. 20 oct. 1954 : *Bull. crim. n° 303 ; D. 1954. 784* • 3 nov. 1955 : *Bull. crim. n° 457 ; D. 1956. 26.* ♦ ... Qu'elle soit permanente ou temporaire, occupée par celui qui y a droit ou seulement de son consentement. • Crim. 24 juin 1893 : *DP 1895. 1. 407* • 28 janv. 1958 : *Bull. crim. n° 94 ; D. 1958. Somm. 100.* ♦ Ce texte n'a pas pour objet de garantir les propriétés immobilières des citoyens contre une usurpation, même violente. • Paris, 16 juin 1987 : *D. 1987. IR 197.* ♦ ... Son objet est de sauvegarder la liberté, la sécurité et l'indépendance des citoyens en organisant la protection de leurs demeures. • T. corr. Chalon-sur-Saône, 17 févr. 1950 : *JCP 1950. II. 5505, note Levasseur.* ♦ ... La protection légale du domicile étant plus nécessaire encore pour l'absent que pour le présent. • Crim. 1er mars 1890 : *DP 1890. 1. 334.*

4. Le terme de domicile au sens de l'art. 184 C. pén. ne désigne pas seulement le lieu où une personne a son principal établissement, mais encore le lieu, qu'elle y habite ou non, où elle a le droit de se dire chez elle, quels que soient le titre juridique de son occupation et l'affectation donnée aux locaux. • Crim. 26 févr. 1963 : *Bull. crim. n° 92 ; D. 1963. Somm. 68* • 4 janv. 1977, n° 76-91.105 P • 13 oct. 1982, n° 81-92.708 P : *Gaz. Pal. 1983. 1. Somm. 96 ; RSC 1983. 670, obs. Levasseur* • 24 avr. 1985, n° 84-92.673 P : *RSC 1986. 103, obs. Levasseur* • 9 août 1989 : *Dr. pénal 1990. 45* • Paris, 16 juin 1987 : *préc. note 3.*

5. En conséquence, le domicile implique nécessairement une notion concrète d'habitabilité méritant d'être protégée, sans laquelle ce lieu ne serait qu'une adresse. • Versailles, 9 oct. 1992 : *Gaz. Pal. 1993. 1. Somm. 52.* ♦ N'est pas constitué le délit de violation de domicile au sens de l'art. 226-4 C. pén., qui exige une introduction dans le domicile d'autrui, lieu servant effectivement à l'habitation et occupé, dès lors qu'il est constant que l'appartement dans lequel s'est introduit le prévenu, en forçant la serrure, était totalement vide de toute occupation. • Versailles, 31 janv. 1995 : *BICC 1995. 605 ; Gaz. Pal. 1996. 1. Somm. 152.* ♦ Confirmé par : • Crim. 22 janv. 1997, n° 95-81.186 P : *Dr. pénal 1997. Comm. 78, note Véron.*

6. Ne sauraient être considérés comme des domiciles (solutions rendues en matière de perquisitions) : ... l'immeuble détruit par un incendie. • Crim. 31 mai 1994, n° 94-81.199 P : *Dr. pénal 1994. Chron. 59* • Versailles, 9 oct. 1992 : *préc. note 5.* ♦ ... Un atelier de ciselure et une fonderie dépourvus des équipements nécessaires à une habitation effective. • Crim. 17 oct. 1995, n° 95-81.847 P. ♦ ... La loge mise provisoirement, le temps d'un spectacle, à la disposition d'un chef d'orchestre. • Crim. 6 déc. 2005, n° 05-85.951 P : *RSC 2007. 591 et 593, obs. Buisson.* ♦ Il en est de même d'une maison en construction (sur le fondement de l'art. 184 C. pén.). • Crim. 1er avr. 1992 : *RSC 1993. 121, obs. Boulan.*

7. Mais constitue un domicile : ... une chambre louée dans un hôtel. • Crim. 31 janv. 1914 : *DP 1918. 1. 76 ; S. 1916. 1. 59.* ♦ ... Une chambre ou un appartement loués en meublé. • Crim. 20 oct. 1954 : *préc. note 3* • 3 nov. 1955 : *préc. note 3* • 21 mai 1957, n° 1-61.356 P • 26 févr. 1963 : *préc. note 4.* ♦ ... L'appartement privé d'un ministre situé dans les locaux du ministère. • Crim. 4 juin 1971, n° 92-84.470 P : *D. 1971. Somm. 156.* ♦ ... Une maison à usage d'habitation. • Crim. 13 oct. 1982 : *préc. note 4.* ♦ ... Un appartement meublé, même momentanément inoccupé en raison de travaux devant y être effectués. • Crim. 24 avr. 1985 : *préc. note 4.* ♦ ... Une chambre d'hôpital occupée par un malade, où il a le droit, sous la seule réserve des nécessités du service, de se dire chez lui et notamment d'être défendu contre la curiosité publique. • Paris, 17 mars 1986 : *Gaz. Pal. 1986. 2. 429.*

8. Il en est de même des tentes, caravanes et, d'une manière générale, des abris de camping : C. urb., art. R. 443-16. ♦ Mais une voiture automobile ne peut être assimilée à un domicile (solution retenue en matière de perquisitions et saisies). • Crim. 11 sept. 1933 : *DH 1933. 462* • 8 nov. 1979, n° 78-92.914 P • T. pol. Marmande, 10 janv. 1995 : *Gaz. Pal. 1995. 2. Somm. 488.*

9. La pièce du domicile d'un tiers dans laquelle un inculpé s'est fait clandestinement héberger pour se soustraire aux poursuites dont il est l'objet, ne constitue pas le domicile de cet inculpé. • Crim. 30 mars 1971, 2 arrêts, n° 92-95.770 P (solution rendue en matière de perquisitions).

10. Dépendances. Le mot « domicile », au sens où il est employé dans l'art. 184 C. pén., ne signifie pas seulement le lieu où une personne a son principal établissement, mais aussi les dépendances de ce lieu, qui se trouvent à proximité de la demeure et en constituent le prolongement, quels que soient leur affectation et le titre en vertu duquel cette personne les occupe. • Crim. 19 juin 1957 : *Bull. crim. n° 513* • 20 juin 1957, n° 2-72.055 P. ♦ ... Notamment la cour attenante à une habitation. • Crim. 12 avr. 1938 : *Bull. crim. n° 122 ; DH 1938.*

440 ; RSC 1938. 710, obs. Hugueney. ♦ ... Les caves, greniers et débarras. • Crim. 19 juin 1957 : *préc.* ♦ ... La terrasse d'un appartement. • Crim. 4 mai 1965, n° 92-16.864 P : *D. 1965. 631* • 8 févr. 1994 : *Dr. pénal 1994. 129.* ♦ ... Voire, un terrain dépendant du domicile d'un particulier (malgré le laconisme des juges du fond, en l'espèce relevé par la Cour de cassation, quant aux circonstances sur lesquelles ils ont cru pouvoir se fonder pour étendre ainsi à un terrain la protection que la loi accorde au domicile). • Crim. 8 déc. 1981 : *Gaz. Pal. 1982. 2. 625, note Alauze.*

11. Mais, est nul pour défaut de motifs l'arrêt qui, statuant sur une poursuite pour violation de domicile, étend à un jardin, dans lequel le prévenu a pénétré, la protection que l'art. 184 C. pén. accorde au domicile, sans relever de circonstances établissant que ce jardin est dans la dépendance étroite et immédiate de la demeure d'un citoyen. • Crim. 13 mars 1974, n° 93-32.873 P : *Gaz. Pal. 1975. 1. 66 ; RSC 1975. 148, obs. Levasseur.* ♦ De même, ne constitue pas un domicile, au sens de l'art. 184 C. pén., la cour non close d'un immeuble. • Crim. 26 sept. 1990 : *Dr. pénal 1991. 41.* ♦ ... Une simple hutte de chasse et le terrain attenant, non entouré d'une clôture constante, lorsque ladite hutte n'est qu'un poste d'observation pour le chasseur, dépourvu des équipements les plus élémentaires propres à caractériser le domicile (solution rendue à propos des pouvoirs d'investigation des gardes-chasse). • Crim. 9 janv. 1992, n° 90-87.381 P.

12. Domicile conjugal. V. également « Intention », notes 36 s. ♦ L'autorisation de résidence séparée accordée à l'un seulement des époux, lors de la présentation de la requête, n'entraîne pas un domicile distinct pour chacun des époux, ainsi que le prévoit l'art. 108-1 C. civ., disposition qui concerne les seules décisions contradictoires prises lors de la tentative de conciliation ; cette mesure ne faisant donc pas disparaître le domicile conjugal où l'époux demandeur est toujours en droit de pénétrer, une poursuite pour violation de domicile est impossible. • Rennes, 18 janv. 1979 : *D. 1979. IR 175.* ♦ Mais, une fois le divorce prononcé, le domicile qui a été conservé par l'un des ex-époux dans l'ancien appartement conjugal, continue de bénéficier de la protection édictée par l'art. 184 C. pén., quels que soient par ailleurs les droits que l'autre ex-conjoint ait à faire valoir sur ledit appartement. • Crim. 16 avr. 1959, n° 92-34.858 P : *D. 1959. 369 ; JCP 1959. II. 11241, note Chavanne.*

13. L'attribution du domicile conjugal à l'un des époux par ordonnance de non-conciliation, dont l'exécution provisoire n'a pas été suspendue, bénéficie de la protection de la loi au sens tant de l'art. 184 ancien que de l'art. 226-4 C. pén., sans qu'il soit nécessaire, pour l'époux bénéficiaire du logement, de recourir au préalable à une procédure d'expulsion à l'encontre de son conjoint qui, ayant connaissance de la décision, s'est cependant maintenu dans les lieux. • Crim. 6 nov. 1996 : *D. 1997. IR 48 ; Gaz. Pal. 1997. 1, chron. crim. 57 ; RSC 1997. 382, obs. Mayaud.* ♦ Déclare à bon droit le prévenu coupable de s'être maintenu dans l'ancien domicile conjugal, malgré les décisions de justice en attribuant la jouissance à son épouse, l'arrêt qui énonce notamment que le maintien dans ce domicile a eu lieu avec contrainte, dès lors qu'il a refusé d'exécuter spontanément le commandement de déguerpir qui lui avait été délivré, et que c'est son épouse qui a dû partir. • Crim. 9 déc. 1998 : *Gaz. Pal. 1999. 1, chron. crim. 57.*

14. Personnes morales. L'art. 226-4 C. pén. vise le « domicile d'autrui » sans faire de distinction entre les personnes physiques et les personnes morales (en l'espèce, un centre hospitalier, à propos de faits d'entrave à l'interruption volontaire de grossesse : CSP, art. L. 162-15). • T. corr. Le Puy-en-Velay, 14 mars 1995 : *Gaz. Pal. 1995. 2. Somm. 329.*

15. L'immeuble, et y compris la cour, appartenant à la Fédération des syndicats patronaux d'un département, constitue le domicile de celle-ci, pour la cour être close et pour les locaux abriter le siège de cette personne morale. • T. corr. Évreux, 17 janv. 1984 : *Gaz. Pal. 1984. 2. Somm. 342, note Doucet.*

16. Sur l'abrogation, par la loi n° 81-1134 du 23 déc. 1981, de l'al. 3 de l'art. 184 C. pén., qui tendait à protéger les locaux affectés à des services publics administratifs ou à des établissements scientifiques ou culturels contre des occupations abusives, V. *RSC 1982. 374, obs. Bouloc.*

17. Locaux industriels, commerciaux ou professionnels. Un local industriel ou commercial doit être assimilé au domicile d'un citoyen ou d'une personne juridique, l'accès pouvant en être réglementé et subordonné à l'autorisation du propriétaire ou de l'exploitant. • Dijon, 1er févr. 1951 : *Quest. prud'h. 1951. 679* • Paris, 19 févr. 1951 : *ibid.* ♦ Ainsi en est-il : ... d'une usine. • T. corr. Bar-le-Duc, 12 févr. 1936 : *Gaz. Pal. 1936. 1. 847* • TGI Épinal, 1er févr. 1972 : *Cah. prud'h. 1972. 143.* ♦ ... D'une pièce servant de bureau de comptabilité. • Crim. 21 mai 1957, n° 1-61.356 P. ♦ ... Des bureaux de direction d'une société. • Crim. 4 déc. 1957, n° 91-23.157 P. ♦ ... D'un cabinet dentaire. • Crim. 13 oct. 1986 : *Gaz. Pal. 1987. 1. Somm. 103, note Doucet.* ♦ ... Du bureau du président d'une chambre des métiers. • Crim. 24 juin 1987 : *JCP 1987. IV. 302.* ♦ ... De bureaux exclusivement affectés à un usage professionnel. • Crim. 7 févr. 1994 : *Dr. pénal 1994. 129.* ♦ ... Des locaux d'un port autonome. • T. corr. Dunkerque, 28 mai 1993, confirmé par • Douai, 5 nov. 1993 : *Gaz. Pal. 1995. 1. Somm. 178.* ♦ ... D'un centre d'essais d'automobiles. • Crim. 23 mai 1995, n° 94-81.141 P : *Dr. pénal 1995. 220, note Véron, et Chron. 42, obs. Lesclous et Marsat ; RTD civ. 1996. 130, obs. Hauser.* ♦ ... De sites industriels clos, gardés en permanence par des personnels de surveillance, dans lesquels l'accès est interdit à toute personne non expressément autorisée, et qui abritent en permanence les personnes chargées de les garder. • Caen, 17 déc. 1997 : *Dr. pénal 1998. Comm. 82, obs. Véron.*

18. Poursuivis pour violation de domicile, les prévenus étaient cités « pour s'être introduits ou maintenus dans le domicile du centre hospitalier (bloc opératoire) à l'aide de manœuvres, en l'espèce en s'enchaînant par des cadenas » ; pour les déclarer coupables de ce délit, les juges retiennent notamment que le bloc opératoire doit être assimilé au domicile de la personne morale dans la mesure où, bien qu'ouvert au public, son accès est réglementé et soumis à autorisation ; en prononçant ainsi, alors que le bloc opératoire d'un établissement de santé ne saurait constituer pour celui-ci un domicile au sens de l'art. 226-4 C. pén., la cour d'appel a méconnu les dispositions de ce texte ; la censure n'est cependant pas encourue dès lors que les peines prononcées et les réparations allouées aux parties civiles sont justifiées par la déclaration de culpabilité relative à la tentative d'entrave à interruption volontaire de grossesse. • Crim. 27 nov. 1996, n° 95-85.118 P.

19. La Cour rappelle qu'au sens de sa jurisprudence, le terme « domicile » a une connotation plus large que le mot « home » et peut englober, par exemple, le bureau ou le cabinet d'un membre d'une profession libérale ; elle considère qu'une perquisition effectuée au domicile d'une personne physique se trouvant simultanément être le siège des bureaux d'une société contrôlée par elle constitue bien une ingérence dans le droit au respect du domicile, au sens de l'art. 8 Conv. EDH ; la Cour considère qu'il est temps de reconnaître dans certaines circonstances que les droits garantis par l'art. 8 de la Convention peuvent être interprétés comme incluant pour une société le droit au respect de son siège social, son agence ou ses locaux professionnels. • CEDH 16 avr. 2002, *Colas Est Sté c/ France : D. 2003. Somm. 527, obs. Birsan ; ibid. 2003. 1541, obs. Lepage ; JCP 2002. I. n° 153, obs. Besrour ; JCP E 2003. 77, obs. Espesson-Vergeat ; ibid. 2003. 560, obs. Raynaud ; BJS, août-sept. 2002. 953, note Mathey ; AJDA 2002. 502, obs. Flauss.*

20. Locaux scolaires. Pour un collège d'enseignement secondaire. • T. corr. Argentan, 5 nov. 1968 : *D. 1969. Somm. 16 ; Gaz. Pal. 1969. 1. 15.*

21. Occupations irrégulières ou précaires. Constitue le délit de violation de domicile le fait d'avoir pénétré de force, et sans suivre les formes prescrites pour l'exécution des décisions de justice, dans un appartement qui n'était habité par son occupant qu'en violation d'une ordonnance de référé ayant constaté l'irrégularité de la réquisition invoquée par cet occupant. • T. corr. Seine, 16 mars 1949 : *S. 1949. 2. 127 ; JCP 1949. II. 4839.*

22. Lorsque certaines dispositions des lois et règlements en vigueur, concernant les locaux d'habitation, déclarent les occupants déchus de leur droit au maintien dans les lieux, ou considèrent les locaux comme inoccupés, ces dispositions exceptionnelles se bornent à ouvrir aux ayants droit des recours judiciaires ou à l'Administration un droit de réquisition, mais n'autorisent personne, fût-ce un magistrat municipal, à pénétrer dans ces locaux sans titre et par voie de fait, et ne modifient en rien les articles du code pénal qui protègent, contre toute violation abitraire, le domicile des citoyens. • Crim. 12 mars 1958, n° 93-42.857 P.

23. Le locataire expulsé d'un logement conserve en ce lieu son domicile jusqu'à exécution de la décision de justice ordonnant ladite mesure. • Crim. 26 juill. 1965 : *Gaz. Pal. 1965. 2. 331 ; RSC 1966. 81, obs. Bouzat.* ♦ Mais le parent du propriétaire, agissant au nom de ce dernier, qui déménage le mobilier d'un occupant frauduleusement installé dans les lieux sans titre de jouissance opposable au propriétaire, et ayant fait l'objet d'une ordonnance d'expulsion, ne se rend pas coupable du délit de violation de domicile, faute d'intention délictueuse, alors qu'il a pu croire que l'installation de l'occupant, opérée en violation flagrante du droit de propriété, ne constituait pas un domicile, même au regard de la loi pénale. • Paris, 11 juill. 1953 : *D. 1954. 49 ; S. 1954. 2. 84.*

24. Parce que ne saurait être considéré comme un domicile, au sens de l'art. 184 C. pén., un local inhabité et vide de tout mobilier ou matériel, que nul n'a manifesté la volonté d'occuper, fût-ce passagèrement, par un acte quelconque de prise de possession, ne commet pas le délit de violation de domicile le maire qui, ayant fait ouvrir la porte par un serrurier requis, réintègre un de ses administrés dans le logement dont celui-ci venait d'être régulièrement expulsé par la force publique quelques instants auparavant. • T. corr. Chalon-sur-Saône, 17 févr. 1950 : *JCP 1950. II. 5505, note Levasseur.* ♦ De même, lorsque les locataires expulsés se sont réinstallés dans l'appartement dont le propriétaire avait changé le verrou, il n'y a pas violation de domicile dès lors que le propriétaire ne prétend pas avoir habité dans les lieux, qu'il n'a manifesté par aucun acte, après l'expulsion, son intention d'y établir sa demeure et que l'appartement était encore garni des meubles des derniers occupants, cet appartement où les prévenus se sont introduits de force ne pouvant être qualifié de domicile de la partie civile au sens de l'art. 184 C. pén. • Paris, 16 juin 1987 : *D. 1987. IR 197.*

25. Dès lors qu'une société de chasse occupe régulièrement, bien que précairement, un local où elle détient ses meubles, le fait pour un nouveau propriétaire de pénétrer dans ce local pour en changer les serrures, avant d'avoir mis l'occupant en mesure de vider les lieux, en utilisant au besoin les procédures légales, constitue le délit de violation de domicile. • Crim. 9 nov. 1971 : *Gaz. Pal. 1972. 1. 373.*

B. VIOLATION DU DOMICILE

1° MATÉRIALITÉ

26. Introduction contre le gré de l'occupant. La violation de domicile ne saurait exister si l'occupant d'un local donne son autorisation, sans qu'il soit nécessaire qu'il y ait un titre de location ; mais une telle autorisation ne peut être donnée par des jeunes filles d'un collège d'enseignement secondaire, toutes mineures se trouvant placées sous la surveillance d'une maîtresse, et à défaut de l'autorisation de la surveillante, l'escalade commise par les prévenus devient l'élément constitutif du délit de violation de domicile. • T. corr. Argentan, 5 nov. 1968 : *D. 1969. Somm. 16 ; Gaz. Pal. 1969. 1. 15.*

27. Pour caractériser le délit de violation de domicile, il doit être établi qu'antérieurement à la pénétration dans le domicile, les prévenus ont commis une effraction ou une escalade ou affronté une résistance ou une opposition quelconque ; tel n'est pas le cas s'il ressort des circonstances de la cause que des manifestants ont pénétré dans les locaux d'une perception dont la porte n'était pas fermée, sans résistance ni opposition du personnel, et ont ensuite, dans les mêmes conditions, visité l'appartement et la cave du percepteur pour s'assurer que celui-ci ne s'y était pas réfugié. • T. corr. Lyon, 16 janv. 1974 : *Gaz. Pal. 1974. 1. 252, note Lambert.* ♦ Mais, se rend coupable de violation de domicile un salarié qui s'est introduit dans une usine dont le réfectoire était occupé par des grévistes, en franchissant le mur d'enceinte et en escaladant le portail, alors que, par une ordonnance rendue en référé, l'accès de l'usine avait été interdit. • TGI Épinal, 1er févr. 1972 : *Cah. prud'h. 1972. 143.*

28. Ne justifient pas leur décision les juges qui, pour déclarer les prévenus coupables de violation de domicile après avoir relevé qu'ils sont tous trois membres de l'association DAL 33, retiennent qu'ils ont participé à l'installation de familles étrangères dans la maison de Mme N... en établissant notamment un inventaire des biens présents et qu'ils ont apporté leur soutien actif à cette action en la revendiquant tant dans un communiqué qu'auprès de certains représentants municipaux, sans toutefois caractériser à l'encontre de chacun des trois prévenus l'existence d'une introduction illicite, à l'aide de manœuvres, menaces, voies de fait ou contrainte dans ladite propriété, et sans s'expliquer sur leur degré respectif d'implication en qualité d'auteur ou, le cas échéant, de complice de l'action ainsi entreprise. • Crim. 13 avr. 2016, n° 15-82.400 P : *D. actu. 13 mai 2016, obs. Goetz ; RSC 2016. 263, obs. Mayaud ; AJ pénal 2016. 435, obs. Roux-Demare.*

29. En présence d'un refus ou d'une résistance de la part de son locataire, le propriétaire, qui se trouve en droit de faire effectuer des travaux, ne peut, sous peine de violation de domicile, agir à sa guise, et doit nécessairement, avant de pénétrer dans le domicile de son locataire contre son gré, et surtout en son absence, avoir recours à une autorisation de justice pour faire réglementer les modalités de son action. • TGI Paris, 23 janv. 1968 : *D. 1968. 579.* ♦ Le fait d'avoir des travaux confortatifs urgents à effectuer pendant l'absence du locataire ne dispense pas le propriétaire de l'obtention des autorisations nécessaires. • Metz, 9 févr. 1995 : *JCP 1995. IV. 1925.*

30. Manœuvres. Constitue une manœuvre caractérisant le délit de violation de domicile prévu par l'art. 184, al. 2, C. pén., tel qu'il a été modifié par la loi n° 70-480 du 8 juin 1970, le fait d'utiliser le double d'une clef en fraude de l'usage qui en était prescrit par le règlement de l'immeuble, pour s'introduire dans un appartement contre le gré du locataire. • Crim. 30 mars 1977, n° 76-91.591 P : *D. 1977. IR 255 ; RSC 1978. 636, obs. Levasseur.* ♦ Sur les nuances de la Cour de cassation, antérieurement à cette décision, relatives à la question de savoir si pouvait être constitutive de violence l'utilisation, dans des conditions frauduleuses, d'une clef véritable ou de son équivalent (passe-partout). • Crim. 19 janv. 1956 : *Bull. crim. n° 84 ; D. 1956. 194, note P. A. ; JCP 1956. II. 9208, note Colombini ; RSC 1956. 323, obs. Hugueney* • 28 nov. 1963, n° 90-36.963 P : *D. 1964. 286 ; JCP 1964. II. 13467, concl. Germain ; RSC 1964. 378, obs. Bouzat.* ♦ Comp. : • Crim. 16 avr. 1959, n° 92-34.858 P : *D. 1959. 369 ; JCP 1959. II. 11241, note Chavanne* • 26 juill. 1965 : *Gaz. Pal. 1965. 2. 331 ; RSC 1966. 81, obs. Hugueney* • 26 févr. 1963 : *Bull. crim. n° 92 ; D. 1963. Somm. 68.* ♦ V. encore, pour la jurisprudence des juridictions du fond, *RSC 1978. 636, obs. Levasseur préc., et les références.*

31. Commettent les manœuvres visées par l'art. 184, al. 2, C. pén. les prévenus qui, pour s'introduire dans la chambre fermée à clef d'un malade, ont utilisé des blouses d'infirmier, dont une avait été volée à cette fin, et le passe-partout dérobé par un complice. • Paris, 17 mars 1986 : *Gaz. Pal. 1986. 2. 429.*

32. Menaces, voies de fait ou contrainte. Constitue une violence contre les biens, caractéristique du délit de violation de domicile : ... le fait de faire ouvrir par un serrurier, à l'aide d'un crochet, la porte d'un logement. • Crim. 1er mars 1890 : *DP 1890. 1. 334.* ♦ ... L'escalade d'une clôture, même basse et en mauvais état. • Crim. 12 avr. 1938 : *Bull. crim. n° 122 ; DH 1938. 440 ; RSC 1938. 710, obs. Hugueney* • 15 févr. 1955, n° 2.443 P. ♦ ... La fracturation de portes ou de serrures. • Crim. 24 avr. 1947 : *D. 1948. Somm. 22 ; S. 1948. 1. 36.* ♦ ... De cadenas. • Crim. 3 nov. 1955 : *Bull. crim. n° 457.* ♦ ... L'utilisation d'une fausse clef. • Crim. 20 oct. 1954 : *Bull. crim. n° 303 ; D. 1954. 784* • 21 mai 1957, n° 1-61.356 P. ♦ ... La démolition d'une partie d'une toiture. • Crim. 22 janv. 1957, n° 5-54.655 P • Montpellier, 14 févr. 1951 : *D. 1951. 354 ; Gaz. Pal. 1951. 1. 251.* ♦ ... Le fait de passer par une fenêtre ouverte. • Nîmes, 17 déc. 1966 : *D. 1967. 423.* ♦ … L'escalade d'une terrasse. • Crim. 8 févr. 1994 : *Dr. pénal 1994. 129.*

33. Constitue une violence contre les personnes, élément du délit prévu par l'art. 184 C. pén., un déploiement de force ayant produit sur la victime une impression telle qu'elle n'a pu que renoncer à toute résistance matérielle. • Crim. 26 juin 1956, n° 1-65.351 P : *D. 1956. 580 ; S. 1956. 128.* ♦ … Ou ayant été de nature à enlever toute velléité de résistance à ladite victime, que les prévenus savaient sans défense et privée de toute protection. • Crim. 20 juin 1957 : *Bull. crim. n° 518.* ♦ Rappr., pour l'intrusion en masse de manifestants et journalistes dans un cabinet dentaire : • Crim. 13 oct. 1986 : *Gaz. Pal. 1987. 1. Somm. 103, note Doucet.* ♦ … Pour l'intimidation des gardiens d'une usine : • Paris, 19 févr. 1951 : *RSC 1951. 518, obs. Hugueney.*

34. Mais ne caractérise pas suffisamment la violence l'arrêt qui se borne à constater qu'au cours d'un conflit de travail, des ouvriers ont pénétré dans les bureaux de la direction de la société, pour discuter de questions relatives au règlement de ce conflit, sans se faire annoncer et sans qu'il soit constaté qu'ils s'y sont introduits à l'aide de menaces et violences, contre le gré et malgré les protestations de ses occupants. • Crim. 4 déc. 1957, n° 91-23.157 P. ♦ En revanche, il ne peut exister aucun doute dans la conscience qu'ont eue des manifestants du caractère irrégulier de leur incursion dans des locaux dont l'entrée leur a été expressément refusée, dès lors qu'ils s'y sont introduits en passant par-dessous une grille. • T. corr. Nancy, 3 avr. 1981 : *Gaz. Pal. 1981. 2. Somm. 239.*

35. Le fait de changer les serrures afin d'interdire à la partie civile le libre accès de ses bureaux ne constitue pas les manœuvres, menaces, voies de fait ou contraintes permettant au prévenu de s'introduire audit domicile, telles que prévues par l'art. 184 C. pén. • Crim. 7 févr. 1994 : *Dr. pénal 1994. Comm. 129.*

2° INTENTION

36. Implication. L'introduction avec violence dans le domicile d'autrui implique l'intention délictueuse des auteurs de telles violences. • Crim. 22 sept. 1930 : *Bull. crim. n° 243.* ♦ V. cependant : • Paris, 11 juill. 1953 : *D. 1954. 49 ; S. 1954. 2. 84.*

37. Erreur de droit. N'est pas pénalement responsable de la violation de domicile qui lui est reprochée le prévenu qui, ayant acquis un appartement inhabité par adjudication, s'est cru légitimement propriétaire et autorisé, le soir même de l'adjudication, à demander à la concierge les clés de cet appartement et à y pénétrer, faisant changer le verrou après en avoir avisé le saisi, les informations de l'avocat qu'il avait mandaté pour la procédure d'adjudication, consignées dans une attestation délivrée par celui-ci, le confortant dans cette erreur. • Versailles, 27 janv. 1995 : *BICC 1995. 606 ; Gaz. Pal. 1996. 1. Somm. 152.*

38. L'erreur de droit qui entraîne une exonération de responsabilité pénale (C. pén., art. 122-3) ne peut être relative au sens ou à la portée d'une décision judiciaire susceptible d'être interprétée par le juge ; cassation, pour violation de ce principe, de l'arrêt qui, pour faire bénéficier un époux, poursuivi du chef de violation de domicile, des dispositions de ce texte, relève que le prévenu, qui s'est introduit, en l'absence de son épouse dont il vivait séparé, dans l'appartement attribué à celle-ci par décision judiciaire, a consulté au préalable son avoué qui lui a fait connaître, par écrit, que, la cour d'appel ayant rejeté la demande en divorce formée par l'épouse, tout en autorisant les époux à résider séparément, il ne lui était pas interdit de regagner son logement où était implicitement fixée la résidence familiale, alors qu'en l'espèce, tout risque d'erreur pouvait être évité par une demande d'interprétation présentée en application de l'art. 461 NCPC [devenu C. pr. civ.]. • Crim. 11 oct. 1995, n° 94-83.735 P : *D. 1996. 469, note Muller ; Dr. pénal 1996. 56-I, obs. Véron ; RSC 1996. 646, obs. Bouloc.*

39. Mobiles. Est établie en tous ses éléments constitutifs, tant matériel qu'intentionnel, la violation de domicile reprochée au gérant d'une SCI propriétaire d'un appartement, pour avoir pénétré dans le logement d'un locataire, lequel s'était engagé à libérer les lieux à une date déterminée, et avoir déménagé ses affaires afin de permettre l'emménagement de nouveaux locataires, la circonstance que la victime se soit maintenue dans les lieux incitant cependant à l'indulgence à l'égard du prévenu dont le mobile n'apparaît pas crapuleux. • Paris, 9 sept. 1997 : *Dr. pénal 1997. 155, obs. Véron.*

3° CONFLITS DE QUALIFICATIONS

40. Dégradation. Ayant constaté, à bon droit, que le délit de violation de domicile n'était pas caractérisé, le juge ne peut, pour autant, prononcer la relaxe du prévenu sans rechercher si les faits poursuivis ne sont pas constitutifs d'une autre infraction pénale, notamment celle de dégradation ou détérioration d'un bien appartenant à autrui. • Crim. 22 janv. 1997, n° 95-81.186 P : *Dr. pénal 1997. Comm. 78, obs. Véron.*

Dénonciation calomnieuse

Art. 226-10 **La dénonciation, effectuée par tout moyen et dirigée contre une personne déterminée, d'un fait qui est de nature à entraîner des sanctions judiciaires, administratives ou disciplinaires et que l'on sait totalement ou partiellement inexact, lorsqu'elle est adressée soit à un officier de justice ou de police administrative ou judiciaire, soit à une autorité ayant le pouvoir d'y donner suite ou de saisir l'autorité compétente, soit aux supérieurs hiérarchiques ou à l'employeur de la personne dénoncée,** *(Abrogé par Cons. const. n° 2016-741 DC du 8 déc. 2016) (L. n° 2016-1524 du 14 nov. 2016, art. 5)* ***« soit, en dernier ressort, à un journaliste, au sens de l'article 2 de la loi du 29 juillet 1881 sur la liberté de la presse »*** **est punie de cinq ans d'emprisonnement et de 45 000 € d'amende.**

La fausseté du fait dénoncé résulte nécessairement de la décision, devenue définitive, d'acquittement, *(L. n° 2010-769 du 9 juill. 2010, art. 16)* **« de relaxe ou de non-lieu, déclarant que le fait n'a pas été commis » ou que celui-ci n'est pas imputable à la personne dénoncée.**

En tout autre cas, le tribunal saisi des poursuites contre le dénonciateur apprécie la pertinence des accusations portées par celui-ci.

Corresp. : *C. pén., ancien art. 373, al. 1er à 3.*

RÉP. PÉN. v° *Dénonciation calomnieuse,* par MAYAUD.

BIBL. ▸ KATZ, *Gaz. Pal. 1994. 2. Doctr. 1378* (dénonciation calomnieuse en matière de harcèlement sexuel) ; *Gaz. Pal. 1er-2 juin 2005, n° 152-153, p. 2* (la dénonciation calomnieuse : une arme redoutable de dissuasion au service des auteurs de violences sexuelles). – MAYAUD, *AJ pénal 2008. 111* (la crédibilité, critère du mensonge punissable en droit pénal). – CECCALDI, *RCS 2010. 561* (sur la nature conjecturale de l'élément moral : l'exemple de la dénonciation calomnieuse). – MONGIN-ARCHAMBEAUD, *Gaz. Pal. 2012. 2. Doctr. 3189* (le caractère spontané de la dénonciation, élément intentionnel de l'infraction de dénonciation calomnieuse).

Abandon de famille

Art. 227-3 **Le fait, pour une personne, de ne pas exécuter une décision judiciaire** *(L. n° 2019-1446 du 24 déc. 2019, art. 72-III-1°)* **« ou l'un des titres mentionnés aux 2° à** *(L. n° 2021-1754 du 23 déc. 2021, art. 100-VII, en vigueur le 1er mars 2022)* **« 6°** *[ancienne rédaction : 5°]* **» du I de l'article 373-2-2** *[ancienne rédaction : « , une convention judiciairement homologuée ou une convention prévue à l'article 229-1] » (L. n° 2016-1547 du 18 nov. 2016, art. 50-VI et 114-V, en vigueur le 1er janv. 2017)* **« du code civil » lui imposant de verser au profit d'un enfant mineur,** *(Abrogé par Ord. n° 2005-759 du 4 juill. 2005, art. 19, à compter du 1er juill. 2006)* ***« légitime, naturel ou adoptif, »*** **d'un descendant, d'un ascendant ou du conjoint une pension, une contribution, des subsides ou des prestations de toute nature dues en raison de l'une des obligations familiales prévues par le** *(Abrogé par L. n° 2011-525 du 17 mai 2011, art. 151)* ***« titre IX du livre I du »*** **code civil, en demeurant plus de deux mois sans s'acquitter intégralement de cette obligation, est puni de deux ans d'emprisonnement et de 15 000 € d'amende.**

(L. n° 2021-1754 du 23 déc. 2021, art. 100-VII, en vigueur le 1er mars 2022) **« Lorsque l'intermédiation financière des pensions alimentaires est mise en œuvre dans les conditions prévues aux II à IV de l'article 373-2-2 du code civil et à l'article L. 582-1 du code de la sécurité sociale, le fait pour le parent débiteur de demeurer plus de deux mois sans s'acquitter intégralement des sommes dues entre les mains de l'organisme débiteur des prestations familiales assurant l'intermédiation est puni des mêmes peines** *[ancienne rédaction : Les infractions prévues par le premier alinéa du présent article sont assimilées à des abandons de famille pour l'application du 3° de l'article 373 du code civil]*. **»** — *Pr. pén. 382, 398-1.*

Le 1° du III de l'art. 72 de la L. n° 2019-1446 du 24 déc. 2019 est applicable aux faits commis après l'entrée en vigueur de la loi préc. (L. préc., art. 72-VIII).

RÉP. PÉN. v° *Abandon de famille,* par GOUTTENOIRE et GUÉRIN.

Corresp. : *C. pén., ancien art. 357-2.*

BIBL. ▸ Hauser, *JCP 1974. I. 2617*. – Copper-Royer, *Gaz. Pal. 1994. 1. Doctr. 296*. – Rebut, *Dr. fam. 2000, chron. 1* (nature de l'abandon de famille : l'atteinte à la justice). – Jaworski, *JCP 2004. I. 102* (abandon pécuniaire de famille et coparentalité). – Monachon-Duchêne, *JCP 2006. I. 165* (obligation alimentaire devant le juge pénal... abandon de famille devant le JAF). – Mirabail, *D. 2010. Chron. 397* (abandon de famille : simplification ou déstructuration). – Gauvin, *JCP 2010, n° 6, p. 141* (de l'obscure clarification du droit. À propos du délit d'abandon pécuniaire de famille). – Sannier, *Gaz. Pal. 2014. 2. 3008* (tour d'horizon du délit d'abandon de famille en 2014).

Plan des annotations

1. *Légalité.* Les éléments constitutifs du délit d'abandon de famille sont définis en des termes clairs et précis. • Cass. ch. mixte, 12 mai 2000, n° 96-80.077 P : *BICC 1er août 2000 (n° 519), concl. Joinet.*

2. Les dispositions de l'art. 1er de la L. du 4 mars 2002 relative à l'autorité parentale ont abrogé les art. 287 à 295 C. civ. et prévu que les conséquences du divorce pour les enfants seraient désormais réglées selon les dispositions du chapitre I du titre IX du livre I C. civ. Il se déduit du premier de ces textes que le législateur a entendu remplacer dans l'art. 227-3 C. pén. la référence aux anciennes dispositions abrogées par les nouvelles dispositions précitées. • Crim. 10 déc. 2008, n° 08-83.663 P : *D. 2009. AJ 299 ; AJ pénal 2009. 77.*

3. La question prioritaire de constitutionnalité vise « à faire dire et juger par le Conseil constitutionnel que l'art. 227-3 C. pén. n'est pas conforme à l'art. 9 de la DDH, ou selon, de prononcer une réserve d'interprétation permettant la conformité » ; la question posée ne présente pas, à l'évidence, un caractère sérieux dès lors que les dispositions légales critiquées n'instaurent pas de présomption de culpabilité, la partie poursuivante ayant la charge de prouver que le prévenu est volontairement demeuré plus de deux mois sans acquitter le montant de la pension alimentaire qu'il a été condamné à payer par décision de justice ; d'où il suit qu'il n'y a pas lieu de renvoyer la question au Cons. const. • Crim. 12 juin 2013 : *Dr. pénal 2013. Comm. 120, obs. Véron.*

4. *Loi n° 2009-526 du 12 mai 2009. Application dans le temps.* Les dispositions d'une loi nouvelle s'appliquent aux infractions commises avant leur entrée en vigueur et n'ayant pas donné lieu à une condamnation passée en force de chose jugée, lorsqu'elles sont moins sévères que les dispositions anciennes ; le prévenu a été poursuivi pour être demeuré plus de deux mois sans acquitter le montant intégral de la prestation compensatoire sous forme d'un capital de 470 000 € qu'il avait été condamné à verser à son ex-épouse par jugement de divorce ; la cour d'appel a déclaré le prévenu coupable d'abandon de famille et a prononcé une peine ; mais l'art. 133-III, de la L. du 12 mai 2009 a remplacé, au premier al. de l'art. 227-3 C. pén., les références aux titres V, VI, VII et VIII du livre I C. civ. par la seule référence au titre IX du livre I du même code, lequel ne concerne que l'autorité parentale ; il s'ensuit que le non-paiement d'une prestation compensatoire allouée par un jugement de divorce échappe désormais aux prévisions de l'art. 227-3 C. pén. ; en statuant sur l'action publique, alors que les faits poursuivis n'étaient plus susceptibles de constituer une infraction au jour où elle a statué, la cour d'appel a méconnu l'art. 112-1 C. pén., ensemble l'art. 133-III de la L. n° 2009-526 du 12 mai 2009 et le principe ci-dessus rappelé ; d'où il suit que la cassation est encourue. • Crim. 16 févr. 2011, n° 10-83.606 P : *D. 2011. Actu. 880, obs. Bombled ; ibid. Pan. 2832, obs. Mirabail ; RSC 2011. 399, obs. Mayaud.*

5. En cas de conflit entre plusieurs lois pénales de fond successives, lorsqu'une infraction a été commise sous l'empire d'une première loi, dont des dispositions ont ensuite été abrogées, ce qui a eu pour effet de la rendre inapplicable aux faits, la deuxième loi étant elle-même remplacée par une troisième réprimant les faits objet de la poursuite, le principe de non-rétroactivité de la loi pénale implique que les faits ne puissent plus être poursuivis ; il résulte de l'arrêt attaqué et des pièces de procédure que M. X... a été cité directement devant le tribunal correctionnel par son épouse, du chef d'abandon de famille commis de déc. 2008 à nov. 2009 ; pour déclarer le prévenu coupable et prononcer sur la peine, l'arrêt énonce que, condamné par l'ordonnance de non-conciliation du 10 nov. 2008 à payer une pension alimentaire à son épouse, M. X... s'en est abstenu, en tout ou en partie, pendant la période de prévention, mais que ces faits ne sont punissables que jusqu'au 13 mai 2009, en application de l'art. 113 de la L. du 12 mai 2009, parue au JO le 13 mai 2009, laquelle a supprimé les références anciennes du livre I du C. civ. pour les remplacer par la seule référence au titre IX du livre I du même code, lequel ne concerne que l'autorité parentale ; mais en statuant ainsi, alors que l'art. 113-III de la L. du 12 mai 2009, abrogeant des dispositions de l'art. 227-3 C. pén., a eu pour effet d'enlever leur caractère d'infraction, dans leur totalité, aux faits objet des poursuites, sans que la loi du 17 mai 2011, modifiant la précédente et incriminant à nouveau les faits concernés, puisse davantage leur être appliquée rétroactivement, la cour d'appel a méconnu le sens et la portée de l'art. 112-1 C. pén. et de l'art. 227-3, al. 1er, du même code, tant dans sa rédaction issue de l'art. 133-III de la L. du 12 mai 2009 que dans la rédaction issue de l'art. 151 de la L. du 17 mai 2011 et du principe ci-dessus rappelé. • Crim. 23 mai 2012, n° 11-83.901 P : *D. actu. 3 juill. 2012, obs. Priou-Alibert ; D. 2012. 2368, note Benillouche*.

I. TITRE PRÉALABLE

6. Principe. Un des éléments essentiels du délit d'abandon de famille, tel qu'il est prévu et réprimé par l'art. 357-2 C. pén., est qu'il existe à la base de la poursuite correctionnelle une décision de justice civile définissant l'obligation de famille mise à la charge du prévenu. • Crim. 17 févr. 1938 : *Bull. crim. n° 45 ; DH 1938. 230.* ♦ … Et que cette décision de justice ait été légalement exécutoire à la date des faits incriminés, soit qu'elle fût devenue définitive à cette date, soit que son exécution provisoire ait été ordonnée. • Crim. 20 déc. 1966, n° 92-58.665 P : *D. 1967. 299, rapp. Rolland ; Gaz. Pal. 1967. 1. 246* • 29 nov. 1972, n° 91-58.972 P • 3 nov. 1977, n° 76-91.256 P : *RSC 1978. 634, obs. Levasseur* • 30 sept. 1992, n° 92-81.328 P : *RSC 1994. 334, obs. Levasseur*. ♦ Doit être cassé l'arrêt qui prononce condamnation pour abandon de famille sans viser expressément la décision de justice et son caractère exécutoire d'où résulterait l'obligation alimentaire. • Crim. 4 juill. 1962, n° 90-04.862 P.

7. Le défaut de versement d'une prestation compensatoire qui ne résulte ni d'un jugement, ni d'une convention judiciairement homologuée, ne peut caractériser le délit d'abandon de famille, telle une convention notariée réglant les effets du divorce sous la condition de son prononcé, alors que le jugement de divorce, qui en avait seulement constaté le principe, n'avait pas fixé le montant de la prestation compensatoire, ni homologué la convention ainsi intervenue entre les parties. • Crim. 15 oct. 1996, n° 94-82.848 P : *Dr. pénal 1997. 16, obs. Véron.* ♦ Mais une convention notariée signée à l'étranger, par laquelle l'épouse abandonne toute revendication alimentaire en exécution d'une ordonnance de non-conciliation, ne saurait effacer l'élément intentionnel du délit d'abandon de famille, sous le prétexte que le prévenu s'en serait tenu à l'apparence de cet acte pour prendre la décision de ne plus régler la pension alimentaire à laquelle il avait été condamné. • Crim. 3 sept. 1997 : *Dr. pénal 1998. 1, obs. Véron.*

A. TITRE JUDICIAIRE

1° DÉCISION

8. Nécessité. En matière d'abandon de famille, les juges ne peuvent condamner un prévenu que pour la non-exécution de la décision visée dans l'ordonnance de renvoi ou la citation, et non pour l'inobservation d'un accord des parties tendant à faire revivre les dispositions d'une décision antérieure. • Crim. 6 déc. 1972, n° 93-34.171 P : *D. 1973. 163 ; RSC 1973. 674, obs. Levasseur.*

9. Doit être annulé l'arrêt qui condamne un prévenu, alors qu'aucune condamnation au payement d'une pension alimentaire n'a été antérieurement prononcée. • Crim. 24 avr. 1931 : *Bull. crim. n° 115.* ♦ Un jugement civil se limitant à fixer la contribution du prévenu sans l'assortir d'une condamnation à son paiement ne peut entraîner de condamnation pénale du chef de l'inexécution d'une obligation qui n'a pas été mise à sa charge. • T. corr. Douai, 23 oct. 1992 : *Gaz. Pal. 1993. 2. Somm. 476, note Lévy.*

10. Le procès-verbal de conciliation prévu par les art. 130 et 131 NCPC [devenu C. pr. civ.] équivaut, au sens de l'art. 227-3 C. pén., à une convention judiciairement homologuée ; justifie donc légalement sa décision la cour d'appel qui, pour déclarer un prévenu coupable d'abandon de famille pour ne pas avoir exécuté l'obligation alimentaire résultant d'un procès-verbal de conciliation valant titre exécutoire, apprécie, souverainement, que le prévenu s'est volontairement abstenu d'exécuter son obligation. • Crim. 31 mars 1999, n° 98-82.372 P : *D. 2000. Somm. 36, obs. Mayaud ; ibid. 2000. 117, obs. Mirabail ; Dr. pénal 1999. 95, obs. Véron ; JCP 2000. I. 207, n° 3, obs. Véron.* ♦ *Contra* : un procès-verbal de conciliation ne saurait être assimilé à un jugement de condamnation. • TGI Lisieux, 17 sept. 1976 : *JCP 1977. II. 18628, note R. L.*

11. Les magistrats composant la juridiction civile qui statue sur des obligations alimentaires, conjugales ou parentales ne se prononcent ni sur la culpabilité pénale du débiteur des obligations, ni sur les faits constitutifs du délit d'abandon de famille, qui peut seulement résulter de l'inexécution volontaire d'une décision judiciaire préalable. • Crim. 9 juin 1999 : *D. 1999. IR 216*.

2° OBLIGATION

12. Divorce. Après divorce, séparation de corps ou annulation du mariage, ce sont les prestations et pensions de toute nature qui sont visées au titre de l'abandon de famille, ce qui interdit de distinguer selon le caractère indemnitaire ou alimentaire des sommes en cause, comme le faisait la jurisprudence antérieure à la L. du 11 juill. 1975 : sur cette jurisprudence, V., par exemple, • Crim. 17 nov. 1954 : *Bull. crim. n° 336 ; D. 1955. 88* • 14 mars 1973, n° 92-58.172 P.

13. Ainsi, se rend coupable du délit d'abandon de famille celui qui demeure volontairement plus de deux mois sans verser entièrement à son conjoint une somme fixée par jugement de divorce à titre d'avance sur la part de communauté, cette somme entrant dans les prévisions de l'art. 357-2 C. pén. • Crim. 19 oct. 1981, n° 80-92.574 P.

14. Enfant majeur – Ancien code pénal. Sauf disposition contraire du jugement, qui, après divorce, condamne l'un des époux à verser une pension alimentaire à titre de contribution à l'entretien des enfants mineurs, les effets de la condamnation ne cessent pas de plein droit à la majorité des enfants. • Crim. 9 juin 1993 (2 arrêts), n° 92-83.179 P • 30 oct. 1995 : *Dr. pénal 1996. 82, obs. Véron ; Gaz. Pal. 1996. 1, chron. crim. 32.* ♦ *Contra* : • Crim. 13 nov. 1980, n° 79-94.741 P : *Gaz. Pal. 1981. 1. Somm. 129 ; RSC 1981. 872, obs. Levasseur* (encourt la cassation l'arrêt qui déclare un prévenu coupable du délit d'abandon de famille, sans préciser sur le fondement de quelle décision judiciaire a été maintenue pour le père l'obligation de contribuer aux besoins de son enfant majeur).

15. Constitue le délit d'abandon de famille le fait pour un prévenu de refuser d'exécuter l'obligation d'entretien à laquelle il était tenu, sans qu'il y fût fixé un terme, par une décision de justice exécutoire, au profit de son enfant majeur qui, poursuivant des études supérieures, était encore à charge au sens de l'art. 295 C. civ., le juge répressif étant compétent pour apprécier souverainement, en fonction des éléments de la cause, la persistance de l'obligation d'entretien au-delà de la majorité de l'enfant. • Crim. 14 oct. 1985, n° 83-94.892 P : *Gaz. Pal. 1986. 1. Somm. 124 ; RSC 1986. 371, obs. Levasseur.* ♦ Rappr. : • T. corr. Mirecourt, 13 mars 1956 : *D. 1956. 264 ; JCP 1956. II. 9262.*

16. Lorsqu'une pension a été allouée globalement pour un ex-conjoint et pour l'entretien d'un enfant pendant sa minorité, l'obligation qui résulte de cette décision cesse d'être définie à compter de la date de la majorité de l'enfant. • Crim. 14 févr. 1984, n° 82-91.119 P : *D. 1984. IR 224, obs. Roujou de Boubée.*

17. Enfant majeur – Nouveau code pénal. L'inexécution d'une décision judiciaire imposant de verser une pension alimentaire au profit d'un descendant majeur entre dans les prévisions, tant de l'art. 357-2 ancien C. pén., que de l'art. 227-3 nouveau du même code. • Crim. 11 mars 1997, n° 96-81.190 P.

18. Sauf disposition contraire de la décision qui condamne le père ou la mère d'un enfant mineur à verser une pension alimentaire à titre de contribution à l'entretien de celui-ci, les effets de la condamnation ne cessent pas de plein droit à la majorité de l'enfant. • Crim. 11 mars 1997 : *préc. note 17* • 7 févr. 2007, n° 06-84.771 P : *D. 2007. AJ 1022 ; ibid. 2007. Pan. 2639, obs. Mirabail ; AJ pénal 2007. 181, obs. Roussel ; AJ fam. 2007. 188 ; Dr. pénal 2007. Comm. 69, obs. Véron.* ♦ Pour faire cesser l'obligation de contribuer à la charge d'entretien et d'éducation d'enfants devenus majeurs, il appartient au débiteur de solliciter cette suppression devant le juge compétent en faisant valoir que les enfants ne sont plus à la charge de l'autre parent. • Crim. 7 févr. 2007 : *préc.*

19. Émancipation. La loi pénale atteint le père, débiteur d'une pension alimentaire envers ses enfants mineurs, lorsqu'il manque à son obligation pendant tout le temps que le jugement qui a ordonné et fixé cette pension demeure en vigueur ; si, particulièrement, la mère émancipe les enfants, les sanctions de la loi n'en sont pas moins applicables, y compris les mesures concernant les droits de puissance paternelle (autorité parentale). • Crim. 20 déc. 1956, n° 3.589 P.

20. Une mineure, du fait de son mariage, se trouve émancipée de plein droit, en vertu de l'art. 476 C. civ. ; dès lors, un père en instance de divorce n'est plus tenu de pourvoir à ses besoins, et il peut déduire du montant de la pension alimentaire mise à sa charge la quote-part réservée à son entretien, sans se rendre coupable du délit d'abandon de famille. • T. corr. Chartres, 4 mai 1964 : *Gaz. Pal. 1964. 2. 92 ; RSC 1965. 129, obs. Hugueney.*

B. TITRE EXÉCUTOIRE

1° EXIGENCE

21. Principe. Une décision de justice allouant une pension alimentaire ne peut servir de base à une poursuite pour abandon de famille si, à l'époque des faits incriminés, elle ne présentait pas un caractère exécutoire. • Crim. 8 mars 1977, n° 76-90.225 P • Paris, 18 févr. 1983 : *JCP 1984. IV. 189.* ♦ Le délit d'abandon de famille ne peut être caractérisé si l'obligation mise à la charge du prévenu, et dont l'inexécution lui est imputée, ne se trouve pas définie par une décision de justice exécutoire à la date des faits incriminés. • Crim. 14 févr. 1984, n° 82-91.119 P : *D. 1984. IR 224, obs. Roujou de Boubée.* ♦ ... Ou ayant reçu un commencement d'exécution volontaire. • Crim. 9 juin 1993, n° 91-81.272 P.

22. En l'absence de conclusions par lesquelles le prévenu aurait contesté, devant les juges du fond, le caractère exécutoire de la décision, la constatation de ce caractère ne saurait être discutée, pour la première fois, devant la Cour de cassation. • Crim. 29 avr. 1958 : *Bull. crim. n° 350* • 4 juin 1970, n° 91-03.969 P. ♦ ... Et les juges du fond ne sont pas tenus de s'expliquer d'une manière spéciale sur les actes de procédure consécutifs à ladite décision, et notamment sur sa signification au débiteur. • Crim. 30 mars 1954 : *Bull. crim. n° 126* • 15 avr. 1959, n° 92-53.958 P.

23. Détermination. Sur la distinction, en matière de divorce, des mesures provisoires et des mesures accessoires, et leur caractère exécutoire dans la jurisprudence pénale, comp. : • Crim. 26 juin 1975, n° 93-56.974 P • 8 mai 1979, n° 78-92.857 P • 8 mai 1979, n° 78-92.855 P : *RSC 1980. 141, obs. Levasseur* • 18 nov. 1981, n° 80-93.798 P • 4 janv. 1983, n° 82-92.265 P : *RSC 1983. 672, obs. Levasseur* • 14 févr. 1984, n° 83-92.413 P.

24. Ne présente pas un caractère exécutoire, et ne peut dès lors servir de base à une poursuite pour abandon de famille, un jugement se bornant à donner acte de l'offre d'une prestation compensatoire. • Crim. 10 janv. 1984, n° 82-92.378 P : *D. 1984. IR 224, obs. Roujou de Boubée.*

25. L'exécution provisoire, lorsqu'elle affecte une condamnation à pension alimentaire, concerne nécessairement l'indexation qui n'en constitue qu'une modalité de calcul. • Crim. 26 oct. 1987, n° 86-94.943 P.

26. Justifie sa décision de condamner le prévenu pour abandon de famille la cour d'appel qui relève qu'il s'était volontairement abstenu de payer les pensions alimentaires mises à sa charge par l'ordonnance de non-conciliation, bien qu'elle ne lui ait pas été signifiée ; d'une part, en vertu de l'art. 514, al. 2, NCPC [devenu C. pr. civ.], l'ordonnance de non-conciliation prescrivant des mesures provisoires est exécutoire de plein droit ; d'autre part, le prévenu qui a comparu à l'audience de non-conciliation, a nécessairement eu connaissance de la décision dont les modalités étaient reprises dans l'assignation en divorce. • Crim. 9 oct. 1996, n° 95-86.123 P : *Dr. pénal 1997. 58, obs. Véron.*

27. Décision étrangère. Si la décision émane d'un tribunal étranger, elle ne peut servir de base à la poursuite que si elle avait été, antérieurement aux faits objet de cette poursuite, rendue exécutoire en France dans les conditions déterminées par la loi française ou par les conventions diplomatiques. • Crim. 24 déc. 1932 : *Bull. crim. n° 266.* ♦ Lorsqu'une décision, qui a été prononcée par une juridiction étrangère, porte condamnation d'un conjoint à verser une pension alimentaire, si celle-ci n'est pas revêtue de l'*exequatur*, le débiteur d'aliment ne commet pas le délit d'abandon de famille. • T. corr. Auch, 11 mai 1965 : *D. 1966. Somm. 71 ; Gaz. Pal. 1966. 1. 164.*

28. Quand l'*exequatur* a été accordé à un jugement étranger, condamnant un époux, au titre des mesures provisoires au cours d'une instance en divorce, à payer à sa femme et à sa fille une pension alimentaire, le pourvoi en cassation formé contre l'arrêt d'*exequatur* n'est pas suspensif et la décision de la juridiction française est exécutoire par provision. • Crim. 1er févr. 1973, n° 92-76.070 P : *D. 1973. IR 33 ; Gaz. Pal. 1973. 1. 288 ; RSC 1973. 411, obs. Levasseur.*

29. Un jugement de divorce rendu par un tribunal étranger et fondé sur des motifs autres que ceux qu'admet la loi française, alors qu'il s'agit de sujets français, ne saurait avoir d'effet en France, et donc d'influence sur une poursuite pénale pour abandon de famille. • T. corr. Paris, 5 déc. 1973 : *JCP 1974. II. 17711, note Toulemon.*

2° CONNAISSANCE

30. Connaissance légale. Le délit d'abandon de famille n'est constitué que lorsque la décision de justice fixant la pension alimentaire peut être mise à exécution, comme ayant été portée dans les formes légales à la connaissance du débiteur. • Crim. 28 nov. 1956 : *Bull. crim. n° 783 ; D. 1957. 54 ; S. 1957. 88* • 18 févr. 1960, n° 93-44.159 P • 11 avr. 1983 : *D. 1983. IR 400.* ♦ Le délai de deux mois à l'expiration duquel le débiteur est en infraction partant de la signification régulière de la décision. • Crim. 3 nov. 1955 : *JCP 1956. II. 9167, note E. M.* ♦ ... Sans aucune mise en demeure préalable. • Crim. 11 juin 1949 : *D. 1949. 479 ; JCP 1949. II. 5153* • 30 mars 1954 : *Bull. crim. n° 126 ; D. 1954. 402.*

31. Le débiteur d'une pension alimentaire, fixée par une ordonnance de non-conciliation, qui signifie lui-même cette ordonnance à son conjoint créancier, ne saurait, ultérieurement, se prévaloir de ce qu'il n'a pas eu connaissance légale de cette décision, en l'absence de signification faite par le conjoint créancier. • Crim. 4 juin 1970, n° 91-03.969 P : *D. 1970. Somm. 165.* ♦ Le prévenu, débiteur d'une pension alimentaire fixée par une ordonnance de non-conciliation, qui, se référant à cette ordonnance, a assigné son conjoint en divorce, a, par application des dispositions de l'art. 528, al. 2, NCPC [devenu C. pr. civ.], légalement connaissance de cette décision, base des poursuites exercées contre lui pour abandon de famille. • Crim. 7 oct. 1992, n° 91-85.138 P : *Dr. pénal 1993. 62, obs. Véron.* ♦ V. également : • Crim. 9 oct. 1996, n° 95-86.123 P : *Dr. pénal 1997. 58, obs. Véron* .

32. Il n'importe que la décision fixant la contribution du père aux charges du ménage n'ait pas été signifiée au prévenu dès lors que celui-ci en avait eu légalement connaissance, ayant interjeté appel de cette décision. • Crim. 9 janv. 1962, n° 92-27.261 P : *D. 1962. 242 ; S. 1962. 132.*

33. Notification. La simple connaissance qu'a le débiteur d'aliments de la décision allouant ou modifiant une pension ne peut justifier une poursuite pour abandon de famille, dès lors que ladite décision n'a pas acquis le caractère exécutoire par la notification ou l'exécution volontaire (NCPC [devenu C. pr. civ.], art. 503). • Crim. 5 mars 1980, n° 79-92.516 P : *D. 1980. IR 335, obs. Puech ; RSC 1981. 90, obs. Levasseur* • 19 juin 1991, n° 90-83.677 P : *Gaz. Pal. 1992. 1. Somm. 24 ; RSC 1992. 754, obs. Levasseur* • 23 oct. 1991 : *Dr. pénal 1992. 60 ; RSC 1992. 754, obs. Levasseur*.

34. Ne satisfait pas aux dispositions de l'art. 656 NCPC [devenu C. pr. civ.] l'acte de signification qui se borne à indiquer que la remise a été faite en mairie « le domicile étant certain », sans justifier d'investigations concrètes ; justifie, dès lors, sa décision de relaxe la cour d'appel qui, saisie d'une procédure d'abandon de famille, constate l'absence de caractère exécutoire du jugement civil, base des poursuites pénales, signifié dans de telles conditions. • Crim. 29 avr. 1985, n° 84-90.680 P : *RSC 1986. 102, obs. Levasseur.*

35. Mais doit être déclaré coupable du délit d'abandon de famille le prévenu qui ne s'est jamais acquitté de son obligation alimentaire, dès lors que le jugement le condamnant à verser cette pension a été régulièrement signifié en mairie. • Paris, 4 janv. 1985 : *Gaz. Pal. 1987. 1. 19 (1re esp.), note J.-P. D.* ♦ *Contra* : l'art. 357-2 C. pén. exige, pour que le délit soit constitué, que le débiteur de la contribution se soit abstenu de payer volontairement et au mépris de la décision rendue contre lui ; ces termes impliquent nécessairement qu'il en ait eu connaissance, et le fait que l'ordonnance de non-conciliation ait pu devenir civilement exécutoire de par l'accomplissement des formalités légales du NCPC [devenu C. pr. civ.] ne permet pas à lui seul d'appliquer la loi répressive, nul ne pouvant être pénalement condamné pour n'avoir pas exécuté une décision dont il a pu ignorer l'existence. • T. corr. Évry, 20 oct. 1986 : *Gaz. Pal. 1987. 1. 19 (2e esp.).*

36. L'arrêt de rejet du pourvoi en cassation formé par le prévenu contre une décision le condamnant à payer une pension alimentaire n'a pas à lui être signifié pour rendre cette décision exécutoire. • Crim. 23 févr. 1971, n° 92-40.770 P : *D. 1971. Somm. 109.*

37. Exécution volontaire. Il n'importe que le jugement servant de base aux poursuites n'ait pas été assorti de l'exécution provisoire ou n'ait pas été notifié au prévenu dès lors que celui-ci, avant ladite signification, a volontairement exécuté les dispositions dudit jugement, relatives à la pension alimentaire dont il s'est reconnu ainsi débiteur. • Crim. 23 oct. 1991 : *Dr. pénal 1992. 60 ; RSC 1992. 754, obs. Levasseur*. ♦ L'exécution volontaire rend inutile, par référence aux dispositions de l'art. 503 NCPC [devenu C. pr. civ.], la formalité de la notification. • Crim. 30 mars 1994 : *Dr. pénal 1994. 157.* ♦ L'ordonnance du juge aux affaires matrimoniales ayant reçu un commencement d'exécution volontaire est exécutoire. • Crim. 4 sept. 1996, n° 95-81.387 P.

38. En l'état de poursuites fondées sur une ordonnance non signifiée au prévenu, prolongeant le paiement de la pension après la majorité des enfants, doit être cassé l'arrêt qui énonce « qu'une décision de justice spécifique n'était pas indispensable » et qui condamne le prévenu au motif que les effets du jugement de divorce n'avaient pas cessé à la majorité de l'enfant, sans qu'ait été recherché si les dispositions de ladite ordonnance avaient été volontairement exécutées. • Crim. 9 juin 1993, n° 91-81.272 P.

3° PORTÉE

39. Incidence des modifications ultérieures affectant les rapports de famille. Le délit d'abandon de famille est constitué dès lors que le prévenu n'a pas acquitté les termes d'une pension alimentaire allouée à son épouse par l'ordonnance de non-conciliation ; il n'importe que, postérieurement, soit intervenu un jugement de divorce statuant sur la pension, et qui, prononcé à l'étranger, n'a pas été rendu exécutoire en France. • Crim. 3 mai 1967, n° 91-89.966 P : *D. 1967. 569.*

40. L'inexécution d'une décision condamnant le prévenu au payement d'une pension alimentaire due pour ses enfants constitue le délit d'abandon de famille, même si un jugement postérieur a modifié les dispositions concernant la garde de ces enfants. • Crim. 7 janv. 1969, n° 90-49.568 P.

41. La nullité d'un mariage, dont le caractère putatif a été constaté à l'égard de l'époux de bonne foi, est sans effet sur les obligations alimentaires antérieures au prononcé du jugement. • Crim. 23 mars 1981, n° 79-94.340 P : *RSC 1982. 349, obs. Levasseur.*

42. Le délit d'abandon de famille est constitué dès lors que le débiteur s'abstient de fournir pendant plus de deux mois l'intégralité des subsides mis à sa charge par une décision judiciaire ou une convention judiciairement homologuée ; tout événement ultérieur modifiant les rapports de famille ou ayant une incidence directe, fût-ce avec effet rétroactif, sur l'existence de l'obligation alimentaire, ou sur l'étendue de celle-ci, laisse subsister l'infraction. • Crim. 2 mars 1998, n° 98-97.091 P. ♦ Ainsi, l'annulation de la reconnaissance d'un enfant naturel (pour avoir été de complaisance), alors même qu'elle aboutit à l'anéantissement rétroactif du lien de filiation, ne saurait donner lieu à la révision de la condamnation de l'auteur de la reconnaissance pour abandon de famille, en raison du non-respect des obligations alimentaires mises à sa charge par une décision de justice à la suite de cette reconnaissance. • Même arrêt.

43. La réduction ou la suppression des pensions alimentaires, fût-ce avec effet rétroactif, ne peut avoir pour effet de faire disparaître l'infraction d'abandon de famille déjà consommée. • Crim.

29 janv. 2014 : *Dr. pénal 2014. Comm. 51, obs. Véron.*

44. *Incidence des voies de recours.* Il n'importe qu'une ordonnance ait été l'objet de recours successifs, et qu'après pourvoi en cassation contre l'arrêt de la cour d'appel la confirmant, celui-ci ait été cassé et l'affaire renvoyée devant une autre cour, du moment que c'est pendant la durée de ces recours, et alors que l'ordonnance prescrivant paiement de pension portait encore effet, que le prévenu avait cessé d'en payer le montant. • Crim. 9 mai 1968, n° 92-43.167 P : *D. 1968. 640 (1re esp.), note Rolland.*

45. Se rend coupable du délit d'abandon de famille le père qui se refuse à exécuter les dispositions d'un arrêt ayant modifié en cours d'instance le montant de la pension alimentaire due par lui, au motif qu'un pourvoi en cassation avait été formé contre cette décision. • Crim. 22 avr. 1977, n° 75-93.306 P. ♦ ... Ou qui n'acquitte pas le montant de la pension alimentaire qu'il a été condamné à payer, avec exécution provisoire, bien qu'il ait interjeté appel de la décision. • Crim. 10 avr. 1991 : *Dr. pénal 1991. 228.*

46. Dès lors qu'à la date des faits incriminés, la pension alimentaire mise à la charge du prévenu et méconnue par lui était définie par une décision de justice civile légalement exécutoire, la réformation ultérieure de cette décision ne saurait faire disparaître l'infraction déjà consommée. • Crim. 26 juill. 1977, n° 76-93.541 P : *D. 1977. IR 421, obs. Puech* • 21 mai 1980, n° 79-91.539 P : *RSC 1981. 91, obs. Levasseur* • 27 mars 1991, n° 90-85.870 P : *RSC 1991. 763, et 1992. 754, obs. Levasseur.*

47. Le délit d'abandon de famille est constitué dès lors que le débiteur s'abstient intentionnellement de fournir, pendant plus de deux mois, l'intégralité des subsides mis à sa charge par une décision de justice ou une convention judiciairement homologuée ; la suspension ultérieure de cette obligation alimentaire, fût-ce avec effet rétroactif, ne saurait faire disparaître l'infraction consommée. • Crim. 20 févr. 2002 : *D. 2003. Somm. 171, obs. Mirabail.* ♦ Le délit d'abandon de famille est constitué dès lors que le débiteur est demeuré plus de deux mois sans acquitter le montant intégral de la pension alimentaire mise à sa charge par une décision judiciaire légalement exécutoire ; la suppression, même avec effet rétroactif, de l'obligation alimentaire, qui intervient postérieurement à la date des faits d'abandon de famille, ne peut faire disparaître l'infraction déjà consommée. • Crim. 4 févr. 2004 : *D. 2004. Somm. 2748, obs. Mirabail.* ♦ Le délit d'abandon de famille est constitué dès lors que le débiteur s'abstient intentionnellement de fournir pendant plus de deux mois l'intégralité des subsides mis à sa charge par une décision judiciaire ou une convention judiciairement homologuée, la réduction ultérieure de cette obligation alimentaire, fût-ce avec effet rétroactif, ne pouvant avoir pour effet de faire disparaître l'infraction déjà consommée. • Crim. 4 juin 2008, n° 07-87.697 P : *D. 2008. AJ 2081 ; ibid. 2009. Pan. 130, obs. Garé ; AJ pénal 2008. 376 ; Dr. pénal 2008. Comm. 121, obs. Véron.*

48. *Incidence d'une procédure collective.* La créance née de la pension alimentaire, qui présente un caractère alimentaire, n'a pas à être déclarée au passif du débiteur soumis à une procédure collective et échappe ainsi à l'extinction, faute de déclaration, édictée par l'art. L. 621-46 C. com. • Crim. 7 janv. 2004, n° 03-82.337 P : *D. 2004. 419, obs. Lienhard ; AJ pénal 2004. 114, obs. Bicheron ; JCP 2004. II. 10060, note Pomart ; Dr. pénal 2004. 45 et 49, obs. Véron ; Gaz. Pal. 2004. 2. Somm. 3307, obs. Monnet ; RSC 2004. 635, obs. Fortis.*

49. Poursuivi pour être demeuré plus de deux mois sans acquitter, ni la pension alimentaire, ni la prestation compensatoire, due à son ex-épouse, le prévenu a sollicité sa relaxe en invoquant, d'une part, l'extinction des créances faute de déclaration par la créancière au passif de sa liquidation judiciaire et, d'autre part, l'impossibilité de payer toute créance en raison de son dessaisissement de la gestion de ses biens ; c'est à bon droit que la cour d'appel a rejeté son argumentation et l'a déclaré coupable d'abandon de famille ; en effet, d'une part, une créance présentant un caractère alimentaire n'a pas à être déclarée au passif du débiteur soumis à une procédure collective et échappe ainsi à l'extinction, faute de déclaration, édictée par l'art. L. 621-46 C. com. ; d'autre part, le débiteur soumis à une procédure collective est tenu de payer la créance d'aliments sur les revenus dont il conserve la disposition. • Crim. 9 juin 2004, n° 03-84.029 P : *D. 2004. 2157 ; Dr. pénal 2004. 154 (1re esp.), obs. Véron.* ♦ Dans le même sens, • Crim. 9 juin 2004 : *Dr. pénal 2004. 154 (2e esp.), obs. Véron.*

50. *Caducité.* La caducité de la décision judiciaire légalement exécutoire, intervenue postérieurement à la date des faits incriminés, n'a pas un caractère rétroactif et ne saurait, en conséquence, faire disparaître l'infraction. • Crim. 7 oct. 1992, n° 91-85.138 P : *Dr. pénal 1993. 62, obs. Véron.* ♦ Pour la relaxe concernant un défaut de paiement postérieur à la caducité d'une ordonnance de non-conciliation, par suite du défaut d'assignation dans le délai de six mois imposé par l'art. 1113, al. 2, NCPC [devenu C. pr. civ.]. • Paris, 25 janv. 1996 : *Dr. pénal 1996. 127, obs. Véron.*

51. Au cas d'inobservation du délai imparti pour assigner au principal (C. civ., art. 238 ancien), la caducité atteint l'ensemble des mesures provisoires fixées par l'ordonnance de non-conciliation, sans qu'il y ait lieu de distinguer selon que les mesures ont été accordées dans l'intérêt personnel de l'époux demandeur ou pour lui permettre d'assurer l'entretien des enfants confiés à sa garde. • Crim. 3 nov. 1977, n° 76-91.256 P : *RSC 1978. 634, obs. Levasseur.*

52. Conservent leur force obligatoire et continuent de produire tous leurs effets légaux, notamment en ce qui concerne l'application éventuelle des peines sanctionnant le délit d'abandon de famille, tant qu'elles n'ont pas été régulièrement rapportées ou modifiées, les décisions judiciaires condamnant le prévenu au payement d'une pension alimentaire ; il n'appartient pas aux parties d'en changer, de leur propre autorité et à leur profit, le sens et la portée. • Crim. 26 mai 1959, n° 94-70.658 P. ♦ La caducité d'une décision de justice ne saurait se présumer ni résulter de la seule volonté d'une des parties ; encourt la cassation l'arrêt qui, pour relaxer le prévenu poursuivi pour abandon de famille à raison du défaut de paiement de la pension qu'il avait été condamné à verser à son épouse au titre de sa contribution aux charges du mariage, a retenu que les époux avaient repris la vie commune durant un certain temps et modifié au cours de cette période les modalités de financement des dépenses du ménage, si bien que le prévenu avait pu légitimement en conclure que son épouse avait ainsi renoncé à la contribution litigieuse après la nouvelle rupture de la vie commune qui était par la suite intervenue. • Crim. 3 oct. 1988, n° 87-82.048 P : *Gaz. Pal. 1989. 1. Somm. 80, note Doucet ; RSC 1989. 508, obs. Levasseur.*

53. Pour mettre fin aux mesures provisoires édictées par une ordonnance de non-conciliation, la réconciliation des époux, invoquée par le prévenu poursuivi pour abandon de famille, doit avoir été constatée dans les formes légales par la juridiction compétente. • Crim. 25 févr. 1960 : *Bull. crim. n° 114 ; D. 1960. 575.* ♦ Il n'en est pas ainsi si cette réconciliation, contestée par le conjoint, a été constatée dans un arrêt qui n'est pas définitif. • Crim. 12 oct. 1971, n° 90-07.271 P : *D. 1972. Somm. 1 ; Gaz. Pal. 1972. 1. 19.*

54. Si les mesures provisoires ordonnées au cours d'une instance en divorce se substituent d'office à la contribution aux charges du mariage décidée par un jugement antérieur dont les effets sont, de ce fait, suspendus, leur caducité met fin à cette suspension, le jugement reprenant dès lors son effet. • Cass., ch. mixte, 12 mai 2000, n° 96-80.077 P : *BICC 1er août 2000 (n° 519), concl. Joinet ; D. 2001. Somm. 2348, obs. de Lamy* • Crim. 31 mai 2000, n° 98-85.702 P : *D. 2001. Somm. 2348, obs. Lamy*. ♦ Une cour d'appel, retenant qu'à la suite de cette caducité, un époux s'était abstenu volontairement pendant plus de deux mois de payer la contribution mise à sa charge, caractérise en tous ses éléments le délit d'abandon de famille, éléments par ailleurs définis en termes clairs et précis. • Cass., ch. mixte, 12 mai 2000 : *préc.* ♦ Cassation de l'arrêt qui, pour renvoyer un prévenu des fins des poursuites exercées contre lui du chef d'abandon de famille, énonce qu'aucune disposition légale ne prévoit que la décision de contribution aux charges du mariage puisse reprendre effet lorsque les mesures provisoires deviennent caduques. • Crim. 31 mai 2000 : *préc.*

55. *Erreur matérielle.* Pour qu'il y ait matière à révision au sens de l'art. 622-4° C. pr. pén., il est nécessaire que l'élément inconnu de la juridiction au jour du procès soit de nature à faire naître un doute sur la culpabilité de la personne condamnée ; tel n'est pas le cas de la rectification d'une erreur matérielle concernant la date du jugement de divorce lorsque la décision de condamnation pour abandon de famille dont la révision est demandée vise ledit jugement, qui maintient la prestation alimentaire fixée par l'ordonnance de non-conciliation suivie de l'assignation en divorce, et qu'ainsi, l'existence de l'obligation alimentaire durant la période visée par la prévention laisse subsister l'infraction. • Crim. 15 janv. 2003, n° 01-86.774 P.

II. DÉFAUT DE PAYEMENT

A. MATÉRIALITÉ

56. *Carence de deux mois.* Le délit d'abandon de famille est consommé du seul fait que le débiteur s'abstient de fournir pendant plus de deux mois l'intégralité des subsides mis à sa charge. • Crim. 9 févr. 1954 : *Bull. crim. n° 60 ; D. 1954. 421* • 22 févr. 1966, n° 90-56.665 P : • 2 juill. 1970, n° 91-09.469 P. ♦ ... Quel que soit le temps pendant lequel la décision de justice qui les a déterminés a été exécutoire. • Crim. 14 déc. 1977, n° 76-90.852 P : *Gaz. Pal. 1978. 396.* ♦ ... Et le paiement ultérieur de la dette laissant subsister l'infraction. • Crim. 2 août 1935 : *DH 1935. 493* • 23 mars 1981, n° 79-94.340 P : *RSC 1982. 349, obs. Levasseur.*

57. Il faut, mais il suffit, pour que le délit d'abandon de famille soit constitué, que les délais soient écoulés à la date à laquelle intervient la citation devant la juridiction correctionnelle ; il importe peu qu'ils ne l'aient pas été à la date où la plainte a été déposée au parquet. • Crim. 27 nov. 1962, n° 90-27.762 P. ♦ C'est la date de la poursuite, et non celle de la plainte, qui doit être prise en considération pour savoir si l'infraction d'abandon de famille est caractérisée. • Crim. 7 déc. 1967, n° 93-92.566 P : *D. 1968. 353 ; Gaz. Pal. 1968. 1. 137* • 14 janv. 1991 : *Dr. pénal 1991. 172.* ♦ Méconnaît ce principe une cour d'appel qui exige que le délai d'abstention de deux mois fût écoulé au moment du dépôt de la plainte, sans rechercher si l'infraction était constituée à la date de la citation devant le tribunal correctionnel. • Crim. 14 janv. 1991 : *préc.*

58. Les juges correctionnels ne peuvent statuer légalement que sur les faits relevés dans l'ordonnance de renvoi ou la citation qui les a régulièrement saisis, à moins que le prévenu ait accepté formellement d'être jugé sur des faits différents ; cassation de l'arrêt infirmatif attaqué qui, pour déclarer le prévenu coupable du délit d'abandon de famille, retient qu'en mai 1992 il était resté plus de 2 mois sans s'acquitter de la pension à laquelle il avait été condamné par arrêt en date du 20 janvier 1992, alors que la citation directe lancée par la plaignante visait la période du 1er sept. au 30 nov. 1993. • Crim. 18 déc. 1996 : ⚖ *inédit.*

59. En visant *deux mois* de carence même volontaire du prévenu dans le paiement de la pension à elle due, la partie civile a méconnu les termes précis de l'art. 357-2 C. pén., qui dispose que, pour être auteur du délit, le débiteur d'aliments doit être demeuré volontairement *plus de deux mois* sans fournir la totalité des subsides déterminés par le juge ; en conséquence, il convient de prononcer la relaxe du prévenu. • Paris, 16 mars 1994 : *Gaz. Pal. 1994. 2. Somm. 676.*

60. Ne justifie pas sa décision la cour d'appel qui a fixé la période de prévention du délit d'abandon de famille « à compter d'octobre 1998 », ce qui, en cet état, ne détermine pas la durée de la prévention. • Crim. 9 juin 2004 : ⚖ *Dr. pénal 2004. 154 (2e esp.), obs. Véron.*

61. Paiement anticipé. Aucun texte n'interdit à un débiteur d'aliments de se libérer de sa dette par un paiement anticipé de celle-ci ; dès lors, est à bon droit relaxé du chef d'abandon de famille, le prévenu qui justifie avoir payé en un seul versement l'intégralité des pensions et prestations dues pour la période visée dans la prévention, dans la mesure où cette libération ne s'analyse pas en une compensation conventionnelle prohibée en matière de dette à caractère alimentaire. • Crim. 20 mars 1984, ⚖ n° 83-90.946 P : *D. 1984. IR 375.* ♦ Rappr. : • Crim. 17 mars 1933 : *Bull. crim. n° 57.* ♦ En revanche, en cas de paiement de la prestation compensatoire sous forme de versements périodiques pendant une période déterminée, le délit d'abandon de famille ne peut pas être constitué pour les défauts de paiement postérieurs à cette période. • Crim. 7 sept. 2016, ⚖ n° 14-82.076 P : *D. actu. 27 sept. 2016, obs. Goetz ; Dr. pénal 2016, n° 151, obs. Conte.*

62. Compensation. Le payement volontaire par le mari du loyer de l'appartement occupé par la femme ne peut s'imputer sur le montant de la pension. • Crim. 22 janv. 1957, n° 1-89.356 P : *D. 1957. 299 ; S. 1957. 221* • 7 déc. 1967, n° 93-92.566 P : *D. 1968. 353 ; Gaz. Pal. 1968. 1. 137.* ♦ Le mari, qui n'a pas payé la pension alimentaire de sa femme et de ses enfants, ne saurait faire valoir pour sa défense qu'il a fait don à sa femme et à ses enfants d'un immeuble dont il a hérité : il ne saurait valablement exciper d'une prétendue compensation, qui n'est d'ailleurs pas admise par la loi en matière de dettes alimentaires. • Crim. 17 janv. 1979 : *D. 1979. IR 258.*

63. Un prévenu d'abandon de famille ne saurait exciper d'une compensation entre la créance alimentaire de la partie civile et celle qui serait résultée pour lui d'un payement prétendument erroné qu'il allègue avoir fait au titre de la contribution aux charges du ménage, ladite compensation ne résultant pas de créances liquides et exigibles et ne pouvant légalement être admise en matière de dette à caractère alimentaire, en vertu de l'art. 1293-3° C. civ. • Crim. 4 janv. 1973, n° 91-51.572 P : *RSC 1974. 592, obs. Levasseur.*

64. Il est sans intérêt de rechercher si les dépenses faites par le prévenu pour l'enfant peuvent équivaloir au payement de la pension. • Crim. 20 déc. 1935 : *DH 1936. 53* • 9 févr. 1954 : *Bull. crim. n° 60 ; D. 1954. 421* • 3 mai 1956 : *Bull. crim. n° 340 ; D. 1956. Somm. 117* • 20 déc. 1956, n° 3.589 P. ♦ Le prévenu n'est pas fondé à invoquer une prétendue compensation au motif qu'il a la garde d'un des enfants pour lesquels la pension est due. • Crim. 7 janv. 1969, n° 90-49.568 P.

65. Les allocations familiales versées à l'épouse qui a la charge de l'enfant ne sauraient, en cas de condamnation du mari au versement de la contribution aux charges du ménage, à défaut d'une disposition expresse du jugement allouant cette contribution, s'imputer sur les termes de cette contribution. • Crim. 9 janv. 1962 : *préc. note 32.* ♦ En cas de paiement fait par la caisse des allocations familiales à l'épouse au lieu d'être fait au mari, ce dernier ne peut invoquer la compensation pour refuser de payer tout ou partie des termes de la pension alimentaire. • Crim. 27 janv. 1949 : *Bull. crim. n° 31* • 7 déc. 1967, n° 93-92.566 P : *D. 1968. 353 ; Gaz. Pal. 1968. 1. 137.*

66. Le prévenu a été poursuivi pour être demeuré plus de deux mois sans acquitter intégralement le montant de la pension alimentaire qu'il avait été condamné de payer à la mère de ses deux enfants ; pour le déclarer coupable d'abandon de famille, la cour d'appel retient que le versement direct de sommes d'argent à l'un de ses fils ne saurait le décharger de son obligation de verser la pension entre les mains de la créancière, justifiant ainsi sa décision, dès lors que le non-paiement, fût-il partiel, suffit à caractériser l'élément matériel du délit. • Crim. 26 oct. 2005 : ⚖ *Dr. pénal 2006. 19, obs. Véron.*

B. INTENTION

67. Absence de présomption. Encourt la cassation la cour d'appel qui a condamné le prévenu pour abandon de famille sans caractériser l'élément intentionnel du délit, alors que l'art. 227-3 C. pén., en vigueur à la date de l'arrêt, n'a pas repris les dispositions de l'art. 357-2 ancien qui présument volontaire le défaut de paiement. • Crim. 28 juin 1995, ⚖ n° 94-84.811 P : *Dr. pénal 1995. 223, note Véron ; JCP 1996. II. 22576, note Dekeuwer ; RSC 1996. 364, obs. Bouloc* ✎ • 21 mai 1997, ⚖ n° 96-83.504 P : *Dr. pénal 1997. 138, obs. Véron.* ♦ Cassation, pour violation de l'art. 227-3 C. pén., de l'arrêt qui, pour déclarer un homme divorcé coupable du délit d'abandon de famille, énonce que « l'élément intentionnel du délit résulte du seul défaut de paiement qui est présumé volontaire », sans caractériser l'élément intentionnel de l'infraction qui, selon l'art. 227-3 applicable en la cause, ne saurait être déduit du seul défaut de paiement. • Crim. 26 nov. 1997 : *D. 1999. Somm. 156, obs. Mirabail*.

68. Sur la présomption antérieure à la réforme, telle qu'elle résultait de l'art. 357-2, al. 3, C. pén., V. : pour son principe : • Crim. 6 déc. 1983, n° 83-90.408 P : *Gaz. Pal. 1984. 2. Somm. 263.* ♦ ... Pour sa conformité à l'art. 6 Conv. EDH : • Crim. 27 avr. 1984, n° 83-90.595 P : *RSC 1985. 65, obs. Vitu.* ♦ ... Pour son caractère relatif : • Crim. 16 nov. 1954 : *Bull. crim. n° 334 ; D. 1955. 26* • 13 oct. 1955, n° 4.110 P • 5 nov. 1976, n° 76-90.726 P : *D. 1977. 72, rapp. Robert ; RSC 1977. 338, obs. Levasseur* • 5 nov. 1976 : *D. 1977. IR 218, obs. Derrida* • T. corr. Bar-le-Duc, 31 janv. 1973 : *D. 1973. Somm. 73.*

69. Constatation. Après avoir constaté qu'entre la date du jugement ayant condamné le débiteur à verser une pension, et la date du nouveau jugement qui a rapporté cette mesure, l'intéressé n'a pas payé les arrérages de la pension, la cour d'appel ne justifie pas sa décision lorsqu'elle déduit de l'existence du second jugement, dont elle ne précise pas exactement la portée, une prétendue absence d'intention coupable en considération de laquelle elle ordonne la relaxe. • Crim. 23 juill. 1956, n° 96.753 P.

70. Pour déclarer le prévenu coupable d'abandon de famille, les juges du second degré se bornent à énoncer qu'il ne justifie pas avoir mis en œuvre devant le juge aux affaires familiales une procédure de réduction ou de suppression de la pension alimentaire, ce qui établit l'élément intentionnel de l'infraction ; en cet état, la cour d'appel n'a pas justifié sa décision, faute d'avoir suffisamment caractérisé l'élément intentionnel. • Crim. 9 juin 2004 : *Dr. pénal 2004. 154 (2e esp.), obs. Véron.*

71. Mauvaise foi. Ne caractérisent pas le défaut d'intention (sur le fondement de l'ancienne présomption) : le fait que l'épouse débitrice remariée ne possède pas de biens personnels ni n'exerce de profession distincte. • Crim. 13 oct. 1955, n° 4.110 P : *D. 1955. 738.* ♦ ... Les nouvelles charges de famille du prévenu, résultant d'un remariage et de la naissance des cinq enfants qui en sont issus, alors que, si sa situation paraît digne d'intérêt et si ses ressources sont des plus modestes, il ne justifie cependant en aucune manière, eu égard au montant minime de la pension allouée, de l'impossibilité absolue dans laquelle il prétend se trouver d'en régler le montant. • Paris, 15 mai 1963 : *D. 1963. Somm. 114.* ♦ Rappr. : • Crim. 17 avr. 1991 : *Dr. pénal 1991. 229 ; RSC 1991. 763, obs. Levasseur*. ♦ Les art. 8 et 12 Conv. EDH ne sauraient faire obstacle à des poursuites du chef d'abandon de famille, ces poursuites ne portant pas atteinte à la vie privée, ni ne mettant en cause le droit d'une personne divorcée de contracter un nouveau mariage. • Crim. 3 oct. 1991 : *Dr. pénal 1992. 61 ; RSC 1992. 755, obs. Levasseur*.

72. Le fait par un prévenu d'avoir été admis au règlement judiciaire, puis déclaré en état de liquidation de biens, ne saurait à lui seul justifier le non-paiement de la pension alimentaire, dès lors qu'il ne résulte pas des constatations des juges du fond que le débiteur ait prouvé que son insolvabilité ait été totale et que, par suite, il ait été dans l'impossibilité absolue de payer cette pension. • Crim. 5 nov. 1976, n° 76-90.726 P : *D. 1977. 72, rapp. Robert ; RSC 1977. 338, obs. Levasseur* • 5 nov. 1976 : *D. 1977. IR 218, obs. Derrida.* ♦ La mise en redressement judiciaire du débiteur ne constitue nullement une présomption d'une insolvabilité dont la preuve lui incombe. • Crim. 26 févr. 1992, n° 91-83.913 P : *RSC 1992. 755 ; ibid. 1994. 335, obs. Levasseur*. ♦ Rappr. : • Crim. 7 juill. 1932 : *Bull. crim. n° 173 ; DP 1933. 1. 96.* ♦ Le dirigeant dont la société est placée en redressement judiciaire doit être relaxé du chef d'abandon de famille, suite aux poursuites intentées contre lui pour non-paiement, pendant plus de deux mois, d'une pension alimentaire à laquelle il avait été condamné pour l'entretien et l'éducation de ses enfants. • Paris, 21 mars 2012 : *Gaz. Pal. 2012. 2. 2970, obs. Robaczewski.*

73. Si la partie poursuivante a la charge de prouver que le prévenu est demeuré, en connaissance de cause, plus de deux mois sans acquitter le montant de la pension alimentaire qu'il a été condamné à payer par décision de justice, il appartient au débiteur qui se prévaut d'une impossibilité absolue de paiement d'en rapporter la preuve. Justifie sa décision la cour d'appel qui condamne le prévenu pour abandon de famille, constatant que si son conseil argue de difficultés financières actuelles établies par la sauvegarde de justice prononcée dans le cadre de son activité libérale de masseur-kinésithérapeute, il ne justifie pas sérieusement de son impécuniosité totale aux périodes visées par la poursuite. • Crim. 19 janv. 2022, n° 20-84.287 B : *D. actu. 3 févr. 2022, obs. Dominati ; Dr. pénal 2022, n° 60, obs. Bonis.*

74. Manque de base légale comme faisant état d'une excuse non admise par la loi l'arrêt, qui pour relaxer le prévenu, se borne à énoncer que des essais de réconciliation avaient été tentés entre les époux, et qu'ainsi, le mari débiteur de la pension alimentaire avait pu se croire dispensé de la payer. • Crim. 15 janv. 1958 : *Bull. crim. n° 53 ; Gaz. Pal. 1958. 1. 311.*

75. La cour d'appel a justifié sa décision de déclarer le demandeur coupable d'abandon de famille en retenant qu'il avait cessé de verser le montant de la pension alimentaire en prétextant être sans ressources, alors qu'il prenait l'avion pour exercer son droit de visite et disposait d'un véhicule onéreux, ce train de vie ne pouvant s'expliquer que par des ressources non déclarées. • Crim. 4 sept. 1996, n° 95-81.387 P.

76. Il ne saurait être reproché à une cour d'appel de déclarer un prévenu, père de famille ayant réduit le montant de la pension alimentaire qu'il verse à son ex-épouse aux motifs qu'il est dans une situation professionnelle difficile due notamment à différentes périodes de chômage, coupable d'abandon de famille, relevant que s'il a rencontré de réelles difficultés sur le plan professionnel, il n'apparaît pas toutefois qu'il ait fait tous les efforts nécessaires pour s'acquitter de ses obligations pendant la période où il a retrouvé du travail, et que c'est volontairement qu'il s'est abstenu d'exécuter les décisions judiciaires fixant un montant qu'il n'a pas honoré. • Crim. 29 avr. 1998 : *D. 1999. Somm. 285, obs. Willmann*.

77. Caractérisent l'élément intentionnel du délit d'abandon de famille les juges qui constatent que le prévenu ne peut se prévaloir d'une impossibilité matérielle de payer pendant la période visée à la prévention. • Crim. 28 juin 2000, nº 99-84.364 P : *Dr. pénal 2001. 1, obs. Véron.*

78. L'art. 227-3 C. pén. réprime le fait, pour une personne, de ne pas exécuter une décision judiciaire lui imposant de verser, au profit d'un enfant mineur, d'un descendant, d'un ascendant ou du conjoint, une contribution due en raison d'une obligation familiale prévue par le C. civ. en demeurant plus de deux mois sans s'acquitter intégralement de cette obligation ; si la partie poursuivante a la charge de prouver que le prévenu est demeuré, en connaissance de cause, plus de deux mois sans acquitter le montant de la pension alimentaire qu'il a été condamné à payer par décision de justice, il appartient au débiteur qui se prévaut d'une impossibilité absolue de paiement d'en rapporter la preuve ; pour déclarer le prévenu coupable d'abandon de famille, la cour d'appel énonce que l'intéressé avait connaissance de l'obligation alimentaire mise à sa charge ; les juges ajoutent que, si le conseil du prévenu argue de difficultés financières actuelles établies par la sauvegarde de justice prononcée dans le cadre de son activité libérale de masseur-kinésithérapeute, l'intéressé ne justifie pas sérieusement de son impécuniosité totale aux périodes visées par la poursuite ; en l'état de ces seuls motifs, la cour d'appel n'a méconnu aucun des textes visés au moyen. • Crim. 19 janv. 2022, nº 20-84.287 B : *D. actu. 3 févr. 2022, obs. Dominati ; D. 2022. 168 ; ibid. 1583, obs. Bonfils ; ibid. 2125, obs. Mirabail ; Dr. pénal 2022, nº 41, obs. Conte ; ibid., nº 60, obs. Bonis ; Gaz. Pal. 2022. 1256, obs. Wehbé ; ibid. 1265, obs. Detraz.*

79. Bonne foi. Ne peut être condamné pour abandon de famille celui qui, atteint d'une affection cardiaque l'obligeant à un repos complet, et dépourvu de toutes ressources personnelles, se trouve à la charge de ses parents, une telle situation constituant un cas de force majeure. • Crim. 24 avr. 1937 : *DH 1937. 429.* ♦ De même, doit être relaxé pour défaut d'intention coupable le prévenu d'abandon de famille qui manifeste une incapacité totale et insurmontable à comprendre les conséquences juridiques du jugement de divorce prononcé à ses torts, et à admettre qu'il peut être encore tenu à pension au profit de son ex-épouse. • Paris, 22 juin 1974 : *Gaz. Pal. 1974. 2. Somm. 290.*

80. Lorsque le défaut de payement de la pension alimentaire est volontaire, il importe peu que, par la voie d'une saisie-arrêt, la plaignante ait pu, contre la volonté de son mari, se faire verser tout ou partie des sommes dues, le délit se trouvant néanmoins constitué. • Crim. 2 nov. 1967, nº 92-75.466 P : *D. 1968. Somm. 32 ; Gaz. Pal. 1968. 1. 9.* ♦ Rappr. : • Montpellier, 23 févr. 1955 : *Gaz. Pal. 1955. 1. 404.* ♦ Mais, constitue un moyen péremptoire de défense pour le prévenu le fait d'avoir été dans l'incapacité de payer la pension alimentaire par suite des saisies-arrêts pratiquées par sa femme. • Crim. 18 févr. 1964 : *JCP 1964. IV. 49.*

81. A partir du moment où la créancière d'une pension alimentaire a fait entre les mains d'un tiers débiteur de salaires une demande de paiement direct, celle-ci vaut attribution au bénéficiaire des sommes qui en font l'objet au fur et à mesure qu'elles deviennent exigibles ; dès lors, le débiteur se trouve déchargé de l'obligation de payer, du moins si les salaires couvrent régulièrement les sommes à prélever, et il ne saurait avoir commis l'abstention volontaire constitutive du délit d'abandon de famille, s'il n'accomplit aucun acte pour faire échec à la demande. • T. corr. Paris, 24 janv. 1977 : *Gaz. Pal. 1977. 2. 670.* ♦ Sur la responsabilité pénale du banquier débiteur tenu au paiement direct. • Crim. 29 mai 1984, nº 82-92.817 P : *RSC 1985. 83, obs. Levasseur.*

82. Encourt la censure l'arrêt qui, pour déclarer un prévenu coupable du délit d'abandon de famille, constate qu'il est resté plus de deux mois sans payer le montant de la pension alimentaire judiciairement fixé, mais qui, pour ajourner le prononcé de la peine, relève qu'il a pu se méprendre sur ses obligations en raison de la mise en œuvre par le créancier d'aliments d'une procédure de paiement direct puis de la faillite du tiers débiteur de la pension. • Crim. 28 juin 1995, nº 94-84.811 P : *Dr. pénal 1995. 223, note Véron ; JCP 1996. II. 22576, note Dekeuwer ; RSC 1996. 364, obs. Bouloc.*

83. Le seul défaut de paiement d'une pension alimentaire ne suffit pas à rapporter la preuve de l'élément intentionnel du délit d'abandon de famille ; ainsi, doit être relaxé le prévenu qui, n'ayant versé qu'une partie de la pension alimentaire qu'il devait à son ex-épouse au titre de sa contribution à l'entretien des enfants, justifie cette situation par une diminution significative de ses revenus et par l'accomplissement de démarches judiciaires tendant à voir supprimer cette pension alimentaire compte tenu de sa situation de précarité, ce qui lui a été accordé ultérieurement. • Rennes, 11 avr. 2008 : *JCP 2008. IV. 2814.*

III. RÉPRESSION

A. COMPÉTENCE

84. Compétence interne. Sur le principe que l'attribution de compétence, pour connaître du délit d'abandon de famille, au tribunal du domicile ou de la résidence de la personne qui doit recevoir la pension ou bénéficier des subsides (C. pén., ancien art. 357-2 *in fine* ; C. pr. pén., art. 382, al. 3, réd. L. n° 92-1336 du 16 déc. 1992), s'analyse comme une disposition destinée à faciliter l'action de la victime, mais n'exclut pas l'application éventuelle des règles normales de compétence prévues par l'art. 382 C. pr. pén. • Crim. 3 mars 1977, n° 74-92.884 P : *JCP 1978. II. 18790, rapp. Guerder.*

85. Lorsqu'un prévenu a déjà été condamné pour abandon de famille à une peine d'emprisonnement avec mise à l'épreuve, le tribunal compétent, en cas de nouvelles poursuites du même chef, est, conformément aux dispositions de l'art. 352-7 *in fine* C. pén. (C. pr. pén., art. 382, al. 3, réd. L. n° 92-1336 du 16 déc. 1992), celui du domicile ou de la résidence de la personne qui doit recevoir la pension ou bénéficier des subsides, et non pas celui du juge de l'application des peines sous le contrôle duquel il se trouvait placé. • Crim. 25 janv. 1982, n° 80-91.157 P.

86. Compétence internationale. Aux termes de l'art. 693 C. pr. pén. (C. pén., nouvel art. 113-2, al. 2), est réputée commise sur le territoire de la République toute infraction dont un acte caractérisant un de ses éléments constitutifs a été accompli en France ; tel est le cas lorsque, bien que le créancier réside à l'étranger, le fait d'abstention volontaire imputable au débiteur de la pension alimentaire s'est trouvé réalisé en France. • Crim. 29 mars 1962, n° 91-64.561 P : *D. 1962. Somm. 95 ; Gaz. Pal. 1962. 1. 410.*

87. Lorsque, par jugement de divorce, un mari a été condamné à servir à sa femme une pension alimentaire payable au domicile ou à la résidence de celle-ci, que la femme réside au Brésil et que le mari s'abstient, volontairement, pendant plusieurs mois de faire les versements, le délit est commis à l'étranger ; les tribunaux français sont dans ce cas compétents, par application des art. 689 et 691 C. pr. pén. (C. instr. crim., art. 5 et 6) (C. pén., nouveaux art. 113-6, al. 2, et 113-8) dès lors que c'est à la requête du ministère public et sur la plainte de la femme, partie civile, que le prévenu a été poursuivi et que le délit est également réprimé par la législation brésilienne. • Paris, 15 nov. 1956 : *Gaz. Pal. 1956. 2. 419 ; Rev. crit. DIP 1957. 108, obs. Simon-Depitre.* ♦ Comp. : • Paris, 30 juin 1956 : *D. 1956. Somm. 153 ; Gaz. Pal. 1956. 2. 99.*

88. N'encourt pas la censure l'arrêt qui, pour condamner un prévenu pour abandon de famille constate, d'une part, que la décision notariée, établie par un notaire en Allemagne, aux termes de laquelle le prévenu s'est engagé à verser, à l'occasion de son divorce, une pension alimentaire mensuelle à chacun de ses enfants, est opposable au prévenu et exécutoire en France, celle-ci ayant fait l'objet d'une décision d'*exequatur* régulièrement signifiée et relève, d'autre part, que ledit prévenu est resté volontairement plus de deux mois sans acquitter le montant intégral de la pension alimentaire, et ajoute enfin que le délit est caractérisé dès lors que, comme en l'espèce, l'un des éléments constitutifs a été accompli sur le territoire national ; la cour relève notamment que bien que le créancier d'aliments réside à l'étranger, le fait d'abstention volontaire imputable au débiteur de la pension alimentaire s'est trouvé réalisé en France. • Crim. 29 janv. 2003 : *D. 2004. Somm. 307, obs. Mirabail.*

B. POURSUITES

89. Action civile. Le défaut de paiement d'une pension alimentaire, fixée par décision de justice pour l'entretien d'un enfant majeur, crée pour le parent qui assume la charge de cet entretien un préjudice résultant directement de l'infraction d'abandon de famille poursuivie, et ce parent est donc recevable à mettre en mouvement l'action publique par voie de citation directe pour en obtenir réparation. • Crim. 6 déc. 1983, n° 83-90.408 P : *D. 1984. IR 224, obs. Roujou de Boubée.*

90. La femme divorcée est en droit d'obtenir de légitimes dommages-intérêts de la part de son ex-mari qui, au mépris des décisions de justice, est resté plusieurs années sans verser la moindre somme tant pour son enfant que pour elle-même. • Rouen, 25 févr. 1980 : *Gaz. Pal. 1980. 2. Somm. 386.*

91. La mise en œuvre d'une procédure de recouvrement public (L. n° 75-618 du 11 juill. 1975) par le créancier d'aliments ne saurait mettre obstacle à l'exercice, par celui-ci, de l'action civile tendant à la réparation du dommage causé par le délit d'abandon de famille. • Crim. 15 mai 1984, n° 82-91.617 P : *RSC 1985. 84, obs. Levasseur.*

92. Poursuites successives. Les juges du fond, en déclarant une personne coupable du délit d'abandon de famille, alors qu'elle l'avait déjà été plus de deux mois auparavant, n'ont point violé le principe de l'autorité de la chose jugée, lequel requiert, pour son application, que le fait sur lequel est fondée la seconde poursuite soit identique dans ses éléments tant légaux que matériels à celui qui a motivé la première ; en effet, l'abstention délictueuse du prévenu, qui s'est perpétuée depuis une première condamnation, présente par sa nature le caractère d'une infraction successive, différente, dans ses éléments, de celle précédemment réprimée, et, dès lors, aucun obstacle ne s'opposait à ce que le prévenu soit recherché et condamné pour des faits, qui, quoique identiques aux précédents, n'en étaient pas moins juridiquement distincts. • Crim. 9 févr. 1965 : *D. 1965. 475 ; Gaz. Pal. 1965. 1. 420.*

93. Le délit d'abandon de famille, qui, selon l'art. 227-3 C. pén., est constitué, notamment, par le défaut de paiement intégral, pendant plus de deux mois, d'une prestation compensatoire définie et ordonnée par une décision judiciaire sous forme de capital ou de rente, se renouvelle chaque fois que son auteur démontre par son comportement sa volonté de persévérer dans son attitude ; justifie donc légalement sa décision la cour d'appel qui, sur la condamnation, le 2 juin 1994, devenue définitive le 2 août suivant, d'un homme divorcé qui n'a pas payé la prestation compensatoire en capital à laquelle il a été condamné, déclare le prévenu coupable, une nouvelle fois, en décembre 1994, du même délit, en retenant qu'il est resté à nouveau plus de deux mois sans avoir satisfait à son obligation de paiement de l'exigible existant et qu'il n'a pas proposé d'établir l'état d'impécuniosité dans lequel il prétend se trouver. • Crim. 2 déc. 1998, n° 97-83.671 P : *D. 2000. Somm. 36, obs. Mayaud ; JCP 1999. II. 10108, note Rebut ; ibid. 2000. I. 207, n° 3, obs. Véron ; Dr. pénal 1999. 64, obs. Véron ; Gaz. Pal. 1999. 2. Somm. 375, obs. Massip.*

94. Saisine du tribunal. Le juge répressif ne peut statuer légalement que sur des faits relevés dans l'ordonnance de renvoi ou la citation délivrée au prévenu. • Crim. 2 juin 1970, n° 90-82.369 P. ♦ Saisi d'un délit d'abandon de famille fondé sur la non-exécution d'un arrêt allouant une pension alimentaire, le juge ne peut, après avoir constaté que cet arrêt n'était pas exécutoire, condamner le prévenu au motif qu'il a contrevenu à une ordonnance de non-conciliation accordant une pension alimentaire, dès lors que ladite ordonnance n'a pas été visée par la prévention. • Crim. 25 févr. 1971, n° 91-20.169 P : *RSC 1971. 846, obs. Levasseur.*

C. RESPONSABILITÉS

95. Complicité. Peut seule être retenue responsable du délit d'abandon de famille la personne débitrice de l'obligation alimentaire ; aucune autre ne peut être recherchée comme complice aux termes des art. 59 s. C. pén. (nouveaux art. 121-6 et 121-7), dès lors qu'elle n'a personnellement aucune obligation alimentaire et qu'elle n'a été à aucun titre partie dans la décision civile qui est la base légale et nécessaire de la poursuite pénale. • Paris, 14 oct. 1960 : *D. 1961. Somm. 59 ; JCP 1961. II. 11978, note Chambon ; Gaz. Pal. 1961. 1. 162.* ♦ Sur la décision infirmée, V. : • T. corr. Seine, 12 oct. 1959 : *Gaz. Pal. 1960. 1. 59.*

96. Amnistie. Le délit d'abandon de famille, classé dans la catégorie des « délits continus successifs », se caractérise par le fait que l'infraction prend naissance à l'expiration du délai de deux mois concédé au débiteur, et se poursuit par la volonté persistante de son auteur jusqu'au jour où il remplit ses obligations ; il en résulte qu'une infraction consommée à une certaine date se maintient au-delà de cette date par l'abstention de payer la pension, et que la condamnation prononcée peut ne pas être susceptible de bénéficier d'une amnistie. • Colmar, 20 janv. 1967 : *JCP 1967. II. 15134, note Michaud.*

97. Effets civils. Un père condamné pour abandon de famille ne peut être déchu de l'autorité parentale en application de l'art. 378 C. civ., dès lors que ce délit ne constitue pas une infraction commise sur la personne de son enfant ; seul est éventuellement applicable l'art. 373-3° dudit code, privant provisoirement de l'exercice de l'autorité parentale celui qui est condamné de l'un des chefs de l'abandon de famille tant qu'il n'a pas recommencé à assumer ses obligations pendant une durée de six mois au moins. • Crim. 11 déc. 1984, n° 83-91.042 P : *Gaz. Pal. 1985. 2. 654, note Doucet.*

Art. 227-4 *(L. n° 2021-1754 du 23 déc. 2021, art. 100-VII, en vigueur le 1er mars 2022)* **Est puni de six mois d'emprisonnement et de 7 500 euros d'amende le fait, par une personne tenue, dans les conditions prévues à l'article 227-3, à l'obligation de verser une pension, une contribution, des subsides ou des prestations de toute nature :**

1° De ne pas notifier son changement de domicile au créancier ou, lorsque le versement de la pension fait l'objet d'une intermédiation financière dans les conditions prévues aux II et III de l'article 373-2-2 du code civil et à l'article L. 582-1 du code de la sécurité sociale, à l'organisme débiteur des prestations familiales, dans un délai d'un mois à compter de ce changement ;

2° Lorsque le versement de la pension fait l'objet d'une intermédiation financière dans les conditions prévues aux II et III de l'article 373-2-2 du code civil et à l'article L. 582-1 du code de la sécurité sociale, de s'abstenir de transmettre à l'organisme débiteur des prestations familiales les informations nécessaires à l'instruction et à la mise en œuvre de l'intermédiation financière et de s'abstenir d'informer cet organisme de tout changement de situation ayant des conséquences sur cette mise en œuvre.

Art. 227-4-1 *(L. n° 2009-526 du 12 mai 2009, art. 124-I)* **« Les personnes morales déclarées responsables pénalement, dans les conditions prévues par l'article 121-2, des infractions définies à la présente section encourent, outre l'amende suivant les modalités prévues par l'article 131-38, les peines prévues par les 2° à 9° de l'article 131-39. »**

(L. nº 2001-504 du 12 juin 2001) **« L'interdiction mentionnée au 2º de l'article 131-39 porte sur l'activité dans l'exercice ou à l'occasion de l'exercice de laquelle l'infraction a été commise. »**

Violation des ordonnances prises par le juge aux affaires familiales en cas de violences

Art. 227-4-2 et 227-4-3 *V. App., III. Violences familiales.*

Atteintes à l'exercice de l'autorité parentale

RÉP. PÉN. vº *Atteintes à l'autorité parentale (Non-représentation d'enfant - Soustraction de mineur)*, par GOUTTENOIRE et GUÉRIN.

Art. 227-5 Le fait de refuser indûment de représenter un enfant mineur à la personne qui a le droit de le réclamer est puni d'un an d'emprisonnement et de 15 000 € d'amende. — *Pr. pén. 398-1.*

Corresp. : *C. pén., ancien art. 357.*

DALLOZ PRATIQUE[S] *Divorce - Non-représentation d'enfant.*

BIBL. ▸ VÉRON, *JCP 1991. I. 3525 ; Dr. pénal, avr. 1991, p. 2.* - LE BLAVEC, *Gaz. Pal. 2002. 1. Doctr. 657* (prévention et sanction des enlèvements parentaux d'enfants vers l'étranger).

Code de procédure pénale

Art. D. 47-11-3 *(Décr. nº 2021-1516 du 23 nov. 2021, art. 6, en vigueur le 1er févr. 2022)* Lorsqu'une personne mise en cause pour le délit de non représentation d'enfant prévu par l'article 227-5 du code pénal soutient que les faits qui lui sont reprochés ont été justifiés par des violences ou toutes autres infractions relevant de l'article 706-47 commises sur le mineur par la personne qui a le droit de le réclamer, le procureur de la République veille à ce qu'il soit procédé à la vérification de ces allégations avant de décider de mettre ou non l'action publique en mouvement. En cas de citation directe exercée par la victime, il veille à ce que le tribunal correctionnel puisse disposer des éléments lui permettant d'apprécier la réalité de ces violences et l'application éventuelle de l'article 122-7 du code pénal relatif à l'état de nécessité.

PLAN DES ANNOTATIONS

I. DROIT À LA REPRÉSENTATION

A. FONDEMENT JUDICIAIRE

1. *Ratio legis.* L'art. 357 C. pén. a pour but d'assurer par une sanction pénale l'exécution des mesures judiciaires ordonnées au sujet de la garde des enfants mineurs ; par la généralité de ses termes, il s'applique à la fois à la réglementation du droit de garde, du partage des vacances et du droit de visite, et protège tous ceux qui sont admis par décision de justice à faire valoir un de ces droits. • Crim. 19 oct. 1935 : *Bull. crim. nº 116 ; DP 1937. 1. 12, note Lebrun* • 13 nov. 1957 : *Bull. crim. nº 732* • 3 janv. 1958, nº 91-58.657 P. ♦ Il s'applique notamment aux mesures d'assistance éducative. • Crim. 12 mars 1980, nº 79-91.776 P : *RSC 1981. 92, obs. Levasseur.* ♦ Il ne saurait, en revanche, sanctionner l'inexécution d'une obligation qui n'est pas mise par la décision de justice à la charge personnelle d'un prévenu. • Crim. 7 déc. 1972, nº 904-57.172 P : *D. 1973. 172 ; RSC 1973. 695, obs. Levasseur.*

2. *QPC.* La question posée ne présente pas un caractère sérieux dès lors que, d'une part, la non-représentation d'enfant incrimine le non-respect d'une décision d'un JAF qui préserve justement l'intérêt de l'enfant et l'équilibre familial ; d'autre part, les circonstances de la commission de l'infraction relèvent de l'appréciation du juge correctionnel et il n'y a pas de disproportion manifeste entre la gravité de l'infraction et la peine encourue d'un an d'emprisonnement au regard des impératifs de maintien des liens parentaux. Enfin, la démonstration, lors de la résistance de l'enfant, de l'existence d'une circonstance d'exonération est légitime, chaque parent devant faciliter l'exercice des droits de l'autre parent sans instrumentalisation de l'enfant. • Crim. 27 nov. 2019, n° 19-83.357 QPC : *Gaz. Pal. 2020. 446, obs. Dreyer ; RSC 2020. 80, obs. Mayaud.*

1° DÉCISION PRÉALABLE

3. Avant le 1er mars 1994. Le délit prévu par l'art. 357 C. pén. ne punit ceux qui enlèvent ou détournent un mineur, ou refusent de le représenter, que dans le cas particulier où il a été statué sur la garde de ce mineur par une décision de justice. • Crim. 13 mai 1953 : *Bull. crim. n° 169 ; D. 1954. 673, rapp. Patin, et note Vouin ; JCP 1953. II. 7729, note Chavanne ; RSC 1953. 669, obs. Hugueney.* ♦ Mais encore faut-il que la condamnation soit fondée sur une décision judiciaire visée à la prévention, sauf consentement du prévenu dans le cas contraire. • Crim. 10 févr. 1993, n° 92-81.471 P : *RSC 1994. 555, obs. Levasseur.*

4. Depuis le 1er mars 1994. Selon l'art. 551, al. 2, C. pr. pén., il suffit que la citation énonce le fait poursuivi et le texte qui le réprime ; aux termes de l'art. 565 C. pr. pén., la nullité de la citation ne peut être prononcée que si elle a eu pour effet de porter atteinte aux intérêts de la personne concernée ; une cour d'appel méconnaît les textes sus-énoncés en prononçant la nullité d'une citation délivrée à l'encontre d'une mère ayant refusé de présenter un enfant mineur à son père qui avait le droit de le réclamer, infraction prévue et réprimée par les art. 227-5, 227-29 et 131-26 C. pén., au prétendu motif que cet acte « ne vise aucunement la décision judiciaire dont la personne qui réclame l'enfant tient son droit et que ce défaut d'indication ne met pas la prévenue en mesure de préparer sa défense et porte ainsi atteinte à ses intérêts », alors que, d'une part, la citation énonçait le fait poursuivi dans les termes mêmes de l'art. 227-5 C. pén., lesquels ne précisent pas la nature du droit en vertu duquel l'enfant doit être représenté, et que, d'autre part, aucune atteinte aux intérêts de la prévenue n'était établie, ni même alléguée, par l'intéressée. • Crim. 13 mars 1996, n° 95-83.111 P : *RSC 1997. 103, obs. Mayaud.*

5. En présence de l'imprécision de l'ordonnance du juge aux affaires familiales, l'infraction n'est pas constituée. • Aix-en-Provence, 17 avr. 2002 : *Dr. pénal 2002. 122, obs. Véron.*

6. L'obligation de remettre l'enfant peut résulter d'une convention homologuée ; dès lors, commet l'infraction de non-représentation d'enfant la mère qui, en violation de l'accord des parties quant à l'exercice du droit de visite et d'hébergement, consacré par un jugement d'assistance éducative, s'abstient de remettre l'enfant. • Montpellier, 3 mars 2009 : *Gaz. Pal. 2009. 1. Somm. 2160.*

2° DÉCISION EXÉCUTOIRE

7. Principe. C'est à bon droit qu'une cour d'appel prononce une relaxe du chef de non-représentation d'enfant au motif que le jugement de divorce statuant sur la garde des enfants et l'exercice du droit de visite dont la méconnaissance était imputée au prévenu n'était pas immédiatement exécutoire. • Crim. 4 janv. 1983, n° 82-92.265 P : *RSC 1983. 672, obs. Levasseur.*

8. Détermination. Sur la distinction, en matière de divorce, des mesures provisoires et des mesures accessoires, et leur caractère exécutoire dans la jurisprudence pénale, comp. : • Crim. 26 juin 1975, n° 93-56.974 P • 8 mai 1979, n° 78-92.857 P • 8 mai 1979, n° 78-92.855 P : *RSC 1980. 141, obs. Levasseur* • 18 nov. 1981, n° 80-93.798 P • 4 janv. 1983, n° 82-92.265 P : *RSC 1983. 672, obs. Levasseur* • 14 févr. 1984, n° 83-92.413 P.

9. Connaissance. Le fait qu'une mère divorcée ait connu les dispositions d'une ordonnance du juge des affaires matrimoniales fixant les nouvelles modalités du droit de visite du père, à supposer qu'il soit suffisamment prouvé, est inopérant : on ne peut, en effet, reprocher pénalement à la prévenue de ne s'être pas conformée à une décision de justice, alors que cette décision n'était exécutoire, à défaut de notification, que si elle acceptait volontairement de l'exécuter. • T. corr. Lyon, 24 mars 1982 : *Gaz. Pal. 1983. 1. Somm. 7.*

10. Le délit de non-représentation, de détournement ou d'enlèvement d'enfant suppose, pour être caractérisé en ses éléments constitutifs, qu'à l'époque des faits retenus par la prévention, la décision ayant statué sur la garde du mineur avait été signifiée au prévenu, car ce n'est qu'après cette signification que l'attributaire de la garde pouvait réclamer l'enfant et l'autre parent commettre le délit. • TGI Le Mans, 16 nov. 1983 : *Gaz. Pal. 1984. 1. Somm. 122.* ♦ *Contra* : • Crim. 4 mai 1961, n° 90-82.560 P.

11. Il n'importe que la décision de la cour d'appel qui a confié l'enfant à la garde de la mère n'ait pas été signifiée au prévenu, dès lors que celui-ci a eu légalement connaissance du jugement de première instance ayant antérieurement statué dans le même sens et ordonné l'exécution provisoire. • Crim. 6 oct. 1959 : *Bull. crim. n° 407.*

12. A justifié sa décision de condamnation pour non-représentation d'enfant, la cour d'appel qui a rappelé le caractère exécutoire de plein droit de l'ordonnance du juge aux affaires matrimoniales et a souverainement apprécié que la prévenue avait eu connaissance de cette décision. • Crim. 23 juin 1999, n° 98-87.147 P.

13. Incidence des conditions. Encourt la cassation l'arrêt qui déclare une prévenue coupable du délit de non-représentation d'enfant, sans rechercher si le père des enfants la prévenait à l'avance du nom du tiers présent lors de l'exercice de son droit de visite alors que l'ordonnance du juge aux affaires familiales accordant au père des enfants un droit de visite simple sans hébergement, en présence constante d'un tiers digne de confiance choisi par lui, prévoyait qu'il devait l'informer à l'avance du nom du tiers choisi. • Crim. 3 oct. 2012, n° 12-80.569 P.

14. Incidence des modifications ultérieures dans les rapports des parties. La modification ultérieure du rapport des parties, par transfert de la garde de l'un des parents à l'autre, ne peut avoir pour effet de dépouiller le fait initial du caractère délictueux qui lui a été reconnu. • Crim. 8 déc. 1964, n° 91-58.964 P : *D. 1965. Somm. 51* • 15 juin 1965 : *D. 1965. 761 ; JCP 1965. II. 14355.*

15. Il n'importe que le mariage existant entre les parties ait été annulé par une décision ultérieure si, au cours de la période pendant laquelle était exécutoire l'ordonnance servant de base aux poursuites, le prévenu s'est volontairement soustrait aux obligations que cette ordonnance lui imposait. • Crim. 4 juin 1970, n° 67-91.245 P : *Gaz. Pal. 1970. 2. 122.*

16. Incidence de la déchéance de l'autorité parentale. Est à bon droit relaxée du chef de non-représentation d'enfant la mère d'un enfant mineur qui ne représente pas ce dernier à son père, bénéficiaire d'un droit de visite, dès lors qu'en application de l'art. 373-3° C. civ., celui-ci a perdu l'exercice de l'autorité parentale sur cet enfant à la suite d'une condamnation définitive pour abandon de famille et qu'il n'a pas été relevé de cette incapacité. • Crim. 4 déc. 1984, n° 83-90.626 P : *D. 1985. 414, note Massip ; RSC 1985. 299, obs. Levasseur.*

17. Rejette à bon droit l'exception tirée d'une perte provisoire de l'exercice de l'autorité parentale, prévue par l'art. 373, al. 3, C. civ. et motivée par une condamnation pour abandon de famille, du parent ayant le droit de réclamer l'enfant, la cour d'appel qui relève que postérieurement il a recommencé à assumer ses obligations pendant une durée de six mois, quelles que soient les modalités d'exécution desdites obligations et même s'il existe un arriéré. • Crim. 29 sept. 1993, n° 92-86.444 P : *RSC 1994. 556, obs. Levasseur.* ♦ Aux termes de l'art. 373-3° C. civ., recouvre l'exercice de l'autorité parentale, dont il a été provisoirement privé, celui des père et mère qui recommence à assumer ses obligations pendant une durée de six mois au moins ; il se déduit de ces dispositions que l'accomplissement de la condition fixée par la loi opère, de plein droit, restitution, au profit du parent qui en justifie, des attributs de l'autorité parentale, quand bien même il subsisterait, dans le montant de la dette, un arriéré ; en conséquence, a justifié sa décision la cour d'appel qui, pour condamner la prévenue du chef de non-représentation d'enfant, laquelle prétendait être dispensée de son obligation de représentation par l'effet d'un jugement en date du 17 mars 1994 condamnant le père de l'enfant pour abandon de famille, constate que ce dernier a justifié du paiement de la pension courante depuis plus de six mois, et en a déduit qu'il avait recouvré l'exercice du droit de visite. • Crim. 26 mai 1999 : *Dr. pénal 1999. 149, obs. Véron.*

18. Il n'y a pas lieu de prendre en compte le fait que le prononcé de la peine du père avait été renvoyé à une audience ultérieure, une telle décision de déclaration de culpabilité avec ajournement du prononcé de la peine devant être assimilée à une condamnation, car elle est reçue au casier judiciaire au même titre. • Aix-en-Provence, 7 janv. 1987 : *JCP 1987. II. 20786, note Jeandidier ; RSC 1987. 880, obs. Levasseur.* ♦ Rappr. : • T. corr. Libourne, 17 juin 1983 : *Gaz. Pal. 1984. 1. Somm. 169, note Doucet.* ♦ Ne constitue pas une condamnation au sens de l'art. 373-3° C. civ. le jugement de déclaration de culpabilité avec ajournement du prononcé de la peine, dès lors qu'au terme de cet ajournement, peut être prononcée une dispense de peine, laquelle, selon l'art. 469-1 C. pr. pén., exclut l'application des interdictions, déchéances ou incapacités résultant de plein droit d'une condamnation ; justifie donc légalement sa décision la cour d'appel qui, pour condamner une mère pour non-représentation d'enfant, écarte son argumentation selon laquelle le père avait perdu l'exercice de son droit de visite à la suite de sa condamnation pour abandon de famille, en relevant, à bon droit, qu'en raison de l'ajournement du prononcé de la peine, c'est seulement deux mois plus tard que, en application de l'art. 373-3° C. civ., l'exercice de son droit de visite a été suspendu. • Crim. 23 oct. 1996, n° 94-85.183 P.

19. Incidence des voies de recours. Commet le délit de non-représentation d'enfant le prévenu à qui un arrêt de divorce a retiré la garde de l'enfant et qui refuse de remettre celui-ci à son conjoint au motif qu'il a formé un pourvoi en cassation contre ledit arrêt. • Crim. 5 juin 1958 : *Bull. crim. n° 444.*

20. Dès lors qu'à la date des faits incriminés la décision de justice civile statuant sur la garde, et dont l'art. 357 C. pén. sanctionne la méconnaissance, était exécutoire, bien que frappée de pourvoi, la cassation ultérieure de cette décision ne saurait faire disparaître le délit de non-représentation qui a été commis. • Crim. 15 nov. 1978, n° 77-92.590 P : *D. 1979. IR 181, note Roujou de Boubée ; RSC 1979. 559, obs. Levasseur.* ♦ Même solution pour la réformation ultérieure de la décision en appel. • Crim. 29 nov. 1982, n° 81-91.608 P : *RSC 1983. 671, obs. Levasseur.*

21. Est coupable du délit de non-représentation d'enfants la prévenue qui s'est opposée au droit de visite et d'hébergement accordé par une ordonnance du juge aux affaires familiales à son ancien concubin au motif que ce dernier n'est pas le vrai père de l'enfant ; en effet, s'il est vrai qu'une expertise génétique ordonnée dans le cadre d'une instance en annulation de la reconnaissance de paternité a permis d'exclure la paternité du plaignant et d'admettre celle d'un autre individu, il n'en reste pas moins que le plaignant demeurait pleinement titulaire de son droit de visite et d'hébergement alors qu'aucune autre décision judiciaire n'était venue le supprimer ; tel est bien le cas en l'espèce puisqu'à la date des faits le juge aux affaires familiales, saisi d'une requête de la prévenue tendant à voir supprimer le droit de visite et d'hébergement du plaignant, avait sursis à statuer dans l'attente de la décision au fond sur la demande d'annulation de la reconnaissance de paternité ; c'est donc à tort que la prévenue invoque ce moyen juridique ; elle ne peut d'ailleurs pas plus invoquer le fait que le père biologique de l'enfant exerçait alors un droit de visite, sachant qu'il ne disposait quant à lui d'aucun droit de cette nature à l'époque des faits, aucune décision judiciaire ne le lui ayant alors accordé ; l'infraction est donc bien constituée par le fait que la mère se soit opposée au droit de visite et d'hébergement du plaignant dès le dépôt du rapport d'expertise constatant la non-paternité de celui-ci ; le jugement doit être confirmé. • Bordeaux, 14 oct. 2005 : *JCP 2006. IV. 2538.*

22. Mme X... a été citée directement devant le tribunal correctionnel par M. Robert Y..., le 2 févr. 2010, pour avoir, le 20 oct. 2009, refusé de représenter leur fils Franck, né le 5 août 1993, qu'il avait le droit de réclamer en exécution du jugement du juge aux affaires familiales du 22 janv. 2009 ayant fixé la résidence habituelle du mineur chez son père ; appelante du jugement la déclarant coupable de cette infraction, elle a déposé des conclusions à l'audience de la cour d'appel du 4 avr. 2011, par lesquelles elle a fait notamment valoir qu'elle avait saisi le juge aux affaires familiales en référé, le 25 janv. 2011, l'audience fixée au 27 janv. 2011 ayant été renvoyée au 24 mars 2011, afin de régulariser la situation de son fils qui s'était, selon elle, réfugié chez ses grands-parents maternels le 18 oct. 2009 puis chez elle ; au cours du délibéré de la cour d'appel, elle a transmis la décision du juge aux affaires familiales rendue le 12 mai 2011, fixant la résidence du mineur à son domicile à compter du 19 oct. 2009 ; pour confirmer le jugement et écarter le moyen de défense pris de l'état de nécessité, l'arrêt retient que la violence du père n'est pas établie par la procédure et les attestations produites et qu'il appartenait à la prévenue de faire respecter le jugement du 22 janv. 2009 ; en cet état, la cour d'appel a justifié sa décision, dès lors qu'à la date des faits incriminés, la décision de justice statuant sur la résidence du mineur était exécutoire, la modification ultérieure de cette décision, fût-elle avec effet rétroactif, ne pouvant faire disparaître le délit de non-représentation d'enfant qui avait été commis. • Crim. 14 mars 2012, n° 11-85.421 P : *D. actu. 27 mars 2012, obs. Bombled ; D. 2012. Pan. 2276, obs. Bonfils ; AJ fam. 2012. 279, obs. Lambert ; Gaz. Pal. 2012. 1. 1382, note Mésa.*

23. Caducité. Lorsque l'époux demandeur en séparation de corps ou en divorce n'a pas usé de la permission d'assigner dans le délit requis à partir de l'ordonnance de non-conciliation, les mesures provisoires dont il bénéficie cessent de plein droit, ce qui rend irrecevable toute action dirigée contre l'époux défendeur pour délit d'abandon de famille ou de non-représentation d'enfant. • Nîmes, 19 avr. 1951 : *JCP 1951. II. 6423, note Gal.* ♦ Mais, dès lors qu'à la date des faits incriminés, l'obligation de famille mise à la charge du prévenu et méconnue par lui était définie par une ordonnance de non-conciliation légalement exécutoire, la constatation ultérieure de la caducité de l'assignation en divorce ne saurait faire disparaître le délit de non-représentation d'enfant ainsi constitué. • Crim. 25 janv. 1978, n° 76-92.716 P : *Gaz. Pal. 1978. 2. 373.*

24. Commet le délit de non-représentation d'enfant la mère qui n'a pas observé les dispositions de la convention temporaire réglant la situation des époux relativement aux mesures provisoires, convention à laquelle le juge aux affaires matrimoniales a attribué force exécutoire, si, au moment des faits, les délais permettant aux époux de renouveler leur demande conjointe en divorce n'étaient pas expirés. • Poitiers, 31 mai 1979 : *Gaz. Pal. 1979. 2. 574, note Brazier.*

25. Pour mettre fin aux mesures provisoires édictées par une ordonnance de non-conciliation, la réconciliation des époux, invoquée par le prévenu poursuivi pour non-représentation d'enfant, doit avoir été constatée dans les formes légales par la juridiction compétente. • Crim. 25 janv. 1978 : *préc. note 23.*

B. FONDEMENT LÉGAL

26. C'est sur le recours à l'ancien art. 356 C. pén. (nouveaux art. 227-7 et 227-8), relatif au détournement de mineur sans fraude ni violence, qu'était sanctionné, avant la réforme du code pénal, le droit à la représentation directement fondé sur la loi, indépendamment de toute décision de justice, la jurisprudence ayant considéré que ce texte constituait une disposition générale, qui punissait de peines correctionnelles aussi bien celui qui sans fraude ni violence enlevait un mineur de 18 ans que celui qui, dans les mêmes conditions, le détournait, notamment en ne le représentant pas à ceux qui tenaient de la loi le droit de le réclamer et de le garder. • Crim. 13 mai 1953 : *Bull. crim. n° 169 ; D. 1954. 673, rapp. Patin, et note Vouin ; JCP 1953. II. 7729, note Chavanne ;*

RSC 1953. 669, obs. Hugueney • 4 déc. 1962 : *Bull. crim. n° 354.* ♦ Il fut ainsi appliqué : à une tutrice provisoire qui, déchargée régulièrement de ses fonctions, refusait de représenter les deux mineurs dont elle avait perdu la garde, après nomination par le conseil de famille d'une tutrice définitive. • Crim. 13 mai 1953 : *préc.* ♦ Comp., sur renvoi : • Riom, 7 mai 1954 : *D. 1954. 687 ; Gaz. Pal. 1954. 2. 42.* ♦ ... Au père naturel lorsque, en vertu des dispositions de l'art. 374 C. civ., l'autorité parentale était exercée en entier par la mère. • Crim. 27 nov. 1984, n° 84-93.204 P : *RSC 1985. 812, obs. Levasseur.* ♦ Comp., sur le fondement de l'ancien art. 345, al. 4, C. pén. (nouvel art. 227-13) : • Crim. 22 mars 1900 : *DP 1900. 1. 184 (2 arrêts)* • 5 avr. 1900 : *S. 1902. 1. 428.*

II. FAIT DE NON-REPRÉSENTATION

A. MATÉRIALITÉ

27. Dissimulation. Le délit de non-représentation d'enfant exige la dissimulation effective du mineur au bénéficiaire du droit de visite ; les propos tenus à l'enfant par sa mère pour le détourner de son père, titulaire du droit de visite, ne suffisent pas à caractériser le délit de non-représentation si l'enfant a été mis à la disposition de son père, qui a renoncé à l'emmener, après que l'enfant ait émis, sur son compte, des réflexions désobligeantes. • TGI Avesnes-sur-Helpe, 5 juill. 1960 : *D. 1961. Somm. 15.*

28. Absence. Le délit de non-représentation d'enfant est établi dès lors que la mère n'a pu exercer son droit de visite par suite de l'absence de son ex-mari ; en effet, il appartenait à celui-ci de ne quitter son domicile qu'après l'heure à laquelle son ex-épouse devait se présenter pour prendre ses enfants. • Rouen, 24 nov. 1980 : *Gaz. Pal. 1981. 2. Somm. 206.*

29. Stratagème. Pour déclarer la prévenue coupable de non-représentation d'enfant, l'arrêt attaqué relève qu'elle a abusé le plaignant en lui faisant croire que sa fille était malade, de façon qu'il n'aille pas la chercher pour exercer son droit de visite ; en l'état de ces motifs, qui établissent que la prévenue a usé d'un stratagème pour parvenir à soustraire la mineure au titulaire du droit de visite, la cour d'appel a justifié sa décision au regard de l'art. 227-5 C. pén. • Crim. 18 déc. 2002, n° 02-83.667 P : *D. 2003. 1062, note Mayaud.*

B. INTENTION

30. Élément essentiel. L'intention délictuelle est un élément essentiel du délit de non-représentation d'enfant. • Crim. 6 nov. 1936 : *DH 1936. 559.*

31. En ne s'expliquant pas sur les conditions dans lesquelles la mère des enfants avait refusé de les représenter à leur père, une cour d'appel n'a pas mis la Cour de cassation en mesure d'exercer son contrôle sur l'existence des éléments constitutifs de l'infraction intentionnelle de non-représentation d'enfant. • Crim. 5 juill. 1995, n° 94-81.430 P : *Dr. pénal 1995. 277, note Véron.*

32. Nature. L'élément intentionnel du délit est caractérisé par le refus réitéré de remettre les enfants. • Crim. 28 févr. 1968, n° 92-36.567 P. ♦ ... Ou par le refus délibéré de remettre l'enfant à la personne qui a le droit de le réclamer en vertu d'une décision de justice exécutoire, quel que soit le mobile qui guide cette attitude. • Crim. 3 juill. 1984, n° 82-91.695 P : *RSC 1985. 301, obs. Levasseur.* ♦ L'élément intentionnel du délit de non-représentation d'enfant est caractérisé par le refus délibéré ou indu, comme contraire à une décision de justice, de remettre l'enfant à la personne qui a le droit de le réclamer, quel que soit le mobile de cette attitude, et en l'absence de tout danger actuel ou imminent menaçant sa personne ou sa santé. • Crim. 3 sept. 1996, n° 94-85.046 P : *RSC 1997. 104, obs. Mayaud* • 8 sept. 1999 : *Dr. pénal 2000. 14, obs. Véron.*

33. Se rend coupable du délit prévu par l'art. 357 C. pén. : la mère qui n'a pas présenté l'enfant aux dates proposées par le père, lequel disposait d'un libre droit de visite accordé par l'ordonnance de non-conciliation, et alors qu'elle n'établit pas avoir suggéré d'autres modalités de rencontre. • Crim. 5 févr. 1958 : *D. 1958. 325.* ♦ ... La mère qui a la garde de deux enfants et se refuse de confier seulement l'un d'eux au père, exerçant son droit de visite séparément à l'égard de cet enfant, alors que les décisions réglant la garde et le droit de visite n'imposaient pas au père d'exercer son droit à l'égard des deux enfants simultanément. • Crim. 13 févr. 1962, n° 93-06.461 P. ♦ ... Ou qui refuse de présenter seulement l'un d'eux au père au prétexte que l'autre est malade et qu'elle ne veut pas les séparer, alors que si la décision règle la garde et le droit de visite des deux enfants, elle n'impose pas au père d'exercer son droit à l'égard des deux enfants simultanément. • Crim. 21 févr. 1967, n° 90-93.066 P.

34. Commet l'infraction le directeur départemental des affaires sanitaires et sociales qui, au mépris d'une ordonnance du juge des enfants, refuse à des parents nourriciers tout droit de visite sur des mineurs pupilles de l'État, quand bien même lui aurait été laissée la faculté d'organiser à sa convenance l'exercice de ce droit de visite, cette faculté ne pouvant entraîner la suppression totale et permanente de celui-ci. • Crim. 3 juill. 1984 : *préc. note 32.*

35. A justifié sa décision, tant au regard de l'art. 357 ancien que de l'art. 227-5 nouveau C. pén., la cour d'appel qui, pour déclarer le prévenu coupable des faits qui lui étaient reprochés, énonce qu'après avoir exercé son droit de visite en Martinique, où son ex-épouse avait transféré son domicile et emmené ses enfants, il est rentré en métropole, accompagné de ces derniers, et les a cachés jusqu'à la date de l'audience fixée par le juge aux affaires matrimoniales qu'il a alors saisi, et relève que le prévenu s'est rendu coupable d'un véritable « coup de force » qui n'était pas nécessaire pour préserver la santé psychologique des enfants. • Crim. 3 sept. 1996 : *préc. note 32.*

36. A justifié sa décision au regard de l'art. 227-5 C. pén. la cour d'appel qui, pour déclarer la mère coupable des faits qui lui étaient reprochés, relève que l'ordonnance de non-conciliation prévoyait que le droit de visite et d'hébergement du père serait exercé « en la présence permanente d'un tiers de confiance », constate qu'à plusieurs reprises la prévenue a refusé de représenter l'enfant à son père en contestant la qualité de tiers de confiance à certains membres ou proches de la famille de ce dernier au motif qu'ils n'avaient pas reçu son agrément préalable, et retient qu'elle a ainsi ajouté à l'ordonnance à exécuter des restrictions que cette décision juridictionnelle ne contenait pas. • Crim. 8 sept. 1999 : *préc. note 32.*

37. Erreur de droit. L'erreur de droit alléguée par le prévenu ne constitue ni un fait justificatif ni une excuse admis par la loi elle demeure sans influence sur l'intention coupable affirmée par le refus réitéré du prévenu de remettre l'enfant à la mère à laquelle il a été judiciairement confié. • Crim. 8 févr. 1966, n° 92-01.265 P : *D. 1966. Somm. 83* • 1er févr. 1990 : *Dr. pénal 1990 221.* ♦ *Contra* : • Besançon, 16 févr. 1949 : *Gaz. Pal. 1949. 1. 166.*

38. Erreur de fait. Est légalement justifié l'arrêt de relaxe décidant, qu'en raison des circonstances, la mère qui a emmené l'enfant quelques jours avant la date à laquelle il devait lui être remis pour les vacances, a pu s'y croire autorisée. • Crim. 6 nov. 1936 : *DH 1936. 559.* ♦ Doit être relaxée en raison de sa bonne foi la mère qui s'oppose à l'exercice du droit de visite accordé au père sur la base d'informations erronées fournies par son avocat. • Douai, 26 sept. 1996 : *Dr. pénal 1997. 60, obs. Véron.*

39. Contrainte. La circonstance que des juridictions étrangères auraient statué dans un sens différent, en ce qui concerne le droit de garde d'un enfant mineur, ne saurait constituer pour le prévenu un cas de force majeure ou de contrainte morale de nature à le dispenser d'exécuter les décisions intervenues devant les tribunaux français et qui, tant qu'elles ne sont pas régulièrement rapportées ou modifiées, conservent toute leur force obligatoire et continuent de produire leurs entiers effets. • Crim. 14 févr. 1957, n° 3-21.854 P.

40. Ne commet pas le délit de non-représentation d'enfant la mère gardienne qui, en raison de ses obligations professionnelles, a transféré son domicile outre-mer, alors qu'elle ne s'est pas soustraite volontairement à l'exécution de la décision de justice fixant le droit de visite. • Reims, 14 avr. 1972 : *D. 1972. 432 ; RSC 1973. 124, obs. Levasseur.* ♦ Il en est de même pour la mère qui, titulaire du droit de garde, a quitté la France, où elle était en chômage, pour s'installer avec l'enfant à l'étranger, où elle avait trouvé une situation en rapport avec ses aptitudes. • T. corr. Versailles, 5 juin 1950 : *Gaz. Pal. 1950. 2. 234.* ♦ V. cependant art. 227-6.

41. Doivent être exonérés de toute responsabilité pénale, comme ayant cédé à une contrainte morale irrésistible résultant d'une menace d'enlèvement et de la crainte pour leur petit-fils d'un mal suffisamment prenant pour abolir leur volonté et leur liberté de choix, des prévenus de non-représentation d'enfant, dès lors qu'ils pouvaient craindre que le père ne mette à profit l'exercice du droit de visite et d'hébergement pour emmener l'enfant en Algérie où il avait conservé des liens, et dès lors que l'état de santé de cet enfant nécessitait une surveillance médicale régulière. • Dijon, 19 déc. 1984 : *Gaz. Pal. 1985. 1. 256 ; RSC 1985. 812, obs. Levasseur.* ♦ Pareillement, une mère, prévenue de refus d'exercice du droit de visite d'un mineur à celui qui était en droit de le réclamer, peut faire valoir à bon droit qu'elle a cédé à une contrainte morale irrésistible résultant de l'incarcération du père sous la prévention d'assassinat et des risques sous-évalués que le milieu carcéral ne peut manquer de produire chez un jeune enfant. • T. corr. Agen, 22 mai 1985 : *Gaz. Pal. 1985. 2. 587 ; RSC 1986. 87, obs. Vitu ; ibid. 102, obs. Levasseur.*

42. Doit être relaxée la mère d'une enfant de 10 ans qui a refusé de représenter celle-ci à son père parce que la violence de ce dernier nourrissait un sentiment de peur chez l'enfant, qu'il était impossible à la prévenue d'atténuer, et faisait craindre un danger pour elle. • Bastia, 29 nov. 2006 : *JCP 2007. IV. 2065.*

43. État de nécessité. Pour écarter l'argumentation de la prévenue qui justifiait son refus de représenter l'enfant à son père par la gravité des soupçons d'atteintes sexuelles que celui-ci aurait commises sur cette mineure et dont elle voulait empêcher le renouvellement, l'arrêt attaqué relève que la décision du juge des affaires familiales de suspendre le droit d'hébergement du père et d'organiser son droit de visite au domicile des grands-parents de l'enfant prenait en compte les soupçons d'abus sexuel pesant sur lui ; les juges constatent que la prévenue n'a pas demandé, comme elle était en droit de le faire, la suspension de l'exécution provisoire attachée à la décision de ce magistrat, et qu'elle a refusé de se rendre aux convocations de l'association chargée d'une mesure de médiation avant poursuites pénales ; ils retiennent qu'en l'absence d'un danger actuel ou imminent couru par la mineure, et qu'en raison de la disproportion que constituait l'opposition absolue de la prévenue à tout exercice du droit de visite, dans les conditions fixées par le juge aux affaires familiales, en l'état des simples soupçons pesant alors sur le père pris en considération par la décision de justice, la prévenue ne saurait invoquer les dispositions de l'art. 122-7 C. pén. ; en statuant par ces motifs, et dès lors que l'élément intentionnel du délit de non-représentation d'enfant est caractérisé par le refus délibéré ou indu comme étant, en l'espèce, contraire à une décision de justice, de remettre l'enfant à la personne qui est en droit de le réclamer, la cour d'appel a justifié sa décision. • Crim. 2 sept. 2004 : *Dr. pénal 2004. 172, obs. Véron.*

44. Résistance de l'enfant. La résistance du mineur ou son aversion à l'égard de celui qui est en droit de le réclamer ne saurait, à moins de circonstances exceptionnelles, constituer pour celui qui a l'obligation de le représenter ni une excuse légale ni un fait justificatif. • Crim. 12 mai 1954 : *Bull. crim. n° 175 ; D. 1955. 229, note Bouzat ; JCP 1954. II. 8246, note Vitu* • 8 janv. 1960 : *Bull. crim. n° 4* • 21 févr. 1973, n° 92-20.371 P : *RSC 1974. 102, obs. Levasseur* • 29 avr. 1976, n° 75-93.024 P : *JCP 1976. II. 18505, note Vitu ; RSC 1976. 974, obs. Levasseur* • 23 nov. 1982 : *D. 1983. IR 143* • 13 avr. 1988 : *D. 1989. 461, note Renucci ; RSC 1990. 343, obs. Levasseur* • 12 déc. 1989 : *Dr. pénal 1990. 126 ; RSC 1990. 790, obs. Levasseur* • 17 juin 1992, n° 91-86.814 P : *D. 1993. Somm. 14, obs. Azibert ; RSC 1993. 105, obs. Levasseur* • 27 oct. 1993 : *Dr. pénal 1994. 61, obs. Véron ; RSC 1994. 556, obs. Levasseur* • 15 juin 1994 : *Gaz. Pal. 1994. 2. Somm. 676.* ♦ Tant au regard de l'art. 357 C. pén., alors applicable, que de l'art. 227-5 C. pén., actuellement en vigueur, la résistance d'un enfant à l'égard de celui qui le réclame ne saurait constituer une cause légale de diminution ou d'exemption de la peine, à moins de circonstances exceptionnelles. • Crim. 4 oct. 1995 : *Gaz. Pal. 1996. 1, chron. crim. 14.*

45. Il incombe à la personne tenue, en vertu d'une décision de justice, de représenter l'enfant, d'user de toute son autorité pour amener celui-ci à s'y conformer. • Crim. 12 mai 1954 : *préc. note 44* • 25 févr. 1964 : *S. 1964. 220 ; JCP 1964. II. 13679 ; Gaz. Pal. 1964. 2. 19* • Nancy, 23 mars 1949 : *Gaz. Pal. 1949. 2. 111* • Bordeaux, 15 févr. 1989 : *Dr. pénal 1990. 56.* ♦ ... Et la simple affirmation de circonstances exceptionnelles ne saurait justifier la résistance à des décisions de justice réitérées statuant sur la garde. • Crim. 15 mars 1962 : *Bull. crim. n° 136* • 5 oct. 1966, n° 90-06.065 P. ♦ ... De même que doivent être précisées les circonstances desquelles il résulte que le prévenu exerçait en fait sur l'enfant une autorité suffisante pour l'astreindre à exécuter la décision de justice. • Crim. 1er juill. 1948 : *Bull. crim. n° 178.*

46. Pour des exemples d'absence ou d'insuffisance d'autorité pénalement sanctionnées. • Crim. 7 déc. 1944 : *Bull. crim. n° 195 ; D. 1945. 223 ; S. 1945. 1. 59 ; Gaz. Pal. 1945. 1. 81* • 27 déc. 1951 : *Bull. crim. n° 351 ; D. 1952. 107* • 12 mai 1954 : *préc. note 44* • 27 déc. 1954 : *Bull. crim. n° 436* • 1er févr. 1956 : *ibid. n° 119* • 14 mai 1957 : *ibid. n° 400 ; D. 1957. 529* • 27 mai 1959 : *Bull. crim. n° 283* • 16 mars 1960 : *ibid. n° 154* • 8 déc. 1964 : *ibid. n° 332 ; D. 1965. Somm. 51* • 12 déc. 1990 : *Gaz. Pal. 1990. 2. Somm. 367.*

47. Doit être cassé l'arrêt qui, pour relaxer une femme du délit de non-représentation d'enfant, faute d'intention coupable, déclare qu'il appartenait au père de modifier son attitude et d'essayer de capter la confiance de ses enfants qui se refusaient à lui rendre visite. • Crim. 12 mai 1954 : *préc. note 44.* ♦ Comp. : • Rouen, 14 févr. 1955 : *D. 1955. 373.*

48. Dans l'exercice de leur autorité, les parents sont tenus à une obligation de moyens et non de résultat, et on ne saurait leur reprocher de n'avoir pas utilisé la contrainte physique, alors que l'avenir psychique des enfants, leur épanouissement affectif, leur équilibre émotif risqueraient d'être gravement compromis par de telles mesures. • T. corr. Lille, 9 mars 1964 : *D. 1964. 336 ; S. 1964. 332.*

49. Si la résistance des enfants ou leur aversion à l'égard de la personne qui les réclame ne saurait constituer pour celui qui a l'obligation de les représenter ni une excuse légale ni un fait justificatif, il en est autrement lorsqu'il a en vain usé de son autorité et que seules des circonstances exceptionnelles, expressément constatées, l'ont empêché d'exécuter son obligation. • Crim. 23 janv. 1968 : *Bull. crim. n° 20 ; D. 1968. 364 ; Gaz. Pal. 1968. 1. 144* • 15 déc. 1976, n° 76-90.325 P : *Gaz. Pal. 1977. 1. Somm. 197 ; RSC 1977. 339, obs. Levasseur.*

50. Ainsi, l'abstention de la mère de représenter son enfant au père exerçant le droit de visite prévu par l'ordonnance de non-conciliation, peut ne pas être volontaire au sens de l'art. 357 C. pén., si l'enfant, en refusant de suivre son père, fait preuve d'une volonté propre, sans que la mère ait provoqué ou favorisé la résistance de l'enfant, et alors qu'en raison de l'état physique et nerveux de ce dernier, la mère a pu ne pas se sentir libre d'exercer son autorité. • T. corr. Châteauroux, 9 janv. 1963 : *D. 1963. 578, note Pradel ; Gaz. Pal. 1963. 1. 440.* ♦ Est notamment une circonstance exceptionnelle, constitutive de force majeure, la résistance d'un enfant âgé de quinze ans. • Crim. 14 mars 1972 : *JCP 1973. II. 17405, note M.A. ; RSC 1974. 103, obs. Levasseur.*

51. De même, ne s'est pas rendue coupable du délit qui lui est reproché la mère qui n'a pas été en mesure de représenter l'enfant à son père, alors qu'il est apparu que cet enfant, dont la résistance farouche s'était concrétisée par des fugues, a vécu les visites de son père dans une atmosphère de « cauchemar ». • Agen, 27 juin 1985 : *Gaz. Pal. 1986. 1. Somm. 137, note Vassal.* ♦ Rappr. : • T. corr. Tours, 16 oct. 1969 : *Gaz. Pal. 1970. 1. Somm. 26.*

52. Doit être relaxée du délit de non-représentation d'enfant la prévenue qui n'a jamais refusé de représenter son fils et qui a fait l'impossible pour rétablir les relations entre le père et l'enfant qui refusait de se rendre au domicile de celui-ci ; en effet l'enfant a toujours été mis à la disposition de son père et ce n'est que devant sa résistance que le plaignant a renoncé à l'emmener ; doit être considérée comme une circonstance exceptionnelle, constitutive de force majeure, la résistance d'un enfant âgé de quinze ans qui, bien que sa mère ait usé de toute son autorité pour l'amener à suivre son père, refuse d'obéir et la met dans l'impossibilité d'exécuter son obligation ; l'intention délictuelle n'est donc pas caractérisée. • Toulouse, 8 sept. 2003 : *JCP 2004. IV. 1669.*

53. Le prévenu est poursuivi pour non-représentation d'enfant ; l'enfant concerné était âgé de 14 ans au jour des faits reprochés à son père, et il a écrit à plusieurs reprises à sa mère des courriers dans lesquels il expliquait que son père ne l'empêchait pas de la voir, et que c'était lui qui refusait de voir sa mère, en raison de son comportement et de ses reproches à l'égard du prévenu ; l'enfant a écrit également au juge aux affaires familiales pour expliquer les raisons de son refus de voir sa mère ; il a été entendu par celui-ci, et il a répété qu'il ne voulait pas voir sa mère tant qu'elle ne donnerait pas de signes de bonne volonté d'apaisement ; il a réécrit à sa mère pour expliquer son attitude en précisant agir sans aucune influence de son père ; l'ordonnance de non-conciliation rendue ultérieurement sur la requête en divorce présentée par la mère a attribué l'exercice de l'autorité parentale au seul prévenu ; il résulte de l'ensemble de ces éléments que l'enfant était en âge de comprendre sa situation et d'exprimer une volonté personnelle, mature, réfléchie et constante ; cette situation a constitué pour le prévenu une difficulté insurmontable qui l'empêchait de respecter et faire respecter les droits de visite et d'hébergement accordés par le juge aux affaires familiales ; le prévenu doit donc être relaxé. • Douai, 14 févr. 2007 : *JCP 2007. IV. 2649.*

54. Le prévenu est poursuivi pour non-représentation d'enfant, délit intentionnel nécessitant une attitude consciente et volontaire de son auteur ; or, en l'espèce, il s'est rendu de son domicile de Volstroff (57) à celui de la mère de l'enfant à Pézenas (34) afin de lui laisser l'enfant pour les vacances de la Toussaint ; n'y trouvant pas la mère, il s'est rendu à la gendarmerie où la mère qui avait été jointe les a rejoints ; l'enfant a alors exprimé dans des termes violents son refus de rester chez sa mère, la menaçant de violences ou de fugue ; il a d'ailleurs réitéré son refus de ne pas aller chez sa mère à plusieurs reprises par la suite devant des psychologues ; âgé de 14 ans, il était en mesure de comprendre sa situation et d'exprimer une volonté personnelle, réfléchie et constante ; cette situation a constitué pour le prévenu une difficulté insurmontable l'empêchant de respecter et faire respecter les droits de visite et d'hébergement accordés par le juge aux affaires familiales ; eu égard à cette circonstance exceptionnelle constitutive de force majeure, il convient de relaxer le prévenu. • Montpellier, 8 juin 2010 : *JCP 2010, n° 891.*

55. Conseils d'un psychologue. Est coupable de non-représentation d'enfant à une personne ayant le droit de le réclamer, la mère d'un enfant qui fait obstacle au droit de visite accordé par une décision judiciaire à la grand-mère de ce dernier ; la prévenue reconnaissait en l'espèce les faits, qu'elle a d'ailleurs réitérés malgré les injonctions du ministère public et deux tentatives de médiation ; elle mettait, toutefois, en avant le fait que l'enfant refusait de voir sa grand-mère ainsi que ses propres craintes à l'égard de sa mère en raison d'attouchements commis par celle-ci sur d'autres enfants ; elle suivait, enfin, les conseils donnés par la psychologue du mineur ; cependant, pour les magistrats, les données et conseils recueillis autour de l'enfant ne pouvaient aller à l'encontre de la décision judiciaire tant qu'aucune décision ne vient modifier le cadre de l'exercice du droit de visite accordé à la grand-mère. • Pau, 3 févr. 2005 : *JCP 2005. IV. 3042.*

56. Certificat médical. L'appréciation de la valeur de la justification tirée d'un certificat médical, invoqué par l'époux qui a la garde de l'enfant pour faire échec à l'exécution des mesures judiciaires concernant la représentation de ce dernier, relève du pouvoir souverain des juges du fond. • Crim. 28 nov. 1973, n° 91-81.473 P : *Gaz. Pal. 1974. 1. 128 ; RSC 1974. 367, obs. Levasseur.* ♦ Pour la reconnaissance par un expert psychiatre d'un danger actuel ou imminent menaçant l'équilibre psychique d'une très jeune enfant, danger de nature à justifier le délit de non-représentation en application des dispositions de l'art. 122-7 C. pén. relatif à l'état de nécessité. • Colmar, 18 juin 2014 : *AJ pénal 2014. 416, obs. Lasserre Capdeville.*

III. RÉPRESSION

A. COMPÉTENCE

57. Compétence interne. Les règles de compétence prévues par l'art. 382 C. pr. pén. régissent le délit de non-représentation d'enfant. • Crim. 3 mars 1977, n° 74-92.884 P : *JCP 1978. II. 18790, rapp. Guerder.*

58. Aux termes de l'art. 382 C. pr. pén., est compétent le tribunal correctionnel du lieu de l'infraction ; pour le délit de non-représentation d'enfant, l'infraction est consommée au lieu où doit être effectuée la remise du mineur, conformément aux dispositions de la décision de justice dont l'exécution doit être assurée. • Crim. 19 mai 1950 : *Bull. crim. n° 166* • 27 oct. 1966, n° 91-28.066 P : *Gaz. Pal. 1967. 1. 10* • 27 nov. 1968, n° 91-93.468 P • 7 déc. 1972, n° 904-57.172 P : *D. 1973. 172* • 4 janv. 1990, n° 88-81.529 P : *RSC 1990. 788, obs. Levasseur.* ♦ Il s'agit, dans les hypothèses où cette décision l'exige, du lieu spécifique désigné expressément par la juridiction civile, et non du domicile de la personne ayant le droit de réclamer l'enfant. • Crim. 4 janv. 1990, n° 88-81.529 P : *préc.*

59. Le juge français est compétent pour statuer en matière de non-représentation d'enfant lorsque le lieu de remise de ce dernier, ou à défaut de précision le domicile du parent en droit de le réclamer, se situe sur le territoire national, sans qu'il y ait lieu de distinguer selon que le domicile du prévenu, ou l'endroit où est indûment retenu l'enfant, se trouve ou non sur le territoire national, cette circonstance étant sans effet sur la détermination du lieu de commission de l'infraction. • Crim. 21 juin 2023, nº 23-80.031 B : *D. actu. 5 juill. 2023, obs. Récotillet.*

60. Mais en l'absence de désignation expresse du lieu spécifique où doit être accomplie la remise du mineur, par la décision de justice accordant le droit de visite ou d'hébergement, le délit de l'art. 357 C. pén. est commis au lieu du domicile de la personne ayant le droit de réclamer l'enfant. • Crim. 24 juin 1992, nº 91-81.264 P : *RSC 1993. 104, obs. Levasseur.* ♦ Il ne saurait être reproché à une cour d'appel d'avoir rejeté l'exception d'incompétence territoriale du tribunal correctionnel du lieu du domicile du père, soulevée par la prévenue, aux prétendus motifs, d'une part, que la représentation des enfants à son mari devant s'effectuer, en vertu d'un accord amiable, à son domicile, seul ce dernier pouvait déterminer la compétence du tribunal, et d'autre part, que l'art. 227-5 C. pén. a transféré le lieu de commission du délit à celui où est né l'élément intentionnel, ce lieu étant, en l'espèce, celui de son domicile ; en effet, en l'absence de désignation expresse du lieu spécifique où doit être accomplie la remise du mineur, par la décision de justice accordant le droit de visite, le délit de non-représentation d'enfant est commis au lieu du domicile de la personne ayant le droit de réclamer l'enfant, les dispositions prises par les parties à cet égard n'ayant aucune incidence ; ainsi, le délit reproché à la mère ayant été commis au domicile de son mari, le tribunal saisi était compétent. • Crim. 14 avr. 1999, nº 98-82.853 P : *D. 2000. Somm. 37, obs. Mayaud ; Dr. pénal 1999. 111, obs. Véron.*

61. Compétence internationale. Lorsque la décision relative au droit de visite prévoit que ce droit doit être exercé à l'étranger, l'art. 693 C. pr. pén. (C. pén., nouvel art. 113-2, al. 2), aux termes duquel « est réputée commise sur le territoire de la République toute infraction dont un acte caractérisant un de ses éléments constitutifs a été accompli en France », n'est pas applicable : en effet, le délit de non-représentation d'enfant n'est pas un délit complexe et c'est à l'étranger que les actes caractérisant les éléments constitutifs du délit ont été commis. • Crim. 27 oct. 1966, nº 91-28.066 P : *Gaz. Pal. 1967. 1. 10.* ♦ Par suite, lorsque le délit de non-représentation d'enfant a été commis à l'étranger par un étranger, les tribunaux français sont incompétents pour en connaître. • Crim. 16 juill. 1969, nº 69-90.363 P : *D. 1970. Somm. 21 ; Gaz. Pal. 1969. 2. 253.*

62. Il ne saurait être reproché à une cour d'appel de rejeter le moyen tiré de l'incompétence de la juridiction française pour connaître de faits constitutifs de non-représentation d'enfant commis en Suisse, par une ressortissante possédant la double nationalité suisse et française, et domiciliée en Suisse, dès lors que les juges du second degré, après avoir relevé que les dispositions de l'art. 689, al. 2, C. pr. pén., en vigueur au moment des faits, impliquent nécessairement que le juge répressif français prenne en considération la loi étrangère, constatent que les faits reprochés au prévenu sont punis par la législation du pays où ils ont été commis, aux termes de l'art. 229 C. pén. suisse ; en effet, l'interprétation d'une loi étrangère est une question de fait qui échappe au contrôle de la Cour de cassation. • Crim. 12 nov. 1997, nº 93-85.278 P.

B. POURSUITES

63. Plainte. L'art. 357 C. pén. qui prévoit et réprime le délit de non-représentation d'enfant ne fait pas de la plainte une condition nécessaire de la poursuite ; c'est, dès lors, en vain que la personne prévenue de ce délit allègue que le plaignant se serait désisté de sa plainte. • Crim. 29 avr. 1976, nº 75-93.024 P • 23 juin 2010 : *Dr. pénal 2010, nº 129, obs. Maron et Haas.*

64. Poursuites successives. Le délit de non-représentation d'enfant à ceux qui, aux termes d'une décision de justice, ont le droit de les réclamer, est un délit successif qui se renouvelle chaque fois (jour) que, mis en demeure d'exécuter cette décision, le prévenu s'y refuse formellement ; ce délit est susceptible d'être poursuivi à chaque obstacle mis à l'exercice du droit de visite. • Crim. 10 avr. 1930 : *Bull. crim. nº 119* • 5 nov. 1936 : *ibid. nº 107 ; DH 1936. 573* • 30 juin 1937 : *Bull. crim. nº 138 ; DH 1937. 455* • 14 févr. 1957, nº 3-21.854 P : *D. 1958. Somm. 30.*

C. RESPONSABILITÉS

65. Pluralité de prévenus. N'est pas légalement justifiée la condamnation prononcée concurremment contre deux prévenus pour non-représentation d'enfant, lorsque les juges se bornent à formuler une déclaration commune et imprécise de culpabilité, sans spécifier les actes personnels qu'ils retiennent à l'égard de chacun comme constitutifs du délit prévu par l'art. 357 C. pén. • Crim. 6 oct. 1959, nº 95-25.458 P.

66. Complicité. Les juges du fait qui constatent qu'un père a encouragé son fils, demeurant avec lui, à ne pas rendre un enfant à sa mère, à la garde de laquelle il avait été confié, qu'il a joué un rôle important dans sa décision, s'est opposé avec lui à l'huissier qui voulait reprendre l'enfant, a fourni des subsides pour emmener l'enfant à l'étranger, justifient, par ces constatations souveraines, la condamnation du père pour complicité, par aide et assistance, de non-représentation d'enfant. • Crim. 19 févr. 1963, nº 92-76.462 P : *D. 1963. Somm. 67 ; Gaz. Pal. 1963. 1. 452.*

67. Selon le principe *ne bis in idem*, les faits qui procèdent de manière indissociable d'une action unique caractérisée par une seule intention coupable ne peuvent donner lieu, contre le même prévenu, à deux déclarations de culpabilité de nature pénale, fussent-elles concomitantes ; pour déclarer les deux prévenues coupables de complicité des délits de soustraction d'un enfant mineur par ascendant et de non-représentation d'enfant, l'arrêt attaqué énonce que toutes deux, respectivement mère et sœur de l'auteure principale, l'ont aidée dans sa fuite avec son enfant, cette aide lui ayant permis, dans la durée, de dissimuler les lieux où elle se trouvait, de déjouer les recherches entreprises pour la retrouver et de poursuivre sa fuite avec sa fille, pendant près de quatre ans, alors que l'enfant devait être remise à son père ; l'arrêt énumère les actes de complicité qu'il retient à la charge des demanderesses : organisation d'un déménagement, résiliation d'abonnements, cession d'un véhicule, accomplissement de démarches administratives au nom de l'auteur principal ou pour son compte qui auraient permis de la retrouver si elle les avait faites elle-même, fourniture d'argent et de vêtements, précautions prises pour déjouer les surveillances, comportant, en particulier, le recours à des phrases codées lors d'appels téléphoniques passés depuis des cabines publiques ; mais en se déterminant ainsi, la cour a méconnu le principe visé ci-dessus : en effet, il résulte des énonciations de l'arrêt que les actes de complicité des deux infractions retenus par la cour d'appel procèdent, de manière indissociable, d'une action unique, l'aide apportée à la fuite illicite d'une mère avec son enfant au mépris des droits du père, caractérisée par une seule intention coupable (cassation sans renvoi). • Crim. 8 janv. 2020, n° 19-80.809 : *Gaz. Pal. 2020. 1190, obs. Bouveau ; Dr. pénal 2020, n° 72, obs. Conte.*

Art. 227-6 **Le fait, pour une personne qui transfère son domicile en un autre lieu** *(Abrogé par L. n° 96-604 du 5 juill. 1996)* ***« après un divorce, une séparation de corps ou une annulation de mariage, »*** **alors que ses enfants résident habituellement chez elle, de ne pas notifier son changement de domicile, dans un délai d'un mois à compter de ce changement, à ceux qui peuvent exercer à l'égard des enfants un droit de visite ou d'hébergement en vertu d'un jugement** *(L. n° 2016-1547 du 18 nov. 2016, art. 50-VI et 114-V, en vigueur le 1er janv. 2017)* **« , d'une convention judiciairement homologuée ou d'une convention prévue à l'article 229-1 du code civil », est puni de six mois d'emprisonnement et de 7 500 € d'amende.** — *Pr. pén. 398-1.*

Corresp. : *C. pén., ancien art. 356-1.*

1. Lieu de commission. Justifie sa décision de rejeter l'exception de nullité de la citation délivrée à la requête de la partie civile des chefs de non-représentation d'enfant et de défaut de notification de changement de domicile, la cour d'appel qui énonce que l'art. 113-8 C. pén. invoqué à l'appui de la demande est inapplicable en l'espèce, dès lors que, d'une part, la partie civile n'a visé dans la citation que les faits de non-représentation d'enfant qui auraient été commis sur le territoire français et que, d'autre part, le délit de défaut de notification de changement de domicile prévu par l'art. 227-6 C. pén., est commis au lieu du domicile de la personne qui peut exercer un droit de visite ou d'hébergement à l'égard de l'enfant. • Crim. 21 janv. 2004, n° 03-80.828 P : *Dr. pénal 2004. 81, obs. Véron ; Gaz. Pal. 2004. 2. Somm. 3382, obs. Monnet.*

2. Intention. C'est à bon droit qu'une cour d'appel, saisie du chef de défaut de notification de changement de domicile, relaxe, faute d'intention de faire échec au droit de visite de son ex-époux à leurs enfants communs, la prévenue qui avait avisé, comme ils en étaient convenus entre eux, son ex-beau-père de son changement d'adresse. • Crim. 20 févr. 1991, n° 90-80.061 P : *D. 1993. Somm. 132, obs. Becquerelle ; RSC 1993. 104, obs. Levasseur.*

Art. 227-7 **Le fait, par tout ascendant** *(Abrogé par Ord. n° 2005-759 du 4 juill. 2005, art. 19, à compter du 1er juill. 2006)* ***« légitime, naturel ou adoptif »*****, de soustraire un enfant mineur des mains de ceux qui exercent l'autorité parentale ou auxquels il a été confié ou chez qui il a sa résidence habituelle, est puni d'un an d'emprisonnement et de 15 000 € d'amende.** — *Pr. pén. 398-1.*

Corresp. : *C. pén., ancien art. 357.*

DALLOZ PRATIQUE[S] *Divorce - Enlèvement d'enfants.*

BIBL. ▸ LOMBOIS, *RSC 1998. 398 s.* (droit interne et international du déplacement transfrontières d'un enfant).

1. Condition préalable. Le lien de filiation entre le mineur et la victime n'étant pas un élément constitutif du délit prévu par l'art. 227-7 C. pén., sa disparition est sans incidence sur l'existence de l'infraction. • Comm. révis., 11 mars 2002, n° 01-99.158 P.

2. Les dispositions de l'art. 227-7 C. pén. ne sauraient être interprétées comme imposant que le mineur ait été soustrait des seules mains du titulaire de l'autorité parentale. • Crim. 16 févr. 2005 : *Dr. pénal 2005. 87, obs. Véron.*

3. Matérialité. Sur l'application, avant la réforme du code pénal, de l'art. 356 C. pén. à des faits de non-représentation imputables à qui tenait directement de la loi le droit de réclamer l'enfant, faits désormais couverts par l'art. 227-5 C. pén. : V. ss. art. 227-5.

4. Se rend coupable du délit de soustraction de mineur par ascendant la mère, de nationalité turque, qui, bien que s'étant vu confier la garde de l'enfant par un jugement stambouliote et alors que le père ne s'était vu reconnaître aucune autorité parentale sur celui-ci, emmène son fils à l'étranger, le soustrayant ainsi des mains de son père chez qui il avait sa résidence habituelle en France depuis 2012, date à laquelle ce dernier avait fui la Turquie avec l'enfant, dès lors que les juridictions françaises avaient alors, bien que constatant le déplacement illicite de l'enfant, rejeté la demande de retour immédiat du mineur en Turquie. • 18 mai 2022, n° 21-81.813 B : *D. actu. 14 juin 2022, obs. Récotillet.*

5. Intention. V. également ss. art. 227-8. ♦ Ne justifie pas sa décision au regard de l'art. 356 C. pén. la cour d'appel qui, pour retenir la culpabilité du père d'un enfant naturel du chef d'enlèvement de mineur sans fraude ni violence, retient que, à l'occasion de l'exercice d'un droit de visite du père, l'enfant mineur n'a pas réintégré le domicile de sa mère, que les faits non contestés dans leur matérialité sont établis et que la volonté de l'enfant de demeurer avec son père ne peut être un fait justificatif, alors que ces seuls motifs ne caractérisent pas l'élément intentionnel de l'infraction. • Crim. 29 oct. 1991 : *D. 1993. Somm. 131, obs. Dekeuwer-Défossez.*

6. Infraction continue. Le délit de soustraction de mineurs présente le caractère d'un délit continu qui se poursuit aussi longtemps que son auteur persévère dans sa volonté de porter atteinte à l'exercice de l'autorité parentale ; dès lors, justifie sa décision la cour d'appel qui, pour écarter l'exception d'incompétence territoriale soulevée par un père et déclarer celui-ci coupable de soustraction d'enfants, par ascendant, avec cette circonstance que les mineurs ont été retenus au-delà de cinq jours, énonce, d'une part, que l'infraction qui a commencé en Irlande, s'est poursuivie à Roscoff, à Marseille et en Suisse, et d'autre part, que le prévenu, sachant qu'il n'avait plus aucun droit sur les enfants, a voulu les soustraire à leur mère. • Crim. 23 févr. 2000, n° 99-84.739 P : *Dr. pénal 2000. Comm. 83, obs. Véron ; RSC 2000. 608, obs. Mayaud et 815, obs. Bouloc.*

7. Complicité. Selon le principe *ne bis in idem*, les faits qui procèdent de manière indissociable d'une action unique caractérisée par une seule intention coupable ne peuvent donner lieu, contre le même prévenu, à deux déclarations de culpabilité de nature pénale, fussent-elles concomitantes ; pour déclarer les deux prévenues coupables de complicité des délits de soustraction d'un enfant mineur par ascendant et de non-représentation d'enfant, l'arrêt attaqué énonce que toutes deux, respectivement mère et sœur de l'auteure principale, l'ont aidée dans sa fuite avec son enfant, cette aide lui ayant permis, dans la durée, de dissimuler les lieux où elle se trouvait, de déjouer les recherches entreprises pour la retrouver et de poursuivre sa fuite avec sa fille, pendant près de quatre ans, alors que l'enfant devait être remise à son père ; l'arrêt énumère les actes de complicité qu'il retient à la charge des demanderesses : organisation d'un déménagement, résiliation d'abonnements, cession d'un véhicule, accomplissement de démarches administratives au nom de l'auteur principal ou pour son compte qui auraient permis de la retrouver si elle les avait faites elle-même, fourniture d'argent et de vêtements, précautions prises pour déjouer les surveillances, comportant, en particulier, le recours à des phrases codées lors d'appels téléphoniques passés depuis des cabines publiques ; mais en se déterminant ainsi, la cour a méconnu le principe visé ci-dessus : en effet, il résulte des énonciations de l'arrêt que les actes de complicité des deux infractions retenus par la cour d'appel procèdent, de manière indissociable, d'une action unique, l'aide apportée à la fuite illicite d'une mère avec son enfant au mépris des droits du père, caractérisée par une seule intention coupable (cassation sans renvoi). • Crim. 8 janv. 2020, n° 19-80.809 : *Gaz. Pal. 2020. 1190, obs. Bouveau ; Dr. pénal 2020, n° 72, obs. Conte.*

8. Soustraction internationale. Constitue une soustraction aggravée de mineur le fait pour une mère titulaire de l'autorité parentale en vertu d'une décision des autorités turques d'avoir déplacé son enfant à l'étranger alors que la juridiction française avait interdit le retour de ce dernier qui résidait habituellement chez son père, en France, après un premier déplacement illicite. • Crim. 1er juin 2022, n° 21-81.813 P : *D. actu. 14 juin 2022, obs. Recotillet ; D. 2022. 1043 ; AJ pénal 2022. 372, obs. Mesa ; Gaz. Pal. 2022. 1689, note Pirrotta ; ibid. 2323, obs. Wehbé et Zaroukian ; RSC 2022. 594, obs. Mayaud.*

Art. 227-8 Le fait, par une personne autre que celles mentionnées à l'article 227-7 de soustraire, sans fraude ni violence, un enfant mineur des mains de ceux qui exercent l'autorité parentale ou auxquels il a été confié ou chez qui il a sa résidence habituelle, est puni de cinq ans d'emprisonnement et de 75 000 € d'amende. — *Pr. pén. 398-1.*

Corresp. : *C. pén., ancien art. 356.*

DALLOZ PRATIQUE[S] *Divorce – Enlèvement d'enfants.*

1. Ratio legis. L'art. 356 C. pén., qui tend à assurer aux mineurs de 18 ans l'entière protection et la sécurité dues à leur jeune âge, est conçu en termes généraux et ne comporte ni réserves ni restrictions ; à la différence de l'art. 354 (nouvel art. 224-1 s.), il n'exige pas pour son application que le mineur ait été enlevé ou détourné des lieux mêmes où l'avaient placé ceux à l'autorité ou à la direction desquels il était soumis ou confié : il suffit, pour que soit constitué l'enlèvement au sens de l'art. 356, que le mineur ait été sciemment et volontairement entraîné et déplacé par un tiers pendant un certain temps, quand bien même il y aurait consenti, et sans qu'il y ait lieu d'avoir égard à la circonstance qu'au moment où se placent les faits incriminés, ledit mineur avait déjà abandonné, de son propre gré, le domicile ou la résidence qui étaient normalement les siens. • Crim. 24 juill. 1957 : *Bull. crim. n° 569 ; D. 1958. 288, note M. R. M. P. ; S. 1958. 1, note Hugueney* • 12 mai 1959 : *Bull. crim. n° 257 ; D. 1959. Somm. 83 ; JCP 1959. II. 11148* • 24 mai 1962, n° 93-46.661 P : *D. 1962. 609 ; S. 1962. 319* • 30 oct. 1968, n° 90-68.268 P.

2. Une cour d'appel a justifié sa décision dès lors qu'elle a, sans insuffisance ni contradiction, caractérisé les détournements répétés auxquels le demandeur s'est livré pour exercer sur la mineure une emprise destinée à la soustraire à une autorité parentale qu'il jugeait néfaste. • Crim. 21 janv. 2009 : *D. 2009. Pan. 1925, obs. Bonfils*.

A. MATÉRIALITÉ

3. Non-représentation. Sur l'application, avant la réforme du code pénal, de l'art. 356 C. pén. à des faits de non-représentation imputables à qui tenait directement de la loi le droit de réclamer l'enfant, faits désormais couverts par l'art. 227-5 C. pén., V. note ss. art. 227-5.

4. Soustraction. Si l'art. 356 C. pén. est conçu en termes généraux, ne comportant ni réserve ni restriction, il suppose nécessairement pour son application l'existence d'un fait matériel d'enlèvement ou de détournement, d'où il résulte que le mineur a été entraîné ou déplacé volontairement par un tiers, et qu'il s'est trouvé ainsi soustrait à l'autorité de ceux qui en avaient la garde ou la direction. • Crim. 23 déc. 1968, n° 92-02.668 P : *Gaz. Pal. 1969. 1. 65.*

5. Ainsi, ne caractérise pas un acte matériel d'enlèvement ou de détournement : la circonstance qu'un médecin, exploitant à des fins personnelles sa situation de médecin traitant, a eu dans son cabinet des relations sexuelles avec une jeune fille de 17 ans que ses parents lui avaient confiée. • Crim. 23 déc. 1968 : *préc. note 4.* ♦ ... Le fait, par un amoureux, d'emmener faire une promenade en voiture la mineure qu'il poursuivait de ses assiduités, le temps d'avoir avec elle des rapports sexuels. • Crim. 3 févr. 1972, n° 71-92.033 P : *D. 1972. Somm. 79 ; Gaz. Pal. 1972. 1. Somm. 32 ; RSC 1972. 882, obs. Levasseur.*

B. INTENTION

6. Définition. L'élément intentionnel consiste en la conscience, d'une part, de soustraire le mineur enlevé ou détourné des lieux où l'avaient placé ceux à l'autorité ou à la direction desquels il était soumis ou confié, et, d'autre part, de l'en retirer d'une manière sinon définitive, en tout cas durable. • T. corr. Châlons-sur-Marne, 13 oct. 1982 : *Gaz. Pal. 1982. 2. 673.* ♦ Rappr. : • T. corr. Grasse, 17 nov. 1948 : *Gaz. Pal. 1949. 1. 9 ; JCP 1949. II. 4677.*

7. Le délit de détournement de mineur se renouvelle chaque fois que son auteur démontre sa volonté de persévérer dans son attitude ; dès lors, les principes admis en matière de chose jugée ne s'opposent pas à ce qu'une infraction qui a été réprimée par une première condamnation soit l'objet d'une nouvelle poursuite et d'une nouvelle condamnation lorsque cette infraction s'est renouvelée depuis la précédente condamnation et présente, par sa nature, le caractère d'une infraction successive (continue). • Crim. 30 juin 1981, n° 80-91.173 P.

8. Mobiles. Le caractère délictueux de l'enlèvement d'une fille de moins de 18 ans, au sens de l'art. 356 C. pén., résulte de ce qu'il a eu lieu contre la volonté de ceux sous l'autorité desquels se trouvait la jeune fille, sans même qu'il y ait lieu de considérer si elle a été consentante, ni de s'arrêter au mobile auquel le prévenu et la mineure ont pu obéir. • Aix-en-Provence, 24 nov. 1949 : *D. 1950. 97.* ♦ Le mobile du prévenu qui entendait épouser la jeune fille importe peu dans la consommation du délit ; il peut seulement en être tenu compte pour l'octroi de circonstances atténuantes. • T. corr. Aubusson, 21 oct. 1954 : *JCP 1955. II. 8749, note Colombini.*

9. Erreur sur l'âge. Lorsque l'agent aura pu raisonnablement se tromper sur l'âge de la personne détournée et croire qu'elle était majeure de 18 ans, il n'y a pas délit. • Crim. 6 nov. 1963, n° 90-66.463 P : *D. 1965. 323, note Vouin ; JCP 1964. II. 13463, note Larguier ; Gaz. Pal. 1964. 1. 65 ; RSC 1964. 375, obs. Hugueney.*

10. Applications associatives. Les dispositions protectrices de l'art. 352, al. 1er, C. civ., qui interdit toute restitution à leur famille d'origine, par suite au tuteur quand cette famille n'existe plus, des enfants ayant fait l'objet d'un placement en vue d'une adoption, ne peuvent que prohiber la voie de fait que constitue l'enlèvement ou le détournement, quel qu'en soit l'auteur, fût-il l'association, même agréée, qui a procédé au placement, et qui n'est investie d'aucune mission de service public qui lui permettrait de mettre un terme, par voie d'autorité, aux placements choisis par elle. • Crim. 18 nov. 1980, n° 79-92.026 P : *Gaz. Pal. 1981. 2. Somm. 183 ; RSC 1981. 873, obs. Levasseur.*

11. Il en résulte que justifie sa décision l'arrêt qui, pour condamner du chef de détournement d'enfant les responsables d'une association agréée en qualité d'intermédiaire de placement, alors même qu'ils auraient la qualité de tuteurs, constate que les prévenus, au mépris des dispositions des art. 351 et 352 C. civ., ont réussi à se faire remettre les mineurs qui avaient été régulièrement placés par eux dans une famille en vue de leur adoption. • Crim. 18 nov. 1980 : *préc. note 10.* ♦ ... Ou refusent de les représenter. • Crim. 30 juin 1981, n° 80-91.173 P.

12. Commet le délit de détournement de mineur, prévu et réprimé par l'art. 356 C. pén., le président d'une association agréée pour le placement familial et l'adoption d'orphelins qui, contrevenant aux dispositions des art. 348-3 et 351 C. civ., place illégalement un enfant à l'étranger en vue de l'adoption, et n'est plus, dès lors, en mesure de le rendre à ses parents qui le réclament, ce qui correspond à un refus de restitution, à un détournement. • Crim. 24 mai 1982, n° 80-92.490 P : *JCP 1983. II. 20033, note Vitu ; RSC 1983. 270 et 481, obs. Levasseur.*

Art. 227-9 **Les faits définis par les articles 227-5 et 227-7** *(L. n° 2002-305 du 4 mars 2002)* **« sont punis de trois ans d'emprisonnement et de 45 000 € d'amende » :**

1° Si l'enfant mineur est retenu au-delà de cinq jours sans que ceux qui ont le droit de réclamer qu'il leur soit représenté sachent où il se trouve ;

2° Si l'enfant mineur est retenu indûment hors du territoire de la République. — *Pr. pén. 398-1.*

Art. 227-10 **Si la personne coupable des faits définis par les articles 227-5 et 227-7 a été déchue de l'autorité parentale** *(L. n° 2019-1480 du 28 déc. 2019, art. 8)* **« ou a fait l'objet d'une décision de retrait de l'exercice de cette autorité », ces faits sont punis de trois ans d'emprisonnement et de 45 000 € d'amende.** — *Pr. pén. 398-1.*

....

Vol entre époux

Art. 311-12 **Ne peut donner lieu à des poursuites pénales le vol commis par une personne :**

1° Au préjudice de son ascendant ou de son descendant ;

2° Au préjudice de son conjoint, sauf lorsque les époux sont séparés de corps ou autorisés à résider séparément.

(L. n° 2015-1776 du 28 déc. 2015, art. 36) **« Le présent article n'est pas applicable :**

« *a)* Lorsque le vol porte sur des objets ou des documents indispensables à la vie quotidienne de la victime, tels que des documents d'identité, relatifs au titre de séjour ou de résidence d'un étranger, ou des moyens de paiement *(L. n° 2020-936 du 30 juill. 2020, art. 10)* **« ou de télécommunication » ;**

« *b)* Lorsque l'auteur des faits est le tuteur, le curateur, le mandataire spécial désigné dans le cadre d'une sauvegarde de justice, la personne habilitée dans le cadre d'une habilitation familiale ou le mandataire exécutant un mandat de protection future de la victime. »

Corresp. : *C. pén., ancien art. 380.*

BIBL. ▸ MOUSSERON, *RSC 1998. 291* (immunités familiales). – AMAR, *Dr. pénal 2000. Chron. 32* (PACS et immunités familiales). – ALT-MAES, *JCP 2000. I. 275* (PACS et droit pénal). – MAYAUD, *in Mél. G. Wiederkehr, Dalloz 2009* (rebondissement sur les immunités familiales : fond ou forme ?).

I. DOMAINE DE L'IMMUNITÉ

A. BÉNÉFICIAIRES

1. Bénéficiaires directs. L'immunité ne s'applique pas aux soustractions commises au préjudice de l'un ou l'autre par d'anciens époux après le divorce. • Crim. 12 mai 1970, n° 90-02.669 P : *D. 1970. Somm. 151.*

2. Un prévenu n'est pas recevable à invoquer l'inopposabilité, en France, d'une décision étrangère qui a prononcé le divorce sur sa propre demande. • Crim. 11 juin 1996, n° 95-82.778 P : *D. 1997. 576, note Agostini ; Dr. pénal 1997. 5 ; RSC 1998. 110, obs. Ottenhof ; RTD civ. 1997. 106, obs. Hauser.* ♦ ... Ainsi, justifie légalement sa décision la cour d'appel qui, pour refuser le bénéfice de l'immunité de l'art. 380 ancien C. pén. (art. 311-12 nouv.) à une femme divorcée poursuivie pour le vol de meubles appartenant à son ex-époux, et rejeter l'exception tirée de l'inopposabilité de la décision de divorce prononcée contre les époux à Bangkok et transcrite ultérieurement sur les registres de l'état civil en France, énonce que la prévenue, qui s'est rendue de son plein gré en Thaïlande afin d'obtenir plus rapidement, tant pour ses convenances personnelles que pour celles de son mari, un divorce par consentement mutuel, ne saurait se prévaloir de sa propre turpitude. • Même arrêt. ♦ L'efficacité en France d'une décision judiciaire étrangère est subordonnée à la reconnaissance par les autorités françaises de sa conformité avec l'ordre public interne ; bénéficie dès lors de l'immunité édictée par l'art. 380 C. pén., applicable à l'époque, la femme répudiée aux termes d'une décision qui, rendue par une juridiction marocaine, n'avait pas encore fait l'objet d'une demande d'exequatur. • Aix-en-Provence, 18 janv. 1996 : *BICC 1997. 232.*

3. L'immunité prévue par l'art. 311-12 C. pén. ne s'applique pas aux époux qui sont autorisés à résider séparément ; l'un des conjoints, seul autorisé à s'établir séparément, ne saurait donc bénéficier des dispositions prévues par ce texte ; encourt, dès lors, la cassation l'arrêt d'une cour d'appel qui, pour renvoyer la prévenue des fins de la poursuite et débouter la partie civile de ses demandes, retient que l'autorisation donnée à cette dernière de quitter le domicile conjugal et de résider séparément constitue une mesure d'urgence dépourvue de tout caractère contradictoire ou définitif et que l'immunité dont bénéficie l'auteur du vol commis au préjudice de son conjoint n'est écarté que « lorsque les époux sont séparés de corps ou autorisés à résider séparément ». • Crim. 14 déc. 1999, n° 98-82.980 P.

4. Ne bénéficie pas de l'immunité de l'art. 380 C. pén. l'auteur d'un abus de confiance qui n'est devenu que postérieurement au délit le conjoint de la victime. • Crim. 13 mars 1951 : *Bull. crim. n° 90* • 4 déc. 1958 : *ibid. n° 720 ; D. 1959. 174* • 3 mai 1967, n° 90-17.066 P : *D. 1967. Somm. 98.* ♦ Un individu coupable de vol demeure punissable, bien que, postérieurement à la consommation du délit, il ait contracté mariage avec sa victime. • T. corr. Seine, 8 avr. 1921 : *DP 1922. 5. 4.* ♦ L'immunité ne peut bénéficier au mari lorsque l'escroquerie est antérieure au mariage. • T. corr. Seine, 27 déc. 1946 : *D. 1947. 158.*

5. Le prévenu de vol au préjudice d'une personne dont il se prétend l'enfant naturel ne peut invoquer l'immunité résultant de l'art. 380 C. pén. qu'à la condition d'apporter la preuve légale de sa reconnaissance. • Crim. 3 janv. 1873 : *DP 1874. 5. 551.*

6. Coauteurs et complices. L'exception de l'art. 380 ne saurait être étendue au-delà des cas formellement prévus par la loi ; elle ne saurait par suite profiter à l'étranger qui, comme coauteur, aurait coopéré, en même temps que le conjoint ou l'un des parents au degré indiqué par la loi, à la perpétration du vol. • Cass., ch. réun., 25 mars 1845 : *DP 1845. 1. 178 ; S. 1845. 1. 290, réq. Dupin* • Toulouse, 8 mars 1956 : *JCP 1956. II. 9465.*

7. La complicité par aide et assistance d'un vol commis par un enfant au préjudice de ses parents n'est pas punissable. • Crim. 6 févr. 1920 : *DP 1921. 1. 67* • 8 janv. 1921 : *ibid. 1921. 1. 169, note A. L.* ♦ … Une condamnation contre le tiers complice ne pouvant être justifiée que dans le cas où il aurait recélé ou appliqué à son profit tout ou partie du produit de la soustraction. • Crim. 8 janv. 1921 : *préc.* ♦ … Ainsi, dans le cas où le prévenu s'est approprié la somme soustraite alors qu'il en connaissait la provenance frauduleuse. • Crim. 6 févr. 1920 : *préc.*

8. L'immunité que prononce l'art. 380 C. pén. n'appartient ni au coauteur ni au complice du vol commis tout à la fois par l'un des parents ou alliés désignés dans cet article et par des étrangers : le complice est alors punissable des peines encourues par ces coauteurs. • Cass., ch. réun., 25 mars 1845 : *préc. note 6.*

9. L'époux complice d'un vol au préjudice et sur la personne de son conjoint n'est pas punissable. • Crim. 6 oct. 1853 : *DP 1853. 5. 487.*

10. Receleurs. Le recel est punissable même si l'auteur de l'infraction originaire est couvert par l'immunité de l'art. 380 C. pén., l'al. 2 de cet article prévoyant expressément que cette immunité ne s'étend pas aux tiers coupables d'avoir recelé les valeurs détournées. • Crim. 6 nov. 1936 : *Bull. crim. n° 111.*

11. Pour une application des art. 380 et 460 (nouvel art. 321-1 C. pén.) au receleur des biens soustraits par la femme au préjudice de la communauté. • Crim. 21 févr. 1952 : *Bull. crim. n° 55 ; D. 1952. 270.*

B. INFRACTIONS

1° DÉTERMINATION LÉGALE

12. Approche restrictive. La disposition de l'art. 380 C. pén. est une exception aux règles générales qui répriment le vol et, comme toute exception, elle doit être renfermée dans les termes qui l'établissent. • Crim. 3 août 1901 : *DP 1904. 1. 157.* ♦ La disposition de l'art. 380 C. pén. est spéciale et restrictive. • Crim. 27 févr. 1836 : *S. 1836. 1. 526.* ♦ Elle n'est applicable qu'au cas où la soustraction lèse exclusivement la personne unie à l'auteur du fait délictueux par l'un des liens qu'indique cet article. • Crim. 18 avr. 1857 : *DP 1857. 1. 226.* ♦ … Et à la condition que cette atteinte ne puisse préjudicier en outre aux intérêts de la collectivité comme de l'autorité publique, ni surtout de tiers. • T. corr. Nice, 13 avr. 1953 : *D. 1953. 347.*

13. L'art. 380 C. pén. ne met obstacle à l'exercice de l'action publique relativement aux soustractions commises par les descendants au préjudice de leurs ascendants (ou par les autres personnes qu'il énumère au préjudice les uns des autres) que lorsque ces soustractions forment l'objet principal de la prévention ; par contre, ce texte ne s'oppose pas à ce qu'une soustraction semblable, qui comprend tous les éléments constitutifs du délit de vol, forme dans les termes de l'art. 304, al. 2, dudit code (art. 221-2, al. 2) une circonstance accessoire aggravante de l'homicide volontaire objet de l'accusation. • Crim. 7 juin 1888 : *Bull. crim. n° 195* • 17 févr. 1944 : *ibid. n° 50* • 17 juill. 1976, n° 76-90.562 P : *Gaz. Pal. 1976. 2. Somm. 305 ; RSC 1977. 333, obs. Levasseur.*

14. La disposition de l'art. 380 C. pén. ne saurait être étendue aux actes qui ont accompagné la soustraction, si ces actes constituent par eux-mêmes des infractions pénales : spécialement, la circonstance aggravante d'effraction qui, envisagée en elle-même, en dehors du vol qu'elle a pu précéder et dont elle n'est pas indivisible, constitue une dégradation punissable (ancien délit de bris de clôture), quel que soit le degré de parenté entre son auteur et celui au préjudice de qui l'acte a été commis. • Crim. 3 août 1901 : *préc. note 12.*

15. Les dispositions de l'art. 311-12 C. pén. constituent en tout état de cause une exception au droit commun et sont par conséquent d'interprétation stricte et restrictive. • Paris, 10 janv. 2002 : *Dr. pénal 2002. 81, obs. Véron.*

16. Applications. Sur l'application, désormais légale, des immunités familiales à l'extorsion, au chantage, à l'escroquerie et à l'abus de confiance, V. ss. art. 312-9, 312-12, 313-3 et 314-4. – **C. pén.**

17. Exclusions. L'immunité ne peut être invoquée par l'époux qui a détourné les objets saisis sur lui à la requête de son conjoint, l'art. 400 C. pén. (nouvel art. 314-6), qui punit les détournements d'effets saisis, ayant pour objet tout à la fois d'assurer le respect dû aux actes de l'autorité publique, et de protéger les intérêts du créancier saisissant, celui des autres tiers et celui du gardien préposé à la saisie. • Crim. 18 avr. 1857 : *DP 1857. 1. 226* • T. corr. Seine, 27 janv. 1951 : *D. 1951. 214.*

18. La soustraction frauduleuse d'objets saisis, lorsqu'elle a été commise par le conjoint du saisi, n'est pas couverte par l'immunité établie par l'art. 380 C. pén. • Crim. 8 mars 1945 : *Bull. crim. n° 27.* ♦ ... La soustraction, constitutive de vol, ayant eu lieu, en pareil cas, au préjudice non du mari, mais du créancier saisissant. • Lyon, 23 mars 1898 : *DP 1898. 2. 511.* ♦ En revanche, en cas de nullité de la saisie, le détournement commis par le conjoint du saisi, constitutif de vol ou d'abus de confiance au seul préjudice de celui-ci, et non du saisissant, est couvert par l'immunité de l'art. 380 C. pén. • Rouen, 15 juill. 1948 : *D. 1949. 23, note A. L.*

19. L'immunité de l'art. 380 C. pén. n'est pas applicable en cas de faux en écriture. • Crim. 3 déc. 1857 : *DP 1858. 1. 42* • 11 avr. 1975 : *Gaz. Pal. 1975. 2. Somm. 206* • Paris, 22 janv. 1991 : *Dr. pénal 1991. 173.* ♦ ... Il s'agit en effet d'un délit contre la paix publique et non pas, comme le vol, d'un délit contre les particuliers, l'infraction étant susceptible de causer un préjudice aux tiers trompés par le faux. • Paris, 22 janv. 1991 : *préc.* ♦ Sur l'intérêt, eu égard à cette solution, de requalifier la prévention d'escroquerie en faux en écriture et usage, à la faveur du cumul idéal de ces infractions. • Crim. 25 mai 1992, n° 91-82.934 P.

20. Elle ne saurait être étendue : au délit d'abus de biens sociaux, délit qui porte atteinte simultanément au patrimoine social et au patrimoine de l'associé. • Crim. 13 avr. 1967, n° 91-62.666 P. ♦ ... Et, plus généralement, aux infractions à la législation sur les sociétés. • Crim. 11 avr. 1975 : *préc. note 16.* ♦ ... Au délit de suppression de correspondance prévu par l'art. 187, al. 2, C. pén. (nouvel art. 226-15, al. 1er), délit qui porte atteinte aux intérêts de l'administration publique chargée du transport, ainsi qu'à ceux de l'expéditeur. • T. civ. Seine, 14 juin 1932 : *DH 1932. 484.* ♦ Dans le même sens, depuis le nouveau code pénal : • Douai, 14 févr. 1995 : *Gaz. Pal. 1996. 2, chron. crim. 112.* ♦ ... Aux délits de falsification de chèque et usage. • Paris, 10 janv. 2002 : *Dr. pénal 2002. 81, obs. Véron.*

2° DIMENSION FAMILIALE

21. Appartenance de l'objet soustrait. La lettre écrite par une femme mariée appartient, du moment où elle s'en est dessaisie pour la confier à la poste, au destinataire auquel elle est adressée ; dès lors, le mari qui s'en empare dans le bureau de poste qui en a reçu le dépôt, commet un vol punissable, et non pas un vol entre époux affranchi de toute peine par l'art. 380 C. pén. • Crim. 2 avr. 1864 : *DP 1864. 1. 396.*

22. L'immunité établie par l'art. 380 C. pén. à l'égard des soustractions commises entre époux ne peut être invoquée par la femme d'un fonctionnaire de l'État (receveur des contributions indirectes), qui a soustrait à son mari des fonds qu'elle savait lui avoir été confiés par des tiers en vue d'un emploi déterminé et qui, en définitive, appartenaient à l'État. • Douai, 25 janv. 1897 : *DP 1898. 2. 180.*

23. L'immunité prévue par l'art. 380 C. pén. ne peut être invoquée par une femme qui a frauduleusement soustrait des matériels appartenant à une société dont son mari est le gérant ; même si elle a fourni les fonds pour l'achat de ce matériel, elle n'en devient pas pour autant propriétaire, mais est seulement créancière de la société. • Crim. 4 déc. 1974, n° 91-58.374 P.

II. PORTÉE DE L'IMMUNITÉ

24. Irrecevabilité de l'action pénale. L'art. 380 C. pén. édicte un principe d'irrecevabilité de l'action pénale qui s'impose à la juridiction d'instruction, comme à la juridiction de jugement. • Crim. 30 déc. 1932 : *Bull. crim. n° 268 ; DP 1933. 1. 127 (9e esp.), note Leloir ; S. 1933. 1. 273, note Tortat.* ♦ Dès lors, le juge d'instruction n'est pas tenu d'informer sur la plainte d'une partie civile formée contre une personne bénéficiant de cette immunité. • Crim. 4 janv. 1930 : *Bull. crim. nº 5 ; DH 1930. 230.* ♦ Et le bénéficiaire de l'immunité a droit et intérêt à faire réformer une ordonnance de non-lieu prise en sa faveur, mais fondée sur une insuffisance de charges. • Crim. 30 déc. 1932 : *préc.*

25. L'immunité pénale résultant de l'art. 380 C. pén. ne constitue pas l'une des « exceptions mettant fin à l'action publique » visées à l'art. 575, 3º, C. pr. pén. ; est en conséquence irrecevable le pourvoi de la seule partie civile contre un arrêt qui a fondé le non-lieu sur cette immunité. • Crim. 13 mai 1976, nº 74-93.144 P : *D. 1977. 277, note Jeandidier.*

26. Il incombe aux prévenus qui soulèvent l'exception de l'art. 380 C. pén. pour faire échec aux poursuites, de rapporter la preuve de son bien-fondé. • Crim. 21 mars 1984, nº 82-90.535 P.

27. Application dans le temps. Les dispositions relatives à l'immunité n'ont pas pour effet de déterminer les personnes ayant qualité pour mettre en mouvement l'action publique et préciser le mode des poursuites, mais d'éditer une cause d'exonération objective qui a pour conséquence de rendre impossible et irrecevable toute action pénale ; il s'agit bien en conséquence d'une règle de fond et non d'une règle de procédure. • Toulouse, 26 févr. 2007 : *D. 2007. Pan. 2632, obs. Roujou de Boubée.* ♦ Poursuivi pour des faits d'escroquerie commis au préjudice de sa belle-mère, le prévenu a été relaxé par le tribunal ; sur le seul appel des parties civiles venant aux droits de cette dernière, aujourd'hui décédée, l'arrêt relève, pour les débouter de leurs demandes, que les faits reprochés ont été commis le 3 sept. 1992 et qu'à cette date ils entraient dans le champ d'application de l'art. 380, ancien, C. pén., prévoyant des immunités familiales ; les juges ajoutent que la L. du 16 déc. 1992, qui a exclu du bénéfice de l'immunité les soustractions commises par des alliés de même degré, constitue une loi pénale plus sévère et qu'elle n'est donc pas applicable aux faits commis antérieurement ; en prononçant ainsi, la cour d'appel a fait l'exacte application de l'art. 112-1 C. pén. • Crim. 14 nov. 2007, nº 07-82.527 P : *AJ pénal 2008. 29, obs. G. Roussel ; Dr. pénal 2008. 16, obs. Véron* (confirmation de • Toulouse, 26 févr. 2007 : *préc.*).

Organisation frauduleuse de l'insolvabilité

RÉP. PÉN. vº *Insolvabilité frauduleuse*, par CULIOLI.

Art. 314-7 Le fait, par un débiteur, même avant la décision judiciaire constatant sa dette, d'organiser ou d'aggraver son insolvabilité soit en augmentant le passif ou en diminuant l'actif de son patrimoine, soit en diminuant ou en dissimulant tout ou partie de ses revenus, soit en dissimulant certains de ses biens, en vue de se soustraire à l'exécution d'une condamnation de nature patrimoniale prononcée par une juridiction répressive ou, en matière délictuelle, quasi délictuelle ou d'aliments, prononcée par une juridiction civile, est puni de trois ans d'emprisonnement et de 45 000 € d'amende.

Commet le même délit le dirigeant de droit ou de fait d'une personne morale qui organise ou aggrave l'insolvabilité de celle-ci dans les conditions définies à l'alinéa précédent en vue de la soustraire aux obligations pécuniaires résultant d'une condamnation prononcée en matière pénale, délictuelle ou quasi délictuelle.

BIBL. ► VERSCHAVE, *RSC 1994. 703*. – DUCOULOUX-FAVARD, *LPA 1998, nº 140, p. 4.*

1. Le délit d'organisation frauduleuse d'insolvabilité n'est caractérisé que lorsque le prévenu a commis les faits dans le but de se soustraire à l'exécution d'une condamnation patrimoniale définitive, même postérieure aux agissements incriminés. Encourt la censure l'arrêt d'appel qui, pour condamner le prévenu, énonce qu'il a procédé, à une époque où il savait que les détournements commis par son épouse, qui faisaient l'objet d'une enquête préliminaire, ne pourraient qu'aboutir à une instance pénale ou civile, à la donation d'un immeuble en faveur de ses enfants ainsi qu'à la vente des véhicules lui appartenant afin, d'une part, de réduire son actif patrimonial, et, d'autre part, d'échapper à d'éventuelles saisies, sans constater que le prévenu avait fait l'objet d'une condamnation patrimoniale définitive. • Crim. 17 févr. 2016, nº 14-86.969 P : *D. actu. 17 mars 2016, obs. Bénelli de Bénazé ; Dr. pénal 2016, nº 75, obs. Conte.*

2. Dès lors que le prévenu a organisé son insolvabilité en dissimulant tout ou partie de ses revenus et qu'aucune disposition conventionnelle ou légale ne fait obstacle à ce qu'une personne condamnée par une juridiction civile pour recel d'effets de la communauté puisse être déclarée coupable par la juridiction répressive du chef d'organisation frauduleuse d'insolvabilité, il y a lieu de condamner le prévenu sur le fondement de l'art. 314-7, peu importe que les juges civils aient également relevé le recel d'effets de la communauté prévu par l'art. 1477 C. civ. et prononcé leur jugement sur ce fondement. • Crim. 24 mars 2004, nº 03-82.077 P : *D. 2004. Somm. 2756, obs. Mirabail ; JCP 2004. IV. 2022.*

3. Se rend coupable d'organisation de son insolvabilité en vue de se soustraire à l'exécution d'une condamnation civile, le prévenu qui, deux mois avant l'audience du tribunal correctionnel à laquelle l'affaire avait été renvoyée par un jugement avant dire droit ordonnant une expertise, alors qu'il pouvait redouter d'être condamné par cette juridiction, diminue l'actif de son capital, en cédant sans contrepartie à sa concubine et au fils de celle-ci 60 % du capital d'une société civile immobilière dont il était l'unique détenteur. • Crim. 5 avr. 2005, n° 04-82.475 P : *JCP 2005. IV. 2204.*

4. Absence d'organisation de l'insolvabilité. Il n'y a pas organisation frauduleuse de l'insolvabilité au sens de l'art. 314-7 lorsque le prévenu, au cours d'une audience civile portant sur la suspension de la pension alimentaire, a dissimulé qu'en plus de son allocation pour adulte handicapé il exerçait une activité de gérant de fait d'une société commerciale et qu'il possédait de disponibilités pour travailler et servir une pension alimentaire au bénéfice de ses enfants. • Crim. 25 avr. 2006, n° 05-80.931 P : *D. 2006. IR 1636 ; ibid. 2007. Pan. 405, obs. Mirabail ; AJ pénal 2006. 310, obs. Leblois-Happe.*

5. La somme allouée au salarié par le juge du contrat de travail en réparation d'un harcèlement moral est une créance de nature contractuelle, ce qui l'exclut des condamnations visées par l'art. 314-7 C. pén. En conséquence, justifie sa décision la cour d'appel qui confirme l'irrecevabilité d'une constitution de partie civile du chef d'organisation frauduleuse d'insolvabilité au motif que la sanction d'un tel manquement relève de la responsabilité contractuelle. • Crim. 5 avr. 2023, n° 21-80.478 B : *D. actu. 15 mai 2023, obs. Récotillet.*

Art. 314-8 **La juridiction peut décider que la personne condamnée comme complice de l'infraction définie à l'article 314-7 est tenue solidairement, dans la limite des fonds ou de la valeur vénale des biens reçus à titre gratuit ou onéreux, aux obligations pécuniaires résultant de la condamnation à l'exécution de laquelle l'auteur de l'infraction a voulu se soustraire.**

Lorsque la condamnation de nature patrimoniale a été prononcée par une juridiction répressive, le tribunal peut décider que la peine qu'il prononce ne se confondra pas avec celle qui a été précédemment prononcée.

La prescription de l'action publique ne court qu'à compter de la condamnation à l'exécution de laquelle le débiteur a voulu se soustraire ; toutefois, elle ne court qu'à compter du dernier agissement ayant pour objet d'organiser ou d'aggraver l'insolvabilité du débiteur lorsque le dernier agissement est postérieur à cette condamnation.

1. Solidarité. L'art. 314-8 permet à la juridiction répressive de déclarer le complice de l'auteur de l'organisation frauduleuse de l'insolvabilité tenu solidairement, avec l'auteur principal, aux obligations pécuniaires résultant de la condamnation à l'exécution de laquelle celui-ci a voulu se soustraire mais il ne lui permet pas d'apprécier le montant de l'indemnité destinée à réparer le dommage. • Crim. 16 nov. 2004, n° 03-86.379 P : *JCP 2005. IV. 1123.*

2. Prescription. La fixation par la loi d'un point de départ spécifique de la prescription du délit d'organisation frauduleuse d'insolvabilité exclut son report en raison du caractère occulte de ses éléments constitutifs. • Crim. 12 juill. 2016, n° 15-80.923 P : *D. actu. 9 sept. 2016, obs. Fonteix.*

Art. 314-9 **Pour l'application de l'article 314-7, les décisions judiciaires et les conventions judiciairement homologuées portant obligation de verser des prestations, subsides ou contributions aux charges du mariage sont assimilées aux condamnations au paiement d'aliments.**

Corresp. : *C. pén., ancien art. 404-1.*

BIBL. ▸ Pradel, *D. 1983. Chron. 241* (commentaire de la loi n° 83-608 du 8 juill. 1983). – Roujou de Boubée, *ALD 1984. 49* (commentaire de la loi n° 83-608 du 8 juill. 1983). – Bertin, *Gaz. Pal. 1985. 1. Doctr. 332* (l'insolvabilité organisée et sa répression pénale). – Verschave, *RSC 1993. 755* (le refus, par le débiteur, de s'enrichir et l'art. 404-1 C. pén.) ; *ibid. 1994. 703* (le refus, par le débiteur, de s'enrichir et ... l'art. 314-7 nouv. C. pén.). – Grillet-Ponton, *D. 1996. Chron. 339* (l'organisation de l'insolvabilité en droit patrimonial de la famille).

1. Décision judiciaire. Le jugement par lequel un tribunal de commerce prononce la liquidation des biens d'un commerçant ne peut être regardé comme étant de la nature de celles des condamnations prévues par l'art. 404-1 C. pén. • Paris, 25 févr. 1988 : *Gaz. Pal. 1988. 1. 319, note J.-P. D.*

2. Justifie sa décision confirmant l'ordonnance de refus d'informer la chambre d'accusation qui retient que la seule mention, dans l'ordonnance de non-conciliation, de l'« engagement » d'un mari à prendre en charge la totalité des remboursements d'emprunts de la communauté, ne saurait constituer une convention judiciairement homologuée portant obligation de verser des prestations, subsides ou contributions aux charges du mariage, ni être assimilée à une condamnation entrant dans les prévisions des art. 314-7 et 314-9 C. pén., et en déduit que le fait pour lui de ne pas respecter cet engagement n'est susceptible d'aucune qualification pénale, s'agissant d'une action engagée par l'épouse, tendant à le voir condamné pour organisation frauduleuse de son insolvabilité en vue de se soustraire à un tel engagement. • Crim. 7 sept. 1999, n° 98-83.506 P : *D. 2000. Somm. 123, obs. Mirabail ; Dr. pénal 2000. 5, obs. Véron ; RTD civ. 2000. 95, obs. Hauser*.

3. Il résulte de l'art. 593 C. pr. pén. que tout jugement ou arrêt doit comporter les motifs propres à justifier la décision ; l'insuffisance ou la contradiction des motifs équivaut à leur absence ; selon l'art. 314-7 C. pén., le délit d'organisation frauduleuse d'insolvabilité n'est caractérisé que lorsque le prévenu a commis les faits dans le but de se soustraire à l'exécution d'une condamnation patrimoniale définitive, même postérieure aux agissements incriminés ; pour déclarer le prévenu coupable du délit d'organisation frauduleuse d'insolvabilité, l'arrêt énonce, par motifs propres et adoptés, que le prévenu a procédé, à une époque où il savait que les détournements commis par son épouse, qui faisaient l'objet d'une enquête préliminaire, ne pourraient qu'aboutir à une instance pénale ou civile, à la donation d'un immeuble en faveur de ses enfants ainsi qu'à la vente des véhicules lui appartenant afin, d'une part, de réduire son actif patrimonial, et, d'autre part, d'échapper à d'éventuelles saisies ; en prononçant ainsi, sans constater que le prévenu avait fait l'objet d'une condamnation patrimoniale définitive, la cour d'appel n'a pas justifié sa décision. • Crim. 17 févr. 2016, n° 14-86.969 P : *D. actu. 17 mars 2016, obs. Benelli de Bénazé ; D. 2016. Pan. 2424, obs. Mirabail ; Dr. pénal 2016, n° 75, obs. Conte*.

4. Organisation de l'insolvabilité. Caractérise sans insuffisance le délit d'insolvabilité frauduleuse, prévu et réprimé par l'art. 404-1 C. pén., l'arrêt qui constate que le prévenu, après s'être dessaisi, par donation, de ses biens, meubles et immeubles, a demandé au juge des affaires matrimoniales la suppression de la pension alimentaire dont il est débiteur en invoquant son impécuniosité. • Crim. 29 mai 1989, n° 87-84.630 P.

5. Encourt les peines prévues par l'art. 404-1 C. pén. le débiteur qui, pour se soustraire à l'exécution d'une des condamnations spécifiées par ce texte, organise ou aggrave son insolvabilité en renonçant volontairement à un emploi rémunéré, une telle renonciation ayant pour résultat de diminuer l'actif de son patrimoine. • Crim. 1er févr. 1990, n° 88-83.998 P : *Gaz. Pal. 1990. 2. 390.*

6. Caractérise en tous ses éléments, tant matériels qu'intentionnels, l'infraction d'organisation frauduleuse d'insolvabilité la cour d'appel qui retient qu'un prévenu a diminué l'actif de son patrimoine au moyen d'une donation consentie à l'un de ses enfants et portant sur un immeuble, seul bien saisissable de ce patrimoine, et observe qu'à la date de la donation, le prévenu était certain de son renvoi devant la cour d'assises, et que l'intervention ostensible, à cet effet, d'un notaire autorisé par le juge d'instruction à lui rendre visite dans l'établissement où il était détenu, n'implique pas que l'acte litigieux ait été « avalisé ou validé » par ce magistrat ou par l'administration pénitentiaire et n'est pas exclusive de l'intention délictuelle. • Crim. 23 août 1994, n° 93-85.155 P : *RSC 1995. 103, obs. Ottenhof.*

7. Justifie légalement sa décision la cour d'appel qui, pour condamner un débiteur pour organisation ou aggravation de son insolvabilité, ainsi que son épouse pour complicité de ce délit, relève que l'augmentation du capital de la SCI constituée entre eux et à laquelle l'épouse a seule souscrit, a ramené la participation du mari de 90 % à 3 %, et que, réalisée à une date incertaine et au moyen d'un abandon par l'épouse du débiteur d'une créance fictive, cette opération démontre la volonté des prévenus, seuls associés de la société, de réduire le patrimoine du mari, d'où les juges du fond déduisent que cette augmentation de capital, sans utilité pour la société, n'a été destinée qu'à transférer à l'épouse, séparée de biens, la presque totalité des droits sur l'actif social, à appauvrir corrélativement l'époux débiteur, et, en réduisant la valeur des parts saisies, à soustraire ce dernier à l'exécution d'une condamnation pécuniaire prononcée par une juridiction répressive. • Crim. 3 oct. 1996, n° 95-85.959 P : *Dr. pénal 1997. 20, obs. Véron.*

8. Se rend coupable d'organisation frauduleuse d'insolvabilité le prévenu, condamné à des dommages et intérêts pour diffamation, qui fait donation à ses parents de la nue-propriété de ses meubles quelques jours après avoir frappé d'appel le jugement le condamnant, aucun patrimoine immobilier ne pouvant être saisi, les immeubles étant hypothéqués ou appartenant à des sociétés immobilières, et la partie civile ne pouvant ainsi recouvrer sa créance autrement que par une saisie mobilière. • Crim. 6 mai 2002, n° 01-85.477 P : *Dr. pénal 2002. 123, obs. Véron.*

9. Constitue le délit d'insolvabilité frauduleuse le fait, pour une prévenue disposant d'une somme suffisante pour désintéresser son créancier, de se soustraire à une condamnation pécuniaire prononcée par une juridiction répressive, en diminuant son actif par la dissimulation de ses biens, suite à la vente de son habitation et à la dispersion de son prix par son placement sur plusieurs comptes bancaires ouverts dans un autre département que celui de son domicile afin d'éviter le paiement. • Aix-en-Provence, 26 nov. 1997 : *JCP 1998. IV. 1953.*

10. L'objectif de l'organisation ou de l'aggravation de l'insolvabilité est de permettre au débiteur de se soustraire à l'exécution de certaines condamnations pécuniaires déjà prononcées ou à intervenir, par une insolvabilité existant au moment où le jugement de condamnation devient exécutoire ; il est manifeste qu'une personne condamnée à des dommages-intérêts par une décision correctionnelle, qui n'a jamais commencé à indemniser son créancier, a voulu atteindre cet objectif, dès lors que son intention frauduleuse est démontrée par le fait qu'elle a signé un acte de donation-partage de ses biens immobiliers quelques semaines après ladite décision, même si cette donation-partage était prévue de longue date. • Dijon, 8 avr. 1999 : *BICC 1999, n° 1305.*

11. Il ne saurait être reproché à une cour d'appel de déclarer le prévenu coupable d'organisation frauduleuse d'insolvabilité, dès lors qu'elle énonce que le recel d'effets de la communauté prévu par l'art. 1477 C. civ. présente un caractère délictuel et que la condamnation prononcée par la juridiction civile sur le fondement de ce texte entre dans les prévisions de l'art. 314-7 C. pén., constate que l'intéressé a cessé son activité professionnelle à la suite d'un licenciement dont les causes demeurent inconnues et aurait perçu en 1996 une rémunération de 300 000 F environ, relève que le prévenu a conservé des sommes importantes sous diverses formes et en divers lieux et qu'il s'est toujours refusé, tant au cours de l'enquête que devant le tribunal, à fournir les pièces justificatives de ses activités et de ses ressources, d'où il résulte que le prévenu a organisé son insolvabilité en dissimulant tout ou partie de ses revenus, et dès lors qu'aucune disposition conventionnelle ou légale ne fait obstacle à ce qu'une personne condamnée par une juridiction civile pour recel d'effets de la communauté puisse être déclarée coupable par la juridiction répressive du chef d'organisation frauduleuse d'insolvabilité. • Crim. 24 mars 2004, n° 03-82.077 P : *D. 2004. Somm. 2756, obs. Mirabail ; Dr. pénal 2004. 101, obs. Véron.*

12. Le prévenu, déclaré coupable d'exercice illégal de la profession d'expert-comptable ou de comptable agréé, a été condamné à des réparations civiles, par arrêt d'une cour d'appel devenu définitif ; pour le déclarer coupable d'organisation frauduleuse d'insolvabilité, la cour d'appel retient que, deux mois avant l'audience du tribunal correctionnel à laquelle l'affaire avait été renvoyée par un jugement avant dire droit ordonnant une expertise, alors qu'il pouvait redouter d'être condamné par cette juridiction, il a diminué l'actif de son capital, en cédant sans contrepartie à sa concubine et au fils de celle-ci 60 % du capital d'une société civile immobilière dont il était l'unique détenteur, organisant ainsi, de façon intentionnelle, son insolvabilité ; la cour d'appel a caractérisé en tous ses éléments, tant matériel qu'intentionnel, l'infraction reprochée. • Crim. 5 avr. 2005, n° 04-82.475 P : *Dr. pénal 2005. 104, obs. Véron ; Gaz. Pal. 2005. 2. 4087, note Monnet.*

13. Tout jugement ou arrêt doit comporter les motifs propres à justifier la décision ; l'insuffisance ou la contradiction des motifs équivaut à leur absence ; ne justifie pas sa décision au regard de l'art. 593 C. pr. pén. la cour d'appel qui, pour confirmer le jugement déclarant le prévenu coupable d'organisation frauduleuse d'insolvabilité, retient que ce dernier, qui bénéficiait d'une allocation d'adulte handicapé, pour obtenir la suspension, par le jugement de divorce, du paiement de la pension alimentaire mise à sa charge par l'ordonnance de non-conciliation, a dissimulé, au cours de l'audience du juge aux affaires matrimoniales, qu'il exerçait l'activité de gérant de fait d'une société commerciale et qu'il possédait de réelles disponibilités pour travailler et servir une pension alimentaire au bénéfice de ses enfants, alors qu'il ne résulte pas de ces énonciations que le prévenu ait frauduleusement organisé son insolvabilité au sens de l'art. 314-7 C. pén. • Crim. 25 avr. 2006, n° 05-80.931 P : *D. 2007. Pan. 405, obs. Mirabail ; AJ pénal 2006. 310, obs. Leblois-Happe ; Gaz. Pal. 2006. 2. Somm. 4017, note Monnet.*

14. Le délit visé à la prévention, dont les éléments constitutifs sont énoncés aux dispositions de l'art. 314-7 C. pén., al. 1er, consiste pour une personne à augmenter le passif ou à diminuer l'actif de son patrimoine, même avant la décision judiciaire civile qui prononce une condamnation en matière délictuelle, quasidélictuelle ou d'aliment ; il est constant et acquis aux débats que le prévenu a retiré une somme d'un montant de 6 430 000 F qui figurait au crédit d'un compte bancaire qui appartenait à la communauté universelle des époux, trois semaines avant sa convocation devant le juge aux affaires familiales, qui était saisi d'une demande de pension alimentaire de son épouse ; le texte pénal, qui est d'interprétation stricte, n'incrimine que tout acte par lequel l'agent augmente le passif ou diminue l'actif de son patrimoine ; une telle disposition ne saurait viser un retrait de fonds opéré sur un patrimoine commun ; il sera rappelé que chaque époux disposait à égalité et en concurrence de la libre disposition du patrimoine commun avant la dissolution du mariage et de la communauté de biens qui régissait leurs rapports patrimoniaux, puisqu'ils avaient choisi par-devant notaire le régime de la communauté universelle de biens ; dans de telles circonstances, aucun élément de preuve versé aux débats n'établit que le prévenu se soit rendu coupable de faits d'organisation frauduleuse d'insolvabilité qui lui sont reprochés, et il y a lieu, en conséquence, de le renvoyer des fins de la poursuite. • Aix-en-Provence, 13 févr. 2008 : *Dr. pénal 2008. 95, obs. Véron.*

15. Pour déclarer le prévenu coupable d'organisation frauduleuse de son insolvabilité, l'arrêt énonce que, après avoir déclaré une cessation totale d'activité, il a, en décembre 2001, cédé à une société créée à cette fin par sa concubine, ses deux cabinets de courtage et de gestion patrimoniale, pour un prix très inférieur à leur valeur réelle et à l'évaluation qu'il en avait faite lui-même trois mois auparavant ; les juges relèvent que cette cession a eu pour objet de diminuer les actifs du patrimoine du prévenu ; ils ajoutent que celui-ci a emprunté en 1999 et 2000 à sa mère, sa concubine et à un ami, des sommes importantes, dans des conditions qui caractérisent son intention d'aggraver son passif ; ils en déduisent que le prévenu a ainsi agi aux fins de se soustraire, au préjudice de son épouse, aux obligations alimentaires découlant des décisions prononcées par le juge aux affaires matrimoniales et le juge de la mise en état, au cours de la procédure de divorce contemporaine de ses agissements ; en l'état de ces énonciations, exemptes d'insuffisance comme de contradiction, procédant de son appréciation souveraine des faits et circonstances de la cause, la cour d'appel qui a répondu aux chefs péremptoires des conclusions dont elle était saisie et n'a pas méconnu l'étendue de sa saisine, a caractérisé en tous ses éléments tant matériel qu'intentionnel, l'infraction reprochée. • Crim. 6 oct. 2010 : *Dr. pénal 2011. 3, obs. Véron.*

16. En revanche, le silence gardé par une personne sur un élément d'actif de son patrimoine ou la minoration de son évaluation est sans effet sur la solvabilité et ne peut en conséquence caractériser le délit d'organisation frauduleuse de l'insolvabilité. • Crim. 9 sept. 2020, n° 19-84.295 P : *D. actu. 15 oct. 2020, obs. Charlent ; AJ pénal 2020. 473, obs. Lasserre Capdeville ; Dr. pénal 2020, n° 184, obs. Conte.*

17. Complicité. Caractérise la complicité du délit prévu par l'art. 404-1 C. pén. la cour d'appel qui relève que la prévenue, en occultant son état de femme mariée, a aidé son mari à dissimuler ses biens et revenus en lui servant de prête-nom dans le cadre d'une société commerciale, afin de permettre à celui-ci de se soustraire à diverses condamnations pécuniaires. • Crim. 11 déc. 1989, n° 89-82.142 P. ♦ Sur la complicité d'une épouse, séparée de biens, par transfert à son profit de la quasi-totalité des droits sur l'actif d'une SCI, dont elle est seule associée avec son mari : • Crim. 3 oct. 1996, n° 95-85.959 P : *Dr. pénal 1997. 20, obs. Véron.*

18. Statuant sur l'action civile exercée contre la prévenue définitivement déclarée coupable de complicité du délit d'organisation frauduleuse de l'insolvabilité commis par son époux, la cour d'appel, après avoir énoncé que l'art. 314-8, al. 1er, C. pén. permettait de condamner la première à 57 930, 63 € de dommages-intérêts, somme représentant la valeur vénale du bien immobilier reçu par elle à l'issue de l'acte de partage frauduleux, évalue à 38 000 €, compte tenu des éléments figurant au dossier, le montant de la réparation allouée aux parties civiles ; en se déterminant ainsi, alors que la faculté offerte par l'art. 314-8 C. pén. permet à la juridiction répressive, non pas d'apprécier le montant de l'indemnité destinée à réparer le dommage né de l'organisation frauduleuse de l'insolvabilité et mise à la charge de l'ensemble des personnes condamnées pour cette infraction, mais seulement de déclarer le complice de ce délit tenu solidairement, avec l'auteur principal, dans la limite prévue par ce texte, aux obligations pécuniaires résultant de la condamnation à l'exécution de laquelle celui-ci a voulu se soustraire, la cour d'appel n'a pas donné de base légale à sa décision. • Crim. 16 nov. 2004, n° 03-86.379 P : *Gaz. Pal. 2005. 1. Somm. 2155.*

19. Prescription. La fixation d'un point de départ spécifique de la prescription par l'art. 314-8, al. 3, C. pén. exclut son report en raison du caractère occulte d'éléments constitutifs du délit. • Crim. 12 juill. 2016, n° 15-80.923 P : *D. actu. 9 sept. 2016, obs. Fonteix.*

Subornation de témoin

Art. 434-15 **Le fait d'user de promesses, offres, présents, pressions, menaces, voies de fait, manœuvres ou artifices au cours d'une procédure ou en vue d'une demande ou défense en justice afin de déterminer autrui soit à faire ou délivrer une déposition, une déclaration ou une attestation mensongère, soit à s'abstenir de faire ou délivrer une déposition, une déclaration ou une attestation, est puni de trois ans d'emprisonnement et de 45 000 € d'amende, même si la subornation n'est pas suivie d'effet.** – *CSS, L. 471-4.*

En cas de faux témoignage ou de subornation de témoin devant les commissions d'enquête et de contrôle parlementaires, les dispositions des art. 434-13, 434-14 et 434-15 C. pén. sont respectivement applicables (Ord. n° 58-1100 du 17 nov. 1958, art. 6, mod. par L. n° 77-807 du 19 juill. 1977, L. n° 91-698 du 20 juill. 1991, L. n° 92-1336 du 16 déc. 1992, art. 277 et 373, L. n° 2011-140 du 3 févr. 2011, art. 2).

Corresp. : *C. pén., anciens art. 306, al. 3, et 365.*

BIBL. ▶ M. Lemonde, *RSC 1996. 815* (la protection des témoins devant les tribunaux français).

I. SUBORNATION-DÉLIT

A. OBJET DE LA SUBORNATION

1. Déposition, déclaration ou attestation. Pour des exemples de subornation : ... Aux fins d'une déposition mensongère au cours d'une enquête civile. • Crim. 27 juill. 1954 : *Bull. crim. n° 281* • 5 févr. 1958 : *ibid. n° 135.* ♦ ... Aux fins d'une déclaration mensongère au cours d'une enquête de police. • Crim. 3 janv. 1956 : *Bull. crim. n° 5.* ♦ ... Aux fins de déclarations mensongères au cours d'une procédure relative à des faits de corruption. • Crim. 4 févr. 1997, n° 96-81.227 P : *Gaz. Pal. 1997. 1. 225, note Doucet.* ♦ ... Aux fins de déclarations mensongères au cours de l'instruction. • Crim. 2 mars 2016, n° 15-81.787 P : *D. actu. 30 mars 2016, obs. Fonteix ; Dr. pénal 2016, n° 124, obs. Conte.*

2. Mensonge. L'art. 365 C. pén. ne punit que ceux qui, par les procédés qu'il précise, ont déterminé ou tenté de déterminer autrui à faire des dépositions ou des déclarations mensongères. • Crim. 5 oct. 1971 : *Gaz. Pal. 1972. 1. 137.*

3. Ainsi, le délit est caractérisé lorsque l'objet de la pression exercée sur le témoin est d'obtenir de celui-ci qu'il affirme, comme les ayant personnellement constatés, des faits dont, quelle qu'en soit la réalité, il n'a eu qu'indirectement connaissance. • Crim. 28 mai 1968, n° 66-93.679 P. ♦ De même, commet le délit de subornation, alors qu'une information est ouverte du chef de détournement de sommes à lui remises, l'individu qui, usant de diverses menaces, demande à son ancienne secrétaire de dissimuler, dans le témoignage qu'elle serait appelée à fournir, certains faits parvenus à sa connaissance, et d'indiquer qu'elle n'a aucun souvenir de relations financières. • Crim. 29 mars 1977, n° 76-90.882 P.

4. Il y a encore subornation à déterminer un témoin à revenir sur sa déposition. • Crim. 10 déc. 1958 : *Bull. crim. n° 740* • 27 oct. 1997, n° 96-83.698 P. ♦ ... Ou à déterminer l'auteur d'une attestation déjà soumise à une juridiction à lui en faire délivrer une autre rétractant ou contredisant la première. • Crim. 6 nov. 1962 : *Bull. crim. n° 305* • 9 déc. 1975, n° 74-91.963 P • 4 avr. 1978, n° 77-93.092 P : *D. 1978. 512, rapp. Robert ; RSC 1979. 83, obs. Vitu* • 11 déc. 1991, n° 91-80.597 P. ♦ Suite à son licenciement le 7 févr. 2003 pour faute grave par la société X... Biotechnologies, Mme E..., secrétaire, a engagé une procédure prud'homale dans le cadre de laquelle elle a produit des attestations de cinq salariés de cette société portant sur le poste qu'elle occupait ; ceux-ci ont été convoqués par l'employeur aux fins d'établissement, sous peine de licenciement, d'attestations en sens contraire, ce à quoi ils se sont refusés à l'exception d'un seul, M. A... ; deux salariés ont été licenciés par l'employeur, notamment pour attestations mensongères ; Mme E... a déposé plainte avec constitution de partie civile pour subornation de témoins à l'encontre des dirigeants de la société, lesquels ont été renvoyés de ce chef devant la juridiction correctionnelle ; pour dire l'infraction caractérisée en tous ses éléments, la cour d'appel, par motifs propres et adoptés, après avoir repris l'ensemble des témoignages des salariés concernés ayant précisé que les attestations initiales étaient sincères et que leur contenu était vrai, et relevé que ceux-ci avaient été menacés de licenciement s'ils ne produisaient pas une nouvelle attestation contredisant la première, retient que leurs déclarations sont corroborées par M. F..., délégué syndical présent lors des entretiens préalables au licenciement ; les juges ajoutent que M. A..., seul salarié ayant accepté d'établir une nouvelle attestation après avoir subi la pression de son employeur, en raison de sa situation familiale, a affirmé que ce qu'il avait écrit sur la première était vrai ; en cet état et dès lors qu'ayant constaté que les attestations initiales étaient sincères, les témoignages en sens contraire sciemment sollicités par les dirigeants de la société, dans le dessein d'en faire état en justice, ne pouvaient qu'être mensongers, la cour d'appel a justifié sa décision. • Crim. 28 juin 2011 : *Dr. pénal 2011, n° 119, obs. Véron.*

5. Mais ne saurait admettre une quelconque qualification pénale, et notamment pas le délit de subornation de témoin, le fait pour un juge d'instruction d'avoir incité une personne en garde à vue à dire la vérité, de telles recommandations, à supposer qu'elles soient démontrées, n'ayant pas eu pour but de déterminer leur destinataire à faire une déclaration mensongère, mais au contraire une déposition conforme à la vérité. • Crim. 20 sept. 1995 : *Gaz. Pal. 1996. 1. Chron. 6, par Doucet.*

B. ACTE DE SUBORNATION

6. Matérialité. Le délit prévu et réprimé par l'art. 365 C. pén. n'est réalisé qu'autant que le prévenu a usé de promesses, offres ou présents, de pressions, menaces, voies de fait, manœuvres ou artifices pour déterminer autrui à faire ou délivrer une déposition, une déclaration ou attestation mensongère. • Crim. 11 janv. 1956 : *Bull. crim. n° 49* • 31 janv. 1956 : *ibid. n° 114 ; D. 1956. Somm. 130* • 26 janv. 1972, n° 71-90.202 P : *D. 1972. Somm. 92 ; Gaz. Pal. 1972. 2. 718 ; RSC 1972. 867, obs. Vitu.*

7. Le délit de subornation de témoins n'est donc réalisé qu'autant qu'il a été fait usage de l'un des moyens limitativement énumérés par le texte, à l'exclusion d'une simple sollicitation. • Crim. 22 févr. 1956 : *Bull. crim. n° 187 ; D. 1956. Somm. 131 ; JCP 1956. II. 9270, note Colombini* • 7 mars 1956 : *Bull. crim. n° 237* • 2 nov. 2005 : *Dr. pénal 2006, n° 24, obs. Véron* • Rouen, 25 févr. 1952 : *D. 1952. 806.* ♦ De même, de simples recommandations faites à d'éventuels coinculpés, en vue de se concerter, avant toute procédure, pour assurer leur défense commune, ne sauraient constituer la subornation de témoins. • Crim. 26 janv. 1972 : *préc. note 6.*

8. Est suffisamment motivé l'arrêt qui, pour condamner la prévenue du chef de subornation de témoin, constate que les pressions employées pour parvenir au faux témoignage ont été d'autant plus efficaces que le suborné est simple d'esprit et d'un caractère faible. • Crim. 23 oct. 1956 : *Bull. crim. n° 666.* ♦ De même, la menace de poursuites pénales doit s'interpréter en fonction de la psychologie de celui qui en est l'objet. • Crim. 4 avr. 1978, n° 77-93.092 P : *D. 1978. 512, rapp. Robert ; RSC 1979. 83, obs. Vitu.*

9. Le délit de subornation de témoin n'exige pas que les promesses, offres ou pressions aient précédé la demande de déposition mensongère. • Crim. 4 févr. 1997, n° 96-81.227 P : *Gaz. Pal. 1997. 1. 225, note Doucet.*

10. Les art. 365 ancien et 434-15 C. pén. n'exigent pas que les promesses ou offres, faites pour déterminer un témoin à des dépositions ou à des déclarations mensongères, lui soient adressées personnellement. • Crim. 20 oct. 1999, n° 99-80.088 P : *D. 2000. IR 23.*

11. Le fait d'exercer des pressions sur une personne pour l'inciter à déclarer autre chose que ce qu'elle pense être la vérité caractérise le délit de subornation. • Crim. 12 juin 2019, n° 18-83.844 : *D. actu. 1er juill. 2019, obs. Recotillet ; D. 2019. 1229 ; AJ pénal 2019. 447, obs. Thierry ; JCP 2019. 892, note Saint-Pau ; Dr. pénal 2019. Comm. 162, obs. Conte ; Gaz. Pal. 2019. 2084, note D. Piau ; ibid. 3325, obs. Detraz* (subornation de témoin par un avocat).

12. Promesses, offres ou présents. Promesse d'avantages commerciaux. • T. corr. Louviers, 28 nov. 1951 : *D. 1952. 263 ; RSC 1952. 453, obs. Hugueney* ; infirmé par : • Rouen, 25 févr. 1952 : *D. 1952. 806.* ♦ ... Promesse d'un prêt. • Crim. 27 juill. 1954 : *Bull. crim. n° 281.* ♦ ... Promesses d'argent. • Crim. 9 mai 1963 : *Bull. crim. n° 176* • 9 déc. 1975, n° 74-91.963 P. ♦ ... Remise de chèques. • Crim. 25 janv. 1984, n° 83-90.646 P : *Gaz. Pal. 1984. 2. 493 ; RSC 1985. 72, obs. Delmas Saint-Hilaire.* ♦ ... Proposition d'une place d'entraîneur. • Crim. 4 févr. 1997, n° 96-81.227 P : *Gaz. Pal. 1997. 1. 225, note Doucet.*

13. Pressions, menaces, voies de fait. La QPC est ainsi rédigée : « L'article 434-15 du code pénal est-il conforme aux articles 5, 8 et 16 de la Déclaration des droits de l'homme et du citoyen de 1789, 34 de la Constitution ainsi qu'aux principes de légalité des délits et des peines, de clarté de la loi, de prévisibilité juridique et de sécurité juridique, notamment en ce qu'il ne détermine pas la notion de "pressions" ? » ; la question posée ne présente pas un caractère sérieux, dès lors que la disposition législative critiquée est rédigée en des termes suffisamment clairs et précis pour que son interprétation, qui entre dans l'office du juge pénal, puisse se faire sans risque d'arbitraire ; d'où il suit qu'il n'y a pas lieu de transmettre la question au Conseil constitutionnel. • Crim. 7 oct. 2015, n° 15-81.787 QPC.

14. Démarches réitérées. • Crim. 3 janv. 1958 : *Bull. crim. n° 6.* ♦ ... Crainte d'être licencié. • Crim. 3 mai 1989 : *Dr. pénal 1989. 63.* ♦ ... Vive colère du suborneur. • T. corr. Abbeville, 31 mars 1951 : *JCP 1951. II. 6345 ; RSC 1951. 670, obs. Hugueney.* ♦ ... Sollicitations émanant de membres influents de l'État, faites à une personne hiérarchiquement placée sous l'autorité d'un ministre de même appartenance gouvernementale que l'un des suborneurs, ce qui a créé une contrainte dans l'esprit du témoin, contrainte qui l'a amené à modifier ses déclarations dans le sens souhaité. • Crim. 27 oct. 1997, n° 96-83.698 P. ♦ ... Visites régulières au domicile du témoin et remise d'un courrier destiné à être recopié et envoyé au juge d'instruction, afin d'inciter ledit témoin à revenir sur sa déposition, alors que, déjà mis en examen, il était fatigué psychologiquement et physiquement du fait de l'enquête. • Même arrêt. ♦ ... Réception de plusieurs lettres sorties en fraude de la prison et visite d'un ancien détenu, ces divers démarches ayant pour but d'inciter le témoin, maîtresse du suborneur, incarcéré à la suite du meurtre de son épouse, à rétracter les déclarations sincères qu'elle avait faites au cours de l'instruction. • Crim. 4 mai 1999 : *Gaz. Pal. 1999. 2, chron. crim. 128.* ♦ ... Menaces et pressions sur une victime d'agression sexuelle handicapée, afin d'obtenir d'elle un témoignage favorable. • Grenoble, 7 juill. 2000 : *JCP 2001. IV. 1469.* ♦ ... Actes de nature à peser sur la volonté du témoin (modèle de lettre à recopier et appels et messages téléphoniques répétés et insistants) et qui l'ont directement déterminé à adresser au juge d'instruction une déclaration mensongère. • Crim. 2 mars 2016, n° 15-81.787 P : *D. actu. 30 mars 2016, obs. Fonteix.* ♦ ... Pressions exercées par un avocat qui s'est rendu, à plusieurs reprises, au magasin d'un témoin afin de l'inciter à changer sa version des faits, peu important à cet égard la réalité desdits faits. • Crim. 12 juin 2019, n° 18-83.844 P : *D. actu. 1er juill. 2019, obs. Recotillet ; AJ pénal 2019. 447, obs. Thierry ; Dr. pénal 2019, n° 162, obs. Conte.*

15. Manœuvres ou artifices. Use des pressions, manœuvres et artifices prévus par l'art. 365 C. pén., et commet le délit de subornation de témoin celui qui, pour obtenir une attestation mensongère en vue d'une défense en justice, se rend, accompagné d'un tiers, chez une personne affectée par un deuil très récent, la trompe sur l'utilisation qui sera faite de cette pièce dont il lui dicte les termes, et lui cache les motifs pour lesquels elle doit être établie. • Crim. 3 avr. 1974, n° 73-91.292 P : *D. 1974. Somm. 63.* ♦ Se rendent coupables du délit de subornation d'autrui, prévu et réprimé par l'art. 365 C. pén., un inculpé et des avocats qui ont usé, au cours d'une procédure, de manœuvres pour déterminer un autre inculpé à faire des déclarations mensongères. • Crim. 25 janv. 1984 : *Bull. crim. n° 33 ; Gaz. Pal. 1984. 2. 493 ; RSC 1985. 72, obs. Delmas Saint-Hilaire.*

16. Intention. Si des inculpés ont le droit de mentir et de rester silencieux ou de se concerter en vue d'une défense commune, ils ne peuvent, en revanche, invoquer les droits de la défense pour user des procédés prohibés par l'art. 365 C. pén. et entraver ainsi le fonctionnement de la justice ; il en est de même pour les avocats qui n'ont pas davantage le droit d'employer ces procédés pour défendre leurs clients et les faire acquitter à tout prix. • Crim. 25 janv. 1984 : *préc. note 15* (par adoption des motifs de l'arrêt attaqué). ♦ Rappr. : • 26 janv. 1972 : *ibid. n° 35 ; D. 1972. Somm. 92 ; Gaz. Pal. 1972. 2. 718 ; RSC 1972. 867, obs. Vitu.*

17. Effet. Il n'importe que le témoin n'ait pas fait de déclaration ni de déposition, l'art. 365 punissant les faits qu'il vise, que la subornation ait ou non produit son effet. • Crim. 11 janv. 1956 : *Bull. crim. n° 49* • 31 janv. 1956 : *ibid. n° 114 ; D. 1956. Somm. 130* • 10 déc. 1958 : *Bull. crim. n° 740* • 6 nov. 1962 : *Bull. crim. n° 305.*

C. RÉPRESSION

18. Action publique. La poursuite du délit de subornation de témoins, à le supposer commis à l'occasion d'une poursuite judiciaire, n'impliquant pas la violation d'une règle de procédure pénale, n'est pas soumise à l'exception préjudicielle à l'action publique édictée par l'art. 6-1 C. pr. pén. • Crim. 27 sept. 2005, n° 05-84.032 P : *Gaz. Pal. 2006. 1. Somm. 1392, note Monnet.*

19. Action civile. La subornation de témoins et le faux témoignage qui s'en est suivi constituent un ensemble de faits qui est indivisible au regard du droit à réparation qu'il ouvre, devant la juridiction répressive, à ceux qui en ont été victimes. • Crim. 2 mai 1967, n° 66-90.026 P.

20. Prescription. L'infraction de subornation de témoin s'analysant en un délit instantané, la prescription commence à courir dès le jour où ont été commis les actes incriminés ; seul un obstacle de droit survenu après la mise en mouvement de l'action publique et mettant la partie civile dans l'impossibilité d'agir est de nature à suspendre le délai de prescription de celle-ci ; c'est dès lors à bon droit que la chambre d'accusation a écarté l'argumentation de l'appelante faisant valoir qu'elle n'avait eu connaissance des faits qu'en juin 1992 et qu'ainsi la prescription avait été suspendue jusqu'à cette date. • Crim. 27 sept. 1995 : *Gaz. Pal. 1996. 1. Chron. crim. 6.*

21. Sursis à statuer. La juridiction répressive saisie de poursuites du chef de subornation de témoin, commise à l'occasion d'une procédure pendante devant la juridiction civile, n'a pas à surseoir à statuer jusqu'à la solution définitive de l'instance civile en cours. • Crim. 6 nov. 1962 : *Bull. crim. n° 305.* ♦ De même, la cour d'appel n'est pas tenue de surseoir à statuer sur une poursuite en subornation de témoin dont elle est régulièrement saisie jusqu'au jugement de l'affaire pénale à l'occasion de laquelle ce délit a été commis, ces deux procédures ayant des objets distincts, et l'existence du délit de subornation, qui a un caractère propre, étant indépendante du résultat de l'affaire principale. • Crim. 3 avr. 1974, n° 73-91.292 P : *D. 1974. Somm. 63.* ♦ *Contra* : • Crim. 27 juill. 1954 : *Bull. crim. n° 282.*

22. Complicité. Pour un exemple de complicité de subornation de témoin par aide et assistance. • Crim. 9 déc. 1975, n° 74-91.963 P. ♦ Rappr., *RSC 1985. 72, obs. Delmas Saint-Hilaire.*

II. SUBORNATION-COMPLICITÉ

23. Complicité de faux témoignage. Il appartient à une cour d'appel qui relaxe un prévenu du chef de subornation de témoins de rechercher si celui-ci ne s'est pas rendu coupable d'un fait de complicité de faux témoignage. • Crim. 4 oct. 1961 : *Bull. crim. n° 373.*

24. Dès lors que le faux témoignage a eu lieu, les pressions exercées sur le témoin par le suborneur (employeur, en l'espèce) constituent de la part de celui-ci, non le délit de subornation de témoin, mais celui de complicité de faux témoignage. • Crim. 24 juill. 1958 (2 arrêts) : *Bull. crim. n°s 572 et 573.*

25. Ainsi, il y a complicité de faux témoignage en matière civile dans le fait de donner des instructions pour déposer faussement, si ces témoignages mensongers ont été reçus sous la foi du serment par la juridicition civile. • Crim. 20 mai 1958 : *Bull. crim. n° 408.*

26. De même, justifie légalement une condamnation pour complicité de faux témoignage l'arrêt qui constate la connaissance, par le témoin, de la fausseté de sa déposition et la connaissance par le prévenu de cette fausseté, lors des instructions données à ce témoin en vue de commettre le faux témoignage. • Crim. 19 nov. 1957 : *Bull. crim. n° 747.*

Subornation d'expert

Art. 434-21 La subornation de l'expert est réprimée dans les conditions prévues par l'article 434-15.

Faux

Art. 441-1 Constitue un faux toute altération frauduleuse de la vérité, de nature à causer un préjudice et accomplie par quelque moyen que ce soit, dans un écrit ou tout autre support d'expression de la pensée qui a pour objet ou qui peut avoir pour effet d'établir la preuve d'un droit ou d'un fait ayant des conséquences juridiques.

Le faux et l'usage de faux sont punis de trois ans d'emprisonnement et de 45 000 € d'amende.

Corresp. : *C. pén., anciens art. 145 à 152, 462-5 et 462-6.*

En ce qui concerne les sanctions de la fraude aux prestations de la protection complémentaire en matière de santé, V. CSS, art. L. 861-10. — ***CSS*** *ou* ***C. assur.***

BIBL. ▶ Mayaud, *AJ pénal 2008. 111* (la crédibilité, critère du mensonge punissable en droit pénal). - Guéry, *D. 2012. 1839* (de l'escroquerie et de l'usage de faux envisagés sous l'angle d'un régime dérogatoire à la prescription de l'action publique).

....

Art. 441-7 Indépendamment des cas prévus au présent chapitre, est puni d'un an d'emprisonnement et de 15 000 € d'amende le fait :

1° D'établir une attestation ou un certificat faisant état de faits matériellement inexacts ;

2° De falsifier une attestation ou un certificat originairement sincère ;

3° De faire usage d'une attestation ou d'un certificat inexact ou falsifié.

Les peines sont portées à trois ans d'emprisonnement et à 45 000 € d'amende lorsque l'infraction est commise *(L. n° 2018-778 du 10 sept. 2018, art. 39)* « soit en vue de porter préjudice au Trésor public ou au patrimoine d'autrui, soit en vue d'obtenir un titre de séjour ou le bénéfice d'une protection contre l'éloignement. » — *CSS, art. L. 471-4.*

Corresp. : *C. pén., anciens art. 161, al. 4, et 162.*

IX DROIT SOCIAL

A Droit du travail

DALLOZ RÉFÉRENCE *Droit et pratique du divorce 2022/2023, n°s 411.00 s.*

Code du travail

Art. R. 3324-22 *(Décr. n° 2009-350 du 30 mars 2009)* « Dans le cas où le bénéficiaire n'a pas opté pour la disponibilité immédiate, les cas dans lesquels, en application de l'article L. 3324-10, les droits constitués au profit des bénéficiaires peuvent être exceptionnellement liquidés avant l'expiration des délais fixés au premier alinéa de cet article et au deuxième alinéa de l'article L. 3323-5 sont les suivants : »

1° Le mariage ou la conclusion d'un pacte civil de solidarité par l'intéressé ;

2° La naissance ou l'arrivée au foyer d'un enfant en vue de son adoption, dès lors que le foyer compte déjà au moins deux enfants à sa charge ;

3° Le divorce, la séparation ou la dissolution d'un pacte civil de solidarité lorsqu'ils sont assortis *(Décr. n° 2016-1907 du 28 déc. 2016, art. 13)* « d'une convention ou » d' *(Décr. n° 2020-683 du 4 juin 2020, art. 1er)* « une décision judiciaire » prévoyant la résidence habituelle unique ou partagée d'au moins un enfant au domicile de l'intéressé ;

(Décr. n° 2020-683 du 4 juin 2020, art. 1er) « 3° *bis* Les violences commises contre l'intéressé par son conjoint, son concubin ou son partenaire lié par un pacte civil de solidarité, ou son ancien conjoint, concubin ou partenaire :

« *a)* Soit lorsqu'une ordonnance de protection est délivrée au profit de l'intéressé par le juge aux affaires familiales en application de l'article 515-9 du code civil ;

« *b)* Soit lorsque les faits relèvent de l'article 132-80 du code pénal et donnent lieu à une alternative aux poursuites, à une composition pénale, à l'ouverture d'une information par le procureur de la République, à la saisine du tribunal correctionnel par le procureur de la République ou le juge d'instruction, à une mise en examen ou à une condamnation pénale, même non définitive ; »

4° L'invalidité de l'intéressé, de ses enfants, de son conjoint ou de son partenaire lié par un pacte civil de solidarité. Cette invalidité s'apprécie au sens des 2° et 3° de l'article L. 341-4 du code de la sécurité sociale ou est reconnue par décision de la commission des droits et de l'autonomie des personnes handicapées *(Décr. n° 2020-683 du 4 juin 2020, art. 1er)* « ou du président du conseil départemental », à condition que le taux d'incapacité atteigne au moins 80 % et que l'intéressé n'exerce aucune activité professionnelle ;

5° Le décès de l'intéressé, de son conjoint ou de son partenaire lié par un pacte civil de solidarité ;

6° La rupture du contrat de travail, *(Décr. n° 2009-350 du 30 mars 2009)* « la cessation de son activité par l'entrepreneur individuel, la fin du mandat social, la perte du statut de conjoint collaborateur ou de conjoint associé ; »

7° L'affectation des sommes épargnées à la création ou reprise, par l'intéressé, ses enfants, son conjoint ou son partenaire lié par un pacte civil de solidarité, d'une entreprise industrielle, commerciale, artisanale ou agricole, soit à titre individuel, soit sous la forme d'une société, à condition d'en exercer effectivement le contrôle au sens de l'article R. 5141-2, à l'installation en vue de l'exercice d'une autre profession non salariée ou à l'acquisition de parts sociales d'une société coopérative de production ;

8° L'affectation des sommes épargnées à l'acquisition ou agrandissement de la résidence principale emportant création de surface habitable nouvelle telle que définie à l'article *(Décr. n° 2021-872 du 30 juin 2021, art. 7, en vigueur le 1er juill. 2021)* « R. 156-1 » du code de la construction et de l'habitation, sous réserve de l'existence d'un permis de construire ou d'une déclaration préalable de travaux, ou à la remise en état de la résidence principale endommagée à la suite d'une catastrophe naturelle reconnue par arrêté ministériel ;

9° La situation de surendettement de l'intéressé définie à l'article *(Décr. n° 2020-683 du 4 juin 2020, art. 1er)* **« L. 711-1 » du code de la consommation, sur demande adressée à l'organisme gestionnaire des fonds ou à l'employeur, soit par le président de la commission de surendettement des particuliers, soit par le juge lorsque le déblocage des droits paraît nécessaire à l'apurement du passif de l'intéressé.** – *[Anc. art. R. 442-17, al. 1er à 10.]*

Les dispositions du 3° bis de l'art. R. 3324-22 sont applicables aux demandes présentées à compter du 7 juin 2020 (Décr. n° 2020-683 du 4 juin 2020, art. 2).

B Sécurité sociale – Régime général

1 Maladie et maternité

Code de la sécurité sociale

Les annotations de jurisprudence et de bibliographie sous les articles du code de la sécurité sociale ont été reprises du Code de la sécurité sociale Dalloz, rédigées par M. Frédéric Guiomard et Mme Anne-Sophie Ginon.

La protection universelle maladie est entrée en application le 1er janv. 2016. Tout conjoint dispose désormais d'une affiliation autonome à la sécurité sociale, supprimant en cas de divorce le régime antérieur de maintien de droits ou affiliation à la couverture maladie universelle pour le conjoint divorcé.

Art. L. 161-15 *(L. n° 2015-1702 du 21 déc. 2015, art. 59-IV-5°, en vigueur le 1er janv. 2016)* **Le conjoint séparé de droit ou de fait qui se trouve, du fait de défaut de présentation par l'autre conjoint des justifications requises, dans l'impossibilité d'obtenir pour ses enfants mineurs la prise en charge des frais de santé en cas de maladie et de maternité dispose d'une action directe en paiement de ces prestations, dans des conditions fixées par décret en Conseil d'État.**

Sauf demande contraire, la prise en charge des frais de santé des personnes majeures ayant la qualité d'ayant droit au 31 déc. 2015 reste effectuée, tant que ces personnes ne deviennent pas affiliées à un régime de sécurité sociale au titre d'une activité professionnelle, y compris antérieure, par rattachement à l'assuré social dont elles dépendent, et par les organismes dont elles relèvent à cette date, jusqu'au 31 déc. 2019 au plus tard.

L'art. L. 161-15, dans sa rédaction antérieure à la L. n° 2015-1702 du 21 déc. 2015, demeure applicable aux personnes majeures conservant la qualité d'ayant droit jusqu'au 31 déc. 2019 (L. préc., art. 59-XIII-C).

....

Art. R. 161-6 *(Décr. n° 2015-1865 du 30 déc. 2015, art. 3-6°, en vigueur le 1er janv. 2016)* **« L'action directe en paiement prévue à l'article L. 161-15 est exercée par l'assuré dans les conditions suivantes***[:]* **»**

1° Si *(Décr. n° 2015-1865 du 30 déc. 2015, art. 3-6°, en vigueur le 1er janv. 2016)* **« son conjoint séparé de droit ou de fait » relève d'un régime obligatoire d'assurance maladie et maternité de salarié,** *(Décr. n° 2015-1865 du 30 déc. 2015, art. 3-6°, en vigueur le 1er janv. 2016)* **« l'assuré » peut obtenir le paiement des prestations en produisant une attestation délivrée par l'organisme ou service chargé du paiement des** *(Décr. n° 2015-1865 du 30 déc. 2015, art. 3-6°, en vigueur le 1er janv. 2016)* **« prestations » familiales et établissant qu'il a perçu lesdites** *(Décr. n° 2015-1865 du 30 déc. 2015, art. 3-6°, en vigueur le 1er janv. 2016)* **« prestations » pour le mois écoulé du chef d'un salarié remplissant les conditions d'activité nécessaires à l'ouverture du droit aux prestations familiales ;**

2° Si *(Décr. n° 2015-1865 du 30 déc. 2015, art. 3-6°, en vigueur le 1er janv. 2016)* **« l'assuré » ne peut obtenir l'attestation mentionnée au 1° ci-dessus, il peut demander directement** *(Décr. n° 2015-1865 du 30 déc. 2015, art. 3-6°, en vigueur le 1er janv. 2016)*

« la prise en charge des frais de santé » à la Caisse d'assurance maladie dont relève *(Décr. n° 2015-1865 du 30 déc. 2015, art. 3-6°, en vigueur le 1er janv. 2016)* **« son conjoint séparé » en produisant le jugement de séparation de corps ou une déclaration attestant la séparation de fait.**

Si *(Décr. n° 2015-1865 du 30 déc. 2015, art. 3-6°, en vigueur le 1er janv. 2016)* **« son conjoint séparé » relève d'un régime obligatoire d'assurance maladie de non-salariés,** *(Décr. n° 2015-1865 du 30 déc. 2015, art. 3-6°, en vigueur le 1er janv. 2016)* **« l'assuré » exerce son action directe en paiement des prestations auprès de l'organisme dont relève** *(Décr. n° 2015-1865 du 30 déc. 2015, art. 3-6°, en vigueur le 1er janv. 2016)* **« son conjoint séparé » en fournissant une copie du jugement de séparation de corps ou une déclaration de séparation de fait.**

Les organismes d'assurance maladie doivent prendre toutes dispositions utiles en vue de faciliter *(Décr. n° 2015-1865 du 30 déc. 2015, art. 3-6°, en vigueur le 1er janv. 2016)* **« à l'assuré » la mise en œuvre de son action directe.**

Par dérogation aux dispositions du Décr. n° 2015-1865 du 30 déc. 2015, les personnes majeures ayant la qualité d'ayant droit au 31 déc. 2015 bénéficient, à compter du 1er janv. 2016, de la prise en charge des frais de santé par rattachement à l'assuré social dont elles dépendent jusqu'à la date résultant pour elles de l'application du C du XIII de l'art. 59 de la L. n° 2015-1702 du 21 déc. 2015 [V. notes ss. art. L. 161-15] de financement de la sécurité sociale pour 2016 (Décr. préc., art. 12).

2 Allocations familiales

Code de la sécurité sociale

Art. L. 521-1 *(L. n° 98-1194 du 23 déc. 1998, art. 18-I)* **Les allocations familiales sont dues à partir du deuxième enfant à charge.** — *Pour la détermination des droits, entrée en vigueur à compter du 1er janv. 1999.*

(L. n° 2002-1487 du 20 déc. 2002, art. 58) **« Une allocation forfaitaire par enfant d'un montant fixé par décret est versée pendant un an à la personne ou au ménage qui assume la charge d'un nombre minimum d'enfants également fixé par décret lorsque l'un ou plusieurs des enfants qui ouvraient droit aux allocations familiales atteignent l'âge limite mentionné au 2° de l'article L. 512-3. Cette allocation est versée à la condition que le ou les enfants répondent aux conditions autres que celles de l'âge pour l'ouverture du droit aux allocations familiales. »** — *Ces dispositions sont applicables à compter du 1er juill. 2003 pour les enfants qui atteignent l'âge limite à compter de cette date (L. n° 2002-1487 du 20 déc. 2002, art. 58).*

(L. n° 2014-1554 du 22 déc. 2014, art. 85-I) **« Le montant des allocations mentionnées aux deux premiers alinéas du présent article, ainsi que celui des majorations mentionnées à l'article L. 521-3 varient en fonction des ressources du ménage ou de la personne qui a la charge des enfants, selon un barème défini par décret.**

« Le montant des allocations familiales varie en fonction du nombre d'enfants à charge.

« Les niveaux des plafonds de ressources, qui varient en fonction du nombre d'enfants à charge, sont révisés conformément à l'évolution annuelle de l'indice des prix à la consommation, hors tabac.

« Un complément dégressif est versé lorsque les ressources du bénéficiaire dépassent l'un des plafonds, dans la limite de montants définis par décret. Les modalités de calcul de ces montants et celles du complément dégressif sont définies par décret. » — *Les dispositions issues de la L. n° 2014-1554 du 22 déc. 2014 entrent en vigueur à une date fixée par décret, et au plus tard le 1er juill. 2015 (L. préc., art. 85-III).*

Sur les exceptions à l'application du droit des usagers de saisir l'administration par voie électronique concernant les démarches effectuées auprès des organismes de sécurité sociale, V. ***CRPA****, App., v° Saisine par voie électronique - Exceptions.*

1. L'attribution sans condition de ressources des prestations familiales ne revêt pas le caractère d'un principe fondamental reconnu par les lois de la République. • Cons. const. 18 déc. 1997, décis. n° 97-393 DC : *JO 23 déc., p. 18.649 ; AJDA 1998. 181, chron. J.-E. Schoettl ; Dr. soc. 1998. 164,* *note Prétot* ; *RJS 1998, n° 92.* ♦ La mise sous condition de ressources des allocations familiales n'est pas contraire aux dispositions du dixième al. du Préambule de la Constitution du 27 oct. 1946, dès lors que les allocations familiales ne constituent qu'un des éléments de la politique de solidarité en faveur de la famille, et qu'elle ne revêt qu'un caractère provisoire dans l'attente d'une réforme d'ensemble de la branche famille. • Cons. const. 18 déc. 1997 : *préc.*

2. Les stipulations du pacte international relatif aux droits économiques, sociaux et culturels (art. 2, 9 et 10) et du code européen de la sécurité sociale (art. 39 et 45) ne produisent pas d'effets directs à l'égard des particuliers. • CE, ass., 5 mars 1999 : *D. 1999. IR 111* ; *RFDA 1999. 357, concl. C. Maugüé* ; *ibid. 372, note D. de Béchillon et P. Terneyre* ; *RJS 1999, n° 609.*

3. Les dispositions de l'art. L. 521-1, dans leur rédaction issue de la L. n° 97-1164 du 19 déc. 1997, ne méconnaissent pas les stipulations de l'art. 14 de la convention européenne de sauvegarde des droits de l'homme et de l'art. 1er du premier protocole additionnel à cette convention. • CE 5 mars 1999 : *préc.*

Art. L. 521-2 **Les allocations sont versées à la personne qui assume, dans quelques conditions que ce soit, la charge effective et permanente de l'enfant.**

(L. n° 2006-1640 du 21 déc. 2006, art. 124-I) **« En cas de résidence alternée de l'enfant au domicile de chacun des parents telle que prévue à l'article 373-2-9 du code civil, mise en œuvre de manière effective, les parents désignent l'allocataire. Cependant, la charge de l'enfant pour le calcul des allocations familiales est partagée par moitié entre les deux parents soit sur demande conjointe des parents, soit si les parents sont en désaccord sur la désignation de l'allocataire. Un décret en Conseil d'État fixe les conditions d'application du présent alinéa. »**

Lorsque la personne qui assume la charge effective et permanente de l'enfant ne remplit pas les conditions prévues au titre I du présent livre pour l'ouverture du droit aux allocations familiales, ce droit s'ouvre du chef du père *(Abrogé par Ord. n° 2005-759 du 4 juill. 2005, art. 19)* ***« légitime, naturel ou adoptif »*** **ou, à défaut, du chef de la mère** *(Abrogé par Ord. n° 2005-759 du 4 juill. 2005, art. 19)* ***« légitime, naturelle ou adoptive »*****.** — *Les dispositions issues de l'Ord. n° 2005-759 du 4 juill. 2005 entrent en vigueur à compter du 1er juill. 2006.*

(L. n° 86-17 du 6 janv. 1986, art. 29) **Lorsqu'un enfant est confié au service de l'aide sociale à l'enfance, les allocations familiales continuent d'être évaluées en tenant compte à la fois des enfants présents au foyer et du ou des enfants confiés au service de l'aide sociale à l'enfance. La part des allocations familiales dues à la famille pour cet enfant est versée à ce service.** *(L. n° 2006-396 du 31 mars 2006, art. 48-V)* **« Toutefois, le juge peut décider, d'office ou sur saisine du président du conseil départemental, à la suite d'une mesure prise en application des articles 375-3 et 375-5 du code civil** *(Ord. n° 2019-950 du 11 sept. 2019, art. 5, en vigueur le 31 mars 2021)* **« ou à l'article L. 323-1 du code de la justice pénale des mineurs** *[ancienne rédaction : ou des articles 15, 16, 16 bis et 28 de l'ordonnance n° 45-174 du 2 février 1945 relative à l'enfance délinquante]* **», de maintenir le versement des allocations à la famille, lorsque celle-ci participe à la prise en charge morale ou matérielle de l'enfant ou en vue de faciliter le retour de l'enfant dans son foyer. »**

Un décret en Conseil d'État fixe les conditions d'application du présent article, notamment dans les cas énumérés ci-dessous :

a) *(L. n° 96-604 du 5 juill. 1996, art. 46)* **« retrait total de l'autorité parentale des parents ou de l'un d'eux » ;**

b) **indignité des parents ou de l'un d'eux ;**

c) **divorce, séparation de corps ou de fait des parents ;**

d) **enfants confiés à un service public, à une institution privée, à un particulier.**

V. Circ. DSS/4 A n° 99-03 du 5 janv. 1999 relative à la notion de charge effective et permanente d'enfants pour l'ouverture du droit aux prestations familiales (BO Solidarité-santé n° 99/3, p. 473) et note ss. art. L. 521-1.

I. DÉTERMINATION DU BÉNÉFICIAIRE DU VERSEMENT DES ALLOCATIONS FAMILIALES

1. Charge effective et permanente de l'enfant. Les allocations familiales sont versées à la personne qui assume, dans quelques conditions que ce soit, la charge effective et permanente de l'enfant, peu important la situation financière du père de l'enfant. • Soc. 23 nov. 2000 : *RJS 2001, n° 248.* ♦ Il incombe à la caisse d'allocations familiales, qui réclame le remboursement d'allocations familiales qu'elle estime avoir indûment versées, d'établir que l'enfant au titre duquel ces prestations ont été attribuées n'était pas à la charge effective et permanente de leur bénéficiaire. • Civ. 2e, 18 janv. 2006 : *RJS 1/2006, no 27.*

2. *Enfant confié temporairement par décision de justice.* Dès lors que le département assume, au titre de l'aide sociale à l'enfance, la charge financière de l'enfant, la personne à laquelle celui-ci a été confié par décision de justice n'en a pas la charge effective et permanente et ne peut prétendre ainsi au bénéfice des prestations familiales. • Civ. 2e, 16 sept. 2003, no 02-30.486 P : *RJS 2003. 1002, no 1441 ; TPS 2003. Comm. 380, obs. Prétot.*

II. CONDITIONS DU VERSEMENT DES ALLOCATIONS FAMILIALES

3. *Absence de lien avec l'obligation alimentaire.* L'art. L. 521-2 n'impose pas que l'allocataire justifie de l'existence d'une obligation alimentaire pesant sur lui, ni d'un titre juridique lui conférant la garde de l'enfant. • Soc. 25 nov. 1993, no 88-12.631 P : *D. 1995. 39, note Pagnon ; ibid. 1995. Somm. 34, obs. Prétot ; RJS 1994, no 187* • 27 janv. 1994, no 87-15.909 P : *RJS 1994, no 317* • 5 mai 1995 : *RJS 1995, no 707* (enfant étranger accueilli dans le cadre d'une opération de parrainage). ♦ V. déjà : • Soc. 11 juill. 1991, no 89-12.672 P • 11 janv. 1989 : *Bull. civ. V, no 15* • 23 mars 1988 : *Bull. civ. V, no 201.*

4. *Résidence de l'enfant.* La résidence de l'enfant au foyer de ses parents n'est pas une condition de l'attribution des allocations familiales. • Soc. 31 mars 1994, no 91-21.376 P : *D. 1994. IR 104 ; RJS 1994, no 911.*

5. *Bénéfice de l'allocation de parent isolé.* La perception de l'allocation de parent isolé pour une jeune mère qui continue à vivre dans sa famille n'entraîne pas pour son bénéficiaire la perte de la qualité d'enfant à charge. • Soc. 19 mai 1994, no 91-10.669 P : *RJS 1994, no 911 (2e esp.).*

III. RÉSIDENCE ALTERNÉE

6. *Conditions du partage des allocations.* Il résulte du deuxième al. de l'art. L. 521-2 CSS que le partage de la charge de l'enfant pour le calcul des allocations familiales n'est pas subordonné à la minorité ou à l'absence d'émancipation de l'enfant mais à la mise en œuvre effective de la résidence alternée. • Civ. 2e, 14 janv. 2010, no 09-13.061 P : *D. 2010. 272 ; RJS 2010, no 291 ; RDSS 2010. 572, note Tauran.*

7. *Compétence.* Il n'entre pas dans la compétence du juge aux affaires familiales de décider au bénéfice de quel parent doit être attribué le droit aux prestations familiales, cette compétence relevant du tribunal des affaires de sécurité sociale en vertu de l'art. L. 142-1 CSS. Il peut néanmoins constater l'accord des parents sur la désignation de l'allocataire ou l'attribution à l'un ou l'autre des parents du droit aux prestations familiales au moment où il statue. • Cass., avis, 26 juin 2006, no 06-00.005 P. • Civ. 2e, 9 avr. 2009 : *Gaz. Pal. 7 nov. 2009, p. 30, note Mansard* (accord sur le bénéficiaire entériné par le juge).

Art. L. 521-3 Chacun des enfants à charge, à l'exception du plus âgé, ouvre droit à partir d'un âge minimum *[art. R. 521-1 : 14 ans]* à une majoration des allocations familiales.

Toutefois, les personnes ayant un nombre déterminé d'enfants à charge *[art. R. 521-1 : trois enfants]* bénéficient de ladite majoration pour chaque enfant à charge à partir de l'âge mentionné au premier alinéa.

Art. L. 523-1 *(L. no 2016-1827 du 23 déc. 2016, art. 41-I)* « I. — » Ouvrent droit à l'allocation de soutien familial *[art. D. 523-1]* :

1° Tout enfant orphelin de père ou de mère, ou de père et de mère ;

2° Tout enfant dont la filiation n'est pas légalement établie à l'égard de l'un ou l'autre de ses parents ou à l'égard de l'un et de l'autre ;

3° Tout enfant dont le père ou la mère, ou les père et mère, se soustraient ou se trouvent *(L. no 2015-1702 du 21 déc. 2015, art. 44-I-1°, en vigueur le 1er avr. 2016)* « , s'ils sont considérés comme tels, au regard de conditions fixées par décret, comme étant » hors d'état de faire face à leurs obligations d'entretien ou au versement d'une pension alimentaire mise à leur charge par décision de justice *(L. no 2016-1827 du 23 déc. 2016, art. 41-I)* « ou d'une contribution à l'entretien et à l'éducation de l'enfant fixée par les actes ou accords mentionnés au IV » ; — *V. art. R. 523-1 et D. 523-1.*

(L. no 2015-1702 du 21 déc. 2015, art. 44-I-1°, en vigueur le 1er avr. 2016) « 4° Tout enfant dont le père ou la mère, ou les père et mère, s'acquittent intégralement *(Abrogé par L. no 2016-1827 du 23 déc. 2016, art. 41-I) « de leur obligation d'entretien ou »* du versement d'une pension alimentaire mise à leur charge par décision de justice *(L. no 2016-1827 du 23 déc. 2016, art. 41-I)* « ou d'une contribution à l'entretien et à l'éducation de l'enfant fixée par un accord amiable ou par les actes ou accords men-

tionnés au même IV, » lorsque le montant correspondant est inférieur à celui de l'allocation de soutien familial. Dans ce cas, une allocation de soutien familial différentielle est versée. Les modalités d'application du présent 4°, notamment les conditions dans lesquelles, en l'absence *(L. n° 2016-1827 du 23 déc. 2016, art. 41-I)* **« d'une décision de justice ou d'un accord ou d'un acte respectivement mentionnés aux 1° et 2° du IV, le montant de la contribution » pris en compte pour le calcul de l'allocation de soutien familial différentielle est retenu, sont fixées par décret en Conseil d'État. »** – *A compter du 1er avr. 2018, à la première phrase du 4°, les mots : « par un accord amiable ou » sont supprimés (L. n° 2016-1827 du 23 déc. 2016, art. 41-IV et V).*

(L. n° 2016-1827 du 23 déc. 2016, art. 41-I) **« II. – En vue de faciliter la fixation de la pension alimentaire par l'autorité judiciaire, le directeur de l'organisme débiteur des prestations familiales peut transmettre au parent bénéficiaire les renseignements dont il dispose concernant l'adresse et la solvabilité du débiteur défaillant à l'issue du contrôle qu'il effectue sur sa situation, dès lors qu'un droit à l'allocation de soutien familial mentionné au 3° du I est ouvert.**

« III. – » *(L. n° 2008-1425 du 27 déc. 2008, art. 181)* **« L'allocation de soutien familial est ouverte de plein droit aux bénéficiaires du revenu de solidarité active visés à l'article L. 262-9 du code de l'action sociale et des familles** *(L. n° 2015-994 du 17 août 2015, art. 59-IV-5°, en vigueur le 1er janv. 2016)* **« et » qui assument la charge effective et permanente d'un ou plusieurs enfants remplissant l'une des conditions précédemment mentionnées. »**

(L. n° 2016-1827 du 23 déc. 2016, art. 41-I) **« IV. – Constituent des actes ou accords au sens des 3° et 4° du I du présent article, sous réserve qu'ils aient acquis force exécutoire :**

« 1° L'accord par lequel les époux consentent mutuellement à leur divorce *(L. n° 2019-1446 du 24 déc. 2019, art. 72-V-1°)* **« ou à leur séparation de corps » par acte sous signature privée contresigné par avocats déposé au rang des minutes d'un notaire selon les modalités prévues à l'article 229-1 du code civil ;**

« 2° Un acte reçu en la forme authentique par un notaire ;

« 3° Un accord auquel l'organisme débiteur des prestations familiales a donné force exécutoire en application de l'article L. 582-2 du présent code » ; – *Cet al. entre en vigueur le 1er avr. 2018 (L. n° 2016-1827 du 23 déc. 2016, art. 41-IV et V).*

(L. n° 2019-1446 du 24 déc. 2019, art. 72-V-1°) **« 4° Une convention homologuée par le juge ; »**

(L. n° 2021-1754 du 23 déc. 2021, art. 100-III) **« 5° Une transaction ou un acte constatant un accord issu d'une médiation, d'une conciliation ou d'une procédure participative, lorsqu'ils sont contresignés par les avocats de chacune des parties et revêtus de la formule exécutoire par le greffe de la juridiction compétente en application du 7° de l'article L. 111-3 du code des procédures civiles d'exécution. »**

1. Celui qui a la garde de ses enfants mineurs n'a droit à l'allocation de soutien familial qu'à la condition de faire la preuve que l'autre parent est soit hors d'état de faire face à son obligation d'entretien, soit que, disposant de ressources suffisantes, il s'est volontairement soustrait à l'obligation de pension alimentaire mise à sa charge par décision de justice. • Soc. 20 déc. 1990, n° 87-19.753 P : *D. 1991. IR 26 ; RJS 1991, n° 252.*

2. Le ministre de la Famille confirme que si une pension de faible montant est fixée par le juge et que le parent non gardien s'en acquitte, la famille ne recevra pas l'ASF car celle-ci ne doit pas jouer comme le complément d'une pension alimentaire fixée à un niveau trop peu élevé par le juge mais comme un instrument d'aide au parent privé de sa créance alimentaire par le parent non gardien dans la mesure où celui-ci se soustrait à son obligation et met ainsi sa famille dans une situation financièrement précaire. * Rép. min. : *JOAN Q, 14 sept. 2004, p. 7172.*

3. Viole les art. L. 523-1 et R. 523-3 CSS le tribunal qui déboute la caisse d'allocations familiales de sa demande en remboursement du montant de l'allocation de soutien familial versé à un père chez qui était fixée la résidence de son fils tout en constatant que le juge aux affaires familiales n'a pas été saisi par l'intéressé d'une demande de pension alimentaire. • Civ. 2e, 17 mars 2010, n° 09-14.253 P : *JCP S 2010, n° 1292, note Tauran.*

Art. L. 523-2 **Peut bénéficier de l'allocation le père, la mère ou la personne physique qui assume la charge effective et permanente de l'enfant orphelin ou de l'enfant assimilé à un orphelin au sens de l'article L. 523-1.**

(L. n° 99-944 du 15 nov. 1999, art. 10) **« Lorsque le père ou la mère titulaire du droit à l'allocation de soutien familial se marie, conclut un pacte civil de solidarité ou vit en concubinage, cette prestation cesse d'être due ».**

BIBL. ► F. MONÉGER, Prestations familiales et pacte civil de solidarité, *RDSS 2000. 155*.

Art. L. 581-1 à L. 581-10 *Recouvrement des pensions alimentaires. — V. App., VII. Recouvrement des pensions alimentaires, D. Créances alimentaires.*

Art. R. 513-1 **La personne physique à qui est reconnu le droit aux prestations familiales a la qualité d'allocataire.** *(Décr. n° 2007-550 du 13 avr. 2007, art. 1er, en vigueur le 1er juin 2007)* **« Sous réserve des dispositions de l'article R. 521-2, ce droit n'est reconnu qu'à une personne au titre d'un même enfant. »**

Lorsque les deux membres d'un couple assument à leur foyer la charge effective et permanente de l'enfant, l'allocataire est celui d'entre eux qu'ils désignent d'un commun accord. Ce droit d'option peut être exercé à tout moment. L'option ne peut être remise en cause qu'au bout d'un an, sauf changement de situation. Si ce droit d'option n'est pas exercé, l'allocataire est l'épouse ou la concubine.

En cas de divorce, de séparation de droit ou de fait des époux ou de cessation de la vie commune des concubins, et si l'un et l'autre ont la charge effective et permanente de l'enfant, l'allocataire est celui des membres du couple au foyer duquel vit l'enfant.

1. Jugé que le cumul du supplément familial de traitement versé à un fonctionnaire et du supplément de salaire versé à son époux salarié d'un établissement public à caractère industriel et commercial n'est pas interdit par l'art. R. 513-1 CSS, qui ne figure pas au titre II du livre V de ce code et ne saurait s'appliquer à un avantage salarial n'ayant pas le caractère de prestation familiale. • CE 21 févr. 1996 : *D. 1996. IR 99.*

2. Ayant relevé que, pendant la période litigieuse, les enfants avaient résidé chez leur mère alors que l'un et l'autre des époux divorcés avaient la charge effective et permanente des enfants en raison de la garde alternée et de l'autorité parentale conjointe, une cour d'appel décide à bon droit que le droit aux prestations familiales doit être attribué à la mère en application de l'art. R. 513-1, al. 3, CSS. • Soc. 28 oct. 1999, n° 97-21.373 P : *RJS 1999, n° 1521 ; RDSS 2000. 155, note Monéger*. ♦ La règle de l'unicité de l'allocataire prévue à l'art. R. 513-1 ne s'oppose pas à ce que lorsque la charge effective et permanente de l'enfant est partagée de manière égale entre les parents, en raison de la résidence alternée et de l'autorité parentale conjointe, le droit aux prestations familiales soit reconnu alternativement à chacun des parents en fonction de leur situation respective et des règles particulières à chaque prestation. • Cass., avis, 26 juin 2006 : *D. 2006. IR 1914 ; RDSS 2006. 945, note Verkindt ; Dr. fam. 2006. 179, p. 36, note Devers ; JCP S 2006. 1788, note Paillet.* – V. aussi, « Premières applications des avis de la Cour de cassation du 26 juin 2006 », *Dr. fam. 2007, comm. 75, obs. Devers.* ♦ A rappr. de : • Civ. 2e, 3 juill. 2008 : *RJS 10/08, n° 1037.*

Art. R. 521-2 *(Décr. n° 2007-550 du 13 avr. 2007, art. 2)* **Dans les situations visées au deuxième alinéa de l'article L. 521-2, l'allocataire est celui des deux parents qu'ils désignent d'un commun accord. A défaut d'accord sur la désignation d'un allocataire unique, chacun des deux parents peut se voir reconnaître la qualité d'allocataire :**

1° Lorsque les deux parents en ont fait la demande conjointe ;

2° Lorsque les deux parents n'ont ni désigné un allocataire unique, ni fait une demande conjointe de partage.

Lorsque les parents ont désigné un allocataire unique ou fait une demande conjointe de partage, ils ne peuvent remettre en cause les modalités ainsi choisies qu'au bout d'un an, sauf modification des modalités de résidence du ou des enfants.

Les dispositions du Décr. n° 2007-550 du 13 avr. 2007 sont applicables à compter du premier jour du mois suivant sa publication, soit le 1er mai 2007 (Décr. préc., art. 3).

Art. R. 521-3 *(Décr. n° 2007-550 du 13 avr. 2007, art. 2)* **Sous réserve de l'article R. 521-4, dans les situations visées aux 1° et 2° de l'article R. 521-2, la prestation due à chacun des parents est égale au montant des allocations familiales dues pour le total des enfants à charge, multiplié par un coefficient résultant du rapport entre le nombre moyen d'enfants et le nombre total d'enfants.**

Le nombre moyen d'enfants, pour chaque foyer, est obtenu en faisant la somme du nombre d'enfants à charge dans les conditions suivantes :

1° Chaque enfant en résidence alternée compte pour 0,5 ;

2° Les autres enfants à charge comptent pour 1.

Le nombre total d'enfants, pour chaque foyer, est obtenu en faisant la somme du ou des enfants en résidence alternée et, le cas échéant, du ou des autres enfants à charge.

V. note ss. art. R. 521-2.

3 Assurance vieillesse

Code de la sécurité sociale

CHAPITRE III *OUVERTURE DU DROIT, LIQUIDATION ET CALCUL DES PENSIONS DE RÉVERSION*

BIBL. ▶ BICHOT, Veuvage et protection sociale, *Dr. soc. 2004. 1114*. – KERSCHEN, Vers une individualisation des droits sociaux. Approche européenne et modèles nationaux, *Dr. soc. 2003. 216*. – MORVAN, La pension de réversion face aux vicissitudes de la vie, *Dr. soc. 2011. 1289*.

Art. L. 353-1 **En cas de décès de l'assuré, son conjoint survivant a droit à une pension de réversion** *(L. n° 2008-1330 du 17 déc. 2008, art. 74-V)* **« à partir d'un âge et dans des conditions déterminés par décret »** *(L. n° 2003-775 du 21 août 2003, art. 31-I)* **« si ses ressources personnelles ou celles du ménage n'excèdent pas des plafonds fixés par décret. »** *(L. n° 2023-270 du 14 avr. 2023, art. 26-I-15°, en vigueur le 1er sept. 2023)* **« Lorsque, à la suite d'une reprise ou d'une poursuite d'activité dans les conditions prévues au 2° de l'article L. 161-22-1, l'assuré était titulaire de droits à une nouvelle pension de retraite, ceux-ci ouvrent droit à une pension de réversion dans les mêmes conditions. »**

La pension de réversion est égale à un pourcentage fixé par décret *[art. D. 353-1 : 54 %]* **de la pension principale ou rente dont bénéficiait ou eût bénéficié l'assuré, sans pouvoir être inférieure à un montant minimum fixé par décret en tenant compte de la durée d'assurance lorsque celle-ci est inférieure à la durée déterminée par ce décret.** *(L. n° 2011-1906 du 21 déc. 2011, art. 92-I)* **« Toutefois, ce minimum n'est pas applicable aux pensions de réversion issues d'une pension dont le montant est inférieur au minimum prévu à l'article L. 351-9. »** — *V. notes ss. cet art.*

Elle est majorée lorsque le bénéficiaire remplit les conditions fixées à l'article L. 351-12. Cette majoration ne peut être inférieure à un pourcentage du montant minimum de la pension de réversion.

(L. n° 2003-775 du 21 août 2003, art. 31-I) **« Lorsque son montant majoré des ressources mentionnées au premier alinéa excède les plafonds prévus, la pension de réversion est réduite à due concurrence du dépassement. »**

Les dispositions issues de la L. n° 2011-1906 du 21 déc. 2011 s'appliquent aux pensions de réversion prenant effet à compter du 1er juill. 2012 (L. préc., art. 92-II).

Sur les exceptions à l'application du droit des usagers de saisir l'administration par voie électronique concernant les démarches effectuées auprès des organismes de sécurité sociale, V. **CRPA**, *App., v° Saisine par voie électronique - Exceptions.*

1. Durée de mariage (Jurispr. antérieure à la loi du 21 août 2003). Il résulte de la combinaison des art. L. 353-1 et R. 353-1 CSS qu'en cas de décès de l'assuré, son conjoint a droit à une pension de réversion s'il était marié depuis au moins deux ans à la date du décès. La condition est remplie lorsqu'une personne a contracté un mariage en Algérie, en la forme musulmane, plus de deux ans avant le décès de son mari ; peu importe que ce mariage n'ait été transcrit sur les registres d'état civil que postérieurement à ce décès. • Soc. 6 mai 1999, n° 97-13.718 P : *RJS 1999, n° 978.*

2. Majoration pour enfants. La majoration pour enfants applicable aux pensions de vieillesse des agents des collectivités locales constitue un avantage distinct de la pension elle-même ; lorsque le conjoint survivant perçoit de la Caisse nationale de retraite des agents des collectivités locales une majoration pour enfants, qui s'ajoute à sa pension de vieillesse, cet avantage n'a pas à être compris dans la base de calcul de la limite du cumul autorisé entre l'avantage personnel de vieillesse de l'intéressé et sa pension de réversion du régime général de la sécurité sociale. • Soc. 11 avr. 1996, n° 94-13.403 P : *RJS 1996, n° 601.*

a. Polygamie

3. Mariage valablement contracté. Aux termes de l'art. 147 C. civ., on ne peut contracter un second mariage avant la dissolution du premier, de sorte que le mariage contracté de façon irrégulière ne peut être opposé à la caisse ; la seconde épouse ne peut prétendre au bénéfice d'une pension de réversion. • Civ. 2e, 29 juin 2004 : *RJS 2004, n° 1089.* ♦ L'ordre public français ne fait pas obstacle à l'acquisition de droits en France sur le fondement d'une situation créée sans fraude à l'étranger en conformité avec la loi ayant compétence en vertu du droit international privé. Dès lors que le second mariage, contracté à l'étranger, est valable et non susceptible d'annulation, la seconde épouse a la qualité de conjoint survivant au sens de l'art. L. 353-1 CSS. • Civ. 2e, 2 mai 2007 : *JCP S 2007. 1523, note Vachet, 1re esp.* ♦ V. pour la liste des cas où la France a signé avec l'État de nationalité des mariés une convention permettant de reconnaître certains effets aux mariages polygamiques sur le territoire français, *Circ. CNAVTS n° 2008/14, 25 févr. 2008.* ♦ En l'absence de décision ayant prononcé l'annulation du second mariage et reconnu son caractère putatif à l'égard de la seconde femme du défunt, celle-ci ne peut se prévaloir de la qualité de conjoint survivant au sens de l'art. L. 353-1 CSS et prétendre à la pension de réversion prévue par ce texte. • Soc. 25 mars 2003, n° 01-20.608 P : *RJS 2003. 526, n° 798.*

b. Putativité

4. En cas de mariage d'un assuré, suivi d'un second mariage nul mais déclaré putatif à l'égard de la seconde épouse, celle-ci a la qualité de conjoint survivant au sens des art. L. 353-1 et L. 353-3 CSS. • Civ. 2e, 16 sept. 2003, n° 02-30.224 P : *RJS 2003. 999, n° 1436* (les juges du fond ne peuvent débouter la seconde épouse de sa demande de pension de réversion sans faire trancher préalablement par la juridiction compétente la question de la nullité et de l'éventuelle putativité du second mariage à l'égard de l'intéressée).

Art. L. 353-1-1 *Abrogé par L. n° 2020-1576 du 14 déc. 2020, art. 103.*

Art. L. 353-2 **Lorsqu'un assuré, titulaire d'une pension ou d'une rente de vieillesse du régime général de sécurité sociale, a disparu de son domicile et que plus d'un an s'est écoulé sans qu'il ait réclamé les arrérages de cette prestation, son conjoint peut obtenir, à titre provisoire, la liquidation des droits qui lui auraient été reconnus en cas de décès de l'assuré.**

Lorsqu'un assuré, non encore titulaire d'une pension ou d'une rente de vieillesse, a disparu de son domicile depuis plus d'un an, son conjoint peut également obtenir, à titre provisoire, la liquidation des droits qui lui auraient été reconnus en cas de décès de l'assuré.

La liquidation provisoire des droits du conjoint devient définitive lorsque le décès est officiellement établi ou lorsque l'absence a été déclarée par jugement passé en force de chose jugée.

1. Absence du titulaire de la pension de vieillesse. Si un présumé absent doit toujours être considéré comme vivant, le jugement de présomption d'absence ne peut avoir pour effet de mettre à néant les dispositions légales qui avaient autorisé l'épouse du présumé absent à revendiquer la liquidation provisoire de ses droits à pension de réversion, l'annulation de ces dispositions ne pouvant résulter que de la réapparition de l'assuré à laquelle ne pouvait être assimilée la demande du représentant du présumé absent de reprise du versement des arrérages de la pension de retraite. • Civ. 2e, 31 mai 2005, n° 03-30.770 P : *D. 2005. IR 1654 ; Dr. soc. 2005. 942, obs. Gauriau ; RJS 2005, n° 908 ; JCP S 2005. 1213, note Morvan.*

2. Absence du titulaire de la pension de réversion. Dans le cas du décès d'un assuré titulaire d'une pension de retraite, l'organisme débiteur de cette prestation ne peut se prévaloir de la présomption d'absence du conjoint survivant pour s'exonérer du versement de la pension de réversion. • Civ. 2e, 20 sept. 2005, n° 04-15.998 P : *D. 2005. IR 2407 ; JCP S 2005, 1381, note Morvan ; RJS 2005, n° 1259.* ♦ Le service d'une pension de réversion du régime général de la sécurité sociale obéit à des règles propres et n'est dû qu'au bénéficiaire qui est en mesure de réclamer les arrérages de cet avantage accordé à titre personnel et viager auquel s'attache un caractère alimentaire. L'obligation de verser ces arrérages cesse à partir du jour où le titulaire de la pension a disparu de son domicile, qu'il ait été ou non en état de présomption d'absence. • Soc. 9 juill. 1992, n° 88-10.951 P : *D. 1993. 377, note Massip.*

Art. L. 353-3 Le conjoint divorcé *(Abrogé par L. n° 2003-775 du 21 août 2003, art. 31-II, à compter du 1er juill. 2004) « non remarié »* est assimilé à un conjoint survivant pour l'application de l'article L. 353-1.

Lorsque l'assuré est remarié, la pension de réversion à laquelle il est susceptible d'ouvrir droit à son décès, au titre de l'article L. 353-1, est partagée entre son conjoint survivant et le ou les précédents conjoints divorcés *(Abrogé par L. n° 2003-775 du 21 août 2003, art. 31-II, à compter du 1er juill. 2004) « non remariés »* au prorata de la durée respective de chaque mariage. Ce partage est opéré lors de la liquidation des droits du premier d'entre eux qui en fait la demande.

Lorsque le bénéficiaire remplit les conditions fixées à l'article L. 351-12, sa part de pension est majorée.

Au décès de l'un des bénéficiaires, sa part accroîtra la part de l'autre ou, s'il y a lieu, des autres.

V. CSS, art. R. 353-1 à R. 353-7. — **CSS.**

V. dernière note ss. art. L. 353-1.

1. Pluralité de conjoints survivants. Le mariage annulé pour bigamie après le décès de l'assuré mais déclaré putatif à l'égard de l'épouse confère à cette dernière la qualité de conjoint survivant au sens des art. L. 353-1 et L. 353-3 CSS. La pension de réversion est, dans ce cas, partagée entre les conjoints survivants non remariés au prorata de la durée respective de chaque mariage ; ce partage est opéré lors de la liquidation des droits du premier d'entre eux qui en fait la demande. • Soc. 9 nov. 1995, n° 94-10.857 P : *RJS 1995, n° 1286 ; CSB 1996, B. 21.*

2. Champ d'application. Les art. L. 353-3 et L. 731-8 *[abrogé]* CSS, relatifs au partage des pensions de réversion de base et complémentaires entre le conjoint survivant et le ou les précédents conjoints divorcés non remariés, ne s'appliquent pas aux contrats qui sont régis par le code des assurances et non par le code de la sécurité sociale. • Civ. 1re, 13 juin 1995, n° 92-12.633 P : *D. 1995. IR 193 ; RJS 1995, n° 1294.*

Art. L. 353-4 *(L. n° 87-39 du 27 janv. 1987, art. 3-I)* Toute pension de réversion dont le bénéfice a été sollicité auprès du régime général de sécurité sociale peut faire l'objet d'une avance financée sur les fonds d'action sanitaire et sociale, remboursée par les fonds des prestations légales, dans la limite des droits établis dans ce régime. *— V. dernière note ss. art. L. 353-1.*

Art. L. 353-5 *(L. n° 88-16 du 5 janv. 1988, art. 7-I)* Le conjoint survivant qui n'est pas titulaire d'un avantage personnel de vieillesse d'un régime de base obligatoire et qui satisfait à une condition d'âge a droit à une majoration forfaitaire de sa pension de réversion pour chaque enfant dont il a la charge au sens de l'article *(L. n° 2015-1702 du 21 déc. 2015, art. 59-XII-A-21°, en vigueur le 1er janv. 2016)* « L. 161-1 » et qui n'a pas atteint un âge déterminé. *— V. CSS, art. R. 353-9. —* **CSS.**

Cette majoration n'est pas due lorsque le conjoint survivant bénéficie ou est susceptible de bénéficier de prestations pour charge d'enfant du chef du décès de l'assuré dans le régime obligatoire d'assurance vieillesse de base dont celui-ci relevait. *— V. CSS, art. D. 173-21-1. —* **CSS.**

(L. n° 2003-775 du 21 août 2003, art. 31-III) « Elle est revalorisée *(L. n° 2015-1702 du 21 déc. 2015, art. 89-I-4°)* « dans les conditions prévues à l'article L. 161-23-1 ». »

Le bénéfice de cette majoration est supprimé *(Abrogé par L. n° 2003-775 du 21 août 2003, art. 31-III et V, à compter du 1er juill. 2004) « en cas de remariage ou de vie maritale et »* lorsque l'une des conditions mentionnées au premier alinéa cesse d'être remplie, à l'exception de la condition d'âge exigée du titulaire.

(L. n° 90-86 du 23 janv. 1990, art. 15-I) « Les dispositions du présent article s'appliquent également aux conjoints mentionnés aux articles L. 353-2 et L. 353-3. »

V. dernière note ss. art. L. 353-1.

Condition de résidence. La majoration pour enfant à charge de la pension de réversion servie au conjoint survivant étant au nombre des prestations familiales et prestations assimilées au sens du livre V CSS en application des art. L. 135-2, 3° et L. 223-1, 5° CSS, elle ne peut être attribuée, en vertu de l'art. L. 512-1 CSS, qu'à une personne française ou étrangère résidant en France, ayant à sa charge un ou plusieurs enfants résidant en France. • Civ. 2e, 26 mai 2016, n° 14-24.228 P : *RJS 8-9/2016, n° 595.*

Art. L. 353-6 *(L. n° 2008-1330 du 17 déc. 2008, art. 74-I, en vigueur le 1er janv. 2010)* La pension de réversion est assortie d'une majoration lorsque le conjoint survivant atteint l'âge mentionné au 1° de l'article L. 351-8 et que la somme de ses avantages personnels de retraite et de réversion servis par les régimes légaux ou rendus légalement obligatoires, de base et complémentaires, français et étrangers, ainsi que par les régimes des organisations internationales, n'excède pas un plafond fixé par décret. La majoration est égale à un pourcentage fixé par décret de la pension de réversion. Lorsque le total de cette majoration et de ces avantages excède ce plafond, la majoration est réduite à due concurrence du dépassement.

Le conjoint survivant ne peut bénéficier des dispositions du présent article que s'il a fait valoir les avantages personnels de retraite et de réversion auxquels il peut prétendre auprès des régimes légaux ou rendus légalement obligatoires, de base et complémentaires, français et étrangers, ainsi qu'auprès des organisations internationales.

V. dernière note ss. art. L. 353-1.

4 Accident du travail

Code de la sécurité sociale

Art. L. 434-7 En cas d'accident suivi de mort, une pension est servie, à partir du décès, aux personnes et dans les conditions mentionnées aux articles suivants.

1. Distinction avec l'action en réparation de la faute inexcusable. Même s'il n'a pas qualité d'ayant droit au sens des art. L. 434-7 s., le fils d'un assuré décédé dispose d'un intérêt à agir en reconnaissance du caractère professionnel de la maladie dès lors qu'il peut solliciter la réparation du préjudice moral subi par son père dans le cadre d'une action en reconnaissance de la faute inexcusable • Civ. 2e, 20 sept. 2005 : *RJS 2005, n° 1265 ; JCP S 2005, n° 1449, note Vachet.* ♦ Comp. antérieurement • Crim. 24 août 1993, n° 92-86.718 P.

2. Paiements indus. Le paiement d'arrérages d'une rente d'accident du travail fait postérieurement au décès du titulaire par la caisse, qui a crédité le compte du défunt, n'est pas une dette de la succession mais un paiement indu dont la restitution peut être demandée à la personne qui l'a reçu. • Soc. 13 nov. 1997 : *RJS 1998, n° 101.*

3. Point de départ de l'indemnisation des ayants droit. La rente viagère est servie au conjoint survivant à partir du décès de la victime, et non à compter de la date de l'accident. • Civ. 2e, 13 sept. 2007, n° 06-21.909 P : *RJS 2007, n° 1209 ; JCP S 2007, n° 1989, note Asquinazi-Bailleux.*

4. Fonds de garantie des victimes des actes de terrorisme et d'autres infractions. Il résulte des art. 706-3 C. pr. pén. et L. 434-7 à L. 434-13 CSS que les victimes exclues du bénéfice de la législation sociale applicable aux accidents du travail peuvent être indemnisées par le Fonds de garantie des victimes des actes de terrorisme et d'autres infractions (FGTI). Encourt dès lors la censure, l'arrêt qui déboute les père, mère et sœurs de la victime d'un accident du travail résultant d'une faute non intentionnelle de l'employeur ou de son préposé, de leur demande en condamnation du Fonds en réparation de leur propre préjudice moral, sans rechercher s'ils étaient exclus du bénéfice des dispositions du CSS sur la réparation des accidents du travail. • Civ. 2e, 28 avr. 2011 : *JCP S 2011, n° 1356, note Tauran.*

Art. L. 434-8 *(L. n° 2001-1246 du 21 déc. 2001, art. 53-I)* « Sous réserve des dispositions des alinéas suivants, le conjoint ou le concubin ou la personne liée par un pacte civil de solidarité a droit à une rente viagère égale à une fraction du salaire annuel de la victime, à condition que le mariage ait été contracté, le pacte civil de solidarité conclu ou la situation de concubinage établie antérieurement à l'accident ou, à défaut, qu'ils l'aient été depuis une durée déterminée à la date du décès. Toutefois, ces conditions ne sont pas exigées si les époux, les concubins ou les partenaires du pacte civil de solidarité ont eu un ou plusieurs enfants. » — *Ces dispositions sont applicables aux décès survenus à compter du 1er sept. 2001. Pour les décès survenus à compter du 1er sept. 2001 et jusqu'à l'intervention du décret en Conseil d'État mentionné à l'art. L. 482-5, la fraction du salaire de la victime est fixée à 40 %. Pour les enfants, cette fraction est fixée à 25 % de ce salaire pour chacun des deux premiers enfants et à 20 % par enfant au-delà de deux. Lorsque les enfants sont orphelins de père ou de mère au moment de l'accident ou le deviennent postérieurement, ils bénéficient* *d'un complément de rente égal à 10 % (L. n° 2001-1246 du 21 déc. 2001, art. 53-II et III ; L. n° 2007-1786 du 19 déc. 2007, art. 87).*

Lorsqu'il y a eu séparation de corps ou divorce, le conjoint ou l'ex-conjoint survivant n'a droit à la rente viagère que s'il a obtenu une pension alimentaire. La rente viagère, ramenée au montant de ladite pension, ne peut dépasser une fraction du salaire annuel de la victime inférieure à celle qui est prévue en l'absence de divorce ou de séparation de corps.

(L. n° 2011-1906 du 21 déc. 2011, art. 99-3°) **« En cas de rupture ou de dissolution du pacte civil de solidarité, l'ex-partenaire de la victime décédée n'a droit à la rente que s'il bénéficiait d'une aide financière de cette dernière à la date du décès. Cette rente est calculée selon les modalités prévues à la seconde phrase du deuxième alinéa et sa durée de versement est limitée à celle du versement de l'aide financière. »**

S'il existe un nouveau conjoint *(L. n° 2011-1906 du 21 déc. 2011, art. 99-3°)* **« , partenaire d'un pacte civil de solidarité ou concubin » de la victime, la rente viagère à laquelle il a droit ne peut être inférieure à un minimum.**

Le conjoint *(L. n° 2011-1906 du 21 déc. 2011, art. 99-3°)* **« , le partenaire d'un pacte civil de solidarité ou concubin » condamné pour abandon de famille est déchu de tous ses droits au regard du présent livre. Il en est de même pour celui qui a été déchu totalement de l'exercice de l'autorité parentale, sauf, dans ce dernier cas, à être réintégré dans ses droits s'il vient à être restitué dans l'autorité parentale. Les droits du conjoint,** *(L. n° 2011-1906 du 21 déc. 2011, art. 99-3°)* **« du partenaire d'un pacte civil de solidarité ou du concubin » déchu sont transférés sur la tête des enfants et descendants mentionnés à l'article L. 434-10.** *(L. n° 2011-1906 du 21 déc. 2011, art. 99-3°)* **« Il en est de même pour le partenaire d'un pacte civil de solidarité condamné pour non-paiement de l'aide financière en cas de dissolution du pacte, lorsque cette aide a été prévue par les partenaires. »**

Sous réserve des dispositions de l'article suivant, le conjoint *(L. n° 2011-1906 du 21 déc. 2011, art. 99-3°)* **« , le partenaire d'un pacte civil de solidarité ou le concubin » survivant a droit à un complément de rente égal à une fraction du salaire annuel de la victime lorsqu'il atteint un âge déterminé ou, avant cet âge, aussi longtemps qu'il est atteint d'une incapacité de travail générale. Le pourcentage minimal et la durée minimale de cette incapacité sont fixés par décret en Conseil d'État.** — *V. CSS, art. R. 434-11 à R. 434-14.* — **CSS.**

1. Art. L. 434-8, al. 1er. Lorsque l'accident du travail a provoqué la mort immédiate de la victime, la condition d'antériorité du mariage exigée par l'art. L. 434-8, al. 1er, CSS est remplie et l'époux peut prétendre à la rente alors même que le mariage est posthume. • CE, avis, 21 févr. 1961 : *Lettre min. trav. 24 mars 1961.* ♦ Rappr. de • Civ. 2e, 8 janv. 2009 : *RJS 03/09, n° 281.* ♦ La rente accident du travail versée au conjoint de la victime d'un accident mortel du travail indemnise ses pertes de revenus • Civ. 2e, 19 févr. 2009, n° 08-11.639 P : *D. 2009. AJ 817 ; D. actu. 24 mars 2009, obs. Lavric ; JCP S 2009, n° 1262, obs. Asquinazi-Bailleux.* ♦ La rente viagère prévue par l'art. L. 434-8 indemnise les pertes de revenus des proches. Ce poste de préjudice patrimonial subi par l'ensemble de la famille proche du défunt doit être évalué en prenant en compte comme élément de référence le revenu annuel du foyer avant le dommage ayant entraîné le décès de la victime directe en tenant compte de la part de consommation personnelle de celle-ci et du salaire que continue à percevoir le conjoint, le partenaire d'un pacte civil de solidarité ou le concubin survivant. La perte d'industrie du défunt ne peut en conséquence entrer dans la définition du revenu de référence pour le calcul de ce poste de préjudice. • Civ. 2e, 7 avr. 2011 : *JCP S 2011, n° 1249, obs. Tauran.*

2. Art. L. 434-8, al. 2. Lorsqu'un divorce est prononcé aux torts partagés, la prestation compensatoire versée n'a pas un caractère alimentaire ; en cas de décès de la victime d'un accident du travail, son ex-conjoint bénéficiaire de l'aide compensatoire n'a donc pas droit à une rente au titre d'un accident du travail. • Soc. 25 nov. 1993, n° 91-17.284 P : *D. 1994. IR 9 ; D. 1996. Somm. 67, obs. Blary-Clément ; CSB 1994, n° 5651.* ♦ Un jugement assignant une résidence séparée à la conjointe en instance de divorce et prenant acte que celle-ci ne demandera pas pour l'instant de pension alimentaire ne peut la priver d'une rente de conjoint survivant lorsque survient le décès de son époux à la suite d'un accident du travail avant le jugement de divorce. • Soc. 20 févr. 1975, n° 74-11.172 P. ♦ A l'inverse, ne peut bénéficier d'une rente le conjoint déjà divorcé qui argue d'un contrat avec son ex-époux lui accordant une pension amiable en attendant des arrangements en vue de la création d'une entreprise, convention que le décès accidentel du mari a rendu impossible. • Soc. 12 févr. 1975, n° 73-13.724 P. ♦ La réconciliation des époux séparés de corps fait renaître le droit à la rente au profit du conjoint survivant. • Civ. 13 avr. 1929 : *DH 1929. 298.*

3. Art. L. 434-8, al. 5. Le point de départ d'un complément de rente ne peut être antérieur à la date connue avec certitude de la première constatation médicale de l'incapacité de travail telle que requise. • Soc. 6 févr. 1992, n° 89-14.964 P. ♦ La majoration de rente prévue par l'art. L. 434-8, § 5, peut être recouvrée sur le tiers responsable bien que le préjudice ait déjà été fixé et que la juridiction compétente ait déjà statué. • Soc. 13 mai 1981, n° 80-10.033 P.

4. Application de la loi dans le temps. L'art. 53, I, modifiant l'art. L. 434-8 CSS, et II de la L. n° 2001-1246 du 21 déc. 2001, dans sa rédaction issue de l'art. 87 de la L. n° 2007-1786 du 19 déc. 2007, est immédiatement applicable aux instances en cours, l'ouverture du droit étant déterminée par la date du décès et non par celle de la reconnaissance de la maladie professionnelle. Le concubin d'une victime d'un accident du travail ou d'une maladie professionnelle a en conséquence droit à une rente viagère égale à une fraction du salaire annuel de cette dernière, lorsque le décès de la victime est survenu à compter du 1er sept. 2001. • Civ. 2e, 4 avr. 2013 : *RDSS 2013. 554, obs Tauran ; JCP S 2013, n° 1243, obs. Asquinazi-Bailleux.*

Art. L. 434-9 *(L. n° 2011-1906 du 21 déc. 2011, art. 99-4°)* **« En cas de nouveau mariage, pacte civil de solidarité ou concubinage, le conjoint, partenaire d'un pacte civil de solidarité ou concubin de la victime décédée cesse d'avoir droit à la rente. Il lui est alloué, dans ce cas, une somme égale aux arrérages de la rente calculée selon le taux en vigueur et afférents à une période déterminée, à la date du mariage,** *(Ord. n° 2019-964 du 18 sept. 2019, art. 22, en vigueur le 1er janv. 2020)* **« de l'enregistrement par l'officier d'état civil ou le notaire de la déclaration conjointe de** *[ancienne rédaction : de la déclaration au greffe du tribunal d'instance]* **» du pacte civil de solidarité ou d'établissement du concubinage. »**

Toutefois, si le conjoint *(L. n° 2011-1906 du 21 déc. 2011, art. 99-4°)* **« , le partenaire d'un pacte civil de solidarité ou le concubin de la victime décédée a des enfants pour lesquels un lien de filiation est établi à l'égard de la victime décédée », il conserve le droit à la rente, dont le rachat sera différé, aussi longtemps que l'un d'eux bénéficie lui-même d'une rente d'orphelin en application de l'article L. 434-10.**

En cas de séparation de corps, de divorce ou de nouveau veuvage, *(L. n° 2011-1906 du 21 déc. 2011, art. 99-4°)* **« de rupture ou de dissolution du pacte civil de solidarité ou de cessation du concubinage, le conjoint survivant, le partenaire ou le concubin » survivant recouvre son droit à la rente, sous les réserves suivantes :**

1° Si le rétablissement de la rente prend effet avant l'expiration de la période mentionnée au premier alinéa du présent article, cette rente est diminuée du montant de la somme déjà attribuée, en application du même alinéa, au titre de la partie restant à courir de ladite période ;

2° *(L. n° 2011-1906 du 21 déc. 2011, art. 99-4°)* **« S'il reçoit, en raison d'un nouveau décès, » une rente, pension ou allocation, en application d'une des dispositions du présent code, de l'un des régimes prévus à l'article L. 711-1 ou à l'article L. 413-12 ou de l'une des dispositions du code rural et de la pêche maritime ou s'il reçoit, en raison d'une séparation de corps ou d'un divorce, une pension alimentaire** *(L. n° 2011-1906 du 21 déc. 2011, art. 99-4°)* **« ou une aide financière en cas de dissolution du pacte civil de solidarité », le montant de l'avantage dont il bénéficie s'impute sur celui de la rente de conjoint survivant.** — *V. CSS, art. R. 434-15.* — ***CSS.***

L'art. L. 434-9 n'est pas applicable à l'évaluation du préjudice économique consécutif au décès d'un assuré à la suite d'un accident de trajet. L'étendue du préjudice doit en conséquence être évaluée selon les règles du droit commun en ce cas. • Civ. 2e, 14 mars 2002, n° 00-12.596 P. ♦ Les droits à la rente accident du travail de conjoint survivant sont seulement suspendus par le remariage de la bénéficiaire. Le rétablissement des droits de l'intéressée à la suite de son divorce n'a en conséquence par pour effet de faire courir le délai de prescription de l'art. L. 431-2. • Soc. 8 févr. 2001, n° 99-17.348 P : *RJS 2001, n° 514.*

C Sécurité sociale – Autres régimes

1 Personnes non salariées des professions agricoles

Code rural et de la pêche maritime

Art. L. 732-47 Dans le cas de divorce, lors du décès d'une personne mentionnée aux articles L. 732-24, L. 732-28 et L. 732-34, la pension de réversion prévue aux articles

L. 732-41 à L. 732-46 est attribuée ou répartie dans les mêmes conditions que celles qui sont fixées à l'article L. 353-3 du code de la sécurité sociale, selon des modalités fixées par décret. – *[Anc. art. 1122-2.]*

. . . .

Art. D. 731-87 Le conjoint succédant à un chef d'exploitation ou d'entreprise agricole à la suite *(Abrogé par Décr. n° 2015-1856 du 30 déc. 2015, art. 8-7°)* « *du décès de ce dernier ou* » d'un *(Abrogé par Décr. n° 2016-1907 du 28 déc. 2016, art. 16)* « *jugement de* » divorce ou de *[d'une]* séparation de corps et continuant à mettre en valeur directement l'exploitation ou l'entreprise agricole sans aide familial ou associé d'exploitation âgé de vingt et un ans ou plus bénéficie, tant pour lui-même que pour ses aides familiaux ou associés d'exploitation de moins de vingt et un ans, d'une réduction de moitié des cotisations d'assurance maladie *(Décr. n° 2015-1856 du 30 déc. 2015, art. 8-7°)* « et maternité et d'assurance invalidité, » du régime des personnes non salariées des professions agricoles, à condition qu'il ne soit pas titulaire d'un avantage de vieillesse d'un régime de sécurité sociale.

. . . .

Art. D. 732-89 Le plafond annuel de ressources personnelles prévu au premier alinéa de l'article L. 732-41 est fixé à 2 080 fois le montant horaire du salaire minimum de croissance en vigueur au 1er janvier.

Le plafond annuel de ressources du ménage prévu au même alinéa du même article est fixé à 1,6 fois le plafond fixé à l'alinéa ci-dessus.

La pension de réversion est attribuée lorsque le conjoint de l'assuré décédé ou disparu ne dispose pas de ressources dépassant le montant fixé au premier ou au deuxième alinéa. Ces ressources sont appréciées selon les modalités et dans les conditions fixées par les *(Décr. n° 2007-57 du 12 janv. 2007, art. 3-II ; Décr. n° 2009-771 du 23 juin 2009, art. 3)* « articles R. 815-18 à R. 815-20, R. 815-22 à R. 815-25, R. 815-27 et au deuxième alinéa de l'article R. 815-29 du code de la sécurité sociale ». Toutefois, elles ne comprennent pas :

1° Les revenus d'activité et de remplacement de l'assuré décédé ;

2° Les avantages de réversion servis par les régimes légalement obligatoires complémentaires aux régimes de base mentionnés aux articles L. 200-2 *(Abrogé par Décr. n° 2020-621 du 22 mai 2020, art. 3)* « *, L. 611-1* » *(Décr. n° 2017-737 du 3 mai 2017, art. 3-II)* « et L. 640-1 du code de la sécurité sociale, ainsi qu'aux articles L. 722-8 et » L. 722-20 *(Décr. n° 2017-1492 du 25 oct. 2017, art. 18-24°)* « du présent code » ;

3° Les revenus des biens mobiliers et immobiliers acquis du chef du conjoint décédé ou disparu ou en raison de ce décès ou de cette disparition.

Les revenus d'activité du conjoint survivant font l'objet d'un abattement de 30 % s'il est âgé de 55 ans ou plus.

Les ressources à prendre en compte sont celles afférentes aux trois mois civils précédant la date d'effet de la pension de réversion. Lorsqu'elles excèdent le quart du plafond applicable en vertu du premier alinéa de l'article L. 732-41 *(Décr. n° 2017-1492 du 25 oct. 2017, art. 18-24°)* « du même code », il leur est substitué celles afférentes aux douze mois civils précédant cette date, qui sont alors comparées au montant annuel de ce plafond.

La pension de réversion est révisable en cas de variation dans le montant des ressources, calculé en application des dispositions des troisième à huitième alinéas, dans les conditions et selon les modalités fixées aux *(Décr. n° 2007-57 du 12 janv. 2007, art. 3-II)* « articles R. 815-20, R. 815-38, R. 815-39 et R. 815-42 » du code de la sécurité sociale. La date d'effet de la dernière révision ne peut être postérieure :

1° A un délai de trois mois après la date à laquelle le conjoint survivant est entré en jouissance de l'ensemble des avantages personnels de retraite de base et complémentaire lorsqu'il peut prétendre à de tels avantages ;

2° A la date *(Décr. n° 2010-1734 du 30 déc. 2010, art. 6-5°, en vigueur le 1er juill. 2011)* « à laquelle le conjoint survivant atteint l'âge prévu à l'article L. 732-18 *(Décr. n° 2017-1492 du 25 oct. 2017, art. 18-24°)* « du présent code », dans le cas où il » ne peut prétendre à aucun avantage personnel de retraite de base et complémentaire.

Le conjoint survivant et le conjoint divorcé doivent obligatoirement joindre à leur demande de retraite de réversion la copie de l'acte de naissance de l'assuré.

.....

Art. D. 732-94 Pour l'application du deuxième alinéa de l'article L. 353-3 du code de la sécurité sociale, la durée de chaque mariage est déterminée de date à date et arrondie au nombre de mois inférieur.

Si, après plusieurs divorces, l'assuré décède sans laisser de conjoint survivant, la pension doit être partagée, dans les conditions susrappelées, entre les précédents conjoints divorcés.

Au décès du conjoint survivant ou d'un conjoint divorcé, sa part accroîtra la part de l'autre ou, s'il y a lieu, des autres, à compter du premier jour du mois suivant le décès.

.....

Art. D. 732-96 Lorsque le pensionné ou le titulaire de droits à une pension décède antérieurement à *(Décr. nº 2010-1734 du 30 déc. 2010, art. 6-7º, en vigueur le 1er juill. 2011)* « l'âge prévu à l'article L. 732-25 », la pension de réversion du conjoint survivant ou du conjoint divorcé est calculée en fonction du montant de la pension qui aurait été allouée au *de cujus* au titre de l'inaptitude au travail.

.....

Art. D. 732-152 *Al. 1er abrogé par Décr. nº 2010-1757 du 30 déc. 2010.*

Le conjoint divorcé non remarié est assimilé à un conjoint survivant. Lorsque l'assuré est remarié, la pension de réversion versée après son décès au titre de l'article L. 732-62 est partagée entre son conjoint survivant et le ou les précédents conjoints divorcés non remariés au prorata de la durée respective de chaque mariage. Ce partage est opéré lors de la liquidation des droits du premier d'entre eux qui en fait la demande.

Le droit à pension de réversion disparaît en cas de remariage du conjoint survivant. Les derniers arrérages versés au titre de la pension sont ceux du mois au cours duquel le nouveau mariage a été contracté.

Al. 4 abrogé par Décr. nº 2010-1757 du 30 déc. 2010.

(Décr. nº 2014-494 du 16 mai 2014, art. 1er-2º) « Pour l'application du II de l'article L. 732-62, le conjoint survivant qui continue l'exploitation sans avoir demandé la liquidation de sa part de pension de réversion peut, pour le calcul de sa pension de retraite complémentaire obligatoire, ajouter à ses annuités propres celles acquises par l'assuré décédé, dans la limite de la proportion de la durée de son mariage par rapport à la durée totale des mariages pris en considération.

« Les annuités du défunt se traduisent par le nombre de points acquis par le défunt en contrepartie de cotisations et par les points gratuits dont il aurait pu bénéficier s'il remplissait, au jour de son décès, les conditions prévues au 2º du II de l'article L. 732-56.

« Les articles D. 732-154 et D. 732-154-3 sont applicables à la somme des annuités propres du conjoint survivant et de celles acquises par l'assuré décédé. » — *Les dispositions du Décr. nº 2014-494 du 16 mai 2014 sont applicables aux pensions dues à compter du 1er févr. 2014 (Décr. préc., art. 2, JO 17 mai).*

2 Marins

Code des transports

Art. L. 5552-26 Le conjoint survivant du marin, séparé de corps ou divorcé, a droit à la pension de réversion.

Le conjoint survivant divorcé qui s'est remarié avant le décès du marin et qui, à la cessation de cette nouvelle union, ne bénéficie d'aucun droit à pension de réversion peut faire valoir ce droit s'il n'est pas ouvert au profit d'un autre ayant cause. — *[C. pens. retr. marins français, art. L. 20, al. 1er et 2.]*

Art. L. 5552-27 Le conjoint survivant qui se remarie ou vit en état de concubinage notoire perd son droit à pension de réversion.

Les droits qui lui appartenaient ou qui lui auraient appartenu passent, dans les conditions prévues au deuxième alinéa de l'article L. 5552-31, aux enfants qui réunissent les conditions d'âge exigées pour l'octroi d'une pension.

Le conjoint survivant remarié dont le nouveau conjoint est décédé ou qui est divorcé ou séparé de corps ou le conjoint survivant qui a cessé de vivre en état de concubinage peut, sur sa demande, recouvrer son droit à pension. – *[C. pens. retr. marins français, art. L. 22.]*

…………………………………………………………………………………………

Art. L. 5552-36 *(L. n° 2012-1404 du 17 déc. 2012, art. 80-I)* En cas de pluralité d'ayants cause du marin, la pension de réversion prévue à l'article L. 5552-25 est répartie entre les bénéficiaires des différents lits comme suit :

1° Les conjoints survivants ou divorcés ayant droit à la pension de réversion ont droit à une part de la pension de réversion correspondant au rapport entre leur nombre et le nombre total de lits en présence. Cette part est ensuite partagée entre eux au prorata de la durée respective de chaque mariage. Un lit est constitué soit par le conjoint survivant, soit par chaque conjoint divorcé survivant, soit par chaque fratrie d'orphelins du marin dont l'autre parent n'a pas ou plus droit à pension de réversion ;

2° La différence entre le montant global de la pension de réversion et la part de cette pension versée aux conjoints survivants ou divorcés en application du 1° est répartie également entre les orphelins ayant droit à cette pension mentionnés au même 1°.

Les dispositions issues de la L. n° 2012-1404 du 17 déc. 2012 sont applicables aux pensions de réversion liquidées à compter du 1er janv. 2013. Dans les cas où leur application conduit à la révision et à la liquidation d'une pension inférieure à ce que percevait l'ayant cause du marin avant le 1er janv. 2013, cet ayant cause conserve le bénéfice de l'ancienne pension jusqu'à la notification du nouveau montant calculé en application de l'art. L. 5552-36, dans sa rédaction issue de la loi préc. Le trop-perçu ne peut faire l'objet d'aucune demande de l'administration tendant à la répétition des sommes indûment versées (L. préc., art. 80-II).

D Fonctionnaires – Pension de réversion

Code des pensions civiles et militaires de retraite

Les annotations de jurisprudence et de bibliographie sous les articles du code des pensions civiles et militaires de retraite ont été reprises du Code des pensions civiles et militaires de retraite Dalloz, rédigées avec le concours de M. Serge Salon et Jean-Charles Savignac.

CHAPITRE I ***FONCTIONNAIRES CIVILS***

Art. L. 38 *(L. n° 2003-775 du 21 août 2003, art. 56-I)* Les conjoints d'un fonctionnaire civil ont droit à une pension de réversion égale à 50 % de la pension obtenue par le fonctionnaire ou qu'il aurait pu obtenir au jour de son décès. *(L. n° 2023-270 du 14 avr. 2023, art. 26-II-4°, en vigueur le 1er sept. 2023)* « Lorsque, à la suite de la reprise ou de la poursuite d'une activité dans les conditions prévues au 2° de l'article L. 161-22-1 du code de la sécurité sociale, l'assuré était titulaire de droits à une nouvelle pension de retraite, ceux-ci ouvrent droit à une pension de réversion dans les mêmes conditions. »

A la pension de réversion s'ajoutent, le cas échéant :

1° La moitié de la rente d'invalidité dont le fonctionnaire bénéficiait ou aurait pu bénéficier ;

2° La moitié de la majoration prévue à l'article L. 18, obtenue ou qu'aurait pu obtenir le fonctionnaire, si le bénéficiaire de la pension de réversion a élevé, dans les conditions prévues audit article L. 18, les enfants ouvrant droit à cette majoration.

Le total de la pension de réversion, quelle que soit la date de sa mise en paiement, et des autres ressources de son bénéficiaire ne peut être inférieur à celui de l'allocation servie aux vieux travailleurs salariés augmentée de l'allocation supplémentaire du Fonds

de solidarité vieillesse institué par les articles L. 811-1 et L. 815-2 du code de la sécurité sociale.

BIBL. ▸ ROYER, La remise en cause du droit français des pensions civiles et militaires, *AJDA 2002. 580*.

1. Les « enfants issus du mariage » au sens des dispositions des art. L. 38, L. 39 et L. 47 C. pens. retr. doivent s'entendre des enfants nés après le mariage ou avant le mariage, dès lors que, dans cette dernière hypothèse, ils ont été reconnus par le père, au nom duquel les droits à pension ont été acquis. • CE 30 janv. 2008, *Mme Many,* n° 274898 : *Lebon 27 ; AJDA 2008. 223 ; Cah. fonct. publ., févr. 2008. 31, note Guyomar.*

2. La circonstance que le législateur ait subordonné le droit au versement d'une pension de réversion à des conditions liées à l'état matrimonial des personnes ne saurait être regardé comme portant atteinte au principe du droit au respect de la vie privée et familiale posé par les stipulations de l'art. 8 de la Conv. EDH. Les couples mariés et non mariés ne sont pas placés dans une situation analogue. Dans ces conditions, la différence de traitement instituée par les dispositions du code des pensions civiles et militaires de retraite entre les couples mariés et non mariés ne saurait être regardée comme ayant un caractère discriminatoire. • CAA Paris, 7 oct. 2003, *Mme Roselyne Pujol,* n° 99PA02121 : *AJDA 2003. 2269, concl. Trouilly ; AJFP 2004. 17.*

3. L'administration est tenue de refuser au conjoint survivant qui vit en concubinage notoire le versement de la pension de réversion à laquelle il pouvait prétendre en application de l'art. L. 38 du C. pens. retr. • CAA Nantes, 28 févr. 2002, *Domer,* n° 98NT0081 : *AJFP 2002. 30.*

4. Les avantages réservés aux couples mariés par rapport à ceux qui ne le sont pas ne peuvent être appréhendés comme des discriminations en fonction du sexe et interdites par le droit communautaire. La législation qui empêche le droit au mariage des transsexuels et emporte comme conséquence l'impossibilité pour eux d'obtenir une pension de réversion viole l'art. 12 de la Conv. EDH. • CJCE 7 janv. 2004, *K. B. c/ National Health Service Pensions Agency, Secretary of state for Health,* n° C-117/01 : *AJFP 2004. 196, comm. Jean-Pierre.*

5. Les personnes liées par un PACS et celles qui sont unies par le mariage sont placées dans des situations juridiques différentes. Le principe d'égalité n'impose pas qu'elles soient traitées, dans tous les cas, de manière identique. • CE ass., 28 juin 2002, *M. Villemain,* nos 220361 et 228325 : *Lebon 229 ; AJDA 2002. 586 ; D. 2003. 1941, obs. Lemouland.*

6. Perd son droit à pension de réversion la veuve d'un fonctionnaire décédé à la suite d'un accident de voiture intervenu pendant le service mais imputable à un taux d'alcoolémie trop élevé. • CAA Nantes 27 mai 1999, *Mme Édith Robert,* n° 96NT01581 : *Cah. fonct. publ. 1999, n° 182, p. 36.*

7. L'épouse du fonctionnaire a droit à ce qu'il soit tenu compte, pour le calcul du taux de la pension de réversion qui lui est versée, de la totalité des services accomplis par le fonctionnaire, notamment d'une période de maintien irrégulière en activité dans les cadres de la police nationale à la suite d'une condamnation pénale à la privation des droits civiques. • CE 17 juin 2005, *Épx Gleyo,* n° 215761 : *Lebon T. 942 ; AJDA 2005. 2198.*

8. Le bénéfice de la pension de réversion est subordonné, pour le conjoint divorcé remarié avant le décès du fonctionnaire, à la double condition qu'à la cessation de cette union ce droit ne soit pas ouvert au bénéfice d'un autre ayant cause et qu'il ne bénéficie d'aucun droit à pension de réversion ouvert en application de la loi française ou d'une législation étrangère. • CE 19 juin 2006, *Mme Turriziani,* n° 274334 : *AJDA 2006. 2301.*

9. Lorsque le titulaire d'une pension civile ou militaire de retraite laisse, à son décès, un conjoint survivant et un orphelin naturel âgé de moins de 21 ans, la pension de réversion mentionnée à l'art. L. 38 est divisée à parts égales entre ces deux ayants cause, qui représentent chacun un lit différent, sans que puissent faire obstacle à ce partage les dispositions du deuxième alinéa de l'art. L. 40 du même code, en vertu desquelles les droits du conjoint survivant sont transmis, au décès de celui-ci, aux enfants âgés de moins de 21 ans, lesquelles ne trouvent à s'appliquer qu'au sein du lit représenté par le conjoint survivant. • CE 4 mai 2012, *Min. du budget, des comptes publics et de la réforme de l'État c/ Diderot,* n° 337490 : *Lebon T. 880 ; AJDA 2012. 980.*

10. Discrimination. La veuve ou l'orphelin d'un ayant droit ont en principe droit la réversion de cette pension. Par suite, ils peuvent se prévaloir d'un droit patrimonial, qui doit être regardé comme un bien au sens des stipulations de l'art. 1er du premier protocole à la Conv. EDH. Les dispositions du VI de l'art. 68 de la L. du 30 déc. 2002, prévoyant l'application aux veuves et aux orphelins de militaires étrangers des dispositions du C. pens. retr. en vigueur à la date d'indépendance de leur pays et non de celles en vigueur à la date du décès de l'ayant droit, instaurent une discrimination fondée sur la nationalité incompatible avec les stipulations de l'art. 14 de la Conv. EDH. • CE, ass., 13 mai 2011, *Mme M'Rida,* n° 316734 : *D. 2011. 1422 ; AJDA 2011. 988.*

11. Les dispositions de l'art. 71 de la L. du 26 déc. 1959 et celles de l'art. 68 de la L. du 30 déc. 2002, qui définissaient, à la date de la décision attaquée, les conditions dans lesquelles un droit à pension de réversion était ouvert à la veuve d'un ayant droit étranger, ont été abrogées à compter du 1er janv. 2011, les premières par l'art. 211 de la loi de finances pour 2011, les secondes par la décision du Conseil constitutionnel du 28 mai 2010 dans laquelle le Conseil constitutionnel a déclaré contraires à la Constitution les dispositions de l'art. 68 de la L. du 30 déc. 2002, à l'exception de celles de son paragraphe VII. Le Conseil a jugé que, « afin de permettre au législateur de remédier à l'inconstitutionnalité constatée, l'abrogation des dispositions précitées prendra effet à compter du 1er janv. 2011 ; afin de préserver l'effet utile de la présente décision à la solution des instances actuellement en cours, il appartient, d'une part, aux juridictions de surseoir à statuer jusqu'au 1er janv. 2011 dans les instances dont l'issue dépend de l'application des dispositions déclarées inconstitutionnelles et, d'autre part, au législateur de prévoir une application des nouvelles dispositions à ces instances en cours à la date de la présente décision ». Il résulte des dispositions du second alinéa du IV de l'art. 68 de la L. du 30 déc. 2002 qu'un demandeur de pension de réversion n'ayant engagé aucun contentieux contestant le caractère discriminatoire des dispositions de l'art. 71 de la L. du 26 déc. 1959 avant la date d'entrée en vigueur de la L. du 30 déc. 2002, le 5 nov. 2003, ne peut prétendre qu'à une pension calculée en application des dispositions des I et II de l'art. 68 pour la période comprise entre le 1er janv. 1999 et le 11 juin 2004. En revanche, pour la période comprise entre le 12 févr. 1992 et le 31 déc. 1998, il peut, sans qu'y fassent obstacle les dispositions du second alinéa du IV, demander au juge d'écarter l'application des dispositions de l'art. 71 de la L. du 26 déc. 1959, lesquelles sont incompatibles avec les stipulations de l'art. 14 de la Conv. EDH. Dès lors, faute pour l'État d'invoquer la prescription, est ouvert pour cette période un droit à pension d'un montant calculé en application des règles de droit commun du code des pensions civiles et militaires de retraite. • CE, ass., 13 mai 2011, Mme *M'Rida*, req n° 316734 : *préc. note 10.*

12. Bien qu'un Ministre a été informé du changement de situation matrimoniale d'une bénéficiaire, le paiement de ladite pension de réversion en févr. 2014 : toutefois, le paiement de ladite pension s'est prolongé, à compter de cette date, jusqu'au 31 août 2015. En estimant que la perception prolongée de la pension de réversion – pour un montant d'environ 7 950 € – était partiellement imputable à une carence fautive de l'administration engageant la responsabilité de l'État et portant préjudice à l'intéressée, et en déchargeant cette dernière sur ce fondement du paiement de 5 300 €, le TA de Toulouse n'avait entaché son jugement ni d'erreur de droit, ni d'erreur de qualification juridique. • CE 26 juill. 2018, n° 412109.

13. Contentieux. Demande de réversion présentée par une veuve qui, n'étant pas représentée, n'a pas fait élection de domicile dans le ressort du tribunal administratif. L'irrecevabilité expressément invoquée en défense par le ministre de la défense dans un mémoire communiqué à la requérante n'est pas incompatible avec les stipulations de l'art. 6, § 1, Conv. EDH (rejet de la demande). • CE 8 juill. 2011, *Mme Mariam A., veuve B.*, n° 327554.

14. QPC. Les pensions de retraite prévues par le C. pens. retr. ont pour objet d'assurer un revenu de substitution ou d'assistance. Aucun principe ni aucune règle de valeur constitutionnelle n'impose que, lorsque la pension de réversion a donné lieu à un partage entre plusieurs lits, la part de la pension revenant à un lit qui cesse d'être représenté accroisse celle des autres lits. • Cons. const. 11 oct. 2013, *Mme Henriette B.*, n° 2013-348 QPC : *JO 13 oct., p. 16908 ; D. 2013. 2344 ; AJDA 2013. 2003 ; JCP Adm. 2013, n° 43, p. 5.*

Art. L. 38-1 *Abrogé par L. n° 2020-1576 du 14 déc. 2020, art. 103.*

Art. L. 39 **Le droit à** *(L. n° 2003-775 du 21 août 2003, art. 56-II)* **« pension de réversion » est subordonné à la condition :**

a) **Si le** *(L. n° 2003-775 du 21 août 2003, art. 56-II)* **« fonctionnaire » a obtenu ou pouvait obtenir une pension accordée dans le cas prévu à l'article L. 4 (1°), que depuis la date du mariage jusqu'à celle de la cessation de l'activité du** *(L. n° 2003-775 du 21 août 2003, art. 56-II)* **« fonctionnaire », celui-ci ait accompli deux années au moins de services valables pour la retraite, sauf si un ou plusieurs enfants sont issus du mariage antérieur à ladite cessation ;**

b) **Si le** *(L. n° 2003-775 du 21 août 2003, art. 56-II)* **« fonctionnaire » a obtenu ou pouvait obtenir une pension accordée dans le cas prévu à l'article L. 4 (2°), que le mariage soit antérieur à l'événement qui a amené la mise à la retraite ou la mort du** *(L. n° 2003-775 du 21 août 2003, art. 56-II)* **« fonctionnaire ».**

Toutefois, au cas de mise à la retraite d'office par suite de l'abaissement des limites d'âge, il suffit que le mariage soit antérieur à la mise à la retraite et ait été contracté deux ans au moins avant soit la limite d'âge en vigueur au moment où il a été contracté, soit le décès du *(L. n° 2003-775 du 21 août 2003, art. 56-II)* **« fonctionnaire » si ce décès survient antérieurement à ladite limite d'âge.**

Nonobstant les conditions d'antériorité prévues ci-dessus, le droit à *(L. n° 2003-775 du 21 août 2003, art. 56-II)* **« pension de réversion » est reconnu :**

1° Si un ou plusieurs enfants sont issus du mariage ;

2° Ou si le mariage, antérieur ou postérieur à la cessation de l'activité, a duré au moins quatre années.

1. En vertu des dispositions du code civil, les conjoints sont assujettis à une solidarité financière et à un ensemble d'obligations légales, telles que la contribution aux charges de la vie commune, qui ne pèsent pas sur les personnes vivant en concubinage ; cette différence de situation justifie, au regard de l'objet de la loi, la différence de traitement qu'elle institue entre les couples vivant en concubinage et ceux unis par les liens du mariage pour l'attribution du droit à une pension de réversion. Dès lors, une cour administrative d'appel ne commet pas d'erreur de droit en jugeant qu'un tel critère, relatif à l'état matrimonial des personnes, ne pouvait être regardé comme constituant une discrimination prohibée par les stipulations de l'art. 14 Conv. EDH et de l'art. 1er du premier protocole additionnel à cette convention. Si le législateur a subordonné le droit à pension de réversion, en l'absence d'enfants, à une condition de durée de mariage de quatre années, une telle condition, destinée à faire dépendre la dette de l'État de la stabilité du mariage en limitant les risques de fraude, est fondée sur un critère objectif et rationnel en rapport avec les buts de la loi et ne méconnaît pas les stipulations précitées. • CE 6 déc. 2006, *Mme Ligori*, n° 262096 : *Lebon 496* ; *AJDA 2007. 142, concl. Vallée* ; *AJ fam. 2007. 34* ; *D. 2007. 155*.

2. Les « enfants issus du mariage » s'entendent des enfants nés après le mariage ou avant le mariage, dès lors que, dans cette dernière hypothèse, ils ont été reconnus par le père. • CE 30 janv. 2008, *Mme Many*, n° 274898 : *Lebon 27* ; *AJDA 2008. 223* ; *Cah. fonct. publ. 2/2008. 31, note Guyomar.*

3. Le droit à pension de réversion est réservé aux conjoints, à l'exclusion des personnes vivant au sein d'un couple non marié, soit en concubinage soit en pacte civil de solidarité (PACS). A la différence des époux, les concubins ne sont légalement tenus à aucune solidarité financière à l'égard des tiers ni à aucune obligation réciproque. Si les personnes unies par un PACS sont assujetties à des obligations financières réciproques et à l'égard des tiers, le code civil ne leur confie aucune compensation pour perte de revenus en cas de cessation du PACS au profit de l'un des partenaires ni aucune vocation successorale au survivant en cas de décès d'un partenaire. En revanche, le régime du mariage a pour objet non seulement d'organiser des obligations personnelles, matérielles et patrimoniales des époux pendant la durée de leur union mais aussi d'assurer la protection de la famille. Par suite, la différence de traitement établie par le législateur entre les couples mariés et ceux qui vivent en concubinage ou sont unis par un PACS ne méconnaît pas le principe d'égalité fixé par l'art. 6 DDH. • Cons. const. 29 juill. 2011, *Mme Laurence L.*, n° 2011-155 QPC : *JO 30 juill., p. 13048 ; D. 2011. 2035 ; AJDA 2011. 1591* ; *RTD civ. 2011. 748, obs. Hauser* ; *AJ fam. 2011. 436, obs. Jean-Baptiste* ; *Dr. fam. 2011, n° 10, p. 23, note Larribau-Terneyre* (sur renvoi : • CE, QPC, 27 mai 2011, *Mme Lejay-Lefebvre*, n° 347734 : *AJDA 2011. 1109*).

4. La veuve d'un fonctionnaire ne peut prétendre à la réversion de la pension de son époux dès lors que, postérieur à la cessation d'activité de ce dernier, son mariage a duré moins de quatre ans, condition exigée par l'art. L. 39. L'adoption par la requérante du fils de son époux n'a pas d'effet sur la condition de durée de mariage, l'enfant n'étant pas « issu du mariage » au sens des dispositions de l'art. L. 39. • TA Bordeaux, 25 juin 2015, n° 1404898.

Art. L. 40 Chaque orphelin a droit jusqu'à l'âge de vingt et un ans à une pension égale à 10 p. 100 de la pension obtenue par le *(L. n° 2003-775 du 21 août 2003, art. 57-I)* **« fonctionnaire » ou qu'il aurait pu obtenir au jour de son décès, et augmentée, le cas échéant, de 10 p. 100 de la rente d'invalidité dont il bénéficiait ou aurait pu bénéficier, sans que le total des émoluments attribués** *(L. n° 2011-1977 du 28 déc. 2011, art. 162-I-1°-a)* **« aux conjoints survivants ou divorcés » et aux orphelins puisse excéder le montant de la pension et, éventuellement, de la rente d'invalidité attribuées ou qui auraient été attribuées au** *(L. n° 2003-775 du 21 août 2003, art. 57-I)* **« fonctionnaire ». S'il y a excédent, il est procédé à la réduction temporaire des pensions des orphelins.**

(Abrogé par L. n° 2011-1977 du 28 déc. 2011, art. 162-I-1°-b) (L. n° 2003-775 du 21 août 2003, art. 57-II) ***« En cas de décès du conjoint survivant, les droits définis au premier alinéa de l'article L. 38 passent aux enfants âgés de moins de vingt et un ans et la pension de 10 % est maintenue à chaque enfant âgé de moins de vingt et un ans dans la limite du maximum fixé à l'alinéa précédent. »***

Pour l'application des dispositions qui précèdent, sont assimilés aux enfants âgés de moins de vingt et un ans les enfants qui, au jour du décès de leur auteur, se trouvaient à la charge effective de ce dernier par suite d'une infirmité permanente les mettant dans l'impossibilité de gagner leur vie. La pension accordée à ces enfants n'est pas cumulable avec toute autre pension ou rente d'un régime général, attribuée au titre de la vieillesse ou de l'invalidité, à concurrence du montant de ces avantages. Elle est suspendue si l'enfant cesse d'être dans l'impossibilité de gagner sa vie.

Les dispositions prévues à l'alinéa précédent sont également applicables aux enfants atteints, après le décès de leur auteur mais avant leur vingt et unième année révolue, d'une infirmité permanente les mettant dans l'impossibilité de gagner leur vie.

Les pensions de 10 p. 100 attribuées aux enfants ne peuvent pas, pour chacun d'eux, être inférieures au montant des avantages familiaux dont aurait bénéficié le *(L. n° 2003-775 du 21 août 2003, art. 57-I)* **« fonctionnaire » en exécution de l'article L. 19 s'il avait été retraité.**

(Abrogé par L. n° 2011-1977 du 28 déc. 2011, art. 162-I-1°-b) ***« Les enfants naturels reconnus et les enfants adoptifs sont assimilés aux orphelins légitimes. »***

Les dispositions issues de la L. n° 2011-1977 du 28 déc. 2011 sont applicables aux fonctionnaires relevant de la Caisse nationale de retraites des agents des collectivités locales ainsi qu'aux personnels relevant du régime des pensions des ouvriers des établissements industriels de l'État, dans les conditions prévues par décret en Conseil d'État (L. préc., art. 162-II).

1. L'instruction ayant établi que les infirmités de l'orphelin majeur infirme ne sont antérieures ni à la date du décès de son père ni à la date de son vingt et unième anniversaire et qu'au surplus que ces infirmités ne le mettent pas dans l'impossibilité de gagner sa vie, le Conseil d'État confirme la décision lui refusant le bénéfice de la pension d'orphelin majeur infirme prévue par l'art. L. 40 C. pens. retr. • CE 14 nov. 2011, *Alloune*, n° 334764 : *AJDA 2012. 175*.

2. Un orphelin majeur infirme atteint d'une invalidité permanente évaluée à 80 %, qui vit dans son propre appartement et bénéficie d'une pension d'invalidité personnelle, n'est pas considéré comme ayant été à la charge effective de son père et ne peut donc prétendre à la pension prévue à l'art. L. 40 C. pens. retr. • CE 21 déc. 2007, *Mme Frébault*, n° 299273.

3. L'art. L. 553-3 CSS prévoit que lorsqu'un même enfant ouvre droit aux prestations familiales et à une majoration de pension, les prestations familiales sont perçues par priorité et excluent, à due concurrence, cette majoration. La pension d'orphelin prévue par l'art. L. 40 en faveur de l'enfant orphelin d'un fonctionnaire décédé se distingue des droits du conjoint du fonctionnaire décédé et constitue un droit propre de l'enfant. Cette pension est due à l'enfant orphelin jusqu'à l'âge de vingt et un ans et peut donc bénéficier à des enfants majeurs. Il en résulte qu'une telle pension d'orphelin ne peut être assimilée ni à un accessoire ni à une majoration de la pension de réversion perçue par le conjoint du fonctionnaire décédé. Dès lors, les dispositions de l'art. L. 553-3 CSS ne sont pas applicables à la pension d'orphelin qui peut être cumulée avec les prestations familiales. • CE 27 juill. 2015, *Min. de l'économie et des finances*, n° 375042 : *Lebon ; AJDA 2015. 1513*.

Art. L. 41 *(L. n° 77-574 du 7 juin 1977, art. 19)* **Aucune condition d'antériorité de la naissance par rapport à la radiation des cadres de leur auteur n'est exigée des orphelins légitimes, légitimés ou naturels dont la filiation est légalement établie.**

Aucune condition d'antériorité de l'adoption par rapport à la radiation des cadres de l'adoptant n'est exigée des orphelins adoptifs.

Art. L. 42 *Abrogé par L. n° 2003-775 du 21 août 2003, art. 65.*

Art. L. 43 *(L. n° 2011-1977 du 28 déc. 2011, art. 162-I-2°)* **La pension définie à l'article L. 38 est répartie comme suit :**

a) **A la date du décès du fonctionnaire, les conjoints survivants ou divorcés ayant droit à pension se partagent la part de la pension de réversion correspondant au rapport entre le nombre de conjoints survivants ou divorcés et le nombre total de lits représentés. Cette part est répartie entre les conjoints au prorata de la durée respective de chaque mariage.**

Un lit est représenté soit par le conjoint survivant ou divorcé, soit par les orphelins de fonctionnaires dont l'autre parent n'a pas ou plus droit à pension ;

b) **La différence entre la fraction de la pension prévue à l'article L. 38 et les pensions versées aux conjoints survivants ou divorcés du fonctionnaire en application du *a***

est répartie également entre les orphelins ayant droit à la pension prévue à l'article L. 40 qui représentent un lit.

V. C. pens. retr., art. R. 57 s. — ***C. pens. retr.***

Les dispositions issues de la L. n° 2011-1977 du 28 déc. 2011 sont applicables aux fonctionnaires relevant de la Caisse nationale de retraites des agents des collectivités locales ainsi qu'aux personnels relevant du régime des pensions des ouvriers des établissements industriels de l'État, dans les conditions prévues par décret en Conseil d'État (L. préc., art. 162-II).

Dans les cas où l'application des dispositions issues de la L. n° 2011-1977 du 28 déc. 2011 conduit à une révision et à une liquidation d'une pension inférieure à ce que percevait l'ayant cause du fonctionnaire avant le 1er janv. 2012, cet ayant cause conserve le bénéfice de l'ancienne pension jusqu'à la notification par l'administration du nouveau montant calculé conformément à l'art. L. 43 C. pens. retr., dans sa rédaction issue de la L. n° 2011-1977 du 21 déc. 2011. Le trop-perçu ne peut faire l'objet d'aucune demande de l'administration tendant à la répétition des sommes indûment versées (L. préc., art. 162-III).

1. L'art. 43 C. pens. retr. prévoit que, lorsqu'il existe une pluralité d'ayants cause de lits différents d'un retraité décédé, la pension de réversion est divisée en parts égales entre les lits représentés par le conjoint survivant ou divorcé ayant droit à pension ou par un ou plusieurs orphelins âgés de moins de 21 ans. Dans le cas où deux lits au moins sont représentés par un ou plusieurs orphelins, la division à parts égales entre les lits quel que soit le nombre d'enfants qui en sont issus conduit à ce que la part la part de la pension due à chaque enfant soit fixée en fonction du nombre d'enfants issus de chaque lit. La différence de traitement qui en résulte entre les enfants de lits différents, laquelle n'est pas justifiée au regard de l'objet de la loi, a été déclarée contraire à la Constitution. Toutefois, le Conseil constitutionnel a estimé opportun de reporter au 1er janv. 2012 la date de l'abrogation de l'art. L. 43 pour « permettre au législateur d'apprécier la suite qu'il convient de donner à cette déclaration d'inconstitutionnalité ». • Cons. const. 25 mars 2011, *Mme Marie-Christine D.*, n° 2010-108 QPC : *JO 26 mars, p. 5404 ; AJDA 2011. 647.*

2. Il incombe à la personne qui se prévaut des dispositions de l'art. L. 43, si elle ne peut prétendre au bénéfice de la présomption légale d'imputabilité, de rapporter la preuve de l'existence d'un lien direct et certain entre le décès de son conjoint et un fait précis ou des circonstances particulières du service de ce dernier. • CE 5 oct. 2011, *Mme Caroline A. Vve Hébert*, n° 337353.

3. Les pensions de retraite prévues par le C. pens. retr. ont pour objet d'assurer un revenu de substitution ou d'assistance. Aucun principe ni aucune règle de valeur constitutionnelle n'impose que, lorsque la pension de réversion a donné lieu à un partage entre plusieurs lits, la part de la pension revenant à un lit qui cesse d'être représenté accroisse celle des autres lits. • Cons. const. 11 oct. 2013, *Mme Henriette B.*, n° 2013-348 QPC : *JO 13 oct., p. 16908 ; D. 2013. 2344 ; AJDA 2013. 2003 ; JCP Adm. 2013, n° 43, p. 5.*

4. Effet du mariage déclaré putatif. Le conjoint dont le mariage a été déclaré putatif doit être assimilé, pour l'application des dispositions de l'art. L. 43 C. pens. retr., à un conjoint divorcé ou à un conjoint survivant selon que la nullité du mariage a été constatée avant ou après le décès de l'agent. • CE 19 déc. 2014, n° 376642 : *Lebon ; AJDA 2014. 2505.*

Art. L. 44 *(L. n° 82-599 du 13 juill. 1982)* **Le conjoint séparé de corps et le conjoint divorcé ont droit à la pension prévue soit au premier alinéa de l'article L. 38, soit à l'article L. 50. Le conjoint divorcé qui s'est remarié avant le décès du fonctionnaire et qui, à la cessation de cette union, ne bénéficie d'aucun droit à pension de réversion peut faire valoir ce droit s'il n'est pas ouvert au profit d'un autre ayant cause.**

Ces dispositions sont applicables aux droits résultant de la radiation des cadres ou de décès, ouverts à compter de la date d'effet de la L. n° 82-599 du 13 juill. 1982 (L. préc., art. 31, al. 2).

L'épouse divorcée d'un fonctionnaire, puis remariée ne peut obtenir de pension de réversion du chef de son premier époux dès lors qu'à la cessation de sa seconde union, le droit à pension était déjà ouvert à d'autres ayants cause, à savoir sa fille et la veuve du fonctionnaire. • CE 19 déc. 2008, *Mme Desmazures*, n° 259490.

Art. L. 45 *Abrogé par L. n° 2011-1977 du 28 déc. 2011, art. 162-I-3°.*

Art. L. 46 *(L. n° 82-599 du 13 juill. 1982)* **« Le conjoint survivant ou le conjoint divorcé, qui contracte un nouveau mariage ou vit en état de concubinage notoire, perd son droit à pension. »** — *V. note ss. art. L. 44.*

(Abrogé par L. nº 2011-1977 du 28 déc. 2011, art. 162-I-4º) ***« Les droits qui leur appartenaient ou qui leur auraient appartenu passent aux enfants âgés de moins de vingt et un ans dans les conditions prévues au second alinéa de l'article L. 40. »***

(L. nº 82-599 du 13 juill. 1982) **« Le conjoint survivant ou le conjoint divorcé, dont la nouvelle union est dissoute ou qui cesse de vivre en état de concubinage notoire, peut, s'il le désire, recouvrer son droit à pension et demander qu'il soit mis fin à l'application qui a pu être faite des dispositions du premier alinéa du présent article. »** *— V. note ss. art. L. 44.*

1. Mme A, dont le mariage avec M. B a été dissous en 1954, a épousé en 1956 M. A. Cette seconde union n'ayant pas été dissoute, Mme A ne peut prétendre, en application des dispositions de l'art. L. 46, au bénéfice du partage de la pension de réversion, à la suite du décès en 1990 de son premier mari, avec la veuve de M. B au prorata de la durée respective de chaque mariage. • CE 10 déc. 2010, *Min. de la défense,* nº 330966.

2. L'allégation selon laquelle le conjoint survivant, qui vivait depuis une quinzaine d'années en état de concubinage, n'aurait avec la personne dont il partage le toit aucune relation charnelle n'est pas de nature à le faire regarder comme n'entrant pas dans le champ d'application de l'art. L. 46 du code des pensions ; qu'en outre, il n'établit pas qu'il n'aurait aucune communauté d'intérêts matériels avec cette personne. • CAA Nantes, 28 févr. 2002, *Domer,* nº 98NTOO681 : *AJFP 2002. 30.*

Art. R. 57 *(Décr. nº 2003-1305 du 26 déc. 2003, art. 21)* **Lorsque le conjoint survivant ou divorcé demande le rétablissement de son droit à pension en vertu du dernier alinéa de l'article L. 46, ce droit prend effet à compter de la date du nouveau veuvage, du divorce ou de la cessation du concubinage notoire.**

(Décr. nº 2015-103 du 2 févr. 2015, art. 1er-1º) **« La pension attribuée aux enfants âgés de moins de vingt et un ans est révisée conformément aux dispositions prévues au *b* de l'article L. 43 à compter de la demande de rétablissement. »**

Les dispositions issues du Décr. nº 2015-103 du 3 févr. 2015 sont entrées en vigueur à compter du 1er janv. 2012 (Décr. préc., art. 7-I).

Art. D. 23 *(Décr. nº 2003-1309 du 26 déc. 2003, art. 15)* **Le conjoint survivant ou divorcé prétendant à une pension de réversion fournit :**

1º Une photocopie de son livret de famille régulièrement tenu à jour ou, à défaut, un extrait de son acte de naissance et de l'acte de mariage ;

2º Un bulletin de décès ou une copie de l'acte de décès du fonctionnaire ou du militaire ou du titulaire de la pension, si la mention du décès ne figure pas sur le livret de famille.

3º Une copie de l'acte de naissance du défunt.

E Suppression de la pension de réversion

Code pénal

Art. 221-9-2 *(L. nº 2020-1576 du 14 déc. 2020, art. 103)* **Les personnes physiques coupables des crimes prévus à la section 1 du présent chapitre, lorsque ces crimes ont été commis à l'encontre de leur époux assuré, encourent également la peine complémentaire d'interdiction de percevoir la pension due au conjoint survivant ou divorcé en application des dispositions du code de la sécurité sociale ou du code rural et de la pêche maritime.**

Le prononcé de cette peine est obligatoire. Toutefois, la juridiction peut, par une décision spécialement motivée, décider de ne pas prononcer cette peine, en considération des circonstances de l'infraction et de la personnalité de son auteur.

Art. 222-48-3 *(L. nº 2020-1576 du 14 déc. 2020, art. 103)* **Les personnes physiques coupables des infractions prévues aux paragraphes 1 et 2 des sections 1 et 3 du présent chapitre, lorsque celles-ci ont été commises à l'encontre de leur époux assuré, encourent également la peine complémentaire d'interdiction de percevoir la pension**

due au conjoint survivant ou divorcé en application des dispositions du code de la sécurité sociale ou du code rural et de la pêche maritime.

Le prononcé de cette peine est obligatoire. Toutefois, la juridiction peut, par une décision spécialement motivée, décider de ne pas prononcer cette peine, en considération des circonstances de l'infraction et de la personnalité de son auteur.

Code rural et de la pêche maritime

Art. L. 732-41-1 *(L. nº 2020-1576 du 14 déc. 2020, art. 103)* L'article L. 732-41 n'est pas applicable dans le cas où le conjoint survivant a été définitivement condamné à la peine complémentaire d'interdiction de percevoir la pension due au conjoint survivant ou divorcé prévue aux articles 221-9-2 ou 222-48-3 du code pénal.

Code de la sécurité sociale

Art. L. 114-22-2 *(L. nº 2020-1576 du 14 déc. 2020, art. 103)* Lorsqu'une personne est définitivement condamnée par une juridiction pénale à une peine complémentaire, la privant de droits ou de prestations prévus au présent code et au code de l'action sociale et des familles, la caisse nationale mentionnée au second alinéa du présent article en est informée sans délai par le ministère public près la juridiction pénale ayant prononcé cette condamnation. La même caisse nationale est tenue informée par ce dernier de l'actualisation des informations liées aux modalités d'exécution de la peine.

Selon des modalités précisées par voie réglementaire, l'une des caisses nationales mentionnées au livre II met en œuvre un traitement automatisé aux fins d'assurer la réception et la conservation des informations transmises par le ministère public portant sur les peines mentionnées au premier alinéa du présent article et d'assurer leur utilisation par les seuls organismes de sécurité sociale et de retraite complémentaire dont relèvent les personnes concernées.

....

Art. L. 161-22-3 *(L. nº 2020-1576 du 14 déc. 2020, art. 103)* En cas de condamnation définitive d'une personne à l'une des peines complémentaires mentionnées aux articles 221-9-2 et 222-48-3 du code pénal, la pension de réversion au conjoint survivant ou divorcé au titre de tout régime de retraite de base et complémentaire légal ou rendu légalement obligatoire n'est pas due.

....

Art. L. 161-23-1 A *(L. nº 2021-1109 du 24 août 2021, art. 29)* Sous réserve des engagements internationaux de la France, une pension de réversion au titre de tout régime de retraite de base et complémentaire, légal ou rendu légalement obligatoire, ne peut être versée qu'à un seul conjoint survivant. En cas de pluralité de conjoints survivants, la pension de réversion est versée au conjoint survivant de l'assuré décédé dont le mariage a été contracté, dans le respect des dispositions de l'article 147 du code civil, à la date la plus ancienne.

Le conjoint divorcé n'est susceptible de bénéficier d'un droit à pension de réversion, sous réserve qu'il remplisse les conditions prévues par le régime dont il relève, que si le mariage a été contracté dans le respect des dispositions du même article 147 à la date la plus ancienne ou au titre de la durée du mariage au cours de laquelle il était le seul conjoint de l'assuré décédé et en proportion de cette durée, selon des modalités définies par décret en Conseil d'État.

Le présent article n'est pas applicable aux mariages déclarés nuls mentionnés à l'article 201 du code civil. Dans ce cas, la pension de réversion est partagée entre les conjoints survivants, selon des modalités définies par décret en Conseil d'État.

Les dispositions de l'art. L. 161-23-1 A s'appliquent aux pensions de réversion prenant effet à compter du 26 août 2021 (L. nº 2021-1109 du 24 août 2021, art. 29).

Art. L. 342-1-1 *(L. nº 2020-1576 du 14 déc. 2020, art. 103)* En cas de condamnation définitive d'une personne à l'une des peines complémentaires mentionnées aux articles 221-9-2 et 222-48-3 du code pénal, la pension du conjoint survivant ou divorcé mentionnée à l'article L. 342-1 du présent code n'est pas due.

X ÉTRANGERS

Code de l'entrée et du séjour des étrangers et du droit d'asile

Art. R. 233-8 *(Décr. n° 2020-1734 du 16 déc. 2020, en vigueur le 1er mai 2021)* Les citoyens de l'Union européenne mentionnés aux 4° ou 5° de l'article L. 233-1 admis au séjour en leur qualité de membre de famille, conservent leur droit au séjour dans les situations suivantes :

1° En cas de décès du ressortissant accompagné ou rejoint ou si celui-ci quitte la France ;

2° En cas de divorce ou d'annulation du mariage avec le ressortissant accompagné ou rejoint.

Avant l'acquisition du droit de séjour permanent prévu au premier alinéa de l'article L. 234-1, ils doivent remplir, à titre individuel, les conditions de l'article L. 233-1.

Art. R. 233-9 *(Décr. n° 2020-1734 du 16 déc. 2020, en vigueur le 1er mai 2021)* Les ressortissants de pays tiers mentionnés à l'article L. 233-2, admis au séjour en leur qualité de membre de famille, conservent leur droit au séjour dans les situations suivantes :

1° En cas de décès du ressortissant accompagné ou rejoint et à condition d'avoir établi leur résidence en France en tant que membre de sa famille depuis plus d'un an avant ce décès ;

2° En cas de divorce ou d'annulation du mariage avec le ressortissant accompagné ou rejoint :

a) lorsque le mariage a duré au moins trois ans avant le début de la procédure judiciaire de divorce ou d'annulation, dont un an au moins en France ;

b) lorsque la garde des enfants du ressortissant accompagné ou rejoint leur est confiée en qualité de conjoint, par accord entre les conjoints ou par décision de justice ;

c) lorsque des situations particulièrement difficiles l'exigent, notamment lorsque la communauté de vie a été rompue à l'initiative du membre de famille en raison de violences conjugales qu'il a subies ;

d) lorsque le conjoint bénéficie, par accord entre les époux ou par décision de justice, d'un droit de visite à l'enfant mineur, à condition que ce droit s'exerce en France et pour la durée nécessaire à son exercice.

Avant l'acquisition du droit de séjour permanent prévu au second alinéa de l'article L. 234-1, ils doivent remplir, à titre individuel, les conditions prévues aux 1°, 2°, 4° ou 5° de l'article L. 233-1.

XI DROIT FISCAL

DALLOZ PRATIQUE[S] *Divorce – Fiscalité du divorce ; Divorce – Pension alimentaire.*

DALLOZ RÉFÉRENCE *Droit et pratique du divorce 2022/2023, n°s 31.00 s.*

Code général des impôts

Les annotations de jurisprudence et de bibliographie sous les articles du code général des impôts ont été reprises du Code général des impôts Dalloz, rédigées avec le concours de M. Gérard Zaquin.

Les annexes ici mentionnées figurent au Code général des impôts Dalloz.

Art. 6 1. Chaque contribuable est imposable à l'impôt sur le revenu, tant en raison de ses bénéfices et revenus personnels que de ceux de ses enfants et des personnes considérés comme étant à sa charge au sens des articles 196 et 196 A *bis*. Les revenus perçus par les enfants réputés à charge égale de l'un et l'autre de leurs parents sont, sauf preuve contraire, réputés également partagés entre les parents.

Sauf application des dispositions du 4 et du second alinéa du 5, les personnes mariées sont soumises à une imposition commune pour les revenus perçus par chacune d'elles et ceux de leurs enfants et des personnes à charge mentionnés au premier alinéa ; cette imposition est établie *(L. n° 2019-1479 du 28 déc. 2019, art. 155)* « aux noms des époux ».

Les partenaires liés par un pacte civil de solidarité défini à l'article 515-1 du code civil font l'objet, pour les revenus visés au premier alinéa, d'une imposition commune. L'imposition est établie à leurs deux noms *(Abrogé par L. n° 2019-1479 du 28 déc. 2019, art. 155) « , séparés par le mot : "ou" »*.

2. Le contribuable peut réclamer des impositions distinctes pour ses enfants, lorsque ceux-ci tirent un revenu de leur travail ou d'une fortune indépendante de la sienne.

3. Toute personne majeure âgée de moins de vingt et un ans, ou de moins de vingt-cinq ans lorsqu'elle poursuit ses études, ou, quel que soit son âge, lorsqu'elle effectue son service militaire ou est atteinte d'une infirmité, peut opter, dans le délai de déclaration et sous réserve des dispositions du quatrième alinéa du 2° du II de l'article 156, entre :

1° L'imposition de ses revenus dans les conditions de droit commun ;

2° Le rattachement au foyer fiscal dont elle faisait partie avant sa majorité, si le contribuable auquel elle se rattache accepte ce rattachement et inclut dans son revenu imposable les revenus perçus pendant l'année entière par cette personne ; le rattachement peut être demandé, au titre des années qui suivent celle au cours de laquelle elle atteint sa majorité, à l'un ou à l'autre des parents lorsque ceux-ci sont imposés séparément ;

Si la personne qui demande le rattachement est mariée, l'option entraîne le rattachement des revenus du ménage aux revenus de l'un ou des parents de l'un des conjoints.

3° Le rattachement au foyer fiscal qui l'a recueillie après qu'elle est devenue orpheline de père et de mère, si le contribuable auquel elle se rattache accepte ce rattachement et inclut dans son revenu imposable les revenus perçus pendant l'année entière par cette personne.

4. Les époux font l'objet d'impositions distinctes :

a) Lorsqu'ils sont séparés de biens et ne vivent pas sous le même toit ; — *Ou mariés sous le régime de la participation aux acquêts (BOI-IR-CHAMP-20-20-10 n° 67).*

b) Lorsqu'étant en instance de séparation de corps ou de divorce, ils ont été autorisés à avoir des résidences séparées ;

c) Lorsqu'en cas d'abandon du domicile conjugal par l'un ou l'autre des époux, chacun dispose de revenus distincts.

5. Les personnes mariées et les partenaires liés par un pacte civil de solidarité sont soumis à une imposition commune pour les revenus dont ils ont disposé pendant l'année du mariage ou de la conclusion du pacte.

Les époux et les partenaires liés par un pacte civil de solidarité peuvent toutefois opter pour l'imposition distincte des revenus dont chacun a personnellement disposé

pendant l'année du mariage ou de la conclusion du pacte, ainsi que de la quote-part des revenus communs lui revenant. A défaut de justification de cette quote-part, ces revenus communs sont partagés en deux parts égales entre les époux ou partenaires liés par un pacte civil de solidarité. Cette option est exercée de manière irrévocable dans les délais prévus pour le dépôt de la déclaration initiale des revenus mentionnée à l'article 170. Elle n'est pas applicable lorsque les partenaires liés par un pacte civil de solidarité, conclu au titre d'une année antérieure, se marient entre eux. – *V. Ann. III, art. 43 bis.* – **CGI.**

6. Chacun des époux, partenaires, anciens époux ou anciens partenaires liés par un pacte civil de solidarité est personnellement imposable pour les revenus dont il a disposé pendant l'année de la réalisation de l'une des conditions du 4, du divorce ou de la dissolution du pacte, ainsi que pour la quote-part des revenus communs lui revenant. A défaut de justification de cette quote-part, ces revenus communs sont partagés en deux parts égales entre les époux, partenaires, anciens époux ou anciens partenaires liés par un pacte civil de solidarité.

Les revenus communs sont, sauf preuve contraire, réputés partagés en deux parts égales entre les époux ou partenaires liés par un pacte civil de solidarité.

7. *Abrogé.*

8. En cas de décès de l'un des conjoints ou partenaires liés par un pacte civil de solidarité, l'impôt afférent aux bénéfices et revenus non encore taxés est établi au nom des époux ou partenaires. Le conjoint ou le partenaire survivant est personnellement imposable pour la période postérieure au décès.

[CD 106 ; L. 13 janv. 1941, Ann. I ; Décr. 9 déc. 1948, art. 4 ; L. n° 74-1129 du 30 déc. 1974, art. 3-II et III ; L. n° 82-1126 du 29 déc. 1982, art. 2 ; L. n° 99-944 du 15 nov. 1999, art. 4-I et II ; L. n° 2000-1352 du 30 déc. 2000, art. 74 ; L. n° 2002-1576 du 30 déc. 2002, art. 30-III-C et VIII ; L. n° 2003-1312 du 30 déc. 2003, art. 21 ; L. n° 2004-1484 du 30 déc. 2004, art. 7-I-A-2° et 8 ; L. n° 2010-1657 du 29 déc. 2010, art. 95-I et V ; Décr. n° 2012-653 du 4 mai 2012 ; L. n° 2019-1479 du 28 déc. 2019, art. 155 ; L. n° 2022-1157 du 16 août 2022, art. 24.]

A. ENFANTS

1. Imposition distincte des enfants. Il résulte de la combinaison des art. 6-2 et 196 *bis*-1 que le contribuable ne peut demander d'impositions distinctes pour ses enfants que lorsque ceux-ci tirent un revenu de leur travail ou d'une fortune indépendante de la sienne au 1er janvier de l'année d'imposition. • CAA Marseille, 13 avr. 2006, n° 01MA1138 : *RJF 2007. 652 ; Dr. fisc. 2007. 566, concl. Trottier.* ♦ Un contribuable ne peut demander une imposition distincte pour le revenu du patrimoine de son enfant mineur que s'il ne dispose d'aucun droit sur ce patrimoine et n'a aucune possibilité, en dépit de sa qualité d'administrateur légal, de disposer de ce revenu. • CE 12 oct. 2011, n° 325173 : *Dr. fisc. 2011. 636, concl. Cortot-Boucher ; RJF 2012. 3 ; BDCF 2012, n° 1, concl. Cortot-Boucher.* ♦ Lorsque des époux en instance de divorce forment deux foyers fiscaux, la demande tendant à ce que des enfants soient eux-mêmes soumis à une imposition séparée doit être formulée par le parent qui a la garde de ces enfants. • CAA Nancy, 9 nov. 1995, n° 94NA299 : *Dr. fisc. 1996. 437, concl. Commenville.* ♦ Des enfants mineurs disposant de l'usufruit temporaire sur des parts d'une SCI peuvent être imposés distinctement de leur mère. • CE 12 oct. 2011, n° 325173 : *préc.*

2. Rattachement. Les dispositions du 3 impliquent que la personne qui choisit le rattachement au foyer fiscal qui était le sien avant sa majorité formule, dans le délai fixé par la loi, une demande expresse en ce sens. • CAA Bordeaux, 14 mai 1996, n° 94BX824 : *Dr. fisc. 1997. 250.* ♦ L'option, prévue à l'art. 6-3, pour le rattachement d'un enfant majeur au foyer fiscal de ses parents doit être exercée dans le délai de déclaration sans pouvoir l'être, après l'expiration de ce délai, dans le délai de réclamation de l'art. R. 196-1 LPF. • CE (na), 27 déc. 2019, n° 431820 : *RJF 2020. 352.*

3. Il résulte de la combinaison des art. 6-3, 196, 196 *bis*-1 et 196 B que lorsque l'enfant qui, âgé de moins de dix-huit ans au 1er janv. de l'année d'imposition, atteint sa majorité au cours de ladite année et demande expressément son rattachement à celui de ses parents imposés séparément à la charge duquel il n'était pas au 1er janv., ce dernier bénéficie, pour l'année en cause, d'une majoration de son quotient familial. Si l'autre parent a fait figurer l'enfant sur sa propre déclaration de revenus afférents à la même année, cette circonstance n'est pas de nature à faire perdre au parent qui accepte le rattachement le bénéfice de la majoration de son quotient familial pour l'année en cause. • CE 5 juin 2002, n° 224410, *Chrétien : Dr. fisc. 2002. 815, concl. Bachelier ; RJF 2002. 890.*

4. Les dispositions du 3 n'autorisent pas l'exercice de plusieurs options en faveur du rattachement à des foyers fiscaux différents au titre d'une même année même en cas de disparition, en cours d'année, d'un des foyers fiscaux auxquels l'enfant majeur est rattaché. • CAA Lyon, 8 mars 2007, n° 03LY2115 : *RJF 2007. 781 ; Dr. fisc. 2007. 779.* ♦ Le rattachement d'une personne majeure à des foyers fiscaux différents au titre d'une même année n'est pas permis, même si le foyer fiscal auquel cette personne majeure était rattachée a disparu au cours de l'année d'imposition du fait du décès de l'un des conjoints du foyer fiscal. • CE 28 mars 2014, n° 351408 : *RJF 2014. 537 ; Dr. fisc. 2014. 318, note Douet.*

5. Un enfant majeur ne peut être rattaché qu'à l'un ou l'autre de ses parents séparés ou divorcés, même si ceux-ci continuent d'appliquer la garde alternée mise en place pendant la minorité de l'enfant. * Rép. min. n° 28520 : *JOAN Q, 5 mai 2009, p. 4282.*

6. Enfants recueillis. Dispositif applicable à compter du 1er janvier 2002 (imposition des revenus des années 2001 et suivantes). * BOI-iIR-LIO-10-10-10-20 n° 30 du 2 mai 2014. ♦ Jurisprudence et bibliographie : V. notes 3 à 7 ss. art. 196.

B. IMPOSITION PAR FOYER

7. Principe. Les deux époux sont, quel que soit leur régime matrimonial, soumis à une imposition commune à raison tant des revenus réalisés par chacun d'eux que de ceux des enfants et autres personnes fiscalement à leur charge. * DB 5 B-121.

8. Situation matrimoniale. Les actes de l'état civil sont opposables à tous les tiers lorsqu'ils sont régulièrement établis et publiés. Par suite un contribuable est toujours recevable à se prévaloir devant le juge de l'impôt de sa situation matrimoniale telle qu'elle ressort de tels actes, alors même qu'il a établi sa situation fiscale sur le fondement d'une situation matrimoniale différente. • CE 8 mars 2004, n° 248094 : *RJF 2004. 62 ; Dr. fisc. 2004. 643, concl. Séners.*

9. Polygamie. S'agissant du cas particulier des contribuables, originaires d'un État ou territoire où la polygamie est autorisée, l'imposition commune est établie au nom du mari et de la première épouse. Les autres épouses font l'objet d'une imposition distincte et sont considérées, pour l'application des règles du quotient familial, comme des personnes célibataires. Elles ne sont en revanche pas considérées, sous réserve des circonstances d'espèce, comme des personnes vivant seules. * BOI-IR-CHAMP-20-10 n° 25 du 17 juin 2013. ♦ L'état matrimonial des étrangers étant régi par la seule loi de leur nationalité, la polygamie d'un des époux ne fait pas obstacle à leur imposition commune en France. Un ressortissant algérien polygame peut donc être soumis à une imposition commune avec sa seconde épouse. • CAA Paris, 15 janv. 2015, n° 12PA03956 : *RJF 2015. 293 ; Dr. fisc. 2015. 238, note Oriol* • CE (na) 26 févr. 2016, n° 390213 : *RJF 2016. 680.*

10. Mariage homosexuel. La L. n° 2013-404 du 17 mai 2013 a étendu à compter du 19 mai 2013 le mariage aux couples homosexuels (C. civ., art. 143). En conséquence, les mariages homosexuels contractés en France à compter de cette date emportent en matière d'IR, à l'égard des contribuables fiscalement domiciliés en France, les mêmes conséquences que ceux contractés entre les couples hétérosexuels. L'art. 21 de la L. n° 2013-404 du 17 mai 2013 ouvrant le mariage aux couples de personnes de même sexe rend opposable aux tiers les mariages entre personnes de même sexe contractés à l'étranger à compter de leur transcription sur les registres de l'état civil français. Ces dispositions ne peuvent pas être invoquées pour l'application de l'art. 6 permettant l'imposition commune des couples mariés, s'agissant d'impositions sur des revenus antérieurs à 2013. • CAA Douai, 5 mars 2015, n° 13DA00536 : *RJF 2015. 673.* ♦ Des homosexuels néerlandais qui se sont mariés aux Pays-Bas doivent, lorsqu'ils sont fiscalement domiciliés en France, faire l'objet d'une imposition commune. * Lettre DGFP 11 juill. 2008.

C. IMPOSITION DISTINCTE DES ÉPOUX

11. Un contribuable peut à tout moment de la procédure d'imposition, de même que pour la première fois devant le juge de l'impôt, se prévaloir de ce qu'il aurait dû faire l'objet de l'imposition séparée prévue à l'art. 6-4. Et ce, alors même que l'imposition commune primitive, établie conformément à la déclaration, est devenue définitive. • CE 15 avr. 2011, n° 318865 : *RJF 2011. 772.*

12. Des époux qui ne se trouvent dans aucun des cas prévus par l'art. 6-4 font l'objet d'une imposition unique quand bien même un des époux résiderait à l'étranger. • CE 17 déc. 2010, n° 316144 : *RJF 2011. 268.*

13. Couples qui se constituent (mariage ou conclusion d'un PACS) ou qui se séparent (dissolution d'un PACS, séparation, divorce). Modalités d'imposition. * BOI-IR-CHAMP-20 n° 10 du 12 sept. 2012.

14. Époux en instance de divorce ou divorcés. Dès lors qu'au 1er janv. de l'année d'imposition, les époux, en instance de divorce, vivent séparément et disposent de revenus distincts, ils doivent faire l'objet d'une imposition séparée, alors même que le jugement de divorce n'a autorisé les époux à résider séparément qu'à compter du 9 janv. de l'année d'imposition. • CE 15 juin 1987, nos 44905 et 45307 : *RJF 1987 908.* ♦ Deux époux qui sont divorcés selon les actes d'état-civil doivent être imposés séparément, même s'ils s'étaient présentés à l'Administration comme mariés. • CE 8 mars 2004, n° 248094 : *préc. note 8.*

15. Époux séparés de biens. Il résulte de l'art. 6-4 que, dans le cas d'époux séparés de biens, le simple fait que les intéressés résident sous des toits séparés entraîne leur imposition distincte, dès lors que cette résidence n'a pas un caractère temporaire. La circonstance que les intéressés auraient agi de concert pour la gestion d'intérêts matériels et patrimoniaux communs et se seraient rendus réciproquement visite à l'occasion de deux déplacements professionnels est sans incidence sur une telle imposition distincte. • CE 25 avr. 2003, n° 181719, *Krupa : Dr. fisc. 2003. 736, concl. Bachelier ; RJF 2003. 796.* ♦ Des époux séparés de biens et vivant dans des villes différentes où ils exercent leurs professions respectives sont imposés séparément. • CE 15 avr. 2011, n° 320073 : *RJF 2011. 772.*

16. Un couple marié sous le régime de la séparation de biens assorti d'une société d'acquêts créée par voie purement conventionnelle entre les époux doit être regardé, pour l'application de l'art. 6-4-a, comme relevant d'un régime de séparation de biens alors même que les biens ou revenus apportés à la société d'acquêts sont soumis, sauf stipulation contraire, aux règles de la communauté. Par suite, eu égard au régime matrimonial dont relèvent ces contribuables et au fait que le mari ne vivait plus sous le même toit que son épouse au cours des années en cause, celui-ci doit faire l'objet d'une imposition distincte à raison de ses revenus. • CE 19 déc. 2007, n° 291849 : *RJF 2008. 257, BDCF 3/08, n° 29, concl. Landais ; Dr. fisc. 2008. 184, concl. Landais.*

17. Des époux mariés sous le régime de la séparation de biens, dont l'un d'entre eux, vivant à l'étranger, justifie qu'ils ont résidé sous un toit différent, doivent faire l'objet d'une imposition distincte. • CE 12 mars 2010, n° 311121 : *RJF 2010. 558.* ♦ L'existence d'un foyer en France n'implique pas nécessairement que les époux vivent ensemble. • CE 8 juill. 2018, n° 409035 : *RJF 2018. 1061.* ♦ Un contribuable marocain, séparé de biens de son épouse, laquelle réside en permanence au Maroc avec leurs enfants, ne peut faire l'objet d'une imposition commune, dès lors qu'il travaille et réside en France et que leur séparation ne présente pas un caractère temporaire. Sont sans incidence les circonstances que l'intéressé se rende fréquemment au Maroc, passe ses vacances avec sa famille et que la séparation de biens résulte d'un régime matrimonial étranger. • TA Cergy-Pontoise, 30 mars 2010, n° 077161 : *RJF 2010. 1133.*

18. Époux mariés sous le régime conventionnel de la participation aux acquêts. Les époux mariés sous le régime conventionnel de la participation aux acquêts et qui ne vivent pas sous le même toit sont, au même titre que ceux mariés sous le régime de la séparation de biens, imposés séparément de plein droit. * BOI-IR-CHAMP-20-20-10 n° 67 du 3 juin 2016.

19. Abandon du domicile conjugal. Lorsque l'Administration entend soumettre à des impositions distinctes des époux non séparés de biens et disposant de revenus distincts, elle doit apporter la preuve de la cessation de toute vie commune entre eux pendant l'année ou les années d'imposition concernées. Eu égard aux dispositions du 1er al. de l'art. 108 C. civ., cette preuve ne peut résulter de la seule existence de résidences séparées. Lorsque les époux résident séparément et que l'un d'eux seulement dispose de revenus distincts imposables en France, la même preuve ne peut davantage découler de ce que la déclaration des revenus du couple n'a été faite, en son nom propre, que par cet époux, sans mention des revenus, non imposables en France, de son conjoint. • CE 19 janv. 1998, n° 126809 : *Dr. fisc. 1998. 214, concl. Arrighi de Casanova ; RJF 1998. 217.* ♦ La preuve de la cessation de toute vie commune entre les époux pendant les années d'imposition concernées ne peut résulter de la seule existence de résidences séparées, ni, en l'absence d'instance en divorce ou en séparation de corps au cours des années litigieuses, des déclarations de l'épouse attestant de la séparation de fait des époux. • CAA Marseille, 4 oct. 2007, n° 04MA255 : *RJF 2008. 1151.* ♦ Une épouse qui ne vit plus avec son époux a des revenus distincts de son mari au sens de l'art. 6-4-*c* si elle perçoit une pension de vieillesse et l'allocation du Fonds national de solidarité. • CE 12 févr. 1992, n° 89844 : *RJF 1992. 541.* ♦ La plus-value de cession de droits sociaux réalisée par une femme mariée, vivant séparément de son mari, constitue, nonobstant son caractère exceptionnel et ponctuel, un revenu distinct au sens de l'art. 6-4-c justifiant l'imposition séparée des époux. • CAA Nantes, 4 févr. 2008, n° 06NT1083 : *RJF 2008. 922.*

20. Modification de la situation des époux en cours d'année : imposition distincte puis imposition commune (situation antérieure à 2011). Il résulte des art. 6 et 196 *bis* que si, pour le calcul de l'impôt dû au titre d'une année, le régime d'imposition des époux, commun ou distinct, est, en principe, celui correspondant à leur situation familiale au 1er janvier, il en va autrement lorsqu'au cours d'une même année les époux se trouvent, selon les périodes, tantôt en situation d'imposition commune tantôt en situation d'imposition distincte. • CE 20 juill. 2007, n° 292550 : *RJF 2007. 1189* • 27 avr. 2009, n° 300091 : *RJF 2009. 611.* ♦ Tel est notamment le cas lorsque des époux, qui doivent faire l'objet d'impositions distinctes à raison de la situation de famille existant au 1er janvier d'une année d'imposition en application de l'art. 6-4-b ou 6-4-c, cessent au cours de cette année d'entrer dans les prévisions de cet article, et doivent à compter de cette cessation faire l'objet d'une imposition commune au titre de la période de l'année d'imposition correspondant à cette nouvelle situation. • CE 20 juill. 2007, n° 292550 : *préc.* ♦ De même, une épouse mariée sous le régime de séparation de biens est en droit d'être assujettie à une imposition séparée en application de l'art. 6-4-*a* et de l'art. 196 *bis* 2 à partir de la date où elle établit que son époux ne vivait plus sous le même toit. Pour apprécier la réalité de la résidence séparée des époux le juge se détermine au vu des éléments de fait qui lui sont soumis tels que prise à bail d'un logement distinct donnant lieu au paiement effectif des loyers, expédition du courrier à cette adresse, mention de cette adresse sur des factures d'achat ou d'entretien. • CE 27 avr. 2009, n° 300091 : *préc.*

21. Année du mariage (situation antérieure à 2011). Le législateur n'a entendu déroger aux principes d'unicité et d'annualité de l'IR que dans le cas où, du fait du mariage, le contribuable doit faire l'objet, au titre de la même année, d'une imposition personnelle des revenus qu'il a perçus alors qu'il était célibataire et d'une imposition commune des revenus acquis par le foyer fiscal qu'il a créé. Par suite, cette dérogation ne s'étend pas à l'hypothèse où le mariage n'entraîne pas une imposition commune des époux. • CAA Marseille, 8 avr. 2004, n° 99MA636 : *RJF 2004. 1071 ; JCP N 2005. 1232, note Douet.*

22. Charges du mariage. L'imposition séparée de l'époux percevant une contribution aux charges du mariage de son conjoint, et par suite, la déductibilité de cette contribution par celui-ci, suppose l'existence, pour le bénéficiaire, de revenus distincts autres que la contribution dont s'agit. • CAA Nantes, 12 mars 2003 : *Dr. fisc. 2004. 185.* ♦ Pour les époux séparés de biens, l'IR, constituant une charge découlant directement des revenus personnels à chaque époux, ne figure pas au nombre des charges du mariage auxquelles chacun d'entre eux était, selon leur convention matrimoniale, réputé avoir fourni sa part contributive. • Civ. 1re, 19 mars 2002, n° 00-11.238 : *D. 2002. IR 1241* • Civ. 1re, 5 nov. 2014, n° 13-22.605.

D. CONTRIBUABLES LIÉS PAR UN PACS

23. Doctrine administrative. Conditions et conséquences de l'imposition commune. Obligations déclaratives. * BOI-IR-CHAMP-20-10 du 17 juin 2013. ♦ Reconnaissance en droit civil des partenariats enregistrés à l'étranger. Conséquences en matière d'IR. Cas où l'Administration s'est déjà prononcée sur des régimes de partenariats étrangers. Justifications à fournir. * BOI-IR-CHAMP-20-10 nos 140 à 170 du 17 juin 2013. ♦ Application aux partenariats enregistrés en Suisse. *Rescrit 18 oct. 2011 : *n° 2011/27 FP* * BOI-IR-CHAMP-20-10 n° 200 du 15 nov. 2012. ♦ ... Aux partenariats enregistrés en Californie (« *domestic partnership* »). * BOI-IR-CHAMP-20-10 n° 180 du 15 nov. 2012.

24. La conclusion d'un PACS n'est opposable à l'administration fiscale qu'à compter du jour où les formalités de publicité sont accomplies. * Rép. min. n° 46100 : *JOAN Q, 23 juin 2009, p. 6126.*

E. RECOUVREMENT DE L'IMPÔT

25. Si l'art. 6 prévoit que l'impôt sur le revenu est établi au nom de l'époux, précédé de la mention « Monsieur ou Madame », la seule circonstance que sur le rôle ou l'avis d'imposition ne figure que « Monsieur » à l'exclusion de « Madame » est sans influence sur la régularité de l'imposition qui lui est réclamée et dont il est redevable dans son ensemble. • CE 1er mars 2000, n° 181665 : *Dr. fisc. 2000. 948, concl. Arrighi de Casanova ; RJF 2000. 524* • 8 mars 2002, n° 223662 : *RJF 2002. 598 ; Dr. fisc. 2002. 740, concl. Goulard.*

Art. 80 *quater* **Sont soumis au même régime fiscal que les pensions alimentaires les versements de sommes d'argent mentionnés à l'article 275 du code civil lorsqu'ils sont effectués sur une période supérieure à douze mois à compter de la date à laquelle** *(L. n° 2016-1918 du 29 déc. 2016, art. 115, applicable à compter de l'imposition des revenus de l'année 2017)* **« la convention de divorce par consentement mutuel mentionnée à l'article 229-1 du même code a acquis force exécutoire ou » le jugement de divorce, que celui-ci résulte ou non d'une demande conjointe, est passé en force de chose jugée et les rentes versées en application des articles 276, 278 ou 279-1 du même code, la rente prévue à l'article 373-2-3 du code civil dans la limite de 2 700 € ainsi que la contribution aux charges du mariage définie à l'article 214 du code civil lorsque** *(Abrogé par L. n° 2020-1721 du 29 déc. 2020, art. 3)* ***« son versement résulte d'une décision de justice ou de la convention mentionnée à l'article 229-1 du même code et que »*** **les époux font l'objet d'une imposition distincte.** — *V. art. 156-II-2°.*

[L. n° 75-1278 du 30 déc. 1975, art. 61 ; L. n° 90-1169 du 29 déc. 1990, art. 42-II ; L. n° 2000-596 du 30 juin 2000, art. 17-I ; L. n° 2001-1276 du 28 déc. 2001, art. 2-I ; L. n° 2004-439 du 26 mai 2004, art. 25 ; Décr. n° 2014-549 du 26 mai 2014 ; L. n° 2016-1918 du 29 déc. 2016, art. 115.]

BIBL. ▸ Blaise, *BFL 2003. 359* (le régime fiscal de la prestation compensatoire ou de quelques troubles fiscaux en cas de divorce). – Buffier, *D. 2001. Chron. 1231* (régime fiscal de la prestation compensatoire en cas de divorce). – Depondt, *Dr. et patr. 2001, n° 93, p. 32* (flux financiers dans le divorce). – Douet, *JCP N 2000, p. 1846* (aspects fiscaux de la prestation compensatoire) ; *D. 2002. Chron. 1774* (l'aménagement du régime fiscal de la prestation compensatoire en cas de divorce sur demande conjointe). – T. Schmitt, *AJ fam. 2001. 13* (aspects fiscaux de la réforme de la prestation compensatoire).

Doctrine administrative. Régime fiscal de la prestation compensatoire en cas de divorce. * BOI-IR-BASE-20-30-20-30 n°s 90 à 200 du 2 mai 2014.

Art. 80 *septies* **Les pensions alimentaires versées à un enfant majeur sont soumises à l'impôt sur le revenu dans les limites admises pour leur déduction. Les pensions alimentaires versées pour un enfant mineur résidant en alternance chez ses parents et pris en compte pour la détermination du quotient familial de chacun d'eux ne sont pas imposables entre les mains de celui qui les reçoit.**

[L. n° 81-1160 du 30 déc. 1981, art. 12-II, 3, d. ; L. n° 2002-1576 du 30 déc. 2002, art. 30-III-B et VIII.]

En vertu de l'art. 80 *septies*, les pensions alimentaires versées à un enfant majeur sont soumises à l'IR dans les limites admises pour leur déduction, même si la partie versante (qui, en l'espèce, n'était pas fiscalement domiciliée en France) n'a pas pratiqué en fait cette déduction. • CAA Paris, 28 avr. 2006, n° 04PA1219 : *RJF 2006. 1191.*

Art. 156 **L'impôt sur le revenu est établi d'après le montant total du revenu net annuel dont dispose chaque foyer fiscal. Ce revenu net est déterminé eu égard aux propriétés et aux capitaux que possèdent les membres du foyer fiscal désignés aux 1 et 3 de l'article 6, aux professions qu'ils exercent, aux traitements, salaires, pensions et rentes viagères dont ils jouissent ainsi qu'aux bénéfices de toutes opérations lucratives auxquelles ils se livrent, sous déduction :**

I. — Du déficit constaté pour une année dans une catégorie de revenus ; si le revenu global n'est pas suffisant pour que l'imputation puisse être intégralement opérée, l'excédent du déficit est reporté successivement sur le revenu global des années suivantes jusqu'à la sixième année inclusivement.

Toutefois, n'est pas autorisée l'imputation :

1° des déficits provenant d'exploitations agricoles lorsque le total des revenus nets d'autres sources excède *(Décr. n° 2023-422 du 31 mai 2023, art. 1er)* **« 119 675 €** *[ancienne rédaction : 134 544 €]* **» ; ces déficits peuvent cependant être admis en déduction des bénéfices de même nature des années suivantes jusqu'à la sixième** *[année]* **inclusivement.** *— Montant applicable à l'imposition des revenus de 2022.*

Le montant mentionné au premier alinéa est révisé chaque année selon les mêmes modalités que la limite supérieure de la première tranche du barème de l'impôt sur le revenu ; *— Sauf revalorisation différente expressément prévue par la loi.*

1° *bis* des déficits provenant, directement ou indirectement, des activités relevant des bénéfices industriels ou commerciaux lorsque ces activités ne comportent pas la participation personnelle, continue et directe de l'un des membres du foyer fiscal à l'accomplissement des actes nécessaires à l'activité. Il en est ainsi, notamment, lorsque la gestion de l'activité est confiée en droit ou en fait à une personne qui n'est pas un membre du foyer fiscal par l'effet d'un mandat, d'un contrat de travail ou de toute autre convention. Les déficits non déductibles pour ces motifs peuvent cependant être imputés sur les bénéfices tirés d'activités de même nature exercées dans les mêmes conditions, durant la même année ou les six années suivantes. Ces modalités d'imputation ne sont pas applicables aux déficits provenant de l'activité de location directe ou indirecte de locaux d'habitation meublés ou destinés à être loués meublés.

Toutefois, lorsque l'un des membres du foyer fiscal fait l'objet d'une procédure de liquidation judiciaire prévue par le titre IV du livre VI du code de commerce à raison de l'activité génératrice des déficits mentionnés au premier alinéa, les dispositions du premier alinéa du I sont applicables au montant de ces déficits restant à reporter à la date d'ouverture de la procédure, à la condition que les éléments d'actif affectés à

cette activité cessent définitivement d'appartenir, directement ou indirectement, à l'un des membres du foyer fiscal.

Les dispositions du premier alinéa s'appliquent pour la détermination du revenu imposable au titre des années 1996 et suivantes aux déficits réalisés par les membres des copropriétés mentionnées à l'article 8 *quinquies*. Dans les autres cas, elles sont applicables au déficit ou à la fraction du déficit provenant d'activités créées, reprises, étendues ou adjointes à compter du 1er janvier 1996. Cette fraction est déterminée au moyen d'une comptabilité séparée retraçant les opérations propres à ces extensions ou adjonctions et qui donne lieu à la production des documents prévus à l'article 53 A ; à défaut, les modalités d'imputation prévues au premier alinéa s'appliquent à l'ensemble du déficit des activités.

Les dispositions du premier alinéa s'appliquent également à la fraction du déficit des activités créées ou reprises avant le 1er janvier 1996 provenant des investissements réalisés à compter de cette date. Cette fraction est déterminée selon le rapport existant entre la somme des valeurs nettes comptables de ces investissements et la somme des valeurs nettes comptables de l'ensemble des éléments de l'actif immobilisé, y compris ces investissements. Les biens loués ou affectés à l'activité par l'effet de toute autre convention sont assimilés à des investissements pour l'application de ces dispositions.

Les dispositions du premier alinéa ne sont pas applicables au déficit ou à la fraction de déficit provenant de l'exploitation :

a) d'immeubles ayant fait l'objet avant le 1er janvier 1996 d'une déclaration d'ouverture de chantier prévue à l'article *(Décr. n° 2018-500 du 20 juin 2018, art. 1er)* « R.* 421-40 » du code de l'urbanisme et acquis par le contribuable, directement ou indirectement, dans les cinq ans de cette déclaration, lorsque les biens ou droits ainsi acquis n'ont pas été détenus directement ou indirectement par une personne physique ;

b) de biens meubles corporels acquis à l'état neuf, non encore livrés au 1er janvier 1996 et ayant donné lieu avant cette date à une commande accompagnée du versement d'acomptes au moins égaux à 50 % de leur prix ;

1° *ter* des déficits du foyer fiscal provenant de l'activité de location directe ou indirecte de locaux d'habitation meublés ou destinés à être loués meublés lorsque l'activité n'est pas exercée à titre professionnel au sens du IV de l'article 155. Ces déficits s'imputent exclusivement sur les revenus provenant d'une telle activité au cours de celles des dix années suivantes pendant lesquelles l'activité n'est pas exercée à titre professionnel au sens des mêmes dispositions.

Toutefois, lorsque l'activité est exercée, dès le commencement de la location, à titre professionnel au sens des mêmes dispositions, la part des déficits qui n'a pu être imputée en application du premier alinéa et qui provient des charges engagées en vue de la location directe ou indirecte d'un local d'habitation avant le commencement de cette location, tel que déterminé conformément au septième alinéa du IV de l'article 155, peut être imputée par tiers sur le revenu global des trois premières années de location du local, tant que l'activité reste exercée à titre professionnel ;

2° des déficits provenant d'activités non commerciales au sens de l'article 92, autres que ceux qui proviennent de l'exercice d'une profession libérale ou des charges et offices dont les titulaires n'ont pas la qualité de commerçants ; ces déficits peuvent cependant être imputés sur les bénéfices tirés d'activités semblables durant la même année ou les six années suivantes ;

3° des déficits fonciers, lesquels s'imputent exclusivement sur les revenus fonciers des dix années suivantes ; cette disposition n'est pas applicable aux propriétaires de monuments classés *(L. n° 2021-710 du 4 juin 2021, art. 1er-II-2°)* « ou inscrits au titre des monuments historiques », ou ayant reçu le label délivré par la Fondation du patrimoine en application de l'article L. 143-2 du code du patrimoine si ce label a été accordé sur avis favorable du service départemental de l'architecture et du patrimoine.
— Pour les immeubles ayant fait l'objet d'un agrément ministériel avant le 1er janv. 2014, l'article 156 continue de s'appliquer, dans sa rédaction antérieure, jusqu'au terme de chaque agrément (L. n° 2013-1278 du 29 déc. 2013, art. 26-XI-3). — V. Ann. III, art. 41 DO. - **CGI**. *— V. L. n° 2008-1425 du 27 déc. 2008, art. 84-II : « Les deux premières phrases du troisième alinéa du 3° du I de l'article 156 du code général des impôts ne sont pas applicables aux déficits résultant de*

dépenses portant sur des immeubles pour lesquels une demande de permis de construire ou une déclaration de travaux a été déposée à compter du 1er janvier 2009 ».

L'imputation exclusive sur les revenus fonciers n'est pas non plus applicable aux déficits fonciers résultant de dépenses autres que les intérêts d'emprunt. L'imputation est limitée à 10 700 €. La fraction du déficit supérieure à 10 700 € et la fraction du déficit non imputable résultant des intérêts d'emprunt sont déduites dans les conditions prévues au premier alinéa.

La limite mentionnée au deuxième alinéa est portée à 15 300 € pour les contribuables qui constatent un déficit foncier sur un logement pour lequel est pratiquée *(L. nº 2018-1021 du 23 nov. 2018, art. 162-I-2º et II, applicable à compter de l'imposition des revenus de l'année 2019)* **« l'une des déductions prévues aux *f* ou *o*** *[ancienne rédaction : la déduction prévue au f]* **» du 1° du I de l'article 31.**

« *(L. nº 2022-1499 du 1er déc. 2022, art. 12)* **La limite mentionnée au deuxième alinéa du présent 3° est rehaussée, sans pouvoir excéder 21 400 € par an, à concurrence du montant des dépenses déductibles de travaux de rénovation énergétique permettant à un bien de passer d'une classe énergétique E, F ou G, au sens de l'article L. 173-1-1 du code de la construction et de l'habitation, à une classe de performance énergétique A, B, C ou D, au sens du même article L. 173-1-1, au plus tard le 31 décembre 2025, dans des conditions définies par décret. Si le contribuable ne justifie pas du nouveau classement de performance énergétique du bien au plus tard le 31 décembre 2025, le revenu foncier et le revenu global des années de déduction des dépenses de travaux sont, nonobstant toute disposition contraire et sans préjudice de l'avant-dernier alinéa du présent 3°, reconstitués selon les modalités prévues aux trois premiers alinéas du présent 3°. »**

Lorsque le propriétaire cesse de louer un immeuble ou lorsque le propriétaire de titres d'une société non soumise à l'impôt sur les sociétés les vend, le revenu foncier et le revenu global des trois années qui précèdent celle au cours de laquelle intervient cet événement sont, nonobstant toute disposition contraire, reconstitués selon les modalités prévues au premier alinéa du présent 3°. Cette disposition ne s'applique pas en cas d'invalidité correspondant au classement dans la deuxième ou la troisième des catégories prévues à l'article L. 341-4 du code de la sécurité sociale, de licenciement ou de décès du contribuable ou de l'un des époux soumis à une imposition commune.

Un contribuable ne peut pour un même logement ou une même souscription de titres pratiquer les réductions d'impôt mentionnées aux articles 199 *undecies* ou 199 *undecies* A et imputer un déficit foncier sur le revenu global ;

4° à 7° *Abrogé ;*

8° Des déficits constatés dans la catégorie des revenus des capitaux mobiliers ; ces déficits peuvent cependant être imputés sur les revenus de même nature des six années suivantes.

I. bis *Abrogé.*

II. — Des charges ci-après lorsqu'elles n'entrent pas en compte pour l'évaluation des revenus des différentes catégories :

1° Intérêts des emprunts contractés antérieurement au 1er novembre 1959 pour faire un apport en capital à une entreprise industrielle ou commerciale ou à une exploitation agricole ; intérêts des emprunts qui sont ou qui seront contractés, au titre des dispositions relatives aux prêts de réinstallation ou de reconversion, par les Français rapatriés ou rentrant de l'étranger ou des États ayant accédé à l'indépendance ;

1° *bis* *Disposition devenue sans objet ;*

1° *ter* Dans les conditions fixées par décret, les charges foncières afférentes aux immeubles classés monuments historiques ou inscrits *(L. nº 2021-1900 du 30 déc. 2021, art. 66-2º)* **« au titre des monuments historiques », ainsi qu'aux immeubles faisant partie du patrimoine national ou en raison du label délivré par la "Fondation du patrimoine" en application de l'article L. 143-2 du code du patrimoine si ce label a été accordé sur avis favorable du service départemental de l'architecture et du patrimoine ;**
— V. Ann. III, art. 41 E à 41 J. - **CGI.** *Pour les immeubles ayant fait l'objet d'un agrément ministériel avant le 1er janv. 2014, l'art. 156 continue de s'appliquer, dans sa rédaction antérieure, jusqu'au terme de chaque agrément (L. nº 2013-1278 du 29 déc. 2013, art. 26-XI-3).*

1° *quater* *Disposition devenue sans objet ;*

2° Arrérages de rentes payés par lui à titre obligatoire et gratuit constituées avant le 2 novembre 1959 ; pensions alimentaires répondant aux conditions fixées par les articles 205 à 211, 367 et 767 du code civil à l'exception de celles versées aux ascendants quand il est fait application des dispositions prévues aux 1 et 2 de l'article 199 *sexdecies* ; versements de sommes d'argent mentionnés à l'article 275 du code civil lorsqu'ils sont effectués sur une période supérieure à douze mois à compter de la date à laquelle la convention de divorce par consentement mutuel mentionnée à l'article 229-1 du même code a acquis force exécutoire ou le jugement de divorce, que celui-ci résulte ou non d'une demande conjointe, est passé en force de chose jugée et les rentes versées en application des articles 276, 278 ou 279-1 du même code en cas de séparation de corps ou de divorce, ou en cas d'instance en séparation de corps ou en divorce et lorsque le conjoint fait l'objet d'une imposition séparée, les pensions alimentaires versées en vertu d'une convention de divorce mentionnée à l'article 229-1 du même code ou d'une décision de justice et en cas de révision amiable de ces pensions, le montant effectivement versé dans les conditions fixées par les articles 208 et 371-2 du code civil ; contribution aux charges du mariage définie à l'article 214 du code civil, *(Abrogé par L. n° 2020-1721 du 29 déc. 2020, art. 3-2°)* ***« lorsque son versement résulte d'une convention de divorce mentionnée à l'article 229-1 du même code ou d'une décision de justice et »*** à condition que les époux fassent l'objet d'une imposition séparée ; dans la limite de 2 700 € et, dans les conditions fixées par un décret en Conseil d'État, les versements destinés à constituer le capital de la rente prévue à l'article 373-2-3 du code civil. — *Ann. II, art. 91 quinquies -* **CGI**. — *A compter du 1er janv. 2023, les dispositions de l'art. 367 C. civ. sont reprises à l'art. 364 du même code (Ord. n° 2022-1292 du 5 oct. 2022, art. 12 et 27).*

Le contribuable ne peut opérer aucune déduction pour ses descendants mineurs, lorsqu'ils sont pris en compte pour la détermination de son quotient familial.

La déduction est limitée, par enfant majeur, au montant fixé pour l'abattement prévu par l'article 196 B. Lorsque l'enfant est marié, cette limite est doublée au profit du parent qui justifie qu'il participe seul à l'entretien du ménage. — *Le montant mentionné au présent al. est fixé à 6 368 € pour l'imposition des revenus de 2022 (L. n° 2022-1726 du 30 déc. 2022, art. 2).*

Un contribuable ne peut, au titre d'une même année et pour un même enfant, bénéficier à la fois de la déduction d'une pension alimentaire et du rattachement. L'année où l'enfant atteint sa majorité, le contribuable ne peut à la fois déduire une pension pour cet enfant et le considérer à charge pour le calcul de l'impôt ;

2° ***bis*** *Abrogé* ;

2° ***ter*** Avantages en nature consentis en l'absence d'obligation alimentaire résultant des articles 205 à 211 du code civil à des personnes âgées de plus de 75 ans vivant sous le toit du contribuable et dont le revenu imposable n'excède pas le plafond de ressources mentionné à l'article L. 815-9 du code de la sécurité sociale pour l'octroi de l'allocation de solidarité aux personnes âgées mentionnée à l'article L. 815-1 du même code et de l'allocation supplémentaire d'invalidité mentionnée à l'article L. 815-24 du même code. La déduction opérée par le contribuable ne peut excéder, par bénéficiaire, la somme de *(Décr. n° 2023-422 du 31 mai 2023, art. 1er)* **« 3 786 €** *[ancienne rédaction : 3 592 €]* **».** — *Limite de déduction pour l'imposition des revenus de 2020 (L. préc.). La déduction opérée par le contribuable ne peut excéder, par bénéficiaire, la somme de 3 592 €. — Limite de déduction pour l'imposition des revenus de 2021 (L. n° 2021-1900 du 30 déc. 2021, art. 2). — Soit 11 441,49 € pour une personne seule et 17 762,96 € pour un couple marié ou pacsé pour l'imposition des revenus de 2022 (L. n° 2022-1726 du 30 déc. 2022, art. 2). — Limite de déduction pour l'imposition des revenus de 2022.*

Le montant de la déduction mentionnée au premier alinéa est relevé chaque année dans la même proportion que la limite supérieure de la première tranche du barème de l'impôt sur le revenu ; — *Sauf revalorisation différente expressément prévue par la loi.*

2° ***quater*** *Abrogé* ;

3° *Abrogé* ;

4° Versements effectués à titre de cotisations de sécurité sociale, à l'exception de ceux effectués pour les gens de maison ;

5° Versements effectués en vue de la retraite mutualiste du combattant visée à l'article L. 222-2 du code de la mutualité ; — *Les versements sont déductibles dans la limite de 1 821 € pour l'imposition des revenus de 2019.*

6° *Abrogé* ;

7° a) et b) Dispositions devenues sans objet ;

c) Abrogé ;

d) Disposition devenue sans objet ;

8° *Abrogé ;*

9°, 9° *bis* et 9° *ter* *Abrogés ;*

(L. n° 2017-1836 du 30 déc. 2017, art. 15-VIII-3°) **« 10° Les cotisations mentionnées aux articles L. 621-1 et L. 622-2 du code de la sécurité sociale ; »**

11° Les primes ou cotisations des contrats d'assurances conclus en application des articles L. 752-1 à L. 752-21 du code rural et de la pêche maritime relatifs à l'assurance obligatoire contre les accidents de la vie privée, les accidents du travail et les maladies professionnelles des non-salariés des professions agricoles ;

12° *Dispositions devenues sans objet ;*

13° Les cotisations versées par les chefs d'exploitation ou d'entreprise agricole au titre des contrats d'assurance de groupe mentionnés au 2° de l'article L. 144-1 du code des assurances, dans les limites prévues par l'article 154 *bis*-0 A.

V. égal. art. 1731 bis. - **CGI.**

BIBL. ▸ DAVID, *GAJF, p. 401* (charges familiales).

CHARGES : PENSIONS ET RENTES

1° PENSIONS ALIMENTAIRES VERSÉES AUX ASCENDANTS

1. Dans le cas où un ascendant a préalablement consenti une donation de biens immobiliers, sans contrepartie explicite, au profit du contribuable qui lui verse une pension alimentaire, le juge n'est fondé à prendre en considération, pour apprécier l'état de besoin de cet ascendant, les ressources dont il s'est volontairement privé en faisant cette donation qu'en cas de fraude à la loi. • CE 28 mars 2012, *Touillier,* n° 321315 : *RJF 2012. 555 ; Dr. fisc. 2012. 348.*

2. L'état de besoin est caractérisé dès lors que l'ascendant ne dispose pas de ressources propres lui permettant de couvrir totalement les frais de sa pension dans une maison de retraite. Déductibilité des sommes versées par le contribuable pour compléter le financement de ces frais et les dépenses de la vie courante (un tiers du SMIC en l'espèce). • CAA Nantes, 17 avr. 2001, n° 97NT1923 : *RJF 2001. 1176.*

3. Les contribuables qui s'acquittent de l'obligation alimentaire en recueillant sous leur toit un ascendant dans le besoin peuvent déduire de leur revenu global, sans avoir à fournir de justifications, une somme correspondant à l'évaluation forfaitaire des avantages en nature retenue pour le calcul des cotisations de sécurité sociale. ♦ Les dépenses ou versements autres que les dépenses de nourriture peuvent être prises en compte pour leur montant réel et justifié. * BOI-IR-BASE-20-30-20-10 du 16 févr. 2018.

4. Les contribuables qui mettent gratuitement un appartement à la disposition de leurs ascendants sont autorisés à déduire du montant total de leurs revenus la valeur de cet avantage en nature correspondant au loyer qu'ils pourraient tirer de cet appartement en le louant à un tiers et aux charges locatives (à l'exclusion des charges de propriété) qu'ils règlent en lieu et place des ascendants aidés, à condition de justifier que ceux-ci sont privés de ressources suffisantes et se trouvent en droit de demander une pension alimentaire en proportion de leur besoin. • CAA Paris, 29 nov. 2001, n° 00PA680 : *Dr. fisc. 2002. 462.*

5. Les pensions alimentaires, y compris lorsqu'elles sont dues en vertu d'une loi étrangère, doivent répondre aux conditions fixées par les art. 205 à 211 et 367 C. civ. • CE 10 janv. 2007, n° 264821 : *RJF 2007. 384 ; concl. Vérot au BDCF 4/07, n° 40 ; Dr. fisc. 2007. 999, concl. Vérot* • CE 28 mars 2012, *Cerovic,* n° 323852 : *RJF 2012. 554.* ♦ Le fait que le bénéficiaire de la pension soit une personne de nationalité étrangère ou domiciliée à l'étranger ne fait pas obstacle à la déduction de la pension dès lors que le débiteur de la pension est en mesure de justifier du caractère alimentaire des dépenses, de leur réalité et des besoins du bénéficiaire. Pour un paiement en espèces par mandat postal, une attestation de paiement délivrée par l'établissement ayant reçu le transfert de fonds indiquant le nom du débiteur et celui du bénéficiaire constitue un mode de preuve recevable. * Rép. min. n° 25531 : *JOAN Q, 12 avr. 1999, p. 2212* * BOI-IR-BASE-20-30-20-10 n° 50 du 1er mars 2019. ♦ Un contribuable, de nationalité algérienne et résidant en France, est fondé à déduire de son revenu les sommes qu'il a versées au titre de pension alimentaire à ses parents domiciliés en Algérie dès lors que ceux-ci ont perçu des revenus ne leur permettant pas de faire face seuls aux nécessités de la vie courante et doivent par suite être regardés comme étant dans le besoin dans le pays où ils résident dans les conditions fixées par le code civil. • CE 10 janv. 2007, n° 264821 : *préc.* ♦ En revanche, un contribuable ne peut pas déduire la pension alimentaire qu'il verse à ses parents domiciliés en Algérie dès lors que cette pension – représentant 64 % de ses revenus, appréciés hors ceux de sa concubine – doit être regardée comme disproportionnée par rapport à ses ressources. • CAA Paris,

7 juill. 2017, n° 16PA01768 • CE (na) 16 févr. 2018, n° 414244 : *RJF 2018. 575.*

2° PENSIONS ALIMENTAIRES ENTRE ÉPOUX ET EX-ÉPOUX

6. Un contribuable ne peut pas déduire la pension alimentaire qu'il a versée spontanément à son conjoint avant le jugement de divorce, même si ce jugement comporte des dispositions rétroactives. • CAA Bordeaux, 12 déc. 1995, n° 94BX1853 : *Dr. fisc. 1996. 962.* ♦ L'art. 18 de la loi n° 2002-305 du 4 mars 2002 relative à l'autorité parentale autorise sous certaines conditions la déduction des pensions revalorisées spontanément sans que les parties aient besoin de recourir au juge pour officialiser leur décision. * BOI-IR-BASE-20-30-20-50 du 1er mars 2019.

7. Époux en instance de divorce. Les mesures prescrites par l'ordonnance de non-conciliation pour assurer l'existence des époux et des enfants le sont pour toute la durée de l'instance de divorce, laquelle ne prend fin qu'à la date où le jugement est passé en force de chose jugée. Dans le cas où une contribution aux charges du mariage est fixée par ledit jugement de divorce, celle-ci n'est due qu'à la date où ce jugement est devenu définitif et où l'instance de divorce prend fin. Par suite, les sommes que l'époux est condamné à verser pour assurer l'entretien de son conjoint et de ses enfants pendant la durée de l'instance de divorce et qu'il verse effectivement ne peuvent être regardées que comme des pensions alimentaires versées à un époux en instance de divorce, en exécution d'une décision de justice, au sens des dispositions de l'art. 156-II-2°. • CE 30 nov. 2001, n° 210001 : *Dr. fisc. 2002. 701 ; RJF 2002. 132.* ♦ L'attribution gratuite du logement pendant l'instance en divorce constitue une pension alimentaire. * Rép. min. n° 21788 : *JOAN 3 déc. 2019.*

8. Avantages entre ex-époux. Les loyers perçus par l'ex-épouse au-delà de ses propres droits dans l'indivision d'un immeuble constituée avec son ancien époux présentent le caractère d'une pension alimentaire, répondant aux conditions fixées par les art. 205 à 211 C. civ., versée au fils handicapé de la contribuable, rattaché au foyer fiscal de cette dernière. Par suite, les charges de l'immeuble correspondant à la part de son ex-mari ne sont pas déductibles de la pension alimentaire que ce dernier lui verse. • CE 16 mai 2012, n° 325875 : *RJF 2012. 822.*

9. Rentes prévues à l'art. 276 C. civ. (régime antérieur à la L. n° 2000-596 du 30 juin 2000). Déductibilité de la prestation compensatoire servie : sous forme d'une rente égale aux mensualités de remboursement de prêts obtenus pour l'acquisition d'un immeuble dont l'usufruit temporaire bénéficie à l'ex-conjoint. • CE 26 janv. 2000, n° 178564 : *Dr. fisc. 2000. 827 ; RJF 2000. 321 ; concl. au BDCF 3/00, p. 4.* ♦ ... Sous forme d'usufruit temporaire. • CE 8 déc. 1986, n° 56882 : *Dr. fisc. 1987. 1380, concl. Martin Laprade.* ♦ ... Sous forme d'un versement en 40 mensualités. • CE 9 oct. 1991, n° 67692 : *Dr. fisc. 1993. 867, concl. Hagelsteen.* ♦ ... Sous forme d'une rente non indexée d'un montant élevé versée trimestriellement pendant trois ans. • TA Pau, 31 oct. 2002, n° 00-1058 : *Dr. fisc. 2003. 161, concl. Godbillon.* ♦ ... Sous la forme de l'octroi de la jouissance d'un appartement dont le jugement prévoit la fin dans certains cas précis. • CAA Paris, 18 févr. 2010, n° 08PA4916 : *RJF 2010. 559* • CE 1er févr. 2012, n° 338611 : *RJF 2012. 340.*

10. La prestation compensatoire versée en exécution d'un jugement de divorce, sous la forme de l'attribution viagère à l'ex-épouse d'un droit d'usage et d'habitation, tel que prévu aux art. 625 s. C. civ., sur un immeuble appartenant au mari, doit être assimilée à un abandon de biens au sens de l'art. 275-2 C. civ et s'analyse donc comme le versement d'un capital pour l'application de l'art. 156. L'ex-époux ne peut dès lors déduire de son revenu global la valeur de ce droit d'usage et d'habitation. • CE 14 mai 2007, n° 278499 : *RJF 2007. 879.*

11. Lorsqu'une décision de justice oblige l'un des époux à mettre gratuitement à la disposition de l'autre l'immeuble dont lui-même est propriétaire en totalité ou en partie, l'avantage en nature correspondant est déductible du revenu global imposable du premier. • CE 18 déc. 1992, n° 74860 : *Dr. fisc. 1993. 760, concl. Fouquet.* ♦ Tel n'est pas le cas lorsque le contribuable a bénéficié en contrepartie de l'attribution préférentielle de biens professionnels sur lesquels son conjoint avait des droits indivis. • TA Rouen, 30 déc. 1998, n° 95-1339 : *RJF 1999. 673.*

12. Prestation compensatoire en cas de divorce (L. n° 2000-596 du 30 juin 2000). **BIBL.** V. ss. art. 80 *quater.* ♦ Régime fiscal. * BOI-IR-BASE-20-30-20-40 nos 90 à 220 du 2 mai 2014.

13. Prestation compensatoire mixte. Le débiteur d'une prestation compensatoire ne peut pas, au regard de la loi, bénéficier d'une réduction d'impôt pour la partie de cette prestation versée sous forme de capital libéré dans les douze mois du jugement de divorce alors que l'autre partie est versée sous forme de rente déductible. Cette part de capital n'est pas davantage déductible de son revenu imposable. • CE 15 avr. 2016, n° 376785 : *RJF 2016. 589, concl. Daumas.*

14. Contribution aux charges du mariage. L'imposition séparée de l'époux percevant une contribution aux charges du mariage de son conjoint, et par suite, la déductibilité de cette contribution par celui-ci, suppose l'existence, pour le bénéficiaire, de revenus distincts autres que la contribution dont il s'agit. • CAA Nantes, 12 mars 2003, n° 99NT1172 : *Dr. fisc. 2004. 185.* ♦ La contribution prévue à l'art. 214 C. civ. n'est pas imputable lorsqu'il n'a pas été prononcé d'autorisation de résidence séparée, emportant imposition séparée des époux en application de l'art. 6-4 *b.* • TA Lille, 11 avr. 1996, ⚖ *Lefebvre*, n° 91-670.

3° PENSIONS ALIMENTAIRES VERSÉES AUX ENFANTS MINEURS

15. Les pensions versées au profit d'un enfant mineur sont déductibles que leur versement procède, sur le plan civil, du devoir d'entretien des parents (C. civ., art. 203), ou de leur obligation d'aliments (C. civ., art. 205 à 211). • CE 14 oct. 2009, ⚖ n° 301709, *Brouard : RJF 2009. 1 ; concl. Geffray au BDCF 1/09, n° 1 ; Dr. fisc. 2009. 586.*

16. Un contribuable peut déduire de son revenu imposable les sommes qu'il verse spontanément pour l'entretien de ses deux enfants mineurs reconnus, tels les salaires de la garde d'enfants à domicile employée par leur mère chez laquelle ils résident et dont il assume directement la prise en charge. • CE 14 oct. 2009, ⚖ n° 301709. ♦ La circonstance que la mère des enfants, laquelle a mentionné dans sa déclaration de revenus la pension alimentaire ainsi perçue, ait bénéficié au titre des sommes versées à son employée de la réduction d'impôt pour emploi d'une aide à domicile (CGI, art. 199 *sexdecies*), ne fait pas obstacle à cette déduction. • Même arrêt. ♦ La pension alimentaire versée en exécution d'une décision de justice marocaine, en vue de pourvoir aux besoins de toute nature de ses enfants mineurs est déductible du revenu imposable du contribuable. • CAA Marseille, 18 nov. 2010, ⚖ n° 08MA01326 : *RJF 2011. 773.*

4° AUTRES PENSIONS

17. Pension versée à un enfant majeur. Les contribuables qui déduisent une pension alimentaire pour leur enfant majeur doivent apporter la preuve, d'une part, de l'état de besoin de celui-ci et, d'autre part, du versement effectif de la pension dans la limite légale prévue par les art. 156-II-2° et 196 B. Lorsque l'enfant majeur vit durant toute l'année civile sous le toit de ses parents, il est admis, à titre de règle pratique, que ceux-ci puissent, dans la limite précitée, déduire de leur revenu imposable pour le logement et la nourriture, sans avoir à fournir aucune justification, une somme égale à l'évaluation forfaitaire des avantages en nature retenue en matière de sécurité sociale. Cette déduction forfaitaire s'apprécie par enfant. * Rescrit 6 sept. 2005, n° 2005/16 FP * BOI-IR-BASE-20-30-20-30 n° 30 du 1er mars 2019. ♦ En ce qui concerne la pension alimentaire forfaitaire versée à un enfant majeur naturel par ses parents concubins vivant ensemble, il est précisé que la situation matrimoniale des parents ne doit pas conduire à une double déduction, dès lors que les dépenses de logement et de nourriture sont communément supportées par le foyer. En revanche, les concubins peuvent chacun déduire la moitié de l'évaluation forfaitaire. Les autres dépenses ou versements sont pris en compte pour leur montant réel et justifié. En tout état de cause, le total des avantages consentis en nature évalués forfaitairement et les dépenses réelles et justifiées est retenu dans la limite du plafond légal. * Rescrit 6 sept. 2005 : *préc.*

18. Déductibilité de la pension servie, sous forme de mise à disposition d'un logement, à un enfant marié ayant un enfant à charge, qui dispose avec son conjoint d'un revenu net imposable égal à 1,48 fois le SMIC. • CAA Bordeaux, 9 mars 1999, n° 96BX1580 : *RJF 1999. 1123.*

19. Un contribuable ne peut au titre d'une même année et pour un même enfant bénéficier à la fois de la déduction d'une pension alimentaire et du rattachement de cet enfant à son foyer fiscal. En conséquence, s'il a droit à une majoration du quotient familial au titre d'un enfant devenu majeur en cours d'année et ayant demandé le rattachement à son foyer fiscal, il y a lieu de réintégrer à son revenu imposable la pension alimentaire versée pour cet enfant à son conjoint et portée à tort en déduction de ce revenu. • CE 5 juin 2002, ⚖ n° 224410, *Chrétien : Dr. fisc. 2002. 815, concl. Bachelier ; RJF 2002. 890.*

20. Pensions versées aux petits-enfants. En raison du caractère subsidiaire de l'obligation alimentaire des grands-parents par rapport à celle des parents, les sommes versées par les grands-parents à leurs petits-enfants ne sauraient avoir le caractère de pensions alimentaires déductibles que si les parents de ces derniers ne sont pas eux-mêmes en mesure de subvenir aux besoins de ceux-ci. • CAA Nantes, 30 déc. 1999, n° 96NT465 : *Dr. fisc. 2000. 725.* ♦ Dans le même sens : • CAA Marseille, 27 déc. 2001, n° 98MA741 : *Dr. fisc. 2002. 227.*

21. Pensions versées à des collatéraux. Les pensions versées par un contribuable à sa fratrie ne sont pas déductibles de son revenu. Le fait que l'obligation naturelle qui existe entre frère et sœur puisse être transformée en obligation civile n'autorise pas, sur un plan fiscal, la déduction des sommes versées. • CE 28 mars 2012, ⚖ *Cerovic*, n° 323852 : *préc. note 5.*

22. Appréciation de l'état de besoin du bénéficiaire. Il y a lieu de tenir compte : ... de la rente qu'aurait rapportée la cession de l'étude de notaire dont le bénéficiaire a fait donation à son fils et du loyer qu'auraient produit des logements mis à disposition de sa famille. • CAA Bordeaux, 30 mai 1995, n° 93BX915 : *Dr. fisc. 1996. 260 ; RJF 1996. 1124.* ♦ ... Des loyers que le bénéficiaire aurait pu percevoir des biens immobiliers donnés sans contrepartie à son fils. • CAA Lyon, 24 nov. 1999, n° 96LY1713 : *Dr. fisc. 2000. 524, concl. Millet.*

23. Pension versée par le père à sa concubine pour l'entretien de leur enfant. Dès lors que la réalité des versements effectués par le père n'est pas contestée, qu'il vit en union libre avec la mère d'un enfant qu'il a reconnu et sur lequel il exerce conjointement la garde avec sa compagne, la pension alimentaire est déductible si son montant présente un caractère raisonnable et proportionné au regard de l'obligation d'entretien de l'enfant incombant au contribuable, compte tenu des ressources de chacun des parents et des besoins de l'enfant eu égard à son âge. • TA Paris, 19 sept. 2011, n° 0905629 : *RJF 2012. 208.*

24. Pensions versées à des tiers. Aucune déduction n'est, en principe, possible pour les pensions versées à des tiers sans lien de parenté. • CE 6 juin 1979, n° 14747 : *Dr. fisc. 1980. 1653, concl. Rivière* • CAA Nancy, 16 déc. 1993, n° 92NA530 : *Dr. fisc. 1994. 1725, concl. Felmy.* ♦ Ainsi, un contribuable ne peut déduire les sommes correspondant aux avantages en nature qu'il a fournis à la concubine de son fils étudiant et vivant sous son toit. • CAA Bordeaux, 12 oct. 1999, n° 97BX64 : *Dr. fisc. 2000. 502.*

Art. 194 *(L. n° 2002-1576 du 30 déc. 2002, art. 30-II et VIII)* **I. — Le nombre de parts à prendre en considération pour la division du revenu imposable prévue à l'article 193 est déterminé conformément aux dispositions suivantes :**

Célibataire, divorcé ou veuf sans enfant à charge	1
Marié sans enfant à charge	2
Célibataire ou divorcé ayant un enfant à charge	1,5
Marié ou veuf ayant un enfant à charge	2,5
Célibataire ou divorcé ayant deux enfants à charge	2
Marié ou veuf ayant deux enfants à charge	3
Célibataire ou divorcé ayant trois enfants à charge	3
Marié ou veuf ayant trois enfants à charge	4
Célibataire ou divorcé ayant quatre enfants à charge	4
Marié ou veuf ayant quatre enfants à charge	5
Célibataire ou divorcé ayant cinq enfants à charge	5
Marié ou veuf ayant cinq enfants à charge	6
Célibataire ou divorcé ayant six enfants à charge	6
et ainsi de suite, en augmentant d'une part par enfant à charge du contribuable	

Lorsque les époux font l'objet d'une imposition séparée en application du 4 de l'article 6, chacun d'eux est considéré comme un célibataire ayant à sa charge les enfants dont il assume à titre principal l'entretien. Dans cette situation, ainsi qu'en cas de divorce, de rupture du pacte civil de solidarité ou de toute séparation de fait de parents non mariés, l'enfant est considéré, jusqu'à preuve du contraire, comme étant à la charge du parent chez lequel il réside à titre principal.

En cas de résidence alternée au domicile de chacun des parents et sauf disposition contraire dans la *(L. n° 2016-1918 du 29 déc. 2016, art. 115-3°-a, applicable à compter de l'imposition des revenus de l'année 2017)* **« convention de divorce mentionnée à l'article 229-1 du code civil, la » convention homologuée par le juge, la décision judiciaire ou, le cas échéant, l'accord entre les parents, les enfants mineurs sont réputés être à la**

charge égale de l'un et de l'autre parent. Cette présomption peut être écartée s'il est justifié que l'un d'entre eux assume la charge principale des enfants.

Lorsque les enfants sont réputés être à la charge égale de chacun des parents, ils ouvrent droit à une majoration de :

***a)* 0,25 part pour chacun des deux premiers et 0,5 part à compter du troisième, lorsque par ailleurs le contribuable n'assume la charge exclusive ou principale d'aucun enfant ;**

***b)* 0,25 part pour le premier et 0,5 part à compter du deuxième, lorsque par ailleurs le contribuable assume la charge exclusive ou principale d'un enfant ;**

***c)* 0,5 part pour chacun des enfants, lorsque par ailleurs le contribuable assume la charge exclusive ou principale d'au moins deux enfants.**

Pour l'application des dispositions du premier alinéa, sont assimilées à des enfants à charge les personnes considérées comme étant à la charge du contribuable en vertu de l'article 196 A *bis*. — *Le Conseil d'État étend l'application des al. 6 à 9 susvisés aux enfants communs des concubins dont la charge est réputée également partagée entre les deux parents (CE 20 déc. 2017, n° 397650).*

II. — Pour l'imposition des contribuables célibataires ou divorcés qui vivent seuls, le nombre de parts prévu au I est augmenté de 0,5 lorsqu'ils supportent à titre exclusif ou principal la charge d'au moins un enfant. Lorsqu'ils entretiennent uniquement des enfants dont la charge est réputée également partagée avec l'autre parent, la majoration est de 0,25 pour un seul enfant et de 0,5 si les enfants sont au moins deux. Ces dispositions s'appliquent nonobstant la perception éventuelle d'une pension alimentaire versée en vertu *(L. n° 2016-1918 du 29 déc. 2016, art. 115-3°-b, applicable à compter de l'imposition des revenus de l'année 2017)* **« d'une convention de divorce par consentement mutuel déposée au rang des minutes d'un notaire ou » d'une décision de justice pour l'entretien desdits enfants.**

[L. 31 déc. 1945, art. 9 ; Décr. 9 déc. 1948, art. 71 ; L. 24 mai 1951, art. 6-II ; L. n° 80-30 du 18 janv. 1980, art. 4-I ; L. n° 80-1094 du 30 déc. 1980, art. 3-I ; L. n° 81-1160 du 30 déc. 1981, art. 12-II, 4, a et b ; L. n° 82-1126 du 29 déc. 1982, art. 2-VIII-1 ; L. n° 86-1317 du 30 déc. 1986, art. 2-V ; L. n° 95-1346 du 30 déc. 1995, art. 3-I et II ; L. n° 2002-1576 du 30 déc. 2002, art. 30-II et VIII ; L. n° 2016-1918 du 29 déc. 2016, art. 115.]

A. APPLICATION DU BARÈME

1. Contribuables divorcés ou séparés. Modalités de prise en compte des enfants à charge ou en garde alternée à compter des revenus de 2003. Partage du quotient familial. * BOI-IR-LIQ-10-10-10-10 n°s 160 à 190 du 7 mai 2014. ♦ En cas de divorce ou de séparation de corps, l'enfant bénéficiant d'une garde alternée est à la charge du père ou de la mère, selon l'accord des parents. A défaut d'accord, l'avantage du quotient familial est attribué au parent qui a les revenus les plus élevés. Toutefois, si l'un des ex-époux est remarié, sa situation financière doit être appréhendée à travers la notion de foyer fiscal et non en fonction de ses seuls revenus. * BOI-IR-LIQ-10-10-10-10 n° 220 du 7 mai 2014. ♦ L'accord formalisant que les enfants, quoique en résidence alternée, sont à la charge principale de leur père fait obstacle à ce que cette charge soit répartie également entre les parents, quelle que soit en réalité la répartition effective de la charge de ces enfants. • CE 4 janv. 2018, n° 399726 : *RJF 2018. 345, concl. Bokdam-Tognetti.*

2. Il résulte des art. 193 *ter* et 194-I que le versement ou la perception d'une pension alimentaire ne doit pas être pris en compte pour apprécier la charge d'entretien qui est assumée par chaque parent. Il en va notamment ainsi, en cas de résidence alternée, lorsque l'un d'entre eux entend écarter la présomption de répartition égale de la charge d'un enfant. Dès lors, en se bornant à invoquer le versement d'une pension alimentaire, un parent ne saurait justifier assumer la charge principale des enfants. • CE 8 déc. 2016, n° 393214 : *RJF 2017. 211, concl. Cortot-Boucher.* ♦ Le fait que le parent débiteur d'une pension alimentaire ne puisse ni s'en prévaloir pour obtenir la pleine majoration du quotient familial ni la déduire de ses revenus n'est pas contraire à la Constitution. • Cons. const. 14 déc. 2018, n° 2018-753 QPC : *RJF 2019. 286.*

3. Imposition séparée des époux (revenus antérieurs à 2003). Eu égard à l'évolution des dispositions du C. civ. relatives au divorce et à l'autorité parentale (L. n° 87-570, 22 juill. 1987 ; L. n° 2002-305, 4 mars 2002) le seul critère d'attribution de la majoration du quotient familial prévue au 1er al. de l'art. 194 est celui de la répartition, entre deux parents distinctement imposés, de la charge effective d'entretien et d'éducation des enfants mineurs nés de leur union, que ces parents soient séparés, divorcés ou en instance de séparation ou de divorce. Pour la preuve de cette répartition, toute convention conclue par les parents, homologuée par le juge judiciaire et stipulant leurs contributions respectives à la couverture de cette charge fait foi jusqu'à preuve du contraire ; à défaut de convention, cette preuve peut être apportée par tout moyen. • CE, avis, 14 juin 2002, n° 241036, *Mouthe : RJF 2002. 893, concl. Bachelier, p. 657 ; Dr. fisc. 2002. 702, concl. Bachelier ; JO 10 juill. 2002, p. 11813 ; D. 2002. 3169, note Douet*. ♦ Lorsque la charge effective d'entretien et d'éducation d'un enfant mineur est répartie de façon inégale entre ses parents séparés, divorcés ou en instance de séparation ou de divorce et distinctement imposés, le bénéfice de la majoration du quotient familial est acquis à celui d'entre eux qui justifie supporter la part principale de cette charge, quels que soient tant les modalités de résidence de cet enfant chez ses parents que le mode d'exercice de l'autorité parentale. • Même arrêt. ♦ Lorsqu'il est établi que cette charge est répartie de façon égale entre ses parents séparés, divorcés ou en instance de séparation ou de divorce et distinctement imposés, il y a lieu, en l'absence de dispositions de la loi fiscale adaptant celle-ci à l'évolution du code civil, et pour assurer aux contribuables le bénéfice de l'avantage fiscal voulu par le législateur dans les limites que celui-ci a fixées, de procéder de la manière suivante : 1) le bénéfice de la majoration du quotient familial est attribué à celui des parents que la convention homologuée par le juge judiciaire a expressément désigné à cette fin ; 2) en l'absence d'une telle convention ou dans son silence, l'enfant est réputé à la charge de chacun de ses parents, au sens et pour l'application de l'art. 196, mais n'ouvre droit qu'à un avantage égal à la moitié de celui prévu au 1er alinéa de l'art. 194 et à l'art. 197 pour un enfant de même rang. • Même arrêt.

4. En l'absence de toute convention homologuée par le juge judiciaire ou dans son silence, l'enfant naturel né de l'union de deux personnes vivant séparément doit être regardé comme étant à la charge de celle qui justifie, par tout moyen, supporter la part principale de la charge effective de son entretien et de son éducation quels que soient les modalités de résidence de cet enfant chez ses parents et le mode d'exercice de l'autorité parentale. • CAA Lyon, 20 févr. 2003, n° 97LY2348 : *Dr. fisc. 2003. 393, concl. Bonnet ; RJF 2003. 672.*

5. Contribuable polygame. Lorsqu'un citoyen français, originaire d'un pays où la polygamie est autorisée, est le mari de plusieurs femmes, il convient d'établir une imposition commune au nom du mari et de la première épouse et de retenir, pour le calcul de l'impôt, le quotient familial des contribuables mariés. Les autres épouses font l'objet d'une imposition distincte et sont considérées, pour l'application des règles du quotient familial, comme des personnes célibataires. * Rép. min. n° 46085 : *JOAN Q, 4 mars 1985, p. 930.* ♦ Elles ne sont pas, en revanche, considérées, sous réserve des circonstances d'espèce, comme des personnes vivant seules. * BOI-IR-CHAMP-20-10 n° 25 du 6 avr. 2017.

B. CONTRIBUABLES SEULS AVEC PERSONNE OU ENFANT À CHARGE

BIBL. Douet, *D. 2003. Chron. 990* (brèves remarques sur les conséquences fiscales de la résidence alternée).

6. Condition de vivre seul. Le bénéfice de la majoration de 0,5 part du quotient familial, prévue par l'art. 194-II ne constitue un droit pour le contribuable que sous la condition, notamment, qu'il vit seul au 1er janv. de l'année d'imposition. Lorsque, dans le cadre de son pouvoir de contrôle des déclarations des contribuables, l'Administration remet en cause, selon la procédure contradictoire, la majoration du quotient familial, il lui incombe d'établir que le contribuable ne vit pas seul au 1er janv. de l'année d'imposition et qu'ainsi il ne remplit pas l'une des conditions auxquelles est soumis le bénéfice de ce droit. Le contribuable peut néanmoins, par tous moyens, apporter la preuve contraire. • CE, avis, 21 déc. 2006, n° 293749, *Duguay : RJF 2007. 314.* ♦ En précisant dans l'instr. 5 B-10-96 du 22 avr. 1996 qu'un contribuable qui vit avec une personne de l'autre sexe qui n'est pas parent de l'enfant ne peut être regardé comme vivant seul au sens de l'art. 194-II, le ministre n'a pas méconnu la portée des dispositions législatives qu'il a appliquées. • CE 28 mai 2003, n° 242119, *Maudelonde : RJF 2003. 942.* ♦ La circonstance qu'une contribuable séparée de son époux et ayant un enfant mineur à charge héberge temporairement une personne handicapée et sans ressources qui n'est ni ascendante ni descendante ne suffit pas à la priver de la demi-part supplémentaire dès lors qu'elle ne vit pas maritalement avec cette personne. • CAA Paris 16 mars 2005, n° 02PA3688 : *RJF 2005. 810.*

7. Date d'appréciation de la situation. Le contribuable qui vit seul au 1er janvier de l'année d'imposition peut bénéficier de la demi-part supplémentaire au titre du premier enfant à charge prévue au II, alors même qu'il a cessé de vivre seul en cours d'année. • CE 17 nov. 2000, *Danthony*, n° 210953 : *Dr. fisc. 2001. 366, concl. Bachelier* • CE avis, 26 mars 2001, n° 227921 : *Dr. fisc. 2001. 497.*

8. Contribuables concubins. Définition du concubinage (C. civ., art. 515-8). Suppression de la distinction opérée sur le fondement de la mixité ou non du couple. Exclusion de la demi-part supplémentaire. * BOI-IR-LIQ-10-20-20-10 n° 160 du 26 mars 2014. ♦ Le simple fait pour un parent d'indiquer qu'il héberge une personne à titre gracieux ne suffit pas à caractériser le concubinage. * Rép. min. n° 90364 : *JOAN Q, 24 janv. 2017, p. 594.*

9. Condition financière. Le fait que le contribuable vivant seul perçoive de son ex-conjoint ou ex-concubin une pension alimentaire versée spontanément, et non par une décision de justice, ne suffit pas à lui faire perdre le bénéfice de la demi-part supplémentaire. • CE 11 févr. 1998, n° 185804 : *Dr. fisc. 1998. 378, concl. Bachelier ; RJF 1998. 368* • 24 mars 2004, n° 246955 : *RJF 2004. 677* ♦ Toutefois, le caractère effectif de la charge supportée par le contribuable doit s'apprécier en fonction de l'importance de l'aide que constitue pour lui la pension alimentaire versée spontanément par son ex-concubin ou ex-conjoint au profit du ou des enfants comptés à charge. • CE 24 mars 2004 : *préc.*

10. Rattachement des enfants majeurs. V. note ss. art. 6.

Art. 196 **Sont considérés comme étant à la charge du contribuable,** *(L. n° 2002-1576 du 30 déc. 2002, art. 30-II-C et VIII)* **« que celle-ci soit exclusive, principale ou réputée également partagée entre les parents », à la condition de n'avoir pas de revenus distincts de ceux qui servent de base à l'imposition de ce dernier :**

1° Ses enfants âgés de moins de dix-huit ans ou infirmes *[quel que soit leur âge]* **;**

2° Sous les mêmes conditions, les enfants qu'il a recueillis à son propre foyer.

[L. n° 74-1129 du 30 déc. 1974, art. 3-I ; L. n° 2002-1576 du 30 déc. 2002, art. 30-II-C et VIII.]

BIBL. ▸ Chadefaux, *BFL 2003. 11* (régime fiscal des enfants recueillis). – Jadaud, *JCP N 2001. 1476 et 1520* (enfants à charge et fiscalité). – Mignon, *RJF 2000, p. 3* (enfants recueillis et quotient familial).

1. Contribuables divorcés ou séparés. Modalités de prise en compte des enfants à charge ou en garde alternée. Partage du quotient familial. * BOI-IR-LIQ-10-10-10-10 nos 140 à 390 du 4 févr. 2013.

2. Enfants mineurs. L'enfant mineur de la concubine du contribuable ne peut être regardé comme étant à la charge de ce dernier dès lors que sa mère perçoit des revenus lui permettant de subvenir, au moins en partie, à l'entretien de l'enfant et d'assurer son éducation. • CAA Paris, 20 juill. 1995, n° 94PA1390 : *Dr. fisc. 1996. 45.* ♦ Tel est le cas lorsque la mère dispose, en 1989, d'un revenu salarial d'environ 12000 F. • CAA Paris, 24 sept. 2004, n° 00PA1229 : *Dr. fisc. 2005. 245.* ♦ Il en va autrement lorsque la mère n'a d'autre revenu que les allocations familiales. • CAA Nancy, 10 juin 1999, n° 95NA928 : *RJF 1999. 1125 ; Dr. fisc. 2000. 278, concl. Stamm.* ♦ ... Ou lorsqu'elle a bénéficié de revenus équivalant à 2 690 F par mois en 1991, et à 2 775 F par mois en 1993. • TA Lille, 1er avr. 1999, n° 96-2015 : *RJF 1999. 1126 ; Dr. fisc. 1999. 703, concl. Mulsant.* ♦ ... Ou qu'elle n'a perçu qu'une pension alimentaire annuelle de 14 400 F (en 1989 et pour deux enfants) et n'a pu pourvoir, même pour partie, à l'entretien et à l'éducation de ses enfants. • CAA Douai, 9 nov. 1999, n° 96DA1437 : *Dr. fisc. 2000. 571, concl. Mulsant.*

3. Enfants recueillis. Le contribuable vivant en concubinage avec la mère dont l'enfant vit au foyer du couple doit être regardé comme ayant recueilli cet enfant dès lors que, la mère ne disposant d'aucun revenu, il a assuré effectivement et exclusivement les besoins matériels de l'enfant. • CE 7 janv. 2000, n° 203069 : *RJF 2000. 145 ; Dr. fisc. 2000. 179, concl. Bachelier ; Dr. fam. 2000, comm. 83, note Douet.*

4. Doit être regardé comme enfant recueilli au foyer l'enfant étranger (libanais) acheminé vers la France par une association humanitaire et accueilli par une famille française qui a assumé la charge exclusive tant de l'entretien que de l'éducation de l'enfant, peu important que la séparation de l'enfant d'avec ses parents ne doit pas être définitive et qu'elle ne s'est pas accompagnée d'un transfert de l'autorité parentale. • CE 26 nov. 1999, n° 196648 : *Dr. fisc. 2000. 250, concl. Courtial ; RJF 2000. 7, chron. Mignon, p. 3.* ♦ Dans le même sens, concernant des enfants recueillis pendant une période suffisante (9 et 14 mois) • CE 27 nov. 2000, *De Chilly*, n° 190424 : *Dr. fisc. 2001. 335, concl. Courtial.*

5. Les contribuables désignés en qualité de « tiers dignes de confiance » ne peuvent être regardés comme ayant assuré la charge exclusive de l'entretien et de l'éducation des enfants qui leur sont confiés dès lors que le département leur a versé une allocation d'entretien en application de l'art. L. 228-3 CASF. Ces enfants ne peuvent donc être considérés comme étant recueillis au foyer de ceux-ci au sens de l'art. 196-2°. • CE 15 déc. 2010, n° 334961 : *RJF 2011. 272 ; Dr. fisc. 2011. 304, note Douet.* ♦ Des enfants placés dans des familles d'accueil ou confiés à des « tiers dignes de confiance » pendant leur minorité peuvent demander après leur majorité leur rattachement fiscal au foyer de la famille qui les a accueillis, à condition que cette famille ne perçoive plus aucune aide ou rémunération pour leur entretien. * Rép. min. n° 83065 : *JOAN Q, 23 nov. 2010, p. 12812.*

6. N'est pas considéré comme un enfant recueilli l'étudiant étranger accueilli pour la durée d'une année scolaire par l'intermédiaire d'une association d'échanges internationaux. • CAA Nancy, 6 nov. 2003, n° 99NA1003 : *RJF 2004. 220 ; Dr. fisc.*

2004. 297 • CAA Bordeaux, 29 avr. 2004, n° 00BX578 : *RJF 2004. 1220.*

7. Un contribuable ne peut compter à sa charge ses neveux adoptés selon une cérémonie familiale d'adoption coutumière et qui vivent avec leur mère au Pakistan. • CE 24 août 2011, n° 320321 : *RJF 2011. 1122.*

8. Enfant reconnu. Malgré l'effet déclaratif qu'elle comporte, la reconnaissance de paternité d'un enfant postérieure aux années d'imposition en litige est sans influence sur le bien-fondé des impositions contestées qui doit être apprécié à la date du fait générateur de l'impôt. Ainsi, un contribuable ne peut invoquer la filiation d'un enfant par possession d'état dès lors que celle-ci n'était pas constatée par un acte notarié établi ou par un jugement intervenu à la date du fait générateur de l'impôt. • CE 16 juill. 2008, n° 289948 : *RJF 2008. 1212.*

Art. 196 *bis* *(L. n° 2010-1657 du 29 déc. 2010, art. 95-III et V, applicable à compter de l'imposition des revenus de 2011)* **La situation dont il doit être tenu compte est celle existant au 1er janvier de l'année de l'imposition. Toutefois, l'année de la réalisation ou de la cessation de l'un ou de plusieurs des événements ou des conditions mentionnés aux 4 à 6 de l'article 6, il est tenu compte de la situation au 31 décembre de l'année d'imposition.**

Les charges de famille dont il doit être tenu compte sont celles existant au 1er janvier de l'année de l'imposition. Toutefois, en cas d'augmentation des charges de famille en cours d'année, il est fait état de ces charges au 31 décembre de l'année d'imposition ou à la date du décès s'il s'agit d'imposition établie en vertu de l'article 204.

1. Situation de famille. La situation dont il doit être tenu compte est celle existant au 1er janv. de l'année de l'imposition (1er janv. 2011 pour les revenus de l'année 2011). Toutefois, l'année de la réalisation ou de la cessation de l'un ou de plusieurs des événements ou des conditions mentionnés aux 4 à 6 de l'art. 6, il est tenu compte de la situation au 31 déc. de l'année d'imposition. * BOI-IR-LIQ-10-10-20 nos 1 et 10 du 12 sept. 2012.

2. Charges de famille. Les charges de famille dont il doit être tenu compte sont celles existant au 1er janv. de l'année de l'imposition. Toutefois, en cas d'augmentation des charges de famille en cours d'année, il est fait état de ces charges au 31 déc. de l'année d'imposition ou à la date du décès s'il s'agit d'imposition établie en vertu de l'art. 204. * BOI-IR-LIQ-10-10-20 nos 1 à 30 du 12 sept. 2012.

3. Enfant né puis décédé au cours d'une même année. Bien qu'il n'ait figuré dans les charges de famille ni au 1er janv. ni au 31 déc., un enfant né au cours d'une année et décédé avant la fin de la même année est retenu dans le quotient familial de l'année considérée dès lors que sa naissance a été enregistrée à l'état civil. Les enfants pour lesquels un acte d'enfant sans vie, prévu par l'art. 79-1 C. civ., a été établi sont également pris en compte pour l'appréciation des charges de famille. * BOI-IR-LIQ-10-10-20 n° 80 du 13 juin 2013.

Art. 199 *octodecies* **I. — Les versements de sommes d'argent et l'attribution de biens ou de droits effectués en exécution de la prestation compensatoire dans les conditions et selon les modalités définies aux articles 274 et 275 du code civil sur une période, conformément** *(L. n° 2016-1547 du 18 nov. 2016, art. 50-V-1° et 114-V, en vigueur le 1er janv. 2017)* **« à la convention de divorce par consentement mutuel prenant la forme d'un acte sous signature privée contresigné par avocats, déposé au rang des minutes d'un notaire, ou » à la convention de divorce homologuée par le juge ou au jugement de divorce, au plus égale à douze mois à compter de la date à laquelle** *(L. n° 2016-1547 du 18 nov. 2016, art. 50-V-1° et 114-V, en vigueur le 1er janv. 2017)* **« la convention de divorce par consentement mutuel prenant la forme d'un acte sous signature privée contresigné par avocats déposé au rang des minutes d'un notaire a acquis force exécutoire ou à laquelle » le jugement de divorce, que celui-ci résulte ou non d'une demande conjointe, est passé en force de chose jugée, ouvrent droit à une réduction d'impôt sur le revenu lorsqu'ils proviennent de personnes domiciliées en France au sens de l'article 4 B.**

La réduction d'impôt est égale à 25 % du montant des versements effectués, des biens ou des droits attribués, retenu pour la valeur fixée dans *(L. n° 2016-1547 du 18 nov. 2016, art. 50-V-1° et 114-V, en vigueur le 1er janv. 2017)* **« la convention de divorce par consentement mutuel prenant la forme d'un acte sous signature privée contresigné par avocats, déposé au rang des minutes d'un notaire, ou dans » la conven-**

tion de divorce homologuée par le juge ou par le jugement de divorce, et dans la limite d'un plafond égal à 30 500 € apprécié par rapport à la période mentionnée au premier alinéa.

Lorsque la prestation compensatoire prend la forme d'une rente conformément aux dispositions des articles 276, 278 et 279-1 du code civil, la substitution d'un capital aux arrérages futurs, versé ou attribué sur une période au plus égale à douze mois à compter de la date à laquelle le jugement prononçant la conversion est passé en force de chose jugée, ouvre également droit à la réduction d'impôt. Son assiette est alors égale au capital total reconstitué limité à 30 500 € et retenu dans la proportion qui existe entre le capital dû à la date de la conversion et le capital total reconstitué à cette même date. Le capital total reconstitué s'entend de la valeur du capital versé ou attribué à la date de conversion, majoré de la somme des rentes versées jusqu'au jour de la conversion et revalorisées en fonction de la variation de l'indice moyen annuel des prix à la consommation constatée entre l'année de versement de la rente et celle de la conversion.

Lorsque le versement des sommes d'argent, l'attribution de biens ou de droits s'effectuent sur l'année au cours de laquelle *(L. nº 2016-1547 du 18 nov. 2016, art. 50-V-1º et 114-V, en vigueur le 1er janv. 2017)* **« la convention de divorce par consentement mutuel prenant la forme d'un acte sous signature privée contresigné par avocats, déposé au rang des minutes d'un notaire, a acquis force exécutoire ou de l'année au cours de laquelle » le jugement de divorce, que celui-ci résulte ou non d'une demande conjointe, ou le jugement prononçant la conversion de rente en capital, sont passés en force de chose jugée et l'année suivante, le montant ouvrant droit à réduction d'impôt au titre de la première année ne peut excéder le montant du plafond mentionné au deuxième alinéa multiplié par le rapport existant entre le montant des versements de sommes d'argent, des biens ou des droits attribués au cours de l'année considérée, et le montant total du capital tel que celui-ci a été fixé dans le jugement de divorce ou le jugement prononçant la conversion que le débiteur de la prestation compensatoire s'est engagé à effectuer sur la période mentionnée au premier alinéa.** — *Application aux jugements de divorce prononcés à compter de l'entrée en vigueur de la loi du 24 mai 2004 (1er janv. 2005).*

(Abrogé par L. nº 2020-1721 du 29 déc. 2020, art. 3) ***« II. — Nonobstant la situation visée au troisième alinéa, les dispositions du I ne s'appliquent pas lorsque la prestation compensatoire est versée pour partie sous forme de rente. »*** — *Cet al. avait fait l'objet d'une abrogation (Cons. const. nº 2019-824 QPC du 31 janv. 2020). La déclaration d'inconstitutionnalité peut être invoquée dans les instances introduites au 1er févr. 2020 et non jugées définitivement (Cons. const. nº 2019-824 QPC du 31 janv. 2020, § 18). Elle peut aussi être invoquée à l'appui de toute réclamation encore susceptible d'être formée eu égard aux délais fixés par les art. R.* 196-1 et R.* 196-2 LPF (CE, avis, 6 févr. 2019, nos 425509 et 425511). En l'occurrence, sont concernées les réclamations visant l'impôt sur les revenus de 2017, 2018 et 2019, qui peuvent être présentées respectivement jusqu'au 31 déc. 2020, 2021 et 2022.*

Pour les versements de sommes d'argent en règlement d'une prestation compensatoire résultat d'un divorce sur requête conjointe, les dispositions du présent art. s'appliquent aux jugements prononcés en application de la L. nº 2000-596 du 30 juin 2000 relative à la prestation compensatoire en matière de divorce.

[L. nº 2000-596 du 30 juin 2000, art. 18 ; L. nº 2001-1276 du 28 déc. 2001, art. 2-II ; L. nº 2004-439 du 26 mai 2004, art. 26 ; L. nº 2016-1547 du 18 nov. 2016, art. 50-V-1º et 114-V ; Cons. const. nº 2019-824 QPC du 31 janv. 2020.]

BIBL. ► V. art. 80 *quater*.

1. Réductions d'impôt accordées au titre de la prestation compensatoire en matière de divorce. Doctrine administrative. Commentaire général de la réduction d'IR. Aménagements apportés par la loi du 26 mai 2004 relative au divorce. * BOI-IR-RICI-160 du 12 sept. 2012.

2. Prestation compensatoire mixte. L'art. 199 *octodecies*-II (en vigueur avant le 1er janv. 2017), méconnaissant le principe d'égalité, est déclaré inconstitutionnel à compter du 1er févr. 2020. • Cons. const. 31 janv. 2020, nº 2019-824 QPC : *RJF 2020. 385.* ♦ Le débiteur d'une prestation compensatoire ne peut pas, au regard de la loi, bénéficier d'une réduction d'impôt pour la partie de cette prestation versée sous forme de capital libéré dans les douze mois du jugement de divorce alors que l'autre partie est versée sous forme de rente déductible. Cette part de capital n'est pas davantage déductible de son revenu imposable.

• CE 15 avr. 2016, n° 376785 : *RJF 2016. 589, concl. Daumas.*

Art. 635 Doivent être enregistrés dans le délai d'un mois à compter de leur date :

1. – Sous réserve des dispositions des articles 637 et 647 :

1° Les actes des notaires à l'exception de ceux visés à l'article 636 ;

2° Abrogé par L. n° 2019-1479 du 28 déc. 2019, art. 21, à compter du 1er janv. 2021.

3° Les actes portant transmission de propriété ou d'usufruit de biens immeubles ;

4° Les actes portant mutation de jouissance à vie ou à durée illimitée de biens immeubles, de fonds de commerce ou de clientèles ;

(L. n° 2019-1479 du 28 déc. 2019, art. 21, en vigueur le 1er janv. 2020) « 5° Les actes constatant la transformation d'une société et ceux constatant l'augmentation » *(L. n° 2020-1721 du 29 déc. 2020, art. 67)* « de son capital, à l'exception des augmentations de capital en numéraire et par incorporation de bénéfices, de réserves ou de provisions et des augmentations nettes de capital de société à capital variable constatées à la clôture d'un exercice ; »

(Abrogé par L. n° 2020-1721 du 29 déc. 2020, art. 67) « 6° Les actes constatant la formation de groupement d'intérêt économique ; »

7° Les actes constatant un partage de biens à quelque titre que ce soit ;

8° Les actes constatant la formation, la modification ou l'extinction d'un contrat de fiducie, et le transfert de biens ou droits supplémentaires au fiduciaire dans les conditions prévues par l'article 2019 du code civil ;

(Ord. n° 2013-638 du 18 juill. 2013, art. 3-II-1° et 5, en vigueur le 19 août 2013) « 9° La transaction prévoyant, en contrepartie du versement d'une somme d'argent ou de l'octroi d'un avantage en nature, le désistement du recours pour excès de pouvoir formé contre un permis de construire, de démolir ou d'aménager. »

2. – 1° Les décisions des juridictions de l'ordre judiciaire lorsqu'elles donnent ouverture à un droit proportionnel ou progressif ;

2° à 4° Abrogés par L. n° 2019-1479 du 28 déc. 2019, art. 21.

5° Les actes portant transmission de propriété ou d'usufruit de fonds de commerce, de clientèles ou d'offices, ou cession de droit à un bail ou du bénéfice d'une promesse de bail portant sur tout ou partie d'un immeuble ;

6° *Abrogé par L. n° 2019-1479 du 28 déc. 2019, art. 21.*

7° Les actes portant cession d'actions, de parts de fondateurs ou de parts bénéficiaires ou cession de parts sociales dans les sociétés dont le capital n'est pas divisé en actions ;

7° *bis* Les actes portant cession de participations dans des personnes morales à prépondérance immobilière au sens du troisième alinéa du 2° du I de l'article 726, y compris lorsque ces cessions sont réalisées à l'étranger et quelle que soit la nationalité des parties ;

8° et 9° *Abrogés.*

10° Les actes portant cession et rachat taxables de parts de fonds de placement immobilier.

Le 2° et les 6° à 15° du I, à l'exception du a du 6° et du dern. al. du a du 15°, s'appliquent aux actes établis à compter du 1er janv. 2020 (L. n° 2019-1479 du 28 déc. 2019, art. 21-XI-D).

[Décr. n° 48-1986 du 9 déc. 1948, art. 143, 145, 148 et 151 ; L. n° 63-254 du 15 mars 1963, art. 1er-I, 3, 4-I, 6-I, 9 et 60 ; Décr. n° 63-654 du 6 juill. 1963, art. 1er ; Ord. n° 67-821 du 23 sept. 1967, art. 18 ; L. n° 69-1168 du 26 déc. 1969, art. 10-I ; Décr. n° 72-788 du 28 août 1972, art. 2 ; L. n° 77-1468 du 30 déc. 1977, art. 6 ; L. n° 82-540 du 28 juin 1982, art. 7 ; L. n° 85-1403 du 30 déc. 1985, art. 12-I, al. 1er ; L. n° 89-935 du 29 déc. 1989, art. 37-VI ; L. n° 90-1169 du 29 déc. 1990, art. 49 ; L. n° 91-1322 du 30 déc. 1991, art. 29 ; L. n° 98-1266 du 30 déc. 1998, art. 39-I-30 ; L. n° 98-1267 du 30 déc. 1998, art. 12-E ; Ord. n° 2005-1512 du 7 déc. 2005, art. 8-I et V ; L. n° 2005-1720 du 30 déc. 2005, art. 28-A-XXXVIII et C-VI ; L. n° 2007-211 du 19 févr. 2007, art. 3-I ; L. n° 2008-776 du 4 août 2008, art. 64-II ; L. n° 2011-1117 du 19 sept. 2011, art. 1er-I-7° et III ; Ord. n° 2013-638 du 18 juill. 2013, art. 3-II-1° et 5 ; L. n° 2014-1545 du 20 déc. 2014, art. 24 ; L. n° 2019-1479 du 28 déc. 2019, art. 21.]

Actes soumis obligatoirement à l'enregistrement. Bien que l'art. 635-1-5° ne vise plus les actes constatant la formation des sociétés, certains de ces actes peuvent être obligatoirement soumis à l'enregistrement, en application de l'art. 635 par ailleurs, soit en raison de la qualité de leur rédacteur (notaire, huissier, etc.), soit en raison des dispositions qu'ils contiennent (mutations immobilières, de fonds de commerce, etc.). * BOI-ENR-AVS-10-10-10 n° 130 du 2 sept. 2015.

Art. 746 **Les partages de biens meubles et immeubles entre copropriétaires, cohéritiers et coassociés, à quelque titre que ce soit, pourvu qu'il en soit justifié, sont assujettis à un droit d'enregistrement ou à une taxe de publicité foncière de 2,50 %.** *(L. n° 2019-1479 du 28 déc. 2019, art. 108, en vigueur le 1er janv. 2021)* **« Ce taux est ramené à 1,80 % à compter du 1er janvier 2021 et à 1,10 % à compter du 1er janvier 2022, pour les partages des intérêts patrimoniaux consécutifs à une séparation de corps, à un divorce ou à une rupture d'un pacte civil de solidarité. »** — *V. toutefois art. 750 bis A, 750 bis B et 750 bis C.* — **CGI.**

[L. 28 févr. 1872, art. 1er-5° ; Décr. n° 55-472 du 30 avr. 1955, art. 2 ; L. n° 57-716 du 26 juin 1957, art. 1er-I-b-2° ; Décr. n° 57-728 du 27 juin 1957, art. 2 ; L. n° 69-1168 du 26 déc. 1969, art. 3-II-4°-b, al. 1er, et 6-II-1, al. 1er ; L. n° 2004-1485 du 30 déc. 2004, art. 95-I-B-8° et IV ; L. n° 2011-900 du 29 juill. 2011, art. 7-IV et V ; L. n° 2011-1977 du 28 déc. 2011, art. 7.]

1. Acte constatant la réduction du capital d'une société par réduction du nominal d'actions. Pour être soumis au droit d'enregistrement de l'art. 746, l'acte constatant la réduction du capital d'une société doit être analysé en un acte constatant un partage de biens. Le CGI ne comportant pas de définition autonome du partage de l'actif social, il convient de se référer, en cette matière à l'art. 1844-9 C. civ. Le partage de l'actif social visé par cet art. et auquel s'appliquent les règles du partage des successions ne peut avoir lieu qu'après clôture de la liquidation de la société, c'est-à-dire lorsque la société n'existe plus. • Paris, 22 déc. 2006, n° 04-24.674 : *RJF 2007. 754 ; Dr. fisc. 2007. 788, note Blanluet.* ♦ Confirmé • Com. 23 sept. 2008, n° 07-12.493 (n° 904 FS-PB) : *Dr. fisc. 2008. 608, note Blanluet ; RJF 2008. 1396.* ♦ Dès lors qu'il ressort des procès-verbaux des délibérations décidant les réductions du capital de la société que les associés n'ont pas entendu liquider la société dont la personnalité morale n'a pas été atteinte par la réduction de capital et que les décisions de réduction du capital mettent à la charge de la société directement envers chacun des associés, une dette, par action détenue, l'enregistrement des procès-verbaux n'est pas soumis au droit de partage prévu à l'art. 746. • Mêmes arrêts. ♦ Sur les droits d'enregistrement perçus, à compter du 1er janv. 2009, à l'occasion des rachats de titres suivis d'une réduction de capital, V. l'art. 814 C.

2. Dissolution de SOFICA. Les apports en numéraire réalisés auprès des Sofica étant par nature des apports de choses fongibles dont la société acquiert immédiatement la propriété, ils doivent être compris dans l'actif net à partager qui est taxable au droit de partage dans les conditions de droit commun, conformément à l'art. 746. * BOI-RES-000006 du 7 juin 2018.

Art. 747 **Le droit d'enregistrement ou la taxe de publicité foncière prévus à l'article 746 sont liquidés sur le montant de l'actif net partagé. Lorsque le partage comporte une soulte ou une plus-value, l'impôt sur ce qui en est l'objet est perçu aux taux prévus pour les ventes, au prorata, le cas échéant, de la valeur respective des différents biens compris dans le lot grevé de la soulte ou de la plus-value.**

[L. 28 févr. 1872, art. 1er-5° ; L. n° 63-254 du 15 mars 1963, art. 13, al. 1er, et 60 ; Décr. n° 63-674 du 9 juill. 1963, art. 28 ; L. n° 69-1168 du 26 déc. 1969, art. 5.]

1. Assiette du droit de partage. La fraction du prix d'acquisition du bien partagé dont chacun des copartageants est débiteur à la date du partage n'est pas déductible pour l'assiette du droit, dès lors qu'il s'agit de dettes personnelles et non du passif afférent aux biens partagés. • Com. 17 oct. 1995, n° 93-16.956 P : *Dr. fisc. 1996. 70 ; D. 1995. IR 235.*

2. Liquidation de société. En cas de liquidation de société, le remboursement du capital social échappe au droit de partage. En revanche, les sommes correspondant aux primes d'émission et de fusion et à la réserve de décapitalisation, qui n'ont pas été incorporées au capital social, ne peuvent pas être déduites pour le calcul de l'assiette du droit de partage. • Com. 26 sept. 2018, n° 16-24.070 : *RJF 2019. 97 ; Dr. fisc. 2018. 442, note Desbuquois.* ♦ Au contraire, la doctrine administrative exige le droit de partage tant sur le boni de liquidation que sur le capital social.

* BOI-ENR-AVS-30-20-10 n°s 110 s. du 7 juin 2018.

3. Immeubles dépourvus de titre de propriété. En cas de partage d'une succession incluant à la fois des immeubles ou droits immobiliers titrés et des immeubles ou droits immobiliers pour lesquels le droit de propriété du défunt n'a pas été constaté avant son décès par un acte régulièrement transcrit ou publié, le droit de partage acquitté lors du premier partage est imputable sur les droits dus à raison du nouveau partage incluant les immeubles ou droits immobiliers pour lesquels le droit de propriété du défunt n'avait pas été constaté avant son décès par un acte régulièrement transcrit ou publié et qui ont été titrés, à la condition que chacun des copartageants conservent les biens ou droits qui leur ont été attribués lors du premier partage. * BOI-ENR-PTG-10-10 n° 220 du 30 mai 2014.

Art. 748 Les partages qui portent sur des biens meubles ou immeubles dépendant d'une succession ou d'une communauté conjugale et qui interviennent uniquement entre les membres originaires de l'indivision, leur conjoint, des ascendants, des descendants ou des ayants droit à titre universel de l'un ou de plusieurs d'entre eux, ne sont pas considérés comme translatifs de propriété dans la mesure des soultes ou plus-values. Il en est de même des partages portant sur des biens indivis issus d'une donation-partage et des partages portant sur des biens indivis acquis par des partenaires ayant conclu un pacte civil de solidarité ou par des époux, avant ou pendant le pacte ou le mariage. En ce qui les concerne, l'imposition est liquidée sur la valeur nette de l'actif partagé déterminée sans déduction de ces soultes ou plus-values.

[L. n° 69-1168 du 26 déc. 1969, art. 3-II-4°-b, al. 2, et 6-II-1, al. 2 ; L. n° 2007-1822 du 24 déc. 2007, art. 18-I.]

Art. 757 A Les versements en capital prévus par l'article 373-2-3 du code civil ne sont soumis aux droits de mutation à titre gratuit que pour la fraction qui excède 2 700 € par année restant à courir jusqu'à la majorité du bénéficiaire.

[L. n° 75-1278 du 30 déc. 1975, art. 61, al. 3 ; L. n° 2000-596 du 30 juin 2000, art. 18-II et 19 ; L. n° 2004-439 du 26 mai 2004, art. 25 et 28.]

BIBL. V. ss. art. 80 *quater*.

1. Prestation compensatoire en capital. * BOI-ENR-DMTG-20-10-20-20 n°s 10 à 40 du 2 sept. 2016.

2. Nouveau régime. V. art. 1133 *ter*.

Art. 1133 *ter* Sous réserve de l'application de l'imposition prévue à l'article 1020 du présent code, les versements en capital effectués en application *(L. n° 2020-1721 du 29 déc. 2020, art. 3)* « de l'article 274, du second alinéa de l'article 276 et des articles » 278 et 279-1 du code civil et qui ne sont pas soumis aux dispositions de l'article 80 *quater* du présent code sont assujettis, lorsqu'ils proviennent de biens autres que ceux visés à l'article 748, à la perception d'une imposition fixe de 125 €.

Ces dispositions sont applicables aux conversions en capital effectuées en application des articles 276-4 et 280 du code civil.

[L. n° 2004-439 du 26 mai 2004, art. 28 ; L. n° 2005-1720 du 30 déc. 2005, art. 73-II.]

Art. 1691 *bis* I. — Les époux et les partenaires liés par un pacte civil de solidarité sont tenus solidairement au paiement :

1° De l'impôt sur le revenu lorsqu'ils font l'objet d'une imposition commune ;

2° De la taxe d'habitation *(L. n° 2019-1479 du 28 déc. 2019, art. 16-I-E-24° et VII-E, applicable à compter des impositions établies au titre de 2023)* « sur les résidences secondaires et autres locaux meublés non affectés à l'habitation principale » lorsqu'ils vivent sous le même toit ;

(Ord. n° 2022-883 du 14 juin 2022, art. 2-2°-a-ii et 10) « 3° De la taxe d'aménagement et des pénalités afférentes ;

« 4° De la taxe d'archéologie préventive mentionnée à l'article 235 *ter* ZG. » — *Les dispositions des 3° et 4° s'appliquent aux demandes d'autorisation d'urbanisme initiale déposées à compter du 1er septembre 2022, aux autorisations d'urbanisme s'y rattachant, et aux procès-verbaux établis après cette date constatant l'achèvement de constructions ou d'aménagements sans autorisation ou en infraction aux obligations résultant d'une autorisation d'urbanisme initiale dont la demande a été déposée après le 1er sept. 2022 ou d'une autorisation d'urbanisme s'y rattachant (Ord. n° 2022-883 du 14 juin 2022, art. 16 et Décr. n° 2022-1102 du 1er août 2022, art. 1er).*

II. — 1. Les personnes divorcées ou séparées peuvent demander à être déchargées des obligations de paiement prévues au I ainsi qu'à l'article 1723 *ter*-00 B lorsque, à la date de la demande :

_a)_ Le jugement de divorce ou de séparation de corps a été prononcé ou la convention de divorce par consentement mutuel prenant la forme d'un acte sous signature privée contresigné par avocats a été déposée au rang des minutes d'un notaire ;

_b)_ La déclaration conjointe de dissolution du pacte civil de solidarité établie par les partenaires ou la signification de la décision unilatérale de dissolution du pacte civil de solidarité de l'un des partenaires a été enregistrée au greffe du *(Ord. n° 2019-964 du 18 sept. 2019, art. 35 et 36, en vigueur le 1er janv. 2020)* **« tribunal judiciaire** *[ancienne rédaction : tribunal d'instance]* **» ;**

_c)_ Les intéressés ont été autorisés à avoir des résidences séparées ;

_d)_ L'un ou l'autre des époux ou des partenaires liés par un pacte civil de solidarité a abandonné le domicile conjugal ou la résidence commune.

2. La décharge de l'obligation de paiement est accordée en cas de disproportion marquée entre le montant de la dette fiscale et, à la date de la demande, la situation financière et patrimoniale, nette de charges, du demandeur. *(L. n° 2021-1900 du 30 déc. 2021, art. 139-1° et 2°)* **« La situation financière nette du demandeur est appréciée sur une période n'excédant pas trois années. La décharge de l'obligation de paiement » est alors prononcée selon les modalités suivantes :** — *La précision sur l'appréciation de la situation financière du demandeur sur une période de 3 ans s'applique aux demandes formulées à compter du 1er janv. 2022.*

_a)_ Pour l'impôt sur le revenu, la décharge est égale à la différence entre le montant de la cotisation d'impôt sur le revenu établie pour la période d'imposition commune et la fraction de cette cotisation correspondant aux revenus personnels du demandeur et à la moitié des revenus communs du demandeur et de son conjoint ou de son partenaire de pacte civil de solidarité.

Pour l'application du présent _a_, les revenus des enfants mineurs du demandeur non issus de son mariage avec le conjoint ou de son union avec le partenaire de pacte civil de solidarité sont ajoutés aux revenus personnels du demandeur ; la moitié des revenus des enfants mineurs du demandeur et de son conjoint ou de son partenaire de pacte civil de solidarité est ajoutée à la moitié des revenus communs.

Les revenus des enfants majeurs qui ont demandé leur rattachement au foyer fiscal des époux ou des partenaires liés par un pacte civil de solidarité ainsi que ceux des enfants infirmes sont pris en compte dans les conditions définies à l'alinéa précédent.

La moitié des revenus des personnes mentionnées au 2° de l'article 196 ainsi qu'à l'article 196 A _bis_ est ajoutée à la moitié des revenus communs du demandeur et de son conjoint ou de son partenaire de pacte civil de solidarité ;

_b)_ Pour la taxe d'habitation *(L. n° 2019-1479 du 28 déc. 2019, art. 16-I-E-24° et VII-E, applicable à compter des impositions établies au titre de 2023)* **« sur les résidences secondaires et autres locaux meublés non affectés à l'habitation principale », la décharge est égale à la moitié de la cotisation de taxe d'habitation** *(L. n° 2019-1479 du 28 déc. 2019, art. 16-I-E-24° et VII-E, applicable à compter des impositions établies au titre de 2023)* **« sur les résidences secondaires et autres locaux meublés non affectés à l'habitation principale » mise à la charge des personnes mentionnées au I ;**

_c)_ Pour l'impôt *(L. n° 2017-1837 du 30 déc. 2017, art. 31)* **« sur la fortune immobilière », la décharge est égale à la différence entre le montant de la cotisation d'impôt** *(L. n° 2017-1837 du 30 déc. 2017, art. 31)* **« sur la fortune immobilière » dû par les personnes mentionnées à l'article 1723 *ter*-00 B et la fraction de cette cotisation correspondant à l'actif net du patrimoine** *(L. n° 2017-1837 du 30 déc. 2017, art. 31)* **« imposable » propre du demandeur et à la moitié de l'actif net du patrimoine** *(L. n° 2017-1837 du 30 déc. 2017, art. 31)* **« imposable » commun du demandeur et de son conjoint ou de son partenaire de pacte civil de solidarité.**

Pour l'application du présent _c_, le patrimoine *(L. n° 2017-1837 du 30 déc. 2017, art. 31)* **« imposable » des enfants mineurs du demandeur non issus de son mariage avec le conjoint ou de son union avec le partenaire de pacte civil de solidarité est**

ajouté au patrimoine *(L. n° 2017-1837 du 30 déc. 2017, art. 31)* **« imposable » propre du demandeur ; la moitié du patrimoine** *(L. n° 2017-1837 du 30 déc. 2017, art. 31)* **« imposable » des enfants mineurs du demandeur et de son conjoint ou de son partenaire de pacte civil de solidarité est ajoutée à la moitié du patrimoine** *(L. n° 2017-1837 du 30 déc. 2017, art. 31)* **« imposable » commun ;**

d) **Pour les intérêts de retard et les pénalités mentionnées aux articles 1727, 1728, 1729, 1732 et 1758 A consécutifs à la rectification d'un bénéfice ou revenu propre au conjoint ou au partenaire de pacte civil de solidarité du demandeur, la décharge de l'obligation de paiement est prononcée en totalité. Elle est prononcée, dans les autres situations, dans les proportions définies respectivement au *a* pour l'impôt sur le revenu, au *b* pour la taxe d'habitation** *(L. n° 2019-1479 du 28 déc. 2019, art. 16-I-E-24° et VII-E, applicable à compter des impositions établies au titre de 2023)* **« sur les résidences secondaires et autres locaux meublés non affectés à l'habitation principale » et au *c* pour l'impôt** *(L. n° 2017-1837 du 30 déc. 2017, art. 31)* **« sur la fortune immobilière ».**

3. Le bénéfice de la décharge de l'obligation de paiement est subordonné au respect des obligations déclaratives du demandeur prévues par les articles 170 et *(L. n° 2017-1837 du 30 déc. 2017, art. 31)* **« 982** *[ancienne rédaction : 885 W]* **» à compter de la date de la fin de la période d'imposition commune.**

La décharge de l'obligation de paiement ne peut pas être accordée lorsque le demandeur et son conjoint ou son partenaire lié par un pacte civil de solidarité se sont frauduleusement soustraits, ou ont tenté de se soustraire frauduleusement, au paiement des impositions mentionnées aux 1° et 2° du I ainsi qu'à l'article 1723 *ter*-00 B, soit en organisant leur insolvabilité, soit en faisant obstacle, par d'autres manœuvres, au paiement de l'impôt.

III. — Les personnes en situation de gêne et d'indigence qui ont été déchargées de l'obligation de paiement d'une fraction des impôts, conformément au II, peuvent demander à l'administration de leur accorder une remise totale ou partielle de la fraction des impositions mentionnées aux 1° et 2° du I restant à leur charge.

Pour l'application de ces dispositions, la situation de gêne et d'indigence s'apprécie au regard de la seule situation de la personne divorcée ou séparée à la date de demande de remise.

IV. — L'application des II et III ne peut donner lieu à restitution. — *Sur les modalités d'application des II et III, V. Ann. II, art. 382 bis à 382 quinquies.* - **CGI.**

Les dispositions du présent art. issues du B du I de l'art. 31 de la L. n° 2017-1837 du 30 déc. 2017, s'appliquent au titre de l'impôt sur la fortune immobilière dû à compter du 1er janv. 2018. Toutefois, les dispositions modifiées par le même B du I continuent de s'appliquer, dans leur rédaction en vigueur au 31 déc. 2017, à l'impôt de solidarité sur la fortune dû jusqu'au titre de l'année 2017 incluse (L. préc., art. 31-IX-B).

BIBL. ▶ DAUMAS, *RJF 2009, p. 475* (solidarité fiscale entre conjoints : retour sur des liens décidément très attachants).

1. Constitutionnalité. Le droit à la décharge de solidarité pour le paiement de l'IR, de la taxe d'habitation et de l'ISF, prévu par l'art. 1691 *bis*-II en faveur des ex-conjoints séparés ou divorcés, à l'exclusion des personnes veuves, est conforme à la Constitution. • Cons. const. 28 juin 2013, n° 2013-330 QPC : *JO 30 juin 2013 ; RJF 2013. 960.*

2. Décharge de responsabilité solidaire. Commentaire administratif de l'art. 1691 *bis*. Principe de la solidarité fiscale entre époux et partenaires liés par un PACS en matière d'IR et de taxe d'habitation. Procédure légale de décharge de responsabilité solidaire applicable en matière d'IR, de taxe d'habitation et d'ISF pour les personnes divorcées ou séparées. * BOI-CTX-DRS-10 et 20 du 14 oct. 2015.

3. Un ex-époux qui a obtenu la décharge partielle de sa responsabilité solidaire peut demander la remise gracieuse du reliquat et, en cas de refus, former un recours pour excès de pouvoir, mais sans possibilité de faire appel. • CAA Lyon, 28 mars 2017, n° 15LY01713 : *RJF 2017. 747.*

4. Solidarité de paiement des pénalités. La circonstance que les pénalités dont le couple est solidaire au paiement soient la conséquence des agissements de l'un des époux ou partenaires, dans le cadre de son activité professionnelle, ne dispense pas l'autre époux ou partenaire totalement étranger à ces agissements d'être solidaire à leur paiement. La solidarité de paiement n'ayant pas le caractère d'une punition, le principe de personnalité des peines ne peut pas être utilement invoqué pour limiter la portée de la solidarité d'un conjoint. Celle-ci est donc applicable aux pénalités prononcées à l'encontre de l'autre conjoint. • CAA Versailles, 28 mai 2015, n° 14VE00794 : *RJF 2015. 810.*

5. Non-application aux prélèvements sociaux. Une personne n'est pas solidairement tenue au paiement de la CSG, de la CRDS et du prélèvement social établis sur des revenus d'origine indéterminée perçus par son conjoint, dès lors qu'en renvoyant de façon générale aux règles de recouvrement applicables à l'IR pour le recouvrement de ces prélèvements, le législateur ne leur a pas expressément étendu les dispositions relatives à la solidarité des époux spécifiquement prévue pour l'IR. • CE 10 juill. 2012, *Augé*, n° 336492 : *RJF 2012. 1072 ; Dr. fisc. 2012. 512.* ♦ Pour sa part, l'Administration admet que, bien que non expressément visées par la loi, les contributions sociales assises, contrôlées et recouvrées selon les mêmes règles et sous les mêmes sûretés, privilèges et sanctions que l'IR mentionnées aux art. 1600-0 C, 1600-0 F *bis* et 1600-0 G CGI, puissent également donner lieu à décharge, selon les mêmes modalités qu'en matière d'IR.* BOI-CTX-DRS-10 n° 30 du 14 oct. 2015.

6. Cas où la demande de décharge n'a pas été accordée. Une demande tendant à obtenir décharge de responsabilité solidaire d'un conjoint constitue un droit lorsque les conditions prévues sont remplies. Elle entre donc dans le champ d'application de la loi du 11 juill. 2009. Par suite, la décision de l'Administration refusant d'accorder la décharge de droit de l'obligation solidaire doit être motivée. • TA Montreuil, 15 juill. 2011, n° 1008294 : *RJF 2012. 422.*

7. Imposition commune des époux. L'épouse dont le divorce ne sera prononcé que postérieurement aux années d'imposition à l'IR en litige et qui ne produit aucun élément attestant d'une rupture de la vie commune au cours de ces années doit être regardée comme responsable solidairement du paiement de l'IR mis à sa charge et à celle de son ex-époux au titre de ces années. • CE 8 oct. 2010, n°s 334160 et 334161 : *RJF 2011. 98.* ♦ L'art. 1691 *bis* autorise l'Administration fiscale à poursuivre indifféremment auprès de l'un ou l'autre des époux le recouvrement de la totalité de l'IR mis à la charge du foyer fiscal pour la période d'imposition commune sans que puissent lui être opposées les conventions particulières résultant d'un jugement de divorce quant à la répartition de la charge de ces impôts. • CAA Bordeaux, 15 janv. 2015, n°s 14BX01120 et 14BX01449 : *RJF 2015. 535.*

8. Vie commune des époux. L'épouse qui ne produit pas d'éléments permettant de tenir pour établi qu'elle ne vivait plus au domicile de son ex-époux au cours des années en cause doit être regardée comme solidairement responsable du paiement de la taxe d'habitation au titre de ces années. • CE 8 oct. 2010, n°s 334160 et 334161 : *préc. note 7.*

9. Époux divorcés par consentement mutuel. A compter du 1er janv. 2017, les personnes qui divorcent en utilisant la nouvelle procédure de divorce par consentement mutuel peuvent demander à être déchargées de leur responsabilité solidaire pour le paiement de l'IR, de la taxe d'habitation et de l'ISF à compter de la date du dépôt de la convention de divorce au rang des minutes d'un notaire : L. n° 2016-1547 du 18 nov. 2016, art. 50-V.

10. Époux ni divorcés ni séparés. Seules les personnes divorcées ou séparées peuvent demander à être déchargées de leur responsabilité solidaire. Les époux et partenaires liés par un PACS, ne remplissant pas les conditions prévues à l'art. 1691 *bis*-II, ne sont pas des tiers l'un envers l'autre au regard de l'art. L. 247 LPF. S'ils sont recevables à demander des remises totales ou partielles d'impositions, d'amendes ou de majorations fiscales, dans les conditions de l'art. L. 247 LPF, ils ne sont pas recevables à demander à être déchargés de leur responsabilité solidaire. • CE 16 févr. 2015, n° 373976 : *RJF 2015. 441.*

11. Polygamie. La contestation de sa qualité de débiteur solidaire par une femme mariée à une personne non divorcée de sa précédente union est une opposition aux poursuites susceptible d'être accueillie favorablement. • CAA Paris, 13 déc. 2012, *Sonni*, n° 11PA00737 : *RJF 2013. 554.*

12. Organisation d'insolvabilité. Ex-épouse ayant vendu son patrimoine personnel peu avant le divorce et ayant démissionné de son emploi peu après. • CE 31 juill. 2009, n° 298973 : *RJF 2009. 1165.* ♦ Contribuable en situation de gêne et d'indigence ayant organisé volontairement son insolvabilité en remboursant ses dettes non fiscales au détriment de ses arriérés d'impôt. • CE 7 mars 2019, n° 419907 : *RJF 2019. 578.*

XII DROIT INTERNATIONAL

Sur la circulation transfrontalière des conventions du divorce, V. Circ. du 26 janv. 2017, fiche n° 10, ss. C. civ., art. 229-4.

DALLOZ PRATIQUE[S] *Divorce - Divorce international.*

A Droit européen

Règlement (CE) du Conseil n° 2201/2003 du 27 novembre 2003,

Relatif à la compétence, la reconnaissance et l'exécution des décisions en matière matrimoniale et en matière de responsabilité parentale abrogeant le règlement (CE) n° 1347/2000 (JOUE n° L 338 du 23 déc. 2003). — Le présent règlement remplace le Règlement (CE) n° 1347/2000 du 29 mai 2000, à compter du 1er mars 2005. — V. art. 71 et 72.

V. infra, applicable à partir du 1er août 2022, le Règl. (UE) 2019/1111 du Conseil du 25 juin 2019 relatif à la compétence, la reconnaissance et l'exécution des décisions en matière matrimoniale et en matière de responsabilité parentale, ainsi qu'à l'enlèvement international d'enfants.

BIBL. GÉN. ▶ Ancel et Muir Watt, *Rev. crit. DIP 2005. 569*. - Aluffi, Anredi, Borsan, Lamarche et Sagot-Duvauroux, *Dr. fam. 2017. Étude 16* (points de vue des magistrats face au règlement Bruxelles II *bis*). - Attal, *JCP 2004. I. 159, n° 11*. - Armstrong, *Dr. et patr. 7/2005, p. 46* (articulation avec les conventions de La Haye). - Barrière-Brousse, *D. 2008. 625* (révision du Règlement Bruxelles II « *bis* » : perspectives communautaires sur les désunions internationales). - Boiché, *Gaz. Pal. 27-28 mai 2005, p. 28* (articulation des règles du nouveau droit communautaire du divorce avec les règles nationales de compétence directe) ; *AJ fam. 2008. 270* (le divorce en droit international privé) ; *ibid. 284* (tableau des règles de compétence juridictionnelle et législative applicables en matière de contentieux familial international) ; *ibid. 2014. 481* (droit international et stratégie procédurale du divorce). - Borras, *LPA 12 déc. 2002, p. 12*. - Bouzidi, *Just. et cass. 2009. 27* (les nouvelles règles de compétence en matière de désunion). - Bruneau, *JCP 2000. I. 266* (traité d'Amsterdam et coopération judiciaire en matière civile) ; *JCP 2001. I. 314* (reconnaissance et exécution des décisions rendues dans l'Union européenne). - Celeyron-Bouillot, *AJ fam. 2008. 279* (le litige international d'autorité parentale : recherche de solutions communes). - Chauveau, Cornec et Boiche, *AJ fam. 2001. 52*. - Chauveau *et alii*, *Gaz. Pal. 7-8 juill. 2006. 21* (famille et Europe : un espace judiciaire et familial en construction). - Courbe, *LPA 3 déc. 2002, p. 7 ; ibid. 14 oct. 2003, p. 5*. - Deflers et Butruille-Cardew, *Gaz. Pal. 25-27 sept. 2005, p. 7*. - Devers, *Dr. fam. 2012. Étude 1* (l'articulation des règlements européens [Bruxelles II *bis* et Rome III] et des conventions franco-marocaines [de 1957 et 1981]). - Djemni-Wagner, *Gaz. Pal. 3-4 sept. 2004, p. 18*. - Farge, *Dr. fam. 2003. Étude 32* (contribution à l'apprentissage des règles européennes de conflits de juridictions en matière de divorce). - Fulchiron, *Dr. et patr. 4/2005, p. 34*. - E. Guinchard, *AJF 2006. 99*. - Hamou, *Gaz. Pal. 4-6 oct. 2015, p. 11* (la notion de résidence habituelle en droit international privé). - Lamarche, *Dr. fam. 2017. Étude 1* (pratiques judiciaires variables de l'application du règlement « Bruxelles II *bis* »). - Lecharny, *Dr. fam. 2008. Étude 25* (caractère obligatoire de la règle de conflit : l'office du juge aux affaires familiales). - Pocard, *Mél. Revillard, Defrénois 2007, p. 245* (quelques remarques sur la modification du règlement communautaire). - Revillard, *Mél. Gaudemet-Tallon, Dalloz 2008, p. 789* (l'harmonisation du droit international privé de la famille dans la pratique notariale). - Richez-Pons, *AJ fam. 2005. 256* ; *Dr. fam. 2006. Chron. 32 (parole de l'enfant)*. - Rouchaud, *ibid. 12 déc. 2002, p. 206* (projets et perspectives de mise en œuvre du programme de reconnaissance mutuelle). - Dossier : La coopération dans l'espace judiciaire européen, *Dr. et patr. 11/2004, p. 43*. - Dossier : Divorce et responsabilité parentale version Bruxelles II *bis*, *Dr. et patr. 6/2005, p. 46*.

Sur la circulation transfrontalière des conventions du divorce, V. Circ. du 26 janv. 2017, fiche n° 10, ss. C. civ., art. 229-4.

Le Conseil de l'Union européenne,

vu le traité instituant la Communauté européenne, et notamment son article 61, point c), et son article 67, paragraphe 1,

vu la proposition de la Commission *[JO C 203 E du 27 août 2002, p. 155]*,

vu l'avis du Parlement européen,

vu l'avis du Comité économique et social européen *[JO C 61 du 14 mars 2003, p. 76]*,

considérant ce qui suit :

(1) La Communauté européenne s'est donné pour objectif de créer un espace de liberté, de sécurité et de justice au sein duquel est assurée la libre circulation des personnes. A cette fin, la Communauté adopte, notamment, les mesures dans le domaine de la coopération judiciaire en matière civile nécessaires au bon fonctionnement du marché intérieur.

(2) Le Conseil européen de Tampere a approuvé le principe de la reconnaissance mutuelle des décisions judiciaires comme pierre angulaire de la création d'un véritable espace judiciaire, et a identifié le droit de visite comme une priorité.

(3) Le règlement (CE) n° 1347/2000 du Conseil du 29 mai 2000 établit les règles régissant la compétence, la reconnaissance et l'exécution des décisions en matière matrimoniale et en matière de responsabilité parentale des enfants communs, rendues à l'occasion d'actions matrimoniales. Le contenu dudit règlement était largement repris de la convention du 28 mai 1998 ayant le même objet. — *V. Règl. (CE) n° 1347/2000 du Conseil du 29 mai 2000, JO L 160 du 30 juin 2000, p. 19. — Conv. du 28 mai 1998 : lors de l'adoption du Règl. (CE) n° 1347/2000, le Conseil avait pris acte du rapport explicatif relatif à la convention élaboré par madame le professeur Alegria Borras (JO C 221 du 16.7.1998, p. 27).*

(4) Le 3 juillet 2000, la France a présenté une initiative en vue de l'adoption d'un règlement du Conseil relatif à l'exécution mutuelle des décisions concernant le droit de visite des enfants. — *V. Initiative du 3 juill. 2000 de la France, JO C 234 du 15 août 2000, p. 7.*

(5) En vue de garantir l'égalité de tous enfants, le présent règlement couvre toutes les décisions en matière de responsabilité parentale, y compris les mesures de protection de l'enfant, indépendamment de tout lien avec une procédure matrimoniale.

(6) Dès lors que l'application des règles en matière de responsabilité parentale intervient souvent dans le cadre d'actions matrimoniales, il est plus approprié d'avoir un seul instrument en matière de divorce et en matière de responsabilité parentale.

(7) Le champ d'application du présent règlement couvre les matières civiles, quelle que soit la nature de la juridiction.

(8) En ce qui concerne les décisions de divorce, de séparation de corps ou d'annulation du mariage, le présent règlement ne devrait s'appliquer qu'à la dissolution du lien matrimonial et ne devrait pas concerner des questions telles que les causes de divorce, les effets patrimoniaux du mariage ou autres mesures accessoires éventuelles.

(9) En ce qui concerne les biens de l'enfant, le présent règlement ne devrait s'appliquer qu'aux mesures de protection de l'enfant, c'est-à-dire : i) à la désignation et aux fonctions d'une personne ou d'un organisme chargé de gérer les biens de l'enfant, de le représenter et de l'assister et ii) aux mesures relatives à l'administration, à la conservation ou à la disposition des biens de l'enfant. Dans ce contexte et à titre d'exemple, le présent règlement devrait s'appliquer aux cas dans lesquels les parents sont en litige au sujet de l'administration des biens de l'enfant. Les mesures relatives aux biens de l'enfant qui ne concernent pas la protection de l'enfant devraient continuer à être régies par règlement (CE) n° 44/2001 du Conseil du 22 décembre 2000 concernant la compétence judiciaire, la reconnaissance et l'exécution des décisions en matière civile et commerciale. — *V. Règl. (CE) n° 44/2001 du Conseil du 22 déc. 2000.* — ***C. pr. civ.***

(10) Le présent règlement n'a pas vocation à s'appliquer à des matières telles que celles relatives à la sécurité sociale, aux mesures de droit public à caractère général en matière d'éducation et de santé, ni aux décisions relatives au droit d'asile et à l'immigration. En outre, il ne s'applique ni à l'établissement de la filiation qui est une question distincte de l'attribution de la responsabilité parentale, ni aux autres questions liées à l'état des personnes. Il ne s'applique pas non plus aux mesures prises à la suite d'infractions pénales commises par des enfants.

(11) Les obligations alimentaires sont exclues du champ d'application du présent règlement car elles sont déjà régies par le règlement (CE) n° 44/2001. Les juridictions compétentes en vertu du présent règlement seront généralement compétentes pour statuer en matière d'obligations alimentaires par application de l'article 5, paragraphe 2, du règlement (CE) n° 44/2001. – *V. Règl. (CE) n° 44/2001 du Conseil du 22 déc. 2000.* – ***C. pr. civ.***

(12) Les règles de compétence établies par le présent règlement en matière de responsabilité parentale sont conçues en fonction de l'intérêt supérieur de l'enfant et en particulier du critère de proximité. Ce sont donc en premier lieu les juridictions de l'État membre dans lequel l'enfant a sa résidence habituelle qui devraient être compétentes, sauf dans certains cas de changement de résidence de l'enfant ou suite à un accord conclu entre les titulaires de la responsabilité parentale.

(13) Dans l'intérêt de l'enfant, le présent règlement permet à la juridiction compétente, à titre exceptionnel et dans certaines conditions, de renvoyer l'affaire à la juridiction d'un autre État membre si celle-ci est mieux placée pour connaître de l'affaire. Toutefois, dans ce cas, la juridiction deuxième saisie ne devrait pas être autorisée à renvoyer l'affaire à une troisième juridiction.

(14) Les effets du présent règlement ne devraient pas porter préjudice à l'application du droit international public en matière d'immunités diplomatiques. Si la juridiction compétente sur base du présent règlement ne peut exercer sa compétence en raison de l'existence d'une immunité diplomatique conforme au droit international, la compétence devrait être déterminée dans l'État membre dans lequel la personne concernée ne bénéficie d'aucune immunité, conformément à la loi de cet État.

(15) Le règlement (CE) n° 1348/2000 du Conseil du 29 mai 2000 relatif à la signification et à la notification dans les États membres des actes judiciaires et extrajudiciaires en matière civile et commerciale est d'application pour la signification et la notification des actes dans le cadre d'une action judiciaire intentée en vertu du présent règlement. – *V. Règl. (CE) n° 1348/2000 du Conseil du 29 mai 2000.* – ***C. pr. civ.***

(16) Le présent règlement ne fait pas obstacle à ce que les juridictions d'un État membre adoptent, en cas d'urgence, des mesures provisoires ou conservatoires relatives aux personnes ou aux biens présents dans cet État.

(17) En cas de déplacement ou de non-retour illicite d'un enfant, son retour devrait être obtenu sans délai et à ces fins la convention de La Haye du 25 octobre 1980 devrait continuer à s'appliquer telle que complétée par les dispositions de ce règlement et en particulier de l'article 11. Les juridictions de l'État membre dans lequel l'enfant a été déplacé ou retenu illicitement devraient être en mesure de s'opposer à son retour dans des cas précis, dûment justifiés. Toutefois, une telle décision devrait pouvoir être remplacée par une décision ultérieure de la juridiction de l'État membre de la résidence habituelle de l'enfant avant son déplacement ou non-retour illicites. Si cette décision implique le retour de l'enfant, le retour devrait être effectué sans qu'il soit nécessaire de recourir à aucune procédure pour la reconnaissance et l'exécution de ladite décision dans l'État membre où se trouve l'enfant enlevé.

(18) En cas de décision de non-retour rendue en vertu de l'article 13, de la convention de La Haye de 1980, la juridiction devrait en informer la juridiction compétente ou l'autorité centrale de l'État membre dans lequel l'enfant avait sa résidence habituelle avant son déplacement ou son non-retour illicites. Cette juridiction, si elle n'a pas encore été saisie, ou l'autorité centrale, devrait adresser une notification aux parties. Cette obligation ne devrait pas empêcher l'autorité centrale d'adresser également une notification aux autorités publiques concernées conformément au droit national.

(19) L'audition de l'enfant joue un rôle important dans l'application du présent règlement sans que cet instrument ait pour objet de modifier les procédures nationales applicables en la matière.

(20) L'audition d'un enfant dans un autre État membre peut être effectuée selon les modalités prévues par le règlement (CE) n° 1206/2001 du Conseil du 28 mai 2001 relatif à la coopération entre les juridictions des États membres dans le domaine de

l'obtention des preuves en matière civile ou commerciale. — *V. Règl. (CE) n° 1206/2001 du Conseil du 28 mai 2001, JO L 174 du 27 juin 2001, p. 1.*

(21) La reconnaissance et l'exécution des décisions rendues dans un État membre devraient reposer sur le principe de la confiance mutuelle et les motifs de non-reconnaissance devraient être réduits au minimum nécessaire.

(22) Les actes authentiques et les accords entre parties qui sont exécutoires dans un État membre devraient être assimilés à des "décisions" aux fins de l'application des règles de reconnaissance et d'exécution.

(23) Le Conseil européen de Tampere a estimé en ses conclusions (point 34) que les décisions rendues dans les litiges relevant du droit familial devaient être « automatiquement reconnues dans l'ensemble de l'Union sans procédure intermédiaire ni motifs de refus d'exécution ». C'est pourquoi les décisions concernant le droit de visite et celles concernant le retour de l'enfant, qui ont été certifiées dans l'État membre d'origine conformément aux dispositions du présent règlement, devraient être reconnues et jouissent de la force exécutoire dans tous les autres États membres sans qu'aucune autre procédure ne soit requise. Les modalités relatives à l'exécution de ces décisions restent régies par le droit national.

(24) Le certificat délivré aux fins de faciliter l'exécution de la décision ne devrait être susceptible d'aucun recours. Il ne devrait donner lieu à une action en rectification qu'en cas d'erreur matérielle, c'est-à-dire si le certificat ne reflète pas correctement le contenu de la décision.

(25) Les autorités centrales devraient coopérer tant de manière générale que dans les cas particuliers, y compris en vue de favoriser le règlement à l'amiable des conflits familiaux en matière de responsabilité parentale. A cet effet, les autorités centrales participent au réseau judiciaire européen en matière civile et commerciale créé par la décision 2001/470/CE du Conseil du 28 mai 2001 relative à la création d'un réseau judiciaire européen en matière civile et commerciale. — *V. Décis. 2001/470/CE du Conseil du 28 mai 2001, JO L 174 du 27 juin 2001, p. 25.*

(26) La Commission devrait rendre publiques et mettre à jour les listes de juridictions et de voies de recours transmises par les États membres.

(27) Il y a lieu d'arrêter les mesures nécessaires à la mise en œuvre du présent règlement en conformité avec la décision 1999/468/CE du Conseil du 28 juin 1999 fixant les modalités de l'exercice des compétences d'exécution conférées à la Commission. — *V. Décis. 1999/468/CE du Conseil du 28 juin 1999, JO L 184 du 17 juill. 1999, p. 23.*

(28) Le présent règlement remplace le règlement (CE) n° 1347/2000 qui est par conséquent abrogé. — *V. Règl. (CE) n° 1347/2000 du Conseil du 29 mai 2000, JO L 160 du 30 juin 2000, p. 19.*

(29) Il importe, en vue du bon fonctionnement du présent règlement, que la Commission en examine l'application en vue de proposer, le cas échéant, les modifications nécessaires.

(30) Le Royaume-Uni et l'Irlande, en vertu de l'article 3 du protocole sur la position du Royaume-Uni et de l'Irlande annexé au traité sur l'Union européenne et au traité instituant la Communauté européenne, ont notifié leur souhait de participer à l'adoption et à l'application du présent règlement.

(31) Le Danemark, conformément aux articles 1er et 2 du protocole sur la position du Danemark annexé au traité sur l'Union européenne et au traité instituant la Communauté européenne, ne participe pas à l'adoption du présent règlement et n'est donc pas lié par celui-ci ni soumis à son application.

(32) Étant entendu que les objectifs du présent règlement ne peuvent pas être réalisés de manière suffisante par les États membres et peuvent donc être mieux réalisés au niveau communautaire, la Communauté peut prendre des mesures conformément au principe de subsidiarité consacré à l'article 5 du traité. Conformément au principe de proportionnalité, tel qu'énoncé audit article, le présent règlement n'excède pas ce qui est nécessaire pour atteindre ces objectifs.

(33) Le présent règlement reconnaît les droits fondamentaux et observe les principes consacrés par la charte des droits fondamentaux de l'Union européenne. Il veille notamment à assurer le respect des droits fondamentaux de l'enfant tels qu'énoncés à l'article 24 de la charte des droits fondamentaux de l'Union européenne,

A ARRÊTÉ LE PRÉSENT RÈGLEMENT :

CHAPITRE I *CHAMP D'APPLICATION ET DÉFINITIONS*

Art. 1er *Champ d'application.* 1. Le présent règlement s'applique, quelle que soit la nature de la juridiction, aux matières civiles relatives :

a) au divorce, à la séparation de corps et à l'annulation du mariage des époux ;

b) à l'attribution, à l'exercice, à la délégation, au retrait total ou partiel de la responsabilité parentale.

2. Les matières visées au paragraphe 1, point b, concernent notamment :

a) le droit de garde et le droit de visite ;

b) la tutelle, la curatelle, et les institutions analogues ;

c) la désignation et les fonctions de toute personne ou organisme chargé de s'occuper de la personne ou des biens de l'enfant, de le représenter ou de l'assister ;

d) le placement de l'enfant dans une famille d'accueil ou dans un établissement ;

e) les mesures de protection de l'enfant liées à l'administration, à la conservation ou à la disposition de ses biens.

3. Le présent règlement ne s'applique pas :

a) à l'établissement et la contestation de la filiation ;

b) à la décision sur l'adoption et les mesures qui la préparent, ainsi que l'annulation et la révocation de l'adoption ;

c) aux noms et prénoms de l'enfant ;

d) à l'émancipation ;

e) aux obligations alimentaires ;

f) aux trusts et successions ;

g) aux mesures prises à la suite d'infractions pénales commises par des enfants.

1. Matière civile. Notion. Relève de la notion de « matières civiles », au sens de l'art. 1er, § 1, une décision unique qui ordonne la prise en charge immédiate et le placement d'un enfant en dehors de son foyer d'origine, dans une famille d'accueil, lorsque cette décision a été adoptée dans le cadre des règles d'ordre public relatives à la protection de l'enfance. • CJCE 27 nov. 2007, n° C-435-06 : *Dr. et patr. 2/2008, p. 106, obs. M.-L. Niboyet ; AJ fam. 2008. 82, obs. Boiché ; Procédures 2008, n° 45, obs. Nourrissat ; RJ com. 2008. 124, obs. Raynouard ; Europe 2008. Comm. 28, obs. Idot* • CJCE 2 avr. 2009, n° C-523/07 : *D. 2009. AJ 1149 ; ibid. 2010. Pan. 1585, obs. Jault-Seseke ; Rev. crit. DIP 2009. 685, obs. Cuniberti ; JCP 2009. 316, note Boulanger ; Europe 2009. Comm. 265, obs. Idot ; Procédures 2009, n° 277, note Nourissat ; Gaz. Pal. 2009. Jurisp. 3793, note Guez.* ♦ *Adde*. Boiché, *AJ fam. 2009. 294* (mise en œuvre pratique).

2. Placement d'un enfant dans un établissement fermé dans un autre État membre pour des fins thérapeutiques. Renvoi. V. note ss. art. 56.

3. Responsabilité parentale. L'approbation d'un accord de partage successoral conclu par le tuteur d'enfants mineurs pour le compte de ceux-ci constitue une mesure relative à l'exercice de la responsabilité parentale, au sens de l'art. 1er, § 1, ss. b), du Règl. du 27 nov. 2003, relevant dès lors du champ d'application de ce dernier, et non une mesure relative aux successions, au sens de l'art. 1er, § 3, ss. f), dudit règlement, exclue du champ d'application de celui-ci. • CJUE 6 oct. 2015, n° C-404/14 : *Gaz. Pal. 5 janv. 2016, p. 86, obs. Darmois.*

4. Annulation du mariage. L'art. 1er, § 1, ss. a), doit être interprété en ce sens qu'une action en annulation de mariage introduite par un tiers postérieurement au décès de l'un des époux relève du champ d'application du Règl. n° 2201/2003 du 27 nov. 2003. • CJUE 13 oct. 2016, n° C-294/15 : *Gaz. Pal. 4 avr. 2017, p. 43, obs Anger.*

5. Défaut de consentement de l'autre parent. L'action par laquelle l'un des parents demande au juge de pallier le défaut de consentement de l'autre parent au voyage de leur enfant en dehors de l'État membre de résidence de celui-ci et à la délivrance d'un passeport au nom de cet enfant relève du champ d'application matériel du Règl. du 27 nov. 2003, et ce alors même que la décision prononcée à l'issue de cette action devra être prise en compte par les autorités de l'État membre dont ledit enfant est ressortissant dans le cadre de la procédure administrative concernant la délivrance de ce passeport. • CJUE 21 oct. 2015, n° C-215/15 : *AJ fam. 2016. 46, obs. Cassagnes et Eskenazi.*

Art. 2 *Définitions.* Aux fins du présent règlement en entend par :

1) "juridiction" toutes les autorités compétentes des États membres dans les matières relevant du champ d'application du présent règlement en vertu de l'article 1er,

2) "juge" le juge ou le titulaire de compétences équivalentes à celles du juge dans les matières relevant du champ d'application du présent règlement ;

3) "État membre" tous les États membres à l'exception du Danemark ;

4) "décision" toute décision de divorce, de séparation de corps ou d'annulation d'un mariage, ainsi que toute décision concernant la responsabilité parentale rendue par une juridiction d'un État membre, quelle que soit la dénomination de la décision, y compris les termes "arrêt", "jugement" ou "ordonnance" ;

5) "État membre d'origine" l'État membre dans lequel a été rendue la décision à exécuter ;

6) "État membre d'exécution" l'État membre dans lequel est demandée l'exécution de la décision ;

7) "responsabilité parentale" l'ensemble des droits et obligations conférés à une personne physique ou une personne morale sur la base d'une décision judiciaire, d'une attribution de plein droit ou d'un accord en vigueur, à l'égard de la personne ou des biens d'un enfant. Il comprend notamment le droit de garde et le droit de visite ;

8) "titulaire de la responsabilité parentale" toute personne exerçant la responsabilité parentale à l'égard d'un enfant ;

9) "droit de garde" les droits et obligations portant sur les soins de la personne d'un enfant, et en particulier le droit de décider de son lieu de résidence ;

10) "droit de visite" notamment le droit d'emmener l'enfant pour une période limitée dans un lieu autre que celui de sa résidence habituelle ;

11) "déplacement ou non-retour illicites d'un enfant" le déplacement ou le non-retour d'un enfant lorsque :

a) il a eu lieu en violation d'un droit de garde résultant d'une décision judiciaire, d'une attribution de plein droit ou d'un accord en vigueur en vertu du droit de l'État membre dans lequel l'enfant avait sa résidence habituelle immédiatement avant son déplacement ou son non-retour

et

b) sous réserve que le droit de garde était exercé effectivement, seul ou conjointement, au moment du déplacement ou du non-retour, ou l'eût été si de tels événements n'étaient survenus. La garde est considérée comme étant exercée conjointement lorsque l'un des titulaires de la responsabilité parentale ne peut, conformément à une décision ou par attribution de plein droit, décider du lieu de résidence de l'enfant sans le consentement d'un autre titulaire de la responsabilité parentale.

1. Déplacement illicite. C'est à bon droit qu'une cour d'appel retient d'abord qu'il n'appartient pas au juge de l'État requis, saisi d'une demande de retour immédiat, de statuer au fond sur la garde de l'enfant ; puis, relevant que l'enfant est né aux Pays-Bas d'un père néerlandais et y a principalement résidé, hormis quelques séjours en France dans sa famille maternelle, décide que l'autorité parentale commune, au sens de l'art. 251 C. civ. néerlandais, survit au divorce, de sorte que la résidence de l'enfant ne peut être modifiée unilatéralement par la mère avant qu'il ne soit statué au fond ; enfin, constatant que la décision marocaine invoquée ne comporte aucune disposition spécifique relative à une garde exclusive confiée à la mère, une cour d'appel en déduit justement que le déplacement est illicite au sens de l'art. 2, 11°. • Civ. 1re, 17 déc. 2008, n° 07-15.393 P.

2. Le Règl. (CE) n° 2201/2003 du Conseil du 27 nov. 2003 doit être interprété en ce sens qu'il ne s'oppose pas à ce que le droit d'un État membre subordonne l'acquisition du droit de garde par le père d'un enfant, non marié avec la mère de ce dernier, à l'obtention par le père d'une décision de la juridiction nationale compétente lui conférant un tel droit, qui est susceptible de rendre illicite, au sens de l'art. 2, point 11, de ce règlement, le déplacement de l'enfant par sa mère ou le non-retour de celui-ci. • CJUE 5 oct. 2010 : *D. actu. 20 oct. 2010, obs. Gallmeister ; D. 2010. AJ 2516, obs. Gallmeister ; RTD civ. 2010. 748, obs. Rémy-Corlay ; ibid. 115, obs. Hauser ; RTD eur. 2010. 927, obs. Douchy-Oudot et Guinchard ; JCP 2010. 1327, note Boulanger ; RJPF janv. 2011, p. 27, obs. Eudier ; Procédures 2010, n° 405, note Nourrissat ; AJ fam. 2011. 482, note Boiché ; Dr. fam. 2011, n° 50, note Fabre ; Europe 2010, n° 447, note Idot.*

CHAPITRE II *COMPÉTENCE*

BIBL. ▸ DEVERS, *Dr. fam. 2008. Étude 9* (la résidence alternée en droit international privé).

SECTION 1 *Divorce, séparation de corps et annulation du mariage*

Art. 3 *Compétence générale.* 1. Sont compétentes pour statuer sur les questions relatives au divorce, à la séparation de corps et à l'annulation du mariage des époux, les juridictions de l'État membre :

a) sur le territoire duquel se trouve :

– la résidence habituelle des époux, ou

– la dernière résidence habituelle des époux dans la mesure où l'un d'eux y réside encore, ou

– la résidence habituelle du défendeur, ou

– en cas de demande conjointe, la résidence habituelle de l'un ou l'autre époux, ou

– la résidence habituelle du demandeur s'il y a résidé depuis au moins une année immédiatement avant l'introduction de la demande, ou

– la résidence habituelle du demandeur s'il y a résidé depuis au moins six mois immédiatement avant l'introduction de la demande et s'il est soit ressortissant de l'État membre en question, soit, dans le cas du Royaume-Uni et de l'Irlande, s'il y a son "domicile" ;

b) de la nationalité des deux époux ou, dans le cas du Royaume-Uni et de l'Irlande, du "domicile" commun.

2. Aux fins du présent règlement, le terme "domicile" s'entend au sens des systèmes juridiques du Royaume-Uni et de l'Irlande.

BIBL. ▸ Boiché, *AJ fam. 2011. 585* (résidence alternée en droit international privé). – Richer-Powz, *Dr. et patr. 6/2005, p. 53* (notion de résidence). – Viganotti, *Dr. fam. 2012. Formule 1* (désunion du couple et compétence juridictionnelle internationale. Cas des époux de même nationalité étrangère).

1. Primauté du droit communautaire. BIBL. Pluyette et Monéger, *Mél. Gaudemet-Tallon, Dalloz 2008, p. 559.* – Les règles de compétence de l'art. 2 *[du Règl. 1347/2000, correspondant à l'art. 3]* doivent être d'office mises en œuvre pour déterminer la compétence des juridictions françaises saisies d'une procédure de désunion, avant même d'appliquer les règles de compétence nationales internes. • Civ. 1re, 12 déc. 2006, n° 04-11.088 P : *D. 2007. 780, note Mahinga ; ibid. 1755, obs. Jaul-Seseke ; AJ fam. 2007. 226, obs. Boiché ; JCP 2007. II. 10048, note Devers* • 25 avr. 2007, n° 06-15.381 P : *D. 2007. AJ 1431, obs. Avena-Robardet ; AJ fam. 2007. 397, obs. Boiché ; Gaz. Pal. 23 nov. 2007, p. 26, obs. Massip* • 28 nov. 2007, n° 06-16.443 P : *D. 2008. AJ 28 ; ibid. Pan. 809, obs. Williatte-Pellitteri ; AJ fam. 2008. 212, obs. Boiché ; Dr. fam. 2008. Comm. 4, obs. Larribau-Terneyre ; Rev. crit. DIP 2008. 844, note Gallant* • Civ. 1re, 12 juill. 2017, n° 16-18.821 : *Dr. fam. 2017, n° 192, note Farge.* ♦ Rappr. • Civ. 1re, 22 févr. 2005, n° 02-14.758 P : *D. 2005. 1459, note Sana-Chaillé de Néré ; ibid. 2006. Pan. 1500, obs. Courbe et Jault-Seseke ; Rev. crit. DIP 2005. 515, note Pataut ; JCP 2006. I. 107, obs. Fabries ; Procédures 2005, n° 281, note Nourrissat ; Dr. et Patr. 2006, n° 145, p. 114, obs. Niboyet ; RLDA 05/2005. 5161, obs. Mendak.* ♦ V. aussi • Civ. 1re, 23 janv. 2008, n° 06-21.898 P : *D. 2008. AJ 490 ; ibid. Pan. 2567, obs. Bollée ; JCP 2008. II. 10092, note Boismain ; RDC 2008. 900, note Deumier* • 30 sept. 2009 : *cité note 2 ss. Règl. (CE) 2201-2003 du 27 nov. 2003, art. 7.*

2. Articulation des critères. Les critères de compétence prévus par l'art. 2 *[du Règl. 1347/2000, correspondant à l'art. 3]* doivent être appliqués de manière non cumulative et non hiérarchisée. • Colmar, 2 sept. 2002 : *D. 2003. Chron. 2450, n° 15, obs. Nourissat ; AJ fam. 2002. 415, obs. S. D.-B. ; Procédures 2003, n° 137, note Nourissat.* ♦ Ainsi, en vertu de l'art. 2 *[3]* (§ 1, b), le juge français est compétent pour connaître de la requête de deux époux de nationalité française même si l'un réside dans un autre État membre. • Même arrêt. • Civ. 1re, 24 sept. 2008, n° 07-20.248 P : *D. 2008. AJ 2438 ; AJ fam. 2008. 432, note Boiché ; Gaz. Pal. 7-9 juin 2009, p. 36, note Eppler ; RJPF 2008/12, p. 22, obs. Garé ; Dr. fam. 2009. Comm. 20, note Farge.*

3. Compétence facultative de la juridiction française. L'art. 2, § 1, b) du Règl. (CE) n° 1347/2000 du 29 mai 2000 [correspondant à l'art. 3] ne consacre qu'une compétence facultative de la juridiction française, impropre à exclure la compétence d'un juge étranger. • Civ. 1re, 17 juin 2009 : *cité note 4 ss. art. 19 du présent Règl.*

4. Nécessité pour le juge français de vérifier sa propre compétence. Il résulte de l'art. 3 du Règl. (CE) n° 2201/2003 du 27 nov. 2003 qu'une juridiction d'un État membre est compétente pour connaître d'une demande en divorce, dès lors que l'un des critères alternatifs de compétence qu'il énonce est localisé sur le territoire de cet État, peu important que les époux soient ressortissants d'États tiers ou que l'époux défendeur soit domicilié dans un État tiers. Cette règle de compétence est exclusive de toute règle de compétence de droit international privé commun ; pour déclarer la juridiction française incompétente, un cour d'appel retient que le règlement précité n'a vocation à réglementer que les rapports entre ressortissants d'États membres de l'Union européenne, ce qui n'est pas le cas de la Moldavie qui n'a pas adhéré à l'Union européenne et n'est pas soumise à la réglementation qui la régit ; en statuant ainsi, sans examiner, comme il lui incombait, sa compétence au regard des critères qu'il énonce, la cour d'appel a violé le texte susvisé. • Civ. 1re, 24 juin 2020, n° 19-11.714 P.

5. Résidence habituelle. La résidence habituelle, notion autonome du droit communautaire, se définit comme le lieu où l'intéressé a fixé, avec la volonté de lui conférer un caractère stable, le centre permanent ou habituel de ses intérêts ; tel n'est pas le cas d'un séjour de l'épouse dans la résidence secondaire de la famille de l'époux, temporaire et ayant pour but principal d'aider l'enfant commun à poursuivre momentanément sa scolarité en France, l'épouse n'ayant pas eu la volonté de transférer en France le centre habituel et permanent de ses intérêts. • Civ. 1re, 14 déc. 2005, n° 05-10.951 P : *D. 2006. Pan. 1503, obs. Jault-Seseke ; JCP 2006. I. 133, n° 17, obs. Jeuland ; Dr. et pr. mars-avr. 2006. suppl. 11, obs. Mecarelli ; Gaz. Pal. 24-25 févr. 2006, p. 8, obs. Guez ; AJ fam. 2006. 161, note David ; Dr. fam. 2006, n° 17, note Farge ; RLDC 2006/30, n° 2193, Étude Pomart ; Dr. et patr. 2006, n° 145, p. 115, obs. Niboyet.* – V. arrêt confirmé, • Aix-en-Provence, 18 nov. 2004 : *Gaz. Pal. 14-15 janv. 2005, p. 21, note Guez.* ♦ *Adde* • Rennes, 21 févr. 2006 : *JCP 2006. IV. 3462* • CJCE 2 avr. 2009 : *préc. note ss. art. 1er du présent règlement.*

6. Nationalité. Lorsque la juridiction de l'État membre requis doit vérifier, en application de l'art. 64, § 4, si la juridiction de l'État membre d'origine d'une décision juridictionnelle aurait été compétente en vertu de l'art. 3, § 1, ss. b), de ce même règlement, cette dernière disposition s'oppose à ce que la juridiction de l'État membre requis considère les époux qui possèdent tous deux la nationalité tant de cet État que de l'État membre d'origine uniquement comme des ressortissants de l'État membre requis. Cette juridiction doit, au contraire, tenir compte du fait que les époux possèdent également la nationalité de l'État membre d'origine et que, partant, les juridictions de ce dernier auraient pu être compétentes pour connaître du litige. • CJCE 16 juill. 2009, n° C-168/08 : *D. 2010. Pan. 1243, obs. Serra et Williatte-Pelliteri ; AJ fam. 2009. 348, note Boiché ; Gaz. Pal. 22-23 janv. 2010, p. 34, obs. Khenkine-Sonigo ; Europe 2009, n° 389, note Idot ; Procédures 2010, n° 361, note Nourissat ; Rev. crit. DIP 2010. 184, note Brière ; RTD eur. 2010. 769, note P. Lagarde .* ♦ Lorsque les époux possèdent chacun la nationalité de deux mêmes États membres, l'art. 3, § 1, sous b) s'oppose à ce que la compétence des juridictions de l'un de ces États membres soit écartée au motif que le demandeur ne présente pas d'autres liens de rattachement avec cet État. Au contraire, les juridictions des États membres dont les époux possèdent la nationalité sont compétentes en vertu de cette disposition, ces derniers pouvant saisir, selon leur choix, la juridiction de l'État membre devant laquelle le litige sera porté. • Même arrêt. ♦ *Add.* • Civ. 1re, 16 avr. 2008, n° 07-11.648 P : *D. 2008. AJ 1355, obs. Gallmeister ; ibid. 2009. Pan. 832, obs. Serra et Williatte-Pelliteri ; JCP 2008. II. 10092, note Boismain ; Procédures 2008, n° 172, note Nourissat.* ♦ Viole en conséquence l'art. 3, § 1, b) la cour d'appel qui pour déclarer recevable en France la demande en divorce formée par l'épouse et dire inopposable le jugement de divorce du tribunal de Pest (Hongrie), relève que la compétence du tribunal de Pest est en réalité très fragile et que le litige ne présente pas de lien suffisant avec la juridiction hongroise, alors qu'elle ne pouvait écarter la décision étrangère pour un tel motif et qu'elle devait contrôler les autres conditions de régularité internationale du jugement du tribunal de Pest. • Civ. 1re, 17 févr. 2010 : *D. 2010. Actu. 832, obs. Gallmeister ; Gaz. Pal. 21-22 mai 2010, p. 34, note Eppler ; Procédures 2010, n° 118, note Nourissat ; JCP 2010. 245, obs. Devers ; RJPF 2010. 20, obs. Garé.*

7. Compétence indirecte d'un tribunal étranger. Conditions. Une juridiction malienne étant compétente pour connaître de la procédure de divorce au regard de la résidence des époux, en application de l'art. 3 *a* du Règl. (CE) du 27 nov. 2003 (Bruxelles II *bis*), et la saisine initiale de la juridiction malienne ne révélant aucune fraude, une cour d'appel a pu retenir l'état de litispendance internationale, de sorte que l'absence de renonciation au bénéfice de l'art. 15 C. civ. invoquée par l'une des parties est sans effet. • Civ. 1re, 1er déc. 2010 : *BICC 15 juin 2011, n° 645 ; D. 2011. 647, note Laazouzi ; ibid. 1374, obs. Jault-Seseke ; AJ fam. 2011. 50, obs. Boiché ; Dr. fam. 2011, n° 65, note Abadie.*

8. Incompétence. Dans le cas où une juridiction d'un État membre n'a aucune compétence, elle doit se déclarer d'office incompétente, sans être tenue de déférer l'affaire à une autre juridiction. Toutefois, pour autant que la protection de l'intérêt supérieur de l'enfant l'exige, la juridiction nationale qui s'est déclarée d'office incompétente doit en informer, directement ou par l'intermédiaire de l'autorité centrale désignée au titre de l'art. 53, la juridiction compétente d'un autre État membre. • CJCE 2 avr. 2009 : *préc. note ss. art. 1er.*

9. L'art. 3, § 1, ss. a), cinquième et sixième tirets, du Règl. n° 2201/2003 doit être interprété en ce sens qu'une personne autre que l'un des époux qui introduit une action en annulation de mariage ne peut se prévaloir des chefs de compétence prévus à ces dispositions. • CJUE 13 oct. 2016, n° C-194/15.

10. Responsabilité parentale dans le cas où l'enfant ne réside pas sur le territoire de cet État. Compétence en matière d'obligation alimentaire. Le Règl. (CE) n° 2201/2003 du Conseil du 27 nov. 2003 doit être interprété en ce sens qu'une juridiction d'un État membre compétente pour statuer, en vertu de l'art. 3, § 1, ss. b), de ce règlement, sur une demande en divorce entre deux époux ayant la nationalité de cet État membre n'est pas compétente pour se prononcer sur le droit de garde et le droit de visite à l'égard de l'enfant des époux lorsque celui-ci a, au moment où cette juridiction est saisie, sa résidence habituelle dans un autre État membre et que les conditions requises pour conférer cette compétence à ladite juridiction en vertu de l'art. 12 dudit règlement ne sont pas remplies, compte tenu en outre du fait qu'il ne résulte pas non plus des circonstances de l'affaire au principal que cette compétence pourrait être fondée sur les art. 9, 10 ou 15 du même règlement. Par ailleurs, cette juridiction ne satisfait pas aux conditions prévues à l'art. 3, ss. d), du Règl. (CE) n° 4/2009 du Conseil, du 18 déc. 2008, relatif à la compétence, la loi applicable, la reconnaissance et l'exécution des décisions et la coopération en matière d'obligations alimentaires pour statuer sur la demande relative à la pension alimentaire. • CJUE, ord., 26 janv. 2018, n° C-604/7 : *Procédures 2018, n° 81, note Nourissat.*

Art. 4 *Demande reconventionnelle.* La juridiction devant laquelle la procédure est pendante en vertu de l'article 3 est également compétente pour examiner la demande reconventionnelle, dans la mesure où celle-ci entre dans le champ d'application du présent règlement.

Art. 5 *Conversion de la séparation de corps en divorce.* Sans préjudice de l'article 3, la juridiction de l'État membre qui a rendu une décision sur la séparation de corps est également compétente pour convertir cette décision en divorce, si la loi de cet État membre le prévoit.

Art. 6 *Caractère exclusif des compétences définies aux articles 3, 4 et 5.* Un époux qui :

a) a sa résidence habituelle sur le territoire d'un État membre,

ou

b) est ressortissant d'un État membre ou, dans le cas du Royaume-Uni et de l'Irlande, a son "domicile" sur le territoire de l'un de ces États membres,

ne peut être attrait devant les juridictions d'un autre État membre qu'en vertu des articles 3, 4 et 5.

1. Caractère exclusif. Les art. 6 et 7 du règlement doivent être interprétés en ce sens que, dans le cadre d'une procédure de divorce, lorsqu'un défendeur n'a pas sa résidence habituelle dans un État membre et qu'il n'est pas ressortissant d'un État membre, les juridictions d'un État membre ne peuvent pas, pour statuer sur cette demande, fonder la compétence sur le droit national, si les juridictions d'un autre État membre sont compétentes au titre de l'art. 3 dudit règlement. • CJCE 29 nov. 2007, n° C-68-07 : *D. 2008. Pan. 1514, obs. Jault-Seseke ; Dr. et patr. 2/2008, p. 107, obs. M.-L. Niboyet ; AJ fam. 2008. 34, obs. Boiché ; RJ com. 2008. 123, obs. Raynouard ; JCP 2008. II. 10042, note Devers ; Procédures 2008, n° 42, note Nourrissat ; Europe 2008. Comm. 27, obs. Idot ; Rev. crit. DIP 2008. 343, obs. Gallant.*

2. Articulation avec l'art. 7, § 1. Un époux qui a sa résidence habituelle sur le territoire d'un État membre ou est ressortissant d'un État membre ne peut être attrait devant les juridictions d'un autre État membre qu'en vertu des art. 3 à 5 du Règl. du 27 nov. 2003, sans qu'il soit possible à ce demandeur de rechercher un tribunal compétent sur le fondement de l'art. 1070 C. pr. civ. ou des art. 14 et 15 C. civ. • Civ. 1re, 15 nov. 2017, n° 15-16.265 P : *D. actu. 24 nov. 2017, obs. Mélin ; AJ fam. 2017. 649, obs. Boiché ; JCP 2017. 1275, obs. Gallant ; ibid. 2018. 228, n° 8, obs. Farge ; Dr. fam. 2018, n° 22, note Devers ; ibid. Chron. 1, n° 2, obs. Égéa.*

Art. 7 *Compétences résiduelles.* 1. Lorsque aucune juridiction d'un État membre n'est compétente en vertu des articles 3, 4 et 5, la compétence est, dans chaque État membre, réglée par la loi de cet État.

2. Tout ressortissant d'un État membre qui a sa résidence habituelle sur le territoire d'un autre État membre peut, comme les nationaux de cet État, y invoquer les règles de compétence applicables dans cet État contre un défendeur qui n'a pas sa résidence habituelle dans un État membre et qui ou bien n'a pas la nationalité d'un État membre ou, dans le cas du Royaume-Uni et de l'Irlande, n'a pas son « domicile » sur le territoire de l'un de ces États membres.

1. Caractère exclusif. V. note ss. art. 6.

2. Privilège de nationalité. Lorsqu'aucune juridiction d'un État membre n'est compétente en vertu des art. 3, 4 et 5 du règlement Bruxelles II *bis*, cette compétence est, en droit français, énoncée aux art. 1070 C. pr. civ. et 14 C. civ., ce dernier texte devant s'appliquer lorsqu'aucun critère ordinaire de compétence n'est réalisé en France. • Civ. 1re, 30 sept. 2009 : *cité note 14 ss. art. 1070 C. pr. civ.* • 12 janv. 2011 : *BICC 15 juin 2011, n° 642 ; D. 2011. 248 ; AJ fam. 2011. 151, obs. Boiché ; Rev. crit. DIP 2011. 438, note Gallant ; Dr. fam. 2011, n° 63, note Abadie.* ♦ Viole ces textes la cour d'appel qui écarte la compétence de la juridiction française pour statuer sur une demande en divorce, alors que celle-ci, saisie par une demanderesse de nationalité française, était compétente en application de l'art. 14 C. civ., qui s'applique lorsque aucun critère ordinaire n'est réalisé en France. • Civ. 1re, 30 sept. 2009 : *préc.* • 12 janv. 2011 : *préc.* ♦ En l'absence de convention internationale applicable et de réalisation des critères de compétence résultant du Règl. Bruxelles II *bis* et, à défaut, de l'art. 1070 C. pr. civ., la nationalité française du défendeur suffit, selon l'art. 15 C. civ., à fonder la compétence des juridictions françaises quant à une requête en divorce. • Civ. 1re, 25 mars 2015 : *D. actu. 8 avr. 2015, obs. Mélin ; JCP 2015. 431, obs. Heymann ; LPA 12 juin 2015, p. 13, note Mahinga.* ♦ S'agissant cependant des défendeurs qui résident habituellement dans un autre État membre ou qui sont ressortissants d'un autre État membre, V. note 2 ss. art. 6 du présent règlement.

SECTION 2 *Responsabilité parentale*

BIBL. ▶ JAULT, *Dr. et patr. 6/2005, p. 58.*

Art. 8 ***Compétence générale.*** **1. Les juridictions d'un État membre sont compétentes en matière de responsabilité parentale à l'égard d'un enfant qui réside habituellement dans cet État membre au moment où la juridiction est saisie.**

2. Le paragraphe 1 s'applique sous réserve des dispositions des articles 9, 10 et 12.

BIBL. ▶ BOICHÉ, *AJ fam. 2011. 585* (résidence alternée en droit international privé).

1. La notion de « résidence habituelle » au titre de l'art. 8.1 doit être interprétée en ce sens que cette résidence correspond au lieu qui traduit une certaine intégration de l'enfant dans son environnement social et familial. A cette fin, doivent notamment être prises en considération la durée, la régularité, les conditions et les raisons du séjour sur le territoire d'un État membre et du déménagement de la famille dans cet État, la nationalité de l'enfant, le lieu et les conditions de scolarisation, les connaissances linguistiques ainsi que les rapports familiaux et sociaux entretenus par l'enfant dans ledit État. Il appartient à la juridiction nationale d'établir la résidence habituelle de l'enfant en tenant compte de l'ensemble des circonstances de fait particulières à chaque espèce. • CJCE 2 avr. 2009 : *préc. note 1 ss. art. 1er du présent règlement.* ♦ ... A cette fin, et lorsque est en cause la situation d'un nourrisson qui séjourne avec sa mère depuis quelques jours seulement dans un État membre autre que celui de sa résidence habituelle, vers lequel il a été déplacé, doivent notamment être pris en considération, d'une part, la durée, la régularité, les conditions et les raisons du séjour sur le territoire de cet État membre et du déménagement de la mère dans ledit État, et, d'autre part, en raison notamment de l'âge de l'enfant, les origines géographiques et familiales de la mère ainsi que les rapports familiaux et sociaux entretenus par celle-ci et l'enfant dans le même État membre. Il appartient à la juridiction nationale d'établir la résidence habituelle de l'enfant en tenant compte de l'ensemble des circonstances de fait particulières de chaque cas d'espèce. Et dans l'hypothèse où l'application des critères susmentionnés conduirait à conclure que la résidence habituelle de l'enfant ne peut être établie, la détermination de la juridiction compétente devrait être effectuée sur la base du critère de la « présence de l'enfant » au sens de l'art. 13 du Règl. du 27 nov. 2003. • CJUE 22 déc. 2010, n° C-497/10 : *D. 2011. Actu. 248 ; ibid. Pan. 1374, obs. Jault-Seseke ; Procédures 2010, n° 60, note Nourrissat ; Europe 2011, n° 117, note Idot.* ♦ Justifie légalement sa décision la cour d'appel qui retient, en application de l'art. 8, que la résidence des enfants se trouve en Allemagne, les enfants étant nés en Allemagne de parents de nationalité allemande, leur résidence ayant été fixée au domicile de la mère, pouvant être en Allemagne, eu égard à l'intérêt supérieur des enfants, et la mère ayant déménagé en Allemagne où les enfants y sont scolarisés depuis la rentrée, cette résidence ne se limitant pas, au moment de la saisine de la juridiction concomitante au déménagement, à une simple présence à caractère temporaire ou occasionnel, mais s'inscrivant dans la durée et traduisant une certaine intégration dans un environnement social et familial. • Civ. 1re, 25 mars 2015 : *D. actu. 23 avr. 2015, obs. Mélin.*

2. Aucune disposition du droit français n'imposant au juge français, saisi du divorce, de statuer en matière d'autorité parentale, il peut être décidé que c'est le juge belge de l'État de résidence habituelle des enfants qui est le mieux placé pour statuer sur cette question. • Civ. 1re, 3 déc. 2008, n° 07-19.657 P : *D. 2009. AJ 21, obs. Gallmeister ; ibid. Pan. 1563, obs. Jault-Seseke ; AJ fam. 2008. 78, note Boiché ; Gaz. Pal. 11 juin 2009,* *p. 25, note Eppler ; RJPF 2/2009. 23, note Meyzeaud-Garaud ; Dr. fam. 2009. Comm. 71, note Larribau-Terneyre.*

3. L'art. 8 du Règl. (CE) n° 2201/2003 du Conseil, du 27 nov. 2003, relatif à la compétence, la reconnaissance et l'exécution des décisions en matière matrimoniale et en matière de responsabilité parentale abrogeant le Règl. (CE) n° 1347/2000, et l'art. 3 du Règl. (CE) n° 4/2009 du Conseil, du 18 déc. 2008, relatif à la compétence, la loi applicable, la reconnaissance et l'exécution des décisions et la coopération en matière d'obligations alimentaires, doivent être interprétés en ce sens que, dans une affaire telle que celle en cause au principal, les juridictions de l'État membre qui ont adopté une décision passée en force de chose jugée en matière de responsabilité parentale et d'obligations alimentaires concernant un enfant mineur ne sont plus compétentes pour statuer sur une demande de modification des dispositions arrêtées par cette décision, dans la mesure où la résidence habituelle de cet enfant est située sur le territoire d'un autre État membre. Ce sont les juridictions de ce dernier État membre qui sont compétentes pour statuer sur cette demande. • CJUE 15 févr. 2017, n° C-499/15 : *LPA 12-13 sept. 2017, p. 18, obs. Brière ; Procédures 2017, n° 65, note Nourissat ; Europe 2017, n° 164, obs. Idot.*

Art. 9 *Maintien de la compétence de l'ancienne résidence habituelle de l'enfant.* **1. Lorsqu'un enfant déménage légalement d'un État membre dans un autre et y acquiert une nouvelle résidence habituelle, les juridictions de l'État membre de l'ancienne résidence habituelle de l'enfant gardent leur compétence, par dérogation à l'article 8, durant une période de trois mois suivant le déménagement, pour modifier une décision concernant le droit de visite rendue dans cet État membre avant que l'enfant ait déménagé, lorsque le titulaire du droit de visite en vertu de la décision concernant le droit de visite continue à résider habituellement dans l'État membre de l'ancienne résidence habituelle de l'enfant.**

2. Le paragraphe 1 ne s'applique pas si le titulaire du droit de visite visé au paragraphe 1 a accepté la compétence des juridictions de l'État membre de la nouvelle résidence habituelle de l'enfant en participant à une procédure devant ces juridictions sans en contester la compétence.

Art. 10 *Compétence en cas d'enlèvement d'enfant.* **En cas de déplacement ou de non-retour illicites d'un enfant, les juridictions de l'État membre dans lequel l'enfant avait sa résidence habituelle immédiatement avant son déplacement ou son non-retour illicites conservent leur compétence jusqu'au moment où l'enfant a acquis une résidence habituelle dans un autre État membre et que**

a) toute personne, institution ou autre organisme ayant le droit de garde a acquiescé au déplacement ou au non-retour

ou

b) l'enfant a résidé dans cet autre État membre pendant une période d'au moins un an après que la personne, l'institution ou tout autre organisme ayant le droit de garde a eu ou aurait dû avoir connaissance du lieu où se trouvait l'enfant, que l'enfant s'est intégré dans son nouvel environnement et que l'une au moins des conditions suivantes est remplie :

i) dans un délai d'un an après que le titulaire d'un droit de garde a eu ou aurait dû avoir connaissance du lieu où se trouvait l'enfant, aucune demande de retour n'a été faite auprès des autorités compétentes de l'État membre où l'enfant a été déplacé ou est retenu ;

ii) une demande de retour présentée par le titulaire d'un droit de garde a été retirée et aucune nouvelle demande n'a été présentée dans le délai fixé au point i) ;

iii) une affaire portée devant une juridiction de l'État membre dans lequel l'enfant avait sa résidence habituelle immédiatement avant son déplacement ou son non-retour illicites a été close en application de l'article 11, paragraphe 7 ;

iv) une décision de garde n'impliquant pas le retour de l'enfant a été rendue par les juridictions de l'État membre dans lequel l'enfant avait sa résidence habituelle immédiatement avant son déplacement ou son non-retour illicites.

BIBL. ▶ Deflers et Butruille-Cardew, *Gaz. Pal. 25-27 sept. 2005, p. 7* – Dossier, *AJ fam. 15 mai 2006* (enlèvements internationaux d'enfants).

1. L'art. 10, sous b), IV), du Règl. Bruxelles II *bis* doit être interprété en ce sens qu'une mesure provisoire ne constitue pas une « décision de garde n'impliquant pas le retour de l'enfant », au sens de cette disposition, et ne saurait fonder un transfert de compétence aux juridictions de l'État membre vers lequel l'enfant a été illicitement déplacé. • CJUE 1er juill. 2010, n° C-221/10 : *D. 2010. Actu. 1798 ; ibid. Pan. 1374, obs. Jault-Seseke ; AJ fam. 2010. 482, obs. Boiché ; RTD civ. 2010. 748, obs. Rémy-Corlay ; RTD eur. 2010. 927, obs. Douchy-Oudot ; Procédures 2010, n° 344, note Nourrissat.*

2. L'existence d'un accord entre les parents portant sur le droit de garde de l'enfant, qui permet de déterminer la nature licite ou illicite d'un déplacement et déclencher, le cas échéant, la procédure de retour prévue aux articles 10 s. du règlement, est appréciée souverainement par le juge du fond. • Civ. 1re, 23 mars 2017, n° 16-28.730 : *Gaz. Pal. 4 juill. 2017, jur. p. 73, note Dufloux ; Europe 2017. Étude 1, n° 24, obs. S. C.*

Art. 11 *Retour de l'enfant.* **1. Lorsqu'une personne, institution ou tout autre organisme ayant le droit de garde demande aux autorités compétentes d'un État membre de rendre une décision sur la base de la convention de La Haye du 25 octobre 1980 sur les aspects civils de l'enlèvement international d'enfants (ci-après « la convention de La Haye de 1980 ») en vue d'obtenir le retour d'un enfant qui a été déplacé ou retenu illicitement dans un État membre autre que l'État membre dans lequel l'enfant avait sa résidence habituelle immédiatement avant son déplacement ou son non-retour illicites, les paragraphes 2 à 8 sont d'application.**

2. Lors de l'application des articles 12 et 13 de la convention de La Haye de 1980, il y a lieu de veiller à ce que l'enfant ait la possibilité d'être entendu au cours de la procédure, à moins que cela n'apparaisse inapproprié eu égard à son âge ou à son degré de maturité.

3. Une juridiction saisie d'une demande de retour d'un enfant visée au paragraphe 1 agit rapidement dans le cadre de la procédure relative à la demande, en utilisant les procédures les plus rapides prévues par le droit national.

Sans préjudice du premier alinéa, la juridiction rend sa décision, sauf si cela s'avère impossible en raison de circonstances exceptionnelles, six semaines au plus tard après sa saisine.

4. Une juridiction ne peut pas refuser le retour de l'enfant en vertu de l'article 13, point b), de la convention de La Haye de 1980 s'il est établi que des dispositions adéquates ont été prises pour assurer la protection de l'enfant après son retour.

5. Une juridiction ne peut refuser le retour de l'enfant si la personne qui a demandé le retour de l'enfant n'a pas eu la possibilité d'être entendue.

6. Si une juridiction a rendu une décision de non-retour en vertu de l'article 13 de la convention de La Haye de 1980, cette juridiction doit immédiatement, soit directement soit par l'intermédiaire de son autorité centrale, transmettre une copie de la décision judiciaire de non-retour et des documents pertinents, en particulier un compte rendu des audiences, à la juridiction compétente ou à l'autorité centrale de l'État membre dans lequel l'enfant avait sa résidence habituelle immédiatement avant son déplacement ou son non-retour illicites, conformément à ce que prévoit le droit national. La juridiction doit recevoir tous les documents mentionnés dans un délai d'un mois à compter de la date de la décision de non-retour. — *V. art. 1210-6 C. pr. civ., App., IV. Enfants — Autorité parentale.*

7. A moins que les juridictions de l'État membre dans lequel l'enfant avait sa résidence habituelle immédiatement avant son déplacement ou son non-retour illicites aient déjà été saisies par l'une des parties, la juridiction ou l'autorité centrale qui reçoit l'information visée au paragraphe 6 doit la notifier aux parties et les inviter à présenter des observations à la juridiction, conformément aux dispositions du droit national, dans un délai de trois mois à compter de la date de la notification, afin que la juridiction examine la question de la garde de l'enfant.

Sans préjudice des règles en matière de compétence prévues dans le présent règlement, la juridiction clôt l'affaire si elle n'a reçu dans le délai prévu aucune observation.

8. Nonobstant une décision de non-retour rendue en application de l'article 13 de la convention de La Haye de 1980, toute décision ultérieure ordonnant le retour de l'enfant rendue par une juridiction compétente en vertu du présent règlement est exécutoire conformément au chapitre III, section 4, en vue d'assurer le retour de l'enfant.

1. Une fois une décision de non-retour prise et portée à la connaissance de la juridiction d'origine, il est sans incidence, aux fins de la délivrance du certificat prévu à l'art. 41 du règlement, que cette décision ait été suspendue, réformée, annulée ou, en tout état de cause, ne soit pas passée en force de chose jugée ou ait été remplacée par une décision de retour, pour autant que le retour de l'enfant n'a pas effectivement eu lieu. Dès lors qu'aucun doute n'a été émis en ce qui concerne l'authenticité de ce certificat et celui-ci ayant été établi conformément au formulaire dont le modèle figure à l'annexe IV du règlement, l'opposition à la reconnaissance de la décision de retour est interdite et il n'incombe à la juridiction requise que de constater la force exécutoire de la décision certifiée et de faire droit au retour immédiat de l'enfant. • CJCE 11 juill. 2008, n° C-195.08 : *AJDA 2008. 2327, obs. Broussy, Donnat et Lambert ; D. 2008. 2154 ; ibid. 2009. 1557, obs. Courbe et Jault-Seseke ; AJ fam. 2008. 350, note Boiché ; Rev. crit. DIP 2008. 871, note Muir Watt ; JCP 2008. II. 10207, note Devers ; Europe 2008. Comm. 351, obs. Idot.*

2. Hormis les cas où la procédure vise une décision certifiée en application des art. 11, paragraphe 8, et 40 à 42 du règlement, toute partie intéressée peut demander la non-reconnaissance d'une décision juridictionnelle, même si une demande de reconnaissance de la décision n'a pas été déposée préalablement. • CJCE 11 juill. 2008 : *préc. note 1.*

3. L'art. 31, paragraphe 1, du règlement, en ce qu'il prévoit que ni la personne contre laquelle l'exécution est demandée ni l'enfant ne peuvent, à ce stade de la procédure, présenter d'observations, n'est pas applicable à une procédure de non-reconnaissance d'une décision juridictionnelle, formée sans qu'une demande de reconnaissance ait été préalablement introduite à l'égard de la même décision. Dans une telle situation, la partie défenderesse, prétendant à la reconnaissance, peut présenter des observations. • CJCE 11 juill. 2008 : *préc. note 1.*

4. C'est en faisant application à bon droit de l'art. 11-4° du Règl. (CE) n° 2201/2003 du 27 nov. 2003 et en se fondant sur la réponse donnée par le ministère de la justice italien, autorité centrale désignée au titre de la Conv. de La Haye du 25 oct. 1980 sur les aspects civils de l'enlèvement international d'enfants, l'informant de la prise des dispositions adéquates auprès des autorités judiciaires et des services sociaux locaux pour assurer la protection des enfants à leur retour en Italie, qu'une cour d'appel a pu ordonner le retour des enfants dans l'État de leur résidence habituelle, le père n'ayant présenté, pour s'opposer à leur retour, aucun élément de preuve autre que les déclarations de ses plus jeunes filles, entendues d'office par le premier juge et dont l'intérêt a été pris en compte. • Civ. 1re, 20 oct. 2010, n° 08-21.161 P : *AJ fam. 2010. 546, obs. A. Boiché ; RTD eur. 2010. 927, chron. M. Douchy-Oudot et E. Guinchard .*

5. L'art. 11, § 8, du Règl. Bruxelles II *bis* doit être interprété en ce sens qu'une décision de la juridiction compétente ordonnant le retour de l'enfant relève du champ d'application de cette disposition, même si elle n'est pas précédée d'une décision définitive de la même juridiction relative au droit de garde de l'enfant. • CJUE 1er juill. 2010 : *préc. ss. art. 11 du présent règlement.*

6. Les juridictions de l'État membre d'origine conservent leur compétence lorsque l'enfant, après avoir été enlevé illicitement, a été ramené sur le territoire de ce pays par le parent en fraude des droits duquel cet enlèvement a eu lieu. Dès lors, c'est à bon droit, en l'absence de caractérisation des circonstances particulières susvisées, lesquelles n'étaient même pas alléguées, que la cour d'appel, après avoir constaté l'existence d'un déplacement illicite de l'enfant en Belgique, a retenu sa compétence en tant que juridiction de l'État membre d'origine. • Civ. 1re, 5 mars 2014, n° 12-24.780 P : *D. 2014. Actu. 667 ; AJ fam. 2014. 319, obs. Boiché ; JCP 2014. 331, obs. Devers ; ibid. 555, note Farge ; Dr. fam. 2014. 105, note Farge ; Gaz. Pal. 15 avr. 2014, p. 32, note Eppler.*

7. Les art. 2, point 11, et 11 du Règl. (CE) n° 2201/2003 du Conseil du 27 nov. 2003 doivent être interprétés en ce sens que, dans la circonstance où le déplacement de l'enfant a eu lieu conformément à une décision judiciaire exécutoire provisoirement qui a ensuite été infirmée par une décision judiciaire fixant la résidence de l'enfant au domicile du parent demeurant dans l'État membre d'origine, la juridiction de l'État membre où l'enfant a été déplacé, saisie d'une demande de retour de l'enfant, doit vérifier, en procédant à une évaluation de l'ensemble des circonstances particulières du cas d'espèce, si l'enfant avait encore sa résidence habituelle dans l'État membre d'origine immédiatement avant le non-retour illicite allégué. Dans le cadre de cette évaluation, il importe de tenir compte du fait que la décision judiciaire autorisant le déplacement pouvait être exécutée provisoirement et qu'elle était frappée d'appel. • CJUE 9 oct. 2014, n° C-376/14 : *Procédures 2015, n° 15, note Nourissat.* ♦ … Le non-retour de l'enfant dans cet État membre à la suite de cette seconde décision est illicite et l'art. 11 de ce règlement trouve à s'appliquer s'il est considéré que l'enfant avait encore sa résidence habituelle dans ledit État membre immédiatement avant ce non-retour. S'il est considéré, au contraire, que l'enfant n'avait plus à ce moment sa résidence habituelle dans l'État membre d'origine, la décision rejetant la demande de retour fondée sur cette disposition est prise sans préjudice de l'application des règles relatives à la reconnaissance et à l'exécution des décisions rendues dans un État membre établies au chapitre III du même règlement. • Même décision. ♦ Ne justifie pas légalement sa décision la cour d'appel qui se prononce en considération de la seule durée de séjour de la mère et de sa fille, alors que la résidence de l'enfant doit être déterminée à la lumière de l'ensemble des circonstances de fait particulières dont la commune intention des parents de transférer cette résidence ainsi que les décisions prises en vue de l'intégration de l'enfant. • Civ. 1re, 4 mars 2015, nº 14-19.015 P : *D. 2015. Actu. 625* ; *ibid. Chron. C. cass. 1785, obs. Guyon-Renard* ; *Gaz. Pal. 19 mars 2015, p. 23, note Berlaud ; ibid. 23 juin 2015, p. 31, note Hamou ; JCP 2015. 982, nº 11, obs. Farge.*

8. L'art. 11, § 7 et 8, doit être interprété en ce sens qu'il ne s'oppose pas, en principe, à ce qu'un État membre attribue à une juridiction spécialisée la compétence pour examiner les questions du retour ou de la garde de l'enfant dans le cadre de la procédure prévue par ces dispositions, même lorsqu'une cour ou un tribunal est déjà, par ailleurs, saisi d'une procédure au fond relative à la responsabilité parentale à l'égard de l'enfant. • CJUE 9 janv. 2015, nº C-498/14 : *D. actu. 23 janv. 2015, obs. Mélin.*

9. L'art. 11, § 1 doit être interprété en ce sens que, dans une situation dans laquelle un enfant est né et a séjourné de manière ininterrompue avec sa mère pendant plusieurs mois, conformément à la volonté commune de ses parents, dans un État membre autre que celui où ces derniers avaient leur résidence habituelle avant sa naissance, l'intention initiale des parents quant au retour de la mère, accompagnée de l'enfant, dans ce dernier État membre ne saurait permettre de considérer que cet enfant y a sa « résidence habituelle », au sens de ce règlement. En conséquence, dans une telle situation, le refus de la mère de retourner dans ce même État membre accompagnée de l'enfant ne saurait être considéré comme un « déplacement ou non-retour illicites » de l'enfant, au sens dudit art. 11, § 1. • CJUE 8 juin 2017, nº C-111/17 : *Dr. fam. 2017, nº 219, note Devers ; Europe 2017, nº 336, obs. Idot.*

Art. 12 *Prorogation de compétence.* **1. Les juridictions de l'État membre où la compétence est exercée en vertu de l'article 3 pour statuer sur une demande en divorce, en séparation de corps ou en annulation du mariage des époux sont compétentes pour toute question relative à la responsabilité parentale liée à cette demande lorsque**

***a)* au moins l'un des époux exerce la responsabilité parentale à l'égard de l'enfant et**

***b)* la compétence de ces juridictions a été acceptée expressément ou de toute autre manière non équivoque par les époux et par les titulaires de la responsabilité parentale, à la date à laquelle la juridiction est saisie, et qu'elle est dans l'intérêt supérieur de l'enfant.**

2. La compétence exercée conformément au paragraphe 1 prend fin dès que

***a)* soit la décision faisant droit à la demande en divorce, en séparation de corps ou en annulation du mariage ou la rejetant est passée en force de chose jugée ;**

***b)* soit, dans le cas où une procédure relative à la responsabilité parentale est encore en instance à la date visée au point *a)*, dès qu'une décision relative à la responsabilité parentale est passée en force de chose jugée ;**

***c)* soit, dans les cas visés aux points *a)* et *b)*, dès qu'il a été mis fin à la procédure pour une autre raison.**

3. Les juridictions d'un État membre sont également compétentes en matière de responsabilité parentale dans des procédures autres que celles visées au paragraphe 1 lorsque

***a)* l'enfant a un lien étroit avec cet État membre du fait, en particulier, que l'un des titulaires de la responsabilité parentale y a sa résidence habituelle ou que l'enfant est ressortissant de cet État membre**

et

***b)* leur compétence a été acceptée expressément ou de toute autre manière non équivoque par toutes les parties à la procédure à la date à laquelle la juridiction est saisie et la compétence est dans l'intérêt supérieur de l'enfant.**

4. Lorsque l'enfant a sa résidence habituelle sur le territoire d'un État tiers, qui n'est pas partie contractante à la convention de La Haye du 19 octobre 1996 concernant la compétence, la loi applicable, la reconnaissance, l'exécution et la coopération en matière de responsabilité parentale et de mesures de protection des enfants, la compétence fondée sur le présent article est présumée être dans l'intérêt de l'enfant notamment lorsqu'une procédure s'avère impossible dans l'État tiers concerné.

1. L'art. 12, § 3, doit être interprété en ce sens qu'il permet, aux fins d'une procédure en matière de responsabilité parentale, de fonder la compétence d'une juridiction d'un État membre qui n'est pas celui de la résidence habituelle de l'enfant, alors même qu'aucune autre procédure n'est pendante devant la juridiction choisie. • CJUE 12 nov. 2014, nº C-656/13 : *Procédures 2015, nº 13, note Nourissat.*

2. La compétence en matière de responsabilité parentale, prorogée, en vertu de l'art. 12, § 3, en faveur d'une juridiction d'un État membre saisie d'un commun accord d'une procédure par les titulaires de la responsabilité parentale, disparaît avec le prononcé d'une décision passée en force de chose jugée dans le cadre de cette procédure. • CJUE 1er oct. 2014, n° C-436/13 : *Gaz. Pal. 29-30 oct. 2014, p. 13, obs. Viganotti ; Procédures 2015, n° 12, note Nourissat.*

3. L'art. 12, § 3, doit être interprété en ce sens qu'il permet, aux fins d'une procédure en matière de responsabilité parentale, de fonder la compétence d'une juridiction d'un État membre qui n'est pas celui de la résidence habituelle de l'enfant alors même qu'aucune autre procédure n'est pendante devant la juridiction choisie. • CJUE 12 nov. 2014, n° C-656/13 : *AJ fam. 2015. 49, note Viganotti.*

4. L'art. 12, § 3, ss. b), doit être interprété en ce sens qu'il ne peut pas être considéré que la compétence de la juridiction saisie par une partie pour connaître d'une procédure en matière de responsabilité parentale a été « acceptée expressément ou de toute autre manière non équivoque par toutes les parties à la procédure » ; au sens de cette disposition, lorsque la partie défenderesse dans cette première procédure engage, ultérieurement, une seconde procédure devant la même juridiction et soulève, dans le cadre du premier acte qui lui incombe dans la première procédure, l'incompétence de cette juridiction, • CJUE 12 nov. 2014 : *préc. note 3.*

5. Acceptation de la compétence. Notion. L'art. 12, § 3, ss. b) doit être interprété en ce sens que la compétence des juridictions saisies pour connaître d'une demande en matière de responsabilité parentale ne saurait être considérée comme ayant été « acceptée expressément ou de toute autre manière non équivoque par toutes les parties à la procédure », au sens de cette disposition, au seul motif que le mandataire *ad litem* représentant le défendeur, désigné d'office par ces juridictions au regard de l'impossibilité de notifier à ce dernier la requête introductive d'instance, n'a pas soulevé l'incompétence desdites juridictions. • CJUE 22 oct. 2015, n° C-215/15 : *cité note ss. art. 1er du présent Régl.*

6. Juridiction d'un État membre saisie d'une demande d'autorisation judiciaire de renonciation à une succession pour le compte d'un enfant mineur. Dans une situation où les parents d'un enfant mineur, qui résident de manière habituelle avec ce dernier dans un État membre, ont déposé, au nom de cet enfant, une demande d'autorisation tendant à renoncer à une succession devant la juridiction d'un autre État membre, l'art. 12, § 3, ss. b), doit être interprété en ce sens que :

– le dépôt effectué conjointement par les parents de l'enfant devant la juridiction de leur choix constitue une acceptation non équivoque par ceux-ci de cette juridiction ;

– un procureur qui, selon le droit national, est de plein droit partie à la procédure introduite par les parents constitue une partie à la procédure, au sens de l'art. 12, § 3, ss. b). L'opposition, marquée par cette partie à l'égard du choix de juridiction effectué par les parents de l'enfant après la date à laquelle cette juridiction a été saisie, fait obstacle à la reconnaissance de l'acceptation de la prorogation de compétence par toutes les parties à la procédure à cette date. En l'absence d'une telle opposition, l'accord de cette partie peut être considéré comme étant implicite et la condition d'acceptation de la prorogation de compétence, de manière non équivoque par toutes les parties à la procédure à la date à laquelle ladite juridiction est saisie, peut être considérée comme étant remplie, et

– la circonstance que la résidence du défunt à la date de son décès, son patrimoine, objet de la succession, et le passif de la succession étaient situés dans l'État membre dont relève la juridiction choisie permet, en l'absence d'éléments tendant à démontrer que la prorogation de compétence risquerait d'avoir une incidence préjudiciable sur la situation de l'enfant, de considérer qu'une telle prorogation de compétence est dans l'intérêt supérieur de l'enfant. • CJUE 19 avr. 2018, n° C-565/16.

Art. 13 *Compétence fondée sur la présence de l'enfant.* **1. Lorsque la résidence habituelle de l'enfant ne peut être établie et que la compétence ne peut être déterminée sur** *[la]* **base de l'article 12, les juridictions de l'État membre dans lequel l'enfant est présent sont compétentes.**

2. Le paragraphe 1 s'applique également aux enfants réfugiés ainsi qu'aux enfants qui, par suite de troubles prévalant dans leur pays, sont internationalement déplacés.

V. jugeant que, à défaut de pouvoir appliquer les art. 8 et 12 du règlement Bruxelles II *bis*, la présence des enfants en France suffit à fonder la compétence des juridictions françaises. • TGI Strasbourg, 18 août 2009 : *AJ fam. 2010. 82, note Hilt.*

Art. 14 *Compétences résiduelles.* **Lorsqu'aucune juridiction d'un État membre n'est compétente en vertu des articles 8 à 13, la compétence est, dans chaque État membre, réglée par la loi de cet État.**

Compétence résiduelle. Privilège de l'art. 14 C. civ. Lorsque aucune juridiction d'un État membre n'est compétente en vertu des art. 8 à 13 du Règlement, la compétence est, dans chaque État, réglée par la loi de cet État. Cette compétence est régie, en droit français, par les art. 1070 C. pr. civ. et 14 C. civ. • Civ. 1re, 12 janv. 2011, n° 09-71.540. ♦ Viole ces textes la cour d'appel qui écarte la compétence de la juridiction française pour statuer en matière d'autorité parentale alors que celle-ci, saisie par un demandeur de nationalité française, était compétente en application de l'art. 14 C. civ., qui s'applique à défaut de l'un des chefs de compétence énumérés à l'article 1070. • Même arrêt.

Art. 15 *Renvoi à une juridiction mieux placée pour connaître de l'affaire.* 1. A titre d'exception, les juridictions d'un État membre compétentes pour connaître du fond peuvent, si elles estiment qu'une juridiction d'un autre État membre avec lequel l'enfant a un lien particulier est mieux placée pour connaître de l'affaire, ou une partie spécifique de l'affaire, et lorsque cela sert l'intérêt supérieur de l'enfant :

a) surseoir à statuer sur l'affaire ou sur la partie en question et inviter les parties à saisir d'une demande la juridiction de cet autre État membre conformément au paragraphe 4,

ou

b) demander à la juridiction d'un autre État membre d'exercer sa compétence conformément au paragraphe 5.

2. Le paragraphe 1 est applicable

a) sur requête de l'une des parties ou

b) à l'initiative de la juridiction ou

c) à la demande de la juridiction d'un autre État membre avec lequel l'enfant a un lien particulier, conformément au paragraphe 3.

Le renvoi ne peut cependant être effectué à l'initiative de la juridiction ou à la demande de la juridiction d'un autre État membre que s'il est accepté par l'une des parties au moins.

3. Il est considéré que l'enfant a un lien particulier avec un État membre, au sens du paragraphe 1, si

a) après la saisine de la juridiction visée au paragraphe 1, l'enfant a acquis sa résidence habituelle dans cet État membre,

ou

b) l'enfant a résidé de manière habituelle dans cet État membre, ou

c) l'enfant est ressortissant de cet État membre, ou

d) l'un des titulaires de la responsabilité parentale a sa résidence habituelle dans cet État membre, ou

e) le litige porte sur les mesures de protection de l'enfant liées à l'administration, à la conservation ou à la disposition de biens détenus par l'enfant et qui se trouvent sur le territoire de cet État membre.

4. La juridiction de l'État membre compétente pour connaître du fond impartit un délai durant lequel les juridictions de l'autre État membre doivent être saisies conformément au paragraphe 1.

Si les juridictions ne sont pas saisies durant ce délai, la juridiction saisie continue d'exercer sa compétence conformément aux articles 8 à 14.

5. Les juridictions de cet autre État membre peuvent, lorsque, en raison des circonstances spécifiques de l'affaire, cela est dans l'intérêt supérieur de l'enfant, se déclarer compétentes dans un délai de six semaines à compter de la date à laquelle elles ont été saisies sur base du paragraphe 1, point a) ou b). Dans ce cas, la juridiction première saisie décline sa compétence. Dans le cas contraire, la juridiction première saisie continue d'exercer sa compétence conformément aux articles 8 à 14.

6. Les juridictions coopèrent aux fins du présent article, par voie directe ou par l'intermédiaire des autorités centrales désignées conformément à l'article 53.

Forum non conveniens. Pour un renvoi à un juge étranger, mieux placé pour trancher une question relative à la garde d'un enfant, dans la mesure où il statue sur la garde de son frère, V. • TGI Bernay, 26 janv. 2006 : *Procédures 2006, n° 275, obs. Nourissat.*

SECTION 3 *Dispositions communes*

Art. 16 *Saisine d'une juridiction.* 1. Une juridiction est réputée saisie :

a) à la date à laquelle l'acte introductif d'instance ou un acte équivalent est déposé auprès de la juridiction, à condition que le demandeur n'ait pas négligé par la suite de prendre les mesures qu'il était tenu de prendre pour que l'acte soit notifié ou signifié au défendeur ;

ou

b) si l'acte doit être notifié ou signifié avant d'être déposé auprès de la juridiction, à la date à laquelle il est reçu par l'autorité chargée de la notification ou de la signification, à condition que le demandeur n'ait pas négligé par la suite de prendre les mesures qu'il était tenu de prendre pour que l'acte soit déposé auprès de la juridiction.

BIBL. ▶ Rey, *Dr. et patr. 6/2005, p. 70* (notion de saisine).

1. Notion de saisine. V. • Aix-en-Provence, 21 oct. 2004 : *Procédures 2005, n° 102, obs. Nourrissat* (art. 11, Règl. (CE) n° 1347/2000 du 20 mai 2000).

C'est à bon droit, après avoir relevé, d'abord, qu'en dépit de la caducité des mesures provisoires, l'autorisation de citer restait valable et que la décision britannique faisait l'objet d'un recours, ensuite, que le JAF français était compétent en raison de la résidence habituelle de la défenderesse et des enfants, qu'une cour d'appel décide que le JAF français est le premier saisi, dès lors que la tentative de conciliation est en France une étape obligatoire et préalable à l'assignation intervenue le 7 mai 2004, et que la juridiction française a été saisie par le dépôt de la requête en divorce du 10 janv. 2003, de sorte que ce dépôt, pour avoir été suivi d'une assignation en divorce, constitue la première formalité, au sens de l'art. 11-4 du Règl. (CE) n° 1347 du 29 mai 2000 [devenu art. 16 du présent règlement] alors applicable et selon lequel une juridiction est réputée saisie, soit à la date à laquelle l'acte introductif d'instance ou un acte équivalent est déposé auprès de la juridiction, soit, si l'acte doit être notifié ou signifié avant d'être déposé auprès de la juridiction, à la date à laquelle il est reçu par l'autorité chargée de la notification ou de la signification, et, ceci, à condition que le demandeur n'ait pas négligé par la suite de prendre les mesures qu'il était tenu de prendre pour que l'acte soit notifié ou signifié au défendeur ou bien soit déposé auprès de la juridiction ; que cet article donne une définition matérielle et autonome de la saisine prenant en considération les premières formalités exigées par la loi de procédure interne ; qu'en matière de divorce, cette formalité est, en droit français, le dépôt de la requête. • Civ. 1re, 11 juill. 2006, n° 04-20.405 P : *D. 2007. Pan. 610, obs. Walliate-Pellitteri ; ibid. Pan. 1757, obs. Jault-Seseke ; AJ fam. 2006. 460, obs. Boiché ; Dr. et patr. 2/2007, p. 108, obs. M.-L. Niboyet; Procédures 2007, n° 190, note Nourrissat.*

2. Date de l'introduction d'instance. L'art. 16, § 1, ss. a) doit être interprété en ce sens qu'une juridiction est réputée saisie à la date à laquelle l'acte introductif d'instance ou un acte équivalent est déposé auprès de cette juridiction, même lorsque la procédure a entre-temps été suspendue à l'initiative du demandeur l'ayant introduite, sans que ladite procédure ait été notifiée à la partie défenderesse ni que cette dernière en ait eu connaissance ou y soit intervenue d'aucune manière, pour autant que le demandeur n'a pas négligé par la suite de prendre les mesures qu'il était tenu de prendre pour que l'acte soit notifié ou signifié à la partie défenderesse. • CJUE 16 juill. 2015, n° C-507/14 : *Europe 2015, n° 399, note Idot.*

Art. 17 *Vérification de la compétence.* La juridiction d'un État membre saisie d'une affaire pour laquelle sa compétence n'est pas fondée aux termes du présent règlement et pour laquelle une juridiction d'un autre État membre est compétente en vertu du présent règlement se déclare d'office incompétente.

BIBL. ▶ Niboyet, *Dr. et patr. 6/2005, p. 75.*

Art. 18 *Vérification de la recevabilité.* 1. Lorsque le défendeur qui a sa résidence habituelle dans un État autre que l'État membre où l'action a été intentée ne comparaît pas, la juridiction compétente est tenue de surseoir à statuer aussi longtemps qu'il n'est pas établi que ce défendeur a été mis à même de recevoir l'acte introductif d'instance ou un acte équivalent en temps utile afin de pourvoir à sa défense ou que toute diligence a été faite à cette fin.

2. L'article 19 du règlement (CE) n° 1348/2000 s'applique en lieu et place des dispositions du paragraphe 1 du présent article si l'acte introductif d'instance ou un acte équivalent a dû être transmis d'un État membre à un autre en exécution dudit règlement.

3. Lorsque les dispositions du règlement (CE) n° 1348/2000 ne sont pas applicables, l'article 15 de la convention de La Haye du 15 novembre 1965 relative à la signification et à la notification à l'étranger des actes judiciaires et extrajudiciaires en matière civile ou commerciale s'applique si l'acte introductif d'instance ou un acte équivalent a dû être transmis à l'étranger en exécution de ladite convention.

Art. 19 *Litispendance et actions dépendantes.* **1. Lorsque des demandes en divorce, en séparation de corps ou en annulation du mariage sont formées entre les mêmes parties devant des juridictions d'États membres différents, la juridiction saisie en second lieu sursoit d'office à statuer jusqu'à ce que la compétence de la juridiction première saisie soit établie.**

2. Lorsque des actions relatives à la responsabilité parentale à l'égard d'un enfant, ayant le même objet et la même cause, sont introduites auprès de juridictions d'États membres différents, la juridiction saisie en second lieu sursoit d'office à statuer jusqu'à ce que la compétence de la juridiction première saisie soit établie.

3. Lorsque la compétence de la juridiction première saisie est établie, la juridiction saisie en second lieu se dessaisit en faveur de celle-ci.

Dans ce cas, la partie ayant introduit l'action auprès de la juridiction saisie en second lieu peut porter cette action devant la juridiction première saisie.

BIBL. ▶ Bottiau, *RLDC 12/2008. 41* (divorce et litispendance communautaire : quand la réalité dépasse la fiction). – Dittrich, *Dr. et pr. 2007, Suppl. Droit et procédures internationales, p. 1.* – Douchy-Oudot, *Dr. et patr. 6/2005, p. 80.*

1. Litispendance et « action dépendante ». V. • Reims, 26 sept. 2002 : *Procédures 2003, n° 257, note Nourissat* • Paris, 19 déc. 2002 : *ibid.*

2. Date de saisine de la juridiction française. Pour la mise en œuvre de l'exception de litispendance de l'art. 19, la juridiction française est réputée saisie à la date du dépôt de la requête en divorce, laquelle fait l'objet d'une preuve par tous moyens. • Paris, 14 sept. 2006 : *AJ fam. 2006. 462, obs. Hilt ; Dr. fam. 2007. Comm. 136, note M. Farge* • Civ. 1re, 12 déc. 2006 : *ibid.*

3. Heure de saisine de la juridiction française. Lorsque deux juridictions ont été saisies à la même date et que la partie invoquant l'exception de litispendance prouve l'heure à laquelle elle a saisi la juridiction dont elle revendique la compétence, il incombe à l'autre partie, pour écarter cette exception, d'établir une saisine antérieure. • Civ. 1re, 11 juin 2008, n° 06-20.042 P : *D. 2008. Chron. C. cass. 2367, obs. Chauvin ; ibid. 2009. Pan. 1566, obs. Jault-Seseke ; AJ fam. 2008. 295, note Hilt ; Rev. crit. DIP 2008. 859, note B. Ancel ; Gaz. Pal. 20-21 févr. 2009, p. 53, note M.-L. Niboyet ; ibid. 7-9 juin 2009, p. 38, obs. Eppler ; Dr. et pr. 2009. 27, note Cuniberti ; RJPF 10/2008. 18, obs. Garé ; Procédures 2008, n° 297, note Nourrissat.*

4. Critères d'antériorité. V. • TGI Paris, 5 sept. 2005 : *Procédures 2006, n° 107, obs. Nourissat.* ♦ Doit être approuvé l'arrêt qui, pour accueillir l'exception de litispendance internationale soulevée au profit des juridictions islandaises, relève que celles-ci avaient été saisies de la procédure de divorce dans son ensemble, antérieurement à la procédure en France. • Civ. 1re, 17 juin 2009, n° 08-12.456 P : *D. 2010. 121, note Sana-Chaillé de Néré ; ibid. 1585, obs. Courbe et Jault-Seseke ; AJ fam. 2009. 401, obs. Boiché ; JCP 2009. 369, n° 22, note Jeuland ; Dr. fam. 2009. Comm. 134, note Abadie ; Defrénois 2009. 1722, note Crône ; RJPF 10/2009. 20, obs. Garé ; Gaz. Pal. 7 nov. 2009, p. 24, note Khenkine-Sonigo ; Rev. crit. DIP 2010. 170, note Pataut ; JDI 2010. 825, note Sinopoli.*

5. Extinction de la première procédure et introduction d'une nouvelle procédure de divorce dans le premier État membre. S'agissant de procédures de séparation de corps et de divorce engagées entre les mêmes parties devant des juridictions de deux États membres, l'art. 19, § 1 et 3, doit être interprété en ce sens que, dans une situation où la procédure devant la juridiction première saisie dans le premier État membre s'est éteinte après la saisine de la seconde juridiction dans le second État membre, les critères de la litispendance ne sont plus remplis et, par conséquent, la compétence de la juridiction première saisie doit être considérée comme n'étant pas établie. • CJUE 6 oct. 2015, n° C-489/14 : *Gaz. Pal. 5 janv. 2016, p. 68, obs. Rein-Lescateyres.*

6. Mesures provisoires. Les dispositions de l'art. 19, § 2, du Règl. n° 2201/2003, relatif à la compétence, la reconnaissance et l'exécution des décisions en matière matrimoniale et en matière de responsabilité parentale abrogeant le règlement n° 1347/2000, ne sont pas applicables lorsqu'une juridiction d'un État membre première saisie en vue de l'obtention de mesures en matière de responsabilité parentale n'est saisie qu'en vue de prononcer des mesures provisoires au sens de l'art. 20 de ce règlement et qu'une juridiction d'un autre État membre compétente pour connaître du fond au sens du même règlement est saisie en second lieu d'une demande visant à l'obtention des mêmes mesures, que ce soit à titre provisoire ou à titre définitif. En effet, l'art. 20 du Règl. n° 2201/2003 ne saurait être considéré comme une disposition attributive de compétence pour connaître du fond. En outre, l'application de ladite disposition n'empêche pas la saisine de la juridiction compétente pour connaître du fond. L'art. 20, § 2, dudit règlement prévient tout risque de contradiction de décisions entre une décision octroyant des mesures provisoires au sens de l'art. 20 et une décision adoptée par la juridiction compétente pour connaître du fond puisqu'il prévoit que les mesures provisoires au sens de cet article 20, paragraphe 1, cessent d'avoir effet lorsque la juridiction compétente pour connaître du fond a pris les mesures qu'elle estime appropriées. • CJUE 9 nov. 2010 : *D. 2011. Pan. 1385, obs. Jault-Seseke ; CCC 2011, n° 21, note Raymond ; Dr. pén. 2011. Chron. 4, n° 7, note Bazin ; Procédures 2011, n° 11, note Nourrissat ; Europe 2011, n° 35, note Idot.*

7. Référé. Le fait qu'une juridiction d'un État membre soit saisie dans le cadre d'une procédure de référé, aux fins notamment du droit de garde d'enfants, ou qu'une décision soit prise dans le cadre d'une telle procédure et qu'il ne ressort d'aucun élément de la demande introduite ou de la décision adoptée que la juridiction saisie en référé soit compétente au sens du règlement n° 2201/2003, relatif à la compétence, la reconnaissance et l'exécution des décisions en matière matrimoniale et en matière de responsabilité parentale abrogeant le règlement n° 1347/2000, n'a pas nécessairement pour conséquence d'exclure qu'il existe, ainsi que l'autorise éventuellement le droit national de cet État membre, une demande au fond liée à la demande en référé et contenant des éléments visant à démontrer que la juridiction saisie est compétente au sens de ce règlement. Dans un tel contexte, la juridiction saisie en second lieu doit vérifier d'elle-même si, en ce qu'elle octroie des mesures provisoires, la décision de la juridiction saisie en premier lieu n'était qu'un préalable à une décision ultérieure adoptée en meilleure connaissance de cause et dans des conditions qui ne seraient plus caractérisées par l'urgence à statuer. La juridiction saisie en second lieu devrait par ailleurs vérifier s'il existe une unité procédurale entre la prétention faisant l'objet des mesures provisoires et une prétention au fond introduite ultérieurement. • CJUE 9 nov. 2010 : *préc. note 6.*

Art. 20 *Mesures provisoires et conservatoires.* **1. En cas d'urgence, les dispositions du présent règlement n'empêchent pas les juridictions d'un État membre de prendre des mesures provisoires ou conservatoires relatives aux personnes ou aux biens présents dans cet État, prévues par la loi de cet État membre même si, en vertu du présent règlement, une juridiction d'un autre État membre est compétente pour connaître du fond.**

2. Les mesures prises en exécution du paragraphe 1 cessent d'avoir effet lorsque la juridiction de l'État membre compétente en vertu du présent règlement pour connaître du fond a pris les mesures qu'elle estime appropriées.

1. Conditions. Une mesure conservatoire, telle que la prise en charge d'enfants, peut être décidée par une juridiction nationale au titre de l'art. 20 dès que les conditions suivantes sont remplies : cette mesure doit être urgente ; elle doit être prise à l'égard des personnes présentes dans l'État membre concerné, et elle doit être de nature provisoire. La mise en œuvre de ladite mesure ainsi que le caractère contraignant de cette dernière sont fixés conformément au droit national. Après la mise en œuvre de la mesure conservatoire, la juridiction nationale n'est pas tenue de déférer l'affaire à la juridiction compétente d'un autre État membre. Toutefois, pour autant que la protection de l'intérêt supérieur de l'enfant l'exige, la juridiction nationale qui a mis en œuvre des mesures provisoires ou conservatoires doit en informer, directement ou par l'intermédiaire de l'autorité centrale désignée au titre de l'art. 53, la juridiction d'un autre État membre. • CJCE 2 avr. 2009, n° C-523/07.

2. Décision provisoire antérieure. L'art. 20 doit être interprété en ce sens que, dans des circonstances telles que celles de l'affaire au principal, il ne permet pas à une juridiction d'un État membre d'adopter une mesure provisoire en matière de responsabilité parentale visant à octroyer la garde d'un enfant qui se trouve sur le territoire de cet État membre à l'un de ses parents lorsqu'une juridiction d'un autre État membre, qui est compétente en vertu dudit règlement pour connaître du fond du litige relatif à la garde de l'enfant, a déjà rendu une décision confiant provisoirement la garde de cet enfant à l'autre parent et que cette décision a été déclarée exécutoire sur le territoire du premier État membre. • CJUE 23 déc. 2009 : *D. actu. 21 janv. 2010, obs. Égéa ; D. 2010. Actu. 99 ; ibid. 1055, note Brière ; ibid. 1585, obs. Courbe et Jault-Seseke ; RTD civ. 2010. 549, obs. J. Hauser ; ibid. 748, obs. P. Rémy-Corlay ; RTD eur. 2010. 113, obs. Coutron ; ibid. 421, obs. Douchy-Oudot et Guinchard ; AJ fam. 2010. 131, obs. Boiché ; Dr. fam. 2010. Alerte 7, obs. Bruggeman ; Europe 2010, n° 57, obs. Idot ; Gaz. Pal. 28-29 mai 2009, p. 47, note Guez ; Procédures 2010, n° 73, note Nourissat ; RLDC 2010. 3722, obs. Pouliquen.*

3. C'est à bon droit qu'une cour d'appel retient que si, aux termes de l'art. 20 du Règl. (CE) n° 2201/2003 du 27 nov. 2003 (Bruxelles II *bis*), qui vise les mesures provisoires nécessaires à la préservation de l'intérêt de l'enfant prises conformément au droit national, le juge des enfants peut, en cas d'urgence, prendre les mesures provisoires ou conservatoires nécessaires à l'égard des enfants qui se trouvent en France, la mesure de placement provisoire qu'il a prise cesse de produire effet dès lors que la juridiction étrangère, compétente pour statuer au fond sur l'exercice de l'autorité parentale, a pris les mesures appropriées. • Civ. 1re, 8 juill. 2010, n° 09-66.406 P : *D. 2010. Actu. 1798 ; ibid. 2011. Pan. 1374, obs. Jault-Seseke ; AJ fam. 2010. Pratique 482, Boiché ; Dr. fam. 2010, n° 158, note Galichet ; ibid.*

n° 159, note Abadie ; RJPF nov. 2010, p. 27, obs. Eudier.

4. Les dispositions des art. 21 s. du Règl. (CE) n° 2201/2003 du Conseil du 27 nov. 2003 ne s'appliquent pas à des mesures provisoires, en matière de droit de garde, relevant de l'art. 20 dudit règlement. • CJUE 15 juill. 2010 : *D. 2011. Pan. 1374, obs. Jault-Seseke ; AJ fam. 2010. 539, obs. Boiché ; RTD civ. 2011. 115, obs. Hauser ; RJPF déc. 2010, p. 29, obs. Eudier ; Procédures 2010, n° 343, note Nourrissat.*

CHAPITRE III *RECONNAISSANCE ET EXÉCUTION*

SECTION 1 *Reconnaissance*

Art. 21 *Reconnaissance d'une décision.* 1. Les décisions rendues dans un État membre sont reconnues dans les autres États membres sans qu'il soit nécessaire de recourir à aucune procédure.

2. En particulier, et sans préjudice du paragraphe 3, aucune procédure n'est requise pour la mise à jour des actes d'état civil d'un État membre sur la base d'une décision rendue dans un autre État membre en matière de divorce, de séparation de corps ou d'annulation du mariage, qui n'est plus susceptible de recours selon la loi de cet État membre.

3. Sans préjudice de la section 4, toute partie intéressée peut demander, selon les procédures prévues à la section 2, que soit prise une décision de reconnaissance ou de non-reconnaissance de la décision.

La compétence territoriale de la juridiction indiquée dans la liste communiquée par chaque État membre à la Commission conformément à l'article 68 est déterminée par la loi de l'État membre dans lequel la demande de reconnaissance ou de non-reconnaissance est présentée.

4. Si la reconnaissance d'une décision est invoquée de façon incidente devant une juridiction d'un État membre, celle-ci peut statuer en la matière.

BIBL. ▶ E. Guinchard, *AJ fam. 2006. 99* (droit international privé européen de l'exécution en matière extrapatrimoniale).

Art. 22 *Motifs de non-reconnaissance des décisions de divorce, de séparation de corps ou d'annulation du mariage.* Une décision rendue en matière de divorce, de séparation de corps ou d'annulation du mariage n'est pas reconnue :

a) si la reconnaissance est manifestement contraire à l'ordre public de l'État membre requis ;

b) si l'acte introductif d'instance ou un acte équivalent n'a pas été signifié ou notifié au défendeur défaillant en temps utile et de telle manière qu'il puisse pourvoir à sa défense, à moins qu'il ne soit établi que le défendeur a accepté la décision de manière non équivoque ;

c) si elle est inconciliable avec une décision rendue dans une instance opposant les mêmes parties dans l'État membre requis ; ou

d) si elle est inconciliable avec une décision rendue antérieurement dans un autre État membre ou dans un État tiers dans une affaire opposant les mêmes parties, dès lors que cette première décision réunit les conditions nécessaires à sa reconnaissance dans l'État membre requis.

Art. 23 *Motifs de non-reconnaissance des décisions en matière de responsabilité parentale.* Une décision rendue en matière de responsabilité parentale n'est pas reconnue :

a) si la reconnaissance est manifestement contraire à l'ordre public de l'État membre requis eu égard aux intérêts supérieurs de l'enfant ;

b) si, sauf en cas d'urgence, elle a été rendue sans que l'enfant, en violation des règles fondamentales de procédure de l'État membre requis, ait eu la possibilité d'être entendu ;

c) si l'acte introductif d'instance ou un acte équivalent n'a pas été signifié ou notifié à la personne défaillante en temps utile et de telle manière que celle-ci puisse pourvoir à sa défense, à moins qu'il ne soit établi que cette personne a accepté la décision de manière non équivoque ;

d) à la demande de toute personne faisant valoir que la décision fait obstacle à l'exercice de sa responsabilité parentale, si la décision a été rendue sans que cette personne ait eu la possibilité d'être entendue ;

e) si elle est inconciliable avec une décision rendue ultérieurement en matière de responsabilité parentale dans l'État membre requis ;

f) si elle est inconciliable avec une décision rendue ultérieurement en matière de responsabilité parentale dans un autre État membre ou dans l'État tiers où l'enfant réside habituellement, dès lors que la décision ultérieure réunit les conditions nécessaires à sa reconnaissance dans l'État requis ;

ou

g) si la procédure prévue à l'article 56 n'a pas été respectée.

L'art. 23, ss. a), du Règl. (CE) n° 2201/2003 du Conseil, du 27 nov. 2003, relatif à la compétence, la reconnaissance et l'exécution des décisions en matière matrimoniale et en matière de responsabilité parentale abrogeant le Règl. (CE) n° 1347/2000, doit être interprété en ce sens que, en l'absence d'une violation manifeste, eu égard aux intérêts supérieurs de l'enfant, d'une règle de droit considérée comme essentielle dans l'ordre juridique d'un État membre ou d'un droit reconnu comme fondamental dans cet ordre juridique, cette disposition ne permet pas à la juridiction de cet État membre, qui se considère compétente pour statuer sur la garde d'un enfant, de refuser de reconnaître la décision d'une juridiction d'un autre État membre qui a statué sur la garde de cet enfant. • CJUE 19 nov. 2015, C-455-15 : *AJ fam. 2016. 48, note Viganotti*.

Art. 24 *Interdiction du contrôle de la compétence de la juridiction d'origine.* Il ne peut être procédé au contrôle de la compétence de la juridiction de l'État membre d'origine. Le critère de l'ordre public visé à l'article 22, point a), et à l'article 23, point a), ne peut être appliqué aux règles de compétence visées aux articles 3 à 14.

Art. 25 *Disparités entre les lois applicables.* La reconnaissance d'une décision ne peut être refusée au motif que la loi de l'État membre requis ne permet pas le divorce, la séparation de corps ou l'annulation du mariage sur la base de faits identiques.

Art. 26 *Interdiction de la révision au fond.* En aucun cas, une décision ne peut faire l'objet d'une révision au fond.

Art. 27 *Sursis à statuer.* 1. La juridiction d'un État membre saisie d'une demande de reconnaissance d'une décision rendue dans un autre État membre peut surseoir à statuer si cette décision fait l'objet d'un recours ordinaire.

2. La juridiction d'un État membre saisie d'une demande de reconnaissance d'une décision rendue en Irlande ou au Royaume-Uni et dont l'exécution est suspendue dans l'État membre d'origine du fait de l'exercice d'un recours peut surseoir à statuer.

SECTION 2 *Requête en déclaration de la force exécutoire*

Art. 28 *Décisions exécutoires.* 1. Les décisions rendues dans un État membre sur l'exercice de la responsabilité parentale à l'égard d'un enfant, qui y sont exécutoires et qui ont été signifiées ou notifiées, sont mises en exécution dans un autre État membre après y avoir été déclarées exécutoires sur requête de toute partie intéressée.

2. Toutefois, au Royaume-Uni, ces décisions ne sont mises à exécution en Angleterre et au pays de Galles, en Écosse ou en Irlande du Nord qu'après avoir été enregistrées en vue de leur exécution, sur requête de toute partie intéressée, dans l'une ou l'autre de ces parties du Royaume-Uni, suivant le cas.

Le présent règlement doit être interprété en ce sens qu'une décision d'une juridiction d'un État membre qui ordonne le placement forcé d'un enfant dans un établissement fermé situé dans un autre État membre doit, avant sa mise en exécution dans l'État membre requis, être déclarée exécutoire dans cet État membre. Afin de ne pas priver ce règlement de son effet utile, la décision de la juridiction de l'État membre requis relative à la requête en déclaration de la force exécutoire doit être prise avec une célérité particulière sans que les recours portés contre une telle décision de la juridiction de l'État membre requis puissent avoir un effet suspensif. • CJUE 26 avr. 2012, n° C-912/12.

Art. 29 *Juridiction territorialement compétente.* 1. La requête en déclaration de constatation de la force exécutoire est présentée à la juridiction indiquée dans la liste communiquée par chaque État membre à la Commission conformément à l'article 68.

2. La compétence territoriale est déterminée par la résidence habituelle de la personne contre laquelle l'exécution est demandée ou par la résidence habituelle de tout enfant concerné par la requête.

Lorsqu'aucune des résidences visées au premier alinéa ne se trouve dans l'État membre d'exécution, la compétence territoriale est déterminée par le lieu d'exécution.

Art. 30 *Procédure.* 1. Les modalités de dépôt de la requête sont déterminées par la loi de l'État membre d'exécution.

2. Le requérant doit faire élection de domicile dans le ressort de la juridiction saisie. Toutefois, si la loi de l'État membre d'exécution ne connaît pas l'élection de domicile, le requérant désigne un mandataire *ad litem*.

3. Les documents mentionnés aux articles 37 et 39 sont joints à la requête.

Art. 31 *Décision rendue par la juridiction.* 1. La juridiction saisie de la requête statue à bref délai, sans que ni la personne contre laquelle l'exécution est demandée ni l'enfant ne puissent, à ce stade de la procédure, présenter d'observations.

2. La requête ne peut être rejetée que pour l'un des motifs prévus aux articles 22, 23 et 24.

3. En aucun cas, la décision ne peut faire l'objet d'une révision au fond.

Art. 32 *Notification de la décision.* La décision rendue sur requête est aussitôt portée à la connaissance du requérant, à la diligence du greffier, suivant les modalités déterminées par la loi de l'État membre d'exécution.

Art. 33 *Recours.* 1. L'une ou l'autre partie peut former un recours contre la décision relative à la demande de déclaration constatant la force exécutoire.

2. Le recours est porté devant la juridiction indiquée dans la liste communiquée par chaque État membre à la Commission conformément à l'article 68.

3. Le recours est examiné selon les règles de la procédure contradictoire.

4. Si le recours est formé par la personne qui a demandé la déclaration constatant la force exécutoire, la partie contre laquelle l'exécution est demandée est appelée à comparaître devant la juridiction saisie du recours. En cas de défaut, les dispositions de l'article 18 s'appliquent.

5. Le recours contre la déclaration constatant la force exécutoire doit être formé dans un délai d'un mois à compter de sa signification. Si la partie contre laquelle l'exécution est demandée a sa résidence habituelle dans un État membre autre que celui dans lequel la déclaration constatant la force exécutoire a été délivrée, le délai est de deux mois et court à compter du jour où la signification a été faite à personne ou à domicile. Ce délai ne comporte pas de prorogation à raison de la distance.

Art. 34 *Juridictions de recours et voies de recours.* La décision rendue sur le recours ne peut faire l'objet que du recours visé à la liste communiquée par chaque État membre à la Commission conformément à l'article 68.

Art. 35 *Sursis à statuer.* 1. La juridiction saisie du recours formé au titre de l'article 33 ou 34 peut, à la requête de la partie contre laquelle l'exécution est demandée, surseoir à statuer si la décision fait, dans l'État membre d'origine, l'objet d'un recours ordinaire, ou si le délai pour le former n'est pas expiré. Dans ce dernier cas, la juridiction peut impartir un délai pour former ce recours.

2. Lorsque la décision a été rendue en Irlande ou au Royaume-Uni, toute voie de recours prévue dans l'État membre d'origine est considérée comme un recours ordinaire aux fins de l'application du paragraphe 1.

Art. 36 *Exécution partielle.* 1. Lorsque la décision a statué sur plusieurs chefs de la demande et que l'exécution ne peut être autorisée pour le tout, la juridiction accorde l'exécution pour un ou plusieurs d'entre eux.

2. Le requérant peut demander une exécution partielle.

SECTION 3 *Dispositions communes aux sections 1 et 2*

Art. 37 *Documents.* 1. La partie qui invoque ou conteste la reconnaissance d'une décision ou sollicite la délivrance d'une déclaration constatant sa force exécutoire doit produire :

a) une expédition de celle-ci réunissant les conditions nécessaires à son authenticité ; et

b) le certificat visé à l'article 39.

2. En outre, s'il s'agit d'une décision par défaut, la partie qui invoque la reconnaissance ou sollicite la délivrance d'une déclaration constatant sa force exécutoire doit produire :

a) l'original ou une copie certifiée conforme du document établissant que l'acte introductif d'instance ou un acte équivalent a été signifié ou notifié à la partie défaillante ;

ou

b) tout document indiquant que le défendeur a accepté la décision de manière non équivoque.

Art. 38 *Absence de documents.* 1. A défaut de production des documents mentionnés à l'article 37, paragraphe 1, point b), ou paragraphe 2, la juridiction peut impartir un délai pour les produire ou accepter des documents équivalents ou, si elle s'estime suffisamment éclairée, en dispenser.

2. Il est produit une traduction des documents si la juridiction l'exige. La traduction est certifiée par une personne habilitée à cet effet dans l'un des États membres.

Art. 39 *Certificat concernant les décisions en matière matrimoniale et certificat concernant les décisions en matière de responsabilité parentale.* La juridiction ou l'autorité compétente de l'État membre d'origine délivre, à la requête de toute partie intéressée, un certificat en utilisant le formulaire dont le modèle figure à l'annexe I (décisions en matière matrimoniale) ou à l'annexe II (décisions en matière de responsabilité parentale). – *V. JOUE 23 déc. 2003.*

SECTION 4 *Force exécutoire de certaines décisions relatives au droit de visite et de certaines décisions ordonnant le retour de l'enfant*

Art. 40 *Champ d'application.* 1. La présente section s'applique :

a) au droit de visite

et

b) au retour d'un enfant consécutif à une décision ordonnant le retour de l'enfant visée à l'article 11, paragraphe 8.

2. Les dispositions de la présente section n'empêchent pas un titulaire de la responsabilité parentale d'invoquer la reconnaissance et l'exécution d'une décision, conformément aux dispositions contenues dans les sections 1 et 2 du présent chapitre.

Art. 41 *Droit de visite.* 1. Le droit de visite visé à l'article 40, paragraphe 1, point *a)*, accordé par une décision exécutoire rendue dans un État membre, est reconnu et jouit de la force exécutoire dans un autre État membre sans qu'aucune déclaration lui reconnaissant force exécutoire ne soit requise et sans qu'il soit possible de s'opposer à sa reconnaissance si la décision a été certifiée dans l'État membre d'origine conformément au paragraphe 2.

2. Le juge d'origine ne délivre le certificat visé au paragraphe 1, en utilisant le formulaire dont le modèle figure à l'annexe III (certificat concernant le droit de visite), que si :

Même si le droit national ne prévoit pas la force exécutoire de plein droit, nonobstant un éventuel recours, d'une décision accordant un droit de visite, la juridiction d'origine peut déclarer la décision exécutoire.

a) en cas de procédure par défaut, l'acte introductif d'instance ou un acte équivalent a été signifié ou notifié à la personne défaillante en temps utile et de telle manière que cette personne puisse pourvoir à sa défense, ou, s'il a été signifié ou notifié sans le respect de ces conditions, il est néanmoins établi qu'elle a accepté la décision de manière non équivoque ; – *V. JOUE 23 déc. 2003.*

b) toutes les parties concernées ont eu la possibilité d'être entendues ;

et

c) l'enfant a eu la possibilité d'être entendu, à moins qu'une audition n'ait été jugée inappropriée eu égard à son âge ou à son degré de maturité.

Le certificat est rempli dans la langue de la décision.

3. Si le droit de visite concerne une situation ayant dès le prononcé de la décision un caractère transfrontière, le certificat est délivré d'office lorsque la décision devient exécutoire, y compris par provision. Si la situation n'acquiert un caractère transfrontière qu'ultérieurement, le certificat est délivré à la demande de l'une des parties.

Art. 42 *Retour de l'enfant.* Le retour de l'enfant visé à l'article 40, paragraphe 1, point b), résultant d'une décision exécutoire rendue dans un État membre est reconnu et jouit de la force exécutoire dans un autre État membre sans qu'aucune déclaration lui reconnaissant force exécutoire ne soit requise et sans qu'il ne soit possible de s'opposer à sa reconnaissance si la décision a été certifiée dans l'État membre d'origine conformément au paragraphe 2.

Même si le droit national ne prévoit pas la force exécutoire de plein droit, nonobstant un éventuel recours, d'une décision ordonnant le retour de l'enfant visée à l'article 11, paragraphe 8, la juridiction d'origine peut déclarer la décision exécutoire.

2. Le juge d'origine qui a rendu la décision visée à l'article 40, paragraphe 1, point b), ne délivre le certificat visé au paragraphe 1 que si :

a) l'enfant a eu la possibilité d'être entendu, à moins qu'une audition n'ait été jugée inappropriée eu égard à son âge ou à son degré de maturité,

b) les parties ont eu la possibilité d'être entendues, et que

c) la juridiction a rendu sa décision en tenant compte des motifs et des éléments de preuve sur la base desquels avait été rendue la décision prise en application de l'article 13 de la convention de La Haye de 1980.

Au cas où la juridiction ou toute autre autorité prend des mesures en vue d'assurer la protection de l'enfant après son retour dans l'État de sa résidence habituelle, le certificat précise les modalités de ces mesures.

Le juge d'origine délivre de sa propre initiative ledit certificat, en utilisant le formulaire dont le modèle figure à l'annexe IV (certificat concernant le retour de l'enfant). – *V. JOUE 23 déc. 2003.*

Le certificat est rempli dans la langue de la décision.

Exécution d'une décision certifiée de retour d'un enfant. Violation grave des droits de l'enfant. Compétence. V. jugeant que la juridiction compétente de l'État membre d'exécution ne peut pas s'opposer à l'exécution d'une décision certifiée ordonnant le retour d'un enfant illicitement retenu au motif que la juridiction de l'État membre d'origine qui a rendu cette décision aurait violé l'art. 42 du Règl. du 27 nov. 2003, interprété conformément à l'art. 24 de la Charte des droits fondamentaux de l'Union européenne, l'appréciation de l'existence d'une telle violation relevant exclusivement de la compétence des juridictions de l'État membre d'origine. • CJCE 22 déc. 2010 : *BICC 1er mars 2010, n° 207 ; D. 2011. Actu. 248 ; ibid. Pan. 1374, obs. Jault-Seseke ; RTD eur. 2011. 482, obs. M. Douchy-Oudot ; Procédures 2011, n° 9, note Nourrissat ; Europe 2011, n° 118, note Idot ; Dr. fam. 2011, n° 66, note Abadie.*

Art. 43 *Action en rectification.* 1. Le droit de l'État membre d'origine est applicable à toute rectification du certificat.

2. La délivrance d'un certificat au titre de l'article 41, paragraphe 1, ou de l'article 42, paragraphe 1, n'est par ailleurs susceptible d'aucun recours.

Art. 44 *Effets du certificat.* Le certificat ne produit ses effets que dans les limites du caractère exécutoire du jugement.

Art. 45 *Documents.* 1. La partie qui demande l'exécution d'une décision doit produire :

a) une expédition de celle-ci réunissant les conditions nécessaires à son authenticité ; et

b) le certificat visé à l'article 41, paragraphe 1, ou à l'article 42, paragraphe 1.

2. Aux fins du présent article,

– le certificat visé à l'article 41, paragraphe 1, s'accompagne d'une traduction du point 12 relatif aux modalités d'exercice du droit de visite,

– le certificat visé à l'article 42, paragraphe 1, s'accompagne d'une traduction du point 14 relatif aux modalités des mesures prises en vue d'assurer le retour de l'enfant.

La traduction est effectuée dans la langue officielle ou l'une des langues officielles de l'État membre d'exécution ou dans toute autre langue que ce dernier a indiqué d'accepter. La traduction est certifiée par une personne habilitée à cet effet dans l'un des États membres.

SECTION 5 *Actes authentiques et accords*

Art. 46 Les actes authentiques reçus et exécutoires dans un État membre ainsi que les accords entre parties exécutoires dans l'État membre d'origine sont reconnus et rendus exécutoires dans les mêmes conditions que des décisions.

SECTION 6 *Autres dispositions*

Art. 47 *Procédure d'exécution.* 1. La procédure d'exécution est déterminée par le droit de l'État membre d'exécution.

2. Toute décision rendue par la juridiction d'un autre État membre et déclarée exécutoire conformément à la section 2 ou certifiée conformément à l'article 41, paragraphe 1, ou à l'article 42, paragraphe 1, est exécutée dans l'État membre d'exécution dans les mêmes conditions que si elle avait été rendue dans cet État membre.

En particulier, une décision certifiée conformément à l'article 41, paragraphe 1, ou à l'article 42, paragraphe 1, ne peut être exécutée si elle est inconciliable avec une décision exécutoire rendue ultérieurement.

1. L'art. 47, § 2, second alinéa, du Règl. Bruxelles II *bis* doit être interprété en ce sens qu'une décision rendue ultérieurement par une juridiction de l'État membre d'exécution, qui accorde un droit de garde provisoire et est considérée comme exécutoire selon le droit de cet État, ne peut pas être opposée à l'exécution d'une décision certifiée, rendue antérieurement par la juridiction compétente de l'État membre d'origine et ordonnant le retour de l'enfant. • CJUE 1er juill. 2010, n° C-221/10.

2. L'exécution d'une décision certifiée ne peut être refusée, dans l'État membre d'exécution, au motif que, en raison d'une modification des circonstances survenue après son adoption, elle serait susceptible de porter gravement atteinte à l'intérêt supérieur de l'enfant. Une telle modification doit être invoquée devant la juridiction compétente de l'État membre d'origine, laquelle devrait être également saisie d'une demande éventuelle de sursis à l'exécution de sa décision. Rapp. Sur ce point de • CJUE 22 déc. 2010, n° C/491/10.

3. Dans le cadre du Règl. n° 2201/2003, les décisions étrangères condamnant à une astreinte ne sont exécutoires dans l'État membre requis que si le montant en a été définitivement fixé par les tribunaux de l'État membre d'origine. • CJUE 9 sept. 2015, n° C-4/14.

Art. 48 *Modalités pratiques de l'exercice du droit de visite.* 1. Les juridictions de l'État membre d'exécution peuvent arrêter les modalités pratiques pour organiser l'exercice du droit de visite, si les modalités nécessaires n'ont pas été prévues ou ne l'ont pas été suffisamment dans la décision rendue par les juridictions de l'État membre compétentes pour connaître du fond, et pour autant que les éléments essentiels de ladite décision soient respectés.

2. Les modalités pratiques arrêtées conformément au paragraphe 1 cessent d'être applicables en exécution de la décision ultérieure rendue par les juridictions de l'État membre compétentes pour connaître du fond.

Le recouvrement d'une astreinte ordonnée par le juge de l'État membre d'origine qui a statué au fond sur le droit de visite aux fins d'assurer l'effectivité de ce droit relève du même régime d'exécution que la décision sur le droit de visite que garantit ladite astreinte, et cette dernière doit, à ce titre, être déclarée exécutoire selon les règles définies par le Règl. (CE) n° 2201/2003 du Conseil, du 27 nov. 2003. • CJUE 9 sept. 2015, n° C-4/14.

Art. 49 *Coûts.* Les dispositions du présent chapitre, à l'exception de celles prévues à la section 4, sont aussi d'application pour la fixation du montant des frais du procès au titre des procédures engagées en vertu du présent règlement et pour l'exécution de tout jugement concernant de tels frais.

Art. 50 *Assistance judiciaire.* Le requérant qui, dans l'État membre d'origine, a bénéficié en tout ou en partie de l'assistance judiciaire ou d'une exemption de frais et dépens bénéficie, dans la procédure prévue aux articles 21, 28, 41, 42 et 48, de l'assistance la plus favorable ou de l'exemption la plus large prévue par le droit de l'État membre d'exécution.

Art. 51 *Caution, dépôt.* Aucune caution ni aucun dépôt, sous quelque dénomination que ce soit, ne peuvent être imposés à la partie qui demande l'exécution dans un État membre d'une décision rendue dans un autre État membre en raison :

a) du défaut de résidence habituelle dans l'État membre requis ;
et
b) soit de sa qualité d'étranger, soit, lorsque l'exécution est demandée au Royaume-Uni ou en Irlande, du défaut de « domicile » dans l'un de ces États membres.

Art. 52 *Légalisation ou formalité analogue.* Aucune légalisation ni formalité analogue n'est exigée en ce qui concerne les documents visés aux articles 37, 38 et 45 ou, le cas échéant, la procuration *ad litem*.

CHAPITRE IV *COOPÉRATION ENTRE LES AUTORITÉS CENTRALES EN MATIÈRE DE RESPONSABILITÉ PARENTALE*

Art. 53 *Désignation.* Chaque État membre désigne une ou plusieurs autorités centrales chargées de l'assister dans l'application du présent règlement et en précise les attributions territoriales ou matérielles. Lorsqu'un État membre a désigné plusieurs autorités centrales, les communications sont en principe adressées directement à l'autorité centrale compétente. Si une communication est adressée à une autorité centrale non compétente, celle-ci est chargée de la transmettre à l'autorité centrale compétente et d'en informer l'expéditeur.

Art. 54 *Fonctions générales.* Les autorités centrales communiquent des informations sur les législations et procédures nationales et prennent des mesures pour améliorer l'application du présent règlement et renforcer leur coopération. A cette fin, il est fait usage du réseau judiciaire européen en matière civile et commerciale créé par la décision 2001/470/CE.

Art. 55 *Coopération dans le cadre d'affaires spécifiques à la responsabilité parentale.* Les autorités centrales, à la demande d'une autorité centrale d'un autre État membre ou du titulaire de la responsabilité parentale, coopèrent dans des affaires déterminées pour réaliser les objectifs visés par le présent règlement. A cet effet, elles prennent, elles-mêmes ou par l'intermédiaire des pouvoirs publics ou autres organismes, toute mesure appropriée, conformément à la législation de cet État membre en matière de protection des données à caractère personnel, pour :
a) recueillir et échanger des informations :
i) sur la situation de l'enfant,
ii) sur toute procédure en cours, ou
iii) sur toute décision rendue concernant l'enfant ;
b) fournir des informations et une assistance aux titulaires de la responsabilité parentale qui demandent la reconnaissance et l'exécution d'une décision sur leur territoire, en particulier en matière de droit de visite et de retour de l'enfant ;
c) faciliter les communications entre les juridictions notamment pour l'application de l'article 11, paragraphes 6 et 7, et de l'article 15 ;
d) fournir toute information et aide utiles pour l'application par les juridictions de l'article 56 ;
e) faciliter la conclusion d'accords entre les titulaires de la responsabilité parentale en recourant à la médiation ou à d'autres moyens, et faciliter à cette fin la coopération transfrontalière.

Art. 56 *Placement de l'enfant dans un autre État membre.* 1. Lorsque la juridiction compétente en vertu des articles 8 à 15 envisage le placement de l'enfant dans un établissement ou dans une famille d'accueil et que ce placement aura lieu dans un autre État membre, elle consulte au préalable l'autorité centrale ou une autre autorité compétente de ce dernier État membre si l'intervention d'une autorité publique est prévue dans cet État membre pour les cas internes de placements d'enfants.

2. La décision sur le placement visé au paragraphe 1 ne peut être prise dans l'État membre requérant que si l'autorité compétente de l'État requis a approuvé ce placement.

3. Les modalités relatives à la consultation ou à l'approbation visées aux paragraphes 1 et 2 sont régies par le droit national de l'État membre requis.

4. Lorsque la juridiction compétente en vertu des articles 8 à 15 décide le placement de l'enfant dans une famille d'accueil, que ce placement aura lieu dans un autre État

membre, et que l'intervention d'une autorité publique n'est pas prévue dans ce dernier État membre pour les cas internes de placement d'enfants, elle en avise l'autorité centrale ou une autorité compétente de cet État membre.

1. Placement d'un enfant dans un établissement fermé dans un autre État membre pour des fins thérapeutiques. Une décision d'une juridiction d'un État membre qui prévoit le placement d'un enfant dans un établissement de soins thérapeutiques et éducatifs fermé situé dans un autre État membre impliquant, à des fins protectrices, une privation de liberté pendant une période déterminée relève du champ d'application matériel du présent Règl. • CJUE 26 avr. 2012 : *RTDE 2012. 689, n° 3, obs. Douchy-Oudot ; Europe 2012, n° 264, note Idot.*

2. L'approbation visée à l'art. 56, § 2, doit être donnée, préalablement à l'adoption de la décision sur le placement d'un enfant, par une autorité compétente relevant du droit public. Il ne suffit pas que l'établissement dans lequel l'enfant doit être placé donne son approbation. Dans des circonstances telles que celles de l'affaire au principal, dans lesquelles la juridiction de l'État membre qui a décidé le placement a des incertitudes sur le point de savoir si une approbation a été valablement donnée dans l'État membre requis, car il n'a pas été possible d'établir avec certitude quelle était l'autorité compétente dans ce dernier État, une régularisation est possible afin de s'assurer que l'exigence d'une approbation par l'art. 56 a été pleinement respectée. • CJUE 26 avr. 2012 : *préc.*

3. Le présent règlement doit être interprété en ce sens qu'une décision d'une juridiction d'un État membre qui ordonne le placement forcé d'un enfant dans un établissement fermé situé dans un autre État membre doit, avant sa mise en exécution dans l'État membre requis, être déclarée exécutoire dans cet État membre. Afin de ne pas priver ce règlement de son effet utile, la décision de la juridiction de l'État membre requis relative à la requête en déclaration de la force exécutoire doit être prise avec une célérité particulière sans que les recours portés contre une telle décision de la juridiction de l'État membre requis puissent avoir un effet suspensif. • CJUE 26 avr. 2012 : *préc.*

4. Lorsqu'elle a été donnée pour une durée déterminée, l'approbation d'un placement au titre de l'art. 56, § 2, ne s'applique pas aux décisions ayant pour objet de prolonger la durée du placement. Dans de telles circonstances, une nouvelle approbation doit être sollicitée. Une décision de placement prise dans un État membre déclarée exécutoire dans un autre État membre ne peut être mise en exécution dans ce dernier État membre que pour la période indiquée dans la décision de placement. • CJUE 26 avr. 2012 : *préc.*

Art. 57 *Méthode de travail.* 1. Tout titulaire de la responsabilité parentale peut adresser à l'autorité centrale de l'État membre dans lequel il réside habituellement ou à l'autorité centrale de l'État membre dans lequel l'enfant a sa résidence habituelle ou est présent, une demande d'assistance conformément à l'article 55. D'une manière générale, la demande est accompagnée de toutes les informations disponibles pouvant en faciliter l'exécution. Si la demande d'assistance concerne la reconnaissance ou l'exécution d'une décision relative à la responsabilité parentale couverte par le champ d'application du présent règlement, le titulaire de la responsabilité parentale est tenu d'y joindre les certificats correspondants figurant aux articles 39, 41, paragraphe 1, ou 42, paragraphe 1.

2. Les États membres notifient à la Commission la ou les langues officielles des institutions de la Communauté autres que leur(s) propre(s) langue(s) dans lesquelles les communications peuvent être adressées aux autorités centrales.

3. L'assistance dispensée par les autorités centrales en vertu de l'article 55 est gratuite.

4. Chaque autorité centrale supporte ses propres frais.

Art. 58 *Réunions.* 1. Les autorités centrales, pour faciliter l'application du présent règlement, sont réunies régulièrement.

2. La convocation de ces réunions s'effectue conformément à la décision 2001/470/CE relative à la création d'un réseau judiciaire européen en matière civile et commerciale.

CHAPITRE V *RELATIONS AVEC D'AUTRES INSTRUMENTS*

Art. 59 *Relation avec d'autres instruments.* 1. Sans préjudice des articles 60, 63, 64 et du paragraphe 2 du présent article, le présent règlement remplace, pour les États membres, les conventions existant au moment de l'entrée en vigueur du présent règlement, qui ont été conclues entre deux ou plusieurs États membres et qui portent sur des matières réglées par le présent règlement.

2. *a)* La Finlande et la Suède ont la faculté de déclarer que la convention du 6 février 1931 entre le Danemark, la Finlande, l'Islande, la Norvège et la Suède comprenant des dispositions de droit international privé sur le mariage, l'adoption et la garde des enfants ainsi que son protocole final s'appliquent en tout ou en partie, dans leurs relations mutuelles, en lieu et place des règles du présent règlement. Ces déclarations sont publiées au *Journal officiel de l'Union européenne* en annexe du présent règlement *[V. JOUE 23 déc. 2003]*. Lesdits États membres peuvent y renoncer, en tout ou en partie, à tout moment.

b) Le principe de la non-discrimination en raison de la nationalité entre citoyens de l'Union européenne est respecté.

c) Dans tout accord à conclure entre les États membres visés au point *a)*, portant sur des matières réglées par le présent règlement, les règles de compétence sont alignées sur celles prévues par le présent règlement.

d) Les décisions rendues dans l'un des États nordiques qui a fait la déclaration visée au point *a)* en vertu d'un chef de compétence qui correspond à l'un de ceux prévus au chapitre II du présent règlement sont reconnues et exécutées dans les autres États membres conformément aux règles prévues au chapitre III du présent règlement.

3. Les États membres communiquent à la Commission :

a) une copie des accords et des lois uniformes les mettant en œuvre visés au paragraphe 2, points *a)* et *c)* ;

b) toute dénonciation ou modification de ces accords ou de ces lois uniformes.

Coopération nordique. Le règlement doit être interprété en ce sens qu'une réglementation nationale harmonisée relative à la reconnaissance et à l'exécution de décisions administratives de prise en charge et de placement des personnes, adoptée dans le cadre de la coopération nordique, ne peut être appliquée à une décision de prise en charge d'un enfant relevant du champ d'application du règlement. • CJCE 27 nov. 2007 : *AJ fam. 2008. 82, obs. Boiché*.

Art. 60 *Relations avec certaines conventions multilatérales.* Dans les relations entre les États membres, le présent règlement prévaut sur les conventions suivantes dans la mesure où elles concernent des matières réglées par le présent règlement :

a) convention de La Haye du 5 octobre 1961 concernant la compétence des autorités et la loi applicable en matière de protection des mineurs ;

b) convention de Luxembourg du 8 septembre 1967 sur la reconnaissance des décisions relatives au lien conjugal ;

c) convention de La Haye du 1er juin 1970 sur la reconnaissance des divorces et des séparations de corps ;

d) convention européenne du 20 mai 1980 sur la reconnaissance et l'exécution des décisions en matière de garde des enfants et le rétablissement de la garde des enfants ; et

e) convention de La Haye du 25 octobre 1980 sur les aspects civils de l'enlèvement international d'enfants.

Art. 61 *Relations avec la convention de La Haye du 19 octobre 1996 concernant la compétence, la loi applicable, la reconnaissance, l'exécution et la coopération en matière de responsabilité parentale et de mesures de protection des enfants.* Dans les relations avec la convention de La Haye du 19 octobre 1996 concernant la compétence, la loi applicable, la reconnaissance, l'exécution et la coopération en matière de responsabilité parentale et de mesures de protection des enfants, le présent règlement s'applique

a) lorsque l'enfant concerné a sa résidence habituelle sur le territoire d'un État membre ;

b) en ce qui concerne la reconnaissance et l'exécution d'une décision rendue par la juridiction compétente d'un État membre sur le territoire d'un autre État membre, même si l'enfant concerné a sa résidence habituelle sur le territoire d'un État non membre qui est partie contractante à ladite convention.

Art. 62 *Étendue des effets.* 1. Les accords et conventions visés à l'article 59, paragraphe 1, et aux articles 60 et 61 continuent à produire leurs effets dans les matières non réglées par le présent règlement.

2. Les conventions mentionnées à l'article 60, notamment la convention de La Haye de 1980, continuent à produire leurs effets entre les États membres qui en sont parties contractantes, dans le respect de l'article 60.

Art. 63 *Traités conclus avec le Saint-Siège.* 1. Le présent règlement est applicable sans préjudice du traité international (concordat) conclu entre le Saint-Siège et le Portugal, signé au Vatican le 7 mai 1940.

2. Toute décision relative à l'invalidité d'un mariage rendue en vertu du traité visé au paragraphe 1 est reconnue dans les États membres dans les conditions prévues au chapitre III, section 1.

3. Les dispositions des paragraphes 1 et 2 s'appliquent également aux traités internationaux (concordats) ci-après conclus avec le Saint-Siège :

a) "Concordato lateranense" du 11 février 1929 entre l'Italie et le Saint-Siège, modifié par l'accord, et son protocole additionnel, signé à Rome le 18 février 1984 ;

b) accord du 3 janvier 1979 entre le Saint-Siège et l'Espagne sur des questions juridiques.

(Règl. n° 2116/2004 du 2 déc. 2004, art. 1er) « *c)* Accord entre le Saint-Siège et Malte sur la reconnaissance d'effets civils aux mariages canoniques et aux décisions rendues par les autorités et juridictions ecclésiastiques sur lesdits mariages du 3 février 1993, y compris le protocole d'application de la même date, et son deuxième protocole additionnel du 6 janvier 1995. » – *Le Règl. n° 2116/2004 du 2 déc. 2004 s'applique à partir du 1er mars 2005 (art. 2 dudit règlement).*

4. *(Règl. n° 2116/2004 du 2 déc. 2004, art. 1er)* « En Espagne, en Italie ou à Malte, la reconnaissance des décisions prévue au paragraphe 2 peut être soumise aux mêmes procédures et contrôles que ceux qui sont applicables aux décisions rendues par les juridictions ecclésiastiques conformément aux traités internationaux conclus avec le Saint-Siège et visés au paragraphe 3. » – *Le Règl. n° 2116/2004 du 2 déc. 2004 s'applique à partir du 1er mars 2005 (art. 2 dudit règlement).*

5. Les États membres communiquent à la Commission :

a) une copie des traités visés aux paragraphes 1 et 3 ;

b) toute dénonciation ou modification de ces traités.

BIBL. ▸ Nourrissat, *Procédures 2005, n° 103.*

CHAPITRE VI *DISPOSITIONS TRANSITOIRES*

Art. 64 1. Les dispositions du présent règlement ne sont applicables qu'aux actions judiciaires intentées, aux actes authentiques reçus et aux accords entre parties conclus postérieurement à la date de sa mise en application telle que prévue à l'article 72.

2. Les décisions rendues après la date de mise en application du présent règlement à la suite d'actions intentées avant cette date, mais après la date d'entrée en vigueur du règlement (CE) n° 1347/2000, sont reconnues et exécutées conformément aux dispositions du chapitre III du présent règlement, si les règles de compétence appliquées sont conformes à celles prévues soit par le chapitre II du présent règlement ou du règlement (CE) n° 1347/2000, soit par une convention qui était en vigueur entre l'État membre d'origine et l'État membre requis lorsque l'action a été intentée.

3. Les décisions rendues avant la date de mise en application du présent règlement à la suite d'actions intentées après la date d'entrée en vigueur du règlement (CE) n° 1347/2000 sont reconnues et exécutées conformément aux dispositions du chapitre III du présent règlement pour autant qu'il s'agisse d'une décision de divorce, de séparation de corps ou d'annulation du mariage, ou d'une décision relative à la responsabilité parentale des enfants communs rendue à l'occasion d'une telle action matrimoniale.

4. Les décisions rendues avant la date de mise en application du présent règlement, mais après la date d'entrée en vigueur du règlement (CE) n° 1347/2000, à la suite d'actions intentées avant la date d'entrée en vigueur du règlement (CE) n° 1347/2000 sont reconnues et exécutées conformément aux dispositions du chapitre III du présent règlement pour autant qu'il s'agisse d'une décision de divorce, de séparation de corps ou d'annulation du mariage, ou d'une décision relative à la responsabilité parentale des enfants communs rendue à l'occasion d'une telle action matrimoniale, et que les règles

de compétence appliquées sont conformes à celles prévues soit par le chapitre II du présent règlement ou du règlement (CE) n° 1347/2000, soit par une convention qui était en vigueur entre l'État membre d'origine et l'État membre requis lorsque l'action a été intentée.

1. Alinéa 2. Pour une application des conditions prévues pour l'application *ratione temporis* du règlement, V : • CJCE 27 nov. 2007 : *AJ fam. 2008. 82, obs. Boiché* (décision du 3 mars 2005 – après le 1er mars 2005 –, pour une procédure introduite à l'automne 2004 – après le 1er mars 2001 – et compétence des juridictions suédoises en tant que juridictions de la résidence habituelle des enfants au vu de l'art. 8 du règlement).

2. Alinéa 4. V. note 6 ss. art. 3 du présent règlement.

CHAPITRE VII *DISPOSITIONS FINALES*

Art. 65 *Réexamen.* Au plus tard le 1er janvier 2012, et ensuite tous les cinq ans, la Commission présente au Parlement européen, au Conseil et au Comité économique et social européen, sur la base des informations fournies par les États membres, un rapport relatif à l'application du présent règlement, accompagné le cas échéant de propositions visant à l'adapter.

Art. 66 *États membres ayant deux ou plusieurs systèmes juridiques.* Au regard d'un État membre dans lequel deux ou plusieurs systèmes de droit ou ensembles de règles ayant trait aux questions régies par le présent règlement s'appliquent dans des unités territoriales différentes :

a) toute référence à la résidence habituelle dans cet État membre vise la résidence habituelle dans une unité territoriale ;

b) toute référence à la nationalité ou, dans le cas du Royaume-Uni, au "domicile", vise l'unité territoriale désignée par la loi de cet État ;

c) toute référence à l'autorité d'un État membre vise l'autorité de l'unité territoriale concernée au sein de cet État ;

d) toute référence aux règles de l'État membre requis vise les règles de l'unité territoriale dans laquelle la compétence, la reconnaissance ou l'exécution sont invoquées.

Art. 67 *Informations relatives aux autorités centrales et aux langues acceptées.* Les États membres notifient à la Commission dans un délai de trois mois à compter de l'entrée en vigueur du présent règlement :

a) les noms, adresses et moyens de communication des autorités centrales désignées conformément à l'article 53 ;

b) les langues acceptées pour les communications adressées aux autorités centrales conformément à l'article 57, paragraphe 2 ;

et

c) les langues acceptées pour le certificat concernant le droit de visite conformément à l'article 45, paragraphe 2.

Les États membres communiquent à la Commission toute modification apportée à ces informations.

La Commission met ces informations à la disposition du public.

Art. 68 *Informations relatives aux juridictions et aux voies de recours.* Les États membres communiquent à la Commission les listes des juridictions et des voies de recours visées aux articles 21, 29, 33 et 34, ainsi que les modifications qui y sont apportées.

La Commission met ces informations à jour et les met à la disposition du public par voie de publication au *Journal officiel de l'Union européenne* et par tout autre moyen approprié.

Art. 69 *Modification des annexes.* Toute modification apportée aux formulaires dont les modèles figurent aux annexes I à IV est adoptée selon la procédure visée à l'article 70, paragraphe 2.

Art. 70 *Comité.* 1. La Commission est assistée par un comité (ci-après, "le comité").

2. Lorsqu'il est fait référence au présent paragraphe, les articles 3 et 7 de la décision 1999/468/CE s'appliquent.

3. Le comité adopte son règlement intérieur.

Art. 71 *Abrogation du règlement (CE) n° 1347/2000.* 1. Le règlement (CE) n° 1347/2000 est abrogé à compter de la date de mise en application du présent règlement.

2. Toute référence au règlement (CE) n° 1347/2000 s'entend comme faite au présent règlement conformément à la table de correspondance figurant à l'annexe V. – *V. JOUE 23 déc. 2003.*

Art. 72 *Entrée en vigueur.* Le présent règlement entre en vigueur le 1er août 2004.

Le présent règlement s'applique à compter du 1er mars 2005 à l'exception des articles 67, 68, 69 et 70, qui s'appliquent à compter du 1er août 2004.

Le présent règlement est obligatoire dans tous ses éléments et directement applicable dans les États membres conformément au traité instituant la Communauté européenne.

Règlement (CE) du Conseil n° 4/2009 du 18 décembre 2008,

Relatif à la compétence, la loi applicable, la reconnaissance et l'exécution des décisions et la coopération en matière d'obligations alimentaires (JOUE 10 janv. 2009, L 7, p. 1).

V. ce Règl., App., VII. Recouvrement des pensions alimentaires, F. Droit européen et international.

Règlement (UE) n° 1259/2010 du Conseil du 20 décembre 2010,

Mettant en œuvre une coopération renforcée dans le domaine de la loi applicable au divorce et à la séparation de corps.

Ce règlement « Rome III » est entré en vigueur, pour certains pays de l'Union européenne, le 21 juin 2012 (JOUE 29 déc.).

CHAPITRE I *CHAMP D'APPLICATION, RELATION AVEC LE RÈGLEMENT (CE) N° 2201/2003, DÉFINITIONS ET APPLICATION UNIVERSELLE*

Art. 1er *Champ d'application.* 1. Le présent règlement s'applique, dans les situations impliquant un conflit de lois, au divorce et à la séparation de corps.

2. Le présent règlement ne s'applique pas aux questions suivantes, même si elles ne sont soulevées qu'en tant que questions préalables dans le cadre d'une procédure de divorce ou de séparation de corps :

a) la capacité juridique des personnes physiques ;
b) l'existence, la validité ou la reconnaissance d'un mariage ;
c) l'annulation d'un mariage ;
d) le nom des époux ;
e) les effets patrimoniaux du mariage ;
f) la responsabilité parentale ;
g) les obligations alimentaires ;
h) les trusts et successions.

Art. 2 *Relation avec le règlement (CE) n° 2201/2003.* Le présent règlement n'a pas d'incidence sur l'application du règlement (CE) n° 2201/2003.

Art. 3 *Définitions.* Aux fins du présent règlement, on entend par :

1. "État membre participant" : un État membre qui participe à la coopération renforcée sur la loi applicable au divorce et à la séparation de corps en vertu de la décision 2010/405/UE, ou en vertu d'une décision adoptée conformément à l'article 331, paragraphe 1, deuxième ou troisième alinéa, du traité sur le fonctionnement de l'Union européenne ;

2. "juridiction" : toutes les autorités des États membres participants compétentes dans les matières relevant du champ d'application du présent règlement.

Art. 4 *Application universelle.* La loi désignée par le présent règlement s'applique même si cette loi n'est pas celle d'un État membre participant.

CHAPITRE II *RÈGLES UNIFORMES SUR LA LOI APPLICABLE AU DIVORCE ET À LA SÉPARATION DE CORPS*

Art. 5 *Choix de la loi applicable par les parties.* 1. Les époux peuvent convenir de désigner la loi applicable au divorce et à la séparation de corps, pour autant qu'il s'agisse de l'une des lois suivantes :

a) la loi de l'État de la résidence habituelle des époux au moment de la conclusion de la convention ; ou

b) la loi de l'État de la dernière résidence habituelle des époux, pour autant que l'un d'eux y réside encore au moment de la conclusion de la convention ; ou

c) la loi de l'État de la nationalité de l'un des époux au moment de la conclusion de la convention ; ou

d) la loi du for.

2. Sans préjudice du paragraphe 3, une convention désignant la loi applicable peut être conclue et modifiée à tout moment, mais au plus tard au moment de la saisine de la juridiction.

3. Si la loi du for le prévoit, les époux peuvent également désigner la loi applicable devant la juridiction au cours de la procédure. Dans ce cas, la juridiction prend acte de la désignation conformément à la loi du for.

Art. 6 *Consentement et validité matérielle.* 1. L'existence et la validité d'une convention sur le choix de la loi ou de toute clause de celle-ci sont soumises à la loi qui serait applicable en vertu du présent règlement si la convention ou la clause était valable.

2. Toutefois, pour établir son absence de consentement, un époux peut se fonder sur la loi du pays dans lequel il a sa résidence habituelle au moment où la juridiction est saisie si les circonstances indiquent qu'il ne serait pas raisonnable de déterminer l'effet du comportement de cet époux conformément à la loi visée au paragraphe 1.

Art. 7 *Validité formelle.* 1. La convention visée à l'article 5, paragraphes 1 et 2, est formulée par écrit, datée et signée par les deux époux. Toute transmission par voie électronique qui permet de consigner durablement la convention est considérée comme revêtant une forme écrite.

2. Toutefois, si la loi de l'État membre participant dans lequel les deux époux ont leur résidence habituelle au moment de la conclusion de la convention prévoit des règles formelles supplémentaires pour ce type de convention, ces règles s'appliquent.

3. Si, au moment de la conclusion de la convention, les époux ont leur résidence habituelle dans des États membres participants différents et si les lois de ces États prévoient des règles formelles différentes, la convention est valable quant à la forme si elle satisfait aux conditions fixées par la loi de l'un de ces pays.

4. Si, au moment de la conclusion de la convention, seul l'un des époux a sa résidence habituelle dans un État membre participant et si cet État prévoit des règles formelles supplémentaires pour ce type de convention, ces règles s'appliquent.

Art. 8 *Loi applicable à défaut de choix par les parties.* A défaut de choix conformément à l'article 5, le divorce et la séparation de corps sont soumis à la loi de l'État :

a) de la résidence habituelle des époux au moment de la saisine de la juridiction ; ou, à défaut,

b) de la dernière résidence habituelle des époux, pour autant que cette résidence n'ait pas pris fin plus d'un an avant la saisine de la juridiction et que l'un des époux réside encore dans cet État au moment de la saisine de la juridiction ; ou, à défaut,

c) de la nationalité des deux époux au moment de la saisine de la juridiction ; ou, à défaut,

d) dont la juridiction est saisie.

Art. 9 *Conversion de la séparation de corps en divorce.* 1. En cas de conversion d'une séparation de corps en divorce, la loi applicable au divorce est la loi qui a été appliquée à la séparation de corps, sauf si les parties en sont convenues autrement conformément à l'article 5.

2. Toutefois, si la loi qui a été appliquée à la séparation de corps ne prévoit pas de conversion de la séparation de corps en divorce, l'article 8 s'applique, sauf si les parties en sont convenues autrement conformément à l'article 5.

Art. 10 *Application de la loi du for.* Lorsque la loi applicable en vertu des articles 5 ou 8 ne prévoit pas le divorce ou n'accorde pas à l'un des époux, en raison de son appartenance à l'un ou l'autre sexe, une égalité d'accès au divorce ou à la séparation de corps, la loi du for s'applique.

Art. 11 *Exclusion du renvoi.* Lorsque le présent règlement prescrit l'application de la loi d'un État, il entend les règles de droit en vigueur dans cet État à l'exclusion de ses règles de droit international privé.

Art. 12 *Ordre public.* L'application d'une disposition de la loi désignée en vertu du présent règlement ne peut être écartée que si cette application est manifestement incompatible avec l'ordre public du for.

Art. 13 *Différences dans le droit national.* Aucune disposition du présent règlement n'oblige les juridictions d'un État membre participant dont la loi ne prévoit pas le divorce ou ne considère pas le mariage en question comme valable aux fins de la procédure de divorce à prononcer un divorce en application du présent règlement.

Art. 14 *États ayant deux ou plusieurs systèmes de droit — conflits de lois territoriaux.* Lorsqu'un État comprend plusieurs unités territoriales dont chacune a son propre système de droit ou son propre ensemble de règles ayant trait aux questions régies par le présent règlement.

a) toute référence à la loi de cet État est interprétée, aux fins de la détermination de la loi applicable selon le présent règlement, comme visant la loi en vigueur dans l'unité territoriale concernée ;

b) toute référence à la résidence habituelle dans cet État est interprétée comme visant la résidence habituelle dans une unité territoriale ;

c) toute référence à la nationalité vise l'unité territoriale désignée par la loi de cet État ou, en l'absence de règles applicables, l'unité territoriale choisie par les parties, ou en l'absence de choix, l'unité territoriale avec laquelle l'époux ou les époux présentent les liens les plus étroits.

Art. 15 *États ayant deux ou plusieurs systèmes de droit - conflits de lois interpersonnels.* Pour un État qui a deux ou plusieurs systèmes de droit ou ensembles de règles applicables à différentes catégories de personnes et ayant trait aux questions régies par le présent règlement, toute référence à la loi d'un tel État est interprétée comme visant le système de droit déterminé par les règles en vigueur dans cet État. En l'absence de telles règles, le système de droit ou l'ensemble de règles avec lequel l'époux ou les époux présentent les liens les plus étroits s'applique.

Art. 16 *Non-application du présent règlement aux conflits de lois internes.* Un État membre participant dans lequel différents systèmes de droit ou ensembles de règles s'appliquent aux questions régies par le présent règlement n'est pas tenu d'appliquer le présent règlement aux conflits de lois concernant uniquement ces systèmes de droit ou ensembles de règles.

CHAPITRE III *AUTRES DISPOSITIONS*

Art. 17 *Informations fournies par les États membres participants.* 1. Au plus tard le 21 septembre 2011, les États membres participants communiquent à la Commission, le cas échéant, leurs dispositions nationales relatives :

a) aux exigences formelles applicables aux conventions sur le choix de la loi applicable conformément à l'article 7, paragraphes 2 à 4 ; et

b) à la possibilité de désigner la loi applicable conformément à l'article 5, paragraphe 3.

Les États membres participants informent la Commission de toute modification ultérieure de ces dispositions.

La Commission met à la dispositions du public par des moyens appropriés, notamment le site internet du réseau judiciaire européen en matière civile et commerciale, toutes les informations communiquées conformément au paragraphe 1.

Art. 18 *Dispositions transitoires.* 1. Le présent réglement s'applique aux actions judiciaires engagées ainsi qu'aux conventions visées à l'article 5 conclues à compter du 21 juin 2012.

Toutefois, une convention sur le choix de la loi applicable conclue avant le 21 juin 2012 prend également effet, pour autant qu'elle soit conforme aux articles 6 et 7.

2. Le présent réglement s'applique sans préjudice des conventions sur le choix de la loi applicable conclues conformément à la loi de l'État membre participant dont la juridictions est saisie avant le 21 juin 2012.

Art. 19 *Liens avec les conventions internationales en vigueur.* 1. Sans préjudice des obligations incombant aux États membres participants conformément à l'article 351 du traité sur le fonctionnement de l'Union européenne, le présent règlement n'a pas d'incidence sur l'application des conventions internationales auxquelles un ou plusieurs États membres participants sont parties au moment de l'adoption du présent règlement ou lors de l'adoption de la décision conformément à l'article 331, paragraphe 1, deuxième ou troisième alinéa, du traité sur le fonctionnement de l'Union européenne et qui règlent les conflits de lois en matière de divorce ou de séparation de corps.

2. Toutefois, le présent règlement prévaut, entre les États membres participants, sur les conventions conclues exclusivement entre deux ou plusieurs d'entre eux dans la mesure où elles concernent des questions régies par le présent règlement.

Art. 20 *Clause de révision.* ....

CHAPITRE IV *DISPOSITIONS FINALES*

Art. 21 *Entrée en vigueur et date d'application.* Le présent règlement entre en vigueur le jour suivant celui de sa publication au *Journal officiel de l'Union européenne.*

Règlement (UE) n° 2016/1103 du Conseil du 24 juin 2016,

Mettant en œuvre une coopération renforcée dans le domaine de la compétence, de la loi applicable, de la reconnaissance et de l'exécution des décisions en matière de régimes matrimoniaux.

(en vigueur le 29 janv. 2019, V. art. 69)

BIBL. ▸ Crone et Perreau-Saussine, *JCP 2016, n° 1327* (protection du conjoint survivant dans un contexte international). – Fongaro et Fremont, *JCP N 2017, n° 1320.* – Godechot-Patris, *D. 2016. 2292* ✐. – Joubert, *Rev. crit. DIP 2017. 1.* – Laborde, *Dr. fam. 2017. Dossier 29.* – Nourissat, *Defrénois 2016. 878.* – Perreau-Saussine, *JCP 2016, n° 1116.* – Péroz, *JCP N 2016, n° 1241.* – Usunier, *RTD civ. 2016. 806* ✐. – Twardoch, *Rev. crit. DIP 2016. 465* (droit polonais). – Wautelet, *Dr. fam. 2017. Dossier 28.* – Dossier, Loi applicable au régime matrimonial, *Dr. fam. 2017. Dossiers 28 s.*

CHAPITRE I *CHAMP D'APPLICATION ET DÉFINITIONS*

Art. 1er *Champ d'application.* 1. Le présent règlement s'applique aux régimes matrimoniaux.

Il ne s'applique pas aux matières fiscales, douanières ou administratives.

2. Sont exclus du champ d'application du présent règlement :

a) la capacité juridique des époux ;

b) l'existence, la validité ou la reconnaissance d'un mariage ;

c) les obligations alimentaires ;

d) la succession du conjoint décédé ;

e) la sécurité sociale ;

f) le droit au transfert ou à l'adaptation entre époux, en cas de divorce, de séparation de corps ou d'annulation du mariage, des droits à la pension de retraite ou d'invalidité acquis au cours du mariage et qui n'ont pas produit des revenus de retraite au cours du mariage ;

g) la nature des droits réels portant sur un bien ; et

h) toute inscription dans un registre de droits immobiliers ou mobiliers, y compris les exigences légales applicables à une telle inscription, ainsi que les effets de l'inscription ou de l'absence d'inscription de ces droits dans un registre.

Art. 2 *Compétences en matière de régimes matrimoniaux dans les États membres.* Le présent règlement ne porte pas atteinte aux compétences des autorités des États membres en matière de régimes matrimoniaux.

Art. 3 *Définitions.* 1. Aux fins du présent règlement, on entend par :

a) "régime matrimonial", l'ensemble des règles relatives aux rapports patrimoniaux entre époux et dans leurs relations avec des tiers, qui résultent du mariage ou de sa dissolution ;

b) "convention matrimoniale", tout accord entre époux ou futurs époux par lequel ils organisent leur régime matrimonial ;

c) "acte authentique", un acte en matière de régime matrimonial, dressé ou enregistré formellement en tant qu'acte authentique dans un État membre et dont l'authenticité :

i) porte sur la signature et le contenu de l'acte authentique ; et

ii) a été établie par une autorité publique ou toute autre autorité habilitée à cet effet par l'État membre d'origine ;

d) "décision", toute décision en matière de régime matrimonial rendue par une juridiction d'un État membre, quelle que soit la dénomination qui lui est donnée, y compris une décision concernant la fixation par le greffier du montant des frais du procès ;

e) "transaction judiciaire", une transaction en matière de régimes matrimoniaux approuvée par une juridiction ou conclue devant une juridiction au cours d'une procédure ;

f) "État membre d'origine", l'État membre dans lequel la décision a été rendue, l'acte authentique a été établi ou la transaction judiciaire a été approuvée ou conclue ;

g) "État membre d'exécution", l'État membre dans lequel est demandée la reconnaissance et/ou l'exécution de la décision, de l'acte authentique ou de la transaction judiciaire.

2. Aux fins du présent règlement, on entend par "juridiction" toute autorité judiciaire, ainsi que toute autre autorité et tout professionnel du droit compétents en matière de régimes matrimoniaux qui exercent des fonctions juridictionnelles ou agissent en vertu d'une délégation de pouvoirs d'une autorité judiciaire ou sous le contrôle de celle-ci, pour autant que ces autres autorités et professionnels du droit offrent des garanties en ce qui concerne leur impartialité et le droit de toutes les parties à être entendues, et que les décisions qu'ils rendent conformément au droit de l'État membre dans lequel ils exercent leurs fonctions :

a) puissent faire l'objet d'un recours devant une autorité judiciaire ou d'un contrôle par une telle autorité ; et

b) aient une force et un effet équivalents à une décision rendue par une autorité judiciaire dans la même matière.

Les États membres notifient à la Commission les autres autorités et professionnels du droit visés au premier alinéa, conformément à l'article 64.

CHAPITRE II *COMPÉTENCE*

Art. 4 *Compétence en cas de décès d'un des époux.* Lorsqu'une juridiction d'un État membre est saisie d'une question relative à la succession de l'un des époux, en application du règlement (UE) n° 650/2012, les juridictions dudit État sont compétentes pour statuer sur les questions de régime matrimonial en relation avec ladite affaire de succession.

Art. 5 *Compétence dans des affaires de divorce, de séparation de corps ou d'annulation du mariage.* 1. Sans préjudice du paragraphe 2, lorsqu'une juridiction d'un État membre est saisie pour statuer sur une demande en divorce, séparation de corps ou annulation du mariage en application du règlement (CE) n° 2201/2003, les juridictions dudit État membre sont compétentes pour statuer sur les questions de régime matrimonial en relation avec ladite demande.

2. La compétence en matière de régimes matrimoniaux prévue au paragraphe 1 est subordonnée à l'accord des époux lorsque la juridiction qui est saisie afin de statuer sur la demande en divorce, séparation de corps ou annulation du mariage :

a) est la juridiction d'un État membre sur le territoire duquel le demandeur a sa résidence habituelle et a résidé depuis au moins une année immédiatement avant l'introduction de la demande, conformément à l'article 3, paragraphe 1, point a), cinquième tiret, du règlement (CE) n° 2201/2003 ;

b) est la juridiction d'un État membre dont le demandeur est ressortissant et sur le territoire duquel il a sa résidence habituelle et a résidé depuis au moins six mois immédiatement avant l'introduction de la demande, conformément à l'article 3, paragraphe 1, point a), sixième tiret, du règlement (CE) n° 2201/2003 ;

c) est saisie en vertu de l'article 5 du règlement (CE) n° 2201/2003 en cas de conversion de la séparation de corps en divorce ; ou

d) est saisie en vertu de l'article 7 du règlement (CE) n° 2201/2003 en cas de compétences résiduelles.

3. Si l'accord visé au paragraphe 2 du présent article est conclu avant que la juridiction ne soit saisie pour statuer en matière de régimes matrimoniaux, l'accord doit être conforme à l'article 7, paragraphe 2.

Art. 6 *Autres compétences.* Lorsque aucune juridiction d'un État membre n'est compétente en vertu de l'article 4 ou 5 ou dans des cas autres que ceux prévus à ces articles, sont compétentes pour statuer sur le régime matrimonial des époux les juridictions de l'État membre :

a) sur le territoire duquel les époux ont leur résidence habituelle au moment de la saisine de la juridiction ; ou, à défaut,

b) sur le territoire duquel est située la dernière résidence habituelle des époux, dans la mesure où l'un d'eux y réside encore au moment de la saisine de la juridiction ; ou, à défaut,

c) sur le territoire duquel le défendeur a sa résidence habituelle au moment de la saisine de la juridiction ; ou, à défaut,

d) dont les deux époux ont la nationalité au moment de la saisine de la juridiction.

Art. 7 *Élection de for.* 1. Dans les cas visés à l'article 6, les parties peuvent convenir que les juridictions de l'État membre dont la loi est applicable en vertu de l'article 22 ou de l'article 26, paragraphe 1, point a) ou b), ou les juridictions de l'État membre dans lequel le mariage a été célébré ont une compétence exclusive pour statuer sur les questions concernant leur régime matrimonial.

2. La convention visée au paragraphe 1 est formulée par écrit, datée et signée par les parties. Toute transmission par voie électronique qui permet de consigner durablement la convention est considérée comme revêtant une forme écrite.

Art. 8 *Compétence fondée sur la comparution du défendeur.* 1. Outre les cas où sa compétence résulte d'autres dispositions du présent règlement, la juridiction d'un État membre dont la loi est applicable en vertu de l'article 22 ou de l'article 26, paragraphe 1, point a) ou b), et devant laquelle le défendeur comparaît est compétente. Cette règle n'est pas applicable si la comparution a pour objet de contester la compétence, ou dans les affaires relevant de l'article 4 ou de l'article 5, paragraphe 1.

2. Avant de se déclarer compétente en vertu du paragraphe 1, la juridiction s'assure que le défendeur est informé de son droit de contester la compétence et des conséquences d'une comparution ou d'une absence de comparution.

Art. 9 *Compétence de substitution.* 1. A titre exceptionnel, si la juridiction de l'État membre compétente en vertu de l'article 4, 6, 7 ou 8 considère que son droit international privé ne reconnaît pas le mariage concerné aux fins d'une procédure en matière de régimes matrimoniaux, elle peut décliner sa compétence. Lorsque la juridiction concernée décide de décliner sa compétence, elle le fait sans retard indu.

2. Lorsqu'une juridiction compétente en vertu de l'article 4 ou 6 décline sa compétence et lorsque les parties conviennent de donner compétence aux juridictions de tout autre État membre, conformément à l'article 7, les juridictions dudit État membre sont compétentes pour statuer sur le régime matrimonial.

Dans les autres cas, sont compétentes pour statuer sur le régime matrimonial les juridictions de tout autre État membre en vertu de l'article 6 ou 8, ou les juridictions de l'État membre dans lequel le mariage a été célébré.

3. Le présent article ne s'applique pas lorsque les parties ont obtenu un divorce, une séparation de corps ou une annulation du mariage qui est susceptible d'être reconnu dans l'État membre du for.

Art. 10 *Compétence subsidiaire.* Lorsque aucune juridiction d'un État membre n'est compétente en vertu de l'article 4, 5, 6, 7 ou 8, ou lorsque toutes les juridictions, en vertu de l'article 9, ont décliné leur compétence et qu'aucune juridiction n'est compétente en vertu de l'article 9, paragraphe 2, les juridictions d'un État membre sont compétentes dans la mesure où un bien immeuble de l'un ou des deux époux est situé sur le territoire de cet État membre, auquel cas la juridiction saisie ne sera appelée à statuer que sur ce bien immeuble.

Art. 11 *Forum necessitatis.* Lorsque aucune juridiction d'un État membre n'est compétente en vertu de l'article 4, 5, 6, 7, 8 ou 10, ou lorsque toutes les juridictions, en vertu de l'article 9, ont décliné leur compétence et qu'aucune juridiction n'est compétente en vertu de l'article 9, paragraphe 2, ou de l'article 10, les juridictions d'un État membre peuvent, à titre exceptionnel, statuer sur le régime matrimonial si une procédure ne peut raisonnablement être introduite ou conduite, ou se révèle impossible, dans un État tiers avec lequel l'affaire a un lien étroit.

L'affaire doit présenter un lien suffisant avec l'État membre dont relève la juridiction saisie.

Art. 12 *Demandes reconventionnelles.* La juridiction devant laquelle la procédure est pendante en vertu de l'article 4, 5, 6, 7 ou 8, de l'article 9, paragraphe 2, ou de l'article 10 ou 11 est également compétente pour examiner la demande reconventionnelle, dans la mesure où celle-ci entre dans le champ d'application du présent règlement.

Art. 13 *Limitation de la procédure.* 1. Lorsque la masse successorale du défunt dont la succession relève du règlement (UE) n° 650/2012 comprend des biens situés dans un État tiers, la juridiction saisie pour statuer sur le régime matrimonial peut, à la demande d'une des parties, décider de ne pas statuer sur l'un ou plusieurs de ces biens si l'on peut s'attendre à ce que la décision qu'elle rendrait sur les biens en question ne soit pas reconnue et, le cas échéant, ne soit pas déclarée exécutoire dans ledit État tiers.

2. Le paragraphe 1 ne porte pas atteinte au droit des parties de limiter la portée de la procédure en vertu du droit de l'État membre dont la juridiction est saisie.

Art. 14 *Saisine d'une juridiction.* Aux fins du présent chapitre, une juridiction est réputée saisie :

a) à la date à laquelle l'acte introductif d'instance ou un acte équivalent est déposé auprès de la juridiction, pour autant que le demandeur n'ait pas négligé par la suite de prendre les mesures qu'il était tenu de prendre pour que l'acte soit notifié ou signifié au défendeur ;

b) si l'acte doit être notifié ou signifié avant d'être déposé auprès de la juridiction, à la date à laquelle il est reçu par l'autorité chargée de la notification ou de la signification, pour autant que le demandeur n'ait pas négligé par la suite de prendre les mesures qu'il était tenu de prendre pour que l'acte soit déposé auprès de la juridiction ; ou

c) si la procédure est engagée d'office, à la date à laquelle la décision d'engager la procédure est prise par la juridiction ou, si une telle décision n'est pas requise, à la date à laquelle l'affaire est enregistrée par la juridiction.

Art. 15 *Vérification de la compétence.* La juridiction d'un État membre saisie d'une affaire de régime matrimonial pour laquelle elle n'est pas compétente en vertu du présent règlement se déclare d'office incompétente.

Art. 16 *Vérification de la recevabilité.* 1. Lorsqu'un défendeur ayant sa résidence habituelle dans un État autre que l'État membre où l'action a été intentée ne comparaît pas, toute juridiction compétente en vertu du présent règlement surseoit à statuer aussi longtemps qu'il n'est pas établi que le défendeur a été mis à même de recevoir l'acte introductif d'instance ou un acte équivalent en temps utile pour pouvoir organiser sa défense ou que toute diligence a été faite à cette fin.

2. L'article 19 du règlement (CE) n° 1393/2007 du Parlement et du Conseil *[Règl. (CE) n° 1393/2007 du Parlement européen et du Conseil du 13 nov. 2007 relatif à la signification et à la notification dans les États membres des actes judiciaires et extrajudiciaires en matière civile ou commerciale (signification ou notification des actes), et abrogeant le Règl. (CE) n° 1348/2000 du Conseil (JO L 324 du 10.12.2007, p. 79)]* s'applique en lieu et place du paragraphe 1 du présent article si l'acte introductif d'instance ou un acte équivalent a dû être transmis d'un État membre à un autre en application dudit règlement.

3. Lorsque le règlement (CE) n° 1393/2007 n'est pas applicable, l'article 15 de la convention de La Haye du 15 novembre 1965 relative à la signification et à la notification à l'étranger des actes judiciaires et extrajudiciaires en matière civile ou commerciale s'applique si l'acte introductif d'instance ou un acte équivalent a dû être transmis à l'étranger en application de ladite convention.

Art. 17 *Litispendance.* 1. Lorsque des demandes ayant le même objet et la même cause sont formées entre les mêmes parties devant des juridictions d'États membres différents, la juridiction saisie en second lieu surseoit d'office à statuer jusqu'à ce que la compétence de la juridiction première saisie soit établie.

2. Dans les cas visés au paragraphe 1, à la demande d'une juridiction saisie du litige, toute autre juridiction saisie informe sans retard la première juridiction de la date à laquelle elle a été saisie.

3. Lorsque la compétence de la juridiction première saisie est établie, la juridiction saisie en second lieu décline sa compétence en faveur de celle-ci.

Art. 18 *Connexité.* 1. Lorsque des demandes connexes sont pendantes devant les juridictions d'États membres différents, la juridiction saisie en second lieu peut surseoir à statuer.

2. Lorsque les demandes visées au paragraphe 1 sont pendantes devant des juridictions du premier degré, la juridiction saisie en second lieu peut également décliner sa compétence, à la demande de l'une des parties si la juridiction première saisie est compétente pour connaître des demandes en question et si sa loi permet leur jonction.

3. Sont connexes, aux fins du présent article, les demandes liées entre elles par un rapport si étroit qu'il y a un intérêt à les instruire et à les juger en même temps afin d'éviter des décisions qui pourraient être inconciliables si les causes étaient jugées séparément.

Art. 19 *Mesures provisoires et conservatoires.* Les mesures provisoires et conservatoires prévues par la loi d'un État membre peuvent être demandées aux juridictions de cet État, même si, en vertu du présent règlement, les juridictions d'un autre État membre sont compétentes pour connaître du fond.

CHAPITRE III *LOI APPLICABLE*

Art. 20 *Application universelle.* La loi désignée comme la loi applicable par le présent règlement s'applique même si cette loi n'est pas celle d'un État membre.

Art. 21 *Unité de la loi applicable.* La loi applicable au régime matrimonial en vertu de l'article 22 ou 26 s'applique à l'ensemble des biens relevant de ce régime, quel que soit le lieu où les biens se trouvent.

Art. 22 *Choix de la loi applicable.* 1. Les époux ou futurs époux peuvent convenir de désigner ou de modifier la loi applicable à leur régime matrimonial, pour autant que ladite loi soit l'une des lois suivantes :

a) la loi de l'État dans lequel au moins l'un des époux ou futurs époux a sa résidence habituelle au moment de la conclusion de la convention ; ou

b) la loi d'un État dont l'un des époux ou futurs époux a la nationalité au moment de la conclusion de la convention.

2. Sauf convention contraire des époux, le changement de loi applicable au régime matrimonial au cours du mariage n'a d'effet que pour l'avenir.

3. Aucun changement rétroactif de la loi applicable en vertu du paragraphe 2 ne porte atteinte aux droits des tiers résultant de cette loi.

Art. 23 *Validité quant à la forme de la convention sur le choix de la loi applicable.* 1. La convention visée à l'article 22 est formulée par écrit, datée et signée par les deux époux. Toute transmission par voie électronique qui permet de consigner durablement la convention est considérée comme revêtant une forme écrite.

2. Si la loi de l'État membre dans lequel les deux époux ont leur résidence habituelle au moment de la conclusion de la convention prévoit des règles formelles supplémentaires pour les conventions matrimoniales, ces règles s'appliquent.

3. Si, au moment de la conclusion de la convention, les époux ont leur résidence habituelle dans des États membres différents et si les lois de ces États prévoient des

règles formelles différentes pour les conventions matrimoniales, la convention est valable quant à la forme si elle satisfait aux conditions fixées par l'une de ces lois.

4. Si, au moment de la conclusion de la convention, seul l'un des époux a sa résidence habituelle dans un État membre et si cet État prévoit des règles formelles supplémentaires pour les conventions matrimoniales, ces règles s'appliquent.

Art. 24 *Consentement et validité au fond.* 1. L'existence et la validité d'une convention sur le choix de la loi ou de toute clause de celle-ci sont soumises à la loi qui serait applicable en vertu de l'article 22 si la convention ou la clause était valable.

2. Toutefois, pour établir son absence de consentement, un époux peut se fonder sur la loi du pays dans lequel il a sa résidence habituelle au moment où la juridiction est saisie s'il ressort des circonstances qu'il ne serait pas raisonnable de déterminer l'effet du comportement de cet époux conformément à la loi visée au paragraphe 1.

Art. 25 *Validité quant à la forme d'une convention matrimoniale.* 1. La convention matrimoniale est formulée par écrit, datée et signée par les deux époux. Toute transmission par voie électronique qui permet de consigner durablement la convention est considérée comme revêtant une forme écrite.

2. Si la loi de l'État membre dans lequel les deux époux ont leur résidence habituelle au moment de la conclusion de la convention prévoit des règles formelles supplémentaires pour les conventions matrimoniales, ces règles s'appliquent.

Si, au moment de la conclusion de la convention, les époux ont leur résidence habituelle dans des États membres différents et si les lois de ces États prévoient des règles formelles différentes pour les conventions matrimoniales, la convention est valable quant à la forme si elle satisfait aux conditions fixées par l'une de ces lois.

Si, au moment de la conclusion de la convention, seul l'un des époux a sa résidence habituelle dans un État membre et si cet État prévoit des règles formelles supplémentaires pour les conventions matrimoniales, ces règles s'appliquent.

3. Si la loi applicable au régime matrimonial prévoit des règles formelles supplémentaires, ces règles s'appliquent.

Art. 26 *Loi applicable à défaut de choix par les parties.* 1. A défaut de convention sur le choix de la loi applicable conformément à l'article 22, la loi applicable au régime matrimonial est la loi de l'État :

a) de la première résidence habituelle commune des époux après la célébration du mariage ; ou, à défaut,

b) de la nationalité commune des époux au moment de la célébration du mariage ; ou, à défaut,

c) avec lequel les époux ont ensemble les liens les plus étroits au moment de la célébration du mariage, compte tenu de toutes les circonstances.

2. Lorsque les époux ont plus d'une nationalité commune au moment de la célébration du mariage, seuls les points a) et c) du paragraphe 1 s'appliquent.

3. A titre exceptionnel et à la demande de l'un des époux, l'autorité judiciaire compétente pour statuer sur des questions relatives au régime matrimonial peut décider que la loi d'un État autre que l'État dont la loi est applicable en vertu du paragraphe 1, point a), régit le régime matrimonial si l'époux qui a fait la demande démontre que :

a) les époux avaient leur dernière résidence habituelle commune dans cet autre État pendant une période significativement plus longue que dans l'État désigné en vertu du paragraphe 1, point a) ; et

b) les deux époux s'étaient fondés sur la loi de cet autre État pour organiser ou planifier leurs rapports patrimoniaux.

La loi de cet autre État s'applique à partir de la date de la célébration du mariage, à moins que l'un des époux ne s'y oppose. Dans ce dernier cas, la loi de cet autre État produit ses effets à partir de la date de l'établissement de la dernière résidence habituelle commune dans cet autre État.

L'application de la loi de l'autre État ne porte pas atteinte aux droits des tiers résultant de la loi applicable en vertu du paragraphe 1, point a).

Le présent paragraphe ne s'applique pas lorsque les époux ont conclu une convention matrimoniale avant la date d'établissement de leur dernière résidence habituelle commune dans cet autre État.

Art. 27 *Portée de la loi applicable.* La loi applicable au régime matrimonial en vertu du présent règlement régit, entre autres :

a) la classification des biens des deux époux ou de chacun d'entre eux en différentes catégories pendant et après le mariage ;

b) le transfert de biens d'une catégorie à une autre ;

c) les obligations d'un époux qui découlent des engagements pris par l'autre époux et des dettes de ce dernier ;

d) les pouvoirs, les droits et les obligations de l'un des époux ou des deux époux à l'égard des biens ;

e) la dissolution du régime matrimonial, sa liquidation ou le partage des biens ;

f) les effets du régime matrimonial sur un rapport juridique entre un époux et des tiers ; et

g) la validité au fond d'une convention matrimoniale.

Art. 28 *Opposabilité aux tiers.* 1. Nonobstant l'article 27, point f), la loi applicable au régime matrimonial entre les époux ne peut pas être opposée par un époux à un tiers lors d'un différend entre le tiers et les deux époux ou l'un d'entre eux, sauf si le tiers a eu connaissance de cette loi ou aurait dû en avoir connaissance en faisant preuve de la diligence voulue.

2. Le tiers est réputé avoir cette connaissance de la loi applicable au régime matrimonial si :

a) ladite loi est la loi :

i) de l'État dont la loi est applicable à la convention conclue entre l'un des époux et le tiers ;

ii) de l'État où l'époux contractant et le tiers ont leur résidence habituelle ; ou

iii) dans des dossiers portant sur des biens immeubles, de l'État dans lequel le bien est situé ;

ou

b) l'un des époux s'est conformé aux obligations en matière de publicité ou d'enregistrement du régime matrimonial prévues par la loi :

i) de l'État dont la loi est applicable à la convention conclue entre l'un des époux et le tiers ;

ii) de l'État où l'époux contractant et le tiers ont leur résidence habituelle ; ou

iii) dans des dossiers portant sur des biens immeubles, de l'État dans lequel le bien est situé.

3. Lorsque la loi applicable au régime matrimonial entre les époux ne peut être opposée par un époux à un tiers en vertu du paragraphe 1, les effets du régime matrimonial à l'égard du tiers sont régis :

a) par la loi de l'État dont la loi est applicable à la convention conclue entre l'un des époux et le tiers ; ou

b) dans des dossiers portant sur des biens immeubles ou des biens ou des droits enregistrés, par la loi de l'État dans lequel le bien immeuble est situé ou dans lequel les biens ou les droits sont enregistrés.

Art. 29 *Adaptation des droits réels.* Lorsqu'une personne fait valoir un droit réel auquel elle peut prétendre en vertu de la loi applicable au régime matrimonial et que la loi de l'État membre dans lequel le droit est invoqué ne connaît pas le droit réel en question, ce droit est, si nécessaire et dans la mesure du possible, adapté à son équivalent le plus proche en vertu du droit de cet État, en tenant compte des objectifs et des intérêts visés par le droit réel en question et des effets qui y sont liés.

Art. 30 *Lois de police.* 1. Les dispositions du présent règlement ne portent pas atteinte à l'application des lois de police du juge saisi.

2. Une loi de police est une disposition impérative dont le respect est jugé crucial par un État membre pour la sauvegarde de ses intérêts publics, tels que son organisation politique, sociale ou économique, au point d'en exiger l'application à toute situation entrant dans son champ d'application, quelle que soit par ailleurs la loi applicable au régime matrimonial en vertu du présent règlement.

Art. 31 *Ordre public.* L'application d'une disposition de la loi d'un État désignée par le présent règlement ne peut être écartée que si cette application est manifestement incompatible avec l'ordre public du for.

Art. 32 *Exclusion du renvoi.* Lorsque le présent règlement prescrit l'application de la loi d'un État, il entend les règles de droit en vigueur dans cet État, à l'exclusion de ses règles de droit international privé.

Art. 33 *Systèmes non unifiés – conflits de lois territoriaux.* 1. Lorsque la loi désignée par le présent règlement est celle d'un État qui comprend plusieurs unités territoriales dont chacune a ses propres règles de droit en matière de régimes matrimoniaux, ce sont les règles internes de conflits de lois de cet État qui déterminent l'unité territoriale concernée dont les règles de droit doivent s'appliquer.

2. En l'absence de telles règles internes de conflits de lois :

a) toute référence à la loi de l'État mentionné au paragraphe 1 s'entend, aux fins de la détermination de la loi applicable en vertu des dispositions relatives à la résidence habituelle des époux, comme faite à la loi de l'unité territoriale dans laquelle les époux ont leur résidence habituelle ;

b) toute référence à la loi de l'État mentionné au paragraphe 1 s'entend, aux fins de la détermination de la loi applicable en vertu des dispositions relatives à la nationalité des époux, comme faite à la loi de l'unité territoriale avec laquelle les époux présentent les liens les plus étroits ;

c) toute référence à la loi de l'État mentionné au paragraphe 1 s'entend, aux fins de la détermination de la loi applicable en vertu de toute autre disposition se référant à d'autres éléments comme à des facteurs de rattachement, comme faite à la loi de l'unité territoriale dans laquelle l'élément concerné est situé.

Art. 34 *Systèmes non unifiés – conflits de lois interpersonnels.* Lorsqu'un État a plusieurs systèmes de droit ou ensembles de règles applicables à différentes catégories de personnes en matière de régimes matrimoniaux, toute référence à la loi d'un tel État s'entend comme faite au système de droit ou à l'ensemble de règles déterminé par les règles en vigueur dans cet État. En l'absence de telles règles, le système de droit ou l'ensemble de règles avec lequel les époux présentent les liens les plus étroits s'applique.

Art. 35 *Non-application du présent règlement aux conflits de lois internes.* Un État membre qui comprend plusieurs unités territoriales dont chacune a ses propres règles de droit en matière de régimes matrimoniaux n'est pas tenu d'appliquer le présent règlement aux conflits de lois qui concernent uniquement ces unités.

CHAPITRE IV *RECONNAISSANCE, FORCE EXÉCUTOIRE ET EXÉCUTION DES DÉCISIONS*

Art. 36 *Reconnaissance.* 1. Les décisions rendues dans un État membre sont reconnues dans les autres États membres, sans qu'il soit nécessaire de recourir à aucune procédure particulière.

2. En cas de contestation, toute partie intéressée qui invoque à titre principal la reconnaissance d'une décision peut demander, conformément aux procédures prévues aux articles 44 à 57, que la décision soit reconnue.

3. Si la reconnaissance est invoquée de façon incidente devant une juridiction d'un État membre, celle-ci est compétente pour en connaître.

Art. 37 *Motifs de non-reconnaissance.* Une décision rendue n'est pas reconnue :

a) si la reconnaissance est manifestement contraire à l'ordre public de l'État membre dans lequel la reconnaissance est demandée ;

b) dans le cas où elle a été rendue par défaut, si l'acte introductif d'instance ou un acte équivalent n'a pas été signifié ou notifié au défendeur en temps utile et de telle manière qu'il puisse se défendre, à moins qu'il n'ait pas exercé de recours à l'encontre de la décision alors qu'il était en mesure de le faire ;

c) si elle est inconciliable avec une décision rendue dans une procédure entre les mêmes parties dans l'État membre dans lequel la reconnaissance est demandée ;

d) si elle est inconciliable avec une décision rendue antérieurement dans un autre État membre ou dans un État tiers entre les mêmes parties dans un litige ayant le même objet et la même cause, lorsque la décision rendue antérieurement réunit les conditions nécessaires à sa reconnaissance dans l'État membre dans lequel la reconnaissance est demandée.

Art. 38 *Droits fondamentaux.* Les juridictions et les autres autorités compétentes des États membres appliquent l'article 37 du présent règlement dans le respect des droits et principes fondamentaux consacrés par la Charte, et notamment son article 21 relatif au principe de non-discrimination.

Art. 39 *Interdiction du contrôle de la compétence de la juridiction d'origine.* 1. Il ne peut être procédé au contrôle de la compétence de la juridiction de l'État membre d'origine.

2. Le critère de l'ordre public visé à l'article 37 ne s'applique pas aux règles de compétence visées aux articles 4 à 11.

Art. 40 *Absence de révision quant au fond.* En aucun cas une décision rendue dans un État membre ne peut faire l'objet d'une révision quant au fond.

Art. 41 *Sursis à statuer.* La juridiction d'un État membre saisie d'une demande de reconnaissance d'une décision rendue dans un autre État membre peut surseoir à statuer si cette décision fait l'objet d'un recours ordinaire dans l'État membre d'origine.

Art. 42 *Force exécutoire.* Les décisions rendues dans un État membre et qui sont exécutoires dans cet État sont exécutoires dans un autre État membre lorsque, à la demande de toute partie intéressée, elles y ont été déclarées exécutoires conformément à la procédure prévue aux articles 44 à 57.

Art. 43 *Détermination du domicile.* Pour déterminer, aux fins de la procédure prévue aux articles 44 à 57, si une partie a un domicile dans l'État membre d'exécution, la juridiction saisie applique la loi interne de cet État membre.

Art. 44 *Compétence territoriale.* 1. La demande de déclaration constatant la force exécutoire est présentée à la juridiction ou à l'autorité compétente de l'État membre d'exécution dont cet État membre a communiqué le nom à la Commission conformément à l'article 64.

2. La compétence territoriale est déterminée par le domicile de la partie contre laquelle l'exécution est demandée, ou par le lieu de l'exécution.

Art. 45 *Procédure.* 1. La procédure de dépôt de la demande est régie par la loi de l'État membre d'exécution.

2. Le demandeur n'est pas tenu d'avoir, dans l'État membre d'exécution, une adresse postale ni un représentant autorisé.

3. La demande est accompagnée des documents suivants :

a) une copie de la décision réunissant les conditions nécessaires pour en établir l'authenticité ;

b) l'attestation délivrée par la juridiction ou l'autorité compétente de l'État membre d'origine au moyen du formulaire établi en conformité avec la procédure consultative visée à l'article 67, paragraphe 2, sans préjudice de l'article 46.

Art. 46 *Défaut de production de l'attestation.* 1. A défaut de production de l'attestation visée à l'article 45, paragraphe 3, point b), la juridiction ou l'autorité compétente peut impartir un délai pour la produire ou accepter un document équivalent ou, si elle s'estime suffisamment éclairée, en dispenser.

2. Il est produit une traduction ou une translittération des documents si la juridiction ou l'autorité compétente l'exige. La traduction est faite par une personne habilitée à effectuer des traductions dans l'un des États membres.

Art. 47 *Déclaration constatant la force exécutoire.* La décision est déclarée exécutoire dès l'achèvement des formalités prévues à l'article 45, sans examen au titre de l'article 37. La partie contre laquelle l'exécution est demandée ne peut, à ce stade de la procédure, présenter d'observations concernant la demande.

Art. 48 *Communication de la décision relative à la demande de déclaration constatant la force exécutoire.* 1. La décision relative à la demande de déclaration constatant la force exécutoire est aussitôt portée à la connaissance du demandeur conformément à la procédure fixée par la loi de l'État membre d'exécution.

2. La déclaration constatant la force exécutoire est signifiée ou notifiée à la partie contre laquelle l'exécution est demandée, accompagnée de la décision si celle-ci n'a pas encore été signifiée ou notifiée à cette partie.

Art. 49 *Recours contre la décision relative à la demande de déclaration constatant la force exécutoire.* 1. L'une ou l'autre partie peut former un recours contre la décision relative à la demande de déclaration constatant la force exécutoire.

2. Le recours est porté devant la juridiction dont l'État membre concerné a communiqué le nom à la Commission conformément à l'article 64.

3. Le recours est examiné selon les règles de la procédure contradictoire.

4. Si la partie contre laquelle l'exécution est demandée ne comparaît pas devant la juridiction saisie du recours formé par le demandeur, l'article 16 s'applique, même si la partie contre laquelle l'exécution est demandée n'est pas domiciliée dans l'un des États membres.

5. Le recours contre la déclaration constatant la force exécutoire est formé dans un délai de trente jours à compter de la signification ou de la notification de celle-ci. Si la partie contre laquelle l'exécution est demandée est domiciliée dans un autre État membre que celui dans lequel la déclaration constatant la force exécutoire a été délivrée, le délai de recours est de soixante jours et court à compter du jour où la signification ou la notification a été faite à personne ou à domicile. Ce délai ne peut être prorogé pour des raisons de distance.

Art. 50 *Pourvoi contre la décision rendue sur le recours.* La décision rendue sur le recours ne peut faire l'objet d'un pourvoi qu'au moyen de la procédure que l'État membre concerné a communiquée à la Commission conformément à l'article 64.

Art. 51 *Refus ou révocation d'une déclaration constatant la force exécutoire.* La juridiction saisie d'un recours formé en vertu de l'article 49 ou 50 ne peut refuser ou révoquer une déclaration constatant la force exécutoire que pour l'un des motifs prévus à l'article 37. Elle statue sans retard.

Art. 52 *Sursis à statuer.* La juridiction saisie d'un recours formé en vertu de l'article 49 ou 50 surseoit à statuer, à la demande de la partie contre laquelle l'exécution est demandée, si la force exécutoire de la décision est suspendue dans l'État membre d'origine du fait de l'exercice d'un recours.

Art. 53 *Mesures provisoires et conservatoires.* 1. Lorsqu'une décision doit être reconnue conformément au présent chapitre, rien n'empêche le demandeur de solliciter qu'il soit procédé à des mesures provisoires ou conservatoires, conformément au droit de l'État membre d'exécution, sans qu'une déclaration constatant la force exécutoire de cette décision au titre de l'article 46 soit nécessaire.

2. La déclaration constatant la force exécutoire emporte de plein droit l'autorisation de procéder à des mesures conservatoires.

3. Pendant le délai prévu à l'article 49, paragraphe 5, pour former un recours contre la déclaration constatant la force exécutoire et jusqu'à ce qu'il ait été statué sur celuici, il ne peut être procédé à aucune mesure d'exécution sur les biens de la partie contre laquelle l'exécution est demandée, hormis des mesures conservatoires.

Art. 54 *Force exécutoire partielle.* 1. Lorsque la décision rendue porte sur plusieurs chefs de la demande et que la déclaration constatant la force exécutoire ne peut être délivrée pour tous ces chefs, la juridiction ou l'autorité compétente la délivre pour l'un ou plusieurs d'entre eux.

2. Le demandeur peut demander que la déclaration constatant la force exécutoire soit limitée à certaines parties d'une décision.

Art. 55 *Aide juridictionnelle.* Tout demandeur qui, dans l'État membre d'origine, a bénéficié en tout ou en partie de l'aide juridictionnelle ou d'une exemption de frais et dépens a droit, dans le cadre de toute procédure visant à obtenir une déclaration constatant la force exécutoire, à l'aide juridictionnelle la plus favorable ou à l'exemption de frais et dépens la plus large prévue par le droit de l'État membre d'exécution.

Art. 56 *Caution ou dépôt.* Aucune caution ni aucun dépôt, sous quelque dénomination que ce soit, ne peut être imposé à la partie qui demande dans un État membre la reconnaissance, la force exécutoire ou l'exécution d'une décision rendue dans un autre État membre en raison soit de la qualité d'étranger, soit du défaut de domicile ou de résidence dans l'État membre d'exécution.

Art. 57 *Impôt, droit ou taxe.* Aucun impôt, droit ou taxe proportionnel à la valeur de l'affaire en cause ne peut être perçu dans l'État membre d'exécution dans le cadre d'une procédure visant à obtenir une déclaration constatant la force exécutoire.

CHAPITRE V *ACTES AUTHENTIQUES ET TRANSACTIONS JUDICIAIRES*

Art. 58 *Acceptation des actes authentiques.* 1. Un acte authentique établi dans un État membre a la même force probante dans un autre État membre que dans l'État membre d'origine ou y produit les effets les plus comparables, pour autant que cela ne soit pas manifestement contraire à l'ordre public de l'État membre concerné.

Une personne souhaitant utiliser un acte authentique dans un autre État membre peut demander à l'autorité établissant l'acte authentique dans l'État membre d'origine de remplir le formulaire établi en conformité avec la procédure consultative visée à l'article 67, paragraphe 2, en décrivant la force probante de l'acte authentique dans l'État membre d'origine.

2. Les juridictions de l'État membre d'origine sont saisies de toute contestation portant sur l'authenticité d'un acte authentique et statuent sur celle-ci en vertu de la loi de cet État. L'acte authentique contesté ne produit aucune force probante dans un autre État membre tant que le recours est pendant devant la juridiction compétente.

3. Les juridictions compétentes en vertu du présent règlement sont saisies de toute contestation relative aux actes juridiques ou relations juridiques consignés dans un acte authentique et statuent sur celle-ci en vertu de la loi applicable conformément au chapitre III. L'acte authentique attaqué ne produit aucune force probante dans un autre État membre que l'État membre d'origine en ce qui concerne la question contestée tant que le recours est pendant devant la juridiction compétente.

4. Si l'issue d'une procédure devant une juridiction d'un État membre dépend d'une question incidente relative aux actes juridiques ou aux relations juridiques consignés dans un acte authentique en matière de régimes matrimoniaux qui doit être tranchée, ladite juridiction est compétente pour en connaître.

Art. 59 *Force exécutoire des actes authentiques.* 1. Un acte authentique qui est exécutoire dans l'État membre d'origine est déclaré exécutoire dans un autre État membre, à la demande de toute partie intéressée, conformément à la procédure prévue aux articles 44 à 57.

2. Aux fins de l'article 45, paragraphe 3, point b), l'autorité ayant établi l'acte authentique délivre, à la demande de toute partie intéressée, une attestation au moyen du formulaire établi en conformité avec la procédure consultative visée à l'article 67, paragraphe 2.

3. La juridiction auprès de laquelle un recours est formé en vertu de l'article 49 ou 50 ne refuse ou ne révoque une déclaration constatant la force exécutoire que si l'exécution de l'acte authentique est manifestement contraire à l'ordre public de l'État membre d'exécution.

Art. 60 *Force exécutoire des transactions judiciaires.* 1. Les transactions judiciaires qui sont exécutoires dans l'État membre d'origine sont déclarées exécutoires dans un autre État membre à la demande de toute partie intéressée, conformément à la procédure prévue aux articles 44 à 57.

2. Aux fins de l'article 45, paragraphe 3, point b), la juridiction qui a approuvé la transaction ou devant laquelle la transaction a été conclue délivre, à la demande de toute partie intéressée, une attestation au moyen du formulaire établi en conformité avec la procédure consultative visée à l'article 67, paragraphe 2.

3. La juridiction auprès de laquelle un recours est formé en vertu de l'article 49 ou 50 ne refuse ou ne révoque une déclaration constatant la force exécutoire que si l'exécution de la transaction judiciaire est manifestement contraire à l'ordre public de l'État membre d'exécution.

CHAPITRE VI *DISPOSITIONS GÉNÉRALES ET FINALES*

Art. 61 *Légalisation et formalités analogues.* Aucune légalisation ni autre formalité analogue n'est exigée pour les documents délivrés dans un État membre dans le cadre du présent règlement.

Art. 62 *Relations avec les conventions internationales existantes.* 1. Le présent règlement est sans incidence sur l'application des conventions bilatérales ou multilatérales auxquelles un ou plusieurs États membres sont parties lors de l'adoption du présent règlement ou d'une décision en vertu de l'article 331, paragraphe 1, deuxième ou troisième alinéa, du TFUE et qui concernent des matières régies par le présent règlement, sans préjudice des obligations incombant aux États membres au titre de l'article 351 du TFUE.

2. Nonobstant le paragraphe 1, le présent règlement prévaut, entre les États membres, sur les conventions conclues entre eux dans la mesure où ces conventions concernent des matières régies par le présent règlement.

3. Le présent règlement ne fait pas obstacle à l'application de la convention du 6 février 1931 entre le Danemark, la Finlande, l'Islande, la Norvège et la Suède comprenant des dispositions de droit international privé sur le mariage, l'adoption et la garde des enfants, telle qu'elle a été révisée en 2006 ; de la convention du 19 novembre 1934 entre le Danemark, la Finlande, l'Islande, la Norvège et la Suède, comprenant des dispositions de droit international privé relatives aux successions, aux testaments et à l'administration des successions, telle qu'elle a été révisée en juin 2012 ; et de la convention du 11 octobre 1977 entre le Danemark, la Finlande, l'Islande, la Norvège et la Suède sur la reconnaissance et l'exécution des décisions en matière civile par les États membres qui y sont parties, dans la mesure où lesdites conventions prévoient des procédures simplifiées et plus rapides de reconnaissance et d'exécution des décisions en matière de régimes matrimoniaux.

Art. 63 *Informations mises à la disposition du public.* Les États membres fournissent à la Commission, en vue de mettre les informations à la disposition du public dans le cadre du réseau judiciaire européen en matière civile et commerciale, un résumé succinct de leur législation et de leurs procédures nationales relatives aux régimes matrimoniaux, y compris des informations concernant le type d'autorité compétente en matière de régimes matrimoniaux et l'opposabilité aux tiers visée à l'article 28.

Les États membres tiennent ces informations à jour en permanence.

Art. 64 *Informations concernant les coordonnées et les procédures.* 1. Au plus tard le 29 avril 2018, les États membres communiquent à la Commission :

a) les juridictions ou autorités compétentes pour statuer sur les demandes de déclaration constatant la force exécutoire, conformément à l'article 44, paragraphe 1, et sur les recours formés contre les décisions rendues sur ces demandes, conformément à l'article 49, paragraphe 2 ;

b) les procédures permettant d'attaquer la décision rendue sur le recours visées à l'article 50.

Les États membres communiquent à la Commission toute modification ultérieure de ces informations.

2. La Commission publie au *Journal officiel de l'Union européenne* les informations communiquées conformément au paragraphe 1, à l'exception des adresses et autres coordonnées des juridictions et autorités visées au paragraphe 1, point a).

3. La Commission tient toutes les informations communiquées conformément au paragraphe 1 à la disposition du public par tout moyen approprié, notamment par l'intermédiaire du réseau judiciaire européen en matière civile et commerciale.

Art. 65 *Établissement et modification ultérieure de la liste contenant les informations visées à l'article 3, paragraphe 2.* 1. Sur la base des informations communiquées par les États membres, la Commission établit la liste des autres autorités et professionnels du droit visée à l'article 3, paragraphe 2.

2. Les États membres notifient à la Commission toute modification ultérieure à apporter aux informations contenues dans ladite liste. La Commission modifie la liste en conséquence.

3. La Commission publie la liste et toute modification ultérieure au *Journal officiel de l'Union européenne.*

4. La Commission tient toutes les informations notifiées conformément aux paragraphes 1 et 2 à la disposition du public par tout autre moyen approprié, notamment par l'intermédiaire du réseau judiciaire européen en matière civile et commerciale.

Art. 66 *Établissement et modification ultérieure des attestations et des formulaires visés à l'article 45, paragraphe 3, point b), et aux articles 58, 59 et 60.* La Commission adopte des actes d'exécution établissant et modifiant ultérieurement les attestations et les formulaires visés à l'article 45, paragraphe 3, point b), et aux articles 58, 59 et 60. Ces actes d'exécution sont adoptés en conformité avec la procédure consultative visée à l'article 67, paragraphe 2.

Art. 67 *Comité.* 1. La Commission est assistée par un comité. Ledit comité est un comité au sens du règlement (UE) n° 182/2011.

2. Lorsqu'il est fait référence au présent paragraphe, l'article 4 du règlement (UE) n° 182/2011 s'applique.

Art. 68 *Clause de réexamen.* 1. Au plus tard le 29 janvier 2027, la Commission présente au Parlement européen, au Conseil et au Comité économique et social européen un rapport relatif à l'application du présent règlement. Ce rapport est accompagné, si nécessaire, de propositions visant à modifier le présent règlement.

2. Au plus tard le 29 janvier 2024, la Commission présente au Parlement européen, au Conseil et au Comité économique et social européen un rapport sur l'application des articles 9 et 38 du présent règlement. Elle y évalue notamment dans quelle mesure ces articles ont contribué à garantir l'accès à la justice.

3. Aux fins des rapports visés aux paragraphes 1 et 2, les États membres informent la Commission des éléments pertinents concernant l'application du présent règlement par leurs juridictions.

Art. 69 *Dispositions transitoires.* 1. Le présent règlement ne s'applique qu'aux procédures engagées, aux actes authentiques formellement dressés ou enregistrés et aux transactions judiciaires approuvées ou conclues à sa date de mise en application ou après le 29 janvier 2019, sous réserve des paragraphes 2 et 3.

(Rect. JOUE du 29 avr. 2017) « 2. Si l'action engagée dans l'État membre d'origine a été intentée avant le 29 janvier 2019, les décisions rendues à partir de cette date sont reconnues et exécutées conformément aux dispositions du chapitre IV, dès lors que les règles de compétence appliquées sont conformes à celles prévues par le chapitre II. 3. Le chapitre III n'est applicable qu'aux époux qui se sont mariés ou qui ont désigné la loi applicable à leur régime matrimonial à partir du 29 janvier 2019. »

Art. 70 *Entrée en vigueur.* 1. Le présent règlement entre en vigueur le vingtième jour suivant celui de sa publication au *Journal officiel de l'Union européenne.*

2. Le présent règlement est applicable dans les États membres qui participent à une coopération renforcée dans le domaine de la compétence, de la loi applicable, de la reconnaissance et de l'exécution des décisions en matière de régimes patrimoniaux des couples internationaux, concernant les questions relatives tant aux régimes matrimoniaux qu'aux effets patrimoniaux des partenariats enregistrés, tels qu'ils sont autorisés par la décision (UE) 2016/954.

Il est applicable à partir du 29 janvier 2019, sauf en ce qui concerne les articles 63 et 64, qui s'appliquent à partir du 29 avril 2018, et les articles 65, 66 et 67, qui s'appliquent à partir du 29 juillet 2016. Pour les États membres qui participent à une coopération renforcée en vertu d'une décision adoptée conformément à l'article 331, paragraphe 1, deuxième ou troisième alinéa, du TFUE, le présent règlement est applicable à partir de la date indiquée dans la décision concernée.

Le présent règlement est obligatoire dans tous ses éléments et directement applicable dans les États membres participants, conformément aux traités.

Circulaire du 24 avril 2019,

De présentation des dispositions des règlements (UE) n° 2016/1103 et n° 2016/1104 du Conseil du 24 juin 2016 mettant en œuvre une coopération renforcée dans le domaine de la compétence, de la loi applicable, la reconnaissance et l'exécution des décisions, en matière de régimes matrimoniaux et d'effets patrimoniaux des partenariats enregistrés.

Règlement (UE) 2019/1111 du Conseil du 25 juin 2019,

Relatif à la compétence, la reconnaissance et l'exécution des décisions en matière matrimoniale et en matière de responsabilité parentale, ainsi qu'à l'enlèvement international d'enfants.

Le présent Règl. est applicable à partir du 1er août 2022, à l'exception des art. 92, 93 et 103, qui s'appliquent à compter du 22 juill. 2019 (Règl., art. 105). Sur les relations avec les autres instruments internationaux, V. art. 94 s.

V. Circ. JUSC2315953C du 4 juill. 2023, reproduite à la suite du présent règlement.

CHAPITRE I *CHAMP D'APPLICATION ET DÉFINITIONS*

Art. 1er *Champ d'application.* 1. Le présent règlement s'applique aux matières civiles relatives :

a) au divorce, à la séparation de corps et à l'annulation du mariage des époux ;

b) à l'attribution, à l'exercice, à la délégation, au retrait total ou partiel de la responsabilité parentale.

2. Les matières visées au paragraphe 1, point b), concernent, notamment :

a) le droit de garde et le droit de visite ;

b) la tutelle, la curatelle, et les institutions analogues ;

c) la désignation et les fonctions de toute personne ou organisme chargé de s'occuper de la personne ou des biens d'un enfant, ou de le représenter ou de l'assister ;

d) le placement d'un enfant dans une famille d'accueil ou dans un établissement ;

e) les mesures de protection d'un enfant liées à l'administration, à la conservation ou à la disposition de ses biens.

3. Les chapitres III et VI du présent règlement s'appliquent en cas de déplacement ou de non-retour illicites d'un enfant concernant plus d'un État membre, en complément des dispositions de la Convention de La Haye de 1980. Le chapitre IV du présent règlement s'applique aux décisions ordonnant le retour d'un enfant dans un autre État membre en application de la convention de La Haye de 1980 qui doivent être exécutées dans un État membre autre que celui dans lequel la décision a été rendue.

4. Le présent règlement ne s'applique pas :

a) à l'établissement et la contestation de la filiation ;

b) à la décision sur l'adoption et les mesures qui la préparent, ainsi que l'annulation et la révocation de l'adoption ;

c) aux nom et prénoms d'un enfant ;

d) à l'émancipation ;

e) aux obligations alimentaires ;

f) aux trusts et successions ;

g) aux mesures prises à la suite d'infractions pénales commises par des enfants.

Art. 2 *Définitions.* 1. Aux fins du présent règlement, on entend par "décision" : une décision rendue par une juridiction d'un État membre, y compris un arrêt, un jugement ou une ordonnance, accordant le divorce, la séparation de corps ou l'annulation d'un mariage, ou concernant la responsabilité parentale.

Aux fins du chapitre IV, le terme "décision" inclut :

a) une décision rendue dans un État membre et ordonnant le retour d'un enfant dans un autre État membre en application de la convention de La Haye de 1980 qui doit être exécutée dans un État membre autre que celui dans lequel la décision a été rendue,

b) les mesures provisoires ou conservatoires ordonnées par une juridiction qui, en vertu du présent règlement, est compétente au fond ou les mesures ordonnées conformément à l'article 27, paragraphe 5, en liaison avec l'article 15.

Aux fins du chapitre IV, le terme "décision" n'inclut pas les mesures provisoires ou conservatoires ordonnées par une juridiction sans que le défendeur ait été cité à comparaître, sauf si la décision contenant la mesure a été notifiée ou signifiée au défendeur avant exécution.

2. Aux fins du présent règlement, on entend par :

1) "juridiction" : toute autorité dans un État membre qui est compétente dans les matières relevant du champ d'appli- cation du présent règlement ;

2) "acte authentique" : un acte dressé ou enregistré formellement en tant qu'acte authentique dans tout État membre dans les matières relevant du champ d'application du présent règlement et dont l'authenticité :

a) porte sur la signature et le contenu de l'acte, et

b) a été établie par une autorité publique ou toute autre autorité habilitée à le faire. Les États membres notifient ces autorités à la Commission conformément à l'article 103 ;

3) "accord" : aux fins du chapitre IV, un acte qui n'est pas un acte authentique, qui a été conclu par les parties dans les matières relevant du champ d'application du présent règlement et qui a été enregistré par une autorité publique notifiée à cet effet à la Commission par un État membre conformément à l'article 103 ;

4) "État membre d'origine" : l'État membre dans lequel la décision a été rendue, dans lequel l'acte authentique a été dressé ou enregistré formellement ou dans lequel l'accord a été enregistré ;

5) "État membre d'exécution" : l'État membre dans lequel est demandée l'exécution de la décision, de l'acte authentique ou de l'accord ;

6) "enfant" : toute personne âgée de moins de 18 ans ;

7) "responsabilité parentale" : l'ensemble des droits et obligations relatifs à la personne ou aux biens d'un enfant conférés à une personne physique ou une personne morale sur la base d'une décision, d'une attribution de plein droit ou d'un accord en vigueur, y compris le droit de garde et le droit de visite ;

8) "titulaire de la responsabilité parentale" : toute personne, institution ou autre organisme exerçant la responsabilité parentale à l'égard d'un enfant ;

9) "droit de garde" : les droits et obligations portant sur les soins de la personne d'un enfant, et en particulier le droit de décider de son lieu de résidence ;

10) "droit de visite" : le droit de visite à l'égard d'un enfant, notamment le droit d'emmener l'enfant pour une période limitée dans un lieu autre que celui de sa résidence habituelle ;

11) "déplacement ou non-retour illicites" : le déplacement ou le non-retour d'un enfant lorsque :

a) un tel déplacement ou non-retour a eu lieu en violation d'un droit de garde résultant d'une décision, d'une attribution de plein droit ou d'un accord en vigueur en vertu du droit de l'État membre dans lequel l'enfant avait sa résidence habituelle immédiatement avant son déplacement ou son non-retour, et

b) le droit de garde était exercé effectivement, seul ou conjointement, au moment du déplacement ou du non-retour, ou l'eût été si de tels événements n'étaient survenus.

3. Aux fins des articles 3, 6, 10, 12, 13, 51, 59, 75, 94 et 102, la notion de "domicile" remplace la notion de "nationalité" dans le cas de l'Irlande et du Royaume-Uni, et a la même signification qu'en vertu de chacun des systèmes juridiques de ces États membres.

CHAPITRE II *COMPÉTENCE EN MATIÈRE MATRIMONIALE ET EN MATIÈRE DE RESPONSABILITÉ PARENTALE*

SECTION 1 *Divorce, séparation de corps et annulation du mariage*

Art. 3 *Compétence générale.* Sont compétentes pour statuer sur les questions relatives au divorce, à la séparation de corps et à l'annulation du mariage des époux, les juridictions de l'État membre :

a) sur le territoire duquel se trouve :

i) la résidence habituelle des époux,

ii) la dernière résidence habituelle des époux dans la mesure où l'un d'eux y réside encore,
iii) la résidence habituelle du défendeur,
iv) en cas de demande conjointe, la résidence habituelle de l'un ou l'autre époux,
v) la résidence habituelle du demandeur s'il y a résidé depuis au moins une année immédiatement avant l'introduction de la demande, ou
vi) la résidence habituelle du demandeur s'il y a résidé depuis au moins six mois immédiatement avant l'introduction de la demande et s'il est ressortissant de l'État membre en question ; ou
b) de la nationalité des deux époux.

Art. 4 *Demande reconventionnelle.* La juridiction devant laquelle la procédure est pendante en vertu de l'article 3 est également compétente pour examiner la demande reconventionnelle, dans la mesure où celle-ci relève du champ d'application du présent règlement.

Art. 5 *Conversion de la séparation de corps en divorce.* Sans préjudice de l'article 3, la juridiction de l'État membre qui a rendu une décision ordonnant une séparation de corps est également compétente pour convertir cette séparation de corps en divorce, si la loi de cet État membre le prévoit.

Art. 6 *Compétence résiduelle.* 1. Sous réserve du paragraphe 2, lorsqu'aucune juridiction d'un État membre n'est compétente en vertu de l'article 3, 4 ou 5, la compétence est, dans chaque État membre, régie par la loi de cet État.

2. Un époux qui a sa résidence habituelle sur le territoire d'un État membre, ou est ressortissant d'un État membre, ne peut être attrait devant les juridictions d'un autre État membre qu'en vertu des articles 3, 4 et 5.

3. Tout ressortissant d'un État membre qui a sa résidence habituelle sur le territoire d'un autre État membre peut, comme les ressortissants de cet État, y invoquer les règles de compétence applicables dans cet État contre un défendeur qui n'a pas sa résidence habituelle sur le territoire d'un État membre et qui n'a pas la nationalité d'un État membre.

SECTION 2 *Responsabilité parentale*

Art. 7 *Compétence générale.* 1. Les juridictions d'un État membre sont compétentes en matière de responsabilité parentale à l'égard d'un enfant qui réside habituellement dans cet État membre au moment où la juridiction est saisie.

2. Le paragraphe 1 du présent article s'applique sous réserve des articles 8 à 10.

Art. 8 *Maintien de la compétence en ce qui concerne le droit de visite.* 1. Lorsqu'un enfant déménage légalement d'un État membre dans un autre et y acquiert une nouvelle résidence habituelle, les juridictions de l'État membre de l'ancienne résidence habituelle de l'enfant gardent leur compétence, par dérogation à l'article 7, pendant trois mois après le déménagement, pour modifier une décision concernant le droit de visite rendue dans cet État membre avant que l'enfant ait déménagé si la personne à laquelle le droit de visite a été accordé par la décision continue à résider habituellement dans l'État membre de l'ancienne résidence habituelle de l'enfant.

2. Le paragraphe 1 ne s'applique pas si le titulaire du droit de visite visé au paragraphe 1 a accepté la compétence des juridictions de l'État membre de la nouvelle résidence habituelle de l'enfant en participant à une procédure devant ces juridictions sans en contester la compétence.

Art. 9 *Compétence en cas de déplacement ou de non-retour illicites d'un enfant.* Sans préjudice de l'article 10, en cas de déplacement ou de non-retour illicites d'un enfant, les juridictions de l'État membre dans lequel l'enfant avait sa résidence habituelle immédiatement avant son déplacement ou son non-retour illicites conservent leur compétence jusqu'au moment où l'enfant a acquis une résidence habituelle dans un autre État membre et que :

a) toute personne, institution ou autre organisme ayant le droit de garde a acquiescé au déplacement ou au non-retour ; ou

b) l'enfant a résidé dans cet autre État membre pendant une période d'au moins un an après que la personne, l'institution ou tout autre organisme ayant le droit de garde a eu ou aurait dû avoir connaissance du lieu où se trouvait l'enfant, que l'enfant s'est intégré dans son nouvel environnement et que l'une au moins des conditions suivantes est remplie :

i) aucune demande de retour n'a été présentée auprès des autorités compétentes de l'État membre où l'enfant a été déplacé ou est retenu, dans un délai d'un an après que le titulaire d'un droit de garde a eu ou aurait dû avoir connaissance du lieu où se trouvait l'enfant ;

ii) une demande de retour présentée par le titulaire d'un droit de garde a été retirée et aucune nouvelle demande n'a été présentée dans le délai fixé au point i) ;

iii) une demande de retour présentée par le titulaire d'un droit de garde a été rejetée par une juridiction d'un État membre pour des motifs autres que ceux de l'article 13, premier alinéa, point b), et deuxième alinéa, de la convention de La Haye de 1980 et cette décision n'est plus susceptible d'un recours ordinaire ;

iv) aucune juridiction n'a été saisie, comme prévu à l'article 29, paragraphes 3 et 5, dans l'État membre dans lequel l'enfant avait sa résidence habituelle immédiatement avant son déplacement ou son non-retour illicites ;

v) une décision sur le droit de garde n'impliquant pas le retour de l'enfant a été rendue par les juridictions de l'État membre dans lequel l'enfant avait sa résidence habituelle immédiatement avant son déplacement ou son non-retour illicites.

Art. 10 *Choix de la juridiction.* 1. Les juridictions d'un État membre sont compétentes en matière de responsabilité parentale lorsque les conditions suivantes sont réunies :

a) l'enfant a un lien étroit avec cet État membre du fait, en particulier, que :

i) au moins un des titulaires de la responsabilité parentale y a sa résidence habituelle,

ii) cet état membre est l'ancienne résidence habituelle de l'enfant, ou

iii) l'enfant est ressortissant de cet État membre ;

b) les parties ainsi que tout autre titulaire de la responsabilité parentale :

i) se sont librement accordés sur la compétence, au plus tard au moment où la juridiction est saisie, ou

ii) ont expressément accepté la compétence au cours de la procédure et la juridiction s'est assurée que toutes les parties ont été informées de leur droit de ne pas accepter sa compétence ; et

c) l'exercice de la compétence est dans l'intérêt supérieur de l'enfant.

2. Une convention relative au choix de la juridiction en vertu du paragraphe 1, point b), est conclue par écrit, datée et signée par les parties concernées ou incluse dans les pièces de procédure conformément aux législations et procédures nationales. Toute transmission par voie électronique qui permet de consigner durablement la convention est considérée comme revêtant une "forme écrite".

Les personnes qui deviennent parties à l'instance après la saisine de la juridiction peuvent exprimer leur accord après la saisine de la juridiction. En l'absence d'opposition de leur part, leur accord est considéré comme implicite.

3. Sauf si les parties en conviennent autrement, la compétence exercée conformément au paragraphe 1 prend fin dès que :

a) la décision rendue dans le cadre de la procédure n'est plus susceptible de recours ordinaire ; ou

b) il a été mis fin à la procédure pour une autre raison.

4. La compétence conférée conformément au paragraphe 1, point b) ii), est exclusive.

Art. 11 *Compétence fondée sur la présence de l'enfant.* 1. Lorsque la résidence habituelle de l'enfant ne peut être établie et que la compétence ne peut être déterminée sur la base de l'article 10, les juridictions de l'État membre dans lequel l'enfant est présent sont compétentes.

2. La compétence visée au paragraphe 1 s'applique aussi aux enfants réfugiés ainsi qu'aux enfants qui, par suite de troubles survenant dans l'État membre de leur résidence habituelle, sont internationalement déplacés.

Art. 12 *Transfert de compétence à une juridiction d'un autre État membre.* 1. Dans des circonstances exceptionnelles, si elle considère qu'une juridiction d'un autre État membre avec lequel l'enfant a un lien particulier serait mieux placée pour apprécier l'intérêt supérieur de l'enfant dans une affaire donnée, une juridiction d'un État membre qui est compétente pour connaître du fond de l'affaire peut, sur demande d'une partie ou de sa propre initiative, suspendre la procédure ou une partie spécifique de celle-ci et :

a) impartir un délai pour qu'une ou plusieurs des parties informent la juridiction de cet autre État membre de la procédure en cours et de la possibilité d'un transfert de compétence et saisissent cette juridiction d'une demande ; ou

b) demander à une juridiction d'un autre État membre d'exercer sa compétence conformément au paragraphe 2.

2. La juridiction de l'autre État membre peut, lorsque, en raison des circonstances particulières de l'affaire, cela correspond à l'intérêt supérieur de l'enfant, se déclarer compétente dans un délai de six semaines après :

a) la date de sa saisine conformément au paragraphe 1, point a) ; ou

b) la date de réception de la demande conformément au paragraphe 1, point b).

La juridiction saisie en second lieu ou à laquelle il est demandé d'accepter la compétence informe sans retard la juridiction saisie en premier lieu. En cas d'acceptation, la juridiction première saisie décline sa compétence.

3. La juridiction saisie en premier lieu continue d'exercer sa compétence si elle n'a pas reçu d'acceptation de compé- tence de la part de la juridiction de l'autre État membre dans les sept semaines après que :

a) le délai imparti pour que les parties saisissent une juridiction d'un autre État membre d'une demande conformément au paragraphe 1, point a), a expiré ou

b) cette juridiction a reçu la demande conformément au paragraphe 1, point b).

4. Aux fins du paragraphe 1, il est considéré que l'enfant a un lien particulier avec un État membre, si :

a) après la saisine de la juridiction visée au paragraphe 1, l'enfant a acquis sa résidence habituelle dans cet État membre ;

b) l'enfant a résidé de manière habituelle dans cet État membre ;

c) l'enfant est ressortissant de cet État ;

d) l'un des titulaires de la responsabilité parentale a sa résidence habituelle dans cet État membre ; ou

e) le litige porte sur des mesures de protection de l'enfant liées à l'administration, à la conservation ou à la disposition de biens appartenant à l'enfant et qui se trouvent sur le territoire de cet État membre.

5. Lorsque la compétence exclusive d'une juridiction a été établie en vertu de l'article 10, cette juridiction ne peut transférer la compétence à une juridiction d'un autre État membre.

Art. 13 *Demande de transfert de compétence par une juridiction d'un État membre qui n'est pas compétente.* 1. Dans des circonstances exceptionnelles et sans préjudice de l'article 9, si une juridiction d'un État membre avec lequel l'enfant a un lien particulier au sens de l'article 12, paragraphe 4, mais qui n'est pas compétente en vertu du présent règlement, considère qu'elle est mieux placée pour apprécier l'intérêt supérieur de l'enfant dans une affaire donnée, elle peut demander à la juridiction compétente de l'État membre de résidence habituelle de l'enfant de lui transférer la compétence.

2. Dans les six semaines à compter de la réception de la demande conformément au paragraphe 1, la juridiction requise peut accepter de transférer la compétence, lorsque, en raison des circonstances spécifiques de l'affaire, un tel transfert correspond à l'intérêt supérieur de l'enfant. Lorsque la juridiction requérante accepte de transférer la compétence, elle informe sans retard la juridiction requérante. En l'absence d'une telle acceptation dans le délai, la juridiction requérante ne peut exercer la compétence.

Art. 14 *Compétence résiduelle.* Lorsqu'aucune juridiction d'un État membre n'est compétente en vertu des articles 7 à 11, la compétence est, dans chaque État membre, régie par la loi de cet État membre.

Art. 15 *Mesures provisoires et conservatoires en cas d'urgence.* 1. En cas d'urgence, même si une juridiction d'un autre État membre est compétente pour connaître du fond de l'affaire, les juridictions d'un État membre sont compétentes pour prendre les mesures provisoires ou conservatoires éventuellement prévues par le droit de cet État membre en ce qui concerne :

a) un enfant qui est présent dans cet État membre ; ou

b) des biens appartenant à un enfant qui se trouvent dans cet État membre.

2. Dans la mesure où la protection de l'intérêt supérieur de l'enfant l'exige, la juridiction qui a pris les mesures visées au paragraphe 1 du présent article informe, sans retard, la juridiction ou l'autorité compétente de l'État membre qui est compétente en vertu de l'article 7 ou, le cas échéant, toute juridiction d'un État membre qui est compétente au fond en vertu du présent règlement, soit directement conformément à l'article 86, soit par l'intermédiaire des autorités centrales désignées en application de l'article 76.

3. Les mesures prises en exécution du paragraphe 1 cessent d'avoir effet dès que la juridiction de l'État membre qui est compétente au fond en vertu du présent règlement a pris les mesures qu'elle estime appropriées.

Le cas échéant, cette juridiction peut informer de sa décision la juridiction qui a pris des mesures provisoires ou conservatoires, soit directement conformément à l'article 86, soit par l'intermédiaire des autorités centrales désignées en application de l'article 76.

Art. 16 *Questions incidentes.* 1. Si l'issue d'une procédure dans une affaire ne relevant pas du champ d'application du présent règlement qui est engagée devant une juridiction d'un État membre dépend d'une question incidente concernant la responsabilité parentale, une juridiction de cet État membre peut trancher cette question aux fins de cette procédure, même si cet État membre n'est pas compétent en vertu du présent règlement.

2. La décision rendue à propos d'une question incidente conformément au paragraphe 1 ne produit d'effets que dans la procédure dans le cadre de laquelle la décision a été prise.

3. Lorsque la validité d'un acte juridique réalisé ou à réaliser au nom de l'enfant dans une procédure en matière de succession devant une juridiction d'un État membre exige l'autorisation ou l'approbation d'une juridiction, une juridiction de cet État membre peut décider s'il convient d'autoriser ou d'approuver une telle opération même si elle n'est pas compétente en vertu du présent règlement.

4. L'article 15, paragraphe 2, s'applique en conséquence.

SECTION 3 *Dispositions communes*

Art. 17 *Saisine d'une juridiction.* Une juridiction est réputée saisie :

a) à la date à laquelle l'acte introductif d'instance ou un acte équivalent est déposé auprès de la juridiction, à condition que le demandeur n'ait pas négligé par la suite de prendre les mesures qu'il était tenu de prendre pour que l'acte soit notifié ou signifié au défendeur ;

b) si l'acte doit être notifié ou signifié avant d'être déposé auprès de la juridiction, à la date à laquelle il est reçu par l'autorité chargée de la notification ou de la signification, à condition que le demandeur n'ait pas négligé par la suite de prendre les mesures qu'il était tenu de prendre pour que l'acte soit déposé auprès de la juridiction ; ou

c) si la procédure est engagée d'office, à la date à laquelle la décision d'engager la procédure est prise par la juridiction ou, si une telle décision n'est pas nécessaire, à la date à laquelle l'affaire est enregistrée par la juridiction.

Art. 18 *Vérification de la compétence.* Une juridiction d'un État membre saisie d'une affaire pour laquelle elle n'est pas compétente au fond en vertu du présent règlement et pour laquelle une juridiction d'un autre État membre est compétente au fond en vertu du présent règlement se déclare d'office incompétente.

Art. 19 *Vérification de la recevabilité.* 1. Lorsque le défendeur qui a sa résidence habituelle dans un État autre que l'État membre où la procédure a été intentée ne comparaît pas, la juridiction compétente est tenue de suspendre cette procédure aussi longtemps qu'il n'est pas établi que ce défendeur a été mis à même de recevoir l'acte introductif d'instance ou un acte équivalent en temps utile afin de pourvoir à sa défense ou que toute diligence a été faite à cette fin.

2. L'article 19 du règlement (CE) n° 1393/2007 s'applique en lieu et place du paragraphe 1 du présent article si l'acte introductif d'instance ou un acte équivalent a dû être transmis d'un État membre à un autre en exécution dudit règlement.

3. Lorsque le règlement (CE) n° 1397/2007 n'est pas applicable, l'article 15 de la convention de La Haye du 15 no- vembre 1965 relative à la signification et à la notification à l'étranger des actes judiciaires et extrajudiciaires en matière civile ou commerciale s'applique si l'acte introductif d'instance ou un acte équivalent a dû être transmis à l'étranger en exécution de ladite convention.

Art. 20 *Litispendance et actions dépendantes.* 1. Lorsque des procédures en divorce, en séparation de corps ou en annulation du mariage sont introduites entre les mêmes parties auprès de juridictions d'États membres différents, la juridiction saisie en second lieu suspend d'office sa procédure jusqu'à ce que la compétence de la juridiction première saisie soit établie.

2. Excepté lorsque la compétence de l'une des juridictions est uniquement fondée sur l'article 15, lorsque des procé- dures relatives à la responsabilité parentale à l'égard d'un enfant, ayant le même objet et la même cause, sont introduites auprès de juridictions d'États membres différents, la juridiction saisie en second lieu suspend d'office sa procédure jusqu'à ce que la compétence de la juridiction première saisie soit établie.

3. Lorsque la compétence de la juridiction première saisie est établie, la juridiction saisie en second lieu se dessaisit en faveur de la juridiction première saisie.

Dans ce cas, la partie ayant introduit la procédure auprès de la juridiction saisie en second lieu peut porter cette action devant la juridiction première saisie.

4. Lorsqu'une juridiction d'un État membre à laquelle une acceptation de la compétence visée à l'article 10 bis attribue une compétence exclusive est saisie, toute juridiction d'un autre État membre sursoit à statuer jusqu'à ce que la juridiction saisie sur le fondement de la convention ou de l'acceptation déclare qu'elle n'est pas compétente en vertu de la convention ou de l'acceptation.

5. Lorsque et dans la mesure où la juridiction a établi sa compétence exclusive conformément à une acceptation de la juridiction visée à l'article 10, toute juridiction d'un autre État membre se dessaisit en faveur de ladite juridiction.

Art. 21 *Droit de l'enfant d'exprimer son opinion.* 1. Dans l'exercice de leur compétence en application de la section 2 du présent chapitre, les juridictions des États membres, conformément aux législations et procédures nationales, donnent à un enfant qui est capable de discernement une possibilité réelle et effective d'exprimer son opinion, soit directement, soit par l'intermédiaire d'un représentant ou d'un organisme approprié.

2. Lorsque la juridiction, conformément aux législations et procédures nationales, donne à un enfant la possibilité d'exprimer son opinion conformément au présent article, elle prend dûment en compte l'opinion de l'enfant eu égard à son âge et à son degré de maturité.

CHAPITRE III *ENLÈVEMENT INTERNATIONAL D'ENFANTS*

Art. 22 *Retour de l'enfant en application de la convention de La Haye de 1980.* Lorsqu'une personne, une institution ou tout autre organisme alléguant une violation du droit de garde demande, soit directement, soit avec l'assistance d'une autorité centrale, à la juridiction d'un État membre de rendre une décision sur la base de la convention de La Haye de 1980 ordonnant le retour d'un enfant âgé de moins de 16 ans qui a été déplacé ou retenu illicitement dans un État membre autre que l'État membre dans lequel l'enfant avait sa résidence habituelle immédiatement avant son déplacement ou son non-retour illicites, les articles 23 à 29, et le chapitre VI, du présent règlement s'appliquent et complètent la convention de La Haye de 1980.

Art. 23 *Réception et traitement des demandes par les autorités centrales.* 1. L'autorité centrale requise agit rapidement pour assurer le traitement d'une demande, au titre de la convention de La Haye de 1980, telle que visée à l'article 22.

2. Lorsque l'autorité centrale de l'État membre requis reçoit une demande visée à l'article 22, elle en accuse réception dans un délai de cinq jours ouvrables à compter de la date de réception de la demande. Elle avise sans retard indu l'autorité centrale de l'État membre requis ou le demandeur, selon le cas, des premières démarches qui ont

été ou qui seront entreprises pour traiter la demande et peut solliciter tout document ou toute information supplémentaire qu'elle estime nécessaire.

Art. 24 *Procédure rapide.* 1. Une juridiction saisie d'une demande de retour d'un enfant visée à l'article 22 agit rapidement dans le cadre de la procédure relative à la demande, en utilisant les procédures les plus rapides prévues par le droit national.

2. Sans préjudice du paragraphe 1, une juridiction de première instance, sauf si cela se révèle impossible en raison de circonstances exceptionnelles, rend sa décision six semaines au plus tard après sa saisine.

3. Sauf si cela se révèle impossible en raison de circonstances exceptionnelles, une juridiction de niveau supérieur rend sa décision six semaines au plus tard après que tous les actes de procédure nécessaires ont été accomplis et qu'elle est en mesure d'examiner le recours, en prévoyant une audition ou d'une autre manière.

Art. 25 *Modes alternatifs de règlement des litiges.* Le plus tôt possible au cours de la procédure et à tout stade de celle-ci, la juridiction, soit directement, soit, le cas échéant, avec l'assistance des autorités centrales, invite les parties à examiner si elles sont disposées à entamer une médiation ou à recourir à tout autre mode alternatif de règlement des litiges, sauf si cela est contraire à l'intérêt supérieur de l'enfant, si ce n'est pas approprié en l'espèce ou si cela retarderait indûment la procédure.

Art. 26 *Droit de l'enfant d'exprimer son opinion dans la procédure de retour.* L'article 21 du présent règlement s'applique également dans la procédure de retour au titre de la convention de La Haye de 1980.

Art. 27 *Procédure de retour d'un enfant.* 1. Une juridiction ne peut refuser le retour de l'enfant si la personne qui demande le retour de l'enfant n'a pas eu la possibilité d'être entendue.

2. La juridiction peut, à tout stade de la procédure, conformément à l'article 15, examiner si des contacts entre l'enfant et la personne qui demande le retour de l'enfant devraient être organisés, compte tenu de l'intérêt supérieur de l'enfant.

3. Lorsqu'une juridiction envisage de refuser le retour d'un enfant uniquement sur la base de l'article 13, premier alinéa, point b), de la convention de La Haye de 1980, elle ne refuse pas le retour de l'enfant si la partie qui demande le retour de l'enfant garantit à la juridiction, en fournissant des éléments de preuve suffisants, que des dispositions adéquates ont été prises pour assurer la protection de l'enfant après son retour ou si la juridiction en est convaincue de toute autre manière.

4. Aux fins du paragraphe 3 du présent article, la juridiction peut entrer en contact avec les autorités compétentes de l'État membre dans lequel l'enfant avait sa résidence habituelle immédiatement avant son déplacement ou son non-retour illicites, soit directement conformément à l'article 86, soit avec l'assistance des autorités centrales.

5. Lorsqu'elle ordonne le retour de l'enfant, la juridiction peut, le cas échéant, prendre des mesures provisoires ou conservatoires, conformément à l'article 15 du présent règlement, pour protéger l'enfant contre le risque grave visé à l'article 13, premier alinéa, point b), de la convention de La Haye de 1980, pour autant que l'examen et la prise de ces mesures ne retardent pas indûment la procédure de retour.

6. Une décision ordonnant le retour de l'enfant peut être déclarée exécutoire par provision, nonobstant un éventuel recours, lorsque le retour de l'enfant, est requis dans l'intérêt supérieur de l'enfant, avant que la décision sur le recours ne soit rendue.

Art. 28 *Exécution des décisions ordonnant le retour d'un enfant.* 1. Une autorité compétente en matière d'exécution à laquelle est présentée une demande d'exécution d'une décision ordonnant le retour d'un enfant dans un autre État membre agit rapidement pour assurer le traitement de la demande.

2. Lorsqu'une décision visée au paragraphe 1 n'a pas été exécutée dans un délai de six semaines après la date d'ouverture de la procédure d'exécution, la partie qui demande l'exécution ou l'autorité centrale de l'État membre d'exécution est en droit de demander à l'autorité compétente en matière d'exécution les raisons de ce retard.

Art. 29 *Procédure à la suite d'un refus du retour de l'enfant en application de l'article 13, premier alinéa, point b), et deuxième alinéa, de la convention de La Haye de 1980.* 1. Le présent article s'applique lorsqu'une décision refusant le retour d'un enfant dans un autre État membre est fondée uniquement sur l'article 13, premier alinéa, point b), ou deuxième alinéa, de la convention de La Haye de 1980.

2. La juridiction qui rend une décision au sens du paragraphe 1 délivre d'office un certificat au moyen du formulaire figurant à l'annexe I. Le certificat est rempli et délivré dans la langue de la décision. Il peut aussi être délivré dans une autre langue officielle des institutions de l'Union européenne demandée par une partie. Cela ne crée pas d'obligation pour la juridiction délivrant le certificat de fournir une traduction ou une translittération du contenu traduisible des champs de texte libre.

3. Si, au moment où la juridiction rend une décision au sens du paragraphe 1, une juridiction de l'État membre dans lequel l'enfant avait sa résidence habituelle immédiatement avant son déplacement ou son non-retour illicites avait déjà été saisie d'une demande d'examen au fond en matière de droit de garde, la première, si elle a connaissance de cette procédure, transmet à la seconde, dans un délai d'un mois à compter de la date de la décision au sens du paragraphe 1, soit directement, soit par l'intermédiaire des autorités centrales, les documents suivants :

a) une copie de sa décision visée au paragraphe 1 ;

b) le certificat délivré conformément au paragraphe 2 ; et

c) le cas échéant, un compte rendu, un résumé ou un procès-verbal des audiences, ainsi que tout autre document qu'elle juge pertinent.

4. La juridiction de l'État membre dans lequel l'enfant avait sa résidence habituelle immédiatement avant son dépla- cement ou son non-retour illicites peut, au besoin, demander à une partie de fournir une traduction ou une trans- littération, conformément à l'article 91, de la décision visée au paragraphe 1 et de tout autre document joint au certificat conformément au paragraphe 3, point c) du présent article.

5. Dans des cas autres que ceux visés au paragraphe 3, si une des parties saisit une juridiction de l'État membre dans lequel l'enfant avait sa résidence habituelle immédiatement avant son déplacement ou son non-retour illicites afin que ladite juridiction examine des éléments de fond relatifs au droit de garde, cette partie transmet, dans un délai de trois mois à compter de la notification d'une décision au sens du paragraphe 1, les documents suivants à la juridiction :

a) une copie de la décision telle que visée au paragraphe 1 ;

b) le certificat délivré conformément au paragraphe 2 ; et

c) le cas échéant, un compte rendu, un résumé ou un procès-verbal des audiences devant la juridiction qui a refusé le retour de l'enfant.

6. Nonobstant une décision de non-retour telle que visée au paragraphe 1, toute décision au fond en matière de droit de garde rendue à l'issue des procédures visées aux paragraphes 3 et 5 qui implique le retour de l'enfant est exécutoire dans un autre État membre conformément au chapitre IV.

CHAPITRE IV *RECONNAISSANCE ET EXÉCUTION*

SECTION 1 *Dispositions générales relatives à la reconnaissance et à l'exécution*

SOUS-SECTION 1 *Reconnaissance*

Art. 30 *Reconnaissance d'une décision.* 1. Les décisions rendues dans un État membre sont reconnues dans les autres États membres sans qu'il soit nécessaire de recourir à aucune procédure spéciale.

2. En particulier, et sans préjudice du paragraphe 3, aucune procédure spéciale n'est requise pour la mise à jour des registres de l'état civil d'un État membre sur la base d'une décision rendue dans un autre État membre en matière de divorce, de séparation de corps ou d'annulation du mariage, qui n'est plus susceptible de recours selon la loi de cet État membre.

3. Toute partie intéressée peut faire constater, selon les procédures prévues aux articles 59 à 62 et, le cas échéant, à la section 5 du présent chapitre et au chapitre VI, l'absence de motifs de refus de reconnaissance visés aux articles 38 et 39.

4. La compétence territoriale de la juridiction notifiée par chaque État membre à la Commission en vertu de l'article 103 est déterminée par la loi de l'État membre dans lequel la procédure engagée conformément au paragraphe 3 du présent article.

5. Si la reconnaissance d'une décision est invoquée de façon incidente devant une juridiction d'un État membre, celle-ci peut statuer en la matière.

Art. 31 *Documents à produire aux fins de la reconnaissance.* 1. La partie qui souhaite invoquer, dans un État membre, une décision rendue dans un autre État membre produit les documents suivants :

a) une copie de la décision réunissant les conditions nécessaires pour en établir l'authenticité ; et

b) le certificat approprié délivré conformément à l'article 36.

2. La juridiction ou l'autorité compétente devant laquelle une décision rendue dans un autre État membre est invoquée peut, au besoin, exiger que la partie qui l'invoque fournisse, conformément à l'article 91, une traduction ou une trans- littération du contenu traduisible des champs de texte libre du certificat visé au paragraphe 1, point b) du présent article.

3. La juridiction ou l'autorité compétente devant laquelle une décision rendue dans un autre État membre est invoquée peut exiger que la partie fournisse, conformément à l'article 91, une traduction ou une translittération de la décision, en plus d'une traduction ou d'une translittération du contenu traduisible des champs de texte libre du certificat, si elle ne peut agir sans une telle traduction ou translittération.

Art. 32 *Absence de documents.* 1. A défaut de production des documents visés à l'article 31, paragraphe 1, la juridiction ou l'autorité compétente peut impartir un délai pour les produire ou accepter des documents équivalents ou, si elle s'estime suffisamment éclairée, en dispenser.

2. Si la juridiction ou l'autorité compétente l'exige, une traduction ou une translittération de ces documents équivalents est produite, conformément à l'article 91.

Art. 33 *Suspension de la procédure.* La juridiction devant laquelle une décision rendue dans un autre État membre est invoquée peut suspendre sa procédure, en tout ou en partie, lorsque :

a) la décision fait l'objet d'un recours ordinaire dans l'État membre d'origine ; ou

b) une demande a été présentée aux fins d'obtenir une décision constatant l'absence de motifs de refus de reconnaissance visés aux articles 38 et 39 ou d'obtenir une décision visant à ce que la reconnaissance soit refusée sur le fondement de l'un de ces motifs.

SOUS-SECTION 2 *Force exécutoire et exécution*

Art. 34 *Décisions exécutoires.* 1. Les décisions rendues dans un État membre en matière de responsabilité parentale, qui y sont exécutoires, sont exécutoires dans les autres États membres sans qu'une déclaration constatant leur force exécutoire ne soit nécessaire.

2. Aux fins de l'exécution dans un autre État membre d'une décision accordant un droit de visite, la juridiction d'origine peut déclarer la décision exécutoire par provision, nonobstant un éventuel recours.

Art. 35 *Documents à produire aux fins de l'exécution.* 1. Aux fins de l'exécution dans un État membre d'une décision rendue dans un autre État membre, la partie qui demande l'exécution communique à l'autorité compétente chargée de l'exécution :

a) une copie de la décision réunissant les conditions nécessaires pour en établir l'authenticité ; et

b) le certificat approprié délivré conformément à l'article 36.

2. Aux fins de l'exécution dans un État membre d'une décision rendue dans un autre État membre ordonnant une mesure provisoire ou conservatoire, la partie qui demande l'exécution communique à l'autorité compétente chargée de l'exécution :

a) une copie de la décision réunissant les conditions nécessaires pour en établir l'authenticité ;

b) le certificat approprié délivré conformément à l'article 36, attestant que la décision est exécutoire dans l'État membre d'origine et que la juridiction d'origine :

i) est compétente pour connaître du fond, ou

ii) a ordonné la mesure conformément à l'article 27, paragraphe 5, en liaison avec l'article 15 ; et

c) lorsque la mesure a été ordonnée sans que le défendeur soit cité à comparaître, une preuve de la notification ou de la signification de la décision.

3. L'autorité compétente chargée de l'exécution peut, au besoin, exiger que la partie qui demande l'exécution fournisse, conformément à l'article 91, une traduction ou une translittération du contenu traduisible des champs de texte libre du certificat qui précise l'obligation à exécuter.

4. L'autorité compétente chargée de l'exécution peut exiger que la partie qui demande l'exécution fournisse, conformément à l'article 91, une traduction ou une translittération de la décision si elle ne peut agir sans une telle traduction ou translittération.

SOUS-SECTION 3 *Certificat*

Art. 36 *Délivrance du certificat.* 1. La juridiction d'un État membre d'origine notifiée à la Commission en vertu de l'article 103 délivre, à la demande d'une partie, un certificat concernant :

a) une décision en matière matrimoniale au moyen du formulaire figurant à l'annexe II ;

b) une décision en matière de responsabilité parentale au moyen du formulaire figurant à l'annexe III ;

c) une décision ordonnant le retour d'un enfant telle que visée à l'article 2, paragraphe 1, point a), et, le cas échéant, toute mesure provisoire ou conservatoire ordonnée conformément à l'article 27, paragraphe 5, accompagnant la décision, au moyen du formulaire figurant à l'annexe IV.

2. Le certificat est rempli et délivré dans la langue de la décision. Il peut aussi être délivré dans une autre langue officielle des institutions de l'Union européenne demandée par une partie. Cela ne crée pas d'obligation pour la juridiction délivrant le certificat de fournir une traduction ou une translittération du contenu traduisible des champs de texte libre.

3. La délivrance d'un certificat n'est par ailleurs susceptible d'aucun recours.

Art. 37 *Rectification du certificat.* 1. La juridiction d'un État membre d'origine notifiée à la Commission en vertu de l'article 103 rectifie le certificat sur demande, ou peut le rectifier d'office, lorsque, en raison d'une erreur matérielle ou d'une omission, il existe une divergence entre la décision à exécuter et le certificat.

2. Le droit de l'État membre d'origine s'applique à la procédure de rectification du certificat.

SOUS-SECTION 4 *Refus de reconnaissance et d'exécution*

Art. 38 *Motifs de refus de reconnaissance des décisions en matière matrimoniale.* La reconnaissance d'une décision rendue en matière de divorce, de séparation de corps ou d'annulation du mariage est refusée :

a) si la reconnaissance est manifestement contraire à l'ordre public de l'État membre dans lequel la reconnaissance est invoquée ;

b) si l'acte introductif d'instance ou un acte équivalent n'a pas été signifié ou notifié au défendeur défaillant en temps utile et de telle manière qu'il puisse pourvoir à sa défense, à moins qu'il ne soit établi que le défendeur a accepté la décision de manière non équivoque ;

c) si la décision est inconciliable avec une décision rendue dans une instance opposant les mêmes parties dans l'État membre dans lequel la reconnaissance est invoquée ; ou

d) si la décision est inconciliable avec une décision rendue antérieurement dans un autre État membre ou dans un État tiers dans une affaire opposant les mêmes parties, dès lors que cette première décision réunit les conditions nécessaires à sa reconnaissance dans l'État membre dans lequel la reconnaissance est invoquée.

Art. 39 *Motifs de refus de reconnaissance des décisions en matière de responsabilité parentale.* 1. La reconnaissance d'une décision rendue en matière de responsabilité parentale est refusée :

a) si la reconnaissance est manifestement contraire à l'ordre public de l'État membre dans lequel la reconnaissance est invoquée, eu égard à l'intérêt supérieur de l'enfant ;

b) si, lorsque la décision a été rendue par défaut, l'acte introductif d'instance ou un acte équivalent n'a pas été signifié ou notifié à la personne défaillante en temps utile et de telle manière que celle-ci puisse pourvoir à sa défense, à moins qu'il ne soit établi que cette personne a accepté la décision de manière non équivoque ;

c) à la demande de toute personne faisant valoir que la décision fait obstacle à l'exercice de sa responsabilité parentale, si la décision a été rendue sans que cette personne ait eu la possibilité d'être entendue ;

d) si et dans la mesure où la décision est inconciliable avec une décision rendue ultérieurement en matière de respon- sabilité parentale dans l'État membre dans lequel la reconnaissance est invoquée ;

e) si et dans la mesure où la décision est inconciliable avec une décision rendue ultérieurement en matière de respon- sabilité parentale dans un autre État membre ou dans l'État tiers où l'enfant réside habituellement, dès lors que la décision ultérieure réunit les conditions nécessaires à sa reconnaissance dans l'État dans lequel la reconnaissance est invoquée ; ou

f) si la procédure prévue à l'article 82 n'a pas été respectée.

2. La reconnaissance d'une décision en matière de responsabilité parentale peut être refusée si ladite décision a été rendue sans que l'enfant qui est capable de discernement n'ait eu la possibilité d'exprimer son opinion conformément à l'article 21, sauf :

a) si la procédure ne portait que sur les biens de l'enfant et pour autant qu'il n'était pas requis de donner cette possibilité compte tenu de l'objet de la procédure ; ou

b) s'il existait des motifs sérieux d'agir ainsi compte tenu notamment de l'urgence de l'affaire.

Art. 40 *Procédure de refus de reconnaissance.* 1. Les procédures prévues aux articles 59 à 62 et, le cas échéant, la section 5 du présent chapitre et le chapitre VI s'appliquent *mutatis mutandis* à une demande de refus de reconnaissance.

2. La compétence territoriale de la juridiction notifiée par chaque État membre à la Commission en vertu de l'article 103 est déterminée par la loi de l'État membre dans lequel la procédure de non-reconnaissance est engagée.

Art. 41 *Motifs de refus d'exécution des décisions en matière de responsabilité parentale.* Sans préjudice de l'article 56, paragraphe 6, l'exécution d'une décision en matière de responsabilité parentale est refusée lorsque l'existence de l'un des motifs de refus de reconnaissance visés à l'article 39 est constatée.

SECTION 2 *Reconnaissance et exécution de certaines décisions privilégiées*

Art. 42 *Champ d'application.* 1. La présente section s'applique aux types suivants de décisions si elles ont été certifiées dans l'État membre d'origine conformément à l'article 47 :

a) les décisions accordant un droit de visite ; et

b) les décisions rendues en vertu de l'article 29, paragraphe 6, dans la mesure où elles impliquent le retour de l'enfant.

2. La présente section n'empêche pas une partie de demander la reconnaissance et l'exécution d'une décision visée au paragraphe 1 conformément aux dispositions relatives à la reconnaissance et à l'exécution prévues à la section 1 du présent chapitre.

SOUS-SECTION 1 *Reconnaissance*

Art. 43 *Reconnaissance.* 1. Une décision visée à l'article 42, paragraphe 1, rendue dans un État membre est reconnue dans les autres États membres sans qu'il soit nécessaire de recourir à aucune procédure et sans qu'il soit possible de s'opposer à sa reconnaissance, sauf si et dans la mesure où il est constaté que la décision est déclarée inconciliable avec une décision ultérieure au sens de l'article 50.

2. La partie qui souhaite invoquer, dans un État membre, une décision visée à l'article 42, paragraphe 1, rendue dans un autre État membre produit les documents suivants :

a) une copie de la décision réunissant les conditions nécessaires pour en établir l'authenticité ; et

b) le certificat approprié délivré conformément à l'article 47.

3. L'article 31, paragraphes 2 et 3, s'applique en conséquence.

Art. 44 *Suspension de la procédure.* La juridiction devant laquelle une décision visée à l'article 42, paragraphe 1, rendue dans un autre État membre est invoquée peut suspendre la procédure, en tout ou en partie, lorsque :

a) une demande a été soumise alléguant le caractère inconciliable de ladite décision avec une décision ultérieure visée à l'article 50 ; ou

b) la personne contre laquelle l'exécution est demandée a demandé, conformément à l'article 48, l'annulation d'un certificat délivré conformément à l'article 47.

SOUS-SECTION 2 *Force exécutoire et exécution*

Art. 45 *Décisions exécutoires.* 1. Les décisions visées à l'article 42, paragraphe 1, rendues dans un État membre, qui y sont exécutoires, sont exécutoires au titre de la présente section dans les autres États membres sans qu'une déclaration constatant leur force exécutoire ne soit nécessaire.

2. Aux fins de l'exécution dans un autre État membre d'une décision visée à l'article 42, paragraphe 1, point a), les juridictions de l'État membre d'origine peuvent déclarer la décision exécutoire par provision, nonobstant un éventuel recours.

Art. 46 *Documents à produire aux fins de l'exécution.* 1. Aux fins de l'exécution dans un État membre d'une décision visée à l'article 42, paragraphe 1, rendue dans un autre État membre, la partie qui demande l'exécution communique à l'autorité compétente chargée de l'exécution :

a) une copie de la décision réunissant les conditions nécessaires pour en établir l'authenticité ; et

b) le certificat approprié délivré conformément à l'article 47.

2. Aux fins de l'exécution dans un État membre d'une décision visée à l'article 42, paragraphe 1, point a), rendue dans un autre État membre, l'autorité compétente chargée de l'exécution peut, au besoin, exiger que le demandeur fournisse, conformément à l'article 91, une traduction ou une translittération du contenu traduisible des champs de texte libre du certificat qui précise l'obligation à exécuter.

3. Aux fins de l'exécution dans un État membre d'une décision visée à l'article 42, paragraphe 1, rendue dans un autre État membre, l'autorité compétente chargée de l'exécution peut exiger que le demandeur fournisse, conformément à l'article 91, une traduction ou une translittération de la décision si elle ne peut agir sans une telle traduction ou translittération.

SOUS-SECTION 3 *Certificat pour décisions privilégiées*

Art. 47 *Délivrance du certificat.* 1. La juridiction qui a rendu une décision telle que visée à l'article 42, paragraphe 1, délivre, à la demande d'une partie, un certificat concernant :

a) une décision accordant un droit de visite au moyen du formulaire figurant à l'annexe V ;

b) une décision au fond en matière de droit de garde impliquant le retour d'un enfant et rendue en vertu de l'article 29, paragraphe 6, au moyen du formulaire figurant à l'annexe VI.

2. Le certificat est rempli et délivré dans la langue de la décision. Il peut aussi être délivré dans une autre langue officielle des institutions de l'Union européenne demandée par une partie. Cela ne crée pas d'obligation pour la juridiction délivrant le certificat de fournir une traduction ou une translittération du contenu traduisible des champs de texte libre.

3. La juridiction délivre le certificat uniquement si les conditions suivantes sont remplies :

a) toutes les parties concernées ont eu la possibilité d'être entendues ;

b) l'enfant a eu la possibilité d'exprimer son opinion conformément à l'article 21 ;

c) lorsque la décision a été rendue par défaut :

i) si l'acte introductif d'instance ou un acte équivalent a été signifié ou notifié à la personne défaillante en temps utile et de telle manière que celle-ci puisse pourvoir à sa défense ; ou

ii) s'il est établi que cette personne a accepté la décision de manière non équivoque.

4. Sans préjudice du paragraphe 3 du présent article, le certificat concernant une décision visée à l'article 42, para- graphe 1, point b), du présent règlement est délivré uniquement si la juridiction a rendu sa décision en tenant compte des motifs et faits sur la base desquels la décision antérieure avait été rendue dans un autre État membre en application de l'article 13, premier alinéa, point b), ou deuxième alinéa, de la convention de La Haye de 1980.

5. Le certificat ne produit ses effets que dans les limites du caractère exécutoire de la décision.

6. La délivrance d'un certificat n'est susceptible d'aucun recours autre que ceux prévus à l'article 48.

Art. 48 *Rectification et annulation du certificat.* 1. La juridiction de l'État membre d'origine notifiée à la Commission en vertu de l'article 103 rectifie le certificat sur demande, ou peut le rectifier d'office, lorsque, en raison d'une erreur matérielle ou d'une omission, il existe une divergence entre la décision et le certificat.

2. La juridiction visée au paragraphe 1 du présent article, sur demande ou d'office, annule le certificat s'il a été délivré indûment, eu égard aux exigences fixées à l'article 47. L'article 49 s'applique en conséquence.

3. La procédure de rectification ou d'annulation du certificat, y compris un éventuel recours, est régie par le droit de l'État membre d'origine.

Art. 49 *Certificats indiquant la suspension ou la limitation de la force exécutoire.* 1. Lorsque et dans la mesure où une décision certifiée conformément à l'article 47 a cessé d'être exécutoire ou que son caractère exécutoire a été suspendu ou limité, un certificat indiquant la suspension ou la limitation de la force exécutoire est délivré, sur demande adressée à tout moment à la juridiction de l'État membre d'origine notifiée à la Commission en vertu de l'article 103, au moyen du formulaire type figurant à l'annexe VII.

2. Le certificat est rempli et délivré dans la langue de la décision. Il peut aussi être délivré dans une autre langue officielle des institutions de l'Union européenne demandée par une partie. Cela ne crée pas d'obligation pour la juridiction délivrant le certificat de fournir une traduction ou une translittération du contenu traduisible des champs de texte libre.

SOUS-SECTION 4 *Refus de reconnaissance et d'exécution*

Art. 50 *Décisions inconciliables.* La reconnaissance et l'exécution d'une décision visée à l'article 42, paragraphe 1, est refusée si et dans la mesure où la décision est inconciliable avec une décision en matière de responsabilité parentale rendue ultérieurement à l'égard du même enfant :

a) dans l'État membre dans lequel la reconnaissance est invoquée ; ou

b) dans un autre État membre ou dans l'État tiers où l'enfant réside habituellement, dès lors que la décision ultérieure réunit les conditions nécessaires à sa reconnaissance dans l'État membre dans lequel la reconnaissance est invoquée.

SECTION 3 *Dispositions communes relatives à l'exécution*

SOUS-SECTION 1 *Exécution*

Art. 51 *Procédure d'exécution.* 1. Sous réserve des dispositions de la présente section, la procédure d'exécution des décisions rendues dans un autre État membre est régie par le droit de l'État membre d'exécution. Sans préjudice des articles 41, 50, 56 et 57, une décision rendue dans un État membre qui est exécutoire dans l'État membre d'origine est exécutée dans l'État membre d'exécution dans les mêmes conditions qu'une décision rendue dans ce dernier.

2. La partie qui demande l'exécution d'une décision rendue dans un autre État membre n'est pas tenue d'avoir une adresse postale dans l'État membre d'exécution. Elle n'est tenue d'avoir un représentant autorisé dans l'État membre d'exécution que si cette représentation est obligatoire en vertu du droit de cet État membre indépendamment de la nationalité des parties.

Art. 52 *Autorités compétentes en matière d'exécution.* La demande d'exécution est présentée à l'autorité compétente en matière d'exécution selon le droit de l'État membre d'exécution telle qu'elle a été notifiée par cet État membre à la Commission en vertu de l'article 103.

Art. 53 *Exécution partielle.* 1. Une partie qui demande l'exécution d'une décision peut demander l'exécution partielle de cette décision.

2. Lorsque la décision rendue porte sur plusieurs points et que l'exécution a été refusée pour une ou plusieurs d'entre eux, l'exécution est néanmoins possible pour les parties de la décision non concernées par le refus.

3. Les paragraphes 1 et 2 du présent article ne sont pas appliqués pour exécuter une décision ordonnant le retour d'un enfant sans que soit également exécutée toute mesure provisoire ou conservatoire ordonnée en vue de protéger l'enfant contre le risque visé à l'article 13, premier alinéa, point b), de la convention de La Haye de 1980.

Art. 54 *Modalités de l'exercice du droit de visite.* 1. Les autorités compétentes en matière d'exécution ou les juridictions de l'État membre d'exécution peuvent arrêter les modalités pour organiser l'exercice du droit de visite, si les modalités nécessaires n'ont pas été prévues ou ne l'ont pas été suffisamment dans la décision rendue par les juridictions de l'État membre compétentes pour connaître du fond, et pour autant que les éléments essentiels de ladite décision soient respectés.

2. Les modalités arrêtées conformément au paragraphe 1 cessent d'être applicables à la suite d'une décision ultérieure rendue par les juridictions de l'État membre compétentes pour connaître du fond.

Art. 55 *Notification ou signification du certificat et de la décision.* 1. Lorsque l'exécution d'une décision rendue dans un autre État membre est demandée, le certificat approprié délivré conformément à l'article 36 ou 47 est notifié ou signifié, avant la première mesure d'exécution, à la personne contre laquelle l'exécution est demandée. Le certificat est accompagné de la décision si celle-ci n'a pas déjà été notifiée ou signifiée à la personne concernée et, le cas échéant, par le détail des modalités visées à l'article 54, paragraphe 1.

2. Lorsque la notification ou signification doit être effectuée dans un État membre autre que l'État membre d'origine, la personne contre laquelle l'exécution est demandée peut demander une traduction ou une translittération des documents suivants :

a) la décision, afin d'en contester l'exécution,

b) le cas échéant, le contenu traduisible des champs de texte libre du certificat délivré conformément à l'article 47, si la décision n'est pas rédigée ou accompagnée d'une traduction ou d'une translittération dans une langue qu'elle comprend ou dans la langue officielle de l'État membre dans lequel elle a sa résidence habituelle ou, si l'État membre en question compte plusieurs langues officielles, dans la langue officielle ou l'une des langues officielles du lieu où elle a sa résidence habituelle.

3. Lorsqu'une traduction ou une translittération est demandée au titre du paragraphe 2, aucune mesure d'exécution autre qu'une mesure conservatoire ne peut être prise jusqu'à ce que cette traduction ou translittération ait été fournie à la personne contre laquelle l'exécution est demandée.

4. Les paragraphes 2 et 3 ne s'appliquent pas dans la mesure où la décision et, le cas échéant, le certificat visé au paragraphe 1 ont déjà été notifiés ou signifiés à la personne contre laquelle l'exécution est demandée conformément aux exigences en matière de traduction ou de translittération prévues au paragraphe 2.

SOUS-SECTION 2 *Suspension de la procédure d'exécution et refus d'exécution*

Art. 56 *Suspension et refus.* 1. L'autorité compétente en matière d'exécution ou la juridiction de l'État membre d'exécution, suspend la procédure d'exécution, d'office ou à la demande de la personne contre laquelle l'exécution est demandée ou, si le droit national le prévoit, à la demande de l'enfant concerné, si le caractère exécutoire de la décision est suspendu dans l'État membre d'origine.

2. L'autorité compétente en matière d'exécution ou la juridiction de l'État membre d'exécution peut, à la demande de la personne contre laquelle l'exécution est demandée ou, si le droit national le prévoit, à la demande de l'enfant concerné, suspendre,

intégralement ou partiellement, la procédure d'exécution pour l'une des raisons suivantes :

a) la décision fait l'objet d'un recours ordinaire dans l'État membre d'origine ;

b) le délai pour former un recours ordinaire visé au point a) n'est pas encore expiré ;

c) une demande de refus d'exécution fondée sur l'article 41, 50 ou 57 a été présentée ;

d) la personne à l'encontre de laquelle l'exécution est demandée a demandé, conformément à l'article 48, l'annulation d'un certificat délivré conformément à l'article 47.

3. Lorsque l'autorité compétente en matière d'exécution ou la juridiction suspend la procédure pour la raison mentionnée au paragraphe 2, point b), elle peut impartir un délai pour introduire un recours.

4. Dans des cas exceptionnels, l'autorité compétente en matière d'exécution ou la juridiction peut, à la demande de la personne contre laquelle l'exécution est demandée ou, si le droit national le prévoit, à la demande de l'enfant concerné ou de toute partie intéressée agissant dans l'intérêt supérieur de l'enfant, suspendre la procédure d'exécution si l'exécution risque d'exposer l'enfant à un grave danger physique ou psychique du fait d'empêchements temporaires qui sont apparus après que la décision a été rendue ou de tout autre changement de circonstances significatif.

L'exécution reprend dès que le grave danger physique ou psychique cesse d'exister.

5. Dans les cas visés au paragraphe 4, l'autorité compétente en matière d'exécution ou la juridiction, avant de refuser l'exécution en vertu du paragraphe 6, prend toute mesure appropriée pour faciliter l'exécution conformément aux législations et procédures nationales et à l'intérêt supérieur de l'enfant.

6. Lorsque le danger visé au paragraphe 4 revêt un caractère durable, l'autorité compétente en matière d'exécution ou la juridiction peut, sur demande, refuser l'exécution de la décision.

Art. 57 *Motifs de suspension ou de refus de l'exécution prévus par le droit national.* Les motifs de suspension ou de refus de l'exécution prévus par le droit de l'État membre d'exécution s'appliquent pour autant qu'ils ne soient pas incompatibles avec l'application des articles 41, 50 et 56.

Art. 58 *Compétence des autorités ou juridictions compétentes en matière de refus d'exécution.* 1. La demande de refus d'exécution fondée sur l'article 39 est présentée à la juridiction notifiée par chaque État membre à la Commission en vertu de l'article 103. La demande de refus d'exécution fondée sur d'autres motifs prévus ou autorisés par le présent règlement est présentée à l'autorité ou à la juridiction notifiée par chaque État membre à la Commission en vertu de l'article 103.

2. La compétence territoriale de l'autorité ou de la juridiction notifiée par chaque État membre à la Commission en vertu de l'article 103 est déterminée par la loi de l'État membre dans lequel la procédure est engagée conformément au paragraphe 1 du présent article.

Art. 59 *Demande de refus d'exécution.* 1. La procédure applicable pour présenter une demande de refus d'exécution, dans la mesure où elle n'est pas régie par le présent règlement, relève de la loi de l'État membre d'exécution.

2. Le demandeur fournit à l'autorité compétente chargée de l'exécution ou à la juridiction une copie de la décision et, le cas échéant et dans la mesure du possible, le certificat approprié délivré conformément à l'article 36 ou 47.

3. L'autorité compétente chargée de l'exécution ou la juridiction peut, au besoin, exiger que le demandeur fournisse, conformément à l'article 91, une traduction ou une translittération du contenu traduisible des champs de texte libre du certificat approprié délivré conformément à l'article 36 ou 47 qui précise l'obligation à exécuter.

4. Si l'autorité compétente chargée de l'exécution ou la juridiction est incapable d'agir sans une traduction ou une translittération de la décision, elle peut exiger que le demandeur lui en fournisse une, conformément à l'article 91.

5. L'autorité compétente chargée de l'exécution ou la juridiction peut dispenser le demandeur de la production des documents visés au paragraphe 2 :

i) s'ils sont déjà en sa possession, ou

ii) si elle estime qu'il n'est pas raisonnable d'exiger que le demandeur les fournisse.

Dans le cas visé au point b) du premier alinéa, l'autorité compétente chargée de l'exécution ou la juridiction peut exiger que l'autre partie les fournisse.

6. La partie qui demande le refus d'exécution d'une décision rendue dans un autre État membre n'est pas tenue d'avoir une adresse postale dans l'État membre d'exécution. Elle n'est tenue d'avoir un représentant autorisé dans l'État membre d'exécution que si cette représentation est obligatoire en vertu du droit de cet État membre indépendamment de la nationalité des parties.

Art. 60 *Procédures rapides.* L'autorité compétente en matière d'exécution ou la juridiction agit sans retard indu dans les procédures relatives à la demande de refus d'exécution.

Art. 61 *Contestation ou recours.* 1. Chaque partie peut contester ou former un recours contre une décision relative à la demande de refus d'exécution.

2. La contestation ou le recours est porté devant l'autorité ou la juridiction notifiée par l'État membre d'exécution à la Commission en vertu de l'article 81 comme étant l'autorité ou la juridiction devant laquelle cette contestation ou ce recours doit être porté.

Art. 62 *Nouvelle contestation ou nouveau recours.* Une décision rendue sur la contestation ou le recours ne peut faire l'objet d'une nouvelle contestation ou d'un nouveau recours que si les juridictions devant lesquelles la nouvelle contestation ou le nouveau recours doit être porté ont été notifiées par l'État membre concerné à la Commission en vertu de l'article 103.

Art. 63 *Suspension de la procédure.* 1. L'autorité compétente en matière d'exécution ou la juridiction saisie d'une demande de refus d'exécution ou qui statue sur un recours formé au titre de l'article 61 ou 62 peut suspendre la procédure pour l'une des raisons suivantes :

a) la décision fait l'objet d'un recours ordinaire dans l'État membre d'origine ;

b) le délai pour former un recours ordinaire visé au point a) n'est pas encore expiré ; ou

c) la personne à l'encontre de laquelle l'exécution est demandée a demandé, conformément à l'article 48, l'annulation d'un certificat délivré conformément à l'article 47.

2. Lorsque l'autorité compétente en matière d'exécution ou la juridiction suspend la procédure pour la raison mentionnée au paragraphe 1, point b), elle peut impartir un délai pour la formation du recours.

SECTION 4 *Actes authentiques et accords*

Art. 64 *Champ d'application.* La présente section s'applique en matière de divorce, de séparation de corps et de responsabilité parentale aux actes authentiques qui ont été dressés ou enregistrés formellement dans un État membre dont les juridictions sont compétentes au titre du chapitre II et aux accords qui y ont été enregistrés.

Art. 65 *Reconnaissance et exécution des actes authentiques et des accords.* 1. Les actes authentiques et les accords relatifs à la séparation de corps et au divorce qui ont un effet juridique contraignant dans l'État membre d'origine sont reconnus dans les autres États membres sans qu'il soit nécessaire de recourir à aucune procédure. La section 1 du présent chapitre s'applique en conséquence, sauf dispositions contraires de la présente section.

2. Les actes authentiques et les accords en matière de responsabilité parentale qui ont un effet juridique contraignant et qui sont exécutoires dans l'État membre d'origine sont reconnus et exécutés dans les autres États membres sans qu'une déclaration constatant leur force exécutoire ne soit nécessaire. Les sections 1 et 3 du présent chapitre s'appliquent en conséquence, sauf dispositions contraires de la présente section.

Art. 66 *Certificat.* 1. La juridiction ou l'autorité compétente d'un État membre d'origine telle qu'elle a été notifiée à la Commission en vertu de l'article 103 délivre, à la demande d'une partie, un certificat concernant un acte authentique ou un accord :

a) en matière matrimoniale au moyen du formulaire figurant à l'annexe VIII ;

b) en matière de responsabilité parentale au moyen du formulaire figurant à l'annexe IX.

Le certificat visé au point b) comprend un résumé de l'obligation exécutoire figurant dans l'acte authentique ou l'accord.

2. Le certificat peut être délivré uniquement si les conditions suivantes sont remplies :

a) l'État membre qui a habilité l'autorité publique ou une autre autorité à dresser ou enregistrer l'acte authentique ou à enregistrer l'accord est celui dont les juridictions sont compétentes au titre du chapitre II, et

b) l'acte authentique ou l'accord a un effet juridique contraignant dans cet État membre.

3. Nonobstant le paragraphe 2, en matière de responsabilité parentale, le certificat ne peut pas être délivré si des éléments indiquent que le contenu de l'acte authentique ou de l'accord est contraire à l'intérêt supérieur de l'enfant.

4. Le certificat est rempli dans la langue de l'acte authentique ou de l'accord. Il peut aussi être délivré dans une autre langue officielle des institutions de l'Union européenne demandée par une partie. Cela ne crée pas d'obligation pour la juridiction ou l'autorité compétente délivrant le certificat de fournir une traduction ou une translittération du contenu traduisible des champs de texte libre.

5. A défaut de production du certificat, l'acte authentique ou un accord n'est ni reconnu ni exécuté dans un autre État membre.

Art. 67 *Rectification et annulation du certificat.* 1. La juridiction ou l'autorité compétente de l'État membre d'origine notifiée à la Commission en vertu de l'article 103 rectifie le certificat sur demande, ou peut le rectifier d'office, lorsque, en raison d'une erreur matérielle ou d'une omission, il existe une divergence entre l'acte authentique ou l'accord et le certificat.

2. La juridiction ou l'autorité compétente visée au paragraphe 1 du présent article, sur demande ou d'office, annule le certificat s'il a été délivré indûment, eu égard aux exigences fixées à l'article 66.

3. La procédure de rectification ou d'annulation du certificat, y compris un éventuel recours, est régie par le droit de l'État membre d'origine.

Art. 68 *Motifs de refus de reconnaissance ou d'exécution.* 1. La reconnaissance d'un acte authentique ou d'un accord concernant la séparation de corps ou le divorce est refusée si :

a) la reconnaissance est manifestement contraire à l'ordre public de l'État membre dans lequel la reconnaissance est invoquée ;

b) l'acte authentique ou l'accord est inconciliable avec une décision, un acte authentique ou un accord concernant les mêmes parties dans l'État membre dans lequel la reconnaissance est invoquée ; ou

c) l'acte authentique ou l'accord est inconciliable avec une décision, un acte authentique ou un accord antérieur établi dans un autre État membre ou dans un État tiers et concernant les mêmes parties, dès lors que cette première décision, ce premier acte authentique ou ce premier accord réunit les conditions nécessaires à sa reconnaissance dans l'État membre dans lequel la reconnaissance est invoquée.

2. La reconnaissance ou l'exécution d'un acte authentique ou d'un accord en matière de responsabilité parentale est refusée :

a) si la reconnaissance est manifestement contraire à l'ordre public de l'État membre dans lequel la reconnaissance est invoquée, eu égard à l'intérêt supérieur de l'enfant ;

b) à la demande de toute personne faisant valoir que l'acte authentique ou l'accord fait obstacle à l'exercice de sa responsabilité parentale, si l'acte authentique a été dressé ou enregistré ou si l'accord a été conclu et enregistré sans intervention de cette personne ;

c) si et dans la mesure où l'acte authentique ou l'accord est inconciliable avec une décision, un acte authentique ou un accord ultérieur en matière de responsabilité parentale établi dans l'État membre dans lequel la reconnaissance est invoquée ou l'exécution est demandée ;

d) si et dans la mesure où l'acte authentique ou l'accord est inconciliable avec une décision, un acte authentique ou un accord ultérieur en matière de responsabilité parentale établi dans un autre État membre ou dans l'État tiers où l'enfant réside habituellement, dès lors que la décision, l'acte authentique ou l'accord ultérieur réunit les conditions nécessaires à sa reconnaissance dans l'État dans lequel la reconnaissance est invoquée ou l'exécution est demandée.

3. La reconnaissance ou l'exécution d'un acte authentique ou d'un accord en matière de responsabilité parentale peut être refusée si l'acte authentique a été dressé ou enregistré formellement ou l'accord a été enregistré sans que l'enfant qui est capable de discernement n'ait eu la possibilité d'exprimer son opinion.

SECTION 5 *Autres dispositions*

Art. 69 *Interdiction du contrôle de la compétence de la juridiction d'origine.* Il ne peut être procédé au contrôle de la compétence de la juridiction de l'État membre d'origine. Le critère de l'ordre public visé à l'article 38, point a), et à l'article 39, point a), ne peut être appliqué aux règles de compétence visées aux articles 3 à 14.

Art. 70 *Disparités entre les lois applicables.* La reconnaissance d'une décision en matière matrimoniale ne peut être refusée au motif que la loi de l'État membre dans lequel cette reconnaissance est invoquée ne permet pas le divorce, la séparation de corps ou l'annulation du mariage sur la base de faits identiques.

Art. 71 *Interdiction de la révision au fond.* En aucun cas une décision rendue dans un autre État membre ne peut faire l'objet d'une révision au fond.

Art. 72 *Recours dans certains États membres.* Lorsqu'une décision a été rendue en Irlande, à Chypre ou au Royaume-Uni, toute voie de recours prévue dans l'État membre d'origine est considérée comme un recours ordinaire aux fins de l'application du présent chapitre.

Art. 73 *Coûts.* Le présent chapitre s'applique également pour la fixation du montant des frais du procès au titre des procédures engagées en vertu du présent règlement et pour l'exécution de tout jugement concernant de tels frais.

Art. 74 *Assistance judiciaire.* 1. Le demandeur qui, dans l'État membre d'origine, a bénéficié en tout ou en partie de l'assistance judiciaire ou d'une exemption de frais et dépens bénéficie, dans la procédure prévue à l'article 30, paragraphe 3, et aux articles 40 et 59, de l'assistance la plus favorable ou de l'exemption la plus large prévue par le droit de l'État membre d'exécution.

2. Le demandeur qui, dans l'État membre d'origine, a bénéficié d'une procédure gratuite devant une autorité administrative notifiée à la Commission en vertu de l'article 103 a droit, dans le cadre de toute procédure prévue à l'article 30, paragraphe 3, et aux articles 40 et 59, à l'assistance judiciaire conformément au paragraphe 1 du présent article. A cet effet, cette partie produit un document établi par l'autorité compétente de l'État membre d'origine attestant qu'elle remplit les conditions économiques pour pouvoir bénéficier en tout ou en partie de l'assistance judiciaire ou d'une exemption de frais et dépens.

Art. 75 *Caution ou dépôt.* Aucune caution ni aucun dépôt, sous quelque dénomination que ce soit, ne peuvent être imposés à la partie qui demande l'exécution dans un État membre d'une décision rendue dans un autre État membre en raison de sa qualité d'étranger ou du défaut de résidence habituelle dans l'État membre d'exécution.

CHAPITRE V *COOPÉRATION EN MATIÈRE DE RESPONSABILITÉ PARENTALE*

Art. 76 *Désignation des autorités centrales.* Chaque État membre désigne une ou plusieurs autorités centrales chargées de l'assister dans l'application du présent règlement en matière de responsabilité parentale et en précise les attributions territoriales ou matérielles. Lorsqu'un État membre a désigné plusieurs autorités centrales, les communications sont en principe adressées directement à l'autorité centrale compétente. Si une communication est adressée à une autorité centrale non compétente, celle-ci la transmet à l'autorité centrale compétente et en informe l'expéditeur.

Art. 77 *Tâches générales des autorités centrales.* 1. Les autorités centrales communiquent des informations sur les législations, procédures et services disponibles au niveau national en matière de responsabilité parentale et prennent les mesures qu'elles jugent appropriées pour améliorer l'application du présent règlement.

2. Les autorités centrales coopèrent et encouragent la coopération entre les autorités compétentes dans leur État membre pour réaliser les objectifs du règlement.

3. Aux fins des paragraphes 1 et 2, il peut être fait usage du réseau judiciaire européen en matière civile et commer- ciale.

Art. 78 *Requêtes par l'intermédiaire des autorités centrales.* 1. Les autorités centrales, à la requête d'une autorité centrale d'un autre État membre, coopèrent dans des affaires déterminées pour réaliser les objectifs du présent règlement.

2. Les requêtes au titre du présent chapitre peuvent émaner d'une juridiction ou d'une autorité compétente. Les requêtes en application de l'article 79, points c) et g), et de l'article 80, paragraphe 1, point c), peuvent aussi émaner de titulaires de la responsabilité parentale.

3. Sauf cas urgents et sans préjudice de l'article 86, les requêtes au titre du présent chapitre sont adressées à l'autorité centrale de l'État membre de la juridiction ou de l'autorité compétente requérantes ou de l'État membre de résidence habituelle du demandeur.

4. Le présent article n'empêche pas les autorités centrales ou les autorités compétentes de conclure ou maintenir des accords ou arrangements avec des autorités centrales ou des autorités compétentes d'un ou de plusieurs autres États membres autorisant une communication directe dans leurs relations mutuelles.

5. Le présent chapitre n'empêche pas tout titulaire de la responsabilité parentale de s'adresser directement aux juri- dictions d'un autre État membre.

6. Les articles 79 et 80 n'imposent en aucun cas à une autorité centrale l'obligation d'exercer des attributions qui relèvent exclusivement des autorités judiciaires selon la loi de l'État membre requis.

Art. 79 *Tâches spécifiques des autorités centrales requises.* Les autorités centrales requises prennent, elles-mêmes ou par l'intermédiaire de juridictions, d'autorités compétentes ou d'autres organismes, toute mesure appropriée pour :

a) conformément aux législations et procédures nationales, aider à localiser un enfant lorsqu'il apparaît que celui-ci pourrait être présent sur le territoire de l'État membre requis et que cette information est nécessaire pour traiter une demande ou une requête en vertu du présent règlement ;

b) recueillir et échanger des informations pertinentes dans le cadre de procédures en matière de responsabilité parentale conformément à l'article 80 ;

c) fournir des informations et une assistance aux titulaires de la responsabilité parentale qui demandent la reconnaissance et l'exécution d'une décision sur le territoire de l'autorité centrale requise, en particulier en matière de droit de visite et de retour de l'enfant, y compris, le cas échéant, des informations sur les démarches à entreprendre pour bénéficier de l'assistance judiciaire ;

d) faciliter la communication entre les juridictions, les autorités compétentes et les autres organismes concernés, notam- ment pour l'application de l'article 81 ;

e) faciliter la communication entre les juridictions, s'il y a lieu, notamment pour l'application des articles 12, 13, 15 et 20 ;

f) fournir toute information et aide utiles pour l'application de l'article 82 par les juridictions et autorités compétentes ; et

g) faciliter la conclusion d'accords entre les titulaires de la responsabilité parentale en recourant à la médiation ou à d'autres modes alternatifs de règlement des litiges, et faciliter à cette fin la coopération transfrontalière.

Art. 80 *Coopération concernant la collecte et l'échange d'informations pertinentes dans le cadre de procédures en matière de responsabilité parentale.* 1. Sur requête motivée, l'autorité centrale de l'État membre dans lequel l'enfant a ou avait sa résidence habituelle ou dans lequel il est ou était présent, soit directement, soit par l'intermédiaire de juridictions, d'autorités compétentes ou d'autres organismes :

a) fournit un rapport, s'il est disponible, ou établit et fournit un rapport sur :

i) la situation de l'enfant,

ii) toute procédure en cours en matière de responsabilité parentale concernant l'enfant, ou

iii) les décisions prises en matière de responsabilité parentale concernant l'enfant ;

b) fournit toute autre information pertinente pour la procédure en matière de responsabilité parentale dans l'État membre requérant, notamment sur la situation d'un parent, d'un membre de la famille ou d'une autre personne qui pourrait être apte à s'occuper de l'enfant si la situation de l'enfant l'exige ; ou

c) peut demander à la juridiction ou à l'autorité compétente de son État membre d'examiner l'opportunité de prendre des mesures visant à protéger la personne ou les biens de l'enfant.

2. Dans tous les cas où l'enfant est exposé à un grave danger, si la juridiction ou l'autorité compétente qui envisage ou a pris des mesures de protection de l'enfant est informée que la résidence de l'enfant a été transférée dans un autre État membre ou que l'enfant est présent dans un autre État membre, elle informe les juridictions ou autorités compétentes de cet autre État membre du danger qui existe et des mesures envisagées ou prises. Ces informations peuvent être transmises directement ou par l'intermédiaire des autorités centrales.

3. Les requêtes visées aux paragraphes 1 et 2 et tout document supplémentaire sont assortis d'une traduction dans la langue officielle de l'État membre requis ou, si l'État membre en question compte plusieurs langues officielles, dans la langue officielle ou l'une des langues officielles du lieu où la requête doit être traitée, ou dans toute autre langue que l'État membre requis a expressément indiqué accepter. Les États membres notifient leur acceptation à la Commission conformément à l'article 103.

4. Sauf si cela se révèle impossible en raison de circonstances exceptionnelles, les informations visées au paragraphe 1 sont transmises à l'autorité centrale requérante trois mois au plus tard après la réception de la requête.

Art. 81 *Mise en œuvre de décisions en matière de responsabilité parentale dans un autre État membre.* 1. Une juridiction d'un État membre peut demander aux juridictions ou autorités compétentes d'un autre État membre de prêter leur assistance à la mise en œuvre de décisions en matière de responsabilité parentale rendues en application du présent règlement, en particulier pour assurer l'exercice effectif d'un droit de visite.

2. La requête visée au paragraphe 1 et tout document supplémentaire sont assortis d'une traduction dans la langue officielle de l'État membre requis ou, si l'État membre en question compte plusieurs langues officielles, dans la langue officielle ou l'une des langues officielles du lieu où la requête doit être traitée, ou dans toute autre langue que l'État membre requis a expressément indiqué accepter. Les États membres notifient leur acceptation à la Commission conformément à l'article 103.

Art. 82 *Placement de l'enfant dans un autre État membre.* 1. Lorsqu'une juridiction ou une autorité compétente envisage le placement d'un enfant dans un autre État membre, elle obtient au préalable l'approbation de l'autorité compétente de cet autre État membre. A cet effet, l'autorité centrale de l'État membre requérant transmet à l'autorité centrale de l'État membre requis dans lequel l'enfant doit être placé une requête en approbation comprenant un rapport sur l'enfant ainsi que les motifs de sa proposition de placement ou de prise en charge, des informations sur tout financement envisagé et toute autre information qu'elle juge pertinente, telle que la durée prévue du placement.

2. Le paragraphe 1 ne s'applique pas lorsque l'enfant doit être placé auprès d'un parent.

Les États membres peuvent décider que leur approbation en vertu du paragraphe 1 n'est pas requis pour le placement sur leur territoire auprès de certaines catégories de membres proches de la famille outre les parents. Ces catégories sont notifiées à la Commission en vertu de l'article 103.

3. L'autorité centrale d'un autre État membre peut informer une juridiction ou une autorité compétente qui envisage le placement d'un enfant de l'existence d'un lien étroit entre l'enfant et cet État membre. Cela ne porte pas atteinte aux législations et procédures nationales de l'État membre qui envisage le placement.

4. La requête et tout document supplémentaire visé au paragraphe 1 sont assortis d'une traduction dans la langue officielle de l'État membre requis ou, si l'État membre en question compte plusieurs langues officielles, dans la langue officielle ou l'une des langues officielles du lieu où la requête doit être traitée, ou dans toute autre langue

que l'État membre requis a expressément indiqué accepter. Les États membres notifient leur acceptation à la Commission confor- mément à l'article 103.

5. Le placement visé au paragraphe 1 n'est ordonné ou organisé par l'État membre requérant qu'après que l'autorité compétente de l'État membre requis a approuvé ce placement.

6. Sauf si cela se révèle impossible en raison de circonstances exceptionnelles, la décision d'approbation ou de non-approbation est transmise à l'autorité centrale requérante trois mois au plus tard après la réception de la requête.

7. Les modalités d'obtention de l'approbation sont régies par le droit national de l'État membre requis.

8. Le présent article n'empêche pas les autorités centrales ou les autorités compétentes de conclure ou maintenir des accords ou arrangements avec des autorités centrales ou des autorités compétentes d'un ou de plusieurs autres États membres simplifiant la procédure de consultation pour l'obtention de l'approbation dans leurs relations mutuelles.

Art. 83 *Frais des autorités centrales.* 1. L'assistance dispensée par les autorités centrales en vertu du présent règlement est gratuite.

2. Chaque autorité centrale prend en charge ses propres frais découlant de l'application du présent règlement.

Art. 84 *Réunions des autorités centrales.* 1. Les autorités centrales, pour faciliter l'application du présent règlement, sont réunies régulièrement.

2. La convocation des réunions des autorités centrales, en particulier par la Commission, s'effectue dans le cadre du réseau judiciaire européen en matière civile et commerciale conformément à la décision 2001/470/CE.

CHAPITRE VI *DISPOSITIONS GÉNÉRALES*

Art. 85 *Champ d'application.* Le présent chapitre s'applique au traitement des demandes et requêtes en vertu des chapitres III et V.

Art. 86 *Coopération et communication entre juridictions.* 1. Aux fins du présent règlement, les juridictions peuvent coopérer et communiquer directement entre elles ou se demander directement des informations, à condition que cette communication respecte les droits procéduraux des parties à la procédure et la confidentialité des informations.

2. La coopération visée au paragraphe 1 peut être mise en œuvre par tout moyen que la juridiction estime approprié. Elle peut notamment concerner :

a) la communication aux fins des articles 12 et 13 ;
b) les informations conformément à l'article 15 ;
c) les informations sur les procédures pendantes aux fins de l'article 20 ;
d) la communication aux fins des chapitres III à V.

Art. 87 *Collecte et transmission d'informations.* 1. L'autorité centrale requise transmet à la juridiction ou à l'autorité compétente de son État membre ou à un intermédiaire, selon ce que prévoient les législations et procédures nationales, toute demande ou requête ou les infor- mations qui y sont contenues concernant la responsabilité parentale ou l'enlèvement international d'enfants, selon le cas, en application du présent règlement.

2. Tout intermédiaire, toute juridiction ou toute autorité compétente auquel ou à laquelle les informations visées au paragraphe 1 ont été transmises en application du présent règlement ne peut les utiliser qu'aux fins du présent règlement.

3. L'intermédiaire, la juridiction ou l'autorité compétente qui, au sein de l'État membre requis, détient les informations requises pour donner suite à une demande ou à une requête en vertu du présent règlement, ou qui est compétente pour collecter ces informations, les fournit à l'autorité centrale requise, à sa demande, dans les cas où cette dernière n'a pas accès directement aux informations.

4. L'autorité centrale requise transmet au besoin les informations obtenues en vertu du présent article à l'autorité centrale requérante, conformément aux législations et procédures nationales.

Art. 88 *Notification à la personne concernée.* Lorsque la notification risque de porter préjudice au traitement efficace de la requête ou de la demande présentée en vertu du présent règlement pour laquelle les informations ont été transmises, l'obligation de notification à la personne concernée énoncée à l'article 14, paragraphes 1 à 4, du règlement (UE) 2016/679 peut être différée jusqu'à ce que la requête ou la demande ait été traitée.

Art. 89 *Non-divulgation des informations.* 1. Une autorité centrale, une juridiction ou une autorité compétente ne divulgue pas ni ne confirme des informations collectées ou transmises aux fins des chapitres III à VI si elle considère que cela pourrait compromettre la santé, la sécurité ou la liberté de l'enfant ou d'une autre personne.

2. Une décision en ce sens prononcée dans un État membre est prise en considération par les autorités centrales, les juridictions et les autorités compétentes des autres États membres, en particulier en cas de violence familiale.

3. Le présent article n'empêche en aucun cas la collecte et la transmission d'informations par et entre les autorités centrales, les juridictions et les autorités compétentes dans la mesure où cela est nécessaire pour satisfaire aux obligations prévues aux chapitres III à VI.

Art. 90 *Légalisation ou formalité analogue.* Aucune légalisation ni formalité analogue n'est exigée dans le contexte du présent règlement.

Art. 91 *Langues.* 1. Sans préjudice de l'article 55, paragraphe 2, point a), lorsqu'une traduction ou une translittération est exigée en vertu du présent règlement, celle-ci est effectuée dans la langue officielle de l'État membre concerné ou, si celui-ci a plusieurs langues officielles, dans la langue officielle ou l'une des langues officielles de la procédure judiciaire du lieu où la décision rendue dans un autre État membre est invoquée ou la demande présentée, conformément au droit de cet État membre.

2. Les traductions ou les translittérations du contenu traduisible des champs de texte libre des certificats visés aux articles 29, 36, 47, 49 et 66 peuvent être effectuées dans toute autre langue officielle des institutions de l'Union européenne que l'État membre concerné a indiqué pouvoir accepter conformément à l'article 103.

3. Les États membres notifient à la Commission la ou les langues officielles des institutions de l'Union européenne autres que leur(s) propre(s) langue(s) dans lesquelles les communications peuvent être adressées aux autorités centrales.

4. Toute traduction requise aux fins des chapitres III et IV est faite par une personne habilitée à effectuer des traductions dans l'un des États membres.

CHAPITRE VII *ACTES DÉLÉGUÉS*

Art. 92 *Modification des annexes.* La Commission est habilitée à adopter des actes délégués conformément à l'article 71 concernant la modification des annexes I à IX afin de mettre celles-ci à jour ou d'y apporter des modifications techniques.

Art. 93 *Exercice de la délégation.* 1. Le pouvoir d'adopter des actes délégués conféré à la Commission est soumis aux conditions fixées au présent article.

2. Le pouvoir d'adopter les actes délégués visés à l'article 92 est conféré à la Commission pour une durée indéterminée à compter du 22 juillet 2019.

3. La délégation de pouvoir visée à l'article 92 peut être révoquée à tout moment par le Conseil. La décision de révocation met fin à la délégation de pouvoir qui y est précisée. La révocation prend effet le jour suivant celui de la publication de ladite décision au *Journal officiel de l'Union européenne* ou à une date ultérieure qui est précisée dans ladite décision. Elle ne porte pas atteinte à la validité des actes délégués déjà en vigueur.

4. Avant l'adoption d'un acte délégué, la Commission consulte les experts désignés par chaque État membre, conformément aux principes définis dans l'accord interinstitutionnel du 13 avril 2016 "Mieux légiférer".

5. Aussitôt qu'elle adopte un acte délégué, la Commission le notifie au Conseil.

6. Un acte délégué adopté en vertu de l'article 92 n'entre en vigueur que si le Conseil n'a pas exprimé d'objections dans un délai de deux mois à compter de la notification de cet acte au Conseil ou si, avant l'expiration de ce délai, le Conseil a

informé la Commission de son intention de ne pas exprimer d'objections. Ce délai est prolongé de deux mois à l'initiative du Conseil.

7. Le Parlement européen est informé de l'adoption des actes délégués par la Commission, de toute objection formulée à leur égard, ou de la révocation de la délégation de pouvoir par le Conseil.

CHAPITRE VIII *RELATIONS AVEC D'AUTRES INSTRUMENTS*

Art. 94 *Relations avec d'autres instruments.* 1. Sans préjudice des dispositions du paragraphe 2 du présent article et des articles 95 à 100, le présent règlement remplace, pour les États membres, les conventions existant au moment de l'entrée en vigueur du règlement (CE) n° 2201/2003 qui ont été conclues entre deux ou plusieurs États membres et qui portent sur des matières réglées par le présent règlement.

2. Conformément à l'article 59, paragraphe 2, du règlement (CE) n° 2201/2003 et sous réserve des conditions prévues aux points b) et c) de cette disposition, la Finlande et la Suède ont eu la faculté de déclarer que la convention du 6 février 1931 entre le Danemark, la Finlande, l'Islande, la Norvège et la Suède comprenant des dispositions de droit international privé sur le mariage, l'adoption et la garde des enfants ainsi que son protocole final s'appliquent en tout ou en partie, dans leurs relations mutuelles, en lieu et place des règles dudit règlement. Leurs déclarations respectives ont été publiées au *Journal officiel de l'Union européenne* en tant qu'annexe au règlement (CE) n° 2201/2003. Lesdits États membres peuvent y renoncer, en tout ou en partie, à tout moment.

3. Dans tout accord à conclure entre les États membres visés au paragraphe 2, portant sur des matières réglées par le présent règlement, les règles de compétence sont alignées sur celles prévues par le présent règlement.

4. Le principe de la non-discrimination en raison de la nationalité entre citoyens de l'Union européenne est respecté.

5. Les décisions rendues dans l'un des États nordiques qui a fait la déclaration visée au paragraphe 2 en vertu d'un chef de compétence qui correspond à l'un de ceux prévus au chapitre II sont reconnues et exécutées dans les autres États membres conformément aux règles prévues au chapitre IV, section 1.

6. Les États membres communiquent à la Commission :

a) une copie des accords et des lois uniformes les mettant en œuvre visés au paragraphe 3 ;

b) toute dénonciation ou modification de ces accords ou de ces lois uniformes visés aux paragraphes 2 et 3.

Ces informations sont publiées au *Journal officiel de l'Union européenne.*

Art. 95 *Relations avec certaines conventions multilatérales.* Dans les relations entre les États membres, le présent règlement prévaut sur les conventions suivantes dans la mesure où elles concernent des matières réglées par le présent règlement :

a) convention de La Haye du 5 octobre 1961 concernant la compétence des autorités et la loi applicable en matière de protection des mineurs ;

b) convention de Luxembourg du 8 septembre 1967 sur la reconnaissance des décisions relatives au lien conjugal ;

c) convention de La Haye du 1er juin 1970 sur la reconnaissance des divorces et des séparations de corps ;

d) convention européenne du 20 mai 1980 sur la reconnaissance et l'exécution des décisions en matière de garde des enfants et le rétablissement de la garde des enfants.

Art. 96 *Relations avec la convention de La Haye de 1980.* Lorsqu'un enfant a été déplacé illicitement ou est retenu illicitement dans un État membre autre que l'État membre dans lequel il avait sa résidence habituelle immédiatement avant son déplacement ou son non-retour illicites, les dispositions de la convention de La Haye de 1980 continuent de s'appliquer, telles qu'elles sont complétées par les dispositions des chapitres III et VI du présent règlement. Lorsqu'une décision ordonnant le retour d'un enfant en application de la convention de La Haye de 1980 qui a été rendue dans un État membre doit être reconnue et exécutée dans un autre État membre à la suite d'un nouveau déplacement ou non-retour illicites de l'enfant, le chapitre IV s'applique.

Art. 97 *Relations avec la convention de La Haye de 1996.* 1. Dans les relations avec la convention de La Haye de 1996, le présent règlement s'applique :

a) sous réserve du paragraphe 2 du présent article, lorsque l'enfant concerné a sa résidence habituelle sur le territoire d'un État membre ;

b) en ce qui concerne la reconnaissance et l'exécution, sur le territoire d'un État membre, d'une décision rendue par une juridiction d'un autre État membre, même si l'enfant concerné a sa résidence habituelle sur le territoire d'un État qui est partie contractante à ladite convention et dans lequel le présent règlement ne s'applique pas.

2. Nonobstant le paragraphe 1,

a) lorsque les parties se sont accordées sur la compétence d'une juridiction d'un État partie à la convention de La Haye de 1996 dans lequel le présent règlement ne s'applique pas, l'article 10 de ladite convention s'applique ;

b) en ce qui concerne le transfert de compétence entre une juridiction d'un État membre et une juridiction d'un État partie à la convention de La Haye de 1996 dans lequel le présent règlement ne s'applique pas, les articles 8 et 9 de ladite convention s'appliquent ;

c) lorsque, au moment où une juridiction d'un État membre est saisie d'une procédure concernant le même enfant et ayant le même objet et la même cause, une procédure relative à la responsabilité parentale est pendante devant une juridiction d'un État partie à la convention de La Haye de 1996 dans lequel le présent règlement ne s'applique pas, l'article 13 de ladite convention s'applique.

Art. 98 *Étendue des effets.* 1. Les accords et conventions visés aux articles 94 à 97 continuent à produire leurs effets dans les matières non réglées par le présent règlement.

2. Les conventions visées aux articles 95 à 97 du présent règlement, notamment les conventions de La Haye de 1980 et de 1996, continuent à produire leurs effets entre les États membres qui en sont parties contractantes, dans le respect des articles 95 à 97 du présent règlement.

Art. 99 *Traités conclus avec le Saint-Siège.* 1. Le présent règlement est applicable sans préjudice du traité international (concordat) conclu entre le Saint-Siège et le Portugal, signé au Vatican le 18 mai 2004.

2. Toute décision relative à l'invalidité d'un mariage rendue en vertu du traité visé au paragraphe 1 est reconnue dans les États membres dans les conditions prévues au chapitre IV, section 1, sous-section 1.

3. Les dispositions des paragraphes 1 et 2 s'appliquent également aux traités internationaux ci-après conclus avec le Saint-Siège :

a) "Concordato lateranense" du 11 février 1929 entre l'Italie et le Saint-Siège, modifié par l'accord et son protocole additionnel signés à Rome le 18 février 1984 ;

b) accord du 3 janvier 1979 entre le Saint-Siège et l'Espagne sur des questions juridiques ;

c) accord entre le Saint-Siège et Malte sur la reconnaissance d'effets civils aux mariages canoniques et aux décisions rendues par les autorités et juridictions ecclésiastiques sur lesdits mariages du 3 février 1993, y compris le protocole d'application de la même date, et son troisième protocole additionnel du 27 janvier 2014.

4. En Espagne, en Italie ou à Malte, la reconnaissance des décisions prévue au paragraphe 2 peut être soumise aux mêmes procédures et contrôles que ceux qui sont applicables aux décisions rendues par les juridictions ecclésiastiques conformément aux traités internationaux conclus avec le Saint-Siège et visés au paragraphe 3.

5. Les États membres communiquent à la Commission :

a) une copie des traités visés aux paragraphes 1 et 3 ;

b) toute dénonciation ou modification de ces traités.

CHAPITRE IX *DISPOSITIONS FINALES*

Art. 100 *Dispositions transitoires.* 1. Le présent règlement n'est applicable qu'aux actions judiciaires intentées, aux actes authentiques dressés ou enregistrés et aux accords enregistrés le ou après le 1er août 2022.

2. Le règlement (CE) n° 2201/2003 continue de s'appliquer aux décisions rendues à la suite d'actions judiciaires intentées, aux actes authentiques dressés ou enregistrés et aux accords devenus exécutoires dans l'État membre dans lequel ils ont été conclus avant le 1er août 2022 et qui relèvent du champ d'application dudit règlement.

Art. 101 *Suivi et évaluation.* 1. Au plus tard le 2 août 2032, la Commission présente au Parlement européen, au Conseil et au Comité économique et social européen un rapport relatif à l'évaluation ex post du présent règlement, étayé par des informations fournies par les États membres et accompagné au besoin d'une proposition législative.

2. A partir du 2 août 2025, les États membres fournissent à la Commission, sur demande, dans la mesure où elles sont disponibles, des informations utiles pour l'évaluation du fonctionnement et de l'application du présent règlement concernant :

a) le nombre de décisions en matière matrimoniale ou en matière de responsabilité parentale pour lesquelles la compé- tence a été tirée des règles fixées dans le présent règlement ;

b) en ce qui concerne les demandes d'exécution d'une décision telle que visée à l'article 28, paragraphe 1, le nombre de cas dans lesquels l'exécution n'a pas eu lieu dans les six semaines suivant le moment où la procédure d'exécution a été engagée ;

c) le nombre de demandes de refus de reconnaissance d'une décision visées à l'article 40 et le nombre de cas dans lesquels le refus de reconnaissance a été accordé ;

d) le nombre de demandes de refus d'exécution d'une décision en vertu de l'article 58 et le nombre de cas dans lesquels le refus d'exécution a été accordé ;

e) le nombre de recours formés en vertu de l'article 61, d'une part, et à l'article 62, d'autre part.

Art. 102 *États membres ayant deux systèmes juridiques ou plus.* Au regard d'un État membre dans lequel deux systèmes de droit ou ensembles de règles ayant trait aux questions régies par le présent règlement ou plus s'appliquent dans des unités territoriales différentes :

a) toute référence à la résidence habituelle dans cet État membre vise la résidence habituelle dans une unité territoriale ;

b) toute référence à la nationalité vise l'unité territoriale désignée par la loi de cet État ;

c) toute référence à l'autorité d'un État membre vise l'autorité de l'unité territoriale concernée au sein de cet État membre ;

d) toute référence aux règles de l'État membre requis vise les règles de l'unité territoriale dans laquelle la compétence, la reconnaissance ou l'exécution sont invoquées.

Art. 103 *Informations à notifier à la Commission.* 1. Les États membres notifient à la Commission les éléments suivants :

a) toute autorité visée à l'article 2, paragraphe 2, point 2) b) et point 3), et à l'article 74, paragraphe 2 ;

b) les juridictions et autorités compétentes pour délivrer les certificats visées à l'article 36, paragraphe 1 et à l'article 66, ainsi que les juridictions compétentes pour rectifier les certificats visées à l'article 37, paragraphe 1, à l'article 48, paragraphe 1, à l'article 49, et à l'article 66, paragraphe 3, en liaison avec l'article 37, paragraphe 1 ;

c) les juridictions visées à l'article 30, paragraphe 3, à l'article 52, à l'article 40, paragraphe 1, à l'article 58, paragraphe 1, et à l'article 62, ainsi que les autorités et les juridictions visées à l'article 61, paragraphe 2 ;

d) les autorités compétentes en matière d'exécution visées à l'article 52 ;

e) les voies de recours visées aux articles 61 et 62 ;

f) les noms, adresses et moyens de communication des autorités centrales désignées conformément à l'article 76 ;

g) les catégories de membres proches de la famille visées à l'article 82, paragraphe 2, le cas échéant ;

h) les langues acceptées pour les communications adressées aux autorités centrales conformément à l'article 91, paragraphe 3 ;

i) les langues acceptées pour les traductions conformément à l'article 80, paragraphe 3, à l'article 81, paragraphe 2, à l'article 82, paragraphe 2, et à l'article 91, paragraphe 2.

2. Les États membres notifient les informations visées au paragraphe 1 à la Commission au plus tard le 23 avril 2021.

3. Les États membres notifient à la Commission toute modification apportée aux informations visées au paragraphe 1.

4. La Commission met les informations visées au paragraphe 1 à la disposition du public par des moyens appropriés, y compris le portail européen e-Justice.

Art. 104 *Abrogation.* 1. Sous réserve de l'article 100, paragraphe 2, du présent règlement, le règlement (CE) n° 2201/2003 est abrogé à compter du 1er août 2022.

2. Les références au règlement abrogé s'entendent comme faites au présent règlement et sont à lire selon le tableau de correspondance figurant à l'annexe X.

Art. 105 *Entrée en vigueur.* 1. Le présent règlement entre en vigueur le vingtième jour suivant celui de sa publication au *Journal officiel de l'Union européenne.*

2. Le présent règlement est applicable à partir du 1er août 2022, à l'exception des articles 92, 93 et 103, qui s'appliquent à compter du 22 juillet 2019.

Le présent règlement est obligatoire dans tous ses éléments et directement applicable dans les États membres conformément aux traités.

Circulaire JUSC2315953C du 4 juillet 2023,

De présentation, d'une part, du règlement (UE) 2019/1111 du Conseil du 25 juin 2019 relatif à la compétence, la reconnaissance et l'exécution des décisions en matière matrimoniale et en matière de responsabilité parentale, ainsi qu'à l'enlèvement international d'enfants (refonte) dit "Bruxelles II bis refonte" et, d'autre part, des dispositions du décret n° 2023-25 du 23 janvier 2023 pris notamment pour l'application de ce règlement (décret pris pour l'application de règlements européens en matière familiale, d'obtention des preuves et de signification ou notification des actes et portant diverses dispositions relatives au divorce, aux sûretés et à la légalisation et l'apostille).

FICHE 1 LE CHAMP D'APPLICATION ET LES DÉFINITIONS

I *Le champ d'application*

1 *Le champ d'application matériel*

Les matières couvertes sont énoncées à l'article 1er du règlement.

Le règlement s'applique aux matières civiles relatives :

– au divorce, à la séparation de corps et à l'annulation du mariage des époux ;

– à l'attribution, à l'exercice, à la délégation, au retrait total ou partiel de la responsabilité parentale, en ce compris :

- le droit de garde et le droit de visite ;
- la tutelle, la curatelle et les institutions analogues ;
- la désignation et les fonctions de toute personne ou organisme chargé de s'occuper de la personne ou des biens d'un enfant, de le représenter ou de l'assister ;
- le placement d'un enfant dans une famille d'accueil ou dans un établissement ;
- les mesures de protection d'un enfant liées à l'administration, à la conservation ou à la disposition de ses biens.

L'article 1er exclut par ailleurs, de manière expresse, les matières suivantes :

– l'établissement et la contestation de la filiation ;

– la décision sur l'adoption et les mesures qui la préparent, ainsi que l'annulation et la révocation de l'adoption ;

– les noms et prénoms d'un enfant ;

– l'émancipation ;

– les obligations alimentaires ;

– les trusts et successions ;

– les mesures de protection prises à la suite d'infractions pénales commises par des enfants.

2 *Le champ d'application temporel*

Le règlement est applicable aux actions judiciaires intentées, aux actes authentiques dressés ou enregistrés et aux accords enregistrés à compter du 1er août 2022 (art. 100, § 1).

S'agissant de la reconnaissance et de l'exécution des décisions, le règlement "Bruxelles II *bis*" continue de s'appliquer à toutes les décisions rendues à la suite d'actions judiciaires intentées avant le 1er août 2022 (art. 100, § 2). Si l'action judiciaire a été introduite avant cette date, le règlement "Bruxelles II *bis*" devra donc être appliqué, quand bien même la décision aurait été rendue après le 1er août 2022.

3 *Le champ d'application territorial*

Le règlement s'applique à tous les États membres de l'Union européenne, à l'exception du Danemark. Celui-ci n'est donc pas considéré comme un État membre au sens du règlement, ce qui n'empêche pas que le règlement puisse s'appliquer à un citoyen danois *[V., à ce sujet, 1a fiche 2]*.

En France, le règlement est applicable au territoire métropolitain, à la Guadeloupe, à la Guyane française, à la Martinique, à la Réunion, à Saint-Martin et à Mayotte. Il ne s'applique pas à la Nouvelle-Calédonie, à la Polynésie française, à Wallis-et-Futuna, à Saint-Pierre-et-Miquelon, à Saint-Barthélemy, ni aux Terres australes et antarctiques françaises.

II *Les définitions*

Les notions clés du règlement sont définies à l'article 2.

Notamment, la notion de "décision" vise toute décision rendue dans un État membre en matière de divorce, de séparation de corps, d'annulation d'un mariage ou de responsabilité parentale, y compris un arrêt, un jugement ou une ordonnance (art. 2, §1). Elle vise également les décisions rendues dans un État membre et ordonnant le retour d'un enfant dans un autre État membre, en application de la convention de La Haye de 1980, ainsi que les mesures provisoires ou conservatoires ordonnées par une juridiction compétente au fond ou compétente sur le fondement de l'article 27, §5 du règlement (art. 2, §1, a) et b)). Il s'agit là d'une innovation du règlement par rapport à son prédécesseur, laquelle a pour conséquence que les décisions de retour et les mesures provisoires ou conservatoires bénéficient du même régime de circulation que les autres décisions relevant du champ d'application du règlement *[Voir, à ce sujet, la fiche 5]*.

Par ailleurs, il convient de préciser que la notion de "responsabilité parentale" est plus large que la notion française d'autorité parentale puisqu'elle recouvre l'ensemble des droits et obligations relatifs à la personne ou aux biens d'un enfant conférés à une personne physique ou une personne morale sur la base d'une décision, d'une attribution de plein droit ou d'un accord en vigueur, y compris le droit de garde et le droit de visite (art. 2, §2, 7)).

La notion de "droit de garde", qui n'existe plus en droit français, correspond aux droits et obligations portant sur les soins de la personne d'un enfant, et en particulier le droit de décider de son lieu de résidence (art. 2, §2, 9)).

La notion de "droit de visite" correspond quant à elle au droit d'emmener l'enfant pour une période limitée dans un lieu autre que celui de sa résidence habituelle (art. 2, §2, 10)). Elle correspond ainsi au "droit de visite et d'hébergement" français.

FICHE 2 LES RÈGLES DE COMPÉTENCE

I *Les règles de compétence en matière matrimoniale*

1 *La compétence générale*

En matière de divorce, de séparation de corps et d'annulation du mariage, l'article 3 du règlement prévoit plusieurs chefs de compétence.

Sont à cet égard compétentes les juridictions de l'État membre :

– de la résidence habituelle des époux (art. 3, a), i)) ;
– de la dernière résidence habituelle des époux dans la mesure où l'un d'eux y réside encore (art. 3, a), ii)) ;
– de la résidence habituelle du défendeur (art. 3, a), iii)) ;
– en cas de demande conjointe, de la résidence habituelle de l'un ou l'autre époux (art. 3, a), iv)) ;
– de la résidence habituelle du demandeur s'il y a résidé depuis au moins une année immédiatement avant l'introduction de la demande (art. 3, a), v)) ;
– de la résidence habituelle du demandeur s'il y a résidé depuis au moins six mois immédiatement avant l'introduction de la demande et s'il est ressortissant de l'État membre en question (art. 3, a), vi)) ;
– de la nationalité des époux (art. 3, b)).

Ces chefs de compétence sont "alternatifs", en ce sens qu'ils ne sont soumis à aucune hiérarchie. Sur le fondement de l'article 3, les juridictions françaises pourraient en effet être saisies en tant que juridictions de la résidence habituelle des époux, tandis que les juridictions d'un autre État membre pourraient être saisies en tant que juridictions de la nationalité des deux époux. Dans cette hypothèse, le conflit de juridictions serait alors réglé par l'application des règles de litispendance figurant à l'article 20 du règlement.

2 *La compétence résiduelle*

Lorsqu'aucune juridiction d'un État membre n'est compétente en vertu de l'article 3, l'article 6 renvoie à l'application des règles nationales de chaque État membre (art. 6, §1).

En France, ce renvoi mène d'abord à l'application des règles "ordinaires" de compétence et, partant, compte tenu de la matière concernée, à l'article 1070 du code de procédure civile.

Si l'article 1070 ne permet d'attribuer compétence à aucune juridiction française, le renvoi mène ensuite à l'application des règles "exorbitantes" de compétence : les articles 14 et 15 du code civil. L'article 14 permet en effet à tout Français d'attraire un étranger devant une juridiction française, tandis que l'article 15 permet à tout étranger d'attraire un Français devant une juridiction française.

Le renvoi à ces règles nationales ne peut toutefois être utilisé pour attraire un époux qui réside dans un État membre ou qui a la nationalité d'un État membre (art. 6, §2). Par exemple, un Français ne peut donc pas attraire un Suisse résidant habituellement en Allemagne devant une juridiction française sur le fondement de l'article 14 du code civil.

II *Les règles de compétence en matière de responsabilité parentale*

1 *La compétence générale*

En matière de responsabilité parentale, le règlement attribue compétence aux juridictions de l'État membre de la résidente habituelle de l'enfant, au moment où la juridiction est saisie (art. 7, §1).

Afin de localiser la résidence habituelle de l'enfant, il convient de se référer à la jurisprudence de la Cour de justice de l'Union européenne rendue, notamment, sur le fondement de l'article 8 du règlement "Bruxelles II *bis*" *[Voir, par exemple, les arrêts suivants : CJCE, 2 avr. 2009, C-523/07 ; CJUE, 22 déc. 2010, C-497/10 ; CJUE, 28 juin 2018, C-512/17]*.

2 *Le maintien de la compétence en ce qui concerne le droit de visite*

Le règlement prévoit que lorsqu'un enfant déménage légalement d'un État membre dans un autre, les juridictions de l'État membre de l'ancienne résidence habituelle de l'enfant restent compétentes pendant les trois mois qui suivent le déménagement pour modifier une décision rendue, dans cet État membre, en matière de droit de visite (art. 8, §1) *[Voir, pour la détermination du point de départ du délai de trois mois : CJUE, 27 avr. 2023, aff. C-372/22]*. Si la demande ne concerne pas la modification d'une telle décision, l'article 8 ne peut donc pas être appliqué.

Il convient de préciser que la compétence n'est maintenue qu'à la double condition que la personne à laquelle le droit de visite a été accordé par la décision :

(1) réside encore dans l'État membre de l'aricienne résidence habituelle de l'enfant ; et

(2) n'ait pas tacitement accepté la compétence des juridictions de l'État membre de la nouvelle résidence habituelle de l'enfant en participant à une procédure devant ces juridictions, sans en contester la compétence.

3 *La compétence en cas d'enlèvement international d'enfants*

L'article 9 du règlement énonce que les juridictions de l'État membre de la résidence habituelle de l'enfant avant son déplacement ou son non-retour restent compétentes pour statuer, postérieurement à ce déplacement ou ce non-retour, sur la responsabilité parentale.

Cette règle ne s'applique pas lorsque l'enfant a acquis sa résidence habituelle dans l'État membre requis — l'État dans lequel il a été illicitement déplacé ou retenu — **et** que les titulaires du droit de garde ont acquiescé à ce déplacement ou non-retour (art. 9, a)).

La règle ne s'appliquera pas non plus si l'enfant a acquis sa résidence habituelle dans l'État membre requis, y a résidé pendant au moins une année après que les titulaires du droit de garde ont eu ou auraient dû avoir connaissance du lieu où l'enfant se trouvait, s'est intégré dans son nouvel environnement (art. 9, b)) et que l'une au moins des conditions suivantes est remplie :

— aucune demande de retour n'a été introduite, dans l'État membre requis, dans un délai d'un an après que le titulaire du droit de garde a eu ou aurait dû avoir connaissance du lieu où se trouvait l'enfant (art. 9, b), i)) ;

— une demande de retour a été introduite puis retirée et aucune nouvelle demande n'a été introduite dans le délai d'un an susvisé (art. 9, b), ii)) ;

— une demande de retour a été rejetée par une juridiction d'un État membre pour des motifs autres que ceux visés à l'article 13, alinéa 1er, b) et à l'article 13, alinéa 2 de la convention de La Haye de 1980 et cette décision n'est pas susceptible d'un recours ordinaire (art. 9, b), iii)) ;

— aucune juridiction n'a été saisie conformément à l'article 29§3 et à l'article 29§5, dans l'État membre de la résidence habituelle de l'enfant avant son déplacement ou son non-retour (art. 9, b), iv)) ;

— une décision sur le droit de garde n'impliquant pas le retour de l'enfant a été rendue par les juridictions de l'État membre de la résidence habituelle de l'enfant avant son déplacement ou son non-retour (art. 9, b), v)).

4 *La possibilité de choisir la juridiction compétente*

Le règlement consacre l'autonomie de la volonté et permet aux parties d'attribuer compétence à la juridiction d'un État membre de leur choix pour statuer sur la responsabilité parentale (art. 10).

Plusieurs conditions doivent néanmoins être réunies.

D'une part, il faut que l'enfant ait un lien étroit avec l'État membre concerné du fait que :

— au moins un des titulaires de la responsabilité parentale y a sa résidence habituelle (art. 10, §1, a), i)) ;

— l'État membre concerné est l'ancienne résidence habituelle de l'enfant (art. 10, §1, a), ii)) ; ou

— l'enfant est ressortissant de l'État membre concerné (art. 10, §1, a), iii)).

D'autre part, il faut que les parties :

— se soient accordées sur la compétence de la juridiction désignée au plus tard au moment où elle a été saisie (art. 10, §1, b), i)) ; ou

— aient expressément accepté la compétence de la juridiction désignée pendant la procédure et que celle-ci se soit assurée que les parties avaient été informées de leur droit de ne pas accepter sa compétence (art. 10, §1, b), ii)).

La convention relative au choix de la juridiction doit à cet égard être conclue par écrit, datée et signée par les parties ou incluse dans les pièces de procédure (art. 10, §2).

Enfin, il faut que la compétence de la juridiction désignée s'exerce dans l'intérêt supérieur de l'enfant (art. 10, §1, b), iii)).

Sauf si les parties en conviennent autrement, la compétence de la juridiction désignée cessera lorsque sa décision ne sera plus susceptible de recours ordinaire, ou lorsqu'il aura été mis fin à la procédure pour une autre raison (art. 10§3).

En cas d'enlèvement international d'enfants, et sous réserve que les conditions précitées soient réunies, cette disposition permet aux parties à une procédure de retour d'attribuer compétence aux juridictions de l'État membre requis – l'État dans lequel l'enfant a été illicitement déplacé ou retenu – pour statuer sur la responsabilité parentale.

5 *Le transfert de compétence*

L'article 12 du règlement permet à la juridiction d'un État membre qui est compétente pour statuer sur le fond de l'affaire de transférer sa compétence à une juridiction d'un autre État membre qu'elle considère mieux placée pour apprécier l'intérêt supérieur de l'enfant, du fait de son lien particulier avec celui-ci.

La juridiction du fond peut ainsi suspendre la procédure pendante devant elle et :

– impartir un délai pour qu'une ou plusieurs parties informent la juridiction considérée comme mieux placée de la procédure en cours et de la possibilité d'un transfert de compétence, et la saisissent (art. 12, §1, a)) ; ou

– demander à la juridiction considérée comme mieux placée de se déclarer compétente (art. 12, §1, b)).

Dans ce cas, la juridiction requise peut se déclarer compétente dans un délai de six semaines à compter de sa saisine par les parties, ou à compter de la demande de la juridiction du fond (art. 12, §2). Quelle que soit sa réponse, elle est tenue d'en informer la juridiction du fond.

A défaut pour la juridiction requise d'accepter sa compétence, la juridiction du fond reprend sa procédure dans un délai de sept semaines à compter de l'expiration du délai imparti aux parties pour saisir la juridiction requise, ou à compter de sa demande (art. 12, §3).

L'article 13 du règlement permet à une juridiction d'un État membre qui n'est pas compétente pour statuer sur le fond de l'affaire, mais qui s'estime mieux placée pour apprécier l'intérêt supérieur de l'enfant du fait de son lien particulier avec celui-ci, de demander à la juridiction de l'État membre de la résidence habituelle de l'enfant de lui transférer sa compétence.

La juridiction requise dispose ici d'un délai de six semaines pour accepter le transfert de compétence, ou le refuser. Si elle l'accepte, elle doit en informer la juridiction à l'origine de la demande, à défaut de quoi celle-ci ne pourra pas exercer la compétence (art. 13, §2).

Dans les deux hypothèses, un enfant est considéré comme ayant un lien particulier avec un État membre si :

– l'enfant a acquis sa résidence habituelle dans cet État membre, après la saisine de la juridiction d'origine ;

– l'enfant a résidé de manière habituelle dans cet État membre ;

– l'enfant est ressortissant de cet État membre ;

– l'un des titulaires de la responsabilité parentale a sa résidence habituelle dans cet État membre ; ou

– le litige porte sur des mesures de protection de l'enfant liées à l'administration, à la conservation où à la disposition de biens appartenant à l'enfant et qui se trouvent sur le territoire de cet État membre.

Il convient également de préciser qu'aux fins de transmission d'une demande, d'une acceptation ou d'un refus de transfert de compétence, les juridictions peuvent également communiquer par l'intermédiaire des autorités centrales (art. 79, e)). En France, les juridictions qui souhaitent demander un transfert de compétence à une juridiction d'un autre État membre peuvent donc adresser une demande à l'autorité centrale française au sens des articles 77 et 81 du règlement, dont les coordonnées sont les suivantes :

Ministère de la justice
Direction des affaires civiles et du sceau
Département de l'entraide, du droit international privé et européen (OEDIPE)
13, place Vendôme
75042 Paris Cedex 01
entraide-civile-internationale@justice.gouv.fr
014477 6105

6 La compétence résiduelle

Si aucune juridiction d'un État membre n'est compétente en vertu des articles 7 à 11 du règlement, son article 14 renvoie à l'application des règles nationales de chaque État membre (art. 14).

A l'instar du renvoi prévu à l'article 6, §1 du règlement *[Voir, à ce sujet, la fiche 2]*, ce renvoi mène à l'application distributive des articles 1070 du code de procédure civile et 14 et 15 du code civil.

Contrairement au renvoi de l'article 6, §1, le règlement n'interdit pas d'attraire un parent dans un autre État membre que celui de sa résidence habituelle ou de sa nationalité en cas de renvoi de l'article 14 aux règles nationales. Par exemple, un Français peut donc attraire un Suisse résidant habituellement en Allemagne devant une juridiction française sur le fondement de l'article 14 du code civil.

7 Les mesures provisoires et conservatoires en cas d'urgence

En cas d'urgence, le règlement permet à une juridiction d'un État membre qui n'est pas compétente pour statuer sur le fond de l'affaire de prendre des mesures provisoires ou conservatoires en ce qui concerne un enfant présent sur son territoire, ou des biens appartenant à un enfant et qui se trouvent sur son territoire (art. 15, §1).

Si la protection de l'intérêt supérieur de l'enfant l'exige, lorsqu'elle prend ces mesures, la juridiction est tenue d'en informer la juridiction de l'État membre qui est compétente pour statuer sur le fond de l'affaire en vertu du règlement, soit au moyen de communications judiciaires directes, soit par l'intermédiaire des autorités centrales (art. 15, §2).

Les mesures prises cessent d'avoir effet dès que la juridiction du fond a pris les mesures qu'elle estime appropriées (art. 15§3).

FICHE 3 L'AUDITION DE L'ENFANT

I L'audition de l'enfant dans le règlement "Bruxelles II bis refonte"

La présente fiche traite uniquement de l'audition de l'enfant dans le cadre des procédures en matière de responsabilité parentale, mais cette obligation concerne également la procédure de retour de l'enfant, au titre de la convention de La Haye de 1980, laquelle est présentée dans la fiche 4.

1 La consécration du droit de l'enfant à exprimer son opinion

Le règlement "Bruxelles II *bis* refonte" renforce le droit de l'enfant à exprimer son opinion.

D'abord, il rappelle au considérant 39 que la possibilité pour l'enfant d'exprimer son opinion librement, conformément à l'article 24 §1 de la Charte des droits fondamentaux de l'Union européenne et à l'article 12 de la Convention des Nations unies relative aux droits de l'enfant, joue un rôle important dans l'application du règlement.

Ensuite, il crée, en son article 21, des dispositions uniques consacrées à l'audition de l'enfant et uniformise le régime juridique applicable à cette audition. L'article 21 §1 du règlement "Bruxelles II *bis* refonte" impose ainsi aux juridictions des États membres qui statuent en matière de responsabilité parentale, de donner à l'enfant capable de discernement une possibilité réelle et effective d'exprimer son opinion, soit directement, soit par l'intermédiaire d'un représentant ou d'un organisme approprié, conformément aux législations et procédures nationales.

Ces dispositions s'appliquent en matière de responsabilité parentale *[Voir, à ce sujet, la fiche 1, II]*. Dans la mesure où il s'agit d'une notion plus large que la notion d'autorité parentale en droit français *[Voir, à ce sujet, la fiche 1, 1, 1]*, ces dispositions s'appliquent, en droit interne, à certaines procédures qui relèvent de la compétence du juge aux affaires familiales (autorité parentale et modalités d'exercice de celle-ci dont le droit de visite et d'hébergement, tutelle mineur) et du juge des enfants (assistance éducative).

L'obligation de donner à un enfant une possibilité réelle et effective d'exprimer une opinion n'est exigée qu'à l'égard des enfants capables de discernement. Le règlement ne fixe pas de seuil d'âge à partir duquel un enfant est considéré comme ayant le discernement suffisant pour être entendu.

L'évaluation de la capacité d'un enfant à être auditionné ne doit dépendre ni de sa demande à être entendu, ni de celle qui émane des titulaires de l'exercice de l'autorité parentale, du tuteur ou de la personne ou du service à qui il a été confié. Cette préconisation est conforme à l'article 338-4 du code de procédure civile qui permet de refuser d'auditionner un mineur qui le demande s'il n'est pas capable de discernement.

Le discernement de l'enfant n'implique pas la tenue d'une audition systématique. L'article 21 du règlement n'impose d'ailleurs pas au juge saisi de procéder à l'audition de l'enfant *[Consid. 39 in fine du règlement "Bruxelles II bis refonte". Pour la CJUE, le droit de l'enfant à être entendu n'exige pas qu'une audition devant le juge de l'État membre d'origine soit nécessairement tenue, mais impose que soient mises à la disposition de cet enfant les procédures et conditions légales permettant à celui-ci d'exprimer librement son opinion et que celle-ci soit recueillie par le juge (CJUE, 22 déc. 2010, Joseba Andoni Aguirre Zarraga c/ Simone Pelz)]*. La décision de procéder à une audition doit être évaluée au regard de l'intérêt supérieur de l'enfant *[Considérant 39 §2]*.

En revanche, l'article 21 précise qu'un enfant capable de discernement doit avoir une possibilité réelle et effective d'exprimer son opinion, soit directement, soit par l'intermédiaire d'un représentant ou d'un organisme approprié *[L'art. 388-1, al. 2, C. civ. prévoit d'ores et déjà la possibilité pour l'enfant d'être entendu seul ou avec un avocat ou une personne de son choix]*.

Aussi, le juge est tenu de prendre, en fonction de l'intérêt supérieur de l'enfant et eu égard aux circonstances de chaque cas d'espèce, toutes les mesures appropriées en vue de l'audition d'un enfant capable de discernement, afin de respecter l'effet utile de l'article 21.

Dans le cas où l'enfant capable de discernement est entendu, le juge doit prendre en compte l'opinion de l'enfant, eu égard à son âge et à son degré de maturité. Il n'est toutefois pas lié par le contenu de cette audition et prend une décision en fonction de l'intérêt supérieur de l'enfant. Il est recommandé de faire figurer dans la décision le raisonnement relatif à la prise en considération de l'opinion de l'enfant, en particulier lorsque ce raisonnement ne suit pas l'opinion exprimée par l'enfant.

Conformément à l'article 338-12 du code de procédure civile, l'audition du mineur fait l'objet d'un compte-rendu, élaboré dans le respect de l'intérêt de l'enfant et soumis au respect du contradictoire. Le respect du principe du contradictoire est apprécié de manière souple par la jurisprudence. La Cour de cassation énonce ainsi qu'un compte rendu oral, fait au cours de l'audience au fond, par le magistrat qui a entendu le mineur, respecte le principe de la contradiction *[Civ. 1re, 20 juin 2012, no 11-19.377]*. Lorsque la décision fait état du contenu de l'audition de l'enfant, elle ne saurait se fonder sur des éléments qui ne figurent pas dans ce compte-rendu, sauf à violer le principe du contradictoire qui constitue l'une des règles fondamentales de la procédure civile *[Rép. min. no 45529 - AN]*.

L'article 21 du règlement ne vise pas à harmoniser la procédure d'audition de l'enfant entre les États membres. Il laisse aux législations et procédures nationales de chaque État membre le soin de déterminer la personne compétente pour entendre l'enfant, ainsi que les modalités de cette audition.

Par conséquent, le règlement n'a pas pour objet de préciser si l'enfant doit être entendu par le juge en personne ou par un expert spécialement formé à cet effet qui en rend compte à la juridiction, ni si cette audition doit avoir lieu en salle d'audience ou dans un autre lieu *[Considérant 39]*.

En droit interne, le juge est, par principe, seul compétent pour entendre l'enfant mais peut, conformément à l'article 338-9 du code de procédure civile, désigner une tierce personne pour procéder à l'audition de l'enfant.

2 *La violation du droit de l'enfant à exprimer son opinion : motif de refus de reconnaissance ou d'exécution d'une décision, d'un acte authentique ou d'un accord*

2.1 *S'agissant des décisions en matière de responsabilité parentale*

Dans le cadre du "règlement Bruxelles II bis" (art. 23 b)), la reconnaissance d'une décision en matière de responsabilité parentale, sauf cas d'urgence, peut être refusée si cette décision a été rendue sans que l'enfant ait eu la possibilité d'être entendu conformément aux règles fondamentales de procédure de l'État membre dans lequel la reconnaissance de la décision est demandée.

Dans le cadre du règlement "Bruxelles II bis refonte", la reconnaissance (art. 39 §2) ou l'exécution (art. 41) d'une décision en matière de responsabilité parentale peut être refusée si cette décision a été rendue sans que l'enfant, capable de discernement, ait eu la possibilité d'exprimer son opinion conformément à l'article 21 du règlement, mais sans référence à la violation des règles fondamentales de procédure de l'État membre requis.

Ainsi, un État membre ne peut refuser de reconnaître ou d'exécuter une décision en matière de responsabilité parentale au seul motif que la juridiction de l'État membre qui a rendu la décision a utilisé, pour l'audition de l'enfant, une autre méthode que celle qu'utiliserait une juridiction dans l'État membre requis *[Considérant 57]*.

Désormais, les États membres peuvent seulement refuser de reconnaître ou d'exécuter une décision si l'État membre qui a rendu cette décision n'a pas respecté l'article 21 du règlement relatif à la possibilité pour un enfant capable de discernement d'exprimer son opinion.

Par exception à ce qui précède, la violation du droit de l'enfant à exprimer son opinion ne peut justifier le refus de reconnaissance ou d'exécution d'une décision en matière de responsabilité parentale :

– si la décision portait uniquement sur les biens de l'enfant, et pour autant qu'il n'était pas requis de donner cette possibilité à l'enfant compte tenu de l'objet de la procédure ;

– s'il existait des motifs sérieux de ne pas respecter l'article 21, compte tenu notamment de l'urgence de l'affaire (par exemple, lorsqu'il s'agit d'ordonner des mesures provisoires).

2.2 *S'agissant des actes authentiques et accords en matière de responsabilité parentale*

Le règlement "Bruxelles II *bis* refonte" introduit une nouvelle disposition qui permet de refuser la reconnaissance ou l'exécution d'un acte authentique ou d'un accord en matière de responsabilité parentale lorsqu'il a été dressé ou enregistré formellement sans que l'enfant capable de discernement n'ait eu la possibilité d'exprimer son opinion (art. 68 §3).

II *Les conséquences en droit interne*

1 *Sur les décisions de justice : modification de l'article 338-1 du code de procédure civile*

L'article 388-1 du code civil dispose que le mineur capable de discernement peut être entendu dans toutes les procédures le concernant, sans préjudice des dispositions prévoyant son intervention ou son consentement.

Cette audition est de droit lorsque le mineur capable de discernement en fait la demande, et le refus d'audition ne peut être fondé que sur son absence de discernement *[Civ. 1re, 18 mars 2015, no 14-11.392]* ou sur le fait que la procédure ne le concerne pas (art. 338-4 alinéa 1er du code de procédure civile). Lorsque la demande n'émane pas du mineur, l'audition peut également être refusée si le juge ne l'estime pas nécessaire à la solution du litige, ou si elle lui paraît contraire à l'intérêt de l'enfant *[Civ. 1re, 16 déc. 2015, no 15-10.442]* (art. 338-4 alinéa 2 du code de procédure civile).

Il appartient aux titulaires de l'exercice de l'autorité parentale, au tuteur ou, le cas échéant, à la personne ou le service à qui l'enfant a été confié, d'informer le mineur de son droit à être entendu (art. 338-1 alinéa 1er du code de procédure civile).

Afin qu'il soit pleinement satisfait à cette obligation, il appartient au juge de vérifier en cours de procédure que le mineur a été effectivement informé de son droit à être entendu (art. 388-1 alinéa 4 du code civil).

Le règlement "Bruxelles II bis refonte" n'impose pas au magistrat de recevoir l'enfant pour l'informer de ce droit. Aussi, le maintien à la charge des personnes qui s'occupent quotidiennement du mineur de leur obligation d'informer celui-ci de son droit à être entendu est conforme au règlement.

Toutefois, aucune disposition du droit interne n'imposait de faire figurer dans la décision ou au dossier la mention de l'information donnée au mineur de son droit à être entendu. Cette absence de formalisme ne permettait pas de s'assurer aisément qu'une possibilité réelle et effective d'exprimer son opinion lui avait été donnée lorsque celui-ci n'avait pas été auditionné.

Ce défaut de preuve était préjudiciable à la circulation des décisions françaises en matière de responsabilité parentale vers les autres États membres puisque la violation du droit de l'enfant capable de discernement à exprimer son opinion peut empêcher la reconnaissance et l'exécution des décisions entre les États membres.

Aussi, afin d'assurer le respect de l'obligation d'information du mineur capable de discernement de son droit à exprimer son opinion conformément au règlement, le décret n° 2023-25 du 23 janvier 2023 complète l'article 338-1 du code de procédure civile d'un dernier alinéa ainsi rédigé :

"Dans toute décision concernant un mineur capable de discernement, mention est faite que le ou les titulaires de l'exercice de l'autorité parentale, le tuteur ou, le cas échéant, la personne ou le service à qui il a été confié, se sont acquittés de leur obligation d'information prévue au premier alinéa."

Cette disposition concerne également les procédures qui ne présentent pas d'élément d'extranéité, dès lors que toute décision peut être ultérieurement amenée à circuler au sein de l'Union européenne.

Cette disposition est sans effet pour les procédures diligentées devant le juge des enfants puisque depuis la loi n° 2022-140 du 7 février 2022 relative à la protection des enfants, le juge des enfants *"doit systématiquement effectuer un entretien individuel avec l'enfant capable de discernement lors de son audience ou de son audition"* (art. 375-1 alinéa 3 du code civil).

L'introduction de cette nouvelle disposition en droit interne rend nécessaire l'adaptation des trames de décisions du juge aux affaires familiales statuant en matière d'autorité parentale et de tutelle d'un mineur.

Dans un souci d'harmonisation, il est proposé le modèle de dispositif suivant :

> **CONSTATE**, conformément à l'article 338-1 du code de procédure civile, que le(s) enfant(s) capable(s) de discernement a (ont) été informé(s) de son (leur) droit à être entendu(s) ;

Enfin, la preuve que le mineur capable de discernement a été informé de son droit à être entendu peut être rapportée par tous moyens.

2 *Sur les accords*

Un accord est, au sens de l'article 2, §2, 3) du règlement "Bruxelles II bis refonte", un acte qui n'est pas un acte authentique, qui a été conclu par les parties en matière matrimoniale ou en matière de responsabilité parentale, et enregistré par le notaire ou le greffe *[Notifications à la Commjssion européenne par la France en vertu de l'art. 103 du règlement]*.

Le respect du droit de l'enfant à exprimer son opinion a une incidence sur la reconnaissance et l'exécution des accords conclus en matière de responsabilité parentale puisque l'article 68 §3 du règlement "Bruxelles II bis refonte" permet de refuser la reconnaissance ou l'exécution d'un accord en matière de responsabilité parentale si

celui-ci a été enregistré sans que l'enfant capable de discernement n'a eu la possibilité d'exprimer son opinion.

2.1 *Absence d'incidence sur le divorce par consentement mutuel extrajudiciaire*

Le divorce par consentement mutuel par acte sous signature privée contresigné par avocats déposé au rang des minutes d'un notaire entre dans la catégorie des accords, et peut porter sur la responsabilité parentale dès lors qu'il contient des dispositions relatives aux modalités d'exercice de l'autorité parentale par les époux divorcés. Il en est de même des conventions de séparation de corps élaborées et enregistrées conformément aux règles applicables aux articles 229-1 à 229-4 du code civil (art. 298 du code civil).

L'article 229-3 6° du code civil dispose déjà que la convention de divorce par consentement mutuel comporte expressément, à peine de nullité, la mention que le mineur a été informé par ses parents de son droit à être entendu par le juge dans les conditions prévues à l'article 388-1 du code civil et qu'il ne souhaite pas faire usage de cette faculté.

L'insertion de cette mention dans la convention de divorce permet de se ménager la preuve que l'enfant capable de discernement a eu la possibilité d'exprimer son opinion.

Ainsi, le droit interne relatif au divorce par consentement mutuel extrajudiciaire est d'ores et déjà en conformité avec l'article 68 du règlement "Bruxelles II bis refonte".

2.2 *Création de l'article 1568-1 du code de procédure civile pour les accords amiables contresignés par avocats*

L'article 1568 du code de procédure civile prévoit que lorsque l'accord auquel sont parvenues les parties à une médiation, une conciliation ou une procédure participative prend la forme d'un acte contresigné par les avocats de chacune des parties, cet acte peut être revêtu, à la demande d'une partie, de la formule exécutoire apposée par le greffe. La demande est formée par écrit, en double exemplaire, auprès du greffe de la juridiction du domicile du demandeur matériellement compétente pour connaître du contentieux de la matière dont relève l'accord.

L'accord visé à l'article 1568 précité, qui peut notamment porter sur les modalités d'exercice de l'autorité parentale (art. 373-2-10 du code civil), est assimilable à un accord en matière de responsabilité parentale au sens du règlement "Bruxelles II bis refonte" dans la mesure où :

– il ne s'agit pas d'un acte authentique, mais d'un acte contresigné par avocats ;

– il est conclu par les parents dans une matière relevant du champ d'application du règlement ;

– il est enregistré par une autorité publique (le greffe).

Aucune disposition en droit interne ne prévoyait qu'il doit être fait mention, dans cet accord, que le mineur capable de discernement a été avisé de son droit à être entendu, et le cas échéant, qu'il n'a pas souhaité faire usage de cette faculté. Cette absence de formalisme ne permettait pas de s'assurer qu'une possibilité réelle et effective d'exprimer son opinion a été donnée à l'enfant lorsque celui-ci n'a pas été auditionné, contrairement aux dispositions de l'article 21 du règlement "Bruxelles II bis refonte".

Aussi, afin de s'assurer que ces accords soient reconnus ou exécutés en application du règlement, le décret n° 2023-25 du 23 janvier 2023 a créé le nouvel article 1568-1 du code de procédure civile, ainsi rédigé :

"Lorsque l'accord porte sur les modalités d'exercice de l'autorité parentale, il est fait mention dans l'acte de ce que le mineur capable de discernement a été avisé de son droit à être entendu et, le cas échéant, qu'il n'a pas souhaité faire usage de cette faculté. A défaut, le greffier rejette la demande."

Le contrôle du greffier chargé d'apposer la formule exécutoire sur ces accords est limité, puisqu'il doit seulement vérifier sa compétence et la nature de l'acte, à savoir un acte contresigné par avocats issu d'un mode de règlement amiable (art. 1568 alinéa 3 du code de procédure civile).

Lorsque l'accord porte sur les modalités d'exercice de l'autorité parentale, le nouvel article 1568-1 du code de procédure civile conduit par ailleurs le greffier à rejeter la

demande d'apposition de la formule exécutoire à défaut de trouver dans l'acte la mention selon laquelle le mineur capable de discernement a été avisé de son droit à être entendu et, le cas échéant, qu'il n'a pas souhaité faire usage de cette faculté.

Cette nouvelle disposition ne remet pas en cause le rôle du greffier, lequel se borne à vérifier l'existence de la mention précitée dans l'acte et non à effectuer une appréciation qualitative du contenu de celui-ci.

III *Entrée en vigueur*

En vertu de l'article 6 du décret n° 2023-25 du 23 janvier 2023, l'entrée en vigueur des articles 338-1 alinéa 5 et 1568-1 du code de procédure civile a été reportée de trois mois, et sont donc en vigueur depuis le 1er mai 2023.

FICHE 4 L'ENLÈVEMENT INTERNATIONAL D'ENFANTS

Les dispositions du règlement relatives à l'enlèvement international d'enfants figurent, en partie, au chapitre III.

Ces dispositions peuvent être appliquées dès lors qu'un enfant de moins de 16 ans a été déplacé ou retenu illicitement dans un État membre autre que l'État membre dans lequel il avait sa résidence habituelle immédiatement avant son déplacement ou son non-retour illicites (art. 22).

Il convient de préciser qu'elles complètent – et non remplacent – celles de la convention de La Haye de 1980.

I *La procédure de retour*

1 *L'impératif de célérité*

Le règlement impose un traitement rapide de la procédure de retour.

Dans le prolongement de l'impératif de célérité visé par les articles 2 et 11 de la convention de La Haye de 1980, le règlement impose d'utiliser les procédures les plus rapides prévues par le droit national de la juridiction saisie d'une demande de retour (art. 24, §1). En France, la demande de retour est donc formée, instruite et jugée selon la **procédure accélérée au fond** (art. 1210-6 du code de procédure civile).

S'il s'agit d'une juridiction de première instance, la juridiction saisie d'une demande de retour doit rendre sa décision six semaines au plus tard après sa saisine (art. 24, §2).

S'il s'agit d'une juridiction de niveau supérieur, elle est tenue de rendre sa décision six semaines au plus tard après que tous les actes de procédure nécessaires aient été accomplis (art. 24§3). Le jugement de première instance ayant été rendu selon la procédure accélérée au fond, l'appel est en conséquence régi par la procédure contentieuse à bref délai avec représentation obligatoire (art. 905, 3° du code de procédure civile). Lorsque la situation de la juridiction et la nature de l'affaire le permettent, le président de la chambre saisie ou le magistrat désigné par le premier président pourra utilement imprimer un rythme plus soutenu aux échanges de conclusions en impartissant des délais plus courts que ceux prévus aux quatre premiers alinéas de l'article 905-2 du code de procédure civile *[Art. 905-2, al. 5 du C. pr. civ.]*. Le délai de six semaines mentionné par l'article 24, §3 ne peut courir qu'à compter de la date de dépôt des conclusions du défendeur, ou de l'expiration du délai dont il disposait pour conclure.

Dans ces deux hypothèses, le respect du délai de six semaines est tempéré en cas de *"circonstances exceptionnelles"*. Le recours à un mode alternatif de règlement des litiges ne peut à cet égard être considéré comme une circonstance exceptionnelle *[Considérant 42]*.

L'autorité compétente à laquelle est présentée une demande d'exécution d'une décision ordonnant le retour d'un enfant dans un autre État membre doit par ailleurs y procéder dans un délai de six semaines à compter de la date d'ouverture de la procédure d'exécution. Si ce délai est expiré, la partie qui demande l'exécution ou l'autorité centrale de l'État membre d'exécution peut demander les raisons de son retard à l'autorité compétente {art. 28, §1 et 2). En France, l'autorité en charge de l'exécution des décisions de retour est le procureur de la République du tribunal judiciaire spécialement désigné en application de l'article L. 211-12 du code de l'organisation judiciaire, dans le ressort duquel se trouve l'enfant (art. 1210-7 du code de procédure civile). En pratique, celui-ci va favoriser l'exécution amiable de la décision ordonnant le retour et, à cet effet, pourra par exemple entendre le parent ayant enlevé l'enfant. En effet, il ne requerra le concours de la force publique qu'en l'absence d'exécution volontaire de ladite décision (art. 1210-9 du code de procédure civile).

2 *L'opinion de l'enfant et celle du demandeur*

Le règlement prévoit le droit pour l'enfant d'exprimer son opinion dans la procédure de retour *[Voir, à ce sujet, la fiche 3]*. La juridiction saisie d'une demande de retour doit effectivement lui donner la possibilité de s'exprimer, directement ou par l'intermédiaire d'un tiers (art. 21, §1, par renvoi de l'art. 26). Il faut toutefois que l'enfant soit *"capable de discernement"*, conformément à la jurisprudence de la Cour de justice de l'Union *[Considérant 39]*.

La personne qui demande le retour de l'enfant – en général, le parent délaissé – a aussi le droit d'exprimer son opinion, par le biais d'une audition. La juridiction saisie d'une demande de retour ne peut d'ailleurs refuser le retour d'un enfant s'il n'a pas été donné au demandeur la possibilité d'être entendu (art. 27, §1).

Une audition par vidéoconférence peut à cet égard être envisagée lorsque l'enfant ou le demandeur ne peut pas être entendu en personne *[Considérant 53]*.

3 *Les contacts entre l'enfant déplacé ou retenu et le demandeur*

Le déplacement ou la rétention illicite d'un enfant prive généralement l'un de ses parents de contacts avec lui. En effet, bien que le règlement impose un traitement rapide de la procédure de retour *[Voir, à ce sujet, la fiche 4, I, 1]*, cette dernière peut s'étendre dans le temps et ainsi porter atteinte au droit de l'enfant d'entretenir des contacts avec ses deux parents.

Le règlement prévoit alors que la juridiction saisie d'une demande de retour peut, à tout stade de la procédure et compte tenu de l'intérêt supérieur de l'enfant, examiner si des contacts entre ce dernier et le demandeur devraient être organisés (art. 27, §2). Ces contacts peuvent par exemple prendre la forme d'un droit de visite.

Il convient de préciser que l'organisation de ces contacts se fait conformément à l'article 15 du règlement, lequel permet à la juridiction qui n'est pas compétente pour statuer sur le fond de l'affaire – en l'espèce, la juridiction saisie de la demande de retour – de prendre des mesures provisoires ou conservatoires en cas d'urgence *[Cela est permis, en droit interne, par l'art. 373-2-1 C. civ.]*.

4 *Les dispositions prises pour assurer la protection de l'enfant après son retour*

Pour rappel, l'article 13, alinéa 1er, b) de la convention de La Haye de 1980 prévoit que le retour d'un enfant peut être refusé lorsqu'il existe un risque grave que le retour ne l'expose à un danger physique ou psychique ou ne le place dans une situation intolérable.

Le règlement prévoit à cet égard que lorsqu'une juridiction envisage de refuser le retour d'un enfant sur la base de cet article – et sur cette base uniquement –, elle doit ordonner le retour si le demandeur prouve que des dispositions adéquates ont été prises pour assurer la protection de l'enfant après son retour, ou si elle en est convaincue de toute autre manière (art. 27, §3). La simple disponibilité de mesures de protection dans l'État membre de retour est alors insuffisante : des dispositions *"adéquates"* doivent avoir été prises.

Le considérant 45 du règlement donne des exemples de dispositions *"adéquates"* :

– une décision rendue par la juridiction de l'État membre de retour et interdisant au demandeur de s'approcherde l'enfant ;

– une mesure provisoire ou conservatoire prise par la juridiction de l'État membre de retour et permettant à l'enfant de rester avec le parent ravisseur jusqu'à ce que la juridiction ait statué sur la responsabilité parentale ;

– la preuve que des équipements médicaux sont disponibles pour l'enfant qui aurait besoin d'un traitement.

Aux fins de s'assurer de l'effectivité des dispositions prises, la juridiction peut contacter les autorités compétentes de l'État membre de retour, directement au moyen de communications judiciaires directes ou par l'intermédiaire des autorités centrales (art. 27, §4).

5 *Les mesures provisoires ou conservatoires prises par le juge ordonnant le retour*

Le règlement permet à la juridiction qui ordonne le retour d'un enfant de prendre les mesures provisoires ou conservatoires qu'elle estime nécessaires pour protéger cet enfant contre le risque grave visé à l'article 13, alinéa 1er, b) de la convention de La Haye de 1980 (art. 27, §5 ; cons. 46).

Conformément à l'impératif de célérité posé par le règlement, l'examen ou la prise de ces mesures ne doit toutefois pas retarder indûment la procédure de retour.

Ces mesures sont adoptées conformément à l'article 15 du règlement. Elles cessent donc d'avoir effet dès que la juridiction compétente pour statuer sur le fond – dans la plupart des cas, la juridiction de l'État de résidence habituelle de l'enfant avant son déplacement ou son non-retour illicites – a pris les mesures qu'elle estime appropriées (art. 15, §3) *[Voir, à ce sujet, la fiche 2, 11, 7]*.

II *La procédure dite "de passerelle"*

Pour rappel, l'article 13, alinéa 1er, b) de la convention de La Haye de 1980 prévoit que le retour d'un enfant peut être refusé lorsqu'il existe un risque grave que le retour ne l'expose à un danger physique ou psychique ou ne le place dans une situation intolérable. En outre, l'article 13, alinéa 2 prévoit que le retour d'un enfant peut être refusé si celui-ci s'y oppose, à condition qu'il ait atteint un âge et une maturité où il se révèle approprié de tenir compte de son opinion.

Lorsque la juridiction saisie d'une demande de retour refuse d'ordonner le retour sur le fondement de ces articles, la procédure "de passerelle" permet à cet égard de renvoyer l'affaire devant la juridiction compétente pour statuer sur le fond – la juridiction de l'État de résidence habituelle de l'enfant avant son déplacement ou son non-retour illicites – afin qu'elle statue sur le fond du droit de garde *[Voir, à ce sujet, la fiche 1, II]*.

La procédure vise en effet à replacer l'enfant et les parties dans la situation dans laquelle ils auraient dû se trouver en l'absence de déplacement ou de non-retour illicites et à permettre à la juridiction du fond de statuer comme elle aurait dû le faire.

En pratique, au moment où elle rend sa décision, la juridiction qui refuse le retour délivre d'office le certificat de l'annexe I du règlement (art. 29, §2) *[Pour remplir ce certificat, la juridiction peut consulter l'espace dédié du portail e-Justice]*. Celui-ci est rempli et délivré dans la langue de la décision, mais il peut également être délivré dans une autre langue officielle des institutions de l'Union européenne, si une partie le demande.

Deux hypothèses peuvent ensuite se présenter.

En premier lieu, si la juridiction du fond a déjà été saisie d'une demande au fond et que la juridiction qui a refusé le retour a eu connaissance de cette procédure, cette dernière est tenue de transmettre les documents visés à l'article 29, §3 du règlement à la juridiction du fond dans un délai d'un mois à compter de la date de la décision de refus de retour, soit directement, soit par l'intermédiaire des autorités centrales (art. 29, §3).

Les documents visés à l'article 29, §3 sont à cet égard les suivants :

– une copie de la décision de refus de retour ;

– le certificat de l'annexe I du règlement ;

– le cas échéant, un compte rendu, un résumé ou un procès-verbal des audiences ainsi que tout autre document que la juridiction qui refuse le retour juge pertinent.

Tout document contenant des informations susceptibles d'avoir une influence sur l'issue de la procédure au fond relative à la garde peut en l'occurrence être jugé pertinent, si lesdites informations ne figurent pas déjà dans la décision de refus de retour *[Considérant 50]*.

Il convient de préciser qu'en France, lorsque la juridiction du fond reçoit les documents précités, son greffe les notifie aux parties (art. 1210-11 du code de procédure civile, dans sa rédaction issue du décret n° 2023-25 du 23 janvier 2023). Le nouvel article 1210-11 supprime par ailleurs la compétence du juge aux affaires familiales spécialisé au profit du juge aux affaires familiales territorialement compétent en vertu des règles de compétence de droit commun. La juridiction du fond déjà saisie reste alors compétente et n'a plus à se dessaisir au profit de la juridiction spécialisée.

En second lieu, si la juridiction du fond n'a pas été saisie d'une demande au fond, l'une des parties peut la saisir dans un délai de trois mois à compter de la notification de la décision de refus de retour *[Les notifications au sein des États membres de l'Union européenne doivent être effectuées conformément aux dispositions du Règl. (UE) 2020/1784 du 25 nov. 2020 relatif à la signification et à la notification dans les États membres des actes judiciaires et extrajudiciaires en matière civile ou commerciale (signification ou notification des actes) (refonte)]* (art. 29, §5). Elle devra transmettre à la juridiction, dans ce même délai, les documents visés à l'article 29, §5 du règlement.

Les documents visés à l'article 29, §5 sont à cet égard les suivants :

– une copie de la décision de refus de retour ;

– le certificat de l'annexe I du règlement ;

– le cas échéant, un compte rendu, un résumé ou un procès-verbal des audiences.

Dans ces hypothèses, si la juridiction du fond rend une décision *impliquant* le retour de l'enfant (par exemple, parce qu'elle fixe la résidence dans l'État de la résidence habituelle avant le déplacement ou le non-retour illicites), cette décision l'emporte sur celle de la juridiction qui a refusé le retour (art. 29, §6). Elle bénéficie par ailleurs d'un régime de circulation privilégiée, au sens des articles 42 et suivants du règlement *[Voir, à ce sujet, la fiche 5]*.

Avant cette décision, la juridiction du fond est invitée à examiner les circonstances de l'espèce, y compris, mais pas seulement, la conduite des parents *[Considérant 48]*. Elle doit également tenir compte des motifs et faits sur la base desquels la décision de refus de retour a été rendue. A défaut, la décision impliquant le retour de l'enfant ne pourra pas circuler (art. 47, §4).

Il convient d'insister sur le fait que le règlement limite la mise en œuvre de la procédure "de passerelle" aux seules hypothèses de refus de retour prévues par les articles 13, alinéa 1er, b) et 13, alinéa 2 de la convention de La Haye de 1980. Lorsqu'elle refuse le retour d'un enfant, la juridiction saisie d'une demande de retour doit donc explicitement se référer aux dispositions de la convention sur lesquelles le refus de retour est fondé *[Idem.]*. Cette référence doit aussi figurer dans le certificat de l'annexe I du règlement, qu'elle délivre d'office.

III *La médiation et les autres modes alternatifs de règlement des litiges*

Le règlement promeut, dans le cadre des procédures de retour, le recours à la médiation et aux autres modes alternatifs de règlement des litiges. Ces derniers peuvent en effet permettre aux parties de s'entendre sur le retour ou sur le non-retour de l'enfant, ainsi que sur l'exercice de la responsabilité parentale (résidence habituelle, droit de garde, droit de visite, etc.).

Le plus tôt possible et à tout stade de la procédure, la juridiction saisie d'une demande de retour doit donc, soit directement, soit par l'intermédiaire des autorités centrales, inviter les parties à y recourir (art. 25). Elle peut à cet égard s'appuyer sur des réseaux existants ou sur des structures d'appui à la médiation dans les litiges transfrontières en matière de responsabilité parentale *[Considérant 43]*. Le département de l'entraide, du droit international privé et européen met à disposition, sur le site internet du ministère de la justice, des informations sur la médiation et une liste de médiateurs et d'associations pratiquant la médiation familiale internationale *[La page peut être consultée à l'adresse suivante : http://www.justice.gouv.fr/justice-civile-11861/enlevement-parental-12063/la-mediation-familiale-internationale-21106.html]*.

Cette règle fait néanmoins l'objet de tempéraments. En premier lieu, la juridiction n'est pas tenue d'inviter les parties à recourir aux modes alternatifs de règlement des litiges si cela est contraire à l'intérêt supérieur de l'enfant. En deuxième lieu, elle n'y est pas tenue si cela n'est pas approprié en l'espèce. Le règlement précise à cet égard que la médiation "peut ne pas toujours convenir, notamment en cas de violence familiale" *[Considérant 43]*. Enfin, la juridiction n'y est pas tenue si cela retarderait indûment la procédure.

Si les parties parviennent à un accord, celui-ci pourra être homologué par la juridiction compétente pour statuer sur le fond, à savoir la juridiction de l'État de résidence habituelle de l'enfant avant son déplacement ou son non-retour illicites. Il pourra également être homologué par la juridiction saisie de la demande de retour, si les parties lui attribuent compétence en vertu de l'article 10 du règlement *[Voir, à ce sujet, la fiche 2, II, 4]*. Il sera alors mis un terme à la procédure de retour.

FICHE 5 LA RECONNAISSANCE ET L'EXÉCUTION DES DÉCISIONS

Poursuivant l'objectif consistant à réduire la durée et le coût des litiges transfrontières, le règlement "Bruxelles II bis refonte" consacre, sur le fondement de la confiance réciproque dans l'administration de la justice au sein de l'Union, le principe de la reconnaissance et de l'exécution directe, dans l'État membre requis, d'une décision certifiée rendue dans un autre État membre *[Voir, à ce sujet, la fiche 8]*.

Il maintient cependant la possibilité de contester la reconnaissance des décisions rendues en matière matrimoniale et en matière de responsabilité parentale (I).

En outre, il supprime la formalité intermédiaire de la déclaration constatant la force exécutoire que le règlement "Bruxelles II bis" avait maintenue s'agissant des décisions en matière d'autorité parentale. Le nouveau règlement "Bruxelles II bis refonte" introduit, en contrepartie, la possibilité de solliciter le refus de l'exécution de ces décisions (II).

A titre liminaire, il convient de rappeler que les "décisions privilégiées" mentionnées par le règlement sont, d'une part, les décisions accordant un droit de visite et, d'autre part, les décisions ordonnant le retour de l'enfant conformément à l'article 29, §6.

I *Les demandes de refus de reconnaissance ou de constat de l'absence de motifs de refus des décisions rendues en matière matrimoniale et en matière de responsabilité parentale*

Les articles 30 et 40 du règlement "Bruxelles II bis refonte" prévoient la possibilité de saisir une juridiction afin de faire constater :

– l'absence de motifs de refus de reconnaissance d'une décision rendue par une juridiction d'un autre État membre, dans l'objectif de sécuriser la situation juridique et se prémunir contre d'éventuelles contestations futures ; ou

– l'existence de motifs de refus de reconnaissance.

Les motifs de refus de reconnaissance sont énumérés aux articles 38 (décisions en matière matrimoniale), 39 (décisions en matière de responsabilité parentale) et 50 (cas particulier des décisions dites privilégiées).

L'article 509-11 du code de procédure civile retient la **compétence du président du tribunal judiciaire ou de son délégué** pour statuer sur ces demandes. Il prévoit les critères de **compétence territoriale** suivants :

– compétence du président, ou de son délégué, du tribunal judiciaire dans le ressort duquel se trouve le domicile du demandeur ou du défendeur, sans préjudice du respect de la compétence matérielle des juridictions spécialisées en matière de déplacement illicite international d'enfants (article L. 211-12 du code de l'organisation judiciaire ; annexe Tableau VII) ;

> *Exemple : une demande de refus de reconnaissance portant sur une décision allemande rendue en matière de responsabilité parentale, formée par un parent domicilié à Nice, devra être formée devant le président du tribunal judiciaire (ou son délégué) de Nice.*
>
> *Exemple : une demande de refus de reconnaissance portant sur une décision allemande rendue en matière de déplacement illicite international d'enfant, formée par un parent domicilié à Nice, devra être formée devant le président du tribunal judiciaire (ou son délégué) de Marseille, juridiction spécialement désignée en la matière.*

– compétence du président du tribunal judiciaire de Paris ou de son délégué, lorsque les domiciles du demandeur ou du défendeur ne se trouvent pas en France.

Pour le traitement de ces demandes, le règlement renvoie à l'application des "procédures prévues aux articles 59 à 62" en matière de refus d'exécution (cf. II). Elles relèvent de la procédure écrite ordinaire.

II *Les demandes de refus d'exécution des décisions rendues en matière de responsabilité parentale*

Les articles 41 *[Applicable à toute décision rendue en matière de responsabilité parentale, l'article 41 du règlement renvoie aux motifs de refus de reconnaissance mentionnés à l'article 39]*, 50 *[Applicable aux seules "décisions privilégiées", l'article 50 prévoit une hypothèse plus étendue de refus d'exécution lorsque la décision est inconciliable avec une décision rendue ultérieurement à l'égard du même enfant dans l'État membre dans lequel la reconnaissance est invoquée ou dans un autre État membre ou dans l'État tiers où l'enfant réside habituellement]*, 56 §6 *[Applicable à toute décision rendue en matière de responsabilité parentale, le §6 de l'article 56 prévoit la possibilité de refuser l'exécution de la décision si, après une première période de suspension de la procédure d'exécution, persiste le risque d'exposer l'enfant à un grave danger physique ou psychique du fait d'empêchements temporaires qui sont apparus après que la décision a été rendue ou de tout autre changement de circonstances significatif]*, 57 *[Applicable à toute décision rendue en matière de responsabilité parentale, l'article 57 renvoie aux motifs de refus d'exécution prévus par le droit national]*, 68 §2 et §3 *[Applicable aux actes authentiques et aux accords]* du règlement "Bruxelles II bis refonte" prévoient les cas dans lesquels une partie peut solliciter que l'exécution de la décision rendue dans un autre État membre soit refusée, notamment lorsqu'il est démontré une contrariété à l'ordre public ou un danger grave pour l'enfant.

L'article 509-10 du code de procédure civile reprend le §4 de l'article 56 du règlement "Bruxelles II bis refonte" afin de rappeler qu'il s'agit d'une action attitrée : elle n'est ouverte qu'à la personne contre laquelle l'exécution est demandée, à l'inverse des actions formées en application des autres articles qui reposent sur un intérêt à agir apprécié, en droit interne français, en application de l'article 31 du code de procédure civile.

L'article 509-10 du code de procédure civile retient **la compétence du président du tribunal judiciaire ou de son délégué** pour statuer sur ces demandes. Il retient les **critères de compétence territoriale alternatifs suivant***[s]* :

– **domicile le** *[du]* **demandeur, ou ;**
– **lieu de résidence habituelle de l'enfant, ou ;**
– **lieu d'exercice du droit de visite fixé par la décision, ou ;**
– **situation du bien concerné par la décision dont le refus d'exécution est demandé.**

Exemple : Une décision allemande fixe la résidence habituelle de l'enfant chez la mère, en Allemagne, et accorde au père un droit de visite d'un mois l'été. Le père exerce son droit de visite. A l'issue de la période du droit de visite, il refuse de renvoyer l'enfant chez sa mère en Allemagne. La mère demande donc, auprès de l'autorité d'exécution française, l'exécution de la décision. Le père forme alors, auprès du président du tribunal judiciaire (ou son délégué) dans le ressort duquel il est domicilié, une demande de suspension ou de refus d'exécution en invoquant les motifs prévus par le règlement.

Exemple : Une décision allemande fixe la résidence habituelle de l'enfant chez la mère, en Allemagne, et accorde au père un droit de visite d'un mois l'été. Le père exerce son droit de visite d'un mois mais la mère, passé les premiers 15 jours, considère qu'il ressort des informations dont elle dispose que l'enfant est exposé à un grave danger physique ou psychique (articles 56 §4 et 56 §6 du règlement). Elle demande la suspension puis le refus d'exécution du droit de visite en saisissant le président du tribunal judiciaire (ou son délégué) dans le ressort duquel le lieu d'exercice du droit de visite accordé au père a été fixé.

L'article 509-10 du code de procédure civile prévoit en outre l'application à ces demandes de la **procédure accélérée au fond** (art. 481-1, 7° du code de procédure civile). Ce choix répond à la célérité exigée par l'article 60 du règlement. La décision est donc **susceptible d'appel** (art. 481-1, 7° du code de procédure civile). L'appel est dans ce cas régi par la procédure contentieuse à bref délai avec représentation obligatoire (art. 905, 3° du code de procédure civile). En application de l'article 62 du règlement et des articles 605 et suivant du code de procédure civile, l'arrêt d'appel peut faire l'objet d'un **pourvoi en cassation** régi par la procédure contentieuse avec représentation obligatoire de droit commun (art. 973 et suivant du code de procédure civile).

Le traitement de ces demandes est précisé à l'article 59 du règlement : le demandeur doit fournir certaines pièces (copie de la décision, éventuellement certificat approprié et/ou une traduction) et est dispensé d'avoir une domiciliation postale dans l'État membre d'exécution.

Il convient enfin de signaler la prévision par l'article 63 du règlement d'un **mécanisme de suspension**. Celui-ci permet à la juridiction saisie d'une demande de refus d'exécution de suspendre la procédure, si la décision dont l'exécution est sollicitée fait l'objet d'un recours ordinaire dans l'État membre d'origine, ou si le délai pour former ce recours n'est pas encore expiré, ou si le certificat concernant une décision privilégiée fasse l'objet d'une demande d'annulation sur la base de l'article 48.

FICHE 6 LA COOPÉRATION

I *Le rôle des autorités centrales*

Le règlement prévoit que chaque État membre doit désigner une ou plusieurs autorités centrales chargées de l'assister dans l'application dudit règlement en matière de responsabilité parentale (art. 76).

Leurs attributions sont multiples.

En premier lieu, les autorités centrales peuvent être sollicitées à l'effet de communiquer des informations sur les législations, procédures et services disponibles au niveau national en matière de responsabilité parentale (art. 77, §1). Elles peuvent à cet égard demander l'assistance du réseau judiciaire européen en matière civile et commerciale (art. 77, §3).

En deuxième lieu, elles peuvent être sollicitées par une juridiction, une autre autorité centrale ou l'un des titulaires de la responsabilité parentale pour :

– localiser l'enfant déplacé ou retenu illicitement (art. 78 ; 79, a)) ;

– recueillir et échanger des informations pertinentes dans le cadre de procédures en matière de responsabilité parentale (art. 78 ; 79, b)) ;

– fournir une assistance aux titulaires de la responsabilité parentale pour leurs demandes de reconnaissance et d'exécution d'une décision (art. 78 ; 79, c)) ;

– faciliter la communication entre les juridictions, les autorités compétentes et les autres organismes concernés (art. 78 ; 79, d) et e)) ;

– fournir toute information utile pour l'application de l'article 82 par les juridictions et les autorités compétentes (art. 78 ; 79, f)) ;

– faciliter la conclusion d'un accord entre les titulaires de la responsabilité parentale et ce, en recourant à la médiation ou à d'autres modes alternatifs de règlement des litiges (art. 78 ; 79, g)).

En troisième lieu, elles peuvent être sollicitées par une juridiction ou une autre autorité centrale pour aider à la mise en œuvre de décisions en matière de responsabilité parentale, en particulier pour assurer l'exercice effectif d'un droit de visite (art. 81, §1).

En dernier lieu, elles peuvent être sollicitées en matière de placement d'enfants dans un autre État membre (art. 82) *[Voir, à ce sujet, la fiche 7]*.

Il convient de rappeler qu'en France, l'autorité centrale au sens des articles 77 à 81 est le département de l'entraide, du droit international privé et européen du ministère de la justice, dont les coordonnées sont les suivantes :

Ministère de la justice Direction des affaires civiles et du sceau Département de l'entraide, du droit international privé et européen (OEDIPE) 13, place Vendôme 75042 Paris Cedex 01 entraide-civile-internationale@justice.gouv.fr 01 44 77 61 05

En outre, l'autorité centrale au sens de l'article 82, c'est-à-dire en cas de placement d'un enfant dans un autre État membre, est la section des affaires européennes et internationales du ministère de la justice, dont les coordonnées sont les suivantes :

Ministère de la justice Direction de la protection judiciaire de la jeunesse Sous-direction des missions de la protection judiciaire et d'éducation Bureau de la législation et des affaires juridiques (K1) Section des affaires européennes et internationales (SAEI) 13, place Vendôme 75042 Paris Cedex saei.dpjj@justice.gouv.fr

L'assistance de ces autorités centrales est gratuite (art. 83, §1).

II *Le recueil et l'échange d'informations pertinentes*

Les articles 78 et 79, b) du règlement prévoient que les autorités centrales peuvent être sollicitées par une juridiction, une autre autorité centrale ou l'un des titulaires de la responsabilité parentale pour recueillir et échanger des informations pertinentes dans le cadre de procédures en matière de responsabilité parentale.

Dans cette hypothèse, les autorités centrales peuvent notamment :

– fournir un rapport sur la situation d'un enfant, toute procédure en cours ou décision prise en matière de responsabilité parentale concernant un enfant (art. 80, §1, a)) ;

– fournir des informations sur la situation d'un parent, d'un membre de la famille ou d'une autre personne qui pourrait être apte à s'occuper d'un enfant (art. 80, §1, b)) ;

– demander à la juridiction ou l'autorité compétente de leur État d'examiner l'opportunité de prendre des mesures visant à protéger la personne ou les biens d'un enfant (art. 80, §1, c)).

Par ailleurs, si la juridiction ou l'autorité compétente qui envisage ou a pris des mesures de protection est informée que l'enfant a été déplacé ou est présent dans un autre État membre, elle peut demander aux autorités centrales de son État de signaler la situation aux autorités centrales de l'autre État membre (art. 80, §2).

Sauf circonstances exceptionnelles, les demandes doivent en toutes hypothèses faire l'objet d'une traduction dans la langue officielle de l'État membre requis et être traitées, par l'autorité centrale, dans un délai de trois mois à compter de leur réception (art. 80, §3 et 4).

III *Les échanges entre juridictions*

Le règlement permet aux juridictions de coopérer, de communiquer et de s'échanger des informations sans passer par les autorités centrales (art. 86, §1). Les échanges doivent toutefois respecter les droits procéduraux des parties à la procédure, de même que la confidentialité des informations.

Les échanges entre juridictions peuvent notamment concerner :

– les demandes de transfert de compétence au sens des articles 12 et 13 ;

– les mesures provisoires et.conservatoires prises sur le fondement de l'article 15 ;

– les cas de litispendance au sens de l'article 20 ;

– toute communication visée aux chapitres III à V.

FICHE 7 LE PLACEMENT DE L'ENFANT

Le règlement "Bruxelles II bis refonte" prévoit la procédure relative aux placements transfrontières des enfants en son article 82 *[V. égal. Consid. 83]*.

I *Le type de placement visé par l'article 82*

Le règlement ne prévoit aucune définition du placement.

L'article 82 concerne donc tout type de placement d'un enfant dans un autre État membre décidé, par une autorité compétente, dans le cadre civil. Le placement en famille d'accueil, auprès d'une ou plusieurs personnes, ou dans un établissement, entre ainsi dans le champ d'application du règlement.

Il convient de préciser que les cas de placement de l'enfant auprès d'un parent sont exclus du champ d'application du règlement (art. 82, §2). L'approbation de l'autorité centrale n'est donc pas requise dans ce cas.

De la même manière, les États membres peuvent décider que leur approbation préalable n'est pas requise pour le placement de l'enfant auprès de certaines catégories de membres proches de la famille résidant sur leur territoire national. La France n'ayant cependant visé aucune autre catégorie que les parents, hormis cette dernière hypothèse, l'approbation de l'autorité centrale française est nécessaire en toutes circonstances.

II *L'approbation de l'autorité centrale de l'État membre requis*

Lorsqu'une juridiction ou une autorité compétente dans les matières relevant du champ d'application du règlement envisage le placement d'un enfant dans un autre État membre, elle doit, avant d'ordonner ou d'organiser celui-ci, obtenir l'approbation de l'autorité centrale de cet État (art. 82, §1).

Pour rappel, l'autorité centrale française pour le placement d'un enfant dans un autre État membre est la section des affaires européennes et internationales du ministère de la justice. Pour toute autre demande de coopération, l'autorité centrale française est le département de l'entraide, du droit international privé et européen du ministère de la justice *[Voir, pour les coordonnées, la fiche 6, 1]*.

En cas de refus d'approbation de l'autorité centrale concernée, le placement envisagé ne peut être ordonné. Toutefois, aucune disposition n'empêche la juridiction de formuler, sur la base d'autres éléments, un nouveau projet de placement.

III *Les modalités de la demande d'approbation*

1 *Pour le placement d'un enfant depuis la France (les situations "sortantes")*

S'il envisage le placement d'un enfant dans un autre État membre, le juge des enfants français doit fournir à l'autorité centrale française les éléments correspondant aux items suivants, systématiquement accompagnés d'une traduction dans la langue officielle de l'État requis, ou dans une langue que celui-ci a expressément acceptée :

– État civil complet de l'enfant (avec copie de l'acte d'état civil) ;

– Exposé synthétique de la situation individuelle et familiale de l'enfant (historique et éléments actuels accompagnés, le cas échéant, des précédentes décisions et des rapports et notes des services éducatifs qui s'avéreraient pertinents pour la compréhension de l'espèce) ;

– Exposé des éléments motivant le projet de placement en considération de l'intérêt supérieur de l'enfant ;

– Identité et coordonnées des personnes exerçant l'autorité parentale, recueil de leur consentement au projet de placement (dans les cas où ce consentement n'est pas jugé nécessaire, préciser les motifs justifiant cette décision) ;

– Audition du mineur sur le projet de placement et son consentement (copie du procès-verbal d'audition ou de la note d'audience), si celle-ci a été réalisée ;

– Synthèse des démarches effectuées pour préparer le placement ;

– Modalités du placement (durée, localisation, identification du lieu d'accueil, organisation des droits de correspondance, de sortie, de visite voire d'hébergement) ;

– Organisation du suivi du placement et du traitement des incidents éventuels ;

– Financement du placement (il conviendra de se rapprocher du service de l'Aide sociale à l'enfance afin d'obtenir des informations sur cette question, les modalités de mise en œuvre du placement étant réglées entre le service gardien de l'État requérant et son homologue de l'État requis).

Ces documents peuvent être communiqués par courrier ou par courriel.

Dès réception, la section des affaires européennes et internationales les transmettra à l'autorité centrale de l'État membre requis pour approbation. Des précisions pourront par ailleurs être demandées au juge des enfants, afin de disposer de l'ensemble des éléments utiles.

L'autorité centrale étrangère décidera ensuite d'approuver, ou non, le placement. Sauf circonstances exceptionnelles, sa décision devra être transmise à l'autorité centrale française trois mois au plus tard après la réception de la requête (art. 82, §6).

2 *Pour le placement d'un enfant en France (les situations "entrantes")*

Si une juridiction ou une autorité étrangère envisage le placement d'un enfant en France, elle doit faire parvenir à l'autorité centrale française une requête en approbation contenant les éléments visés ci-dessus, traduits en français.

Dès réception, l'autorité centrale française recueillera l'avis du conseil départemental concerné par le projet de placement, notamment sur les conditions de vie et d'accueil du mineur, en vue de sa transmission à l'autorité centrale de l'État requérant.

Elle rendra ensuite une décision d'approbation ou de non-approbation. Sauf si cela se révèle impossible en raison de circonstances exceptionnelles, sa décision devra de la même manière être transmise à l'autorité centrale requérante trois mois au plus tard après la réception de la requête (art. 82, §6).

FICHE 8 LES CERTIFICATS DES ARTICLES 36 ET 66

Le certificat est un document qui permet de faire circuler une décision, un acte authentique ou un accord entre les États membres.

A l'instar du règlement n° 2201/2003 du 27 novembre 2003 dit "Bruxelles II bis", le règlement européen n° 2019/1111 du 25 juin 2019 dit "Bruxelles II bis refonte", contient des dispositions relatives à la délivrance d'un certificat accompagnant une décision de justice (I).

Il introduit également de nouvelles dispositions relatives à la délivrance d'un certificat accompagnant un acte authentique ou un accord (II).

I *Le certificat accompagnant une décision de justice*

1 *Dans le règlement "Bruxelles II bis" (art. 39)*

Le règlement "Bruxelles II bis" continue de s'appliquer aux décisions rendues à la suite d'actions judiciaires intentées avant le 1er août 2022 et qui relèvent du champ d'application dudit règlement (art. 100 du règlement "Bruxelles II bis refonte"). Aussi, les certificats qui accompagnent ces décisions doivent être délivrés conformément aux dispositions du règlement "Bruxelles II bis".

Ce règlement prévoit, à la requête de toute partie intéressée, la délivrance d'un certificat par la juridiction ou l'autorité compétente de l'État membre d'origine des décisions en matière matrimoniale et de responsabilité parentale (art. 39), et par le juge d'origine qui a rendu la décision ordonnant le retour de l'enfant (art. 42).

En France, l'autorité compétente pour délivrer le certificat de l'article 39 est le **directeur des services de greffe judiciaires** (art. 509-1 1 1° du code de procédure civile), à l'exception des conventions de séparation de corps ou de divorce par consentement mutuel par acte sous signature privée contresigné par avocats, déposées au rang des minutes d'un notaire, pour lesquelles le certificat est délivré par le notaire ayant reçu en dépôt la convention (art. 509-3 du code de procédure civile).

2 *Dans le règlement "Bruxelles II bis refonte" (art. 36)*

La partie qui souhaite faire **reconnaître** dans un État membre une décision rendue dans un autre État membre en matière matrimoniale, en matière de responsabilité parentale, ordonnant le retour d'un enfant telle que visée à l'article 2, §1, a), et, le cas échéant, toute mesure provisoire ou conservatoire ordonnée conformément à l'article 27, §5, doit produire une **copie de la décision** réunissant les conditions nécessaires pour en établir l'authenticité, et le **certificat approprié** délivré conformément à l'article 36 du règlement (art. 31).

A défaut de production de ces documents, la juridiction ou l'autorité compétente peut impartir un délai pour permettre leur production, ou accepter des documents équivalents (par exemple, une traduction de la décision), ou, si elle s'estime suffisamment éclairée, dispenser la partie de produire de tels documents (art. 32).

La partie qui souhaite faire **exécuter** dans un État membre une décision rendue dans un autre État membre dans l'une des matières précitées, doit produire une **copie de la décision** et le **certificat approprié** délivré conformément à l'article 36 du règlement (art. 35).

Toutefois, contrairement aux règles applicables en matière de reconnaissance, l'autorité compétente ne peut exécuter la décision en l'absence de ce certificat.

Conformément à l'article 36 du règlement "Bruxelles II bis refonte", le certificat approprié est délivré, à la demande d'une partie, par la juridiction de l'État membre d'origine notifiée par la France à la Commission en vertu de l'article 103.

En France, l'autorité compétente pour délivrer le certificat de l'article 36 est le **directeur des services de greffe judiciaires**. Ce certificat est donc assimilé, en droit interne, à un acte de greffe.

Le décret n° 2023-25 du 23 janvier 2023 a modifié l'article 509-1, I 1° du code de procédure civile, qui dresse la liste des règlements européens en application desquels les requêtes aux fins de certification des décisions françaises doivent être présentées au directeur de greffe de la juridiction qui a rendu la décision, pour y ajouter la référence à l'article 36 du règlement "Bruxelles II *bis* refonte".

En principe, le certificat est rempli et délivré dans la langue de l'État qui a rendu la décision. Il peut aussi être délivré, à la demande d'une partie, dans une autre langue officielle des institutions de l'Union européenne. Cela ne crée toutefois pas d'obligation pour la juridiction délivrant le certificat de fournir une traduction ou une translittération du contenu traduisible des champs de texte libre. La délivrance du certificat est insusceptible de recours (art. 36).

Lorsqu'en raison d'une erreur matérielle ou d'une omission, il existe une divergence entre la décision à exécuter et le certificat, le directeur des services de greffe judiciaires rectifie le certificat d'office ou à la demande d'une partie (art. 37). La procédure de rectification du certificat relève du droit interne. Les dispositions relatives à la rectification des copies délivrées par les greffiers prévues par l'article 6 du décret n° 52-1292 modifié du 2 décembre 1952 sont applicables.

Des modèles de certificat pour accompagner les décisions en matière rnatrimoniale, de responsabilité parentale et de retour d'un enfant figurent respectivement en annexes II, III et IV du règlement.

L'information concernant la possibilité offerte à un enfant capable de discernement d'exprimer son opinion, conformément à l'article 21 du règlement, doit figurer dans les certificats qui accompagnent une décision en matière de responsabilité parentale (point 15 de l'annexe III) ou qui ordonnent le retour d'un enfant (point 16 de l'annexe IV) *[Voir, à ce sujet, la fiche 3]*.

II *Le certificat accompagnant un acte authentique ou un accord*

1 *Certificat de l'article 66*

Les actes authentiques et accords relatifs à la séparation de corps et au divorce *[Voir II. 2. de la présente fiche pour connaître les actes authentiques et accords français devant être accompagnés par le certificat de l'article 66 pour circuler au sein de l'Union européenne]* qui ont un effet juridique contraignant dans l'État membre d'origine, sont reconnus de plein droit dans les autres États membres, sans qu'il soit nécessaire de recourir à aucune procédure (art. 65 §1).

Les actes authentiques et les accords en matière de responsabilité parentale *[Idem.]* qui ont un effet juridique contraignant et qui sont exécutoires dans l'État membre d'origine, sont reconnus et exécutés de plein droit dans les autres États membres, sans qu'une déclaration constatant leur force exécutoire ne soit nécessaire (art. 65 §2).

Cette reconnaissance et exécution de plein droit des actes authentiques et accords est toutefois conditionnée à la délivrance préalable d'un **certificat approprié** *[Des modèles de certificat accompagnant les actes authentiques et accords figurent en annexe VIII du règlement pour ceux relatifs à la matière matrimoniale et en annexe IX pour ceux portant sur la responsabilité parentale]*. A défaut d'un tel certificat, les actes authentiques et accords ne peuvent être ni reconnus, ni exécutés dans un autre État membre (art. 66 §5).

Conformément à l'article 66 §1 du règlement "Bruxelles II bis refonte", le certificat approprié est délivré, à la demande d'une partie, par la juridiction ou l'autorité compétente d'origine de l'acte authentique ou de l'accord notifiée par la France à la Commission en vertu de l'article 103.

En France, l'autorité compétente pour délivrer le certificat de l'article 66 est le **président du tribunal judiciaire ou son délégué.**

Le III de l'article 509-1 du code de procédure civile, créé par le décret n° 2023-25 du 23 janvier 2023 prévoit ainsi que :

"Les requêtes aux fins de certification des titres exécutoires français en vue de leur reconnaissance et exécution à l'étranger en application de l'article 66 du règlement (UE) 2019/1111 du Conseil du 25 juin 2019 relatif à la compétence, la reconnaissance et l'exécution des décisions en matière matrimoniale et en matière de responsabilité parentale, ainsi qu'à l'enlèvement international d'enfants (refonte) ***sont présentées au président, ou son délégué, du tribunal judiciaire*** *:*

— dans le ressort duquel l'acte authentique a été reçu, ou

— dans le ressort duquel l'acte sous signature privée contresigné par avocats a été déposé au rang des minutes d'un notaire, ou

— dont le greffe a apposé la formule exécutoire sur l'accord."

Le choix du président du tribunal judiciaire ou de son délégué est justifié par le fait que l'article 66 §3 interdit la délivrance du certificat si des éléments indiquent que le contenu de l'acte authentique ou de l'accord est contraire à l'intérêt supérieur de l'enfant. Or, le contrôle du respect de cette condition relève de l'office du juge et non de celui du notaire ou de l'avocat.

Le formulaire prévu à l'annexe IX du règlement relatif au certificat concernant un acte authentique ou un accord en matière de responsabilité parentale contient des champs spécifiques à compléter relatifs à la capacité de discernement de l'enfant (point 10) et à la possibilité réelle et effective qui lui a été donnée d'exprimer son opinion (point 11).

Le certificat est rempli dans la langue de l'acte authentique ou de l'accord. Il peut aussi être délivré, à la demande d'une partie, dans une autre langue officielle des institutions de l'Union européenne. Cela ne crée toutefois pas d'obligation, pour le président du tribunal judiciaire ou son délégué qui délivre le certificat, de fournir une traduction ou une translittération du contenu traduisible des champs de texte libre. En utilisant le formulaire en ligne *[Les formulaires qui peuvent être complétés en ligne sont disponibles ici (portail e-Justice)]*, le président du tribunal judiciaire ou son délégué peut, après l'avoir complété, faire traduire automatiquement le certificat dans la langue souhaitée.

Lorsqu'en raison d'une erreur matérielle ou d'une omission, il existe une divergence entre l'acte authentique ou l'accord et le certificat, le président du tribunal judiciaire ou son délégué rectifie le certificat d'office ou à la demande d'une partie (art. 67 §1).

Lorsque le certificat a été délivré en violation des exigences fixées à l'article 66 du règlement *[Aux termes de l'article 66 §2, le certificat ne peut être délivré que si, d'une part, l'État membre qui a habilité l'autorité publique ou une autre autorité à dresser ou enregistrer l'acte authentique ou à enregistrer l'accord est celui dont les juridictions sont compétentes au titre du chapitre II et, d'autre part, l'acte authentique ou l'accord a un effet juridique contraignant dans cet État membre]*, le président du tribunal judiciaire ou son délégué annule le certificat délivré indûment, d'office ou à la demande d'une partie (art. 67 §2).

La procédure de rectification ou d'annulation du certificat relève du droit interne.

Le certificat de l'article 66 est assimilé à une mesure d'administration judiciaire, insusceptible de recours.

2 *Actes authentiques et accords devant être accompagnés en droit interne du certificat de l'article 66*

Un **acte authentique** est, au sens de l'article 2, §2, 2) du règlement "Bruxelles II bis refonte", un acte dressé ou enregistré formellement en tant qu'acte authentique dans tout État membre dans les matières relevant du champ d'application du règlement, et dont l'authenticité porte, d'une part, sur la signature et le contenu de l'acte, et, d'autre part, a été établie par une autorité publique ou toute autre autorité habilitée à le faire. Les États membres notifient ces autorités à la Commission conformément à l'article 103 du règlement (art. 2, §2, 2)).

En France, les autorités publiques autorisées à établir un acte authentique, au sens l'article 2, §2, 2), sont les **notaires**.

En droit français, le notaire peut ainsi recevoir un acte authentique, au sens du règlement "Bruxelles II bis refonte", seulement en matière de responsabilité parentale (par exemple, un accord des parents relatif aux modalités d'exercice de l'autorité parentale).

Un **accord** est, au sens de l'article 2, §2, 3) du règlement "Bruxelles II bis refonte", un acte qui n'est pas un acte authentique, qui a été conclu par les parties dans les matières relevant du champ d'application du règlement et qui a été enregistré par une autorité publique notifiée à cet effet à la Commission par un État membre conformément à l'article 103.

En France, les autorités publiques autorisées à enregistrer un accord, au sens de l'article 2, § 2, 3), sont les **notaires** et les **greffiers**.

En droit interne, l'accord renvoie :

– en matière matrimoniale, à la **convention élaborée dans le cadre d'une séparation de corps ou du divorce par consentement mutuel** par acte sous signature privée contresigné par avocats déposé au rang des minutes d'un notaire (art. 229-1 à 229-4 et art. 298 du code civil) ;

– en matière de responsabilité parentale, à **l'accord des parties sur les modalités d'exercice de l'autorité parentale** obtenu à la suite d'une médiation, d'une conciliation ou d'une procédure participative, qui prend la forme d'un acte contresigné par les avocats de chacune des parties et sur lequel la formule exécutoire est apposée par le greffe (art. 1568 alinéa 1er du code de procédure civile).

La demande est formée par écrit, en double exemplaire, auprès du greffe de la juridiction du domicile du demandeur matériellement compétente pour connaître du contentieux de la matière dont relève l'accord (art. 1568 alinéa 2 du code de procédure civile). Le contrôle du greffe est limité dans la mesure où il est seulement tenu de vérifier sa compétence et la nature de l'acte (art. 1568 alinéa 3 du code de procédure civile). En droit français, le greffe peut ainsi enregistrer un accord, au sens du règlement "Bruxelles II bis refonte", seulement en matière de responsabilité parentale.

FICHE 9 LES RELATIONS AVEC LES AUTRES INSTRUMENTS

Les dispositions relatives aux relations du règlement avec d'autres instruments sont prévues au chapitre VIII.

I *Le principe*

Le règlement prévoit qu'il remplace les conventions qu'un État membre aurait conclues avec un ou plusieurs autres États membres avant l'entrée en vigueur du règlement "Bruxelles II bis" – le 1er août 2004 – et qui traitent de matières relevant de son champ d'application (art. 94, §1). Dans les relations entre les États membres, ces conventions ne s'appliquent donc qu'en dehors du champ d'application du règlement.

L'article 95 réaffirme ce principe en ce qui concerne les quatre conventions suivantes :

– la convention de La Haye du 5 octobre 1961 sur la compétence des autorités et la loi applicable en matière de protection des mineurs ;

– la convention de Luxembourg du 8 septembre 1967 sur la reconnaissance des décisions relatives au tien conjugal ;

– la convention de La Haye du 1er juin 1970 sur la reconnaissance des divorces et des séparations de corps ;

– la convention européenne du 20 mai 1980 sur la reconnaissance et l'exécution en matière de garde et de rétablissement de la garde des enfants.

Le règlement n'affecte cependant pas les conventions qu'un État membre aurait conclues avant son adhésion à l'Union avec un ou plusieurs États tiers et qui traitent de matières relevant de son champ d'application (cons. 91 ; art. 351, §1 du Traité sur le fonctionnement de l'Union européenne).

II *Les cas particuliers*

1 *La relation avec la convention de La Haye du 25 octobre 1980*

L'articulation du règlement avec la convention de La Haye de 1980 est régie par l'article 96, lequel prévoit que lorsqu'un enfant a été déplacé ou retenu illicitement dans un État membre autre que l'État membre dans lequel il avait sa résidence habituelle immédiatement avant son déplacement ou son non-retour illicites, la convention continue de s'appliquer et est complétée par les dispositions du règlement *[Voir, à ce sujet, la fiche 4]*.

2 *La relation avec la convention de La Haye du 19 octobre 1996*

La relation du règlement avec la convention de La Haye de 1996 est fixée par l'article 97.

Il convient à cet égard de préciser que tous les États membres sont parties à cette convention dont le champ d'application recoupe largement celui du règlement.

L'article 97, §1 prévoit que les dispositions du règlement en matière de compétence, de reconnaissance, d'exécution et de coopération prévalent sur celles de la convention :

– lorsque l'enfant concerné a sa résidence habituelle sur le territoire d'un État membre ;

– en matière de reconnaissance et d'exécution d'une décision rendue par une juridiction d'un État membre sur le territoire d'un autre État membre, même si l'enfant concerné a sa résidence habituelle sur le territoire d'un État tiers qui est partie à la convention.

Selon l'article 97, §2, les dispositions de la convention de La Haye de 1996 en matière de compétence, de reconnaissance, d'exécution et de coopération priment cependant celles du règlement :

– lorsque les parties se sont accordées sur la compétence d'une juridiction d'un État tiers qui est partie à la convention ;

– en cas de transfert de compétence entre la juridiction d'un État membre et la juridiction d'un État tiers qui est partie à la convention ;

– lorsqu'une procédure concernant le même enfant, ayant le même objet et la même cause est pendante devant la juridiction d'un État tiers qui est partie à la convention et que la juridiction d'un État membre est saisie en second lieu.

Dans les relations entre les États membres, les dispositions de la convention de La Haye qui excèdent le champ d'application du règlement s'appliquent. C'est le cas des dispositions de la convention en matière de loi applicable.

Code de procédure civile

Exécution des règlements européens, certificats

Art. 509-1 *(Décr. n° 2015-1395 du 2 nov. 2015, art. 1er)* I. – Sont présentées au *(Décr. n° 2017-892 du 6 mai 2017, art. 68-I-1°)* « directeur de greffe » de la juridiction qui a rendu la décision *(Décr. n° 2019-756 du 22 juill. 2019, art. 4-1°)* « , homologué la convention ou visé le mandat de protection future : » *(Abrogé par Décr. n° 2017-892 du 6 mai 2017, art. 7-1°-a)* « *les requêtes aux fins de certification des titres exécutoires français en vue de leur reconnaissance et de leur exécution à l'étranger en application* »

(Décr. n° 2017-892 du 6 mai 2017, art. 7-1°-b) « 1° Les requêtes aux fins de certification des titres exécutoires français en vue de leur reconnaissance et de leur exécution à l'étranger en application : »

– des articles 45 à 58 et 61 du règlement (UE) n° 650/2012 du Parlement européen et du Conseil du 4 juillet 2012 relatif à la compétence, la loi applicable, la reconnaissance et l'exécution des décisions, et l'acceptation et l'exécution des actes authentiques en matière de successions et à la création d'un certificat successoral européen ;

(Décr. n° 2018-1219 du 24 déc. 2018, art. 1er) « – des articles 44 à 57 et 60 du règlement (UE) n° 2016/1103 du Conseil du 24 juin 2016 mettant en œuvre une coopé-

ration renforcée dans le domaine de la compétence, de la loi applicable, de la reconnaissance et de l'exécution des décisions en matière de régimes matrimoniaux ;

« – des articles 44 à 57 et 60 du règlement (UE) n° 2016/1104 du Conseil du 24 juin 2016 mettant en œuvre une coopération renforcée dans le domaine de la compétence, de la loi applicable, de la reconnaissance et de l'exécution des décisions en matière d'effets patrimoniaux des partenariats enregistrés ; »

(Décr. n° 2023-25 du 23 janv. 2023, art. 1er-3°-a) « – du règlement (CE) n° 44/2001 du Conseil du 22 décembre 2000 concernant la compétence judiciaire, la reconnaissance et l'exécution des décisions en matière civile et commerciale ; »

– du règlement (UE) n° 1215/2012 du Parlement européen et du Conseil du 12 décembre 2012 concernant la compétence judiciaire, la reconnaissance et l'exécution des décisions en matière civile et commerciale ;

– de l'article 39 du règlement (CE) n° 2201/2003 du Conseil du 27 novembre 2003 relatif à la compétence, la reconnaissance et l'exécution des décisions en matière matrimoniale et en matière de responsabilité parentale abrogeant le règlement (CE) n° 1347/2000 ;

(Abrogé par Décr. n° 2017-892 du 6 mai 2017, art. 7-1°-c) « – du règlement (CE) n° 805/2004 du Parlement européen et du Conseil du 21 avril 2004 portant création d'un titre exécutoire européen pour les créances incontestées ; »

(Décr. n° 2023-25 du 23 janv. 2023, art. 1er-3°-b) « – de l'article 36 du règlement (UE) 2019/1111 du Conseil du 25 juin 2019 relatif à la compétence, la reconnaissance et l'exécution des décisions en matière matrimoniale et en matière de responsabilité parentale, ainsi qu'à l'enlèvement international d'enfant (refonte) ; »

– de la convention concernant la compétence judiciaire, la reconnaissance et l'exécution des décisions en matière civile et commerciale, faite à Lugano le 30 octobre 2007.

(Décr. n° 2017-892 du 6 mai 2017, art. 7-1°-d) « 2° Les requêtes aux fins d'obtention d'un extrait d'une décision présentées en application de l'article 28, paragraphe 1, du règlement (CE) n° 4/2009 du Conseil du 18 décembre 2008 relatif à la compétence, la loi applicable, la reconnaissance et l'exécution des décisions et la coopération en matière d'obligations alimentaires. » – *Les dispositions du d du 1° de l'art. 7 du Décr. n° 2017-892 du 6 mai 2017 sont applicables aux requêtes aux fins d'obtention d'un extrait de décision présentées en application de l'art. 28, § 1, du Règl. n° 4/2009 du Conseil du 18 déc. 2008 relatif à la compétence, la loi applicable, la reconnaissance et l'exécution des décisions et la coopération en matière d'obligations alimentaires, pour toutes les décisions judiciaires quelle que soit la date à laquelle elles ont été rendues (Décr. préc., art. 70-III).*

(Décr. n° 2019-756 du 22 juill. 2019, art. 4-2°) « 3° Les requêtes aux fins de délivrance du certificat mentionné à l'article 38 de la Convention de La Haye du 13 janvier 2000 sur la protection internationale des adultes. »

II. – Sont présentées au juge qui a rendu la décision ou homologué la convention :

1° Les requêtes aux fins de certification des titres exécutoires français en vue de leur reconnaissance et exécution à l'étranger en application :

– des articles 41 et 42 du règlement (CE) n° 2201/2003 du Conseil du 27 novembre 2003 relatif à la compétence, la reconnaissance et l'exécution des décisions en matière matrimoniale et en matière de responsabilité parentale abrogeant le règlement (CE) n° 1347/2000 ; – *V. Règl. (CE) n° 2201/2003 du 27 nov. 2003, App., v° Droit international.*

(Décr. n° 2023-25 du 23 janv. 2023, art. 1er-3°-c) « – de l'article 47 du règlement (UE) 2019/1111 du Conseil du 25 juin 2019 relatif à la compétence, la reconnaissance et l'exécution des décisions en matière matrimoniale et en matière de responsabilité parentale, ainsi qu'à l'enlèvement international d'enfant (refonte) ; »

(Décr. n° 2017-892 du 6 mai 2017, art. 7-2°) « – du règlement (CE) n° 805/2004 du Parlement européen et du Conseil du 21 avril 2004 portant création d'un titre exécutoire européen pour les créances incontestées ; » – *Les dispositions du 2° de l'art. 7 sont applicables aux requêtes aux fins de certification des titres exécutoires français en application du Règl. (CE) n° 805/2004 du Parlement européen et du Conseil du 21 avr. 2004 portant création d'un*

titre exécutoire européen pour les créances incontestées pour tous les titres dressés ou décisions rendues depuis l'entrée en vigueur dudit règlement (Décr. préc., art. 70-III).

– des articles 5,9 et 14.1 du règlement (UE) n° 606/2013 du Parlement européen et du Conseil du 12 juin 2013 relatif à la reconnaissance mutuelle des mesures de protection en matière civile ;

2° Les requêtes aux fins d'obtention d'un extrait d'une décision présentées en application de l'article 20, paragraphe 1, du règlement (CE) n° 4/2009 du Conseil du 18 décembre 2008 relatif à la compétence, la loi applicable, la reconnaissance et l'exécution des décisions et la coopération en matière d'obligations alimentaires.

Les requêtes présentées devant le juge sont dispensées du ministère d'avocat.

(Décr. n° 2023-25 du 23 janv. 2023, art. 1er-3°-d) **« III. – Les requêtes aux fins de certification des titres exécutoires français en vue de leur reconnaissance et exécution à l'étranger en application de l'article 66 du règlement (UE) 2019/1111 du Conseil du 25 juin 2019 relatif à la compétence, la reconnaissance et l'exécution des décisions en matière matrimoniale et en matière de responsabilité parentale, ainsi qu'à l'enlèvement international d'enfants (refonte) sont présentées au président, ou son délégué, du tribunal judiciaire :**

« – dans le ressort duquel l'acte authentique a été reçu, ou

« – dans le ressort duquel l'acte sous signature privée contresigné par avocats a été déposé au rang des minutes d'un notaire, ou

« – dont le greffe a apposé la formule exécutoire sur l'accord. »

L'art. 1er du Décr. n° 2015-1395 du 2 nov. 2015 s'applique aux décisions judiciaires rendues, aux actes authentiques dressés ou enregistrés formellement et aux transactions judiciairement approuvées à compter du 17 août 2015 (Décr. préc., art. 7).

Les dispositions de l'art. 1er du Décr. n° 2018-1219 du 24 déc. 2018 s'appliquent aux procédures engagées, aux actes authentiques formellement dressés ou enregistrés et aux transactions judiciaires approuvées ou conclues à compter du 29 janv. 2019. Toutefois, elles sont applicables aux décisions rendues à compter du 29 janv. 2019 à la suite de procédures engagées antérieurement à cette date, dès lors que les règles de compétence appliquées sont conformes à celles prévues par le chapitre II des Règl. n° 2016/1103 et n° 2016/1104 du 24 juin 2016 (Décr. préc., art. 11).

Art. 509-2 *(Décr. n° 2015-1395 du 2 nov. 2015, art. 1er)* **Sont présentées au** *(Décr. n° 2017-892 du 6 mai 2017, art. 68-I-1°)* **« directeur de greffe » du** *(Décr. n° 2019-966 du 18 sept. 2019, art. 8, en vigueur le 1er janv. 2020)* **« tribunal judiciaire** *[ancienne rédaction : tribunal de grande instance]* **» les requêtes aux fins de reconnaissance ou de constatation de la force exécutoire, sur le territoire de la République, des titres exécutoires étrangers en application :**

(Décr. n° 2023-25 du 23 janv. 2023, art. 1er-4°) **« – du règlement (CE) n° 44/2001 du Conseil du 22 décembre 2000 concernant la compétence judiciaire, la reconnaissance et l'exécution des décisions en matière civile et commerciale ; »**

– des articles 45 à 58 et 61 du règlement (UE) n° 650/2012 du Parlement européen et du Conseil du 4 juillet 2012 relatif à la compétence, la loi applicable, la reconnaissance et l'exécution des décisions, et l'acceptation et l'exécution des actes authentiques en matière de successions et à la création d'un certificat successoral européen ;

(Décr. n° 2018-1219 du 24 déc. 2018, art. 2) **« – des articles 44 à 57 et 60 du règlement (UE) n° 2016/1103 du Conseil du 24 juin 2016 mettant en œuvre une coopération renforcée dans le domaine de la compétence, de la loi applicable, de la reconnaissance et de l'exécution des décisions en matière de régimes matrimoniaux ;**

« – des articles 44 à 57 et 60 du règlement (UE) n° 2016/1104 du Conseil du 24 juin 2016 mettant en œuvre une coopération renforcée dans le domaine de la compétence, de la loi applicable, de la reconnaissance et de l'exécution des décisions en matière d'effets patrimoniaux des partenariats enregistrés ; »

– de la convention concernant la compétence judiciaire, la reconnaissance et l'exécution des décisions en matière civile et commerciale, faite à Lugano le 30 octobre 2007.

Sont présentées au président du *(Décr. n° 2019-966 du 18 sept. 2019, art. 8, en vigueur le 1er janv. 2020)* **« tribunal judiciaire** *[ancienne rédaction : tribunal de grande instance]* **» ou à son délégué les requêtes aux fins de reconnaissance ou de constatation de la force exécutoire, sur le territoire de la République, des titres exécutoires étrangers en application :**

– du règlement (CE) n° 2201/2003 du Conseil du 27 novembre 2003 relatif à la compétence, la reconnaissance et l'exécution des décisions en matière matrimoniale et en matière de responsabilité parentale abrogeant le règlement (CE) n° 1347/2000 ; – *V. Règl. (CE) n° 2201/2003 du 27 nov. 2003, App., v° Droit international.*

– des articles 26 et 27 du règlement (CE) n° 4/2009 du Conseil du 18 décembre 2008 relatif à la compétence, la loi applicable, la reconnaissance et l'exécution des décisions et la coopération en matière d'obligations alimentaires. – *V. Règl. (CE) n° 4/2009 du 18 déc. 2008, App., v° Droit international.*

Les requêtes présentées devant le juge sont dispensées du ministère d'avocat.

L'art. 1er du Décr. n° 2015-1395 du 2 nov. 2015 s'applique aux décisions judiciaires rendues, aux actes authentiques dressés ou enregistrés formellement et aux transactions judiciairement approuvées à compter du 17 août 2015 (Décr. préc., art. 7).

Les dispositions de l'art. 2 du Décr. n° 2018-1219 du 24 déc. 2018 s'appliquent aux procédures engagées, aux actes authentiques formellement dressés ou enregistrés et aux transactions judiciaires approuvées ou conclues à compter du 29 janv. 2019. Toutefois, elles sont applicables aux décisions rendues à compter du 29 janv. 2019 à la suite de procédures engagées antérieurement à cette date, dès lors que les règles de compétence appliquées sont conformes à celles prévues par le chapitre II des Règl. n° 2016/1103 et n° 2016/1104 du 24 juin 2016 (Décr. préc., art. 11).

Art. 509-3 *(Décr. n° 2023-25 du 23 janv. 2023, art. 1er-5°-a)* **« I. – »** *(Décr. n° 2015-1395 du 2 nov. 2015, art. 2)* **« Par dérogation** *(Décr. n° 2023-25 du 23 janv. 2023, art. 1er-5°-a)* **« à l'article » 509-2, sont présentées au président de la chambre des notaires ou, en cas d'absence ou d'empêchement, à son suppléant désigné parmi les membres de la chambre les requêtes aux fins** *(Abrogé par Décr. n° 2023-25 du 23 janv. 2023, art. 1er-5°-a) « de certification, »* **de reconnaissance ou de constatation de la force exécutoire, sur le territoire de la République, des actes authentiques notariés étrangers en application :**

« – de l'article 60 du règlement (UE) n° 650/2012 du Parlement européen et du Conseil du 4 juillet 2012 relatif à la compétence, la loi applicable, la reconnaissance et l'exécution des décisions, et l'acceptation et l'exécution des actes authentiques en matière de successions et à la création d'un certificat successoral européen ; »

(Décr. n° 2018-1219 du 24 déc. 2018, art. 3-1°) **« – de l'article 59 du règlement (UE) n° 2016/1103 du Conseil du 24 juin 2016 mettant en œuvre une coopération renforcée dans le domaine de la compétence, de la loi applicable, de la reconnaissance et de l'exécution des décisions en matière de régimes matrimoniaux ;**

« – de l'article 59 du règlement (UE) n° 2016/1104 du Conseil du 24 juin 2016 mettant en œuvre une coopération renforcée dans le domaine de la compétence, de la loi applicable, de la reconnaissance et de l'exécution des décisions en matière d'effets patrimoniaux des partenariats enregistrés ; »

(Décr. n° 2023-25 du 23 janv. 2023, art. 1er-5°-b) **« – du règlement (CE) n° 44/2001 du Conseil du 22 décembre 2000 concernant la compétence judiciaire, la reconnaissance et l'exécution des décisions en matière civile et commerciale ; »**

– du règlement (CE) n° 4/2009 du Conseil du 18 décembre 2008 relatif à la compétence, la loi applicable, la reconnaissance et l'exécution des décisions et la coopération en matière d'obligations alimentaires ;

– de la convention concernant la compétence judiciaire, la reconnaissance et l'exécution des décisions en matière civile et commerciale, faite à Lugano le 30 octobre 2007.

(Décr. n° 2011-1043 du 1er sept. 2011, art. 5-I-4°) **« Pour l'application du règlement précité du** *(Décr. n° 2023-25 du 23 janv. 2023, art. 1er-5°-c)* **« 22 décembre 2000 », ainsi que de la convention précitée du 30 octobre 2007 »** *(Décr. n° 2010-1165 du*

1er oct. 2010, art. 15-4°, en vigueur le 1er déc. 2010) **« , l'élection de domicile est faite dans le ressort de la cour d'appel où siège la chambre des notaires. »**

(Décr. n° 2023-25 du 23 janv. 2023, art. 1er-5°-d) **« II. — »** *(Décr. n° 2015-1395 du 2 nov. 2015, art. 2)* **« Par dérogation à l'article 509-1 sont présentées au notaire ou à la personne morale titulaire de l'office notarial conservant la minute de l'acte reçu** *(Décr. n° 2023-25 du 23 janv. 2023, art. 1er-5°-d)* **« :**

« 1° » Les requêtes aux fins de certification des actes authentiques notariés *(Décr. n° 2023-25 du 23 janv. 2023, art. 1er-5°-d)* **« français » en vue de leur acceptation** *(Décr. n° 2023-25 du 23 janv. 2023, art. 1er-5°-d)* **« , de leur reconnaissance » et de leur exécution à l'étranger en application :**

« — du règlement (CE) n° 805/2004 du Parlement européen et du Conseil du 21 avril 2004 portant création d'un titre exécutoire européen pour les créances incontestées ;

« — *(Décr. n° 2018-1219 du 24 déc. 2018, art. 3-2°)* **« des articles 59 et 60 » du règlement (UE) n° 650/2012 du Parlement européen et du Conseil du 4 juillet 2012 relatif à la compétence, la loi applicable, la reconnaissance et l'exécution des décisions, et l'acceptation et l'exécution des actes authentiques en matière de successions et à la création d'un certificat successoral européen. »**

(Décr. n° 2018-1219 du 24 déc. 2018, art. 3-3°) **« — des articles 58 et 59 du règlement (UE) n° 2016/1103 du Conseil du 24 juin 2016 mettant en œuvre une coopération renforcée dans le domaine de la compétence, de la loi applicable, de la reconnaissance et de l'exécution des décisions en matière de régimes matrimoniaux ;**

« — des articles 58 et 59 du règlement (UE) n° 2016/1104 du Conseil du 24 juin 2016 mettant en œuvre une coopération renforcée dans le domaine de la compétence, de la loi applicable, de la reconnaissance et de l'exécution des décisions en matière d'effets patrimoniaux des partenariats enregistrés ; »

(Décr. n° 2023-25 du 23 janv. 2023, art. 1er-5°-e) **« — du paragraphe 4 de l'article 57 du règlement (CE) n° 44/2001 du Conseil du 22 décembre 2000 concernant la compétence judiciaire, la reconnaissance et l'exécution des décisions en matière civile et commerciale ;**

« — de l'article 58 du règlement (UE) n° 1215/2012 du Parlement européen et du Conseil du 12 décembre 2012 concernant la compétence judiciaire, la reconnaissance et l'exécution des décisions en matière civile et commerciale ;

« 2° Les requêtes aux fins d'obtention d'un extrait d'un acte authentique français présentées en application de l'article 48 du règlement (CE) n° 4/2009 du Conseil du 18 décembre 2008 relatif à la compétence, la loi applicable, la reconnaissance et l'exécution des décisions et la coopération en matière d'obligations alimentaires. »

(Décr. n° 2023-25 du 23 janv. 2023, art. 1er-5°-f) **« III. — »** *(Décr. n° 2016-1907 du 28 déc. 2016, art. 2)* **« Par dérogation à l'article 509-1, sont présentées au notaire ou à la personne morale titulaire de l'office notarial ayant reçu en dépôt la convention de divorce** *(Décr. n° 2019-1380 du 17 déc. 2019, art. 8-1°)* **« ou de séparation de corps » par consentement mutuel prévue à l'article 229-1 du code civil les requêtes aux fins de certification du titre exécutoire en vue de sa reconnaissance et de son exécution à l'étranger en application de l'article 39 du règlement (CE) n° 2201/2003 du Conseil du 27 novembre 2003 relatif à la compétence, la reconnaissance et l'exécution des décisions en matière matrimoniale et en matière de responsabilité parentale abrogeant le règlement (CE) n° 1347/2000. »** — *V. Règl. (CE) n° 2201/2003 du Conseil du 27 nov. 2003, art. 39, App., v° Droit international.*

L'art. 15 du Décr. n° 2010-1165 du 1er oct. 2010 est applicable dans les îles Wallis-et-Futuna (Décr. préc., art. 18-I).

L'art. 5 du Décr. n° 2011-1043 du 1er sept. 2011 n'est pas applicable dès lors qu'un greffier en chef a déjà procédé, à la date de sa publication, à une mesure conservatoire ou qu'il a été saisi à cette fin (Décr. préc., art. 11). Il est applicable aux îles Wallis-et-Futuna (Décr. préc., art. 9).

Les dispositions de l'art. 2-IV du Décr. n° 2014-1633 du 26 déc. 2014 s'appliquent aux actions judiciaires intentées, aux actes authentiques dressés ou enregistrés formellement et aux transactions judiciairement approuvées ou conclues à compter du 10 janv. 2015. Les décisions rendues dans les actions judiciaires intentées, les actes authentiques dressés ou enregistrés formellement et les transactions approuvées ou conclues avant le 10 janv. 2015 demeurent dans le champ d'application du Règl. (CE) n° 44/2001 du Conseil du 22 déc. 2000 concernant la compétence judiciaire, la reconnaissance et l'exécution des décisions en matière civile et commerciale (Décr. préc., art. 3-I).

L'art. 2 du Décr. n° 2015-1395 du 2 nov. 2015 s'applique aux décisions judiciaires rendues, aux actes authentiques dressés ou enregistrés formellement et aux transactions judiciairement approuvées à compter du 17 août 2015 (Décr. préc., art. 7 ; Décr. n° 2018-1219 du 24 déc. 2018, art. 9-1°).

Les dispositions de l'art. 3 du Décr. n° 2018-1219 du 24 déc. 2018 s'appliquent aux procédures engagées, aux actes authentiques formellement dressés ou enregistrés et aux transactions judiciaires approuvées ou conclues à compter du 29 janv. 2019. Toutefois, elles sont applicables aux décisions rendues à compter du 29 janv. 2019 à la suite de procédures engagées antérieurement à cette date, dès lors que les règles de compétence appliquées sont conformes à celles prévues par le chapitre II des Règl. n° 2016/1103 et n° 2016/1104 du 24 juin 2016 (Décr. préc., art. 11).

....

Art. 509-9 *(Décr. n° 2015-1395 du 2 nov. 2015, art. 4)* **La décision statuant sur la demande de déclaration constatant la force exécutoire, sur le territoire de la République, des titres et actes étrangers, prévue à l'article 48 du règlement (UE) n° 650/2012 du Parlement européen et du Conseil du 4 juillet 2012 relatif à la compétence, la loi applicable, la reconnaissance et l'exécution des décisions, et l'acceptation et l'exécution des actes authentiques en matière de successions et à la création d'un certificat successoral européen peut faire l'objet d'un recours par le demandeur à la déclaration ou par la partie contre laquelle l'exécution est demandée.** *(Décr. n° 2018-1219 du 24 déc. 2018, art. 5)* **« Il en est de même des décisions statuant sur la demande de déclaration constatant la force exécutoire prévues aux articles 47 des règlements (UE) n° 2016/1103 et n° 2016/1104 du Conseil du 24 juin 2016 mettant en œuvre une coopération renforcée dans le domaine de la compétence, de la loi applicable, de la reconnaissance et de l'exécution des décisions en matière de régimes matrimoniaux et d'effets patrimoniaux des partenariats enregistrés. »**

Le recours contre la déclaration constatant la force exécutoire et contre la décision de rejet de la demande de déclaration constatant la force exécutoire est porté devant le président du *(Décr. n° 2019-966 du 18 sept. 2019, art. 8, en vigueur le 1er janv. 2020)* **« tribunal judiciaire** *[ancienne rédaction : tribunal de grande instance]* **» qui statue en dernier ressort sur requête, le requérant et l'autorité requise entendus ou appelés.**

L'art. 3 du Décr. n° 2015-1395 du 2 nov. 2015 s'applique aux décisions judiciaires rendues, aux actes authentiques dressés ou enregistrés formellement et aux transactions judiciairement approuvées à compter du 17 août 2015 (Décr. n° 2018-1219 du 24 déc. 2018, art. 9-1°).

Les dispositions de l'art. 5 du Décr. n° 2018-1219 du 24 déc. 2018 s'appliquent aux procédures engagées, aux actes authentiques formellement dressés ou enregistrés et aux transactions judiciaires approuvées ou conclues à compter du 29 janv. 2019. Toutefois, elles sont applicables aux décisions rendues à compter du 29 janv. 2019 à la suite de procédures engagées antérieurement à cette date, dès lors que les règles de compétence appliquées sont conformes à celles prévues par le chapitre II des Règl. n° 2016/1103 et n° 2016/1104 du 24 juin 2016 (Décr. préc., art. 11).

Art. 509-10 *(Décr. n° 2023-25 du 23 janv. 2023, art. 1er-6°)* **Les demandes formées en application des articles 41, 50, du paragraphe 6 de l'article 56, de l'article 57 ou des paragraphes 2 et 3 de l'article 68 du règlement (UE) 2019/1111 du conseil du 25 juin 2019 relatif à la compétence, la reconnaissance et l'exécution des décisions en matière matrimoniale et en matière de responsabilité parentale, ainsi qu'à l'enlèvement international d'enfants (refonte) sont faites, dans le respect de l'article L. 211-12 du code de l'organisation judiciaire lorsque la décision a été rendue en matière de déplacement illicite international d'enfants, devant le président, ou son délégué, du tribunal judiciaire dans le ressort duquel :**

– demeure le demandeur, ou

– se trouve le lieu de résidence habituelle de l'enfant, ou

– doit s'exercer le droit de visite fixé par la décision, ou
– se situe le bien concerné par la décision dont le refus d'exécution est demandé.

Ces demandes sont formées, instruites et jugées selon la procédure accélérée au fond.

La demande formée en application du paragraphe 6 de l'article 56 du règlement précité est ouverte uniquement à la personne contre laquelle l'exécution est demandée.

Art. 509-11 *(Décr. n° 2023-25 du 23 janv. 2023, art. 1er-6°)* Les demandes aux fins de constat de l'absence de motifs de refus de reconnaissance et aux fins de refus de reconnaissance respectivement formées en application des articles 30 et 40 du règlement (UE) 2019/1111 du conseil du 25 juin 2019 relatif à la compétence, la reconnaissance et l'exécution des décisions en matière matrimoniale et en matière de responsabilité parentale, ainsi qu'à l'enlèvement international d'enfants (refonte) sont portées devant le président, ou son délégué, du tribunal judiciaire dans le ressort duquel se trouve le domicile du demandeur ou du défendeur, dans le respect de l'article L. 211-12 du code de l'organisation judiciaire lorsque la décision a été rendue en matière de déplacement illicite international d'enfants.

Lorsqu'aucun des domiciles mentionnés au premier alinéa ne se trouve en France, ces demandes sont portées devant le président du tribunal judiciaire de Paris ou son délégué.

B Droit du Conseil de l'Europe

Convention européenne de Luxembourg du 20 mai 1980,

Sur la reconnaissance et l'exécution des décisions en matière de garde des enfants et le rétablissement de la garde des enfants.

La présente convention est entrée en vigueur le 1er sept. 1983.

Les États membres du Conseil de l'Europe, signataires de la présente Convention,

Reconnaissant que dans les États membres du Conseil de l'Europe la prise en considération de l'intérêt de l'enfant est d'une importance décisive en matière de décisions concernant sa garde ;

Considérant que l'institution de mesures destinées à faciliter la reconnaissance et l'exécution des décisions concernant la garde d'un enfant aura pour effet d'assurer une meilleure protection de l'intérêt des enfants ;

Estimant souhaitable, dans ce but, de souligner que le droit de visite des parents est le corollaire normal du droit de garde ;

Constatant le nombre croissant de cas où des enfants ont été déplacés sans droit à travers une frontière internationale et les difficultés rencontrées pour résoudre de manière adéquate les problèmes soulevés par ces cas ;

Désireux d'introduire des dispositions appropriées permettant le rétablissement de la garde des enfants lorsque cette garde a été arbitrairement interrompue ;

Convaincus de l'opportunité de prendre, à cet effet, des mesures adaptées aux différents besoins et aux différentes circonstances ;

Désireux d'établir des relations de coopération judiciaire entre leurs autorités,

sont convenus de ce qui suit :

Art. 1er Aux fins de la présente Convention, on entend par :

a) « enfant » une personne, quelle que soit sa nationalité, pour autant qu'elle n'a pas encore atteint l'âge de seize ans et qu'elle n'a pas le droit de fixer elle-même sa résidence selon la loi de sa résidence habituelle ou de sa nationalité ou selon la loi interne de l'État requis ;

b) « autorité » toute autorité judiciaire ou administrative ;

c) « décision relative à la garde » toute décision d'une autorité dans la mesure où elle statue sur le soin de la personne de l'enfant, y compris le droit de fixer sa résidence, ainsi que sur le droit de visite ;

d) « déplacement sans droit » le déplacement d'un enfant à travers une frontière internationale en violation d'une décision relative à sa garde rendue dans un État contractant et exécutoire dans un tel État ; est aussi considéré comme un déplacement sans droit :

i. le non-retour d'un enfant à travers une frontière internationale, à l'issue de la période d'exercice d'un droit de visite relatif à cet enfant ou à l'issue de tout autre séjour temporaire dans un territoire autre que celui dans lequel s'exerce la garde ;

ii. un déplacement déclaré ultérieurement comme illicite au sens de l'article 12.

TITRE I AUTORITÉS CENTRALES

Art. 2 1. Chaque État contractant désignera une autorité centrale qui exercera les fonctions prévues dans la présente Convention.

2. Les États fédéraux et les États dans lesquels plusieurs systèmes de droit sont en vigueur ont la faculté de désigner plusieurs autorités centrales dont ils déterminent les compétences.

3. Toute désignation effectuée en application du présent article doit être notifiée au Secrétaire général du Conseil de l'Europe.

Art. 3 1. Les autorités centrales des États contractants doivent coopérer entre elles et promouvoir une concertation entre les autorités compétentes de leurs pays respectifs. Elles doivent agir avec toute la diligence nécessaire.

2. En vue de faciliter la mise en œuvre de la présente Convention, les autorités centrales des États contractants :

a) Assurent la transmission des demandes de renseignements émanant des autorités compétentes et qui concernent des points de droit ou de fait relatifs à des procédures en cours ;

b) Se communiquent réciproquement sur leur demande des renseignements concernant leur droit relatif à la garde des enfants et son évolution ;

c) Se tiennent mutuellement informées des difficultés susceptibles de s'élever à l'occasion de l'application de la Convention et s'emploient, dans toute la mesure du possible, à lever les obstacles à son application.

Art. 4 1. Toute personne qui a obtenu dans un État contractant une décision relative à la garde d'un enfant et qui désire dans un autre État contractant la reconnaissance ou l'exécution de cette décision peut s'adresser, à cette fin, par requête, à l'autorité centrale de tout État contractant.

2. La requête doit être accompagnée des documents mentionnés à l'article 13.

3. L'autorité centrale saisie, si elle est autre que l'autorité centrale de l'État requis, transmet les documents à cette dernière par voie directe et sans délai.

4. L'autorité centrale saisie peut refuser son intervention lorsqu'il est manifeste que les conditions requises par la présente Convention ne sont pas remplies.

5. L'autorité centrale saisie informe sans délai le demandeur des suites de sa demande.

Art. 5 1. L'autorité centrale de l'État requis prend ou fait prendre dans les plus brefs délais toutes dispositions qu'elle juge appropriées, en saisissant, le cas échéant, ses autorités compétentes, pour :

a) Retrouver le lieu où se trouve l'enfant ;

b) Éviter, notamment par les mesures provisoires nécessaires, que les intérêts de l'enfant ou du demandeur ne soient lésés ;

c) Assurer la reconnaissance ou l'exécution de la décision ;

d) Assurer la remise de l'enfant au demandeur lorsque l'exécution de la décision est accordée ;

e) Informer l'autorité requérante des mesures prises et des suites données.

2. Lorsque l'autorité centrale de l'État requis a des raisons de croire que l'enfant se trouve dans le territoire d'un autre État contractant, elle transmet les documents à l'autorité centrale de cet État, par voie directe et sans délai.

3. À l'exception des frais de rapatriement, chaque État contractant s'engage à n'exiger du demandeur aucun paiement pour toute mesure prise pour le compte de celui-ci en vertu du paragraphe 1 du présent article par l'autorité centrale de cet État, y compris les frais et dépens du procès et, lorsque c'est le cas, les frais entraînés par la participation d'un avocat.

4. Si la reconnaissance ou l'exécution est refusée et si l'autorité centrale de l'État requis estime devoir donner suite à la demande du requérant dans cet État une action au fonds, cette autorité met tout en œuvre pour assurer la représentation du requérant dans cette procédure dans des conditions non moins favorables que celles dont peut bénéficier une personne qui est résidente et ressortissante de cet État et, à cet effet, elle peut notamment saisir ses autorités compétentes.

Art. 6 1. Sous réserve des arrangements particuliers conclus entre les autorités centrales intéressées et des dispositions du paragraphe 3 du présent article :

a) Les communications adressées à l'autorité centrale de l'État requis sont rédigées dans la langue ou dans l'une des langues officielles de cet État ou accompagnées d'une traduction dans cette langue ;

b) L'autorité centrale de l'État requis doit néanmoins accepter les communications rédigées en langue française ou anglaise ou accompagnées d'une traduction dans l'une de ces langues.

2. Les communications émanant de l'autorité centrale de l'État requis, y compris les résultats des enquêtes effectuées, peuvent être rédigées dans la ou dans l'une des langues officielles de cet État ou en français ou en anglais.

3. Tout État contractant peut exclure l'application en tout ou en partie des dispositions du paragraphe 1, *b,* du présent article. Lorsqu'un État contractant a fait cette réserve, tout autre État contractant peut également l'appliquer à l'égard de cet État.

TITRE II RECONNAISSANCE ET EXÉCUTION DES DÉCISIONS ET RÉTABLISSEMENT DE LA GARDE DES ENFANTS

Art. 7 Les décisions relatives à la garde rendues dans un État contractant sont reconnues et, lorsqu'elles sont exécutoires dans l'État d'origine, elles sont mises à exécution dans tout autre État contractant.

Art. 8 1. En cas de déplacement sans droit, l'autorité centrale de l'État requis fera procéder immédiatement à la restitution de l'enfant :

a) Lorsqu'au moment de l'introduction de l'instance dans l'État où la décision a été rendue ou à la date du déplacement sans droit, si celui-ci a eu lieu antérieurement, l'enfant ainsi que ses parents avaient la seule nationalité de cet État et que l'enfant avait sa résidence habituelle sur le territoire dudit État, et

b) Qu'une autorité centrale a été saisie de la demande de restitution dans un délai de six mois à partir du déplacement sans droit.

2. Si, conformément à la loi de l'État requis, il ne peut être satisfait aux prescriptions du paragraphe 1 du présent article sans l'intervention d'une autorité judiciaire, aucun des motifs de refus prévus dans la présente Convention ne s'appliquera dans la procédure judiciaire.

3. Si un accord homologué par une autorité compétente est intervenu entre la personne qui a la garde de l'enfant et une autre personne pour accorder à celle-ci un droit de visite et qu'à l'expiration de la période convenue l'enfant, ayant été emmené à l'étranger, n'a pas été restitué à la personne qui en avait la garde, il est procédé au rétablissement du droit de garde conformément aux paragraphes 1 *b* et 2 du présent article. Il en est de même en cas de décision de l'autorité compétente accordant ce même droit à une personne qui n'a pas la garde de l'enfant.

Art. 9 1. Dans les cas de déplacement sans droit autres que ceux prévus à l'article 8 et si une autorité centrale a été saisie dans un délai de six mois à partir du déplacement, la reconnaissance et l'exécution ne peuvent être refusées que :

a) Si, lorsqu'il s'agit d'une décision rendue en l'absence du défendeur ou de son représentant légal, l'acte introductif d'instance ou un acte équivalent n'a pas été signifié ou notifié au défendeur régulièrement et en temps utile pour qu'il puisse se défendre ; toutefois, cette absence de signification ou de notification ne saurait constituer une cause de refus de reconnaissance ou d'exécution lorsque la signification ou la notification n'a pas eu lieu parce que le défendeur a dissimulé l'endroit où il se trouve à la personne qui a engagé l'instance dans l'État d'origine ;

b) Si, lorsqu'il s'agit d'une décision rendue en l'absence du défendeur ou de son représentant légal, la compétence de l'autorité qui l'a rendue n'est pas fondée :

i. sur la résidence habituelle du défendeur, ou

ii. sur la dernière résidence habituelle commune des parents de l'enfant autant que l'un d'eux y réside encore habituellement, ou

iii. sur la résidence habituelle de l'enfant ;

c) Si la décision est incompatible avec une décision relative à la garde devenue exécutoire dans l'État requis avant le déplacement de l'enfant, à moins que l'enfant n'ait eu sa résidence habituelle sur le territoire de l'État requérant dans l'année précédant son déplacement.

2. Si aucune autorité centrale n'a été saisie, les dispositions du paragraphe 1 du présent article sont également applicables lorsque la reconnaissance et l'exécution sont demandées dans un délai de six mois à partir du déplacement sans droit.

3. En aucun cas la décision ne peut faire l'objet d'un examen au fond.

Art. 10 1. Dans les cas autres que ceux visés aux articles 8 et 9, la reconnaissance ainsi que l'exécution peuvent être refusées non seulement pour les motifs prévus à l'article 9, mais en outre pour l'un des motifs suivants :

a) S'il est constaté que les effets de la décision sont manifestement incompatibles avec les principes fondamentaux du droit régissant la famille et les enfants dans l'État requis ;

b) S'il est constaté qu'en raison de changements de circonstances incluant l'écoulement du temps mais excluant le seul changement de résidence de l'enfant à la suite d'un déplacement sans droit, les effets de la décision d'origine ne sont manifestement plus conformes à l'intérêt de l'enfant ;

c) Si, au moment de l'introduction de l'instance dans l'État d'origine :

i. l'enfant avait la nationalité de l'État requis ou sa résidence habituelle dans cet État alors qu'aucun de ces liens de rattachement n'existait avec l'État d'origine ;

ii. l'enfant avait à la fois la nationalité de l'État d'origine et de l'État requis et sa résidence habituelle dans l'État requis ;

d) Si la décision est incompatible avec une décision rendue, soit dans l'État requis, soit dans un État tiers tout en étant exécutoire dans l'État requis, à la suite d'une procédure engagée avant l'introduction de la demande de reconnaissance ou d'exécution, et si le refus est conforme à l'intérêt de l'enfant.

2. Dans les mêmes cas, la procédure en reconnaissance ainsi que la procédure en exécution peuvent être suspendues pour l'un des motifs suivants :

a) Si la décision d'origine fait l'objet d'un recours ordinaire ;

b) Si une procédure concernant la garde de l'enfant, engagée avant que la procédure dans l'État d'origine n'ait été introduite, est pendante dans l'État requis ;

c) Si une autre décision relative à la garde de l'enfant fait l'objet d'une procédure d'exécution ou de toute autre procédure relative à la reconnaissance de cette décision.

Art. 11 1. Les décisions sur le droit de visite et les dispositions des décisions relatives à la garde qui portent sur le droit de visite sont reconnues et mises à exécution dans les mêmes conditions que les autres décisions relatives à la garde.

2. Toutefois, l'autorité compétente de l'État requis peut fixer les modalités de la mise en œuvre et de l'exercice du droit de visite compte tenu notamment des engagements pris par les parties à ce sujet.

3. Lorsqu'il n'a pas été statué sur le droit de visite ou lorsque la reconnaissance ou l'exécution de la décision relative à la garde est refusée, l'autorité centrale de l'État requis peut saisir ses autorités compétentes pour statuer sur le droit de visite, à la demande de la personne invoquant ce droit.

Art. 12 Lorsqu'à la date à laquelle l'enfant est déplacé à travers une frontière internationale il n'existe pas de décision exécutoire sur sa garde rendue dans un État contractant, les dispositions de la présente Convention s'appliquent à toute décision ultérieure relative à la garde de cet enfant et déclarant le déplacement illicite, rendue dans un État contractant à la demande de toute personne intéressée.

TITRE III PROCÉDURE

Art. 13 1. La demande tendant à la reconnaissance ou l'exécution dans un autre État contractant d'une décision relative à la garde doit être accompagnée :

a) D'un document habilitant l'autorité centrale de l'État requis à agir au nom du requérant ou à désigner à cette fin un autre représentant ;

b) D'une expédition de la décision réunissant les conditions nécessaires à son authenticité ;

c) Lorsqu'il s'agit d'une décision rendue en l'absence du défendeur ou de son représentant légal, de tout document de nature à établir que l'acte introductif d'instance ou un acte équivalent a été régulièrement signifié ou notifié au défendeur ;

d) Le cas échéant, de tout document de nature à établir que, selon la loi de l'État d'origine, la décision est exécutoire ;

e) Si possible, d'un exposé indiquant le lieu où pourrait se trouver l'enfant dans l'État requis ;

f) De propositions sur les modalités du rétablissement de la garde de l'enfant.

2. Les documents mentionnés ci-dessus doivent, le cas échéant, être accompagnés d'une traduction selon les règles établies à l'article 6.

Art. 14 Tout État contractant applique à la reconnaissance et à l'exécution d'une décision relative à la garde une procédure simple et rapide. A cette fin, il veille à ce que la demande d'*exequatur* puisse être introduite sur simple requête.

Art. 15 1. Avant de statuer sur l'application du paragraphe 1, *b* de l'article 10, l'autorité relevant de l'État requis :

a) Doit prendre connaissance du point de vue de l'enfant, à moins qu'il n'y ait une impossibilité pratique, eu égard notamment à l'âge et à la capacité de discernement de celui-ci ; et

b) Peut demander que des enquêtes appropriées soient effectuées.

2. Les frais des enquêtes effectuées dans un État contractant sont à la charge de l'État dans lequel elles ont été effectuées.

3. Les demandes d'enquête et leurs résultats peuvent être adressés à l'autorité concernée par l'intermédiaire des autorités centrales.

Art. 16 Aux fins de la présente Convention, aucune légalisation ni formalité analogue ne peut être exigée.

TITRE IV RÉSERVES

Art. 17 1. Tout État contractant peut faire la réserve selon laquelle, dans les cas prévus aux articles 8 et 9 de l'un de ces articles, la reconnaissance et l'exécution des décisions relatives à la garde pourront être refusées pour ceux des motifs prévus à l'article 10 qui seront indiqués dans la réserve.

2. La reconnaissance et l'exécution des décisions rendues dans un État contractant ayant fait la réserve prévue au paragraphe 1 du présent article peuvent être refusées dans tout autre État contractant pour l'un des motifs additionnels indiqués dans cette réserve.

Art. 18 Tout État contractant peut faire la réserve selon laquelle il n'est pas lié par les dispositions de l'article 12. Les dispositions de la présente Convention ne s'appliquent pas aux décisions visées à l'article 12 qui ont été rendues dans un État contractant qui a fait cette réserve.

TITRE V AUTRES INSTRUMENTS

Art. 19 La présente Convention n'empêche pas qu'un autre instrument international liant l'État d'origine et l'État requis ou le droit non conventionnel de l'État requis soient invoqués pour obtenir la reconnaissance ou l'exécution d'une décision.

Art. 20 1. La présente Convention ne porte pas atteinte aux engagements qu'un État contractant peut avoir à l'égard d'un État non contractant en vertu d'un instrument international portant sur des matières régies par la présente Convention.

2. Lorsque deux ou plusieurs États contractants ont établi ou viennent à établir une législation uniforme dans le domaine de la garde des enfants ou un système particulier de reconnaissance ou d'exécution des décisions dans ce domaine, ils auront la faculté d'appliquer entre eux cette législation ou ce système à la place de la présente Convention ou de toute partie de celle-ci. Pour se prévaloir de cette disposition, ces États devront notifier leur décision au Secrétaire général du Conseil de l'Europe. Toute modification ou révocation de cette décision doit également être notifiée.

TITRE VI CLAUSES FINALES

....

DÉCLARATION ET RÉSERVE FAITE PAR LE GOUVERNEMENT FRANÇAIS :

Déclaration :

— Que conformément aux dispositions de l'article 2, le Ministère de la Justice, Bureau de l'Entraide Judiciaire Internationale (13, place Vendôme, 75001 Paris) est désigné comme Autorité centrale ;

RÉSERVE :

— Que conformément aux dispositions des articles 27 et 17, il fait la réserve selon laquelle dans les cas prévus aux articles 8 et 9, la reconnaissance et l'exécution des décisions relatives à la garde pourront être refusées pour ceux des motifs prévus à l'article 10 de la Convention.

Convention de Strasbourg du 25 janvier 1996,

Sur l'exercice des droits des enfants (Publiée par Décr. n° 2008-36 du 10 janv. 2008, JO 12 janv.).

Le présent accord est entré en vigueur le 1er janv. 2008.

Les États membres du Conseil de l'Europe et les autres États, signataires de la présente Convention,

Considérant que le but du Conseil de l'Europe est de réaliser une union plus étroite entre ses membres ;

Tenant compte de la Convention des Nations unies sur les droits de l'enfant, et en particulier de l'article 4 qui exige que les États Parties prennent toutes les mesures législatives, administratives et autres qui sont nécessaires pour mettre en œuvre les droits reconnus dans ladite Convention ;

Prenant note du contenu de la Recommandation 1121 (1990) de l'assemblée parlementaire, relative aux droits des enfants ;

Convaincus que les droits et les intérêts supérieurs des enfants devraient être promus et qu'à cet effet les enfants devraient avoir la possibilité d'exercer ces droits, en particulier dans les procédures familiales les intéressant ;

Reconnaissant que les enfants devraient recevoir des informations pertinentes afin que leurs droits et leurs intérêts supérieurs puissent être promus, et que l'opinion de ceux-là doit être dûment prise en considération ;

Reconnaissant l'importance du rôle des parents dans la protection et la promotion des droits et des intérêts supérieurs de leurs enfants et considérant que les États devraient, le cas échéant, également prendre part à celles-là ;

Considérant, toutefois, que, en cas de conflit, il est opportun que les familles essayent de trouver un accord avant de porter la question devant une autorité judiciaire,

sont convenus de ce qui suit :

CHAPITRE I *CHAMP D'APPLICATION ET OBJET DE LA CONVENTION, ET DÉFINITIONS*

Art. 1er *Champ d'application et objet de la Convention.* 1. La présente Convention s'applique aux enfants qui n'ont pas atteint l'âge de dix-huit ans.

2. L'objet de la présente Convention vise à promouvoir, dans l'intérêt supérieur des enfants, leurs droits, à leur accorder des droits procéduraux et à en faciliter l'exercice en veillant à ce qu'ils puissent, eux-mêmes, ou par l'intermédiaire d'autres personnes ou organes, être informés et autorisés à participer aux procédures les intéressant devant une autorité judiciaire.

3. Aux fins de la présente Convention, les procédures intéressant les enfants devant une autorité judiciaire sont des procédures familiales, en particulier celles relatives à l'exercice des responsabilités parentales, s'agissant notamment de la résidence et du droit de visite à l'égard des enfants.

4. Tout État doit, au moment de la signature ou au moment du dépôt de son instrument de ratification, d'acceptation, d'approbation ou d'adhésion, désigner, par déclaration adressée au Secrétaire général du Conseil de l'Europe, au moins trois catégories de litiges familiaux devant une autorité judiciaire auxquelles la présente Convention a vocation à s'appliquer.

5. Toute Partie peut, par déclaration additionnelle, compléter la liste des catégories de litiges familiaux auxquelles la présente Convention a vocation à s'appliquer ou fournir toute information relative à l'application des articles 5, 9, paragraphe 2, 10, paragraphe 2, et 11.

6. La présente Convention n'empêche pas les Parties d'appliquer des règles plus favorables à la promotion et à l'exercice des droits des enfants.

Art. 2 *Définitions.* Aux fins de la présente Convention, l'on entend par :

a) « Autorité judiciaire », un tribunal ou une autorité administrative ayant des compétences équivalentes ;

b) « Détenteurs des responsabilités parentales », les parents et autres personnes ou organes habilités à exercer tout ou partie des responsabilités parentales ;

c) « Représentant », une personne, telle qu'un avocat, ou un organe nommé pour agir auprès d'une autorité judiciaire au nom d'un enfant ;

d) « Informations pertinentes », les informations appropriées, eu égard à l'âge et au discernement de l'enfant, qui lui seront fournies afin de lui permettre d'exercer pleinement ses droits, à moins que la communication de telles informations ne nuise à son bien-être.

CHAPITRE II *MESURES D'ORDRE PROCÉDURAL POUR PROMOUVOIR L'EXERCICE DES DROITS DES ENFANTS*

A. *Droits procéduraux d'un enfant*

Art. 3 *Droit d'être informé et d'exprimer son opinion dans les procédures.* Un enfant qui est considéré par le droit interne comme ayant un discernement suffisant, dans les procédures l'intéressant devant une autorité judiciaire, se voit conférer les droits suivants, dont il peut lui-même demander à bénéficier :

a) Recevoir toute information pertinente ;

b) Être consulté et exprimer son opinion ;

c) Être informé des conséquences éventuelles de la mise en pratique de son opinion et des conséquences éventuelles de toute décision.

Art. 4 *Droit de demander la désignation d'un représentant spécial.* 1. Sous réserve de l'article 9, l'enfant a le droit de demander, personnellement ou par l'intermédiaire d'autres personnes ou organes, la désignation d'un représentant spécial dans les procédures l'intéressant devant une autorité judiciaire, lorsque le droit interne prive les détenteurs des responsabilités parentales de la faculté de représenter l'enfant en raison d'un conflit d'intérêts avec celui-là.

2. Les États sont libres de prévoir que le droit visé au paragraphe 1 ne s'applique qu'aux seuls enfants considérés par le droit interne comme ayant un discernement suffisant.

Art. 5 *Autres droits procéduraux possibles.* Les Parties examinent l'opportunité de reconnaître aux enfants des droits procéduraux supplémentaires dans les procédures intéressant les enfants devant une autorité judiciaire, en particulier :

a) Le droit de demander à être assistés par une personne appropriée de leur choix afin de les aider à exprimer leur opinion ;

b) Le droit de demander eux-mêmes, ou par l'intermédiaire d'autres personnes ou organes, la désignation d'un représentant distinct, dans les cas appropriés, un avocat ;

c) Le droit de désigner leur propre représentant ;

d) Le droit d'exercer tout ou partie des prérogatives d'une partie à de telles procédures.

B. *Rôle des autorités judiciaires*

Art. 6 *Processus décisionnel.* Dans les procédures intéressant un enfant, l'autorité judiciaire, avant de prendre toute décision, doit :

a) Examiner si elle dispose d'informations suffisantes afin de prendre une décision dans l'intérêt supérieur de celui-là et, le cas échéant, obtenir des informations supplémentaires, en particulier de la part des détenteurs de responsabilités parentales ;

b) Lorsque l'enfant est considéré par le droit interne comme ayant un discernement suffisant :

– s'assurer que l'enfant a reçu toute information pertinente ;

– consulter dans les cas appropriés l'enfant personnellement, si nécessaire en privé, elle-même ou par l'intermédiaire d'autres personnes ou organes, sous une forme appropriée à son discernement, à moins que ce ne soit manifestement contraire aux intérêts supérieurs de l'enfant ;

– permettre à l'enfant d'exprimer son opinion ;

c) Tenir dûment compte de l'opinion exprimée par celui-ci.

Art. 7 *Obligation d'agir promptement.* Dans les procédures intéressant un enfant, l'autorité judiciaire doit agir promptement pour éviter tout retard inutile. Des procédures assurant une exécution rapide de ses décisions doivent y concourir. En cas d'urgence, l'autorité judiciaire a, le cas échéant, le pouvoir de prendre des décisions qui sont immédiatement exécutoires.

Art. 8 *Possibilité d'autosaisine.* Dans les procédures intéressant un enfant, l'autorité judiciaire a le pouvoir, dans les cas déterminés par le droit interne où le bien-être de l'enfant est sérieusement menacé, de se saisir d'office.

Art. 9 *Désignation d'un représentant.* 1. Dans les procédures intéressant un enfant, lorsqu'en vertu du droit interne les détenteurs des responsabilités parentales se voient privés de la faculté de représenter l'enfant à la suite d'un conflit d'intérêts avec lui, l'autorité judiciaire a le pouvoir de désigner un représentant spécial pour celui-là dans de telles procédures.

2. Les Parties examinent la possibilité de prévoir que, dans les procédures intéressant un enfant, l'autorité judiciaire ait le pouvoir de désigner un représentant distinct, dans les cas appropriés, un avocat, pour représenter l'enfant.

C. *Rôle des représentants*

Art. 10 1. Dans le cas des procédures intéressant un enfant devant une autorité judiciaire, le représentant doit, à moins que ce ne soit manifestement contraire aux intérêts supérieurs de l'enfant :

a) Fournir toute information pertinente à l'enfant, si ce dernier est considéré par le droit interne comme ayant un discernement suffisant ;

b) Fournir des explications à l'enfant, si ce dernier est considéré par le droit interne comme ayant un discernement suffisant, relatives aux conséquences éventuelles de la mise en pratique de son opinion et aux conséquences éventuelles de toute action du représentant ;

c) Déterminer l'opinion de l'enfant et la porter à la connaissance de l'autorité judiciaire.

2. Les Parties examinent la possibilité d'étendre les dispositions du paragraphe 1 aux détenteurs des responsabilités parentales.

D. *Extension de certaines dispositions*

....

F. *Autres mesures*

Art. 13 *Médiation et autres méthodes de résolution des conflits.* Afin de prévenir ou de résoudre les conflits, et d'éviter des procédures intéressant les enfants devant une autorité judiciaire, les Parties encouragent la mise en œuvre de la médiation ou de toute autre méthode de résolution des conflits et leur utilisation pour conclure un accord, dans les cas appropriés déterminés par les Parties.

Art. 14 *Aide judiciaire et conseil juridique.* Lorsque le droit interne prévoit l'aide judiciaire ou le conseil juridique pour la représentation des enfants dans les procédures les intéressant devant une autorité judiciaire, de telles dispositions s'appliquent aux questions visées aux articles 4 et 9.

Art. 15 *Relations avec d'autres instruments internationaux.* La présente Convention ne fait pas obstacle à l'application d'autres instruments internationaux qui traitent de questions spécifiques à la protection des enfants et des familles, auxquels une Partie à la présente Convention est, ou devient, Partie.

....

Déclarations

Art. 1er, § 4 La France désigne, conformément à l'article 1er, paragraphe 4, les catégories de litiges familiaux suivantes auxquelles la Convention a vocation à s'appliquer devant une autorité judiciaire :

– procédures relatives aux modalités d'exercice de l'autorité parentale ;
– procédures relatives à la détermination de la résidence de l'enfant ;
– procédures relatives à l'organisation des modalités des rencontres des titulaires de l'autorité parentale avec l'enfant ;
– procédures fixant les modalités du lien de l'enfant avec des tiers ;
– procédure d'assistance éducative pour les enfants en danger.

Art. 2, alinéa b La France interprète la notion de « détenteurs des responsabilités parentales » telle que définie à l'article 2 (b) de la Convention comme visant les représentants légaux de l'enfant au sens du droit français.

C Conventions de la Haye

Convention de La Haye du 14 mars 1978,

Sur la loi applicable aux régimes matrimoniaux.

La présente convention est entrée en vigueur le 1er sept. 1992.

BIBL. ▸ MONÉGER, *JCP N 2014, nº 1294.*

CHAPITRE I *CHAMP D'APPLICATION DE LA CONVENTION*

Art. 1er La présente Convention détermine la loi applicable aux régimes matrimoniaux.

Elle ne s'applique pas :

1. Aux obligations alimentaires entre époux ;
2. Aux droits successoraux du conjoint survivant ;
3. À la capacité des époux.

Art. 2 La Convention s'applique même si la nationalité ou la résidence habituelle des époux ou la loi applicable en vertu des articles ci-dessous ne sont pas celles d'un État contractant.

CHAPITRE II *LOI APPLICABLE*

Art. 3 Le régime matrimonial est soumis à la loi interne désignée par les époux avant le mariage.

Les époux ne peuvent désigner que l'une des lois suivantes :

1. La loi d'un État dont l'un des époux a la nationalité au moment de cette désignation ;
2. La loi de l'État sur le territoire duquel l'un des époux a sa résidence habituelle au moment de cette désignation ;
3. La loi du premier État sur le territoire duquel l'un des époux établira une nouvelle résidence habituelle après le mariage.

La loi ainsi désignée s'applique à l'ensemble de leurs biens.

Toutefois, que les époux aient ou non procédé à la désignation prévue par les alinéas précédents, ils peuvent désigner, en ce qui concerne les immeubles ou certains d'entre eux, la loi du lieu où ces immeubles sont situés. Ils peuvent également prévoir que les immeubles qui seront acquis par la suite seront soumis à la loi du lieu de leur situation.

Art. 4 Si les époux n'ont pas, avant le mariage, désigné la loi applicable à leur régime matrimonial, celui-ci est soumis à la loi interne de l'État sur le territoire duquel ils établissent leur première résidence habituelle après le mariage.

Toutefois, dans les cas suivants, le régime matrimonial est soumis à la loi interne de l'État de la nationalité commune des époux :

1. Lorsque la déclaration prévue par l'article 5 a été faite par cet État et que son effet n'est pas exclu par l'alinéa 2 de cet article ;
2. Lorsque cet État n'est pas partie à la Convention, que sa loi interne est applicable selon son droit international privé et que les époux établissent leur première résidence habituelle après le mariage :

   a) Dans un État ayant fait la déclaration prévue par l'article 5, ou

   b) Dans un État qui n'est pas partie à la Convention et dont le droit international privé prescrit également l'application de leur loi nationale ;
3. Lorsque les époux n'établissent pas sur le territoire du même État leur première résidence habituelle après le mariage.

A défaut de résidence habituelle des époux sur le territoire du même État et à défaut de nationalité commune, leur régime matrimonial est soumis à la loi interne de l'État avec lequel, compte tenu de toutes les circonstances, il présente les liens les plus étroits.

Art. 5 Tout État pourra, au plus tard au moment de la ratification, de l'acceptation, de l'approbation ou de l'adhésion, faire une déclaration entraînant l'application de sa loi interne, selon l'article 4, alinéa 2, chiffre 1.

Cette déclaration n'aura pas d'effet pour des époux qui conservent tous deux leur résidence habituelle sur le territoire de l'État où, au moment du mariage, l'un et l'autre avaient leur résidence habituelle depuis cinq ans au moins, sauf si cet État est un État contractant ayant fait la déclaration prévue par l'alinéa premier du présent article, ou un État non partie à la Convention et dont le droit international privé prescrit l'application de la loi nationale.

Art. 6 Les époux peuvent, au cours du mariage, soumettre leur régime matrimonial à une loi interne autre que celle jusqu'alors applicable.

Les époux ne peuvent désigner que l'une des lois suivantes :

1. La loi d'un État dont l'un des époux a la nationalité au moment de cette désignation ;
2. La loi de l'État sur le territoire duquel l'un des époux a sa résidence habituelle au moment de cette désignation.

La loi ainsi désignée s'applique à l'ensemble de leurs biens.

Toutefois, que les époux aient ou non procédé à la désignation prévue par les alinéas précédents ou par l'article 3, ils peuvent désigner, en ce qui concerne les immeubles ou certains d'entre eux, la loi du lieu où ces immeubles sont situés. Ils peuvent également prévoir que les immeubles qui seront acquis par la suite seront soumis à la loi du lieu de leur situation.

Art. 7 La loi compétente en vertu des dispositions de la Convention demeure applicable aussi longtemps que les époux n'en ont désigné aucune autre et même s'ils changent de nationalité ou de résidence habituelle.

Toutefois, si les époux n'ont ni désigné la loi applicable ni fait de contrat de mariage, la loi interne de l'État où ils ont tous deux leur résidence habituelle devient applicable, au lieu et place de celle à laquelle leur régime matrimonial était antérieurement soumis.

1. A partir du moment où ils y fixent leur résidence habituelle, si la nationalité de cet État est leur nationalité commune, ou dès qu'ils acquièrent cette nationalité, ou
2. Lorsque, après le mariage, cette résidence habituelle a duré plus de dix ans, ou
3. A partir du moment où ils fixent leur résidence habituelle, si le régime matrimonial était soumis à la loi de l'État de la nationalité commune uniquement en vertu de l'article 4, alinéa 2, chiffre 3.

Art. 8 Le changement de la loi applicable en vertu de l'article 7, alinéa 2, n'a d'effet que pour l'avenir, et les biens appartenant aux époux antérieurement à ce changement ne sont pas soumis à la loi désormais applicable.

Toutefois, les époux peuvent, à tout moment et dans les formes prévues à l'article 13, soumettre l'ensemble de leurs biens à la nouvelle loi, sans préjudice, en ce qui concerne les immeubles, des dispositions de l'article 3, alinéa 4, et de l'article 6, alinéa 4. L'exercice de cette faculté ne porte pas atteinte aux droits des tiers.

Art. 9 Les effets du régime matrimonial sur un rapport juridique entre un époux et un tiers sont soumis à la loi applicable au régime matrimonial en vertu de la Convention.

Toutefois, le droit d'un État contractant peut prévoir que la loi applicable au régime matrimonial ne peut être opposée par un époux à un tiers lorsque l'un ou l'autre a sa résidence habituelle sur son territoire, à moins :

1. Que des conditions de publicité ou d'enregistrement prévues par ce droit aient été remplies, ou
2. Que le rapport juridique entre cet époux et le tiers ait pris naissance alors que le tiers connaissait ou devait connaître la loi applicable au régime matrimonial.

Le droit de l'État contractant où un immeuble est situé peut prévoir une règle analogue pour les rapports juridiques entre un époux et un tiers concernant cet immeuble.

Tout État contractant a la possibilité de spécifier au moyen d'une déclaration la portée des alinéas 2 et 3 du présent article.

Art. 10 Les conditions relatives au consentement des époux quant à la loi déclarée applicable sont déterminées par cette loi.

Art. 11 La désignation de la loi applicable doit faire l'objet d'une stipulation expresse ou résulter indubitablement des dispositions d'un contrat de mariage.

Art. 12 Le contrat de mariage est valable quant à la forme si celle-ci répond soit à la loi interne applicable au régime matrimonial, soit à la loi interne en vigueur au lieu où le contrat a été passé. Il doit toujours faire l'objet d'un écrit daté et signé des deux époux.

Art. 13 La désignation par stipulation expresse de la loi applicable doit revêtir la forme prescrite pour les contrats de mariage soit par la loi interne désignée, soit par la loi interne du lieu où intervient cette désignation. Elle doit toujours faire l'objet d'un écrit daté et signé des deux époux.

Art. 14 L'application de la loi déterminée par la Convention ne peut être écartée que si elle est manifestement incompatible avec l'ordre public.

CHAPITRE III ***DISPOSITIONS DIVERSES***

Art. 15 Aux fins de la Convention, une nationalité n'est considérée comme nationalité commune des époux que dans les cas suivants :

1. Les deux époux avaient cette nationalité avant le mariage ;
2. Un époux a volontairement acquis la nationalité de l'autre au moment du mariage ou ultérieurement soit par une déclaration prévue à cet effet, soit en ne déclinant pas cette acquisition alors qu'il savait que ce droit lui était ouvert ;

3. Les deux époux ont volontairement acquis cette nationalité après le mariage.

Sauf dans les cas visés par l'article 7, alinéa 2, chiffre 1, les dispositions se référant à la nationalité commune ne sont pas applicables lorsque les époux ont plus d'une nationalité commune.

Art. 16 Aux fins de la Convention, lorsqu'un État comprend deux ou plusieurs unités territoriales dans lesquelles des systèmes de droit différents s'appliquent en matière de régimes matrimoniaux, toute référence à la loi nationale d'un tel État est entendue comme visant le système déterminé par les règles en vigueur dans cet État.

A défaut de telles règles, on entend par État dont un époux a la nationalité, au sens des articles 3, alinéa 2, chiffre 1, et 6, alinéa 2, chiffre 1, l'unité territoriale où cet époux a eu en dernier lieu sa résidence habituelle ; de même, pour l'application de l'article 4, alinéa 2, on entend par État de la nationalité commune des époux l'unité territoriale où l'un et l'autre a eu, en dernier lieu, une résidence habituelle.

Art. 17 Aux fins de la Convention, lorsqu'un État comprend deux ou plusieurs unités territoriales dans lesquelles des systèmes de droit différents s'appliquent en matière de régimes matrimoniaux, toute référence à la résidence habituelle dans un tel État est interprétée comme visant la résidence habituelle dans une unité territoriale de cet État.

Art. 18 Un État contractant qui comprend deux ou plusieurs unités territoriales dans lesquelles des systèmes de droit différents s'appliquent en matière de régimes matrimoniaux n'est pas tenu d'appliquer les règles de la Convention aux conflits entre les lois de ces unités, lorsque la loi d'aucun autre État n'est applicable en vertu de la Convention.

Art. 19 Aux fins de la Convention, lorsqu'un État connaît, en matière de régimes matrimoniaux, deux ou plusieurs systèmes de droit applicables à des catégories différentes de personnes, toute référence à la loi d'un tel État est entendue comme visant le système de droit déterminé par les règles en vigueur dans cet État.

A défaut de telles règles, la loi interne de l'État de la nationalité commune des époux s'applique dans le cas prévu à l'article 4, alinéa premier, et la loi interne de l'État dans lequel ils avaient tous deux leur résidence habituelle reste applicable dans le cas prévu à l'article 7, alinéa 2, chiffre 2. À défaut de nationalité commune des époux, l'article 4, alinéa 3, s'applique.

Art. 20 La Convention ne déroge pas aux instruments internationaux auxquels un État contractant est ou sera Partie et qui contiennent des dispositions sur les matières réglées par la présente Convention.

Art. 21 La Convention ne s'applique, dans chaque État contractant, qu'aux époux qui se sont mariés ou qui désignent la loi applicable à leur régime matrimonial après son entrée en vigueur pour cet État.

Tout État contractant pourra, par déclaration, étendre l'application de la Convention à d'autres époux.

CHAPITRE IV *CLAUSES FINALES*

....

Convention de La Haye du 25 octobre 1980,

Sur les aspects civils de l'enlèvement international d'enfants.

Sur la jurisprudence, V. notes ss. art. 373-2-1 C. civ.

La présente convention est entrée en vigueur le 1er déc. 1983.

Les États signataires de la présente Convention,

Profondément convaincus que l'intérêt de l'enfant est d'une importance primordiale pour toute question relative à sa garde,

Désirant protéger l'enfant, sur le plan international, contre les effets nuisibles d'un déplacement ou d'un non-retour illicites et établir des procédures en vue de garantir le retour immédiat de l'enfant dans l'État de sa résidence habituelle, ainsi que d'assurer la protection du droit de visite,

ont résolu de conclure une Convention à cet effet, et sont convenus des dispositions suivantes :

CHAPITRE I *CHAMP D'APPLICATION DE LA CONVENTION*

Art. 1er La présente Convention a pour objet :

a) D'assurer le retour immédiat des enfants déplacés ou retenus illicitement dans tout État contractant ;

b) De faire respecter effectivement dans les autres États contractants les droits de garde et de visite existant dans un État contractant.

Art. 2 Les États contractants prennent toutes mesures appropriées pour assurer, dans les limites de leur territoire, la réalisation des objectifs de la Convention. A cet effet, ils doivent recourir à leurs procédures d'urgence.

Art. 3 Le déplacement ou le non-retour d'un enfant est considéré comme illicite :

a) Lorsqu'il a lieu en violation d'un droit de garde, attribué à une personne, une institution ou tout autre organisme, seul ou conjointement, par le droit de l'État dans lequel l'enfant avait sa résidence habituelle immédiatement avant son déplacement ou son non-retour ; et

b) Que ce droit était exercé de façon effective seul ou conjointement, au moment du déplacement ou du non-retour, ou l'eût été si de tels événements n'étaient survenus.

Le droit de garde visé en *a* peut notamment résulter d'une attribution de plein droit, d'une décision judiciaire ou administrative, ou d'un accord en vigueur selon le droit de cet État.

Art. 4 La Convention s'applique à tout enfant qui avait sa résidence habituelle dans un État contractant immédiatement avant l'atteinte aux droits de garde ou de visite. L'application de la Convention cesse lorsque l'enfant parvient à l'âge de seize ans.

Cas du nourrisson âgé de quelques semaines. Au sens des art. 3 et 4 de la Conv. de La Haye du 25 oct. 1980 sur les aspects civils de l'enlèvement international d'enfants, et les art. 2 et 11, § 1, du Règl. (CE) n° 2201/2003 du Conseil du 27 nov. 2003, est illicite tout déplacement ou non-retour d'un enfant fait en violation d'un droit de garde exercé effectivement et attribué à une personne par le droit ou le juge de l'État dans lequel l'enfant avait sa résidence habituelle avant son déplacement ou son non-retour ; la cour d'appel qui ordonne le retour de l'enfant sans rechercher comme il le lui incombait, si, au regard du très jeune âge de l'enfant et de la circonstance qu'il était arrivé à l'âge d'un mois en France et y avait séjourné de manière ininterrompue depuis lors avec sa mère, son environnement social et familial et, par suite, le centre de sa vie, ne s'y trouvait pas, nonobstant l'intention initiale des parents quant au retour de la mère, accompagnée de l'enfant, en Grèce après son séjour en France, la cour d'appel a privé sa décision de base légale au regard des textes susvisés. • Civ. 1re, 12 juin 2020, n° 19-24.108 P.

Art. 5 Au sens de la présente Convention :

a) Le « droit de garde » comprend le droit portant sur les soins de la personne de l'enfant et en particulier celui de décider de son lieu de résidence ;

b) Le « droit de visite » comprend le droit d'emmener l'enfant pour une période limitée dans un lieu autre que celui de sa résidence habituelle.

CHAPITRE II *AUTORITÉS CENTRALES*

Art. 6 Chaque État contractant désigne une autorité centrale chargée de satisfaire aux obligations qui lui sont imposées par la Convention.

Un État fédéral, un État dans lequel plusieurs systèmes de droit sont en vigueur ou un État ayant des organisations territoriales autonomes, est libre de désigner plus d'une autorité centrale et de spécifier l'étendue territoriale des pouvoirs de chacune de ces autorités. L'État qui fait usage de cette faculté désigne l'autorité centrale à laquelle les demandes peuvent être adressées en vue de leur transmission à l'autorité centrale compétente au sein de cet État.

Art. 7 Les autorités centrales doivent coopérer entre elles et promouvoir une collaboration entre les autorités compétentes dans leurs États respectifs, pour assurer le retour immédiat des enfants et réaliser les autres objectifs de la présente Convention.

En particulier, soit directement, soit avec le concours de tout intermédiaire, elles doivent prendre toutes les mesures appropriées :

a) Pour localiser un enfant déplacé ou retenu illicitement ;

b) Pour prévenir de nouveaux dangers pour l'enfant ou des préjudices pour les parties concernées, en prenant ou en faisant prendre des mesures provisoires ;

c) Pour assurer la remise volontaire de l'enfant ou faciliter une solution amiable ;

d) Pour échanger, si cela s'avère utile, des informations relatives à la situation sociale de l'enfant ;

e) Pour fournir des informations générales concernant le droit de leur État relatives à l'application de la Convention ;

f) Pour introduire ou favoriser l'ouverture d'une procédure judiciaire ou administrative, afin d'obtenir le retour de l'enfant et, le cas échéant, de permettre l'organisation ou l'exercice effectif du droit de visite ;

g) Pour accorder ou faciliter, le cas échéant, l'obtention de l'assistance judiciaire et juridique, y compris la participation d'un avocat ;

h) Pour assurer, sur le plan administratif, si nécessaire et opportun, le retour sans danger de l'enfant ;

i) Pour se tenir mutuellement informées sur le fonctionnement de la Convention et, autant que possible, lever les obstacles éventuellement rencontrés lors de son application.

CHAPITRE III *RETOUR DE L'ENFANT*

Art. 8 La personne, l'institution ou l'organisme qui prétend qu'un enfant a été déplacé ou retenu en violation d'un droit de garde peut saisir soit l'autorité centrale de la résidence habituelle de l'enfant, soit celle de tout autre État contractant, pour que celles-ci prêtent leur assistance en vue d'assurer le retour de l'enfant.

La demande doit contenir :

a) Des informations portant sur l'identité du demandeur, de l'enfant et de la personne dont il est allégué qu'elle a emmené ou retenu l'enfant ;

b) La date de naissance de l'enfant, s'il est possible de se la procurer ;

c) Les motifs sur lesquels se base le demandeur pour réclamer le retour de l'enfant ;

d) Toutes informations disponibles concernant la localisation de l'enfant et l'identité de la personne avec laquelle l'enfant est présumé se trouver.

La demande peut être accompagnée ou complétée par :

e) Une copie authentifiée de toute décision ou de tout accord utiles ;

f) Une attestation ou une déclaration avec affirmation émanant de l'autorité centrale, ou d'une autre autorité compétente de l'État de la résidence habituelle, ou d'une personne qualifiée, concernant le droit de l'État en la matière ;

g) Tout autre document utile.

Art. 9 Quand l'autorité centrale qui est saisie d'une demande en vertu de l'article 8 a des raisons de penser que l'enfant se trouve dans un autre État contractant, elle transmet la demande directement et sans délai à l'autorité centrale de cet État contractant et en informe l'autorité centrale requérante ou, le cas échéant, le demandeur.

Art. 10 L'autorité centrale de l'État où se trouve l'enfant prendra ou fera prendre toute mesure propre à assurer sa remise volontaire.

Art. 11 Les autorités judiciaires ou administratives de tout État contractant doivent procéder d'urgence en vue du retour de l'enfant.

Lorsque l'autorité judiciaire ou administrative saisie n'a pas statué dans un délai de six semaines à partir de sa saisine, le demandeur ou l'autorité centrale de l'État requis, de sa propre initiative ou sur requête de l'autorité centrale de l'État requérant, peut demander une déclaration sur les raisons de ce retard. Si la réponse est reçue par l'autorité centrale de l'État requis, cette autorité doit la transmettre à l'autorité centrale de l'État requérant ou, le cas échéant, au demandeur.

Art. 12 Lorsqu'un enfant a été déplacé ou retenu illicitement au sens de l'article 3 et qu'une période de moins d'un an s'est écoulée à partir du déplacement ou du non-retour au moment de l'introduction de la demande devant l'autorité judiciaire ou administrative de l'État contractant où se trouve l'enfant, l'autorité saisie ordonne son retour immédiat.

L'autorité judiciaire ou administrative, même saisie après l'expiration de la période d'un an prévue à l'alinéa précédent, doit aussi ordonner le retour de l'enfant, à moins qu'il ne soit établi que l'enfant s'est intégré dans son nouveau milieu.

Lorsque l'autorité judiciaire ou administrative de l'État requis a des raisons de croire que l'enfant a été emmené dans un autre État, elle peut suspendre la procédure ou rejeter la demande de retour de l'enfant.

Art. 13 Nonobstant les dispositions de l'article précédent, l'autorité judiciaire ou administrative de l'État requis n'est pas tenue d'ordonner le retour de l'enfant, lorsque la personne, l'institution ou l'organisme qui s'oppose à son retour établit :

a) Que la personne, l'institution ou l'organisme qui avait le soin de la personne de l'enfant n'exerçait pas effectivement le droit de garde à l'époque du déplacement ou du non-retour, ou avait consenti ou a acquiescé postérieurement à ce déplacement ou à ce non-retour ; ou

b) Qu'il existe un risque grave que le retour de l'enfant ne l'expose à un danger physique ou psychique, ou de toute autre manière ne le place dans une situation intolérable.

L'autorité judiciaire ou administrative peut aussi refuser d'ordonner le retour de l'enfant si elle constate que celui-ci s'oppose à son retour et qu'il a atteint un âge et une maturité où il se révèle approprié de tenir compte de cette opinion.

Dans l'appréciation des circonstances visées dans cet article, les autorités judiciaires ou administratives doivent tenir compte des informations fournies par l'autorité centrale ou toute autre autorité compétente de l'État de la résidence habituelle de l'enfant sur sa situation sociale.

Art. 14 Pour déterminer l'existence d'un déplacement ou d'un non-retour illicite au sens de l'article 3, l'autorité judiciaire ou administrative de l'État requis peut tenir compte directement du droit et des décisions judiciaires ou administratives reconnues formellement ou non dans l'État de la résidence habituelle de l'enfant, sans avoir recours aux procédures spécifiques sur la preuve de ce droit ou pour la reconnaissance des décisions étrangères qui seraient autrement applicables.

Art. 15 Les autorités judiciaires ou administratives d'un État contractant peuvent, avant d'ordonner le retour de l'enfant, demander la production par le demandeur d'une décision ou d'une attestation émanant des autorités de l'État de la résidence habituelle de l'enfant constatant que le déplacement ou le non-retour était illicite au sens de l'article 3 de la Convention, dans la mesure où cette décision ou cette attestation peut être obtenue dans cet État. Les autorités centrales des États contractants assistent dans la mesure du possible le demandeur pour obtenir une telle décision ou attestation.

Art. 16 Après avoir été informées du déplacement illicite d'un enfant ou de son non-retour dans le cadre de l'article 3, les autorités judiciaires ou administratives de l'État contractant où l'enfant a été déplacé ou retenu ne pourront statuer sur le fond du droit de garde jusqu'à ce qu'il soit établi que les conditions de la présente Convention pour un retour de l'enfant ne sont pas réunies, ou jusqu'à ce qu'une période raisonnable ne se soit écoulée sans qu'une demande en application de la Convention n'ait été faite.

Art. 17 Le seul fait qu'une décision relative à la garde ait été rendue ou soit susceptible d'être reconnue dans l'État requis ne peut justifier le refus de renvoyer l'enfant dans le cadre de cette Convention, mais les autorités judiciaires ou administratives de l'État requis peuvent prendre en considération les motifs de cette décision qui rentreraient dans le cadre de l'application de la Convention.

Art. 18 Les dispositions de ce chapitre ne limitent pas le pouvoir de l'autorité judiciaire ou administrative d'ordonner le retour de l'enfant à tout moment.

Art. 19 Une décision sur le retour de l'enfant rendue dans le cadre de la Convention n'affecte pas le fond du droit de garde.

Art. 20 Le retour de l'enfant conformément aux dispositions de l'article 2 peut être refusé quand il ne serait pas permis par des principes fondamentaux de l'État requis sur la sauvegarde des droits de l'homme et des libertés fondamentales.

CHAPITRE IV *DROIT DE VISITE*

Art. 21 Une demande visant l'organisation ou la protection de l'exercice effectif d'un droit de visite peut être adressée à l'autorité centrale d'un État contractant selon les mêmes modalités qu'une demande visant au retour de l'enfant.

Les autorités centrales sont liées par les obligations de coopération visées à l'article 7 pour assurer l'exercice paisible du droit de visite et l'accomplissement de toute condition à laquelle l'exercice de ce droit serait soumis, et pour que soient levées, dans toute la mesure du possible, les obstacles de nature à s'y opposer.

Les autorités centrales soit directement, soit par des intermédiaires, peuvent entamer ou favoriser une procédure légale en vue d'organiser ou de protéger le droit de visite et les conditions auxquelles l'exercice de ce droit pourrait être soumis.

CHAPITRE V *DISPOSITIONS GÉNÉRALES*

Art. 22 Aucune caution ni aucun dépôt, sous quelque dénomination que ce soit, ne peut être imposé pour garantir le paiement des frais et dépens dans le contexte des procédures judiciaires ou administratives visées par la Convention.

Art. 23 Aucune légalisation ni formalité similaire ne sera requise dans le contexte de la Convention.

Art. 24 Toute demande, communication ou autre document sont envoyés dans leur langue originale à l'autorité centrale de l'État requis et accompagnés d'une traduction dans la langue officielle ou l'une des langues officielles de cet État ou, lorsque cette traduction est difficilement réalisable, d'une traduction en français ou en anglais.

Toutefois, un État contractant pourra, en faisant la réserve prévue à l'article 42, s'opposer à l'utilisation soit du français, soit de l'anglais, dans toute demande, communication ou autre document adressés à son autorité centrale.

Art. 25 Les ressortissants d'un État contractant et les personnes qui résident habituellement dans cet État auront droit, pour tout ce qui concerne l'application de la Convention, à l'assistance judiciaire et juridique dans tout autre État contractant, dans les mêmes conditions que s'ils étaient eux-mêmes ressortissants de cet autre État et y résidaient habituellement.

Art. 26 Chaque autorité centrale supportera ses propres frais en appliquant la Convention.

L'autorité centrale et les autres services publics des États contractants n'imposeront aucuns frais en relation avec les demandes introduites en application de la Convention. Notamment, ils ne peuvent réclamer du demandeur le paiement des frais et dépens du procès ou, éventuellement, des frais entraînés par la participation d'un avocat. Cependant, ils peuvent demander le paiement des dépenses causées ou qui seraient causées par les opérations liées au retour de l'enfant.

Toutefois, un État contractant pourra, en faisant la réserve prévue à l'article 42, déclarer qu'il n'est tenu au paiement des frais visés à l'alinéa précédent, liés à la participation d'un avocat ou d'un conseiller juridique, ou aux frais de justice, que dans la mesure où ces coûts peuvent être couverts par son système d'assistance judiciaire et juridique.

En ordonnant le retour de l'enfant ou en statuant sur le droit de visite dans le cadre de la Convention, l'autorité judiciaire ou administrative peut, le cas échéant, mettre à la charge de la personne qui a déplacé ou qui a retenu l'enfant, ou qui a empêché l'exercice du droit de visite, le paiement de tous frais nécessaires engagés par le demandeur ou en son nom, notamment des frais de voyage, des frais de représentation judiciaire du demandeur et de retour de l'enfant, ainsi que de tous les coûts et dépenses faits pour localiser l'enfant.

Art. 27 Lorsqu'il est manifeste que les conditions requises par la Convention ne sont pas remplies ou que la demande n'est pas fondée, une autorité centrale n'est pas tenue d'accepter une telle demande. En ce cas, elle informe immédiatement de ses motifs le demandeur ou, le cas échéant, l'autorité centrale qui lui a transmis la demande.

Art. 28 Une autorité centrale peut exiger que la demande soit accompagnée d'une autorisation par écrit lui donnant le pouvoir d'agir pour le compte du demandeur, ou de désigner un représentant habilité à agir en son nom.

Art. 29 La Convention ne fait pas obstacle à la faculté pour la personne, l'institution ou l'organisme qui prétend qu'il y a eu une violation du droit de garde ou de visite au sens des articles 3 ou 21 de s'adresser directement aux autorités judiciaires ou administratives des États contractants, par application ou non des dispositions de la Convention.

Art. 30 Toute demande, soumise à l'autorité centrale ou directement aux autorités judiciaires ou administratives d'un État contractant par application de la Convention, ainsi que tout document ou information qui y serait annexé ou fourni par une autorité centrale, seront recevables devant les tribunaux ou les autorités administratives des États contractants.

Art. 31 Au regard d'un État qui connaît en matière de garde des enfants deux ou plusieurs systèmes de droit applicables dans des unités territoriales différentes :

a) Toute référence à la résidence habituelle dans cet État vise la résidence habituelle dans une unité territoriale de cet État ;

b) Toute référence à la loi de l'État de la résidence habituelle vise la loi de l'unité territoriale dans laquelle l'enfant a sa résidence habituelle.

Art. 32 Au regard d'un État connaissant en matière de garde des enfants deux ou plusieurs systèmes de droit applicables à des catégories différentes de personnes, toute référence à la loi de cet État vise le système de droit désigné par le droit de celui-ci.

Art. 33 Un État dans lequel différentes unités territoriales ont leurs propres règles de droit en matière de garde des enfants ne sera pas tenu d'appliquer la Convention lorsqu'un État dont le système de droit est unifié ne serait pas tenu de l'appliquer.

Art. 34 Dans les matières auxquelles elle s'applique, la Convention prévaut sur la Convention du 5 octobre 1961 concernant la compétence des autorités et la loi applicable en matière de protection des mineurs, entre les États parties aux deux Conventions. Par ailleurs, la présente Convention n'empêche pas qu'un autre instrument international liant l'État d'origine et l'État requis, ni que le droit non conventionnel de l'État requis, ne soient invoqués pour obtenir le retour d'un enfant qui a été déplacé ou retenu illicitement ou pour organiser le droit de visite.

Art. 35 La Convention ne s'applique entre les États contractants qu'aux enlèvements ou aux non-retours illicites qui se sont produits après son entrée en vigueur dans ces États.

Si une déclaration a été faite conformément aux articles 39 ou 40, la référence à un État contractant faite à l'alinéa précédent signifie l'unité ou les unités territoriales auxquelles la Convention s'applique.

Art. 36 Rien dans la Convention n'empêche deux ou plusieurs États contractants, afin de limiter les restrictions auxquelles le retour de l'enfant peut être soumis, de convenir entre eux de déroger à celles de ses dispositions qui peuvent impliquer de telles restrictions.

CHAPITRE VI *CLAUSES FINALES*

....

Convention de La Haye du 19 octobre 1996,

Concernant la compétence, la loi applicable, la reconnaissance, l'exécution et la coopération en matière de responsabilité parentale et de mesures de protection des enfants.

Entrée en vigueur le 1er févr. 2011.

BIBL. ▸ Revillard, *Defrénois 2011. 29* (administration des biens).

CHAPITRE I *CHAMP D'APPLICATION DE LA CONVENTION*

Art. 1er La présente Convention a pour objet :

a) De déterminer l'État dont les autorités ont compétence pour prendre des mesures tendant à la protection de la personne ou des biens de l'enfant ;

b) De déterminer la loi applicable par ces autorités dans l'exercice de leur compétence ;

c) De déterminer la loi applicable à la responsabilité parentale ;

d) D'assurer la reconnaissance et l'exécution des mesures de protection dans tous les États contractants ;

e) D'établir entre les autorités des États contractants la coopération nécessaire à la réalisation des objectifs de la Convention.

2. Aux fins de la Convention, l'expression "responsabilité parentale" comprend l'autorité parentale ou tout autre rapport d'autorité analogue déterminant les droits, les pouvoirs et les obligations des parents, d'un tuteur ou autre représentant légal à l'égard de la personne ou des biens de l'enfant.

Art. 2 La Convention s'applique aux enfants à partir de leur naissance et jusqu'à ce qu'ils aient atteint l'âge de dix-huit ans.

Art. 3 Les mesures prévues à l'article 1er peuvent porter notamment sur :

a) L'attribution, l'exercice et le retrait total ou partiel de la responsabilité parentale, ainsi que la délégation de celle-ci ;

b) Le droit de garde, comprenant le droit portant sur les soins de la personne de l'enfant, et en particulier celui de décider de son lieu de résidence, ainsi que le droit de visite, comprenant le droit d'emmener l'enfant pour une période limitée dans un lieu autre que celui de sa résidence habituelle ;

c) La tutelle, la curatelle et les institutions analogues ;

d) La désignation et les fonctions de toute personne ou organisme chargé de s'occuper de la personne ou des biens de l'enfant, de le représenter ou de l'assister ;

e) Le placement de l'enfant dans une famille d'accueil ou dans un établissement, ou son recueil légal par *kafala* ou par une institution analogue ;

f) La supervision par les autorités publiques des soins dispensés à l'enfant par toute personne ayant la charge de cet enfant ;

g) L'administration, la conservation ou la disposition des biens de l'enfant.

Art. 4 Sont exclus du domaine de la Convention :

a) L'établissement et la contestation de la filiation ;

b) La décision sur l'adoption et les mesures qui la préparent, ainsi que l'annulation et la révocation de l'adoption ;

c) Les nom et prénoms de l'enfant ;

d) L'émancipation ;

e) Les obligations alimentaires ;

f) Les trusts et successions ;

g) La sécurité sociale ;

h) Les mesures publiques de caractère général en matière d'éducation et de santé ;

i) Les mesures prises en conséquence d'infractions pénales commises par des enfants ;

j) Les décisions sur le droit d'asile et en matière d'immigration.

CHAPITRE II *COMPÉTENCE*

Art. 5 1. Les autorités, tant judiciaires qu'administratives, de l'État contractant de la résidence habituelle de l'enfant sont compétentes pour prendre des mesures tendant à la protection de sa personne ou de ses biens.

2. Sous réserve de l'article 7, en cas de changement de la résidence habituelle de l'enfant dans un autre État contractant, sont compétentes les autorités de l'État de la nouvelle résidence habituelle.

Art. 6 1. Pour les enfants réfugiés et les enfants qui, par suite de troubles prévalant dans leur pays, sont internationalement déplacés, les autorités de l'État contractant sur le territoire duquel ces enfants sont présents du fait de leur déplacement exercent la compétence prévue au paragraphe premier de l'article 5.

2. La disposition du paragraphe précédent s'applique également aux enfants dont la résidence habituelle ne peut être établie.

Art. 7 1. En cas de déplacement ou de non-retour illicite de l'enfant, les autorités de l'État contractant dans lequel l'enfant avait sa résidence habituelle immédiatement avant son déplacement ou son non-retour conservent leur compétence jusqu'au moment où l'enfant a acquis une résidence habituelle dans un autre État et que :

a) Toute personne, institution ou autre organisme ayant le droit de garde a acquiescé au déplacement ou au non-retour ; ou

b) L'enfant a résidé dans cet autre État pour une période d'au moins un an après que la personne, l'institution ou tout autre organisme ayant le droit de garde a connu ou aurait dû connaître le lieu où se trouvait l'enfant, aucune demande de retour présentée pendant cette période n'est encore en cours d'examen, et l'enfant s'est intégré dans son nouveau milieu.

2. Le déplacement ou le non-retour de l'enfant est considéré comme illicite :

a) Lorsqu'il a lieu en violation d'un droit de garde, attribué à une personne, une institution ou tout autre organisme, seul ou conjointement, par le droit de l'État dans lequel l'enfant avait sa résidence habituelle immédiatement avant son déplacement ou son non-retour, et

b) Que ce droit était exercé de façon effective, seul ou conjointement, au moment du déplacement ou du non-retour, ou l'eût été si de tels événements n'étaient survenus.

Le droit de garde visé à la lettre *a* peut notamment résulter d'une attribution de plein droit, d'une décision judiciaire ou administrative, ou d'un accord en vigueur selon le droit de cet État.

3. Tant que les autorités mentionnées au paragraphe 1 conservent leur compétence, les autorités de l'État contractant où l'enfant a été déplacé ou retenu ne peuvent prendre que les mesures urgentes nécessaires à la protection de la personne ou des biens de l'enfant, conformément à l'article 11.

Art. 8 1. A titre d'exception, l'autorité de l'État contractant compétente en application des articles 5 ou 6, si elle considère que l'autorité d'un autre État contractant serait mieux à même d'apprécier dans un cas particulier l'intérêt supérieur de l'enfant, peut

– soit demander à cette autorité, directement ou avec le concours de l'Autorité centrale de cet État, d'accepter la compétence pour prendre les mesures de protection qu'elle estimera nécessaires ;

– soit surseoir à statuer et inviter les parties à saisir d'une telle demande l'autorité de cet autre État.

2. Les États contractants dont une autorité peut être requise ou saisie dans les conditions fixées au paragraphe précédent sont :

a) Un État dont l'enfant possède la nationalité ;

b) Un État dans lequel sont situés des biens de l'enfant ;

c) Un État dont une autorité est saisie d'une demande en divorce ou séparation de corps des parents de l'enfant, ou en annulation de leur mariage ;

d) Un État avec lequel l'enfant présente un lien étroit.

3. Les autorités concernées peuvent procéder à un échange de vues.

4. L'autorité requise ou saisie dans les conditions prévues au paragraphe 1 peut accepter la compétence, en lieu et place de l'autorité compétente en application des articles 5 ou 6, si elle considère que tel est l'intérêt supérieur de l'enfant.

Art. 9 1. Les autorités des États contractants mentionnés à l'article 8, paragraphe 2, si elles considèrent qu'elles sont les mieux à même d'apprécier dans un cas particulier l'intérêt supérieur de l'enfant, peuvent :

– soit demander à l'autorité compétente de l'État contractant de la résidence habituelle de l'enfant, directement ou avec le concours de l'Autorité centrale de cet État, de leur permettre d'exercer la compétence pour prendre les mesures de protection qu'elles estiment nécessaires ;

– soit inviter les parties à présenter une telle demande devant les autorités de l'État contractant de la résidence habituelle de l'enfant.

2. Les autorités concernées peuvent procéder à un échange de vues.

3. L'autorité à l'origine de la demande ne peut exercer la compétence en lieu et place de l'autorité de l'État contractant de la résidence habituelle de l'enfant que si cette autorité a accepté la demande.

Art. 10 1. Sans préjudice des articles 5 à 9, les autorités d'un État contractant, dans l'exercice de leur compétence pour connaître d'une demande en divorce ou séparation de corps des parents d'un enfant résidant habituellement dans un autre État contractant, ou en annulation de leur mariage, peuvent prendre, si la loi de leur État le permet, des mesures de protection de la personne ou des biens de l'enfant :

a) Si, au commencement de la procédure, l'un des parents réside habituellement dans cet État et que l'un d'eux ait *[a]* la responsabilité parentale à l'égard de l'enfant ; et

b) Si la compétence de ces autorités pour prendre de telles mesures a été acceptée par les parents, ainsi que par toute autre personne ayant la responsabilité parentale à l'égard de l'enfant et si cette compétence est conforme à l'intérêt supérieur de l'enfant.

2. La compétence prévue au paragraphe premier pour prendre des mesures de protection de l'enfant cesse dès lors que la décision faisant droit ou rejetant la demande en divorce, séparation de corps ou annulation du mariage est devenue définitive ou que la procédure a pris fin pour un autre motif.

Art. 11 1. Dans tous les cas d'urgence, les autorités de chaque État contractant sur le territoire duquel se trouve l'enfant ou des biens lui appartenant sont compétentes pour prendre les mesures de protection nécessaires.

2. Les mesures prises en application du paragraphe précédent à l'égard d'un enfant ayant sa résidence habituelle dans un État contractant cessent d'avoir effet dès que les autorités compétentes en vertu des articles 5 à 10 ont pris les mesures exigées par la situation.

3. Les mesures prises en application du paragraphe premier à l'égard d'un enfant ayant sa résidence habituelle dans un État non contractant cessent d'avoir effet dans chaque État contractant dès qu'y sont reconnues les mesures exigées par la situation, prises par les autorités d'un autre État.

Art. 12 1. Sous réserve de l'article 7, les autorités d'un État contractant sur le territoire duquel se trouve l'enfant ou des biens lui appartenant sont compétentes pour prendre des mesures de protection de la personne ou des biens de l'enfant, ayant un caractère provisoire et une efficacité territoriale restreinte à cet État, pour autant que de telles mesures ne soient pas incompatibles avec celles déjà prises par les autorités compétentes en vertu des articles 5 à 10.

2. Les mesures prises en application du paragraphe précédent à l'égard d'un enfant ayant sa résidence habituelle dans un État contractant cessent d'avoir effet dès que les autorités compétentes en vertu des articles 5 à 10 se sont prononcées sur les mesures que pourrait exiger la situation.

3. Les mesures prises en application du paragraphe premier à l'égard d'un enfant ayant sa résidence habituelle dans un État non contractant cessent d'avoir effet dans l'État contractant où elles ont été prises dès qu'y sont reconnues les mesures exigées par la situation, prises par les autorités d'un autre État.

Art. 13 Les autorités d'un État contractant qui sont compétentes selon les articles 5 à 10 pour prendre des mesures de protection de la personne ou des biens de l'enfant doivent s'abstenir de statuer si, lors de l'introduction de la procédure, des mesures correspondantes ont été demandées aux autorités d'un autre État contractant alors compétentes en vertu des articles 5 à 10 et sont encore en cours d'examen.

La disposition du paragraphe précédent ne s'applique pas si les autorités devant lesquelles la demande de mesures a été initialement présentée ont renoncé à leur compétence.

Art. 14 Les mesures prises en application des articles 5 à 10 restent en vigueur dans les limites qui sont les leurs, même lorsqu'un changement des circonstances a fait disparaître l'élément sur lequel était fondée la compétence, tant que les autorités compétentes en vertu de la Convention ne les ont pas modifiées, remplacées ou levées.

CHAPITRE III *LOI APPLICABLE*

Art. 15 1. Dans l'exercice de la compétence qui leur est attribuée par les dispositions du chapitre II, les autorités des États contractants appliquent leur loi.

2. Toutefois, dans la mesure où la protection de la personne ou des biens de l'enfant le requiert, elles peuvent exceptionnellement appliquer ou prendre en considération la loi d'un autre État avec lequel la situation présente un lien étroit.

3. En cas de changement de la résidence habituelle de l'enfant dans un autre État contractant, la loi de cet autre État régit, à partir du moment où le changement est survenu, les conditions d'application des mesures prises dans l'État de l'ancienne résidence habituelle.

Art. 16 1. L'attribution ou l'extinction de plein droit d'une responsabilité parentale, sans intervention d'une autorité judiciaire ou administrative, est régie par la loi de l'État de la résidence habituelle de l'enfant.

2. L'attribution ou l'extinction d'une responsabilité parentale par un accord ou un acte unilatéral, sans intervention d'une autorité judiciaire ou administrative, est régie par la loi de l'État de la résidence habituelle de l'enfant au moment où l'accord ou l'acte unilatéral prend effet.

3. La responsabilité parentale existant selon la loi de l'État de la résidence habituelle de l'enfant subsiste après le changement de cette résidence habituelle dans un autre État.

4. En cas de changement de la résidence habituelle de l'enfant, l'attribution de plein droit de la responsabilité parentale à une personne qui n'est pas déjà investie de cette responsabilité est régie par la loi de l'État de la nouvelle résidence habituelle.

Art. 17 L'exercice de la responsabilité parentale est régi par la loi de l'État de la résidence habituelle de l'enfant. En cas de changement de la résidence habituelle de l'enfant, il est régi par la loi de l'État de la nouvelle résidence habituelle.

Art. 18 La responsabilité parentale prévue à l'article 16 pourra être retirée ou ses conditions d'exercice modifiées par des mesures prises en application de la Convention.

Art. 19 1. La validité d'un acte passé entre un tiers et une autre personne qui aurait la qualité de représentant légal selon la loi de l'État où l'acte a été passé ne peut être contestée, ni la responsabilité du tiers engagée, pour le seul motif que l'autre personne n'avait pas la qualité de représentant légal en vertu de la loi désignée par les dispositions du présent chapitre, sauf si le tiers savait ou devait savoir que la responsabilité parentale était régie par cette loi.

2. Le paragraphe précédent ne s'applique que dans le cas où l'acte a été passé entre personnes présentes sur le territoire d'un même État.

Art. 20 Les dispositions du présent chapitre sont applicables même si la loi qu'elles désignent est celle d'un État non contractant.

Art. 21 1. Au sens du présent chapitre, le terme "loi" désigne le droit en vigueur dans un État, à l'exclusion des règles de conflit de lois.

2. Toutefois, si la loi applicable en vertu de l'article 16 est celle d'un État non contractant et que les règles de conflit de cet État désignent la loi d'un autre État non contractant qui appliquerait sa propre loi, la loi de cet autre État est applicable. Si la loi de cet autre État non contractant ne se reconnaît pas applicable, la loi applicable est celle désignée par l'article 16.

Art. 22 L'application de la loi désignée par les dispositions du présent chapitre ne peut être écartée que si cette application est manifestement contraire à l'ordre public, compte tenu de l'intérêt supérieur de l'enfant.

CHAPITRE IV *RECONNAISSANCE ET EXÉCUTION*

Art. 23 1. Les mesures prises par les autorités d'un État contractant sont reconnues de plein droit dans les autres États contractants.

2. Toutefois, la reconnaissance peut être refusée :

a) Si la mesure a été prise par une autorité dont la compétence n'était pas fondée sur un chef de compétence prévu au chapitre II ;

b) Si la mesure a été prise, hors le cas d'urgence, dans le cadre d'une procédure judiciaire ou administrative, sans qu'ait été donnée à l'enfant la possibilité d'être entendu, en violation des principes fondamentaux de procédure de l'État requis ;

c) A la demande de toute personne prétendant que cette mesure porte atteinte à sa responsabilité parentale, si cette mesure a été prise, hors le cas d'urgence, sans qu'ait été donnée à cette personne la possibilité d'être entendue ;

d) Si la reconnaissance est manifestement contraire à l'ordre public de l'État requis, compte tenu de l'intérêt supérieur de l'enfant ;

e) Si la mesure est incompatible avec une mesure prise postérieurement dans l'État non contractant de la résidence habituelle de l'enfant, lorsque cette dernière mesure réunit les conditions nécessaires à sa reconnaissance dans l'État requis ;

f) Si la procédure prévue à l'article 33 n'a pas été respectée.

Art. 24 Sans préjudice de l'article 23, paragraphe 1, toute personne intéressée peut demander aux autorités compétentes d'un État contractant qu'il soit statué sur la reconnaissance ou la non-reconnaissance d'une mesure prise dans un autre État contractant. La procédure est régie par la loi de l'État requis.

Art. 25 L'autorité de l'État requis est liée par les constatations de fait sur lesquelles l'autorité de l'État qui a pris la mesure a fondé sa compétence.

Art. 26 1. Si les mesures prises dans un État contractant et qui y sont exécutoires comportent des actes d'exécution dans un autre État contractant, elles sont, dans cet autre État, déclarées exécutoires ou enregistrées aux fins d'exécution, sur requête de toute partie intéressée, selon la procédure prévue par la loi de cet État.

2. Chaque État contractant applique à la déclaration d'exequatur ou à l'enregistrement une procédure simple et rapide.

3. La déclaration d'exequatur ou l'enregistrement ne peuvent être refusés que pour l'un des motifs prévus à l'article 23, paragraphe 2.

Art. 27 Sous réserve de ce qui est nécessaire pour l'application des articles qui précèdent, l'autorité de l'État requis ne procédera à aucune révision au fond de la mesure prise.

Art. 28 Les mesures prises dans un État contractant, qui sont déclarées exécutoires ou enregistrées aux fins d'exécution dans un autre État contractant, y sont mises à exécution comme si elles avaient été prises par les autorités de cet autre État. La mise à exécution des mesures se fait conformément à la loi de l'État requis dans les limites qui y sont prévues, compte tenu de l'intérêt supérieur de l'enfant.

CHAPITRE V *COOPÉRATION*

Art. 29 1. Chaque État contractant désigne une Autorité centrale chargée de satisfaire aux obligations qui lui sont imposées par la Convention.

2. Un État fédéral, un État dans lequel plusieurs systèmes de droit sont en vigueur ou un État ayant des unités territoriales autonomes est libre de désigner plus d'une Autorité centrale et de spécifier l'étendue territoriale ou personnelle de leurs fonctions. L'État qui fait usage de cette faculté désigne l'Autorité centrale à laquelle toute communication peut être adressée en vue de sa transmission à l'Autorité centrale compétente au sein de cet État.

Art. 30 1. Les Autorités centrales doivent coopérer entre elles et promouvoir la coopération entre les autorités compétentes de leur État pour réaliser les objectifs de la Convention.

2. Elles prennent, dans le cadre de l'application de la Convention, les dispositions appropriées pour fournir des informations sur leur législation, ainsi que sur les services disponibles dans leur État en matière de protection de l'enfant.

Art. 31 L'Autorité centrale d'un État contractant prend soit directement, soit avec le concours d'autorités publiques ou d'autres organismes, toutes dispositions appropriées pour :

a) Faciliter les communications et offrir l'assistance prévues aux articles 8 et 9 et au présent chapitre ;

b) Faciliter*[,]* par la médiation, la conciliation ou tout autre mode analogue, des ententes à l'amiable sur la protection de la personne ou des biens de l'enfant, dans les situations auxquelles s'applique la Convention ;

c) Aider, sur demande d'une autorité compétente d'un autre État contractant, à localiser l'enfant lorsqu'il paraît que celui-ci est présent sur le territoire de l'État requis et a besoin de protection.

Art. 32 Sur demande motivée de l'Autorité centrale ou d'une autre autorité compétente d'un État contractant avec lequel l'enfant a un lien étroit, l'Autorité centrale de l'État contractant dans lequel l'enfant a sa résidence habituelle et dans lequel il est présent peut, soit directement, soit avec le concours d'autorités publiques ou d'autres organismes :

a) Fournir un rapport sur la situation de l'enfant ;

b) Demander à l'autorité compétente de son État d'examiner l'opportunité de prendre des mesures tendant à la protection de la personne ou des biens de l'enfant.

Art. 33 1. Lorsque l'autorité compétente en vertu des articles 5 à 10 envisage le placement de l'enfant dans une famille d'accueil ou dans un établissement, ou son recueil légal par *kafala* ou par une institution analogue, et que ce placement ou ce recueil aura lieu dans un autre État contractant, elle consulte au préalable l'Autorité centrale ou une autre autorité compétente de ce dernier État. Elle lui communique à cet effet un rapport sur l'enfant et les motifs de sa proposition sur le placement ou le recueil.

2. La décision sur le placement ou le recueil ne peut être prise dans l'État requérant que si l'Autorité centrale ou une autre autorité compétente de l'État requis a approuvé ce placement ou ce recueil, compte tenu de l'intérêt supérieur de l'enfant.

Art. 34 1. Lorsqu'une mesure de protection est envisagée, les autorités compétentes en vertu de la Convention peuvent, si la situation de l'enfant l'exige, demander à toute autorité d'un autre État contractant qui détient des informations utiles pour la protection de l'enfant de les lui communiquer.

2. Chaque État contractant pourra déclarer que les demandes prévues au paragraphe premier ne pourront être acheminées que par l'intermédiaire de son Autorité centrale.

Art. 35 1. Les autorités compétentes d'un État contractant peuvent demander aux autorités d'un autre État contractant de prêter leur assistance à la mise en œuvre de mesures de protection prises en application de la Convention, en particulier pour assurer l'exercice effectif d'un droit de visite, ainsi que du droit de maintenir des contacts directs réguliers.

2. Les autorités d'un État contractant dans lequel l'enfant n'a pas sa résidence habituelle peuvent, à la demande d'un parent résidant dans cet État et souhaitant obtenir ou conserver un droit de visite, recueillir des renseignements ou des preuves et se prononcer sur l'aptitude de ce parent à exercer le droit de visite et sur les conditions dans lesquelles il pourrait l'exercer. L'autorité compétente en vertu des articles 5 à 10 pour statuer sur le droit de visite devra, avant de se prononcer, prendre en considération ces renseignements, preuves ou conclusions.

3. Une autorité compétente en vertu des articles 5 à 10 pour statuer sur le droit de visite peut suspendre la procédure jusqu'au terme de la procédure prévue au paragraphe 2, notamment lorsqu'elle est saisie d'une demande tendant à modifier ou supprimer le droit de visite conféré par les autorités de l'État de l'ancienne résidence habituelle.

Cet article n'empêche pas une autorité compétente en vertu des articles 5 à 10 de prendre des mesures provisoires jusqu'au terme de la procédure prévue au paragraphe 2.

Art. 36 Dans le cas où l'enfant est exposé à un grave danger, les autorités compétentes de l'État contractant dans lequel des mesures de protection de cet enfant ont été prises ou sont en voie de l'être, si elles sont informées du changement de résidence ou de la présence de l'enfant dans un autre État, avisent les autorités de cet État de ce danger et des mesures prises ou en cours d'examen.

Art. 37 Une autorité ne peut demander ou transmettre des informations en application de ce chapitre si elle est d'avis qu'une telle demande ou transmission pourrait mettre en danger la personne ou les biens de l'enfant, ou constituer une menace grave pour la liberté ou la vie d'un membre de sa famille.

Art. 38 1. Sans préjudice de la possibilité de réclamer des frais raisonnables correspondant aux services fournis, les Autorités centrales et les autres autorités publiques des États contractants supportent leurs frais découlant de l'application des dispositions du présent chapitre.

2. Un État contractant peut conclure des accords avec un ou plusieurs autres États contractants sur la répartition des frais.

Art. 39 Tout État contractant pourra conclure avec un ou plusieurs autres États contractants des accords en vue de favoriser dans leurs rapports réciproques l'application du présent chapitre. Les États qui ont conclu de tels accords en transmettront une copie au dépositaire de la Convention.

CHAPITRE VI *DISPOSITIONS GÉNÉRALES*

Art. 40 1. Les autorités de l'État contractant de la résidence habituelle de l'enfant ou de l'État contractant où une mesure de protection a été prise peuvent délivrer au titulaire de la responsabilité parentale ou à toute personne à qui est confiée la protection de la personne ou des biens de l'enfant, à sa demande, un certificat indiquant sa qualité et les pouvoirs qui lui sont conférés.

2. La qualité et les pouvoirs indiqués par le certificat sont tenus pour établis, sauf preuve contraire.

3. Chaque État contractant désigne les autorités habilitées à établir le certificat.

Art. 41 Les données personnelles rassemblées ou transmises conformément à la Convention ne peuvent être utilisées à d'autres fins que celles pour lesquelles elles ont été rassemblées ou transmises.

Art. 42 Les autorités auxquelles des informations sont transmises en assurent la confidentialité conformément à la loi de leur État.

Art. 43 Les documents transmis ou délivrés en application de la Convention sont dispensés de toute légalisation ou de toute formalité analogue.

Art. 44 Chaque État contractant peut désigner les autorités à qui les demandes prévues aux articles 8, 9 et 33 doivent être envoyées.

Art. 45 1. Les désignations mentionnées aux articles 29 et 44 sont communiquées au Bureau permanent de la Conférence de La Haye de droit international privé.

2. La déclaration mentionnée à l'article 34, paragraphe 2, est faite au dépositaire de la Convention.

Art. 46 Un État contractant dans lequel des systèmes de droit ou des ensembles de règles différents s'appliquent en matière de protection de l'enfant et de ses biens n'est pas tenu d'appliquer les règles de la Convention aux conflits concernant uniquement ces différents systèmes ou ensembles de règles.

Art. 47 Au regard d'un État dans lequel deux ou plusieurs systèmes de droit ou ensembles de règles ayant trait aux questions régies par la présente Convention s'appliquent dans des unités territoriales différentes :

1. Toute référence à la résidence habituelle dans cet État vise la résidence habituelle dans une unité territoriale ;

2. Toute référence à la présence de l'enfant dans cet État vise la présence de l'enfant dans une unité territoriale ;

3. Toute référence à la situation des biens de l'enfant dans cet État vise la situation des biens de l'enfant dans une unité territoriale ;

4. Toute référence à l'État dont l'enfant possède la nationalité vise l'unité territoriale désignée par la loi de cet État ou, en l'absence de règles pertinentes, l'unité territoriale avec laquelle l'enfant présente le lien le plus étroit ;

5. Toute référence à l'État dont une autorité est saisie d'une demande en divorce ou séparation de corps des parents de l'enfant, ou en annulation de leur mariage, vise l'unité territoriale dont une autorité est saisie d'une telle demande ;

6. Toute référence à l'État avec lequel l'enfant présente un lien étroit vise l'unité territoriale avec laquelle l'enfant présente ce lien ;

7. Toute référence à l'État où l'enfant a été déplacé ou retenu vise l'unité territoriale dans laquelle l'enfant a été déplacé ou retenu ;

8. Toute référence aux organismes ou autorités de cet État, autres que les Autorités centrales, vise les organismes ou autorités habilités à agir dans l'unité territoriale concernée ;

9. Toute référence à la loi, à la procédure ou à l'autorité de l'État où une mesure a été prise vise la loi, la procédure ou l'autorité de l'unité territoriale dans laquelle cette mesure a été prise ;

10. Toute référence à la loi, à la procédure ou à l'autorité de l'État requis vise la loi, la procédure ou l'autorité de l'unité territoriale dans laquelle la reconnaissance ou l'exécution est invoquée.

Art. 48 Pour identifier la loi applicable en vertu du chapitre III, lorsqu'un État comprend deux ou plusieurs unités territoriales dont chacune a son propre système de droit ou un ensemble de règles ayant trait aux questions régies par la présente Convention, les règles suivantes s'appliquent :

a) En présence de règles en vigueur dans cet État identifiant l'unité territoriale dont la loi est applicable, la loi de cette unité s'applique ;

b) En l'absence de telles règles, la loi de l'unité territoriale définie selon les dispositions de l'article 47 s'applique.

Art. 49 Pour identifier la loi applicable en vertu du chapitre III, lorsqu'un État comprend deux ou plusieurs systèmes de droit ou ensembles de règles applicables à des catégories différentes de personnes pour les questions régies par la présente Convention, les règles suivantes s'appliquent :

a) En présence de règles en vigueur dans cet État identifiant laquelle de ces lois est applicable, cette loi s'applique ;

b) En l'absence de telles règles, la loi du système ou de l'ensemble de règles avec lequel l'enfant présente le lien le plus étroit s'applique.

Art. 50 La présente Convention n'affecte pas la Convention du 25 octobre 1980 sur les aspects civils de l'enlèvement international d'enfants, dans les relations entre les Parties aux deux Conventions. Rien n'empêche cependant que des dispositions de la présente Convention soient invoquées pour obtenir le retour d'un enfant qui a été déplacé ou retenu illicitement, ou pour organiser le droit de visite.

Art. 51 Dans les rapports entre les États contractants, la présente Convention remplace la Convention du 5 octobre 1961 concernant la compétence des autorités et la loi applicable en matière de protection des mineurs et la Convention pour régler la tutelle des mineurs, signée à La Haye le 12 juin 1902, sans préjudice de la reconnaissance des mesures prises selon la Convention du 5 octobre 1961 précitée.

Art. 52 1. La Convention ne déroge pas aux instruments internationaux auxquels des États contractants sont Parties et qui contiennent des dispositions sur les matières réglées par la présente Convention, à moins qu'une déclaration contraire ne soit faite par les États liés par de tels instruments.

2. La Convention n'affecte pas la possibilité pour un ou plusieurs États contractants de conclure des accords qui contiennent, en ce qui concerne les enfants habituellement résidents dans l'un des États Parties à de tels accords, des dispositions sur les matières réglées par la présente Convention.

3. Les accords à conclure par un ou plusieurs États contractants sur des matières réglées par la présente Convention n'affectent pas, dans les rapports de ces États avec les autres États contractants, l'application des dispositions de la présente Convention.

4. Les paragraphes précédents s'appliquent également aux lois uniformes reposant sur l'existence entre les États concernés de liens spéciaux, notamment de nature régionale.

Art. 53 1. La Convention ne s'applique qu'aux mesures prises dans un État après l'entrée en vigueur de la Convention pour cet État.

2. La Convention s'applique à la reconnaissance et à l'exécution des mesures prises après son entrée en vigueur dans les rapports entre l'État où les mesures ont été prises et l'État requis.

Art. 54 1. Toute communication à l'Autorité centrale ou à toute autre autorité d'un État contractant est adressée dans la langue originale et accompagnée d'une traduction dans la langue officielle ou l'une des langues officielles de cet État ou, lorsque cette traduction est difficilement réalisable, d'une traduction en français ou en anglais.

2. Toutefois, un État contractant pourra, en faisant la réserve prévue à l'article 60, s'opposer à l'utilisation soit du français, soit de l'anglais.

Art. 55 1. Un État contractant pourra, conformément à l'article 60 :

a) Réserver la compétence de ses autorités pour prendre des mesures tendant à la protection des biens d'un enfant situés sur son territoire ;

b) Se réserver de ne pas reconnaître une responsabilité parentale ou une mesure qui serait incompatible avec une mesure prise par ses autorités par rapport à ces biens.

2. La réserve pourra être restreinte à certaines catégories de biens.

Art. 56 Le Secrétaire général de la Conférence de La Haye de droit international privé convoque périodiquement une Commission spéciale afin d'examiner le fonctionnement pratique de la Convention.

CHAPITRE VII *CLAUSES FINALES*

Art. 57 1. La Convention est ouverte à la signature des États qui étaient membres de la Conférence de La Haye de droit international privé lors de sa dix-huitième session.

2. Elle sera ratifiée, acceptée ou approuvée et les instruments de ratification, d'acceptation ou d'approbation seront déposés auprès du ministère des affaires étrangères du royaume des Pays-Bas, dépositaire de la Convention.

Art. 58 1. Tout autre État pourra adhérer à la Convention après son entrée en vigueur en vertu de l'article 61, paragraphe 1.

2. L'instrument d'adhésion sera déposé auprès du dépositaire.

3. L'adhésion n'aura d'effet que dans les rapports entre l'État adhérent et les États contractants qui n'auront pas élevé d'objection à son encontre dans les six mois après la réception de la notification prévue à l'article 63, lettre *b*. Une telle objection pourra également être élevée par tout État au moment d'une ratification, acceptation ou approbation de la Convention ultérieure à l'adhésion. Ces objections seront notifiées au dépositaire.

Art. 59 1. Un État qui comprend deux ou plusieurs unités territoriales dans lesquelles des systèmes de droit différents s'appliquent aux matières régies par la présente Convention pourra, au moment de la signature, de la ratification, de l'acceptation, de l'approbation ou de l'adhésion, déclarer que la Convention s'appliquera à toutes ses unités territoriales ou seulement à l'une ou à plusieurs d'entre elles, et pourra à tout moment modifier cette déclaration en faisant une nouvelle déclaration.

2. Ces déclarations seront notifiées au dépositaire et indiqueront expressément les unités territoriales auxquelles la Convention s'applique.

3. Si un État ne fait pas de déclaration en vertu du présent article, la Convention s'appliquera à l'ensemble du territoire de cet État.

Art. 60 1. Tout État contractant pourra, au plus tard au moment de la ratification, de l'acceptation, de l'approbation ou de l'adhésion, ou au moment d'une déclaration faite en vertu de l'article 59, faire soit l'une, soit les deux réserves prévues aux articles 54, paragraphe 2, et 55. Aucune autre réserve ne sera admise.

2. Tout État pourra, à tout moment, retirer une réserve qu'il aura faite. Ce retrait sera notifié au dépositaire.

3. L'effet de la réserve cessera le premier jour du troisième mois du calendrier après la notification mentionnée au paragraphe précédent.

Art. 61 1. La Convention entrera en vigueur le premier jour du mois suivant l'expiration d'une période de trois mois après le dépôt du troisième instrument de ratification, d'acceptation ou d'approbation prévu par l'article 57.

2. Par la suite, la Convention entrera en vigueur :

a) Pour chaque État ratifiant, acceptant ou approuvant postérieurement, le premier jour du mois suivant l'expiration d'une période de trois mois après le dépôt de son instrument de ratification, d'acceptation, d'approbation ou d'adhésion ;

b) Pour chaque État adhérent, le premier jour du mois suivant l'expiration d'une période de trois mois après l'expiration du délai de six mois prévu à l'article 58, paragraphe 3 ;

c) Pour les unités territoriales auxquelles la Convention a été étendue conformément à l'article 59, le premier jour du mois suivant l'expiration d'une période de trois mois après la notification visée dans cet article.

Art. 62 1. Tout État Partie à la Convention pourra dénoncer celle-ci par une notification adressée par écrit au dépositaire. La dénonciation pourra se limiter à certaines unités territoriales auxquelles s'applique la Convention.

2. La dénonciation prendra effet le premier jour du mois suivant l'expiration d'une période de douze mois après la date de réception de la notification par le dépositaire. Lorsqu'une période plus longue pour la prise d'effet de la dénonciation est spécifiée dans la notification, la dénonciation prendra effet à l'expiration de la période en question.

Art. 63 Le dépositaire notifiera aux États membres de la Conférence de La Haye de droit international privé ainsi qu'aux États qui auront adhéré conformément aux dispositions de l'article 58 :

a) Les signatures, ratifications, acceptations et approbations visées à l'article 57 ;

b) Les adhésions et les objections aux adhésions visées à l'article 58 ;

c) La date à laquelle la Convention entrera en vigueur conformément aux dispositions de l'article 61 ;

d) Les déclarations mentionnées aux articles 34, paragraphe 2, et 59 ;

e) Les accords mentionnés à l'article 39 ;

f) Les réserves visées aux articles 54, paragraphe 2, et 55 et le retrait des réserves prévu à l'article 60, paragraphe 2 ;

g) Les dénonciations visées à l'article 62.

Protocole de La Haye du 23 novembre 2007,

Sur la loi applicable aux obligations alimentaires.

V. ce protocole, App., VII. Recouvrement des pensions alimentaires - C. Droit européen et international.

Convention de La Haye du 23 novembre 2007,

Sur le recouvrement international des aliments destinés aux enfants et à d'autres membres de la famille.

V. cette Conv., App., VII. Recouvrement des pensions alimentaires - C. Droit européen et international.

D Autres textes internationaux

Convention de New York du 26 janvier 1990,

Relative aux droits de l'enfant.

Cette convention est entrée en vigueur le 6 sept. 1990.

PRÉAMBULE

Les États parties à la présente Convention,

Considérant que, conformément aux principes proclamés dans la Charte des Nations unies, la reconnaissance de la dignité inhérente à tous les membres de la famille humaine ainsi que l'égalité et le caractère inaliénable de leurs droits sont le fondement de la liberté, de la justice et de la paix dans le monde ;

Ayant présent à l'esprit le fait que les peuples des Nations unies ont, dans la Charte, proclamé à nouveau leur foi dans les droits fondamentaux de l'homme et dans la dignité et la valeur de la personne humaine, et qu'ils ont résolu de favoriser le progrès social et d'instaurer de meilleures conditions de vie dans une liberté plus grande ;

Reconnaissant que les Nations unies, dans la Déclaration universelle des droits de l'homme et dans les Pactes internationaux relatifs aux droits de l'homme, ont proclamé et sont convenues que chacun peut se prévaloir de tous les droits et de toutes les libertés qui y sont énoncés, sans distinction aucune, notamment de race, de couleur, de sexe, de langue, de religion, d'opinion politique ou de toute autre opinion, d'origine nationale ou sociale, de fortune, de naissance ou de toute autre situation ;

Rappelant que, dans la Déclaration universelle des droits de l'homme, les Nations unies ont proclamé que l'enfant a droit à une aide et à une assistance spéciales ;

Convaincus que la famille, unité fondamentale de la société et milieu naturel pour la croissance et le bien-être de tous ses membres, et en particulier des enfants, doit recevoir la protection et l'assistance dont elle a besoin pour pouvoir jouer pleinement son rôle dans la communauté,

Reconnaissant que l'enfant, pour l'épanouissement harmonieux de sa personnalité, doit grandir dans le milieu familial, dans un climat de bonheur, d'amour et de compréhension ;

Considérant qu'il importe de préparer pleinement l'enfant à avoir une vie individuelle dans la société et de l'élever dans l'esprit des idéaux proclamés dans la Charte des Nations unies, et en particulier dans un esprit de paix, de dignité, de tolérance, de liberté, d'égalité et de solidarité ;

Ayant présent à l'esprit que la nécessité d'accorder une protection spéciale à l'enfant a été énoncée dans la Déclaration de Genève de 1924 sur les droits de l'enfant et dans la Déclaration des droits de l'enfant adoptée par l'Assemblée générale le 20 novembre 1959, et qu'elle a été reconnue dans la Déclaration universelle des droits de l'homme, dans le Pacte international relatif aux droits civils et politiques (en particulier aux articles 23 et 24), dans le Pacte international relatif aux droits économiques, sociaux et culturels (en particulier à l'article 10) et dans les statuts et instruments pertinents des institutions spécialisées et des organisations internationales qui se préoccupent du bien-être de l'enfant ;

Ayant présent à l'esprit que, comme indiqué dans la Déclaration des droits de l'enfant, « l'enfant, en raison de son manque de maturité physique et intellectuelle, a besoin d'une protection spéciale et de soins spéciaux, notamment d'une protection juridique appropriée, avant comme après la naissance » ;

Rappelant les dispositions de la Déclaration sur les principes sociaux et juridiques applicables à la protection et au bien-être des enfants, envisagés surtout sous l'angle des pratiques en matière d'adoption et de placement familial sur les plans national et international, de l'ensemble des règles minima des Nations unies concernant l'administration de la justice pour mineurs (Règles de Beijing) et de la Déclaration sur la protection des femmes et des enfants en période d'urgence et de conflit armé ;

Reconnaissant qu'il y a dans tous les pays du monde des enfants qui vivent dans des conditions particulièrement difficiles, et qu'il est nécessaire d'accorder à ces enfants une attention particulière ;

Tenant dûment compte de l'importance des traditions et valeurs culturelles de chaque peuple dans la protection et le développement harmonieux de l'enfant ;

Reconnaissant l'importance de la coopération internationale pour l'amélioration des conditions de vie des enfants dans tous les pays, et en particulier dans les pays en développement,

sont convenus de ce qui suit :

PREMIÈRE PARTIE

Art. 1er Au sens de la présente Convention, un enfant s'entend de tout être humain âgé de moins de dix-huit ans, sauf si la majorité est atteinte plus tôt en vertu de la législation qui lui est applicable.

Art. 2 1. Les États parties s'engagent à respecter les droits qui sont énoncés dans la présente Convention et à les garantir à tout enfant relevant de leur juridiction, sans distinction aucune, indépendamment de toute considération de race, de couleur, de sexe, de langue, de religion, d'opinion politique ou autre de l'enfant ou de ses parents ou représentants légaux, de leur origine nationale, ethnique ou sociale, de leur situation de fortune, de leur incapacité, de leur naissance ou de toute autre situation.

2. Les États parties prennent toutes les mesures appropriées pour que l'enfant soit effectivement protégé contre toutes formes de discrimination ou de sanction motivées par la situation juridique, les activités, les opinions déclarées ou les convictions de ses parents, de ses représentants légaux ou des membres de sa famille.

Art. 3 1. Dans toutes les décisions qui concernent les enfants, qu'elles soient le fait des institutions publiques ou privées de protection sociale, des tribunaux, des autorités administratives ou des organes législatifs, l'intérêt supérieur de l'enfant doit être une considération primordiale.

2. Les États parties s'engagent à assurer à l'enfant la protection et les soins nécessaires à son bien-être, compte tenu des droits et des devoirs de ses parents, de ses tuteurs ou des autres personnes légalement responsables de lui, et ils prennent à cette fin toutes les mesures législatives et administratives appropriées.

3. Les États parties veillent à ce que le fonctionnement des institutions, services et établissements qui ont la charge des enfants et assurent leur protection soit conforme aux normes fixées par les autorités compétentes, particulièrement dans le domaine de la sécurité et de la santé et en ce qui concerne le nombre et la compétence de leur personnel ainsi que l'existence d'un contrôle approprié.

Art. 4 Les États parties s'engagent à prendre toutes les mesures législatives, administratives et autres qui sont nécessaires pour mettre en œuvre les droits reconnus dans la présente Convention. Dans le cas des droits économiques, sociaux et culturels, ils prennent ces mesures dans toutes les limites des ressources dont ils disposent et, s'il y a lieu, dans le cadre de la coopération internationale.

Art. 5 Les États parties respectent la responsabilité, le droit et le devoir qu'ont les parents ou, le cas échéant, les membres de la famille élargie ou de la communauté, comme prévu par la coutume locale, les tuteurs ou autres personnes légalement responsables de l'enfant, de donner à celui-ci, d'une manière qui corresponde au développement de ses capacités, l'orientation et les conseils appropriés à l'exercice des droits que lui reconnaît la présente Convention.

Art. 6 1. Les États parties reconnaissent que tout enfant a un droit inhérent à la vie.

2. Les États parties assurent dans toute la mesure possible la survie et le développement de l'enfant.

Art. 7 1. L'enfant est enregistré aussitôt sa naissance et a dès celle-ci le droit à un nom, le droit d'acquérir une nationalité et, dans la mesure du possible, le droit de connaître ses parents et d'être élevé par eux.

2. Les États parties veillent à mettre ces droits en œuvre conformément à leur législation nationale et aux obligations que leur imposent les instruments internationaux applicables en la matière, en particulier dans les cas où faute de cela l'enfant se trouverait apatride.

Art. 8 1. Les États parties s'engagent à respecter le droit de l'enfant de préserver son identité, y compris sa nationalité, son nom et ses relations familiales, tels qu'ils sont reconnus par la loi, sans ingérence illégale.

2. Si un enfant est illégalement privé des éléments constitutifs de son identité ou de certains d'entre eux, les États parties doivent lui accorder une assistance et une protection appropriées, pour que son identité soit rétablie aussi rapidement que possible.

Art. 9 1. Les États parties veillent à ce que l'enfant ne soit pas séparé de ses parents contre leur gré, à moins que les autorités compétentes ne décident, sous réserve de révision judiciaire et conformément aux lois et procédures applicables, que cette séparation est nécessaire dans l'intérêt supérieur de l'enfant. Une décision en ce sens peut être nécessaire dans certains cas particuliers, par exemple lorsque les parents maltraitent ou négligent l'enfant, ou lorsqu'ils vivent séparément et qu'une décision doit être prise au sujet du lieu de résidence de l'enfant.

2. Dans tous les cas prévus au paragraphe 1 du présent article, toutes les parties intéressées doivent avoir la possibilité de participer aux délibérations et de faire connaître leurs vues.

3. Les États parties respectent le droit de l'enfant séparé de ses deux parents ou de l'un d'eux d'entretenir régulièrement des relations personnelles et des contacts directs avec ses deux parents, sauf si cela est contraire à l'intérêt supérieur de l'enfant.

4. Lorsque la séparation résulte de mesures prises par un État partie, telles que la détention, l'emprisonnement, l'exil, l'expulsion ou la mort (y compris la mort, quelle qu'en soit la cause, survenue en cours de détention) des deux parents ou de l'un d'eux, ou de l'enfant, l'État partie donne sur demande aux parents, à l'enfant ou, s'il y a lieu, à un autre membre de la famille les renseignements essentiels sur le lieu où se trouvent le membre ou les membres de la famille, à moins que la divulgation de ces renseignements ne soit préjudiciable au bien-être de l'enfant. Les États parties veillent en outre à ce que la présentation d'une telle demande n'entraîne pas en elle-même de conséquences fâcheuses pour la personne ou les personnes intéressées.

Art. 10 1. Conformément à l'obligation incombant aux États parties en vertu du paragraphe 1 de l'article 9, toute demande faite par un enfant ou ses parents en vue d'entrer dans un État partie ou de le quitter aux fins de réunification familiale est considérée par les États parties dans un esprit positif, avec humanité et diligence. Les États parties veillent en outre à ce que la présentation d'une telle demande n'entraîne pas de conséquences fâcheuses pour les auteurs de la demande et les membres de leur famille.

2. Un enfant dont les parents résident dans des États différents a le droit d'entretenir, sauf circonstances exceptionnelles, des relations personnelles et des contacts directs réguliers avec ses deux parents.

A cette fin, et conformément à l'obligation incombant aux États parties en vertu du paragraphe 2 de l'article 9, les États parties respectent le droit qu'ont l'enfant et ses parents de quitter tout pays, y compris le leur, et de revenir dans leur propre pays. Le droit de quitter tout pays ne peut faire l'objet que des restrictions prescrites par la loi qui sont nécessaires pour protéger la sécurité nationale, l'ordre public, la santé ou la moralité publiques, ou les droits et libertés d'autrui, et qui sont compatibles avec les autres droits reconnus dans la présente Convention.

Art. 11 1. Les États parties prennent des mesures pour lutter contre les déplacements et les non-retours illicites d'enfants à l'étranger.

2. A cette fin, les États parties favorisent la conclusion d'accords bilatéraux ou multilatéraux ou l'adhésion aux accords existants.

Art. 12 1. Les États parties garantissent à l'enfant qui est capable de discernement le droit d'exprimer librement son opinion sur toute question l'intéressant, les opinions de l'enfant étant dûment prises en considération eu égard à son âge et à son degré de maturité.

2. A cette fin, on donnera notamment à l'enfant la possibilité d'être entendu dans toute procédure judiciaire ou administrative l'intéressant, soit directement, soit par l'intermédiaire d'un représentant ou d'un organisme approprié, de façon compatible avec les règles de procédure de la législation nationale.

Art. 13 1. L'enfant a droit à la liberté d'expression. Ce droit comprend la liberté de rechercher, de recevoir et de répandre des informations et des idées de toute espèce, sans considération de frontières, sous une forme orale, écrite, imprimée ou artistique, ou par tout autre moyen du choix de l'enfant.

2. L'exercice de ce droit ne peut faire l'objet que des seules restrictions qui sont prescrites par la loi et qui sont nécessaires :

a) Au respect des droits ou de la réputation d'autrui, ou

b) A la sauvegarde de la sécurité nationale, de l'ordre public, de la santé ou de la moralité publiques.

Art. 14 1. Les États parties respectent le droit de l'enfant à la liberté de pensée, de conscience et de religion.

2. Les États parties respectent le droit et le devoir des parents ou, le cas échéant, des représentants légaux de l'enfant, de guider celui-ci dans l'exercice du droit susmentionné d'une manière qui corresponde au développement de ses capacités.

3. La liberté de manifester sa religion ou ses convictions ne peut être soumise qu'aux seules restrictions qui sont prescrites par la loi et qui sont nécessaires pour préserver la sûreté publique, l'ordre public, la santé et la moralité publiques, ou les libertés et droits fondamentaux d'autrui.

Art. 15 1. Les États parties reconnaissent les droits de l'enfant à la liberté d'association et à la liberté de réunion pacifique.

2. L'exercice de ces droits ne peut faire l'objet que des seules restrictions qui sont prescrites par la loi et qui sont nécessaires dans une société démocratique, dans l'intérêt de la sécurité nationale, de la sûreté publique ou de l'ordre public, ou pour protéger la santé ou la moralité publiques, ou les droits et libertés d'autrui.

Art. 16 1. Nul enfant ne fera l'objet d'immixtions arbitraires ou illégales dans sa vie privée, sa famille, son domicile ou sa correspondance, ni d'atteintes illégales à son honneur et à sa réputation.

2. L'enfant a droit à la protection de la loi contre de telles immixtions ou de telles atteintes.

Art. 17 Les États parties reconnaissent l'importance de la fonction remplie par les médias et veillent à ce que l'enfant ait accès à une information et à des matériels provenant de sources nationales et internationales diverses, notamment ceux qui visent à promouvoir son bien-être social, spirituel et moral ainsi que sa santé physique et mentale. A cette fin, les États parties :

a) Encouragent les médias à diffuser une information et des matériels qui présentent une utilité sociale et culturelle pour l'enfant et répondent à l'esprit de l'article 29 ;

b) Encouragent la coopération internationale en vue de produire, d'échanger et de diffuser une information et des matériels de ce type provenant de différentes sources culturelles, nationales et internationales ;

c) Encouragent la production et la diffusion de livres pour enfants ;

d) Encouragent les médias à tenir particulièrement compte des besoins linguistiques des enfants autochtones ou appartenant à un groupe minoritaire ;

e) Favorisent l'élaboration de principes directeurs appropriés destinés à protéger l'enfant contre l'information et les matériels qui nuisent à son bien-être, compte tenu des dispositions des articles 13 et 18.

Art. 18 1. Les États parties s'emploient de leur mieux à assurer la reconnaissance du principe selon lequel les deux parents ont une responsabilité commune pour ce qui est d'élever l'enfant et d'assurer son développement. La responsabilité d'élever l'enfant et d'assurer son développement incombe au premier chef aux parents ou, le cas échéant, à ses représentants légaux. Ceux-ci doivent être guidés avant tout par l'intérêt supérieur de l'enfant.

2. Pour garantir et promouvoir les droits énoncés dans la présente Convention, les États parties accordent l'aide appropriée aux parents et aux représentants légaux de l'enfant dans l'exercice de la responsabilité qui leur incombe d'élever l'enfant et assurent la mise en place d'institutions, d'établissements et de services chargés de veiller au bien-être des enfants.

3. Les États parties prennent toutes les mesures appropriées pour assurer aux enfants dont les parents travaillent le droit de bénéficier des services et établissements de garde d'enfants pour lesquels ils remplissent les conditions requises.

Art. 19 1. Les États parties prennent toutes les mesures législatives, administratives, sociales et éducatives appropriées pour protéger l'enfant contre toute forme de violence, d'atteinte ou de brutalités physiques ou mentales, d'abandon ou de négligence, de mauvais traitements ou d'exploitation, y compris la violence sexuelle, pendant qu'il est sous la garde de ses parents ou de l'un d'eux, de son ou ses représentants légaux ou de toute autre personne à qui il est confié.

2. Ces mesures de protection comprendront, selon qu'il conviendra, des procédures efficaces pour l'établissement de programmes sociaux visant à fournir l'appui nécessaire à l'enfant et à ceux à qui il est confié, ainsi que pour d'autres formes de prévention, et aux fins d'identification, de rapport, de renvoi, d'enquête, de traitement et de suivi pour les cas de mauvais traitements de l'enfant décrits ci-dessus, et comprendre également, selon qu'il conviendra, des procédures d'intervention judiciaire.

Art. 20 1. Tout enfant qui est temporairement ou définitivement privé de son milieu familial, ou qui, dans son propre intérêt, ne peut être laissé dans ce milieu, a droit à une protection et une aide spéciales de l'État.

2. Les États parties prévoient pour cet enfant une protection de remplacement conforme à leur législation nationale.

3. Cette protection de remplacement peut notamment avoir la forme du placement dans une famille, de la Kafalah de droit islamique, de l'adoption ou, en cas de nécessité, du placement dans un établissement pour enfants approprié. Dans le choix entre ces solutions, il est dûment tenu compte de la nécessité d'une certaine continuité dans l'éducation de l'enfant, ainsi que de son origine ethnique, religieuse, culturelle et linguistique.

Art. 21 Les États parties qui admettent et/ou autorisent l'adoption s'assurent que l'intérêt supérieur de l'enfant est la considération primordiale en la matière, et :

a) Veillent à ce que l'adoption d'un enfant ne soit autorisée que par les autorités compétentes, qui vérifient, conformément à la loi et aux procédures applicables et sur la base de tous les renseignements fiables relatifs au cas considéré, que l'adoption peut avoir lieu eu égard à la situation de l'enfant par rapport à ses père et mère, parents et représentants légaux et que, le cas échéant, les personnes intéressées ont donné leur consentement à l'adoption en connaissance de cause, après s'être entourées des avis nécessaires ;

b) Reconnaissent que l'adoption à l'étranger peut être envisagée comme un autre moyen d'assurer les soins nécessaires à l'enfant, si celui-ci ne peut, dans son pays d'origine, être placé dans une famille nourricière ou adoptive ou être convenablement élevé ;

c) Veillent, en cas d'adoption à l'étranger, à ce que l'enfant ait le bénéfice de garanties et de normes équivalant à celles existant en cas d'adoption nationale ;

d) Prennent toutes les mesures appropriées pour veiller à ce que, en cas d'adoption à l'étranger, le placement de l'enfant ne se traduise pas par un profit matériel indu pour les personnes qui en sont responsables ;

e) Poursuivent les objectifs du présent article en concluant des arrangements ou des accords bilatéraux ou multilatéraux, selon les cas, et s'efforcent dans ce cadre de veiller à ce que les placements d'enfants à l'étranger soient effectués par des autorités ou des organes compétents.

Art. 22 1. Les États parties prennent les mesures appropriées pour qu'un enfant qui cherche à obtenir le statut de réfugié ou qui est considéré comme réfugié en vertu des règles et procédures du droit international ou national applicable, qu'il soit seul ou accompagné de ses père et mère ou de toute personne, bénéficie de la protection et de l'assistance humanitaire voulues pour lui permettre de jouir des droits que lui reconnaissent la présente Convention et les autres instruments internationaux relatifs aux droits de l'homme ou de caractère humanitaire auxquels lesdits États sont parties.

2. A cette fin, les États parties collaborent, selon qu'ils le jugent nécessaire, à tous les efforts faits par l'Organisation des Nations unies et les autres organisations intergouvernementales ou non gouvernementales compétentes collaborant avec l'Organisation des Nations unies pour protéger et aider les enfants qui se trouvent en pareille situation et pour rechercher les père et mère ou autres membres de la famille de tout enfant réfugié en vue d'obtenir les renseignements nécessaires pour le réunir à sa famille. Lorsque ni le père, ni la mère, ni aucun autre membre de la famille ne peut être retrouvé, l'enfant se voit accorder, selon les principes énoncés dans la présente

Convention, la même protection que tout autre enfant définitivement ou temporairement privé de son milieu familial pour quelque raison que ce soit.

Art. 23 1. Les États parties reconnaissent que les enfants mentalement ou physiquement handicapés doivent mener une vie pleine et décente, dans des conditions qui garantissent leur dignité, favorisent leur autonomie et facilitent leur participation active à la vie de la collectivité.

2. Les États parties reconnaissent le droit des enfants handicapés de bénéficier de soins spéciaux et encouragent et assurent, dans la mesure des ressources disponibles, l'octroi, sur demande, aux enfants handicapés remplissant les conditions requises et à ceux qui en ont la charge, d'une aide adaptée à l'état de l'enfant et à la situation de ses parents ou de ceux à qui il est confié.

3. Eu égard aux besoins particuliers des enfants handicapés, l'aide fournie conformément au paragraphe 2 du présent article est gratuite chaque fois qu'il est possible, compte tenu des ressources financières de leurs parents ou de ceux à qui l'enfant est confié, et elle est conçue de telle sorte que les enfants handicapés aient effectivement accès à l'éducation, à la formation, aux soins de santé, à la rééducation, à la préparation à l'emploi et aux activités récréatives, et bénéficient de ces services de façon propre à assurer une intégration sociale aussi complète que possible et leur épanouissement personnel, y compris dans le domaine culturel et spirituel.

4. Dans un esprit de coopération internationale, les États parties favorisent l'échange d'informations pertinentes dans le domaine des soins de santé préventifs et du traitement médical, psychologique et fonctionnel des enfants handicapés, y compris par la diffusion d'informations concernant les méthodes de rééducation et les services de formation professionnelle, ainsi que l'accès à ces données, en vue de permettre aux États parties d'améliorer leurs capacités et leurs compétences et d'élargir leur expérience dans ces domaines. À cet égard, il est tenu particulièrement compte des besoins des pays en développement.

Art. 24 1. Les États parties reconnaissent le droit de l'enfant de jouir du meilleur état de santé possible et de bénéficier de services médicaux et de rééducation. Ils s'efforcent de garantir qu'aucun enfant ne soit privé du droit d'avoir accès à ces services.

2. Les États parties s'efforcent d'assurer la réalisation intégrale du droit susmentionné et, en particulier, prennent les mesures appropriées pour :

a) Réduire la mortalité parmi les nourrissons et les enfants ;

b) Assurer à tous les enfants l'assistance médicale et les soins de santé nécessaires, l'accent étant mis sur le développement des soins de santé primaires ;

c) Lutter contre la maladie et la malnutrition, y compris dans le cadre des soins de santé primaires, grâce notamment à l'utilisation de techniques aisément disponibles et à la fourniture d'aliments nutritifs et d'eau potable, compte tenu des dangers et des risques de pollution du milieu naturel ;

d) Assurer aux mères des soins prénatals et postnatals appropriés ;

e) Faire en sorte que tous les groupes de la société, en particulier les parents et les enfants, reçoivent une information sur la santé et la nutrition de l'enfant, les avantages de l'allaitement au sein, l'hygiène et la salubrité de l'environnement et la prévention des accidents, et bénéficient d'une aide leur permettant de mettre à profit cette information ;

f) Développer les soins de santé préventifs, les conseils aux parents et l'éducation et les services en matière de planification familiale.

3. Les États parties prennent toutes les mesures efficaces appropriées en vue d'abolir les pratiques traditionnelles préjudiciables à la santé des enfants.

4. Les États parties s'engagent à favoriser et à encourager la coopération internationale en vue d'assurer progressivement la pleine réalisation du droit reconnu dans le présent article. À cet égard, il est tenu particulièrement compte des besoins des pays en développement.

Art. 25 Les États parties reconnaissent à l'enfant qui a été placé par les autorités compétentes pour recevoir des soins, une protection ou un traitement physique ou mental, le droit à un examen périodique dudit traitement et de toute autre circonstance relative à son placement.

Art. 26 1. Les États parties reconnaissent à tout enfant le droit de bénéficier de la sécurité sociale, y compris les assurances sociales, et prennent les mesures nécessaires pour assurer la pleine réalisation de ce droit en conformité avec leur législation nationale.

2. Les prestations doivent, lorsqu'il y a lieu, être accordées compte tenu des ressources et de la situation de l'enfant et des personnes responsables de son entretien, ainsi que de toute autre considération applicable à la demande de prestation faite par l'enfant ou en son nom.

Art. 27 1. Les États parties reconnaissent le droit de tout enfant à un niveau de vie suffisant pour permettre son développement physique, mental, spirituel, moral ou social.

2. C'est aux parents ou autres personnes ayant la charge de l'enfant qu'incombe au premier chef la responsabilité d'assurer, dans les limites de leurs possibilités et de leurs moyens financiers, les conditions de vie nécessaires au développement de l'enfant.

3. Les États parties adoptent les mesures appropriées, compte tenu des conditions nationales et dans la mesure de leurs moyens, pour aider les parents et autres personnes ayant la charge de l'enfant à mettre en œuvre ce droit et offrent, en cas de besoin, une assistance matérielle et des programmes d'appui, notamment en ce qui concerne l'alimentation, le vêtement et le logement.

4. Les États parties prennent toutes les mesures appropriées en vue d'assurer le recouvrement de la pension alimentaire de l'enfant auprès de ses parents ou des autres personnes ayant une responsabilité financière à son égard, que ce soit sur leur territoire ou à l'étranger. En particulier, pour tenir compte des cas où la personne qui a une responsabilité financière à l'égard de l'enfant vit dans un État autre que celui de l'enfant, les États parties favorisent l'adhésion à des accords internationaux ou la conclusion de tels accords ainsi que l'adoption de tous autres arrangements appropriés.

Art. 28 1. Les États parties reconnaissent le droit de l'enfant à l'éducation, et en particulier, en vue d'assurer l'exercice de ce droit progressivement et sur la base de l'égalité des chances :

a) Ils rendent l'enseignement primaire obligatoire et gratuit pour tous ;

b) Ils encouragent l'organisation de différentes formes d'enseignement secondaire, tant général que professionnel, les rendent ouvertes et accessibles à tout enfant, et prennent des mesures appropriées, telles que l'instauration de la gratuité de l'enseignement et l'offre d'une aide financière en cas de besoin ;

c) Ils assurent à tous l'accès à l'enseignement supérieur, en fonction des capacités de chacun, par tous les moyens appropriés ;

d) Ils rendent ouvertes et accessibles à tout enfant l'information et l'orientation scolaires et professionnelles ;

e) Ils prennent des mesures pour encourager la régularité de la fréquentation scolaire et la réduction des taux d'abandon scolaire.

2. Les États parties prennent toutes les mesures appropriées pour veiller à ce que la discipline scolaire soit appliquée d'une manière compatible avec la dignité de l'enfant en tant qu'être humain et conformément à la présente Convention.

3. Les États parties favorisent et encouragent la coopération internationale dans le domaine de l'éducation, en vue notamment de contribuer à éliminer l'ignorance et l'analphabétisme dans le monde et de faciliter l'accès aux connaissances scientifiques et techniques et aux méthodes d'enseignement modernes. À cet égard, il est tenu particulièrement compte des besoins des pays en développement.

Art. 29 1. Les États parties conviennent que l'éducation de l'enfant doit viser à :

a) Favoriser l'épanouissement de la personnalité de l'enfant et le développement de ses dons et de ses aptitudes mentales et physiques, dans toute la mesure de leurs potentialités ;

b) Inculquer à l'enfant le respect des droits de l'homme et des libertés fondamentales, et des principes consacrés dans la Charte des Nations unies ;

c) Inculquer à l'enfant le respect de ses parents, de son identité, de sa langue et de ses valeurs culturelles, ainsi que le respect des valeurs nationales du pays dans lequel il vit, du pays duquel il peut être originaire et des civilisations différentes de la sienne ;

d) Préparer l'enfant à assumer les responsabilités de la vie dans une société libre, dans un esprit de compréhension, de paix, de tolérance, d'égalité entre les sexes et d'amitié entre tous les peuples et groupes ethniques, nationaux et religieux, et avec les personnes d'origine autochtone ;

e) Inculquer à l'enfant le respect du milieu naturel.

2. Aucune disposition du présent article ou de l'article 28 ne sera interprétée d'une manière qui porte atteinte à la liberté des personnes physiques ou morales de créer et de diriger des établissements d'enseignement, à condition que les principes énoncés au paragraphe 1 du présent article soient respectés et que l'éducation dispensée dans ces établissements soit conforme aux normes minimales que l'État aura prescrites.

Art. 30 Dans les États où il existe des minorités ethniques, religieuses ou linguistiques ou des personnes d'origine autochtone, un enfant autochtone ou appartenant à une de ces minorités ne peut être privé du droit d'avoir sa propre vie culturelle, de professer et de pratiquer sa propre religion ou d'employer sa propre langue en commun avec les autres membres de son groupe.

Art. 31 1. Les États parties reconnaissent à l'enfant le droit au repos et aux loisirs, de se livrer au jeu et à des activités récréatives propres à son âge, et de participer librement à la vie culturelle et artistique.

2. Les États parties respectent et favorisent le droit de l'enfant de participer pleinement à la vie culturelle et artistique, et encouragent l'organisation à son intention de moyens appropriés de loisirs et d'activités récréatives, artistiques et culturelles, dans des conditions d'égalité.

Art. 32 1. Les États parties reconnaissent le droit de l'enfant d'être protégé contre l'exploitation économique et de n'être astreint à aucun travail comportant des risques ou susceptible de compromettre son éducation ou de nuire à sa santé ou à son développement physique, mental, spirituel, moral ou social.

2. Les États parties prennent des mesures législatives, administratives, sociales et éducatives pour assurer l'application du présent article. A cette fin, et compte tenu des dispositions pertinentes des autres instruments internationaux, les États parties, en particulier :

a) Fixent un âge minimum ou des âges minimum d'admission à l'emploi ;

b) Prévoient une réglementation appropriée des horaires de travail et des conditions d'emploi ;

c) Prévoient des peines ou autres sanctions appropriées pour assurer l'application effective du présent article.

Art. 33 Les États parties prennent toutes les mesures appropriées, y compris des mesures législatives, administratives, sociales et éducatives, pour protéger les enfants contre l'usage illicite de stupéfiants et de substances psychotropes, tels que les définissent les conventions internationales pertinentes, et pour empêcher que des enfants ne soient utilisés pour la production et le trafic illicites de ces substances.

Art. 34 Les États parties s'engagent à protéger l'enfant contre toutes les formes d'exploitation sexuelle et de violence sexuelle. A cette fin, les États prennent en particulier toutes les mesures appropriées sur les plans national, bilatéral et multilatéral pour empêcher :

a) Que des enfants ne soient incités ou contraints à se livrer à une activité sexuelle illégale ;

b) Que des enfants ne soient exploités à des fins de prostitution ou autres pratiques sexuelles illégales ;

c) Que des enfants ne soient exploités aux fins de la production de spectacles ou de matériel de caractère pornographique.

Art. 35 Les États parties prennent toutes les mesures appropriées sur les plans national, bilatéral et multilatéral pour empêcher l'enlèvement, la vente ou la traite d'enfants à quelque fin que ce soit et sous quelque forme que ce soit.

Art. 36 Les États parties protègent l'enfant contre toutes autres formes d'exploitation préjudiciables à tout aspect de son bien-être.

Art. 37 Les États parties veillent à ce que :

a) Nul enfant ne soit soumis à la torture ni à des peines ou traitements cruels, inhumains ou dégradants. Ni la peine capitale ni l'emprisonnement à vie sans possibilité de libération ne doivent être prononcés pour les infractions commises par des personnes âgées de moins de dix-huit ans ;

b) Nul enfant ne soit privé de liberté de façon illégale ou arbitraire. L'arrestation, la détention ou l'emprisonnement d'un enfant doit être en conformité avec la loi, n'être qu'une mesure de dernier ressort, et être d'une durée aussi brève que possible ;

c) Tout enfant privé de liberté soit traité avec humanité et avec le respect dû à la dignité de la personne humaine, et d'une manière tenant compte des besoins des personnes de son âge. En particulier, tout enfant privé de liberté sera séparé des adultes, à moins que l'on n'estime préférable de ne pas le faire dans l'intérêt supérieur de l'enfant, et il a le droit de rester en contact avec sa famille par la correspondance et par des visites, sauf circonstances exceptionnelles ;

d) Les enfants privés de liberté aient le droit d'avoir rapidement accès à l'assistance juridique ou à toute autre assistance appropriée, ainsi que le droit de contester la légalité de leur privation de liberté devant un tribunal ou une autre autorité compétente, indépendante et impartiale, et à ce qu'une décision rapide soit prise en la matière.

Art. 38 1. Les États parties s'engagent à respecter et à faire respecter les règles du droit humanitaire international qui leur sont applicables en cas de conflit armé et dont la protection s'étend aux enfants.

2. Les États parties prennent toutes les mesures possibles dans la pratique pour veiller à ce que les personnes n'ayant pas atteint l'âge de quinze ans ne participent pas directement aux hostilités.

3. Les États parties s'abstiennent d'enrôler dans leurs forces armées toute personne n'ayant pas atteint l'âge de quinze ans. Lorsqu'ils incorporent des personnes de plus de quinze ans mais de moins de dix-huit ans, les États parties s'efforcent d'enrôler en priorité les plus âgées.

4. Conformément à l'obligation qui leur incombe en vertu du droit humanitaire international de protéger la population civile en cas de conflit armé, les États parties prennent toutes les mesures possibles dans la pratique pour que les enfants qui sont touchés par un conflit armé bénéficient d'une protection et de soins.

Art. 39 Les États parties prennent toutes les mesures appropriées pour faciliter la réadaptation physique et psychologique et la réinsertion sociale de tout enfant victime de toute forme de négligence, d'exploitation ou de sévices, de torture ou de toute autre forme de peines ou traitements cruels, inhumains ou dégradants, ou de conflit armé. Cette réadaptation et cette réinsertion se déroulent dans des conditions qui favorisent la santé, le respect de soi et la dignité de l'enfant.

Art. 40 1. Les États parties reconnaissent à tout enfant suspecté, accusé ou convaincu d'infraction à la loi pénale le droit à un traitement qui soit de nature à favoriser son sens de la dignité et de la valeur personnelle, qui renforce son respect pour les droits de l'homme et les libertés fondamentales d'autrui, et qui tienne compte de son âge ainsi que de la nécessité de faciliter sa réintégration dans la société et de lui faire assumer un rôle constructif au sein de celle-ci.

2. A cette fin, et compte tenu des dispositions pertinentes des instruments internationaux, les États parties veillent en particulier :

a) À ce qu'aucun enfant ne soit suspecté, accusé ou convaincu d'infraction à la loi pénale en raison d'actions ou d'omissions qui n'étaient pas interdites par le droit national ou international au moment où elles ont été commises ;

b) À ce que tout enfant suspecté ou accusé d'infraction à la loi pénale ait au moins le droit aux garanties suivantes :

i) Être présumé innocent jusqu'à ce que sa culpabilité ait été légalement établie ;

ii) Être informé dans le plus court délai et directement des accusations portées contre lui, ou, le cas échéant, par l'intermédiaire de ses parents ou représentants légaux, et bénéficier d'une assistance juridique ou de toute autre assistance appropriée pour la préparation et la présentation de sa défense ;

iii) Que sa cause soit entendue sans retard par une autorité ou une instance judiciaire compétentes, indépendantes et impartiales, selon une procédure équitable aux termes de la loi, en présence de son conseil juridique ou autre et, à moins que cela ne soit jugé contraire à l'intérêt supérieur de l'enfant en raison notamment de son âge ou de sa situation, en présence de ses parents ou représentants légaux ;

iv) Ne pas être contraint de témoigner ou de s'avouer coupable ; interroger ou faire interroger les témoins à charge, et obtenir la comparution et l'interrogatoire des témoins à décharge dans des conditions d'égalité ;

v) S'il est reconnu avoir enfreint la loi pénale, faire appel de cette décision et de toute mesure arrêtée en conséquence devant une autorité ou une instance judiciaire supérieure compétentes, indépendantes et impartiales, conformément à la loi ;

vi) Se faire assister gratuitement d'un interprète s'il ne comprend ou ne parle pas la langue utilisée ;

vii) Que sa vie privée soit pleinement respectée à tous les stades de la procédure.

3. Les États parties s'efforcent de promouvoir l'adoption de lois, de procédures, la mise en place d'autorités et d'institutions spécialement conçues pour les enfants suspectés, accusés ou convaincus d'infraction à la loi pénale, et en particulier :

a) D'établir un âge minimum au-dessous duquel les enfants seront présumés n'avoir pas la capacité d'enfreindre la loi pénale ;

b) De prendre des mesures, chaque fois que cela est possible et souhaitable, pour traiter ces enfants sans recourir à la procédure judiciaire, étant cependant entendu que les droits de l'homme et les garanties légales doivent être pleinement respectés.

4. Toute une gamme de dispositions, relatives notamment aux soins, à l'orientation et à la supervision, aux conseils, à la probation, au placement familial, aux programmes d'éducation générale et professionnelle et aux solutions autres qu'institutionnelles seront prévues en vue d'assurer aux enfants un traitement conforme à leur bien-être et proportionné à leur situation et à l'infraction.

Art. 41 Aucune des dispositions de la présente Convention ne porte atteinte aux dispositions plus propices à la réalisation des droits de l'enfant qui peuvent figurer :

a) Dans la législation d'un État partie ; ou

b) Dans le droit international en vigueur pour cet État.

DEUXIÈME PARTIE

Art. 42 Les États parties s'engagent à faire largement connaître les principes et les dispositions de la présente Convention, par des moyens actifs et appropriés, aux adultes comme aux enfants.

Art. 43 1. Aux fins d'examiner les progrès accomplis par les États parties dans l'exécution des obligations contractées par eux en vertu de la présente Convention, il est institué un Comité des droits de l'enfant qui s'acquitte des fonctions définies ci-après.

2. Le comité se compose de dix-huit experts de haute moralité et possédant une compétence reconnue dans le domaine visé par la présente Convention. Ses membres sont élus par les États parties parmi leurs ressortissants et siègent à titre personnel, compte tenu de la nécessité d'assurer une répartition géographique équitable et eu égard aux principaux systèmes juridiques.

3. Les membres du comité sont élus au scrutin secret sur une liste de personnes désignées par les États parties. Chaque État partie peut désigner un candidat parmi ses ressortissants.

4. La première élection aura lieu dans les six mois suivant la date d'entrée en vigueur de la présente Convention. Les élections auront lieu ensuite tous les deux ans. Quatre mois au moins avant la date de chaque élection, le secrétaire général de l'Organisation des Nations unies invitera par écrit les États parties à proposer leurs candidats dans un délai de deux mois. Le secrétaire général dressera ensuite la liste alphabétique des candidats ainsi désignés, en indiquant les États parties qui les ont désignés, et la communiquera aux États parties à la présente Convention.

5. Les élections ont lieu lors des réunions des États parties, convoquées par le secrétaire général au siège de l'Organisation des Nations unies. À ces réunions, pour lesquelles le quorum est constitué par les deux tiers des États parties, les candidats élus au comité sont ceux qui obtiennent le plus grand nombre de voix et la majorité absolue des voix des représentants des États parties et votants.

6. Les membres du comité sont élus pour quatre ans. Ils sont rééligibles si leur candidature est présentée à nouveau. Le mandat de cinq des membres élus lors de la première élection prend fin au bout de deux ans. Les noms de ces cinq membres seront tirés au sort par le président de la réunion immédiatement après la première élection.

7. En cas de décès ou de démission d'un membre du comité, ou si, pour toute autre raison, un membre déclare ne plus pouvoir exercer ses fonctions au sein du comité, l'État partie qui avait présenté sa candidature nomme un autre expert parmi ses ressortissants pour pourvoir le poste ainsi vacant jusqu'à l'expiration du mandat correspondant, sous réserve de l'approbation du comité.

8. Le comité adopte son règlement intérieur.

9. Le comité élit son bureau pour une période de deux ans.

10. Les réunions du comité se tiennent normalement au Siège de l'Organisation des Nations unies, ou en tout autre lieu approprié déterminé par le comité. Le comité se réunit normalement chaque année. La durée de ses sessions est déterminée et modifiée, si nécessaire, par une réunion des États parties à la présente Convention, sous réserve de l'approbation de l'assemblée générale.

11. Le secrétaire général de l'Organisation des Nations unies met à la disposition du comité le personnel et les installations qui lui sont nécessaires pour s'acquitter efficacement des fonctions qui lui sont confiées en vertu de la présente Convention.

12. Les membres du comité institué en vertu de la présente Convention reçoivent, avec l'approbation de l'assemblée générale, des émoluments prélevés sur les ressources de l'Organisation des Nations unies dans les conditions et selon les modalités fixées par l'assemblée générale.

Art. 44 1. Les États parties s'engagent à soumettre au comité, par l'entremise du secrétaire général de l'Organisation des Nations unies, des rapports sur les mesures qu'ils auront adoptées pour donner effet aux droits reconnus dans la présente Convention et sur les progrès réalisés dans la jouissance de ces droits :

a) Dans les deux ans à compter de la date de l'entrée en vigueur de la présente Convention pour les États parties intéressés ;

b) Par la suite, tous les cinq ans.

2. Les rapports établis en application du présent article doivent, le cas échéant, indiquer les facteurs et les difficultés empêchant les États parties de s'acquitter pleinement des obligations prévues dans la présente Convention. Ils doivent également contenir des renseignements suffisants pour donner au Comité une idée précise de l'application de la Convention dans le pays considéré.

3. Les États parties ayant présenté au comité un rapport initial complet n'ont pas, dans les rapports qu'ils lui présentent ensuite conformément à l'alinéa *b* du paragraphe 1 du présent article, à répéter les renseignements de base antérieurement communiqués.

4. Le comité peut demander aux États parties tous renseignements complémentaires relatifs à l'application de la Convention.

5. Le comité soumet tous les deux ans à l'assemblée générale, par l'entremise du conseil économique et social, un rapport sur ses activités.

6. Les États parties assurent à leurs rapports une large diffusion dans leur propre pays.

Art. 45 Pour promouvoir l'application effective de la Convention et encourager la coopération internationale dans le domaine visé par la Convention :

a) Les institutions spécialisées, le Fonds des Nations unies pour l'enfance et d'autres organes des Nations unies ont le droit de se faire représenter lors de l'examen de l'application des dispositions de la présente Convention qui relèvent de leur mandat. Le Comité peut inviter les institutions spécialisées, le Fonds des Nations unies pour l'enfance et tous autres organismes compétents qu'il jugera appropriés à donner des avis spécialisés sur l'application de la Convention dans les domaines qui relèvent de leurs mandats respectifs. Il peut inviter les institutions spécialisées, le Fonds des Nations unies pour l'enfance et d'autres organes des Nations unies à lui présenter des rapports sur l'application de la Convention dans les secteurs qui relèvent de leur domaine d'activité ;

b) Le Comité transmet, s'il le juge nécessaire, aux institutions spécialisées, au Fonds des Nations unies pour l'enfance et aux autres organismes compétents tout rapport des États parties contenant une demande ou indiquant un besoin de conseils ou d'assistance techniques, accompagné, le cas échéant, des observations et suggestions du Comité touchant ladite demande ou indication ;

c) Le Comité peut recommander à l'Assemblée générale de prier le Secrétaire général de procéder pour le Comité à des études sur des questions spécifiques touchant les droits de l'enfant ;

d) Le Comité peut faire des suggestions et des recommandations d'ordre général fondées sur les renseignements reçus en application des articles 44 et 45 de la présente Convention. Ces suggestions et recommandations d'ordre général sont transmises à tout État partie intéressé et portées à l'attention de l'Assemblée générale, accompagnées, le cas échéant, des observations des États parties.

TROISIÈME PARTIE

....

DÉCLARATIONS ET RÉSERVE DE LA RÉPUBLIQUE FRANÇAISE

1. Le Gouvernement de la République déclare que la présente Convention, notamment l'article 6, ne saurait être interprétée comme faisant obstacle à l'application des dispositions de la législation française relative à l'interruption volontaire de la grossesse.

2. Le Gouvernement de la République déclare, compte tenu de l'article 2 de la Constitution de la République française, que l'article 30 n'a pas lieu de s'appliquer en ce qui concerne la République.

3. Le Gouvernement de la République interprète l'article 40, paragraphe 2, *b*, v, comme posant un principe général auquel la loi peut apporter des exceptions limitées. Il en est ainsi, notamment, pour certaines infractions relevant en premier et dernier ressort du tribunal de police ainsi que pour les infractions de nature criminelle. Au demeurant les décisions rendues en dernier ressort peuvent faire l'objet d'un recours devant la Cour de cassation qui statue sur la légalité de la décision intervenue.

E Conventions bilatérales

1 Algérie

Convention du 27 août 1964,

Entre la France et l'Algérie relative à l'exequatur et à l'extradition (Publiée par Décr. n° 65-679, 11 août 1965).

Le Gouvernement de la République française et le Gouvernement de la République algérienne démocratique et populaire, désirant renforcer la coopération qui s'est instaurée en matière judiciaire entre la France et l'Algérie et en attendant la conclusion d'une convention judiciaire générale, sont convenus des dispositions suivantes :

TITRE I DE L'EXEQUATUR

Art. 1er En matière civile et commerciale, les décisions contentieuses et gracieuses rendues par les juridictions siégeant en France ou en Algérie, ont le plein droit l'autorité de la chose jugée sur le territoire de l'autre État si elles réunissent les conditions suivantes :

a) La décision émane d'une juridiction compétente selon les règles concernant les conflits de compétence admises dans l'État où la décision doit être exécutée ;

b) Les parties ont été légalement citées, représentées ou déclarées défaillantes, selon la loi de l'État où la décision a été rendue ;

c) La décision est, d'après la loi de l'État où elle a été rendue, passée en force de chose jugée et susceptible d'exécution ;

d) La décision ne contient rien de contraire à l'ordre public de l'État où elle est invoquée ou aux principes de droit public applicables dans cet État. Elle ne doit pas non plus être contraire à une décision judiciaire prononcée dans cet État et possédant à son égard l'autorité de la chose jugée.

Art. 2 Les décisions visées à l'article précédent ne peuvent donner lieu à aucune exécution forcée par les autorités de l'autre État ni faire l'objet de la part de ces autorités d'aucune formalité publique, telle que l'inscription, la transcription ou la rectification sur les registres publics qu'après avoir été déclarées exécutoires sur le territoire de l'État requis.

Art. 3 L'exequatur est accordé à la demande de toute partie intéressée, par l'autorité compétente d'après la loi de l'État où il est requis.

La procédure de la demande en exequatur est régie par la loi de l'État dans lequel l'exécution est demandée.

Art. 4 L'autorité compétente se borne à vérifier si la décision dont l'exequatur est demandé remplit les conditions prévues à l'article 1er pour jouir de plein droit de l'autorité de la chose jugée. Elle procède d'office à cet examen et doit en constater le résultat dans la décision.

L'exequatur ne peut être accordé si la décision dont *[il]* s'agit fait l'objet d'un pourvoi en cassation.

En accordant l'exequatur l'autorité compétente ordonne, s'il y a lieu, les mesures nécessaires pour que la décision étrangère reçoive la même publicité que si elle avait été rendue dans l'État où elle est déclarée exécutoire.

L'exequatur peut être accordé partiellement pour l'un ou l'autre seulement des chefs de la décision étrangère.

Art. 5 La décision d'exequatur a effet entre toutes les parties à l'instance en exequatur et sur toute l'étendue des territoires où les présentes dispositions sont applicables.

Elle permet à la décision rendue exécutoire de produire, à partir de la date de l'obtention de l'exequatur en ce qui concerne les mesures d'exécution, les mêmes effets que si elle avait été rendue par la juridiction ayant accordé l'exequatur à la date de l'obtention de celui-ci.

Art. 6 La partie qui invoque l'autorité d'une décision judiciaire ou qui en demande l'exécution doit produire :

a) Une expédition de la décision réunissant les conditions nécessaires à son authenticité ;

b) L'original de l'exploit de signification de la décision ou de tout autre acte qui tient lieu de signification ;

c) Un certificat des greffiers compétents constatant qu'il n'existe contre la décision ni opposition, ni appel, ni pourvoi en cassation ;

d) Une copie authentique de la citation de la partie qui a fait défaut à l'instance, en cas de condamnation par défaut ;

e) Le cas échéant, une traduction complète des pièces énumérées ci-dessus certifiées conformes par un traducteur assermenté ou agréé conformément à la réglementation de l'État requérant.

Art. 7 Les sentences arbitrales rendues valablement dans l'un des deux États sont reconnues dans l'autre État et peuvent y être déclarées exécutoires si elles satisfont aux conditions de l'article 1er autant que ces conditions sont applicables.

L'exequatur est accordé dans les formes fixées aux articles qui précèdent.

Art. 8 Les actes authentiques, notamment les actes notariés, exécutoires dans l'un des deux États sont déclarés exécutoires dans l'autre par l'autorité compétente d'après la loi de l'État où l'exécution doit être poursuivie.

L'autorité compétente vérifie seulement si les actes réunissent les conditions nécessaires à leur authenticité dans l'État où ils ont été reçus et si les dispositions dont l'exécution est poursuivie n'ont rien de contraire à l'ordre public de l'État où l'exequatur est requis ou aux principes de droit public applicables dans cet État.

Art. 9 Les hypothèques terrestres conventionnelles consenties dans l'un des deux États seront inscrites et produiront effet dans l'autre État seulement lorsque les actes qui en contiennent la stipulation auront été rendus exécutoires par l'autorité compétente d'après la loi de l'État où l'inscription est demandée. Cette autorité vérifie seulement si les actes et les procurations qui sont le complément de ces actes réunissent toutes les conditions nécessaires à leur validité dans l'État où ils ont été reçus.

Les dispositions qui précèdent sont également applicables aux actes de consentement à radiation ou à réduction passés dans un des deux États.

Art. 10 Les dispositions du présent titre sont applicables quelle que soit la nationalité des parties ou des contractants.

....

Convention franco-algérienne,

Relative aux enfants issus de couples mixtes séparés franco-algériens, faite à Alger le 21 juin 1988 (Décr. n° 88-879 du 17 août 1988, JO 19 août).

CHAPITRE I *DISPOSITIONS GÉNÉRALES*

Art. 1er Les ministères de la justice sont désignés comme autorités centrales chargées de satisfaire aux obligations définies dans la présente convention. A cet effet, les autorités centrales communiquent directement entre elles et leur intervention est gratuite. Elles s'engagent à promouvoir, en matière de protection des mineurs, la coopération des autorités compétentes.

Art. 2 L'autorité centrale de chacun des deux États doit prendre, sur demande de l'autorité centrale de l'autre État, toutes les mesures appropriées pour :

a) Rechercher le lieu où se trouve l'enfant en cause ;

b) Fournir des informations relatives à la situation sociale de l'enfant ou relatives à une procédure judiciaire le concernant en adressant notamment copies des décisions judiciaires intervenues ;

c) Faciliter toute solution amiable pouvant assurer la remise ou la visite de l'enfant ;

d) Favoriser l'organisation ou l'exercice effectif du droit de visite ;

e) Assurer la remise de l'enfant au demandeur lorsque l'exécution de la décision est accordée ;

f) Informer l'autorité centrale requérante des mesures prises et des suites données ;

g) Faciliter l'exercice effectif du droit de visite accordé à un ressortissant de l'autre État sur son territoire ou à partir de son territoire.

Art. 3 Pour l'application de la présente convention, les parties jouiront de plein droit sur le territoire de chacun des deux États de l'assistance judiciaire sans considération de ressources.

Art. 4 1° Les mesures de protection judiciaires ou administratives concernant la personne d'un mineur ressortissant exclusif de l'un des deux États sont prises après consultation du consulat compétent de cet État.

2° Sont portées, dès qu'elles sont prises, à la connaissance du consulat territorialement compétent les mesures de protection judiciaires ou administratives concernant la personne d'un mineur né d'un ressortissant exclusif de l'un des deux États.

CHAPITRE II *MAINTIEN DES RELATIONS DE L'ENFANT AVEC LES DEUX PARENTS*

Art. 5 Pour le besoin de la présente convention est considérée comme compétente la juridiction du lieu du domicile conjugal entendu comme lieu de vie familiale commune.

Art. 6 Les parties contractantes s'engagent à garantir aux conjoints séparés l'exercice effectif du droit de visite interne et transfrontière.

Toute décision judiciaire rendue par les juridictions des parties contractantes et statuant sur la garde de l'enfant attribue un droit de visite y compris transfrontière à l'autre parent.

En cas de circonstances exceptionnelles mettant directement en danger la santé physique ou morale de l'enfant le juge adapte les modalités d'exercice de ce droit en conformité avec l'intérêt de l'enfant.

Art. 7 Tout refus opposé par le parent bénéficiaire du droit de garde à l'exercice effectif du droit de visite interne ou transfrontière accordé par décision judiciaire à l'autre parent expose aux poursuites pénales pour non-représentation d'enfants prévues et réprimées par les législations pénales des deux États.

Le Procureur de la République territorialement compétent saisi par l'autre parent engage sans délai des poursuites pénales contre l'auteur de l'infraction.

Art. 8 Les parties contractantes s'engagent à garantir à l'issue de la visite transfrontière le retour effectif de l'enfant sur le territoire d'où il est parti.

1° Lorsque à l'expiration de la période fixée par l'autorité judiciaire compétente au sens de l'article 5 pour la visite transfrontière, l'enfant ayant été emmené dans l'autre pays n'a pas été restitué à la personne qui en avait la garde, la reconnaissance et l'exécution immédiate des dispositions judiciaires exécutoires portant sur le droit de visite transfrontière ne peuvent être refusées et ce nonobstant toute décision rendue ou action exercée relativement à la garde de l'enfant.

2° Les dispositions du paragraphe 1° du présent article sont applicables au cas où le déplacement de l'enfant s'est effectué en dehors des périodes fixées par l'autorité judiciaire compétente.

Art. 9 Les décisions judiciaires exécutoires ou revêtues de l'exequatur, selon le cas, emportent autorisation de sortie du territoire national.

Art. 10 La décision accordant la reconnaissance et l'exécution des dispositions judiciaires portant sur le droit de visite transfrontière est rendue avec exécution provisoire nonobstant l'exercice de tout droit de recours.

Art. 11 Aux fins de la mise en œuvre de l'article 8, le parent qui a la garde de l'enfant saisit l'autorité centrale ou directement le Procureur de la République du lieu où s'exerce habituellement la garde.

Le Procureur de la République compétent requiert sans délai l'utilisation de la force publique pour une exécution forcée assurant le retour effectif de l'enfant sur le territoire d'où il est parti.

CHAPITRE III *DISPOSITIONS PARTICULIÈRES*

Art. 12 Les parties contractantes s'engagent à faire examiner les litiges pendants au moment de l'entrée en vigueur de la présente convention, en s'inspirant de ses dispositions et en tenant compte de l'intérêt de l'enfant.

A cette fin il est institué dès la signature de la présente convention une commission paritaire chargée de faciliter le règlement des litiges. Le mandat de cette commission expire un an après son installation.

Cette commission est saisie par l'un des parents. Elle est habilitée à demander aux autorités centrales désignées à l'article 1er, que des enquêtes soient effectuées dans chaque État par les autorités administratives et judiciaires compétentes. Elle émet des avis motivés sur le droit de garde et le droit de visite ainsi que sur les modalités de leur organisation.

Tout parent intéressé peut, au vu de cet avis, demander au juge qui a fixé le droit de garde et le droit de visite de modifier sa décision conformément aux dispositions de la présente convention qui sont alors applicables.

Pour faciliter la solution de ces litiges, les parties contractantes prennent les mesures appropriées pour ne pas engager ou pour suspendre les poursuites relatives à ces litiges.

CHAPITRE IV *DISPOSITIONS FINALES*

Art. 13 Les dispositions de la convention du 27 août 1964 relatives à l'exequatur et à l'extradition et celles de l'échange de lettres du 18 septembre 1980 qui ne font pas l'objet de dispositions particulières dans la présente convention demeurent applicables.

Art. 14 1. – Chacune des deux parties contractantes notifiera à l'autre l'accomplissement des procédures requises par sa constitution pour l'entrée en vigueur de la présente convention.

2. – La présente convention entrera en vigueur le premier jour du mois suivant la date de réception de la dernière notification.

3. – Chacune des deux parties contractantes pourra à tout moment dénoncer la présente convention en adressant à l'autre, par la voie diplomatique, une notification de dénonciation. La dénonciation prendra effet un an après la date de réception de ladite notification.

2 Bénin

Accord de coopération du 27 février 1975,

En matière de justice entre le Gouvernement de la République française et le Gouvernement de la République du Dahomey.

....

CHAPITRE IX *DE LA RECONNAISSANCE ET DE L'EXÉCUTION DES DÉCISIONS EN MATIÈRE CIVILE, SOCIALE ET COMMERCIALE*

Art. XLIV En matière civile, commerciale et sociale, les décisions contentieuses et gracieuses rendues par les juridictions siégeant sur le territoire de la République française et sur le territoire de la République du Dahomey sont reconnues de plein droit sur le territoire de l'autre État si elles réunissent les conditions suivantes :

a) La décision émane d'une juridiction compétente selon les règles concernant les conflits de compétence admises dans l'État où la décision est exécutée ;

b) La décision est, d'après la loi de l'État où elle a été rendue, passée en force de chose jugée et susceptible d'exécution ;

c) Les parties ont été régulièrement citées, représentées ou déclarées défaillantes ;

d) La décision ne contient rien de contraire à l'ordre public de l'État où elle est invoquée ou aux principes de droit public applicables dans cet État ;

e) La décision ne doit pas être contraire à une décision judiciaire prononcée dans cet État et possédant à son égard l'autorité de la chose jugée.

Art. XLV Les décisions visées à l'article précédent ainsi que les décisions exécutoires par provision, ne peuvent donner lieu à aucune exécution forcée par les autorités de l'autre État ni faire l'objet, de la part de ces autorités, d'aucune formalité publique telle que l'inscription, la transcription ou la rectification sur les registres publics qu'après y avoir été déclarées exécutoires.

Toutefois, en matière d'état des personnes, les jugements étrangers peuvent être publiés sans exequatur sur les registres de l'état civil si le droit de l'État où les registres sont tenus ne s'y oppose pas.

Art. XLVI L'exequatur est accordé, quelle que soit la valeur du litige, par le président du tribunal de première instance ou de la juridiction correspondante du lieu où l'exécution doit être poursuivie.

Le président est saisi et statue suivant la forme prévue pour les référés.

Art. XLVII Le président se borne à vérifier si la décision dont l'exequatur est demandé remplit les conditions prévues à l'article XLIV pour être reconnue de plein droit.

Il procède d'office à cet examen et doit en constater le résultat dans sa décision.

Il ordonne, s'il y a lieu, les mesures nécessaires pour que la décision soumise à exequatur reçoive la même publicité que si elle avait été rendue dans l'État où elle est déclarée exécutoire.

L'exequatur peut être accordé partiellement pour l'un ou l'autre seulement des chefs de la décision invoquée.

Art. XLVIII La décision d'exequatur a effet entre les parties à l'instance en exequatur et sur toute l'étendue des territoires où le présent accord est applicable.

Elle permet à la décision rendue exécutoire de produire, à partir de la date de l'obtention de l'exequatur, en ce qui concerne les mesures d'exécution, les mêmes effets que si elle avait été rendue par le tribunal ayant accordé l'exequatur à la date de l'obtention de celui-ci.

Art. XLIX La partie à l'instance qui invoque la reconnaissance d'une décision judiciaire ou qui en demande l'exécution doit produire :

a) Une expédition de la décision réunissant les conditions nécessaires à son authenticité ;

b) L'original de l'exploit de signification de la décision ou de tout autre acte qui tient lieu de signification ;

c) Un certificat du greffier constatant qu'il n'existe contre la décision ni opposition, ni appel, ni pourvoi en cassation ;

d) Le cas échéant, une copie de la citation de la partie qui a fait défaut à l'instance, copie certifiée conforme par le greffier de la juridiction qui a rendu la décision.

Art. L Les sentences arbitrales rendues dans l'un des deux États sont reconnues et exécutées dans l'autre État selon les dispositions de la Convention de New York du 10 juin 1958 pour la reconnaissance et l'exécution des sentences arbitrales étrangères.

Art. LI Les actes authentiques et les actes authentifiés, notamment les actes notariés, exécutoires dans l'un des deux États, sont déclarés exécutoires dans l'autre par le président de la juridiction visée à l'alinéa 1 de l'article XLVI, d'après la loi de l'État où l'exécution doit être poursuivie.

Cette autorité vérifie seulement si les actes réunissent les conditions nécessaires à leur authenticité dans l'État où ils ont été reçus et si les dispositions dont l'exécution est poursuivie n'ont rien de contraire à l'ordre public de l'État où l'exequatur est requis ou aux principes de droit public applicables dans cet État.

Art. LII Les hypothèques terrestres conventionnelles, consenties dans l'un des deux États, seront inscrites et produiront effet dans l'autre État seulement lorsque les actes qui en contiennent la stipulation auront été rendus exécutoires par l'autorité compétente, d'après la loi de la Partie où l'inscription est demandée.

Cette autorité vérifie seulement si les actes et les procurations qui en sont le complément réunissent toutes les conditions nécessaires pour leur validité dans les pays où ils ont été reçus.

Les dispositions qui précèdent sont également applicables aux actes de consentement à radiation ou à réduction passés dans l'une des deux Parties.

3 Brésil

Convention d'entraide judiciaire en matière civile entre le gouvernement de la République française et le gouvernement de la République fédérative du Brésil,

Signée à Paris le 28 mai 1996 (Décr. n° 2000-940 du 18 sept. 2000, JO 26 sept.).

La convention est entrée en vigueur le 1er oct. 2000.

....

CHAPITRE V *RECONNAISSANCE ET EXÉCUTION DES DÉCISIONS JUDICIAIRES*

Art. 17 Le présent chapitre est applicable, en matière civile, aux décisions rendues par les tribunaux des deux États. Il est également applicable aux décisions rendues par les juridictions pénales statuant sur l'action civile en réparation de dommages lorsque la législation de l'État requis le permet.

Art. 18 Les décisions rendues par les tribunaux de l'un des deux États sont reconnues et peuvent être déclarées exécutoires sur le territoire de l'autre État si elles réunissent les conditions suivantes :

a) La décision émane d'une juridiction compétente, selon la loi de l'État requis ;

b) La loi appliquée au litige est celle désignée par les règles de conflit de lois admises sur le territoire de l'État requis ; toutefois, la loi appliquée peut être différente de la loi désignée par les règles de conflit de l'État requis si l'application de l'une ou l'autre loi conduit au même résultat ;

c) La décision est passée en force de chose jugée et est exécutoire ; toutefois, en matière d'obligations alimentaires, de droit de garde d'un mineur ou de droit de visite, il n'est pas nécessaire que la décision soit passée en force de chose jugée mais elle doit être exécutoire ;

d) Les parties ont été régulièrement citées ou déclarées défaillantes ;

e) La décision ne contient rien de contraire à l'ordre public de l'État requis ;

f) Un litige entre les mêmes parties, fondé sur les mêmes faits et ayant le même objet que sur le territoire de l'État où la décision a été rendue :

i) N'est pas pendant devant un tribunal de l'État requis premier saisi, ou

ii) N'a pas donné lieu à une décision rendue sur le territoire de l'État requis à une date antérieure à celle de la décision présentée à l'exequatur, ou

iii) N'a pas donné lieu à une décision rendue dans un État tiers à une date antérieure à celle de la décision présentée à l'exequatur et réunissant les conditions nécessaires à sa reconnaissance sur le territoire de l'État requis.

Toutefois, lorsqu'il s'agit d'une décision relative à la garde d'un mineur, les trois causes de refus prévues à l'alinéa *f* ne peuvent s'appliquer que s'il s'est écoulé un délai d'un an entre le départ du mineur de l'État d'origine sur le territoire duquel il avait sa résidence habituelle et la date d'introduction de la procédure d'exequatur de l'État requis.

Art. 19 1. La procédure de reconnaissance et d'exécution de la décision est régie par le droit de l'État requis.

2. L'autorité judiciaire requise ne procède à aucun examen au fond de la décision.

3. Si la décision statue sur plusieurs chefs de demande, l'exécution peut être accordée partiellement.

Art. 20 La personne qui invoque la reconnaissance ou qui demande l'exécution doit produire :

a) Une expédition complète de la décision réunissant les conditions nécessaires à son authenticité ;

b) Tout document de nature à établir que la décision a été signifiée, notifiée ou publiée ;

c) Le cas échéant, une copie certifiée de la citation de la partie qui a fait défaut à l'instance ;

d) Toutes pièces de nature à établir que la décision est exécutoire sur le territoire de l'État où elle a été rendue et ne peut plus, à l'exception d'une décision relative à une obligation alimentaire, à la garde d'un mineur ou au droit de visite, faire l'objet de voie de recours.

Ces documents doivent être accompagnés d'une traduction certifiée conforme soit par un agent diplomatique ou consulaire, soit par toute personne autorisée à cet effet sur le territoire de l'un des deux États.

CHAPITRE VI *PROTECTION DES MINEURS*

Art. 21 1. Nonobstant les dispositions de la Convention de La Haye du 25 octobre 1980 sur les aspects civils de l'enlèvement international d'enfants à laquelle les deux États sont ou pourront être Parties, une demande tendant à faire reconnaître et exécuter une décision judiciaire relative à la garde des mineurs ou au droit de visite, rendue dans l'un des deux États, peut être adressée par l'autorité centrale de cet État à l'autorité centrale de l'autre État.

2. La décision rendue dans l'État d'origine est reconnue et exécutée dans l'État requis conformément aux dispositions du chapitre V.

3. L'assistance judiciaire est alors accordée de plein droit dans l'État requis.

Art. 22 L'autorité centrale de l'un des deux États peut demander à l'autorité centrale de l'autre État de lui communiquer des renseignements concernant la situation sociale et juridique d'un mineur se trouvant sur son territoire ou de le faire rechercher lorsque ce dernier n'est pas localisé.

. . . .

4 Burkina Faso

Accord de coopération du 24 avril 1961,

En matière de justice entre la République française et la République de Haute-Volta.

....

TITRE III EXEQUATUR EN MATIÈRE CIVILE, COMMERCIALE ET ADMINISTRATIVE

Art. 36 En matière civile et commerciale, les décisions contentieuses et gracieuses rendues par les juridictions siégeant sur le territoire de la République française et sur le territoire de la République de Haute-Volta ont, de plein droit, l'autorité de la chose jugée sur le territoire de l'autre État, si elles réunissent les conditions suivantes :

a. La décision émane d'une juridiction compétente selon les règles concernant les conflits de compétence admises dans l'État où la décision est exécutée ;

b. La décision est, d'après la loi de l'État où elle a été rendue, passée en force de chose jugée et susceptible d'exécution ;

c. Les parties ont été régulièrement citées, représentées ou déclarées défaillantes ;

d. La décision ne contient rien de contraire à l'ordre public de l'État où elle est invoquée ou aux principes de droit public applicables dans cet État. Elle ne doit pas non plus être contraire à une décision judiciaire prononcée dans cet État et possédant à son égard l'autorité de la chose jugée.

Art. 37 Les décisions visées à l'article précédent ainsi que les décisions déclarées exécutoires par provision ne peuvent donner lieu à aucune exécution forcée par les autorités de l'autre État, ni faire l'objet, de la part de ces autorités, d'aucune formalité publique telle que l'inscription, la transcription ou la rectification sur les registres publics qu'après y avoir été déclarées exécutoires.

Art. 38 L'exequatur est accordé, quelle que soit la valeur du litige, par le président du tribunal de grande instance ou de la juridiction correspondante du lieu où l'exécution doit être poursuivie.

Le président est saisi et statue suivant la forme prévue pour les référés.

La décision ne peut faire l'objet que d'un recours en cassation.

Art. 39 Le président se borne à vérifier si la décision dont l'exequatur est demandé remplit les conditions prévues à l'article 36 pour avoir de plein droit l'autorité de la chose jugée.

Il procède d'office à cet examen et doit en constater le résultat dans sa décision.

Il ordonne, s'il y a lieu, les mesures nécessaires pour que la décision soumise à l'exequatur reçoive la même publicité que si elle avait été rendue dans l'État où elle est déclarée exécutoire.

L'exequatur peut être accordé partiellement pour l'un ou l'autre seulement des chefs de la décision invoquée.

Art. 40 La décision d'exequatur a effet entre toutes les parties à l'instance en exequatur, et sur toute l'étendue des territoires où le présent Accord est applicable.

Elle permet à la décision rendue exécutoire de produire à partir de la date de l'obtention de l'exequatur, en ce qui concerne les mesures d'exécution, les mêmes effets que si elle avait été rendue par le tribunal ayant accordé l'exequatur à la date de l'obtention de celui-ci.

Art. 41 La partie à l'instance qui invoque l'autorité d'une décision judiciaire ou qui en demande l'exécution doit produire :

a. Une expédition de la décision réunissant les conditions nécessaires à son authenticité ;

b. L'original de l'exploit de signification de la décision ou de tout autre acte qui tient lieu de signification ;

c. Un certificat du greffier constatant qu'il n'existe contre la décision ni opposition ni appel ;

d. Le cas échéant, une copie de la citation de la partie qui a fait défaut à l'instance, copie certifiée conforme par le greffier de la juridiction qui a rendu la décision.

Art. 42 Les sentences arbitrales rendues dans l'un des deux États sont reconnues et exécutées dans l'autre État, selon les dispositions de la Convention de New York du 10 juin 1958 pour la reconnaissance et l'exécution des sentences arbitrales étrangères.

Art. 43 Les actes authentiques, notamment les actes notariés exécutoires dans l'un des deux États, sont déclarés exécutoires dans l'autre par le président de la juridiction visée à l'alinéa 1er de l'article 38, d'après la loi de l'État où l'exécution doit être poursuivie.

Cette autorité vérifie seulement si les actes réunissant les conditions nécessaires à leur authenticité dans l'État où ils ont été reçus et si les dispositions dont l'exécution est poursuivie n'ont rien de contraire à l'ordre public de l'État où l'exequatur est requis ou aux principes de droit public applicables dans cet État.

Art. 44 Les hypothèques terrestres conventionnelles, consenties dans l'un des deux pays, seront inscrites et produiront effet dans l'autre seulement lorsque les actes qui en contiennent la stipulation auront été rendus exécutoires par l'autorité compétente, d'après la loi du pays où l'inscription est demandée.

Cette autorité vérifie seulement si les actes et les procurations qui en sont le complément réunissent toutes les conditions nécessaires pour leur validité dans le pays où ils ont été reçus.

Les dispositions qui précèdent sont également applicables aux actes de consentement à radiation ou à réduction passés dans l'un des deux pays.

Art. 45 L'exécution des décisions rendues en matière administrative est poursuivie comme il est dit au présent titre, sous la réserve que le président de la juridiction compétente pour connaître au premier degré des litiges de plein contentieux est substitué au président de la juridiction visée à l'alinéa 1er de l'article 38.

....

5 Cameroun

Accord de coopération du 21 février 1974,

En matière de justice entre le Gouvernement de la République française et le Gouvernement de la République unie du Cameroun (ensemble un échange de lettres) (Décr. n° 75-1154 du 8 déc. 1975, JO 17 déc. 1975).

....

TITRE II EXEQUATUR EN MATIÈRE CIVILE, SOCIALE OU COMMERCIALE

Art. 34 En matière civile, sociale ou commerciale, les décisions contentieuses ou gracieuses rendues par une juridiction siégeant en France ou au Cameroun sont reconnues de plein droit sur le territoire de l'autre État si elles réunissent les conditions suivantes :

a) Les parties ont été régulièrement citées, représentées ou déclarées défaillantes ;

b) Le litige entre les mêmes parties, fondé sur les mêmes faits et ayant le même objet :

– n'est pas pendant devant une juridiction de l'État requis, ou

– n'a pas donné lieu à une décision rendue dans l'État requis, ou

– n'a pas donné lieu à une décision rendue dans un État et réunissant les conditions nécessaires à son exequatur dans l'État requis ;

c) La décision, d'après la loi de l'État où elle a été rendue, ne peut plus faire l'objet d'un recours ordinaire ou d'un pourvoi en cassation ;

d) La décision émane d'une juridiction compétente d'après les règles de conflit de l'État requis, sauf renonciation de la partie intéressée ;

e) La décision n'est pas contraire à une décision judiciaire prononcée dans cet État et possédant à son égard l'autorité de la chose jugée ;

f) Elle ne contient rien de contraire à l'ordre public de l'État où elle est invoquée ou aux principes de droit public applicables dans cet État.

L'exequatur ne peut être refusé pour la seule raison que la juridiction d'origine a appliqué une loi autre que celle qui aurait été applicable d'après les règles de conflit de l'État requis, sauf en ce qui concerne l'état ou la capacité des personnes.

Dans ces derniers cas, l'exequatur ne peut être refusé si l'application de la loi désignée par ces règles eût abouti au même résultat.

Art. 35 Les décisions visées à l'article précédent et qui sont susceptibles d'exécution dans l'État d'origine, ne peuvent donner lieu à aucune exécution forcée par les autorités de l'autre État, ni faire l'objet, de la part de ces autorités, d'aucune formalité publique telle l'inscription, la transcription ou la rectification sur les registres publics qu'après y avoir été déclarées exécutoires.

Toutefois, en matière d'état des personnes, les jugements étrangers peuvent être transcrits sans exequatur sur les registres de l'état civil si le droit de l'État où les registres sont tenus ne s'y opposent pas.

Art. 36 1° L'exequatur est accordé à la demande de toute partie intéressée par l'autorité compétente d'après la loi de l'État où il est requis.

2° La procédure de la demande en exequatur est régie par la loi de l'État dans lequel l'exécution est demandée.

Art. 37 La partie admise à l'assistance judiciaire dans l'État d'origine en bénéficie sans nouvel examen, dans les limites prévues par la législation de l'État requis, pour les actes et procédures tendant à rendre la décision exécutoire, ainsi que pour les actes et procédures d'exécution de la décision d'exequatur.

Art. 38 L'autorité compétente se borne à vérifier si la décision dont l'exequatur est demandé remplit les conditions prévues à l'article 34. Elle procède d'office à cet examen et doit en constater les résultats dans la décision.

En accordant l'exequatur, l'autorité compétente ordonne, s'il y a lieu, les mesures nécessaires pour que la décision reçoive la même publicité que si elle avait été rendue dans l'État où elle est déclarée exécutoire.

L'exequatur peut être accordé partiellement pour l'un ou l'autre seulement des chefs de la décision invoquée.

Art. 39 La partie à l'instance qui invoque l'autorité d'une décision judiciaire ou qui en demande l'exécution doit produire :

a) Une expédition de la décision réunissant les conditions nécessaires à son authenticité ;

b) L'original de l'exploit de signification de la décision ou de tout autre acte qui tient lieu de signification ;

c) Un certificat de greffier constatant qu'il n'existe contre la décision, ni opposition, ni appel, ni pourvoi en cassation ;

d) Le cas échéant, une copie de la citation de la partie qui a fait défaut à l'instance, copie certifiée conforme par le greffier de la juridiction qui a rendu la décision.

Art. 40 La décision d'exequatur a effet entre toutes les parties à l'instance en exequatur et sur toute l'étendue du territoire de l'État où celui-ci a été requis.

Les décisions rendues conformément à l'article 35 deviennent exécutoires à compter de la date d'obtention de l'exequatur.

Art. 41 Les sentences arbitrales rendues dans l'un des deux États sont reconnues dans l'autre État et peuvent y être déclarées exécutoires si elles satisfont aux conditions des articles 34 et 35 pour autant que ces conditions soient applicables. L'exequatur est accordé dans les formes fixées aux articles qui précèdent.

Art. 42 Les actes authentiques, notamment les actes notariés exécutoires dans l'un des deux États, sont déclarés exécutoires dans l'autre par l'autorité compétente d'après la loi de l'État où l'exécution doit être poursuivie.

Cette autorité vérifie seulement si les actes réunissent les conditions nécessaires à leur authenticité dans l'État où ils ont été reçus et si les dispositions dont l'exécution est poursuivie n'ont rien de contraire à l'ordre public ou aux principes du droit public applicables dans cet État.

……………………………………………………………………………………………

6 Centrafrique

Accord de coopération du 18 janvier 1965,

En matière de justice entre la République française et la République centrafricaine (Publié par Décr. n° 67-402 du 27 avr. 1967, JO 19 mai 1967).

……………………………………………………………………………………………

TITRE II EXEQUATUR EN MATIÈRE CIVILE, COMMERCIALE ET ADMINISTRATIVE

Art. 29 En matière civile et commerciale, les décisions contentieuses et gracieuses rendues par les juridictions siégeant respectivement sur le territoire de la République française et sur le territoire de la République centrafricaine, ont, de plein droit, l'autorité de la chose jugée sur le territoire de l'autre État si elles réunissent les conditions suivantes :

a) La décision émane d'une juridiction compétente selon les règles concernant les conflits de compétence admises dans l'État où la décision doit être exécutée ;

b) La décision a fait application de la loi applicable au litige en vertu des règles de solution des conflits de loi admises dans l'État ou la décision doit être exécutée ;

c) La décision est, d'après la loi de l'État où elle a été rendue, passée en force de chose jugée et susceptible d'exécution ;

d) Les parties ont été régulièrement citées, représentées ou déclarées défaillantes ;

e) La décision ne contient rien de contraire à l'ordre public de l'État où elle est invoquée et n'est pas contraire à une décision judiciaire prononcée dans cet État et possédant à son égard l'autorité de la chose jugée.

Art. 30 Les décisions visées à l'article précédent ne peuvent donner lieu à aucune exécution forcée par les autorités de l'autre État ni faire l'objet, de la part de ces autorités, d'aucune formalité publique, telle que l'inscription, la transcription ou la rectification sur les registres publics, qu'après y avoir été déclarées exécutoires.

Art. 31 L'exequatur est accordé, quelle que soit la valeur du litige, par le président du tribunal de grande instance ou de la juridiction correspondante du lieu où l'exécution doit être poursuivie.

La procédure de la demande d'exequatur est régie par la loi du pays où l'exécution est demandée.

Le président est saisi et statue suivant la réforme prévue pour les référés.

La décision ne peut faire l'objet que d'un recours en cassation.

Art. 32 Le président se borne à vérifier si la décision dont l'exequatur est demandé remplit les conditions prévues à l'article 29 pour avoir de plein droit l'autorité de la chose jugée.

Il procède d'office à cet examen et doit en constater le résultat dans sa décision.

Il ordonne, s'il y a lieu les mesures nécessaires pour que la décision soumise à l'exequatur reçoive la même publicité que si elle avait été reçue dans l'État où elle est déclarée exécutoire.

L'exequatur peut être accordé partiellement pour l'un ou l'autre seulement des chefs de la décision invoquée.

Art. 33 La décision d'exequatur a effet entre toutes les parties à l'instance en exequatur et sur toute l'étendue des territoires où le présent accord est applicable.

La décision d'exequatur permet à la décision rendue exécutoire de produire à partir de la date de l'obtention de l'exequatur, en ce qui concerne les mesures d'exécution, les mêmes effets que si elle avait été rendue par le tribunal ayant accordé l'exequatur, à la date de l'obtention de celui-ci.

Art. 34 La partie à l'instance qui invoque l'autorité d'une décision judiciaire ou qui en demande l'exécution doit produire :

a) Une expédition de la décision réunissant les conditions nécessaires à son authenticité ;

b) L'original de l'exploit de signification de la décision ou de tout autre acte qui tient lieu de signification ;

c) Un certificat du greffier constatant qu'il n'existe contre la décision ni opposition ni appel ;

d) Le cas échéant, une copie de la citation de la partie qui a fait défaut à l'instance, copie certifiée conforme par le greffier de la juridiction qui a rendu la décision.

Art. 35 Les sentences arbitrales rendues dans l'un des deux États sont reconnues et exécutées dans l'autre État, selon les dispositions de la convention de New York du 10 juin 1958 pour la reconnaissance et l'exécution des sentences arbitrales étrangères.

Art. 36 Les actes authentiques, notamment les actes notariés, exécutoires dans l'un des deux États sont déclarés exécutoires dans l'autre par le président de la juridiction visée à l'alinéa 1 de l'article 31, conformément à la loi de l'État où l'exécution doit être poursuivie.

Cette autorité vérifie seulement si les actes réunissent les conditions nécessaires à leur authenticité dans l'État où ils ont été reçus et si les dispositions dont l'exécution est poursuivie n'ont rien de contraire à l'ordre public de l'État où l'exequatur est requis ou aux principes de droit public applicables dans cet État.

Art. 37 Les hypothèques terrestres conventionnelles, consenties dans l'un des deux pays, seront inscrites et produiront effet dans l'autre seulement lorsque les actes qui en contiennent la stipulation auront été rendus exécutoires par l'autorité compétente, d'après la loi du pays où l'inscription est demandée.

Cette autorité vérifie seulement si les actes et les procurations qui en sont le complément réunissent toutes les conditions nécessaires pour leur validité dans le pays où ils ont été reçus.

Les dispositions qui précèdent sont également applicables aux actes de consentement à radiation ou à réduction passés dans l'un des deux pays.

Art. 38 L'exécution des décisions rendues en matière administrative est poursuivie comme il est dit au présent titre, sous la réserve que le président de la juridiction compétente pour connaître au premier degré des litiges de plein contentieux est substitué au président de la juridiction visée à l'alinéa 1 de l'article 31.

.....

7 Chine

Accord du 4 mai 1987,

D'entraide judiciaire en matière civile et commerciale entre le Gouvernement de la République française et le Gouvernement de la République populaire de Chine (Publié par Décr. n° 88-298 du 24 mars 1988, JO 1er avr. 1988).

.....

CHAPITRE IV *RECONNAISSANCE ET EXÉCUTION DES DÉCISIONS JUDICIAIRES ET DES SENTENCES ARBITRALES*

Art. 19 *Champ d'application.* 1. Les décisions en matière civile et commerciale rendues postérieurement à l'entrée en vigueur du présent Accord par les juridictions d'une Partie contractante et passées en force de chose jugée sont reconnues et exécutées sur le territoire de l'autre Partie, sauf les cas prévus à l'article 22.

2. Les dispositions du paragraphe précédent s'appliquent, dans les mêmes conditions, aux conciliations en matière civile et commerciale rendues par les juridictions des deux Parties contractantes ainsi qu'aux décisions en matière pénale concernant la réparation des dommages.

Art. 20 *Présentation des demandes.* L'action en reconnaissance et en exécution des décisions rendues par une juridiction d'une Partie contractante sera introduite directement par le demandeur auprès de la juridiction compétente de l'autre Partie.

L'autorité centrale de chacune des deux Parties contractantes fournira, sur demande de l'autre Partie, les informations nécessaires, telles que le nom de la juridiction compétente, ainsi que les modalités de présentation de la demande et tous autres renseignements utiles.

Art. 21 *Documents à produire.* La Partie qui demande la reconnaissance ou l'exécution d'une décision en application du présent chapitre doit produire les documents suivants :

1° Une expédition de la décision. Si elle ne constate pas en termes explicites que la décision est passée en force de chose jugée, elle doit être accompagnée d'un acte officiel délivré par la juridiction attestant que la décision est passée en force de chose jugée ;

2° L'original de l'exploit de signification de la décision ou de tout acte qui tient lieu de signification. Si la décision est rendue par défaut, une copie de la citation à l'instance constatant que la partie défaillante a été légalement appelée à comparaître en justice doit être produite ;

3° Les traductions certifiées conformes des pièces mentionnées aux deux alinéas précédents.

Art. 22 *Refus de reconnaissance et d'exécution.* Les décisions ne sont pas reconnues ni exécutées :

1° Lorsque la décision émane d'une juridiction incompétente selon les règles concernant la compétence contenues dans le droit de la Partie requise ;

2° Lorsque la juridiction d'origine a, en matière d'état ou de capacité des personnes physiques, appliqué une loi autre que celle qui aurait été applicable d'après les règles de droit international privé de la Partie requise, sauf si l'application de la loi désignée eut abouti au même résultat ;

3° Lorsque la décision d'après la loi de la Partie où elle a été rendue n'est pas passée en force de chose jugée ou n'est pas exécutoire ;

4° Lorsque la Partie qui a succombé n'a pas été légalement citée et n'a pu de ce fait comparaître en justice ;

5° Lorsque l'exécution forcée de la décision porte atteinte à la souveraineté ou à la sécurité de la Partie requise, ou s'avère contraire à l'ordre public de celle-ci ;

6° Lorsque la décision rendue par la juridiction de la Partie requise et passée en force de chose jugée concerne un litige entre les mêmes parties, fondé sur les mêmes faits et ayant le même objet ;

ou lorsque la décision qui est passée en force de chose jugée, rendue par la juridiction d'un État tiers concernant un litige entre les mêmes parties, fondé sur les mêmes faits et ayant le même objet, a été déjà reconnue par la juridiction de la Partie requise.

Art. 23 *Procédure.* 1. La juridiction de la Partie requise se prononce sur la reconnaissance et l'exécution de la décision selon la procédure régie par la loi de son État.

2. La juridiction de la Partie requise vérifie si la décision dont l'exécution est demandée est conforme aux dispositions prévues au présent chapitre, mais elle ne doit procéder à aucun examen au fond de la décision.

Art. 24 *Effets.* La décision reconnue et exécutée produit, sur le territoire de la Partie requise, les mêmes effets que si elle avait été rendue par la juridiction de cette dernière.

Art. 25 *Reconnaissance et exécution des sentences arbitrales.* Chacune des deux Parties contractantes reconnaît et exécute les sentences arbitrales rendues sur le territoire de l'autre Partie selon les dispositions de la Convention de New York du 10 juin 1958 pour la reconnaissance et l'exécution des sentences arbitrales étrangères.

....

8 Côte d'Ivoire

Accord de coopération du 24 avril 1961,

En matière de justice entre la République française et la République de Côte-d'Ivoire.

....

TITRE III EXEQUATUR EN MATIÈRE CIVILE, COMMERCIALE ET ADMINISTRATIVE

Art. 36 En matière civile et commerciale, les décisions contentieuses et gracieuses rendues par les juridictions siégeant sur le territoire de la République française et sur le territoire de la République de Côte-d'Ivoire ont, de plein droit, l'autorité de la chose jugée sur le territoire de l'autre État, si elles réunissent les conditions suivantes :

a. La décision émane d'une juridiction compétente selon les règles concernant les conflits de compétence admises dans l'État où la décision est exécutée ;

b. La décision est, d'après la loi de l'État où elle a été rendue, passée en force de chose jugée et susceptible d'exécution ;

c. Les parties ont été régulièrement citées, représentées ou déclarées défaillantes ;

d. La décision ne contient rien de contraire à l'ordre public de l'État où elle est invoquée ou aux principes de droit public applicables dans cet État. Elle ne doit pas non plus être contraire à une décision judiciaire prononcée dans cet État et possédant à son égard l'autorité de la chose jugée.

Art. 37 Les décisions visées à l'article précédent ainsi que les décisions déclarées exécutoires par provision ne peuvent donner lieu à aucune exécution forcée par les autorités de l'autre État, ni faire l'objet, de la part de ces autorités, d'aucune formalité publique telle que l'inscription, la transcription ou la rectification sur les registres publics, qu'après y avoir été déclarées exécutoires.

Art. 38 L'exequatur est accordé, quelle que soit la valeur du litige par le président du tribunal de grande instance ou de la juridiction correspondante du lieu ou l'exécution doit être poursuivie.

Le président est saisi et statue suivant la forme prévue pour les référés.

La décision ne peut faire l'objet que d'un recours en cassation.

Art. 39 Le président se borne à vérifier si la décision dont l'exequatur est demandé remplit les conditions prévues à l'article 36 pour avoir de plein droit l'autorité de la chose jugée.

Il procède d'office à cet examen et doit en constater le résultat dans sa décision.

Il ordonne, s'il y a lieu, les mesures nécessaires pour que la décision soumise à exequatur reçoive la même publicité que si elle avait été rendue dans l'État où elle est déclarée exécutoire.

L'exequatur peut être accordé partiellement pour l'un ou l'autre seulement des chefs de la décision invoquée.

Art. 40 La décision d'exequatur a effet entre toutes les parties à l'instance en exequatur, et sur toute l'étendue des territoires où le présent Accord est applicable.

Elle permet à la décision rendue exécutoire de produire, à partir de la date de l'obtention de l'exequatur, en ce qui concerne les mesures d'exécution, les mêmes effets que si elle avait été rendue par le tribunal ayant accordé l'exequatur à la date de l'obtention de celui-ci.

Art. 41 La partie à l'instance qui invoque l'autorité d'une décision judiciaire ou qui en demande l'exécution doit produire :

a. Une expédition de la décision réunissant les conditions nécessaires à son authenticité ;

b. L'original de l'exploit de signification de la décision ou de tout autre acte qui tient lieu de signification ;

c. Un certificat du greffier constatant qu'il n'existe contre la décision ni opposition ni appel ;

d. Le cas échéant, une copie de la citation de la partie qui a fait défaut à l'instance, copie certifiée conforme par le greffier de la juridiction qui a rendu la décision.

Art. 42 Les sentences arbitrales rendues dans l'un des deux États sont reconnues et exécutées dans l'autre État, selon les dispositions de la Convention de New York du 10 juin 1958 pour la reconnaissance et l'exécution des sentences arbitrales étrangères.

Art. 43 Les actes authentiques, notamment les actes notariés exécutoires dans l'un des deux États, sont déclarés exécutoires dans l'autre par le président de la juridiction visée à l'alinéa I de l'article 38, d'après la loi de l'État où l'exécution doit être poursuivie.

Cette autorité vérifie seulement si les actes réunissent les conditions nécessaires à leur authenticité dans l'État où ils ont été reçus, et si les dispositions dont l'exécution est poursuivie n'ont rien de contraire à l'ordre public de l'État où l'exequatur est requis ou aux principes de droit public applicables dans cet État.

Art. 44 Les hypothèques terrestres conventionnelles, consenties dans l'un des deux pays, seront inscrites et produiront effet dans l'autre seulement lorsque les actes qui en contiennent la stipulation auront été rendus exécutoires par l'autorité compétente, d'après la loi du pays où l'inscription est demandée.

Cette autorité vérifie seulement si les actes et les procurations qui en sont le complément réunissent toutes les conditions nécessaires pour leur validité dans le pays où ils ont été reçus.

Les dispositions qui précèdent sont également applicables aux actes de consentement à radiation ou à réduction passés dans l'un des deux pays.

Art. 45 L'exécution des décisions rendues en matière administrative est poursuivie comme il est dit au présent titre, sous la réserve que le président de la juridiction compétente pour connaître au premier degré des litiges de plein contentieux est substitué au président de la juridiction visée à l'alinéa I de l'article 38.

....

9 Djibouti

Convention du 27 décembre 1988,

De coopération judiciaire en matière civile, y compris le statut personnel, commerciale, sociale et administrative entre le Gouvernement de la République française et le Gouvernement de la République de Djibouti (Publiée par Décr. n° 92-808 du 19 août 1992, JO 21 août 1992).

....

CHAPITRE VI *RECONNAISSANCE ET EXÉCUTION DES DÉCISIONS JUDICIAIRES*

SECTION 1 *Domaine général*

Art. 34 *Champ d'application.* Les dispositions du présent chapitre s'appliquent à la reconnaissance et à l'exécution des décisions rendues par les autorités judiciaires des deux États en matière civile, commerciale, sociale et administrative, ainsi qu'aux décisions rendues par les juridictions pénales en matière de réparation de dommages et de restitution de biens.

Elles s'appliquent, également, aux décisions rendues en matière de statut personnel, notamment aux décisions relatives à la garde des enfants, au droit de visite et aux obligations alimentaires, sous réserve des dispositions des sections 2 et 3 du présent chapitre.

Le présent chapitre s'applique à toute décision quelle qu'en soit la dénomination, rendue par les autorités judiciaires à la suite de procédures contentieuses ou gracieuses.

Art. 35 *Conditions de la reconnaissance.* Les décisions contentieuses et gracieuses rendues par les autorités judiciaires de l'un des deux États sont reconnues de plein droit sur le territoire de l'autre État si elles réunissent les conditions suivantes :

1. La décision émane d'une juridiction compétente selon les régies concernant les conflits de compétence admises dans l'État où la décision est reconnue ;

2. La décision a fait application de la loi applicable au litige en vertu des règles de solution des conflits de lois admises dans l'État où la décision est reconnue ;
3. Les parties ont été régulièrement citées, représentées ou déclarées défaillantes ;
4. La décision ne contient aucune disposition contraire à l'ordre public de l'État sur le territoire duquel elle est invoquée ;
5. La décision d'après la loi de l'État où elle a été rendue est passée en force de chose jugée et est exécutoire ;
6. Un litige entre les mêmes parties, fondé sur les mêmes faits et ayant le même objet :
– n'est pas pendant devant une juridiction de l'État requis, première saisie ;
– n'a pas donné lieu à une décision rendue par une juridiction de l'État requis réunissant les conditions nécessaires pour être reconnue ;
– n'a pas donné lieu à une décision rendue dans un État tiers réunissant les conditions nécessaires à sa reconnaissance sur le territoire de l'État requis.

Art. 36 *Effet de la reconnaissance.* Les décisions reconnues de plein droit ne peuvent donner lieu à aucun acte d'exécution forcée ni faire l'objet d'aucune formalité publique, comme l'inscription sur les registres publics, qu'après avoir été déclarées exécutoires. Toutefois, en matière d'état des personnes, les décisions passées en force de chose jugée peuvent être publiées sans exequatur sur les registres de l'état civil si le droit de l'État où les registres sont tenus ne s'y oppose pas.

Art. 37 *Procédure de la reconnaissance.* La procédure tendant à obtenir la reconnaissance d'une décision est régie par le droit de l'État requis.

Lors de l'appréciation de la compétence du tribunal d'origine, l'autorité requise est liée par les constatations de fait sur lesquelles ce tribunal a fondé sa compétence à moins qu'il ne s'agisse d'une décision par défaut.

Art. 38 *Documents.* La partie à l'instance qui se prévaut d'une décision judiciaire doit produire :
1. Une expédition de la décision réunissant les conditions nécessaires à son authenticité ;
2. L'original de l'exploit de signification de la décision ou de tout autre acte qui tient lieu de signification ;
3. Un certificat du greffier constatant qu'il n'existe contre cette décision ni opposition ni pourvoi en cassation ;
4. Le cas échéant, une copie de la citation de la partie qui a fait défaut à l'instance, copie certifiée conforme par le greffier de la juridiction qui a rendu la décision ;
5. S'il y a lieu, un document justifiant que le requérant bénéficie de l'assistance judiciaire dans l'État d'origine.

Art. 39 *Exequatur.* L'autorité judiciaire requise vérifie si la décision dont l'exécution est demandée remplit les conditions prévues par la présente section pour la reconnaissance et est exécutoire. Elle ne procède à aucun examen au fond de la décision. L'exequatur peut être accordé partiellement pour l'un ou l'autre seulement des chefs de décision invoquée.

Art. 40 *Sentences arbitrales.* Les sentences arbitrales rendues dans l'un des deux États sont reconnues et exécutées dans l'autre État aux mêmes conditions que les décisions judiciaires en tant que ces conditions leur sont applicables.

L'exequatur est accordé selon les formes fixées aux articles qui précèdent.

Art. 41 *Transactions.* Les transactions exécutoires dans l'un des deux États sont reconnues et déclarées exécutoires dans l'autre État aux mêmes conditions que les décisions, en tant que ces conditions leur sont applicables.

SECTION 2 *Garde des enfants et droit de visite*

Art. 42 *Exécution des jugements.* En matière de garde d'enfants et d'exercice du droit de visite, les décisions judiciaires rendues sur le territoire de l'un des deux États peuvent être déclarées opposables sur le territoire de l'autre par les juridictions de cet État dès lors qu'elles sont exécutoires et satisfont aux conditions des seuls paragraphes 1, 2, 3, 4 et 6 de l'article 35 de la présente Convention.

Art. 43 *Règles de conflits.* En matière de garde d'enfants et de droit de visite, la reconnaissance ou l'exécution d'une décision rendue dans l'un des deux États ne peut être refusée par l'autre État dans les cas suivants :

1. Lorsque le tribunal de l'État qui a rendu la décision est celui :
   – de la résidence commune effective des parents ;
   – ou de la résidence du parent avec lequel l'enfant vit habituellement.

Lors de l'appréciation de la compétence territoriale du tribunal de l'État qui a rendu la décision, l'autorité requise de l'autre État est liée par les constatations de fait sur lesquelles ce tribunal a fondé sa compétence, à moins qu'il ne s'agisse d'une décision par défaut.

2. Lorsque le tribunal de l'État qui a rendu la décision a appliqué :

a) Si les parents sont de même nationalité, leur loi nationale commune ;

b) En l'absence de nationalité commune des parents :
   – soit la loi de leur résidence commune effective ;
   – soit la loi de la résidence du parents avec lequel l'enfant vit habituellement.

Art. 44 *Documents.* La partie qui invoque l'autorité d'une décision judiciaire rendue en matière de garde d'enfants et de droit de visite ou qui en demande l'exécution doit produire un certificat du greffier constatant seulement que la décision est exécutoire dans l'État où elle a été rendue, nonobstant les dispositions de l'alinéa 3 de l'article 38 de la présente Convention.

SECTION 3 *Obligations alimentaires*

Art. 45 *Exécution des jugements.* En matière d'obligations alimentaires, les décisions judiciaires rendues sur le territoire de l'un des États peuvent être déclarées opposables sur le territoire de l'autre par les juridictions de cet État dès qu'elles sont exécutoires et satisfont aux conditions des seuls paragraphes 1, 2, 3, 4 et 6 de l'article 35 de la présente Convention.

Art. 46 *Règles de conflits.* En matière d'aliments, la reconnaissance ou l'exécution de la décision rendue dans l'un des deux États ne peut être refusée par l'autre État dans les cas suivants :

1. Lorsque le tribunal de l'État qui a rendu la décision s'est déclaré compétent parce que la résidence habituelle du créancier d'aliments se trouvait sur son territoire.

Lors de l'appréciation de la compétence territoriale du tribunal de l'État qui a rendu la décision, l'autorité requise de l'autre État est liée par les constatations de fait sur lesquelles le tribunal a fondé sa compétence, à moins qu'il ne s'agisse d'une décision par défaut.

2. Lorsque le tribunal de l'État qui a rendu la décision a appliqué la loi de la résidence habituelle du créancier d'aliments.

Art. 47 *Documents.* La partie qui invoque l'autorité d'une décision judiciaire, rendue en matière d'obligations alimentaires ou qui en demande l'exécution, doit produire un certificat du greffier constatant seulement que la décision est exécutoire dans l'État où elle a été rendue nonobstant les dispositions de l'alinéa 3 de l'article 38 de la présente Convention.

CHAPITRE VII *PROTECTION DE LA PERSONNE DES ENFANTS – GARDES DES ENFANTS ET DROIT DE VISITE*

Art. 48 *Coopération judiciaire spécifique.* Aux fins de la présente section, les deux États se garantissent réciproquement, sur leur territoire et sous le contrôle de leurs autorités judiciaires, le libre exercice du droit de garde sur l'enfant mineur sous la seule condition de l'intérêt de l'enfant. Ils se garantissent également le libre exercice du droit de visite, notamment dans l'État de la résidence du parent qui n'a pas la garde. Ils se garantissent mutuellement, enfin, la bonne exécution des décisions de justice rendues par l'autre État dans ces domaines.

Art. 49 *Déplacement et non-retour d'un enfant.* Le déplacement ou le non-retour d'un enfant est considéré comme illicite :

a) Lorsqu'il a lieu en violation d'un droit de garde, attribué à une personne ou à une institution, seul ou conjointement, par le droit de l'État dans lequel l'enfant avait sa résidence habituelle, immédiatement avant son déplacement ou son non-retour et,

b) Que ce droit était exercé de façon effective et de bonne foi, seul ou conjointement, au moment du déplacement ou du non-retour.

Le droit de garde visé au paragraphe a du présent article peut notamment résulter d'une attribution de plein droit, d'une décision judiciaire ou d'un accord en vigueur selon le droit de cet État.

Art. 50 *Rôle des autorités centrales.* Les autorités centrales prennent ou font prendre toute mesure appropriée pour :

a) Localiser un enfant déplacé illicitement ;

b) Fournir des informations sur la situation de l'enfant ;

c) Éviter de nouveaux dangers pour l'enfant ;

d) Faciliter une solution amiable et, à défaut de remise volontaire, favoriser la remise judiciaire de l'enfant ;

e) Permettre l'organisation ou l'exercice effectif du droit de visite ;

f) Assurer, en liaison avec les représentants diplomatiques ou consulaires de l'autre État, le rapatriement de l'enfant en faisant établir si nécessaire une autorisation de sortie du territoire.

Art. 51 *Droit d'action d'office.* 1. En cas de refus de remise volontaire, les autorités centrales doivent saisir, dans les meilleurs délais, par la voie du ministère public, institué auprès des juridictions agissant en matière civile, leurs autorités judiciaires compétentes soit pour rendre exécutoires dans l'État requis les décisions exécutoires dans l'État requérant, soit pour faire statuer sur la demande de remise dont l'enfant fait l'objet.

2. Les autorités judiciaires peuvent également être saisies directement par la partie intéressée.

3. L'exécution des décisions est demandée au tribunal dans le ressort duquel se trouve ou est présumé se trouver le mineur.

Art. 52 *Remise volontaire.* L'autorité centrale de l'État où se trouve l'enfant déplacé ou retenu illicitement prend les mesures qu'elle estime appropriées pour assurer sa remise volontaire. Elle fait notamment entendre l'auteur du déplacement ou du non-retour par l'intermédiaire du ministère public institué auprès des juridictions et le fait mettre en demeure d'avoir à satisfaire à ses obligations.

Art. 53 *Remise judiciaire.* 1. Lorsqu'un enfant a été déplacé ou retenu illicitement au sens de l'article 49 et qu'une période de moins d'un an s'est écoulée à partir du déplacement ou du non-retour au moment de l'introduction de la demande devant le juge de l'État où se trouve l'enfant, son retour immédiat doit être ordonné par ce juge.

2. Le juge, même saisi après l'expiration de la période d'un an prévue à l'alinéa précédent, doit aussi ordonner le retour de l'enfant à moins qu'il ne soit établi que l'enfant s'est intégré dans son nouveau milieu.

3. Nonobstant les dispositions qui précèdent, le juge n'est pas tenu d'ordonner le retour de l'enfant lorsque la personne qui s'y oppose établit :

a) Qu'à l'époque de la violation invoquée le titulaire du droit de garde n'exerçait pas effectivement ou de bonne foi le droit de garde sur l'enfant ou,

b) Que la remise de l'enfant serait de nature à mettre gravement en cause sa santé ou sa sécurité en raison de la survenance d'un événement exceptionnel.

4. Dans l'appréciation des circonstances visées dans cet article, le juge doit tenir compte des informations communiquées par l'autorité centrale de la résidence habituelle, notamment sur la législation en vigueur et les décisions judiciaires intervenues.

5. Une décision sur le retour de l'enfant n'affecte pas le fond du droit de garde.

Lorsqu'il est saisi à la fois d'une demande de retour et d'une demande en modification du droit de garde, le juge ne peut statuer sur le fond du droit de garde qu'après avoir établi que les conditions de la présente convention pour un retour de l'enfant ne sont pas réunies.

Art. 54 *Information et rôle des fonctionnaires consulaires.* 1. A la demande du parent qui a la garde de l'enfant, les décisions judiciaires sur l'attribution du droit de garde rendues par les tribunaux de l'un des deux États, alors que le parents sont l'un français, l'autre djiboutien sont, à titre d'information et par la voie du ministère public, portées à la connaissance des fonctionnaires consulaires de l'État dont le parent qui n'a pas la garde est ressortissant.

2. Les fonctionnaires consulaires de chacun des deux États, lorsqu'ils délivrent un passeport ou autre titre de voyage concernant un enfant dont les parents sont l'un français, l'autre djiboutien, doivent s'assurer de ce que le parent qui a la garde en vertu du droit de l'État de résidence a donné son consentement au déplacement de l'enfant.

Art. 55 *Droit de visite.* 1. Une demande tendant à l'organisation ou la protection de l'exercice du droit de visite peut être adressée à l'autorité centrale.

2. Les dispositions d'une décision judiciaire concernant le droit de visite sont reconnues et mises à exécution dans les mêmes conditions que les décisions relatives à la garde.

3. L'autorité centrale :

a) Prend les mesures appropriées pour que soient levés, dans toute la mesure du possible, les obstacles qui s'opposent à l'exercice paisible du droit de visite ;

b) Peut faire saisir, par l'intermédiaire du ministère public, la juridiction compétente pour que soit organisé ou protégé le droit de visite. Cette juridiction peut fixer les modalités de la mise en œuvre et de l'exercice du droit de visite ;

c) Peut faire saisir, par l'intermédiaire du ministère public, la juridiction compétente pour qu'il soit statué sur le droit de visite, lorsqu'il n'a pas été statué sur le droit de visite ou lorsque la reconnaissance ou l'exécution de la décision relative à la garde est refusée.

CHAPITRE VIII *RECOUVREMENT DES PENSIONS ALIMENTAIRES*

Art. 56 *Fonctions des autorités centrales.* 1. Dans le cadre des procédures tendant au recouvrement des aliments à l'étranger, les autorités centrales se prêtent mutuellement entraide pour la recherche et l'audition des débiteurs d'aliments séjournant sur le territoire de l'un des deux États, et pour le recouvrement volontaire des pensions alimentaires.

2. Les autorités centrales peuvent acheminer les demandes tendant à obtenir la reconnaissance ou l'exécution d'une décision judiciaire relative aux obligations alimentaires.

3. Les autorités centrales peuvent, par la voie du ministère public, saisir directement leurs autorités judiciaires compétentes aux fins de rendre exécutoires ces décisions.

4. Les autorités centrales donnent suite, conformément aux dispositions de leur droit interne, aux demandes visant à l'exécution forcée des décisions déjà rendues exécutoires et saisissent, à cet effet, leurs autorités compétentes.

CHAPITRE IX *FORCE PROBANTE ET EXÉCUTION DES ACTES AUTHENTIQUES*

Art. 57 *Force probante.* Les actes authentiques, et notamment les actes notariés, dressés par les officiers publics ou ministériels de l'un des États, ont, dans l'ordre juridique de l'autre État, la même force probante que les actes correspondants dressés par les officiers publics ou ministériels de cet État.

Art. 58 *Caractère exécutoire.* Les actes mentionnés à l'article précédent, exécutoires dans l'un des deux États, sont déclarés exécutoires dans l'autre État par l'autorité compétente selon la loi de l'État où l'exécution est demandée.

Cette autorité vérifie seulement si les actes réunissent les conditions nécessaires à leur exécution dans l'État où ils ont été reçus et si les dispositions dont l'exécution est poursuivie n'ont rien de contraire à l'ordre public de l'État où l'exécution est requise.

....

10 Égypte

Convention d'entraide entre la République française et la République arabe d'Égypte,

Sur la coopération judiciaire en matière civile, y compris le statut personnel, et en matière sociale, commerciale et administrative. – Signée à Paris le 15 mars 1982 (Décr. n° 83-654 du 8 juill. 1983).

....

TITRE IV RECONNAISSANCE ET EXÉCUTION DES DÉCISIONS JUDICIAIRES

CHAPITRE IV *RECOUVREMENT DES PENSIONS ALIMENTAIRES*

Art. 34 *Fonctions des autorités centrales.* 1. Dans le cadre des procédures tendant au recouvrement des aliments à l'étranger, les autorités centrales se prêtent mutuellement entraide pour la recherche et l'audition des débiteurs d'aliments séjournant sur le territoire, et pour le recouvrement volontaire des pensions alimentaires.

2. Les autorités centrales peuvent acheminer les demandes tendant à obtenir la reconnaissance ou l'exécution d'une décision judiciaire relative aux obligations alimentaires.

3. Les autorités centrales peuvent, le cas échéant, saisir directement et selon une procédure d'urgence leurs autorités judiciaires compétentes aux fins de rendre exécutoires ces décisions.

CHAPITRE V *PROTECTION DES ENFANTS PENDANT LA DURÉE DE LA GARDE*

Art. 35 *Fonctions des autorités centrales.* Dans le cadre des procédures civiles relatives à la garde des enfants :

– en Égypte, pendant la durée du droit maternel de garde (*hadanah*) ou à l'issue de cette période (*dam*) ;

– en France, pendant la durée de la garde, les autorités centrales :

a) Se communiquent mutuellement sur leur demande tous renseignements concernant les mesures prises sur la garde ou la protection des enfants, la mise en œuvre de ces mesures et les conditions d'existence matérielle et morale de ces enfants ;

b) Se prêtent mutuellement entraide pour la recherche sur leur territoire des enfants déplacés sans droit ;

c) Prennent ou font prendre toute mesure propre soit, à assurer la remise volontaire de l'enfant, soit à faciliter une solution amiable ;

d) Introduisent directement ou favorisent l'ouverture d'une procédure judiciaire d'urgence afin d'obtenir le retour de l'enfant. A cet effet, les autorités centrales peuvent acheminer les demandes tendant à obtenir la reconnaissance ou l'exécution des décisions judiciaires relatives à la garde des enfants ;

e) Coopèrent pour que soit organisé sur le territoire des deux États un droit de visite et d'hébergement au profit de celui des parents qui n'a pas la garde, pour que soit levé tout obstacle juridique de nature à s'y opposer et pour que soient respectés tant les conditions posées par leurs autorités respectives en vue de la mise en œuvre et du libre exercice de ce droit de visite, que les engagements pris par les parties à son sujet.

Art. 36 *Procédure judiciaire.* Les autorités judiciaires saisies en vertu des dispositions de l'article précédent doivent statuer d'urgence. Si ces autorités n'ont pas statué dans un délai de six semaines à partir de leur saisine, l'autorité centrale de l'État requis doit en informer l'autorité centrale de l'État requérant en lui donnant les motifs.

Art. 37 *Remise de l'enfant.* S'il y a eu déplacement de l'enfant en violation d'une décision judiciaire exécutoire rendue par le tribunal compétent sur la garde, au sens de l'alinéa 8 de l'article 26 de la présente Convention, l'autorité judiciaire de l'État de refuge ordonne à titre provisoire, la remise en l'état de la situation antérieure au déplacement et le retour immédiat de l'enfant.

Lorsqu'elle est saisie d'une demande de remise de l'enfant et d'une action en modification du droit de garde, cette autorité doit statuer en priorité sur la demande de remise de l'enfant aux conditions du présent article.

11 Mali

Accord du 9 mars 1962,

De coopération en matière de justice entre la République française et la République du Mali (Publié par Décr. n° 64-694 du 17 juin 1964, JO 10 juill. 1964).

....

TITRE II EXEQUATUR EN MATIÈRE CIVILE, COMMERCIALE ET ADMINISTRATIVE

Art. 31 En matière civile et commerciale, les décisions contentieuses et gracieuses rendues par les juridictions siégeant sur le territoire de la République française et sur le territoire de la République du Mali doivent, pour avoir l'autorité de la chose jugée sur le territoire de l'autre État, remplir les conditions prévues par la législation de cet État.

Art. 32 Les décisions visées à l'article précédent, ainsi que les décisions déclarées exécutoires par provision, ne peuvent donner lieu à aucune exécution forcée par les autorités de l'autre État, ni faire l'objet, de la part de ces autorités, d'aucune formalité publique telle que l'inscription, la transcription ou la rectification sur les registres publics qu'après y avoir été déclarées exécutoires.

Art. 33 L'exequatur est accordé à la demande de toute partie intéressée, par l'autorité compétente d'après la loi de l'État où il est requis, dans les conditions prévues par la législation de cet État.

La procédure de la demande en exequatur est régie par la loi de l'État dans lequel l'exécution est demandée.

Art. 34 L'autorité compétente ordonne, s'il y a lieu, les mesures nécessaires pour que la décision soumise à exequatur reçoive la même publicité que si elle avait été rendue dans l'État où elle est déclarée exécutoire.

L'exequatur peut être accordé partiellement pour l'un ou l'autre seulement des chefs de la décision invoquée.

Art. 35 La décision d'exequatur a effet entre toutes les parties à l'instance en exequatur, et sur toute l'étendue des territoires où le présent accord est applicable.

Elle permet à la décision rendue exécutoire de produire à partir de la date de l'obtention de l'exequatur, en ce qui concerne les mesures d'exécution, les mêmes effets que si elle avait été rendue par le tribunal ayant accordé l'exequatur à la date de l'obtention de celui-ci.

Art. 36 La partie à l'instance qui invoque l'autorité d'une décision judiciaire ou qui en demande l'exécution doit produire :

a) Une expédition de la décision réunissant les conditions nécessaires à son authenticité ;

b) L'original de l'exploit de signification de la décision ou de tout autre acte qui tient lieu de signification ;

c) Un certificat du greffier constatant qu'il n'existe contre la décision ni opposition ni appel ;

d) Le cas échéant, une copie de la citation de la partie qui a fait défaut à l'instance, copie certifiée conforme par le greffier de la juridiction qui a rendu la décision.

Art. 37 Les sentences arbitrales rendues valablement dans l'un des deux États sont reconnues dans l'autre État et peuvent y être déclarées exécutoires si elles satisfont aux conditions de l'article 31.

Art. 38 Les actes authentiques, notamment les actes notariés exécutoires dans l'un des deux États, sont déclarés exécutoires dans l'autre par le président de la juridiction visée à l'alinéa 1er de l'article 33, d'après la loi de l'État où l'exécution doit être poursuivie.

Cette autorité vérifie seulement si les actes réunissent les conditions nécessaires à leur authenticité dans l'État où ils ont été reçus et si les dispositions dont l'exécution est poursuivie n'ont rien de contraire à l'ordre public de l'État où l'exequatur est requis ou aux principes de droit public applicables dans cet État.

Art. 39 Les hypothèques terrestres conventionnelles, consenties dans l'un des deux pays, seront inscrites et produiront effet dans l'autre seulement lorsque les actes qui en contiennent la stipulation auront été rendus exécutoires par l'autorité compétente, d'après la loi du pays où l'inscription est demandée.

Cette autorité vérifie seulement si les actes et les procurations qui en sont le complément réunissent toutes les conditions nécessaires pour leur validité dans le pays où ils ont été reçus.

Les dispositions qui précèdent sont également applicables aux actes de consentement à radiation ou à réduction passée dans l'un des deux pays.

Art. 40 L'exécution des décisions rendues en matière administrative est poursuivie comme il est dit au présent titre, sous la réserve que la juridiction compétente pour connaître au premier degré des litiges de plein contentieux est substituée à l'autorité compétente visée à l'alinéa 1er de l'article 33.

12 Maroc

Convention entre la République française et le Royaume du Maroc,

Relative au statut des personnes et de la famille et à la coopération judiciaire (Décr. n° 83-435 du 27 mai 1983, JO 1er juin 1983).

DISPOSITIONS GÉNÉRALES

Art. 1er L'état et la capacité des personnes physiques sont régis par la loi de celui des deux États dont ces personnes ont la nationalité.

Art. 2 Le domicile d'une personne est le lieu où elle a sa résidence habituelle effective.

Art. 3 La référence à la loi de l'un des deux États s'entend de la loi interne de cet État à l'exclusion du système international de conflit de lois qui peut y être en vigueur.

Art. 4 La loi de l'un des deux États désignés par la présente Convention ne peut être écartée par les juridictions de l'autre État que si elle est manifestement incompatible avec l'ordre public.

CHAPITRE I *MARIAGE*

Art. 5 Les conditions du fond du mariage tels que l'âge matrimonial et le consentement de même que les empêchements, notamment ceux résultant des liens de parenté ou d'alliance, sont régies pour chacun des futurs époux par la loi de celui des deux États dont il a la nationalité.

Art. 6 Les conditions de forme du mariage sont régies par la loi de celui des deux États dont l'autorité célèbre le mariage.

Chaque État peut décider que le mariage dans l'autre État entre des époux qui possèdent tous deux sa nationalité sera célébré par ses fonctionnaires consulaires.

Le mariage sur le territoire français entre un époux de nationalité marocaine et un époux de nationalité française doit être célébré par un officier de l'état civil compétent selon la loi française. Pour la validité de cette union au regard de la loi marocaine, les fonctionnaires consulaires marocains compétents procèdent, après justification de la célébration, à l'enregistrement de ce mariage.

Le mariage sur le territoire marocain d'un époux de nationalité marocaine et d'un époux de nationalité française ne peut être célébré par les adouls que sur présentation par l'époux français du certificat de capacité matrimoniale, délivré par les fonctionnaires consulaires français. Les adouls célèbrent le mariage selon les formes pescrites par le statut personnel du futur époux de nationalité marocaine. Lorsque l'épouse française n'a pas désigné de personne pouvant jouer le rôle de wali, ce rôle est rempli par le magistrat qui homologue le mariage. Dans tous les cas, le magistrat avise immédiatement du mariage les fonctionnaires consulaires français compétents.

Art. 7 Les effets personnels du mariage sont régis par la loi de celui des deux États dont les époux ont la nationalité.

Si l'un des époux a la nationalité de l'un des deux États et le second celle de l'autre, les effets personnels du mariage sont régis par la loi de celui des deux États sur le territoire duquel les époux ont leur domicile commun ou avaient leur dernier domicile commun.

Les obligations alimentaires entre époux sont réglées conformément aux dispositions du chapitre III de la présente Convention.

Art. 8 Les juridictions de celui des deux États sur le territoire duquel les époux ont leur domicile commun ou avaient leur dernier domicile commun peuvent être considérées comme compétentes au sens du paragraphe a de l'article 16 de la Convention d'aide mutuelle judiciaire et d'exequatur des jugements du 5 octobre 1957, pour connaître des litiges relatifs aux effets personnels de mariage.

Toutefois, au cas où les époux ont tous deux la nationalité de l'un des deux États, les juridictions de celui-ci peuvent être également compétentes quel que soit le domicile des époux au moment de l'introduction de l'action judiciaire.

Si une action judiciaire a été introduite devant une juridiction d'un des deux États et si une nouvelle action entre les parties et ayant le même objet est portée devant le tribunal de l'autre État, la juridiction saisie en second lieu doit surseoir à statuer.

CHAPITRE II *DISSOLUTION DU MARIAGE*

Art. 9 La dissolution du mariage est prononcée selon la loi de celui des deux États dont les époux ont tous deux la nationalité à la date de la présentation de la demande.

Si à la date de la présentation de la demande, l'un des époux a la nationalité de l'un des deux États et le second celle de l'autre, la dissolution du mariage est prononcée selon la loi de l'État sur le territoire duquel les époux ont leur domicile commun ou avaient leur dernier domicile commun.

Art. 10 Les règles de conflit de lois définies à l'article précédent s'appliquent aux effets personnels qui découlent de la dissolution du mariage.

Les effets relatifs à la garde des enfants et aux pensions alimentaires qui leur sont dues relèvent des dispositions du chapitre III de la présente Convention.

Art. 11 Au sens de l'alinéa *a)* de l'article 16 de la Convention d'aide mutuelle judiciaire et d'exequatur des jugements du 5 octobre 1957, la dissolution du mariage peut être prononcée par les juridictions de celui des deux États sur le territoire duquel les époux ont leur domicile commun ou avaient leur dernier domicile commun.

Toutefois, au cas où les époux ont tous deux la nationalité de l'un des deux États, les juridictions de cet État peuvent être également compétentes, quel que soit le domicile des époux au moment de l'introduction de l'action judiciaire.

Si une action judiciaire a été introduite devant une juridiction de l'un des deux États, et si une nouvelle action entre les mêmes parties et ayant le même objet est portée devant le tribunal de l'autre État, la juridiction saisie en second lieu doit surseoir à statuer.

Art. 12 Les règles définies aux articles 9, 10 et 11 de la présente Convention s'appliquent à la séparation de corps lorsque celle-ci est prévue par la loi compétente de l'un des deux États.

Art. 13 Les actes constatant la dissolution du lien conjugal homologués par un juge au Maroc entre conjoints de nationalité marocaine dans les formes prévues par leur loi nationale produisent effet en France dans les mêmes conditions que les jugements de divorce prononcés à l'étranger.

Lorsqu'ils sont devenus irrévocables, les actes constatant la dissolution du lien conjugal selon la loi marocaine entre un mari de nationalité marocaine et son épouse de nationalité française, dressés et homologués par un juge au Maroc, produisent effet en France à la demande de la femme dans les mêmes conditions que les jugements de divorce.

Art. 14 Par l'exception à l'article 17 de la Convention d'aide mutuelle judiciaire et d'exequatur des jugements du 5 octobre 1957, en matière d'état des personnes les décisions en force de chose jugée peuvent être publiées ou transcrites sans exequatur sur les registres de l'état civil.

CHAPITRE III *GARDE DES ENFANTS, DROIT DE VISITE ET OBLIGATIONS ALIMENTAIRES*

SECTION 1 *Dispositions générales*

Art. 15 Les autorités compétentes des deux États agissant dans les domaines de la garde des enfants, du droit de visite et des obligations alimentaires, s'engagent à s'accorder une entraide judiciaire mutuelle et à promouvoir leur coopération en ces domaines.

Art. 16 Les Ministères de la Justice des deux États sont désignés comme autorités centrales chargées de satisfaire aux obligations qui leur sont imposées par la présente Convention. A cet effet, ces autorités centrales communiquent directement entre elles et saisissent, le cas échéant, leurs autorités compétentes. L'intervention des autorités centrales est gratuite.

Il est créé une Commission mixte consultative, composée de représentants des Ministères des Affaires étrangères et de la Justice, qui se réunira périodiquement à la demande de l'un ou de l'autre État, afin de faciliter le règlement des problèmes les plus difficiles qui seront soumis aux autorités centrales.

Art. 17 Les autorités centrales peuvent, sauf si l'ordre public s'y oppose, s'adresser des demandes de renseignements ou d'enquête dans le cadre des procédures civiles, commerciales, administratives ou relatives au statut personnel dont leurs autorités judiciaires sont saisies. Elles donnent suite aux demandes qu'elles s'adressent mutuellement tendant à la délivrance sans frais de copies de documents publics, notamment, de copies de décisions judiciaires, d'actes de l'état civil ou d'actes relatifs au statut personnel. Elles se fournissent mutuellement, sur leur demande, des renseignements concernant les lois en vigueur sur le territoire de l'État dont elles relèvent, afin d'en faciliter la preuve devant les autorités judiciaires ainsi que sur leur organisation judiciaire.

La même forme d'assistance peut être apportée au moyen des renseignements fournis par les autorités consulaires intéressées.

Art. 18 La partie qui invoque en application du titre II de la Convention d'aide mutuelle judiciaire et d'exequatur des jugements du 5 octobre 1957, l'autorité d'une décision judiciaire, rendue en matière de garde d'enfants, de droit de visite et d'aliments ou qui en demande l'exécution, doit produire un certificat du greffier constatant seulement que la décision est exécutoire dans l'État où elle a été rendue, nonobstant les dispositions des paragraphes *c)* de l'article 16 et *c)* de l'article 21 de la même Convention.

SECTION 2 *Garde des enfants et droit de visite*

Art. 19 Les deux États se garantissent réciproquement, sur leur territoire, sous le contrôle de leurs autorités judiciaires, le libre exercice du droit de garde sur l'enfant mineur sous la seule condition de l'intérêt de l'enfant, sans autre restriction tirée de leur droit interne, ainsi que le libre exercice du droit de visite. Il se garantissent mutuellement la bonne exécution des décisions de justice rendues par l'autre État dans ce domaine.

Art. 20 Les autorités centrales se prêtent mutuellement leur concours pour la recherche sur leur territoire et la localisation des enfants déplacés dont le droit de garde est contesté ou méconnu. Elles satisfont aux demandes de renseignements concernant la situation matérielle et morale de ces enfants.

Les autorités centrales prennent ou font prendre toute mesure propre à assurer la remise volontaire des enfants ou à faciliter une solution amiable. Elles font prendre, dans les cas d'urgence, toute mesure provisoire qui semble utile pour prévenir de nouveaux dangers pour l'enfant ou d'autres préjudices pour les parties concernées. Elles donnent des informations de portée générale sur le contenu de leur droit pour l'application des présentes dispositions et établissent, le cas échéant, des attestations concernant la teneur de leurs dispositions législatives sur le droit de garde et le droit de visite.

Les autorités centrales prennent ou font prendre toute mesure propre à faciliter l'exercice de droit de visite. Elles coopèrent pour que soit organisé sur le territoire des deux États, un droit de visite et d'hébergement au profit de celui des parents qui n'a pas la garde et pour que soit levé tout obstacle juridique de nature à s'y opposer. Elles coopèrent également pour que soient respectées les conditions posées par leurs autorités respectives pour la mise en œuvre et le libre exercice de ce droit ainsi que les engagements pris par les parties à son sujet.

En matière de garde d'enfants et d'exercice du droit de visite, les décisions judiciaires rendues sur le territoire de l'un des deux États peuvent être déclarées opposables sur le territoire de l'autre par les juridictions de cet État conformément aux dispositions des paragraphes *a)*, *b)* et *d)* de l'article 16 et de l'article 17 de la Convention du 5 octobre 1957. Les autorités centrales saisissent directement leurs autorités judiciaires compétentes pour statuer sur ces demandes.

Art. 21 A défaut de remise volontaire, les autorités centrales se prêtent mutuellement leur concours pour faciliter l'exécution des décisions de justice relatives au droit de garde et au droit de visite lorsqu'elles sont exécutoires dans l'État requérant.

Art. 22 Les autorités centrales doivent saisir, dans les meilleurs délais, par la voie du ministère public institué auprès des juridictions agissant en matière civile, leurs autorités judiciaires compétentes, soit pour rendre exécutoire dans l'État requis les décisions exécutoires dans l'État requérant, soit pour faire statuer sur la demande de remise dont l'enfant fait l'objet.

Les autorités centrales doivent saisir également leurs autorités judiciaires des demandes visant à fixer ou à protéger l'exercice du droit de visite et d'hébergement de l'enfant dans l'un ou l'autre État, au profit de celui des parents qui n'a pas la garde.

Art. 23 Les autorités judiciaires des deux États une fois saisies doivent statuer d'urgence. Si ces autorités n'ont pas statué dans un délai de six semaines à partir de leur saisine, l'autorité centrale de l'État requis doit informer l'autorité centrale de l'État requérant du déroulement de la procédure.

Les autorités centrales veillent à l'exécution rapide des commissions rogatoires en cette matière qui pourront être utilisées pour recueillir toutes les informations nécessaires.

Art. 24 En matière de garde d'enfants, et au sens des dispositions des articles 16 et 17 de la Convention du 5 octobre 1957, la reconnaissance ou l'exécution d'une décision rendue dans l'un des deux États ne peut être refusée par l'autre État dans les cas suivants :

1. Lorsque le tribunal de l'État qui a rendu la décision est celui :

– de la résidence commune effective des parents ;

– ou de la résidence du parent avec lequel l'enfant vit habituellement.

2. Lorsque le tribunal de l'État qui a rendu la décision appliqué :

a) Si les parents sont de même nationalité, leur loi nationale commune

b) En l'absence de nationalité commune des parents :

– soit la loi de leur résidence commune effective ;

– soit la loi de la résidence du parent avec lequel l'enfant vit habituellement.

Lors de l'appréciation de la compétence territoriale du tribunal de l'État qui a rendu la décision, l'autorité requise de l'autre État est liée par les constatations de fait sur lesquelles ce tribunal a fondé sa compétence, à moins qu'il ne s'agisse d'une décision par défaut.

Art. 25 Le juge de l'État où l'enfant a été déplacé ou retenu doit ordonner, à titre conservatoire, la remise immédiate de l'enfant, à moins que la personne qui a déplacé ou retenu l'enfant n'établisse :

1. Qu'à l'époque de la violation invoquée, la personne à qui la garde avait été confiée avant le déplacement n'exerçait pas effectivement ou de bonne foi le droit de garde sur l'enfant, ou :
2. Que la remise de l'enfant serait de nature à mettre gravement en cause sa santé ou sa sécurité en raison de la survenance d'un événement de gravité exceptionnelle depuis l'attribution de la garde.

Dans l'appréciation des circonstances visées ci-dessus, les autorités judiciaires prennent en considération les informations fournies par l'autorité centrale de l'État de la résidence habituelle de l'enfant, notamment sur sa situation sociale et sur la teneur des dispositions législatives concernant le droit de garde dans cet État.

Une décision sur le retour de l'enfant ne préjuge pas du fond du droit de garde.

Lorsqu'elles sont saisies d'une action en modification de l'attribution du droit de garde d'un enfant déplacé ou retenu en violation d'une décision sur la garde rendue par la juridiction de l'un des deux États compétents en vertu de l'alinéa 1 de l'article 24 ci-dessus et d'une demande de remise de l'enfant émanant de la personne qui bénéficie du droit de garde, les juridictions de l'autre État doivent statuer en priorité sur la demande de remise de l'enfant, aux conditions du présent article.

SECTION 3 *Obligations alimentaires*

Art. 26 Les autorités centrales peuvent, le cas échéant, saisir directement et selon une procédure d'urgence leurs autorités judiciaires compétentes aux fins de rendre exécutoires les décisions rendues en matière d'aliments, sans préjudice des fonctions dévolues aux autorités expéditrices et aux institutions intermédiaires par la Convention de New-York du 20 juin 1956 sur le recouvrement des aliments à l'étranger, à laquelle la France et le Maroc sont parties.

Art. 27 En matière d'aliments et au sens des dispositions des articles 16 et 17 de la Convention du 5 octobre 1957, la reconnaissance ou l'exécution de la décision rendue dans l'un des deux États ne peut être refusée par l'autre État dans les cas suivants :

1. Lorsque le tribunal de l'État, qui a rendu la décision, s'est déclaré compétent parce que la résidence habituelle du créancier d'aliments se trouvait sur son territoire.
2. Lorsque le tribunal de l'État, qui a rendu la décision, a appliqué la loi de la résidence habituelle du créancier d'aliments.

Lors de l'appréciation de la compétence territoriale du tribunal de l'État, qui a rendu la décision, l'autorité requise de l'autre État est liée par les constatations de fait sur lesquelles le tribunal a fondé sa compétence, à moins qu'il ne s'agisse d'une décision par défaut.

CHAPITRE IV *DISPOSITIONS FINALES*

Art. 28 La présente Convention sera ratifiée.

Art. 29 Elle entrera en vigueur le jour de l'échange des instruments de ratification qui aura lieu à Paris aussitôt que faire se pourra.

Art. 30 Chacune des hautes Parties contractantes pourra dénoncer la présente Convention à n'importe quel moment en adressant à l'autre, par la voie diplomatique, un vis écrit de dénonciation ; dans ce cas, la dénonciation prendra effet un an après la date de réception dudit avis.

En foi de quoi les plénipotentiaires ont signé la présente Convention et y ont apposé leur sceau.

13 Portugal

Convention de coopération judiciaire entre le gouvernement de la République française et le gouvernement de la République portugaise,

Relative à la protection des mineurs. – Signée à Lisbonne le 20 juillet 1983 (Décr. n° 84-911 du 10 oct. 1984, JO 14 oct.).

CHAPITRE I *COOPÉRATION JUDICIAIRE*

Art. 1er *Objet de la coopération.* Aux fins de la présente Convention, les autorités judiciaires et administratives des deux États s'engagent à s'accorder une entraide judiciaire mutuelle et à développer leur concertation dans le domaine de la protection de la personne et des biens des mineurs.

Art. 2 *Autorités centrales.* 1. Les ministères de la justice des deux États, représentés, en France par la direction des affaires civiles et du sceau et, au Portugal, par la direction générale des services tutélaires de mineurs, sont désignés comme autorités centrales chargées de satisfaire aux obligations de la présente convention.

2. Les ministères de la justice coopèrent entre eux et interviennent pour promouvoir une collaboration entre les autorités compétentes de leurs États respectifs. A cet effet, ils communiquent directement entre eux et saisissent, le cas échéant, leurs autorités administratives ou judiciaires compétentes. L'intervention des ministères de la justice est gratuite.

Art. 3 *Commission mixte.* 1. Il est créé une commission consultative composée de représentants des ministères chargés des affaires étrangères et ceux de la justice de chacun des deux États et, en ce qui concerne le Portugal, de représentants de la Secrétaire d'État à l'émigration et communautés portugaises. Cette commission est chargée de promouvoir l'application de la présente convention, d'en faciliter l'application, de proposer toute modification qu'elle jugera opportune pour améliorer son efficacité et d'aider au règlement des problèmes les plus difficiles qui seront soumis aux autorités centrales.

2. Cette commission se réunira alternativement et périodiquement en France et au Portugal, à l'initiative de l'un ou de l'autre État.

Art. 4 *Attributions générales des autorités centrales.* Les autorités centrales sont chargées de recevoir et de donner suite aux demandes qu'elles s'adressent mutuellement dans le cadre de la présente convention, sans préjudice des fonctions dévolues à d'autres autorités par les dispositions de conventions existantes. Ces autorités, notamment :

1. Donnent suite aux demandes qu'elles s'adressent mutuellement tendant à la délivrance, dans un intérêt administratif, de copies de documents publics, de décisions judiciaires ou d'actes de l'état civil ;

2. Peuvent s'adresser des demandes de renseignements ou d'enquête dans le cadre des procédures civiles et administratives dont leurs autorités judiciaires sont saisies, notamment de celles concernant la situation des enfants déplacés irrégulièrement d'un État dans l'autre en vue d'une adoption ;

3. Se communiquent, sur leur demande, des informations sur leur droit en vigueur ou sur leur organisation judiciaire, et, d'une manière générale, facilitent les échanges au plan judiciaire ;

4. Se tiennent mutuellement informées du fonctionnement de la présente convention.

Art. 5 *Langue.* Les autorités centrales utilisent leur langue nationale pour communiquer entre elles. Elles se transmettent, le cas échéant, les demandes de traduction de pièces émanant des autorités judiciaires de l'État requis.

CHAPITRE II *COMPÉTENCE DES AUTORITÉS ET LOI APPLICABLE EN MATIÈRE DE PROTECTION DE MINEUR*

Art. 6 *Champ d'application.* La présente convention s'applique à toutes les instances de caractère international qui relèvent de la compétence des juridictions civiles et mettent en cause la protection de la personne ou des biens des mineurs, ressortissants de l'un des deux États.

Art. 7 *Compétence et loi applicable.* 1. Les tribunaux de l'État de la résidence habituelle du mineur sont compétents pour statuer dans les instances qui relèvent de la compétence des juridictions civiles et mettent en cause la protection de la personne ou des biens du mineur.

Lorsque les autorités de l'État de la résidence habituelle du mineur sont saisies et exercent leur compétence en vertu de l'alinéa précédent, les autorités de l'autre État, même si elles sont déjà saisies, ne font pas usage à l'égard de ce mineur de la faculté qui leur est ouverte par l'alinéa 1er de l'article 4 de la Convention de La Haye du 5 octobre 1961.

2. Ces tribunaux appliquent leur loi interne, sauf lorsqu'il existe un rapport d'autorité résultant de plein droit de la loi interne de l'État dont le mineur est ressortissant.

Art. 8 *Cas de double nationalité.* Lorsque le mineur possède concurremment la nationalité française au regard de la loi française et portugaise au regard de la loi portugaise, les autorités judiciaires appliquent la loi de l'État où le mineur a sa résidence habituelle et dont il est ressortissant.

Art. 9 *Information sur le droit national.* Les autorités centrales s'adressent mutuellement les demandes formulées par leurs autorités judiciaires concernant l'existence ou l'absence d'un rapport d'autorité résultant de plein droit de la loi interne dont le mineur est ressortissant, et y donnent suite. Elles établissent des attestations sur la teneur de leur loi.

Art. 10 *Collaboration des autorités judiciaires.* Dans le cadre de l'application de la Convention de La Haye du 5 octobre 1961, les autorités judiciaires des deux États collaborent pour l'application de la loi de l'autre État et accomplissent les actes prévus par cette loi, notamment les habilitations et les autorisations qui ne sont pas incompatibles avec leurs attributions.

Art. 11 *Conditions de la mise à exécution.* Les décisions judiciaires relatives à la protection des mineurs qui, par application de la Convention de La Haye du 5 octobre 1961, sont rendues dans l'un des deux États et reconnues dans l'autre sont mises à exécution dans ce dernier État si elles satisfont aux conditions suivantes :

1. La décision, d'après la loi de l'État où elle a été rendue, ne peut plus faire l'objet d'un recours ordinaire et est éxécutoire, toutefois, en matière de droit de garde des enfants et de droit de visite, la décision est mise à exécution dès qu'elle est exécutoire ;
2. L'exécution de la décision n'est pas contraire à l'ordre public de l'État requis ;
3. Les parties ont été régulièrement citées, représentées ou déclarées défaillantes ;
4. Un litige entre les mêmes parties, fondé sur les mêmes faits et ayant le même objet :

– n'est pas pendant devant une juridiction de l'État requis, première saisie ;

– n'a pas donné lieu à une décision rendue par une juridiction de l'État requis, réunissant les conditions nécessaires pour être reconnue ;

– n'a pas donné lieu à une décision rendue dans un État tiers réunissant les conditions nécessaires à sa reconnaissance sur le territoire de l'État requis.

La vérification des conditions indiquées au présent article est faite, en France, par le tribunal de grande instance et, au Portugal, par le tribunal régional de première instance Comarca qui reçoit la demande tendant à rendre exécutoire la décision judiciaire.

Art. 12 *Documents à produire.* La partie à l'instance qui se prévaut d'une décision doit produire à l'appui de la demande devant l'autorité judiciaire compétente :

a) Une expédition de la décision réunissant les conditions nécessaires à son authenticité ;

b) L'original de l'exploit de signification de la décision ou de tout autre acte qui tient lieu de signification ;

c) Un certificat du greffier constatant que la décision ne peut plus faire l'objet d'un recours ordinaire ou, en matière de droit de garde et de droit de visite, est exécutoire ;

d) Le cas échéant, une copie de la citation de la partie qui a fait défaut à l'instance, copie certifiée conforme par le greffier de la juridiction qui a rendu la décision.

Les documents doivent être accompagnés d'une traduction certifiée conforme par toute personne juridiquement habilitée de l'État requérant.

CHAPITRE III *DROIT DE GARDE DES ENFANTS, DROIT DE VISITE ET OBLIGATIONS ALIMENTAIRES*

SECTION 1 *Garde des enfants et droit de visite*

Art. 13 *Convention de La Haye du 5 octobre 1961.* Dans les matières auxquelles elles s'appliquent, les dispositions de la pésente section prévalent sur celles de la Convention de La Haye du 5 octobre 1961 concernant la compétence des autorités et la loi applicable en matière de protection des mineurs.

Art. 14 *Coopération judiciaire spécifique.* Aux fins de la présente section, les deux États se garantissent réciproquement, sur leur territoire et sous le contrôle de leurs autorités judiciaires, le libre exercice du droit de garde sur l'enfant mineur sous la seule condition de l'intérêt de l'enfant. Ils se garantissent également le libre exercice du droit de visite notamment dans l'État de la résidence du parent qui n'a pas la garde. Ils se garantissent mutuellement, enfin, la bonne exécution des décisions de justice rendues par l'autre État dans ces domaines.

Art. 15 *Déplacement et non-retour d'un enfant.* Le déplacement ou le non-retour d'un enfant est considéré comme illicite :

a) Lorsqu'il a lieu en violation d'un droit de garde attribué à une personne ou à une institution, seul ou conjointement, par le droit de l'État dans lequel l'enfant avait sa résidence habituelle immédiatement avant son déplacement ou son non-retour, et

b) Que ce droit était exercé de façon effective, seul ou conjointement, au moment du déplacement ou du non-retour.

Le droit de garde visé au paragraphe *a)* du présent article peut notamment résulter d'une attribution de plein droit, d'une décision judiciaire, ou d'un accord en vigueur selon le droit de l'État où réside habituellement cet enfant.

Art. 16 *Rôle des autorités centrales.* 1. Les autorités centrales donnent suite aux demandes qu'elles s'adressent mutuellement et s'informent du résultat de leurs démarches. Elles satisfont notamment aux demandes de renseignements concernant la situation matérielle et morale des enfants déplacés ou retenus illicitement.

2. Les autorités centrales sont compétentes pour recevoir et donner suite aux demandes d'éclaircissements qu'elles s'adressent mutuellement sur leur droit interne dans le domaine de la garde des enfants et du droit de visite. Elles établissent, le cas échéant, des attestations sur la teneur de leurs dispositions législatives et se fournissent tous renseignements utiles sur le caractère des décisions qu'elles se transmettent.

3. Les autorités centrales se prêtent mutuellement leur concours pour la recherche sur leur territoire et la localisation des enfants déplacés ou retenus illicitement.

4. Les autorités centrales prennent ou font prendre toute mesure propre à faciliter une solution amiable et à assurer la remise volontaire de ces enfants par voie de conciliation.

5. Les autorités centrales font prendre, à titre conservatoire, notamment, dans les cas d'urgence, toute mesure de protection ou de prévention nécessaire pour éviter de nouveaux dangers pour l'enfant ou de nouveaux préjudices pour les parties concernées, ainsi que toutes garanties judiciaires pour préserver l'exercice du droit de garde ou du droit de visite.

6. A défaut de remise volontaire, les autorités centrales se prêtent mutuellement leurs concours pour faciliter l'exécution des décisions de justice relatives aux droits de garde. Elles saisissent directement, à cet effet, leurs autorités compétentes.

7. Les autorités centrales interviennent, le cas échéant, pour assurer au plan administratif le retour, sans difficulté et sans danger, de l'enfant.

8. Les autorités centrales prennent ou font prendre les mesures propres à faciliter l'exercice du droit de visite. Elles coopèrent pour que soit organisé un droit de visite dans l'autre État au profit de celui des parents qui n'a pas la garde et pour que soit levé tout obstacle juridique de nature à s'y opposer. Elles coopèrent, également, pour que soient respectées les conditions posées par leurs autorités respectives pour la mise en œuvre et le libre exercice de ce droit ainsi que les engagements pris par les parties à son sujet. A cet effet, elles saisissent par la voie du ministère public leurs autorités judiciaires compétentes.

Art. 17 *Remise volontaire.* L'autorité centrale de l'État où se trouve l'enfant déplacé ou retenu illicitement prend les mesures qu'elle estime appropriées pour assurer sa remise volontaire. Elle fait notamment entendre l'auteur du déplacement ou du non-retour par l'intermédiaire du ministère public près les tribunaux et le fait mettre en demeure d'avoir à satisfaire à ses obligations.

Art. 18 *Droit d'action d'office.* 1. En cas de refus de remise volontaire, les autorités centrales doivent saisir, dans les meilleurs délais, par la voie du ministère public institué près les tribunaux, leurs autorités judiciaires compétentes, soit pour rendre exécutoires dans l'État requis les décisions exécutoires dans l'État requérant, soit pour faire statuer sur la demande de remise dont l'enfant fait l'objet.

2. Les autorités judiciaires peuvent également être saisies directement par la partie intéressée.

3. L'exécution des décisions est demandée au tribunal dans le ressort duquel se trouve ou est présumé se trouver le mineur.

Art. 19 *Procédure conservatoire de remise en état.* 1. Le juge de l'État où l'enfant a été déplacé ou retenu illicitement doit ordonner, à titre conservatoire, le retour immédiat de l'enfant, à moins que la personne qui a déplacé ou retenu l'enfant n'établisse :

a) Qu'une période de plus d'un an s'est écoulée à partir du déplacement ou du non-retour au moment de l'introduction de la demande devant l'autorité judiciaire de l'État où se trouve l'enfant, ou

b) Qu'à l'époque de la violation invoquée, la personne à qui la garde avait été confiée avant le déplacement n'exerçait pas effectivement ou de bonne foi le droit de garde sur l'enfant, ou

c) Que la remise de l'enfant serait de nature à mettre gravement en cause sa santé ou sa sécurité en raison de la survenance d'un événement exceptionnel depuis l'attribution de la garde.

2. Dans l'appréciation des circonstances visées ci-dessus, les autorités judiciaires de l'État requis tiennent compte directement du droit et des décisions judiciaires de l'État de la résidence habituelle de l'enfant. Elles prennent en considération les informations fournies par l'autorité centrale de l'État de la résidence habituelle de l'enfant sur la teneur des dispositions législatives concernant le droit de garde dans cet État, ainsi que celles concernant la situation sociale de l'enfant.

3. Une décision sur le retour de l'enfant n'affecte pas le fond du droit de garde.

4. Lorsque le juge de l'État où l'enfant a été déplacé ou retenu est saisi, à la fois, d'une demande de modification de l'attribution du droit de garde et d'une demande de remise de l'enfant émanant du titulaire d'un droit de garde attribué par le droit de l'État de la résidence habituelle de l'enfant, il doit statuer en priorité sur la demande de remise de l'enfant aux conditions du présent article.

5. Au cas où le juge de l'État où l'enfant a été déplacé ou retenu illicitement a été saisi après l'expiration de la période d'un an prévue au paragraphe a de l'alinéa 1er, du présent article, il doit aussi ordonner le retour de l'enfant à moins qu'il ne soit établi que l'enfant s'est intégré dans son nouveau milieu.

Art. 20 *Modification du droit de garde.* Lorsque le juge de l'État où l'enfant a été déplacé ou retenu illicitement a admis l'une des exceptions visées en 1 *b* ou 1 *c* de l'article précédent, il peut statuer sur le fond du droit de garde à l'expiration de la période d'un an depuis le déplacement ou le non-retour de l'enfant s'il est établi que l'enfant s'est intégré dans son nouveau milieu.

Art. 21 *Droit de visite.* 1. Les demandes visant l'organisation ou la protection de l'exercice effectif d'un droit de visite au profit de celui des parents qui n'a pas la garde sont adressées aux autorités centrales selon les mêmes modalités qu'une demande visant au retour de l'enfant.

2. Les autorités centrales sont liées par les obligations de coopération visées à l'article 16 pour assurer l'exercice paisible du droit de visite et l'accomplissement de toutes conditions à laquelle l'exercice de ce droit serait soumis et pour que soient levés, dans la mesure du possible, les obstacles de nature à s'y opposer.

3. Par la voie du ministère public près les tribunaux, les autorités centrales peuvent saisir leurs autorités judiciaires compétentes, en vue d'organiser ou de protéger le droit de visite et de fixer les conditions auxquelles l'exercice de ce droit pourrait être soumis.

4. Notamment, le parent qui n'a pas la garde et qui se trouve dans l'impossibilité de demeurer dans l'État de résidence habituelle de l'enfant pourra demander, par la voie des autorités centrales, au juge de la résidence habituelle de cet enfant, une modification du droit de visite pour tenir compte de cette situation. Avant de statuer, l'autorité judiciaire requise pourra demander à l'autorité judiciaire de l'État de la résidence du requérant, par la voie des autorités centrales, tout élément d'information utile par voie d'enquête.

5. A l'expiration du droit de visite, les autorités centrales saisissent, également, le cas échéant, leurs autorités judiciaires compétentes pour faire statuer sur la remise immédiate de l'enfant.

Art. 22 *Information et rôle des fonctionnaires consulaires.* 1. A la demande du parent qui a la garde de l'enfant, les décisions judiciaires sur l'attribution du droit de garde rendues par les tribunaux de l'un des deux États alors que les parents – l'un français, l'autre portugais – sont, à titre d'information et par la voie du ministère public, portées à la connaissance des fonctionnaires consulaires de l'État dont le parent qui n'a pas la garde est ressortissant.

2. Les fonctionnaires consulaires de chacun des deux États, lorsqu'ils délivrent un passeport ou autre titre de voyage concernant un enfant dont les parents sont l'un français, l'autre portugais, doivent s'assurer de ce que le parent qui a la garde en vertu du droit de l'État de résidence a donné son consentement au déplacement de l'enfant.

SECTION 2 *Obligations alimentaires*

Art. 23 *Droit d'action d'office.* 1. Sans préjudice des fonctions dévolues aux autorités expéditrices et aux institutions intermédiaires par la Convention de New-York du 20 juin 1956 sur le recouvrement des aliments à l'étranger, les autorités centrales peuvent saisir, dans les meilleurs délais, par la voie du ministère public institué près les tribunaux civils, leurs autorités judiciaires compétentes soit pour faire statuer directement sur une demande de pension alimentaire, soit pour rendre exécutoires les décisions relatives aux obligations alimentaires dans le cadre notamment de la Convention de La Haye du 2 octobre 1973.

2. Les autorités centrales donnent suite, conformément aux dispositions de leur droit interne, aux demandes visant à l'exécution forcée des décisions déjà rendues exécutoires et saisissent, à cet effet, leurs autorités compétentes.

14 Sénégal

Convention du 29 mars 1974,

De coopération en matière judiciaire entre le Gouvernement de la République française et le Gouvernement de la République du Sénégal, signée à Paris (Publiée par Décr. n° 76-1072 du 17 nov. 1976, JO 29 et 30 nov. 1976).

....

TITRE II DE L'EXEQUATUR DES DÉCISIONS EN MATIÈRE CIVILE, SOCIALE, COMMERCIALE ET ADMINISTRATIVE

Art. 47 En matière civile, sociale, commerciale ou administrative, les décisions contentieuses et gracieuses rendues par toutes les juridictions siégeant sur le territoire de la

République française et sur le territoire du Sénégal sont reconnues de plein droit et ont l'autorité de la chose jugée sur le territoire de l'autre État.

A cet effet elles doivent réunir les conditions suivantes :

a) La décision émane d'une juridiction compétente selon les règles concernant les conflits de compétence admises dans l'État où la décision est exécutée ;

b) La décision a fait application de la loi applicable au litige en vertu des règles de solution des conflits de loi admises dans l'État où la décision est exécutée ;

c) La décision ne peut plus, d'après la loi de l'État où elle a été rendue, faire l'objet d'un recours ordinaire ou d'un pourvoi en cassation ;

d) Les parties ont été régulièrement citées, représentées ou déclarées défaillantes ;

e) La décision ne contient rien de contraire à l'ordre public de l'État où elle est invoquée ;

f) Un litige entre les mêmes parties, fondé sur les mêmes faits et ayant le même objet :

– n'est pas pendant devant une juridiction de l'État requis, première saisie, ou
– n'a pas donné lieu à une décision passée en force de chose jugée rendue dans l'État requis, ou
– n'a pas donné lieu à une décision rendue dans un autre État et qui, dans l'État requis, réunit les conditions nécessaires pour être reconnue de plein droit et revêtue de l'autorité de la chose jugée.

Art. 48 Les décisions visées à l'alinéa 1° de l'article 47 ne peuvent donner lieu à aucune exécution forcée par les autorités de l'autre État ni faire l'objet, de la part de ces autorités, d'aucune formalité publique telle l'inscription, la transcription ou la rectification sur les registres publics qu'après y avoir été déclarées exécutoires.

Toutefois, en matière d'état des personnes, les jugements étrangers peuvent être publiés sans exequatur sur les registres de l'état civil si le droit de l'État où les registres sont tenus ne s'y oppose pas.

Art. 49 L'exequatur est accordé, quelle que soit la valeur du litige, par le président du tribunal de grande instance ou par le président de la juridiction correspondante du lieu où l'exequatur doit être poursuivi.

Le président est saisi et statue suivant la forme prévue pour les référés.

La décision peut faire l'objet d'un appel ou d'un pourvoi en cassation.

Art. 50 La partie admise à l'assistance judiciaire dans l'État d'origine en bénéficie dans l'État requis et sans nouvel examen, dans les limites prévues par la législation de cet État, pour les actes et procédures tendant à faire connaître la décision ou à la rendre exécutoire ainsi que pour les actes et procédures d'exécution de la décision d'exequatur.

Art. 51 Le président se borne à vérifier si la décision dont l'exécution est demandée remplit les conditions prévues à l'article 47.

Il procède d'office à cet examen et doit en constater le résultat dans sa décision.

Il ordonne, s'il y a lieu, les mesures nécessaires pour que la décision dont l'exequatur est demandé reçoive la même publicité que si elle avait été rendue dans l'État où elle est déclarée exécutoire.

L'exequatur peut être accordé partiellement pour l'un ou l'autre seulement des chefs de la décision invoquée.

Art. 52 La décision d'exequatur a effet entre toutes les parties à l'instance en exequatur et sur toute l'étendue des territoires où la présente convention est applicable.

La décision d'exequatur permet à la décision rendue exécutoire de produire, à partir de la date d'obtention de l'exequatur, en ce qui concerne les mesures d'exécution, les mêmes effets que si elle avait été rendue par le tribunal ayant accordé l'exequatur, à la date de l'obtention de celle-ci.

Art. 53 La partie à l'instance qui invoque l'autorité d'une décision judiciaire ou qui en demande l'exécution, doit produire :

a) Une expédition de la décision réunissant les conditions nécessaires à son authenticité ;

b) L'original de l'exploit de signification de la décision ou de tout autre acte qui tient lieu de signification ;

c) Un certificat du greffier constatant qu'il n'existe contre la décision, ni opposition, ni appel, ni pourvoi en cassation ;

d) Le cas échéant, une copie de la citation de la partie qui a fait défaut à l'instance, copie certifiée conforme par le greffier de la juridiction qui a rendu la décision.

Art. 54 Les sentences arbitrales rendues dans l'un des deux États sont reconnues et exécutées dans l'autre État, selon les dispositions de la convention de New York du 10 juin 1958 pour la reconnaissance et l'exécution des sentences arbitrales étrangères.

Art. 55 Les actes authentiques, notamment les actes notariés, exécutoires dans l'un des deux États, sont déclarés exécutoires dans l'autre par le président de la juridiction visée à l'article 49, d'après la loi de l'État où l'exécution doit être poursuivie.

Cette autorité vérifie seulement si les actes réunissent les conditions nécessaires à leur authenticité dans l'État où ils ont été reçus et si les dispositions dont l'exequatur est poursuivi n'ont rien de contraire à l'ordre public de l'État où l'exequatur est requis ou aux principes de droit public applicable dans cet État.

Art. 56 Sont considérées comme compétentes pour connaître d'un litige :

– en matière d'état des personnes et en matière personnelle ou mobilière : les juridictions de l'État où le défendeur a son domicile ou sa résidence habituelle ;

– en matière de contrats : la juridiction que les deux parties ont valablement reconnue d'un commun accord, expressément et séparément pour chaque contrat ; à défaut, les juridictions de l'État où le contrat a été conclu et, en outre, en matière commerciale ou sociale, de l'État où le contrat doit être exécuté ;

– en matière de délit ou de quasi-délit : les juridictions de l'État où le fait dommageable s'est produit ;

– en matière d'aliments : les juridictions de l'État où le demandeur a son domicile ou sa résidence habituelle ;

– en matière de succession : les juridictions de l'État où la succession s'est ouverte ;

– en matière immobilière : les juridictions de l'État où est situé l'immeuble.

Au cas où des difficultés surgiraient à l'occasion de l'application des dispositions du présent article, la question sera, à la demande de l'une des Parties, portée devant le comité ministériel inter-États prévu par le traité d'amitié et de coopération. Dans cette éventualité, le comité se réunira en session extraordinaire dans un délai d'un mois.

Art. 57 L'exécution des décisions rendues en matière administrative est poursuivie comme il est dit au présent titre, sous la réserve que le président de la juridiction compétente pour connaître au premier degré des litiges de plein contentieux est substitué au président de la juridiction visée à l'alinéa premier de l'article 28.

Art. 58 Les hypothèques terrestres conventionnelles consenties dans l'un des deux pays seront inscrites et produiront effet dans l'autre seulement lorsque les actes qui en contiennent la stipulation auront été rendus exécutoires par l'autorité compétente, d'après la loi du pays où l'inscription est demandée.

Cette autorité vérifie seulement si les actes et les procurations qui en sont le complément réunissent toutes les conditions nécessaires pour leur validité dans le pays où ils ont été reçus.

Les dispositions qui précèdent sont également applicables aux actes de consentement à radiation ou à réduction passés dans l'un des deux pays.

....

15 Tunisie

Convention du 28 juin 1972,

Entre la République française et la République tunisienne relative à l'entraide judiciaire en matière civile et commerciale et à la reconnaissance et à l'exécution des décisions judiciaires, ensemble un protocole additionnel (Décr. n° 74-249 du 11 mars 1974, JO 17 mars 1974).

....

TITRE II DE LA RECONNAISSANCE ET DE L'EXÉCUTION DES DÉCISIONS JUDICIAIRES

Art. 15 En matière civile ou commerciale, les décisions contentieuses et gracieuses rendues par les juridictions siégeant en France ou en Tunisie sont reconnues de plein droit sur le territoire de l'autre État s'il est satisfait aux conditions suivantes :

a) La décision émane d'une juridiction compétente au sens de l'article 16 de la présente Convention ;

b) La partie succombante a comparu ou a été régulièrement citée ;

c) La décision n'est plus susceptible de voie de recours ordinaire conformément à la loi de l'État où elle a été rendue et est exécutoire dans cet État ;

d) La décision ne contient rien de contraire à l'ordre public de l'État où elle est invoquée ou aux principes de droit public applicables dans cet État ;

e) La décision ne doit pas non plus être contraire à une décision judiciaire rendue dans l'État requis et y ayant l'autorité de la chose jugée ;

f) Aucune juridiction de l'État requis n'a été saisie antérieurement à l'introduction de la demande devant la juridiction qui a rendu la décision dont l'exécution est demandée, d'une instance entre les mêmes parties fondée sur les mêmes faits et ayant le même objet.

Art. 16 1. La compétence de l'autorité judiciaire de l'État dans lequel la décision a été rendue est fondée au sens de l'article précédent dans les cas suivants :

a) Lorsque, s'agissant d'une action personnelle ou mobilière, le défendeur ou l'un des défendeurs, dans le cas d'indivisibilité de l'action, avait son domicile ou sa résidence habituelle dans cet État lors de la notification de l'acte introductif d'instance ;

b) Lorsque le défendeur, ayant un établissement commercial ou industriel ou une succursale dans l'État où la décision a été rendue, y avait été cité pour un procès relatif à l'activité de l'établissement ou de la succursale ;

c) Lorsqu'il s'agit d'une demande reconventionnelle dérivant des mêmes faits ou des mêmes actes juridiques que la demande principale ;

d) Lorsqu'il s'agit d'un litige concernant l'état, la capacité des personnes ou les droits et obligations personnels et pécuniaires découlant des rapports de famille, entre nationaux de l'État où la décision a été rendue ; en outre, en cas d'action en divorce ou en annulation de mariage, lorsque le demandeur avait la nationalité de l'État où la décision a été rendue et résidait habituellement depuis au moins un an sur le territoire de cet État à la date de l'acte introductif d'instance ;

e) Lorsqu'il s'agit d'une contestation concernant la succession mobilière d'un national de l'État où la décision a été rendue ou une succession mobilière ouverte dans ledit État ;

f) Lorsqu'il s'agit d'une contestation relative à des droits réels portant sur des immeubles situés dans l'État où la décision a été rendue ;

g) Lorsqu'en matière commerciale, de l'accord exprès ou tacite du demandeur et du défendeur, l'obligation contractuelle qui fait l'objet du litige est née, a été ou devait être exécutée sur le territoire de cet État ;

h) Lorsqu'en matière de dommages et intérêts résultant d'une responsabilité extracontractuelle, le fait dommageable a été commis sur le territoire de cet État ;

i) Lorsque le défendeur a présenté des défenses au fond sans avoir contesté la compétence du tribunal d'origine ;

j) Dans tout autre cas dans lequel la compétence est fondée suivant les règles de la compétence judiciaire internationale admises par la législation de l'État où la décision est invoquée.

2. Les dispositions du présent article ne s'appliquent pas aux décisions concernant les contestations pour lesquelles le droit de l'État requis reconnaît comme exclusivement compétentes, à raison de la matière, ses propres juridictions ou celles d'un État tiers.

Art. 17 Le présent titre ne s'applique pas :

a) Aux décisions relatives à la faillite, au concordat ou autres procédures analogues, y compris celles qui leur sont consécutives et qui sont relatives à la validité des actes à l'égard des créanciers ;

b) Aux décisions rendues en matière de sécurité sociale ;

c) Aux décisions rendues en matière de dommages nucléaires.

Art. 18 1. Les décisions mentionnées à l'article 15, exécutoires dans l'un des deux États, ne peuvent donner lieu à aucune exécution forcée par les autorités de l'autre État, ni faire l'objet de la part de ces autorités d'aucune formalité publique telle que l'inscription, la transcription ou la rectification sur les registres publics qu'après y avoir été déclarée exécutoires.

2. Toutefois, les décisions relatives à l'état et à la capacité des personnes émanant des juridictions de l'une des Hautes Parties contractantes peuvent faire l'objet sur les registres de l'état civil de l'autre Partie, des mentions et transcriptions nécessaires dès lors que ces décisions ne paraissent pas contraires aux règles édictées par la présente Convention.

Art. 19 1. L'exequatur est accordé par l'autorité judiciaire compétente d'après la loi de l'État où il est requis.

2. La procédure de l'exequatur est régie par la loi de l'État requis.

Art. 20 1. La juridiction compétente se borne à vérifier si la décision dont l'exequatur est demandé remplit les conditions prévues aux articles précédents pour être reconnue. Elle procède d'office à cet examen et doit en constater le résultat dans la décision.

2. En accordant l'exequatur, la juridiction compétente ordonne, s'il y a lieu, les mesures nécessaires pour que la décision étrangère reçoive la même publicité que si elle avait été rendue dans l'État où elle est déclarée exécutoire.

3. L'exequatur peut être accordé partiellement pour l'un ou l'autre seulement des chefs de la décision étrangère.

Art. 21 1. La décision d'exequatur a effet entre toutes les parties à l'instance en exequatur et sur toute l'étendue du territoire de l'État requis.

2. Elle permet à la décision rendue exécutoire de produire, à partir de la date de l'obtention de l'exequatur, en ce qui concerne les mesures d'exécution, les mêmes effets que si elle avait été rendue par le tribunal ayant accordé l'exequatur à la date de l'obtention de celui-ci.

Art. 22 La partie qui invoque la reconnaissance ou qui demande l'exécution d'une décision judiciaire doit produire :

a) Une expédition de la décision réunissant, d'après la législation de l'État d'origine, les conditions nécessaires à son authenticité ;

b) L'original de l'exploit de signification de la décision ou de tout autre acte qui tient lieu de signification ;

c) Un document du greffe de la juridiction constatant qu'il n'existe contre la décision, ni opposition, ni appel ;

d) Une copie authentique de l'acte introductif d'instance adressée au défendeur lorsque celui-ci n'a pas comparu ;

e) Une traduction de tous les documents énumérés ci-dessus certifiée conforme suivant les règles établies par la législation de l'État requis.

. . . .

Convention entre le gouvernement de la République française et le gouvernement de la République tunisienne,

Relative à l'entraide judiciaire en matière de droit de garde des enfants, de droit de visite et d'obligations alimentaires, signée à Paris le 18 mars 1982 (Décr. n° 83-555 du 30 juin 1983, JO 1er juill. 1983).

CHAPITRE I *DISPOSITIONS GÉNÉRALES*

Art. 1er *Domaine d'application.* Les autorités compétentes des deux États, agissant dans les domaines de la garde des enfants, du droit de visite et des obligations alimentaires, s'engagent à s'accorder une entraide judiciaire mutuelle et à promouvoir leur coopération en ces domaines.

Art. 2 *Autorités centrales et commission mixte.* Les Ministères de la Justice des deux États sont désignés comme autorités centrales chargées de satisfaire aux obligations qui leur sont imposées par la présente Convention. A cet effet, ces autorités centrales communiquent directement entre elles et saisissent, le cas échéant, leurs autorités compétentes. L'intervention des autorités centrales est gratuite.

Il est créé une commission mixte consultative, composée de représentants des Ministères chargés des Affaires étrangères et de la Justice, qui se réunira périodiquement à la demande de l'un ou l'autre État, afin de faciliter le règlement des problèmes qu'ils jugent opportun de lui soumettre.

Art. 3 *Demandes de renseignements.* Les autorités centrales peuvent, sauf si l'ordre public s'y oppose, s'adresser des demandes de renseignements ou d'enquête dans le cadre des procédures civiles, commerciales, ou relatives au statut personnel dont leurs autorités judiciaires sont saisies. Elles donnent suite aux demandes qu'elles s'adressent mutuellement tendant à la délivrance sans frais de copies de documents publics, notamment de copies de décisions judiciaires, d'actes de l'état civil ou d'actes relatifs au statut personnel. Elles se fournissent mutuellement, sur leur demande, des renseignements concernant les lois en vigueur sur le territoire de l'État dont elles relèvent, afin d'en faciliter la preuve devant les autorités judiciaires ainsi que sur leur organisation judiciaire.

Les demandes et leurs réponses sont faites dans la langue de l'État requis.

La même forme d'assistance peut être apportée au moyen des renseignements fournis par les autorités consulaires intéressées.

Art. 4 *Décisions exécutoires.* En matière de garde d'enfants, de droit de visite et d'aliments, les décisions judiciaires rendues sur le territoire de l'un des deux États peuvent être déclarées opposables sur le territoire de l'autre par les juridictions de cet État lorsqu'elles sont exécutoires et répondent aux conditions posées par les dispositions des seuls paragraphes *a*, *b* et *d*, *e* et *f*, de l'article 15 de l'Accord du 28 juin 1972 relatif à l'entraide en matière civile et commerciale et à la reconnaissance et à l'exécution des décisions judiciaires.

La partie qui invoque en application du titre II de l'Accord du 28 juin 1972 précité l'autorité d'une décision judiciaire, rendue en matière de garde d'enfants, de droit de visite et d'aliments ou qui en demande l'exécution, doit produire un certificat du greffier constatant seulement que la décision est exécutoire dans l'État où elle a été rendue, nonobstant les dispositions des paragraphes c de l'article 15 et c de l'article 22 du même Accord.

CHAPITRE II *GARDE DES ENFANTS ET DROIT DE VISITE*

Art. 5 *Coopération judiciaire spécifique.* Les deux États se garantissent réciproquement sur leur territoire, sous le contrôle de leurs autorités judiciaires, le libre exercice du droit de garde et du droit de visite sur l'enfant mineur sous la seule condition de l'intérêt de l'enfant, conformément aux dispositions de la présente Convention, notamment celles des articles 10 et 11. Ils se garantissent mutuellement la bonne exécution des décisions de justice rendues par l'autre État dans ce domaine.

Art. 6 *Attributions des autorités centrales.* 1. Les autorités centrales se prêtent mutuellement leur concours pour la recherche sur leur territoire et la localisation des enfants déplacés dont le droit de garde est contesté ou méconnu. Elles satisfont aux demandes de renseignements concernant la situation matérielle et morale de ces enfants.

2. Les autorités centrales prennent ou font prendre toute mesure propre à assurer la remise volontaire des enfants ou à faciliter une solution amiable. Elles font prendre, dans les cas d'urgence, toute mesure provisoire qui semble utile pour prévenir de nouveaux dangers pour l'enfant ou d'autres préjudices pour les parties concernées. Elles donnent des informations de portée générale sur le contenu de leur droit pour l'application des présentes dispositions et établissent, le cas échéant, des attestations concernant la teneur de leurs dispositions législatives sur le droit de garde et le droit de visite.

3. Les autorités centrales prennent ou font prendre toute mesure propre à faciliter l'exercice du droit de visite. Elles coopèrent pour que soit organisé sur le territoire des

deux États, un droit de visite et d'hébergement au profit de celui des parents qui n'a pas la garde et pour que soit levé tout obstacle juridique de nature à s'y opposer. Elles coopèrent également pour que soient respectées les conditions posées par leurs autorités respectives pour la mise en œuvre et le libre exercice de ce droit ainsi que les engagements pris par les parties à son sujet.

Art. 7 *Exécution forcée.* A défaut de remise volontaire, les autorités centrales se prêtent mutuellement leur concours pour faciliter l'exécution des décisions de justice relatives au droit de garde ou de droit de visite lorsqu'elles sont exécutoires dans l'État requérant.

Art. 8 *Droit d'action d'office.* Les autorités centrales doivent saisir, dans les meilleurs délais, par la voie du ministère public institué auprès des juridictions agissant en matière civile, leurs autorités judiciaires compétentes, soit pour rendre exécutoires dans l'État requis les décisions exécutoires dans l'État requérant, soit pour faire statuer sur la demande de remise dont l'enfant fait l'objet.

Les autorités centrales doivent saisir également leurs autorités judiciaires des demandes visant à fixer ou à protéger l'exercice du droit de visite et d'hébergement de l'enfant dans l'un ou l'autre État, au profit de celui des parents qui n'a pas la garde.

Art. 9 *Procédure d'urgence.* Les autorités judiciaires des deux États une fois saisies doivent statuer d'urgence. Si ces autorités n'ont pas statué dans un délai de six semaines à partir de leur saisine, l'autorité centrale de l'État requis doit informer l'autorité centrale de l'État requérant du déroulement de la procédure.

Les autorités centrales veillent à l'exécution rapide des commissions rogatoires en cette matière qui pourront être utilisées pour recueillir toutes les informations nécessaires.

Art. 10 *Compétence indirecte.* En matière de garde d'enfants, et au sens des dispositions des articles 15 et 16 de l'Accord du 28 juin 1972, la reconnaissance ou l'exécution d'une décision rendue dans l'un des deux États ne peut être refusée par l'autre État lorsque le tribunal de l'État qui a rendu la décision est celui :

– de la résidence commune effective des parents ;
– ou de la résidence du parent avec lequel l'enfant vit habituellement.

Lors de l'appréciation de la compétence territoriale du tribunal de l'État qui a rendu la décision, l'autorité requise de l'autre État est liée par les constatations de fait sur lesquelles ce tribunal a fondé sa compétence, à moins qu'il ne s'agisse d'un décision par défaut.

Art. 11 *Procédure conservatoire.* Le juge de l'État où l'enfant a été déplacé ou retenu doit ordonner, à titre conservatoire, la remise immédiate de l'enfant, à moins que la personne qui a déplacé ou retenu l'enfant n'établisse :

1. Qu'à l'époque de la violation invoquée, la personne à qui la garde avait été confiée avant le déplacement n'exerçait pas effectivement ou de bonne foi le droit de garde sur l'enfant, ou

2. Que la remise de l'enfant serait de nature à mettre gravement en cause sa santé ou sa sécurité en raison de la survenance d'un événement de gravité exceptionnelle depuis l'attribution de la garde.

Dans l'appréciation des circonstances visées ci-dessus, les autorités judiciaires prennent en considération les informations fournies par l'autorité centrale de l'État de la résidence habituelle de l'enfant, notamment sur sa situation sociale et sur la teneur des dispositions législatives concernant le droit de garde dans cet État.

Une décision sur le retour de l'enfant ne préjuge pas du fond du droit de garde.

Lorsqu'elles sont saisies d'une action en modification de l'attribution du droit de garde d'un enfant déplacé ou retenu en violation d'une décision sur la garde rendue par la juridiction de l'un des deux États compétents en vertu de l'article 10 ci-dessus et d'une demande de remise de l'enfant émanant de la personne qui bénéficie du droit de garde, les juridictions de l'autre État doivent statuer en priorité sur la demande de remise de l'enfant, aux conditions du présent article.

Art. 12 *Information des autorités consulaires.* Les décisions judiciaires sur la dévolution du droit de garde des enfants qui sont rendues par les tribunaux des deux États lorsque les parents de nationalités différentes sont français et tunisien sont, par la voie diplomatique, portées à la connaissance des autorités consulaires de celui des deux États dont ressortit le parent qui n'a pas la garde.

CHAPITRE III *OBLIGATIONS ALIMENTAIRES*

Art. 13 *Droit d'action d'office.* Les autorités centrales peuvent, le cas échéant, saisir directement et selon une procédure d'urgence leurs autorités judiciaires compétentes aux fins de rendre exécutoires les décisions rendues en matière d'aliments, sans préjudice des fonctions dévolues aux autorités expéditrices et aux institutions intermédiaires par la convention de New-York du 20 juin 1956 sur le recouvrement des aliments à l'étranger, à laquelle la France et la Tunisie sont parties.

Art. 14 *Compétence indirecte.* En matière d'aliments et au sens des dispositions des articles 15 et 16 de l'Accord du 28 juin 1972, la reconnaissance ou l'exécution de la décision rendue dans l'un des deux États ne peut être refusée par l'autre État lorsque le tribunal de l'État qui a rendu la décision s'est déclaré compétent parce que la résidence habituelle du créancier d'aliments se trouvait sur son territoire.

Lors de l'appréciation de la compétence territoriale du tribunal de l'État, qui a rendu la décision, l'autorité requise de l'autre État est liée par les constatations de fait sur lesquelles le tribunal a fondé sa compétence, à moins qu'il ne s'agisse d'une décision par défaut.

16 Vietnam

Convention du 24 février 1999,

Relative à l'entraide judiciaire en matière civile entre le Gouvernement de la République française et le Gouvernement de la République socialiste du Vietnam (Publiée par Décr. n° 2001-446 du 22 mai 2001, JO 26 mai 2001).

....

CHAPITRE V *RECONNAISSANCE ET EXÉCUTION DES DÉCISIONS JUDICIAIRES*

Art. 20 *Décisions susceptibles de reconnaissance et d'exécution.* Le présent chapitre est applicable, en matière civile, aux décisions rendues par les tribunaux des deux États, y compris les décisions des juridictions pénales statuant sur l'action civile en réparation de dommages.

Art. 21 *Conditions de reconnaissance et d'exécution.* Les décisions rendues par les juridictions de l'un des deux États sont reconnues et peuvent être déclarées exécutoires sur le territoire de l'autre État si elles réunissent les conditions suivantes :

1. La décision émane d'une juridiction compétente selon le droit de l'État requis ;
2. La loi appliquée au litige est celle désignée par les règles de conflit de lois admises sur le territoire de l'État requis. Toutefois, la loi peut être différente de la loi désignée par les règles de conflit de l'État requis si l'application de l'une ou l'autre loi aboutit au même résultat ;
3. La décision est passée en force de chose jugée et est exécutoire. Toutefois, en matière d'obligations alimentaires, de droit de garde d'un mineur ou de droit de visite, la décision peut être simplement exécutoire sur le territoire de l'État où elle a été rendue ;
4. Les Parties ont été régulièrement citées à comparaître, représentées ou, si elles ont été déclarées défaillantes, l'acte introductif d'instance leur a été notifié régulièrement et en temps utile pour qu'elles puissent se défendre ;
5. La décision ne contient rien de contraire aux principes et valeurs fondamentaux de l'État requis ;
6. Un litige entre les mêmes parties, fondé sur les mêmes faits et ayant le même objet que dans l'État d'origine :
   – n'est pas pendant devant un tribunal de l'État requis premier saisi, ou
   – n'a pas donné lieu à une décision rendue dans l'État requis, à une date antérieure à celle de la décision présentée à l'exequatur, ou

– n'a pas donné lieu à une décision rendue dans un État tiers, à une date antérieure à celle de la décision présentée à l'exequatur, et reconnue dans l'État requis.

Art. 22 *Procédure de reconnaissance et d'exécution.* 1. La procédure de reconnaissance et d'exécution de la décision est régie par le droit de l'État requis.

2. L'autorité judiciaire requise ne procède à aucun examen au fond de la décision.

3. Si la décision statue sur plusieurs chefs de décisions, l'exécution peut être accordée partiellement.

Art. 23 *Documents à produire.* La personne qui invoque la reconnaissance ou qui demande l'exécution doit produire :

1. Une copie dûment certifiée de la décision ;

2. Tout document de nature à établir que la décision a été signifiée ou notifiée ;

3. Le cas échéant, une copie certifiée de la citation de la partie qui a fait défaut à l'instance et toutes pièces de nature à établir que cette citation l'a atteinte en temps utile ;

4. Toutes pièces de nature à établir que la décision est exécutoire sur le territoire de l'État où elle a été rendue et ne peut plus, à l'exception d'une décision relative à une obligation alimentaire, à la garde d'un mineur ou au droit de visite, faire l'objet de voie de recours ordinaire.

Ces documents doivent être accompagnés d'une traduction certifiée conforme, soit par un agent diplomatique ou consulaire, soit par toute personne autorisée à cet effet sur le territoire de l'un des deux États.

. . . .

TABLE CHRONOLOGIQUE

NOTA. Avant la table chronologique proprement dite, on trouvera ci-dessous une liste, classée par ordre alphabétique, des différents codes reproduits en extraits dans le code du divorce.

Code de l'organisation judiciaire

Les annotations de jurisprudence et de bibliographie sous les articles du code de l'organisation judiciaire ont été reprises du Code de l'organisation judiciaire Dalloz, rédigées avec le concours de M. L. Dargent.

Code pénal

Les annotations de jurisprudence et de bibliographie sous les articles du code pénal ont été reprises du Code pénal Dalloz, rédigées avec le concours de M. Y. Mayaud et de Mme C. Gayet.

Code des pensions civiles et militaires de retraite

Les annotations de jurisprudence et de bibliographie sous les articles du code des pensions civiles et militaires de retraite ont été reprises du Code des pensions civiles et militaires de retraite Dalloz, rédigées avec le concours de M. S. Salon, et J.-Ch. Savignac.

Code de procédure civile

Les annotations de jurisprudence et de bibliographie sous les articles du code de procédure civile ont été reprises du Code de procédure civile Dalloz, rédigées sous la direction de M. P. Callé et avec le concours de L. Dargent.

1948	1er sept.	Loi n° 48-1360. Rapports des bailleurs et locataires. – Art. 5. – V. App., *VI. Logement*, **p. 695.**
1956	20 juin	Convention de New York. Recouvrement des aliments à l'étranger. – V. App., *VII. Recouvrement des pensions alimentaires, C. Droit européen et international, 2. Droit international*, **p. 780.**
1958	15 avr.	Convention de La Haye. Concernant la reconnaissance et l'exécution des décisions en matière d'obligations alimentaires envers les enfants. – V. App., *VII. Recouvrement des pensions alimentaires, C. Droit européen et international, 2. Droit international*, **p. 784.**
1965	13 juill.	Loi n° 65-570. Réforme des régimes matrimoniaux. – V. ss. C. civ., art. 1581.
1973	2 oct.	Convention de La Haye. Loi applicable aux obligations alimentaires. – V. App., *VII. Recouvrement des pensions alimentaires, C. Droit européen et international, 2. Droit international*, **p. 787.**
1973	2 oct.	Convention de La Haye. Concernant la reconnaissance et l'exécution de décisions relatives aux obligations alimentaires. – V. App., *VII. Recouvrement des pensions alimentaires, C. Droit européen et international, 2. Droit international*, **p. 788.**
1975	11 juill.	Loi n° 75-618. Recouvrement public des pensions alimentaires. – V. App., *VII. Recouvrement des pensions alimentaires, B. Recouvrements publics*, **p. 712.**
1975	31 déc.	Décret n° 75-1339. Modalités d'application de la loi n° 75-618 du 11 juillet 1975 relative au recouvrement public des pensions alimentaires. – V. App., *VII. Recouvrement des pensions alimentaires, B. Recouvrements publics*, **p. 715.**
1978	14 mars	Convention de La Haye. Loi applicable aux régimes matrimoniaux. – V. App., *XII. Droit international, C. Conventions de la Haye*, **p. 1022.**
1980	20 mai	Convention européenne de Luxembourg. Reconnaissance et exécution des décisions en matière de garde des enfants et rétablissement de la garde des enfants. – V. App., *XII. Droit international, B. Droit du conseil de l'Europe*, **p. 1014.**
1980	25 oct.	Convention de La Haye. Aspects civils de l'enlèvement international d'enfants. – V. App., *XII. Droit international, C. Conventions de la Haye*, **p. 1025.**
1982	15 mars	Convention d'entraide entre la République française et la République arabe d'Égypte. Coopération judiciaire en matière civile, y compris le statut personnel, et en matière sociale, commerciale et administrative. – V. App., *XII. Droit international, E. Conventions bilatérales, 3. Égypte*, **p. 1071.**
1982	18 mars	Convention entre le gouvernement de la République française et le gouvernement de la République tunisienne. Entraide judiciaire en matière de droit de garde des enfants, de droit de visite et d'obligations alimentaires. – V. App., *XII. Droit international, E. Conventions bilatérales, 6. Tunisie*, **p. 1086.**

1983	27 mai	Convention entre la République française et le Royaume du Maroc. Statut des personnes et de la famille et coopération judiciaire. – V. App., *XII. Droit international, E. Conventions bilatérales, 4. Maroc,* **p. 1073.**
1983	20 juill.	Convention de coopération judiciaire entre le gouvernement de la République française et le gouvernement de la République portugaise relative à la protection des mineurs. – V. App., *XII. Droit international, E. conventions bilatérales, 5. Portugal,* **p. 1078.**
1985	23 déc.	Loi n° 85-1372. Égalité des époux dans les régimes matrimoniaux et des parents dans la gestion des biens des enfants mineurs. – V. ss. C. civ., art. 1581.
1986	30 sept.	Décret n° 86-1073. Intervention des organismes débiteurs des prestations familiales pour le recouvrement des créances alimentaires impayées. – V. App., *VII. Recouvrement des pensions alimentaires, B. Recouvrements publics,* **p. 720.**
1988	21 juin	Convention franco-algérienne. Enfants issus de couples mixtes séparés franco-algériens. – V. App., *XII. Droit international, E. conventions bilatérales, 1. Algérie,* **p. 1054.**
1990	26 janv.	Convention de New York. Droits de l'enfant. – V. App., *XII. Droit international, D. Autres textes internationaux,* **p. 1040.**
1991	10 juill.	Loi n° 91-647. Aide juridique. – V. App., *I. Procédure, D. Aide juridique,* **p. 558.**
1996	25 janv.	Convention de Strasbourg. Exercice des droits des enfants. – V. App., *XII. Droit international, B. Droit du conseil de l'Europe,* **p. 1019.**
1996	28 mai	Convention d'entraide judiciaire en matière civile entre le gouvernement de la République française et le gouvernement de la République fédérative du Brésil. – V. App., *XII. Droit international, E. Conventions bilatérales, 2. Brésil,* **p. 1057.**
1996	19 oct.	Convention de La Haye. Concernant la compétence, la loi applicable, la reconnaissance, l'exécution et la coopération en matière de responsabilité parentale et de mesures de protection des enfants. – V. App., *XII. Droit international, C. Conventions de la Haye,* **p. 1030.**
2003	27 nov.	Règlement (CE) du Conseil n° 2201/2003. Compétence, reconnaissance et exécution des décisions en matière matrimoniale et en matière de responsabilité parentale. – V. App., *XII. Droit international, A. Droit européen,* **p. 913.**
2004	26 mai	Loi n° 2004-439. Divorce. – V. ss. C. civ., art. 295, **p. 138.**
2004	29 oct.	Décret n° 2004-1157. Substitution d'un capital à une rente allouée au titre de la prestation compensatoire. – V. ss. C. civ., art. 309, **p. 149.**
2007	23 nov.	Convention de La Haye. Recouvrement international des aliments destinés aux enfants et à d'autres membres de la famille. – V. App., *VII. Recouvrement des pensions alimentaires, C. Droit européen et international, 2. Droit international,* **p. 799.**

2007	23 nov.	Protocole de la Haye. Loi applicable aux obligations alimentaires. – V. App., *VII. Recouvrement des pensions alimentaires, C. Droit européen et international, 2. Droit international*, **p. 794.**
2010	4 févr.	Accord. Entre la République française et la République fédérale d'Allemagne instituant un régime matrimonial optionnel de la participation aux acquêts. – V. ss. C. civ., art. 1581.
2010	16 juin	Circulaire n° CIV/10/10. Présentation de l'article 14 de la loi n° 2009-526 du 12 mai 2009 et du décret n° 2009-1591 du 17 décembre 2009. – V. ss. COJ, art. L. 213-3, App., *I. Procédure, B. Juge aux affaires familiales*, **p. 541.**
2010	20 déc.	Règlement (UE) n° 1259/2010 du Conseil. Mise en œuvre une coopération renforcée dans le domaine de la loi applicable au divorce et à la séparation de corps. – V. App., *XII. Droit international, A. Droit européen*, **p. 943.**
2014	7 août	Circulaire. Présentation des dispositions de la loi n° 2014-873 pour l'égalité réelle entre les femmes et les hommes. – V. ss. C. civ., art. 515-13.
2016	24 juin	Règlement (UE) n° 2016/1103 du Conseil. Mise en œuvre une coopération renforcée dans le domaine de la compétence, de la loi applicable, de la reconnaissance et de l'exécution des décisions en matière de régimes matrimoniaux. – V. App., *XII. Droit international, A. Droit européen*, **p. 946.**
2016	2 nov.	Décret n° 2016-1483. Autorisation de sortie du territoire d'un mineur non accompagné par un titulaire de l'autorité parentale. – V. ss. C. civ., art. 371-6.
2016	18 nov.	Loi n° 2016-1547. Modernisation de la justice du XXIe siècle : – V. C. civ., art. 229, 229-1 à 229-4, 230, 247, 260, 262, 262-1, 265, 278, 279, 296, art. 372, 373-2-10, 373-2-13, 386, 387-5, art. 2062, 2063, 2065, 2066. – V. C. pr. exéc., art. L. 111-3, L. 213-1, App., *VII. Recouvrement des pensions alimentaires*, **p. 699.** – V. L. n° 75-618 du 11 juill. 1975, art. 1er, App., *VII. Recouvrement des pensions alimentaires*, **p. 712.** – V. CSS, art. L. 523-1, L. 581-2, L. 581-6, L. 581-10, App., *VII. Recouvrement des pensions alimentaires*, **p. 722.** – V. CGI, art. 199 *octodecies*, 1691 *bis*, App., *XI. Droit fiscal*, **p. 905.**
2016	23 déc.	Loi n° 2016-1827. Financement de la sécurité sociale pour 2017. – Art. 41. – V. CSS, art. L. 523-1, L. 581-2, L. 581-6, L. 581-10 ; L. n° 75-618 du 11 juill. 1975, art. 1er, V. App., *VII. Recouvrement des pensions alimentaires*, **p. 712.**
2016	28 déc.	Décret n° 2016-1906. Procédure d'homologation judiciaire des conventions parentales prévue à l'article 373-2-7 du code civil. – Art. 4. – V. C. pr. civ., art. 1072-1, App., *I. Procédure, A. Procédure en matière familiale*, **p. 475.**

2016	28 déc.	Décret n° 2016-1907. Divorce prévu à l'article 229-1 du code civil et diverses dispositions en matière successorale : – Art. 4 à 7. – V. C. pr. civ., art. 1077, 1091, 1092, 1144 à 1148-2, App., *I. Procédure, A. Procédure en matière familiale,* **p. 483.** – Art. 11. – V. C. pr. exéc., art. R. 213-2, R. 213-3, App., *VII. Recouvrement des pensions alimentaires, A. Paiement direct des pensions alimentaires,* **p. 709.** – Art. 12. – V. CSS, art. R. 523-1, R. 523-3, R. 523-3-2, R. 581-3, D. 523-1, App., *VII. Recouvrement des pensions alimentaires, B. Recouvrements publics,* **p. 722.**
2016	28 déc.	Arrêté. Modèle de l'information délivrée aux enfants mineurs capables de discernement dans le cadre d'une procédure de divorce par consentement mutuel par acte sous signature privée contresigné par avocats, déposé au rang des minutes d'un notaire. – V. ss. C. pr. civ., art. 1144, App., *I. Procédure, A. Procédure en matière familiale,* **p. 526.**
2016	29 déc.	Loi n° 2016-1918. De finances rectificative pour 2016. – V. CGI, art. 80 *quater*, 194, App., *XI. Droit fiscal,* **p. 893.**
2016	27 déc.	Décret n° 2016-1876. Portant diverses dispositions relatives à l'aide juridique. – V. note, App., *I. Procédure, D. Aide juridique,* **p. 558.**
2017	20 janv.	Arrêté. Tarifs réglementés des notaires. – V. note ss. art. 229-1.
2017	20 janv.	Circulaire. Aide juridictionnelle dans le cadre de la réforme du divorce par consentement mutuel par acte sous signature privée contresigné par avocats, déposé au rang des minutes d'un notaire. – V. App., *I. Procédure, D. Aide juridique,* **p. 558.**
2017	26 janv.	Circulaire. De présentation des dispositions en matière de divorce par consentement mutuel et de succession issues de la loi n° 2016-1547 du 18 novembre 2016 de modernisation de la justice du XXIe siècle et du décret n° 2016-1907 du 28 décembre 2016 relatif au divorce prévu à l'article 229-1 du code civil et à diverses dispositions en matière successorale. – V. ss. C. civ., art. 229-1.
2017	7 févr.	Décret n° 2017-148. Dispositions de procédure en matière d'autorité parentale : – Art. 3. – V. C. pr. civ., art. 1202 à 1210. – Art. 4. – V. C. pr. civ., art. 1180-16.
2017	28 févr.	Loi n° 2017-258. Sécurité publique. – Art. 32. – V. C. civ., art. 375-3.
2017	12 avr.	Décret n° 2017-532. Revalorisation de l'allocation de soutien familial et du montant majoré du complément familial. – V. CSS, art. R. 523-1, R. 523-3, R. 523-3-2, R. 581-2, R. 581-3, D. 523-1, D. 523-2, App., *VII. Recouvrement des pensions alimentaires, B. Recouvrements publics,* **p. 722.**
2017	3 mai	Décret n° 2017-737. Mise en œuvre de la liquidation unique des pensions de retraite de base des pensionnés affiliés au régime général de sécurité sociale, au régime des salariés agricoles et au régime social des indépendants. – Art. 3. – V. C. rur., art. D. 732-89, 2°, App., *IX. Droit social, C. Sécurité sociale - Autres régimes,* **p. 876.**

2017	6 mai	Décret n° 2017-890. État civil. – Art. 48 et 49. – V. C. pr. civ., art. 1136-7, 1136-9, 1144, App., v° *I. Procédure, A. Procédure en matière familiale*, **p. 520.**
2017	6 mai	Décret n° 2017-892. Modernisation et simplification de la procédure civile : – Art. 4 et 25. – V. C. pr. civ., art. 1529, 1541, 1543 à 1564-4, App., v° *I. Procédure, C. Procédure amiable*, **p. 548.** – Art. 28. – V. C. pr. civ., art. 1210-4 à 1210-12, App., v° *IV. Enfants - Autorité parentale, A. Autorité parentale*, **p. 668.** – Art. 67. – V. C. pr. civ., art. 1180-19, App., v° *IV. Enfants - Autorité parentale, A. Autorité parentale*, **p. 652.** – Art. 68 et 69. – V. C. pr. civ., art. 1180-1, 1181, 1200-3, 1200-4, **p. 648.**
2017	26 juill.	Circulaire. Présentation de diverses dispositions en matière de droit des personnes et de la famille de la loi n° 2016-1547 du 18 novembre 2016 de modernisation de la justice du XXIe siècle (I). – V. App., *III. Violences familiales*, **p. 609.**
2017	15 nov.	Décret n° 2017-1572. Modalités d'organisation de la visite en présence d'un tiers prévue à l'article 375-7 du code civil : – V. CASF, art. R. 223-29 à R. 223-31, App., v° *IV. Enfants - Autorité parentale, A. Autorité parentale*, **p. 671.** – V. C. pr. civ., art. 1199-2 s., App., v° *IV. Enfants - Autorité parentale, A. Autorité parentale*, **p. 662.**
2017	30 déc.	Loi n° 2017-1837 du 2017 de finances pour 2018. – Art. 31. – V. CGI, art. 1691 *bis*, App., *XI. Droit fiscal*, **p. 909.**
2018	24 juill.	Décret n° 2018-655. Allocation de soutien familial et délivrance du titre exécutoire prévu à l'article L. 582-2 du code de la sécurité sociale. – V. CSS, art. R. 523-3-2, R. 582-1 à R. 582-4, App., *VII. Recouvrement des pensions alimentaires, B. Recouvrements publics*, **p. 723.**
2018	24 juill.	Décret n° 2018-656. Allocation de soutien familial et délivrance du titre exécutoire prévu à l'article L. 582-2 du code de la sécurité sociale. – V. CSS, art. D. 523-1 à D. 523-3, D. 582-1, App., *VII. Recouvrement des pensions alimentaires, B. Recouvrements publics*, **p. 724.**
2018	10 sept.	Loi n° 2018-778. Immigration maîtrisée, droit d'asile effectif et intégration réussie. – Art. 39. – C. pén., art. 441-7, App., *VIII. Droit pénal*, **p. 861.**
2018	23 nov.	Loi n° 2018-1021. Évolution du logement, de l'aménagement et du numérique. – Art. 162. – V. CGI, art. 156, App., *XI. Droit fiscal*, **p. 894.**
2019	23 mars	Loi n° 2019-222. Programmation 2018-2022 et réforme pour la justice : – Art. 8. – V. C. civ., art. 1397. – Art. 9. – V. C. civ., art. 836. – Art. 10. – V. C. civ., art. 249, 249-1, 249-3, 249-4, 1399. – Art. 22. – V. C. civ., art. 233, 238, 246, 247-2, 251 à 259-3, 262-1, 262-2, art. 375-3, art. 515-12 ; CSP, art. L. 2141-2, App., *IV. Enfants - Autorité parentale, C. Procréation médicalement assistée*, **p. 676.**

		– Art. 23. – V. C. civ., art. 238. – Art. 24. – V. C. civ., art. 296, 298, 300, 301, 303, 307. – Art. 31. – V. C. civ., art. 373-2, 373-2-6, 373-2-10. – Art. 32. – V. C. civ., art. 373-2-9-1 ; COJ, art. L. 213-3, App., *I. Procédure, B. Juge aux affaires familiales*, **p. 539.** – Art. 70. – V. C. pén., art. 227-4-2, App., *VIII. Droit pénal*, **p. 605.** – Art. 75. – V. C. pén., art. 131-36-12-1, App., *VIII. Droit pénal*, **p. 603.** – Art. 95. – V. COJ, art. L. 213-3, L. 213-4, App., *I. Procédure, B. Juge aux affaires familiales*, **p. 539.**
2019	9 mai	Circulaire CRIM/2019-11. Amélioration du traitement des violences conjugales et protection des victimes. – V. App., *III. Violences familiales*, **p. 609.**
2019	22 mai	Loi n° 2019-486. Croissance et transformation des entreprises (PACTE). – Art. 3. – V. C. civ., art. 1397.
2019	25 juin	Règlement (UE) du Conseil n° 2019/1111. Compétence, reconnaissance et exécution des décisions en matière matrimoniale et en matière de responsabilité parentale, ainsi qu'à l'enlèvement international d'enfants. – V. App., *XII. Droit international, A. Droit européen*, **p. 959.**
2019	10 juill.	Loi n° 2019-721. Interdiction des violences éducatives ordinaires. – Art. 1er. – V. C. civ., art. 371-1.
2019	17 juill.	Ordonnance n° 2019-738. Application de l'article 28 de la loi n° 2019-222 du 23 mars 2019 de programmation 2018-2022 et de réforme pour la justice : – Art. 2. – V. C. civ., art. 1444, 1572. – Art. 19. – V. L. n° 75-618 du 11 juill. 1975, art. 4, App., *VII. Recouvrement des pensions alimentaires, B. Recouvrements publics*, **p. 713.**
2019	22 juill.	Décret n° 2019-756. Portant diverses dispositions de coordination de la loi n° 2019-222 du 23 mars 2019 de programmation 2018-2022 et de réforme pour la justice en matière de protection juridique des majeurs, de changement de régime matrimonial, d'actes non contentieux confiés aux notaires et de prorogation de l'attribution provisoire de la jouissance du logement de la famille et mesure relative à la reconnaissance transfrontalière des décisions de protection juridique des majeurs. – Art. 10. – V. C. pr. civ., art. 1136-1, App., *I. Procédure, A. Procédure en matière familiale*, **p. 517.**
2019	30 août	Décret n° 2019-913. Application de l'article 95 de la loi n° 2019-222 du 23 mars 2019 de programmation 2018-2022 et de réforme pour la justice. – Art. 19. – V. C. pr. civ., art. 1188, 1200-8, App., *IV. Enfants - Autorité parentale, A. Autorité parentale*, **p. 658.**
2019	11 sept.	Ordonnance n° 2019-950. Partie législative du code de la justice pénale des mineurs. – Art. 5. – V. CSS, art. L. 521-2, App., *IX. Droit social, B. Sécurité sociale - Régime général*, **p. 866.**
2019	18 sept.	Ordonnance n° 2019-964. Application de la loi n° 2019-222 du 23 mars 2019 de programmation 2018-2022 et de réforme pour la justice. – Art. 22. – V. CSS, art. L. 434-9, App., *IX. Droit social, B. Sécurité sociale - Régime général*, **p. 875.**

2019	11 déc.	Décret n° 2019-1333. Réforme de la procédure civile : – Art. 3, 8, 13, 29. – V. C. pr. civ., art. 1074-1, 1114, 1131, 1136-1, 1136-3, 1136-4, 1139, 1140, 1180, 1202, 1203, 1208-2, 1209-1, 1209-1-1, 1287, 1543, 1545, 1546-1, 1546-3, 1555, 1555-1, 1560, 1564-1 à 1564-7, App., *I. Procédure*, **p. 556.** – Art. 55. – V. App., *I. Procédure, A. Procédure en matière familiale*, **p. 529.**
2019	17 déc.	Décret n° 2019-1380. Procédure applicable aux divorces contentieux et à la séparation de corps ou au divorce sans intervention judiciaire : – Art. 2 à 8. – V. C. pr. civ., art. 1070, 1081, 1106 à 1119, 1121-1, 1123, 1123-1, 1126, 1126-1, 1132, 1136-13, 1145, 1148-3, App., *I. Procédure, A. Procédure en matière familiale*, **p. 468.** – Art. 12. – V. C. pr. exéc., art. R. 213-2, R. 213-9-1, App., *VII. Recouvrement des pensions alimentaires, A. Paiement direct des pensions alimentaires*, **p. 709.**
2019	20 déc.	Décret n° 2019-1419. Procédure accélérée au fond devant les juridictions judiciaires : – Art. 5. – V. C. pr. civ., art. 1073, 1136-4, 1137, 1210-6, App., *I. Procédure, A. Procédure en matière familiale*, **p. 476** ; C. pr. civ., art. 1379, 1380, App., *V. Régimes matrimoniaux - Indivision - Partage*, **p. 694.** – Art. 15 et 23. – V. Décr. n° 75-1339 du 31 déc. 1975, art. 13, 14, 24, App., *VII. Recouvrement des pensions alimentaires, A. Paiement direct des pensions alimentaires*, **p. 717.** – Art. 22. – V. Décr. n° 2019-1333 du 11 déc. 2019, art. 55, App., *I. Procédure, A. Procédure en matière familiale*, **p. 529.**
2019	24 déc.	Loi n° 2019-1446. Financement de la sécurité sociale pour 2020. – Art. 72 : – V. C. civ., art. 373-2-2, 373-2-3, 373-2-6. – V. C. pén., art. 227-3, 227-4, App., *VIII. Droit pénal*, **p. 825.** – V. C. pr. exéc., art. L. 111-3, L. 213-1, L. 213-4 ; CSS, art. L. 523-1, L. 581-8, L. 582-1, L. 582-2 ; L. n° 75-618 du 11 juill. 1975, art. 1er, App., *VII. Recouvrement des pensions alimentaires*, **p. 712.**
2019	28 déc.	Loi n° 2019-1479. De finances pour 2020 : – Art. 16, 21, 108, 155. – V. CGI, art. 6, 635, 746, 1691 *bis*, App., *XI. Droit fiscal*, **p. 889.** – Art. 241. – V. C. civ., art. 375-4.
2019	28 déc.	Loi n° 2019-1480. Action contre les violences au sein de la famille : – Art. 2 à 4. – V. C. civ., art. 515-9, 515-10, 515-11, 515-11-1. – Art. 5 et 8. – V. C. civ., art. 371-2, 373-2-10, 377, 378, 378-2, 379, 379-1, 380 ; C. pén., art. 227-10, App., *VIII. Droit pénal*, **p. 850.** – Art. 9. – V. CSS, art. L. 353-1-1 ; C. pens. retr., art. L. 38-1, App., *IX. Droit social*, **p. 880.** – Art. 10, 13, 17. – V. C. pén., art. 132-45-1, 222-18-3 ; C. pr. pén., art. 15-3-2, 41-3-1, 138-3, App., *III. Violences familiales*, **p. 605.**
2020	31 janv.	Conseil constitutionnel, décision n° 2019-824 QPC. – V. CGI, art. 199 *octodecies*, App., *XI. Droit fiscal*, **p. 905.**

2020	28 févr.	Arrêté. Tarifs réglementés des notaires : – Art. 15. – V. C. com., art. A. 444-71, ss. C. civ., art. 280-1. – Art. 117. – V. ss. C. civ., art. 229-1 (ndlr).
2020	9 mars	Arrêté. Modalités de communication de la date de première audience devant le tribunal judiciaire. – V. App., *I. Procédure, A. Procédure en matière familiale*, **p. 536.**
2020	22 mai	Décret n° 2020-621. Regroupement et mise en cohérence des dispositions du code de la sécurité sociale applicables aux travailleurs indépendants (décrets simples). – Art. 3. – V. C. rur., art. D. 732-89, App., *IX. Droit social, C. Sécurité sociale - Autres régimes*, **p. 876.**
2020	27 mai	Décret n° 2020-636. Application des articles 2 et 4 de la loi n° 2019-1480 du 28 décembre 2019 visant à agir contre les violences au sein de la famille. – Art. 2 à 7. – V. C. pr. civ., art. 1136-3, 1136-4, 1136-6, 1136-10, 1136-11, 1136-15, App., *I. Procédure, A. Procédure en matière familiale*, **p. 518.**
2020	28 mai	Conseil constitutionnel, décision n° 2020-842 QPC. – V. CGI, art. 156, App., *XI. Droit fiscal*, **p. 894.**
2020	4 juin	Décret n° 2020-683. Déblocage anticipé de l'épargne salariale en cas de violences conjugales. – V. C. trav., art. R. 3324-22, App., *IX. Droit social, A. Droit du travail*, **p. 863.**
2020	17 juin	Loi n° 2020-734. Diverses dispositions liées à la crise sanitaire, à d'autres mesures urgentes ainsi qu'au retrait du Royaume-Uni de l'Union européenne : – Art. 25. – V. ndlr ss. C. civ., art. 233. – Art. 35. – V. ndlr ss. C. civ., art. 373-2-2 ; ndlr ss. CSS, art. L. 582-1, App., *VII. Recouvrement des pensions alimentaires, B. Recouvrements publics*, **p. 732.**
2020	3 juill.	Décret n° 2020-841. Modification des articles 1136-3 du code de procédure civile et R. 93 du code de procédure pénale : – Art. 1er. – V. C. pr. civ., art. 1136-3, App., *I. Procédure, A. Procédure en matière familiale*, **p. 518.** – Art. 2. – V. C. pr. pén., art. R. 93, App., *VII. Recouvrement des pensions alimentaires, B. Recouvrements publics*, **p. 718.**
2020	28 juill.	Décret n° 2020-930. Mesure d'accompagnement de l'enfant par un tiers de confiance. – Art. 1er. – V. C. pr. civ., art. 1180-5-1, App., *I. Procédure, A. Procédure en matière familiale*, **p. 650.**
2020	30 juill.	Loi n° 2020-936. Protection des victimes de violences conjugales : – Art. 1er, 2, 3, 26. – V. C. civ., art. 515-11, 515-11-1. – Art. 4. – V. C. civ., art. 378. – Art. 5. – V. C. civ., art. 255, art. 373-2-10. – Art. 9. – V. C. pén., art. 222-33-2-1, App., *III. Violences familiales*, **p. 604.** – Art. 10. – V. C. pén., art. 311-12, App., *VIII. Droit pénal*, **p. 850.** – Art. 12. – V. C. pén., art. 226-14, App., *III. Violences familiales*, **p. 604.**

2020	30 juill.	Décret n° 2020-950. Conditions de l'élection des bâtonniers du conseil de l'ordre des avocats et report de la réforme de la saisie conservatoire des comptes bancaires, de l'extension de l'assignation à date et de la réforme de la procédure applicable aux divorces contentieux : – Art. 3. – V. Décr. n° 2019-1333 du 11 déc. 2019, art. 55, App., *I. Procédure, A. Procédure en matière familiale*, **p. 529.** – Art. 4. – V. ndlr ss. C. civ., art. 233, **p. 48.**
2020	31 juill.	Circulaire JUSC2020610C. Présentation des dispositions des décrets n° 2020-636 du 27 mai 2020 portant application des articles 2 et 4 de la loi n° 2019-1480 du 28 décembre 2019 visant à agir contre les violences au sein de la famille et n° 2020-841 du 3 juillet 2020 modifiant l'article [les articles] 1136-3 du code de procédure civile et R. 93 du code de procédure pénale. – V., App., *III. Violences familiales*, **p. 632.**
2020	3 août	Circulaire CRIM-2020-17-H2. Présentation des dispositions de droit pénal immédiatement applicables de la loi n° 2020-936 du 30 juillet 2020 visant à protéger les victimes de violences conjugales. – V., App., *III. Violences familiales*, **p. 637.**
2020	23 sept.	Décret n° 2020-1161. Mise en œuvre d'un dispositif électronique mobile anti-rapprochement. – Art. 5. – V. C. pr. civ., art. 1136-15 s., App., *I. Procédure, A. Procédure en matière familiale*, **p. 521.**
2020	30 sept.	Décret n° 2020-1201. Intermédiation financière des pensions alimentaires prévue à l'article L. 582-1 du code de la sécurité sociale : – Art. 1er. – V. CSS, art. R. 582-5 à R. 582-10, App., *VII. Recouvrement des pensions alimentaires*, **p. 735.** – Art. 2. – V. C. pr. civ., art. 1145, 1146-1, App., *I. Procédure, A. Procédure en matière familiale*, **p. 527.** – Art. 3. – V. C. pr. exéc., art. R. 213-11 à R. 213-13, App., *VII. Recouvrement des pensions alimentaires*, **p. 711.**
2020	30 sept.	Décret n° 2020-1202. Mise en œuvre de l'intermédiation financière des pensions alimentaires prévue à l'article L. 582-1 du code de la sécurité sociale. – Art. 1er. – V. CSS, art. D. 582-2, App., *VII. Recouvrement des pensions alimentaires*, **p. 739.**
2020	27 nov.	Décret n° 2020-1452. Diverses dispositions relatives notamment à la procédure civile et à la procédure d'indemnisation des victimes d'actes de terrorisme et d'autres infractions : – Art. 1er. – V. C. pr. civ., art. 1074-1, 1107, 1108, 1117, 1137, 1140, App., *I. Procédure, A. Procédure en matière familiale*, **p. 467.** – Art. 5. – V. Décr. n° 2019-1333 du 11 déc. 2019, art. 55, App., *I. Procédure, A. Procédure en matière familiale*, **p. 529.**
2020	14 déc.	Loi n° 2020-1576. De financement de la sécurité sociale pour 2021 : – Art. 74. – V. C. civ., art. 373-2-2. – Art. 103. – V. C. pens. retr., art. L. 38-1 ; CSS, art. L. 114-22-2, L. 161-22-3, L. 342-1-1, L. 353-1-1 ; C. pén., art. 221-9-2, 222-48-3 ; C. rur., art. L. 732-41-1, App., *IX. Droit social*, **p. 880.**
2020	16 déc.	Décret n° 2020-1734. Partie réglementaire du code de l'entrée et du séjour des étrangers et du droit d'asile : – Art. 9. – V. C. pr. pén., art. R. 93, App., *VII. Recouvrement des pensions alimentaires, B. Recouvrements publics*, **p. 718.**

		– V. CESEDA, art. R. 233-8, R. 233-9, App., *X. Étrangers*, **p. 887.**
2020	22 déc.	Décret n° 2020-1641. Report de la date d'entrée en vigueur de l'assignation à date dans les procédures autres que celles de divorce et de séparation de corps judiciaires : – Art. 1er. – V. Décr. n° 2019-1333 du 11 déc. 2019, art. 55, App., *I. Procédure, A. Procédure en matière familiale*, **p. 529.** – Art. 2. – V. C. pr. civ., art. 1107, App., *I. Procédure, A. Procédure en matière familiale*, **p. 496.**
2020	22 déc.	Arrêté. Modification de l'arrêté du 9 mars 2020 relatif aux modalités de communication de la date de première audience devant le tribunal judiciaire : – Art. 1er. – V. Arr. du 9 mars 2020, art. 1er à 5, App., *I. Procédure, A. Procédure en matière familiale*, **p. 536.** – Annexe, V. App., *I. Procédure, A. Procédure en matière familiale*, **p. 537.**
2020	24 déc.	Circulaire. Présentation des dispositions en matière d'intermédiation financière des pensions alimentaires issues de la loi n° 2019-1446 du 24 décembre 2019 de financement de la sécurité sociale pour 2020 et du décret n° 2020-1201 du 30 septembre 2020 relatif à l'intermédiation financière des pensions alimentaires prévue à l'article L. 582-1 du code de la sécurité sociale, App., *VII. Recouvrement des pensions alimentaires*, **p. 740.**
2020	28 déc.	Décret n° 2020-1717. Application de la loi n° 91-647 du 10 juillet 1991 relative à l'aide juridique et relatif à l'aide juridictionnelle et à l'aide à l'intervention de l'avocat dans les procédures non juridictionnelles : – Art. 181. – V. C. pr. civ., art. 1105, 1144-5, App., *I. Procédure, A. Procédure en matière familiale*, **p. 495** ; C. pr. civ., art. 1145, App., *I. Procédure, C Procédure amiable*, **p. 527.** – Annexe I (extrait). – V. App., *I. Procédure, D. Aide juridique*, **p. 599.**
2020	29 déc.	Loi n° 2020-1721. De finances pour 2021 : – Art. 3. – V. CGI, art. 80 *quater*, 156, 199 *octodecies*, 1133 *ter*, App., *XI. Droit fiscal*, **p. 893.** – Art. 67. – V. CGI, art. 635, App., *XI. Droit fiscal*, **p. 907.**
2020	29 déc.	Décret n° 2020-1797. Transmission d'informations concernant les cas de violence dans le cadre de l'intermédiation financière des pensions alimentaires. – Art. 1er. – V. C. pr. civ., art. 1074-4, App., *I. Procédure, A. Procédure en matière familiale*, **p. 478.**
2021	4 juin	L. n° 2021-710. Modernisation des outils et de la gouvernance de la Fondation du patrimoine. – Art. 1er. – V. CGI, art. 156, App., *XI. Droit fiscal*, **p. 894.**
2021	24 juin	Décret n° 2021-810. Dispositions en matière d'aide juridictionnelle et d'aide à l'intervention de l'avocat dans les procédures non juridictionnelles. – V. Décr. n° 2020-1717 du 28 déc. 2020, Annexe I (extrait), App., *I. Procédure, D. Aide juridique*, **p. 599.**

2021	30 juin	Décret n° 2021-872. Partie réglementaire du livre Ier du code de la construction et de l'habitation et conditions de mise en œuvre des solutions d'effet équivalent. – Art. 7. – V. C. trav., art. R. 3324-22, App., *IX. Droit social, A. Droit du travail,* **p. 863.**
2021	2 août	Loi n° 2021-1017. Bioéthique : – Art. 1er. – V. CSP, art. L. 2141-2, App., *IV. Enfants - Autorité parentale, C. Procréation médicalement assistée,* **p. 676.** – Art. 6. – V. C. civ., art. 372.
2021	9 août	Arrêté. Modalités de communication de la date de première audience en procédure écrite ordinaire devant le tribunal judiciaire. - V. Art. 1er. - V. Arr. du 9 mars 2020, art. 1er, 3 à 5, App., *I. Procédure, A. Procédure en matière familiale,* **p. 467.**
2021	24 août	L. n° 2021-1109. Respect des principes de la République. – Art. 29. – V. CSS, art. L. 161-23-1 A, App., IX. *Droit social,* **p. 863.**
2021	15 sept.	Ordonnance n° 2021-1192. Réforme du droit des sûretés : – Art. 34. – V. C. civ., art. 1527. – Art. 35. – V. L. n° 65-570 du 13 juill. 1965, art. 14, v°, App., *V. Régimes matrimoniaux - Indivision - Partage,* **p. 679.**
2021	11 oct.	Décret n° 2021-1322. Procédure d'injonction de payer, de décisions en matière de contestation des honoraires d'avocat et modification de diverses dispositions de procédure civile : – Art. 1er. – V. C. pr. civ., art. 1108, App., *I. Procédure, A. Procédure en matière familiale,* **p. 467.** – Art. 4. – V. C. pr. civ., art. 1546-1 et 1554, App., *I. Procédure, C. Procédure amiable,* **p. 546.**
2021	23 nov.	Décret n° 2021-1516. Effectivité des droits des personnes victimes d'infractions commises au sein du couple ou de la famille. – Art. 6. – V. C. pr. pén., art. D. 47-11-3, ss. C. pén., art. 227-5, App., *VIII. Droit pénal,* **p. 838.**
2021	22 déc.	Loi n° 2021-1729. Confiance dans l'institution judiciaire : – Art. 44. – V. C pr. exéc., art. L. 111-3, App., *VII. Recouvrement des pensions alimentaires,* **p. 699.** – Art. 45. – V. C. civ., art. 2066.
2021	23 déc.	Loi n° 2021-1754. Financement de la sécurité sociale pour 2022. – Art. 100. – V. C. civ., art. 373-2-2, 373-2-3, 373-2-6 ; C. pr. exéc., art. L. 213-1, App., *VII. Recouvrement des pensions alimentaires,* **p. 705** ; L. n° 75-618 du 11 juill. 1975, art. 1er, App., *VII. Recouvrement des pensions alimentaires,* **p. 712** ; CSS, art. L. 523-1, L. 581-4, L. 582-1, App., *VII. Recouvrement des pensions alimentaires,* **p. 722** ; C. pén., art. 227-3, App., *VIII. Droit pénal,* **p. 825.**
2021	29 déc.	Décret n° 2021-1888. Application de l'ordonnance n° 2021-1192 du 15 septembre 2021 portant réforme du droit des sûretés. – Art. 5. – V. C. pr. civ., art. 1286, App., *I. Procédure, B. Juge aux affaires familiales,* **p. 546.**

2021	30 déc.	Loi n° 2021-1900. De finances pour 2022. – Art. 66, 139. – V. CGI, art. 156, 1691 *bis*, App., *XI. Droit fiscal*, **p. 894.**
2022	12 janv.	Dépêche. Systématisation de l'intermédiation financière des pensions alimentaires fixées par les jugements de divorce rendus à compter du 1er mars 2022 - Article 100 de la loi de financement de la sécurité sociale pour 2022, *App., VII. Recouvrement des pensions alimentaires*, **p. 742.**
2022	24 janv.	Loi n° 2022-52. Responsabilité pénale et sécurité intérieure. – Art. 19. – V. art. 515-11,515-13.
2022	7 févr.	Loi n° 2022-140. Protection des enfants. – Art. 1er, 3 à 6, 12 à 14, 26. – V. C. civ., art. 373-1, 373-3, 375 à 375-3, 375-4-1, 375-7, 375-9-1.
2022	25 févr.	Décret n° 2022-245. Recours à la médiation, application de la loi pour la confiance dans l'institution judiciaire et modification de diverses dispositions. – Art. 1er. – V. C. pr. civ., art. 1565, 1568 à 1571, App., v° *I. Procédure, C. Procédure amiable*, **p. 546.**
2022	25 févr.	Décret n° 2022-259. Généralisation de l'intermédiation financière du versement des pensions alimentaires : – Art. 1er. – V. C. pr. civ., art. 1074-2 à 1074-4, 1145 et 1146-1, App., *I. Procédure, C. Procédure amiable.* – Art. 2. – V. CSS, art. R. 582-4-1, R. 582-5, R. 582-5-1, R. 582-7, R. 582-11, App., *VII. Recouvrement des pensions alimentaires*, **p. 735.**
2022	28 févr.	Circulaire CIV/01/22. Présentation des dispositions en matière d'intermédiation financière des pensions alimentaires issues de l'article 100 de loi n° 2021-1754 du 23 décembre 2021 de financement de la sécurité sociale pour 2022 et du décret n° 2022-259 du 25 février 2022 relatif à la généralisation de l'intermédiation financière du versement des pensions alimentaires, App., *VII. Recouvrement des pensions alimentaires*, **p. 745.**
2022	2 mars	Loi n° 2022-301. Choix du nom issu de la filiation : – Art. 1er. – V. C. civ., art. 225-1. – Art. 3. – V. C. civ., art. 380.
2022	23 mars	Décret n° 2022-419. Modification de la procédure applicable devant le juge des libertés et de la détention en matière d'isolement et de contention mis en œuvre dans le cadre de soins psychiatriques sans consentement. – Art. 4. – V. Décr. n° 2020-1717 du 28 déc. 2020, Annexe I, V. App., *I. Procédure, D. Aide juridique*, **p. 558.**
2022	30 mars	Décret n° 2022-479. Partie réglementaire du code pénitentiaire. – Art. 7. – V. C. pr. civ., art. 1136-22, 1136-23, App., *I. Procédure, A. Procédure en matière familiale*, **p. 467.**
2022	14 juin	Ordonnance n° 2022-883. Transfert à la direction générale des finances publiques de la gestion de la taxe d'aménagement et de la part logement de la redevance d'archéologie préventive. – Art. 2. – V. CGI, art. 1691 *bis*, App., *XI. Droit fiscal*, **p. 889.**
2022	16 août	Loi n° 2022-1157. De finances rectificative pour 2022. – Art. 24. – V. CGI, art. 6, App., *XI. Droit fiscal*, **p. 889.**

2022	1er déc.	Loi n° 2022-1499. De finances rectificative pour 2022. – Art. 12. – V.CGI, art. 156, App., *XI. Droit fiscal*, **p. 894.**
2022	23 déc.	Décret n° 2022-1630. Dispositions d'application de la réforme de l'adoption. – Art. 1er. – V. C. pr. civ., art. 1180-1, App., *IV. Enfants – Autorité parentale, A. Autorité parentale*, **p. 648.**
2023	23 janv.	Décret n° 2023-25. Application de règlements européens en matière familiale, d'obtention des preuves et de signification ou notification des actes et diverses dispositions relatives au divorce, aux sûretés et à la légalisation et l'apostille : – Art. 1er. – V. C. pr. civ., art. 338-1, 1107, 1180, 1210-11, 1568-1, **p. 673.** – Art. 2. – V. C. pr. pén., art. R. 93, **p. 718.**
2023	28 févr.	Loi n° 2023-140. Aide universelle d'urgence pour les victimes de violences conjugales. – Art. 1er. – V. CASF, art. L. 214-8 à L. 214-17, App., *III. Violences familiales*, **p. 607.**
2023	14 avr.	Loi n° 2023-270. De financement rectificative de la sécurité sociale pour 2023. – Art. 26. – V. CSS, art. L. 353-1-1 ; C. pens. retr., art. L. 38, App., *IX. Droit social*, **p. 878.**
2023	4 juill.	Circulaire JUSC2315953C. Présentation, d'une part, du règlement (UE) 2019/1111 du Conseil du 25 juin 2019 relatif à la compétence, la reconnaissance et l'exécution des décisions en matière matrimoniale et en matière de responsabilité parentale, ainsi qu'à l'enlèvement international d'enfants (refonte) dit « Bruxelles II *bis* refonte » et, d'autre part, des dispositions du décret n° 2023-25 du 23 janvier 2023 pris notamment pour l'application de ce règlement (décret pris pour l'application de règlements européens en matière familiale, d'obtention des preuves et de signification ou notification des actes et portant diverses dispositions relatives au divorce, aux sûretés et à la légalisation et l'apostille). – V. App., *XII. Droit international, A. Droit européen*, **p. 985.**
2023	27 juill.	Loi n° 2023-668. Protection des logements contre l'occupation illicite. – Art. 3, 6. – V. C. pén., art. 226-4, App., *VIII. Droit pénal*, **p. 819.**
2023	2 oct.	Décret n° 2023-914. Dispositions en matière d'assistance éducative. – V. C. pr. civ., art. 1183, 1187, 1188, 1189-1, 1190, 1192, 1210-1, 1210-3-1, App., *IV. Enfants - Autorité parentale*, **p. 647.**

TABLE ALPHABÉTIQUE

NOTA. Les nombres qui ne sont pas suivis de l'indication d'une page renvoient aux articles du Code civil reproduits en début d'ouvrage. Pour les autres textes cités, leur indication est suivie du numéro de page correspondant.
La lettre J. entre parenthèses placée après un texte indique que l'on renvoie aux annotations de JURISPRUDENCE (sur deux colonnes) figurant sous l'article mentionné.
Les caractères italiques indiquent un mot de renvoi. Ceux de ces mots qui sont en caractères gras et précédés d'une flèche rouge renvoient à un autre mot en caractères gras.
Il est rappelé qu'un tableau explicatif des abréviations utilisées figure au début de l'ouvrage.

A

B

C

D

E

F

G

H

I

J

L

M

Q

R

S

T

V

Photocomposé, traité sur ordinateur par :
LUMINESS SAS, 561 rue Saint Léonard - 53100 MAYENNE

Achevé d'imprimer en octobre 2023 sur les presses de
Druckerei C.H.Beck
Dépôt légal : novembre 2023
722420 (I) – OSB – P 60 – JOU – (HCH)
Imprimé en Allemagne

Codes Dalloz

	Parution
CIVIL	
Code civil	juin
Code du divorce, *commenté*	novembre
Code de procédure civile	juin
Code des procédures civiles d'exécution, *commenté*	mars
AFFAIRES	
Code des assurances – Code de la mutualité, *commenté*	mai
Code de commerce	juin
Code de la communication, *commenté*	novembre
Code de la compliance, *commenté*	octobre
Code de la consommation, *commenté*	août
Code de la cybersécurité, *commenté*	juin
Code des douanes, *commenté*	mars
Code général des impôts	juin
Code monétaire et financier, *commenté*	mai
Code des procédures collectives, *commenté*	février
Code de la propriété intellectuelle, *commenté*	janvier
Code des sociétés, *commenté*	septembre
Code de procédure fiscale, *commenté*	juin
Code de la protection des données personnelles, *commenté*	novembre
SOCIAL	
Code de l'action sociale et des familles, *commenté*	mai
Code de la santé publique, *commenté en ligne*	juin
Code de la sécurité sociale	avril
Code du travail, *commenté en ligne*	mars